Systematische Sammlung

der in

Elsaß-Lothringen geltenden Gesetze.

Systematische Sammlung

der in

Elsaß-Lothringen geltenden Gesetze.

Herausgegeben im Auftrage des Kaiserlichen Ministeriums.

Erster Band.

Privatrecht

bearbeitet von

Karl Paffrath und **Franz Großmann,**
Landgerichtsräthe in Straßburg.

Erste Abtheilung.

Straßburg,
Verlag von Karl J. Trübner.
1900.

Straßburg, Druck von M. DuMont-Schauberg.

Vorwort.

Die vielfachen und wichtigen Aenderungen im Stande der Gesetzgebung, welche seit dem Erscheinen der auf Anregung des vormaligen Ober-Präsidenten von Möller herausgegebenen Sammlung der in Elsaß-Lothringen geltenden Gesetze eingetreten sind, haben die Neubearbeitung dieser Sammlung nothwendig gemacht. Gemäß der von dem K. Ministerium gegebenen Anweisung ist bei dieser Neubearbeitung, dem dringendsten Bedürfniß entsprechend, mit dem Privatrecht begonnen worden, dieses Wort in seinem weitesten, auch das Prozeßrecht umfassenden Sinne verstanden. Daraus hat sich eine doppelte Aufgabe ergeben: zunächst waren die privatrechtlichen Gesetze und Verordnungen zusammenzustellen und dann daraus diejenigen auszuscheiden, die entweder ausdrücklich aufgehoben oder durch neue Bestimmungen außer Wirksamkeit gesetzt sind. Dabei durfte einerseits, wie schon hervorgehoben, der Begriff des Privatrechts nicht zu eng gefaßt, andererseits aber doch der privatrechtliche Charakter der Sammlung nicht geändert werden. Bei der Auswahl des hiernach aufzunehmenden Rechtsstoffes sind, entsprechend dem Zwecke der Sammlung, vorwiegend praktische Gesichtspunkte maßgebend gewesen.

Neben den rein privatrechtlichen Gesetzen und Verordnungen gibt es zahlreiche, anderen Rechtsgebieten angehörige, welche nur vereinzelte privatrechtliche Bestimmungen enthalten. Soweit diese letzteren, unter Lösung aus ihrem Zusammenhange mit den übrigen Bestimmungen, verständlich bleiben, haben sie allein Aufnahme gefunden; andernfalls sind die übrigen nicht privatrechtlichen Bestimmungen, soweit nöthig, beigefügt worden. Kleinere Gesetze und Verordnungen der angegebenen Art, insbesondere solche mit vorwiegend privatrechtlichem Inhalt, sind in der Regel ganz aufgenommen worden. Eine Aufnahme in gleichem Umfange hat daneben, wegen ihrer allgemeinen Bedeutung oder ihrer vielfachen Beziehungen zum Privatrecht, eine kleine Anzahl von Gesetzen und Verordnungen mit ausschließlich oder doch fast ausschließlich öffentlich rechtlichem Charakter gefunden.

Von einzelnen Gesetzen, insbesondere von den Handels- und ähnlichen Verträgen, ist nur die Ueberschrift aufgenommen worden, weil sie im Allgemeinen für das Privatrecht von geringer Bedeutung sind, und deshalb rücksichtlich ihrer eine Verweisung auf die Gesetzblätter in der Form der Ueberschrift dem praktischen Bedürfnisse zu genügen scheint.

Bei der Entscheidung darüber, ob eine Bestimmung privatrechtlicher Natur, ob sie noch in Geltung und deshalb aufzunehmen sei, hat im Zweifel die Aufnahme stattgefunden.

Die äußere Form der Sammlung ist im Wesentlichen die gleiche geblieben; insbesondere ist auch die Anordnung beibehalten worden, daß die Gesetzbücher und die dazu gehörigen Gesetze — weil am häufigsten gebraucht und auch unter sich vielfach in organischem Zusammenhang stehend — in systematischer Ordnung vorangestellt sind, und die übrigen Gesetze und Verordnungen nach der Zeitfolge geordnet sich anschließen. Auch die letzteren systematisch zu ordnen, ist in der — wohl begründeten — Befürchtung unterlassen worden, dadurch der Brauchbarkeit der Sammlung erheblichen Abbruch zu thun.

In dem Charakter der Sammlung ist ebenfalls keine Aenderung eingetreten. Sie soll kein Kommentar sein, sondern in erster Linie eine Uebersicht über das jetzt geltende Privatrecht gewähren; dann aber auch, ebenso wie die bisherige Ausgabe, durch Verweisungen auf verwandte und ergänzende Bestimmungen das Verständniß und die Anwendung der einzelnen gesetzlichen Bestimmungen erleichtern. Der Raumersparniß halber sind die Bemerkungen möglichst kurz gefaßt, und als Regel Verweisungen auf Bestimmungen des gleichen Gesetzes unterlassen worden. Hierbei haben die aufgenommenen nicht privatrechtlichen Bestimmungen nur die allernothwendigste Erläuterung erfahren; eine weitergehende Berücksichtigung derselben würde über den Zweck dieses Theiles der Sammlung hinausgehen.

Der Text der älteren Gesetze und Verordnungen ist aus der früheren Ausgabe entnommen.

Die ursprünglich gehegte Absicht, die Sammlung zu Anfang des Jahres 1900 erscheinen zu lassen, ist nicht ausführbar gewesen. Die Arbeit hat sich als eine schwierigere und umfangreichere erwiesen, als angenommen war; außerdem hat aber auch der Erlaß der Ausführungsbestimmungen zu den neuen Gesetzen bis zum Beginn des Jahres 1900 fortgedauert und dadurch einen früheren Abschluß unmöglich gemacht. Solange der Druck es gestattet, werden auch die jetzt noch erscheinenden Gesetze und Verordnungen Aufnahme finden.

Möge die Sammlung auch in ihrer neuen Gestalt sich als ein nützliches Hülfsmittel für den Praktiker erweisen!

Straßburg, den 1. Mai 1900.

Paffrath. Großmann.

Inhaltsübersicht.

Erster Band.

Seite.

Seite.

Einführungsgesetz zum Bürgerlichen Gesetzbuche (Fortsetzung).

Handelsgesetzbuch. Viertes Buch (Fortsetzung).

Seite.

Gerichtsverfassungsgesetz (Fortsetzung).

Civilprozeßordnung (Fortsetzung).

Gesetz über die Zwangsversteigerung und die Zwangsverwaltung (Fortsetzung).

Abkürzungen.

ABl	Amtsblatt.
AG	Ausführungsgesetz.
Art.	Artikel.
AV	Ausführungsverordnung.
B des L	Bulletin des Lois.
Bem.	Bemerkung.
Bern. Üb.	Internationales Uebereinkommen über den Eisenbahnfrachtverkehr vom 14. Oktober 1890.
BGB	Bürgerliches Gesetzbuch.
Bekm. (Bkm.)	Bekanntmachung.
BezPr.	Bezirkspräsident.
Centralbl. (C. Bl.)	Centralblatt des deutschen Reiches.
C. c.	Code civil.
CPO	Civilprozeßordnung.
Dekl.	Deklaration.
Dekr. (D.)	Dekret.
DezD	Dezentralisations-Dekret.
EG	Einführungsgesetz.
EL	Elsaß-Lothringen.
Entsch.	Entscheidung.
Erl.	Erlaß.
FGB	Forstgesetzbuch, Code forestier (31. Juli 1827).
FO	Ordonnanz zur Ausführung des F.G.B. vom 1. August 1827.
FrG	Gesetz, betreffend die Angelegenheiten der freiwilligen Gerichtsbarkeit.
FStG	Gesetz, betreffend das Forststrafrecht und das Forststrafverfahren, vom 28. April 1880.
G. (Ges.)	Gesetz.
GBl	Gesetzblatt für Elsaß-Lothringen.
GBO	Grundbuchordnung.
GebO	Gebührenordnung.
GemO	Gemeindeordnung.
GewO	Gewerbeordnung.
GKG	Gerichtskostengesetz.
GO f. RA	Gebührenordnung für Rechtsanwälte.
GV	Gerichts-Verfassung.
GVG	Gerichtsverfassungs-Gesetz.
HGB	Handelsgesetzbuch.
KO	Konkursordnung.
Min.	Ministerium.
MinVer.	Ministerialverordnung.
MStGB	Militär-Strafgesetzbuch.
Ord. (O.)	Ordonnanz.
OE	Ober-Elsaß.
OPr	Oberpräsident.
PersG	Personenstandsgesetz vom 6. Februar 1875.
RAO	Rechtsanwaltsordnung.
RBG	Reichsbeamtengesetz vom 31. März 1873.
RG	Reichsgesetz.

RGBl.	Reichsgesetzblatt.
RMilG	Reichsmilitärgesetz vom 2. Mai 1874.
RK	Reichskanzler.
S	Siehe, Seite.
Samml. GPr oder Samml.	Sammlung von Gesetzen zc. betr. die Justizverwaltung.
StGB	Strafgesetzbuch.
StPO	Strafprozeßordnung.
StRG	Staatsrathsgutachten.
UE	Unter-Elsaß.
V. (Ver.)	Verordnung.
VerkO	Verkehrsordnung für die Eisenbahnen Deutschlands vom 26. Oktober 1899.
Verf. (Vf.)	Verfügung.
VZG	Vereinszollgesetz.
WO	Wechselordnung.
ZV	Zwangsvollstreckung.
ZVerw.	Zwangsverwaltung.
ZVG	Gesetz über die Zwangsversteigerung und die Zwangsverwaltung.

Avant-Bull.: Lois et actes du gouvernement depuis le mois d'août 1789 jusqu'au 18 prairial an II. Paris, de l'imprimerie impériale, 1806—1807.

Bull. suppl.: Bulletin des lois, Partie supplémentaire.

Isambert: Recueil général des anciennes lois françaises, par Isambert, Decrusy, Taillandier.

Leoni-Mandel: Leoni und Mandel, Das Verwaltungsrecht von Elsaß-Lothringen (Handbuch des öffentlichen Rechts der Gegenwart in Monographien. II. Band 2. Abtheil.).

Molitor: Das Gesetz betreffend die Ausführung des Bürgerlichen Gesetzbuchs in Elsaß-Lothringen vom 17. April 1899, erläutert von Hugo Molitor.

Puchelt: Zeitschrift für französisches Civilrecht. Begründet von S. Puchelt, fortgeführt von M. Heinsheimer, herausgegeben von Emil Huber.

Ergänzungen und Berichtigungen.

[Bei der Bearbeitung der 1. Abtheilung der Sammlung lagen die Ausführungsgesetze zu den neuen Gesetzen zumeist nur im Entwurfe vor und konnten daher auch nur in dieser Fassung citirt werden. Letztere weicht hinsichtlich der Paragraphenzahlen durchgängig von der endgültigen Fassung ab, und muß daher eine Berichtigung der in den Bemerkungen enthaltenen Verweisungen auf die Ausführungsgesetze zum Theil in der nachfolgenden Form geschehen. In der gleichen Form sind einzelne Ausführungsverordnungen nachzutragen.]

Seite 6 § 50 Zeile 8 lies „solchen" statt solches.
„ 12 Bemerkung 62 Absatz 2 Zeile 12 lies „Landes-" statt Bundes-.
„ 16 Die Bemerkungsziffer 86 ist am Schluß des Absatz 3 von § 176 zu streichen und an den Schluß des Absatz 2 zu setzen.
„ 20 § 213 Zeile 3 lies „Rechtshängigkeit" statt Rechthängigkeit.
„ 27 Die Bemerkungsziffer 26 ist am Schluß des Absatz 2 von § 284 zu streichen und an den Schluß des Abs. 1 zu setzen; die Bemerkungsziffer 27 ist am Schluß des Absatz 2 von § 288 zu streichen und hinter Satz 1 von Absatz 1 zu setzen.
„ 33 Bemerkung 47 lies „§ 48" statt § 47.
„ 36 § 403 Zeile 2 lies „beglaubigte" statt begläubigte.
„ 44 § 508 Zeile 5 lies „entrichten" statt eutrichten.
„ 46 § 528 Zeile 4 lies „seinen" statt seine; Zeile 13 ist zwischen sowie und für das Wort „die" einzufügen.
„ 56 § 651 Zeile 7 ist hinter Anwendung ein Strichpunkt zu setzen statt Komma.
„ 68 Bemerkung 196 lies „§ 364 Abs. 2 HGB" statt § 364 Abs. 1 HGB.
„ 75 Bemerkung 9 Absatz 2 Zeile 3 ist hinter Voraussetzung ein Komma zu setzen.
„ 76 § 880 Absatz 2 Zeile 9 lies „der Betheiligten" statt dem Betheiligten.
„ 108 Bemerkung 197 Zeile 2 ist hinter 1885 einzufügen: „§§ 4 ff. RG v. 22. Juni 1899."
„ 113 Bemerkung 16 Zeile 5 lies „Art. 198" statt 189.
„ 123 Bemerkung 56 muß lauten: „Des nach §§ 35, 36, 43 FrG zuständigen."
„ 126 In Bemerkung 67 ist nach § 1471 „Abs. 1" einzufügen.
„ 127 Die Bemerkung 70 gehört zu § 1484 Abs. 1, nicht zu Abs. 2; die Bemerkung 71 gehört zu § 1484 Abs. 2, nicht zu Abs. 3.
„ 128 Bemerkung 77 lies „§ 44" statt 42.
„ 133 Bemerkung 100 ist hinter siehe einzufügen: „Bkm. v. 12. Nov. 1898".
„ 140 Spalte 2 Zeile 7 von oben lies „Rechtsgeschäft" statt Rechsgeschäft; Bemerkung 141 lies „§ 37" statt 35.
„ 147 Bemerkung 177 lies „§ 44" statt 42.
„ 148 Bemerkung 181 lies „§ 44" statt 42.
„ 153 Bemerkung 207 lies „§ 37" statt 35.
„ 169 § 2004 Zeile 6 ist die Bemerkungsziffer 49 zu streichen; Bemerkung 48 und 49 lies „§§ 37, 50" statt §§ 37, 48.
„ 172 Bemerkung 57 lies „§ 44" statt 42.
„ 179 Bemerkung 75 lies „§ 37" statt 35.
„ 186 Bemerkung 105 lies „§ 37" statt 35.
„ 187 Bemerkung 107 lies „Masseschuld" statt Masseschulden.
„ 189 Bemerkung 128 lies „§ 28" statt 26.
„ 195 Bemerkung 145 lies „§ 37" statt 35.
„ 202 Die Bemerkungsziffer 5 ist am Schluß von § 6 zu streichen und hinter die Paragraphenzahl 7 zu setzen.
„ 219 Bemerkung 126 lies „§§ 166, 168" statt 163, 165.
„ 219 Bemerkung 127 lies „§§ 167, 168" statt 164, 165.
„ 219 Bemerkung 128 lies „§§ 23—27" statt 21—25.
„ 219 Bemerkung 130 lies „§ 45" statt 43.

Seite 222 an Bemerkung 166 ist der Zusatz anzufügen: „soweit nicht besondere Vorschriften darüber bestehen."

„ 223 an Bemerkung 177 ist der Zusatz anzufügen: „; Ver. v. 18. April 1900."

„ 225 Bemerkung 194 lies „§§ 144—162" statt 144—161.

„ 236 Bemerkung 65 lies „§§ 68—70" statt 65—67.

„ 237 an Bemerkung 66 ist der Zusatz anzufügen: „Ver. v. 5. Dez. 1899; Ver. v. 22. Dez. 1899 §§ 117 ff."

„ 238 und 239. Die Bemerkungsziffer 77 ist am Schluß des Absatzes 2 von § 94 zu streichen und an den Schluß des Absatzes 1 von § 94 zu setzen.

„ 242 Bemerkung 112 Zeile 7 lies „§ 67" statt 64.

„ 244 Bemerkung 129 lies „§ 166" statt 163.

„ 245 § 160 Abs. 4 lies „Im Uebrigen" statt Um Uebrigen.

„ 246 zu Abs. 1 der §§ 164 und 165 ist folgende Bemerkung 157a zuzufügen: „Vgl. Ver. v. 2. Mai 1900 (GBl. S. 101)."

„ 248 Bemerkung 21 Zeile 5 lies „§ 30" statt 28.

„ 250 § 30 Zeile 5 ist die Bemerkungsziffer 45 zu streichen und hinter das Wort Handelssachen in Zeile 6 zu setzen.

„ 256 an Bemerkung 153 ist der Zusatz anzufügen: „Ver. v. 8. Febr. 1900."

„ 258 Bemerkung 166 muß von Zeile 8 ab lauten: „a. für Seeschiffe in dem Ges. betreffend das Flaggenrecht der Kauffahrteischiffe v. 22. Juni 1899 (RGBl. S. 319); b. für Binnenschiffe in §§ 120 ff. RG v. 15. Juni 1895 und in der MinV v. 30. Dez. 1899." Die beiden letzten Zeilen der Bemerkung bleiben.

„ 259 Bemerkung 196: „§§ 11 ff. MinV v. 21. Dez. 1895" ist zu streichen.

„ 260 Bemerkung 208 muß lauten: „Vgl. § 10 Ges. v. 22. Juni 1899; § 126 Abs. 3 RG v. 15. Juni 1895".

„ 274 Bemerkung 47 muß lauten: „Vgl. §§ 122—127, 159 FrG; MinV v. 9. Nov., 6. Dez., 30. Dez. 1899, 4. Jan. 1900; auch Bekm. des Reichskanzlers v. 12. Dez. 1898 (Art. 30 MinV v. 6. Dez. 1899) und 1. Juli 1899."

„ 286 Zu § 91 ist folgende Bemerkung 93a zuzufügen: „Vgl. Ver. v. 18. April 1900."

Privatrecht.

Erste Abtheilung.

Bürgerliches Gesetzbuch.

Vom 18. August 1896.

(Reichs-Gesetzblatt S. 195.)

Erstes Buch.

Allgemeiner Theil.

Erster Abschnitt. Personen.

Erster Titel. Natürliche Personen.

§ 1. Die Rechtsfähigkeit des Menschen beginnt mit der Vollendung der Geburt.[1]

2. Die Volljährigkeit tritt mit der Vollendung des einundzwanzigsten Lebensjahrs ein.[2]

3. Ein Minderjähriger, der das achtzehnte Lebensjahr vollendet hat, kann durch Beschluß des Vormundschaftsgerichts[3] für volljährig erklärt werden.

Durch die Volljährigkeitserklärung erlangt der Minderjährige die rechtliche Stellung eines Volljährigen.[4]

4. Die Volljährigkeitserklärung ist nur zulässig, wenn der Minderjährige seine Einwilligung ertheilt.

Steht der Minderjährige unter elterlicher Gewalt, so ist auch die Einwilligung des Gewalthabers erforderlich, es sei denn, daß diesem weder die Sorge für die Person noch die Sorge für das Vermögen des Kindes zusteht. Für eine minderjährige Wittwe ist die Einwilligung des Gewalthabers nicht erforderlich.

5. Die Volljährigkeitserklärung soll nur erfolgen, wenn sie das Beste des Minderjährigen befördert.[5]

6.[6] Entmündigt kann werden:

1. wer in Folge von Geisteskrankheit oder von Geistesschwäche seine Angelegenheiten nicht zu besorgen vermag;[7]
2. wer durch Verschwendung sich oder seine Familie der Gefahr des Nothstandes aussetzt;[8]
3. wer in Folge von Trunksucht seine Angelegenheiten nicht zu besorgen vermag oder sich oder seine Familie der Gefahr des Nothstandes aussetzt oder die Sicherheit Anderer gefährdet.

Die Entmündigung ist wiederaufzuheben, wenn der Grund der Entmündigung wegfällt.

7. Wer sich an einem Orte ständig niederläßt, begründet an diesem Orte seinen Wohnsitz.

Der Wohnsitz kann gleichzeitig an mehreren Orten bestehen.

Der Wohnsitz wird aufgehoben, wenn die Niederlassung mit dem Willen aufgehoben wird, sie aufzugeben.[9]

8. Wer geschäftsunfähig oder in der Geschäftsfähigkeit beschränkt ist, kann ohne den Willen seines gesetzlichen Vertreters einen Wohnsitz weder begründen noch aufheben.

---

1. Bezüglich der Parteifähigkeit vgl. § 50 CPO.

2. Besondere Bestimmungen für Ausländer trifft Art. 7 Abs. 2 EG Uebergangsvorschrift Art. 153 EG.

3. Vormundschaftsgericht ist nach § 35 FrG das Amtsgericht. Die Zuständigkeit des letzteren bestimmt sich nach §§ 36 ff. FrG; im Uebrigen vgl. §§ 1 ff. FrG.

4. Vgl. hierzu noch § 56 Abs. 2 FrG. Eine Uebergangsvorschrift enthält Art. 154 EG.

5. Eine weitere Vorbedingung für den Erlaß der Volljährigkeitserklärung enthält § 56 Abs. 1 FrG.

6. Für Ausländer trifft Art. 8 EG besondere Bestimmungen.

7. Ueber das Verfahren vgl. §§ 645 ff. CPO Uebergangsvorschrift in Artt. 155, 210 Abs. 2, 211 EG.

8. Ueber das Verfahren in Nr. 2 und 3 vgl. §§ 680 ff. CPO Uebergangsbestimmung für Nr. 2 in Artt. 156 Abs. 2, 210 EG. Ob der für einen Verschwender bestellte conseil judiciaire (Art. 513 ff. C. civ.) mit dem 1. Januar 1900 von Rechtswegen Vormund wird, erscheint zweifelhaft.

9. Einen gesetzlichen Wohnsitz für Beamte kennt das BGB nicht; — vgl auch Art. 157 EG.

9. Eine Militärperson [10] hat ihren Wohnsitz am Garnisonorte. Als Wohnsitz einer Militärperson, deren Truppentheil im Inlande keinen Garnisonort hat, gilt der letzte inländische Garnisonort des Truppentheils.

Diese Vorschriften finden keine Anwendung auf Militärpersonen, die nur zur Erfüllung der Wehrpflicht dienen oder die nicht selbständig einen Wohnsitz begründen können.

10. Die Ehefrau theilt den Wohnsitz des Ehemannes. Sie theilt den Wohnsitz nicht, wenn der Mann seinen Wohnsitz im Ausland an einem Orte begründet, an den die Frau ihm nicht folgt und zu folgen nicht verpflichtet ist.

Solange der Mann keinen Wohnsitz hat oder die Frau seinen Wohnsitz nicht theilt, kann die Frau selbständig einen Wohnsitz haben.

11. Ein eheliches Kind theilt den Wohnsitz des Vaters, ein uneheliches Kind den Wohnsitz der Mutter, ein an Kindesstatt angenommenes Kind den Wohnsitz des Annehmenden. Das Kind behält den Wohnsitz, bis es ihn rechtsgültig aufhebt.

Eine erst nach dem Eintritte der Volljährigkeit des Kindes erfolgende Legitimation oder Annahme an Kindesstatt hat keinen Einfluß auf den Wohnsitz des Kindes.

12. Wird das Recht zum Gebrauch eines Namens dem Berechtigten von einem Anderen bestritten oder wird das Interesse des Berechtigten dadurch verletzt, daß ein Anderer unbefugt den gleichen Namen gebraucht, so kann der Berechtigte von dem Anderen Beseitigung der Beeinträchtigung verlangen. Sind weitere Beeinträchtigungen zu besorgen, so kann er auf Unterlassung klagen. [11]

13. Wer verschollen ist, kann nach Maßgabe der §§ 14 bis 17 im Wege des Aufgebotsverfahrens für todt erklärt werden. [12]

14. Die Todeserklärung ist zulässig, wenn seit zehn Jahren keine Nachricht von dem Leben des Verschollenen eingegangen ist. Sie darf nicht vor dem Schlusse des Jahres erfolgen, in welchem der Verschollene das einunddreißigste Lebensjahr vollendet haben würde.

Ein Verschollener, der das siebzigste Lebensjahr vollendet haben würde, kann für todt erklärt werden, wenn seit fünf Jahren keine Nachricht von seinem Leben eingegangen ist.

Der Zeitraum von zehn oder fünf Jahren beginnt mit dem Schlusse des letzten Jahres, in welchem der Verschollene den vorhandenen Nachrichten zufolge noch gelebt hat.

15. Wer als Angehöriger einer bewaffneten Macht [13]) an einem Kriege Theil genommen hat, während des Krieges vermißt worden und seitdem verschollen ist, kann für todt erklärt werden, wenn seit dem Friedensschlusse drei Jahre verstrichen sind. Hat ein Friedensschluß nicht stattgefunden, so beginnt der dreijährige Zeitraum mit dem Schlusse des Jahres, in welchem der Krieg beendigt worden ist.

Als Angehöriger einer bewaffneten Macht [13] gilt auch derjenige, welcher sich in einem Amts- oder Dienstverhältniß oder zum Zwecke freiwilliger Hülfeleistung bei der bewaffneten Macht befindet.

16. Wer sich bei einer Seefahrt auf einem während der Fahrt untergegangenen Fahrzeuge befunden hat und seit dem Untergange des Fahrzeugs verschollen ist, kann für todt erklärt werden, wenn seit dem Untergang ein Jahr verstrichen ist.

Der Untergang des Fahrzeugs wird vermuthet, wenn es an dem Orte seiner Bestimmung nicht eingetroffen oder in Ermangelung eines festen Reiseziels nicht zurückgekehrt ist und wenn

bei Fahrten innerhalb der Ostsee ein Jahr,
bei Fahrten innerhalb anderer europäischer Meere, mit Einschluß sämmtlicher Theile des Mittelländischen, Schwarzen und Azowschen Meeres, zwei Jahre,
bei Fahrten, die über außereuropäische Meere führen, drei Jahre

seit dem Antritte der Reise verstrichen sind. Sind Nachrichten über das Fahrzeug eingegangen, so

---

10. Ueber den Begriff der „Militärperson“ vgl. §§ 3, 4 MilitärStGB v. 20. Juni 1872, § 10 StGB. Hiernach sind unter Militärpersonen „die Personen des Soldatenstandes und die Militärbeamten“ zu verstehen, „welche zum Deutschen Heere und zur K. Marine gehören.“ Eine Aufzählung enthält das dem MilitärStGB als Anlage beigefügte Verzeichniß (§ 5 MilitärStGB; RGBl 1872 S. 204).

Zu den Militärpersonen gehören in Elsaß-Lothr. auch die Mitglieder der Gendarmerie.

„Militärbeamte“ sind nur diejenigen Beamten der Militärverwaltung, die einen Offizierrang haben; die übrigen Beamten sind Civilbeamte der Militärverwaltung.

Vgl. auch §§ 2, 13 G. v. 9. November 1867, betreffend die Verpflichtung zum Kriegsdienste; § 38 Reichsmilitärges. v. 2. Mai 1874; K. Verordnung v. 13. August 1895 (RGBl S. 431).

11. Wegen unberechtigten Gebrauchs einer kaufmännischen Firma vgl. § 37 HGB. — Bestimmungen über die Zulässigkeit einer Aenderung des Familiennamens in §§ 1—5 AG. z. BGB. — Das Recht zur Führung des Adelstitels ist öffentlich rechtlicher Natur und fällt nicht unter § 12. — Vgl. auch § 3 RG über Markenschutz vom 30. November 1874; § 14 RG zum Schutz der Waarenbezeichnungen v. 12. Mai 1894; § 8 RG betreffend unlauteren Wettbewerb v. 27. Mai 1896.

12. Die Todeserklärung nach Maßgabe der §§ 13 ff. ist, wie Art. 9 Abs. 1 EG bestimmt, nur zulässig, sofern der Verschollene bei dem Beginne der Verschollenheit ein Deutscher war. Unter welchen Voraussetzungen ein Ausländer im Inlande für todt erklärt werden kann, bestimmt Art. 9 Abs. 2. 3 EG. — Das Verfahren bei der Todeserklärung regelt sich nach den Vorschriften der §§ 946—976 CPO; vgl. auch § 1911 BGB, § 39 FrG. Uebergangsvorschriften enthalten die Artt. 161, 162 EG.

13. Hierzu gehören nach § 2 RG v. 9. November 1867 Heer, Marine und Landsturm. Vgl. noch Bem. zu § 9; § 38 RMG v. 2. Mai 1874; § 4 RG v. 20. Juni 1872; RG v. 12. Februar 1875.

ist der Ablauf des Zeitraums erforderlich, der verstrichen sein müßte, wenn das Fahrzeug von dem Orte abgegangen wäre, an dem es sich den Nachrichten zufolge zuletzt befunden hat.

17. Wer unter anderen als den in den §§ 15, 16 bezeichneten Umständen in eine Lebensgefahr gerathen und seitdem verschollen ist, kann für todt erklärt werden, wenn seit dem Ereignisse, durch welches die Lebensgefahr entstanden ist, drei Jahre verstrichen sind.

18. Die Todeserklärung begründet die Vermuthung, daß der Verschollene in dem Zeitpunkte gestorben sei, welcher in dem die Todeserklärung aussprechenden Urtheile festgestellt ist.

Als Zeitpunkt des Todes ist, sofern nicht die Ermittelungen ein Anderes ergeben, anzunehmen:

in den Fällen des § 14 der Zeitpunkt, in welchem die Todeserklärung zulässig geworden ist;

in den Fällen des § 15 der Zeitpunkt des Friedensschlusses oder der Schluß des Jahres, in welchem der Krieg beendigt worden ist;

in den Fällen des § 16 der Zeitpunkt, in welchem das Fahrzeug untergegangen ist oder von welchem an der Untergang vermuthet wird;

in den Fällen des § 17 der Zeitpunkt, in welchem das Ereigniß stattgefunden hat.[14]

Ist die Todeszeit nur dem Tage nach festgestellt, so gilt das Ende des Tages als Zeitpunkt des Todes.

19. Solange nicht die Todeserklärung erfolgt ist, wird das Fortleben des Verschollenen bis zu dem Zeitpunkte vermuthet, der nach § 18 Abs. 2 in Ermangelung eines anderen Ergebnisses der Ermittelungen als Zeitpunkt des Todes anzunehmen ist; die Vorschrift des § 18 Abs. 3 findet entsprechende Anwendung.

20. Sind mehrere in einer gemeinsamen Gefahr umgekommen, so wird vermuthet, daß sie gleichzeitig gestorben seien.

Zweiter Titel. Juristische Personen.[15]

I. Vereine.[16]

1. Allgemeine Vorschriften.

21. Ein Verein, dessen Zweck nicht auf einen wirthschaftlichen Geschäftsbetrieb gerichtet ist, erlangt Rechtsfähigkeit durch Eintragung in das Vereinsregister des zuständigen Amtsgerichts.

22. Ein Verein, dessen Zweck auf einen wirthschaftlichen Geschäftsbetrieb gerichtet ist, erlangt in Ermangelung besonderer reichsgesetzlicher Vorschriften Rechtsfähigkeit durch staatliche Verleihung. Die Verleihung steht dem Bundesstaate zu, in dessen Gebiete der Verein seinen Sitz hat.[17]

---

14. Vgl. § 970 Abs. 2 CPO.

15. Das BGB regelt nur das Rechtsverhältniß der privatrechtlichen juristischen Personen. Auf die juristischen Personen des öffentlichen Rechts finden deshalb die nachfolgenden Bestimmungen nur insoweit Anwendung, als § 89 BGB dies bestimmt; im Uebrigen werden diese juristischen Personen nach öffentlich-rechtlichen Grundsätzen beurtheilt. — Uebergangsvorschriften bezüglich der juristischen Personen sind in den Artt. 163—167 EG, eine weitere hierher gehörige Vorschrift bezüglich des Erwerbs von Rechten juristischer Personen in Art. 86 EG enthalten; vgl. auch § 6 AG z. BGB.

16. Durch das BGB werden nur die privatrechtlichen Verhältnisse der Vereine geordnet; die öffentlich-rechtlichen Bestimmungen über das Vereinsrecht bleiben daneben in Kraft (Art. 55 EG).

Für Els.-Lothr. kommen hierbei in Betracht die Art. 291—294 C. pénal, das Gesetz vom 10. April 1834 und das Dekret vom 25. März 1852, das letztere nur insofern, als es das Gesetz vom 18. Juli 1848, durch welches die Klubs mit öffentlichen Sitzungen gestattet wurden, wieder aufgehoben hat mit Ausnahme des Art. 13, der seinerseits wieder durch § 128 StGB beseitigt ist. Darnach ist zur Bildung eines Vereins von mehr als 20 Personen die Genehmigung der Regierung erforderlich, und diese Genehmigung wird dadurch nicht entbehrlich, daß der Verein etwa in mehrere Abtheilungen von geringerer Mitgliederzahl zerfällt. Jeder nicht genehmigte, sowie jeder genehmigte Verein, der die von der Regierung genehmigten Statuten verletzt hat, wird aufgehoben. Die Theilnehmer sind strafbar.

Ferner bestimmt § 17 des Reichswahlg. v. 31. Mai 1869, — in Els.-Lothr. durch Gesetz v. 25. Juni 1873 eingeführt —, daß die Wahlberechtigten das Recht haben, zum Betriebe der den Reichstag betreffenden Wahlangelegenheiten Vereine zu bilden und in geschlossenen Räumen unbewaffnet öffentliche Versammlungen zu veranstalten, unbeschadet der landesgesetzlichen Vorschriften über die Anzeige und Ueberwachung solcher Vereine und Versammlungen. Eine landesgesetzliche Vorschrift welche die Anzeigepflicht regelt, besteht in Els.-Lothr. nicht. — Vgl. auch § 152 GewO; RG betr. das Vereinswesen v. 11. Dez. 1899 (RGBl S. 699).

Ueber die Stellung der einem fremden Staat angehörigen Vereine im Inlande enthält Art. 10 EG eine besondere Bestimmung.

Das EG hält in den Art. 65, 66, 67, 69, 75, 83, 113 eine Reihe von landesgesetzlichen Vorschriften, die auf die Bildung von Vereinigungen innerhalb gewisser Rechtsgebiete Bezug haben, sowie in den Art. 82, 84 weitere landesgesetzliche Vorschriften über die Bildung von Vereinen aufrecht. Das Nähere siehe bei den einzelnen Artikeln.

17. Ueber die Form der staatlichen Verleihung enthält das BGB keine Bestimmung; es kommen in dieser Beziehung die Vorschriften der Landesgesetzgebung zur Anwendung. In Els.-Lothr. geschah sie bisher als Regel in der Form der Erklärung der Gemeinnützigkeit durch landesherrliche Verordnung (vgl. K. Verordnung v. 5. November 1894 Nr. 1), ausnahmsweise durch Verfügung des Bezirks-Präsidenten (vgl. Art. 1 Dekret v. 26. März 1852, Art. 14 G. v. 24. Juli 1867).

Für eine Reihe von Vereinen, deren Zweck auf einen wirthschaftlichen Geschäftsbetrieb gerichtet ist, bestehen besondere reichsgesetzliche Vorschriften.

So sind die handelsrechtlichen Vereinigungen durch das HGB. geregelt; ferner bestehen besondere Reichsg. über die Erwerbs- und Wirthschaftsgenossenschaften (G. v. 1. Mai 1889 in der Fassg. des RG v. 17. Mai 1898); über die eingeschriebenen Hülfskassen (G. v. 7. April 1876 und 1. Juni 1884); die Innungen (§§ 97—104 ° GewO), die Krankenkassen (G. v. 15. Juni 1883, 28. Januar 1885, 28. Mai 1885, 10. April 1892); die Berufsgenossenschaften zum Zwecke der Unfallversicherung (§§ 11—40 G. v. 11. Juli 1884, §§ 13,

23. Einem Vereine, der seinen Sitz nicht in einem Bundesstaate[18] hat, kann in Ermangelung besonderer reichsgesetzlicher Vorschriften Rechtsfähigkeit durch Beschluß des Bundesraths verliehen werden.

24. Als Sitz eines Vereins gilt, wenn nicht ein Anderes bestimmt ist, der Ort, an welchem die Verwaltung geführt wird.[19]

25. Die Verfassung eines rechtsfähigen Vereins wird, soweit sie nicht auf den nachfolgenden Vorschriften beruht, durch die Vereinssatzung bestimmt.[20]

26. Der Verein muß einen Vorstand haben. Der Vorstand kann aus mehreren Personen bestehen.

Der Vorstand vertritt den Verein gerichtlich und außergerichtlich; er hat die Stellung eines gesetzlichen Vertreters. Der Umfang seiner Vertretungsmacht kann durch die Satzung mit Wirkung gegen Dritte beschränkt werden.

27. Die Bestellung des Vorstandes erfolgt durch Beschluß der Mitgliederversammlung.

Die Bestellung ist jederzeit widerruflich, unbeschadet des Anspruchs auf die vertragsmäßige Vergütung. Die Widerruflichkeit kann durch die Satzung auf den Fall beschränkt werden, daß ein wichtiger Grund für den Widerruf vorliegt; ein solcher Grund ist insbesondere grobe Pflichtverletzung oder Unfähigkeit zur ordnungsmäßigen Geschäftsführung.

Auf die Geschäftsführung des Vorstandes finden die für den Auftrag geltenden Vorschriften der §§ 664 bis 670 entsprechende Anwendung.

28. Besteht der Vorstand aus mehreren Personen, so erfolgt die Beschlußfassung nach den für die Beschlüsse der Mitglieder des Vereins geltenden Vorschriften der §§ 32, 34.

Ist eine Willenserklärung dem Vereine gegenüber abzugeben, so genügt die Abgabe gegenüber einem Mitgliede des Vorstandes.

29. Soweit die erforderlichen Mitglieder des Vorstandes fehlen, sind sie in dringenden Fällen für die Zeit bis zur Hebung des Mangels auf Antrag eines Betheiligten von dem Amtsgerichte zu bestellen, in dessen Bezirke der Verein seinen Sitz hat.[21]

30. Durch die Satzung kann bestimmt werden, daß neben dem Vorstande für gewisse Geschäfte besondere Vertreter zu bestellen sind. Die Vertretungsmacht eines solchen Vertreters erstreckt sich im Zweifel auf alle Rechtsgeschäfte, die der ihm zugewiesene Geschäftskreis gewöhnlich mit sich bringt.

31. Der Verein ist für den Schaden verantwortlich, den der Vorstand, ein Mitglied des Vorstandes oder ein anderer verfassungsmäßig berufener Vertreter durch eine in Ausführung der ihm zustehenden Verrichtungen begangene, zum Schadensersatze verpflichtende Handlung einem Dritten zufügt.

32. Die Angelegenheiten des Vereins werden, soweit sie nicht von dem Vorstand oder einem anderen Vereinsorgane zu besorgen sind, durch Beschlußfassung in einer Versammlung der Mitglieder geordnet. Zur Gültigkeit des Beschlusses ist erforderlich, daß der Gegenstand bei der Berufung bezeichnet wird. Bei der Beschlußfassung entscheidet die Mehrheit der erschienenen Mitglieder.

Auch ohne Versammlung der Mitglieder ist ein Beschluß gültig, wenn alle Mitglieder ihre Zustimmung zu dem Beschlusse schriftlich erklären.

33. Zu einem Beschlusse, der eine Aenderung der Satzung enthält, ist eine Mehrheit von drei Viertheilen der erschienenen Mitglieder erforderlich. Zur Aenderung des Zweckes des Vereins ist die Zustimmung aller Mitglieder erforderlich; die Zustimmung der nicht erschienenen Mitglieder muß schriftlich erfolgen.

Beruht die Rechtsfähigkeit des Vereins auf Verleihung, so ist zu jeder Aenderung der Satzung staatliche Genehmigung oder, falls die Verleihung durch den Bundesrath erfolgt ist, die Genehmigung des Bundesraths erforderlich.[22]

34. Ein Mitglied ist nicht stimmberechtigt, wenn die Beschlußfassung die Vornahme eines Rechtsgeschäfts mit ihm oder die Einleitung oder Erledigung eines Rechtsstreits zwischen ihm und dem Vereine betrifft.

35. Sonderrechte eines Mitglieds können nicht ohne dessen Zustimmung durch Beschluß der Mitgliederversammlung beeinträchtigt werden.

36. Die Mitgliederversammlung ist in den durch die Satzung bestimmten Fällen sowie dann zu berufen, wenn das Interesse des Vereins es erfordert.

37. Die Mitgliederversammlung ist zu berufen, wenn der durch die Satzung bestimmte Theil oder in Ermangelung einer Bestimmung der zehnte Theil der Mitglieder die Berufung schriftlich unter Angabe des Zweckes und der Gründe verlangt.

14, 18 ff., G. v. 5. Mai 1886, §§ 4[1], 9 ff. G. v. 11. Juli 1887, § 102 G. v. 15. Juni 1895 u. s. w.); die Gesellschaften mit beschränkter Haftung (RG v. 20. April 1892); Innungsverbände (§ 104h GewO); Kolonialgesellschaften (§ 8 RG betreffend die Rechtsverhältnisse der deutschen Schutzgebiete v. 17. April 1886 und 15. März 1888).

Fällt ein Verein, dessen Zweck auf einen wirthschaftlichen Geschäftsbetrieb gerichtet ist, mit Rücksicht auf den letzteren unter eines der angeführten Gesetze, so ist dieses für seine Rechtsverhältnisse allein maßgebend.

18. Vgl. Art. 5 EG.

19. Vgl. § 17 CPO.

20. Art. 82 EG macht von dieser Vorschrift eine Ausnahme bezüglich der Verfassung derjenigen Vereine, deren Rechtsfähigkeit auf staatlicher Verleihung beruht; für diese sind die Landesgesetze maßgebend. Vgl. insbesondere G. v. 15. Juli 1850.

21. Bezüglich der desfallsigen Verfügungen des Amtsgerichts vgl. §§ 16, 18, 19 ff. 32 FrG.

22. Art. 82 EG ist auch hier maßgebend.

Wird dem Verlangen nicht entsprochen, so kann das Amtsgericht, in dessen Bezirke der Verein seinen Sitz hat, die Mitglieder, welche das Verlangen gestellt haben, zur Berufung der Versammlung ermächtigen und über die Führung des Vorsitzes in der Versammlung Bestimmung treffen. Auf die Ermächtigung muß bei der Berufung der Versammlung Bezug genommen werden.[23]

38. Die Mitgliedschaft ist nicht übertragbar und nicht vererblich. Die Ausübung der Mitgliedschaftsrechte kann nicht einem Anderen überlassen werden.

39. Die Mitglieder sind zum Austritt aus dem Vereine berechtigt.

Durch die Satzung kann bestimmt werden, daß der Austritt nur am Schlusse eines Geschäftsjahrs oder erst nach dem Ablauf einer Kündigungsfrist zulässig ist; die Kündigungsfrist kann höchstens zwei Jahre betragen.

40. Die Vorschriften des § 27 Abs. 1, 3, des § 28 Abs. 1 und der §§ 32, 33, 38 finden insoweit keine Anwendung, als die Satzung ein Anderes bestimmt.

41. Der Verein kann durch Beschluß der Mitgliederversammlung aufgelöst werden. Zu dem Beschluß ist eine Mehrheit von drei Viertheilen der erschienenen Mitglieder erforderlich, wenn nicht die Satzung ein Anderes bestimmt.

42. Der Verein verliert die Rechtsfähigkeit durch die Eröffnung des Konkurses.[24]

Der Vorstand hat im Falle der Ueberschuldung die Eröffnung des Konkurses zu beantragen. Wird die Stellung des Antrags verzögert, so sind die Vorstandsmitglieder, denen ein Verschulden zur Last fällt, den Gläubigern für den daraus entstehenden Schaden verantwortlich; sie haften als Gesammtschuldner.

43. Dem Vereine kann die Rechtsfähigkeit entzogen werden, wenn er durch einen gesetzwidrigen Beschluß der Mitgliederversammlung oder durch gesetzwidriges Verhalten des Vorstandes das Gemeinwohl gefährdet.

Einem Vereine, dessen Zweck nach der Satzung nicht auf einen wirthschaftlichen Geschäftsbetrieb gerichtet ist, kann die Rechtsfähigkeit entzogen werden, wenn er einen solchen Zweck verfolgt.

Einem Vereine, der nach der Satzung einen politischen, sozialpolitischen oder religiösen Zweck nicht hat, kann die Rechtsfähigkeit entzogen werden, wenn er einen solchen Zweck verfolgt.

Einem Vereine, dessen Rechtsfähigkeit auf Verleihung beruht, kann die Rechtsfähigkeit entzogen werden, wenn er einen anderen als den in der Satzung bestimmten Zweck verfolgt.[25])

44. Die Zuständigkeit und das Verfahren bestimmen sich in den Fällen des § 43 nach den für streitige Verwaltungssachen geltenden Vorschriften der Landesgesetze.[26] Wo ein Verwaltungsstreitverfahren nicht besteht, finden die Vorschriften der §§ 20, 21 der Gewerbeordnung Anwendung; die Entscheidung erfolgt in erster Instanz durch die höhere Verwaltungsbehörde,[26a] in deren Bezirke der Verein seinen Sitz hat.

Beruht die Rechtsfähigkeit auf Verleihung durch den Bundesrath, so erfolgt die Entziehung durch Beschluß des Bundesraths.

45. Mit der Auflösung des Vereins oder der Entziehung der Rechtsfähigkeit fällt das Vermögen an die in der Satzung bestimmten Personen.

Durch die Satzung kann vorgeschrieben werden, daß die Anfallberechtigten durch Beschluß der Mitgliederversammlung oder eines anderen Vereinsorgans bestimmt werden. Ist der Zweck des Vereins nicht auf einen wirthschaftlichen Geschäftsbetrieb gerichtet, so kann die Mitgliederversammlung auch ohne eine solche Vorschrift das Vermögen einer öffentlichen Stiftung oder Anstalt zuweisen.

Fehlt es an einer Bestimmung der Anfallberechtigten, so fällt das Vermögen, wenn der Verein nach der Satzung ausschließlich den Interessen seiner Mitglieder diente, an die zur Zeit der Auflösung oder der Entziehung der Rechtsfähigkeit vorhandenen Mitglieder zu gleichen Theilen, anderenfalls an den Fiskus des Bundesstaats, in dessen Gebiete der Verein seinen Sitz hatte.[27]

46. Fällt das Vereinsvermögen an den Fiskus, so finden die Vorschriften über eine dem Fiskus als gesetzlichem Erben anfallende Erbschaft entsprechende Anwendung.[28] Der Fiskus hat das Vermögen thunlichst in einer den Zwecken des Vereins entsprechenden Weise zu verwenden.

47. Fällt das Vereinsvermögen nicht an den Fiskus, so muß eine Liquidation stattfinden.

48. Die Liquidation erfolgt durch den Vorstand. Zu Liquidatoren können auch andere

---

23. Die Vorschrift des § 160 FrG ist hierbei zu beobachten.

24. Den Zeitpunkt der Eröffnung des Konkurses bestimmt § 108 KO. Sofern der die Eröffnung des Konkurses aussprechende Beschluß in Folge der dagegen erhobenen Beschwerde (§ 109 KO) wieder aufgehoben wird, gilt der Verlust der Rechtsfähigkeit als nicht erfolgt. Vgl. auch § 213 KO; Art. IV EG zum RG betr. Aenderung der KO v. 17. Mai 1898 und § 15 Nr. 3 des EG z. CPO in der Fassung des RG v. 17. Mai 1898.

25. Das auf Grund des öffentlichen Vereinsrechts den Behörden zustehende Recht auf Auflösung eines Vereins — dessen selbstverständliche Folge der Wegfall der Rechtsfähigkeit sein würde — bleibt neben § 43 bestehen.

26. Die Bezeichnung der zuständigen Behörden, sowie die Bestimmungen über das Verfahren erfolgen nach § 8 AG z. BGB durch kaiserliche Verordnung; siehe die bezügliche Verordnung vom 6. Dez. 1899.

26a. „Bezirkspräsident" nach § 6 Verordnung v. 6. Dez. 1899.

27. Vgl. hierzu Art. 85 EG.

28. Die zur Anwendung kommenden Vorschriften sind die §§ 1936, 1942 Abs. 2, 1964 bis 1966, 2011 BGB, § 780 CPO.

Personen bestellt werden; für die Bestellung sind die für die Bestellung des Vorstandes geltenden Vorschriften maßgebend.

Die Liquidatoren haben die rechtliche Stellung des Vorstandes, soweit sich nicht aus dem Zwecke der Liquidation ein Anderes ergiebt.

Sind mehrere Liquidatoren vorhanden, so ist für ihre Beschlüsse Uebereinstimmung aller erforderlich, sofern nicht ein Anderes bestimmt ist.

49. Die Liquidatoren haben die laufenden Geschäfte zu beendigen, die Forderungen einzuziehen, das übrige Vermögen in Geld umzusetzen, die Gläubiger zu befriedigen und den Ueberschuß den Anfallberechtigten auszuantworten. Zur Beendigung schwebender Geschäfte können die Liquidatoren auch neue Geschäfte eingehen. Die Einziehung der Forderungen sowie die Umsetzung des übrigen Vermögens in Geld darf unterbleiben, soweit diese Maßregeln nicht zur Befriedigung der Gläubiger oder zur Vertheilung des Ueberschusses unter die Anfallberechtigten erforderlich sind.

Der Verein gilt bis zur Beendigung der Liquidation als fortbestehend, soweit der Zweck der Liquidation es erfordert.

50. Die Auflösung des Vereins oder die Entziehung der Rechtsfähigkeit ist durch die Liquidatoren öffentlich bekannt zu machen. In der Bekanntmachung sind die Gläubiger zur Anmeldung ihrer Ansprüche aufzufordern. Die Bekanntmachung erfolgt durch das in der Satzung für Veröffentlichungen bestimmte Blatt, in Ermangelung eines solches durch dasjenige Blatt, welches für Bekanntmachungen des Amtsgerichts bestimmt ist, in dessen Bezirke der Verein seinen Sitz hatte. Die Bekanntmachung gilt mit dem Ablaufe des zweiten Tages nach der Einrückung oder der ersten Einrückung als bewirkt.

Bekannte Gläubiger sind durch besondere Mittheilung zur Anmeldung aufzufordern.

51. Das Vermögen darf den Anfallberechtigten nicht vor dem Ablauf eines Jahres nach der Bekanntmachung der Auflösung des Vereins oder der Entziehung der Rechtsfähigkeit ausgeantwortet werden.

52. Meldet sich ein bekannter Gläubiger nicht, so ist der geschuldete Betrag, wenn die Berechtigung zur Hinterlegung vorhanden ist, für den Gläubiger zu hinterlegen.

Ist die Berichtigung einer Verbindlichkeit zur Zeit nicht ausführbar oder ist eine Verbindlichkeit streitig, so darf das Vermögen den Anfallberechtigten nur ausgeantwortet werden, wenn dem Gläubiger Sicherheit geleistet ist.

53. Liquidatoren, welche die ihnen nach dem § 42 Abs. 2 und den §§ 50 bis 52 obliegenden Verpflichtungen verletzen oder vor der Befriedigung der Gläubiger Vermögen den Anfallberechtigten ausantworten, sind, wenn ihnen ein Verschulden zur Last fällt, den Gläubigern für den daraus entstehenden Schaden verantwortlich; sie haften als Gesammtschuldner.

54. Auf Vereine, die nicht rechtsfähig sind, finden die Vorschriften über die Gesellschaft Anwendung.[29] Aus einem Rechtsgeschäfte, das im Namen eines solchen Vereins einem Dritten gegenüber vorgenommen wird, haftet der Handelnde persönlich; handeln Mehrere, so haften sie als Gesammtschuldner.

2. Eingetragene Vereine.

55. Die Eintragung eines Vereins der im § 21 bezeichneten Art in das Vereinsregister hat bei dem Amtsgerichte zu geschehen, in dessen Bezirke der Verein seinen Sitz hat.[30]

56. Die Eintragung soll nur erfolgen, wenn die Zahl der Mitglieder mindestens sieben beträgt.

57. Die Satzung muß den Zweck, den Namen und den Sitz des Vereins enthalten und ergeben, daß der Verein eingetragen werden soll.

Der Name soll sich von den Namen der an demselben Orte oder in derselben Gemeinde bestehenden eingetragenen Vereine deutlich unterscheiden.

58. Die Satzung soll Bestimmungen enthalten:

1. über den Eintritt und Austritt der Mitglieder;
2. darüber, ob und welche Beiträge von den Mitgliedern zu leisten sind;
3. über die Bildung des Vorstandes;
4. über die Voraussetzungen, unter denen die Mitgliederversammlung zu berufen ist, über die Form der Berufung und über die Beurkundung der Beschlüsse.

59. Der Vorstand hat den Verein zur Eintragung anzumelden.

Der Anmeldung sind beizufügen:

1. die Satzung in Urschrift und Abschrift;
2. eine Abschrift der Urkunden über die Bestellung des Vorstandes.

Die Satzung soll von mindestens sieben Mitgliedern unterzeichnet sein und die Angabe des Tages der Errichtung enthalten.

60. Die Anmeldung ist, wenn den Erfordernissen der §§ 56 bis 59 nicht genügt ist, von dem Amtsgericht unter Angabe der Gründe zurückzuweisen.[31]

---

29. Vgl. hierzu die §§ 50 Abs. 2, 735, 736 CPO, § 48 GBO, § 213 KO.

30. Ueber das Verfahren bei der Eintragung in das Register vgl. §§ 159, 162 FrG; § 43 AG z. FrG; Bekanntmachung des Reichskanzlers v. 12. Nov. 1898 (RCentralbl. S. 438); Artt. 30 ff. der allgem. Verfügung vom 6. Dez. 1899.

31. Die hier angeführten Gründe zur Zurückweisung der Anmeldung dürften wohl nicht die einzigen sein, insbesondere dürfte das Amtsgericht eine Anmeldung auch dann zurückzuweisen haben, wenn der Zweck des Vereins gegen ein

Gegen einen zurückweisenden Beschluß findet die sofortige Beschwerde nach den Vorschriften der Civilprozeßordnung statt.[32]

61. Wird die Anmeldung zugelassen, so hat das Amtsgericht sie der zuständigen Verwaltungsbehörde mitzutheilen.[33]

Die Verwaltungsbehörde kann gegen die Eintragung Einspruch erheben, wenn der Verein nach dem öffentlichen Vereinsrecht unerlaubt ist oder verboten werden kann oder wenn er einen politischen, sozialpolitischen oder religiösen Zweck verfolgt.

62. Erhebt die Verwaltungsbehörde Einspruch, so hat das Amtsgericht den Einspruch dem Vorstande mitzutheilen.

Der Einspruch kann im Wege des Verwaltungsstreitverfahrens oder, wo ein solches nicht besteht, im Wege des Rekurses nach Maßgabe der §§ 20, 21 der Gewerbeordnung angefochten werden.[34]

63. Die Eintragung darf, sofern nicht die Verwaltungsbehörde dem Amtsgerichte mittheilt, daß Einspruch nicht erhoben werde, erst erfolgen, wenn seit der Mittheilung der Anmeldung an die Verwaltungsbehörde sechs Wochen verstrichen sind und Einspruch nicht erhoben oder wenn der erhobene Einspruch endgültig aufgehoben ist.[35]

64. Bei der Eintragung sind der Name und der Sitz des Vereins, der Tag der Errichtung der Satzung sowie die Mitglieder des Vorstandes im Vereinsregister anzugeben. Bestimmungen, die den Umfang der Vertretungsmacht des Vorstandes beschränken oder die Beschlußfassung des Vorstandes abweichend von der Vorschrift des § 28 Abs. 1 regeln, sind gleichfalls einzutragen.[36]

65. Mit der Eintragung erhält der Name des Vereins den Zusatz „eingetragener Verein".

66. Das Amtsgericht hat die Eintragung durch das für seine Bekanntmachungen bestimmte Blatt zu veröffentlichen.

Die Urschrift der Satzung ist mit der Bescheinigung der Eintragung zu versehen und zurückzugeben. Die Abschrift wird von dem Amtsgerichte beglaubigt und mit den übrigen Schriftstücken aufbewahrt.

67. Jede Aenderung des Vorstandes sowie die erneute Bestellung eines Vorstandsmitglieds ist von dem Vorstande zur Eintragung anzumelden. Der Anmeldung ist eine Abschrift der Urkunde über die Aenderung oder die erneute Bestellung beizufügen.

Die Eintragung gerichtlich bestellter Vorstandsmitglieder erfolgt von Amtswegen.

68. Wird zwischen den bisherigen Mitgliedern des Vorstandes und einem Dritten ein Rechtsgeschäft vorgenommen, so kann die Aenderung des Vorstandes dem Dritten nur entgegengesetzt werden, wenn sie zur Zeit der Vornahme des Rechtsgeschäfts im Vereinsregister eingetragen oder dem Dritten bekannt ist. Ist die Aenderung eingetragen, so braucht der Dritte sie nicht gegen sich gelten zu lassen, wenn er sie nicht kennt, seine Unkenntniß auch nicht auf Fahrlässigkeit beruht.

69. Der Nachweis, daß der Vorstand aus den im Register eingetragenen Personen besteht, wird Behörden gegenüber durch ein Zeugniß des Amtsgerichts über die Eintragung geführt.[37]

70. Die Vorschriften des § 68 gelten auch für Bestimmungen, die den Umfang der Vertretungsmacht des Vorstandes beschränken oder die Beschlußfassung des Vorstandes abweichend von der Vorschrift des § 28 Abs. 1 regeln.

71. Aenderungen der Satzung bedürfen zu ihrer Wirksamkeit der Eintragung in das Vereinsregister. Die Aenderung ist von dem Vorstande zur Eintragung anzumelden. Der Anmeldung ist der die Aenderung enthaltende Beschluß in Urschrift und Abschrift beizufügen.

Die Vorschriften der §§ 60 bis 64 und des § 66 Abs. 2 finden entsprechende Anwendung.

72. Der Vorstand hat dem Amtsgericht auf dessen Verlangen jederzeit ein Verzeichniß der Vereinsmitglieder einzureichen.

73. Sinkt die Zahl der Vereinsmitglieder unter drei herab, so hat das Amtsgericht auf Antrag des Vorstandes und, wenn der Antrag nicht binnen drei Monaten gestellt wird, von Amtswegen nach Anhörung des Vorstandes dem Vereine die Rechtsfähigkeit zu entziehen. Der Beschluß ist dem Vereine zuzustellen. Gegen den Beschluß findet die sofortige Beschwerde nach den Vorschriften der Civilprozeßordnung statt.

Der Verein verliert die Rechtsfähigkeit mit der Rechtskraft des Beschlusses.

74. Die Auflösung des Vereins sowie die Entziehung der Rechtsfähigkeit ist in das Vereinsregister einzutragen. Im Falle der Eröffnung des Konkurses unterbleibt die Eintragung.

Wird der Verein durch Beschluß der Mitglieder-

gesetzliches Verbot oder gegen die guten Sitten verstößt, wenn er auf einen wirthschaftlichen Geschäftsbetrieb gerichtet, wenn er durch das öffentliche Vereinsrecht verboten ist. Der Zurückweisung aus dem letzterwähnten Grunde steht § 61 Abs. 2 nicht entgegen.

32. Vgl. § 577 CPO. — Vgl. auch §§ 20—31 FrG.

33. Die zuständige Verwaltungsbehörde wird nach § 8 AG z. BGB durch kaiserliche Verordnung bestimmt; siehe die bezügliche Verordnung vom 6. Dez. 1899 § 1.

34. Das Verfahren wird nach § 8 AG z. BGB durch kaiserliche Verordnung geregelt. Siehe die bezügliche Verordnung vom 1. Dez. 1899 §§ 4 ff.

35. Eine trotz der Vorschrift des § 63 erfolgte Eintragung kann nach Maßgabe der Vorschriften der §§ 159, 142, 143 FrG wieder beseitigt werden.

36. Vgl. auch § 159 FrG.

37. Vgl. auch § 162 FrG; Art. 34 der allgem. Verfügung vom 6. Dez. 1899.

versammlung oder durch den Ablauf der für die Dauer des Vereins bestimmten Zeit aufgelöst, so hat der Vorstand die Auflösung zur Eintragung anzumelden. Der Anmeldung ist im ersteren Falle eine Abschrift des Auflösungsbeschlusses beizufügen.

Wird dem Verein auf Grund des § 43 die Rechtsfähigkeit entzogen oder wird der Verein auf Grund des öffentlichen Vereinsrechts aufgelöst, so erfolgt die Eintragung auf Anzeige der zuständigen Behörde.

75. Die Eröffnung des Konkurses ist von Amtswegen einzutragen. Das Gleiche gilt von der Aufhebung des Eröffnungsbeschlusses.[38]

76. Die Liquidatoren sind in das Vereinsregister einzutragen. Das Gleiche gilt von Bestimmungen, welche die Beschlußfassung der Liquidatoren abweichend von der Vorschrift des § 48 Abs. 3 regeln.

Die Anmeldung hat durch den Vorstand, bei späteren Aenderungen durch die Liquidatoren zu erfolgen. Der Anmeldung der durch Beschluß der Mitgliederversammlung bestellten Liquidatoren ist eine Abschrift des Beschlusses, der Anmeldung einer Bestimmung über die Beschlußfassung der Liquidatoren eine Abschrift der die Bestimmung enthaltenden Urkunde beizufügen.

Die Eintragung gerichtlich bestellter Liquidatoren geschieht von Amtswegen.

77. Die Anmeldungen zum Vereinsregister sind von den Mitgliedern des Vorstandes sowie von den Liquidatoren mittelst öffentlich beglaubigter Erklärung zu bewirken.

78. Das Amtsgericht kann die Mitglieder des Vorstandes zur Befolgung der Vorschriften des § 67 Abs. 1, des § 71 Abs. 1, des § 72, des § 74 Abs. 2 und des § 76 durch Ordnungsstrafen anhalten. Die einzelne Strafe darf den Betrag von dreihundert Mark nicht übersteigen.

In gleicher Weise können die Liquidatoren zur Befolgung der Vorschriften des § 76 angehalten werden.[39]

79. Die Einsicht des Vereinsregisters sowie der von dem Vereine bei dem Amtsgericht eingereichten Schriftstücke ist Jedem gestattet. Von den Eintragungen kann eine Abschrift gefordert werden; die Abschrift ist auf Verlangen zu beglaubigen.

II. Stiftungen.

80. Zur Entstehung einer rechtsfähigen Stiftung ist außer dem Stiftungsgeschäfte die Genehmigung des Bundesstaats erforderlich, in dessen Gebiete die Stiftung ihren Sitz haben soll. Soll die Stiftung ihren Sitz nicht in einem Bundesstaate haben, so ist die Genehmigung des Bundesraths erforderlich. Als Sitz der Stiftung gilt, wenn nicht ein Anderes bestimmt ist, der Ort, an welchem die Verwaltung geführt wird.

81. Das Stiftungsgeschäft unter Lebenden bedarf der schriftlichen Form.

Bis zur Ertheilung der Genehmigung ist der Stifter zum Widerrufe berechtigt. Ist die Genehmigung bei der zuständigen Behörde nachgesucht, so kann der Widerruf nur dieser gegenüber erklärt werden. Der Erbe des Stifters ist zum Widerrufe nicht berechtigt, wenn der Stifter das Gesuch bei der zuständigen Behörde[40] eingereicht oder im Falle der gerichtlichen oder notariellen Beurkundung des Stiftungsgeschäfts das Gericht oder den Notar bei oder nach der Beurkundung mit der Einreichung betraut hat.

82. Wird die Stiftung genehmigt, so ist der Stifter verpflichtet, das in dem Stiftungsgeschäfte zugesicherte Vermögen auf die Stiftung zu übertragen. Rechte, zu deren Uebertragung der Abtretungsvertrag genügt, gehen mit der Genehmigung auf die Stiftung über, sofern nicht aus dem Stiftungsgeschäfte sich ein anderer Wille des Stifters ergiebt.

83. Besteht das Stiftungsgeschäft in einer Verfügung von Todeswegen, so hat das Nachlaßgericht[41] die Genehmigung einzuholen, sofern sie nicht von dem Erben oder dem Testamentsvollstrecker nachgesucht wird.

84. Wird die Stiftung erst nach dem Tode des Stifters genehmigt, so gilt sie für die Zuwendungen des Stifters als schon vor dessen Tode entstanden.

85. Die Verfassung einer Stiftung wird, soweit sie nicht auf Reichs- oder Landesgesetz beruht, durch das Stiftungsgeschäft bestimmt.

86. Die Vorschriften des § 26, des § 27 Abs. 3 und der §§ 28 bis 31, 42 finden auf Stiftungen entsprechende Anwendung, die Vorschriften des § 27 Abs. 3 und des § 28 Abs. 1 jedoch nur insoweit, als sich nicht aus der Verfassung, insbesondere daraus, daß die Verwaltung der Stiftung von einer öffentlichen Behörde geführt wird, ein anderes ergiebt. Die Vorschriften des § 28 Abs. 2 und des § 29 finden auf Stiftungen, deren Verwaltung von einer öffentlichen Behörde geführt wird, keine Anwendung.

87. Ist die Erfüllung des Stiftungszwecks unmöglich geworden oder gefährdet sie das Gemeinwohl, so kann die zuständige Behörde[41a] der Stiftung eine andere Zweckbestimmung geben oder sie aufheben.

---

38. Vgl. §§ 112, 116 KO.

39. Das Verfahren hierbei richtet sich nach den Vorschriften der §§ 159, 127, 132—139 FrG.

40. Nach § 8 AG z. BGB wird die zuständige Behörde durch kaiserliche Verordnung bestimmt. Siehe die bezügliche Verordnung vom 6. Dez. 1899 § 7.

41. Solches ist nach § 72 FrG das Amtsgericht und zwar das nach § 73 FrG zuständige.

41a. „Ministerium“ nach § 7 Verordnung vom 6. Dez. 1899.

Bei der Umwandlung des Zweckes ist die Absicht des Stifters thunlichst zu berücksichtigen, insbesondere dafür Sorge zu tragen, daß die Erträge des Stiftungsvermögens dem Personenkreise, dem sie zu Statten kommen sollten, im Sinne des Stifters thunlichst erhalten bleiben. Die Behörde kann die Verfassung der Stiftung ändern, soweit die Umwandlung des Zweckes es erfordert.

Vor der Umwandlung des Zweckes und der Aenderung der Verfassung soll der Vorstand der Stiftung gehört werden.

88. Mit dem Erlöschen der Stiftung fällt das Vermögen an die in der Verfassung bestimmten Personen. Die Vorschriften der §§ 46 bis 53 finden entsprechende Anwendung.[42]

III. Juristische Personen des öffentlichen Rechtes.

89. Die Vorschrift des § 31 findet auf den Fiskus sowie auf die Körperschaften, Stiftungen und Anstalten des öffentlichen Rechtes entsprechende Anwendung.

Das Gleiche gilt, soweit bei Körperschaften, Stiftungen und Anstalten des öffentlichen Rechtes der Konkurs zulässig ist, von der Vorschrift des § 42 Abs. 2.[43]

Zweiter Abschnitt. Sachen.[44]

90. Sachen im Sinne des Gesetzes sind nur körperliche Gegenstände.[45]

91. Vertretbare Sachen im Sinne des Gesetzes sind bewegliche Sachen, die im Verkehre nach Zahl, Maß oder Gewicht bestimmt zu werden pflegen.

92. Verbrauchbare Sachen im Sinne des Gesetzes sind bewegliche Sachen, deren bestimmungsmäßiger Gebrauch in dem Verbrauch oder in der Veräußerung besteht.

Als verbrauchbar gelten auch bewegliche Sachen, die zu einem Waarenlager oder zu einem sonstigen Sachinbegriffe gehören, dessen bestimmungsmäßiger Gebrauch in der Veräußerung der einzelnen Sachen besteht.

93. Bestandtheile einer Sache, die von einander nicht getrennt werden können, ohne daß der eine oder der andere zerstört oder in seinem Wesen verändert wird (wesentliche Bestandtheile), können nicht Gegenstand besonderer Rechte sein.[46]

94. Zu den wesentlichen Bestandtheilen eines Grundstücks gehören die mit dem Grund und Boden fest verbundenen Sachen, insbesondere Gebäude[47] sowie die Erzeugnisse[48] des Grundstücks, solange sie mit dem Boden zusammenhängen. Samen wird mit dem Aussäen, eine Pflanze wird mit dem Einpflanzen wesentlicher Bestandtheil des Grundstücks.

Zu den wesentlichen Bestandtheilen eines Gebäudes gehören die zur Herstellung des Gebäudes eingefügten Sachen.

95. Zu den Bestandtheilen eines Grundstücks gehören solche Sachen nicht, die nur zu einem vorübergehenden Zwecke mit dem Grund und Boden verbunden sind. Das Gleiche gilt von einem Gebäude oder anderen Werke, das in Ausübung eines Rechtes an einem fremden Grundstücke von dem Berechtigten mit dem Grundstücke verbunden worden ist.

Sachen, die nur zu einem vorübergehenden Zwecke in ein Gebäude eingefügt sind, gehören nicht zu den Bestandtheilen des Gebäudes.

96. Rechte, die mit dem Eigenthum an einem Grundstücke verbunden sind, gelten als Bestandtheile des Grundstücks.[49]

97. Zubehör sind bewegliche Sachen, die, ohne Bestandtheile der Hauptsache zu sein, dem wirthschaftlichen Zwecke der Hauptsache zu dienen bestimmt sind und zu ihr in einem dieser Bestimmung entsprechenden räumlichen Verhältnisse stehen. Eine Sache ist nicht Zubehör, wenn sie im Verkehre nicht als Zubehör angesehen wird.

Die vorübergehende Benutzung einer Sache für den wirthschaftlichen Zweck einer anderen begründet nicht die Zubehöreigenschaft. Die vorübergehende Trennung eines Zubehörstücks von der Hauptsache hebt die Zubehöreigenschaft nicht auf.

98. Dem wirthschaftlichen Zwecke der Hauptsache sind zu dienen bestimmt:

1. bei einem Gebäude, das für einen gewerblichen Betrieb dauernd eingerichtet ist, insbesondere bei einer Mühle, einer Schmiede, einem Brauhaus, einer Fabrik, die zu dem Betriebe bestimmten Maschinen und sonstigen Geräthschaften;
2. bei einem Landgute das zum Wirthschaftsbetriebe bestimmte Geräth und Vieh, die landwirthschaftlichen Erzeugnisse, soweit sie zur Fortführung der Wirthschaft bis zu der Zeit erforderlich sind, zu welcher gleiche oder ähnliche Erzeugnisse voraussichtlich gewonnen werden, sowie der vorhandene auf dem Gute gewonnene Dünger.

99. Früchte einer Sache sind die Erzeugnisse der Sache und die sonstige Ausbeute, welche aus der Sache ihrer Bestimmung gemäß gewonnen wird.

Früchte eines Rechtes sind die Erträge, welche

42. Vgl. indessen die Bestimmungen des § 7 AG z. BGB.
43. Vgl. § 15³ EG zu CPO; Art. IV. EG z. dem G. betr. Aenderungen der KO v. 17. Mai 1898; § 11 AG z. CPO und KO v. 13. Nov. 1899.
44. Vgl. §§ 44—48 AG z. BGB.
45. Vgl. indessen §§ 864, 870 CPO.
46. Vgl. Artt. 181, 182 EG.
47. Vgl. Art. 182 EG.
48. Vgl. indessen §§ 810, 824 CPO.; § 21 Abs. 1, 3 ZVG, Art. 181 Abs. 3 EG.
49. Vgl. §§ 8, 21 GBO.

das Recht seiner Bestimmung gemäß gewährt, insbesondere bei einem Rechte auf Gewinnung von Bodenbestandtheilen die gewonnenen Bestandtheile.

Früchte sind auch die Erträge, welche eine Sache oder ein Recht vermöge eines Rechtsverhältnisses gewährt.

100. Nutzungen sind die Früchte einer Sache oder eines Rechtes sowie die Vortheile, welche der Gebrauch der Sache oder des Rechtes gewährt.

101. Ist Jemand berechtigt, die Früchte einer Sache oder eines Rechtes bis zu einer bestimmten Zeit oder von einer bestimmten Zeit an zu beziehen, so gebühren ihm, sofern nicht ein anderes bestimmt ist:

1. die im § 99 Abs. 1 bezeichneten Erzeugnisse und Bestandtheile, auch wenn er sie als Früchte eines Rechtes zu beziehen hat, insoweit, als sie während der Dauer der Berechtigung von der Sache getrennt werden;
2. andere Früchte insoweit, als sie während der Dauer der Berechtigung fällig werden; bestehen jedoch die Früchte in der Vergütung für die Ueberlassung des Gebrauchs oder des Fruchtgenusses, in Zinsen, Gewinnantheilen oder anderen regelmäßig wiederkehrenden Erträgen, so gebührt dem Berechtigten ein der Dauer seiner Berechtigung entsprechender Theil.

102. Wer zur Herausgabe von Früchten verpflichtet ist, kann Ersatz der auf die Gewinnung der Früchte verwendeten Kosten insoweit verlangen, als sie einer ordnungsmäßigen Wirthschaft entsprechen und den Werth der Früchte nicht übersteigen.

103. Wer verpflichtet ist, die Lasten einer Sache oder eines Rechtes bis zu einer bestimmten Zeit oder von einer bestimmten Zeit an zu tragen, hat, sofern nicht ein Anderes bestimmt ist, die regelmäßig wiederkehrenden Lasten nach dem Verhältnisse der Dauer seiner Verpflichtung, andere Lasten insoweit zu tragen, als sie während der Dauer seiner Verpflichtung zu entrichten sind.

Dritter Abschnitt. Rechtsgeschäfte.

Erster Titel. Geschäftsfähigkeit.[50]

104. Geschäftsunfähig ist:

1. wer nicht das siebente Lebensjahr vollendet hat;
2. wer sich in einem die freie Willensbestimmung ausschließenden Zustande krankhafter Störung der Geistesthätigkeit befindet, sofern nicht der Zustand seiner Natur nach ein vorübergehender ist;
3. wer wegen Geisteskrankheit entmündigt ist.[51]

50. Bezüglich der Geschäftsfähigkeit der Ausländer vgl. Artt. 7, 27, 29, 31 EG —, ferner Art. 95 EG.

51. Die Uebergangsbestimmung hierzu enthält Art. 155 EG. Ueber den Zeitpunkt des Beginns der Entmündigung vgl. § 661 Abs. 1 CPO.

105. Die Willenserklärung eines Geschäftsunfähigen ist nichtig.

Nichtig ist auch eine Willenserklärung, die im Zustande der Bewußtlosigkeit oder vorübergehender Störung der Geistesthätigkeit abgegeben wird.

106. Ein Minderjähriger, der das siebente Lebensjahr vollendet hat, ist nach Maßgabe der §§ 107 bis 113 in der Geschäftsfähigkeit beschränkt.

107. Der Minderjährige bedarf zu einer Willenserklärung, durch die er nicht lediglich einen rechtlichen Vortheil erlangt, der Einwilligung seines gesetzlichen Vertreters.[52]

108. Schließt der Minderjährige einen Vertrag ohne die erforderliche Einwilligung des gesetzlichen Vertreters, so hängt die Wirksamkeit des Vertrags von der Genehmigung des Vertreters ab.

Fordert der andere Theil den Vertreter zur Erklärung über die Genehmigung auf, so kann die Erklärung nur ihm gegenüber erfolgen; eine vor der Aufforderung dem Minderjährigen gegenüber erklärte Genehmigung oder Verweigerung der Genehmigung wird unwirksam. Die Genehmigung kann nur bis zum Ablaufe von zwei Wochen nach dem Empfange der Aufforderung erklärt werden; wird sie nicht erklärt, so gilt sie als verweigert.

Ist der Minderjährige unbeschränkt geschäftsfähig geworden, so tritt seine Genehmigung an die Stelle der Genehmigung des Vertreters.

109. Bis zur Genehmigung des Vertrags ist der andere Theil zum Widerrufe berechtigt. Der Widerruf kann auch dem Minderjährigen gegenüber erklärt werden.

Hat der andere Theil die Minderjährigkeit gekannt, so kann er nur widerrufen, wenn der Minderjährige der Wahrheit zuwider die Einwilligung des Vertreters behauptet hat; er kann auch in diesem Falle nicht widerrufen, wenn ihm das Fehlen der Einwilligung bei dem Abschlusse des Vertrags bekannt war.

110. Ein von dem Minderjährigen ohne Zustimmung des gesetzlichen Vertreters geschlossener Vertrag gilt als von Anfang an wirksam, wenn der Minderjährige die vertragsmäßige Leistung mit Mitteln bewirkt, die ihm zu diesem Zwecke oder zu freier Verfügung von dem Vertreter oder mit dessen Zustimmung von einem Dritten überlassen worden sind.

111. Ein einseitiges Rechtsgeschäft, das der Minderjährige ohne die erforderliche Einwilligung des gesetzlichen Vertreters vornimmt, ist unwirksam. Nimmt der Minderjährige mit dieser Einwilligung ein solches Rechtsgeschäft einem Anderen gegenüber vor, so ist das Rechtsgeschäft unwirksam, wenn der Minderjährige die Einwilligung nicht in schriftlicher Form vorlegt und der Andere das

52. Vgl. § 74 Abs. 3 HGB.

Rechtsgeschäft aus diesem Grunde unverzüglich zurückweist. Die Zurückweisung ist ausgeschlossen, wenn der Vertreter den Anderen von der Einwilligung in Kenntniß gesetzt hatte.

112.[53] Ermächtigt der gesetzliche Vertreter mit Genehmigung des Vormundschaftsgerichts den Minderjährigen zum selbständigen Betrieb eines Erwerbsgeschäfts, so ist der Minderjährige für solche Rechtsgeschäfte unbeschränkt geschäftsfähig, welche der Geschäftsbetrieb mit sich bringt. Ausgenommen sind Rechtsgeschäfte, zu denen der Vertreter der Genehmigung des Vormundschaftsgerichts bedarf.

Die Ermächtigung kann von dem Vertreter nur mit Genehmigung des Vormundschaftsgerichts zurückgenommen werden.

113.[53] [54] Ermächtigt der gesetzliche Vertreter den Minderjährigen, in Dienst oder in Arbeit zu treten, so ist der Minderjährige für solche Rechtsgeschäfte unbeschränkt geschäftsfähig, welche die Eingehung oder Aufhebung eines Dienst- oder Arbeitsverhältnisses der gestatteten Art oder die Erfüllung der sich aus einem solchen Verhältniß ergebenden Verpflichtungen betreffen. Ausgenommen sind Verträge, zu denen der Vertreter der Genehmigung des Vormundschaftsgerichts bedarf.

Die Ermächtigung kann von dem Vertreter zurückgenommen oder eingeschränkt werden.

Ist der gesetzliche Vertreter ein Vormund, so kann die Ermächtigung, wenn sie von ihm verweigert wird, auf Antrag des Minderjährigen durch das Vormundschaftsgericht ersetzt werden. Das Vormundschaftsgericht hat die Ermächtigung zu ersetzen, wenn sie im Interesse des Mündels liegt.[55]

Die für einen einzelnen Fall ertheilte Ermächtigung gilt im Zweifel als allgemeine Ermächtigung zur Eingehung von Verhältnissen derselben Art.

114.[56] Wer wegen Geistesschwäche, wegen Verschwendung oder wegen Trunksucht entmündigt oder wer nach § 1906 unter vorläufige Vormundschaft[57] gestellt ist, steht in Ansehung der Geschäftsfähigkeit einem Minderjährigen gleich, der das siebente Lebensjahr vollendet hat.[58]

115. Wird ein die Entmündigung aussprechender Beschluß in Folge einer Anfechtungsklage[59] aufgehoben, so kann die Wirksamkeit der von oder gegenüber dem Entmündigten vorgenommenen Rechtsgeschäfte nicht auf Grund des Beschlusses in Frage gestellt werden. Auf die Wirksamkeit der von oder gegenüber dem gesetzlichen Vertreter vorgenommenen Rechtsgeschäfte hat die Aufhebung keinen Einfluß.

Diese Vorschriften finden entsprechende Anwendung, wenn im Falle einer vorläufigen Vormundschaft der Antrag auf Entmündigung zurückgenommen oder rechtskräftig abgewiesen oder der die Entmündigung aussprechende Beschluß in Folge einer Anfechtungsklage aufgehoben wird.

Zweiter Titel. Willenserklärung.

116. Eine Willenserklärung ist nicht deshalb nichtig, weil sich der Erklärende insgeheim vorbehält, das Erklärte nicht zu wollen. Die Erklärung ist nichtig, wenn sie einem Anderen gegenüber abzugeben ist und dieser den Vorbehalt kennt.

117. Wird eine Willenserklärung, die einem Anderen gegenüber abzugeben ist, mit dessen Einverständnisse nur zum Schein abgegeben, so ist sie nichtig.[59a]

Wird durch ein Scheingeschäft ein anderes Rechtsgeschäft verdeckt, so finden die für das verdeckte Rechtsgeschäft geltenden Vorschriften Anwendung.

118. Eine nicht ernstlich gemeinte Willenserklärung, die in der Erwartung abgegeben wird, der Mangel der Ernstlichkeit werde nicht verkannt werden, ist nichtig.

119. Wer bei der Abgabe einer Willenserklärung über deren Inhalt im Irrthume war oder eine Erklärung dieses Inhalts überhaupt nicht abgeben wollte, kann die Erklärung anfechten, wenn anzunehmen ist, daß er sie bei Kenntniß der Sachlage und bei verständiger Würdigung des Falles nicht abgegeben haben würde.

Als Irrthum über den Inhalt der Erklärung gilt auch der Irrthum über solche Eigenschaften der Person oder der Sache, die im Verkehr als wesentlich angesehen werden.

120. Eine Willenserklärung, welche durch die zur Uebermittelung verwendete Person oder Anstalt unrichtig übermittelt worden ist, kann unter der gleichen Voraussetzung angefochten werden wie nach § 119 eine irrthümlich abgegebene Willenserklärung.

121. Die Anfechtung muß in den Fällen der §§ 119, 120 ohne schuldhaftes Zögern (unverzüglich) erfolgen, nachdem der Anfechtungsberechtigte von dem Anfechtungsgrunde Kenntniß erlangt hat. Die einem Abwesenden gegenüber erfolgte Anfechtung gilt als rechtzeitig erfolgt, wenn die Anfechtungserklärung unverzüglich abgesendet worden ist.

Die Anfechtung ist ausgeschlossen, wenn seit der Abgabe der Willenserklärung dreißig Jahre verstrichen sind.

---

53. Der Umfang der Prozeßfähigkeit des Minderjährigen bemißt sich nach derjenigen der Geschäftsfähigkeit: § 52 Abs. 1 CPO.

54. Die besonderen Bestimmungen der GewO für gewerbliche Arbeiter (§ 107 ff. — vgl. hierzu Art. 36 EG z. BGB) werden durch § 113 nicht berührt.

55. Vgl. § 53 FrG.

56. Ueber den Zeitpunkt der Wirksamkeit der ausgesprochenen Entmündigung vgl. §§ 661 Abs. 2, 683 Abs. 2 CPO.

57. Siehe hierüber auch §§ 35, 52 FrG.

58. Vgl. auch Art. 156 Abs. 2 EG.

59. Vgl. §§ 664 ff., 684 ff. CPO.

59a. Vgl. aber § 92 AG z. BGB.

122. Ist eine Willenserklärung nach § 118 nichtig oder auf Grund der §§ 119, 120 angefochten, so hat der Erklärende, wenn die Erklärung einem Anderen gegenüber abzugeben war, diesem, anderenfalls jedem Dritten den Schaden zu ersetzen, den der Andere oder der Dritte dadurch erleidet, daß er auf die Gültigkeit der Erklärung vertraut, jedoch nicht über den Betrag des Interesses hinaus, welches der Andere oder der Dritte an der Gültigkeit der Erklärung hat.

Die Schadensersatzpflicht tritt nicht ein, wenn der Beschädigte den Grund der Nichtigkeit oder der Anfechtbarkeit kannte oder in Folge von Fahrlässigkeit nicht kannte (kennen mußte).

123. Wer zur Abgabe einer Willenserklärung durch arglistige Täuschung oder widerrechtlich durch Drohung bestimmt worden ist, kann die Erklärung anfechten.

Hat ein Dritter die Täuschung verübt, so ist eine Erklärung, die einem Anderen gegenüber abzugeben war, nur dann anfechtbar, wenn dieser die Täuschung kannte oder kennen mußte. Soweit ein Anderer als derjenige, welchem gegenüber die Erklärung abzugeben war, aus der Erklärung unmittelbar ein Recht erworben hat, ist die Erklärung ihm gegenüber anfechtbar, wenn er die Täuschung kannte oder kennen mußte.

124. Die Anfechtung einer nach § 123 anfechtbaren Willenserklärung kann nur binnen Jahresfrist erfolgen.

Die Frist beginnt im Falle der arglistigen Täuschung mit dem Zeitpunkt, in welchem der Anfechtungsberechtigte die Täuschung entdeckt, im Falle der Drohung mit dem Zeitpunkt, in welchem die Zwangslage aufhört. Auf den Lauf der Frist finden die für die Verjährung geltenden Vorschriften des § 203 Abs. 2 und der §§ 206, 207 entsprechende Anwendung.

Die Anfechtung ist ausgeschlossen, wenn seit der Abgabe der Willenserklärung dreißig Jahre verstrichen sind.

125. Ein Rechtsgeschäft, welches der durch Gesetz vorgeschriebenen Form ermangelt, ist nichtig. Der Mangel der durch Rechtsgeschäft bestimmten Form hat im Zweifel gleichfalls Nichtigkeit zur Folge.[60]

126. Ist durch Gesetz schriftliche Form vorgeschrieben, so muß die Urkunde von dem Aussteller eigenhändig durch Namensunterschrift oder mittelst gerichtlich oder notariell beglaubigten Handzeichens unterzeichnet werden.[61]

Bei einem Vertrage muß die Unterzeichnung der Parteien auf derselben Urkunde erfolgen. Werden über den Vertrag mehrere gleichlautende Urkunden aufgenommen, so genügt es, wenn jede Partei die für die andere Partei bestimmte Urkunde unterzeichnet.

Die schriftliche Form wird durch die gerichtliche oder notarielle Beurkundung ersetzt.[62]

127. Die Vorschriften des § 126 gelten im Zweifel auch für die durch Rechtsgeschäft bestimmte schriftliche Form. Zur Wahrung der Form genügt jedoch, soweit nicht ein anderer Wille anzunehmen ist, telegraphische Uebermittelung und bei einem Vertrage Briefwechsel; wird eine solche Form gewählt, so kann nachträglich eine dem § 126 entsprechende Beurkundung verlangt werden.

128. Ist durch Gesetz gerichtliche oder notarielle Beurkundung eines Vertrags vorgeschrieben, so genügt es, wenn zunächst der Antrag und sodann die Annahme des Antrags von einem Gericht oder einem Notar beurkundet wird.[63]

129. Ist durch Gesetz für eine Erklärung öffentliche Beglaubigung vorgeschrieben, so muß die Erklärung schriftlich abgefaßt und die Unterschrift des Erklärenden von der zuständigen Behörde oder einem zuständigen Beamten oder Notar beglaubigt werden.[64] Wird die Erklärung von dem Aussteller mittelst Handzeichens unterzeichnet, so ist die im

60. Vgl. hierzu Art. 11 EG.

61. Für die gerichtliche Beglaubigung eines Handzeichens sind zwar nach § 167 Abs. 1 FrG die Amtsgerichte zuständig; § 48 Abs. 4 AG z. FrG hat aber in Ausführung des § 191 Abs. 2 FrG die öffentliche Beglaubigung eines Handzeichens in den Fällen, wo öffentliche Beglaubigung oder schriftliche Form vorgeschrieben ist, ausschließlich den Notaren überwiesen.

Ueber das Verfahren bei der Beglaubigung eines Handzeichens trifft § 183 Abs. 3 FrG Bestimmung. — Vgl. auch Art. 94 WO; § 181 HGB.

62. Zuständig für die gerichtliche Beurkundung sind nach § 167 Abs. 1 FrG die Amtsgerichte. Indessen bestimmt § 44 AG z. FrG in Anwendung des Art. 141 EG z. BGB daß für die Beurkundung von Rechtsgeschäften, welche nach den Vorschriften der Reichsgesetze gerichtlicher oder notarieller Beurkundung bedürfen, ausschließlich die Notare zuständig sind, soweit nicht gesetzlich ein anderes bestimmt ist. Bestimmungen der letzteren Art enthalten § 167, Abs. 2 FrG; §§ 45, 46 AG z. FrG; § 74 Abs. 2 AG z. BGB.

Ueber die Form der Beurkundung eines Rechtsgeschäftes trifft das BGB keine allgemeinen Bestimmungen; es regelt nur die Form der Testamente und Erbverträge in §§ 2232 ff. bzw. 2276 ff. Die gedachten allgemeinen Bestimmungen sind in §§ 168—182 FrG enthalten (vgl. auch § 49 AG z. FrG). Sie finden auch auf die Beurkundungen der Notare, durch welche nicht ein Rechtsgeschäft beurkundet wird, nach § 51 AG z. FrG zum Theil entsprechende Anwendung (das Nähere siehe § 51 cit.). Im Anschluß an diese Bestimmung sind dann in den §§ 52 ff. AG z. FrG eine Reihe von Vorschriften erlassen worden, welche für alle Beurkundungen der Notare, sowohl die dem Reichsrecht, als die dem Bundesrecht unterstehenden, Geltung haben. — Vgl. auch §§ 184, 200 Abs. 2 FrG.

63. Vgl. hierzu die Bemerkung zu § 126 Abs. 3.

64. Die öffentliche Beglaubigung einer Unterschrift gehört zwar nach § 167 Abs. 2 FrG zur Zuständigkeit der Amtsgerichte; aber § 48 Abs. 3 AG z. FrG hat in Anwendung der Bestimmung des § 191 Abs. 2 FrG für die öffentliche Beglaubigung einer Unterschrift grundsätzlich nur die Notare für zuständig erklärt. Ausnahmen hiervon sind nur durch § 48 Abs. 1, 2, 3 cit. zugelassen. Die Form der Beglaubigung ist in § 183 FrG geregelt (vgl. auch § 184 FrG).

Vgl. indessen § 9 Abs. 1 Ziff. 3, § 10 G. über das Hinterlegungswesen pp. v. 1. Nov. 1899.

§ 126 Abs. 1 vorgeschriebene Beglaubigung des Handzeichens erforderlich und genügend.[65]

Die öffentliche Beglaubigung wird durch die gerichtliche oder notarielle Beurkundung der Erklärung ersetzt.[66]

130. Eine Willenserklärung, die einem Anderen gegenüber abzugeben ist, wird, wenn sie in dessen Abwesenheit abgegeben wird, in dem Zeitpunkte wirksam, in welchem sie ihm zugeht.[67] Sie wird nicht wirksam, wenn dem Anderen vorher oder gleichzeitig ein Widerruf zugeht.

Auf die Wirksamkeit der Willenserklärung ist es ohne Einfluß, wenn der Erklärende nach der Abgabe stirbt oder geschäftsunfähig wird.

Diese Vorschriften finden auch dann Anwendung, wenn die Willenserklärung einer Behörde gegenüber abzugeben ist.

131. Wird die Willenserklärung einem Geschäftsunfähigen gegenüber abgegeben, so wird sie nicht wirksam, bevor sie dem gesetzlichen Vertreter zugeht.

Das Gleiche gilt, wenn die Willenserklärung einer in der Geschäftsfähigkeit beschränkten Person gegenüber abgegeben wird. Bringt die Erklärung jedoch der in der Geschäftsfähigkeit beschränkten Person lediglich einen rechtlichen Vortheil oder hat der gesetzliche Vertreter seine Einwilligung ertheilt, so wird die Erklärung in dem Zeitpunkte wirksam, in welchem sie ihr zugeht.

132. Eine Willenserklärung gilt auch dann als zugegangen, wenn sie durch Vermittelung eines Gerichtsvollziehers zugestellt worden ist. Die Zustellung erfolgt nach den Vorschriften der Civilprozeßordnung.[68]

Befindet sich der Erklärende über die Person desjenigen, welchem gegenüber die Erklärung abzugeben ist, in einer nicht auf Fahrlässigkeit beruhenden Unkenntniß oder ist der Aufenthalt dieser Person unbekannt, so kann die Zustellung nach den für die öffentliche Zustellung einer Ladung geltenden Vorschriften der Civilprozeßordnung erfolgen.[69] Zuständig für die Bewilligung ist im ersteren Falle das Amtsgericht, in dessen Bezirke der Erklärende seinen Wohnsitz oder in Ermangelung eines inländischen Wohnsitzes seinen Aufenthalt hat, im letzteren Falle das Amtsgericht, in dessen Bezirke die Person, welcher zuzustellen ist, den letzten Wohnsitz oder in Ermangelung eines inländischen Wohnsitzes den letzten Aufenthalt hatte.

133. Bei der Auslegung einer Willenserklärung ist der wirkliche Wille zu erforschen und nicht an dem buchstäblichen Sinne des Ausdrucks zu haften.

134. Ein Rechtsgeschäft, das gegen ein gesetzliches Verbot verstößt, ist nichtig, wenn sich nicht aus dem Gesetz ein Anderes ergiebt.

135. Verstößt die Verfügung über einen Gegenstand gegen ein gesetzliches Veräußerungsverbot, das nur den Schutz bestimmter Personen bezweckt, so ist sie nur diesen Personen gegenüber unwirksam. Der rechtsgeschäftlichen Verfügung steht eine Verfügung gleich, die im Wege der Zwangsvollstreckung oder der Arrestvollziehung erfolgt.[70]

Die Vorschriften zu Gunsten derjenigen, welche Rechte von einem Nichtberechtigten herleiten, finden entsprechende Anwendung.

136. Ein Veräußerungsverbot, das von einem Gericht oder von einer anderen Behörde innerhalb ihrer Zuständigkeit erlassen wird, steht einem gesetzlichen Veräußerungsverbote der im § 135 bezeichneten Art gleich.[71]

137. Die Befugniß zur Verfügung über ein veräußerliches Recht kann nicht durch Rechtsgeschäft ausgeschlossen oder beschränkt werden. Die Wirksamkeit einer Verpflichtung, über ein solches Recht nicht zu verfügen, wird durch diese Vorschrift nicht berührt.[72]

138. Ein Rechtsgeschäft, das gegen die guten Sitten verstößt, ist nichtig.

Nichtig ist insbesondere ein Rechtsgeschäft, durch das Jemand unter Ausbeutung der Nothlage, des Leichtsinns oder der Unerfahrenheit eines Anderen sich oder einem Dritten für eine Leistung Vermögensvortheile versprechen oder gewähren läßt, welche den Werth der Leistung dergestalt übersteigen, daß den Umständen nach die Vermögensvortheile in auffälligem Mißverhältnisse zu der Leistung stehen.[73]

139. Ist ein Theil eines Rechtsgeschäfts nichtig, so ist das ganze Rechtsgeschäft nichtig, wenn nicht anzunehmen ist, daß es auch ohne den nichtigen Theil vorgenommen sein würde.

140. Entspricht ein nichtiges Rechtsgeschäft den Erfordernissen eines anderen Rechtsgeschäfts, so gilt das letztere, wenn anzunehmen ist, daß dessen Geltung bei Kenntniß der Nichtigkeit gewollt sein würde.

141. Wird ein nichtiges Rechtsgeschäft von demjenigen, welcher es vorgenommen hat, bestätigt,

---

65. Nach § 48 Abs. 4 AG z. FrG sind auch für diese Beglaubigung die Notare ausschließlich zuständig.

66. Vgl. § 47 AG z. FrG.

67. Abweichend § 377 Abs. 4 HGB.

68. In Gemäßheit der §§ 167, 169—173, 180—184, 186—191, 193—195, 199—202.

Zustellung durch Aufgabe zur Post ist nicht zulässig, da deren Zulässigkeit von besonderen, hier nicht zutreffenden Voraussetzungen abhängt.

69. Die Form dieser Zustellung ergibt sich aus den §§ 204 bis 207, wobei zu beachten ist, daß die für die Zustellung einer Ladung geltenden Vorschriften nicht unberücksichtigt bleiben.

70. Vgl. hierzu § 772 CPO; § 13 KO; § 23 Abs. 2 ZVG; auch Art. 168 EG.

71. Indessen hat das in Anwendung der §§ 332—334, 480 StPO ergangene gerichtliche Veräußerungsverbot absolute Wirkung. (Vgl. insbesondere auch §§ 829, 857 Abs. 1, 935, 938 Abs. 2, 940 CPO; §§ 106, 113 KO; § 23 Abs. 1 ZVG).

72. Vgl. Art. 168 EG.

73. Vgl. § 302 StGB; Art. 47 EG.

so ist die Bestätigung als erneute Vornahme zu beurtheilen.

Wird ein nichtiger Vertrag von den Parteien bestätigt, so sind diese im Zweifel verpflichtet, einander zu gewähren, was sie haben würden, wenn der Vertrag von Anfang an gültig gewesen wäre.

142. Wird ein anfechtbares Rechtsgeschäft angefochten, so ist es als von Anfang an nichtig anzusehen.

Wer die Anfechtbarkeit kannte oder kennen mußte, wird, wenn die Anfechtung erfolgt, so behandelt, wie wenn er die Nichtigkeit des Rechtsgeschäfts gekannt hätte oder hätte kennen müssen.[74]

143. Die Anfechtung erfolgt durch Erklärung gegenüber dem Anfechtungsgegner.

Anfechtungsgegner ist bei einem Vertrage der andere Theil, im Falle des § 123 Abs. 2 Satz 2 derjenige, welcher aus dem Vertrag unmittelbar ein Recht erworben hat.

Bei einem einseitigen Rechtsgeschäfte, das einem Anderen gegenüber vorzunehmen war, ist der Andere der Anfechtungsgegner. Das Gleiche gilt bei einem Rechtsgeschäfte, das einem Anderen oder einer Behörde gegenüber vorzunehmen war, auch dann, wenn das Rechtsgeschäft der Behörde gegenüber vorgenommen worden ist.

Bei einem einseitigen Rechtsgeschäft anderer Art ist Anfechtungsgegner Jeder, der auf Grund des Rechtsgeschäfts unmittelbar einen rechtlichen Vortheil erlangt hat. Die Anfechtung kann jedoch, wenn die Willenserklärung einer Behörde gegenüber abzugeben war, durch Erklärung gegenüber der Behörde erfolgen; die Behörde soll die Anfechtung demjenigen mittheilen, welcher durch das Rechtsgeschäft unmittelbar betroffen worden ist.

144. Die Anfechtung ist ausgeschlossen, wenn das anfechtbare Rechtsgeschäft von dem Anfechtungsberechtigten bestätigt wird.

Die Bestätigung bedarf nicht der für das Rechtsgeschäft bestimmten Form.

Dritter Titel. Vertrag.

145. Wer einem Anderen die Schließung eines Vertrags anträgt, ist an den Antrag gebunden, es sei denn, daß er die Gebundenheit ausgeschlossen hat.

146. Der Antrag erlischt, wenn er dem Antragenden gegenüber abgelehnt oder wenn er nicht diesem gegenüber nach den §§ 147 bis 149 rechtzeitig angenommen wird.

147. Der einem Anwesenden gemachte Antrag kann nur sofort angenommen werden. Dies gilt auch von einem mittelst Fernsprechers von Person zu Person gemachten Antrage.

Der einem Abwesenden gemachte Antrag kann nur bis zu dem Zeitpunkt angenommen werden, in welchem der Antragende den Eingang der Antwort unter regelmäßigen Umständen erwarten darf.

148. Hat der Antragende für die Annahme des Antrags eine Frist bestimmt, so kann die Annahme nur innerhalb der Frist erfolgen.[75]

149. Ist eine dem Antragenden verspätet zugegangene Annahmeerklärung dergestalt abgesendet worden, daß sie bei regelmäßiger Beförderung ihm rechtzeitig zugegangen sein würde, und mußte der Antragende dies erkennen, so hat er die Verspätung dem Annehmenden unverzüglich nach dem Empfange der Erklärung anzuzeigen, sofern es nicht schon vorher geschehen ist. Verzögert er die Absendung der Anzeige, so gilt die Annahme als nicht verspätet.

150. Die verspätete Annahme eines Antrags gilt als neuer Antrag.

Eine Annahme unter Erweiterungen, Einschränkungen oder sonstigen Aenderungen gilt als Ablehnung verbunden mit einem neuen Antrage.

151. Der Vertrag kommt durch die Annahme des Antrags zu Stande, ohne daß die Annahme dem Antragenden gegenüber erklärt zu werden braucht, wenn eine solche Erklärung nach der Verkehrssitte nicht zu erwarten ist oder der Antragende auf sie verzichtet hat. Der Zeitpunkt, in welchem der Antrag erlischt, bestimmt sich nach dem aus dem Antrag oder den Umständen zu entnehmenden Willen des Antragenden.[76]

152. Wird ein Vertrag gerichtlich oder notariell beurkundet, ohne daß beide Theile gleichzeitig anwesend sind, so kommt der Vertrag mit der nach § 128 erfolgten Beurkundung der Annahme zu Stande, wenn nicht ein Anderes bestimmt ist. Die Vorschrift des § 151 Satz 2 findet Anwendung.

153. Das Zustandekommen des Vertrags wird nicht dadurch gehindert, daß der Antragende vor der Annahme stirbt oder geschäftsunfähig wird, es sei denn, daß ein anderer Wille des Antragenden anzunehmen ist.

154. Solange nicht die Parteien sich über alle Punkte eines Vertrags geeinigt haben, über die nach der Erklärung auch nur einer Partei eine Vereinbarung getroffen werden soll, ist im Zweifel der Vertrag nicht geschlossen. Die Verständigung über einzelne Punkte ist auch dann nicht bindend, wenn eine Aufzeichnung stattgefunden hat.

Ist eine Beurkundung des beabsichtigten Vertrags verabredet worden, so ist im Zweifel der Vertrag nicht geschlossen, bis die Beurkundung erfolgt ist.

---

74. Außerhalb des BGB ist das Anfechtungsrecht der Gläubiger gegenüber ihrem Schuldner durch §§ 29 ff. KO und das RG v. 21. Juli 1879 (vgl. Art. 32 EG) geregelt.

75. Für die Berechnung der Frist kommen die §§ 186 ff. BGB zur Anwendung.

76. Vgl. § 362 HGB.

155. Haben sich die Parteien bei einem Vertrage, den sie als geschlossen ansehen, über einen Punkt, über den eine Vereinbarung getroffen werden sollte, in Wirklichkeit nicht geeinigt, so gilt das Vereinbarte, sofern anzunehmen ist, daß der Vertrag auch ohne eine Bestimmung über diesen Punkt geschlossen sein würde.

156. Bei einer Versteigerung kommt der Vertrag erst durch den Zuschlag zu Stande. Ein Gebot erlischt, wenn ein Uebergebot abgegeben oder die Versteigerung ohne Ertheilung des Zuschlags geschlossen wird.[77]

157. Verträge sind so auszulegen, wie Treu und Glauben mit Rücksicht auf die Verkehrssitte es erfordern.[78]

Vierter Titel. Bedingung.[79] Zeitbestimmung.

158. Wird ein Rechtsgeschäft unter einer aufschiebenden Bedingung vorgenommen, so tritt die von der Bedingung abhängig gemachte Wirkung mit dem Eintritte der Bedingung ein.

Wird ein Rechtsgeschäft unter einer auflösenden Bedingung vorgenommen, so endigt mit dem Eintritte der Bedingung die Wirkung des Rechtsgeschäfts; mit diesem Zeitpunkte tritt der frühere Rechtszustand wieder ein.

159. Sollen nach dem Inhalte des Rechtsgeschäfts die an den Eintritt der Bedingung geknüpften Folgen auf einen früheren Zeitpunkt zurückbezogen werden, so sind im Falle des Eintritts der Bedingung die Betheiligten verpflichtet, einander zu gewähren, was sie haben würden, wenn die Folgen in dem früheren Zeitpunkt eingetreten wären.

160. Wer unter einer aufschiebenden Bedingung berechtigt ist, kann im Falle des Eintritts der Bedingung Schadensersatz von dem anderen Theile verlangen, wenn dieser während der Schwebezeit das von der Bedingung abhängige Recht durch sein Verschulden vereitelt oder beeinträchtigt.

Den gleichen Anspruch hat unter denselben Voraussetzungen bei einem unter einer auflösenden Bedingung vorgenommenen Rechtsgeschäfte derjenige, zu dessen Gunsten der frühere Rechtszustand wieder eintritt.

161. Hat Jemand unter einer aufschiebenden Bedingung über einen Gegenstand verfügt, so ist jede weitere Verfügung, die er während der Schwebezeit über den Gegenstand trifft, im Falle des Eintritts der Bedingung insoweit unwirksam, als sie die von der Bedingung abhängige Wirkung vereiteln oder beeinträchtigen würde. Einer solchen Verfügung steht eine Verfügung gleich, die während der Schwebezeit im Wege der Zwangsvollstreckung oder der Arrestvollziehung oder durch den Konkursverwalter erfolgt.

Dasselbe gilt bei einer auflösenden Bedingung von den Verfügungen desjenigen, dessen Recht mit dem Eintritte der Bedingung endigt.

Die Vorschriften zu Gunsten derjenigen, welche Rechte von einem Nichtberechtigten herleiten, finden entsprechende Anwendung.

162. Wird der Eintritt der Bedingung von der Partei, zu deren Nachtheil er gereichen würde, wider Treu und Glauben verhindert, so gilt die Bedingung als eingetreten.

Wird der Eintritt der Bedingung von der Partei, zu deren Vortheil er gereicht, wider Treu und Glauben herbeigeführt, so gilt der Eintritt als nicht erfolgt.

163. Ist für die Wirkung eines Rechtsgeschäfts bei dessen Vornahme ein Anfangs- oder ein Endtermin bestimmt worden, so finden im ersteren Falle die für die aufschiebende, im letzteren Falle die für die auflösende Bedingung geltenden Vorschriften der §§ 158, 160, 161 entsprechende Anwendung.[80]

Fünfter Titel. Vertretung. Vollmacht.

164. Eine Willenserklärung, die Jemand innerhalb der ihm zustehenden Vertretungsmacht im Namen des Vertretenen abgiebt, wirkt unmittelbar für und gegen den Vertretenen. Es macht keinen Unterschied, ob die Erklärung ausdrücklich im Namen des Vertretenen erfolgt oder ob die Umstände ergeben, daß sie in dessen Namen erfolgen soll.

Tritt der Wille, in fremdem Namen zu handeln, nicht erkennbar hervor, so kommt der Mangel des Willens, im eigenen Namen zu handeln, nicht in Betracht.

Die Vorschriften des Abs. 1 finden entsprechende Anwendung, wenn eine gegenüber einem Anderen abzugebende Willenserklärung dessen Vertreter gegenüber erfolgt.

165. Die Wirksamkeit einer von oder gegenüber einem Vertreter abgegebenen Willenserklärung wird nicht dadurch beeinträchtigt, daß der Vertreter in der Geschäftsfähigkeit beschränkt ist.

166. Soweit die rechtlichen Folgen einer Willenserklärung durch Willensmängel oder durch die Kenntniß oder das Kennenmüssen gewisser Umstände beeinflußt werden, kommt nicht die Person des Vertretenen, sondern die des Vertreters in Betracht.

Hat im Falle einer durch Rechtsgeschäft ertheilten Vertretungsmacht (Vollmacht) der Vertreter nach bestimmten Weisungen des Vollmachtgebers ge-

77. Vgl. § 817 CPO; § 181 FrG.; § 72 ZVG.

78. Für Kaufleute enthält § 346 HGB eine besondere Bestimmung.

79. Allgemeine Vorschriften über den Begriff und das Wesen der Bedingung enthält das BGB nicht; solche sind aus dem Zusammenhang seiner Vorschriften zu entnehmen. Vgl. hierzu §§ 916 Abs. 2, 936 CPO; §§ 66, 67, 154, 156, 166, 168², 169, 171 KO; §§ 119, 120 ZVG.

80. Vgl. §§ 751, 916 Abs. 2 CPO; § 111 ZVG; § 65 KO.

handelt, so kann sich dieser in Ansehung solcher Umstände, die er selbst kannte, nicht auf die Unkenntniß des Vertreters berufen. Dasselbe gilt von Umständen, die der Vollmachtgeber kennen mußte, sofern das Kennenmüssen der Kenntniß gleichsteht.

167. Die Ertheilung der Vollmacht erfolgt durch Erklärung gegenüber dem zu Bevollmächtigenden oder dem Dritten, dem gegenüber die Vertretung stattfinden soll.[81]

Die Erklärung bedarf nicht der Form, welche für das Rechtsgeschäft bestimmt ist, auf das sich die Vollmacht bezieht.

168. Das Erlöschen der Vollmacht bestimmt sich nach dem ihrer Ertheilung zu Grunde liegenden Rechtsverhältnisse. Die Vollmacht ist auch bei dem Fortbestehen des Rechtsverhältnisses widerruflich, sofern sich nicht aus diesem ein Anderes ergiebt. Auf die Erklärung des Widerrufs findet die Vorschrift des § 167 Abs. 1 entsprechende Anwendung.[82]

169. Soweit nach den §§ 674, 729 die erloschene Vollmacht eines Beauftragten oder eines geschäftsführenden Gesellschafters als fortbestehend gilt, wirkt sie nicht zu Gunsten eines Dritten, der bei der Vornahme eines Rechtsgeschäfts das Erlöschen kennt oder kennen muß.

170. Wird die Vollmacht durch Erklärung gegenüber einem Dritten ertheilt, so bleibt sie diesem gegenüber in Kraft, bis ihm das Erlöschen von dem Vollmachtgeber angezeigt wird.

171. Hat Jemand durch besondere Mittheilung an einen Dritten oder durch öffentliche Bekanntmachung kundgegeben, daß er einen Anderen bevollmächtigt habe, so ist dieser auf Grund der Kundgebung im ersteren Falle dem Dritten gegenüber, im letzteren Falle jedem Dritten gegenüber zur Vertretung befugt.

Die Vertretungsmacht bleibt bestehen, bis die Kundgebung in derselben Weise, wie sie erfolgt ist, widerrufen wird.[83]

172. Der besonderen Mittheilung einer Bevollmächtigung durch den Vollmachtgeber steht es gleich, wenn dieser dem Vertreter eine Vollmachtsurkunde ausgehändigt hat und der Vertreter sie dem Dritten vorlegt.

Die Vertretungsmacht bleibt bestehen, bis die Vollmachtsurkunde dem Vollmachtgeber zurückgegeben oder für kraftlos erklärt wird.

173. Die Vorschriften des § 170, des § 171 Abs. 2 und des § 172 Abs. 2 finden keine Anwendung, wenn der Dritte das Erlöschen der Vertretungsmacht bei der Vornahme des Rechtsgeschäfts kennt oder kennen muß.

174. Ein einseitiges Rechtsgeschäft, das ein Bevollmächtigter einem Anderen gegenüber vornimmt, ist unwirksam, wenn der Bevollmächtigte eine Vollmachtsurkunde nicht vorlegt und der Andere das Rechtsgeschäft aus diesem Grunde unverzüglich zurückweist. Die Zurückweisung ist ausgeschlossen, wenn der Vollmachtgeber den Anderen von der Bevollmächtigung in Kenntniß gesetzt hatte.

175. Nach dem Erlöschen der Vollmacht hat der Bevollmächtigte die Vollmachtsurkunde dem Vollmachtgeber zurückzugeben; ein Zurückbehaltungsrecht steht ihm nicht zu.

176. Der Vollmachtgeber kann die Vollmachtsurkunde durch eine öffentliche Bekanntmachung für kraftlos erklären; die Kraftloserklärung muß nach den für die öffentliche Zustellung einer Ladung geltenden Vorschriften der Civilprozeßordnung veröffentlicht werden. Mit dem Ablauf eines Monats nach der letzten Einrückung in die öffentlichen Blätter wird die Kraftloserklärung wirksam.[84]

Zuständig für die Bewilligung der Veröffentlichung ist sowohl das Amtsgericht, in dessen Bezirke der Vollmachtgeber seinen allgemeinen Gerichtsstand[85] hat, als das Amtsgericht, welches für die Klage auf Rückgabe der Urkunde, abgesehen von dem Werthe des Streitgegenstandes, zuständig sein würde.

Die Kraftloserklärung ist unwirksam, wenn der Vollmachtgeber die Vollmacht nicht widerrufen kann.[86]

177. Schließt Jemand ohne Vertretungsmacht im Namen eines Anderen einen Vertrag, so hängt die Wirksamkeit des Vertrags für und gegen den Vertretenen von dessen Genehmigung ab.

Fordert der andere Theil den Vertretenen zur Erklärung über die Genehmigung auf, so kann die Erklärung nur ihm gegenüber erfolgen; eine vor der Aufforderung dem Vertreter gegenüber erklärte Genehmigung oder Verweigerung der Genehmigung wird unwirksam. Die Genehmigung kann nur bis zum Ablaufe von zwei Wochen nach dem Empfange der Aufforderung erklärt werden; wird sie nicht erklärt, so gilt sie als verweigert.

178. Bis zur Genehmigung des Vertrags ist der andere Theil zum Widerrufe berechtigt, es sei denn, daß er den Mangel der Vertretungsmacht bei dem Abschlusse des Vertrags gekannt hat. Der Widerruf kann auch dem Vertreter gegenüber erklärt werden.

179. Wer als Vertreter einen Vertrag geschlossen hat, ist, sofern er nicht seine Vertretungsmacht nachweist, dem anderen Theile nach dessen Wahl zur Erfüllung oder zum Schadensersatze verpflichtet,

---

81. Vgl. §§ 30, 31 GBO; § 48 HGB; §§ 80, 167, 753 Abs. 2, 754, 755 CPO; § 13 FrG.

82. Vgl. § 23 Abs. 1 KO; § 52 HGB; §§ 86, 246 CPO.

83. Abweichende Bestimmungen enthält § 15 HGB.

84. Die Form der öffentlichen Zustellung regeln §§ 204 bis 207 CPO, wobei zu beachten ist, daß die für Zustellung einer Ladung gegebenen Vorschriften zur Anwendung kommen.

85. Vgl. §§ 12—19 CPO.

86. Vgl. §§ 20—23, 29—31 CPO.

wenn der Vertretene die Genehmigung des Vertrags verweigert.

Hat der Vertreter den Mangel der Vertretungsmacht nicht gekannt, so ist er nur zum Ersatze desjenigen Schadens verpflichtet, welchen der andere Theil dadurch erleidet, daß er auf die Vertretungsmacht vertraut, jedoch nicht über den Betrag des Interesses hinaus, welches der andere Theil an der Wirksamkeit des Vertrags hat.

Der Vertreter haftet nicht, wenn der andere Theil den Mangel der Vertretungsmacht kannte oder kennen mußte. Der Vertreter haftet auch dann nicht, wenn er in der Geschäftsfähigkeit beschränkt war, es sei denn, daß er mit Zustimmung seines gesetzlichen Vertreters gehandelt hat.

180. Bei einem einseitigen Rechtsgeschäft ist Vertretung ohne Vertretungsmacht unzulässig. Hat jedoch derjenige, welchem gegenüber ein solches Rechtsgeschäft vorzunehmen war, die von dem Vertreter behauptete Vertretungsmacht bei der Vornahme des Rechtsgeschäfts nicht beanstandet oder ist er damit einverstanden gewesen, daß der Vertreter ohne Vertretungsmacht handele, so finden die Vorschriften über Verträge entsprechende Anwendung. Das Gleiche gilt, wenn ein einseitiges Rechtsgeschäft gegenüber einem Vertreter ohne Vertretungsmacht mit dessen Einverständnisse vorgenommen wird.

181. Ein Vertreter kann, soweit nicht ein Anderes ihm gestattet ist, im Namen des Vertretenen mit sich im eigenen Namen oder als Vertreter eines Dritten ein Rechtsgeschäft nicht vornehmen, es sei denn, daß das Rechtsgeschäft ausschließlich in der Erfüllung einer Verbindlichkeit besteht.

Sechster Titel. Einwilligung. Genehmigung.

182. Hängt die Wirksamkeit eines Vertrags oder eines einseitigen Rechtsgeschäfts, das einem Anderen gegenüber vorzunehmen ist, von der Zustimmung eines Dritten ab, so kann die Ertheilung sowie die Verweigerung der Zustimmung sowohl dem einen als dem anderen Theile gegenüber erklärt werden.

Die Zustimmung bedarf nicht der für das Rechtsgeschäft bestimmten Form.[87]

Wird ein einseitiges Rechtsgeschäft, dessen Wirksamkeit von der Zustimmung eines Dritten abhängt, mit Einwilligung des Dritten vorgenommen, so finden die Vorschriften des § 111 Satz 2, 3 entsprechende Anwendung.

183. Die vorherige Zustimmung (Einwilligung) ist bis zur Vornahme des Rechtsgeschäfts widerruflich, soweit nicht aus dem ihrer Ertheilung zu Grunde liegenden Rechtsverhältnisse sich ein Anderes ergiebt. Der Widerruf kann sowohl dem einen als dem anderen Theile gegenüber erklärt werden.

184. Die nachträgliche Zustimmung (Genehmigung) wirkt auf den Zeitpunkt der Vornahme des Rechtsgeschäfts zurück, soweit nicht ein Anderes bestimmt ist.

Durch die Rückwirkung werden Verfügungen nicht unwirksam, die vor der Genehmigung über den Gegenstand des Rechtsgeschäfts von dem Genehmigenden getroffen worden oder im Wege der Zwangsvollstreckung oder der Arrestvollziehung oder durch den Konkursverwalter erfolgt sind.

185. Eine Verfügung, die ein Nichtberechtigter über einen Gegenstand trifft, ist wirksam, wenn sie mit Einwilligung des Berechtigten erfolgt.

Die Verfügung wird wirksam, wenn der Berechtigte sie genehmigt oder wenn der Verfügende den Gegenstand erwirbt oder wenn er von dem Berechtigten beerbt wird und dieser für die Nachlaßverbindlichkeiten unbeschränkt haftet. In den beiden letzteren Fällen wird, wenn über den Gegenstand mehrere mit einander nicht in Einklang stehende Verfügungen getroffen worden sind, nur die frühere Verfügung wirksam.

Vierter Abschnitt. Fristen. Termine.

186. Für die in Gesetzen, gerichtlichen Verfügungen und Rechtsgeschäften enthaltenen Frist- und Terminsbestimmungen gelten die Auslegungsvorschriften der §§ 187 bis 193.[88]

187. Ist für den Anfang einer Frist ein Ereigniß oder ein in den Lauf eines Tages fallender Zeitpunkt maßgebend, so wird bei der Berechnung der Frist der Tag nicht mitgerechnet, in welchen das Ereigniß oder der Zeitpunkt fällt.[89]

Ist der Beginn eines Tages der für den Anfang einer Frist maßgebende Zeitpunkt, so wird dieser Tag bei der Berechnung der Frist mitgerechnet. Das Gleiche gilt von dem Tage der Geburt bei der Berechnung des Lebensalters.

188. Eine nach Tagen bestimmte Frist endigt mit dem Ablaufe des letzten Tages der Frist.[90]

Eine Frist, die nach Wochen, nach Monaten oder nach einem mehrere Monate umfassenden Zeit-

87. Ausnahmen von dieser Vorschrift sind sowohl im BGB (z. B. §§ 1516 Abs. 2, 1517 Abs. 1), als auch in § 29 GBO enthalten.

88. Der nachfolgende Abschnitt hat für das gesammte öffentliche und private Reichs- und Landesrecht Geltung, soweit nicht in den Gesetzen, in gerichtlichen Verfügungen und Rechtsgeschäften rechtsgültige, abweichende Bestimmungen getroffen sind. Für die Ausschlußfrist gelten indessen die Bestimmungen dieses Abschnittes nicht, soweit sie nicht ausdrücklich für anwendbar erklärt sind. Vgl. hierzu § 222 Abs. 1 CPO; §§ 359, 361 HGB; §§ 17 Abs. 1 FrG. Besondere Bestimmungen über Fristenlauf sind unter anderen enthalten in §§ 221—223 CPO; § 41 KO.

89. Entsprechend Art. 32 Nr. 1 WO.

90. Das BGB kennt nur solche Fristen, bei welchen als kleinste Zeiteinheit der Tag angenommen ist. Für die nach Stunden (z. B. §§ 216, 217, 222 Abs. 3 CPO) zu berechnenden Fristen sind keine Bestimmungen getroffen.

raume — Jahr, halbes Jahr, Vierteljahr — bestimmt ist, endigt im Falle des § 187 Abs. 1 mit dem Ablaufe desjenigen Tages der letzten Woche oder des letzten Monats, welcher durch seine Benennung oder seine Zahl dem Tage entspricht, in den das Ereigniß oder der Zeitpunkt fällt, im Falle des § 187 Abs. 2 mit dem Ablaufe desjenigen Tages der letzten Woche oder des letzten Monats, welcher dem Tage vorhergeht, der durch seine Benennung oder seine Zahl dem Anfangstage der Frist entspricht.

Fehlt bei einer nach Monaten bestimmten Frist in dem letzten Monate der für ihren Ablauf maßgebende Tag, so endigt die Frist mit dem Ablaufe des letzten Tages dieses Monats.[91]

189. Unter einem halben Jahre wird eine Frist von sechs Monaten, unter einem Vierteljahre eine Frist von drei Monaten, unter einem halben Monat eine Frist von fünfzehn Tagen verstanden.

Ist eine Frist auf einen oder mehrere ganze Monate und einen halben Monat gestellt, so sind die fünfzehn Tage zuletzt zu zählen.[92]

190. Im Falle der Verlängerung einer Frist wird die neue Frist von dem Ablaufe der vorigen Frist an berechnet.[93]

191. Ist ein Zeitraum nach Monaten oder nach Jahren in dem Sinne bestimmt, daß er nicht zusammenhängend zu verlaufen braucht, so wird der Monat zu dreißig, das Jahr zu dreihundertfünfundsechzig Tagen gerechnet.

192. Unter Anfang des Monats wird der erste, unter Mitte des Monats der fünfzehnte, unter Ende des Monats der letzte Tag des Monats verstanden.[94]

193.[95] Ist an einem bestimmten Tage oder innerhalb einer Frist eine Willenserklärung abzugeben oder eine Leistung zu bewirken und fällt der bestimmte Tag oder der letzte Tag der Frist auf einen Sonntag oder einen am Erklärungs- oder Leistungsorte staatlich anerkannten allgemeinen Feiertag,[96] so tritt an die Stelle des Sonntags oder des Feiertags der nächstfolgende Werktag.

Fünfter Abschnitt. Verjährung.[97]

194. Das Recht, von einem Anderen ein Thun oder ein Unterlassen zu verlangen (Anspruch), unterliegt der Verjährung.

Der Anspruch aus einem familienrechtlichen Verhältniß unterliegt der Verjährung nicht, soweit er auf die Herstellung des dem Verhältniß entsprechenden Zustandes für die Zukunft gerichtet ist.

195. Die regelmäßige Verjährungsfrist beträgt dreißig Jahre.

196. In zwei Jahren verjähren die Ansprüche:

1. der Kaufleute,[98] Fabrikanten, Handwerker und derjenigen, welche ein Kunstgewerbe betreiben, für Lieferung von Waaren, Ausführung von Arbeiten und Besorgung fremder Geschäfte, mit Einschluß der Auslagen, es sei denn, daß die Leistung für den Gewerbebetrieb des Schuldners erfolgt;
2. derjenigen, welche Land- oder Forstwirthschaft betreiben, für Lieferung von land- oder forstwirthschaftlichen Erzeugnissen, sofern die Lieferung zur Verwendung im Haushalte des Schuldners erfolgt;
3. der Eisenbahnunternehmungen, Frachtfuhrleute, Schiffer, Lohnkutscher und Boten wegen des Fahrgeldes, der Fracht, des Fuhr- und Botenlohns, mit Einschluß der Auslagen;
4. der Gastwirthe und derjenigen, welche Speisen oder Getränke gewerbsmäßig verabreichen, für Gewährung von Wohnung und Beköstigung sowie für andere den Gästen zur Befriedigung ihrer Bedürfnisse gewährte Leistungen, mit Einschluß der Auslagen;
5. derjenigen, welche Lotterieloose vertreiben, aus dem Vertriebe der Loose, es sei denn, daß die Loose zum Weitervertriebe geliefert werden;
6. derjenigen, welche bewegliche Sachen gewerbsmäßig vermiethen, wegen des Miethzinses;
7. derjenigen, welche, ohne zu den in Nr. 1 bezeichneten Personen zu gehören, die Besorgung fremder Geschäfte oder die Leistung von Diensten gewerbsmäßig betreiben, wegen der ihnen aus dem Gewerbebetriebe gebührenden Vergütungen, mit Einschluß der Auslagen;
8. derjenigen, welche im Privatdienste stehen, wegen des Gehalts, Lohnes oder anderer Dienstbezüge, mit Einschluß der Auslagen, sowie der Dienstberechtigten wegen der auf solche Ansprüche gewährten Vorschüsse;

---

91. Entsprechend Art. 32 Nr. 2 WO.

92. Entsprechend Art. 32 Abs. 2 WO.

Indessen fehlt eine Vorschrift darüber, welche Bedeutung die Bestimmung einer Frist von 8 Tagen hat. (Vgl. § 359 Abs. 2 HGB).

93. Entsprechend § 224 Abs. 3 CPO.

94. Entsprechend Art. 30 WO; vgl. auch § 359 Abs. 1 HGB.

95. Entsprechend § 222 Abs. 2, 3 CPO; Art. 92 WO; § 17 Abs. 2 FrG.

96. Das Landesrecht ist maßgebend, sofern keine reichsgesetzliche Bestimmung darüber besteht. Es kommen für Els.-Lothr. in Betracht: V. v. 29. Germinal X (Weihnachten, Christi Himmelfahrt, Mariä Himmelfahrt, Allerheiligen); StRG v. 20. März 1810 (Neujahrstag); G. v. 19. Okt. 1887 (Allgemeine Feiertage im Sinne der RG, sowie als Feier-, Fest- und Ruhetage im Sinne des Enregistrementsg. v. 22. Frimaire VII — Art. 25, 54 — sind außer den vorgenannten noch der Charfreitag, der Ostermontag und der Pfingstmontag). Die MinV v. 16. August 1892 bestimmt als Festtage im Sinne der GewO die gleichen Tage, den Charfreitag indessen nur für diejenigen Gemeinden, in welchen sich eine protestantische Kirche oder eine Simultankirche befinde.

97. Uebergangsbestimmung Art. 169 EG.

Unberührt bleiben die Bestimmungen über die Verjährung des öffentlichen Rechts z. B. von Steuern, Enregistrementsgebühren, Erbschaftssteuern und dergl.

98. Vgl. §§ 1—7 HGB.

9. der gewerblichen Arbeiter — Gesellen, Gehülfen, Lehrlinge, Fabrikarbeiter —, der Tagelöhner und Handarbeiter wegen des Lohnes und anderer an Stelle oder als Theil des Lohnes vereinbarter Leistungen, mit Einschluß der Auslagen, sowie der Arbeitgeber wegen der auf solche Ansprüche gewährten Vorschüsse;

10. der Lehrherren und Lehrmeister wegen des Lehrgeldes und anderer im Lehrvertrage vereinbarter Leistungen sowie wegen der für die Lehrlinge bestrittenen Auslagen;

11. der öffentlichen Anstalten, welche dem Unterrichte, der Erziehung, Verpflegung oder Heilung dienen, sowie der Inhaber von Privatanstalten solcher Art für Gewährung von Unterricht, Verpflegung oder Heilung und für die damit zusammenhängenden Aufwendungen;

12. derjenigen, welche Personen zur Verpflegung oder zur Erziehung aufnehmen, für Leistungen und Aufwendungen der in Nr. 11 bezeichneten Art;

13. der öffentlichen Lehrer und der Privatlehrer wegen ihrer Honorare, die Ansprüche der öffentlichen Lehrer jedoch nicht, wenn sie auf Grund besonderer Einrichtungen gestundet sind;

14. der Aerzte, insbesondere auch der Wundärzte, Geburtshelfer, Zahnärzte und Thierärzte, sowie der Hebammen für ihre Dienstleistungen, mit Einschluß der Auslagen;

15. der Rechtsanwälte, Notare und Gerichtsvollzieher sowie aller Personen, die zur Besorgung gewisser Geschäfte öffentlich bestellt oder zugelassen sind, wegen ihrer Gebühren und Auslagen, soweit nicht diese zur Staatskasse fließen;[99]

16. der Parteien wegen der ihren Rechtsanwälten geleisteten Vorschüsse;[100]

17. der Zeugen und Sachverständigen wegen ihrer Gebühren und Auslagen;[101]

Soweit die im Abs. 1 Nr. 1, 2, 5 bezeichneten Ansprüche nicht der Verjährung von zwei Jahren unterliegen, verjähren sie in vier Jahren.

197. In vier Jahren verjähren die Ansprüche auf Rückstände von Zinsen, mit Einschluß der als Zuschlag zu den Zinsen zum Zwecke allmählicher Tilgung des Kapitals zu entrichtenden Beträge, die Ansprüche auf Rückstände von Mieth- und Pachtzinsen, soweit sie nicht unter die Vorschrift des § 196 Abs. 1 Nr. 6 fallen, und die Ansprüche auf Rückstände von Renten, Auszugsleistungen, Besoldungen, Wartegeldern, Ruhegehalten, Unterhaltsbeiträgen und allen anderen regelmäßig wiederkehrenden Leistungen.

198. Die Verjährung beginnt mit der Entstehung des Anspruchs.[102] Geht der Anspruch auf ein Unterlassen, so beginnt die Verjährung mit der Zuwiderhandlung.

199. Kann der Berechtigte die Leistung erst verlangen, wenn er dem Verpflichteten gekündigt hat, so beginnt die Verjährung mit dem Zeitpunkte, von welchem an die Kündigung zulässig ist. Hat der Verpflichtete die Leistung erst zu bewirken, wenn seit der Kündigung eine bestimmte Frist verstrichen ist, so wird der Beginn der Verjährung um die Dauer der Frist hinausgeschoben.

200. Hängt die Entstehung eines Anspruchs davon ab, daß der Berechtigte von einem ihm zustehenden Anfechtungsrechte Gebrauch macht, so beginnt die Verjährung mit dem Zeitpunkte, von welchem an die Anfechtung zulässig ist. Dies gilt jedoch nicht, wenn die Anfechtung sich auf ein familienrechtliches Verhältniß bezieht.

201. Die Verjährung der in den §§ 196, 197 bezeichneten Ansprüche beginnt mit dem Schlusse des Jahres, in welchem der nach den §§ 198 bis 200 maßgebende Zeitpunkt eintritt. Kann die Leistung erst nach dem Ablauf einer über diesen Zeitpunkt hinausreichenden Frist verlangt werden, so beginnt die Verjährung mit dem Schlusse des Jahres, in welchem die Frist abläuft.

202. Die Verjährung ist gehemmt, solange die Leistung gestundet oder der Verpflichtete aus einem anderen Grunde vorübergehend zur Verweigerung der Leistung berechtigt ist.

Diese Vorschrift findet keine Anwendung auf die Einrede des Zurückbehaltungsrechts, des nicht erfüllten Vertrags, der mangelnden Sicherheitsleistung, der Vorausklage sowie auf die nach § 770 dem Bürgen und nach den §§ 2014, 2015 dem Erben zustehenden Einreden.

203. Die Verjährung ist gehemmt, solange der Berechtigte durch Stillstand der Rechtspflege innerhalb der letzten sechs Monate der Verjährungsfrist an der Rechtsverfolgung verhindert ist.

Das Gleiche gilt, wenn eine solche Verhinderung in anderer Weise durch höhere Gewalt herbeigeführt wird.[103]

204. Die Verjährung von Ansprüchen zwischen Ehegatten ist gehemmt, solange die Ehe besteht. Das Gleiche gilt von Ansprüchen zwischen Eltern und Kindern während der Minderjährigkeit der Kinder und von Ansprüchen zwischen dem Vor-

99. Welche Personen zur Besorgung gewisser Geschäfte öffentlich bestellt oder zugelassen sind, bestimmt die Landesgesetzgebung. Vgl. insbesondere §§ 12, 22, 52 G. v. 31. März 1884; § 36 GewO.

100. Vgl. § 32 Abs. 2 RAO.

101. Unbeschadet der durch § 16 GebO. für Zeugen und Sachverständige eingeführten Ausschlußfrist (arg. Art. 32 EG).

102. Bezüglich der Gebühr der Rechtsanwälte vgl. § 85 GebO für RA, bezüglich der Gebühren der Gerichtsvollzieher § 20 GebO für GB.

103. Vgl. § 245 CPO.

mund und dem Mündel während der Dauer des Vormundschaftsverhältnisses.[104]

205. Der Zeitraum, während dessen die Verjährung gehemmt ist, wird in die Verjährungsfrist nicht eingerechnet.

206. Ist eine geschäftsunfähige oder in der Geschäftsfähigkeit beschränkte Person ohne gesetzlichen Vertreter, so wird die gegen sie laufende Verjährung nicht vor dem Ablaufe von sechs Monaten nach dem Zeitpunkte vollendet, in welchem die Person unbeschränkt geschäftsfähig wird oder der Mangel der Vertretung aufhört. Ist die Verjährungsfrist kürzer als sechs Monate, so tritt der für die Verjährung bestimmte Zeitraum an die Stelle der sechs Monate.

Diese Vorschriften finden keine Anwendung, soweit eine in der Geschäftsfähigkeit beschränkte Person prozeßfähig[105] ist.

207. Die Verjährung eines Anspruchs, der zu einem Nachlasse gehört oder sich gegen einen Nachlaß richtet, wird nicht vor dem Ablaufe von sechs Monaten nach dem Zeitpunkte vollendet, in welchem die Erbschaft von dem Erben angenommen oder der Konkurs über den Nachlaß eröffnet wird oder von welchem an der Anspruch von einem Vertreter oder gegen einen Vertreter geltend gemacht werden kann. Ist die Verjährungsfrist kürzer als sechs Monate, so tritt der für die Verjährung bestimmte Zeitraum an die Stelle der sechs Monate.

208. Die Verjährung wird unterbrochen, wenn der Verpflichtete dem Berechtigten gegenüber den Anspruch durch Abschlagzahlung, Zinszahlung, Sicherheitsleistung oder in anderer Weise anerkennt.

209. Die Verjährung wird unterbrochen, wenn der Berechtigte auf Befriedigung oder auf Feststellung des Anspruchs,[106] auf Ertheilung der Vollstreckungsklausel[107] oder auf Erlassung des Vollstreckungsurtheils[108] Klage erhebt.[109]

Der Erhebung der Klage stehen gleich:

1. die Zustellung eines Zahlungsbefehls im Mahnverfahren;[110]
2. die Anmeldung des Anspruchs im Konkurse;[111]
3. die Geltendmachung der Aufrechnung des Anspruchs im Prozesse;[112]
4. die Streitverkündung in dem Prozesse, von dessen Ausgange der Anspruch abhängt;[113]
5. die Vornahme einer Vollstreckungshandlung[114] und, soweit die Zwangsvollstreckung den Gerichten oder anderen Behörden zugewiesen ist,[115] die Stellung des Antrags auf Zwangsvollstreckung.

210. Hängt die Zulässigkeit des Rechtswegs von der Vorentscheidung einer Behörde[116] ab oder hat die Bestimmung des zuständigen Gerichts durch ein höheres Gericht zu erfolgen,[117] so wird die Verjährung durch die Einreichung des Gesuchs an die Behörde oder das höhere Gericht in gleicher Weise wie durch Klagerhebung unterbrochen, wenn die Klage binnen drei Monaten nach der Erledigung des Gesuchs erhoben wird. Auf diese Frist finden die Vorschriften der §§ 203, 206, 207 entsprechende Anwendung.

211. Die Unterbrechung durch Klagerhebung dauert fort, bis der Prozeß rechtskräftig[118] entschieden oder anderweit[119] erledigt ist.

Geräth der Prozeß in Folge einer Vereinbarung oder dadurch, daß er nicht betrieben wird, in Stillstand,[120] so endigt die Unterbrechung mit der letzten Prozeßhandlung der Parteien oder des Gerichts. Die nach der Beendigung der Unterbrechung beginnende neue Verjährung wird dadurch, daß eine der Parteien den Prozeß weiter betreibt, in gleicher Weise wie durch Klagerhebung unterbrochen.

212. Die Unterbrechung durch Klagerhebung gilt als nicht erfolgt, wenn die Klage zurückgenommen oder durch ein nicht in der Sache selbst entscheidendes Urtheil rechtskräftig[121] abgewiesen wird.[122]

Erhebt der Berechtigte binnen sechs Monaten von neuem Klage, so gilt die Verjährung als durch die Erhebung der ersten Klage unterbrochen. Auf diese Frist finden die Vorschriften der §§ 203, 206, 207 entsprechende Anwendung.

213. Die Unterbrechung durch Zustellung eines Zahlungsbefehls im Mahnverfahren gilt als nicht erfolgt, wenn die Wirkungen der Rechthängigkeit erlöschen.[123]

214. Die Unterbrechung durch Anmeldung im Konkurse dauert fort, bis der Konkurs beendigt ist.[124]

Die Unterbrechung gilt als nicht erfolgt, wenn die Anmeldung zurückgenommen wird.

104. Zu beachten ist hier § 1915 BGB.
105. Vgl. § 52 CPO.
106. §§ 256, 280. 281 CPO.
107. § 731 CPO.
108. §§ 722, 1042 CPO.
109. §§ 207, 253, 499, 500, 510 Abs. 2, 696, 771 CPO (vgl. auch Art. 152 EG).
110. §§ 688, 693 CPO.
111. § 139 KO.
112. Entweder im Wege der Einrede nach §§ 278, 281 CPO oder in der Form des § 767 CPO.
113. §§ 72—74 CPO.
114. Vgl. §§ 808, 809, 814, 815, 826, 829 ff., 835, 844, 866, 867, 872 ff., 883, 885, 887 ff. CPO. — §§ 15, 46 ZVG. (nicht 845 oder 781 oder 782 CPO.)
115. So in §§ 828, 867 (mit § 1 GBO) 887—890, 790, 791 CPO; § 1 ZVG. Vgl. noch § 14 Postg. v. 28. Oktober 1871.
116. Vgl. hierzu § 39 AG z. B. GB; § 11 Abs. 2 EG zur GVG; § 11 AG z. GVG.
117. Vgl. §§ 36, 37 CPO; § 2 ZVG.
118. § 705 CPO.
119. z. B. Gerichtlicher Vergleich im Sinne des § 794 Nr. 1 CPO.
120. z. B. § 251 CPO.
121. § 705 CPO.
122. Vgl. § 271 CPO.
123. Vgl. §§ 697, 700, 701 CPO.
124. Nach Maßgabe der §§ 163, 190, 202, 204 KO.

Wird bei der Beendigung des Konkurses für eine Forderung, die in Folge eines bei der Prüfung erhobenen Widerspruchs in Prozeß befangen ist, ein Betrag zurückbehalten,[125] so dauert die Unterbrechung auch nach der Beendigung des Konkurses fort; das Ende der Unterbrechung bestimmt sich nach den Vorschriften des § 211.

215. Die Unterbrechung durch Geltendmachung der Aufrechnung im Prozeß oder durch Streitverkündung dauert fort, bis der Prozeß rechtskräftig entschieden oder anderweit erledigt ist; die Vorschriften des § 211 Abs. 2 finden Anwendung.

Die Unterbrechung gilt als nicht erfolgt, wenn nicht binnen sechs Monaten nach der Beendigung des Prozesses Klage auf Befriedigung oder Feststellung des Anspruchs erhoben wird. Auf diese Frist finden die Vorschriften der §§ 203, 206, 207 entsprechende Anwendung.

216. Die Unterbrechung durch Vornahme einer Vollstreckungshandlung gilt als nicht erfolgt, wenn die Vollstreckungsmaßregel auf Antrag des Berechtigten oder wegen Mangels der gesetzlichen Voraussetzungen aufgehoben wird.

Die Unterbrechung durch Stellung des Antrags auf Zwangsvollstreckung gilt als nicht erfolgt, wenn dem Antrage nicht stattgegeben oder der Antrag vor der Vornahme der Vollstreckungshandlung zurückgenommen oder die erwirkte Vollstreckungsmaßregel nach Abs. 1 aufgehoben wird.

217. Wird die Verjährung unterbrochen, so kommt die bis zur Unterbrechung verstrichene Zeit nicht in Betracht; eine neue Verjährung kann erst nach der Beendigung der Unterbrechung beginnen.

218. Ein rechtskräftig festgestellter Anspruch[126] verjährt in dreißig Jahren, auch wenn er an sich einer kürzeren Verjährung unterliegt. Das Gleiche gilt von dem Anspruch aus einem vollstreckbaren Vergleich oder einer vollstreckbaren Urkunde[127] sowie von einem Anspruche, welcher durch die im Konkurs erfolgte Feststellung[128] vollstreckbar geworden ist.

Soweit sich die Feststellung auf regelmäßig wiederkehrende, erst künftig fällig werdende Leistungen bezieht, bewendet es bei der kürzeren Verjährungsfrist.

219. Als rechtskräftige Entscheidung im Sinne des § 211 Abs. 1 und des § 218 Abs. 1 gilt auch ein unter Vorbehalt ergangenes rechtskräftiges Urtheil.[129]

220. Ist der Anspruch vor einem Schiedsgericht[130] oder einem besonderen Gerichte,[131] vor einem Verwaltungsgericht oder einer Verwaltungsbehörde geltend zu machen, so finden die Vorschriften der §§ 209 bis 213, 215, 216, 218, 219 entsprechende Anwendung.

Sind in dem Schiedsvertrage die Schiedsrichter nicht ernannt oder ist die Ernennung eines Schiedsrichters aus einem anderen Grunde erforderlich oder kann das Schiedsgericht erst nach der Erfüllung einer sonstigen Voraussetzung angerufen werden, so wird die Verjährung schon dadurch unterbrochen, daß der Berechtigte das zur Erledigung der Sache seinerseits Erforderliche vornimmt.[132]

221. Gelangt eine Sache, in Ansehung deren ein dinglicher Anspruch besteht, durch Rechtsnachfolge in den Besitz eines Dritten, so kommt die während des Besitzes des Rechtsvorgängers verstrichene Verjährungszeit dem Rechtsnachfolger zu Statten.

222. Nach der Vollendung der Verjährung ist der Verpflichtete berechtigt, die Leistung zu verweigern.

Das zur Befriedigung eines verjährten Anspruchs Geleistete kann nicht zurückgefordert werden, auch wenn die Leistung in Unkenntniß der Verjährung bewirkt worden ist. Das Gleiche gilt von einem vertragsmäßigen Anerkenntnisse sowie einer Sicherheitsleistung des Verpflichteten.[133]

223. Die Verjährung eines Anspruchs, für den eine Hypothek oder ein Pfandrecht besteht, hindert den Berechtigten nicht, seine Befriedigung aus dem verhafteten Gegenstande zu suchen.

Ist zur Sicherung eines Anspruchs ein Recht übertragen worden, so kann die Rückübertragung nicht auf Grund der Verjährung des Anspruchs gefordert werden.

Diese Vorschriften finden keine Anwendung bei der Verjährung von Ansprüchen auf Rückstände von Zinsen oder anderen wiederkehrenden Leistungen.

224. Mit dem Hauptanspruche verjährt der Anspruch auf die von ihm abhängenden Nebenleistungen,[134] auch wenn die für diesen Anspruch geltende besondere Verjährung noch nicht vollendet ist.

225. Die Verjährung kann durch Rechtsgeschäft weder ausgeschlossen noch erschwert werden.[135] Erleichterung der Verjährung, insbesondere Abkürzung der Verjährungsfrist, ist zulässig.

Sechster Abschnitt. Ausübung der Rechte. Selbstvertheidigung. Selbsthülfe.

226. Die Ausübung eines Rechtes ist unzulässig, wenn sie nur den Zweck haben kann, einem Anderen Schaden zuzufügen.

227. Eine durch Nothwehr gebotene Handlung ist nicht widerrechtlich.

125. Nach Maßgabe des § 168^{1} KO.
126. Insbesondere auch § 794^{3} u. ^{4} CPO.
127. §§ 794^{5}, 797—801 CPO.
128. §§ 144, 164, 194, 206 KO.
129. In Betracht kommen die §§ 540, 599, 529, 302, 145; vgl. auch § 305 CPO.
130. §§ 1025 ff. CPO.
131. Vgl. § 14 GVG.

132. §§ 1028, 1029, 1031 CPO.
133. Vgl. §§ 414 Abs. 3, 423, 439 HGB.
134. Vgl. § 4 CPO.
135. Ausnahmen im HGB; z. B. § 414 Abs. 1.

Nothwehr ist diejenige Vertheidigung, welche erforderlich ist, um einen gegenwärtigen rechtswidrigen Angriff von sich oder einem Anderen abzuwenden.[136]

228. Wer eine fremde Sache beschädigt oder zerstört, um eine durch sie drohende Gefahr von sich oder einem Anderen abzuwenden, handelt nicht widerrechtlich, wenn die Beschädigung oder die Zerstörung zur Abwendung der Gefahr erforderlich ist und der Schaden nicht außer Verhältniß zu der Gefahr steht. Hat der Handelnde die Gefahr verschuldet, so ist er zum Schadensersatze verpflichtet.[137]

229. Wer zum Zwecke der Selbsthülfe eine Sache[138] wegnimmt, zerstört oder beschädigt, oder wer zum Zwecke der Selbsthülfe einen Verpflichteten, welcher der Flucht verdächtig ist, festnimmt[139] oder den Widerstand des Verpflichteten gegen eine Handlung, die dieser zu dulden verpflichtet ist, beseitigt,[140] handelt nicht widerrechtlich, wenn obrigkeitliche Hülfe nicht rechtzeitig zu erlangen ist und ohne sofortiges Eingreifen die Gefahr besteht, daß die Verwirklichung des Anspruchs vereitelt oder wesentlich erschwert[141] werde.[142]

230. Die Selbsthülfe darf nicht weiter gehen, als zur Abwendung der Gefahr erforderlich ist.

Im Falle der Wegnahme von Sachen ist, sofern nicht Zwangsvollstreckung erwirkt wird, der dingliche Arrest[143] zu beantragen.

Im Falle der Festnahme des Verpflichteten ist, sofern er nicht wieder in Freiheit gesetzt wird, der persönliche Sicherheitsarrest bei dem Amtsgerichte zu beantragen, in dessen Bezirke die Festnahme erfolgt ist,[144] der Verpflichtete ist unverzüglich dem Gerichte vorzuführen.[145]

Wird der Arrestantrag verzögert oder abgelehnt, so hat die Rückgabe der weggenommenen Sachen und die Freilassung des Festgenommenen unverzüglich zu erfolgen.

231. Wer eine der im § 229 bezeichneten Handlungen in der irrigen Annahme vornimmt, daß die für den Ausschluß der Widerrechtlichkeit erforderlichen Voraussetzungen vorhanden seien, ist dem anderen Theile zum Schadensersatze verpflichtet, auch wenn der Irrthum nicht auf Fahrlässigkeit beruht.

Siebenter Abschnitt. Sicherheitsleistung.

232. Wer Sicherheit zu leisten hat, kann dies bewirken

durch Hinterlegung von Geld oder Werthpapieren,

durch Verpfändung von Forderungen, die in das Reichsschuldbuch oder in das Staatsschuldbuch eines Bundesstaates eingetragen sind,

durch Verpfändung beweglicher Sachen,

durch Bestellung von Hypotheken an inländischen Grundstücken,

durch Verpfändung von Forderungen, für die eine Hypothek an einem inländischen Grundstücke besteht, oder durch Verpfändung von Grundschulden oder Rentenschulden an inländischen Grundstücken.

Kann die Sicherheit nicht in dieser Weise geleistet werden, so ist die Stellung eines tauglichen Bürgen zulässig.[146]

233. Mit der Hinterlegung erwirbt der Berechtigte ein Pfandrecht an dem hinterlegten Gelde oder an den hinterlegten Werthpapieren und, wenn das Geld oder die Werthpapiere nach landesgesetzlicher Vorschrift in das Eigenthum des Fiskus oder der als Hinterlegungsstelle bestimmten Anstalt übergehen, ein Pfandrecht an der Forderung auf Rückerstattung.[147]

234. Werthpapiere sind zur Sicherheitsleistung nur geeignet, wenn sie auf den Inhaber lauten,[148] einen Kurswerth haben und einer Gattung an-

136. Begriff der Nothwehr übereinstimmend mit § 53 StGB.

Die Ueberschreitung der Nothwehr kann indessen Schadenersatzpflicht begründen.

137. Vgl. § 54 StGB; § 904 BGB.

138. Aus § 230 Abs. 1 ergiebt sich der Schluß, daß Voraussetzungen der Wegnahme einer Sache, deren Pfändbarkeit (§§ 811, 812 CPO) und das Vorhandensein einer vermögensrechtlichen Forderung ist (§ 916 CPO).

139. Hier muß außerdem die Voraussetzung des § 918 CPO vorliegen.

140. Vgl. § 892 CPO.

141. Entsprechend der Bestimmung des § 917 CPO.

142. Nach Art. 89 EG bleiben die landesgesetzlichen Vorschriften über die zum Schutze der Grundstücke und der Erzeugnisse von Grundstücken gestattete Pfändung von Sachen, mit Einschluß der Vorschriften über die Entrichtung von Pfandgeld oder Ersatzgeld in Kraft. Für Els.-Lothr. handelt es sich hierbei um die Bestimmungen der §§ 58 ff. FStG v. 28. April 1880 und der §§ 42 ff. Feldpolizeistrafg. v. 9. Juli 1888, welche die Pfändung von Thieren und anderen Sachen unter gewissen Voraussetzungen und mit bestimmten Wirkungen gestatten.

143. §§ 916 ff. CPO.

144. § 918 CPO.

145. Diese Bestimmung entspricht der Bestimmung des § 128 Abs. 1 StPO.

146. Ob die Leistung der Sicherheit durch Gesetz, gerichtliche Verfügung oder Rechtsgeschäfte angeordnet worden, ist gleichgültig. Die CPO enthält besondere Bestimmungen über die Sicherheitsleistungen in den §§ 108 ff.; die Bestimmungen der §§ 232 ff. finden nur insoweit darauf Anwendung, als dies dort ausdrücklich bestimmt ist.

Vgl. auch Art. 90, 91 EG; § 69 Abs. 1 BVG; §§ 118, 174. Abs. 1, 419 Abs. 2 StPO.

147. Artt. 144, 145 EG.

Durch G. v. 1. November 1899 ist das Hinterlegungswesen neu geordnet. Außer diesem Gesetze sind dafür noch maßgebend das Gesetz über die Staatsdepositen-Verwaltung v. 24. März 1886 in der Fassung des G. v. 4. April 1893 und die auf Grund des G. v. 1. November 1899 erlassene Ausführungsverordnung v. 23. Dezember 1899.

148. Auch die auf den Inhaber lautenden Aktien: § 179 HGB.

gehören, in der Mündelgeld angelegt werden darf.[149] Den Inhaberpapieren stehen Orderpapiere gleich, die mit Blankoindossament versehen sind.

Mit den Werthpapieren sind die Zins-, Renten-, Gewinnantheil- und Erneuerungsscheine zu hinterlegen.

Mit Werthpapieren kann Sicherheit nur in Höhe von drei Viertheilen des Kurswerths geleistet werden.[150]

235. Wer durch Hinterlegung von Geld oder von Werthpapieren Sicherheit geleistet hat, ist berechtigt, das hinterlegte Geld gegen geeignete Werthpapiere, die hinterlegten Werthpapiere gegen andere geeignete Werthpapiere oder gegen Geld umzutauschen.

236. Mit einer Buchforderung gegen das Reich[151] oder gegen einen Bundesstaat[151a] kann Sicherheit nur in Höhe von drei Viertheilen des Kurswerths der Werthpapiere geleistet werden, deren Aushändigung der Gläubiger gegen Löschung seiner Forderung verlangen kann.

149. Anders § 69 ZVG.
150. Anders § 69 ZVG.
151. RG vom 31. Mai 1891, in Verbindung mit Art. 50, 97 EG.
151a. Vgl. § 8 G. v. 24. März 1881, GBl. S. 15.

237. Mit einer beweglichen Sache kann Sicherheit nur in Höhe von zwei Drittheilen des Schätzungswerths geleistet werden. Sachen, deren Verderb zu besorgen oder deren Aufbewahrung mit besonderen Schwierigkeiten verbunden ist, können zurückgewiesen werden.

238. Eine Hypothekenforderung, eine Grundschuld oder eine Rentenschuld ist zur Sicherheitsleistung nur geeignet, wenn sie den Voraussetzungen entspricht, unter denen am Orte der Sicherheitsleistung Mündelgeld in Hypothekenforderungen, Grundschulden oder Rentenschulden angelegt werden darf.

Eine Forderung, für die eine Sicherungshypothek besteht, ist zur Sicherheitsleistung nicht geeignet.

239. Ein Bürge ist tauglich, wenn er ein der Höhe der zu leistenden Sicherheit angemessenes Vermögen besitzt und seinen allgemeinen Gerichtsstand[152] im Inlande hat.

Die Bürgschaftserklärung muß den Verzicht auf die Einrede der Vorausklage enthalten.

240. Wird die geleistete Sicherheit ohne Verschulden des Berechtigten unzureichend, so ist sie zu ergänzen oder anderweitige Sicherheit zu leisten.

152. Nach Maßgabe der Bestimmungen der §§ 12ff. CPO.

Zweites Buch.

Recht der Schuldverhältnisse.[1]

Erster Abschnitt. Inhalt der Schuldverhältnisse.

Erster Titel. Verpflichtung zur Leistung.

241. Kraft des Schuldverhältnisses ist der Gläubiger berechtigt, von dem Schuldner eine Leistung zu fordern. Die Leistung kann auch in einem Unterlassen bestehen.

242. Der Schuldner ist verpflichtet, die Leistung so zu bewirken, wie Treu und Glauben mit Rücksicht auf die Verkehrssitte es erfordern.

243. Wer eine nur der Gattung nach bestimmte Sache schuldet, hat eine Sache von mittlerer Art und Güte[2] zu leisten.

Hat der Schuldner das zur Leistung einer solchen Sache seinerseits Erforderliche gethan, so beschränkt sich das Schuldverhältniß auf diese Sache.

244. Ist eine in ausländischer Währung ausgedrückte Geldschuld im Inlande zu zahlen, so kann die Zahlung in Reichswährung[3] erfolgen, es sei denn, daß Zahlung in ausländischer Währung ausdrücklich bedungen ist.[4]

Die Umrechnung erfolgt nach dem Kurswerthe, der zur Zeit der Zahlung für den Zahlungsort maßgebend ist.

245. Ist eine Geldschuld in einer bestimmten Münzsorte zu zahlen, die sich zur Zeit der Zahlung nicht mehr im Umlaufe befindet, so ist die Zahlung so zu leisten, wie wenn die Münzsorte nicht bestimmt wäre.

246. Ist eine Schuld nach Gesetz oder Rechtsgeschäft zu verzinsen, so sind vier vom Hundert für das Jahr zu entrichten, sofern nicht ein Anderes bestimmt ist.[5]

1. Uebergangsbestimmung in Artt. 170ff. EG.
2. Uebereinstimmend mit § 360 HGB.
3. Vgl. G. v. 15. Nov. 1874 in Verbindung mit RG v. 4. Dez. 1871 und 9. Juli 1873.
4. Vgl. Art. 37 WO.
5. Der Paragraph gilt auch für § 49 ZVG. Für Handelssachen bestimmt § 352 HGB 5 %, für Wechselsachen Art. 50 WO 6 %. — G. v. 3. September 1807 tritt damit außer Kraft. § 8 des AG z. BGB hat den Zinsfuß v. 4 % allgemein auch auf diejenigen Verzinsungen ausgedehnt, die in Landesgesetzen zu 5 % vorgeschrieben sind.

247. Ist ein höherer Zinssatz als sechs vom Hundert für das Jahr vereinbart, so kann der Schuldner nach dem Ablaufe von sechs Monaten das Kapital unter Einhaltung einer Kündigungsfrist von sechs Monaten kündigen. Das Kündigungsrecht kann nicht durch Vertrag ausgeschlossen oder beschränkt werden.

Diese Vorschriften gelten nicht für Schuldverschreibungen auf den Inhaber.

248. Eine im voraus getroffene Vereinbarung, daß fällige Zinsen wieder Zinsen tragen sollen, ist nichtig.

Sparkassen, Kreditanstalten und Inhaber von Bankgeschäften können im voraus vereinbaren, daß nicht erhobene Zinsen von Einlagen als neue verzinsliche Einlagen gelten sollen. Kreditanstalten, die berechtigt sind, für den Betrag der von ihnen gewährten Darlehen verzinsliche Schuldverschreibungen auf den Inhaber auszugeben, können sich bei solchen Darlehen die Verzinsung rückständiger Zinsen im voraus versprechen lassen.

249. Wer zum Schadensersatze verpflichtet ist, hat den Zustand herzustellen, der bestehen würde, wenn der zum Ersatze verpflichtende Umstand nicht eingetreten wäre. Ist wegen Verletzung einer Person oder wegen Beschädigung einer Sache Schadensersatz zu leisten, so kann der Gläubiger statt der Herstellung den dazu erforderlichen Geldbetrag verlangen.

250. Der Gläubiger kann dem Ersatzpflichtigen zur Herstellung eine angemessene Frist mit der Erklärung bestimmen, daß er die Herstellung nach dem Ablaufe der Frist ablehne. Nach dem Ablaufe der Frist kann der Gläubiger den Ersatz in Geld verlangen, wenn nicht die Herstellung rechtzeitig erfolgt; der Anspruch auf die Herstellung ist ausgeschlossen.

251. Soweit die Herstellung nicht möglich oder zur Entschädigung des Gläubigers nicht genügend ist, hat der Ersatzpflichtige den Gläubiger in Geld zu entschädigen.

Der Ersatzpflichtige kann den Gläubiger in Geld entschädigen, wenn die Herstellung nur mit unverhältnißmäßigen Aufwendungen möglich ist.[7]

252. Der zu ersetzende Schaden umfaßt auch den entgangenen Gewinn. Als entgangen gilt der Gewinn, welcher nach dem gewöhnlichen Laufe der Dinge oder nach den besonderen Umständen, insbesondere nach den getroffenen Anstalten und Vorkehrungen, mit Wahrscheinlichkeit erwartet werden konnte.

253. Wegen eines Schadens, der nicht Vermögensschaden ist, kann Entschädigung in Geld nur in den durch das Gesetz bestimmten Fällen gefordert werden.

6. Vgl. aber §§ 353, 355 Abs. 1 HGB.

7. Vgl. § 287 CPO.

254. Hat bei der Entstehung des Schadens ein Verschulden des Beschädigten mitgewirkt, so hängt die Verpflichtung zum Ersatze sowie der Umfang des zu leistenden Ersatzes von den Umständen, insbesondere davon ab, inwieweit der Schaden vorwiegend von dem einen oder dem anderen Theile verursacht worden ist.

Dies gilt auch dann, wenn sich das Verschulden des Beschädigten darauf beschränkt, daß er unterlassen hat, den Schuldner auf die Gefahr eines ungewöhnlich hohen Schadens aufmerksam zu machen, die der Schuldner weder kannte noch kennen mußte, oder daß er unterlassen hat, den Schaden abzuwenden oder zu mindern. Die Vorschrift des § 278 findet entsprechende Anwendung.[8]

255. Wer für den Verlust einer Sache oder eines Rechtes Schadensersatz zu leisten hat, ist zum Ersatze nur gegen Abtretung der Ansprüche verpflichtet, die dem Ersatzberechtigten auf Grund des Eigenthums an der Sache oder auf Grund des Rechtes gegen Dritte zustehen.

256. Wer zum Ersatze von Aufwendungen verpflichtet ist, hat den aufgewendeten Betrag oder, wenn andere Gegenstände als Geld aufgewendet worden sind, den als Ersatz ihres Werthes zu zahlenden Betrag von der Zeit der Aufwendung an zu verzinsen. Sind Aufwendungen auf einen Gegenstand gemacht worden, der dem Ersatzpflichtigen herauszugeben ist, so sind Zinsen für die Zeit, für welche dem Ersatzberechtigten die Nutzungen oder die Früchte des Gegenstandes ohne Vergütung verbleiben, nicht zu entrichten.

257. Wer berechtigt ist, Ersatz für Aufwendungen zu verlangen, die er für einen bestimmten Zweck macht, kann, wenn er für diesen Zweck eine Verbindlichkeit eingeht, Befreiung von der Verbindlichkeit verlangen. Ist die Verbindlichkeit noch nicht fällig, so kann ihm der Ersatzpflichtige, statt ihn zu befreien, Sicherheit leisten.

258. Wer berechtigt ist, von einer Sache, die er einem Anderen herauszugeben hat, eine Einrichtung wegzunehmen, hat im Falle der Wegnahme die Sache auf seine Kosten in den vorigen Stand zu setzen. Erlangt der Andere den Besitz der Sache, so ist er verpflichtet, die Wegnahme der Einrichtung zu gestatten; er kann die Gestattung verweigern, bis ihm für den mit der Wegnahme verbundenen Schaden Sicherheit geleistet wird.

259. Wer verpflichtet ist, über eine mit Einnahmen oder Ausgaben verbundene Verwaltung Rechenschaft abzulegen, hat dem Berechtigten eine die geordnete Zusammenstellung der Einnahmen oder der Ausgaben enthaltene Rechnung mitzu-

8. Vgl. §§ 735, 736 HGB; § 92 RG, betr. die privatrechtlichen Verhältnisse der Binnenschifffahrt v. 15. Juni 1895.

theilen und, soweit Belege ertheilt zu werden pflegen, Belege vorzulegen.[9]

Besteht Grund zu der Annahme, daß die in der Rechnung enthaltenen Angaben über die Einnahmen nicht mit der erforderlichen Sorgfalt gemacht worden sind, so hat der Verpflichtete auf Verlangen den Offenbarungseid dahin zu leisten:

daß er nach bestem Wissen die Einnahmen so vollständig angegeben habe, als er dazu im Stande sei.[10]

In Angelegenheiten von geringer Bedeutung besteht eine Verpflichtung zur Leistung des Offenbarungseids nicht.

260. Wer verpflichtet ist, einen Inbegriff von Gegenständen herauszugeben oder über den Bestand eines solchen Inbegriffs Auskunft zu ertheilen, hat dem Berechtigten ein Verzeichniß des Bestandes vorzulegen.

Besteht Grund zu der Annahme, daß das Verzeichniß nicht mit der erforderlichen Sorgfalt aufgestellt worden ist, so hat der Verpflichtete auf Verlangen den Offenbarungseid dahin zu leisten:

daß er nach bestem Wissen den Bestand so vollständig angegeben habe, als er dazu im Stande sei.[11]

Die Vorschrift des § 259 Abs. 3 findet Anwendung.

261. Der Offenbarungseid ist, sofern er nicht vor dem Prozeßgerichte zu leisten ist, vor dem Amtsgerichte des Ortes zu leisten, an welchem die Verpflichtung zur Rechnungslegung oder zur Vorlegung des Verzeichnisses zu erfüllen ist. Hat der Verpflichtete seinen Wohnsitz oder seinen Aufenthalt im Inlande, so kann er den Eid vor dem Amtsgerichte des Wohnsitzes oder des Aufenthaltsorts leisten.[12]

Das Gericht kann eine den Umständen entsprechende Aenderung der Eidesnorm beschließen.

Die Kosten der Abnahme des Eides hat derjenige zu tragen, welcher die Leistung des Eides verlangt.

262. Werden mehrere Leistungen in der Weise geschuldet, daß nur die eine oder die andere zu bewirken ist, so steht das Wahlrecht im Zweifel dem Schuldner zu.

263. Die Wahl erfolgt durch Erklärung gegenüber dem anderen Theile.

Die gewählte Leistung gilt als die von Anfang an allein geschuldete.

264. Nimmt der wahlberechtigte Schuldner die Wahl nicht vor dem Beginne der Zwangsvollstreckung vor, so kann der Gläubiger die Zwangsvollstreckung nach seiner Wahl auf die eine oder auf die andere Leistung richten; der Schuldner kann sich jedoch, solange nicht der Gläubiger die gewählte Leistung ganz oder zum Theil empfangen hat, durch eine der übrigen Leistungen von seiner Verbindlichkeit befreien.

Ist der wahlberechtigte Gläubiger im Verzuge, so kann der Schuldner ihn unter Bestimmung einer angemessenen Frist zur Vornahme der Wahl auffordern. Mit dem Ablaufe der Frist geht das Wahlrecht auf den Schuldner über, wenn nicht der Gläubiger rechtzeitig die Wahl vornimmt.

265. Ist eine der Leistungen von Anfang an unmöglich oder wird sie später unmöglich, so beschränkt sich das Schuldverhältniß auf die übrigen Leistungen. Die Beschränkung tritt nicht ein, wenn die Leistung in Folge eines Umstandes unmöglich wird, den der nicht wahlberechtigte Theil zu vertreten hat.

266. Der Schuldner ist zu Theilleistungen nicht berechtigt.[13]

267. Hat der Schuldner nicht in Person zu leisten, so kann auch ein Dritter die Leistung bewirken. Die Einwilligung des Schuldners ist nicht erforderlich.

Der Gläubiger kann die Leistung ablehnen, wenn der Schuldner widerspricht.[14]

268. Betreibt der Gläubiger die Zwangsvollstreckung[15] in einen dem Schuldner gehörenden Gegenstand, so ist Jeder, der Gefahr läuft, durch die Zwangsvollstreckung ein Recht an dem Gegenstande zu verlieren, berechtigt, den Gläubiger zu befriedigen. Das gleiche Recht steht dem Besitzer einer Sache zu, wenn er Gefahr läuft, durch die Zwangsvollstreckung den Besitz zu verlieren.

Die Befriedigung kann auch durch Hinterlegung oder durch Aufrechnung erfolgen.

Soweit der Dritte den Gläubiger befriedigt, geht die Forderung auf ihn über.[16] Der Uebergang kann nicht zum Nachtheile des Gläubigers geltend gemacht werden.

269. Ist ein Ort für die Leistung weder bestimmt noch aus den Umständen, insbesondere aus der Natur des Schuldverhältnisses, zu entnehmen, so hat die Leistung an dem Orte zu erfolgen, an

---

9. Zur Rechnungslegung sind nach Bestimmungen außerhalb des BGB verpflichtet: der Gesellschafter § 105 Abs. 2, 114 HGB in Verbindung mit §§ 713, 666 BGB; der Kommissionär § 384 Abs. 2 HGB; der Korrespondentrheder § 499 HGB und der Schiffer § 534 Abs. 5 HGB.

10. Vgl. § 254 CPO. (§ 16² EG z. CPO.)

11. Vgl. Anmerkung zu § 259 Abs. 2.

12. Bzgl. des Verfahrens bei Abnahme des Eides finden die Bestimmungen des § 889 CPO, bzw. der §§ 163, 79 FrG Anwendung.

13. Ausnahmen: § 389 BGB, § 301 CPO (Theilurtheil), Art. 38 WO.

14. Auf Grund des Art. 75 EG hat § 12 Abs. 2 des AG z. BGB hiervon eine Ausnahme bzgl. Zahlung der Feuerversicherungs-Prämien durch die Hypothekargläubiger gemacht.

15. Nicht nur für §§ 808, 828 ff. CPO, sondern auch für §§ 15 ff., 176 ff., 162 ff. ZVG.

16. Der Dritte ist dann Nachfolger des Gläubigers und kann sich event. eine vollstreckbare Ausfertigung nach § 727 CPO verschaffen.

welchem der Schuldner zur Zeit der Entstehung des Schuldverhältnisses seinen Wohnsitz hatte.[17]

Ist die Verbindlichkeit im Gewerbebetriebe des Schuldners entstanden, so tritt, wenn der Schuldner seine gewerbliche Niederlassung an einem anderen Orte hatte, der Ort der Niederlassung an die Stelle des Wohnsitzes.

Aus dem Umstand allein, daß der Schuldner die Kosten der Versendung übernommen hat, ist nicht zu entnehmen, daß der Ort, nach welchem die Versendung zu erfolgen hat, der Leistungsort sein soll.

270. Geld hat der Schuldner im Zweifel auf seine Gefahr und seine Kosten dem Gläubiger an dessen Wohnsitz zu übermitteln.[18]

Ist die Forderung im Gewerbebetriebe des Gläubigers entstanden, so tritt, wenn der Gläubiger seine gewerbliche Niederlassung an einem anderen Orte hat, der Ort der Niederlassung an die Stelle des Wohnsitzes.

Erhöhen sich in Folge einer nach der Entstehung des Schuldverhältnisses eintretenden Aenderung des Wohnsitzes oder der gewerblichen Niederlassung des Gläubigers die Kosten oder die Gefahr der Uebermittelung, so hat der Gläubiger im ersteren Falle die Mehrkosten, im letzteren Falle die Gefahr zu tragen.

Die Vorschriften über den Leistungsort bleiben unberührt.

271. Ist eine Zeit für die Leistung weder bestimmt noch aus den Umständen zu entnehmen, so kann der Gläubiger die Leistung sofort verlangen, der Schuldner sie sofort bewirken.

Ist eine Zeit bestimmt, so ist im Zweifel anzunehmen, daß der Gläubiger die Leistung nicht vor dieser Zeit verlangen, der Schuldner aber sie vorher bewirken kann.[19]

272. Bezahlt der Schuldner eine unverzinsliche Schuld vor der Fälligkeit, so ist er zu einem Abzuge wegen der Zwischenzinsen nicht berechtigt.[20]

273. Hat der Schuldner aus demselben rechtlichen Verhältniß, auf dem seine Verpflichtung beruht, einen fälligen Anspruch gegen den Gläubiger, so kann er, sofern nicht aus dem Schuldverhältnisse sich ein Anderes ergiebt, die geschuldete Leistung verweigern, bis die ihm gebührende Leistung bewirkt wird (Zurückbehaltungsrecht).

Wer zur Herausgabe eines Gegenstandes verpflichtet ist, hat das gleiche Recht, wenn ihm ein fälliger Anspruch wegen Verwendungen auf den Gegenstand oder wegen eines ihm durch diesen verursachten Schadens zusteht, es sei denn, daß er den Gegenstand durch eine vorsätzlich begangene unerlaubte Handlung erlangt hat.

Der Gläubiger kann die Ausübung des Zurückbehaltungsrechts durch Sicherheitsleistung abwenden. Die Sicherheitsleistung durch Bürgen ist ausgeschlossen.[21]

274. Gegenüber der Klage des Gläubigers hat die Geltendmachung des Zurückbehaltungsrechts nur die Wirkung, daß der Schuldner zur Leistung gegen Empfang der ihm gebührenden Leistung (Erfüllung Zug um Zug) zu verurtheilen ist.

Auf Grund einer solchen Verurtheilung kann der Gläubiger seinen Anspruch ohne Bewirkung der ihm obliegenden Leistung im Wege der Zwangsvollstreckung verfolgen, wenn der Schuldner im Verzuge der Annahme ist.[22]

275. Der Schuldner wird von der Verpflichtung zur Leistung frei, soweit die Leistung in Folge eines nach der Entstehung des Schuldverhältnisses eintretenden Umstandes, den er nicht zu vertreten hat, unmöglich wird.

Einer nach der Entstehung des Schuldverhältnisses eintretenden Unmöglichkeit steht das nachträglich eintretende Unvermögen des Schuldners zur Leistung gleich.

276. Der Schuldner hat, sofern nicht ein Anderes bestimmt ist, Vorsatz und Fahrlässigkeit zu vertreten. Fahrlässig handelt, wer die im Verkehr erforderliche Sorgfalt außer Acht läßt. Die Vorschriften der §§ 827, 828 finden Anwendung.

Die Haftung wegen Vorsatzes kann dem Schuldner nicht im voraus erlassen werden.[23]

277. Wer nur für diejenige Sorgfalt einzustehen hat, welche er in eigenen Angelegenheiten anzuwenden pflegt, ist von der Haftung wegen grober Fahrlässigkeit nicht befreit.

278. Der Schuldner hat ein Verschulden seines gesetzlichen Vertreters und der Personen, deren er sich zur Erfüllung seiner Verbindlichkeit bedient, in gleichem Umfange zu vertreten wie eigenes Verschulden. Die Vorschrift des § 276 Abs. 2 findet keine Anwendung.[24]

279. Ist der geschuldete Gegenstand nur der

---

17. Die Frage nach dem Leistungs- oder Erfüllungsorte ist wichtig mit Rücksicht auf § 29 CPO und § 361 HGB.

18. Bzgl. der von öffentlichen Kassen zu leistenden Zahlungen vgl. Art. 92 EG und § 10 AG z. BGB.

19. Vgl. §§ 358, 359 HGB.

20. Vgl. § 65 KO.

21. Das HGB behandelt das kaufmännische Zurückbehaltungsrecht in den §§ 369—372; vgl. auch § 777 CPO.

22. Vgl. §§ 726^{2}, 756, 765 CPO.

23. Vgl. §§ 347, 384, 408, 429, 511 HGB.

§§ 7, 58 Binnenschifffahrtsges. v. 15. Juni 1895.

§ 2 RG betreffend die privatrechtlichen Verhältnisse der Flößerei v. 15. Juni 1895.

24. Vgl. Art. 78 EG. — Landesgesetzliche Vorschriften dieser Art, durch welche die Haftung aus § 278 erweitert würde, bestehen nicht; die Vorschriften der §§ 37, 38 AG z. BGB beziehen sich nur auf die Haftung aus § 831 BGB.

Vgl. auch Art. 95 EG.

§§ 394, 431, 432, 458, 469, 471, 485, 486, 507 HGB.

§§ 3, 4 Binnenschifffahrtsges. v. 15. Juni 1895,

§§ 22, 23, 29 Flößereiges. v. 15. Juni 1895.

Gattung nach bestimmt, so hat der Schuldner, solange die Leistung aus der Gattung möglich ist, sein Unvermögen zur Leistung auch dann zu vertreten, wenn ihm ein Verschulden nicht zur Last fällt.

280. Soweit die Leistung in Folge eines von dem Schuldner zu vertretenden Umstandes unmöglich wird, hat der Schuldner dem Gläubiger den durch die Nichterfüllung entstehenden Schaden zu ersetzen.

Im Falle theilweiser Unmöglichkeit kann der Gläubiger unter Ablehnung des noch möglichen Theiles der Leistung Schadensersatz wegen Nichterfüllung der ganzen Verbindlichkeit verlangen, wenn die theilweise Erfüllung für ihn kein Interesse hat. Die für das vertragsmäßige Rücktrittsrecht geltenden Vorschriften der §§ 346 bis 356 finden entsprechende Anwendung.

281. Erlangt der Schuldner in Folge des Umstandes, welcher die Leistung unmöglich macht, für den geschuldeten Gegenstand einen Ersatz oder einen Ersatzanspruch, so kann der Gläubiger Herausgabe des als Ersatz Empfangenen oder Abtretung des Ersatzanspruchs verlangen.

Hat der Gläubiger Anspruch auf Schadensersatz wegen Nichterfüllung, so mindert sich, wenn er von dem im Abs. 1 bestimmten Rechte Gebrauch macht, die ihm zu leistende Entschädigung um den Werth des erlangten Ersatzes oder Ersatzanspruchs.

282. Ist streitig, ob die Unmöglichkeit der Leistung die Folge eines von dem Schuldner zu vertretenden Umstandes ist, so trifft die Beweislast den Schuldner.

283. Ist der Schuldner rechtskräftig verurtheilt, so kann der Gläubiger ihm zur Bewirkung der Leistung eine angemessene Frist mit der Erklärung bestimmen, daß er die Annahme der Leistung nach dem Ablaufe der Frist ablehne.[25] Nach dem Ablaufe der Frist kann der Gläubiger Schadensersatz wegen Nichterfüllung verlangen, soweit nicht die Leistung rechtzeitig bewirkt wird; der Anspruch auf Erfüllung ist ausgeschlossen. Die Verpflichtung zum Schadensersatze tritt nicht ein, wenn die Leistung in Folge eines Umstandes unmöglich wird, den der Schuldner nicht zu vertreten hat.

Wird die Leistung bis zum Ablaufe der Frist nur theilweise nicht bewirkt, so steht dem Gläubiger auch das im § 280 Abs. 2 bestimmte Recht zu.

284. Leistet der Schuldner auf eine Mahnung des Gläubigers nicht, die nach dem Eintritte der Fälligkeit erfolgt, so kommt er durch die Mahnung in Verzug. Der Mahnung steht die Erhebung der Klage auf die Leistung sowie die Zustellung eines Zahlungsbefehls im Mahnverfahren gleich.

Ist für die Leistung eine Zeit nach dem Kalender bestimmt, so kommt der Schuldner ohne Mahnung in Verzug, wenn er nicht zu der bestimmten Zeit leistet. Das Gleiche gilt, wenn der Leistung eine Kündigung vorauszugehen hat und die Zeit für die Leistung in der Weise bestimmt ist, daß sie sich von der Kündigung ab nach dem Kalender berechnen läßt.[26]

285. Der Schuldner kommt nicht in Verzug, solange die Leistung in Folge eines Umstandes unterbleibt, den er nicht zu vertreten hat.

286. Der Schuldner hat dem Gläubiger den durch den Verzug entstehenden Schaden zu ersetzen.

Hat die Leistung in Folge des Verzugs für den Gläubiger kein Interesse, so kann dieser unter Ablehnung der Leistung Schadensersatz wegen Nichterfüllung verlangen. Die für das vertragsmäßige Rücktrittsrecht geltenden Vorschriften der §§ 346 bis 356 finden entsprechende Anwendung.

287. Der Schuldner hat während des Verzugs jede Fahrlässigkeit zu vertreten. Er ist auch für die während des Verzugs durch Zufall eintretende Unmöglichkeit der Leistung verantwortlich, es sei denn, daß der Schaden auch bei rechtzeitiger Leistung eingetreten sein würde.

288. Eine Geldschuld ist während des Verzugs mit vier vom Hundert für das Jahr zu verzinsen. Kann der Gläubiger aus einem anderen Rechtsgrunde höhere Zinsen verlangen, so sind diese fortzuentrichten.

Die Geltendmachung eines weiteren Schadens ist nicht ausgeschlossen.[27]

289. Von Zinsen sind Verzugszinsen nicht zu entrichten. Das Recht des Gläubigers auf Ersatz des durch den Verzug entstehenden Schadens bleibt unberührt.[28]

290. Ist der Schuldner zum Ersatze des Werthes eines Gegenstandes verpflichtet, der während des Verzugs untergegangen ist oder aus einem während des Verzugs eingetretenen Grunde nicht herausgegeben werden kann, so kann der Gläubiger Zinsen des zu ersetzenden Betrags von dem Zeitpunkt an verlangen, welcher der Bestimmung des Werthes zu Grunde gelegt wird. Das Gleiche gilt, wenn der Schuldner zum Ersatze der Minderung des Werthes eines während des Verzugs verschlechterten Gegenstandes verpflichtet ist.

291. Eine Geldschuld hat der Schuldner von dem Eintritte der Rechtshängigkeit[29] an zu verzinsen, auch wenn er nicht im Verzug ist; wird die Schuld erst später fällig,[30] so ist sie von der Fälligkeit an zu verzinsen. Die Vorschriften des § 288 Abs. 1 und des § 289 Satz 1 finden entsprechende Anwendung.

---

25. Vgl. §§ 255, 893 CPO.

26. §§ 253, 281, 500², 510², 693, 695, 696 CPO.
27. Bei beiderseitigem Handelsgeschäft 5%: § 352 HGB.
28. Vgl. bzgl. des Kontokurrents § 355 HGB.
29. §§ 263, 281, 500², 510², 693, 695 CPO., Art. 152 EG.
30. Vgl. § 257 CPO.

292. Hat der Schuldner einen bestimmten Gegenstand herauszugeben, so bestimmt sich von dem Eintritte der Rechtshängigkeit an der Anspruch des Gläubigers auf Schadensersatz wegen Verschlechterung, Unterganges oder einer aus einem anderen Grunde eintretenden Unmöglichkeit der Herausgabe nach den Vorschriften, welche für das Verhältniß zwischen dem Eigenthümer und dem Besitzer von dem Eintritte der Rechtshängigkeit des Eigenthumsanspruchs an gelten, soweit nicht aus dem Schuldverhältniß oder dem Verzuge des Schuldners sich zu Gunsten des Gläubigers ein Anderes ergiebt.

Das Gleiche gilt von dem Anspruche des Gläubigers auf Herausgabe oder Vergütung von Nutzungen und von dem Anspruche des Schuldners auf Ersatz von Verwendungen.

Zweiter Titel. Verzug des Gläubigers.

293. Der Gläubiger kommt in Verzug, wenn er die ihm angebotene Leistung nicht annimmt.

294. Die Leistung muß dem Gläubiger so, wie sie zu bewirken ist, thatsächlich angeboten werden.

295. Ein wörtliches Angebot des Schuldners genügt, wenn der Gläubiger ihm erklärt hat, daß er die Leistung nicht annehmen werde, oder wenn zur Bewirkung der Leistung eine Handlung des Gläubigers erforderlich ist, insbesondere wenn der Gläubiger die geschuldete Sache abzuholen hat. Dem Angebote der Leistung steht die Aufforderung an den Gläubiger gleich, die erforderliche Handlung vorzunehmen.

296. Ist für die von dem Gläubiger vorzunehmende Handlung eine Zeit nach dem Kalender bestimmt, so bedarf es des Angebots nur, wenn der Gläubiger die Handlung rechtzeitig vornimmt. Das Gleiche gilt, wenn der Handlung eine Kündigung vorauszugehen hat und die Zeit für die Handlung in der Weise bestimmt ist, daß sie sich von der Kündigung ab nach dem Kalender berechnen läßt.

297. Der Gläubiger kommt nicht in Verzug, wenn der Schuldner zur Zeit des Angebots oder im Falle des § 296 zu der für die Handlung des Gläubigers bestimmten Zeit außer Stande ist, die Leistung zu bewirken.

298. Ist der Schuldner nur gegen eine Leistung des Gläubigers zu leisten verpflichtet, so kommt der Gläubiger in Verzug, wenn er zwar die angebotene Leistung anzunehmen bereit ist, die verlangte Gegenleistung aber nicht anbietet.

299. Ist die Leistungszeit nicht bestimmt oder ist der Schuldner berechtigt, vor der bestimmten Zeit zu leisten, so kommt der Gläubiger nicht dadurch in Verzug, daß er vorübergehend an der Annahme der angebotenen Leistung verhindert ist, es sei denn, daß der Schuldner ihm die Leistung eine angemessene Zeit vorher angekündigt hat.

300. Der Schuldner hat während des Verzugs des Gläubigers nur Vorsatz und grobe Fahrlässigkeit zu vertreten.[31]

Wird eine nur der Gattung nach bestimmte Sache geschuldet, so geht die Gefahr mit dem Zeitpunkt auf den Gläubiger über, in welchem er dadurch in Verzug kommt, daß er die angebotene Sache nicht annimmt.

301. Von einer verzinslichen Geldschuld hat der Schuldner während des Verzugs des Gläubigers Zinsen nicht zu entrichten.

302. Hat der Schuldner die Nutzungen eines Gegenstandes herauszugeben oder zu ersetzen, so beschränkt sich seine Verpflichtung während des Verzugs des Gläubigers auf die Nutzungen, welche er zieht.

303. Ist der Schuldner zur Herausgabe eines Grundstücks verpflichtet, so kann er nach dem Eintritte des Verzugs des Gläubigers den Besitz aufgeben. Das Aufgeben muß dem Gläubiger vorher angedroht werden, es sei denn, daß die Androhung unthunlich ist.

304. Der Schuldner kann im Falle des Verzugs des Gläubigers Ersatz der Mehraufwendungen verlangen, die er für das erfolglose Angebot sowie für die Aufbewahrung und Erhaltung des geschuldeten Gegenstandes machen mußte.

Zweiter Abschnitt.
Schuldverhältnisse aus Verträgen.
Erster Titel.
Begründung. Inhalt des Vertrags.

305. Zur Begründung eines Schuldverhältnisses durch Rechtsgeschäft sowie zur Aenderung des Inhalts eines Schuldverhältnisses ist ein Vertrag zwischen den Betheiligten erforderlich, soweit nicht das Gesetz ein Anderes vorschreibt.

306. Ein auf eine unmögliche Leistung gerichteter Vertrag ist nichtig.

307. Wer bei der Schließung eines Vertrags, der auf eine unmögliche Leistung gerichtet ist, die Unmöglichkeit der Leistung kennt oder kennen muß, ist zum Ersatze des Schadens verpflichtet, den der andere Theil dadurch erleidet, daß er auf die Gültigkeit des Vertrags vertraut, jedoch nicht über den Betrag des Interesses hinaus, welches der andere Theil an der Gültigkeit des Vertrags hat. Die Ersatzpflicht tritt nicht ein, wenn der andere Theil die Unmöglichkeit kennt oder kennen muß.

Diese Vorschriften finden entsprechende Anwendung, wenn die Leistung nur theilweise unmöglich und der Vertrag in Ansehung des möglichen Theiles gültig ist oder wenn eine von mehreren wahlweise versprochenen Leistungen unmöglich ist.

31. Ueber besondere Wirkungen des Annahmeverzugs beim Handelskauf vgl. § 373 HGB.

308. Die Unmöglichkeit der Leistung steht der Gültigkeit des Vertrags nicht entgegen, wenn die Unmöglichkeit gehoben werden kann und der Vertrag für den Fall geschlossen ist, daß die Leistung möglich wird.

Wird eine unmögliche Leistung unter einer anderen aufschiebenden Bedingung oder unter Bestimmung eines Anfangstermins versprochen, so ist der Vertrag gültig, wenn die Unmöglichkeit vor dem Eintritte der Bedingung oder des Termins gehoben wird.

309. Verstößt ein Vertrag gegen ein gesetzliches Verbot, so finden die Vorschriften der §§ 307, 308 entsprechende Anwendung.

310. Ein Vertrag, durch den sich der eine Theil verpflichtet, sein künftiges Vermögen oder einen Bruchtheil seines künftigen Vermögens zu übertragen oder mit einem Nießbrauche zu belasten, ist nichtig.

311. Ein Vertrag, durch den sich der eine Theil verpflichtet, sein gegenwärtiges Vermögen oder einen Bruchtheil seines gegenwärtigen Vermögens zu übertragen oder mit einem Nießbrauche zu belasten, bedarf der gerichtlichen oder notariellen Beurkundung.

312. Ein Vertrag über den Nachlaß eines noch lebenden Dritten ist nichtig. Das Gleiche gilt von einem Vertrag über den Pflichttheil oder ein Vermächtniß aus dem Nachlaß eines noch lebenden Dritten.

Diese Vorschriften finden keine Anwendung auf einen Vertrag, der unter künftigen gesetzlichen Erben über den gesetzlichen Erbtheil oder den Pflichttheil eines von ihnen geschlossen wird. Ein solcher Vertrag bedarf der gerichtlichen oder notariellen Beurkundung.[32]

313. Ein Vertrag, durch den sich der eine Theil verpflichtet, das Eigenthum an einem Grundstücke zu übertragen, bedarf der gerichtlichen oder notariellen Beurkundung.[33] Ein ohne Beobachtung dieser Form geschlossener Vertrag wird seinem ganzen Inhalte nach gültig, wenn die Auflassung und die Eintragung in das Grundbuch erfolgen.

314. Verpflichtet sich Jemand zur Veräußerung oder Belastung einer Sache, so erstreckt sich die Verpflichtung im Zweifel auch auf das Zubehör der Sache.

315. Soll die Leistung durch einen der Vertragschließenden bestimmt werden, so ist im Zweifel anzunehmen, daß die Bestimmung nach billigem Ermessen zu treffen ist.

Die Bestimmung erfolgt durch Erklärung gegenüber dem anderen Theile.

Soll die Bestimmung nach billigem Ermessen erfolgen, so ist die getroffene Bestimmung für den anderen Theil nur verbindlich, wenn sie der Billigkeit entspricht. Entspricht sie nicht der Billigkeit, so wird die Bestimmung durch Urtheil getroffen; das Gleiche gilt, wenn die Bestimmung verzögert wird.

316. Ist der Umfang der für eine Leistung versprochenen Gegenleistung nicht bestimmt, so steht die Bestimmung im Zweifel demjenigen Theile zu, welcher die Gegenleistung zu fordern hat.

317. Ist die Bestimmung der Leistung einem Dritten überlassen, so ist im Zweifel anzunehmen, daß sie nach billigem Ermessen zu treffen ist.

Soll die Bestimmung durch mehrere Dritte erfolgen, so ist im Zweifel Uebereinstimmung aller erforderlich; soll eine Summe bestimmt werden, so ist, wenn verschiedene Summen bestimmt werden, im Zweifel die Durchschnittssumme maßgebend.

318. Die einem Dritten überlassene Bestimmung der Leistung erfolgt durch Erklärung gegenüber einem der Vertragschließenden.

Die Anfechtung der getroffenen Bestimmung wegen Irrthums, Drohung oder arglistiger Täuschung steht nur den Vertragschließenden zu; Anfechtungsgegner ist der andere Theil. Die Anfechtung muß unverzüglich erfolgen, nachdem der Anfechtungsberechtigte von dem Anfechtungsgrunde Kenntniß erlangt hat. Sie ist ausgeschlossen, wenn dreißig Jahre verstrichen sind, nachdem die Bestimmung getroffen worden ist.

319. Soll der Dritte die Leistung nach billigem Ermessen bestimmen, so ist die getroffene Bestimmung für die Vertragschließenden nicht verbindlich, wenn sie offenbar unbillig ist. Die Bestimmung erfolgt in diesem Falle durch Urtheil; das Gleiche gilt, wenn der Dritte die Bestimmung nicht treffen kann oder will oder wenn er sie verzögert.

Soll der Dritte die Bestimmung nach freiem Belieben treffen, so ist der Vertrag unwirksam, wenn der Dritte die Bestimmung nicht treffen kann oder will oder wenn er sie verzögert.

Zweiter Titel. Gegenseitiger Vertrag.

320. Wer aus einem gegenseitigen Vertrage verpflichtet ist, kann die ihm obliegende Leistung bis zur Bewirkung der Gegenleistung verweigern, es sei denn, daß er vorzuleisten verpflichtet ist. Hat die Leistung an Mehrere zu erfolgen, so kann dem Einzelnen der ihm gebührende Theil bis zur Bewirkung der ganzen Gegenleistung verweigert werden. Die Vorschrift des § 273 Abs. 3 findet keine Anwendung.

Ist von der einen Seite theilweise geleistet worden, so kann die Gegenleistung insoweit nicht verweigert werden, als die Verweigerung nach den Umständen, insbesondere wegen verhältniß=

---

32. Die Notare allein sind nach § 44 AG z. FrG zur Beurkundung zuständig (vgl. Bemerkung z. § 126).

33. Die Notare sind allein zuständig, vgl. vor. Bem.; vgl. aber Art. 127 EG, in Verbindung mit § 74 AG z. BGB, § 45 AG z. FrG, ferner § 106 AG z. BGB.

mäßiger Geringfügigkeit des rückständigen Theiles, gegen Treu und Glauben verstoßen würde.

321. Wer aus einem gegenseitigen Vertrage vorzuleisten verpflichtet ist, kann, wenn nach dem Abschlusse des Vertrags in den Vermögensverhältnissen des anderen Theiles eine wesentliche Verschlechterung eintritt, durch die der Anspruch auf die Gegenleistung gefährdet wird, die ihm obliegende Leistung verweigern, bis die Gegenleistung bewirkt oder Sicherheit für sie geleistet wird.

322. Erhebt aus einem gegenseitigen Vertrage der eine Theil Klage auf die ihm geschuldete Leistung, so hat die Geltendmachung des dem anderen Theile zustehenden Rechtes, die Leistung bis zur Bewirkung der Gegenleistung zu verweigern, nur die Wirkung, daß der andere Theil zur Erfüllung Zug um Zug zu verurtheilen ist.[34]

Hat der klagende Theil vorzuleisten, so kann er, wenn der andere Theil im Verzuge der Annahme ist, auf Leistung nach Empfang der Gegenleistung klagen.

Auf die Zwangsvollstreckung findet die Vorschrift des § 274 Abs. 2 Anwendung.

323. Wird die aus einem gegenseitigen Vertrage dem einen Theile obliegende Leistung in Folge eines Umstandes unmöglich, den weder er noch der andere Theil zu vertreten hat, so verliert er den Anspruch auf die Gegenleistung; bei theilweiser Unmöglichkeit mindert sich die Gegenleistung nach Maßgabe der §§ 472, 473.

Verlangt der andere Theil nach § 281 Herausgabe des für den geschuldeten Gegenstand erlangten Ersatzes oder Abtretung des Ersatzanspruchs, so bleibt er zur Gegenleistung verpflichtet; diese mindert sich jedoch nach Maßgabe der §§ 472, 473 insoweit, als der Werth des Ersatzes oder des Ersatzanspruchs hinter dem Werthe der geschuldeten Leistung zurückbleibt.

Soweit die nach diesen Vorschriften nicht geschuldete Gegenleistung bewirkt ist, kann das Geleistete nach den Vorschriften über die Herausgabe einer ungerechtfertigten Bereicherung zurückgefordert werden.

324. Wird die aus einem gegenseitigen Vertrage dem einen Theile obliegende Leistung in Folge eines Umstandes, den der andere Theil zu vertreten hat, unmöglich, so behält er den Anspruch auf die Gegenleistung. Er muß sich jedoch dasjenige anrechnen lassen, was er in Folge der Befreiung von der Leistung erspart oder durch anderweitige Verwendung seiner Arbeitskraft erwirbt oder zu erwerben böswillig unterläßt.

Das Gleiche gilt, wenn die dem einen Theile obliegende Leistung in Folge eines von ihm nicht zu vertretenden Umstandes zu einer Zeit unmöglich wird, zu welcher der andere Theil im Verzuge der Annahme ist.

325. Wird die aus einem gegenseitigen Vertrage dem einen Theile obliegende Leistung in Folge eines Umstandes, den er zu vertreten hat, unmöglich, so kann der andere Theil Schadensersatz wegen Nichterfüllung verlangen oder von dem Vertrage zurücktreten. Bei theilweiser Unmöglichkeit ist er, wenn die theilweise Erfüllung des Vertrags für ihn kein Interesse hat, berechtigt, Schadensersatz wegen Nichterfüllung der ganzen Verbindlichkeit nach Maßgabe des § 280 Abs. 2 zu verlangen oder von dem ganzen Vertrage zurückzutreten. Statt des Anspruchs auf Schadensersatz und des Rücktrittsrechts kann er auch die für den Fall des § 323 bestimmten Rechte geltend machen.

Das Gleiche gilt in dem Falle des § 283, wenn nicht die Leistung bis zum Ablaufe der Frist bewirkt wird oder wenn sie zu dieser Zeit theilweise nicht bewirkt ist.[35]

326. Ist bei einem gegenseitigen Vertrage der eine Theil mit der ihm obliegenden Leistung im Verzuge, so kann ihm der andere Theil zur Bewirkung der Leistung eine angemessene Frist mit der Erklärung bestimmen, daß er die Annahme der Leistung nach dem Ablaufe der Frist ablehne. Nach dem Ablaufe der Frist ist er berechtigt, Schadensersatz wegen Nichterfüllung zu verlangen oder von dem Vertrage zurückzutreten, wenn nicht die Leistung rechtzeitig erfolgt ist; der Anspruch auf Erfüllung ist ausgeschlossen. Wird die Leistung bis zum Ablaufe der Frist theilweise nicht bewirkt, so findet die Vorschrift des § 325 Abs. 1 Satz 2 entsprechende Anwendung.

Hat die Erfüllung des Vertrags in Folge des Verzugs für den anderen Theil kein Interesse, so stehen ihm die im Abs. 1 bezeichneten Rechte zu, ohne daß es der Bestimmung einer Frist bedarf.

327. Auf das in den §§ 325, 326 bestimmte Rücktrittsrecht finden die für das vertragsmäßige Rücktrittsrecht geltenden Vorschriften der §§ 346 bis 356 entsprechende Anwendung. Erfolgt der Rücktritt wegen eines Umstandes, den der andere Theil nicht zu vertreten hat, so haftet dieser nur nach den Vorschriften über die Herausgabe einer ungerechtfertigten Bereicherung.

Dritter Titel.
Versprechen der Leistung an einen Dritten.

328. Durch Vertrag kann eine Leistung an einen Dritten mit der Wirkung bedungen werden, daß der Dritte unmittelbar das Recht erwirbt, die Leistung zu fordern.

34. Ueber Ertheilung einer vollstreckbaren Ausfertigung des Urtheils in einem solchen Falle vgl. § 726 Abs. 2 CPO über Bewirkung der Zwangsvollstreckung aus einem solchen Urtheile vgl. §§ 756, 765 CPO.

35. Vgl. § 255 CPO.

In Ermangelung einer besonderen Bestimmung ist aus den Umständen, insbesondere aus dem Zwecke des Vertrags, zu entnehmen, ob der Dritte das Recht erwerben, ob das Recht des Dritten sofort oder nur unter gewissen Voraussetzungen entstehen und ob den Vertragschließenden die Befugniß vorbehalten sein soll, das Recht des Dritten ohne dessen Zustimmung aufzuheben oder zu ändern.

329. Verpflichtet sich in einem Vertrage der eine Theil zur Befriedigung eines Gläubigers des anderen Theiles, ohne die Schuld zu übernehmen, so ist im Zweifel nicht anzunehmen, daß der Gläubiger unmittelbar das Recht erwerben soll, die Befriedigung von ihm zu fordern.

330. Wird in einem Lebensversicherungs- oder einem Leibrentenvertrage die Zahlung der Versicherungssumme oder der Leibrente an einen Dritten bedungen, so ist im Zweifel anzunehmen, daß der Dritte unmittelbar das Recht erwerben soll, die Leistung zu fordern. Das Gleiche gilt, wenn bei einer unentgeltlichen Zuwendung dem Bedachten eine Leistung an einen Dritten auferlegt oder bei einer Vermögens- oder Gutsübernahme von dem Uebernehmer eine Leistung an einen Dritten zum Zwecke der Abfindung versprochen wird.

331. Soll die Leistung an den Dritten nach dem Tode desjenigen erfolgen, welchem sie versprochen wird, so erwirbt der Dritte das Recht auf die Leistung im Zweifel mit dem Tode des Versprechensempfängers.

Stirbt der Versprechensempfänger vor der Geburt des Dritten, so kann das Versprechen, an den Dritten zu leisten, nur dann noch aufgehoben oder geändert werden, wenn die Befugniß dazu vorbehalten worden ist.

332. Hat sich der Versprechensempfänger die Befugniß vorbehalten, ohne Zustimmung des Versprechenden an die Stelle des in dem Vertrage bezeichneten Dritten einen Anderen zu setzen, so kann dies im Zweifel auch in einer Verfügung von Todeswegen geschehen.

333. Weist der Dritte das aus dem Vertrag erworbene Recht dem Versprechenden gegenüber zurück, so gilt das Recht als nicht erworben.

334. Einwendungen aus dem Vertrage stehen dem Versprechenden auch gegenüber dem Dritten zu.

335. Der Versprechensempfänger kann, sofern nicht ein anderer Wille der Vertragschließenden anzunehmen ist, die Leistung an den Dritten auch dann fordern, wenn diesem das Recht auf die Leistung zusteht.

Vierter Titel. Draufgabe. Vertragsstrafe.

336. Wird bei der Eingehung eines Vertrags etwas als Draufgabe gegeben, so gilt dies als Zeichen des Abschlusses des Vertrags.

Die Draufgabe gilt im Zweifel nicht als Reugeld.[36]

337. Die Draufgabe ist im Zweifel auf die von dem Geber geschuldete Leistung anzurechnen oder, wenn dies nicht geschehen kann, bei der Erfüllung des Vertrags zurückzugeben.

Wird der Vertrag wiederaufgehoben, so ist die Draufgabe zurückzugeben.

338. Wird die von dem Geber geschuldete Leistung in Folge eines Umstandes, den er zu vertreten hat, unmöglich oder verschuldet der Geber die Wiederaufhebung des Vertrags, so ist der Empfänger berechtigt, die Draufgabe zu behalten. Verlangt der Empfänger Schadensersatz wegen Nichterfüllung, so ist die Draufgabe im Zweifel anzurechnen oder, wenn dies nicht geschehen kann, bei der Leistung des Schadensersatzes zurückzugeben.

339. Verspricht der Schuldner dem Gläubiger für den Fall, daß er seine Verbindlichkeit nicht oder nicht in gehöriger Weise erfüllt, die Zahlung einer Geldsumme als Strafe, so ist die Strafe verwirkt, wenn er in Verzug kommt. Besteht die geschuldete Leistung in einem Unterlassen, so tritt die Verwirkung mit der Zuwiderhandlung ein.

340. Hat der Schuldner die Strafe für den Fall versprochen, daß er seine Verbindlichkeit nicht erfüllt, so kann der Gläubiger die verwirkte Strafe statt der Erfüllung verlangen. Erklärt der Gläubiger dem Schuldner, daß er die Strafe verlange, so ist der Anspruch auf Erfüllung ausgeschlossen.[37]

Steht dem Gläubiger ein Anspruch auf Schadensersatz wegen Nichterfüllung zu, so kann er die verwirkte Strafe als Mindestbetrag des Schadens verlangen. Die Geltendmachung eines weiteren Schadens ist nicht ausgeschlossen.

341. Hat der Schuldner die Strafe für den Fall versprochen, daß er seine Verbindlichkeit nicht in gehöriger Weise, insbesondere nicht zu der bestimmten Zeit, erfüllt, so kann der Gläubiger die verwirkte Strafe neben der Erfüllung verlangen.

Steht dem Gläubiger ein Anspruch auf Schadensersatz wegen der nicht gehörigen Erfüllung zu, so finden die Vorschriften des § 340 Abs. 2 Anwendung.

Nimmt der Gläubiger die Erfüllung an, so kann er die Strafe nur verlangen, wenn er sich das Recht dazu bei der Annahme vorbehält.

342. Wird als Strafe eine andere Leistung als die Zahlung einer Geldsumme versprochen, so finden die Vorschriften der §§ 339 bis 341 Anwendung; der Anspruch auf Schadensersatz ist ausgeschlossen, wenn der Gläubiger die Strafe verlangt.

36. Vgl. § 346 HGB.

37. Vgl. aber § 75 HGB (Konkurrenzklausel).

343. Ist eine verwirkte Strafe unverhältnißmäßig hoch, so kann sie auf Antrag des Schuldners durch Urtheil auf den angemessenen Betrag herabgesetzt werden. Bei der Beurtheilung der Angemessenheit ist jedes berechtigte Interesse des Gläubigers, nicht blos das Vermögensinteresse, in Betracht zu ziehen. Nach der Entrichtung der Strafe ist die Herabsetzung ausgeschlossen.

Das Gleiche gilt auch außer den Fällen der §§ 339, 342, wenn Jemand eine Strafe für den Fall verspricht, daß er eine Handlung vornimmt oder unterläßt.[38]

344. Erklärt das Gesetz das Versprechen einer Leistung für unwirksam, so ist auch die für den Fall der Nichterfüllung des Versprechens getroffene Vereinbarung einer Strafe unwirksam, selbst wenn die Parteien die Unwirksamkeit des Versprechens gekannt haben.

345. Bestreitet der Schuldner die Verwirkung der Strafe, weil er seine Verbindlichkeit erfüllt habe, so hat er die Erfüllung zu beweisen, sofern nicht die geschuldete Leistung in einem Unterlassen besteht.

Fünfter Titel. Rücktritt.[39]

346. Hat sich in einem Vertrag ein Theil den Rücktritt vorbehalten, so sind die Parteien, wenn der Rücktritt erfolgt, verpflichtet, einander die empfangenen Leistungen zurückzugewähren. Für geleistete Dienste sowie für die Ueberlassung der Benutzung einer Sache ist der Werth zu vergüten oder, falls in dem Vertrag eine Gegenleistung in Geld bestimmt ist, diese zu entrichten.

347. Der Anspruch auf Schadensersatz wegen Verschlechterung, Unterganges oder einer aus einem anderen Grunde eintretenden Unmöglichkeit der Herausgabe bestimmt sich im Falle des Rücktritts von dem Empfange der Leistung an nach den Vorschriften, welche für das Verhältniß zwischen dem Eigenthümer und dem Besitzer von dem Eintritte der Rechtshängigkeit des Eigenthumsanspruchs an gelten.[40] Das Gleiche gilt von dem Anspruch auf Herausgabe oder Vergütung von Nutzungen und von dem Anspruch auf Ersatz von Verwendungen. Eine Geldsumme ist von der Zeit des Empfanges an zu verzinsen.

348. Die sich aus dem Rücktritt ergebenden Verpflichtungen der Parteien sind Zug um Zug zu erfüllen. Die Vorschriften der §§ 320, 322 finden entsprechende Anwendung.

349. Der Rücktritt erfolgt durch Erklärung gegenüber dem anderen Theile.

350. Der Rücktritt wird nicht dadurch ausgeschlossen, daß der Gegenstand, welchen der Berechtigte empfangen hat, durch Zufall untergegangen ist.

351. Der Rücktritt ist ausgeschlossen, wenn der Berechtigte eine wesentliche Verschlechterung, den Untergang oder die anderweitige Unmöglichkeit der Herausgabe des empfangenen Gegenstandes verschuldet hat. Der Untergang eines erheblichen Theiles steht einer wesentlichen Verschlechterung des Gegenstandes, das von dem Berechtigten nach § 278 zu vertretende Verschulden eines Anderen steht dem eigenen Verschulden des Berechtigten gleich.

352. Der Rücktritt ist ausgeschlossen, wenn der Berechtigte die empfangene Sache durch Verarbeitung oder Umbildung in eine Sache anderer Art umgestaltet hat.

353. Hat der Berechtigte den empfangenen Gegenstand oder einen erheblichen Theil des Gegenstandes veräußert oder mit dem Rechte eines Dritten belastet, so ist der Rücktritt ausgeschlossen, wenn bei demjenigen, welcher den Gegenstand in Folge der Verfügung erlangt hat, die Voraussetzungen des § 351 oder des § 352 eingetreten sind.

Einer Verfügung des Berechtigten steht eine Verfügung gleich, die im Wege der Zwangsvollstreckung oder der Arrestvollziehung oder durch den Konkursverwalter erfolgt.

354. Kommt der Berechtigte mit der Rückgewähr des empfangenen Gegenstandes oder eines erheblichen Theiles des Gegenstandes in Verzug, so kann ihm der andere Theil eine angemessene Frist mit der Erklärung bestimmen, daß er die Annahme nach dem Ablaufe der Frist ablehne. Der Rücktritt wird unwirksam, wenn nicht die Rückgewähr vor dem Ablaufe der Frist erfolgt.

355. Ist für die Ausübung des Rücktrittsrechts eine Frist nicht vereinbart, so kann dem Berechtigten von dem anderen Theile für die Ausübung eine angemessene Frist bestimmt werden. Das Rücktrittsrecht erlischt, wenn nicht der Rücktritt vor dem Ablaufe der Frist erklärt wird.

356. Sind bei einem Vertrag auf der einen oder der anderen Seite Mehrere betheiligt, so kann das Rücktrittsrecht nur von allen und gegen alle ausgeübt werden. Erlischt das Rücktrittsrecht für einen der Berechtigten, so erlischt es auch für die übrigen.

357. Hat sich der eine Theil den Rücktritt für den Fall vorbehalten, daß der andere Theil seine Verbindlichkeit nicht erfüllt, so ist der Rücktritt unwirksam, wenn der andere Theil sich von der Verbindlichkeit durch Aufrechnung befreien konnte und unverzüglich nach dem Rücktritte die Aufrechnung erklärt.

358. Hat sich der eine Theil den Rücktritt für den Fall vorbehalten, daß der andere Theil seine Verbindlichkeit nicht erfüllt, und bestreitet dieser

38. Nach § 348 HGB findet § 343 keine Anwendung bei der Vertragsstrafe, die von einem Kaufmanne im Betriebe seines Handelsgewerbes versprochen ist. Vgl. auch §§ 4, 8 Gesetz betr. die Abzahlungsgeschäfte vom 16. Mai 1894.

39. Vgl. Reichsgesetz vom 16. Mai 1894.

40. §§ 987, 989 ff. unten.

die Zulässigkeit des erklärten Rücktritts, weil er erfüllt habe, so hat er die Erfüllung zu beweisen, sofern nicht die geschuldete Leistung in einem Unterlassen besteht.

359. Ist der Rücktritt gegen Zahlung eines Reugeldes vorbehalten, so ist der Rücktritt unwirksam, wenn das Reugeld nicht vor oder bei der Erklärung entrichtet wird und der andere Theil aus diesem Grunde die Erklärung unverzüglich zurückweist. Die Erklärung ist jedoch wirksam, wenn das Reugeld unverzüglich nach der Zurückweisung entrichtet wird.

360. Ist ein Vertrag mit dem Vorbehalte geschlossen, daß der Schuldner seiner Rechte aus dem Vertrage verlustig sein soll, wenn er seine Verbindlichkeit nicht erfüllt, so ist der Gläubiger bei dem Eintritte dieses Falles zum Rücktritte von dem Vertrage berechtigt.[41]

361. Ist in einem gegenseitigen Vertrage vereinbart, daß die Leistung des einen Theiles genau zu einer festbestimmten Zeit oder innerhalb einer festbestimmten Frist bewirkt werden soll, so ist im Zweifel anzunehmen, daß der andere Theil zum Rücktritte berechtigt sein soll, wenn die Leistung nicht zu der bestimmten Zeit oder innerhalb der bestimmten Frist erfolgt.[42]

Dritter Abschnitt.
Erlöschen der Schuldverhältnisse.

Erster Titel. Erfüllung.

362. Das Schuldverhältniß erlischt, wenn die geschuldete Leistung an den Gläubiger bewirkt wird.

Wird an einen Dritten zum Zwecke der Erfüllung geleistet, so finden die Vorschriften des § 185 Anwendung.[43]

363. Hat der Gläubiger eine ihm als Erfüllung angebotene Leistung als Erfüllung angenommen, so trifft ihn die Beweislast, wenn er die Leistung deshalb nicht als Erfüllung gelten lassen will, weil sie eine andere als die geschuldete Leistung oder weil sie unvollständig gewesen sei.

364. Das Schuldverhältniß erlischt, wenn der Gläubiger eine andere als die geschuldete Leistung an Erfüllungsstatt annimmt.[44]

Uebernimmt der Schuldner zum Zwecke der Befriedigung des Gläubigers diesem gegenüber eine neue Verbindlichkeit, so ist im Zweifel nicht anzunehmen, daß er die Verbindlichkeit an Erfüllungsstatt übernimmt.

365. Wird eine Sache, eine Forderung gegen einen Dritten oder ein anderes Recht an Erfüllungsstatt gegeben, so hat der Schuldner wegen eines Mangels im Rechte oder wegen eines Mangels der Sache in gleicher Weise wie ein Verkäufer Gewähr zu leisten.

41. Vgl. § 1 G. v. 16. Mai 1894.
42. Vgl. § 376 HGB über Handelsfixkauf; § 18 KO.
43. Vgl. §§ 81, 754, 755, 819 CPO; § 8 KO.
44. Vgl. §§ 115 ff. GewO.

366. Ist der Schuldner dem Gläubiger aus mehreren Schuldverhältnissen zu gleichartigen Leistungen verpflichtet und reicht das von ihm Geleistete nicht zur Tilgung sämmtlicher Schulden aus, so wird diejenige Schuld getilgt, welche er bei der Leistung bestimmt.

Trifft der Schuldner keine Bestimmung, so wird zunächst die fällige Schuld, unter mehreren fälligen Schulden diejenige, welche dem Gläubiger geringere Sicherheit bietet, unter mehreren gleich sicheren die dem Schuldner lästigere, unter mehreren gleich lästigen die ältere Schuld und bei gleichem Alter jede Schuld verhältnißmäßig getilgt.

367. Hat der Schuldner außer der Hauptleistung Zinsen und Kosten zu entrichten, so wird eine zur Tilgung der ganzen Schuld nicht ausreichende Leistung zunächst auf die Kosten, dann auf die Zinsen und zuletzt auf die Hauptleistung angerechnet.

Bestimmt der Schuldner eine andere Anrechnung, so kann der Gläubiger die Annahme der Leistung ablehnen.[45]

368. Der Gläubiger hat gegen Empfang der Leistung auf Verlangen ein schriftliches Empfangsbekenntniß (Quittung) zu ertheilen. Hat der Schuldner ein rechtliches Interesse, daß die Quittung in anderer Form ertheilt wird, so kann er die Ertheilung in dieser Form verlangen.[46]

369. Die Kosten der Quittung hat der Schuldner zu tragen und vorzuschießen, sofern nicht aus dem zwischen ihm und dem Gläubiger bestehenden Rechtsverhältnisse sich ein Anderes ergiebt.

Treten in Folge einer Uebertragung der Forderung oder im Wege der Erbfolge an die Stelle des ursprünglichen Gläubigers mehrere Gläubiger, so fallen die Mehrkosten den Gläubigern zur Last.

370. Der Ueberbringer einer Quittung gilt als ermächtigt, die Leistung zu empfangen, sofern nicht die dem Leistenden bekannten Umstände der Annahme einer solchen Ermächtigung entgegenstehen.

371. Ist über die Forderung ein Schuldschein ausgestellt worden, so kann der Schuldner neben der Quittung Rückgabe des Schuldscheins verlangen. Behauptet der Gläubiger, zur Rückgabe außer Stande zu sein, so kann der Schuldner das öffentlich beglaubigte[47] Anerkenntniß verlangen, daß die Schuld erloschen sei.

Zweiter Titel. Hinterlegung.[47a]

372. Geld, Werthpapiere und sonstige Urkunden sowie Kostbarkeiten kann der Schuldner bei einer dazu bestimmten öffentlichen Stelle für den Gläu-

45. Vgl. § 48 KO, § 12 ZVG.
46. Quittung bei Wechselzahlungen: Art. 39 WO; vgl. auch § 757 CPO.
47. § 167 Abs. 2 FrG und § 47 Abs. 3 u. 4 AG z. FrG (Notare).
47a. Vgl. hierzu Ges. betr. das Hinterlegungswesen u. s. w. v. 1. Nov. 1899 u. die vorläufigen Ausführungsbestimmungen dazu v. 23. Dez. 1899.

biger hinterlegen, wenn der Gläubiger im Verzuge der Annahme ist. Das Gleiche gilt, wenn der Schuldner aus einem anderen in der Person des Gläubigers liegenden Grunde oder in Folge einer nicht auf Fahrlässigkeit beruhenden Ungewißheit über die Person des Gläubigers seine Verbindlichkeit nicht oder nicht mit Sicherheit erfüllen kann.

373. Ist der Schuldner nur gegen eine Leistung des Gläubigers zu leisten verpflichtet, so kann er das Recht des Gläubigers zum Empfange der hinterlegten Sache von der Bewirkung der Gegenleistung abhängig machen.

374. Die Hinterlegung hat bei der Hinterlegungsstelle des Leistungsorts zu erfolgen; hinterlegt der Schuldner bei einer anderen Stelle, so hat er dem Gläubiger den daraus entstehenden Schaden zu ersetzen.[48]

Der Schuldner hat dem Gläubiger die Hinterlegung unverzüglich anzuzeigen; im Falle der Unterlassung ist er zum Schadensersatze verpflichtet. Die Anzeige darf unterbleiben, wenn sie unthunlich ist.

375. Ist die hinterlegte Sache der Hinterlegungsstelle durch die Post übersendet worden, so wirkt die Hinterlegung auf die Zeit der Aufgabe der Sache zur Post zurück.

376. Der Schuldner hat das Recht, die hinterlegte Sache zurückzunehmen.

Die Rücknahme ist ausgeschlossen:

1. wenn der Schuldner der Hinterlegungsstelle erklärt, daß er auf das Recht zur Rücknahme verzichte;
2. wenn der Gläubiger der Hinterlegungsstelle die Annahme erklärt;
3. wenn der Hinterlegungsstelle ein zwischen dem Gläubiger und dem Schuldner ergangenes rechtskräftiges Urtheil vorgelegt wird, das die Hinterlegung für rechtmäßig erklärt.[49]

377. Das Recht zur Rücknahme ist der Pfändung nicht unterworfen.[50]

Wird über das Vermögen des Schuldners der Konkurs eröffnet, so kann während des Konkurses das Recht zur Rücknahme auch nicht von dem Schuldner ausgeübt werden.

378. Ist die Rücknahme der hinterlegten Sache ausgeschlossen, so wird der Schuldner durch die Hinterlegung von seiner Verbindlichkeit in gleicher Weise befreit, wie wenn er zur Zeit der Hinterlegung an den Gläubiger geleistet hätte.

379. Ist die Rücknahme der hinterlegten Sache nicht ausgeschlossen, so kann der Schuldner den Gläubiger auf die hinterlegte Sache verweisen.

Solange die Sache hinterlegt ist, trägt der Gläubiger die Gefahr und ist der Schuldner nicht verpflichtet, Zinsen zu zahlen oder Ersatz für nicht gezogene Nutzungen zu leisten.

Nimmt der Schuldner die hinterlegte Sache zurück, so gilt die Hinterlegung als nicht erfolgt.

380. Soweit nach den für die Hinterlegungsstelle geltenden Bestimmungen zum Nachweise der Empfangsberechtigung des Gläubigers eine diese Berechtigung anerkennende Erklärung des Schuldners erforderlich oder genügend ist, kann der Gläubiger von dem Schuldner die Abgabe der Erklärung unter denselben Voraussetzungen verlangen, unter denen er die Leistung zu fordern berechtigt sein würde, wenn die Hinterlegung nicht erfolgt wäre.[51]

381. Die Kosten der Hinterlegung fallen dem Gläubiger zur Last, sofern nicht der Schuldner die hinterlegte Sache zurücknimmt.

382. Das Recht des Gläubigers auf den hinterlegten Betrag erlischt mit dem Ablaufe von dreißig Jahren nach dem Empfange der Anzeige von der Hinterlegung, wenn nicht der Gläubiger sich vorher bei der Hinterlegungsstelle meldet; [illegible]ner ist zur Rücknahme berechtigt, auch wenn er auf das Recht zur Rücknahme verzichtet hat.[52]

383. Ist die geschuldete bewegliche Sache zur Hinterlegung nicht geeignet, so kann der Schuldner sie im Falle des Verzugs des Gläubigers am Leistungsorte versteigern lassen und den Erlös hinterlegen. Das Gleiche gilt in den Fällen des § 372 Satz 2, wenn der Verderb der Sache zu besorgen oder die Aufbewahrung mit unverhältnißmäßigen Kosten verbunden ist.

Ist von der Versteigerung am Leistungsort ein angemessener Erfolg nicht zu erwarten, so ist die Sache an einem geeigneten anderen Orte zu versteigern.

Die Versteigerung hat durch einen für den Versteigerungsort bestellten Gerichtsvollzieher oder zu Versteigerungen befugten anderen Beamten oder öffentlich angestellten Versteigerer[53] öffentlich zu erfolgen (öffentliche Versteigerung). Zeit und Ort der Versteigerung sind unter allgemeiner Bezeichnung der Sache öffentlich bekannt zu machen.

384. Die Versteigerung ist erst zulässig, nachdem sie dem Gläubiger angedroht worden ist; die Androhung darf unterbleiben, wenn die Sache dem Verderb ausgesetzt und mit dem Aufschube der Versteigerung Gefahr verbunden ist.

Der Schuldner hat den Gläubiger von der Versteigerung unverzüglich zu benachrichtigen; im Falle der Unterlassung ist er zum Schadensersatze verpflichtet.

48. Vgl. Artt. 144, 145, 146 EG.
49. Vgl. auch § 75 CPO.
50. Wesentlich für § 1 KO.
51. Die Erklärung wird event. durch die Verurtheilung ersetzt (§ 894 CPO) — vgl. auch Art. 145 EG.
52. Vgl. Art. 145 EG; § 142 ZVG.
53. Neben den Gerichtsvollziehern sind die Notare zuständig.

Die Androhung und die Benachrichtigung dürfen unterbleiben, wenn sie unthunlich sind.

385. Hat die Sache einen Börsen- oder Marktpreis, so kann der Schuldner den Verkauf aus freier Hand durch einen zu solchen Verkäufen öffentlich ermächtigten Handelsmäkler oder durch eine zur öffentlichen Versteigerung befugte Person zum laufenden Preise bewirken.[54]

386. Die Kosten der Versteigerung oder des nach § 385 erfolgten Verkaufs fallen dem Gläubiger zur Last, sofern nicht der Schuldner den hinterlegten Erlös zurücknimmt.

Dritter Titel. Aufrechnung.

387. Schulden zwei Personen einander Leistungen, die ihrem Gegenstande nach gleichartig sind, so kann jeder Theil seine Forderung gegen die Forderung des anderen Theiles aufrechnen, sobald er die ihm gebührende Leistung fordern und die ihm obliegende Leistung bewirken kann.[55]

388. Die Aufrechnung erfolgt durch Erklärung gegenüber dem anderen Theile. Die Erklärung ist unwirksam, wenn sie unter einer Bedingung oder einer Zeitbestimmung abgegeben wird.

389. Die Aufrechnung bewirkt, daß die Forderungen, soweit sie sich decken, als in dem Zeitpunkt erloschen gelten, in welchem sie zur Aufrechnung geeignet einander gegenübergetreten sind.

390. Eine Forderung, der eine Einrede entgegensteht, kann nicht aufgerechnet werden. Die Verjährung schließt die Aufrechnung nicht aus, wenn die verjährte Forderung zu der Zeit, zu welcher sie gegen die andere Forderung aufgerechnet werden konnte, noch nicht verjährt war.

391. Die Aufrechnung wird nicht dadurch ausgeschlossen, daß für die Forderungen verschiedene Leistungs- oder Ablieferungsorte bestehen. Der aufrechnende Theil hat jedoch den Schaden zu ersetzen, den der andere Theil dadurch erleidet, daß er in Folge der Aufrechnung die Leistung nicht an dem bestimmten Orte erhält oder bewirken kann.

Ist vereinbart, daß die Leistung zu einer bestimmten Zeit an einem bestimmten Orte erfolgen soll, so ist im Zweifel anzunehmen, daß die Aufrechnung einer Forderung, für die ein anderer Leistungsort besteht, ausgeschlossen sein soll.

392. Durch die Beschlagnahme[57] einer Forderung wird die Aufrechnung einer dem Schuldner gegen den Gläubiger zustehenden Forderung nur dann ausgeschlossen, wenn der Schuldner seine Forderung nach der Beschlagnahme erworben hat oder wenn seine Forderung erst nach der Beschlagnahme und später als die in Beschlag genommene Forderung fällig geworden ist.

393. Gegen eine Forderung aus einer vorsätzlich begangenen unerlaubten Handlung ist die Aufrechnung nicht zulässig.

394. Soweit eine Forderung der Pfändung nicht unterworfen ist,[58] findet die Aufrechnung gegen die Forderung nicht statt. Gegen die aus Kranken-, Hülfs- oder Sterbekassen, insbesondere aus Knappschaftskassen und Kassen der Knappschaftsvereine, zu beziehenden Hebungen können jedoch geschuldete Beiträge aufgerechnet werden.

395. Gegen eine Forderung des Reichs oder eines Bundesstaats sowie gegen eine Forderung einer Gemeinde oder eines anderen Kommunalverbandes ist die Aufrechnung nur zulässig, wenn die Leistung an dieselbe Kasse zu erfolgen hat, aus der die Forderung des Aufrechnenden zu berichtigen ist.

396. Hat der eine oder der andere Theil mehrere zur Aufrechnung geeignete Forderungen, so kann der aufrechnende Theil die Forderungen bestimmen, die gegen einander aufgerechnet werden sollen. Wird die Aufrechnung ohne eine solche Bestimmung erklärt oder widerspricht der andere Theil unverzüglich, so findet die Vorschrift des § 366 Abs. 2 entsprechende Anwendung.

Schuldet der aufrechnende Theil dem anderen Theile außer der Hauptleistung Zinsen und Kosten, so finden die Vorschriften des § 367 entsprechende Anwendung.

Vierter Titel. Erlaß.

397. Das Schuldverhältniß erlischt, wenn der Gläubiger dem Schuldner durch Vertrag die Schuld erläßt.

Das Gleiche gilt, wenn der Gläubiger durch Vertrag mit dem Schuldner anerkennt, daß das Schuldverhältniß nicht bestehe.

---

54. Vgl. § 29 ff. Börsengesetz v. 22. Juni 1896; § 39 AG. z. FrG.

55. Ueber die Aufrechnung im Konkurse siehe §§ 53 ff. KO. Ueber die Aufrechnung vermittelst Kontokorrents vgl. §§ 355—357 HGB; vgl. auch §§ 221, 469 Abs. 3 HGB.

56. Auch bei der Aufrechnung im Laufe eines Prozesses (vgl. §§ 145 Abs. 3, 302, 322 Abs. 2, 529 Abs. 3 CPO) ist diese Erklärung erforderlich.

57. §§ 829, 845, 930, 936 CPO; § 20—22, 148 ZVG.

58. Vgl. Art. 81 EG, §§ 850—852 CPO.
§§ 56, 65, 72 RG v. 15. Juni 1883 bzw. 10. April 1892 (Krankenversicherung),
§ 10 RG v. 7. April 1876 bzw. 1. Juni 1884 (Eingeschriebene Hülfskassen),
§ 68 RG v. 6. Juli 1884 (Unfallversicherung),
RG v. 28. Mai 1885 (Unfall- und Krankenversicherung),
§ 73 RG v. 5. Mai 1886 (Unfall- und Krankenversicherung),
§ 38 Abs. 2 RG v. 11. Juli 1887 (Unfallversicherung der Bauarbeiter),
§ 76 RG v. 13. Juli 1887 (Seeunfallversicherung),
§ 40 RG v. 22. Juni 1889 (Invaliditäts- und Altersversicherung),
§ 100 c. Abs. 2 GewO.
§ 45 RG. v. 2. Mai 1874.

Ein Genossenschafter kann gegen seine geschuldete Einzahlung keine Aufrechnung geltend machen. § 22 Abs. 3 RG v. 1. Mai 1889.

Vierter Abschnitt.
Uebertragung der Forderung.

398. Eine Forderung kann von dem Gläubiger durch Vertrag mit einem Anderen auf diesen übertragen werden (Abtretung). Mit dem Abschlusse des Vertrags tritt der neue Gläubiger an die Stelle des bisherigen Gläubigers.[59]

399. Eine Forderung kann nicht abgetreten werden, wenn die Leistung an einen anderen als den ursprünglichen Gläubiger nicht ohne Veränderung ihres Inhalts erfolgen kann oder wenn die Abtretung durch Vereinbarung mit dem Schuldner ausgeschlossen ist.[60]

400. Eine Forderung kann nicht abgetreten werden, soweit sie der Pfändung nicht unterworfen ist.[61]

401. Mit der abgetretenen Forderung gehen die Hypotheken oder Pfandrechte, die für sie bestehen, sowie die Rechte aus einer für sie bestellten Bürgschaft auf den neuen Gläubiger über.

Ein mit der Forderung für den Fall der Zwangsvollstreckung oder des Konkurses verbundenes Vorzugsrecht kann auch der neue Gläubiger geltend machen.[62]

402. Der bisherige Gläubiger ist verpflichtet, dem neuen Gläubiger die zur Geltendmachung der Forderung nöthige Auskunft zu ertheilen und ihm die zum Beweise der Forderung dienenden Urkunden, soweit sie sich in seinem Besitze befinden, auszuliefern.[63]

403. Der bisherige Gläubiger hat dem neuen Gläubiger auf Verlangen eine öffentlich beglaubigte Urkunde[64] über die Abtretung auszustellen. Die Kosten hat der neue Gläubiger zu tragen und vorzuschießen.

404. Der Schuldner kann dem neuen Gläubiger die Einwendungen entgegensetzen, die zur Zeit der Abtretung der Forderung gegen den bisherigen Gläubiger begründet waren.

405. Hat der Schuldner eine Urkunde über die Schuld ausgestellt, so kann er sich, wenn die Forderung unter Vorlegung der Urkunde abgetreten wird, dem neuen Gläubiger gegenüber nicht darauf berufen, daß die Eingehung oder Anerkennung des Schuldverhältnisses nur zum Schein erfolgt oder daß die Abtretung durch Vereinbarung mit dem ursprünglichen Gläubiger ausgeschlossen sei, es sei denn, daß der neue Gläubiger bei der Abtretung den Sachverhalt kannte oder kennen mußte.

406. Der Schuldner kann eine ihm gegen den bisherigen Gläubiger zustehende Forderung auch dem neuen Gläubiger gegenüber aufrechnen, es sei denn, daß er bei dem Erwerbe der Forderung von der Abtretung Kenntniß hatte oder daß die Forderung erst nach der Erlangung der Kenntniß und später als die abgetretene Forderung fällig geworden ist.

407. Der neue Gläubiger muß eine Leistung, die der Schuldner nach der Abtretung an den bisherigen Gläubiger bewirkt, sowie jedes Rechtsgeschäft, das nach der Abtretung zwischen dem Schuldner und dem bisherigen Gläubiger in Ansehung der Forderung vorgenommen wird, gegen sich gelten lassen, es sei denn, daß der Schuldner die Abtretung bei der Leistung oder der Vornahme des Rechtsgeschäfts kennt.

Ist in einem nach der Abtretung zwischen dem Schuldner und dem bisherigen Gläubiger anhängig gewordenen Rechtsstreit ein rechtskräftiges Urtheil über die Forderung ergangen, so muß der neue Gläubiger das Urtheil gegen sich gelten lassen, es sei denn, daß der Schuldner die Abtretung bei dem Eintritte der Rechtshängigkeit[65] gekannt hat.

408. Wird eine abgetretene Forderung von dem bisherigen Gläubiger nochmals an einen Dritten abgetreten, so finden, wenn der Schuldner an den Dritten leistet oder wenn zwischen dem Schuldner und dem Dritten ein Rechtsgeschäft vorgenommen oder ein Rechtsstreit anhängig wird, zu Gunsten des Schuldners die Vorschriften des § 407 dem früheren Erwerber gegenüber entsprechende Anwendung.

Das Gleiche gilt, wenn die bereits abgetretene Forderung durch gerichtlichen Beschluß einem Dritten überwiesen[66] wird oder wenn der bisherige Gläubiger dem Dritten gegenüber anerkennt, daß die bereits abgetretene Forderung kraft Gesetzes auf den Dritten übergegangen sei.

409. Zeigt der Gläubiger dem Schuldner an, daß er die Forderung abgetreten habe, so muß er dem Schuldner gegenüber die angezeigte Abtretung gegen sich gelten lassen, auch wenn sie nicht erfolgt oder nicht wirksam ist.[67] Der Anzeige steht es gleich, wenn der Gläubiger eine Urkunde über die Abtretung dem in der Urkunde bezeichneten neuen Gläubiger ausgestellt hat und dieser sie dem Schuldner vorlegt.

Die Anzeige kann nur mit Zustimmung desjenigen zurückgenommen werden, welcher als der neue Gläubiger bezeichnet worden ist.

410. Der Schuldner ist dem neuen Gläubiger gegenüber zur Leistung nur gegen Aushändigung einer von dem bisherigen Gläubiger über die Abtretung ausgestellten Urkunde verpflichtet. Eine Kündigung oder eine Mahnung des neuen Gläubigers ist unwirksam, wenn sie ohne Vorlegung einer solchen Urkunde erfolgt und der Schuld-

59. Vgl. §§ 265, 325, 727, 731 CPO.
60. Vgl. aber § 851 CPO, auch Art. 81 EG.
61. Vgl. Anmerkung zu § 394.
62. Vgl. §§ 61, 62 KO.
63. Entsprechend § 836 Abs. 3 CPO bei Ueberweisung einer Forderung.
64. Vgl. oben Anmerkung zu § 129.
65. §§ 263, 265 CPO.
66. §§ 835, 836, 846 CPO.
67. § 836 Abs. 2 CPO.

ner sie aus diesem Grunde unverzüglich zurückweist.

Diese Vorschriften finden keine Anwendung, wenn der bisherige Gläubiger dem Schuldner die Abtretung schriftlich angezeigt hat.

411. Tritt eine Militärperson,[68] ein Beamter,[69] ein Geistlicher oder ein Lehrer an einer öffentlichen Unterrichtsanstalt den übertragbaren Theil[70] des Diensteinkommens, des Wartegeldes oder des Ruhegehalts ab, so ist die auszahlende Kasse durch Aushändigung einer von dem bisherigen Gläubiger ausgestellten, öffentlich beglaubigten[71] Urkunde von der Abtretung zu benachrichtigen.[72] Bis zur Benachrichtigung gilt die Abtretung als der Kasse nicht bekannt.

412. Auf die Uebertragung einer Forderung kraft Gesetzes finden die Vorschriften der §§ 399 bis 404, 406 bis 410 entsprechende Anwendung.

413. Die Vorschriften über die Uebertragung von Forderungen finden auf die Uebertragung anderer Rechte entsprechende Anwendung, soweit nicht das Gesetz ein Anderes vorschreibt.

Fünfter Abschnitt. Schuldübernahme.

414. Eine Schuld kann von einem Dritten durch Vertrag mit dem Gläubiger in der Weise übernommen werden, daß der Dritte an die Stelle des bisherigen Schuldners tritt.

415. Wird die Schuldübernahme von dem Dritten mit dem Schuldner vereinbart, so hängt ihre Wirksamkeit von der Genehmigung des Gläubigers ab. Die Genehmigung kann erst erfolgen, wenn der Schuldner oder der Dritte dem Gläubiger die Schuldübernahme mitgetheilt hat. Bis zur Genehmigung können die Parteien den Vertrag ändern oder aufheben.

Wird die Genehmigung verweigert, so gilt die Schuldübernahme als nicht erfolgt. Fordert der Schuldner oder der Dritte den Gläubiger unter Bestimmung einer Frist zur Erklärung über die Genehmigung auf, so kann die Genehmigung nur bis zum Ablaufe der Frist erklärt werden; wird sie nicht erklärt, so gilt sie als verweigert.

Solange nicht der Gläubiger die Genehmigung ertheilt hat, ist im Zweifel der Uebernehmer dem Schuldner gegenüber verpflichtet, den Gläubiger rechtzeitig zu befriedigen. Das Gleiche gilt, wenn der Gläubiger die Genehmigung verweigert.

416. Uebernimmt der Erwerber eines Grundstücks durch Vertrag mit dem Veräußerer eine Schuld des Veräußerers, für die eine Hypothek an dem Grundstücke besteht, so kann der Gläubiger die Schuldübernahme nur genehmigen, wenn der Veräußerer sie ihm mittheilt. Sind seit dem Empfange der Mittheilung sechs Monate verstrichen, so gilt die Gehmigung als ertheilt, wenn nicht der Gläubiger sie dem Veräußerer gegenüber vorher verweigert hat; die Vorschrift des § 415 Abs. 2 Satz 2 findet keine Anwendung.

Die Mittheilung des Veräußerers kann erst erfolgen, wenn der Erwerber als Eigenthümer im Grundbuch eingetragen ist. Sie muß schriftlich geschehen und den Hinweis enthalten, daß der Uebernehmer an die Stelle des bisherigen Schuldners tritt, wenn nicht der Gläubiger die Verweigerung innerhalb der sechs Monate erklärt.

Der Veräußerer hat auf Verlangen des Erwerbers dem Gläubiger die Schuldübernahme mitzutheilen. Sobald die Ertheilung oder Verweigerung der Genehmigung feststeht, hat der Veräußerer den Erwerber zu benachrichtigen.

417. Der Uebernehmer kann dem Gläubiger die Einwendungen entgegensetzen, welche sich aus dem Rechtsverhältnisse zwischen dem Gläubiger und dem bisherigen Schuldner ergeben. Eine dem bisherigen Schuldner zustehende Forderung kann er nicht aufrechnen.

Aus dem der Schuldübernahme zu Grunde liegenden Rechtsverhältnisse zwischen dem Uebernehmer und dem bisherigen Schuldner kann der Uebernehmer dem Gläubiger gegenüber Einwendungen nicht herleiten.

418. In Folge der Schuldübernahme erlöschen die für die Forderung bestellten Bürgschaften und Pfandrechte. Besteht für die Forderung eine Hypothek, so tritt das Gleiche ein, wie wenn der Gläubiger auf die Hypothek verzichtet. Diese Vorschriften finden keine Anwendung, wenn der Bürge oder derjenige, welchem der verhaftete Gegenstand zur Zeit der Schuldübernahme gehört, in diese einwilligt.

Ein mit der Forderung für den Fall des Konkurses verbundenes Vorzugsrecht[73] kann nicht im Konkurs über das Vermögen des Uebernehmers geltend gemacht werden.

419. Uebernimmt Jemand durch Vertrag das Vermögen eines Anderen, so können dessen Gläubiger, unbeschadet der Fortdauer der Haftung des bisherigen Schuldners, von dem Abschlusse des Vertrages an ihre zu dieser Zeit bestehenden Ansprüche auch gegen den Uebernehmer geltend machen.

Die Haftung des Uebernehmers beschränkt sich auf den Bestand des übernommenen Vermögens und die ihm aus dem Vertrage zustehenden Ansprüche. Beruft sich der Uebernehmer auf die Beschränkung seiner Haftung, so finden die für die Haftung des Erben geltenden Vorschriften der §§ 1990, 1991 entsprechende Anwendung.

68. Vgl. oben Anmerkung zu § 9.
69. Wie im § 811 Nr. 7 CPO.
70. Vgl. Art. 80, 81 EG.
71. Siehe oben Anmerkung zu § 129.
72. Vgl. hierzu Artt. 43, 45 EG.
73. § 61 KO.

Die Haftung des Uebernehmers kann nicht durch Vereinbarung zwischen ihm und dem bisherigen Schuldner ausgeschlossen oder beschränkt werden.[74]

Sechster Abschnitt.
Mehrheit von Schuldnern und Gläubigern.

420. Schulden Mehrere eine theilbare Leistung oder haben Mehrere eine theilbare Leistung zu fordern, so ist im Zweifel jeder Schuldner nur zu einem gleichen Antheile verpflichtet, jeder Gläubiger nur zu einem gleichen Antheile berechtigt.

421. Schulden Mehrere eine Leistung in der Weise, daß jeder die ganze Leistung zu bewirken verpflichtet, der Gläubiger aber die Leistung nur einmal zu fordern berechtigt ist (Gesammtschuldner), so kann der Gläubiger die Leistung nach seinem Belieben von jedem der Schuldner ganz oder zu einem Theile fordern. Bis zur Bewirkung der ganzen Leistung bleiben sämmtliche Schuldner verpflichtet.[75]

422. Die Erfüllung durch einen Gesammtschuldner wirkt auch für die übrigen Schuldner. Das Gleiche gilt von der Leistung an Erfüllungsstatt, der Hinterlegung und der Aufrechnung.

Eine Forderung, die einem Gesammtschuldner zusteht, kann nicht von den übrigen Schuldnern aufgerechnet werden.

423. Ein zwischen dem Gläubiger und einem Gesammtschuldner vereinbarter Erlaß wirkt auch für die übrigen Schuldner, wenn die Vertragschließenden das ganze Schuldverhältniß aufheben wollten.[76]

424. Der Verzug des Gläubigers gegenüber einem Gesammtschuldner wirkt auch für die übrigen Schuldner.

425. Andere als die in den §§ 422 bis 424 bezeichneten Thatsachen wirken, soweit sich nicht aus dem Schuldverhältniß ein Anderes ergiebt, nur für und gegen den Gesammtschuldner, in dessen Person sie eintreten.

Dies gilt insbesondere von der Kündigung, dem Verzuge, dem Verschulden, von der Unmöglichkeit der Leistung in der Person eines Gesammtschuldners, von der Verjährung, deren Unterbrechung und Hemmung, von der Vereinigung der Forderung mit der Schuld und von dem rechtskräftigen Urtheile.[77]

426. Die Gesammtschuldner sind im Verhältnisse zu einander zu gleichen Antheilen verpflichtet, soweit nicht ein Anderes bestimmt ist. Kann von einem Gesammtschuldner der auf ihn entfallende Beitrag nicht erlangt werden, so ist der Ausfall von den übrigen zur Ausgleichung verpflichteten Schuldnern zu tragen.

Soweit ein Gesammtschuldner den Gläubiger befriedigt und von den übrigen Schuldnern Ausgleichung verlangen kann, geht die Forderung des Gläubigers gegen die übrigen Schuldner auf ihn über. Der Uebergang kann nicht zum Nachtheile des Gläubigers geltend gemacht werden.

427. Verpflichten sich Mehrere durch Vertrag gemeinschaftlich zu einer theilbaren Leistung, so haften sie im Zweifel als Gesammtschuldner.

428. Sind Mehrere eine Leistung in der Weise zu fordern berechtigt, daß jeder die ganze Leistung fordern kann, der Schuldner aber die Leistung nur einmal zu bewirken verpflichtet ist (Gesammtgläubiger), so kann der Schuldner nach seinem Belieben an jeden der Gläubiger leisten. Dies gilt auch dann, wenn einer der Gläubiger bereits Klage auf die Leistung erhoben hat.

429. Der Verzug eines Gesammtgläubigers wirkt auch gegen die übrigen Gläubiger.

Vereinigen sich Forderung und Schuld in der Person eines Gesammtgläubigers, so erlöschen die Rechte der übrigen Gläubiger gegen den Schuldner.

Im Uebrigen finden die Vorschriften der §§ 422, 423, 425 entsprechende Anwendung. Insbesondere bleiben, wenn ein Gesammtgläubiger seine Forderung auf einen Anderen überträgt, die Rechte der übrigen Gläubiger unberührt.

430. Die Gesammtgläubiger sind im Verhältnisse zu einander zu gleichen Antheilen berechtigt, soweit nicht ein Anderes bestimmt ist.

431. Schulden Mehrere eine untheilbare Leistung, so haften sie als Gesammtschuldner.

432. Haben Mehrere eine untheilbare Leistung zu fordern, so kann, sofern sie nicht Gesammtgläubiger sind, der Schuldner nur an alle gemeinschaftlich leisten und jeder Gläubiger nur die Leistung an alle fordern. Jeder Gläubiger kann verlangen, daß der Schuldner die geschuldete Sache für alle Gläubiger hinterlegt oder, wenn sie sich nicht zur Hinterlegung eignet, an einen gerichtlich zu bestellenden Verwahrer[78] abliefert.

Im Uebrigen wirkt eine Thatsache, die nur in der Person eines der Gläubiger eintritt, nicht für und gegen die übrigen Gläubiger.

Siebenter Abschnitt.
Einzelne Schuldverhältnisse.

Erster Titel. Kauf.[79] Tausch.

I. Allgemeine Vorschriften.

433. Durch den Kaufvertrag wird der Verkäufer einer Sache verpflichtet, dem Käufer die Sache zu

74. Ueber Erwerb eines Handelsgeschäftes unter der bisherigen Firma: §§ 25—27 HGB. Ist damit zugleich eine Uebernahme des Vermögens des bisherigen Inhabers verbunden, so dürfte zugleich auch § 419 BGB Anwendung finden.

75. Vgl. § 100 Abs. 4 CPO; § 68 KO.

76. Ueber die Wirkung des Zwangsvergleichs in dem Konkursverfahren gegen einen Gesammtschuldner vgl. § 193 KO.

77. Arg. § 322 CPO.

78. Zur Bestellung desselben ist nach § 165 FrG das Amtsgericht zuständig, in dessen Bezirk sich die geschuldete Sache befindet.

79. Bestimmung über Handelskauf §§ 373—382 HGB.

übergeben und das Eigenthum an der Sache zu verschaffen. Der Verkäufer eines Rechtes ist verpflichtet, dem Käufer das Recht zu verschaffen und, wenn das Recht zum Besitz einer Sache berechtigt, die Sache zu übergeben.

Der Käufer ist verpflichtet, dem Verkäufer den vereinbarten Kaufpreis zu zahlen und die gekaufte Sache abzunehmen.

434. Der Verkäufer ist verpflichtet, dem Käufer den verkauften Gegenstand frei von Rechten zu verschaffen, die von Dritten gegen den Käufer geltend gemacht werden können.[80]

435. Der Verkäufer eines Grundstücks[81] oder eines Rechtes an einem Grundstück ist verpflichtet, im Grundbuch eingetragene Rechte, die nicht bestehen, auf seine Kosten zur Löschung zu bringen, wenn sie im Falle ihres Bestehens das dem Käufer zu verschaffende Recht beeinträchtigen würden.

Das Gleiche gilt bei dem Verkauf eines Schiffes oder eines Rechtes an einem Schiffe für die im Schiffsregister eingetragenen Rechte.

436. Der Verkäufer eines Grundstücks haftet nicht für die Freiheit des Grundstücks von öffentlichen Abgaben und von anderen öffentlichen Lasten, die zur Eintragung in das Grundbuch nicht geeignet sind.[82]

437. Der Verkäufer einer Forderung oder eines sonstigen Rechtes haftet für den rechtlichen Bestand der Forderung oder des Rechtes.

Der Verkäufer eines Werthpapiers haftet auch dafür, daß es nicht zum Zwecke der Kraftloserklärung aufgeboten ist.

438. Uebernimmt der Verkäufer einer Forderung die Haftung für die Zahlungsfähigkeit des Schuldners, so ist die Haftung im Zweifel nur auf die Zahlungsfähigkeit zur Zeit der Abtretung zu beziehen.

439. Der Verkäufer hat einen Mangel im Rechte nicht zu vertreten, wenn der Käufer den Mangel bei dem Abschlusse des Kaufes kennt.

Eine Hypothek, eine Grundschuld, eine Rentenschuld oder ein Pfandrecht hat der Verkäufer zu beseitigen, auch wenn der Käufer die Belastung kennt. Das Gleiche gilt von einer Vormerkung zur Sicherung des Anspruchs auf Bestellung eines dieser Rechte.

440. Erfüllt der Verkäufer die ihm nach den §§ 433 bis 437, 439 obliegenden Verpflichtungen nicht, so bestimmen sich die Rechte des Käufers nach den Vorschriften der §§ 320 bis 327.

Ist eine bewegliche Sache verkauft und dem Käufer zum Zwecke der Eigenthumsübertragung übergeben worden, so kann der Käufer wegen des Rechtes eines Dritten, das zum Besitze der Sache berechtigt, Schadensersatz wegen Nichterfüllung nur verlangen, wenn er die Sache dem Dritten mit Rücksicht auf dessen Recht herausgegeben hat oder sie dem Verkäufer zurückgewährt oder wenn die Sache untergegangen ist.

Der Herausgabe der Sache an den Dritten steht es gleich, wenn der Dritte den Käufer oder dieser den Dritten beerbt oder wenn der Käufer das Recht des Dritten anderweit erwirbt oder den Dritten abfindet.

Steht dem Käufer ein Anspruch auf Herausgabe gegen einen anderen zu, so genügt an Stelle der Rückgewähr die Abtretung des Anspruchs.

441. Die Vorschriften des § 440 Abs. 2 bis 4 gelten auch dann, wenn ein Recht an einer beweglichen Sache verkauft ist, das zum Besitze der Sache berechtigt.

442. Bestreitet der Verkäufer den vom Käufer geltend gemachten Mangel im Rechte, so hat der Käufer den Mangel zu beweisen.

443. Eine Vereinbarung, durch welche die nach den §§ 433 bis 437, 439 bis 442 wegen eines Mangels im Rechte dem Verkäufer obliegende Verpflichtung zur Gewährleistung erlassen oder beschränkt wird, ist nichtig, wenn der Verkäufer den Mangel arglistig verschweigt.

444. Der Verkäufer ist verpflichtet, dem Käufer über die den verkauften Gegenstand betreffenden rechtlichen Verhältnisse, insbesondere im Falle des Verkaufs eines Grundstücks über die Grenzen, Gerechtsame und Lasten, die nöthige Auskunft zu ertheilen und ihm die zum Beweise des Rechtes dienenden Urkunden, soweit sie sich in seinem Besitze befinden, auszuliefern. Erstreckt sich der Inhalt einer solchen Urkunde auch auf andere Angelegenheiten, so ist der Verkäufer nur zur Ertheilung eines öffentlich beglaubigten Auszugs[83] verpflichtet.[84]

445. Die Vorschriften der §§ 433 bis 444 finden auf andere Verträge, die auf Veräußerung oder Belastung eines Gegenstandes gegen Entgeld gerichtet sind, entsprechende Anwendung.

446. Mit der Uebergabe der verkauften Sache geht die Gefahr des zufälligen Unterganges und einer zufälligen Verschlechterung auf den Käufer über. Von der Uebergabe an gebühren dem Käufer die Nutzungen und trägt er die Lasten der Sache.

Wird der Käufer eines Grundstücks vor der Uebergabe als Eigenthümer in das Grundbuch eingetragen, so treten diese Wirkungen mit der Eintragung ein.[85]

447. Versendet der Verkäufer auf Verlangen

80. Eine Ausnahme von dieser Bestimmung macht § 806 CPO bezüglich der auf Grund einer Pfändung, und § 56 (a. E.) ZVG bezüglich der auf Grund dieses Gesetzes veräußerten Sachen.

81. Das Gleiche gilt vom Erbbaurecht, vgl. § 1017 BGB; § 7 GBO.

82. Vgl. Bem. zu § 435.

83. Vgl. § 129 BGB; § 167 Abs. 2 FrG.

84. Vgl. Bem. zu § 435.

85. Vgl. Bem. zu § 435.

des Käufers die verkaufte Sache nach einem anderen Orte als dem Erfüllungsorte, so geht die Gefahr auf den Käufer über, sobald der Verkäufer die Sache dem Spediteur, dem Frachtführer oder der sonst zur Ausführung der Versendung bestimmten Person oder Anstalt ausgeliefert hat.

Hat der Käufer eine besondere Anweisung über die Art der Versendung ertheilt und weicht der Verkäufer ohne dringenden Grund von der Anweisung ab, so ist der Verkäufer dem Käufer für den daraus entstehenden Schaden verantwortlich.

448. Die Kosten der Uebergabe der verkauften Sache, insbesondere die Kosten des Messens und Wägens, fallen dem Verkäufer, die Kosten der Abnahme und der Versendung der Sache nach einem anderen Orte als dem Erfüllungsorte fallen dem Käufer zur Last.

Ist ein Recht verkauft, so fallen die Kosten der Begründung oder Uebertragung des Rechtes dem Verkäufer zur Last.

449. Der Käufer eines Grundstücks hat die Kosten der Auflassung und der Eintragung,[86] der Käufer eines Rechtes an einem Grundstücke hat die Kosten der zur Begründung oder Uebertragung des Rechtes nöthigen Eintragung in das Grundbuch, mit Einschluß der Kosten der zu der Eintragung erforderlichen Erklärungen,[87] zu tragen. Dem Käufer fallen in beiden Fällen auch die Kosten der Beurkundung des Kaufes zur Last.

450. Ist vor der Uebergabe der verkauften Sache die Gefahr auf den Käufer übergegangen und macht der Verkäufer vor der Uebergabe Verwendungen auf die Sache, die nach dem Uebergange der Gefahr nothwendig geworden sind, so kann er von dem Käufer Ersatz verlangen, wie wenn der Käufer ihn mit der Verwaltung der Sache beauftragt hätte.

Die Verpflichtung des Käufers zum Ersatze sonstiger Verwendungen bestimmt sich nach den Vorschriften über die Geschäftsführung ohne Auftrag.

451. Ist ein Recht an einer Sache verkauft, das zum Besitze der Sache berechtigt, so finden die Vorschriften der §§ 446 bis 450 entsprechende Anwendung.

452. Der Käufer ist verpflichtet, den Kaufpreis von dem Zeitpunkt an zu verzinsen, von welchem an die Nutzungen des gekauften Gegenstandes ihm gebühren, sofern nicht der Kaufpreis gestundet ist.

453. Ist als Kaufpreis der Marktpreis bestimmt, so gilt im Zweifel der für den Erfüllungsort zur Erfüllungszeit maßgebende Marktpreis als vereinbart.

454. Hat der Verkäufer den Vertrag erfüllt und den Kaufpreis gestundet, so steht ihm das im § 325 Abs. 2 und im § 326 bestimmte Rücktrittsrecht nicht zu.

455. Hat sich der Verkäufer einer beweglichen Sache das Eigenthum bis zur Zahlung des Kaufpreises vorbehalten, so ist im Zweifel anzunehmen, daß die Uebertragung des Eigenthums unter der aufschiebenden Bedingung vollständiger Zahlung des Kaufpreises erfolgt und daß der Verkäufer zum Rücktritte von dem Vertrage berechtigt ist, wenn der Käufer mit der Zahlung in Verzug kommt.[88]

456. Bei einem Verkauf im Wege der Zwangsvollstreckung dürfen der mit der Vornahme oder Leitung des Verkaufs Beauftragte und die von ihm zugezogenen Gehülfen, mit Einschluß des Protokollführers, den zum Verkaufe gestellten Gegenstand weder für sich persönlich oder durch einen Anderen noch als Vertreter eines Anderen kaufen.

457.[89] Die Vorschrift des § 456 gilt auch bei einem Verkauf außerhalb der Zwangsvollstreckung, wenn der Auftrag zu dem Verkauf auf Grund einer gesetzlichen Vorschrift ertheilt worden ist, die den Auftraggeber ermächtigt, den Gegenstand für Rechnung eines Anderen verkaufen zu lassen, insbesondere in den Fällen des Pfandverkaufs und des in den §§ 383, 385 zugelassenen Verkaufs, sowie bei einem Verkaufe durch den Konkursverwalter.[90]

458. Die Wirksamkeit eines den Vorschriften der §§ 456, 457 zuwider erfolgten Kaufes und der Uebertragung des gekauften Gegenstandes hängt von der Zustimmung der bei dem Verkauf als Schuldner, Eigenthümer oder Gläubiger Betheiligten ab. Fordert der Käufer einen Betheiligten zur Erklärung über die Genehmigung auf, so finden die Vorschriften des § 177 Abs. 2 entsprechende Anwendung.

Wird in Folge der Verweigerung der Genehmigung ein neuer Verkauf vorgenommen, so hat der frühere Käufer für die Kosten des neuen Verkaufs sowie für einen Mindererlös aufzukommen.

II. Gewährleistung wegen Mängel der Sache.

459. Der Verkäufer einer Sache haftet dem Käufer dafür, daß sie zu der Zeit, zu welcher die Gefahr auf den Käufer übergeht, nicht mit Fehlern[91] behaftet ist, die den Werth oder die Tauglichkeit zu dem gewöhnlichen oder dem nach dem Vertrage vorausgesetzten Gebrauch auf-

86. § 20 GBO.
87. § 29 GBO.

88. Vgl. RG v. 16. Mai 1894 betr. die Abzahlungsgeschäfte.
89. Auch in den Fällen der §§ 290 Abs. 3, 371 Abs. 2, 373 Abs. 2, 376 Abs. 3, 379 Abs. 2, 388 Abs. 2, 391, 437 Abs. 2, 440 Abs. 3 HGB.
90. §§ 117, 126 KO.
91. Vgl. hierzu noch § 378 HGB.

heben oder mindern. Eine unerhebliche Minderung des Werthes oder der Tauglichkeit kommt nicht in Betracht.

Der Verkäufer haftet auch dafür, daß die Sache zur Zeit des Ueberganges der Gefahr die zugesicherten Eigenschaften hat.

460. Der Verkäufer hat einen Mangel der verkauften Sache nicht zu vertreten, wenn der Käufer den Mangel bei dem Abschlusse des Kaufes kennt. Ist dem Käufer ein Mangel der im § 459 Abs. 1 bezeichneten Art in Folge grober Fahrlässigkeit unbekannt geblieben, so haftet der Verkäufer, sofern er nicht die Abwesenheit des Fehlers zugesichert hat, nur, wenn er den Fehler arglistig verschwiegen hat.

461. Der Verkäufer hat einen Mangel der verkauften Sache nicht zu vertreten, wenn die Sache auf Grund eines Pfandrechts in öffentlicher Versteigerung unter der Bezeichnung als Pfand verkauft wird.[93]

462. Wegen eines Mangels, den der Verkäufer nach den Vorschriften der §§ 459, 460 zu vertreten hat, kann der Käufer Rückgängigmachung des Kaufes (Wandelung) oder Herabsetzung des Kaufpreises (Minderung) verlangen.

463. Fehlt der verkauften Sache zur Zeit des Kaufes eine zugesicherte Eigenschaft, so kann der Käufer statt der Wandelung oder der Minderung Schadensersatz wegen Nichterfüllung verlangen. Das Gleiche gilt, wenn der Verkäufer einen Fehler arglistig verschwiegen hat.

464. Nimmt der Käufer eine mangelhafte Sache an, obschon er den Mangel kennt, so stehen ihm die in den §§ 462, 463 bestimmten Ansprüche nur zu, wenn er sich seine Rechte wegen des Mangels bei der Annahme vorbehält.

465. Die Wandelung oder die Minderung ist vollzogen, wenn sich der Verkäufer auf Verlangen des Käufers mit ihr einverstanden erklärt.

466. Behauptet der Käufer dem Verkäufer gegenüber einen Mangel der Sache, so kann der Verkäufer ihn unter dem Erbieten zur Wandelung und unter Bestimmung einer angemessenen Frist zur Erklärung darüber auffordern, ob er Wandelung verlange. Die Wandelung kann in diesem Falle nur bis zum Ablaufe der Frist verlangt werden.

467. Auf die Wandelung finden die für das vertragsmäßige Rücktrittsrecht geltenden Vorschriften der §§ 346 bis 348, 350 bis 354, 356 entsprechende Anwendung; im Falle des § 352 ist jedoch die Wandelung nicht ausgeschlossen, wenn der Mangel sich erst bei der Umgestaltung der Sache gezeigt hat. Der Verkäufer hat dem Käufer auch die Vertragskosten zu ersetzen.

92. Entsprechend auch § 806 CPO; § 56 (am Schlusse) ZVG.

93. Bezüglich des Handelskaufes vgl. die §§ 377, 378, 381 HGB.

468. Sichert der Verkäufer eines Grundstücks dem Käufer eine bestimmte Größe des Grundstücks zu, so haftet er für die Größe wie für eine zugesicherte Eigenschaft. Der Käufer kann jedoch wegen Mangels der zugesicherten Größe Wandelung nur verlangen, wenn der Mangel so erheblich ist, daß die Erfüllung des Vertrags für den Käufer kein Interesse hat.

469. Sind von mehreren verkauften Sachen nur einzelne mangelhaft, so kann nur in Ansehung dieser Wandelung verlangt werden, auch wenn ein Gesammtpreis für alle Sachen festgesetzt ist. Sind jedoch die Sachen als zusammengehörend verkauft, so kann jeder Theil verlangen, daß die Wandelung auf alle Sachen erstreckt wird, wenn die mangelhaften Sachen nicht ohne Nachtheil für ihn von den übrigen getrennt werden können.

470. Die Wandelung wegen eines Mangels der Hauptsache erstreckt sich auch auf die Nebensache. Ist die Nebensache mangelhaft, so kann nur in Ansehung dieser Wandelung verlangt werden.

471. Findet im Falle des Verkaufs mehrerer Sachen für einen Gesammtpreis die Wandelung nur in Ansehung einzelner Sachen statt, so ist der Gesammtpreis in dem Verhältnisse herabzusetzen, in welchem zur Zeit des Verkaufs der Gesammtwerth der Sachen in mangelfreiem Zustande zu dem Werthe der von der Wandelung nicht betroffenen Sachen gestanden haben würde.

472. Bei der Minderung ist der Kaufpreis in dem Verhältnisse herabzusetzen, in welchem zur Zeit des Verkaufs der Werth der Sache in mangelfreiem Zustande zu dem wirklichen Werthe gestanden haben würde.

Findet im Falle des Verkaufs mehrerer Sachen für einen Gesammtpreis die Minderung nur wegen einzelner Sachen statt, so ist bei der Herabsetzung des Preises der Gesammtwerth aller Sachen zu Grunde zu legen.

473. Sind neben dem in Geld festgesetzten Kaufpreise Leistungen bedungen, die nicht vertretbare Sachen zum Gegenstande haben, so sind diese Leistungen in den Fällen der §§ 471, 472 nach dem Werthe zur Zeit des Verkaufs in Geld zu veranschlagen. Die Herabsetzung der Gegenleistung des Käufers erfolgt an dem in Geld festgesetzten Preise; ist dieser geringer als der abzusetzende Betrag, so hat der Verkäufer den überschießenden Betrag dem Käufer zu vergüten.

474. Sind auf der einen oder der anderen Seite Mehrere betheiligt, so kann von jedem und gegen jeden Minderung verlangt werden.

Mit der Vollziehung der von einem der Käufer verlangten Minderung ist die Wandelung ausgeschlossen.

475. Durch die wegen eines Mangels erfolgte Minderung wird das Recht des Käufers, wegen eines anderen Mangels Wandelung oder von neuem Minderung zu verlangen, nicht ausgeschlossen.

476. Eine Vereinbarung, durch welche die Verpflichtung des Verkäufers zur Gewährleistung wegen Mängel der Sache erlassen oder beschränkt wird, ist nichtig, wenn der Verkäufer den Mangel arglistig verschweigt.

477. Der Anspruch auf Wandelung oder auf Minderung sowie der Anspruch auf Schadensersatz wegen Mangels einer zugesicherten Eigenschaft verjährt, sofern nicht der Verkäufer den Mangel arglistig verschwiegen hat, bei beweglichen Sachen in sechs Monaten von der Ablieferung, bei Grundstücken in einem Jahre von der Uebergabe an. Die Verjährungsfrist kann durch Vertrag verlängert werden.

Beantragt der Käufer gerichtliche Beweisaufnahme zur Sicherung des Beweises,[94] so wird die Verjährung unterbrochen. Die Unterbrechung dauert bis zur Beendigung des Verfahrens fort. Die Vorschriften des § 211 Abs. 2 und des § 212 finden entsprechende Anwendung.

Die Hemmung oder Unterbrechung der Verjährung eines der im Abs. 1 bezeichneten Ansprüche bewirkt auch die Hemmung oder Unterbrechung der Verjährung der anderen Ansprüche.

478.[95] Hat der Käufer den Mangel dem Verkäufer angezeigt oder die Anzeige an ihn abgesendet, bevor der Anspruch auf Wandelung oder auf Minderung verjährt war, so kann er auch nach der Vollendung der Verjährung die Zahlung des Kaufpreises insoweit verweigern, als er auf Grund der Wandelung oder der Minderung dazu berechtigt sein würde. Das Gleiche gilt, wenn der Käufer vor der Vollendung der Verjährung gerichtliche Beweisaufnahme zur Sicherung des Beweises beantragt oder in einem zwischen ihm und einem späteren Erwerber der Sache wegen des Mangels anhängigen Rechtsstreite dem Verkäufer den Streit verkündet hat.[96]

Hat der Verkäufer den Mangel arglistig verschwiegen, so bedarf es der Anzeige oder einer ihr nach Abs. 1 gleichstehenden Handlung nicht.[97]

479. Der Anspruch auf Schadensersatz kann nach der Vollendung der Verjährung nur aufgerechnet werden, wenn der Käufer vorher eine der im § 478 bezeichneten Handlungen vorgenommen hat. Diese Beschränkung tritt nicht ein, wenn der Verkäufer den Mangel arglistig verschwiegen hat.

480. Der Käufer einer nur der Gattung nach bestimmten Sache[98] kann statt der Wandelung oder der Minderung verlangen, daß ihm an Stelle der mangelhaften Sache eine mangelfreie geliefert wird. Auf diesen Anspruch finden die für die Wandelung geltenden Vorschriften der §§ 464 bis 466, des § 467 Satz 1 und der §§ 469, 470, 474 bis 479 entsprechende Anwendung.

Fehlt der Sache zu der Zeit, zu welcher die Gefahr auf den Käufer übergeht, eine zugesicherte Eigenschaft oder hat der Verkäufer einen Fehler arglistig verschwiegen, so kann der Käufer statt der Wandelung, der Minderung oder der Lieferung einer mangelfreien Sache Schadensersatz wegen Nichterfüllung verlangen.

481. Für den Verkauf von Pferden, Eseln, Mauleseln und Maulthieren, von Rindvieh, Schafen und Schweinen gelten die Vorschriften der §§ 459 bis 467, 469 bis 480 nur insoweit, als sich nicht aus den §§ 482 bis 492 ein Anderes ergiebt.[99]

482. Der Verkäufer hat nur bestimmte Fehler (Hauptmängel) und diese nur dann zu vertreten, wenn sie sich innerhalb bestimmter Fristen (Gewährfristen) zeigen.

Die Hauptmängel und die Gewährfristen werden durch eine mit Zustimmung des Bundesraths zu erlassende Kaiserliche Verordnung bestimmt.[100] Die Bestimmung kann auf demselben Wege ergänzt und abgeändert werden.

483. Die Gewährfrist beginnt mit dem Ablaufe des Tages, an welchem die Gefahr auf den Käufer übergeht.

484. Zeigt sich ein Hauptmangel innerhalb der Gewährfrist, so wird vermuthet,[101] daß der Mangel schon zu der Zeit vorhanden gewesen sei, zu welcher die Gefahr auf den Käufer übergegangen ist.

485. Der Käufer verliert die ihm wegen des Mangels zustehenden Rechte, wenn er nicht spätestens zwei Tage nach dem Ablaufe der Gewährfrist oder, falls das Thier vor dem Ablaufe der Frist getödtet worden oder sonst verendet ist, nach dem Tode des Thieres den Mangel dem Verkäufer anzeigt oder die Anzeige an ihn absendet oder wegen des Mangels Klage gegen den Verkäufer erhebt oder diesem den Streit verkündet[102] oder gerichtliche Beweisaufnahme zur Sicherung des Beweises[103] beantragt. Der Rechtsverlust tritt nicht ein, wenn der Verkäufer den Mangel arglistig verschwiegen hat.

486. Die Gewährfrist kann durch Vertrag verlängert oder abgekürzt werden. Die vereinbarte Frist tritt an die Stelle der gesetzlichen Frist.

487. Der Käufer kann nur Wandelung, nicht Minderung verlangen.

Die Wandelung kann auch in den Fällen der §§ 351 bis 353, insbesondere wenn das Thier

94. §§ 485 ff. CPO.
95. §§ 485 ff. CPO.
96. §§ 72 ff. CPO.
97. Entsprechend § 377 Abs. 5 HGB.
98. § 378 HGB.
99. Vgl. § 382 HGB.
100. Vgl. V. v. 27. März 1899. RGBl S. 219.
101. § 292 CPO.
102. §§ 72 ff. CPO.
103. §§ 485 ff. CPO.

geschlachtet ist, verlangt werden; an Stelle der Rückgewähr hat der Käufer den Werth des Thieres zu vergüten. Das Gleiche gilt in anderen Fällen, in denen der Käufer in Folge eines Umstandes, den er zu vertreten hat, insbesondere einer Verfügung über das Thier, außer Stande ist, das Thier zurückzugewähren.

Ist vor der Vollziehung der Wandelung eine unwesentliche Verschlechterung des Thieres in Folge eines von dem Käufer zu vertretenden Umstandes eingetreten, so hat der Käufer die Werthminderung zu vergüten.

Nutzungen hat der Käufer nur insoweit zu ersetzen, als er sie gezogen hat.

488. Der Verkäufer hat im Falle der Wandelung dem Käufer auch die Kosten der Fütterung und Pflege, die Kosten der thierärztlichen Untersuchung und Behandlung sowie die Kosten der nothwendig gewordenen Tödtung und Wegschaffung des Thieres zu ersetzen.

489. Ist über den Anspruch auf Wandelung ein Rechtsstreit anhängig, so ist auf Antrag der einen oder der anderen Partei die öffentliche Versteigerung des Thieres und die Hinterlegung des Erlöses durch einstweilige Verfügung [104] anzuordnen, sobald die Besichtigung des Thieres nicht mehr erforderlich ist.

490. Der Anspruch auf Wandelung sowie der Anspruch auf Schadensersatz wegen eines Hauptmangels, dessen Nichtvorhandensein der Verkäufer zugesichert hat, verjährt in sechs Wochen von dem Ende der Gewährfrist an. Im Uebrigen bleiben die Vorschriften des § 477 unberührt.

An die Stelle der in den §§ 210, 212, 215 bestimmten Fristen tritt eine Frist von sechs Wochen.

Der Käufer kann auch nach der Verjährung des Anspruchs auf Wandelung die Zahlung des Kaufpreises verweigern. Die Aufrechnung des Anspruchs auf Schadensersatz unterliegt nicht der im § 479 bestimmten Beschränkung.

491. Der Käufer eines nur der Gattung nach bestimmten Thieres kann statt der Wandelung verlangen, daß ihm an Stelle des mangelhaften Thieres ein mangelfreies geliefert wird. Auf diesen Anspruch finden die Vorschriften der §§ 488 bis 490 entsprechende Anwendung.

492. Uebernimmt der Verkäufer die Gewährleistung wegen eines nicht zu den Hauptmängeln gehörenden Fehlers oder sichert er eine Eigenschaft des Thieres zu, so finden die Vorschriften der §§ 487 bis 491 und, wenn eine Gewährfrist vereinbart wird, auch die Vorschriften der §§ 483 bis 485 entsprechende Anwendung. Die im § 490 bestimmte Verjährung beginnt, wenn eine Gewährfrist nicht vereinbart wird, mit der Ablieferung des Thieres.

104. Vgl. § 16³ EG z. CPO.

493. Die Vorschriften über die Verpflichtung des Verkäufers zur Gewährleistung wegen Mängel der Sache finden auf andere Verträge, die auf Veräußerung oder Belastung einer Sache gegen Entgelt gerichtet sind, entsprechende Anwendung.

III. Besondere Arten des Kaufes.

1. Kauf nach Probe. Kauf auf Probe.

494. Bei einem Kaufe nach Probe oder nach Muster sind die Eigenschaften der Probe oder des Musters als zugesichert anzusehen.[105]

495. Bei einem Kaufe auf Probe oder auf Besicht steht die Billigung des gekauften Gegenstandes im Belieben des Käufers. Der Kauf ist im Zweifel unter der aufschiebenden Bedingung der Billigung geschlossen.

Der Verkäufer ist verpflichtet, dem Käufer die Untersuchung des Gegenstandes zu gestatten.

496. Die Billigung eines auf Probe oder auf Besicht gekauften Gegenstandes kann nur innerhalb der vereinbarten Frist und in Ermangelung einer solchen nur bis zum Ablauf einer dem Käufer von dem Verkäufer bestimmten angemessenen Frist erklärt werden. War die Sache dem Käufer zum Zwecke der Probe oder der Besichtigung übergeben, so gilt sein Schweigen als Billigung.

2. Wiederkauf.[106]

497. Hat sich der Verkäufer in dem Kaufvertrage das Recht des Wiederkaufs vorbehalten, so kommt der Wiederkauf mit der Erklärung des Verkäufers gegenüber dem Käufer, daß er das Wiederkaufsrecht ausübe, zu Stande. Die Erklärung bedarf nicht der für den Kaufvertrag bestimmten Form.

Der Preis, zu welchem verkauft worden ist, gilt im Zweifel auch für den Wiederkauf.

498. Der Wiederverkäufer ist verpflichtet, dem Wiederkäufer den gekauften Gegenstand nebst Zubehör herauszugeben.

Hat der Wiederverkäufer vor der Ausübung des Wiederkaufsrechts eine Verschlechterung, den Untergang oder eine aus einem anderen Grunde eingetretene Unmöglichkeit der Herausgabe des gekauften Gegenstandes verschuldet oder den Gegenstand wesentlich verändert, so ist er für den daraus entstehenden Schaden verantwortlich. Ist der Gegenstand ohne Verschulden des Wiederverkäufers verschlechtert oder ist er nur unwesentlich verändert, so kann der Wiederkäufer Minderung des Kaufpreises nicht verlangen.

499. Hat der Wiederverkäufer vor der Ausübung des Wiederkaufsrechts über den gekauften Gegenstand verfügt, so ist er verpflichtet, die dadurch begründeten Rechte Dritter zu beseitigen. Einer Verfügung des Wiederverkäufers steht eine

105. Vgl. hierzu § 96 HGB.
106. Vgl. §§ 34 Abs. 2, 38 GewO und Art. 94 EG.

Verfügung gleich, die im Wege der Zwangsvollstreckung oder der Arrestvollziehung oder durch den Konkursverwalter erfolgt.

500. Der Wiederverkäufer kann für Verwendungen, die er auf den gekauften Gegenstand vor dem Wiederkaufe gemacht hat, insoweit Ersatz verlangen, als der Werth des Gegenstandes durch die Verwendungen erhöht ist. Eine Einrichtung, mit der er die herauszugebende Sache versehen hat, kann er wegnehmen.

501. Ist als Wiederkaufspreis der Schätzungswerth vereinbart, den der gekaufte Gegenstand zur Zeit des Wiederkaufs hat, so ist der Wiederverkäufer für eine Verschlechterung, den Untergang oder die aus einem anderen Grunde eingetretene Unmöglichkeit der Herausgabe des Gegenstandes nicht verantwortlich, der Wiederkäufer zum Ersatze von Verwendungen nicht verpflichtet.

502. Steht das Wiederkaufsrecht Mehreren gemeinschaftlich zu, so kann es nur im Ganzen ausgeübt werden. Ist es für einen der Berechtigten erloschen oder übt einer von ihnen sein Recht nicht aus, so sind die übrigen berechtigt, das Wiederkaufsrecht im Ganzen auszuüben.

503. Das Wiederkaufsrecht kann bei Grundstücken nur bis zum Ablaufe von dreißig, bei anderen Gegenständen nur bis zum Ablaufe von drei Jahren nach der Vereinbarung des Vorbehalts ausgeübt werden. Ist für die Ausübung eine Frist bestimmt, so tritt diese an die Stelle der gesetzlichen Frist.

3. Vorkauf.[107]

504. Wer in Ansehung eines Gegenstandes zum Vorkaufe berechtigt ist, kann das Vorkaufsrecht ausüben, sobald der Verpflichtete mit einem Dritten einen Kaufvertrag über den Gegenstand geschlossen hat.

505. Die Ausübung des Vorkaufsrechts erfolgt durch Erklärung gegenüber dem Verpflichteten. Die Erklärung bedarf nicht der für den Kaufvertrag bestimmten Form.

Mit der Ausübung des Vorkaufsrechts kommt der Kauf zwischen dem Berechtigten und dem Verpflichteten unter den Bestimmungen zu Stande, welche der Verpflichtete mit dem Dritten vereinbart hat.

506. Eine Vereinbarung des Verpflichteten mit dem Dritten, durch welche der Kauf von der Nichtausübung des Vorkaufsrechts abhängig gemacht oder dem Verpflichteten für den Fall der Ausübung des Vorkaufsrechts der Rücktritt vorbehalten wird, ist dem Vorkaufsberechtigten gegenüber unwirksam.

507. Hat sich der Dritte in dem Vertrage zu einer Nebenleistung verpflichtet, die der Vorkaufsberechtigte zu bewirken außer Stande ist, so hat der Vorkaufsberechtigte statt der Nebenleistung ihren Werth zu entrichten. Läßt sich die Nebenleistung nicht in Geld schätzen, so ist die Ausübung des Vorkaufsrechts ausgeschlossen; die Vereinbarung der Nebenleistung kommt jedoch nicht in Betracht, wenn der Vertrag mit dem Dritten auch ohne sie geschlossen sein würde.

508. Hat der Dritte den Gegenstand, auf den sich das Vorkaufsrecht bezieht, mit anderen Gegenständen zu einem Gesammtpreise gekauft, so hat der Vorkaufsberechtigte einen verhältnißmäßigen Theil des Gesammtpreises zu entrichten. Der Verpflichtete kann verlangen, daß der Vorkauf auf alle Sachen erstreckt wird, die nicht ohne Nachtheil für ihn getrennt werden können.

509. Ist dem Dritten in dem Vertrage der Kaufpreis gestundet worden, so kann der Vorkaufsberechtigte die Stundung nur in Anspruch nehmen, wenn er für den gestundeten Betrag Sicherheit leistet.

Ist ein Grundstück Gegenstand des Vorkaufs, so bedarf es der Sicherheitsleistung insoweit nicht, als für den gestundeten Kaufpreis die Bestellung einer Hypothek an dem Grundstücke vereinbart oder in Anrechnung auf den Kaufpreis eine Schuld, für die eine Hypothek an dem Grundstücke besteht, übernommen worden ist.

510. Der Verpflichtete hat dem Vorkaufsberechtigten den Inhalt des mit dem Dritten geschlossenen Vertrags unverzüglich mitzutheilen. Die Mittheilung des Verpflichteten wird durch die Mittheilung des Dritten ersetzt.

Das Vorkaufsrecht kann bei Grundstücken nur bis zum Ablaufe von zwei Monaten, bei anderen Gegenständen nur bis zum Ablauf einer Woche nach dem Empfange der Mittheilung ausgeübt werden. Ist für die Ausübung eine Frist bestimmt, so tritt diese an die Stelle der gesetzlichen Frist.

511. Das Vorkaufsrecht erstreckt sich im Zweifel nicht auf einen Verkauf, der mit Rücksicht auf ein künftiges Erbrecht an einen gesetzlichen Erben erfolgt.

512. Das Vorkaufsrecht ist ausgeschlossen, wenn der Verkauf im Wege der Zwangsvollstreckung oder durch den Konkursverwalter erfolgt.

513. Steht das Vorkaufsrecht Mehreren gemeinschaftlich zu, so kann es nur im Ganzen ausgeübt werden. Ist es für einen der Berechtigten erloschen oder übt einer von ihnen sein Recht nicht aus, so sind die übrigen berechtigt, das Vorkaufsrecht im Ganzen auszuüben.

514. Das Vorkaufsrecht ist nicht übertragbar und geht nicht auf die Erben des Berechtigten

---

107. Das hier behandelte Vorkaufsrecht begründet nur ein obligator. Rechtsverhältniß, hat keine dingliche Wirkung (wie das §§ 1094 ff. BGB behandelte). Von landesgesetzlichen Vorkaufsrechten mit gleicher Wirkung sind zu erwähnen: Art. 19 G. v. 21. Mai 1836 (Artt. 35 ff. der Vizinalwegordnung v. 21. Juli 1854); Artt. 60, 62 G. v. 3. Mai 1841; Art. 3 G. v. 24. Mai 1842; § 35 des Wassergesetzes v. 2. Juli 1891. Diese Bestimmungen bleiben in Kraft: Art. 60—62 Gesetzes vom 3. Mai 1841 auf Grund des Art. 109 EG, die übrigen Bestimmungen, weil sie öffentlich-rechtlicher Natur sind.

über, sofern nicht ein Anderes bestimmt ist. Ist das Recht auf eine bestimmte Zeit beschränkt, so ist es im Zweifel vererblich.

IV. Tausch.

515. Auf den Tausch finden die Vorschriften über den Kauf entsprechende Anwendung.

Zweiter Titel. Schenkung.

516. Eine Zuwendung, durch die Jemand aus seinem Vermögen einen Anderen bereichert, ist Schenkung, wenn beide Theile darüber einig sind, daß die Zuwendung unentgeltlich erfolgt.

Ist die Zuwendung ohne den Willen des Anderen erfolgt, so kann ihn der Zuwendende unter Bestimmung einer angemessenen Frist zur Erklärung über die Annahme auffordern. Nach dem Ablaufe der Frist gilt die Schenkung als angenommen, wenn nicht der Andere sie vorher abgelehnt hat. Im Falle der Ablehnung kann die Herausgabe des Zugewendeten nach den Vorschriften über die Herausgabe einer ungerechtfertigten Bereicherung gefordert werden.

517. Eine Schenkung liegt nicht vor, wenn Jemand zum Vortheil eines Anderen einen Vermögenserwerb unterläßt oder auf ein angefallenes, noch nicht endgültig erworbenes Recht verzichtet oder eine Erbschaft oder ein Vermächtniß ausschlägt.

518. Zur Gültigkeit eines Vertrags, durch den eine Leistung schenkweise versprochen wird, ist die gerichtliche oder notarielle Beurkundung[108] des Versprechens erforderlich. Das Gleiche gilt, wenn ein Schuldversprechen oder ein Schuldanerkenntniß der in den §§ 780, 781 bezeichneten Art schenkweise ertheilt wird, von dem Versprechen oder der Anerkennungserklärung.

Der Mangel der Form wird durch die Bewirkung der versprochenen Leistung geheilt.

519. Der Schenker ist berechtigt, die Erfüllung eines schenkweise ertheilten Versprechens zu verweigern, soweit er bei Berücksichtigung seiner sonstigen Verpflichtungen außer Stande ist, das Versprechen zu erfüllen, ohne daß sein standesmäßiger Unterhalt oder die Erfüllung der ihm kraft Gesetzes obliegenden Unterhaltspflichten gefährdet wird.

Treffen die Ansprüche mehrerer Beschenkten zusammen, so geht der früher entstandene Anspruch vor.

520. Verspricht der Schenker eine in wiederkehrenden Leistungen bestehende Unterstützung, so erlischt die Verbindlichkeit mit seinem Tode, sofern nicht aus dem Versprechen sich ein Anderes ergiebt.

521. Der Schenker hat nur Vorsatz und grobe Fahrlässigkeit zu vertreten.

108. In Elf.-Lothr. ist die notarielle Beurkundung allein zulässig nach Art. 141 EG, § 44 AG z. FrG.

522. Zur Entrichtung von Verzugszinsen ist der Schenker nicht verpflichtet.

523. Verschweigt der Schenker arglistig einen Mangel im Rechte, so ist er verpflichtet, dem Beschenkten den daraus entstehenden Schaden zu ersetzen.

Hatte der Schenker die Leistung eines Gegenstandes versprochen, den er erst erwerben sollte, so kann der Beschenkte wegen eines Mangels im Rechte Schadensersatz wegen Nichterfüllung verlangen, wenn der Mangel dem Schenker bei dem Erwerbe der Sache bekannt gewesen oder in Folge grober Fahrlässigkeit unbekannt geblieben ist. Die für die Gewährleistungspflicht des Verkäufers geltenden Vorschriften des § 433 Abs. 1, der §§ 434 bis 437, des § 440 Abs. 2 bis 4 und der §§ 441 bis 444 finden entsprechende Anwendung.

524. Verschweigt der Schenker arglistig einen Fehler der verschenkten Sache, so ist er verpflichtet, dem Beschenkten den daraus entstehenden Schaden zu ersetzen.

Hatte der Schenker die Leistung einer nur der Gattung nach bestimmten Sache versprochen, die er erst erwerben sollte, so kann der Beschenkte, wenn die geleistete Sache fehlerhaft und der Mangel dem Schenker bei dem Erwerbe der Sache bekannt gewesen oder in Folge grober Fahrlässigkeit unbekannt geblieben ist, verlangen, daß ihm an Stelle der fehlerhaften Sache eine fehlerfreie geliefert wird. Hat der Schenker den Fehler arglistig verschwiegen, so kann der Beschenkte statt der Lieferung einer fehlerfreien Sache Schadensersatz wegen Nichterfüllung verlangen. Auf diese Ansprüche finden die für die Gewährleistung wegen Fehler einer verkauften Sache geltenden Vorschriften entsprechende Anwendung.

525. Wer eine Schenkung unter einer Auflage macht, kann die Vollziehung der Auflage verlangen, wenn er seinerseits geleistet hat.

Liegt die Vollziehung der Auflage im öffentlichen Interesse, so kann nach dem Tode des Schenkers auch die zuständige Behörde die Vollziehung verlangen.

526. Soweit in Folge eines Mangels im Rechte oder eines Mangels der verschenkten Sache der Werth der Zuwendung die Höhe der zur Vollziehung der Auflage erforderlichen Aufwendungen nicht erreicht, ist der Beschenkte berechtigt, die Vollziehung der Auflage zu verweigern, bis der durch den Mangel entstandene Fehlbetrag ausgeglichen wird. Vollzieht der Beschenkte die Auflage ohne Kenntniß des Mangels, so kann er von dem Schenker Ersatz der durch die Vollziehung verursachten Aufwendungen insoweit verlangen, als sie in Folge des Mangels den Werth der Zuwendung übersteigen.

527. Unterbleibt die Vollziehung der Auflage,

so kann der Schenker die Herausgabe des Geschenkes unter den für das Rücktrittsrecht bei gegenseitigen Verträgen bestimmten Voraussetzungen nach den Vorschriften über die Herausgabe einer ungerechtfertigten Bereicherung insoweit fordern, als das Geschenk zur Vollziehung der Auflage hätte verwendet werden müssen.

Der Anspruch ist ausgeschlossen, wenn ein Dritter berechtigt ist, die Vollziehung der Auflage zu verlangen.

528. Soweit der Schenker nach der Vollziehung der Schenkung[109] außer Stande ist, seinen standesmäßigen Unterhalt zu bestreiten und die ihm seine Verwandten, seinem Ehegatten oder seinem früheren Ehegatten gegenüber gesetzlich obliegende Unterhaltspflicht zu erfüllen, kann er von dem Beschenkten die Herausgabe des Geschenkes nach den Vorschriften über die Herausgabe einer ungerechtfertigten Bereicherung fordern. Der Beschenkte kann die Herausgabe durch Zahlung des für den Unterhalt erforderlichen Betrags abwenden. Auf die Verpflichtung des Beschenkten finden die Vorschriften des § 760 sowie für die Unterhaltspflicht der Verwandten geltende Vorschrift des § 1613 und im Falle des Todes des Schenkers auch die Vorschriften des § 1615 entsprechende Anwendung.

Unter mehreren Beschenkten haftet der früher Beschenkte nur insoweit, als der später Beschenkte nicht verpflichtet ist.[110]

529. Der Anspruch auf Herausgabe des Geschenkes ist ausgeschlossen, wenn der Schenker seine Bedürftigkeit vorsätzlich oder durch grobe Fahrlässigkeit herbeigeführt hat, oder wenn zur Zeit des Eintritts seiner Bedürftigkeit seit der Leistung des geschenkten Gegenstandes zehn Jahre verstrichen sind.

Das Gleiche gilt, soweit der Beschenkte bei Berücksichtigung seiner sonstigen Verpflichtungen außer Stande ist, das Geschenk herauszugeben, ohne daß sein standesmäßiger Unterhalt oder die Erfüllung der ihm kraft Gesetzes obliegenden Unterhaltspflichten gefährdet wird.

530. Eine Schenkung kann widerrufen werden, wenn sich der Beschenkte durch eine schwere Verfehlung gegen den Schenker oder einen nahen Angehörigen des Schenkers groben Undankes schuldig macht.

Dem Erben des Schenkers steht das Recht des Widerrufs nur zu, wenn der Beschenkte vorsätzlich und widerrechtlich den Schenker getödtet oder am Widerrufe gehindert hat.[111]

531. Der Widerruf erfolgt durch Erklärung gegenüber dem Beschenkten.

Ist die Schenkung widerrufen, so kann die Herausgabe des Geschenkes nach den Vorschriften über die Herausgabe einer ungerechtfertigten Bereicherung gefordert werden.

532. Der Widerruf ist ausgeschlossen, wenn der Schenker dem Beschenkten verziehen hat oder wenn seit dem Zeitpunkt, in welchem der Widerrufsberechtigte von dem Eintritte der Voraussetzungen seines Rechtes Kenntniß erlangt hat, ein Jahr verstrichen ist. Nach dem Tode des Beschenkten ist der Widerruf nicht mehr zulässig.

533. Auf das Widerrufsrecht kann erst verzichtet werden, wenn der Undank dem Widerrufsberechtigten bekannt geworden ist.

534. Schenkungen, durch die einer sittlichen Pflicht oder einer auf den Anstand zu nehmenden Rücksicht entsprochen wird, unterliegen nicht der Rückforderung und dem Widerrufe.

Dritter Titel. Miethe.[112] Pacht.

I. Miethe.

535. Durch den Miethvertrag wird der Vermiether verpflichtet, dem Miether den Gebrauch der vermietheten Sache während der Miethzeit zu gewähren. Der Miether ist verpflichtet, dem Vermiether den vereinbarten Miethzins zu entrichten.

536. Der Vermiether hat die vermiethete Sache dem Miether in einem zu dem vertragsmäßigen Gebrauche geeigneten Zustande zu überlassen und sie während der Miethzeit in diesem Zustande zu erhalten.[113]

537. Ist die vermiethete Sache zur Zeit der Ueberlassung an den Miether mit einem Fehler behaftet, der ihre Tauglichkeit zu dem vertragsmäßigen Gebrauch aufhebt oder mindert, oder entsteht im Laufe der Miethe ein solcher Fehler, so ist der Miether für die Zeit, während deren die Tauglichkeit aufgehoben ist, von der Entrichtung des Miethzinses befreit, für die Zeit, während deren die Tauglichkeit gemindert ist, nur zur Entrichtung eines nach den §§ 472, 473 zu bemessenden Theiles des Miethzinses verpflichtet.

Das Gleiche gilt, wenn eine zugesicherte Eigenschaft fehlt oder später wegfällt. Bei der Vermiethung eines Grundstücks steht die Zusicherung einer bestimmten Größe der Zusicherung einer Eigenschaft gleich.

538. Ist ein Mangel der im § 537 bezeichneten Art bei dem Abschlusse des Vertrags vorhanden oder entsteht ein solcher Mangel später in Folge eines

109. Aus dem EG kommt in Betracht Art. 87.

110. Vgl. § 852 Abs. 2 CPO.

111. Bezüglich der Anfechtung von Schenkungen innerhalb des Konkurses vergl. § 32 Nr. 1 KO, und außerhalb desselben § 3 Nr. 3 Ges. betr. die Anfechtung von Rechtshandlungen eines Schuldners außerhalb des Konkursverfahrens v. 21. Juli 1879.

112. Auf die Miethe bezügliche Bestimmungen des EG: Art. 69 bezüglich der gesetzlichen Vorschrift über die Verpachtung der Jagd und der Fischerei und Art. 93. Uebergangsvorschriften enthalten die Artt. 171, 172, 179, 188^2.

113. Vgl. § 23^2 GVG.

Umstandes, den der Vermiether zu vertreten hat, oder kommt der Vermiether mit der Beseitigung eines Mangels in Verzug, so kann der Miether, statt die im § 537 bestimmten Rechte geltend zu machen, Schadensersatz wegen Nichterfüllung verlangen.

Im Falle des Verzugs des Vermiethers kann der Miether den Mangel selbst beseitigen und Ersatz der erforderlichen Aufwendungen verlangen.

539. Kennt der Miether bei dem Abschlusse des Vertrags den Mangel der gemietheten Sache, so stehen ihm die in den §§ 537, 538 bestimmten Rechte nicht zu. Ist dem Miether ein Mangel der im § 537 Abs. 1 bezeichneten Art in Folge grober Fahrlässigkeit unbekannt geblieben oder nimmt er eine mangelhafte Sache an, obschon er den Mangel kennt, so kann er diese Rechte nur unter den Voraussetzungen geltend machen, unter welchen dem Käufer einer mangelhaften Sache nach den §§ 460, 464 Gewähr zu leisten ist.

540. Eine Vereinbarung, durch welche die Verpflichtung des Vermiethers zur Vertretung von Mängeln der vermietheten Sache erlassen oder beschränkt wird, ist nichtig, wenn der Vermiether den Mangel arglistig verschweigt.

541. Wird durch das Recht eines Dritten dem Miether der vertragsmäßige Gebrauch der gemietheten Sache ganz oder zum Theil entzogen, so finden die Vorschriften der §§ 537, 538, des § 539 Satz 1 und des § 540 entsprechende Anwendung.

542. Wird dem Miether der vertragsmäßige Gebrauch der gemietheten Sache ganz oder zum Theil nicht rechtzeitig gewährt oder wieder entzogen, so kann der Miether ohne Einhaltung einer Kündigungsfrist das Miethverhältniß kündigen. Die Kündigung ist erst zulässig, wenn der Vermiether eine ihm von dem Miether bestimmte angemessene Frist hat verstreichen lassen, ohne Abhülfe zu schaffen. Der Bestimmung einer Frist bedarf es nicht, wenn die Erfüllung des Vertrags in Folge des die Kündigung rechtfertigenden Umstandes für den Miether kein Interesse hat.[114]

Wegen einer unerheblichen Hinderung oder Vorenthaltung des Gebrauchs ist die Kündigung nur zulässig, wenn sie durch ein besonderes Interesse des Miethers gerechtfertigt wird.

Bestreitet der Vermiether die Zulässigkeit der erfolgten Kündigung, weil er den Gebrauch der Sache rechtzeitig gewährt oder vor dem Ablaufe der Frist die Abhülfe bewirkt habe, so trifft ihn die Beweislast.

543. Auf das dem Miether nach § 542 zustehende Kündigungsrecht finden die Vorschriften der §§ 539 bis 541 sowie die für die Wandelung bei dem Kaufe geltenden Vorschriften der §§ 469 bis 471 entsprechende Anwendung.

114. Vgl. § 255 CPO.

Ist der Miethzins für eine spätere Zeit im voraus entrichtet, so hat ihn der Vermiether nach Maßgabe des § 347 oder, wenn die Kündigung wegen eines Umstandes erfolgt, den er nicht zu vertreten hat, nach den Vorschriften über die Herausgabe einer ungerechtfertigten Bereicherung zurückzuerstatten.

544. Ist eine Wohnung oder ein anderer zum Aufenthalte von Menschen bestimmter Raum so beschaffen, daß die Benutzung mit einer erheblichen Gefährdung der Gesundheit verbunden ist, so kann der Miether das Miethverhältniß ohne Einhaltung einer Kündigungsfrist kündigen, auch wenn er die gefahrbringende Beschaffenheit bei dem Abschlusse des Vertrags gekannt oder auf die Geltendmachung der ihm wegen dieser Beschaffenheit zustehenden Rechte verzichtet hat.[115]

545. Zeigt sich im Laufe der Miethe ein Mangel der gemietheten Sache oder wird eine Vorkehrung zum Schutze der Sache gegen eine nicht vorhergesehene Gefahr erforderlich, so hat der Miether dem Vermiether unverzüglich Anzeige zu machen. Das Gleiche gilt, wenn sich ein Dritter ein Recht an der Sache anmaßt.

Unterläßt der Miether die Anzeige, so ist er zum Ersatze des daraus entstehenden Schadens verpflichtet; er ist, soweit der Vermiether in Folge der Unterlassung der Anzeige Abhülfe zu schaffen außer Stande war, nicht berechtigt, die im § 537 bestimmten Rechte geltend zu machen oder nach § 542 Abs. 1 Satz 3 ohne Bestimmung einer Frist zu kündigen oder Schadensersatz wegen Nichterfüllung zu verlangen.

546. Die auf der vermietheten Sache ruhenden Lasten hat der Vermiether zu tragen.

547. Der Vermiether ist verpflichtet, dem Miether die auf die Sache gemachten nothwendigen Verwendungen zu ersetzen. Der Miether eines Thieres hat jedoch die Fütterungskosten zu tragen.

Die Verpflichtung des Vermiethers zum Ersatze sonstiger Verwendungen bestimmt sich nach den Vorschriften über die Geschäftsführung ohne Auftrag. Der Miether ist berechtigt, eine Einrichtung, mit der er die Sache versehen hat, wegzunehmen.

548. Veränderungen oder Verschlechterungen der gemietheten Sache, die durch den vertragsmäßigen Gebrauch herbeigeführt werden, hat der Miether nicht zu vertreten.

549. Der Miether ist ohne die Erlaubniß des Vermiethers nicht berechtigt, den Gebrauch der gemietheten Sache einem Dritten zu überlassen, insbesondere die Sache weiter zu vermiethen. Verweigert der Vermiether die Erlaubniß, so kann der Miether das Miethverhältniß unter Einhaltung der gesetzlichen Frist kündigen, sofern nicht in der Person des Dritten ein wichtiger Grund vorliegt.

115. Vgl. hierzu die Bestimmung des Art. 11 G. v. 13. April 1850.

Ueberläßt der Miether den Gebrauch einem Dritten, so hat er ein dem Dritten bei dem Gebrauche zur Last fallendes Verschulden zu vertreten, auch wenn der Vermiether die Erlaubniß zur Ueberlassung ertheilt hat.[116]

550. Macht der Miether von der gemietheten Sache einen vertragswidrigen Gebrauch und setzt er den Gebrauch ungeachtet einer Abmahnung des Vermiethers fort, so kann der Vermiether auf Unterlassung klagen.

551. Der Miethzins ist am Ende der Miethzeit zu entrichten. Ist der Miethzins nach Zeitabschnitten bemessen, so ist er nach dem Ablaufe der einzelnen Zeitabschnitte zu entrichten.

Der Miethzins für ein Grundstück[117] ist, sofern er nicht nach kürzeren Zeitabschnitten bemessen ist, nach dem Ablaufe je eines Kalendervierteljahrs am ersten Werktage des folgenden Monats zu entrichten.

552. Der Miether wird von der Entrichtung des Miethzinses nicht dadurch befreit, daß er durch einen in seiner Person liegenden Grund an der Ausübung des ihm zustehenden Gebrauchsrechts verhindert wird. Der Vermiether muß sich jedoch den Werth der ersparten Aufwendungen sowie derjenigen Vortheile anrechnen lassen, welche er aus einer anderweitigen Verwerthung des Gebrauchs erlangt. Solange der Vermiether in Folge der Ueberlassung des Gebrauchs an einen Dritten außer Stande ist, dem Miether den Gebrauch zu gewähren, ist der Miether zur Entrichtung des Miethzinses nicht verpflichtet.

553. Der Vermiether kann ohne Einhaltung einer Kündigungsfrist das Miethverhältniß kündigen, wenn der Miether oder derjenige, welchem der Miether den Gebrauch der gemietheten Sache überlassen hat, ungeachtet einer Abmahnung des Vermiethers einen vertragswidrigen Gebrauch der Sache fortsetzt, der die Rechte des Vermiethers in erheblichem Maße verletzt, insbesondere einem Dritten den ihm unbefugt überlassenen Gebrauch beläßt, oder die Sache durch Vernachlässigung der dem Miether obliegenden Sorgfalt erheblich gefährdet.

554. Der Vermiether kann ohne Einhaltung einer Kündigungsfrist das Miethverhältniß kündigen, wenn der Miether für zwei auf einander folgende Termine mit der Entrichtung des Miethzinses oder eines Theiles des Miethzinses im Verzug ist. Die Kündigung ist ausgeschlossen, wenn der Miether den Vermiether befriedigt, bevor sie erfolgt.

Die Kündigung ist unwirksam, wenn sich der Miether von seiner Schuld durch Aufrechnung befreien konnte und unverzüglich nach der Kündigung die Aufrechnung erklärt.

555. Macht der Vermiether von dem ihm nach den §§ 553, 554 zustehenden Kündigungsrechte Gebrauch, so hat er den für eine spätere Zeit im voraus entrichteten Miethzins nach Maßgabe des § 347 zurückzuerstatten.

556. Der Miether ist verpflichtet, die gemiethete Sache nach der Beendigung des Miethverhältnisses zurückzugeben.

Dem Miether eines Grundstücks steht wegen seiner Ansprüche gegen den Vermiether ein Zurückbehaltungsrecht nicht zu.

Hat der Miether den Gebrauch der Sache einem Dritten überlassen, so kann der Vermiether die Sache nach der Beendigung des Miethverhältnisses auch von dem Dritten zurückfordern.[118]

557. Giebt der Miether die gemiethete Sache nach der Beendigung des Miethverhältnisses nicht zurück, so kann der Vermiether für die Dauer der Vorenthaltung als Entschädigung den vereinbarten Miethzins verlangen. Die Geltendmachung eines weiteren Schadens ist nicht ausgeschlossen.

558. Die Ersatzansprüche des Vermiethers wegen Veränderungen oder Verschlechterungen der vermietheten Sache sowie die Ansprüche des Miethers auf Ersatz von Verwendungen oder auf Gestattung der Wegnahme einer Einrichtung verjähren in sechs Monaten.

Die Verjährung der Ersatzansprüche des Vermiethers beginnt mit dem Zeitpunkt, in welchem er die Sache zurückerhält, die Verjährung der Ansprüche des Miethers beginnt mit der Beendigung des Miethverhältnisses.

Mit der Verjährung des Anspruchs des Vermiethers auf Rückgabe der Sache verjähren auch die Ersatzansprüche des Vermiethers.

559. Der Vermiether eines Grundstücks hat für seine Forderungen aus dem Miethverhältniß ein Pfandrecht[119] an den eingebrachten Sachen des Miethers. Für künftige Entschädigungsforderungen und für den Miethzins für eine spätere Zeit als das laufende und das folgende Miethjahr kann das Pfandrecht nicht geltend gemacht werden. Es erstreckt sich nicht auf die der Pfändung nicht unterworfenen Sachen.[120]

560. Das Pfandrecht des Vermiethers erlischt mit der Entfernung der Sachen von dem Grundstück, es sei denn, daß die Entfernung ohne Wissen oder unter Widerspruch des Vermiethers erfolgt. Der Vermiether kann der Entfernung nicht widersprechen, wenn sie im regelmäßigen Betriebe des Geschäfts des Miethers oder den gewöhnlichen Lebensverhältnissen entsprechend erfolgt oder wenn die zurückbleibenden Sachen zur Sicherung des Vermiethers offenbar ausreichen.

116. Ueber Pfändung des Pachtrechts vgl. § 851 CPO.
117. Vgl. § 580 unten.

118. Zuständig für alle derartigen Klagen ist nach § 23 Nr. 2 GVG das Amtsgericht; vgl. auch §§ 257, 709 Nr. 1 721 CPO.
119. Ueber dessen Wirkung im Konkurse vgl. § 49 Nr. 2 KO.
120. Vgl. § 811 CPO.

561. Der Vermiether darf die Entfernung der seinem Pfandrecht unterliegenden Sachen, soweit er ihr zu widersprechen berechtigt ist, auch ohne Anrufen des Gerichts verhindern und, wenn der Miether auszieht, die Sachen in seinen Besitz nehmen.

Sind die Sachen ohne Wissen oder unter Widerspruch des Vermiethers entfernt worden, so kann er die Herausgabe zum Zwecke der Zurückschaffung in das Grundstück und, wenn der Miether ausgezogen ist, die Ueberlassung des Besitzes verlangen. Das Pfandrecht erlischt mit dem Ablauf eines Monats, nachdem der Vermiether von der Entfernung der Sachen Kenntniß erlangt hat, wenn nicht der Vermiether diesen Anspruch vorher gerichtlich geltend gemacht hat.

562. Der Miether kann die Geltendmachung des Pfandrechts des Vermiethers durch Sicherheitsleistung abwenden; er kann jede einzelne Sache dadurch von dem Pfandrechte befreien, daß er in Höhe ihres Werthes Sicherheit leistet.

563. Wird eine dem Pfandrechte des Vermiethers unterliegende Sache für einen anderen Gläubiger gepfändet, so kann diesem gegenüber das Pfandrecht nicht wegen des Miethzinses für eine frühere Zeit als das letzte Jahr vor der Pfändung geltend gemacht werden.[121]

564. Das Miethverhältniß endigt mit dem Ablaufe der Zeit, für die es eingegangen ist.

Ist die Miethzeit nicht bestimmt, so kann jeder Theil das Miethverhältniß nach den Vorschriften des § 565 kündigen.

565. Bei Grundstücken ist die Kündigung nur für den Schluß eines Kalendervierteljahrs zulässig; sie hat spätestens am dritten Werktage des Vierteljahrs zu erfolgen. Ist der Miethzins nach Monaten bemessen, so ist die Kündigung nur für den Schluß eines Kalendermonats zulässig; sie hat spätestens am fünfzehnten des Monats zu erfolgen. Ist der Miethzins nach Wochen bemessen, so ist die Kündigung nur für den Schluß einer Kalenderwoche zulässig; sie hat spätestens am ersten Werktage der Woche zu erfolgen.

Bei beweglichen Sachen hat die Kündigung spätestens am dritten Tage vor dem Tage zu erfolgen, an welchem das Miethverhältniß endigen soll.

Ist der Miethzins für ein Grundstück oder für eine bewegliche Sache nach Tagen bemessen, so ist die Kündigung an jedem Tage für den folgenden Tag zulässig.

Die Vorschriften des Abs. 1 Satz 1, Abs. 2 gelten auch für die Fälle, in denen das Miethverhältniß unter Einhaltung der gesetzlichen Frist vorzeitig gekündigt werden kann.[122]

566. Ein Miethvertrag über ein Grundstück, der für längere Zeit als ein Jahr geschlossen wird, bedarf der schriftlichen Form. Wird die Form nicht beobachtet, so gilt der Vertrag als für unbestimmte Zeit geschlossen; die Kündigung ist jedoch nicht für eine frühere Zeit als für den Schluß des ersten Jahres zulässig.

567. Wird ein Miethvertrag für eine längere Zeit als dreißig Jahre geschlossen, so kann nach dreißig Jahren jeder Theil das Miethverhältniß unter Einhaltung der gesetzlichen Frist kündigen. Die Kündigung ist unzulässig, wenn der Vertrag für die Lebenszeit des Vermiethers oder des Miethers geschlossen ist.[123]

568. Wird nach dem Ablaufe der Miethzeit der Gebrauch der Sache von dem Miether fortgesetzt, so gilt das Miethverhältniß als auf unbestimmte Zeit verlängert, sofern nicht der Vermiether oder der Miether seinen entgegenstehenden Willen binnen einer Frist von zwei Wochen dem anderen Theile gegenüber erklärt. Die Frist beginnt für den Miether mit der Fortsetzung des Gebrauchs, für den Vermiether mit dem Zeitpunkt, in welchem er von der Fortsetzung Kenntniß erlangt.

569. Stirbt der Miether, so ist sowohl der Erbe als der Vermiether berechtigt, das Miethverhältniß unter Einhaltung der gesetzlichen Frist zu kündigen. Die Kündigung kann nur für den ersten Termin erfolgen, für den sie zulässig ist.

570. Militärpersonen, Beamte, Geistliche und Lehrer an öffentlichen Unterrichtsanstalten können im Falle der Versetzung nach einem anderen Orte das Miethverhältniß in Ansehung der Räume, welche sie für sich oder ihre Familie an dem bisherigen Garnison- oder Wohnorte gemiethet haben, unter Einhaltung der gesetzlichen Frist kündigen. Die Kündigung kann nur für den ersten Termin erfolgen, für den sie zulässig ist.

571. Wird das vermiethete Grundstück nach der Ueberlassung an den Miether von dem Vermiether an einen Dritten veräußert, so tritt der Erwerber an Stelle des Vermiethers in die sich während der Dauer seines Eigenthums aus dem Miethverhältniß ergebenden Rechte und Verpflichtungen ein.

Erfüllt der Erwerber die Verpflichtungen nicht, so haftet der Vermiether für den von dem Erwerber zu ersetzenden Schaden wie ein Bürge, der auf die Einrede der Vorausklage verzichtet hat. Erlangt der Miether von dem Uebergange des Eigenthums durch Mittheilung des Vermiethers Kenntniß, so wird der Vermiether von der Haftung befreit, wenn nicht der Miether das Miethverhältniß für den ersten Termin kündigt, für den die Kündigung zulässig ist.[124]

121. Gleiche Bestimmungen in § 49a KO.

122. §§ 549[1] Satz 2, 567, 569, 570 BGB; § 19 KO; § 57 Satz 2 ZVG.

123. Zu beachten ist indessen Art. 171 EG.

124. Ueber das Schicksal der Mieth- oder Pachtverträge in Fällen einer Zwangsversteigerung oder Zwangsverwaltung vgl. §§ 57, 59, 152 Abs. 2, 183 ZVG; vgl. auch § 21 Abs. 3 KO; Art. 172 EG.

572. Hat der Miether des veräußerten Grundstücks dem Vermiether für die Erfüllung seiner Verpflichtungen Sicherheit geleistet, so tritt der Erwerber in die dadurch begründeten Rechte ein. Zur Rückgewähr der Sicherheit ist er nur verpflichtet, wenn sie ihm ausgehändigt wird oder wenn er dem Vermiether gegenüber die Verpflichtung zur Rückgewähr übernimmt.

573. Eine Verfügung, die der Vermiether vor dem Uebergange des Eigenthums über den auf die Zeit der Berechtigung des Erwerbers entfallenden Miethzins getroffen hat, ist insoweit wirksam, als sie sich auf den Miethzins für das zur Zeit des Ueberganges des Eigenthums laufende und das folgende Kalendervierteljahr bezieht. Eine Verfügung über den Miethzins für eine spätere Zeit muß der Erwerber gegen sich gelten lassen, wenn er sie zur Zeit des Ueberganges des Eigenthums kennt.[125]

574. Ein Rechtsgeschäft, das zwischen dem Miether und dem Vermiether in Ansehung der Miethzinsforderung vorgenommen wird, insbesondere die Entrichtung des Miethzinses, ist dem Erwerber gegenüber wirksam, soweit es sich nicht auf den Miethzins für eine spätere Zeit als das Kalendervierteljahr, in welchem der Miether von dem Uebergange des Eigenthums Kenntniß erlangt, und das folgende Vierteljahr bezieht. Ein Rechtsgeschäft, das nach dem Uebergange des Eigenthums vorgenommen wird, ist jedoch unwirksam, wenn der Miether bei der Vornahme des Rechtsgeschäfts von dem Uebergange des Eigenthums Kenntniß hat.

575. Soweit die Entrichtung des Miethzinses an den Vermiether nach § 574 dem Erwerber gegenüber wirksam ist, kann der Miether gegen die Miethzinsforderung des Erwerbers eine ihm gegen den Vermiether zustehende Forderung aufrechnen. Die Aufrechnung ist ausgeschlossen, wenn der Miether die Gegenforderung erworben hat, nachdem er von dem Uebergange des Eigenthums Kenntniß erlangt hat, oder wenn die Gegenforderung erst nach der Erlangung der Kenntniß und später als der Miethzins fällig geworden ist.

576. Zeigt der Vermiether dem Miether an, daß er das Eigenthum an dem vermietheten Grundstück auf einen Dritten übertragen habe, so muß er in Ansehung der Miethzinsforderung die angezeigte Uebertragung dem Miether gegenüber gegen sich gelten lassen, auch wenn sie nicht erfolgt oder nicht wirksam ist.

Die Anzeige kann nur mit Zustimmung desjenigen zurückgenommen werden, welcher als der neue Eigenthümer bezeichnet worden ist.

577. Wird das vermiethete Grundstück nach der Ueberlassung an den Miether von dem Vermiether mit dem Rechte eines Dritten belastet, so finden die Vorschriften der §§ 571 bis 576 entsprechende Anwendung, wenn durch die Ausübung des Rechtes dem Miether der vertragsmäßige Gebrauch entzogen wird. Hat die Ausübung des Rechtes nur eine Beschränkung des Miethers in dem vertragsmäßigen Gebrauche zur Folge, so ist der Dritte dem Miether gegenüber verpflichtet, die Ausübung zu unterlassen, soweit sie den vertragsmäßigen Gebrauch beeinträchtigen würde.

578. Hat vor der Ueberlassung des vermietheten Grundstücks an den Miether der Vermiether das Grundstück an einen Dritten veräußert oder mit einem Rechte belastet, durch dessen Ausübung der vertragsmäßige Gebrauch dem Miether entzogen oder beschränkt wird, so gilt das Gleiche wie in den Fällen des § 571 Abs. 1 und des § 577, wenn der Erwerber dem Vermiether gegenüber die Erfüllung der sich aus dem Miethverhältniß ergebenden Verpflichtungen übernommen hat.

579. Wird das vermiethete Grundstück von dem Erwerber weiter veräußert oder belastet, so finden die Vorschriften des § 571 Abs. 1 und der §§ 572 bis 578 entsprechende Anwendung. Erfüllt der neue Erwerber die sich aus dem Miethverhältniß ergebenden Verpflichtungen nicht, so haftet der Vermiether dem Miether nach § 571 Abs. 2.

580. Die Vorschriften über die Miethe von Grundstücken gelten auch für die Miethe von Wohnräumen und anderen Räumen.

II. Pacht.

581. Durch den Pachtvertrag wird der Verpächter verpflichtet, dem Pächter den Gebrauch des verpachteten Gegenstandes und den Genuß der Früchte, soweit sie nach den Regeln einer ordnungsmäßigen Wirthschaft als Ertrag anzusehen sind, während der Pachtzeit zu gewähren. Der Pächter ist verpflichtet, dem Verpächter den vereinbarten Pachtzins zu entrichten.

Auf die Pacht finden, soweit sich nicht aus den §§ 582 bis 597 ein Anderes ergiebt, die Vorschriften über die Miethe entsprechende Anwendung.

582. Der Pächter eines landwirthschaftlichen Grundstücks hat die gewöhnlichen Ausbesserungen, insbesondere die der Wohn- und Wirthschaftsgebäude, der Wege, Gräben und Einfriedigungen, auf seine Kosten zu bewirken.

583. Der Pächter eines landwirthschaftlichen Grundstücks darf nicht ohne die Erlaubniß des Verpächters Aenderungen in der wirthschaftlichen Bestimmung des Grundstücks vornehmen, die auf die Art der Bewirthschaftung über die Pachtzeit hinaus von Einfluß sind.

584. Ist bei der Pacht eines landwirthschaftlichen Grundstücks der Pachtzins nach Jahren bemessen, so ist er nach dem Ablaufe je eines Pachtjahrs am ersten Werktage des folgenden Jahres zu entrichten.

585. Das Pfandrecht des Verpächters eines

125. Vgl. § 21 Abs. 2 KO.

landwirthschaftlichen Grundstücks kann für den gesammten Pachtzins geltend gemacht werden und unterliegt nicht der im § 563 bestimmten Beschränkung. Es erstreckt sich auf die Früchte des Grundstücks sowie auf die nach § 715 Nr. 5 [125a] der Civilprozeßordnung der Pfändung nicht unterworfenen Sachen. [126]

586. Wird ein Grundstück sammt Inventar verpachtet, so liegt dem Pächter die Erhaltung der einzelnen Inventarstücke ob.

Der Verpächter ist verpflichtet, Inventarstücke, die in Folge eines von dem Pächter nicht zu vertretenden Umstandes in Abgang kommen, zu ergänzen. Der Pächter hat jedoch den gewöhnlichen Abgang der zu dem Inventar gehörenden Thiere aus den Jungen insoweit zu ersetzen, als dies einer ordnungsmäßigen Wirthschaft entspricht.

587. Uebernimmt der Pächter eines Grundstücks das Inventar zum Schätzungswerthe mit der Verpflichtung, es bei der Beendigung der Pacht zum Schätzungswerthe zurückzugewähren, so gelten die Vorschriften der §§ 588, 589.

588. Der Pächter trägt die Gefahr des zufälligen Unterganges und einer zufälligen Verschlechterung des Inventars. Er kann über die einzelnen Stücke innerhalb der Grenzen einer ordnungsmäßigen Wirthschaft verfügen.

Der Pächter hat das Inventar nach den Regeln einer ordnungsmäßigen Wirthschaft in dem Zustande zu erhalten, in welchem es ihm übergeben wird. Die von ihm angeschafften Stücke werden mit der Einverleibung in das Inventar Eigenthum des Verpächters.

589. Der Pächter hat das bei der Beendigung der Pacht vorhandene Inventar dem Verpächter zurückzugewähren.

Der Verpächter kann die Uebernahme derjenigen von dem Pächter angeschafften Inventarstücke ablehnen, welche nach den Regeln einer ordnungsmäßigen Wirthschaft für das Grundstück überflüssig oder zu werthvoll sind; mit der Ablehnung geht das Eigenthum an den abgelehnten Stücken auf den Pächter über.

Ist der Gesammtschätzungswerth der übernommenen Stücke höher oder niedriger als der Gesammtschätzungswerth der zurückzugewährenden Stücke, so hat im ersteren Falle der Pächter dem Verpächter, im letzteren Falle der Verpächter dem Pächter den Mehrbetrag zu ersetzen.

590. Dem Pächter eines Grundstücks steht für die Forderungen gegen den Verpächter, die sich auf das mitgepachtete Inventar beziehen, ein Pfandrecht an den in seinen Besitz gelangten Inventarstücken zu. Auf das Pfandrecht findet die Vorschrift des § 562 Anwendung. [127]

125a. Jetzt § 811⁴ CPO.

126. Entsprechend § 49² KO.

127. Im Falle des Konkurses § 49² KO.

591. Der Pächter eines landwirthschaftlichen Grundstücks ist verpflichtet, das Grundstück nach der Beendigung der Pacht in dem Zustande zurückzugewähren, der sich bei einer während der Pachtzeit bis zur Rückgewähr fortgesetzten ordnungsmäßigen Bewirthschaftung ergiebt. Dies gilt insbesondere auch für die Bestellung.

592. Endigt die Pacht eines landwirthschaftlichen Grundstücks im Laufe eines Pachtjahrs, so hat der Verpächter die Kosten, die der Pächter auf die noch nicht getrennten, jedoch nach den Regeln einer ordnungsmäßigen Wirthschaft vor dem Ende des Pachtjahrs zu trennenden Früchte verwendet hat, insoweit zu ersetzen, als sie einer ordnungsmäßigen Wirthschaft entsprechen und den Werth dieser Früchte nicht übersteigen.

593. Der Pächter eines Landguts hat von den bei der Beendigung der Pacht vorhandenen landwirthschaftlichen Erzeugnissen ohne Rücksicht darauf, ob er bei dem Antritte der Pacht solche Erzeugnisse übernommen hat, so viel zurückzulassen, als zur Fortführung der Wirthschaft bis zu der Zeit erforderlich ist, zu welcher gleiche oder ähnliche Erzeugnisse voraussichtlich gewonnen werden.

Soweit der Pächter landwirthschaftliche Erzeugnisse in größerer Menge oder besserer Beschaffenheit zurückzulassen verpflichtet ist, als er bei dem Antritte der Pacht übernommen hat, kann er von dem Verpächter Ersatz des Werthes verlangen.

Den vorhandenen auf dem Gute gewonnenen Dünger hat der Pächter zurückzulassen, ohne daß er Ersatz des Werthes verlangen kann.

594. Uebernimmt der Pächter eines Landguts das Gut auf Grund einer Schätzung des wirthschaftlichen Zustandes mit der Bestimmung, daß nach der Beendigung der Pacht die Rückgewähr gleichfalls auf Grund einer solchen Schätzung zu erfolgen hat, so finden auf die Rückgewähr des Gutes die Vorschriften des § 589 Abs. 2, 3 entsprechende Anwendung.

Das Gleiche gilt, wenn der Pächter Vorräthe auf Grund einer Schätzung mit einer solchen Bestimmung übernimmt, für die Rückgewähr der Vorräthe, die er zurückzulassen verpflichtet ist.

595. Ist bei der Pacht eines Grundstücks oder eines Rechtes die Pachtzeit nicht bestimmt, so ist die Kündigung nur für den Schluß eines Pachtjahres zulässig; sie hat spätestens am ersten Werktage des halben Jahres zu erfolgen, mit dessen Ablaufe die Pacht endigen soll.

Diese Vorschriften gelten bei der Pacht eines Grundstücks oder eines Rechtes auch für die Fälle, in denen das Pachtverhältniß unter Einhaltung der gesetzlichen Frist vorzeitig gekündigt werden kann.

596. Dem Pächter steht das im § 549 Abs. 1 bestimmte Kündigungsrecht nicht zu.

Der Verpächter ist nicht berechtigt, das Pachtverhältniß nach § 569 zu kündigen.

Eine Kündigung des Pachtverhältnisses nach § 570 findet nicht statt.

597. Giebt der Pächter den gepachteten Gegenstand nach der Beendigung der Pacht nicht zurück, so kann der Verpächter für die Dauer der Vorenthaltung als Entschädigung den vereinbarten Pachtzins nach dem Verhältnisse verlangen, in welchem die Nutzungen, die der Pächter während dieser Zeit gezogen hat oder hätte ziehen können, zu den Nutzungen des ganzen Pachtjahrs stehen. Die Geltendmachung eines weiteren Schadens ist nicht ausgeschlossen.

Vierter Titel. Leihe.

598. Durch den Leihvertrag wird der Verleiher einer Sache verpflichtet, dem Entleiher den Gebrauch der Sache unentgeltlich zu gestatten.

599. Der Verleiher hat nur Vorsatz und grobe Fahrlässigkeit zu vertreten.

600. Verschweigt der Verleiher arglistig einen Mangel im Rechte oder einen Fehler der verliehenen Sache, so ist er verpflichtet, dem Entleiher den daraus entstehenden Schaden zu ersetzen.

601. Der Entleiher hat die gewöhnlichen Kosten der Erhaltung der geliehenen Sache, bei der Leihe eines Thieres insbesondere die Fütterungskosten, zu tragen.

Die Verpflichtung des Verleihers zum Ersatz anderer Verwendungen bestimmt sich nach den Vorschriften über die Geschäftsführung ohne Auftrag. Der Entleiher ist berechtigt, eine Einrichtung, mit der er die Sache versehen hat, wegzunehmen.

602. Veränderungen oder Verschlechterungen der geliehenen Sache, die durch den vertragsmäßigen Gebrauch herbeigeführt werden, hat der Entleiher nicht zu vertreten.

603. Der Entleiher darf von der geliehenen Sache keinen anderen als den vertragsmäßigen Gebrauch machen. Er ist ohne die Erlaubniß des Verleihers nicht berechtigt, den Gebrauch der Sache einem Dritten zn überlassen.

604. Der Entleiher ist verpflichtet, die geliehene Sache nach dem Ablaufe der für die Leihe bestimmten Zeit zurückzugeben.

Ist eine Zeit nicht bestimmt, so ist die Sache zurückzugeben, nachdem der Entleiher den sich aus dem Zwecke der Leihe ergebenden Gebrauch gemacht hat. Der Verleiher kann die Sache schon vorher zurückfordern, wenn so viel Zeit verstrichen ist, daß der Entleiher den Gebrauch hätte machen können.

Ist die Dauer der Leihe weder bestimmt noch aus dem Zwecke zu entnehmen, so kann der Verleiher die Sache jederzeit zurückfordern.

Ueberläßt der Entleiher den Gebrauch der Sache einem Dritten, so kann der Verleiher sie nach der Beendigung der Leihe auch von dem Dritten zurückfordern.

605. Der Verleiher kann die Leihe kündigen:

1. wenn er in Folge eines nicht vorhergesehenen Umstandes der verliehenen Sache bedarf;
2. wenn der Entleiher einen vertragswidrigen Gebrauch von der Sache macht, insbesondere unbefugt den Gebrauch einem Dritten überläßt, oder die Sache durch Vernachlässigung der ihm obliegenden Sorgfalt erheblich gefährdet;
3. wenn der Entleiher stirbt.

606. Die Ersatzansprüche des Verleihers wegen Veränderungen oder Verschlechterungen der verliehenen Sache sowie die Ansprüche des Entleihers auf Ersatz von Verwendungen oder auf Gestattung der Wegnahme einer Einrichtung verjähren in sechs Monaten. Die Vorschriften des § 558 Abs. 2, 3 finden entsprechende Anwendung.

Fünfter Titel. Darlehen.

607. Wer Geld oder andere vertretbare Sachen als Darlehen empfangen hat, ist verpflichtet, dem Darleiher das Empfangene in Sachen von gleicher Art, Güte und Menge zurückzuerstatten.

Wer Geld oder andere vertretbare Sachen aus einem anderen Grunde schuldet, kann mit dem Gläubiger vereinbaren, daß das Geld oder die Sachen als Darlehen geschuldet werden sollen.

608. Sind für ein Darlehen Zinsen bedungen, so sind sie, sofern nicht ein Anderes bestimmt ist, nach dem Ablaufe je eines Jahres und, wenn das Darlehen vor dem Ablauf eines Jahres zurückzuerstatten ist, bei der Rückerstattung zu entrichten.[128]

609. Ist für die Rückerstattung eines Darlehens eine Zeit nicht bestimmt, so hängt die Fälligkeit davon ab, daß der Gläubiger oder der Schuldner kündigt.

Die Kündigungsfrist beträgt bei Darlehen von mehr als dreihundert Mark drei Monate, bei Darlehen von geringerem Betrag einen Monat.

Sind Zinsen nicht bedungen, so ist der Schuldner auch ohne Kündigung zur Rückerstattung berechtigt.

610. Wer die Hingabe eines Darlehens verspricht, kann im Zweifel das Versprechen widerrufen, wenn in den Vermögensverhältnissen des anderen Theiles eine wesentliche Verschlechterung eintritt, durch die der Anspruch auf die Rückerstattung gefährdet wird.

Sechster Titel. Dienstvertrag.[129]

611. Durch den Dienstvertrag wird derjenige, welcher Dienste zusagt, zur Leistung der ver-

---

128. Vgl. § 355 HGB.

129. Auf den Dienstvertrag bezügliche Vorschriften des EG: Art. 32 bezüglich der reichsgesetzlichen Vorschriften, welche besondere unter den Dienstvertrag fallende Verhältnisse regeln. Dahin gehören: §§ 59—83, 84—92, 93—104, 511—555, 740—753 HGB; §§ 105—139b, 154 GewO; RG v. 27. Dez. 1872 (Seemannsordnung); Strandungsordnung v. 17. Mai 1874; §§ 7 ff. 21 ff. RG betr. Binnenschiffahrt vom 15. Juni 1895; §§ 1 ff. RG betr. Flößerei v. 15. Juni 1895; ferner Art. 80, 95 u. 171 (Uebergangsbestimmung).

sprochenen Dienste, der andere Theil zur Gewährung der vereinbarten Vergütung [130] verpflichtet.

Gegenstand des Dienstvertrags können Dienste jeder Art sein.

612. Eine Vergütung gilt als stillschweigend vereinbart, wenn die Dienstleistung den Umständen nach nur gegen eine Vergütung zu erwarten ist.

Ist die Höhe der Vergütung nicht bestimmt, so ist bei dem Bestehen einer Taxe [131] die taxmäßige Vergütung, in Ermangelung einer Taxe die übliche Vergütung als vereinbart anzusehen.

613. Der zur Dienstleistung Verpflichtete hat die Dienste im Zweifel in Person zu leisten. Der Anspruch auf die Dienste ist im Zweifel nicht übertragbar.[132]

614. Die Vergütung ist nach der Leistung der Dienste zu entrichten. Ist die Vergütung nach Zeitabschnitten bemessen, so ist sie nach dem Ablaufe der einzelnen Zeitabschnitte zu entrichten.

615. Kommt der Dienstberechtigte mit der Annahme der Dienste in Verzug, so kann der Verpflichtete für die in Folge des Verzugs nicht geleisteten Dienste die vereinbarte Vergütung verlangen, ohne zur Nachleistung verpflichtet zu sein. Er muß sich jedoch den Werth desjenigen anrechnen lassen, was er in Folge des Unterbleibens der Dienstleistung erspart oder durch anderweitige Verwendung seiner Dienste erwirbt oder zu erwerben böswillig unterläßt.

616. Der zur Dienstleistung Verpflichtete wird des Anspruchs auf die Vergütung nicht dadurch verlustig, daß er für eine verhältnißmäßig nicht erhebliche Zeit durch einen in seiner Person liegenden Grund ohne sein Verschulden an der Dienstleistung verhindert wird. Er muß sich jedoch den Betrag anrechnen lassen, welcher ihm für die Zeit der Verhinderung aus einer auf Grund gesetzlicher Verpflichtung bestehenden Kranken- oder Unfallversicherung zukommt.

617. Ist bei einem dauernden Dienstverhältnisse, welches die Erwerbsthätigkeit des Verpflichteten vollständig oder hauptsächlich in Anspruch nimmt, der Verpflichtete in die häusliche Gemeinschaft aufgenommen, so hat der Dienstberechtigte ihm im Falle der Erkrankung die erforderliche Verpflegung und ärztliche Behandlung bis zur Dauer von sechs Wochen, jedoch nicht über die Beendigung des Dienstverhältnisses hinaus, zu gewähren, sofern nicht die Erkrankung von dem Verpflichteten vorsätzlich oder durch grobe Fahrlässigkeit herbeigeführt worden ist. Die Verpflegung und ärztliche Behandlung kann durch Aufnahme des Verpflichteten in eine Krankenanstalt gewährt werden. Die Kosten können auf die für die Zeit der Erkrankung geschuldete Vergütung angerechnet werden. Wird das Dienstverhältniß wegen der Erkrankung von dem Dienstberechtigten nach § 626 gekündigt, so bleibt die dadurch herbeigeführte Beendigung des Dienstverhältnisses außer Betracht.

Die Verpflichtung des Dienstberechtigten tritt nicht ein, wenn für die Verpflegung und ärztliche Behandlung durch eine Versicherung oder durch eine Einrichtung der öffentlichen Krankenpflege Vorsorge getroffen ist.[133]

618. Der Dienstberechtigte hat Räume, Vorrichtungen oder Geräthschaften, die er zur Verrichtung der Dienste zu beschaffen hat, so einzurichten und zu unterhalten und Dienstleistungen, die unter seiner Anordnung oder seiner Leitung vorzunehmen sind, so zu regeln, daß der Verpflichtete gegen Gefahr für Leben und Gesundheit soweit geschützt ist, als die Natur der Dienstleistung es gestattet.

Ist der Verpflichtete in die häusliche Gemeinschaft aufgenommen, so hat der Dienstberechtigte in Ansehung des Wohn- und Schlafraums, der Verpflegung sowie der Arbeits- und Erholungszeit diejenigen Einrichtungen und Anordnungen zu treffen, welche mit Rücksicht auf die Gesundheit, die Sittlichkeit und die Religion des Verpflichteten erforderlich sind.

Erfüllt der Dienstberechtigte die ihm in Ansehung des Lebens und der Gesundheit des Verpflichteten obliegenden Verpflichtungen nicht, so finden auf seine Verpflichtung zum Schadensersatze die für unerlaubte Handlungen geltenden Vorschriften der §§ 842 bis 846 entsprechende Anwendung.[134]

619. Die dem Dienstberechtigten nach den §§ 617, 618 obliegenden Verpflichtungen können nicht im voraus durch Vertrag aufgehoben oder beschränkt werden.

620. Das Dienstverhältniß endigt mit dem Ablaufe der Zeit, für die es eingegangen ist.

Ist die Dauer des Dienstverhältnisses weder bestimmt noch aus der Beschaffenheit oder dem Zwecke der Dienste zu entnehmen, so kann jeder Theil das Dienstverhältniß nach Maßgabe der §§ 621 bis 623 kündigen.[135]

621. Ist die Vergütung nach Tagen bemessen, so ist die Kündigung an jedem Tage für den folgenden Tag zulässig.

Ist die Vergütung nach Wochen bemessen, so ist die Kündigung nur für den Schluß einer Kalenderwoche zulässig; sie hat spätestens am ersten Werktage der Woche zu erfolgen.

Ist die Vergütung nach Monaten bemessen, so ist die Kündigung nur für den Schluß eines Kalendermonats zulässig; sie hat spätestens am fünfzehnten des Monats zu erfolgen.

130. Vgl. hierzu §§ 115—117 GewO; § 850^{1} CPO; § $61^{1,4}$ KO; §§ 10^{2}, 146, 155 Abs. 2 ZVG.

131. Vgl. § 72—80 GewO.

132. Also auch nicht pfändbar: § 851 CPO (§ 1 KO).

133. Vgl. Art. 95 Abs. 2 EG.

134. Entsprechend § 120a GewO; § 62 HGB.

135. Für den Fall des Konkurses vgl. §§ 17, 22 KO.

Ist die Vergütung nach Vierteljahren oder längeren Zeitabschnitten bemessen, so ist die Kündigung nur für den Schluß eines Kalendervierteljahrs und nur unter Einhaltung einer Kündigungsfrist von sechs Wochen zulässig.

622. Das Dienstverhältniß der mit festen Bezügen zur Leistung von Diensten höherer Art Angestellten, deren Erwerbsthätigkeit durch das Dienstverhältniß vollständig oder hauptsächlich in Anspruch genommen wird, insbesondere der Lehrer, Erzieher, Privatbeamten, Gesellschafterinnen, kann nur für den Schluß eines Kalendervierteljahrs und nur unter Einhaltung einer Kündigungsfrist von sechs Wochen gekündigt werden, auch wenn die Vergütung nach kürzeren Zeitabschnitten als Vierteljahren bemessen ist.

623. Ist die Vergütung nicht nach Zeitabschnitten bemessen, so kann das Dienstverhältniß jederzeit gekündigt werden; bei einem die Erwerbsthätigkeit des Verpflichteten vollständig oder hauptsächlich in Anspruch nehmenden Dienstverhältniß ist jedoch eine Kündigungsfrist von zwei Wochen einzuhalten.

624. Ist das Dienstverhältniß für die Lebenszeit einer Person oder für längere Zeit als fünf Jahre eingegangen, so kann es von dem Verpflichteten nach dem Ablaufe von fünf Jahren gekündigt werden. Die Kündigungsfrist beträgt sechs Monate.

625. Wird das Dienstverhältniß nach dem Ablaufe der Dienstzeit von dem Verpflichteten mit Wissen des anderen Theiles fortgesetzt, so gilt es als auf unbestimmte Zeit verlängert, sofern nicht der andere Theil unverzüglich widerspricht.

626. Das Dienstverhältniß kann von jedem Theile ohne Einhaltung einer Kündigungsfrist gekündigt werden, wenn ein wichtiger Grund vorliegt.

627. Hat der zur Dienstleistung Verpflichtete, ohne in einem dauernden Dienstverhältnisse mit festen Bezügen zu stehen, Dienste höherer Art zu leisten, die auf Grund besonderen Vertrauens übertragen zu werden pflegen, so ist die Kündigung auch ohne die im § 626 bezeichnete Voraussetzung zulässig.

Der Verpflichtete darf nur in der Art kündigen, daß sich der Dienstberechtigte die Dienste anderweit beschaffen kann, es sei denn, daß ein wichtiger Grund für die unzeitige Kündigung vorliegt. Kündigt er ohne solchen Grund zur Unzeit, so hat er dem Dienstberechtigten den daraus entstehenden Schaden zu ersetzen.

628. Wird nach dem Beginne der Dienstleistung das Dienstverhältniß auf Grund des § 626 oder des § 627 gekündigt, so kann der Verpflichtete einen seinen bisherigen Leistungen entsprechenden Theil der Vergütung verlangen. Kündigt er, ohne durch vertragswidriges Verhalten des anderen Theiles dazu veranlaßt zu sein, oder veranlaßt er durch sein vertragswidriges Verhalten die Kündigung des anderen Theiles, so steht ihm ein Anspruch auf die Vergütung insoweit nicht zu, als seine bisherigen Leistungen in Folge der Kündigung für den anderen Theil kein Interesse haben. Ist die Vergütung für eine spätere Zeit im voraus entrichtet, so hat der Verpflichtete sie nach Maßgabe des § 347 oder, wenn die Kündigung wegen eines Umstandes erfolgt, den er nicht zu vertreten hat, nach den Vorschriften über die Herausgabe einer ungerechtfertigten Bereicherung zurückzuerstatten.

Wird die Kündigung durch vertragswidriges Verhalten des anderen Theiles veranlaßt, so ist dieser zum Ersatze des durch die Aufhebung des Dienstverhältnisses entstehenden Schadens verpflichtet.

629. Nach der Kündigung eines dauernden Dienstverhältnisses hat der Dienstberechtigte dem Verpflichteten auf Verlangen angemessene Zeit zum Aufsuchen eines anderen Dienstverhältnisses zu gewähren.

630. Bei der Beendigung eines dauernden Dienstverhältnisses kann der Verpflichtete von dem anderen Theile ein schriftliches Zeugniß über das Dienstverhältniß und dessen Dauer fordern. Das Zeugniß ist auf Verlangen auf die Leistungen und die Führung im Dienste zu erstrecken.

Siebenter Titel. Werkvertrag.[136]

631. Durch den Werkvertrag wird der Unternehmer zur Herstellung des versprochenen Werkes, der Besteller zur Entrichtung der vereinbarten Vergütung verpflichtet.

Gegenstand des Werkvertrags kann sowohl die Herstellung oder Veränderung einer Sache als ein anderer durch Arbeit oder Dienstleistung herbeizuführender Erfolg sein.

632. Eine Vergütung gilt als stillschweigend vereinbart, wenn die Herstellung des Werkes den Umständen nach nur gegen eine Vergütung zu erwarten ist.

Ist die Höhe der Vergütung nicht bestimmt, so ist bei dem Bestehen einer Taxe die taxmäßige Vergütung, in Ermangelung einer Taxe die übliche Vergütung als vereinbart anzusehen.[137]

633. Der Unternehmer ist verpflichtet, das Werk so herzustellen, daß es die zugesicherten Eigenschaften hat und nicht mit Fehlern behaftet ist, die den Werth oder die Tauglichkeit zu dem

136. Vom EG kommt nur in Betracht Art. 32, gemäß dessen aufrecht erhalten sind, abgesehen von den bezüglichen Vorschriften des Handelsgesetzbuches:
§§ 26 ff. RG vom 15. Juni 1895 (Binnenschifffahrt);
§§ 32 ff. RG vom 15. Juni 1895 (Flößerei);
Postbeförderungsvertrag RG v. 28. Oktober 1871 (§ 452 HGB);
§§ 22 ff. RG. v. 9. Juni 1897 (Auswanderungswesen).

137. Siehe Anmerkung zu § 612.

gewöhnlichen oder dem nach dem Vertrage vorausgesetzten Gebrauch aufheben oder mindern.

Ist das Werk nicht von dieser Beschaffenheit, so kann der Besteller die Beseitigung des Mangels verlangen.[138] Der Unternehmer ist berechtigt, die Beseitigung zu verweigern, wenn sie einen unverhältnißmäßigen Aufwand erfordert.

Ist der Unternehmer mit der Beseitigung des Mangels im Verzuge, so kann der Besteller den Mangel selbst beseitigen und Ersatz der erforderlichen Aufwendungen verlangen.

634. Zur Beseitigung eines Mangels der im § 633 bezeichneten Art kann der Besteller dem Unternehmer eine angemessene Frist mit der Erklärung bestimmen,[139] daß er die Beseitigung des Mangels nach dem Ablaufe der Frist ablehne. Zeigt sich schon vor der Ablieferung des Werkes ein Mangel, so kann der Besteller die Frist sofort bestimmen; die Frist muß so bemessen werden, daß sie nicht vor der für die Ablieferung bestimmten Frist abläuft. Nach dem Ablaufe der Frist kann der Besteller Rückgängigmachung des Vertrags (Wandelung) oder Herabsetzung der Vergütung (Minderung) verlangen, wenn nicht der Mangel rechtzeitig beseitigt worden ist; der Anspruch auf Beseitigung des Mangels ist ausgeschlossen.

Der Bestimmung einer Frist bedarf es nicht, wenn die Beseitigung des Mangels unmöglich ist oder von dem Unternehmer verweigert wird oder wenn die sofortige Geltendmachung des Anspruchs auf Wandelung oder auf Minderung durch ein besonderes Interesse des Bestellers gerechtfertigt wird.

Die Wandelung ist ausgeschlossen, wenn der Mangel den Werth oder die Tauglichkeit des Werkes nur unerheblich mindert.

Auf die Wandelung und die Minderung finden die für den Kauf geltenden Vorschriften der §§ 465 bis 467, 469 bis 475 entsprechende Anwendung.

635. Beruht der Mangel des Werkes auf einem Umstande, den der Unternehmer zu vertreten hat, so kann der Besteller statt der Wandelung oder der Minderung Schadensersatz wegen Nichterfüllung verlangen.

636. Wird das Werk ganz oder zum Theil nicht rechtzeitig hergestellt, so finden die für die Wandelung geltenden Vorschriften des § 634 Abs. 1 bis 3 entsprechende Anwendung; an die Stelle des Anspruchs auf Wandelung tritt das Recht des Bestellers, nach § 327 von dem Vertrage zurückzutreten. Die im Falle des Verzugs des Unternehmers dem Besteller zustehenden Rechte bleiben unberührt.

Bestreitet der Unternehmer die Zulässigkeit des erklärten Rücktritts, weil er das Werk rechtzeitig hergestellt habe, so trifft ihn die Beweislast.

138. Vgl. § 488 CPO.

139. Vgl. hierzu § 255 CPO.

637. Eine Vereinbarung, durch welche die Verpflichtung des Unternehmers, einen Mangel des Werkes zu vertreten, erlassen oder beschränkt wird, ist nichtig, wenn der Unternehmer den Mangel arglistig verschweigt.

638. Der Anspruch des Bestellers auf Beseitigung eines Mangels des Werkes sowie die wegen des Mangels dem Besteller zustehenden Ansprüche auf Wandelung, Minderung oder Schadensersatz verjähren, sofern nicht der Unternehmer den Mangel arglistig verschwiegen hat, in sechs Monaten, bei Arbeiten an einem Grundstück in einem Jahre, bei Bauwerken in fünf Jahren. Die Verjährung beginnt mit der Abnahme des Werkes.

Die Verjährungsfrist kann durch Vertrag verlängert werden.

639. Auf die Verjährung der im § 638 bezeichneten Ansprüche des Bestellers finden die für die Verjährung der Ansprüche des Käufers geltenden Vorschriften des § 477 Abs. 2, 3 und der §§ 478, 479 entsprechende Anwendung.

Unterzieht sich der Unternehmer im Einverständnisse mit dem Besteller der Prüfung des Vorhandenseins des Mangels oder der Beseitigung des Mangels, so ist die Verjährung so lange gehemmt, bis der Unternehmer das Ergebniß der Prüfung dem Besteller mittheilt oder ihm gegenüber den Mangel für beseitigt erklärt oder die Fortsetzung der Beseitigung verweigert.

640. Der Besteller ist verpflichtet, das vertragsmäßig hergestellte Werk abzunehmen, sofern nicht nach der Beschaffenheit des Werkes die Abnahme ausgeschlossen ist.

Nimmt der Besteller ein mangelhaftes Werk ab, obschon er den Mangel kennt, so stehen ihm die in den §§ 633, 634 bestimmten Ansprüche nur zu, wenn er sich seine Rechte wegen des Mangels bei der Abnahme vorbehält.

641. Die Vergütung ist bei der Abnahme des Werkes zu entrichten. Ist das Werk in Theilen abzunehmen und die Vergütung für die einzelnen Theile bestimmt, so ist die Vergütung für jeden Theil bei dessen Abnahme zu entrichten.

Eine in Geld festgesetzte Vergütung hat der Besteller von der Abnahme des Werkes an zu verzinsen, sofern nicht die Vergütung gestundet ist.

642. Ist bei der Herstellung des Werkes eine Handlung des Bestellers erforderlich, so kann der Unternehmer, wenn der Besteller durch das Unterlassen der Handlung in Verzug der Annahme kommt, eine angemessene Entschädigung verlangen.

Die Höhe der Entschädigung bestimmt sich einerseits nach der Dauer des Verzugs und der Höhe der vereinbarten Vergütung, andererseits nach demjenigen, was der Unternehmer in Folge des Verzugs an Aufwendungen erspart oder durch anderweitige Verwendung seiner Arbeitskraft erwerben kann.

643. Der Unternehmer ist im Falle des § 642 berechtigt, dem Besteller zur Nachholung der Handlung eine angemessene Frist mit der Erklärung zu bestimmen, daß er den Vertrag kündige, wenn die Handlung nicht bis zum Ablaufe der Frist vorgenommen werde. Der Vertrag gilt als aufgehoben, wenn nicht die Nachholung bis zum Ablaufe der Frist erfolgt.

644. Der Unternehmer trägt die Gefahr bis zur Abnahme des Werkes. Kommt der Besteller in Verzug der Annahme, so geht die Gefahr auf ihn über. Für den zufälligen Untergang und eine zufällige Verschlechterung des von dem Besteller gelieferten Stoffes ist der Unternehmer nicht verantwortlich.

Versendet der Unternehmer das Werk auf Verlangen des Bestellers nach einem anderen Orte als dem Erfüllungsorte, so finden die für den Kauf geltenden Vorschriften des § 447 entsprechende Anwendung.

645. Ist das Werk vor der Abnahme in Folge eines Mangels des von dem Besteller gelieferten Stoffes oder in Folge einer von dem Besteller für die Ausführung ertheilten Anweisung untergegangen, verschlechtert oder unausführbar geworden, ohne daß ein Umstand mitgewirkt hat, den der Unternehmer zu vertreten hat, so kann der Unternehmer einen der geleisteten Arbeit entsprechenden Theil der Vergütung und Ersatz der in der Vergütung nicht inbegriffenen Auslagen verlangen. Das Gleiche gilt, wenn der Vertrag in Gemäßheit des § 643 aufgehoben wird.

Eine weitergehende Haftung des Bestellers wegen Verschuldens bleibt unberührt.

646. Ist nach der Beschaffenheit des Werkes die Abnahme ausgeschlossen, so tritt in den Fällen der §§ 638, 641, 644, 645 an die Stelle der Abnahme die Vollendung des Werkes.

647. Der Unternehmer hat für seine Forderungen aus dem Vertrag ein Pfandrecht an den von ihm hergestellten oder ausgebesserten beweglichen Sachen des Bestellers, wenn sie bei der Herstellung oder zum Zwecke der Ausbesserung in seinen Besitz gelangt sind.[140]

648. Der Unternehmer eines Bauwerkes oder eines einzelnen Theiles eines Bauwerkes kann für seine Forderungen aus dem Vertrage die Einräumung einer Sicherungshypothek an dem Baugrundstücke des Bestellers verlangen. Ist das Werk noch nicht vollendet, so kann er die Einräumung der Sicherungshypothek für einen der geleisteten Arbeit entsprechenden Theil der Vergütung und für die in der Vergütung nicht inbegriffenen Auslagen verlangen.

649. Der Besteller kann bis zur Vollendung des Werkes jederzeit den Vertrag kündigen. Kündigt der Besteller, so ist der Unternehmer berechtigt, die vereinbarte Vergütung zu verlangen; er muß sich jedoch dasjenige anrechnen lassen, was er in Folge der Aufhebung des Vertrags an Aufwendungen erspart oder durch anderweitige Verwendung seiner Arbeitskraft erwirbt oder zu erwerben böswillig unterläßt.[141]

650. Ist dem Vertrag ein Kostenanschlag zu Grunde gelegt worden, ohne daß der Unternehmer die Gewähr für die Richtigkeit des Anschlags übernommen hat, und ergiebt sich, daß das Werk nicht ohne eine wesentliche Ueberschreitung des Anschlags ausführbar ist, so steht dem Unternehmer, wenn der Besteller den Vertrag aus diesem Grunde kündigt, nur der im § 645 Abs. 1 bestimmte Anspruch zu.

Ist eine solche Ueberschreitung des Anschlags zu erwarten, so hat der Unternehmer dem Besteller unverzüglich Anzeige zu machen.

651. Verpflichtet sich der Unternehmer, das Werk aus einem von ihm zu beschaffenden Stoffe herzustellen, so hat er dem Besteller die hergestellte Sache zu übergeben und das Eigenthum an der Sache zu verschaffen. Auf einen solchen Vertrag finden die Vorschriften über den Kauf Anwendung,[142] ist eine nicht vertretbare Sache herzustellen, so treten an die Stelle des § 433, des § 446 Abs. 1 Satz 1 und der §§ 447, 459, 460, 462 bis 464, 477 bis 479 die Vorschriften über den Werkvertrag mit Ausnahme der §§ 647, 648.

Verpflichtet sich der Unternehmer nur zur Beschaffung von Zuthaten oder sonstigen Nebensachen, so finden ausschließlich die Vorschriften über den Werkvertrag Anwendung.

Achter Titel. Mäklervertrag.[143]

652. Wer für den Nachweis der Gelegenheit zum Abschluß eines Vertrags oder für die Vermittelung eines Vertrags einen Mäklerlohn verspricht, ist zur Entrichtung des Lohnes nur verpflichtet, wenn der Vertrag in Folge des Nachweises oder in Folge der Vermittelung des Mäklers zu Stande kommt. Wird der Vertrag unter einer aufschiebenden Bedingung geschlossen, so kann der Mäklerlohn erst verlangt werden, wenn die Bedingung eintritt.

Aufwendungen sind dem Mäkler nur zu ersetzen, wenn es vereinbart ist. Dies gilt auch dann, wenn ein Vertrag nicht zu Stande kommt.

653. Ein Mäklerlohn gilt als stillschweigend

140. § 49³ KO.

141. Vgl. §§ 17, 26, 27 KO.

142. Entsprechend § 381 Abs. 2 HGB.

143. Die Vorschriften über die Handelsmäkler finden sich in §§ 93—104 HGB.

Vgl. auch § 373 HGB bezüglich der öffentlich bestellten Mäkler; §§ 30 ff. Börseng. v. 22. Juni 1896 bezüglich der Kursmäkler und G. v. 18. Juli 1866 bezüglich der Waarenmäkler.

Polizeiliche Vorschriften bezüglich einzelner Arten von Mäklern enthalten die §§ 35 Abs. 3, 4, § 38 Abs. 2 GewO (Handelsagenten: §§ 84 ff. HGB).

vereinbart, wenn die dem Mäkler übertragene Leistung den Umständen nach nur gegen eine Vergütung zu erwarten ist.

Ist die Höhe der Vergütung nicht bestimmt, so ist bei dem Bestehen einer Taxe[144] der taxmäßige Lohn, in Ermangelung einer Taxe der übliche Lohn als vereinbart anzusehen.

654. Der Anspruch auf den Mäklerlohn und den Ersatz von Aufwendungen ist ausgeschlossen, wenn der Mäkler dem Inhalte des Vertrags zuwider auch für den anderen Theil thätig gewesen ist.

655. Ist für den Nachweis der Gelegenheit zum Abschluß eines Dienstvertrags oder für die Vermittelung eines solchen Vertrags ein unverhältnißmäßig hoher Mäklerlohn vereinbart worden, so kann er auf Antrag des Schuldners durch Urtheil auf den angemessenen Betrag herabgesetzt werden. Nach der Entrichtung des Lohnes ist die Herabsetzung ausgeschlossen.

656. Durch das Versprechen eines Lohnes für den Nachweis der Gelegenheit zur Eingehung einer Ehe oder für die Vermittelung des Zustandekommens einer Ehe wird eine Verbindlichkeit nicht begründet. Das auf Grund des Versprechens Geleistete kann nicht deshalb zurückgefordert werden, weil eine Verbindlichkeit nicht bestanden hat.

Diese Vorschriften gelten auch für eine Vereinbarung, durch die der andere Theil zum Zwecke der Erfüllung des Versprechens dem Mäkler gegenüber eine Verbindlichkeit eingeht, insbesondere für ein Schuldanerkenntniß.

Neunter Titel. Auslobung.

657. Wer durch öffentliche Bekanntmachung eine Belohnung für die Vornahme einer Handlung, insbesondere für die Herbeiführung eines Erfolges, aussetzt, ist verpflichtet, die Belohnung demjenigen zu entrichten, welcher die Handlung vorgenommen hat, auch wenn dieser nicht mit Rücksicht auf die Auslobung gehandelt hat.

658. Die Auslobung kann bis zur Vornahme der Handlung widerrufen werden. Der Widerruf ist nur wirksam, wenn er in derselben Weise wie die Auslobung bekannt gemacht wird oder wenn er durch besondere Mittheilung erfolgt.

Auf die Widerruflichkeit kann in der Auslobung verzichtet werden; ein Verzicht liegt im Zweifel in der Bestimmung einer Frist für die Vornahme der Handlung.

659. Ist die Handlung, für welche die Belohnung ausgesetzt ist, mehrmals vorgenommen worden, so gebührt die Belohnung demjenigen, welcher die Handlung zuerst vorgenommen hat.

Ist die Handlung von Mehreren gleichzeitig vorgenommen worden, so gebührt jedem ein gleicher Theil der Belohnung. Läßt sich die Belohnung wegen ihrer Beschaffenheit nicht theilen oder soll nach dem Inhalte der Auslobung nur Einer die Belohnung erhalten, so entscheidet das Loos.

660. Haben Mehrere zu dem Erfolge mitgewirkt, für den die Belohnung ausgesetzt ist, so hat der Auslobende die Belohnung unter Berücksichtigung des Antheils eines jeden an dem Erfolge nach billigem Ermessen unter sie zu vertheilen. Die Vertheilung ist nicht verbindlich, wenn sie offenbar unbillig ist; sie erfolgt in einem solchen Falle durch Urtheil.

Wird die Vertheilung des Auslobenden von einem der Betheiligten nicht als verbindlich anerkannt, so ist der Auslobende berechtigt, die Erfüllung zu verweigern, bis die Betheiligten den Streit über ihre Berechtigung unter sich ausgetragen haben; jeder von ihnen kann verlangen, daß die Belohnung für alle hinterlegt wird.

Die Vorschrift des § 659 Abs. 2 Satz 2 findet Anwendung.

661. Eine Auslobung, die eine Preisbewerbung zum Gegenstande hat, ist nur gültig, wenn in der Bekanntmachung eine Frist für die Bewerbung bestimmt wird.

Die Entscheidung darüber, ob eine innerhalb der Frist erfolgte Bewerbung der Auslobung entspricht oder welche von mehreren Bewerbungen den Vorzug verdient, ist durch die in der Auslobung bezeichnete Person, in Ermangelung einer solchen durch den Auslobenden zu treffen. Die Entscheidung ist für die Betheiligten verbindlich.

Bei Bewerbungen von gleicher Würdigkeit finden auf die Zuertheilung des Preises die Vorschriften des § 659 Abs. 2 Anwendung.

Die Uebertragung des Eigenthums an dem Werke kann der Auslobende nur verlangen, wenn er in der Auslobung bestimmt hat, daß die Uebertragung erfolgen soll.

Zehnter Titel. Auftrag.

662. Durch die Annahme eines Auftrags verpflichtet sich der Beauftragte, ein ihm von dem Auftraggeber übertragenes Geschäft für diesen unentgeltlich zu besorgen.

663. Wer zur Besorgung gewisser Geschäfte öffentlich bestellt ist oder sich öffentlich erboten hat, ist, wenn er einen auf solche Geschäfte gerichteten Auftrag nicht annimmt, verpflichtet, die Ablehnung dem Auftraggeber unverzüglich anzuzeigen. Das Gleiche gilt, wenn sich Jemand dem Auftraggeber gegenüber zur Besorgung gewisser Geschäfte erboten hat.[145]

664. Der Beauftragte darf im Zweifel die Ausführung des Auftrags nicht einem Dritten übertragen. Ist die Uebertragung gestattet, so hat er nur ein ihm bei der Uebertragung zur Last fallendes Verschulden zu vertreten. Für das

144. Vgl. Bem. zu § 612.

145. Abweichende Bestimmung § 362 HGB. Vgl. auch § 30 RAO.

Verschulden eines Gehülfen ist er nach § 278 verantwortlich.[146]

Der Anspruch auf Ausführung des Auftrags ist im Zweifel nicht übertragbar.[147]

665. Der Beauftragte ist berechtigt, von den Weisungen des Auftraggebers abzuweichen, wenn er den Umständen nach annehmen darf, daß der Auftraggeber bei Kenntniß der Sachlage die Abweichung billigen würde. Der Beauftragte hat vor der Abweichung dem Auftraggeber Anzeige zu machen und dessen Entschließung abzuwarten, wenn nicht mit dem Aufschube Gefahr verbunden ist.

666. Der Beauftragte ist verpflichtet, dem Auftraggeber die erforderlichen Nachrichten zu geben, auf Verlangen über den Stand des Geschäfts Auskunft zu ertheilen und nach der Ausführung des Auftrags Rechenschaft abzulegen.[148]

667. Der Beauftragte ist verpflichtet, dem Auftraggeber Alles, was er zur Ausführung des Auftrags erhält und was er aus der Geschäftsbesorgung erlangt, herauszugeben.

668. Verwendet der Beauftragte Geld für sich, das er dem Auftraggeber herauszugeben oder für ihn zu verwenden hat, so ist er verpflichtet, es von der Zeit der Verwendung an zu verzinsen.

669. Für die zur Ausführung des Auftrags erforderlichen Aufwendungen hat der Auftraggeber dem Beauftragten auf Verlangen Vorschuß zu leisten.

670. Macht der Beauftragte zum Zwecke der Ausführung des Auftrags Aufwendungen, die er den Umständen nach für erforderlich halten darf, so ist der Auftraggeber zum Ersatze verpflichtet.

671. Der Auftrag kann von dem Auftraggeber jederzeit widerrufen, von dem Beauftragten jederzeit gekündigt werden.

Der Beauftragte darf nur in der Art kündigen, daß der Auftraggeber für die Besorgung des Geschäfts anderweit Fürsorge treffen kann, es sei denn, daß ein wichtiger Grund für die unzeitige Kündigung vorliegt. Kündigt er ohne solchen Grund zur Unzeit, so hat er dem Auftraggeber den daraus entstehenden Schaden zu ersetzen.

Liegt ein wichtiger Grund vor, so ist der Beauftragte zur Kündigung auch dann berechtigt, wenn er auf das Kündigungsrecht verzichtet hat.[149]

672. Der Auftrag erlischt im Zweifel nicht durch den Tod oder den Eintritt der Geschäftsunfähigkeit des Auftraggebers.[150] Erlischt der Auftrag, so hat der Beauftragte, wenn mit dem Aufschube Gefahr verbunden ist, die Besorgung des übertragenen Geschäfts fortzusetzen, bis der Erbe oder der gesetzliche Vertreter des Auftraggebers anderweit Fürsorge treffen kann; der Auftrag gilt insoweit als fortbestehend.

673. Der Auftrag erlischt im Zweifel durch den Tod des Beauftragten. Erlischt der Auftrag, so hat der Erbe des Beauftragten den Tod dem Auftraggeber unverzüglich anzuzeigen und, wenn mit dem Aufschube Gefahr verbunden ist, die Besorgung des übertragenen Geschäfts fortzusetzen, bis der Auftraggeber anderweit Fürsorge treffen kann; der Auftrag gilt insoweit als fortbestehend.

674. Erlischt der Auftrag in anderer Weise als durch Widerruf, so gilt er zu Gunsten des Beauftragten gleichwohl als fortbestehend, bis der Beauftragte von dem Erlöschen Kenntniß erlangt oder das Erlöschen kennen muß.

675. Auf einen Dienstvertrag[151] oder einen Werkvertrag,[152] der eine Geschäftsbesorgung zum Gegenstande hat, finden die Vorschriften der §§ 663, 665 bis 670, 672 bis 674 und, wenn dem Verpflichteten das Recht zusteht, ohne Einhaltung einer Kündigungsfrist zu kündigen, auch die Vorschriften des § 671 Abs. 2 entsprechende Anwendung.

676. Wer einem Anderen einen Rath oder eine Empfehlung ertheilt, ist, unbeschadet der sich aus einem Vertragsverhältniß oder einer unerlaubten Handlung ergebenden Verantwortlichkeit, zum Ersatze des aus der Befolgung des Rathes oder der Empfehlung entstehenden Schadens nicht verpflichtet.

Elfter Titel. Geschäftsführung ohne Auftrag.

677. Wer ein Geschäft für einen Anderen besorgt, ohne von ihm beauftragt, oder ihm gegenüber sonst dazu berechtigt zu sein, hat das Geschäft so zu führen, wie das Interesse des Geschäftsherrn mit Rücksicht auf dessen wirklichen oder muthmaßlichen Willen es erfordert.

678. Steht die Uebernahme der Geschäftsführung mit dem wirklichen oder dem muthmaßlichen Willen des Geschäftsherrn in Widerspruch und mußte der Geschäftsführer dies erkennen, so ist er dem Geschäftsherrn zum Ersatze des aus der Geschäftsführung entstehenden Schadens auch dann verpflichtet, wenn ihm ein sonstiges Verschulden nicht zur Last fällt.

679. Ein der Geschäftsführung entgegenstehender Wille des Geschäftsherrn kommt nicht in Betracht, wenn ohne die Geschäftsführung eine Pflicht des

146. Vgl. §§ 23, 27 KO.
147. § 851 CPO.
148. Entsprechend § 384 HGB.
149. Ueber die Bedeutung der Eröffnung des Konkurses über das Vermögen des Auftraggebers vgl. § 23 KO. Die Eröffnung des Konkurses über das Vermögen des Beauftragten hat an sich keinen Einfluß auf den Auftrag.
150. Vgl. hierzu §§ 86, 246 CPO; § 52 Abs. 3 HGB.

151. Hierzu gehören auch der Kommissionsvertrag (§§ 383 ff. HGB) und der Speditionsvertrag (§§ 407 ff. HGB).
152. Hierzu gehört der Frachtvertrag (§§ 425 ff. HGB); vgl. auch § 23 Abs. 2 KO.

Geschäftsherrn, deren Erfüllung im öffentlichen Interesse liegt, oder eine gesetzliche Unterhaltspflicht des Geschäftsherrn nicht rechtzeitig erfüllt werden würde.

680. Bezweckt die Geschäftsführung die Abwendung einer dem Geschäftsherrn drohenden dringenden Gefahr, so hat der Geschäftsführer nur Vorsatz und grobe Fahrlässigkeit zu vertreten.

681. Der Geschäftsführer hat die Uebernahme der Geschäftsführung, sobald es thunlich ist, dem Geschäftsherrn anzuzeigen und, wenn nicht mit dem Aufschube Gefahr verbunden ist, dessen Entschließung abzuwarten. Im Uebrigen finden auf die Verpflichtungen des Geschäftsführers die für einen Beauftragten geltenden Vorschriften der §§ 666 bis 668 entsprechende Anwendung.

682. Ist der Geschäftsführer geschäftsunfähig oder in der Geschäftsfähigkeit beschränkt, so ist er nur nach den Vorschriften über den Schadensersatz wegen unerlaubter Handlungen und über die Herausgabe einer ungerechtfertigten Bereicherung verantwortlich.

683. Entspricht die Uebernahme der Geschäftsführung dem Interesse und dem wirklichen oder dem muthmaßlichen Willen des Geschäftsherrn, so kann der Geschäftsführer wie ein Beauftragter Ersatz seiner Aufwendungen verlangen. In den Fällen des § 679 steht dieser Anspruch dem Geschäftsführer zu, auch wenn die Uebernahme der Geschäftsführung mit dem Willen des Geschäftsherrn in Widerspruch steht.

684. Liegen die Voraussetzungen des § 683 nicht vor, so ist der Geschäftsherr verpflichtet, dem Geschäftsführer Alles, was er durch die Geschäftsführung erlangt, nach den Vorschriften über die Herausgabe einer ungerechtfertigten Bereicherung herauszugeben. Genehmigt der Geschäftsherr die Geschäftsführung, so steht dem Geschäftsführer der im § 683 bestimmte Anspruch zu.

685. Dem Geschäftsführer steht ein Anspruch nicht zu, wenn er nicht die Absicht hatte, von dem Geschäftsherrn Ersatz zu verlangen.

Gewähren Eltern oder Voreltern ihren Abkömmlingen oder diese jenen Unterhalt, so ist im Zweifel anzunehmen, daß die Absicht fehlt, von dem Empfänger Ersatz zu verlangen.

686. Ist der Geschäftsführer über die Person des Geschäftsherrn im Irrthume, so wird der wirkliche Geschäftsherr aus der Geschäftsführung berechtigt und verpflichtet.

687. Die Vorschriften der §§ 677 bis 686 finden keine Anwendung, wenn Jemand ein fremdes Geschäft in der Meinung besorgt, daß es sein eigenes sei.

Behandelt Jemand ein fremdes Geschäft als sein eigenes, obwohl er weiß, daß er nicht dazu berechtigt ist, so kann der Geschäftsherr die sich aus den §§ 677, 678, 681, 682 ergebenden Ansprüche geltend machen. Macht er sie geltend, so ist er dem Geschäftsführer nach § 684 Satz 1 verpflichtet.

Zwölfter Titel. Verwahrung.

688. Durch den Verwahrungsvertrag wird der Verwahrer verpflichtet, eine ihm von dem Hinterleger übergebene bewegliche Sache aufzubewahren.[153]

689. Eine Vergütung für die Aufbewahrung gilt als stillschweigend vereinbart, wenn die Aufbewahrung den Umständen nach nur gegen eine Vergütung zu erwarten ist.

690. Wird die Aufbewahrung unentgeltlich übernommen, so hat der Verwahrer nur für diejenige Sorgfalt einzustehen, welche er in eigenen Angelegenheiten anzuwenden pflegt.

691. Der Verwahrer ist im Zweifel nicht berechtigt, die hinterlegte Sache bei einem Dritten zu hinterlegen. Ist die Hinterlegung bei einem Dritten gestattet, so hat der Verwahrer nur ein ihm bei dieser Hinterlegung zur Last fallendes Verschulden zu vertreten. Für das Verschulden eines Gehülfen ist er nach § 278 verantwortlich.

692. Der Verwahrer ist berechtigt, die vereinbarte Art der Aufbewahrung zu ändern, wenn er den Umständen nach annehmen darf, daß der Hinterleger bei Kenntniß der Sachlage die Aenderung billigen würde. Der Verwahrer hat vor der Aenderung dem Hinterleger Anzeige zu machen und dessen Entschließung abzuwarten, wenn nicht mit dem Aufschube Gefahr verbunden ist.

693. Macht der Verwahrer zum Zwecke der Aufbewahrung Aufwendungen, die er den Umständen nach für erforderlich halten darf, so ist der Hinterleger zum Ersatze verpflichtet.

694. Der Hinterleger hat den durch die Beschaffenheit der hinterlegten Sache dem Verwahrer entstehenden Schaden zu ersetzen, es sei denn, daß er die gefahrdrohende Beschaffenheit der Sache bei der Hinterlegung weder kennt noch kennen muß oder daß er sie dem Verwahrer angezeigt oder dieser sie ohne Anzeige gekannt hat.

695. Der Hinterleger kann die hinterlegte Sache jederzeit zurückfordern, auch wenn für die Aufbewahrung eine Zeit bestimmt ist.

696. Der Verwahrer kann, wenn eine Zeit für die Aufbewahrung nicht bestimmt ist, jederzeit die Rücknahme der hinterlegten Sache verlangen. Ist eine Zeit bestimmt, so kann er die vorzeitige Rücknahme nur verlangen, wenn ein wichtiger Grund vorliegt.

697. Die Rückgabe der hinterlegten Sache hat an dem Orte zu erfolgen, an welchem die Sache aufzubewahren war; der Verwahrer ist nicht verpflichtet, die Sache dem Hinterleger zu bringen.

698. Verwendet der Verwahrer hinterlegtes Geld

153. Vgl. G. v. 5. Juli 1896 betreffend die Pflichten der Kaufleute bei Aufbewahrung fremder Werthpapiere.

für sich, so ist er verpflichtet, es von der Zeit der Verwendung an zu verzinsen.

699. Der Hinterleger hat die vereinbarte Vergütung bei der Beendigung der Aufbewahrung zu entrichten. Ist die Vergütung nach Zeitabschnitten bemessen, so ist sie nach dem Ablaufe der einzelnen Zeitabschnitte zu entrichten.

Endigt die Aufbewahrung vor dem Ablaufe der für sie bestimmten Zeit, so kann der Verwahrer einen seinen bisherigen Leistungen entsprechenden Theil der Vergütung verlangen, sofern nicht aus der Vereinbarung über die Vergütung sich ein Anderes ergiebt.

700. Werden vertretbare Sachen in der Art hinterlegt, daß das Eigenthum auf den Verwahrer übergehen und dieser verpflichtet sein soll, Sachen von gleicher Art, Güte und Menge zurückzugewähren, so finden die Vorschriften über das Darlehen Anwendung. Gestattet der Hinterleger dem Verwahrer, hinterlegte vertretbare Sachen zu verbrauchen, so finden die Vorschriften über das Darlehen von dem Zeitpunkt an Anwendung, in welchem der Verwahrer sich die Sache aneignet. In beiden Fällen bestimmen sich jedoch Zeit und Ort der Rückgabe im Zweifel nach den Vorschriften über den Verwahrungsvertrag.

Bei der Hinterlegung von Werthpapieren ist eine Vereinbarung der im Abs. 1 bezeichneten Art nur gültig, wenn sie ausdrücklich getroffen wird.[154]

Dreizehnter Titel.
Einbringung von Sachen bei Gastwirthen.

701. Ein Gastwirth, der gewerbsmäßig Fremde zur Beherbergung aufnimmt, hat einem im Betriebe dieses Gewerbes aufgenommenen Gaste den Schaden zu ersetzen, den der Gast durch den Verlust oder die Beschädigung eingebrachter Sachen erleidet. Die Ersatzpflicht tritt nicht ein, wenn der Schaden von dem Gaste, einem Begleiter des Gastes oder einer Person, die er bei sich aufgenommen hat, verursacht wird oder durch die Beschaffenheit der Sachen oder durch höhere Gewalt entsteht.

Als eingebracht gelten die Sachen, welche der Gast dem Gastwirth oder Leuten des Gastwirths, die zur Entgegennahme der Sachen bestellt oder nach den Umständen als dazu bestellt anzusehen waren, übergeben oder an einen ihm von diesen angewiesenen Ort oder in Ermangelung einer Anweisung an den hierzu bestimmten Ort gebracht hat.

Ein Anschlag, durch den der Gastwirth die Haftung ablehnt, ist ohne Wirkung.

702. Für Geld, Werthpapiere und Kostbarkeiten haftet der Gastwirth nach § 701 nur bis zu dem Betrage von eintausend Mark, es sei denn, daß er diese Gegenstände in Kenntniß ihrer Eigenschaft als Werthsachen zur Aufbewahrung übernimmt oder die Aufbewahrung ablehnt oder daß der Schaden von ihm oder von seinen Leuten verschuldet wird.

703. Der dem Gaste auf Grund der §§ 701, 702 zustehende Anspruch erlischt, wenn nicht der Gast unverzüglich, nachdem er von dem Verlust oder der Beschädigung Kenntniß erlangt hat, dem Gastwirth Anzeige macht. Der Anspruch erlischt nicht, wenn die Sachen dem Gastwirthe zur Aufbewahrung übergeben waren.

704. Der Gastwirth hat für seine Forderungen für Wohnung und andere dem Gaste zur Befriedigung seiner Bedürfnisse gewährte Leistungen, mit Einschluß der Auslagen, ein Pfandrecht an den eingebrachten Sachen des Gastes. Die für das Pfandrecht des Vermiethers geltenden Vorschriften des § 559 Satz 3 und der §§ 560 bis 563 finden entsprechende Anwendung.[155]

Vierzehnter Titel. Gesellschaft.[156]

705. Durch den Gesellschaftsvertrag verpflichten sich die Gesellschafter gegenseitig, die Erreichung eines gemeinsamen Zweckes in der durch den Vertrag bestimmten Weise zu fördern, insbesondere die vereinbarten Beiträge zu leisten.

706. Die Gesellschafter haben in Ermangelung einer anderen Vereinbarung gleiche Beiträge zu leisten.

Sind vertretbare oder verbrauchbare Sachen beizutragen, so ist im Zweifel anzunehmen, daß sie gemeinschaftliches Eigenthum der Gesellschafter werden sollen. Das Gleiche gilt von nicht vertretbaren und nicht verbrauchbaren Sachen, wenn sie nach einer Schätzung beizutragen sind, die nicht blos für die Gewinnvertheilung bestimmt ist.

Der Beitrag eines Gesellschafters kann auch in der Leistung von Diensten bestehen.

707. Zur Erhöhung des vereinbarten Beitrags oder zur Ergänzung der durch Verlust verminderten Einlage ist ein Gesellschafter nicht verpflichtet.

708. Ein Gesellschafter hat bei der Erfüllung der ihm obliegenden Verpflichtungen nur für diejenige Sorgfalt einzustehen, welche er in eigenen Angelegenheiten anzuwenden pflegt.

709. Die Führung der Geschäfte der Gesellschaft steht den Gesellschaftern gemeinschaftlich zu; für

---

154. Vgl. hierzu RG v. 5. Juli 1896 betreffend die Pflichten der Kaufleute bei Aufbewahrung fremder Werthpapiere.

155. § 49a KO.

156. Hierher gehörige Bestimmungen des EG: Artt. 65, 66, 67, 69, 83, 113. Die Vorschriften über die Handelsgesellschaften finden sich in den §§ 105 ff. HGB.

Die reichsgesetzlichen Vorschriften über besondere Arten von Gesellschaften bleiben bestehen; insbes. auch

RG v. 20. April 1892 betr. Gesellschaften mit beschränkter Haftung.

RG v. 1. Mai 1889 betr. Erwerbs- und Wirthschafts-Genossenschaften.

jedes Geschäft ist die Zustimmung aller Gesellschafter erforderlich.

Hat nach dem Gesellschaftsvertrage die Mehrheit der Stimmen zu entscheiden, so ist die Mehrheit im Zweifel nach der Zahl der Gesellschafter zu berechnen.

710. Ist in dem Gesellschaftsvertrage die Führung der Geschäfte einem Gesellschafter oder mehreren Gesellschaftern übertragen, so sind die übrigen Gesellschafter von der Geschäftsführung ausgeschlossen. Ist die Geschäftsführung mehreren Gesellschaftern übertragen, so finden die Vorschriften des § 709 entsprechende Anwendung.

711. Steht nach dem Gesellschaftsvertrage die Führung der Geschäfte allen oder mehreren Gesellschaftern in der Art zu, daß jeder allein zu handeln berechtigt ist, so kann jeder der Vornahme eines Geschäfts durch den anderen widersprechen. Im Falle des Widerspruchs muß das Geschäft unterbleiben.

712. Die einem Gesellschafter durch den Gesellschaftsvertrag übertragene Befugniß zur Geschäftsführung kann ihm durch einstimmigen Beschluß oder, falls nach dem Gesellschaftsvertrage die Mehrheit der Stimmen entscheidet, durch Mehrheitsbeschluß der übrigen Gesellschafter entzogen werden, wenn ein wichtiger Grund vorliegt; ein solcher Grund ist insbesondere grobe Pflichtverletzung oder Unfähigkeit zur ordnungsmäßigen Geschäftsführung.

Der Gesellschafter kann auch seinerseits die Geschäftsführung kündigen, wenn ein wichtiger Grund vorliegt; die für den Auftrag geltenden Vorschriften des § 671 Abs. 2, 3 finden entsprechende Anwendung.[157]

713. Die Rechte und Verpflichtungen der geschäftsführenden Gesellschafter bestimmen sich nach den für den Auftrag geltenden Vorschriften der der §§ 664 bis 670, soweit sich nicht aus dem Gesellschaftsverhältniß ein Anderes ergiebt.

714. Soweit einem Gesellschafter nach dem Gesellschaftsvertrage die Befugniß zur Geschäftsführung zusteht, ist er im Zweifel auch ermächtigt, die anderen Gesellschafter Dritten gegenüber zu vertreten.[158]

715. Ist im Gesellschaftsvertrag ein Gesellschafter ermächtigt, die anderen Gesellschafter Dritten gegenüber zu vertreten, so kann die Vertretungsmacht nur nach Maßgabe des § 712 Abs. 1 und, wenn sie in Verbindung mit der Befugniß zur Geschäftsführung ertheilt worden ist, nur mit dieser entzogen werden.[159]

716. Ein Gesellschafter kann, auch wenn er von der Geschäftsführung ausgeschlossen ist, sich von den Angelegenheiten der Gesellschaft persönlich unterrichten, die Geschäftsbücher und die Papiere der Gesellschaft einsehen und sich aus ihnen eine Uebersicht über den Stand des Gesellschaftsvermögens anfertigen.

Eine dieses Recht ausschließende oder beschränkende Vereinbarung steht der Geltendmachung des Rechtes nicht entgegen, wenn Grund zu der Annahme unredlicher Geschäftsführung besteht.

717. Die Ansprüche, die den Gesellschaftern aus dem Gesellschaftsverhältnisse gegen einander zustehen, sind nicht übertragbar. Ausgenommen sind die einem Gesellschafter aus seiner Geschäftsführung zustehenden Ansprüche, soweit deren Befriedigung vor der Auseinandersetzung verlangt werden kann, sowie die Ansprüche auf einen Gewinnantheil oder auf dasjenige, was dem Gesellschafter bei der Auseinandersetzung zukommt.

718. Die Beiträge der Gesellschafter und die durch Geschäftsführung für die Gesellschaft erworbenen Gegenstände werden gemeinschaftliches Vermögen der Gesellschafter (Gesellschaftsvermögen).

Zu dem Gesellschaftsvermögen gehört auch, was auf Grund eines zu dem Gesellschaftsvermögen gehörenden Rechtes oder als Ersatz für die Zerstörung, Beschädigung oder Entziehung eines zu dem Gesellschaftsvermögen gehörenden Gegenstandes erworben wird.[160]

719. Ein Gesellschafter kann nicht über seinen Antheil an dem Gesellschaftsvermögen und an den einzelnen dazu gehörenden Gegenständen verfügen; er ist nicht berechtigt, Theilung zu verlangen.

Gegen eine Forderung, die zum Gesellschaftsvermögen gehört, kann der Schuldner nicht eine ihm gegen einen einzelnen Gesellschafter zustehende Forderung aufrechnen.[161]

720. Die Zugehörigkeit einer nach § 718 Abs. 1 erworbenen Forderung zum Gesellschafsvermögen hat der Schuldner erst dann gegen sich gelten zu lassen, wenn er von der Zugehörigkeit Kenntniß erlangt; die Vorschriften der §§ 406 bis 408 finden entsprechende Anwendung.

721. Ein Gesellschafter kann den Rechnungsabschluß und die Vertheilung des Gewinns und Verlustes erst nach der Auflösung der Gesellschaft verlangen.

Ist die Gesellschaft von längerer Dauer, so hat der Rechnungsabschluß und die Gewinnvertheilung im Zweifel am Schlusse jedes Geschäftsjahrs zu erfolgen.

722. Sind die Antheile der Gesellschafter am

157. Bei der offenen Handelsgesellschaft ist die Entziehung nur durch gerichtliche Entscheidung zulässig (§ 117 HGB).

158. Vgl. § 125 Abs. 1 HGB.

159. Vgl. §§ 125 Abs. 4, 127 HGB bzgl. der offenen Handelsgesellschaften.

160. Wegen der Zwangsvollstreckung in das Gesellschaftsvermögen vgl. § 736 CPO; vgl. auch § 48 GBO.

161. Der Antheil eines Gesellschafters an dem Gesellschaftsvermögen kann gepfändet werden, nicht aber dessen Antheil an den einzelnen zu dem Gesellschaftsvermögen gehörenden Gegenständen; § 859 Abs. 1 CPO. Wirkung der Pfändung des Antheils am Gesellschaftsvermögen behandelt § 725 BGB.

Gewinn und Verluste nicht bestimmt, so hat jeder Gesellschafter ohne Rücksicht auf die Art und die Größe seines Beitrags einen gleichen Antheil am Gewinn und Verluste.

Ist nur der Antheil am Gewinn oder am Verluste bestimmt, so gilt die Bestimmung im Zweifel für Gewinn und Verlust.[162]

§ 723. Ist die Gesellschaft nicht für eine bestimmte Zeit eingegangen, so kann jeder Gesellschafter sie jederzeit kündigen. Ist eine Zeitdauer bestimmt, so ist die Kündigung vor dem Ablaufe der Zeit zulässig, wenn ein wichtiger Grund vorliegt; ein solcher Grund ist insbesondere vorhanden, wenn ein anderer Gesellschafter eine ihm nach dem Gesellschaftsvertrag obliegende wesentliche Verpflichtung vorsätzlich oder aus grober Fahrlässigkeit verletzt oder wenn die Erfüllung einer solchen Verpflichtung unmöglich wird. Unter der gleichen Voraussetzung ist, wenn eine Kündigungsfrist bestimmt ist, die Kündigung ohne Einhaltung der Frist zulässig.

Die Kündigung darf nicht zur Unzeit geschehen, es sei denn, daß ein wichtiger Grund für die unzeitige Kündigung vorliegt. Kündigt ein Gesellschafter ohne solchen Grund zur Unzeit, so hat er den übrigen Gesellschaftern den daraus entstehenden Schaden zu ersetzen.

Eine Vereinbarung, durch welche das Kündigungsrecht ausgeschlossen oder diesen Vorschriften zuwider beschränkt wird, ist nichtig.[163]

724. Ist eine Gesellschaft für die Lebenszeit eines Gesellschafters eingegangen, so kann sie in gleicher Weise gekündigt werden wie eine für unbestimmte Zeit eingegangene Gesellschaft. Dasselbe gilt, wenn eine Gesellschaft nach dem Ablaufe der bestimmten Zeit stillschweigend fortgesetzt wird.

725. Hat ein Gläubiger eines Gesellschafters die Pfändung des Antheils des Gesellschafters an dem Gesellschaftsvermögen erwirkt, so kann er die Gesellschaft ohne Einhaltung einer Kündigungsfrist kündigen, sofern der Schuldtitel nicht blos vorläufig vollstreckbar ist.

Solange die Gesellschaft besteht, kann der Gläubiger die sich aus dem Gesellschaftsverhältniß ergebenden Rechte des Gesellschafters, mit Ausnahme des Anspruchs auf einen Gewinnantheil, nicht geltend machen.[164]

726. Die Gesellschaft endigt, wenn der vereinbarte Zweck erreicht oder dessen Erreichung unmöglich geworden ist.

727. Die Gesellschaft wird durch den Tod eines der Gesellschafter aufgelöst, sofern nicht aus dem Gesellschaftsvertrage sich ein Anderes ergiebt.

Im Falle der Auflösung hat der Erbe des verstorbenen Gesellschafters den übrigen Gesellschaftern den Tod unverzüglich anzuzeigen und, wenn mit dem Aufschube Gefahr verbunden ist, die seinem Erblasser durch den Gesellschaftsvertrag übertragenen Geschäfte fortzuführen, bis die übrigen Gesellschafter in Gemeinschaft mit ihm anderweit Fürsorge treffen können. Die übrigen Gesellschafter sind in gleicher Weise zur einstweiligen Fortführung der ihnen übertragenen Geschäfte verpflichtet. Die Gesellschaft gilt insoweit als fortbestehend.

728. Die Gesellschaft wird durch die Eröffnung des Konkurses über das Vermögen eines Gesellschafters aufgelöst. Die Vorschriften des § 727 Abs. 2 Satz 2, 3 finden Anwendung.[165]

729. Wird die Gesellschaft in anderer Weise als durch Kündigung aufgelöst, so gilt die einem Gesellschafter durch den Gesellschaftsvertrag übertragene Befugniß zur Geschäftsführung zu seinen Gunsten gleichwohl als fortbestehend, bis er von der Auflösung Kenntniß erlangt oder die Auflösung kennen muß.

730. Nach der Auflösung der Gesellschaft findet in Ansehung des Gesellschaftsvermögens die Auseinandersetzung unter den Gesellschaftern statt.

Für die Beendigung der schwebenden Geschäfte, für die dazu erforderliche Eingehung neuer Geschäfte sowie für die Erhaltung und Verwaltung des Gesellschaftsvermögens gilt die Gesellschaft als fortbestehend, soweit der Zweck der Auseinandersetzung es erfordert. Die einem Gesellschafter nach dem Gesellschaftsvertrage zustehende Befugniß zur Geschäftsführung erlischt jedoch, wenn nicht aus dem Vertrage sich ein Anderes ergiebt, mit der Auflösung der Gesellschaft; die Geschäftsführung steht von der Auflösung an allen Gesellschaftern gemeinschaftlich zu.[166]

731. Die Auseinandersetzung erfolgt in Ermangelung einer anderen Vereinbarung in Gemäßheit der §§ 732 bis 735. Im Uebrigen gelten für die Theilung die Vorschriften über die Gemeinschaft.

732. Gegenstände, die ein Gesellschafter der Gesellschaft zur Benutzung überlassen hat, sind ihm zurückzugeben. Für einen durch Zufall in Abgang gekommenen oder verschlechterten Gegenstand kann er nicht Ersatz verlangen.

733. Aus dem Gesellschaftsvermögen sind zunächst die gemeinschaftlichen Schulden mit Einschluß derjenigen zu berichtigen, welche den Gläubigern gegenüber unter den Gesellschaftern getheilt sind oder für welche einem Gesellschafter die übrigen Gesellschafter als Schuldner haften. Ist eine Schuld noch nicht fällig oder ist sie streitig, so ist das zur Berichtigung Erforderliche zurückzubehalten.

Aus dem nach der Berichtigung der Schulden übrig bleibenden Gesellschaftsvermögen sind die Einlagen zurückzuerstatten. Für Einlagen, die nicht in Geld bestanden haben, ist der Werth zu er-

162. Vgl. § 121 HGB.
163. Vgl. §§ 132, 133 HGB.
164. Vgl. § 859 Abs. 1 CPO; § 135 HGB.
165. Vgl. hierzu die §§ 16, 28, 51 KO.
166. Vgl. §§ 145 ff. HGB.

setzen, den sie zur Zeit der Einbringung gehabt haben. Für Einlagen, die in der Leistung von Diensten oder in der Ueberlassung der Benutzung eines Gegenstandes bestanden haben, kann nicht Ersatz verlangt werden.

Zur Berichtigung der Schulden und zur Rückerstattung der Einlagen ist das Gesellschaftsvermögen, soweit erforderlich, in Geld umzusetzen.

734. Verbleibt nach der Berichtigung der gemeinschaftlichen Schulden und der Rückerstattung der Einlagen ein Ueberschuß, so gebührt er den Gesellschaftern nach dem Verhältniß ihrer Antheile am Gewinne.

735. Reicht das Gesellschaftsvermögen zur Berichtigung der gemeinschaftlichen Schulden und zur Rückerstattung der Einlagen nicht aus, so haben die Gesellschafter für den Fehlbetrag nach dem Verhältniß aufzukommen, nach welchem sie den Verlust zu tragen haben. Kann von einem Gesellschafter der auf ihn entfallende Beitrag nicht erlangt werden, so haben die übrigen Gesellschafter den Ausfall nach dem gleichen Verhältnisse zu tragen.

736. Ist im Gesellschaftsvertrage bestimmt, daß, wenn ein Gesellschafter kündigt oder stirbt oder wenn der Konkurs über sein Vermögen eröffnet wird, die Gesellschaft unter den übrigen Gesellschaftern fortbestehen soll, so scheidet bei dem Eintritt eines solchen Ereignisses der Gesellschafter, in dessen Person es eintritt, aus der Gesellschaft aus.

737. Ist im Gesellschaftsvertrage bestimmt, daß, wenn ein Gesellschafter kündigt, die Gesellschaft unter den übrigen Gesellschaftern fortbestehen soll, so kann ein Gesellschafter, in dessen Person ein die übrigen Gesellschafter nach § 723 Abs. 1 Satz 2 zur Kündigung berechtigender Umstand eintritt, aus der Gesellschaft ausgeschlossen werden. Das Ausschließungsrecht steht den übrigen Gesellschaftern gemeinschaftlich zu. Die Ausschließung erfolgt durch Erklärung gegenüber dem auszuschließenden Gesellschafter.

738. Scheidet ein Gesellschafter aus der Gesellschaft aus, so wächst sein Antheil am Gesellschaftsvermögen den übrigen Gesellschaftern zu. Diese sind verpflichtet, dem Ausscheidenden die Gegenstände, die er der Gesellschaft zur Benutzung überlassen hat, nach Maßgabe des § 732 zurückzugeben, ihn von den gemeinschaftlichen Schulden zu befreien und ihm dasjenige zu zahlen, was er bei der Auseinandersetzung erhalten würde, wenn die Gesellschaft zur Zeit seines Ausscheidens aufgelöst worden wäre. Sind gemeinschaftliche Schulden noch nicht fällig, so können die übrigen Gesellschafter dem Ausscheidenden, statt ihn zu befreien, Sicherheit leisten.

Der Werth des Gesellschaftsvermögens ist, soweit erforderlich, im Wege der Schätzung zu ermitteln.

739. Reicht der Werth des Gesellschaftsvermögens zur Deckung der gemeinschaftlichen Schulden und der Einlagen nicht aus, so hat der Ausscheidende den übrigen Gesellschaftern für den Fehlbetrag nach dem Verhältnisse seines Antheils am Verlust aufzukommen.

740. Der Ausgeschiedene nimmt an dem Gewinn und dem Verluste Theil, welcher sich aus den zur Zeit seines Ausscheidens schwebenden Geschäften ergiebt. Die übrigen Gesellschafter sind berechtigt, diese Geschäfte so zu beendigen, wie es ihnen am vortheilhaftesten erscheint.

Der Ausgeschiedene kann am Schlusse jedes Geschäftsjahrs Rechenschaft über die inzwischen beendigten Geschäfte, Auszahlung des ihm gebührenden Betrags und Auskunft über den Stand der noch schwebenden Geschäfte verlangen.

Fünfzehnter Titel. Gemeinschaft.[167]

741. Steht ein Recht Mehreren gemeinschaftlich zu, so finden, sofern sich nicht aus dem Gesetz ein Anderes ergiebt, die Vorschriften der §§ 742 bis 758 Anwendung (Gemeinschaft nach Bruchtheilen).

742. Im Zweifel ist anzunehmen, daß den Theilhabern gleiche Antheile zustehen.

743. Jedem Theilhaber gebührt ein seinem Antheil entsprechender Bruchtheil der Früchte.

Jeder Theilhaber ist zum Gebrauche des gemeinschaftlichen Gegenstands insoweit befugt, als nicht der Mitgebrauch der übrigen Theilhaber beeinträchtigt wird.

744. Die Verwaltung des gemeinschaftlichen Gegenstandes steht den Teilhabern gemeinschaftlich zu.

Jeder Theilhaber ist berechtigt, die zur Erhaltung des Gegenstandes nothwendigen Maßregeln ohne Zustimmung der anderen Theilhaber zu treffen; er kann verlangen, daß diese ihre Einwilligung zu einer solchen Maßregel im voraus ertheilen.

745. Durch Stimmenmehrheit kann eine der Beschaffenheit des gemeinschaftlichen Gegenstandes entsprechende ordnungsmäßige Verwaltung und Benutzung beschlossen werden. Die Stimmenmehrheit ist nach der Größe der Antheile zu berechnen.

Jeder Theilhaber kann, sofern nicht die Verwaltung und Benutzung durch Vereinbarung oder durch Mehrheitsbeschluß geregelt ist, eine dem Interesse aller Theilhaber nach billigem Ermessen entsprechende Verwaltung und Benutzung verlangen.

Eine wesentliche Veränderung des Gegenstandes kann nicht beschlossen oder verlangt werden. Das Recht des einzelnen Theilhabers auf einen seinem Antheil entsprechenden Bruchtheil der Nutzungen kann nicht ohne seine Zustimmung beeinträchtigt werden.

746. Haben die Theilhaber die Verwaltung und Benutzung des gemeinschaftlichen Gegenstandes geregelt, so wirkt die getroffene Bestimmung auch für und gegen die Sondernachfolger.

167. Hierauf bezügliche Bestimmungen des EG: Artt. 113, 131, 173, 181 Abs. 2, 182 (vgl. § 48 GBO).

747. Jeder Theilhaber kann über seinen Antheil verfügen. Ueber den gemeinschaftlichen Gegenstand im Ganzen können die Theilhaber nur gemeinschaftlich verfügen.

748. Jeder Theilhaber ist den anderen Theilhabern gegenüber verpflichtet, die Lasten des gemeinschaftlichen Gegenstandes sowie die Kosten der Erhaltung, der Verwaltung und einer gemeinschaftlichen Benutzung nach dem Verhältnisse seines Antheils zu tragen.

749.[168] Jeder Theilhaber kann jederzeit die Aufhebung der Gemeinschaft verlangen.

Wird das Recht, die Aufhebung zu verlangen, durch Vereinbarung für immer oder auf Zeit ausgeschlossen, so kann die Aufhebung gleichwohl verlangt werden, wenn ein wichtiger Grund vorliegt. Unter der gleichen Voraussetzung kann, wenn eine Kündigungsfrist bestimmt wird, die Aufhebung ohne Einhaltung der Frist verlangt werden.

Eine Vereinbarung, durch welche das Recht, die Aufhebung zu verlangen, diesen Vorschriften zuwider ausgeschlossen oder beschränkt wird, ist nichtig.

750. Haben die Theilhaber das Recht, die Aufhebung der Gemeinschaft zu verlangen, auf Zeit ausgeschlossen, so tritt die Vereinbarung im Zweifel mit dem Tode eines Theilhabers außer Kraft.

751. Haben die Theilhaber das Recht, die Aufhebung der Gemeinschaft zu verlangen, für immer oder auf Zeit ausgeschlossen oder eine Kündigungsfrist bestimmt, so wirkt die Vereinbarung auch für und gegen die Sondernachfolger. Hat ein Gläubiger die Pfändung des Antheils eines Theilhabers erwirkt, so kann er ohne Rücksicht auf die Vereinbarung die Aufhebung der Gemeinschaft verlangen, sofern der Schuldtitel nicht blos vorläufig vollstreckbar ist.[169]

752. Die Aufhebung der Gemeinschaft erfolgt durch Theilung in Natur, wenn der gemeinschaftliche Gegenstand oder, falls mehrere Gegenstände gemeinschaftlich sind, diese sich ohne Verminderung des Werthes in gleichartige, den Antheilen der Theilhaber entsprechende Theile zerlegen lassen. Die Vertheilung gleicher Theile unter die Theilhaber geschieht durch das Loos.[170]

753. Ist die Theilung in Natur ausgeschlossen, so erfolgt die Aufhebung der Gemeinschaft durch Verkauf des gemeinschaftlichen Gegenstandes nach den Vorschriften über den Pfandverkauf,[171] bei Grundstücken durch Zwangsversteigerung,[172] und durch Theilung des Erlöses. Ist die Veräußerung an einen Dritten unstatthaft, so ist der Gegenstand unter den Theilhabern zu versteigern.

Hat der Versuch, den Gegenstand zu verkaufen, keinen Erfolg, so kann jeder Theilhaber die Wiederholung verlangen; er hat jedoch die Kosten zu tragen, wenn der wiederholte Versuch mißlingt.

754. Der Verkauf einer gemeinschaftlichen Forderung ist nur zulässig, wenn sie noch nicht eingezogen werden kann. Ist die Einziehung möglich, so kann jeder Theilhaber gemeinschaftliche Einziehung verlangen.

755. Haften die Theilhaber als Gesammtschuldner für eine Verbindlichkeit, die sie in Gemäßheit des § 748 nach dem Verhältniß ihrer Antheile zu erfüllen haben oder die sie zum Zwecke der Erfüllung einer solchen Verbindlichkeit eingegangen sind, so kann jeder Theilhaber bei der Aufhebung der Gemeinschaft verlangen, daß die Schuld aus dem gemeinschaftlichen Gegenstande berichtigt wird.

Der Anspruch kann auch gegen die Sondernachfolger geltend gemacht werden.

Soweit zur Berichtigung der Schuld der Verkauf des gemeinschaftlichen Gegenstandes erforderlich ist, hat der Verkauf nach § 753 zu erfolgen.[173]

756. Hat ein Theilhaber gegen einen andern Theilhaber eine Forderung, die sich auf die Gemeinschaft gründet, so kann er bei der Aufhebung der Gemeinschaft die Berichtigung seiner Forderung aus dem auf den Schuldner entfallenden Theile des gemeinschaftlichen Gegenstandes verlangen. Die Vorschriften des § 755 Abs. 2, 3 finden Anwendung.[174]

757. Wird bei der Aufhebung der Gemeinschaft ein gemeinschaftlicher Gegenstand einem der Theilhaber zugetheilt, so hat wegen eines Mangels im Rechte oder wegen eines Mangels der Sache jeder der übrigen Theilhaber zu seinem Antheil in gleicher Weise wie ein Verkäufer Gewähr zu leisten.

758. Der Anspruch auf Aufhebung der Gemeinschaft unterliegt nicht der Verjährung.

Sechzehnter Titel. Leibrente.

759. Wer zur Gewährung einer Leibrente verpflichtet ist, hat die Rente im Zweifel für die Lebensdauer des Gläubigers zu entrichten.

Der für die Rente bestimmte Betrag ist im Zweifel der Jahresbetrag der Rente.[175]

760. Die Leibrente ist im voraus zu entrichten

Eine Geldrente ist für drei Monate voraus zuzahlen; bei einer anderen Rente bestimmt sich der Zeitabschnitt, für den sie im voraus zu entrichten ist, nach der Beschaffenheit und dem Zwecke der Rente.

Hat der Gläubiger den Beginn des Zeitabschnitts erlebt, für den die Rente im voraus zu

168. Vgl. Art. 131 EG.

169. Für den Fall der Eröffnung eines Konkurses über das Vermögen eines Theilhabers enthält § 16 KO Bestimmung.

170. Vgl. § 24 CPO.

171. §§ 1235 ff. BGB.

172. §§ 180 ff. ZVG.

173. Vgl. § 1010 Abs. 2 BGB.

174. Vgl. vorige Bem.

175. Vgl. § 850³ CPO.

entrichten ist, so gebührt ihm der volle auf den Zeitabschnitt entfallende Betrag.[176]

761. Zur Gültigkeit eines Vertrags, durch den eine Leibrente versprochen wird, ist, soweit nicht eine andere Form vorgeschrieben ist, schriftliche Ertheilung des Versprechens erforderlich.

Siebzehnter Titel. Spiel. Wette.

762. Durch Spiel oder durch Wette wird eine Verbindlichkeit nicht begründet. Das auf Grund des Spieles oder der Wette Geleistete kann nicht deshalb zurückgefordert werden, weil eine Verbindlichkeit nicht bestanden hat.

Diese Vorschriften gelten auch für eine Vereinbarung, durch die der verlierende Theil zum Zwecke der Erfüllung einer Spiel- oder einer Wettschuld dem gewinnenden Theile gegenüber eine Verbindlichkeit eingeht, insbesondere für ein Schuldanerkenntniß.

763. Ein Lotterievertrag oder ein Ausspielvertrag ist verbindlich, wenn die Lotterie oder die Ausspielung staatlich genehmigt ist. Anderenfalls finden die Vorschriften des § 762 Anwendung.

764. Wird ein auf Lieferung von Waaren[177] oder Werthpapieren lautender Vertrag in der Absicht geschlossen, daß der Unterschied zwischen dem vereinbarten Preise und dem Börsen- oder Marktpreise der Lieferungszeit von dem verlierenden Theile an den gewinnenden gezahlt werden soll, so ist der Vertrag als Spiel anzusehen.[178] Dies gilt auch dann, wenn nur die Absicht des einen Theiles auf die Zahlung des Unterschieds gerichtet ist, der andere Theil aber diese Absicht kennt oder kennen muß.

Achtzehnter Titel. Bürgschaft.

765. Durch den Bürgschaftsvertrag verpflichtet sich der Bürge gegenüber dem Gläubiger eines Dritten, für die Erfüllung der Verbindlichkeit des Dritten einzustehen.

Die Bürgschaft kann auch für eine künftige oder eine bedingte Verbindlichkeit übernommen werden.

766. Zur Gültigkeit des Bürgschaftsvertrags ist schriftliche Ertheilung der Bürgschaftserklärung erforderlich. Soweit der Bürge die Hauptverbindlichkeit erfüllt, wird der Mangel der Form geheilt.[179]

767. Für die Verpflichtung des Bürgen ist der jeweilige Bestand der Hauptverbindlichkeit maßgebend. Dies gilt insbesondere auch, wenn die Hauptverbindlichkeit durch Verschulden oder Verzug des Hauptschuldners geändert wird. Durch ein Rechtsgeschäft, das der Hauptschuldner nach der Uebernahme der Bürgschaft vornimmt, wird die Verpflichtung des Bürgen nicht erweitert.[180]

Der Bürge haftet für die dem Gläubiger von dem Hauptschuldner zu ersetzenden Kosten der Kündigung und der Rechtsverfolgung.

768. Der Bürge kann die dem Hauptschuldner zustehenden Einreden geltend machen. Stirbt der Hauptschuldner, so kann sich der Bürge nicht darauf berufen, daß der Erbe für die Verbindlichkeit nur beschränkt haftet.

Der Bürge verliert eine Einrede nicht dadurch, daß der Hauptschuldner auf sie verzichtet.

769. Verbürgen sich Mehrere für dieselbe Verbindlichkeit, so haften sie als Gesammtschuldner, auch wenn sie die Bürgschaft nicht gemeinschaftlich übernehmen.

770. Der Bürge kann die Befriedigung des Gläubigers verweigern, solange dem Hauptschuldner das Recht zusteht, das seiner Verbindlichkeit zu Grunde liegende Rechtsgeschäft anzufechten.

Die gleiche Befugniß hat der Bürge, solange sich der Gläubiger durch Aufrechnung gegen eine fällige Forderung des Hauptschuldners befriedigen kann.

771. Der Bürge kann die Befriedigung des Gläubigers verweigern, solange nicht der Gläubiger eine Zwangsvollstreckung gegen den Hauptschuldner ohne Erfolg versucht hat (Einrede der Vorausklage).[181]

772. Besteht die Bürgschaft für eine Geldforderung, so muß die Zwangsvollstreckung in die beweglichen Sachen des Hauptschuldners an seinem Wohnsitz und, wenn der Hauptschuldner an einem anderen Orte eine gewerbliche Niederlassung hat, auch an diesem Orte, in Ermangelung eines Wohnsitzes und einer gewerblichen Niederlassung an seinem Aufenthaltsorte versucht werden.

Steht dem Gläubiger ein Pfandrecht oder ein Zurückbehaltungsrecht[182] an einer beweglichen Sache des Hauptschuldners zu, so muß er auch aus dieser Sache Befriedigung suchen. Steht dem Gläubiger ein solches Recht an der Sache auch für eine andere Forderung zu, so gilt dies nur, wenn beide Forderungen durch den Werth der Sache gedeckt werden.[183]

773. Die Einrede der Vorausklage ist ausgeschlossen:

1. wenn der Bürge auf die Einrede verzichtet, insbesondere wenn er sich als Selbstschuldner verbürgt hat;

---

176. Bezüglich der Klage auf Zahlung einer künftigen Rente vgl. §§ 258, 259 CPO.

177. Vgl. § 1 Abs. 2 Nr. 1 HGB.

178. Ueber Börsentermingeschäfte vgl. §§ 48, 66—69 Börseng. v. 22. Juni 1896 und Art. 14 V EG z. HGB.

179. Ist die Bürgschaft auf Seiten des Bürgen ein Handelsgeschäft, so genügt mündliche Form nach § 350 HGB (vgl. auch § 351 HGB).

180. Bzgl. der Haftung des Bürgen im Falle eines Zwangsvergleichs vgl. § 193 Satz 2 KO.

181. Anders § 349 HGB.

182. § 273 BGB; §§ 369—372 HGB.

183. Vgl. hierzu § 777 CPO.

2. wenn die Rechtsverfolgung gegen den Hauptschuldner in Folge einer nach der Uebernahme der Bürgschaft eingetretenen Aenderung des Wohnsitzes, der gewerblichen Niederlassung oder des Aufenthaltsorts des Hauptschuldners wesentlich erschwert ist;
3. wenn über das Vermögen des Hauptschuldners der Konkurs eröffnet ist;[184]
4. wenn anzunehmen ist, daß die Zwangsvollstreckung in das Vermögen des Hauptschuldners nicht zur Befriedigung des Gläubigers führen wird.[185]

In den Fällen der Nr. 3, 4 ist die Einrede insoweit zulässig, als sich der Gläubiger aus einer beweglichen Sache des Hauptschuldners befriedigen kann, an der er ein Pfandrecht oder ein Zurückbehaltungsrecht hat; die Vorschrift des § 772 Abs. 2 Satz 2 findet Anwendung.

774. Soweit der Bürge den Gläubiger befriedigt, geht die Forderung des Gläubigers gegen den Hauptschuldner auf ihn über. Der Uebergang kann nicht zum Nachtheile des Gläubigers geltend gemacht werden. Einwendungen des Hauptschuldners aus einem zwischen ihm und dem Bürgen bestehenden Rechtsverhältnisse bleiben unberührt.

Mitbürgen haften einander nur nach § 426.

775. Hat sich der Bürge im Auftrage des Hauptschuldners verbürgt oder stehen ihm nach den Vorschriften über die Geschäftsführung ohne Auftrag wegen der Uebernahme der Bürgschaft die Rechte eines Beauftragten gegen den Hauptschuldner zu, so kann er von diesem Befreiung von der Bürgschaft verlangen:

1. wenn sich die Vermögensverhältnisse des Hauptschuldners wesentlich verschlechtert haben;
2. wenn die Rechtsverfolgung gegen den Hauptschuldner in Folge einer nach der Uebernahme der Bürgschaft eingetretenen Aenderung des Wohnsitzes, der gewerblichen Niederlassung oder des Aufenthaltsorts des Hauptschuldners wesentlich erschwert ist;
3. wenn der Hauptschuldner mit der Erfüllung seiner Verbindlichkeit im Verzug ist;
4. wenn der Gläubiger gegen den Bürgen ein vollstreckbares Urtheil auf Erfüllung erwirkt hat.

Ist die Hauptverbindlichkeit noch nicht fällig, so kann der Hauptschuldner dem Bürgen, statt ihn zu befreien, Sicherheit leisten.

776. Giebt der Gläubiger ein mit der Forderung verbundenes Vorzugsrecht, eine für sie bestehende Hypothek, ein für sie bestehendes Pfandrecht oder das Recht gegen einen Mitbürgen auf, so wird der Bürge insoweit frei, als er aus dem aufgegebenen Rechte nach § 774 hätte Ersatz erlangen können. Dies gilt auch dann, wenn das aufgegebene Recht erst nach der Uebernahme der Bürgschaft entstanden ist.

777. Hat sich der Bürge für eine bestehende Verbindlichkeit auf bestimmte Zeit verbürgt, so wird er nach dem Ablaufe der bestimmten Zeit frei, wenn nicht der Gläubiger die Einziehung der Forderung unverzüglich nach Maßgabe des § 772 betreibt, das Verfahren ohne wesentliche Verzögerung fortsetzt und unverzüglich nach der Beendigung des Verfahrens dem Bürgen anzeigt, daß er ihn in Anspruch nehme. Steht dem Bürgen die Einrede der Vorausklage nicht zu, so wird er nach dem Ablaufe der bestimmten Zeit frei, wenn nicht der Gläubiger ihm unverzüglich diese Anzeige macht.

Erfolgt die Anzeige rechtzeitig, so beschränkt sich die Haftung des Bürgen im Falle des Abs. 1 Satz 1 auf den Umfang, den die Hauptverbindlichkeit zur Zeit der Beendigung des Verfahrens hat, im Falle des Abs. 1 Satz 2 auf den Umfang, den die Hauptverbindlichkeit bei dem Ablaufe der bestimmten Zeit hat.

778. Wer einen Anderen beauftragt, im eigenen Namen und auf eigene Rechnung einem Dritten Credit zu geben, haftet dem Beauftragten für die aus der Kreditgewährung entstehende Verbindlichkeit des Dritten als Bürge.[186]

Neunzehnter Titel. Vergleich.

779. Ein Vertrag, durch den der Streit oder die Ungewißheit der Parteien über ein Rechtsverhältniß im Wege gegenseitigen Nachgebens beseitigt wird (Vergleich), ist unwirksam, wenn der nach dem Inhalte des Vertrags als feststehend zu Grunde gelegte Sachverhalt der Wirklichkeit nicht entspricht und der Streit oder die Ungewißheit bei Kenntniß der Sachlage nicht entstanden sein würde.

Der Ungewißheit über ein Rechtsverhältniß steht es gleich, wenn die Verwirklichung eines Anspruchs unsicher ist.

Zwanzigster Titel. Schuldversprechen. Schuldanerkenntniß.

780. Zur Gültigkeit eines Vertrags, durch den eine Leistung in der Weise versprochen wird, daß das Versprechen die Verpflichtung selbständig begründen soll (Schuldversprechen), ist, soweit nicht eine andere Form vorgeschrieben ist, schriftliche Ertheilung des Versprechens erforderlich.[187]

781. Zur Gültigkeit eines Vertrags, durch den das Bestehen eines Schuldverhältnisses anerkannt wird (Schuldanerkenntniß), ist schriftliche Ertheilung der Anerkennungserklärung erforderlich. Ist für die Begründung des Schuldverhältnisses, dessen Bestehen anerkannt wird, eine andere Form vor-

184. Vgl. auch §§ 349—351 HGB.
185. Vgl. hierzu § 127 Abs. 2 KO.
186. Vgl. hierzu aber § 349 (auch 351) HGB.
187. Vgl. indessen § 350 (351) HGB.

geschrieben, so bedarf der Anerkennungsvertrag dieser Form.[188]

782. Wird ein Schuldversprechen oder ein Schuldanerkenntniß auf Grund einer Abrechnung oder im Wege des Vergleichs ertheilt, so ist die Beobachtung der in den §§ 780, 781 vorgeschriebenen schriftlichen Form nicht erforderlich.

Einundzwanzigster Titel. Anweisung.[189]

783. Händigt Jemand eine Urkunde, in der er einen Anderen anweist, Geld, Werthpapiere oder andere vertretbare Sachen an einen Dritten zu leisten, dem Dritten aus, so ist dieser ermächtigt, die Leistung bei dem Angewiesenen im eigenen Namen zu erheben; der Angewiesene ist ermächtigt, für Rechnung des Anweisenden an den Anweisungsempfänger zu leisten.

784. Nimmt der Angewiesene die Anweisung an, so ist er dem Anweisungsempfänger gegenüber zur Leistung verpflichtet; er kann ihm nur solche Einwendungen entgegensetzen, welche die Gültigkeit der Annahme betreffen oder sich aus dem Inhalte der Anweisung oder dem Inhalte der Annahme ergeben oder dem Angewiesenen unmittelbar gegen den Anweisungsempfänger zustehen.

Die Annahme erfolgt durch einen schriftlichen Vermerk auf der Anweisung. Ist der Vermerk auf die Anweisung vor der Aushändigung an den Anweisungsempfänger gesetzt worden, so wird die Annahme diesem gegenüber erst mit der Aushändigung wirksam.

785. Der Angewiesene ist nur gegen Aushändigung der Anweisung zur Leistung verpflichtet.

786. Der Anspruch des Anweisungsempfängers gegen den Angewiesenen aus der Annahme verjährt in drei Jahren.[190]

787. Im Falle einer Anweisung auf Schuld wird der Angewiesene durch die Leistung in deren Höhe von der Schuld befreit.

Zur Annahme der Anweisung oder zur Leistung an den Anweisungsempfänger ist der Angewiesene dem Anweisenden gegenüber nicht schon deshalb verpflichtet, weil er Schuldner des Anweisenden ist.

788. Ertheilt der Anweisende die Anweisung zu dem Zwecke, um seinerseits eine Leistung an den Anweisungsempfänger zu bewirken, so wird die Leistung, auch wenn der Angewiesene die Anweisung annimmt, erst mit der Leistung des Angewiesenen an den Anweisungsempfänger bewirkt.

789. Verweigert der Angewiesene vor dem Eintritte der Leistungszeit die Annahme der Anweisung oder verweigert er die Leistung, so hat der Anweisungsempfänger dem Anweisenden unverzüglich Anzeige zu machen. Das Gleiche gilt, wenn der Anweisungsempfänger die Anweisung nicht geltend machen kann oder will.

790. Der Anweisende kann die Anweisung dem Angewiesenen gegenüber widerrufen, solange nicht der Angewiesene sie dem Anweisungsempfänger gegenüber angenommen oder die Leistung bewirkt hat. Dies gilt auch dann, wenn der Anweisende durch den Widerruf einer ihm gegen den Anweisungsempfänger obliegenden Verpflichtung zuwiderhandelt.

791. Die Anweisung erlischt nicht durch den Tod oder den Eintritt der Geschäftsunfähigkeit eines der Betheiligten.

792. Der Anweisungsempfänger kann die Anweisung durch Vertrag mit einem Dritten auf diesen übertragen, auch wenn sie noch nicht angenommen worden ist. Die Uebertragungserklärung bedarf der schriftlichen Form. Zur Uebertragung ist die Aushändigung der Anweisung an den Dritten erforderlich.

Der Anweisende kann die Uebertragung ausschließen. Die Ausschließung ist dem Angewiesenen gegenüber nur wirksam, wenn sie aus der Anweisung zu entnehmen ist oder wenn sie von dem Anweisenden dem Angewiesenen mitgetheilt wird, bevor dieser die Anweisung annimmt oder die Leistung bewirkt.

Nimmt der Angewiesene die Anweisung dem Erwerber gegenüber an, so kann er aus einem zwischen ihm und dem Anweisungsempfänger bestehenden Rechtsverhältniß Einwendungen nicht herleiten. Im Uebrigen finden auf die Uebertragung der Anweisung die für die Abtretung einer Forderung geltenden Vorschriften entsprechende Anwendung.[191]

Zweiundzwanzigster Titel. Schuldverschreibung auf den Inhaber.[192]

793. Hat Jemand eine Urkunde ausgestellt, in der er dem Inhaber der Urkunde eine Leistung verspricht (Schuldverschreibung auf den Inhaber), so kann der Inhaber von ihm die Leistung nach Maßgabe des Versprechens verlangen, es sei denn, daß er zur Verfügung über die Urkunde nicht berechtigt ist. Der Aussteller wird jedoch auch durch die Leistung an einen nicht zur Verfügung berechtigten Inhaber befreit.

Die Gültigkeit der Unterzeichnung kann durch eine in die Urkunde aufgenommene Bestimmung von der Beobachtung einer besonderen Form ab-

188. Vgl. indessen § 350 (351) HGB.

189. Die Vorschriften dieses Titels finden auch auf kaufmännische Anweisungen (§§ 363—365 HGB) Anwendung.

190. Entsprechend § 77 WO.

191. Wegen Uebertragung kaufmännischer Anweisungen durch Indossament vgl. §§ 363 ff. HGB.

192. Hierher gehörige Bestimmungen des EG: Artt. 98—102, 174—178 (Uebergangsbestimmungen). Die Ausgabe von Inhaberpapieren mit Prämien wird durch das RG v. 8. Juni 1871 (27. Januar 1872) geregelt. Vgl. auch das Bankgesetz v. 14. März 1875; RG über die Ausgabe von Reichskassenscheinen v. 30. April 1874.

hängig gemacht werden.[193] Zur Unterzeichnung genügt eine im Wege der mechanischen Vervielfältigung hergestellte Namensunterschrift.

794. Der Aussteller wird aus einer Schuldverschreibung auf den Inhaber auch dann verpflichtet, wenn sie ihm gestohlen worden oder verloren gegangen oder wenn sie sonst ohne seinen Willen in den Verkehr gelangt ist.

Auf die Wirksamkeit einer Schuldverschreibung auf den Inhaber ist es ohne Einfluß, wenn die Urkunde ausgegeben wird, nachdem der Aussteller gestorben oder geschäftsunfähig geworden ist.

795. Im Inland ausgestellte Schuldverschreibungen auf den Inhaber, in denen die Zahlung einer bestimmten Geldsumme versprochen wird, dürfen nur mit staatlicher Genehmigung in den Verkehr gebracht werden.[194]

Die Genehmigung wird durch die Zentralbehörde des Bundesstaats[195] ertheilt, in dessen Gebiete der Aussteller seinen Wohnsitz oder seine gewerbliche Niederlassung hat. Die Ertheilung der Genehmigung und die Bestimmungen, unter denen sie erfolgt, sollen durch den Deutschen Reichsanzeiger bekannt gemacht werden.

Eine ohne staatliche Genehmigung in den Verkehr gelangte Schuldverschreibung ist nichtig; der Aussteller hat dem Inhaber den durch die Ausgabe verursachten Schaden zu ersetzen.

Diese Vorschriften finden keine Anwendung auf Schuldverschreibungen, die von dem Reiche oder einem Bundesstaat ausgegeben werden.

796. Der Aussteller kann dem Inhaber der Schuldverschreibung nur solche Einwendungen entgegensetzen, welche die Gültigkeit der Ausstellung betreffen oder sich aus der Urkunde ergeben oder dem Aussteller unmittelbar gegen den Inhaber zustehen.[196]

797. Der Aussteller ist nur gegen Aushändigung der Schuldverschreibung zur Leistung verpflichtet.[197] Mit der Aushändigung erwirbt er das Eigenthum an der Urkunde, auch wenn der Inhaber zur Verfügung über sie nicht berechtigt ist.[198]

798. Ist eine Schuldverschreibung auf den Inhaber in Folge einer Beschädigung oder einer Verunstaltung zum Umlaufe nicht mehr geeignet, so kann der Inhaber, sofern ihr wesentlicher Inhalt und ihre Unterscheidungsmerkmale noch mit Sicherheit erkennbar sind, von dem Aussteller die Ertheilung einer neuen Schuldverschreibung auf den Inhaber gegen Aushändigung der beschädigten oder verunstalteten verlangen. Die Kosten hat er zu tragen und vorzuschießen.[199]

799. Eine abhanden gekommene oder vernichtete Schuldverschreibung auf den Inhaber kann, wenn nicht in der Urkunde das Gegentheil bestimmt ist, im Wege des Aufgebotsverfahrens für kraftlos erklärt werden.[200] Ausgenommen sind Zins-, Renten- und Gewinnantheilscheine sowie die auf Sicht zahlbaren unverzinslichen Schuldverschreibungen.

Der Aussteller ist verpflichtet, dem bisherigen Inhaber auf Verlangen die zur Erwirkung des Aufgebots oder der Zahlungssperre[201] erforderliche Auskunft zu ertheilen und die erforderlichen Zeugnisse[202] auszustellen. Die Kosten der Zeugnisse hat der bisherige Inhaber zu tragen und vorzuschießen.

800. Ist eine Schuldverschreibung auf den Inhaber für kraftlos erklärt, so kann derjenige, welcher das Ausschlußurtheil erwirkt hat, von dem Aussteller, unbeschadet der Befugniß, den Anspruch aus der Urkunde geltend zu machen,[203] die Ertheilung einer neuen Schuldverschreibung auf den Inhaber an Stelle der für kraftlos erklärten verlangen. Die Kosten hat er zu tragen und vorzuschießen.

801. Der Anspruch aus einer Schuldverschreibung auf den Inhaber erlischt mit dem Ablaufe von dreißig Jahren nach dem Eintritte der für die Leistung bestimmten Zeit, wenn nicht die Urkunde vor dem Ablaufe der dreißig Jahre dem Aussteller zur Einlösung vorgelegt wird. Erfolgt die Vorlegung, so verjährt der Anspruch in zwei Jahren von dem Ende der Vorlegungsfrist an. Der Vorlegung steht die gerichtliche Geltendmachung des Anspruchs aus der Urkunde gleich.

Bei Zins-, Renten- und Gewinnantheilscheinen beträgt die Vorlegungsfrist vier Jahre. Die Frist beginnt mit dem Schlusse des Jahres, in welchem die für die Leistung bestimmte Zeit eintritt.

Die Dauer und der Beginn der Vorlegungsfrist können von dem Aussteller in der Urkunde anders bestimmt werden.

802. Der Beginn und der Lauf der Vorlegungsfrist sowie der Verjährung werden durch die Zahlungssperre[204] zu Gunsten des Antragstellers gehemmt. Die Hemmung beginnt mit der Stellung des Antrags auf Zahlungssperre; sie endigt mit der Erledigung des Aufgebotsverfahrens und, falls die Zahlungssperre vor der Einleitung des Verfahrens verfügt worden ist, auch dann, wenn seit der Beseitigung des der Einleitung entgegenstehen-

193. Vgl. jedoch hierzu Art. 100 EG.
Die Aktien (§ 222 HGB) gehören nicht zu den in § 793 behandelten Schuldverschreibungen.

194. Art. 34 IV EG enthält Strafbestimmungen für diejenigen, welche gegen die Vorschrift des Abs. 1 handeln.

195. Vgl. Art. 5 EG.

196. Entsprechend Art. 82 WO; § 364 Abs. 1 HGB.

197. Vgl. Art. 39 WO.

198. Vgl. § 364 Abs. 3 HGB.

199. Vgl. hierzu § 229 HGB; § 4 Reichsbankg. v. 14. März 1875.

200. Das Verfahren regelt sich nach den Vorschriften der §§ 946 ff., 1003 ff. CPO; vgl. hierzu § 4 Abs. 2 Reichsbankg. v. 14. März 1875.

201. §§ 1019 ff. CPO.

202. §§ 1010—1013 CPO.

203. Vgl. § 1018 CPO.

204. §§ 1019 ff. CPO.

den Hindernisses sechs Monate verstrichen sind und nicht vorher die Einleitung beantragt worden ist. Auf diese Frist finden die Vorschriften der §§ 203, 206, 207 entsprechende Anwendung.

803. Werden für eine Schuldverschreibung auf den Inhaber Zinsscheine ausgegeben, so bleiben die Scheine, sofern sie nicht eine gegentheilige Bestimmung enthalten, in Kraft, auch wenn die Hauptforderung erlischt oder die Verpflichtung zur Verzinsung aufgehoben oder geändert wird.

Werden solche Zinsscheine bei der Einlösung der Hauptschuldverschreibung nicht zurückgegeben, so ist der Aussteller berechtigt, den Betrag zurückzubehalten, den er nach Abs. 1 für die Scheine zu zahlen verpflichtet ist.

804. Ist ein Zins-, Renten- oder Gewinnantheilschein abhanden gekommen oder vernichtet und hat der bisherige Inhaber den Verlust dem Aussteller vor dem Ablaufe der Vorlegungsfrist angezeigt, so kann der bisherige Inhaber nach dem Ablaufe der Frist die Leistung von dem Aussteller verlangen. Der Anspruch ist ausgeschlossen, wenn der abhanden gekommene Schein dem Aussteller zur Einlösung vorgelegt oder der Anspruch aus dem Scheine gerichtlich geltend gemacht worden ist, es sei denn, daß die Vorlegung oder die gerichtliche Geltendmachung nach dem Ablaufe der Frist erfolgt ist. Der Anspruch verjährt in vier Jahren.

In dem Zins-, Renten- oder Gewinnantheilscheine kann der im Abs. 1 bestimmte Anspruch ausgeschlossen werden.[205]

805. Neue Zins- oder Rentenscheine für eine Schuldverschreibung auf den Inhaber dürfen an den Inhaber der zum Empfange der Scheine ermächtigenden Urkunde (Erneuerungsschein) nicht ausgegeben werden, wenn der Inhaber der Schuldverschreibung der Ausgabe widersprochen hat. Die Scheine sind in diesem Falle dem Inhaber der Schuldverschreibung auszuhändigen, wenn er die Schuldverschreibung vorlegt.

806. Die Umschreibung einer auf den Inhaber lautenden Schuldverschreibung auf den Namen eines bestimmten Berechtigten kann nur durch den Aussteller erfolgen. Der Aussteller ist zur Umschreibung nicht verpflichtet.[206]

807. Werden Karten, Marken oder ähnliche Urkunden, in denen ein Gläubiger nicht bezeichnet ist, von dem Aussteller unter Umständen ausgegeben, aus welchen sich ergiebt, daß er dem Inhaber zu einer Leistung verpflichtet sein will, so finden die Vorschriften des § 793 Abs. 1 und der §§ 794, 796, 797 entsprechende Anwendung.[207]

808. Wird eine Urkunde, in welcher der Gläubiger benannt ist, mit der Bestimmung ausgegeben, daß die in der Urkunde versprochene Leistung an jeden Inhaber bewirkt werden kann, so wird der Schuldner durch die Leistung an den Inhaber der Urkunde befreit. Der Inhaber ist nicht berechtigt, die Leistung zu verlangen.

Der Schuldner ist nur gegen Aushändigung der Urkunde zur Leistung verpflichtet. Ist die Urkunde abhanden gekommen oder vernichtet, so kann sie, wenn nicht ein Anderes bestimmt ist, im Wege des Aufgebotsverfahrens für kraftlos erklärt werden.[208] Die im § 802 für die Verjährung gegebenen Vorschriften finden Anwendung.[209]

Dreiundzwanzigster Titel.
Vorlegung von Sachen.

809. Wer gegen den Besitzer einer Sache einen Anspruch in Ansehung der Sache hat oder sich Gewißheit verschaffen will, ob ihm ein solcher Anspruch zusteht, kann, wenn die Besichtigung der Sache aus diesem Grunde für ihn von Interesse ist, verlangen, daß der Besitzer ihm die Sache zur Besichtigung vorlegt oder die Besichtigung gestattet.

810. Wer ein rechtliches Interesse daran hat, eine in fremdem Besitze befindliche Urkunde einzusehen, kann von dem Besitzer die Gestattung der Einsicht verlangen, wenn die Urkunde in seinem Interesse errichtet oder in der Urkunde ein zwischen ihm und einem Anderen bestehendes Rechtsverhältniß beurkundet ist oder wenn die Urkunde Verhandlungen über ein Rechtsgeschäft enthält, die zwischen ihm und einem Anderen oder zwischen einem von beiden und einem gemeinschaftlichen Vermittler gepflogen worden sind.[210]

811. Die Vorlegung hat in den Fällen der §§ 809, 810 an dem Orte zu erfolgen, an welchem sich die vorzulegende Sache befindet. Jeder Theil kann die Vorlegung an einem anderen Orte verlangen, wenn ein wichtiger Grund vorliegt.

Die Gefahr und die Kosten hat derjenige zu tragen, welcher die Vorlegung verlangt. Der Besitzer kann die Vorlegung verweigern, bis ihm der andere Theil die Kosten vorschießt und wegen der Gefahr Sicherheit leistet.

Vierundzwanzigster Titel.
Ungerechtfertigte Bereicherung.[211]

812. Wer durch die Leistung eines Anderen oder in sonstiger Weise auf dessen Kosten etwas ohne rechtlichen Grund erlangt, ist ihm zur Herausgabe

205. Vgl. indessen Art. 100 Nr. 2 EG.

206. Vgl. indessen Art. 101 EG.

207. Vgl. Art. 102 Abs. 1 EG.

208. Soweit nicht durch besondere Gesetze Vorschriften über die Kraftloserklärung solcher Urkunden getroffen sind (vgl. z. B. für Sparkassenbücher § 17 G. v. 14. Juli 1895), wird as Aufgebotsverfahren durch die §§ 946 ff. und insbesondere 1023 CPO geregelt.

209. Vgl. hierzu Artt. 99, 102 Abs. 2, 177, 178 E.G.

210. Vgl. hierzu auch §§ 422, 423, 429, 432 Abs. 3 CPO; § 45 HGB; §§ 34, 78 FrG.

211. Eine hierher gehörige Bestimmung des EG in Art. 104; vgl. auch § 87 Abs. 2 GKG.

verpflichtet. Diese Verpflichtung besteht auch dann, wenn der rechtliche Grund später wegfällt oder der mit einer Leistung nach dem Inhalte des Rechtsgeschäfts bezweckte Erfolg nicht eintritt.

Als Leistung gilt auch die durch Vertrag erfolgte Anerkennung des Bestehens oder des Nichtbestehens eines Schuldverhältnisses.

813. Das zum Zwecke der Erfüllung einer Verbindlichkeit Geleistete kann auch dann zurückgefordert werden, wenn dem Anspruch eine Einrede entgegenstand, durch welche die Geltendmachung des Anspruchs dauernd ausgeschlossen wurde. Die Vorschrift des § 222 Abs. 2 bleibt unberührt.

Wird eine betagte Verbindlichkeit vorzeitig erfüllt, so ist die Rückforderung ausgeschlossen; die Erstattung von Zwischenzinsen kann nicht verlangt werden.

814. Das zum Zwecke der Erfüllung einer Verbindlichkeit Geleistete kann nicht zurückgefordert werden, wenn der Leistende gewußt hat, daß er zur Leistung nicht verpflichtet war, oder wenn die Leistung einer sittlichen Pflicht oder einer auf den Anstand zu nehmenden Rücksicht entsprach.

815. Die Rückforderung wegen Nichteintritts des mit einer Leistung bezweckten Erfolges ist ausgeschlossen, wenn der Eintritt des Erfolges von Anfang an unmöglich war und der Leistende dies gewußt hat oder wenn der Leistende den Eintritt des Erfolges wider Treu und Glauben verhindert hat.

816. Trifft ein Nichtberechtigter über einen Gegenstand eine Verfügung, die dem Berechtigten gegenüber wirksam ist, so ist er dem Berechtigten zur Herausgabe des durch die Verfügung Erlangten verpflichtet. Erfolgt die Verfügung unentgeltlich, so trifft die gleiche Verpflichtung denjenigen, welcher auf Grund der Verfügung unmittelbar einen rechtlichen Vortheil erlangt.

Wird an einen Nichtberechtigten eine Leistung bewirkt, die dem Berechtigten gegenüber wirksam ist, so ist der Nichtberechtigte dem Berechtigten zur Herausgabe des Geleisteten verpflichtet.

817. War der Zweck einer Leistung in der Art bestimmt, daß der Empfänger durch die Annahme gegen ein gesetzliches Verbot oder gegen die guten Sitten verstoßen hat, so ist der Empfänger zur Herausgabe verpflichtet. Die Rückforderung ist ausgeschlossen, wenn dem Leistenden gleichfalls ein solcher Verstoß zur Last fällt, es sei denn, daß die Leistung in der Eingehung einer Verbindlichkeit bestand; das zur Erfüllung einer solchen Verbindlichkeit Geleistete kann nicht zurückgefordert werden.

818. Die Verpflichtung zur Herausgabe erstreckt sich auf die gezogenen Nutzungen sowie auf dasjenige, was der Empfänger auf Grund eines erlangten Rechtes oder als Ersatz für die Zerstörung, Beschädigung oder Entziehung des erlangten Gegenstandes erwirbt.

Ist die Herausgabe wegen der Beschaffenheit des Erlangten nicht möglich oder ist der Empfänger aus einem anderen Grunde zur Herausgabe außer Stande, so hat er den Werth zu ersetzen.

Die Verpflichtung zur Herausgabe oder zum Ersatze des Werthes ist ausgeschlossen, soweit der Empfänger nicht mehr bereichert ist.

Von dem Eintritte der Rechtshängigkeit an haftet der Empfänger nach den allgemeinen Vorschriften.

819. Kennt der Empfänger den Mangel des rechtlichen Grundes bei dem Empfang oder erfährt er ihn später, so ist er von dem Empfang oder der Erlangung der Kenntniß an zur Herausgabe verpflichtet, wie wenn der Anspruch auf Herausgabe zu dieser Zeit rechtshängig geworden wäre.

Verstößt der Empfänger durch die Annahme der Leistung gegen ein gesetzliches Verbot oder gegen die guten Sitten, so ist er von dem Empfange der Leistung an in der gleichen Weise verpflichtet.

820. War mit der Leistung ein Erfolg bezweckt, dessen Eintritt nach dem Inhalte des Rechtsgeschäfts als ungewiß angesehen wurde, so ist der Empfänger, falls der Erfolg nicht eintritt, zur Herausgabe so verpflichtet, wie wenn der Anspruch auf Herausgabe zur Zeit des Empfanges rechtshängig geworden wäre. Das Gleiche gilt, wenn die Leistung aus einem Rechtsgrunde, dessen Wegfall nach dem Inhalte des Rechtsgeschäfts als möglich angesehen wurde, erfolgt ist und der Rechtsgrund wegfällt.

Zinsen hat der Empfänger erst von dem Zeitpunkt an zu entrichten, in welchem er erfährt, daß der Erfolg nicht eingetreten oder daß der Rechtsgrund weggefallen ist; zur Herausgabe von Nutzungen ist er insoweit nicht verpflichtet, als er zu dieser Zeit nicht mehr bereichert ist.

821. Wer ohne rechtlichen Grund eine Verbindlichkeit eingeht, kann die Erfüllung auch dann verweigern, wenn der Anspruch auf Befreiung von der Verbindlichkeit verjährt ist.

822. Wendet der Empfänger das Erlangte unentgeltlich einem Dritten zu, so ist, soweit in Folge dessen die Verpflichtung des Empfängers zur Herausgabe der Bereicherung ausgeschlossen ist, der Dritte zur Herausgabe verpflichtet, wie wenn er die Zuwendung von dem Gläubiger ohne rechtlichen Grund erhalten hätte.

Fünfundzwanzigster Titel.
Unerlaubte Handlungen.[212]

823. Wer vorsätzlich oder fahrlässig das Leben, den Körper, die Gesundheit, die Freiheit, das Eigenthum oder ein sonstiges Recht eines Anderen widerrechtlich verletzt, ist dem Anderen zum Ersatze des daraus entstehenden Schadens verpflichtet.

212. Hierher gehörige Bestimmungen des EG (abgesehen von Art. 32) in Artt. 12, 69, 70—72, 77—79, 95, 105—108, 170 (Uebergangsbestimmung); vgl. auch § 32 CPO wegen der Zuständigkeit des Prozeßgerichts.

Die gleiche Verpflichtung trifft denjenigen, welcher gegen ein den Schutz eines Anderen bezweckendes Gesetz verstößt. Ist nach dem Inhalte des Gesetzes ein Verstoß gegen dieses auch ohne Verschulden möglich, so tritt die Ersatzpflicht nur im Falle des Verschuldens ein.

824. Wer der Wahrheit zuwider eine Thatsache behauptet oder verbreitet, die geeignet ist, den Kredit eines Anderen zu gefährden oder sonstige Nachtheile für dessen Erwerb oder Fortkommen herbeizuführen, hat dem Anderen den daraus entstehenden Schaden auch dann zu ersetzen, wenn er die Unwahrheit zwar nicht kennt, aber kennen muß.

Durch eine Mittheilung, deren Unwahrheit dem Mittheilenden unbekannt ist, wird dieser nicht zum Schadensersatze verpflichtet, wenn er oder der Empfänger der Mittheilung an ihr ein berechtigtes Interesse hat.

825. Wer eine Frauensperson durch Hinterlist, durch Drohung oder unter Mißbrauch eines Abhängigkeitsverhältnisses zur Gestattung der außerehelichen Beiwohnung bestimmt, ist ihr zum Ersatze des daraus entstehenden Schadens verpflichtet.

826. Wer in einer gegen die guten Sitten verstoßenden Weise einem Anderen vorsätzlich Schaden zufügt, ist dem Anderen zum Ersatze des Schadens verpflichtet.

827. Wer im Zustande der Bewußtlosigkeit oder in einem die freie Willensbestimmung ausschließenden Zustande krankhafter Störung der Geistesthätigkeit einem Anderen Schaden zufügt, ist für den Schaden nicht verantwortlich.[213] Hat er sich durch geistige Getränke oder ähnliche Mittel in einen vorübergehenden Zustand dieser Art versetzt, so ist er für einen Schaden, den er in diesem Zustande widerrechtlich verursacht, in gleicher Weise verantwortlich, wie wenn ihm Fahrlässigkeit zur Last fiele; die Verantwortlichkeit tritt nicht ein, wenn er ohne Verschulden in den Zustand gerathen ist.

828. Wer nicht das siebente Lebensjahr vollendet hat, ist für einen Schaden, den er einem Anderen zufügt, nicht verantwortlich.

Wer das siebente, aber nicht das achtzehnte Lebensjahr vollendet hat, ist für einen Schaden, den er einem Anderen zufügt, nicht verantwortlich, wenn er bei der Begehung der schädigenden Handlung nicht die zur Erkenntniß der Verantwortlichkeit erforderliche Einsicht hat. Das Gleiche gilt von einem Taubstummen.[214]

829. Wer in einem der in den §§ 823 bis 826 bezeichneten Fälle für einen von ihm verursachten Schaden auf Grund der §§ 827, 828 nicht verantwortlich ist, hat gleichwohl, sofern der Ersatz des Schadens nicht von einem aufsichtspflichtigen Dritten erlangt werden kann, den Schaden insoweit zu ersetzen, als die Billigkeit nach den Umständen, insbesondere nach den Verhältnissen der Betheiligten, eine Schadloshaltung erfordert und ihm nicht die Mittel entzogen werden, deren er zum standesmäßigen Unterhalte sowie zur Erfüllung seiner gesetzlichen Unterhaltspflichten bedarf.

830. Haben Mehrere durch eine gemeinschaftlich begangene unerlaubte Handlung einen Schaden verursacht, so ist jeder für den Schaden verantwortlich. Das Gleiche gilt, wenn sich nicht ermitteln läßt, wer von mehreren Betheiligten den Schaden durch seine Handlung verursacht hat.

Anstifter und Gehülfen stehen Mitthätern gleich.[215]

831. Wer einen Anderen zu einer Verrichtung bestellt, ist zum Ersatze des Schadens verpflichtet, den der Andere in Ausführung der Verrichtung einem Dritten widerrechtlich zufügt. Die Ersatzpflicht tritt nicht ein, wenn der Geschäftsherr bei der Auswahl der bestellten Person und, sofern er Vorrichtungen oder Geräthschaften zu beschaffen oder die Ausführung der Verrichtung zu leiten hat, bei der Beschaffung oder der Leitung die im Verkehr erforderliche Sorgfalt beobachtet oder wenn der Schaden auch bei Anwendung dieser Sorgfalt entstanden sein würde.

Die gleiche Verantwortlichkeit trifft denjenigen, welcher für den Geschäftsherrn die Besorgung eines der im Abs. 1 Satz 2 bezeichneten Geschäfte durch Vertrag übernimmt.[216]

832. Wer kraft Gesetzes zur Führung der Aufsicht über eine Person verpflichtet ist, die wegen Minderjährigkeit oder wegen ihres geistigen oder körperlichen Zustandes der Beaufsichtigung bedarf, ist zum Ersatze des Schadens verpflichtet, den diese Person einem Dritten widerrechtlich zufügt. Die Ersatzpflicht tritt nicht ein, wenn er seiner Aufsichtspflicht genügt oder wenn der Schaden auch bei gehöriger Aufsichtsführung entstanden sein würde.

Die gleiche Verantwortlichkeit trifft denjenigen, welcher die Führung der Aufsicht durch Vertrag übernimmt.

833. Wird durch ein Thier ein Mensch getödtet oder der Körper oder die Gesundheit eines Menschen verletzt oder eine Sache beschädigt, so ist derjenige, welcher das Thier hält, verpflichtet, dem Verletzten den daraus entstehenden Schaden zu ersetzen.[217]

834. Wer für denjenigen, welcher ein Thier hält, die Führung der Aufsicht über das Thier

---

213. Entsprechend § 51 StGB.

214. Entsprechend §§ 56—58 StGB.

215. Vgl. §§ 47—49 StGB.

216. Vgl. Artt. 77, 78, 95 Abs. 2, 105 EG und die Bemerkungen dazu; §§ 431, 458 HGB.

217. Vgl. § 367^{11} StGB.

durch Vertrag übernimmt, ist für den Schaden verantwortlich, den das Thier einem Dritten in der im § 833 bezeichneten Weise zufügt. Die Verantwortlichkeit tritt nicht ein, wenn er bei der Führung der Aufsicht die im Verkehr erforderliche Sorgfalt beobachtet oder wenn der Schaden auch bei Anwendung dieser Sorgfalt entstanden sein würde.

835. Wird durch Schwarz-, Roth-, Elch-, Dam- oder Rehwild oder durch Fasanen ein Grundstück beschädigt, an welchem dem Eigenthümer das Jagdrecht nicht zusteht, so ist der Jagdberechtigte verpflichtet, dem Verletzten den Schaden zu ersetzen. Die Ersatzpflicht erstreckt sich auf den Schaden, den die Thiere an den getrennten, aber noch nicht eingeernteten Erzeugnissen des Grundstücks anrichten.[218]

Ist dem Eigenthümer die Ausübung des ihm zustehenden Jagdrechts durch das Gesetz entzogen, so hat derjenige den Schaden zu ersetzen, welcher zur Ausübung des Jagdrechts nach dem Gesetze berechtigt ist.[219] Hat der Eigenthümer eines Grundstücks, auf dem das Jagdrecht wegen der Lage des Grundstücks nur gemeinschaftlich mit dem Jagdrecht auf einem anderen Grundstück ausgeübt werden darf, das Jagdrecht dem Eigenthümer dieses Grundstücks verpachtet, so ist der letztere für den Schaden verantwortlich.

Sind die Eigenthümer der Grundstücke eines Bezirkes zum Zwecke der gemeinschaftlichen Ausübung des Jagdrechts durch das Gesetz zu einem Verbande vereinigt, der nicht als solcher haftet, so sind sie nach dem Verhältnisse der Größe ihrer Grundstücke ersatzpflichtig.

836. Wird durch den Einsturz eines Gebäudes oder eines anderen mit einem Grundstücke verbundenen Werkes oder durch die Ablösung von Theilen des Gebäudes oder des Werkes ein Mensch getödtet, der Körper oder die Gesundheit eines Menschen verletzt oder eine Sache beschädigt, so ist der Besitzer des Grundstücks, sofern der Einsturz oder die Ablösung die Folge fehlerhafter Errichtung oder mangelhafter Unterhaltung ist, verpflichtet, dem Verletzten den daraus entstehenden Schaden zu ersetzen. Die Ersatzpflicht tritt nicht ein, wenn der Besitzer zum Zwecke der Abwendung der Gefahr die im Verkehr erforderliche Sorgfalt beobachtet hat.

Ein früherer Besitzer des Grundstücks ist für den Schaden verantwortlich, wenn der Einsturz oder die Ablösung innerhalb eines Jahres nach der Beendigung seines Besitzes eintritt, es sei denn, daß er während seines Besitzes die im Verkehr erforderliche Sorgfalt beobachtet hat oder ein späterer Besitzer durch Beobachtung dieser Sorgfalt die Gefahr hätte abwenden können.

Besitzer im Sinne dieser Vorschriften ist der Eigenbesitzer.

837. Besitzt Jemand auf einem fremden Grundstück in Ausübung eines Rechtes ein Gebäude oder ein anderes Werk, so trifft ihn an Stelle des Besitzers des Grundstücks die im § 836 bestimmte Verantwortlichkeit.

838. Wer die Unterhaltung eines Gebäudes oder eines mit einem Grundstücke verbundenen Werkes für den Besitzer übernimmt oder das Gebäude oder das Werk vermöge eines ihm zustehenden Nutzungsrechts zu unterhalten hat, ist für den durch den Einsturz oder die Ablösung von Theilen verursachten Schaden in gleicher Weise verantwortlich wie der Besitzer.

839.[220] Verletzt ein Beamter vorsätzlich oder fahrlässig die ihm einem Dritten gegenüber obliegende Amtspflicht, so hat er dem Dritten den daraus entstehenden Schaden zu ersetzen. Fällt dem Beamten nur Fahrlässigkeit zur Last, so kann er nur dann in Anspruch genommen werden, wenn der Verletzte nicht auf andere Weise Ersatz zu erlangen vermag.

Verletzt ein Beamter bei dem Urtheil in einer Rechtssache seine Amtspflicht, so ist er für den daraus entstehenden Schaden nur dann verantwortlich, wenn die Pflichtverletzung mit einer im Wege des gerichtlichen Strafverfahrens zu verhängenden öffentlichen Strafe bedroht ist. Auf eine pflichtwidrige Verweigerung oder Verzögerung der Ausübung des Amtes findet diese Vorschrift keine Anwendung.

Die Ersatzpflicht tritt nicht ein, wenn der Verletzte vorsätzlich oder fahrlässig unterlassen hat, den Schaden durch Gebrauch eines Rechtsmittels[221] abzuwenden.

840. Sind für den aus einer unerlaubten Handlung entstehenden Schaden Mehrere nebeneinander verantwortlich, so haften sie, vorbehaltlich der Vorschrift des § 835 Abs. 3, als Gesammtschuldner.

Ist neben demjenigen, welcher nach den §§ 831, 832 zum Ersatze des von einem Andern verursachten Schadens verpflichtet ist, auch der Andere für den Schaden verantwortlich, so ist in ihrem

---

218. Vgl. hierzu die Artt. 69—72 EG und die Bemerkungen dazu; ferner Art. 3 Dekr. v. 4. August 1789 und G. v. 7. Febr. 1881.

219. Vgl. § 2 G. v. 7. Februar 1881; §§ 16—18 AG z. BGB.

220. Vgl. hierzu Art. 77 EG und die Bemerkungen dazu; § 12 GBO; § 13 Reichsbeamtenges. v. 31. März 1873 (23. Dez. 1873); § 11 EG z. GVG; § 70 GVG und die Bemerkungen dazu.

221. Hierzu gehören nicht nur die Rechtsmittel der CPO § 511—591, sondern auch die der StPO §§ 338—413; der GBO §§ 71—81; FrG §§ 19 ff.; AG z. FrG § 1.

Die Beschwerde an die vorgesetzte Dienstbehörde, soweit diese berechtigt war, die schädigende Amtshandlung zu beseitigen oder zu verbessern, dürfte den Rechtsmitteln gleichzustellen sein.

Vgl. auch § 11 Abs. 2 EG z. GVG v. 27. Januar 1877.

Verhältnisse zu einander der Andere allein, im Falle des § 829 der Aufsichtspflichtige allein verpflichtet.

Ist neben demjenigen, welcher nach den §§ 833 bis 838 zum Ersatze des Schadens verpflichtet ist, ein Dritter für den Schaden verantwortlich, so ist in ihrem Verhältnisse zu einander der Dritte allein verpflichtet.

841. Ist ein Beamter, der vermöge seiner Amtspflicht einen Anderen zur Geschäftsführung für einen Dritten zu bestellen oder eine solche Geschäftsführung zu beaufsichtigen oder durch Genehmigung von Rechtsgeschäften bei ihr mitzuwirken hat, wegen Verletzung dieser Pflichten neben dem Anderen für den von diesem verursachten Schaden verantwortlich, so ist in ihrem Verhältnisse zu einander der Andere allein verpflichtet.

842. Die Verpflichtung zum Schadensersatze wegen einer gegen die Person gerichteten unerlaubten Handlung erstreckt sich auf die Nachtheile, welche die Handlung für den Erwerb oder das Fortkommen des Verletzten herbeiführt.

843. Wird in Folge einer Verletzung des Körpers oder der Gesundheit die Erwerbsfähigkeit des Verletzten aufgehoben oder gemindert oder tritt eine Vermehrung seiner Bedürfnisse ein, so ist dem Verletzten durch Entrichtung einer Geldrente Schadensersatz zu leisten.

Auf die Rente finden die Vorschriften des § 760 Anwendung. Ob, in welcher Art und für welchen Betrag der Ersatzpflichtige Sicherheit zu leisten hat, bestimmt sich nach den Umständen.[222]

Statt der Rente kann der Verletzte eine Abfindung in Kapital verlangen, wenn ein wichtiger Grund vorliegt.

Der Anspruch wird nicht dadurch ausgeschlossen, daß ein Anderer dem Verletzten Unterhalt zu gewähren hat.[223]

844. Im Falle der Tödtung hat der Ersatzpflichtige die Kosten der Beerdigung demjenigen zu ersetzen, welchem die Verpflichtung obliegt, diese Kosten zu tragen.

Stand der Getödtete zur Zeit der Verletzung zu einem Dritten in einem Verhältnisse, vermöge dessen er diesem gegenüber kraft Gesetzes unterhaltspflichtig war oder unterhaltspflichtig werden konnte, und ist dem Dritten in Folge der Tödtung das Recht auf den Unterhalt entzogen, so hat der Ersatzpflichtige dem Dritten durch Entrichtung einer Geldrente insoweit Schadensersatz zu leisten, als der Getödtete während der muthmaßlichen Dauer seines Lebens zur Gewährung des Unterhalts verpflichtet gewesen sein würde; die Vorschriften des § 843 Abs. 2 bis 4 finden entsprechende Anwendung. Die Ersatzpflicht tritt auch dann ein, wenn der Dritte zur Zeit der Verletzung erzeugt, aber noch nicht geboren war.[224]

845. Im Falle der Tödtung, der Verletzung des Körpers oder der Gesundheit sowie im Falle der Freiheitsentziehung hat der Ersatzpflichtige, wenn der Verletzte kraft Gesetzes einem Dritten zur Leistung von Diensten in dessen Hauswesen oder Gewerbe verpflichtet war, dem Dritten für die entgehenden Dienste durch Entrichtung einer Geldrente Ersatz zu leisten. Die Vorschriften des § 843 Abs. 2 bis 4 finden entsprechende Anwendung.

846. Hat in den Fällen der §§ 844, 845 bei der Entstehung des Schadens, den der Dritte erleidet, ein Verschulden des Verletzten mitgewirkt, so finden auf den Anspruch des Dritten die Vorschriften des § 254 Anwendung.

847. Im Falle der Verletzung des Körpers oder der Gesundheit sowie im Falle der Freiheitsentziehung kann der Verletzte auch wegen des Schadens, der nicht Vermögensschaden ist, eine billige Entschädigung in Geld verlangen. Der Anspruch ist nicht übertragbar[225] und geht nicht auf die Erben über, es sei denn, daß er durch Vertrag anerkannt oder daß er rechtshängig geworden ist.

Ein gleicher Anspruch steht einer Frauensperson zu, gegen die ein Verbrechen oder Vergehen wider die Sittlichkeit[226] begangen oder die durch Hinterlist, durch Drohung oder unter Mißbrauch eines Abhängigkeitsverhältnisses zur Gestattung der außerehelichen Beiwohnung bestimmt wird.

848. Wer zur Rückgabe einer Sache verpflichtet ist, die er einem Anderen durch eine unerlaubte Handlung entzogen hat, ist auch für den zufälligen Untergang, eine aus einem anderen Grunde eintretende zufällige Unmöglichkeit der Herausgabe oder eine zufällige Verschlechterung der Sache verantwortlich, es sei denn, daß der Untergang, die anderweitige Unmöglichkeit der Herausgabe oder die Verschlechterung auch ohne die Entziehung eingetreten sein würde.

849. Ist wegen der Entziehung einer Sache der Werth oder wegen der Beschädigung einer Sache die Werthminderung zu ersetzen, so kann der Verletzte Zinsen des zu ersetzenden Betrags von dem Zeitpunkt an verlangen, welcher der Bestimmung des Werthes zu Grunde gelegt wird.

850. Macht der zur Herausgabe einer entzogenen Sache Verpflichtete Verwendungen auf die Sache, so stehen ihm dem Verletzten gegenüber die Rechte zu, die der Besitzer dem Eigenthümer gegenüber wegen Verwendungen hat.

---

222. Vgl. § 324 CPO.

223. Für den Fall, daß eine spätere Veränderung in dem Zustande des Verletzten eintritt: § 323 CPO; vgl. auch § 850 Abs. 3 CPO.

224. Die hier fragliche Geldrente ist unpfändbar; § 850 Nr. 2 CPO.

225. Vgl. § 851 CPO.

226. §§ 176, 177, 179, 182 StGB.

851. Leistet der wegen der Entziehung oder Beschädigung einer beweglichen Sache zum Schadensersatze Verpflichtete den Ersatz an denjenigen, in dessen Besitze sich die Sache zur Zeit der Entziehung oder der Beschädigung befunden hat, so wird er durch die Leistung auch dann befreit, wenn ein Dritter Eigenthümer der Sache war oder ein sonstiges Recht an der Sache hatte, es sei denn, daß ihm das Recht des Dritten bekannt oder in Folge grober Fahrlässigkeit unbekannt ist.

852. Der Anspruch auf Ersatz des aus einer unerlaubten Handlung entstandenen Schadens verjährt in drei Jahren von dem Zeitpunkt an, in welchem der Verletzte von dem Schaden und der Person des Ersatzpflichtigen Kenntniß erlangt, ohne Rücksicht auf diese Kenntniß in dreißig Jahren von der Begehung der Handlung an.

Hat der Ersatzpflichtige durch die unerlaubte Handlung auf Kosten des Verletzten etwas erlangt, so ist er auch nach der Vollendung der Verjährung zur Herausgabe nach den Vorschriften über die Herausgabe einer ungerechtfertigten Bereicherung verpflichtet.

853. Erlangt Jemand durch eine von ihm begangene unerlaubte Handlung eine Forderung gegen den Verletzten, so kann der Verletzte die Erfüllung auch dann verweigern, wenn der Anspruch auf Aufhebung der Forderung verjährt ist.

Drittes Buch.

Sachenrecht.

Erster Abschnitt. Besitz.[1]

854. Der Besitz einer Sache wird durch die Erlangung der thatsächlichen Gewalt über die Sache erworben.

Die Einigung[2] des bisherigen Besitzers und des Erwerbers genügt zum Erwerbe, wenn der Erwerber in der Lage ist, die Gewalt über die Sache auszuüben.

855. Uebt Jemand die thatsächliche Gewalt über eine Sache für einen Anderen in dessen Haushalt oder Erwerbsgeschäft oder in einem ähnlichen Verhältniß aus, vermöge dessen er den sich auf die Sache beziehenden Weisungen des Anderen Folge zu leisten hat, so ist nur der Andere Besitzer.

856. Der Besitz wird dadurch beendigt, daß der Besitzer die thatsächliche Gewalt über die Sache aufgiebt oder in anderer Weise verliert.

Durch eine ihrer Natur nach vorübergehende Verhinderung in der Ausübung der Gewalt wird der Besitz nicht beendigt.

857. Der Besitz geht auf den Erben über.[3]

858. Wer dem Besitzer ohne dessen Willen den Besitz entzieht oder ihn im Besitze stört, handelt, sofern nicht das Gesetz die Entziehung oder die Störung gestattet, widerrechtlich (verbotene Eigenmacht).

Der durch verbotene Eigenmacht erlangte Besitz ist fehlerhaft. Die Fehlerhaftigkeit muß der Nachfolger im Besitze gegen sich gelten lassen, wenn er Erbe des Besitzers ist oder die Fehlerhaftigkeit des Besitzes seines Vorgängers bei dem Erwerbe kennt.[4]

859. Der Besitzer darf sich verbotener Eigenmacht mit Gewalt erwehren.

Wird eine bewegliche Sache dem Besitzer mittelst verbotener Eigenmacht weggenommen, so darf er sie dem auf frischer That betroffenen oder verfolgten Thäter mit Gewalt wiederabnehmen.

Wird dem Besitzer eines Grundstücks der Besitz durch verbotene Eigenmacht entzogen, so darf er sofort nach der Entziehung sich des Besitzes durch Entsetzung des Thäters wiederbemächtigen.

Die gleichen Rechte stehen dem Besitzer gegen denjenigen zu, welcher nach § 858 Abs. 2 die Fehlerhaftigkeit des Besitzes gegen sich gelten lassen muß.[5]

860. Zur Ausübung der dem Besitzer nach § 859 zustehenden Rechte ist auch derjenige befugt, welcher die thatsächliche Gewalt nach § 855 für den Besitzer ausübt.

861. Wird der Besitz durch verbotene Eigenmacht dem Besitzer entzogen, so kann dieser die Wiedereinräumung des Besitzes von demjenigen verlangen, welcher ihm gegenüber fehlerhaft besitzt.

Der Anspruch ist ausgeschlossen, wenn der entzogene Besitz dem gegenwärtigen Besitzer oder dessen Rechtsvorgänger gegenüber fehlerhaft war und in dem letzten Jahre vor der Entziehung erlangt worden ist.

862. Wird der Besitzer durch verbotene Eigenmacht im Besitze gestört, so kann er von dem Störer[6] die Beseitigung der Störung verlangen.

---

1. EG Artt. 180, 191 (Uebergangsvorschriften).
2. Dazu gehört z. B. auch die Besitzeinweisung durch den Gerichtsvollzieher im Falle des § 885 CPO.
3. Vgl. die §§ 2025, 2027 unten.
4. Vgl. § 117 KO; §§ 150 ff. ZVG.
5. Vgl. § 127 StPO.
6. Oder demjenigen, in dessen Auftrag dieser gehandelt hat (§ 77 CPO).

Sind weitere Störungen zu besorgen, so kann der Besitzer auf Unterlassung klagen.

Der Anspruch ist ausgeschlossen, wenn der Besitzer dem Störer oder dessen Rechtsvorgänger gegenüber fehlerhaft besitzt und der Besitz in dem letzten Jahre vor der Störung erlangt worden ist.

863. Gegenüber den in den §§ 861, 862 bestimmten Ansprüchen kann ein Recht zum Besitz oder zur Vornahme der störenden Handlung nur zur Begründung der Behauptung geltend gemacht werden, daß die Entziehung oder die Störung des Besitzes nicht verbotene Eigenmacht sei.[7]

864. Ein nach den §§ 861, 862 begründeter Anspruch erlischt mit dem Ablauf eines Jahres nach der Verübung der verbotenen Eigenmacht, wenn nicht vorher der Anspruch im Wege der Klage geltend gemacht wird.

Das Erlöschen tritt auch dann ein, wenn nach der Verübung der verbotenen Eigenmacht durch rechtskräftiges Urtheil festgestellt wird, daß dem Thäter ein Recht an der Sache zusteht, vermöge dessen er die Herstellung eines seiner Handlungsweise entsprechenden Besitzstandes verlangen kann.

865. Die Vorschriften der §§ 858 bis 864 gelten auch zu Gunsten desjenigen, welcher nur einen Theil einer Sache, insbesondere abgesonderte Wohnräume oder andere Räume, besitzt.

866. Besitzen Mehrere eine Sache gemeinschaftlich, so findet in ihrem Verhältnisse zu einander ein Besitzschutz insoweit nicht statt, als es sich um die Grenzen des den Einzelnen zustehenden Gebrauchs handelt.

867. Ist eine Sache aus der Gewalt des Besitzers auf ein im Besitz eines Anderen befindliches Grundstück gelangt, so hat ihm der Besitzer des Grundstücks die Aufsuchung und die Wegschaffung zu gestatten, sofern nicht die Sache inzwischen in Besitz genommen worden ist. Der Besitzer des Grundstücks kann Ersatz des durch die Aufsuchung und die Wegschaffung entstehenden Schadens verlangen. Er kann, wenn die Entstehung eines Schadens zu besorgen ist, die Gestattung verweigern, bis ihm Sicherheit geleistet wird; die Verweigerung ist unzulässig, wenn mit dem Aufschube Gefahr verbunden ist.

868. Besitzt Jemand eine Sache als Nießbraucher, Pfandgläubiger, Pächter, Miether, Verwahrer oder in einem ähnlichen Verhältnisse, vermöge dessen er einem Anderen gegenüber auf Zeit zum Besitze berechtigt oder verpflichtet ist, so ist auch der Andere Besitzer (mittelbarer Besitz).[8]

869. Wird gegen den Besitzer verbotene Eigenmacht verübt, so stehen die in den §§ 861, 862 bestimmten Ansprüche auch dem mittelbaren Besitzer zu. Im Falle der Entziehung des Besitzes ist der mittelbare Besitzer berechtigt, die Wiedereinräumung des Besitzes an den bisherigen Besitzer zu verlangen; kann oder will dieser den Besitz nicht wiederübernehmen, so kann der mittelbare Besitzer verlangen, daß ihm selbst der Besitz eingeräumt wird. Unter der gleichen Voraussetzung kann er im Falle des § 867 verlangen, daß ihm die Aufsuchung und Wegschaffung der Sache gestattet wird.

870. Der mittelbare Besitz kann dadurch auf einen Anderen übertragen werden, daß diesem der Anspruch auf Herausgabe der Sache abgetreten wird.

871. Steht der mittelbare Besitzer zu einem Dritten in einem Verhältnisse der im § 868 bezeichneten Art, so ist auch der Dritte mittelbarer Besitzer.

872. Wer eine Sache als ihm gehörend besitzt, ist Eigenbesitzer.

Zweiter Abschnitt. Allgemeine Vorschriften über Rechte an Grundstücken.[9]

873. Zur Uebertragung des Eigenthums an einem Grundstücke, zur Belastung eines Grundstücks mit einem Rechte sowie zur Uebertragung

7. Z. B. § 150[2] ZVG; § 808 CPO.

8. Vgl. §§ 76, 325 Abs. 1, 727, 750, 768 CPO.

9. Vgl. hierzu die Bestimmungen über öffentliches und Staatsgut in den §§ 44—49 AG z. BGB; Artt. 184, 186, 187, 188, 189, 191 EG (Uebergangsvorschriften).

Für die Rechtsverhältnisse an Grundstücken ist das Vorhandensein eines Grundbuchs im Sinne des BGB eine wesentliche Voraussetzung und die volle Wirksamkeit der Bestimmungen des BGB, soweit Grundstücke in Frage kommen, kann erst dann eintreten, wenn das Grundbuch angelegt ist. Dementsprechend tritt auch die GBO nach § 82 GBO nur soweit es die Anlegung des Grundbuches betrifft, gleichzeitig mit dem BGB, im Uebrigen für jeden Grundbuchbezirk erst mit dem Zeitpunkt in Kraft, in welchem das Grundbuch als angelegt anzusehen ist (vgl. auch § 1 EG z. ZVG). Daraus ergibt sich bezüglich der Grundstücke, für welche das Grundbuch noch nicht angelegt ist, die Nothwendigkeit einer Uebergangsvorschrift, und demgemäß bestimmt Art. 189 EG, daß der Erwerb und Verlust des Eigenthums, sowie die Begründung, Uebertragung, Belastung und Aufhebung eines anderen Rechts an einem Grundstück oder eines Rechtes an einem solchen Rechte auch nach dem Inkrafttreten des BGB nach den bisherigen Gesetzen erfolgen, bis das Grundbuch als angelegt anzusehen ist. Wenngleich diese Bestimmung trotz ihrer allgemein lautenden Wortfassung doch nur eine beschränkte Weitergeltung des bisherigen Rechts zur Folge hat (vgl. hierüber Bemerkung zu Art. 189 EG), so ergibt sich daraus doch immerhin auf dem Gebiete des Sachenrechts bezüglich der wichtigsten Rechtsverhältnisse eine gleichzeitige Geltung des alten und neuen Rechts und zwar für Els.-Lothr. noch für Jahre hinaus, so lange, bis für alle Gemeinden das Grundbuch angelegt ist. Letzteres wird voraussichtlich erst nach Ablauf von 40 Jahren, wenn die Neuvermessung aller Gemeinden stattgefunden hat, der Fall sein. Da die Anlegung von Grundbüchern in den einzelnen Gemeinden nach und nach mit Beendigung der Neuvermessung des Bannes derselben erfolgt, so tritt der Mißstand ein, daß in der einen Gemeinde das neue Recht allein, in der daneben gelegenen das alte neben dem neuen gleichzeitig gilt. Um die sich hieraus ergebenden Unzuträglichkeiten auf ein möglichst geringes Maß herabzumindern, sind in dem AG z. BGB an Stelle des alten Rechts Uebergangsbestimmungen getroffen, welche soweit als möglich mit dem neuen Recht in Einklang gebracht sind (§§ 86—115 AG). Die sonst das Grundbuch betreffenden Vorschriften sind in der GBO und dem AG z. GBO enthalten.

oder Belastung eines solchen Rechtes ist die Einigung des Berechtigten[10] und des anderen Theiles über den Eintritt der Rechtsänderung und die Eintragung[11] der Rechtsänderung in das Grundbuch erforderlich, soweit nicht das Gesetz ein Anderes vorschreibt.[12]

Vor der Eintragung sind die Betheiligten an die Einigung nur gebunden, wenn die Erklärungen gerichtlich oder notariell beurkundet[13] oder vor dem Grundbuchamt abgegeben oder bei diesem eingereicht sind oder wenn der Berechtigte dem anderen Theile eine den Vorschriften der Grundbuchordnung entsprechende Eintragungsbewilligung[14] ausgehändigt hat.

874.[15] Bei der Eintragung eines Rechtes, mit dem ein Grundstück belastet wird, kann zur näheren Bezeichnung des Inhalts des Rechtes auf die Eintragungsbewilligung Bezug genommen werden, soweit nicht das Gesetz ein Anderes vorschreibt.[16]

875. Zur Aufhebung eines Rechtes an einem Grundstück ist, soweit nicht das Gesetz ein Anderes vorschreibt,[17] die Erklärung[18] des Berechtigten, daß er das Recht aufgebe, und die Löschung[19] des Rechtes im Grundbuch erforderlich.[20] Die Erklärung ist dem Grundbuchamt oder demjenigen gegenüber abzugeben, zu dessen Gunsten sie erfolgt.

Vor der Löschung ist der Berechtigte an seine Erklärung nur gebunden, wenn er sie dem Grundbuchamte gegenüber abgegeben oder demjenigen, zu dessen Gunsten sie erfolgt, eine den Vorschriften der Grundbuchordnung entsprechende Löschungsbewilligung ausgehändigt hat.[21]

876. Ist ein Recht an einem Grundstücke mit dem Rechte eines Dritten belastet, so ist zur Aufhebung des belasteten Rechtes die Zustimmung des Dritten erforderlich. Steht das aufzuhebende Recht dem jeweiligen Eigenthümer eines anderen Grundstücks zu, so ist, wenn dieses Grundstück mit dem Rechte eines Dritten belastet ist, die Zustimmung des Dritten erforderlich, es sei denn, daß dessen Recht durch die Aufhebung nicht berührt wird.[22] Die Zustimmung ist dem Grundbuchamt oder demjenigen gegenüber zu erklären, zu dessen Gunsten sie erfolgt; sie ist unwiderruflich.

877. Die Vorschriften der §§ 873, 874, 876 finden auch auf Aenderungen des Inhalts eines Rechtes an einem Grundstück Anwendung.[23]

878. Eine von dem Berechtigten in Gemäßheit der §§ 873, 875, 877 abgegebene Erklärung wird nicht dadurch unwirksam, daß der Berechtigte in der Verfügung beschränkt[24] wird, nachdem die Erklärung für ihn bindend geworden und der Antrag auf Eintragung bei dem Grundbuchamte gestellt worden ist.[25]

879.[26] Das Rangverhältniß unter mehreren Rechten, mit denen ein Grundstück belastet ist, bestimmt sich, wenn die Rechte in derselben Abtheilung des Grundbuchs eingetragen sind, nach der Reihenfolge der Eintragungen. Sind die Rechte in verschiedenen Abtheilungen eingetragen, so hat das unter Angabe eines früheren Tages eingetragene Recht den Vorrang; Rechte, die unter Angabe desselben Tages eingetragen sind, haben gleichen Rang.

Die Eintragung ist für das Rangverhältniß auch dann maßgebend, wenn die nach § 873 zum Erwerbe des Rechtes erforderliche Einigung erst nach der Eintragung zu Stande gekommen ist.

Eine abweichende Bestimmung des Rangverhältnisses bedarf der Eintragung in das Grundbuch.[27]

880. Das Rangverhältniß kann nachträglich geändert werden.

Zu der Rangänderung ist die Einigung des zurücktretenden und des vortretenden Berechtigten und die Eintragung der Aenderung in das Grundbuch erforderlich; die Vorschriften des § 873 Abs. 2 und des § 878 finden Anwendung. Soll eine Hypothek, eine Grundschuld oder eine Rentenschuld zurücktreten, so ist außerdem die Zustimmung des Eigenthümers erforderlich. Die Zustimmung ist dem Grundbuchamt oder einem dem Betheiligten gegenüber zu erklären; sie ist unwiderruflich.

Ist das zurücktretende Recht mit dem Rechte eines Dritten belastet, so finden die Vorschriften des § 876 entsprechende Anwendung.

Der dem vortretenden Rechte eingeräumte Rang geht nicht dadurch verloren, daß das zurücktretende Recht durch Rechtsgeschäft aufgehoben wird.

---

10. Vgl. hierzu §§ 40 ff. GBO.

11. Vgl. §§ 13 ff. GBO.

12. Derartige Ausnahmen von der allgemeinen Regel ergeben sich theils aus der Natur der Sache, theils aus ausdrücklichen gesetzlichen Vorschriften und finden sich sowohl im BGB (§§ 900, 927, 928, 1438, 1519, 1942, 1075, 1287, 1163, 1164, 914 Abs. 2, 917, 1154, 1159, 1187, 1188, 1192, 1195, 1196, 1069, 1274, 1291) als auch außerhalb desselben: Art. 109 EG; § 49 AG z. BGB; § 90 ZVG; §§ 830, 837, 848 Abs. 2, 857, 868 CPO.

Vgl. auch Artt. 126, 57—59, 65, 113, 114 EG und § 26 GBO.

13. Vgl. § 128 BGB und die Bemerkung dazu; Artt. 141, 142 EG.

14. Vgl. §§ 28, 29, 30, 37, 38 GBO.

15. Vgl. §§ 9, 50, 51 GBO.

16. Vgl. z. B. § 1115 BGB.

17. Abgesehen von den im BGB enthaltenen Ausnahmen kommen hier noch in Betracht Artt. 113, 120, 189 EG; § 91 ZVG.

18. Vgl. §§ 894 ff. CPO.

19. Vgl. § 47 GBO.

20. Vgl. aber § 27 GBO.

21. In Betracht kommen hier §§ 19, 23, 24, 27, 29 GBO, für Vormerkungen und Widersprüche § 25 GBO.

22. Grundbuchmäßig bedarf es der Zustimmung des Dritten nur, wenn dessen Recht gemäß § 8 GBO auf dem Blatte des Grundstückes vermerkt ist (§ 21 GBO).

23. Vgl. indessen §§ 26, 65 GBO.

24. Auch die Beschränkung durch § 6 KO gehört hierher.

25. Vgl. § 15 KO.

26. Vgl. Art. 118; Uebergangsvorschrift im Art. 184 EG.

27. Vgl. indessen §§ 10—14, 109, 110 ZVG; auch §§ 17, 18, 46 GBO.

Rechte, die den Rang zwischen dem zurücktretenden und dem vortretenden Rechte haben, werden durch die Rangänderung nicht berührt.

881. Der Eigenthümer kann sich bei der Belastung des Grundstücks mit einem Rechte die Befugniß vorbehalten, ein anderes, dem Umfange nach bestimmtes Recht mit dem Range vor jenem Rechte eintragen zu lassen.

Der Vorbehalt bedarf der Eintragung in das Grundbuch; die Eintragung muß bei dem Rechte erfolgen, das zurücktreten soll.

Wird das Grundstück veräußert, so geht die vorbehaltene Befugniß auf den Erwerber über.

Ist das Grundstück vor der Eintragung des Rechtes, dem der Vorrang beigelegt ist, mit einem Rechte ohne einen entsprechenden Vorbehalt belastet worden, so hat der Vorrang insoweit keine Wirkung, als das mit dem Vorbehalt eingetragene Recht in Folge der inzwischen eingetretenen Belastung eine über den Vorbehalt hinausgehende Beeinträchtigung erleiden würde.

882. Wird ein Grundstück mit einem Rechte belastet, für welches nach den für die Zwangsversteigerung geltenden Vorschriften dem Berechtigten im Falle des Erlöschens durch den Zuschlag der Werth aus dem Erlöse zu ersetzen ist,[28] so kann der Höchstbetrag des Ersatzes bestimmt werden. Die Bestimmung bedarf der Eintragung in das Grundbuch.

883. Zur Sicherung des Anspruchs auf Einräumung oder Aufhebung eines Rechtes an einem Grundstück oder an einem das Grundstück belastenden Rechte oder auf Aenderung des Inhalts oder des Ranges eines solchen Rechtes kann eine Vormerkung in das Grundbuch eingetragen werden. Die Eintragung einer Vormerkung ist auch zur Sicherung eines künftigen oder eines bedingten Anspruchs zulässig.

Eine Verfügung, die nach der Eintragung der Vormerkung über das Grundstück oder das Recht getroffen wird, ist insoweit unwirksam, als sie den Anspruch vereiteln oder beeinträchtigen würde. Dies gilt auch, wenn die Verfügung im Wege der Zwangsvollstreckung oder der Arrestvollziehung oder durch den Konkursverwalter erfolgt.

Der Rang des Rechtes, auf dessen Einräumung der Anspruch gerichtet ist, bestimmt sich nach der Eintragung der Vormerkung.[29]

884. Soweit der Anspruch durch die Vormerkung gesichert ist, kann sich der Erbe des Verpflichteten nicht auf die Beschränkung seiner Haftung berufen.

885. Die Eintragung einer Vormerkung erfolgt auf Grund einer einstweiligen Verfügung[30] oder auf Grund der Bewilligung desjenigen, dessen Grundstück oder dessen Recht von der Vormerkung betroffen wird.[31] Zur Erlassung der einstweiligen Verfügung ist nicht erforderlich, daß eine Gefährdung des zu sichernden Anspruchs glaubhaft gemacht wird.[32]

Bei der Eintragung kann zur näheren Bezeichnung des zu sichernden Anspruchs auf die einstweilige Verfügung oder die Eintragungsbewilligung Bezug genommen werden.

886. Steht demjenigen, dessen Grundstück oder dessen Recht von der Vormerkung betroffen wird, eine Einrede zu, durch welche die Geltendmachung des durch die Vormerkung gesicherten Anspruchs dauernd ausgeschlossen wird, so kann er von dem Gläubiger die Beseitigung der Vormerkung verlangen.

887. Ist der Gläubiger, dessen Anspruch durch die Vormerkung gesichert ist, unbekannt, so kann er im Wege des Aufgebotsverfahrens[33] mit seinem Rechte ausgeschlossen werden, wenn die im § 1170 für die Ausschließung eines Hypothekengläubigers bestimmten Voraussetzungen vorliegen. Mit der Erlassung des Ausschlußurtheils erlischt die Wirkung der Vormerkung.

888. Soweit der Erwerb eines eingetragenen Rechtes oder eines Rechtes an einem solchen Rechte gegenüber demjenigen, zu dessen Gunsten die Vormerkung besteht, unwirksam ist, kann dieser von dem Erwerber die Zustimmung zu der Eintragung oder der Löschung verlangen, die zur Verwirklichung des durch die Vormerkung gesicherten Anspruchs erforderlich ist.

Das Gleiche gilt, wenn der Anspruch durch ein Veräußerungsverbot gesichert ist.

889. Ein Recht an einem fremden Grundstück erlischt nicht dadurch, daß der Eigenthümer des Grundstücks das Recht oder der Berechtigte das Eigenthum an dem Grundstück erwirbt.

890. Mehrere Grundstücke können dadurch zu einem Grundstücke vereinigt werden, daß der Eigenthümer sie als ein Grundstück in das Grundbuch eintragen läßt.

Ein Grundstück kann dadurch zum Bestandtheil eines anderen Grundstücks gemacht werden, daß der Eigenthümer es diesem im Grundbuche zuschreiben läßt.[34]

---

28. Vgl. §§ 92, 121 ZVG.

29. Vgl. hierzu §§ 9, 48 ZVG; §§ 24, 193 KO.

30. Vgl. hierzu §§ 941, 942 CPO.

Während der Dauer des Konkursverfahrens sind derartige Vormerkungen auf Grund einer einstweiligen Verfügung ausgeschlossen nach § 14 Abs. 2 KO.

31. Vgl. hierzu auch § 895 CPO. Weitere Fälle der Eintragung einer Vormerkung enthalten die §§ 18 Abs. 2, 76, 80 Abs. 3 GBO.

32. Also eine Ausnahme von der Vorschrift der §§ 935, 940, (936, 920) CPO.

33. Nach Vorschrift der §§ 988, 1024 CPO. Landesgesetzliche Vorschriften der in § 1024 CPO bestimmten Art bestehen in Elf.-Lothr. nicht.

34. Die Bestimmung dieses Paragraphen ist beschränkt durch § 5 GBO. Außerdem sind durch Art. 119 Nr. 3 EG die dort bezeichneten landesgesetzlichen Vorschriften aufrecht erhalten worden. Eine landesgesetzliche Vorschrift dieser Art für Elf.-Lothr. in § 16 AG z. GBO (vgl. auch Art. 112 EG).

891. Ist im Grundbuche für Jemand ein Recht eingetragen, so wird vermuthet, daß ihm das Recht zustehe.

Ist im Grundbuch ein eingetragenes Recht gelöscht, so wird vermuthet, daß das Recht nicht bestehe.[35]

892. Zu Gunsten desjenigen, welcher ein Recht an einem Grundstück oder ein Recht an einem solchen Rechte durch Rechtsgeschäft[36] erwirbt, gilt der Inhalt des Grundbuchs als richtig, es sei denn, daß ein Widerspruch gegen die Richtigkeit eingetragen oder die Unrichtigkeit dem Erwerber bekannt ist. Ist der Berechtigte in der Verfügung über ein im Grundbuch eingetragenes Recht zu Gunsten einer bestimmten Person beschränkt, so ist die Beschränkung dem Erwerber gegenüber nur wirksam, wenn sie aus dem Grundbuch ersichtlich oder dem Erwerber bekannt ist.[37]

Ist zu dem Erwerbe des Rechtes die Eintragung erforderlich, so ist für die Kenntnis des Erwerbers die Zeit der Stellung des Antrags auf Eintragung oder, wenn die nach § 873 erforderliche Einigung erst später zu Stande kommt, die Zeit der Einigung maßgebend.

893. Die Vorschriften des § 892 finden entsprechende Anwendung, wenn an denjenigen, für welchen ein Recht im Grundbuch eingetragen ist, auf Grund dieses Rechtes eine Leistung bewirkt oder wenn zwischen ihm und einem Anderen in Ansehung dieses Rechtes ein nicht unter die Vorschriften des § 892 fallendes Rechtsgeschäft vorgenommen wird, das eine Verfügung über das Recht enthält.

894. Steht der Inhalt des Grundbuchs in Ansehung eines Rechtes an dem Grundstück, eines Rechtes an einem solchen Rechte oder einer Verfügungsbeschränkung der im § 892 Abs. 1 bezeichneten Art mit der wirklichen Rechtslage nicht im Einklange, so kann derjenige, dessen Recht nicht oder nicht richtig eingetragen oder durch die Eintragung einer nicht bestehenden Belastung oder Beschränkung beeinträchtigt ist,[38] die Zustimmung zu der Berichtigung des Grundbuchs von demjenigen verlangen, dessen Recht durch die Berichtigung betroffen wird.[39]

895. Kann die Berichtigung des Grundbuchs erst erfolgen, nachdem das Recht des nach § 894 Verpflichteten eingetragen worden ist, so hat dieser auf Verlangen sein Recht eintragen zu lassen.[40]

896. Ist zur Berichtigung des Grundbuchs die Vorlegung eines Hypotheken-, Grundschuld- oder Rentenschuldbriefs erforderlich, so kann derjenige, zu dessen Gunsten die Berichtigung erfolgen soll, von dem Besitzer des Briefes verlangen, daß der Brief dem Grundbuchamte vorgelegt wird.[41]

897. Die Kosten der Berichtigung des Grundbuchs und der dazu erforderlichen Erklärungen hat derjenige zu tragen, welcher die Berichtigung verlangt, sofern nicht aus einem zwischen ihm und dem Verpflichteten bestehenden Rechtsverhältnisse sich ein Anderes ergiebt.

898. Die in den §§ 894 bis 896 bestimmten Ansprüche unterliegen nicht der Verjährung.

899. In den Fällen des § 894 kann ein Widerspruch gegen die Richtigkeit des Grundbuchs eingetragen werden.[42]

Die Eintragung erfolgt auf Grund einer einstweiligen Verfügung oder auf Grund einer Bewilligung desjenigen, dessen Recht durch die Berichtigung des Grundbuchs betroffen wird.[43] Zur Erlassung der einstweiligen Verfügung ist nicht erforderlich, daß eine Gefährdung des Rechtes des Widersprechenden glaubhaft gemacht wird.[44]

900. Wer als Eigenthümer eines Grundstücks im Grundbuch eingetragen ist, ohne daß er das Eigenthum erlangt hat, erwirbt das Eigenthum, wenn die Eintragung dreißig Jahre bestanden und er während dieser Zeit das Grundstück im Eigenbesitze gehabt hat. Die dreißigjährige Frist wird in derselben Weise berechnet wie die Frist für die Ersitzung einer beweglichen Sache. Der Lauf der Frist ist gehemmt, solange ein Widerspruch gegen die Richtigkeit der Eintragung im Grundbuch eingetragen ist.

Diese Vorschriften finden entsprechende Anwendung, wenn für Jemand ein ihm nicht zustehendes

---

35. Die hier eingeführte Vermuthung ist nicht diejenige des § 292 CPO; sie geht über diese hinaus, da sie sich nicht nur auf Thatsachen, sondern mit Rücksicht auf den öffentlichen Glauben des Grundbuches (§ 892 BGB) auch auf Rechtswirkungen bezieht.

36. Der Fall der §§ 894, 895 CPO steht einem Rechtsgeschäft gleich.

37. Die Bestimmung des letzten Satzes bezieht sich auch auf alle Beschränkungen dieser Art, mögen sie im BGB (z. B. §§ 2113, 2211) oder in anderen Gesetzen (z. B. Art. 61 EG; §§ 7, 15, 106, 113, KO; §§ 22, 23, 146 ZVG) enthalten sein. Vgl. hierzu Art. 118, der aber für Elf.-Lothr. keine Bedeutung hat. Uebergangsvorschriften enthalten die Artt. 187, 188 EG; vgl. auch §§ 7, 42 KO (§§ 265, 266, 325², ³, 727, 894, 898 CPO).

38. Einen weiteren Fall der Berichtigung enthält § 14 GBO.

39. Diese Zustimmung ist nicht erforderlich im Falle des § 22 GBO.

Eine Berichtigung kann auch von Amtswegen erfolgen, z. B. § 54 GBO; § 130 ZVG.

40. Vgl. § 40 GBO.

41. Vgl. §§ 42, 43 GBO.

42. Vgl. § 48 ZVG.

43. Auch auf Grund eines vorläufig vollstreckbar erklärten Urtheils im Falle des § 895 CPO, im Wege der Beschwerde gegen eine Eintragung (§ 71 GBO), in den Fällen der §§ 18, Abs. 2, 23, 24, 54, 76 GBO.

Vgl. auch §§ 941, 942 Abs. 2 CPO.

44. Also Ausnahme von der Vorschrift der §§ 935, 940 CPO.

Für die Löschung des Widerspruchs sind die allgemeinen Vorschriften (875 BGB), außerdem § 18 Abs. 2 a. E., § 25 GBO, maßgebend.

anderes Recht im Grundbuch eingetragen ist, das zum Besitze des Grundstücks berechtigt oder dessen Ausübung nach den für den Besitz geltenden Vorschriften geschützt ist. Für den Rang des Rechtes ist die Eintragung maßgebend.[45]

901. Ist ein Recht an einem fremden Grundstück im Grundbuche mit Unrecht gelöscht, so erlischt es, wenn der Anspruch des Berechtigten gegen den Eigenthümer verjährt ist. Das Gleiche gilt, wenn ein kraft Gesetzes entstandenes Recht an einem fremden Grundstücke nicht in das Grundbuch eingetragen worden ist.

902. Die Ansprüche aus eingetragenen Rechten unterliegen nicht der Verjährung. Dies gilt nicht für Ansprüche, die auf Rückstände wiederkehrender Leistungen oder auf Schadensersatz gerichtet sind.

Ein Recht, wegen dessen ein Widerspruch gegen die Richtigkeit des Grundbuchs eingetragen ist, steht einem eingetragenen Rechte gleich.

Dritter Abschnitt. Eigenthum.[46]

Erster Titel. Inhalt des Eigenthums.

903. Der Eigenthümer einer Sache kann, soweit nicht das Gesetz[47] oder Rechte Dritter entgegenstehen, mit der Sache nach Belieben verfahren und Andere von jeder Einwirkung ausschließen.

904. Der Eigenthümer einer Sache ist nicht berechtigt, die Einwirkung eines Anderen auf die Sache zu verbieten, wenn die Einwirkung zur Abwendung einer gegenwärtigen Gefahr nothwendig und der drohende Schaden gegenüber dem aus der Einwirkung dem Eigenthümer entstehenden Schaden unverhältnißmäßig groß ist. Der Eigenthümer kann Ersatz des ihm entstehenden Schadens verlangen.

905. Das Recht des Eigenthümers eines Grundstücks erstreckt sich auf den Raum über der Oberfläche und auf den Erdkörper unter der Oberfläche. Der Eigenthümer kann jedoch Einwirkungen nicht verbieten, die in solcher Höhe oder Tiefe vorgenommen werden, daß er an der Ausschließung kein Interesse hat.[48]

906. Der Eigenthümer eines Grundstücks kann die Zuführung von Gasen, Dämpfen, Gerüchen, Rauch, Ruß, Wärme, Geräusch, Erschütterungen und ähnliche von einem anderen Grundstück ausgehende Einwirkungen insoweit nicht verbieten, als die Einwirkung die Benutzung seines Grundstücks nicht oder nur unwesentlich beeinträchtigt oder durch eine Benutzung des anderen Grundstück herbeigeführt wird, die nach den örtlichen Verhältnissen bei Grundstücken dieser Lage gewöhnlich ist. Die Zuführung durch eine besondere Leitung ist unzulässig.[49]

907. Der Eigenthümer eines Grundstücks kann verlangen, daß auf den Nachbargrundstücken nicht Anlagen hergestellt oder gehalten werden, von denen mit Sicherheit vorauszusehen ist, daß ihr Bestand oder ihre Benutzung eine unzulässige Einwirkung auf sein Grundstück zur Folge hat. Genügt eine Anlage den landesgesetzlichen Vorschriften, die einen bestimmten Abstand von der Grenze oder sonstige Schutzmaßregeln vorschreiben, so kann die Beseitigung der Anlage erst verlangt werden, wenn die unzulässige Einwirkung thatsächlich hervortritt.[49a]

Bäume und Sträucher gehören nicht zu den Anlagen im Sinne dieser Vorschriften.[50]

908. Droht einem Grundstücke die Gefahr, daß es durch den Einsturz eines Gebäudes oder eines anderen Werkes, das mit einem Nachbargrundstücke verbunden ist, oder durch die Ablösung von Theilen des Gebäudes oder des Werkes beschädigt wird, so kann der Eigenthümer von demjenigen, welcher nach dem § 836 Abs. 1 oder den §§ 837, 838 für den eintretenden Schaden verantwortlich sein würde, verlangen, daß er die zur Abwendung der Gefahr erforderliche Vorkehrung trifft.

909. Ein Grundstück darf nicht in der Weise vertieft werden, daß der Boden des Nachbargrundstücks die erforderliche Stütze verliert, es sei denn, daß für eine genügende anderweitige Befestigung gesorgt ist.

910. Der Eigenthümer eines Grundstücks kann Wurzeln eines Baumes oder eines Strauches, die von einem Nachbargrundstück eingedrungen sind, abschneiden und behalten. Das Gleiche gilt von herüberragenden Zweigen, wenn der Eigenthümer dem Besitzer des Nachbargrundstücks eine angemessene Frist zur Beseitigung bestimmt hat und die Beseitigung nicht innerhalb der Frist erfolgt.

Dem Eigenthümer steht dieses Recht nicht zu, wenn die Wurzeln oder die Zweige die Benutzung des Grundstücks nicht beeinträchtigen.[51]

911. Früchte, die von einem Baume oder einem Strauche auf ein Nachbargrundstück hinüberfallen, gelten als Früchte dieses Grundstücks. Diese Vorschrift findet keine Anwendung, wenn das Nachbargrundstück dem öffentlichen Gebrauche dient.

912. Hat der Eigenthümer eines Grundstücks bei der Errichtung eines Gebäudes über die Grenze

45. Uebergangsvorschrift enthält Art. 189 Abs. 2 EG.

46. Uebergangsvorschriften in Artt. 181, 182 EG. Von Bedeutung ist auch Art. 124 EG, auf welchem die §§ 57—72 AG z. BGB beruhen; vgl. auch §§ 46, 47 AG z. BGB.

47. Landesgesetzliche Vorbehalte, die für Els.-Lothr. von Bedeutung sind, enthalten insbesondere die Artt. 109, 111, 119, 124 EG (Landesgesetzliche Bestimmungen der in den Artt. 122, 123, 125 EG angegebenen Art bestehen in Els.-Lothr. nicht).

48 In Betracht kommen hierbei namentlich die durch Art. 67 aufrecht erhaltenen landesgesetzlichen Bestimmungen, welche dem Bergrecht angehören; vgl. § 14 RG vom 6. April 1892.

49. § 26 GewO ist durch § 906 nicht aufgehoben. — Art. 126 EG ist für Els.-Lothr. ohne Bedeutung.

49a. Vgl. §§ 64—66 AG z. BGB.

50. Vgl. §§ 62, 63 AG. z. BGB.

51. Vgl. Artt. 122, 183 EG.

gebaut, ohne daß ihm Vorsatz oder grobe Fahrlässigkeit zur Last fällt, so hat der Nachbar den Ueberbau zu dulden, es sei denn, daß er vor oder sofort nach der Grenzüberschreitung Widerspruch erhoben hat.

Der Nachbar ist durch eine Geldrente zu entschädigen. Für die Höhe der Rente ist die Zeit der Grenzüberschreitung maßgebend.[52]

913. Die Rente für den Ueberbau ist dem jeweiligen Eigenthümer des Nachbargrundstücks von dem jeweiligen Eigenthümer des anderen Grundstücks zu entrichten.

Die Rente ist jährlich im voraus zu entrichten.

914. Das Recht auf die Rente geht allen Rechten an dem belasteten Grundstück, auch den älteren, vor. Es erlischt mit der Beseitigung des Ueberbaues.

Das Recht wird nicht in das Grundbuch eingetragen. Zum Verzicht auf das Recht sowie zur Feststellung der Höhe der Rente durch Vertrag ist die Eintragung erforderlich.

Im Uebrigen finden die Vorschriften Anwendung, die für eine zu Gunsten des jeweiligen Eigenthümers eines Grundstücks bestehende Reallast gelten.[53]

915. Der Rentenberechtigte kann jederzeit verlangen, daß der Rentenpflichtige ihm gegen Uebertragung des Eigenthums an dem überbauten Theile des Grundstücks den Werth ersetzt, den dieser Theil zur Zeit der Grenzüberschreitung gehabt hat. Macht er von dieser Befugniß Gebrauch, so bestimmen sich die Rechte und Verpflichtungen beider Theile nach den Vorschriften über den Kauf.

Für die Zeit bis zur Uebertragung des Eigenthums ist die Rente fortzuentrichten.

916. Wird durch den Ueberbau ein Erbbaurecht oder eine Dienstbarkeit an dem Nachbargrundstücke beeinträchtigt, so finden zu Gunsten des Berechtigten die Vorschriften der §§ 912 bis 914 entsprechende Anwendung.[54]

917. Fehlt einem Grundstücke die zur ordnungsmäßigen Benutzung nothwendige Verbindung mit einem öffentlichen Wege,[55] so kann der Eigenthümer von den Nachbarn verlangen, daß sie bis zur Hebung des Mangels die Benutzung ihrer Grundstücke zur Herstellung der erforderlichen Verbindung dulden. Die Richtung des Nothwegs und der Umfang des Benutzungsrechts werden erforderlichen Falles durch Urtheil bestimmt.

Die Nachbarn, über deren Grundstücke der Nothweg führt, sind durch eine Geldrente zu entschädigen. Die Vorschriften des § 912 Abs. 2 Satz 2 und der §§ 913, 914, 916 finden entsprechende Anwendung.[56]

52. Vgl. Art. 116 EG; § 52 Abs. 2 ZVG.
53. Vgl. § 52 Abs. 2 ZVG.
54. Vgl. Art. 116 EG.
55. Vgl. Art. 123 EG.
56. Art. 116 EG.

918. Die Verpflichtung zur Duldung des Nothwegs tritt nicht ein, wenn die bisherige Verbindung des Grundstücks mit dem öffentlichen Wege durch eine willkürliche Handlung des Eigenthümers aufgehoben wird.

Wird in Folge der Veräußerung eines Theiles des Grundstücks der veräußerte oder der zurückbehaltene Theil von der Verbindung mit dem öffentlichen Wege abgeschnitten, so hat der Eigenthümer desjenigen Theiles, über welchen die Verbindung bisher stattgefunden hat, den Nothweg zu dulden. Der Veräußerung eines Theiles steht die Veräußerung eines von mehreren demselben Eigenthümer gehörenden Grundstücken gleich.

919. Der Eigenthümer eines Grundstücks kann von dem Eigenthümer eines Nachbargrundstücks verlangen, daß dieser zur Errichtung fester Grenzzeichen und, wenn ein Grenzzeichen verrückt oder unkenntlich geworden ist, zur Wiederherstellung mitwirkt.

Die Art der Abmarkung und das Verfahren bestimmen sich nach den Landesgesetzen;[57] enthalten diese keine Vorschriften, so entscheidet die Ortsüblichkeit.

Die Kosten der Abmarkung sind von den Betheiligten zu gleichen Theilen zu tragen, sofern nicht aus einem zwischen ihnen bestehenden Rechtsverhältnisse sich ein Anderes ergiebt.

920. Läßt sich im Falle einer Grenzverwirrung die richtige Grenze nicht ermitteln, so ist für die Abgrenzung der Besitzstand maßgebend. Kann der Besitzstand nicht festgestellt werden, so ist jedem der Grundstücke ein gleich großes Stück der streitigen Fläche zuzutheilen.

Soweit eine diesen Vorschriften entsprechende Bestimmung der Grenze zu einem Ergebnisse führt, das mit den ermittelten Umständen, insbesondere mit der feststehenden Größe der Grundstücke, nicht übereinstimmt, ist die Grenze so zu ziehen, wie es unter Berücksichtigung dieser Umstände der Billigkeit entspricht.

921. Werden zwei Grundstücke durch einen Zwischenraum, Rain, Winkel, einen Graben, eine Mauer, Hecke, Planke oder eine andere Einrichtung, die zum Vortheile beider Grundstücke dient, von einander geschieden, so wird vermuthet, daß die Eigenthümer der Grundstücke zur Benutzung

57. In Betracht kommen hier für Els.-Lothr. das Ges. v. 31. März 1884 über die Bereinigung des Katasters (insbesondere §§ 11, 54, 55) und die auf Grund dieses Gesetzes erlassenen Minist.-Bestimmungen v. 30. Mai 1884 und die Min.-Verff. v. 9. August 1884, 3. Juli 1886, 30. Januar 1889 und 24. Februar 1892. Diese letzteren Vorschriften gelten indessen nur für die Gemeinden mit bereinigtem Kataster; für die übrigen Gemeinden bestehen keine entsprechenden Vorschriften. Für die Grenzscheidungen zwischen Staats- und Gemeindewaldungen und den angrenzenden Besitzungen sind Artt. 9 ff. FGB vom 31. Juli 1827 bezw. die Ausführungsbestimmungen der Ordonnanz vom 1. August 1827 aufrecht erhalten worden (Art. 113 EG).

der Einrichtung gemeinschaftlich berechtigt seien, sofern nicht äußere Merkmale darauf hinweisen, daß die Einrichtung einem der Nachbarn allein gehört.[58]

922. Sind die Nachbarn zur Benutzung einer der im § 921 bezeichneten Einrichtungen gemeinschaftlich berechtigt, so kann jeder sie zu dem Zwecke, der sich aus ihrer Beschaffenheit ergiebt, insoweit benutzen, als nicht die Mitbenutzung des anderen beeinträchtigt wird. Die Unterhaltungskosten sind von den Nachbarn zu gleichen Theilen zu tragen. Solange einer der Nachbarn an dem Fortbestande der Einrichtung ein Interesse hat, darf sie nicht ohne seine Zustimmung beseitigt oder geändert werden. Im Uebrigen bestimmt sich das Rechtsverhältniß zwischen den Nachbarn nach den Vorschriften über die Gemeinschaft.

923. Steht auf der Grenze ein Baum, so gebühren die Früchte und, wenn der Baum gefällt wird, auch der Baum den Nachbarn zu gleichen Theilen.

Jeder der Nachbarn kann die Beseitigung des Baumes verlangen. Die Kosten der Beseitigung fallen den Nachbarn zu gleichen Theilen zur Last. Der Nachbar, der die Beseitigung verlangt, hat jedoch die Kosten allein zu tragen, wenn der andere auf sein Recht an dem Baume verzichtet; er erwirbt in diesem Falle mit der Trennung das Alleineigenthum. Der Anspruch auf die Beseitigung ist ausgeschlossen, wenn der Baum als Grenzzeichen dient und den Umständen nach nicht durch ein anderes zweckmäßiges Grenzzeichen ersetzt werden kann.

Diese Vorschriften gelten auch für einen auf der Grenze stehenden Strauch.[59]

924. Die Ansprüche, die sich aus den §§ 907 bis 909, 915, dem § 917 Abs. 1, dem § 918 Abs. 2, den §§ 919, 920 und dem § 923 Abs. 2 ergeben, unterliegen nicht der Verjährung.[60]

Zweiter Titel. Erwerb und Verlust des Eigenthums an Grundstücken.[61]

925. Die zur Uebertragung des Eigenthums an einem Grundstücke nach § 873 erforderliche Einigung des Veräußerers und des Erwerbers (Auflassung) muß bei gleichzeitiger Anwesenheit beider Theile vor dem Grundbuchamt erklärt werden.[62]

Eine Auflassung, die unter einer Bedingung oder einer Zeitbestimmung erfolgt, ist unwirksam.

926. Sind der Veräußerer und der Erwerber darüber einig, daß sich die Veräußerung auf das Zubehör des Grundstücks erstrecken soll, so erlangt der Erwerber mit dem Eigenthum an dem Grundstück auch das Eigenthum an den zur Zeit des Erwerbes vorhandenen Zubehörstücken, soweit sie dem Veräußerer gehören. Im Zweifel ist anzunehmen, daß sich die Veräußerung auf das Zubehör erstrecken soll.

Erlangt der Erwerber auf Grund der Veräußerung den Besitz von Zubehörstücken, die dem Veräußerer nicht gehören oder mit Rechten Dritter belastet sind, so finden die Vorschriften der §§ 932 bis 936 Anwendung; für den guten Glauben des Erwerbers ist die Zeit der Erlangung des Besitzes maßgebend.

927. Der Eigenthümer eines Grundstücks kann, wenn das Grundstück seit dreißig Jahren im Eigenbesitz eines Anderen ist, im Wege des Aufgebotsverfahrens[63] mit seinem Rechte ausgeschlossen werden. Die Besitzzeit wird in gleicher Weise berechnet wie die Frist für die Ersitzung einer beweglichen Sache. Ist der Eigenthümer im Grundbuch eingetragen, so ist das Aufgebotsverfahren nur zulässig, wenn er gestorben oder verschollen ist und eine Eintragung in das Grundbuch, die der Zustimmung des Eigenthümers bedurfte,[64] seit dreißig Jahren nicht erfolgt ist.

Derjenige, welcher das Ausschlußurtheil erwirkt hat, erlangt das Eigenthum dadurch, daß er sich als Eigenthümer in das Grundbuch eintragen läßt.

Ist vor der Erlassung des Ausschlußurtheils ein Dritter als Eigenthümer oder wegen des Eigenthums eines Dritten ein Widerspruch gegen die Richtigkeit des Grundbuchs eingetragen worden, so wirkt das Urtheil nicht gegen den Dritten.

928. Das Eigenthum an einem Grundstücke kann dadurch aufgegeben werden, daß der Eigenthümer den Verzicht dem Grundbuchamte gegenüber erklärt und der Verzicht in das Grundbuch eingetragen wird.

[65]Das Recht zur Aneignung des aufgegebenen Grundstücks steht dem Fiskus des Bundesstaats zu, in dessen Gebiete das Grundstück liegt. Der Fiskus erwirbt das Eigenthum dadurch, daß er sich als Eigenthümer in das Grundbuch eintragen läßt.[66]

Dritter Titel. Erwerb und Verlust des Eigenthums an beweglichen Sachen.[67]

I. Uebertragung.

929. Zur Uebertragung des Eigenthums an einer beweglichen Sache ist erforderlich, daß der Eigen-

58. Vgl. §§ 67, 69—71 AG z. BGB.

59. Vgl. Art. 183 EG.

60. Vgl. § 72 AG z. BGB.

61. Erwerbsbeschränkungen enthalten die Artt. 86—88 EG.

62. Vgl. hierzu Art. 143 EG; § 89 AG z. BGB; §§ 29—31, 98 GBO; § 848 Abs. 2 CPO.

63. Nach Maßgabe der §§ 946 ff., insbesondere §§ 977—981, 1024 CPO.

64. Vgl. §§ 19, 20, 22, 27 GBO (§§ 873, 875, 877 BGB).

65. Vgl. hierzu Artt. 190, 129 EG; auch Art. 65 EG z. BGB; §§ 50 ff. AG z. BGB; Art. 66 Ges. v. 3. Frimaire VII.

66. Vgl. §§ 58, 787 CPO.

67. Vgl. Artt. 145, 181 EG.

thümer die Sache dem Erwerber übergiebt[68] und beide darüber einig sind, daß das Eigenthum übergehen soll. Ist der Erwerber im Besitze der Sache, so genügt die Einigung über den Uebergang des Eigenthums.

930. Ist der Eigenthümer im Besitze der Sache, so kann die Uebergabe dadurch ersetzt werden, daß zwischen ihm und dem Erwerber ein Rechtsverhältniß vereinbart wird, vermöge dessen der Erwerber den mittelbaren Besitz erlangt.

931. Ist ein Dritter im Besitze der Sache, so kann die Uebergabe dadurch ersetzt werden, daß der Eigenthümer dem Erwerber den Anspruch auf Herausgabe der Sache abtritt.[69]

932. Durch eine nach § 929 erfolgte Veräußerung wird der Erwerber auch dann Eigenthümer, wenn die Sache nicht dem Veräußerer gehört, es sei denn, daß er zu der Zeit, zu der er nach diesen Vorschriften das Eigenthum erwerben würde, nicht in gutem Glauben ist. In dem Falle des § 929 Satz 2 gilt dies jedoch nur dann, wenn der Erwerber den Besitz von dem Veräußerer erlangt hatte.

Der Erwerber ist nicht in gutem Glauben, wenn ihm bekannt oder in Folge grober Fahrlässigkeit unbekannt ist, daß die Sache nicht dem Veräußerer gehört.[70]

933. Gehört eine nach § 930 veräußerte Sache nicht dem Veräußerer, so wird der Erwerber Eigenthümer, wenn ihm die Sache von dem Veräußerer übergeben wird, es sei denn, daß er zu dieser Zeit nicht in gutem Glauben ist.

934. Gehört eine nach § 931 veräußerte Sache nicht dem Veräußerer, so wird der Erwerber, wenn der Veräußerer mittelbarer Besitzer der Sache ist, mit der Abtretung des Anspruchs, anderenfalls dann Eigenthümer, wenn er den Besitz der Sache von dem Dritten erlangt, es sei denn, daß er zur Zeit der Abtretung oder des Besitzerwerbes nicht in gutem Glauben ist.[71]

935. Der Erwerb des Eigenthums auf Grund der §§ 932 bis 934 tritt nicht ein, wenn die Sache dem Eigenthümer gestohlen worden, verloren gegangen oder sonst abhanden gekommen war. Das Gleiche gilt, falls der Eigenthümer nur mittelbarer Besitzer war, dann, wenn die Sache dem Besitzer abhanden gekommen war.

Diese Vorschriften finden keine Anwendung auf Geld oder Inhaberpapiere sowie auf Sachen, die im Wege öffentlicher Versteigerung veräußert werden.[72]

936. Ist eine veräußerte Sache mit dem Rechte eines Dritten belastet, so erlischt das Recht mit dem Erwerbe des Eigenthums. In dem Falle des § 929 Satz 2 gilt dies jedoch nur dann, wenn der Erwerber den Besitz von dem Veräußerer erlangt hatte. Erfolgt die Veräußerung nach § 930 oder war die nach § 931 veräußerte Sache nicht im mittelbaren Besitze des Veräußerers, so erlischt das Recht des Dritten erst dann, wenn der Erwerber auf Grund der Veräußerung den Besitz der Sache erlangt.

Das Recht des Dritten erlischt nicht, wenn der Erwerber zu der nach Abs. 1 maßgebenden Zeit in Ansehung des Rechtes nicht in gutem Glauben ist.[73]

Steht im Falle des § 931 das Recht dem dritten Besitzer zu, so erlischt es auch dem gutgläubigen Erwerber gegenüber nicht.

II. Ersitzung.[74]

937. Wer eine bewegliche Sache zehn Jahre im Eigenbesitze hat, erwirbt das Eigenthum (Ersitzung).

Die Ersitzung ist ausgeschlossen, wenn der Erwerber bei dem Erwerbe des Eigenbesitzes nicht in gutem Glauben ist oder wenn er später erfährt, daß ihm das Eigenthum nicht zusteht.

938. Hat Jemand eine Sache am Anfang und am Ende eines Zeitraums im Eigenbesitze gehabt, so wird vermuthet,[75] daß sein Eigenbesitz auch in der Zwischenzeit bestanden habe.

939. Die Ersitzung kann nicht beginnen und, falls sie begonnen hat, nicht fortgesetzt werden, solange die Verjährung des Eigenthumsanspruchs gehemmt ist oder ihrer Vollendung die Vorschriften der §§ 206, 207 entgegenstehen.

940. Die Ersitzung wird durch den Verlust des Eigenbesitzes unterbrochen.

Die Unterbrechung gilt als nicht erfolgt, wenn der Eigenbesitzer den Eigenbesitz ohne seinen Willen verloren und ihn binnen Jahresfrist oder mittelst einer innerhalb dieser Frist erhobenen Klage wieder erlangt hat.

941. Die Ersitzung wird unterbrochen, wenn der Eigenthumsanspruch gegen den Eigenbesitzer oder im Falle eines mittelbaren Eigenbesitzes gegen den Besitzer gerichtlich geltend gemacht wird, der sein Recht zum Besitze von dem Eigenbesitzer ableitet; die Unterbrechung tritt jedoch nur zu Gunsten desjenigen ein, welcher sie herbeiführt. Die für die Verjährung geltenden Vorschriften der §§ 209 bis 212, 216, 219, 220 finden entsprechende Anwendung.

942. Wird die Ersitzung unterbrochen, so kommt die bis zur Unterbrechung verstrichene Zeit nicht in Betracht; eine neue Ersitzung kann erst nach der Beendigung der Unterbrechung beginnen.

68. Vgl. §§ 897 Abs. 1, 898 CPO. Ausnahme: § 474 HGB.

69. Vgl. § 7 Ges. v. 5. Juli 1896.

70. Abweichend § 366 HGB; vgl. auch § 898 CPO; §§ 7, 41 KO.

71. Zu beachten sind auch die §§ 424, 450, 647 HGB.

72. Vgl. die besonderen Bestimmungen des § 367 HGB; Art. 74 WO.

73. Weiter geht § 366 Abs. 2 HGB.

74. Uebergangsvorschrift in Art. 185 EG.

75. § 292 CPO.

943. Gelangt die Sache durch Rechtsnachfolge in den Eigenbesitz eines Dritten, so kommt die während des Besitzes des Rechtsvorgängers verstrichene Ersitzungszeit dem Dritten zu Statten.

944. Die Ersitzungszeit, die zu Gunsten eines Erbschaftsbesitzers verstrichen ist, kommt dem Erben zu Statten.

945. Mit dem Erwerbe des Eigenthums durch Ersitzung erlöschen die an der Sache vor dem Erwerbe des Eigenbesitzes begründeten Rechte Dritter, es sei denn, daß der Eigenbesitzer bei dem Erwerbe des Eigenbesitzes in Ansehung dieser Rechte nicht in gutem Glauben ist oder ihr Bestehen später erfährt. Die Ersitzungsfrist muß auch in Ansehung des Rechtes des Dritten verstrichen sein; die Vorschriften der §§ 939 bis 944 finden entsprechende Anwendung.

III. Verbindung. Vermischung. Verarbeitung.

946. Wird eine bewegliche Sache mit einem Grundstücke dergestalt verbunden, daß sie wesentlicher Bestandtheil des Grundstücks wird, so erstreckt sich das Eigenthum an dem Grundstück auf diese Sache.

947. Werden bewegliche Sachen mit einander dergestalt verbunden, daß sie wesentliche Bestandtheile einer einheitlichen Sache werden, so werden die bisherigen Eigenthümer Miteigenthümer dieser Sache; die Antheile bestimmen sich nach dem Verhältnisse des Werthes, den die Sachen zur Zeit der Verbindung haben.

Ist eine der Sachen als die Hauptsache anzusehen, so erwirbt ihr Eigenthümer das Alleineigenthum.

948. Werden bewegliche Sachen mit einander untrennbar vermischt oder vermengt, so finden die Vorschriften des § 947 entsprechende Anwendung.

Der Untrennbarkeit steht es gleich, wenn die Trennung der vermischten oder vermengten Sachen mit unverhältnißmäßigen Kosten verbunden sein würde.

949. Erlischt nach den §§ 946 bis 948 das Eigenthum an einer Sache, so erlöschen auch die sonstigen an der Sache bestehenden Rechte. Erwirbt der Eigenthümer der belasteten Sache Miteigenthum, so bestehen die Rechte an dem Antheile fort, der an die Stelle der Sache tritt. Wird der Eigenthümer der belasteten Sache Alleineigenthümer, so erstrecken sich die Rechte auf die hinzutretende Sache.

950. Wer durch Verarbeitung oder Umbildung eines oder mehrerer Stoffe eine neue bewegliche Sache herstellt, erwirbt das Eigenthum an der neuen Sache, sofern nicht der Werth der Verarbeitung oder der Umbildung erheblich geringer ist als der Werth des Stoffes. Als Verarbeitung gilt auch das Schreiben, Zeichnen, Malen, Drucken, Graviren oder eine ähnliche Bearbeitung der Oberfläche.

Mit dem Erwerbe des Eigenthums an der neuen Sache erlöschen die an dem Stoffe bestehenden Rechte.

951. Wer in Folge der Vorschriften der §§ 946 bis 950 einen Rechtsverlust erleidet, kann von demjenigen, zu dessen Gunsten die Rechtsänderung eintritt, Vergütung in Geld nach den Vorschriften über die Herausgabe einer ungerechtfertigten Bereicherung fordern. Die Wiederherstellung des früheren Zustandes kann nicht verlangt werden.

Die Vorschriften über die Verpflichtung zum Schadensersatze wegen unerlaubter Handlungen sowie die Vorschriften über den Ersatz von Verwendungen und über das Recht zur Wegnahme einer Einrichtung bleiben unberührt. In den Fällen der §§ 946, 947 ist die Wegnahme nach den für das Wegnahmerecht des Besitzers gegenüber dem Eigenthümer geltenden Vorschriften auch dann zulässig, wenn die Verbindung nicht von dem Besitzer der Hauptsache bewirkt worden ist.

952. Das Eigenthum an dem über eine Forderung ausgestellten Schuldscheine steht dem Gläubiger zu. Das Recht eines Dritten an der Forderung erstreckt sich auf den Schuldschein.

Das Gleiche gilt für Urkunden über andere Rechte, kraft deren eine Leistung gefordert werden kann, insbesondere für Hypotheken-, Grundschuld- und Rentenschuldbriefe.

IV. Erwerb von Erzeugnissen und sonstigen Bestandtheilen einer Sache.

953. Erzeugnisse und sonstige Bestandtheile einer Sache gehören auch nach der Trennung dem Eigenthümer der Sache, soweit sich nicht aus den §§ 954 bis 957 ein Anderes ergiebt.

954. Wer vermöge eines Rechtes an einer fremden Sache befugt ist, sich Erzeugnisse oder sonstige Bestandtheile der Sache anzueignen, erwirbt das Eigenthum an ihnen, unbeschadet der Vorschriften der §§ 955 bis 957, mit der Trennung.

955. Wer eine Sache im Eigenbesitze hat, erwirbt das Eigenthum an den Erzeugnissen und sonstigen zu den Früchten der Sache gehörenden Bestandtheilen, unbeschadet der Vorschriften der §§ 956, 957, mit der Trennung. Der Erwerb ist ausgeschlossen, wenn der Eigenbesitzer nicht zum Eigenbesitz oder ein Anderer vermöge eines Rechtes an der Sache zum Fruchtbezuge berechtigt ist und der Eigenbesitzer bei dem Erwerbe des Eigenbesitzes nicht in gutem Glauben ist oder vor der Trennung den Rechtsmangel erfährt.

Dem Eigenbesitzer steht derjenige gleich, welcher die Sache zum Zwecke der Ausübung eines Nutzungsrechts an ihr besitzt.

Auf den Eigenbesitz und den ihm gleichgestellten Besitz findet die Vorschrift des § 940 Abs. 2 entsprechende Anwendung.

956. Gestattet der Eigenthümer einem Anderen,

sich Erzeugnisse oder sonstige Bestandtheile der Sache anzueignen, so erwirbt dieser das Eigenthum an ihnen, wenn der Besitz der Sache ihm überlassen ist, mit der Trennung, anderenfalls mit der Besitzergreifung. Ist der Eigenthümer zu der Gestattung verpflichtet, so kann er sie nicht widerrufen, solange sich der Andere in dem ihm überlassenen Besitze der Sache befindet.

Das Gleiche gilt, wenn die Gestattung nicht von dem Eigenthümer, sondern von einem Anderen ausgeht, dem Erzeugnisse oder sonstige Bestandtheile einer Sache nach der Trennung gehören.

957. Die Vorschriften des § 956 finden auch dann Anwendung, wenn derjenige, welcher die Aneignung einem Anderen gestattet, hierzu nicht berechtigt ist, es sei denn, daß der Andere, falls ihm der Besitz der Sache überlassen wird, bei der Ueberlassung, anderenfalls bei der Ergreifung des Besitzes der Erzeugnisse oder der sonstigen Bestandtheile nicht in gutem Glauben ist oder vor der Trennung den Rechtsmangel erfährt.

V. Aneignung.

958. Wer eine herrenlose bewegliche Sache in Eigenbesitz nimmt, erwirbt das Eigenthum an der Sache.[76]

Das Eigenthum wird nicht erworben, wenn die Aneignung gesetzlich verboten ist oder wenn durch die Besitzergreifung das Aneignungsrecht eines Anderen verletzt wird.[77]

959. Eine bewegliche Sache wird herrenlos, wenn der Eigenthümer in der Absicht, auf das Eigenthum zu verzichten, den Besitz der Sache aufgiebt.

960. Wilde Thiere sind herrenlos, solange sie sich in der Freiheit befinden. Wilde Thiere in Thiergärten und Fische in Teichen oder anderen geschlossenen Privatgewässern sind nicht herrenlos.

Erlangt ein gefangenes wildes Thier die Freiheit wieder, so wird es herrenlos, wenn nicht der Eigenthümer das Thier unverzüglich verfolgt oder wenn er die Verfolgung aufgiebt.

Ein gezähmtes Thier wird herrenlos, wenn es die Gewohnheit ablegt, an den ihm bestimmten Ort zurückzukehren.

961. Zieht ein Bienenschwarm aus, so wird er herrenlos, wenn nicht der Eigenthümer ihn unverzüglich verfolgt oder wenn der Eigenthümer die Verfolgung aufgiebt.

962. Der Eigenthümer des Bienenschwarmes darf bei der Verfolgung fremde Grundstücke betreten. Ist der Schwarm in eine fremde nicht besetzte Bienenwohnung eingezogen, so darf der Eigenthümer des Schwarmes zum Zwecke des Einfangens die Wohnung öffnen und die Waben herausnehmen oder herausbrechen. Er hat den entstehenden Schaden zu ersetzen.

963. Vereinigen sich ausgezogene Bienenschwärme mehrerer Eigenthümer, so werden die Eigenthümer, welche ihre Schwärme verfolgt haben, Miteigenthümer des eingefangenen Gesammtschwarmes; die Antheile bestimmen sich nach der Zahl der verfolgten Schwärme.

964. Ist ein Bienenschwarm in eine fremde besetzte Bienenwohnung eingezogen, so erstrecken sich das Eigenthum und die sonstigen Rechte an den Bienen, mit denen die Wohnung besetzt war, auf den eingezogenen Schwarm. Das Eigenthum und die sonstigen Rechte an dem eingezogenen Schwarme erlöschen.

VI. Fund.[77a]

965. Wer eine verlorene Sache findet und an sich nimmt, hat dem Verlierer oder dem Eigenthümer oder einem sonstigen Empfangsberechtigten unverzüglich Anzeige zu machen.

Kennt der Finder die Empfangsberechtigten nicht oder ist ihm ihr Aufenthalt unbekannt, so hat er den Fund und die Umstände, welche für die Ermittelung der Empfangsberechtigten erheblich sein können, unverzüglich der Polizeibehörde anzuzeigen. Ist die Sache nicht mehr als drei Mark werth, so bedarf es der Anzeige nicht.

966. Der Finder ist zur Verwahrung der Sache verpflichtet.

Ist der Verderb der Sache zu besorgen oder ist die Aufbewahrung mit unverhältnißmäßigen Kosten verbunden, so hat der Finder die Sache öffentlich versteigern zu lassen. Vor der Versteigerung ist der Polizeibehörde Anzeige zu machen. Der Erlös tritt an die Stelle der Sache.

967. Der Finder ist berechtigt und auf Anordnung der Polizeibehörde verpflichtet, die Sache oder den Versteigerungserlös an die Polizeibehörde abzuliefern.

968. Der Finder hat nur Vorsatz und grobe Fahrlässigkeit zu vertreten.

969. Der Finder wird durch die Herausgabe der Sache an den Verlierer auch den sonstigen Empfangsberechtigten gegenüber befreit.

970. Macht der Finder zum Zwecke der Verwahrung oder Erhaltung der Sache oder zum Zwecke der Ermittelung eines Empfangsberechtigten Aufwendungen, die er den Umständen nach für erforderlich halten darf, so kann er von dem Empfangsberechtigten Ersatz verlangen.

971. Der Finder kann von dem Empfangsberechtigten einen Finderlohn verlangen. Der Finderlohn beträgt von dem Werthe der Sache bis zu dreihundert Mark fünf vom Hundert, von dem Mehrwerth eins vom Hundert, bei Thieren eins vom Hundert. Hat die Sache nur für den

76. Einen Fall der Aneignung nicht herrenloser Sachen enthält die durch Art. 130 EG aufrecht erhaltene Bestimmung des § 24 Abs. 2 Ges. v. 9. Juli 1888.

77. Vgl. Art. 69 EG.

77a. Vgl. hierzu die Minist.-Verord. v. 19. Dez. 1899.

Empfangsberechtigten einen Werth, so ist der Finderlohn nach billigem Ermessen zu bestimmen.

Der Anspruch ist ausgeschlossen, wenn der Finder die Anzeigepflicht verletzt oder den Fund auf Nachfrage verheimlicht.

972. Auf die in den §§ 970, 971 bestimmten Ansprüche finden die für die Ansprüche des Besitzers gegen den Eigenthümer wegen Verwendungen geltenden Vorschriften der §§ 1000 bis 1002 entsprechende Anwendung.

973. Mit dem Ablauf eines Jahres nach der Anzeige des Fundes bei der Polizeibehörde erwirbt der Finder das Eigenthum an der Sache, es sei denn, daß vorher ein Empfangsberechtigter dem Finder bekannt geworden ist oder sein Recht bei der Polizeibehörde angemeldet hat. Mit dem Erwerbe des Eigenthums erlöschen die sonstigen Rechte an der Sache.

Ist die Sache nicht mehr als drei Mark werth, so beginnt die einjährige Frist mit dem Funde. Der Finder erwirbt das Eigenthum nicht, wenn er den Fund auf Nachfrage verheimlicht. Die Anmeldung eines Rechtes bei der Polizeibehörde steht dem Erwerbe des Eigenthums nicht entgegen.

974. Sind vor dem Ablaufe der einjährigen Frist Empfangsberechtigte dem Finder bekannt geworden oder haben sie bei einer Sache, die mehr als drei Mark werth ist, ihre Rechte bei der Polizeibehörde rechtzeitig angemeldet, so kann der Finder die Empfangsberechtigten nach den Vorschriften des § 1003 zur Erklärung über die ihm nach den §§ 970 bis 972 zustehenden Ansprüche auffordern. Mit dem Ablaufe der für die Erklärung bestimmten Frist erwirbt der Finder das Eigenthum und erlöschen die sonstigen Rechte an der Sache, wenn nicht die Empfangsberechtigten sich rechtzeitig zu der Befriedigung der Ansprüche bereit erklären.

975. Durch die Ablieferung der Sache oder des Versteigerungserlöses an die Polizeibehörde werden die Rechte des Finders nicht berührt. Läßt die Polizeibehörde die Sache versteigern, so tritt der Erlös an die Stelle der Sache. Die Polizeibehörde darf die Sache oder den Erlös nur mit Zustimmung des Finders einem Empfangsberechtigten herausgeben.

976. Verzichtet der Finder der Polizeibehörde gegenüber auf das Recht zum Erwerbe des Eigenthums an der Sache, so geht sein Recht auf die Gemeinde des Fundorts über.

Hat der Finder nach der Ablieferung der Sache oder des Versteigerungserlöses an die Polizeibehörde auf Grund der Vorschriften der §§ 973, 974 das Eigenthum erworben, so geht es auf die Gemeinde des Fundorts über, wenn nicht der Finder vor dem Ablauf einer ihm von der Polizeibehörde bestimmten Frist die Herausgabe verlangt.

977. Wer in Folge der Vorschriften der §§ 973, 974, 976 einen Rechtsverlust erleidet, kann in den Fällen der §§ 973, 974 von dem Finder, in den Fällen des § 976 von der Gemeinde des Fundorts die Herausgabe des durch die Rechtsänderung Erlangten nach den Vorschriften über die Herausgabe einer ungerechtfertigten Bereicherung fordern. Der Anspruch erlischt mit dem Ablaufe von drei Jahren nach dem Uebergange des Eigenthums auf den Finder oder die Gemeinde, wenn nicht die gerichtliche Geltendmachung vorher erfolgt.

978. Wer eine Sache in den Geschäftsräumen oder den Beförderungsmitteln einer öffentlichen Behörde oder einer dem öffentlichen Verkehre dienenden Verkehrsanstalt findet und an sich nimmt, hat die Sache unverzüglich an die Behörde oder die Verkehrsanstalt oder an einen ihrer Angestellten abzuliefern. Die Vorschriften der §§ 965 bis 977 finden keine Anwendung.

979. Die Behörde oder die Verkehrsanstalt kann die an sie abgelieferte Sache öffentlich versteigern lassen. Die öffentlichen Behörden und die Verkehrsanstalten des Reichs, der Bundesstaaten und der Gemeinden können die Versteigerung durch einen ihrer Beamten vornehmen lassen.[78]

Der Erlös tritt an die Stelle der Sache.

980. Die Versteigerung ist erst zulässig, nachdem die Empfangsberechtigten in einer öffentlichen Bekanntmachung des Fundes zur Anmeldung ihrer Rechte unter Bestimmung einer Frist aufgefordert worden sind und die Frist verstrichen ist; sie ist unzulässig, wenn eine Anmeldung rechtzeitig erfolgt ist.

Die Bekanntmachung ist nicht erforderlich, wenn der Verderb der Sache zu besorgen oder die Aufbewahrung mit unverhältnißmäßigen Kosten verbunden ist.[79]

981. Sind seit dem Ablaufe der in der öffentlichen Bekanntmachung bestimmten Frist drei Jahre verstrichen, so fällt der Versteigerungserlös, wenn nicht ein Empfangsberechtigter sein Recht angemeldet hat, bei Reichsbehörden und Reichsanstalten an den Reichsfiskus, bei Landesbehörden und Landesanstalten an den Fiskus des Bundesstaats, bei Gemeindebehörden und Gemeindeanstalten an die Gemeinde, bei Verkehrsanstalten, die von einer Privatperson betrieben werden, an diese.

Ist die Versteigerung ohne die öffentliche Bekanntmachung erfolgt, so beginnt die dreijährige Frist erst, nachdem die Empfangsberechtigten in einer öffentlichen Bekanntmachung des Fundes zur Anmeldung ihrer Rechte aufgefordert worden sind. Das Gleiche gilt, wenn gefundenes Geld abgeliefert worden ist.[79]

78. Vgl. Ges. v. 22. Pluviose VII.

79. Diese Vorschriften sind, soweit sie eine Reichsbehörde und Reichsanstalt betreffen, in der Bekm. des Reichskar lers vom 16. Juni 1898 (RGBl S. 912), im Uebrigen in er Minist.-Verord. vom 19. Dec. 1899 § 8 enthalten.

Die Kosten werden von dem herauszugebenden Betrag abgezogen.

982. Die in den §§ 980, 981 vorgeschriebene Bekanntmachung erfolgt bei Reichsbehörden und Reichsanstalten nach den von dem Bundesrath, in den übrigen Fällen nach den von der Zentralbehörde des Bundesstaats erlassenen Vorschriften.[79]

983. Ist eine öffentliche Behörde im Besitz einer Sache, zu deren Herausgabe sie verpflichtet ist, ohne daß die Verpflichtung auf Vertrag beruht, so finden, wenn der Behörde der Empfangsberechtigte oder dessen Aufenthalt unbekannt ist, die Vorschriften der §§ 979 bis 982 entsprechende Anwendung.[80]

984. Wird eine Sache, die so lange verborgen gelegen hat, daß der Eigenthümer nicht mehr zu ermitteln ist (Schatz), entdeckt und in Folge der Entdeckung in Besitz genommen, so wird das Eigenthum zur Hälfte von dem Entdecker, zur Hälfte von dem Eigenthümer der Sache erworben, in welcher der Schatz verborgen war.

Vierter Titel. Ansprüche aus dem Eigenthume.

985. Der Eigenthümer kann von dem Besitzer die Herausgabe der Sache verlangen.

986. Der Besitzer kann die Herausgabe der Sache verweigern, wenn er oder der mittelbare Besitzer, von dem er sein Recht zum Besitz ableitet, dem Eigenthümer gegenüber zum Besitze berechtigt ist. Ist der mittelbare Besitzer dem Eigenthümer gegenüber zur Ueberlassung des Besitzes an den Besitzer nicht befugt, so kann der Eigenthümer von dem Besitzer die Herausgabe der Sache an den mittelbaren Besitzer oder, wenn dieser den Besitz nicht wiederübernehmen kann oder will, an sich selbst verlangen.

Der Besitzer einer Sache, die nach § 931 durch Abtretung des Anspruchs auf Herausgabe veräußert worden ist, kann dem neuen Eigenthümer die Einwendungen entgegensetzen, welche ihm gegen den abgetretenen Anspruch zustehen.

987. Der Besitzer hat dem Eigenthümer die Nutzungen herauszugeben, die er nach dem Eintritte der Rechtshängigkeit[81] zieht.

Zieht der Besitzer nach dem Eintritte der Rechtshängigkeit Nutzungen nicht, die er nach den Regeln einer ordnungsmäßigen Wirthschaft ziehen könnte, so ist er dem Eigenthümer zum Ersatze verpflichtet, soweit ihm ein Verschulden zur Last fällt.

988. Hat ein Besitzer, der die Sache als ihm gehörig oder zum Zwecke der Ausübung eines ihm in Wirklichkeit nicht zustehenden Nutzungsrechts an der Sache besitzt, den Besitz unentgeltlich erlangt, so ist er dem Eigenthümer gegenüber zur Herausgabe der Nutzungen, die er vor dem Eintritte der Rechtshängigkeit zieht, nach den Vorschriften über die Herausgabe einer ungerechtfertigten Bereicherung verpflichtet.

989. Der Besitzer ist von dem Eintritte der Rechtshängigkeit an dem Eigenthümer für den Schaden verantwortlich, der dadurch entsteht, daß in Folge seines Verschuldens die Sache verschlechtert wird, untergeht oder aus einem anderen Grunde von ihm nicht herausgegeben werden kann.

990. War der Besitzer bei dem Erwerbe des Besitzes nicht in gutem Glauben, so haftet er dem Eigenthümer von der Zeit des Erwerbes an nach den §§ 987, 989. Erfährt der Besitzer später, daß er zum Besitze nicht berechtigt ist, so haftet er in gleicher Weise von der Erlangung der Kenntniß an.

Eine weitergehende Haftung des Besitzers wegen Verzugs bleibt unberührt.

991. Leitet der Besitzer das Recht zum Besitze von einem mittelbaren Besitzer ab, so finden die Vorschriften des § 990 in Ansehung der Nutzungen nur Anwendung, wenn die Voraussetzungen des § 990 auch bei dem mittelbaren Besitzer vorliegen oder diesem gegenüber die Rechtshängigkeit eingetreten ist.

War der Besitzer bei dem Erwerbe des Besitzes in gutem Glauben, so hat er gleichwohl von dem Erwerb an den im § 989 bezeichneten Schaden dem Eigenthümer gegenüber insoweit zu vertreten, als er dem mittelbaren Besitzer verantwortlich ist.

992. Hat sich der Besitzer durch verbotene Eigenmacht oder durch eine strafbare Handlung den Besitz verschafft, so haftet er dem Eigenthümer nach den Vorschriften über den Schadensersatz wegen unerlaubter Handlungen.

993. Liegen die in den §§ 987 bis 992 bezeichneten Voraussetzungen nicht vor, so hat der Besitzer die gezogenen Früchte, soweit sie nach den Regeln einer ordnungsmäßigen Wirthschaft nicht als Ertrag der Sache anzusehen sind, nach den Vorschriften über die Herausgabe einer ungerechtfertigten Bereicherung herauszugeben; im Uebrigen ist er weder zur Herausgabe von Nutzungen noch zum Schadensersatze verpflichtet.

Für die Zeit, für welche dem Besitzer die Nutzungen verbleiben, finden auf ihn die Vorschriften des § 101 Anwendung.

994. Der Besitzer kann für die auf die Sache gemachten nothwendigen Verwendungen von dem Eigenthümer Ersatz verlangen. Die gewöhnlichen Erhaltungskosten sind ihm jedoch für die Zeit, für welche ihm die Nutzungen verbleiben, nicht zu ersetzen.

Macht der Besitzer nach dem Eintritte der Rechtshängigkeit oder nach dem Beginne der im § 990 bestimmten Haftung nothwendige Verwendungen, so bestimmt sich die Ersatzpflicht des Eigenthümers

---

80. Vgl. § 26 RG über das Postwesen v. 28. Oktober 1871 (4. November 1871); § 46 Postordnung v. 11. Juni 1892.

81. § 263 CPO.

nach den Vorschriften über die Geschäftsführung ohne Auftrag.[82]

995. Zu den nothwendigen Verwendungen im Sinne des § 994 gehören auch die Aufwendungen, die der Besitzer zur Bestreitung von Lasten der Sache macht. Für die Zeit, für welche dem Besitzer die Nutzungen verbleiben, sind ihm nur die Aufwendungen für solche außerordentliche Lasten zu ersetzen, die als auf den Stammwerth der Sache gelegt anzusehen sind.

996. Für andere als nothwendige Verwendungen kann der Besitzer Ersatz nur insoweit verlangen, als sie vor dem Eintritte der Rechtshängigkeit und vor dem Beginne der im § 990 bestimmten Haftung gemacht werden und der Werth der Sache durch sie noch zu der Zeit erhöht ist, zu welcher der Eigenthümer die Sache wiedererlangt.

997. Hat der Besitzer mit der Sache eine andere Sache als wesentlichen Bestandtheil verbunden, so kann er sie abtrennen und sich aneignen. Die Vorschriften des § 258 finden Anwendung.

Das Recht zur Abtrennung ist ausgeschlossen, wenn der Besitzer nach § 994 Abs. 1 Satz 2 für die Verwendung Ersatz nicht verlangen kann oder die Abtrennung für ihn keinen Nutzen hat oder ihm mindestens der Werth ersetzt wird, den der Bestandtheil nach der Abtrennung für ihn haben würde.

998. Ist ein landwirthschaftliches Grundstück herauszugeben, so hat der Eigenthümer die Kosten, die der Besitzer auf die noch nicht getrennten, jedoch nach den Regeln einer ordnungsmäßigen Wirthschaft vor dem Ende des Wirthschaftsjahrs zu trennenden Früchte verwendet hat, insoweit zu ersetzen, als sie einer ordnungsmäßigen Wirthschaft entsprechen und den Werth dieser Früchte nicht übersteigen..

999. Der Besitzer kann für die Verwendungen eines Vorbesitzers, dessen Rechtsnachfolger er geworden ist, in demselben Umfang Ersatz verlangen, in welchem ihn der Vorbesitzer fordern könnte, wenn er die Sache herauszugeben hätte.

Die Verpflichtung des Eigenthümers zum Ersatze von Verwendungen erstreckt sich auch auf die Verwendungen, die gemacht worden sind, bevor er das Eigenthum erworben hat.[83]

1000. Der Besitzer kann die Herausgabe der Sache verweigern, bis er wegen der ihm zu ersetzenden Verwendungen befriedigt wird. Das Zurückbehaltungsrecht steht ihm nicht zu, wenn er die Sache durch eine vorsätzlich begangene unerlaubte Handlung erlangt hat.[84]

1001. Der Besitzer kann den Anspruch auf den Ersatz der Verwendungen nur geltend machen, wenn der Eigenthümer die Sache wiedererlangt oder die Verwendungen genehmigt. Bis zur Genehmigung der Verwendungen kann sich der Eigenthümer von dem Anspruche dadurch befreien, daß er die wiedererlangte Sache zurückgiebt. Die Genehmigung gilt als ertheilt, wenn der Eigenthümer die ihm von dem Besitzer unter Vorbehalt des Anspruchs angebotene Sache annimmt.

1002. Giebt der Besitzer die Sache dem Eigenthümer heraus, so erlischt der Anspruch auf den Ersatz der Verwendungen mit dem Ablauf eines Monats, bei einem Grundstücke mit dem Ablaufe von sechs Monaten nach der Herausgabe, wenn nicht vorher die gerichtliche Geltendmachung erfolgt oder der Eigenthümer die Verwendungen genehmigt.

Auf diese Fristen finden die für die Verjährung geltenden Vorschriften der §§ 203, 206, 207 entsprechende Anwendung.

1003. Der Besitzer kann den Eigenthümer unter Angabe des als Ersatz verlangten Betrags auffordern, sich innerhalb einer von ihm bestimmten angemessenen Frist darüber zu erklären, ob er die Verwendungen genehmige. Nach dem Ablaufe der Frist ist der Besitzer berechtigt, Befriedigung aus der Sache nach den Vorschriften über den Pfandverkauf, bei einem Grundstücke nach den Vorschriften über die Zwangsvollstreckung in das unbewegliche Vermögen zu suchen, wenn nicht die Genehmigung rechtzeitig erfolgt.

Bestreitet der Eigenthümer den Anspruch vor dem Ablaufe der Frist, so kann sich der Besitzer aus der Sache erst dann befriedigen, wenn er nach rechtskräftiger Feststellung des Betrags der Verwendungen den Eigenthümer unter Bestimmung einer angemessenen Frist zur Erklärung aufgefordert hat und die Frist verstrichen ist; das Recht auf Befriedigung aus der Sache ist ausgeschlossen, wenn die Genehmigung rechtzeitig erfolgt.

1004. Wird das Eigenthum in anderer Weise als durch Entziehung oder Vorenthaltung des Besitzes beeinträchtigt, so kann der Eigenthümer von dem Störer[85] die Beseitigung der Beeinträchtigung verlangen. Sind weitere Beeinträchtigungen zu besorgen, so kann der Eigenthümer auf Unterlassung klagen.

Der Anspruch ist ausgeschlossen, wenn der Eigenthümer zur Duldung verpflichtet ist.

1005. Befindet sich eine Sache auf einem Grundstücke, das ein Anderer als der Eigenthümer der Sache besitzt, so steht diesem gegen den Besitzer des Grundstücks der im § 867 bestimmte Anspruch zu.

1006. Zu Gunsten des Besitzers einer beweg-

82. Vgl. § 93 Abs. 2 ZVG.
83. Vgl. § 93 Abs. 2 ZVG.
84. Vgl. auch §§ 43, 49³ KO.
85. Vgl. § 77 CPO.

lichen Sache wird vermuthet, daß er Eigenthümer der Sache sei. Dies gilt jedoch nicht einem früheren Besitzer gegenüber, dem die Sache gestohlen worden, verloren gegangen oder sonst abhanden gekommen ist, es sei denn, daß es sich um Geld oder Inhaberpapiere handelt.

Zu Gunsten eines früheren Besitzers wird vermuthet, daß er während der Dauer seines Besitzes Eigenthümer der Sache gewesen sei.

Im Falle eines mittelbaren Besitzes gilt die Vermuthung für den mittelbaren Besitzer.

1007. Wer eine bewegliche Sache im Besitze gehabt hat, kann von dem Besitzer die Herausgabe der Sache verlangen, wenn dieser bei dem Erwerbe des Besitzes nicht in gutem Glauben war.

Ist die Sache dem früheren Besitzer gestohlen worden, verloren gegangen oder sonst abhanden gekommen, so kann er die Herausgabe auch von einem gutgläubigen Besitzer verlangen, es sei denn, daß dieser Eigenthümer der Sache ist oder die Sache ihm vor der Besitzzeit des früheren Besitzers abhanden gekommen war. Auf Geld und Inhaberpapiere findet diese Vorschrift keine Anwendung.

Der Anspruch ist ausgeschlossen, wenn der frühere Besitzer bei dem Erwerbe des Besitzes nicht in gutem Glauben war oder wenn er den Besitz aufgegeben hat. Im Uebrigen finden die Vorschriften der §§ 986 bis 1003 entsprechende Anwendung.

Fünfter Titel. Miteigenthum.[86]

1008. Steht das Eigenthum an einer Sache Mehreren nach Bruchtheilen zu, so gelten die Vorschriften der §§ 1009 bis 1011.[87]

1009. Die gemeinschaftliche Sache kann auch zu Gunsten eines Miteigenthümers belastet werden.

Die Belastung eines gemeinschaftlichen Grundstücks zu Gunsten des jeweiligen Eigenthümers eines anderen Grundstücks sowie die Belastung eines anderen Grundstücks zu Gunsten der jeweiligen Eigenthümer des gemeinschaftlichen Grundstücks wird nicht dadurch ausgeschlossen, daß das andere Grundstück einem Miteigenthümer des gemeinschaftlichen Grundstücks gehört.

1010. Haben die Miteigenthümer eines Grundstücks die Verwaltung und Benutzung geregelt oder das Recht, die Aufhebung der Gemeinschaft zu verlangen, für immer oder auf Zeit ausgeschlossen oder eine Kündigungsfrist bestimmt, so wirkt die getroffene Bestimmung gegen den Sondernachfolger eines Miteigenthümers nur, wenn sie als Belastung des Antheils im Grundbuch eingetragen ist.

Die in den §§ 755, 756 bestimmten Ansprüche können gegen den Sondernachfolger eines Miteigenthümers nur geltend gemacht werden, wenn sie im Grundbuch eingetragen sind.

1011. Jeder Miteigenthümer kann die Ansprüche aus dem Eigenthume Dritten gegenüber in Ansehung der ganzen Sache geltend machen, den Anspruch auf Herausgabe jedoch nur in Gemäßheit des § 432.

Vierter Abschnitt. Erbbaurecht.

1012. Ein Grundstück kann in der Weise belastet werden, daß demjenigen, zu dessen Gunsten die Belastung erfolgt, das veräußerliche und vererbliche Recht zusteht, auf oder unter der Oberfläche des Grundstücks ein Bauwerk zu haben (Erbbaurecht).

1013. Das Erbbaurecht kann auf die Benutzung eines für das Bauwerk nicht erforderlichen Theiles des Grundstücks erstreckt werden, wenn sie für die Benutzung des Bauwerkes Vortheil bietet.

1014. Die Beschränkung des Erbbaurechts auf einen Theil eines Gebäudes, insbesondere ein Stockwerk, ist unzulässig.[88]

1015. Die zur Bestellung des Erbbaurechts nach § 873 erforderliche Einigung des Eigenthümers und des Erwerbers muß bei gleichzeitiger Anwesenheit beider Theile vor dem Grundbuchamt erklärt werden.[89]

1016. Das Erbbaurecht erlischt nicht dadurch, daß das Bauwerk untergeht.

1017. Für das Erbbaurecht gelten die sich auf Grundstücke beziehenden Vorschriften.

Die für den Erwerb des Eigenthums und die Ansprüche aus dem Eigenthume geltenden Vorschriften finden auf das Erbbaurecht entsprechende Anwendung.[90]

Fünfter Abschnitt. Dienstbarkeiten.[91]

Erster Titel. Grunddienstbarkeiten.

1018. Ein Grundstück kann zu Gunsten des jeweiligen Eigenthümers eines anderen Grundstücks in der Weise belastet werden, daß dieser das Grundstück in einzelnen Beziehungen benutzen darf oder daß auf dem Grundstücke gewisse Handlungen nicht vorgenommen werden dürfen oder daß die Ausübung eines Rechtes ausgeschlossen ist, das sich aus dem Eigenthum an dem belasteten Grundstücke dem anderen Grundstücke gegenüber ergiebt (Grunddienstbarkeit).[92]

1019. Eine Grunddienstbarkeit kann nur in einer Belastung bestehen, die für die Benutzung

86. Uebergangsvorschriften in Artt. 173, 181 Abs. 2 EG.
87. Vgl. § 48 GBO; § 864 Abs. 2 CPO; §§ 180—184 ZVG; § 16 KO; Art. 131 EG.

88. Vgl. indessen Artt. 131, 182 EG.
89. Vgl. Artt. 68, 143 EG; §§ 20, 84, 31, 7 GBO.
90. Vgl. auch § 22 Abs. 2 GBO; §§ 864 Abs. 1, 870, 932 CPO; Art. 184 EG.
91. Uebergangsvorschrift in Artt. 184, 187, 191 EG.
92. Vgl. §§ 6, 8, 50 GBO.

des Grundstücks des Berechtigten Vortheil bietet. Ueber das sich hieraus ergebende Maß hinaus kann der Inhalt der Dienstbarkeit nicht erstreckt werden.[93]

1020. Bei der Ausübung einer Grunddienstbarkeit hat der Berechtigte das Interesse des Eigenthümers des belasteten Grundstücks thunlichst zu schonen. Hält er zur Ausübung der Dienstbarkeit auf dem belasteten Grundstück eine Anlage, so hat er sie in ordnungsmäßigem Zustande zu erhalten, soweit das Interesse des Eigenthümers es erfordert.[94]

1021. Gehört zur Ausübung einer Grunddienstbarkeit eine Anlage auf dem belasteten Grundstücke, so kann bestimmt werden, daß der Eigenthümer dieses Grundstücks die Anlage zu unterhalten hat, soweit das Interesse des Berechtigten es erfordert. Steht dem Eigenthümer das Recht zur Mitbenutzung der Anlage zu, so kann bestimmt werden, daß der Berechtigte die Anlage zu unterhalten hat, soweit es für das Benutzungsrecht des Eigenthümers erforderlich ist.

Auf eine solche Unterhaltungspflicht finden die Vorschriften über die Reallasten entsprechende Anwendung.[95]

1022. Besteht die Grunddienstbarkeit in dem Rechte, auf einer baulichen Anlage des belasteten Grundstücks eine bauliche Anlage zu halten, so hat, wenn nicht ein Anderes bestimmt ist, der Eigenthümer des belasteten Grundstücks seine Anlage zu unterhalten, soweit das Interesse des Berechtigten es erfordert. Die Vorschrift des § 1021 Abs. 2 gilt auch für diese Unterhaltungspflicht.[96]

1023. Beschränkt sich die jeweilige Ausübung einer Grunddienstbarkeit auf einen Theil des belasteten Grundstücks, so kann der Eigenthümer die Verlegung der Ausübung auf eine andere, für den Berechtigten ebenso geeignete Stelle verlangen, wenn die Ausübung an der bisherigen Stelle für ihn besonders beschwerlich ist; die Kosten der Verlegung hat er zu tragen und vorzuschießen. Dies gilt auch dann, wenn der Theil des Grundstücks, auf den sich die Ausübung beschränkt, durch Rechtsgeschäft bestimmt ist.

Das Recht auf die Verlegung kann nicht durch Rechtsgeschäft ausgeschlossen oder beschränkt werden.

1024. Trifft eine Grunddienstbarkeit mit einer anderen Grunddienstbarkeit oder einem sonstigen Nutzungsrecht an dem Grundstücke dergestalt zusammen, daß die Rechte nebeneinander nicht oder nicht vollständig ausgeübt werden können, und haben die Rechte gleichen Rang, so kann jeder Berechtigte eine den Interessen aller Berechtigten nach billigem Ermessen entsprechende Regelung der Ausübung verlangen.

1025. Wird das Grundstück des Berechtigten getheilt, so besteht die Grunddienstbarkeit für die einzelnen Theile fort; die Ausübung ist jedoch im Zweifel nur in der Weise zulässig, daß sie für den Eigenthümer des belasteten Grundstücks nicht beschwerlicher wird. Gereicht die Dienstbarkeit nur einem der Theile zum Vortheile, so erlischt sie für die übrigen Theile.

1026. Wird das belastete Grundstück getheilt, so werden, wenn die Ausübung der Grunddienstbarkeit auf einen bestimmten Theil des belasteten Grundstücks beschränkt ist, die Theile, welche außerhalb des Bereichs der Ausübung liegen, von der Dienstbarkeit frei.[97]

1027. Wird eine Grunddienstbarkeit beeinträchtigt, so stehen dem Berechtigten die im § 1004 bestimmten Rechte zu.[98].

1028. Ist auf dem belasteten Grundstück eine Anlage, durch welche die Grunddienstbarkeit beeinträchtigt wird, errichtet worden, so unterliegt der Anspruch des Berechtigten auf Beseitigung der Beeinträchtigung der Verjährung, auch wenn die Dienstbarkeit im Grundbuch eingetragen ist. Mit der Verjährung des Anspruchs erlischt die Dienstbarkeit soweit der Bestand der Anlage mit ihr in Widerspruch steht.

Die Vorschriften des § 892 finden keine Anwendung.

1029. Wird der Besitzer eines Grundstücks in der Ausübung einer für den Eigenthümer im Grundbuch eingetragenen Grunddienstbarkeit gestört, so finden die für den Besitzschutz geltenden Vorschriften entsprechende Anwendung, soweit die Dienstbarkeit innerhalb eines Jahres vor der Störung, sei es auch nur einmal, ausgeübt worden ist.[99]

Zweiter Titel. Nießbrauch.

I. Nießbrauch an Sachen.

1030. Eine Sache kann in der Weise belastet werden, daß derjenige, zu dessen Gunsten die Belastung erfolgt, berechtigt ist, die Nutzungen der Sache zu ziehen (Nießbrauch).

Der Nießbrauch kann durch den Ausschluß einzelner Nutzungen beschränkt werden.[100]

1031. Mit dem Nießbrauch an einem Grundstück erlangt der Nießbraucher den Nießbrauch an dem Zubehöre nach den für den Erwerb des Eigenthums geltenden Vorschriften des § 926.

1032. Zur Bestellung des Nießbrauchs an einer beweglichen Sache ist erforderlich, daß der Eigenthümer die Sache dem Erwerber übergiebt und beide darüber einig sind, daß diesem der Nießbrauch zustehen soll. Die Vorschriften des § 929

---

93. Weitere Einschränkungen durch landesgesetzliche Bestimmungen läßt Art. 115 EG zu. — Vgl. auch Art. 68 EG.

94. Vgl. Art. 184 EG.

95. Vgl. Art. 116 EG.

96. Vgl. Art. 116 EG.

97. Vgl. Art. 120 Abs. 1 EG.

98. Vgl. § 92 ZVG.

99. Vgl. Art. 191 EG.

100. Vgl. Art. 184 EG.

Satz 2 und der §§ 930 bis 936 finden entsprechende Anwendung; in den Fällen des § 936 tritt nur die Wirkung ein, daß der Nießbrauch dem Rechte des Dritten vorgeht.

1033. Der Nießbrauch an einer beweglichen Sache kann durch Ersitzung erworben werden. Die für den Erwerb des Eigenthums durch Ersitzung geltenden Vorschriften finden entsprechende Anwendung.[101]

1034. Der Nießbraucher kann den Zustand der Sache auf seine Kosten durch Sachverständige feststellen lassen. Das gleiche Recht steht dem Eigenthümer zu.[102]

1035. Bei dem Nießbrauch an einem Inbegriffe von Sachen sind der Nießbraucher und der Eigenthümer einander verpflichtet, zur Aufnahme eines Verzeichnisses der Sachen mitzuwirken. Das Verzeichniß ist mit der Angabe des Tages der Aufnahme zu versehen und von beiden Theilen zu unterzeichnen; jeder Theil kann verlangen, daß die Unterzeichnung öffentlich beglaubigt wird. Jeder Theil kann auch verlangen, daß das Verzeichniß durch die zuständige Behörde oder durch einen zuständigen Beamten oder Notar aufgenommen wird.[103] Die Kosten hat derjenige zu tragen und vorzuschießen, welcher die Aufnahme oder die Beglaubigung verlangt.

1036. Der Nießbraucher ist zum Besitze der Sache berechtigt.

Er hat bei der Ausübung des Nutzungsrechts die bisherige wirthschaftliche Bestimmung der Sache aufrechtzuerhalten und nach den Regeln einer ordnungsmäßigen Wirthschaft zu verfahren.

1037. Der Nießbraucher ist nicht berechtigt, die Sache umzugestalten oder wesentlich zu verändern.

Der Nießbraucher eines Grundstücks darf neue Anlagen zur Gewinnung von Steinen, Kies, Sand, Lehm, Thon, Mergel, Torf und sonstigen Bodenbestandtheilen errichten, sofern nicht die wirthschaftliche Bestimmung des Grundstücks dadurch wesentlich verändert wird.

1038. Ist ein Wald Gegenstand des Nießbrauchs, so kann sowohl der Eigenthümer als der Nießbraucher verlangen, daß das Maß der Nutzung und die Art der wirthschaftlichen Behandlung durch einen Wirthschaftsplan festgestellt werden. Tritt eine erhebliche Aenderung der Umstände ein, so kann jeder Theil eine entsprechende Aenderung des Wirthschaftsplans verlangen. Die Kosten hat jeder Theil zur Hälfte zu tragen.

Das Gleiche gilt, wenn ein Bergwerk oder eine andere auf Gewinnung von Bodenbestandtheilen gerichtete Anlage Gegenstand des Nießbrauchs ist.

1039. Der Nießbraucher erwirbt das Eigenthum auch an solchen Früchten, die er den Regeln einer ordnungsmäßigen Wirthschaft zuwider oder die er deshalb im Uebermaße zieht, weil dies in Folge eines besonderen Ereignisses nothwendig geworden ist. Er ist jedoch, unbeschadet seiner Verantwortlichkeit für ein Verschulden, verpflichtet, den Werth der Früchte dem Eigenthümer bei der Beendigung des Nießbrauchs zu ersetzen und für die Erfüllung dieser Verpflichtung Sicherheit zu leisten. Sowohl der Eigenthümer als der Nießbraucher kann verlangen, daß der zu ersetzende Betrag zur Wiederherstellung der Sache insoweit verwendet wird, als es einer ordnungsmäßigen Wirthschaft entspricht.

Wird die Verwendung zur Wiederherstellung der Sache nicht verlangt, so fällt die Ersatzpflicht weg, soweit durch den ordnungswidrigen oder den übermäßigen Fruchtbezug die dem Nießbraucher gebührenden Nutzungen beeinträchtigt werden.

1040. Das Recht des Nießbrauchers erstreckt sich nicht auf den Antheil des Eigenthümers an einem Schatze, der in der Sache gefunden wird.

1041. Der Nießbraucher hat für die Erhaltung der Sache in ihrem wirthschaftlichen Bestande zu sorgen. Ausbesserungen und Erneuerungen liegen ihm nur insoweit ob, als sie zu der gewöhnlichen Unterhaltung der Sache gehören.

1042. Wird die Sache zerstört oder beschädigt oder wird eine außergewöhnliche Ausbesserung oder Erneuerung der Sache oder eine Vorkehrung zum Schutze der Sache gegen eine nicht vorhergesehene Gefahr erforderlich, so hat der Nießbraucher dem Eigenthümer unverzüglich Anzeige zu machen. Das Gleiche gilt, wenn sich ein Dritter ein Recht an der Sache anmaßt.

1043. Nimmt der Nießbraucher eines Grundstücks eine erforderlich gewordene außergewöhnliche Ausbesserung oder Erneuerung selbst vor, so darf er zu diesem Zwecke innerhalb der Grenzen einer ordnungsmäßigen Wirthschaft auch Bestandtheile des Grundstücks verwenden, die nicht zu den ihm gebührenden Früchten gehören.

1044. Nimmt der Nießbraucher eine erforderlich gewordene Ausbesserung oder Erneuerung der Sache nicht selbst vor, so hat er dem Eigenthümer die Vornahme und, wenn ein Grundstück Gegenstand des Nießbrauchs ist, die Verwendung der im § 1043 bezeichneten Bestandtheile des Grundstücks zu gestatten.

1045. Der Nießbraucher hat die Sache für die Dauer des Nießbrauchs gegen Brandschaden und sonstige Unfälle auf seine Kosten unter Versicherung zu bringen, wenn die Versicherung einer ordnungsmäßigen Wirthschaft entspricht. Die Versicherung ist so zu nehmen, daß die Forderung gegen den Versicherer dem Eigenthümer zusteht.

Ist die Sache bereits versichert, so fallen die für die Versicherung zu leistenden Zahlungen dem Nießbraucher für die Dauer des Nießbrauchs zur

101. Uebergangsvorschrift in Art. 185 EG.

102. Das Verfahren hierbei ist durch §§ 164, 15 FrG geregelt.

103. Vgl. § 35 AG z. FrG.

Last, soweit er zur Versicherung verpflichtet sein würde.

1046. An der Forderung gegen den Versicherer steht dem Nießbraucher der Nießbrauch nach den Vorschriften zu, die für den Nießbrauch an einer auf Zinsen ausstehenden Forderung gelten.

Tritt ein unter die Versicherung fallender Schaden ein, so kann sowohl der Eigenthümer als der Nießbraucher verlangen, daß die Versicherungssumme zur Wiederherstellung der Sache oder zur Beschaffung eines Ersatzes insoweit verwendet wird, als es einer ordnungsmäßigen Wirthschaft entspricht. Der Eigenthümer kann die Verwendung selbst besorgen oder dem Nießbraucher überlassen.

1047. Der Nießbraucher ist dem Eigenthümer gegenüber verpflichtet, für die Dauer des Nießbrauchs die auf der Sache ruhenden öffentlichen Lasten mit Ausschluß der außerordentlichen Lasten, die als auf den Stammwerth der Sache gelegt anzusehen sind, sowie diejenigen privatrechtlichen Lasten zu tragen, welche schon zur Zeit der Bestellung des Nießbrauchs auf der Sache ruhten, insbesondere die Zinsen der Hypothekenforderungen und Grundschulden, sowie die auf Grund einer Rentenschuld zu entrichtenden Leistungen.

1048. Ist ein Grundstück sammt Inventar Gegenstand des Nießbrauchs, so kann der Nießbraucher über die einzelnen Stücke des Inventars innerhalb der Grenzen einer ordnungsmäßigen Wirthschaft verfügen. Er hat für den gewöhnlichen Abgang sowie für die nach den Regeln einer ordnungsmäßigen Wirthschaft ausscheidenden Stücke Ersatz zu beschaffen; die von ihm angeschafften Stücke werden mit der Einverleibung in das Inventar Eigenthum desjenigen, welchem das Inventar gehört.

Uebernimmt der Nießbraucher das Inventar zum Schätzungswerthe mit der Verpflichtung, es bei der Beendigung des Nießbrauchs zum Schätzungswerthe zurückzugewähren, so finden die Vorschriften der §§ 588, 589 entsprechende Anwendung.

1049. Macht der Nießbraucher Verwendungen auf die Sache, zu denen er nicht verpflichtet ist, so bestimmt sich die Ersatzpflicht des Eigenthümers nach den Vorschriften über die Geschäftsführung ohne Auftrag.

Der Nießbraucher ist berechtigt, eine Einrichtung, mit der er die Sache versehen hat, wegzunehmen.

1050. Veränderungen oder Verschlechterungen der Sache, welche durch die ordnungsmäßige Ausübung des Nießbrauchs herbeigeführt werden, hat der Nießbraucher nicht zu vertreten.

1051. Wird durch das Verhalten des Nießbrauchers die Besorgniß einer erheblichen Verletzung der Rechte des Eigenthümers begründet, so kann der Eigenthümer Sicherheitsleistung verlangen.

1052. Ist der Nießbraucher zur Sicherheitsleistung rechtskräftig verurtheilt, so kann der Eigenthümer statt der Sicherheitsleistung verlangen, daß die Ausübung des Nießbrauchs für Rechnung des Nießbrauchers einem von dem Gerichte[104] zu bestellenden Verwalter übertragen wird. Die Anordnung der Verwaltung ist nur zulässig, wenn dem Nießbraucher auf Antrag des Eigenthümers von dem Gericht eine Frist zur Sicherheitsleistung bestimmt worden und die Frist verstrichen ist; sie ist unzulässig, wenn die Sicherheit vor dem Ablaufe der Frist geleistet wird.

Der Verwalter steht unter der Aufsicht des Gerichts wie ein für die Zwangsverwaltung eines Grundstücks bestellter Verwalter. Verwalter kann auch der Eigenthümer sein.[105]

Die Verwaltung ist aufzuheben,[106] wenn die Sicherheit nachträglich geleistet wird.

1053. Macht der Nießbraucher einen Gebrauch von der Sache, zu dem er nicht befugt ist, und setzt er den Gebrauch ungeachtet einer Abmahnung des Eigenthümers fort, so kann der Eigenthümer auf Unterlassung klagen.

1054. Verletzt der Nießbraucher die Rechte des Eigenthümers in erheblichem Maße und setzt er das verletzende Verhalten ungeachtet einer Abmahnung des Eigenthümers fort, so kann der Eigenthümer die Anordnung einer Verwaltung nach § 1052 verlangen.

1055. Der Nießbraucher ist verpflichtet, die Sache nach der Beendigung des Nießbrauchs dem Eigenthümer zurückzugeben.

Bei dem Nießbrauch an einem landwirthschaftlichen Grundstücke finden die Vorschriften der §§ 591, 592, bei dem Nießbrauch an einem Landgute finden die Vorschriften der §§ 591 bis 593 entsprechende Anwendung.

1056. Hat der Nießbraucher ein Grundstück über die Dauer des Nießbrauchs hinaus vermiethet oder verpachtet, so finden nach der Beendigung des Nießbrauchs die für den Fall der Veräußerung geltenden Vorschriften der §§ 571, 572, des § 573 Satz 1 und der §§ 574 bis 576, 579 entsprechende Anwendung.

Der Eigenthümer ist berechtigt, das Mieth- oder Pachtverhältniß unter Einhaltung der gesetzlichen Kündigungsfrist zu kündigen. Verzichtet der Nießbraucher auf den Nießbrauch, so ist die Kündigung erst von der Zeit an zulässig, zu welcher der Nießbrauch ohne den Verzicht erlöschen würde.

Der Miether oder der Pächter ist berechtigt, den Eigenthümer unter Bestimmung einer angemessenen Frist zur Erklärung darüber aufzufordern, ob er von dem Kündigungsrechte Gebrauch mache. Die Kündigung kann nur bis zum Ablaufe der Frist erfolgen.[107]

---

104. Das zuständige Gericht ist das Prozeßgericht (vgl. §§ 887, 255 Abs. 2 CPO).

105. Vgl. §§ 153, 154, 161 ZVG.

106. Nöthigenfalls durch das Gericht.

107. Vgl. § 99 Satz 2 AG z. BGB.

1057. Die Ersatzansprüche des Eigenthümers wegen Veränderungen oder Verschlechterungen der Sache sowie die Ansprüche des Nießbrauchers auf Ersatz von Verwendungen oder auf Gestattung der Wegnahme einer Einrichtung verjähren in sechs Monaten. Die Vorschriften des § 558 Abs. 2, 3 finden entsprechende Anwendung.

1058. Im Verhältnisse zwischen dem Nießbraucher und dem Eigenthümer gilt zu Gunsten des Nießbrauchers der Besteller als Eigenthümer, es sei denn, daß der Nießbraucher weiß, daß der Besteller nicht Eigenthümer ist.

1059. Der Nießbrauch ist nicht übertragbar. Die Ausübung des Nießbrauchs kann einem Anderen überlassen werden.[108]

1060. Trifft ein Nießbrauch mit einem anderen Nießbrauch oder mit einem sonstigen Nutzungsrecht an der Sache dergestalt zusammen, daß die Rechte neben einander nicht oder nicht vollständig ausgeübt werden können, und haben die Rechte gleichen Rang, so findet die Vorschrift des § 1024 Anwendung.

1061. Der Nießbrauch erlischt mit dem Tode des Nießbrauchers. Steht der Nießbrauch einer juristischen Person zu, so erlischt er mit dieser.

1062. Wird der Nießbrauch an einem Grundstücke durch Rechtsgeschäft aufgehoben, so erstreckt sich die Aufhebung im Zweifel auf den Nießbrauch an dem Zubehöre.[109]

1063. Der Nießbrauch an einer beweglichen Sache erlischt, wenn er mit dem Eigenthum in derselben Person zusammentrifft.

Der Nießbrauch gilt als nicht erloschen, soweit der Eigenthümer ein rechtliches Interesse an dem Fortbestehen des Nießbrauchs hat.

1064. Zur Aufhebung des Nießbrauchs an einer beweglichen Sache durch Rechtsgeschäft genügt die Erklärung des Nießbrauchers gegenüber dem Eigenthümer oder dem Besteller, daß er den Nießbrauch aufgebe.[110]

1065. Wird das Recht des Nießbrauchers beeinträchtigt, so finden auf die Ansprüche des Nießbrauchers die für die Ansprüche aus dem Eigenthume geltenden Vorschriften entsprechende Anwendung.

1066. Besteht ein Nießbrauch an dem Antheil eines Miteigenthümers, so übt der Nießbraucher die Rechte aus, die sich aus der Gemeinschaft der Miteigenthümer in Ansehung der Verwaltung der Sache und der Art ihrer Benutzung ergeben.

Die Aufhebung der Gemeinschaft kann nur von dem Miteigenthümer und dem Nießbraucher gemeinschaftlich verlangt werden.

Wird die Gemeinschaft aufgehoben, so gebührt dem Nießbraucher der Nießbrauch an den Gegenständen, welche an die Stelle des Antheils treten.

1067. Sind verbrauchbare Sachen Gegenstand des Nießbrauchs, so wird der Nießbraucher Eigenthümer der Sachen; nach der Beendigung des Nießbrauchs hat er dem Besteller den Werth zu ersetzen, den die Sachen zur Zeit der Bestellung hatten. Sowohl der Besteller als der Nießbraucher kann den Werth auf seine Kosten durch Sachverständige feststellen lassen.[111]

Der Besteller kann Sicherheitsleistung verlangen, wenn der Anspruch auf Ersatz des Werthes gefährdet ist.

II. Nießbrauch an Rechten.

1068. Gegenstand des Nießbrauchs kann auch ein Recht sein.

Auf den Nießbrauch an Rechten finden die Vorschriften über den Nießbrauch an Sachen entsprechende Anwendung, soweit sich nicht aus den §§ 1069 bis 1084 ein Anderes ergiebt.

1069. Die Bestellung des Nießbrauchs an einem Rechte erfolgt nach den für die Uebertragung des Rechtes geltenden Vorschriften.

An einem Rechte, das nicht übertragbar ist, kann ein Nießbrauch nicht bestellt werden.

1070. Ist ein Recht, kraft dessen eine Leistung gefordert werden kann, Gegenstand des Nießbrauchs, so finden auf das Rechtsverhältniß zwischen dem Nießbraucher und dem Verpflichteten die Vorschriften entsprechende Anwendung, welche im Falle der Uebertragung des Rechtes für das Rechtsverhältniß zwischen dem Erwerber und dem Verpflichteten gelten.

Wird die Ausübung des Nießbrauchs nach § 1052 einem Verwalter übertragen, so ist die Uebertragung dem Verpflichteten gegenüber erst wirksam, wenn er von der getroffenen Anordnung Kenntniß erlangt oder wenn ihm eine Mittheilung von der Anordnung zugestellt wird. Das Gleiche gilt von der Aufhebung der Verwaltung.

1071. Ein dem Nießbrauch unterliegendes Recht kann durch Rechtsgeschäft nur mit Zustimmung des Nießbrauchers aufgehoben werden. Die Zustimmung ist demjenigen gegenüber zu erklären, zu dessen Gunsten sie erfolgt; sie ist unwiderruflich. Die Vorschrift des § 876 Satz 3 bleibt unberührt.

Das Gleiche gilt im Falle einer Aenderung des Rechtes, sofern sie den Nießbrauch beeinträchtigt.

1072. Die Beendigung des Nießbrauchs tritt nach den Vorschriften der §§ 1063, 1064 auch dann ein, wenn das dem Nießbrauch unterliegende Recht nicht ein Recht an einer beweglichen Sache ist.

108. Bezüglich der Pfändbarkeit des Nießbrauchs vgl. die Bestimmung des § 857 Abs. 3, 4 CPO.

109. Vgl. §§ 92, 121 ZVG.

110. Ueber die Löschung des Nießbrauchs im Grundbuch trifft § 23 GBO Bestimmung.

111. §§ 164, 15 FrG.

1073. Dem Nießbraucher einer Leibrente, eines Auszugs oder eines ähnlichen Rechtes gebühren die einzelnen Leistungen, die auf Grund des Rechtes gefordert werden können.

1074. Der Nießbraucher einer Forderung ist zur Einziehung der Forderung und, wenn die Fälligkeit von einer Kündigung des Gläubigers abhängt, zur Kündigung berechtigt. Er hat für die ordnungsmäßige Einziehung zu sorgen. Zu anderen Verfügungen über die Forderung ist er nicht berechtigt.

1075. Mit der Leistung des Schuldners an den Nießbraucher erwirbt der Gläubiger den geleisteten Gegenstand und der Nießbraucher den Nießbrauch an dem Gegenstande.

Werden verbrauchbare Sachen geleistet, so erwirbt der Nießbraucher das Eigenthum; die Vorschriften des § 1067 finden entsprechende Anwendung.

1076. Ist eine auf Zinsen ausstehende Forderung Gegenstand des Nießbrauchs, so gelten die Vorschriften der §§ 1077 bis 1079.

1077. Der Schuldner kann das Kapital nur an den Nießbraucher und den Gläubiger gemeinschaftlich zahlen. Jeder von beiden kann verlangen, daß an sie gemeinschaftlich gezahlt wird; jeder kann statt der Zahlung die Hinterlegung für beide fordern.

Der Nießbraucher und der Gläubiger können nur gemeinschaftlich kündigen. Die Kündigung des Schuldners ist nur wirksam, wenn sie dem Nießbraucher und dem Gläubiger erklärt wird.

1078. Ist die Forderung fällig, so sind der Nießbraucher und der Gläubiger einander verpflichtet, zur Einziehung mitzuwirken. Hängt die Fälligkeit von einer Kündigung ab, so kann jeder Theil die Mitwirkung des anderen zur Kündigung verlangen, wenn die Einziehung der Forderung wegen Gefährdung ihrer Sicherheit nach den Regeln einer ordnungsmäßigen Vermögensverwaltung geboten ist.

1079. Der Nießbraucher und der Gläubiger sind einander verpflichtet, dazu mitzuwirken, daß das eingezogene Kapital nach den für die Anlegung von Mündelgeld geltenden Vorschriften verzinslich angelegt und gleichzeitig dem Nießbraucher der Nießbrauch bestellt wird. Die Art der Anlegung bestimmt der Nießbraucher.

1080. Die Vorschriften über den Nießbrauch an einer Forderung gelten auch für den Nießbrauch an einer Grundschuld und an einer Rentenschuld.

1081. Ist ein Inhaberpapier oder ein Orderpapier, das mit Blankoindossament versehen ist, Gegenstand des Nießbrauchs, so steht der Besitz des Papiers und des zu dem Papiere gehörenden Erneuerungsscheins dem Nießbraucher und dem Eigenthümer gemeinschaftlich zu. Der Besitz der zu dem Papiere gehörenden Zins-, Renten- oder Gewinnantheilscheine steht dem Nießbraucher zu.

Zur Bestellung des Nießbrauchs genügt an Stelle der Uebergabe des Papiers die Einräumung des Mitbesitzes.

1082. Das Papier ist nebst dem Erneuerungsschein auf Verlangen des Nießbrauchers oder des Eigenthümers bei einer Hinterlegungsstelle mit der Bestimmung zu hinterlegen, daß die Herausgabe nur von dem Nießbraucher und dem Eigenthümer gemeinschaftlich verlangt werden kann. Der Nießbraucher kann auch Hinterlegung bei der Reichsbank verlangen.

1083. Der Nießbraucher und der Eigenthümer des Papiers sind einander verpflichtet, zur Einziehung des fälligen Kapitals, zur Beschaffung neuer Zins-, Renten- oder Gewinnantheilscheine sowie zu sonstigen Maßnahmen mitzuwirken, die zur ordnungsmäßigen Vermögensverwaltung erforderlich sind.

Im Falle der Einlösung des Papiers finden die Vorschriften des § 1079 Anwendung. Eine bei der Einlösung gezahlte Prämie gilt als Theil des Kapitals.

1084. Gehört ein Inhaberpapier oder ein Orderpapier, das mit Blankoindossament versehen ist, nach § 92 zu den verbrauchbaren Sachen, so bewendet es bei den Vorschriften des § 1067.

III. Nießbrauch an einem Vermögen.

1085. Der Nießbrauch an dem Vermögen einer Person kann nur in der Weise bestellt werden, daß der Nießbraucher den Nießbrauch an den einzelnen zu dem Vermögen gehörenden Gegenständen erlangt. Soweit der Nießbrauch bestellt ist, gelten die Vorschriften der §§ 1086 bis 1088.

1086. Die Gläubiger des Bestellers können, soweit ihre Forderungen vor der Bestellung entstanden sind, ohne Rücksicht auf den Nießbrauch Befriedigung aus den dem Nießbrauch unterliegenden Gegenständen verlangen.[112] Hat der Nießbraucher das Eigenthum an verbrauchbaren Sachen erlangt, so tritt an die Stelle der Sachen der Anspruch des Bestellers auf Ersatz des Werthes; der Nießbraucher ist den Gläubigern gegenüber zum sofortigen Ersatze verpflichtet.

1087. Der Besteller kann, wenn eine vor der Bestellung entstandene Forderung fällig ist, von dem Nießbraucher Rückgabe der zur Befriedigung des Gläubigers erforderlichen Gegenstände verlangen. Die Auswahl steht ihm zu; er kann jedoch nur die vorzugsweise geeigneten Gegenstände auswählen. Soweit die zurückgegebenen Gegenstände ausreichen, ist der Besteller dem Nießbraucher gegenüber zur Befriedigung des Gläubigers verpflichtet.

112. Ueber die formellen Voraussetzungen der Zwangsvollstreckung treffen die §§ 737, 738, 794 Abs. 2 CPO die erforderlichen Bestimmungen.

Der Nießbraucher kann die Verbindlichkeit durch Leistung des geschuldeten Gegenstandes erfüllen. Gehört der geschuldete Gegenstand nicht zu dem Vermögen, das dem Nießbrauch unterliegt, so ist der Nießbraucher berechtigt, zum Zwecke der Befriedigung des Gläubigers einen zu dem Vermögen gehörenden Gegenstand zu veräußern, wenn die Befriedigung durch den Besteller nicht ohne Gefahr abgewartet werden kann. Er hat einen vorzugsweise geeigneten Gegenstand auszuwählen. Soweit er zum Ersatze des Werthes verbrauchbarer Sachen verpflichtet ist, darf er eine Veräußerung nicht vornehmen.

1088. Die Gläubiger des Bestellers, deren Forderungen schon zur Zeit der Bestellung verzinslich waren, können die Zinsen für die Dauer des Nießbrauchs auch von dem Nießbraucher verlangen. Das Gleiche gilt von anderen wiederkehrenden Leistungen, die bei ordnungsmäßiger Verwaltung aus den Einkünften des Vermögens bestritten werden, wenn die Forderung vor der Bestellung des Nießbrauchs entstanden ist.

Die Haftung des Nießbrauchers kann nicht durch Vereinbarung zwischen ihm und dem Besteller ausgeschlossen oder beschränkt werden.

Der Nießbraucher ist dem Besteller gegenüber zur Befriedigung der Gläubiger wegen der im Abs. 1 bezeichneten Ansprüche verpflichtet. Die Rückgabe von Gegenständen zum Zwecke der Befriedigung kann der Besteller nur verlangen, wenn der Nießbraucher mit der Erfüllung dieser Verbindlichkeit in Verzug kommt.

1089. Die Vorschriften der §§ 1085 bis 1088 finden auf den Nießbrauch an einer Erbschaft entsprechende Anwendung.

Dritter Titel.
Beschränkte persönliche Dienstbarkeiten.

1090. Ein Grundstück kann in der Weise belastet werden, daß derjenige, zu dessen Gunsten die Belastung erfolgt, berechtigt ist, das Grundstück in einzelnen Beziehungen zu benutzen, oder daß ihm eine sonstige Befugniß zusteht, die den Inhalt einer Grunddienstbarkeit bilden kann (beschränkte persönliche Dienstbarkeit).

Die Vorschriften der §§ 1020 bis 1024, 1026 bis 1029, 1061 finden entsprechende Anwendung.[113]

1091. Der Umfang einer beschränkten persönlichen Dienstbarkeit bestimmt sich im Zweifel nach dem persönlichen Bedürfnisse des Berechtigten.

1092. Eine beschränkte persönliche Dienstbarkeit ist nicht übertragbar. Die Ausübung der Dienstbarkeit kann einem Anderen nur überlassen werden, wenn die Ueberlassung gestattet ist.

1093. Als beschränkte persönliche Dienstbarkeit kann auch das Recht bestellt werden, ein Gebäude oder einen Theil eines Gebäudes unter Ausschluß des Eigenthümers als Wohnung zu benutzen. Auf dieses Recht finden die für den Nießbrauch geltenden Vorschriften der §§ 1031, 1034, 1036, des § 1037 Abs. 1 und der §§ 1041, 1042, 1044, 1049, 1050, 1057, 1062 entsprechende Anwendung.

Der Berechtigte ist befugt, seine Familie sowie die zur standesmäßigen Bedienung und zur Pflege erforderlichen Personen in die Wohnung aufzunehmen.

Ist das Recht auf einen Theil des Gebäudes beschränkt, so kann der Berechtigte die zum gemeinschaftlichen Gebrauche der Bewohner bestimmten Anlagen und Einrichtungen mitbenutzen.

Sechster Abschnitt. Vorkaufsrecht.

1094. Ein Grundstück kann in der Weise belastet werden, daß derjenige, zu dessen Gunsten die Belastung erfolgt, dem Eigenthümer gegenüber zum Vorkaufe berechtigt ist.

Das Vorkaufsrecht kann auch zu Gunsten des jeweiligen Eigenthümers eines anderen Grundstücks bestellt werden.[114]

1095. Ein Bruchtheil eines Grundstücks kann mit dem Vorkaufsrechte nur belastet werden, wenn er in dem Antheil eines Miteigenthümers besteht.

1096. Das Vorkaufsrecht kann auf das Zubehör erstreckt werden, das mit dem Grundstücke verkauft wird. Im Zweifel ist anzunehmen, daß sich das Vorkaufsrecht auf dieses Zubehör erstrecken soll.

1097. Das Vorkaufsrecht beschränkt sich auf den Fall des Verkaufs durch den Eigenthümer, welchem das Grundstück zur Zeit der Bestellung gehört, oder durch dessen Erben; es kann jedoch auch für mehrere oder für alle Verkaufsfälle bestellt werden.

1098. Das Rechtsverhältniß zwischen dem Berechtigten und dem Verpflichteten bestimmt sich nach den Vorschriften der §§ 504 bis 514. Das Vorkaufsrecht kann auch dann ausgeübt werden, wenn das Grundstück von dem Konkursverwalter aus freier Hand verkauft wird.

Dritten gegenüber hat das Vorkaufsrecht die Wirkung einer Vormerkung zur Sicherung des durch die Ausübung des Rechtes entstehenden Anspruchs auf Uebertragung des Eigenthums.

1099. Gelangt das Grundstück in das Eigenthum eines Dritten, so kann dieser in gleicher Weise wie der Verpflichtete dem Berechtigten den Inhalt des Kaufvertrags mit der im § 510 Abs. 2 bestimmten Wirkung mittheilen.

Der Verpflichtete hat den neuen Eigenthümer zu benachrichtigen, sobald die Ausübung des Vorkaufsrechts erfolgt oder ausgeschlossen ist.

---

113. Vgl. Artt. 115, 164, 133 EG.

114. Vgl. § 864 Abs. 2 CPO; Bem. zu § 504 oben.

1100. Der neue Eigenthümer kann, wenn er der Käufer oder ein Rechtsnachfolger des Käufers ist, die Zustimmung zur Eintragung des Berechtigten als Eigenthümer und die Herausgabe des Grundstücks verweigern, bis ihm der zwischen dem Verpflichteten und dem Käufer vereinbarte Kaufpreis, soweit er berichtigt ist, erstattet wird. Erlangt der Berechtigte die Eintragung als Eigenthümer, so kann der bisherige Eigenthümer von ihm die Erstattung des berichtigten Kaufpreises gegen Herausgabe des Grundstücks fordern.

1101. Soweit der Berechtigte nach § 1100 dem Käufer oder dessen Rechtsnachfolger den Kaufpreis zu erstatten hat, wird er von der Verpflichtung zur Zahlung des aus dem Vorkaufe geschuldeten Kaufpreises frei.

1102. Verliert der Käufer oder sein Rechtsnachfolger in Folge der Geltendmachung des Vorkaufsrechts das Eigenthum, so wird der Käufer, soweit der von ihm geschuldete Kaufpreis noch nicht berichtigt ist, von seiner Verpflichtung frei; den berichtigten Kaufpreis kann er nicht zurückfordern.

1103. Ein zu Gunsten des jeweiligen Eigenthümers eines Grundstücks bestehendes Vorkaufsrecht kann nicht von dem Eigenthum an diesem Grundstücke getrennt werden.

Ein zu Gunsten einer bestimmten Person bestehendes Vorkaufsrecht kann nicht mit dem Eigenthum an einem Grundstücke verbunden werden.

1104. Ist der Berechtigte unbekannt, so kann er im Wege des Aufgebotsverfahrens [115] mit seinem Rechte ausgeschlossen werden, wenn die im § 1170 für die Ausschließung eines Hypothekengläubigers bestimmten Voraussetzungen vorliegen. Mit der Erlassung des Ausschlußurtheils erlischt das Vorkaufsrecht.

Auf ein Vorkaufsrecht, das zu Gunsten des jeweiligen Eigenthümers eines Grundstücks besteht, finden diese Vorschriften keine Anwendung.

Siebenter Abschnitt. Reallasten. [116]

1105. Ein Grundstück kann in der Weise belastet werden, daß an denjenigen, zu dessen Gunsten die Belastung erfolgt, wiederkehrende Leistungen aus dem Grundstücke zu entrichten sind (Reallast).

Die Reallast kann auch zu Gunsten des jeweiligen Eigenthümers eines anderen Grundstücks bestellt werden.

1106. Ein Bruchtheil eines Grundstücks kann mit einer Reallast nur belastet werden, wenn er in dem Antheil eines Miteigenthümers besteht.

1107. Auf die einzelnen Leistungen finden die für die Zinsen einer Hypothekenforderung geltenden Vorschriften entsprechende Anwendung.

1108. Der Eigenthümer haftet für die während der Dauer seines Eigenthums fällig werdenden Leistungen auch persönlich, soweit nicht ein Anderes bestimmt ist.

Wird das Grundstück getheilt, so haften die Eigenthümer der einzelnen Theile als Gesammtschuldner. [117]

1109. Wird das Grundstück des Berechtigten getheilt, so besteht die Reallast für die einzelnen Theile fort. Ist die Leistung theilbar, so bestimmen sich die Antheile der Eigenthümer nach dem Verhältnisse der Größe der Theile; ist sie nicht theilbar, so finden die Vorschriften des § 432 Anwendung. Die Ausübung des Rechtes ist im Zweifel nur in der Weise zulässig, daß sie für den Eigenthümer des belasteten Grundstücks nicht beschwerlicher wird.

Der Berechtigte kann bestimmen, daß das Recht nur mit einem der Theile verbunden sein soll. Die Bestimmung hat dem Grundbuchamte gegenüber zu erfolgen und bedarf der Eintragung in das Grundbuch; die Vorschriften der §§ 876, 878 finden entsprechende Anwendung. Veräußert der Berechtigte einen Theil des Grundstücks, ohne eine solche Bestimmung zu treffen, so bleibt das Recht mit dem Theile verbunden, den er behält.

Gereicht die Reallast nur einem der Theile zum Vortheile, so bleibt sie mit diesem Theile allein verbunden. [118]

1110. Eine zu Gunsten des jeweiligen Eigenthümers eines Grundstücks bestehende Reallast kann nicht von dem Eigenthum an diesem Grundstücke getrennt werden.

1111. Eine zu Gunsten einer bestimmten Person bestehende Reallast kann nicht mit dem Eigenthum an einem Grundstücke verbunden werden.

Ist der Anspruch auf die einzelne Leistung nicht übertragbar, so kann das Recht nicht veräußert oder belastet werden.

1112. Ist der Berechtigte unbekannt, so finden auf die Ausschließung seines Rechtes die Vorschriften des § 1104 entsprechende Anwendung.

Achter Abschnitt. Hypothek. Grundschuld. Rentenschuld.

Erster Titel. Hypothek. [119]

1113. [120] Ein Grundstück kann in der Weise belastet werden, daß an denjenigen, zu dessen Gunsten

115. Nach Maßgabe der §§ 946 ff., insbesondere 988, 1024 CPO.

116. Artt. 113, 115, 121 EG; §§ 8, 50 GBO; §§ 91, 92, 121 ZVG; vgl. auch § 857 Abs. 6 CPO.

117. Vgl. aber Art. 120 EG.

118. Vgl. Artt. 120, 121 EG.

119. Uebergangsvorschriften in Artt. 184, 188, 189, 192 bis 195 EG. — Vgl. §§ 25, 325 Abs. 3 CPO; § 193 KO; § 53 ZVG.

120. Vgl. Art. 112 EG; Beschränkung der Belastung in Art. 117 EG.

die Belastung erfolgt, eine bestimmte Geldsumme[121] zur Befriedigung wegen einer ihm zustehenden Forderung aus dem Grundstücke zu zahlen ist (Hypothek).

Die Hypothek kann auch für eine künftige oder eine bedingte Forderung bestellt werden.

1114. Ein Bruchtheil eines Grundstücks kann mit einer Hypothek nur belastet werden, wenn er in dem Antheil eines Miteigenthümers besteht.[122]

1115. Bei der Eintragung[123] der Hypothek müssen der Gläubiger, der Geldbetrag der Forderung[124] und, wenn die Forderung verzinslich ist, der Zinssatz, wenn andere Nebenleistungen zu entrichten sind, ihr Geldbetrag im Grundbuch angegeben werden; im Uebrigen kann zur Bezeichnung der Forderung auf die Eintragungsbewilligung Bezug genommen werden.

Bei der Eintragung der Hypothek für ein Darlehen einer Kreditanstalt, deren Satzung von der zuständigen Behörde öffentlich bekannt gemacht worden ist, genügt zur Bezeichnung der außer den Zinsen satzungsgemäß zu entrichtenden Nebenleistungen die Bezugnahme auf die Satzung.

1116. Ueber die Hypothek wird ein Hypothekenbrief[125] ertheilt.

Die Ertheilung des Briefes kann ausgeschlossen werden. Die Ausschließung kann auch nachträglich erfolgen.[126] Zu der Ausschließung ist die Einigung des Gläubigers und des Eigenthümers sowie die Eintragung in das Grundbuch erforderlich; die Vorschriften des § 873 Abs. 2 und der §§ 876, 878 finden entsprechende Anwendung.

Die Ausschließung der Ertheilung des Briefes kann aufgehoben werden; die Aufhebung erfolgt in gleicher Weise wie die Ausschließung.

1117. Der Gläubiger erwirbt, sofern nicht die Ertheilung des Hypothekenbriefs ausgeschlossen ist, die Hypothek erst, wenn ihm der Brief von dem Eigenthümer des Grundstücks übergeben wird.[127] Auf die Uebergabe finden die Vorschriften des § 929 Satz 2 und der §§ 930, 931 Anwendung.

Die Uebergabe des Briefes kann durch die Vereinbarung ersetzt werden, daß der Gläubiger berechtigt sein soll, sich den Brief von dem Grundbuchamt aushändigen zu lassen.

Ist der Gläubiger im Besitze des Briefes, so wird vermuthet, daß die Uebergabe erfolgt sei.

1118. Kraft der Hypothek haftet das Grundstück auch für die gesetzlichen Zinsen der Forderung sowie für die Kosten der Kündigung und der die Befriedigung aus dem Grundstücke bezweckenden Rechtsverfolgung.[128]

1119. Ist die Forderung unverzinslich oder ist der Zinssatz niedriger als fünf vom Hundert, so kann die Hypothek ohne Zustimmung der im Range gleich- oder nachstehenden Berechtigten dahin erweitert werden, daß das Grundstück für Zinsen bis zu fünf vom Hundert haftet.

Zu einer Aenderung der Zahlungszeit und des Zahlungsorts ist die Zustimmung dieser Berechtigten gleichfalls nicht erforderlich.

1120. Die Hypothek erstreckt sich auf die von dem Grundstücke getrennten Erzeugnisse und sonstigen Bestandtheile, soweit sie nicht mit der Trennung nach den §§ 954 bis 957 in das Eigenthum eines Anderen als des Eigenthümers oder des Eigenbesitzers des Grundstücks gelangt sind, sowie auf das Zubehör des Grundstücks mit Ausnahme der Zubehörstücke, welche nicht in das Eigenthum des Eigenthümers des Grundstücks gelangt sind.[129]

1121. Erzeugnisse und sonstige Bestandtheile des Grundstücks sowie Zubehörstücke werden von der Haftung frei, wenn sie veräußert und von dem Grundstück entfernt werden, bevor sie zu Gunsten des Gläubigers in Beschlag genommen worden sind.

Erfolgt die Veräußerung vor der Entfernung, so kann sich der Erwerber dem Gläubiger gegenüber nicht darauf berufen, daß er in Ansehung der Hypothek in gutem Glauben gewesen sei. Entfernt der Erwerber die Sache von dem Grundstücke, so ist eine vor der Entfernung erfolgte Beschlagnahme ihm gegenüber nur wirksam, wenn er bei der Entfernung in Ansehung der Beschlagnahme nicht in gutem Glauben ist.[130]

1122. Sind die Erzeugnisse oder Bestandtheile innerhalb der Grenzen einer ordnungsmäßigen Wirthschaft von dem Grundstücke getrennt worden, so erlischt ihre Haftung auch ohne Veräußerung, wenn sie vor der Beschlagnahme von dem Grundstück entfernt werden, es sei denn, daß die Entfernung zu einem vorübergehenden Zwecke erfolgt.

Zubehörstücke werden ohne Veräußerung von der Haftung frei, wenn die Zubehöreigenschaft innerhalb der Grenzen einer ordnungsmäßigen Wirthschaft vor der Beschlagnahme aufgehoben wird.

1123. Ist das Grundstück vermiethet oder verpachtet, so erstreckt sich die Hypothek auf die Mieth- oder Pachtzinsforderung.

---

121. Vgl. §§ 592, 688 CPO.

122. Vgl. § 864 Abs. 2 CPO; § 6 GBO.

123. Denn die Hypothek entsteht nach § 873 BGB durch die Eintragung in das Grundbuch, auf Antrag und Bewilligung, bezw. auf Ersuchen einer zuständigen Behörde. — Vgl. indessen § 848 Abs. 2 CPO. — Auch § 897 Abs. 2 CPO.

124. In Reichswährung (§ 23 GBO).
Ausnahme von dieser Vorschrift: § 51 GBO. — Vgl. noch § 57 Abs. 2 Nr. 3 GBO.

125. Ueber das Verfahren bei Ertheilung eines Hypothekenbriefes vgl. §§ 42, 56—66, bei Erneuerung eines solchen §§ 67—69 GBO.

126. Der ertheilte Hypothekenbrief ist dann unbrauchbar zu machen (§ 69 GBO).

127. Vgl. § 60 GBO.

128. Vgl. § 12 ZVG. — Das Grundstück haftet auch für die Kosten der Eintragung der Hypothek im Falle des § 867 CPO.

129. Vgl. §§ 810, 865 CPO; §§ 20, 21, 55 ZVG.

130. Vgl. § 865 Abs. 2 CPO; § 23 ZVG.

Soweit die Forderung fällig ist, wird sie mit dem Ablauf eines Jahres nach dem Eintritte der Fälligkeit von der Haftung frei, wenn nicht vorher die Beschlagnahme zu Gunsten des Hypothekengläubigers erfolgt. Ist der Mieth- oder Pachtzins im voraus zu entrichten, so erstreckt sich die Befreiung nicht auf den Mieth- oder Pachtzins für eine spätere Zeit als das zur Zeit der Beschlagnahme laufende und das folgende Kalendervierteljahr.[131]

1124. Wird der Mieth- oder Pachtzins eingezogen, bevor er zu Gunsten des Hypothekengläubigers in Beschlag genommen worden ist, oder wird vor der Beschlagnahme in anderer Weise über ihn verfügt, so ist die Verfügung dem Hypothekengläubiger gegenüber wirksam. Besteht die Verfügung in der Uebertragung der Forderung auf einen Dritten, so erlischt die Haftung der Forderung; erlangt ein Dritter ein Recht an der Forderung, so geht es der Hypothek im Range vor.

Die Verfügung ist dem Hypothekengläubiger gegenüber unwirksam, soweit sie sich auf den Mieth- oder Pachtzins für eine spätere Zeit als das zur Zeit der Beschlagnahme laufende und das folgende Kalendervierteljahr bezieht.

Der Uebertragung der Forderung auf einen Dritten steht es gleich, wenn das Grundstück ohne die Forderung veräußert wird.

1125. Soweit die Einziehung des Mieth- oder Pachtzinses dem Hypothekengläubiger gegenüber unwirksam ist, kann der Miether oder der Pächter nicht eine ihm gegen den Vermiether oder den Verpächter zustehende Forderung gegen den Hypothekengläubiger aufrechnen.

1126. Ist mit dem Eigenthum an dem Grundstück ein Recht auf wiederkehrende Leistungen verbunden, so erstreckt sich die Hypothek auf die Ansprüche auf diese Leistungen. Die Vorschriften des § 1123 Abs. 2 Satz 1, des § 1124 Abs. 1, 3 und des § 1125 finden entsprechende Anwendung. Eine vor der Beschlagnahme erfolgte Verfügung über den Anspruch auf eine Leistung, die erst drei Monate nach der Beschlagnahme fällig wird, ist dem Hypothekengläubiger gegenüber unwirksam.

1127. Sind Gegenstände, die der Hypothek unterliegen, für den Eigenthümer oder den Eigenbesitzer des Grundstücks unter Versicherung gebracht, so erstreckt sich die Hypothek auf die Forderung gegen den Versicherer.

Die Haftung der Forderung gegen den Versicherer erlischt, wenn der versicherte Gegenstand wiederhergestellt oder Ersatz für ihn beschafft ist.[132]

1128. Ist ein Gebäude versichert, so kann der Versicherer die Versicherungssumme mit Wirkung gegen den Hypothekengläubiger an den Versicherten erst zahlen, wenn er oder der Versicherte den Eintritt des Schadens dem Hypothekengläubiger angezeigt hat und seit dem Empfange der Anzeige ein Monat verstrichen ist. Der Hypothekengläubiger kann bis zum Ablaufe der Frist dem Versicherer gegenüber der Zahlung widersprechen. Die Anzeige darf unterbleiben, wenn sie unthunlich ist; in diesem Falle wird der Monat von dem Zeitpunkt an berechnet, in welchem die Versicherungssumme fällig wird.

Im Uebrigen finden die für eine verpfändete Forderung geltenden Vorschriften Anwendung; der Versicherer kann sich jedoch nicht darauf berufen, daß er eine aus dem Grundbuch ersichtliche Hypothek nicht gekannt habe.[133]

1129. Ist ein anderer Gegenstand als ein Gebäude versichert, so bestimmt sich die Haftung der Forderung gegen den Versicherer nach den Vorschriften des § 1123 Abs. 2 Satz 1 und des § 1124 Abs. 1, 3.[134]

1130. Ist der Versicherer nach den Versicherungsbestimmungen nur verpflichtet, die Versicherungssumme zur Wiederherstellung des versicherten Gegenstandes zu zahlen, so ist eine diesen Bestimmungen entsprechende Zahlung an den Versicherten dem Hypothekengläubiger gegenüber wirksam.

1131. Wird ein Grundstück nach § 890 Abs. 2 einem anderen Grundstück im Grundbuche zugeschrieben, so erstrecken sich die an diesem Grundstücke bestehenden Hypotheken auf das zugeschriebene Grundstück. Rechte, mit denen das zugeschriebene Grundstück belastet ist, gehen diesen Hypotheken im Range vor.

1132. Besteht für die Forderung eine Hypothek an mehreren Grundstücken (Gesammthypothek), so haftet jedes Grundstück für die ganze Forderung. Der Gläubiger kann die Befriedigung nach seinem Belieben aus jedem der Grundstücke ganz oder zu einem Theile suchen.[135]

Der Gläubiger ist berechtigt, den Betrag der Forderung auf die einzelnen Grundstücke in der Weise zu vertheilen, daß jedes Grundstück nur für den zugetheilten Betrag haftet. Auf die Vertheilung finden die Vorschriften der §§ 875, 876, 878 entsprechende Anwendung.[136]

1133. Ist in Folge einer Verschlechterung des Grundstücks die Sicherheit der Hypothek gefährdet, so kann der Gläubiger dem Eigenthümer eine angemessene Frist zur Beseitigung der Gefährdung bestimmen. Nach dem Ablaufe der Frist ist der Gläubiger berechtigt, sofort Befriedigung aus dem Grundstücke zu suchen, wenn nicht die Gefährdung durch Verbesserung des Grundstücks oder durch

131. Vgl. § 21 Abs. 2 ZVG.

132. Vgl. § 21 Abs. 1 ZVG; Art. 75 EG.

133. Vgl. Artt. 53, 120 Abs. 2 Nr. 3 EG, sowie die Bestimmungen der §§ 11 ff. AG z. BGB.

134. Vgl. § 21 ZVG.

135. Anders im Falle der §§ 867 Abs. 2, 932 Abs. 2 CPO; vgl. ferner §§ 64, 112, 122, 123 ZVG; § 49 GBO.

136. Die Vorschrift des § 64 GBO ist zu beachten.

anderweitige Hypothekenbestellung beseitigt worden ist. Ist die Forderung unverzinslich und noch nicht fällig, so gebührt dem Gläubiger nur die Summe, welche mit Hinzurechnung der gesetzlichen Zinsen für die Zeit von der Zahlung bis zur Fälligkeit dem Betrage der Forderung gleichkommt.[137]

1134. Wirkt der Eigenthümer oder ein Dritter auf das Grundstück in solcher Weise ein, daß eine die Sicherheit der Hypothek gefährdende Verschlechterung des Grundstücks zu besorgen ist, so kann der Gläubiger auf Unterlassung klagen.

Geht die Einwirkung von dem Eigenthümer aus, so hat das Gericht auf Antrag des Gläubigers die zur Abwendung der Gefährdung erforderlichen Maßregeln anzuordnen.[138] Das Gleiche gilt, wenn die Verschlechterung deshalb zu besorgen ist, weil der Eigenthümer die erforderlichen Vorkehrungen gegen Einwirkungen Dritter oder gegen andere Beschädigungen unterläßt.

1135. Einer Verschlechterung des Grundstücks im Sinne der §§ 1133, 1134 steht es gleich, wenn Zubehörstücke, auf die sich die Hypothek erstreckt, verschlechtert oder den Regeln einer ordnungsmäßigen Wirthschaft zuwider von dem Grundstück entfernt werden.

1136. Eine Vereinbarung, durch die sich der Eigenthümer dem Gläubiger gegenüber verpflichtet, das Grundstück nicht zu veräußern oder nicht weiter zu belasten, ist nichtig.

1137. Der Eigenthümer kann gegen die Hypothek die dem persönlichen Schuldner gegen die Forderung sowie die nach § 770 einem Bürgen zustehenden Einreden geltend machen. Stirbt der persönliche Schuldner, so kann sich der Eigenthümer nicht darauf berufen, daß der Erbe für die Schuld nur beschränkt haftet.

Ist der Eigenthümer nicht der persönliche Schuldner, so verliert er eine Einrede nicht dadurch, daß dieser auf sie verzichtet.

1138. Die Vorschriften der §§ 891 bis 899 gelten für die Hypothek auch in Ansehung der Forderung und der dem Eigenthümer nach § 1137 zustehenden Einreden.

1139. Ist bei der Bestellung einer Hypothek für ein Darlehen die Ertheilung des Hypothekenbriefs ausgeschlossen worden, so genügt zur Eintragung eines Widerspruchs, der sich darauf gründet, daß die Hingabe des Darlehens unterblieben sei, der von dem Eigenthümer an das Grundbuchamt gerichtete Antrag, sofern er vor dem Ablauf eines Monats nach der Eintragung der Hypothek gestellt wird. Wird der Widerspruch innerhalb des Monats eingetragen, so hat die Eintragung die gleiche Wirkung, wie wenn der Widerspruch zugleich mit der Hypothek eingetragen worden wäre.

1140. Soweit die Unrichtigkeit des Grundbuchs aus dem Hypothekenbrief oder einem Vermerk[139] auf dem Briefe hervorgeht, ist die Berufung auf die Vorschriften der §§ 892, 893 ausgeschlossen. Ein Widerspruch gegen die Richtigkeit des Grundbuchs, der aus dem Briefe oder einem Vermerk auf dem Briefe hervorgeht, steht einem im Grundbuch eingetragenen Widerspruche gleich.

1141. Hängt die Fälligkeit der Forderung von einer Kündigung ab, so ist die Kündigung für die Hypothek nur wirksam, wenn sie von dem Gläubiger dem Eigenthümer oder von dem Eigenthümer dem Gläubiger erklärt wird. Zu Gunsten des Gläubigers gilt derjenige, welcher im Grundbuch als Eigenthümer eingetragen ist, als der Eigenthümer.[140]

Hat der Eigenthümer keinen Wohnsitz im Inland oder liegen die Voraussetzungen des § 132 Abs. 2 vor, so hat auf Antrag des Gläubigers das Amtsgericht, in dessen Bezirke das Grundstück liegt, dem Eigenthümer einen Vertreter zu bestellen, dem gegenüber die Kündigung des Gläubigers erfolgen kann.

1142. Der Eigenthümer ist berechtigt, den Gläubiger zu befriedigen, wenn die Forderung ihm gegenüber fällig geworden oder wenn der persönliche Schuldner zur Leistung berechtigt ist.

Die Befriedigung kann auch durch Hinterlegung oder durch Aufrechnung erfolgen.

1143. Ist der Eigenthümer nicht der persönliche Schuldner, so geht, soweit er den Gläubiger befriedigt, die Forderung auf ihn über. Die für einen Bürgen geltenden Vorschriften des § 774 Abs. 1 finden entsprechende Anwendung.

Besteht für die Forderung eine Gesammthypothek, so gelten für diese die Vorschriften des § 1173.

1144. Der Eigenthümer kann gegen Befriedigung des Gläubigers die Aushändigung des Hypothekenbriefs und der sonstigen Urkunden verlangen, die zur Berichtigung des Grundbuchs oder zur Löschung der Hypothek erforderlich sind.

1145. Befriedigt der Eigenthümer den Gläubiger nur theilweise, so kann er die Aushändigung des Hypothekenbriefs nicht verlangen. Der Gläubiger ist verpflichtet, die theilweise Befriedigung auf dem Briefe zu vermerken und den Brief zum Zwecke der Berichtigung des Grundbuchs oder der Löschung dem Grundbuchamt oder zum Zwecke der Herstellung eines Theilhypothekenbriefs[141] für den Eigenthümer der zuständigen Behörde oder einem zuständigen Notare vorzulegen.

Die Vorschrift des Abs. 1 Satz 2 gilt für

137. Entsprechend § 65 Abs. 2 KO.

138. Entweder durch Urtheil (vgl. §§ 890, 891 CPO) oder im Wege der einstweiligen Verfügung: §§ 935 ff. CPO.

139. Vgl. § 68 Abs. 2 GBO.

140. Vgl. § 54 ZVG. (Auch Art. 117 Abs. 2 EG).

141. Vgl. über dessen Herstellung: §§ 61, 68 Abs. 2 GBO.

Zinsen und andere Nebenleistungen nur, wenn sie später als in dem Kalendervierteljahr, in welchem der Gläubiger befriedigt wird, oder dem folgenden Vierteljahre fällig werden. Auf Kosten, für die das Grundstück nach § 1118 haftet, findet die Vorschrift keine Anwendung.

1146. Liegen dem Eigenthümer gegenüber die Voraussetzungen vor, unter denen ein Schuldner in Verzug kommt, so gebühren dem Gläubiger Verzugszinsen aus dem Grundstücke.

1147. Die Befriedigung des Gläubigers aus dem Grundstück und den Gegenständen, auf die sich die Hypothek erstreckt, erfolgt im Wege der Zwangsvollstreckung.[142]

1148. Bei der Verfolgung des Rechtes aus der Hypothek gilt zu Gunsten des Gläubigers derjenige, welcher im Grundbuch als Eigenthümer eingetragen ist, als der Eigenthümer. Das Recht des nicht eingetragenen Eigenthümers, die ihm gegen die Hypothek zustehenden Einwendungen geltend zu machen, bleibt unberührt.[143]

1149. Der Eigenthümer kann, solange nicht die Forderung ihm gegenüber fällig geworden ist, dem Gläubiger nicht das Recht einräumen, zum Zwecke der Befriedigung die Uebertragung des Eigenthums an dem Grundstücke zu verlangen oder die Veräußerung des Grundstücks auf andere Weise als im Wege der Zwangsvollstreckung zu bewirken.

1150. Verlangt der Gläubiger Befriedigung aus dem Grundstücke, so finden die Vorschriften der §§ 268, 1144, 1145 entsprechende Anwendung.

1151. Wird die Forderung getheilt, so ist zur Aenderung des Rangverhältnisses der Theilhypotheken unter einander die Zustimmung des Eigenthümers nicht erforderlich.

1152. Im Falle einer Theilung der Forderung kann, sofern nicht die Ertheilung des Hypothekenbriefs ausgeschlossen ist, für jeden Theil ein Theilhypothekenbrief hergestellt werden; die Zustimmung des Eigenthümers des Grundstücks ist nicht erforderlich. Der Theilhypothekenbrief tritt für den Theil, auf den er sich bezieht, an die Stelle des bisherigen Briefes.[144]

1153. Mit der Uebertragung der Forderung geht die Hypothek auf den neuen Gläubiger über.

Die Forderung kann nicht ohne die Hypothek, die Hypothek kann nicht ohne die Forderung übertragen werden.

1154. Zur Abtretung der Forderung ist Ertheilung der Abtretungserklärung in schriftlicher Form und Uebergabe des Hypothekenbriefs erforderlich; die Vorschriften des § 1117 finden Anwendung. Der bisherige Gläubiger hat auf Verlangen des neuen Gläubigers die Abtretungserklärung auf seine Kosten öffentlich beglaubigen zu lassen.

Die schriftliche Form der Abtretungserklärung kann dadurch ersetzt werden, daß die Abtretung in das Grundbuch eingetragen wird.[145]

Ist die Ertheilung des Hypothekenbriefs ausgeschlossen, so finden auf die Abtretung der Forderung die Vorschriften der §§ 873, 878 entsprechende Anwendung.

1155. Ergiebt sich das Gläubigerrecht des Besitzers des Hypothekenbriefs aus einer zusammenhängenden, auf einen eingetragenen Gläubiger zurückführenden Reihe von öffentlich beglaubigten Abtretungserklärungen, so finden die Vorschriften der §§ 891 bis 899 in gleicher Weise Anwendung, wie wenn der Besitzer des Briefes als Gläubiger im Grundbuch eingetragen wäre.[146] Einer öffentlich beglaubigten Abtretungserklärung steht gleich ein gerichtlicher Ueberweisungsbeschluß[147] und das öffentlich beglaubigte Anerkenntniß einer kraft Gesetzes erfolgten Uebertragung der Forderung.

1156. Die für die Uebertragung der Forderung geltenden Vorschriften der §§ 406 bis 408 finden auf das Rechtsverhältniß zwischen dem Eigenthümer und dem neuen Gläubiger in Ansehung der Hypothek keine Anwendung. Der neue Gläubiger muß jedoch eine dem bisherigen Gläubiger gegenüber erfolgte Kündigung des Eigenthümers gegen sich gelten lassen, es sei denn, daß die Uebertragung zur Zeit der Kündigung dem Eigenthümer bekannt oder im Grundbuch eingetragen ist.

1157. Eine Einrede, die dem Eigenthümer auf Grund eines zwischen ihm und dem bisherigen Gläubiger bestehenden Rechtsverhältnisses gegen die Hypothek zusteht, kann auch dem neuen Gläubiger entgegengesetzt werden. Die Vorschriften der §§ 892, 894 bis 899, 1140 gelten auch für diese Einrede.

1158. Soweit die Forderung auf Zinsen oder andere Nebenleistungen gerichtet ist, die nicht später als in dem Kalendervierteljahr, in welchem der Eigenthümer von der Uebertragung Kenntniß erlangt, oder dem folgenden Vierteljahre fällig werden, finden auf das Rechtsverhältniß zwischen dem Eigenthümer und dem neuen Gläubiger die Vorschriften der §§ 406 bis 408 Anwendung; der Gläubiger kann sich gegenüber den Einwendungen, welche dem Eigenthümer nach den §§ 404, 406 bis 408, 1157 zustehen, nicht auf die Vorschriften des § 892 berufen.

---

142. Die bezüglichen Bestimmungen befinden sich in der CPO §§ 803 ff., zu welchen noch, soweit das unbewegliche und das diesem gleichstehende Vermögen in Betracht kommt (§§ 864—871 CPO), nach § 869, das Gesetz über die ZV und die ZVerw nebst dem zugehörigen EG hinzutritt.

Vgl. Artt. 60, 192 Abs. 2 EG.

Bezüglich der Zwangsvollstreckung im Falle des Konkurses vgl. auch § 47 KO.

143. Vgl. § 771 CPO.

144. Verfahren bei Herstellung eines Theilhypothekenbriefes im § 61 GBO (Vgl. auch § 68 Abs. 1 GBO).

145. Vgl. §§ 26, 40—42, 62 GBO.

146. Vgl. §§ 40, 41 GBO.

147. §§ 835, 837 CPO.

1159. Soweit die Forderung auf Rückstände von Zinsen oder anderen Nebenleistungen gerichtet ist, bestimmt sich die Uebertragung sowie das Rechtsverhältniß zwischen dem Eigenthümer und dem neuen Gläubiger nach den für die Uebertragung von Forderungen geltenden allgemeinen Vorschriften.[148] Das Gleiche gilt für den Anspruch auf Erstattung von Kosten, für die das Grundstück nach § 1118 haftet.

Die Vorschriften des § 892 finden auf die im Abs. 1 bezeichneten Ansprüche keine Anwendung.

1160. Der Geltendmachung der Hypothek kann, sofern nicht die Ertheilung des Hypothekenbriefs ausgeschlossen ist, widersprochen werden, wenn der Gläubiger nicht den Brief vorlegt; ist der Gläubiger nicht im Grundbuch eingetragen, so sind auch die im § 1155 bezeichneten Urkunden vorzulegen.

Eine dem Eigenthümer gegenüber erfolgte Kündigung oder Mahnung ist unwirksam, wenn der Gläubiger die nach Abs. 1 erforderlichen Urkunden nicht vorlegt und der Eigenthümer die Kündigung oder die Mahnung aus diesem Grunde unverzüglich zurückweist.

Diese Vorschriften gelten nicht für die im § 1159 bezeichneten Ansprüche.

1161. Ist der Eigenthümer der persönliche Schuldner, so finden die Vorschriften des § 1160 auch auf die Geltendmachung der Forderung Anwendung.

1162. Ist der Hypothekenbrief abhanden gekommen oder vernichtet, so kann er im Wege des Aufgebotsverfahrens[149] für kraftlos erklärt werden.[150]

1163. Ist die Forderung, für welche die Hypothek bestellt ist, nicht zur Entstehung gelangt, so steht die Hypothek dem Eigenthümer zu. Erlischt die Forderung, so erwirbt der Eigenthümer die Hypothek.[151]

Eine Hypothek, für welche die Ertheilung des Hypothekenbriefs nicht ausgeschlossen ist, steht bis zur Uebergabe des Briefes an den Gläubiger dem Eigenthümer zu.[152]

1164. Befriedigt der persönliche Schuldner den Gläubiger, so geht die Hypothek insoweit auf ihn über, als er von dem Eigenthümer oder einem Rechtsvorgänger des Eigenthümers Ersatz verlangen kann. Ist dem Schuldner nur theilweise Ersatz zu leisten, so kann der Eigenthümer die Hypothek, soweit sie auf ihn übergegangen ist, nicht zum Nachtheile der Hypothek des Schuldners geltend machen.

148. Vgl. §§ 830 Abs. 3, 837 Abs. 2 CPO.

149. Nach Maßgabe der Vorschriften in § 1024 CPO.

150. Vgl. §§ 42 Abs. 2, 67 GBO; § 136 ZVG.

151. Bezüglich der zum Zwecke der Zwangsvollstreckung eingetragenen Sicherungshypothek (sog. Zwangshypothek) enthalten die §§ 868, 932 Abs. 2 CPO die entsprechenden Bestimmungen (vgl. auch § 128 ZVG).

152. Vgl. § 60 GBO.

Der Befriedigung des Gläubigers steht es gleich, wenn sich Forderung und Schuld in einer Person vereinigen.

1165. Verzichtet der Gläubiger auf die Hypothek oder hebt er sie nach § 1183 auf oder räumt er einem anderen Rechte den Vorrang ein, so wird der persönliche Schuldner insoweit frei, als er ohne diese Verfügung nach § 1164 aus der Hypothek hätte Ersatz erlangen können.

1166. Ist der persönliche Schuldner berechtigt, von dem Eigenthümer Ersatz zu verlangen, falls er den Gläubiger befriedigt, so kann er, wenn der Gläubiger die Zwangsversteigerung des Grundstücks betreibt, ohne ihn unverzüglich zu benachrichtigen, die Befriedigung des Gläubigers wegen eines Ausfalls bei der Zwangsversteigerung insoweit verweigern, als er in Folge der Unterlassung der Benachrichtigung einen Schaden erleidet. Die Benachrichtigung darf unterbleiben, wenn sie unthunlich ist.

1167. Erwirbt der persönliche Schuldner, falls er den Gläubiger befriedigt, die Hypothek oder hat er im Falle der Befriedigung ein sonstiges rechtliches Interesse an der Berichtigung des Grundbuchs, so stehen ihm die in den §§ 1144, 1145 bestimmten Rechte zu.

1168. Verzichtet der Gläubiger auf die Hypothek, so erwirbt sie der Eigenthümer.

Der Verzicht ist dem Grundbuchamt oder dem Eigenthümer gegenüber zu erklären und bedarf der Eintragung in das Grundbuch. Die Vorschriften des § 875 Abs. 2 und der §§ 876, 878 finden entsprechende Anwendung.

Verzichtet der Gläubiger für einen Theil der Forderung auf die Hypothek, so stehen dem Eigenthümer die im § 1145 bestimmten Rechte zu.

1169. Steht dem Eigenthümer eine Einrede zu, durch welche die Geltendmachung der Hypothek dauernd ausgeschlossen wird, so kann er verlangen, daß der Gläubiger auf die Hypothek verzichtet.

1170. Ist der Gläubiger unbekannt, so kann er im Wege des Aufgebotsverfahrens[153] mit seinem Rechte ausgeschlossen werden, wenn seit der letzten sich auf die Hypothek beziehenden Eintragung in das Grundbuch zehn Jahre verstrichen sind und das Recht des Gläubigers nicht innerhalb dieser Frist von dem Eigenthümer in einer nach § 208 zur Unterbrechung der Verjährung geeigneten Weise anerkannt worden ist. Besteht für die Forderung eine nach dem Kalender bestimmte Zahlungszeit, so beginnt die Frist nicht vor dem Ablaufe des Zahlungstags.

Mit der Erlassung des Ausschlußurtheils erwirbt der Eigenthümer die Hypothek. Der dem Gläubiger ertheilte Hypothekenbrief wird kraftlos.[154]

153. Nach Maßgabe der Vorschriften in §§ 946 ff., 982 bis 986, 1024 CPO (vgl. auch §§ 138, 140 ZVG).

154. Vgl. §§ 42 Abs. 2, 62, 67 GBO.

1171. Der unbekannte Gläubiger kann im Wege des Aufgebotsverfahrens mit seinem Rechte auch dann ausgeschlossen werden, wenn der Eigenthümer zur Befriedigung des Gläubigers oder zur Kündigung berechtigt ist und den Betrag der Forderung für den Gläubiger unter Verzicht auf das Recht zur Rücknahme hinterlegt. Die Hinterlegung von Zinsen ist nur erforderlich, wenn der Zinssatz im Grundbuch eingetragen ist; Zinsen für eine frühere Zeit als das vierte Kalenderjahr vor der Erlassung des Ausschlußurtheils sind nicht zu hinterlegen.[155]

Mit der Erlassung des Ausschlußurtheils gilt der Gläubiger als befriedigt, sofern nicht nach den Vorschriften über die Hinterlegung die Befriedigung schon vorher eingetreten ist. Der dem Gläubiger ertheilte Hypothekenbrief wird kraftlos.

Das Recht des Gläubigers auf den hinterlegten Betrag erlischt mit dem Ablaufe von dreißig Jahren nach der Erlassung des Ausschlußurtheils, wenn nicht der Gläubiger sich vorher bei der Hinterlegungsstelle meldet; der Hinterleger ist zur Rücknahme berechtigt, auch wenn er auf das Recht zur Rücknahme verzichtet hat.

1172. Eine Gesammthypothek steht in den Fällen des § 1163 den Eigenthümern der belasteten Grundstücke gemeinschaftlich zu.

Jeder Eigenthümer kann, sofern nicht ein Anderes vereinbart ist, verlangen, daß die Hypothek an seinem Grundstück auf den Theilbetrag, der dem Verhältnisse des Werthes seines Grundstücks zu dem Werthe der sämmtlichen Grundstücke entspricht, nach § 1132 Abs. 2 beschränkt und in dieser Beschränkung ihm zugetheilt wird. Der Werth wird unter Abzug der Belastungen berechnet, die der Gesammthypothek im Range vorgehen.[156]

1173. Befriedigt der Eigenthümer eines der mit einer Gesammthypothek belasteten Grundstücke den Gläubiger, so erwirbt er die Hypothek an seinem Grundstücke; die Hypothek an den übrigen Grundstücken erlischt. Der Befriedigung des Gläubigers durch den Eigenthümer steht es gleich, wenn das Gläubigerrecht auf den Eigenthümer übertragen wird oder wenn sich Forderung und Schuld in der Person des Eigenthümers vereinigen.

Kann der Eigenthümer, der den Gläubiger befriedigt, von dem Eigenthümer eines der anderen Grundstücke oder einem Rechtsvorgänger dieses Eigenthümers Ersatz verlangen, so geht in Höhe des Ersatzanspruchs auch die Hypothek an dem Grundstücke dieses Eigenthümers auf ihn über; sie bleibt mit der Hypothek an seinem eigenen Grundstücke Gesammthypothek.

155. Für das Verfahren ist außer den zu § 1170 angegebenen gesetzlichen Vorschriften noch § 987 CPO maßgebend. Vgl. §§ 42 Abs. 2, 67 GBO; Art. 17 der Ausführ.-Bestimmungen v. 23. Dez. 1899 z. d. Ges. betr. das Hinterlegungswesen v. 1. Nov. 1899.

156. Zu beachten ist auch § 64 GBO.

1174. Befriedigt der persönliche Schuldner den Gläubiger, dem eine Gesammthypothek zusteht, oder vereinigen sich bei einer Gesammthypothek Forderung und Schuld in einer Person, so geht, wenn der Schuldner nur von dem Eigenthümer eines der Grundstücke oder von einem Rechtsvorgänger des Eigenthümers Ersatz verlangen kann, die Hypothek an diesem Grundstück auf ihn über; die Hypothek an den übrigen Grundstücken erlischt.

Ist dem Schuldner nur theilweise Ersatz zu leisten und geht deshalb die Hypothek nur zu einem Theilbetrag auf ihn über, so hat sich der Eigenthümer diesen Betrag auf den ihm nach § 1172 gebührenden Theil des übrigbleibenden Betrags der Gesammthypothek anrechnen zu lassen.

1175. Verzichtet der Gläubiger auf die Gesammthypothek, so fällt sie den Eigenthümern der belasteten Grundstücke gemeinschaftlich zu; die Vorschriften des § 1172 Abs. 2 finden Anwendung. Verzichtet der Gläubiger auf die Hypothek an einem der Grundstücke, so erlischt die Hypothek an diesem.

Das Gleiche gilt, wenn der Gläubiger nach § 1170 mit seinem Rechte ausgeschlossen wird.

1176. Liegen die Voraussetzungen der §§ 1163, 1164, 1168, 1172 bis 1175 nur in Ansehung eines Theilbetrags der Hypothek vor, so kann die auf Grund dieser Vorschriften dem Eigenthümer oder einem der Eigenthümer oder dem persönlichen Schuldner zufallende Hypothek nicht zum Nachtheile der dem Gläubiger verbleibenden Hypothek geltend gemacht werden.

1177. Vereinigt sich die Hypothek mit dem Eigenthum in einer Person, ohne daß dem Eigenthümer auch die Forderung zusteht, so verwandelt sich die Hypothek in eine Grundschuld. In Ansehung der Verzinslichkeit, des Zinssatzes, der Zahlungszeit, der Kündigung und des Zahlungsorts bleiben die für die Forderung getroffenen Bestimmungen maßgebend.[157]

Steht dem Eigenthümer auch die Forderung zu, so bestimmen sich seine Rechte aus der Hypothek, solange die Vereinigung besteht, nach den für eine Grundschuld des Eigenthümers geltenden Vorschriften.

1178. Die Hypothek für Rückstände von Zinsen und anderen Nebenleistungen sowie für Kosten, die dem Gläubiger zu erstatten sind, erlischt, wenn sie sich mit dem Eigenthum in einer Person vereinigt. Das Erlöschen tritt nicht ein, solange einem Dritten ein Recht an dem Anspruch auf eine solche Leistung zusteht.

Zum Verzicht auf die Hypothek für die im Abs. 1 bezeichneten Leistungen genügt die Erklärung des Gläubigers gegenüber dem Eigenthümer. Solange einem Dritten ein Recht an dem Anspruch auf

157. Zu beachten § 65 Abs. 1 GBO. — Vgl. § 100 Abs. 3 AG. z. BGB.

eine solche Leistung zusteht, ist die Zustimmung des Dritten erforderlich. Die Zustimmung ist demjenigen gegenüber zu erklären, zu dessen Gunsten sie erfolgt; sie ist unwiderruflich.

1179. Verpflichtet sich der Eigenthümer einem Anderen gegenüber, die Hypothek löschen zu lassen, wenn sie sich mit dem Eigenthum in einer Person vereinigt, so kann zur Sicherung des Anspruchs auf Löschung eine Vormerkung in das Grundbuch eingetragen werden.[158]

1180. An die Stelle der Forderung, für welche die Hypothek besteht, kann eine andere Forderung gesetzt werden. Zu der Aenderung ist die Einigung des Gläubigers und des Eigenthümers sowie die Eintragung in das Grundbuch erforderlich; die Vorschriften des § 873 Abs. 2 und der §§ 876, 878 finden entsprechende Anwendung.

Steht die Forderung, die an die Stelle der bisherigen Forderung treten soll, nicht dem bisherigen Hypothekengläubiger zu, so ist dessen Zustimmung erforderlich; die Zustimmung ist dem Grundbuchamt oder demjenigen gegenüber zu erklären, zu dessen Gunsten sie erfolgt. Die Vorschriften des § 875 Abs. 2 und des § 876 finden entsprechende Anwendung.[159]

1181. Wird der Gläubiger aus dem Grundstücke befriedigt,[160] so erlischt die Hypothek.

Erfolgt die Befriedigung des Gläubigers aus einem der mit einer Gesammthypothek belasteten Grundstücke, so werden auch die übrigen Grundstücke frei.

Der Befriedigung aus dem Grundstücke steht die Befriedigung aus den Gegenständen gleich, auf die sich die Hypothek erstreckt.

1182. Soweit im Falle einer Gesammthypothek der Eigenthümer des Grundstücks, aus dem der Gläubiger befriedigt wird, von dem Eigenthümer eines der anderen Grundstücke oder einem Rechtsvorgänger dieses Eigenthümers Ersatz verlangen kann, geht die Hypothek an dem Grundstücke dieses Eigenthümers auf ihn über. Die Hypothek kann jedoch, wenn der Gläubiger nur theilweise befriedigt wird, nicht zum Nachtheile der dem Gläubiger verbleibenden Hypothek und, wenn das Grundstück mit einem im Range gleich- oder nachstehenden Rechte belastet ist, nicht zum Nachtheile dieses Rechtes geltend gemacht werden.

1183. Zur Aufhebung der Hypothek durch Rechtsgeschäft ist die Zustimmung des Eigenthümers erforderlich. Die Zustimmung ist dem Grundbuchamt oder dem Gläubiger gegenüber zu erklären; sie ist unwiderruflich.[161]

158. Vgl. Art. 194 EG.

159. Vgl. § 65 Abs. 2 GBO.

160. Vgl. §§ 118 Abs. 2, 125 Abs. 3, 130 ZVG; auch §§ 51 ff., 91, 92 ZVG; ferner Artt. 52, 53, 109, 110, 112, 113 EG.

161. Zu beachten sind §§ 27, 40, 41, 69 GBO.

1184. Eine Hypothek kann in der Weise bestellt werden, daß das Recht des Gläubigers aus der Hypothek sich nur nach der Forderung bestimmt und der Gläubiger sich zum Beweise der Forderung nicht auf die Eintragung berufen kann (Sicherungshypothek).[162]

Die Hypothek muß im Grundbuch als Sicherungshypothek bezeichnet werden.

1185. Bei der Sicherungshypothek ist die Ertheilung des Hypothekenbriefs ausgeschlossen.[163]

Die Vorschriften der §§ 1138, 1139, 1141, 1156 finden keine Anwendung.

1186. Eine Sicherungshypothek kann in eine gewöhnliche Hypothek, eine gewöhnliche Hypothek kann in eine Sicherungshypothek umgewandelt werden. Die Zustimmung der im Range gleich- oder nachstehenden Berechtigten ist nicht erforderlich.[164]

1187. Für die Forderung aus einer Schuldverschreibung auf den Inhaber, aus einem Wechsel oder aus einem anderen Papiere, das durch Indossament übertragen werden kann, kann nur eine Sicherungshypothek bestellt werden.[165] Die Hypothek gilt als Sicherungshypothek, auch wenn sie im Grundbuche nicht als solche bezeichnet ist. Die Vorschrift des § 1154 Abs. 3 findet keine Anwendung.

1188. Zur Bestellung einer Hypothek für die Forderung aus einer Schuldverschreibung auf den Inhaber genügt die Erklärung des Eigenthümers gegenüber dem Grundbuchamte, daß er die Hypothek bestelle, und die Eintragung in das Grundbuch; die Vorschrift des § 878 findet Anwendung.

Die Ausschließung des Gläubigers mit seinem Rechte nach § 1170 ist nur zulässig, wenn die im § 801 bezeichnete Vorlegungsfrist verstrichen ist. Ist innerhalb der Frist die Schuldverschreibung vorgelegt oder der Anspruch aus der Urkunde gerichtlich geltend gemacht worden, so kann die Ausschließung erst erfolgen, wenn die Verjährung eingetreten ist.

1189. Bei einer Hypothek der im § 1187 bezeichneten Art kann für den jeweiligen Gläubiger ein Vertreter mit der Befugniß bestellt werden, mit Wirkung für und gegen jeden späteren Gläubiger bestimmte Verfügungen über die Hypothek zu treffen und den Gläubiger bei der Geltendmachung der Hypothek zu vertreten. Zur Bestellung des Vertreters ist die Eintragung in das Grundbuch erforderlich.[166]

Ist der Eigenthümer berechtigt, von dem Gläu-

162. Vgl. Artt. 91, 193 EG; §§ 848 Abs. 2, 866 ff., 932 CPO; § 100 AG z. BGB.

163. Vgl. § 867 Abs. 1 CPO.

164. Vgl. § 100 Abs. 2 AG z. BGB.

165. Vgl. §§ 44, 51 GBO; §§ 830 Abs. 3, 837 Abs. 2 CPO.

166. Vgl. §§ 43, 44 Abs. 2 GBO; auch §§ 14 ff. RG betr. die gemeinsamen Rechte der Besitzer von Schuldverschreibungen v. 4. Dez. 1899.

diger eine Verfügung zu verlangen, zu welcher der Vertreter befugt ist, so kann er die Vornahme der Verfügung von dem Vertreter verlangen.

1190. Eine Hypothek kann in der Weise bestellt werden, daß nur der Höchstbetrag, bis zu dem das Grundstück haften soll, bestimmt, im Uebrigen die Feststellung der Forderung vorbehalten wird. Der Höchstbetrag muß in das Grundbuch eingetragen werden.

Ist die Forderung verzinslich, so werden die Zinsen in den Höchstbetrag eingerechnet.

Die Hypothek gilt als Sicherungshypothek, auch wenn sie im Grundbuche nicht als solche bezeichnet ist.

Die Forderung kann nach den für die Uebertragung von Forderungen geltenden allgemeinen Vorschriften übertragen werden.[167] Wird sie nach diesen Vorschriften übertragen, so ist der Uebergang der Hypothek ausgeschlossen.

Zweiter Titel. Grundschuld. Rentenschuld.

I. Grundschuld.[168]

1191. Ein Grundstück kann in der Weise belastet werden, daß an denjenigen, zu dessen Gunsten die Belastung erfolgt, eine bestimmte Geldsumme aus dem Grundstücke zu zahlen ist (Grundschuld).

Die Belastung kann auch in der Weise erfolgen, daß Zinsen von der Geldsumme sowie andere Nebenleistungen aus dem Grundstücke zu entrichten sind.

1192. Auf die Grundschuld finden die Vorschriften über die Hypothek entsprechende Anwendung, soweit sich nicht daraus ein Anderes ergiebt, daß die Grundschuld nicht eine Forderung voraussetzt.[169]

Für Zinsen der Grundschuld gelten die Vorschriften über die Zinsen einer Hypothekenforderung.

1193. Das Kapital der Grundschuld wird erst nach vorgängiger Kündigung fällig. Die Kündigung steht sowohl dem Eigenthümer als dem Gläubiger zu. Die Kündigungsfrist beträgt sechs Monate.

Abweichende Bestimmungen sind zulässig.[170]

1194. Die Zahlung des Kapitals sowie der Zinsen und anderen Nebenleistungen hat, soweit nicht ein Anderes bestimmt ist, an dem Orte zu erfolgen, an dem das Grundbuchamt seinen Sitz hat.

1195. Eine Grundschuld kann in der Weise bestellt werden, daß der Grundschuldbrief auf den Inhaber ausgestellt wird. Auf einen solchen Brief finden die Vorschriften über Schuldverschreibungen auf den Inhaber entsprechende Anwendung.[171]

1196. Eine Grundschuld kann auch für den Eigenthümer bestellt werden.

Zu der Bestellung ist die Erklärung des Eigenthümers gegenüber dem Grundbuchamte, daß die Grundschuld für ihn in das Grundbuch eingetragen werden soll, und die Eintragung erforderlich; die Vorschrift des § 878 findet Anwendung.

1197. Ist der Eigenthümer der Gläubiger, so kann er nicht die Zwangsvollstreckung zum Zwecke seiner Befriedigung betreiben.

Zinsen gebühren dem Eigenthümer nur, wenn das Grundstück auf Antrag eines Anderen zum Zwecke der Zwangsverwaltung in Beschlag genommen ist, und nur für die Dauer der Zwangsverwaltung.

1198. Eine Hypothek kann in eine Grundschuld, eine Grundschuld kann in eine Hypothek umgewandelt werden. Die Zustimmung der im Range gleich- oder nachstehenden Berechtigten ist nicht erforderlich.[172]

II. Rentenschuld.[173]

1199. Eine Grundschuld kann in der Weise bestellt werden, daß in regelmäßig wiederkehrenden Terminen eine bestimmte Geldsumme aus dem Grundstücke zu zahlen ist (Rentenschuld).

Bei der Bestellung der Rentenschuld muß der Betrag bestimmt werden, durch dessen Zahlung die Rentenschuld abgelöst werden kann. Die Ablösungssumme muß im Grundbuch angegeben werden.[174]

1200. Auf die einzelnen Leistungen finden die für Hypothekenzinsen, auf die Ablösungssumme finden die für ein Grundschuldkapital geltenden Vorschriften entsprechende Anwendung.

Die Zahlung der Ablösungssumme an den Gläubiger hat die gleiche Wirkung wie die Zahlung des Kapitals einer Grundschuld.[175]

1201. Das Recht zur Ablösung steht dem Eigenthümer zu.

Dem Gläubiger kann das Recht, die Ablösung zu verlangen, nicht eingeräumt werden. Im Falle des § 1133 Satz 2 ist der Gläubiger berechtigt, die Zahlung der Ablösungssumme aus dem Grundstücke zu verlangen.

1202. Der Eigenthümer kann das Ablösungsrecht erst nach vorgängiger Kündigung ausüben. Die Kündigungsfrist beträgt sechs Monate, wenn nicht ein Anderes bestimmt ist.

Eine Beschränkung des Kündigungsrechts ist

---

167. Vgl. § 837 Abs. 3 CPO.

168. Uebergangsvorschrift in Art. 195 EG.

169. In Betracht kommen hier auch als Ergänzung des § 1192: die §§ 857 Abs. 6 CPO; §§ 43, 70 GBO; §§ 53 Abs. 2, 54, 64 Abs. 3 ZVG.

170. Vgl. Art. 117 Abs. 2 EG.

171. § 70 Abs. 2 GBO ist eventl. zu beachten.

Vgl. auch §§ 51 Abs. 2, 54 Abs. 2 a. E., 70 GBO.

172. Vgl. §§ 65, 70 GBO; § 100 AG z. BGB.

173. Uebergangsvorschrift in Art. 117 Abs. 2 EG; vgl. auch § 857 Abs. 6 CPO.

174. Auch im Rentenschuldbrief: § 70 Abs. 2 GBO.

175. Vgl. §§ 92 Abs. 1, 3, 158 ZVG.

nur soweit zulässig, daß der Eigenthümer nach dreißig Jahren unter Einhaltung der sechsmonatigen Frist kündigen kann.

Hat der Eigenthümer gekündigt, so kann der Gläubiger nach dem Ablaufe der Kündigungsfrist die Zahlung der Ablösungssumme aus dem Grundstücke verlangen.

1203. Eine Rentenschuld kann in eine gewöhnliche Grundschuld, eine gewöhnliche Grundschuld kann in eine Rentenschuld umgewandelt werden. Die Zustimmung der im Range gleich- oder nachstehenden Berechtigten ist nicht erforderlich.

Neunter Abschnitt. Pfandrecht an beweglichen Sachen und an Rechten.[176]

Erster Titel. Pfandrecht an beweglichen Sachen.

1204. Eine bewegliche Sache kann zur Sicherung einer Forderung in der Weise belastet werden, daß der Gläubiger berechtigt ist, Befriedigung aus der Sache zu suchen (Pfandrecht).

Das Pfandrecht kann auch für eine künftige oder eine bedingte Forderung bestellt werden.

1205. Zur Bestellung des Pfandrechts ist erforderlich, daß der Eigenthümer die Sache dem Gläubiger übergiebt und beide darüber einig sind, daß dem Gläubiger das Pfandrecht zustehen soll. Ist der Gläubiger im Besitze der Sache, so genügt die Einigung über die Entstehung des Pfandrechts.[177]

Die Uebergabe einer im mittelbaren Besitze des Eigenthümers befindlichen Sache kann dadurch ersetzt werden, daß der Eigenthümer den mittelbaren Besitz auf den Pfandgläubiger überträgt und die Verpfändung dem Besitzer anzeigt.

1206. An Stelle der Uebergabe der Sache genügt die Einräumung des Mitbesitzes, wenn sich die Sache unter dem Mitverschlusse des Gläubigers befindet oder, falls sie im Besitz eines Dritten ist, die Herausgabe nur an den Eigenthümer und den Gläubiger gemeinschaftlich erfolgen kann.

1207. Gehört die Sache nicht dem Verpfänder, so finden auf die Verpfändung die für den Erwerb des Eigenthums geltenden Vorschriften der §§ 932, 934, 935 entsprechende Anwendung.[178]

1208. Ist die Sache mit dem Rechte eines Dritten belastet, so geht das Pfandrecht dem Rechte vor, es sei denn, daß der Pfandgläubiger zur Zeit des Erwerbes des Pfandrechts in Ansehung des Rechtes nicht in gutem Glauben ist. Die Vorschriften des § 932 Abs. 1 Satz 2, des § 935 und des § 936 Abs. 3 finden entsprechende Anwendung.

176. Artt. 94, 184 EG.

177. Vgl. auch §§ 897, 898 CPO; Art. III EG z. d. G. betreffend Aenderungen d. KO v. 17. Mai 1898.

178. Bezüglich der handelsrechtlichen Bestimmungen vgl. §§ 366, 367 HGB.

1209. Für den Rang des Pfandrechts ist die Zeit der Bestellung auch dann maßgebend, wenn es für eine künftige oder eine bedingte Forderung bestellt ist.[179]

1210. Das Pfand haftet für die Forderung in deren jeweiligem Bestand, insbesondere auch für Zinsen und Vertragsstrafen. Ist der persönliche Schuldner nicht der Eigenthümer des Pfandes, so wird durch ein Rechtsgeschäft, das der Schuldner nach der Verpfändung vornimmt, die Haftung nicht erweitert.

Das Pfand haftet für die Ansprüche des Pfandgläubigers auf Ersatz von Verwendungen, für die dem Pfandgläubiger zu ersetzenden Kosten der Kündigung und der Rechtsverfolgung sowie für die Kosten des Pfandverkaufs.

1211. Der Verpfänder kann dem Pfandgläubiger gegenüber die dem persönlichen Schuldner gegen die Forderung sowie die nach § 770 einem Bürgen zustehenden Einreden geltend machen. Stirbt der persönliche Schuldner, so kann sich der Verpfänder nicht darauf berufen, daß der Erbe für die Schuld nur beschränkt haftet.

Ist der Verpfänder nicht der persönliche Schuldner, so verliert er eine Einrede nicht dadurch, daß dieser auf sie verzichtet.

1212. Das Pfandrecht erstreckt sich auf die Erzeugnisse, die von dem Pfande getrennt werden.

1213. Das Pfandrecht kann in der Weise bestellt werden, daß der Pfandgläubiger berechtigt ist, die Nutzungen des Pfandes zu ziehen.

Ist eine von Natur fruchttragende Sache dem Pfandgläubiger zum Alleinbesitz übergeben, so ist im Zweifel anzunehmen, daß der Pfandgläubiger zum Fruchtbezuge berechtigt sein soll.

1214. Steht dem Pfandgläubiger das Recht zu, die Nutzungen zu ziehen, so ist er verpflichtet, für die Gewinnung der Nutzungen zu sorgen und Rechenschaft abzulegen.

Der Reinertrag der Nutzungen wird auf die geschuldete Leistung und, wenn Kosten und Zinsen zu entrichten sind, zunächst auf diese angerechnet.

Abweichende Bestimmungen sind zulässig.

1215. Der Pfandgläubiger ist zur Verwahrung des Pfandes verpflichtet.

1216. Macht der Pfandgläubiger Verwendungen auf das Pfand, so bestimmt sich die Ersatzpflicht des Verpfänders nach den Vorschriften über die Geschäftsführung ohne Auftrag. Der Pfandgläubiger ist berechtigt, eine Einrichtung, mit der er das Pfand versehen hat, wegzunehmen.

1217. Verletzt der Pfandgläubiger die Rechte des Verpfänders in erheblichem Maße und setzt er das verletzende Verhalten ungeachtet einer Abmahnung des Verpfänders fort, so kann der Verpfänder verlangen, daß das Pfand auf Kosten

179. Vgl. § 49 Abs. 2 KO; Art. III des EG z. RG betr. Aenderungen der KO v. 17. Mai 1898.

des Pfandgläubigers hinterlegt oder, wenn es sich nicht zur Hinterlegung eignet, an einen gerichtlich zu bestellenden Verwahrer[180] abgeliefert wird.

Statt der Hinterlegung oder der Ablieferung der Sache an einen Verwahrer kann der Verpfänder die Rückgabe des Pfandes gegen Befriedigung des Gläubigers verlangen. Ist die Forderung unverzinslich und noch nicht fällig, so gebührt dem Pfandgläubiger nur die Summe, welche mit Hinzurechnung der gesetzlichen Zinsen für die Zeit von der Zahlung bis zur Fälligkeit dem Betrage der Forderung gleichkommt.

1218. Ist der Verderb des Pfandes oder eine wesentliche Minderung des Werthes zu besorgen, so kann der Verpfänder die Rückgabe des Pfandes gegen anderweitige Sicherheitsleistung verlangen; die Sicherheitsleistung durch Bürgen ist ausgeschlossen.

Der Pfandgläubiger hat dem Verpfänder von dem drohenden Verderb unverzüglich Anzeige zu machen, sofern nicht die Anzeige unthunlich ist.

1219. Wird durch den drohenden Verderb des Pfandes oder durch eine zu besorgende wesentliche Minderung des Werthes die Sicherheit des Pfandgläubigers gefährdet, so kann dieser das Pfand öffentlich versteigern lassen.

Der Erlös tritt an die Stelle des Pfandes. Auf Verlangen des Verpfänders ist der Erlös zu hinterlegen.

1220. Die Versteigerung des Pfandes ist erst zulässig, nachdem sie dem Verpfänder angedroht worden ist; die Androhung darf unterbleiben, wenn das Pfand dem Verderb ausgesetzt und mit dem Aufschube der Versteigerung Gefahr verbunden ist. Im Falle der Werthminderung ist außer der Androhung erforderlich, daß der Pfandgläubiger dem Verpfänder zur Leistung anderweitiger Sicherheit eine angemessene Frist bestimmt hat und diese verstrichen ist.

Der Pfandgläubiger hat den Verpfänder von der Versteigerung unverzüglich zu benachrichtigen; im Falle der Unterlassung ist er zum Schadensersatze verpflichtet.

Die Androhung, die Fristbestimmung und die Benachrichtigung dürfen unterbleiben, wenn sie unthunlich sind.

1221. Hat das Pfand einen Börsen- oder Marktpreis, so kann der Pfandgläubiger den Verkauf aus freier Hand durch einen zu solchen Verkäufen öffentlich ermächtigten Handelsmäkler oder durch eine zur öffentlichen Versteigerung befugte Person zum laufenden Preise bewirken.[181]

1222. Besteht das Pfandrecht an mehreren Sachen, so haftet jede für die ganze Forderung.

1223. Der Pfandgläubiger ist verpflichtet, das Pfand nach dem Erlöschen des Pfandrechts dem Verpfänder zurückzugeben.

Der Verpfänder kann die Rückgabe des Pfandes gegen Befriedigung des Pfandgläubigers verlangen, sobald der Schuldner zur Leistung berechtigt ist.

1224. Die Befriedigung des Pfandgläubigers durch den Verpfänder kann auch durch Hinterlegung oder durch Aufrechnung erfolgen.

1225. Ist der Verpfänder nicht der persönliche Schuldner, so geht, soweit er den Pfandgläubiger befriedigt, die Forderung auf ihn über. Die für einen Bürgen geltenden Vorschriften des § 774 finden entsprechende Anwendung.

1226. Die Ersatzansprüche des Verpfänders wegen Veränderungen oder Verschlechterungen des Pfandes sowie die Ansprüche des Pfandgläubigers auf Ersatz von Verwendungen oder auf Gestattung der Wegnahme einer Einrichtung verjähren in sechs Monaten. Die Vorschriften des § 558 Abs. 2, 3 finden entsprechende Anwendung.

1227. Wird das Recht des Pfandgläubigers beeinträchtigt, so finden auf die Ansprüche des Pfandgläubigers die für die Ansprüche aus dem Eigenthume geltenden Vorschriften entsprechende Anwendung.

1228. Die Befriedigung des Pfandgläubigers aus dem Pfande erfolgt durch Verkauf.[182]

Der Pfandgläubiger ist zum Verkaufe berechtigt, sobald die Forderung ganz oder zum Theil fällig ist. Besteht der geschuldete Gegenstand nicht in Geld, so ist der Verkauf erst zulässig, wenn die Forderung in eine Geldforderung übergegangen ist.[182a]

1229. Eine vor dem Eintritte der Verkaufsberechtigung getroffene Vereinbarung, nach welcher dem Pfandgläubiger, falls er nicht oder nicht rechtzeitig befriedigt wird, das Eigenthum an der Sache zufallen oder übertragen werden soll, ist nichtig.

1230. Unter mehreren Pfändern kann der Pfandgläubiger, soweit nicht ein Anderes bestimmt ist, diejenigen auswählen, welche verkauft werden sollen. Er kann nur so viele Pfänder zum Verkaufe bringen, als zu seiner Befriedigung erforderlich sind.[183]

1231. Ist der Pfandgläubiger nicht im Alleinbesitze des Pfandes, so kann er nach dem Eintritte der Verkaufsberechtigung die Herausgabe des Pfandes zum Zwecke des Verkaufs fordern. Auf Verlangen des Verpfänders hat an Stelle der Herausgabe die Ablieferung an einen gemeinschaftlichen Verwahrer zu erfolgen; der Verwahrer hat sich bei der Ablieferung zu verpflichten, das Pfand zum Verkaufe bereitzustellen.

1232. Der Pfandgläubiger ist nicht verpflichtet,

---

180. Vgl. § 165 FrG.

181. Vgl. § 39 Abs. 1 Nr. 1 AG z. FrG.

182. Bezüglich der Rechte des Pfandgläubigers für den Fall des Konkurses: vgl. §§ 48, 127 KO.

182a. Vgl. aber § 120 Bankges. v. 14. März 1875.

183. Entsprechend den §§ 803, 818 CPO.

einem ihm im Range nachstehenden Pfandgläubiger das Pfand zum Zwecke des Verkaufs herauszugeben. Ist er nicht im Besitze des Pfandes, so kann er, sofern er nicht selbst den Verkauf betreibt, dem Verkaufe durch einen nachstehenden Pfandgläubiger nicht widersprechen.[184]

1233. Der Verkauf des Pfandes ist nach den Vorschriften der §§ 1234 bis 1240 zu bewirken.

Hat der Pfandgläubiger für sein Recht zum Verkauf einen vollstreckbaren Titel gegen den Eigenthümer erlangt, so kann er den Verkauf auch nach den für den Verkauf einer gepfändeten Sache geltenden Vorschriften[185] bewirken lassen.

1234. Der Pfandgläubiger hat dem Eigenthümer den Verkauf vorher anzudrohen und dabei den Geldbetrag zu bezeichnen, wegen dessen der Verkauf stattfinden soll. Die Androhung kann erst nach dem Eintritte der Verkaufsberechtigung erfolgen; sie darf unterbleiben, wenn sie unthunlich ist.

Der Verkauf darf nicht vor dem Ablauf eines Monats[186] nach der Androhung erfolgen. Ist die Androhung unthunlich, so wird der Monat von dem Eintritte der Verkaufsberechtigung an berechnet.

1235. Der Verkauf des Pfandes ist im Wege öffentlicher Versteigerung zu bewirken.

Hat das Pfand einen Börsen- oder Marktpreis, so findet die Vorschrift des § 1221 Anwendung.

1236. Die Versteigerung hat an dem Orte zu erfolgen, an dem das Pfand aufbewahrt wird.[187] Ist von einer Versteigerung an dem Aufbewahrungsort ein angemessener Erfolg nicht zu erwarten, so ist das Pfand an einem geeigneten anderen Orte zu versteigern.

1237. Zeit und Ort der Versteigerung sind unter allgemeiner Bezeichnung des Pfandes öffentlich bekannt zu machen. Der Eigenthümer und Dritte, denen Rechte an dem Pfande zustehen, sind besonders zu benachrichtigen; die Benachrichtigung darf unterbleiben, wenn sie unthunlich ist.[188]

1238. Das Pfand darf nur mit der Bestimmung verkauft werden, daß der Käufer den Kaufpreis sofort baar zu entrichten hat und seiner Rechte verlustig sein soll, wenn dies nicht geschieht.[189]

Erfolgt der Verkauf ohne diese Bestimmung, so ist der Kaufpreis als von dem Pfandgläubiger empfangen anzusehen; die Rechte des Pfandgläubigers gegen den Ersteher bleiben unberührt. Unterbleibt die sofortige Entrichtung des Kaufpreises, so gilt das Gleiche, wenn nicht vor dem Schlusse des Versteigerungstermins von dem Vorbehalte der Rechtsverwirkung Gebrauch gemacht wird.

1239. Der Pfandgläubiger und der Eigenthümer können bei der Versteigerung mitbieten. Erhält der Pfandgläubiger den Zuschlag, so ist der Kaufpreis als von ihm empfangen anzusehen.[190]

Das Gebot des Eigenthümers darf zurückgewiesen werden, wenn nicht der Betrag baar erlegt wird. Das Gleiche gilt von dem Gebote des Schuldners, wenn das Pfand für eine fremde Schuld haftet.

1240. Gold- und Silbersachen dürfen nicht unter dem Gold- oder Silberwerthe zugeschlagen werden.

Wird ein genügendes Gebot nicht abgegeben, so kann der Verkauf durch eine zur öffentlichen Versteigerung befugte Person aus freier Hand zu einem den Gold- oder Silberwerth erreichenden Preise erfolgen.[191]

1241. Der Pfandgläubiger hat den Eigenthümer von dem Verkaufe des Pfandes und dem Ergebniß unverzüglich zu benachrichtigen, sofern nicht die Benachrichtigung unthunlich ist.[192]

1242. Durch die rechtmäßige Veräußerung des Pfandes erlangt der Erwerber die gleichen Rechte, wie wenn er die Sache von dem Eigenthümer erworben hätte. Dies gilt auch dann, wenn dem Pfandgläubiger der Zuschlag ertheilt wird.

Pfandrechte an der Sache erlöschen, auch wenn sie dem Erwerber bekannt waren. Das Gleiche gilt von einem Nießbrauch, es sei denn, daß er allen Pfandrechten im Range vorgeht.

1243. Die Veräußerung des Pfandes ist nicht rechtmäßig, wenn gegen die Vorschriften des § 1228 Abs. 2, des § 1230 Satz 2, des § 1235, des § 1237 Satz 1 oder des § 1240 verstoßen wird.

Verletzt der Pfandgläubiger eine andere für den Verkauf geltende Vorschrift, so ist er zum Schadensersatze verpflichtet, wenn ihm ein Verschulden zur Last fällt.

1244. Wird eine Sache als Pfand veräußert, ohne daß dem Veräußerer ein Pfandrecht zusteht oder den Erfordernissen genügt wird, von denen die Rechtmäßigkeit der Veräußerung abhängt, so finden die Vorschriften der §§ 932 bis 934, 936 entsprechende Anwendung, wenn die Veräußerung nach § 1233 Abs. 2 erfolgt ist oder die Vorschriften des § 1235 oder des § 1240 Abs. 2 beobachtet worden sind.[192]

1245. Der Eigenthümer und der Pfandgläubiger können eine von den Vorschriften der §§ 1234 bis 1240 abweichende Art des Pfandverkaufs vereinbaren. Steht einem Dritten an dem Pfande ein Recht zu, das durch die Veräußerung erlischt, so ist die Zustimmung des Dritten erforderlich. Die Zustimmung ist demjenigen gegenüber zu erklären,

184. Vgl. § 805 CPO.
185. §§ 814 ff. CPO.
186. Für das handelsrechtliche Pfandrecht eine Woche nach § 368 HGB; vgl. auch §§ 371 Abs. 2, 440 Abs. 4, 623 Abs. 4 HGB.
187. Entsprechend der Bestimmung des § 816 Abs. 2 CPO.
188. Vgl. §§ 440 Abs. 3, 623 Abs. 4 HGB.
189. Entsprechend der Bestimmung in § 817 Abs. 2, 3 CPO.

190. Entsprechend in § 817 Abs. 4 CPO; vgl. auch § 816 Abs. 4 CPO.
191. Entsprechend § 820 CPO.
192. Vgl. Bem. Nr. 188.

zu dessen Gunsten sie erfolgt; sie ist unwiderruflich.

Auf die Beobachtung der Vorschriften des § 1235, des § 1237 Satz 1 und des § 1240 kann nicht vor dem Eintritte der Verkaufsberechtigung verzichtet werden.

1246. Entspricht eine von den Vorschriften der §§ 1235 bis 1240 abweichende Art des Pfandverkaufs nach billigem Ermessen den Interessen der Betheiligten, so kann jeder von ihnen verlangen, daß der Verkauf in dieser Art erfolgt.

Kommt eine Einigung nicht zu Stande, so entscheidet das Gericht.[193]

1247. Soweit der Erlös aus dem Pfande dem Pfandgläubiger zu seiner Befriedigung gebührt, gilt die Forderung als von dem Eigenthümer berichtigt. Im Uebrigen tritt der Erlös an die Stelle des Pfandes.

1248. Bei dem Verkaufe des Pfandes gilt zu Gunsten des Pfandgläubigers der Verpfänder als der Eigenthümer, es sei denn, daß der Pfandgläubiger weiß, daß der Verpfänder nicht der Eigenthümer ist.

1249. Wer durch die Veräußerung des Pfandes ein Recht an dem Pfande verlieren würde, kann den Pfandgläubiger befriedigen, sobald der Schuldner zur Leistung berechtigt ist. Die Vorschriften des § 268 Abs. 2, 3 finden entsprechende Anwendung.

1250. Mit der Uebertragung der Forderung geht das Pfandrecht auf den neuen Gläubiger über. Das Pfandrecht kann nicht ohne die Forderung übertragen werden.

Wird bei der Uebertragung der Forderung der Uebergang des Pfandrechts ausgeschlossen, so erlischt das Pfandrecht.

1251. Der neue Pfandgläubiger kann von dem bisherigen Pfandgläubiger die Herausgabe des Pfandes verlangen.[194]

Mit der Erlangung des Besitzes tritt der neue Pfandgläubiger an Stelle des bisherigen Pfandgläubigers in die mit dem Pfandrechte verbundenen Verpflichtungen gegen den Verpfänder ein. Erfüllt er die Verpflichtungen nicht, so haftet für den von ihm zu ersetzenden Schaden der bisherige Pfandgläubiger wie ein Bürge, der auf die Einrede der Vorausklage verzichtet hat. Die Haftung des bisherigen Pfandgläubigers tritt nicht ein, wenn die Forderung kraft Gesetzes auf den neuen Pfandgläubiger übergeht oder ihm auf Grund einer gesetzlichen Verpflichtung abgetreten wird.

1252. Das Pfandrecht erlischt mit der Forderung, für die es besteht.

1253. Das Pfandrecht erlischt, wenn der Pfandgläubiger das Pfand dem Verpfänder oder dem Eigenthümer zurückgiebt. Der Vorbehalt der Fortdauer des Pfandrechts ist unwirksam.

Ist das Pfand im Besitze des Verpfänders oder des Eigenthümers, so wird vermuthet,[195] daß das Pfand ihm von dem Pfandgläubiger zurückgegeben worden sei. Diese Vermuthung gilt auch dann, wenn sich das Pfand im Besitz eines Dritten befindet, der den Besitz nach der Entstehung des Pfandrechts von dem Verpfänder oder dem Eigenthümer erlangt hat.

1254. Steht dem Pfandrecht eine Einrede entgegen, durch welche die Geltendmachung des Pfandrechts dauernd ausgeschlossen wird, so kann der Verpfänder die Rückgabe des Pfandes verlangen. Das gleiche Recht hat der Eigenthümer.

1255. Zur Aufhebung des Pfandrechts durch Rechtsgeschäft genügt die Erklärung des Pfandgläubigers gegenüber dem Verpfänder oder dem Eigenthümer, daß er das Pfandrecht aufgebe.

Ist das Pfandrecht mit dem Rechte eines Dritten belastet, so ist die Zustimmung des Dritten erforderlich. Die Zustimmung ist demjenigen gegenüber zu erklären, zu dessen Gunsten sie erfolgt; sie ist unwiderruflich.

1256. Das Pfandrecht erlischt, wenn es mit dem Eigenthum in derselben Person zusammentrifft. Das Erlöschen tritt nicht ein, solange die Forderung, für welche das Pfandrecht besteht, mit dem Rechte eines Dritten belastet ist.

Das Pfandrecht gilt als nicht erloschen, soweit der Eigenthümer ein rechtliches Interesse an dem Fortbestehen des Pfandrechts hat.

1257. Die Vorschriften über das durch Rechtsgeschäft bestellte Pfandrecht finden auf ein kraft Gesetzes entstandenes Pfandrecht entsprechende Anwendung.[196]

1258. Besteht ein Pfandrecht an dem Antheil eines Miteigenthümers, so übt der Pfandgläubiger die Rechte aus, die sich aus der Gemeinschaft der Miteigenthümer in Ansehung der Verwaltung der Sache und der Art ihrer Benutzung ergeben.

Die Aufhebung der Gemeinschaft kann vor dem

---

193. Nach § 166 FrG das Amtsgericht des Ortes, an welchem das Pfand aufbewahrt wird.

194. Vgl. aber § 838 CPO.

195. Vgl. § 292 CPO.

196. Die Bestimmung des § 1257 findet auch auf die gesetzlichen Pfandrechte des Handelsrechtes, soweit nicht das HGB abweichende Bestimmungen enthält (vgl. §§ 366 Abs. 3, 623 Abs. 3 HGB) entsprechende Anwendung. — Vgl. §§ 397 bis 399, 410, 411, 421, 440 bis 443, 623, 674, 725, 751, 754 ff. HGB; §§ 26, 77, 89, 97, 102 ff. Binnenschifffahrtsg. v. 15. Juni 1895; §§ 22, 23 ff. Flößereig. v. 15. Juni 1895.

Vgl. auch Art. III des EG zum RG betr. Aenderungen der KO v. 17. Mai 1898, wonach die Bestimmung des § 49 (41) Abs 2 KO auch außerhalb des Konkurses Anwendung findet. Dies hat die Bedeutung, daß das in § 49 Nr. 1 KO bezeichnete Vorrecht für öffentliche Abgaben stets allen gesetzlichen und vertragsmäßigen Pfandrechten vorgeht.

Wegen des Pfändungspfandrechtes im Wege der Zwangsvollstreckung und des Arrestes vgl. §§ 803—806, 930 CPO (auch §§ 563, 581 Abs. 2, 585, 590, 647, 704 BGB). Eine besondere Art landesgesetzlichen Pfändungspfandrechtes wird durch Art. 89 EG aufrecht erhalten; vgl. auch §§ 48, 49 KO.

Eintritte der Verkaufsberechtigung des Pfandgläubigers nur von dem Miteigenthümer und dem Pfandgläubiger gemeinschaftlich verlangt werden. Nach dem Eintritte der Verkaufsberechtigung kann der Pfandgläubiger die Aufhebung der Gemeinschaft verlangen, ohne daß es der Zustimmung des Miteigenthümers bedarf; er ist nicht an eine Vereinbarung gebunden, durch welche die Miteigenthümer das Recht, die Aufhebung der Gemeinschaft zu verlangen, für immer oder auf Zeit ausgeschlossen oder eine Kündigungsfrist bestimmt haben.

Wird die Gemeinschaft aufgehoben, so gebührt dem Pfandgläubiger das Pfandrecht an den Gegenständen, welche an die Stelle des Antheils treten.

Das Recht des Pfandgläubigers zum Verkaufe des Antheils bleibt unberührt.

1259. Für das Pfandrecht an einem im Schiffsregister[197] eingetragenen Schiffe gelten die besonderen Vorschriften der §§ 1260 bis 1271.[198]

1260. Zur Bestellung des Pfandrechts ist die Einigung des Eigenthümers des Schiffes und des Gläubigers darüber, daß dem Gläubiger das Pfandrecht zustehen soll, und die Eintragung des Pfandrechts in das Schiffsregister[199] erforderlich. Die Vorschriften des § 873 Abs. 2 und des § 878 finden entsprechende Anwendung.

In der Eintragung müssen der Gläubiger, der Geldbetrag der Forderung und, wenn die Forderung verzinslich ist, der Zinssatz angegeben werden. Zur näheren Bezeichnung der Forderung kann auf die Eintragungsbewilligung Bezug genommen werden.

1261. Das Rangverhältniß der an dem Schiffe bestellten Pfandrechte bestimmt sich nach den Vorschriften der §§ 879 bis 881 und des § 1151.[200]

1262. Solange das Pfandrecht im Schiffsregister eingetragen ist, behält es im Falle der Veräußerung oder Belastung des Schiffes seine Kraft, auch wenn der Erwerber in gutem Glauben ist.

Ist das Pfandrecht mit Unrecht gelöscht, so gelten im Falle der Veräußerung des Schiffes die Vorschriften des § 936 Abs. 1 Satz 1, Abs. 2 auch dann, wenn der Erwerber das Eigenthum ohne Uebergabe erlangt; die Vorschrift des § 936 Abs. 3 findet keine Anwendung. Wird ein Pfandrecht, welches dem mit Unrecht gelöschten Pfandrecht im Range nachsteht, auf einen Dritten übertragen, so findet die Vorschrift des § 1208 Satz 1 Anwendung.[201]

1263. Steht der Inhalt des Schiffsregisters in Ansehung eines Pfandrechts mit der wirklichen Rechtslage nicht im Einklange, so kann die Berichtigung des Registers nach den für die Berichtigung des Grundbuchs geltenden Vorschriften der §§ 894, 895, 897, 898 verlangt werden.

Ist ein Pfandrecht mit Unrecht gelöscht worden, so kann ein Widerspruch gegen die Richtigkeit des Schiffsregisters nach § 899 Abs. 2 eingetragen werden. Solange der Widerspruch eingetragen ist, gilt im Falle der Veräußerung oder Belastung des Schiffes dem Erwerber gegenüber das Gleiche, wie wenn das Pfandrecht eingetragen wäre.[202]

1264. Die Haftung des Schiffes beschränkt sich auf den eingetragenen Betrag der Forderung und die Zinsen nach dem eingetragenen Zinssatze. Die Haftung für gesetzliche Zinsen und für Kosten bestimmt sich nach der für die Hypothek geltenden Vorschrift des § 1118.

Ist die Forderung unverzinslich oder ist der Zinssatz niedriger als fünf vom Hundert, so kann das Pfandrecht ohne Zustimmung der im Range gleich- oder nachstehenden Berechtigten dahin erweitert werden, daß das Schiff für Zinsen bis zu fünf vom Hundert haftet.

1265. Das Pfandrecht erstreckt sich auf das Zubehör[203] des Schiffes mit Ausnahme der Zubehörstücke, die nicht in das Eigenthum des Eigenthümers des Schiffes gelangt sind.

Auf die Haftung der Zubehörstücke finden die für die Hypothek geltenden Vorschriften der §§ 1121, 1122 entsprechende Anwendung.

1266. Die Vorschriften der §§ 1205 bis 1257 finden insoweit keine Anwendung, als sich daraus, daß der Pfandgläubiger nicht den Besitz des Schiffes erlangt, Abweichungen ergeben. In dem Falle des § 1254 tritt an die Stelle des Anspruchs auf Rückgabe des Pfandes das Recht, die Aufhebung des Pfandrechts zu verlangen.

1267. Der Verpfänder kann gegen Befriedigung des Pfandgläubigers die Aushändigung der zur Löschung des Pfandrechts erforderlichen

197. Bezüglich der Seeschiffe vgl. RG v. 25. Oktober 1867 und 15. April 1885; bezüglich der Binnenschiffe §§ 119—129 RG über die privatrechtlichen Verhältnisse der Binnenschifffahrt v. 15. Juni 1895.

198. Wegen eines Pfandrechts an einem im Bau begriffenen Schiffe vgl. Art. 20 EG z. HGB vom 17. Mai 1897.

Durch die Vorschriften der §§ 1259 ff. werden die Vorschriften über Bodmerei (§§ 679 ff. HGB) und die gesetzlichen Pfandrechte der Schiffsgläubiger (§§ 754 ff. HGB und §§ 102 ff. RG über Binnenschifffahrt) nicht berührt. Vgl. auch §§ 169 Abs. 2 ZVG; § 54 Abs. 2 FrG.

Eine Zwangshypothek (Hypothek aus einem vollstreckbaren Schuldtitel) an Schiffen giebt es nicht (§§ 870, arg. 866 CPO).

Ueber das Pfändungspfandrecht an Schiffen bei Arrest vgl. § 931 CPO.

199. Das Verfahren bei solchen Eintragungen in das Schiffsregister ist in den §§ 100—124 FrG in Anlehnung an das Verfahren in Grundbuchsachen geregelt (vgl. § 15 KO).

200. Vgl. noch § 114 FrG; § 776 HGB; § 109 RG über Binnenschifffahrt v. 15. Juni 1895.

201. Vgl. § 764 HGB.

202. Vgl. §§ 102, 105 Satz 2, 119 FrG.

203. § 478 HGB ist hier bezüglich der Seeschiffe maßgebend; vgl. auch §§ 756 ff. HGB und § 104 Binnenschifffahrtsg. v. 15. Juni 1895.

Urkunden verlangen.[204] Das gleiche Recht steht dem persönlichen Schuldner zu, wenn er ein rechtliches Interesse an der Berichtigung des Schiffsregisters hat.

1268. Der Pfandgläubiger kann seine Befriedigung aus dem Schiffe und dem Zubehöre nur auf Grund eines vollstreckbaren Titels nach den für die Zwangsvollstreckung geltenden Vorschriften suchen.[205]

1269. Ist der Gläubiger unbekannt, so kann er im Wege des Aufgebotsverfahrens[206] mit seinem Pfandrecht ausgeschlossen werden, wenn die im § 1170 oder die im § 1171 für die Ausschließung eines Hypothekengläubigers bestimmten Voraussetzungen vorliegen. Mit der Erlassung des Ausschlußurtheils erlischt das Pfandrecht. Die Vorschrift des § 1171 Abs. 3 findet Anwendung.

1270. Auf das Pfandrecht für die Forderung aus einer Schuldverschreibung auf den Inhaber, aus einem Wechsel oder aus einem anderen Papiere, das durch Indossament übertragen werden kann, finden die Vorschriften des § 1189, auf das Pfandrecht für die Forderung aus einer Schuldverschreibung auf den Inhaber finden auch die Vorschriften des § 1188 entsprechende Anwendung.[207]

1271. Das Pfandrecht kann in der Weise bestellt werden, daß nur der Höchstbetrag bis zu dem das Schiff haften soll, bestimmt, im Uebrigen die Feststellung der Forderung vorbehalten wird. Der Höchstbetrag muß in das Schiffsregister eingetragen werden.

Ist die Forderung verzinslich, so werden die Zinsen in den Höchstbetrag eingerechnet.

1272. Die Vorschriften der §§ 1260 bis 1271 gelten auch für das Pfandrecht an einer Schiffspart.[208]

Zweiter Titel. Pfandrecht an Rechten.

1273. Gegenstand des Pfandrechts kann auch ein Recht sein.

Auf das Pfandrecht an Rechten finden die Vorschriften über das Pfandrecht an beweglichen Sachen entsprechende Anwendung, soweit sich nicht aus den §§ 1274 bis 1296 ein Anderes ergiebt. Die Anwendung der Vorschriften des § 1208 und des § 1213 Abs. 2 ist ausgeschlossen.

1274. Die Bestellung des Pfandrechts an einem Rechte erfolgt nach den für die Uebertragung des Rechtes geltenden Vorschriften. Ist zur Uebertragung des Rechtes die Uebergabe einer Sache erforderlich, so finden die Vorschriften der §§ 1205, 1206 Anwendung.

Soweit ein Recht nicht übertragbar ist, kann ein Pfandrecht an dem Rechte nicht bestellt werden.[209]

1275. Ist ein Recht, kraft dessen eine Leistung gefordert werden kann, Gegenstand des Pfandrechts, so finden auf das Rechtsverhältniß zwischen dem Pfandgläubiger und dem Verpflichteten die Vorschriften, welche im Falle der Uebertragung des Rechtes für das Rechtsverhältniß zwischen dem Erwerber und dem Verpflichteten gelten, und im Falle einer nach § 1217 Abs. 1 getroffenen gerichtlichen Anordnung die Vorschrift des § 1070 Abs. 2 entsprechende Anwendung.

1276. Ein verpfändetes Recht kann durch Rechtsgeschäft nur mit Zustimmung des Pfandgläubigers aufgehoben werden. Die Zustimmung ist demjenigen gegenüber zu erklären, zu dessen Gunsten sie erfolgt; sie ist unwiderruflich. Die Vorschrift des § 876 Satz 3 bleibt unberührt.

Das Gleiche gilt im Falle einer Aenderung des Rechtes, sofern sie das Pfandrecht beeinträchtigt.

1277. Der Pfandgläubiger kann seine Befriedigung aus dem Rechte nur auf Grund eines vollstreckbaren Titels nach den für die Zwangsvollstreckung geltenden Vorschriften[210] suchen, sofern nicht ein Anderes bestimmt ist. Die Vorschriften des § 1229 und des § 1245 Abs. 2 bleiben unberührt.

1278. Ist ein Recht, zu dessen Verpfändung die Uebergabe einer Sache erforderlich ist, Gegenstand des Pfandrechts, so finden auf das Erlöschen des Pfandrechts durch die Rückgabe der Sache die Vorschriften des § 1253 entsprechende Anwendung.

1279. Für das Pfandrecht an einer Forderung gelten die besonderen Vorschriften der §§ 1280 bis 1290.[211]

1280. Die Verpfändung einer Forderung, zu deren Uebertragung der Abtretungsvertrag genügt, ist nur wirksam, wenn der Gläubiger sie dem Schuldner anzeigt.

1281. Der Schuldner kann nur an den Pfandgläubiger und den Gläubiger gemeinschaftlich leisten. Jeder von beiden kann verlangen, daß an sie gemeinschaftlich geleistet wird; jeder kann statt der Leistung verlangen, daß die geschuldete Sache für beide hinterlegt oder, wenn sie sich nicht zur Hinterlegung eignet, an einen gerichtlich zu bestellenden Verwahrer abgeliefert wird.[212]

1282. Sind die Voraussetzungen des § 1228 Abs. 2 eingetreten, so ist der Pfandgläubiger zur

---

204. Vgl. §§ 105, 107 FrG.

205. Vgl. §§ 864, 865, 870 Abs. 2 CPO; §§ 162 bis 167 ZVG; § 482 HGB.

206. §§ 945 ff., 988 Abs. 1, 1024 CPO; vgl. auch § 765 HGB; § 110 Binnenschifffahrtsg. v. 15. Juni 1895.

207. §§ 112, 117 FrG sind zu beachten.

208. Die Zwangsvollstreckung in eine Schiffspart erfolgt nach Maßgabe der besonderen Vorschriften des § 858 CPO.

209. Vgl. Art. III des EG z. RG betr. Aenderungen der KO v. 17. Mai 1898.

210. §§ 828 bis 863 CPO.

211. Ueber Pfändung einer Forderung vgl. §§ 829 ff. CPO; § 7 RG betr. das Reichsschuldbuch vom 31. Mai 1891.

212. Die Ausführungsbestimmung enthält § 165 FrG.

Einziehung der Forderung berechtigt und kann der Schuldner nur an ihn leisten.[213] Die Einziehung einer Geldforderung steht dem Pfandgläubiger nur insoweit zu, als sie zu seiner Befriedigung erforderlich ist. Soweit er zur Einziehung berechtigt ist, kann er auch verlangen, daß ihm die Geldforderung an Zahlungsstatt abgetreten wird.[214]

Zu anderen Verfügungen über die Forderung ist der Pfandgläubiger nicht berechtigt; das Recht, die Befriedigung aus der Forderung nach § 1277 zu suchen, bleibt unberührt.

1283. Hängt die Fälligkeit der verpfändeten Forderung von einer Kündigung ab, so bedarf der Gläubiger zur Kündigung der Zustimmung des Pfandgläubigers nur, wenn dieser berechtigt ist, die Nutzungen zu ziehen.

Die Kündigung des Schuldners ist nur wirksam, wenn sie dem Pfandgläubiger und dem Gläubiger erklärt wird.

Sind die Voraussetzungen des § 1228 Abs. 2 eingetreten, so ist auch der Pfandgläubiger zur Kündigung berechtigt; für die Kündigung des Schuldners genügt die Erklärung gegenüber dem Pfandgläubiger.

1284. Die Vorschriften der §§ 1281 bis 1283 finden keine Anwendung, soweit der Pfandgläubiger und der Gläubiger ein Anderes vereinbaren.

1285. Hat die Leistung an den Pfandgläubiger und den Gläubiger gemeinschaftlich zu erfolgen, so sind beide einander verpflichtet, zur Einziehung mitzuwirken, wenn die Forderung fällig ist.

Soweit der Pfandgläubiger berechtigt ist, die Forderung ohne Mitwirkung des Gläubigers einzuziehen, hat er für die ordnungsmäßige Einziehung zu sorgen. Von der Einziehung hat er den Gläubiger unverzüglich zu benachrichtigen, sofern nicht die Benachrichtigung unthunlich ist.

1286. Hängt die Fälligkeit der verpfändeten Forderung von einer Kündigung ab, so kann der Pfandgläubiger, sofern nicht das Kündigungsrecht ihm zusteht, von dem Gläubiger die Kündigung verlangen, wenn die Einziehung der Forderung wegen Gefährdung ihrer Sicherheit nach den Regeln einer ordnungsmäßigen Vermögensverwaltung geboten ist. Unter der gleichen Voraussetzung kann der Gläubiger von dem Pfandgläubiger die Zustimmung zur Kündigung verlangen, sofern die Zustimmung erforderlich ist.

1287. Leistet der Schuldner in Gemäßheit der §§ 1281, 1282, so erwirbt mit der Leistung der Gläubiger den geleisteten Gegenstand und der Pfandgläubiger ein Pfandrecht an dem Gegenstande. Besteht die Leistung in der Uebertragung des Eigenthums an einem Grundstücke, so erwirbt der Pfandgläubiger eine Sicherungshypothek.[215]

1288. Wird eine Geldforderung in Gemäßheit des § 1281 eingezogen, so sind der Pfandgläubiger und der Gläubiger einander verpflichtet, dazu mitzuwirken, daß der eingezogene Betrag, soweit es ohne Beeinträchtigung des Interesses des Pfandgläubigers thunlich ist, nach den für die Anlegung von Mündelgeld geltenden Vorschriften verzinslich angelegt und gleichzeitig dem Pfandgläubiger das Pfandrecht bestellt wird. Die Art der Anlegung bestimmt der Gläubiger.

Erfolgt die Einziehung in Gemäßheit des § 1282, so gilt die Forderung des Pfandgläubigers, soweit ihm der eingezogene Betrag zu seiner Befriedigung gebührt, als von dem Gläubiger berichtigt.

1289. Das Pfandrecht an einer Forderung erstreckt sich auf die Zinsen der Forderung. Die Vorschriften des § 1123 Abs. 2 und der §§ 1124, 1125 finden entsprechende Anwendung; an die Stelle der Beschlagnahme tritt die Anzeige des Pfandgläubigers an den Schuldner, daß er von dem Einziehungsrechte Gebrauch mache.

1290. Bestehen mehrere Pfandrechte an einer Forderung, so ist zur Einziehung nur derjenige Pfandgläubiger berechtigt, dessen Pfandrecht den übrigen Pfandrechten vorgeht.

1291. Die Vorschriften über das Pfandrecht an einer Forderung gelten auch für das Pfandrecht an einer Grundschuld und an einer Rentenschuld.[216]

1292. Zur Verpfändung eines Wechsels oder eines anderen Papiers, das durch Indossament übertragen werden kann, genügt die Einigung des Gläubigers und des Pfandgläubigers und die Uebergabe des indossirten Papiers.[217]

1293. Für das Pfandrecht an einem Inhaberpapiere gelten die Vorschriften über das Pfandrecht an beweglichen Sachen.

1294. Ist ein Wechsel, ein anderes Papier, das durch Indossament übertragen werden kann, oder ein Inhaberpapier Gegenstand des Pfandrechts, so ist, auch wenn die Voraussetzungen des § 1228 Abs. 2 noch nicht eingetreten sind, der Pfandgläubiger zur Einziehung und, falls Kündigung erforderlich ist, zur Kündigung berechtigt und kann der Schuldner nur an ihn leisten.

1295. Hat ein verpfändetes Papier, das durch Indossament übertragen werden kann, einen Börsen- oder Marktpreis, so ist der Gläubiger nach dem Eintritte der Voraussetzungen des § 1228 Abs. 2 berechtigt, das Papier nach § 1221 verkaufen zu lassen.

---

213. Bezüglich des Anspruchs; der eine unbewegliche Sache betrifft, vgl. § 848 CPO.

214. Die Wirkung des § 836 Abs. 2 CPO tritt dann hier ebenfalls ein.

215. Die Sicherungshypothek entsteht hier ohne Eintragung; letztere ist aber nachträglich herbeizuführen (vgl. § 848 Abs. 2 CPO).

216. Vgl. § 857 Abs. 6 CPO.

217. Entsprechende Bestimmung in § 831 CPO.

1296. Das Pfandrecht an einem Werthpapier erstreckt sich auf die zu dem Papiere gehörenden Zins-, Renten- oder Gewinnantheilscheine nur dann, wenn sie dem Pfandgläubiger übergeben sind. Der Verpfänder kann, sofern nicht ein Anderes bestimmt ist, die Herausgabe der Scheine verlangen, soweit sie vor dem Eintritte der Voraussetzungen des § 1228 Abs. 2 fällig werden.

Viertes Buch.

Familienrecht.

Erster Abschnitt. Bürgerliche Ehe.

Erster Titel. Verlöbniß.

1297. Aus einem Verlöbnisse kann nicht auf Eingehung der Ehe geklagt werden.[1]

Das Versprechen einer Strafe für den Fall, daß die Eingehung der Ehe unterbleibt, ist nichtig.

1298. Tritt ein Verlobter von dem Verlöbnisse zurück, so hat er dem anderen Verlobten und dessen Eltern sowie dritten Personen, welche an Stelle der Eltern gehandelt haben, den Schaden zu ersetzen, der daraus entstanden ist, daß sie in Erwartung der Ehe Aufwendungen gemacht haben oder Verbindlichkeiten eingegangen sind. Dem anderen Verlobten hat er auch den Schaden zu ersetzen, den dieser dadurch erleidet, daß er in Erwartung der Ehe sonstige sein Vermögen oder seine Erwerbsstellung berührende Maßnahmen getroffen hat.

Der Schaden ist nur insoweit zu ersetzen, als die Aufwendungen, die Eingehung der Verbindlichkeiten und die sonstigen Maßnahmen den Umständen nach angemessen waren.

Die Ersatzpflicht tritt nicht ein, wenn ein wichtiger Grund für den Rücktritt vorliegt.

1299. Veranlaßt ein Verlobter den Rücktritt des anderen durch ein Verschulden, das einen wichtigen Grund für den Rücktritt bildet, so ist er nach Maßgabe des § 1298 Abs. 1, 2 zum Schadensersatze verpflichtet.

1300. Hat eine unbescholtene Verlobte ihrem Verlobten die Beiwohnung gestattet, so kann sie, wenn die Voraussetzungen des § 1298 oder des § 1299 vorliegen, auch wegen des Schadens, der nicht Vermögensschaden ist, eine billige Entschädigung in Geld verlangen.

Der Anspruch ist nicht übertragbar und geht nicht auf die Erben über, es sei denn, daß er durch Vertrag anerkannt oder daß er rechtshängig geworden ist.

1. Die §§ 888 Abs. 2 und 894 Abs. 2 CPO schließen überdies noch ausdrücklich eine Zwangsvollstreckung aus einem auf Verurtheilung zur Eingehung einer Ehe lautenden Urtheile aus.

1301. Unterbleibt die Eheschließung, so kann jeder Verlobte von dem anderen die Herausgabe desjenigen, was er ihm geschenkt oder zum Zeichen des Verlöbnisses gegeben hat, nach den Vorschriften über die Herausgabe einer ungerechtfertigten Bereicherung fordern. Im Zweifel ist anzunehmen, daß die Rückforderung ausgeschlossen sein soll, wenn das Verlöbniß durch den Tod eines der Verlobten aufgelöst wird.

1302. Die in den §§ 1298 bis 1301 bestimmten Ansprüche verjähren in zwei Jahren von der Auflösung des Verlöbnisses an.

Zweiter Titel. Eingehung der Ehe.[2]

1303. Ein Mann darf nicht vor dem Eintritte der Volljährigkeit, eine Frau darf nicht vor der Vollendung des sechzehnten Lebensjahrs eine Ehe eingehen.

Einer Frau kann Befreiung von dieser Vorschrift bewilligt werden.[2a]

1304. Wer in der Geschäftsfähigkeit beschränkt ist, bedarf zur Eingehung einer Ehe der Einwilligung seines gesetzlichen Vertreters.

Ist der gesetzliche Vertreter ein Vormund, so kann die Einwilligung, wenn sie von ihm verweigert wird, auf Antrag des Mündels durch das Vormundschaftsgericht ersetzt werden. Das Vormundschaftsgericht hat die Einwilligung zu ersetzen, wenn die Eingehung der Ehe im Interesse des Mündels liegt.[3]

2. Die Form und Beurkundung der Eheschließung im Inlande sind im Uebrigen durch §§ 41 bis 55 RG über die Beurkundung des Personenstandes und die Eheschließung vom 6. Februar 1875 geregelt; die Form und Beurkundung der Eheschließung von Deutschen im Auslande durch die §§ 3 bis 10 G. betr. die Eheschließung und die Beurkundung des Personenstandes von Bundesangehörigen im Auslande v. 4. Mai 1870 (8. Februar 1875). Für die Eheschließung in den deutschen Schutzgebieten ist § 4 RG v. 17. April 1886 maßgebend. — Vgl. auch Art. 13 EG. Die Uebergangsvorschrift enthält Art. 198 EG.

2a. Die Bewilligung erfolgt durch das Ministerium (§ 2 Ver. v. 1. Nov. 1899). Ueber das Verfahren vgl. Ver. v. 27. Dez. 1899.

3. Die Formen, in welchen diese Einwilligung nachzusuchen und zu ertheilen ist, sind durch G. über die FrG geregelt; in Betracht kommen insbesondere für das Verfahren die §§ 2 ff., für die Zuständigkeit die §§ 35, 36, 43; ferner auch §§ 53, 55, 59.

1305. Ein eheliches Kind bedarf bis zur Vollendung des einundzwanzigsten Lebensjahrs zur Eingehung einer Ehe der Einwilligung des Vaters, ein uneheliches Kind bedarf bis zum gleichen Lebensalter der Einwilligung der Mutter. An die Stelle des Vaters tritt die Mutter, wenn der Vater gestorben ist oder wenn ihm die sich aus der Vaterschaft ergebenden Rechte nach § 1701 nicht zustehen. Ein für ehelich erklärtes Kind bedarf der Einwilligung der Mutter auch dann nicht, wenn der Vater gestorben ist.

Dem Tode des Vaters oder der Mutter steht es gleich, wenn sie zur Abgabe einer Erklärung dauernd außer Stande sind oder wenn ihr Aufenthalt dauernd unbekannt ist.

1306. Einem an Kindesstatt angenommenen Kinde gegenüber steht die Einwilligung zur Eingehung einer Ehe an Stelle der leiblichen Eltern demjenigen zu, welcher das Kind angenommen hat. Hat ein Ehepaar das Kind gemeinschaftlich oder hat ein Ehegatte das Kind des anderen Ehegatten angenommen, so finden die Vorschriften des § 1305 Abs. 1 Satz 1, 2, Abs. 2 Anwendung.

Die leiblichen Eltern erlangen das Recht zur Einwilligung auch dann nicht wieder, wenn das durch die Annahme an Kindesstatt begründete Rechtsverhältniß aufgehoben wird.

1307. Die elterliche Einwilligung kann nicht durch einen Vertreter ertheilt werden. Ist der Vater oder die Mutter in der Geschäftsfähigkeit beschränkt, so ist die Zustimmung des gesetzlichen Vertreters nicht erforderlich.

1308. Wird die elterliche Einwilligung einem volljährigen Kinde verweigert, so kann sie auf dessen Antrag durch das Vormundschaftsgericht ersetzt werden. Das Vormundschaftsgericht hat die Einwilligung zu ersetzen, wenn sie ohne wichtigen Grund verweigert wird.[4]

Vor der Entscheidung soll das Vormundschaftsgericht Verwandte oder Verschwägerte des Kindes hören, wenn es ohne erhebliche Verzögerung und ohne unverhältnißmäßige Kosten geschehen kann. Für den Ersatz der Auslagen gilt die Vorschrift des § 1847 Abs. 2.[5]

1309. Niemand darf eine Ehe eingehen, bevor seine frühere Ehe aufgelöst oder für nichtig erklärt worden ist. Wollen Ehegatten die Eheschließung wiederholen, so ist die vorgängige Nichtigkeitserklärung nicht erforderlich.

Wird gegen ein Urtheil, durch das die frühere Ehe aufgelöst oder für nichtig erklärt worden ist, die Nichtigkeitsklage oder die Restitutionsklage[6] erhoben, so dürfen die Ehegatten nicht vor der Erledigung des Rechtsstreits eine neue Ehe eingehen, es sei denn, daß die Klage erst nach dem Ablaufe der vorgeschriebenen fünfjährigen Frist erhoben worden ist.[7]

1310. Eine Ehe darf nicht geschlossen werden zwischen Verwandten in gerader Linie, zwischen vollbürtigen oder halbbürtigen Geschwistern sowie zwischen Verschwägerten in gerader Linie.

Eine Ehe darf nicht geschlossen werden zwischen Personen, von denen die eine mit Eltern, Voreltern oder Abkömmlingen der anderen Geschlechtsgemeinschaft gepflogen hat.

Verwandtschaft im Sinne dieser Vorschriften besteht auch zwischen einem unehelichen Kinde und dessen Abkömmlingen einerseits und dem Vater und dessen Verwandten andererseits.

1311. Wer einen Anderen an Kindesstatt angenommen hat, darf mit ihm oder dessen Abkömmlingen eine Ehe nicht eingehen, solange das durch die Annahme begründete Rechtsverhältniß besteht.

1312. Eine Ehe darf nicht geschlossen werden zwischen einem wegen Ehebruchs geschiedenen Ehegatten und demjenigen, mit welchem der geschiedene Ehegatte den Ehebruch begangen hat, wenn dieser Ehebruch in dem Scheidungsurtheil als Grund der Scheidung festgestellt ist.[8]

Von dieser Vorschrift kann Befreiung bewilligt werden.[8a]

1313. Eine Frau darf erst zehn Monate nach der Auflösung oder Nichtigkeitserklärung ihrer früheren Ehe eine neue Ehe eingehen, es sei denn, daß sie inzwischen geboren hat.

Von dieser Vorschrift kann Befreiung bewilligt werden.[8a]

1314. Wer ein eheliches Kind hat, das minderjährig ist oder unter seiner Vormundschaft steht, darf eine Ehe erst eingehen, nachdem ihm das Vormundschaftsgericht ein Zeugniß darüber ertheilt hat, daß er die im § 1669 bezeichneten Verpflichtungen erfüllt hat oder daß sie ihm nicht obliegen.

Ist im Falle der fortgesetzten Gütergemeinschaft ein antheilsberechtigter Abkömmling minderjährig oder bevormundet, so darf der überlebende Ehegatte eine Ehe erst eingehen, nachdem ihm das Vormundschaftsgericht ein Zeugniß darüber ertheilt hat, daß er die im § 1493 Abs. 2 bezeichneten Verpflichtungen erfüllt hat oder daß sie ihm nicht obliegen.[9]

1315[10]. Militärpersonen und solche Landesbeamte, für die nach den Landesgesetzen zur Ein-

4. Vgl. Bem. zu § 1304 oben.
5. Vgl. auch § 7 AG z. FrG.
6. Vgl. § 578 ff. CPO.
7. Mit Rücksicht auf § 586 Abs. 2 CPO.
8. Vgl. § 624 CPO.
8a. Die Bewilligung erfolgt durch das Ministerium (§ 2 Ver. v. 1. Nov. 1899). Ueber das Verfahren vgl. Ver. v. 27. Dez. 1899.
9. Die Zuständigkeit bestimmt sich nach §§ 35, 36, 43 FrG.
10. In Betracht kommen hier nur §§ 40, 38 A., 60 Nr. 4, 61 RMG. v. 2. Mai 1874, da Reichsbeamte im Allgemeinen einer dienstlichen Erlaubniß zur Eheschließung nicht bedürfen. Für die Landesbeamten von Elf.-Lothr. bestehen ebenfalls dahingehende Vorschriften nicht.

gehung einer Ehe eine besondere Erlaubniß erforderlich ist, dürfen nicht ohne die vorgeschriebene Erlaubniß eine Ehe eingehen.

Ausländer,[11] für die nach den Landesgesetzen zur Eingehung einer Ehe eine Erlaubniß oder ein Zeugniß erforderlich ist, dürfen nicht ohne diese Erlaubniß oder ohne dieses Zeugniß eine Ehe eingehen.

1316. Der Eheschließung soll ein Aufgebot vorhergehen.[12] Das Aufgebot verliert seine Kraft, wenn die Ehe nicht binnen sechs Monaten nach der Vollziehung des Aufgebots geschlossen wird.

Das Aufgebot darf unterbleiben, wenn die lebensgefährliche Erkrankung eines der Verlobten den Aufschub der Eheschließung nicht gestattet.[13]

Von dem Aufgebote kann Befreiung bewilligt werden.[13a]

1317. Die Ehe wird dadurch geschlossen, daß die Verlobten vor einem Standesbeamten persönlich und bei gleichzeitiger Anwesenheit erklären, die Ehe mit einander eingehen zu wollen. Der Standesbeamte muß zur Entgegennahme der Erklärungen bereit sein.

Die Erklärungen können nicht unter einer Bedingung oder einer Zeitbestimmung abgegeben werden.

1318. Der Standesbeamte soll bei der Eheschließung in Gegenwart von zwei Zeugen an die Verlobten einzeln und nach einander die Frage richten, ob sie die Ehe mit einander eingehen wollen, und, nachdem die Verlobten die Frage bejaht haben, aussprechen, daß sie kraft dieses Gesetzes nunmehr rechtmäßig verbundene Eheleute seien.

Als Zeugen sollen Personen, die der bürgerlichen Ehrenrechte für verlustig erklärt sind, während der Zeit, für welche die Aberkennung der Ehrenrechte erfolgt ist, sowie Minderjährige nicht zugezogen werden. Personen, die mit einem der Verlobten, mit dem Standesbeamten oder mit einander verwandt oder verschwägert sind, dürfen als Zeugen zugezogen werden.

11. „Nichtdeutsche": In Betracht kommen für Els.-Lothr. als landesgesetzliche Bestimmungen die §§ 5, 6 Ges. v. 16. Mai 1892 und die zum Vollzuge dieses Gesetzes erlassene MinV v. 14. Juli 1892: reichsgesetzlich sind daneben noch maßgebend die Uebereinkunft des deutschen Reiches mit Italien v. 31. Dez. 1874, mit Belgien v. 8. Okt. 1875, mit der Schweiz v. 4. Juni 1886 und mit Luxemburg, wonach die Angehörigen dieser Staaten, welche mit Deutschen eine Ehe schließen wollen, nicht mehr verpflichtet sind, nachzuweisen, daß sie durch die Eheschließung ihre Staatsangehörigkeit auf Frau und Kinder übertragen. Vgl. § 54 MinV v. 2. Dez. 1899.

12. Ueber die Form des Aufgebotes vgl. §§ 44—50, 74 Abs. 2 RG v. 6. Febr. 1875.

13. Vgl. § 50, auch § 67 Abs. 2 RG v. 6. Februar 1875.

13a. Die Bewilligung geschieht durch den Staatsanwalt bei dem Landgerichte, in dessen Bezirk die Ehe abgeschlossen wird (§ 3 Ver. v. 1. Nov. 1899). Ueber das Verfahren vgl. Ver. v. 27. Dez. 1899.

Der Standesbeamte soll die Eheschließung in das Heirathsregister eintragen.[14]

1319. Als Standesbeamter im Sinne des § 1317 gilt auch derjenige, welcher, ohne Standesbeamter zu sein,[15] das Amt eines Standesbeamten öffentlich ausübt, es sei denn, daß die Verlobten den Mangel der amtlichen Befugniß bei der Eheschließung kennen.

1320. Die Ehe soll vor dem zuständigen Standesbeamten geschlossen werden.

Zuständig ist der Standesbeamte, in dessen Bezirk einer der Verlobten seinen Wohnsitz oder seinen gewöhnlichen Aufenthalt hat.

Hat keiner der Verlobten seinen Wohnsitz oder seinen gewöhnlichen Aufenthalt im Inland und ist auch nur einer von ihnen ein Deutscher, so wird der zuständige Standesbeamte von der obersten Aufsichtsbehörde des Bundesstaats, dem der Deutsche angehört, und, wenn dieser keinem Bundesstaat angehört, von dem Reichskanzler bestimmt.

Unter mehreren zuständigen Standesbeamten haben die Verlobten die Wahl.

1321. Auf Grund einer schriftlichen Ermächtigung des zuständigen Standesbeamten darf die Ehe auch vor dem Standesbeamten eines anderen Bezirkes geschlossen werden.

1322. Die Bewilligung einer nach den §§ 1303, 1313 zulässigen Befreiung steht dem Bundesstaate zu, dem die Frau, die Bewilligung einer nach § 1312 zulässigen Befreiung steht dem Bundesstaate zu, dem der geschiedene Ehegatte angehört. Für Deutsche, die keinem Bundesstaat angehören, steht die Bewilligung dem Reichskanzler zu.

Die Bewilligung einer nach § 1316 zulässigen Befreiung steht dem Bundesstaate zu, in dessen Gebiete die Ehe geschlossen werden soll.

Ueber die Ertheilung der einem Bundesstaate zustehenden Bewilligung hat die Landesregierung zu bestimmen.

Dritter Titel.
Nichtigkeit und Anfechtbarkeit der Ehe.[16]

1323. Eine Ehe ist nur in den Fällen der §§ 1324 bis 1328 nichtig.

1324. Eine Ehe ist nichtig, wenn bei der Eheschließung die im § 1317 vorgeschriebene Form nicht beobachtet worden ist.

Ist die Ehe in das Heirathsregister eingetragen worden und haben die Ehegatten nach der Ehe-

14. Den Inhalt der Eintragung bestimmen §§ 13, 54 RG v. 6. Febr. 1875.

15. Vgl. § 3 RG v. 6. Febr. 1875.

16. Das Verfahren für die Rechtsstreitigkeiten, welche die Nichtigkeit oder Anfechtbarkeit der Ehe zum Gegenstande haben, unterliegt den Vorschriften der §§ 606 ff. CPO (vgl. indessen § 1342 BGB). Vgl. die Uebergangsvorschrift in Art. 189 EG; auch §§ 151, 152, 154 Abs. 1 CPO.

schließung zehn Jahre oder, falls einer von ihnen vorher gestorben ist, bis zu dessen Tode, jedoch mindestens drei Jahre, als Ehegatten mit einander gelebt, so ist die Ehe als von Anfang an gültig anzusehen. Diese Vorschrift findet keine Anwendung, wenn bei dem Ablaufe der zehn Jahre oder zur Zeit des Todes des einen Ehegatten die Nichtigkeitsklage erhoben ist.

1325. Eine Ehe ist nichtig, wenn einer der Ehegatten zur Zeit der Eheschließung geschäftsunfähig war oder sich im Zustande der Bewußtlosigkeit oder vorübergehender Störung der Geistesthätigkeit befand.

Die Ehe ist als von Anfang an gültig anzusehen, wenn der Ehegatte sie nach dem Wegfalle der Geschäftsunfähigkeit, der Bewußtlosigkeit oder der Störung der Geistesthätigkeit bestätigt, bevor sie für nichtig erklärt oder aufgelöst worden ist. Die Bestätigung bedarf nicht der für die Eheschließung vorgeschriebenen Form.

1326. Eine Ehe ist nichtig, wenn einer der Ehegatten zur Zeit der Eheschließung mit einem Dritten in einer gültigen Ehe lebte.[17]

1327. Eine Ehe ist nichtig, wenn sie zwischen Verwandten oder Verschwägerten dem Verbote des § 1310 Abs. 1 zuwider geschlossen worden ist.

1328. Eine Ehe ist nichtig, wenn sie wegen Ehebruchs nach § 1312 verboten war.

Wird nachträglich Befreiung von der Vorschrift des § 1312 bewilligt, so ist die Ehe als von Anfang an gültig anzusehen.

1329. Die Nichtigkeit einer nach den §§ 1325 bis 1328 nichtigen Ehe kann, solange nicht die Ehe für nichtig erklärt oder aufgelöst ist, nur im Wege der Nichtigkeitsklage geltend gemacht werden. Das Gleiche gilt von einer nach § 1324 nichtigen Ehe, wenn sie in das Heirathsregister eingetragen worden ist.[18]

1330. Eine Ehe kann nur in den Fällen der §§ 1331 bis 1335 und des § 1350 angefochten werden.

1331. Eine Ehe kann von dem Ehegatten angefochten werden, der zur Zeit der Eheschließung oder im Falle des § 1325 zur Zeit der Bestätigung in der Geschäftsfähigkeit beschränkt war, wenn die Eheschließung oder die Bestätigung ohne Einwilligung seines gesetzlichen Vertreters erfolgt ist.

1332. Eine Ehe kann von dem Ehegatten angefochten werden, der bei der Eheschließung nicht gewußt hat, daß es sich um eine Eheschließung handle, oder dies zwar gewußt hat, aber eine Erklärung, die Ehe eingehen zu wollen, nicht hat abgeben wollen.

1333. Eine Ehe kann von dem Ehegatten angefochten werden, der sich bei der Eheschließung in der Person des anderen Ehegatten oder über solche persönliche Eigenschaften des anderen Ehegatten geirrt hat, die ihn bei Kenntniß der Sachlage und bei verständiger Würdigung des Wesens der Ehe von der Eingehung der Ehe abgehalten haben würden.

1334. Eine Ehe kann von dem Ehegatten angefochten werden, der zur Eingehung der Ehe durch arglistige Täuschung über solche Umstände bestimmt worden ist, die ihn bei Kenntniß der Sachlage und bei verständiger Würdigung des Wesens der Ehe von der Eingehung der Ehe abgehalten haben würden. Ist die Täuschung nicht von dem anderen Ehegatten verübt worden, so ist die Ehe nur dann anfechtbar, wenn dieser die Täuschung bei der Eheschließung gekannt hat.

Auf Grund einer Täuschung über Vermögensverhältnisse findet die Anfechtung nicht statt.

1335. Eine Ehe kann von dem Ehegatten angefochten werden, der zur Eingehung der Ehe widerrechtlich durch Drohung bestimmt worden ist.

1336. Die Anfechtung der Ehe kann nicht durch einen Vertreter erfolgen. Ist der anfechtungsberechtigte Ehegatte in der Geschäftsfähigkeit beschränkt, so bedarf er nicht der Zustimmung seines gesetzlichen Vertreters.[19]

Für einen geschäftsunfähigen Ehegatten kann sein gesetzlicher Vertreter mit Genehmigung des Vormundschaftsgerichts[20] die Ehe anfechten. In den Fällen des § 1331 kann, solange der anfechtungsberechtigte Ehegatte in der Geschäftsfähigkeit beschränkt ist, nur sein gesetzlicher Vertreter die Ehe anfechten.

1337. Die Anfechtung der Ehe ist in den Fällen des § 1331 ausgeschlossen, wenn der gesetzliche Vertreter die Ehe genehmigt oder der anfechtungsberechtigte Ehegatte, nachdem er unbeschränkt geschäftsfähig geworden ist, die Ehe bestätigt. Ist der gesetzliche Vertreter ein Vormund, so kann die Genehmigung, wenn sie von ihm verweigert wird, auf Antrag des Ehegatten durch das Vormundschaftsgericht[21] ersetzt werden; das Vormundschaftsgericht hat die Genehmigung zu ersetzen, wenn die Aufrechterhaltung der Ehe im Interesse des Ehegatten liegt.

In den Fällen der §§ 1332 bis 1335 ist die Anfechtung ausgeschlossen, wenn der anfechtungsberechtigte Ehegatte nach der Entdeckung des Irrthums oder der Täuschung oder nach dem Aufhören der Zwangslage die Ehe bestätigt.

Die Vorschriften des § 1336 Abs. 1 gelten auch für die Bestätigung.

1338. Die Anfechtung ist nach der Auflösung der Ehe ausgeschlossen, es sei denn, daß die Auflösung durch den Tod des zur Anfechtung nicht berechtigten Ehegatten herbeigeführt worden ist.

17. Vgl. §§ 632 Abs. 1, 629 CPO.
18. Vgl. § 55 RG v. 6. Febr. 1875 (Art. 46 II EG).
19. Vgl. §§ 612, 613 CPO.
20. Zuständigkeit: §§ 35, 45 FrG.
21. §§ 35, 36, 43 FrG.

1339. Die Anfechtung kann nur binnen sechs Monaten erfolgen.

Die Frist beginnt in den Fällen des § 1331 mit dem Zeitpunkt, in welchem die Eingehung oder die Bestätigung der Ehe dem gesetzlichen Vertreter bekannt wird oder der Ehegatte die unbeschränkte Geschäftsfähigkeit erlangt, in den Fällen der §§ 1332 bis 1334 mit dem Zeitpunkt, in welchem der Ehegatte den Irrthum oder die Täuschung entdeckt, in dem Falle des § 1335 mit dem Zeitpunkt, in welchem die Zwangslage aufhört.

Auf die Frist finden die für die Verjährung geltenden Vorschriften der §§ 203, 206 entsprechende Anwendung.

1340. Hat der gesetzliche Vertreter eines geschäftsunfähigen Ehegatten die Ehe nicht rechtzeitig angefochten, so kann nach dem Wegfalle der Geschäftsunfähigkeit der Ehegatte selbst die Ehe in gleicher Weise anfechten, wie wenn er ohne gesetzlichen Vertreter gewesen wäre.

1341. Die Anfechtung erfolgt, solange nicht die Ehe aufgelöst ist, durch Erhebung der Anfechtungsklage.

Wird die Klage zurückgenommen, so ist die Anfechtung als nicht erfolgt anzusehen. Das Gleiche gilt, wenn die angefochtene Ehe, bevor sie für nichtig erklärt oder aufgelöst worden ist, nach Maßgabe des § 1337 genehmigt oder bestätigt wird.[22]

1342. Ist die Ehe durch den Tod des zur Anfechtung nicht berechtigten Ehegatten aufgelöst worden, so erfolgt die Anfechtung durch Erklärung gegenüber dem Nachlaßgerichte;[23] die Erklärung ist in öffentlich beglaubigter Form abzugeben.[24]

Das Nachlaßgericht soll die Erklärung sowohl demjenigen mittheilen, welcher im Falle der Gültigkeit der Ehe, als auch demjenigen, welcher im Falle der Nichtigkeit der Ehe Erbe des verstorbenen Ehegatten ist. Es hat die Einsicht der Erklärung Jedem zu gestatten, der ein rechtliches Interesse glaubhaft macht.[25]

1343. Wird eine anfechtbare Ehe angefochten, so ist sie als von Anfang an nichtig anzusehen. Die Vorschrift des § 142 Abs. 2 findet Anwendung.

Die Nichtigkeit einer anfechtbaren Ehe, die im Wege der Klage angefochten worden ist, kann, solange nicht die Ehe für nichtig erklärt oder aufgelöst ist, nicht anderweit geltend gemacht werden.

1344. Einem Dritten gegenüber können aus der Nichtigkeit der Ehe Einwendungen gegen ein zwischen ihm und einem der Ehegatten vorgenommenes Rechtsgeschäft oder gegen ein zwischen ihnen ergangenes rechtskräftiges Urtheil nur hergeleitet werden, wenn zur Zeit der Vornahme des Rechtsgeschäfts oder zur Zeit des Eintritts der Rechtshängigkeit die Ehe für nichtig erklärt oder die Nichtigkeit dem Dritten bekannt war.

Die Nichtigkeit kann ohne diese Beschränkung geltend gemacht werden, wenn sie auf einem Formmangel beruht und die Ehe nicht in das Heirathsregister eingetragen worden ist.

1345. War dem einen Ehegatten die Nichtigkeit der Ehe bei der Eheschließung bekannt, so kann der andere Ehegatte, sofern nicht auch ihm die Nichtigkeit bekannt war, nach der Nichtigkeitserklärung oder der Auflösung der Ehe verlangen, daß ihr Verhältniß in vermögensrechtlicher Beziehung, insbesondere auch in Ansehung der Unterhaltspflicht, so behandelt wird, wie wenn die Ehe zur Zeit der Nichtigkeitserklärung oder der Auflösung geschieden und der Ehegatte, dem die Nichtigkeit bekannt war, für allein schuldig erklärt worden wäre.

Diese Vorschrift findet keine Anwendung, wenn die Nichtigkeit auf einem Formmangel beruht und die Ehe nicht in das Heirathsregister eingetragen worden ist.

1346. Wird eine wegen Drohung anfechtbare Ehe für nichtig erklärt, so steht das im § 1345 Abs. 1 bestimmte Recht dem anfechtungsberechtigten Ehegatten zu. Wird eine wegen Irrthums anfechtbare Ehe für nichtig erklärt, so steht dieses Recht dem zur Anfechtung nicht berechtigten Ehegatten zu, es sei denn, daß dieser den Irrthum bei der Eingehung der Ehe kannte oder kennen mußte.

1347. Erklärt der Ehegatte, dem das im § 1345 Abs. 1 bestimmte Recht zusteht, dem anderen Ehegatten, daß er von dem Rechte Gebrauch mache, so kann er die Folgen der Nichtigkeit der Ehe nicht mehr geltend machen; erklärt er dem anderen Ehegatten, daß es bei diesen Folgen bewenden solle, so erlischt das im § 1345 Abs. 1 bestimmte Recht.

Der andere Ehegatte kann den berechtigten Ehegatten unter Bestimmung einer angemessenen Frist zur Erklärung darüber auffordern, ob er von dem Rechte Gebrauch mache. Das Recht kann in diesem Falle nur bis zum Ablaufe der Frist ausgeübt werden.

Vierter Titel. Wiederverheirathung im Falle der Todeserklärung.[26]

1348. Geht ein Ehegatte, nachdem der andere Ehegatte für todt erklärt worden ist, eine neue Ehe ein, so ist die neue Ehe nicht deshalb nichtig, weil der für todt erklärte Ehegatte noch lebt, es sei denn, daß beide Ehegatten bei der Eheschließung wissen, daß er die Todeserklärung überlebt hat.

Mit der Schließung der neuen Ehe wird die frühere Ehe aufgelöst. Sie bleibt auch dann auf-

22. Für die Zurücknahme gelten aber die Bestimmungen des § 271 CPO.
23. Dessen Zuständigkeit bestimmt sich nach §§ 72, 73 FrG.
24. Vgl. §§ 129 BGB; §§ 167, 183 FrG; §§ 47, 48 AG z. FrG.
25. Vgl. § 15 Abs. 2 FrG; § 294 CPO.
26. Eine Uebergangsvorschrift für Elf.-Lothr. in Art. 162 EG. — Vgl. auch Artt. 9 Abs. 3, 13 Abs. 3, 198 EG.

gelöst, wenn die Todeserklärung in Folge einer Anfechtungsklage aufgehoben wird.

1349. Ist das Urtheil, durch das einer der Ehegatten für todt erklärt worden ist, im Wege der Klage angefochten,[27] so darf der andere Ehegatte nicht vor der Erledigung des Rechtsstreits eine neue Ehe eingehen, es sei denn, daß die Anfechtung erst zehn Jahre nach der Verkündung des Urtheils erfolgt ist.[28]

1350. Jeder Ehegatte der neuen Ehe kann, wenn der für todt erklärte Ehegatte noch lebt, die neue Ehe anfechten, es sei denn, daß er bei der Eheschließung von dessen Leben Kenntniß hatte. Die Anfechtung kann nur binnen sechs Monaten von dem Zeitpunkt an erfolgen, in welchem der anfechtende Ehegatte erfährt, daß der für todt erklärte Ehegatte noch lebt.

Die Anfechtung ist ausgeschlossen, wenn der anfechtungsberechtigte Ehegatte die Ehe bestätigt, nachdem er von dem Leben des für todt erklärten Ehegatten Kenntniß erlangt hat, oder wenn die neue Ehe durch den Tod eines der Ehegatten aufgelöst worden ist.

1351. Wird die Ehe nach § 1350 von dem Ehegatten der früheren Ehe angefochten, so hat dieser dem anderen Ehegatten nach den für die Scheidung geltenden Vorschriften der §§ 1578 bis 1582 Unterhalt zu gewähren,[29] wenn nicht der andere Ehegatte bei der Eheschließung wußte, daß der für todt erklärte Ehegatte die Todeserklärung überlebt hat.

1352. Wird die frühere Ehe nach § 1348 Abs. 2 aufgelöst, so bestimmt sich die Verpflichtung der Frau, dem Manne zur Bestreitung des Unterhalts eines gemeinschaftlichen Kindes einen Beitrag zu leisten, nach den für die Scheidung geltenden Vorschriften des § 1585.

Fünfter Titel.
Wirkungen der Ehe im Allgemeinen.[30]

1353. Die Ehegatten sind einander zur ehelichen Lebensgemeinschaft verpflichtet.

Stellt sich das Verlangen eines Ehegatten nach Herstellung der Gemeinschaft als Mißbrauch seines Rechtes dar, so ist der andere Ehegatte nicht verpflichtet, dem Verlangen Folge zu leisten. Das Gleiche gilt, wenn der andere Ehegatte berechtigt ist, auf Scheidung zu klagen.

1354. Dem Manne steht die Entscheidung in allen das gemeinschaftliche eheliche Leben betreffenden Angelegenheiten zu; er bestimmt insbesondere Wohnort und Wohnung.

Die Frau ist nicht verpflichtet, der Entscheidung des Mannes Folge zu leisten, wenn sich die Entscheidung als Mißbrauch seines Rechtes darstellt.

1355. Die Frau erhält den Familiennamen des Mannes.

1356. Die Frau ist, unbeschadet der Vorschriften des § 1354, berechtigt und verpflichtet, das gemeinschaftliche Hauswesen zu leiten.

Zu Arbeiten im Hauswesen und im Geschäfte des Mannes ist die Frau verpflichtet, soweit eine solche Thätigkeit nach den Verhältnissen, in denen die Ehegatten leben, üblich ist.

1357. Die Frau ist berechtigt, innerhalb ihres häuslichen Wirkungskreises die Geschäfte des Mannes für ihn zu besorgen und ihn zu vertreten. Rechtsgeschäfte, die sie innerhalb dieses Wirkungskreises vornimmt, gelten als im Namen des Mannes vorgenommen, wenn nicht aus den Umständen sich ein Anderes ergiebt.[31]

Der Mann kann das Recht der Frau beschränken oder ausschließen. Stellt sich die Beschränkung oder die Ausschließung als Mißbrauch des Rechtes des Mannes dar, so kann sie auf Antrag der Frau durch das Vormundschaftsgericht aufgehoben werden.[32] Dritten gegenüber ist die Beschränkung oder die Ausschließung nur nach Maßgabe des § 1435 wirksam.

1358. Hat sich die Frau einem Dritten gegenüber zu einer von ihr in Person zu bewirkenden Leistung verpflichtet, so kann der Mann das Rechtsverhältniß ohne Einhaltung einer Kündigungsfrist kündigen, wenn er auf seinen Antrag von dem Vormundschaftsgericht dazu ermächtigt worden ist. Das Vormundschaftsgericht hat die Ermächtigung zu ertheilen, wenn sich ergiebt, daß die Thätigkeit der Frau die ehelichen Interessen beeinträchtigt.

Das Kündigungsrecht ist ausgeschlossen, wenn der Mann der Verpflichtung zugestimmt hat oder seine Zustimmung auf Antrag der Frau durch das Vormundschaftsgericht ersetzt worden ist. Das Vormundschaftsgericht kann die Zustimmung ersetzen, wenn der Mann durch Krankheit oder durch Abwesenheit an der Abgabe einer Erklärung verhindert und mit dem Aufschube Gefahr verbunden ist oder wenn sich die Verweigerung der Zustimmung als Mißbrauch seines Rechtes darstellt. Solange die häusliche Gemeinschaft aufgehoben ist, steht das Kündigungsrecht dem Manne nicht zu.

Die Zustimmung sowie die Kündigung kann nicht durch einen Vertreter des Mannes erfolgen; ist der Mann in der Geschäftsfähigkeit beschränkt, so bedarf er nicht der Zustimmung seines gesetzlichen Vertreters.[33]

1359. Die Ehegatten haben bei der Erfüllung der sich aus dem ehelichen Verhältniß ergebenden

27. Nach Maßgabe der §§ 957 Abs. 2, 973 CPO.

28. Mit Rücksicht auf § 958 Abs. 2 CPO.

29. Ueber die Geltendmachung dieses Anspruchs im Konkurse vgl. § 3 Abs. 2 KO.

30. Uebergangsvorschrift enthält Art. 199 EG. — Vgl. Artt. 14, 16 Abs. 2 EG.

31. Vgl. Art. 16 Abs. 2 EG.

32. Die Vorschriften in §§ 2 ff., 35, 45, 53, 60[6] FrG. kommen zur Anwendung.

33. Vgl. vor. Bem.

Verpflichtungen einander nur für diejenige Sorgfalt einzustehen, welche sie in eigenen Angelegenheiten anzuwenden pflegen.

1360. Der Mann hat der Frau nach Maßgabe seiner Lebensstellung, seines Vermögens und seiner Erwerbsfähigkeit Unterhalt zu gewähren.

Die Frau hat dem Manne, wenn er außer Stande ist, sich selbst zu unterhalten, den seiner Lebensstellung entsprechenden Unterhalt nach Maßgabe ihres Vermögens und ihrer Erwerbsfähigkeit zu gewähren.

Der Unterhalt ist in der durch die eheliche Lebensgemeinschaft gebotenen Weise zu gewähren. Die für die Unterhaltspflicht der Verwandten geltenden Vorschriften der §§ 1605, 1613 bis 1615 finden entsprechende Anwendung.[34]

1361. Leben die Ehegatten getrennt, so ist, solange einer von ihnen die Herstellung des ehelichen Lebens verweigern darf und verweigert, der Unterhalt durch Entrichtung einer Geldrente zu gewähren; auf die Rente finden die Vorschriften des § 760 Anwendung. Der Mann hat der Frau auch die zur Führung eines abgesonderten Haushalts erforderlichen Sachen aus dem gemeinschaftlichen Haushalte zum Gebrauche herauszugeben, es sei denn, daß die Sachen für ihn unentbehrlich sind oder daß sich solche Sachen in dem der Verfügung der Frau unterliegenden Vermögen befinden.

Die Unterhaltspflicht des Mannes fällt weg oder beschränkt sich auf die Zahlung eines Beitrags, wenn der Wegfall oder die Beschränkung mit Rücksicht auf die Bedürfnisse sowie auf die Vermögens- und Erwerbsverhältnisse der Ehegatten der Billigkeit entspricht.

1362.[35] Zu Gunsten der Gläubiger des Mannes wird vermuthet,[36] daß die im Besitz eines der Ehegatten oder beider Ehegatten befindlichen beweglichen Sachen dem Manne gehören. Dies gilt insbesondere auch für Inhaberpapiere und für Orderpapiere, die mit Blankoindossament versehen sind.

Für die ausschließlich zum persönlichen Gebrauche der Frau bestimmten Sachen, insbesondere für Kleider, Schmucksachen und Arbeitsgeräthe, gilt im Verhältnisse der Ehegatten zu einander und zu den Gläubigern die Vermuthung, daß die Sachen der Frau gehören.[37]

Sechster Titel. Eheliches Güterrecht.[38]

I. Gesetzliches Güterrecht.

1. Allgemeine Vorschriften.

1363. Das Vermögen der Frau wird durch die Eheschließung der Verwaltung und Nutznießung des Mannes unterworfen (eingebrachtes Gut).

34. Vgl. § 3 Abs. 2 KO.

35. Vgl. Art. 16 Abs. 2 EG.

36. Vgl. § 292 CPO.

37. Vgl. indessen § 45 KO.

38. Vgl. Artt. 15, 16 EG. — Uebergangsvorschrift in Art. 200 EG.

Zum eingebrachten Gute gehört auch das Vermögen, das die Frau während der Ehe erwirbt.

1364. Die Verwaltung und Nutznießung des Mannes tritt nicht ein, wenn er die Ehe mit einer in der Geschäftsfähigkeit beschränkten Frau ohne Einwilligung ihres gesetzlichen Vertreters eingeht.

1365. Die Verwaltung und Nutznießung des Mannes erstreckt sich nicht auf das Vorbehaltsgut der Frau.

1366. Vorbehaltsgut sind die ausschließlich zum persönlichen Gebrauche der Frau bestimmten Sachen, insbesondere Kleider, Schmucksachen und Arbeitsgeräthe.

1367. Vorbehaltsgut ist, was die Frau durch ihre Arbeit oder durch den selbständigen Betrieb eines Erwerbsgeschäfts erwirbt.

1368. Vorbehaltsgut ist, was durch Ehevertrag für Vorbehaltsgut erklärt ist.

1369. Vorbehaltsgut ist, was die Frau durch Erbfolge, durch Vermächtniß oder als Pflichttheil erwirbt (Erwerb von Todeswegen) oder was ihr unter Lebenden von einem Dritten unentgeltlich zugewendet wird, wenn der Erblasser durch letztwillige Verfügung, der Dritte bei der Zuwendung bestimmt hat, daß der Erwerb Vorbehaltsgut sein soll.

1370. Vorbehaltsgut ist, was die Frau auf Grund eines zu ihrem Vorbehaltsgute gehörenden Rechtes oder als Ersatz für die Zerstörung, Beschädigung oder Entziehung eines zu dem Vorbehaltsgute gehörenden Gegenstandes oder durch ein Rechtsgeschäft erwirbt, das sich auf das Vorbehaltsgut bezieht.

1371. Auf das Vorbehaltsgut finden die bei der Gütertrennung für das Vermögen der Frau geltenden Vorschriften entsprechende Anwendung; die Frau hat jedoch einen Beitrag zur Bestreitung des ehelichen Aufwandes nur insoweit zu leisten, als der Mann nicht schon durch die Nutzungen des eingebrachten Gutes einen angemessenen Beitrag erhält.

1372. Jeder Ehegatte kann verlangen, daß der Bestand des eingebrachten Gutes durch Aufnahme eines Verzeichnisses unter Mitwirkung des anderen Ehegatten festgestellt wird. Auf die Aufnahme des Verzeichnisses finden die für den Nießbrauch geltenden Vorschriften des § 1035 Anwendung.

Jeder Ehegatte kann den Zustand der zum eingebrachten Gute gehörenden Sachen auf seine Kosten durch Sachverständige feststellen lassen.[39]

2. Verwaltung und Nutznießung.

1373. Der Mann ist berechtigt, die zum eingebrachten Gute gehörenden Sachen in Besitz zu nehmen.

39. Ernennung, Beeidigung und Vernehmung der Sachverständigen geschieht durch das Amtsgericht nach § 164 FrG.

1374. Der Mann hat das eingebrachte Gut ordnungsmäßig zu verwalten. Ueber den Stand der Verwaltung hat er der Frau auf Verlangen Auskunft zu ertheilen.

1375. Das Verwaltungsrecht des Mannes umfaßt nicht die Befugniß, die Frau durch Rechtsgeschäfte zu verpflichten oder über eingebrachtes Gut ohne ihre Zustimmung zu verfügen.

1376. Ohne Zustimmung der Frau kann der Mann:

1. über Geld und andere verbrauchbare Sachen der Frau verfügen;
2. Forderungen der Frau gegen solche Forderungen an die Frau, deren Berichtigung aus dem eingebrachten Gute verlangt werden kann, aufrechnen;
3. Verbindlichkeiten der Frau zur Leistung eines zum eingebrachten Gute gehörenden Gegenstandes durch Leistung des Gegenstandes erfüllen.

1377. Der Mann soll Verfügungen, zu denen er nach § 1376 ohne Zustimmung der Frau berechtigt ist, nur zum Zwecke ordnungsmäßiger Verwaltung des eingebrachten Gutes vornehmen.

Das zum eingebrachten Gute gehörende Geld hat der Mann nach den für die Anlegung von Mündelgeld geltenden Vorschriften für die Frau verzinslich anzulegen, soweit es nicht zur Bestreitung von Ausgaben bereit zu halten ist.

Andere verbrauchbare Sachen darf der Mann auch für sich veräußern oder verbrauchen. Macht er von dieser Befugniß Gebrauch, so hat er den Werth der Sachen nach der Beendigung der Verwaltung und Nutznießung zu ersetzen; der Ersatz ist schon vorher zu leisten, soweit die ordnungsmäßige Verwaltung des eingebrachten Gutes es erfordert.

1378. Gehört zum eingebrachten Gute ein Grundstück sammt Inventar, so bestimmen sich die Rechte und die Pflichten des Mannes in Ansehung des Inventars nach den für den Nießbrauch geltenden Vorschriften des § 1048 Abs. 1.

1379. Ist zur ordnungsmäßigen Verwaltung des eingebrachten Gutes ein Rechtsgeschäft erforderlich, zu dem der Mann der Zustimmung der Frau bedarf, so kann die Zustimmung auf Antrag des Mannes durch das Vormundschaftsgericht ersetzt werden, wenn die Frau sie ohne ausreichenden Grund verweigert.[40]

Das Gleiche gilt, wenn die Frau durch Krankheit oder durch Abwesenheit an der Abgabe einer Erklärung verhindert und mit dem Aufschube Gefahr verbunden ist.

1380. Der Mann kann ein zum eingebrachten Gute gehörendes Recht im eigenen Namen gerichtlich geltend machen. Ist er befugt, über das Recht ohne Zustimmung der Frau zu verfügen, so wirkt das Urtheil auch für und gegen die Frau.

1381. Erwirbt der Mann mit Mitteln des eingebrachten Gutes bewegliche Sachen, so geht mit dem Erwerbe das Eigenthum auf die Frau über, es sei denn, daß der Mann nicht für Rechnung des eingebrachten Gutes erwerben will. Dies gilt insbesondere auch von Inhaberpapieren und von Orderpapieren, die mit Blankoindossament versehen sind.

Die Vorschriften des Abs. 1 finden entsprechende Anwendung, wenn der Mann mit Mitteln des eingebrachten Gutes ein Recht an Sachen der bezeichneten Art oder ein anderes Recht erwirbt, zu dessen Uebertragung der Abtretungsvertrag genügt.

1382. Haushaltsgegenstände, die der Mann an Stelle der von der Frau eingebrachten, nicht mehr vorhandenen oder werthlos gewordenen Stücke anschafft, werden eingebrachtes Gut.

1383. Der Mann erwirbt die Nutzungen des eingebrachten Gutes in derselben Weise und in demselben Umfange wie ein Nießbraucher.[41]

1384. Der Mann hat außer den Kosten, welche durch die Gewinnung der Nutzungen entstehen, die Kosten der Erhaltung der zum eingebrachten Gute gehörenden Gegenstände nach den für den Nießbrauch geltenden Vorschriften zu tragen.

1385. Der Mann ist der Frau gegenüber verpflichtet, für die Dauer der Verwaltung und Nutznießung zu tragen:

1. die der Frau obliegenden öffentlichen Lasten mit Ausschluß der auf dem Vorbehaltsgute ruhenden Lasten und der außerordentlichen Lasten, die als auf den Stammwerth des eingebrachten Gutes gelegt anzusehen sind;
2. die privatrechtlichen Lasten, die auf den zum eingebrachten Gute gehörenden Gegenständen ruhen;
3. die Zahlungen, die für die Versicherung der zum eingebrachten Gute gehörenden Gegenstände zu leisten sind.

1386. Der Mann ist der Frau gegenüber verpflichtet, für die Dauer der Verwaltung und Nutznießung die Zinsen derjenigen Verbindlichkeiten der Frau zu tragen, deren Berichtigung aus dem eingebrachten Gute verlangt werden kann. Das Gleiche gilt von wiederkehrenden Leistungen anderer Art, einschließlich der von der Frau auf Grund ihrer gesetzlichen Unterhaltspflicht geschuldeten Leistungen, sofern sie bei ordnungsmäßiger Verwaltung aus den Einkünften des Vermögens bestritten werden.

Die Verpflichtung des Mannes tritt nicht ein, wenn die Verbindlichkeiten oder die Leistungen im Verhältnisse der Ehegatten zu einander dem Vorbehaltsgute der Frau zur Last fallen.

1387. Der Mann ist der Frau gegenüber verpflichtet, zu tragen:

40. Vgl. Bem. Nr. 32 oben.

41. Bezüglich der Pfändung der Nutzungen vgl. § 861 CPO.

1. die Kosten eines Rechtsstreits, in welchem er ein zum eingebrachten Gute gehörendes Recht geltend macht, sowie die Kosten eines Rechtsstreits, den die Frau führt, sofern nicht die Kosten dem Vorbehaltsgute zur Last fallen;
2. die Kosten der Vertheidigung der Frau in einem gegen sie gerichteten Strafverfahren, sofern die Aufwendung der Kosten den Umständen nach geboten ist oder mit Zustimmung des Mannes erfolgt, vorbehaltlich der Ersatzpflicht der Frau im Falle ihrer Verurtheilung.

1388. Soweit der Mann nach den §§ 1385 bis 1387 der Frau gegenüber deren Verbindlichkeiten zu tragen hat, haftet er den Gläubigern neben der Frau als Gesammtschuldner.

1389. Der Mann hat den ehelichen Aufwand zu tragen.

Die Frau kann verlangen, daß der Mann den Reinertrag des eingebrachten Gutes, soweit dieser zur Bestreitung des eigenen und des der Frau und den gemeinschaftlichen Abkömmlingen zu gewährenden Unterhalts erforderlich ist, ohne Rücksicht auf seine sonstigen Verpflichtungen zu diesem Zwecke verwendet.

1390. Macht der Mann zum Zwecke der Verwaltung des eingebrachten Gutes Aufwendungen, die er den Umständen nach für erforderlich halten darf, so kann er von der Frau Ersatz verlangen, sofern nicht die Aufwendungen ihm selbst zur Last fallen.

1391. Wird durch das Verhalten des Mannes die Besorgniß begründet, daß die Rechte der Frau in einer das eingebrachte Gut erheblich gefährdenden Weise verletzt werden, so kann die Frau von dem Manne Sicherheitsleistung verlangen.

Das Gleiche gilt, wenn die der Frau aus der Verwaltung und Nutznießung des Mannes zustehenden Ansprüche auf Ersatz des Werthes verbrauchbarer Sachen erheblich gefährdet sind.

1392. Liegen die Voraussetzungen vor, unter denen der Mann zur Sicherheitsleistung verpflichtet ist, so kann die Frau auch verlangen, daß der Mann die zum eingebrachten Gute gehörenden Inhaberpapiere nebst den Erneuerungsscheinen bei einer Hinterlegungsstelle oder bei der Reichsbank mit der Bestimmung hinterlegt, daß die Herausgabe von dem Manne nur mit Zustimmung der Frau verlangt werden kann. Die Hinterlegung von Inhaberpapieren, die nach § 92 zu den verbrauchbaren Sachen gehören, sowie von Zins-, Renten-, oder Gewinnantheilscheinen kann nicht verlangt werden. Den Inhaberpapieren stehen Orderpapiere gleich, die mit Blankoindossament versehen sind.

Ueber die hinterlegten Papiere kann der Mann auch eine Verfügung, zu der er nach § 1376 berechtigt ist, nur mit Zustimmung der Frau treffen.

1393. Der Mann kann die Inhaberpapiere, statt sie nach § 1392 zu hinterlegen, auf den Namen der Frau umschreiben oder, wenn sie von dem Reiche oder einem Bundesstaat ausgestellt sind, in Buchforderungen gegen das Reich oder den Bundesstaat umwandeln lassen.[42]

1394. Die Frau kann Ansprüche, die ihr auf Grund der Verwaltung und Nutznießung gegen den Mann zustehen, erst nach der Beendigung der Verwaltung und Nutznießung gerichtlich geltend machen, es sei denn, daß die Voraussetzungen vorliegen, unter denen die Frau nach § 1391 Sicherheitsleistung verlangen kann. Der im § 1389 Abs. 2 bestimmte Anspruch unterliegt dieser Beschränkung nicht.

1395. Die Frau bedarf zur Verfügung über eingebrachtes Gut der Einwilligung des Mannes.

1396. Verfügt die Frau durch Vertrag ohne Einwilligung des Mannes über eingebrachtes Gut, so hängt die Wirksamkeit des Vertrags von der Genehmigung des Mannes ab.

Fordert der andere Theil den Mann zur Erklärung über die Genehmigung auf, so kann die Erklärung nur ihm gegenüber erfolgen; eine vor der Aufforderung der Frau gegenüber erklärte Genehmigung oder Verweigerung der Genehmigung wird unwirksam. Die Genehmigung kann nur bis zum Ablaufe von zwei Wochen nach dem Empfange der Aufforderung erklärt werden; wird sie nicht erklärt, so gilt sie als verweigert.

Verweigert der Mann die Genehmigung, so wird der Vertrag nicht dadurch wirksam, daß die Verwaltung und Nutznießung aufhört.

1397. Bis zur Genehmigung des Vertrags ist der andere Theil zum Widerrufe berechtigt. Der Widerruf kann auch der Frau gegenüber erklärt werden.

Hat der andere Theil gewußt, daß die Frau Ehefrau ist, so kann er nur widerrufen, wenn die Frau der Wahrheit zuwider die Einwilligung des Mannes behauptet hat; er kann auch in diesem Falle nicht widerrufen, wenn ihm das Fehlen der Einwilligung bei dem Abschlusse des Vertrags bekannt war.

1398. Ein einseitiges Rechtsgeschäft, durch das die Frau ohne Einwilligung des Mannes über eingebrachtes Gut verfügt, ist unwirksam.

1399. Zu Rechtsgeschäften, durch die sich die Frau zu einer Leistung verpflichtet, ist die Zustimmung des Mannes nicht erforderlich.

Stimmt der Mann einem solchen Rechtsgeschäfte zu, so ist es in Ansehung des eingebrachten Gutes ihm gegenüber wirksam. Stimmt er nicht zu, so muß er das Rechtsgeschäft, soweit das eingebrachte Gut bereichert wird, nach den Vorschriften über die Herausgabe einer ungerechtfertigten Bereicherung gegen sich gelten lassen.

42. Vgl. Artt. 50, 97 Abs. 2 EG.

1400. Führt die Frau einen Rechtsstreit ohne Zustimmung des Mannes, so ist das Urtheil dem Manne gegenüber in Ansehung des eingebrachten Gutes unwirksam.[43]

Ein zum eingebrachten Gute gehörendes Recht kann die Frau im Wege der Klage nur mit Zustimmung des Mannes geltend machen.

1401. Die Zustimmung des Mannes ist in den Fällen der §§ 1395 bis 1398, des § 1399 Abs. 2 und des § 1400 nicht erforderlich, wenn der Mann durch Krankheit oder durch Abwesenheit an der Abgabe einer Erklärung verhindert und mit dem Aufschube Gefahr verbunden ist.

1402. Ist zur ordnungsmäßigen Besorgung der persönlichen Angelegenheiten der Frau ein Rechtsgeschäft erforderlich, zu dem die Frau der Zustimmung des Mannes bedarf, so kann die Zustimmung auf Antrag der Frau durch das Vormundschaftsgericht ersetzt werden, wenn der Mann sie ohne ausreichenden Grund verweigert.[44]

1403. Ein einseitiges Rechtsgeschäft, das sich auf das eingebrachte Gut bezieht, ist dem Manne gegenüber vorzunehmen.

Ein einseitiges Rechtsgeschäft, das sich auf eine Verbindlichkeit der Frau bezieht, ist der Frau gegenüber vorzunehmen; das Rechtsgeschäft muß jedoch auch dem Manne gegenüber vorgenommen werden, wenn es in Ansehung des eingebrachten Gutes ihm gegenüber wirksam sein soll.

1404. Die Beschränkungen, denen die Frau nach den §§ 1395 bis 1403 unterliegt, muß ein Dritter auch dann gegen sich gelten lassen, wenn er nicht gewußt hat, daß die Frau eine Ehefrau ist.

1405. Ertheilt der Mann der Frau die Einwilligung zum selbständigen Betrieb eines Erwerbsgeschäfts, so ist seine Zustimmung zu solchen Rechtsgeschäften und Rechtsstreitigkeiten nicht erforderlich, die der Geschäftsbetrieb mit sich bringt. Einseitige Rechtsgeschäfte, die sich auf das Erwerbsgeschäft beziehen, sind der Frau gegenüber vorzunehmen.[45]

Der Einwilligung des Mannes in den Geschäftsbetrieb steht es gleich, wenn die Frau mit Wissen und ohne Einspruch des Mannes das Erwerbsgeschäft betreibt.

Dritten gegenüber ist ein Einspruch und der Widerruf der Einwilligung nur nach Maßgabe des § 1435 wirksam.

1406. Die Frau bedarf nicht der Zustimmung des Mannes:

1. zur Annahme oder Ausschlagung einer Erbschaft oder eines Vermächtnisses, zum Verzicht auf den Pflichttheil sowie zur Errichtung des Inventars über eine angefallene Erbschaft;[46]
2. zur Ablehnung eines Vertragsantrags oder einer Schenkung;
3. zur Vornahme eines Rechtsgeschäfts gegenüber dem Manne.

1407. Die Frau bedarf nicht der Zustimmung des Mannes:

1. zur Fortsetzung eines zur Zeit der Eheschließung anhängigen Rechtsstreits;[47]
2. zur gerichtlichen Geltendmachung eines zum eingebrachten Gute gehörenden Rechtes gegen den Mann;
3. zur gerichtlichen Geltendmachung eines zum eingebrachten Gute gehörenden Rechtes gegen einen Dritten, wenn der Mann ohne die erforderliche Zustimmung der Frau über das Recht verfügt hat;
4. zur gerichtlichen Geltendmachung eines Widerspruchrechts gegenüber einer Zwangsvollstreckung.

1408. Das Recht, das dem Manne an dem eingebrachten Gute kraft seiner Verwaltung und Nutznießung zusteht, ist nicht übertragbar.[48]

1409. Steht der Mann unter Vormundschaft, so hat ihn der Vormund in den Rechten und Pflichten zu vertreten, die sich aus der Verwaltung und Nutznießung des eingebrachten Gutes ergeben. Dies gilt auch dann, wenn die Frau Vormund des Mannes ist.

3. Schuldenhaftung.

1410. Die Gläubiger des Mannes können nicht Befriedigung aus dem eingebrachten Gute verlangen.

1411. Die Gläubiger der Frau können ohne Rücksicht auf die Verwaltung und Nutznießung des Mannes Befriedigung aus dem eingebrachten Gute verlangen, soweit sich nicht aus den §§ 1412 bis 1414 ein Anderes ergiebt. Sie unterliegen bei der Geltendmachung der Ansprüche der Frau nicht der im § 1394 bestimmten Beschränkung.[49]

Hat der Mann verbrauchbare Sachen nach § 1377 Abs. 3 veräußert oder verbraucht, so ist er den Gläubigern gegenüber zum sofortigen Ersatze verpflichtet.

1412. Das eingebrachte Gut haftet für eine Verbindlichkeit der Frau, die aus einem nach der Eingehung der Ehe vorgenommenen Rechtsgeschäft entsteht, nur dann, wenn der Mann seine Zustimmung zu dem Rechtsgeschäft ertheilt oder wenn das Rechtsgeschäft ohne seine Zustimmung ihm gegenüber wirksam ist.

Für die Kosten eines Rechtsstreits der Frau haftet das eingebrachte Gut auch dann, wenn das Urtheil dem Manne gegenüber in Ansehung des eingebrachten Gutes nicht wirksam ist.

---

43. Vgl. §§ 739, 794 Abs. 2 CPO.
44. Vgl. Bem. Nr. 32 oben.
45. Vgl. § 741 CPO.
46. Vgl. § 999 CPO; § 218 KO.
47. Vgl. § 742 CPO.
48. Vgl. § 861 CPO; § 1 Abs. 4 KO.
49. Vgl. indessen §§ 739, 741, 742, 774 CPO.

1413. Das eingebrachte Gut haftet nicht für eine Verbindlichkeit der Frau, die in Folge des Erwerbes einer Erbschaft oder eines Vermächtnisses entsteht, wenn die Frau die Erbschaft oder das Vermächtniß nach der Eingehung der Ehe als Vorbehaltsgut erwirbt.

1414. Das eingebrachte Gut haftet nicht für eine Verbindlichkeit der Frau, die nach der Eingehung der Ehe in Folge eines zu dem Vorbehaltsgute gehörenden Rechtes oder des Besitzes einer dazu gehörenden Sache entsteht, es sei denn, daß das Recht oder die Sache zu einem Erwerbsgeschäfte gehört, das die Frau mit Einwilligung des Mannes selbständig betreibt.

1415. Im Verhältnisse der Ehegatten zu einander fallen dem Vorbehaltsgute zur Last:

1. die Verbindlichkeiten der Frau aus einer unerlaubten Handlung, die sie während der Ehe begeht, oder aus einem Strafverfahren, das wegen einer solchen Handlung gegen sie gerichtet wird;
2. die Verbindlichkeiten der Frau aus einem sich auf das Vorbehaltsgut beziehenden Rechtsverhältniß, auch wenn sie vor der Eingehung der Ehe oder vor der Zeit entstanden sind, zu der das Gut Vorbehaltsgut geworden ist;
3. die Kosten eines Rechtsstreits, den die Frau über eine der in Nr. 1, 2 bezeichneten Verbindlichkeiten führt.

1416. Im Verhältnisse der Ehegatten zu einander fallen die Kosten eines Rechtsstreits zwischen ihnen dem Vorbehaltsgute zur Last, soweit nicht der Mann sie zu tragen hat.

Das Gleiche gilt von den Kosten eines Rechtsstreits zwischen der Frau und einem Dritten, es sei denn, daß das Urtheil dem Manne gegenüber in Ansehung des eingebrachten Gutes wirksam ist. Betrifft jedoch der Rechtsstreit eine persönliche Angelegenheit der Frau oder eine nicht unter die Vorschriften des § 1415 Nr. 1,2 fallende Verbindlichkeit, für die das eingebrachte Gut haftet, so findet diese Vorschrift keine Anwendung, wenn die Aufwendung der Kosten den Umständen nach geboten ist.

1417. Wird eine Verbindlichkeit, die nach den §§ 1415, 1416 dem Vorbehaltsgute zur Last fällt, aus dem eingebrachten Gute berichtigt, so hat die Frau aus dem Vorbehaltsgute, soweit dieses reicht, zu dem eingebrachten Gute Ersatz zu leisten.

Wird eine Verbindlichkeit der Frau, die im Verhältnisse der Ehegatten zu einander nicht dem Vorbehaltsgute zur Last fällt, aus dem Vorbehaltsgute berichtigt, so hat der Mann aus dem eingebrachten Gute, soweit dieses reicht, zu dem Vorbehaltsgut Ersatz zu leisten.

4. Beendigung der Verwaltung und Nutznießung.

1418. Die Frau kann auf Aufhebung der Verwaltung und Nutznießung klagen:

1. wenn die Voraussetzungen vorliegen, unter denen die Frau nach § 1391 Sicherheitsleistung verlangen kann;
2. wenn der Mann seine Verpflichtung, der Frau und den gemeinschaftlichen Abkömmlingen Unterhalt zu gewähren, verletzt hat und für die Zukunft eine erhebliche Gefährdung des Unterhalts zu besorgen ist. Eine Verletzung der Unterhaltspflicht liegt schon dann vor, wenn der Frau und den gemeinschaftlichen Abkömmlingen nicht mindestens der Unterhalt gewährt wird, welcher ihnen bei ordnungsmäßiger Verwaltung und Nutznießung des eingebrachten Gutes zukommen würde;
3. wenn der Mann entmündigt ist;
4. wenn der Mann nach § 1910 zur Besorgung seiner Vermögensangelegenheiten einen Pfleger erhalten hat;
5. wenn für den Mann ein Abwesenheitspfleger bestellt und die baldige Aufhebung der Pflegschaft nicht zu erwarten ist.

Die Aufhebung der Verwaltung und Nutznießung tritt mit der Rechtskraft des Urtheils ein.

1419. Die Verwaltung und Nutznießung endigt mit der Rechtskraft des Beschlusses, durch den der Konkurs über das Vermögen des Mannes eröffnet wird.[50]

1420. Die Verwaltung und Nutznießung endigt, wenn der Mann für todt erklärt wird, mit dem Zeitpunkte, der als Zeitpunkt des Todes gilt.

1421. Nach der Beendigung der Verwaltung und Nutznießung hat der Mann das eingebrachte Gut der Frau herauszugeben und ihr über die Verwaltung Rechenschaft abzulegen. Auf die Herausgabe eines landwirthschaftlichen Grundstücks findet die Vorschrift des § 592, auf die Herausgabe eines Landguts finden die Vorschriften der §§ 592, 593 entsprechende Anwendung.

1422. Wird die Verwaltung und Nutznießung auf Grund des § 1418 durch Urtheil aufgehoben, so ist der Mann zur Herausgabe des eingebrachten Gutes so verpflichtet, wie wenn der Anspruch auf Herausgabe mit der Erhebung der Klage auf Aufhebung der Verwaltung und Nutznießung rechtshängig geworden wäre.

1423. Hat der Mann ein zum eingebrachten Gute gehörendes Grundstück vermiethet oder verpachtet, so finden, wenn das Mieth- oder Pachtverhältniß bei der Beendigung der Verwaltung und Nutznießung noch besteht, die Vorschriften des § 1056 entsprechende Anwendung.

1424. Der Mann ist auch nach der Beendigung der Verwaltung und Nutznießung zur Fortführung der Verwaltung berechtigt, bis er von der Beendigung Kenntniß erlangt oder sie kennen muß. Ein Dritter kann sich auf diese Berechtigung nicht berufen, wenn er bei der Vornahme eines Rechts-

50. Vgl. §§ 108, 109 KO.

geschäfts die Beendigung der Verwaltung und Nutznießung kennt oder kennen muß.

Endigt die Verwaltung und Nutznießung in Folge des Todes der Frau, so hat der Mann diejenigen zur Verwaltung gehörenden Geschäfte, mit deren Aufschube Gefahr verbunden ist, zu besorgen, bis der Erbe anderweit Fürsorge treffen kann.

1425. Wird die Entmündigung oder Pflegschaft, wegen deren die Aufhebung der Verwaltung und Nutznießung erfolgt ist, wiederaufgehoben oder wird der die Entmündigung aussprechende Beschluß mit Erfolg angefochten, so kann der Mann auf Wiederherstellung seiner Rechte klagen. Das Gleiche gilt, wenn der für todt erklärte Mann noch lebt.

Die Wiederherstellung der Rechte des Mannes tritt mit der Rechtskraft des Urtheils ein. Die Vorschrift des § 1422 findet entsprechende Anwendung.

Im Falle der Wiederherstellung wird Vorbehaltsgut, was ohne die Aufhebung der Rechte des Mannes Vorbehaltsgut geblieben oder geworden sein würde.

5. Gütertrennung.

1426. Tritt nach § 1364 die Verwaltung und Nutznießung des Mannes nicht ein oder endigt sie auf Grund der §§ 1418 bis 1420, so tritt Gütertrennung ein..

Für die Gütertrennung gelten die Vorschriften der §§ 1427 bis 1431.[51]

1427. Der Mann hat den ehelichen Aufwand zu tragen.

Zur Bestreitung des ehelichen Aufwandes hat die Frau dem Manne einen angemessenen Beitrag aus den Einkünften ihres Vermögens und dem Ertrag ihrer Arbeit oder eines von ihr selbständig betriebenen Erwerbsgeschäfts zu leisten. Für die Vergangenheit kann der Mann die Leistung nur insoweit verlangen, als die Frau ungeachtet seiner Aufforderung mit der Leistung im Rückstande geblieben ist. Der Anspruch des Mannes ist nicht übertragbar.

1428. Ist eine erhebliche Gefährdung des Unterhalts zu besorgen, den der Mann der Frau und den gemeinschaftlichen Abkömmlingen zu gewähren hat, so kann die Frau den Beitrag zu dem ehelichen Aufwand insoweit zur eigenen Verwendung zurückbehalten, als er zur Bestreitung des Unterhalts erforderlich ist.

Das Gleiche gilt, wenn der Mann entmündigt ist oder wenn er nach § 1910 zur Besorgung seiner Vermögensangelegenheiten einen Pfleger erhalten hat oder wenn für ihn ein Abwesenheitspfleger bestellt ist.

1429. Macht die Frau zur Bestreitung des ehelichen Aufwandes aus ihrem Vermögen eine Aufwendung oder überläßt sie dem Manne zu diesem Zwecke etwas aus ihrem Vermögen, so ist im Zweifel anzunehmen, daß die Absicht fehlt, Ersatz zu verlangen.

1430. Ueberläßt die Frau ihr Vermögen ganz oder theilweise der Verwaltung des Mannes, so kann der Mann die Einkünfte, die er während seiner Verwaltung bezieht, nach freiem Ermessen verwenden, soweit nicht ihre Verwendung zur Bestreitung der Kosten der ordnungsmäßigen Verwaltung und zur Erfüllung solcher Verpflichtungen der Frau erforderlich ist, die bei ordnungsmäßiger Verwaltung aus den Einkünften des Vermögens bestritten werden. Die Frau kann eine abweichende Bestimmung treffen.

1431. Die Gütertrennung ist Dritten gegenüber nur nach Maßgabe des § 1435 wirksam.

Das Gleiche gilt im Falle des § 1425 von der Wiederherstellung der Verwaltung und Nutznießung, wenn die Aufhebung in das Güterrechtsregister eingetragen worden ist.

II. Vertragsmäßiges Güterrecht.

1. Allgemeine Vorschriften.

1432. Die Ehegatten können ihre güterrechtlichen Verhältnisse durch Vertrag (Ehevertrag) regeln, insbesondere auch nach der Eingehung der Ehe den Güterstand aufheben oder ändern.[52]

1433. Der Güterstand kann nicht durch Verweisung auf ein nicht mehr geltendes oder auf ein ausländisches Gesetz bestimmt werden.

Hat der Mann zur Zeit der Eingehung der Ehe oder, falls der Vertrag nach der Eingehung der Ehe geschlossen wird, zur Zeit des Vertragsabschlusses seinen Wohnsitz im Auslande, so ist die Verweisung auf ein an diesem Wohnsitze geltendes Güterrecht zulässig.

1434. Der Ehevertrag muß bei gleichzeitiger Anwesenheit beider Theile vor Gericht oder vor einem Notar geschlossen werden.[53]

1435. Wird durch Ehevertrag die Verwaltung und Nutznießung des Mannes ausgeschlossen oder geändert, so können einem Dritten gegenüber aus der Ausschließung oder der Aenderung Einwendungen gegen ein zwischen ihm und einem der Ehegatten vorgenommenes Rechtsgeschäft oder gegen ein zwischen ihnen ergangenes rechtskräftiges Urtheil nur hergeleitet werden, wenn zur Zeit der Vornahme des Rechtsgeschäfts oder zur Zeit des Eintritts der Rechtshängigkeit die Ausschließung oder die Aenderung in dem Güter-

51. Vgl. §§ 34, 35 GBO.

52. Diese Bestimmung ist durch Art. 200 Abs. 2 EG auch auf die am 1. Januar 1900 bestehenden Ehen ausgedehnt worden, obschon für diese nach Art. 200 Abs. 1 EG die bisherigen Gesetze maßgebend sein sollen. — Vgl. auch Art. 15 EG.

53. Vgl. Art. 141 EG und § 44 AG z. FrG: Es sind nur die Notare zuständig.

rechtsregister[54] des zuständigen Amtsgerichts eingetragen oder dem Dritten bekannt war.

Das Gleiche gilt, wenn eine in dem Güterrechtsregister[54] eingetragene Regelung der güterrechtlichen Verhältnisse durch Ehevertrag aufgehoben oder geändert wird.[55]

1436. Wird durch Ehevertrag die Verwaltung und Nutznießung des Mannes ausgeschlossen oder die allgemeine Gütergemeinschaft, die Errungenschaftsgemeinschaft oder die Fahrnißgemeinschaft aufgehoben, so tritt Gütertrennung ein, sofern sich nicht aus dem Vertrag ein Anderes ergiebt.

2. Allgemeine Gütergemeinschaft.

1437. Ein Ehevertrag, durch den die allgemeine Gütergemeinschaft vereinbart oder aufgehoben wird, kann nicht durch einen gesetzlichen Vertreter geschlossen werden.

Ist einer der Vertragschließenden in der Geschäftsfähigkeit beschränkt, so bedarf er der Zustimmung seines gesetzlichen Vertreters. Ist der gesetzliche Vertreter ein Vormund, so ist die Genehmigung des Vormundschaftsgerichts[56] erforderlich.

1438. Das Vermögen des Mannes und das Vermögen der Frau werden durch die allgemeine Gütergemeinschaft gemeinschaftliches Vermögen beider Ehegatten (Gesammtgut). Zu dem Gesammtgute gehört auch das Vermögen, das der Mann oder die Frau während der Gütergemeinschaft erwirbt.

Die einzelnen Gegenstände werden gemeinschaftlich, ohne daß es einer Uebertragung durch Rechtsgeschäft bedarf.

Wird ein Recht gemeinschaftlich, das im Grundbuch eingetragen ist oder in das Grundbuch eingetragen werden kann, so kann jeder Ehegatte von dem anderen die Mitwirkung zur Berichtigung des Grundbuchs verlangen.[57]

1439. Von dem Gesammtgut ausgeschlossen sind Gegenstände, die nicht durch Rechtsgeschäft übertragen werden können. Auf solche Gegenstände finden die bei der Errungenschaftsgemeinschaft für das eingebrachte Gut geltenden Vorschriften, mit Ausnahme des § 1524, entsprechende Anwendung.

1440. Von dem Gesammtgut ausgeschlossen ist das Vorbehaltsgut.

Vorbehaltsgut ist, was durch Ehevertrag für Vorbehaltsgut eines der Ehegatten erklärt ist oder von einem der Ehegatten nach § 1369 oder § 1370 erworben wird.

54. Vgl. §§ 1558 ff. BGB; §§ 161, 162 FrG.

55. Vgl. hierzu die Bestimmung des Art. 16 EG, durch welche die Vorschrift des § 1435 auf die dort bezeichneten Ehegatten ausgedehnt ist.

Vgl. auch Art. 4 EG z. HGB v. 10. Mai 1897.

56. Das nach §§ 35, 36, 43 FrG zuständige.

57. Vgl. §§ 22, 34 GBO.

1441. Auf das Vorbehaltsgut der Frau finden die bei der Gütertrennung für das Vermögen der Frau geltenden Vorschriften entsprechende Anwendung; die Frau hat jedoch dem Manne zur Bestreitung des ehelichen Aufwandes einen Beitrag nur insoweit zu leisten, als die in das Gesammtgut fallenden Einkünfte zur Bestreitung des Aufwandes nicht ausreichen.

1442. Ein Ehegatte kann nicht über seinen Antheil an dem Gesammtgut und an den einzelnen dazu gehörenden Gegenständen verfügen;[58] er ist nicht berechtigt, Theilung zu verlangen.

Gegen eine Forderung, die zu dem Gesammtgute gehört, kann der Schuldner nur eine Forderung aufrechnen, deren Berichtigung aus dem Gesammtgute verlangt werden kann.

1443. Das Gesammtgut unterliegt der Verwaltung des Mannes. Der Mann ist insbesondere berechtigt, die zu dem Gesammtgute gehörenden Sachen in Besitz zu nehmen, über das Gesammtgut zu verfügen sowie Rechtsstreitigkeiten, die sich auf das Gesammtgut beziehen, im eigenen Namen zu führen.

Die Frau wird durch die Verwaltungshandlungen des Mannes weder Dritten noch dem Manne gegenüber persönlich verpflichtet.

1444. Der Mann bedarf der Einwilligung der Frau zu einem Rechtsgeschäfte, durch das er sich zu einer Verfügung über das Gesammtgut im Ganzen verpflichtet, sowie zu einer Verfügung über Gesammtgut, durch die eine ohne Zustimmung der Frau eingegangene Verpflichtung dieser Art erfüllt werden soll.

1445. Der Mann bedarf der Einwilligung der Frau zur Verfügung über ein zu dem Gesammtgute gehörendes Grundstück sowie zur Eingehung der Verpflichtung zu einer solchen Verfügung.

1446. Der Mann bedarf der Einwilligung der Frau zu einer Schenkung aus dem Gesammtgute sowie zu einer Verfügung über Gesammtgut, durch welche das ohne Zustimmung der Frau ertheilte Versprechen einer solchen Schenkung erfüllt werden soll. Das Gleiche gilt von einem Schenkungsversprechen, das sich nicht auf das Gesammtgut bezieht.

Ausgenommen sind Schenkungen, durch die einer sittlichen Pflicht oder einer auf den Anstand zu nehmenden Rücksicht entsprochen wird.

1447. Ist zur ordnungsmäßigen Verwaltung des Gesammtguts ein Rechtsgeschäft der in den §§ 1444, 1445 bezeichneten Art erforderlich, so kann die Zustimmung der Frau auf Antrag des Mannes durch das Vormundschaftsgericht[59] ersetzt werden, wenn die Frau sie ohne ausreichenden Grund verweigert.

Das Gleiche gilt, wenn die Frau durch Krank-

58. Dieser Antheil ist auch nicht pfändbar: § 860 CPO.

59. Vgl. Bem. Nr. 32 oben.

heit oder durch Abwesenheit an der Abgabe einer Erklärung verhindert und mit dem Aufschube Gefahr verbunden ist.

1448. Nimmt der Mann ohne Einwilligung der Frau ein Rechtsgeschäft der in den §§ 1444 bis 1446 bezeichneten Art vor, so finden die für eine Verfügung der Frau über eingebrachtes Gut geltenden Vorschriften des § 1396 Abs. 1, 3 und der §§ 1397, 1398 entsprechende Anwendung.

Fordert bei einem Vertrage der andere Theil den Mann auf, die Genehmigung der Frau zu beschaffen, so kann die Erklärung über die Genehmigung nur ihm gegenüber erfolgen; eine vor der Aufforderung dem Manne gegenüber erklärte Genehmigung oder Verweigerung der Genehmigung wird unwirksam. Die Genehmigung kann nur bis zum Ablaufe von zwei Wochen nach dem Empfange der Aufforderung erklärt werden; wird sie nicht erklärt, so gilt sie als verweigert.

Wird die Genehmigung der Frau durch das Vormundschaftsgericht ersetzt, so ist im Falle einer Aufforderung nach Abs. 2 der Beschluß nur wirksam, wenn der Mann ihn dem anderen Theile mittheilt; die Vorschriften des Abs. 2 Satz 2 finden entsprechende Anwendung.

1449. Verfügt der Mann ohne die erforderliche Zustimmung der Frau über ein zu dem Gesammtgute gehörendes Recht, so kann die Frau das Recht ohne Mitwirkung des Mannes gegen Dritte gerichtlich geltend machen.

1450. Ist der Mann durch Krankheit oder durch Abwesenheit verhindert, ein sich auf das Gesammtgut beziehendes Rechtsgeschäft vorzunehmen oder einen sich auf das Gesammtgut beziehenden Rechtsstreit zu führen, so kann die Frau im eigenen Namen oder im Namen des Mannes das Rechtsgeschäft vornehmen oder den Rechtsstreit führen, wenn mit dem Aufschube Gefahr verbunden ist.

1451. Ist zur ordnungsmäßigen Besorgung der persönlichen Angelegenheiten der Frau ein Rechtsgeschäft erforderlich, das die Frau mit Wirkung für das Gesammtgut nicht ohne Zustimmung des Mannes vornehmen kann, so kann die Zustimmung auf Antrag der Frau durch das Vormundschaftsgericht ersetzt werden,[60] wenn der Mann sie ohne ausreichenden Grund verweigert.

1452. Auf den selbständigen Betrieb eines Erwerbsgeschäfts durch die Frau finden die Vorschriften des § 1405 entsprechende Anwendung.

1453. Zur Annahme oder Ausschlagung einer der Frau angefallenen Erbschaft oder eines ihr angefallenen Vermächtnisses ist nur die Frau berechtigt; die Zustimmung des Mannes ist nicht erforderlich. Das Gleiche gilt von dem Verzicht auf den Pflichttheil sowie von der Ablehnung eines der Frau gemachten Vertragsantrags oder einer Schenkung.

Zur Errichtung des Inventars über eine der Frau angefallene Erbschaft bedarf die Frau nicht der Zustimmung des Mannes.[61]

1454. Zur Fortsetzung eines bei dem Eintritte der Gütergemeinschaft anhängigen Rechtsstreits bedarf die Frau nicht der Zustimmung des Mannes.[62]

1455. Wird durch ein Rechtsgeschäft, das der Mann oder die Frau ohne die erforderliche Zustimmung des anderen Ehegatten vornimmt, das Gesammtgut bereichert, so kann die Herausgabe der Bereicherung aus dem Gesammtgute nach den Vorschriften über die Herausgabe einer ungerechtfertigten Bereicherung gefordert werden.

1456. Der Mann ist der Frau für die Verwaltung des Gesammtguts nicht verantwortlich. Er hat jedoch für eine Verminderung des Gesammtguts zu diesem Ersatz zu leisten, wenn er die Verminderung in der Absicht, die Frau zu benachtheiligen, oder durch ein Rechtsgeschäft herbeiführt, das er ohne die erforderliche Zustimmung der Frau vornimmt.

1457. Steht der Mann unter Vormundschaft, so hat ihn der Vormund in den Rechten und Pflichten zu vertreten, die sich aus der Verwaltung des Gesammtguts ergeben. Dies gilt auch dann, wenn die Frau Vormund des Mannes ist.

1458. Der eheliche Aufwand fällt dem Gesammtgute zur Last.

1459. Aus dem Gesammtgute können die Gläubiger des Mannes und, soweit sich nicht aus den §§ 1460 bis 1462 ein Anderes ergiebt, auch die Gläubiger der Frau Befriedigung verlangen (Gesammtgutsverbindlichkeiten).

Für Verbindlichkeiten der Frau, die Gesammtgutsverbindlichkeiten sind, haftet der Mann auch persönlich als Gesammtschuldner. Die Haftung erlischt mit der Beendigung der Gütergemeinschaft, wenn die Verbindlichkeiten im Verhältnisse der Ehegatten zu einander nicht dem Gesammtgute zur Last fallen.[63]

1460. Das Gesammtgut haftet für eine Verbindlichkeit der Frau, die aus einem nach dem Eintritte der Gütergemeinschaft vorgenommenen Rechtsgeschäft entsteht, nur dann, wenn der Mann seine Zustimmung zu dem Rechtsgeschäft ertheilt oder wenn das Rechtsgeschäft ohne seine Zustimmung für das Gesammtgut wirksam ist.

Für die Kosten eines Rechtsstreits der Frau haftet das Gesammtgut auch dann, wenn das Urtheil dem Gesammtgute gegenüber nicht wirksam ist.

1461. Das Gesammtgut haftet nicht für Verbindlichkeiten der Frau, die in Folge des Erwerbes einer Erbschaft oder eines Vermächtnisses entstehen,

60. Vgl. Bem. Nr. 32 oben.

61. Dem Manne sind indessen die Mittel, das Gesammtgut gegen die aus einem überschuldeten Nachlasse drohenden Nachtheile zu schützen, nicht versagt: § 999 CPO; § 218 KO.

62. Vgl. § 742 Abs. 2 CPO.

63. Vgl. § 2 KO; §§ 740—742, 774, 860 CPO.

wenn die Frau die Erbschaft oder das Vermächtniß nach dem Eintritte der Gütergemeinschaft als Vorbehaltsgut erwirbt.

1462. Das Gesammtgut haftet nicht für eine Verbindlichkeit der Frau, die nach dem Eintritte der Gütergemeinschaft in Folge eines zu dem Vorbehaltsgute gehörenden Rechtes oder des Besitzes einer dazu gehörenden Sache entsteht, es sei denn, daß das Recht oder die Sache zu einem Erwerbsgeschäfte gehört, das die Frau mit Einwilligung des Mannes selbständig betreibt.

1463. Im Verhältnisse der Ehegatten zu einander fallen folgende Gesammtgutsverbindlichkeiten dem Ehegatten zur Last, in dessen Person sie entstehen:

1. die Verbindlichkeiten aus einer unerlaubten Handlung, die er nach dem Eintritte der Gütergemeinschaft begeht, oder aus einem Strafverfahren, das wegen einer solchen Handlung gegen ihn gerichtet wird;
2. die Verbindlichkeiten aus einem sich auf sein Vorbehaltsgut beziehenden Rechtsverhältniß, auch wenn sie vor dem Eintritte der Gütergemeinschaft oder vor der Zeit entstanden sind, zu der das Gut Vorbehaltsgut geworden ist;
3. die Kosten eines Rechtsstreits über eine der in Nr. 1, 2 bezeichneten Verbindlichkeiten.

1464. Im Verhältnisse der Ehegatten zu einander fallen die Kosten eines Rechtsstreits zwischen ihnen der Frau zur Last, soweit nicht der Mann sie zu tragen hat.

Das Gleiche gilt von den Kosten eines Rechtsstreits zwischen der Frau und einem Dritten, es sei denn, daß das Urtheil dem Gesammtgute gegenüber wirksam ist. Betrifft jedoch der Rechtsstreit eine persönliche Angelegenheit der Frau oder eine nicht unter die Vorschriften des § 1463 Nr. 1, 2 fallende Gesammtgutsverbindlichkeit der Frau, so findet diese Vorschrift keine Anwendung, wenn die Aufwendung der Kosten den Umständen nach geboten ist.

1465. Im Verhältnisse der Ehegatten zu einander fällt eine Ausstattung, die der Mann einem gemeinschaftlichen Kinde aus dem Gesammtgute verspricht oder gewährt, dem Manne insoweit zur Last, als sie das dem Gesammtgut entsprechende Maß übersteigt.

Verspricht oder gewährt der Mann einem nicht gemeinschaftlichen Kinde eine Ausstattung aus dem Gesammtgute, so fällt sie im Verhältnisse der Ehegatten zu einander dem Vater oder der Mutter des Kindes zur Last, der Mutter jedoch nur insoweit, als sie zustimmt oder die Ausstattung nicht das dem Gesammtgut entsprechende Maß übersteigt.

1466. Verwendet der Mann Gesammtgut in sein Vorbehaltsgut, so hat er den Werth des Verwendeten zu dem Gesammtgute zu ersetzen.

Verwendet der Mann Vorbehaltsgut in das Gesammtgut, so kann er Ersatz aus dem Gesammtgute verlangen.

1467. Was ein Ehegatte zu dem Gesammtgut oder die Frau zu dem Vorbehaltsgute des Mannes schuldet, ist erst nach der Beendigung der Gütergemeinschaft zu leisten; soweit jedoch zur Berichtigung einer Schuld der Frau deren Vorbehaltsgut ausreicht, hat sie die Schuld schon vorher zu berichtigen.

Was der Mann aus dem Gesammtgute zu fordern hat, kann er erst nach der Beendigung der Gütergemeinschaft fordern.

1468. Die Frau kann auf Aufhebung der Gütergemeinschaft klagen:

1. wenn der Mann ein Rechtsgeschäft der in den §§ 1444 bis 1446 bezeichneten Art ohne Zustimmung der Frau vorgenommen hat und für die Zukunft eine erhebliche Gefährdung der Frau zu besorgen ist;
2. wenn der Mann das Gesammtgut in der Absicht, die Frau zu benachtheiligen, vermindert hat;
3. wenn der Mann seine Verpflichtung, der Frau und den gemeinschaftlichen Abkömmlingen Unterhalt zu gewähren, verletzt hat und für die Zukunft eine erhebliche Gefährdung des Unterhalts zu besorgen ist;
4. wenn der Mann wegen Verschwendung entmündigt ist oder wenn er das Gesammtgut durch Verschwendung erheblich gefährdet;
5. wenn das Gesammtgut in Folge von Verbindlichkeiten, die in der Person des Mannes entstanden sind, in solchem Maße überschuldet ist, daß ein späterer Erwerb der Frau erheblich gefährdet wird.

1469. Der Mann kann auf Aufhebung der Gütergemeinschaft klagen, wenn das Gesammtgut in Folge von Verbindlichkeiten der Frau, die im Verhältnisse der Ehegatten zu einander nicht dem Gesammtgute zur Last fallen, in solchem Maße überschuldet ist, daß ein späterer Erwerb des Mannes erheblich gefährdet wird.

1470. Die Aufhebung der Gütergemeinschaft tritt in den Fällen der §§ 1468, 1469 mit der Rechtskraft des Urtheils ein. Für die Zukunft gilt Gütertrennung.

Dritten gegenüber ist die Aufhebung der Gütergemeinschaft nur nach Maßgabe des § 1435 wirksam.

1471. Nach der Beendigung der Gütergemeinschaft findet in Ansehung des Gesammtguts die Auseinandersetzung statt.[64]

Bis zur Auseinandersetzung gelten für das Gesammtgut die Vorschriften des § 1442.[65]

---

64. Das Verfahren bei dieser Auseinandersetzung ist durch die §§ 99, 86 bis 98 FrG geregelt.

65. Für die Zwangsvollstreckung in das Gesammtgut kommen nunmehr die §§ 773, 774 CPO zur Anwendung. Der

1472. Die Verwaltung des Gesammtguts steht bis zur Auseinandersetzung beiden Ehegatten gemeinschaftlich zu. Die Vorschriften des § 1424 finden entsprechende Anwendung.[66]

Jeder Ehegatte ist dem anderen gegenüber verpflichtet, zu Maßregeln mitzuwirken, die zur ordnungsmäßigen Verwaltung erforderlich sind; die zur Erhaltung nothwendigen Maßregeln kann jeder Ehegatte ohne Mitwirkung des anderen treffen.

1473. Was auf Grund eines zu dem Gesammtgute gehörenden Rechtes oder als Ersatz für die Zerstörung, Beschädigung oder Entziehung eines zu dem Gesammtgute gehörenden Gegenstandes oder durch ein Rechtsgeschäft erworben wird, das sich auf das Gesammtgut bezieht, wird Gesammtgut.

Die Zugehörigkeit einer durch Rechtsgeschäft erworbenen Forderung zum Gesammtgute hat der Schuldner erst dann gegen sich gelten zu lassen, wenn er von der Zugehörigkeit Kenntniß erlangt; die Vorschriften der §§ 406 bis 408 finden entsprechende Anwendung.

1474. Die Auseinandersetzung erfolgt, soweit nicht eine andere Vereinbarung getroffen wird, nach den §§ 1475 bis 1481.[67]

1475. Aus dem Gesammtgute sind zunächst die Gesammtgutsverbindlichkeiten zu berichtigen. Ist eine Gesammtgutsverbindlichkeit noch nicht fällig oder ist sie streitig, so ist das zur Berichtigung Erforderliche zurückzubehalten.

Fällt eine Gesammtgutsverbindlichkeit im Verhältnisse der Ehegatten zu einander einem der Ehegatten allein zur Last, so kann dieser die Berichtigung aus dem Gesammtgute nicht verlangen.

Zur Berichtigung der Gesammtgutsverbindlichkeiten ist das Gesammtgut, soweit erforderlich, in Geld umzusetzen.

1476. Der nach der Berichtigung der Gesammtgutsverbindlichkeiten verbleibende Ueberschuß gebührt den Ehegatten zu gleichen Theilen.

Was einer der Ehegatten zu dem Gesammtgute zu ersetzen verpflichtet ist, muß er sich auf seinen Theil anrechnen lassen. Soweit die Ersatzleistung nicht durch Anrechnung erfolgt, bleibt er dem anderen Ehegatten verpflichtet.

1477. Die Theilung des Ueberschusses erfolgt nach den Vorschriften über die Gemeinschaft.

Jeder Ehegatte kann gegen Ersatz des Werthes die ausschließlich zu seinem persönlichen Gebrauche bestimmten Sachen, insbesondere Kleider, Schmucksachen und Arbeitsgeräthe, sowie diejenigen Gegenstände übernehmen, welche er in die Gütergemeinschaft eingebracht oder während der Gütergemeinschaft durch Erbfolge, durch Vermächtniß oder mit Rücksicht auf ein künftiges Erbrecht, durch Schenkung oder als Ausstattung erworben hat.

1478. Sind die Ehegatten geschieden und ist einer von ihnen allein für schuldig erklärt, so kann der andere verlangen, daß jedem von ihnen der Werth desjenigen zurückerstattet wird, was er in die Gütergemeinschaft eingebracht hat; reicht der Werth des Gesammtguts zur Rückerstattung nicht aus, so hat jeder Ehegatte die Hälfte des Fehlbetrags zu tragen.

Als eingebracht ist anzusehen, was eingebrachtes Gut gewesen sein würde, wenn Errungenschaftsgemeinschaft bestanden hätte. Der Werth des Eingebrachten bestimmt sich nach der Zeit der Einbringung.

Das im Abs. 1 bestimmte Recht steht auch dem Ehegatten zu, dessen Ehe wegen seiner Geisteskrankheit geschieden worden ist.

1479. Wird die Gütergemeinschaft auf Grund des § 1468 oder des § 1469 durch Urtheil aufgehoben, so kann der Ehegatte, welcher das Urtheil erwirkt hat, verlangen, daß die Auseinandersetzung so erfolgt, wie wenn der Anspruch auf Auseinandersetzung mit der Erhebung der Klage auf Aufhebung der Gütergemeinschaft rechtshängig geworden wäre.

1480. Wird eine Gesammtgutsverbindlichkeit nicht vor der Theilung des Gesammtguts berichtigt, so haftet dem Gläubiger auch der Ehegatte persönlich als Gesammtschuldner, für den zur Zeit der Theilung eine solche Haftung nicht besteht. Seine Haftung beschränkt sich auf die ihm zugetheilten Gegenstände; die für die Haftung des Erben geltenden Vorschriften der §§ 1990, 1991 finden entsprechende Anwendung.[68]

1481. Unterbleibt bei der Auseinandersetzung die Berichtigung einer Gesammtgutsverbindlichkeit, die im Verhältnisse der Ehegatten zu einander dem Gesammtgut oder dem Manne zur Last fällt, so hat der Mann dafür einzustehen, daß die Frau von dem Gläubiger nicht in Anspruch genommen wird. Die gleiche Verpflichtung hat die Frau dem Manne gegenüber, wenn die Berichtigung einer Gesammtgutsverbindlichkeit unterbleibt, die im Verhältnisse der Ehegatten zu einander der Frau zur Last fällt.

1482. Wird die Ehe durch den Tod eines der Ehegatten aufgelöst und ist ein gemeinschaftlicher Abkömmling nicht vorhanden, so gehört der Antheil des verstorbenen Ehegatten am Gesammtgute zum Nachlasse. Die Beerbung des Ehegatten erfolgt nach den allgemeinen Vorschriften.

1483. Sind bei dem Tode eines Ehegatten gemeinschaftliche Abkömmlinge vorhanden, so wird zwischen dem überlebenden Ehegatten und den gemeinschaftlichen Abkömmlingen, die im Falle der gesetzlichen Erbfolge als Erben berufen sind, die

---

Antheil jedes der Ehegatten an dem Gesammtgute ist aber nunmehr zu Gunsten der Gläubiger des Antheilsberechtigten der Pfändung unterworfen (§ 860 Abs. 2 CPO).

66. Vgl. indessen § 999 Satz 1, 2 CPO.

67. Bezüglich des Verfahrens vgl. Bem. zu § 1471 oben.

68. Vgl. § 786 CPO.

Gütergemeinschaft fortgesetzt. Der Antheil des verstorbenen Ehegatten am Gesammtgute gehört in diesem Falle nicht zum Nachlasse; im Uebrigen erfolgt die Beerbung des Ehegatten nach den allgemeinen Vorschriften.

Sind neben den gemeinschaftlichen Abkömmlingen andere Abkömmlinge vorhanden, so bestimmen sich ihr Erbrecht und ihre Erbtheile so, wie wenn fortgesetzte Gütergemeinschaft nicht eingetreten wäre.[69]

1484. Der überlebende Ehegatte kann die Fortsetzung der Gütergemeinschaft ablehnen.

Auf die Ablehnung finden die für die Ausschlagung einer Erbschaft geltenden Vorschriften der §§ 1943 bis 1947, 1950, 1952, 1954 bis 1957, 1959 entsprechende Anwendung. Steht der überlebende Ehegatte unter elterlicher Gewalt oder unter Vormundschaft, so ist zur Ablehnung die Genehmigung des Vormundschaftsgerichts erforderlich.[70]

Lehnt der Ehegatte die Fortsetzung der Gütergemeinschaft ab, so gilt das Gleiche wie im Falle des § 1482.[71]

1485. Das Gesammtgut der fortgesetzten Gütergemeinschaft besteht aus dem ehelichen Gesammtgute, soweit es nicht nach § 1483 Abs. 2 einem nicht antheilsberechtigten Abkömmlinge zufällt, und aus dem Vermögen, das der überlebende Ehegatte aus dem Nachlasse des verstorbenen Ehegatten oder nach dem Eintritte der fortgesetzten Gütergemeinschaft erwirbt.

Das Vermögen, das ein gemeinschaftlicher Abkömmling zur Zeit des Eintritts der fortgesetzten Gütergemeinschaft hat oder später erwirbt, gehört nicht zu dem Gesammtgute.

Auf das Gesammtgut finden die für die eheliche Gütergemeinschaft geltenden Vorschriften des § 1438 Abs. 2, 3 entsprechende Anwendung.

1486. Vorbehaltsgut des überlebenden Ehegatten ist, was er bisher als Vorbehaltsgut gehabt hat oder nach § 1369 oder § 1370 erwirbt.

Gehören zu dem Vermögen des überlebenden Ehegatten Gegenstände, die nicht durch Rechtsgeschäft übertragen werden können, so finden auf sie die bei der Errungenschaftsgemeinschaft für das eingebrachte Gut des Mannes geltenden Vorschriften, mit Ausnahme des § 1524, entsprechende Anwendung.

1487. Die Rechte und Verbindlichkeiten des überlebenden Ehegatten sowie der antheilsberechtigten Abkömmlinge in Ansehung des Gesammtguts der fortgesetzten Gütergemeinschaft bestimmen sich nach den für die eheliche Gütergemeinschaft geltenden Vorschriften der §§ 1442 bis 1449, 1455 bis 1457, 1466; der überlebende Ehegatte hat die rechtliche Stellung des Mannes, die antheilsberechtigten Abkömmlinge haben die rechtliche Stellung der Frau.[72]

Was der überlebende Ehegatte zu dem Gesammtgute schuldet oder aus dem Gesammtgute zu fordern hat, ist erst nach der Beendigung der fortgesetzten Gütergemeinschaft zu leisten.

1488. Gesammtgutsverbindlichkeiten der fortgesetzten Gütergemeinschaft sind die Verbindlichkeiten des überlebenden Ehegatten sowie solche Verbindlichkeiten des verstorbenen Ehegatten, die Gesammtgutsverbindlichkeiten der ehelichen Gütergemeinschaft waren.[73]

1489. Für die Gesammtgutsverbindlichkeiten der fortgesetzten Gütergemeinschaft haftet der überlebende Ehegatte persönlich.

Soweit die persönliche Haftung den überlebenden Ehegatten nur in Folge des Eintritts der fortgesetzten Gütergemeinschaft trifft, finden die für die Haftung des Erben für die Nachlaßverbindlichkeiten geltenden Vorschriften[74] entsprechende Anwendung; an die Stelle des Nachlasses tritt das Gesammtgut in dem Bestande, den es zur Zeit des Eintritts der fortgesetzten Gütergemeinschaft hat.

Eine persönliche Haftung der antheilsberechtigten Abkömmlinge für die Verbindlichkeiten des verstorbenen oder des überlebenden Ehegatten wird durch die fortgesetzte Gütergemeinschaft nicht begründet.

1490. Stirbt ein antheilsberechtigter Abkömmling, so gehört sein Antheil an dem Gesammtgute nicht zu seinem Nachlasse. Hinterläßt er Abkömmlinge, die antheilsberechtigt sein würden, wenn er den verstorbenen Ehegatten nicht überlebt hätte, so treten die Abkömmlinge an seine Stelle. Hinterläßt er solche Abkömmlinge nicht, so wächst sein Antheil den übrigen antheilsberechtigten Abkömmlingen und, wenn solche nicht vorhanden sind, dem überlebenden Ehegatten an.

1491. Ein antheilsberechtigter Abkömmling kann auf seinen Antheil an dem Gesammtgute verzichten. Der Verzicht erfolgt durch Erklärung gegenüber dem für den Nachlaß des verstorbenen Ehegatten zuständigen Gerichte;[75] die Erklärung ist in öffentlich beglaubigter Form[76] abzugeben. Das Nachlaßgericht soll die Erklärung dem überlebenden Ehegatten und den übrigen antheilsberechtigten Abkömmlingen mittheilen.

Der Verzicht kann auch durch Vertrag mit dem überlebenden Ehegatten und den übrigen antheils-

69. Vgl. § 2 Abs. 3 KO.

70. Vgl. § 9 KO.

71. Das zuständige Gericht ist durch §§ 35, 43 FrG bestimmt.

72. Bezüglich der Zwangsvollstreckung in den einzelnen Antheil vgl. § 860 Abs. 1 Satz 2 CPO.

73. Ueber die Zwangsvollstreckung in das Gesammtgut: § 745 CPO; vgl. auch § 236 KO.

74. §§ 1975 ff. BGB; vgl. §§ 305 Abs. 2, 1001, 780 ff., 786 CPO.

75. Das zuständige Gericht ist durch §§ 72, 73 FrG bestimmt.

76. Vgl. §§ 129, 167 Abs. 2, 183 FrG.

berechtigten Abkömmlingen erfolgen. Der Vertrag bedarf der gerichtlichen oder notariellen Beurkundung.[77]

Steht der Abkömmling unter elterlicher Gewalt oder unter Vormundschaft, so ist zu dem Verzichte die Genehmigung des Vormundschaftsgerichts[78] erforderlich.

Der Verzicht hat die gleichen Wirkungen, wie wenn der Verzichtende zur Zeit des Verzichts ohne Hinterlassung von Abkömmlingen gestorben wäre.

1492. Der überlebende Ehegatte kann die fortgesetzte Gütergemeinschaft jederzeit aufheben. Die Aufhebung erfolgt durch Erklärung gegenüber dem für den Nachlaß des verstorbenen Ehegatten zuständigen Gerichte;[79] die Erklärung ist in öffentlich beglaubigter Form abzugeben. Das Nachlaßgericht soll die Erklärung den antheilsberechtigten Abkömmlingen und, wenn der überlebende Ehegatte gesetzlicher Vertreter eines der Abkömmlinge ist, dem Vormundschaftsgerichte mittheilen.

Die Aufhebung kann auch durch Vertrag zwischen dem überlebenden Ehegatten und den antheilsberechtigten Abkömmlingen erfolgen. Der Vertrag bedarf der gerichtlichen oder notariellen Beurkundung.[80]

Steht der überlebende Ehegatte unter elterlicher Gewalt oder unter Vormundschaft, so ist zu der Aufhebung die Genehmigung des Vormundschaftsgerichts[81] erforderlich.

1493. Die fortgesetzte Gütergemeinschaft endigt mit der Wiederverheirathung des überlebenden Ehegatten.

Der überlebende Ehegatte hat, wenn ein antheilsberechtigter Abkömmling minderjährig ist oder bevormundet wird, die Absicht der Wiederverheirathung dem Vormundschaftsgericht[82] anzuzeigen, ein Verzeichniß des Gesammtguts einzureichen, die Gütergemeinschaft aufzuheben und die Auseinandersetzung herbeizuführen. Das Vormundschaftsgericht kann gestatten, daß die Aufhebung der Gütergemeinschaft bis zur Eheschließung unterbleibt und daß die Auseinandersetzung erst später erfolgt.

1494. Die fortgesetzte Gütergemeinschaft endigt mit dem Tode des überlebenden Ehegatten.

Wird der überlebende Ehegatte für todt erklärt, so endigt die fortgesetzte Gütergemeinschaft mit dem Zeitpunkte, der als Zeitpunkt des Todes gilt.[83]

1495. Ein antheilsberechtigter Abkömmling kann gegen den überlebenden Ehegatten auf Aufhebung der fortgesetzten Gütergemeinschaft klagen:

1. wenn der überlebende Ehegatte ein Rechtsgeschäft der in den §§ 1444 bis 1446 bezeichneten Art ohne Zustimmung des Abkömmlinges vorgenommen hat und für die Zukunft eine erhebliche Gefährdung des Abkömmlinges zu besorgen ist;
2. wenn der überlebende Ehegatte das Gesammtgut in der Absicht, den Abkömmling zu benachtheiligen, vermindert hat;
3. wenn der überlebende Ehegatte seine Verpflichtung, dem Abkömmling Unterhalt zu gewähren, verletzt hat und für die Zukunft eine erhebliche Gefährdung des Unterhalts zu besorgen ist;
4. wenn der überlebende Ehegatte wegen Verschwendung entmündigt ist oder wenn er das Gesammtgut durch Verschwendung erheblich gefährdet;
5. wenn der überlebende Ehegatte die elterliche Gewalt über den Abkömmling verwirkt hat oder, falls sie ihm zugestanden hätte, verwirkt haben würde.

1496. Die Aufhebung der fortgesetzten Gütergemeinschaft tritt in den Fällen des § 1495 mit der Rechtskraft des Urtheils ein. Sie tritt für alle Abkömmlinge ein, auch wenn das Urtheil auf die Klage eines der Abkömmlinge ergangen ist.

1497. Nach der Beendigung der fortgesetzten Gütergemeinschaft findet in Ansehung des Gesammtguts die Auseinandersetzung statt.

Bis zur Auseinandersetzung bestimmt sich das Rechtsverhältniß der Theilhaber am Gesammtgute nach den §§ 1442, 1472, 1473.

1498. Auf die Auseinandersetzung finden die Vorschriften der §§ 1475, 1476, des § 1477 Abs. 1 und der §§ 1479 bis 1481 Anwendung; an die Stelle des Mannes tritt der überlebende Ehegatte, an die Stelle der Frau treten die antheilsberechtigten Abkömmlinge. Die im § 1476 Abs. 2 Satz 2 bezeichnete Verpflichtung besteht nur für den überlebenden Ehegatten.

1499. Bei der Auseinandersetzung fallen dem überlebenden Ehegatten zur Last:

1. die ihm bei dem Eintritte der fortgesetzten Gütergemeinschaft obliegenden Gesammtgutsverbindlichkeiten, für die das eheliche Gesammtgut nicht haftete oder die im Verhältnisse der Ehegatten zu einander ihm zur Last fielen;
2. die nach dem Eintritte der fortgesetzten Gütergemeinschaft entstandenen Gesammtgutsverbindlichkeiten, die, wenn sie während der ehelichen Gütergemeinschaft in seiner Person entstanden wären, im Verhältnisse der Ehegatten zu einander ihm zur Last gefallen sein würden;
3. eine Ausstattung, die er einem antheilsberechtigten Abkömmling über das dem Ge-

77. Nach § 42 AG z. FrG (Art. 141 EG) ist nur notarielle Form zulässig.
78. Vgl. §§ 35, 36 FrG.
79. Vgl. Bem. Nr. 75.
80. Vgl. Bem. Nr. 77.
81. Vgl. Bem. Nr. 78.
82. §§ 35, 36 FrG.
83. Vgl. § 970 Abs. 2 CPO.

sammtgut entsprechende Maß hinaus oder die er einem nicht antheilsberechtigten Abkömmlinge versprochen oder gewährt hat.

1500. Die antheilsberechtigten Abkömmlinge müssen sich Verbindlichkeiten des verstorbenen Ehegatten, die diesem im Verhältnisse der Ehegatten zu einander zur Last fielen, bei der Auseinandersetzung auf ihren Antheil insoweit anrechnen lassen, als der überlebende Ehegatte nicht von dem Erben des verstorbenen Ehegatten Deckung hat erlangen können.

In gleicher Weise haben sich die antheilsberechtigten Abkömmlinge anrechnen zu lassen, was der verstorbene Ehegatte zu dem Gesammtgute zu ersetzen hatte.

1501. Ist einem antheilsberechtigten Abkömmlinge für den Verzicht auf seinen Antheil eine Abfindung aus dem Gesammtgute gewährt worden, so wird sie bei der Auseinandersetzung in das Gesammtgut eingerechnet und auf die den Abkömmlingen gebührende Hälfte angerechnet.

Der überlebende Ehegatte kann mit den übrigen antheilsberechtigten Abkömmlingen schon vor der Aufhebung der fortgesetzten Gütergemeinschaft eine abweichende Vereinbarung treffen. Die Vereinbarung bedarf der gerichtlichen oder notariellen Beurkundung,[84] sie ist auch denjenigen Abkömmlingen gegenüber wirksam, welche erst später in die fortgesetzte Gütergemeinschaft eintreten.

1502. Der überlebende Ehegatte ist berechtigt, das Gesammtgut oder einzelne dazu gehörende Gegenstände gegen Ersatz des Werthes zu übernehmen. Das Recht geht nicht auf den Erben über.

Wird die fortgesetzte Gütergemeinschaft auf Grund des § 1495 durch Urtheil aufgehoben, so steht dem überlebenden Ehegatten das im Abs. 1 bestimmte Recht nicht zu. Die antheilsberechtigten Abkömmlinge können in diesem Falle diejenigen Gegenstände gegen Ersatz des Werthes übernehmen, welche der verstorbene Ehegatte nach § 1477 Abs. 2 zu übernehmen berechtigt sein würde. Das Recht kann von ihnen nur gemeinschaftlich ausgeübt werden.

1503. Mehrere antheilsberechtigte Abkömmlinge theilen die ihnen zufallende Hälfte des Gesammtguts nach dem Verhältnisse der Antheile, zu denen sie im Falle der gesetzlichen Erbfolge als Erben des verstorbenen Ehegatten berufen sein würden, wenn dieser erst zur Zeit der Beendigung der fortgesetzten Gütergemeinschaft gestorben wäre.

Das Vorempfangene kommt nach den für die Ausgleichung unter Abkömmlingen geltenden Vorschriften zur Ausgleichung, soweit nicht eine solche bereits bei der Theilung des Nachlasses des verstorbenen Ehegatten erfolgt ist.

Ist einem Abkömmlinge, der auf seinen Antheil verzichtet hat, eine Abfindung aus dem Gesammtgute gewährt worden, so fällt sie den Abkömmlingen zur Last, denen der Verzicht zu Statten kommt.

1504. Soweit die antheilsberechtigten Abkömmlinge nach § 1480 den Gesammtgutsgläubigern haften, sind sie im Verhältnisse zu einander nach der Größe ihres Antheils an dem Gesammtgute verpflichtet. Die Verpflichtung beschränkt sich auf die ihnen zugetheilten Gegenstände; die für die Haftung des Erben geltenden Vorschriften der §§ 1990, 1991 finden entsprechende Anwendung.[85]

1505. Die Vorschriften über das Recht auf Ergänzung des Pflichttheils finden zu Gunsten eines antheilsberechtigten Abkömmlinges entsprechende Anwendung; an die Stelle des Erbfalls tritt die Beendigung der fortgesetzten Gütergemeinschaft, als gesetzlicher Erbtheil gilt der dem Abkömmlinge zur Zeit der Beendigung gebührende Antheil an dem Gesammtgut, als Pflichttheil gilt die Hälfte des Werthes dieses Antheils.

1506. Ist ein gemeinschaftlicher Abkömmling erbunwürdig, so ist er auch des Antheils an dem Gesammtgut unwürdig. Die Vorschriften über die Erbunwürdigkeit finden entsprechende Anwendung.

1507. Das Nachlaßgericht[86] hat dem überlebenden Ehegatten auf Antrag ein Zeugnis über die Fortsetzung der Gütergemeinschaft zu ertheilen.[87] Die Vorschriften über den Erbschein[88] finden entsprechende Anwendung.

1508. Die Ehegatten können die Fortsetzung der Gütergemeinschaft durch Ehevertrag ausschließen.

Auf einen Ehevertrag, durch welchen die Fortsetzung der Gütergemeinschaft ausgeschlossen oder die Ausschließung aufgehoben wird, finden die Vorschriften des § 1437 Anwendung.

1509. Jeder Ehegatte kann für den Fall, daß die Ehe durch seinen Tod aufgelöst wird, die Fortsetzung der Gütergemeinschaft durch letztwillige Verfügung ausschließen, wenn er berechtigt ist, dem anderen Ehegatten den Pflichttheil zu entziehen oder auf Aufhebung der Gütergemeinschaft zu klagen. Auf die Ausschließung finden die Vorschriften über die Entziehung des Pflichttheils entsprechende Anwendung.

1510. Wird die Fortsetzung der Gütergemeinschaft ausgeschlossen, so gilt das Gleiche wie im Falle des § 1482.

1511. Jeder Ehegatte kann für den Fall, daß die Ehe durch seinen Tod aufgelöst wird, einen gemeinschaftlichen Abkömmling von der fortgesetzten

84. Nach § 44 AG. z. FrG (Art. 141 EG) ist nur notarielle Beurkundung zulässig.

85. Vgl. § 786 CPO.

86. §§ 72, 73, 78, 84, 85 FrG.

87. Vgl. § 36 Abs. 2 GBO.

88. §§ 2353 ff. BGB.

Gütergemeinschaft durch letztwillige Verfügung ausschließen.

Der ausgeschlossene Abkömmling kann, unbeschadet seines Erbrechts, aus dem Gesammtgute der fortgesetzten Gütergemeinschaft die Zahlung des Betrags verlangen, der ihm von dem Gesammtgute der ehelichen Gütergemeinschaft als Pflichttheil gebühren würde, wenn die fortgesetzte Gütergemeinschaft nicht eingetreten wäre. Die für den Pflichttheilsanspruch geltenden Vorschriften finden entsprechende Anwendung.

Der dem ausgeschlossenen Abkömmlinge gezahlte Betrag wird bei der Auseinandersetzung den antheilsberechtigten Abkömmlingen nach Maßgabe des § 1500 angerechnet. Im Verhältnisse der Abkömmlinge zu einander fällt er den Abkömmlingen zur Last, denen die Ausschließung zu Statten kommt.

1512. Jeder Ehegatte kann für den Fall, daß mit seinem Tode die fortgesetzte Gütergemeinschaft eintritt, den einem antheilsberechtigten Abkömmlinge nach der Beendigung der fortgesetzten Gütergemeinschaft gebührenden Antheil an dem Gesammtgute durch letztwillige Verfügung bis auf die Hälfte herabsetzen.

1513. Jeder Ehegatte kann für den Fall, daß mit seinem Tode die fortgesetzte Gütergemeinschaft eintritt, einem antheilsberechtigten Abkömmlinge den diesem nach der Beendigung der fortgesetzten Gütergemeinschaft gebührenden Antheil an dem Gesammtgute durch letztwillige Verfügung entziehen, wenn er berechtigt ist, dem Abkömmlinge den Pflichttheil zu entziehen. Die Vorschriften des § 2336 Abs. 2 bis 4 finden entsprechende Anwendung.

Der Ehegatte kann, wenn er nach § 2338 berechtigt ist, das Pflichttheilsrecht des Abkömmlinges zu beschränken, den Antheil des Abkömmlinges am Gesammtgut einer entsprechenden Beschränkung unterwerfen.[89]

1514. Jeder Ehegatte kann den Betrag, den er nach § 1512 oder nach § 1513 Abs. 1 einem Abkömmling entzieht, auch einem Dritten durch letztwillige Verfügung zuwenden.

1515. Jeder Ehegatte kann für den Fall, daß mit seinem Tode die fortgesetzte Gütergemeinschaft eintritt, durch letztwillige Verfügung anordnen, daß ein antheilsberechtigter Abkömmling das Recht haben soll, bei der Theilung das Gesammtgut oder einzelne dazu gehörende Gegenstände gegen Ersatz des Werthes zu übernehmen.

Gehört zu dem Gesammtgut ein Landgut, so kann angeordnet werden, daß das Landgut mit dem Ertragswerth oder mit einem Preise, der den Ertragswerth mindestens erreicht, angesetzt werden soll. Die für die Erbfolge geltenden Vorschriften des § 2049 finden Anwendung.

89. Vgl. § 863 Abs. 3 CPO.

Das Recht, das Landgut zu dem im Abs. 2 bezeichneten Werthe oder Preise zu übernehmen, kann auch dem überlebenden Ehegatten eingeräumt werden.[90]

1516. Zur Wirksamkeit der in den §§ 1511 bis 1515 bezeichneten Verfügungen eines Ehegatten ist die Zustimmung des anderen Ehegatten erforderlich.

Die Zustimmung kann nicht durch einen Vertreter ertheilt werden. Ist der Ehegatte in der Geschäftsfähigkeit beschränkt, so ist die Zustimmung seines gesetzlichen Vertreters nicht erforderlich. Die Zustimmungserklärung bedarf der gerichtlichen oder notariellen Beurkundung.[91] Die Zustimmung ist unwiderruflich.

Die Ehegatten können die in den §§ 1511 bis 1515 bezeichneten Verfügungen auch in einem gemeinschaftlichen Testamente treffen.

1517. Zur Wirksamkeit eines Vertrags, durch den ein gemeinschaftlicher Abkömmling einem der Ehegatten gegenüber für den Fall, daß die Ehe durch dessen Tod aufgelöst wird, auf seinen Antheil am Gesammtgute der fortgesetzten Gütergemeinschaft verzichtet oder durch den ein solcher Verzicht aufgehoben wird, ist die Zustimmung des anderen Ehegatten erforderlich. Für die Zustimmung gelten die Vorschriften des § 1516 Abs. 2 Satz 3, 4.

Die für den Erbverzicht geltenden Vorschriften finden entsprechende Anwendung.

1518. Anordnungen, die mit den Vorschriften der §§ 1483 bis 1517 in Widerspruch stehen, können von den Ehegatten weder durch letztwillige Verfügung noch durch Vertrag getroffen werden.

3. Errungenschaftsgemeinschaft.

1519. Was der Mann oder die Frau während der Errungenschaftsgemeinschaft erwirbt, wird gemeinschaftliches Vermögen beider Ehegatten (Gesammtgut).[92]

Auf das Gesammtgut finden die für die allgemeine Gütergemeinschaft geltenden Vorschriften des § 1438 Abs. 2, 3 und der §§ 1442 bis 1453, 1455 bis 1457 Anwendung.

1520. Eingebrachtes Gut eines Ehegatten ist, was ihm bei dem Eintritte der Errungenschaftsgemeinschaft gehört.

1521. Eingebrachtes Gut eines Ehegatten ist, was er von Todeswegen oder mit Rücksicht auf ein künftiges Erbrecht, durch Schenkung oder als Ausstattung erwirbt. Ausgenommen ist ein Erwerb, der den Umständen nach zu den Einkünften zu rechnen ist.

1522. Eingebrachtes Gut eines Ehegatten sind

90. Vgl. Art. 137 EG.
91. Vgl. Art. 141 EG z. BGB; § 44 AG z. FrG.
92. Bezüglich der Pfändung des Antheils der Ehegatten am Gesammtgute vgl. §§ 860 CPO.

Gegenstände, die nicht durch Rechtsgeschäft übertragen werden können, sowie Rechte, die mit seinem Tode erlöschen oder deren Erwerb durch den Tod eines der Ehegatten bedingt ist.

1523. Eingebrachtes Gut eines Ehegatten ist, was durch Ehevertrag für eingebrachtes Gut erklärt ist.

1524. Eingebrachtes Gut eines Ehegatten ist, was er auf Grund eines zu seinem eingebrachten Gute gehörenden Rechtes oder als Ersatz für die Zerstörung, Beschädigung oder Entziehung eines zum eingebrachten Gute gehörenden Gegenstandes oder durch ein Rechtsgeschäft erwirbt, das sich auf das eingebrachte Gut bezieht. Ausgenommen ist der Erwerb aus dem Betrieb eines Erwerbsgeschäfts.

Die Zugehörigkeit einer durch Rechtsgeschäft erworbenen Forderung zum eingebrachten Gute hat der Schuldner erst dann gegen sich gelten zu lassen, wenn er von der Zugehörigkeit Kenntniß erlangt; die Vorschriften der §§ 406 bis 408 finden entsprechende Anwendung.

1525. Das eingebrachte Gut wird für Rechnung des Gesammtguts in der Weise verwaltet, daß die Nutzungen, welche nach den für den Güterstand der Verwaltung und Nutznießung geltenden Vorschriften dem Manne zufallen, zu dem Gesammtgute gehören.

Auf das eingebrachte Gut der Frau finden im Uebrigen die Vorschriften der §§ 1373 bis 1383, 1390 bis 1417 entsprechende Anwendung.

1526. Vorbehaltsgut der Frau ist, was durch Ehevertrag für Vorbehaltsgut erklärt ist oder von der Frau nach § 1369 oder § 1370 erworben wird.

Vorbehaltsgut des Mannes ist ausgeschlossen.

Für das Vorbehaltsgut der Frau gilt das Gleiche wie für das Vorbehaltsgut bei der allgemeinen Gütergemeinschaft.

1527. Es wird vermuthet,[93] daß das vorhandene Vermögen Gesammtgut sei.

1528. Jeder Ehegatte kann verlangen, daß der Bestand seines eigenen und des dem anderen Ehegatten gehörenden eingebrachten Gutes durch Aufnahme eines Verzeichnisses unter Mitwirkung des anderen Ehegatten festgestellt wird. Auf die Aufnahme des Verzeichnisses finden die für den Nießbrauch geltenden Vorschriften des § 1035 Anwendung.

Jeder Ehegatte kann den Zustand der zum eingebrachten Gute gehörenden Sachen auf seine Kosten durch Sachverständige[94] feststellen lassen.

1529. Der eheliche Aufwand fällt dem Gesammtgute zur Last.

Das Gesammtgut trägt auch die Lasten des eingebrachten Gutes beider Ehegatten; der Umfang der Lasten bestimmt sich nach den bei dem Güterstande der Verwaltung und Nutznießung für das eingebrachte Gut der Frau geltenden Vorschriften der §§ 1384 bis 1387.

1530. Das Gesammtgut haftet für die Verbindlichkeiten des Mannes und für die in den §§ 1531 bis 1534 bezeichneten Verbindlichkeiten der Frau (Gesammtgutsverbindlichkeiten).[95]

Für Verbindlichkeiten der Frau, die Gesammtgutsverbindlichkeiten sind, haftet der Mann auch persönlich als Gesammtschuldner. Die Haftung erlischt mit der Beendigung der Errungenschaftsgemeinschaft, wenn die Verbindlichkeiten im Verhältnisse der Ehegatten zu einander nicht dem Gesammtgute zur Last fallen.

1531. Das Gesammtgut haftet für Verbindlichkeiten der Frau, die zu den im § 1529 Abs. 2 bezeichneten Lasten des eingebrachten Gutes gehören.

1532. Das Gesammtgut haftet für eine Verbindlichkeit der Frau, die aus einem nach dem Eintritte der Errungenschaftsgemeinschaft vorgenommenen Rechtsgeschäft entsteht, sowie für die Kosten eines Rechtsstreits, den die Frau nach dem Eintritte der Errungenschaftsgemeinschaft führt, wenn die Vornahme des Rechtsgeschäfts oder die Führung des Rechtsstreits mit Zustimmung des Mannes erfolgt oder ohne seine Zustimmung für das Gesammtgut wirksam ist.

1533. Das Gesammtgut haftet für eine Verbindlichkeit der Frau, die nach dem Eintritte der Errungenschaftsgemeinschaft in Folge eines ihr zustehenden Rechtes oder des Besitzes einer ihr gehörenden Sache entsteht, wenn das Recht oder die Sache zu einem Erwerbsgeschäfte gehört, das die Frau mit Einwilligung des Mannes selbständig betreibt.

1534. Das Gesammtgut haftet für Verbindlichkeiten der Frau, die ihr auf Grund der gesetzlichen Unterhaltspflicht obliegen.

1535. Im Verhältnisse der Ehegatten zu einander fallen folgende Gesammtgutsverbindlichkeiten dem Ehegatten zur Last, in dessen Person sie entstehen:

1. die Verbindlichkeiten aus einem sich auf sein eingebrachtes Gut oder sein Vorbehaltsgut beziehenden Rechtsverhältniß, auch wenn sie vor dem Eintritte der Errungenschaftsgemeinschaft oder vor der Zeit entstanden sind, zu der das Gut eingebrachtes Gut oder Vorbehaltsgut geworden ist;
2. die Kosten eines Rechtsstreits, den der Ehegatte über eine der in Nr. 1 bezeichneten Verbindlichkeiten führt.

1536. Im Verhältnisse der Ehegatten zu einander fallen dem Manne zur Last:

1. die vor dem Eintritte der Errungenschaftsgemeinschaft entstandenen Verbindlichkeiten des Mannes;

93. § 292 CPO.

94. Vgl. § 164 FrG.

95. Bezüglich der Zwangsvollstreckung in das Gesammtgut vgl. § 740 CPO; auch § 2 Abs. 1, 2 KO.

2. die Verbindlichkeiten des Mannes, die der Frau gegenüber aus der Verwaltung ihres eingebrachten Gutes entstehen, soweit nicht das Gesammtgut zur Zeit der Beendigung der Errungenschaftsgemeinschaft bereichert ist;
3. die Verbindlichkeiten des Mannes aus einer unerlaubten Handlung, die er nach dem Eintritte der Errungenschaftsgemeinschaft begeht, oder aus einem Strafverfahren, das wegen einer unerlaubten Handlung gegen ihn gerichtet wird;
4. die Kosten eines Rechtsstreits, den der Mann über eine der in Nr. 1 bis 3 bezeichneten Verbindlichkeiten führt.

1537. Die Vorschriften des § 1535 und des § 1536 Nr. 1, 4 finden insoweit keine Anwendung, als die Verbindlichkeiten nach § 1529 Abs. 2 von dem Gesammtgute zu tragen sind.

Das Gleiche gilt von den Vorschriften des § 1535 insoweit, als die Verbindlichkeiten durch den Betrieb eines Erwerbsgeschäfts, der für Rechnung des Gesammtguts geführt wird, oder in Folge eines zu einem solchen Erwerbsgeschäfte gehörenden Rechtes oder des Besitzes einer dazu gehörenden Sache entstehen.

1538. Verspricht oder gewährt der Mann einem Kinde eine Ausstattung, so finden die Vorschriften des § 1465 Anwendung.

1539. Soweit das eingebrachte Gut eines Ehegatten auf Kosten des Gesammtguts oder das Gesammtgut auf Kosten des eingebrachten Gutes eines Ehegatten zur Zeit der Beendigung der Errungenschaftsgemeinschaft bereichert ist, muß aus dem bereicherten Gute zu dem anderen Gute Ersatz geleistet werden. Weitergehende, auf besonderen Gründen beruhende Ansprüche bleiben unberührt.

1540. Sind verbrauchbare Sachen, die zum eingebrachten Gute eines Ehegatten gehört haben, nicht mehr vorhanden, so wird zu Gunsten des Ehegatten vermuthet,[96] daß die Sachen in das Gesammtgut verwendet worden seien und dieses um den Werth der Sachen bereichert sei.

1541. Was ein Ehegatte zu dem Gesammtgut oder die Frau zu dem eingebrachten Gute des Mannes schuldet, ist erst nach der Beendigung der Errungenschaftsgemeinschaft zu leisten; soweit jedoch zur Berichtigung einer Schuld der Frau ihr eingebrachtes Gut und ihr Vorbehaltsgut ausreichen, hat sie die Schuld schon vorher zu berichtigen.

Was der Mann aus dem Gesammtgute zu fordern hat, kann er erst nach der Beendigung der Errungenschaftsgemeinschaft fordern.

1542. Die Frau kann unter den Voraussetzungen des § 1418 Nr. 1, 3 bis 5 und des § 1468, der Mann kann unter den Voraussetzungen des § 1469 auf Aufhebung der Errungenschaftsgemeinschaft klagen.

Die Aufhebung tritt mit der Rechtskraft des Urtheils ein.

1543. Die Errungenschaftsgemeinschaft endigt mit der Rechtskraft des Beschlusses, durch den der Konkurs über das Vermögen des Mannes eröffnet wird.[97]

1544. Die Errungenschaftsgemeinschaft endigt, wenn ein Ehegatte für todt erklärt wird, mit dem Zeitpunkte, der als Zeitpunkt des Todes gilt.

1545. Endigt die Errungenschaftsgemeinschaft nach den §§ 1542 bis 1544, so gilt für die Zukunft Gütertrennung.

Dritten gegenüber ist die Beendigung der Gemeinschaft nur nach Maßgabe des § 1435 wirksam.

1546. Nach der Beendigung der Errungenschaftsgemeinschaft findet in Ansehung des Gesammtguts die Auseinandersetzung statt. Bis zur Auseinandersetzung bestimmt sich das Rechtsverhältniß der Ehegatten nach den §§ 1442, 1472, 1473.

Die Auseinandersetzung erfolgt, soweit nicht eine andere Vereinbarung getroffen wird, nach den für die allgemeine Gütergemeinschaft geltenden Vorschriften der §§ 1475 bis 1477, 1479 bis 1481.

Auf das eingebrachte Gut der Frau finden die für den Güterstand der Verwaltung und Nutznießung geltenden Vorschriften der §§ 1421 bis 1424 Anwendung.

1547. Endigt die Errungenschaftsgemeinschaft durch die Eröffnung des Konkurses über das Vermögen des Mannes, so kann die Frau auf Wiederherstellung der Gemeinschaft klagen. Das gleiche Recht steht, wenn die Gemeinschaft in Folge einer Todeserklärung endigt, dem für todt erklärten Ehegatten zu, falls er noch lebt.

Wird die Gemeinschaft auf Grund des § 1418 Nr. 3 bis 5 aufgehoben, so kann der Mann unter den Voraussetzungen des § 1425 Abs. 1 auf Wiederherstellung der Gemeinschaft klagen.

1548. Die Wiederherstellung der Errungenschaftsgemeinschaft tritt in den Fällen des § 1547 mit der Rechtskraft des Urtheils ein. Die Vorschrift des § 1422 findet entsprechende Anwendung.

Dritten gegenüber ist die Wiederherstellung, wenn die Beendigung in das Güterrechtsregister eingetragen worden ist, nur nach Maßgabe des § 1435 wirksam.

Im Falle der Wiederherstellung wird Vorbehaltsgut der Frau, was ohne die Beendigung der Gemeinschaft Vorbehaltsgut geblieben oder geworden sein würde.

4. Fahrnißgemeinschaft.

1549. Auf die Gemeinschaft des beweglichen Vermögens und der Errungenschaft (Fahrnißgemeinschaft) finden die für die allgemeine Güter-

96. § 292 CPO.

97. Vgl. § 2 KO.

gemeinschaft geltenden Vorschriften Anwendung, soweit sich nicht aus den §§ 1550 bis 1557 ein Anderes ergiebt.[98]

1550. Von dem Gesammtgut ausgeschlossen ist das eingebrachte Gut eines Ehegatten.

Auf das eingebrachte Gut finden die bei der Errungenschaftsgemeinschaft für das eingebrachte Gut geltenden Vorschriften Anwendung.[99]

1551. Eingebrachtes Gut eines Ehegatten ist das unbewegliche Vermögen, das er bei dem Eintritte der Fahrnißgemeinschaft hat oder während der Gemeinschaft durch Erbfolge, durch Vermächtniß oder mit Rücksicht auf ein künftiges Erbrecht, durch Schenkung oder als Ausstattung erwirbt.

Zum unbeweglichen Vermögen im Sinne dieser Vorschrift gehören Grundstücke nebst Zubehör, Rechte an Grundstücken, mit Ausnahme der Hypotheken, Grundschulden und Rentenschulden, sowie Forderungen, die auf die Uebertragung des Eigenthums an Grundstücken oder auf die Begründung oder Uebertragung eines der bezeichneten Rechte oder auf die Befreiung eines Grundstücks von einem solchen Rechte gerichtet sind.

1552. Eingebrachtes Gut eines Ehegatten sind Gegenstände, die nicht durch Rechtsgeschäft übertragen werden können.

1553. Eingebrachtes Gut eines Ehegatten ist:

1. was durch Ehevertrag für eingebrachtes Gut erklärt ist;
2. was er nach § 1369 erwirbt, sofern die Bestimmung dahin getroffen ist, daß der Erwerb eingebrachtes Gut sein soll.

1554. Eingebrachtes Gut eines Ehegatten ist, was er in der im § 1524 bezeichneten Weise erwirbt. Ausgenommen ist, was an Stelle von Gegenständen erworben wird, die nur deshalb eingebrachtes Gut sind, weil sie nicht durch Rechtsgeschäft übertragen werden können.

1555. Vorbehaltsgut des Mannes ist ausgeschlossen.

1556. Erwirbt ein Ehegatte während der Fahrnißgemeinschaft durch Erbfolge, durch Vermächtniß oder mit Rücksicht auf ein künftiges Erbrecht, durch Schenkung oder als Ausstattung Gegenstände, die theils Gesammtgut, theils eingebrachtes Gut werden, so fallen die in Folge des Erwerbes entstehenden Verbindlichkeiten im Verhältnisse der Ehegatten zu einander dem Gesammtgut und dem Ehegatten, der den Erwerb macht, verhältnißmäßig zur Last.

1557. Fortgesetzte Gütergemeinschaft tritt nur ein, wenn sie durch Ehevertrag vereinbart ist.

III. Güterrechtsregister.[100]

1558. Die Eintragungen in das Güterrechtsregister haben bei dem Amtsgerichte zu geschehen, in dessen Bezirke der Mann seinen Wohnsitz hat.

Durch Anordnung der Landesjustizverwaltung kann die Führung des Registers für mehrere Amtsgerichtsbezirke einem Amtsgericht übertragen werden.[101]

1559. Verlegt der Mann nach der Eintragung seinen Wohnsitz in einen anderen Bezirk, so muß die Eintragung im Register dieses Bezirkes wiederholt werden. Die frühere Eintragung gilt als von neuem erfolgt, wenn der Mann den Wohnsitz in den früheren Bezirk zurückverlegt.

1560. Eine Eintragung in das Register soll nur auf Antrag und nur insoweit erfolgen, als sie beantragt ist. Der Antrag ist in öffentlich beglaubigter Form zu stellen.[102]

1561. Die Eintragung erfolgt in den Fällen des § 1357 Abs. 2 und des § 1405 Abs. 3 auf Antrag des Mannes.

In den anderen Fällen ist der Antrag beider Ehegatten erforderlich; jeder Ehegatte ist dem anderen gegenüber zur Mitwirkung verpflichtet.

Der Antrag eines der Ehegatten genügt:

1. zur Eintragung eines Ehevertrags oder einer auf gerichtlicher Entscheidung beruhenden Aenderung der güterrechtlichen Verhältnisse der Ehegatten, wenn mit dem Antrage der Ehevertrag oder die mit dem Zeugnisse der Rechtskraft versehene Entscheidung vorgelegt wird;
2. zur Wiederholung einer Eintragung in dem Register eines anderen Bezirkes, wenn mit dem Antrag eine nach der Aufhebung des bisherigen Wohnsitzes ertheilte, öffentlich beglaubigte Abschrift der früheren Eintragung vorgelegt wird.

1562. Das Amtsgericht hat die Eintragung durch das für seine Bekanntmachungen bestimmte Blatt zu veröffentlichen.

Wird eine Aenderung des Güterstandes eingetragen, so hat sich die Bekanntmachung auf die Bezeichnung des Güterstandes und, wenn dieser abweichend von dem Gesetze geregelt ist, auf eine allgemeine Bezeichnung der Abweichung zu beschränken.[102a]

1563. Die Einsicht des Registers ist Jedem gestattet. Von den Eintragungen kann eine Abschrift gefordert werden; die Abschrift ist auf Verlangen zu beglaubigen.[103]

---

98. Vgl. §§ 740 ff., 860 CPO; § 2 KO.
99. Vgl. auch §§ 739, 794 Abs. 2 CPO.
100. Ueber Einrichtung, Führung und Formular des Registers siehe Nr. 47 des Centralblattes für das deutsche Reich 1898; §§ 161, 162 FrG; Art. 30 ff. der allgem. Verfügung vom 6. Dez. 1899.
101. Vgl. Art. 4 EG z. HGB.
102. Vgl. §§ 129, 167, 183 FrG.
102a. Vgl. Art. 43 Abs. 4 der allgem. Verfügung vom 6. Dez. 1899.
103. Vgl. §§ 34, 162 FrG.

Siebenter Titel. Scheidung der Ehe.[104]

1564. Die Ehe kann aus den in den §§ 1565 bis 1569 bestimmten Gründen geschieden werden. Die Scheidung erfolgt durch Urtheil. Die Auflösung der Ehe tritt mit der Rechtskraft des Urtheils ein.[105]

1565. Ein Ehegatte kann auf Scheidung klagen, wenn der andere Ehegatte sich des Ehebruchs[106] oder einer nach den §§ 171, 175 des Strafgesetzbuchs strafbaren Handlung schuldig macht.

Das Recht der Ehegatten auf Scheidung ist ausgeschlossen, wenn er dem Ehebruch oder der strafbaren Handlung zustimmt oder sich der Theilnahme schuldig macht.

1566. Ein Ehegatte kann auf Scheidung klagen, wenn der andere Ehegatte ihm nach dem Leben trachtet.

1567. Ein Ehegatte kann auf Scheidung klagen, wenn der andere Ehegatte ihn böslich verlassen hat.

Bösliche Verlassung liegt nur vor:

1. wenn ein Ehegatte, nachdem er zur Herstellung der häuslichen Gemeinschaft rechtskräftig verurtheilt worden ist, ein Jahr lang gegen den Willen des anderen Ehegatten in böslicher Absicht dem Urtheile nicht Folge geleistet hat;
2. wenn ein Ehegatte sich ein Jahr lang gegen den Willen des anderen Ehegatten in böslicher Absicht von der häuslichen Gemeinschaft fern gehalten hat und die Voraussetzungen für die öffentliche Zustellung[107] seit Jahresfrist gegen ihn bestanden haben.

Die Scheidung ist im Falle des Abs. 2 Nr. 2 unzulässig, wenn die Voraussetzungen für die öffentliche Zustellung am Schlusse der mündlichen Verhandlung, auf die das Urtheil ergeht, nicht mehr bestehen.

1568. Ein Ehegatte kann auf Scheidung klagen, wenn der andere Ehegatte durch schwere Verletzung der durch die Ehe begründeten Pflichten oder durch ehrloses oder unsittliches Verhalten eine so tiefe Zerrüttung des ehelichen Verhältnisses verschuldet hat, daß dem Ehegatten die Fortsetzung der Ehe nicht zugemuthet werden kann. Als schwere Verletzung der Pflichten gilt auch grobe Mißhandlung.

1569. Ein Ehegatte kann auf Scheidung klagen, wenn der andere Ehegatte in Geisteskrankheit verfallen ist, die Krankheit während der Ehe mindestens drei Jahre gedauert und einen solchen Grad erreicht hat, daß die geistige Gemeinschaft zwischen den Ehegatten aufgehoben, auch jede Aussicht auf Wiederherstellung dieser Gemeinschaft ausgeschlossen ist.[108]

1570. Das Recht auf Scheidung erlischt in den Fällen der §§ 1565 bis 1568 durch Verzeihung.

1571. Die Scheidungsklage muß in den Fällen der §§ 1565 bis 1568 binnen sechs Monaten von dem Zeitpunkt an erhoben werden, in dem der Ehegatte von dem Scheidungsgrunde Kenntniß erlangt. Die Klage ist ausgeschlossen, wenn seit dem Eintritte des Scheidungsgrundes zehn Jahre verstrichen sind.

Die Frist läuft nicht, solange die häusliche Gemeinschaft der Ehegatten aufgehoben ist. Wird der zur Klage berechtigte Ehegatte von dem anderen Ehegatten aufgefordert, entweder die häusliche Gemeinschaft herzustellen oder die Klage zu erheben, so läuft die Frist von dem Empfange der Aufforderung an.

Der Erhebung der Klage steht die Ladung zum Sühnetermine[109] gleich. Die Ladung verliert ihre Wirkung, wenn der zur Klage berechtigte Ehegatte im Sühnetermine nicht erscheint oder wenn drei Monate nach der Beendigung des Sühneverfahrens verstrichen sind und nicht vorher die Klage erhoben worden ist.

Auf den Lauf der sechsmonatigen und der dreimonatigen Frist finden die für die Verjährung geltenden Vorschriften der §§ 203, 206 entsprechende Anwendung.

1572. Ein Scheidungsgrund kann, auch wenn die für seine Geltendmachung im § 1571 bestimmte Frist verstrichen ist, im Laufe des Rechtsstreits geltend gemacht werden, sofern die Frist zur Zeit der Erhebung der Klage noch nicht verstrichen war.[110]

1573. Thatsachen, auf die eine Scheidungsklage nicht mehr gegründet werden kann, dürfen zur Unterstützung einer auf andere Thatsachen gegründeten Scheidungsklage geltend gemacht werden.

1574. Wird die Ehe aus einem der in den §§ 1565 bis 1568 bestimmten Gründe geschieden, so ist in dem Urtheil auszusprechen, daß der Beklagte die Schuld an der Scheidung trägt.

Hat der Beklagte Widerklage erhoben und wird auch diese für begründet erkannt, so sind beide Ehegatten für schuldig zu erklären.

Ohne Erhebung einer Widerklage ist auf Antrag des Beklagten auch der Kläger für schuldig zu erklären, wenn Thatsachen vorliegen, wegen deren der Beklagte auf Scheidung klagen könnte oder, falls sein Recht auf Scheidung durch Verzeihung oder durch Zeitablauf ausgeschlossen ist, zur Zeit des Eintritts des von dem Kläger geltend

104. Uebergangsvorschrift: Artt. 201, 206 EG; vgl. ferner Art. 17 EG.

105. Vgl. § 55 RG v. 6. Febr. 1875.
Das Verfahren in Ehesachen ist durch § 606 ff. CPO geregelt; zu beachten hierbei auch § 630 CPO.

106. Zu beachten hierbei § 624 CPO.

107. Nach Maßgabe des § 203 CPO.

108. Vgl. § 623 CPO.

109. §§ 609, 610 CPO.

110. Vgl. §§ 614, 616 CPO.

gemachten Scheidungsgrundes berechtigt war, auf Scheidung zu klagen.

1575. Der Ehegatte, der auf Scheidung zu klagen berechtigt ist, kann statt auf Scheidung auf Aufhebung der ehelichen Gemeinschaft klagen. Beantragt der andere Ehegatte, daß die Ehe, falls die Klage begründet ist, geschieden wird, so ist auf Scheidung zu erkennen.

Für die Klage auf Aufhebung der ehelichen Gemeinschaft gelten die Vorschriften der §§ 1573, 1574.[111]

1576. Ist auf Aufhebung der ehelichen Gemeinschaft erkannt, so kann jeder der Ehegatten auf Grund des Urtheils die Scheidung beantragen, es sei denn, daß nach der Erlassung des Urtheils die eheliche Gemeinschaft wiederhergestellt worden ist.

Die Vorschriften der §§ 1570 bis 1574 finden keine Anwendung; wird die Ehe geschieden, so ist der für schuldig erklärte Ehegatte auch im Scheidungsurtheile für schuldig zu erklären.

1577. Die geschiedene Frau behält den Familiennamen des Mannes.[112]

Die Frau kann ihren Familiennamen wiederannehmen. War sie vor der Eingehung der geschiedenen Ehe verheirathet, so kann sie auch den Namen wiederannehmen, den sie zur Zeit der Eingehung dieser Ehe hatte, es sei denn, daß sie allein für schuldig erklärt ist. Die Wiederannahme des Namens erfolgt durch Erklärung gegenüber der zuständigen Behörde; die Erklärung ist in öffentlich beglaubigter Form[113] abzugeben.

Ist die Frau allein für schuldig erklärt, so kann der Mann ihr die Führung seines Namens untersagen. Die Untersagung erfolgt durch Erklärung gegenüber der zuständigen Behörde; die Erklärung ist in öffentlich beglaubigter Form[113] abzugeben. Die Behörde soll der Frau die Erklärung mittheilen. Mit dem Verluste des Namens des Mannes erhält die Frau ihren Familiennamen wieder.

1578. Der allein für schuldig erklärte Mann hat der geschiedenen Frau den standesmäßigen Unterhalt insoweit zu gewähren, als sie ihn nicht aus den Einkünften ihres Vermögens und, sofern nach den Verhältnissen, in denen die Ehegatten gelebt haben, Erwerb durch Arbeit der Frau üblich ist, aus dem Ertrag ihrer Arbeit bestreiten kann.

Die allein für schuldig erklärte Frau hat dem geschiedenen Manne den standesmäßigen Unterhalt insoweit zu gewähren, als er außer Stande ist, sich selbst zu unterhalten.[114]

111. Auch die Vorschrift des § 55 RG v. 6. Febr. 1875 kommt hier zur Anwendung; vgl. § 639 CPO.

112. Vgl. § 117 AG z. BGB.

113. § 48 Abs. 1 AG z. FrG (vgl. auch §§ 129, 167 Abs. 2, 183 FrG).

114. Bezüglich des Unterhaltsanspruches in den §§ 1578 bis 1583 vgl. §§ 3 Abs. 2 KO; §§ 324, 850 Abs. 1 Nr. 2, 850 Abs. 4 CPO.

1579. Soweit der allein für schuldig erklärte Ehegatte bei Berücksichtigung seiner sonstigen Verpflichtungen außer Stande ist, ohne Gefährdung seines standesmäßigen Unterhalts dem anderen Ehegatten Unterhalt zu gewähren, ist er berechtigt, von den zu seinem Unterhalte verfügbaren Einkünften zwei Drittheile oder, wenn diese zu seinem nothdürftigen Unterhalte nicht ausreichen, so viel zurückzubehalten, als zu dessen Bestreitung erforderlich ist. Hat er einem minderjährigen unverheiratheten Kinde oder in Folge seiner Wiederverheirathung dem neuen Ehegatten Unterhalt zu gewähren, so beschränkt sich seine Verpflichtung dem geschiedenen Ehegatten gegenüber auf dasjenige, was mit Rücksicht auf die Bedürfnisse sowie auf die Vermögens- und Erwerbsverhältnisse der Betheiligten der Billigkeit entspricht.

Der Mann ist der Frau gegenüber unter den Voraussetzungen des Abs. 1 von der Unterhaltspflicht ganz befreit, wenn die Frau den Unterhalt aus dem Stamme ihres Vermögens bestreiten kann.

1580. Der Unterhalt ist durch Entrichtung einer Geldrente nach Maßgabe des § 760 zu gewähren.[115] Ob, in welcher Art und für welchen Betrag der Unterhaltspflichtige Sicherheit zu leisten hat, bestimmt sich nach den Umständen.[116]

Statt der Rente kann der Berechtigte eine Abfindung in Kapital verlangen, wenn ein wichtiger Grund vorliegt.

Im Uebrigen finden die für die Unterhaltspflicht der Verwandten geltenden Vorschriften der §§ 1607, 1610, des § 1611 Abs. 1, des § 1613 und für den Fall des Todes des Berechtigten die Vorschriften des § 1615 entsprechende Anwendung.

1581. Die Unterhaltspflicht erlischt mit der Wiederverheirathung des Berechtigten.

Im Falle der Wiederverheirathung des Verpflichteten finden die Vorschriften des § 1604 entsprechende Anwendung.

1582. Die Unterhaltspflicht erlischt nicht mit dem Tode des Verpflichteten.

Die Verpflichtung des Erben unterliegt nicht den Beschränkungen des § 1579. Der Berechtigte muß sich jedoch die Herabsetzung der Rente bis auf die Hälfte der Einkünfte gefallen lassen, die der Verpflichtete zur Zeit des Todes aus seinem Vermögen bezogen hat. Einkünfte aus einem Rechte, das mit dem Eintritt eines bestimmten Zeitpunkts oder Ereignisses erlischt, bleiben von dem Eintritte des Zeitpunkts oder des Ereignisses an außer Betracht.

Sind mehrere Berechtigte vorhanden, so kann der Erbe die Renten nach dem Verhältniß ihrer Höhe soweit herabsetzen, daß sie zusammen der Hälfte der Einkünfte gleichkommen.

115. Vgl. §§ 258, 323 CPO.

116. Vgl. § 324 CPO.

1583. Ist die Ehe wegen Geisteskrankheit eines Ehegatten geschieden, so hat ihm der andere Ehegatte Unterhalt in gleicher Weise zu gewähren wie ein allein für schuldig erklärter Ehegatte.

1584. Ist ein Ehegatte allein für schuldig erklärt, so kann der andere Ehegatte Schenkungen, die er ihm während des Brautstandes oder während der Ehe gemacht hat, widerrufen. Die Vorschriften des § 531 finden Anwendung.

Der Widerruf ist ausgeschlossen, wenn seit der Rechtskraft des Scheidungsurtheils ein Jahr verstrichen oder wenn der Schenker oder der Beschenkte gestorben ist.

1585. Hat der Mann einem gemeinschaftlichen Kinde Unterhalt zu gewähren, so ist die Frau verpflichtet, ihm aus den Einkünften ihres Vermögens und dem Ertrag ihrer Arbeit oder eines von ihr selbständig betriebenen Erwerbsgeschäfts einen angemessenen Beitrag zu den Kosten des Unterhalts zu leisten, soweit nicht diese durch die dem Manne an dem Vermögen des Kindes zustehende Nutznießung gedeckt werden. Der Anspruch des Mannes ist nicht übertragbar.[117]

Steht der Frau die Sorge für die Person des Kindes zu und ist eine erhebliche Gefährdung des Unterhalts des Kindes zu besorgen, so kann die Frau den Beitrag zur eigenen Verwendung für den Unterhalt des Kindes zurückbehalten.

1586. Wird nach § 1575 die eheliche Gemeinschaft aufgehoben, so treten die mit der Scheidung verbundenen Wirkungen ein; die Eingehung einer neuen Ehe ist jedoch ausgeschlossen. Die Vorschriften über die Nichtigkeit und Anfechtbarkeit der Ehe finden Anwendung, wie wenn das Urtheil nicht ergangen wäre.

1587. Wird die eheliche Gemeinschaft nach der Aufhebung wiederhergestellt, so fallen die mit der Aufhebung verbundenen Wirkungen weg und tritt Gütertrennung ein.[118]

Achter Titel. Kirchliche Verpflichtungen.

1588. Die kirchlichen Verpflichtungen in Ansehung der Ehe werden durch die Vorschriften dieses Abschnitts nicht berührt.[119]

Zweiter Abschnitt. Verwandtschaft.

Erster Titel. Allgemeine Vorschriften.

1589. Personen, deren eine von der anderen abstammt, sind in gerader Linie verwandt. Personen, die nicht in gerader Linie verwandt sind, aber von derselben dritten Person abstammen, sind in der Seitenlinie verwandt. Der Grad der Verwandtschaft bestimmt sich nach der Zahl der sie vermittelnden Geburten.

Ein uneheliches Kind und dessen Vater gelten nicht als verwandt.[120]

1590. Die Verwandten eines Ehegatten sind mit dem anderen Ehegatten verschwägert. Die Linie und der Grad der Schwägerschaft bestimmen sich nach der Linie und dem Grade der sie vermittelnden Verwandtschaft.

Die Schwägerschaft dauert fort, auch wenn die Ehe, durch die sie begründet wurde, aufgelöst ist.

Zweiter Titel. Eheliche Abstammung.[121]

1591. Ein Kind, das nach der Eingehung der Ehe geboren wird, ist ehelich, wenn die Frau es vor oder während der Ehe empfangen und der Mann innerhalb der Empfängnißzeit der Frau beigewohnt hat. Das Kind ist nicht ehelich, wenn es den Umständen nach offenbar unmöglich ist, daß die Frau das Kind von dem Manne empfangen hat.

Es wird vermuthet,[122] daß der Mann innerhalb der Empfängnißzeit der Frau beigewohnt habe. Soweit die Empfängnißzeit in die Zeit vor der Ehe fällt, gilt die Vermuthung nur, wenn der Mann gestorben ist, ohne die Ehelichkeit des Kindes angefochten zu haben.

1592. Als Empfängnißzeit gilt die Zeit von dem einhunderteinundachtzigsten bis zu dem dreihundertundzweiten Tage vor dem Tage der Geburt des Kindes, mit Einschluß sowohl des einhunderteinundachtzigsten als des dreihundertundzweiten Tages.

Steht fest, daß das Kind innerhalb eines Zeitraums empfangen worden ist, der weiter als dreihundertundzwei Tage vor dem Tage der Geburt zurückliegt, so gilt zu Gunsten der Ehelichkeit des Kindes dieser Zeitraum als Empfängnißzeit.

1593. Die Unehelichkeit eines Kindes, das während der Ehe oder innerhalb dreihundertundzwei Tagen nach der Auflösung der Ehe geboren ist, kann nur geltend gemacht werden, wenn der Mann die Ehelichkeit angefochten hat oder, ohne das Anfechtungsrecht verloren zu haben, gestorben ist.

1594. Die Anfechtung der Ehelichkeit kann nur binnen Jahresfrist erfolgen.

Die Frist beginnt mit dem Zeitpunkt, in welchem der Mann die Geburt des Kindes erfährt.

Auf den Lauf der Frist finden die für die Verjährung geltenden Vorschriften der §§ 203, 206 entsprechende Anwendung.

1595. Die Anfechtung der Ehelichkeit kann nicht durch einen Vertreter erfolgen. Ist der Mann in der Geschäftsfähigkeit beschränkt, so bedarf er nicht der Zustimmung seines gesetzlichen Vertreters.[123]

117. Vgl. § 851 CPO.
118. Vgl. § 55 Abs. 2 RG v. 6. Febr. 1875.
119. Uebereinstimmend mit § 82 RG v. 6. Febr. 1875.
120. Uebergangsvorschrift in Art. 208 EG.
121. Vgl. Artt. 18, 33 EG, §§ 640 ff. CPO.
122. Vgl. § 292 CPO.
123. Vgl. § 641 Abs. 2 CPO.

Für einen geschäftsunfähigen Mann kann sein gesetzlicher Vertreter mit Genehmigung des Vormundschaftsgerichts[124] die Ehelichkeit anfechten. Hat der gesetzliche Vertreter die Ehelichkeit nicht rechtzeitig angefochten, so kann nach dem Wegfalle der Geschäftsunfähigkeit der Mann selbst die Ehelichkeit in gleicher Weise anfechten, wie wenn er ohne gesetzlichen Vertreter gewesen wäre.[123]

1596. Die Anfechtung der Ehelichkeit erfolgt bei Lebzeiten des Kindes durch Erhebung der Anfechtungsklage. Die Klage ist gegen das Kind zu richten.[125]

Wird die Klage zurückgenommen, so ist die Anfechtung als nicht erfolgt anzusehen. Das Gleiche gilt, wenn der Mann vor der Erledigung des Rechtsstreits das Kind als das seinige anerkennt.

Vor der Erledigung des Rechtsstreits kann die Unehelichkeit nicht anderweit geltend gemacht werden.[126]

1597. Nach dem Tode des Kindes erfolgt die Anfechtung der Ehelichkeit durch Erklärung gegenüber dem Nachlaßgerichte;[127] die Erklärung ist in öffentlich beglaubigter Form abzugeben.

Das Nachlaßgericht soll die Erklärung sowohl demjenigen mittheilen, welcher im Falle der Ehelichkeit, als auch demjenigen, welcher im Falle der Unehelichkeit Erbe des Kindes ist. Es hat die Einsicht der Erklärung Jedem zu gestatten, der ein rechtliches Interesse glaubhaft macht.

1598. Die Anfechtung der Ehelichkeit ist ausgeschlossen, wenn der Mann das Kind nach der Geburt als das seinige anerkennt.

Die Anerkennung kann nicht unter einer Bedingung oder einer Zeitbestimmung erfolgen.

Für die Anerkennung gelten die Vorschriften des § 1595 Abs. 1. Die Anerkennung kann auch in einer Verfügung von Todeswegen erfolgen.

1599. Ist die Anerkennung der Ehelichkeit anfechtbar, so finden die Vorschriften der §§ 1595 bis 1597 und, wenn die Anfechtbarkeit ihren Grund in arglistiger Täuschung oder in Drohung hat, neben den Vorschriften des § 203 Abs. 2 und des § 206 auch die Vorschrift des § 203 Abs. 1 entsprechende Anwendung.

1600. Wird von einer Frau, die sich nach der Auflösung ihrer Ehe wiederverheirathet hat, ein Kind geboren, das nach den §§ 1591 bis 1599 ein eheliches Kind sowohl des ersten als des zweiten Mannes sein würde, so gilt das Kind, wenn es innerhalb zweihundertundsiebzig Tagen nach der Auflösung der früheren Ehe geboren wird, als Kind des ersten Mannes, wenn es später geboren wird, als Kind des zweiten Mannes.

124. Zuständig ist das in §§ 35, 36 FrG bestimmte Gericht.
125. Klage aus §§ 640 ff. CPO.
126. Vgl. § 153 CPO.
127. Vgl. §§ 72, 73 FrG.

Dritter Titel. Unterhaltspflicht.[128]

1601. Verwandte in gerader Linie sind verpflichtet, einander Unterhalt zu gewähren.

1602. Unterhaltsberechtigt ist nur, wer außer Stande ist, sich selbst zu unterhalten.

Ein minderjähriges unverheirathetes Kind kann von seinen Eltern, auch wenn es Vermögen hat, die Gewährung des Unterhalts insoweit verlangen, als die Einkünfte seines Vermögens und der Ertrag seiner Arbeit zum Unterhalte nicht ausreichen.

1603. Unterhaltspflichtig ist nicht, wer bei Berücksichtigung seiner sonstigen Verpflichtungen außer Stande ist, ohne Gefährdung seines standesmäßigen Unterhalts den Unterhalt zu gewähren.

Befinden sich Eltern in dieser Lage, so sind sie ihren minderjährigen unverheiratheten Kindern gegenüber verpflichtet, alle verfügbaren Mittel zu ihrem und der Kinder Unterhalte gleichmäßig zu verwenden. Diese Verpflichtung tritt nicht ein, wenn ein anderer unterhaltspflichtiger Verwandter vorhanden ist; sie tritt auch nicht ein gegenüber einem Kinde, dessen Unterhalt aus dem Stamme seines Vermögens bestritten werden kann.

1604. Soweit die Unterhaltspflicht einer Frau ihren Verwandten gegenüber davon abhängt, daß sie zur Gewährung des Unterhalts im Stande ist, kommt die dem Manne an dem eingebrachten Gute zustehende Verwaltung und Nutznießung nicht in Betracht.

Besteht allgemeine Gütergemeinschaft, Errungenschaftsgemeinschaft oder Fahrnißgemeinschaft, so bestimmt sich die Unterhaltspflicht des Mannes oder der Frau Verwandten gegenüber so, wie wenn das Gesammtgut dem unterhaltspflichtigen Ehegatten gehörte. Sind bedürftige Verwandte beider Ehegatten vorhanden, so ist der Unterhalt aus dem Gesammtgute so zu gewähren, wie wenn die Bedürftigen zu beiden Ehegatten in dem Verwandtschaftsverhältnisse ständen, auf dem die Unterhaltspflicht des verpflichteten Ehegatten beruht.

1605. Soweit die Unterhaltspflicht eines minderjährigen Kindes seinen Verwandten gegenüber davon abhängt, daß es zur Gewährung des Unterhalts im Stande ist, kommt die elterliche Nutznießung an dem Vermögen des Kindes nicht in Betracht.

1606. Die Abkömmlinge sind vor den Verwandten der aufsteigenden Linie unterhaltspflichtig. Die Unterhaltspflicht der Abkömmlinge bestimmt sich nach der gesetzlichen Erbfolgeordnung und dem Verhältnisse der Erbtheile.

Unter den Verwandten der aufsteigenden Linie haften die näheren vor den entfernteren, mehrere gleich nahe zu gleichen Theilen. Der Vater haftet

128. Vgl. §§ 708 Nr. 6, 850 Abs. 1 Nr. 2, 850 Abs. 4, 851 CPO; § 3 Abs. 2 KO.

jedoch vor der Mutter; steht die Nutznießung an dem Vermögen des Kindes der Mutter zu, so haftet die Mutter vor dem Vater.

1607. Soweit ein Verwandter auf Grund des § 1603 nicht unterhaltspflichtig ist, hat der nach ihm haftende Verwandte den Unterhalt zu gewähren.

Das Gleiche gilt, wenn die Rechtsverfolgung gegen einen Verwandten im Inland ausgeschlossen oder erheblich erschwert ist. Der Anspruch gegen einen solchen Verwandten geht, soweit ein anderer Verwandter den Unterhalt gewährt, auf diesen über. Der Uebergang kann nicht zum Nachtheile des Unterhaltsberechtigten geltend gemacht werden.

1608. Der Ehegatte des Bedürftigen haftet vor dessen Verwandten. Soweit jedoch der Ehegatte bei Berücksichtigung seiner sonstigen Verpflichtungen außer Stande ist, ohne Gefährdung seines standesmäßigen Unterhalts den Unterhalt zu gewähren, haften die Verwandten vor dem Ehegatten. Die Vorschriften des § 1607 Abs. 2 finden entsprechende Anwendung.

Das Gleiche gilt von einem geschiedenen unterhaltspflichtigen Ehegatten sowie von einem Ehegatten, der nach § 1351 unterhaltspflichtig ist.

1609. Sind mehrere Bedürftige vorhanden und ist der Unterhaltspflichtige außer Stande, allen Unterhalt zu gewähren, so gehen unter ihnen die Abkömmlinge den Verwandten der aufsteigenden Linie, unter den Abkömmlingen diejenigen, welche im Falle der gesetzlichen Erbfolge als Erben berufen sein würden, den übrigen Abkömmlingen, unter den Verwandten der aufsteigenden Linie die näheren den entfernteren vor.

Der Ehegatte steht den minderjährigen unverheiratheten Kindern gleich; er geht anderen Kindern und den übrigen Verwandten vor. Ein geschiedener Ehegatte sowie ein Ehegatte, der nach § 1351 unterhaltsberechtigt ist, geht den volljährigen oder verheiratheten Kindern und den übrigen Verwandten vor.

1610. Das Maß des zu gewährenden Unterhalts bestimmt sich nach der Lebensstellung des Bedürftigen (standesmäßiger Unterhalt).

Der Unterhalt umfaßt den gesammten Lebensbedarf, bei einer der Erziehung bedürftigen Person auch die Kosten der Erziehung und der Vorbildung zu einem Berufe.

1611. Wer durch sein sittliches Verschulden bedürftig geworden ist, kann nur den nothdürftigen Unterhalt verlangen.

Der gleichen Beschränkung unterliegt der Unterhaltsanspruch der Abkömmlinge, der Eltern und des Ehegatten, wenn sie sich einer Verfehlung schuldig machen, die den Unterhaltspflichtigen berechtigt, ihnen den Pflichttheil zu entziehen, sowie der Unterhaltsanspruch der Großeltern und der weiteren Voreltern, wenn ihnen gegenüber die Voraussetzungen vorliegen, unter denen Kinder berechtigt sind, ihren Eltern den Pflichttheil zu entziehen.

Der Bedürftige kann wegen einer nach diesen Vorschriften eintretenden Beschränkung seines Anspruchs nicht andere Unterhaltspflichtige in Anspruch nehmen.

1612. Der Unterhalt ist durch Entrichtung einer Geldrente zu gewähren. Der Verpflichtete kann verlangen, daß ihm die Gewährung des Unterhalts in anderer Art gestattet wird, wenn besondere Gründe es rechtfertigen.

Haben Eltern einem unverheiratheten Kinde Unterhalt zu gewähren, so können sie bestimmen, in welcher Art und für welche Zeit im voraus der Unterhalt gewährt werden soll. Aus besonderen Gründen kann das Vormundschaftsgericht[129] auf Antrag des Kindes die Bestimmung der Eltern ändern.

Im Uebrigen finden die Vorschriften des § 760 Anwendung.[130]

1613. Für die Vergangenheit kann der Berechtigte Erfüllung oder Schadensersatz wegen Nichterfüllung nur von der Zeit an fordern, zu welcher der Verpflichtete in Verzug gekommen oder der Unterhaltsanspruch rechtshängig geworden ist.

1614. Für die Zukunft kann auf den Unterhalt nicht verzichtet werden.

Durch eine Vorausleistung wird der Verpflichtete bei erneuter Bedürftigkeit des Berechtigten nur für den im § 760 Abs. 2 bestimmten Zeitabschnitt oder, wenn er selbst den Zeitabschnitt zu bestimmen hatte, für einen den Umständen nach angemessenen Zeitabschnitt befreit.

1615. Der Unterhaltsanspruch erlischt mit dem Tode des Berechtigten oder des Verpflichteten, soweit er nicht auf Erfüllung oder Schadensersatz wegen Nichterfüllung für die Vergangenheit oder auf solche im voraus zu bewirkende Leistungen gerichtet ist, die zur Zeit des Todes des Berechtigten oder des Verpflichteten fällig sind.

Im Falle des Todes des Berechtigten hat der Verpflichtete die Kosten der Beerdigung zu tragen, soweit ihre Bezahlung nicht von dem Erben zu erlangen ist.

Vierter Titel.

Rechtliche Stellung der ehelichen Kinder.

I. Rechtsverhältniß zwischen den Eltern und dem Kinde im Allgemeinen.[131]

1616. Das Kind erhält den Familiennamen des Vaters.[132]

129. §§ 35, 43 FrG.

130. Vgl. auch §§ 258, 323, 324 CPO.

131. Uebergangsvorschriften Artt. 203—207 EG; vgl. auch Art. 19 EG.

Rechtsstreitigkeiten über dieses Rechtsverhältniß regeln sich nach §§ 640 ff. CPO; (vgl. auch §§ 153, 154 Abs. 2, 704 Abs. 2 CPO).

132. Ueber die Möglichkeit einer Aenderung des Familiennamens vgl. §§ 1 ff. AG z. BGB.

1617. Das Kind ist, solange es dem elterlichen Hausstand angehört und von den Eltern erzogen oder unterhalten wird, verpflichtet, in einer seinen Kräften und seiner Lebensstellung entsprechenden Weise den Eltern in ihrem Hauswesen und Geschäfte Dienste zu leisten.

1618. Macht ein dem elterlichen Hausstand angehörendes volljähriges Kind zur Bestreitung der Kosten des Haushalts aus seinem Vermögen eine Aufwendung oder überläßt es den Eltern zu diesem Zwecke etwas aus seinem Vermögen, so ist im Zweifel anzunehmen, daß die Absicht fehlt, Ersatz zu verlangen.

1619. Ueberläßt ein dem elterlichen Hausstand angehörendes volljähriges Kind sein Vermögen ganz oder theilweise der Verwaltung des Vaters, so kann der Vater die Einkünfte, die er während seiner Verwaltung bezieht, nach freiem Ermessen verwenden, soweit nicht ihre Verwendung zur Bestreitung der Kosten der ordnungsmäßigen Verwaltung und zur Erfüllung solcher Verpflichtungen des Kindes erforderlich ist, die bei ordnungsmäßiger Verwaltung aus den Einkünften des Vermögens bestritten werden. Das Kind kann eine abweichende Bestimmung treffen.

Das gleiche Recht steht der Mutter zu, wenn das Kind ihr die Verwaltung seines Vermögens überläßt.

1620. Der Vater ist verpflichtet, einer Tochter im Falle ihrer Verheirathung zur Einrichtung des Haushalts eine angemessene Aussteuer zu gewähren, soweit er bei Berücksichtigung seiner sonstigen Verpflichtungen ohne Gefährdung seines standesmäßigen Unterhalts dazu im Stande ist und nicht die Tochter ein zur Beschaffung der Aussteuer ausreichendes Vermögen hat. Die gleiche Verpflichtung trifft die Mutter, wenn der Vater zur Gewährung der Aussteuer außer Stande oder wenn er gestorben ist.

Die Vorschriften des § 1604 und des § 1607 Abs. 2 finden entsprechende Anwendung.

1621. Der Vater und die Mutter können die Aussteuer verweigern, wenn sich die Tochter ohne die erforderliche elterliche Einwilligung verheirathet.

Das Gleiche gilt, wenn sich die Tochter einer Verfehlung schuldig gemacht hat, die den Verpflichteten berechtigt, ihr den Pflichttheil zu entziehen.

1622. Die Tochter kann eine Aussteuer nicht verlangen, wenn sie für eine frühere Ehe von dem Vater oder der Mutter eine Aussteuer erhalten hat.

1623. Der Anspruch auf die Aussteuer ist nicht übertragbar.[133] Er verjährt in einem Jahre von der Eingehung der Ehe an.

1624. Was einem Kinde mit Rücksicht auf seine Verheirathung oder auf die Erlangung einer selbständigen Lebensstellung zur Begründung oder zur Erhaltung der Wirthschaft oder der Lebensstellung von dem Vater oder der Mutter zugewendet wird (Ausstattung), gilt, auch wenn eine Verpflichtung nicht besteht, nur insoweit als Schenkung, als die Ausstattung das den Umständen, insbesondere den Vermögensverhältnissen des Vaters oder der Mutter, entsprechende Maß übersteigt.

Die Verpflichtung des Ausstattenden zur Gewährleistung wegen eines Mangels im Rechte oder wegen eines Fehlers der Sache bestimmt sich, auch soweit die Ausstattung nicht als Schenkung gilt, nach den für die Gewährleistungspflicht des Schenkers geltenden Vorschriften.

1625. Gewährt der Vater einem Kinde, dessen Vermögen seiner elterlichen oder vormundschaftlichen Verwaltung unterliegt, eine Ausstattung, so ist im Zweifel anzunehmen, daß er sie aus diesem Vermögen gewährt. Diese Vorschrift findet auf die Mutter entsprechende Anwendung.

II. Elterliche Gewalt.

1626. Das Kind steht, solange es minderjährig ist, unter elterlicher Gewalt.

1. Elterliche Gewalt des Vaters.

1627. Der Vater hat kraft der elterlichen Gewalt das Recht und die Pflicht, für die Person und das Vermögen des Kindes zu sorgen.

1628. Das Recht und die Pflicht, für die Person und das Vermögen des Kindes zu sorgen, erstreckt sich nicht auf Angelegenheiten des Kindes, für die ein Pfleger bestellt ist.

1629. Steht die Sorge für die Person oder die Sorge für das Vermögen des Kindes einem Pfleger zu, so entscheidet bei einer Meinungsverschiedenheit zwischen dem Vater und dem Pfleger über die Vornahme einer sowohl die Person als das Vermögen des Kindes betreffenden Handlung das Vormundschaftsgericht[134]

1630. Die Sorge für die Person und das Vermögen umfaßt die Vertretung des Kindes.

Die Vertretung steht dem Vater insoweit nicht zu, als nach § 1795 ein Vormund von der Vertretung des Mündels ausgeschlossen ist. Das Vormundschaftsgericht kann dem Vater nach § 1796 die Vertretung entziehen.[135]

1631. Die Sorge für die Person des Kindes umfaßt das Recht und die Pflicht, das Kind zu erziehen, zu beaufsichtigen und seinen Aufenthalt zu bestimmen.[136]

Der Vater kann kraft des Erziehungsrechts angemessene Zuchtmittel gegen das Kind anwenden. Auf seinen Antrag hat das Vormund-

133. Vgl. § 851 CPO; § 1 Abs. 4 KO.

134. Zuständigkeit bestimmt sich nach §§ 35, 43 FrG; vgl. § 58 Abs. 2 FrG.

135. Zuständig das in §§ 35, 43 FrG bestimmte Gericht.

136. Vgl. § 14a RG v. 1. Juni 1870 (8. Januar 1873); Art. 134 EG; §§ 119 ff. AG z. BGB.

schaftsgericht[137] ihn durch Anwendung geeigneter Zuchtmittel zu unterstützen.

1632. Die Sorge für die Person des Kindes umfaßt das Recht, die Herausgabe des Kindes von Jedem zu verlangen, der es dem Vater widerrechtlich vorenthält.

1633. Ist eine Tochter verheirathet, so beschränkt sich die Sorge für ihre Person auf die Vertretung in den die Person betreffenden Angelegenheiten.[138]

1634. Neben dem Vater hat während der Dauer der Ehe die Mutter das Recht und die Pflicht, für die Person des Kindes zu sorgen; zur Vertretung des Kindes ist sie nicht berechtigt, unbeschadet der Vorschrift des § 1685 Abs. 1. Bei einer Meinungsverschiedenheit zwischen den Eltern geht die Meinung des Vaters vor.

1635. Ist die Ehe aus einem der in den §§ 1565 bis 1568 bestimmten Gründe geschieden, so steht, solange die geschiedenen Ehegatten leben, die Sorge für die Person des Kindes, wenn ein Ehegatte allein für schuldig erklärt ist, dem anderen Ehegatten zu; sind beide Ehegatten für schuldig erklärt, so steht die Sorge für einen Sohn unter sechs Jahren oder für eine Tochter der Mutter, für einen Sohn, der über sechs Jahre alt ist, dem Vater zu. Das Vormundschaftsgericht[139] kann eine abweichende Anordnung treffen, wenn eine solche aus besonderen Gründen im Interesse des Kindes geboten ist; es kann die Anordnung aufheben, wenn sie nicht mehr erforderlich ist.

Das Recht des Vaters zur Vertretung des Kindes bleibt unberührt.

1636. Der Ehegatte, dem nach § 1635 die Sorge für die Person des Kindes nicht zusteht, behält die Befugniß, mit dem Kinde persönlich zu verkehren. Das Vormundschaftsgericht[140] kann den Verkehr näher regeln.

1637. Ist die Ehe nach § 1348 Abs. 2 aufgelöst, so gilt in Ansehung der Sorge für die Person des Kindes das Gleiche, wie wenn die Ehe geschieden ist und beide Ehegatten für schuldig erklärt sind.

1638. Das Recht und die Pflicht, für das Vermögen des Kindes zu sorgen (Vermögensverwaltung), erstreckt sich nicht auf das Vermögen, welches das Kind von Todeswegen erwirbt oder welches ihm unter Lebenden von einem Dritten unentgeltlich zugewendet wird, wenn der Erblasser durch letztwillige Verfügung, der Dritte bei der Zuwendung bestimmt hat, daß der Erwerb der Verwaltung des Vaters entzogen sein soll.

Was das Kind auf Grund eines zu einem solchen Vermögen gehörenden Rechtes oder als Ersatz für die Zerstörung, Beschädigung oder Entziehung eines zu dem Vermögen gehörenden Gegenstandes oder durch ein Rechsgeschäft erwirbt, das sich auf das Vermögen bezieht, ist gleichfalls der Verwaltung des Vaters entzogen.

1639. Was das Kind von Todeswegen erwirbt oder was ihm unter Lebenden von einem Dritten unentgeltlich zugewendet wird, hat der Vater nach den Anordnungen des Erblassers oder des Dritten zu verwalten, wenn die Anordnungen von dem Erblasser durch letztwillige Verfügung, von dem Dritten bei der Zuwendung getroffen worden sind. Kommt der Vater den Anordnungen nicht nach, so hat das Vormundschaftsgericht[140] die zu ihrer Durchführung erforderlichen Maßregeln zu treffen.

Der Vater darf von den Anordnungen insoweit abweichen, als es nach § 1803 Abs. 2, 3 einem Vormunde gestattet ist.

1640. Der Vater hat das seiner Verwaltung unterliegende Vermögen des Kindes, welches bei dem Tode der Mutter vorhanden ist oder dem Kinde später zufällt, zu verzeichnen und das Verzeichniß, nachdem er es mit der Versicherung der Richtigkeit und Vollständigkeit versehen hat, dem Vormundschaftsgericht[140] einzureichen. Bei Haushaltsgegenständen genügt die Angabe des Gesammtwerths.

Ist das eingereichte Verzeichniß ungenügend, so kann das Vormundschaftsgericht[140] anordnen, daß das Verzeichniß durch eine zuständige Behörde oder durch einen zuständigen Beamten oder Notar aufgenommen wird.[141] Die Anordnung ist für das in Folge des Todes der Mutter dem Kinde zufallende Vermögen unzulässig, wenn die Mutter sie durch letztwillige Verfügung ausgeschlossen hat.

1641. Der Vater kann nicht in Vertretung des Kindes Schenkungen machen. Ausgenommen sind Schenkungen, durch die einer sittlichen Pflicht oder einer auf den Anstand zu nehmenden Rücksicht entsprochen wird.

1642. Der Vater hat das seiner Verwaltung unterliegende Geld des Kindes, unbeschadet der Vorschrift des § 1653, nach den für die Anlegung von Mündelgeld geltenden Vorschriften der §§ 1807, 1808 verzinslich anzulegen, soweit es nicht zur Bestreitung von Ausgaben bereit zu halten ist.[141a]

Das Vormundschaftsgericht[140] kann dem Vater aus besonderen Gründen eine andere Anlegung gestatten.

1643. Zu Rechtsgeschäften für das Kind be-

137. §§ 35, 43 FrG. — Gebühr nach § 23 Abs. 1 GKG f. E.-L.

138. Vgl. § 612 CPO.

139. §§ 35, 43 FrG; vgl. Art. 206 EG; § 627 CPO. — Gebühr in § 23 Abs. 1 GKG f. E.-L.

140. §§ 35, 43 FrG. — Gebühr in § 23 Abs. 1 GKG.

141. Vgl. § 35 AG z. FrG.

141a. Vgl. Gesetz betr. das Hinterlegungswesen v. 1. Nov. 1899 und Art. 66 der Ausführungsbestimmungen dazu v. 23. Dez. 1899.

darf der Vater der Genehmigung des Vormundschaftsgerichts[140] in den Fällen, in denen nach § 1821 Abs. 1 Nr. 1 bis 3, Abs. 2 und nach § 1822 Nr. 1, 3, 5, 8 bis 11 ein Vormund der Genehmigung bedarf.

Das Gleiche gilt für die Ausschlagung einer Erbschaft oder eines Vermächtnisses sowie für den Verzicht auf einen Pflichttheil. Tritt der Anfall an das Kind erst in Folge der Ausschlagung des Vaters ein, so ist die Genehmigung nur erforderlich, wenn der Vater neben dem Kinde berufen war.

Die Vorschriften der §§ 1825, 1828 bis 1831 finden entsprechende Anwendung.[142]

1644. Der Vater kann Gegenstände, zu deren Veräußerung die Genehmigung des Vormundschaftsgerichts[140] erforderlich ist, dem Kinde nicht ohne diese Genehmigung zur Erfüllung eines von dem Kinde geschlossenen Vertrags oder zu freier Verfügung überlassen.

1645. Der Vater soll nicht ohne Genehmigung des Vormundschaftsgerichts[140] ein neues Erwerbsgeschäft im Namen des Kindes beginnen.

1646. Erwirbt der Vater mit Mitteln des Kindes bewegliche Sachen, so geht mit dem Erwerbe das Eigenthum auf das Kind über, es sei denn, daß der Vater nicht für Rechnung des Kindes erwerben will. Dies gilt insbesondere auch von Inhaberpapieren und von Orderpapieren, die mit Blankoindossament versehen sind.

Die Vorschriften des Abs. 1 finden entsprechende Anwendung, wenn der Vater mit Mitteln des Kindes ein Recht an Sachen der bezeichneten Art oder ein anderes Recht erwirbt, zu dessen Uebertragung der Abtretungsvertrag genügt.

1647. Die Vermögensverwaltung des Vaters endigt mit der Rechtskraft des Beschlusses, durch den der Konkurs über das Vermögen des Vaters eröffnet wird.

Nach der Aufhebung des Konkurses kann das Vormundschaftsgericht[143] die Verwaltung dem Vater wiederübertragen.

1648. Macht der Vater bei der Sorge für die Person oder das Vermögen des Kindes Aufwendungen, die er den Umständen nach für erforderlich halten darf, so kann er von dem Kinde Ersatz verlangen, sofern nicht die Aufwendungen ihm selbst zur Last fallen.

1649. Dem Vater steht kraft der elterlichen Gewalt die Nutznießung an dem Vermögen des Kindes zu.

1650. Von der Nutznießung ausgeschlossen (freies Vermögen) sind die ausschließlich zum persönlichen Gebrauche des Kindes bestimmten Sachen, insbesondere Kleider, Schmucksachen und Arbeitsgeräthe.[144]

1651. Freies Vermögen ist:

1. was das Kind durch seine Arbeit oder durch den ihm nach § 112 gestatteten selbständigen Betrieb eines Erwerbsgeschäfts erwirbt;
2. was das Kind von Todeswegen erwirbt oder was ihm unter Lebenden von einem Dritten unentgeltlich zugewendet wird, wenn der Erblasser durch letztwillige Verfügung, der Dritte bei der Zuwendung bestimmt hat, daß das Vermögen der Nutznießung entzogen sein soll.

Die Vorschriften des § 1638 Abs. 2 finden entsprechende Anwendung.

1652. Der Vater erwirbt die Nutzungen des seiner Nutznießung unterliegenden Vermögens in derselben Weise und in demselben Umfange wie ein Nießbraucher.

1653. Der Vater darf verbrauchbare Sachen, die zu dem seiner Nutznießung unterliegenden Vermögen gehören, für sich veräußern oder verbrauchen, Geld jedoch nur mit Genehmigung des Vormundschaftsgerichts.[140] Macht der Vater von dieser Befugniß Gebrauch, so hat er den Werth der Sachen nach der Beendigung der Nutznießung zu ersetzen; der Ersatz ist schon vorher zu leisten, wenn die ordnungsmäßige Verwaltung des Vermögens es erfordert.

1654. Der Vater hat die Lasten des seiner Nutznießung unterliegenden Vermögens zu tragen. Seine Haftung bestimmt sich nach den für den Güterstand der Verwaltung und Nutznießung geltenden Vorschriften der §§ 1384 bis 1386, 1388. Zu den Lasten gehören auch die Kosten eines Rechtsstreits, der für das Kind geführt wird, sofern sie nicht dem freien Vermögen zur Last fallen, sowie die Kosten der Vertheidigung des Kindes in einem gegen das Kind gerichteten Strafverfahren, vorbehaltlich der Ersatzpflicht des Kindes im Falle seiner Verurtheilung.

1655. Gehört zu dem der Nutznießung unterliegenden Vermögen ein Erwerbsgeschäft, das von dem Vater im Namen des Kindes betrieben wird, so gebührt dem Vater nur der sich aus dem Betrieb ergebende jährliche Reingewinn. Ergiebt sich in einem Jahre ein Verlust, so verbleibt der Gewinn späterer Jahre bis zur Ausgleichung des Verlustes dem Kinde.[145]

1656. Steht dem Vater die Verwaltung des seiner Nutznießung unterliegenden Vermögens nicht zu, so kann er auch die Nutznießung nicht ausüben; er kann jedoch die Herausgabe der Nutzungen verlangen, soweit nicht ihre Verwendung zur ordnungsmäßigen Verwaltung des Vermögens und zur Bestreitung der Lasten der Nutznießung erforderlich ist.

Ruht die elterliche Gewalt des Vaters oder ist dem Vater die Sorge für die Person und das Vermögen des Kindes durch das Vormundschafts-

---

142. Vgl. § 55 Abs. 1 FrG.

143. §§ 35, 43 FrG; § 161[5] KO. — Gebühr in § 23 Abs. 1 GKG f. E.-L.

144. Vgl. § 862 CPO.

145. Vgl. § 862 CPO.

gericht entzogen, so können die Kosten des Unterhalts des Kindes aus den Nutzungen insoweit vorweg entnommen werden, als sie dem Vater zur Last fallen.[145]

1657. Ist der Vater von der Ausübung der Nutznießung ausgeschlossen, so hat er eine ihm dem Kinde gegenüber obliegende Verbindlichkeit, die in Folge der Nutznießung erst nach deren Beendigung zu erfüllen sein würde, sofort zu erfüllen. Diese Vorschrift findet keine Anwendung, wenn die elterliche Gewalt ruht.

1658. Das Recht, das dem Vater kraft seiner Nutznießung an dem Vermögen des Kindes zusteht, ist nicht übertragbar.

Das Gleiche gilt von den nach den §§ 1655, 1656 dem Vater zustehenden Ansprüchen, solange sie nicht fällig sind.

1659. Die Gläubiger des Kindes können ohne Rücksicht auf die elterliche Nutznießung Befriedigung aus dem Vermögen des Kindes verlangen.[146]

Hat der Vater verbrauchbare Sachen nach § 1653 veräußert oder verbraucht, so ist er den Gläubigern gegenüber zum sofortigen Ersatze verpflichtet.

1660. Im Verhältnisse des Vaters und des Kindes zu einander finden in Ansehung der Verbindlichkeiten des Kindes die für den Güterstand der Verwaltung und Nutznießung geltenden Vorschriften des § 1415, des § 1416 Abs. 1 und des § 1417 entsprechende Anwendung.

1661. Die Nutznießung endigt, wenn sich das Kind verheirathet. Die Nutznießung verbleibt jedoch dem Vater, wenn die Ehe ohne die erforderliche elterliche Einwilligung geschlossen wird.

1662. Der Vater kann auf die Nutznießung verzichten. Der Verzicht erfolgt durch Erklärung gegenüber dem Vormundschaftsgerichte;[140] die Erklärung ist in öffentlich beglaubigter Form[147] abzugeben.

1663. Hat der Vater kraft seiner Nutznießung ein zu dem Vermögen des Kindes gehörendes Grundstück vermiethet oder verpachtet, so finden, wenn das Mieth- oder Pachtverhältniß bei der Beendigung der Nutznießung noch besteht, die Vorschriften des § 1056 entsprechende Anwendung.

Gehört zu dem der Nutznießung unterliegenden Vermögen ein landwirthschaftliches Grundstück, so findet die Vorschrift des § 592, gehört zu dem Vermögen ein Landgut, so finden die Vorschriften der §§ 592, 593 entsprechende Anwendung.

1664. Der Vater hat bei der Ausübung der elterlichen Gewalt dem Kinde gegenüber nur für diejenige Sorgfalt einzustehen, welche er in eigenen Angelegenheiten anzuwenden pflegt.

1665. Ist der Vater verhindert, die elterliche Gewalt auszuüben, so hat das Vormundschaftsgericht,[148] sofern nicht die elterliche Gewalt nach § 1685 von der Mutter ausgeübt wird, die im Interesse des Kindes erforderlichen Maßregeln zu treffen.

1666. Wird das geistige oder leibliche Wohl des Kindes dadurch gefährdet, daß der Vater das Recht der Sorge für die Person des Kindes mißbraucht, das Kind vernachlässigt oder sich eines ehrlosen oder unsittlichen Verhaltens schuldig macht, so hat das Vormundschaftsgericht[149] die zur Abwendung der Gefahr erforderlichen Maßregeln zu treffen. Das Vormundschaftsgericht[149] kann insbesondere anordnen, daß das Kind zum Zwecke der Erziehung in einer geeigneten Familie oder in einer Erziehungsanstalt oder einer Besserungsanstalt untergebracht wird.

Hat der Vater das Recht des Kindes auf Gewährung des Unterhalts verletzt und ist für die Zukunft eine erhebliche Gefährdung des Unterhalts zu besorgen, so kann dem Vater auch die Vermögensverwaltung sowie die Nutznießung entzogen werden.

1667. Wird das Vermögen des Kindes dadurch gefährdet, daß der Vater die mit der Vermögensverwaltung oder die mit der Nutznießung verbundenen Pflichten verletzt oder daß er in Vermögensverfall geräth, so hat das Vormundschaftsgericht[140] die zur Abwendung der Gefahr erforderlichen Maßregeln zu treffen.

Das Vormundschaftsgericht[140] kann insbesondere anordnen, daß der Vater ein Verzeichniß des Vermögens einreicht und über seine Verwaltung Rechnung legt. Der Vater hat das Verzeichniß mit der Versicherung der Richtigkeit und Vollständigkeit zu versehen. Ist das eingereichte Verzeichniß ungenügend, so findet die Vorschrift des § 1640 Abs. 2 Satz 1 Anwendung. Das Vormundschaftsgericht[140] kann auch, wenn Werthpapiere, Kostbarkeiten oder Buchforderungen gegen das Reich oder einen Bundesstaat zu dem Vermögen des Kindes gehören, dem Vater die gleichen Verpflichtungen auferlegen, welche nach den §§ 1814 bis 1816, 1818 einem Vormund obliegen; die Vorschriften der §§ 1819, 1820 finden entsprechende Anwendung.

Die Kosten der angeordneten Maßregeln fallen dem Vater zur Last.

1668. Sind die nach § 1667 Abs. 2 zulässigen Maßregeln nicht ausreichend, so kann das Vormundschaftsgericht[140] dem Vater Sicherheitsleistung für das seiner Verwaltung unterliegende Vermögen auferlegen. Die Art und den Umfang der Sicherheitsleistung bestimmt das Vormundschaftsgericht nach seinem Ermessen.

---

146. Vgl. § 746 CPO.

147. §§ 167, 183 FrG.

148. §§ 35, 43, 44, 51 FrG; vgl. ferner § 57 Nr. 8 FrG. — Gebühr in § 23 Abs. 1 GKG f. E.-L.

149. §§ 35, 43 FrG; vgl. auch §§ 57 Nr. 8, 59 FrG; §§ 123 ff. AG z. BGB; Artt. 135, 204 EG.

1669. Will der Vater eine neue Ehe eingehen, so hat er seine Absicht dem Vormundschaftsgericht[150] anzuzeigen, auf seine Kosten ein Verzeichniß des seiner Verwaltung unterliegenden Vermögens einzureichen und, soweit in Ansehung dieses Vermögens eine Gemeinschaft zwischen ihm und dem Kinde besteht, die Auseinandersetzung herbeizuführen. Das Vormundschaftsgericht[150] kann gestatten, daß die Auseinandersetzung erst nach der Eheschließung erfolgt.

1670. Kommt der Vater den nach den §§ 1667, 1668 getroffenen Anordnungen nicht nach oder erfüllt er die ihm nach den §§ 1640, 1669 obliegenden Verpflichtungen nicht, so kann ihm das Vormundschaftsgericht[151] die Vermögensverwaltung entziehen. Zur Erzwingung der Sicherheitsleistung sind andere Maßregeln nicht zulässig.

1671. Das Vormundschaftsgericht[152] kann während der Dauer der elterlichen Gewalt die von ihm getroffenen Anordnungen jederzeit ändern, insbesondere die Erhöhung, Minderung oder Aufhebung der geleisteten Sicherheit anordnen.

1672. Bei der Bestellung und Aufhebung der Sicherheit wird die Mitwirkung des Kindes durch die Anordnung des Vormundschaftsgerichts[152] ersetzt.

Die Kosten der Bestellung und Aufhebung der Sicherheit fallen dem Vater zur Last.

1673. Das Vormundschaftsgericht[152] soll vor einer Entscheidung, durch welche die Sorge für die Person oder das Vermögen des Kindes oder die Nutznießung dem Vater entzogen oder beschränkt wird, den Vater hören, es sei denn, daß die Anhörung unthunlich ist.

Vor der Entscheidung sollen auch Verwandte, insbesondere die Mutter, oder Verschwägerte des Kindes gehört werden, wenn es ohne erhebliche Verzögerung und ohne unverhältnißmäßige Kosten geschehen kann. Für den Ersatz der Auslagen gilt die Vorschrift des § 1847 Abs. 2.[153]

1674. Verletzt der Vormundschaftsrichter vorsätzlich oder fahrlässig die ihm obliegenden Pflichten, so ist er dem Kinde nach § 839 Abs. 1, 3 verantwortlich.[154]

1675. Der Gemeindewaisenrath hat dem Vormundschaftsgericht Anzeige zu machen, wenn ein Fall zu seiner Kenntniß gelangt, in welchem das Vormundschaftsgericht zum Einschreiten berufen ist.[155]

1676. Die elterliche Gewalt des Vaters ruht, wenn er geschäftsunfähig ist.

Das Gleiche gilt, wenn der Vater in der Geschäftsfähigkeit beschränkt ist oder wenn er nach § 1910 Abs. 1 einen Pfleger für seine Person und sein Vermögen erhalten hat. Die Sorge für die Person des Kindes steht ihm neben dem gesetzlichen Vertreter des Kindes zu; zur Vertretung des Kindes ist er nicht berechtigt. Bei einer Meinungsverschiedenheit zwischen dem Vater und dem gesetzlichen Vertreter geht die Meinung des gesetzlichen Vertreters vor.

1677. Die elterliche Gewalt des Vaters ruht, wenn von dem Vormundschaftsgerichte[156] festgestellt wird, daß der Vater auf längere Zeit an der Ausübung der elterlichen Gewalt thatsächlich verhindert ist.

Das Ruhen endigt, wenn von dem Vormundschaftsgerichte[156] festgestellt wird, daß der Grund nicht mehr besteht.

1678. Solange die elterliche Gewalt des Vaters ruht, ist der Vater nicht berechtigt, sie auszuüben; es verbleibt ihm jedoch die Nutznießung an dem Vermögen des Kindes, unbeschadet der Vorschrift des § 1685 Abs. 2.

1679. Die elterliche Gewalt des Vaters endigt, wenn er für todt erklärt wird, mit dem Zeitpunkte, der als Zeitpunkt des Todes gilt.

Lebt der Vater noch, so erlangt er die elterliche Gewalt dadurch wieder, daß er dem Vormundschaftsgerichte[140] gegenüber seinen hierauf gerichteten Willen erklärt.

1680. Der Vater verwirkt die elterliche Gewalt, wenn er wegen eines an dem Kinde verübten Verbrechens oder vorsätzlich verübten Vergehens zu Zuchthausstrafe oder zu einer Gefängnißstrafe von mindestens sechs Monaten verurtheilt wird. Wird wegen des Zusammentreffens mit einer anderen strafbaren Handlung auf eine Gesammtstrafe erkannt, so entscheidet die Einzelstrafe, welche für das an dem Kinde verübte Verbrechen oder Vergehen verwirkt ist.

Die Verwirkung der elterlichen Gewalt tritt mit der Rechtskraft des Urtheils ein.

1681. Endigt oder ruht die elterliche Gewalt des Vaters oder hört aus einem anderen Grunde seine Vermögensverwaltung auf, so hat er dem Kinde das Vermögen herauszugeben und über die Verwaltung Rechenschaft abzulegen.

1682. Der Vater ist auch nach der Beendigung seiner elterlichen Gewalt zur Fortführung der mit der Sorge für die Person und das Vermögen des Kindes verbundenen Geschäfte berechtigt, bis er von der Beendigung Kenntniß erlangt oder sie kennen muß. Ein Dritter kann sich auf diese Berechtigung nicht berufen, wenn er bei der Vornahme eines Rechtsgeschäfts die Beendigung der elterlichen Gewalt kennt oder kennen muß.

Diese Vorschriften finden entsprechende Anwendung, wenn die elterliche Gewalt des Vaters ruht oder aus einem anderen Grunde seine Vermögensverwaltung aufhört.

150. §§ 35, 43 (11) FrG.
151. §§ 35, 43 FrG; vgl. auch Art. 204 EG.
152. §§ 35, 43 FrG (auch § 18 FrG).
153. Vgl. § 7 AG z. FrG.
154. Vgl. auch Art. 77 EG; § 40 AG z. BGB.
155. Vgl. §§ 128—135 AG z. BGB; §§ 13, 15 AG z. FrG.
156. §§ 35, 43, 51 FrG. — Gebühr in § 23 Abs. 1 GKG f. E.-L.

1683. Endigt die elterliche Gewalt in Folge des Todes des Kindes, so hat der Vater diejenigen Geschäfte, mit deren Aufschube Gefahr verbunden ist, zu besorgen, bis der Erbe anderweit Fürsorge treffen kann.

2. Elterliche Gewalt der Mutter.

1684. Der Mutter steht die elterliche Gewalt zu:
1. wenn der Vater gestorben oder für todt erklärt ist;
2. wenn der Vater die elterliche Gewalt verwirkt hat und die Ehe aufgelöst ist.

Im Falle der Todeserklärung beginnt die elterliche Gewalt der Mutter mit dem Zeitpunkte, der als Zeitpunkt des Todes des Vaters gilt.

1685. Ist der Vater an der Ausübung der elterlichen Gewalt thatsächlich verhindert oder ruht seine elterliche Gewalt,[157] so übt während der Dauer der Ehe die Mutter die elterliche Gewalt mit Ausnahme der Nutznießung aus.

Ist die Ehe aufgelöst, so hat das Vormundschaftsgericht der Mutter auf ihren Antrag die Ausübung zu übertragen, wenn die elterliche Gewalt des Vaters ruht und keine Aussicht besteht, daß der Grund des Ruhens wegfallen werde. Die Mutter erlangt in diesem Falle auch die Nutznießung an dem Vermögen des Kindes.

1686. Auf die elterliche Gewalt der Mutter finden die für die elterliche Gewalt des Vaters geltenden Vorschriften Anwendung, soweit sich nicht aus den §§ 1687 bis 1697 ein Anderes ergiebt.

1687. Das Vormundschaftsgericht[158] hat der Mutter einen Beistand zu bestellen:
1. wenn der Vater die Bestellung nach Maßgabe des § 1777 angeordnet hat;
2. wenn die Mutter die Bestellung beantragt;
3. wenn das Vormundschaftsgericht[140] aus besonderen Gründen, insbesondere wegen des Umfanges oder der Schwierigkeit der Vermögensverwaltung, oder in den Fällen der §§ 1666, 1667 die Bestellung im Interesse des Kindes für nöthig erachtet.

1688. Der Beistand kann für alle Angelegenheiten, für gewisse Arten von Angelegenheiten oder für einzelne Angelegenheiten bestellt werden.

Ueber den Umfang seines Wirkungskreises entscheidet die Bestellung. Ist der Umfang nicht bestimmt, so fallen alle Angelegenheiten in seinen Wirkungskreis.

Hat der Vater die Bestellung angeordnet, so hat das Vormundschaftsgericht Bestimmungen, die er nach Maßgabe des § 1777 über den Umfang des Wirkungskreises getroffen hat, bei der Bestellung zu befolgen.

1689. Der Beistand hat innerhalb seines Wirkungskreises die Mutter bei der Ausübung der elterlichen Gewalt zu unterstützen und zu überwachen; er hat dem Vormundschaftsgerichte[140] jeden Fall, in welchem es zum Einschreiten berufen ist, unverzüglich anzuzeigen.[159]

1690. Die Genehmigung des Beistandes ist innerhalb seines Wirkungskreises zu jedem Rechtsgeschäft erforderlich, zu dem ein Vormund der Genehmigung des Vormundschaftsgerichts[140] oder des Gegenvormundes bedarf. Ausgenommen sind Rechtsgeschäfte, welche die Mutter nicht ohne die Genehmigung des Vormundschaftsgerichts vornehmen kann. Die Vorschriften der §§ 1828 bis 1831 finden entsprechende Anwendung.[160]

Die Genehmigung des Beistandes wird durch die Genehmigung des Vormundschaftsgerichts ersetzt.

Das Vormundschaftsgericht soll vor der Entscheidung über die Genehmigung in allen Fällen, in denen das Rechtsgeschäft zu dem Wirkungskreise des Beistandes gehört, den Beistand hören, sofern ein solcher vorhanden und die Anhörung thunlich ist.

1691. Soweit die Anlegung des zu dem Vermögen des Kindes gehörenden Geldes in den Wirkungskreis des Beistandes fällt, finden die für die Anlegung von Mündelgeld geltenden Vorschriften der §§ 1809, 1810 entsprechende Anwendung.

1692. Hat die Mutter ein Vermögensverzeichniß einzureichen, so ist bei der Aufnahme des Verzeichnisses der Beistand zuzuziehen; das Verzeichniß ist auch von dem Beistande mit der Versicherung der Richtigkeit und Vollständigkeit zu versehen. Ist das Verzeichniß ungenügend, so finden, sofern nicht die Voraussetzungen des § 1667 vorliegen, die Vorschriften des § 1640 Abs. 2 entsprechende Anwendung.

1693. Das Vormundschaftsgericht[140] kann auf Antrag der Mutter dem Beistande die Vermögensverwaltung ganz oder theilweise übertragen; soweit dies geschieht, hat der Beistand die Rechte und Pflichten eines Pflegers.

1694. Für die Berufung, Bestellung und Beaufsichtigung des Beistandes, für seine Haftung und seine Ansprüche, für die ihm zu bewilligende Vergütung und für die Beendigung seines Amtes gelten die gleichen Vorschriften wie bei dem Gegenvormunde.[161]

Das Amt des Beistandes endigt auch dann, wenn die elterliche Gewalt der Mutter ruht.

1695. Das Vormundschaftsgericht kann in den Fällen des § 1687 Nr. 2, 3 die Bestellung des Beistandes und im Falle des § 1693 die Uebertragung der Vermögensverwaltung auf den Beistand jederzeit aufheben.

Ist die Bestellung des Beistandes nach § 1687

157. Vgl. § 51 FrG.
158. §§ 35, 43 FrG. — Vgl. auch §§ 20, 60 1—3, 57 5 FrG.
159. Vgl. § 57 6 FrG.
160. Vgl. § 14a (Art. 41 II EG) RG v. 1. Juni 1870 (8. Januar 1873).
161. Vgl. §§ 54, 60 1, 2 FrG.

Nr. 2 erfolgt, so soll sie nur mit Zustimmung der Mutter aufgehoben werden. Das Gleiche gilt für die Uebertragung der Vermögensverwaltung auf den Beistand.[162]

1696. Ruht die elterliche Gewalt der Mutter wegen Minderjährigkeit, so hat die Mutter das Recht und die Pflicht, für die Person des Kindes zu sorgen; zur Vertretung des Kindes ist sie nicht berechtigt. Der Vormund des Kindes hat, soweit der Mutter die Sorge zusteht, die rechtliche Stellung eines Beistandes.

1697. Die Mutter verliert die elterliche Gewalt, wenn sie eine neue Ehe eingeht.[163] Sie behält jedoch unter den im § 1696 bestimmten Beschränkungen das Recht und die Pflicht, für die Person des Kindes zu sorgen.

1698. Wird für das Kind ein Vormund bestellt, weil die elterliche Gewalt des Vaters ruht oder verwirkt ist oder weil die Vertretung des Kindes dem Vater entzogen ist, oder wird für die Erziehung des Kindes an Stelle des Vaters ein Pfleger bestellt, so steht der Mutter die Sorge für die Person des Kindes neben dem Vormund oder dem Pfleger in gleicher Weise zu wie nach § 1634 neben dem Vater.

Fünfter Titel. Rechtliche Stellung der Kinder aus nichtigen Ehen.[164]

1699. Ein Kind aus einer nichtigen Ehe, das im Falle der Gültigkeit der Ehe ehelich sein würde, gilt als ehelich, sofern nicht beide Ehegatten die Nichtigkeit der Ehe bei der Eheschließung gekannt haben.

Diese Vorschrift findet keine Anwendung, wenn die Nichtigkeit der Ehe auf einem Formmangel beruht und die Ehe nicht in das Heirathsregister eingetragen worden ist.

1700. Das Rechtsverhältniß zwischen den Eltern und einem Kinde, das nach § 1699 als ehelich gilt, bestimmt sich, soweit sich nicht aus den §§ 1701, 1702 ein Anderes ergiebt, nach den Vorschriften, die für ein Kind aus einer geschiedenen Ehe gelten, wenn beide Ehegatten für schuldig erklärt sind.

1701. War dem Vater die Nichtigkeit der Ehe bei der Eheschließung bekannt, so hat er nicht die sich aus der Vaterschaft ergebenden Rechte. Die elterliche Gewalt steht der Mutter zu.

1702. War der Mutter die Nichtigkeit der Ehe bei der Eheschließung bekannt, so hat sie in Ansehung des Kindes nur diejenigen Rechte, welche im Falle der Scheidung der allein für schuldig erklärten Frau zustehen.

Stirbt der Vater oder endigt seine elterliche Gewalt aus einem anderen Grunde, so hat die Mutter nur das Recht und die Pflicht, für die Person des Kindes zu sorgen; zur Vertretung des Kindes ist sie nicht berechtigt. Der Vormund des Kindes hat, soweit der Mutter die Sorge zusteht, die rechtliche Stellung eines Beistandes.

Die Vorschriften des Abs. 2 finden auch dann Anwendung, wenn die elterliche Gewalt des Vaters wegen seiner Geschäftsunfähigkeit oder nach § 1677 ruht.

1703. Gilt das Kind nicht als ehelich, weil beiden Ehegatten die Nichtigkeit der Ehe bei der Eheschließung bekannt war, so kann es gleichwohl von dem Vater, solange er lebt, Unterhalt wie ein eheliches Kind verlangen. Das im § 1612 Abs. 2 bestimmte Recht steht dem Vater nicht zu.

1704. Ist die Ehe wegen Drohung anfechtbar und angefochten, so steht der anfechtungsberechtigte Ehegatte einem Ehegatten gleich, dem die Nichtigkeit der Ehe bei der Eheschließung unbekannt war.

Sechster Titel.
Rechtliche Stellung der unehelichen Kinder.[165]

1705. Das uneheliche Kind hat im Verhältnisse zu der Mutter und zu den Verwandten der Mutter die rechtliche Stellung eines ehelichen Kindes.

1706. Das uneheliche Kind erhält den Familiennamen der Mutter.

Führt die Mutter in Folge ihrer Verheirathung einen anderen Namen, so erhält das Kind den Familiennamen, den die Mutter vor der Verheirathung geführt hat. Der Ehemann der Mutter kann durch Erklärung gegenüber der zuständigen Behörde dem Kinde mit Einwilligung des Kindes und der Mutter seinen Namen ertheilen; die Erklärung des Ehemanns sowie die Einwilligungserklärungen des Kindes und der Mutter sind in öffentlich beglaubigter Form[166] abzugeben.

1707. Der Mutter steht nicht die elterliche Gewalt über das uneheliche Kind zu. Sie hat das Recht und die Pflicht, für die Person des Kindes zu sorgen, zur Vertretung des Kindes ist sie nicht berechtigt. Der Vormund des Kindes hat, soweit der Mutter die Sorge zusteht, die rechtliche Stellung eines Beistandes.[167]

1708. Der Vater des unehelichen Kindes ist verpflichtet, dem Kinde bis zur Vollendung des sechzehnten Lebensjahrs den der Lebensstellung der Mutter entsprechenden Unterhalt zu gewähren. Der Unterhalt umfaßt den gesammten Lebensbedarf sowie die Kosten der Erziehung und der Vorbildung zu einem Berufe.

Ist das Kind zur Zeit der Vollendung des sechzehnten Lebensjahrs in Folge körperlicher oder

162. Vgl. §§ 57 [5], 60 [3] FrG.
163. Vgl. § 48 FrG.
164. Uebergangsvorschrift: Art. 207 EG.
165. Uebergangsvorschrift: Art. 208 EG. — Vgl. auch Art. 20, 21 EG; §§ 640 ff. CPO; § 48 FrG; §§ 136 ff. AG z. BGB.
166. § 48 AG z. FrG (vgl. auch § 129 BGB; §§ 167, 183 FrG; § 118 AG z. BGB).
167. Vgl. hierzu Art. 136 [2] EG, §§ 136, 137 AG z. BGB.

geistiger Gebrechen außer Stande, sich selbst zu unterhalten, so hat ihm der Vater auch über diese Zeit hinaus Unterhalt zu gewähren; die Vorschrift des § 1603 Abs. 1 findet Anwendung.[168]

1709. Der Vater ist vor der Mutter und den mütterlichen Verwandten des Kindes unterhaltspflichtig.

Soweit die Mutter oder ein unterhaltspflichtiger mütterlicher Verwandter dem Kinde den Unterhalt gewährt, geht der Unterhaltsanspruch des Kindes gegen den Vater auf die Mutter oder den Verwandten über. Der Uebergang kann nicht zum Nachtheile des Kindes geltend gemacht werden.

1710. Der Unterhalt ist durch Entrichtung einer Geldrente zu gewähren.

Die Rente ist für drei Monate vorauszuzahlen. Durch eine Vorausleistung für eine spätere Zeit wird der Vater nicht befreit.

Hat das Kind den Beginn des Vierteljahrs erlebt, so gebührt ihm der volle auf das Vierteljahr entfallende Betrag.

1711. Der Unterhalt kann auch für die Vergangenheit verlangt werden.

1712. Der Unterhaltsanspruch erlischt nicht mit dem Tode des Vaters; er steht dem Kinde auch dann zu, wenn der Vater vor der Geburt des Kindes gestorben ist.

Der Erbe des Vaters ist berechtigt, das Kind mit dem Betrag abzufinden, der dem Kinde als Pflichttheil gebühren würde, wenn es ehelich wäre. Sind mehrere uneheliche Kinder vorhanden, so wird die Abfindung so berechnet, wie wenn sie alle ehelich wären.

1713. Der Unterhaltsanspruch erlischt mit dem Tode des Kindes, soweit er nicht auf Erfüllung oder Schadensersatz wegen Nichterfüllung für die Vergangenheit oder auf solche im Voraus zu bewirkende Leistungen gerichtet ist, die zur Zeit des Todes des Kindes fällig sind.

Die Kosten der Beerdigung hat der Vater zu tragen, soweit ihre Bezahlung nicht von dem Erben des Kindes zu erlangen ist.

1714. Eine Vereinbarung zwischen dem Vater und dem Kinde über den Unterhalt für die Zukunft oder über eine an Stelle des Unterhalts zu gewährende Abfindung bedarf der Genehmigung des Vormundschaftsgerichts.[169]

Ein unentgeltlicher Verzicht auf den Unterhalt für die Zukunft ist nichtig.

1715. Der Vater ist verpflichtet, der Mutter die Kosten der Entbindung sowie die Kosten des Unterhalts für die ersten sechs Wochen nach der Entbindung und, falls in Folge der Schwangerschaft oder der Entbindung weitere Aufwendungen nothwendig werden, auch die dadurch entstehenden Kosten zu ersetzen. Den gewöhnlichen Betrag der zu ersetzenden Kosten kann die Mutter ohne Rücksicht auf den wirklichen Aufwand verlangen.

Der Anspruch steht der Mutter auch dann zu, wenn der Vater vor der Geburt des Kindes gestorben oder wenn das Kind todt geboren ist.

Der Anspruch verjährt in vier Jahren. Die Verjährung beginnt mit dem Ablaufe von sechs Wochen nach der Geburt des Kindes.[170]

1716. Schon vor der Geburt des Kindes kann auf Antrag der Mutter durch einstweilige Verfügung angeordnet werden, daß der Vater den für die ersten drei Monate dem Kinde zu gewährenden Unterhalt alsbald nach der Geburt an die Mutter oder an den Vormund zu zahlen und den erforderlichen Betrag angemessene Zeit vor der Geburt zu hinterlegen hat. In gleicher Weise kann auf Antrag der Mutter die Zahlung des gewöhnlichen Betrags der nach § 1715 Abs. 1 zu ersetzenden Kosten an die Mutter und die Hinterlegung des erforderlichen Betrags angeordnet werden.

Zur Erlassung der einstweiligen Verfügung ist nicht erforderlich, daß eine Gefährdung des Anspruchs glaubhaft gemacht wird.

1717. Als Vater des unehelichen Kindes im Sinne der §§ 1708 bis 1716 gilt, wer der Mutter innerhalb der Empfängnißzeit beigewohnt hat, es sei denn, daß auch ein Anderer ihr innerhalb dieser Zeit beigewohnt hat. Eine Beiwohnung bleibt jedoch außer Betracht, wenn es den Umständen nach offenbar unmöglich ist, daß die Mutter das Kind aus dieser Beiwohnung empfangen hat.

Als Empfängnißzeit gilt die Zeit von dem einhunderteinundachtzigsten bis zu dem dreihundertundzweiten Tage vor dem Tage der Geburt des Kindes, mit Einschluß sowohl des einhunderteinundachtzigsten als des dreihundertundzweiten Tages.[171]

1718. Wer seine Vaterschaft nach der Geburt des Kindes in einer öffentlichen Urkunde[172] anerkennt, kann sich nicht darauf berufen, daß ein Anderer der Mutter innerhalb der Empfängnißzeit beigewohnt habe.

Siebenter Titel.
Legitimation unehelicher Kinder.[173]

I. Legitimation durch nachfolgende Ehe.

1719. Ein uneheliches Kind erlangt dadurch, daß sich der Vater mit der Mutter verheirathet,

168. Der Unterhalt ist nicht pfändbar nach § 850² Abs. 4 CPO. Vgl. auch § 3 Abs. 2 KO.

169. §§ 35, 43 Abs. 2 FrG.

170. Vgl. § 3 Abs. 2 KO.

171. Für die Ermittelung der unehelichen Vaterschaft kommen die Vorschriften der §§ 640 ff. CPO nicht zur Anwendung nach § 644 CPO.

172. Vgl. §§ 167 Abs. 2, 191 Abs. 1 FrG; §§ 44, 46 AG z. FrG.

173. Uebergangsvorschrift: Art. 209 EG. — Vgl. auch Art. 22 EG.

mit der Eheschließung die rechtliche Stellung eines ehelichen Kindes.[174]

1720. Der Ehemann der Mutter gilt als Vater des Kindes, wenn er ihr innerhalb der im § 1717 Abs. 2 bestimmten Empfängnißzeit beigewohnt hat, es sei denn, daß es den Umständen nach offenbar unmöglich ist, daß die Mutter das Kind aus dieser Beiwohnung empfangen hat.

Erkennt der Ehemann seine Vaterschaft nach der Geburt des Kindes in einer öffentlichen Urkunde[173] an, so wird vermuthet, daß er der Mutter innerhalb der Empfängnißzeit beigewohnt habe.

1721. Ist die Ehe der Eltern nichtig, so finden die Vorschriften der §§ 1699 bis 1704 entsprechende Anwendung.

1722. Die Eheschließung zwischen den Eltern hat für die Abkömmlinge des unehelichen Kindes die Wirkungen der Legitimation auch dann, wenn das Kind vor der Eheschließung gestorben ist.

II. Ehelichkeitserklärung.

1723. Ein uneheliches Kind kann auf Antrag seines Vaters durch eine Verfügung der Staatsgewalt für ehelich erklärt werden.

Die Ehelichkeitserklärung steht dem Bundesstaate zu, dem der Vater angehört; ist der Vater ein Deutscher, der keinem Bundesstaat angehört, so steht sie dem Reichskanzler zu.

Ueber die Ertheilung[174a] der einem Bundesstaate zustehenden Ehelichkeitserklärung hat die Landesregierung zu bestimmen.[175]

1724. Die Ehelichkeitserklärung kann nicht unter einer Bedingung oder einer Zeitbestimmung erfolgen.

1725. Der Antrag muß die Erklärung des Vaters enthalten, daß er das Kind als das seinige anerkenne.

1726. Zur Ehelichkeitserklärung ist die Einwilligung des Kindes und, wenn das Kind nicht das einundzwanzigste Lebensjahr vollendet hat, die Einwilligung der Mutter erforderlich. Ist der Vater verheirathet, so bedarf er auch der Einwilligung seiner Frau.

Die Einwilligung hat dem Vater oder der Behörde gegenüber zu erfolgen, bei welcher der Antrag einzureichen ist; sie ist unwiderruflich.

Die Einwilligung der Mutter ist nicht erforderlich, wenn die Mutter zur Abgabe einer Erklärung dauernd außer Stande oder ihr Aufenthalt dauernd unbekannt ist. Das Gleiche gilt von der Einwilligung der Frau des Vaters.

1727. Wird die Einwilligung von der Mutter verweigert, so kann sie auf Antrag des Kindes durch das Vormundschaftsgericht ersetzt werden, wenn das Unterbleiben der Ehelichkeitserklärung dem Kinde zu unverhältnißmäßigem Nachtheile gereichen würde.[176]

1728. Der Antrag auf Ehelichkeitserklärung sowie die Einwilligung der im § 1726 bezeichneten Personen kann nicht durch einen Vertreter erfolgen.

Ist das Kind geschäftsunfähig oder hat es nicht das vierzehnte Lebensjahr vollendet, so kann sein gesetzlicher Vertreter die Einwilligung mit Genehmigung des Vormundschaftsgerichts ertheilen.[176]

1729. Ist der Vater in der Geschäftsfähigkeit beschränkt, so bedarf er zu dem Antrag, außer der Zustimmung seines gesetzlichen Vertreters, der Genehmigung des Vormundschaftsgerichts.[176]

Ist das Kind in der Geschäftsfähigkeit beschränkt, so gilt das Gleiche für die Ertheilung seiner Einwilligung.

Ist die Mutter des Kindes oder die Frau des Vaters in der Geschäftsfähigkeit beschränkt, so ist zur Ertheilung ihrer Einwilligung die Zustimmung des gesetzlichen Vertreters nicht erforderlich.

1730. Der Antrag sowie die Einwilligungserklärung der im § 1726 bezeichneten Personen bedarf der gerichtlichen oder notariellen Beurkundung.[177]

1731. Ist der Antrag oder die Einwilligung einer der im § 1726 bezeichneten Personen anfechtbar, so gelten für die Anfechtung und für die Bestätigung der anfechtbaren Erklärung die Vorschriften der §§ 1728, 1729.

1732. Die Ehelichkeitserklärung ist nicht zulässig, wenn zur Zeit der Erzeugung des Kindes die Ehe zwischen den Eltern nach § 1310 Abs. 1 wegen Verwandtschaft oder Schwägerschaft verboten war.

1733. Die Ehelichkeitserklärung kann nicht nach dem Tode des Kindes erfolgen.

Nach dem Tode des Vaters ist die Ehelichkeitserklärung nur zulässig, wenn der Vater den Antrag bei der zuständigen Behörde eingereicht oder bei oder nach der gerichtlichen oder notariellen Beurkundung des Antrags das Gericht oder den Notar mit der Einreichung betraut hat.

Die nach dem Tode des Vaters erfolgte Ehelichkeitserklärung hat die gleiche Wirkung, wie wenn sie vor dem Tode des Vaters erfolgt wäre.

1734. Die Ehelichkeitserklärung kann versagt werden, auch wenn ihr ein gesetzliches Hinderniß nicht entgegensteht.

1735. Auf die Wirksamkeit der Ehelichkeitserklärung ist es ohne Einfluß, wenn der Antragsteller nicht der Vater des Kindes ist oder wenn mit Unrecht angenommen worden ist, daß die Mutter des Kindes oder die Frau des Vaters zur Abgabe einer Erklärung dauernd außer Stande oder ihr Aufenthalt dauernd unbekannt sei.

174. Vgl. § 26 RG v. 6. Febr. 1875.

174a. Die Ertheilung erfolgt durch den Statthalter (§ 1 Abs. 1 Ver. v. 1. Nov. 1899 GBl. S. 172). Ueber das Verfahren hierbei vgl. Ver. v. 27. Dec. 1899.

175. Vgl. hierzu auch § 4 RG über Erwerb und Verlust der Staatsangehörigkeit v. 1. Juni 1870 (8. Januar 1873).

176. Zuständigkeit s. §§ 35, 43 FrG. — Vgl. auch §§ 53, 55 Abs. 2 FrG.

177. Vgl. § 42 AG z. FrG (Art. 141 EG).

1736. Durch die Ehelichkeitserklärung erlangt das Kind die rechtliche Stellung eines ehelichen Kindes.[178]

1737. Die Wirkungen der Ehelichkeitserklärung erstrecken sich auf die Abkömmlinge des Kindes; sie erstrecken sich nicht auf die Verwandten des Vaters. Die Frau des Vaters wird nicht mit dem Kinde, der Ehegatte des Kindes wird nicht mit dem Vater verschwägert.

Die Rechte und Pflichten, die sich aus dem Verwandtschaftsverhältnisse zwischen dem Kinde und seinen Verwandten ergeben, bleiben unberührt, soweit nicht das Gesetz ein Anderes vorschreibt.

1738. Mit der Ehelichkeitserklärung verliert die Mutter das Recht und die Pflicht, für die Person des Kindes zu sorgen. Hat sie dem Kinde Unterhalt zu gewähren, so treten Recht und Pflicht wieder ein, wenn die elterliche Gewalt des Vaters endigt oder wenn sie wegen Geschäftsunfähigkeit des Vaters oder nach § 1677 ruht.

1739. Der Vater ist dem Kinde und dessen Abkömmlingen vor der Mutter und den mütterlichen Verwandten zur Gewährung des Unterhalts verpflichtet.

1740. Will der Vater eine Ehe eingehen, während er die elterliche Gewalt über das Kind hat, so finden die Vorschriften der §§ 1669 bis 1671 Anwendung.

Achter Titel. Annahme an Kindesstatt.[179]

1741. Wer keine ehelichen Abkömmlinge hat, kann durch Vertrag mit einem Anderen diesen an Kindesstatt annehmen. Der Vertrag bedarf der Bestätigung durch das zuständige Gericht.[180]

1742. Die Annahme an Kindesstatt kann nicht unter einer Bedingung oder einer Zeitbestimmung erfolgen.

1743. Das Vorhandensein eines angenommenen Kindes steht einer weiteren Annahme an Kindesstatt nicht entgegen.

1744. Der Annehmende muß das fünfzigste Lebensjahr vollendet haben und mindestens achtzehn Jahre älter sein als das Kind.

1745. Von den Erfordernissen des § 1744 kann Befreiung bewilligt werden, von der Vollendung des fünfzigsten Lebensjahrs jedoch nur, wenn der Annehmende volljährig ist.

Die Bewilligung steht dem Bundesstaate zu, dem der Annehmende angehört; ist der Annehmende ein Deutscher, der keinem Bundesstaat angehört, so steht die Bewilligung dem Reichskanzler zu.

Ueber die Ertheilung der einem Bundesstaate zustehenden Bewilligung hat die Landesregierung zu bestimmen.[180a]

1746. Wer verheirathet ist, kann nur mit Einwilligung seines Ehegatten an Kindesstatt annehmen oder angenommen werden.

Die Einwilligung ist nicht erforderlich, wenn der Ehegatte zur Abgabe einer Erklärung dauernd außer Stande oder sein Aufenthalt dauernd unbekannt ist.

1747. Ein eheliches Kind kann bis zur Vollendung des einundzwanzigsten Lebensjahrs nur mit Einwilligung der Eltern, ein uneheliches Kind kann bis zum gleichen Lebensalter nur mit Einwilligung der Mutter an Kindesstatt angenommen werden. Die Vorschrift des § 1746 Abs. 2 findet entsprechende Anwendung.

1748. Die Einwilligung der in den §§ 1746, 1747 bezeichneten Personen hat dem Annehmenden oder dem Kinde oder dem für die Bestätigung des Annahmevertrags zuständigen Gerichte gegenüber zu erfolgen; sie ist unwiderruflich.

Die Einwilligung kann nicht durch einen Vertreter ertheilt werden. Ist der Einwilligende in der Geschäftsfähigkeit beschränkt, so bedarf er nicht der Zustimmung seines gesetzlichen Vertreters.

Die Einwilligungserklärung bedarf der gerichtlichen oder notariellen Beurkundung.[181]

1749. Als gemeinschaftliches Kind kann ein Kind nur von einem Ehepaar angenommen werden.

Ein angenommenes Kind kann, solange das durch die Annahme begründete Rechtsverhältniß besteht, nur von dem Ehegatten des Annehmenden an Kindesstatt angenommen werden.

1750. Der Annahmevertrag kann nicht durch einen Vertreter geschlossen werden. Hat das Kind nicht das vierzehnte Lebensjahr vollendet, so kann sein gesetzlicher Vertreter den Vertrag mit Genehmigung des Vormundschaftsgerichts[182] schließen.

Der Annahmevertrag muß bei gleichzeitiger Anwesenheit beider Theile vor Gericht oder vor einem Notar geschlossen werden.[181]

1751. Ist der Annehmende in der Geschäftsfähigkeit beschränkt, so bedarf er zur Eingehung des Vertrags, außer der Zustimmung seines gesetzlichen Vertreters, der Genehmigung des Vormundschaftsgerichts.[182]

Das Gleiche gilt für das Kind, wenn es in der Geschäftsfähigkeit beschränkt ist.

1752. Will ein Vormund seinen Mündel an Kindesstatt annehmen, so soll das Vormundschaftsgericht[183] die Genehmigung nicht ertheilen, so-

178. Vgl. § 26 RG v. 6 Febr. 1875.

179. Uebergangsvorschrift: Art. 209 EG. — Vgl. auch Art. 22 EG; § 26 RG v. 6. Febr. 1875.

180. Die formellen Bestimmungen über diese Bestätigung enthalten die §§ 65—68 FrG.

180a. Die Ertheilung erfolgt durch den Statthalter (§ 1 Abs. 2 Ver. v. 1. Nov. 1899. GBl. S. 172).
Ueber das Verfahren hierbei vgl. Ver. v. 27. Dec. 1899.

181. Vgl. § 42 AG z. FrG (Art. 141 EG).

182. §§ 35, 43, 55 FrG.

183. §§ 35, 36 FrG.

lange der Vormund im Amte ist. Will Jemand seinen früheren Mündel an Kindesstatt annehmen, so soll das Vormundschaftsgericht die Genehmigung nicht ertheilen, bevor er über seine Verwaltung Rechnung gelegt und das Vorhandensein des Mündelvermögens nachgewiesen hat.

Das Gleiche gilt, wenn ein zur Vermögensverwaltung bestellter Pfleger seinen Pflegling oder seinen früheren Pflegling an Kindesstatt annehmen will.

1753. Die Bestätigung des Annahmevertrags kann nicht nach dem Tode des Kindes erfolgen.

Nach dem Tode des Annehmenden ist die Bestätigung nur zulässig, wenn der Annehmende oder das Kind den Antrag auf Bestätigung bei dem zuständigen Gericht eingereicht oder bei oder nach der gerichtlichen oder notariellen Beurkundung des Vertrags das Gericht oder den Notar mit der Einreichung betraut hat.[184]

Die nach dem Tode des Annehmenden erfolgte Bestätigung hat die gleiche Wirkung, wie wenn sie vor dem Tode erfolgt wäre.[185]

1754. Die Annahme an Kindesstatt tritt mit der Bestätigung in Kraft. Die Vertragschließenden sind schon vor der Bestätigung gebunden.

Die Bestätigung ist nur zu versagen, wenn ein gesetzliches Erforderniß der Annahme an Kindesstatt fehlt. Wird die Bestätigung endgiltig versagt, so verliert der Vertrag seine Kraft.[186]

1755. Ist der Annahmevertrag oder die Einwilligung einer der in den §§ 1746, 1747 bezeichneten Personen anfechtbar, so gelten für die Anfechtung und für die Bestätigung des anfechtbaren Rechtsgeschäfts die Vorschriften des § 1748 Abs. 2, des § 1750 Abs. 1 und des § 1751.

1756. Auf die Wirksamkeit der Annahme an Kindesstatt ist es ohne Einfluß, wenn bei der Bestätigung des Annahmevertrags mit Unrecht angenommen worden ist, daß eine der in den §§ 1746, 1747 bezeichneten Personen zur Abgabe einer Erklärung dauernd außer Stande oder ihr Aufenthalt dauernd unbekannt sei.

1757. Durch die Annahme an Kindesstatt erlangt das Kind die rechtliche Stellung eines ehelichen Kindes des Annehmenden.

Wird von einem Ehepaare gemeinschaftlich ein Kind angenommen oder nimmt ein Ehegatte ein Kind des anderen Ehegatten an, so erlangt das Kind die rechtliche Stellung eines gemeinschaftlichen ehelichen Kindes der Ehegatten.

1758. Das Kind erhält den Familiennamen des Annehmenden. Wird das Kind von einer Frau angenommen, die in Folge ihrer Verheirathung einen anderen Namen führt, so erhält es den Familiennamen, den die Frau vor der Verheirathung geführt hat. In den Fällen des § 1757 Abs. 2 erhält das Kind den Familiennamen des Mannes.

Das Kind darf dem neuen Namen seinen früheren Familiennamen hinzufügen, sofern nicht in dem Annahmevertrag ein Anderes bestimmt ist.

1759. Durch die Annahme an Kindesstatt wird ein Erbrecht für den Annehmenden nicht begründet.

1760. Der Annehmende hat über das Vermögen des Kindes, soweit es auf Grund der elterlichen Gewalt seiner Verwaltung unterliegt, auf seine Kosten ein Verzeichniß aufzunehmen und dem Vormundschaftsgericht[187] einzureichen; er hat das Verzeichniß mit der Versicherung der Richtigkeit und Vollständigkeit zu versehen. Ist das eingereichte Verzeichniß ungenügend, so findet die Vorschrift des § 1640 Abs. 2 Satz 1 Anwendung.

Erfüllt der Annehmende die ihm nach Abs. 1 obliegende Verpflichtung nicht, so kann ihm das Vormundschaftsgericht[187] die Vermögensverwaltung entziehen. Die Entziehung kann jederzeit wiederaufgehoben werden.

1761. Will der Annehmende eine Ehe eingehen, während er die elterliche Gewalt über das Kind hat, so finden die Vorschriften der §§ 1669 bis 1671 Anwendung.

1762. Die Wirkungen der Annahme an Kindesstatt erstrecken sich auf die Abkömmlinge des Kindes. Auf einen zur Zeit des Vertragsabschlusses schon vorhandenen Abkömmling und dessen später geborene Abkömmlinge erstrecken sich die Wirkungen nur, wenn der Vertrag auch mit dem schon vorhandenen Abkömmlinge geschlossen wird.

1763. Die Wirkungen der Annahme an Kindesstatt erstrecken sich nicht auf die Verwandten des Annehmenden. Der Ehegatte des Annehmenden wird nicht mit dem Kinde, der Ehegatte des Kindes wird nicht mit dem Annehmenden verschwägert.

1764. Die Rechte und Pflichten, die sich aus dem Verwandtschaftsverhältnisse zwischen dem Kinde und seinen Verwandten ergeben, werden durch die Annahme an Kindesstatt nicht berührt, soweit nicht das Gesetz ein Anderes vorschreibt.

1765. Mit der Annahme an Kindesstatt verlieren die leiblichen Eltern die elterliche Gewalt über das Kind, die uneheliche Mutter das Recht und die Pflicht, für die Person des Kindes zu sorgen.

Hat der Vater oder die Mutter dem Kinde Unterhalt zu gewähren, so treten das Recht und die Pflicht, für die Person des Kindes zu sorgen, wieder ein, wenn die elterliche Gewalt des Annehmenden endigt oder wenn sie wegen Geschäftsunfähigkeit des Annehmenden oder nach § 1677 ruht. Das Recht zur Vertretung des Kindes tritt nicht wieder ein.

184. Vgl. § 66 Abs. 1 FrG.
185. Vgl. § 67 Abs. 2 FrG.
186. Vgl. § 68 Abs. 2 FrG.
187. §§ 35, 36, 43 FrG.

1766. Der Annehmende ist dem Kinde und denjenigen Abkömmlingen des Kindes, auf welche sich die Wirkungen der Annahme erstrecken, vor den leiblichen Verwandten des Kindes zur Gewährung des Unterhalts verpflichtet.

Der Annehmende steht im Falle des § 1611 Abs. 2 den leiblichen Verwandten der aufsteigenden Linie gleich.

1767. In dem Annahmevertrage kann die Nutznießung des Annehmenden an dem Vermögen des Kindes sowie das Erbrecht des Kindes dem Annehmenden gegenüber ausgeschlossen werden.

Im Uebrigen können die Wirkungen der Annahme an Kindesstatt in dem Annahmevertrage nicht geändert werden.

1768. Das durch die Annahme an Kindesstatt begründete Rechtsverhältniß kann wiederaufgehoben werden. Die Aufhebung kann nicht unter einer Bedingung oder einer Zeitbestimmung erfolgen.

Die Aufhebung erfolgt durch Vertrag zwischen dem Annehmenden, dem Kinde und denjenigen Abkömmlingen des Kindes, auf welche sich die Wirkungen der Annahme erstrecken.

Hat ein Ehepaar gemeinschaftlich ein Kind angenommen oder hat ein Ehegatte ein Kind des anderen Ehegatten angenommen, so ist zu der Aufhebung die Mitwirkung beider Ehegatten erforderlich.

1769. Nach dem Tode des Kindes können die übrigen Betheiligten das zwischen ihnen bestehende Rechtsverhältniß durch Vertrag aufheben. Das Gleiche gilt in den Fällen des § 1757 Abs. 2 nach dem Tode eines der Ehegatten.[185]

1770. Die für die Annahme an Kindesstatt geltenden Vorschriften des § 1741 Satz 2 und der §§ 1750, 1751, 1753 bis 1755 gelten auch für die Aufhebung.

1771. Schließen Personen, die durch Annahme an Kindesstatt verbunden sind, der Vorschrift des § 1311 zuwider eine Ehe, so tritt mit der Eheschließung die Aufhebung des durch die Annahme zwischen ihnen begründeten Rechtsverhältnisses ein.

Ist die Ehe nichtig, so wird, wenn dem einen Ehegatten die elterliche Gewalt über den anderen zusteht, diese mit der Eheschließung verwirkt. Die Verwirkung tritt nicht ein, wenn die Nichtigkeit der Ehe auf einem Formmangel beruht und die Ehe nicht in das Heirathsregister eingetragen worden ist.

1772. Mit der Aufhebung der Annahme an Kindesstatt verlieren das Kind und diejenigen Abkömmlinge des Kindes, auf welche sich die Aufhebung erstreckt, das Recht, den Familiennamen des Annehmenden zu führen. Diese Vorschrift findet in den Fällen des § 1757 Abs. 2 keine Anwendung, wenn die Aufhebung nach dem Tode eines der Ehegatten erfolgt.

Dritter Abschnitt. Vormundschaft.

Erster Titel. Vormundschaft über Minderjährige.

I. Anordnung der Vormundschaft.[188]

1773. Ein Minderjähriger erhält einen Vormund, wenn er nicht unter elterlicher Gewalt steht oder wenn die Eltern weder in den die Person noch in den das Vermögen betreffenden Angelegenheiten zur Vertretung des Minderjährigen berechtigt sind.

Ein Minderjähriger erhält einen Vormund auch dann, wenn sein Familienstand nicht zu ermitteln ist.[189]

1774. Das Vormundschaftsgericht[190] hat die Vormundschaft von Amtswegen anzuordnen.

1775. Das Vormundschaftsgericht soll, sofern nicht besondere Gründe für die Bestellung mehrerer Vormünder vorliegen, für den Mündel und, wenn mehrere Geschwister zu bevormunden sind,[191] für alle Mündel nur einen Vormund bestellen.

1776. Als Vormünder sind in nachstehender Reihenfolge berufen:

1. wer von dem Vater des Mündels als Vormund benannt ist;
2. wer von der ehelichen Mutter des Mündels als Vormund benannt ist;
3. der Großvater des Mündels von väterlicher Seite;
4. der Großvater des Mündels von mütterlicher Seite.[192]

Die Großväter sind nicht berufen, wenn der Mündel von einem Anderen als dem Ehegatten seines Vaters oder seiner Mutter an Kindesstatt angenommen ist. Das Gleiche gilt, wenn derjenige, von welchem der Mündel abstammt, von einem Anderen als dem Ehegatten seines Vaters oder seiner Mutter an Kindesstatt angenommen ist und die Wirkungen der Annahme sich auf den Mündel erstrecken.

1777. Der Vater kann einen Vormund nur benennen, wenn ihm zur Zeit seines Todes die elterliche Gewalt über das Kind zusteht; er hat dieses Recht nicht, wenn er in den die Person oder in den das Vermögen betreffenden Angelegenheiten nicht zur Vertretung des Kindes berechtigt ist. Das Gleiche gilt für die Mutter.

Der Vater kann für ein Kind, das erst nach

188. Uebergangsvorschrift: Art. 210 EG. — Die Vormundschaft über Ausländer behandelt Art. 23 EG.

Vgl. auch Art. 136 EG; § 47 FrG.

189. Vgl. §§ 36 Abs. 3, 48 FrG.

190. Das zuständige Gericht in diesem und den folgenden Paragraphen wird durch die §§ 35, 36 FrG bestimmt; vgl. auch §§ 46, 47, 57^1 FrG. Dem zuständigen Vormundschaftsgericht ist nach §§ 48—50 FrG Anzeige zu machen.

191. Sofern die Geschwister ihren Wohnsitz in den Bezirken verschiedener Vormundschaftsgerichte haben, vgl. § 36 Abs. 1 FrG.

192. Vgl. Art. 136 EG; §§ 136—140 AG z. BGB.

seinem Tode geboren wird, einen Vormund benennen, wenn er dazu berechtigt sein würde, falls das Kind vor seinem Tode geboren wäre.

Die Benennung des Vormundes erfolgt durch letztwillige Verfügung.

1778. Wer nach § 1776 als Vormund berufen ist, darf ohne seine Zustimmung nur übergangen werden, wenn er nach den §§ 1780 bis 1784 nicht zum Vormunde bestellt werden kann oder soll oder wenn er an der Uebernahme der Vormundschaft verhindert ist oder die Uebernahme verzögert oder wenn seine Bestellung das Interesse des Mündels gefährden würde.[193]

Ist der Berufene nur vorübergehend verhindert, so hat ihn das Vormundschaftsgericht nach dem Wegfalle des Hindernisses auf seinen Antrag an Stelle des bisherigen Vormundes zum Vormunde zu bestellen.

Für eine Ehefrau darf der Mann vor den nach § 1776 Berufenen, für ein uneheliches Kind darf die Mutter vor dem Großvater zum Vormunde bestellt werden.

Neben dem Berufenen darf nur mit dessen Zustimmung ein Mitvormund bestellt werden.

1779. Ist die Vormundschaft nicht einem nach § 1776 Berufenen zu übertragen, so hat das Vormundschaftsgericht nach Anhörung des Gemeindewaisenraths[194] den Vormund auszuwählen.[195]

Das Vormundschaftsgericht soll eine Person auswählen, die nach ihren persönlichen Verhältnissen und ihrer Vermögenslage sowie nach den sonstigen Umständen zur Führung der Vormundschaft geeignet ist. Bei der Auswahl ist auf das religiöse Bekenntniß des Mündels Rücksicht zu nehmen. Verwandte und Verschwägerte des Mündels sind zunächst zu berücksichtigen.

1780. Zum Vormunde kann nicht bestellt werden, wer geschäftsunfähig oder wegen Geistesschwäche, Verschwendung oder Trunksucht entmündigt ist.

1781. Zum Vormunde soll nicht bestellt werden:

1. wer minderjährig oder nach § 1906 unter vorläufige Vormundschaft gestellt ist;
2. wer nach § 1910 zur Besorgung seiner Vermögensangelegenheiten einen Pfleger erhalten hat;
3. wer in Konkurs gerathen ist, während der Dauer des Konkurses;
4. wer der bürgerlichen Ehrenrechte für verlustig erklärt ist, soweit sich nicht aus den Vorschriften des Strafgesetzbuchs ein Anderes ergiebt.[196]

1782. Zum Vormunde soll nicht bestellt werden, wer durch Anordnung des Vaters oder der ehelichen Mutter des Mündels von der Vormundschaft ausgeschlossen ist.[197] Die Mutter kann den von dem Vater als Vormund Benannten nicht ausschließen.

Auf die Ausschließung finden die Vorschriften des § 1777 Anwendung.

1783. Eine Frau, die mit einem Anderen als dem Vater des Mündels verheirathet ist, soll nur mit Zustimmung ihres Mannes zum Vormunde bestellt werden.

1784. Ein Beamter oder Religionsdiener, der nach den Landesgesetzen einer besonderen Erlaubniß zur Uebernahme einer Vormundschaft bedarf, soll nicht ohne die vorgeschriebene Erlaubniß zum Vormunde bestellt werden.[198]

1785. Jeder Deutsche hat die Vormundschaft, für die er von dem Vormundschaftsgericht ausgewählt wird, zu übernehmen, sofern nicht seiner Bestellung zum Vormund einer der in den §§ 1780 bis 1784 bestimmten Gründe entgegensteht.

1786.[199] Die Uebernahme der Vormundschaft kann ablehnen:

1. eine Frau;
2. wer das sechzigste Lebensjahr vollendet hat;
3. wer mehr als vier minderjährige eheliche Kinder hat; ein von einem Anderen an Kindesstatt angenommenes Kind wird nicht gerechnet;
4. wer durch Krankheit oder durch Gebrechen verhindert ist, die Vormundschaft ordnungsmäßig zu führen;
5. wer wegen Entfernung seines Wohnsitzes von dem Sitze des Vormundschaftsgerichts die Vormundschaft nicht ohne besondere Belästigung führen kann;
6. wer nach § 1844 zur Sicherheitsleistung angehalten wird;
7. wer mit einem Anderen zur gemeinschaftlichen Führung der Vormundschaft bestellt werden soll;
8. wer mehr als eine Vormundschaft oder Pflegschaft führt; die Vormundschaft oder Pflegschaft über mehrere Geschwister gilt nur als eine; die Führung von zwei Gegenvormundschaften steht der Führung einer Vormundschaft gleich.

Das Ablehnungsrecht erlischt, wenn es nicht vor der Bestellung bei dem Vormundschaftsgerichte geltend gemacht wird.

1787. Wer die Uebernahme der Vormundschaft ohne Grund ablehnt, ist, wenn ihm ein Verschulden zur Last fällt, für den Schaden verantwort-

193. Der Uebergangene hat ein Beschwerderecht nach §§ 20, 60 Nr. 1 FrG.

194. §§ 1849 ff. BGB; §§ 128 ff. AG z. BGB.

195. Vgl. § 49 FrG.

196. Vgl. §§ 34^{6}, 36, 37 StGB; Art. 34 I EG.

197. Vgl. Art. 205 EG.

198. Vgl. bezüglich der Militärpersonen § 41 RG vom 2. Mai 1874. Für Reichsbeamte gelten die an ihrem Wohnorte erlassenen Vorschriften: § 19 RG vom 31. März 1873 (23. Dez. 1873); dahin gehende Vorschriften sind in Elf.-Lothr. nicht erlassen.

199. Vgl. auch § 41 Reichsmilitärgesetz v. 2. Mai 1874.

lich, der dem Mündel dadurch entsteht, daß sich die Bestellung des Vormundes verzögert.

Erklärt das Vormundschaftsgericht die Ablehnung für unbegründet, so hat der Ablehnende, unbeschadet der ihm zustehenden Rechtsmittel,[200] die Vormundschaft auf Erfordern des Vormundschaftsgerichts vorläufig zu übernehmen.

1788. Das Vormundschaftsgericht kann den zum Vormund Ausgewählten durch Ordnungsstrafen zur Uebernahme der Vormundschaft anhalten.[201]

Die einzelne Strafe darf den Betrag von dreihundert Mark nicht übersteigen. Die Strafen dürfen nur in Zwischenräumen von mindestens einer Woche verhängt werden. Mehr als drei Strafen dürfen nicht verhängt werden.

1789. Der Vormund wird von dem Vormundschaftsgerichte durch Verpflichtung zu treuer und gewissenhafter Führung der Vormundschaft bestellt. Die Verpflichtung soll mittelst Handschlags an Eidesstatt erfolgen.

1790. Bei der Bestellung des Vormundes kann die Entlassung für den Fall vorbehalten werden, daß ein bestimmtes Ereigniß eintritt oder nicht eintritt.

1791. Der Vormund erhält eine Bestallung.

Die Bestallung soll enthalten den Namen und die Zeit der Geburt des Mündels, die Namen des Vormundes, des Gegenvormundes und der Mitvormünder sowie im Falle der Theilung der Vormundschaft die Art der Theilung. Ist ein Familienrath eingesetzt, so ist auch dies anzugeben.

1792. Neben dem Vormunde kann ein Gegenvormund bestellt werden.

Ein Gegenvormund soll bestellt werden, wenn mit der Vormundschaft eine Vermögensverwaltung verbunden ist, es sei denn, daß die Verwaltung nicht erheblich oder daß die Vormundschaft von mehreren Vormündern gemeinschaftlich zu führen ist.[202]

Ist die Vormundschaft von mehreren Vormündern nicht gemeinschaftlich zu führen, so kann der eine Vormund zum Gegenvormunde des anderen bestellt werden.

Auf die Berufung und Bestellung des Gegenvormundes finden die für die Berufung und Bestellung des Vormundes geltenden Vorschriften Anwendung.

II. Führung der Vormundschaft.

1793. Der Vormund hat das Recht und die Pflicht, für die Person und das Vermögen des Mündels zu sorgen, insbesondere den Mündel zu vertreten.[203]

200. Vgl. §§ 60², 19, 20, 24 FrG.
201. Vgl. §§ 33, 24 Abs. 1 FrG.
202. Vgl. Artt. 136⁴, 210 Abs. 2 EG.
203. Vgl. aber § 59 FrG.

1794. Das Recht und die Pflicht des Vormundes, für die Person und das Vermögen des Mündels zu sorgen, erstreckt sich nicht auf Angelegenheiten des Mündels, für die ein Pfleger bestellt ist.

1795. Der Vormund kann den Mündel nicht vertreten:

1. bei einem Rechtsgeschäfte zwischen seinem Ehegatten oder einem seiner Verwandten in gerader Linie einerseits und dem Mündel andererseits, es sei denn, daß das Rechtsgeschäft ausschließlich in der Erfüllung einer Verbindlichkeit besteht;
2. bei einem Rechtsgeschäfte, das die Uebertragung oder Belastung einer durch Pfandrecht, Hypothek oder Bürgschaft gesicherten Forderung des Mündels gegen den Vormund oder die Aufhebung oder Minderung dieser Sicherheit zum Gegenstande hat oder die Verpflichtung des Mündels zu einer solchen Uebertragung, Belastung, Aufhebung oder Minderung begründet;
3. bei einem Rechtsstreite zwischen den in Nr. 1 bezeichneten Personen sowie bei einem Rechtsstreit über eine Angelegenheit der in Nr. 2 bezeichneten Art.

Die Vorschrift des § 181 bleibt unberührt.

1796. Das Vormundschaftsgericht kann dem Vormunde die Vertretung für einzelne Angelegenheiten oder für einen bestimmten Kreis von Angelegenheiten entziehen.

Die Entziehung soll nur erfolgen, wenn das Interesse des Mündels zu dem Interesse des Vormundes oder eines von diesem vertretenen Dritten oder einer der im § 1795 Nr. 1 bezeichneten Personen in erheblichem Gegensatze steht.

1797. Mehrere Vormünder führen die Vormundschaft gemeinschaftlich. Bei einer Meinungsverschiedenheit entscheidet das Vormundschaftsgericht, sofern nicht bei der Bestellung ein Anderes bestimmt wird.[204]

Das Vormundschaftsgericht kann die Führung der Vormundschaft unter mehrere Vormünder nach bestimmten Wirkungskreisen vertheilen. Innerhalb des ihm überwiesenen Wirkungskreises führt jeder Vormund die Vormundschaft selbständig.

Bestimmungen, die der Vater oder die Mutter für die Entscheidung von Meinungsverschiedenheiten zwischen den von ihnen benannten Vormündern und für die Vertheilung der Geschäfte unter diese nach Maßgabe des § 1777 getroffen hat, sind von dem Vormundschaftsgerichte zu befolgen, sofern nicht ihre Befolgung das Interesse des Mündels gefährden würde.

1798. Steht die Sorge für die Person und die Sorge für das Vermögen des Mündels verschiedenen Vormündern zu, so entscheidet bei einer Meinungsverschiedenheit über die Vornahme einer

204. Vgl. § 58 FrG.

sowohl die Person als das Vermögen des Mündels betreffenden Handlung das Vormundschaftsgericht.[204]

1799. Der Gegenvormund hat darauf zu achten, daß der Vormund die Vormundschaft pflichtmäßig führt. Er hat dem Vormundschaftsgerichte Pflichtwidrigkeiten des Vormundes sowie jeden Fall unverzüglich anzuzeigen, in welchem das Vormundschaftsgericht zum Einschreiten berufen ist, insbesondere den Tod des Vormundes oder den Eintritt eines anderen Umstandes, in Folge dessen das Amt des Vormundes endigt oder die Entlassung des Vormundes erforderlich wird.[205]

Der Vormund hat dem Gegenvormund auf Verlangen über die Führung der Vormundschaft Auskunft zu ertheilen und die Einsicht der sich auf die Vormundschaft beziehenden Papiere zu gestatten.

1800. Das Recht und die Pflicht des Vormundes, für die Person des Mündels zu sorgen, bestimmt sich nach den für die elterliche Gewalt geltenden Vorschriften der §§ 1631 bis 1633.

1801. Die Sorge für die religiöse Erziehung des Mündels kann dem Vormunde von dem Vormundschaftsgericht entzogen werden, wenn der Vormund nicht dem Bekenntniß angehört, in dem der Mündel zu erziehen ist.[206]

1802. Der Vormund hat das Vermögen, das bei der Anordnung der Vormundschaft vorhanden ist oder später dem Mündel zufällt, zu verzeichnen und das Verzeichniß, nachdem er es mit der Versicherung der Richtigkeit und Vollständigkeit versehen hat, dem Vormundschaftsgericht einzureichen. Ist ein Gegenvormund vorhanden, so hat ihn der Vormund bei der Aufnahme des Verzeichnisses zuzuziehen; das Verzeichniß ist auch von dem Gegenvormunde mit der Versicherung der Richtigkeit und Vollständigkeit zu versehen.

Der Vormund kann sich bei der Aufnahme des Verzeichnisses der Hülfe eines Beamten, eines Notars oder eines anderen Sachverständigen bedienen.[207]

Ist das eingereichte Verzeichniß ungenügend, so kann das Vormundschaftsgericht anordnen, daß das Verzeichniß durch eine zuständige Behörde oder durch einen zuständigen Beamten oder Notar aufgenommen wird.

1803. Was der Mündel von Todeswegen erwirbt oder was ihm unter Lebenden von einem Dritten unentgeltlich zugewendet wird, hat der Vormund nach den Anordnungen des Erblassers oder des Dritten zu verwalten, wenn die Anordnungen von dem Erblasser durch letztwillige Verfügung, von dem Dritten bei der Zuwendung getroffen worden sind.

Der Vormund darf mit Genehmigung des Vormundschaftsgerichts von den Anordnungen abweichen, wenn ihre Befolgung das Interesse des Mündels gefährden würde.

Zu einer Abweichung von den Anordnungen, die ein Dritter bei einer Zuwendung unter Lebenden getroffen hat, ist, solange er lebt, seine Zustimmung erforderlich und genügend. Die Zustimmung des Dritten kann durch das Vormundschaftsgericht ersetzt werden, wenn der Dritte zur Abgabe einer Erklärung dauernd außer Stande oder sein Aufenthalt dauernd unbekannt ist.

1804. Der Vormund kann nicht in Vertretung des Mündels Schenkungen machen. Ausgenommen sind Schenkungen, durch die einer sittlichen Pflicht oder einer auf den Anstand zu nehmenden Rücksicht entsprochen wird.

1805. Der Vormund darf Vermögen des Mündels nicht für sich verwenden.

1806. Der Vormund hat das zum Vermögen des Mündels gehörende Geld verzinslich anzulegen, soweit es nicht zur Bestreitung von Ausgaben bereit zu halten ist.

1807.[208] Die im § 1806 vorgeschriebene Anlegung von Mündelgeld soll nur erfolgen:

1. in Forderungen, für die eine sichere Hypothek an einem inländischen Grundstücke besteht, oder in sicheren Grundschulden oder Rentenschulden an inländischen Grundstücken;
2. in verbrieften Forderungen gegen das Reich oder einen Bundesstaat[209] sowie in Forderungen, die in das Reichsschuldbuch oder in das Staatsschuldbuch eines Bundesstaats eingetragen sind;[210]
3. in verbrieften Forderungen, deren Verzinsung von dem Reiche oder einem Bundesstaate gewährleistet ist;
4. in Werthpapieren, insbesondere Pfandbriefen, sowie in verbrieften Forderungen jeder Art gegen eine inländische kommunale Körperschaft oder die Kreditanstalt einer solchen Körperschaft, sofern die Werthpapiere oder die Forderungen von dem Bundesrathe zur Anlegung von Mündelgeld für geeignet erklärt sind;
5. bei einer inländischen öffentlichen Sparkasse, wenn sie von der zuständigen Behörde des Bundesstaates, in welchem sie ihren Sitz hat, zur Anlegung von Mündelgeld für geeignet erklärt ist.

Die Landesgesetze können für die innerhalb ihres Geltungsbereichs belegenen Grundstücke die Grundsätze bestimmen, nach denen die Sicherheit

205. Vgl. § 57[6] FrG.
206. Vgl. Art. 134 EG; §§ 119 ff. AG z. BGB.
207. Vgl. § 35 AG z. FrG.

208. Vgl. Art. 212 EG und § 141 AG z. BGB.
209. Vgl. Art. 5 EG.
210. Vgl. Art. 97 EG; RG v. 31. Mai 1891 und Ausführungsbestimmung dazu v. 27. Jan. 1892.

einer Hypothek, einer Grundschuld oder einer Rentenschuld festzustellen ist.[211]

1808. Kann die Anlegung den Umständen nach nicht in der im § 1807 bezeichneten Weise erfolgen, so ist das Geld bei der Reichsbank, bei einer Staatsbank oder bei einer anderen durch Landesgesetz dazu für geeignet erklärten inländischen Bank oder bei einer Hinterlegungsstelle[212] anzulegen.

1809. Der Vormund soll Mündelgeld nach § 1807 Abs. 1 Nr. 5 oder nach § 1808 nur mit der Bestimmung anlegen, daß zur Erhebung des Geldes die Genehmigung des Gegenvormundes oder des Vormundschaftsgerichts erforderlich ist.

1810. Der Vormund soll die in den §§ 1806 bis 1808 vorgeschriebene Anlegung nur mit Genehmigung des Gegenvormundes bewirken; die Genehmigung des Gegenvormundes wird durch die Genehmigung des Vormundschaftsgerichts ersetzt. Ist ein Gegenvormund nicht vorhanden, so soll die Anlegung nur mit Genehmigung des Vormundschaftsgerichts erfolgen, sofern nicht die Vormundschaft von mehreren Vormündern gemeinschaftlich geführt wird.

1811. Das Vormundschaftsgericht kann aus besonderen Gründen dem Vormund eine andere Anlegung als die in den §§ 1807, 1808 vorgeschriebene gestatten.

1812. Der Vormund kann über eine Forderung oder über ein anderes Recht, kraft dessen der Mündel eine Leistung verlangen kann, sowie über ein Werthpapier des Mündels nur mit Genehmigung des Gegenvormundes verfügen, sofern nicht nach den §§ 1819 bis 1822 die Genehmigung des Vormundschaftsgerichts erforderlich ist. Das Gleiche gilt von der Eingehung der Verpflichtung zu einer solchen Verfügung.

Die Genehmigung des Gegenvormundes wird durch die Genehmigung des Vormundschaftsgerichts ersetzt.

Ist ein Gegenvormund nicht vorhanden, so tritt an die Stelle der Genehmigung des Gegenvormundes die Genehmigung des Vormundschaftsgerichts, sofern nicht die Vormundschaft von mehreren Vormündern gemeinschaftlich geführt wird.

1813. Der Vormund bedarf nicht der Genehmigung des Gegenvormundes zur Annahme einer geschuldeten Leistung:

1. wenn der Gegenstand der Leistung nicht in Geld oder Werthpapieren besteht;
2. wenn der Anspruch nicht mehr als dreihundert Mark beträgt;
3. wenn Geld zurückgezahlt wird, das der Vormund angelegt hat;
4. wenn der Anspruch zu den Nutzungen des Mündelvermögens gehört;
5. wenn der Anspruch auf Erstattung von Kosten der Kündigung oder der Rechtsverfolgung oder auf sonstige Nebenleistungen gerichtet ist.

Die Befreiung nach Abs. 1 Nr. 2, 3 erstreckt sich nicht auf die Erhebung von Geld, bei dessen Anlegung ein Anderes bestimmt worden ist. Die Befreiung nach Abs. 1 Nr. 3 gilt auch nicht für die Erhebung von Geld, das nach § 1807 Abs. 1 Nr. 1 bis 4 angelegt ist.

1814. Der Vormund hat die zu dem Vermögen des Mündels gehörenden Inhaberpapiere nebst den Erneuerungsscheinen bei einer Hinterlegungsstelle oder bei der Reichsbank mit der Bestimmung zu hinterlegen, daß die Herausgabe der Papiere nur mit Genehmigung des Vormundschaftsgerichts verlangt werden kann. Die Hinterlegung von Inhaberpapieren, die nach § 92 zu den verbrauchbaren Sachen gehören, sowie von Zins-, Renten- oder Gewinnantheilscheinen ist nicht erforderlich. Den Inhaberpapieren stehen Orderpapiere gleich, die mit Blankoindossament versehen sind.[213]

1815. Der Vormund kann die Inhaberpapiere, statt sie nach § 1814 zu hinterlegen, auf den Namen des Mündels mit der Bestimmung umschreiben lassen, daß er über sie nur mit Genehmigung des Vormundschaftsgerichts verfügen kann. Sind die Papiere von dem Reiche oder einem Bundesstaat ausgestellt, so kann er sie mit der gleichen Bestimmung in Buchforderungen gegen das Reich oder den Bundesstaat umwandeln lassen.[214]

Sind Inhaberpapiere zu hinterlegen, die in Buchforderungen gegen das Reich oder einen Bundesstaat umgewandelt werden können, so kann das Vormundschaftsgericht anordnen, daß sie nach Abs. 1 in Buchforderungen umgewandelt werden.

1816. Gehören Buchforderungen gegen das Reich oder gegen einen Bundesstaat bei der Anordnung der Vormundschaft zu dem Vermögen des Mündels oder erwirbt der Mündel später solche Forderungen, so hat der Vormund in das Schuldbuch den Vermerk eintragen zu lassen, daß er über die Forderungen nur mit Genehmigung des Vormundschaftsgerichts verfügen kann.[215]

1817. Das Vormundschaftsgericht kann aus besonderen Gründen den Vormund von den ihm nach den §§ 1814, 1816 obliegenden Verpflichtungen entbinden.

1818. Das Vormundschaftsgericht kann aus besonderen Gründen anordnen, daß der Vormund auch solche zu dem Vermögen des Mündels ge-

211. Vgl. § 142 AG z. BGB.

212. Vgl. Art. 144 EG; Ges. betr. das Hinterlegungswesen v. 1. Nov. 1899 und Art. 66 der Ausführungsbestimmungen hierzu v. 23. Dez. 1899; Ges. über die Staatsdepositenverwaltung v. 24. März 1886.

213. Vgl. Art. 12, 13 WO; § 365 HGB.

214. Vgl. RG v. 31. Mai 1891 (insbesondere § 23); §§ 6, 8 G. v. 24. März 1881.

215. Vgl. § 23 Abs. 2 RG v. 31. Mai 1891.

hörende Werthpapiere, zu deren Hinterlegung er nach § 1814 nicht verpflichtet ist, sowie Kostbarkeiten des Mündels in der im § 1814 bezeichneten Weise zu hinterlegen hat; auf Antrag des Vormundes kann die Hinterlegung von Zins-, Renten- und Gewinnantheilscheinen angeordnet werden, auch wenn ein besonderer Grund nicht vorliegt.

1819. Solange die nach § 1814 oder nach § 1818 hinterlegten Werthpapiere oder Kostbarkeiten nicht zurückgenommen sind, bedarf der Vormund zu einer Verfügung über sie und, wenn Hypotheken-, Grundschuld- oder Rentenschuldbriefe hinterlegt sind, zu einer Verfügung über die Hypothekenforderung, die Grundschuld oder die Rentenschuld der Genehmigung des Vormundschaftsgerichts. Das Gleiche gilt von der Eingehung der Verpflichtung zu einer solchen Verfügung.

1820. Sind Inhaberpapiere nach § 1815 auf den Namen des Mündels umgeschrieben oder in Buchforderungen umgewandelt, so bedarf der Vormund auch zur Eingehung der Verpflichtung zu einer Verfügung über die sich aus der Umschreibung oder der Umwandlung ergebenden Stammforderungen der Genehmigung des Vormundschaftsgerichts.

Das Gleiche gilt, wenn bei einer Buchforderung des Mündels der im § 1816 bezeichnete Vermerk eingetragen ist.

1821. Der Vormund bedarf der Genehmigung des Vormundschaftsgerichts:

1. zur Verfügung über ein Grundstück oder über ein Recht an einem Grundstücke;
2. zur Verfügung über eine Forderung, die auf Uebertragung des Eigenthums an einem Grundstück oder auf Begründung oder Uebertragung eines Rechtes an einem Grundstück oder auf Befreiung eines Grundstücks von einem solchen Rechte gerichtet ist;
3. zur Eingehung der Verpflichtung zu einer der in Nr. 1, 2 bezeichneten Verfügungen;
4. zu einem Vertrage, der auf den entgeltlichen Erwerb eines Grundstücks oder eines Rechtes an einem Grundstücke gerichtet ist.[216]

Zu den Rechten an einem Grundstück im Sinne dieser Vorschriften gehören nicht Hypotheken, Grundschulden und Rentenschulden.

1822. Der Vormund bedarf der Genehmigung des Vormundschaftsgerichts:

1. zu einem Rechtsgeschäfte, durch das der Mündel zu einer Verfügung über sein Vermögen im Ganzen oder über eine ihm angefallene Erbschaft oder über seinen künftigen gesetzlichen Erbtheil oder seinen künftigen Pflichttheil verpflichtet wird, sowie zu einer Verfügung über den Antheil des Mündels an einer Erbschaft;
2. zur Ausschlagung einer Erbschaft oder eines Vermächtnisses, zum Verzicht auf einen Pflichttheil sowie zu einem Erbtheilungsvertrage;[217]
3. zu einem Vertrage, der auf den entgeltlichen Erwerb oder die Veräußerung eines Erwerbsgeschäfts gerichtet ist, sowie zu einem Gesellschaftsvertrage, der zum Betrieb eines Erwerbsgeschäfts eingegangen wird;
4. zu einem Pachtvertrag über ein Landgut oder einen gewerblichen Betrieb;
5. zu einem Mieth- oder Pachtvertrag oder einem anderen Vertrage, durch den der Mündel zu wiederkehrenden Leistungen verpflichtet wird, wenn das Vertragsverhältniß länger als ein Jahr nach der Vollendung des einundzwanzigsten Lebensjahrs des Mündels fortdauern soll;
6. zu einem Lehrvertrage, der für längere Zeit als ein Jahr geschlossen wird;
7. zu einem auf die Eingehung eines Dienst- oder Arbeitsverhältnisses gerichteten Vertrage, wenn der Mündel zu persönlichen Leistungen für längere Zeit als ein Jahr verpflichtet werden soll;
8. zur Aufnahme von Geld auf den Kredit des Mündels;
9. zur Ausstellung einer Schuldverschreibung auf den Inhaber oder zur Eingehung einer Verbindlichkeit aus einem Wechsel oder einem anderen Papiere, das durch Indossament übertragen werden kann;
10. zur Uebernahme einer fremden Verbindlichkeit, insbesondere zur Eingehung einer Bürgschaft;
11. zur Ertheilung einer Prokura;[218]
12. zu einem Vergleich oder einem Schiedsvertrag, es sei denn, daß der Gegenstand des Streites oder der Ungewißheit in Geld schätzbar ist und den Werth von dreihundert Mark nicht übersteigt;
13. zu einem Rechtsgeschäfte, durch das die für eine Forderung des Mündels bestehende Sicherheit aufgehoben oder gemindert oder die Verpflichtung dazu begründet wird.[219]

1823. Der Vormund soll nicht ohne Genehmigung des Vormundschaftsgerichts ein neues Erwerbsgeschäft im Namen des Mündels beginnen oder ein bestehendes Erwerbsgeschäft des Mündels auflösen.

1824. Der Vormund kann Gegenstände, zu deren Veräußerung die Genehmigung des Gegenvormundes oder des Vormundschaftsgerichts erforderlich ist, dem Mündel nicht ohne diese Genehmigung zur Erfüllung eines von diesem geschlossenen Vertrags oder zu freier Verfügung überlassen.

216. Vgl. § 71 Abs. 2 ZBG.

217. Vgl. §§ 97 Abs. 2, 72, 73 FrG.

218. Vgl. §§ 48 ff. HGB.

219. Vgl. außerdem noch §§ 612 Abs. 2, 962 Abs. 2 CPO.

1825. Das Vormundschaftsgericht kann dem Vormunde zu Rechtsgeschäften, zu denen nach § 1812 die Genehmigung des Gegenvormundes erforderlich ist, sowie zu den im § 1822 Nr. 8 bis 10 bezeichneten Rechtsgeschäften eine allgemeine Ermächtigung ertheilen.

Die Ermächtigung soll nur ertheilt werden, wenn sie zum Zwecke der Vermögensverwaltung, insbesondere zum Betrieb eines Erwerbsgeschäfts, erforderlich ist.

1826. Das Vormundschaftsgericht soll vor der Entscheidung über die zu einer Handlung des Vormundes erforderliche Genehmigung den Gegenvormund hören, sofern ein solcher vorhanden und die Anhörung thunlich ist.

1827. Das Vormundschaftsgericht soll den Mündel hören vor der Entscheidung über die Genehmigung eines Lehrvertrags oder eines auf die Eingehung eines Dienst- oder Arbeitsverhältnisses gerichteten Vertrags und, wenn der Mündel das vierzehnte Lebensjahr vollendet hat, über die Entlassung aus dem Staatsverbande.

Hat der Mündel das achtzehnte Lebensjahr vollendet, so soll ihn das Vormundschaftsgericht, soweit thunlich, auch hören vor der Entscheidung über die Genehmigung eines der im § 1821 und im § 1822 Nr. 3 bezeichneten Rechtsgeschäfte sowie vor der Entscheidung über die Genehmigung des Beginns oder der Auflösung eines Erwerbsgeschäfts.[220]

1828. Das Vormundschaftsgericht kann die Genehmigung zu einem Rechtsgeschäfte nur dem Vormunde gegenüber erklären.[221]

1829. Schließt der Vormund einen Vertrag ohne die erforderliche Genehmigung des Vormundschaftsgerichts, so hängt die Wirksamkeit des Vertrags von der nachträglichen Genehmigung des Vormundschaftsgerichts ab. Die Genehmigung sowie deren Verweigerung wird dem anderen Theile gegenüber erst wirksam, wenn sie ihm durch den Vormund mitgetheilt wird.

Fordert der andere Theil den Vormund zur Mittheilung darüber auf, ob die Genehmigung ertheilt sei, so kann die Mittheilung der Genehmigung nur bis zum Ablaufe von zwei Wochen nach dem Empfange der Aufforderung erfolgen; erfolgt sie nicht, so gilt die Genehmigung als verweigert.

Ist der Mündel volljährig geworden, so tritt seine Genehmigung an die Stelle der Genehmigung des Vormundschaftsgerichts.

1830. Hat der Vormund dem anderen Theile gegenüber der Wahrheit zuwider die Genehmigung des Vormundschaftsgerichts behauptet, so ist der andere Theil bis zur Mittheilung der nachträglichen Genehmigung des Vormundschaftsgerichts zum Widerrufe berechtigt, es sei denn, daß ihm das Fehlen der Genehmigung bei dem Abschlusse des Vertrags bekannt war.

1831. Ein einseitiges Rechtsgeschäft, das der Vormund ohne die erforderliche Genehmigung des Vormundschaftsgerichts vornimmt, ist unwirksam. Nimmt der Vormund mit dieser Genehmigung ein solches Rechtsgeschäft einem Anderen gegenüber vor, so ist das Rechtsgeschäft unwirksam, wenn der Vormund die Genehmigung nicht in schriftlicher Form vorlegt und der Andere das Rechtsgeschäft aus diesem Grunde unverzüglich zurückweist.

1832. Soweit der Vormund zu einem Rechtsgeschäfte der Genehmigung des Gegenvormundes bedarf, finden die Vorschriften der §§ 1828 bis 1831 entsprechende Anwendung.

1833. Der Vormund ist dem Mündel für den aus einer Pflichtverletzung entstehenden Schaden verantwortlich, wenn ihm ein Verschulden zur Last fällt. Das Gleiche gilt von dem Gegenvormunde.[222]

Sind für den Schaden Mehrere neben einander verantwortlich, so haften sie als Gesammtschuldner. Ist neben dem Vormunde für den von diesem verursachten Schaden der Gegenvormund oder ein Mitvormund nur wegen Verletzung seiner Aufsichtspflicht verantwortlich, so ist in ihrem Verhältnisse zu einander der Vormund allein verpflichtet.

1834. Verwendet der Vormund Geld des Mündels für sich, so hat er es von der Zeit der Verwendung an zu verzinsen.

1835. Macht der Vormund zum Zwecke der Führung der Vormundschaft Aufwendungen, so kann er nach den für den Auftrag geltenden Vorschriften der §§ 669, 670 von dem Mündel Vorschuß oder Ersatz verlangen. Das gleiche Recht steht dem Gegenvormunde zu.

Als Aufwendungen gelten auch solche Dienste des Vormundes oder des Gegenvormundes, die zu seinem Gewerbe oder seinem Berufe gehören.

1836. Die Vormundschaft wird unentgeltlich geführt. Das Vormundschaftsgericht kann jedoch dem Vormund und aus besonderen Gründen auch dem Gegenvormund eine angemessene Vergütung bewilligen. Die Bewilligung soll nur erfolgen, wenn das Vermögen des Mündels sowie der Umfang und die Bedeutung der vormundschaftlichen Geschäfte es rechtfertigen. Die Vergütung kann jederzeit für die Zukunft geändert oder entzogen werden.

Vor der Bewilligung, Aenderung oder Entziehung soll der Vormund und, wenn ein Gegenvormund vorhanden oder zu bestellen ist, auch dieser gehört werden.[223]

220. Vgl. § 59 FrG.

221. Vgl. § 55 FrG.

222. Dem Mündel steht für seine desfallsige Forderung im Konkurse des Vormundes ein Vorzugsrecht zu: § 61⁵ KO.

223. Ueber das Beschwerderecht des Gegenvormundes vgl. § 57⁷ FrG.

III. Fürsorge und Aufsicht des Vormundschaftsgerichts.[224]

1837. Das Vormundschaftsgericht hat über die gesammte Thätigkeit des Vormundes und des Gegenvormundes die Aufsicht zu führen und gegen Pflichtwidrigkeiten durch geeignete Gebote und Verbote einzuschreiten.

Das Vormundschaftsgericht kann den Vormund und den Gegenvormund zur Befolgung seiner Anordnungen durch Ordnungsstrafen anhalten. Die einzelne Strafe darf den Betrag von dreihundert Mark nicht übersteigen.[225]

1838. Das Vormundschaftsgericht kann anordnen, daß der Mündel zum Zwecke der Erziehung in einer geeigneten Familie oder in einer Erziehungsanstalt oder einer Besserungsanstalt untergebracht wird. Steht dem Vater oder der Mutter die Sorge für die Person des Mündels zu, so ist eine solche Anordnung nur unter den Voraussetzungen des § 1666 zulässig.[226]

1839. Der Vormund sowie der Gegenvormund hat dem Vormundschaftsgericht auf Verlangen jederzeit über die Führung der Vormundschaft und über die persönlichen Verhältnisse des Mündels Auskunft zu ertheilen.

1840. Der Vormund hat über seine Vermögensverwaltung dem Vormundschaftsgerichte Rechnung zu legen.

Die Rechnung ist jährlich zu legen. Das Rechnungsjahr wird von dem Vormundschaftsgerichte bestimmt.

Ist die Verwaltung von geringem Umfange, so kann das Vormundschaftsgericht, nachdem die Rechnung für das erste Jahr gelegt worden ist, anordnen, daß die Rechnung für längere, höchstens dreijährige Zeitabschnitte zu legen ist.

1841. Die Rechnung soll eine geordnete Zusammenstellung der Einnahmen und Ausgaben enthalten, über den Ab- und Zugang des Vermögens Auskunft geben und, soweit Belege ertheilt zu werden pflegen, mit Belegen versehen sein.

Wird ein Erwerbsgeschäft mit kaufmännischer Buchführung betrieben, so genügt als Rechnung eine aus den Büchern gezogene Bilanz. Das Vormundschaftsgericht kann jedoch die Vorlegung der Bücher und sonstigen Belege verlangen.

1842. Ist ein Gegenvormund vorhanden oder zu bestellen, so hat ihm der Vormund die Rechnung unter Nachweisung des Vermögensbestandes vorzulegen. Der Gegenvormund hat die Rechnung mit den Bemerkungen zu versehen, zu denen die Prüfung ihm Anlaß giebt.

1843. Das Vormundschaftsgericht hat die Rechnung rechnungsmäßig und sachlich zu prüfen und, soweit erforderlich, ihre Berichtigung und Ergänzung herbeizuführen.

Ansprüche, die zwischen dem Vormund und dem Mündel streitig bleiben, können schon vor der Beendigung des Vormundschaftsverhältnisses im Rechtswege geltend gemacht werden.

1844. Das Vormundschaftsgericht kann aus besonderen Gründen den Vormund anhalten, für das seiner Verwaltung unterliegende Vermögen Sicherheit zu leisten. Die Art und den Umfang der Sicherheitsleistung bestimmt das Vormundschaftsgericht nach seinem Ermessen. Das Vormundschaftsgericht kann, solange das Amt des Vormundes dauert, jederzeit die Erhöhung, Minderung oder Aufhebung der Sicherheit anordnen.[227]

Bei der Bestellung, Aenderung oder Aufhebung der Sicherheit wird die Mitwirkung des Mündels durch die Anordnung des Vormundschaftsgerichts ersetzt.

Die Kosten der Sicherheitsleistung sowie der Aenderung oder der Aufhebung fallen dem Mündel zur Last.

1845. Will der zum Vormunde bestellte Vater oder die zum Vormunde bestellte eheliche Mutter des Mündels eine Ehe eingehen, so liegen ihnen die im § 1669 bestimmten Verpflichtungen ob.

1846. Ist ein Vormund noch nicht bestellt oder ist der Vormund an der Erfüllung seiner Pflichten verhindert, so hat das Vormundschaftsgericht die im Interesse des Mündels erforderlichen Maßregeln zu treffen.[228]

1847. Das Vormundschaftsgericht soll vor einer von ihm zu treffenden Entscheidung auf Antrag des Vormundes oder des Gegenvormundes Verwandte oder Verschwägerte des Mündels hören, wenn es ohne erhebliche Verzögerung und ohne unverhältnißmäßige Kosten geschehen kann. In wichtigen Angelegenheiten soll die Anhörung auch ohne Antrag erfolgen; wichtige Angelegenheiten sind insbesondere die Volljährigkeitserklärung, die Ersetzung der Einwilligung zur Eheschließung im Falle des § 1304, die Ersetzung der Genehmigung im Falle des § 1337, die Entlassung aus dem Staatsverband und die Todeserklärung.

Die Verwandten und Verschwägerten können von dem Mündel Ersatz ihrer Auslagen verlangen; der Betrag der Auslagen wird von dem Vormundschaftsgerichte festgesetzt.[229]

1848. Verletzt der Vormundschaftsrichter vorsätzlich oder fahrlässig die ihm obliegenden Pflichten, so ist er dem Mündel nach § 839 Abs. 1, 3 verantwortlich.

224. Die Zuständigkeit regelt sich nach §§ 35 ff. FrG. — Vgl. auch Art. 147 EG.

225. Vgl. § 33 FrG; § 12 AG z. FrG.

226. Vgl. Art. 135 EG; auch §§ 123 ff. AG z. BGB.

227. Vgl. § 54 FrG; § 39 GBO.

228. Vgl. § 44 FrG; § 57 CPO.

229. § 7 AG z. FrG.

IV. Mitwirkung des Gemeindewaisenraths.[230]

1849. Der Gemeindewaisenrath hat dem Vormundschaftsgerichte die Personen vorzuschlagen, die sich im einzelnen Falle zum Vormunde, Gegenvormund oder Mitglied eines Familienraths eignen.

1850. Der Gemeindewaisenrath hat in Unterstützung des Vormundschaftsgerichts darüber zu wachen, daß die Vormünder der sich in seinem Bezirk aufhaltenden Mündel für die Person der Mündel, insbesondere für ihre Erziehung und ihre körperliche Pflege, pflichtmäßig Sorge tragen. Er hat dem Vormundschaftsgerichte Mängel und Pflichtwidrigkeiten, die er in dieser Hinsicht wahrnimmt, anzuzeigen und auf Erfordern über das persönliche Ergehen und das Verhalten eines Mündels Auskunft zu ertheilen.

Erlangt der Gemeindewaisenrath Kenntniß von einer Gefährdung des Vermögens eines Mündels, so hat er dem Vormundschaftsgericht Anzeige zu machen.

1851. Das Vormundschaftsgericht hat dem Gemeindewaisenrathe die Anordnung der Vormundschaft über einen sich in dessen Bezirk aufhaltenden Mündel unter Bezeichnung des Vormundes und des Gegenvormundes sowie einen in der Person des Vormundes oder des Gegenvormundes eintretenden Wechsel mitzutheilen.

Wird der Aufenthalt eines Mündels in den Bezirk eines anderen Gemeindewaisenraths verlegt, so hat der Vormund dem Gemeindewaisenrathe des bisherigen Aufenthaltsorts und dieser dem Gemeindewaisenrathe des neuen Aufenthaltsorts die Verlegung mitzutheilen.

V. Befreite Vormundschaft.

1852. Der Vater kann, wenn er einen Vormund benennt, die Bestellung eines Gegenvormundes ausschließen.

Der Vater kann anordnen, daß der von ihm benannte Vormund bei der Anlegung von Geld den in den §§ 1809, 1810 bestimmten Beschränkungen nicht unterliegen und zu den im § 1812 bezeichneten Rechtsgeschäften der Genehmigung des Gegenvormundes oder des Vormundschaftsgerichts nicht bedürfen soll. Diese Anordnungen sind als getroffen anzusehen, wenn der Vater die Bestellung eines Gegenvormundes ausgeschlossen hat.[231]

1853. Der Vater kann den von ihm benannten Vormund von der Verpflichtung entbinden, Inhaber- und Orderpapiere zu hinterlegen und den im § 1816 bezeichneten Vermerk in das Reichsschuldbuch oder das Staatsschuldbuch eintragen zu lassen.

1854. Der Vater kann den von ihm benannten Vormund von der Verpflichtung entbinden, während der Dauer seines Amtes Rechnung zu legen.

Der Vormund hat in einem solchen Falle nach dem Ablaufe von je zwei Jahren eine Uebersicht über den Bestand des seiner Verwaltung unterliegenden Vermögens dem Vormundschaftsgericht einzureichen. Das Vormundschaftsgericht kann anordnen, daß die Uebersicht in längeren, höchstens fünfjährigen Zwischenräumen einzureichen ist.

Ist ein Gegenvormund vorhanden oder zu bestellen, so hat ihm der Vormund die Uebersicht unter Nachweisung des Vermögensbestandes vorzulegen. Der Gegenvormund hat die Uebersicht mit den Bemerkungen zu versehen, zu denen die Prüfung ihm Anlaß giebt.

1855. Benennt die eheliche Mutter einen Vormund, so kann sie die gleichen Anordnungen treffen wie nach den §§ 1852 bis 1854 der Vater.

1856. Auf die nach den §§ 1852 bis 1855 zulässigen Anordnungen finden die Vorschriften des § 1777 Anwendung.

1857. Die Anordnungen des Vaters oder der Mutter können von dem Vormundschaftsgericht außer Kraft gesetzt werden, wenn ihre Befolgung das Interesse des Mündels gefährden würde.

VI. Familienrath.

1858. Ein Familienrath soll von dem Vormundschaftsgericht eingesetzt werden, wenn der Vater oder die eheliche Mutter des Mündels die Einsetzung angeordnet hat.[232]

Der Vater oder die Mutter kann die Einsetzung des Familienraths von dem Eintritt oder Nichteintritt eines bestimmten Ereignisses abhängig machen.

Die Einsetzung unterbleibt, wenn die erforderliche Zahl geeigneter Personen nicht vorhanden ist.

1859. Ein Familienrath soll von dem Vormundschaftsgericht eingesetzt werden, wenn ein Verwandter oder Verschwägerter des Mündels oder der Vormund oder der Gegenvormund die Einsetzung beantragt und das Vormundschaftsgericht sie im Interesse des Mündels für angemessen erachtet.[232]

Die Einsetzung unterbleibt, wenn der Vater oder die eheliche Mutter des Mündels sie untersagt hat.

1860. Der Familienrath besteht aus dem Vormundschaftsrichter als Vorsitzendem und aus mindestens zwei, höchstens sechs Mitgliedern.

1861. Als Mitglied des Familienraths ist berufen, wer von dem Vater oder der ehelichen Mutter des Mündels als Mitglied benannt ist. Die Vorschriften des § 1778 Abs. 1, 2 finden entsprechende Anwendung.[233]

1862. Soweit eine Berufung nach § 1861 nicht vorliegt oder die Berufenen die Uebernahme des

230. Vgl. hierzu §§ 128—135 AG z. BGB; § 49 FrG; MinB v. 2. Dec. 1899; Art. 12 der allgem. Verfügung v. 6. Dez. 1899.

231. Vgl. Art. 136⁴ EG; § 138 AG z. BGB.

232. Vgl. § 57⁴ FrG.

233. Vgl. § 60 Abs. 1 Nr. 1, Abs. 2 FrG.

Amtes ablehnen, hat das Vormundschaftsgericht die zur Beschlußfähigkeit des Familienraths erforderlichen Mitglieder auszuwählen. Vor der Auswahl sollen der Gemeindewaisenrath und nach Maßgabe des § 1847 Verwandte oder Verschwägerte des Mündels gehört werden.

Die Bestimmung der Zahl weiterer Mitglieder und ihre Auswahl steht dem Familienrathe zu.

1863. Sind neben dem Vorsitzenden nur die zur Beschlußfähigkeit des Familienraths erforderlichen Mitglieder vorhanden, so sind ein oder zwei Ersatzmitglieder zu bestellen.

Der Familienrath wählt die Ersatzmitglieder aus und bestimmt die Reihenfolge, in der sie bei der Verhinderung oder dem Wegfall eines Mitglieds in den Familienrath einzutreten haben.

Hat der Vater oder die eheliche Mutter Ersatzmitglieder benannt und die Reihenfolge ihres Eintritts bestimmt, so ist diese Anordnung zu befolgen.

1864. Wird der Familienrath durch vorübergehende Verhinderung eines Mitglieds beschlußunfähig und ist ein Ersatzmitglied nicht vorhanden, so ist für die Dauer der Verhinderung ein Ersatzmitglied zu bestellen. Die Auswahl steht dem Vorsitzenden zu.

1865. Zum Mitgliede des Familienraths kann nicht bestellt werden, wer geschäftsunfähig oder wegen Geistesschwäche, Verschwendung oder Trunksucht entmündigt ist.

1866. Zum Mitgliede des Familienraths soll nicht bestellt werden:

1. der Vormund des Mündels;
2. wer nach § 1781 oder nach § 1782 nicht zum Vormunde bestellt werden soll;
3. wer durch Anordnung des Vaters oder der ehelichen Mutter des Mündels von der Mitgliedschaft ausgeschlossen ist.

1867. Zum Mitgliede des Familienrats soll nicht bestellt werden, wer mit dem Mündel weder verwandt noch verschwägert ist, es sei denn, daß er von dem Vater oder der ehelichen Mutter des Mündels benannt oder von dem Familienrath oder nach § 1864 von dem Vorsitzenden ausgewählt worden ist.

1868. Für die nach den §§ 1858, 1859, 1861, 1863, 1866 zulässigen Anordnungen des Vaters oder der Mutter gelten die Vorschriften des § 1777.

Die Anordnungen des Vaters gehen den Anordnungen der Mutter vor.

1869. Niemand ist verpflichtet, das Amt eines Mitglieds des Familienraths zu übernehmen.

1870. Die Mitglieder des Familienraths werden von dem Vorsitzenden durch Verpflichtung zu treuer und gewissenhafter Führung des Amtes bestellt. Die Verpflichtung soll mittelst Handschlags an Eidesstatt erfolgen.

1871. Bei der Bestellung eines Mitglieds des Familienraths kann die Entlassung für den Fall vorbehalten werden, daß ein bestimmtes Ereigniß eintritt oder nicht eintritt.

1872. Der Familienrath hat die Rechte und Pflichten des Vormundschaftsgerichts. Die Leitung der Geschäfte liegt dem Vorsitzenden ob.

Die Mitglieder des Familienraths können ihr Amt nur persönlich ausüben. Sie sind in gleicher Weise verantwortlich wie der Vormundschaftsrichter.

1873. Der Familienrath wird von dem Vorsitzenden einberufen. Die Einberufung hat zu erfolgen, wenn zwei Mitglieder, der Vormund oder der Gegenvormund sie beantragen oder wenn das Interesse des Mündels sie erfordert. Die Mitglieder können mündlich oder schriftlich eingeladen werden.

1874. Zur Beschlußfähigkeit des Familienraths ist die Anwesenheit des Vorsitzenden und mindestens zweier Mitglieder erforderlich.

Der Familienrath faßt seine Beschlüsse nach der Mehrheit der Stimmen der Anwesenden. Bei Stimmengleichheit entscheidet die Stimme des Vorsitzenden.

Steht in einer Angelegenheit das Interesse des Mündels zu dem Interesse eines Mitglieds in erheblichem Gegensatze, so ist das Mitglied von der Theilnahme an der Beschlußfassung ausgeschlossen. Ueber die Ausschließung entscheidet der Vorsitzende.

1875. Ein Mitglied des Familienraths, das ohne genügende Entschuldigung der Einberufung nicht Folge leistet oder die rechtzeitige Anzeige seiner Verhinderung unterläßt oder sich der Theilnahme an der Beschlußfassung enthält, ist von dem Vorsitzenden in die dadurch verursachten Kosten zu verurtheilen.

Der Vorsitzende kann gegen das Mitglied eine Ordnungsstrafe bis zu einhundert Mark verhängen.[234]

Erfolgt nachträglich genügende Entschuldigung, so sind die getroffenen Verfügungen aufzuheben.

1876. Wird ein sofortiges Einschreiten nöthig, so hat der Vorsitzende die erforderlichen Anordnungen zu treffen, den Familienrath einzuberufen, ihn von den Anordnungen in Kenntniß zu setzen und einen Beschluß über die etwa weiter erforderlichen Maßregeln herbeizuführen.

1877. Die Mitglieder des Familienraths können von dem Mündel Ersatz ihrer Auslagen verlangen; der Betrag der Auslagen wird von dem Vorsitzenden festgesetzt.[235]

1878. Das Amt eines Mitglieds des Familienraths endigt aus denselben Gründen, aus denen nach den §§ 1885, 1886, 1889 das Amt eines Vormundes endigt.

234. Vgl. § 33 (18) FrG.
235. Vgl. § 7 AG z. FrG.

Ein Mitglied kann gegen seinen Willen nur durch das dem Vormundschaftsgericht im Instanzenzuge vorgeordnete Gericht entlassen werden.[236]

1879. Das Vormundschaftsgericht hat den Familienrath aufzuheben, wenn es an der zur Beschlußfähigkeit erforderlichen Zahl von Mitgliedern fehlt und geeignete Personen zur Ergänzung nicht vorhanden sind.[237]

1880. Der Vater des Mündels kann die Aufhebung des von ihm angeordneten Familienraths für den Fall des Eintritts oder Nichteintritts eines künftigen Ereignisses nach Maßgabe des § 1777 anordnen. Das gleiche Recht steht der ehelichen Mutter des Mündels für den von ihr angeordneten Familienrath zu.

Tritt der Fall ein, so hat das Vormundschaftsgericht den Familienrath aufzuheben.

1881. Von der Aufhebung des Familienraths hat das Vormundschaftsgericht die bisherigen Mitglieder, den Vormund und den Gegenvormund in Kenntniß zu setzen.

Der Vormund und der Gegenvormund erhalten neue Bestallungen. Die früheren Bestallungen sind dem Vormundschaftsgerichte zurückzugeben.

VII. Beendigung der Vormundschaft.

1882. Die Vormundschaft endigt mit dem Wegfalle der im § 1773 für die Anordnung der Vormundschaft bestimmten Voraussetzungen.

1883. Wird der Mündel durch nachfolgende Ehe legitimirt, so endigt die Vormundschaft erst dann, wenn die Vaterschaft des Ehemanns durch ein zwischen ihm und dem Mündel ergangenes Urtheil rechtskräftig festgestellt ist oder die Aufhebung der Vormundschaft von dem Vormundschaftsgericht angeordnet wird.[238]

Das Vormundschaftsgericht hat die Aufhebung anzuordnen, wenn es die Voraussetzungen der Legitimation für vorhanden erachtet. Solange der Ehemann lebt, soll die Aufhebung nur angeordnet werden, wenn er die Vaterschaft anerkannt hat oder wenn er an der Abgabe einer Erklärung dauernd verhindert oder sein Aufenthalt dauernd unbekannt ist.[238]

1884. Ist der Mündel verschollen, so endigt die Vormundschaft erst mit der Aufhebung durch das Vormundschaftsgericht. Das Vormundschaftsgericht hat die Vormundschaft aufzuheben, wenn ihm der Tod des Mündels bekannt wird.[238]

Wird der Mündel für todt erklärt, so endigt die Vormundschaft mit der Erlassung des die Todeserklärung aussprechenden Urtheils.

1885. Das Amt des Vormundes endigt mit seiner Entmündigung.

Wird der Vormund für todt erklärt, so endigt sein Amt mit der Erlassung des die Todeserklärung aussprechenden Urtheils.

1886. Das Vormundschaftsgericht hat den Vormund zu entlassen, wenn die Fortführung des Amtes, insbesondere wegen pflichtwidrigen Verhaltens des Vormundes, das Interesse des Mündels gefährden würde oder wenn in der Person des Vormundes einer der im § 1781 bestimmten Gründe vorliegt.[239]

1887. Das Vormundschaftsgericht kann eine Frau, die zum Vormunde bestellt ist, entlassen, wenn sie sich verheirathet.

Das Vormundschaftsgericht hat eine verheirathete Frau, die zum Vormunde bestellt ist, zu entlassen, wenn der Mann seine Zustimmung zur Uebernahme oder zur Fortführung der Vormundschaft versagt oder die Zustimmung widerruft. Diese Vorschrift findet keine Anwendung, wenn der Mann der Vater des Mündels ist.

1888. Ist ein Beamter oder ein Religionsdiener zum Vormunde bestellt, so hat ihn das Vormundschaftsgericht zu entlassen, wenn die Erlaubniß, die nach den Landesgesetzen zur Uebernahme der Vormundschaft oder zur Fortführung der vor dem Eintritt in das Amts- oder Dienstverhältniß übernommenen Vormundschaft erforderlich ist, versagt oder zurückgenommen wird oder wenn die nach den Landesgesetzen zulässige Untersagung der Fortführung der Vormundschaft erfolgt.[240]

1889. Das Vormundschaftsgericht hat den Vormund auf seinen Antrag zu entlassen, wenn ein wichtiger Grund vorliegt; ein wichtiger Grund ist insbesondere der Eintritt eines Umstandes, der den Vormund nach § 1786 Abs. 1 Nr. 2 bis 7 berechtigen würde, die Uebernahme der Vormundschaft abzulehnen.

1890. Der Vormund hat nach der Beendigung seines Amtes dem Mündel das verwaltete Vermögen herauszugeben und über die Verwaltung Rechenschaft abzulegen. Soweit er dem Vormundschaftsgerichte Rechnung gelegt hat, genügt die Bezugnahme auf diese Rechnung.

1891. Ist ein Gegenvormund vorhanden, so hat ihm der Vormund die Rechnung vorzulegen. Der Gegenvormund hat die Rechnung mit den Bemerkungen zu versehen, zu denen die Prüfung ihm Anlaß giebt.

Der Gegenvormund hat über die Führung der Gegenvormundschaft und, soweit er dazu im Stande ist, über das von dem Vormunde verwaltete Vermögen auf Verlangen Auskunft zu ertheilen.

1892. Der Vormund hat die Rechnung, nachdem er sie dem Gegenvormunde vorgelegt hat, dem Vormundschaftsgericht einzureichen.

236. Vgl. §§ 60⁴, 64 FrG.

237. Beschwerde ist zulässig nach §§ 57⁴, 60⁴ FrG.

238. Beschwerde ist zulässig nach § 57¹ FrG.

239. Beschwerderecht in § 60³ (57⁶) FrG.

240. Vgl. Bemerkung zu § 1784 oben.

Das Vormundschaftsgericht hat die Rechnung rechnungsmäßig und sachlich zu prüfen und deren Abnahme durch Verhandlung mit den Betheiligten unter Zuziehung des Gegenvormundes zu vermitteln. Soweit die Rechnung als richtig anerkannt wird, hat das Vormundschaftsgericht das Anerkenntniß zu beurkunden.

1893. Im Falle der Beendigung der Vormundschaft oder des vormundschaftlichen Amtes finden die Vorschriften der §§ 1682, 1683 entsprechende Anwendung.

Der Vormund hat nach der Beendigung seines Amtes die Bestallung dem Vormundschaftsgerichte zurückzugeben.

1894. Den Tod des Vormundes hat dessen Erbe dem Vormundschaftsgericht unverzüglich anzuzeigen.

Den Tod des Gegenvormundes oder eines Mitvormundes hat der Vormund unverzüglich anzuzeigen.

1895. Die Vorschriften der §§ 1885 bis 1889, 1893, 1894 finden auf den Gegenvormund entsprechende Anwendung.

Zweiter Titel.
Vormundschaft über Volljährige.[241]

1896. Ein Volljähriger erhält einen Vormund, wenn er entmündigt ist.[242]

1897. Auf die Vormundschaft über einen Volljährigen finden die für die Vormundschaft über einen Minderjährigen geltenden Vorschriften Anwendung, soweit sich nicht aus den §§ 1898 bis 1908 ein Anderes ergiebt.

1898. Der Vater und die Mutter des Mündels sind nicht berechtigt, einen Vormund zu benennen oder Jemand von der Vormundschaft auszuschließen.

1899. Vor den Großvätern ist der Vater und nach ihm die eheliche Mutter des Mündels als Vormund berufen.

Die Eltern sind nicht berufen, wenn der Mündel von einem Anderen als dem Ehegatten seines Vaters oder seiner Mutter an Kindesstatt angenommen ist.

Stammt der Mündel aus einer nichtigen Ehe, so ist der Vater im Falle des § 1701, die Mutter im Falle des § 1702 nicht berufen.

1900. Eine Ehefrau darf zum Vormund ihres Mannes auch ohne dessen Zustimmung bestellt werden.

Der Ehegatte des Mündels darf vor den Eltern und den Großvätern, die eheliche Mutter darf im Falle des § 1702 vor den Großvätern zum Vormunde bestellt werden.

241. Uebergangsvorschrift in Art. 210 EG. — Vgl. Art. 23 EG.

242. Vgl. § 660 CPO; § 50 FrG.

Die uneheliche Mutter darf vor dem Großvater zum Vormunde bestellt werden.

1901. Der Vormund hat für die Person des Mündels nur insoweit zu sorgen, als der Zweck der Vormundschaft es erfordert.

Steht eine Ehefrau unter Vormundschaft, so tritt die im § 1633 bestimmte Beschränkung nicht ein.

1902. Der Vormund kann eine Ausstattung aus dem Vermögen des Mündels nur mit Genehmigung des Vormundschaftsgerichts versprechen oder gewähren.

Zu einem Mieth- oder Pachtvertrage sowie zu einem anderen Vertrage, durch den der Mündel zu wiederkehrenden Leistungen verpflichtet wird, bedarf der Vormund der Genehmigung des Vormundschaftsgerichts, wenn das Vertragsverhältniß länger als vier Jahre dauern soll. Die Vorschrift des § 1822 Nr. 4 bleibt unberührt.

1903. Wird der Vater des Mündels zum Vormunde bestellt, so unterbleibt die Bestellung eines Gegenvormundes. Dem Vater stehen die Befreiungen zu, die nach den §§ 1852 bis 1854 angeordnet werden können. Das Vormundschaftsgericht kann die Befreiungen außer Kraft setzen, wenn sie das Interesse des Mündels gefährden.

Diese Vorschriften finden keine Anwendung, wenn der Vater im Falle der Minderjährigkeit des Mündels zur Vermögensverwaltung nicht berechtigt sein würde.

1904. Ist die eheliche Mutter des Mündels zum Vormunde bestellt, so gilt für sie das Gleiche wie nach § 1903 für den Vater. Der Mutter ist jedoch ein Gegenvormund zu bestellen, wenn sie die Bestellung beantragt oder wenn die Voraussetzungen vorliegen, unter denen ihr nach § 1687 Nr. 3 ein Beistand zu bestellen sein würde. Wird ein Gegenvormund bestellt, so stehen der Mutter die im § 1852 bezeichneten Befreiungen nicht zu.

1905. Ein Familienrath kann nur nach § 1859 Abs. 1 eingesetzt werden.

Der Vater und die Mutter des Mündels sind nicht berechtigt, Anordnungen über die Einsetzung und Aufhebung eines Familienraths oder über die Mitgliedschaft zu treffen.

1906. Ein Volljähriger, dessen Entmündigung beantragt ist, kann unter vorläufige Vormundschaft gestellt werden, wenn das Vormundschaftsgericht es zur Abwendung einer erheblichen Gefährdung der Person oder des Vermögens des Volljährigen für erforderlich erachtet.[243]

1907. Die Vorschriften über die Berufung zur Vormundschaft gelten nicht für die vorläufige Vormundschaft.

1908. Die vorläufige Vormundschaft endigt mit der Rücknahme oder der rechtskräftigen Abweisung des Antrags auf Entmündigung.

243. Vgl. §§ 52, 57², 60⁶, 61 FrG; §§ 657, 680 Abs. 3 CPO.

Erfolgt die Entmündigung, so endigt die vorläufige Vormundschaft, wenn auf Grund der Entmündigung ein Vormund bestellt wird.

Die vorläufige Vormundschaft ist von dem Vormundschaftsgericht aufzuheben, wenn der Mündel des vorläufigen vormundschaftlichen Schutzes nicht mehr bedürftig ist.[244]

Dritter Titel. Pflegschaft.[245]

1909. Wer unter elterlicher Gewalt oder unter Vormundschaft steht, erhält für Angelegenheiten, an deren Besorgung der Gewalthaber oder der Vormund verhindert ist, einen Pfleger. Er erhält insbesondere einen Pfleger zur Verwaltung des Vermögens, das er von Todeswegen erwirbt oder das ihm unter Lebenden von einem Dritten unentgeltlich zugewendet wird, wenn der Erblasser durch letztwillige Verfügung, der Dritte bei der Zuwendung bestimmt hat, daß dem Gewalthaber oder dem Vormunde die Verwaltung nicht zustehen soll.

Tritt das Bedürfniß einer Pflegschaft ein, so hat der Gewalthaber oder der Vormund dem Vormundschaftsgericht unverzüglich Anzeige zu machen.

Die Pflegschaft ist auch dann anzuordnen, wenn die Voraussetzungen für die Anordnung einer Vormundschaft vorliegen, ein Vormund aber noch nicht bestellt ist.[246]

1910. Ein Volljähriger, der nicht unter Vormundschaft steht, kann einen Pfleger für seine Person und sein Vermögen erhalten, wenn er in Folge körperlicher Gebrechen, insbesondere weil er taub, blind oder stumm ist, seine Angelegenheiten nicht zu besorgen vermag.

Vermag ein Volljähriger, der nicht unter Vormundschaft steht, in Folge geistiger oder körperlicher Gebrechen einzelne seiner Angelegenheiten oder einen bestimmten Kreis seiner Angelegenheiten, insbesondere seine Vermögensangelegenheiten, nicht zu besorgen, so kann er für diese Angelegenheiten einen Pfleger erhalten.

Die Pflegschaft darf nur mit Einwilligung des Gebrechlichen angeordnet werden, es sei denn, daß eine Verständigung mit ihm nicht möglich ist.[247]

1911. Ein abwesender Volljähriger, dessen Aufenthalt unbekannt ist, erhält für seine Vermögensangelegenheiten, soweit sie der Fürsorge bedürfen, einen Abwesenheitspfleger. Ein solcher Pfleger ist ihm insbesondere auch dann zu bestellen, wenn er durch Ertheilung eines Auftrags oder einer Vollmacht Fürsorge getroffen hat, aber Umstände eingetreten sind, die zum Widerrufe des Auftrags oder der Vollmacht Anlaß geben.

Das Gleiche gilt von einem Abwesenden, dessen Aufenthalt bekannt, der aber an der Rückkehr und der Besorgung seiner Vermögensangelegenheiten verhindert ist.[248]

1912. Eine Leibesfrucht erhält zur Wahrung ihrer künftigen Rechte, soweit diese einer Fürsorge bedürfen, einen Pfleger. Die Fürsorge steht jedoch dem Vater oder der Mutter zu, wenn das Kind, falls es bereits geboren wäre, unter elterlicher Gewalt stehen würde.[249]

1913. Ist unbekannt oder ungewiß, wer bei einer Angelegenheit der Betheiligte ist, so kann dem Betheiligten für diese Angelegenheit, soweit eine Fürsorge erforderlich ist, ein Pfleger bestellt werden. Insbesondere kann einem Nacherben, der noch nicht erzeugt ist oder dessen Persönlichkeit erst durch ein künftiges Ereigniß bestimmt wird, für die Zeit bis zum Eintritte der Nacherbfolge ein Pfleger bestellt werden.[250]

1914. Ist durch öffentliche Sammlung Vermögen für einen vorübergehenden Zweck zusammengebracht worden, so kann zum Zwecke der Verwaltung und Verwendung des Vermögens ein Pfleger bestellt werden, wenn die zu der Verwaltung und Verwendung berufenen Personen weggefallen sind.[251]

1915. Auf die Pflegschaft finden die für die Vormundschaft geltenden Vorschriften entsprechende Anwendung, soweit sich nicht aus dem Gesetz ein Anderes ergiebt.

Die Bestellung eines Gegenvormundes ist nicht erforderlich.

1916. Für die nach § 1909 anzuordnende Pflegschaft gelten die Vorschriften über die Berufung zur Vormundschaft nicht.

1917. Wird die Anordnung einer Pflegschaft nach § 1909 Abs. 1 Satz 2 erforderlich, so ist als Pfleger berufen, wer als solcher von dem Erblasser durch letztwillige Verfügung, von dem Dritten bei der Zuwendung benannt worden ist; die Vorschriften des § 1778 finden entsprechende Anwendung.

Für den benannten Pfleger kann der Erblasser durch letztwillige Verfügung, der Dritte bei der Zuwendung die in den §§ 1852 bis 1854 bezeichneten Befreiungen anordnen. Das Vormundschaftsgericht kann die Anordnungen außer Kraft setzen, wenn sie das Interesse des Pflegebefohlenen gefährden.

Zu einer Abweichung von den Anordnungen des Dritten ist, solange er lebt, seine Zustimmung erforderlich und genügend. Die Zustimmung des

244. Vgl. § 61 FrG.

245. Uebergangsvorschrift in Artt. 210, 211 EG. Bezüglich der Pflegschaft über Ausländer vgl. Art. 23 EG.

246. Die Bestellung des Pflegers erfolgt durch das nach § 37 FrG zuständige Gericht. — Vgl. auch § 57³ FrG.

247. Vgl. § 53 CPO. — Das zur Anordnung zuständige Gericht ergiebt sich aus § 38 FrG; Beschwerderecht nach § 57³ FrG. — Vgl. auch §§ 46 Abs. 3, 47 Abs. 3 FrG.

248. Das zuständige Gericht ergiebt sich aus § 39, beziehungsweise § 88 FrG.

249. Das zuständige Gericht bestimmt § 40 FrG.

250. Das zuständige Gericht bestimmt § 41 FrG. — Vgl. auch § 779 Abs. 2 CPO.

251. Das zuständige Gericht bestimmt § 42 FrG.

Dritten kann durch das Vormundschaftsgericht ersetzt werden, wenn der Dritte zur Abgabe einer Erklärung dauernd außer Stande oder sein Aufenthalt dauernd unbekannt ist.

1918. Die Pflegschaft für eine unter elterlicher Gewalt oder unter Vormundschaft stehende Person endigt mit der Beendigung der elterlichen Gewalt oder der Vormundschaft.

Die Pflegschaft für eine Leibesfrucht endigt mit der Geburt des Kindes.

Die Pflegschaft zur Besorgung einer einzelnen Angelegenheit endigt mit deren Erledigung.

1919. Die Pflegschaft ist von dem Vormundschaftsgericht aufzuheben, wenn der Grund für die Anordnung der Pflegschaft weggefallen ist.[252]

252. Beschwerde ist zulässig nach §§ 57³, 63 FrG.

1920. Eine nach § 1910 angeordnete Pflegschaft ist von dem Vormundschaftsgericht aufzuheben, wenn der Pflegebefohlene die Aufhebung beantragt.

1921. Die Pflegschaft für einen Abwesenden ist von dem Vormundschaftsgericht aufzuheben, wenn der Abwesende an der Besorgung seiner Vermögensangelegenheiten nicht mehr verhindert ist.

Stirbt der Abwesende, so endigt die Pflegschaft erst mit der Aufhebung durch das Vormundschaftsgericht. Das Vormundschaftsgericht hat die Pflegschaft aufzuheben, wenn ihm der Tod des Abwesenden bekannt wird.

Wird der Abwesende für todt erklärt, so endigt die Pflegschaft mit der Erlassung des die Todeserklärung aussprechenden Urtheils.

Fünftes Buch.[1]

Erbrecht.

Erster Abschnitt. Erbfolge.

1922. Mit dem Tode einer Person (Erbfall) geht deren Vermögen (Erbschaft) als Ganzes auf eine oder mehrere andere Personen (Erben) über.

Auf den Antheil eines Miterben (Erbtheil) finden die sich auf die Erbschaft beziehenden Vorschriften Anwendung.[2]

1923. Erbe kann nur werden, wer zur Zeit des Erbfalls lebt.[3]

Wer zur Zeit des Erbfalls noch nicht lebte, aber bereits erzeugt war, gilt als vor dem Erbfalle geboren.

1924. Gesetzliche Erben der ersten Ordnung sind die Abkömmlinge des Erblassers.

Ein zur Zeit des Erbfalls lebender Abkömmling schließt die durch ihn mit dem Erblasser verwandten Abkömmlinge von der Erbfolge aus.

An die Stelle eines zur Zeit des Erbfalls nicht mehr lebenden Abkömmlinges treten die durch ihn mit dem Erblasser verwandten Abkömmlinge (Erbfolge nach Stämmen).

Kinder erben zu gleichen Theilen.

1925. Gesetzliche Erben der zweiten Ordnung sind die Eltern des Erblassers und deren Abkömmlinge.

Leben zur Zeit des Erbfalls die Eltern, so erben sie allein und zu gleichen Theilen.

Lebt zur Zeit des Erbfalls der Vater oder die Mutter nicht mehr, so treten an die Stelle des Verstorbenen dessen Abkömmlinge nach den für die Beerbung in der ersten Ordnung geltenden Vorschriften. Sind Abkömmlinge nicht vorhanden, so erbt der überlebende Theil allein.

1926. Gesetzliche Erben der dritten Ordnung sind die Großeltern des Erblassers und deren Abkömmlinge.

Leben zur Zeit des Erbfalls die Großeltern, so erben sie allein und zu gleichen Theilen.

Lebt zur Zeit des Erbfalls von den väterlichen oder von den mütterlichen Großeltern der Großvater oder die Großmutter nicht mehr, so treten an die Stelle des Verstorbenen dessen Abkömmlinge. Sind Abkömmlinge nicht vorhanden, so fällt der Antheil des Verstorbenen dem anderen Theile des Großelternpaars und, wenn dieser nicht mehr lebt, dessen Abkömmlingen zu.

Leben zur Zeit des Erbfalls die väterlichen oder die mütterlichen Großeltern nicht mehr und sind Abkömmlinge der Verstorbenen nicht vorhanden, so erben die anderen Großeltern oder ihre Abkömmlinge allein.

Soweit Abkömmlinge an die Stelle ihrer Eltern oder ihrer Voreltern treten, finden die für die Beerbung in der ersten Ordnung geltenden Vorschriften Anwendung.

1927. Wer in der ersten, der zweiten oder der dritten Ordnung verschiedenen Stämmen angehört, erhält den in jedem dieser Stämme ihm zufallenden Antheil. Jeder Antheil gilt als besonderer Erbtheil.

1. Uebergangsvorschriften enthalten die Artt. 213—217 EG; von dem EG kommen außerdem noch in Betracht die Artt. 24—28, 38, 44, 57—59, 62—64, 137—141, 147—151.

2. Nachlaßkonkurs ist indessen ausgeschlossen nach § 235 KO.

3. Vgl. Artt. 86, 87 EG und die Bemerkungen dazu.

1928. Gesetzliche Erben der vierten Ordnung sind die Urgroßeltern des Erblassers und deren Abkömmlinge.

Leben zur Zeit des Erbfalls Urgroßeltern, so erben sie allein; mehrere erben zu gleichen Theilen, ohne Unterschied, ob sie derselben Linie oder verschiedenen Linien angehören.

Leben zur Zeit des Erbfalls Urgroßeltern nicht mehr, so erbt von ihren Abkömmlingen derjenige, welcher mit dem Erblasser dem Grade nach am nächsten verwandt ist; mehrere gleich nahe Verwandte erben zu gleichen Theilen.

1929. Gesetzliche Erben der fünften Ordnung und der ferneren Ordnungen sind die entfernteren Voreltern des Erblassers und deren Abkömmlinge.

Die Vorschriften des § 1928 Abs. 2, 3 finden entsprechende Anwendung.

1930. Ein Verwandter ist nicht zur Erbfolge berufen, solange ein Verwandter einer vorhergehenden Ordnung vorhanden ist.

1931. Der überlebende Ehegatte des Erblassers ist neben Verwandten der ersten Ordnung zu einem Viertheile, neben Verwandten der zweiten Ordnung oder neben Großeltern zur Hälfte der Erbschaft als gesetzlicher Erbe berufen. Treffen mit Großeltern Abkömmlinge von Großeltern zusammen, so erhält der Ehegatte auch von der anderen Hälfte den Antheil, der nach § 1926 den Abkömmlingen zufallen würde.

Sind weder Verwandte der ersten oder der zweiten Ordnung noch Großeltern vorhanden, so erhält der überlebende Ehegatte die ganze Erbschaft.

1932. Ist der überlebende Ehegatte neben Verwandten der zweiten Ordnung oder neben Großeltern gesetzlicher Erbe, so gebühren ihm außer dem Erbtheile die zum ehelichen Haushalte gehörenden Gegenstände, soweit sie nicht Zubehör eines Grundstücks sind, und die Hochzeitsgeschenke als Voraus. Auf den Voraus finden die für Vermächtnisse geltenden Vorschriften Anwendung.

1933. Das Erbrecht des überlebenden Ehegatten sowie das Recht auf den Voraus ist ausgeschlossen, wenn der Erblasser zur Zeit seines Todes auf Scheidung wegen Verschuldens des Ehegatten zu klagen berechtigt war und die Klage auf Scheidung oder auf Aufhebung der ehelichen Gemeinschaft erhoben hatte.

1934. Gehört der überlebende Ehegatte zu den erbberechtigten Verwandten, so erbt er zugleich als Verwandter. Der Erbtheil, der ihm auf Grund der Verwandtschaft zufällt, gilt als besonderer Erbtheil.

1935. Fällt ein gesetzlicher Erbe vor oder nach dem Erbfalle weg und erhöht sich in Folge dessen der Erbtheil eines anderen gesetzlichen Erben, so gilt der Theil, um welchen sich der Erbtheil erhöht, in Ansehung der Vermächtnisse und Auflagen, mit denen dieser Erbe oder der wegfallende Erbe beschwert ist, sowie in Ansehung der Ausgleichungspflicht als besonderer Erbtheil.

1936. Ist zur Zeit des Erbfalls weder ein Verwandter noch ein Ehegatte des Erblassers vorhanden, so ist der Fiskus des Bundesstaats, dem der Erblasser zur Zeit des Todes angehört hat, gesetzlicher Erbe. Hat der Erblasser mehreren Bundesstaaten angehört, so ist der Fiskus eines jeden dieser Staaten zu gleichem Antheile zur Erbfolge berufen.[4]

War der Erblasser ein Deutscher, der keinem Bundesstaat angehörte, so ist der Reichsfiskus gesetzlicher Erbe.

1937. Der Erblasser kann durch einseitige Verfügung von Todeswegen (Testament, letztwillige Verfügung) den Erben bestimmen.

1938. Der Erblasser kann durch Testament einen Verwandten oder den Ehegatten von der gesetzlichen Erbfolge ausschließen, ohne einen Erben einzusetzen.

1939. Der Erblasser kann durch Testament einem Anderen, ohne ihn als Erben einzusetzen, einen Vermögensvortheil zuwenden (Vermächtniß).

1940. Der Erblasser kann durch Testament den Erben oder einen Vermächtnißnehmer zu einer Leistung verpflichten, ohne einem Anderen ein Recht auf die Leistung zuzuwenden (Auflage).

1941. Der Erblasser kann durch Vertrag einen Erben einsetzen sowie Vermächtnisse und Auflagen anordnen (Erbvertrag).

Als Erbe (Vertragserbe) oder als Vermächtnißnehmer kann sowohl der andere Vertragschließende als ein Dritter bedacht werden.

Zweiter Abschnitt.
Rechtliche Stellung des Erben.

Erster Titel. Annahme und Ausschlagung der Erbschaft. Fürsorge des Nachlaßgerichts.

1942. Die Erbschaft geht auf den berufenen Erben unbeschadet des Rechtes über, sie auszuschlagen (Anfall der Erbschaft).[5]

Der Fiskus kann die ihm als gesetzlichem Erben angefallene Erbschaft nicht ausschlagen.[6]

1943. Der Erbe kann die Erbschaft nicht mehr ausschlagen, wenn er sie angenommen hat oder wenn die für die Ausschlagung vorgeschriebene Frist verstrichen ist; mit dem Ablaufe der Frist gilt die Erbschaft als angenommen.

1944. Die Ausschlagung kann nur binnen sechs Wochen erfolgen.

Die Frist beginnt mit dem Zeitpunkt, in welchem der Erbe von dem Anfall und dem Grunde der Berufung Kenntniß erlangt. Ist der Erbe durch Verfügung von Todeswegen berufen, so beginnt die Frist nicht vor der Verkündung der Verfügung.

---

4. Vgl. Artt. 138, 139 EG; §§ 163—165 AG z. BGB.
5. Vgl. §§ 9, 216 KO.
6. Vgl. § 780 Abs. 2 CPO.

Auf den Lauf der Frist finden die für die Verjährung geltenden Vorschriften der §§ 203, 206 entsprechende Anwendung.

Die Frist beträgt sechs Monate, wenn der Erblasser seinen letzten Wohnsitz nur im Auslande gehabt hat oder wenn sich der Erbe bei dem Beginne der Frist im Auslande aufhält.

1945. Die Ausschlagung erfolgt durch Erklärung gegenüber dem Nachlaßgerichte;[7] die Erklärung ist in öffentlich beglaubigter Form abzugeben.[8]

Ein Bevollmächtigter bedarf einer öffentlich beglaubigten Vollmacht. Die Vollmacht muß der Erklärung beigefügt oder innerhalb der Ausschlagungsfrist nachgebracht werden.

1946. Der Erbe kann die Erbschaft annehmen oder ausschlagen, sobald der Erbfall eingetreten ist.

1947. Die Annahme und die Ausschlagung können nicht unter einer Bedingung oder einer Zeitbestimmung erfolgen.

1948. Wer durch Verfügung von Todeswegen als Erbe berufen ist, kann, wenn er ohne die Verfügung als gesetzlicher Erbe berufen sein würde, die Erbschaft als eingesetzter Erbe ausschlagen und als gesetzlicher Erbe annehmen.

Wer durch Testament und durch Erbvertrag als Erbe berufen ist, kann die Erbschaft aus dem einen Berufungsgrund annehmen und aus dem anderen ausschlagen.

1949. Die Annahme gilt als nicht erfolgt, wenn der Erbe über den Berufungsgrund im Irrthume war.

Die Ausschlagung erstreckt sich im Zweifel auf alle Berufungsgründe, die dem Erben zur Zeit der Erklärung bekannt sind.

1950. Die Annahme und die Ausschlagung können nicht auf einen Theil der Erbschaft beschränkt werden. Die Annahme oder Ausschlagung eines Theiles ist unwirksam.

1951. Wer zu mehreren Erbtheilen berufen ist, kann, wenn die Berufung auf verschiedenen Gründen beruht, den einen Erbtheil annehmen und den anderen ausschlagen.

Beruht die Berufung auf demselben Grunde, so gilt die Annahme oder Ausschlagung des einen Erbtheils auch für den anderen, selbst wenn der andere erst später anfällt. Die Berufung beruht auf demselben Grunde auch dann, wenn sie in verschiedenen Testamenten oder vertragsmäßig in verschiedenen zwischen denselben Personen geschlossenen Erbverträgen angeordnet ist.

Setzt der Erblasser einen Erben auf mehrere Erbtheile ein, so kann er ihm durch Verfügung von Todeswegen gestatten, den einen Erbtheil anzunehmen und den anderen auszuschlagen.

1952. Das Recht des Erben, die Erbschaft auszuschlagen, ist vererblich.

Stirbt der Erbe vor dem Ablaufe der Ausschlagungsfrist, so endigt die Frist nicht vor dem Ablaufe der für die Erbschaft des Erben vorgeschriebenen Ausschlagungsfrist.

Von mehreren Erben des Erben kann jeder den seinem Erbtheil entsprechenden Theil der Erbschaft ausschlagen.

1953. Wird die Erbschaft ausgeschlagen, so gilt der Anfall an den Ausschlagenden als nicht erfolgt.

Die Erbschaft fällt demjenigen an, welcher berufen sein würde, wenn der Ausschlagende zur Zeit des Erbfalls nicht gelebt hätte; der Anfall gilt als mit dem Erbfall erfolgt.

Das Nachlaßgericht[9] soll die Ausschlagung demjenigen mittheilen, welchem die Erbschaft in Folge der Ausschlagung angefallen ist. Es hat die Einsicht der Erklärung Jedem zu gestatten, der ein rechtliches Interesse glaubhaft macht.

1954. Ist die Annahme oder die Ausschlagung anfechtbar, so kann die Anfechtung nur binnen sechs Wochen erfolgen.

Die Frist beginnt im Falle der Anfechtbarkeit wegen Drohung mit dem Zeitpunkt, in welchem die Zwangslage aufhört, in den übrigen Fällen mit dem Zeitpunkt, in welchem der Anfechtungsberechtigte von dem Anfechtungsgrunde Kenntniß erlangt. Auf den Lauf der Frist finden die für die Verjährung geltenden Vorschriften der §§ 203, 206, 207 entsprechende Anwendung.

Die Frist beträgt sechs Monate, wenn der Erblasser seinen letzten Wohnsitz nur im Auslande gehabt hat oder wenn sich der Erbe bei dem Beginne der Frist im Ausland aufhält.

Die Anfechtung ist ausgeschlossen, wenn seit der Annahme oder der Ausschlagung dreißig Jahre verstrichen sind.

1955. Die Anfechtung der Annahme oder der Ausschlagung erfolgt durch Erklärung gegenüber dem Nachlaßgerichte.[9] Für die Erklärung gelten die Vorschriften des § 1945.

1956. Die Versäumung der Ausschlagungsfrist kann in gleicher Weise wie die Annahme angefochten werden.

1957. Die Anfechtung der Annahme gilt als Ausschlagung, die Anfechtung der Ausschlagung gilt als Annahme.

Das Nachlaßgericht[9] soll die Anfechtung der Ausschlagung demjenigen mittheilen, welchem die Erbschaft in Folge der Ausschlagung angefallen war. Die Vorschrift des § 1953 Abs. 3 Satz 2 findet Anwendung.

1958. Vor der Annahme der Erbschaft kann ein Anspruch, der sich gegen den Nachlaß richtet, nicht gegen den Erben gerichtlich geltend gemacht werden.[10]

7. Art. 147 EG; §§ 72 ff. FrG.
8. Vgl. §§ 167 Abs. 2, 183, 191 FrG.
9. Art. 147 EG; §§ 72 ff. FrG.
10. Vgl. §§ 239 Abs. 4, 246, 778 ff. CPO.

1959. Besorgt der Erbe vor der Ausschlagung erbschaftliche Geschäfte, so ist er demjenigen gegenüber, welcher Erbe wird, wie ein Geschäftsführer ohne Auftrag berechtigt und verpflichtet.

Verfügt der Erbe vor der Ausschlagung über einen Nachlaßgegenstand, so wird die Wirksamkeit der Verfügung durch die Ausschlagung nicht berührt, wenn die Verfügung nicht ohne Nachtheil für den Nachlaß verschoben werden konnte.

Ein Rechtsgeschäft, das gegenüber dem Erben als solchem vorgenommen werden muß, bleibt, wenn es vor der Ausschlagung dem Ausschlagenden gegenüber vorgenommen wird, auch nach der Ausschlagung wirksam.

1960. Bis zur Annahme der Erbschaft hat das Nachlaßgericht[9] für die Sicherung des Nachlasses zu sorgen, soweit ein Bedürfniß besteht. Das Gleiche gilt, wenn der Erbe unbekannt oder wenn ungewiß ist, ob er die Erbschaft angenommen hat.[11]

Das Nachlaßgericht[9] kann insbesondere die Anlegung von Siegeln, die Hinterlegung von Geld, Werthpapieren und Kostbarkeiten sowie die Aufnahme eines Nachlaßverzeichnisses anordnen und für denjenigen, welcher Erbe wird, einen Pfleger (Nachlaßpfleger) bestellen.[12]

Die Vorschrift des § 1958 findet auf den Nachlaßpfleger keine Anwendung.

1961. Das Nachlaßgericht[9] hat in den Fällen des § 1960 Abs. 1 einen Nachlaßpfleger zu bestellen, wenn die Bestellung zum Zwecke der gerichtlichen Geltendmachung eines Anspruchs, der sich gegen den Nachlaß richtet, von dem Berechtigten beantragt wird.

1962. Für die Nachlaßpflegschaft tritt an die Stelle des Vormundschaftsgerichts das Nachlaßgericht.[13]

1963. Ist zur Zeit des Erbfalls die Geburt eines Erben zu erwarten, so kann die Mutter, falls sie außer Stande ist, sich selbst zu unterhalten, bis zur Entbindung standesmäßigen Unterhalt aus dem Nachlaß oder, wenn noch andere Personen als Erben berufen sind, aus dem Erbtheile des Kindes verlangen. Bei der Bemessung des Erbtheils ist anzunehmen, daß nur ein Kind geboren wird.

1964. Wird der Erbe nicht innerhalb einer den Umständen entsprechenden Frist ermittelt, so hat das Nachlaßgericht festzustellen, daß ein anderer Erbe als der Fiskus nicht vorhanden ist.

Die Feststellung begründet die Vermuthung, daß der Fiskus gesetzlicher Erbe sei.[14]

1965. Der Feststellung hat eine öffentliche Aufforderung zur Anmeldung der Erbrechte unter Bestimmung einer Anmeldungsfrist vorauszugehen; die Art der Bekanntmachung und die Dauer der Anmeldungsfrist bestimmen sich nach den für das Aufgebotsverfahren geltenden Vorschriften.[15] Die Aufforderung darf unterbleiben, wenn die Kosten dem Bestande des Nachlasses gegenüber unverhältnißmäßig groß sind.

Ein Erbrecht bleibt unberücksichtigt, wenn nicht dem Nachlaßgerichte binnen drei Monaten nach dem Ablaufe der Anmeldungsfrist nachgewiesen wird, daß das Erbrecht besteht oder daß es gegen den Fiskus im Wege der Klage geltend gemacht ist. Ist eine öffentliche Aufforderung nicht ergangen, so beginnt die dreimonatige Frist mit der gerichtlichen Aufforderung, das Erbrecht oder die Erhebung der Klage nachzuweisen.

1966. Von dem Fiskus als gesetzlichem Erben und gegen den Fiskus als gesetzlichen Erben kann ein Recht erst geltend gemacht werden, nachdem von dem Nachlaßgerichte festgestellt worden ist, daß ein anderer Erbe nicht vorhanden ist.

Zweiter Titel. Haftung des Erben für die Nachlaßverbindlichkeiten.[16]

I. Nachlaßverbindlichkeiten.

1967. Der Erbe haftet für die Nachlaßverbindlichkeiten.[17]

Zu den Nachlaßverbindlichkeiten gehören außer den vom Erblasser herrührenden Schulden die den Erben als solchen treffenden Verbindlichkeiten, insbesondere die Verbindlichkeiten aus Pflichttheilsrechten, Vermächtnissen und Auflagen.[18]

1968. Der Erbe trägt die Kosten der standesmäßigen Beerdigung des Erblassers.[19]

1969. Der Erbe ist verpflichtet, Familienangehörigen des Erblassers, die zur Zeit des Todes des Erblassers zu dessen Hausstande gehört und von ihm Unterhalt bezogen haben, in den ersten dreißig Tagen nach dem Eintritte des Erbfalls in demselben Umfange, wie der Erblasser es gethan hat, Unterhalt zu gewähren und die Benutzung der Wohnung und der Haushaltsgegenstände zu gestatten. Der Erblasser kann durch letztwillige Verfügung eine abweichende Anordnung treffen.

Die Vorschriften über Vermächtnisse finden entsprechende Anwendung.

II. Aufgebot der Nachlaßgläubiger.[20]

1970. Die Nachlaßgläubiger können im Wege des Aufgebotsverfahrens zur Anmeldung ihrer Forderungen aufgefordert werden.[21]

11. Vgl. Art. 140 EG; §§ 74, 86 ff. FrG; §§ 23, 37 AG z. FrG.
12. Vgl. §§ 243, 779 Abs. 2, 991 Abs. 2 CPO; § 217 Abs. 2 KO; § 75 FrG.
13. § 75 FrG.
14. Vgl. § 78 FrG.
15. Nach Maßgabe der §§ 948—950 CPO.
16. Vgl. hierzu §§ 27, 139 HGB.
17. Vgl. noch §§ 780, 781 CPO.
18. Vgl. § 971 CPO.
19. Vgl. § 224^2 KO.
20. Das Aufgebotsverfahren regelt sich nach den §§ 946—959, 989—1000 CPO.
21. Vgl. § 229 KO.

1971. Pfandgläubiger und Gläubiger, die im Konkurse den Pfandgläubigern gleichstehen, sowie Gläubiger, die bei der Zwangsvollstreckung in das unbewegliche Vermögen ein Recht auf Befriedigung aus diesem Vermögen haben,[22] werden, soweit es sich um die Befriedigung aus den ihnen haftenden Gegenständen handelt, durch das Aufgebot nicht betroffen. Das Gleiche gilt von Gläubigern, deren Ansprüche durch eine Vormerkung gesichert sind oder denen im Konkurs ein Aussonderungsrecht zusteht,[23] in Ansehung des Gegenstandes ihres Rechtes.

1972. Pflichttheilsrechte, Vermächtnisse und Auflagen werden durch das Aufgebot nicht betroffen, unbeschadet der Vorschrift des § 2060 Nr. 1.

1973. Der Erbe kann die Befriedigung eines im Aufgebotsverfahren ausgeschlossenen Nachlaßgläubigers insoweit verweigern, als der Nachlaß durch die Befriedigung der nicht ausgeschlossenen Gläubiger erschöpft wird. Der Erbe hat jedoch den ausgeschlossenen Gläubiger vor den Verbindlichkeiten aus Pflichttheilsrechten, Vermächtnissen und Auflagen zu befriedigen, es sei denn, daß der Gläubiger seine Forderung erst nach der Berichtigung dieser Verbindlichkeiten geltend macht.

Einen Ueberschuß hat der Erbe zum Zwecke der Befriedigung des Gläubigers im Wege der Zwangsvollstreckung nach den Vorschriften über die Herausgabe einer ungerechtfertigten Bereicherung herauszugeben. Er kann die Herausgabe der noch vorhandenen Nachlaßgegenstände durch Zahlung des Werthes abwenden. Die rechtskräftige Verurtheilung des Erben zur Befriedigung eines ausgeschlossenen Gläubigers wirkt einem anderen Gläubiger gegenüber wie die Befriedigung.

1974. Ein Nachlaßgläubiger, der seine Forderung später als fünf Jahre nach dem Erbfalle dem Erben gegenüber geltend macht, steht einem ausgeschlossenen Gläubiger gleich, es sei denn, daß die Forderung dem Erben vor dem Ablaufe der fünf Jahre bekannt geworden oder im Aufgebotsverfahren angemeldet worden ist. Wird der Erblasser für todt erklärt, so beginnt die Frist nicht vor der Erlassung des die Todeserklärung aussprechenden Urtheils.[24]

Die dem Erben nach § 1973 Abs. 1 Satz 2 obliegende Verpflichtung tritt im Verhältnisse von Verbindlichkeiten aus Pflichttheilsrechten, Vermächtnissen und Auflagen zu einander nur insoweit ein, als der Gläubiger im Falle des Nachlaßkonkurses im Range vorgehen würde.[25]

Soweit ein Gläubiger nach § 1971 von dem Aufgebote nicht betroffen wird, finden die Vorschriften des Abs. 1 auf ihn keine Anwendung.

22. § 10 ZVG.
23. §§ 43 ff. KO.
24. Vgl. §§ 219, 226, 228 KO; § 175 ZVG.
25. Vgl. § 226 Abs. 4 KO.

III. Beschränkung der Haftung des Erben.

1975. Die Haftung des Erben für die Nachlaßverbindlichkeiten beschränkt sich auf den Nachlaß, wenn eine Nachlaßpflegschaft zum Zwecke der Befriedigung der Nachlaßgläubiger (Nachlaßverwaltung) angeordnet[26] oder der Nachlaßkonkurs[27] eröffnet ist.

1976. Ist die Nachlaßverwaltung angeordnet oder der Nachlaßkonkurs eröffnet, so gelten die in Folge des Erbfalls durch Vereinigung von Recht und Verbindlichkeit oder von Recht und Belastung erloschenen Rechtsverhältnisse als nicht erloschen.[28]

1977. Hat ein Nachlaßgläubiger vor der Anordnung der Nachlaßverwaltung oder vor der Eröffnung des Nachlaßkonkurses seine Forderung gegen eine nicht zum Nachlasse gehörende Forderung des Erben ohne dessen Zustimmung aufgerechnet, so ist nach der Anordnung der Nachlaßverwaltung oder der Eröffnung des Nachlaßkonkurses die Aufrechnung als nicht erfolgt anzusehen.

Das Gleiche gilt, wenn ein Gläubiger, der nicht Nachlaßgläubiger ist, die ihm gegen den Erben zustehende Forderung gegen eine zum Nachlasse gehörende Forderung aufgerechnet hat.

1978. Ist die Nachlaßverwaltung angeordnet oder der Nachlaßkonkurs eröffnet, so ist der Erbe den Nachlaßgläubigern für die bisherige Verwaltung des Nachlasses so verantwortlich, wie wenn er von der Annahme der Erbschaft an die Verwaltung für sie als Beauftragter zu führen gehabt hätte. Auf die vor der Annahme der Erbschaft von dem Erben besorgten erbschaftlichen Geschäfte finden die Vorschriften über die Geschäftsführung ohne Auftrag entsprechende Anwendung.

Die den Nachlaßgläubigern nach Abs. 1 zustehenden Ansprüche gelten als zum Nachlasse gehörend.

Aufwendungen sind dem Erben aus dem Nachlasse zu ersetzen, soweit er nach den Vorschriften über den Auftrag oder über die Geschäftsführung ohne Auftrag Ersatz verlangen könnte.[29]

1979. Die Berichtigung einer Nachlaßverbindlichkeit durch den Erben müssen die Nachlaßgläubiger als für Rechnung des Nachlasses erfolgt gelten lassen, wenn der Erbe den Umständen nach annehmen durfte, daß der Nachlaß zur Berichtigung aller Nachlaßverbindlichkeiten ausreiche.[30]

1980. Beantragt der Erbe nicht unverzüglich, nachdem er von der Ueberschuldung des Nachlasses Kenntniß erlangt hat, die Eröffnung des Nachlaßkonkurses, so ist er den Gläubigern für

26. Zuständigkeit: §§ 72 ff. FrG. — Vgl. auch § 76 FrG; §§ 241 Abs. 2, 243, 780 ff. CPO.
27. Die näheren Bestimmungen über den Nachlaßkonkurs sind in den §§ 214—234 KO enthalten. — Vgl. § 178 ZVG; §§ 243, 782, 784, 993 CPO.
28. Vgl. § 225 KO.
29. Vgl. §§ 223, 224[1], 228 Abs. 2 KO.
30. Vgl. §§ 223, 224[1], 225, 228 Abs. 2 KO.

den daraus entstehenden Schaden verantwortlich. Bei der Bemessung der Zulänglichkeit des Nachlasses bleiben die Verbindlichkeiten aus Vermächtnissen und Auflagen außer Betracht.

Der Kenntniß der Ueberschuldung steht die auf Fahrlässigkeit beruhende Unkenntniß gleich. Als Fahrlässigkeit gilt es insbesondere, wenn der Erbe das Aufgebot der Nachlaßgläubiger nicht beantragt, obwohl er Grund hat, das Vorhandensein unbekannter Nachlaßverbindlichkeiten anzunehmen; das Aufgebot ist nicht erforderlich, wenn die Kosten des Verfahrens dem Bestande des Nachlasses gegenüber unverhältnißmäßig groß sind.[31]

1981. Die Nachlaßverwaltung ist von dem Nachlaßgericht anzuordnen, wenn der Erbe die Anordnung beantragt.[32]

Auf Antrag eines Nachlaßgläubigers ist die Nachlaßverwaltung anzuordnen, wenn Grund zu der Annahme besteht, daß die Befriedigung der Nachlaßgläubiger aus dem Nachlasse durch das Verhalten oder die Vermögenslage des Erben gefährdet wird.[33] Der Antrag kann nicht mehr gestellt werden, wenn seit der Annahme der Erbschaft zwei Jahre verstrichen sind.[34]

Die Vorschriften des § 1785 finden keine Anwendung.

1982. Die Anordnung der Nachlaßverwaltung kann abgelehnt werden, wenn eine den Kosten entsprechende Masse nicht vorhanden ist.[35]

1983. Das Nachlaßgericht hat die Anordnung der Nachlaßverwaltung durch das für seine Bekanntmachungen bestimmte Blatt zu veröffentlichen.

1984. Mit der Anordnung der Nachlaßverwaltung verliert der Erbe die Befugniß, den Nachlaß zu verwalten und über ihn zu verfügen.[36] Die Vorschriften der §§ 6, 7 der Konkursordnung finden entsprechende Anwendung.[37] Ein Anspruch, der sich gegen den Nachlaß richtet, kann nur gegen den Nachlaßverwalter geltend gemacht werden.

Zwangsvollstreckungen und Arreste in den Nachlaß zu Gunsten eines Gläubigers, der nicht Nachlaßgläubiger ist, sind ausgeschlossen.[38]

1985. Der Nachlaßverwalter hat den Nachlaß zu verwalten und die Nachlaßverbindlichkeiten aus dem Nachlasse zu berichtigen.

Der Nachlaßverwalter ist für die Verwaltung des Nachlasses auch den Nachlaßgläubigern verantwortlich. Die Vorschriften des § 1978 Abs. 2 und der §§ 1979, 1980 finden entsprechende Anwendung.

31. Vgl. §§ 215, 228 Abs. 2 KO.
32. Vgl. §§ 72 ff., 76 Abs. 1 FrG.
33. Vgl. § 76 Abs. 2 FrG.
34. Entsprechend dem § 220 KO.
35. Entsprechend dem § 107 Abs. 1 KO.
36. Vgl. auch §§ 241, 246 CPO.
37. Jetzt §§ 7, 8 KO.
38. Vgl. § 784 CPO.

1986. Der Nachlaßverwalter darf den Nachlaß dem Erben erst ausantworten, wenn die bekannten Nachlaßverbindlichkeiten berichtigt sind.

Ist die Berichtigung einer Verbindlichkeit zur Zeit nicht ausführbar oder ist eine Verbindlichkeit streitig, so darf die Ausantwortung des Nachlasses nur erfolgen, wenn dem Gläubiger Sicherheit geleistet wird. Für eine bedingte Forderung ist Sicherheitsleistung nicht erforderlich, wenn die Möglichkeit des Eintritts der Bedingung eine so entfernte ist, daß die Forderung einen gegenwärtigen Vermögenswerth nicht hat.

1987. Der Nachlaßverwalter kann für die Führung seines Amtes eine angemessene Vergütung verlangen.

1988. Die Nachlaßverwaltung endigt mit der Eröffnung des Nachlaßkonkurses.

Die Nachlaßverwaltung kann aufgehoben werden, wenn sich ergiebt, daß eine den Kosten entsprechende Masse nicht vorhanden ist.[39]

1989. Ist der Nachlaßkonkurs durch Vertheilung der Masse oder durch Zwangsvergleich beendigt, so finden auf die Haftung des Erben die Vorschriften des § 1973 entsprechende Anwendung.[40]

1990. Ist die Anordnung der Nachlaßverwaltung oder die Eröffnung des Nachlaßkonkurses wegen Mangels einer den Kosten entsprechenden Masse nicht thunlich oder wird aus diesem Grunde die Nachlaßverwaltung aufgehoben oder das Konkursverfahren eingestellt, so kann der Erbe die Befriedigung eines Nachlaßgläubigers insoweit verweigern, als der Nachlaß nicht ausreicht. Der Erbe ist in diesem Falle verpflichtet, den Nachlaß zum Zwecke der Befriedigung des Gläubigers im Wege der Zwangsvollstreckung herauszugeben.

Das Recht des Erben wird nicht dadurch ausgeschlossen, daß der Gläubiger nach dem Eintritte des Erbfalls im Wege der Zwangsvollstreckung oder der Arrestvollziehung ein Pfandrecht oder eine Hypothek oder im Wege der einstweiligen Verfügung eine Vormerkung erlangt hat.

1991. Macht der Erbe von dem ihm nach § 1990 zustehenden Rechte Gebrauch, so finden auf seine Verantwortlichkeit und den Ersatz seiner Aufwendungen die Vorschriften der §§ 1978, 1979 Anwendung.

Die in Folge des Erbfalls durch Vereinigung von Recht und Verbindlichkeit oder von Recht und Belastung erloschenen Rechtsverhältnisse gelten im Verhältnisse zwischen dem Gläubiger und dem Erben als nicht erloschen.

Die rechtskräftige Verurtheilung des Erben zur Befriedigung eines Gläubigers wirkt einem anderen Gläubiger gegenüber wie die Befriedigung.

Die Verbindlichkeiten aus Pflichttheilsrechten,

39. Vgl. §§ 107, 204 KO.
40. Vgl. § 230 KO; § 175 ZVG.

Vermächtnissen und Auflagen hat der Erbe so zu berichtigen, wie sie im Falle des Konkurses zur Berichtigung kommen würden.[41]

1992. Beruht die Ueberschuldung des Nachlasses auf Vermächtnissen und Auflagen, so ist der Erbe, auch wenn die Voraussetzungen des § 1990 nicht vorliegen, berechtigt, die Berichtigung dieser Verbindlichkeiten nach den Vorschriften der §§ 1990, 1991 zu bewirken. Er kann die Herausgabe der noch vorhandenen Nachlaßgegenstände durch Zahlung des Werthes abwenden.

IV. Inventarerrichtung. Unbeschränkte Haftung des Erben.

1993. Der Erbe ist berechtigt, ein Verzeichniß des Nachlasses (Inventar) bei dem Nachlaßgericht[42] einzureichen (Inventarerrichtung).

1994. Das Nachlaßgericht[42] hat dem Erben auf Antrag eines Nachlaßgläubigers zur Errichtung des Inventars eine Frist (Inventarfrist) zu bestimmen. Nach dem Ablaufe der Frist haftet der Erbe für die Nachlaßverbindlichkeiten unbeschränkt, wenn nicht vorher das Inventar errichtet wird.[43]

Der Antragsteller hat seine Forderung glaubhaft zu machen.[44] Auf die Wirksamkeit der Fristbestimmung ist es ohne Einfluß, wenn die Forderung nicht besteht.

1995. Die Inventarfrist soll mindestens einen Monat, höchstens drei Monate betragen.

Sie beginnt mit der Zustellung[45] des Beschlusses, durch den die Frist bestimmt wird.

Wird die Frist vor der Annahme der Erbschaft bestimmt, so beginnt sie erst mit der Annahme der Erbschaft.

Auf Antrag des Erben kann das Nachlaßgericht[42] die Frist nach seinem Ermessen verlängern.

1996. Ist der Erbe durch höhere Gewalt verhindert worden, das Inventar rechtzeitig zu errichten oder die nach den Umständen gerechtfertigte Verlängerung der Inventarfrist zu beantragen, so hat ihm auf seinen Antrag das Nachlaßgericht[42] eine neue Inventarfrist zu bestimmen. Das Gleiche gilt, wenn der Erbe von der Zustellung des Beschlusses, durch den die Inventarfrist bestimmt worden ist, ohne sein Verschulden Kenntniß nicht erlangt hat.

Der Antrag muß binnen zwei Wochen nach der Beseitigung des Hindernisses und spätestens vor dem Ablauf eines Jahres nach dem Ende der zuerst bestimmten Frist gestellt werden.

Vor der Entscheidung soll der Nachlaßgläubiger, auf dessen Antrag die erste Frist bestimmt worden ist, wenn thunlich gehört werden.[46]

41. § 226 KO.
42. § 72 FrG.
43. Vgl. §§ 77, 78 FrG.
44. Nach Maßgabe des § 294 CPO; § 15 FrG.
45. Vgl. § 16 Abs. 2 FrG.
46. Vgl. § 77 Abs. 2, 3 FrG.

1997. Auf den Lauf der Inventarfrist und der im § 1996 Abs. 2 bestimmten Frist von zwei Wochen finden die für die Verjährung geltenden Vorschriften des § 203 Abs. 1 und des § 206 entsprechende Anwendung.

1998. Stirbt der Erbe vor dem Ablaufe der Inventarfrist oder der im § 1996 Abs. 2 bestimmten Frist von zwei Wochen, so endigt die Frist nicht vor dem Ablaufe der für die Erbschaft des Erben vorgeschriebenen Ausschlagungsfrist.

1999. Steht der Erbe unter elterlicher Gewalt oder unter Vormundschaft, so soll das Nachlaßgericht[42] dem Vormundschaftsgerichte[47] von der Bestimmung der Inventarfrist Mittheilung machen.

2000. Die Bestimmung einer Inventarfrist wird unwirksam, wenn eine Nachlaßverwaltung angeordnet oder der Nachlaßkonkurs eröffnet wird. Während der Dauer der Nachlaßverwaltung oder des Nachlaßkonkurses kann eine Inventarfrist nicht bestimmt werden. Ist der Nachlaßkonkurs durch Vertheilung der Masse oder durch Zwangsvergleich beendigt, so bedarf es zur Abwendung der unbeschränkten Haftuug der Inventarerrichtung nicht.

2001. In dem Inventar sollen die bei dem Eintritte des Erbfalls vorhandenen Nachlaßgegenstände und die Nachlaßverbindlichkeiten vollständig angegeben werden.

Das Inventar soll außerdem eine Beschreibung der Nachlaßgegenstände, soweit eine solche zur Bestimmung des Werthes erforderlich ist, und die Angabe des Werthes enthalten.

2002. Der Erbe muß zu der Aufnahme des Inventars eine zuständige Behörde oder einen zuständigen Beamten oder Notar zuziehen.[48]

2003. Auf Antrag des Erben hat das Nachlaßgericht[42] entweder das Inventar selbst aufzunehmen oder die Aufnahme einer zuständigen Behörde oder einem zuständigen Beamten oder Notar zu übertragen.[49] Durch die Stellung des Antrags wird die Inventarfrist gewahrt.

Der Erbe ist verpflichtet, die zur Aufnahme des Inventars erforderliche Auskunft zu ertheilen.

Das Inventar ist von der Behörde, dem Beamten oder dem Notar bei dem Nachlaßgericht einzureichen.

2004. Befindet sich bei dem Nachlaßgerichte schon ein den Vorschriften der §§ 2002, 2003 entsprechendes Inventar, so genügt es, wenn der Erbe vor dem Ablaufe der Inventarfrist dem Nachlaßgerichte gegenüber erklärt, daß das Inventar als von ihm eingereicht gelten soll.[49]

2005. Führt der Erbe absichtlich eine erhebliche Unvollständigkeit der im Inventar enthaltenen Angabe der Nachlaßgegenstände herbei oder bewirkt er in der Absicht, die Nachlaßgläubiger zu benach=

47. §§ 35 ff. FrG.
48. Vgl. Art. 148 EG; §§ 37, 48 AG z. FrG.
49. Vgl. Art. 148 EG; §§ 37, 48 AG z. FrG.

theiligen, die Aufnahme einer nicht bestehenden Nachlaßverbindlichkeit, so haftet er für die Nachlaßverbindlichkeiten unbeschränkt. Das Gleiche gilt, wenn er im Falle des § 2003 die Ertheilung der Auskunft verweigert oder absichtlich in erheblichem Maße verzögert.

Ist die Angabe der Nachlaßgegenstände unvollständig, ohne daß ein Fall des Abs. 1 vorliegt, so kann dem Erben zur Ergänzung eine neue Inventarfrist bestimmt werden.[50]

2006. Der Erbe hat auf Verlangen eines Nachlaßgläubigers vor dem Nachlaßgerichte[51] den Offenbarungseid dahin zu leisten:

daß er nach bestem Wissen die Nachlaßgegenstände so vollständig angegeben habe, als er dazu im Stande sei.[52]

Der Erbe kann vor der Leistung des Eides das Inventar vervollständigen.

Verweigert der Erbe die Leistung des Eides, so haftet er dem Gläubiger, der den Antrag gestellt hat, unbeschränkt. Das Gleiche gilt, wenn er weder in dem Termine noch in einem auf Antrag des Gläubigers bestimmten neuen Termin erscheint, es sei denn, daß ein Grund vorliegt, durch den das Nichterscheinen in diesem Termine genügend entschuldigt wird.

Eine wiederholte Leistung des Eides kann derselbe Gläubiger oder ein anderer Gläubiger nur verlangen, wenn Grund zu der Annahme besteht, daß dem Erben nach der Eidesleistung weitere Nachlaßgegenstände bekannt geworden sind.

2007. Ist ein Erbe zu mehreren Erbtheilen berufen, so bestimmt sich seine Haftung für die Nachlaßverbindlichkeiten in Ansehung eines jeden der Erbtheile so, wie wenn die Erbtheile verschiedenen Erben gehörten. In den Fällen der Anwachsung und des § 1935 gilt dies nur dann, wenn die Erbtheile verschieden beschwert sind.

2008. Ist eine Ehefrau die Erbin und gehört die Erbschaft zum eingebrachten Gute oder zum Gesammtgute, so ist die Bestimmung der Inventarfrist nur wirksam, wenn sie auch dem Manne gegenüber erfolgt. Solange nicht die Frist dem Manne gegenüber verstrichen ist, endigt sie auch nicht der Frau gegenüber. Die Errichtung des Inventars durch den Mann kommt der Frau zu Statten.

Gehört die Erbschaft zum Gesammtgute, so gelten diese Vorschriften auch nach der Beendigung der Gütergemeinschaft.

2009. Ist das Inventar rechtzeitig errichtet worden, so wird im Verhältnisse zwischen dem Erben und den Nachlaßgläubigern vermuthet, daß zur Zeit des Erbfalls weitere Nachlaßgegenstände als die angegebenen nicht vorhanden gewesen seien.

2010. Das Nachlaßgericht hat die Einsicht des Inventars Jedem zu gestatten, der ein rechtliches Interesse glaubhaft macht.[53]

2011. Dem Fiskus als gesetzlichem Erben kann eine Inventarfrist nicht bestimmt werden. Der Fiskus ist den Nachlaßgläubigern gegenüber verpflichtet, über den Bestand des Nachlasses Auskunft zu ertheilen.

2012. Einem nach den §§ 1960, 1961 bestellten Nachlaßpfleger kann eine Inventarfrist nicht bestimmt werden. Der Nachlaßpfleger ist den Nachlaßgläubigern gegenüber verpflichtet, über den Bestand des Nachlasses Auskunft zu ertheilen. Der Nachlaßpfleger kann nicht auf die Beschränkung der Haftung des Erben verzichten.

Diese Vorschriften gelten auch für den Nachlaßverwalter.

2013. Haftet der Erbe für die Nachlaßverbindlichkeiten unbeschränkt, so finden die Vorschriften der §§ 1973 bis 1975, 1977 bis 1980, 1989 bis 1992 keine Anwendung; der Erbe ist nicht berechtigt, die Anordnung einer Nachlaßverwaltung zu beantragen. Auf eine nach § 1973 oder nach § 1974 eingetretene Beschränkung der Haftung kann sich der Erbe jedoch berufen, wenn später der Fall des § 1994 Abs. 1 Satz 2 oder des § 2005 Abs. 1 eintritt.

Die Vorschriften der §§ 1977 bis 1980 und das Recht des Erben, die Anordnung einer Nachlaßverwaltung zu beantragen, werden nicht dadurch ausgeschlossen, daß der Erbe einzelnen Nachlaßgläubigern gegenüber unbeschränkt haftet.

V. Aufschiebende Einreden.

2014. Der Erbe ist berechtigt, die Berichtigung einer Nachlaßverbindlichkeit bis zum Ablaufe der ersten drei Monate nach der Annahme der Erbschaft, jedoch nicht über die Errichtung des Inventars hinaus, zu verweigern.[54]

2015. Hat der Erbe den Antrag auf Erlassung des Aufgebots der Nachlaßgläubiger innerhalb eines Jahres nach der Annahme der Erbschaft gestellt und ist der Antrag zugelassen, so ist der Erbe berechtigt, die Berichtigung einer Nachlaßverbindlichkeit bis zur Beendigung des Aufgebotsverfahrens zu verweigern.[54]

Der Beendigung des Aufgebotsverfahrens steht es gleich, wenn der Erbe in dem Aufgebotstermine nicht erschienen ist und nicht binnen zwei Wochen die Bestimmung eines neuen Termins beantragt oder wenn er auch in dem neuen Termine nicht erscheint.

Wird das Ausschlußurtheil erlassen oder der Antrag auf Erlassung des Urtheils zurückgewiesen

50. Vgl. § 77 Abs. 2 FrG.
51. § 72 FrG; Art. 147 Abs. 2 EG.
52. Das Verfahren richtet sich nach § 79 FrG, im Uebrigen nach §§ 478 ff. CPO. Vgl. § 78 FrG. — Bei Weigerung des Erben vgl. §§ 888, 889 CPO.
53. Vgl. § 34 FrG.
54. Vgl. auch §§ 305, 782, 783, 785 CPO.

so ist das Verfahren nicht vor dem Ablauf einer mit der Verkündung der Entscheidung beginnenden Frist von zwei Wochen und nicht vor der Erledigung einer rechtzeitig eingelegten Beschwerde als beendigt anzusehen.

2016. Die Vorschriften der §§ 2014, 2015 finden keine Anwendung, wenn der Erbe unbeschränkt haftet.

Das Gleiche gilt, soweit ein Gläubiger nach § 1971 von dem Aufgebote der Nachlaßgläubiger nicht betroffen wird, mit der Maßgabe, daß ein erst nach dem Eintritte des Erbfalls im Wege der Zwangsvollstreckung oder der Arrestvollziehung erlangtes Recht sowie eine erst nach diesem Zeitpunkt im Wege der einstweiligen Verfügung erlangte Vormerkung außer Betracht bleibt.

2017. Wird vor der Annahme der Erbschaft zur Verwaltung des Nachlasses ein Nachlaßpfleger bestellt, so beginnen die im § 2014 und im § 2015 Abs. 1 bestimmten Fristen mit der Bestellung.

Dritter Titel. Erbschaftsanspruch.

2018. Der Erbe kann von Jedem, der auf Grund eines ihm in Wirklichkeit nicht zustehenden Erbrechts etwas aus der Erbschaft erlangt hat (Erbschaftsbesitzer), die Herausgabe des Erlangten verlangen.

2019. Als aus der Erbschaft erlangt gilt auch, was der Erbschaftsbesitzer durch Rechtsgeschäft mit Mitteln der Erbschaft erwirbt.

Die Zugehörigkeit einer in solcher Weise erworbenen Forderung zur Erbschaft hat der Schuldner erst dann gegen sich gelten zu lassen, wenn er von der Zugehörigkeit Kenntniß erlangt; die Vorschriften der §§ 406 bis 408 finden entsprechende Anwendung.

2020. Der Erbschaftsbesitzer hat dem Erben die gezogenen Nutzungen herauszugeben; die Verpflichtung zur Herausgabe erstreckt sich auch auf Früchte, an denen er das Eigenthum erworben hat.

2021. Soweit der Erbschaftsbesitzer zur Herausgabe außer Stande ist, bestimmt sich seine Verpflichtung nach den Vorschriften über die Herausgabe einer ungerechtfertigten Bereicherung.

2022. Der Erbschaftsbesitzer ist zur Herausgabe der zur Erbschaft gehörenden Sachen nur gegen Ersatz aller Verwendungen verpflichtet, soweit nicht die Verwendungen durch Anrechnung auf die nach § 2021 herauszugebende Bereicherung gedeckt werden. Die für den Eigenthumsanspruch geltenden Vorschriften der §§ 1000 bis 1003 finden Anwendung.

Zu den Verwendungen gehören auch die Aufwendungen, die der Erbschaftsbesitzer zur Bestreitung von Lasten der Erbschaft oder zur Berichtigung von Nachlaßverbindlichkeiten macht.

Soweit der Erbe für Aufwendungen, die nicht auf einzelne Sachen gemacht worden sind, insbesondere für die im Abs. 2 bezeichneten Aufwendungen, nach den allgemeinen Vorschriften in weiterem Umfang Ersatz zu leisten hat, bleibt der Anspruch des Erbschaftsbesitzers unberührt.

2023. Hat der Erbschaftsbesitzer zur Erbschaft gehörende Sachen herauszugeben, so bestimmt sich von dem Eintritte der Rechtshängigkeit an der Anspruch des Erben auf Schadensersatz wegen Verschlechterung, Unterganges oder einer aus einem anderen Grunde eintretenden Unmöglichkeit der Herausgabe nach den Vorschriften, die für das Verhältniß zwischen dem Eigenthümer und dem Besitzer von dem Eintritte der Rechtshängigkeit des Eigenthumsanspruchs an gelten.

Das Gleiche gilt von dem Anspruche des Erben auf Herausgabe oder Vergütung von Nutzungen und von dem Anspruche des Erbschaftsbesitzers auf Ersatz von Verwendungen.

2024. Ist der Erbschaftsbesitzer bei dem Beginne des Erbschaftsbesitzes nicht in gutem Glauben, so haftet er so, wie wenn der Anspruch des Erben zu dieser Zeit rechtshängig geworden wäre. Erfährt der Erbschaftsbesitzer später, daß er nicht Erbe ist, so haftet er in gleicher Weise von der Erlangung der Kenntniß an. Eine weitergehende Haftung wegen Verzugs bleibt unberührt.

2025. Hat der Erbschaftsbesitzer einen Erbschaftsgegenstand durch eine strafbare Handlung oder eine zur Erbschaft gehörende Sache durch verbotene Eigenmacht erlangt, so haftet er nach den Vorschriften über den Schadensersatz wegen unerlaubter Handlungen. Ein gutgläubiger Erbschaftsbesitzer haftet jedoch wegen verbotener Eigenmacht nach diesen Vorschriften nur, wenn der Erbe den Besitz der Sache bereits thatsächlich ergriffen hatte.

2026. Der Erbschaftsbesitzer kann sich dem Erben gegenüber, solange nicht der Erbschaftsanspruch verjährt ist, nicht auf die Ersitzung einer Sache berufen, die er als zur Erbschaft gehörend im Besitze hat.

2027. Der Erbschaftsbesitzer ist verpflichtet, dem Erben über den Bestand der Erbschaft und über den Verbleib der Erbschaftsgegenstände Auskunft zu ertheilen.

Die gleiche Verpflichtung hat, wer, ohne Erbschaftsbesitzer zu sein, eine Sache aus dem Nachlaß in Besitz nimmt, bevor der Erbe den Besitz thatsächlich ergriffen hat.

2028. Wer sich zur Zeit des Erbfalls mit dem Erblasser in häuslicher Gemeinschaft befunden hat, ist verpflichtet, dem Erben auf Verlangen Auskunft darüber zu ertheilen, welche erbschaftliche Geschäfte er geführt hat und was ihm über den Verbleib der Erbschaftsgegenstände bekannt ist.

Besteht Grund zu der Annahme, daß die Auskunft nicht mit der erforderlichen Sorgfalt ertheilt worden ist, so hat der Verpflichtete auf Verlangen des Erben den Offenbarungseid dahin zu leisten:

daß er seine Angaben nach bestem Wissen so vollständig gemacht habe, als er dazu im Stande sei.

Die Vorschriften des § 259 Abs. 3 und des § 261 finden Anwendung.[55]

2029. Die Haftung des Erbschaftsbesitzers bestimmt sich auch gegenüber den Ansprüchen, die dem Erben in Ansehung der einzelnen Erbschaftsgegenstände zustehen, nach den Vorschriften über den Erbschaftsanspruch.

2030. Wer die Erbschaft durch Vertrag von einem Erbschaftsbesitzer erwirbt, steht im Verhältnisse zu dem Erben einem Erbschaftsbesitzer gleich.

2031. Ueberlebt eine für todt erklärte Person den Zeitpunkt, der als Zeitpunkt ihres Todes gilt, so kann sie die Herausgabe ihres Vermögens nach den für den Erbschaftsanspruch geltenden Vorschriften verlangen. Solange der für todt Erklärte noch lebt, wird die Verjährung seines Anspruchs nicht vor dem Ablauf eines Jahres nach dem Zeitpunkte vollendet, in welchem er von der Todeserklärung Kenntniß erlangt.

Das Gleiche gilt, wenn der Tod einer Person ohne Todeserklärung mit Unrecht angenommen worden ist.

Vierter Titel. Mehrheit von Erben.

I. Rechtsverhältniß der Erben unter einander.

2032. Hinterläßt der Erblasser mehrere Erben, so wird der Nachlaß gemeinschaftliches Vermögen der Erben.

Bis zur Auseinandersetzung gelten die Vorschriften der §§ 2033 bis 2041.

2033. Jeder Miterbe kann über seinen Antheil an dem Nachlasse verfügen.[56] Der Vertrag, durch den ein Miterbe über seinen Antheil verfügt, bedarf der gerichtlichen oder notariellen Beurkundung.[57]

Ueber seinen Antheil an den einzelnen Nachlaßgegenständen kann ein Miterbe nicht verfügen.

2034. Verkauft ein Miterbe seinen Antheil an einen Dritten, so sind die übrigen Miterben zum Vorkaufe berechtigt.

Die Frist für die Ausübung des Vorkaufsrechts beträgt zwei Monate. Das Vorkaufsrecht ist vererblich.

2035. Ist der verkaufte Antheil auf den Käufer übertragen, so können die Miterben das ihnen nach § 2034 dem Verkäufer gegenüber zustehende Vorkaufsrecht dem Käufer gegenüber ausüben. Dem Verkäufer gegenüber erlischt das Vorkaufsrecht mit der Uebertragung des Antheils.

Der Verkäufer hat die Miterben von der Uebertragung unverzüglich zu benachrichtigen.

2036. Mit der Uebertragung des Antheils auf die Miterben wird der Käufer von der Haftung für die Nachlaßverbindlichkeiten frei. Seine Haftung bleibt jedoch bestehen, soweit er den Nachlaßgläubigern nach den §§ 1978 bis 1980 verantwortlich ist; die Vorschriften der §§ 1990, 1991 finden entsprechende Anwendung.

2037. Ueberträgt der Käufer den Antheil auf einen Anderen, so finden die Vorschriften der §§ 2033, 2035, 2036 entsprechende Anwendung.

2038. Die Verwaltung des Nachlasses steht den Erben gemeinschaftlich zu. Jeder Miterbe ist den anderen gegenüber verpflichtet, zu Maßregeln mitzuwirken, die zur ordnungsmäßigen Verwaltung erforderlich sind; die zur Erhaltung nothwendigen Maßregeln kann jeder Miterbe ohne Mitwirkung der anderen treffen.

Die Vorschriften der §§ 743, 745, 746, 748 finden Anwendung. Die Theilung der Früchte erfolgt erst bei der Auseinandersetzung. Ist die Auseinandersetzung auf längere Zeit als ein Jahr ausgeschlossen, so kann jeder Miterbe am Schlusse jedes Jahres die Theilung des Reinertrags verlangen.

2039. Gehört ein Anspruch zum Nachlasse, so kann der Verpflichtete nur an alle Erben gemeinschaftlich leisten und jeder Miterbe nur die Leistung an alle Erben fordern. Jeder Miterbe kann verlangen, daß der Verpflichtete die zu leistende Sache für alle Erben hinterlegt oder, wenn sie sich nicht zur Hinterlegung eignet, an einen gerichtlich zu bestellenden Verwahrer[58] abliefert.

2040. Die Erben können über einen Nachlaßgegenstand nur gemeinschaftlich verfügen.

Gegen eine zum Nachlasse gehörende Forderung kann der Schuldner nicht eine ihm gegen einen einzelnen Miterben zustehende Forderung aufrechnen.[59]

2041. Was auf Grund eines zum Nachlasse gehörenden Rechtes oder als Ersatz für die Zerstörung, Beschädigung oder Entziehung eines Nachlaßgegenstandes oder durch ein Rechtsgeschäft erworben wird, das sich auf den Nachlaß bezieht, gehört zum Nachlasse. Auf eine durch ein solches Rechtsgeschäft erworbene Forderung findet die Vorschrift des § 2019 Abs. 2 Anwendung.

2042. Jeder Miterbe kann jederzeit die Auseinandersetzung verlangen, soweit sich nicht aus den §§ 2043 bis 2045 ein Anderes ergiebt.[60]

Die Vorschriften des § 749 Abs. 2, 3 und der §§ 750 bis 758 finden Anwendung.

2043. Soweit die Erbtheile wegen der zu erwartenden Geburt eines Miterben noch unbestimmt

---

55. Vgl. § 163 FrG; § 889 CPO. — Vgl. auch § 254 CPO.

56. Vgl. § 859 Abs. 2 CPO, § 235 KO.

57. Nur notarielle Beurkundung ist zulässig nach § 42 AG z. FrG (Art. 141 EG).

58. Vgl. § 165 FrG.

59. Vgl. auch § 747 CPO; § 230 Abs. 1 KO.

60. Das Verfahren bei der Auseinandersetzung wird durch die §§ 86 ff. FrG geregelt. Vgl. § 16 Abs. 2 Satz 1 KO; § 37 GBO.

sind, ist die Auseinandersetzung bis zur Hebung der Unbestimmtheit ausgeschlossen.

Das Gleiche gilt, soweit die Erbtheile deshalb noch unbestimmt sind, weil die Entscheidung über eine Ehelichkeitserklärung, über die Bestätigung einer Annahme an Kindesstatt oder über die Genehmigung einer vom Erblasser errichteten Stiftung noch aussteht.[61]

2044. Der Erblasser kann durch letztwillige Verfügung die Auseinandersetzung in Ansehung des Nachlasses oder einzelner Nachlaßgegenstände ausschließen oder von der Einhaltung einer Kündigungsfrist abhängig machen. Die Vorschriften des § 749 Abs. 2, 3, der §§ 750, 751 und des § 1010 Abs. 1 finden entsprechende Anwendung.

Die Verfügung wird unwirksam, wenn dreißig Jahre seit dem Eintritte des Erbfalls verstrichen sind. Der Erblasser kann jedoch anordnen, daß die Verfügung bis zum Eintritt eines bestimmten Ereignisses in der Person eines Miterben oder, falls er eine Nacherbfolge oder ein Vermächtniß anordnet, bis zum Eintritte der Nacherbfolge oder bis zum Anfalle des Vermächtnisses gelten soll. Ist der Miterbe, in dessen Person das Ereigniß eintreten soll, eine juristische Person, so bewendet es bei der dreißigjährigen Frist.[62]

2045. Jeder Miterbe kann verlangen, daß die Auseinandersetzung bis zur Beendigung des nach § 1970 zulässigen Aufgebotsverfahrens oder bis zum Ablaufe der im § 2061 bestimmten Anmeldungsfrist aufgeschoben wird. Ist das Aufgebot noch nicht beantragt oder die öffentliche Aufforderung nach § 2061 noch nicht erlassen, so kann der Aufschub nur verlangt werden, wenn unverzüglich der Antrag gestellt oder die Aufforderung erlassen wird.

2046. Aus dem Nachlasse sind zunächst die Nachlaßverbindlichkeiten zu berichtigen. Ist eine Nachlaßverbindlichkeit noch nicht fällig oder ist sie streitig, so ist das zur Berichtigung Erforderliche zurückzubehalten.

Fällt eine Nachlaßverbindlichkeit nur einigen Miterben zur Last, so können diese die Berichtigung nur aus dem verlangen, was ihnen bei der Auseinandersetzung zukommt.

Zur Berichtigung ist der Nachlaß, soweit erforderlich, in Geld umzusetzen.

2047. Der nach der Berichtigung der Nachlaßverbindlichkeiten verbleibende Ueberschuß gebührt den Erben nach dem Verhältnisse der Erbtheile.

Schriftstücke, die sich auf die persönlichen Verhältnisse des Erblassers, auf dessen Familie oder auf den ganzen Nachlaß beziehen, bleiben gemeinschaftlich.

2048. Der Erblasser kann durch letztwillige Verfügung Anordnungen für die Auseinandersetzung treffen. Er kann insbesondere anordnen, daß die Auseinandersetzung nach dem billigen Ermessen eines Dritten erfolgen soll. Die von dem Dritten auf Grund der Anordnung getroffene Bestimmung ist für die Erben nicht verbindlich, wenn sie offenbar unbillig ist; die Bestimmung erfolgt in diesem Falle durch Urtheil.

2049. Hat der Erblasser angeordnet, daß einer der Miterben das Recht haben soll, ein zum Nachlasse gehörendes Landgut zu übernehmen, so ist im Zweifel anzunehmen, daß das Landgut zu dem Ertragswerth angesetzt werden soll.

Der Ertragswerth bestimmt sich nach dem Reinertrage, den das Landgut nach seiner bisherigen wirthschaftlichen Bestimmung bei ordnungsmäßiger Bewirthschaftung nachhaltig gewähren kann.[63]

2050. Abkömmlinge, die als gesetzliche Erben zur Erbfolge gelangen, sind verpflichtet, dasjenige, was sie von dem Erblasser bei dessen Lebzeiten als Ausstattung erhalten haben, bei der Auseinandersetzung unter einander zur Ausgleichung zu bringen, soweit nicht der Erblasser bei der Zuwendung ein Anderes angeordnet hat.

Zuschüsse, die zu dem Zwecke gegeben worden sind, als Einkünfte verwendet zu werden, sowie Aufwendungen für die Vorbildung zu einem Berufe sind insoweit zur Ausgleichung zu bringen, als sie das den Vermögensverhältnissen des Erblassers entsprechende Maß überstiegen haben.

Andere Zuwendungen unter Lebenden sind zur Ausgleichung zu bringen, wenn der Erblasser bei der Zuwendung die Ausgleichung angeordnet hat.

2051. Fällt ein Abkömmling, der als Erbe zur Ausgleichung verpflichtet sein würde, vor oder nach dem Erbfalle weg, so ist wegen der ihm gemachten Zuwendungen der an seine Stelle tretende Abkömmling zur Ausgleichung verpflichtet.

Hat der Erblasser für den wegfallenden Abkömmling einen Ersatzerben eingesetzt, so ist im Zweifel anzunehmen, daß dieser nicht mehr erhalten soll, als der Abkömmling unter Berücksichtigung der Ausgleichungspflicht erhalten würde.

2052. Hat der Erblasser die Abkömmlinge auf dasjenige als Erben eingesetzt, was sie als gesetzliche Erben erhalten würden, oder hat er ihre Erbtheile so bestimmt, daß sie zu einander in demselben Verhältnisse stehen wie die gesetzlichen Erbtheile, so ist im Zweifel anzunehmen, daß die Abkömmlinge nach den §§ 2050, 2051 zur Ausgleichung verpflichtet sein sollen.

2053. Eine Zuwendung, die ein entfernterer Abkömmling vor dem Wegfalle des ihn von der Erbfolge ausschließenden näheren Abkömmlinges oder ein an die Stelle eines Abkömmlinges als Ersatzerbe tretender Abkömmling von dem Erb-

61. Vgl. Art. 86 EG.
62. Vgl. § 16 Abs. 2 Satz 2 KO.
63. Vgl. aber Art. 137 EG.

lasser erhalten hat, ist nicht zur Ausgleichung zu bringen, es sei denn, daß der Erblasser bei der Zuwendung die Ausgleichung angeordnet hat.

Das Gleiche gilt, wenn ein Abkömmling, bevor er die rechtliche Stellung eines solchen erlangt hatte, eine Zuwendung von dem Erblasser erhalten hat.

2054. Eine Zuwendung, die aus dem Gesammtgute der allgemeinen Gütergemeinschaft, der Errungenschaftsgemeinschaft oder der Fahrnißgemeinschaft erfolgt, gilt als von jedem der Ehegatten zur Hälfte gemacht. Die Zuwendung gilt jedoch, wenn sie an einen Abkömmling erfolgt, der nur von einem der Ehegatten abstammt, oder wenn einer der Ehegatten wegen der Zuwendung zu dem Gesammtgut Ersatz zu leisten hat, als von diesem Ehegatten gemacht.

Diese Vorschriften finden auf eine Zuwendung aus dem Gesammtgute der fortgesetzten Gütergemeinschaft entsprechende Anwendung.

2055. Bei der Auseinandersetzung wird jedem Miterben der Werth der Zuwendung, die er zur Ausgleichung zu bringen hat, auf seinen Erbtheil angerechnet. Der Werth der sämmtlichen Zuwendungen, die zur Ausgleichung zu bringen sind, wird dem Nachlasse hinzugerechnet, soweit dieser den Miterben zukommt, unter denen die Ausgleichung stattfindet.

Der Werth bestimmt sich nach der Zeit, zu der die Zuwendung erfolgt ist.

2056. Hat ein Miterbe durch die Zuwendung mehr erhalten, als ihm bei der Auseinandersetzung zukommen würde, so ist er zur Herauszahlung des Mehrbetrags nicht verpflichtet. Der Nachlaß wird in einem solchen Falle unter die übrigen Erben in der Weise getheilt, daß der Werth der Zuwendung und der Erbtheil des Miterben außer Ansatz bleiben.

2057. Jeder Miterbe ist verpflichtet, den übrigen Erben auf Verlangen Auskunft über die Zuwendungen zu ertheilen, die er nach den §§ 2050 bis 2053 zur Ausgleichung zu bringen hat. Die Vorschriften der §§ 260, 261 über die Verpflichtung zur Leistung des Offenbarungseids finden entsprechende Anwendung.[64]

II. Rechtsverhältniß zwischen den Erben und den Nachlaßgläubigern.

2058. Die Erben haften für die gemeinschaftlichen Nachlaßverbindlichkeiten als Gesammtschuldner.[65]

2059. Bis zur Theilung des Nachlasses kann jeder Miterbe die Berichtigung der Nachlaßverbindlichkeiten aus dem Vermögen, das er außer seinem Antheil an dem Nachlasse hat, verweigern. Haftet er für eine Nachlaßverbindlichkeit unbeschränkt, so steht ihm dieses Recht in Ansehung des seinem Erbtheil entsprechenden Theiles der Verbindlichkeit nicht zu.

Das Recht der Nachlaßgläubiger, die Befriedigung aus dem ungetheilten Nachlasse von sämmtlichen Miterben zu verlangen, bleibt unberührt.[66]

2060. Nach der Theilung des Nachlasses haftet jeder Miterbe nur für den seinem Erbtheil entsprechenden Theil einer Nachlaßverbindlichkeit:

1. wenn der Gläubiger im Aufgebotsverfahren ausgeschlossen ist; das Aufgebot erstreckt sich insoweit auch auf die im § 1972 bezeichneten Gläubiger sowie auf die Gläubiger, denen der Miterbe unbeschränkt haftet;
2. wenn der Gläubiger seine Forderung später als fünf Jahre nach dem im § 1974 Abs. 1 bestimmten Zeitpunkte geltend macht, es sei denn, daß die Forderung vor dem Ablaufe der fünf Jahre dem Miterben bekannt geworden oder im Aufgebotsverfahren angemeldet worden ist; die Vorschrift findet keine Anwendung, soweit der Gläubiger nach § 1971 von dem Aufgebote nicht betroffen wird;
3. wenn der Nachlaßkonkurs eröffnet und durch Vertheilung der Masse oder durch Zwangsvergleich beendigt worden ist.

2061. Jeder Miterbe kann die Nachlaßgläubiger öffentlich auffordern, ihre Forderungen binnen sechs Monaten bei ihm oder bei dem Nachlaßgericht[67] anzumelden. Ist die Aufforderung erfolgt, so haftet nach der Theilung jeder Miterbe nur für den seinem Erbtheil entsprechenden Theil einer Forderung, soweit nicht vor dem Ablaufe der Frist die Anmeldung erfolgt oder die Forderung ihm zur Zeit der Theilung bekannt ist.

Die Aufforderung ist durch den Deutschen Reichsanzeiger und durch das für die Bekanntmachungen des Nachlaßgerichts[67] bestimmte Blatt zu veröffentlichen. Die Frist beginnt mit der letzten Einrückung. Die Kosten fallen dem Erben zur Last, der die Aufforderung erläßt.

2062. Die Anordnung einer Nachlaßverwaltung kann von den Erben nur gemeinschaftlich beantragt werden; sie ist ausgeschlossen, wenn der Nachlaß getheilt ist.[68]

2063. Die Errichtung des Inventars durch einen Miterben kommt auch den übrigen Erben zu Statten, soweit nicht ihre Haftung für die Nachlaßverbindlichkeiten unbeschränkt ist.

Ein Miterbe kann sich den übrigen Erben gegenüber auf die Beschränkung seiner Haftung auch dann berufen, wenn er den anderen Nachlaßgläubigern gegenüber unbeschränkt haftet.

64. Vgl. § 163 FrG; § 889 CPO.
65. Vgl. § 28 CPO.
66. Vgl. § 747 CPO.
67. § 72 FrG.
68. Vgl. dagegen §§ 216 Abs. 2, 217 KO.

Dritter Abschnitt. Testament.

Erster Titel. Allgemeine Vorschriften.

2064. Der Erblasser kann ein Testament nur persönlich errichten.

2065. Der Erblasser kann eine letztwillige Verfügung nicht in der Weise treffen, daß ein Anderer zu bestimmen hat, ob sie gelten oder nicht gelten soll.

Der Erblasser kann die Bestimmung der Person, die eine Zuwendung erhalten soll, sowie die Bestimmung des Gegenstandes der Zuwendung nicht einem Anderen überlassen.

2066. Hat der Erblasser seine gesetzlichen Erben ohne nähere Bestimmung bedacht, so sind diejenigen, welche zur Zeit des Erbfalls seine gesetzlichen Erben sein würden, nach dem Verhältniß ihrer gesetzlichen Erbtheile bedacht. Ist die Zuwendung unter einer aufschiebenden Bedingung oder unter Bestimmung eines Anfangstermins gemacht und tritt die Bedingung oder der Termin erst nach dem Erbfall ein, so sind im Zweifel diejenigen als bedacht anzusehen, welche die gesetzlichen Erben sein würden, wenn der Erblasser zur Zeit des Eintritts der Bedingung oder des Termins gestorben wäre.

2067. Hat der Erblasser seine Verwandten oder seine nächsten Verwandten ohne nähere Bestimmung bedacht, so sind im Zweifel diejenigen Verwandten, welche zur Zeit des Erbfalls seine gesetzlichen Erben sein würden, als nach dem Verhältniß ihrer gesetzlichen Erbtheile bedacht anzusehen. Die Vorschrift des § 2066 Satz 2 findet Anwendung.

2068. Hat der Erblasser seine Kinder ohne nähere Bestimmung bedacht und ist ein Kind vor der Errichtung des Testaments mit Hinterlassung von Abkömmlingen gestorben, so ist im Zweifel anzunehmen, daß die Abkömmlinge insoweit bedacht sind, als sie bei der gesetzlichen Erbfolge an die Stelle des Kindes treten würden.

2069. Hat der Erblasser einen seiner Abkömmlinge bedacht und fällt dieser nach der Errichtung des Testaments weg, so ist im Zweifel anzunehmen, daß dessen Abkömmlinge insoweit bedacht sind, als sie bei der gesetzlichen Erbfolge an dessen Stelle treten würden.

2070. Hat der Erblasser die Abkömmlinge eines Dritten ohne nähere Bestimmung bedacht, so ist im Zweifel anzunehmen, daß diejenigen Abkömmlinge nicht bedacht sind, welche zur Zeit des Erbfalls oder, wenn die Zuwendung unter einer aufschiebenden Bedingung oder unter Bestimmung eines Anfangstermins gemacht ist und die Bedingung oder der Termin erst nach dem Erbfall eintritt, zur Zeit des Eintritts der Bedingung oder des Termins noch nicht erzeugt sind.

2071. Hat der Erblasser ohne nähere Bestimmung eine Klasse von Personen oder Personen bedacht, die zu ihm in einem Dienst- oder Geschäftsverhältnisse stehen, so ist im Zweifel anzunehmen, daß diejenigen bedacht sind, welche zur Zeit des Erbfalls der bezeichneten Klasse angehören oder in dem bezeichneten Verhältnisse stehen.

2072. Hat der Erblasser die Armen ohne nähere Bestimmung bedacht, so ist im Zweifel anzunehmen, daß die öffentliche Armenkasse der Gemeinde, in deren Bezirk er seinen letzten Wohnsitz gehabt hat, unter der Auflage bedacht ist, das Zugewendete unter Arme zu vertheilen.

2073. Hat der Erblasser den Bedachten in einer Weise bezeichnet, die auf mehrere Personen paßt, und läßt sich nicht ermitteln, wer von ihnen bedacht werden sollte, so gelten sie als zu gleichen Theilen bedacht.

2074. Hat der Erblasser eine letztwillige Zuwendung unter einer aufschiebenden Bedingung gemacht, so ist im Zweifel anzunehmen, daß die Zuwendung nur gelten soll, wenn der Bedachte den Eintritt der Bedingung erlebt.

2075. Hat der Erblasser eine letztwillige Zuwendung unter der Bedingung gemacht, daß der Bedachte während eines Zeitraums von unbestimmter Dauer etwas unterläßt oder fortgesetzt thut, so ist, wenn das Unterlassen oder das Thun lediglich in der Willkür des Bedachten liegt, im Zweifel anzunehmen, daß die Zuwendung von der auflösenden Bedingung abhängig sein soll, daß der Bedachte die Handlung vornimmt oder das Thun unterläßt.

2076. Bezweckt die Bedingung, unter der eine letztwillige Zuwendung gemacht ist, den Vortheil eines Dritten, so gilt sie im Zweifel als eingetreten, wenn der Dritte die zum Eintritte der Bedingung erforderliche Mitwirkung verweigert.

2077. Eine letztwillige Verfügung, durch die der Erblasser seinen Ehegatten bedacht hat, ist unwirksam, wenn die Ehe nichtig oder wenn sie vor dem Tode des Erblassers aufgelöst worden ist. Der Auflösung der Ehe steht es gleich, wenn der Erblasser zur Zeit seines Todes auf Scheidung wegen Verschuldens des Ehegatten zu klagen berechtigt war und die Klage auf Scheidung oder auf Aufhebung der ehelichen Gemeinschaft erhoben hatte.

Eine letztwillige Verfügung, durch die der Erblasser seinen Verlobten bedacht hat, ist unwirksam, wenn das Verlöbniß vor dem Tode des Erblassers aufgelöst worden ist.

Die Verfügung ist nicht unwirksam, wenn anzunehmen ist, daß der Erblasser sie auch für einen solchen Fall getroffen haben würde.

2078. Eine letztwillige Verfügung kann angefochten werden, soweit der Erblasser über den Inhalt seiner Erklärung im Irrthume war oder eine Erklärung dieses Inhalts überhaupt nicht abgeben wollte und anzunehmen ist, daß er die

Erklärung bei Kenntniß der Sachlage nicht abgegeben haben würde.

Das Gleiche gilt, soweit der Erblasser zu der Verfügung durch die irrige Annahme oder Erwartung des Eintritts oder Nichteintritts eines Umstandes oder widerrechtlich durch Drohung bestimmt worden ist.

Die Vorschriften des § 122 finden keine Anwendung.

2079. Eine letztwillige Verfügung kann angefochten werden, wenn der Erblasser einen zur Zeit des Erbfalls vorhandenen Pflichttheilsberechtigten übergangen hat, dessen Vorhandensein ihm bei der Errichtung der Verfügung nicht bekannt war oder der erst nach der Errichtung geboren oder pflichttheilsberechtigt geworden ist. Die Anfechtung ist ausgeschlossen, soweit anzunehmen ist, daß der Erblasser auch bei Kenntniß der Sachlage die Verfügung getroffen haben würde.

2080. Zur Anfechtung ist derjenige berechtigt, welchem die Aufhebung der letztwilligen Verfügung unmittelbar zu Statten kommen würde.

Bezieht sich in den Fällen des § 2078 der Irrthum nur auf eine bestimmte Person und ist diese anfechtungsberechtigt oder würde sie anfechtungsberechtigt sein, wenn sie zur Zeit des Erbfalls gelebt hätte, so ist ein Anderer zur Anfechtung nicht berechtigt.

Im Falle des § 2079 steht das Anfechtungsrecht nur dem Pflichttheilsberechtigten zu.

2081. Die Anfechtung einer letztwilligen Verfügung, durch die ein Erbe eingesetzt, ein gesetzlicher Erbe von der Erbfolge ausgeschlossen, ein Testamentsvollstrecker ernannt oder eine Verfügung solcher Art aufgehoben wird, erfolgt durch Erklärung gegenüber dem Nachlaßgerichte.[67]

Das Nachlaßgericht[67] soll die Anfechtungserklärung demjenigen mittheilen, welchem die angefochtene Verfügung unmittelbar zu Statten kommt. Es hat die Einsicht der Erklärung Jedem zu gestatten, der ein rechtliches Interesse glaubhaft macht.

Die Vorschrift des Abs. 1 gilt auch für die Anfechtung einer letztwilligen Verfügung, durch die ein Recht für einen Anderen nicht begründet wird, insbesondere für die Anfechtung einer Auflage.

2082. Die Anfechtung kann nur binnen Jahresfrist erfolgen.

Die Frist beginnt mit dem Zeitpunkt, in welchem der Anfechtungsberechtigte von dem Anfechtungsgrunde Kenntniß erlangt. Auf den Lauf der Frist finden die für die Verjährung geltenden Vorschriften der §§ 203, 206, 207 entsprechende Anwendung.

Die Anfechtung ist ausgeschlossen, wenn seit dem Erbfalle dreißig Jahre verstrichen sind.

2083. Ist eine letztwillige Verfügung, durch die eine Verpflichtung zu einer Leistung begründet wird, anfechtbar, so kann der Beschwerte die Leistung verweigern, auch wenn die Anfechtung nach § 2082 ausgeschlossen ist.

2084. Läßt der Inhalt einer letztwilligen Verfügung verschiedene Auslegungen zu, so ist im Zweifel diejenige Auslegung vorzuziehen, bei welcher die Verfügung Erfolg haben kann.

2085. Die Unwirksamkeit einer von mehreren in einem Testament enthaltenen Verfügungen hat die Unwirksamkeit der übrigen Verfügungen nur zur Folge, wenn anzunehmen ist, daß der Erblasser diese ohne die unwirksame Verfügung nicht getroffen haben würde.

2086. Ist einer letztwilligen Verfügung der Vorbehalt einer Ergänzung beigefügt, die Ergänzung aber unterblieben, so ist die Verfügung wirksam, sofern nicht anzunehmen ist, daß die Wirksamkeit von der Ergänzung abhängig sein sollte.

Zweiter Titel. Erbeinsetzung.

2087. Hat der Erblasser sein Vermögen oder einen Bruchtheil seines Vermögens dem Bedachten zugewendet, so ist die Verfügung als Erbeinsetzung anzusehen, auch wenn der Bedachte nicht als Erbe bezeichnet ist.

Sind dem Bedachten nur einzelne Gegenstände zugewendet, so ist im Zweifel nicht anzunehmen, daß er Erbe sein soll, auch wenn er als Erbe bezeichnet ist.

2088. Hat der Erblasser nur einen Erben eingesetzt und die Einsetzung auf einen Bruchtheil der Erbschaft beschränkt, so tritt in Ansehung des übrigen Theiles die gesetzliche Erbfolge ein.

Das Gleiche gilt, wenn der Erblasser mehrere Erben unter Beschränkung eines jeden auf einen Bruchtheil eingesetzt hat und die Bruchtheile das Ganze nicht erschöpfen.

2089. Sollen die eingesetzten Erben nach dem Willen des Erblassers die alleinigen Erben sein, so tritt, wenn jeder von ihnen auf einen Bruchtheil der Erbschaft eingesetzt ist und die Bruchtheile das Ganze nicht erschöpfen, eine verhältnißmäßige Erhöhung der Bruchtheile ein.

2090. Ist jeder der eingesetzten Erben auf einen Bruchtheil der Erbschaft eingesetzt und übersteigen die Bruchtheile das Ganze, so tritt eine verhältnißmäßige Minderung der Bruchtheile ein.

2091. Sind mehrere Erben eingesetzt, ohne daß die Erbtheile bestimmt sind, so sind sie zu gleichen Theilen eingesetzt, soweit sich nicht aus den §§ 2066 bis 2069 ein Anderes ergiebt.

2092. Sind von mehreren Erben die einen auf Bruchtheile, die anderen ohne Bruchtheile eingesetzt, so erhalten die letzteren den freigebliebenen Theil der Erbschaft.

Erschöpfen die bestimmten Bruchtheile die Erbschaft, so tritt eine verhältnißmäßige Minderung der Bruchtheile in der Weise ein, daß jeder der ohne Bruchtheile eingesetzten Erben so viel erhält wie der mit dem geringsten Bruchtheile bedachte Erbe.

2093. Sind einige von mehreren Erben auf einen und denselben Bruchtheil der Erbschaft eingesetzt (gemeinschaftlicher Erbtheil), so finden in Ansehung des gemeinschaftlichen Erbtheils die Vorschriften der §§ 2089 bis 2092 entsprechende Anwendung.

2094. Sind mehrere Erben in der Weise eingesetzt, daß sie die gesetzliche Erbfolge ausschließen, und fällt einer der Erben vor oder nach dem Eintritte des Erbfalls weg, so wächst dessen Erbtheil den übrigen Erben nach dem Verhältniß ihrer Erbtheile an. Sind einige der Erben auf einen gemeinschaftlichen Erbtheil eingesetzt, so tritt die Anwachsung zunächst unter ihnen ein.

Ist durch die Erbeinsetzung nur über einen Theil der Erbschaft verfügt und findet in Ansehung des übrigen Theiles die gesetzliche Erbfolge statt, so tritt die Anwachsung unter den eingesetzten Erben nur ein, soweit sie auf einen gemeinschaftlichen Erbtheil eingesetzt sind.

Der Erblasser kann die Anwachsung ausschließen.

2095. Der durch Anwachsung einem Erben anfallende Erbtheil gilt in Ansehung der Vermächtnisse und Auflagen, mit denen dieser Erbe oder der wegfallende Erbe beschwert ist, sowie in Ansehung der Ausgleichungspflicht als besonderer Erbtheil.

2096. Der Erblasser kann für den Fall, daß ein Erbe vor oder nach dem Eintritte des Erbfalls wegfällt, einen Anderen als Erben einsetzen (Ersatzerbe).

2097. Ist Jemand für den Fall, daß der zunächst berufene Erbe nicht Erbe sein kann, oder für den Fall, daß er nicht Erbe sein will, als Ersatzerbe eingesetzt, so ist im Zweifel anzunehmen, daß er für beide Fälle eingesetzt ist.

2098. Sind die Erben gegenseitig oder sind für einen von ihnen die übrigen als Ersatzerben eingesetzt, so ist im Zweifel anzunehmen, daß sie nach dem Verhältniß ihrer Erbtheile als Ersatzerben eingesetzt sind.

Sind die Erben gegenseitig als Ersatzerben eingesetzt, so gehen Erben, die auf einen gemeinschaftlichen Erbtheil eingesetzt sind, im Zweifel als Ersatzerben für diesen Erbtheil den anderen vor.

2099. Das Recht des Ersatzerben geht dem Anwachsungsrechte vor.

Dritter Titel. Einsetzung eines Nacherben.[69]

2100. Der Erblasser kann einen Erben in der Weise einsetzen, daß dieser erst Erbe wird, nachdem zunächst ein Anderer Erbe geworden ist (Nacherbe).

69. Vgl. §§ 242, 326, 728 Abs. 1, 730 ff., 795, 998 CPO.

2101. Ist eine zur Zeit des Erbfalls noch nicht erzeugte Person als Erbe eingesetzt, so ist im Zweifel anzunehmen, daß sie als Nacherbe eingesetzt ist. Entspricht es nicht dem Willen des Erblassers, daß der Eingesetzte Nacherbe werden soll, so ist die Einsetzung unwirksam.

Das Gleiche gilt von der Einsetzung einer juristischen Person, die erst nach dem Erbfalle zur Entstehung gelangt; die Vorschrift des § 84 bleibt unberührt.

2102. Die Einsetzung als Nacherbe enthält im Zweifel auch die Einsetzung als Ersatzerbe.

Ist zweifelhaft, ob Jemand als Ersatzerbe oder als Nacherbe eingesetzt ist, so gilt er als Ersatzerbe.

2103. Hat der Erblasser angeordnet, daß der Erbe mit dem Eintritt eines bestimmten Zeitpunkts oder Ereignisses die Erbschaft einem Anderen herausgeben soll, so ist anzunehmen, daß der Andere als Nacherbe eingesetzt ist.

2104. Hat der Erblasser angeordnet, daß der Erbe nur bis zu dem Eintritt eines bestimmten Zeitpunkts oder Ereignisses Erbe sein soll, ohne zu bestimmen, wer alsdann die Erbschaft erhalten soll, so ist anzunehmen, daß als Nacherben diejenigen eingesetzt sind, welche die gesetzlichen Erben des Erblassers sein würden, wenn er zur Zeit des Eintritts des Zeitpunkts oder des Ereignisses gestorben wäre. Der Fiskus gehört nicht zu den gesetzlichen Erben im Sinne dieser Vorschrift.

2105. Hat der Erblasser angeordnet, daß der eingesetzte Erbe die Erbschaft erst mit dem Eintritt eines bestimmten Zeitpunkts oder Ereignisses erhalten soll, ohne zu bestimmen, wer bis dahin Erbe sein soll, so sind die gesetzlichen Erben des Erblassers die Vorerben.

Das Gleiche gilt, wenn die Persönlichkeit des Erben durch ein erst nach dem Erbfall eintretendes Ereigniß bestimmt werden soll oder wenn die Einsetzung einer zur Zeit des Erbfalls noch nicht erzeugten Person oder einer zu dieser Zeit noch nicht entstandenen juristischen Person als Erbe nach § 2101 als Nacherbeinsetzung anzusehen ist.

2106. Hat der Erblasser einen Nacherben eingesetzt, ohne den Zeitpunkt oder das Ereigniß zu bestimmen, mit dem die Nacherbfolge eintreten soll, so fällt die Erbschaft dem Nacherben mit dem Tode des Vorerben an.

Ist die Einsetzung einer noch nicht erzeugten Person als Erbe nach § 2101 Abs. 1 als Nacherbeinsetzung anzusehen, so fällt die Erbschaft dem Nacherben mit dessen Geburt an. Im Falle des § 2101 Abs. 2 tritt der Anfall mit der Entstehung der juristischen Person ein.

2107. Hat der Erblasser einem Abkömmlinge, der zur Zeit der Errichtung der letztwilligen Verfügung keinen Abkömmling hat oder von dem der Erblasser zu dieser Zeit nicht weiß, daß er einen Abkömmling hat, für die Zeit nach dessen Tode einen Nacherben bestimmt, so ist anzunehmen, daß der Nacherbe nur für den Fall eingesetzt ist, daß der Abkömmling ohne Nachkommenschaft stirbt.

2108. Die Vorschriften des § 1923 finden auf die Nacherbfolge entsprechende Anwendung.

Stirbt der eingesetzte Nacherbe vor dem Eintritte des Falles der Nacherbfolge, aber nach dem Eintritte des Erbfalls, so geht sein Recht auf seine Erben über, sofern nicht ein anderer Wille des Erblassers anzunehmen ist. Ist der Nacherbe unter einer aufschiebenden Bedingung eingesetzt, so bewendet es bei der Vorschrift des § 2074.

2109. Die Einsetzung eines Nacherben wird mit dem Ablaufe von dreißig Jahren nach dem Erbfall unwirksam, wenn nicht vorher der Fall der Nacherbfolge eingetreten ist. Sie bleibt auch nach dieser Zeit wirksam:

1. wenn die Nacherbfolge für den Fall angeordnet ist, daß in der Person des Vorerben oder des Nacherben ein bestimmtes Ereigniß eintritt, und derjenige, in dessen Person das Ereigniß eintreten soll, zur Zeit des Erbfalls lebt;
2. wenn dem Vorerben oder einem Nacherben für den Fall, daß ihm ein Bruder oder eine Schwester geboren wird, der Bruder oder die Schwester als Nacherbe bestimmt ist.

Ist der Vorerbe oder der Nacherbe, in dessen Person das Ereigniß eintreten soll, eine juristische Person, so bewendet es bei der dreißigjährigen Frist.

2110. Das Recht des Nacherben erstreckt sich im Zweifel auf einen Erbtheil, der dem Vorerben in Folge des Wegfalls eines Miterben anfällt.

Das Recht des Nacherben erstreckt sich im Zweifel nicht auf ein dem Vorerben zugewendetes Vorausvermächtniß.

2111. Zur Erbschaft gehört, was der Vorerbe auf Grund eines zur Erbschaft gehörenden Rechtes oder als Ersatz für die Zerstörung, Beschädigung oder Entziehung eines Erbschaftsgegenstandes oder durch Rechtsgeschäft mit Mitteln der Erbschaft erwirbt, sofern nicht der Erwerb ihm als Nutzung gebührt. Die Zugehörigkeit einer durch Rechtsgeschäft erworbenen Forderung zur Erbschaft hat der Schuldner erst dann gegen sich gelten zu lassen, wenn er von der Zugehörigkeit Kenntniß erlangt; die Vorschriften der §§ 406 bis 408 finden entsprechende Anwendung.

Zur Erbschaft gehört auch, was der Vorerbe dem Inventar eines erbschaftlichen Grundstücks einverleibt.

2112. Der Vorerbe kann über die zur Erbschaft gehörenden Gegenstände verfügen, soweit sich nicht aus den Vorschriften der §§ 2113 bis 2115 ein Anderes ergiebt.

2113. Die Verfügung des Vorerben über ein zur Erbschaft gehörendes Grundstück oder über ein zur Erbschaft gehörendes Recht an einem Grundstück ist im Falle des Eintritts der Nacherbfolge insoweit unwirksam, als sie das Recht des Nacherben vereiteln oder beeinträchtigen würde.

Das Gleiche gilt von der Verfügung über einen Erbschaftsgegenstand, die unentgeltlich oder zum Zwecke der Erfüllung eines von dem Vorerben ertheilten Schenkungsversprechens erfolgt. Ausgenommen sind Schenkungen, durch die einer sittlichen Pflicht oder einer auf den Anstand zu nehmenden Rücksicht entsprochen wird.

Die Vorschriften zu Gunsten derjenigen, welche Rechte von einem Nichtberechtigten herleiten, finden entsprechende Anwendung.[70]

2114. Gehört zur Erbschaft eine Hypothekenforderung, eine Grundschuld oder eine Rentenschuld, so steht die Kündigung und die Einziehung dem Vorerben zu. Der Vorerbe kann jedoch nur verlangen, daß das Kapital an ihn nach Beibringung der Einwilligung des Nacherben gezahlt oder daß es für ihn und den Nacherben hinterlegt wird. Auf andere Verfügungen über die Hypothekenforderung, die Grundschuld oder die Rentenschuld finden die Vorschriften des § 2113 Anwendung.

2115. Eine Verfügung über einen Erbschaftsgegenstand, die im Wege der Zwangsvollstreckung oder der Arrestvollziehung oder durch den Konkursverwalter erfolgt, ist im Falle des Eintritts der Nacherbfolge insoweit unwirksam, als sie das Recht des Nacherben vereiteln oder beeinträchtigen würde. Die Verfügung ist unbeschränkt wirksam, wenn der Anspruch eines Nachlaßgläubigers oder ein an einem Erbschaftsgegenstande bestehendes Recht geltend gemacht wird, das im Falle des Eintritts der Nacherbfolge dem Nacherben gegenüber wirksam ist.[71]

2116. Der Vorerbe hat auf Verlangen des Nacherben die zur Erbschaft gehörenden Inhaberpapiere nebst den Erneuerungsscheinen bei einer Hinterlegungsstelle oder bei der Reichsbank mit der Bestimmung zu hinterlegen, daß die Herausgabe nur mit Zustimmung des Nacherben verlangt werden kann. Die Hinterlegung von Inhaberpapieren, die nach § 92 zu den verbrauchbaren Sachen gehören, sowie von Zins-, Renten- oder Gewinnantheilscheinen kann nicht verlangt werden. Den Inhaberpapieren stehen Orderpapiere gleich die mit Blankoindossament versehen sind.

Ueber die hinterlegten Papiere kann der Vorerbe nur mit Zustimmung des Nacherben verfügen.

2117. Der Vorerbe kann die Inhaberpapiere, statt sie nach § 2116 zu hinterlegen, auf seinen Namen mit der Bestimmung umschreiben lassen, daß er über sie nur mit Zustimmung des Nach-

70. Vgl. § 52 GBO.

71. Vgl. §§ 242, 326, 728 Abs. 1, 773 CPO, § 128 KO.

erben verfügen kann. Sind die Papiere von dem Reiche oder einem Bundesstaat ausgestellt, so kann er sie mit der gleichen Bestimmung in Buchforderungen gegen das Reich oder den Bundesstaat umwandeln lassen.[72]

2118. Gehören zur Erbschaft Buchforderungen gegen das Reich oder einen Bundesstaat, so ist der Vorerbe auf Verlangen des Nacherben verpflichtet, in das Schuldbuch den Vermerk eintragen zu lassen, daß er über die Forderungen nur mit Zustimmung des Nacherben verfügen kann.[72]

2119. Geld, das nach den Regeln einer ordnungsmäßigen Wirthschaft dauernd anzulegen ist, darf der Vorerbe nur nach den für die Anlegung von Mündelgeld geltenden Vorschriften anlegen.[73]

2120. Ist zur ordnungsmäßigen Verwaltung, insbesondere zur Berichtigung von Nachlaßverbindlichkeiten, eine Verfügung erforderlich, die der Vorerbe nicht mit Wirkung gegen den Nacherben vornehmen kann, so ist der Nacherbe dem Vorerben gegenüber verpflichtet, seine Einwilligung zu der Verfügung zu ertheilen. Die Einwilligung ist auf Verlangen in öffentlich beglaubigter Form zu erklären.[74] Die Kosten der Beglaubigung fallen dem Vorerben zur Last.

2121. Der Vorerbe hat dem Nacherben auf Verlangen ein Verzeichniß der zur Erbschaft gehörenden Gegenstände mitzutheilen. Das Verzeichniß ist mit der Angabe des Tages der Aufnahme zu versehen und von dem Vorerben zu unterzeichnen; der Vorerbe hat auf Verlangen die Unterzeichnung öffentlich beglaubigen zu lassen.[74]

Der Nacherbe kann verlangen, daß er bei der Aufnahme des Verzeichnisses zugezogen wird.

Der Vorerbe ist berechtigt und auf Verlangen des Nacherben verpflichtet, das Verzeichniß durch die zuständige Behörde oder durch einen zuständigen Beamten oder Notar aufnehmen zu lassen.

Die Kosten der Aufnahme und der Beglaubigung fallen der Erbschaft zur Last.[75]

2122. Der Vorerbe kann den Zustand der zur Erbschaft gehörenden Sachen auf seine Kosten durch Sachverständige feststellen lassen. Das gleiche Recht steht dem Nacherben zu.[76]

2123. Gehört ein Wald zur Erbschaft, so kann sowohl der Vorerbe als der Nacherbe verlangen, daß das Maß der Nutzung und die Art der wirthschaftlichen Behandlung durch einen Wirthschaftsplan festgestellt werden. Tritt eine erhebliche Aenderung der Umstände ein, so kann jeder Theil eine entsprechende Aenderung des Wirthschaftsplans verlangen. Die Kosten fallen der Erbschaft zur Last.

Das Gleiche gilt, wenn ein Bergwerk oder eine andere auf Gewinnung von Bodenbestandtheilen gerichtete Anlage zur Erbschaft gehört.

2124. Der Vorerbe trägt dem Nacherben gegenüber die gewöhnlichen Erhaltungskosten.

Andere Aufwendungen, die der Vorerbe zum Zwecke der Erhaltung von Erbschaftsgegenständen den Umständen nach für erforderlich halten darf, kann er aus der Erbschaft bestreiten. Bestreitet er sie aus seinem Vermögen, so ist der Nacherbe im Falle des Eintritts der Nacherbfolge zum Ersatze verpflichtet.

2125. Macht der Vorerbe Verwendungen auf die Erbschaft, die nicht unter die Vorschrift des § 2124 fallen, so ist der Nacherbe im Falle des Eintritts der Nacherbfolge nach den Vorschriften über die Geschäftsführung ohne Auftrag zum Ersatze verpflichtet.

Der Vorerbe ist berechtigt, eine Einrichtung, mit der er eine zur Erbschaft gehörende Sache versehen hat, wegzunehmen.

2126. Der Vorerbe hat im Verhältnisse zu dem Nacherben nicht die außerordentlichen Lasten zu tragen, die als auf den Stammwerth der Erbschaftsgegenstände gelegt anzusehen sind. Auf diese Lasten finden die Vorschriften des § 2124 Abs. 2 Anwendung.

2127. Der Nacherbe ist berechtigt, von dem Vorerben Auskunft über den Bestand der Erbschaft zu verlangen, wenn Grund zu der Annahme besteht, daß der Vorerbe durch seine Verwaltung die Rechte des Nacherben erheblich verletzt.

2128. Wird durch das Verhalten des Vorerben oder durch seine ungünstige Vermögenslage die Besorgniß einer erheblichen Verletzung der Rechte des Nacherben begründet, so kann der Nacherbe Sicherheitsleistung verlangen.

Die für die Verpflichtung des Nießbrauchers zur Sicherheitsleistung geltenden Vorschriften des § 1052 finden entsprechende Anwendung.[77]

2129. Wird dem Vorerben die Verwaltung nach den Vorschriften des § 1052 entzogen, so verliert er das Recht über Erbschaftsgegenstände zu verfügen.

Die Vorschriften zu Gunsten derjenigen, welche Rechte von einem Nichtberechtigten herleiten, finden entsprechende Anwendung. Für die zur Erbschaft gehörenden Forderungen ist die Entziehung der Verwaltung dem Schuldner gegenüber erst wirksam, wenn er von der getroffenen Anordnung Kenntniß erlangt oder wenn ihm eine Mittheilung von der Anordnung zugestellt wird. Das Gleiche gilt von der Aufhebung der Entziehung.

2130. Der Vorerbe ist nach dem Eintritte der Nacherbfolge verpflichtet, dem Nacherben die Erb-

72. Vgl. RG. v. 31. Mai 1891 und Bekm. des Reichskanzlers v. 27. Januar 1892.

73. Vgl. auch Art. 212 EG; § 141 AG z. BGB.

74. § 167 FrG.

75. Vgl. § 35 AG z. FrG.

76. Vgl. § 164 FrG.

77. Vgl. § 255 Abs. 2 CPO.

schaft in dem Zustande herauszugeben, der sich bei einer bis zur Herausgabe fortgesetzten ordnungsmäßigen Verwaltung ergiebt. Auf die Herausgabe eines landwirthschaftlichen Grundstücks findet die Vorschrift des § 592, auf die Herausgabe eines Landguts finden die Vorschriften der §§ 592, 593 entsprechende Anwendung.

Der Vorerbe hat auf Verlangen Rechenschaft abzulegen.

2131. Der Vorerbe hat dem Nacherben gegenüber in Ansehung der Verwaltung nur für diejenige Sorgfalt einzustehen, welche er in eigenen Angelegenheiten anzuwenden pflegt.

2132. Veränderungen oder Verschlechterungen von Erbschaftssachen, die durch ordnungsmäßige Benutzung herbeigeführt werden, hat der Vorerbe nicht zu vertreten.

2133. Zieht der Vorerbe Früchte den Regeln einer ordnungsmäßigen Wirthschaft zuwider oder zieht er Früchte deshalb im Uebermaße, weil dies in Folge eines besonderen Ereignisses nothwendig geworden ist, so gebührt ihm der Werth der Früchte nur insoweit, als durch den ordnungswidrigen oder den übermäßigen Fruchtbezug die ihm gebührenden Nutzungen beeinträchtigt werden und nicht der Werth der Früchte nach den Regeln einer ordnungsmäßigen Wirthschaft zur Wiederherstellung der Sache zu verwenden ist.

2134. Hat der Vorerbe einen Erbschaftsgegenstand für sich verwendet, so ist er nach dem Eintritte der Nacherbfolge dem Nacherben gegenüber zum Ersatze des Werthes verpflichtet. Eine weitergehende Haftung wegen Verschuldens bleibt unberührt.

2135. Hat der Vorerbe ein zur Erbschaft gehörendes Grundstück vermiethet oder verpachtet, so finden, wenn das Mieth- oder Pachtverhältniß bei dem Eintritte der Nacherbfolge noch besteht, die Vorschriften des § 1056 entsprechende Anwendung.

2136. Der Erblasser kann den Vorerben von den Beschränkungen und Verpflichtungen des § 2113 Abs. 1 und der §§ 2114, 2116 bis 2119, 2123, 2127 bis 2131, 2133, 2134 befreien.[78]

2137. Hat der Erblasser den Nacherben auf dasjenige eingesetzt, was von der Erbschaft bei dem Eintritte der Nacherbfolge übrig sein wird, so gilt die Befreiung von allen im § 2136 bezeichneten Beschränkungen und Verpflichtungen als angeordnet.

Das Gleiche ist im Zweifel anzunehmen, wenn der Erblasser bestimmt hat, daß der Vorerbe zur freien Verfügung über die Erbschaft berechtigt sein soll.[78]

2138. Die Herausgabepflicht des Vorerben beschränkt sich in den Fällen des § 2137 auf die bei ihm noch vorhandenen Erbschaftsgegenstände. Für Verwendungen auf Gegenstände, die er in Folge dieser Beschränkung nicht herauszugeben hat, kann er nicht Ersatz verlangen.

Hat der Vorerbe der Vorschrift des § 2113 Abs. 2 zuwider über einen Erbschaftsgegenstand verfügt oder hat er die Erbschaft in der Absicht, den Nacherben zu benachtheiligen, vermindert, so ist er dem Nacherben zum Schadensersatze verpflichtet.

2139. Mit dem Eintritte des Falles der Nacherbfolge hört der Vorerbe auf, Erbe zu sein, und fällt die Erbschaft dem Nacherben an.[79]

2140. Der Vorerbe ist auch nach dem Eintritte des Falles der Nacherbfolge zur Verfügung über Nachlaßgegenstände in dem gleichen Umfange wie vorher berechtigt, bis er von dem Eintritte Kenntniß erlangt oder ihn kennen muß. Ein Dritter kann sich auf diese Berechtigung nicht berufen, wenn er bei der Vornahme eines Rechtsgeschäfts den Eintritt kennt oder kennen muß.

2141. Ist bei dem Eintritte des Falles der Nacherbfolge die Geburt eines Nacherben zu erwarten, so finden auf den Unterhaltsanspruch der Mutter die Vorschriften des § 1963 entsprechende Anwendung.

2142. Der Nacherbe kann die Erbschaft ausschlagen, sobald der Erbfall eingetreten ist.

Schlägt der Nacherbe die Erbschaft aus, so verbleibt sie dem Vorerben, soweit nicht der Erblasser ein Anderes bestimmt hat.

2143. Tritt die Nacherbfolge ein, so gelten die in Folge des Erbfalls durch Vereinigung von Recht und Verbindlichkeit oder von Recht und Belastung erloschenen Rechtsverhältnisse als nicht erloschen.

2144. Die Vorschriften über die Beschränkung der Haftung des Erben für die Nachlaßverbindlichkeiten gelten auch für den Nacherben; an die Stelle des Nachlasses tritt dasjenige, was der Nacherbe aus der Erbschaft erlangt, mit Einschluß der ihm gegen den Vorerben als solchen zustehenden Ansprüche.

Das von dem Vorerben errichtete Inventar kommt auch dem Nacherben zu Statten.

Der Nacherbe kann sich dem Vorerben gegenüber auf die Beschränkung seiner Haftung auch dann berufen, wenn er den übrigen Nachlaßgläubigern gegenüber unbeschränkt haftet.

2145. Der Vorerbe haftet nach dem Eintritte der Nacherbfolge für die Nachlaßverbindlichkeiten noch insoweit, als der Nacherbe nicht haftet. Die Haftung bleibt auch für diejenigen Nachlaßverbindlichkeiten bestehen, welche im Verhältnisse zwischen dem Vorerben und dem Nacherben dem Vorerben zur Last fallen.

Der Vorerbe kann nach dem Eintritte der Nacherbfolge die Berichtigung der Nachlaßverbindlichkeiten, sofern nicht seine Haftung unbeschränkt ist,

78. Die Befreiung ist bei Eintragung des Vorerben in das Grundbuch von Amtswegen einzutragen § 52 GBO.

79. Vgl. §§ 242, 246, 326 Abs. 2, 728, 998 CPO; § 231 KO.

insoweit verweigern, als dasjenige nicht ausreicht, was ihm von der Erbschaft gebührt. Die Vorschriften der §§ 1990, 1991 finden entsprechende Anwendung.

2146. Der Vorerbe ist den Nachlaßgläubigern gegenüber verpflichtet, den Eintritt der Nacherbfolge unverzüglich dem Nachlaßgericht anzuzeigen. Die Anzeige des Vorerben wird durch die Anzeige des Nacherben ersetzt.

Das Nachlaßgericht hat die Einsicht der Anzeige Jedem zu gestatten, der ein rechtliches Interesse glaubhaft macht.

Vierter Titel. Vermächtniß.[80]

2147. Mit einem Vermächtnisse kann der Erbe oder ein Vermächtnißnehmer beschwert werden. Soweit nicht der Erblasser ein Anderes bestimmt hat, ist der Erbe beschwert.

2148. Sind mehrere Erben oder mehrere Vermächtnißnehmer mit demselben Vermächtnisse beschwert, so sind im Zweifel die Erben nach dem Verhältnisse der Erbtheile, die Vermächtnißnehmer nach dem Verhältnisse des Werthes der Vermächtnisse beschwert.

2149. Hat der Erblasser bestimmt, daß dem eingesetzten Erben ein Erbschaftsgegenstand nicht zufallen soll, so gilt der Gegenstand als den gesetzlichen Erben vermacht. Der Fiskus gehört nicht zu den gesetzlichen Erben im Sinne dieser Vorschrift.

2150. Das einem Erben zugewendete Vermächtniß (Vorausvermächtniß) gilt als Vermächtniß auch insoweit, als der Erbe selbst beschwert ist.

2151. Der Erblasser kann Mehrere mit einem Vermächtniß in der Weise bedenken, daß der Beschwerte oder ein Dritter zu bestimmen hat, wer von den Mehreren das Vermächtniß erhalten soll.

Die Bestimmung des Beschwerten erfolgt durch Erklärung gegenüber demjenigen, welcher das Vermächtniß erhalten soll; die Bestimmung des Dritten erfolgt durch Erklärung gegenüber dem Beschwerten.

Kann der Beschwerte oder der Dritte die Bestimmung nicht treffen, so sind die Bedachten Gesammtgläubiger. Das Gleiche gilt, wenn das Nachlaßgericht[81] dem Beschwerten oder dem Dritten auf Antrag eines der Betheiligten eine Frist zur Abgabe der Erklärung bestimmt hat[82] und die Frist verstrichen ist, sofern nicht vorher die Erklärung erfolgt. Der Bedachte, der das Vermächtniß erhält, ist im Zweifel nicht zur Theilung verpflichtet.

2152. Hat der Erblasser Mehrere mit einem Vermächtniß in der Weise bedacht, daß nur der Eine oder der Andere das Vermächtniß erhalten soll, so ist anzunehmen, daß der Beschwerte bestimmen soll, wer von ihnen das Vermächtniß erhält.

2153. Der Erblasser kann Mehrere mit einem Vermächtniß in der Weise bedenken, daß der Beschwerte oder ein Dritter zu bestimmen hat, was jeder von dem vermachten Gegenstand erhalten soll. Die Bestimmung erfolgt nach § 2151 Abs. 2.

Kann der Beschwerte oder der Dritte die Bestimmung nicht treffen, so sind die Bedachten zu gleichen Theilen berechtigt. Die Vorschrift des § 2151 Abs. 3 Satz 2 findet entsprechende Anwendung.[83]

2154. Der Erblasser kann ein Vermächtniß in der Art anordnen, daß der Bedachte von mehreren Gegenständen nur den einen oder den anderen erhalten soll. Ist in einem solchen Falle die Wahl einem Dritten übertragen, so erfolgt sie durch Erklärung gegenüber dem Beschwerten.

Kann der Dritte die Wahl nicht treffen, so geht das Wahlrecht auf den Beschwerten über. Die Vorschrift des § 2151 Abs. 3 Satz 2 findet entsprechende Anwendung.[83]

2155. Hat der Erblasser die vermachte Sache nur der Gattung nach bestimmt, so ist eine den Verhältnissen des Bedachten entsprechende Sache zu leisten.

Ist die Bestimmung der Sache dem Bedachten oder einem Dritten übertragen, so finden die nach § 2154 für die Wahl des Dritten geltenden Vorschriften Anwendung.

Entspricht die von dem Bedachten oder dem Dritten getroffene Bestimmung den Verhältnissen des Bedachten offenbar nicht, so hat der Beschwerte so zu leisten, wie wenn der Erblasser über die Bestimmung der Sache keine Anordnung getroffen hätte.[83]

2156. Der Erblasser kann bei der Anordnung eines Vermächtnisses, dessen Zweck er bestimmt hat, die Bestimmung der Leistung dem billigen Ermessen des Beschwerten oder eines Dritten überlassen. Auf ein solches Vermächtniß finden die Vorschriften der §§ 315 bis 319 entsprechende Anwendung.

2157. Ist Mehreren derselbe Gegenstand vermacht, so finden die Vorschriften der §§ 2089 bis 2093 entsprechende Anwendung.

2158. Ist Mehreren derselbe Gegenstand vermacht, so wächst, wenn einer von ihnen vor oder nach dem Erbfalle wegfällt, dessen Antheil den übrigen Bedachten nach dem Verhältniß ihrer Antheile an. Dies gilt auch dann, wenn der Erblasser die Antheile der Bedachten bestimmt hat. Sind einige der Bedachten zu demselben Antheile berufen, so tritt die Anwachsung zunächst unter ihnen ein.

Der Erblasser kann die Anwachsung ausschließen.

2159. Der durch Anwachsung einem Vermächt-

80. Vgl. §§ 219, 222, 226 Abs. 2 Nr. 5, 226 Abs. 3, 227 KO.

81. § 72 FrG.

82. Gegen die Bestimmung der Frist ist sofortige Beschwerde nach § 80 FrG. zulässig.

83. Vgl. § 80 FrG.

nißnehmer anfallende Antheil gilt in Ansehung der Vermächtnisse und Auflagen, mit denen dieser oder der wegfallende Vermächtnißnehmer beschwert ist, als besonderes Vermächtniß.

2160. Ein Vermächtniß ist unwirksam, wenn der Bedachte zur Zeit des Erbfalls nicht mehr lebt.

2161. Ein Vermächtniß bleibt, sofern nicht ein anderer Wille des Erblassers anzunehmen ist, wirksam, wenn der Beschwerte nicht Erbe oder Vermächtnißnehmer wird. Beschwert ist in diesem Falle derjenige, welchem der Wegfall des zunächst Beschwerten unmittelbar zu Statten kommt.

2162. Ein Vermächtniß, das unter einer aufschiebenden Bedingung oder unter Bestimmung eines Anfangstermins angeordnet ist, wird mit dem Ablaufe von dreißig Jahren nach dem Erbfall unwirksam, wenn nicht vorher die Bedingung oder der Termin eingetreten ist.

Ist der Bedachte zur Zeit des Erbfalls noch nicht erzeugt oder wird seine Persönlichkeit durch ein erst nach dem Erbfall eintretendes Ereigniß bestimmt, so wird das Vermächtniß mit dem Ablaufe von dreißig Jahren nach dem Erbfall unwirksam, wenn nicht vorher der Bedachte erzeugt oder das Ereigniß eingetreten ist, durch das seine Persönlichkeit bestimmt wird.

2163. Das Vermächtniß bleibt in den Fällen des § 2162 auch nach dem Ablaufe von dreißig Jahren wirksam:

1. wenn es für den Fall angeordnet ist, daß in der Person des Beschwerten oder des Bedachten ein bestimmtes Ereigniß eintritt, und derjenige, in dessen Person das Ereigniß eintreten soll, zur Zeit des Erbfalls lebt;
2. wenn ein Erbe, ein Nacherbe oder ein Vermächtnißnehmer für den Fall, daß ihm ein Bruder oder eine Schwester geboren wird, mit einem Vermächtnisse zu Gunsten des Bruders oder der Schwester beschwert ist.

Ist der Beschwerte oder der Bedachte, in dessen Person das Ereigniß eintreten soll, eine juristische Person, so bewendet es bei der dreißigjährigen Frist.

2164. Das Vermächtniß einer Sache erstreckt sich im Zweifel auf das zur Zeit des Erbfalls vorhandene Zubehör.

Hat der Erblasser wegen einer nach der Anordnung des Vermächtnisses erfolgten Beschädigung der Sache einen Anspruch auf Ersatz der Minderung des Werthes, so erstreckt sich im Zweifel das Vermächtniß auf diesen Anspruch.

2165. Ist ein zur Erbschaft gehörender Gegenstand vermacht, so kann der Vermächtnißnehmer im Zweifel nicht die Beseitigung der Rechte verlangen, mit denen der Gegenstand belastet ist. Steht dem Erblasser ein Anspruch auf die Beseitigung zu, so erstreckt sich im Zweifel das Vermächtniß auf diesen Anspruch.

Ruht auf einem vermachten Grundstück eine Hypothek, Grundschuld oder Rentenschuld, die dem Erblasser selbst zusteht, so ist aus den Umständen zu entnehmen, ob die Hypothek, Grundschuld oder Rentenschuld als mitvermacht zu gelten hat.

2166. Ist ein vermachtes Grundstück, das zur Erbschaft gehört, mit einer Hypothek für eine Schuld des Erblassers oder für eine Schuld belastet, zu deren Berichtigung der Erblasser dem Schuldner gegenüber verpflichtet ist, so ist der Vermächtnißnehmer im Zweifel dem Erben gegenüber zur rechtzeitigen Befriedigung des Gläubigers insoweit verpflichtet, als die Schuld durch den Werth des Grundstücks gedeckt wird. Der Werth bestimmt sich nach der Zeit, zu welcher das Eigenthum auf den Vermächtnißnehmer übergeht; er wird unter Abzug der Belastungen berechnet, die der Hypothek im Range vorgehen.

Ist dem Erblasser gegenüber ein Dritter zur Berichtigung der Schuld verpflichtet, so besteht die Verpflichtung des Vermächtnißnehmers im Zweifel nur insoweit, als der Erbe die Berichtigung nicht von dem Dritten erlangen kann.

Auf eine Hypothek der im § 1190 bezeichneten Art finden diese Vorschriften keine Anwendung.

2167. Sind neben dem vermachten Grundstück andere zur Erbschaft gehörende Grundstücke mit der Hypothek belastet, so beschränkt sich die im § 2166 bestimmte Verpflichtung des Vermächtnißnehmers im Zweifel auf den Theil der Schuld, der dem Verhältnisse des Werthes des vermachten Grundstücks zu dem Werthe der sämmtlichen Grundstücke entspricht. Der Werth wird nach § 2166 Abs. 1 Satz 2 berechnet.

2168. Besteht an mehreren zur Erbschaft gehörenden Grundstücken eine Gesammtgrundschuld oder eine Gesammtrentenschuld und ist eines dieser Grundstücke vermacht, so ist der Vermächtnißnehmer im Zweifel dem Erben gegenüber zur Befriedigung des Gläubigers in Höhe des Theiles der Grundschuld oder der Rentenschuld verpflichtet, der dem Verhältnisse des Werthes des vermachten Grundstücks zu dem Werthe der sämmtlichen Grundstücke entspricht. Der Werth wird nach § 2166 Abs. 1 Satz 2 berechnet.

Ist neben dem vermachten Grundstück ein nicht zur Erbschaft gehörendes Grundstück mit einer Gesammtgrundschuld oder einer Gesammtrentenschuld belastet, so finden, wenn der Erblasser zur Zeit des Erbfalls gegenüber dem Eigenthümer des anderen Grundstücks oder einem Rechtsvorgänger des Eigenthümers zur Befriedigung des Gläubigers verpflichtet ist, die Vorschriften des § 2166 Abs. 1 und des § 2167 entsprechende Anwendung.

2169. Das Vermächtniß eines bestimmten Gegenstandes ist unwirksam, soweit der Gegenstand zur Zeit des Erbfalls nicht zur Erbschaft gehört, es sei denn, daß der Gegenstand dem Bedachten auch für den Fall zugewendet sein soll, daß er nicht zur Erbschaft gehört.

Hat der Erblasser nur den Besitz der vermachten Sache, so gilt im Zweifel der Besitz als vermacht, es sei denn, daß er dem Bedachten keinen rechtlichen Vortheil gewährt.

Steht dem Erblasser ein Anspruch auf Leistung des vermachten Gegenstandes oder, falls der Gegenstand nach der Anordnung des Vermächtnisses untergegangen oder dem Erblasser entzogen worden ist, ein Anspruch auf Ersatz des Werthes zu, so gilt im Zweifel der Anspruch als vermacht.

Zur Erbschaft gehört im Sinne des Abs. 1 ein Gegenstand nicht, wenn der Erblasser zu dessen Veräußerung verpflichtet ist.

2170. Ist das Vermächtniß eines Gegenstandes, der zur Zeit des Erbfalls nicht zur Erbschaft gehört, nach § 2169 Abs. 1 wirksam, so hat der Beschwerte den Gegenstand dem Bedachten zu verschaffen.

Ist der Beschwerte zur Verschaffung außer Stande, so hat er den Werth zu entrichten. Ist die Verschaffung nur mit unverhältnißmäßigen Aufwendungen möglich, so kann sich der Beschwerte durch Entrichtung des Werthes befreien.

2171. Ein Vermächtniß, das auf eine zur Zeit des Erbfalls unmögliche Leistung gerichtet ist oder gegen ein zu dieser Zeit bestehendes gesetzliches Verbot verstößt, ist unwirksam. Die Vorschriften des § 308 finden entsprechende Anwendung.

2172. Die Leistung einer vermachten Sache gilt auch dann als unmöglich, wenn die Sache mit einer anderen Sache in solcher Weise verbunden, vermischt oder vermengt worden ist, daß nach den §§ 946 bis 948 das Eigenthum an der anderen Sache sich auf sie erstreckt oder Miteigenthum eingetreten ist, oder wenn sie in solcher Weise verarbeitet oder umgebildet worden ist, daß nach § 950 derjenige, welcher die neue Sache hergestellt hat, Eigenthümer geworden ist.

Ist die Verbindung, Vermischung oder Vermengung durch einen Anderen als den Erblasser erfolgt und hat der Erblasser dadurch Miteigenthum erworben, so gilt im Zweifel das Miteigenthum als vermacht; steht dem Erblasser ein Recht zur Wegnahme der verbundenen Sache zu, so gilt im Zweifel dieses Recht als vermacht. Im Falle der Verarbeitung oder Umbildung durch einen Anderen als den Erblasser bewendet es bei der Vorschrift des § 2169 Abs. 3.

2173. Hat der Erblasser eine ihm zustehende Forderung vermacht, so ist, wenn vor dem Erbfalle die Leistung erfolgt und der geleistete Gegenstand noch in der Erbschaft vorhanden ist, im Zweifel anzunehmen, daß dem Bedachten dieser Gegenstand zugewendet sein soll. War die Forderung auf die Zahlung einer Geldsumme gerichtet, so gilt im Zweifel die entsprechende Geldsumme als vermacht, auch wenn sich eine solche in der Erbschaft nicht vorfindet.

2174. Durch das Vermächtniß wird für den Bedachten das Recht begründet, von dem Beschwerten die Leistung des vermachten Gegenstandes zu fordern.[84]

2175. Hat der Erblasser eine ihm gegen den Erben zustehende Forderung oder hat er ein Recht vermacht, mit dem eine Sache oder ein Recht des Erben belastet ist, so gelten die in Folge des Erbfalls durch Vereinigung von Recht und Verbindlichkeit oder von Recht und Belastung erloschenen Rechtsverhältnisse in Ansehung des Vermächtnisses als nicht erloschen.

2176. Die Forderung des Vermächtnißnehmers kommt, unbeschadet des Rechtes, das Vermächtniß auszuschlagen, zur Entstehung (Anfall des Vermächtnisses) mit dem Erbfalle.

2177. Ist das Vermächtniß unter einer aufschiebenden Bedingung oder unter Bestimmung eines Anfangstermins angeordnet und tritt die Bedingung oder der Termin erst nach dem Erbfall ein, so erfolgt der Anfall des Vermächtnisses mit dem Eintritte der Bedingung oder des Termins.

2178. Ist der Bedachte zur Zeit des Erbfalls noch nicht erzeugt oder wird seine Persönlichkeit durch ein erst nach dem Erbfall eintretendes Ereigniß bestimmt, so erfolgt der Anfall des Vermächtnisses im ersteren Falle mit der Geburt, im letzteren Falle mit dem Eintritte des Ereignisses.

2179. Für die Zeit zwischen dem Erbfall und dem Anfalle des Vermächtnisses finden in den Fällen der §§ 2177, 2178 die Vorschriften Anwendung, die für den Fall gelten, daß eine Leistung unter einer aufschiebenden Bedingung geschuldet wird.

2180. Der Vermächtnißnehmer kann das Vermächtniß nicht mehr ausschlagen, wenn er es angenommen hat.[85]

Die Annahme sowie die Ausschlagung des Vermächtnisses erfolgt durch Erklärung gegenüber dem Beschwerten. Die Erklärung kann erst nach dem Eintritte des Erbfalls abgegeben werden; sie ist unwirksam, wenn sie unter einer Bedingung oder einer Zeitbestimmung abgegeben wird.

Die für die Annahme und die Ausschlagung einer Erbschaft geltenden Vorschriften des § 1950, des § 1952 Abs. 1, 3 und des § 1953 Abs. 1, 2 finden entsprechende Anwendung.

2181. Ist die Zeit der Erfüllung eines Vermächtnisses dem freien Belieben des Beschwerten überlassen, so wird die Leistung im Zweifel mit dem Tode des Beschwerten fällig.

2182. Ist eine nur der Gattung nach bestimmte Sache vermacht, so hat der Beschwerte die gleichen Verpflichtungen wie ein Verkäufer nach den Vor-

84. Vgl. § 27 CPO.
85. Vgl. § 9 KO.

schriften des § 433 Abs. 1, der §§ 434 bis 437, des § 440 Abs. 2 bis 4 und der §§ 441 bis 444.

Dasselbe gilt im Zweifel, wenn ein bestimmter nicht zur Erbschaft gehörender Gegenstand vermacht ist, unbeschadet der sich aus dem § 2170 ergebenden Beschränkung der Haftung.

Ist ein Grundstück Gegenstand des Vermächtnisses, so haftet der Beschwerte im Zweifel nicht für die Freiheit des Grundstücks von Grunddienstbarkeiten, beschränkten persönlichen Dienstbarkeiten und Reallasten.

2183. Ist eine nur der Gattung nach bestimmte Sache vermacht, so kann der Vermächtnißnehmer, wenn die geleistete Sache mangelhaft ist, verlangen, daß ihm an Stelle der mangelhaften Sache eine mangelfreie geliefert wird. Hat der Beschwerte einen Fehler arglistig verschwiegen, so kann der Vermächtnißnehmer statt der Lieferung einer mangelfreien Sache Schadensersatz wegen Nichterfüllung verlangen. Auf diese Ansprüche finden die für die Gewährleistung wegen Mängel einer verkauften Sache geltenden Vorschriften entsprechende Anwendung.

2184. Ist ein bestimmter zur Erbschaft gehörender Gegenstand vermacht, so hat der Beschwerte dem Vermächtnißnehmer auch die seit dem Anfalle des Vermächtnisses gezogenen Früchte sowie das sonst auf Grund des vermachten Rechtes Erlangte herauszugeben. Für Nutzungen, die nicht zu den Früchten gehören, hat der Beschwerte nicht Ersatz zu leisten.

2185. Ist eine bestimmte zur Erbschaft gehörende Sache vermacht, so kann der Beschwerte für die nach dem Erbfall auf die Sache gemachten Verwendungen sowie für Aufwendungen, die er nach dem Erbfalle zur Bestreitung von Lasten der Sache gemacht hat, Ersatz nach den Vorschriften verlangen, die für das Verhältniß zwischen dem Besitzer und dem Eigenthümer gelten.[86]

2186. Ist ein Vermächtnißnehmer mit einem Vermächtniß oder einer Auflage beschwert, so ist er zur Erfüllung erst dann verpflichtet, wenn er die Erfüllung des ihm zugewendeten Vermächtnisses zu verlangen berechtigt ist.

2187. Ein Vermächtnißnehmer, der mit einem Vermächtniß oder einer Auflage beschwert ist, kann die Erfüllung auch nach der Annahme des ihm zugewendeten Vermächtnisses insoweit verweigern, als dasjenige, was er aus dem Vermächtniß erhält, zur Erfüllung nicht ausreicht.

Tritt nach § 2161 ein Anderer an die Stelle des beschwerten Vermächtnißnehmers, so haftet er nicht weiter, als der Vermächtnißnehmer haften würde.

Die für die Haftung des Erben geltenden Vorschriften des § 1992 finden entsprechende Anwendung.[87]

86. Vgl. §§ 935 ff. BGB.
87. Vgl. § 786 CPO.

2188. Wird die einem Vermächtnißnehmer gebührende Leistung auf Grund der Beschränkung der Haftung des Erben, wegen eines Pflichttheilsanspruchs oder in Gemäßheit des § 2187 gekürzt, so kann der Vermächtnißnehmer, sofern nicht ein anderer Wille des Erblassers anzunehmen ist, die ihm auferlegten Beschwerungen verhältnißmäßig kürzen.

2189. Der Erblasser kann für den Fall, daß die dem Erben oder einem Vermächtnißnehmer auferlegten Vermächtnisse und Auflagen auf Grund der Beschränkung der Haftung des Erben, wegen eines Pflichttheilsanspruchs oder in Gemäßheit der §§ 2187, 2188 gekürzt werden, durch Verfügung von Todeswegen anordnen, daß ein Vermächtniß oder eine Auflage den Vorrang vor den übrigen Beschwerungen haben soll.[88]

2190. Hat der Erblasser für den Fall, daß der zunächst Bedachte das Vermächtniß nicht erwirbt, den Gegenstand des Vermächtnisses einem Anderen zugewendet, so finden die für die Einsetzung eines Ersatzerben geltenden Vorschriften der §§ 2097 bis 2099 entsprechende Anwendung.

2191. Hat der Erblasser den vermachten Gegenstand von einem nach dem Anfalle des Vermächtnisses eintretenden bestimmten Zeitpunkt oder Ereigniß an einem Dritten zugewendet, so gilt der erste Vermächtnißnehmer als beschwert.

Auf das Vermächtniß finden die für die Einsetzung eines Nacherben geltenden Vorschriften des § 2102, des § 2106 Abs. 1, des § 2107 und des § 2110 Abs. 1 entsprechende Anwendung.

Fünfter Titel. Auflage.

2192. Auf eine Auflage finden die für letztwillige Zuwendungen geltenden Vorschriften der §§ 2065, 2147, 2148, 2154 bis 2156, 2161, 2171, 2181 entsprechende Anwendung.[89]

2193. Der Erblasser kann bei der Anordnung einer Auflage, deren Zweck er bestimmt hat, die Bestimmung der Person, an welche die Leistung erfolgen soll, dem Beschwerten oder einem Dritten überlassen.

Steht die Bestimmung dem Beschwerten zu, so kann ihm, wenn er zur Vollziehung der Auflage rechtskräftig verurtheilt ist, von dem Kläger eine angemessene Frist zur Vollziehung bestimmt werden; nach dem Ablaufe der Frist ist der Kläger berechtigt, die Bestimmung zu treffen, wenn nicht die Vollziehung rechtzeitig erfolgt.[90]

Steht die Bestimmung einem Dritten zu, so erfolgt sie durch Erklärung gegenüber dem Beschwerten. Kann der Dritte die Bestimmung nicht treffen, so geht das Bestimmungsrecht auf den Beschwerten über. Die Vorschrift des § 2151 Abs. 3

88. Vgl. § 220 Abs. 3 KO.
89. Vgl. § 80 FrG.
90. Vgl. § 255 Abs. 2 CPO; § 80 FrG.

Satz 2 findet entsprechende Anwendung; zu den Betheiligten im Sinne dieser Vorschrift gehören der Beschwerte und diejenigen, welche die Vollziehung der Auflage zu verlangen berechtigt sind.

2194. Die Vollziehung einer Auflage können der Erbe, der Miterbe und derjenige verlangen, welchem der Wegfall des mit der Auflage zunächst Beschwerten unmittelbar zu Statten kommen würde. Liegt die Vollziehung im öffentlichen Interesse, so kann auch die zuständige Behörde die Vollziehung verlangen.

2195. Die Unwirksamkeit einer Auflage hat die Unwirksamkeit der unter der Auflage gemachten Zuwendung nur zur Folge, wenn anzunehmen ist, daß der Erblasser die Zuwendung nicht ohne die Auflage gemacht haben würde.

2196. Wird die Vollziehung einer Auflage in Folge eines von dem Beschwerten zu vertretenden Umstandes unmöglich, so kann derjenige, welchem der Wegfall des zunächst Beschwerten unmittelbar zu Statten kommen würde, die Herausgabe der Zuwendung nach den Vorschriften über die Herausgabe einer ungerechtfertigten Bereicherung insoweit fordern, als die Zuwendung zur Vollziehung der Auflage hätte verwendet werden müssen.

Das Gleiche gilt, wenn der Beschwerte zur Vollziehung einer Auflage, die nicht durch einen Dritten vollzogen werden kann, rechtskräftig verurtheilt ist und die zulässigen Zwangsmittel[91] erfolglos gegen ihn angewendet worden sind.

Sechster Titel. Testamentsvollstrecker.[92]

2197. Der Erblasser kann durch Testament einen oder mehrere Testamentsvollstrecker ernennen.

Der Erblasser kann für den Fall, daß der ernannte Testamentsvollstrecker vor oder nach der Annahme des Amtes wegfällt, einen anderen Testamentsvollstrecker ernennen.

2198. Der Erblasser kann die Bestimmung der Person des Testamentsvollstreckers einem Dritten überlassen. Die Bestimmung erfolgt durch Erklärung gegenüber dem Nachlaßgerichte; die Erklärung ist in öffentlich beglaubigter Form abzugeben.[93]

Das Bestimmungsrecht des Dritten erlischt mit dem Ablauf einer ihm auf Antrag eines der Betheiligten von dem Nachlaßgerichte bestimmten Frist.[94]

2199. Der Erblasser kann den Testamentsvollstrecker ermächtigen, einen oder mehrere Mitvollstrecker zu ernennen.

Der Erblasser kann den Testamentsvollstrecker ermächtigen, einen Nachfolger zu ernennen.

Die Ernennung erfolgt nach § 2198 Abs. 1 Satz 2.

91. Vgl. §§ 888, 890 CPO.
92. Vgl. § 53 GBO; § 118 FrG.
93. Vgl. §§ 167 Abs. 2, 183, 191 Abs. 2 FrG.
94. Vgl. § 80 FrG.

2200. Hat der Erblasser in dem Testamente das Nachlaßgericht[95] ersucht, einen Testamentsvollstrecker zu ernennen, so kann das Nachlaßgericht die Ernennung vornehmen.

Das Nachlaßgericht[95] soll vor der Ernennung die Betheiligten hören, wenn es ohne erhebliche Verzögerung und ohne unverhältnißmäßige Kosten geschehen kann.

2201. Die Ernennung des Testamentsvollstreckers ist unwirksam, wenn er zu der Zeit, zu welcher er das Amt anzutreten hat, geschäftsunfähig oder in der Geschäftsfähigkeit beschränkt ist oder nach § 1910 zur Besorgung seiner Vermögensangelegenheiten einen Pfleger erhalten hat.

2202. Das Amt des Testamentsvollstreckers beginnt mit dem Zeitpunkt, in welchem der Ernannte das Amt annimmt.

Die Annahme sowie die Ablehnung des Amtes erfolgt durch Erklärung gegenüber dem Nachlaßgerichte.[96] Die Erklärung kann erst nach dem Eintritte des Erbfalls abgegeben werden; sie ist unwirksam, wenn sie unter einer Bedingung oder einer Zeitbestimmung abgegeben wird.

Das Nachlaßgericht[96] kann dem Ernannten auf Antrag eines der Betheiligten eine Frist zur Erklärung über die Annahme bestimmen.[97] Mit dem Ablaufe der Frist gilt das Amt als abgelehnt, wenn nicht die Annahme vorher erklärt wird.

2203. Der Testamentsvollstrecker hat die letztwilligen Verfügungen des Erblassers zur Ausführung zu bringen.

2204. Der Testamentsvollstrecker hat, wenn mehrere Erben vorhanden sind, die Auseinandersetzung unter ihnen nach Maßgabe der §§ 2042 bis 2056 zu bewirken.

Der Testamentsvollstrecker hat die Erben über den Auseinandersetzungsplan vor der Ausführung zu hören.[98]

2205. Der Testamentsvollstrecker hat den Nachlaß zu verwalten. Er ist insbesondere berechtigt, den Nachlaß in Besitz zu nehmen und über die Nachlaßgegenstände zu verfügen. Zu unentgeltlichen Verfügungen ist er nur berechtigt, soweit sie einer sittlichen Pflicht oder einer auf den Anstand zu nehmenden Rücksicht entsprechen.[99]

2206. Der Testamentsvollstrecker ist berechtigt, Verbindlichkeiten für den Nachlaß[100] einzugehen, soweit die Eingehung zur ordnungsmäßigen Verwaltung erforderlich ist. Die Verbindlichkeit zu einer Verfügung über einen Nachlaßgegenstand kann der Testamentsvollstrecker für den Nachlaß

95. §§ 72 Abs. 1, 78, 81 Abs. 1, 85 FrG.
96. § 72 FrG.
97. Vgl. § 81 Abs. 1 FrG.
98. Vgl. § 86 FrG.
99. Vgl. §§ 748, 749, 780 Abs. 2, 991 CPO; § 217 KO; § 41 GBO; §§ 76, 111 FrG.
100. Diese sind Masseschulden im Falle des Konkurses; vgl. § 224 Nr. 5 KO.

auch dann eingehen, wenn er zu der Verfügung berechtigt ist.

Der Erbe ist verpflichtet, zur Eingehung solcher Verbindlichkeiten seine Einwilligung zu ertheilen, unbeschadet des Rechtes, die Beschränkung seiner Haftung für die Nachlaßverbindlichkeiten geltend zu machen.

2207. Der Erblasser kann anordnen, daß der Testamentsvollstrecker in der Eingehung von Verbindlichkeiten für den Nachlaß nicht beschränkt sein soll. Der Testamentsvollstrecker ist auch in einem solchen Falle zu einem Schenkungsversprechen nur nach Maßgabe des § 2205 Satz 3 berechtigt.

2208. Der Testamentsvollstrecker hat die in den §§ 2203 bis 2206 bestimmten Rechte nicht, soweit anzunehmen ist, daß sie ihm nach dem Willen des Erblassers nicht zustehen sollen. Unterliegen der Verwaltung des Testamentsvollstreckers nur einzelne Nachlaßgegenstände, so stehen ihm die im § 2205 Satz 2 bestimmten Befugnisse nur in Ansehung dieser Gegenstände zu.

Hat der Testamentsvollstrecker Verfügungen des Erblassers nicht selbst zur Ausführung zu bringen, so kann er die Ausführung von dem Erben verlangen, sofern nicht ein anderer Wille des Erblassers anzunehmen ist.

2209. Der Erblasser kann einem Testamentsvollstrecker die Verwaltung des Nachlasses übertragen, ohne ihm andere Aufgaben als die Verwaltung zuzuweisen; er kann auch anordnen, daß der Testamentsvollstrecker die Verwaltung nach der Erledigung der ihm sonst zugewiesenen Aufgaben fortzuführen hat. Im Zweifel ist anzunehmen, daß einem solchen Testamentsvollstrecker die im § 2207 bezeichnete Ermächtigung ertheilt ist.

2210. Eine nach § 2209 getroffene Anordnung wird unwirksam, wenn seit dem Erbfalle dreißig Jahre verstrichen sind. Der Erblasser kann jedoch anordnen, daß die Verwaltung bis zum Tode des Erben oder des Testamentsvollstreckers oder bis zum Eintritt eines anderen Ereignisses in der Person des einen oder des anderen fortdauern soll. Die Vorschrift des § 2163 Abs. 2 findet entsprechende Anwendung.

2211. Ueber einen der Verwaltung des Testamentsvollstreckers unterliegenden Nachlaßgegenstand kann der Erbe nicht verfügen.

Die Vorschriften zu Gunsten derjenigen, welche Rechte von einem Nichtberechtigten herleiten, finden entsprechende Anwendung.

2212. Ein der Verwaltung des Testamentsvollstreckers unterliegendes Recht kann nur von dem Testamentsvollstrecker gerichtlich geltend gemacht werden.[101]

2213. Ein Anspruch, der sich gegen den Nachlaß richtet, kann sowohl gegen den Erben als gegen den Testamentsvollstrecker gerichtlich geltend gemacht werden. Steht dem Testamentsvollstrecker nicht die Verwaltung des Nachlasses zu, so ist die Geltendmachung nur gegen den Erben zulässig. Ein Pflichttheilsanspruch kann, auch wenn dem Testamentsvollstrecker die Verwaltung des Nachlasses zusteht, nur gegen den Erben geltend gemacht werden.[102]

Die Vorschrift des § 1958 findet auf den Testamentsvollstrecker keine Anwendung.

Ein Nachlaßgläubiger, der seinen Anspruch gegen den Erben geltend macht, kann den Anspruch auch gegen den Testamentsvollstrecker dahin geltend machen, daß dieser die Zwangsvollstreckung in die seiner Verwaltung unterliegenden Nachlaßgegenstände dulde.[103]

2214. Gläubiger des Erben, die nicht zu den Nachlaßgläubigern gehören, können sich nicht an die der Verwaltung des Testamentsvollstreckers unterliegenden Nachlaßgegenstände halten.

2215. Der Testamentsvollstrecker hat dem Erben unverzüglich nach der Annahme des Amtes ein Verzeichniß der seiner Verwaltung unterliegenden Nachlaßgegenstände und der bekannten Nachlaßverbindlichkeiten mitzutheilen und ihm die zur Aufnahme des Inventars sonst erforderliche Beihülfe zu leisten.

Das Verzeichniß ist mit der Angabe des Tages der Aufnahme zu versehen und von dem Testamentsvollstrecker zu unterzeichnen; der Testamentsvollstrecker hat auf Verlangen die Unterzeichnung öffentlich beglaubigen zu lassen.[104]

Der Erbe kann verlangen, daß er bei der Aufnahme des Verzeichnisses zugezogen wird.

Der Testamentsvollstrecker ist berechtigt und auf Verlangen des Erben verpflichtet, das Verzeichniß durch die zuständige Behörde oder durch einen zuständigen Beamten oder Notar aufnehmen zu lassen.[105]

Die Kosten der Aufnahme und der Beglaubigung fallen dem Nachlasse zur Last.

2216. Der Testamentsvollstrecker ist zur ordnungsmäßigen Verwaltung des Nachlasses verpflichtet.

Anordnungen, die der Erblasser für die Verwaltung durch letztwillige Verfügung getroffen hat, sind von dem Testamentsvollstrecker zu befolgen. Sie können jedoch auf Antrag des Testamentsvollstreckers oder eines anderen Betheiligten von dem Nachlaßgericht[106] außer Kraft gesetzt werden, wenn ihre Befolgung den Nachlaß erheblich gefährden würde. Das Gericht soll vor der Entscheidung soweit thunlich die Betheiligten hören.

101. Vgl. §§ 243, 327, 728 Abs. 2, 749 CPO.

102. Vgl. §§ 327, 728 Abs. 2 CPO.

103. Vgl. §§ 327, 728 Abs. 2, 748 CPO.

104. Vgl. §§ 167 Abs. 2, 191 Abs. 2 FrG.

105. Vgl. § 35 AG z. FrG.

106. §§ 72, 82 Abs. 1 FrG.

2217. Der Testamentsvollstrecker hat Nachlaßgegenstände, deren er zur Erfüllung seiner Obliegenheiten offenbar nicht bedarf, dem Erben auf Verlangen zur freien Verfügung zu überlassen. Mit der Ueberlassung erlischt sein Recht zur Verwaltung der Gegenstände.

Wegen Nachlaßverbindlichkeiten, die nicht auf einem Vermächtniß oder einer Auflage beruhen, sowie wegen bedingter und betagter Vermächtnisse oder Auflagen kann der Testamentsvollstrecker die Ueberlassung der Gegenstände nicht verweigern, wenn der Erbe für die Berichtigung der Verbindlichkeiten oder für die Vollziehung der Vermächtnisse oder Auflagen Sicherheit leistet.

2218. Auf das Rechtsverhältniß zwischen dem Testamentsvollstrecker und dem Erben finden die für den Auftrag geltenden Vorschriften der §§ 664, 666 bis 668, 670, des § 673 Satz 2 und des § 674 entsprechende Anwendung.

Bei einer länger dauernden Verwaltung kann der Erbe jährlich Rechnungslegung verlangen.

2219. Verletzt der Testamentsvollstrecker die ihm obliegenden Verpflichtungen, so ist er, wenn ihm ein Verschulden zur Last fällt, für den daraus entstehenden Schaden dem Erben und, soweit ein Vermächtniß zu vollziehen ist, auch dem Vermächtnißnehmer verantwortlich.

Mehrere Testamentsvollstrecker, denen ein Verschulden zur Last fällt, haften als Gesammtschuldner.

2220. Der Erblasser kann den Testamentsvollstrecker nicht von den ihm nach den §§ 2215, 2216, 2218, 2219 obliegenden Verpflichtungen befreien.

2221. Der Testamentsvollstrecker kann für die Führung seines Amtes eine angemessene Vergütung verlangen, sofern nicht der Erblasser ein Anderes bestimmt hat.[107]

2222. Der Erblasser kann einen Testamentsvollstrecker auch zu dem Zwecke ernennen, daß dieser bis zu dem Eintritt einer angeordneten Nacherbfolge die Rechte des Nacherben ausübt und dessen Pflichten erfüllt.

2223. Der Erblasser kann einen Testamentsvollstrecker auch zu dem Zwecke ernennen, daß dieser für die Ausführung der einem Vermächtnißnehmer auferlegten Beschwerungen sorgt.

2224. Mehrere Testamentsvollstrecker führen das Amt gemeinschaftlich; bei einer Meinungsverschiedenheit entscheidet das Nachlaßgericht. Fällt einer von ihnen weg, so führen die übrigen das Amt allein. Der Erblasser kann abweichende Anordnungen treffen.

Jeder Testamentsvollstrecker ist berechtigt, ohne Zustimmung der anderen Testamentsvollstrecker diejenigen Maßregeln zu treffen, welche zur Erhaltung eines der gemeinschaftlichen Verwaltung unterliegenden Nachlaßgegenstandes nothwendig sind.[108]

2225. Das Amt des Testamentsvollstreckers erlischt, wenn er stirbt oder wenn ein Fall eintritt, in welchem die Ernennung nach § 2201 unwirksam sein würde.

2226. Der Testamentsvollstrecker kann das Amt jederzeit kündigen. Die Kündigung erfolgt durch Erklärung gegenüber dem Nachlaßgerichte.[109] Die Vorschriften des § 671 Abs. 2, 3 finden entsprechende Anwendung.

2227. Das Nachlaßgericht[109] kann den Testamentsvollstrecker auf Antrag eines der Betheiligten entlassen, wenn ein wichtiger Grund vorliegt; ein solcher Grund ist insbesondere grobe Pflichtverletzung oder Unfähigkeit zur ordnungsmäßigen Geschäftsführung.[110]

Der Testamentsvollstrecker soll vor der Entlassung wenn thunlich gehört werden.

2228. Das Nachlaßgericht[111] hat die Einsicht der nach § 2198 Abs. 1 Satz 2, § 2199 Abs. 3, § 2202 Abs. 2, § 2226 Satz 2 abgegebenen Erklärungen Jedem zu gestatten, der ein rechtliches Interesse glaubhaft macht.

Siebenter Titel.
Errichtung und Aufhebung eines Testaments.[112]

2229. Wer in der Geschäftsfähigkeit beschränkt ist, bedarf zur Errichtung eines Testaments nicht der Zustimmung seines gesetzlichen Vertreters.

Ein Minderjähriger kann ein Testament erst errichten, wenn er das sechzehnte Lebensjahr vollendet hat.[113]

Wer wegen Geistesschwäche, Verschwendung oder Trunksucht entmündigt ist, kann ein Testament nicht errichten. Die Unfähigkeit tritt schon mit der Stellung des Antrags ein, auf Grund dessen die Entmündigung erfolgt.

2230. Hat ein Entmündigter ein Testament errichtet, bevor der die Entmündigung aussprechende Beschluß unanfechtbar geworden ist,[114] so steht die Entmündigung der Gültigkeit des Testaments nicht entgegen, wenn der Entmündigte noch vor dem Eintritte der Unanfechtbarkeit stirbt.

Das Gleiche gilt, wenn der Entmündigte nach der Stellung des Antrags auf Wiederaufhebung der Entmündigung ein Testament errichtet und die Entmündigung dem Antrage gemäß wiederaufgehoben wird.[115]

---

107. Im Falle des Konkurses: Masseschulden nach § 224⁶ KO.

108. Vgl. § 82 FrG.

109. § 72 FrG.

110. Vgl. §§ 78, 81 Abs. 2, 85 FrG.

111. § 72 FrG. — Vgl. §§ 34, 85 FrG.

112. Uebergangsvorschrift: Artt. 214, 215 EG. — Vgl. auch Art. 24 Abs. 3 EG.

113. Vgl. Art. 215 Abs. 1 EG.

114. Vgl. §§ 664, 684 CPO.

115. Vgl. Art. 215 Abs. 2 EG.

2231. Ein Testament kann in ordentlicher Form errichtet werden:

1. vor einem Richter oder vor einem Notar;[116]
2. durch eine von dem Erblasser unter Angabe des Ortes und Tages eigenhändig geschriebene und unterschriebene Erklärung.[117]

2232. Für die Errichtung eines Testaments vor einem Richter oder vor einem Notar gelten die Vorschriften der §§ 2233 bis 2246.[118]

2233. Zur Errichtung des Testaments muß der Richter einen Gerichtsschreiber oder zwei Zeugen, der Notar einen zweiten Notar oder zwei Zeugen zuziehen.[119]

2234. Als Richter, Notar, Gerichtsschreiber oder Zeuge kann bei der Errichtung des Testaments nicht mitwirken:

1. der Ehegatte des Erblassers, auch wenn die Ehe nicht mehr besteht;
2. wer mit dem Erblasser in gerader Linie oder im zweiten Grade der Seitenlinie verwandt oder verschwägert ist.[120]

2235. Als Richter, Notar, Gerichtsschreiber oder Zeuge kann bei der Errichtung des Testaments nicht mitwirken, wer in dem Testamente bedacht wird oder wer zu einem Bedachten in einem Verhältnisse der im § 2234 bezeichneten Art steht.

Die Mitwirkung einer hiernach ausgeschlossenen Person hat nur zur Folge, daß die Zuwendung an den Bedachten nichtig ist.[121]

2236. Als Gerichtsschreiber oder zweiter Notar oder Zeuge kann bei der Errichtung des Testaments nicht mitwirken, wer zu dem Richter oder dem beurkundenden Notar in einem Verhältnisse der im § 2234 bezeichneten Art steht.[122]

2237.[123] Als Zeuge soll bei der Errichtung des Testaments nicht mitwirken:

1. ein Minderjähriger;
2. wer der bürgerlichen Ehrenrechte für verlustig erklärt ist, während der Zeit, für welche die Aberkennung der Ehrenrechte erfolgt ist;
3. wer nach den Vorschriften der Strafgesetze unfähig ist, als Zeuge eidlich vernommen zu werden;[124]
4. wer als Gesinde oder Gehülfe im Dienste des Richters oder des beurkundenden Notars steht.

2238. Die Errichtung des Testaments erfolgt in der Weise, daß der Erblasser dem Richter oder dem Notar seinen letzten Willen mündlich erklärt oder eine Schrift mit der mündlichen Erklärung übergiebt, daß die Schrift seinen letzten Willen enthalte. Die Schrift kann offen oder verschlossen übergeben werden. Sie kann von dem Erblasser oder von einer anderen Person geschrieben sein.

Wer minderjährig ist oder Geschriebenes nicht zu lesen vermag, kann das Testament nur durch mündliche Erklärung errichten.

2239. Die bei der Errichtung des Testaments mitwirkenden Personen müssen während der ganzen Verhandlung zugegen sein.

2240. Ueber die Errichtung des Testaments muß ein Protokoll in deutscher Sprache aufgenommen werden.[125]

2241. Das Protokoll muß enthalten:

1. Ort und Tag der Verhandlung;
2. die Bezeichnung des Erblassers und der bei der Verhandlung mitwirkenden Personen;
3. die nach § 2238 erforderlichen Erklärungen des Erblassers und im Falle der Uebergabe einer Schrift die Feststellung der Uebergabe.[126]

2242. Das Protokoll muß vorgelesen, von dem Erblasser genehmigt und von ihm eigenhändig unterschrieben werden. Im Protokolle muß festgestellt werden, daß dies geschehen ist. Das Protokoll soll dem Erblasser auf Verlangen auch zur Durchsicht vorgelegt werden.

Erklärt der Erblasser, daß er nicht schreiben könne, so wird seine Unterschrift durch die Feststellung dieser Erklärung im Protokoll ersetzt.

Das Protokoll muß von den mitwirkenden Personen unterschrieben werden.[127]

2243. Wer nach der Ueberzeugung des Richters oder des Notars stumm oder sonst am Sprechen verhindert ist, kann das Testament nur durch Uebergabe einer Schrift errichten. Er muß die Erklärung, daß die Schrift seinen letzten Willen enthalte, bei der Verhandlung eigenhändig in das Protokoll oder auf ein besonderes Blatt schreiben, das dem Protokoll als Anlage beigefügt werden muß.

Das eigenhändige Niederschreiben der Erklärung sowie die Ueberzeugung des Richters oder des Notars, daß der Erblasser am Sprechen verhindert ist, muß im Protokolle festgestellt werden. Das Protokoll braucht von dem Erblasser nicht besonders genehmigt zu werden.

2244. Erklärt der Erblasser, daß er der deutschen Sprache nicht mächtig sei, so muß bei der Errichtung des Testaments ein vereidigter Dolmetscher zugezogen werden. Auf den Dolmetscher finden die nach den §§ 2234 bis 2237 für einen Zeugen geltenden Vorschriften entsprechende Anwendung.

Das Protokoll muß in die Sprache, in der sich

116. In Elf.-Lothr. sind nur die Notare für Errichtung von Testamenten zuständig (Art. 141 EG; § 44 AG z. FrG). Vgl. auch § 16 RG betreffd. die Organisation der Bundeskonsulate vom 8. Nov. 1867 (Art. 38 EG); § 44 RMilG v. 2. Mai 1874 (Art. 44 EG).

117. Vgl. § 28 Abs. 3 AG z. FrG.

118. Vgl. Art. 151 EG.

119. Vgl. Artt. 149, 151 EG.

120. Vgl. Artt. 149, Abs. 2, 151 EG (§ 170 2, 3 FrG).

121. Vgl. § 171 FrG.

122. Vgl. § 172 FrG.

123. Vgl. § 173 FrG.

124. Vgl. § 161 StGB.

125. Vgl. § 175 FrG.

126. Vgl. § 176 FrG.

127. Vgl. § 177 FrG.

der Erblasser erklärt, übersetzt werden. Die Uebersetzung muß von dem Dolmetscher angefertigt oder beglaubigt und vorgelesen werden; die Uebersetzung muß dem Protokoll als Anlage beigefügt werden.

Das Protokoll muß die Erklärung des Erblassers, daß er der deutschen Sprache nicht mächtig sei, sowie den Namen des Dolmetschers und die Feststellung enthalten, daß der Dolmetscher die Uebersetzung angefertigt oder beglaubigt und sie vorgelesen hat. Der Dolmetscher muß das Protokoll unterschreiben.

2245. Sind sämmtliche mitwirkende Personen ihrer Versicherung nach der Sprache, in der sich der Erblasser erklärt, mächtig, so ist die Zuziehung eines Dolmetschers nicht erforderlich.

Unterbleibt die Zuziehung eines Dolmetschers, so muß das Protokoll in der fremden Sprache aufgenommen werden und die Erklärung des Erblassers, daß er der deutschen Sprache nicht mächtig sei, sowie die Versicherung der mitwirkenden Personen, daß sie der fremden Sprache mächtig seien, enthalten. Eine deutsche Uebersetzung soll als Anlage beigefügt werden.

2246. Das über die Errichtung des Testaments aufgenommene Protokoll soll nebst Anlagen, insbesondere im Falle der Errichtung durch Uebergabe einer Schrift nebst dieser Schrift, von dem Richter oder dem Notar in Gegenwart der übrigen mitwirkenden Personen und des Erblassers mit dem Amtssiegel verschlossen, mit einer das Testament näher bezeichnenden Aufschrift, die von dem Richter oder dem Notar zu unterschreiben ist, versehen und in besondere amtliche Verwahrung gebracht werden.[128]

Dem Erblasser soll über das in amtliche Verwahrung genommene Testament ein Hinterlegungsschein ertheilt werden.

2247. Wer minderjährig ist oder Geschriebenes nicht zu lesen vermag, kann ein Testament nicht nach § 2231 Nr. 2 errichten.

2248. Ein nach § 2231 Nr. 2 errichtetes Testament ist auf Verlangen des Erblassers in amtliche Verwahrung zu nehmen. Die Vorschrift des § 2246 Abs. 2 findet Anwendung.[129]

2249. Ist zu besorgen, daß der Erblasser früher sterben werde, als die Errichtung eines Testaments vor einem Richter oder vor einem Notar möglich ist, so kann er das Testament vor dem Vorsteher der Gemeinde, in der er sich aufhält, oder, falls er sich in dem Bereich eines durch Landesgesetz einer Gemeinde gleichgestellten Verbandes oder Gutsbezirkes aufhält, vor dem Vorsteher dieses Verbandes oder Bezirkes errichten. Der Vorsteher muß zwei Zeugen zuziehen. Die Vorschriften der §§ 2234 bis 2246 finden Anwendung; der Vorsteher tritt an die Stelle des Richters oder des Notars.

Die Besorgniß, daß die Errichtung eines Testaments vor einem Richter oder vor einem Notar nicht mehr möglich sein werde, muß im Protokolle festgestellt werden. Der Gültigkeit des Testaments steht nicht entgegen, daß die Besorgniß nicht begründet war.[130]

2250. Wer sich an einem Orte aufhält, der in Folge des Ausbruchs einer Krankheit oder in Folge sonstiger außerordentlicher Umstände dergestalt abgesperrt ist, daß die Errichtung eines Testaments vor einem Richter oder vor einem Notar nicht möglich oder erheblich erschwert ist, kann das Testament in der durch den § 2249 Abs. 1 bestimmten Form oder durch mündliche Erklärung vor drei Zeugen errichten.[110]

Wird die mündliche Erklärung vor drei Zeugen gewählt, so muß über die Errichtung des Testaments ein Protokoll aufgenommen werden. Auf die Zeugen finden die Vorschriften der §§ 2234, 2235 und des § 2237 Nr. 1 bis 3, auf das Protokoll finden die Vorschriften der §§ 2240 bis 2242, 2245 Anwendung. Unter Zuziehung eines Dolmetschers kann ein Testament in dieser Form nicht errichtet werden.

2251. Wer sich während einer Seereise an Bord eines deutschen,[131] nicht zur Kaiserlichen Marine gehörenden Fahrzeugs außerhalb eines inländischen Hafens befindet, kann ein Testament durch mündliche Erklärung vor drei Zeugen nach § 2250 errichten.[132]

2252. Ein nach § 2249, § 2250 oder § 2251 errichtetes Testament gilt als nicht errichtet, wenn seit der Errichtung drei Monate verstrichen sind und der Erblasser noch lebt.

Beginn und Lauf der Frist sind gehemmt, solange der Erblasser außer Stande ist, ein Testament vor einem Richter oder vor einem Notar zu errichten.

Tritt im Falle des § 2251 der Erblasser vor dem Ablaufe der Frist eine neue Seereise an, so wird die Frist dergestalt unterbrochen, daß nach der Beendigung der neuen Reise die volle Frist von neuem zu laufen beginnt.

Wird der Erblasser nach dem Ablaufe der Frist für todt erklärt, so behält das Testament seine Kraft, wenn die Frist zu der Zeit, zu welcher der Erblasser den vorhandenen Nachrichten zufolge noch gelebt hat, noch nicht verstrichen war.

2253. Ein Testament sowie eine einzelne in

---

128. Nach § 200 FrG und § 26 Abs. 1 AG z. FrG ist das Testament in besondere amtliche Verwahrung des Notars zu nehmen.

129. Vgl. § 28 Abs. 3 AG z. FrG (§ 200 FrG).

130. Vgl. § 28 Abs. 2 AG z. FrG (§ 200 FrG); auch Art. 150 EG.

131. Vgl. Art. 11 EG. Es gilt also die Bestimmung des § 2251 nicht auch für diejenigen, die sich an Bord eines fremdländischen Schiffes befinden.

132. Vgl. Art. 44 EG.

einem Testament enthaltene Verfügung kann von dem Erblasser jederzeit widerrufen werden.

Die Entmündigung des Erblassers wegen Geistesschwäche, Verschwendung oder Trunksucht steht dem Widerruf eines vor der Entmündigung errichteten Testaments nicht entgegen.

2254. Der Widerruf erfolgt durch Testament.[133]

2255. Ein Testament kann auch dadurch widerrufen werden, daß der Erblasser in der Absicht, es aufzuheben, die Testamentsurkunde vernichtet oder an ihr Veränderungen vornimmt, durch die der Wille, eine schriftliche Willenserklärung aufzuheben, ausgedrückt zu werden pflegt.

Hat der Erblasser die Testamentsurkunde vernichtet oder in der bezeichneten Weise verändert, so wird vermuthet, daß er die Aufhebung des Testaments beabsichtigt habe.

2256. Ein vor einem Richter oder vor einem Notar oder nach § 2249 errichtetes Testament gilt als widerrufen, wenn die in amtliche Verwahrung genommene Urkunde dem Erblasser zurückgegeben wird.

Der Erblasser kann die Rückgabe jederzeit verlangen. Die Rückgabe darf nur an den Erblasser persönlich erfolgen.

Die Vorschriften des Abs. 2 gelten auch für ein nach § 2248 hinterlegtes Testament; die Rückgabe ist auf die Wirksamkeit des Testaments ohne Einfluß.

2257. Wird der durch Testament erfolgte Widerruf einer letztwilligen Verfügung widerrufen, so ist die Verfügung wirksam, wie wenn sie nicht widerrufen worden wäre.

2258. Durch die Errichtung eines Testaments wird ein früheres Testament insoweit aufgehoben, als das spätere Testament mit dem früheren in Widerspruch steht.

Wird das spätere Testament widerrufen, so ist das frühere Testament in gleicher Weise wirksam, wie wenn es nicht aufgehoben worden wäre.

2259. Wer ein Testament, das nicht in amtliche Verwahrung gebracht ist, im Besitze hat, ist verpflichtet, es unverzüglich, nachdem er von dem Tode des Erblassers Kenntniß erlangt hat, an das Nachlaßgericht[134] abzuliefern.[135]

Befindet sich ein Testament bei einer anderen Behörde als einem Gericht oder befindet es sich bei einem Notar in amtlicher Verwahrung, so ist es nach dem Tode des Erblassers an das Nachlaßgericht abzuliefern. Das Nachlaßgericht[134] hat, wenn es von dem Testamente Kenntniß erlangt, die Ablieferung zu veranlassen.

2260. Das Nachlaßgericht[134] hat, sobald es von dem Tode des Erblassers Kenntniß erlangt, zur Eröffnung eines in seiner Verwahrung befindlichen Testaments einen Termin zu bestimmen. Zu dem Termine sollen die gesetzlichen Erben des Erblassers und die sonstigen Betheiligten soweit thunlich geladen werden.

In dem Termin ist das Testament zu öffnen, den Betheiligten zu verkünden und ihnen auf Verlangen vorzulegen. Die Verkündung darf im Falle der Vorlegung unterbleiben.

Ueber die Eröffnung ist ein Protokoll aufzunehmen. War das Testament verschlossen, so ist in dem Protokolle festzustellen, ob der Verschluß unversehrt war.[136]

2261. Hat ein anderes Gericht als das Nachlaßgericht das Testament in amtlicher Verwahrung, so liegt dem anderen Gerichte die Eröffnung des Testaments ob. Das Testament ist nebst einer beglaubigten Abschrift des über die Eröffnung aufgenommenen Protokolls dem Nachlaßgerichte zu übersenden; eine beglaubigte Abschrift des Testaments ist zurückzubehalten.

2262. Das Nachlaßgericht hat die Betheiligten, welche bei der Eröffnung des Testaments nicht zugegen gewesen sind, von dem sie betreffenden Inhalte des Testaments in Kenntniß zu setzen.

2263. Eine Anordnung des Erblassers, durch die er verbietet, das Testament alsbald nach seinem Tode zu eröffnen, ist nichtig.

2264. Wer ein rechtliches Interesse glaubhaft macht, ist berechtigt, von einem eröffneten Testament Einsicht zu nehmen sowie eine Abschrift des Testaments oder einzelner Theile zu fordern; die Abschrift ist auf Verlangen zu beglaubigen.

Achter Titel. Gemeinschaftliches Testament.

2265. Ein gemeinschaftliches Testament kann nur von Ehegatten errichtet werden.

2266. Ein gemeinschaftliches Testament kann nach § 2249 auch dann errichtet werden, wenn die Voraussetzung des § 2249 nur auf Seiten eines der Ehegatten vorliegt.

2267. Zur Errichtung eines gemeinschaftlichen Testaments nach § 2231 Nr. 2 genügt es, wenn einer der Ehegatten das Testament in der dort vorgeschriebenen Form errichtet und der andere Ehegatte die Erklärung beifügt, daß das Testament auch als sein Testament gelten solle. Die Erklärung muß unter Angabe des Ortes und Tages eigenhändig geschrieben und unterschrieben werden.

2268. Ein gemeinschaftliches Testament ist in den Fällen des § 2077 seinem ganzen Inhalte nach unwirksam.

Wird die Ehe vor dem Tode eines der Ehegatten aufgelöst oder liegen die Voraussetzungen des § 2077 Abs. 1 Satz 2 vor, so bleiben die Ver-

133. Die gleiche Form ist nicht erforderlich.

134. § 72 FrG.

135. Vgl. § 83 FrG; Artt. 24 ff. der allgem. Verfügung v. 6. Dez. 1899.

136. Die Kosten der Eröffnung sind im Nachlaßkonkurs Masseschulden nach § 224⁴ KO.

fügungen insoweit wirksam, als anzunehmen ist, daß sie auch für diesen Fall getroffen sein würden.

2269. Haben die Ehegatten in einem gemeinschaftlichen Testamente, durch das sie sich gegenseitig als Erben einsetzen, bestimmt, daß nach dem Tode des Ueberlebenden der beiderseitige Nachlaß an einen Dritten fallen soll, so ist im Zweifel anzunehmen, daß der Dritte für den gesammten Nachlaß als Erbe des zuletzt versterbenden Ehegatten eingesetzt ist.

Haben die Ehegatten in einem solchen Testament ein Vermächtniß angeordnet, das nach dem Tode des Ueberlebenden erfüllt werden soll, so ist im Zweifel anzunehmen, daß das Vermächtniß dem Bedachten erst mit dem Tode des Ueberlebenden anfallen soll.

2270. Haben die Ehegatten in einem gemeinschaftlichen Testamente Verfügungen getroffen, von denen anzunehmen ist, daß die Verfügung des einen nicht ohne die Verfügung des anderen getroffen sein würde, so hat die Nichtigkeit oder der Widerruf der einen Verfügung die Unwirksamkeit der anderen zur Folge.

Ein solches Verhältniß der Verfügungen zu einander ist im Zweifel anzunehmen, wenn sich die Ehegatten gegenseitig bedenken oder wenn dem einen Ehegatten von dem anderen eine Zuwendung gemacht und für den Fall des Ueberlebens des Bedachten eine Verfügung zu Gunsten einer Person getroffen wird, die mit dem anderen Ehegatten verwandt ist oder ihm sonst nahe steht.

Auf andere Verfügungen als Erbeinsetzungen, Vermächtnisse oder Auflagen findet die Vorschrift des Abs. 1 keine Anwendung.

2271. Der Widerruf einer Verfügung, die mit einer Verfügung des anderen Ehegatten in dem im § 2270 bezeichneten Verhältnisse steht, erfolgt bei Lebzeiten der Ehegatten nach den für den Rücktritt von einem Erbvertrage geltenden Vorschriften des § 2296. Durch eine neue Verfügung von Todeswegen kann ein Ehegatte bei Lebzeiten des anderen seine Verfügung nicht einseitig aufheben.

Das Recht zum Widerruf erlischt mit dem Tode des anderen Ehegatten; der Ueberlebende kann jedoch seine Verfügung aufheben, wenn er das ihm Zugewendete ausschlägt. Auch nach der Annahme der Zuwendung ist der Ueberlebende zur Aufhebung nach Maßgabe des § 2294 und des § 2336 berechtigt.

Ist ein pflichttheilsberechtigter Abkömmling der Ehegatten oder eines der Ehegatten bedacht, so findet die Vorschrift des § 2289 Abs. 2 entsprechende Anwendung.[137]

2272. Ein gemeinschaftliches Testament kann nach § 2256 nur von beiden Ehegatten zurückgenommen werden.

137. Vgl. Art. 214 Abs. 2 EG.

2273. Bei der Eröffnung eines gemeinschaftlichen Testaments sind die Verfügungen des überlebenden Ehegatten, soweit sie sich sondern lassen, weder zu verkünden noch sonst zur Kenntniß der Betheiligten zu bringen. Von den Verfügungen des verstorbenen Ehegatten ist eine beglaubigte Abschrift anzufertigen. Das Testament ist wieder zu verschließen und in die besondere amtliche Verwahrung zurückzubringen.[137a]

Vierter Abschnitt. Erbvertrag.[138]

2274. Der Erblasser kann einen Erbvertrag nur persönlich schließen.

2275. Einen Erbvertrag kann als Erblasser nur schließen, wer unbeschränkt geschäftsfähig ist.

Ein Ehegatte kann als Erblasser mit seinem Ehegatten einen Erbvertrag schließen, auch wenn er in der Geschäftsfähigkeit beschränkt ist. Er bedarf in diesem Falle der Zustimmung seines gesetzlichen Vertreters; ist der gesetzliche Vertreter ein Vormund, so ist auch die Genehmigung des Vormundschaftsgerichts erforderlich.

Die Vorschriften des Abs. 2 gelten auch für Verlobte.

2276. Ein Erbvertrag kann nur vor einem Richter oder vor einem Notar bei gleichzeitiger Anwesenheit beider Theile geschlossen werden. Die Vorschriften der §§ 2233 bis 2245 finden Anwendung; was nach diesen Vorschriften für den Erblasser gilt, gilt für jeden der Vertragschließenden.

Für einen Erbvertrag zwischen Ehegatten oder zwischen Verlobten, der mit einem Ehevertrag in derselben Urkunde verbunden wird, genügt die für den Ehevertrag vorgeschriebene Form.[139]

2277. Die über einen Erbvertrag aufgenommene Urkunde soll nach Maßgabe des § 2246 verschlossen, mit einer Aufschrift versehen und in besondere amtliche Verwahrung gebracht werden, sofern nicht die Parteien das Gegentheil verlangen. Das Gegentheil gilt im Zweifel als verlangt, wenn der Erbvertrag mit einem anderen Vertrag in derselben Urkunde verbunden wird.[140]

Ueber einen in besondere amtliche Verwahrung genommenen Erbvertrag soll jedem der Vertragschließenden ein Hinterlegungsschein ertheilt werden.

2278. In einem Erbvertrage kann jeder der Vertragschließenden vertragsmäßige Verfügungen von Todeswegen treffen.

Andere Verfügungen als Erbeinsetzungen, Vermächtnisse und Auflagen können vertragsmäßig nicht getroffen werden.

2279. Auf vertragsmäßige Zuwendungen und Auflagen finden die für letztwillige Zuwendungen

137a. Vgl. Artt. 22 ff. der allgem. Verfügung v. 6. Dez. 1899.

138. Uebergangsvorschrift: Artt. 214 Abs. 2, 215 EG. Vgl. auch Art. 24 Abs. 3 EG.

139. Nur der Notar ist zuständig: Art. 141 EG; § 44 AG z. FrG. — Vgl. auch Artt. 38, 151 EG.

140. Vgl. § 28 Abs. 1 AG z. FrG.

und Auflagen geltenden Vorschriften entsprechende Anwendung.

Die Vorschriften des § 2077 gelten für einen Erbvertrag zwischen Ehegatten oder Verlobten auch insoweit, als ein Dritter bedacht ist.

2280. Haben Ehegatten in einem Erbvertrage, durch den sie sich gegenseitig als Erben einsetzen, bestimmt, daß nach dem Tode des Ueberlebenden der beiderseitige Nachlaß an einen Dritten fallen soll, oder ein Vermächtniß angeordnet, das nach dem Tode des Ueberlebenden zu erfüllen ist, so finden die Vorschriften des § 2269 entsprechende Anwendung.

2281. Der Erbvertrag kann auf Grund der §§ 2078, 2079 auch von dem Erblasser angefochten werden; zur Anfechtung auf Grund des § 2079 ist erforderlich, daß der Pflichttheilsberechtigte zur Zeit der Anfechtung vorhanden ist.

Soll nach dem Tode des anderen Vertragschließenden eine zu Gunsten eines Dritten getroffene Verfügung von dem Erblasser angefochten werden, so ist die Anfechtung dem Nachlaßgerichte[141] gegenüber zu erklären. Das Nachlaßgericht soll die Erklärung dem Dritten mittheilen.

2282. Die Anfechtung kann nicht durch einen Vertreter des Erblassers erfolgen. Ist der Erblasser in der Geschäftsfähigkeit beschränkt, so bedarf er zur Anfechtung nicht der Zustimmung seines gesetzlichen Vertreters.

Für einen geschäftsunfähigen Erblasser kann sein gesetzlicher Vertreter mit Genehmigung des Vormundschaftsgerichts den Erbvertrag anfechten.

Die Anfechtungserklärung bedarf der gerichtlichen oder notariellen Beurkundung.[142]

2283. Die Anfechtung durch den Erblasser kann nur binnen Jahresfrist erfolgen.

Die Frist beginnt im Falle der Anfechtbarkeit wegen Drohung mit dem Zeitpunkt, in welchem die Zwangslage aufhört, in den übrigen Fällen mit dem Zeitpunkt, in welchem der Erblasser von dem Anfechtungsgrunde Kenntniß erlangt. Auf den Lauf der Frist finden die für die Verjährung geltenden Vorschriften der §§ 203, 206 entsprechende Anwendung.

Hat im Falle des § 2282 Abs. 2 der gesetzliche Vertreter den Erbvertrag nicht rechtzeitig angefochten, so kann nach dem Wegfalle der Geschäftsunfähigkeit der Erblasser selbst den Erbvertrag in gleicher Weise anfechten, wie wenn er ohne gesetzlichen Vertreter gewesen wäre.

2284. Die Bestätigung eines anfechtbaren Erbvertrags kann nur durch den Erblasser persönlich erfolgen. Ist der Erblasser in der Geschäftsfähigkeit beschränkt, so ist die Bestätigung ausgeschlossen.

2285. Die im § 2080 bezeichneten Personen können den Erbvertrag auf Grund der §§ 2078, 2079 nicht mehr anfechten, wenn das Anfechtungsrecht des Erblassers zur Zeit des Erbfalls erloschen ist.

2286. Durch den Erbvertrag wird das Recht des Erblassers, über sein Vermögen durch Rechtsgeschäft unter Lebenden zu verfügen, nicht beschränkt.

2287. Hat der Erblasser in der Absicht, den Vertragserben zu beeinträchtigen, eine Schenkung gemacht, so kann der Vertragserbe, nachdem ihm die Erbschaft angefallen ist, von dem Beschenkten die Herausgabe des Geschenkes nach den Vorschriften über die Herausgabe einer ungerechtfertigten Bereicherung fordern.

Der Anspruch verjährt in drei Jahren von dem Anfalle der Erbschaft an.

2288. Hat der Erblasser den Gegenstand eines vertragsmäßig angeordneten Vermächtnisses in der Absicht, den Bedachten zu beeinträchtigen, zerstört, bei Seite geschafft oder beschädigt, so tritt, soweit der Erbe dadurch außer Stand gesetzt ist, die Leistung zu bewirken, an die Stelle des Gegenstandes der Werth.

Hat der Erblasser den Gegenstand in der Absicht, den Bedachten zu beeinträchtigen, veräußert oder belastet, so ist der Erbe verpflichtet, dem Bedachten den Gegenstand zu verschaffen oder die Belastung zu beseitigen; auf diese Verpflichtung finden die Vorschriften des § 2170 Abs. 2 entsprechende Anwendung. Ist die Veräußerung oder die Belastung schenkweise erfolgt, so steht dem Bedachten, soweit er Ersatz nicht von dem Erben erlangen kann, der im § 2287 bestimmte Anspruch gegen den Beschenkten zu.

2289. Durch den Erbvertrag wird eine frühere letztwillige Verfügung des Erblassers aufgehoben, soweit sie das Recht des vertragsmäßig Bedachten beeinträchtigen würde. In dem gleichen Umfang ist eine spätere Verfügung von Todeswegen unwirksam, unbeschadet der Vorschrift des § 2297.

Ist der Bedachte ein pflichttheilsberechtigter Abkömmling des Erblassers, so kann der Erblasser durch eine spätere letztwillige Verfügung die nach § 2338 zulässigen Anordnungen treffen.

2290. Ein Erbvertrag sowie eine einzelne vertragsmäßige Verfügung kann durch Vertrag von den Personen aufgehoben werden, die den Erbvertrag geschlossen haben. Nach dem Tode einer dieser Personen kann die Aufhebung nicht mehr erfolgen.

Der Erblasser kann den Vertrag nur persönlich schließen. Ist er in der Geschäftsfähigkeit beschränkt, so bedarf er nicht der Zustimmung seines gesetzlichen Vertreters.

Steht der andere Theil unter Vormundschaft, so ist die Genehmigung des Vormundschaftsgerichts erforderlich. Das Gleiche gilt, wenn er unter elterlicher Gewalt steht, es sei denn, daß der Vertrag unter Ehegatten oder unter Verlobten geschlossen wird.

141. § 72 FrG.

142. Vgl. § 44 AG z. FrG (Art. 141 EG).

Der Vertrag bedarf der im § 2276 für den Erbvertrag vorgeschriebenen Form.

2291. Eine vertragsmäßige Verfügung, durch die ein Vermächtniß oder eine Auflage angeordnet ist, kann von dem Erblasser durch Testament aufgehoben werden. Zur Wirksamkeit der Aufhebung ist die Zustimmung des anderen Vertragschließenden erforderlich; die Vorschriften des § 2290 Abs. 3 finden Anwendung.

Die Zustimmungserklärung bedarf der gerichtlichen oder notariellen Beurkundung;[142] die Zustimmung ist unwiderruflich.

2292. Ein zwischen Ehegatten geschlossener Erbvertrag kann auch durch ein gemeinschaftliches Testament der Ehegatten aufgehoben werden; die Vorschriften des § 2290 Abs. 3 finden Anwendung.

2293. Der Erblasser kann von dem Erbvertrage zurücktreten, wenn er sich den Rücktritt im Vertrage vorbehalten hat.

2294. Der Erblasser kann von einer vertragsmäßigen Verfügung zurücktreten, wenn sich der Bedachte einer Verfehlung schuldig macht, die den Erblasser zur Entziehung des Pflichttheils berechtigt oder, falls der Bedachte nicht zu den Pflichttheilsberechtigten gehört, zu der Entziehung berechtigen würde, wenn der Bedachte ein Abkömmling des Erblassers wäre.

2295. Der Erblasser kann von einer vertragsmäßigen Verfügung zurücktreten, wenn die Verfügung mit Rücksicht auf eine rechtsgeschäftliche Verpflichtung des Bedachten, dem Erblasser für dessen Lebenszeit wiederkehrende Leistungen zu entrichten, insbesondere Unterhalt zu gewähren, getroffen ist und die Verpflichtung vor dem Tode des Erblassers aufgehoben wird.

2296. Der Rücktritt kann nicht durch einen Vertreter erfolgen. Ist der Erblasser in der Geschäftsfähigkeit beschränkt, so bedarf er nicht der Zustimmung seines gesetzlichen Vertreters.

Der Rücktritt erfolgt durch Erklärung gegenüber dem anderen Vertragschließenden. Die Erklärung bedarf der gerichtlichen oder notariellen Beurkundung.[142]

2297. Soweit der Erblasser zum Rücktritte berechtigt ist, kann er nach dem Tode des anderen Vertragschließenden die vertragsmäßige Verfügung durch Testament aufheben. In den Fällen des § 2294 finden die Vorschriften des § 2336 Abs. 2 bis 4 entsprechende Anwendung.

2298. Sind in einem Erbvertrage von beiden Theilen vertragsmäßige Verfügungen getroffen, so hat die Nichtigkeit einer dieser Verfügungen die Unwirksamkeit des ganzen Vertrags zur Folge.

Ist in einem solchen Vertrage der Rücktritt vorbehalten, so wird durch den Rücktritt eines der Vertragschließenden der ganze Vertrag aufgehoben. Das Rücktrittsrecht erlischt mit dem Tode des anderen Vertragschließenden. Der Ueberlebende kann jedoch, wenn er das ihm durch den Vertrag Zugewendete ausschlägt, seine Verfügung durch Testament aufheben.

Die Vorschriften des Abs. 1 und des Abs. 2 Satz 1, 2 finden keine Anwendung, wenn ein anderer Wille der Vertragschließenden anzunehmen ist.

2299. Jeder der Vertragschließenden kann in dem Erbvertrag einseitig jede Verfügung treffen, die durch Testament getroffen werden kann.

Für eine Verfügung dieser Art gilt das Gleiche, wie wenn sie durch Testament getroffen worden wäre. Die Verfügung kann auch in einem Vertrag aufgehoben werden, durch den eine vertragsmäßige Verfügung aufgehoben wird.

Wird der Erbvertrag durch Ausübung des Rücktrittsrechts oder durch Vertrag aufgehoben, so tritt die Verfügung außer Kraft, sofern nicht ein anderer Wille des Erblassers anzunehmen ist.

2300. Die für die Eröffnung eines Testaments geltenden Vorschriften der §§ 2259 bis 2263, 2273 finden auf den Erbvertrag entsprechende Anwendung, die Vorschriften des § 2273 Satz 2, 3 jedoch nur dann, wenn sich der Erbvertrag in besonderer amtlicher Verwahrung befindet.[142a]

2301. Auf ein Schenkungsversprechen, welches unter der Bedingung ertheilt wird, daß der Beschenkte den Schenker überlebt, finden die Vorschriften über Verfügungen von Todeswegen Anwendung. Das Gleiche gilt für ein schenkweise unter dieser Bedingung ertheiltes Schuldversprechen oder Schuldanerkenntniß der in den §§ 780, 781 bezeichneten Art.

Vollzieht der Schenker die Schenkung durch Leistung des zugewendeten Gegenstandes, so finden die Vorschriften über Schenkungen unter Lebenden Anwendung.

2302. Ein Vertrag, durch den sich Jemand verpflichtet, eine Verfügung von Todeswegen zu errichten oder nicht zu errichten, aufzuheben oder nicht aufzuheben, ist nichtig.

Fünfter Abschnitt. Pflichttheil.

2303. Ist ein Abkömmling des Erblassers durch Verfügung von Todeswegen von der Erbfolge ausgeschlossen, so kann er von dem Erben den Pflichttheil verlangen. Der Pflichttheil besteht in der Hälfte des Werthes des gesetzlichen Erbtheils.

Das gleiche Recht steht den Eltern und dem Ehegatten des Erblassers zu, wenn sie durch Verfügung von Todeswegen von der Erbfolge ausgeschlossen sind.

2304. Die Zuwendung des Pflichttheils ist im Zweifel nicht als Erbeinsetzung anzusehen.

2305. Ist einem Pflichttheilsberechtigten ein Erbtheil hinterlassen, der geringer ist als die

142a. Vgl. Artt. 22 ff. der allgemeinen Verfügung vom 6. Dez. 1899.

Hälfte des gesetzlichen Erbtheils, so kann der Pflichttheilsberechtigte von den Miterben als Pflichttheil den Werth des an der Hälfte fehlenden Theiles verlangen.

2306. Ist ein als Erbe berufener Pflichttheilsberechtigter durch die Einsetzung eines Nacherben, die Ernennung eines Testamentsvollstreckers oder eine Theilungsanordnung beschränkt oder ist er mit einem Vermächtniß oder einer Auflage beschwert, so gilt die Beschränkung oder die Beschwerung als nicht angeordnet, wenn der ihm hinterlassene Erbtheil die Hälfte des gesetzlichen Erbtheils nicht übersteigt. Ist der hinterlassene Erbtheil größer, so kann der Pflichttheilsberechtigte den Pflichttheil verlangen, wenn er den Erbtheil ausschlägt; die Ausschlagungsfrist beginnt erst, wenn der Pflichttheilsberechtigte von der Beschränkung oder der Beschwerung Kenntniß erlangt.

Einer Beschränkung der Erbeinsetzung steht es gleich, wenn der Pflichttheilsberechtigte als Nacherbe eingesetzt ist.

2307. Ist ein Pflichttheilsberechtigter mit einem Vermächtnisse bedacht, so kann er den Pflichttheil verlangen, wenn er das Vermächtniß ausschlägt. Schlägt er nicht aus, so steht ihm ein Recht auf den Pflichttheil nicht zu, soweit der Werth des Vermächtnisses reicht; bei der Berechnung des Werthes bleiben Beschränkungen und Beschwerungen der im § 2306 bezeichneten Art außer Betracht.[143]

Der mit dem Vermächtnisse beschwerte Erbe kann den Pflichttheilsberechtigten unter Bestimmung einer angemessenen Frist zur Erklärung über die Annahme des Vermächtnisses auffordern. Mit dem Ablaufe der Frist gilt das Vermächtniß als ausgeschlagen, wenn nicht vorher die Annahme erklärt wird.

2308. Hat ein Pflichttheilsberechtigter, der als Erbe oder als Vermächtnißnehmer in der im § 2306 bezeichneten Art beschränkt oder beschwert ist, die Erbschaft oder das Vermächtniß ausgeschlagen, so kann er die Ausschlagung anfechten, wenn die Beschränkung oder die Beschwerung zur Zeit der Ausschlagung weggefallen und der Wegfall ihm nicht bekannt war.

Auf die Anfechtung der Ausschlagung eines Vermächtnisses finden die für die Anfechtung der Ausschlagung einer Erbschaft geltenden Vorschriften entsprechende Anwendung. Die Anfechtung erfolgt durch Erklärung gegenüber dem Beschwerten.

2309. Entferntere Abkömmlinge und die Eltern des Erblassers sind insoweit nicht pflichttheilsberechtigt, als ein Abkömmling, der sie im Falle der gesetzlichen Erbfolge ausschließen würde, den Pflichttheil verlangen kann oder das ihm Hinterlassene annimmt.

143. Vgl. § 226 Abs. 3 KO.

2310. Bei der Feststellung des für die Berechnung des Pflichttheils maßgebenden Erbtheils werden diejenigen mitgezählt, welche durch letztwillige Verfügung von der Erbfolge ausgeschlossen sind oder die Erbschaft ausgeschlagen haben oder für erbunwürdig erklärt sind. Wer durch Erbverzicht von der gesetzlichen Erbfolge ausgeschlossen ist, wird nicht mitgezählt.

2311. Der Berechnung des Pflichttheils wird der Bestand und der Werth des Nachlasses zur Zeit des Erbfalls zu Grunde gelegt. Bei der Berechnung des Pflichttheils der Eltern des Erblassers bleibt der dem überlebenden Ehegatten gebührende Voraus außer Ansatz.

Der Werth ist, soweit erforderlich, durch Schätzung zu ermitteln. Eine vom Erblasser getroffene Werthbestimmung ist nicht maßgebend.

2312. Hat der Erblasser angeordnet oder ist nach § 2049 anzunehmen, daß einer von mehreren Erben das Recht haben soll, ein zum Nachlasse gehörendes Landgut zu dem Ertragswerthe zu übernehmen, so ist, wenn von dem Rechte Gebrauch gemacht wird, der Ertragswerth auch für die Berechnung des Pflichttheils maßgebend. Hat der Erblasser einen anderen Uebernahmepreis bestimmt, so ist dieser maßgebend, wenn er den Ertragswerth erreicht und den Schätzungswerth nicht übersteigt.

Hinterläßt der Erblasser nur einen Erben, so kann er anordnen, daß der Berechnung des Pflichttheils der Ertragswerth oder ein nach Abs. 1 Satz 2 bestimmter Werth zu Grunde gelegt werden soll.[144]

Diese Vorschriften finden nur Anwendung, wenn der Erbe, der das Landgut erwirbt, zu den im § 2303 bezeichneten pflichttheilsberechtigten Personen gehört.

2313. Bei der Feststellung des Werthes des Nachlasses bleiben Rechte und Verbindlichkeiten, die von einer aufschiebenden Bedingung abhängig sind, außer Ansatz. Rechte und Verbindlichkeiten, die von einer auflösenden Bedingung abhängig sind, kommen als unbedingte in Ansatz. Tritt die Bedingung ein, so hat die der veränderten Rechtslage entsprechende Ausgleichung zu erfolgen.

Für ungewisse oder unsichere Rechte sowie für zweifelhafte Verbindlichkeiten gilt das Gleiche wie für Rechte und Verbindlichkeiten, die von einer aufschiebenden Bedingung abhängig sind. Der Erbe ist dem Pflichttheilsberechtigten gegenüber verpflichtet, für die Feststellung eines ungewissen und für die Verfolgung eines unsicheren Rechtes zu sorgen, soweit es einer ordnungsmäßigen Verwaltung entspricht.

2314. Ist der Pflichttheilsberechtigte nicht Erbe, so hat ihm der Erbe auf Verlangen über den Bestand des Nachlasses Auskunft zu ertheilen.

144. Vgl. Art. 137 EG.

Der Pflichttheilsberechtigte kann verlangen, daß er bei der Aufnahme des ihm nach § 260 vorzulegenden Verzeichnisses der Nachlaßgegenstände zugezogen und daß der Werth der Nachlaßgegenstände ermittelt wird. Er kann auch verlangen, daß das Verzeichniß durch die zuständige Behörde oder durch einen zuständigen Beamten oder Notar aufgenommen wird.[145]

Die Kosten fallen dem Nachlasse zur Last.

2315. Der Pflichttheilsberechtigte hat sich auf den Pflichttheil anrechnen zu lassen, was ihm von dem Erblasser durch Rechtsgeschäft unter Lebenden mit der Bestimmung zugewendet worden ist, daß es auf den Pflichttheil angerechnet werden soll.

Der Werth der Zuwendung wird bei der Bestimmung des Pflichttheils dem Nachlasse hinzugerechnet. Der Werth bestimmt sich nach der Zeit, zu welcher die Zuwendung erfolgt ist.

Ist der Pflichttheilsberechtigte ein Abkömmling des Erblassers, so findet die Vorschrift des § 2051 Abs. 1 entsprechende Anwendung.

2316. Der Pflichttheil eines Abkömmlinges bestimmt sich, wenn mehrere Abkömmlinge vorhanden sind und unter ihnen im Falle der gesetzlichen Erbfolge eine Zuwendung des Erblassers zur Ausgleichung zu bringen sein würde, nach demjenigen, was auf den gesetzlichen Erbtheil unter Berücksichtigung der Ausgleichungspflicht bei der Theilung entfallen würde. Ein Abkömmling, der durch Erbverzicht von der gesetzlichen Erbfolge ausgeschlossen ist, bleibt bei der Berechnung außer Betracht.

Ist der Pflichttheilsberechtigte Erbe und beträgt der Pflichttheil nach Abs. 1 mehr als der Werth des hinterlassenen Erbtheils, so kann der Pflichttheilsberechtigte von den Miterben den Mehrbetrag als Pflichttheil verlangen, auch wenn der hinterlassene Erbtheil die Hälfte des gesetzlichen Erbtheils erreicht oder übersteigt.

Eine Zuwendung der im § 2050 Abs. 1 bezeichneten Art kann der Erblasser nicht zum Nachtheil eines Pflichttheilsberechtigten von der Berücksichtigung ausschließen.

Ist eine nach Abs. 1 zu berücksichtigende Zuwendung zugleich nach § 2315 auf den Pflichttheil anzurechnen, so kommt sie auf diesen nur mit der Hälfte des Werthes zur Anrechnung.

2317. Der Anspruch auf den Pflichttheil entsteht mit dem Erbfalle.

Der Anspruch ist vererblich und übertragbar.[146]

2318. Der Erbe kann die Erfüllung eines ihm auferlegten Vermächtnisses soweit verweigern, daß die Pflichttheilslast von ihm und dem Vermächtnißnehmer verhältnißmäßig getragen wird. Das Gleiche gilt von einer Auflage.

Einem pflichttheilsberechtigten Vermächtnißnehmer gegenüber ist die Kürzung nur soweit zulässig, daß ihm der Pflichttheil verbleibt.

Ist der Erbe selbst pflichttheilsberechtigt, so kann er wegen der Pflichttheilslast das Vermächtniß und die Auflage soweit kürzen, daß ihm sein eigener Pflichttheil verbleibt.

2319. Ist einer von mehreren Erben selbst pflichttheilsberechtigt, so kann er nach der Theilung die Befriedigung eines anderen Pflichttheilsberechtigten soweit verweigern, daß ihm sein eigener Pflichttheil verbleibt. Für den Ausfall haften die übrigen Erben.

2320. Wer an Stelle des Pflichttheilsberechtigten gesetzlicher Erbe wird, hat im Verhältnisse zu Miterben die Pflichttheilslast und, wenn der Pflichttheilsberechtigte ein ihm zugewendetes Vermächtniß annimmt, das Vermächtniß in Höhe des erlangten Vortheils zu tragen.

Das Gleiche gilt im Zweifel von demjenigen, welchem der Erblasser den Erbtheil des Pflichttheilsberechtigten durch Verfügung von Todeswegen zugewendet hat.

2321. Schlägt der Pflichttheilsberechtigte ein ihm zugewendetes Vermächtniß aus, so hat im Verhältnisse der Erben und der Vermächtnißnehmer zu einander derjenige, welchem die Ausschlagung zu Statten kommt, die Pflichttheilslast in Höhe des erlangten Vortheils zu tragen.

2322. Ist eine von dem Pflichttheilsberechtigten ausgeschlagene Erbschaft oder ein von ihm ausgeschlagenes Vermächtniß mit einem Vermächtniß oder einer Auflage beschwert, so kann derjenige, welchem die Ausschlagung zu Statten kommt, das Vermächtniß oder die Auflage soweit kürzen, daß ihm der zur Deckung der Pflichttheilslast erforderliche Betrag verbleibt.

2323. Der Erbe kann die Erfüllung eines Vermächtnisses oder einer Auflage auf Grund des § 2318 Abs. 1 insoweit nicht verweigern, als er die Pflichttheilslast nach den §§ 2320 bis 2322 nicht zu tragen hat.

2324. Der Erblasser kann durch Verfügung von Todeswegen die Pflichttheilslast im Verhältnisse der Erben zu einander einzelnen Erben auferlegen und von den Vorschriften des § 2318 Abs. 1 und der §§ 2320 bis 2323 abweichende Anordnungen treffen.

2325. Hat der Erblasser einem Dritten eine Schenkung gemacht, so kann der Pflichttheilsberechtigte als Ergänzung des Pflichttheils den Betrag verlangen, um den sich der Pflichttheil erhöht, wenn der verschenkte Gegenstand dem Nachlasse hinzugerechnet wird.

Eine verbrauchbare Sache kommt mit dem Werthe in Ansatz, den sie zur Zeit der Schenkung hatte. Ein anderer Gegenstand kommt mit dem Werthe in Ansatz, den er zur Zeit des Erbfalls hat; hatte er zur Zeit der Schenkung einen geringeren Werth, so wird nur dieser in Ansatz gebracht.

145. Vgl. § 35 AG z. FrG.

146 Aber nach § 852 Abs. 1 CPO nur pfändbar, wenn er durch Vertrag anerkannt oder rechtshängig geworden ist.

Die Schenkung bleibt unberücksichtigt, wenn zur Zeit des Erbfalls zehn Jahre seit der Leistung des verschenkten Gegenstandes verstrichen sind; ist die Schenkung an den Ehegatten des Erblassers erfolgt, so beginnt die Frist nicht vor der Auflösung der Ehe.

2326. Der Pflichttheilsberechtigte kann die Ergänzung des Pflichttheils auch dann verlangen, wenn ihm die Hälfte des gesetzlichen Erbtheils hinterlassen ist. Ist dem Pflichttheilsberechtigten mehr als die Hälfte hinterlassen, so ist der Anspruch ausgeschlossen, soweit der Werth des mehr Hinterlassenen reicht.

2327. Hat der Pflichttheilsberechtigte selbst ein Geschenk von dem Erblasser erhalten, so ist das Geschenk in gleicher Weise wie das dem Dritten gemachte Geschenk dem Nachlasse hinzuzurechnen und zugleich dem Pflichttheilsberechtigten auf die Ergänzung anzurechnen. Ein nach § 2315 anzurechnendes Geschenk ist auf den Gesammtbetrag des Pflichttheils und der Ergänzung anzurechnen.

Ist der Pflichttheilsberechtigte ein Abkömmling des Erblassers, so findet die Vorschrift des § 2051 Abs. 1 entsprechende Anwendung.

2328. Ist der Erbe selbst pflichttheilsberechtigt, so kann er die Ergänzung des Pflichttheils soweit verweigern, daß ihm sein eigener Pflichttheil mit Einschluß dessen verbleibt, was ihm zur Ergänzung des Pflichttheils gebühren würde.

2329. Soweit der Erbe zur Ergänzung des Pflichttheils nicht verpflichtet ist, kann der Pflichttheilsberechtigte von dem Beschenkten die Herausgabe des Geschenkes zum Zwecke der Befriedigung wegen des fehlenden Betrags nach den Vorschriften über die Herausgabe einer ungerechtfertigten Bereicherung fordern. Ist der Pflichttheilsberechtigte der alleinige Erbe, so steht ihm das gleiche Recht zu.

Der Beschenkte kann die Herausgabe durch Zahlung des fehlenden Betrags abwenden.

Unter mehreren Beschenkten haftet der früher Beschenkte nur insoweit, als der später Beschenkte nicht verpflichtet ist.

2330. Die Vorschriften der §§ 2325 bis 2329 finden keine Anwendung auf Schenkungen, durch die einer sittlichen Pflicht oder einer auf den Anstand zu nehmenden Rücksicht entsprochen wird.

2331. Eine Zuwendung, die aus dem Gesammtgute der allgemeinen Gütergemeinschaft, der Errungenschaftsgemeinschaft oder der Fahrnißgemeinschaft erfolgt, gilt als von jedem der Ehegatten zur Hälfte gemacht. Die Zuwendung gilt jedoch, wenn sie an einen Abkömmling, der nur von einem der Ehegatten abstammt, oder an eine Person, von der nur einer der Ehegatten abstammt, erfolgt oder wenn einer der Ehegatten wegen der Zuwendung zu dem Gesammtgut Ersatz zu leisten hat, als von diesem Ehegatten gemacht.

Diese Vorschriften finden auf eine Zuwendung aus dem Gesammtgute der fortgesetzten Gütergemeinschaft entsprechende Anwendung.

2332. Der Pflichttheilsanspruch verjährt in drei Jahren von dem Zeitpunkt an, in welchem der Pflichttheilsberechtigte von dem Eintritte des Erbfalls und von der ihn beeinträchtigenden Verfügung Kenntniß erlangt, ohne Rücksicht auf diese Kenntniß in dreißig Jahren von dem Eintritte des Erbfalls an.

Der nach § 2329 dem Pflichttheilsberechtigten gegen den Beschenkten zustehende Anspruch verjährt in drei Jahren von dem Eintritte des Erbfalls an.

Die Verjährung wird nicht dadurch gehemmt, daß die Ansprüche erst nach der Ausschlagung der Erbschaft oder eines Vermächtnisses geltend gemacht werden können.

2333. Der Erblasser kann einem Abkömmlinge den Pflichttheil entziehen:

1. wenn der Abkömmling dem Erblasser, dem Ehegatten oder einem anderen Abkömmlinge des Erblassers nach dem Leben trachtet;
2. wenn der Abkömmling sich einer vorsätzlichen körperlichen Mißhandlung des Erblassers oder des Ehegatten des Erblassers schuldig macht, im Falle der Mißhandlung des Ehegatten jedoch nur, wenn der Abkömmling von diesem abstammt;
3. wenn der Abkömmling sich eines Verbrechens oder eines schweren vorsätzlichen Vergehens gegen den Erblasser oder dessen Ehegatten schuldig macht;
4. wenn der Abkömmling die ihm dem Erblasser gegenüber gesetzlich obliegende Unterhaltspflicht böswillig verletzt;
5. wenn der Abkömmling einen ehrlosen oder unsittlichen Lebenswandel wider den Willen des Erblassers führt.

2334. Der Erblasser kann dem Vater den Pflichttheil entziehen, wenn dieser sich einer der im § 2333 Nr. 1, 3, 4 bezeichneten Verfehlungen schuldig macht. Das gleiche Recht steht dem Erblasser der Mutter gegenüber zu, wenn diese sich einer solchen Verfehlung schuldig macht.

2335. Der Erblasser kann dem Ehegatten den Pflichttheil entziehen, wenn der Ehegatte sich einer Verfehlung schuldig macht, auf Grund deren der Erblasser nach den §§ 1565 bis 1568 auf Scheidung zu klagen berechtigt ist.

Das Recht zur Entziehung erlischt nicht durch den Ablauf der für die Geltendmachung des Scheidungsgrundes im § 1571 bestimmten Frist.

2336. Die Entziehung des Pflichttheils erfolgt durch letztwillige Verfügung.

Der Grund der Entziehung muß zur Zeit der Errichtung bestehen und in der Verfügung angegeben werden.

Der Beweis des Grundes liegt demjenigen ob, welcher die Entziehung geltend macht.

Im Falle des § 2333 Nr. 5 ist die Entziehung

unwirksam, wenn sich der Abkömmling zur Zeit des Erbfalls von dem ehrlosen oder unsittlichen Lebenswandel dauernd abgewendet hat.

2337. Das Recht zur Entziehung des Pflichttheils erlischt durch Verzeihung. Eine Verfügung, durch die der Erblasser die Entziehung angeordnet hat, wird durch die Verzeihung unwirksam.

2338. Hat sich ein Abkömmling in solchem Maße der Verschwendung ergeben oder ist er in solchem Maße überschuldet, daß sein späterer Erwerb erheblich gefährdet wird, so kann der Erblasser das Pflichttheilsrecht des Abkömmlinges durch die Anordnung beschränken, daß nach dem Tode des Abkömmlinges dessen gesetzliche Erben das ihm Hinterlassene oder den ihm gebührenden Pflichttheil als Nacherben oder als Nachvermächtnißnehmer nach dem Verhältniß ihrer gesetzlichen Erbtheile erhalten sollen. Der Erblasser kann auch für die Lebenszeit des Abkömmlinges die Verwaltung einem Testamentsvollstrecker übertragen; der Abkömmling hat in einem solchen Falle Anspruch auf den jährlichen Reinertrag.[147]

Auf Anordnungen dieser Art finden die Vorschriften des § 2336 Abs. 1 bis 3 entsprechende Anwendung. Die Anordnungen sind unwirksam, wenn zur Zeit des Erbfalls der Abkömmling sich dauernd von dem verschwenderischen Leben abgewendet hat oder die den Grund der Anordnung bildende Ueberschuldung nicht mehr besteht.

Sechster Abschnitt. Erbunwürdigkeit.

2339. Erbunwürdig ist:

1. wer den Erblasser vorsätzlich und widerrechtlich getödtet oder zu tödten versucht oder in einen Zustand versetzt hat, in Folge dessen der Erblasser bis zu seinem Tode unfähig war, eine Verfügung von Todeswegen zu errichten oder aufzuheben;
2. wer den Erblasser vorsätzlich und widerrechtlich verhindert hat, eine Verfügung von Todeswegen zu errichten oder aufzuheben;
3. wer den Erblasser durch arglistige Täuschung oder widerrechtlich durch Drohung bestimmt hat, eine Verfügung von Todeswegen zu errichten oder aufzuheben;
4. wer sich in Ansehung einer Verfügung des Erblassers von Todeswegen einer nach den Vorschriften der §§ 267 bis 274 des Strafgesetzbuchs strafbaren Handlung schuldig gemacht hat.

Die Erbunwürdigkeit tritt in den Fällen des Abs. 1 Nr. 3, 4 nicht ein, wenn vor dem Eintritte des Erbfalls die Verfügung, zu deren Errichtung der Erblasser bestimmt oder in Ansehung deren die strafbare Handlung begangen worden ist, unwirksam geworden ist, oder die Verfügung, zu deren Aufhebung er bestimmt worden ist, unwirksam geworden sein würde.

2340. Die Erbunwürdigkeit wird durch Anfechtung des Erbschaftserwerbes geltend gemacht.

Die Anfechtung ist erst nach dem Anfalle der Erbschaft zulässig. Einem Nacherben gegenüber kann die Anfechtung erfolgen, sobald die Erbschaft dem Vorerben angefallen ist.

Die Anfechtung kann nur innerhalb der im § 2082 bestimmten Fristen erfolgen.

2341. Anfechtungsberechtigt ist Jeder, dem der Wegfall des Erbunwürdigen, sei es auch nur bei dem Wegfall eines Anderen, zu Statten kommt.

2342. Die Anfechtung erfolgt durch Erhebung der Anfechtungsklage. Die Klage ist darauf zu richten, daß der Erbe für erbunwürdig erklärt wird.

Die Wirkung der Anfechtung tritt erst mit der Rechtskraft des Urtheils ein.

2343. Die Anfechtung ist ausgeschlossen, wenn der Erblasser dem Erbunwürdigen verziehen hat.

2344. Ist ein Erbe für erbunwürdig erklärt, so gilt der Anfall an ihn als nicht erfolgt.

Die Erbschaft fällt demjenigen an, welcher berufen sein würde, wenn der Erbunwürdige zur Zeit des Erbfalls nicht gelebt hätte; der Anfall gilt als mit dem Eintritte des Erbfalls erfolgt.

2345. Hat sich ein Vermächtnißnehmer einer der im § 2339 Abs. 1 bezeichneten Verfehlungen schuldig gemacht, so ist der Anspruch aus dem Vermächtniß anfechtbar. Die Vorschriften der §§ 2082, 2083, des § 2339 Abs. 2 und der §§ 2341, 2343 finden Anwendung.

Das Gleiche gilt für einen Pflichttheilsanspruch, wenn der Pflichttheilsberechtigte sich einer solchen Verfehlung schuldig gemacht hat.

Siebenter Abschnitt. Erbverzicht.[148]

2346. Verwandte sowie der Ehegatte des Erblassers können durch Vertrag mit dem Erblasser auf ihr gesetzliches Erbrecht verzichten. Der Verzichtende ist von der gesetzlichen Erbfolge ausgeschlossen, wie wenn er zur Zeit des Erbfalls nicht mehr lebte; er hat kein Pflichttheilsrecht.

Der Verzicht kann auf das Pflichttheilsrecht beschränkt werden.

2347. Zu dem Erbverzicht ist, wenn der Verzichtende unter Vormundschaft steht, die Genehmigung des Vormundschaftsgerichts erforderlich; steht er unter elterlicher Gewalt, so gilt das Gleiche, sofern nicht der Vertrag unter Ehegatten oder unter Verlobten geschlossen wird.

Der Erblasser kann den Vertrag nur persönlich schließen; ist er in der Geschäftsfähigkeit beschränkt, so bedarf er nicht der Zustimmung seines gesetzlichen Vertreters. Ist der Erblasser geschäftsunfähig, so kann der Vertrag durch den gesetzlichen Vertreter geschlossen werden; die Genehmigung des Vormundschaftsgerichts ist in gleichem Umfange wie nach Abs. 1 erforderlich.

---

147. Vgl. § 863 Abs. 1 CPO.

148. Uebergangsvorschrift: Art. 217 EG.

2348. Der Erbverzichtsvertrag bedarf der gerichtlichen oder notariellen Beurkundung.[149]

2349. Verzichtet ein Abkömmling oder ein Seitenverwandter des Erblassers auf das gesetzliche Erbrecht, so erstreckt sich die Wirkung des Verzichts auf seine Abkömmlinge, sofern nicht ein Anderes bestimmt wird.

2350. Verzichtet Jemand zu Gunsten eines Anderen auf das gesetzliche Erbrecht, so ist im Zweifel anzunehmen, daß der Verzicht nur für den Fall gelten soll, daß der Andere Erbe wird.

Verzichtet ein Abkömmling des Erblassers auf das gesetzliche Erbrecht, so ist im Zweifel anzunehmen, daß der Verzicht nur zu Gunsten der anderen Abkömmlinge und des Ehegatten des Erblassers gelten soll.

2351. Auf einen Vertrag, durch den ein Erbverzicht aufgehoben wird, findet die Vorschrift des § 2348 und in Ansehung des Erblassers auch die Vorschrift des § 2347 Abs. 2 Anwendung.

2352. Wer durch Testament als Erbe eingesetzt oder mit einem Vermächtnisse bedacht ist, kann durch Vertrag mit dem Erblasser auf die Zuwendung verzichten. Das Gleiche gilt für eine Zuwendung, die in einem Erbvertrag einem Dritten gemacht ist. Die Vorschriften der §§ 2347, 2348 finden Anwendung.

Achter Abschnitt. Erbschein.

2353. Das Nachlaßgericht[150] hat dem Erben auf Antrag ein Zeugniß über sein Erbrecht und, wenn er nur zu einem Theile der Erbschaft berufen ist, über die Größe des Erbtheils zu ertheilen (Erbschein).

2354. Wer die Ertheilung des Erbscheins als gesetzlicher Erbe beantragt, hat anzugeben:

1. die Zeit des Todes des Erblassers;
2. das Verhältniß, auf dem sein Erbrecht beruht;
3. ob und welche Personen vorhanden sind oder vorhanden waren, durch die er von der Erbfolge ausgeschlossen oder sein Erbtheil gemindert werden würde;
4. ob und welche Verfügungen des Erblassers von Todeswegen vorhanden sind;
5. ob ein Rechtsstreit über sein Erbrecht anhängig ist.

Ist eine Person weggefallen, durch die der Antragsteller von der Erbfolge ausgeschlossen oder sein Erbtheil gemindert werden würde, so hat der Antragsteller anzugeben, in welcher Weise die Person weggefallen ist.

2355. Wer die Ertheilung des Erbscheins auf Grund einer Verfügung von Todeswegen beantragt, hat die Verfügung zu bezeichnen, auf der sein Erbrecht beruht, anzugeben, ob und welche sonstigen Verfügungen des Erblassers von Todeswegen vorhanden sind, und die im § 2354 Abs. 1 Nr. 1, 5, Abs. 2 vorgeschriebenen Angaben zu machen.

2356. Der Antragsteller hat die Richtigkeit der in Gemäßheit des § 2354 Abs. 1 Nr. 1, 2, Abs. 2 gemachten Angaben durch öffentliche Urkunden nachzuweisen und im Falle des § 2355 die Urkunde vorzulegen, auf der sein Erbrecht beruht. Sind die Urkunden nicht oder nur mit unverhältnißmäßigen Schwierigkeiten zu beschaffen, so genügt die Angabe anderer Beweismittel.

In Ansehung der übrigen nach den §§ 2354, 2355 erforderlichen Angaben hat der Antragsteller vor Gericht oder vor einem Notar an Eidesstatt zu versichern, daß ihm nichts bekannt sei, was der Richtigkeit seiner Angaben entgegensteht. Das Nachlaßgericht[151] kann die Versicherung erlassen, wenn es sie für nicht erforderlich erachtet.

Diese Vorschriften finden keine Anwendung, soweit die Thatsachen bei dem Nachlaßgericht[151] offenkundig sind.

2357. Sind mehrere Erben vorhanden, so ist auf Antrag ein gemeinschaftlicher Erbschein zu ertheilen. Der Antrag kann von jedem der Erben gestellt werden.

In dem Antrage sind die Erben und ihre Erbtheile anzugeben.

Wird der Antrag nicht von allen Erben gestellt, so hat er die Angabe zu enthalten, daß die übrigen Erben die Erbschaft angenommen haben. Die Vorschriften des § 2356 gelten auch für die sich auf die übrigen Erben beziehenden Angaben des Antragstellers.

Die Versicherung an Eidesstatt ist von allen Erben abzugeben, sofern nicht das Nachlaßgericht die Versicherung eines oder einiger von ihnen für ausreichend erachtet.

2358. Das Nachlaßgericht[152] hat unter Benutzung der von dem Antragsteller angegebenen Beweismittel von Amtswegen die zur Feststellung der Thatsachen erforderlichen Ermittelungen zu veranstalten und die geeignet erscheinenden Beweise aufzunehmen.

Das Nachlaßgericht[152] kann eine öffentliche Aufforderung zur Anmeldung der anderen Personen zustehenden Erbrechte erlassen; die Art der Bekanntmachung und die Dauer der Anmeldungsfrist bestimmen sich nach den für das Aufgebotsverfahren geltenden Vorschriften.[153]

2359. Der Erbschein ist nur zu ertheilen, wenn das Nachlaßgericht die zur Begründung des Antrags erforderlichen Thatsachen für festgestellt erachtet.

149. Vgl. § 44 AG z. FrG (Art. 141 EG).

150. § 72 FrG. — Vgl. auch §§ 78, 85 FrG; §§ 36 ff. GBO. — Der Gläubiger kann auch zum Zwecke der Zwangsvollstreckung gegen seinen Schuldner die Ertheilung eines Erbscheines für denselben verlangen nach § 792 CPO; vgl. auch § 896 CPO.

151. § 72 FrG.

152. §§ 72 ff. FrG.

153. Maßgebend sind die §§ 948—950 CPO.

2360. Ist ein Rechtsstreit über das Erbrecht anhängig, so soll vor der Ertheilung des Erbscheins der Gegner des Antragstellers gehört werden.

Ist die Verfügung, auf der das Erbrecht beruht, nicht in einer dem Nachlaßgerichte [152] vorliegenden öffentlichen Urkunde enthalten, so soll vor der Ertheilung des Erbscheins derjenige über die Gültigkeit der Verfügung gehört werden, welcher im Falle der Unwirksamkeit der Verfügung Erbe sein würde.

Die Anhörung ist nicht erforderlich, wenn sie unthunlich ist.

2361. Ergiebt sich, daß der ertheilte Erbschein unrichtig ist, so hat ihn das Nachlaßgericht[152] einzuziehen. Mit der Einziehung wird der Erbschein kraftlos.

Kann der Erbschein nicht sofort erlangt werden, so hat ihn das Nachlaßgericht [152] durch Beschluß für kraftlos zu erklären.[154] Der Beschluß ist nach den für die öffentliche Zustellung einer Ladung geltenden Vorschriften der Civilprozeßordnung bekannt zu machen.[155] Mit dem Ablauf eines Monats nach der letzten Einrückung des Beschlusses in die öffentlichen Blätter wird die Kraftloserklärung wirksam.

Das Nachlaßgericht [152] kann von Amtswegen über die Richtigkeit eines ertheilten Erbscheins Ermittelungen veranstalten.

2362. Der wirkliche Erbe kann von dem Besitzer eines unrichtigen Erbscheins die Herausgabe an das Nachlaßgericht [152] verlangen.

Derjenige, welchem ein unrichtiger Erbschein ertheilt worden ist, hat dem wirklichen Erben über den Bestand der Erbschaft und über den Verbleib der Erbschaftsgegenstände Auskunft zu ertheilen.

2363. In dem Erbscheine, der einem Vorerben ertheilt wird, ist anzugeben, daß eine Nacherbfolge angeordnet ist, unter welchen Voraussetzungen sie eintritt und wer der Nacherbe ist. Hat der Erblasser den Nacherben auf dasjenige eingesetzt, was von der Erbschaft bei dem Eintritte der Nacherbfolge übrig sein wird, oder hat er bestimmt, daß der Vorerbe zur freien Verfügung über die Erbschaft berechtigt sein soll, so ist auch dies anzugeben.

Dem Nacherben steht das im § 2362 Abs. 1 bestimmte Recht zu.[156]

2364. Hat der Erblasser einen Testamentsvollstrecker ernannt, so ist die Ernennung in dem Erbschein anzugeben.

Dem Testamentsvollstrecker steht das im § 2362 Abs. 1 bestimmte Recht zu.[157]

2365. Es wird vermuthet, daß demjenigen, welcher in dem Erbschein als Erbe bezeichnet ist, das in dem Erbschein angegebene Erbrecht zustehe und daß er nicht durch andere als die angegebenen Anordnungen beschränkt sei.

2366. Erwirbt Jemand von demjenigen, welcher in einem Erbschein als Erbe bezeichnet ist, durch Rechtsgeschäft einen Erbschaftsgegenstand, ein Recht an einem solchen Gegenstand oder die Befreiung von einem zur Erbschaft gehörenden Rechte, so gilt zu seinen Gunsten der Inhalt des Erbscheins, soweit die Vermuthung des § 2365 reicht, als richtig, es sei denn, daß er die Unrichtigkeit kennt oder weiß, daß das Nachlaßgericht die Rückgabe des Erbscheins wegen Unrichtigkeit verlangt hat.

2367. Die Vorschriften des § 2366 finden entsprechende Anwendung, wenn an denjenigen, welcher in einem Erbschein als Erbe bezeichnet ist, auf Grund eines zur Erbschaft gehörenden Rechtes eine Leistung bewirkt oder wenn zwischen ihm und einem Anderen in Ansehung eines solchen Rechtes ein nicht unter die Vorschrift des § 2366 fallendes Rechtsgeschäft vorgenommen wird, das eine Verfügung über das Recht enthält.

2368. Einem Testamentsvollstrecker hat das Nachlaßgericht auf Antrag ein Zeugniß über die Ernennung zu ertheilen. Ist der Testamentsvollstrecker in der Verwaltung des Nachlasses beschränkt oder hat der Erblasser angeordnet, daß der Testamentsvollstrecker in der Eingehung von Verbindlichkeiten für den Nachlaß nicht beschränkt sein soll, so ist dies in dem Zeugniß anzugeben.[157]

Ist die Ernennung nicht in einer dem Nachlaßgerichte vorliegenden öffentlichen Urkunde enthalten, so soll vor der Ertheilung des Zeugnisses der Erbe wenn thunlich über die Gültigkeit der Ernennung gehört werden.[157]

Die Vorschriften über den Erbschein finden auf das Zeugniß entsprechende Anwendung; mit der Beendigung des Amtes des Testamentsvollstreckers wird das Zeugniß kraftlos.[158]

2369. Gehören zu einer Erbschaft, für die es an einem zur Ertheilung des Erbscheins zuständigen deutschen Nachlaßgerichte fehlt,[159] Gegenstände, die sich im Inlande befinden, so kann die Ertheilung eines Erbscheins für diese Gegenstände verlangt werden.

Ein Gegenstand, für den von einer deutschen Behörde ein zur Eintragung des Berechtigten bestimmtes Buch oder Register geführt wird, gilt als im Inlande befindlich. Ein Anspruch gilt als im Inlande befindlich, wenn für die Klage ein deutsches Gericht zuständig ist.[160]

2370. Hat eine für todt erklärte Person den Zeitpunkt überlebt, der als Zeitpunkt ihres Todes

154. Beschwerde findet gegen den Beschluß nicht statt: § 84 FrG.

155. § 204 CPO.

156. Vgl. § 52 GBO.

157. Vgl. § 53 GBO.

158. Vgl. auch §§ 78, 84, 85 FrG; § 36 Abs. 2 GBO.

159. Die Beantwortung dieser Frage ergiebt sich aus den §§ 72—74 FrG. — Vgl. auch Artt. 24, 25 EG.

160. Vgl. § 73 Abs. 3 FrG.

gilt, oder ist sie vor diesem Zeitpunkte gestorben, so gilt derjenige, welcher auf Grund der Todeserklärung Erbe sein würde, in Ansehung der in den §§ 2366, 2367 bezeichneten Rechtsgeschäfte zu Gunsten des Dritten auch ohne Ertheilung eines Erbscheins als Erbe, es sei denn, daß der Dritte die Unrichtigkeit der Todeserklärung kennt oder weiß, daß die Todeserklärung in Folge einer Anfechtungsklage aufgehoben worden ist.

Ist ein Erbschein ertheilt worden, so stehen dem für todt Erklärten, wenn er noch lebt, die im § 2362 bestimmten Rechte zu. Die gleichen Rechte hat eine Person, deren Tod ohne Todeserklärung mit Unrecht angenommen worden ist.

Neunter Abschnitt. Erbschaftskauf.[161]

2371. Ein Vertrag, durch den der Erbe die ihm angefallene Erbschaft verkauft, bedarf der gerichtlichen oder notariellen Beurkundung.[162]

2372. Die Vortheile, welche sich aus dem Wegfall eines Vermächtnisses oder einer Auflage oder aus der Ausgleichungspflicht eines Miterben ergeben, gebühren dem Käufer.

2373. Ein Erbtheil, der dem Verkäufer nach dem Abschlusse des Kaufes durch Nacherbfolge oder in Folge des Wegfalls eines Miterben anfällt, sowie ein dem Verkäufer zugewendetes Vorausvermächtniß ist im Zweifel nicht als mitverkauft anzusehen. Das Gleiche gilt von Familienpapieren und Familienbildern.

2374. Der Verkäufer ist verpflichtet, dem Käufer die zur Zeit des Verkaufs vorhandenen Erbschaftsgegenstände mit Einschluß dessen herauszugeben, was er vor dem Verkauf auf Grund eines zur Erbschaft gehörenden Rechtes oder als Ersatz für die Zerstörung, Beschädigung oder Entziehung eines Erbschaftsgegenstandes oder durch ein Rechtsgeschäft erlangt hat, das sich auf die Erbschaft bezog.

2375. Hat der Verkäufer vor dem Verkauf einen Erbschaftsgegenstand verbraucht, unentgeltlich veräußert oder unentgeltlich belastet, so ist er verpflichtet, dem Käufer den Werth des verbrauchten oder veräußerten Gegenstandes, im Falle der Belastung die Werthminderung zu ersetzen. Die Ersatzpflicht tritt nicht ein, wenn der Käufer den Verbrauch oder die unentgeltliche Verfügung bei dem Abschlusse des Kaufes kennt.

Im Uebrigen kann der Käufer wegen Verschlechterung, Unterganges oder einer aus einem anderen Grunde eingetretenen Unmöglichkeit der Herausgabe eines Erbschaftsgegenstandes nicht Ersatz verlangen.

2376. Die Verpflichtung des Verkäufers zur Gewährleistung wegen eines Mangels im Rechte beschränkt sich auf die Haftung dafür, daß ihm das Erbrecht zusteht, daß es nicht durch das Recht eines Nacherben oder durch die Ernennung eines Testamentsvollstreckers beschränkt ist, daß nicht Vermächtnisse, Auflagen, Pflichttheilslasten, Ausgleichungspflichten oder Theilungsanordnungen bestehen und daß nicht unbeschränkte Haftung gegenüber den Nachlaßgläubigern oder einzelnen von ihnen eingetreten ist.

Fehler einer zur Erbschaft gehörenden Sache hat der Verkäufer nicht zu vertreten.

2377. Die in Folge des Erbfalls durch Vereinigung von Recht und Verbindlichkeit oder von Recht und Belastung erloschenen Rechtsverhältnisse gelten im Verhältnisse zwischen dem Käufer und dem Verkäufer als nicht erloschen. Erforderlichen Falles ist ein solches Rechtsverhältniß wiederherzustellen.

2378. Der Käufer ist dem Verkäufer gegenüber verpflichtet, die Nachlaßverbindlichkeiten zu erfüllen, soweit nicht der Verkäufer nach § 2376 dafür haftet, daß sie nicht bestehen.

Hat der Verkäufer vor dem Verkauf eine Nachlaßverbindlichkeit erfüllt, so kann er von dem Käufer Ersatz verlangen.

2379. Dem Verkäufer verbleiben die auf die Zeit vor dem Verkaufe fallenden Nutzungen. Er trägt für diese Zeit die Lasten, mit Einschluß der Zinsen der Nachlaßverbindlichkeiten. Den Käufer treffen jedoch die von der Erbschaft zu entrichtenden Abgaben sowie die außerordentlichen Lasten, welche als auf den Stammwerth der Erbschaftsgegenstände gelegt anzusehen sind.

2380. Der Käufer trägt von dem Abschlusse des Kaufes an die Gefahr des zufälligen Unterganges und einer zufälligen Verschlechterung der Erbschaftsgegenstände. Von diesem Zeitpunkt an gebühren ihm die Nutzungen und trägt er die Lasten.

2381. Der Käufer hat dem Verkäufer die nothwendigen Verwendungen zu ersetzen, die der Verkäufer vor dem Verkauf auf die Erbschaft gemacht hat.

Für andere vor dem Verkaufe gemachte Aufwendungen hat der Käufer insoweit Ersatz zu leisten, als durch sie der Werth der Erbschaft zur Zeit des Verkaufs erhöht ist.

2382. Der Käufer haftet von dem Abschluße des Kaufes an den Nachlaßgläubigern, unbeschadet der Fortdauer der Haftung des Verkäufers. Dies gilt auch von den Verbindlichkeiten, zu deren Erfüllung der Käufer dem Verkäufer gegenüber nach den §§ 2378, 2379 nicht verpflichtet ist.

Die Haftung des Käufers den Gläubigern gegenüber kann nicht durch Vereinbarung zwischen dem Käufer und dem Verkäufer ausgeschlossen oder beschränkt werden.[163]

2383. Für die Haftung des Käufers gelten die Vorschriften über die Beschränkung der Haftung des

161. Vgl. §§ 232, 233 KO; § 1000 CPO.

162. Vgl. § 44 AG z. FrG (Art. 141 EG).

163. Vgl. § 232 Abs. 2 KO.

Erben. Er haftet unbeschränkt, soweit der Verkäufer zur Zeit des Verkaufs unbeschränkt haftet. Beschränkt sich die Haftung des Käufers auf die Erbschaft, so gelten seine Ansprüche aus dem Kaufe als zur Erbschaft gehörend.

Die Errichtung des Inventars durch den Verkäufer oder den Käufer kommt auch dem anderen Theile zu Statten, es sei denn, daß dieser unbeschränkt haftet.

2384. Der Verkäufer ist den Nachlaßgläubigern gegenüber verpflichtet, den Verkauf der Erbschaft und den Namen des Käufers unverzüglich dem Nachlaßgericht[164] anzuzeigen. Die Anzeige des Verkäufers wird durch die Anzeige des Käufers ersetzt.

Das Nachlaßgericht[164] hat die Einsicht der Anzeige Jedem zu gestatten, der ein rechtliches Interesse glaubhaft macht.

164. §§ 72 R. FrG.

2385. Die Vorschriften über den Erbschaftskauf finden entsprechende Anwendung auf den Kauf einer von dem Verkäufer durch Vertrag erworbenen Erbschaft sowie auf andere Verträge, die auf die Veräußerung einer dem Veräußerer angefallenen oder anderweit von ihm erworbenen Erbschaft gerichtet sind.

Im Falle einer Schenkung ist der Schenker nicht verpflichtet, für die vor der Schenkung verbrauchten oder unentgeltlich veräußerten Erbschaftsgegenstände oder für eine vor der Schenkung unentgeltlich vorgenommene Belastung dieser Gegenstände Ersatz zu leisten. Die im § 2376 bestimmte Verpflichtung zur Gewährleistung wegen eines Mangels im Rechte trifft den Schenker nicht; hat der Schenker den Mangel arglistig verschwiegen, so ist er verpflichtet, dem Beschenkten den daraus entstehenden Schaden zu ersetzen.[165]

165. § 1000 Abs. 2 CPO; § 233 KO.

Einführungsgesetz
zum Bürgerlichen Gesetzbuche.
Vom 18. August 1896.

Reichs=Gesetzblatt S. 604.

Erster Abschnitt. Allgemeine Vorschriften.

Art. 1. Das Bürgerliche Gesetzbuch tritt am 1. Januar 1900 gleichzeitig mit einem Gesetze, betreffend Aenderungen des Gerichtsverfassungsgesetzes, der Civilprozeßordnung und der Konkursordnung, einem Gesetz über die Zwangsversteigerung und die Zwangsverwaltung, einer Grundbuchordnung und einem Gesetz über die Angelegenheiten der freiwilligen Gerichtsbarkeit in Kraft.[1]

2.[2] Gesetz im Sinne des Bürgerlichen Gesetzbuchs und dieses Gesetzes ist jede Rechtsnorm.

3.[2] Soweit in dem Bürgerlichen Gesetzbuch oder in diesem Gesetze die Regelung den Landesgesetzen vorbehalten oder bestimmt ist, daß landesgesetzliche Vorschriften unberührt bleiben oder erlassen werden können, bleiben die bestehenden landesgesetzlichen Vorschriften in Kraft und können neue landesgesetzliche Vorschriften erlassen werden.[3]

4.[2] Soweit in Reichsgesetzen oder in Landesgesetzen auf Vorschriften verwiesen ist, welche durch das Bürgerliche Gesetzbuch oder durch dieses Gesetz außer Kraft gesetzt werden, treten an deren Stelle die entsprechenden Vorschriften des Bürgerlichen Gesetzbuchs oder dieses Gesetzes.[4]

5.[2] Als Bundesstaat im Sinne des Bürgerlichen Gesetzbuchs und dieses Gesetzes gilt auch das Reichsland Elsaß=Lothringen.

6. In bürgerlichen Rechtsstreitigkeiten, in welchen durch Klage oder Widerklage ein Anspruch auf Grund des Bürgerlichen Gesetzbuchs geltend gemacht ist, wird die Verhandlung und Entscheidung letzter Instanz im Sinne des § 8 des Einführungsgesetzes zum Gerichtsverfassungsgesetze dem Reichsgerichte zugewiesen.[5]

7. Die Geschäftsfähigkeit einer Person wird nach den Gesetzen des Staates beurtheilt, dem die Person angehört.[6]

Erwirbt ein Ausländer, der volljährig ist oder die rechtliche Stellung eines Volljährigen hat, die Reichsangehörigkeit, so behält er die rechtliche Stellung eines Volljährigen, auch wenn er nach den deutschen Gesetzen nicht volljährig ist.[7]

Nimmt ein Ausländer im Inland ein Rechtsgeschäft vor, für das er geschäftsunfähig oder in der Geschäftsfähigkeit beschränkt ist, so gilt er für dieses Rechtsgeschäft insoweit als geschäftsfähig, als er nach den deutschen Gesetzen geschäftsfähig sein würde. Auf familienrechtliche und erbrechtliche Rechtsgeschäfte sowie auf Rechtsgeschäfte, durch die über ein ausländisches Grundstück verfügt wird, findet diese Vorschrift keine Anwendung.[8]

8. Ein Ausländer kann im Inlande nach den deutschen Gesetzen entmündigt werden, wenn er seinen Wohnsitz oder, falls er keinen Wohnsitz hat, seinen Aufenthalt im Inlande hat.[9]

9.[10] Ein Verschollener kann im Inlande nach den deutschen Gesetzen für todt erklärt werden, wenn er bei dem Beginne der Verschollenheit ein Deutscher war.

Gehörte der Verschollene bei dem Beginne der Verschollenheit einem fremden Staate an, so kann er im Inlande nach den deutschen Gesetzen mit Wirkung für diejenigen Rechtsverhältnisse, welche sich nach den deutschen Gesetzen bestimmen, sowie mit Wirkung für das im Inlande befindliche Vermögen für todt erklärt werden; die Vorschriften

1. Gleichzeitig ist auch das HGB v. 10. Mai 1897 nebst EG in Kraft getreten, mit Ausnahme des 6. Abschnitt des 1. Buches, der, abgesehen von § 65, schon am 1. Jan. 1898 in Kraft getreten ist. Vgl. aber unten die Uebergangsbestimmungen; ferner § 82 GBO; § 1 EG z. ZVG.

2. Vgl. § 1 Abs. 2 EG z. ZVG; § 185 Abs. 2 FrG; § 82 Abs. 2 GBO.

3. Das Gleiche bestimmt Art. 218 für die Uebergangsvorschriften; vgl. auch Art. 15 EG z. HGB; § 7 EG z. ZVG.

Die Verweisung braucht keine ausdrückliche zu sein.

5. Die Artt. 7—10 betreffen den allgemeinen Theil des BGB, Artt. 11, 12 das Recht der Schuldverhältnisse, Artt. 13—23 das Familienrecht, Artt. 24—26 das Erbrecht; Artt. 27—31 enthalten allgemeine Grundsätze.

6. Vgl. §§ 104 ff. BGB (Art. 27 unten).

7. Vgl. § 2 BGB.

8. Vgl. hierzu Art. 84 WO.

9. Vgl. § 6 BGB; § 648 CPO.

10. Vgl. §§ 13 ff. BGB; §§ 961 ff. CPO.

des § 2369 Abs. 2 des Bürgerlichen Gesetzbuchs finden entsprechende Anwendung.

Hatte ein verschollener ausländischer Ehemann seinen letzten Wohnsitz im Inland und ist die im Inlande zurückgebliebene oder dahin zurückgekehrte Ehefrau Deutsche oder bis zu ihrer Verheirathung mit dem Verschollenen Deutsche gewesen, so kann auf ihren Antrag der Verschollene im Inlande nach den deutschen Gesetzen ohne die im Abs. 2 bestimmte Beschränkung für todt erklärt werden.[11]

10.[12] Ein einem fremden Staate angehörender und nach dessen Gesetzen rechtsfähiger Verein, der die Rechtsfähigkeit im Inlande nur nach den Vorschriften der §§ 21, 22 des Bürgerlichen Gesetzbuchs erlangen könnte, gilt als rechtsfähig, wenn seine Rechtsfähigkeit durch Beschluß des Bundesraths anerkannt ist. Auf nicht anerkannte ausländische Vereine der bezeichneten Art finden die Vorschriften über die Gesellschaft[13] sowie die Vorschrift des § 54 Satz 2 des Bürgerlichen Gesetzbuchs Anwendung.

11. Die Form eines Rechtsgeschäfts bestimmt sich nach den Gesetzen, welche für das den Gegenstand des Rechtsgeschäfts bildende Rechtsverhältniß maßgebend sind. Es genügt jedoch die Beobachtung der Gesetze des Ortes, an dem das Rechtsgeschäft vorgenommen wird.

Die Vorschrift des Abs. 1 Satz 2 findet keine Anwendung auf ein Rechtsgeschäft, durch das ein Recht an einer Sache begründet oder über ein solches Recht verfügt wird.

12. Aus einer im Auslande begangenen unerlaubten Handlung können gegen einen Deutschen nicht weitergehende Ansprüche geltend gemacht werden, als nach den deutschen Gesetzen begründet sind.

13. Die Eingehung der Ehe wird, sofern auch nur einer der Verlobten ein Deutscher ist, in Ansehung eines jeden der Verlobten nach den Gesetzen des Staates beurtheilt, dem er angehört. Das Gleiche gilt für Ausländer, die im Inland eine Ehe eingehen.[14]

In Ansehung der Ehefrau eines nach Artikel 9 Abs. 3 für todt erklärten Ausländers wird die Eingehung der Ehe nach den deutschen Gesetzen beurtheilt.[15]

Die Form einer Ehe, die im Inlande geschlossen wird, bestimmt sich ausschließlich nach den deutschen Gesetzen.

14. Die persönlichen Rechtsbeziehungen deutscher Ehegatten zu einander werden nach den deutschen Gesetzen beurtheilt, auch wenn die Ehegatten ihren Wohnsitz im Auslande haben.

Die deutschen Gesetze finden auch Anwendung, wenn der Mann die Reichsangehörigkeit verloren, die Frau sie aber behalten hat.[16]

15. Das eheliche Güterrecht wird nach den deutschen Gesetzen beurtheilt, wenn der Ehemann zur Zeit der Eheschließung ein Deutscher war.

Erwirbt der Ehemann nach der Eingehung der Ehe die Reichsangehörigkeit oder haben ausländische Ehegatten ihren Wohnsitz im Inlande, so sind für das eheliche Güterrecht die Gesetze des Staates maßgebend, dem der Mann zur Zeit der Eingehung der Ehe angehörte; die Ehegatten können jedoch einen Ehevertrag schließen, auch wenn er nach diesen Gesetzen unzulässig sein würde.[17]

16. Haben ausländische Ehegatten oder Ehegatten, die nach der Eingehung der Ehe die Reichsangehörigkeit erwerben, den Wohnsitz im Inlande, so finden die Vorschriften des § 1435 des Bürgerlichen Gesetzbuchs entsprechende Anwendung; der ausländische gesetzliche Güterstand steht einem vertragsmäßigen gleich.[18]

Die Vorschriften der §§ 1357, 1362, 1405 des Bürgerlichen Gesetzbuchs finden Anwendung, soweit sie Dritten günstiger sind als die ausländischen Gesetze.

17. Für die Scheidung der Ehe sind die Gesetze des Staates maßgebend, dem der Ehemann zur Zeit der Erhebung der Klage angehört.[19]

Eine Thatsache, die sich ereignet hat, während der Mann einem anderen Staate angehörte, kann als Scheidungsgrund nur geltend gemacht werden, wenn die Thatsache auch nach den Gesetzen dieses Staates ein Scheidungsgrund oder ein Trennungsgrund ist.

Ist zur Zeit der Erhebung der Klage die Reichsangehörigkeit des Mannes erloschen, die Frau aber Deutsche, so finden die deutschen Gesetze Anwendung.

Auf Scheidung sowie auf Aufhebung der ehelichen Gemeinschaft kann auf Grund eines ausländischen Gesetzes im Inlande nur erkannt werden, wenn sowohl nach dem ausländischen Gesetze als nach den deutschen Gesetzen die Scheidung zulässig sein würde.

18. Die eheliche Abstammung eines Kindes[20] wird nach den deutschen Gesetzen beurtheilt, wenn der Ehemann der Mutter zur Zeit der Geburt des Kindes Deutscher ist oder, falls er vor der Geburt des Kindes gestorben ist, zuletzt Deutscher war.

19. Das Rechtsverhältniß zwischen den Eltern und einem ehelichen Kinde[21] wird nach den deutschen Gesetzen beurtheilt, wenn der Vater und, falls der

11. Vgl. Art. 13 Abs. 2 unten; §§ 1348—1352 BGB.
12. Vgl. auch §§ 23, 80 Satz 2 BGB.
13. §§ 705 ff. BGB.
14. Vgl. auch RG v. 4. März 1870 (8. Februar 1875); Art. 27 unten.
15. Vgl. §§ 1348—1351 BGB.
16. Vgl. §§ 1353 ff. BGB.
17. Vgl. §§ 1432, 1433 BGB; Art. 200 Abs. 2 EG (Artt. 27, 28 unten).
18. Vgl. Art. 36 I EG; Art. 4 EG z. HGB v. 10. Mai 1897.
19. Vgl. § 606 BGB (Art. 27 unten).
20. Vgl. §§ 1591 ff. BGB.
21. Vgl. §§ 1616 ff. BGB; §§ 640 ff. CPO. — Vgl. Art. 28 unten.

Vater gestorben ist, die Mutter die Reichsangehörigkeit besitzt. Das Gleiche gilt, wenn die Reichsangehörigkeit des Vaters oder der Mutter erloschen, die Reichsangehörigkeit des Kindes aber bestehen geblieben ist.

20. Das Rechtsverhältniß zwischen einem unehelichen Kinde und dessen Mutter wird nach den deutschen Gesetzen beurtheilt, wenn die Mutter eine Deutsche ist. Das Gleiche gilt, wenn die Reichsangehörigkeit der Mutter erloschen, die Reichsangehörigkeit des Kindes aber bestehen geblieben ist.[22]

21. Die Unterhaltspflicht des Vaters gegenüber dem unehelichen Kinde und seine Verpflichtung, der Mutter die Kosten der Schwangerschaft, der Entbindung und des Unterhalts zu ersetzen, wird nach den Gesetzen des Staates beurtheilt, dem die Mutter zur Zeit der Geburt des Kindes angehört; es können jedoch nicht weitergehende Ansprüche geltend gemacht werden, als nach den deutschen Gesetzen begründet sind.[23]

22. Die Legitimation[24] eines unehelichen Kindes sowie die Annahme an Kindesstatt[25] bestimmt sich, wenn der Vater zur Zeit der Legitimation oder der Annehmende zur Zeit der Annahme die Reichsangehörigkeit besitzt, nach den deutschen Gesetzen.

Gehört der Vater oder der Annehmende einem fremden Staate an, während das Kind die Reichsangehörigkeit besitzt, so ist die Legitimation oder die Annahme unwirksam, wenn die nach den deutschen Gesetzen erforderliche Einwilligung des Kindes oder eines Dritten, zu dem das Kind in einem familienrechtlichen Verhältnisse steht, nicht erfolgt ist.

23. Eine Vormundschaft oder eine Pflegschaft kann im Inland auch über einen Ausländer, sofern der Staat, dem er angehört, die Fürsorge nicht übernimmt, angeordnet werden, wenn der Ausländer nach den Gesetzen dieses Staates der Fürsorge bedarf oder im Inland entmündigt ist.[26]

Das deutsche Vormundschaftsgericht kann vorläufige Maßregeln treffen, solange eine Vormundschaft oder Pflegschaft nicht angeordnet ist.[27]

24. Ein Deutscher wird, auch wenn er seinen Wohnsitz im Auslande hatte, nach den deutschen Gesetzen beerbt.[28]

Hat ein Deutscher zur Zeit seines Todes seinen Wohnsitz im Auslande gehabt, so können die Erben sich in Ansehung der Haftung für die Nachlaßverbindlichkeiten auch auf die an dem Wohnsitze des Erblassers geltenden Gesetze berufen.

Erwirbt ein Ausländer, der eine Verfügung von Todeswegen errichtet oder aufgehoben hat, die Reichsangehörigkeit, so wird die Gültigkeit der Errichtung oder der Aufhebung nach den Gesetzen des Staates beurtheilt, dem er zur Zeit der Errichtung oder der Aufhebung angehörte; auch behält er die Fähigkeit zur Errichtung einer Verfügung von Todeswegen, selbst wenn er das nach den deutschen Gesetzen erforderliche Alter noch nicht erreicht hat. Die Vorschrift des Artikel 11 Abs. 1 Satz 2 bleibt unberührt.

25. Ein Ausländer, der zur Zeit seines Todes seinen Wohnsitz im Inlande hatte, wird nach den Gesetzen des Staates beerbt, dem er zur Zeit seines Todes angehörte.[29] Ein Deutscher kann jedoch erbrechtliche Ansprüche auch dann geltend machen, wenn sie nur nach den deutschen Gesetzen begründet sind, es sei denn, daß nach dem Rechte des Staates, dem der Erblasser angehörte, für die Beerbung eines Deutschen, welcher seinen Wohnsitz in diesem Staate hatte, die deutschen Gesetze ausschließlich maßgebend sind.

26. Gelangt aus einem im Ausland eröffneten Nachlasse für die nach den dortigen Gesetzen berechtigten Erben oder Vermächtnißnehmer durch Vermittlung deutscher Behörden Vermögen ins Inland, so kann ein Anderer der Herausgabe nicht aus dem Grunde widersprechen, daß er als Erbe oder Vermächtnißnehmer einen Anspruch auf das Vermögen habe.

27. Sind nach dem Rechte eines fremden Staates, dessen Gesetze in dem Artikel 7 Abs. 1, dem Artikel 13 Abs. 1, dem Artikel 15 Abs. 2, dem Artikel 17 Abs. 1 und dem Artikel 25 für maßgebend erklärt sind, die deutschen Gesetze anzuwenden, so finden diese Gesetze Anwendung.

28. Die Vorschriften der Artikel 15, 19, des Artikels 24 Abs. 1 und der Artikel 25, 27 finden keine Anwendung auf Gegenstände, die sich nicht in dem Gebiete des Staates befinden, dessen Gesetze nach jenen Vorschriften maßgebend sind, und die nach den Gesetzen des Staates, in dessen Gebiete sie sich befinden, besonderen Vorschriften unterliegen.

29. Gehört eine Person keinem Staate an, so werden ihre Rechtsverhältnisse, soweit die Gesetze des Staates, dem eine Person angehört, für maßgebend erklärt sind, nach den Gesetzen des Staates beurtheilt, dem die Person zuletzt angehört hat, und, wenn sie auch früher einem Staate nicht angehört hat, nach den Gesetzen des Staates, in welchem sie ihren Wohnsitz und in Ermangelung eines Wohnsitzes ihren Aufenthalt hat oder zu der maßgebenden Zeit gehabt hat.

30. Die Anwendung eines ausländischen Gesetzes ist ausgeschlossen, wenn die Anwendung gegen die guten Sitten oder gegen den Zweck eines deutschen Gesetzes verstoßen würde.

31. Unter Zustimmung des Bundesraths kann durch Anordnung des Reichskanzlers bestimmt

22. Vgl. §§ 1705 ff. BGB.
23. Vgl. §§ 1708 ff., 1715, 1716 BGB.
24. Vgl. §§ 1719 ff., 1723 ff. BGB; §§ 65 ff. FrG.
25. Vgl. §§ 1741 ff.; §§ 65 ff. FrG.
26. Vgl. bezüglich der Zuständigkeit §§ 35 ff. FrG.
27. Vgl. § 44 FrG.
28. Vgl. Art. 28 unten.
29. Vgl. § 73 FrG (Art. 27, 28 unten).

werden, daß gegen einen ausländischen Staat sowie dessen Angehörige und ihre Rechtsnachfolger ein Vergeltungsrecht zur Anwendung gebracht wird.[30]

Zweiter Abschnitt.

Verhältniß des Bürgerlichen Gesetzbuchs zu den Reichsgesetzen.

32. Die Vorschriften der Reichsgesetze bleiben in Kraft. Sie treten jedoch insoweit außer Kraft, als sich aus dem Bürgerlichen Gesetzbuch oder aus diesem Gesetze die Aufhebung ergiebt.[31]

33. Soweit in dem Gerichtsverfassungsgesetze, der Civilprozeßordnung, der Strafprozeßordnung, der Konkursordnung und in dem Gesetze, betreffend die Anfechtung von Rechtshandlungen eines Schuldners außerhalb des Konkursverfahrens, vom 21. Juli 1879 (Reichs-Gesetzbl. S. 277) an die Verwandtschaft oder die Schwägerschaft rechtliche Folgen geknüpft sind, finden die Vorschriften des Bürgerlichen Gesetzbuchs über Verwandtschaft oder Schwägerschaft Anwendung.[32]

34. Das Strafgesetzbuch wird dahin geändert:

I. Im § 34 Nr. 6 werden die Worte: „Vormund, Nebenvormund, Kurator, gerichtlicher Beistand oder Mitglied eines Familienraths" ersetzt durch die Worte:

„Vormund, Gegenvormund, Pfleger, Beistand der Mutter, Mitglied eines Familienraths oder Kurator".

II. An die Stelle des § 55 treten folgende Vorschriften:

Wer bei Begehung der Handlung das zwölfte Lebensjahr nicht vollendet hat, kann wegen derselben nicht strafrechtlich verfolgt werden. Gegen denselben können jedoch nach Maßgabe der landesgesetzlichen Vorschriften die zur Besserung und Beaufsichtigung geeigneten Maßregeln getroffen werden. Die Unterbringung in eine Familie, Erziehungsanstalt oder Besserungsanstalt kann nur erfolgen, nachdem durch Beschluß des Vormundschaftsgerichtes die Begehung der Handlung festgestellt und die Unterbringung für zulässig erklärt ist.

III. An die Stelle des § 65 treten folgende Vorschriften:

Der Verletzte, welcher das achtzehnte Lebensjahr vollendet hat, ist selbständig zu dem Antrage auf Bestrafung berechtigt. Solange er minderjährig ist, hat unabhängig von seiner eigenen Befugniß auch sein gesetzlicher Vertreter das Recht, den Antrag zu stellen.

Ist der Verletzte geschäftsunfähig oder hat er das achtzehnte Lebensjahr noch nicht vollendet, so ist sein gesetzlicher Vertreter der zur Stellung des Antrages Berechtigte.

IV. Als § 145a wird folgende Vorschrift eingestellt:

Wer im Inlande Schuldverschreibungen auf den Inhaber, in denen die Zahlung einer bestimmten Geldsumme versprochen wird, ohne die erforderliche staatliche Genehmigung ausstellt und in den Verkehr bringt, wird mit einer Geldstrafe bestraft, die dem fünften Theile des Nennwerths der ausgegebenen Schuldverschreibungen gleichkommen kann, mindestens aber dreihundert Mark beträgt.

V. Im § 171 Abs. 1 und Abs. 3 werden die Worte: „aufgelöst, für ungültig oder nichtig erklärt worden ist", ersetzt durch die Worte:

„aufgelöst oder für nichtig erklärt worden ist".

VI. An die Stelle des § 195 tritt folgende Vorschrift:

Ist eine Ehefrau beleidigt worden, so hat sowohl sie als ihr Ehemann das Recht, auf Bestrafung anzutragen.

VII. Im § 235 werden die Worte: „ihren Eltern oder ihrem Vormunde" ersetzt durch die Worte:

ihren Eltern, ihrem Vormunde oder ihrem Pfleger".

VIII. Im § 237 werden die Worte: „ihrer Eltern oder ihres Vormundes" ersetzt durch die Worte:

„ihrer Eltern, ihres Vormundes oder ihres Pflegers".

IX. Im § 238 werden die Worte: „für ungültig erklärt worden ist" ersetzt durch die Worte:

„für nichtig erklärt worden ist".

35. Die Strafprozeßordnung wird dahin geändert:

I. Im § 11 Abs. 1 treten an die Stelle der Sätze 2, 3 folgende Vorschriften:

In Ermangelung eines solchen Wohnsitzes gilt die Hauptstadt des Heimathstaats als ihr Wohnsitz; ist die Hauptstadt in mehrere Gerichtsbezirke getheilt, so wird der als Wohnsitz geltende Bezirk von der Landesjustizverwaltung durch allgemeine Anordnung bestimmt. Gehört ein Deutscher einem Bundesstaate nicht an, so gilt als sein Wohnsitz die Stadt Berlin; ist die

30. Die gleiche Bestimmung enthalten die §§ 5 Abs. 2 KO und § 24 EG z. CPO.

31. Vgl. § 1 EG z. ZVG; § 185 Abs. 2 FrG; § 82 Abs. 2 GBO; Art. 2 EG z. HGB.

32. §§ 1589, 1590 BGB.

Stadt Berlin in mehrere Gerichtsbezirke getheilt, so wird der als Wohnsitz geltende Bezirk von dem Reichskanzler durch allgemeine Anordnung bestimmt.

II. An die Stelle des § 149 Abs. 2 tritt folgende Vorschrift:

Dasselbe gilt von dem gesetzlichen Vertreter eines Angeklagten.

36. Die Gewerbeordnung wird dahin geändert:

I. Der § 11 Abs. 2 fällt weg; als § 11a werden folgende Vorschriften eingestellt:

Betreibt eine Ehefrau, für deren güterrechtliche Verhältnisse ausländische Gesetze maßgebend sind, im Inlande selbständig ein Gewerbe, so ist es auf ihre Geschäftsfähigkeit in Angelegenheiten des Gewerbes ohne Einfluß, daß sie Ehefrau ist.

Soweit die Frau in Folge des Güterstandes in der Verfügung über ihr Vermögen beschränkt ist, finden die Vorschriften des § 1405 des Bürgerlichen Gesetzbuchs Anwendung. Hat die Frau ihren Wohnsitz nicht im Inlande, so ist der Einspruch des Mannes gegen den Betrieb des Gewerbes und der Widerruf der ertheilten Einwilligung in das Güterrechtsregister des Bezirks einzutragen, in welchem das Gewerbe betrieben wird.

Betreibt die Frau das Gewerbe mit Einwilligung des Mannes oder gilt die Einwilligung nach § 1405 Abs. 2 des Bürgerlichen Gesetzbuchs als ertheilt, so haftet für die Verbindlichkeiten der Frau aus dem Gewerbebetriebe ihr Vermögen ohne Rücksicht auf die dem Manne kraft des Güterstandes zustehenden Rechte; im Falle des Bestehens einer ehelichen Gütergemeinschaft haftet auch das gemeinschaftliche Vermögen.

II. Im § 107 Abs. 1 werden

1. im Satz 4 die Worte: „an den Vater oder Vormund, sofern diese es verlangen", ersetzt durch die Worte:

„an den gesetzlichen Vertreter, sofern dieser es verlangt",

2. im Satz 5 die Worte: „an die Mutter" ersetzt durch die Worte:

„an die zur gesetzlichen Vertretung nicht berechtigte Mutter".

III. Im § 108 treten an die Stelle des Satz 2 folgende Vorschriften:

Die Ausstellung erfolgt auf Antrag oder mit Zustimmung des gesetzlichen Vertreters. Ist die Erklärung des gesetzlichen Vertreters nicht zu beschaffen oder verweigert dieser die Zustimmung ohne genügenden Grund und zum Nachtheile des Arbeiters, so kann die Gemeindebehörde die Zustimmung ergänzen.

IV. Im § 110 Abs. 1 werden die Worte: „seines Vaters oder Vormunds" ersetzt durch die Worte:

„seines gesetzlichen Vertreters".

V. Im § 113 tritt an die Stelle des Abs. 4 folgende Vorschrift:

Ist der Arbeiter minderjährig, so kann das Zeugniß von dem gesetzlichen Vertreter gefordert werden. Dieser kann verlangen, daß das Zeugniß an ihn, nicht an den Minderjährigen ausgehändigt werde. Mit Genehmigung der Gemeindebehörde des im § 108 bezeichneten Ortes kann auch gegen den Willen des gesetzlichen Vertreters die Aushändigung unmittelbar an den Arbeiter erfolgen.

VI. Im § 131 Abs. 1 Satz 1 werden die Worte: „von dem Vater oder Vormunde" ersetzt durch die Worte:

„von dem gesetzlichen Vertreter".

VII. Im § 133 Abs. 2 Satz 1 werden die Worte: „der Vater des Lehrlings" ersetzt durch die Worte:

„der Vater des Lehrlings, sofern er die Sorge für die Person des Lehrlings hat".

37. Der § 2 des Gesetzes über die Freizügigkeit vom 1. November 1867 (Bundes-Gesetzbl. S. 55) wird dahin geändert:

Wer die aus der Reichsangehörigkeit folgenden Befugnisse in Anspruch nimmt, hat auf Verlangen den Nachweis seiner Reichsangehörigkeit und, sofern er unter elterlicher Gewalt oder unter Vormundschaft steht, den Nachweis der Genehmigung des gesetzlichen Vertreters zu erbringen.

Eine Ehefrau bedarf der Genehmigung des Ehemanns.

38. Das Gesetz, betreffend die Organisation der Bundeskonsulate, sowie die Amtsrechte und Pflichten der Bundeskonsuln, vom 8. November 1867 (Bundes-Gesetzbl. S. 137) wird dahin ergänzt:

I. Der § 16 erhält folgenden Abs. 2:

Einem Wahlkonsul steht in Ansehung der Errichtung einer Verfügung von Todeswegen das im Abs. 1 bezeichnete Recht der Notare nur dann zu, wenn das Recht ihm von dem Reichskanzler besonders beigelegt ist.

II. Als § 17a wird folgende Vorschrift eingestellt:

Auf die Errichtung einer Verfügung von Todeswegen finden nicht die Vorschriften des § 17, sondern die Vorschriften des Bürgerlichen Gesetzbuchs Anwendung.

39. Das Gesetz, betreffend die vertragsmäßigen Zinsen, vom 14. November 1867 (Bundes-Gesetzbl. S. 159) wird aufgehoben.[33]

40. Das Gesetz, betreffend die Eheschließung und die Beurkundung des Personenstandes von Bundesangehörigen im Auslande, vom 4 Mai 1870 (Bundes-Gesetzbl. S. 599) wird dahin geändert:

I. In dem § 3 Abs. 1, Satz 1, dem § 9, dem § 11 Abs. 2 und dem § 12 Abs. 1 Satz 2 wird das Wort: „muß" ersetzt durch das Wort: „soll".

II. An die Stelle der §§ 7, 8 treten folgende Vorschriften:

§ 7. Die Ehe wird dadurch geschlossen, daß die Verlobten vor dem Beamten persönlich und bei gleichzeitiger Anwesenheit erklären, die Ehe mit einander eingehen zu wollen. Der Beamte muß zur Entgegennahme der Erklärungen bereit sein.

Die Erklärungen können nicht unter einer Bedingung oder einer Zeitbestimmung abgegeben werden.

§ 7a. Der Beamte soll bei der Eheschließung in Gegenwart von zwei Zeugen an die Verlobten einzeln und nach einander die Frage richten, ob sie die Ehe mit einander eingehen wollen, und, nachdem die Verlobten die Frage bejaht haben, aussprechen, daß sie kraft dieses Gesetzes nunmehr rechtmäßig verbundene Eheleute seien.

Als Zeugen sollen Personen, die der bürgerlichen Ehrenrechte für verlustig erklärt sind, während der Zeit, für welche die Aberkennung der Ehrenrechte erfolgt ist, sowie Minderjährige nicht zugezogen werden. Personen, die mit einem der Verlobten, mit dem Beamten oder mit einander verwandt oder verschwägert sind, dürfen als Zeugen zugezogen werden.

§ 8. Als zur Eheschließung ermächtigter Beamter (§ 1) gilt auch derjenige, welcher, ohne ein solcher Beamter zu sein, das Amt eines solchen öffentlich ausübt, es sei denn, daß die Verlobten den Mangel der amtlichen Befugniß bei der Eheschließung kennen.

§ 8a. Eine Ehe, die vor einem zur Eheschließung ermächtigten Beamten (§ 1) oder vor einer im § 8 einem solchen Beamten gleichgestellten Person geschlossen wird, ist wegen Formmangels nur dann nichtig, wenn bei der Eheschließung die im § 7 vorgeschriebene Form nicht beobachtet worden ist.

Ist die Ehe in das Heirathsregister eingetragen worden und haben die Ehegatten nach der Eheschließung zehn Jahre oder, falls einer von ihnen vorher gestorben ist, bis zu dessen Tode, jedoch mindestens drei Jahre als Ehegatten mit einander gelebt, so ist die Ehe als von Anfang an gültig anzusehen. Diese Vorschrift findet keine Anwendung, wenn bei dem Ablaufe der zehn Jahre oder zur Zeit des Todes des einen Ehegatten die Nichtigkeitsklage erhoben ist.

41. Das Gesetz über die Erwerbung und den Verlust der Bundes- und Staatsangehörigkeit vom 1. Juni 1870 (Bundes-Gesetzbl. S. 355) wird dahin geändert:

I. An die Stelle des § 11 treten folgende Vorschriften:

Die Verleihung der Staatsangehörigkeit erstreckt sich, insofern nicht dabei eine Ausnahme gemacht wird, zugleich auf die Ehefrau und auf diejenigen minderjährigen Kinder, deren gesetzliche Vertretung dem Aufgenommenen oder Naturalisirten kraft elterlicher Gewalt zusteht. Ausgenommen sind Töchter, die verheirathet sind oder verheirathet gewesen sind.

II. Als § 14a werden folgende Vorschriften eingestellt:

Die Entlassung eines Staatsangehörigen, der unter elterlicher Gewalt oder Vormundschaft steht, kann von dem gesetzlichen Vertreter nur mit Genehmigung des Vormundschaftsgerichts beantragt werden.

Die Genehmigung des Vormundschaftsgerichts ist nicht erforderlich, wenn der Vater oder die Mutter die Entlassung für sich und zugleich kraft elterlicher Gewalt für ein Kind beantragt. Erstreckt sich der Wirkungskreis eines der Mutter bestellten Beistandes auf die Sorge für die Person des Kindes, so bedarf die Mutter in einem solchen Falle der Genehmigung des Beistandes zu dem Antrag auf Entlassung des Kindes.

III. An die Stelle des § 19 treten folgende Vorschriften:

Die Entlassung erstreckt sich, insofern nicht dabei eine Ausnahme gemacht wird, zugleich auf die Ehefrau und auf diejenigen Kinder, deren gesetzliche Vertretung dem Entlassenen kraft elterlicher Gewalt zusteht.

Diese Vorschrift findet keine Anwendung auf Töchter, die verheirathet sind oder verheirathet gewesen sind, sowie auf Kinder, die unter der elterlichen Gewalt der Mutter stehen, falls die Mutter zu dem Antrage auf Entlassung der Kinder nach § 14a Abs. 2 Satz 2 der Genehmigung des Beistandes bedarf.

---

33. Vgl. §§ 246 ff., 288 ff. BGB; §§ 352 ff. HGB.

IV. An die Stelle des § 21 Abs. 2 treten folgende Vorschriften:

Der hiernach eingetretene Verlust der Staatsangehörigkeit erstreckt sich zugleich auf die Ehefrau und auf diejenigen Kinder, deren gesetzliche Vertretung dem Ausgetretenen kraft elterlicher Gewalt zusteht, soweit sich die Ehefrau oder die Kinder bei dem Ausgetretenen befinden. Ausgenommen sind Töchter, die verheirathet sind oder verheirathet gewesen sind.

42. Das Gesetz, betreffend die Verbindlichkeit zum Schadenersatze für die bei dem Betriebe von Eisenbahnen, Bergwerken u. s. w. herbeigeführten Tödtungen und Körperverletzungen, vom 7. Juni 1871 (Reichs-Gesetzbl. S. 207) wird dahin geändert:

I. An die Stelle des § 3 treten folgende Vorschriften:

§ 3. Im Falle der Tödtung ist der Schadenersatz (§§ 1 und 2) durch Ersatz der Kosten einer versuchten Heilung sowie des Vermögensnachtheils zu leisten, den der Getödtete dadurch erlitten hat, daß während der Krankheit seine Erwerbsfähigkeit aufgehoben oder gemindert oder eine Vermehrung seiner Bedürfnisse eingetreten war. Der Ersatzpflichtige hat außerdem die Kosten der Beerdigung demjenigen zu ersetzen, dem die Verpflichtung obliegt, diese Kosten zu tragen.

Stand der Getödtete zur Zeit der Verletzung zu einem Dritten in einem Verhältnisse, vermöge dessen er diesem gegenüber kraft Gesetzes unterhaltspflichtig war oder unterhaltspflichtig werden konnte, und ist dem Dritten in Folge der Tödtung das Recht auf den Unterhalt entzogen, so hat der Ersatzpflichtige dem Dritten insoweit Schadenersatz zu leisten, als der Getödtete während der muthmaßlichen Dauer seines Lebens zur Gewährung des Unterhalts verpflichtet gewesen sein würde. Die Ersatzpflicht tritt auch dann ein, wenn der Dritte zur Zeit der Verletzung erzeugt, aber noch nicht geboren war.

§ 3a. Im Falle einer Körperverletzung ist der Schadenersatz (§§ 1 und 2) durch Ersatz der Kosten der Heilung sowie des Vermögensnachtheils zu leisten, den der Verletzte dadurch erleidet, daß in Folge der Verletzung zeitweise oder dauernd seine Erwerbsfähigkeit aufgehoben oder gemindert oder eine Vermehrung seiner Bedürfnisse eingetreten ist.

II. Im § 5 werden die Worte: „der in den §§ 1 bis 3 enthaltenen Bestimmungen“ ersetzt durch die Worte: „der in den §§ 1 bis 3a enthaltenen Bestimmungen“.

III. An die Stelle der §§ 7, 8, 9 treten folgende Vorschriften:

§ 7. Der Schadenersatz wegen Aufhebung oder Minderung der Erwerbsfähigkeit und wegen Vermehrung der Bedürfnisse des Verletzten sowie der nach § 3 Abs. 2 einem Dritten zu gewährende Schadenersatz ist für die Zukunft durch Entrichtung einer Geldrente zu leisten.

Die Vorschriften des § 843 Abs. 2 bis 4 des Bürgerlichen Gesetzbuchs und des § 648 Nr. 6 der Civilprozeßordnung finden entsprechende Anwendung. Das Gleiche gilt für die dem Verletzten zu entrichtende Geldrente von der Vorschrift des § 749 Abs. 3 und für die dem Dritten zu entrichtende Geldrente von der Vorschrift des § 749 Abs. 1 Nr. 2 der Civilprozeßordnung.

Ist bei der Verurtheilung des Verpflichteten zur Entrichtung einer Geldrente nicht auf Sicherheitsleistung erkannt worden, so kann der Berechtigte gleichwohl Sicherheitsleistung verlangen, wenn die Vermögensverhältnisse des Verpflichteten sich erheblich verschlechtert haben; unter der gleichen Voraussetzung kann er eine Erhöhung der in dem Urtheile bestimmten Sicherheit verlangen.

§ 8. Die Forderungen auf Schadenersatz (§§ 1 bis 3a) verjähren in zwei Jahren von dem Unfall an. Gegen denjenigen, welchem der Getödtete Unterhalt zu gewähren hatte (§ 3 Abs. 2), beginnt die Verjährung mit dem Tode. Im Uebrigen finden die Vorschriften des Bürgerlichen Gesetzbuchs über die Verjährung Anwendung.

§ 9. Die gesetzlichen Vorschriften, nach welchen außer den in diesem Gesetze vorgesehenen Fällen der Unternehmer einer in den §§ 1, 2 bezeichneten Anlage oder eine andere Person, insbesondere wegen eines eigenen Verschuldens, für den bei dem Betriebe der Anlage durch Tödtung oder Körperverletzung eines Menschen entstandenen Schaden haftet, bleiben unberührt.

43. Der § 6 Abs. 2 des Gesetzes, betreffend die Rechtsverhältnisse der Reichsbeamten, vom 31. März 1873 (Reichs-Gesetzbl. S. 61) wird aufgehoben.[34]

44. Die Vorschriften des § 44 des Reichs-Militärgesetzes vom 2. Mai 1874 (Reichs-Gesetzbl. S. 45) finden entsprechende Anwendung auf Personen, die zur Besatzung eines in Dienst gestellten

34. An die Stelle der aufgehobenen Bestimmung tritt § 411 BGB.

Schiffes der Kaiserlichen Marine gehören, solange das Schiff sich außerhalb eines inländischen Hafens befindet oder die Personen als Kriegsgefangene oder Geißeln in der Gewalt des Feindes sind, ingleichen auf andere an Bord eines solchen Schiffes genommene Personen, solange das Schiff sich außerhalb eines inländischen Hafens befindet und die Personen an Bord sind. Die Frist, mit deren Ablaufe die letztwillige Verfügung ihre Gültigkeit verliert, beginnt mit dem Zeitpunkt, in welchem das Schiff in einen inländischen Hafen zurückkehrt oder der Verfügende aufhört, zu dem Schiffe zu gehören, oder als Kriegsgefangener oder Geißel aus der Gewalt des Feindes entlassen wird. Den Schiffen stehen die sonstigen Fahrzeuge der Kaiserlichen Marine gleich.

45. Der § 45 Abs. 2 Satz 2 des Reichs-Militärgesetzes vom 2. Mai 1874 (Reichs-Gesetzbl. S. 45) wird aufgehoben.[35]

46. Das Gesetz über die Beurkundung des Personenstandes und die Eheschließung vom 6. Februar 1875 (Reichs-Gesetzbl. S. 23) wird dahin geändert:

I. Die §§ 28 bis 40, 42, 43, 51 bis 53 werden aufgehoben.

II. An die Stelle der §§ 41, 44, 50, 55 treten folgende Vorschriften:

§ 41. Für die Eheschließung sind die Vorschriften des Bürgerlichen Gesetzbuchs maßgebend.

§ 44. Für die Anordnung des vor der Eheschließung zu erlassenden Aufgebots ist jeder Standesbeamte zuständig, vor dem nach § 1320 des Bürgerlichen Gesetzbuchs die Ehe geschlossen werden darf.

§ 50. Der Standesbeamte soll ohne Aufgebot die Eheschließung nur vornehmen, wenn ihm ärztlich bescheinigt wird, daß die lebensgefährliche Erkrankung eines der Verlobten den Aufschub der Eheschließung nicht gestattet.

§ 55. Ist eine Ehe für nichtig erklärt, ist in einem Rechtsstreite, der die Feststellung des Bestehens oder des Nichtbestehens einer Ehe zwischen den Parteien zum Gegenstande hat, das Nichtbestehen der Ehe festgestellt, ist eine Ehe vor dem Tode eines der Ehegatten aufgelöst oder ist nach § 1575 des Bürgerlichen Gesetzbuchs die eheliche Gemeinschaft aufgehoben, so ist dies am Rande der über die Eheschließung bewirkten Eintragung zu vermerken.

Wird die eheliche Gemeinschaft nach der Aufhebung wiederhergestellt, so ist dies auf Antrag am Rande zu vermerken.

III. Der § 67 erhält folgenden Absatz 2:

Eine strafbare Handlung ist nicht vorhanden, wenn der Geistliche oder der Religionsdiener im Falle einer lebensgefährlichen, einen Aufschub nicht gestattenden Erkrankung eines der Verlobten zu den religiösen Feierlichkeiten der Eheschließung schreitet.

IV. Im § 69 werden die Worte: „in diesem Gesetze" ersetzt durch die Worte:

„in diesem Gesetze und in dem Bürgerlichen Gesetzbuche".

V. Im § 75 Abs. 1 werden die Worte: „nach den Vorschriften dieses Gesetzes" ersetzt durch die Worte:

„nach den Vorschriften des Bürgerlichen Gesetzbuchs".

47. Der Artikel 3 des Gesetzes, betreffend den Wucher, vom 24. Mai 1880 (Reichs-Gesetzbl. S. 109) in der Fassung des Artikel II des Gesetzes, betreffend Ergänzung der Bestimmungen über den Wucher, vom 19. Juni 1893 (Reichs-Gesetzbl. S. 197) wird aufgehoben.[36]

48. Der § 16 Abs. 2 des Gesetzes, betreffend die Fürsorge für die Wittwen und Waisen der Reichsbeamten der Civilverwaltung, vom 20. April 1881 (Reichs-Gesetzbl. S. 85) wird aufgehoben.[37]

49. Der § 18 Abs. 2 des Gesetzes, betreffend die Fürsorge für die Wittwen und Waisen von Angehörigen des Reichsheeres und der Kaiserlichen Marine, vom 17. Juni 1887 (Reichs-Gesetzbl. S. 237) wird aufgehoben.[37]

50. Der § 9 des Gesetzes, betreffend das Reichsschuldbuch, vom 31. Mai 1891 (Reichs-Gesetzbl. S. 321) wird dahin geändert:

Eine Ehefrau wird zu Anträgen ohne Zustimmung des Ehemannes zugelassen.

Die Ehefrau bedarf der Zustimmung des Ehemannes, wenn ein Vermerk zu dessen Gunsten eingetragen ist. Ein solcher Vermerk ist einzutragen, wenn die Ehefrau oder mit ihrer Zustimmung der Ehemann die Eintragung beantragt. Die Ehefrau ist dem Ehemanne gegenüber zur Ertheilung der Zustimmung verpflichtet, wenn sie nach dem unter ihnen bestehenden Güterstande über die Buchforderung nur mit Zustimmung des Ehemannes verfügen kann.

51. Der § 8 Abs. 2 des Gesetzes, betreffend die Fürsorge für die Wittwen und Waisen der Personen des Soldatenstandes des Reichsheeres und der Kaiserlichen Marine vom Feldwebel abwärts, vom 13. Juni 1895 (Reichs-Gesetzbl. S. 261) wird aufgehoben.[37]

52. Ist auf Grund eines Reichsgesetzes dem Eigenthümer einer Sache wegen der im öffent-

35. An die Stelle der aufgehobenen Bestimmung tritt § 411 BGB.

36. Vgl. jetzt §§ 138, 852 BGB.

37. Vgl. §§ 197, 201 BGB.

lichen Interesse erfolgenden Entziehung, Beschädigung oder Benutzung der Sache oder wegen Beschränkung des Eigenthums eine Entschädigung zu gewähren und steht einem Dritten ein Recht an der Sache zu, für welches nicht eine besondere Entschädigung gewährt wird,[38] so hat der Dritte, soweit sein Recht beeinträchtigt wird, an dem Entschädigungsanspruche dieselben Rechte, die ihm im Falle des Erlöschens seines Rechtes durch Zwangsversteigerung an dem Erlöse zustehen.[39]

53. Ist in einem Falle des Artikel 52 die Entschädigung dem Eigenthümer eines Grundstücks zu gewähren, so finden auf den Entschädigungsanspruch die Vorschriften des § 1128 des Bürgerlichen Gesetzbuchs entsprechende Anwendung. Erhebt ein Berechtigter innerhalb der im § 1128 bestimmten Frist Widerspruch gegen die Zahlung der Entschädigung an den Eigenthümer, so kann der Eigenthümer und jeder Berechtigte die Eröffnung eines Vertheilungsverfahrens[40] nach den für die Vertheilung des Erlöses im Falle der Zwangsversteigerung geltenden Vorschriften beantragen. Die Zahlung hat in diesem Falle an das für das Vertheilungsverfahren zuständige Gericht zu erfolgen.

Ist das Recht des Dritten eine Reallast, eine Hypothek, eine Grundschuld oder eine Rentenschuld, so erlischt die Haftung des Entschädigungsanspruchs, wenn der beschädigte Gegenstand wiederhergestellt oder für die entzogene bewegliche Sache Ersatz beschafft ist. Ist die Entschädigung wegen Benutzung des Grundstücks oder wegen Entziehung oder Beschädigung von Früchten oder von Zubehörstücken zu gewähren, so finden die Vorschriften des § 1123 Abs. 2 Satz 1 und des § 1124 Abs. 1, 3 des Bürgerlichen Gesetzbuchs entsprechende Anwendung.[41]

54. Die Vorschrift des § 36 Abs. 4 des Gesetzes, betreffend die Beschränkungen des Grundeigenthums in der Umgebung von Festungen, vom 21. Dezember 1871 (Reichs-Gesetzbl. S. 459) wird durch die Vorschriften der Artikel 52, 53 nicht berührt. Findet nach diesen Vorschriften ein Vertheilungsverfahren statt, so ist die Entschädigung auf Ersuchen des für das Verfahren zuständigen Gerichts an dieses zu leisten, soweit sie zur Zeit der Stellung des Ersuchens noch aussteht.

Die Vorschrift des § 37 desselben Gesetzes wird dahin geändert:

Ist das Grundstück mit einem Rechte belastet, welches durch die Beschränkung des Eigenthums beeinträchtigt wird, so kann der Berechtigte bis zum Ablauf eines Monats, nachdem ihm der Eigenthümer die Beschränkung des Eigenthums mitgetheilt hat, die Eröffnung des Vertheilungsverfahrens beantragen.

Dritter Abschnitt. Verhältniß des Bürgerlichen Gesetzbuchs zu den Landesgesetzen.

55. Die privatrechtlichen Vorschriften der Landesgesetze treten außer Kraft, soweit nicht in dem Bürgerlichen Gesetzbuch oder in diesem Gesetz ein Anderes bestimmt ist.[42]

56. Unberührt bleiben die Bestimmungen der Staatsverträge, die ein Bundesstaat mit einem ausländischen Staate vor dem Inkrafttreten des Bürgerlichen Gesetzbuchs geschlossen hat.

57. In Ansehung der Landesherren und der Mitglieder der landesherrlichen Familien sowie der Mitglieder der Fürstlichen Familie Hohenzollern finden die Vorschriften des Bürgerlichen Gesetzbuchs nur insoweit Anwendung, als nicht besondere Vorschriften der Hausverfassungen oder der Landesgesetze abweichende Bestimmungen enthalten.

Das Gleiche gilt in Ansehung der Mitglieder des vormaligen Hannoverschen Königshauses, des vormaligen Kurhessischen und des vormaligen Herzoglich Nassauischen Fürstenhauses.[43]

58. In Ansehung der Familienverhältnisse und der Güter derjenigen Häuser, welche vormals reichsständisch gewesen und seit 1806 mittelbar geworden sind oder welche diesen Häusern bezüglich der Familienverhältnisse und der Güter durch Beschluß der vormaligen deutschen Bundesversammlung oder vor dem Inkrafttreten des Bürgerlichen Gesetzbuchs durch Landesgesetz gleichgestellt worden sind, bleiben die Vorschriften der Landesgesetze und nach Maßgabe der Landesgesetze die Vorschriften der Hausverfassungen unberührt.

Das Gleiche gilt zu Gunsten des vormaligen Reichsadels und derjenigen Familien des landsässigen Adels, welche vor dem Inkrafttreten des Bürgerlichen Gesetzbuchs dem vormaligen Reichsadel durch Landesgesetz gleichgestellt worden sind.

59. Unberührt bleiben die landesgesetzlichen Vorschriften über Familienfideikommisse und Lehen, mit Einschluß der allodifizirten Lehen, sowie über Stammgüter.[44]

---

38. Vgl. §§ 34 ff. RG v. 21. Dez. 1871 (21. Febr. 1872); auch Art. 54 unten; §§ 14, 23—27 RG v. 13. Juni 1873 (6. Okt. 1873); § 14 RG v. 13. Febr. 1875; § 3 RG v. 7. April 1869 (11. Dez. 1871); §§ 57 ff. RG v. 23. Juni 1880 (in der Fassung des RG v. 1. Mai 1894); § 10 RG v. 3. Juli 1883; § 51 GewO.

39. Vgl. § 92 ZVG; § 1247 BGB; Artt. 67 Abs. 2, 109 unten.

40. Vgl. § 105 ZVG.

41. Vgl. Artt. 67 Abs. 2, 109 unten.

42. Vgl. § 1 Abs. 2, § 2 EG z. ZVG; §§ 189, 200 FrG; §§ 82 Abs. 2, 83 GBO.

43. Vgl. § 5 EG z. GVG, in der Fassung des G. v. 17. Mai 1898; § 5 EG z. CPO in der Fassung des G. v. 17. Mai 1898; § 7 EG z. KO; § 2 EG z. ZVG; §§ 83, 90 GBO; § 189 FrG.

44. Vgl. § 5 EG z. KO. — Der Art. hat für Elf.-Lothr. keine Bedeutung, da Güter der bezeichneten Art (Fideikommisse, Lehn- und Stammgüter) hier nicht vorhanden sind.

60. Unberührt bleiben die landesgesetzlichen Vorschriften, welche die Bestellung einer Hypothek, Grundschuld oder Rentenschuld an einem Grundstücke, dessen Belastung nach den in den Artikeln 57 bis 59 bezeichneten Vorschriften nur beschränkt zulässig ist, dahin gestatten, daß der Gläubiger Befriedigung aus dem Grundstücke lediglich im Wege der Zwangsverwaltung suchen kann.[45]

61. Ist die Veräußerung oder Belastung eines Gegenstandes nach den in den Artikeln 57 bis 59 bezeichneten Vorschriften unzulässig oder nur beschränkt zulässig, so finden auf einen Erwerb, dem diese Vorschriften entgegenstehen, die Vorschriften des Bürgerlichen Gesetzbuchs zu Gunsten derjenigen, welche Rechte von einem Nichtberechtigten herleiten, entsprechende Anwendung.[46]

62. Unberührt bleiben die landesgesetzlichen Vorschriften über Rentengüter.[47]

63. Unberührt bleiben die landesgesetzlichen Vorschriften über das Erbpachtrecht, mit Einschluß des Büdnerrechts und des Häuslerrechts, in denjenigen Bundesstaaten, in welchen solche Rechte bestehen. Die Vorschriften des § 1017 des Bürgerlichen Gesetzbuchs finden auf diese Rechte entsprechende Anwendung.[48]

64. Unberührt bleiben die landesgesetzlichen Vorschriften über das Anerbenrecht in Ansehung landwirthschaftlicher und forstwirthschaftlicher Grundstücke nebst deren Zubehör.

Die Landesgesetze können das Recht des Erblassers, über das dem Anerbenrecht unterliegende Grundstück von Todeswegen zu verfügen, nicht beschränken.[49]

65. Unberührt bleiben die landesgesetzlichen Vorschriften, welche dem Wasserrecht angehören, mit Einschluß des Mühlenrechts, des Flötzrechts und des Flößereirechts sowie der Vorschriften zur Beförderung der Bewässerung und Entwässerung der Grundstücke und der Vorschriften über Anlandungen, entstehende Inseln und verlassene Flußbetten.[50]

66. Unberührt bleiben die landesgesetzlichen Vorschriften, welche dem Deich- und Sielrecht angehören.[51]

67. Unberührt bleiben die landesgesetzlichen Vorschriften, welche dem Bergrecht angehören.[52]

Ist nach landesgesetzlicher Vorschrift wegen Beschädigung eines Grundstücks durch Bergbau eine Entschädigung zu gewähren, so finden die Vorschriften der Artikel 52, 53 Anwendung, soweit nicht die Landesgesetze ein Anderes bestimmen.[53]

68. Unberührt bleiben die landesgesetzlichen Vorschriften, welche die Belastung eines Grundstücks mit dem vererblichen und veräußerlichen Rechte zur Gewinnung eines den bergrechtlichen Vorschriften nicht unterliegenden Minerals gestatten und den Inhalt dieses Rechtes näher bestimmen. Die Vorschriften der §§ 874, 875, 876, 1015, 1017 des Bürgerlichen Gesetzbuchs finden entsprechende Anwendung.[54]

69. Unberührt bleiben die landesgesetzlichen Vorschriften über Jagd und Fischerei,[55] unbeschadet der Vorschrift des § 958 Abs. 2 des Bürgerlichen Gesetzbuchs und der Vorschriften des Bürgerlichen Gesetzbuchs über den Ersatz des Wildschadens.[56]

70. Unberührt bleiben die landesgesetzlichen Vorschriften über die Grundsätze, nach welchen der Wildschaden festzustellen ist, sowie die landesgesetzlichen Vorschriften, nach welchen der Anspruch auf Ersatz des Wildschadens innerhalb einer bestimmten Frist bei der zuständigen Behörde geltend gemacht werden muß.[57]

71. Unberührt bleiben die landesgesetzlichen Vorschriften, nach welchen

1. die Verpflichtung zum Ersatze des Wildschadens auch dann eintritt, wenn der Schaden

---

45. Landesgesetzliche Vorschriften dieser Art bestehen in Elf.-Lothr. nicht.

46. Der Art. hat für Elf.-Lothr. keine Bedeutung.

47. Rentengüter bestehen in Elf.-Lothr. nicht.

48. Vgl. Art. 1 Ges. v. 29. Dez. 1790 und die Bemerkung 1 dazu.

49. Das Anerbenrecht besteht in Elf.-Lothr. nicht.

50. Die hier in Betracht kommenden gesetzlichen Vorschriften sind vornehmlich die folgenden: Ges. betr. die Syndikatgenossenschaften vom 21. Juni 1865; Dekr. v. 17. Nov. 1865 — sofern letzteres als noch zu Recht bestehend und nicht durch die Bestimmungen des Minist. v. 1. Okt. 1891 beseitigt anzusehen sein sollte —; Ges. v. 11. Mai 1877; Ges. v. 30. Juli 1890; Art. 45 Titel 27 der Ord. v. Aug. 1669; Ges. v. 2. Juli 1891; §§ 46, 47, 50—61 AG z. BGB.

51. Derartige Vorschriften bestehen in Elf.-Lothr. nicht.

52. Unter diese Bestimmung fallen auch diejenigen Vorschriften der Landesgesetze, welche sich auf solche Mineralien beziehen, die zwar an sich dem Verfügungsrechte des Eigenthümers nicht entzogen sind, aber doch hinsichtlich ihrer Gewinnung den bergrechtlichen Normen und Beschränkungen unterworfen sind. — Vgl. Berggeſ. v. 16. Dez. 1873; §§ 80—85, 87 AG z. BGB.

53. §§ 127 ff. Berggeſ. v. 16. Dez. 1873.

54. Für Elf.-Lothr. ohne Bedeutung.

55. In Betracht kommen: Art. 3 Dekr. v. 4. August 1789; Ges. v. 7. Febr. 1881 betr. Ausübung des Jagdrechts; § 75 Abf. 2 Nr. 2 Gemeindeordnung v. 6 Juni 1895; Ges. v. 7. Mai 1883 betr. die Jagdpolizei; MinV v. 24. April 1895; Ges. v. 11. Juli 1884 betr. Deklaration des Jagdpolizeigesetzes; Ges. v. 8. Mai 1889 betr. Abänderung des Jagdpolizeigesetzes; MinV v. 16. Juli 1890 betr. das schädliche Wild (§ 2 Jagdpolizeiges.); § 24 Abf. 2 Feldpolizeiges. v. 9. Juli 1888; Ges. v. 2. Juli 1891 betr. die Fischerei; MinV v. 28. April 1892 betr. die Fischerei (ABl S. 21); Ord. v. 10. Juli 1835 betr. die Flußfischerei; MinV v. 31. Juli 1892 betr. Bildung von Fischereigenossenschaften (z. § 14 ff. Ges. v. 2. Juli 1891) ABl S. 343. — Vgl. auch: RG v. 22. März 1888 betr. den Schutz von Vögeln; Ges. v. 2. Juli 1890 zur Ausführung dieses Gesetzes; MinV v. 1. April 1893 (z. § 2 Ges. v. 2. Juli 1890) ABl S. 157; RG v. 28. Mai 1894 betr. den Schutz der Brieftauben; Vertrag zwischen Deutschland, den Niederlanden und der Schweiz betr. die Lachsfischerei im Rhein v. 30. Juni 1885.

56. § 835 BGB.

57. Die maßgebenden landesgesetzlichen Vorschriften sind in den §§ 19—36 AG z. BGB enthalten.

durch jagdbare Thiere anderer als der im § 835 des Bürgerlichen Gesetzbuchs bezeichneten Gattungen angerichtet wird;[58]

2. für den Wildschaden, der durch ein aus einem Gehege ausgetretenes jagdbares Thier angerichtet wird, der Eigenthümer oder der Besitzer des Geheges verantwortlich ist;

3. der Eigenthümer eines Grundstücks, wenn das Jagdrecht auf einem anderen Grundstücke nur gemeinschaftlich mit dem Jagdrecht auf seinem Grundstück ausgeübt werden darf, für den auf dem anderen Grundstück angerichteten Wildschaden auch dann haftet, wenn er die ihm angebotene Pachtung der Jagd abgelehnt hat;

4. der Wildschaden, der an Gärten, Obstgärten, Weinbergen, Baumschulen und einzelnstehenden Bäumen angerichtet wird, dann nicht zu ersetzen ist, wenn die Herstellung von Schutzvorrichtungen unterblieben ist, die unter gewöhnlichen Umständen zur Abwendung des Schadens ausreichen;[59]

5. die Verpflichtung zum Schadensersatz im Falle des § 835 Abs. 3 des Bürgerlichen Gesetzbuchs abweichend bestimmt wird;

6. die Gemeinde an Stelle der Eigenthümer der zu einem Jagdbezirke vereinigten Grundstücke zum Ersatze des Wildschadens verpflichtet und zum Rückgriff auf die Eigenthümer berechtigt ist oder an Stelle der Eigenthümer oder des Verbandes der Eigenthümer oder der Gemeinde oder neben ihnen der Jagdpächter zum Ersatze des Schadens verpflichtet ist;[60]

7. der zum Ersatze des Wildschadens Verpflichtete Erstattung des geleisteten Ersatzes von demjenigen verlangen kann, welcher in einem anderen Bezirke zur Ausübung der Jagd berechtigt ist.

72. Besteht in Ansehung eines Grundstücks ein zeitlich nicht begrenztes Nutzungsrecht, so finden die Vorschriften des § 835 des Bürgerlichen Gesetzbuchs über die Verpflichtung zum Ersatze des Wildschadens mit der Maßgabe Anwendung, daß an die Stelle des Eigenthümers der Nutzungsberechtigte tritt.[61]

73. Unberührt bleiben die landesgesetzlichen Vorschriften über Regalien.[62]

74. Unberührt bleiben die landesgesetzlichen Vorschriften über Zwangsrechte, Bannrechte und Realgewerbeberechtigungen.[63]

75. Unberührt bleiben die landesgesetzlichen Vorschriften, welche dem Versicherungsrecht angehören, soweit nicht in dem Bürgerlichen Gesetzbuche besondere Bestimmungen getroffen sind.[64]

76. Unberührt bleiben die landesgesetzlichen Vorschriften, welche dem Verlagsrecht angehören.[65]

77. Unberührt bleiben die landesgesetzlichen Vorschriften über die Haftung des Staates, der Gemeinden und anderer Kommunalverbände (Provinzial-, Kreis-, Amtsverbände) für den von ihren Beamten in Ausübung der diesen anvertrauten öffentlichen Gewalt zugefügten Schaden sowie die landesgesetzlichen Vorschriften, welche das Recht des Beschädigten, von dem Beamten den Ersatz eines solchen Schadens zu verlangen, insoweit ausschließen, als der Staat oder der Kommunalverband haftet.[66]

78. Unberührt bleiben die landesgesetzlichen Vorschriften, nach welchen die Beamten für die von ihnen angenommenen Stellvertreter und Gehülfen in weiterem Umfange als nach dem Bürgerlichen Gesetzbuche haften.[67]

79. Unberührt bleiben die landesgesetzlichen Vorschriften, nach welchen die zur amtlichen Feststellung des Werthes von Grundstücken bestellten Sachverständigen für den aus einer Verletzung ihrer Berufspflicht entstandenen Schaden in weiterem Umfange als nach dem Bürgerlichen Gesetzbuche haften.[68]

80. Unberührt bleiben, soweit nicht in dem Bürgerlichen Gesetzbuch eine besondere Bestimmung getroffen ist, die landesgesetzlichen Vorschriften über die vermögensrechtlichen Ansprüche und Verbindlichkeiten der Beamten, der Geistlichen und der Lehrer an öffentlichen Unterrichtsanstalten aus

58. Vgl. § 16 AG z. BGB.

59. Vgl. § 17 AG z. BGB.

60. Vgl. § 18 AG z. BGB.

61. Zu diesen Nutzungsberechtigten dürften die Personen gehören, welchen auf Grund des Edikts v. Juni 1769 Antheile am Gemeindegut zugetheilt sind.

62. Die hierher gehörigen Bestimmungen der Artt. 539, 713 C. c. sind aufgehoben (Ges. v. 29. Nov. 1899), überdies auch, soweit sie überhaupt noch Bedeutung hatten, durch §§ 928 Abs. 2, 1936, 1942 Abs. 2, 1964 BGB gegenstandslos geworden. — Vgl. auch Art. 190 unten.

63. Für Els.-Lothr. ohne Bedeutung. — Vgl. auch §§ 7 bis 10 GewO.

64. Besondere Bestimmungen enthalten insbesondere die §§ 1045, 1046, 1127 ff., 1385, 1654 BGB. — Die Seeversicherung ist bereits geregelt in §§ 778 ff. HGB. Im Uebrigen soll das Versicherungsrecht demnächst reichsgesetzlich geregelt werden. — Von den landesgesetzlichen Bestimmungen kommen in Betracht insbesondere: StRG v. 1. April 1809 betr. die Tontinengesellschaften; StRG v. 15. Okt. 1809 über die Versicherungsgesellschaften, welche die öffentliche Ordnung angehen; Tit. 5 Ges. v. 24. Juli 1867 über die Gesellschaften; Tit. 2 Dekr. v. 22. Jan. 1868 betr. die Bildung v. Versicherungsgesellschaften, in Verbindung mit § 1 Nr. 1, 2 EG z. HGB v. 19. Juni 1872; Ver. v. 5. Nov. 1894; Ver. v. 19. Juni 1871; Bkm. v. 28. Juni 1871; Erl. v. 19. Juli 1872.

65. Landesgesetzliche Vorschriften dieser Art bestehen in Els.-Lothr. nicht.

66. Die hierher gehörigen landesgesetzlichen Vorschriften sind enthalten in Art. 22 Abs. 2 Ges. über die Eisenbahnpolizei v. 15. Juli 1845; §§ 40, 112, 115 Abs. 2 AG z. BGB; §§ 4 ff., 11, 15 Ges. betr. das Hinterlegungswesen vom 1. Nov. 1899.

67. Diese Vorschriften sind die §§ 37, 38 AG z. BGB und § 8 Ges. betr. das Notariat v. 8. Juni 1892 in der durch Ges. v. 29. Nov. 1899 beschränkten Geltung. — Vgl. andererseits §§ 278, 831 BGB.

68. Für Els.-Lothr. ohne Bedeutung.

dem Amts- oder Dienstverhältnisse, mit Einschluß der Ansprüche der Hinterbliebenen.[69]

Unberührt bleiben die landesgesetzlichen Vorschriften über das Pfründenrecht.[70]

81. Unberührt bleiben die landesgesetzlichen Vorschriften, welche die Uebertragbarkeit der Ansprüche der im Artikel 80 Abs. 1 bezeichneten Personen auf Besoldung, Wartegeld, Ruhegehalt, Wittwen- und Waisengeld beschränken, sowie die landesgesetzlichen Vorschriften welche die Aufrechnung gegen solche Ansprüche abweichend von der Vorschrift des § 394 des Bürgerlichen Gesetzbuchs zulassen.[71]

82. Unberührt bleiben die Vorschriften der Landesgesetze über die Verfassung solcher Vereine, deren Rechtsfähigkeit auf staatlicher Verleihung beruht.[72]

83. Unberührt bleiben die landesgesetzlichen Vorschriften über Waldgenossenschaften.[73]

84. Unberührt bleiben die landesgesetzlichen Vorschriften, nach welchen eine Religionsgesellschaft oder eine geistliche Gesellschaft Rechtsfähigkeit nur im Wege der Gesetzgebung erlangen kann.[74]

85. Unberührt bleiben die landesgesetzlichen Vorschriften, nach welchen im Falle des § 45 Abs. 3 des Bürgerlichen Gesetzbuchs das Vermögen des aufgelösten Vereins an Stelle des Fiskus einer Körperschaft, Stiftung oder Anstalt des öffentlichen Rechtes anfällt.[75]

86. Unberührt bleiben die landesgesetzlichen Vorschriften, welche den Erwerb von Rechten durch juristische Personen beschränken oder von staatlicher Genehmigung abhängig machen, soweit diese Vorschriften Gegenstände im Werthe von mehr als fünftausend Mark betreffen. Wird die nach dem Landesgesetze zu einem Erwerbe von Todeswegen erforderliche Genehmigung ertheilt, so gilt sie als vor dem Erbfall ertheilt; wird sie verweigert, so gilt die juristische Person in Ansehung des Anfalls als nicht vorhanden; die Vorschrift des § 2043 des Bürgerlichen Gesetzbuchs findet entsprechende Anwendung.[76]

---

69. In Betracht kommen: 1) Bezüglich der Beamten und Lehrer: Reichsbeamtenges. v. 31. März 1873 u. das EG z. diesem Gesetze v. 23. Dez. 1873; die Ver. v. 21. Nov. 1887, in Verbindung mit den Reichsges. v. 21. April 1886 und 25. Mai 1887; Ges. v. 31. März 1887 und 5. Juni 1893 betr. das Gnadenquartal; Ges. v. 8. Mai 1888 betr. die Fürsorge für Beamte in Folge von Betriebsunfällen usw.; StRG v. 20. Juli 1806 über die Zinsen von Rückständen der Beamten der Enregistrements- und Domänenverwaltung; §§ 4—9 Ges. v. 22. Dez. 1876 betr. das Diensteinkommen der Steuerempfänger. — Vgl. auch § 39 AG z. BGB. 2) Bezüglich der Geistlichen insbesondere: Ver. v. 27. Brumaire XI betr. die Pfarrgehälter; Ver. v. 18. Germinal XI betr. Gehälter der Geistlichen; Ver. v. 15. Germinal XII betr. Gehalt der protestantischen Geistlichen; Dekr. v. 11. Prairial XII betr. die Hülfspfarrer; Dekr. v. 5. Mai 1806; Dekr. v. 17. November 1811; Ord. v 4. Sept. 1820 betr. Gehalt der Bischöfe; Art. 2 Ord. v. 3. März 1825; Ord. v. 13. März 1832; Ord. v. 29. Okt. 1832; Erl. v. 5. Sept. 1840; Ord. v. 7. Aug. 1842 betr. Wohnungsentschädigungen der protestantischen und israelitischen Religionsdiener; Ver. des Oberkonsistoriums betr. Gnadenquartal v. 21. Okt. 1874; Ges. v. 13. Mai 1884 betr. Gewährung von Pensionen an Religionsdiener; § 12 Ges. v. 25. März 1889, welcher die Vorauszahlung der Besoldungen der Cultusbeamten betrifft, mit Ausführungsverfügung des Ministeriums v. 31. März 1889 (ABl S. 79); § 10 Ges. v. 31. März 1890 betr. Höchstbetrag der Pension.

70. Dekr. v. 6. Nov. 1813 betr. die Güter der Geistlichkeit in Verbindung mit einzelnen Bestimmungen des Dekr. vom 30. Dez. 1809 betr. die Kirchenfabriken.

71. Vgl. hierzu § 400 BGB in Verbindung mit § 850 CPO; § 6 Abs. 1 Reichsges. v. 31. März 1873 (23. Dez. 1873). — Sonstige landesgesetzliche Bestimmungen über diesen Punkt sind nicht vorhanden.

72. Hierdurch wird nach Ansicht der Regierung, wie aus der Begründung zu § 8 des AG z. BGB (§ 6 des Entwurfs) hervorgeht, insbesondere die landesgesetzliche Bestimmung aufrecht erhalten, daß die Verleihung der Rechtsfähigkeit an die betreffenden Vereine jeder Zeit beliebig zurückgenommen werden kann (vgl. insbesondere Ges. v. 15. Juli 1850 betr. die Hülfsgenossenschaften auf Gegenseitigkeit; Dekr. v. 14. Juni 1851 betr. Hülfsgenossenschaften auf Gegenseitigkeit; Dekr. v. 26. März 1852 betr. Hülfsgenossenschaften auf Gegenseitigkeit; Dekr. v. 18. Juni 1864 betr. die Vorsitzenden dieser Genossenschaften; Dekr. v. 31. Juli 1806 betr. die Gründer v. Pflegehäusern und anderen mildthätigen Anstalten; Dekr. v. 18. Febr. 1809 betr. die weiblichen Kongregationen; Ges. v. 2. Jan. 1817 betr. Schenkungen und Vermächtnisse an kirchliche Anstalten).

73. Waldgenossenschaften giebt es in Els.-Lothr. nicht.

74. Durch diese Bestimmung soll klargestellt werden, daß Gesellschaften der gedachten Art nicht durch bloße Eintragung oder staatliche Verleihung im Verwaltungswege Rechtsfähigkeit erlangen können, sofern landesgesetzliche Verleihung der Rechtsfähigkeit nur im Wege der Gesetzgebung vorgesehen ist. Inwieweit letzteres in Els.-Lothr. für Orden und Kongregationen von Männern gilt, ist bestritten. In Betracht kommen hierbei: Ges. v. 2. Jan. 1817 (siehe Bem. zu Art. 82) und Art. 31 Ges. v. 15. März 1850 betr. das Unterrichtswesen, welcher bestimmt, daß bezüglich der Mitglieder der dem Unterricht gewidmeten und gesetzlich ermächtigten oder als gemeinnützige Anstalten erkannten religiösen Genossenschaften die Ernennung zum Gemeindelehrer auf Vorschlag seitens der Obern erfolgt. — Für religiöse Genossenschaften von Frauen ist gesetzliche Ermächtigung unbestritten erforderlich, wenn die Genossenschaft erst nach dem 1. Jan. 1825 errichtet ist oder nicht die bereits genehmigten Satzungen einer andern Genossenschaft annimmt (vgl. Art. 2 Ges. v. 24. Mai 1825; Art. 1 Dekr. v. 31. Jan. 1852); andernfalls genügt landesherrliche Anerkennung zur Erlangung der Rechtsfähigkeit. — Das Nähere über diese Fragen s. bei Molitor, das Ges. betr. die Ausführung des BGB in Els.-Lothr. S. 14 ff. — Als dem öffentlichen Recht angehörig bleiben unberührt die Vorschriften, nach welchen religiöse Orden nur mit staatlicher Genehmigung errichtet oder eingeführt werden können (vgl. Dekr. v. 3. Messidor XII).

75. Eine Bestimmung dieser Art enthält § 7 Abs. 2 Ges. v. 24. Mai 1825, die aber, weil sie sich auf eine juristische Person des öffentlichen Rechts bezieht, schon aus diesem Grunde bestehen bleibt.

76. Die Vorschrift des Art. 86 bezieht sich auf Erwerb jeder Art, entgeltlichen und unentgeltlichen, unter Lebenden und von Todeswegen (auch durch Erbvertrag); sie bezieht sich auch auf alle juristischen Personen (letzteres bestr.). — Ueber seine Bedeutung für Els.-Lothr., soweit Schenkungen und Verfügungen v. Todeswegen in Frage kommen, vgl. § 6 AG z. BGB und die Bemerkungen dazu. — Was den entgeltlichen Erwerb von Rechten durch juristische Personen betrifft, so bestehen hierüber keine allgemeinen Vorschriften.

Einzelne Vorschriften für besondere juristische Personen bezüglich besonderer Erwerbsarten finden sich z. B.: in Artt. 1, 2 Ord. v. 2. April 1817 betr. Schenkungen und Vermächtnisse zu Gunsten kirchlicher und anderer gemeinnütziger Anstalten; Art. 4 Nr. 2 Ges. v. 24. Mai 1825 betr. die Kongregationen und religiösen Genossenschaften von Frauen (vgl. auch Artt. 4^1, 5);

87. Unberührt bleiben die landesgesetzlichen Vorschriften, welche die Wirksamkeit von Schenkungen an Mitglieder religiöser Orden oder ordensähnlicher Kongregationen von staatlicher Genehmigung abhängig machen.

Unberührt bleiben die landesgesetzlichen Vorschriften, nach welchen Mitglieder religiöser Orden oder ordensähnlicher Kongregationen nur mit staatlicher Genehmigung von Todeswegen erwerben können. Die Vorschriften des Artikel 86 Satz 2 finden entsprechende Anwendung.

Mitglieder solcher religiöser Orden oder ordensähnlicher Kongregationen, bei denen Gelübde auf Lebenszeit oder auf unbestimmte Zeit nicht abgelegt werden, unterliegen nicht den in den Abs. 1, 2 bezeichneten Vorschriften.[77]

88. Unberührt bleiben die landesgesetzlichen Vorschriften, welche den Erwerb von Grundstücken durch Ausländer von staatlicher Genehmigung abhängig machen.[78]

89. Unberührt bleiben die landesgesetzlichen Vorschriften über die zum Schutze der Grundstücke und der Erzeugnisse von Grundstücken gestattete Pfändung von Sachen, mit Einschluß der Vorschriften über die Entrichtung von Pfandgeld oder Ersatzgeld.[79]

90. Unberührt bleiben die landesgesetzlichen Vorschriften über die Rechtsverhältnisse, welche sich aus einer auf Grund des öffentlichen Rechtes wegen der Führung eines Amtes oder wegen eines Gewerbebetriebs erfolgten Sicherheitsleistung ergeben.[80]

91. Unberührt bleiben die landesgesetzlichen Vorschriften, nach welchen der Fiskus, eine Körperschaft, Stiftung oder Anstalt des öffentlichen Rechtes oder eine unter der Verwaltung einer öffentlichen Behörde stehende Stiftung berechtigt ist, zur Sicherung gewisser Forderungen die Eintragung einer Hypothek an Grundstücken des Schuldners zu verlangen, und nach welchen die Eintragung der Hypothek auf Ersuchen einer bestimmten Behörde zu erfolgen hat. Die Hypothek kann nur als Sicherungshypothek eingetragen werden; sie entsteht mit der Eintragung.[81]

92. Unberührt bleiben die landesgesetzlichen Vorschriften, nach welchen Zahlungen aus öffentlichen Kassen an der Kasse in Empfang zu nehmen sind.[82]

93. Unberührt bleiben die landesgesetzlichen Vorschriften über die Fristen, bis zu deren Ablaufe gemiethete Räume bei Beendigung des Miethverhältnisses zu räumen sind.[83]

94. Unberührt bleiben die landesgesetzlichen Vorschriften, welche den Geschäftsbetrieb der gewerblichen Pfandleiher und der Pfandleihanstalten betreffen.[84]

Unberührt bleiben die landesgesetzlichen Vorschriften, nach welchen öffentlichen Pfandleihanstalten das Recht zusteht, die ihnen verpfändeten Sachen dem Berechtigten nur gegen Bezahlung des auf die Sache gewährten Darlehens herauszugeben.[85]

95. Unberührt bleiben die landesgesetzlichen Vorschriften, welche dem Gesinderecht angehören.[86] Dies gilt insbesondere auch von den Vorschriften über die Schadensersatzpflicht desjenigen, welcher Gesinde zum widerrechtlichen Verlassen des Dienstes verleitet oder in Kenntniß eines noch bestehenden Gesindeverhältnisses in Dienst nimmt oder ein unrichtiges Dienstzeugniß ertheilt.

Die Vorschriften der §§ 104 bis 115, 131, 278, 617 bis 619, 624, 831, des § 840 Abs. 2 und des § 1358 des Bürgerlichen Gesetzbuchs finden Anwendung, die Vorschriften des § 617 jedoch nur insoweit, als die Landesgesetze dem Gesinde nicht weitergehende Ansprüche gewähren.

Ein Züchtigungsrecht steht dem Dienstberechtigten dem Gesinde gegenüber nicht zu.

96. Unberührt bleiben die landesgesetzlichen Vorschriften über einen mit der Ueberlassung eines

---

Art. 2 Ord. v. 14. Jan. 1831 betr. Schenkungen ꝛc. der kirchlichen Anstalten und Frauen-Kongregationen; Art. 9 Abs. 3, Art. 10. Ges. v. 7. Aug. 1851 über die Pflege- und Krankenhäuser; Art. 1 Tab. A 48 Dekr. v. 25. März 1852 und Art. 6 Nr. 17 Dekr. v. 13. April 1861 über die Decentralisation der Verwaltung.

77. Landesgesetzliche Vorschriften der gedachten Art bestehen in Els.-Lothr. nicht, nachdem die weitergehende Vorschrift des Art. 5 Ges. v. 24. Mai 1825 (vgl. auch Art. 10 Dekr. v. 18. Februar 1809) durch das BGB beseitigt ist. Eine in den Entwurf des AG z. BGB (§ 7) aufgenommene Bestimmung, welche die in Art. 5 cit. erwähnten Schenkungen und Verfügungen für wirksam erklärte, wenn sie die staatliche Genehmigung erhalten hätten, fand nicht die Zustimmung des Landesausschusses.

78. Vorschriften dieser Art bestehen in Els.-Lothr. nicht.

79. Die hierher gehörigen Bestimmungen finden sich in §§ 42 ff., 5 des Feldpolizeistrafges. v. 9. Juli 1888, §§ 58 ff., 23 Forststrafges. vom 28. April 1880.

80. Die landesgesetzlichen Vorschriften bezüglich der Beamtenkautionen sind enthalten in dem Ges. v. 15. Okt. 1873, Ges. v. 17. April 1895 und den zu dem ersteren Gesetz erlassenen Verordnungen (siehe dort). Die Kautionspflicht der Reichsbeamten mit Ausnahme der Reichsbankbeamten ist durch RG v. 20. Febr. 1898 beseitigt. — Vgl. auch § 4 Preßges. v. 8. Aug. 1898.

81. Landesgesetzliche Vorschriften dieser Art bestehen nicht mehr; die einzige hierher gehörige noch nicht formell aufgehobene Bestimmung in Art. 9 der Dekl. v. 18. Aug. 1730 wird als durch Ges. v. 11. Brumaire VII, welches die gesetzlichen Hypotheken und Vorzugsrechte aufhob, beseitigt angesehen und ist jedenfalls seit langer Zeit außer Gebrauch.

82. Die maßgebende Vorschrift, eine Ausnahme von der Regel des § 270 Abs. 1 BGB, enthält § 10 AG z. BGB.

83. Derartige Vorschriften bestehen in Els.-Lothr. nicht. — Vgl. § 721 CPO über Gewährung einer Räumungsfrist im Urtheil.

84. In Els.-Lothr. bestehen nur Vorschriften hinsichtlich der öffentlichen Pfandleihanstalten und zwar: Ges. v. 16 Pluviose XII; Art. 8 Dekr. v. 24. Messidore XII; Lrd. v. 18. Juni 1823; Ges. v. 24. Juni 1851; vgl. auch §§ 34, 38 GewO.

85. Vorschriften dieser Art bestehen in Els.-Lothr. nicht.

86. Landesgesetzliche Vorschriften dieser Art bestehen in Els.-Lothr. nicht.

Grundstücks in Verbindung stehenden Leibgedings-, Leibzuchts-, Altentheils- oder Auszugsvertrag, soweit sie das sich aus dem Vertrag ergebende Schuldverhältniß für den Fall regeln, daß nicht besondere Vereinbarungen getroffen werden.[86]

97. Unberührt bleiben die landesgesetzlichen Vorschriften, welche die Eintragung von Gläubigern des Bundesstaats in ein Staatsschuldbuch und die aus der Eintragung sich ergebenden Rechtsverhältnisse, insbesondere die Uebertragung und Belastung einer Buchforderung, regeln.

Soweit nach diesen Vorschriften eine Ehefrau berechtigt ist, selbständig Anträge zu stellen, ist dieses Recht ausgeschlossen, wenn ein Vermerk zu Gunsten des Ehemanns im Schuldbuch eingetragen ist. Ein solcher Vermerk ist einzutragen, wenn die Ehefrau oder mit ihrer Zustimmung der Ehemann die Eintragung beantragt. Die Ehefrau ist dem Ehemanne gegenüber zur Ertheilung der Zustimmung verpflichtet, wenn sie nach dem unter ihnen bestehenden Güterstand über die Buchforderung nur mit Zustimmung des Ehemanns verfügen kann.[87]

98. Unberührt bleiben die landesgesetzlichen Vorschriften über die Rückzahlung oder Umwandlung verzinslicher Staatsschulden, für die Inhaberpapiere ausgegeben oder die im Staatsschuldbuch eingetragen sind.[88]

99. Unberührt bleiben die landesgesetzlichen Vorschriften über die öffentlichen Sparkassen, unbeschadet der Vorschriften des § 808 des Bürgerlichen Gesetzbuchs und der Vorschriften des Bürgerlichen Gesetzbuchs über die Anlegung von Mündelgeld.[89]

100. Unberührt bleiben die landesgesetzlichen Vorschriften, nach welchen bei Schuldverschreibungen auf den Inhaber, die der Bundesstaat oder eine ihm angehörende Körperschaft, Stiftung oder Anstalt des öffentlichen Rechtes ausstellt:

1. die Gültigkeit der Unterzeichnung von der Beobachtung einer besonderen Form abhängt, auch wenn eine solche Bestimmung in die Urkunde nicht aufgenommen ist;[90]
2. der im § 804 Abs. 1 des Bürgerlichen Gesetzbuchs bezeichnete Anspruch ausgeschlossen ist, auch wenn die Ausschließung in dem Zins- oder Rentenscheine nicht bestimmt ist.[91]

101. Unberührt bleiben die landesgesetzlichen Vorschriften, welche den Bundesstaat oder ihm angehörende Körperschaften, Stiftungen und Anstalten des öffentlichen Rechtes abweichend von der Vorschrift des § 806 Satz 2 des Bürgerlichen Gesetzbuchs verpflichten, die von ihnen ausgestellten, auf den Inhaber lautenden Schuldverschreibungen auf den Namen eines bestimmten Berechtigten umzuschreiben, sowie die landesgesetzlichen Vorschriften, welche die sich aus der Umschreibung einer solchen Schuldverschreibung ergebenden Rechtsverhältnisse, mit Einschluß der Kraftloserklärung, regeln.[92]

102. Unberührt bleiben die landesgesetzlichen Vorschriften über die Kraftloserklärung und die Zahlungssperre in Ansehung der im § 807 des Bürgerlichen Gesetzbuchs bezeichneten Urkunden.[93]

Unberührt bleiben die landesgesetzlichen Vorschriften, welche für die Kraftloserklärung der im § 808 des Bürgerlichen Gesetzbuchs bezeichneten Urkunden ein anderes Verfahren als das Aufgebotsverfahren bestimmen.[94]

103. Unberührt bleiben die landesgesetzlichen Vorschriften, nach welchen der Staat sowie Verbände und Anstalten, die auf Grund des öffentlichen Rechtes zur Gewährung von Unterhalt verpflichtet sind, Ersatz der für den Unterhalt gemachten Aufwendungen von der Person, welcher sie den Unterhalt gewährt haben, sowie von denjenigen verlangen können, welche nach den Vorschriften des Bürgerlichen Gesetzbuchs unterhaltspflichtig waren.[95]

104. Unberührt bleiben die landesgesetzlichen Vorschriften über den Anspruch auf Rückerstattung mit Unrecht erhobener öffentlicher Abgaben oder Kosten eines Verfahrens.[96]

105. Unberührt bleiben die landesgesetzlichen Vorschriften, nach welchen der Unternehmer eines Eisenbahnbetriebs oder eines anderen mit gemeiner Gefahr verbundenen Betriebs für den aus dem

87. Die hierher gehörigen Bestimmungen finden sich in § 4 Nr. 1, § 6 Satz 1, § 7 Satz 1, §§ 8, 9 des Etatsges. v. 24. März 1881 und in den späteren Etatsges., sofern diese auf die angeführten Bestimmungen verweisen.

88. Die hierher gehörigen Bestimmungen finden sich in §§ 10, 11, 12 des Etatsges. v. 24. März 1881, in den späteren Etatsges., soweit diese auf die angeführten Bestimmungen verweisen, und in § 3 Ges. betr. Verbesserung der Kanäle, sowie die Erhebung von Schiffahrtsabgaben auf denselben v. 26. Mai 1892.

89. In Betracht kommt das Ges. betr. die Sparkassen v. 14. Juli 1895. Vgl. auch § 1807 Abs. 1 Nr. 5 BGB; § 141[2] AG z. BGB.

90. Hierher gehört die Bestimmung in § 6 Satz 2 Etatsges. v. 24. März 1881. Vgl. auch § 793 Abs. 2 BGB.

91. Landesrechtliche Vorschriften dieser Art bestehen in Els.-Lothr. nicht.

92. Hierher gehört die Bestimmung des § 8 Etatsges. v. 24. März 1881. (Vgl. auch bezüglich des Schlußpassus des Art. 101: Bkm. des Ministeriums v. 1. Juli 1887, ABl. S. 138.)

93. Derartige Vorschriften bestehen in Els.-Lothr. nicht. (Vgl. auch § 11 EG z. CPO v. 30. Jan. 1877.)

94. Eine Vorschrift dieser Art enthält § 17 Ges. betr. die Sparkassen v. 14. Juli 1895.

95. Hierher gehört die Bestimmung des § 139 AG z. BGB.

96. Vorschriften dieser Art sind enthalten insbesondere in Artt. 48, 60, 61 Nr. 1 Abs. 2, 69 III Nr. 3 Ges. über das Enregistrement v. 22. Frimaire VII; StRG betr. die Abrechnungen der Erwerber von Staatsgütern v. 22. Okt. 1808; Art. 40 Abs. 2 Ges. v. 28. April 1816; Art. 58 Abs. 3 Ges. v. 3. Mai 1841; Art. 40 Abs. 2 Ges. über die Finanzen v. 28. April 1816 (soweit diese Bestimmung nach Art. 161 EG noch anwendbar ist); Art. 58 Abs. 3 Ges. betr. die Zwangsenteignung v. 3. Mai 1841; Art. 14 Etatsges. v. 25. Juni 1841.

Betrieb entstehenden Schaden in weiterem Umfang als nach den Vorschriften des Bürgerlichen Gesetzbuchs verantwortlich ist.[97]

106. Unberührt bleiben die landesgesetzlichen Vorschriften, nach welchen, wenn ein dem öffentlichen Gebrauche dienendes Grundstück zu einer Anlage oder zu einem Betriebe benutzt werden darf, der Unternehmer der Anlage oder des Betriebs für den Schaden verantwortlich ist, der bei dem öffentlichen Gebrauche des Grundstücks durch die Anlage oder den Betrieb verursacht wird.[98]

107. Unberührt bleiben die landesgesetzlichen Vorschriften über die Verpflichtung zum Ersatze des Schadens, der durch das Zuwiderhandeln gegen ein zum Schutze von Grundstücken erlassenes Strafgesetz verursacht wird.[99]

108. Unberührt bleiben die landesgesetzlichen Vorschriften über die Verpflichtung zum Ersatze des Schadens, der bei einer Zusammenrottung, einem Auflauf oder einem Aufruhr entsteht.[100]

109. Unberührt bleiben die landesgesetzlichen Vorschriften über die im öffentlichen Interesse erfolgende Entziehung, Beschädigung oder Benutzung einer Sache, Beschränkung des Eigenthums und Entziehung oder Beschränkung von Rechten. Auf die nach landesgesetzlicher Vorschrift wegen eines solchen Eingriffs zu gewährende Entschädigung finden die Vorschriften der Artikel 52, 53 Anwendung, soweit nicht die Landesgesetze ein Anderes bestimmen.[101]

110. Unberührt bleiben die landesgesetzlichen Vorschriften, welche für den Fall, daß zerstörte Gebäude in anderer Lage wiederhergestellt werden, die Rechte an den betheiligten Grundstücken regeln.[102]

111. Unberührt bleiben die landesgesetzlichen Vorschriften, welche im öffentlichen Interesse das Eigenthum in Ansehung thatsächlicher Verfügungen beschränken.[103]

112. Unberührt bleiben die landesgesetzlichen Vorschriften über die Behandlung der einem Eisenbahn- oder Kleinbahnunternehmen gewidmeten Grundstücke und sonstiger Vermögensgegenstände als Einheit (Bahneinheit), über die Veräußerung und Belastung einer solchen Bahneinheit oder ihrer Bestandtheile, insbesondere die Belastung im Falle der Ausstellung von Theilschuldverschreibungen auf den Inhaber, und die sich dabei ergebenden Rechtsverhältnisse sowie über die Liquidation zum Zwecke der Befriedigung der Gläubiger, denen ein Recht auf abgesonderte Befriedigung aus den Bestandtheilen der Bahneinheit zusteht.[104]

113. Unberührt bleiben die landesgesetzlichen Vorschriften über die Zusammenlegung von Grundstücken, über die Gemeinheitstheilung, die Regulirung der Wege, die Ordnung der gutsherrlich-bäuerlichen Verhältnisse sowie über die Ablösung, Umwandlung oder Einschränkung von Dienstbarkeiten und Reallasten. Dies gilt insbesondere

---

97. Hierher gehört Art. 22 Ges. über die Eisenbahnpolizei v. 15. Juli 1845; vgl. § 9 Haftpflichtges. v. 7. Juni 1871 (1. Nov. 1872).

98. Landesgesetzliche Vorschriften dieser Art bestehen in Els.-Lothr. nicht, man müßte denn den Art. 14 Ges. über die Vizinalwege v. 21. Mai 1836 dazu rechnen: eine Auffassung, der indessen der Inhalt und der öffentlich rechtliche Charakter dieses Artikels entgegensteht.

99. Die hierher gehörigen Vorschriften sind enthalten in §§ 3, 4, 5, 23, 43 Feldpolizeistrafges. v. 9. Juli 1888 (Art. 107 erwähnt zwar die Buße nicht, diese vertritt aber nach § 5 cit. die Stelle des Schadenersatzes) und §§ 3, 4, 7, 19, 23, 26, 59 Forststrafges. v. 28. April 1880; ferner Ver. betr. Steinbrüche in der Nähe von großen Straßen v. 14. März 1741; Art. 6 Ver. betr. die Eröffnung von Steinbrüchen v. 5. April 1772; Ord. betr. Beschädigung der öffentlichen Straßen v. 4. Aug. 1731; Art. 13 Ges. betr. Frachtfuhrwerke v. 30. Mai 1851, soweit in diesen Bestimmungen die Verpflichtung zum Schadenersatz ausgesprochen wird.

100. Maßgebend sind für Els.-Lothr. die Bestimmungen der Tit. 1 Art. 1, Tit. 4, Tit. 5 Art. 1 u. 6 Ges. über die innere Polizei der Gemeinden der Republik v. 10. Vendemiaire IV. Die §§ 35—38 des Entwurfs des AG z. BGB, welche dazu bestimmt waren, diese Materie neu zu regeln, fanden nicht die Zustimmung des Landesausschusses.

101. Unter den Vorbehalt dieses Artikels fallen die landesgesetzlichen Vorschriften über die Zwangsenteignung beweglicher und unbeweglicher Sachen. Eine scharfe Scheidung der hierher gehörigen Vorschriften von den unter Artt. 111, 115 EG. fallenden ist im Einzelnen kaum durchzuführen. Hierher gehören insbesondere: Art. 6 Ges. v. 9. Ventôse XIII betr. die Bepflanzung der großen Straßen und der Vizinalwege; Artt. 24, 50, 52—56 Ges. v. 16. Sept. 1807 betr. Austrocknung der Sümpfe; Artt. 15 ff. Ges. v. 21. Mai 1836 über die Vizinalwege; Art. 325 der Vizinalwegeordnung v. 21. Juli 1854; Art. 2 Ges. v. 8. Juni 1864 betr. die in der Verlängerung von Vizinalwegen liegenden Ortschaften; Ges. v. 3. Mai 1841 betr. die Zwangsenteignung; Artt. 9, 12 Ges. v. 14. Juli 1856 über die Mineralquellen; §§ 1—3 Ges. v. 21. Nov. 1875 betr. die Errichtung von Marksteinen; Art. 136 Forstgesetzbuch v. 31. Juli 1827 mit Artt. 162 ff. Ausführungs-Ord. v. 1. Aug. 1827; Ver. v. 7. Sept. 1755, enthaltend Bestimmungen über die Entnahme von Materialien pp.; Titel 1 Abschnitt 6 Art. 1 Ges. v. 6. Okt. 1791 über die Feldpolizei; Art. 3 Abs. 2 Ges. v. 15. Juli 1845 über die Eisenbahnpolizei; Titel 1 Art. 29 Ges. v. 22. Juli 1791 betr. Gemeindepolizei; Art. 2 Abs. 2 Ges. v. 28. Juli 1791 betr. die Bergwerke; Artt. 39, 40 Ges. v. 6. Frimaire VII über Betrieb rc. der Fähren pp.; Ver. v. 27. Febr. 1765 betr. Bauerlaubniß und Bauflucht; Ges. v. 11. Sept. 1792 betr. Beseitigung sumpfiger Teiche; § 6 Bergges. v. 16. Dez. 1873; Ord. v. 8. Aug. 1845 betr. Entnahme von Materialien; Edikt v. Dez. 1607; Art. 4 Ver v. 3. Mai 1720 betr. die Breite und Bepflanzung der Straßen; §§ 11—19, 29 Ges. v. 2. Juli 1891 betr. Wasserbenutzung und Wasserschutz.

102. Für Els.-Lothr. ohne Bedeutung.

103. Unter den Vorbehalt dieses Art. fallen insbesondere: Dekr. v. 7. März 1808 betr. Bauten in der Nachbarschaft von Kirchhöfen; Artt. 5 ff. Ges. v. 15. Juli 1845 über die Eisenbahnpolizei; Artt. 1—3 Ges. v. 22. Juni 1854 betr. Grunddienstbarkeiten in der Umgebung von Pulvermagazinen; Artt. 3 ff. Ges. v. 14. Juli 1856 über die Mineralquellen; §§ 51 ff. Forststrafges. v. 28. April 1880; Artt. 91, 219 ff. Forstgesetzbuch v. 31. Juli 1827; Ges. v. 21. Mai 1879 betr. die Beschränkungen der Baufreiheit in Straßburg: Ges. v. 6. Jan. 1892 betr. die Beschränkungen der Baufreiheit in Straßburg; dazu Ver. v. 10. Aug. 1892, v. 6. Dez. 1893 u. 6. Aug. 1898.

104. Für Els.-Lothr. ohne Bedeutung.

auch von den Vorschriften, welche die durch ein Verfahren dieser Art begründeten gemeinschaftlichen Angelegenheiten zum Gegenstande haben oder welche sich auf den Erwerb des Eigenthums, auf die Begründung, Aenderung und Aufhebung von anderen Rechten an Grundstücken und auf die Berichtigung des Grundbuchs beziehen.[105]

114. Unberührt bleiben die landesgesetzlichen Vorschriften, nach welchen die dem Staate oder einer öffentlichen Anstalt in Folge der Ordnung der gutsherrlich-bäuerlichen Verhältnisse oder der Ablösung von Dienstbarkeiten, Reallasten oder der Oberlehnsherrlichkeit zustehenden Ablösungsrenten und sonstigen Reallasten zu ihrer Begründung und zur Wirksamkeit gegenüber dem öffentlichen Glauben des Grundbuchs nicht der Eintragung bedürfen.[106]

115. Unberührt bleiben die landesgesetzlichen Vorschriften, welche die Belastung eines Grundstücks mit gewissen Grunddienstbarkeiten oder beschränkten persönlichen Dienstbarkeiten oder mit Reallasten untersagen oder beschränken, sowie die landesgesetzlichen Vorschriften, welche den Inhalt und das Maß solcher Rechte näher bestimmen.[107]

116. Die in den Artikeln 113 bis 115 bezeichneten landesgesetzlichen Vorschriften finden keine Anwendung auf die nach den §§ 912, 916, 917 des Bürgerlichen Gesetzbuchs zu entrichtenden Geldrenten und auf die in den §§ 1021, 1022 des Bürgerlichen Gesetzbuchs bestimmten Unterhaltungspflichten.

117. Unberührt bleiben die landesgesetzlichen Vorschriften, welche die Belastung eines Grundstücks über eine bestimmte Werthgrenze hinaus untersagen.

Unberührt bleiben die landesgesetzlichen Vorschriften, welche die Belastung eines Grundstücks mit einer unkündbaren Hypothek oder Grundschuld untersagen oder die Ausschließung des Kündigungsrechts des Eigenthümers bei Hypothekenforderungen und Grundschulden zeitlich beschränken und bei Rentenschulden nur für eine kürzere als die im § 1202 Abs. 2 des Bürgerlichen Gesetzbuchs bestimmte Zeit zulassen.[108]

118. Unberührt bleiben die landesgesetzlichen Vorschriften, welche einer Geldrente, Hypothek, Grundschuld oder Rentenschuld, die dem Staate oder einer öffentlichen Anstalt wegen eines zur Verbesserung des belasteten Grundstücks gewährten Darlehens zusteht, den Vorrang vor anderen Belastungen des Grundstücks einräumen. Zu Gunsten eines Dritten finden die Vorschriften der §§ 892, 893 des Bürgerlichen Gesetzbuchs Anwendung.[108]

119. Unberührt bleiben die landesgesetzlichen Vorschriften, welche

1. die Veräußerung eines Grundstücks beschränken;[108]
2. die Theilung eines Grundstücks oder die getrennte Veräußerung von Grundstücken, die bisher zusammen bewirthschaftet worden sind, untersagen oder beschränken;[109]
3. die nach § 890 Abs. 1 des Bürgerlichen Gesetzbuchs zulässige Vereinigung mehrerer Grundstücke oder die nach § 890 Abs. 2 des Bürgerlichen Gesetzbuchs zulässige Zuschreibung eines Grundstücks zu einem anderen Grundstück untersagen oder beschränken.[110]

120. Unberührt bleiben die landesgesetzlichen Vorschriften, nach welchen im Falle der Veräußerung eines Theiles eines Grundstücks dieser Theil von den Belastungen des Grundstücks befreit wird, wenn von der zuständigen Behörde festgestellt wird, daß die Rechtsänderung für die Berechtigten unschädlich ist.[111]

Unberührt bleiben die landesgesetzlichen Vorschriften, nach welchen unter der gleichen Voraussetzung:

1. im Falle der Theilung eines mit einer Reallast belasteten Grundstücks die Reallast auf die einzelnen Theile des Grundstücks vertheilt wird;[112]
2. im Falle der Aufhebung eines dem jeweiligen Eigenthümer eines Grundstücks an einem anderen Grundstücke zustehenden Rechtes die Zustimmung derjenigen nicht erforderlich ist, zu deren Gunsten das Grundstück des Berechtigten belastet ist;[113]
3. in den Fällen des § 1128 des Bürgerlichen

105. In Betracht kommen insbesondere: Artt. 1 Nr. 8, 2 ff. Ges. v. 21. Juni 1865 über die Syndikatgenossenschaften (Dekr. v. 17. Nov. 1865 zur Ausführung des Art. 10 des vorgedachten Gesetzes); Ges. v. 11. Mai 1877 betr. Abänderung der Gesetzgebung hinsichtlich des Wasserrechts; Ges. betr. Unterhaltung und Anlage von Feldwegen v. 14. April 1884; Ges. betr. die autorisirten Genossenschaften v. 30. Juli 1890, nebst Ver. des Minist. v. 1. Okt. 1891 (sofern die Genossenschaften einen der in Art. 113 angegebenen Zwecke verfolgen); wohl auch §§ 24, 53 Ges. v. 31. März 1884 betr. die Vereinigung des Katasters 2c.; StRG v. 20. Juli 1807 über die Art der Theilung von Gemeindegütern 2c.; StRG v. 26. April 1808 über die Art der Theilung von Waldungen 2c.; Abschnitt 4, 5 Art. 1 Ges. v. 10. Juni 1793 betr. das Verfahren bei Theilung von Gemeindegütern (die 3 letzteren sind auch schon wegen ihrer öffentlich rechtlichen Natur als fortbestehend zu erachten); Art. 8 Abschnitt 4 Tit. 1 Ges. betr. die ländlichen Güter pp. v. 6. Okt. 1791; Art. 63, 64, 65, 111, 112, 118, 119, 120 Forstgesetzbuch v. 31. Juli 1827; Dekr. v. 12. April 1854 betr. die Nutzungsrechte an Waldungen.

106. Für Elf.-Lothr. ohne Bedeutung.

107. Für Elf.-Lothr. kommen in Betracht insbesondere: Artt. 62, 65 ff., 112, 119 Forstgesetzbuch v. 31. Juli 1827; Titel I Abschnitt 4 Ges. v. 6. Okt. 1791 betr. die Feldpolizei; § 6 Ges. v. 11. Mai 1877 betr. das Wasserrecht; § 75 AG z. BGB.

108. Für Elf.-Lothr. ohne Bedeutung.

109. § 13 Ges. betr. die autorisirten Genossenschaften v. 30. Juli 1890.

110. § 16 AG z. GBO.

111. § 3 Ges. v. 11. Mai 1877 in der Fassung des § 78 AG z. BGB.

112. Für Elf.-Lothr. ohne Bedeutung.

Gesetzbuchs und des Artikel 52 dieses Gesetzes der dem Eigenthümer zustehende Entschädigungsanspruch von dem einem Dritten an dem Anspruche zustehenden Rechte befreit wird.[113]

121. Unberührt bleiben die landesgesetzlichen Vorschriften, nach welchen im Falle der Theilung eines für den Staat oder eine öffentliche Anstalt mit einer Reallast belasteten Grundstücks nur ein Theil des Grundstücks mit der Reallast belastet bleibt und dafür zu Gunsten des jeweiligen Eigenthümers dieses Theiles die übrigen Theile mit gleichartigen Reallasten belastet werden.[113]

122. Unberührt bleiben die landesgesetzlichen Vorschriften, welche die Rechte des Eigenthümers eines Grundstücks in Ansehung der auf der Grenze oder auf dem Nachbargrundstücke stehenden Obstbäume abweichend von den Vorschriften des § 910 und des § 923 Abs. 2 des Bürgerlichen Gesetzbuchs bestimmen.[113]

123. Unberührt bleiben die landesgesetzlichen Vorschriften, welche das Recht des Nothwegs zum Zwecke der Verbindung eines Grundstücks mit einer Wasserstraße oder einer Eisenbahn gewähren.[113]

124. Unberührt bleiben die landesgesetzlichen Vorschriften, welche das Eigenthum an Grundstücken zu Gunsten der Nachbarn noch anderen als den im Bürgerlichen Gesetzbuche bestimmten Beschränkungen unterwerfen. Dies gilt insbesondere auch von den Vorschriften, nach welchen Anlagen sowie Bäume und Sträucher nur in einem bestimmten Abstande von der Grenze gehalten werden dürfen.[113]

125. Unberührt bleiben die landesgesetzlichen Vorschriften, welche die Vorschrift des § 26 der Gewerbeordnung auf Eisenbahn-, Dampfschiffahrts- und ähnliche Verkehrsunternehmungen erstrecken.[113]

126. Durch Landesgesetz kann das dem Staate an einem Grundstücke zustehende Eigenthum auf einen Kommunalverband und das einem Kommunalverband an einem Grundstücke zustehende Eigenthum auf einen anderen Kommunalverband oder auf den Staat übertragen werden.

127. Unberührt bleiben die landesgesetzlichen Vorschriften über die Uebertragung des Eigenthums an einem Grundstücke, das im Grundbuche nicht eingetragen ist und nach den Vorschriften der Grundbuchordnung auch nach der Uebertragung nicht eingetragen zu werden braucht.[114]

128. Unberührt bleiben die landesgesetzlichen Vorschriften über die Begründung und Aufhebung einer Dienstbarkeit an einem Grundstücke, das im Grundbuche nicht eingetragen ist und nach den Vorschriften der Grundbuchordnung nicht eingetragen zu werden braucht.[113]

113. §§ 58—71 AG z. BGB.

114. § 74 AG z. BGB. — § 90 GBO. — Ver. v. 11. Dez. 1899.

129. Unberührt bleiben die landesgesetzlichen Vorschriften, nach welchen das Recht zur Aneignung eines nach § 928 des Bürgerlichen Gesetzbuchs aufgegebenen Grundstücks an Stelle des Fiskus einer bestimmten anderen Person zusteht.[115]

130. Unberührt bleiben die landesgesetzlichen Vorschriften über das Recht zur Aneignung der einem Anderen gehörenden, im Freien betroffenen Tauben.[116]

131. Unberührt bleiben die landesgesetzlichen Vorschriften, welche für den Fall, daß jedem der Miteigenthümer eines mit einem Gebäude versehenen Grundstücks die ausschließliche Benutzung eines Theiles des Gebäudes eingeräumt ist, das Gemeinschaftsverhältniß näher bestimmen, die Anwendung der §§ 749 bis 751 des Bürgerlichen Gesetzbuchs ausschließen und für den Fall des Konkurses über das Vermögen eines Miteigenthümers dem Konkursverwalter das Recht, die Aufhebung der Gemeinschaft zu verlangen, versagen.[117]

132. Unberührt bleiben die landesgesetzlichen Vorschriften über die Kirchenbaulast und die Schulbaulast.[117]

133. Unberührt bleiben die landesgesetzlichen Vorschriften über das Recht zur Benutzung eines Platzes in einem dem öffentlichen Gottesdienste gewidmeten Gebäude oder auf einer öffentlichen Begräbnißstätte.[118]

134. Unberührt bleiben die landesgesetzlichen Vorschriften über die religiöse Erziehung der Kinder.[119]

135. Unberührt bleiben die landesgesetzlichen Vorschriften über die Zwangserziehung Minderjähriger. Die Zwangserziehung ist jedoch, unbeschadet der Vorschriften der §§ 55, 56 des Strafgesetzbuchs nur zulässig, wenn sie von dem Vormundschaftsgericht[120] angeordnet wird. Die Anordnung kann außer den Fällen der §§ 1666, 1838 des Bürgerlichen Gesetzbuchs nur erfolgen, wenn die Zwangserziehung zur Verhütung des völligen sittlichen Verderbens nothwendig ist.[121]

Die Landesgesetze können die Entscheidung darüber, ob der Minderjährige, dessen Zwangserziehung angeordnet ist, in einer Familie oder in

115. Art. 66 Ges. betr. die Grundsteuer v. 3. Frimaire VII.

116. In Betracht kommt hier die bereits durch Art. 69 aufrecht erhaltene Bestimmung in § 24 Abs. 2 Feldpolizeiges. v. 9. Juli 1888 (vergl. auch Ver. v. 31. Dez. 1888 betr. die Jagdpolizei); ferner Art. 2 Dekr. enthaltend Abschaffung der Feudalrechte v. 4. Aug. 1789.

117 Für Elf.-Lothr. ohne Bedeutung; vgl. Art. 182 EG.

118. Artt. 68 ff., 72 Dekr. v. 30. Dez. 1809 betr. die Kirchenfabriken; Artt. 10, 11 Dekr. v. 23 Prairial XII. über die Begräbnisse; Artt. 3 ff. Ord. v. 6 Dez. 1843 betr. die Kirchhöfe; § 1 Ges. v. 2. Febr. 1872 betr. die Kriegergrabstätten in Elf.-Lothr.

119. §§ 119—122 AG z. BGB.

120. §§ 35 ff. FrG.

121. §§ 123—127 AG z. BGB.; § 14 AG z. FrG.; MinV v. 10. Jan. 1900.

einer Erziehungs- oder Besserungsanstalt unterzubringen sei, einer Verwaltungsbehörde übertragen, wenn die Unterbringung auf öffentliche Kosten zu erfolgen hat.[122]

136. Unberührt bleiben die landesgesetzlichen Vorschriften, nach welchen

1. der Vorstand einer unter staatlicher Verwaltung oder Aufsicht stehenden Erziehungs- oder Verpflegungsanstalt oder ein Beamter alle oder einzelne Rechte und Pflichten eines Vormundes für diejenigen Minderjährigen hat, welche in der Anstalt oder unter der Aufsicht des Vorstandes oder des Beamten in einer von ihm ausgewählten Familie oder Anstalt erzogen oder verpflegt werden, und der Vorstand der Anstalt oder der Beamte auch nach der Beendigung der Erziehung oder der Verpflegung bis zur Volljährigkeit des Mündels diese Rechte und Pflichten behält, unbeschadet der Befugniß des Vormundschaftsgerichts, einen anderen Vormund zu bestellen;[123]
2. die Vorschriften der Nr. 1 bei unehelichen Minderjährigen auch dann gelten, wenn diese unter der Aufsicht des Vorstandes oder des Beamten in der mütterlichen Familie erzogen oder verpflegt werden;
3. der Vorstand einer unter staatlicher Verwaltung oder Aufsicht stehenden Erziehungs- oder Verpflegungsanstalt oder ein von ihm bezeichneter Angestellter der Anstalt oder ein Beamter vor den nach § 1776 des Bürgerlichen Gesetzbuchs als Vormünder berufenen Personen zum Vormunde der in Nr. 1, 2 bezeichneten Minderjährigen bestellt werden kann;
4. im Falle einer nach den Vorschriften der Nr. 1 bis 3 stattfindenden Bevormundung ein Gegenvormund nicht zu bestellen ist und dem Vormunde die nach § 1852 des Bürgerlichen Gesetzbuchs zulässigen Befreiungen zustehen.[124]

137. Unberührt bleiben die landesgesetzlichen Vorschriften über die Grundsätze, nach denen in den Fällen des § 1515 Abs. 2, 3 und der §§ 2049, 2312 des Bürgerlichen Gesetzbuchs der Ertragswerth eines Landguts festzustellen ist.[125]

138. Unberührt bleiben die landesgesetzlichen Vorschriften, nach welchen im Falle des § 1936 des Bürgerlichen Gesetzbuchs an Stelle des Fiskus eine Körperschaft, Stiftung oder Anstalt des öffentlichen Rechtes gesetzlicher Erbe ist.[126]

139. Unberührt bleiben die landesgesetzlichen Vorschriften, nach welchen dem Fiskus oder einer anderen juristischen Person in Ansehung des Nachlasses einer verpflegten oder unterstützten Person ein Erbrecht, ein Pflichttheilsanspruch oder ein Recht auf bestimmte Sachen zusteht.[127]

140. Unberührt bleiben die landesgesetzlichen Vorschriften, nach welchen das Nachlaßgericht auch unter anderen als den im § 1960 Abs. 1 des Bürgerlichen Gesetzbuchs bezeichneten Voraussetzungen die Anfertigung eines Nachlaßverzeichnisses sowie bis zu dessen Vollendung die erforderlichen Sicherungsmaßregeln, insbesondere die Anlegung von Siegeln, von Amtswegen anordnen kann oder soll.[128]

141. Die Landesgesetze können bestimmen, daß für die Beurkundung von Rechtsgeschäften, die nach den Vorschriften des Bürgerlichen Gesetzbuchs gerichtlicher oder notarieller Beurkundung bedürfen, entweder nur die Gerichte oder nur die Notare zuständig sind.[129]

142. Unberührt bleiben die landesgesetzlichen Vorschriften, welche in Ansehung der in dem Gebiete des Bundesstaats liegenden Grundstücke bestimmen, daß für die Beurkundung des im § 313 des Bürgerlichen Gesetzbuchs bezeichneten Vertrags sowie für die nach § 873 Abs. 2 des Bürgerlichen Gesetzbuchs zur Bindung der Betheiligten erforderliche Beurkundung der Erklärungen außer den Gerichten und Notaren auch andere Behörden und Beamte zuständig sind.[130]

143. Unberührt bleiben die landesgesetzlichen Vorschriften, welche in Ansehung der in dem Gebiete des Bundesstaats liegenden Grundstücke bestimmen, daß die Einigung der Parteien in den Fällen der §§ 925, 1015 des Bürgerlichen Gesetzbuchs außer vor dem Grundbuchamt auch vor Gericht, vor einem Notar, vor einer anderen Behörde oder vor einem anderen Beamten erklärt werden kann.[131]

Unberührt bleiben die landesgesetzlichen Vorschriften, nach welchen es bei der Auflassung eines Grundstücks der gleichzeitigen Anwesenheit beider Theile nicht bedarf, wenn das Grundstück durch ein Gericht oder einen Notar versteigert worden ist und die Auflassung noch in dem Versteigerungstermine stattfindet.[132]

144. Unberührt bleiben die landesgesetzlichen Vorschriften über die sachliche und örtliche Zuständigkeit der Hinterlegungsstellen. Die Landesgesetze können bestimmen, daß die Anlegung von Mündelgeld nach § 1808 des Bürgerlichen Gesetzbuchs bei

122. Vgl. insbesondere § 125 AG z. BGB.
123. §§ 136, 137, 139, 140 AG z. BGB.
124. § 138 AG z. BGB.
125. Für Els.-Lothr. ohne Bedeutung.
126. §§ 163, 165 AG z. BGB.
127. §§ 164, 165 AG z. BGB.
128. Vgl. hierzu die §§ 21—25 AG z. FrG.
129. Durch § 44 AG z. FrG werden grundsätzlich nur die Notare für zuständig erklärt; Ausnahmen von diesem Grundsatze in § 45 AG z. FrG. Vgl. auch § 37 AG z. FrG.; §§ 74, 106 AG z. BGB.; § 14 AG z. GBO.
130. § 43 AG z. FrG. — Vgl. § 106 AG z. BGB.
131. § 12 AG z. GBO. — Vgl. auch § 89 AG z. BGB.
132. § 13 AG z. GBO. — Vgl. auch § 90 AG z. BGB.

den Hinterlegungsstellen des Bundesstaats nicht stattfindet.[133]

145. Die Landesgesetze können über die Hinterlegung nähere Bestimmungen treffen, insbesondere den Nachweis der Empfangsberechtigung regeln und vorschreiben, daß die hinterlegten Gelder und Werthpapiere gegen die Verpflichtung zur Rückerstattung in das Eigenthum des Fiskus oder der als Hinterlegungsstelle bestimmten Anstalt übergehen, daß der Verkauf der hinterlegten Sachen von Amtswegen angeordnet werden kann sowie daß der Anspruch auf Rückerstattung mit dem Ablauf einer gewissen Zeit oder unter sonstigen Voraussetzungen zu Gunsten des Fiskus oder der Hinterlegungsanstalt erlischt. In den Fällen des § 382, des § 1171 Abs. 3 und des § 1269 Satz 3 des Bürgerlichen Gesetzbuchs muß dem Hinterleger die Rücknahme des hinterlegten Betrags mindestens während eines Jahres von dem Zeitpunkt an gestattet werden, mit welchem das Recht des Gläubigers auf den hinterlegten Betrag erlischt.

Von einer gerichtlichen Anordnung kann die Hinterlegung nicht abhängig gemacht werden.[134]

146. Ist durch Landesgesetz bestimmt, daß die Hinterlegungsstellen auch andere Sachen als Geld, Werthpapiere und sonstige Urkunden sowie Kostbarkeiten anzunehmen haben, so finden auf Schuldverhältnisse, die auf Leistung derartiger Sachen gerichtet sind, die Vorschriften der §§ 372 bis 382 des Bürgerlichen Gesetzbuchs Anwendung.[135]

147. Unberührt bleiben die landesgesetzlichen Vorschriften, nach welchen für die dem Vormundschaftsgericht[136] oder dem Nachlaßgericht[137] obliegenden Verrichtungen andere als gerichtliche Behörden zuständig sind.

Sind durch Landesgesetz die Verrichtungen des Nachlaßgerichts einer anderen Behörde als einem Gericht übertragen, so ist für die Abnahme des im § 2006 des Bürgerlichen Gesetzbuchs vorgeschriebenen Offenbarungseids das Amtsgericht zuständig, in dessen Bezirke die Nachlaßbehörde ihren Sitz hat.

148. Die Landesgesetze können die Zuständigkeit des Nachlaßgerichts zur Aufnahme des Inventars ausschließen.[138]

149. Unberührt bleiben die landesgesetzlichen Vorschriften, nach welchen bei der Errichtung einer Verfügung von Todeswegen der Richter an Stelle des Gerichtsschreibers oder der zwei Zeugen eine besonders dazu bestellte Urkundsperson zuziehen kann.

Auf die Urkundsperson finden die Vorschriften der §§ 2234 bis 2236 des Bürgerlichen Gesetzbuchs Anwendung.[139]

150. Unberührt bleiben die landesgesetzlichen Vorschriften, nach welchen im Falle des § 2249 des Bürgerlichen Gesetzbuchs an Stelle des Vorstehers oder neben dem Vorsteher eine andere amtlich bestellte Person zuständig ist.[139]

151. Durch die Vorschriften der §§ 2234 bis 2245, 2276 des Bürgerlichen Gesetzbuchs und des Artikel 149 dieses Gesetzes werden die allgemeinen Vorschriften der Landesgesetze über die Errichtung gerichtlicher oder notarieller Urkunden nicht berührt. Ein Verstoß gegen eine solche Vorschrift ist, unbeschadet der Vorschriften über die Folgen des Mangels der sachlichen Zuständigkeit, ohne Einfluß auf die Gültigkeit der Verfügung von Todeswegen.[140]

152. Unberührt bleiben die landesgesetzlichen Vorschriften, welche für die nicht nach den Vorschriften der Civilprozeßordnung zu erledigenden Rechtsstreitigkeiten die Vorgänge bestimmen, mit denen die nach den Vorschriften des Bürgerlichen Gesetzbuchs an die Klagerhebung und an die Rechtshängigkeit geknüpften Wirkungen eintreten. Soweit solche Vorschriften fehlen, finden die Vorschriften der Civilprozeßordnung entsprechende Anwendung.[139]

Vierter Abschnitt. Uebergangsvorschriften.

153. Wer zur Zeit des Inkrafttretens des Bürgerlichen Gesetzbuchs nicht das einundzwanzigste Lebensjahr vollendet hat, aber für volljährig erklärt ist oder sonst die rechtliche Stellung eines Volljährigen erlangt hat, steht von dieser Zeit an einem Volljährigen gleich.[140a]

154. Wer nach den französischen oder den badischen Gesetzen emanzipirt oder aus der Gewalt entlassen ist, steht von dem Inkrafttreten des Bürgerlichen Gesetzbuchs an, wenn er zu dieser Zeit das achtzehnte Lebensjahr vollendet hat, einem Volljährigen, anderenfalls einem Minderjährigen gleich.[141]

155. Wer zur Zeit des Inkrafttretens des Bürgerlichen Gesetzbuchs wegen Geisteskrankheit entmündigt ist,[142] steht von dieser Zeit an einem nach

---

133. Ges. betr. das Hinterlegungswesen pp. v. 1. Nov. 1899, insbesondere §§ 1—3 (vgl. auch Ges. über die Depositenverwaltung v. 24. März 1886 und Ges. betr. Abänderung und Ergänzung dieses Gesetzes vom 4. April 1893); vorläuf. Ausführungsbestimmungen dazu v. 23. Dez. 1899.

134. Ges. betr. das Hinterlegungswesen v. 1. Nov. 1899, insbesondere §§ 4 ff. — Vgl. auch §§ 233, 380, 383 BGB.

135. Bestimmungen dieser Art bestehen in Els.-Lothr. nicht.

136. Andere Behörden als die Gerichte kommen für Els.-Lothr. hier nicht in Betracht. — Vgl. §§ 35 ff., 190, 195, 196 FrG.

137. §§ 24, 25, 27, 29 Abs. 2, 30—35 AG z. FrG.; vgl. im Uebrigen §§ 72 ff., 195 FrG.

138. § 37 AG z. FrG.; vgl. § 2003 BGB.

139. Für Els.-Lothr. ohne Bedeutung.

140. §§ 49 ff. AG z. FrG. — § 107 AG z. BGB. — Vgl. auch § 200 FrG; Art. 14 § 4 Münzges. v. 9 Juli 1873 (15. Nov. 1874); § 51 Ges. betr. die Vereinigung des Katasters pp. v. 31. März 1884.

140a. Für Els.-Lothr. ohne Bedeutung.

141. Vgl. Artt. 476, 477, 478, 488 C. c.; §§ 2, 3 BGB.

142. Es muß eine förmliche Entmündigung auf Grund des Art. 489 C. c., nicht bloß eine Beschränkung der Geschäftsfähigkeit nach Art. 499 C. c. vorliegen (vgl. Artt. 210, 211 EG).

den Vorschriften des Bürgerlichen Gesetzbuchs wegen Geisteskrankheit Entmündigten gleich.[143]

156. Wer zur Zeit des Inkrafttretens des Bürgerlichen Gesetzbuchs wegen Verschwendung entmündigt ist, steht von dieser Zeit an einem nach den Vorschriften des Bürgerlichen Gesetzbuchs wegen Verschwendung Entmündigten gleich.

Dasselbe gilt von demjenigen, für welchen nach den französischen oder den badischen Gesetzen wegen Verschwendung die Bestellung eines Beistandes angeordnet ist.[144]

157. Die Vorschriften der französischen und der badischen Gesetze über den erwählten Wohnsitz bleiben für Rechtsverhältnisse, die sich nach diesen Gesetzen bestimmen, in Kraft, sofern der Wohnsitz vor dem Inkrafttreten des Bürgerlichen Gesetzbuchs erwählt worden ist.[145]

158. Die Wirkungen einer vor dem Inkrafttreten des Bürgerlichen Gesetzbuchs erfolgten Todeserklärung bestimmen sich nach den bisherigen Gesetzen, soweit sich nicht aus den Artikeln 159, 160 ein Anderes ergiebt.[146]

159. Der Ehegatte einer vor dem Inkrafttreten des Bürgerlichen Gesetzbuchs für todt erklärten Person kann nach dem Inkrafttreten des Bürgerlichen Gesetzbuchs eine neue Ehe eingehen, auch wenn die Wiederverheirathung nach den bisherigen Gesetzen nicht zulässig sein würde. Die Vorschriften der §§ 1348 bis 1352 des Bürgerlichen Gesetzbuchs finden entsprechende Anwendung.[147]

160. Soweit nach den Vorschriften des Bürgerlichen Gesetzbuchs in Folge einer Todeserklärung die elterliche Gewalt des Verschollenen, die Vormundschaft, die Pflegschaft, sowie das Amt als Vormund, Gegenvormund, Pfleger, Beistand oder Mitglied eines Familienraths endigt, gelten diese Vorschriften von dem Inkrafttreten des Bürgerlichen Gesetzbuchs an auch für eine vorher erfolgte Todeserklärung.[147]

161. Ein zur Zeit des Inkrafttretens des Bürgerlichen Gesetzbuchs anhängiges Verfahren, das eine Todeserklärung, eine Verschollenheitserklärung oder die Einweisung des muthmaßlichen Erben in den Besitz oder Genuß des Vermögens eines Verschollenen zum Gegenstande hat, ist nach den bisherigen Gesetzen zu erledigen.[148]

Ist vor dem Inkrafttreten des Bürgerlichen Gesetzbuchs eine Verschollenheitserklärung oder die vorläufige Einweisung des muthmaßlichen Erben in den Besitz oder Genuß des Vermögens eines Verschollenen erfolgt, so sind die bisherigen Gesetze auch für die Todeserklärung sowie für die endgültige Einweisung maßgebend.[149]

Nach den bisherigen Gesetzen bestimmen sich auch die Wirkungen der nach Abs. 1, 2 ergehenden Entscheidungen. Im Falle der Todeserklärung finden die Vorschriften der Artikel 159, 160 Anwendung.

162. Soweit eine nach den bisherigen Gesetzen erfolgte oder nach Artikel 161 Abs. 2 zulässige endgültige Einweisung des muthmaßlichen Erben in den Besitz oder Genuß des Vermögens des Verschollenen ohne Einfluß auf Rechtsverhältnisse ist, auf die sich die Wirkungen der Todeserklärung nach dem Bürgerlichen Gesetzbuch erstrecken, ist nach dem Inkrafttreten des Bürgerlichen Gesetzbuchs eine Todeserklärung nach dessen Vorschriften zulässig; die Wirkungen beschränken sich auf diese Rechtsverhältnisse.[150]

163. Auf die zur Zeit des Inkrafttretens des Bürgerlichen Gesetzbuchs bestehenden juristischen Personen finden von dieser Zeit an die Vorschriften der §§ 25 bis 53, 85 bis 89 des Bürgerlichen Gesetzbuchs Anwendung, soweit sich nicht aus den Artikeln 164 bis 166 ein Anderes ergiebt.[151]

164. In Kraft bleiben die landesgesetzlichen Vorschriften über die zur Zeit des Inkrafttretens des Bürgerlichen Gesetzbuchs bestehenden Realgemeinden und ähnlichen Verbände, deren Mitglieder als solche zu Nutzungen an land- und forstwirthschaftlichen Grundstücken, an Mühlen, Brauhäusern und ähnlichen Anlagen berechtigt sind. Es macht keinen Unterschied, ob die Realgemeinden oder sonstigen Verbände juristische Personen sind oder nicht und ob die Berechtigung der Mitglieder an Grundbesitz geknüpft ist oder nicht.[152]

165. In Kraft bleiben die Vorschriften der bayerischen Gesetze, betreffend die privatrechtliche Stellung der Vereine sowie der Erwerbs- und

143. Vgl. §§ 6^1, 104^3 BGB.

144. Vgl. Art. 513 C. c.; §§ 6^2, 114, 1896 BGB.; Art. 210 EG. — Der in Gemäßheit des Art. 513 C. c. ernannte Beistand dürfte nach Art. 210 Abs. 2 EG mit dem 1. Jan. 1900 von Rechtswegen Vormund werden; zweifellos ist dies aber nicht.

145. Vgl. die jetzt aufgehobene Bestimmung in § 15^5 EG z. CPO v. 30. Jan. 1877; Art. 111 C. c.; Art. 59 Nr. 3 C. d. pr. civ.

146. Der Todeserklärung dürfte, obschon der Art. 158 nur von dieser spricht, die Verschollenheitserklärung nach Artt. 115 ff. C. c. gleichzustellen sein, sofern dieselbe vor dem Inkrafttreten des BGB mit der Einweisung der muthmaßlichen Erben endgültig geworden ist (arg. Art. 161).

147. Für Els.-Lothr. ohne Bedeutung; Art. 162 EG füllt die Lücke aus.

148. Vgl. Artt. 115 ff. C. c.

149. Vgl. Art. 129 C. c. — §§ 72, 73 AG z. FrG.

150. Dieser Art. hat vornehmlich den Zweck, dem Ehegatten einer nach Artt. 115 ff. C. c. für verschollen erklärten Person die Wiederverheirathung zu ermöglichen.

151. Der Art. 163 bezieht sich nur auf die im BGB behandelten juristischen Personen, also Vereine (§§ 21, 22) und Stiftungen (§ 80). Die angezogenen Bestimmungen des BGB finden nur insoweit Anwendung, als nicht die Satzungen in zulässiger Weise abweichende Bestimmung getroffen haben. — Vgl. auch Art. 82 EG.

152. Für Els.-Lothr. ohne Bedeutung, da derartige Verbände hier nicht bestehen. Bezüglich der Nutzungen an den Gemeindegütern ist lediglich die Angehörigkeit zur Gemeinde maßgebend, wie aus § 54 GemO v. 6. Juni 1895 hervorgeht. Auch das Edikt v. Juni 1769 stellt in Art. 1 den gleichen Grundsatz auf.

Wirthschaftsgesellschaften, vom 29. April 1869 in Ansehung derjenigen Vereine und registrirten Gesellschaften, welche auf Grund dieser Gesetze zur Zeit des Inkrafttretens des Bürgerlichen Gesetzbuchs bestehen.[153]

166. In Kraft bleiben die Vorschriften des sächsischen Gesetzes vom 15. Juni 1868, betreffend die juristischen Personen, in Ansehung derjenigen Personenvereine, welche zur Zeit des Inkrafttretens des Bürgerlichen Gesetzbuchs die Rechtsfähigkeit durch Eintragung in das Genossenschaftsregister erlangt haben.[153]

167. In Kraft bleiben die landesgesetzlichen Vorschriften, welche die zur Zeit des Inkrafttretens des Bürgerlichen Gesetzbuchs bestehenden landschaftlichen oder ritterschaftlichen Kreditanstalten betreffen.[153]

168. Eine zur Zeit des Inkrafttretens des Bürgerlichen Gesetzbuchs bestehende Verfügungsbeschränkung bleibt wirksam, unbeschadet der Vorschriften des Bürgerlichen Gesetzbuchs zu Gunsten derjenigen, welche Rechte von einem Nichtberechtigten herleiten.[154]

169. Die Vorschriften des Bürgerlichen Gesetzbuchs über die Verjährung finden auf die vor dem Inkrafttreten des Bürgerlichen Gesetzbuchs entstandenen, noch nicht verjährten Ansprüche Anwendung. Der Beginn[155] sowie die Hemmung[156] und Unterbrechung[157] der Verjährung bestimmen sich jedoch für die Zeit vor dem Inkrafttreten des Bürgerlichen Gesetzbuchs nach den bisherigen Gesetzen.

Ist die Verjährungsfrist nach dem Bürgerlichen Gesetzbuche kürzer als nach den bisherigen Gesetzen, so wird die kürzere Frist von dem Inkrafttreten des Bürgerlichen Gesetzbuchs an berechnet. Läuft jedoch die in den bisherigen Gesetzen bestimmte längere Frist früher als die im Bürgerlichen Gesetzbuche bestimmte kürzere Frist ab, so ist die Verjährung mit dem Ablaufe der längeren Frist vollendet.[158]

170. Für ein Schuldverhältniß, das vor dem Inkrafttreten des Bürgerlichen Gesetzbuchs entstanden ist, bleiben die bisherigen Gesetze maßgebend.

171. Ein zur Zeit des Inkrafttretens des Bürgerlichen Gesetzbuchs bestehendes Mieth-,[159] Pacht-[160] oder Dienstverhältniß[161] bestimmt sich, wenn nicht die Kündigung nach dem Inkrafttreten des Bürgerlichen Gesetzbuchs für den ersten Termin erfolgt, für den sie nach den bisherigen Gesetzen zulässig ist, von diesem Termin an nach den Vorschriften des Bürgerlichen Gesetzbuchs.[162]

172. Wird eine Sache, die zur Zeit des Inkrafttretens des Bürgerlichen Gesetzbuchs vermiethet oder verpachtet war, nach dieser Zeit veräußert oder mit einem Rechte belastet, so hat der Miether oder Pächter dem Erwerber der Sache oder des Rechtes gegenüber die im Bürgerlichen Gesetzbuche bestimmten Rechte. Weitergehende Rechte des Miethers oder Pächters, die sich aus den bisherigen Gesetzen ergeben, bleiben unberührt, unbeschadet der Vorschrift des Artikel 171.[163]

173. Auf eine zur Zeit des Inkrafttretens des Bürgerlichen Gesetzbuchs bestehende Gemeinschaft nach Bruchtheilen finden von dieser Zeit an die Vorschriften des Bürgerlichen Gesetzbuchs Anwendung.[164]

174. Von dem Inkrafttreten des Bürgerlichen Gesetzbuchs an gelten für die vorher ausgestellten Schuldverschreibungen auf den Inhaber die Vorschriften der §§ 798 bis 800, 802, 804 und des § 806 Satz 1 des Bürgerlichen Gesetzbuchs. Bei den auf Sicht zahlbaren unverzinslichen Schuldverschreibungen sowie bei Zins-, Renten- und Gewinnantheilscheinen bleiben jedoch für die Kraftloserklärung und die Zahlungssperre die bisherigen Gesetze maßgebend.

Die Verjährung der Ansprüche aus den vor dem Inkrafttreten des Bürgerlichen Gesetzbuchs ausgestellten Schuldverschreibungen auf den Inhaber bestimmt sich, unbeschadet der Vorschriften des § 802 des Bürgerlichen Gesetzbuchs, nach den bisherigen Gesetzen.[165]

175. Für Zins-, Renten- und Gewinnantheilscheine, die nach dem Inkrafttreten des Bürgerlichen Gesetzbuchs für ein vor dieser Zeit ausgestelltes Inhaberpapier ausgegeben werden, sind die Gesetze maßgebend, welche für die vor dem Inkrafttreten des Bürgerlichen Gesetzbuchs ausgegebenen Scheine gleicher Art gelten.[166]

176. Die Außerkurssetzung von Schuldver-

153. Für Elf.-Lothr. ohne Bedeutung.

154. Art. 168 bildet die Uebergangsvorschrift für § 137 BGB. Die in bisher zulässiger Weise begründeten Verfügungsbeschränkungen der in § 137 cit. bezeichneten Art bleiben — abgesehen von dem Schlußpassus des Art. 168 — mit ihrer bisherigen Wirksamkeit bestehen. — Vgl. auch §§ 98, 92, 113 AG z. BGB.

155. §§ 198—201 BGB (Art. 2233 C. c.).

156. §§ 202—207 BGB (Artt. 2251 ff., 2278 C. c.).

157. §§ 208—221 BGB (Artt. 2242 ff. C. c.).

158. Fraglich ist, ob der in Artt. 2271—2275 C. c. behandelten Verjährung, welche nach Art. 2275 nur die Rechtsvermuthung der Zahlung, verbunden mit einer Beweiseinschränkung, zur Folge hat (vgl. Entsch. des RG 32 S. 367), nach Art. 169 EG die stärkere Verjährungswirkung des BGB beizulegen oder mit Rücksicht auf Art. 170 EG zu versagen ist. (Vgl. hierüber Puchelt 29, 3 S. 542 ff.)

159. §§ 535—580 BGB.

160. §§ 581—597 BGB.

161. §§ 611—630 BGB.

162. Vgl. Artt. 1736—1739, 1758, 1759, 1774—1776 C. c.

163. In Betracht kommt hier die gegenüber den §§ 571, 578 BGB weitergehende Bestimmung des Art. 1743 C. c., insofern dadurch der Miether auch gegen eine vor Ueberlassung der Miethsache erfolgte Veräußerung geschützt wird.

164. §§ 741—758 BGB.

165. Vgl. die bisherigen Etatsgesetze bezüglich der darin enthaltenen Anleihen.

166. Es dürfte also bezüglich dieser Papiere die Verjährungsfrist des Art. 2277 C. c. bestehen bleiben.

schreibungen auf den Inhaber findet nach dem Inkrafttreten des Bürgerlichen Gesetzbuchs nicht mehr statt. Eine vorher erfolgte Außerkurssetzung verliert mit dem Inkrafttreten des Bürgerlichen Gesetzbuchs ihre Wirkung.[167]

177. Von dem Inkrafttreten des Bürgerlichen Gesetzbuchs an gelten für vorher ausgegebene Urkunden der im § 808 des Bürgerlichen Gesetzbuchs bezeichneten Art, sofern der Schuldner nur gegen Aushändigung der Urkunde zur Leistung verpflichtet ist, die Vorschriften des § 808 Abs. 2 Satz 2, 3 des Bürgerlichen Gesetzbuchs und des Artikel 102 Abs. 2 dieses Gesetzes.[168]

178. Ein zur Zeit des Inkrafttretens des Bürgerlichen Gesetzbuchs anhängiges Verfahren, das die Kraftloserklärung einer Schuldverschreibung auf den Inhaber oder einer Urkunde der im § 808 des Bürgerlichen Gesetzbuchs bezeichneten Art oder die Zahlungssperre für ein solches Papier zum Gegenstande hat, ist nach den bisherigen Gesetzen zu erledigen. Nach diesen Gesetzen bestimmen sich auch die Wirkungen des Verfahrens und der Entscheidung.

179. Hat ein Anspruch aus einem Schuldverhältnisse nach den bisherigen Gesetzen durch Eintragung in ein öffentliches Buch Wirksamkeit gegen Dritte erlangt, so behält er diese Wirksamkeit auch nach dem Inkrafttreten des Bürgerlichen Gesetzbuchs.[169]

180. Auf ein zur Zeit des Inkrafttretens des Bürgerlichen Gesetzbuchs bestehendes Besitzverhältniß finden von dieser Zeit an, unbeschadet des Artikel 191, die Vorschriften des Bürgerlichen Gesetzbuchs Anwendung.[170]

181. Auf das zur Zeit des Inkrafttretens des Bürgerlichen Gesetzbuchs bestehende Eigenthum finden von dieser Zeit an die Vorschriften des Bürgerlichen Gesetzbuchs Anwendung.

Steht zur Zeit des Inkrafttretens des Bürgerlichen Gesetzbuchs das Eigenthum an einer Sache Mehreren nicht nach Bruchtheilen zu[171] oder ist zu dieser Zeit ein Sondereigenthum an stehenden Erzeugnissen eines Grundstücks, insbesondere an Bäumen, begründet,[172] so bleiben diese Rechte bestehen.

182. Das zur Zeit des Inkrafttretens des Bürgerlichen Gesetzbuchs bestehende Stockwerkseigenthum bleibt bestehen. Das Rechtsverhältniß der Betheiligten unter einander bestimmt sich nach den bisherigen Gesetzen.[173]

183. Zu Gunsten eines Grundstücks, das zur Zeit des Inkrafttretens des Bürgerlichen Gesetzbuchs mit Wald bestanden ist, bleiben die landesgesetzlichen Vorschriften, welche die Rechte des Eigenthümers eines Nachbargrundstücks in Ansehung der auf der Grenze oder auf dem Waldgrundstücke stehenden Bäume und Sträucher abweichend von den Vorschriften des § 910 und des § 923 Abs. 2, 3 des Bürgerlichen Gesetzbuchs bestimmen, bis zur nächsten Verjüngung des Waldes in Kraft.[174]

184. Rechte, mit denen eine Sache oder ein Recht zur Zeit des Inkrafttretens des Bürgerlichen Gesetzbuchs belastet ist, bleiben mit dem sich aus den bisherigen Gesetzen ergebenden Inhalt und Range bestehen, soweit sich nicht aus den Artikeln 192 bis 195 ein Anderes ergiebt. Von dem Inkrafttreten des Bürgerlichen Gesetzbuchs an gelten jedoch für ein Erbbaurecht die Vorschriften des § 1017, für eine Grunddienstbarkeit die Vorschriften der §§ 1020 bis 1028 des Bürgerlichen Gesetzbuchs.[175]

185. Ist zur Zeit des Inkrafttretens des Bürgerlichen Gesetzbuchs die Ersitzung des Eigenthums oder Nießbrauchs an einer beweglichen Sache noch nicht vollendet, so finden auf die Ersitzung die Vorschriften des Artikel 169 entsprechende Anwendung.[176]

186. Das Verfahren, in welchem die Anlegung der Grundbücher erfolgt, sowie der Zeitpunkt, in welchem das Grundbuch für einen Bezirk als angelegt anzusehen ist, werden für jeden Bundesstaat durch landesherrliche Verordnung bestimmt.[177]

Ist das Grundbuch für einen Bezirk als angelegt anzusehen, so ist die Anlegung auch für solche zu dem Bezirke gehörende Grundstücke, die noch kein Blatt im Grundbuche haben, als erfolgt anzusehen, soweit nicht bestimmte Grundstücke durch besondere Anordnung ausgenommen sind.[178]

187. Eine Grunddienstbarkeit, die zu der Zeit besteht, zu welcher das Grundbuch als angelegt

167. Für Elf.-Lothr. ohne Bedeutung.

168. Das Verfahren des § 17 Ges. betr. die Sparkassen v. 14. Juli 1895 wird durch Art. 177 nicht berührt.

169. Vgl. Ges. vom 25. März 1855 betr. die Ueberschreibung in Bezug auf Hypotheken; §§ 3, 4 Grundbuchges. v. 22. Juni 1891; § 113 Abs. 2 AG. z. BGB.

170. Vgl. § 86 AG z. BGB.

171. Nach den Motiven handelt es sich hierbei nur um besondere auf Grund des bisherigen Rechts begründete Rechtsverhältnisse, die in Elf.-Lothr. nicht bestehen; vgl. aber § 76 AG z. BGB.

172. Ein solches Sondereigenthum an Bäumen ist begründet durch die jetzt aufgehobene Bestimmung in Art. 6 der Ver. vom 3. Mai 1720; Artt. 3, 4 Ges. v. 9. Ventôse XIII; Artt. 88, 89 Dekr. v. 16. Dez. 1811; ferner durch Art. 4 Dekr. v. 8. Aug. 1821; Art. 1 Ges. v. 12. Mai 1825. — Die Begründung neuer Rechte dieser Art ist nach Art. 189 Abs. 1 Satz 3 EG unzulässig.

173. Vgl. Art 664 C. c. — Ein neues Recht dieser Art kann nach Art. 189 Abs. 1 Satz 3 EG nicht mehr begründet werden. — Das bestehende Stockwerkseigenthum ist wohl als Grundstück im Sinne des § 3 GBO zu betrachten.

174. Für Elf.-Lothr. ohne Bedeutung.

175. Ausnahme § 99 AG z. BGB. — Vgl. Abschn. IV Ges. v. 6. Okt. 1791.

176. Damit wird die Frist des Art. 2279 Satz 2 C. c. mit dem 1. Jan. 1900 beseitigt. — Vgl. § 97 AG z. BGB.

177. Vgl. §§ 82 GBO; § 1 EG z. ZVG.

178. Vgl. §§ 90, 91 GBO.

anzusehen ist, bedarf zur Erhaltung der Wirksamkeit gegenüber dem öffentlichen Glauben des Grundbuchs nicht der Eintragung. Die Eintragung hat jedoch zu erfolgen, wenn sie von dem Berechtigten oder von dem Eigenthümer des belasteten Grundstücks verlangt wird; die Kosten sind von demjenigen zu tragen und vorzuschießen, welcher die Eintragung verlangt.[179]

Durch Landesgesetz kann bestimmt werden, daß die bestehenden Grunddienstbarkeiten oder einzelne Arten zur Erhaltung der Wirksamkeit gegenüber dem öffentlichen Glauben des Grundbuchs bei der Anlegung des Grundbuchs oder später in das Grundbuch eingetragen werden müssen. Die Bestimmung kann auf einzelne Grundbuchbezirke beschränkt werden.[180]

188. Durch landesherrliche Verordnung kann bestimmt werden, daß gesetzliche Pfandrechte, die zu der Zeit bestehen, zu welcher das Grundbuch als angelegt anzusehen ist, zur Erhaltung der Wirksamkeit gegenüber dem öffentlichen Glauben des Grundbuchs während einer zehn Jahre nicht übersteigenden, von dem Inkrafttreten des Bürgerlichen Gesetzbuchs an zu berechnenden Frist nicht der Eintragung bedürfen.

Durch landesherrliche Verordnung kann bestimmt werden, daß Miethrechte und Pachtrechte, welche zu der im Abs. 1 bezeichneten Zeit als Rechte an einem Grundstücke bestehen, zur Erhaltung der Wirksamkeit gegenüber dem öffentlichen Glauben des Grundbuchs nicht der Eintragung bedürfen.[181]

189. Der Erwerb und Verlust des Eigenthums sowie die Begründung, Uebertragung, Belastung und Aufhebung eines anderen Rechtes an einem Grundstück oder eines Rechtes an einem solchen Rechte erfolgen auch nach dem Inkrafttreten des Bürgerlichen Gesetzbuchs nach den bisherigen Gesetzen, bis das Grundbuch als angelegt anzusehen ist.[182] Das Gleiche gilt von der Aenderung des Inhalts und des Ranges der Rechte.[182] Ein nach den Vorschriften des Bürgerlichen Gesetzbuchs unzulässiges Recht kann nach dem Inkrafttreten des Bürgerlichen Gesetzbuchs nicht mehr begründet werden.[183]

Ist zu der Zeit, zu welcher das Grundbuch als angelegt anzusehen ist, der Besitzer als der Berechtigte im Grundbuch eingetragen, so finden auf eine zu dieser Zeit noch nicht vollendete, nach § 900 des Bürgerlichen Gesetzbuchs zulässige Ersitzung die Vorschriften des Artikel 169 entsprechende Anwendung[184]

Die Aufhebung eines Rechtes, mit dem ein Grundstück oder ein Recht an einem Grundstücke zu der Zeit belastet ist, zu welcher das Grundbuch als angelegt anzusehen ist, erfolgt auch nach dieser Zeit nach den bisherigen Gesetzen, bis das Recht in das Grundbuch eingetragen wird.[185]

190. Das nach § 928 Abs. 2 des Bürgerlichen Gesetzbuchs dem Fiskus zustehende Aneignungsrecht erstreckt sich auf alle Grundstücke, die zu der Zeit herrenlos sind, zu welcher das Grundbuch als angelegt anzusehen ist. Die Vorschrift des Artikel 129 findet entsprechende Anwendung.

191. Die bisherigen Gesetze über den Schutz im Besitz einer Grunddienstbarkeit oder einer beschränkten persönlichen Dienstbarkeit finden auch nach dem Inkrafttreten des Bürgerlichen Gesetzbuchs Anwendung, bis das Grundbuch für das belastete Grundstück als angelegt anzusehen ist.[186]

Von der Zeit an, zu welcher das Grundbuch als angelegt anzusehen ist, finden zum Schutze der Ausübung einer Grunddienstbarkeit, mit welcher das Halten einer dauernden Anlage verbunden ist, die für den Besitzschutz geltenden Vorschriften des Bürgerlichen Gesetzbuchs entsprechende Anwendung, solange Dienstbarkeiten dieser Art nach Artikel 128 oder Artikel 187 zur Erhaltung der Wirksamkeit gegenüber dem öffentlichen Glauben des Grundbuchs nicht der Eintragung bedürfen. Das Gleiche gilt für Grunddienstbarkeiten anderer Art mit der Maßgabe, daß der Besitzschutz nur gewährt wird, wenn die Dienstbarkeit in jedem der drei letzten Jahre vor der Störung mindestens einmal ausgeübt worden ist.

192. Ein zu der Zeit, zu welcher das Grundbuch als angelegt anzusehen ist, an einem Grundstücke bestehendes Pfandrecht gilt von dieser Zeit an als eine Hypothek, für welche die Ertheilung des Hypothekenbriefs ausgeschlossen ist. Ist der Betrag der Forderung, für die das Pfandrecht besteht, nicht bestimmt, so gilt das Pfandrecht als Sicherungshypothek.[187]

Ist das Pfandrecht dahin beschränkt, daß der Gläubiger Befriedigung aus dem Grundstücke nur im Wege der Zwangsverwaltung suchen kann, so bleibt diese Beschränkung bestehen.

193. Durch Landesgesetz kann bestimmt werden,

---

179. Vgl. § 8 Abs. 2 AG z. ZVG.

180. Vgl. die für das Zwischenrecht geltenden Bestimmungen in § 99 AG z. BGB. Weitere Bestimmungen dieser Art bestehen in Elf.-Lothr. nicht.

181. Landesherrliche Verordnungen des gedachten Inhalts bestehen nicht.

182. Die bis zu diesem Zeitpunkt maßgebenden Vorschriften (das sogenannte Zwischenrecht) sind jetzt nach Aufhebung des C. c. in den §§ 87—113 AG z. BGB enthalten (Vorbemerkung zum III. Buch BGB). Vgl. aber Artt. 200, 213 EG.

183. Diese Rechte sind: das Stockwerkseigenthum (Art. 664 C. c.), das Sondereigenthum an Bäumen (vgl. Bemerkung 172), die Antichrese (Art. 2085 C. c.), die Hypothek an einer Nutznießung (Art. 2118 Nr. 2 C. c.).

184. Vgl. für das Zwischenrecht: § 97 AG z. BGB

185. Vgl. für das Zwischenrecht: §§ 87, 100 Abs. :, 102 AG z. BGB.

186. Vgl. § 86 AG. z. BGB.

187. Vgl. jedoch Art. 193 EG und die darauf beruhende Bestimmung in § 77 AG z. BGB. — Die hier in Betracht kommenden Bestimmungen für das Zwischenrecht sind enthalten in §§ 87, 88, 100—102, 106, 107, 113 AG z. BGB.

daß ein Pfandrecht, welches nach Artikel 192 nicht als Sicherungshypothek gilt, als Sicherungshypothek oder als eine Hypothek gelten soll, für welche die Ertheilung des Hypothekenbriefs nicht ausgeschlossen ist, und daß eine über das Pfandrecht ertheilte Urkunde als Hypothekenbrief gelten soll.[188]

194. Durch Landesgesetz kann bestimmt werden, daß ein Gläubiger, dessen Pfandrecht zu der im Artikel 192 bezeichneten Zeit besteht, die Löschung eines im Range vorgehenden oder gleichstehenden Pfandrechts, falls dieses sich mit dem Eigenthum in einer Person vereinigt, in gleicher Weise zu verlangen berechtigt ist, wie wenn zur Sicherung des Rechtes auf Löschung eine Vormerkung im Grundbuch eingetragen wäre.[189]

195. Eine zu der Zeit, zu welcher das Grundbuch als angelegt anzusehen ist, bestehende Grundschuld gilt von dieser Zeit an als Grundschuld im Sinne des Bürgerlichen Gesetzbuchs und eine über die Grundschuld ertheilte Urkunde als Grundschuldbrief. Die Vorschrift des Artikel 192 Abs. 2 findet entsprechende Anwendung.

Durch Landesgesetz kann bestimmt werden, daß eine zu der im Abs. 1 bezeichneten Zeit bestehende Grundschuld als eine Hypothek, für welche die Ertheilung des Hypothekenbriefs nicht ausgeschlossen ist, oder als Sicherungshypothek gelten soll und daß eine über die Grundschuld ertheilte Urkunde als Hypothekenbrief gelten soll.[190]

196. Durch Landesgesetz kann bestimmt werden, daß auf ein an einem Grundstücke bestehendes vererbliches und übertragbares Nutzungsrecht die sich auf Grundstücke beziehenden Vorschriften und auf den Erwerb eines solchen Rechtes die für den Erwerb des Eigenthums an einem Grundstücke geltenden Vorschriften des Bürgerlichen Gesetzbuchs Anwendung finden.[190]

197. In Kraft bleiben die landesgesetzlichen Vorschriften, nach welchen in Ansehung solcher Grundstücke, bezüglich deren zur Zeit des Inkrafttretens des Bürgerlichen Gesetzbuchs ein nicht unter den Artikel 63 fallendes bäuerliches Nutzungsrecht besteht, nach der Beendigung des Nutzungsrechts ein Recht gleicher Art neu begründet werden kann und der Gutsherr zu der Begründung verpflichtet ist.[190]

198. Die Gültigkeit einer vor dem Inkrafttreten des Bürgerlichen Gesetzbuchs geschlossenen Ehe bestimmt sich nach den bisherigen Gesetzen.[191]

Eine nach den bisherigen Gesetzen nichtige oder ungültige Ehe ist als von Anfang an gültig anzusehen, wenn die Ehegatten zur Zeit des Inkrafttretens des Bürgerlichen Gesetzbuchs noch als Ehegatten mit einander leben und der Grund, auf dem die Nichtigkeit oder die Ungültigkeit beruht, nach den Vorschriften des Bürgerlichen Gesetzbuchs die Nichtigkeit oder die Anfechtbarkeit der Ehe nicht zur Folge haben oder diese Wirkung verloren haben würde. Die für die Anfechtung im Bürgerlichen Gesetzbuche bestimmte Frist beginnt nicht vor dem Inkrafttreten des Bürgerlichen Gesetzbuchs.

Die nach den bisherigen Gesetzen erfolgte Ungültigkeitserklärung einer Ehe steht der Nichtigkeitserklärung nach dem Bürgerlichen Gesetzbuche gleich.[192]

199. Die persönlichen Rechtsbeziehungen der Ehegatten zu einander, insbesondere die gegenseitige Unterhaltspflicht, bestimmen sich auch für die zur Zeit des Inkrafttretens des Bürgerlichen Gesetzbuchs bestehenden Ehen nach dessen Vorschriften.[193]

200. Für den Güterstand einer zur Zeit des Inkrafttretens des Bürgerlichen Gesetzbuchs bestehenden Ehe bleiben die bisherigen Gesetze maßgebend. Dies gilt insbesondere auch von den Vorschriften über die erbrechtlichen Wirkungen des Güterstandes und von den Vorschriften der französischen und der badischen Gesetze über das Verfahren bei Vermögensabsonderungen unter Ehegatten.[194]

Eine nach den Vorschriften des Bürgerlichen Gesetzbuchs zulässige Regelung des Güterstandes kann durch Ehevertrag auch dann getroffen werden, wenn nach den bisherigen Gesetzen ein Ehevertrag unzulässig sein würde.

Soweit die Ehefrau nach den für den bisherigen Güterstand maßgebenden Gesetzen in Folge des Güterstandes oder der Ehe in der Geschäftsfähigkeit beschränkt ist, bleibt diese Beschränkung in Kraft, solange der bisherige Güterstand besteht.[195]

201. Die Scheidung und die Aufhebung der ehelichen Gemeinschaft erfolgen von dem Inkrafttreten des Bürgerlichen Gesetzbuchs an nach dessen Vorschriften.

Hat sich ein Ehegatte vor dem Inkrafttreten des Bürgerlichen Gesetzbuchs einer Verfehlung der in den §§ 1565 bis 1568 des Bürgerlichen Gesetzbuchs bezeichneten Art schuldig gemacht, so kann auf Scheidung oder auf Aufhebung der ehelichen Gemeinschaft nur erkannt werden, wenn die Verfehlung auch nach den bisherigen Gesetzen ein Scheidungsgrund oder ein Trennungsgrund war.[196]

202. Für die Wirkungen einer beständigen oder

188. Vgl. § 77 AG z. BGB.

189. Eine Vorschrift dieser Art enthielt zwar § 82 des Entwurfs AG z. BGB; dieselbe fand aber nicht die Billigung des Landesausschusses. — Vgl. § 1179 BGB.

190. Für Elf.-Lothr. ohne Bedeutung.

191. §§ 28 ff. Ges. v. 6. Febr. 1875; Artt. 180 ff. C. c.

192. §§ 1319, 1323 ff. BGB.

193. §§ 1353—1362 BGB.

194. Die bisherigen Gesetze sind ersetzt durch §§ 144—161 AG z. BGB.

195. Die Frage nach der Geschäftsfähigkeit der Frau ist demnach aus den angegebenen §§ 144—162 AG z. BGB zu beantworten. Grundsätzlich ist nach diesen Bestimmungen die Geschäftsfähigkeit die gleiche wie nach dem BGB.

196. Vgl. Artt. 229—231 C. c.

zeitweiligen Trennung von Tisch und Bett, auf welche vor dem Inkrafttreten des Bürgerlichen Gesetzbuchs erkannt worden ist, bleiben die bisherigen Gesetze maßgebend. Dies gilt insbesondere auch von den Vorschriften, nach denen eine bis zu dem Tode eines der Ehegatten fortbestehende Trennung in allen oder einzelnen Beziehungen der Auflösung der Ehe gleichsteht.

203. Das Rechtsverhältniß zwischen den Eltern und einem vor dem Inkrafttreten des Bürgerlichen Gesetzbuchs geborenen ehelichen Kinde bestimmt sich von dem Inkrafttreten des Bürgerlichen Gesetzbuchs an nach dessen Vorschriften. Dies gilt insbesondere auch in Ansehung des Vermögens, welches das Kind vorher erworben hat.[197]

204. Ist der Vater oder die Mutter zur Zeit des Inkrafttretens des Bürgerlichen Gesetzbuchs in der Sorge für die Person oder für das Vermögen des Kindes durch eine Anordnung der zuständigen Behörde beschränkt, so bleibt die Beschränkung in Kraft. Das Vormundschaftsgericht kann die Anordnung nach § 1671 des Bürgerlichen Gesetzbuchs aufheben.

Ist dem Vater oder der Mutter die Nutznießung an dem Vermögen des Kindes durch Anordnung der zuständigen Behörde entzogen, so hat das Vormundschaftsgericht die Anordnung auf Antrag aufzuheben, es sei denn, daß die Entziehung der Nutznießung nach § 1666 Abs. 2 des Bürgerlichen Gesetzbuchs gerechtfertigt ist.[198]

205. Hat der Vater vor dem Inkrafttreten des Bürgerlichen Gesetzbuchs auf Grund der bisherigen Gesetze die Mutter von der Vormundschaft über das Kind ausgeschlossen oder der Mutter einen Beistand zugeordnet, so gilt die Anordnung des Vaters von dem Inkrafttreten des Bürgerlichen Gesetzbuchs an als Anordnung der Bestellung eines Beistandes für die Mutter im Sinne des Bürgerlichen Gesetzbuchs.[199]

206. Ist auf Grund der bisherigen Gesetze eine Ehe geschieden oder in Folge der Todeserklärung eines der Ehegatten aufgelöst oder ist auf Trennung der Ehegatten von Tisch und Bett erkannt worden, so bestimmen sich das Recht und die Pflicht der Eltern, für die Person der gemeinschaftlichen Kinder zu sorgen, nach den bisherigen Gesetzen; die Vorschriften des § 1635 Abs. 1 Satz 2, Abs. 2 und des § 1636 des Bürgerlichen Gesetzbuchs finden jedoch Anwendung.[200]

207. Inwieweit die Kinder aus einer vor dem Inkrafttreten des Bürgerlichen Gesetzbuchs geschlossenen nichtigen oder ungültigen Ehe als eheliche Kinder anzusehen sind und inwieweit der Vater und die Mutter die Pflichten und Rechte ehelicher Eltern haben, bestimmt sich nach den bisherigen Gesetzen.[201]

208. Die rechtliche Stellung eines vor dem Inkrafttreten des Bürgerlichen Gesetzbuchs geborenen unehelichen Kindes bestimmt sich von dem Inkrafttreten des Bürgerlichen Gesetzbuchs an nach dessen Vorschriften;[202] für die Erforschung der Vaterschaft, für das Recht des Kindes, den Familiennamen des Vaters zu führen, sowie für die Unterhaltspflicht des Vaters bleiben jedoch die bisherigen Gesetze maßgebend.[203]

Inwieweit einem vor dem Inkrafttreten des Bürgerlichen Gesetzbuchs außerehelich erzeugten Kinde aus einem besonderen Grunde, insbesondere wegen Erzeugung im Brautstande, die rechtliche Stellung eines ehelichen Kindes zukommt und inwieweit der Vater und die Mutter eines solchen Kindes die Pflichten und Rechte ehelicher Eltern haben, bestimmt sich nach den bisherigen Gesetzen.[204]

Die Vorschriften des Abs. 1 gelten auch für ein nach den französischen oder den badischen Gesetzen anerkanntes Kind.

209. Inwieweit ein vor dem Inkrafttreten des Bürgerlichen Gesetzbuchs legitimirtes oder an Kindesstatt angenommenes Kind die rechtliche Stellung eines ehelichen Kindes hat und inwieweit der Vater und die Mutter die Pflichten und Rechte ehelicher Eltern haben, bestimmt sich nach den bisherigen Gesetzen.[205]

210. Auf eine zur Zeit des Inkrafttretens des Bürgerlichen Gesetzbuchs bestehende Vormundschaft oder Pflegschaft finden von dieser Zeit an die Vorschriften des Bürgerlichen Gesetzbuchs Anwendung.[206] Ist die Vormundschaft wegen eines körperlichen Gebrechens angeordnet, so gilt sie als eine nach § 1910 Abs. 1 des Bürgerlichen Gesetzbuchs angeordnete Pflegschaft. Ist die Vormundschaft wegen Geistesschwäche angeordnet, ohne daß eine Entmündigung erfolgt ist, so gilt sie als eine nach § 1910 Abs. 2 des Bürgerlichen Gesetzbuchs für die Vermögensangelegenheiten des Geistesschwachen angeordnete Pflegschaft.[207]

Die bisherigen Vormünder und Pfleger bleiben

197. §§ 1616—1698, 1305—1308 BGB. — Damit erlischt auch mit dem 1. Jan. 1900 von Rechtswegen die durch Art. 390 C. c. begründete Vormundschaft des überlebenden Elterntheils über die aus der aufgelösten Ehe stammenden minderjährigen Kinder. — Bezüglich der unehelichen Kinder vgl. Art. 208 EG.

198. Vgl. auch Art. 168 C. c.

199. Vgl. Art. 391 C. c. — Sofern der Vater erst nach dem 1. Jan. 1900 stirbt, ist für die Wirksamkeit einer schon vor dem 1. Jan. 1900 getroffenen desfallsigen Anordnung § 1777 BGB maßgebend.

200. Artt. 302—305, 280[1], 141—143 C. c.

201. Artt. 197, 201, 202 C. c.

202. Es ist alsdann gleichgültig, ob das Kind anerkannt war oder nicht.

203. Vgl. Artt. 334—342 C. c.

204. Ist für Elſ.-Lothr. ohne Bedeutung.

205. Vgl. Art. 331—333, 343 ff. C. c. — Das pflegeelterliche Verhältniß (Artt. 361 ff. C. c.) ist dem BGB unbekannt und deshalb weggefallen; ein bestehendes Verhältniß dieser Art hört mit dem 1. Jan. 1900 auf.

206. Vgl. Bem. zu Art. 203 EG über die bestehenden elterlichen Vormundschaften.

207. Vgl. Art. 211 EG.

im Amte. Das Gleiche gilt im Geltungsbereiche der preußischen Vormundschaftsordnung vom 5. Juli 1875 für den Familienrath und dessen Mitglieder. Ein Gegenvormund ist zu entlassen, wenn nach den Vorschriften des Bürgerlichen Gesetzbuchs ein Gegenvormund nicht zu bestellen sein würde.

211. Die nach den französischen oder den badischen Gesetzen für einen Geistesschwachen angeordnete Bestellung eines Beistandes verliert mit dem Ablaufe von sechs Monaten nach dem Inkrafttreten des Bürgerlichen Gesetzbuchs ihre Wirkung.[208]

212. In Kraft bleiben die landesgesetzlichen Vorschriften, nach welchen gewisse Werthpapiere zur Anlegung von Mündelgeld für geeignet erklärt sind.[209]

213. Für die erbrechtlichen Verhältnisse bleiben, wenn der Erblasser vor dem Inkrafttreten des Bürgerlichen Gesetzbuchs gestorben ist, die bisherigen Gesetze maßgebend.[210] Dies gilt insbesondere auch von den Vorschriften über das erbschaftliche Liquidationsverfahren.

214. Die vor dem Inkrafttreten des Bürgerlichen Gesetzbuchs erfolgte Errichtung oder Aufhebung einer Verfügung von Todeswegen wird nach den bisherigen Gesetzen beurtheilt, auch wenn der Erblasser nach dem Inkrafttreten des Bürgerlichen Gesetzbuchs stirbt.[211]

Das Gleiche gilt für die Bindung des Erblassers bei einem Erbvertrag oder einem gemeinschaftlichen Testamente, sofern der Erbvertrag oder das Testament vor dem Inkrafttreten des Bürgerlichen Gesetzbuchs errichtet worden ist.[212]

215. Wer vor dem Inkrafttreten des Bürgerlichen Gesetzbuchs die Fähigkeit zur Errichtung einer Verfügung von Todeswegen erlangt und eine solche Verfügung errichtet hat, behält die Fähigkeit, auch wenn er das nach dem Bürgerlichen Gesetzbuch erforderliche Alter noch nicht erreicht hat.

Die Vorschriften des § 2230 des Bürgerlichen Gesetzbuchs finden auf ein Testament Anwendung, das ein nach dem Inkrafttreten des Bürgerlichen Gesetzbuchs gestorbener Erblasser vor diesem Zeitpunkt errichtet hat.[213]

216. Die landesgesetzlichen Vorschriften, nach welchen Mitglieder gewisser ritterschaftlicher Familien bei der Ordnung der Erbfolge in ihren Nachlaß durch das Pflichttheilsrecht nicht beschränkt sind, bleiben in Ansehung derjenigen Familien in Kraft, welchen dieses Recht zur Zeit des Inkrafttretens des Bürgerlichen Gesetzbuchs zusteht.[214]

217. Die vor dem Inkrafttreten des Bürgerlichen Gesetzbuchs erfolgte Errichtung eines Erbverzichtsvertrags sowie die Wirkungen eines solchen Vertrags bestimmen sich nach den bisherigen Gesetzen.

Das Gleiche gilt von einem vor dem Inkrafttreten des Bürgerlichen Gesetzbuchs geschlossenen Vertrage, durch den ein Erbverzichtsvertrag aufgehoben worden ist.[214]

218. Soweit nach den Vorschriften dieses Abschnitts die bisherigen Landesgesetze maßgebend bleiben, können sie nach dem Inkrafttreten des Bürgerlichen Gesetzbuchs durch Landesgesetz auch geändert werden.[215]

---

208. Vgl. Art. 499 C. c.

209. Vgl. § 1807 BGB; § 141 AG z. BGB.

210. Gleichgültig, ob gesetzliche oder testamentarische Erbfolge vorliegt. — Die Wirkungen eines vor dem 1. Jan. 1900 errichteten Testaments sind also nach dem BGB zu beurtheilen, sofern der Erblasser nach dem 1. Jan. 1900 stirbt; nur die Fähigkeit zur Errichtung des Testaments und dessen Form (vgl. §§ 2229 ff. BGB) richten sich nach den bisherigen Gesetzen in Gemäßheit des Art. 214 EG.

211. Vgl. Bem. zu Art. 213 EG.

212. Vgl. Artt. 1081 ff. C. c. Auch die Wirksamkeit solcher den Erbverträgen ähnlichen Schenkungen bestimmt sich nach der Regel des Art. 213 EG.

213. Vgl. Artt. 904, 1095 C. c. gegenüber §§ 2229, 2247 BGB.

214. Für Elſ.-Lothr. ohne Bedeutung.

215. Vgl. Art. 3 EG.

Gesetz

betreffend

die Ausführung des Bürgerlichen Gesetzbuchs in Elsaß-Lothringen.[1]

Vom 17. April 1899.

Gesetzblatt 1900 S. 1.

Abschnitt I.

Vorschriften zum Allgemeinen Theile.

Namensänderung.

§ 1. Zur Aenderung des Familiennamens ist die Ermächtigung des Statthalters erforderlich.

Als Aenderung eines Namens ist auch die Beifügung eines weiteren Namens oder eines sonstigen Zusatzes zum Namen anzusehen.[1a]

2. Der Antrag, durch welchen die Ermächtigung nachgesucht wird, muß mit Gründen versehen sein. Dem Antrage darf erst stattgegeben werden, nachdem er öffentlich bekannt gemacht und seit dem Tage der letzten Bekanntmachung ein Jahr verstrichen ist.

Einwendungen Dritter gegen die beantragte Aenderung sind innerhalb der im Abs. 1 bezeichneten Frist bei dem Ministerium einzureichen, widrigenfalls deren Geltendmachung ausgeschlossen ist. Die Bekanntmachung muß einen Hinweis darauf enthalten.

Die Bekanntmachung erfolgt vorbehaltlich anderweiter Veröffentlichung:

1. durch einmalige Einrückung in den Deutschen Reichsanzeiger und in das für die Bekanntmachungen des Ministeriums bestimmte Blatt,
2. durch dreimalige Einrückung in eines der für den Geburtsort und in eines der für den Wohnort des Antragstellers zu gerichtlichen Bekanntmachungen bestimmten Blätter.

3. Wird die Ermächtigung ertheilt, so ordnet das Ministerium die Bekanntmachung der bewilligten Namensänderung im Gesetzblatte sowie deren Eintragung am Rande der Geburtsurkunden derjenigen Personen an, deren Namen geändert wird.

4. Die Aenderung des Namens erstreckt sich, soweit nicht bei der Ermächtigung eine Ausnahme gemacht wird, zugleich auf die unter elterlicher Gewalt stehenden Kinder des Antragstellers.

5. Für Personen, die unter Vormundschaft stehen, kann die Aenderung des Namens von dem gesetzlichen Vertreter nur mit Genehmigung des Vormundschaftsgerichts nachgesucht werden.

Das Vormundschaftsgericht soll vor der Entscheidung über die Genehmigung (Abs. 1) den Mündel hören, wenn er das sechzehnte Lebensjahr vollendet hat.[2]

Juristische Personen.

6. Schenkungen und Verfügungen von Todeswegen[3] zu Gunsten juristischer Personen bedürfen zu ihrer Wirksamkeit, soweit gesetzlich nicht ein Anderes bestimmt ist,[4] der staatlichen Genehmigung.

Auf Aktiengesellschaften, eingetragene Genossenschaften (Gesetz, betreffend die Erwerbs- und Wirthschaftsgenossenschaften, vom 1. Mai 1889, Reichs-Gesetzbl. 1898 S. 810) und Gesellschaften mit beschränkter Haftung (Gesetz vom 20. April 1892, Reichs-Gesetzbl. 1898 S. 846) findet die Vorschrift des Abs. 1 keine Anwendung.

Die bestehenden Bestimmungen über die Zu-

---

1. Das Gesetz ist in der Fassung der Ver. v. 22. Dez. 1899 (GBl 1900 S. 1) abgedruckt.

1a. Durch die §§ 1—5 werden die bisherigen gesetzlichen Bestimmungen über diese Frage (insbesondere Dekr. v. 6. Fructidor II und Titel 2 Ges. v. 11. Germinal XI) ersetzt. — Die Zulässigkeit einer Aenderung des in das Geburtsregister eingetragenen Vornamens, welche nach dem Entwurfe in gleicher Weise wie die des Familiennamens erfolgen sollte, wurde in der Kommissionsberathung beseitigt. — Vgl. auch § 12 BGB. — Auf den Adelstitel beziehen sich die Bestimmungen der §§ 1—5 nicht. — Ueber das Verfahren beim Nachsuchen der Ermächtigung vgl. Ver. v. 27. Dez. 1899.

2. Vgl. § 1 Abs. 1 AG z. FrG.

3. Unter die Verfügungen von Todeswegen fallen auch die Erbverträge.

4. Derartige gesetzliche Bestimmungen enthalten, außer dem Art. 86 EG selbst, die zu diesem Art. angeführten Vorschriften; ferner Art. 1 Nr. 5 Ges. über die Generalräthe v. 18. Juli 1866; Art. 31 Ges. v. 10. Mai 1838 über die Generalräthe; §§ 56 Nr. 8, 76 Nr. 7 der Gemeindeordnung vom 6. Juni 1895 (vgl. auch § 19 Abs. 2 daselbst); § 30 Nr. 2 Ges. über die Sparkassen v. 14. Juli 1895.

ständigkeit zur Ertheilung der Genehmigung (Abs. 1) bleiben unberührt.[5]

7. Mit dem Erlöschen einer Stiftung (§ 80 des Bürgerlichen Gesetzbuchs) fällt das Vermögen, wenn die Stiftungsurkunde eine Bestimmung über die Anfallberechtigung nicht enthält, an die gesetzlichen Erben des Stifters.[6]

8. Die Bezeichnung der in den Fällen der §§ 43 Abs. 1 bis 3, 61, 81 und 87 des Bürgerlichen Gesetzbuchs zuständigen Behörden sowie die näheren Bestimmungen über das Verfahren (§§ 44, 62 des Bürgerlichen Gesetzbuchs) erfolgen durch Kaiserliche Verordnung.[6a]

Abschnitt II. Vorschriften zum Rechte der Schuldverhältnisse.

Zinsfuß.

9. Soweit in Landesgesetzen, die neben dem Bürgerlichen Gesetzbuch in Kraft bleiben, eine Verzinsung zu fünf vom Hundert vorgeschrieben ist, tritt an die Stelle dieser Verzinsung eine Verzinsung zu vier vom Hundert.[7]

Zahlungen aus öffentlichen Kassen.

10. Geld, das von einer öffentlichen Kasse geschuldet wird, ist, soweit nicht ein Anderes bestimmt ist, an der Kasse in Empfang zu nehmen.[8]

Verpflichtungen des Versicherers im Falle der Versicherung eines Gebäudes gegen Feuersgefahr.

11. Ist ein Gebäude, das mit einer Hypothek belastet ist, gegen Feuersgefahr versichert und meldet der Gläubiger die Hypothek dem Versicherer an, so ist dieser verpflichtet:

1. dem Gläubiger spätestens einen Monat vor Ablauf der Versicherung den Endtermin bekannt zu geben; ferner den Gläubiger von einer etwaigen Herabsetzung der Versicherungssumme, sobald er davon Kenntniß erhält, zu benachrichtigen;
2. im Falle eines Brandes dem Gläubiger von Ort, Tag und Stunde, welche zur Feststellung des Schadens bestimmt sind, so zeitig Nachricht zu geben, daß er den Verhandlungen beiwohnen kann, es sei denn, daß mit dem Aufschube der Verhandlungen Gefahr verbunden ist;
3. im Falle eines Rechtsstreits über die Verpflichtung des Versicherers den Gläubiger ohne Verzug von dem Rechtsstreite zu benachrichtigen.

Die Benachrichtigungen erfolgen durch eingeschriebene Briefe. Die dadurch entstehenden Kosten hat der Hypothekenschuldner dem Versicherer zu ersetzen.[9]

12. Der Versicherer ist wegen Nichtzahlung der Prämie durch den Versicherten zum Rücktritte von dem Vertrag erst berechtigt, nachdem er den Gläubigern, welche ihre Hypothek angemeldet haben, die Nichtzahlung angezeigt hat und seit dem Empfange der Anzeigen ein Monat verstrichen ist, ohne daß die geschuldete Leistung bewirkt worden ist.

Der Versicherer darf, auch wenn der Versicherte widerspricht, die Zahlung der Prämien durch die Hypothekengläubiger nicht ablehnen.[10]

13. Tritt der Versicherer aus einem anderen als dem im § 12 bezeichneten Grunde vom Vertrage zurück, so hat er dies den Gläubigern, welche ihre Hypothek angemeldet haben, anzuzeigen. Er bleibt diesen Gläubigern gegenüber bis zum Ablaufe von zwei Wochen nach dem Empfange der Anzeige aus dem Versicherungsvertrage verpflichtet.

Im Falle eines Brandes bleibt die Versicherungssumme den Hypothekengläubigern auch dann verhaftet, wenn der Versicherte wegen Verschuldens seiner Rechte aus dem Versicherungsvertrage verlustig ist.

Soweit der Versicherer die Hypothekengläubiger befriedigt, gehen deren Ansprüche gegen den Versicherten auf ihn über.

14. Die nach den §§ 11 Abs. 1, 12 Abs. 1 und 13 erforderliche Anmeldung der Hypothek ist durch Vermittelung eines Gerichtsvollziehers zuzustellen.

---

5. Diese Bestimmungen finden sich in: Art. 1 Ges. vom 2. Jan. 1817 über Schenkungen und Vermächtnisse für kirchliche Anstalten; Ord. v. 2. April 1817 und v. 7. Mai 1826 über Annahme von Schenkungen und Vermächtnissen an kirchliche oder andere gemeinnützige Anstalten; Art. 1 Ord. v. 14. Jan. 1831 über Schenkungen und Vermächtnisse an kirchliche Anstalten und Frauen-Kongregationen; Artt. 10, 11 Ges. v. 7. Aug. 1851 über Pflege- und Krankenhäuser; Dezentralisationsdekr. v. 13. April 1861 Tab. **A** Nr. 32, 49 (vgl. auch Nr. 67h); Art. 7 Ges. über die Hülfsgenossenschaften auf Gegenseitigkeit v. 15. Juli 1850; Artt. 8, 17 Dekr. über die Hülfsgenossenschaften auf Gegenseitigkeit v. 26. März 1852; Ver. v. 5. Mai 1873 betr. Ermächtigung juristischer Personen zur Annahme von freigebigen Verfügungen; Ver. v. 5. Nov. 1894 betr. die landesherrlichen Befugnisse des Statthalters; Art. 2 Ord. v. 4. **Pluviose XII** betr. Annahme von Vermächtnissen an Pflegehäuser und Arme; Art. 58 Dekr. über die Kirchenfabriken v. 30. Dez. 1809; Art. 67 Dekr. betr. die Güter der Geistlichkeit v. 6. Nov. 1813; Dekr. v. 30. Juli 1863 betr. Vermächtnisse zu Gunsten von Gemeinden, Armen, öffentlichen und gemeinnützigen Anstalten 2c.

6. Vgl. § 88 BGB. Die Bestimmung des § 7 beruht auf § 85 BGB; der Entwurf ließ das Vermögen an den Fiskus fallen. — Wenn der Stifter beim Erlöschen der Stiftung noch lebt, dürfte das Vermögen an ihn fallen.

6a. Siehe diese Verordnung v. 6. Dez. 1899.

7. Die Bestimmung des § 9 schließt sich an diejenige des § 246 BGB an. — Vgl. Art. 1 StRG v. 20. Juli 1808 betr. die Verzinsung von Rückständen der Beamten 2c.; Art. 4 Dekr. v. 22. Okt. 1808 betr. die Abrechnung der Erwerber von Staatsgütern. Zu beachten ist indessen Art. 170 EG z. BGB.

8. Die Bestimmung beruht auf Art. 92 EG z. BGB und stellt eine Ausnahme von § 270 BGB dar.

9. Die §§ 11—15 stellen eine Ergänzung der Bestimmung der §§ 1127 ff. BGB dar und beruhen auf Art. 75 EG z. BGB. Sie enthalten in einer etwas abgeänderten Gestalt die nicht durch das BGB aufgehobenen Bestimmungen des Ges. v. 4. Juli 1881. — Weiter kommt hier noch in Betracht die Bestimmung des § 33 AG z. ZBG. Auf die in das Eigenthumsbuch eingetragenen, schon vor dem Inkrafttreten des BGB begründeten Hypotheken (§§ 101, 113 AG z. BGB) finden die §§ 1127—1130 BGB schon auf Grund der §§ 102, 100 Abs. 1 AG Anwendung.

10. Ausnahme von § 267 Abs. 2 BGB.

Die Anmeldung soll Namen und Wohnsitz des Gläubigers und des Versicherten, den Betrag der Hypothekenforderung und die Bezeichnung des belasteten Gebäudes enthalten. Die Zustellung erfolgt an den Versicherer oder für ihn an die Agentur, welche die Police ausgestellt hat.

Die Anmeldung kann unterbleiben, soweit der Versicherer die ihm auferlegten Verpflichtungen den Hypothekengläubigern gegenüber übernommen hat.

Wohnt der Gläubiger nicht im Deutschen Reiche, so hat er einen Zustellungsbevollmächtigten zu bezeichnen, dem die vorgeschriebenen Benachrichtigungen zu übersenden sind.

15. Die Vorschriften der §§ 11, 12, 13 und 14 finden im Falle der Belastung eines Gebäudes mit einer Grundschuld oder einer Rentenschuld entsprechende Anwendung.

Wildschaden. a. Haftpflicht.

16. Die Verpflichtung zum Ersatze des Wildschadens (§ 835 Abs. 1 des Bürgerlichen Gesetzbuchs) tritt auch dann ein, wenn der Schaden durch Hasen oder Kaninchen angerichtet wird.[11]

17. Der Wildschaden, der an Gärten, Obstgärten, Baumschulen und einzelstehenden Bäumen angerichtet wird, ist nicht zu ersetzen, wenn die Herstellung von Schutzvorrichtungen unterblieben ist, die unter gewöhnlichen Umständen zur Abwendung des Schadens ausreichen.[12]

18. Zum Ersatze des Wildschadens mit Ausnahme desjenigen, der durch Schwarzwild angerichtet wird, ist an Stelle der Gemeinde, welche die Jagd auf Grund des § 2 Abs. 2 und 3 des Gesetzes, betreffend die Ausübung des Jagdrechts, vom 7. Februar 1881 (Gesetzbl. S. 5) verpachtet hat, der Jagdpächter verpflichtet.

Die Gemeinde kann jedoch auch zum Ersatze desjenigen Wildschadens, der nicht durch Schwarzwild angerichtet ist, angehalten werden, wenn der Jagdpächter und der Bürge zahlungsunfähig sind, unbeschadet ihres Rückgriffs gegen dieselben.[13]

b. Feststellung des Wildschadens.

19. Für jede Gemeinde ist jeweils bei Beginn einer Jagdpachtperiode für deren Dauer ein Schätzer zu ernennen, dem die Feststellung des Wildschadens obliegt.[14]

Die näheren Bestimmungen über die Ernennung des Schätzers werden vom Ministerium erlassen.[14a]

20. Wer Ersatz für Wildschaden, mit Ausnahme des Schadens, der durch Schwarzwild angerichtet ist, fordern will, hat den Anspruch bei dem Bürgermeister anzumelden.

Der Bürgermeister hat unverzüglich nach erfolgter Anmeldung zur Ermittelung und Schätzung des behaupteten Schadens und zur Herbeiführung einer gütlichen Einigung einen Termin an Ort und Stelle anzuberaumen und zu demselben den Antragsteller sowie den Jagdpächter und den Schätzer mittelst eingeschriebener Briefe zu laden. In der Ladung ist darauf hinzuweisen, daß auch im Falle des Nichterscheinens der Schaden ermittelt und abgeschätzt werde.

21. Jeder Betheiligte hat das Recht, zu beantragen, daß die Schätzung des Schadens erst in einem späteren, kurz vor der Ernte abzuhaltenden Termin erfolge. Diesem Antrage muß stattgegeben werden.

22. Ueber die Verhandlungen, zu welchen die Ermittelung und Schätzung des Schadens Anlaß giebt, ist ein Protokoll zu errichten, worin zutreffendenfalls der Geldbetrag zu bestimmen ist, den der Ersatzpflichtige zu entrichten hat.

Das Protokoll ist von dem Schätzer zu unterschreiben. Es ist innerhalb einer Woche nach dem Termin auf dem Bürgermeisteramte zu hinterlegen.

23. Das Protokoll begründet Beweis für den Bestand und die Höhe des Schadens.[15]

Wird nicht innerhalb einer Woche nach Ablauf der Hinterlegungsfrist von einem der Betheiligten bei dem Bürgermeister Widerspruch gegen die Abschätzung eingelegt und binnen einer weiteren Frist von zwei Wochen nach Einlegung des Widerspruchs Klage erhoben,[16] so gilt der Schaden als endgültig festgestellt. Ueber die Einlegung des Widerspruchs ist auf Verlangen eine Bescheinigung zu ertheilen.

24. Der Schätzer erhält auf Verlangen eine Entschädigung für den erforderlichen Zeitverlust im Betrage von 50 Pfennig für jede angefangene Stunde, mindestens aber 2 Mark.

Die von dem Schätzer zu beanspruchenden Gebühren und die aufgewendeten Kosten hat, wenn ein Schaden festgestellt wird, derjenige, welcher für den Schaden verantwortlich ist, entgegengesetzten Falles der Antragsteller zu tragen; doch können dieselben dem Beschädigten ganz oder theilweise auferlegt werden, wenn seine Ansprüche eine verhältnißmäßig erhebliche Zuvielforderung enthalten.

Die Gemeinde hat, auch wenn kein Schaden festgestellt ist, dem Schätzer, vorbehaltlich des Rückgriffs gegen die kostenpflichtige Partei, auf Verlangen die im Abs. 2 bezeichneten Beträge zu entrichten.

25. Der Jagdpächter, der nicht im Bezirke des Landgerichts wohnt, worin die verpachtende Gemeinde gelegen ist, hat einen in dem Landgerichtsbezirke wohnhaften Vertreter zu bestellen, der in seinem Namen dem Feststellungsverfahren beiwohnen und für ihn Vergleiche abschließen kann

11. Diese Bestimmung beruht auf Art. 71^{1} EG z. BGB.

12. Diese Bestimmung beruht auf Art. 71^{4} EG z. BGB.

13. Diese Bestimmung beruht auf Art. 71^{6} EG. z. BGB.

14. Die Bestimmungen der §§ 19—25 beruhen auf Art. 70 EG z. BGB; sie finden, wie aus § 20 Abs. 1 hervorgeht, keine Anwendung auf die Feststellung des durch Schwarzwild verursachten Schadens (§§ 26 ff.). — Vgl. § 23^{2} GVG.

14a. Vgl. MinV v. 10. Nov. 1899 (ABl S. 139).

15. Gegenbeweis ist zulässig, vorbehaltlich der Bestimmung in Abs. 2.

16. Vgl. § 26 CPO.

und an welchen die vorgeschriebenen Benachrichtigungen zu richten sind.

Von der Bestellung ist dem Bürgermeister Kenntniß zu geben.

Ist die Bestellung unterblieben, so kann von der Zuziehung des Pächters zu den Verhandlungen über die Feststellung des Schadens abgesehen werden.

c. Wildschadensgenossenschaft.

26. Die sämmtlichen Gemeinden des Landes bilden zum Zwecke einer gleichmäßigen Vertheilung der Ausgaben, welche ihnen aus der Verpflichtung zum Ersatze des Schwarzwildschadens erwachsen, eine Wildschadensgenossenschaft.

27. Die Wildschadensgenossenschaft hat ihren Sitz in Straßburg. Sie ist rechtsfähig und wird durch einen Vorstand gerichtlich und außergerichtlich vertreten.

28. Der Vorstand besteht aus neun von den Bezirkstagen auf die Dauer von fünf Jahren zu wählenden Mitgliedern. Jeder Bezirkstag hat drei Mitglieder zu wählen.

Der Vorsitzende des Vorstandes wird aus dessen Mitte durch das Ministerium ernannt.

Die Mitglieder des Vorstandes erhalten Tagegelder und Reisekosten, deren Höhe das Ministerium bestimmt.

29. Die Kassengeschäfte der Wildschadensgenossenschaft werden von einem Rechnungsführer wahrgenommen.

Der Vorstand ernennt den Rechnungsführer und ist befugt, ihm für seine Thätigkeit eine Vergütung zuzubilligen.

Die Höhe der von dem Rechnungsführer zu hinterlegenden Kaution bestimmt das Ministerium.

30. Die näheren Vorschriften über die Vertretung der Genossenschaft durch den Vorstand und über die Geschäftsführung bleiben der vom Vorstande zu entwerfenden, vom Ministerium zu genehmigenden Satzung vorbehalten.

31. Die Wildschadensgenossenschaft ist nach Maßgabe der nachstehenden Bestimmungen verpflichtet, jeder Gemeinde nach Ablauf eines Pachtjahrs vier Fünftel der Entschädigungs- und Kostenbeträge zu erstatten, welche dieselbe im Laufe des Pachtjahrs zur Ausgleichung von Schwarzwildschäden aufgewendet hat.

32. Die Gemeinden haben die von ihnen im Laufe des Pachtjahrs gemachten Aufwendungen bei Verlust des Anspruchs auf Erstattung spätestens sechs Wochen nach Beginn des neuen Pachtjahrs bei dem Vorstande der Genossenschaft anzumelden. Der Anmeldung sind die von dem Bürgermeister bescheinigten Beläge über die von der Gemeinde geleisteten Zahlungen beizufügen. Ueber die Anmeldung hat der Vorstand eine Bescheinigung zu ertheilen.

Schwarzwildschäden, für welche beim Ablaufe des Pachtjahrs ein Entschädigungsanspruch noch nicht erhoben oder die Entschädigung noch nicht festgesetzt oder bezahlt ist, sind innerhalb der ersten drei Monate des nächstfolgenden Pachtjahrs anzumelden.

33. Nach Ablauf der im § 32 Abs. 1 bezeichneten Frist bestimmt der Vorstand unter Berücksichtigung der vorhandenen sonstigen Deckungsmittel den Beitrag, der von jeder Gemeinde zu leisten ist, damit die angemeldeten Beträge erstattet und die Verwaltungskosten bestritten werden können.

Der Beitrag ist nach der Höhe des von jeder Gemeinde für die Verpachtung der Jagd bezogenen Zinses zu bemessen und in der Form eines einheitlichen Prozentsatzes des Pachtzinses festzusetzen.

Bis zur Höhe des nach Abs. 1 und 2 zu leistenden Beitrags ist die Vertheilung des Jagdpachterlöses an die einzelnen Grundeigenthümer (§ 4 des Gesetzes, betreffend die Ausübung des Jagdrechts, vom 7. Februar 1881) ausgeschlossen.

34. Streitigkeiten über die Verpflichtung zur Erstattung eines angemeldeten Betrags oder die Höhe des Beitrags einer Gemeinde werden in erster Instanz von den Bezirksräthen, in zweiter von dem Kaiserlichen Rathe entschieden.

35. Die Rechnungen der Wildschadensgenossenschaft werden durch den Bezirkspräsidenten in Straßburg festgestellt. Die Entscheidung des Bezirkspräsidenten ist endgültig, wenn der Rechnungsführer der Genossenschaft nicht innerhalb zweier Monate nach Ablauf des Tages, an welchem ihm die Entscheidung mitgetheilt worden ist, bei dem Bezirkspräsidenten Einspruch erhebt. Durch den Einspruch geht die Entscheidung über das Rechnungsverhältniß in seinem ganzen Umfange mit der im § 20 Abs. 2 des Gesetzes vom 30. Dezember 1871 über die Einrichtung der Verwaltung (Gesetzbl. 1872 S. 49) bezeichneten Wirkung auf den Bezirksrath des Unter-Elsaß über.

36. Gemeinden, welche zur Deckung des ihnen zur Last bleibenden Fünftels des Schwarzwildschadens mehr als zwanzig Prozent des Jagdpachterlöses aufgewendet haben, kann von dem Ministerium eine Beihülfe aus dem Ertrage der für die Ausstellung von Jagdscheinen erhobenen Zuschlagsgebühren (§ 1 des Gesetzes, betreffend die Gewährung von Beihülfen an Landwirthe, welchen durch Schwarzwild Schaden verursacht worden ist, vom 9. Juli 1888, Gesetzbl. S. 89) gewährt werden.

Der Restbestand dieses Ertrags ist der Wildschadensgenossenschaft zu überweisen.

Haftung der Beamten für ihre Gehülfen.

37. Beamte, welchen die Verwaltung einer dem Staate gehörigen Kasse, eines dem Staate gehörigen Magazins oder die Annahme und die Aufbewahrung von dem Staate gehörigen Geldern oder geldeswerthen Gegenständen obliegt, sind zum Ersatze des Schadens verpflichtet, den die von ihnen angenommenen Stellvertreter und Gehülfen in

Ausübung der Verrichtungen, zu welchen sie bestellt sind, einem Dritten widerrechtlich zuzufügen.

Die Ersatzpflicht tritt auch in den Fällen des § 831 Abs. 1 Satz 2 des Bürgerlichen Gesetzbuchs ein.[17]

38. Die Bestimmungen des § 37 gelten auch für die Beamten der Bezirke, der Gemeinden und der anderen öffentlichen Anstalten.

Vorentscheidung.

39. Wird ein Beamter[18] wegen einer Handlung, die er in Ausübung der ihm anvertrauten öffentlichen Gewalt vorgenommen hat, civilrechtlich oder strafrechtlich verfolgt, so ist die vorgesetzte Behörde befugt, die im § 11 Abs. 2 des Einführungsgesetzes zum Gerichtsverfassungsgesetze vom 27. Januar 1877 (Reichs-Gesetzbl. S. 77) bezeichnete Vorentscheidung zu verlangen.

Haftung des Staates und der öffentlichen Anstalten für ihre Beamten.

40. Für den Schaden, den ein Beamter des Staates, eines Bezirks, einer Gemeinde oder einer anderen öffentlichen Anstalt in Ausübung der ihm anvertrauten öffentlichen Gewalt einem Dritten zufügt, haftet der Staat, der Bezirk, die Gemeinde oder die öffentliche Anstalt, in deren Dienst der Beamte steht, in gleicher Weise wie der Beamte, soweit der Ersatz von diesem nicht zu erlangen ist.[19] Der Staat, die Bezirke, die Gemeinden und die öffentlichen Anstalten haben dabei die rechtliche Stellung eines Bürgen.[20]

Ausländern kann die Entschädigung verweigert werden, wenn nicht nachgewiesen ist, daß in dem Heimathsstaate des Beschädigten eine der Vorschrift des Abs. 1 entsprechende Haftung Deutschen gegenüber anerkannt ist.

Schadensersatz für öffentliche Arbeiten.

41. Wegen Veränderungen im natürlichen Abflusse des Wassers, die als nothwendige Folge von Maßregeln eintreten, welche seitens der zuständigen Verwaltungsbehörde auf Grund der §§ 21 und 30 des Gesetzes, betreffend Wasserbenutzung und Wasserschutz, vom 2. Juli 1891 (Gesetzbl. S. 82 ff.) im öffentlichen Interesse zum Zwecke der Reinigung des Wasserlaufs angeordnet sind, können Schadensersatzansprüche nicht erhoben werden, sofern nicht privatrechtliche Titel bestehen. Unberührt bleibt die Ersatzpflicht im Falle der Inanspruchnahme von Grundstücken oder der Störung von Betrieben zum Zwecke der Ausführung der Arbeiten, jedoch unbeschadet der Bestimmungen des § 29 des Gesetzes vom 2. Juli 1891.

Abänderung des § 13 des Gesetzes betreffend die Kautionen der Beamten des Staates, der Gemeinden und der öffentlichen Anstalten vom 15. Oktober 1873.

42. An Stelle des § 13 Abs. 2 des Gesetzes, betreffend die Kautionen der Beamten des Staates, der Gemeinden und der öffentlichen Anstalten, vom 15. Oktober 1873 (Gesetzbl. S. 273) treten folgende Bestimmungen:

„Erben verstorbener Beamten haben die Erbfolge durch einen Erbschein[21] nachzuweisen. Soll die Kaution nur einem oder einigen von mehreren Erben ausgehändigt werden, so genügt zum Nachweis ihrer Berechtigung ein Zeugniß des Nachlaßgerichts, daß sie über die Kaution zu verfügen befugt sind. Das Nachlaßgericht darf dieses Zeugniß nur ausstellen, wenn die Voraussetzungen für die Ertheilung eines Erbscheins vorliegen und die Zustimmung der übrigen Erben durch öffentliche[22] oder öffentlich beglaubigte[23] Urkunden nachgewiesen ist.

Das Bestehen der fortgesetzten Gütergemeinschaft sowie die Befugniß eines Testamentsvollstreckers zur Verfügung über die Kaution ist durch die in den §§ 1507 und 2368 des Bürgerlichen Gesetzbuchs vorgesehenen Zeugnisse nachzuweisen."

Abänderung des § 9 des Gesetzes betreffend die Feststellung des Landeshaushalts von Elsaß-Lothringen für das Etatsjahr 1881/1882, vom 24. März 1881.

43. An Stelle des § 9 Abs. 1 des Gesetzes, betreffend die Feststellung des Landeshaushalts von Elsaß-Lothringen für das Etatsjahr 1881/1882, vom 24. März 1881 (Gesetzbl. S. 15) treten folgende Bestimmungen:

„Die Uebertragung des Eigenthums an einer eingeschriebenen Rente erlangt Wirksamkeit gegenüber der Landeskasse erst durch die Umschreibung der Rente auf den neuen Erwerber. Die Umschreibung erfolgt auf Antrag des bisherigen Eigenthümers oder seines Bevollmächtigten. Erben haben die Erbfolge durch einen Erbschein nachzuweisen. Soll die Rente auf den Namen eines oder einiger von mehreren Erben umgeschrieben werden, so genügt zum Nachweis ihrer Berechtigung ein Zeugniß des Nachlaßgerichts, daß sie über die Rente zu verfügen befugt sind. Das Nachlaßgericht darf dieses Zeugniß nur ausstellen, wenn die Voraussetzungen für die Ertheilung eines Erbscheins[21] vorliegen und die Zustimmung der übrigen Erben durch öffentliche[22] oder öffentlich beglaubigte[23] Urkunden nachgewiesen ist.

17. Diese Bestimmung beruht auf Art. 78 EG z. BGB und stellt eine Erweiterung der Bestimmung des § 831 BGB dar. — Vgl. auch § 8 Ges. betr. das Notariat v. 8. Juni 1892 und die Bemerkung dazu.

18. Vgl. § 11 Abs. 2 EG z. GVG; § 11 AG z. GVG. — Welche Personen zu den „Beamten" zu zählen sind, vgl. Molitor Seite 67 Anmerkung 2.

19. Soweit die Handlung nicht in Ausübung der öffentlichen Gewalt geschah, kommen die Bestimmungen des § 831 BGB bezw. der §§ 31, 89 BGB zur Geltung.— Im Uebrigen beruht die Bestimmung des § 40 auf Art. 77 EG z. BGB. — Vgl. auch § 12 GBO; § 8 AG z. GBO; §§ 112, 115 Abs. 2 Satz 2 unten. Ferner § 39 oben; §§ 839 Abs. 1 Satz 2, Abs. 2 und 3, 1674, 1848 BGB. — Darüber, welche Personen zu den Beamten zu rechnen sind, vgl. die ausführliche Darstellung bei Molitor S. 72 Anmerkung 7, 9 ff.

20. Vgl. §§ 767 ff. BGB; § 70 Abs. 3 GVG; § 16 Abs. 1 AG z. GVG.

21. Vgl. §§ 2353 ff. BGB.

22. Vgl. § 415 Abs. 1 CPO.

23. Vgl. § 129 BGB; §§ 167 Abs. 2, 191 Abs. 2 FrG; § 48 AG z. FrG.

Das Bestehen der fortgesetzten Gütergemeinschaft sowie die Befugniß eines Testamentsvollstreckers zur Verfügung über die Rente ist durch die in den §§ 1507 und 2368 des Bürgerlichen Gesetzbuchs vorgesehenen Zeugnisse nachzuweisen."

Abschnitt III.
Vorschriften zum Sachenrechte.[24]

Oeffentliches Gut.

44. An Sachen, die zum öffentlichen Gute gehören, können Rechte nicht erworben werden.

Zum öffentlichen Gute gehören insbesondere die öffentlichen Wege, Straßen und Plätze, die Schienenwege der Eisenbahnen, die Schiffahrtskanäle, die Häfen, die schiff- oder flößbaren Wasserläufe,[25] die dem öffentlichen Gottesdienst einer gesetzlich anerkannten Religionsgesellschaft gewidmeten Gebäude, sowie die Thore, Mauern, Gräben und Wälle der Festungen.

45. Die Vorschrift des § 44 Abs. 1 gilt, unbeschadet der Bestimmung des § 46 Abs. 1, auch für diejenigen natürlichen Wasserläufe, die nicht mit Schiffen oder zusammengebundenen Flößen befahren werden können.[26]

46.[27] Den Angrenzern natürlicher Wasserläufe, die weder mit Schiffen noch mit zusammengebundenen Flößen befahren werden können, steht unbeschadet der Bestimmungen des § 1 des Gesetzes vom 2. Juli 1891, betreffend Wasserbenutzung und Wasserschutz, das Recht zu, das vorüberfließende Wasser zu benutzen, insbesondere ihre Grundstücke damit zu bewässern.[28]

Eine Ableitung des gesammten Wassers ist nur zulässig, wenn beide Ufer demselben Eigenthümer gehören und das Wasser in das gewöhnliche Bett zurückgeleitet wird, bevor es das Grundstück eines Dritten berührt.

47. Entstehen unter den Betheiligten Streitigkeiten über die Ausübung der ihnen zustehenden Gebrauchsrechte, so haben die Gerichte, sofern weder eine Regelung der Wasservertheilung gemäß den §§ 9 und 10 des Gesetzes, betreffend Wasserbenutzung und Wasserschutz, vom 2. Juli 1891, noch besondere Vereinbarungen der Betheiligten vorliegen, bei ihren Entscheidungen neben dem Schutze der Rechte des Einzelnen die Interessen der Landwirthschaft und der Industrie zu berücksichtigen.

Staatsgut.

48. Die öffentlichen Wege und Plätze, welche der Landesfiskus zu unterhalten hat, sowie das Bett der Flüsse, welche mit Schiffen oder zusammengebundenen Flößen befahren werden können,[28a] gehören zum Staatsgute.

49.[29] Zur Uebertragung des Eigenthums an einem Grundstücke, das dem Staate gehört, bedarf es der Einwilligung oder der Genehmigung der gesetzgebenden Faktoren.

Diese Vorschrift findet keine Anwendung, wenn die Veräußerung im Wege der öffentlichen Versteigerung erfolgt, es sei denn, daß das zu veräußernde Grundstück zu den Staatswaldungen gehört oder zu einem Werthe von mehr als 100000 Mark abgeschätzt ist, in welchen Fällen stets die durch Abs. 1 vorgeschriebene Einwilligung oder Genehmigung erforderlich ist. Die Formen und Bedingungen der Versteigerung sowie die zur Vornahme der Versteigerung zuständigen Behörden bestimmt das Ministerium.[30]

Die Vorschrift gilt ferner nicht für die Abtretung von Verlandungen, von trocken gelegten Wasserläufen, verlassenen Straßentheilen und sonstigen bei Ausführung öffentlicher Arbeiten entbehrlich gewordenen Grundstücken, sowie für die Abtretung von Grundstückstheilen zu Wegeanlagen oder zum Zwecke eines Erwerbs behufs Arrondirung von Staatseigenthum, sofern das abzutretende Grundstück 20 Ar nicht übersteigt.

Unberührt bleiben auch die bestehenden besonderen Vorschriften, durch welche die Regierung zur Abtretung gewisser Bestandtheile des Staatsguts ausdrücklich ermächtigt wird.[31]

Zuwachs bei Grundstücken.

50.[32,33] Das Land, das allmählich und unmerklich einem an einen natürlichen Wasserlauf grenzenden Grundstücke durch Anschwemmung zuwächst, wird ein wesentlicher Bestandtheil dieses Grundstücks.[34]

Das Gleiche gilt von dem an das Grundstück anstoßenden Gelände, das dadurch, daß das Wasser sich unmerklich von einem Ufer zurückzieht und auf das andere übertritt, freigelegt wird. Die Eigenthümer, die zufolge des Uebertretens des Wassers ihres Eigenthums verlustig gehen, haben

---

24. Die §§ 44—71 sind zum größten Theile dazu bestimmt, aufgehobene landesrechtliche Vorschriften, insbesondere solche aus dem C. c., zu ersetzen.

25. Vgl. Fischereig. v. 2. Juli 1891; Ver. v. 30. Okt. 1891.

26. An der rechtlichen Natur der bezeichneten Wasserläufe soll durch diese Bestimmung nichts geändert werden. — Vgl. auch §§ 54—56, 57 unten.

27. Diese und die Bestimmung des § 47 beruhen auf Art. 65 EG z. BGB und ersetzen die Artt. 644, 645 C. c. — Vgl. § 22 Ges. v. 2. Juli 1891.

28. Ueber das Recht zur Benutzung des Wassers der schiff- und flößbaren Wasserläufe vgl. §§ 2, 3 Ges. v. 2. Juli 1891.

28a. Vgl. Ver. v. 30. Okt. 1891.

29. Durch die Bestimmung dieses Paragraphen werden die bisherigen, zum Theil schon veralteten Einzelvorschriften über diese Frage ersetzt.

30. Vgl. die hierüber erlassene Verfügung v. 22. Dez. 1899 und die dazu gehörigen allgemeinen Versteigerungsbedingungen.

31. Vgl. hierzu Art. 53 Ges. v. 16. Sept. 1807 betr. die Austrocknung der Sümpfe; Artt. 60, 61 Ges. v. 3. Mai 1841 betr. die Zwangsenteignung; Art. 2 Ges. v. 24. Mai 1842 betr. die verlassenen Straßentheile.

32. Die §§ 50—58 beruhen auf dem Vorbehalt des Art. 65 EG z. BGB und ersetzen fast durchgängig entsprechende Vorschriften des C. c.

33. § 50 entspricht den Bestimmungen der Artt. 556, 557 C. c.

34. Vgl. § 93 BGB.

keinen Anspruch auf das freigelegte Gelände auf der gegenüber liegenden Seite.

Der Wiederherstellung des früheren Zustandes durch behördlich angeordnete Unterhaltungsarbeiten (§§ 23 Abs. 2, 24 Abs. 5 und 27 Abs. 3 des Gesetzes, betreffend Wasserbenutzung und Wasserschutz, vom 2. Juli 1891) stehen die vorstehenden Bestimmungen nicht entgegen.

51. Die Bestimmungen des § 50 Abs. 1 und 2 gelten nicht bei Seen und Teichen.

Dem Eigenthümer eines Teiches verbleibt, auch wenn die Wassermenge des Teiches sich mindert, die Bodenfläche, welche das Wasser bedeckt, wenn es auf der Abflußhöhe des Teiches steht. Derselbe erwirbt andererseits kein Recht an dem angrenzenden Boden, den das Wasser des Teiches bei außerordentlichen Anschwellungen bedeckt.[35]

52. Eine Erdmasse, die durch Wassergewalt von einem Grundstücke losgerissen und mit einem anderen Grundstücke vereinigt wird, wird ein wesentlicher Bestandtheil[36] des letzteren, wenn entweder seine Unterscheidung von letzterem nicht mehr möglich ist, oder wenn die Vereinigung ein Jahr bestanden hat, ohne daß der Eigenthümer oder ein sonstiger Berechtigter sein Recht durch Erhebung der Klage geltend gemacht hat.[37]

53. Inseln und andere Erderhöhungen, die sich in dem Bette der schiff- oder flößbaren Flüsse bilden, sind Eigenthum des Staates.[38]

54. Inseln und andere Erderhöhungen, die sich in dem Bette der nicht schiff- oder flößbaren Wasserläufe bilden, gehören dem Eigenthümer des Ufers, auf dessen Seite die Erderhöhung sich gebildet hat. Erstreckt sich diese über die Mitte des Wasserlaufs, so theilt sie sich unter die Eigenthümer der beiderseitigen Ufer nach Maßgabe einer bei mittlerem Wasserstande durch die Mitte des Wasserlaufs gezogenen Linie.

Die Eigenthümer einer Insel haben in Ansehung neu entstehender Inseln dieselben Rechte wie die Ufer-Eigenthümer.[39]

55. Die Bestimmungen der §§ 53 und 54 finden keine Anwendung, wenn der Fluß durch einen neu gebildeten Arm ein angrenzendes Grundstück abschneidet, umgiebt und dadurch zur Insel macht. Der Eigenthümer des abgeschnittenen Grundstücks behält das Eigenthum.[40]

56. Wenn ein Fluß sein Bett auf die Dauer verläßt und sich ein neues Bett gräbt, so fällt das verlassene Flußbett den durch den veränderten Lauf des Wassers geschädigten Eigenthümern nach Verhältniß des ihnen entzogenen Bodens zu.[41]

35. § 51 entspricht dem Art. 558 C. c.
36. Vgl. § 93 BGB.
37. Entsprechend dem Art. 559 C. c.
38. Entsprechend dem Art. 560 C. c.
39. Entsprechend dem Art. 561 C. c.
40. Entsprechend dem Art. 562 C. c.
41. Entsprechend dem Art. 563 C. c.

Inhalt des Eigenthums. a. Quellen.

57. Das Recht des Eigenthümers eines Grundstücks erstreckt sich auf die Quellen, welche auf dem Grundstücke entspringen, und auf das sich auf dem Grundstücke natürlich sammelnde oder darauf abfließende Wasser, insbesondere das Regenwasser.[42]

58.[43] Der Eigenthümer darf den Lauf einer Quelle nicht ändern, wenn sie den Einwohnern einer Gemeinde oder einer Ortschaft das zu ihrem persönlichen Bedürfniß oder zur Pflege des Viehes erforderliche Wasser liefert.

Der Eigenthümer kann jedoch Schadensersatz beanspruchen, es sei denn, daß die Einwohner das Recht auf den Gebrauch erworben oder das Gebrauchsrecht während dreißig Jahren ausgeübt haben.[44]

b. Abfluß des Wassers.

59.[45] Der Eigenthümer eines niedriger liegenden Grundstücks hat den in Folge der natürlichen Bodenverhältnisse stattfindenden Abfluß des Regen-, Schnee-, Eis-, Sicker- und Quellwassers von einem höher liegenden Grundstücke zu dulden.

Weder der Eigenthümer des höher liegenden, noch der Eigenthümer des niedriger liegenden Grundstücks darf Vorrichtungen treffen, durch welche der Abfluß des Wassers zum Nachtheile des Nachbarn geändert wird.[46]

c. Dachtraufe.

60. Der Eigenthümer eines Gebäudes hat die Bedachung so einzurichten, daß die Dachtraufe entweder auf das eigene Grundstück oder auf einen öffentlichen Weg fällt. Der Eigenthümer eines Nachbargrundstücks kann verlangen, daß die Dachtraufe nicht auf sein Grundstück fällt.[47]

d. Bewässerung und Entwässerung.

61. Die Rechte, welche nach den §§ 11 bis 16 des Gesetzes, betreffend Wasserbenutzung und Wasserschutz, vom 2. Juli 1891 dem Eigenthümer eines Grundstücks zum Zwecke der Bewässerung und der Entwässerung seines Grundstücks sowie den auf Grund der Gesetze vom 21 Juni 1865 und 11. Mai 1877 gebildeten Genossenschaften zum Zwecke der Bewässerung und der Entwässerung der Grundstücke der Genossenschaftsmitglieder zustehen, bleiben unberührt.

Das Gleiche gilt von den in denselben Paragraphen eingeräumten Rechten auf Mitbenutzung der zur Bewässerung oder Entwässerung dienenden Anlagen.

e. Abstand bei Pflanzungen.

62. Der Eigenthümer[48] eines Grundstücks kann verlangen, daß die Bäume und Sträucher auf den Nachbargrundstücken sich in dem durch zu Recht

42. Entsprechend dem Art. 641 C. c. — Vgl. auch § 905 BGB.
43. § 58 entspricht dem Art. 643 C. c.
44. Die Bestimmungen über die Verjährung kommen hierbei zur Anwendung: §§ 198 ff. BGB.
45. Die §§ 59—71 beruhen auf dem Vorbehalt des Art. 124, schließen sich an die §§ 905 ff. BGB eng an und bilden mit diesen zusammen das sogenannte Nachbarrecht; sie ersetzen die bezüglichen Vorschriften des C. c.
46. Entsprechend dem Art. 640 C. c.
47. Entsprechend dem Art. 681 C. c.; vgl. auch § 907 BGB.
48. Vgl. §§ 1027, 1065, 1090 Abs. 2 BGB.

bestehende Verordnungen oder Ortsgebräuche vorgeschriebenen Abstande von der Grenze befinden.

Bestehen keine Verordnungen oder Ortsgebräuche, so ist bei Bäumen und Sträuchern, die höher als zwei Meter sind, ein Abstand von zwei Meter, bei Bäumen und Sträuchern, die diese Höhe nicht erreichen, ein Abstand von fünfzig Centimeter einzuhalten. Der Abstand wird von der Mittelachse des Baumes oder Strauches bis zur Grenzlinie gemessen.[49]

63. Die Vorschriften des § 62 gelten nicht für Bäume und Sträucher, die an Spalieren oder Gegenspalieren befestigt sind, sofern sie sich hinter einer Mauer befinden und die Mauer nicht überragen. Sie finden ferner auf Wald, der an Wald grenzt, und auf Pflanzungen, die sich auf öffentlichen Wegen oder auf Grundstücken an der Grenze öffentlicher Wege befinden, keine Anwendung.[49]

f. Schadendrohende Anlagen.

64.[50] Der Eigenthümer[48] eines Grundstücks kann verlangen, daß auf den Nachbargrundstücken keine schadendrohenden Anlagen hergestellt oder gehalten werden, ohne daß der Abstand, der nach den Verordnungen der zuständigen Behörden oder nach Ortsgebräuchen zwischen der Anlage und der beide Grundstücke trennenden Mauer belassen werden soll, gewahrt ist oder die durch Verordnungen oder Ortsgebräuche vorgeschriebenen Schutzvorrichtungen getroffen sind.

Zu diesen Anlagen sind insbesondere Brunnen, Abtritts- und Düngergruben, Schornsteine, Feuerherde, Schmieden, Backöfen oder andere Oefen, Viehställe sowie Niederlagen für Salz oder Aetzstoffe zu rechnen.

g. Fenster.

65.[51] Der Eigenthümer eines Grundstücks kann verlangen, daß in der Mauer eines Nachbargrundstücks angebrachte Fenster, sowie an einer solchen Mauer befestigte Balkone und andere eine Aussicht auf sein Grundstück gewährende Vorsprünge im Falle einer geraden Aussicht mindestens 1,90 Meter, im Falle einer schrägen Aussicht mindestens 0,60 Meter von der Grenze entfernt sind.

Die Entfernung wird bei gerader Aussicht von der Außenseite der Mauer, worin das Fenster sich befindet, oder von der äußersten Linie des Vorsprunges, bei schräger Aussicht von der nach der Aussichtsseite gelegenen äußersten Kante des Fensters oder des Vorsprunges gemessen.

66. Fenster, welche nur zur Erhellung des Nachbargebäudes dienen, hat der Eigenthümer eines Grundstücks selbst in einer unmittelbar anstoßenden, dem Nachbar gehörenden Mauer zu dulden, wenn sie mit einem Metallgitter, dessen Stäbe höchstens 0,10 Meter von einander abstehen, und mit einem Rahmen, der nicht geöffnet werden kann, versehen und außerdem im Erdgeschoß mindestens 2,60 Meter, in den höheren Stockwerken mindestens 1,90 Meter über dem Fußboden des zu erhellenden Raumes angebracht sind.

67. In einer Mauer, zu deren Benutzung die Eigenthümer der angrenzenden Grundstücke gemeinschaftlich berechtigt sind, darf keiner der Eigenthümer ohne Zustimmung des anderen eine Lichtöffnung anbringen.

68. Aussichtsfenster, Vorsprünge und Lichtöffnungen, die auf einen öffentlichen Weg oder einen öffentlichen Platz gehen, sind den Beschränkungen der §§ 65 oder 66 nicht unterworfen.

h. Scheidemauer.

69.[52] Der Eigenthümer eines in einer Stadt oder Vorstadt gelegenen Hauses, Hofes oder Gartens kann verlangen, daß der Nachbareigenthümer ihm zum Abschlusse seines in der Stadt oder Vorstadt gelegenen Hauses, Hofes oder Gartens die Errichtung einer Scheidemauer in der Weise gestattet, daß die Mauer zur Hälfte auf das Nachbargrundstück zu stehen kommt.[53] Der Nachbar ist zur gemeinschaftlichen Benutzung der Mauer berechtigt. Die Benutzung kann jedoch solange verboten werden, als der Nachbar nicht die Hälfte des Werthes der Mauer erstattet.

Die Höhe der Mauer bestimmt sich nach den bestehenden Verordnungen oder Gebräuchen. Bestehen keine Verordnungen oder Gebräuche, so ist die Mauer einschließlich des Mauerdachs in Städten von 50 000 Einwohnern und darüber bis zur Höhe von 3,20 Meter, in anderen Städten bis zur Höhe von 2,60 Meter aufzuführen.

70. Jeder Eigenthümer eines Grundstücks, das an die Mauer eines Nachbargrundstücks unmittelbar anstößt, kann von dem Nachbareigenthümer verlangen, daß er ihm die gemeinschaftliche Benutzung der Mauer oder eines Theiles der Mauer gestatte.

Der Nachbareigenthümer kann die Mitbenutzung der Mauer insolange verbieten, als ihm nicht die Hälfte des Werthes der Mauer oder des Theiles der Mauer und die Hälfte des Werthes des Bodens, worauf die Mauer errichtet ist, erstattet ist.

71.[54] Werden zwei Grundstücke durch eine Mauer geschieden, zu deren Benutzung die Nachbarn gemeinschaftlich berechtigt sind, so kann der Eigenthümer des einen Grundstücks dem Eigenthümer des anderen Grundstücks nicht verbieten, die Mauer ihrer ganzen Dicke nach zu erhöhen, wenn ihm nachgewiesen wird, daß durch die Erhöhung die Mauer nicht gefährdet wird. Wird eine Verstärkung der Mauer erforderlich, so ist sie auf dem Grundstück anzubringen, dessen Eigenthümer die Erhöhung unternimmt.

49. Der Ausdruck „Bäume und Sträucher" ist nicht eng aufzufassen; er umfaßt auch Pflanzen anderer Art, insbesondere Reben und Hopfen. — Vgl. Artt. 671, 672 C. c.

50. § 64 entspricht dem Art. 674 C. c. und dient zur Ergänzung des § 907 BGB.

51. Die §§ 65—68 entsprechen den Artt. 675—680 C. c.

52. Die §§ 69—71 entsprechen den Artt. 653—663, 665 bis 670 C. c. — Vgl. auch §§ 921, 922 BGB.

53. Vgl. hierzu § 94 BGB.

54. § 71 bezieht sich vornehmlich auf § 922 BGB, dessen Vorschrift er ergänzt.

Der Eigenthümer des Grundstücks, von dem aus die Erhöhung erfolgt ist, kann dem Eigenthümer des anderen Grundstücks die Benutzung des Aufbaues verbieten, bis ihm für die Hälfte oder, wenn nur ein Theil des Aufbaues benutzt werden soll, für den entsprechenden Theil der Baukosten und im Falle einer Verstärkung der Mauer auch für die Hälfte oder den entsprechenden Theil des hierzu benutzten Bodens Ersatz geleistet ist.

Solange das im Abs. 2 bestimmte Verbietungsrecht besteht, hat der Berechtigte den Mehraufwand zu tragen, den die Unterhaltung der Mauer infolge der Erhöhung verursacht.

72. Die Ansprüche, die sich aus den §§ 69 Abs. 1, 70 Abs. 1 und 71 Abs. 1 ergeben, unterliegen nicht der Verjährung.[55]

Die in den §§ 69 Abs. 1 Schlußsatz, 70 Abs. 2 und 71 Abs. 2 bezeichneten Verbietungsrechte erlöschen durch Verzicht des Berechtigten. Der Verzicht erfolgt durch Erklärung gegenüber dem Eigenthümer des Nachbargrundstücks.

Grundbücher.

73.[56] Wo in diesem Gesetze von Grundbüchern die Rede ist, sind darunter Grundbücher im Sinne des Bürgerlichen Gesetzbuchs zu verstehen.

Die Grundbücher, welche auf Grund des Gesetzes vom 22. Juni 1891, betreffend die Einrichtung von Grundbüchern (Gesetzbl. S. 41), als angelegt gelten, erhalten die Bezeichnung „Vorläufige Grundbücher".

Von der Eintragung in das Grundbuch befreite Grundstücke.

74. Zur Uebertragung des Eigenthums an einem Grundstücke, das im Grundbuche nicht eingetragen ist und auch nach der Uebertragung nicht eingetragen zu werden braucht (Art. 127 des Einführungsgesetzes zum Bürgerlichen Gesetzbuch), ist die Einigung des bisherigen Eigenthümers und des Erwerbers sowie die Beurkundung des Vertrags durch einen elsaß-lothringischen Notar erforderlich.[57]

Die von elsaß-lothringischen Gerichten oder Verwaltungsbehörden in Gemäßheit der bestehenden Gesetze errichteten Urkunden stehen den notariellen Urkunden im Sinne des Abs. 1 gleich.[58]

Reallasten.

75. Mit einer Reallast kann ein Grundstück nur für wiederkehrende Leistungen belastet werden, zu welchen sich der Erwerber des Grundstücks längstens auf Lebenszeit des Veräußerers oder eines Dritten verpflichtet (Altentheil, Leibgedinge).

Die Belastung eines Grundstücks mit einer anderen Reallast ist untersagt.[59]

Grunddienstbarkeiten.

76. Steht ein Grundstück, das bestimmten wirthschaftlichen Zwecken anderer Grundstücke dient, im Miteigenthume der jeweiligen Eigenthümer dieser Grundstücke, so gilt es als zu deren Gunsten mit einer Grunddienstbarkeit des Inhalts belastet, daß sie es zu jenen Zwecken benutzen dürfen.[60]

Umwandelung der Hypotheken und Vorzugsrechte.

77.[61] Ein zu der Zeit, zu welcher das Grundbuch als angelegt anzusehen ist,[62] an einem Grundstücke bestehendes Pfandrecht (Hypothek oder Vorzugsrecht) gilt von dieser Zeit an als Sicherungshypothek[63] im Sinne des Bürgerlichen Gesetzbuchs.[64]

Nicht eingeschriebene Vorzugsrechte und Hypotheken begründen den Anspruch auf Eintragung einer Sicherungshypothek.[65]

Erlöschung und Uebergang von Rechten bei der Zusammenlegung von Grundstücken.

78.[65a] An Stelle des § 3 des Gesetzes vom 11. Mai 1877, betreffend Abänderung der Gesetzgebung hinsichtlich des Wasserrechts (Gesetzbl. S. 12), treten folgende Bestimmungen:

Wenn bei der Durchführung einer Unternehmung, für welche sich eine autorisirte Genossenschaft bilden kann, ein Austausch von Grundstücken stattfindet, so kann von den Eigenthümern vereinbart werden, daß mit dem Eigenthum auch die auf den getauschten Grundstücken lastenden Hypotheken, Grundschulden, Rentenschulden, Reallasten und Nießbrauchrechte sowie die sich darauf beziehenden Ansprüche aus Pachtverträgen von dem einen Grundstück auf das andere übergehen sollen. Den Berechtigten steht ein Widerspruchsrecht gegen diese Vereinbarung nur zu, wenn das Grundstück, auf das ihr Recht übergehen soll, nach pflichtmäßiger Abschätzung durch drei Sachverständige von geringerem Werthe als das bisher belastete Grundstück ist.

Von den Sachverständigen wird je einer von dem Berechtigten und dem Genossenschaftsvorstande, der dritte von dem Amtsrichter, in dessen Bezirke das belastete Grund-

55. Wohl aber die Ansprüche, die sich aus den §§ 62, 65—68 ergeben; maßgebend für diese Verjährung sind die Bestimmungen des BGB: §§ 194 ff. Bezüglich der Verjährung des Anspruchs aus § 64: vgl. §§ 907, 924 BGB.

56. Die §§ 73—85 gelten für das Grundbuchgebiet, d. h. für diejenigen Landestheile, wo das Grundbuch als angelegt anzusehen ist, und bilden zum Theil Uebergangsbestimmungen.

57. Vgl. § 90 GBO; diese Bestimmung schließt also die Anwendung der Vorschriften der §§ 873, 925 BGB aus.

58. Vgl. §§ 44, 45, 65 AG z. FrG.

59. Die Vorschrift des § 75 beruht auf dem Vorbehalt des Art. 115 EG z. BGB; vgl. §§ 1105 ff. BGB; § 52 ZVG; § 9 EG z. ZVG; § 50 GBO.

60. Die Bestimmung des § 76 bezieht sich auf bereits begründete Verhältnisse der bezeichneten Art, stellt sich also als Uebergangsbestimmung dar. Einer Eintragung der so begründeten Dienstbarkeit in das Grundbuch bedarf es zur Erhaltung ihrer Wirksamkeit gegenüber dem öffentlichen Glauben des Grundbuches nicht (Art. 187 EG z. BGB).

61. Die Vorschrift des § 77 beruht auf Art. 193 EG. z. BGB.

62. Vgl. Art. 186 EG.

63. Vgl. §§ 1184—1186 BGB.

64. Voraussetzung ist, daß die Hypothek schon vor dem 1. Jan. 1900 in das Hypothekenregister oder das vorläufige Grundbuch eingetragen war; bei der Eintragung nach dem 1. Jan. 1900 (in das Eigenthumsbuch oder vorläufige Grundbuch) tritt die Wirkung aus §§ 100, 102 (111) ein.

65. Die Eintragung muß nunmehr nach den Vorschriften der GBO erfolgen, insbesondere kommt § 19 GBO zur Geltung. — Vgl. aber auch §§ 149, 157 Abs. 2, 158 Abs. 2 unten; §§ 65—67 AG z. FrG; § 20 AG z. CPO u. KO v. 13. Nov. 1899.

65a. Die §§ 78, 79 beruhen auf dem Vorbehalt des Art. 113 EG z. BGB.

stück gelegen ist, ernannt. Bezeichnet der Berechtigte ungeachtet einer an ihn gerichteten Aufforderung nicht binnen einer Woche nach der Aufforderung den von ihm zu ernennenden Sachverständigen, so hat der Amtsrichter auf Antrag des Genossenschaftsvorstandes auch diesen Sachverständigen zu ernennen.

Die Berichtigung des Grundbuchs sowie des Eigenthumsbuchs darf nur auf Bewilligung des Berechtigten oder auf Grund einer vollstreckbaren gerichtlichen Entscheidung erfolgen. Die Bewilligung muß durch eine öffentlich beglaubigte Urkunde nachgewiesen sein.

Die Vertrags- und Gerichtsverhandlungen, die Eintragungen und Löschungen sind frei von Staatskosten.

79. An Stelle des § 12 des Gesetzes vom 30. Juli 1890, betreffend die autorisirten Genossenschaften zum Zwecke der Regelung von Feldwegen sowie der Herstellung von Bewässerungen und Entwässerungen (Gesetzbl. S. 61), treten folgende Bestimmungen:

Der mit der Vertauschung verbundene Verlust und Erwerb des Eigenthums, die im § 5 Abs. 1 und § 6 Abs. 1 bezeichneten Rechtswirkungen sowie der Erwerb der gemäß § 6 Abs. 2 bestellten Grunddienstbarkeiten treten mit der Hinterlegung des endgültigen Zutheilungswerkes auf dem Amtsgericht ein.

Die erfolgte Hinterlegung ist unter allgemeiner Bezeichnung der Feldlage, in welcher die Vertauschung stattgefunden hat, öffentlich bekannt zu machen.

Ist das Grundbuch für die Gemeinde, worauf das Zutheilungswerk sich bezieht, als angelegt anzusehen, so hat das Amtsgericht das Grundbuch alsbald nach der Hinterlegung zu berichtigen.

Ist das Grundbuch für die Gemeinde, worauf das Zutheilungswerk sich bezieht, noch nicht als angelegt anzusehen, so ist das Amtsgericht verpflichtet, bis zum Ablaufe der im § 113 des Ausführungsgesetzes zum Bürgerlichen Gesetzbuche bezeichneten Zeit bei allen von ihm zu ertheilenden Auszügen über Rechtsgeschäfte, welche vor Hinterlegung des Zutheilungswerkes stattgefunden haben und Grundstücke in der Gemeinde betreffen, von Amtswegen auf das Zutheilungswerk unter Angabe des Datums der Hinterlegung und der Gewanne, worauf die Neueintheilung sich erstreckt, hinzuweisen.

Bergwerkseigenthum.

80.[66] Die Bergwerke werden von Amtswegen auf Grund der Bergwerksverzeichnisse in besondere Grundbücher eingetragen.

Das Verfahren, in welchem die Anlegung der Grundbücher erfolgt, sowie der Zeitpunkt, in welchem das Grundbuch für einen Bezirk (Grundbuchbezirk) als angelegt anzusehen ist, werden durch Kaiserliche Verordnung bestimmt.

Ist das Grundbuch für einen Bezirk als angelegt anzusehen, so ist die Anlegung auch für solche zu dem Bezirke gehörende Bergwerke, die noch kein Blatt im Grundbuche haben, als erfolgt anzusehen, sofern nicht bestimmte Bergwerke durch besondere Anordnung ausgenommen sind.[67]

81. In Betreff des Bergwerkseigenthums, für welches das Grundbuch als angelegt anzusehen ist, gelten, soweit nicht ein Anderes bestimmt ist, die Vorschriften, welche sich auf Grundstücke beziehen, für welche das Grundbuch als angelegt anzusehen ist.

Die für den Erwerb des Eigenthums und die Ansprüche aus dem Eigenthume geltenden Vorschriften finden auf das Bergwerkseigenthum entsprechende Anwendung.

82. Unberührt bleiben die Vorschriften des Berggesetzes vom 16. Dezember 1873 (Gesetzbl. S. 397), nach welchen

1. das Bergwerkseigenthum durch die von der Oberbergbehörde ertheilte Verleihung und in den Fällen der Konsolidation, Theilung oder Vertauschung von Grubenfeldern und Feldestheilung durch die Bestätigung der Oberbergbehörde erworben wird (§§ 32, 54, 58 Abs. 1 des Berggesetzes vom 16. Dezember 1873),
2. bei dem Austausche von Feldestheilen mit der Bestätigung desselben der dem Bergwerke hinzutretende Theil von den darauf ruhenden Lasten erfaßt, der von dem Bergwerke losgelöste Theil von diesen Lasten befreit wird (§ 58 Abs. 5 des Berggesetzes vom 16. Dezember 1873),
3. im Falle der Aufhebung des Bergwerkseigenthums durch Beschluß der Oberbergbehörde durch diesen Beschluß sowohl das Bergwerkseigenthum als alle Ansprüche auf das Bergwerk, von welcher Art sie auch sein mögen, erlöschen.

83. Die Oberbergbehörde ist verpflichtet, in sämmtlichen im § 82 bezeichneten Fällen alsbald von Amtswegen die Berichtigung des Grundbuchs zu beantragen.[68]

84. Die Gebrauchs- und Nutzungsrechte, welche nach den §§ 9, 22 und 121 des Berggesetzes vom 16. Dezember 1873 im Wege des Zwangsverfahrens erworben werden können, sowie Hülfsbaue, welche unter die Vorschriften der §§ 49 ff.

66. Die §§ 80—85 beruhen auf dem Vorbehalt des Art. 67 EG und auf den Bestimmungen des Bergges. v. 16. Dez. 1873, wonach das Bergwerkseigenthum mangels abweichender Vorschriften den gesetzlichen Regeln über das Grundeigenthum unterliegt. — Vgl. auch § 9, 10 AG z. GBO v. 6. Nov. 1899.

67. Abs. 2 und 3 schließen sich an Art. 186 EG an.

68. Die Anträge der etwaigen Betheiligten genügen also nicht.

desselben Gesetzes fallen, erlangen auch ohne Eintragung in das Grundbuch durch Uebergang des Besitzes die Eigenschaft dinglicher Rechte.[69]

85. Die durch § 136 des Berggesetzes vom 16. Dezember 1873 vorgeschriebene Zustellung erfolgt, insoweit das Grundbuch als angelegt anzusehen ist, an die in das Grundbuch eingetragenen Berechtigten.

Bestimmungen, betreffend die Rechte an Grundstücken, für welche das Grundbuch noch nicht als angelegt anzusehen ist.

Besitzschutz.

86.[70] Zum Schutze der Ausübung einer Grunddienstbarkeit, mit welcher das Halten einer dauernden Anlage verbunden ist, sowie zum Schutze der Ausübung einer beschränkten persönlichen Dienstbarkeit, mit welcher der Besitz des Grundstücks oder eines Theiles des Grundstücks verbunden ist, finden, auch wo das Grundbuch für das belastete Grundstück nicht als angelegt anzusehen ist, die für den Besitzschutz geltenden Vorschriften des Bürgerlichen Gesetzbuchs entsprechende Anwendung.

Das Gleiche gilt für Grunddienstbarkeiten und beschränkte persönliche Dienstbarkeiten anderer Art mit der Maßgabe, daß der Besitzschutz nur gewährt wird, wenn die Dienstbarkeit in jedem der drei letzten Jahre vor der Störung mindestens einmal ausgeübt worden ist.[71]

Erwerb und Verlust der Rechte an Grundstücken.

87. Auf den Erwerb und Verlust des Eigenthums und die Begründung, Uebertragung, Belastung und Aufhebung eines anderen Rechtes an einem Grundstück oder eines Rechtes an einem solchen Rechte sowie auf die Aenderung des Inhalts und des Ranges dieser Rechte finden, auch wo das Grundbuch nicht als angelegt anzusehen ist, die hierauf bezüglichen Vorschriften des Bürgerlichen Gesetzbuchs mit Ausnahme der §§ 892, 893 und 896 sowie die Bestimmungen der §§ 74, 75 und 81 bis 85 dieses Gesetzes nach Maßgabe der §§ 88 bis 98 entsprechende Anwendung.[72]

69. Vgl. § 8 AG z. ZVG.

70. Die §§ 86—113 werden kurz unter der Bezeichnung „das Zwischenrecht" zusammengefaßt. Sie stellen die landesgesetzlichen Bestimmungen dar, welche auf Grund des Art. 189 EG z. BGB v. 1. Jan. 1900 ab für denjenigen Theil von Els.-Lothr., in welchem das Grundbuch noch nicht angelegt ist, als Liegenschaftsrecht zu gelten haben, soweit nicht die anderweitigen Bestimmungen des EG (Art. 181, 184, 189 Abs. 1 Satz 3, 200, 213) dem entgegenstehen. Die Vorschriften des C. c. verlieren mit dem 1. Jan. 1900 ihre Geltung; an ihre Stelle treten die neuen, den Bestimmungen des BGB möglichst angepaßten Vorschriften der §§ 86—113. Vgl. auch Vorbem. zum 3. Buch BGB.

71. Diese Bestimmung beruht auf Art. 191 Abs. 1 EG z. BGB.

72. § 87 enthält, ähnlich wie § 873 BGB, den maßgebenden Grundsatz, auf welchem das Liegenschaftsrecht des Zwischenrechts aufgebaut ist. Zur Anwendung kommen nach diesem Grundsatz die entsprechenden Bestimmungen des BGB, also insbesondere §§ 873, 875, 877, 879, 883, 885, 891, 899, 900, 902, 925, 1015, 1017, soweit das Ausführungsgesetz nicht abweichende Bestimmungen enthält.

88. An Stelle der Eintragung und Löschung im Grundbuche tritt, unbeschadet der Vorschriften des § 111, die Eintragung und Löschung in dem Eigenthumsbuche (§ 103).

Die dem Grundbuchamte zugewiesenen Verrichtungen werden von dem Amtsgerichte, welchem die Führung des Eigenthumsbuchs obliegt, wahrgenommen.

89. Die zur Uebertragung des Eigenthums an einem Grundstück und zur Bestellung des Erbbaurechts nach den §§ 925 und 1015 des Bürgerlichen Gesetzbuchs erforderliche Erklärung hat in Ansehung der in Elsaß-Lothringen liegenden Grundstücke vor einem elsaß-lothringischen Notar zu erfolgen.[73]

Der Notar ist verpflichtet, die Erklärung ungesäumt bei dem Amtsgerichte mit dem Antrag auf Eintragung einzureichen.

In den im § 106 Abs. 2 vorgesehenen Fällen erfolgt die Auflassung vor dem Amtsgerichte.

90. Die gleichzeitige Anwesenheit beider Theile ist bei der Auflassung eines Grundstücks nicht erforderlich, wenn das Grundstück durch einen Notar versteigert wird und die Auflassung noch in dem Versteigerungstermine stattfindet.[74]

91. Der Eigenthümer ist jederzeit befugt, die Eintragung seines Eigenthums und der darauf ruhenden Rechte zu verlangen.

92. Eine Eintragung, welche auf Grund eines zum Schein vorgenommenen Rechtsgeschäfts erfolgt, ist wirksam, unbeschadet des Rechtes der Parteien, im Verhältnisse zu einander die Nichtigkeit des Rechtsgeschäfts geltend zu machen.[75]

93. Rechte und Verfügungsbeschränkungen, die aus Versehen des Amtsgerichts gelöscht sind, können gegenüber demjenigen, der ein Recht an dem Grundstück erwirbt, nicht geltend gemacht werden, es sei denn, daß ein Widerspruch eingetragen oder dem Erwerber bekannt ist, daß die Löschung aus Versehen erfolgte.[76]

94. Durch Ersitzung erwirbt außer dem Falle des § 900 Abs. 1 des Bürgerlichen Gesetzbuchs das Eigenthum eines Grundstücks, wer zufolge einer Auflassung als Eigenthümer in das Eigenthumsbuch eingetragen ist und das Grundstück seit der Eintragung zehn Jahre im Eigenbesitze gehabt hat, es sei denn, daß er zur Zeit der Auflassung nicht in gutem Glauben war.

Diese Vorschriften finden in Ansehung des Erwerbes eines Erbbaurechts entsprechende Anwendung.

73. Diese Bestimmung schließt sich an das bisherige Recht an und enthält eine Ausnahme von der Bestimmung des § 925 Abs. 1 BGB. — Vgl. auch Art. 143 Abs. 1 EG z. BGB.

74. Vgl. Art. 143 Abs. 2 EG z. BGB.

75. Diese Bestimmung enthält eine Ausdehnung des in § 892 BGB ausgesprochenen Grundsatzes auf das Eigenthumsbuch; es sollen gutgläubige Dritte geschützt werden.

76. Vgl. Bem. zu § 92; ferner § 47 Abs. 2 GBO in Verbindung mit § 103 Abs. 2 des gegenwärtigen Gesetzes.

Unberührt bleibt die Bestimmung des § 24 Abs. 3 des Gesetzes, betreffend die Vereinigung des Katasters, die Ausgleichung der Grundsteuer und die Fortführung des Katasters, vom 31. März 1884 (Gesetzbl. S. 59).[77]

95. Durch Ersitzung erwirbt außer dem Falle des § 900 Abs. 2 des Bürgerlichen Gesetzbuchs den Nießbrauch oder eine beschränkte persönliche Dienstbarkeit, mit welcher der Besitz des Grundstücks oder eines Theiles des Grundstücks verbunden ist, wer zufolge einer Eintragsbewilligung des angeblichen Eigenthümers als Berechtigter in das Eigenthumsbuch eingetragen ist und das Recht seit der Eintragung zehn Jahre lang als ihm zustehend ausgeübt hat, es sei denn, daß er zur Zeit der Stellung des Antrags auf Eintragung nicht in gutem Glauben war.[77]

96. Die zehnjährige Ersitzungsfrist wird in derselben Weise berechnet, wie die Frist für die Ersitzung einer beweglichen Sache.[78] Der Lauf der Frist ist gehemmt, solange ein Widerspruch gegen die Richtigkeit der Eintragung im Eigenthumsbuch eingetragen ist.

Für den Rang eines durch Ersitzung erworbenen Rechtes ist die Eintragung maßgebend.

97. Ist zur Zeit des Inkrafttretens dieses Gesetzes die Ersitzung des Eigenthums oder eines anderen Rechtes an einem Grundstücke noch nicht vollendet, so finden auf die Ersitzung die Vorschriften des Bürgerlichen Gesetzbuchs über die Verjährung entsprechende Anwendung.[79] Der Beginn sowie die Hemmung und Unterbrechung der Ersitzung bestimmen sich jedoch für die Zeit vor dem Inkrafttreten dieses Gesetzes nach den bisherigen Gesetzen. Die Eintragung in das Eigenthumsbuch ist zur Vollendung der Ersitzung nicht erforderlich. Erfolgt die Eintragung, so findet § 96 Abs. 1 Satz 2 Anwendung.[80]

An Stelle der bisherigen Ersitzungsfrist von 20 Jahren tritt die Frist von 10 Jahren. Für die Berechnung der Frist gelten die Vorschriften des Artikels 169 Abs. 2 des Einführungsgesetzes zum Bürgerlichen Gesetzbuche.

98. Verfügungsbeschränkungen zu Gunsten einer bestimmten Person erlangen gegen Dritte, welche ein Recht an einem Grundstück oder ein Recht an einem solchen Rechte erwerben, nur Wirksamkeit, wenn sie in das Eigenthumsbuch eingetragen oder dem Erwerber bekannt sind.[81]

Die Vorschriften des § 892 Abs. 2 des Bürgerlichen Gesetzbuchs und der §§ 92 und 93 dieses Gesetzes finden entsprechende Anwendung.

Erbbaurechte und Dienstbarkeiten.

99. Die Vorschriften des Bürgerlichen Gesetzbuchs über die Uebertragung, Belastung und Aufhebung sowie die Aenderung des Inhalts und des Ranges eines Rechtes an einem Grundstücke finden nach der Eintragung des Rechtes in das Eigenthumsbuch auch auf Erbbaurechte und Dienstbarkeiten Anwendung, die zur Zeit des Inkrafttretens dieses Gesetzes schon bestehen. Ferner kommt der § 1056 des Bürgerlichen Gesetzbuchs hinsichtlich der von dem Nießbraucher nach dem Inkrafttreten dieses Gesetzes abgeschlossenen Mieth- und Pachtverträge auch dann zur Anwendung, wenn der Nießbrauch zur Zeit des Inkrafttretens des Gesetzes schon bestanden hat.[82]

Hypotheken.

100. Hypotheken, welche nach dem Inkrafttreten dieses Gesetzes begründet werden, unterliegen, insolange das Grundbuch nicht als angelegt anzusehen ist, mit den aus Abs. 2 und 3 sich ergebenden Beschränkungen den Vorschriften des Bürgerlichen Gesetzbuchs über die Sicherungshypothek.[83]

Die Bestellung von Grund- und Rentenschulden sowie die Umwandelung der Sicherungshypothek in eine gewöhnliche Hypothek oder in eine Grundschuld ist ausgeschlossen.

Im Falle des § 1177 Abs. 1 des Bürgerlichen Gesetzbuchs kann die Abtretung des Rechtes erst erfolgen, nachdem die Grundschuld in eine Sicherungshypothek umgewandelt ist.

101. Die vor dem Inkrafttreten dieses Gesetzes begründeten, in die Hypothekenregister eingeschriebenen Hypotheken und Vorzugsrechte sind in Gemäßheit der bisherigen Gesetze zu erneuern.[84] Die Erneuerung erfolgt durch Eintragung in das Eigenthumsbuch. Eine weitere Erneuerung ist nicht erforderlich.[85]

102. Die Bestimmungen des § 100 gelten nach der Eintragung in das Eigenthumsbuch auch für die vor dem Inkrafttreten dieses Gesetzes begründeten Pfandrechte (Hypotheken- und Vorzugsrechte).

Verfahren.

103. Für die im Bezirk einer jeden Gemeinde gelegenen Grundstücke wird, insolange das Grundbuch noch nicht als angelegt anzusehen ist, unbeschadet der Bestimmung des § 111 ein Eigenthumsbuch geführt. Für dieselbe Gemeinde können

---

77. Es wird also, abweichend von § 900 BGB, guter Glaube des Eingetragenen erfordert.

78. Vgl. §§ 937 ff. BGB.

79. Vgl. §§ 198 ff. BGB.

80. Die Bestimmung des § 97 Abs. 1 entspricht derjenigen des Art. 169 Abs. 1 EG z. BGB.

81. Als solche Beschränkungen kommen im Wesentlichen in Betracht: die mit dem Konkurse verbundene Beschränkung; Arrestbefehle und gerichtliche Veräußerungsverbote; rechtsgeschäftliche Verfügungsbeschränkungen, soweit sie durch Bedingungen oder Zeitbestimmungen begründet werden. Die auf Grund der Bestimmungen des StGB, der StPO ꝛc. im öffentlichen Interesse angeordneten Verfügungsbeschränkungen bedürfen also der Eintragung nicht.

82. Diese Bestimmung bildet eine Ausnahme von Art. 184 EG z. BGB und bezieht sich nur auf die Form, nicht auch auf die materiellen Voraussetzungen der Uebertragung, Belastung ꝛc., läßt auch den Inhalt der bezeichneten Rechte unberührt.

83. §§ 1184—1186, 1198 BGB.

84. Nach Art. 184 EG z. BGB.

85. Mit Rücksicht auf § 102 dieses Gesetzes.

auch mehrere Bücher, jeweils für bestimmte Theile des Gemeindebezirkes, geführt werden.

In Ansehung der Einrichtung und Führung des Eigenthumsbuchs finden, insoweit gesetzlich nicht ein Anderes bestimmt ist,[85a] die Vorschriften des 1., 2. und 4. Abschnitts und der §§ 85, 90 und 92 bis 96 des 5. Abschnitts der Reichs-Grundbuchordnung vom 24. März 1897 (Reichsgesetzbl. S. 139) sowie des § 80 Abs. 1 dieses Gesetzes entsprechende Anwendung.

104. In der Eintragungsbewilligung[86] oder, wenn eine solche nicht erforderlich ist,[87] in dem Eintragungsantrage sind die Grundstücke, worauf das einzutragende Recht sich bezieht, wenn möglich nach Sektion und Nummer des Katasters und in allen Fällen durch Angabe des Flächeninhalts, der Kulturart, der Gewann, worin sie gelegen sind, und, wenn es sich um die Eintragung des Eigenthums handelt, der Nebenläger zu bezeichnen. Erforderlichenfalls ist die Lage des Grundstücks näher zu beschreiben und ein Handriß vorzulegen.

105. Insolange ein Grundstück nicht in das Eigenthumsbuch aufgenommen ist,[88] soll die Eintragung des Eigenthums erfolgen, auch wenn derjenige, dessen Recht durch sie betroffen wird, nicht als der Berechtigte eingetragen ist.

Zum Nachweise des Eigenthums ist bei der ersten Eintragung in glaubhafter Weise darzuthun, daß der einzutragende Eigenthümer das Grundstück allein oder unter Hinzurechnung des Besitzes seiner Rechtsvorgänger seit 10 Jahren im Eigenbesitze hat.

106. Dem Antrag auf Eintragung des Eigenthums an einem Grundstück oder auf Eintragung einer von dem Eigenthümer bewilligten Hypothek oder eines Erbbaurechts darf von dem Amtsgerichte nur stattgegeben werden, wenn eine vor einem elsaß-lothringischen Notar errichtete Urkunde über die Verpflichtung zur Uebertragung des Eigenthums oder zur Bestellung der Hypothek oder des Erbbaurechts vorgelegt wird. An Stelle der Urkunde genügt die Vorlegung eines Auszugs.[89]

Die von elsaß-lothringischen Gerichten oder Verwaltungsbehörden in Gemäßheit der bestehenden Gesetze errichteten Urkunden stehen den notariellen Urkunden im Sinne des Abs. 1 gleich.[90]

Die Bestimmung des Abs. 1 greift nicht Platz, wenn die Verpflichtung zur Uebertragung des Eigenthums auf letztwilliger Verfügung beruht.

107. In den öffentlichen Urkunden, welche über die Verpflichtung zur Uebertragung des Eigenthums oder zur Bestellung einer Hypothek errichtet werden, sollen auf mindestens zehn Jahre zurück die Rechtsvorgänger des Eigenthümers und deren Erwerbstitel angegeben und die Grundstücke nach Vorschrift des § 104 bezeichnet werden. Wird ein zehnjähriger Besitz nicht durch Erwerbstitel dargethan, so sollen die Rechtsvorgänger auf dreißig Jahre zurück angegeben werden.

108. Zur Eintragung von Rechten, über deren Erwerb eine Ueberschreibung oder eine Einschreibung in den Hypothekenregistern vorliegt, ist die im § 19 der Reichs-Grundbuchordnung vorgeschriebene Bewilligung nicht erforderlich.[91]

Die Eintragung erfolgt, wenn die Ueberschreibung oder die Einschreibung durch die hierüber ausgestellte amtliche Bescheinigung oder durch einen Auszug aus den Hypothekenregistern nachgewiesen wird.

Die Eintragung kann von den Rechtsnachfolgern eines Gläubigers verlangt werden, auch wenn die Rechtsnachfolge nicht durch eine öffentliche oder öffentlich beglaubigte Urkunde nachgewiesen ist.

109. Zur Eintragung der unter der Herrschaft der bisherigen Gesetze begründeten Rechte, in Ansehung deren eine Ueberschreibung oder Einschreibung in den Hypothekenregistern nicht vorliegt, genügt gegenüber dem Schuldner statt der Bewilligung der Nachweis über die Begründung des Rechtes.[91]

Die Vorschriften des § 77 Abs. 2 finden entsprechende Anwendung. Zur Eintragung von Sicherungshypotheken, die an die Stelle der Vorzugsrechte des Verkäufers, Darleihers oder Theilungsgenossen treten, bedarf es auch gegenüber dem Rechtsnachfolger des Schuldners nicht der Bewilligung, wenn die Eintragung innerhalb 45 Tagen nach der Veräußerung oder Theilung beantragt wird.

Sicherungshypotheken, die an die Stelle von Vorzugsrechten treten, behalten den Rang des Vorzugsrechts.

110. Wer zur Eintragung eines Rechtes der Bewilligung desjenigen, dessen Recht von ihr betroffen wird, nicht bedarf, kann die nach § 40 Abs. 1 der Reichs-Grundbuchordnung erforderliche vorherige Eintragung des Eigenthümers ohne dessen Zustimmung und unabhängig von dem Besitz eines vollstreckbaren Titels verlangen.[92]

Unter derselben Voraussetzung ist dem Antrag auf Eintragung des Eigenthümers stattzugeben, obwohl der durch § 105 Abs. 2 erforderte Nachweis nicht vorliegt. Das Amtsgericht hat jedoch eine Frist zu bestimmen, innerhalb welcher dieser Nachweis zu erbringen ist, widrigenfalls die Eintragung gelöscht wird. Bedarf der Berechtigte zum Nachweis eines Erbscheins oder einer anderen Ur-

85a. Vgl. die Ausführungsbestimmungen betr. die Führung der Eigenthumsbücher und der vorläuf. Grundbücher v. 19. Dez. 1899.

86. §§ 19 ff. GBO.

87. Vgl. §§ 108, 109 dieses Gesetzes.

88. Vgl. § 91 dieses Gesetzes; § 40 Abs. 1 GBO.

89. Vgl. § 98 GBO.

90. Vgl. § 45 AG z. FrG.

91. § 55 GBO ist aber zu beachten.

92. Ausnahme von den Bestimmungen der §§ 14, 22 Abs. 2 GBO.

kunde, die dem Verpflichteten auf Antrag von einer Behörde oder einem Notar zu ertheilen ist, so kann er die Ertheilung an Stelle des Verpflichteten verlangen.[93]

Vorläufige Grundbücher.

111. Wo vorläufige Grundbücher bestehen, tritt das vorläufige Grundbuch an Stelle des Eigenthumsbuchs.

Die Vorschriften der §§ 104 und 105 Abs. 1 finden keine Anwendung.[94]

Haftpflicht.

112. Verletzt der Amtsrichter, der dem Amtsgerichte beigeordnete Hypothekenbewahrer (§ 116) oder der Gerichtsschreiber bei Führung des Eigenthumsbuchs oder des vorläufigen Grundbuchs vorsätzlich oder fahrlässig die ihm obliegende Amtspflicht, so trifft den Betheiligten gegenüber die im § 839 des Bürgerlichen Gesetzbuchs bestimmte Verantwortlichkeit an Stelle des Beamten die Landeskasse, der bei grobem Versehen der Rückgriff gegen den Beamten zusteht. Hinsichtlich der Verjährung des den Betheiligten zustehenden Ersatzanspruchs findet § 852 des Bürgerlichen Gesetzbuchs Anwendung.[95]

Aufgebot der bestehenden Rechte.

113. Erbbaurechte, persönliche Dienstbarkeiten und Hypotheken, die nach dem bisherigen Rechte der Erneuerung nicht unterliegen[96] oder bis zum Ablauf einer bestimmten Frist von der Erneuerung befreit sind,[97] sowie alle in dem bisherigen Rechte begründeten Verfügungsbeschränkungen[98] und Ansprüche auf Rückgängigmachung des Eigenthums an einem Grundstücke müssen binnen 10 Jahren, von dem Inkrafttreten dieses Gesetzes an gerechnet, in das Eigenthumsbuch eingetragen werden, widrigenfalls sie gegenüber Dritten, welche Rechte an dem Grundstück erwerben, ihre bisherige Wirksamkeit verlieren.

Unberührt bleibt die Bestimmung des § 34 Abs. 1 des Gesetzes, betreffend die Einrichtung von Grundbüchern, vom 22. Juni 1891 in Ansehung der darin bezeichneten Hypothekareinschreibungen und der im § 3 Ziffer 2 und 6 desselben Gesetzes bezeichneten Rechte und Verfügungsbeschränkungen.

Aufhebung der Hypothekenämter.

114. Die Hypothekenämter werden aufgehoben. Soweit in den bestehenden Gesetzen auf die Hypothekenämter oder die von ihnen geführten Register Bezug genommen wird, treten an deren Stelle die Amtsgerichte und die nach Maßgabe dieses Gesetzes von den Amtsgerichten zu führenden Bücher.

93. Vgl. auch § 28 AG z. ZVG.

94. Die Eintragung der Grundstücke in diese Grundbücher ist auf Grund des erneuerten Katasters geschehen; vgl. auch Bemerkung zu § 103 oben.

95. Vgl. § 12 GBO; § 9 AG z. GBO; § 839 BGB.

96. Es sind dies die Hypotheken zu Gunsten der Bodenkreditgesellschaft (Art. 47 Dekr. v. 28. Febr. 1852).

97. Die gesetzlichen Hypotheken der Mündel und Ehefrauen bis zum Ablauf eines Jahres nach Beendigung der Vormundschaft bezw. nach Auflösung der Ehe (§ 21 Ges. v. 24. Juli 1889).

98. Vgl. Bem. zu § 98.

115. Die von den Hypothekenämtern geführten Register werden den Amtsgerichten am Sitze der Hypothekenämter überwiesen.

Für die Eintragungen (Randvermerke), die in diesen Registern noch erforderlich werden, sowie die daraus zu ertheilenden Auszüge und Bescheinigungen bleiben die bisherigen Vorschriften maßgebend. In Ansehung der Haftpflicht des Staates finden die Bestimmungen des § 112 entsprechende Anwendung.

116. Die Hypothekenbewahrer, die sich bis zum Inkrafttreten dieses Gesetzes im Amte befinden, können behufs Wahrnehmung der Verrichtungen, welche mit der noch erforderlichen Führung der Register der Hypothekenämter sowie mit der Führung der Grundbücher und der Eigenthumsbücher verbunden sind, nach Anordnung des Ministeriums den Amtsgerichten beigeordnet und, sofern sie die Befähigung zum Richteramte besitzen, zu Amtsrichtern ernannt werden. Dieselben werden mit ihrem bisherigen Gehalt in den gemeinsamen Besoldungs-Etat der Richter bei den Landgerichten, der Amtsrichter und der Staatsanwälte eingestellt. Das Dienstalter wird durch das Ministerium bestimmt.[99]

Das Ministerium bleibt befugt, die den Amtsgerichten beigeordneten bisherigen Hypothekenbewahrer jederzeit einstweilig in den Ruhestand zu versetzen.[100]

Abschnitt IV.
Vorschriften zum Familienrechte.

Erklärung über Annahme und Ertheilung von Namen.

117. Die Erklärung der geschiedenen Frau über die Wiederannahme eines früheren Namens (§ 1577 Abs. 2 des Bürgerlichen Gesetzbuchs) sowie die Erklärung des geschiedenen Mannes, durch welche er der Frau die Führung seines Namens untersagt (§ 1577 Abs. 3 des Bürgerlichen Gesetzbuchs), ist gegenüber dem Standesbeamten abzugeben, vor welchem die Ehe geschlossen worden ist. Der Standesbeamte hat die Erklärung, wenn kein Anstand obwaltet, am Rande der Heirathsurkunde zu vermerken.

Ist die Ehe nicht in Elsaß-Lothringen geschlossen worden, so kann der geschiedene Ehegatte die Erklärung gegenüber der Staatsanwaltschaft bei demjenigen Landgericht abgeben, in dessen Bezirk er seinen Wohnsitz oder seinen gewöhnlichen Aufenthalt hat.[101]

118. Die Erklärung, durch welche der Ehemann der Mutter eines unehelichen Kindes diesem seinen Namen ertheilt (§ 1706 Abs. 2 des Bürgerlichen Gesetzbuchs), kann bei der Eheschließung gegenüber

99. Vgl. § 26 AG z. GBO.

100. Vgl. § 24 Reichsbeamtenges. v. 31. März 1873 (23. Dez. 1873).

101. Vgl. § 48 Abs. 1 AG z. FrG; § 55 Ges. v. 6. Febr. 1875.

dem Standesbeamten, vor welchem die Ehe geschlossen wird, sonst nur gegenüber dem Standesbeamten, welcher die Geburtsurkunde aufgenommen hat, abgegeben werden.

Die Erklärung ist, wenn kein Anstand obwaltet, am Rande der Geburtsurkunde des Kindes zu vermerken. Ist die Erklärung bei der Eheschließung erfolgt, so hat der Standesbeamte dieselbe dem Standesbeamten des Geburtsortes zu diesem Zwecke mitzutheilen.

Ist das Kind nicht in Elsaß-Lothringen geboren, so kann die Abgabe der Erklärung gegenüber der Staatsanwaltschaft bei demjenigen Landgericht erfolgen, in dessen Bezirke der Ehemann seinen Wohnsitz oder seinen gewöhnlichen Aufenthalt hat.[102]

Religiöse Erziehung der Kinder.

119.[103] Für das Recht, zu bestimmen, in welchem religiösen Bekenntniß ein Kind zu erziehen ist, sind, soweit sich nicht aus den §§ 120 bis 122 ein Anderes ergiebt, die Vorschriften des Bürgerlichen Gesetzbuchs über das Recht und die Pflicht für die Person des Kindes zu sorgen, maßgebend.[104]

120. Steht dem Vater oder der Mutter das Recht und die Pflicht, für die Person des Kindes zu sorgen, neben einem dem Kinde bestellten Vormund oder Pfleger zu,[105] so geht bei einer Meinungsverschiedenheit über die Bestimmung des religiösen Bekenntnisses, in welchem das Kind zu erziehen ist, die Meinung des Vaters oder der Mutter vor.

121. Solange der Vater lebt, kann die Mutter das religiöse Bekenntniß eines gemeinschaftlichen Kindes ohne Einwilligung des Vaters, auch wenn er nicht die Sorge für die Person des Kindes hat, nicht ändern, es sei denn,

1. daß ihr die elterliche Gewalt zusteht,[106] oder
2. daß im Falle der Scheidung der Ehe oder der Aufhebung der ehelichen Gemeinschaft der Vater allein für schuldig erklärt ist, oder
3. daß der Vater wegen Geisteskrankheit entmündigt und nach Feststellung des Vormundschaftsgerichts die Aussicht auf Wiederherstellung ausgeschlossen ist.[107]

122. Das religiöse Bekenntniß des Kindes kann weder von dem Vormunde noch von dem Pfleger geändert werden.

Zwangserziehung.

123.[108] Das Vormundschaftsgericht[109] kann außer den Fällen der §§ 1666, 1838 des Bürgerlichen Gesetzbuchs anordnen, daß ein Minderjähriger zum Zwecke der Erziehung in einer geeigneten Familie oder in einer Erziehungsanstalt oder in einer Besserungsanstalt untergebracht wird,

1. wenn die Zwangserziehung zur Verhütung des völligen sittlichen Verderbens des Minderjährigen nothwendig und der Vater, oder sofern die elterliche Gewalt oder die Sorge für die Person des Kindes nur von der Mutter ausgeübt wird,[110] die Mutter mit der Unterbringung einverstanden ist;
2. wenn der Minderjährige vor Vollendung des zwölften Lebensjahrs eine strafbare Handlung begangen hat und die Zwangserziehung zur Verhütung weiterer sittlicher Verwahrlosung erforderlich ist.[111]

Die Unterbringung soll nach Vollendung des sechzehnten Lebensjahrs eines Minderjährigen nur in besonderen Fällen angeordnet werden.

124. In dem Beschlusse, durch welchen die Unterbringung angeordnet wird, müssen die Voraussetzungen der §§ 1666, 1838 des Bürgerlichen Gesetzbuchs oder des § 123 dieses Gesetzes unter Bezeichnung der für erwiesen erachteten Thatsachen festgestellt werden.[112]

Ist außer dem Falle des § 123 Ziffer 2 sofortiges Einschreiten dringend geboten, so kann das Vormundschaftsgericht[109] vor endgültiger Beschlußfassung die fürsorgliche Unterbringung anordnen.

125. Der Vollzug der gerichtlichen Anordnung, insbesondere die Entscheidung darüber, ob der Minderjährige in einer Familie oder in einer Erziehungs- oder Besserungsanstalt unterzubringen sei, erfolgt durch die von dem Ministerium bezeichnete Verwaltungsbehörde.[113]

126. Das Vormundschaftsgericht kann die von ihm getroffene Anordnung aufheben.[114]

Auch ohne solche Anordnung ist die Verwaltungsbehörde berechtigt, die Entlassung aus der Zwangserziehung zu bewirken, wenn der Zweck derselben anderweit sichergestellt oder wenn dieser Zweck erreicht ist. Ist dies zweifelhaft, so kann eine widerrufliche Entlassung verfügt werden.

127. Die Kosten der Unterbringung sind aus der Landeskasse zu bestreiten. Diese kann Ersatz

---

102. Vgl. § 48 Abs. 1 AG z. FrG.

103. Die Vorschriften der §§ 119—122 beruhen auf dem Vorbehalt des Art. 134 EG z. BGB. — Vgl. hierzu §§ 1779 Abs. 2 Satz 2, 1801 BGB.

104. Vgl. §§ 1631, 1627, 1634, 1635, 1637, 1676, 1684—1686, 1707, 1719, 1736, 1738, 1757, 1765, 1700—1702, 1793, 1915 BGB.

105. Vgl. §§ 1666, 1676, 1685, 1698 BGB.

106. Vgl. §§ 1684, 1586, 1701 BGB.

107. Vgl. § 1 AG z. FrG.

108. Die §§ 123—127 beruhen auf dem Vorbehalt des Art. 135 EG und ersetzen die Bestimmungen des Ges. v. 18. Juli 1890, soweit diese nicht schon durch das BGB beseitigt waren. — Vgl. auch §§ 55, 56 StGB; MinV v. 10. Jan. 1900.

109. Vgl. §§ 35, 43 FrG.

110. Vgl. §§ 1684, 1685, 1701, 1635, 1637, 1700, 1696 bis 1698, 1707 BGB.

111. Vgl. § 55 StGB.

112. Gegen diesen Beschluß ist nach §§ 1, 19 ff. FrG, §§ 1, 12 Abs. 2 AG z. FrG die Beschwerde zulässig, die auch der Staatsanwaltschaft zusteht (§ 12 Abs. 3 AG z. FrG). Vor Erlaß des Beschlusses und vor Entscheidung über die Beschwerde ist die Staatsanwaltschaft zu hören (§ 12 Abs. 2, 4 AG z. FrG); ihr ist auch die Entscheidung bekannt zu machen (§ 12 Abs. 3 cit.). — Uebergangsvorschrift enthält der § 64 AG z. FrG.

113. Vgl. Art. 135 Abs. 2 EG z. BGB; § 132 dieses Gesetzes; § 10 AG z. FrG.

114. Vgl. § 1671 BGB.

von dem Zöglinge, sowie von denjenigen verlangen, welche nach den Vorschriften des Bürgerlichen Gesetzbuchs unterhaltspflichtig [115] waren. Die Einziehung erfolgt, vorbehaltlich des Rechtswegs über die Verpflichtung zur Zahlung, nach den Vorschriften über die Beitreibung öffentlicher Gefälle.

Gemeindewaisenrath.

128.[116] Für jede Gemeinde sind ein oder mehrere Gemeindemitglieder als Gemeindewaisenräthe zu bestellen.

Die Bestellung erfolgt auf bestimmte Zeit.

129. Das Amt eines Gemeindewaisenraths ist ein Ehrenamt.

Für die mit ihrer Mühewaltung verbundenen Auslagen wird den Gemeindewaisenräthen Vergütung aus der Staatskasse gewährt.

130. Die Vorschriften der §§ 1780 und 1781 des Bürgerlichen Gesetzbuchs, nach welchen bestimmte Personen zum Vormunde nicht bestellt werden können oder nicht bestellt werden sollen, finden auf die Bestellung zum Gemeindewaisenrath entsprechende Anwendung.

131. Die Gemeindewaisenräthe werden von dem Gemeinderathe vorgeschlagen und von dem Amtsgerichte bestätigt.[117]

Das Amtsgericht ist befugt, den Gemeindewaisenräthen Weisungen zu ertheilen und dieselben, wenn sie die ihnen obliegenden Verpflichtungen nicht erfüllen, zu entlassen.[118]

132. Die Uebernahme des Amtes eines Gemeindewaisenraths kann nur aus besonderen Gründen abgelehnt werden. Insbesondere ist zur Ablehnung berechtigt, wer das sechzigste Lebensjahr vollendet hat, wer durch Krankheit oder durch längere Abwesenheit verhindert ist, das Amt ordnungsmäßig zu versehen, oder wer das Amt eines Gemeindewaisenraths innerhalb der letzten Amtsperiode ausgeübt hat.

Diese Vorschrift findet auf die Niederlegung des Amtes entsprechende Anwendung.

133. Ueber die Berechtigung zur Ablehnung oder zur Niederlegung des Amtes entscheidet das Amtsgericht.[119]

Das Amtsgericht kann den zum Gemeindewaisenrathe Bestellten nach Maßgabe des § 1788 des Bürgerlichen Gesetzbuchs zur Uebernahme des Amtes anhalten.

134. Die näheren Bestimmungen über die Bestellung der Gemeindewaisenräthe werden von dem Ministerium erlassen.[119a]

135. Die Gemeinderäthe sind mit Ermächtigung des Ministeriums befugt, das Amt eines Gemeindewaisenraths als ständiges Gemeindeamt zu errichten. In diesem Falle finden die Vorschriften der §§ 128 Abs. 2, 129, 131 bis 134 keine Anwendung.[120]

Das Amtsgericht ist zur Ertheilung von Weisungen an den als ständigen Gemeindebeamten angestellten Gemeindewaisenrath, aber nicht zu dessen Entlassung befugt. Die Entlassung kann auf Antrag des Amtsgerichts durch das Ministerium verfügt werden, unbeschadet der Vorschriften des § 27 der Gemeindeordnung vom 6. Juni 1895 (Gesetzbl. S. 58).

Vormundschaft über Bezirkspflegekinder.

136.[121] Minderjährige, welche auf Grund des Dekrets vom 19. Januar 1811, betreffend die Findelkinder oder die verlassenen Kinder und die armen Waisen, in ein Pflegehaus aufgenommen oder unter Aufsicht des Verwaltungsraths des Pflegehauses in einer Familie oder Anstalt erzogen oder verpflegt werden, stehen, unbeschadet der Befugniß des Vormundschaftsgerichts, einen anderen Vormund zu bestellen,[122] bis zu ihrer Volljährigkeit unter der Vormundschaft des Verwaltungsraths des Pflegehauses.[123]

Der Verwaltungsrath hat eines seiner Mitglieder als Vertreter des Mündels zu bezeichnen.[124]

137. Hat der Mündel nach Beendigung der Erziehung oder Verpflegung seinen Aufenthalt an einem von dem Sitze des Pflegehauses entfernten Orte, so kann der Verwaltungsrath mit Genehmigung des Vormundschaftsgerichts[125] die Vormundschaft dem Verwaltungsrathe desjenigen Pflegehauses übertragen, welches dem Aufenthaltsorte des Mündels zunächst liegt. Der Verwaltungsrath dieses Pflegehauses ist zur Uebernahme der Vormundschaft verpflichtet.

138. Dem Verwaltungsrathe stehen die nach § 1852 Abs. 2 des Bürgerlichen Gesetzbuchs zulässigen Befreiungen zu. Ein Gegenvormund ist nicht zu bestellen.[126]

139. Zur Deckung der Kosten des Unterhalts[127] eines der im § 136 bezeichneten Minderjährigen sind die Erträgnisse seines Vermögens zu verwenden. Insoweit die gemachten Aufwendungen hierdurch nicht gedeckt sind, kann Ersatz von denjenigen verlangt werden, welche nach den Vorschriften des Bürgerlichen Gesetzbuchs unterhaltspflichtig waren.[128]

---

115. Vgl. §§ 1601 ff., 1703, 1705, 1708, 1719, 1721, 1736, 1738, 1739, 1757, 1766 BGB.

116. Zu den §§ 128—135 vgl. § 49 FrG; §§ 15, 17 AG z. FrG; §§ 1675, 1779, 1849 ff. BGB; MinV v. 2. Dez. 1899; Artt. 12 ff. der allgem. Verfügung v. 6. Dez. 1899.

117. Vgl. §§ 13, 15 Abs. 1 Nr. 1 und Abs. 2 AG z. FrG; Art. 12 der allgem. Verfügung v. 6. Dez. 1899.

118. Vgl. § 15 Abs. 1 Nr. 3 AG z. FrG.

119. Vgl. § 15 Abs. 1 Nr. 2 AG z. FrG.

119a. Vgl. MinV v. 2. Dez. 1899 (ABl S. 151).

120. Vgl. §§ 25, 56 Nr. 1, 76 Nr. 2 GemO v. 6. Juni 1895.

121. Die Vorschriften der §§ 136—140 beruhen auf dem Vorbehalt des Art. 136 EG z. BGB.

122. Vgl. § 16 AG z. FrG; Art. 136 Nr. 1 EG z. BGB.

123. Die Voraussetzungen des § 1773 BGB müssen gegeben sein.

124. Vgl. Dekr. v. 23. März 1852 betr. die Verwaltungsräthe der Pflege- und Krankenhäuser.

125. Vgl. § 46 FrG.

126. Entsprechend dem Art. 136⁴ EG.

127. Vgl. hierzu Ges. v. 5. Mai 1869.

128. Vgl. Art. 103 EG z. BGB und Bem. zu § 127.

Dem Pflegehause steht gegenüber dem Pflegling, falls dieser während bestehender Vormundschaft stirbt, ein Anspruch auf Ersatz der Aufwendungen zu.[129]

140. Von jeder Verfügung des Bezirkspräsidenten, durch welche ein Minderjähriger der Fürsorge eines Pflegehauses unterstellt wird, ist dem Vormundschaftsgericht unverzüglich Mittheilung zu machen.

Anlegung von Mündelgeld. **141.** Zur Anlegung von Mündelgeld sind außer den im § 1807 des Bürgerlichen Gesetzbuchs bezeichneten Forderungen und Werthpapieren geeignet:

1. Schuldverschreibungen, welche von deutschen kommunalen Körperschaften (Provinzen, Bezirken, Kreisen, Gemeinden u. s. w.) oder deren Kreditanstalten ausgestellt und entweder seitens der Inhaber kündbar sind oder einer regelmäßigen Amortisation unterliegen, sowie Kommunalobligationen und Pfandbriefe der Aktiengesellschaft für Boden- und Kommunalkredit in Elsaß-Lothringen,[130]
2. die öffentlichen Sparkassen in Elsaß-Lothringen.[131]

142.[132] Eine Hypothek, eine Grundschuld oder eine Rentenschuld an einem in Elsaß-Lothringen gelegenen Grundstück ist nur dann als sicher anzusehen, wenn sie die Hälfte des Werthes des Grundstücks nicht übersteigt. Für die Höhe einer Rentenschuld ist die Ablösungssumme maßgebend.[133]

Abänderung des Artikels 4 des Gesetzes betreffend die Syndikatsgenossenschaften vom 21. Juni 1865. **143.** Die Ermächtigung, deren der gesetzliche Vertreter einer Person nach Artikel 4 des Gesetzes, betreffend die Syndikatsgenossenschaften, vom 21. Juni 1865 zu der Erklärung des Beitritts zu einer Syndikatsgenossenschaft bedarf, wird durch das Vormundschaftsgericht[134] ertheilt.

Uebergangsbestimmungen zum ehelichen Güterrechte.

144.[135] Auf den Güterstand der vor dem Inkrafttreten dieses Gesetzes geschlossenen Ehen finden von diesem Zeitpunkt ab,

insoweit gesetzliche Gütergemeinschaft herrscht, die Vorschriften des Bürgerlichen Gesetzbuchs über die Fahrnißgemeinschaft,[136]

insoweit durch Ehevertrag die Gütergemeinschaft auf die Errungenschaft beschränkt ist, die Vorschriften des Bürgerlichen Gesetzbuchs über die Errungenschaftsgemeinschaft,[137]

insoweit durch Ehevertrag allgemeine Gütergemeinschaft vereinbart ist, die Vorschriften des Bürgerlichen Gesetzbuchs über die allgemeine Gütergemeinschaft[138]

nach Maßgabe der §§ 145 bis 156 Anwendung.

145. Was zur Gütergemeinschaft gehört,[139] wird Gesammtgut.

Was zum Sondergut eines Ehegatten gehört,[139] wird eingebrachtes Gut dieses Ehegatten.

146. Die Schulden der Gütergemeinschaft werden Gesammtgutsverbindlichkeiten.

Den Gläubigern der Frau stehen die Rechte, welche sie gegenüber dem Sondergute der Frau haben, in gleichem Umfang in Ansehung des eingebrachten Gutes derselben zu.

147. Im Verhältnisse der Ehegatten zu einander verbleiben die im § 146 Abs. 1 bezeichneten Gesammtgutsverbindlichkeiten demjenigen zur Last, der sie nach bisherigem Rechte zu tragen hat.[140]

148. Ersatzansprüche, welche den Ehegatten gegen die Gütergemeinschaft oder gegeneinander oder der Gütergemeinschaft gegen einen Ehegatten zustehen,[141] bleiben unberührt.

Die Geltendmachung der Ersatzansprüche richtet sich nach den Vorschriften des Bürgerlichen Gesetzbuchs.

149. Die gesetzliche Hypothek der Frau bleibt, unbeschadet der Vorschriften des § 77 Abs. 2 und des § 109 Abs. 2 Satz 1, in Ansehung der vor dem Inkrafttreten dieses Gesetzes entstandenen Ansprüche unberührt.

Ein zu dem gemeinschaftlichen Vermögen der Eheleute gehöriges Grundstück ist der gesetzlichen Hypothek der Frau in derselben Weise unterworfen, wie ein Grundstück des Mannes.

150. Die Frau kann eine ihr angefallene Erbschaft oder ein ihr angefallenes Vermächtniß wirksam nur ausschlagen sowie auf ihr gesetzliches Erbrecht wirksam nur verzichten, wenn der Mann hierzu die Einwilligung ertheilt hat.

Ist der Frau vor dem Inkrafttreten dieses Gesetzes eine Erbschaft oder ein Vermächtniß angefallen, so sind für die Annahme und die Ausschlagung die bisherigen Vorschriften maßgebend.[142]

151. Bis zum Ablauf eines Jahres nach dem Inkrafttreten dieses Gesetzes kann die Frau auch auf Grund von Thatsachen, welche nur nach dem bisherigen Rechte die Gütertrennungsklage rechtfertigen, auf Aufhebung der Gütergemeinschaft

129. Vgl. § 163 dieses Gesetzes.

130. Nr. 1 beruht auf dem Vorbehalt des Art. 212 EG z. BGB und ersetzt im Verein mit § 141 Nr. 2 die Bestimmungen des § 1 Ges. v. 16. Juni 1887.

131. Diese Vorschrift beruht auf der Bestimmung des § 1807 Abs. 1⁵ BGB.

132. § 142 beruht auf der Bestimmung des § 1807 Abs. 2 BGB.

133. Vgl. § 1199 Abs. 2 BGB.

134. Die Zuständigkeit bestimmt sich nach § 43 FrG; vgl. auch §§ 55 Abs. 1, 19 ff. FrG.

135. Vgl. Art. 200 EG z. BGB.

136. §§ 1549 ff. BGB.

137. §§ 1519 ff. BGB.

138. §§ 1437 ff. BGB.

139. D. h. am 1. Jan. 1900.

140. Die Vorschriften der §§ 1463—1465, 1535—1538 (1549, 1550) BGB kommen hiernach nicht zur Anwendung.

141. D. h. am 1. Jan. 1900.

142. Vgl. Artt. 217, 776 Abs. 1 C. c.

klagen, wenn die Thatsachen vor dem Inkrafttreten dieses Gesetzes eingetreten sind.[143]

152. Die vor dem Inkrafttreten dieses Gesetzes anhängigen Klagen auf Aufhebung der Gütergemeinschaft werden nach den bisherigen Vorschriften erledigt.[144] Das Urtheil hat die ihm nach bisherigem Rechte zukommende Wirkung.[145]

153. Ist beim Inkrafttreten dieses Gesetzes gegen den Mann ein Konkursverfahren anhängig, so kann die Gütertrennung auf Antrag der Frau nach Maßgabe des § 5 Abs. 1 bis 3 des Gesetzes, betreffend die Ausführung der Civilprozeßordnung, der Konkursordnung und der Strafprozeßordnung, vom 8. Juli 1879 (Gesetzbl. S. 67) ausgesprochen werden.[146]

Ist der Antrag vor dem Inkrafttreten dieses Gesetzes gestellt, so bestimmt sich auch die Wirkung der Entscheidung nach den bisherigen Vorschriften.[147]

154. Werden Ehegatten, welche in der gesetzlichen oder in allgemeiner Gütergemeinschaft leben, auf Grund einer vor dem Inkrafttreten dieses Gesetzes erhobenen Klage geschieden, so finden die Vorschriften des § 1478 des Bürgerlichen Gesetzbuchs keine Anwendung.

155. Fortgesetzte Gütergemeinschaft[148] tritt bei der allgemeinen Gütergemeinschaft nur ein, insofern sie in Zukunft durch Ehevertrag vereinbart wird.

156. Ist die Beendigung einer Gütergemeinschaft vor dem Inkrafttreten dieses Gesetzes eingetreten, so sind für die Rechte und Pflichten der Ehegatten in Ansehung der Gemeinschaft die bisherigen Vorschriften maßgebend.[149]

157. Besteht zur Zeit des Inkrafttretens dieses Gesetzes unter den Ehegatten Gütertrennung,[150] so finden von diesem Zeitpunkt ab die Vorschriften des Bürgerlichen Gesetzbuchs über die Gütertrennung Anwendung.[151]

Die Vorschrift des § 149 Abs. 1 findet entsprechende Anwendung.

158. Ist im Ehevertrage die Gütergemeinschaft in Gemäßheit der Artikel 1530 bis 1535 des Code civil ausgeschlossen, so finden die Vorschriften des Bürgerlichen Gesetzbuchs über das gesetzliche Güterrecht Anwendung.[152]

Die Vorschriften des § 145 Abs. 2, des § 146 Abs. 2 und der §§ 148, 149 Abs. 1, 150 bis 153 dieses Gesetzes finden entsprechende Anwendung.

159. Besondere Vereinbarungen der Eheverträge sowie die mit einer letztwilligen Verfügung oder mit einer Schenkung getroffenen, die Rechte aus dem Güterstande berührenden Bestimmungen dritter Personen bleiben unberührt.[153]

160. Ist im Ehevertrage Dotalrecht vereinbart, so kommt die Beschränkung der Frau in der Geschäftsfähigkeit in Wegfall. Dies gilt jedoch nicht in Ansehung des Heirathsguts (Artikel 1540, 1541 des Code civil).

Betreibt die Frau selbständig ein Erwerbsgeschäft, so finden die Vorschriften des § 1405 des Bürgerlichen Gesetzbuchs Anwendung. In diesem Falle haftet für die Verbindlichkeiten der Frau das Heirathsgut ohne Rücksicht auf die Verwaltung und Nutznießung des Mannes. Für die Verpfändung und Veräußerung von Liegenschaften, welche zum Dotalgute gehören, sind die bisherigen Vorschriften maßgebend.

Auf die gesetzliche Hypothek der Frau, welche erst nach dem Inkrafttreten dieses Gesetzes entsteht, finden die Vorschriften des § 77 Abs. 2 und des § 109 Abs. 2 Satz 1 entsprechende Anwendung.

Im Uebrigen bleibt der Güterstand des Dotalrechts unberührt.[154]

161. Soweit nach diesem Gesetze für den Güterstand die Vorschriften des Bürgerlichen Gesetzbuchs maßgebend sind, finden auch die für den Güterstand geltenden Vorschriften der Gesetze, betreffend Aenderungen der Civilprozeßordnung, vom 17. Mai 1898 (Reichs-Gesetzbl. S. 410) und betreffend Aenderungen der Konkursordnung, vom 17. Mai 1898 (Reichsgesetzbl. S. 612) Anwendung.

162. Der Güterstand der zur Zeit des Inkrafttretens dieses Gesetzes bestehenden Ehen bedarf zur Wirksamkeit gegen Dritte der Eintragung in das Güterrechtsregister nicht.[155] Auf Aenderungen, welche nach dem Inkrafttreten dieses Gesetzes vereinbart werden, findet § 1435 des Bürgerlichen Gesetzbuchs entsprechende Anwendung.

163.[156] Die Vorschriften der §§ 144 bis 162 gelten für die zur Zeit des Inkrafttretens dieses Gesetzes in Elsaß-Lothringen bestehenden Ehen, deren Güterstand sich kraft Gesetzes oder Ehevertrags nach dem Code civil bestimmt, auch dann, wenn die elsaß-lothringischen Gesetze für den Güterstand nicht maßgebend sind. Diese Vorschriften finden keine Anwendung auf Ehen, deren Güter-

---

143. Vgl. Art. 1443 C. c.; § 5 AG z. CPO, KO und StPO v. 8. Juli 1879; §§ 1468, 1542, 1549 BGB.

144. Vgl. §§ 3—6 Ges. v. 8. Juli 1879.

145. Vgl. Art. 1444 C. c.

146. Vgl. § 1543 BGB.

147. Vgl. § 5 Abs. 4 des AG z. CPO, KO und StPO v. 8. Juli 1879; Art. 1444 C. c.; auch §§ 1470, 1479, 1542, 1545, 1546 BGB.

148. Vgl. §§ 1483—1518 BGB.

149. Vgl. Artt. 1453 ff., 1467 ff. C. c.

150. Vgl. Artt. 1536, 1448—1450 C. c.

151. §§ 1426 ff. BGB.

152. §§ 1363 ff. BGB.

153. Die Aufrechterhaltung der besonderen Vereinbarungen der Eheverträge bezieht sich nur auf diejenigen Vereinbarungen, welche zulässige Abweichungen von der gesetzlich festgelegten Norm des betr. Güterrechtssystems des C. c. enthalten. Im Uebrigen erfolgt die Ueberleitung des letzteren in das entsprechende Güterrechtssystem des BGB.

154. Der Güterstand des Dotalrechts läßt keine Ueberleitung in eines der Güterrechtssysteme des BGB zu.

155. Vgl. §§ 1435, 1431, 1470, 1545 BGB.

156. Die §§ 163—165 bilden den Gegenstand eines besonderen Gesetzes — 29. Nov. 1899 —, durch dessen Art. II sie in das gegenwärtige Gesetz eingefügt sind.

stand sich nach dem Badischen Landrecht oder dem Code civil als dem Rechte eines ausländischen Staates richtet.[157]

164. Für die zur Zeit des Inkrafttretens dieses Gesetzes bestehenden Ehen, deren Güterstand sich außer den Fällen des § 163 Satz 1 kraft Gesetzes oder Ehevertrags nach dem bisherigen Rechte eines deutschen Bundesstaates bestimmt, können, wenn nach den Gesetzen dieses Bundesstaates an die Stelle des bisherigen Güterstandes ein im Bürgerlichen Gesetzbuche geregelter Güterstand tritt, die in dem betreffenden Bundesstaat erlassenen Ueberleitungsvorschriften von dem Inkrafttreten des Bürgerlichen Gesetzbuchs oder einem späteren Zeitpunkt an durch Kaiserliche Verordnung eingeführt werden.

Die Vorschrift des § 162 findet Anwendung.

165. Begründen Ehegatten nach dem Inkrafttreten dieses Gesetzes oder in den Fällen des § 164 nach dem in der Kaiserlichen Verordnung bestimmten späteren Zeitpunkt ihren Wohnsitz in Elsaß-Lothringen, so gelten die Vorschriften der §§ 144 bis 161, 163, 164 Abs. 1 von der Zeit der Begründung des Wohnsitzes an.

Die Vorschriften des § 1435 des Bürgerlichen Gesetzbuchs finden entsprechende Anwendung; ein von dem gesetzlichen Güterrechte des Bürgerlichen Gesetzbuchs abweichender Güterstand steht einem vertragsmäßigen gleich.

Abschnitt V. Vorschriften zum Erbrechte.

166. Stirbt ein unter der Vormundschaft der Verwaltung eines Pflegehauses stehender Minderjähriger (§ 136) ohne Hinterlassung von Verwandten oder eines Ehegatten, so ist an Stelle des Fiskus das Pflegehaus gesetzlicher Erbe.[158]

167. Stirbt eine in ein Spital oder ein Pflegehaus aufgenommene Person, welche nicht unter der Vormundschaft der Verwaltung eines Pflegehauses steht, ohne Hinterlassung von Verwandten oder eines Ehegatten, so fallen die von ihr in die Anstalt eingebrachten, zu ihrem persönlichen Gebrauche bestimmten Sachen an Stelle des Fiskus der Anstalt zu.

Ist der Verstorbene unentgeltlich verpflegt worden, so fallen die im Abs. 1 bezeichneten Sachen der Anstalt auch beim Vorhandensein anderer Erben zu.[159]

168. In den Fällen des § 166 und des § 167 Abs. 1 finden die Vorschriften der §§ 1964 bis 1966 des Bürgerlichen Gesetzbuchs entsprechende Anwendung.

Abschnitt VI. Schlußbestimmungen.

169. Das Ministerium erläßt die zur Ausführung dieses Gesetzes erforderlichen Bestimmungen.[160]

170. Dieses Gesetz tritt gleichzeitig mit dem Bürgerlichen Gesetzbuch in Kraft.

Die Wahlen, welche die Bezirkstage zu dem im § 28 bezeichneten Zwecke vor dem Inkrafttreten dieses Gesetzes vornehmen, sind gültig.

157. § 163 findet hiernach Anwendung auf diejenigen Ehen, deren Güterstand sich nach dem in Rheinpreußen, Rheinbayern und Rheinhessen geltenden Code civil bestimmt.

158. Diese Bestimmung beruht auf dem Vorbehalt des Art. 138 EG z. BGB und tritt an Stelle der aufgehob. Vorschrift der Artt. 8, 9 Dekr. v. 15. Pluviose XIII.

159. Diese Bestimmung beruht auf dem Vorbehalt des Art. 139 EG z. BGB und ersetzt die aufgehobene Vorschrift des StRG v. 3. Nov. 1809.

160. Vgl. Ausführungsbestimmungen betr. die Führung der Eigenthumsbücher und der vorläufigen Grundbücher v. 19. Dez. 1899.

Gesetz

über die

Angelegenheiten der freiwilligen Gerichtsbarkeit.

Vom 17. Mai 1898.

Reichs-Gesetzblatt S. 771.

Erster Abschnitt. Allgemeine Vorschriften.

§ 1. Für diejenigen Angelegenheiten der freiwilligen Gerichtsbarkeit, welche durch Reichsgesetz den Gerichten[1] übertragen sind, gelten, soweit nicht ein Anderes bestimmt ist, die nachstehenden allgemeinen Vorschriften.

2. Die Gerichte[2] haben sich Rechtshülfe zu leisten. Die §§ 158 bis 169 des Gerichtsverfassungsgesetzes finden Anwendung.

3. Soweit für die örtliche Zuständigkeit der Gerichte der Wohnsitz eines Betheiligten maßgebend ist, bestimmt sich für Deutsche, die das Recht der Exterritorialität genießen, sowie für Beamte des Reichs oder eines Bundesstaats, die im Ausland angestellt sind, der Wohnsitz nach den Vorschriften des § 15 der Civilprozeßordnung.

4. Unter mehreren zuständigen Gerichten gebührt demjenigen der Vorzug, welches zuerst in der Sache thätig geworden ist.

5. Besteht Streit oder Ungewißheit darüber, welches von mehreren Gerichten örtlich zuständig ist, so wird das zuständige Gericht durch das gemeinschaftliche obere Gericht bestimmt. Ist das zuständige Gericht in einem einzelnen Falle an der Ausübung des Richteramts rechtlich oder thatsächlich verhindert, so erfolgt die Bestimmung durch das ihm im Instanzenzuge vorgeordnete Gericht.

Eine Anfechtung der Entscheidung findet nicht statt.[3]

6.[4] [5]Ein Richter ist von der Ausübung des Richteramts kraft Gesetzes ausgeschlossen:

1. in Sachen, in denen er selbst betheiligt ist oder in denen er zu einem Betheiligten in dem Verhältniß eines Mitberechtigten oder Mitverpflichteten steht;
2. in Sachen seiner Ehefrau, auch wenn die Ehe nicht mehr besteht;
3. in Sachen einer Person, mit der er in gerader Linie[6] oder im zweiten Grade der Seitenlinie verwandt oder verschwägert ist;
4. in Sachen, in denen er als Vertreter eines Betheiligten bestellt oder als gesetzlicher Vertreter eines solchen aufzutreten berechtigt ist.

Ein Richter kann sich der Ausübung seines Amtes wegen Befangenheit enthalten. Die Ablehnung eines Richters ist ausgeschlossen.[7]

7.[4] Gerichtliche Handlungen sind nicht aus dem Grunde unwirksam, weil sie von einem örtlich unzuständigen Gericht[8] oder von einem Richter vorgenommen sind, der von der Ausübung des Richteramts kraft Gesetzes ausgeschlossen ist.[9]

8. Auf das gerichtliche Verfahren[10] finden die Vorschriften des Gerichtsverfassungsgesetzes über die Gerichtssprache,[11] über die Sitzungspolizei[12]

---

1. D. h. ausschließlich den „Gerichten". — Unter § 1 fällt hiernach nicht die Beurkundung von Rechtsgeschäften im 10. Abschnitt; wohl aber fallen darunter diejenigen Angelegenheiten, die reichsrechtlich den Gerichten übertragen sind, in denen aber auf Grund eines Vorbehalts im EG z. BGB nach landesrechtlicher Vorschrift an Stelle der Gerichte andere Behörden treten. (vgl. § 194 Abs. 1). — Vgl. §§ 1, 13 AG z. FrG.

2. Bezw. die landesgesetzlich an deren Stelle tretenden Behörden (vgl. § 194 Abs. 1 FrG), z. B. die Notare nach § 30 AG z. FrG.

3. Vgl. §§ 36, 37 CPO.

4. § 50 AG z. FrG hat die Vorschriften der §§ 6, 7 auf die Amtshandlungen eines Notars, welche nicht die Beurkundung eines Rechtsgeschäfts zum Gegenstande haben, ausgedehnt. — Vgl. §§ 3 Abs. 1, 27, 50 Abs. 1 AG z. FrG.

5. Vgl. hierzu § 41 CPO.

6. § 1589 BGB. — Vgl. auch §§ 1757, 1762 BGB.

7. Vgl. § 48 CPO.

8. Die Bestimmung gilt auch von dem Beschwerdegericht.

9. Vgl. §§ 3 Abs. 1, 27, 50 Abs. 1 AG z. FrG.

10. Bezw. das Verfahren vor der an Stelle der Richter nach Landesrecht zuständigen Behörde.

11. §§ 186—193 GVG. — Vgl. RG v. 12. Juni 1889 betr. die Geschäftssprache der gerichtlichen Behörden in Elf.-Lothr. (soweit dasselbe noch in Kraft ist); §§ 175, 179 unten.

12. §§ 177—185 GVG.

und über die Berathung und Abstimmung [13] entsprechende Anwendung, die Vorschriften über die Gerichtssprache mit den sich aus dem § 9 ergebenden Abweichungen.

9. Der Zuziehung eines Dolmetschers bedarf es nicht, wenn der Richter der Sprache, in der sich die betheiligten Personen erklären, mächtig ist; die Beeidigung des Dolmetschers ist nicht erforderlich, wenn die betheiligten Personen darauf verzichten. Auf den Dolmetscher finden die Vorschriften des § 6 entsprechende Anwendung. [14]

10. Auf das gerichtliche Verfahren sind die Gerichtsferien ohne Einfluß. Die Bearbeitung der Vormundschaftssachen und der Nachlaßsachen kann während der Ferien unterbleiben, soweit das Bedürfniß einer Beschleunigung nicht vorhanden ist.

11. Anträge und Erklärungen können zum Protokolle des Gerichtsschreibers [15] des zuständigen Gerichts oder des Gerichtsschreibers eines Amtsgerichts [16] erfolgen.

12. Das Gericht hat von Amtswegen die zur Feststellung der Thatsachen erforderlichen Ermittelungen zu veranstalten und die geeignet erscheinenden Beweise aufzunehmen. [17]

13. Die Betheiligten können mit Beiständen [18] erscheinen. Sie können sich, soweit nicht das Gericht das persönliche Erscheinen anordnet, [19] auch durch Bevollmächtigte vertreten lassen. Die Bevollmächtigten haben auf Anordnung des Gerichts oder auf Verlangen eines Betheiligten die Bevollmächtigung durch eine öffentlich beglaubigte [20] Vollmacht nachzuweisen.

14. Die Vorschriften der Civilprozeßordnung über das Armenrecht [21] sowie die Vorschriften der §§ 34 bis 36 der Rechtsanwaltsordnung finden entsprechende Anwendung.

15. Die Vorschriften der Civilprozeßordnung über den Zeugenbeweis, [22] über den Beweis durch Sachverständige [23] und über das Verfahren bei der Abnahme von Eiden [24] finden entsprechende Anwendung. [24a] Ueber die Beeidigung eines Zeugen oder Sachverständigen entscheidet jedoch, unbeschadet der §§ 393, 402 der Civilprozeßordnung, das Ermessen des Gerichts.

Behufs der Glaubhaftmachung einer thatsächlichen Behauptung kann ein Betheiligter zur Versicherung an Eidesstatt zugelassen werden. [25]

16. Gerichtliche Verfügungen werden mit der Bekanntmachung an denjenigen, für welchen sie ihrem Inhalte nach bestimmt sind, wirksam. [26]

Die Bekanntmachung erfolgt, wenn mit ihr der Lauf einer Frist beginnt, durch Zustellung nach den für die Zustellung von Amtswegen geltenden Vorschriften der Civilprozeßordnung; [27] durch die Landesjustizverwaltung kann jedoch für Zustellungen im Ausland [28] eine einfachere Art der Zustellung angeordnet werden. In denjenigen Fällen, in welchen mit der Bekanntmachung nicht der Lauf einer Frist beginnt, soll in den Akten vermerkt werden, in welcher Weise, an welchem Orte und an welchem Tage die Bekanntmachung zur Ausführung gebracht ist; durch die Landesjustizverwaltung kann näher bestimmt werden, in welcher Weise in diesen Fällen die Bekanntmachung zur Ausführung gebracht werden soll. [28a]

Einem Anwesenden kann die Verfügung zu Protokoll bekannt gemacht werden. Auf Verlangen ist ihm eine Abschrift der Verfügung zu ertheilen.

17. Für die Berechnung der Fristen gelten die Vorschriften des Bürgerlichen Gesetzbuchs. [29]

Fällt das Ende der Frist auf einen Sonntag oder allgemeinen Feiertag, [30] so endigt die Frist mit dem Ablaufe des nächstfolgenden Werktags.

18. Erachtet das Gericht eine von ihm erlassene Verfügung nachträglich für ungerechtfertigt, so ist es berechtigt, sie zu ändern; [31] soweit eine Verfügung nur auf Antrag erlassen werden kann und der Antrag zurückgewiesen worden ist, darf die Aenderung nur auf Antrag erfolgen. [32]

Zu der Aenderung einer Verfügung, die der

---

13. §§ 194—200 GVG.

14. Abweichungen von §§ 187 Abs. 2, 191, 193 GVG. — Vgl. indessen §§ 178, 179 unten.

15. Soweit sie nicht dem Gerichte gegenüber abgegeben werden müssen. — Vgl. auch § 3 AG z. FrG.

16. Ausnahme hiervon enthält § 128 unten.

17. Vgl. § 1 Abs. 2 AG z. FrG.

18. Die aber nicht Rechtsanwälte zu sein brauchen.

19. Entsprechend dem § 141 CPO.

20. Vgl. § 129 BGB und Bemerkung dazu.

21. Diese Vorschriften [(§§ 114—127 CPO) finden nicht nur den Gerichten, sondern auch denjenigen Behörden gegenüber Anwendung, die landesrechtlich nach Art. 147 EG z. BGB an Stelle der Gerichte treten, z. B. den Notaren gegenüber in Nachlaßsachen; vgl. auch § 28 AG z. FrG. — Auf die notarielle Beurkundung von Rechtsgeschäften findet § 14 keine Anwendung. — Vgl. hierzu noch §§ 6—8 AG z. FrG.

22. §§ 373—401 CPO.

23. §§ 402—414 CPO.

24. §§ 478—484 CPO.

24a. Damit findet auch die Gebühren-Ordnung für Zeugen und Sachverständige Anwendung.

25. Die Vorschriften der CPO finden auf das Verfahren in Angelegenheiten der FrG im Allgemeinen nur insoweit Anwendung, als sie ausdrücklich für anwendbar erklärt werden.

26. Soweit im Gesetz selbst nichts anderes bestimmt ist. — Vgl. auch §§ 26 Abs. 2, 56 Abs. 2, 67, 70, 97, 98 unten; ferner §§ 4, 9—12 AG z. FrG.

27. §§ 208—213 CPO.

28. Nur sofern mit der Bekanntmachung der Lauf einer Frist beginnt.

28a. Vgl. Artt. 1, 2 der Allgem. Verfügung v. 6. Dez. 1899 (ABl. S. 293).

29. §§ 186—193 BGB.

30. Die landesrechtlich als solche anerkannten Feiertage: Neujahr, Charfreitag, Ostermontag, Christi Himmelfahrt, Pfingstmontag, Mariä Himmelfahrt, Allerheiligen, Weihnachten. — Vgl. Gesetz v. 29. Germinal X und Bemerkung dazu.

31. Auch ohne daß Beschwerde eingelegt ist.

32. Die Beschwerde ist ein solcher Antrag. — Vgl. indessen §§ 55, 67 Abs. 3 unten.

sofortigen Beschwerde unterliegt, ist das Gericht nicht befugt.[33]

19. Gegen die Verfügungen des Gerichts erster Instanz[34] findet das Rechtsmittel der Beschwerde statt.

Ueber die Beschwerde entscheidet das Landgericht.[35]

20. Die Beschwerde steht Jedem zu, dessen Recht durch die Verfügung beeinträchtigt ist.

Soweit eine Verfügung nur auf Antrag erlassen werden kann und der Antrag zurückgewiesen worden ist, steht die Beschwerde nur dem Antragsteller zu.

21. Die Beschwerde kann bei dem Gerichte, dessen Verfügung angefochten wird, oder bei dem Beschwerdegericht eingelegt werden.

Die Einlegung erfolgt durch Einreichung einer Beschwerdeschrift oder durch Erklärung zum Protokolle des Gerichtsschreibers desjenigen Gerichts, dessen Verfügung angefochten wird, oder des Gerichtsschreibers des Beschwerdegerichts.[36]

22. Die sofortige Beschwerde ist binnen einer Frist von zwei Wochen einzulegen. Die Frist beginnt mit dem Zeitpunkt, in welchem die Verfügung dem Beschwerdeführer bekannt gemacht worden ist.

Einem Beschwerdeführer, der ohne sein Verschulden[37] verhindert war, die Frist einzuhalten, ist auf Antrag von dem Beschwerdegerichte die Wiedereinsetzung in den vorigen Stand zu ertheilen, wenn er die Beschwerde binnen zwei Wochen nach der Beseitigung des Hindernisses einlegt und die Thatsachen, welche die Wiedereinsetzung begründen, glaubhaft macht. Eine Versäumung der Frist, die in dem Verschulden eines Vertreters ihren Grund hat, wird als eine unverschuldete nicht angesehen.[38] Gegen die Entscheidung über den Antrag findet die sofortige weitere Beschwerde statt. Nach dem Ablauf eines Jahres, von dem Ende der versäumten Frist an gerechnet, kann die Wiedereinsetzung nicht mehr beantragt werden.

23. Die Beschwerde kann auf neue Thatsachen und Beweise gestützt werden.[39]

24. Die Beschwerde hat nur dann aufschiebende Wirkung, wenn sie gegen eine Verfügung gerichtet ist, durch die eine Strafe festgesetzt wird.

Das Gericht, dessen Verfügung angefochten wird, kann anordnen, daß die Vollziehung auszusetzen ist.

Das Beschwerdegericht kann vor der Entscheidung eine einstweilige Anordnung erlassen; es kann insbesondere anordnen, daß die Vollziehung der angefochtenen Verfügung auszusetzen ist.

25. Die Entscheidung des Beschwerdegerichts ist mit Gründen zu versehen.

26. Die Entscheidung des Beschwerdegerichts wird in den Fällen, in welchen die sofortige weitere Beschwerde stattfindet, erst mit der Rechtskraft wirksam. Das Beschwerdegericht kann jedoch die sofortige Wirksamkeit der Entscheidung anordnen.

27. Gegen die Entscheidung des Beschwerdegerichts ist das Rechtsmittel der weiteren Beschwerde[40] zulässig, wenn die Entscheidung auf einer Verletzung des Gesetzes beruht. Die Vorschriften der §§ 550, 551, 561, 563 der Civilprozeßordnung finden entsprechende Anwendung.

28. Ueber die weitere Beschwerde entscheidet das Oberlandesgericht.

Will das Oberlandesgericht bei der Auslegung einer reichsgesetzlichen Vorschrift, welche eine der im § 1 bezeichneten Angelegenheiten betrifft, von der auf weitere Beschwerde ergangenen Entscheidung eines anderen Oberlandesgerichts, falls aber über die Rechtsfrage bereits eine Entscheidung des Reichsgerichts ergangen ist, von dieser abweichen, so hat es die weitere Beschwerde unter Begründung seiner Rechtsauffassung dem Reichsgerichte vorzulegen. Der Beschluß über die Vorlegung ist dem Beschwerdeführer bekannt zu machen.

In den Fällen des Abs. 2 entscheidet über die weitere Beschwerde das Reichsgericht.

29. Die weitere Beschwerde kann bei dem Gericht erster Instanz, bei dem Landgericht oder bei dem Oberlandesgericht eingelegt werden.[41] Erfolgt die Einlegung durch Einreichung einer Beschwerdeschrift, so muß diese von einem Rechtsanwalt unterzeichnet sein. Der Zuziehung eines Rechtsanwalts bedarf es nicht, wenn die Beschwerde von einer Behörde oder von einem Notar eingelegt wird, der in der Angelegenheit für den Beschwerdeführer einen Antrag bei dem Gericht erster Instanz gestellt hat.[42]

Soweit eine Verfügung der sofortigen Beschwerde unterliegt, findet auch gegen die Entscheidung des Beschwerdegerichts die sofortige weitere Beschwerde statt.[43]

Das Gericht erster Instanz und das Landgericht sind nicht befugt, der weiteren Beschwerde abzuhelfen.[44]

33. Gleichgültig, ob die Beschwerde erhoben ist oder nicht.

34. Vgl. hierzu § 194 unten.

35. Vgl. § 5 AG z. FrG.

36. Vgl. aber § 11 oben; die nach § 11 zu Protokoll des Gerichtsschreibers eines anderen Amtsgerichts abgegebene Erklärung gilt, sofern sie von dem Beschwerdeführer unterschrieben ist, als Beschwerdeschrift im Sinne des § 21, und ist deshalb erst durch Einreichung des aufgenommenen Protokolls bei einem der Gerichte des § 21 Abs. 1 die Beschwerde als eingelegt anzusehen.

37. Vgl. § 276 BGB.

38. Vgl. § 233 Abs. 2 CPO.

39. Entsprechend dem § 570 CPO.

40. Als Regel ohne Frist; s. aber § 29 Abs. 2 unten.

41. Nach Maßgabe der §§ 11, 21 Abs. 2 oben.

42. Der Notar bedarf dann keiner Vollmacht.

43. Mit der Frist des § 22 oben.

44. Gleichgültig, ob es sich um eine gewöhnliche oder sofortige Beschwerde handelt.

Im Uebrigen finden die Vorschriften über die Beschwerde entsprechende Anwendung.

30. Die Entscheidungen über Beschwerden erfolgen bei den Landgerichten durch eine Civilkammer, bei den Oberlandesgerichten und bei dem Reichsgerichte durch einen Civilsenat. Ist bei einem Landgericht eine Kammer für Handelssachen[45] gebildet, so tritt für Handelssachen diese Kammer an die Stelle der Civilkammer.[46]

Die Vorschriften des § 137 des Gerichtsverfassungsgesetzes finden entsprechende Anwendung.

31. Zeugnisse über die Rechtskraft einer Verfügung sind von dem Gerichtsschreiber erster Instanz zu ertheilen.[47]

32. Ist eine Verfügung, durch die Jemand die Fähigkeit[48] oder die Befugniß[49] zur Vornahme eines Rechtsgeschäfts oder zur Entgegennahme einer Willenserklärung erlangt, ungerechtfertigt, so hat, sofern nicht die Verfügung wegen Mangels der sachlichen Zuständigkeit des Gerichts unwirksam ist, die Aufhebung der Verfügung auf die Wirksamkeit der inzwischen von ihm oder ihm gegenüber vorgenommenen Rechtsgeschäfte keinen Einfluß.[50]

33. Soll in den gesetzlich zugelassenen Fällen Jemand durch Ordnungsstrafen zur Befolgung einer gerichtlichen Anordnung angehalten werden, so muß der Festsetzung der Strafe eine Androhung vorausgehen. Die einzelne Strafe darf den Betrag von dreihundert Mark nicht übersteigen.[51]

34. Die Einsicht der Gerichtsakten kann Jedem insoweit gestattet werden, als er ein berechtigtes Interesse glaubhaft macht.[52] Das Gleiche gilt von der Ertheilung einer Abschrift; die Abschrift ist auf Verlangen zu beglaubigen.[53]

Zweiter Abschnitt. Vormundschaftssachen.[53a]

35. Für die dem Vormundschaftsgericht obliegenden Verrichtungen sind die Amtsgerichte zuständig.

36.[54] Für die Vormundschaft ist das Gericht zuständig, in dessen Bezirke der Mündel zu der Zeit, zu welcher die Anordnung der Vormundschaft erforderlich wird,[55] seinen Wohnsitz[56] oder in Ermangelung eines inländischen Wohnsitzes seinen Aufenthalt hat. Wird die Anordnung einer Vormundschaft über Geschwister erforderlich, die in den Bezirken verschiedener Vormundschaftsgerichte ihren Wohnsitz oder ihren Aufenthalt haben, so ist, wenn für einen der Mündel schon eine Vormundschaft anhängig ist, das für diese zuständige Gericht, anderenfalls dasjenige Gericht, in dessen Bezirke der jüngste Mündel seinen Wohnsitz oder seinen Aufenthalt hat, für alle Geschwister maßgebend.[57]

Ist der Mündel ein Deutscher und hat er im Inlande weder Wohnsitz noch Aufenthalt, so ist das Gericht zuständig, in dessen Bezirke der Mündel seinen letzten inländischen Wohnsitz hatte. In Ermangelung eines solchen Wohnsitzes wird das zuständige Gericht, falls der Mündel einem Bundesstaat angehört, von der Landesjustizverwaltung, anderenfalls von dem Reichskanzler bestimmt.[58]

Für die Vormundschaft über einen Minderjährigen, dessen Familienstand nicht zu ermitteln ist, ist das Gericht zuständig, in dessen Bezirke der Minderjährige aufgefunden wurde.[59]

37. Soll Jemand nach § 1909 des Bürgerlichen Gesetzbuchs einen Pfleger erhalten, so ist, wenn bei einem inländischen Gericht eine Vormundschaft über ihn anhängig ist, für die Pflegschaft dieses Gericht zuständig. Im Uebrigen finden auf die Pflegschaft die Vorschriften des § 36 Anwendung.

Für die Pflegschaft über einen Ausländer, für den bei einem inländischen Gericht eine Vormundschaft nicht anhängig ist und der im Inlande weder Wohnsitz noch Aufenthalt hat, ist das Gericht zuständig, in dessen Bezirke das Bedürfniß der Fürsorge hervortritt.[60]

38. Auf die Zuständigkeit für die Pflegschaft über einen Gebrechlichen[61] finden die Vorschriften des § 36 Abs. 1, 2 und des § 37 Abs. 2 entsprechende Anwendung.

39. Für die Pflegschaft über einen Abwesenden[62] ist das Gericht zuständig, in dessen Bezirke der Abwesende seinen Wohnsitz hat.

Hat der Abwesende im Inlande keinen Wohnsitz, so finden die Vorschriften des § 36 Abs. 2 und des § 37 Abs. 2 entsprechende Anwendung.

40. Für die Pflegschaft über eine Leibesfrucht[63] ist das Gericht zuständig, welches für die Vormundschaft zuständig sein würde, falls das Kind

---

45. Handelssachen im Sinne des Abschnitts VII (§ 125 ff.).
46. Vgl. auch § 5 AG z. FrG.
47. Vgl. § 4 Abs. 1 AG z. FrG; § 706 CPO.
48. Z. B. durch Volljährigkeitserklärung.
49. Z. B. beim Vormund, Pfleger durch Genehmigung des Vormundschaftsgerichts.
50. Entsprechend dem § 115 BGB.
51. Vgl. § 12 AG z. FrG; §§ 78, 1837 Abs. 2 BGB; §§ 14, 37, 319 HGB.
52. Vgl. § 15 oben.
53. Vgl. § 4 Abs. 2 AG. z. FrG.
53a. Vgl. hierzu die Artt. 3 ff. der Allgem. Verfügung v. 6. Dez. 1899.
54. Vgl. Art. 23 EG.
55. Vgl. §§ 1773, 1896 BGB.
56. Vgl. §§ 7, 8, 11 BGB.
57. Vgl. § 1775 BGB.
58. Vgl. § 6 RG betr. die Rechtsverhältnisse in den deutschen Schutzgebieten, v. 17. April 1886.
59. § 1773 Abs. 2 BGB.
60. Vgl. Art. 23 EG z. BGB.
61. § 1910 BGB.
62. § 1911 BGB.
63. § 1912 BGB.

zu der Zeit, zu welcher das Bedürfniß der Fürsorge hervortritt, geboren wäre.

41. Wird im Falle des § 1913 des Bürgerlichen Gesetzbuchs die Anordnung einer Pflegschaft für den bei einer Angelegenheit Betheiligten erforderlich, so ist das Gericht zuständig, in dessen Bezirke das Bedürfniß der Fürsorge hervortritt.

42. Für die Pflegschaft zum Zwecke der Verwaltung und Verwendung eines durch öffentliche Sammlung zusammengebrachten Vermögens ist das Gericht des Ortes zuständig, an welchem bisher die Verwaltung geführt wurde.[64]

43. Die Zuständigkeit für eine Verrichtung des Vormundschaftsgerichts, die nicht eine Vormundschaft oder eine Pflegschaft betrifft, bestimmt sich, soweit sich nicht aus dem Gesetz ein Anderes ergiebt, nach den Vorschriften des § 36 Abs. 1, 2; maßgebend ist für jede einzelne Angelegenheit der Zeitpunkt, in welchem das Gericht mit ihr befaßt wird.[65]

Ist für die Person, in Ansehung deren die Verrichtung des Vormundschaftsgerichts erforderlich wird, eine Vormundschaft oder eine Pflegschaft anhängig oder ist der Mutter, unter deren elterlicher Gewalt sie steht, ein Beistand bestellt, so ist das Gericht zuständig, bei welchem die Vormundschaft, Pflegschaft oder Beistandschaft anhängig ist.

44. Für die in den §§ 1665, 1846 des Bürgerlichen Gesetzbuchs und im Artikel 23 Abs. 2 des Einführungsgesetzes zum Bürgerlichen Gesetzbuche bezeichneten Maßregeln ist auch das Gericht zuständig, in dessen Bezirke das Bedürfniß der Fürsorge hervortritt. Das Gericht soll, wenn eine Vormundschaft, Pflegschaft oder Beistandschaft anhängig ist, von den angeordneten Maßregeln dem nach § 43 Abs. 2 zuständigen Gerichte Mittheilung machen.

45. Wird in einer Angelegenheit, welche die persönlichen Rechtsbeziehungen der Ehegatten zu einander[66] oder das eheliche Güterrecht betrifft,[67] eine Verrichtung des Vormundschaftsgerichts erforderlich, so ist das Gericht zuständig, in dessen Bezirke der Mann seinen Wohnsitz oder in Ermangelung eines inländischen Wohnsitzes seinen Aufenthalt hat.

Ist der Mann ein Deutscher und hat er im Inlande weder Wohnsitz noch Aufenthalt, so finden die Vorschriften des § 36 Abs. 2 entsprechende Anwendung.

Hat der Mann die Reichsangehörigkeit[68] verloren, die Frau sie aber behalten, so ist, wenn der Mann im Inlande weder Wohnsitz noch Aufenthalt hat, das Gericht zuständig, in dessen Bezirke die Frau ihren Wohnsitz oder in Ermangelung eines inländischen Wohnsitzes ihren Aufenthalt hat; hat sie im Inlande weder Wohnsitz noch Aufenthalt, so finden die Vorschriften des § 36 Abs. 2 entsprechende Anwendung.

Für die Zuständigkeit ist in Ansehung jeder einzelnen Angelegenheit der Zeitpunkt maßgebend, in welchem das Gericht mit ihr befaßt wird.

46. Das Vormundschaftsgericht kann die Vormundschaft aus wichtigen Gründen an ein anderes Vormundschaftsgericht[69] abgeben, wenn sich dieses zur Uebernahme der Vormundschaft bereit erklärt; nach der Bestellung des Vormundes ist jedoch dessen Zustimmung erforderlich.

Einigen sich die Gerichte nicht oder verweigert der Vormund oder, wenn mehrere Vormünder die Vormundschaft gemeinschaftlich führen, einer von ihnen seine Zustimmung, so entscheidet das gemeinschaftliche obere Gericht.[70] Eine Anfechtung der Entscheidung findet nicht statt.

Diese Vorschriften finden auf die Pflegschaft und die im § 43 bezeichneten Angelegenheiten entsprechende Anwendung.[71]

47. Ist über einen Deutschen, der im Auslande seinen Wohnsitz oder Aufenthalt hat, die nach den Vorschriften des Bürgerlichen Gesetzbuchs erforderliche Vormundschaft im Ausland angeordnet, so kann die Anordnung der Vormundschaft im Inland unterbleiben, wenn dies im Interesse des Mündels liegt.

Hat ein Deutscher, über den im Inland eine Vormundschaft angeordnet ist, im Auslande seinen Wohnsitz oder Aufenthalt, so kann das Gericht, bei welchem die Vormundschaft anhängig ist, sie an den ausländischen Staat abgeben, wenn dies im Interesse des Mündels liegt, der Vormund seine Zustimmung ertheilt und der ausländische Staat sich zur Uebernahme bereit erklärt. Verweigert der Vormund oder, wenn mehrere Vormünder die Vormundschaft gemeinschaftlich führen, einer von ihnen seine Zustimmung, so entscheidet an Stelle des Gerichts, bei welchem die Vormundschaft anhängig ist, das im Instanzenzuge vorgeordnete Gericht. Eine Anfechtung der Entscheidung findet nicht statt.

---

64. § 1914 BGB.

65. Die hierher gehörigen Verrichtungen des Vormundschaftsgerichts sind diejenigen in Sachen der elterlichen Gewalt, in Ehe- und Güterrechtssachen, und in sonstigen Sachen z. B. §§ 3, 1308, 1595, 1612, 1614, 1630 Abs. 2, 1714 usw. BGB. Die Ausnahmen von der allgemeinen Regel des § 43 Abs. 1, auf welche dort hingewiesen wird, sind in den §§ 43 Abs. 2, 44, 45 enthalten.

66. §§ 1336, 1337, 1357 Abs. 2, 1358 BGB; vgl. auch Art. 14 EG z. BGB.

67. Vgl. auch Art. 15 EG z. BGB.

68. Vgl. Art. 3 Reichsverfassung; Ges. v. 1. Jan. 1870 (8. Jan. 1873); § 6 RG v. 17. April 1886.

69. Irgend eines Bundesstaates.

70. Auch wenn nur die Weigerung des Vormundes der Abgabe im Wege steht.

71. Also auch auf die in §§ 44, 45 bezeichneten Angelegenheiten.

Diese Vorschriften gelten auch für die Pflegschaft.

48. Wird bei einem Standesbeamten der Tod einer Person, die ein minderjähriges Kind hinterlassen hat, oder die Geburt eines ehelichen Kindes[72] nach dem Tode des Vaters oder die Geburt eines unehelichen Kindes oder die Auffindung eines Minderjährigen, dessen Familienstand nicht zu ermitteln ist, angezeigt oder wird vor einem Standesbeamten von einer Frau, die ein minderjähriges eheliches Kind hat, eine Ehe geschlossen, so hat der Standesbeamte hiervon dem Vormundschaftsgericht[73] Anzeige zu machen.[74]

49. Erlangt der Gemeindewaisenrath[75] von einem Falle Kenntniß, in welchem ein Vormund, ein Gegenvormund oder ein Pfleger zu bestellen ist, so hat er dem Vormundschaftsgericht[76] Anzeige zu machen. Zugleich soll er die Person vorschlagen, die sich zum Vormunde, Gegenvormund oder Pfleger eignet.

50. Wird die Anordnung einer Vormundschaft oder einer Pflegschaft in Folge eines gerichtlichen Verfahrens erforderlich, so hat das Gericht das zuständige Vormundschaftsgericht hiervon zu benachrichtigen.[77]

51. Eine Verfügung, durch die von dem Vormundschaftsgerichte festgestellt wird, daß der Vater oder die Mutter auf längere Zeit an der Ausübung der elterlichen Gewalt thatsächlich verhindert ist,[78] tritt mit der Bestellung[79] des Vormundes in Wirksamkeit; hat jedoch während der Verhinderung des Vaters die Mutter die elterliche Gewalt auszuüben,[80] so wird die Verfügung mit der Bekanntmachung an die Mutter wirksam.

Eine Verfügung, durch die von dem Vormundschaftsgerichte festgestellt wird, daß der Grund für das Ruhen der elterlichen Gewalt des Vaters oder der Mutter nicht mehr besteht,[81] wird mit der Bekanntmachung an den Vater oder an die Mutter wirksam.

52. Eine Verfügung, durch die ein Volljähriger unter vorläufige Vormundschaft gestellt wird,[82] tritt, wenn die Entmündigung wegen Geisteskrankheit beantragt ist, mit der Bestellung[83] des Vormundes, wenn die Entmündigung wegen Geistesschwäche, wegen Verschwendung oder wegen Trunksucht beantragt ist, mit der Bekanntmachung an den zu Entmündigenden, eine Verfügung, durch die eine vorläufige Vormundschaft aufgehoben wird,[84] tritt mit der Bekanntmachung an den Mündel in Wirksamkeit.

53. Eine Verfügung, durch die auf Antrag die Ermächtigung oder die Zustimmung eines Anderen zu einem Rechtsgeschäft ersetzt[85] oder dem Manne die im § 1358 Abs. 1 des Bürgerlichen Gesetzbuchs vorgesehene Ermächtigung zur Kündigung ertheilt oder durch welche die Beschränkung oder die Ausschließung der nach § 1357 des Bürgerlichen Gesetzbuchs der Frau zustehenden Rechte aufgehoben wird, tritt erst mit der Rechtskraft in Wirksamkeit.[86] Das Gleiche gilt von einer Verfügung, durch die auf Antrag des Kindes die Zustimmung der Mutter zur Ehelichkeitserklärung ihres Kindes ersetzt wird.[87]

Bei Gefahr im Verzuge kann das Gericht die sofortige Wirksamkeit der Verfügung anordnen. Die Verfügung tritt mit der Bekanntmachung an den Antragsteller in Wirksamkeit.

54. Liegen nach dem Ermessen des Vormundschaftsgerichts die Voraussetzungen vor, unter denen der Vormund, der Pfleger oder der Beistand zur Sicherheitsleistung angehalten werden kann,[88] so ist das Gericht befugt, das Grundbuchamt um die Eintragung einer Sicherungshypothek[89] an Grundstücken des Vormundes, des Pflegers oder des Beistandes zu ersuchen. Der Vormund, der Pfleger oder der Beistand soll soweit thunlich vorher gehört werden. Die Hypothek entsteht mit der Eintragung.[90]

Diese Vorschriften finden auf die Eintragung eines Pfandrechts an einem im Schiffsregister eingetragenen Schiffe entsprechende Anwendung.

55. Eine Verfügung, durch welche die Genehmigung zu einem Rechtsgeschäft ertheilt oder verweigert wird, kann von dem Vormundschaftsgericht insoweit nicht mehr geändert werden, als die Genehmigung oder deren Verweigerung einem Dritten gegenüber wirksam[91] geworden ist.[92]

Eine Verfügung, durch welche die Zustimmung zu einer Ehelichkeitserklärung ersetzt wird,[93] kann nicht mehr geändert werden, wenn die Ehelichkeitserklärung erfolgt ist.

56. Die Volljährigkeitserklärung soll nur auf Antrag des Minderjährigen oder desjenigen ge-

72. § 1591 BGB.
73. Welches nach § 36 FrG zuständig ist.
74. Bei Zuwiderhandlung kann die in § 18 AG z. FrG. angedrohte Strafe erfolgen. — Vgl. auch § 23 AG z. FrG.
75. §§ 1849—1851 BGB; §§ 128 ff. AG z. BGB; §§ 15, 17, AG z. FrG.
76. Dem nach § 36 FrG zuständigen Gericht.
77. Vgl. §§ 657, 660, 674, 683 Abs. 2 CPO.
78. Vgl. §§ 1665, 1677 Abs. 1 BGB.
79. Vgl. § 1789 BGB.
80. Vgl. § 1685 Abs. 1 BGB.
81. Vgl. § 1677 Abs. 2 BGB.
82. § 1906 BGB.
83. § 1789 BGB.
84. § 1908 Abs. 3 BGB.
85. Vgl. §§ 113 Abs. 3, 1304 Abs. 2, 1379, 1402, 1629, 1797 Abs. 1, 1798, 1812 BGB.
86. Vgl. § 60[6] unten.
87. Vgl. § 1727 BGB.
88. §§ 1844, 1915, 1693 BGB.
89. §§ 1184 ff. BGB.
90. Vgl. § 71 AG z. FrG; § 39 GBO.
91. Vgl. §§ 1750 Abs. 1, 1812, 1819—1822, 1643 Abs. 3, 1750 Abs. 1, 1812, 1819—1822, 2275 Abs. 2, 2282 Abs. 2, 2290 Abs. 3, 2347, 1843 ff. BGB.
92. Vgl. § 18 Abs. 1 FrG.
93. § 1727 BGB.

setzlichen Vertreters des Minderjährigen erfolgen, welchem die Sorge für die Person zusteht.[94]

Die Verfügung, durch welche der Minderjährige für volljährig erklärt wird, tritt erst mit der Rechtskraft in Wirksamkeit.

57. Die Beschwerde steht, unbeschadet der Vorschriften des § 20, zu:

1. gegen eine Verfügung, durch welche die Anordnung einer Vormundschaft abgelehnt oder eine Vormundschaft aufgehoben wird, Jedem, der ein rechtliches Interesse an der Aenderung der Verfügung hat, sowie dem Ehegatten, den Verwandten und Verschwägerten des Mündels, es sei denn, daß die Verfügung eine vorläufige Vormundschaft[95] betrifft;
2. gegen eine Verfügung, durch welche die Anordnung einer vorläufigen Vormundschaft abgelehnt oder eine solche Vormundschaft aufgehoben wird, denjenigen, welche den Antrag auf Entmündigung zu stellen berechtigt sind;[96]
3. gegen eine Verfügung, durch welche die Anordnung einer Pflegschaft abgelehnt oder eine Pflegschaft aufgehoben wird, Jedem, der ein rechtliches Interesse an der Aenderung der Verfügung hat, in den Fällen der §§ 1909, 1910 des Bürgerlichen Gesetzbuchs auch dem Ehegatten sowie den Verwandten und Verschwägerten des Pflegebefohlenen; diese Vorschrift gilt jedoch im Falle des § 1910 nur dann, wenn eine Verständigung mit dem Pflegebefohlenen nicht möglich ist;
4. gegen eine Verfügung, durch welche die Einsetzung eines Familienraths[97] abgelehnt oder der Familienrath aufgehoben[98] wird, dem Ehegatten sowie den Verwandten und Verschwägerten des Mündels;
5. gegen eine Verfügung, durch die in den Fällen des § 1687 Nr. 1, 3 des Bürgerlichen Gesetzbuchs die Bestellung eines Beistandes der Mutter abgelehnt oder die Bestellung aufgehoben[99] wird, dem Ehegatten sowie den Verwandten und Verschwägerten des Kindes;
6. gegen eine Verfügung, durch die ein Antrag des Gegenvormundes oder des Beistandes zurückgewiesen wird, gegen den gesetzlichen Vertreter wegen pflichtwidrigen Verhaltens einzuschreiten oder den Vormund oder den Pfleger aus einem der im § 1886 des Bürgerlichen Gesetzbuchs bezeichneten Gründe zu entlassen, dem Antragsteller;
7. gegen eine Verfügung, durch die dem Vormund oder dem Pfleger eine Vergütung bewilligt wird, dem Gegenvormunde;[100]
8. gegen eine Verfügung, durch welche die Anordnung einer der in den §§ 1665 bis 1667 des Bürgerlichen Gesetzbuchs vorgesehenen Maßregeln abgelehnt oder eine solche Maßregel aufgehoben wird, den Verwandten und Verschwägerten des Kindes;
9. gegen eine Verfügung, die eine Entscheidung über eine die Sorge für die Person des Kindes oder des Mündels betreffende Angelegenheit enthält, Jedem, der ein berechtigtes Interesse hat, diese Angelegenheit wahrzunehmen.

Die Vorschrift des Abs. 1 Nr. 9 findet auf die sofortige Beschwerde keine Anwendung.[101]

58. Führen mehrere Vormünder oder Pfleger die Vormundschaft oder die Pflegschaft gemeinschaftlich,[102] so kann jeder von ihnen für den Mündel das Beschwerderecht selbständig ausüben.

Diese Vorschrift findet in den Fällen der §§ 1629, 1798 des Bürgerlichen Gesetzbuchs entsprechende Anwendung.

59. Ein unter elterlicher Gewalt stehendes Kind oder ein unter Vormundschaft stehender Mündel kann in allen seine Person[103] betreffenden Angelegenheiten ohne Mitwirkung seines gesetzlichen Vertreters das Beschwerderecht ausüben. Das Gleiche gilt in Angelegenheiten, in denen der Mündel vor einer Entscheidung des Vormundschaftsgerichts gehört werden soll.[104]

Diese Vorschriften finden auf Personen, die geschäftsunfähig[105] sind oder nicht das vierzehnte Lebensjahr vollendet haben, keine Anwendung.

60. Die sofortige Beschwerde findet statt:

1. gegen eine Verfügung, durch die ein als Vormund, Pfleger, Gegenvormund, Beistand oder Mitglied des Familienraths Berufener übergangen wird;[106]
2. gegen eine Verfügung, durch welche die Weigerung, eine Vormundschaft, Pflegschaft, Gegenvormundschaft oder Beistandschaft zu übernehmen, zurückgewiesen wird;[107]
3. gegen eine Verfügung, durch die ein Vormund, Pfleger, Gegenvormund oder Beistand gegen seinen Willen entlassen wird;[108]
4. gegen eine Verfügung, durch die der Familienrath aufgehoben oder ein Mitglied des

---

94. Vgl. §§ 3—5 BGB.
95. § 1906 BGB.
96. § 646 CPO.
97. §§ 1858, 1859 BGB.
98. §§ 1879, 1880 BGB.
99. § 1695 BGB.

100. Vgl. § 1836 BGB.
101. Die sofortige Beschwerde steht also nur den in § 20 Abs. 1 bezeichneten Personen zu.
102. Vgl. § 1797 Abs. 1, 2 BGB.
103. Im Gegensatz zu: „Sein Vermögen".
104. § 1827 BGB.
105. Vgl. §§ 104, 114 BGB.
106. Vgl. §§ 1776, 1778, 1792 Abs. 3, 1694, 1861, 1915 BGB.
107. §§ 1785 ff., 1694, 1891, 1915 BGB.
108. Vgl. §§ 1886—1888 BGB.

Familienraths gegen seinen Willen entlassen wird;[109]

5. gegen eine Verfügung, durch die ein Volljähriger unter vorläufige Vormundschaft gestellt wird;[110]
6. gegen Verfügungen, die erst mit der Rechtskraft wirksam werden.[111]

Die Frist beginnt in den Fällen des Abs. 1 Nr. 1 mit dem Zeitpunkt, in welchem der Beschwerdeführer von seiner Uebergehung Kenntniß erlangt, im Falle der Aufhebung des Familienraths mit dem Zeitpunkt, in welchem das Vormundschaftsgericht die bisherigen Mitglieder von der Aufhebung in Kenntniß setzt.

61. Wird eine Verfügung, durch die ein Volljähriger unter vorläufige Vormundschaft gestellt ist, von dem Beschwerdegericht aufgehoben, so kann die Wirksamkeit der von oder gegenüber dem Volljährigen vorgenommenen Rechtsgeschäfte nicht auf Grund der aufgehobenen Verfügung in Frage gestellt werden.

62. Soweit eine Verfügung nach § 55 von dem Vormundschaftsgerichte nicht mehr geändert werden kann, ist auch das Beschwerdegericht nicht berechtigt, sie zu ändern.

63. Auf die weitere Beschwerde finden die Vorschriften der §§ 57 bis 62 entsprechende Anwendung.

64. Gegen eine Verfügung, durch die über die Entlassung eines Mitglieds des Familienraths von dem Gerichte, welches dem Vormundschaftsgericht im Instanzenzuge vorgeordnet ist, entschieden wird, findet die Beschwerde an das Oberlandesgericht statt.[112] Die weitere Beschwerde ist ausgeschlossen.

Dritter Abschnitt. Annahme an Kindesstatt.

65. Die Bestätigung des Vertrags, durch welchen Jemand an Kindesstatt angenommen oder das durch die Annahme an Kindesstatt begründete Rechtsverhältniß wieder aufgehoben wird, gehört zur Zuständigkeit der Amtsgerichte.[113]

66. Für die Bestätigung ist das Gericht zuständig, in dessen Bezirke der Annehmende zu der Zeit, zu welcher der Antrag auf Bestätigung eingereicht oder nach Maßgabe des § 1753 Abs. 2 des Bürgerlichen Gesetzbuchs das Gericht oder der Notar mit der Einreichung betraut wird, seinen Wohnsitz oder in Ermangelung eines inländischen Wohnsitzes seinen Aufenthalt hat.

Ist der Annehmende ein Deutscher und hat er im Inlande weder Wohnsitz noch Aufenthalt, so ist das Gericht zuständig, in dessen Bezirke der Annehmende seinen letzten inländischen Wohnsitz hatte. In Ermangelung eines solchen Wohnsitzes wird das zuständige Gericht, falls der Annehmende einem Bundesstaat angehört, von der Landesjustizverwaltung, anderenfalls von dem Reichskanzler bestimmt.

67. Der Beschluß, durch den die Bestätigung ertheilt wird, tritt mit der Bekanntmachung an den Annehmenden in Wirksamkeit.

Ist die Bestätigung noch nach dem Tode des Annehmenden zulässig,[114] so tritt der Beschluß, unbeschadet der Vorschriften des § 1753 Abs. 3 und des § 1770 des Bürgerlichen Gesetzbuchs, mit der Bekanntmachung an das Kind[115] in Wirksamkeit; wird nach dem Tode des Kindes das zwischen den übrigen Betheiligten bestehende Rechtsverhältniß durch Vertrag aufgehoben,[116] so tritt der Beschluß, durch welchen die Aufhebung nach dem Tode des Annehmenden bestätigt wird, mit der Bekanntmachung an die übrigen Betheiligten in Wirksamkeit.

Das Gericht ist zu einer Aenderung des Beschlusses nicht befugt.

68. Gegen den Beschluß, durch welchen die Bestätigung ertheilt wird, findet kein Rechtsmittel statt.

Gegen den Beschluß, durch welchen die Bestätigung versagt wird,[117] findet die sofortige Beschwerde statt. Die Beschwerde steht jedem der Vertragschließenden zu, auch wenn der Antrag auf Bestätigung von ihm nicht gestellt war. Die Vorschriften des § 22 Abs. 2, des § 24 Abs. 3 und des § 26 Satz 2 finden keine Anwendung.

Vierter Abschnitt. Personenstand.[118]

69. Für die nach dem Gesetz über die Beurkundung des Personenstandes und die Eheschließung vom 6. Februar 1875 (Reichs-Gesetzbl. S. 23) dem Gericht erster Instanz obliegenden Verrichtungen sind die Amtsgerichte zuständig.[119]

70. Gegen eine Verfügung, durch die angeordnet wird, daß eine Eintragung in dem Standesregister zu berichtigen ist, findet die sofortige Beschwerde statt. Die Verfügung tritt erst mit der Rechtskraft in Wirksamkeit.

71. Sind Vorgänge, die auf Antrag eines Betheiligten in dem Standesregister am Rande einer Eintragung zu vermerken sind,[120] von einem Notar beurkundet, so gilt dieser als ermächtigt, im Namen

---

109. Vgl. §§ 1878, 1879 BGB.
110. Nach § 1900 BGB.
111. Siehe §§ 26, 53, 56 Abs. 2, 70 dieses Gesetzes.
112. Vgl. § 1878 Abs. 2 BGB; § 64[4] FrG.
113. §§ 1741, 1770 BGB.
114. Vgl. § 1753 Abs. 2 BGB.
115. Bzw. dessen gesetzlichen Vertreter.
116. Vgl. § 1769 BGB.
117. Vgl. § 1754 Abs. 2 BGB.
118. Vgl. §§ 19—22 AG z. FrG; Art. 20, 21 der Allg. Verfügung v. 6. Dez. 1899.
119. Vgl. §§ 11 Abs. 3, 14 Abs. 2, 65 ff. RG v. 6. Febr. 1875. Ausnahmen von der Bestimmung des § 69 sind in §§ 18, 19 Abs. 2, 23 Abs. 2 AG z. FrG enthalten. — Uebergangsvorschrift in § 75 AG z. FrG.
120. Vgl. § 26 des RG v. 6. Febr. 1875.

des Betheiligten, dessen Erklärung beurkundet ist, die Eintragung des Vermerkes in das Standesregister zu beantragen.

Fünfter Abschnitt.
Nachlaß- und Theilungssachen.[121]

72. Für die dem Nachlaßgericht obliegenden Verrichtungen sind die Amtsgerichte zuständig.

73. Die örtliche Zuständigkeit bestimmt sich nach dem Wohnsitze, den der Erblasser zur Zeit des Erbfalls[122] hatte; in Ermangelung eines inländischen Wohnsitzes ist das Gericht zuständig, in dessen Bezirke der Erblasser zur Zeit des Erbfalls seinen Aufenthalt hatte.

Ist der Erblasser ein Deutscher und hatte er zur Zeit des Erbfalls im Inlande weder Wohnsitz noch Aufenthalt, so ist das Gericht zuständig, in dessen Bezirke der Erblasser seinen letzten inländischen Wohnsitz hatte. In Ermangelung eines solchen Wohnsitzes wird das zuständige Amtsgericht, falls der Erblasser zur Zeit des Erbfalls einem Bundesstaat angehörte, von der Landesjustizverwaltung, anderenfalls von dem Reichskanzler bestimmt.

Ist der Erblasser ein Ausländer und hatte er zur Zeit des Erbfalls im Inlande weder Wohnsitz noch Aufenthalt, so ist jedes Gericht, in dessen Bezirke sich Nachlaßgegenstände befinden, in Ansehung aller im Inlande befindlichen Nachlaßgegenstände zuständig. Die Vorschriften des § 2369 Abs. 2 des Bürgerlichen Gesetzbuchs finden Anwendung.

74. Für die Sicherung des Nachlasses ist jedes Amtsgericht zuständig, in dessen Bezirke das Bedürfniß der Fürsorge hervortritt. Das Gericht soll von den angeordneten Maßregeln dem nach § 73 zuständigen Nachlaßgerichte Mittheilung machen.[123]

75. Auf die Nachlaßpflegschaft[124] finden die für Vormundschaftssachen geltenden Vorschriften dieses Gesetzes[125] Anwendung. Unberührt bleiben die Vorschriften über die Zuständigkeit des Nachlaßgerichts; das Nachlaßgericht kann jedoch die Pflegschaft nach Maßgabe des § 46 an ein anderes Nachlaßgericht abgeben.

76. Gegen eine Verfügung, durch die dem Antrage des Erben, die Nachlaßverwaltung[126] anzuordnen, stattgegeben wird, ist die Beschwerde unzulässig.

Gegen eine Verfügung, durch die dem Antrag eines Nachlaßgläubigers, die Nachlaßverwaltung anzuordnen, stattgegeben wird, findet die sofortige Beschwerde statt. Die Beschwerde steht nur dem Erben, bei Miterben jedem Erben, sowie dem Testamentsvollstrecker zu, welcher zur Verwaltung des Nachlasses berechtigt ist.[127]

77. Gegen eine Verfügung, durch die dem Erben eine Inventarfrist[128] bestimmt wird, findet die sofortige Beschwerde statt.

Das Gleiche gilt von einer Verfügung, durch die über die Bestimmung einer neuen Inventarfrist oder über den Antrag des Erben, die Inventarfrist zu verlängern, entschieden wird.[129]

In den Fällen der Abs. 1, 2 beginnt die Frist zur Einlegung der Beschwerde für jeden Nachlaßgläubiger mit dem Zeitpunkt, in welchem die Verfügung demjenigen Nachlaßgläubiger bekannt gemacht wird, welcher den Antrag auf die Bestimmung der Inventarfrist gestellt hat.

78.[130] Hat das Nachlaßgericht nach § 1964 des Bürgerlichen Gesetzbuchs festgestellt, daß ein anderer Erbe als der Fiskus nicht vorhanden ist, so steht die Einsicht der dieser Feststellung vorausgegangenen Ermittelungen Jedem zu, der ein berechtigtes Interesse glaubhaft macht. Das Gleiche gilt von der Einsicht einer Verfügung, welche die Bestimmung einer Inventarfrist[128] oder die Ernennung oder die Entlassung eines Testamentsvollstreckers[131] betrifft, eines Protokolls über die Leistung des im § 79 bezeichneten Eides sowie von der Einsicht eines Erbscheins[132] und eines der in den §§ 1507, 2368 des Bürgerlichen Gesetzbuchs und den §§ 37, 38 der Grundbuchordnung vorgesehenen gerichtlichen Zeugnisse.

Von den Schriftstücken, deren Einsicht gestattet ist, kann eine Abschrift gefordert werden; die Abschrift ist auf Verlangen zu beglaubigen.[133]

79. Verlangt ein Nachlaßgläubiger von dem Erben die Leistung des im § 2006 des Bürgerlichen Gesetzbuchs vorgesehenen Offenbarungseids, so kann die Bestimmung des Termins zur Leistung des Eides sowohl von dem Nachlaßgläubiger als von dem Erben beantragt werden. Zu dem Termine sind beide Theile zu laden. Die Anwesenheit des Gläubigers ist nicht erforderlich.[134]

80. Gegen eine Verfügung, durch die nach den §§ 2151, 2153 bis 2155, 2192, 2193 und dem § 2198 Abs. 2 des Bürgerlichen Gesetzbuchs dem

---

121. Vgl. im Allgem. §§ 23—38 AG z. FrG; Art. 147 EG z. BGB; Art. 22 ff. der allgem. Verfügung v. 6. Dez 1899.

122. Vgl. § 1922 BGB.

123. Vgl. §§ 23—27, 29, 38 AG z. FrG; §§ 1960, 1961 BGB.

124. §§ 1960 Abs. 2, 1961 BGB.

125. In Betracht kommen nur, da die Zuständigkeit in §§ 72, 74 geregelt ist, die weiteren Bestimmungen des zweiten Abschnitts. Im Uebrigen sind auch die Bestimmungen des BGB über die Pflegschaften — § 1915 ff. — maßgebend.

126. §§ 1975, 1981 ff. BGB.

127. Vgl. §§ 2205, 2208 BGB.

128. § 1994 BGB.

129. Vgl. §§ 1995, 1996, 2005 Abs. 2 BGB.

130. Analoge Bestimmungen finden sich in §§ 1342 Abs. 2, 1953 Abs. 3, 2010, 2228, 2264, 2384 Abs. 2 BGB; § 34 FrG.

131. §§ 2200, 2227 BGB.

132. §§ 2353 ff. BGB; § 84 FrG.

133. Vgl. § 4 Abs. 2 AG z. FrG.

134. Für das Verfahren bei Leistung des Eides sind nach § 15 FrG die Vorschriften der CPO §§ 478 ff. maßgebend.

Beschwerten oder einem Dritten eine Frist zur Erklärung bestimmt wird, findet die sofortige Beschwerde statt.

81. Gegen eine Verfügung, durch die von dem Nachlaßgericht ein Testamentsvollstrecker ernannt[135] oder einem zum Testamentsvollstrecker Ernannten eine Frist zur Erklärung über die Annahme des Amtes bestimmt wird,[136] findet die sofortige Beschwerde statt.

Das Gleiche gilt von einer Verfügung, durch die ein Testamentsvollstrecker gegen seinen Willen entlassen wird.[137]

82. Führen mehrere Testamentsvollstrecker das Amt gemeinschaftlich,[138] so steht gegen eine Verfügung, durch die das Nachlaßgericht Anordnungen des Erblassers für die Verwaltung des Nachlasses außer Kraft setzt[139] oder bei einer Meinungsverschiedenheit zwischen den Testamentsvollstreckern entscheidet, jedem Testamentsvollstrecker die Beschwerde selbständig zu.

Auf eine Verfügung, durch die bei einer Meinungsverschiedenheit zwischen den Testamentsvollstreckern über die Vornahme eines Rechtsgeschäfts das Nachlaßgericht entscheidet, finden die Vorschriften des § 53 und des § 60 Abs. 1 Nr. 6 entsprechende Anwendung.

83. Das Nachlaßgericht kann im Falle des § 2259 Abs. 1 des Bürgerlichen Gesetzbuchs den Besitzer des Testaments durch Ordnungsstrafen zur Ablieferung des Testaments anhalten.[140]

Besteht Grund zu der Annahme, daß Jemand ein Testament im Besitze hat, zu dessen Ablieferung er nach § 2259 Abs. 1 des Bürgerlichen Gesetzbuchs verpflichtet ist, so kann er von dem Nachlaßgerichte zur Leistung des Offenbarungseids angehalten werden; die Vorschriften des § 883 Abs. 2, 3, des § 900 Abs. 1 und der §§ 901, 902, 904 bis 910, 912, 913 der Civilprozeßordnung finden entsprechende Anwendung.[141]

84. Gegen einen Beschluß, durch den ein Erbschein für kraftlos erklärt wird,[142] findet die Beschwerde nicht statt. Das Gleiche gilt von einem Beschlusse, durch den eines der in den §§ 1507, 2368 des Bürgerlichen Gesetzbuchs und den §§ 37, 38 der Grundbuchordnung vorgesehenen gerichtlichen Zeugnisse für kraftlos erklärt wird.

85. Wer ein rechtliches Interesse glaubhaft macht, kann verlangen, daß ihm von dem Gericht eine Ausfertigung des Erbscheins[143] ertheilt werde.

135. § 2200 Abs. 1 BGB.
136. § 2202 Abs. 3 BGB.
137. § 2227 BGB.
138. Vgl. § 2224 BGB.
139. Vgl. § 2216 BGB.
140. Vgl. § 33 FrG.
141. Das Verfahren bei Abnahme des Eides richtet sich nach §§ 478—484 CPO.
142. Vgl. § 2361 BGB.
143. Vgl. § 2353 ff. BGB.

Das Gleiche gilt in Ansehung der im § 84 Satz 2 bezeichneten Zeugnisse sowie in Ansehung der gerichtlichen Verfügungen, die sich auf die Ernennung oder die Entlassung eines Testamentsvollstreckers beziehen.[144]

86. Hinterläßt ein Erblasser mehrere Erben, so hat das Nachlaßgericht[145] auf Antrag die Auseinandersetzung in Ansehung des Nachlasses zwischen den Betheiligten zu vermitteln, sofern nicht ein zur Bewirkung der Auseinandersetzung berechtigter Testamentsvollstrecker vorhanden ist.[146]

Antragsberechtigt ist jeder Miterbe, der Erwerber eines Erbtheils sowie derjenige, welchem ein Pfandrecht oder ein Nießbrauch an einem Erbtheile zusteht.[147]

87. In dem Antrage sollen die Betheiligten und die Theilungsmasse bezeichnet werden.

Hält das Gericht vor der Verhandlung mit den Betheiligten eine weitere Aufklärung für angemessen, so hat es den Antragsteller zur Ergänzung des Antrags, insbesondere zur Angabe der den einzelnen Betheiligten in Ansehung des Nachlasses zustehenden Ansprüche, zu veranlassen.

Es kann dem Antragsteller auch die Beschaffung der Unterlagen aufgeben.[148]

88. Einem abwesenden Betheiligten kann, wenn die Voraussetzungen der Abwesenheitspflegschaft vorliegen[149] und eine Pflegschaft über ihn nicht bereits anhängig ist, für das Auseinandersetzungsverfahren von dem Nachlaßgericht ein Pfleger bestellt werden.[150] Für die Pflegschaft tritt an die Stelle des Vormundschaftsgerichts das Nachlaßgericht.[151]

89.[152] Das Gericht hat den Antragsteller und die übrigen Betheiligten, diese unter Mittheilung des Antrags, zu einem Verhandlungstermine zu laden.[153] Die Ladung durch öffentliche Zustellung ist unzulässig. Die Ladung soll den Hinweis darauf enthalten, daß ungeachtet des Ausbleibens eines Betheiligten über die Auseinandersetzung verhandelt werden würde und daß, falls der Termin

144. §§ 2200, 2227 BGB.
145. Vgl. §§ 30 ff., insbesondere § 34 AG z. FrG: wonach auf Grund des § 193 FrG an Stelle des Nachlaßgerichts der Notar die Auseinandersetzung zu vermitteln hat. Dem Nachlaßgericht sind hierbei nur bestimmte Entscheidungen bzw. Verfügungen vorbehalten. Das Verfahren ist dadurch etwas verändert worden.
146. Vgl. §§ 2204, 2208 BGB.
147. Vgl. bezüglich des Antrags des Nießbrauchers und des Pfandrechtsgläubigers die §§ 1066, 1258 BGB. — Vgl. auch § 31 Abs. 2 AG z. FrG.
148. § 31 Abs. 3 AG z. FrG ist auch zu beachten.
149. Vgl. § 1911 BGB.
150. § 34[1] AG z. FrG.
151. Vgl. auch § 1962 BGB.
152. Das weitere Verfahren von hier ab findet vor dem von dem Nachlaßgericht auf Grund des in § 86 erwähnten Antrags ernannten Notar statt.
153. Nach Maßgabe der §§ 208—213 CPO; vgl. auch § 16 Abs. 2 FrG.

vertagt oder ein neuer Termin zur Fortsetzung der Verhandlung anberaumt werden sollte, die Ladung zu dem neuen Termin unterbleiben könne. Sind Unterlagen für die Auseinandersetzung vorhanden, so ist in der Ladung zu bemerken, daß die Unterlagen auf der Gerichtsschreiberei eingesehen werden können.

90. Die Frist zwischen der Ladung und dem Termine muß mindestens zwei Wochen betragen.[154]

Diese Vorschrift findet auf eine Vertagung sowie auf einen Termin zur Fortsetzung der Verhandlung keine Anwendung. In diesen Fällen kann die Ladung der zu dem früheren Termine geladenen Betheiligten durch die Verkündung des neuen Termins ersetzt werden.

91. Treffen die erschienenen Betheiligten vor der Auseinandersetzung eine Vereinbarung über vorbereitende Maßregeln, insbesondere über die Art der Theilung, so hat das Gericht die Vereinbarung zu beurkunden. Das Gleiche gilt, wenn nur ein Betheiligter erschienen ist, in Ansehung der von diesem gemachten Vorschläge.

Sind die Betheiligten sämmtlich erschienen, so hat das Gericht die von ihnen getroffene Vereinbarung zu bestätigen. Dasselbe gilt, wenn die nicht erschienenen Betheiligten ihre Zustimmung zu gerichtlichem Protokoll oder in einer öffentlich beglaubigten Urkunde[155] ertheilen.

Ist ein Betheiligter nicht erschienen, so hat das Gericht, sofern er nicht nach Abs. 2 Satz 2 zugestimmt hat, ihm den Inhalt der Urkunde, soweit dieser ihn betrifft, bekannt zu machen[156] und ihn gleichzeitig zu benachrichtigen, daß er die Urkunde auf der Gerichtsschreiberei einsehen und eine Abschrift der Urkunde fordern könne. Die Bekanntmachung muß den Hinweis darauf enthalten, daß, wenn der Betheiligte nicht innerhalb einer von dem Gerichte zu bestimmenden Frist die Anberaumung eines neuen Termins beantrage oder wenn er in dem neuen Termine nicht erscheine, sein Einverständniß mit dem Inhalte der Urkunde angenommen werden würde. Beantragt der Betheiligte rechtzeitig die Anberaumung eines neuen Termins und erscheint er in diesem Termine, so ist die Verhandlung fortzusetzen. Anderenfalls hat das Gericht die Vereinbarung zu bestätigen.[157]

92. War im Falle des § 91 der Betheiligte ohne sein Verschulden verhindert, die Anberaumung eines neuen Termins rechtzeitig zu beantragen oder in dem neuen Termine zu erscheinen, so ist ihm auf Antrag von dem Gerichte[158] die Wiedereinsetzung in den vorigen Stand zu ertheilen, wenn er binnen zwei Wochen nach der Beseitigung des Hindernisses die Anberaumung eines neuen Termins beantragt und die Thatsachen, welche die Wiedereinsetzung begründen, glaubhaft macht. Eine Versäumung, die in dem Verschulden eines Vertreters ihren Grund hat, wird als eine unverschuldete nicht angesehen. Nach dem Ablauf eines Jahres, von dem Ende der versäumten Frist an gerechnet, kann die Wiedereinsetzung nicht mehr beantragt werden.

93. Sobald nach Lage der Sache die Auseinandersetzung stattfinden kann, hat das Gericht einen Auseinandersetzungsplan anzufertigen. Sind die erschienenen Betheiligten mit dem Inhalte des Planes einverstanden, so hat das Gericht die Auseinandersetzung zu beurkunden. Sind die Betheiligten sämmtlich erschienen, so hat das Gericht die Auseinandersetzung zu bestätigen;[159] dasselbe gilt, wenn die nicht erschienenen Betheiligten ihre Zustimmung zu gerichtlichem Protokoll oder in einer öffentlich beglaubigten Urkunde ertheilen.

Ist ein Betheiligter nicht erschienen, so hat das Gericht nach § 91 Abs. 3 zu verfahren. Die Vorschriften des § 92 finden entsprechende Anwendung.

94. Ist vereinbart, daß eine Vertheilung durch das Loos geschehen soll, so wird das Loos, sofern nicht ein Anderes bestimmt ist, für die nicht erschienenen Betheiligten von einem durch das Gericht zu bestellenden Vertreter gezogen.

95. Ergeben sich bei den Verhandlungen Streitpunkte, so ist ein Protokoll darüber aufzunehmen und das Verfahren bis zur Erledigung der Streitpunkte auszusetzen. Soweit bezüglich der unstreitigen Punkte die Aufnahme einer Urkunde ausführbar ist, hat das Gericht nach den §§ 91, 93 zu verfahren.

96. Gegen den Beschluß, durch welchen eine vorgängige Vereinbarung oder eine Auseinandersetzung bestätigt, sowie gegen den Beschluß, durch welchen über den Antrag auf Wiedereinsetzung in den vorigen Stand entschieden wird, findet die sofortige Beschwerde statt. Die Beschwerde gegen den Bestätigungsbeschluß kann nur darauf gegründet werden, daß die Vorschriften über das Verfahren nicht beobachtet seien.

97. Eine vorgängige Vereinbarung sowie eine Auseinandersetzung ist nach dem Eintritte der Rechtskraft des Bestätigungsbeschlusses für alle Betheiligten in gleicher Weise verbindlich wie eine vertragsmäßige Vereinbarung oder Auseinandersetzung.

Bedarf ein Betheiligter zur Vereinbarung oder zur Auseinandersetzung der Genehmigung des

---

154. Im Uebrigen hat das Gericht die Dauer der Frist zu bestimmen. — Für die Berechnung der Frist sind die Bestimmungen in den §§ 187 ff. BGB maßgebend.

155. Vgl. §§ 167 Abs. 2, 183 FrG.

156. Nach § 16 Abs. 2 FrG. — Vgl. auch § 34^5 AG z. FrG.

157. § 89 CPO ist in dem Verfahren nicht anwendbar.

158. Vgl. § 34^6 AG z. FrG.

159. Sofern die Genehmigung des Vormundschaftsgerichts zur Wirksamkeit der Vereinbarung etwa erforderlich ist (vgl. §§ 1821, 1822 BGB), muß diese der Bestätigung vorangehen. — Vgl. auch § $34^{5,6}$ AG z. FrG.

Vormundschaftsgerichts,[160] so ist, wenn er im Inlande keinen Vormund, Pfleger oder Beistand hat, für die Ertheilung oder die Verweigerung der Genehmigung an Stelle des Vormundschaftsgerichts das Nachlaßgericht zuständig.

98. Aus einer vorgängigen Vereinbarung sowie aus einer Auseinandersetzung findet nach dem Eintritte der Rechtskraft des Bestätigungsbeschlusses die Zwangsvollstreckung statt. Die Vorschriften der §§ 795, 797 der Civilprozeßordnung finden Anwendung.

99. Nach der Beendigung einer ehelichen Gütergemeinschaft[161] oder einer fortgesetzten Gütergemeinschaft[162] finden auf die Auseinandersetzung in Ansehung des Gesammtguts die Vorschriften der §§ 86 bis 98 entsprechende Anwendung.[163]

Für die Auseinandersetzung ist, falls ein Antheil an dem Gesammtgute zu einem Nachlasse gehört,[164] das Amtsgericht zuständig, welches für die Auseinandersetzung in Ansehung des Nachlasses zuständig ist. Im Uebrigen ist das Amtsgericht zuständig, in dessen Bezirke der Ehemann oder bei fortgesetzter Gütergemeinschaft der überlebende Ehegatte zur Zeit der Beendigung der Gütergemeinschaft seinen Wohnsitz oder in Ermangelung eines inländischen Wohnsitzes seinen Aufenthalt hatte. Hatte der Ehemann oder der Ehegatte zu der bezeichneten Zeit im Inlande weder Wohnsitz noch Aufenthalt, so finden die Vorschriften des § 73 Abs. 2 entsprechende Anwendung.[165]

Sechster Abschnitt. Schiffspfandrecht.[166]

100.[167] In Ansehung eines Pfandrechts an einem im Schiffsregister eingetragenen Schiffe[168] soll, soweit nicht das Gesetz ein Anderes vorschreibt, eine Eintragung nur auf Antrag erfolgen. Der Zeitpunkt, in welchem der Antrag bei der Registerbehörde eingeht, soll auf dem Antrage genau vermerkt werden.

Antragsberechtigt ist Jeder, dessen Recht von der Eintragung betroffen wird oder zu dessen Gunsten die Eintragung erfolgen soll. Die Vorschriften der §§ 14 bis 18 der Grundbuchordnung finden entsprechende Anwendung.

101.[169] Eine Eintragung[170] erfolgt, wenn derjenige sie bewilligt, dessen Recht von ihr betroffen wird.[171]

102. Zur Berichtigung[172] des Schiffsregisters[173] bedarf es der Bewilligung desjenigen, dessen Recht von der Berichtigung betroffen wird, nicht, wenn die Unrichtigkeit nachgewiesen wird. Dies gilt insbesondere für die Eintragung oder Löschung einer Verfügungsbeschränkung.[174]

103. Ist eine Vormerkung[175] oder ein Widerspruch[175] auf Grund einer einstweiligen Verfügung eingetragen, so bedarf es zur Löschung nicht der Bewilligung des Berechtigten, wenn die einstweilige Verfügung durch eine vollstreckbare Entscheidung aufgehoben ist. Diese Vorschrift findet entsprechende Anwendung, wenn auf Grund eines vorläufig vollstreckbaren Urtheils nach den Vorschriften der Civilprozeßordnung eine Vormerkung oder ein Widerspruch eingetragen ist.[176]

104. Soll die Uebertragung einer Forderung, für die ein Pfandrecht am Schiffe eingetragen ist oder für die ein solches Pfandrecht als Pfand haftet,[177] eingetragen werden, so genügt es, wenn an Stelle der Eintragungsbewilligung die Abtretungserklärung des bisherigen Gläubigers vorgelegt wird.[178]

Diese Vorschrift findet entsprechende Anwendung, wenn eine Belastung der Forderung eingetragen werden soll.[179]

105. Ein Pfandrecht am Schiffe darf nur mit Zustimmung des eingetragenen Eigenthümers, ein das Pfandrecht belastendes Recht nur mit Zustimmung des eingetragenen Pfandgläubigers gelöscht werden. Für eine Löschung, die zur Berichtigung des Schiffsregisters erfolgen soll, ist die Zustimmung nicht erforderlich, wenn die Unrichtigkeit des Registers nachgewiesen wird.[180]

106. In der Eintragungsbewilligung oder, wenn

---

160. Vgl. §§ 1821, 1822 BGB; § 34^{7} AG z. FrG.

161. §§ 1437 ff., 1519 ff., 1549 ff. BGB. — Vgl. auch §§ 144 ff. AG z. BGB.

162. §§ 1483 ff., 1557 BGB. — Vgl. § 155 AG z. BGB.

163. Vgl. auch § 30 AG z. FrG.

164. Also im Falle des § 1482 BGB.

165. Vgl. auch § $34^{1, 5, 6}$ AG z. FrG.

166. Der Abschnitt bezieht sich nur auf das Pfandrecht an den im Schiffsregister eingetragenen Schiffen: und zwar sowohl auf das gesetzliche (§§ 755 ff. HGB; § 102 RG betr. die privatrechtlichen Verhältnisse der Binnenschiffahrt v. 15. Juni 1895), wie auf das vertragsmäßige Pfandrecht (§§ 679 ff. HGB; §§ 1259 ff. BGB). — Die Vorschriften über die Eintragung in das Register sind enthalten: a. für Seeschiffe in dem Ges. über die Nationalität der Kauffahrteischiffe vom 25. Okt. 1867 und den dasselbe ergänzenden Gesetzen v. 28. Juni 1873, 15. April 1885 und 23. Dez. 1888; b. für Binnenschiffe in §§ 120 ff. RG v. 15. Juni 1895 und in den MinB v. 21. Dez. 1895, beziehungsweise v. 30. Dez. 1899. — Vgl. auch Ges. betr. die Gebühren für Führung der Schiffsregister v. 11. Nov. 1896 (GBl. S. 81).

167. Vgl. § 13 GBO.

168. Sowie an einer Schiffspart, § 1272 BGB.

169. Vgl. § 19 GBO.

170. Der Inhalt der Eintragung ist in § 1260 Abs. 2 BGB bestimmt.

171. Vgl. auch §§ 894, 895 CPO.

172. Vgl. § 1263 BGB.

173. Soweit das Pfandrecht in Frage steht.

174. Vgl. § 22 GBO.

175. In den §§ 1259—1272 BGB geschieht der Vormerkung und des Widerspruchs keine Erwähnung; indessen ist es zweifellos, daß die Eintragung derselben auch in das Schiffsregister nach Analogie der §§ 883, 899 BGB erfolgen kann. — Vgl. §§ 938, 941, 942 Abs. 2 CPO; § 6 RG v. 15. Juni 1895; §§ 119, 123 FrG.

176. Vgl. § 895 CPO.

177. §§ 1273 ff. BGB.

178. Vgl. § 26 GBO.

179. Z. B. ein Nießbrauch an der Forderung.

180. Vgl. § 895 CPO.

eine solche nicht erforderlich ist, in dem Eintragungsantrage sind der Name und die Ordnungsnummer, unter welcher das Schiff im Schiffsregister eingetragen ist,[181] sowie die einzutragenden Geldbeträge in Reichswährung anzugeben.

107.[182] Eine Eintragung soll nur erfolgen, wenn die Eintragungsbewilligung oder die sonstigen zu der Eintragung erforderlichen Erklärungen vor der Registerbehörde[183] zu Protokoll gegeben oder durch öffentliche[184] oder öffentlich beglaubigte[185] Urkunden nachgewiesen werden.

Andere Voraussetzungen der Eintragung bedürfen, soweit sie nicht bei der Registerbehörde offenkundig sind, des Nachweises durch öffentliche Urkunden. Die Vorschriften der §§ 33 bis 38 der Grundbuchordnung finden entsprechende Anwendung.

108.[186] Für den Eintragungsantrag sowie für die Vollmacht zur Stellung eines solchen gelten die Vorschriften des § 107 Abs. 1 nur, wenn durch den Antrag zugleich eine zu der Eintragung erforderliche Erklärung ersetzt werden soll.

109.[187] Erklärungen, durch die ein Eintragungsantrag zurückgenommen oder eine zur Stellung des Eintragungsantrags ertheilte Vollmacht widerrufen wird, bedürfen der im § 107 Abs. 1 vorgeschriebenen Form.

110.[188] In den Fällen, in denen nach gesetzlicher Vorschrift eine Behörde befugt ist, die Registerbehörde um eine Eintragung zu ersuchen, erfolgt die Eintragung auf Grund des Ersuchens der Behörde.

111.[189] Eine Eintragung soll nur erfolgen, wenn derjenige, dessen Recht durch sie betroffen wird, als der Berechtigte eingetragen ist.

Ist derjenige, dessen Recht durch eine Eintragung betroffen wird, Erbe des eingetragenen Berechtigten, so findet die Vorschrift des Abs. 1 keine Anwendung, wenn die Uebertragung oder die Aufhebung des Rechtes eingetragen werden soll oder wenn der Eintragungsantrag durch die Bewilligung des Erblassers oder eines Nachlaßpflegers[190] oder durch einen gegen den Erblasser oder den Nachlaßpfleger vollstreckbaren Titel begründet wird. Das Gleiche gilt für eine Eintragung auf Grund der Bewilligung eines Testamentsvollstreckers oder auf Grund eines gegen diesen vollstreckbaren Titels, sofern die Bewilligung oder der Titel gegen den Erben wirksam ist.[191]

112.[192] Bei einem Pfandrechte für die Forderung aus einer Schuldverschreibung auf den Inhaber,[193] aus einem Wechsel oder einem anderen Papiere, das durch Indossament übertragen werden kann,[194] soll eine Eintragung nur erfolgen, wenn die Urkunde vorgelegt wird.[195]

Diese Vorschrift findet keine Anwendung, wenn eine Eintragung auf Grund der Bewilligung eines nach den §§ 1189, 1270 des Bürgerlichen Gesetzbuchs bestellten Vertreters oder auf Grund einer gegen diesen erlassenen gerichtlichen Entscheidung bewirkt werden soll.

113.[196] Jede Eintragung soll den Tag, an welchem sie erfolgt ist, angeben und mit der Unterschrift des zuständigen Beamten versehen werden.

114.[197] Die Eintragungen erhalten diejenige Reihenfolge, welche der Zeitfolge der Anträge entspricht; sind die Anträge gleichzeitig gestellt, so ist, wenn unter den Eintragungen ein Rangverhältniß besteht,[198] im Schiffsregister zu vermerken, daß die Eintragungen gleichen Rang haben.

Diese Vorschriften finden insoweit keine Anwendung, als das Rangverhältniß von den Antragstellern abweichend bestimmt ist.

115.[199] Die Löschung eines Rechtes oder einer Verfügungsbeschränkung erfolgt durch Eintragung eines Löschungsvermerkes.

116.[200] Werden mehrere Schiffe mit einem Pfandrechte belastet, so ist auf dem Blatte jedes Schiffes die Mitbelastung der übrigen von Amtswegen erkennbar zu machen.[201] Das Gleiche gilt, wenn mit einem an einem Schiffe bestehenden Pfandrechte nachträglich noch ein anderes Schiff belastet wird. Soweit eine Mitbelastung erlischt, ist dies von Amtswegen zu vermerken.

117.[202] Bei der Eintragung eines Pfandrechts für Theilschuldverschreibungen auf den Inhaber[203] genügt es, wenn der Gesammtbetrag der Forderungen unter Angabe der Anzahl, des Betrags und der Bezeichnung der Theile eingetragen wird.

118.[204] Ist ein Testamentsvollstrecker ernannt,

181. Vgl. §§ 125, 126 Abs. 1 RG v. 15. Juni 1895; § 28 GBL.

182. Vgl. § 29 GBO.

183. Nach § 120 Abs. 1 RG v. 15. Juni 1895 in Verbindung mit § 125 Abs. 1 FrG seit 1. Jan. 1900 das Amtsgericht. — Die Bestimmung des § 1 der MinV v. 21. Dez. 1895 ist mit Rücksicht auf § 125 Abs. 1 cit. hinfällig geworden.

184. Vgl. § 415 Abs. 1 CPO.

185. Vgl. § 129 BGB; §§ 167 Abs. 2, 183 FrG; § 48 Abs. 3 AG z. FrG.

186. Vgl. § 30 GBO.

187. Vgl. § 32 GBO.

188. Vgl. § 39 GBO; § 941 CPO.

189. Vgl. §§ 40, 41 GBO; § 131 Abs. 2 Binnenschifffahrtsgesetz v. 15. Juni 1895.

190. §§ 1960, 1961, 1975 BGB.

191. Vgl. §§ 2206, 2207 BGB.

192. Vgl. § 44 GBO.

193. Vgl. §§ 793 ff. BGB.

194. §§ 222, 363 HGB; § 1270 BGB.

195. Vgl. § 120 Abs. 2 FrG.

196. Vgl. § 45 GBO; §§ 11ff. MinV v. 21. Dez. 1895.

197. Vgl. § 46 GBO.

198. Vgl. § 1261 BGB.

199. Vgl. § 47 GBO.

200. Vgl. § 49 GBO.

201. Vgl. § 1222 BGB.

202. Vgl. § 51 GBO.

203. §§ 793 ff. BGB.

204. Vgl. § 53 GBO.

so ist dies bei der Eintragung des Erben des Gläubigers von Amtswegen[205] miteinzutragen, es sei denn, daß das eingetragene Recht der Verwaltung des Testamentsvollstreckers nicht unterliegt.[206]

119.[207] Ergiebt sich, daß die Registerbehörde unter Verletzung gesetzlicher Vorschriften eine Eintragung vorgenommen hat, durch die das Schiffsregister unrichtig geworden ist, so ist von Amtswegen ein Widerspruch einzutragen. Erweist sich eine Eintragung nach ihrem Inhalt als unzulässig, so ist sie von Amtswegen zu löschen.

120. Jede Eintragung ist baldthunlichst auf dem Schiffscertifikat oder dem Schiffsbriefe[208] zu vermerken.

Wird eine Urkunde über die Pfandforderung vorgelegt, so ist die Eintragung auch auf dieser Urkunde unter kurzer Bezeichnung des Inhalts der Eintragungen, welche dem Pfandrecht im Range vorgehen oder gleichstehen, zu vermerken. Der Vermerk ist mit Unterschrift und Siegel zu versehen.

121. Jede Eintragung soll dem Antragsteller und dem eingetragenen Eigenthümer sowie im Uebrigen allen aus dem Schiffsregister ersichtlichen Personen bekannt gemacht werden, zu deren Gunsten die Eintragung erfolgt ist oder deren Recht durch sie betroffen wird. Auf die Bekanntmachung kann verzichtet werden.[209]

122.[210] Die Beschwerde gegen eine Eintragung ist unzulässig. Im Wege der Beschwerde kann jedoch verlangt werden, daß die Registerbehörde angewiesen wird, nach § 119 einen Widerspruch einzutragen oder eine Löschung vorzunehmen.

123.[211] Das Beschwerdegericht kann vor der Entscheidung durch eine einstweilige Anordnung[212] der Registerbehörde aufgeben, eine Vormerkung oder einen Widerspruch einzutragen.

Die Vormerkung oder der Widerspruch wird von Amtswegen gelöscht, wenn die Beschwerde zurückgenommen oder zurückgewiesen wird.

124.[213] Bei der Einlegung der weiteren Beschwerde durch Einreichung einer Beschwerdeschrift bedarf es der Zuziehung eines Rechtsanwalts nicht, wenn die Beschwerde von dem Notar eingelegt wird, der die zu der Eintragung erforderliche Erklärung beurkundet oder beglaubigt und im Namen eines Antragsberechtigten den Eintragungsantrag gestellt hat. Die Vorschrift des § 29 Abs. 1 Satz 3 bleibt unberührt.

205. Auf die Mittheilung des Nachlaßgerichtes hin (vgl. § 2202 BGB).
206. Vgl. § 2208 BGB.
207. Vgl. § 54 GBO.
208. Vgl. § 8 Ges. v. 25. Okt. 1867; § 126 Abs. 3 RG v. 15. Juni 1895; § 15 MinB v. 21. Dez. 1895.
209. Entsprechend dem § 55 GBO.
210. Vgl. § 71 Abs. 2 GBO.
211. Vgl. § 76 GBO.
212. Vgl. § 572 CPO.
213. Vgl. § 80 GBO; § 29 FrG.

Siebenter Abschnitt. Handelssachen.[214]

125. Für die Führung des Handelsregisters sind die Amtsgerichte zuständig.[215]

Durch Anordnung der Landesjustizverwaltung kann die Führung des Registers für mehrere Amtsgerichtsbezirke einem Amtsgericht übertragen werden.[215a]

126. Die Organe des Handelsstandes[216] sind verpflichtet, die Registergerichte behufs der Verhütung unrichtiger Eintragungen sowie behufs der Berichtigung und Vervollständigung des Handelsregisters zu unterstützen; sie sind berechtigt, Anträge zu diesem Zwecke bei den Registergerichten zu stellen und gegen Verfügungen, durch die über solche Anträge entschieden wird, das Rechtsmittel der Beschwerde zu erheben.

Die näheren Bestimmungen werden von den Landesregierungen getroffen.

127. Das Registergericht kann, wenn eine von ihm zu erlassende Verfügung von der Beurtheilung eines streitigen Rechtsverhältnisses abhängig ist, die Verfügung aussetzen, bis über das Verhältniß im Wege des Rechtsstreits entschieden ist. Es kann, wenn der Rechtsstreit nicht anhängig ist, einem der Betheiligten eine Frist zur Erhebung der Klage bestimmen.

128. Die Anmeldungen zur Eintragung in das Handelsregister sowie die zur Aufbewahrung bei dem Gerichte bestimmten Zeichnungen von Unterschriften[217] können zum Protokolle des Gerichtsschreibers des Registergerichts erfolgen.

129. Ist die zu einer Eintragung erforderliche Erklärung von einem Notar beurkundet oder beglaubigt, so gilt dieser als ermächtigt, im Namen des zur Anmeldung Verpflichteten die Eintragung zu beantragen. Die Vorschriften des § 124 finden entsprechende Anwendung.

130. Jede Eintragung soll den Tag, an welchem sie erfolgt ist, angeben und mit der Unterschrift des zuständigen Beamten versehen werden.

Jede Eintragung soll demjenigen, welcher sie beantragt hat, bekannt gemacht werden.[218] Auf die Bekanntmachung kann verzichtet werden.

214. Hierunter sind nur diejenigen Sachen zu verstehen, welche in diesem Abschnitt behandelt werden, nicht diejenigen in § 101 GBG.
215. Die örtliche Zuständigkeit ergiebt sich im Einzelnen aus den einschlägigen Bestimmungen des HGB. — Vgl. auch § 43 AG z. FrG.
215a. Durch MinB v. 9. Nov. 1899 ist die Führung des Handelsregisters für die Bezirke aller zu demselben Landgerichtsbezirk gehörigen Amtsgerichte dem am Sitze des Landgerichts befindlichen Amtsgericht übertragen worden (§ 1); vgl. auch § 2 dieser Verordnung.
216. Handelskammern.
217. Vgl. §§ 12, 13, 29, 108, 195 Abs. 4 HGB. § 7 MinB v. 4. Jan. 1900.
218. Im Falle des § 129 wohl auch demjenigen, in dessen Namen der Notar beantragt hat. — Vgl. auch § 10 HGB; Art. 44 der allg. Verfügung v. 6. Dez. 1899; § 12 Abs. 2 MinB v. 4. Jan. 1900.

131. Die Eintragung einer Zweigniederlassung ist von Amtswegen dem Registergerichte der Hauptniederlassung mitzutheilen und in dessen Register zu vermerken. Das Gleiche gilt, wenn die Zweigniederlassung aufgehoben wird.[219]

132. Sobald das Registergericht von einem sein Einschreiten nach den §§ 14, 319 und dem § 325 Nr. 9 des Handelsgesetzbuchs rechtfertigenden Sachverhalte glaubhafte Kenntniß erhält, hat es dem Betheiligten unter Androhung einer Ordnungsstrafe[220] aufzugeben, innerhalb einer bestimmten Frist seiner gesetzlichen Verpflichtung nachzukommen oder die Unterlassung mittelst Einspruchs gegen die Verfügung zu rechtfertigen.

Die Beschwerde gegen diese Verfügung ist unzulässig.

133. Wird innerhalb der bestimmten Frist weder der gesetzlichen Verpflichtung genügt noch Einspruch erhoben, so ist die angedrohte Strafe festzusetzen und zugleich die frühere Verfügung unter Androhung einer erneuten Ordnungsstrafe zu wiederholen.

In gleicher Weise ist fortzufahren, bis der gesetzlichen Verpflichtung genügt oder Einspruch erhoben wird.

134. Wird rechtzeitig Einspruch erhoben, so hat das Gericht, wenn sich der Einspruch nicht ohne Weiteres als begründet ergiebt, zur Erörterung der Sache den Betheiligten zu einem Termine zu laden.

Das Gericht kann, auch wenn der Betheiligte nicht erscheint, nach Lage der Sache entscheiden.

135. Wird der Einspruch für begründet erachtet, so ist die erlassene Verfügung aufzuheben.

Anderenfalls hat das Gericht den Einspruch zu verwerfen und die angedrohte Strafe festzusetzen. Das Gericht kann, wenn die Umstände es rechtfertigen, von der Festsetzung einer Strafe absehen oder eine geringere als die angedrohte Strafe festsetzen.

Im Falle der Verwerfung des Einspruchs hat das Gericht zugleich eine erneute Verfügung nach § 132 zu erlassen. Die in dieser Verfügung bestimmte Frist beginnt mit dem Eintritte der Rechtskraft der Verwerfung des Einspruchs.[221]

136. Wird im Falle des § 133 gegen die wiederholte Verfügung Einspruch erhoben und dieser für begründet erachtet, so kann das Gericht, wenn die Umstände es rechtfertigen, zugleich die früher festgesetzte Strafe aufheben oder an deren Stelle eine geringere Strafe festsetzen.

137. Gegen die Versäumung der Einspruchsfrist ist auf Antrag nach Maßgabe des § 22 Abs. 2 die Wiedereinsetzung in den vorigen Stand zu ertheilen.

138. Bei der Festsetzung der Ordnungsstrafe ist der Betheiligte zugleich in die Kosten des Verfahrens zu verurtheilen.

139. Gegen den Beschluß, durch welchen die Ordnungsstrafe festgesetzt oder der Einspruch verworfen wird, findet die sofortige Beschwerde statt.[222]

Ist die Strafe nach Maßgabe des § 133 festgesetzt, so kann die Beschwerde nicht darauf gestützt werden, daß die Verfügung, durch welche die Strafe angedroht worden ist, nicht gerechtfertigt gewesen sei.

140. Soll nach § 37 Abs. 1 des Handelsgesetzbuchs gegen eine Person eingeschritten werden, die eine ihr nicht zustehende Firma gebraucht, so finden die Vorschriften der §§ 132 bis 139 mit der Maßgabe Anwendung, daß

1. in der nach § 132 zu erlassenden Verfügung dem Betheiligten aufgegeben wird, sich des Gebrauchs der Firma zu enthalten oder binnen bestimmter Frist den Gebrauch der Firma mittelst Einspruchs gegen die Verfügung zu rechtfertigen;
2. die Ordnungsstrafe festgesetzt wird, falls kein Einspruch erhoben oder der erhobene Einspruch rechtskräftig verworfen ist und der Betheiligte nach der Bekanntmachung der Verfügung dieser zuwidergehandelt hat.

141. Soll nach § 31 Abs. 2 des Handelsgesetzbuchs das Erlöschen einer Firma von Amtswegen in das Handelsregister eingetragen werden, so hat das Registergericht den eingetragenen Inhaber der Firma oder dessen Rechtsnachfolger von der beabsichtigten Löschung zu benachrichtigen und ihm zugleich eine angemessene Frist zur Geltendmachung eines Widerspruchs zu bestimmen. Die Frist darf nicht weniger als drei Monate betragen.

Sind die bezeichneten Personen oder deren Aufenthalt nicht bekannt, so erfolgt die Benachrichtigung und die Bestimmung der Frist durch Einrückung in diejenigen Blätter, welche für die Bekanntmachungen der Eintragungen in das Handelsregister bestimmt sind.[223] Es kann angeordnet werden, daß die Bekanntmachung noch in andere Blätter eingerückt wird.

Wird Widerspruch erhoben, so entscheidet über ihn das Gericht. Gegen die den Widerspruch zurückweisende Verfügung findet die sofortige Beschwerde statt.

Die Löschung darf nur erfolgen, wenn Widerspruch nicht erhoben oder wenn die den Widerspruch zurückweisende Verfügung rechtskräftig geworden ist.

142. Ist eine Eintragung in das Handelsregister bewirkt, obgleich sie wegen Mangels einer wesentlichen Voraussetzung[224] unzulässig war, so kann das Registergericht sie von Amtswegen löschen. Die Löschung geschieht durch Eintragung eines Vermerkes.

219. Vgl. § 13 HGB.
220. Vgl. § 33 FrG.
221. Vgl. § 139 FrG.
222. Vgl. § 30 Abs. 1 FrG.
223. Vgl. §§ 10, 11 HGB.
224. Vgl. §§ 18 ff., 30 HGB.

Das Gericht hat den Betheiligten von der beabsichtigten Löschung zu benachrichtigen und ihm zugleich eine angemessene Frist zur Geltendmachung eines Widerspruchs zu bestimmen.[224a]

Auf das weitere Verfahren finden die Vorschriften des § 141 Abs. 3, 4 Anwendung.

143. Die Löschung einer Eintragung kann gemäß den Vorschriften des § 142 auch von dem Landgerichte verfügt werden, welches dem Registergericht im Instanzenzuge vorgeordnet ist. Die Vorschrift des § 30 Abs. 1 Satz 2 findet Anwendung.

Gegen die einen Widerspruch zurückweisende Verfügung des Landgerichts findet die sofortige Beschwerde an das Oberlandesgericht mit der Maßgabe statt, daß die Vorschriften des § 28 Abs. 2, 3 zur entsprechenden Anwendung kommen. Die weitere Beschwerde ist ausgeschlossen.

144. Eine in das Handelsregister eingetragene Aktiengesellschaft oder Kommanditgesellschaft auf Aktien kann gemäß den Vorschriften der §§ 142, 143 als nichtig gelöscht werden, wenn die Voraussetzungen vorliegen, unter denen nach den §§ 309, 310 des Handelsgesetzbuchs die Nichtigkeitsklage erhoben werden kann. Das Gleiche gilt für eine in das Handelsregister eingetragene Gesellschaft mit beschränkter Haftung, wenn die Voraussetzungen vorliegen, unter denen nach den §§ 75, 76 des Gesetzes, betreffend die Gesellschaften mit beschränkter Haftung, die Nichtigkeitsklage erhoben werden kann.[224a]

Ein in das Handelsregister eingetragener Beschluß der Generalversammlung oder Versammlung der Gesellschafter einer der im Abs. 1 bezeichneten Gesellschaften kann gemäß den Vorschriften der §§ 142, 143 als nichtig gelöscht werden, wenn er durch seinen Inhalt zwingende Vorschriften des Gesetzes verletzt und seine Beseitigung im öffentlichen Interesse erforderlich erscheint.

In den Fällen der Abs. 1, 2 soll die nach § 142 Abs. 2 zu bestimmende Frist mindestens drei Monate betragen.

145. Die Amtsgerichte sind zuständig für die nach § 146 Abs. 2, § 147, § 157 Abs. 2, § 166 Abs. 3, § 192 Abs. 3, § 254 Abs. 3, § 266 Abs. 2, § 268 Abs. 2, § 295 Abs. 2, 3, § 302 Abs. 2 bis 4, § 338 Abs. 3, § 524 Abs. 1, 2, § 530 Abs. 1, §§ 590, 685, § 729 Abs. 1, § 884 Nr. 4 des Handelsgesetzbuchs von dem Gerichte zu erledigenden Angelegenheiten.

Ist die Führung des Handelsregisters für mehrere Amtsgerichtsbezirke einem Amtsgericht übertragen worden, so gehören zur Zuständigkeit dieses Amtsgerichts auch die im Abs. 1 bezeichneten Angelegenheiten, mit Ausnahme derjenigen Geschäfte, welche den Gerichten nach § 524 Abs. 1, 2, § 530 Abs. 1, §§ 590, 685, § 729 Abs. 1, § 884 Nr. 4 des Handelsgesetzbuchs obliegen.

224a. Vgl. § 31 Abs. 1 MinB v. 4. Jan. 1900.

146. Soweit in den im § 145 bezeichneten Angelegenheiten ein Gegner des Antragstellers vorhanden ist, hat ihn das Gericht wenn thunlich zu hören.[225]

Gegen die Verfügung, durch welche über den Antrag entschieden wird, findet die sofortige Beschwerde statt.

Eine Anfechtung der Verfügung, durch welche einem nach § 524 Abs. 1, 2, § 530 Abs. 1, § 685, § 729 Abs. 1, § 884 Nr. 4 des Handelsgesetzbuchs gestellten Antrage stattgegeben wird, ist ausgeschlossen.

147. Die Vorschriften der §§ 127 bis 131, 142, 143 finden auf die Eintragungen in das Genossenschaftsregister entsprechende Anwendung.

Eine in das Genossenschaftsregister eingetragene Genossenschaft kann gemäß den Vorschriften der §§ 142, 143 als nichtig gelöscht werden, wenn die Voraussetzungen vorliegen, unter denen nach den §§ 94, 95 des Gesetzes, betreffend die Erwerbs- und Wirthschaftsgenossenschaften, die Nichtigkeitsklage erhoben werden kann.

Ein in das Genossenschaftsregister eingetragener Beschluß der Generalversammlung einer Genossenschaft kann gemäß den Vorschriften der §§ 142, 143 als nichtig gelöscht werden, wenn er durch seinen Inhalt zwingende Vorschriften des Gesetzes verletzt und seine Beseitigung im öffentlichen Interesse erforderlich erscheint.

In den Fällen der Abs. 2, 3 soll die nach § 142 Abs. 2 zu bestimmende Frist mindestens drei Monate betragen.

148. Die Vorschriften des § 146 Abs. 1, 2 finden auf die nach § 45 Abs. 3, § 61, § 83 Abs. 3, 4, § 93 des Gesetzes, betreffend die Erwerbs- und Wirthschaftsgenossenschaften, und nach § 66 Abs. 2, 3, § 74 des Gesetzes, betreffend die Gesellschaften mit beschränkter Haftung, von dem Registergerichte zu erledigenden Angelegenheiten Anwendung.

Gegen die Verfügung, durch welche der im § 11 des Gesetzes, betreffend die privatrechtlichen Verhältnisse der Binnenschiffahrt, oder der im § 8 des Gesetzes, betreffend die privatrechtlichen Verhältnisse der Flößerei, bezeichnete Antrag auf Beweisaufnahme oder der im § 87 Abs. 2 des ersteren Gesetzes bezeichnete Antrag auf Bestellung eines Dispacheurs zurückgewiesen wird, findet die sofortige Beschwerde statt. Eine Anfechtung der Verfügung, durch welche einem solchen Antrage stattgegeben wird, ist ausgeschlossen.

149. Für die Verrichtungen, welche den Gerichten in Ansehung der nach dem Handelsgesetzbuch[226] oder nach dem Gesetze, betreffend die privatrechtlichen Verhältnisse der Binnenschiffahrt,[227] aufzumachenden Dispache[228] obliegen, ist das Amts-

225. Z. B. §§ 147, 295 Abs. 2, 3 HGB.
226. §§ 700, 729 HGB.
227. § 87 Abs. 2 RG v. 15. Juni 1895.
228. Vgl. § 706⁷ HGB; § 84 RG v. 15. Juni 1895.

gericht des Ortes zuständig, an welchem die Vertheilung der Havereischäden zu erfolgen hat.[229]

150. Lehnt der Dispacheur[230] den Auftrag eines Betheiligten zur Aufmachung der Dispache aus dem Grunde ab, weil ein Fall der großen Haverei[231] nicht vorliege, so entscheidet über die Verpflichtung des Dispacheurs auf Antrag des Betheiligten das Gericht. Gegen die Verfügung findet die sofortige Beschwerde statt.

151. Auf Antrag des Dispacheurs kann das Gericht einem Betheiligten unter Androhung von Ordnungsstrafen aufgeben, dem Dispacheur die in seinem Besitze befindlichen Schriftstücke, zu deren Mittheilung er gesetzlich verpflichtet ist,[232] auszuhändigen. Die einzelne Strafe darf den Betrag von dreihundert Mark nicht übersteigen.

152. Der Dispacheur ist verpflichtet, jedem Betheiligten Einsicht in die Dispache zu gewähren und ihm auf Verlangen eine Abschrift gegen Erstattung der Kosten zu ertheilen. Das Gleiche gilt, wenn die Dispache nach dem Gesetze, betreffend die privatrechtlichen Verhältnisse der Binnenschifffahrt, von dem Schiffer aufgemacht worden ist, für diesen.[233]

153. Jeder Betheiligte ist befugt, bei dem Gericht eine Verhandlung über die von dem Dispacheur aufgemachte Dispache zu beantragen. In dem Antrage sind diejenigen Betheiligten zu bezeichnen, welche zu dem Verfahren zugezogen werden sollen.

Wird ein Antrag auf gerichtliche Verhandlung gestellt, so hat das Gericht die Dispache und deren Unterlagen von dem Dispacheur einzuziehen und, wenn nicht offensichtlich die Voraussetzungen der großen Haverei fehlen, den Antragsteller sowie die von ihm bezeichneten Betheiligten zu einem Termine zu laden. Mehrere Anträge können von dem Gerichte zum Zwecke der gleichzeitigen Verhandlung verbunden werden.

Die Ladung muß den Hinweis darauf enthalten, daß, wenn der Geladene weder in dem Termin erscheine noch vorher Widerspruch gegen die Dispache bei dem Gericht anmelde, sein Einverständniß mit der Dispache angenommen werden würde. In der Ladung ist zu bemerken, daß die Dispache und deren Unterlagen auf der Gerichtsschreiberei eingesehen werden können.

Die Frist zwischen der Ladung und dem Termine muß wenigstens zwei Wochen betragen.

154. Erachtet das Gericht eine Vervollständigung der Unterlagen der Dispache für nothwendig, so hat es die Beibringung der erforderlichen Belege anzuordnen. Die Vorschriften des § 151 finden entsprechende Anwendung.

155. In dem Termin ist mit den Erschienenen über die Dispache zu verhandeln.

Wird ein Widerspruch gegen die Dispache nicht erhoben und ist ein solcher auch vorher nicht angemeldet, so hat das Gericht die Dispache gegenüber den an dem Verfahren Betheiligten zu bestätigen.

Liegt ein Widerspruch vor, so haben sich die Betheiligten, deren Rechte durch ihn betroffen werden, zu erklären. Wird der Widerspruch als begründet anerkannt oder kommt anderweit eine Einigung zu Stande, so ist die Dispache demgemäß zu berichtigen. Erledigt sich der Widerspruch nicht, so ist die Dispache insoweit zu bestätigen, als sie durch den Widerspruch nicht berührt wird.

Werden durch den Widerspruch die Rechte eines in dem Termine nicht erschienenen Betheiligten betroffen, so wird angenommen, daß dieser den Widerspruch nicht als begründet anerkenne.

156. Soweit ein Widerspruch nicht gemäß § 155 Abs. 3 erledigt wird, hat ihn der Widersprechende durch Erhebung der Klage gegen diejenigen an dem Verfahren Betheiligten, deren Rechte durch den Widerspruch betroffen werden, zu verfolgen. Die das Vertheilungsverfahren betreffenden Vorschriften der §§ 878, 879 der Civilprozeßordnung finden mit der Maßgabe entsprechende Anwendung, daß das Gericht einem Betheiligten auf seinen Antrag, wenn erhebliche Gründe glaubhaft gemacht werden, die Frist zur Erhebung der Klage verlängern kann und daß an die Stelle der Ausführung des Vertheilungsplans die Bestätigung der Dispache tritt.

Ist der Widerspruch durch rechtskräftiges Urtheil oder in anderer Weise erledigt, so wird die Dispache bestätigt, nachdem sie erforderlichen Falles von dem Amtsgerichte nach Maßgabe der Erledigung der Einwendungen berichtigt ist.

157. Gegen die Verfügung, durch welche ein nach § 153 gestellter Antrag auf gerichtliche Verhandlung zurückgewiesen oder über die Bestätigung der Dispache entschieden wird, findet die sofortige Beschwerde statt.

Einwendungen gegen die Dispache, welche mittelst Widerspruchs geltend zu machen sind, können nicht im Wege der Beschwerde geltend gemacht werden.

158. Die Bestätigung der Dispache ist nur für das gegenseitige Verhältniß der an dem Verfahren Betheiligten wirksam.

Aus der rechtskräftig bestätigten Dispache findet die Zwangsvollstreckung nach den Vorschriften der Civilprozeßordnung statt.

Für Klagen auf Ertheilung der Vollstreckungsklausel sowie für Klagen, durch welche Einwendungen gegen die in der Dispache festgestellten Ansprüche geltend gemacht werden oder die bei der

229. Vgl. § 727 HGB; § 86 RG v. 15. Juni 1895.
230. Vgl. § 729 HGB; § 87 Abs. 2 RG v. 15. Juni 1895.
231. § 700 HGB; § 78 RG v. 15. Juni 1895.
232. Vgl. § 729 Abs. 2 HGB; § 87 Abs. 3 RG v. 15 Juni 1895.
233. Vgl. § 87 Abs. 1, 7 RG v. 15. Juni 1895.

Ertheilung der Vollstreckungsklausel als eingetreten angenommene Rechtsnachfolge bestritten wird, ist das Amtsgericht zuständig, welches die Dispache bestätigt hat. Gehört der Anspruch nicht vor die Amtsgerichte, so sind die Klagen bei dem zuständigen Landgerichte zu erheben.

Achter Abschnitt.

Vereinssachen. Güterrechtsregister.[233a]

159. Auf die Eintragungen in das Vereinsregister[234] finden die Vorschriften der §§ 127 bis 130, 142, 143, auf das Verfahren bei der Verhängung von Ordnungsstrafen gegen Mitglieder des Vorstandes oder Liquidatoren eines eingetragenen Vereins[235] finden die Vorschriften der §§ 127, 132 bis 139 entsprechende Anwendung.

160. Im Falle des § 37 des Bürgerlichen Gesetzbuchs soll das Gericht vor der Verfügung, durch welche über das Verlangen, eine Mitgliederversammlung zu berufen, entschieden wird, soweit thunlich den Vorstand des Vereins hören. Gegen die Verfügung findet die sofortige Beschwerde statt.

161. Auf die Eintragungen in das Güterrechtsregister[236] finden die Vorschriften der §§ 127 bis 130, 142, 143 entsprechende Anwendung.

Von einer Eintragung sollen in allen Fällen beide Ehegatten benachrichtigt werden.

162. Das Amtsgericht hat auf Verlangen eine Bescheinigung darüber zu ertheilen, daß bezüglich des Gegenstandes einer Eintragung weitere Eintragungen in das Vereins- oder Güterrechtsregister nicht vorhanden sind oder daß eine bestimmte Eintragung in das Register nicht erfolgt ist.[236a]

Neunter Abschnitt.

Offenbarungseid. Untersuchung und Verwahrung von Sachen. Pfandverkauf.

163. Ist in den Fällen der §§ 259, 260, 2028, 2057 des Bürgerlichen Gesetzbuchs der Offenbarungseid nicht vor dem Prozeßgerichte[237] zu leisten, so finden die Vorschriften des § 79 entsprechende Anwendung.

164. In den Fällen, in denen nach den Vorschriften des bürgerlichen Rechtes[238] Jemand den Zustand oder den Werth einer Sache durch Sachverständige feststellen lassen kann, ist für die Ernennung, Beeidigung und Vernehmung der Sachverständigen das Amtsgericht zuständig, in dessen Bezirke sich die Sache befindet. Durch eine ausdrückliche Vereinbarung der Betheiligten kann die Zuständigkeit eines anderen Amtsgerichts begründet werden.

Eine Anfechtung der Verfügung, durch welche dem Antrage stattgegeben wird, ist ausgeschlossen.

Bei dem Verfahren ist der Gegner soweit thunlich zu hören.

165. In den Fällen der §§ 432, 1217, 1281, 2039 des Bürgerlichen Gesetzbuchs ist für die Bestellung des Verwahrers[239] das Amtsgericht zuständig, in dessen Bezirke sich die Sache befindet.

Ueber eine von dem Verwahrer beanspruchte Vergütung entscheidet das Amtsgericht.

Vor der Bestellung des Verwahrers und vor der Entscheidung über die Vergütung sind die Betheiligten soweit thunlich zu hören.

166. Im Falle des § 1246 Abs. 2 des Bürgerlichen Gesetzbuchs ist für die Entscheidung des Gerichts das Amtsgericht des Ortes zuständig, an welchem das Pfand aufbewahrt wird.

Vor der Entscheidung sind die Betheiligten soweit thunlich zu hören.

Zehnter Abschnitt.

Gerichtliche und notarielle Urkunden.

167. Für die gerichtliche Beurkundung eines Rechtsgeschäfts[240] sowie für die gerichtliche Beglaubigung[241] eines Handzeichens sind die Amtsgerichte zuständig.

Für die öffentliche Beglaubigung einer Unterschrift sind außer den Notaren die Amtsgerichte zuständig.[242] Das Gleiche gilt für die Aufnahme der im § 1718 und im § 1720 Abs. 2 des Bürgerlichen Gesetzbuchs vorgesehenen öffentlichen Urkunden über die Anerkennung der Vaterschaft; für die Aufnahme dieser Urkunden ist, wenn die Anerkennung der Vaterschaft bei der Anzeige der Geburt des Kindes oder bei der Eheschließung seiner Eltern erfolgt, auch der Standesbeamte zuständig, welcher die Geburt oder die Eheschließung beurkundet.[243]

168. Für die gerichtliche und die notarielle Beurkundung eines Rechtsgeschäfts gelten, unbeschadet der Vorschriften des Bürgerlichen Gesetzbuchs über die Errichtung von Testamenten und

233a. Ueber Einrichtung und Führung der Register vgl. Bek. des Reichskanzlers v. 12. Nov. 1898 (RCentralbl S. 438); Art. 30 ff. der allgem. Verfügung v. 6. Dez. 1899.

234. Vgl. § 55 BGB.

235. Vgl. § 78 BGB.

236. §§ 1558 ff. BGB; vgl. auch Art. 4 EG z. HGB.

236a. Vgl. Art. 34 der allgem. Verfügung v. 6. Dez. 1899.

237. Vgl. § 889 Abs. 1 CPO; § 163 findet also dann Anwendung, wenn der Eidespflichtige sich freiwillig zur Leistung des Eides erbietet. — Vgl. auch §§ 261 BGB; § 15 FrG.

238. Also nicht nur des BGB, z. B. §§ 1034, 1067, 1528, 2122 BGB, sondern auch §§ 438 Abs. 2, 469 Abs. 1 HGB; § 61 Binnenschiffahrtsges. v. 15. Juni 1895. — Vgl. auch § 41 AG z. FrG.

239. Vgl. § 688 ff. BGB.

240. Vgl. Art. 141 EG z. BGB; § 44 AG z. FrG.

241. Vgl. § 126 Abs. 1 BGB; § 191 Abs. 2 FrG; § 48 Abs. 4 AG z. FrG.

242. Vgl. § 129 Abs. 1 BGB; § 191 Abs. 2 FrG; § 48 AG z. FrG; § 183 FrG.

243. Vgl. § 25 RG v. 6. Febr. 1875; § 46 AG z. FrG

Erbverträgen,[244] die §§ 169 bis 182.[245] Als Betheiligter im Sinne der §§ 169 bis 182 ist derjenige anzusehen, dessen Erklärung beurkundet werden soll.

169. Ist ein Betheiligter nach der Ueberzeugung des Richters oder des Notars taub,[246] blind, stumm oder sonst am Sprechen verhindert, so muß der Richter einen Gerichtsschreiber oder zwei Zeugen, der Notar einen zweiten Notar oder zwei Zeugen zuziehen.

170. Als Richter, Notar, Gerichtsschreiber[247] oder Zeuge kann bei der Beurkundung nicht mitwirken:

1. wer selbst Betheiligter[248] ist sowie derjenige, für welchen ein Betheiligter als Vertreter handelt;
2. der Ehegatte eines Betheiligten, auch wenn die Ehe nicht mehr besteht;
3. wer mit einem Betheiligten in gerader Linie oder im zweiten Grade der Seitenlinie verwandt oder verschwägert ist;
4. wer zu demjenigen, für welchen ein Betheiligter als Vertreter handelt, in einem Verhältnisse der unter Nr. 2, 3 bezeichneten Art steht.

171. Als Richter, Notar, Gerichtsschreiber[247] oder Zeuge kann bei der Beurkundung nicht mitwirken:

1. derjenige, zu dessen Gunsten in der Urkunde eine Verfügung getroffen wird;
2. wer zu demjenigen, zu dessen Gunsten in der Urkunde eine Verfügung getroffen wird, in einem Verhältnisse der im § 170 Nr. 2, 3 bezeichneten Art steht.

Die Mitwirkung einer hiernach ausgeschlossenen Person hat zur Folge, daß die Beurkundung insoweit nichtig ist, als sie eine Verfügung zu Gunsten einer der im Abs. 1 Nr. 1, 2 bezeichneten Personen zum Gegenstande hat.

172. Als Gerichtsschreiber[247] oder zweiter Notar oder Zeuge kann bei der Beurkundung nicht mitwirken, wer zu dem Richter oder dem beurkundenden Notar in einem Verhältnisse der im § 170 Nr. 2, 3 bezeichneten Art steht.

173.[249] Als Zeuge soll bei der Beurkundung nicht mitwirken:

1. ein Minderjähriger;
2. wer der bürgerlichen Ehrenrechte für verlustig erklärt ist, während der Zeit, für welche die Aberkennung der Ehrenrechte erfolgt ist;
3. wer nach den Vorschriften der Strafgesetze unfähig ist, als Zeuge eidlich vernommen zu werden;[250]
4. wer als Gesinde oder Gehülfe im Dienste des Richters oder des beurkundenden Notars steht.

174.[249] Die bei der Beurkundung mitwirkenden Personen müssen bei der Vorlesung, Genehmigung und Unterzeichnung der Urkunde zugegen sein.[251]

175.[249] Ueber die Verhandlung muß ein Protokoll in deutscher Sprache aufgenommen werden.

176.[249] Das Protokoll muß enthalten:

1. Ort und Tag der Verhandlung;
2. die Bezeichnung[252] der Betheiligten und der bei der Verhandlung mitwirkenden Personen;
3. die Erklärung der Betheiligten.

Wird in der Erklärung auf eine Schrift Bezug genommen und diese dem Protokoll als Anlage beigefügt, so bildet sie einen Theil des Protokolls.

Das Protokoll soll eine Angabe darüber enthalten, ob der Richter oder der Notar die Betheiligten kennt oder, sofern dies nicht der Fall ist, in welcher Weise er sich Gewißheit über ihre Persönlichkeit verschafft hat. Kann er sich diese Gewißheit nicht verschaffen, wird aber gleichwohl die Aufnahme der Verhandlung verlangt, so sollen der Sachverhalt und dasjenige, was zur Feststellung der Persönlichkeit beigebracht ist, in das Protokoll aufgenommen werden.[253]

177. Das Protokoll muß vorgelesen, von den Betheiligten[254] genehmigt und von ihnen eigenhändig unterschrieben werden. Im Protokolle muß festgestellt werden, daß dies geschehen ist. Das Protokoll soll den Betheiligten auf Verlangen auch zur Durchsicht vorgelegt werden.[255]

Erklärt ein Betheiligter, daß er nicht schreiben könne, so muß diese Erklärung im Protokolle festgestellt werden. Bei der Vorlesung und der Genehmigung muß der Richter oder der Notar einen Zeugen zuziehen. In den Fällen des § 169 bedarf es dieser Zuziehung nicht; das Gleiche gilt, wenn in anderen Fällen ein Gerichtsschreiber oder ein zweiter Notar zugezogen wird.[256]

Das Protokoll muß von den mitwirkenden Personen unterschrieben werden.[257]

178.[258] Ist nach der Ueberzeugung des Richters oder des Notars ein Betheiligter stumm oder sonst

244. Vgl. §§ 2233 ff., 2276 ff. BGB.

245. Eine ergänzende Vorschrift hierzu hat § 49 AG z. FrG zugefügt. — Das AG z. FrG hat in § 51 Abs. 1 die Vorschriften der §§ 169—180 zum Theil auf die Beurkundungen der Notare, welche nicht ein Rechtsgeschäft zum Gegenstande haben, ausgedehnt und in den §§ 51 Abs. 2, 52 ff. eine Reihe von Ordnungsvorschriften erlassen, welche für alle Beurkundungen der Notare — sowohl die unmittelbar dem Reichsrecht, als die dem Landesrecht unterstehenden — Geltung haben.

246. Vgl. §§ 49, 51 AG z. FrG.

247. Soweit die Zuziehung eines solchen reichsrechtlich oder landesrechtlich vorgeschrieben ist. — Vgl. auch § 3 Abs. 2 AG z. FrG.

248. Im Sinne des § 168 Satz 2 FrG.

249. Vgl. § 51 AG z. FrG.

250. § 161 StGB.

251. Vgl. §§ 49, 51 Abs. 2 AG z. FrG.

252. Vgl. § 52 AG z. FrG.

253. Vgl. auch §§ 53, 54 AG z. FrG.

254. Vgl. §§ 168, 181 FrG.

255. Vgl. § 49 AG z. FrG.

256. Z. B. wenn dies etwa landesgesetzlich vorgeschrieben ist.

257. Vgl. auch § 53 AG z. FrG.

258. Vgl. § 51 AG z. FrG.

am Sprechen verhindert und eine schriftliche Verständigung mit ihm nicht möglich, so muß bei der Beurkundung ein vereideter Dolmetscher zugezogen werden.

Im Protokolle muß festgestellt werden, daß der Richter oder der Notar die Ueberzeugung gewonnen hat, daß der Betheiligte am Sprechen verhindert und eine schriftliche Verständigung mit ihm nicht möglich ist. Das Protokoll muß von dem Dolmetscher genehmigt und unterschrieben werden.

Der Zuziehung eines Zeugen, eines Gerichtsschreibers oder eines zweiten Notars bedarf es in diesem Falle nicht.[259]

179.[260] Erklärt ein Betheiligter, daß er der deutschen Sprache nicht mächtig sei, so muß bei der Beurkundung ein vereideter Dolmetscher zugezogen werden. Der Zuziehung des Dolmetschers bedarf es nicht, wenn der Richter oder der Notar der Sprache, in der sich der Betheiligte erklärt, mächtig ist; die Beeidigung des Dolmetschers ist nicht erforderlich, wenn der Betheiligte darauf verzichtet.

Das Protokoll muß dem der deutschen Sprache nicht mächtigen Betheiligten durch den Dolmetscher oder, wenn ein Dolmetscher nicht zugezogen worden ist, durch den Richter oder den Notar in der fremden Sprache vorgetragen werden und die Feststellung enthalten, daß dies geschehen ist.

Im Protokolle muß festgestellt werden, daß der Betheiligte der deutschen Sprache nicht mächtig ist.

Der Dolmetscher muß das Protokoll unterschreiben.

Eine Beurkundung ist nicht aus dem Grunde unwirksam, weil den Vorschriften des Abs. 1 zuwider die Zuziehung eines Dolmetschers unterblieben ist.

180. Auf den Dolmetscher finden die nach den §§ 170 bis 173 für einen Zeugen geltenden Vorschriften entsprechende Anwendung.

181. Bei der gerichtlichen oder notariellen Beurkundung von Versteigerungen gelten Bieter nicht als Betheiligte; ausgenommen sind solche Bieter, die an ihr Gebot gebunden bleiben.[261] Entfernt sich ein solcher Bieter vor dem Schlusse der Verhandlung, so genügt an Stelle seiner Unterschrift die Angabe des Grundes, aus welchem sie unterblieben ist.

182. Die Ausfertigung der Protokolle über die gerichtliche Beurkundung eines Rechtsgeschäfts ist von dem Gerichtsschreiber zu unterschreiben und mit dem Gerichtssiegel zu versehen.

Auf Antrag können die Protokolle auch auszugsweise ausgefertigt werden.[262]

259. Vgl. § 49 AG z. FrG.

260. Vgl. bezügl. der Testamente und Erbverträge die entsprechenden Bestimmungen in den §§ 2244, 2276 BGB.

261. Vgl. §§ 147, 156 BGB; § 72 ZBG.

262. Bzgl. der Ausfertigung notarieller Urkunden vgl. §§ 57—61 AG z. FrG.

183. Die gerichtliche oder notarielle Beglaubigung einer Unterschrift[263] darf nur erfolgen, wenn die Unterschrift in Gegenwart des Richters oder des Notars vollzogen oder anerkannt wird.

Die Beglaubigung geschieht durch einen unter die Unterschrift zu setzenden Vermerk. Der Vermerk muß die Bezeichnung desjenigen, welcher die Unterschrift vollzogen oder anerkannt hat, enthalten und den Ort und den Tag der Ausstellung angeben sowie mit Unterschrift und Siegel oder Stempel versehen sein.

Diese Vorschriften finden auf die gerichtliche oder notarielle Beglaubigung eines Handzeichens entsprechende Anwendung.[264]

184. Für die nach § 167 den Amtsgerichten obliegenden Verrichtungen sind in Ansehung solcher Personen, die zur Besatzung eines in Dienst gestellten Schiffes der Kaiserlichen Marine gehören oder die in anderer Eigenschaft an Bord eines solchen Schiffes sind, auch die Geschwaderauditeure zuständig, solange das Schiff sich außerhalb eines inländischen Hafens befindet. Den Schiffen stehen die sonstigen Fahrzeuge der Kaiserlichen Marine gleich.

Die Ausfertigung der Protokolle über die Beurkundung eines Rechtsgeschäfts ist von dem Auditeur zu unterschreiben und mit dem Gerichtssiegel zu versehen.

Die Vorschriften des Artikel 44 des Einführungsgesetzes zum Bürgerlichen Gesetzbuche bleiben unberührt.[265]

Elfter Abschnitt. Schlußbestimmungen.

185. Dieses Gesetz tritt gleichzeitig mit dem Bürgerlichen Gesetzbuch in Kraft.

Die Artikel 2 bis 5, 32 des Einführungsgesetzes zum Bürgerlichen Gesetzbuche finden entsprechende Anwendung.

186. Die Vorschriften der §§ 11, 66 des Gesetzes über die Beurkundung des Personenstandes und die Eheschließung vom 6. Februar 1875 (Reichs-Gesetzbl. S. 23) werden insoweit aufgehoben, als sie der Landesgesetzgebung die Befugniß gewähren, das gerichtliche Verfahren abweichend zu regeln.

187. Der § 150 des Gesetzes, betreffend die Erwerbs- und Wirthschaftsgenossenschaften, vom 1. Mai 1889 (Reichs-Gesetzbl. S. 55) wird aufgehoben.

188. Der § 11 Abs. 2 des Gesetzes, betreffend das Reichsschuldbuch, vom 31. Mai 1891 (Reichs-Gesetzbl. S. 321) wird dahin geändert:

Zur Ausstellung dieser Bescheinigungen ist das Nachlaßgericht und, falls der Erblasser zur Zeit des Erbfalls im Inlande weder

263. Vgl. § 129 BGB; § 48 Abs. 3 AG z. FrG.

264. Vgl. §§ 126, 129 BGB; § 48 Abs. 4 AG z. FrG.

265. Vgl. § 39 Abs. 3 Reichsmilitärges. v. 2. Mai 1874.

Wohnsitz noch Aufenthalt hatte, auch derjenige Konsul des Reichs zuständig, in dessen Amtsbezirke der Erblasser zur Zeit des Erbfalls seinen Wohnsitz oder seinen gewöhnlichen Aufenthalt hatte, sofern dem Konsul von dem Reichskanzler die Ermächtigung zur Ausstellung solcher Bescheinigungen ertheilt ist.

189. Soweit im Einführungsgesetze zum Bürgerlichen Gesetzbuche zu Gunsten der Landesgesetze Vorbehalte gemacht sind, gelten sie auch für die Vorschriften der Landesgesetze über diejenigen Angelegenheiten der freiwilligen Gerichtsbarkeit, welche Gegenstand dieses Gesetzes sind; den Landesgesetzen stehen nach Maßgabe der Artikel 57, 58 des Einführungsgesetzes zum Bürgerlichen Gesetzbuche die Hausverfassungen gleich.

190. Unberührt bleiben die landesgesetzlichen Vorschriften, welche für den Fall, daß nach Artikel 147 des Einführungsgesetzes zum Bürgerlichen Gesetzbuche die dem Vormundschaftsgericht obliegenden Verrichtungen durch Landesgesetz anderen Behörden als den Amtsgerichten übertragen sind, über den Vorsitz im Familienrathe Bestimmung treffen.[266]

191. Unberührt bleiben die landesgesetzlichen Vorschriften, nach welchen für die Aufnahme der nach dem § 1718 und dem § 1720 Abs. 2 des Bürgerlichen Gesetzbuchs erforderlichen öffentlichen Urkunden sowie für die öffentliche Beglaubigung einer Unterschrift außer den Amtsgerichten und Notaren auch andere Behörden oder Beamte zuständig sind.[267]

Durch Landesgesetz kann die Zuständigkeit der Amtsgerichte für die öffentliche Beglaubigung einer Unterschrift oder eines Handzeichens ausgeschlossen werden.[268]

192. Unberührt bleiben die landesgesetzlichen Vorschriften, nach welchen, wenn die Auseinandersetzung in Ansehung eines Nachlasses nicht binnen einer bestimmten Frist bewirkt ist, das Nachlaßgericht die Auseinandersetzung von Amtswegen zu vermitteln hat; auf die Auseinandersetzung finden die Vorschriften der §§ 88 bis 98 Anwendung.[269]

193. Unberührt bleiben die landesgesetzlichen Vorschriften, nach welchen, für die gemäß § 99 den Amtsgerichten obliegenden Verrichtungen andere als gerichtliche Behörden zuständig sind, sowie die landesgesetzlichen Vorschriften, nach welchen in den Fällen der §§ 86, 99 an Stelle der Gerichte oder neben diesen die Notare die Auseinandersetzung zu vermitteln haben.[270]

266. In Elf.-Lothr. besteht ein derartiges Landesgesetz nicht.

267. Vgl. § 46 AG z. FrG.

268. Vgl. §§ 47, 48 AG z. FrG.

269. In Elf.-Lothr. bestehen derartige landesgesetzliche Vorschriften nicht.

270. Vgl. §§ 30 ff. AG z. FrG, wonach den Notaren ein Theil der gerichtlichen Verrichtungen bei Vermittlung der Auseinandersetzung zugewiesen ist.

194. Sind für die im § 1 bezeichneten Angelegenheiten nach Landesgesetz andere als gerichtliche Behörden[271] zuständig, so gelten die in dem ersten Abschnitte für die Gerichte gegebenen Vorschriften auch für die anderen Behörden.

Als gemeinschaftliches oberes Gericht im Sinne der §§ 5, 46 gilt dasjenige Gericht, welches das gemeinschaftliche obere Gericht für die Amtsgerichte ist, in deren Bezirke die Behörden ihren Sitz haben. Durch Landesgesetz kann jedoch bestimmt werden, daß, wenn die Behörden in dem Bezirke desselben Amtsgerichts ihren Sitz haben, dieses als gemeinschaftliches oberes Gericht zuständig ist.

Die Vorschriften des § 8 über die Sitzungspolizei und über die Berathung und Abstimmung sowie die Vorschriften der §§ 6, 10, 11, des § 16 Abs. 2 und des § 31 finden keine Anwendung.

Durch die Vorschrift des Abs. 1 wird die Verpflichtung der gerichtlichen Behörden, gemäß § 2 Rechtshülfe zu leisten, nicht berührt.

195. Durch die Gesetzgebung eines Bundesstaats, in dem für die dem Vormundschaftsgericht oder dem Nachlaßgericht obliegenden Verrichtungen andere Behörden als die Amtsgerichte zuständig sind, kann bestimmt werden, daß die Abänderung einer Entscheidung einer solchen Behörde bei dem Amtsgerichte nachzusuchen ist, in dessen Bezirke die Behörde ihren Sitz hat.[272] In diesem Falle finden auf das Verfahren die Vorschriften der §§ 20 bis 25 entsprechende Anwendung.

Die Beschwerde findet gegen die Entscheidung des Amtsgerichts statt.

196. Ist für die Volljährigkeitserklärung nach Landesgesetz die Zentralstelle des Bundesstaats zuständig,[273] so finden die in dem ersten Abschnitte für die Gerichte gegebenen Vorschriften keine Anwendung.

Die Verfügung, durch welche der Minderjährige für volljährig erklärt wird, tritt mit der Bekanntmachung an den Minderjährigen in Wirksamkeit.

197. Durch die Landesjustizverwaltung kann angeordnet werden, daß die im § 14 des Gesetzes über die Beurkundung des Personenstandes und die Eheschließung vom 6. Februar 1875 vorgesehene Aufbewahrung des Nebenregisters bei den Landgerichten erfolgen soll.[274]

198. Unberührt bleiben die landesgesetzlichen Vorschriften, nach welchen bei der Beurkundung einer Erklärung in den Fällen des § 169 der Richter an Stelle des Gerichtsschreibers oder der zwei Zeugen eine besonders dazu bestellte Urkundsperson zuziehen kann.

Auf die Urkundsperson finden die Vorschriften der §§ 170 bis 172 Anwendung.

271. Z. B. Die Notare im Falle des § 193 FrG.

272. Vgl. § 35 AG z. FrG.

273. Trifft für Elf.-Lothr. nicht zu.

274. Vgl. Art. 20 der allgem. Verfügung v. 6. Dez. 1899.

199. Durch die Gesetzgebung eines Bundesstaats, in dem mehrere Oberlandesgerichte errichtet sind, kann die Entscheidung über das Rechtsmittel der weiteren Beschwerde einem der mehreren Oberlandesgerichte oder an Stelle eines solchen Oberlandesgerichts dem obersten Landesgerichte zugewiesen werden.

Das Gericht, dem nach Abs. 1 die Entscheidung zugewiesen wird, tritt zugleich für die Beschwerde gegen eine Verfügung des Landgerichts an die Stelle des nach § 64 und § 143 Abs. 2 zuständigen Oberlandesgerichts. Auch gilt es im Sinne der §§ 5, 46 als gemeinschaftliches oberes Gericht für alle Gerichte des Bundesstaats.

200. Durch Landesgesetz können Vorschriften zur Ergänzung und Ausführung dieses Gesetzes, mit Einschluß der erforderlichen Uebergangsvorschriften, auch insoweit erlassen werden, als dieses Gesetz Vorbehalte für die Landesgesetzgebung nicht enthält.[275]

Soweit durch Landesgesetz allgemeine Vorschriften über die Errichtung gerichtlicher oder notarieller Urkunden erlassen werden,[276] ist ein Verstoß gegen eine solche Vorschrift, unbeschadet der Vorschriften über die Folgen des Mangels der sachlichen Zuständigkeit, ohne Einfluß auf die Gültigkeit der Beurkundung.

---

275. Vgl. insbesondere §§ 2—12, 52—63 AG z. FrG.
276. §§ 52—63 AG z. FrG.

Gesetz

betreffend

die Ausführung des Reichsgesetzes über die Angelegenheiten der freiwilligen Gerichtsbarkeit.

Vom 6. November 1899.

Gesetzblatt S. 117.

I. Allgemeine Vorschriften.

§ **1.** Die Vorschriften des ersten Abschnitts des Reichsgesetzes über die Angelegenheiten der freiwilligen Gerichtsbarkeit vom 17. Mai 1898 (Reichs-Gesetzbl. S. 771), mit Ausnahme des § 28 Abs. 2 und 3, finden, soweit nicht in diesem Gesetz ein Anderes bestimmt ist, auch auf diejenigen Angelegenheiten der freiwilligen Gerichtsbarkeit Anwendung, welche durch Landesgesetz den Gerichten übertragen sind.[1]

Auf die Führung des Grundbuchs, des Eigenthumsbuchs und des vorläufigen Grundbuchs kommt die Vorschrift des Abs. 1 nur insoweit zur Anwendung, als nicht die Grundbuchordnung (Reichs Gesetzbl. 1898 S. 754) und das Gesetz, betreffend die Ausführung der Grundbuchordnung, abweichende Vorschriften enthalten. Die Anwendung des § 12 des Reichsgesetzes über die Angelegenheiten der freiwilligen Gerichtsbarkeit ist ausgeschlossen.

2. Eine Mitwirkung der Staatsanwaltschaft findet in Angelegenheiten der freiwilligen Gerichtsbarkeit nur in den durch dieses Gesetz bestimmten Fällen statt.

Im Verfahren vor den Amtsgerichten werden die der Staatsanwaltschaft obliegenden Verrichtungen von der Staatsanwaltschaft bei dem vorgeordneten Landgerichte wahrgenommen.[2]

3. Die Vorschriften des § 6 Abs. 1 und des § 7 des Reichsgesetzes über die Angelegenheiten der freiwilligen Gerichtsbarkeit finden auf den Gerichtsschreiber, soweit es sich bei dessen Mitwirkung nicht um die Beurkundung eines Rechtsgeschäfts handelt,[3] und auf den Gerichtsvollzieher entsprechende Anwendung.

Die Zuziehung des Gerichtsschreibers kann in den Fällen, in welchen das Gesetz sie nicht vorschreibt, erfolgen, wenn sie zur sachgemäßen Erledigung eines Geschäfts zweckmäßig ist.

4. Die Ausfertigungen gerichtlicher Verfügungen sind von dem Gerichtsschreiber zu unterschreiben und mit dem Gerichtssiegel zu versehen.

Zur Beglaubigung von Abschriften und Auszügen aus den bei den Gerichten geführten oder verwahrten Akten, Registern und Urkunden ist außer dem Richter auch der Gerichtsschreiber befugt.

5. Insoweit in einer durch Landesgesetz den Gerichten übertragenen Angelegenheit das Landgericht, der Landgerichtspräsident oder der Vorsitzende einer Kammer in erster Instanz entscheidet, findet, unbeschadet der Vorschrift des § 41 Abs. 2, die Beschwerde an das Oberlandesgericht statt. Die weitere Beschwerde ist ausgeschlossen.

6. Im Verfahren der freiwilligen Gerichtsbarkeit sind die Kosten, soweit nicht ein Anderes gesetzlich bestimmt ist, von demjenigen zu tragen, in dessen Angelegenheiten[4] sie entstanden sind. Dies gilt auch von den einem anderen Betheiligten[5] erwachsenen Kosten, soweit sie zur zweckentsprechenden Erledigung einer Angelegenheit nothwendig waren.

Das Gericht kann die durch unbegründeten Widerspruch, unbegründete Gesuche oder Beschwerden oder durch Verschulden eines anderen Betheiligten entstandenen Kosten ganz oder theilweise diesem zur Last legen. Das Gleiche gilt gegenüber einem Betheiligten, der eine Frist oder einen Termin versäumt hat, von den durch die Versäumniß entstandenen Kosten.

1. Vgl. § 13 Abs. 1 dieses Gesetzes.
2. Vgl. §§ 13 Abs. 2, 14 Abs. 2, 18, 19 Abs. 2, 22 dieses Gesetzes.
3. Vgl. § 170 ff. FrG.
4. Bezw. Interesse.
5. Z. B. den nach § 57 FrG zur Beschwerde Berechtigten.

Sind Kosten der im Abs. 2 bezeichneten Art durch eine Behörde oder einen Beamten des Staates, eines Bezirkes oder einer Gemeinde in Ausübung des Amtes verursacht worden, so fallen dieselben der Staatskasse zur Last. Kosten, welche durch die Bestellung eines Bevollmächtigten oder eines Beistandes entstanden sind, können dem Vollmachtgeber persönlich zur Last gelegt werden.

Die Vorschriften des § 102 Abs. 1 und 2 der Civilprozeßordnung finden entsprechende Anwendung.[6]

Haben mehrere Personen die Kosten zu tragen oder einem andern Betheiligten Kosten zu erstatten, so haften dieselben nach Kopftheilen. Ist jedoch die Betheiligung der einzelnen Schuldner an der Sache eine erheblich verschiedene, so bestimmt das Gericht, zu welchem Antheile die einzelnen haften. Die den Betheiligten erwachsenen Kosten können, wenn die Umstände es rechtfertigen, gegeneinander aufgehoben werden.

7. Die Kosten, welche einem Betheiligten zu erstatten sind, werden auf Antrag durch das Gericht erster Instanz festgesetzt.[7] An Stelle des Vormundschaftsgerichts tritt, wenn ein Familienrath die Rechte und Pflichten desselben ausübt, soweit nicht ein Anderes gesetzlich bestimmt ist,[8] der Vorsitzende des Familienraths.[9]

Zur Berücksichtigung eines Ansatzes genügt, daß er glaubhaft gemacht ist.

Im Verfahren vor den Amtsgerichten kann der Betrag der zu erstattenden Kosten, wenn er sofort zu ermitteln ist, in der Entscheidung über die Hauptsache festgesetzt werden.[10]

8. Aus einer Entscheidung, durch welche die einem Betheiligten zu erstattenden Kosten festgesetzt werden, findet die Zwangsvollstreckung nach den Vorschriften der Civilprozeßordnung statt.

9. Die Verfügungen des Gerichts sind in Angelegenheiten der freiwilligen Gerichtsbarkeit, soweit sich nicht aus dem Gesetz ein Anderes ergiebt,[11] nach Maßgabe der §§ 10, 11 zu vollstrecken.

Bei der Zwangsvollstreckung gegen Militärpersonen sind die Vorschriften des § 752 und des § 790 Abs. 1 der Civilprozeßordnung entsprechend anzuwenden.

Vollstreckungsbeamte sind die Gerichtsvollzieher.[12] In Betreff des Verfahrens und der Befugnisse derselben finden die Vorschriften der Civilprozeßordnung sinngemäße Anwendung.

Die Kosten der Vollstreckung hat derjenige zu tragen, dessen Verpflichtung erzwungen wird.

10. Ist die Herausgabe einer Sache oder einer Person angeordnet oder ist eine Anordnung ohne die Anwendung unmittelbaren Zwanges nicht ausführbar, so kann unmittelbarer Zwang angewendet werden.

Die Anwendung von Zwang erfolgt, sofern sie nicht von dem Gerichte von Amtswegen veranlaßt wird, auf Grund einer mit der Bescheinigung der Vollstreckbarkeit versehenen Ausfertigung der auszuführenden Verfügung, welche der Gerichtsschreiber auf Anordnung des Richters ertheilt.[13]

Wird die herauszugebende Sache oder Person nicht vorgefunden, so kann der Verpflichtete zur Leistung des Offenbarungseides angehalten werden; die Vorschriften des § 883 Abs. 2, 3, des § 900 Abs. 1, der §§ 901, 902, 904 bis 910, 912, 913 der Civilprozeßordnung finden entsprechende Anwendung.

11. Ist Jemandem die Verpflichtung zur Vornahme einer Handlung auferlegt, welche durch einen Anderen vorgenommen werden kann, so kann das Gericht einen Anderen zur Vornahme der Handlung ermächtigen.[14]

Ist Jemandem die Verpflichtung zur Vornahme einer Handlung auferlegt, deren Vornahme ausschließlich von dem Willen des Verpflichteten abhängt, so kann das Gericht den Verpflichteten zur Befolgung seiner Anordnung durch Ordnungsstrafen bis zum Gesammtbetrage von fünfzehnhundert Mark anhalten.[15] Das Gleiche gilt, wenn Jemandem die Verpflichtung zur Unterlassung oder zur Duldung einer Handlung auferlegt ist, unbeschadet der Befugniß des Gerichts, in geeigneten Fällen dieser Art die Anwendung unmittelbaren Zwanges anzuordnen.[16]

Die Vorschrift des § 892 der Civilprozeßordnung findet in den Fällen des Abs. 1 und des Abs. 2 entsprechende Anwendung.

12. Die Vollstreckung der in Angelegenheiten der freiwilligen Gerichtsbarkeit ausgesprochenen Geldstrafen erfolgt nach den Vorschriften über die Vollstreckung von Geldstrafen in Strafsachen.[17]

Die Vollstreckung in den Nachlaß des Verurtheilten findet nicht statt.[18]

13. Ist die Mitwirkung der Gerichte in einer nichtstreitigen Angelegenheit des öffentlichen Rechtes vorgeschrieben,[19] so finden die Vorschriften des

---

6. Hiernach ist also nur die einfache Beschwerde gegen die Entscheidungen aus Abs. 1—3 zulässig (vgl. § 19 FrG; § 1 dieses Gesetzes).

7. Vgl. § 104 CPO; §§ 1308 Abs. 2, 1673 Abs. 2, 1847 Abs. 2, 1877 BGB.

8. Vgl. z. B. § 1847 Abs. 2 BGB in Verbindung mit § 1872 Abs. 1 BGB.

9. Vgl. § 1860 BGB.

10. Vgl. § 103 Abs. 1 CPO. — Gegen den Kostenfestsetzungsbeschluß aus § 7 ist, abweichend v. § 105 Abs. 4 CPO, nur einfache Beschwerde zulässig nach § 19 FrG.

11. Vgl. §§ 98, 158 Abs. 2 FrG.

12. Vgl. § 3 Abs. 1 dieses Gesetzes.

13. Vgl. aber § 125 AG z. BGB.

14. Vgl. § 887 Abs. 1 CPO.

15. Die Vorschrift des § 33 FrG ist dabei zu beobachten.

16. Vgl. auch §§ 888, 890 CPO.

17. §§ 481 ff. StPO.

18. Abweichend von § 30 StGB.

19. Vgl. insbesondere: Art. 18, 19 Ges. v. 22. Frimaire VII über das Enregistrement; Art. 8 Ges. v. 22. Pluviose VII

ersten Abschnitts des Reichsgesetzes über die Angelegenheiten der freiwilligen Gerichtsbarkeit, mit Ausnahme des § 28 Abs. 2 und 3, sowie die Vorschriften der §§ 2 bis 12 dieses Gesetzes insoweit entsprechende Anwendung, als nicht das Gesetz, welches die Mitwirkung des Gerichts vorschreibt, besondere Vorschriften über das Verfahren enthält.

In den Fällen des Artikels 29 des Gesetzes über die Geisteskranken vom 30. Juni 1838 ist vor der Entscheidung die Staatsanwaltschaft zu hören. Alle Verfügungen sind ihr bekannt zu machen. Sie ist befugt, den zur Feststellung des Sachverhalts bestimmten Terminen beizuwohnen und gegen die Verfügungen des Gerichts Beschwerde zu erheben. Der Abs. 4 des genannten Artikels wird aufgehoben.

II. Vormundschaftssachen.[20]

14.[21] Auf das Verfahren, welches die Zwangserziehung eines Minderjährigen zum Gegenstande hat, finden, soweit nicht ein Anderes vorgeschrieben ist, die für Vormundschaftssachen geltenden Vorschriften des Reichsgesetzes über die Angelegenheiten der freiwilligen Gerichtsbarkeit Anwendung.

Das Gericht hat vor jeder Entscheidung über die Anordnung oder die Aufhebung der Zwangserziehung die Staatsanwaltschaft zu hören.

Die Entscheidung ist in allen Fällen der Staatsanwaltschaft bekannt zu machen. Der Staatsanwaltschaft steht die Beschwerde zu.

15. Eine Verfügung, durch welche die Bestätigung eines Gemeindewaisenraths abgelehnt wird (§ 131 Abs. 1 des Ausführungsgesetzes zum Bürgerlichen Gesetzbuche, Gesetzbl. S. 43), ist dem Bürgermeister bekannt zu machen.[21a]

16. Eine Verfügung, durch welche an Stelle des Verwaltungsraths des Pflegehauses ein anderer Vormund bestellt wird (§ 136 des Ausführungsgesetzes zum Bürgerlichen Gesetzbuch), ist dem Vorsitzenden des Verwaltungsraths bekannt zu machen.

17. Die sofortige Beschwerde findet statt:

1. gegen die im § 15 bezeichnete Verfügung;
2. gegen eine Verfügung, durch welche die Weigerung, das Amt eines Gemeindewaisenraths zu übernehmen, zurückgewiesen wird;[22]
3. gegen eine Verfügung, durch welche ein Gemeindewaisenrath entlassen wird.[23]

In dem Falle des Abs. 1 Ziffer 1 wird das Beschwerderecht von dem Bürgermeister ausgeübt. Eine Ermächtigung zur Einlegung der Beschwerde ist nicht erforderlich.

18. Das dem Vormundschaftsgerichte vorgeordnete Landgericht kann auf Antrag der Staatsanwaltschaft gegen einen Standesbeamten, welcher die im § 48 des Reichsgesetzes über die Angelegenheiten der freiwilligen Gerichtsbarkeit vorgeschriebene Anzeige unterläßt, eine Ordnungsstrafe bis zu dreißig Mark aussprechen. Vor der Verfügung ist der Standesbeamte zu hören.

III. Personenstand.

19. Die Aufsicht über die Amtsführung der Standesbeamten (§ 11 Abs. 1 des Gesetzes über die Beurkundung des Personenstandes und die Eheschließung vom 6. Februar 1875, Reichs-Gesetzbl. S. 23) wird von der Staatsanwaltschaft bei den Landgerichten, in höherer Instanz von der Staatsanwaltschaft bei dem Oberlandesgerichte geübt. Oberste Aufsichtsbehörde ist das Ministerium.

Zur Verhängung von Geldstrafen gegen Standesbeamte auf Grund des § 11 Abs. 2 des Gesetzes vom 6. Februar 1875 ist das Landgericht zuständig, in dessen Bezirke der Standesbeamte seinen Amtssitz hat. Dasselbe verfügt auf Antrag der Staatsanwaltschaft. Vor der Entscheidung ist der Standesbeamte zu hören.

20. Das Ministerium erläßt die erforderlichen Bestimmungen über die Prüfung der Standesregister.[24]

Dasselbe kann den Amtsrichtern eine Mitwirkung bei der Aufsicht über die Registerführung übertragen.[24a]

21. Ist das Haupt- oder das Nebenregister ganz oder theilweise zerstört oder verloren, so kann die oberste Aufsichtsbehörde (Ministerium) die Herstellung einer Abschrift von dem vorhandenen Register anordnen. Die Richtigkeit der Abschrift ist von dem Standesbeamten oder dem zuständigen Gerichtsbeamten gemäß § 15 Abs. 2 des Gesetzes über die Beurkundung des Personenstandes und die Eheschließung zu bestätigen.

Die Kosten der Herstellung fallen der Gemeinde, im Falle der Zerstörung oder des Verlustes eines beim Gericht aufbewahrten oder bei der Aufsichtsbehörde befindlichen Registers jedoch der Staatskasse zur Last.

22. In den durch das Gesetz über die Beurkundung des Personenstandes und die Eheschließung sowie durch § 19 Abs. 2 dieses Ausführungsgesetzes den Gerichten übertragenen Angelegenheiten ist vor der Entscheidung des Gerichts die Staatsanwaltschaft zu hören.

über die Förmlichkeiten bei Verkäufen beweglicher Gegenstände; Art. 1 Ges. v. 15. Nov. 1808 betr. Abschätzung von Liegenschaften in Enregistrementssachen; Art. 29 Ges. v. 30. Juni 1838 über die Geisteskranken; § 29 Ges. v. 12. Juni 1889 betr. die Erbschaftssteuer; § 33 Ges. v. 6. Juni 1895 betr. die Gemeindeordnung; § 5 Ges. v. 15. Juli 1896 betr. Wahlen zu den Bezirks- und Kreisvertretungen.

20. Artt. 3 ff. der Allgem. Verfügung v. 6. Dez. 1899.

21. Vgl. Art. 135 EG z. BGB; §§ 123—127 AG. z. BGB: MinV v. 10. Jan. 1900.

21a. Vgl. Art. 12 der Allgem. Verfügung v. 6. Dez. 1899.

22. § 133 Abs. 1 AG z. BGB.

23. § 131 Abs. 2 AG z. BGB.

24. Vgl. § 14 Abs. 2 RG v. 6. Febr. 1875.

24a. Vgl. Art. 21 der Allgem. Verfügung v. 6. Dez. 1899.

Die Entscheidung ist der Staatsanwaltschaft in allen Fällen bekannt zu machen.

IV. Nachlaß- und Theilungssachen.[25] Vermögensverzeichnisse.

23. Wird bei einem Standesbeamten der Tod einer Person angezeigt, an deren Nachlaß ein Erbe betheiligt ist, welcher abwesend, geschäftsunfähig oder in der Geschäftsfähigkeit beschränkt und ohne gesetzlichen Vertreter ist, so hat der Standesbeamte hiervon dem Nachlaßgericht unverzüglich Anzeige zu machen.[25a] Die gleiche Verpflichtung liegt dem Standesbeamten ob,

1. wenn ein Erbe unbekannt ist,
2. wenn die Person, deren Tod angezeigt wird, Vermögen, welches dem Staate, einem Bezirke, einer Gemeinde oder einer anderen öffentlichen Anstalt gehört, oder öffentliche Urkunden in Verwahrung hatte.[26]

Im Falle der Unterlassung der Anzeige kann das dem Nachlaßgerichte vorgeordnete Landgericht auf Antrag der Staatsanwaltschaft gegen den Standesbeamten eine Ordnungsstrafe bis zu dreißig Mark aussprechen. Vor der Verfügung ist der Standesbeamte zu hören.

24.[27] Das Gericht kann die Ausführung der in den Fällen des § 1960 des Bürgerlichen Gesetzbuchs zur Sicherung des Nachlasses angeordneten Maßregeln, insbesondere die Aufnahme eines Nachlaßverzeichnisses, einem Notar übertragen. Der Notar hat das in Ausführung der gerichtlichen Anordnung aufgenommene Nachlaßverzeichniß[28] bei dem Nachlaßgericht einzureichen.

Befindet sich der Nachlaß nicht am Sitze des Gerichts, so kann die Anlegung sowie die Abnahme von Siegeln dem Bürgermeister übertragen werden.

25. Besteht ein dringendes Bedürfniß für die Sicherung des Nachlasses, so soll der Bürgermeister für die Sicherung durch Anlegung von Siegeln vorläufig sorgen und dem Gerichte hiervon unverzüglich Mittheilung machen.

Diese Vorschrift findet an Orten, an denen das Gericht seinen Amtssitz hat, keine Anwendung.

26. Bei der Anlegung und Abnahme von Siegeln sowie bei der Aufnahme des Nachlaßverzeichnisses sind, soweit dies ohne Verzug geschehen kann, die bekannten Betheiligten zuzuziehen.

Wird die Siegelung von dem Richter oder von dem Notar vorgenommen so hat derselbe auf Ansuchen eines Betheiligten, nach Befinden auch von Amtswegen, nach einem Testamente des Erblassers zu suchen.

Ist eine zur Sicherung des Nachlasses angeordnete Maßregel in Abwesenheit eines Betheiligten vorgenommen worden, so soll das Nachlaßgericht denselben, soweit thunlich, davon in Kenntniß setzen.

27. Die Vorschriften der §§ 6 und 7 des Reichsgesetzes über die Angelegenheiten der freiwilligen Gerichtsbarkeit finden auf den Bürgermeister in den Fällen des § 24 Abs. 2 und des § 25 entsprechende Anwendung.[29]

28.[30] Das vor einem Notar errichtete Testament ist in besondere amtliche Verwahrung des Notars zu nehmen.[31] Das Gleiche gilt von einem Erbvertrage, sofern nicht die Parteien das Gegentheil verlangen (§ 2277 des Bürgerlichen Gesetzbuchs).

Das vor einem Gemeindevorsteher errichtete Testament (§§ 2249, 2250 des Bürgerlichen Gesetzbuchs) ist bei einem Notar des Amtsgerichtsbezirkes, in welchem es errichtet ist, in besondere amtliche Verwahrung zu bringen. Haben mehrere Notare in dem Bezirk ihren Sitz, so erfolgt die Bezeichnung des Notars durch das Amtsgericht.

Ein eigenhändiges Testament (§ 2231 Nr. 2 des Bürgerlichen Gesetzbuchs) hat jeder Notar auf Verlangen des Erblassers in besondere amtliche Verwahrung zu nehmen.[32]

29. Stirbt eine Person, welche Vermögen des Staates, eines Bezirkes, einer Gemeinde oder einer öffentlichen Anstalt oder öffentliche Urkunden in Verwahrung hatte, so hat das Nachlaßgericht für die Sicherung des Vermögens oder der Urkunden, insbesondere durch Anlegung von Siegeln, zu sorgen, soweit ein Bedürfniß besteht.[33]

Die Vorschriften der §§ 24 Abs. 2, 25 und 27 finden Anwendung.

30. In den Fällen der §§ 86 und 99 des Reichsgesetzes über die Angelegenheiten der freiwilligen Gerichtsbarkeit haben an Stelle der Gerichte die Notare die Auseinandersetzung zu vermitteln. Die nach diesem Gesetze den Gerichten obliegenden Verrichtungen werden, soweit nicht in den §§ 31 bis 36 ein Anderes bestimmt ist, den Notaren übertragen.[34]

31. Der Notar, welcher die Auseinandersetzung zu vermitteln hat, wird durch das Gericht ernannt.

Auf die Berechtigung, den Antrag auf Ernennung eines Notars zu stellen, findet die Vorschrift des § 86 Abs. 2 des Reichsgesetzes über die Angelegenheiten der freiwilligen Gerichtsbarkeit entsprechende Anwendung.

Vor der Entscheidung über den Antrag hat das Gericht den übrigen Betheiligten Gelegenheit

25. Vgl. Artt. 22 ff. der allgem. Verfügung v. 6. Dez. 1899.

25a. Die Bestimmung ist mit Rücksicht auf §§ 1960, 1964 BGB, § 29 dieses Gesetzes getroffen; vgl. auch § 48 FrG.

26. Z. B. Notare, Gerichtsvollzieher.

27. Vgl. Art. 147 EG z. BGB.

28. In Ausfertigung oder im Auszug.

29. Bezüglich des Notars vgl. § 50 dieses Gesetzes.

30. Vgl. § 14 FrG und Bem. dazu.

31. Vgl. § 2246 Abs. 1 BGB.

32. Vgl. § 2248 BGB.

33. Artt. 16, 37 Dekr. v. 6. Nov. 1813 bleiben unberührt.

34. Vgl. § 193 FrG, auch § 2 FrG; § 14 MinV v. 8. Febr. 1900.

zur Aeußerung innerhalb einer angemessenen Frist zu geben.

32. Gegen die Verfügung des Gerichts, durch welche ein Notar zur Vermittelung der Auseinandersetzung ernannt wird, findet die sofortige Beschwerde statt.[35] Die Verfügung tritt erst mit der Rechtskraft in Wirksamkeit.

Nach eingetretener Rechtskraft hat das Gericht dem Notar Abschrift der Verfügung mit der Bescheinigung der Rechtskraft zu übersenden.

33. Auf die Bekanntmachung der Verfügungen des Notars findet, unbeschadet der Vorschrift des § 34 Abs. 1 Ziffer 3 und Abs. 2 dieses Gesetzes, der § 16 Abs. 2 des Reichsgesetzes über die Angelegenheiten der freiwilligen Gerichtsbarkeit entsprechende Anwendung.

Für die Bewirkung einer Zustellung hat an Stelle des Gerichtsschreibers der Notar Sorge zu tragen; an Stelle des Gerichtsdieners tritt der Gerichtsvollzieher. Der § 174 Abs. 1 der Civilprozeßordnung bleibt außer Anwendung. Bei einer Zustellung durch Aufgabe zur Post kann sich der Notar der Vermittelung eines Gerichtsvollziehers bedienen.[36]

34. Das Gericht ist zuständig:

1. für die Bestellung eines Pflegers für einen abwesenden Betheiligten (§§ 88, 99 des Reichsgesetzes über die Angelegenheiten der freiwilligen Gerichtsbarkeit);
2. für die Bewilligung und die Entziehung des Armenrechts;[37]
3. für die Bewilligung einer öffentlichen Zustellung;[38]
4. für die Ernennung und Beeidigung eines Sachverständigen, sofern die Betheiligten über dessen Person nicht einig sind, für die Verurtheilung eines Zeugen oder Sachverständigen zu Strafe oder Kosten sowie für die Anordnung von Zwangsmaßregeln gegen einen Zeugen;
5. für die Bestätigung einer Vereinbarung oder der Auseinandersetzung, wenn ein Betheiligter nicht erschienen war und nicht nachträglich zugestimmt hat (§ 91 Abs. 3, § 93 Abs. 2, § 99 des Reichsgesetzes über die Angelegenheiten der freiwilligen Gerichtsbarkeit);
6. für die Entscheidung über die Wiedereinsetzung eines nicht erschienenen Betheiligten in den vorigen Stand in den Fällen der §§ 92, 93 Abs. 2, § 99 desselben Gesetzes;
7. für die Genehmigung, deren ein Betheiligter, welcher im Inlande keinen Vormund, Pfleger oder Beistand hat, zu einer Vereinbarung oder zur Auseinandersetzung bedarf (§ 97 Abs. 2, § 99 desselben Gesetzes).

Im Falle des Abs. 1 Ziffer 3 wird die Zustellung durch den Gerichtsschreiber besorgt.

Der Notar hat in den Fällen des Abs. 1 Ziffer 4 bis 7 dem Gerichte die aufgenommenen Verhandlungen in Urschrift zur Beschlußfassung vorzulegen. Die Zurückbehaltung einer Abschrift ist nicht erforderlich. Nach Rechtskraft der gerichtlichen Entscheidung sind die Verhandlungen nebst einer Abschrift der Entscheidung dem Notar zurückzusenden.

35. Die Abänderung einer Entscheidung des Notars ist bei dem Gerichte nachzusuchen.[39] Die Vorschriften des § 34 Abs. 3 finden entsprechende Anwendung.

36. Die Kosten der Auseinandersetzung fallen der Masse zur Last. Die Vorschrift des § 6 Abs. 2 findet Anwendung. Die durch Bestellung eines Bevollmächtigten entstandenen Kosten sind von dem Vollmachtgeber, die Kosten einer für das Verfahren angeordneten Abwesenheitspflegschaft[40] von dem Abwesenden zu tragen.

Die besonderen Kosten, welche dadurch entstehen, daß ein Betheiligter eine Herausgabe zu leisten hat, fallen dem Letzteren zur Last.

37.[41] Für die Aufnahme von Verzeichnissen in den Fällen, in welchen nach reichsgesetzlicher Vorschrift die Aufnahme durch eine zuständige Behörde oder durch einen zuständigen Beamten oder Notar zu geschehen hat,[42] desgleichen für die Mitwirkung bei Aufnahme des Inventars im Falle des § 2002 des Bürgerlichen Gesetzbuchs sind nur die Notare zuständig.

Die Zuständigkeit der Amtsgerichte zur Aufnahme von Vermögensverzeichnissen in den Fällen des § 1960 des Bürgerlichen Gesetzbuchs wird hierdurch nicht berührt.

38. Das Ministerium kann über das Verfahren bei der Sicherung eines Nachlasses sowie bei Siegelungen, Entsiegelungen und bei Aufnahme von Vermögensverzeichnissen in anderen Fällen Bestimmungen erlassen.

V. Handelssachen. Sonstige Angelegenheiten. Registerführung.

39. Das Ministerium ertheilt

1. die Ermächtigung von Handelsmäklern zum freihändigen Verkaufe von Sachen, welche einen Börsen- oder Marktpreis haben,[43]
2. die Ermächtigung von Lageranstalten zur Ausstellung von Lagerscheinen und Lagerpfand-

35. Die Verfügung ist nach § 16 Abs. 2 FrG bekannt zu machen.

36. Vgl. § 175 CPO; MinV v. 8. Febr. 1900 (ABl. S. 58).

37. Vgl. § 14 FrG.

38. Vgl. § 203 CPO.

39. Vgl. § 195 FrG.

40. Vgl. § 88 FrG; § 1911 BGB.

41. Vgl. Art. 148 EG z. BGB.

42. Vgl. §§ 1035, 1372, 1528, 1640, 1667, 1692, 1760, 1802, 2003, 2121, 2215, 2314 BGB.

43. Vgl. §§ 385, 1221, 1235, 1295 BGB; §§ 373 Abs. 2, 376 Abs. 3, 379 Abs. 2, 437 Abs. 2 HGB.

scheinen (§ 363 Abs. 2 des Handelsgesetzbuchs, Artikel 1, 2 des Gesetzes vom 28. Mai 1858, betreffend den Geschäftsverkehr in Ansehung der in den allgemeinen Lagerhäusern hinterlegten Waaren).[44]

Die Ermächtigung ist widerruflich.

Der ermächtigte Handelsmäkler hat vor dem Amtsgericht, in dessen Bezirk er seinen Wohnsitz hat, den Eid zu leisten, daß er die ihm obliegenden Pflichten getreu erfüllen werde. Die Ermächtigung wird erst mit der Eidesleistung wirksam.[45]

40. Für die Ertheilung der Genehmigung öffentlicher Einzelverkäufe neuer Waaren (Artikel 5 des Gesetzes über den öffentlichen Verkauf neuer Waaren vom 25. Juni 1841) ist das Landgericht und zwar, wenn eine Kammer für Handelssachen gebildet ist, diese zuständig.

41. Ist in einem die Versicherung gegen Feuersgefahr bezweckenden Vertrage bedungen, daß behufs Schätzung des im Falle des Brandes entstandenen Schadens ein Sachverständiger gerichtlich zu ernennen sei, so ist für die Ernennung und Beeidigung des Sachverständigen das Amtsgericht zuständig, in dessen Bezirke der Brand stattgefunden hat. Durch eine ausdrückliche Vereinbarung der Betheiligten kann die Zuständigkeit eines anderen Amtsgerichts oder in Ansehung der Ernennung des Sachverständigen die Zuständigkeit eines Landgerichtspräsidenten begründet werden. Vor der Entscheidung ist der Gegner soweit thunlich zu hören.[46]

Eine Anfechtung der Verfügung, durch welche dem Antrage stattgegeben wird, ist ausgeschlossen.

42. Ist zur Wahrnehmung von Rechten im Auslande die Leistung eines Eides oder eine Versicherung an Eidesstatt erforderlich, so ist zur Abnahme des Eides oder der Versicherung an Eidesstatt sowohl das Amtsgericht als auch der Notar befugt.

43. Die Bestimmungen über die Einrichtung und Führung der Register, deren Führung den Amtsgerichten obliegt, werden, soweit erforderlich, von dem Ministerium erlassen.[47]

VI. Oeffentliche Urkunden.

44.[48] Für die Beurkundung von Rechtsgeschäften, welche nach den Vorschriften der Reichsgesetze gerichtlicher oder notarieller Beurkundung bedürfen, sind, soweit nicht ein Anderes gesetzlich bestimmt ist,[49] nur die Notare zuständig.

45.[50] Zur Beurkundung der in dem § 313 des Bürgerlichen Gesetzbuchs und dem § 74 Abs. 1 des Ausführungsgesetzes zum Bürgerlichen Gesetzbuche bezeichneten Verträge sind außer den Notaren zuständig:

1. wenn der Reichsfiskus, der Landesfiskus oder ein elsaß-lothringischer Bezirk als Erwerber oder Veräußerer betheiligt ist, der Bezirkspräsident, in dessen Bezirke die zu veräußernden Grundstücke gelegen sind, oder dessen gesetzlicher Stellvertreter, sofern jedoch die Voraussetzungen zur Zwangsenteignung erfüllt sind[51] oder es sich um die Abtretung von Verlandungen, von trocken gelegten Wasserläufen, verlassenen Straßentheilen oder sonstigen bei Ausführung öffentlicher Arbeiten entbehrlich gewordenen Grundstücken handelt, auch ein sonstiger, vom Bezirkspräsidenten bestellter Beamter;
2. im Falle der Betheiligung von in Elsaß-Lothringen bestehenden Flußbauverbänden[52] oder autorisirten Genossenschaften[53] der Kreisdirektor, in dessen Bezirke die zu veräußernden Grundstücke gelegen sind, oder dessen gesetzlicher Stellvertreter;
3. im Falle der Betheiligung einer elsaß-lothringischen Gemeinde der Bürgermeister oder dessen gesetzlicher Stellvertreter;
4. im Falle der Betheiligung der Reichseisenbahnen ein Mitglied oder ein für den höheren Justiz- oder Verwaltungsdienst befähigter Hülfsarbeiter der Generaldirektion der Reichseisenbahnen;
5. im Falle der Betheiligung der Reichsmilitärverwaltung ein Mitglied der Korpsintendantur oder ein für den höheren Justizdienst befähigter Militärbeamter (Auditeur).

Die errichteten Urkunden stehen den notariellen Urkunden im Sinne der §§ 74 und 106 Abs. 1 des Ausführungsgesetzes zum Bürgerlichen Gesetzbuche gleich.

46. Für die Aufnahme der im § 1718 und im § 1720 Abs. 2 des Bürgerlichen Gesetzbuchs vorgesehenen öffentlichen Urkunden über die Anerkennung der Vaterschaft ist, unbeschadet der Vorschriten des § 167 Abs. 2 des Reichsgesetzes über die Angelegenheiten der freiwilligen Gerichtsbarkeit im Uebrigen, der Standesbeamte, welcher die Geburt des Kindes oder die Eheschließung seiner Eltern beurkundet hat, zuständig, auch wenn die Anerkennung der Vaterschaft nicht bei der Anzeige der Geburt des Kindes oder bei der Eheschliessung erfolgt.[54]

---

44. Vgl. Art. 16 EG z. HGB.
45. Vgl. auch Art. 2 Abs. 5 Ges. v. 18. Juli 1866.
46. Vgl. auch § 164 FrG.
47. Vgl. §§ 122—127, 159 FrG; Bekm. des Reichskanzlers v. 11. Juli 1889 und 9. Okt. 1896; MinV v. 21. Dez. 1895, v. 31. Okt. 1896 und v. 6. Dez. 1899.
48. Vgl. Art. 141 EG z. BGB; § 167 FrG.
49. Vgl. insbesondere § 167 Abs. 2 FrG; §§ 45, 46 dieses Gesetzes.
50. Vgl. Art. 142 EG z. BGB; §§ 74, 106 AG z. BGB.
51. Ges. v. 3. Mai 1841. — Vgl. auch § 49 Abs. 3 AG z. BGB.
52. §§ 30 ff. Ges. v. 2. Juli 1891.
53. Vgl. Ges. v. 21. Juni 1865, v. 11. Mai 1877, v 14. April 1884, v. 30 Juli 1890, v. 16. Sept. 1807.
54. Vgl. § 191 Abs. 1 FrG.

47. Ist nach den Vorschriften des Bürgerlichen Gesetzbuchs eine Erklärung gegenüber dem Vormundschaftsgericht oder dem Nachlaßgericht in öffentlich beglaubigter Form abzugeben, so wird die öffentliche Beglaubigung außer durch notarielle Beurkundung auch durch Beurkundung des Vormundschaftsgerichts oder des Nachlaßgerichts ersetzt.[55]

48.[56] Für die öffentliche Beglaubigung der in den Fällen des § 1577 Abs. 2 und 3 und des § 1706 Abs. 2 des Bürgerlichen Gesetzbuchs abzugebenden Erklärungen ist, sofern nicht die Erklärung von dem Aussteller mittelst Handzeichens unterzeichnet ist, außer den Notaren derjenige Standesbeamte und diejenige Staatsanwaltschaft zuständig, gegenüber welchen die Erklärung über die Aenderung des Namens abzugeben ist (§§ 117, 118 des Ausführungsgesetzes zum Bürgerlichen Gesetzbuch).

Der Beamte, welcher einen der im § 45 bezeichneten Verträge beurkundet hat, ist auch für die öffentliche Beurkundung oder Beglaubigung einer Vollmacht zur Abgabe der Auflassungserklärung auf Grund des beurkundeten Vertrags zuständig.

Für die Beglaubigung einer Unterschrift in anderen Fällen, in denen durch Gesetz öffentliche Beglaubigung einer Erklärung vorgeschrieben ist, sind, vorbehaltlich der Bestimmungen der §§ 9 und 10 des Gesetzes, betreffend das Hinterlegungswesen und den Geschäftskreis der Staatsdepositenverwaltung,[57] nur die Notare zuständig.[58]

Wird eine Erklärung, für welche öffentliche Beglaubigung oder schriftliche Form vorgeschrieben ist, von dem Aussteller mittelst Handzeichens unterzeichnet, so sind zur Beglaubigung des Handzeichens ausschließlich die Notare zuständig.[58]

49. Ist ein bei der Beurkundung eines Rechtsgeschäfts Betheiligter taub, so soll das Protokoll ihm zur Durchsicht vorgelegt werden, auch wenn er es nicht verlangt. Im Protokolle soll festgestellt werden, daß die Vorlegung geschehen ist.

Ist ein tauber Betheiligter nicht im Stande, Geschriebenes zu lesen, so soll eine Vertrauensperson zugezogen werden, die sich mit ihm zu verständigen vermag. Im Protokolle soll festgestellt werden, daß der Betheiligte nach der Ueberzeugung des Notars die Vertrauensperson verstanden hat. Das Protokoll soll auch von der Vertrauensperson genehmigt und unterschrieben werden. Als Vertrauensperson kann auch eine der bei der Beurkundung neben dem Notar mitwirkenden Personen oder ein Betheiligter dienen.[59]

50. In Ansehung von Amtshandlungen eines Notars, welche nicht die Beurkundung eines Rechtsgeschäfts zum Gegenstande haben, finden die Vorschriften des § 6 des Reichsgesetzes über die Angelegenheiten der freiwilligen Gerichtsbarkeit entsprechende Anwendung.

Amtshandlungen eines Notars sind im Falle des Abs. 1 nicht aus dem Grunde unwirksam, weil der Notar von der Ausübung seines Amtes kraft Gesetzes ausgeschlossen war.

51. Auf die Beurkundungen der Notare, welche nicht ein Rechtsgeschäft zum Gegenstande haben, finden, soweit nicht ein Anderes bestimmt ist, die Vorschriften der §§ 173 bis 176 und, sofern eine Erklärung beurkundet wird, auch die Vorschriften der §§ 169, 178 bis 180 des Reichsgesetzes über die Angelegenheiten der freiwilligen Gerichtsbarkeit entsprechende Anwendung.

Die Urkunde soll den Betheiligten zum Zwecke der Genehmigung vorgelesen und von ihnen unterschrieben werden. Auf Verlangen eines Betheiligten soll ihm die Urkunde zur Durchsicht vorgelegt werden.

52. Die Bezeichnung der Betheiligten und der bei der Verhandlung mitwirkenden Personen in einer notariellen Urkunde soll den Vor- und Familiennamen, den Wohnort, sowie Stand oder Gewerbe enthalten.[60]

53. Die Urkunden sollen deutlich, ohne Abkürzungen und Lücken geschrieben werden. Es soll nichts zwischen die Zeilen eingeschaltet, nichts überschrieben, ausgeschabt oder unlesbar gemacht werden.

Der Tag der Errichtung sowie andere wichtige Zahlenangaben sollen in Buchstaben geschrieben werden, bei Berechnungen und Abschätzungen jedoch nur die Gesammtsumme, bei Versteigerungen nur das Meistgebot. Bei Wiederholungen soll dieselbe Zahl nur einmal in Buchstaben geschrieben werden.

Zusätze, Abänderungen und Streichungen sollen unter Angabe der zugesetzten oder gestrichenen Worte am Rande der Urkunde vermerkt und von den Betheiligten und den bei der Verhandlung mitwirkenden Personen mit Unterschrift oder Handzug (Anfangsbuchstabe des Namens) versehen werden. Ist der Vermerk am Rande unthunlich, so soll er an den Schluß der Urkunde gesetzt werden; in der Urkunde ist solchen Falles festzustellen, daß der Zusatz, die Aenderung oder die Streichung von den Betheiligten genehmigt worden ist.[61]

---

55. Vgl. § 129 BGB; § 167 FrG.

56. Vgl. §§ 183, 191 FrG.

57. V. 1. Nov. 1899.

58. Vgl. §§ 126 Abs. 1, 129 Abs. 1 BGB. — Abs. 3 und 4 regeln die Beglaubigung einer Unterschrift oder eines Handzeichens unter einer Willenserklärung in denjenigen Fällen, in welchen eine solche nach gesetzlicher Vorschrift erforderlich ist; sie beziehen sich nicht auf die Beglaubigung von Namensunterschriften, welche von Behörden, öffentlichen Kassen und dergleichen vielfach verlangt wird. (Vgl. hierzu auch § 9 Abs. 1 Ziff. 3, § 10 Ges. über das Hinterlegungswesen pp. v. 1. Nov. 1899.) Ebenso bleibt die Vorschrift des Ges. v. 2. Mai 1861, des § 8 Abs. 2 der Bekm. des Reichskanzlers v. 11. Juli 1889 bestehen.

59. Vgl. §§ 169, 177 Abs. 1 FrG.

60. Vgl. § 176 Abs. 1 Nr. 2 FrG.

61. Vgl. § 177 Abs. 3 FrG.

54. Vollmachten der Betheiligten sollen der Urschrift beigeheftet werden, sofern nicht entweder die Vollmacht sich unter den von dem Notar verwahrten Urschriften befindet oder bereits einer andern von dem Notar verwahrten Urschrift in Urschrift oder Ausfertigung beigeheftet ist; gegebenen Falles ist dieser Umstände in der Urkunde Erwähnung zu thun.

55. Der Notar hat, soweit nicht gesetzlich ein Anderes bestimmt ist, die Urschriften aller von ihm aufgenommenen Urkunden in Verwahrung zu behalten.

Dieser Vorschrift unterliegen nicht:

Vollmachten, Einwilligungen, insbesondere Bewilligungen, welche zur Herbeiführung einer Eintragung oder Löschung im Grundbuch, im Eigenthumsbuch oder im vorläufigen Grundbuche bestimmt sind, ferner Ermächtigungen, einfache Quittungen, Wechselproteste, Offenkundigkeitsurkunden, Lebensscheine, Beglaubigungen sowie sonstige Bescheinigungen.

56. Außer in den gesetzlich vorgesehenen Fällen darf der Notar keine in seiner Verwahrung befindliche Urschrift herausgeben.[62] Den Gerichten steht jedoch die Befugniß zu, zur Aufklärung einer Sache die Vorlage der Urschrift einer Urkunde anzuordnen. Auf die Verfügung finden die Vorschriften der §§ 9 bis 11 Anwendung.

Die Vorschrift des Abs. 1 Satz 2 und 3 findet auf Testamente und in besondere amtliche Verwahrung genommene Erbverträge[63] zu Lebzeiten des Erblassers keine Anwendung.

Vor Herausgabe einer Urschrift hat der Notar eine getreue Abschrift derselben zu fertigen und zu unterzeichnen. Dieselbe tritt bis zur Rückkehr der Urschrift an deren Stelle.

57. Von den in Verwahrung des Notars befindlichen Urkunden hat der Notar den Berechtigten auf Verlangen Einsicht zu gewähren und Ausfertigung oder Abschrift zu ertheilen; auf Verlangen ist eine Urkunde auszugsweise auszufertigen. Im Weigerungsfall entscheidet auf Antrag das Amtsgericht, in dessen Bezirke der Notar seinen Amtssitz hat.

Von den gemäß § 10 des Gesetzes vom 26. Dezember 1873, betreffend das Notariat (Gesetzbl. S. 435), in den Bezirksarchiven verwahrten Urkunden ertheilen die Bezirksarchivare den Berechtigten auf Verlangen beglaubigte Abschrift gegen Erstattung der den Notaren zustehenden Aufsuchungs- und Schreibgebühren.

Berechtigt im Sinne dieser Vorschriften sind, unbeschadet der Bestimmungen des § 792 der Civilprozeßordnung und des § 110 Abs. 2 des Ausführungsgesetzes zum Bürgerlichen Gesetzbuche, diejenigen, in deren Namen eine Erklärung beurkundet, oder in deren Angelegenheiten eine Urkunde aufgenommen ist, sowie die Erben und sonstigen Rechtsnachfolger dieser Personen.

Das den Beamten der Verkehrssteuerverwaltung gesetzlich zustehende Recht auf Einsichtnahme der Urkunden bleibt unberührt.[64]

Von den in besonderer Verwahrung des Notars befindlichen Testamenten darf anderen Personen als dem Erblasser nur mit Einwilligung des Erblassers, von den in besonderer Verwahrung des Notars befindlichen Erbverträgen darf anderen Personen als den Vertragschließenden nur mit Einwilligung der Vertragschließenden Kenntniß gegeben werden.[65] Die Einwilligung ist, wenn sie nicht persönlich gegenüber dem Notar erklärt wird, durch eine öffentliche Urkunde nachzuweisen.

58. Eine Anordnung des Amtsgerichts, in dessen Bezirke der Notar seinen Amtssitz hat, ist erforderlich:

1. wenn ein nach § 57 Abs. 3 nicht Berechtigter Kenntniß von dem Inhalt einer Urkunde oder eine Ausfertigung oder Abschrift verlangt,
2. wenn die Ertheilung der Abschrift einer noch nicht registrirten oder nicht vollendeten Urkunde verlangt wird.

In dem Falle der Ziffer 1 ist die Anordnung nur dann zu treffen, wenn der Antragsteller ein rechtliches Interesse glaubhaft macht. Die Vorschrift des § 57 Abs. 5 bleibt unberührt.

59. Der Notar kann die Ertheilung einer Ausfertigung, einer Abschrift oder eines Auszugs bis zur Bezahlung der dadurch entstehenden oder durch die Beurkundung entstandenen Kosten verweigern.

60. Die Eingangsformel der vollstreckbaren Ausfertigungen der notariellen Urkunden ist die gleiche, wie die der Ausfertigungen gerichtlicher Urtheile.

Die Vorschrift des § 42 des Gesetzes vom 8. Juli 1879, betreffend die Ausführung der Civilprozeßordnung, der Konkursordnung und der Strafprozeßordnung (Gesetzbl. S. 67), über die vollstreckbare Ausfertigung der im § 22 des Einführungsgesetzes zur Civilprozeßordnung bezeichneten Urkunden bleibt unberührt.[66]

61. Der Notar soll die Ausfertigungen mit Unterschrift und Dienstsiegel versehen. Mit dem Dienstsiegel sollen auch die in Urschrift auszuhändigenden Urkunden versehen werden.

62. Die Notare haben vor dem Amtsantritt ihre Unterschrift und ihren Handzug (Anfangsbuchstaben des Namens) auf der Gerichtsschreiberei

62. Vgl. §§ 2256 Abs. 2, 2259, 2300 BGB; §§ 34 Abs. 3, 35 Satz 2 dieses Gesetzes; Art. 4 Abs. 1 der Deutsch-Russischen Konvention v. 12. Nov. 1874.

63. Vgl. § 2277 BGB.

64. Vgl. Art. 54 Ges. v. 22. Frimaire VII.

65. Vgl. §§ 2246, 2248, 2249 Abs. 1 Satz 3, 2277 BGB; § 28 dieses Gesetzes.

66. Vgl. auch § 8 Abs. 1 Ges. v. 14. Juli 1871.

des Landgerichts, in dessen Bezirke sie ihren Amtssitz haben, und, sofern dieser sich nicht im Amtsgerichtsbezirke des Landgerichtssitzes befindet, auch auf der Gerichtsschreiberei des Amtsgerichts, in dessen Bezirke sie ihren Amtssitz haben, zu hinterlegen.

63. Die Notare haben, unbeschadet der Vorschriften des § 4 Abs. 3 der Kaiserlichen Verordnung vom 17. März 1886, betreffend die Disziplin des Notariats (Gesetzbl. S. 57), folgende Register zu führen:

1. ein Gebührenregister, in welches nach ununterbrochener Zeitfolge und ohne Zwischenraum die Gebühren und Auslagen sowie die erhaltenen Zahlungen, letztere in einer besonderen Abtheilung, einzutragen sind,
2. ein Repertorium, in welches alle der Registrirung unterliegenden Urkunden einzutragen sind,
3. ein Wechselprotestregister.

Das Gebührenregister ist vierteljährlich dem Amtsgerichte zum Abschluß einzureichen.

Die näheren Anordnungen über die Einrichtung und Führung dieser Register werden von der Aufsichtsbehörde erlassen.

64. Auf die Beurkundung von Rechtsgeschäften durch die Gerichte finden die Vorschriften der §§ 52 bis 55 Abs. 1 entsprechende Anwendung.

65. Auf die Beurkundung von Rechtsgeschäften nach Maßgabe des § 45 finden die Vorschriften der §§ 168 bis 182 des Reichsgesetzes über die Angelegenheiten der freiwilligen Gerichtsbarkeit und die Vorschriften der §§ 52 bis 55 Abs. 1, der §§ 56 Abs. 1 Satz 1 und 2, 57 Abs. 1, 3, 4 und des § 58 dieses Ausführungsgesetzes entsprechende Anwendung. In den Fällen des § 169 des Reichsgesetzes über die Angelegenheiten der freiwilligen Gerichtsbarkeit muß der Beamte zwei Zeugen zuziehen. Die Ausfertigung ist von einem zur Aufnahme der Urkunde befugten Beamten zu ertheilen.

Die im § 45 bezeichneten Behörden haben ein Repertorium zu führen, in welchem die von ihnen beurkundeten Verträge zu vermerken sind.

VII. Uebergangs- und Schlußbestimmungen.

66. Für die Anfechtung einer Entscheidung, welche vor dem Inkrafttreten dieses Gesetzes ergangen ist, bleiben, unbeschadet der Vorschrift des § 67, die bisherigen Vorschriften maßgebend.

67. Auf ein zur Zeit des Inkrafttretens dieses Gesetzes anhängiges Verfahren, welches die Unterbringung eines Minderjährigen in eine Familie oder in eine Erziehungs- oder Besserungsanstalt zum Gegenstande hat, finden von dieser Zeit an die Vorschriften der §§ 124 bis 127 des Ausführungsgesetzes zum Bürgerlichen Gesetzbuche, sowie die Vorschriften des Reichsgesetzes über die Angelegenheiten der freiwilligen Gerichtsbarkeit und dieses Gesetzes Anwendung.[67]

68. Die gesetzliche Hypothek des Mündels ist erloschen, soweit sie zur Zeit des Inkrafttretens des Bürgerlichen Gesetzbuchs nicht eingetragen ist.

69. Uebersteigt die Eintragung der Mündelhypothek dasjenige Maß, welches zur Sicherung der beim Inkrafttreten des Bürgerlichen Gesetzbuchs begründeten Ansprüche des Mündels erforderlich ist, so hat das Vormundschaftsgericht auf Antrag des Vormundes oder, sofern der Mündel unter die elterliche Gewalt tritt,[68] des Inhabers der elterlichen Gewalt die Beschränkung auf dieses Maß und gegebenenfalls die Aufhebung oder die Umschreibung[69] der Hypothek anzuordnen.[70]

Die zur Beschränkung, Aufhebung oder Umschreibung erforderliche Mitwirkung des Mündels wird durch die Anordnung des Vormundschaftsgerichts ersetzt.[71]

Die Kosten der Löschung, der Minderung oder der Umschreibung der Hypothek fallen dem Mündel zur Last.[72]

70. Auf die Hypothek an den Liegenschaften des auf Grund des Artikels 32 des Gesetzes über die Geisteskranken vom 30. Juni 1838 ernannten vorläufigen Verwalters finden die Vorschriften der §§ 68, 69 entsprechende Anwendung.[73]

71. Die Vorschriften des § 54 des Reichsgesetzes über die Angelegenheiten der freiwilligen Gerichtsbarkeit finden, bis das Grundbuch als angelegt anzusehen ist, mit der Maßgabe Anwendung, daß an Stelle der Eintragung in das Grundbuch die Eintragung in das Eigenthumsbuch und in das vorläufige Grundbuch tritt.[74]

72.[75] Soweit nach den bisherigen Vorschriften die vorläufig in den Besitz des Vermögens eines Verschollenen Eingewiesenen zur Verfügung über Gegenstände dieses Vermögens der Mitwirkung oder der Anordnung des Gerichts bedürfen,[76] ist vom Inkrafttreten dieses Gesetzes an die Genehmi-

---

67. Vgl. § 14 dieses Gesetzes.

68. Entscheidend hierfür sind die Artt. 203, 210 EG z. BGB; ferner die Bestimmungen über die elterliche Gewalt (§§ 1626 ff. BGB), in Verbindung mit §§ 1589 Abs. 2, 1707, 1719, 1773 BGB.

69. Auf den Namen des Vormundes als Eigenthümerhypothek.

70. Entsprechend dem § 13 Abs. 4 des aufgehobenen Ges. v. 24. Juli 1889; vgl. auch § 1844 Abs. 1 Satz 3 BGB.

71. Entsprechend der Bestimmung des § 1844 Abs. 2 BGB. — Vgl. auch § 875 BGB.

72. Entsprechend der Bestimmung des § 1844 Abs. 3 BGB.

73. Der Verwalter dürfte mit dem 1. Jan. 1900 die rechtliche Stellung eines Pflegers nach § 1910 Abs. 2 BGB einnehmen. — (Vgl. § 16 des aufgehobenen Ges. v. 24. Juli 1889.)

74. Vgl. §§ 88, 111 AG z. BGB.

75. Vgl. Art. 161 EG z. BGB; § 152 GKG f. Elf.-Lothr.

76. Vgl. Artt. 126, 128, 2126 C. c.; §§ 42 Abs. 3, 45, 46 des aufgehobenen Ges. v. 14. Juni 1888; Artt. 13, 23 Ges. v. 3. Mai 1841.

gung des Vormundschaftsgerichts[77] zur Verfügung sowie zur Eingehung einer Verpflichtung zur Verfügung erforderlich und genügend.

Die örtliche Zuständigkeit des Gerichts bestimmt sich nach § 39 des Reichsgesetzes über die Angelegenheiten der freiwilligen Gerichtsbarkeit.

Die bisherigen Vorschriften über das Verfahren bei Veräußerungen und Belastungen treten außer Kraft.

73.[78] Für die Entscheidung über die endgültige Einweisung des muthmaßlichen Erben in den Besitz des Vermögens eines Verschollenen ist, sofern der Antrag beim Inkrafttreten dieses Gesetzes noch nicht gestellt ist, das Vormundschaftsgericht zuständig. Die Vorschrift des § 72 Abs. 2 findet entsprechende Anwendung.

Das Verfahren bestimmt sich nach den allgemeinen Vorschriften dieses Gesetzes.

74. Ist beim Inkrafttreten dieses Gesetzes die im Artikel 353 des Code civil vorgesehene Urkunde über die Annahme einer Person an Kindesstatt errichtet, so sind für das weitere Verfahren und für die Wirkungen der Annahme an Kindesstatt die bisherigen Vorschriften maßgebend. Wird die Annahme an Kindesstatt rechtskräftig zugelassen, so wirkt die Entscheidung auf den Zeitpunkt der gegenseitigen Einwilligung[79] zurück.

75. Ein beim Inkrafttreten dieses Gesetzes anhängiges Verfahren, welches die Verhängung einer Geldstrafe über einen Standesbeamten, die Anweisung eines Standesbeamten zur Vornahme einer Amtshandlung[80] oder die Berichtigung einer Standesurkunde[81] zum Gegenstande hat, ist nach den bisherigen Vorschriften zu erledigen.

76. Auf die Auseinandersetzung eines vor dem Inkrafttreten dieses Gesetzes eröffneten Nachlasses oder einer vor diesem Zeitpunkt aufgelösten Gütergemeinschaft[82] finden, unbeschadet der Vorschriften des Artikels 213 des Einführungsgesetzes zum Bürgerlichen Gesetzbuch und des § 156 des Ausführungsgesetzes zum Bürgerlichen Gesetzbuch im Uebrigen, die Vorschriften der §§ 752 bis 754 des Bürgerlichen Gesetzbuchs, der §§ 86 bis 99 des Reichsgesetzes über die Angelegenheiten der freiwilligen Gerichtsbarkeit, sowie die Vorschriften dieses Ausführungsgesetzes[83] Anwendung.

Ein beim Inkrafttreten dieses Gesetzes anhängiges Verfahren ist, sofern der im § 6 des Gesetzes vom 14. Juni 1888, betreffend das Theilungsverfahren und den gerichtlichen Verkauf von Liegenschaften (Gesetzbl. S. 51), bezeichnete Termin in diesem Zeitpunkte stattgefunden hat, nach den bisherigen Gesetzen zu erledigen.

77. Die Gültigkeit einer nach dem Frankfurter Friedensvertrage vom 10. Mai 1871 errichteten Notariatsurkunde kann nicht deshalb angefochten werden, weil ein Zeuge zwar die Reichsangehörigkeit, nicht aber die elsaß-lothringische Staatsangehörigkeit besessen hat.[84]

78. Das Ministerium erläßt die zur Ausführung dieses Gesetzes erforderlichen Bestimmungen.

79. Dieses Gesetz tritt gleichzeitig mit dem Bürgerlichen Gesetzbuch in Kraft.

---

77. Nach Maßgabe der Vorschriften des BGB (vgl. insbesondere §§ 1828 bis 1831) und des Gesetzes über FrG (insbesondere §§ 19 ff., 55).

78. Vgl. Art. 161 Abs. 2 EG z. BGB; § 152 GKG f. Elf.-Lothr.

79. Vgl. Art. 353 C. c.

80. Vgl. § 11 Abs. 2, 3 Gef. v. 6. Febr. 1875.

81. Vgl. § 66 Gef. v. 6. Febr. 1875.

82. Vgl. Art. 200 EG z. BGB; § 156 AG z. BGB.

83. Insbesondere §§ 30—36.

84. Vgl. § 6 Gef. v. 26. Dez. 1873; Art. 9 Satz 2 Gef. v. 25. Ventôse XI; Art. 980 C. c.

Grundbuchordnung.[1]

Vom 24. März 1897.

Reichs-Gesetzblatt 1897 S. 139 und 1898 S. 754.

Erster Abschnitt. Allgemeine Vorschriften.

§ 1. Die Grundbücher werden von den Grundbuchämtern[2] geführt.

Die Einrichtung der Bücher bestimmt sich nach den Anordnungen der Landesjustizverwaltung, soweit sie nicht in diesem Gesetze geregelt ist.

2. Die Grundbücher sind für Bezirke einzurichten.[3]

Die Bezeichnung der Grundstücke erfolgt in den Büchern nach einem amtlichen Verzeichniß, in welchem die Grundstücke unter Nummern oder Buchstaben aufgeführt sind. Die Einrichtung des Verzeichnisses wird durch landesherrliche Verordnung bestimmt.[4]

3. Jedes Grundstück erhält im Grundbuch eine besondere Stelle (Grundbuchblatt).[5] Das Grundbuchblatt ist für das Grundstück als das Grundbuch im Sinne des Bürgerlichen Gesetzbuchs anzusehen.

4. Ueber mehrere Grundstücke desselben Eigenthümers, die im Bezirke desselben Grundbuchamts belegen sind, kann ein gemeinschaftliches Grundbuchblatt geführt werden, solange hiervon Verwirrung nicht zu besorgen ist.[6]

5. Ein Grundstück soll nur dann einem anderen Grundstück als Bestandtheil zugeschrieben oder mit ihm vereinigt werden, wenn hiervon Verwirrung nicht zu besorgen ist.[7]

6. Soll ein Grundstückstheil mit einem Rechte belastet werden, so ist er von dem Grundstück abzuschreiben und als selbständiges Grundstück einzutragen. Ist das Recht eine Dienstbarkeit oder eine Reallast, so kann die Abschreibung unterbleiben, wenn hiervon Verwirrung nicht zu besorgen ist.

7. Ist auf dem Blatte eines Grundstücks ein Erbbaurecht[8] eingetragen, so ist auf Antrag für dieses Recht ein besonderes Grundbuchblatt anzulegen. Die Anlegung erfolgt von Amtswegen, wenn das Recht veräußert oder belastet werden soll.

Die Anlegung wird auf dem Blatte des Grundstücks vermerkt.

8. Rechte, die dem jeweiligen Eigenthümer eines Grundstücks zustehen,[9] sind auf Antrag auch auf dem Blatte dieses Grundstücks zu vermerken.[10] Antragsberechtigt ist der Eigenthümer des Grundstücks sowie Jeder, dessen Zustimmung nach § 876 Satz 2 des Bürgerlichen Gesetzbuchs zur Aufhebung des Rechtes erforderlich ist.

Der Vermerk ist von Amtswegen zu berichtigen, wenn das Recht geändert oder aufgehoben wird.

9. Urkunden, auf die eine Eintragung sich gründet, oder Bezug nimmt,[11] sind von dem Grundbuchamt aufzubewahren. Die Herausgabe einer solchen Urkunde darf nur erfolgen, wenn statt der Urkunde eine beglaubigte Abschrift aufbewahrt wird.

Ist über das einer Eintragungsbewilligung zu Grunde liegende Rechtsgeschäft eine Urkunde errichtet, so können die Betheiligten die Urkunde oder eine beglaubigte Abschrift dem Grundbuchamte zur Aufbewahrung übergeben.

10. Eine Eintragung in das Grundbuch ist nicht aus dem Grunde unwirksam, weil ein Grundbuchbeamter sie bewirkt hat, der von der Mitwirkung bei der Eintragung kraft Gesetzes oder in Folge einer Ablehnung ausgeschlossen ist.

11. Die Einsicht des Grundbuchs ist Jedem ge-

1. Die Grundbuchordnung ist in der Fassung der Bekanntmachung v. 20. Mai 1898 abgedruckt. — Nach Art. 186 EG z. BGB wird das Verfahren über Anlegung der Grundbücher sowie der Zeitpunkt, in welchem das Grundbuch für einen Bezirk als angelegt gilt, durch landesherrliche Verordnung bestimmt. — Vgl. § 1 Abs. 2 AG z. FrG über die Anwendbarkeit der Vorschriften des 1. Abschnittes des Ges. über die FrG.

2. Solche sind die Amtsgerichte nach § 2 Abs. 1, § 3 AG z. GBO.

3. Vgl. §§ 85, 89 GBO. — In der Regel bildet jede Gemeinde einen Grundbuchbezirk nach §§ 1, 9 AG z. GBO.

4. Vgl. § 15 AG z. GBO.

5. Vgl. aber § 90 unten und § 1 Ver. v. 11. Dez. 1899.

6. Vgl. §§ 86, 87, 88 GBO.

7. Vgl. §§ 890, 1131 BGB; Art. 119[3] EG z. BGB; § 16 AG z. GBO.

8. § 1017 BGB.

9. Vgl. §§ 96, 1018, 1094 Abs. 2, 1103 Abs. 1, 1105 Abs. 2, 1110 BGB.

10. Vgl. § 21 GBO.

11. Vgl. §§ 874, 885 Abs. 2, 1115 Abs. 1 BGB; § 50 GBO.

stattet, der ein berechtigtes Interesse darlegt. Das Gleiche gilt von Urkunden, auf die im Grundbuche zur Ergänzung einer Eintragung Bezug genommen ist, sowie von den noch nicht erledigten Eintragungsanträgen.[12]

Soweit die Einsicht des Grundbuchs, der im Abs. 1 bezeichneten Urkunden und der noch nicht erledigten Eintragungsanträge gestattet ist, kann eine Abschrift gefordert werden; die Abschrift ist auf Verlangen zu beglaubigen.

12. Verletzt ein Grundbuchbeamter vorsätzlich oder fahrlässig die ihm obliegende Amtspflicht, so trifft den Betheiligten gegenüber die im § 839 des Bürgerlichen Gesetzbuchs bestimmte Verantwortlichkeit an Stelle des Beamten den Staat oder die Körperschaft, in deren Dienste der Beamte steht. Das Recht des Staates oder der Körperschaft, von dem Beamten Ersatz zu verlangen, bleibt unberührt.[13]

Zweiter Abschnitt.

Eintragungen in das Grundbuch.

13. Eine Eintragung soll, soweit nicht das Gesetz ein Anderes vorschreibt, nur auf Antrag erfolgen. Der Zeitpunkt, in welchem ein Antrag bei dem Grundbuchamt eingeht, soll auf dem Antrage genau vermerkt werden.

Antragsberechtigt ist Jeder, dessen Recht von der Eintragung betroffen wird oder zu dessen Gunsten die Eintragung erfolgen soll.[14]

14. Die Berichtigung des Grundbuchs durch Eintragung eines Berechtigten darf auch von demjenigen beantragt werden, welcher auf Grund eines gegen den Berechtigten vollstreckbaren Titels eine Eintragung in das Grundbuch verlangen kann, sofern die Zulässigkeit dieser Eintragung von der vorgängigen Berichtigung des Grundbuchs abhängt.[15]

15. Ist die zu einer Eintragung erforderliche Erklärung von einem Notar beurkundet oder beglaubigt, so gilt dieser als ermächtigt, im Namen eines Antragsberechtigten die Eintragung zu beantragen.

16. Einem Eintragungsantrage, dessen Erledigung an einen Vorbehalt geknüpft wird, soll nicht stattgegeben werden.

Werden mehrere Eintragungen beantragt, so kann von dem Antragsteller bestimmt werden,[16] daß die eine Eintragung nicht ohne die andere erfolgen soll.

17. Werden mehrere Eintragungen beantragt, durch die dasselbe Recht betroffen wird, so darf die später beantragte Eintragung nicht vor der Erledigung des früher gestellten Antrags erfolgen.[17]

18. Steht einer beantragten Eintragung ein Hinderniß entgegen, so hat das Grundbuchamt entweder den Antrag unter Angabe der Gründe zurückzuweisen oder dem Antragsteller eine angemessene Frist zur Hebung des Hindernisses zu bestimmen. Im letzteren Falle ist der Antrag nach dem Ablaufe der Frist zurückzuweisen, wenn nicht inzwischen die Hebung des Hindernisses nachgewiesen ist.

Wird vor der Erledigung des Antrags eine andere Eintragung beantragt, durch die dasselbe Recht betroffen wird, so ist zu Gunsten des früher gestellten Antrags von Amtswegen eine Vormerkung[18] oder ein Widerspruch[19] einzutragen; die Eintragung gilt im Sinne des § 17 als Erledigung dieses Antrags. Die Vormerkung oder der Widerspruch wird von Amtswegen gelöscht, wenn der früher gestellte Antrag zurückgewiesen wird.

19. Eine Eintragung erfolgt, wenn derjenige sie bewilligt, dessen Recht von ihr betroffen wird.

20. Im Falle der Auflassung[20] eines Grundstücks sowie im Falle der Bestellung oder Uebertragung eines Erbbaurechts[21] darf die Eintragung nur erfolgen, wenn die erforderliche Einigung des Berechtigten und des anderen Theiles erklärt ist.[22]

21. Steht ein Recht, das durch die Eintragung betroffen wird, dem jeweiligen Eigenthümer eines Grundstücks zu, so bedarf es der Bewilligung derjenigen, deren Zustimmung nach § 876 Satz 2 des Bürgerlichen Gesetzbuchs zur Aufhebung des Rechtes erforderlich ist, nur dann, wenn das Recht auf dem Blatte des Grundstücks vermerkt ist.

22. Zur Berichtigung des Grundbuchs bedarf es der Bewilligung desjenigen, dessen Recht von der Berichtigung betroffen wird, nicht, wenn die Unrichtigkeit nachgewiesen wird.[23] Dies gilt insbesondere für die Eintragung oder Löschung einer Verfügungsbeschränkung.

Die Berichtigung des Grundbuchs durch Eintragung eines Eigenthümers oder eines Erbbauberechtigten darf, sofern nicht der Fall des § 14 vorliegt, nur mit Zustimmung des Eigenthümers oder des Erbbauberechtigten erfolgen.

23. Ein Recht, das auf die Lebenszeit des Berechtigten beschränkt ist, darf nach dessen Tode, falls Rückstände von Leistungen nicht ausgeschlossen sind, nur mit Bewilligung des Rechtsnachfolgers

---

12. Vgl. § 93 GBO; § 19 AG z. GBO.
13. Vgl. § 831 BGB; § 112 AG z. BGB; § 8 AG z. GBO.
14. Vgl. §§ 885 Abs. 1 Satz 1, 894, 899 Abs. 2 Satz 1 BGB.
15. Vgl. § 40 GBO.
16. Vgl. hierzu § 881 BGB.
17. Vgl. § 879 BGB.
18. §§ 883 ff. BGB.
19. § 899 BGB.
20. § 925 BGB.
21. § 1017 BGB.
22. Vgl. Art. 143 Abs. 1 EG z. BGB; §§ 1, 98 GBO; §§ 12—14 AG z. GBO.
23. Vgl. § 894 BGB; § 18 AG z. GBO.

gelöscht werden, wenn die Löschung vor dem Ablauf eines Jahres nach dem Tode des Berechtigten erfolgen soll oder wenn der Rechtsnachfolger der Löschung bei dem Grundbuchamte widersprochen hat; der Widerspruch ist von Amtswegen in das Grundbuch einzutragen. Ist der Berechtigte für todt erklärt, so beginnt die einjährige Frist mit der Erlassung des die Todeserklärung aussprechenden Urtheils.

Der im Abs. 1 vorgesehenen Bewilligung des Rechtsnachfolgers bedarf es nicht, wenn im Grundbuch eingetragen ist, daß zur Löschung des Rechtes der Nachweis des Todes des Berechtigten genügen soll.

24. Die Vorschriften des § 23 finden entsprechende Anwendung, wenn das Recht mit der Erreichung eines bestimmten Lebensalters des Berechtigten oder mit dem Eintritt eines sonstigen bestimmten Zeitpunkts oder Ereignisses erlischt.

25. Ist eine Vormerkung[24] oder ein Widerspruch[25] auf Grund einer einstweiligen Verfügung eingetragen, so bedarf es zur Löschung nicht der Bewilligung des Berechtigten, wenn die einstweilige Verfügung durch eine vollstreckbare Entscheidung aufgehoben ist. Diese Vorschrift findet entsprechende Anwendung, wenn auf Grund eines vorläufig vollstreckbaren Urtheils nach den Vorschriften der Civilprozeßordnung eine Vormerkung oder ein Widerspruch eingetragen ist.[26]

26. Soll die Uebertragung einer Hypothek, Grundschuld oder Rentenschuld, über die ein Brief ertheilt ist, eingetragen werden, so genügt es, wenn an Stelle der Eintragungsbewilligung die Abtretungserklärung des bisherigen Gläubigers vorgelegt wird.[27]

Diese Vorschrift findet entsprechende Anwendung, wenn eine Belastung der Hypothek, Grundschuld oder Rentenschuld oder die Uebertragung[28] oder Belastung einer Forderung, für die ein eingetragenes Recht als Pfand haftet, eingetragen werden soll.

27. Eine Hypothek, eine Grundschuld oder eine Rentenschuld darf nur mit Zustimmung des Eigenthümers des Grundstücks gelöscht werden.[29]

Ein Recht, mit dem eine Hypothek, eine Grundschuld, oder eine Rentenschuld belastet ist, darf nur mit Zustimmung desjenigen gelöscht werden, welchem die Hypothek, die Grundschuld oder die Rentenschuld zusteht.[30] Für eine Löschung, die zur Berichtigung des Grundbuchs erfolgen soll, ist die Zustimmung nicht erforderlich, wenn die Unrichtigkeit nachgewiesen wird.[31]

28. In der Eintragungsbewilligung oder, wenn eine solche nicht erforderlich ist, in dem Eintragungsantrag ist das Grundstück übereinstimmend mit dem Grundbuch oder durch Hinweisung auf das Grundbuchblatt zu bezeichnen. Einzutragende Geldbeträge sind in Reichswährung anzugeben.

29. Eine Eintragung soll nur erfolgen, wenn die Eintragungsbewilligung oder die sonstigen zu der Eintragung erforderlichen Erklärungen vor dem Grundbuchamte zu Protokoll gegeben[32] oder durch öffentliche[33] oder öffentlich beglaubigte[34] Urkunden nachgewiesen werden. Andere Voraussetzungen der Eintragung bedürfen, soweit sie nicht bei dem Grundbuchamt offenkundig sind, des Nachweises durch öffentliche Urkunden.

30. Für den Eintragungsantrag sowie für die Vollmacht zur Stellung eines solchen gelten die Vorschriften des § 29 nur, wenn durch den Antrag zugleich eine zu der Eintragung erforderliche Erklärung ersetzt werden soll.

31. Wird im Falle der Auflassung eines Grundstücks sowie im Falle der Bestellung oder Uebertragung eines Erbbaurechts die erforderliche Einigung des Berechtigten und des anderen Theiles durch Bevollmächtigte vor dem Grundbuchamt erklärt, so ist die Vollmacht stempelfrei, wenn das der Einigung zu Grunde liegende Rechtsgeschäft von einem Notar beurkundet und die Vollmacht in der Urkunde ertheilt ist.[35]

32. Erklärungen, durch die ein Eintragungsantrag zurückgenommen oder eine zur Stellung des Eintragungsantrags ertheilte Vollmacht widerrufen wird, bedürfen der im § 29 Satz 1 vorgeschriebenen Form.

33. Der Nachweis, daß der Vorstand[36] einer Aktiengesellschaft aus den im Handelsregister eingetragenen Personen besteht, wird durch ein Zeugniß des Gerichts[37] über die Eintragung geführt.

Das Gleiche gilt von dem Nachweise der Befugniß zur Vertretung einer offenen Handelsgesellschaft, einer Kommanditgesellschaft, einer Kommanditgesellschaft auf Aktien oder einer Gesellschaft mit beschränkter Haftung.[38]

34. Der Nachweis, daß zwischen Ehegatten Gütertrennung[39] oder ein vertragsmäßiges Güterrecht[40] besteht oder daß ein Gegenstand zum Vorbehaltsgut eines Ehegatten gehört, wird durch ein

---

24. § 885 BGB.
25. § 899 BGB.
26 § 895 CPO.
27. Vgl. §§ 1154, 1155 Satz 2, 1192 BGB.
28. § 401 Abs. 1 BGB.
29. Vgl. §§ 1183, 1192 BGB.
30. Vgl. §§ 1063, 1068, 1256, 1273 BGB.
31 Vgl. § 22 Abs. 1 GBO.
32. Vgl. §§ 5, 6 AG z. GBO.
33. Vgl. § 415 CPO.
34. § 129 Abs. 1 BGB. Bezügl. der Anträge und Erklärungen öffentlicher Behörden s. § 17 AG z. GBO.
35. Vgl. §§ 925, 1015, 1017 BGB; § 20 GBO.
36. Die Bestimmung gilt auch für die Liquidatoren.
37. Dem die Führung des Handelsregisters obliegt; vgl. § 125 FrG; § 43 AG z. FrG.
38. Vgl. auch § 69 BGB, bezügl. der eingetragenen Vereine, und § 26 Abs. 2 Genossenschaftsges. v. 1. Mai 1889.
39. §§ 1426 ff. BGB.
40. §§ 1437 ff., 1519 ff., 1549 ff. BGB; §§ 144 ff. AG z. BGB.

Zeugniß des Gerichts[41] über die Eintragung des güterrechtlichen Verhältnisses im Güterrechtsregister geführt.

35. Ist in den Fällen der §§ 33, 34 das Grundbuchamt zugleich das Registergericht, so genügt statt des Zeugnisses die Bezugnahme auf das Register.

36. Der Nachweis der Erbfolge kann nur durch einen Erbschein[42] geführt werden. Beruht jedoch die Erbfolge auf einer Verfügung von Todeswegen, die in einer öffentlichen Urkunde enthalten ist, so genügt es, wenn an Stelle des Erbscheins die Verfügung und das Protokoll über die Eröffnung der Verfügung[43] vorgelegt werden; erachtet das Grundbuchamt die Erbfolge durch diese Urkunden nicht für nachgewiesen, so kann es die Vorlegung eines Erbscheins verlangen.

Das Bestehen der fortgesetzten Gütergemeinschaft[44] sowie die Befugniß eines Testamentsvollstreckers zur Verfügung über einen Nachlaßgegenstand ist nur auf Grund der in den §§ 1507, 2368 des Bürgerlichen Gesetzbuchs vorgesehenen Zeugnisse als nachgewiesen anzunehmen; auf den Nachweis der Befugniß des Testamentsvollstreckers finden jedoch die Vorschriften des Abs. 1 Satz 2 entsprechende Anwendung.

37. Soll bei einer zu einem Nachlasse gehörenden Hypothek, Grundschuld oder Rentenschuld einer von mehreren Erben als neuer Gläubiger eingetragen werden, so genügt zum Nachweise der Erbfolge und der Eintragungsbewilligung der Erben ein Zeugniß des Nachlaßgerichts.

Das Zeugniß darf nur ausgestellt werden, wenn die Voraussetzungen für die Ertheilung eines Erbscheins vorliegen und die Erklärungen der Erben vor dem Nachlaßgerichte zu Protokoll gegeben oder durch öffentliche oder öffentlich beglaubigte Urkunden nachgewiesen sind.[45]

38. Die Vorschriften des § 37 finden entsprechende Anwendung, wenn bei einer Hypothek, Grundschuld oder Rentenschuld, die zu dem Gesammtgut einer ehelichen Gütergemeinschaft[46] oder einer fortgesetzten Gütergemeinschaft[47] gehört, ein Betheiligter, auf den das Recht bei der Auseinandersetzung übertragen ist, als neuer Gläubiger eingetragen werden soll.[48]

39. In den Fällen, in denen nach gesetzlicher Vorschrift eine Behörde befugt ist, das Grundbuchamt um eine Eintragung zu ersuchen, erfolgt die Eintragung auf Grund des Ersuchens der Behörde.[49]

40. Eine Eintragung soll nur erfolgen, wenn derjenige, dessen Recht durch sie betroffen wird, als der Berechtigte eingetragen ist.[50]

Bei einer Hypothek, Grundschuld oder Rentenschuld, über die ein Brief ertheilt ist, steht es der Eintragung des Gläubigers gleich, wenn dieser sich im Besitze des Briefes befindet und sein Gläubigerrecht nach § 1155 des Bürgerlichen Gesetzbuchs nachweist.

41. Ist derjenige, dessen Recht durch eine Eintragung betroffen wird, Erbe des eingetragenen Berechtigten, so findet die Vorschrift des § 40 Abs. 1 keine Anwendung, wenn die Uebertragung oder die Aufhebung des Rechtes eingetragen werden soll oder wenn der Eintragungsantrag durch die Bewilligung des Erblassers oder eines Nachlaßpflegers[51] oder durch einen gegen den Erblasser oder den Nachlaßpfleger vollstreckbaren Titel begründet wird.

Das Gleiche gilt für eine Eintragung auf Grund der Bewilligung eines Testamentsvollstreckers oder auf Grund eines gegen diesen vollstreckbaren Titels, sofern die Bewilligung oder der Titel gegen den Erben wirksam ist.[52]

42.[53] Bei einer Hypothek, über die ein Brief ertheilt ist, soll eine Eintragung nur erfolgen, wenn der Brief vorgelegt wird.[54] Für die Eintragung eines Widerspruchs[55] bedarf es der Vorlegung nicht, wenn die Eintragung durch eine einstweilige Verfügung angeordnet ist und der Widerspruch sich darauf gründet, daß die Hypothek oder die Forderung, für welche sie bestellt ist, nicht bestehe oder einer Einrede unterliege oder daß die Hypothek unrichtig eingetragen sei.

Der Vorlegung des Hypothekenbriefs steht es gleich, wenn in den Fällen der §§ 1162, 1170, 1171 des Bürgerlichen Gesetzbuchs auf Grund des Ausschlußurtheils die Ertheilung eines neuen Briefes beantragt wird. Soll die Ertheilung des Briefes nachträglich ausgeschlossen oder die Hypothek gelöscht werden, so genügt die Vorlegung des Ausschlußurtheils.

43.[53] Die Vorschriften des § 42 finden auf die Grundschuld und die Rentenschuld entsprechende Anwendung. Ist jedoch das Recht für den Inhaber des Briefes[56] eingetragen, so bedarf es der Vorlegung des Briefes nur dann nicht, wenn der Eintragungsantrag durch die Bewilligung

---

41. Dem die Führung des Güterrechtsregisters obliegt; vgl. §§ 1558 ff. BGB; §§ 161, 162 FrG; Art. 4 EG z. HGB v. 10. Mai 1897; Art. 34 der allgem. Verfügung. v. 6. Dez. 1899.
42. §§ 2353 ff. BGB.
43. §§ 2260 ff., 2273, 2300 BGB.
44. §§ 1483 ff., 1557 BGB; § 155 AG z. BGB.
45. Vgl. § 99 GBO.
46. Vgl. §§ 1437 ff., 1519 ff., 1549 ff. BGB; §§ 144 ff. AG z. BGB.
47. §§ 1483 ff., 1557 BGB; § 155 AG z. BGB.
48. Vgl. auch § 99 GBO.
49. Vgl. § 17 AG z. GBO.
50. Vgl. §§ 792, 895 CPO.
51. §§ 1960 ff. BGB. Ein solcher ist auch der Nachlaßverwalter im Falle des § 1975 BGB.
52. Vgl. §§ 2205—2209, 2213 BGB; §§ 327, 748 CPO.
53. Vgl. § 18 AG z. GBO.
54. Vgl. §§ 1116, 1154, 1155 BGB; §§ 52, 131 ZVG.
55. §§ 894, 899 BGB.
56. Vgl. §§ 1195, 1199 BGB.

eines nach § 1189 des Bürgerlichen Gesetzbuchs bestellten Vertreters oder durch eine gegen ihn erlassene gerichtliche Entscheidung begründet wird.

44.[53] Bei einer Hypothek für die Forderung aus einer Schuldverschreibung auf den Inhaber, aus einem Wechsel oder einem anderen Papiere, das durch Indossament übertragen werden kann,[57] soll eine Eintragung nur erfolgen, wenn die Urkunde vorgelegt wird; die Eintragung ist auf der Urkunde zu vermerken.

Diese Vorschrift findet keine Anwendung, wenn eine Eintragung auf Grund der Bewilligung eines nach § 1189 des Bürgerlichen Gesetzbuchs bestellten Vertreters oder auf Grund einer gegen diesen erlassenen gerichtlichen Entscheidung bewirkt werden soll.

45. Jede Eintragung soll den Tag, an welchem sie erfolgt ist, angeben und mit der Unterschrift des Grundbuchbeamten[58] versehen werden.

46. Sind in einer Abtheilung des Grundbuchs mehrere Eintragungen zu bewirken, so erhalten sie die Reihenfolge, welche der Zeitfolge der Anträge entspricht; sind die Anträge gleichzeitig gestellt, so ist im Grundbuche zu vermerken, daß die Eintragungen gleichen Rang haben.[59]

Werden mehrere Eintragungen, die nicht gleichzeitig beantragt sind, in verschiedenen Abtheilungen unter Angabe desselben Tages bewirkt, so ist im Grundbuche zu vermerken, daß die später beantragte Eintragung der früher beantragten im Range nachsteht.[60]

Diese Vorschriften finden insoweit keine Anwendung, als ein Rangverhältniß nicht besteht oder das Rangverhältniß von den Antragstellern abweichend bestimmt ist.[61]

47. Die Löschung eines Rechtes oder einer Verfügungsbeschränkung erfolgt durch Eintragung eines Löschungsvermerkes.[62]

Wird bei der Uebertragung eines Grundstücks oder eines Grundstückstheils auf ein anderes Blatt ein eingetragenes Recht nicht mitübertragen,[63] so gilt es in Ansehung des Grundstücks oder des Theiles als gelöscht.

48. Soll ein Recht für Mehrere gemeinschaftlich eingetragen werden, so soll die Eintragung in der Weise erfolgen, daß entweder die Antheile der Berechtigten in Bruchtheilen[64] angegeben werden oder das für die Gemeinschaft maßgebende Rechtsverhältniß[65] bezeichnet wird.

57. §§ 1187 ff. BGB.
58. Vgl. §§ 3 Abs. 1, §§ 4—6 AG z. GBO.
59. Vgl. § 879 Abs. 1 Satz 1 BGB.
60. Vgl. § 879 Abs. 1 Satz 2 BGB.
61. Vgl. § 879 Abs. 3 BGB.
62. Vgl. §§ 875, 894 BGB.
63. Vgl. §§ 5, 6 GBO.
64. §§ 741 ff. BGB.
65. Zur gesammten Hand (wie bei der Gesellschaft, der ehelichen Gütergemeinschaft und der fortgesetzten Gütergemeinschaft).

49. Werden mehrere Grundstücke mit einem Rechte belastet, so ist auf dem Blatte jedes Grundstücks die Mitbelastung der übrigen von Amtswegen erkennbar zu machen.[66] Das Gleiche gilt, wenn mit einem an einem Grundstücke bestehenden Rechte nachträglich noch ein anderes Grundstück belastet oder wenn im Falle der Uebertragung eines Grundstückstheils auf ein anderes Grundbuchblatt[67] ein eingetragenes Recht mitübertragen wird.

Soweit eine Mitbelastung erlischt, ist dies von Amtswegen zu vermerken.

50. Werden Dienstbarkeiten und Reallasten als Leibgedinge, Leibzucht, Altentheil oder Auszug eingetragen, so bedarf es nicht der Bezeichnung der einzelnen Rechte, wenn auf die Eintragungsbewilligung Bezug genommen wird.[68]

51. Bei der Eintragung einer Hypothek für Theilschuldverschreibungen auf den Inhaber genügt es, wenn der Gesammtbetrag der Hypothek unter Angabe der Anzahl, des Betrags und der Bezeichnung der Theile eingetragen wird.[69]

Diese Vorschrift findet entsprechende Anwendung, wenn eine Grundschuld oder eine Rentenschuld für den Inhaber des Briefes eingetragen und das Recht in Theile zerlegt werden soll.

52. Bei der Eintragung eines Vorerben ist zugleich das Recht des Nacherben[70] und, soweit der Vorerbe von den Beschränkungen seines Verfügungsrechts befreit ist,[71] auch die Befreiung von Amtswegen einzutragen.

53. Ist ein Testamentsvollstrecker ernannt, so ist dies bei der Eintragung des Erben von Amtswegen miteinzutragen, es sei denn, daß der Nachlaßgegenstand der Verwaltung des Testamentsvollstreckers nicht unterliegt.

54. Ergiebt sich, daß das Grundbuchamt unter Verletzung gesetzlicher Vorschriften eine Eintragung vorgenommen hat, durch die das Grundbuch unrichtig geworden ist, so ist von Amtswegen ein Widerspruch einzutragen. Erweist sich eine Eintragung nach ihrem Inhalt als unzulässig, so ist sie von Amtswegen zu löschen.

Bei einer Hypothek, einer Grundschuld oder einer Rentenschuld bedarf es zur Eintragung eines Widerspruchs der Vorlegung des Briefes nicht, wenn der Widerspruch den im § 42 Abs. 1 Satz 2 bezeichneten Inhalt hat. Diese Vorschrift findet keine Anwendung, wenn der Grundschuld- oder Rentenschuldbrief auf den Inhaber ausgestellt ist.[72]

55. Jede Eintragung soll dem Antragsteller und dem eingetragenen Eigenthümer sowie im

66. Vgl. § 1181 Abs. 2 BGB.
67. § 6 GBO.
68. Vgl. § 874 BGB.
69. Vgl. §§ 1115, 1187 ff. BGB.
70. Mit Rücksicht auf §§ 2113, 2114 BGB.
71. Vgl. §§ 2136, 2137 BGB.
72. § 1195 BGB.

Uebrigen allen aus dem Grundbuch ersichtlichen Personen bekannt gemacht werden, zu deren Gunsten die Eintragung erfolgt ist oder deren Recht durch sie betroffen wird. Auf die Bekanntmachung kann verzichtet werden.

Dritter Abschnitt. Hypotheken-, Grundschuld-, Rentenschuldbrief.

56. Der Hypothekenbrief [73] wird von dem Grundbuchamt ertheilt. Er muß die Bezeichnung als Hypothekenbrief enthalten, den Geldbetrag der Hypothek und das belastete Grundstück bezeichnen sowie mit Unterschrift [74] und Siegel versehen sein.

57. [75] Der Hypothekenbrief soll die Nummer des Grundbuchblatts angeben und einen Auszug aus dem Grundbuch enthalten.

In den Auszug sollen aufgenommen werden:

1. die Bezeichnung des Grundstücks nach dem Inhalte des Grundbuchs;
2. die Bezeichnung des Eigenthümers;
3. der Inhalt der die Hypothek betreffenden Eintragungen und, soweit zur Ergänzung einer Eintragung auf eine Urkunde Bezug genommen ist, auch der Inhalt dieser Urkunde; im Falle des § 1115 Abs. 2 des Bürgerlichen Gesetzbuchs braucht der Inhalt der Satzung nicht aufgenommen zu werden;
4. die kurze Bezeichnung des Inhalts der Eintragungen, welche der Hypothek im Range vorgehen oder gleichstehen.

Der Auszug ist auf Antrag zu ergänzen, wenn sich der Inhalt des Grundbuchs ändert.

58. Ist eine Urkunde über die Forderung, für welche eine Hypothek besteht, ausgestellt, so soll die Urkunde mit dem Hypothekenbriefe verbunden werden. Erstreckt sich der Inhalt der Urkunde auch auf andere Angelegenheiten, so genügt es, wenn ein öffentlich beglaubigter Auszug aus der Urkunde mit dem Hypothekenbriefe verbunden wird.

In den Fällen des Abs. 1 unterbleibt die im § 57 Abs. 2 Nr. 3 vorgesehene Aufnahme des Inhalts der Urkunde in den Hypothekenbrief.

Zum Nachweise, daß eine Schuldurkunde nicht ausgestellt ist, genügt eine darauf gerichtete Erklärung des Eigenthümers. [76]

59. Ueber eine Gesammthypothek [77] soll nur ein Hypothekenbrief ertheilt werden.

Sind die belasteten Grundstücke in den Bezirken verschiedener Grundbuchämter belegen, so soll jedes Amt für die Grundstücke seines Bezirkes einen besonderen Brief ertheilen; die Briefe sind mit einander zu verbinden.

60. Der Hypothekenbrief ist dem Eigenthümer des Grundstücks, im Falle der nachträglichen Ertheilung dem Gläubiger auszuhändigen. [78]

Auf eine abweichende Bestimmung des Eigenthümers oder des Gläubigers findet die Vorschrift des § 29 Satz 1 entsprechende Anwendung.

61. Ein Theilhypothekenbrief [79] kann von dem Grundbuchamt, einem Gericht oder einem Notar hergestellt werden. [80]

Der Theilhypothekenbrief muß die Bezeichnung als Theilhypothekenbrief sowie eine beglaubigte Abschrift der im § 56 Satz 2 vorgesehenen Angaben des bisherigen Briefes enthalten, den Theilbetrag der Hypothek, auf den er sich bezieht, bezeichnen sowie mit Unterschrift und Siegel versehen sein. Er soll außerdem eine beglaubigte Abschrift der sonstigen Angaben des bisherigen Briefes und der auf diesem befindlichen Vermerke enthalten. Eine mit dem bisherigen Briefe verbundene Schuldurkunde soll in beglaubigter Abschrift mit dem Theilhypothekenbriefe verbunden werden.

Die Herstellung des Theilhypothekenbriefs soll auf dem bisherigen Briefe vermerkt werden.

62. Eintragungen, die bei der Hypothek erfolgen, sind von dem Grundbuchamt auf dem Hypothekenbriefe zu vermerken; der Vermerk ist mit Unterschrift [74] und Siegel zu versehen.

In den Fällen des § 54 Abs. 1 hat das Grundbuchamt den Besitzer des Briefes zur Vorlegung anzuhalten. In gleicher Weise hat es, wenn in den Fällen des § 42 Abs. 1 Satz 2 und des § 54 Abs. 2 der Brief nicht vorgelegt ist, zu verfahren, um nachträglich den Widerspruch auf dem Briefe zu vermerken. [81]

63. Wird nach der Ertheilung eines Hypothekenbriefs mit der Hypothek noch ein anderes, in dem Bezirke desselben Grundbuchamts belegenes Grundstück belastet, so ist, sofern nicht die Ertheilung eines neuen Briefes über die Gesammthypothek beantragt wird, die Mitbelastung auf dem bisherigen Briefe zu vermerken und zugleich der Inhalt des Briefes in Ansehung des anderen Grundstücks nach § 57 zu ergänzen.

64. Im Falle der Vertheilung einer Gesammthypothek auf die einzelnen Grundstücke [82] ist für jedes Grundstück ein neuer Brief zu ertheilen.

65. Tritt nach § 1177 Abs. 1 oder nach § 1198 des Bürgerlichen Gesetzbuchs eine Grundschuld oder eine Rentenschuld an die Stelle der Hypothek, so ist, sofern nicht die Ertheilung eines neuen Briefes beantragt wird, die Eintragung der Rechtsänderung auf dem bisherigen Briefe zu vermerken und eine

73. Vgl. § 1116 BGB; § 61 Abs. 1 GBO.
74. „Des Amtsrichters" nach § 3 Abs. 1 AG z. GBO.
75. Vgl. § 97 GBO.
76. In der Form des § 29 GBO.
77. § 1132 BGB.

78. Vgl. §§ 1117 Abs. 1, 1163 Abs. 2 BGB.
79. §§ 1145 Abs. 1, 1152 BGB.
80. Vgl. § 11 AG z. GBO.
81. Vgl. § 18 AG z. GBO.
82. Vgl. §§ 1132 Abs. 2, 1172, 1175 BGB.

mit dem Briefe verbundene Schuldurkunde abzutrennen.

Das Gleiche gilt, wenn nach § 1180 des Bürgerlichen Gesetzbuchs an die Stelle der Forderung, für welche eine Hypothek besteht, eine andere Forderung gesetzt wird.

66. Stehen einem Gläubiger mehrere Hypotheken zu, die gleichen Rang haben oder im Range unmittelbar auf einander folgen, so ist ihm auf seinen Antrag mit Zustimmung des Eigenthümers über die mehreren Hypotheken ein Hypothekenbrief in der Weise zu ertheilen, daß der Brief die sämmtlichen Hypotheken umfaßt.

67. Einem Antrage des Berechtigten auf Ertheilung eines neuen Briefes ist stattzugeben, wenn der bisherige Brief oder in den Fällen der §§ 1162, 1170, 1171 des Bürgerlichen Gesetzbuchs das Ausschlußurtheil vorgelegt wird.

68. Wird ein neuer Brief ertheilt, so hat er die Angabe zu enthalten, daß er an die Stelle des bisherigen Briefes tritt.

Vermerke, die nach den §§ 1140, 1145, 1157 des Bürgerlichen Gesetzbuchs für das Rechtsverhältniß zwischen dem Eigenthümer und dem Gläubiger in Betracht kommen, sind auf den neuen Brief zu übertragen.

Die Ertheilung des Briefes ist im Grundbuche zu vermerken.

69. Wird eine Hypothek gelöscht, so ist der Brief unbrauchbar zu machen; das Gleiche gilt, wenn die Ertheilung des Briefes über eine Hypothek nachträglich ausgeschlossen[83] oder an Stelle des bisherigen Briefes ein neuer Hypothekenbrief, ein Grundschuldbrief oder ein Rentenschuldbrief ertheilt wird. Eine mit dem bisherigen Briefe verbundene Schuldurkunde ist abzutrennen und, sofern sie nicht mit dem neuen Hypothekenbriefe zu verbinden ist, zurückzugeben.[84]

70. Die Vorschriften der §§ 56 bis 69 finden auf den Grundschuldbrief und den Rentenschuldbrief entsprechende Anwendung. Der Rentenschuldbrief muß auch die Ablösungssumme angeben.[85]

Ist eine für den Inhaber des Briefes eingetragene Grundschuld oder Rentenschuld in Theile zerlegt, so ist über jeden Theil ein besonderer Brief herzustellen.

Vierter Abschnitt. Beschwerde.

71. Gegen die Entscheidungen des Grundbuchamts findet das Rechtsmittel der Beschwerde statt.

Die Beschwerde gegen eine Eintragung ist unzuläßig. Im Wege der Beschwerde kann jedoch verlangt werden, daß das Grundbuchamt angewiesen wird, nach § 54 einen Widerspruch einzutragen oder eine Löschung vorzunehmen.

83. Vgl. § 1116 Abs. 2 Satz 2 BGB.
84. Vgl. §§ 127, 131 BGB; § 18 AG z. GBO.
85. Vgl. §§ 1199, 1200 BGB; § 18 AG z. GBO.

72. Ueber die Beschwerde entscheidet das Landgericht, in dessen Bezirke das Grundbuchamt seinen Sitz hat.

73. Die Beschwerde kann bei dem Grundbuchamt oder bei dem Beschwerdegericht eingelegt werden.

Die Einlegung erfolgt durch Einreichung einer Beschwerdeschrift oder durch Erklärung zum Protokolle des Grundbuchamts oder des Gerichtsschreibers des Beschwerdegerichts.

74. Die Beschwerde kann auf neue Thatsachen und Beweise gestützt werden.[86]

75. Erachtet das Grundbuchamt die Beschwerde für begründet, so hat es ihr abzuhelfen.[87]

76. Das Beschwerdegericht kann vor der Entscheidung durch eine einstweilige Anordnung dem Grundbuchamt aufgeben, eine Vormerkung[88] oder einen Widerspruch[89] einzutragen.[90]

Die Vormerkung oder der Widerspruch wird von Amtswegen gelöscht, wenn die Beschwerde zurückgenommen oder zurückgewiesen ist.

77. Die Entscheidung des Beschwerdegerichts ist mit Gründen zu versehen und dem Beschwerdeführer mitzutheilen.

78. Gegen die Entscheidung des Beschwerdegerichts ist das Rechtsmittel der weiteren Beschwerde zuläßig, wenn die Entscheidung auf einer Verletzung des Gesetzes beruht. Die Vorschriften der §§ 550, 551, 561, 563 der Civilprozeßordnung finden entsprechende Anwendung.

79. Ueber die weitere Beschwerde entscheidet das Oberlandesgericht.

Will das Oberlandesgericht bei der Auslegung einer das Grundbuchrecht betreffenden reichsgesetzlichen Vorschrift von der auf weitere Beschwerde ergangenen Entscheidung eines anderen Oberlandesgerichts, falls aber über die Rechtsfrage bereits eine Entscheidung des Reichsgerichts ergangen ist, von dieser abweichen, so hat es die weitere Beschwerde unter Begründung seiner Rechtsauffassung dem Reichsgerichte vorzulegen. Der Beschluß über die Vorlegung ist dem Beschwerdeführer mitzutheilen.

In den Fällen des Abs. 2 entscheidet über die weitere Beschwerde das Reichsgericht.

80. Die weitere Beschwerde kann bei dem Grundbuchamte, dem Landgericht oder bei dem Oberlandesgericht eingelegt werden. Erfolgt die Einlegung durch Einreichung einer Beschwerdeschrift, so muß diese von einem Rechtsanwalt unterzeichnet sein. Der Zuziehung eines Rechtsanwalts bedarf es nicht, wenn die Beschwerde von einer Behörde oder von dem Notar eingelegt wird, der nach § 15 den Eintragungsantrag gestellt hat.

86. Vgl. § 570 CPO.
87. Vgl. § 571 CPO.
88. § 883 BGB.
89. § 894 BGB.
90. Vgl. § 572 Abs. 3 CPO.

Das Grundbuchamt und das Landgericht sind nicht befugt, der weiteren Beschwerde abzuhelfen. Im Uebrigen finden die Vorschriften über die Beschwerde entsprechende Anwendung.

81. Die Entscheidungen über Beschwerden erfolgen bei den Landgerichten durch eine Civilkammer, bei den Oberlandesgerichten und dem Reichsgerichte durch einen Civilsenat.

Die Vorschriften der Civilprozeßordnung über die Ausschließung und Ablehnung der Gerichtspersonen sowie die Vorschriften des § 137 des Gerichtsverfassungsgesetzes finden entsprechende Anwendung.

Fünfter Abschnitt. Schlußbestimmungen.

82. Dieses Gesetz tritt, soweit es die Anlegung des Grundbuchs betrifft, gleichzeitig mit dem Bürgerlichen Gesetzbuch, im Uebrigen für jeden Grundbuchbezirk mit dem Zeitpunkt in Kraft, in welchem das Grundbuch als angelegt anzusehen ist.[91]

Die Artikel 2 bis 5, 32, 55 des Einführungsgesetzes zum Bürgerlichen Gesetzbuche finden entsprechende Anwendung.

83. Soweit im Einführungsgesetze zum Bürgerlichen Gesetzbuche zu Gunsten der Landesgesetze Vorbehalte gemacht sind, gelten sie auch für die Vorschriften der Landesgesetze über das Grundbuchwesen; den Landesgesetzen stehen nach Maßgabe der Artikel 57, 58 des Einführungsgesetzes zum Bürgerlichen Gesetzbuche die Hausverfassungen gleich.

84. Die Vorschriften der §§ 7, 20 und des § 22 Abs. 2 über das Erbbaurecht sowie die Vorschrift des § 50 finden auf die in den Artikeln 63, 68 des Einführungsgesetzes zum Bürgerlichen Gesetzbuche bezeichneten Rechte entsprechende Anwendung.

85. Durch landesherrliche Verordnung kann bestimmt werden, daß für gewisse Gattungen von Grundstücken besondere nicht für Bezirke eingerichtete Grundbücher geführt werden.[92]

86. Durch landesherrliche Verordnung kann bestimmt werden, daß die Vorschrift des § 4 auch dann Anwendung findet, wenn mehrere Grundstücke desselben Eigenthümers in den Bezirken verschiedener Grundbuchämter belegen sind.

87. Durch landesherrliche Verordnung kann bestimmt werden, daß ein bisher geführtes Buch oder mehrere bisher geführte Bücher für sich allein oder zusammen mit einem neuen Buche oder mehreren neuen Büchern als Grundbuch gelten sollen. Die Bestimmung kann auch dann getroffen werden, wenn für Grundstücke, die nicht denselben Eigenthümer haben, ein gemeinschaftliches Blatt besteht; die Vorschrift des § 4 findet entsprechende Anwendung.

88. Werden nach § 87 mehrere Bücher geführt, so muß jedes Grundstück in einem der Bücher eine besondere Stelle haben. An dieser Stelle ist auf die in den anderen Büchern befindlichen Eintragungen zu verweisen. Die Stelle des Hauptbuchs und die Stellen, auf welche verwiesen wird, gelten zusammen als das Grundbuchblatt.

89. Sind in einem Buche, das zufolge landesherrlicher Verordnung als Grundbuch gilt, die Grundstücke nicht nach Maßgabe des § 2 Abs. 2 bezeichnet, so ist diese Bezeichnung von Amtswegen zu bewirken.

90. Durch landesherrliche Verordnung kann bestimmt werden, daß die Grundstücke des Fiskus oder gewisser juristischer Personen, die öffentlichen Wege und Gewässer sowie solche Grundstücke, welche einem dem öffentlichen Verkehre dienenden Bahnunternehmen gewidmet sind, nur auf Antrag ein Grundbuchblatt erhalten.[93] Das Gleiche gilt von den Grundstücken eines Landesherrn und den Grundstücken, welche zum Hausgut oder Familiengut einer landesherrlichen Familie, der Fürstlichen Familie Hohenzollern oder der Familie des vormaligen Hannoverschen Königshauses, des vormaligen Kurhessischen und des vormaligen Herzoglich Nassauischen Fürstenhauses gehören.

Steht demjenigen, welcher nach Abs. 1 von der Verpflichtung zur Eintragung befreit ist, das Eigenthum an einem Grundstücke zu, über das ein Blatt geführt wird, oder erwirbt er ein solches Grundstück, so ist auf seinen Antrag das Grundstück aus dem Grundbuch auszuscheiden, wenn eine Eintragung, von welcher das Recht des Eigenthümers betroffen wird, nicht vorhanden ist.

91. Das Verfahren zum Zwecke der Eintragung von Grundstücken, die bei der Anlegung des Grundbuchs ein Blatt nicht erhalten haben, wird durch landesherrliche Verordnung bestimmt.

92. Das Verfahren zum Zwecke der Wiederherstellung eines ganz oder theilweise zerstörten oder abhanden gekommenen Grundbuchs wird durch landesherrliche Verordnung bestimmt. Die Verordnung kann auch darüber Bestimmung treffen, in welcher Weise bis zur Wiederherstellung des Grundbuchs die zu einer Rechtsänderung erforderliche Eintragung ersetzt werden soll.

93. Die Landesjustizverwaltung kann anordnen, daß die Einsicht des Grundbuchs und der im § 11 Abs. 1 Satz 2 bezeichneten Schriftstücke in weiterem Umfange gestattet und die Ertheilung von Abschriften in weiterem Umfange zulässig sein soll, als es im § 11 vorgeschrieben ist.[94]

94. Die Landesjustizverwaltung kann anordnen, daß Grundakten gehalten werden, und, unbeschadet der Vorschriften des § 11, auch Anordnungen über die Einsicht der Grundakten und über die Ertheilung von Abschriften treffen.

91. Vgl. Artt. 1, 186 Abs. 1 EG z. BGB.
92. Ausnahme von § 2 GBO.
93. Vgl. die hierauf bezügl. Ver. v. 11. Dez. 1899.
94. Vgl. § 19 AG. z. GBO; MinV v. 5. Dez. 1899.

95. Die Landesjustizverwaltung kann anordnen, daß, wenn eine der im § 9 Abs. 1 bezeichneten Urkunden in anderen Akten der das Grundbuch führenden Behörde enthalten ist, statt einer beglaubigten Abschrift der Urkunde eine Verweisung auf die anderen Akten genügt.

96. Durch die Landesjustizverwaltung kann darüber Bestimmung getroffen werden, inwieweit für die Fälle, in denen ein Theil eines Grundstücks von diesem abgeschrieben oder ohne Abschreibung mit einer Dienstbarkeit oder einer Reallast belastet werden soll, die Eintragung von einer Aenderung des amtlichen Verzeichnisses der Grundstücke oder von der Beibringung einer die Lage und die Grenzen des Grundstückstheils darstellenden Karte abhängig sein soll.[95]

97. Durch die Landesjustizverwaltung kann angeordnet werden, daß der im § 57 bezeichnete Auszug aus dem Grundbuche noch andere als die dort vorgeschriebenen Angaben über das Grundstück enthalten und daß, wenn sich der Betrag der Hypothek, Grundschuld oder Rentenschuld mindert, auf dem Briefe durch einen Vermerk ersichtlich gemacht werden soll, für welchen Betrag das Recht noch besteht.

98. Durch Landesgesetz kann bestimmt werden, daß das Grundbuchamt die Erklärung der Auflassung nur entgegennehmen soll, wenn die nach § 313 des Bürgerlichen Gesetzbuchs erforderliche Urkunde vorgelegt wird.[96]

95. Vgl. § 6 GBO.

96. Vgl. Artt. 142, 143 Abs. 1 EG z. BGB; § 20 GBO; § 14 AG z. GBO.

99. Durch Landesgesetz kann bestimmt werden, daß die Vorschriften der §§ 37, 38 entsprechende Anwendung finden, wenn bei einem zum Nachlaß oder zu dem Gesammtgut einer ehelichen Gütergemeinschaft oder einer fortgesetzten Gütergemeinschaft gehörenden Grundstück oder Erbbaurecht einer von den Betheiligten als Eigenthümer oder Erbbauberechtigter eingetragen werden soll.

100. Durch die Gesetzgebung eines Bundesstaats, in welchem die Amtsgerichte nicht zugleich Grundbuchämter sind, kann bestimmt werden, daß die Abänderung einer Entscheidung des Grundbuchamts bei dem Amtsgerichte nachzusuchen ist, in dessen Bezirke das Grundbuchamt seinen Sitz hat. In diesem Falle finden auf das Verfahren die Vorschriften des § 71 Abs. 2 und der §§ 73 bis 77 entsprechende Anwendung.

Die Beschwerde findet gegen die Entscheidung des Amtsgerichts statt.

101. Durch Landesgesetz kann dem im § 100 bezeichneten Amtsgerichte die Befugniß ertheilt werden, von Amtswegen das Grundbuchamt zu einer nach § 54 zulässigen Eintragung anzuhalten.

Gegen die Anordnung des Amtsgerichts findet Beschwerde nach Maßgabe der Vorschriften des vierten Abschnitts statt.

102. Durch die Gesetzgebung eines Bundesstaats, in welchem mehrere Oberlandesgerichte errichtet sind, kann die Entscheidung über das Rechtsmittel der weiteren Beschwerde einem der mehreren Oberlandesgerichte oder an Stelle eines solchen Oberlandesgerichts dem obersten Landesgerichte zugewiesen werden.

Gesetz

betreffend

die Ausführung der Grundbuchordnung vom 24. März 1897.[1]

Vom 6. November 1899.

Gesetzblatt S. 137.

Grundbuchbezirke.

§ 1. Jede Gemeinde bildet, soweit nicht ein Anderes bestimmt ist, einen Grundbuchbezirk.[2]

Für dieselbe Gemeinde können mehrere Grundbücher, jeweils für bestimmte Theile des Gemeindebezirks, geführt werden.

Grundbuchämter.

2. Die Führung der Grundbücher erfolgt durch die Amtsgerichte als Grundbuchämter.[3]

Die örtliche Zuständigkeit bestimmt sich nach der Lage der Grundbuchbezirke.

Grundbuchbeamte.

3. Die Geschäfte des Grundbuchamts werden, unbeschadet der Bestimmungen des § 6, von dem Amtsrichter wahrgenommen.[4]

Bei den mit mehreren Richtern besetzten Amtsgerichten wird derjenige Richter, welcher die Geschäfte des Grundbuchamts wahrzunehmen hat, nach Maßgabe des § 2 der Verordnung vom 13. Juni 1879 (Gesetzbl. S. 61) durch das Präsidium des Landgerichts bezeichnet.

4. Für die Vertretung des Grundbuchrichters gelten die allgemeinen Vorschriften über die Vertretung der Amtsrichter. Jedoch können zur Vertretung nur Personen berufen werden, welche zum Richteramte oder zum Notariate befähigt sind.

5. Wird eine Erklärung, welche der im § 29 der Grundbuchordnung vorgeschriebenen Form bedarf, vor dem Grundbuchamte abgegeben, so ist das Protokoll von dem Richter aufzunehmen.[5]

6. Für die Entgegennahme eines Eintragungsantrags und die Beurkundung des Zeitpunkts, in welchem der Antrag bei dem Grundbuchamte eingeht, ist außer dem Grundbuchrichter auch der ihm beigeordnete Gerichtsschreiber zuständig. Bezieht sich der Antrag auf mehrere Grundstücke, in Ansehung deren die Führung des Grundbuchs verschiedenen Grundbuchbeamten desselben Grundbuchamts obliegt, so ist jeder dieser Beamten zuständig.

Der Gerichtsschreiber hat die aus dem Grundbuch ertheilten Abschriften und Auszüge zu beglaubigen und ist bei Verhinderung des Grundbuchrichters befugt, die Einsicht des Grundbuchs zu gestatten.

7. Die Grundbuchbeamten (§§ 3, 4, 6)[6] stehen unter der Dienstaufsicht des Landgerichtspräsidenten, des Oberlandesgerichtspräsidenten und des Ministeriums.

Hinsichtlich der Gerichtsschreiber haben auch die Grundbuchrichter die Befugniß, die ordnungsmäßige Ausführung der Geschäfte zu überwachen und die ordnungswidrige Ausführung zu rügen.

Ersatzpflicht der Grundbuchbeamten.

8. Die Grundbuchbeamten sind der Landeskasse zum Ersatz alles dessen verpflichtet, was die Landeskasse auf Grund der Vorschrift des § 12 der Grundbuchordnung vom 24. März 1897 wegen einer jenen Beamten zur Last fallenden, auf Vorsatz oder grober Fahrlässigkeit beruhenden Verletzung der Amtspflicht hat aufwenden müssen. Der Ersatzanspruch des Staates verjährt in drei Jahren von dem Zeitpunkte an, in welchem die Ersatzpflicht des Staates von diesem anerkannt oder ihm gegenüber rechtskräftig festgestellt worden ist.[7]

Bergwerkseigenthum.

9. In die besonderen, für die Eintragung des Bergwerkseigenthums bestimmten Grundbücher (§ 80 des Ausführungsgesetzes zum Bürgerlichen Gesetzbuch) sind sämmtliche in dem Amtsgerichtsbezirke gelegenen Bergwerke einzutragen. Liegt ein Bergwerk in den Bezirken verschiedener Amtsgerichte, so ist das zuständige Grundbuchamt durch das im Instanzenzuge zunächst höhere Gericht zu bestimmen.

1. Vgl. § 1 AG z. FrG.
2. Vgl. § 2 Abs. 1 GBO; § 9 Abs. 2 dieses Gesetzes.
3. Vgl. § 1 Abs. 1 GBO.
4. Vgl. §§ 45, 56 GBO; § 26 dieses Gesetzes.
5. Vgl. auch §§ 32, 60 Abs. 2 GBO.
6. S. auch § 26 dieses Gesetzes.
7. Vgl. § 839 BGB; § 112 AG z. BGB; § 12 GBO.

Das Ministerium kann mehrere Amtsgerichtsbezirke in Ansehung des Bergwerkseigenthums zu einem Grundbuchbezirke vereinigen. Das Ministerium bezeichnet in diesem Falle das als Grundbuchamt örtlich zuständige Amtsgericht.[7a]

10. Die sich auf Grundstücke beziehenden Vorschriften der Grundbuchordnung und dieses Gesetzes gelten, soweit nicht ein Anderes bestimmt ist, auch für Bergwerke.

Die für die Eintragung des Eigenthums und die Berichtigung des Grundbuchs durch Eintragung eines Eigenthümers geltenden Vorschriften des § 20 und des § 22 Abs. 2 der Grundbuchordnung vom 24. März 1897 finden auf die Eintragung des Bergwerkseigenthums und die Berichtigung des Grundbuchs durch Eintragung eines Bergwerkseigenthümers entsprechende Anwendung.[8]

Theilhypothekenbriefe.

11. Zur Herstellung von Theilhypothekenbriefen, Theilgrundschuldbriefen und Theilrentenschuldbriefen sind außer dem Grundbuchamte nur die Notare zuständig.[9]

Auflassung.

12. Die zur Uebertragung des Eigenthums an einem Grundstücke und zur Bestellung des Erbbaurechts nach den §§ 925 und 1015 des Bürgerlichen Gesetzbuchs erforderliche Erklärung kann in Ansehung der in Elsaß-Lothringen liegenden Grundstücke auch vor einem elsaß-lothringischen Notar erfolgen.[10]

Der Notar ist, vorbehaltlich anderer Weisung seitens der Betheiligten, verpflichtet, die Erklärung ungesäumt bei dem Grundbuchamte mit dem Antrage auf Eintragung einzureichen.

Jeder Theil kann verlangen, daß die Auflassung vor dem Grundbuchamt erfolgt.

13. Die gleichzeitige Anwesenheit beider Theile ist bei der Auflassung eines Grundstücks nicht erforderlich, wenn das Grundstück durch einen Notar versteigert wird und die Auflassung noch in dem Versteigerungstermin stattfindet.[11]

14. Das Grundbuchamt soll die Erklärung der Auflassung nur entgegennehmen, wenn die nach § 313 des Bürgerlichen Gesetzbuchs erforderliche Urkunde vorgelegt wird.[12]

Dasselbe gilt für die Notare. Der Vorlegung der Urkunde steht die Aufnahme durch den Notar gleich.

Die vorstehenden Bestimmungen greifen nicht Platz, wenn die Verpflichtung zur Uebertragung des Eigenthums auf letztwilliger Verfügung beruht.

Verfahren.

15. Das Verfahren zum Zwecke der Berichtigung der Angaben, welche sich auf die thatsächliche Beschaffenheit, der in das Grundbuch aufgenommenen Grundstücke, insbesondere ihre Größe, Lage und Kulturart beziehen, bestimmt das Ministerium.[13]

16. Die Vereinigung mehrerer Grundstücke zu einem Grundstück und die Zuschreibung eines Grundstücks zu einem anderen Grundstück soll nicht zugelassen werden, wenn die Grundstücke nicht in demselben Grundbuchbezirke gelegen oder wenn sie in verschiedener Weise durch Hypotheken, Grundschulden oder Rentenschulden belastet sind.[14]

17.[15] Anträge und Erklärungen öffentlicher Behörden[16] in deren amtlichen Angelegenheiten bedürfen, wenn sie ordnungsmäßig unterschrieben und mit Siegel oder Stempel versehen sind, dem Grundbuchamte gegenüber keiner Beglaubigung.

18.[17] Auf die Berichtigungen des Grundbuchs, welche durch die Bestimmungen des § 5 Abs. 1 des Gesetzes vom 30. Juli 1890, betreffend die autorisirten Genossenschaften zum Zwecke der Regelung von Feldwegen sowie der Herstellung von Bewässerungen und Entwässerungen (Gesetzbl. S. 61), sowie durch die Bestimmungen der §§ 58 Abs. 5, 138 Abs. 2 des Berggesetzes vom 16. Dezember 1873 (Gesetzbl. S. 397) veranlaßt sind, finden die Vorschriften der §§ 42 bis 44 der Grundbuchordnung keine Anwendung. Das Grundbuchamt hat den Besitzer des Hypotheken-, Grundschuld- oder Rentenschuldbriefs zur Vorlegung anzuhalten, um nach den Vorschriften des § 62 Abs. 1, des § 69 und des § 70 Abs. 1 der Grundbuchordnung zu verfahren.

19. Den Beamten der Verwaltung der Verkehrssteuern steht im amtlichen Interesse die Einsicht des Grundbuchs und der Grundbuchanlagen sowie die Anfertigung von Abschriften daraus frei. Auch sind denselben, wenn sie nicht am Sitze des Grundbuchamts wohnen, auf Verlangen kostenlos Abschriften zu übersenden.

Die Entfernung des Grundbuchs vom Grundbuchamte zum Zwecke der Einsichtnahme durch diese Beamten ist untersagt.[18]

Uebergangsbestimmungen.

20. Der in den Besitz des Vermögens eines Abwesenden oder Verschollenen endgültig Eingewiesene ist berechtigt, auf Grund der Einweisung seine Eintragung in das Grundbuch als Eigenthümer zu verlangen.[19]

21. Die Eintragung des Alleineigenthums eines

7a. Vgl. § 2 Ver. v. 5. Dez. 1899; §§ 117 ff. der Ausführungsbestimmungen v. 19. Dez. 1899.

8. Vgl. § 81 Abs. 2 AG z. BGB.

9. Vgl. §§ 1145, 1152, 1192, 1199 BGB; Art. 141 EG z. BGB; §§ 61, 83 GBO.

10. Art. 143 Abs. 1 EG z. BGB; § 20 GBO; § 89 AG z. BGB.

11. § 925 BGB; Art. 143 Abs. 2 EG. z. BGB; § 90 AG. z. BGB.

12. Vgl. §§ 20, 98 GBO; § 106 AG z. BGB.

13. Vgl. § 2 Abs. 2 GBO.

14. §§ 890, 1131 BGB; Art. 119 Nr. 3 EG z. BGB; § 5 GBO.

15. Vgl. § 29 GBO.

16. Dazu gehören auch die Behörden der einen Bestandtheil des staatlichen Organismus bildenden öffentlichen Anstalten, z. B. Verwaltungsräthe der Hospizien (Kommissionsverhandlungen).

17. Vgl. § 22 GBO.

18. §§ 11, 93 GBO; vgl. auch Art. 54 Ges. v. 22. Frimaire VII.

19. Vgl. Art. 161 EG z. BGB.

Theilungsgenossen an dem vorher gemeinschaftlichen Grundstücke in das Grundbuch erfolgt, insofern das Theilungsverfahren nach den bisherigen Gesetzen durchgeführt wurde, auf Grund eines Auszugs aus der Theilung oder der Theilungsversteigerung.

Der Auszug hat die Bezeichnung der Theilungsgenossen sowie Abschrift desjenigen Theils der Urkunde zu enthalten, woraus sich die Uebereignung des Grundstücks ergiebt.

Die Eintragung ist nur zulässig, wenn die Theilungsgenossen als Eigenthümer eingetragen oder nach den Vorschriften der Grundbuchordnung zur Auflassung ohne Eintragung befugt sind.[20]

22. Die an einem Nießbrauchrecht bestehenden Vorzugsrechte und Hypotheken gelten von der Zeit an, zu welcher das Grundbuch als angelegt anzusehen ist, als Pfandrechte an dem Nießbrauch. Nicht eingetragene Vorzugsrechte und Hypotheken begründen den Anspruch auf Eintragung eines Pfandrechts an dem Nießbrauche.

23. Ein zur Zeit des Inkrafttretens des Bürgerlichen Gesetzbuchs an einem Grundstücke bestehendes Nutzungspfand (Antichrese)[21] ist als persönliches Recht anzusehen.

24. Verfügungsbeschränkungen, die auf den bisherigen Gesetzen beruhen und sich auf Grundstücke oder Rechte an Grundstücken beziehen, sind auf Antrag in das Grundbuch einzutragen.[22]

Die Eintragung der Verfügungsbeschränkung, welcher der Erbe auf Grund der in den Art. 1048 ff. des Code civil zugelassenen Substitutionen unterliegt, erfolgt auf Antrag der im Art. 1069 des Code civil bezeichneten Personen.

Die Eintragung der Verfügungsbeschränkung, welcher der Erbe auf Grund des im Art. 2111 des Code civil vorgesehenen Erbabsonderungsrechts unterliegt, erfolgt auf Antrag eines Vermächtnißnehmers oder eines Nachlaßgläubigers.

25. Steht dem früheren Eigenthümer eines Grundstücks auf Grund eines Rechtsgeschäfts, durch welches das Grundstück veräußert worden ist, ein Recht zu, vermöge dessen bei Eintritt eines bestimmten Umstandes das Eigenthum an dem Grundstücke mit rückwirkender Kraft an ihn zurückfällt,[23] so verwandelt sich das Rückfallsrecht zu der Zeit, zu welcher das Grundbuch als angelegt anzusehen ist, in einen Anspruch auf Rückübertragung des Eigenthums und Befreiung des Grundstücks von den dem Rückfallsberechtigten gegenüber nicht wirksamen Belastungen. Diejenigen, gegen welche der Anspruch sich richtet, sind verpflichtet, die Eintragung einer Vormerkung zur Sicherung des Anspruchs zu bewilligen.[24]

26. Der gemäß § 116 Absatz 1 des Ausführungsgesetzes zum Bürgerlichen Gesetzbuch dem Amtsgerichte beigeordnete Hypothekenbewahrer nimmt, auch wenn er nicht zum Amtsrichter ernannt ist, in Grundbuchsachen die Stellung des Amtsrichters ein und hat, unbeschadet der Bestimmung des § 116 Abs. 2, alle Rechte und Pflichten des Grundbuchrichters.

27. Die Vorschriften der §§ 3 bis 7, 9, 10, 15 bis 17, 19 bis 26 dieses Gesetzes finden auf die Führung des Eigenthumsbuchs und des vorläufigen Grundbuchs entsprechende Anwendung.[25, 26]

Die Vorschriften der §§ 108, 109 Abs. 1, 110 des Ausführungsgesetzes zum Bürgerlichen Gesetzbuch gelten auch für die Ansprüche, welche nach § 25 an die Stelle der Rückfallsrechte treten. Zur Eintragung der Vormerkung in das Eigenthumsbuch oder das vorläufige Grundbuch bedarf es nach Maßgabe der §§ 108, 109 Absatz 1 nicht der Bewilligung desjenigen, dessen Grundstück von der Vormerkung betroffen wird.

Kataster.

28. Die Katasterbehörde hat die in ihren Händen befindlichen Katasterurkunden nebst den dazu gehörigen Karten und Plänen mit Anlegung der Grundbücher an die Amtsgerichte abzugeben.

Die Karten und Pläne werden mit den Grundbüchern verbunden. Behufs Fortführung der Karten und Pläne werden den Amtsgerichten technische Beamten beigeordnet, welche auf Verlangen Kopien ertheilen.

Durch die Ausführungsverordnung ist für die Uebereinstimmung zwischen Grundbuch und Gemeindekataster Sorge zu tragen.

29. An Stelle der im § 51 des Gesetzes vom 31. März 1884 (Gesetzbl. S. 59) erforderten Katasterauszüge treten nach Anlegung des Grundbuchs Auszüge aus dem Grundbuch.

Schlußbestimmungen.

30. Dieses Gesetz tritt, soweit es die Anlegung von Grundbüchern zur Voraussetzung hat, für jeden Grundbuchbezirk mit dem Zeitpunkt, in welchem das Grundbuch als angelegt anzusehen ist, im Uebrigen gleichzeitig mit dem Bürgerlichen Gesetzbuch in Kraft.

31. Die zur Ausführung dieses Gesetzes erforderlichen Bestimmungen werden durch das Ministerium erlassen.[26]

20. Vgl. § 41 Abs. 1 GBO.
21. Artt. 2085 ff. C. c.
22. Vgl. Art. 168 EG z. BGB; §§ 98, 113 AG z. BGB.
23. Artt. 920, 930, 960, 1184, 1656 C. c.; § 113 AG z. BGB.
24. Vgl. § 883 BGB.
25. Vgl. §§ 88, 111 AG z. BGB.
26. Vgl. Ver. v. 5. Dez. 1899; Ausführungs-Bestimmungen betr. die Führung der Eigenthumsbücher u. der vorläufigen Grundbücher v. 19. Dez. 1899.

Handelsgesetzbuch.[1]

Vom 10. Mai 1897.

Reichs-Gesetzblatt S. 219.

Erstes Buch.

Handelsstand.

Erster Abschnitt. Kaufleute.[2]

§ 1. Kaufmann im Sinne dieses Gesetzbuchs ist, wer ein Handelsgewerbe betreibt.[3]

Als Handelsgewerbe gilt jeder Gewerbebetrieb, der eine der nachstehend bezeichneten Arten von Geschäften zum Gegenstande hat:

1. die Anschaffung und Weiterveräußerung von beweglichen Sachen (Waaren) oder Werthpapieren, ohne Unterschied, ob die Waaren unverändert oder nach einer Bearbeitung oder Verarbeitung weiter veräußert werden;
2. die Uebernahme der Bearbeitung oder Verarbeitung von Waaren für Andere, sofern der Betrieb über den Umfang des Handwerks hinausgeht;
3. die Uebernahme von Versicherungen gegen Prämie;
4. die Bankier- und Geldwechslergeschäfte;[4]
5. die Uebernahme der Beförderung von Gütern oder Reisenden zur See, die Geschäfte der Frachtführer oder der zur Beförderung von Personen zu Lande oder auf Binnengewässern bestimmten Anstalten sowie die Geschäfte der Schleppschiffahrtsunternehmer;[5]
6. die Geschäfte der Kommissionäre, der Spediteure oder der Lagerhalter;
7. die Geschäfte der Handlungsagenten oder der Handelsmäkler;
8. die Verlagsgeschäfte sowie die sonstigen Geschäfte des Buch- oder Kunsthandels;
9. die Geschäfte der Druckereien, sofern ihr Betrieb über den Umfang des Handwerks hinausgeht.

2. Ein gewerbliches Unternehmen, das nach Art und Umfang einen in kaufmännischer Weise eingerichteten Geschäftsbetrieb erfordert, gilt, auch wenn die Voraussetzungen des § 1 Abs. 2 nicht vorliegen, als Handelsgewerbe im Sinne dieses Gesetzbuchs, sofern die Firma des Unternehmers

---

1. Das Handelsgesetzbuch v. 10. Mai 1897 tritt nach Art. 1 des EG vom nämlichen Tage gleichzeitig mit dem BGB am 1. Januar 1900 in Kraft. Der 6. Abschnitt des 1. Buches, das Recht der Handlungsgehülfen und Handlungslehrlinge, §§ 59—83, mit Ausnahme des § 65, ist schon am 1. Januar 1898 in Kraft getreten (EG Art. 1 Abs. 2). Uebergangsvorschriften enthalten die Artt. 22—28 EG. Die privatrechtlichen Vorschriften der Landesgesetze bleiben insoweit unberührt, als es in dem EG bestimmt oder als im Handelsgesetzbuche auf die Landesgesetze verwiesen ist (Art. 15 EG). Vorbehalte für Elf.-Lothr. enthalten die Artt. 16, 17 ebenda. Soweit in Reichsgesetzen oder in Landesgesetzen auf Vorschriften des früher geltenden allgemeinen deutschen HGB verwiesen ist, treten die Vorschriften des HGB v. 10. Mai 1897 an deren Stelle (Art. 3 EG). Die Vorschriften des BGB kommen insoweit zur Anwendung, als nicht im HGB oder in dessen EG ein anderes bestimmt ist (Art. 2 EG).

2. Vgl. § 8 Ges. betr. die Abzahlungsgeschäfte v. 16. Mai 1894; § 28 Börsenges. v. 22. Juni 1896; § 1 RG betr. die Pflichten der Kaufleute bei Aufbewahrung fremder Werthpapiere v. 5 Juli 1896.

3. Bezüglich des Betriebes eines Erwerbsgeschäftes durch einen Minderjährigen kommen in Betracht die §§ 107, 112, 1645, 1655, 1822 Nr. 3, 11, §§ 1823, 1827 Abs. 2 BGB. Ueber die einer Ehefrau zum Betriebe eines Handelsgewerbes zu ertheilende Einwilligung und die Eintragung des Verbotes in das Güterrechtsregister vgl. §§ 1405, 1435 BGB; Art. 4 EG z. BGB; § 45 FrG. Vgl. auch §§ 11, 11a, 14 GewO. Zum Börsenbesuche sind Handelsfrauen nicht berechtigt; vgl. § 7 Nr. 1 Börsenges. v. 22. Juni 1896. — Kaufmannseigenschaft haben auch die eingetragenen Genossenschaften nach § 17 RG betr. die Erwerbs- und Wirthschaftsgenossenschaften v. 1. Mai 1889 und die Gesellschaften mit beschränkter Haftung nach § 13 Ges. v. 20 April 1892. Vgl. auch §§ 101 ff. GVG.

4. Vgl. Reichsbankges. v. 14. März 1875.

5. Vgl. Ges. betr. die privatrechtlichen Verhältnisse der Binnenschiffahrt v. 15. Juni 1895 und Ges. betr. die Flößerei v. 15. Juni 1895.

in das Handelsregister eingetragen worden ist. Der Unternehmer ist verpflichtet, die Eintragung nach den für die Eintragung kaufmännischer Firmen geltenden Vorschriften herbeizuführen.[6]

3. Auf den Betrieb der Land- und Forstwirthschaft finden die Vorschriften der §§ 1, 2 keine Anwendung.

Ist mit dem Betriebe der Land- oder Forstwirthschaft ein Unternehmen verbunden, das nur ein Nebengewerbe des land- oder forstwirthschaftlichen Betriebs darstellt, so findet auf dieses der § 2 mit der Maßgabe Anwendung, daß der Unternehmer berechtigt, aber nicht verpflichtet ist, die Eintragung in das Handelsregister herbeizuführen; werden in dem Nebengewerbe Geschäfte der im § 1 bezeichneten Art geschlossen, so gilt der Betrieb dessenungeachtet nur dann als Handelsgewerbe, wenn der Unternehmer von der Befugniß, seine Firma gemäß § 2 in das Handelsregister eintragen zu lassen, Gebrauch gemacht hat. Ist die Eintragung erfolgt, so findet eine Löschung der Firma nur nach den allgemeinen Vorschriften statt, welche für die Löschung kaufmännischer Firmen gelten.

4. Die Vorschriften über die Firmen, die Handelsbücher und die Prokura finden auf Handwerker sowie auf Personen, deren Gewerbebetrieb nicht über den Umfang des Kleingewerbes hinausgeht, keine Anwendung.[7]

Durch eine Vereinigung zum Betrieb eines Gewerbes, auf welches die bezeichneten Vorschriften keine Anwendung finden, kann eine offene Handelsgesellschaft oder eine Kommanditgesellschaft nicht begründet werden.

Die Landesregierungen sind befugt, Bestimmungen zu erlassen, durch welche die Grenze des Kleingewerbes auf der Grundlage der nach dem Geschäftsumfange bemessenen Steuerpflicht oder in Ermangelung einer solchen Besteuerung nach anderen Merkmalen näher festgesetzt wird.

5. Ist eine Firma im Handelsregister eingetragen, so kann gegenüber demjenigen, welcher sich auf die Eintragung beruft, nicht geltend gemacht werden, daß das unter der Firma betriebene Gewerbe kein Handelsgewerbe sei oder daß es zu den im § 4 Abs. 1 bezeichneten Betrieben gehöre.

6. Die in Betreff der Kaufleute gegebenen Vorschriften finden auch auf die Handelsgesellschaften Anwendung.[8]

Die Rechte und Pflichten eines Vereins, dem das Gesetz ohne Rücksicht auf den Gegenstand des Unternehmens die Eigenschaft eines Kaufmanns beilegt, werden durch die Vorschrift des § 4 Abs. 1 nicht berührt.

7. Durch die Vorschriften des öffentlichen Rechtes, nach welchen die Befugniß zum Gewerbebetrieb ausgeschlossen oder von gewissen Voraussetzungen abhängig gemacht ist, wird die Anwendung der die Kaufleute betreffenden Vorschriften dieses Gesetzbuchs nicht berührt.[9]

Zweiter Abschnitt. Handelsregister.

8. Das Handelsregister wird von den Gerichten geführt.[10]

9. Die Einsicht des Handelsregisters sowie der zum Handelsregister eingereichten Schriftstücke ist Jedem gestattet.

Von den Eintragungen kann eine Abschrift gefordert werden; das Gleiche gilt in Ansehung der zum Handelsregister eingereichten Schriftstücke, sofern ein berechtigtes Interesse glaubhaft gemacht wird. Die Abschrift ist auf Verlangen zu beglaubigen.

Das Gericht hat auf Verlangen eine Bescheinigung darüber zu ertheilen, daß bezüglich des Gegenstandes einer Eintragung weitere Eintragungen nicht vorhanden sind oder daß eine bestimmte Eintragung nicht erfolgt ist.

10. Das Gericht hat die Eintragungen in das Handelsregister durch den Deutschen Reichsanzeiger und durch mindestens ein anderes Blatt bekannt zu machen. Soweit nicht das Gesetz ein Anderes vorschreibt, werden die Eintragungen ihrem ganzen Inhalte nach veröffentlicht.

Mit dem Ablaufe des Tages, an welchem das letzte der die Bekanntmachung enthaltenden Blätter erschienen ist, gilt die Bekanntmachung als erfolgt.

11. Das Gericht hat jährlich im Dezember die Blätter zu bezeichnen, in denen während des nächsten Jahres die im § 10 vorgesehenen Veröffentlichungen erfolgen sollen.[11]

12. Die Anmeldungen zur Eintragung in das Handelsregister sowie die zur Aufbewahrung bei dem Gerichte bestimmten Zeichnungen von Unterschriften sind persönlich bei dem Gerichte zu bewirken oder in öffentlich beglaubigter Form einzureichen.[12]

Die gleiche Form ist für eine Vollmacht zur

6. § 2 findet auf Bergwerksgesellschaften Anwendung; vgl. Art. 5 EG z. HGB.

7. Vgl. aber Art. 9 I EG z. HGB.

8. Vgl. aber Art 9 I Abs. 3 EG z. HGB. — Auf die Reichsbank finden die Bestimmungen über die Eintragung in das Handelsregister und die rechtlichen Folgen derselben keine Anwendung: § 66 Reichsbankges. v. 14. März 1875.

9. Vgl. §§ 14—40 GewO; § 16 Reichsbeamtenges. v. 31. März 1873 (23. Dez. 1873).

10. Die Amtsgerichte sind zuständig: vgl. §§ 125 ff. FrG, § 1 Ver. v. 9. Nov. 1899 (ABl S. 152) und § 43 AG z. FrG: Ueber Eintragungen im Konkursverfahren vgl. §§ 112, 163, 190, 198, 205 KO. Ueber die Führung der Handelsregister s. die MinV v. 4. Jan. 1900 (ABl. S. 13).

11. „Amtsgericht"; früher nach Art. 23. Dekr. v. 17. Febr. 1852 der Bezirks-Präsident.

12. Vgl. §§ 128 ff. FrG. Bezüglich der Zuständigkeit zur Aufnahme öffentlicher Urkunden und öffentlichen Beglaubigung gelten die Vorschriften des Landesrechts nach Art. 141 EG z. BGB; vgl. §§ 167 Abs. 2, 191 Abs. 2 FrG; §§ 44, 48 AG z. FrG.

Anmeldung erforderlich. Rechtsnachfolger eines Betheiligten haben die Rechtsnachfolge soweit thunlich durch öffentliche Urkunden nachzuweisen.[13]

13. Soweit nicht in diesem Gesetzbuch ein Anderes vorgeschrieben ist, sind die Eintragungen in das Handelsregister und die hierzu erforderlichen Anmeldungen und Zeichnungen von Unterschriften sowie die sonst vorgeschriebenen Einreichungen zum Handelsregister bei jedem Registergericht, in dessen Bezirke der Inhaber der Firma eine Zweigniederlassung[14] besitzt, in gleicher Weise wie bei dem Gerichte der Hauptniederlassung zu bewirken.

Eine Eintragung bei dem Gerichte der Zweigniederlassung findet nicht statt, bevor nachgewiesen ist, daß die Eintragung bei dem Gerichte der Hauptniederlassung geschehen ist.

Diese Vorschriften kommen auch zur Anwendung, wenn sich die Hauptniederlassung im Auslande befindet. Soweit nicht das ausländische Recht eine Abweichung erforderlich macht, haben die Anmeldungen, Zeichnungen und Eintragungen bei dem Gerichte der Zweigniederlassung in gleicher Weise zu geschehen, wie wenn sich die Hauptniederlassung im Inlande befände.

14. Wer verpflichtet ist, eine Anmeldung, eine Zeichnung der Unterschrift oder eine Einreichung von Schriftstücken zum Handelsregister vorzunehmen, ist hierzu von dem Registergerichte durch Ordnungsstrafen anzuhalten. Die einzelne Strafe darf den Betrag von dreihundert Mark nicht übersteigen.[15]

15. Solange eine in das Handelsregister einzutragende Thatsache nicht eingetragen und bekannt gemacht ist, kann sie von demjenigen, in dessen Angelegenheiten sie einzutragen war, einem Dritten nicht entgegengesetzt werden, es sei denn, daß sie diesem bekannt war.

Ist die Thatsache eingetragen und bekannt gemacht worden, so muß ein Dritter sie gegen sich gelten lassen, es sei denn, daß er sie weder kannte noch kennen mußte.

Für den Geschäftsverkehr mit einer in das Handelsregister eingetragenen Zweigniederlassung ist im Sinne dieser Vorschriften die Eintragung und Bekanntmachung durch das Gericht der Zweigniederlassung entscheidend.

16. Ist durch eine rechtskräftige oder vollstreckbare Entscheidung des Prozeßgerichts die Verpflichtung zur Mitwirkung bei einer Anmeldung zum Handelsregister oder ein Rechtsverhältniß, bezüglich dessen eine Eintragung zu erfolgen hat, gegen einen von mehreren bei der Vornahme der Anmeldung Betheiligten festgestellt, so genügt zur Eintragung die Anmeldung der übrigen Betheiligten. Wird die Entscheidung, auf Grund deren die Eintragung erfolgt ist, aufgehoben, so ist dies auf Antrag eines der Betheiligten in das Handelsregister einzutragen.

Ist durch eine rechtskräftige oder vollstreckbare Entscheidung des Prozeßgerichts die Vornahme einer Eintragung für unzulässig erklärt, so darf die Eintragung nicht gegen den Widerspruch desjenigen erfolgen, welcher die Entscheidung erwirkt hat.

Dritter Abschnitt. Handelsfirma.

17. Die Firma eines Kaufmanns ist der Name, unter dem er im Handel seine Geschäfte betreibt und die Unterschrift abgiebt.

Ein Kaufmann kann unter seiner Firma klagen und verklagt werden.[16]

18. Ein Kaufmann, der sein Geschäft ohne Gesellschafter oder nur mit einem stillen Gesellschafter betreibt, hat seinen Familiennamen mit mindestens einem ausgeschriebenen Vornamen als Firma zu führen.

Der Firma darf kein Zusatz beigefügt werden, der ein Gesellschaftsverhältniß andeutet oder sonst geeignet ist, eine Täuschung[17] über die Art oder den Umfang des Geschäfts oder die Verhältnisse des Geschäftsinhabers herbeizuführen. Zusätze, die zur Unterscheidung der Person oder des Geschäfts dienen, sind gestattet.

19. Die Firma einer offenen Handelsgesellschaft hat den Namen wenigstens eines der Gesellschafter mit einem das Vorhandensein einer Gesellschaft andeutenden Zusatz oder die Namen aller Gesellschafter zu enthalten.

Die Firma einer Kommanditgesellschaft hat den Namen wenigstens eines persönlich haftenden Gesellschafters mit einem das Vorhandensein einer Gesellschaft andeutenden Zusatze zu enthalten.

Die Beifügung von Vornamen ist nicht erforderlich.

Die Namen anderer Personen als der persönlich haftenden Gesellschafter dürfen in die Firma einer offenen Handelsgesellschaft oder einer Kommanditgesellschaft nicht aufgenommen werden.

20. Die Firma einer Aktiengesellschaft sowie die Firma einer Kommanditgesellschaft auf Aktien ist in der Regel von dem Gegenstande des Unternehmens zu entlehnen; die erstere Firma hat außerdem die Bezeichnung „Aktiengesellschaft", die letztere Firma die Bezeichnung „Kommanditgesellschaft auf Aktien" zu enthalten.[18]

21. Wird ohne eine Aenderung der Person der

13. Insbesondere durch Erbschein: §§ 2353 ff. BGB. — Vgl. aber § 7 Abs. 1 MinV v. 4. Jan. 1900.

14. Vgl. § 21 CPO; § 131 FrG.

15. Ueber das Verfahren hierbei s. §§ 33, 132 ff. FrG.

16. Vgl. § 15a GewO (Art. 9 EG z. HGB). Uebergangsbestimmung: Art. 22 EG z. HGB. Auch wenn ein Einzelkaufmann unter seiner Firma klagt, kommen die §§ 239, 246, 265 CPO zur Anwendung.

17. Vgl. Ges. zur Bekämpfung des unlauteren Wettbewerbs v. 27. Mai 1896; Art. 22 EG z. HGB.

18. Vgl. Art. 22 Abs. 2 EG z. HGB.

Name des Geschäftsinhabers oder der in der Firma enthaltene Name eines Gesellschafters geändert, so kann die bisherige Firma fortgeführt werden.

22. Wer ein bestehendes Handelsgeschäft unter Lebenden oder von Todeswegen erwirbt, darf für das Geschäft die bisherige Firma mit oder ohne Beifügung eines das Nachfolgeverhältniß andeutenden Zusatzes fortführen, wenn der bisherige Geschäftsinhaber oder dessen Erben in die Fortführung der Firma ausdrücklich willigen. Die Verpflichtung einer Aktiengesellschaft oder einer Kommanditgesellschaft auf Aktien, die im § 20 vorgeschriebene Bezeichnung in ihre Firma aufzunehmen, wird hierdurch nicht berührt.

Wird ein Handelsgeschäft auf Grund eines Nießbrauchs,[19] eines Pachtvertrags[20] oder eines ähnlichen Verhältnisses übernommen, so finden diese Vorschriften entsprechende Anwendung.

23. Die Firma kann nicht ohne das Handelsgeschäft, für welches sie geführt wird, veräußert werden.[21]

24. Wird Jemand in ein bestehendes Handelsgeschäft als Gesellschafter aufgenommen oder tritt ein neuer Gesellschafter in eine Handelsgesellschaft ein oder scheidet aus einer solchen ein Gesellschafter aus, so kann ungeachtet dieser Veränderung die bisherige Firma fortgeführt werden.

Bei dem Ausscheiden eines Gesellschafters, dessen Name in der Firma enthalten ist, bedarf es zur Fortführung der Firma der ausdrücklichen Einwilligung des Gesellschafters oder seiner Erben.

25. Wer ein unter Lebenden erworbenes Handelsgeschäft unter der bisherigen Firma mit oder ohne Beifügung eines das Nachfolgeverhältniß andeutenden Zusatzes fortführt, haftet für alle im Betriebe des Geschäfts begründeten Verbindlichkeiten des früheren Inhabers. Die in dem Betriebe begründeten Forderungen gelten den Schuldnern gegenüber als auf den Erwerber übergegangen, falls der bisherige Inhaber oder seine Erben in die Fortführung der Firma gewilligt haben.

Eine abweichende Vereinbarung ist einem Dritten gegenüber nur wirksam, wenn sie in das Handelsregister eingetragen und bekannt gemacht oder von dem Erwerber oder dem Veräußerer dem Dritten mitgetheilt worden ist.

Wird die Firma nicht fortgeführt, so haftet der Erwerber eines Handelsgeschäfts für die früheren Geschäftsverbindlichkeiten nur, wenn ein besonderer Verpflichtungsgrund vorliegt, insbesondere wenn die Uebernahme der Verbindlichkeiten in handelsüblicher Weise von dem Erwerber bekannt gemacht worden ist.[22]

19. §§ 1030—1089, 1383 BGB.

20. §§ 581—597 BGB.

21. Der Vertrag ist unwirksam: § 135 BGB.

22. Die Haftung des bisherigen Inhabers dauert stets fort: § 419 BGB.

26. Ist der Erwerber des Handelsgeschäfts auf Grund der Fortführung der Firma oder auf Grund der im § 25 Abs. 3 bezeichneten Bekanntmachung für die früheren Geschäftsverbindlichkeiten haftbar, so verjähren die Ansprüche der Gläubiger gegen den früheren Inhaber mit dem Ablaufe von fünf Jahren, falls nicht nach den allgemeinen Vorschriften[23] die Verjährung schon früher eintritt.

Die Verjährung beginnt im Falle des § 25 Abs. 1 mit dem Ende des Tages, an welchem der neue Inhaber der Firma in das Handelsregister des Gerichts der Hauptniederlassung eingetragen worden ist, im Falle des § 25 Abs. 3 mit dem Ende des Tages, an welchem die Kundmachung der Uebernahme stattgefunden hat. Konnte der Gläubiger die Leistung erst in einem späteren Zeitpunkte verlangen, so beginnt die Verjährung mit diesem Zeitpunkte.[24]

27. Wird ein zu einem Nachlasse gehörendes Handelsgeschäft von dem Erben fortgeführt, so finden auf die Haftung des Erben für die früheren Geschäftsverbindlichkeiten die Vorschriften des § 25 entsprechende Anwendung.

Die unbeschränkte Haftung nach § 25 Abs. 1 tritt nicht ein, wenn die Fortführung des Geschäfts vor dem Ablaufe von drei Monaten nach dem Zeitpunkt, in welchem der Erbe von dem Anfalle der Erbschaft Kenntniß erlangt hat, eingestellt wird. Auf den Lauf der Frist finden die für die Verjährung geltenden Vorschriften des § 206 des Bürgerlichen Gesetzbuchs entsprechende Anwendung. Ist bei dem Ablaufe der drei Monate das Recht zur Ausschlagung der Erbschaft noch nicht verloren, so endigt die Frist nicht vor dem Ablaufe der Ausschlagungsfrist.

28. Tritt Jemand als persönlich haftender Gesellschafter oder als Kommanditist in das Geschäft eines Einzelkaufmanns ein, so haftet die Gesellschaft, auch wenn sie die frühere Firma nicht fortführt, für alle im Betriebe des Geschäfts entstandenen Verbindlichkeiten des früheren Geschäftsinhabers. Die in dem Betriebe begründeten Forderungen gelten den Schuldnern gegenüber als auf die Gesellschaft übergegangen.

Eine abweichende Vereinbarung ist einem Dritten gegenüber nur wirksam, wenn sie in das Handelsregister eingetragen und bekannt gemacht oder von einem Gesellschafter dem Dritten mitgetheilt worden ist.

29. Jeder Kaufmann ist verpflichtet, seine Firma und den Ort seiner Handelsniederlassung bei dem Gericht, in dessen Bezirke sich die Niederlassung befindet, zur Eintragung in das Handelsregister anzumelden; er hat seine Firma zur Aufbewahrung bei dem Gerichte zu zeichnen.[25]

23. Vgl. §§ 196, 197 BGB.

24. Vgl. § 1944 BGB.

25. Vgl. § 128 FrG.

30. Jede neue Firma muß sich von allen an demselben Orte oder in derselben Gemeinde bereits bestehenden und in das Handelsregister eingetragenen Firmen deutlich unterscheiden.

Hat ein Kaufmann mit einem bereits eingetragenen Kaufmanne die gleichen Vornamen und den gleichen Familiennamen und will auch er sich dieser Namen als seiner Firma bedienen, so muß er der Firma einen Zusatz beifügen, durch den sie sich von der bereits eingetragenen Firma deutlich unterscheidet.

Besteht an dem Orte oder in der Gemeinde, wo eine Zweigniederlassung errichtet wird, bereits eine gleiche eingetragene Firma, so muß der Firma für die Zweigniederlassung ein der Vorschrift des Abs. 2 entsprechender Zusatz beigefügt werden.

Durch die Landesregierungen kann bestimmt werden, daß benachbarte Orte oder Gemeinden als ein Ort oder als eine Gemeinde im Sinne dieser Vorschriften anzusehen sind.

31. Eine Aenderung der Firma oder ihrer Inhaber sowie die Verlegung der Niederlassung an einen anderen Ort ist nach den Vorschriften des § 29 zur Eintragung in das Handelsregister anzumelden.

Das Gleiche gilt, wenn die Firma erlischt. Kann die Anmeldung des Erlöschens einer eingetragenen Firma durch die hierzu Verpflichteten nicht auf dem im § 14 bezeichneten Wege herbeigeführt werden, so hat das Gericht das Erlöschen von Amtswegen einzutragen.[26]

32. Wird über das Vermögen eines Kaufmanns der Konkurs eröffnet, so ist dies von Amtswegen in das Handelsregister einzutragen. Das Gleiche gilt von der Aufhebung des Eröffnungsbeschlusses sowie von der Einstellung und Aufhebung des Konkurses. Eine öffentliche Bekanntmachung der Eintragungen findet nicht statt. Die Vorschriften des § 15 bleiben außer Anwendung.

33. Eine juristische Person, deren Eintragung in das Handelsregister mit Rücksicht auf den Gegenstand oder auf die Art und den Umfang ihres Gewerbebetriebs zu erfolgen hat, ist von sämmtlichen Mitgliedern des Vorstandes zur Eintragung anzumelden.

Der Anmeldung sind die Satzung der juristischen Person und die Urkunden über die Bestellung des Vorstandes in Urschrift oder in öffentlich beglaubigter Abschrift beizufügen. Bei der Anmeldung zum Handelsregister einer Zweigniederlassung bedarf es der Beifügung der Urkunden über die Bestellung des Vorstandes nicht.

Bei der Eintragung sind die Firma und der Sitz der juristischen Person, der Gegenstand des Unternehmens und die Mitglieder des Vorstandes anzugeben. Besondere Bestimmungen der Satzung über die Befugniß des Vorstandes zur Vertretung der juristischen Person oder über die Zeitdauer des Unternehmens sind gleichfalls einzutragen.

34. Jede Aenderung der nach § 33 Abs. 3 einzutragenden Thatsachen oder der Satzung, die Auflösung der juristischen Person, falls sie nicht die Folge der Eröffnung des Konkurses ist, sowie die Personen der Liquidatoren und die besonderen Bestimmungen über ihre Vertretungsbefugniß sind zur Eintragung in das Handelsregister anzumelden.

Bei der Eintragung einer Aenderung der Satzung genügt, soweit nicht die Aenderung die im § 33 Abs. 3 bezeichneten Angaben betrifft, die Bezugnahme auf die bei dem Gericht eingereichten Urkunden über die Aenderung.

Die Anmeldung hat durch den Vorstand oder, sofern die Eintragung erst nach der Anmeldung der ersten Liquidatoren geschehen soll, durch die Liquidatoren zu erfolgen.

Die Eintragung gerichtlich bestellter Vorstandsmitglieder oder Liquidatoren geschieht von Amtswegen.

Im Falle des Konkurses finden die Vorschriften des § 32 Anwendung.

35. Die Mitglieder des Vorstandes und die Liquidatoren einer juristischen Person haben ihre Unterschrift zur Aufbewahrung bei dem Gerichte zu zeichnen.

36. Ein Unternehmen des Reichs, eines Bundesstaats oder eines inländischen Kommunalverbandes braucht nicht in das Handelsregister eingetragen zu werden. Erfolgt die Anmeldung, so ist die Eintragung auf die Angabe der Firma sowie des Sitzes und des Gegenstandes des Unternehmens zu beschränken.[27]

37. Wer eine nach den Vorschriften dieses Abschnitts ihm nicht zustehende Firma gebraucht, ist von dem Registergerichte zur Unterlassung des Gebrauchs der Firma durch Ordnungsstrafen anzuhalten. Die Höhe der Strafen bestimmt sich nach § 14 Satz 2.[28]

Wer in seinen Rechten dadurch verletzt wird, daß ein Anderer eine Firma unbefugt gebraucht, kann von diesem die Unterlassung des Gebrauchs der Firma verlangen. Ein nach sonstigen Vorschriften[29] begründeter Anspruch auf Schadensersatz bleibt unberührt.

Vierter Abschnitt. Handelsbücher.[30]

38. Jeder Kaufmann ist verpflichtet, Bücher zu führen und in diesen seine Handelsgeschäfte und

26. Das Verfahren regelt § 141 FrG; vgl. Art. 8 Nr. 1 EG z. HGB.

27. Vgl. Bem. zu §§ 6, 452 HGB.

28. Vgl. §§ 33, 140 FrG.

29. Vgl. §§ 12, 823 ff. BGB; Art. 12 EG z. BGB; §§ 12, 14 Ges. zum Schutze der Waarenbezeichnungen v. 12. Mai 1894; §§ 8, 13 Abs. 4, 5 Ges. zur Bekämpfung des unlauteren Wettbewerbs v. 27. Mai 1896.

30. Besondere Vorschriften betr. die Führung der Handelsbücher enthalten die §§ 1 Nr. 2, 10 Ges. betr. die Pflichten

die Lage seines Vermögens nach den Grundsätzen ordnungsmäßiger Buchführung ersichtlich zu machen.[31]

Er ist verpflichtet, eine Abschrift (Kopie oder Abdruck) der abgesendeten Handelsbriefe zurückzubehalten und diese Abschriften sowie die empfangenen Handelsbriefe geordnet aufzubewahren.

39. Jeder Kaufmann hat bei dem Beginne seines Handelsgewerbes seine Grundstücke, seine Forderungen und Schulden, den Betrag seines baaren Geldes und seine sonstigen Vermögensgegenstände genau zu verzeichnen, dabei den Werth der einzelnen Vermögensgegenstände anzugeben und einen das Verhältniß des Vermögens und der Schulden darstellenden Abschluß zu machen.

Er hat demnächst für den Schluß eines jeden Geschäftsjahrs ein solches Inventar und eine solche Bilanz aufzustellen; die Dauer des Geschäftsjahrs darf zwölf Monate nicht überschreiten. Die Aufstellung des Inventars und der Bilanz ist innerhalb der einem ordnungsmäßigen Geschäftsgang entsprechenden Zeit zu bewirken.

Hat der Kaufmann ein Waarenlager, bei dem nach der Beschaffenheit des Geschäfts die Aufnahme des Inventars nicht füglich in jedem Jahre geschehen kann, so genügt es, wenn sie alle zwei Jahre erfolgt. Die Verpflichtung zur jährlichen Aufstellung der Bilanz wird hierdurch nicht berührt.

40. Die Bilanz ist in Reichswährung[32] aufzustellen.

Bei der Aufstellung des Inventars und der Bilanz sind sämmtliche Vermögensgegenstände und Schulden nach dem Werthe anzusetzen, der ihnen in dem Zeitpunkte beizulegen ist, für welchen die Aufstellung stattfindet.

Zweifelhafte Forderungen sind nach ihrem wahrscheinlichen Werthe anzusetzen, uneinbringliche Forderungen abzuschreiben.

41. Das Inventar und die Bilanz sind von dem Kaufmanne zu unterzeichnen. Sind mehrere persönlich haftende Gesellschafter vorhanden, so haben sie alle zu unterzeichnen.

Das Inventar und die Bilanz können in ein dazu bestimmtes Buch eingeschrieben oder jedesmal besonders aufgestellt werden. Im letzteren Falle sind sie zu sammeln und in zusammenhängender Reihenfolge geordnet aufzubewahren.

42. Unberührt bleibt bei einem Unternehmen des Reichs, eines Bundesstaats oder eines inländischen Kommunalverbandes die Befugniß der Verwaltung, die Rechnungsabschlüsse in einer von den Vorschriften der §§ 39 bis 41 abweichenden Weise vorzunehmen.

43. Bei der Führung der Handelsbücher und bei den sonst erforderlichen Aufzeichnungen hat sich der Kaufmann einer lebenden Sprache und der Schriftzeichen einer solchen zu bedienen.

Die Bücher sollen gebunden und Blatt für Blatt oder Seite für Seite mit fortlaufenden Zahlen versehen sein.

An Stellen, die der Regel nach zu beschreiben sind, dürfen keine leeren Zwischenräume gelassen werden. Der ursprüngliche Inhalt einer Eintragung darf nicht mittelst Durchstreichens oder auf andere Weise unleserlich gemacht, es darf nichts radirt, auch dürfen solche Veränderungen nicht vorgenommen werden, deren Beschaffenheit es ungewiß läßt, ob sie bei der ursprünglichen Eintragung oder erst später gemacht worden sind.[33]

44. Die Kaufleute sind verpflichtet, ihre Handelsbücher bis zum Ablaufe von zehn Jahren, von dem Tage der darin vorgenommenen letzten Eintragung an gerechnet, aufzubewahren.

Dasselbe gilt in Ansehung der empfangenen Handelsbriefe und der Abschriften der abgesendeten Handelsbriefe sowie in Ansehung der Inventare und Bilanzen.

45. Im Laufe eines Rechtsstreits kann das Gericht auf Antrag oder von Amtswegen die Vorlegung der Handelsbücher einer Partei anordnen.

Die Vorschriften der Civilprozeßordnung über die Verpflichtung des Prozeßgegners zur Vorlegung von Urkunden bleiben unberührt.[34]

46. Werden in einem Rechtsstreite Handelsbücher vorgelegt, so ist von ihrem Inhalte, soweit er den Streitpunkt betrifft, unter Zuziehung der Parteien Einsicht zu nehmen und geeignetenfalls ein Auszug zu fertigen. Der übrige Inhalt der Bücher ist dem Gericht insoweit offen zu legen, als es zur Prüfung ihrer ordnungsmäßigen Führung nothwendig ist.

47. Bei Vermögensauseinandersetzungen, insbesondere in Erbschafts-, Gütergemeinschafts- und Gesellschaftstheilungssachen, kann das Gericht die Vorlegung der Handelsbücher zur Kenntnißnahme von ihrem ganzen Inhalt anordnen.

Fünfter Abschnitt.

Prokura und Handlungsvollmacht[35]

48. Die Prokura kann nur von dem Inhaber des Handelsgeschäfts oder seinem gesetzlichen Vertreter und nur mittelst ausdrücklicher Erklärung ertheilt werden.

Die Ertheilung kann an mehrere Personen gemeinschaftlich erfolgen (Gesammtprokura).

---

der Kaufleute bei Aufbewahrung fremder Werthpapiere v. 5. Juli 1896, und § 33 Börsenges. v. 22. Juni 1896 (Art. 14 EG z. HGB); vgl. auch § 38 Abs. 2 GewO.

31. Ueber die Strafbestimmungen bei Zuwiderhandlungen s. §§ 239 Nr. 3, 4, 240 Nr. 4 KO. — Die Geschäftsbücher gehören zur Konkursmasse: § 1 Abs. 3 KO; vgl. aber § 117 Abs. 2 KO; § 811 Nr. 11 CPO.

32. Vgl. Münzges. v. 9. Juli 1873 (15. Nov. 1874).

33. Vgl. § 419 CPO.

34. Vgl. §§ 422, 423, 427, 444 CPO.

35. Vgl. §§ 164 ff. BGB.

49. Die Prokura ermächtigt zu allen Arten von gerichtlichen und außergerichtlichen Geschäften und Rechtshandlungen, die der Betrieb eines Handelsgewerbes mit sich bringt.[36]

Zur Veräußerung und Belastung von Grundstücken ist der Prokurist nur ermächtigt, wenn ihm diese Befugniß besonders ertheilt ist.

50. Eine Beschränkung des Umfanges der Prokura ist Dritten gegenüber unwirksam.

Dies gilt insbesondere von der Beschränkung, daß die Prokura nur für gewisse Geschäfte oder gewisse Arten von Geschäften oder nur unter gewissen Umständen oder für eine gewisse Zeit oder an einzelnen Orten ausgeübt werden soll.

Eine Beschränkung der Prokura auf den Betrieb einer von mehreren Niederlassungen des Geschäftsinhabers ist Dritten gegenüber nur wirksam, wenn die Niederlassungen unter verschiedenen Firmen betrieben werden. Eine Verschiedenheit der Firmen im Sinne dieser Vorschrift wird auch dadurch begründet, daß für eine Zweigniederlassung der Firma ein Zusatz beigefügt wird, der sie als Firma der Zweigniederlassung bezeichnet.

51. Der Prokurist hat in der Weise zu zeichnen, daß er der Firma seinen Namen mit einem die Prokura andeutenden Zusatze beifügt.

52. Die Prokura ist ohne Rücksicht auf das der Ertheilung zu Grunde liegende Rechtsverhältniß jederzeit widerruflich, unbeschadet des Anspruchs auf die vertragsmäßige Vergütung.

Die Prokura ist nicht übertragbar.

Die Prokura erlischt nicht durch den Tod des Inhabers des Handelsgeschäfts.

53. Die Ertheilung der Prokura ist von dem Inhaber des Handelsgeschäfts zur Eintragung in das Handelsregister anzumelden. Ist die Prokura als Gesammtprokura ertheilt, so muß auch dies zur Eintragung angemeldet werden.

Der Prokurist hat die Firma nebst seiner Namensunterschrift zur Aufbewahrung bei dem Gerichte zu zeichnen.

Das Erlöschen der Prokura ist in gleicher Weise wie die Ertheilung zur Eintragung anzumelden.

54. Ist Jemand ohne Ertheilung der Prokura zum Betrieb eines Handelsgewerbes oder zur Vornahme einer bestimmten zu einem Handelsgewerbe gehörigen Art von Geschäften oder zur Vornahme einzelner zu einem Handelsgewerbe gehöriger Geschäfte ermächtigt, so erstreckt sich die Vollmacht (Handlungsvollmacht) auf alle Geschäfte und Rechtshandlungen, die der Betrieb eines derartigen Handelsgewerbes oder die Vornahme derartiger Geschäfte gewöhnlich mit sich bringt.

Zur Veräußerung oder Belastung von Grundstücken, zur Eingehung von Wechselverbindlichkeiten, zur Aufnahme von Darlehen und zur Prozeßführung ist der Handlungsbevollmächtigte nur ermächtigt, wenn ihm eine solche Befugniß besonders ertheilt ist.

Sonstige Beschränkungen der Handlungsvollmacht braucht ein Dritter nur dann gegen sich gelten zu lassen, wenn er sie kannte oder kennen mußte.

55. Die Vorschriften des § 54 finden auch auf Handlungsbevollmächtigte Anwendung, die als Handlungsreisende zur Vornahme von Geschäften an Orten verwendet werden, an denen sich eine Niederlassung des Geschäftsinhabers nicht befindet.[37]

Die Reisenden gelten insbesondere für ermächtigt, den Kaufpreis aus den von ihnen abgeschlossenen Verkäufen einzuziehen und dafür Zahlungsfristen zu bewilligen.

Die Anzeige von Mängeln einer Waare, die Erklärung, daß eine Waare zur Verfügung gestellt werde, sowie andere Erklärungen solcher Art können dem anwesenden Reisenden gegenüber abgegeben werden.

56. Wer in einem Laden oder in einem offenen Waarenlager angestellt ist, gilt als ermächtigt zu Verkäufen und Empfangnahmen, die in einem derartigen Laden oder Waarenlager gewöhnlich geschehen.

57. Der Handlungsbevollmächtigte hat sich bei der Zeichnung jedes eine Prokura andeutenden Zusatzes zu enthalten; er hat mit einem das Vollmachtsverhältniß ausdrückenden Zusatze zu zeichnen.

58. Der Handlungsbevollmächtigte kann ohne Zustimmung[38] des Inhabers des Handelsgeschäfts seine Handlungsvollmacht auf einen Anderen nicht übertragen.

Sechster Abschnitt. Handlungsgehülfen und Handlungslehrlinge.[39]

59. Wer in einem Handelsgewerbe zur Leistung kaufmännischer Dienste gegen Entgelt angestellt ist (Handlungsgehülfe), hat, soweit nicht besondere Vereinbarungen über die Art und den Umfang seiner Dienstleistungen oder über die ihm zukommende Vergütung getroffen sind, die dem Ortsgebrauch entsprechenden Dienste zu leisten sowie die dem Ortsgebrauch entsprechende Vergütung

36. Ueber Zustellung an den Prokuristen vgl. § 173 CPO.

37. Vgl. §§ 44 ff. GewO.

38. Vgl. §§ 182, 184 BGB.

39. Dieser Abschnitt ist mit Ausnahme des § 65 schon am 1. Okt. 1898 in Kraft getreten. — Ergänzend kommen in Betracht die Bestimmungen des BGB über den Dienstvertrag: §§ 611—630. — Die Bestimmungen der Gewerbe-Ordnung finden auf Gehülfen und Lehrlinge in Handelsgeschäften keine Anwendung; vgl. § 154 Abs. 1 GewO. Ueber Beschäftigung an Sonn- und Feiertagen s. § 105b Abs. 2 GewO; über Konkursforderungen der Bediensteten § 61 KO; über Krankenversicherung § 2 Nr. 2 Ges. v. 15. Juni 1883; über Alters- und Invalidenversicherung § 1 Nr. 2 Ges. v. 13. Juli 1899; über Haftung für Zollgefälle, Geldbußen und Prozeßkosten § 153 Vereinszollges. v. 1. Juli 1869 (17. Juli 1871).

zu beanspruchen. In Ermangelung eines Ortsgebrauchs gelten die den Umständen nach angemessenen Leistungen als vereinbart.

60. Der Handlungsgehülfe darf ohne Einwilligung des Prinzipals weder ein Handelsgewerbe betreiben noch in dem Handelszweige des Prinzipals für eigene oder fremde Rechnung Geschäfte machen.

Die Einwilligung zum Betrieb eines Handelsgewerbes gilt als ertheilt, wenn dem Prinzipal bei der Anstellung des Gehülfen bekannt ist, daß er das Gewerbe betreibt, und der Prinzipal die Aufgabe des Betriebs nicht ausdrücklich vereinbart.

61. Verletzt der Handlungsgehülfe die ihm nach § 60 obliegende Verpflichtung, so kann der Prinzipal Schadensersatz[40] fordern; er kann statt dessen verlangen, daß der Handlungsgehülfe die für eigene Rechnung gemachten Geschäfte als für Rechnung des Prinzipals eingegangen gelten lasse und die aus Geschäften für fremde Rechnung bezogene Vergütung herausgebe oder seinen Anspruch auf die Vergütung abtrete.

Die Ansprüche verjähren in drei Monaten von dem Zeitpunkt an, in welchem der Prinzipal Kenntniß von dem Abschlusse des Geschäfts erlangt; sie verjähren ohne Rücksicht auf diese Kenntniß in fünf Jahren[41] von dem Abschlusse des Geschäfts an.

62.[42] Der Prinzipal ist verpflichtet, die Geschäftsräume und die für den Geschäftsbetrieb bestimmten Vorrichtungen und Geräthschaften so einzurichten und zu unterhalten, auch den Geschäftsbetrieb und die Arbeitszeit so zu regeln, daß der Handlungsgehülfe gegen eine Gefährdung seiner Gesundheit, soweit die Natur des Betriebs es gestattet, geschützt und die Aufrechterhaltung der guten Sitten und des Anstandes gesichert ist.

Ist der Handlungsgehülfe in die häusliche Gemeinschaft aufgenommen, so hat der Prinzipal in Ansehung des Wohn- und Schlafraums, der Verpflegung sowie der Arbeits- und Erholungszeit diejenigen Einrichtungen und Anordnungen zu treffen, welche mit Rücksicht auf die Gesundheit, die Sittlichkeit und die Religion des Handlungsgehülfen erforderlich sind.

Erfüllt der Prinzipal die ihm in Ansehung des Lebens und der Gesundheit des Handlungsgehülfen obliegenden Verpflichtungen nicht, so finden auf seine Verpflichtung zum Schadensersatze die für unerlaubte Handlungen geltenden Vorschriften der §§ 842 bis 846 des Bürgerlichen Gesetzbuchs entsprechende Anwendung.

Die dem Prinzipal hiernach obliegenden Verpflichtungen können nicht im voraus durch Vertrag aufgehoben oder beschränkt werden.[43]

63. Wird der Handlungsgehülfe durch unverschuldetes Unglück an der Leistung der Dienste verhindert, so behält er seinen Anspruch auf Gehalt und Unterhalt, jedoch nicht über die Dauer von sechs Wochen hinaus.

Der Handlungsgehülfe ist nicht verpflichtet, sich den Betrag anrechnen zu lassen, der ihm für die Zeit der Verhinderung aus einer Kranken- oder Unfallversicherung zukommt. Eine Vereinbarung, welche dieser Vorschrift zuwiderläuft, ist nichtig.

64. Die Zahlung des dem Handlungsgehülfen zukommenden Gehalts hat am Schlusse jedes Monats zu erfolgen. Eine Vereinbarung, nach der die Zahlung des Gehalts später erfolgen soll, ist nichtig.[44]

65. Ist bedungen, daß der Handlungsgehülfe für Geschäfte, die von ihm geschlossen oder vermittelt werden, Provision erhalten solle, so finden die für die Handlungsagenten geltenden Vorschriften des § 88 und des § 91 Satz 1 Anwendung.

66. Das Dienstverhältniß zwischen dem Prinzipal und dem Handlungsgehülfen kann, wenn es für unbestimmte Zeit eingegangen ist, von jedem Theile für den Schluß eines Kalendervierteljahrs unter Einhaltung einer Kündigungsfrist von sechs Wochen gekündigt werden.[45]

67. Wird durch Vertrag eine kürzere oder längere Kündigungsfrist bedungen, so muß sie für beide Theile gleich sein; sie darf nicht weniger als einen Monat betragen.

Die Kündigung kann nur für den Schluß eines Kalendermonats zugelassen werden.

Die Vorschriften des Abs. 1 finden auch in dem Falle Anwendung, wenn das Dienstverhältniß für bestimmte Zeit mit der Vereinbarung eingegangen wird, daß es in Ermangelung einer vor dem Ablaufe der Vertragszeit erfolgten Kündigung als verlängert gelten soll.

Eine Vereinbarung, die diesen Vorschriften zuwiderläuft, ist nichtig.

68. Die Vorschriften des § 67 finden keine Anwendung, wenn der Handlungsgehülfe einen Gehalt von mindestens fünftausend Mark für das Jahr bezieht.

Sie bleiben ferner außer Anwendung, wenn der Handlungsgehülfe für eine außereuropäische Handelsniederlassung angenommen ist und nach dem Vertrage der Prinzipal für den Fall, daß er das Dienstverhältniß kündigt, die Kosten der Rückreise des Handlungsgehülfen zu tragen hat.

69. Wird ein Handlungsgehülfe nur zu vorübergehender Aushülfe angenommen, so finden die Vorschriften des § 67 keine Anwendung, es sei denn, daß das Dienstverhältniß über die Zeit

40. Vgl. §§ 249 ff. BGB.
41. Ueber Berechnung der Frist vgl. §§ 187 ff. BGB.
42. Vgl. §§ 618, 619 BGB; §§ 120a, 120b GewO.
43. Ein etwa dahin gehender Vertrag ist nichtig; vgl. §§ 134, 138, 139 BGB.
44. Der Gehaltsanspruch verjährt in 2 Jahren nach § 196 Nr. 8 BGB.
45. Ueber Kündigung im Konkurse vgl. § 22 KO; vgl. auch Art. 2 EG. z. HGB; Art. 171 EG z. BGB.

von drei Monaten hinaus fortgesetzt wird. Die Kündigungsfrist muß jedoch auch in einem solchen Falle für beide Theile gleich sein.

70. Das Dienstverhältniß kann von jedem Theile ohne Einhaltung einer Kündigungsfrist gekündigt werden, wenn ein wichtiger Grund vorliegt.

Wird die Kündigung durch vertragswidriges Verhalten des anderen Theiles veranlaßt, so ist dieser zum Ersatze des durch die Aufhebung des Dienstverhältnisses entstehenden Schadens verpflichtet.

71. Als ein wichtiger Grund, der den Handlungsgehülfen zur Kündigung ohne Einhaltung einer Kündigungsfrist berechtigt, ist es, sofern nicht besondere Umstände eine andere Beurtheilung rechtfertigen, namentlich anzusehen:

1. wenn der Handlungsgehülfe zur Fortsetzung seiner Dienste unfähig wird;
2. wenn der Prinzipal den Gehalt oder den gebührenden Unterhalt nicht gewährt;
3. wenn der Prinzipal den ihm nach § 62 obliegenden Verpflichtungen nachzukommen verweigert;
4. wenn sich der Prinzipal Thätlichkeiten, erhebliche Ehrverletzungen oder unsittliche Zumuthungen gegen den Handlungsgehülfen zu Schulden kommen läßt oder es verweigert, den Handlungsgehülfen gegen solche Handlungen eines anderen Angestellten oder eines Familienangehörigen des Prinzipals zu schützen.

72. Als ein wichtiger Grund, der den Prinzipal zur Kündigung ohne Einhaltung einer Kündigungsfrist berechtigt, ist es, sofern nicht besondere Umstände eine andere Beurtheilung rechtfertigen, namentlich anzusehen:

1. wenn der Handlungsgehülfe im Dienste untreu ist oder das Vertrauen mißbraucht oder die ihm nach § 60 obliegende Verpflichtung verletzt;
2. wenn er seinen Dienst während einer den Umständen nach erheblichen Zeit unbefugt verläßt oder sich beharrlich weigert, seinen Dienstverpflichtungen nachzukommen;
3. wenn er durch anhaltende Krankheit, durch eine längere Freiheitsstrafe oder Abwesenheit oder durch eine die Zeit von acht Wochen übersteigende militärische Dienstleistung an der Verrichtung seiner Dienste verhindert wird;
4. wenn er sich Thätlichkeiten oder erhebliche Ehrverletzungen gegen den Prinzipal oder dessen Vertreter zu Schulden kommen läßt.

Erfolgt die Kündigung, weil der Handlungsgehülfe durch unverschuldetes Unglück längere Zeit an der Verrichtung seiner Dienste verhindert ist, so wird dadurch der im § 63 bezeichnete Anspruch des Gehülfen nicht berührt.

73. Bei der Beendigung des Dienstverhältnisses kann der Handlungsgehülfe ein schriftliches Zeugniß über die Art und Dauer der Beschäftigung fordern. Das Zeugniß ist auf Verlangen des Handlungsgehülfen auch auf die Führung und die Leistungen auszudehnen.

Auf Antrag des Handlungsgehülfen hat die Ortspolizeibehörde das Zeugniß kosten- und stempelfrei zu beglaubigen.

74. Eine Vereinbarung zwischen dem Prinzipal und dem Handlungsgehülfen, durch welche dieser für die Zeit nach der Beendigung des Dienstverhältnisses in seiner gewerblichen Thätigkeit beschränkt wird, ist für den Handlungsgehülfen nur insoweit verbindlich, als die Beschränkung nach Zeit, Ort und Gegenstand nicht die Grenzen überschreitet, durch welche eine unbillige Erschwerung des Fortkommens des Handlungsgehülfen ausgeschlossen wird.[46]

Die Beschränkung kann nicht auf einen Zeitraum von mehr als drei Jahren von der Beendigung des Dienstverhältnisses an erstreckt werden.

Die Vereinbarung ist nichtig, wenn der Handlungsgehülfe zur Zeit des Abschlusses minderjährig ist.

75. Giebt der Prinzipal durch vertragswidriges Verhalten dem Handlungsgehülfen Grund, das Dienstverhältniß gemäß den Vorschriften der §§ 70, 71 aufzulösen, so kann er aus einer Vereinbarung der im § 74 bezeichneten Art Ansprüche nicht geltend machen. Das Gleiche gilt, wenn der Prinzipal das Dienstverhältniß kündigt, es sei denn, daß für die Kündigung ein erheblicher Anlaß vorliegt, den er nicht verschuldet hat, oder daß während der Dauer der Beschränkung dem Handlungsgehülfen das zuletzt von ihm bezogene Gehalt fortgezahlt wird.

Hat der Handlungsgehülfe für den Fall, daß er die in der Vereinbarung übernommene Verpflichtung nicht erfüllt, eine Strafe versprochen, so kann der Prinzipal nur die verwirkte Strafe verlangen; der Anspruch auf Erfüllung oder auf Ersatz eines weiteren Schadens ist ausgeschlossen.[47] Die Vorschriften des Bürgerlichen Gesetzbuchs über die Herabsetzung einer unverhältnißmäßig hohen Vertragsstrafe bleiben unberührt.[48]

Vereinbarungen, welche diesen Vorschriften zuwiderlaufen, sind nichtig.

76. Die Vorschriften der §§ 60 bis 63, 74, 75 finden auch auf Handlungslehrlinge Anwendung.

Der Lehrherr ist verpflichtet, dafür zu sorgen, daß der Lehrling in den bei dem Betriebe des Geschäfts vorkommenden kaufmännischen Arbeiten unterwiesen wird; er hat die Ausbildung des Lehrlinges entweder selbst oder durch einen ge-

---

46. Vgl. §§ 133 f. GewO (Art. 9 II EG z. HGB).
47. Anders § 340 Abs. 1 BGB.
48. Ausnahme von § 348 HGB; vgl. §§ 343, 345 BGB.

eigneten, ausdrücklich dazu bestimmten Vertreter zu leiten. Die Unterweisung hat in der durch den Zweck der Ausbildung gebotenen Reihenfolge und Ausdehnung zu geschehen.

Der Lehrherr darf dem Lehrlinge die zu seiner Ausbildung erforderliche Zeit und Gelegenheit durch Verwendung zu anderen Dienstleistungen nicht entziehen; auch hat er ihm die zum Besuche des Gottesdienstes an Sonntagen und Festtagen erforderliche Zeit und Gelegenheit zu gewähren. Er hat den Lehrling zur Arbeitsamkeit und zu guten Sitten anzuhalten.

In Betreff der Verpflichtung des Lehrherrn, dem Lehrlinge die zum Besuch einer Fortbildungsschule erforderliche Zeit zu gewähren, bewendet es bei den Vorschriften des § 120 der Gewerbeordnung.

77. Die Dauer der Lehrzeit bestimmt sich nach dem Lehrvertrag, in Ermangelung vertragsmäßiger Festsetzung nach den örtlichen Verordnungen oder dem Ortsgebrauche.

Das Lehrverhältniß kann, sofern nicht eine längere Probezeit vereinbart ist, während des ersten Monats nach dem Beginne der Lehrzeit ohne Einhaltung einer Kündigungsfrist gekündigt werden. Eine Vereinbarung, nach der die Probezeit mehr als drei Monate betragen soll, ist nichtig.

Nach dem Ablaufe der Probezeit finden auf die Kündigung des Lehrverhältnisses die Vorschriften der §§ 70 bis 72 Anwendung. Als ein wichtiger Grund zur Kündigung durch den Lehrling ist es insbesondere auch anzusehen, wenn der Lehrherr seine Verpflichtungen gegen den Lehrling in einer dessen Gesundheit, Sittlichkeit oder Ausbildung gefährdenden Weise vernachlässigt.

Im Falle des Todes des Lehrherrn kann das Lehrverhältniß innerhalb eines Monats ohne Einhaltung einer Kündigungsfrist gekündigt werden.

78. Wird von dem gesetzlichen Vertreter des Lehrlinges oder, sofern dieser volljährig ist, von ihm selbst dem Lehrherrn die schriftliche Erklärung abgegeben, daß der Lehrling zu einem anderen Gewerbe oder zu einem anderen Beruf übergehen werde, so endigt, wenn nicht der Lehrling früher entlassen wird, das Lehrverhältniß nach dem Ablauf eines Monats.

Tritt der Lehrling, der abgegebenen Erklärung zuwider vor dem Ablaufe von neun Monaten nach der Beendigung des Lehrverhältnisses in ein anderes Geschäft als Handlungslehrling oder als Handlungsgehülfe ein, so ist er dem Lehrherrn zum Ersatze des diesem durch die Beendigung des Lehrverhältnisses entstandenen Schadens verpflichtet. Mit ihm haftet als Gesammtschuldner der neue Lehrherr oder Prinzipal, sofern er von dem Sachverhalte Kenntniß hatte.

79. Ansprüche wegen unbefugten Austritts aus der Lehre kann der Lehrherr gegen den Lehrling nur geltend machen, wenn der Lehrvertrag schriftlich geschlossen ist.

80. Bei der Beendigung des Lehrverhältnisses hat der Lehrherr dem Lehrling ein schriftliches Zeugniß über die Dauer der Lehrzeit und die während dieser erworbenen Kenntnisse und Fähigkeiten sowie über sein Betragen auszustellen.

Auf Antrag des Lehrlinges hat die Ortspolizeibehörde das Zeugniß kosten- und stempelfrei zu beglaubigen.

81. Personen, die nicht im Besitze der bürgerlichen Ehrenrechte[49] sind, dürfen Handlungslehrlinge weder halten noch sich mit der Anleitung von Handlungslehrlingen befassen. Der Lehrherr darf solche Personen zur Anleitung von Handlungslehrlingen nicht verwenden.

Die Entlassung von Handlungslehrlingen, welche diesem Verbote zuwider beschäftigt werden, kann von der Polizeibehörde erzwungen werden.

82. Wer die ihm nach § 62 Abs. 1, 2 oder nach § 76 Abs. 2, 3 dem Lehrlinge gegenüber obliegenden Pflichten in einer dessen Gesundheit, Sittlichkeit oder Ausbildung gefährdenden Weise verletzt, wird mit Geldstrafe bis zu einhundertfünfzig Mark bestraft.

Die gleiche Strafe trifft denjenigen, welcher entgegen der Vorschrift des § 81 Handlungslehrlinge hält, ausbildet oder ausbilden läßt.

83. Hinsichtlich der Personen, welche in dem Betrieb eines Handelsgewerbes andere als kaufmännische Dienste leisten, bewendet es bei den für das Arbeitsverhältniß dieser Personen geltenden Vorschriften.[50]

Siebenter Abschnitt. Handlungsagenten.[51]

84. Wer, ohne als Handlungsgehülfe angestellt zu sein, ständig damit betraut ist, für das Handelsgewerbe eines Anderen Geschäfte zu vermitteln oder im Namen des Anderen abzuschließen (Handlungsagent), hat bei seinen Verrichtungen das Interesse des Geschäftsherrn mit der Sorgfalt eines ordentlichen Kaufmanns wahrzunehmen.

Er ist verpflichtet, dem Geschäftsherrn die erforderlichen Nachrichten zu geben, namentlich ihm von jedem Geschäftsabschluß unverzüglich Anzeige zu machen.

85. Hat ein Handlungsagent, der nur mit der Vermittelung von Geschäften betraut ist, ein Geschäft im Namen des Geschäftsherrn mit einem Dritten abgeschlossen, so gilt es als von dem Geschäftsherrn genehmigt, wenn dieser nicht unverzüglich,[52] nachdem er von dem Abschlusse Kenntniß

---

49. Vgl. §§ 32 ff. StGB.

50. Vgl. §§ 611—630, 278, 831 BGB; Titel VII (§§ 105 ff.) GewO; Art. 95 EG z. BGB.

51. Dieser Abschnitt enthält Bestimmungen über die Handlungsagenten, welche sich in dem früheren HGB nicht fanden.

52. Vgl. § 121 Abs. 1 BGB.

erlangt hat, dem Dritten gegenüber erklärt, daß er das Geschäft ablehne.

86. Zur Annahme von Zahlungen für den Geschäftsherrn sowie zur nachträglichen Bewilligung von Zahlungsfristen ist der Handlungsagent nur befugt, wenn ihm die Ermächtigung dazu besonders ertheilt ist.

Die Anzeige von Mängeln einer Waare, die Erklärung, daß eine Waare zur Verfügung gestellt werde, sowie andere Erklärungen solcher Art können dem Handlungsagenten gegenüber abgegeben werden.

87. Ist der Handlungsagent als Handlungsreisender thätig, so finden die Vorschriften des § 55 Anwendung.

88. Soweit nicht über die dem Handlungsagenten zu gewährende Vergütung ein Anderes vereinbart ist, gebührt ihm eine Provision für jedes zur Ausführung gelangte Geschäft, welches durch seine Thätigkeit zu Stande gekommen ist. Besteht die Thätigkeit des Handlungsagenten in der Vermittelung oder Abschließung von Verkäufen, so ist im Zweifel der Anspruch auf die Provision erst nach dem Eingange der Zahlung und nur nach dem Verhältnisse des eingegangenen Betrags erworben.

Ist die Ausführung eines Geschäfts in Folge des Verhaltens des Geschäftsherrn ganz oder theilweise unterblieben, ohne daß hierfür wichtige Gründe in der Person desjenigen vorlagen, mit welchem das Geschäft abgeschlossen ist, so hat der Handlungsagent die volle Provision zu beanspruchen.

Ist die Höhe der Provision nicht bestimmt, so ist die übliche Provision zu entrichten.

Die Abrechnung über die zu zahlenden Provisionen findet, soweit nicht ein Anderes vereinbart ist, am Schlusse eines jeden Kalenderhalbjahrs statt.

89. Ist der Handlungsagent ausdrücklich für einen bestimmten Bezirk bestellt, so gebührt ihm die Provision im Zweifel auch für solche Geschäfte, welche in dem Bezirk ohne seine Mitwirkung durch den Geschäftsherrn oder für diesen geschlossen sind.

90. Für die im regelmäßigen Geschäftsbetrieb entstandenen Kosten und Auslagen kann der Handlungsagent in Ermangelung einer entgegenstehenden Vereinbarung oder eines abweichenden Handelsgebrauchs Ersatz nicht verlangen.

91. Der Handlungsagent kann bei der Abrechnung mit dem Geschäftsherrn die Mittheilung eines Buchauszugs über die durch seine Thätigkeit zu Stande gekommenen Geschäfte fordern. Das gleiche Recht steht ihm in Ansehung solcher Geschäfte zu, für die ihm nach § 89 die Provision gebührt.

92. Das Vertragsverhältniß zwischen dem Geschäftsherrn und dem Handlungsagenten kann, wenn es für unbestimmte Zeit eingegangen ist, von jedem Theile für den Schluß eines Kalendervierteljahrs unter Einhaltung einer Kündigungsfrist von sechs Wochen gekündigt werden.

Das Vertragsverhältniß kann von jedem Theile ohne Einhaltung einer Kündigungsfrist gekündigt werden, wenn ein wichtiger Grund vorliegt.[53]

Achter Abschnitt. Handelsmäkler.[54]

93. Wer gewerbsmäßig für andere Personen, ohne von ihnen auf Grund eines Vertragsverhältnisses ständig damit betraut zu sein, die Vermittelung von Verträgen über Anschaffung oder Veräußerung von Waaren oder Werthpapieren, über Versicherungen, Güterbeförderungen, Bodmerei, Schiffsmiethe oder sonstige Gegenstände des Handelsverkehrs übernimmt, hat die Rechte und Pflichten eines Handelsmäklers.

Auf die Vermittelung anderer als der bezeichneten Geschäfte, insbesondere auf die Vermittelung von Geschäften über unbewegliche Sachen, finden, auch wenn die Vermittelung durch einen Handelsmäkler erfolgt, die Vorschriften dieses Abschnitts keine Anwendung.

94. Der Handelsmäkler hat, sofern nicht die Parteien ihm dies erlassen oder der Ortsgebrauch mit Rücksicht auf die Gattung der Waare davon entbindet, unverzüglich nach dem Abschlusse des Geschäfts jeder Partei eine von ihm unterzeichnete Schlußnote[55] zuzustellen, welche die Parteien, den Gegenstand und die Bedingungen des Geschäfts, insbesondere bei Verkäufen von Waaren oder Werthpapieren deren Gattung und Menge sowie den Preis und die Zeit der Lieferung, enthält.

Bei Geschäften, die nicht sofort erfüllt werden sollen, ist die Schlußnote den Parteien zu ihrer Unterschrift zuzustellen und jeder Partei die von der anderen unterschriebene Schlußnote zu übersenden.

Verweigert eine Partei die Annahme oder Unterschrift der Schlußnote, so hat der Handelsmäkler davon der anderen Partei unverzüglich Anzeige zu machen.

95. Nimmt eine Partei eine Schlußnote an, in der sich der Handelsmäkler die Bezeichnung der anderen Partei vorbehalten hat, so ist sie an das Geschäft mit der Partei, welche ihr nachträglich bezeichnet wird, gebunden, es sei denn, daß gegen diese begründete Einwendungen zu erheben sind.

---

53. Vgl. auch § 23 KO.

54. Die Beseitigung des im früheren HGB sich findenden Instituts der amtlich bestellten Handelsmäkler schließt nicht aus, daß zur Wahrnehmung gewisser Verrichtungen Handelsmäkler öffentlich bestellt werden; vgl. § 30 Börsenges. v. 22. Juni 1896; §§ 373 Abs. 2, 376 Abs. 3, 379 Abs. 2 HGB; §§ 385, 1221, 1235 Abs. 2, 1295 BGB. — Die Bestellung der in den vorstehenden Bestimmungen des HGB und des BGB bezeichneten Handelsmäkler erfolgt durch das Ministerium; vgl. § 39 AG z. FrG. Vgl. auch §§ 652 ff. BGB über den Mäklervertrag.

55. Vgl. §§ 10 ff. Reichsstempelges. v. 27. April 1894.

Die Bezeichnung der anderen Partei hat innerhalb der ortsüblichen Frist, in Ermangelung einer solchen innerhalb einer den Umständen nach angemessenen Frist zu erfolgen.

Unterbleibt die Bezeichnung oder sind gegen die bezeichnete Person oder Firma begründete Einwendungen zu erheben, so ist die Partei befugt, den Handelsmäkler auf die Erfüllung des Geschäfts in Anspruch zu nehmen. Der Anspruch ist ausgeschlossen, wenn sich die Partei auf die Aufforderung des Handelsmäklers nicht unverzüglich darüber erklärt, ob sie Erfüllung verlange.

96. Der Handelsmäkler hat, sofern nicht die Parteien ihm dies erlassen oder der Ortsgebrauch mit Rücksicht auf die Gattung der Waare davon entbindet, von jeder durch seine Vermittelung nach Probe[56] verkauften Waare die Probe, falls sie ihm übergeben ist, so lange aufzubewahren, bis die Waare ohne Einwendung gegen ihre Beschaffenheit angenommen oder das Geschäft in anderer Weise erledigt wird. Er hat die Probe durch ein Zeichen kenntlich zu machen.

97. Der Handelsmäkler gilt nicht als ermächtigt, eine Zahlung oder eine andere im Vertrage bedungene Leistung in Empfang zu nehmen.

98. Der Handelsmäkler haftet jeder der beiden Parteien für den durch sein Verschulden entstehenden Schaden.

99. Ist unter den Parteien nichts darüber vereinbart, wer den Mäklerlohn bezahlen soll, so ist er in Ermangelung eines abweichenden Ortsgebrauchs von jeder Partei zur Hälfte zu entrichten.

56. Vgl. § 494 BGB.

100. Der Handelsmäkler ist verpflichtet, ein Tagebuch zu führen und in dieses alle abgeschlossenen Geschäfte täglich einzutragen. Die Eintragungen sind nach der Zeitfolge zu bewirken; sie haben die im § 94 Abs. 1 bezeichneten Angaben zu enthalten. Das Eingetragene ist von dem Handelsmäkler täglich zu unterzeichnen.

Die Vorschriften der §§ 43, 44 über die Einrichtung und Aufbewahrung der Handelsbücher finden auf das Tagebuch des Handelsmäklers Anwendung.

101. Der Handelsmäkler ist verpflichtet, den Parteien jederzeit auf Verlangen Auszüge aus dem Tagebuche zu geben, die von ihm unterzeichnet sind und Alles enthalten, was von ihm in Ansehung des vermittelten Geschäfts eingetragen ist.

102. Im Laufe eines Rechtsstreits kann das Gericht auch ohne Antrag einer Partei die Vorlegung des Tagebuchs anordnen, um es mit der Schlußnote, den Auszügen oder anderen Beweismitteln zu vergleichen.

103. Handelsmäkler, die den Vorschriften über die Führung und Aufbewahrung des Tagebuchs zuwiderhandeln, werden mit Geldstrafe bis zu eintausend Mark bestraft.

104. Auf Personen, welche die Vermittelung von Waarengeschäften im Kleinverkehre besorgen, finden die Vorschriften über Schlußnoten und Tagebücher keine Anwendung.

Zweites Buch.

Handelsgesellschaften und stille Gesellschaft.

Erster Abschnitt. Offene Handelsgesellschaft.

Erster Titel. Errichtung der Gesellschaft.

105. Eine Gesellschaft, deren Zweck auf den Betrieb eines Handelsgewerbes unter gemeinschaftlicher Firma gerichtet ist, ist eine offene Handelsgesellschaft, wenn bei keinem der Gesellschafter die Haftung gegenüber den Gesellschaftsgläubigern beschränkt ist.

Auf die offene Handelsgesellschaft finden, soweit nicht in diesem Abschnitt ein Anderes vorgeschrieben ist, die Vorschriften des Bürgerlichen Gesetzbuchs über die Gesellschaft Anwendung.[57]

106. Die Gesellschaft ist bei dem Gericht,[58] in dessen Bezirke sie ihren Sitz hat, zur Eintragung in das Handelsregister anzumelden.[59]

Die Anmeldung hat zu enthalten:

1. den Namen, Vornamen, Stand und Wohnort jedes Gesellschafters;
2. die Firma der Gesellschaft und den Ort, wo sie ihren Sitz hat;
3. den Zeitpunkt, mit welchem die Gesellschaft begonnen hat.

107. Wird die Firma einer Gesellschaft geändert oder der Sitz der Gesellschaft an einen anderen Ort verlegt oder tritt ein neuer Gesellschafter in die Gesellschaft ein, so ist dies ebenfalls zur Eintragung in das Handelsregister anzumelden.

57. Vgl. §§ 705—740 BGB.

58. „Amtsgericht": § 125 FrG.

59. Vgl. § 128 FrG.

108. Die Anmeldungen sind von sämmtlichen Gesellschaftern zu bewirken.[60]

Die Gesellschafter, welche die Gesellschaft vertreten sollen, haben die Firma nebst ihrer Namensunterschrift zur Aufbewahrung bei dem Gerichte zu zeichnen.

Zweiter Titel. Rechtsverhältniß der Gesellschafter unter einander.

109. Das Rechtsverhältniß der Gesellschafter unter einander richtet sich zunächst nach dem Gesellschaftsvertrage; die Vorschriften der §§ 110 bis 122 finden nur insoweit Anwendung, als nicht durch den Gesellschaftsvertrag ein Anderes bestimmt ist.

110. Macht der Gesellschafter in den Gesellschaftsangelegenheiten Aufwendungen, die er den Umständen nach für erforderlich halten darf, oder erleidet er unmittelbar durch seine Geschäftsführung oder aus Gefahren, die mit ihr untrennbar verbunden sind, Verluste, so ist ihm die Gesellschaft zum Ersatze verpflichtet.[61]

Aufgewendetes Geld hat die Gesellschaft von der Zeit der Aufwendung an zu verzinsen.

111. Ein Gesellschafter, der seine Geldeinlage nicht zur rechten Zeit einzahlt oder eingenommenes Gesellschaftsgeld nicht zur rechten Zeit an die Gesellschaftskasse abliefert oder unbefugt Geld aus der Gesellschaftskasse für sich entnimmt, hat Zinsen von dem Tage an zu entrichten, an welchem die Zahlung oder die Ablieferung hätte geschehen sollen oder die Herausnahme des Geldes erfolgt ist.

Die Geltendmachung eines weiteren Schadens ist nicht ausgeschlossen.[62]

112. Ein Gesellschafter darf ohne Einwilligung der anderen Gesellschafter weder in dem Handelszweige der Gesellschaft Geschäfte machen noch an einer anderen gleichartigen Handelsgesellschaft als persönlich haftender Gesellschafter Theil nehmen.

Die Einwilligung zur Theilnahme an einer anderen Gesellschaft gilt als ertheilt, wenn den übrigen Gesellschaftern bei Eingehung der Gesellschaft bekannt ist, daß der Gesellschafter an einer anderen Gesellschaft als persönlich haftender Gesellschafter Theil nimmt, und gleichwohl die Aufgabe dieser Betheiligung nicht ausdrücklich bedungen wird.

113. Verletzt ein Gesellschafter die ihm nach § 112 obliegende Verpflichtung, so kann die Gesellschaft Schadensersatz fordern; sie kann statt dessen von dem Gesellschafter verlangen, daß er die für eigene Rechnung gemachten Geschäfte als für Rechnung der Gesellschaft eingegangen gelten lasse und die aus Geschäften für fremde Rechnung bezogene Vergütung herausgebe oder seinen Anspruch auf die Vergütung abtrete.

Ueber die Geltendmachung dieser Ansprüche beschließen die übrigen Gesellschafter.

Die Ansprüche verjähren in drei Monaten von dem Zeitpunkt an, in welchem die übrigen Gesellschafter von dem Abschlusse des Geschäfts oder von der Theilnahme des Gesellschafters an der anderen Gesellschaft Kenntniß erlangen; sie verjähren ohne Rücksicht auf diese Kenntniß in fünf Jahren von ihrer Entstehung an.

Das Recht der Gesellschafter, die Auflösung der Gesellschaft zu verlangen, wird durch diese Vorschriften nicht berührt.

114. Zur Führung der Geschäfte der Gesellschaft sind alle Gesellschafter berechtigt und verpflichtet.

Ist im Gesellschaftsvertrage die Geschäftsführung einem Gesellschafter oder mehreren Gesellschaftern übertragen, so sind die übrigen Gesellschafter von der Geschäftsführung ausgeschlossen.

115. Steht die Geschäftsführung allen oder mehreren Gesellschaftern zu, so ist jeder von ihnen allein zu handeln berechtigt; widerspricht jedoch ein anderer geschäftsführender Gesellschafter der Vornahme einer Handlung, so muß diese unterbleiben.

Ist im Gesellschaftsvertrage bestimmt, daß die Gesellschafter, denen die Geschäftsführung zusteht, nur zusammen handeln können, so bedarf es für jedes Geschäft der Zustimmung aller geschäftsführenden Gesellschafter, es sei denn, daß Gefahr im Verzug ist.

116. Die Befugniß zur Geschäftsführung erstreckt sich auf alle Handlungen, die der gewöhnliche Betrieb des Handelsgewerbes der Gesellschaft mit sich bringt.

Zur Vornahme von Handlungen, die darüber hinausgehen, ist ein Beschluß sämmtlicher Gesellschafter erforderlich.

Zur Bestellung eines Prokuristen bedarf es der Zustimmung aller geschäftsführenden Gesellschafter, es sei denn, daß Gefahr im Verzug ist. Der Widerruf der Prokura kann von jedem der zur Ertheilung oder zur Mitwirkung bei der Ertheilung befugten Gesellschafter erfolgen.

117. Die Befugniß zur Geschäftsführung kann einem Gesellschafter auf Antrag der übrigen Gesellschafter durch gerichtliche Entscheidung entzogen werden, wenn ein wichtiger Grund vorliegt; ein solcher Grund ist insbesondere grobe Pflichtverletzung oder Unfähigkeit zur ordnungsmäßigen Geschäftsführung.

118. Ein Gesellschafter kann, auch wenn er von der Geschäftsführung ausgeschlossen ist, sich von den Angelegenheiten der Gesellschaft persönlich unterrichten, die Handelsbücher und die Papiere

60. Vgl. aber § 129 FrG über Anmeldung durch den Notar; ferner § 33 MinB v. 4. Jan. 1900.

61. Vgl. § 256 BGB.

62. Vgl. §§ 249 ff. BGB.

der Gesellschaft einsehen und sich aus ihnen eine Bilanz anfertigen.

Eine dieses Recht ausschließende oder beschränkende Vereinbarung steht der Geltendmachung des Rechtes nicht entgegen, wenn Grund zu der Annahme unredlicher Geschäftsführung besteht.

119. Für die von den Gesellschaftern zu fassenden Beschlüsse bedarf es der Zustimmung aller zur Mitwirkung bei der Beschlußfassung berufenen Gesellschafter.[63]

Hat nach dem Gesellschaftsvertrage die Mehrheit der Stimmen zu entscheiden, so ist die Mehrheit im Zweifel nach der Zahl der Gesellschafter zu berechnen.

120. Am Schlusse jedes Geschäftsjahrs wird auf Grund der Bilanz der Gewinn oder der Verlust des Jahres ermittelt und für jeden Gesellschafter sein Antheil daran berechnet.

Der einem Gesellschafter zukommende Gewinn wird dem Kapitalantheile des Gesellschafters zugeschrieben; der auf einen Gesellschafter entfallende Verlust sowie das während des Geschäftsjahrs auf den Kapitalantheil entnommene Geld wird davon abgeschrieben.

121. Von dem Jahresgewinne gebührt jedem Gesellschafter zunächst ein Antheil in Höhe von vier vom Hundert seines Kapitalantheils. Reicht der Jahresgewinn hierzu nicht aus, so bestimmen sich die Antheile nach einem entsprechend niedrigeren Satze.

Bei der Berechnung des nach Abs. 1 einem Gesellschafter zukommenden Gewinnantheils werden Leistungen, die der Gesellschafter im Laufe des Geschäftsjahrs als Einlage gemacht hat, nach dem Verhältnisse der seit der Leistung abgelaufenen Zeit berücksichtigt. Hat der Gesellschafter im Laufe des Geschäftsjahrs Geld auf seinen Kapitalantheil entnommen, so werden die entnommenen Beträge nach dem Verhältnisse der bis zur Entnahme abgelaufenen Zeit berücksichtigt.

Derjenige Theil des Jahresgewinns, welcher die nach den Abs. 1, 2 zu berechnenden Gewinnantheile übersteigt, sowie der Verlust eines Geschäftsjahrs wird unter die Gesellschafter nach Köpfen vertheilt.[64]

122. Jeder Gesellschafter ist berechtigt, aus der Gesellschaftskasse Geld bis zum Betrage von vier vom Hundert seines für das letzte Geschäftsjahr festgestellten Kapitalantheils zu seinen Lasten zu erheben und, soweit es nicht zum offenbaren Schaden der Gesellschaft gereicht, auch die Auszahlung seines den bezeichneten Betrag übersteigenden Antheils am Gewinne des letzten Jahres zu verlangen.

Im Uebrigen ist ein Gesellschafter nicht befugt, ohne Einwilligung der anderen Gesellschafter seinen Kapitalantheil zu vermindern.[65]

Dritter Titel.
Rechtsverhältniß der Gesellschafter zu Dritten.

123. Die Wirksamkeit der offenen Handelsgesellschaft tritt im Verhältnisse zu Dritten mit dem Zeitpunkt ein, in welchem die Gesellschaft in das Handelsregister eingetragen wird.

Beginnt die Gesellschaft ihre Geschäfte schon vor der Eintragung, so tritt die Wirksamkeit mit dem Zeitpunkte des Geschäftsbeginns ein, soweit nicht aus dem § 2 sich ein Anderes ergiebt.

Eine Vereinbarung, daß die Gesellschaft erst mit einem späteren Zeitpunkt ihren Anfang nehmen soll, ist Dritten gegenüber unwirksam.

124. Die offene Handelsgesellschaft kann unter ihrer Firma Rechte erwerben und Verbindlichkeiten eingehen, Eigenthum und andere dingliche Rechte an Grundstücken erwerben, vor Gericht klagen und verklagt werden.[66]

Zur Zwangsvollstreckung in das Gesellschaftsvermögen ist ein gegen die Gesellschaft gerichteter vollstreckbarer Schuldtitel erforderlich.[67]

125. Zur Vertretung der Gesellschaft ist jeder Gesellschafter ermächtigt, wenn er nicht durch den Gesellschaftsvertrag von der Vertretung ausgeschlossen ist.

Im Gesellschaftsvertrage kann bestimmt werden, daß alle oder mehrere Gesellschafter nur in Gemeinschaft zur Vertretung der Gesellschaft ermächtigt sein sollen (Gesammtvertretung). Die zur Gesammtvertretung berechtigten Gesellschafter können einzelne von ihnen zur Vornahme bestimmter Geschäfte oder bestimmter Arten von Geschäften ermächtigen. Ist der Gesellschaft gegenüber eine Willenserklärung abzugeben, so genügt die Abgabe gegenüber einem der zur Mitwirkung bei der Vertretung befugten Gesellschafter.

Im Gesellschaftsvertrage kann bestimmt werden, daß die Gesellschafter, wenn nicht mehrere zusammen handeln, nur in Gemeinschaft mit einem Prokuristen zur Vertretung der Gesellschaft ermächtigt sein sollen. Die Vorschriften des Abs. 2 Satz 2, 3 finden in diesem Falle entsprechende Anwendung.

Der Ausschluß eines Gesellschafters von der Vertretung, die Anordnung einer Gesammtvertretung oder eine gemäß Abs. 3 Satz 1 getroffene Bestimmung sowie jede Aenderung in der Vertretungsmacht eines Gesellschafters ist von sämmtlichen Gesellschaftern zur Eintragung in das Handelsregister anzumelden.[67a]

63. Der Gesellschaftsvertrag kann abweichende Bestimmungen enthalten.

64. Anders § 722 BGB.

65. Vgl. auch § 707 BGB.

66. Vgl. §§ 17, 24 CPO; § 101 GVG; §§ 209 ff. KO; § 33 Abs. 2 GBO.

67. Vgl. auch §§ 736, 859 CPO.

67a. Vgl. § 33 Ver. v. 4. Jan. 1900.

126. Die Vertretungsmacht der Gesellschafter erstreckt sich auf alle gerichtlichen und außergerichtlichen Geschäfte und Rechtshandlungen einschließlich der Veräußerung und Belastung von Grundstücken sowie der Ertheilung und des Widerrufs einer Prokura.[68]

Eine Beschränkung des Umfanges der Vertretungsmacht ist Dritten gegenüber unwirksam; dies gilt insbesondere von der Beschränkung, daß sich die Vertretung nur auf gewisse Geschäfte oder Arten von Geschäften erstrecken oder daß sie nur unter gewissen Umständen oder für eine gewisse Zeit oder an einzelnen Orten stattfinden soll.

In Betreff der Beschränkung auf den Betrieb einer von mehreren Niederlassungen der Gesellschaft finden die Vorschriften des § 50 Abs. 3 entsprechende Anwendung.

127. Die Vertretungsmacht kann einem Gesellschafter auf Antrag der übrigen Gesellschafter durch gerichtliche Entscheidung entzogen werden, wenn ein wichtiger Grund vorliegt; ein solcher Grund ist insbesondere grobe Pflichtverletzung oder Unfähigkeit zur ordnungsmäßigen Vertretung der Gesellschaft.

128. Die Gesellschafter haften für die Verbindlichkeiten der Gesellschaft den Gläubigern als Gesammtschuldner[69] persönlich. Eine entgegenstehende Vereinbarung ist Dritten gegenüber unwirksam.

129. Wird ein Gesellschafter wegen einer Verbindlichkeit der Gesellschaft in Anspruch genommen, so kann er Einwendungen, die nicht in seiner Person begründet sind, nur insoweit geltend machen, als sie von der Gesellschaft erhoben werden können.

Der Gesellschafter kann die Befriedigung des Gläubigers verweigern, solange der Gesellschaft das Recht zusteht, das ihrer Verbindlichkeit zu Grunde liegende Rechtsgeschäft anzufechten.[70]

Die gleiche Befugniß hat der Gesellschafter, solange sich der Gläubiger durch Aufrechnung[71] gegen eine fällige Forderung der Gesellschaft befriedigen kann.

Aus einem gegen die Gesellschaft gerichteten vollstreckbaren Schuldtitel findet die Zwangsvollstreckung gegen die Gesellschafter nicht statt.

130. Wer in eine bestehende Gesellschaft eintritt, haftet gleich den anderen Gesellschaftern nach Maßgabe der §§ 128, 129 für die vor seinem Eintritte begründeten Verbindlichkeiten der Gesellschaft, ohne Unterschied, ob die Firma eine Aenderung erleidet oder nicht.

Eine entgegenstehende Vereinbarung ist Dritten gegenüber unwirksam.

68. Vgl. auch § 181 BGB.
69. Vgl. §§ 421 ff. BGB.
70. Vgl. §§ 142 ff. BGB.
71. Vgl. §§ 387 ff. BGB.

Vierter Titel. Auflösung der Gesellschaft und Ausscheiden von Gesellschaftern.

131. Die offene Handelsgesellschaft wird aufgelöst:
1. durch den Ablauf der Zeit, für welche sie eingegangen ist;
2. durch Beschluß der Gesellschafter;
3. durch die Eröffnung des Konkurses über das Vermögen der Gesellschaft;
4. durch den Tod eines Gesellschafters, sofern nicht aus dem Gesellschaftsvertrage sich ein Anderes ergiebt;
5. durch die Eröffnung des Konkurses über das Vermögen eines Gesellschafters;[72]
6. durch Kündigung und durch gerichtliche Entscheidung.[73]

132. Die Kündigung eines Gesellschafters kann, wenn die Gesellschaft für unbestimmte Zeit eingegangen ist, nur für den Schluß eines Geschäftsjahrs erfolgen; sie muß mindestens sechs Monate vor diesem Zeitpunkte stattfinden.

133. Auf Antrag eines Gesellschafters kann die Auflösung der Gesellschaft vor dem Ablaufe der für ihre Dauer bestimmten Zeit oder bei einer für unbestimmte Zeit eingegangenen Gesellschaft ohne Kündigung durch gerichtliche Entscheidung ausgesprochen werden, wenn ein wichtiger Grund vorliegt.[74]

Ein solcher Grund ist insbesondere vorhanden, wenn ein anderer Gesellschafter eine ihm nach dem Gesellschaftsvertrag obliegende wesentliche Verpflichtung vorsätzlich oder aus grober Fahrlässigkeit verletzt oder wenn die Erfüllung einer solchen Verpflichtung unmöglich wird.

Eine Vereinbarung, durch welche das Recht des Gesellschafters, die Auflösung der Gesellschaft zu verlangen, ausgeschlossen oder diesen Vorschriften zuwider beschränkt wird, ist nichtig.

134. Eine Gesellschaft, die für die Lebenszeit eines Gesellschafters eingegangen ist oder nach dem Ablaufe der für ihre Dauer bestimmten Zeit stillschweigend fortgesetzt wird, steht im Sinne der Vorschriften der §§ 132, 133 einer für unbestimmte Zeit eingegangenen Gesellschaft gleich.

135. Hat ein Privatgläubiger eines Gesellschafters, nachdem innerhalb der letzten sechs Monate eine Zwangsvollstreckung in das bewegliche Vermögen des Gesellschafters ohne Erfolg versucht ist, auf Grund eines nicht bloß vorläufig vollstreckbaren Schuldtitels die Pfändung und Ueberweisung des Anspruchs auf dasjenige erwirkt, was dem Gesellschafter bei der Auseinandersetzung zukommt, so kann er die Gesellschaft ohne Rücksicht darauf, ob sie für bestimmte oder unbestimmte Zeit eingegangen ist, sechs Monate vor dem Ende des Geschäftsjahrs für diesen Zeitpunkt kündigen.

72. Vgl. § 25 KO.
73. Vgl. auch § 726 BGB.
74. Vgl. §§ 22, 29 CPO.

136. Wird die Gesellschaft in anderer Weise als durch Kündigung aufgelöst, so gilt die Befugniß eines Gesellschafters zur Geschäftsführung zu seinen Gunsten gleichwohl als fortbestehend, bis er von der Auflösung Kenntniß erlangt oder die Auflösung kennen muß.

137. Wird die Gesellschaft durch den Tod eines Gesellschafters aufgelöst, so hat der Erbe des verstorbenen Gesellschafters den übrigen Gesellschaftern den Tod unverzüglich anzuzeigen und bei Gefahr im Verzuge die von seinem Erblasser zu besorgenden Geschäfte fortzuführen, bis die übrigen Gesellschafter in Gemeinschaft mit ihm anderweit Fürsorge treffen können. Die übrigen Gesellschafter sind in gleicher Weise zur einstweiligen Fortführung der von ihnen zu besorgenden Geschäfte verpflichtet. Die Gesellschaft gilt insoweit als fortbestehend.

Die Vorschriften des Abs. 1 Satz 2, 3 finden auch im Falle der Auflösung der Gesellschaft durch die Eröffnung des Konkurses über das Vermögen eines Gesellschafters Anwendung.

138. Ist im Gesellschaftsvertrage bestimmt, daß, wenn ein Gesellschafter kündigt oder stirbt oder wenn der Konkurs über sein Vermögen eröffnet wird, die Gesellschaft unter den übrigen Gesellschaftern fortbestehen soll, so scheidet mit dem Zeitpunkt, in welchem mangels einer solchen Bestimmung die Gesellschaft aufgelöst werden würde, der Gesellschafter, in dessen Person das Ereigniß eintritt, aus der Gesellschaft aus.[75]

139. Ist im Gesellschaftsvertrage bestimmt, daß im Falle des Todes eines Gesellschafters die Gesellschaft mit dessen Erben fortgesetzt werden soll, so kann jeder Erbe sein Verbleiben in der Gesellschaft davon abhängig machen, daß ihm unter Belassung des bisherigen Gewinnantheils die Stellung eines Kommanditisten eingeräumt und der auf ihn fallende Theil der Einlage des Erblassers als seine Kommanditeinlage anerkannt wird.

Nehmen die übrigen Gesellschafter einen dahin gehenden Antrag des Erben nicht an, so ist dieser befugt, ohne Einhaltung einer Kündigungsfrist sein Ausscheiden aus der Gesellschaft zu erklären.

Die bezeichneten Rechte können von dem Erben nur innerhalb einer Frist von drei Monaten nach dem Zeitpunkt, in welchem er von dem Anfalle der Erbschaft Kenntniß erlangt hat, geltend gemacht werden. Auf den Lauf der Frist finden die für die Verjährung geltenden Vorschriften des § 206 des Bürgerlichen Gesetzbuchs entsprechende Anwendung. Ist bei dem Ablaufe der drei Monate das Recht zur Ausschlagung der Erbschaft noch nicht verloren, so endigt die Frist nicht vor dem Ablaufe der Ausschlagungsfrist.[76]

Scheidet innerhalb der Frist des Abs. 3 der Erbe aus der Gesellschaft aus oder wird innerhalb der Frist die Gesellschaft aufgelöst oder dem Erben die Stellung eines Kommanditisten eingeräumt, so haftet er für die bis dahin entstandenen Gesellschaftsschulden nur nach Maßgabe der die Haftung des Erben für die Nachlaßverbindlichkeiten betreffenden Vorschriften des bürgerlichen Rechtes.[77]

Der Gesellschaftsvertrag kann die Anwendung der Vorschriften der Abs. 1 bis 4 nicht ausschließen; es kann jedoch für den Fall, daß der Erbe sein Verbleiben in der Gesellschaft von der Einräumung der Stellung eines Kommanditisten abhängig macht, sein Gewinnantheil anders als der des Erblassers bestimmt werden.

140. Tritt in der Person eines Gesellschafters ein Umstand ein, der nach § 133 für die übrigen Gesellschafter das Recht begründet, die Auflösung der Gesellschaft zu verlangen, so kann vom Gericht[78] anstatt der Auflösung die Ausschließung dieses Gesellschafters aus der Gesellschaft ausgesprochen werden, sofern die übrigen Gesellschafter dies beantragen.

Für die Auseinandersetzung[79] zwischen der Gesellschaft und dem ausgeschlossenen Gesellschafter ist die Vermögenslage der Gesellschaft in dem Zeitpunkte maßgebend, in welchem die Klage auf Ausschließung erhoben ist.

141. Macht ein Privatgläubiger eines Gesellschafters von dem ihm nach § 135 zustehenden Rechte Gebrauch, so können die übrigen Gesellschafter auf Grund eines von ihnen gefaßten Beschlusses dem Gläubiger erklären, daß die Gesellschaft unter ihnen fortbestehen solle. In diesem Falle scheidet der betreffende Gesellschafter mit dem Ende des Geschäftsjahrs aus der Gesellschaft aus.

Diese Vorschriften finden im Falle der Eröffnung des Konkurses über das Vermögen eines Gesellschafters mit der Maßgabe Anwendung, daß die Erklärung gegenüber dem Konkursverwalter zu erfolgen hat und daß der Gemeinschuldner mit dem Zeitpunkte der Eröffnung des Konkurses als aus der Gesellschaft ausgeschieden gilt.

142. Sind nur zwei Gesellschafter vorhanden, so kann, wenn in der Person des einen von ihnen die Voraussetzungen vorliegen, unter welchen bei einer größeren Zahl von Gesellschaftern seine Ausschließung aus der Gesellschaft zulässig sein würde, der andere Gesellschafter auf seinen Antrag vom Gerichte für berechtigt erklärt werden, das Geschäft ohne Liquidation mit Aktiven und Passiven zu übernehmen.

Macht bei einer aus zwei Gesellschaftern bestehenden Gesellschaft ein Privatgläubiger des einen

75. Die Auseinandersetzung erfolgt nach §§ 738 ff. BGB.
76. Vgl. §§ 1943 ff. BGB.
77. Vgl. §§ 1967 ff., 2058 ff. BGB.
78. D. i. Prozeßgericht.
79. Vgl. §§ 738 ff. BGB.

Gesellschafters von der ihm nach § 135 zustehenden Befugniß Gebrauch oder wird über das Vermögen des einen Gesellschafters der Konkurs eröffnet, so ist der andere Gesellschafter berechtigt, das Geschäft in der bezeichneten Weise zu übernehmen.

Auf die Auseinandersetzung finden die für den Fall des Ausscheidens eines Gesellschafters aus der Gesellschaft geltenden Vorschriften entsprechende Anwendung.

143. Die Auflösung der Gesellschaft ist, wenn sie nicht in Folge der Eröffnung des Konkurses über das Vermögen der Gesellschaft eintritt, von sämmtlichen Gesellschaftern zur Eintragung in das Handelsregister anzumelden.[79a]

Das Gleiche gilt von dem Ausscheiden eines Gesellschafters aus der Gesellschaft.

Ist anzunehmen, daß der Tod eines Gesellschafters die Auflösung oder das Ausscheiden zur Folge gehabt hat, so kann, auch ohne daß die Erben bei der Anmeldung mitwirken, die Eintragung erfolgen, soweit einer solchen Mitwirkung besondere Hindernisse entgegenstehen.

144. Ist die Gesellschaft durch die Eröffnung des Konkurses über ihr Vermögen aufgelöst, der Konkurs aber nach Abschluß eines Zwangsvergleichs aufgehoben oder auf Antrag des Gemeinschuldners eingestellt, so können die Gesellschafter die Fortsetzung der Gesellschaft beschließen.[80]

Die Fortsetzung ist von sämmtlichen Gesellschaftern zur Eintragung in das Handelsregister anzumelden.[79a]

Fünfter Titel. Liquidation der Gesellschaft.[81]

145. Nach der Auflösung der Gesellschaft findet die Liquidation statt, sofern nicht eine andere Art der Auseinandersetzung von den Gesellschaftern vereinbart oder über das Vermögen der Gesellschaft der Konkurs eröffnet ist.

Ist die Gesellschaft durch Kündigung des Gläubigers eines Gesellschafters oder durch die Eröffnung des Konkurses über das Vermögen eines Gesellschafters aufgelöst, so kann die Liquidation nur mit Zustimmung des Gläubigers oder des Konkursverwalters unterbleiben.

146. Die Liquidation erfolgt, sofern sie nicht durch Beschluß der Gesellschafter oder durch den Gesellschaftsvertrag einzelnen Gesellschaftern oder anderen Personen übertragen ist, durch sämmtliche Gesellschafter als Liquidatoren. Mehrere Erben eines Gesellschafters haben einen gemeinsamen Vertreter zu bestellen.

Auf Antrag eines Betheiligten kann aus wichtigen Gründen die Ernennung von Liquidatoren durch das Gericht[82] erfolgen, in dessen Bezirke die Gesellschaft ihren Sitz hat; das Gericht kann in einem solchen Falle Personen zu Liquidatoren ernennen, die nicht zu den Gesellschaftern gehören. Als Betheiligter gilt außer den Gesellschaftern im Falle des § 135 auch der Gläubiger, durch den die Kündigung erfolgt ist.

Ist über das Vermögen eines Gesellschafters der Konkurs eröffnet, so tritt der Konkursverwalter an die Stelle des Gesellschafters.

147. Die Abberufung von Liquidatoren geschieht durch einstimmigen Beschluß der nach § 146 Abs. 2, 3 Betheiligten; sie kann auf Antrag eines Betheiligten aus wichtigen Gründen auch durch das Gericht[82] erfolgen.

148. Die Liquidatoren sind von sämmtlichen Gesellschaftern[79a] zur Eintragung in das Handelsregister anzumelden. Das Gleiche gilt von jeder Aenderung in den Personen der Liquidatoren oder in ihrer Vertretungsmacht. Im Falle des Todes eines Gesellschafters kann, wenn anzunehmen ist, daß die Anmeldung den Thatsachen entspricht, die Eintragung erfolgen, auch ohne daß die Erben bei der Anmeldung mitwirken, soweit einer solchen Mitwirkung besondere Hindernisse entgegenstehen.

Die Eintragung gerichtlich bestellter Liquidatoren sowie die Eintragung der gerichtlichen Abberufung von Liquidatoren geschieht von Amtswegen.

Die Liquidatoren haben die Firma nebst ihrer Namensunterschrift zur Aufbewahrung bei dem Gerichte zu zeichnen.

149. Die Liquidatoren haben die laufenden Geschäfte zu beendigen, die Forderungen einzuziehen, das übrige Vermögen in Geld umzusetzen[83] und die Gläubiger zu befriedigen; zur Beendigung schwebender Geschäfte können sie auch neue Geschäfte eingehen. Die Liquidatoren vertreten innerhalb ihres Geschäftskreises die Gesellschaft gerichtlich und außergerichtlich.

150. Sind mehrere Liquidatoren vorhanden, so können sie die zur Liquidation gehörenden Handlungen nur in Gemeinschaft vornehmen, sofern nicht bestimmt ist, daß sie einzeln handeln können; eine solche Bestimmung ist in das Handelsregister einzutragen.

Durch die Vorschrift des Abs. 1 wird nicht ausgeschlossen, daß die Liquidatoren einzelne von ihnen zur Vornahme bestimmter Geschäfte oder bestimmter Arten von Geschäften ermächtigen. Ist der Gesellschaft gegenüber eine Willenserklärung abzugeben, so findet die Vorschrift des § 125 Abs. 2 Satz 3 entsprechende Anwendung.

151. Eine Beschränkung des Umfanges der Befugnisse der Liquidatoren ist Dritten gegenüber unwirksam.

79a. Vgl. §§ 33 Ver. v. 4. Jan. 1900.

80. Vgl. § 211 KO.

81. Ueber strafbare Handlungen der Liquidatoren im Falle der Zahlungseinstellung oder Konkurseröffnung vgl. § 244 KO; vgl. auch §§ 730 ff. BGB.

82. „Amtsgericht“: § 145 FrG.

83. Vgl. § 732 BGB.

152. Gegenüber den nach § 146 Abs. 2, 3 Betheiligten haben die Liquidatoren, auch wenn sie vom Gerichte bestellt sind, den Anordnungen Folge zu leisten, welche die Betheiligten in Betreff der Geschäftsführung einstimmig beschließen.

153. Die Liquidatoren haben ihre Unterschrift in der Weise abzugeben, daß sie der bisherigen, als Liquidationsfirma zu bezeichnenden Firma ihren Namen beifügen.

154. Die Liquidatoren haben bei dem Beginne sowie bei der Beendigung der Liquidation eine Bilanz aufzustellen.

155. Das nach Berichtigung der Schulden verbleibende Vermögen der Gesellschaft ist von den Liquidatoren nach dem Verhältnisse der Kapitalantheile, wie sie sich auf Grund der Schlußbilanz ergeben, unter die Gesellschafter zu vertheilen.[84]

Das während der Liquidation entbehrliche Geld wird vorläufig vertheilt. Zur Deckung noch nicht fälliger oder streitiger Verbindlichkeiten sowie zur Sicherung der den Gesellschaftern bei der Schlußvertheilung zukommenden Beträge ist das Erforderliche zurückzubehalten. Die Vorschriften des § 122 Abs. 1 finden während der Liquidation keine Anwendung.

Entsteht über die Vertheilung des Gesellschaftsvermögens Streit unter den Gesellschaftern, so haben die Liquidatoren die Vertheilung bis zur Entscheidung des Streites auszusetzen.

156. Bis zur Beendigung der Liquidation kommen in Bezug auf das Rechtsverhältniß der bisherigen Gesellschafter unter einander sowie der Gesellschaft zu Dritten die Vorschriften des zweiten und dritten Titels zur Anwendung, soweit sich nicht aus dem gegenwärtigen Titel oder aus dem Zwecke der Liquidation ein Anderes ergiebt.

157. Nach der Beendigung der Liquidation ist das Erlöschen der Firma von den Liquidatoren zur Eintragung in das Handelsregister anzumelden.

Die Bücher und Papiere der aufgelösten Gesellschaft werden einem der Gesellschafter oder einem Dritten in Verwahrung gegeben. Der Gesellschafter oder der Dritte wird in Ermangelung einer Verständigung durch das Gericht[85] bestimmt, in dessen Bezirke die Gesellschaft ihren Sitz hat.

Die Gesellschafter und deren Erben behalten das Recht auf Einsicht und Benutzung der Bücher und Papiere.

158. Vereinbaren die Gesellschafter statt der Liquidation eine andere Art der Auseinandersetzung, so finden, solange noch ungetheiltes Gesellschaftsvermögen vorhanden ist, im Verhältnisse zu Dritten die für die Liquidation geltenden Vorschriften entsprechende Anwendung.

84. Vgl. aber § 735 BGB.

85. Vgl. Bem. 82.

Sechster Titel. Verjährung.

159. Die Ansprüche gegen einen Gesellschafter aus Verbindlichkeiten der Gesellschaft verjähren in fünf Jahren nach der Auflösung der Gesellschaft oder nach dem Ausscheiden des Gesellschafters, sofern nicht der Anspruch gegen die Gesellschaft einer kürzeren Verjährung unterliegt.[86]

Die Verjährung beginnt mit dem Ende des Tages, an welchem die Auflösung der Gesellschaft oder das Ausscheiden des Gesellschafters in das Handelsregister des für den Sitz der Gesellschaft zuständigen Gerichts eingetragen wird.

Wird der Anspruch des Gläubigers gegen die Gesellschaft erst nach der Eintragung fällig, so beginnt die Verjährung mit dem Zeitpunkte der Fälligkeit.

160. Die Unterbrechung der Verjährung gegenüber der aufgelösten Gesellschaft wirkt auch gegenüber den Gesellschaftern, welche der Gesellschaft zur Zeit der Auflösung angehört haben.

Zweiter Abschnitt. Kommanditgesellschaft.

161. Eine Gesellschaft, deren Zweck auf den Betrieb eines Handelsgewerbes unter gemeinschaftlicher Firma gerichtet ist, ist eine Kommanditgesellschaft, wenn bei einem oder bei einigen von den Gesellschaftern die Haftung gegenüber den Gesellschaftsgläubigern auf den Betrag einer bestimmten Vermögenseinlage beschränkt ist (Kommanditisten), während bei dem anderen Theile der Gesellschafter eine Beschränkung der Haftung nicht stattfindet (persönlich haftende Gesellschafter).

Soweit nicht in diesem Abschnitt ein Anderes vorgeschrieben ist, finden auf die Kommanditgesellschaft die für die offene Handelsgesellschaft geltenden Vorschriften Anwendung.[87]

162. Die Anmeldung der Gesellschaft hat außer den im § 106 Abs. 2 vorgesehenen Angaben die Bezeichnung der Kommanditisten und den Betrag der Einlage eines jeden von ihnen zu enthalten.

Bei der Bekanntmachung der Eintragung ist nur die Zahl der Kommanditisten anzugeben; der Name, der Stand und der Wohnort der Kommanditisten sowie der Betrag ihrer Einlagen werden nicht bekannt gemacht.

Diese Vorschriften finden im Falle des Eintritts eines Kommanditisten in eine bestehende Handelsgesellschaft und im Falle des Ausscheidens eines Kommanditisten aus einer Kommanditgesellschaft entsprechende Anwendung.[88]

163. Für das Verhältniß der Gesellschafter unter einander gelten in Ermangelung abweichender

86. Z. B. nach §§ 196, 197, 477, 490 BGB; §§ 414 Abs. 1, 415, 425 HGB usw.

87. Die Vorschriften des BGB über die Gesellschaften, §§ 705—740, finden gemäß § 105 Anwendung.

88. Vgl. §§ 125 ff. FrG.

Bestimmungen des Gesellschaftsvertrags die besonderen Vorschriften der §§ 164 bis 169.

164. Die Kommanditisten sind von der Führung der Geschäfte der Gesellschaft ausgeschlossen; sie können einer Handlung der persönlich haftenden Gesellschafter nicht widersprechen, es sei denn, daß die Handlung über den gewöhnlichen Betrieb des Handelsgewerbes der Gesellschaft hinausgeht. Die Vorschriften des § 116 Abs. 3 bleiben unberührt.

165. Die §§ 112, 113 finden auf die Kommanditisten keine Anwendung.

166. Der Kommanditist ist berechtigt, die abschriftliche Mittheilung der jährlichen Bilanz zu verlangen und ihre Richtigkeit unter Einsicht der Bücher und Papiere zu prüfen.

Die im § 118 dem von der Geschäftsführung ausgeschlossenen Gesellschafter eingeräumten weiteren Rechte stehen dem Kommanditisten nicht zu.

Auf Antrag eines Kommanditisten kann das Gericht, wenn wichtige Gründe vorliegen, die Mittheilung einer Bilanz oder sonstiger Aufklärungen sowie die Vorlegung der Bücher und Papiere jederzeit anordnen.

167. Die Vorschriften des § 120 über die Berechnung des Gewinns oder Verlustes gelten auch für den Kommanditisten.

Jedoch wird der einem Kommanditisten zukommende Gewinn seinem Kapitalantheile nur so lange zugeschrieben, als dieser den Betrag der bedungenen Einlage nicht erreicht.

An dem Verluste nimmt der Kommanditist nur bis zum Betrage seines Kapitalantheils und seiner noch rückständigen Einlage Theil.

168. Die Antheile der Gesellschafter am Gewinne bestimmen sich, soweit der Gewinn den Betrag von vier vom Hundert der Kapitalantheile nicht übersteigt, nach den Vorschriften des § 121 Abs. 1, 2.

In Ansehung des Gewinns, welcher diesen Betrag übersteigt, sowie in Ansehung des Verlustes gilt, soweit nicht ein Anderes vereinbart ist, ein den Umständen nach angemessenes Verhältniß der Antheile als bedungen.

169. Der § 122 findet auf den Kommanditisten keine Anwendung. Dieser hat nur Anspruch auf Auszahlung des ihm zukommenden Gewinns; er kann auch die Auszahlung des Gewinns nicht fordern, solange sein Kapitalantheil durch Verlust unter den auf die bedungene Einlage geleisteten Betrag herabgemindert ist oder durch die Auszahlung unter diesen Betrag herabgemindert werden würde.

Der Kommanditist ist nicht verpflichtet, den bezogenen Gewinn wegen späterer Verluste zurückzuzahlen.

170. Der Kommanditist ist zur Vertretung der Gesellschaft nicht ermächtigt.

171. Der Kommanditist haftet den Gläubigern der Gesellschaft bis zur Höhe seiner Einlage unmittelbar; die Haftung ist ausgeschlossen, soweit die Einlage geleistet ist.

Ist über das Vermögen der Gesellschaft der Konkurs eröffnet, so wird während der Dauer des Verfahrens das den Gesellschaftsgläubigern nach Abs. 1 zustehende Recht durch den Konkursverwalter ausgeübt.

172. Im Verhältnisse zu den Gläubigern der Gesellschaft wird nach der Eintragung in das Handelsregister die Einlage eines Kommanditisten durch den in der Eintragung angegebenen Betrag bestimmt.

Auf eine nicht eingetragene Erhöhung der aus dem Handelsregister ersichtlichen Einlage können sich die Gläubiger nur berufen, wenn die Erhöhung in handelsüblicher Weise kundgemacht oder ihnen in anderer Weise von der Gesellschaft mitgetheilt worden ist.

Eine Vereinbarung der Gesellschafter, durch die einem Kommanditisten die Einlage erlassen oder gestundet wird, ist den Gläubigern gegenüber unwirksam.

Soweit die Einlage eines Kommanditisten zurückbezahlt wird, gilt sie den Gläubigern gegenüber als nicht geleistet. Das Gleiche gilt, soweit ein Kommanditist Gewinnantheile entnimmt, während sein Kapitalantheil durch Verlust unter den Betrag der geleisteten Einlage herabgemindert ist, oder soweit durch die Entnahme der Kapitalantheil unter den bezeichneten Betrag herabgemindert wird.

Was ein Kommanditist auf Grund einer in gutem Glauben errichteten Bilanz in gutem Glauben als Gewinn bezieht, ist er in keinem Falle zurückzuzahlen verpflichtet.

173. Wer in eine bestehende Handelsgesellschaft als Kommanditist eintritt, haftet nach Maßgabe der §§ 171, 172 für die vor seinem Eintritte begründeten Verbindlichkeiten der Gesellschaft, ohne Unterschied, ob die Firma eine Aenderung erleidet oder nicht.

Eine entgegenstehende Vereinbarung ist Dritten gegenüber unwirksam.

174. Eine Herabsetzung der Einlage eines Kommanditisten ist, solange sie nicht in das Handelsregister des Gerichts, in dessen Bezirke die Gesellschaft ihren Sitz hat, eingetragen ist, den Gläubigern gegenüber unwirksam; Gläubiger, deren Forderungen zur Zeit der Eintragung begründet waren, brauchen die Herabsetzung nicht gegen sich gelten zu lassen.

175. Die Erhöhung sowie die Herabsetzung einer Einlage ist durch die sämmtlichen Gesellschafter zur Eintragung in das Handelsregister anzumelden. Die Bekanntmachung der Eintragung erfolgt gemäß § 162 Abs. 2. Auf die Eintragung in das Handelsregister des Sitzes der Gesellschaft finden die Vorschriften des § 14 keine Anwendung.

176. Hat die Gesellschaft ihre Geschäfte begonnen, bevor sie in das Handelsregister des Gerichts, in dessen Bezirke sie ihren Sitz hat, eingetragen ist, so haftet jeder Kommanditist, der dem Geschäftsbeginne zugestimmt hat, für die bis zur Eintragung begründeten Verbindlichkeiten der Gesellschaft gleich einem persönlich haftenden Gesellschafter, es sei denn, daß seine Betheiligung als Kommanditist dem Gläubiger bekannt war. Diese Vorschrift kommt nicht zur Anwendung, soweit sich aus dem § 2 ein Anderes ergiebt.

Tritt ein Kommanditist in eine bestehende Handelsgesellschaft ein, so findet die Vorschrift des Abs. 1 Satz 1 für die in der Zeit zwischen seinem Eintritt und dessen Eintragung in das Handelsregister begründeten Verbindlichkeiten der Gesellschaft entsprechende Anwendung.

177. Der Tod eines Kommanditisten hat die Auflösung der Gesellschaft nicht zur Folge.

Dritter Abschnitt. Aktiengesellschaft.[89]

Erster Titel. Allgemeine Vorschriften.

178. Die sämmtlichen Gesellschafter der Aktiengesellschaft sind mit Einlagen auf das in Aktien zerlegte Grundkapital der Gesellschaft betheiligt, ohne persönlich für deren Verbindlichkeiten zu haften.

179. Die Aktien sind untheilbar.

Sie können auf den Inhaber oder auf Namen lauten.[90]

Aktien, die vor der vollen Leistung des Nennbetrags oder, falls der Ausgabepreis höher ist, vor der vollen Leistung dieses Betrags ausgegeben werden, dürfen nicht auf den Inhaber lauten. Das Gleiche gilt von Antheilscheinen, die den Aktionären vor der Ausgabe der Aktien ausgestellt werden (Interimsscheine).

Werden auf Namen lautende Aktien vor der vollen Leistung der Einzahlungen ausgegeben, so ist der Betrag der geleisteten Einzahlungen in den Urkunden anzugeben.

180. Die Aktien müssen auf einen Betrag von mindestens eintausend Mark gestellt werden.[91]

Für ein gemeinnütziges Unternehmen kann im Falle eines besonderen örtlichen Bedürfnisses der Bundesrath die Ausgabe von Aktien, die auf Namen lauten, zu einem geringeren, jedoch mindestens zweihundert Mark erreichenden Betrage zulassen. Die gleiche Genehmigung kann ertheilt werden, wenn für ein Unternehmen das Reich, ein Bundesstaat oder ein Kommunalverband oder eine sonstige öffentliche Körperschaft auf die Aktien einen bestimmten Ertrag bedingungslos und ohne Zeitbeschränkung gewährleistet hat.

Auf Namen lautende Aktien, deren Uebertragung an die Zustimmung der Gesellschaft gebunden ist, dürfen auf einen Betrag von weniger als eintausend, jedoch nicht von weniger als zweihundert Mark gestellt werden.

Im Falle des Abs. 2 soll die ertheilte Genehmigung, im Falle des Abs. 3 sollen die Beschränkungen, denen nach § 222 Abs. 4 die Aktionäre in Ansehung der Uebertragung ihrer Rechte unterliegen, in den Aktien ersichtlich gemacht werden.

Diese Vorschriften gelten auch für Interimsscheine.

181. Zur Unterzeichnung von Aktien und Interimsscheinen genügt eine im Wege der mechanischen Vervielfältigung hergestellte Namensunterschrift.[92] Die Gültigkeit der Unterzeichnung kann durch eine in die Urkunde aufgenommene Bestimmung von der Beobachtung einer besonderen Form abhängig gemacht werden.

182. Der Inhalt des Gesellschaftsvertrags muß von mindestens fünf Personen, welche Aktien übernehmen, in gerichtlicher oder notarieller Verhandlung[93] festgestellt werden. In der Verhandlung ist der Betrag und, wenn verschiedene Gattungen von Aktien ausgegeben werden, die Gattung der von Jedem übernommenen Aktien anzugeben.

Der Gesellschaftsvertrag muß bestimmen:

1. die Firma und den Sitz[94] der Gesellschaft;
2. den Gegenstand des Unternehmens;
3. die Höhe des Grundkapitals und der einzelnen Aktien;[95]
4. die Art der Bestellung und Zusammensetzung des Vorstandes;
5. die Form, in der die Berufung der Generalversammlung der Aktionäre geschieht;
6. die Form, in der die von der Gesellschaft ausgehenden Bekanntmachungen erfolgen.

Bekanntmachungen, die durch öffentliche Blätter erfolgen sollen, sind in den Deutschen Reichsanzeiger einzurücken. Andere Blätter außer diesem bestimmt der Gesellschaftsvertrag.

183. Ist im Gesellschaftsvertrage nichts darüber bestimmt, ob die Aktien auf den Inhaber oder auf Namen lauten sollen, so sind sie auf Namen zu stellen.

Im Gesellschaftsvertrage kann bestimmt werden, daß auf Verlangen des Aktionärs die Umwandlung seiner auf Namen lautenden Aktie in eine Inhaberaktie oder umgekehrt stattzufinden hat.

184. Für einen geringeren als den Nennbetrag dürfen Aktien nicht ausgegeben werden.

Die Ausgabe für einen höheren Betrag ist statthaft, wenn sie im Gesellschaftsvertrage zugelassen ist.

---

89. Uebergangsbestimmung s. Artt. 22—28 EG z. HGB; vgl. auch Hypothekenbankges. v. 13. Juli 1899.

90. Vgl. Art. 26 EG z. HGB.

91. Vgl. Art. 24 EG. z. HGB.

92. Vgl. § 793 Abs. 2 BGB.

93. Die Beurkundung hat durch die Notare zu geschehen: § 44 AG z. FrG.

94. Vgl. § 17 CPO.

95. Betreffs der Zulassung der Aktien an Börsen vgl. §§ 38—42 Börsenges. v. 22. Juni 1896; Bek. des Bundesraths v. 11. Dez. 1896.

185. Im Gesellschaftsvertrage können für einzelne Gattungen von Aktien verschiedene Rechte, insbesondere in Betreff der Vertheilung des Gewinns oder des Gesellschaftsvermögens, festgesetzt werden.

186. Jeder zu Gunsten einzelner Aktionäre bedungene besondere Vortheil muß im Gesellschaftsvertrag unter Bezeichnung des Berechtigten festgesetzt werden.

Werden auf das Grundkapital von Aktionären Einlagen gemacht, die nicht durch Baarzahlung zu leisten sind, oder werden vorhandene oder herzustellende Anlagen oder sonstige Vermögensgegenstände von der zu errichtenden Gesellschaft übernommen, so müssen der Gegenstand der Einlage oder der Uebernahme, die Person, von welcher die Gesellschaft den Gegenstand erwirbt, und der Betrag der für die Einlage zu gewährenden Aktien oder die für den übernommenen Gegenstand zu gewährende Vergütung im Gesellschaftsvertrage festgesetzt werden.

Von diesen Festsetzungen gesondert ist der Gesammtaufwand, welcher zu Lasten der Gesellschaft an Aktionäre oder Andere als Entschädigung oder Belohnung für die Gründung oder deren Vorbereitung gewährt wird, im Gesellschaftsvertrage festzusetzen.

Jedes Abkommen über die vorbezeichneten Gegenstände, welches nicht die vorgeschriebene Festsetzung im Gesellschaftsvertrage gefunden hat, ist der Gesellschaft gegenüber unwirksam.

187. Die Aktionäre, welche den Gesellschaftsvertrag festgestellt haben oder andere als durch Baarzahlung zu leistende Einlagen machen, gelten als die Gründer der Gesellschaft.

188. Uebernehmen die Gründer alle Aktien, so gilt mit der Uebernahme der Aktien die Gesellschaft als errichtet.

Soweit die Uebernahme nicht schon bei der Feststellung des Gesellschaftsvertrags erfolgt, kann sie in einer besonderen gerichtlichen oder notariellen Verhandlung[96] unter Angabe der Beträge, welche die einzelnen Gründer noch übernehmen, bewirkt werden.

189. Uebernehmen die Gründer nicht alle Aktien, so hat der Errichtung der Gesellschaft die Zeichnung der übrigen Aktien vorherzugehen.

Die Zeichnung erfolgt durch schriftliche Erklärung,[97] aus der die Betheiligung nach der Anzahl und, falls verschiedene Aktien ausgegeben werden, nach dem Betrag oder der Gattung der Aktien hervorgehen muß.

Die Erklärung (Zeichnungsschein) soll doppelt ausgestellt werden; sie hat zu enthalten:

1. den Tag der Feststellung des Gesellschaftsvertrags, die im § 182 Abs. 2 und im § 186 vorgesehenen Festsetzungen und, wenn mehrere Gattungen von Aktien mit verschiedener Berechtigung ausgegeben werden, den Gesammtbetrag einer jeden;
2. den Namen, Stand und Wohnort der Gründer;
3. den Betrag, für welchen die Ausgabe der Aktie stattfindet, und den Betrag der festgesetzten Einzahlungen;
4. den Zeitpunkt, in welchem die Zeichnung unverbindlich wird, sofern nicht bis dahin die Errichtung der Gesellschaft beschlossen ist.

Zeichnungsscheine, welche diesen Inhalt nicht vollständig haben oder außer dem unter Nr. 4 bezeichneten Vorbehalte Beschränkungen in der Verpflichtung des Zeichners enthalten, sind nichtig. Erfolgt ungeachtet eines hiernach nichtigen oder wegen verspäteter Errichtung der Gesellschaft unverbindlichen Zeichnungsscheins die Eintragung der Gesellschaft in das Handelsregister, so ist der Zeichner, wenn er auf Grund einer dem Abs. 2 entsprechenden Erklärung in der Generalversammlung, die zur Beschlußfassung über die Errichtung der Gesellschaft berufen wird, stimmt oder später als Aktionär Rechte ausübt oder Verpflichtungen erfüllt, der Gesellschaft wie aus einem gültigen Zeichnungscheine verpflichtet.

Jede nicht in dem Zeichnungsschein enthaltene Beschränkung ist der Gesellschaft gegenüber unwirksam.

190. Uebernehmen die Gründer alle Aktien, so haben sie gleichzeitig mit der Errichtung der Gesellschaft oder in einer besonderen gerichtlichen oder notariellen Verhandlung[96] den ersten Aufsichtsrath der Gesellschaft zu bestellen.

Uebernehmen die Gründer nicht alle Aktien, so haben sie nach der Zeichnung des Grundkapitals eine Generalversammlung zur Wahl des Aufsichtsraths zu berufen.

Diese Vorschriften finden auch auf die Bestellung des ersten Vorstandes Anwendung, sofern nicht nach dem Gesellschaftsvertrage die Bestellung in anderer Weise als durch Wahl der Generalversammlung zu geschehen hat.

191. Die Gründer haben im Falle des § 186 Abs. 2 in einer schriftlichen Erklärung die wesentlichen Umstände darzulegen, von welchen die Angemessenheit der für die eingelegten oder übernommenen Gegenstände gewährten Beträge abhängt.

Sie haben hierbei die vorausgegangenen Rechtsgeschäfte, die auf den Erwerb durch die Gesellschaft hingezielt haben, ferner die Erwerbs- und Herstellungspreise aus den letzten beiden Jahren und im Falle des Ueberganges eines Unternehmens auf die Gesellschaft die Betriebserträgnisse aus den letzten beiden Geschäftsjahren anzugeben.

192. Die Mitglieder des Vorstandes und des

96. Vgl. Bem. Nr. 93.

97. Vgl. § 126 Abs. 1 BGB.

Aufsichtsraths haben den Hergang der Gründung zu prüfen.

Gehört ein Mitglied des Vorstandes oder des Aufsichtsraths zu den Gründern oder hat sich ein Mitglied einen besonderen Vortheil oder für die Gründung oder deren Vorbereitung eine Entschädigung oder Belohnung ausbedungen oder liegt ein Fall des § 186 Abs. 2 vor, so hat außerdem eine Prüfung durch besondere Revisoren stattzufinden.

Die Revisoren werden durch das für die Vertretung des Handelsstandes berufene Organ,[98] in Ermangelung eines solchen durch das Gericht[99] bestellt, in dessen Bezirke die Gesellschaft ihren Sitz hat.

193. Die Prüfung hat sich insbesondere auf die Richtigkeit und Vollständigkeit der Angaben zu erstrecken, die in Ansehung der Zeichnung und Einzahlung des Grundkapitals sowie in Ansehung der im § 186 vorgesehenen Festsetzungen von den Gründern gemacht sind. Der Inhalt der im § 191 bestimmten Erklärung ist auch in der Richtung zu prüfen, ob bezüglich der Angemessenheit der für die eingelegten oder übernommenen Gegenstände gewährten Beträge Bedenken obwalten.

Ueber die Prüfung ist unter Darlegung der im Abs. 1 bezeichneten Umstände schriftlich Bericht zu erstatten.

Sind die Revisoren durch das für die Vertretung des Handelsstandes berufene Organ[98] bestellt, so haben sie diesem ein Exemplar des Berichts einzureichen. Die Einsicht des eingereichten Berichts ist Jedem gestattet.

194. Ergeben sich zwischen den im § 192 Abs. 2, 3 bezeichneten Revisoren und den Gründern Meinungsverschiedenheiten über den Umfang der von den Gründern zu gewährenden Aufklärungen und Nachweise, so entscheidet endgültig diejenige Stelle, von welcher die Revisoren ernannt sind. Solange sich die Gründer weigern, der Entscheidung nachzukommen, unterbleibt die Erstattung des Prüfungsberichts.

Die Revisoren haben Anspruch auf Ersatz angemessener baarer Auslagen und auf Vergütung für ihre Thätigkeit. Die Auslagen und die Vergütung werden durch die im Abs. 1 bezeichnete Stelle festgesetzt.

195.[100] Die Gesellschaft ist bei dem Gericht, in dessen Bezirke sie ihren Sitz[101] hat, von sämmtlichen Gründern und Mitgliedern des Vorstandes und des Aufsichtsraths zur Eintragung in das Handelsregister anzumelden.

Der Anmeldung sind beizufügen:

1. der Gesellschaftsvertrag und die im § 182 Abs. 1 und im § 188 Abs. 2 bezeichneten Verhandlungen;
2. im Falle des § 186 die Verträge, welche den dort bezeichneten Festsetzungen zu Grunde liegen oder zu ihrer Ausführung geschlossen sind, die im § 191 vorgesehene Erklärung und eine Berechnung des der Gesellschaft zur Last fallenden Gründungsaufwandes, in der die Vergütungen nach Art und Höhe und die Empfänger einzeln aufzuführen sind;
3. wenn nicht alle Aktien von den Gründern übernommen sind, zum Nachweise der Zeichnung des Grundkapitals die Duplikate der Zeichnungsscheine und ein von den Gründern unterschriebenes Verzeichniß aller Aktionäre, welches die auf jeden entfallenen Aktien sowie die auf die letzteren geschehenen Einzahlungen angiebt;
4. die Urkunden über die Bestellung des Vorstandes und des Aufsichtsraths;
5. die gemäß § 193 Abs. 2 erstatteten Berichte nebst ihren urkundlichen Grundlagen sowie im Falle des § 193 Abs. 3 die Bescheinigung, daß der Prüfungsbericht der Revisoren bei dem zur Vertretung des Handelsstandes berufenen Organ eingereicht ist;
6. wenn der Gegenstand des Unternehmens der staatlichen Genehmigung bedarf, sowie in den Fällen des § 180 Abs. 2 die Genehmigungsurkunde.[102]

In der Anmeldung ist die Erklärung abzugeben, daß auf jede Aktie, soweit nicht andere als durch Baarzahlung zu leistende Einlagen bedungen sind, der eingeforderte Betrag baar eingezahlt und im Besitze des Vorstandes ist. Der Betrag, zu welchem die Aktien ausgegeben werden, und der hierauf baar eingezahlte Betrag sind anzugeben; dieser muß mindestens ein Viertheil des Nennbetrags und im Falle der Ausgabe von Aktien für einen höheren als den Nennbetrag auch den Mehrbetrag umfassen. Als Baarzahlung gilt nur die Zahlung in deutschem Gelde, in Reichskassenscheinen sowie in gesetzlich zugelassenen Noten deutscher Banken.[103]

Die Mitglieder des Vorstandes haben ihre Namensunterschrift zur Aufbewahrung bei dem Gerichte zu zeichnen.

Die der Anmeldung beigefügten Schriftstücke werden bei dem Gericht in Urschrift oder in beglaubigter Abschrift aufbewahrt.

196. Haben die Gründer nicht alle Aktien übernommen, so beruft das im § 195 bezeichnete Gericht eine Generalversammlung der in dem Verzeichniß aufgeführten Aktionäre zur Beschlußfassung über die Errichtung der Gesellschaft.

Die Versammlung findet unter der Leitung des Gerichts[104] statt.

98. „Handelskammer“: Ver. v. 14. April 1897 (GBl S. 35).
99. „Amtsgericht“ nach § 145 FrG.
100. Vgl. §§ 125 ff. FrG; Art. 23 EG z. HGB.
101. Vgl. § 17 CPO.
102. Vgl. §§ 14, 16—40 GewO.
103. Vgl. Reichsbankges. v. 14. März 1875.
104. Des Amtsrichters.

Der Vorstand und der Aufsichtsrath haben sich über die Ergebnisse der ihnen in Ansehung der Gründung obliegenden Prüfung auf Grund der im § 193 Abs. 2 bezeichneten Berichte und ihrer urkundlichen Grundlagen zu erklären. Jedes Mitglied des Vorstandes und des Aufsichtsraths kann bis zur Beschlußfassung die Unterzeichnung der Anmeldung zurückziehen.

Die der Errichtung der Gesellschaft zustimmende Mehrheit muß mindestens ein Viertheil aller in dem Verzeichniß aufgeführten Aktionäre umfassen; der Betrag ihrer Antheile muß mindestens ein Viertheil des gesammten Grundkapitals darstellen. Auch wenn diese Mehrheit erreicht wird, gilt die Errichtung als abgelehnt, sofern hinsichtlich eines Theiles der Aktionäre die Voraussetzungen des § 186 vorliegen und sich die Mehrheit der von anderen Aktionären abgegebenen Stimmen gegen die Errichtung erklärt.

Die Zustimmung aller erschienenen Aktionäre ist erforderlich, wenn die im § 182 Abs. 2 Nr. 1 bis 4, im § 183, im § 184 Abs. 2 sowie die im § 185 bezeichneten Bestimmungen des Gesellschaftsvertrags abgeändert oder die im § 186 vorgesehenen Festsetzungen zu Lasten der Gesellschaft erweitert werden sollen. Dasselbe gilt, wenn die Dauer der Gesellschaft über die im Gesellschaftsvertrage bestimmte Zeit verlängert oder die im Gesellschaftsvertrage für Beschlüsse der Generalversammlung vorgesehenen erschwerenden Erfordernisse beseitigt werden sollen.

Die Beschlußfassung ist zu vertagen, wenn es von den Aktionären mit einfacher Stimmenmehrheit verlangt wird.

197. Soweit nicht in den §§ 190, 196 ein Anderes bestimmt ist, finden auf die Berufung und Beschlußfassung der vor der Eintragung der Gesellschaft stattfindenden Generalversammlungen die Vorschriften entsprechende Anwendung, welche für die Gesellschaft nach der Eintragung maßgebend sind.

198. Bei der Eintragung der Gesellschaft in das Handelsregister sind die Firma und der Sitz[105] der Gesellschaft, der Gegenstand des Unternehmens, die Höhe des Grundkapitals, der Tag der Feststellung des Gesellschaftsvertrags und die Mitglieder des Vorstandes anzugeben.

Enthält der Gesellschaftsvertrag besondere Bestimmungen über die Zeitdauer der Gesellschaft oder über die Befugniß der Mitglieder des Vorstandes oder der Liquidatoren zur Vertretung der Gesellschaft, so sind auch diese Bestimmungen einzutragen.

199. In die Veröffentlichung, durch welche die Eintragung bekannt gemacht wird, sind außer dem Inhalte der Eintragung aufzunehmen:

1. die sonstigen im § 182 Abs. 2, 3 und in den §§ 183, 185, 186 bezeichneten Festsetzungen;
2. der Betrag, zu welchem die Aktien ausgegeben werden;
3. der Name, Stand und Wohnort der Gründer und die Angabe, ob sie die sämmtlichen Aktien übernommen haben;
4. der Name, Stand und Wohnort der Mitglieder des ersten Aufsichtsraths.

Zugleich ist bekannt zu machen, daß von den mit der Anmeldung der Gesellschaft eingereichten Schriftstücken, insbesondere von dem Prüfungsberichte des Vorstandes, des Aufsichtsraths und der Revisoren, bei dem Gericht Einsicht genommen werden kann. Im Falle des § 193 Abs. 3 ist ferner bekannt zu machen, daß von dem Prüfungsberichte der Revisoren auch bei dem zur Vertretung des Handelsstandes berufenen Organ Einsicht genommen werden kann.

200. Vor der Eintragung in das Handelsregister des Sitzes der Gesellschaft besteht die Aktiengesellschaft als solche nicht. Wird vorher im Namen der Gesellschaft gehandelt, so haftet der Handelnde persönlich; handeln Mehrere, so haften sie als Gesammtschuldner.

Die Antheilsrechte können vor der Eintragung der Gesellschaft in das Handelsregister mit Wirksamkeit gegenüber der Gesellschaft nicht übertragen, Aktien oder Interimsscheine können vorher nicht ausgegeben werden.

201. [106] Die Anmeldung der Gesellschaft zur Eintragung in das Handelsregister eines Gerichts, in dessen Bezirke sie eine Zweigniederlassung besitzt, ist durch sämmtliche Mitglieder des Vorstandes zu bewirken.

Der Anmeldung ist der Gesellschaftsvertrag in Urschrift oder in öffentlich beglaubigter Abschrift beizufügen; die Vorschriften des § 195 Abs. 2, 3 finden keine Anwendung.

Die Eintragung hat die im § 198 bezeichneten Angaben zu enthalten.

In die Veröffentlichung, durch welche die Eintragung bekannt gemacht wird, sind außer dem Inhalte der Eintragung auch die sonstigen im § 182 Abs. 2, 3 und in den §§ 183, 185 bezeichneten Festsetzungen aufzunehmen. Erfolgt die Eintragung innerhalb der ersten zwei Jahre, nachdem die Gesellschaft in das Handelsregister ihres Sitzes eingetragen worden ist, so sind alle im § 199 bezeichneten Angaben zu veröffentlichen; in diesem Falle ist der Anmeldung ein Exemplar der für den Sitz der Gesellschaft ergangenen gerichtlichen Bekanntmachung beizufügen.

Befindet sich der Sitz der Gesellschaft im Auslande, so ist das Bestehen der Aktiengesellschaft als solcher und, sofern der Gegenstand des Unternehmens oder die Zulassung zum Gewerbebetrieb im Inlande der staatlichen Genehmigung bedarf,[107]

105. Vgl. § 17 CPO.

106. Vgl. § 131 FrG.

107. Vgl. § 12 GewO.

auch diese mit der Anmeldung nachzuweisen. Die Angaben, deren öffentliche Bekanntmachung nach Abs. 4 zu erfolgen hat, sind in die Anmeldung aufzunehmen.

202. Der Gesellschaft sind die Gründer für die Richtigkeit und Vollständigkeit der Angaben, welche sie in Ansehung der Zeichnung und Einzahlung des Grundkapitals sowie in Ansehung der im § 186 vorgesehenen Festsetzungen zum Zwecke der Eintragung der Gesellschaft in das Handelsregister machen, als Gesammtschuldner verhaftet; sie haben, unbeschadet der Verpflichtung zum Ersatze des sonst etwa entstehenden Schadens, insbesondere einen an der Zeichnung des Grundkapitals fehlenden Betrag zu übernehmen, fehlende Einzahlungen zu leisten und eine Vergütung, die nicht unter den zu bezeichnenden Gründungsaufwand aufgenommen ist, zu ersetzen. Wird die Gesellschaft von Gründern durch Einlagen oder Uebernahmen der im § 186 bezeichneten Art böslicherweise geschädigt, so sind ihr alle Gründer für den Ersatz des entstehenden Schadens als Gesammtschuldner verpflichtet.

Von dieser Verbindlichkeit ist ein Gründer befreit, wenn er die Unrichtigkeit oder Unvollständigkeit der Angabe oder die bösliche Schädigung weder kannte noch bei Anwendung der Sorgfalt eines ordentlichen Geschäftsmanns kennen mußte.

Entsteht durch Zahlungsunfähigkeit eines Aktionärs der Gesellschaft ein Ausfall, so sind ihr die Gründer, welche die Betheiligung des Aktionärs in Kenntniß seiner Zahlungsunfähigkeit angenommen haben, als Gesammtschuldner zum Ersatze verpflichtet.

Mit den Gründern sind der Gesellschaft zum Schadensersatz als Gesammtschuldner verpflichtet:

1. wenn eine Vergütung nicht unter den zu bezeichnenden Gründungsaufwand aufgenommen ist, der Empfänger, welcher zur Zeit des Empfanges wußte oder nach den Umständen annehmen mußte, daß die Verheimlichung beabsichtigt oder erfolgt war, und jeder Dritte, welcher zur Verheimlichung wissentlich mitgewirkt hat;
2. im Falle einer böslichen Schädigung durch Einlagen oder Uebernahmen jeder Dritte, welcher zu dieser Schädigung wissentlich mitgewirkt hat.[108]

203. Wer vor der Eintragung der Gesellschaft in das Handelsregister oder in den ersten zwei Jahren nach der Eintragung eine öffentliche Ankündigung der Aktien erläßt, um sie in den Verkehr einzuführen, ist der Gesellschaft im Falle der Unrichtigkeit oder Unvollständigkeit von Angaben, welche die Gründer in Ansehung der Zeichnung oder Einzahlung des Grundkapitals oder in Ansehung der im § 186 vorgesehenen Festsetzungen zum Zwecke der Eintragung der Gesellschaft in das Handelsregister machen, sowie im Falle einer böslichen Schädigung der Gesellschaft durch Einlagen oder Uebernahmen für den Ersatz des ihr daraus entstehenden Schadens mit den im § 202 bezeichneten Personen als Gesammtschuldner verhaftet, wenn er die Unrichtigkeit oder Unvollständigkeit der Angaben oder die bösliche Schädigung kannte oder bei Anwendung der Sorgfalt eines ordentlichen Geschäftsmanns kennen mußte.

204. Mitglieder des Vorstandes und des Aufsichtsraths, die bei der ihnen durch die §§ 192, 193 auferlegten Prüfung die Sorgfalt eines ordentlichen Geschäftsmanns außer Acht lassen, haften der Gesellschaft als Gesammtschuldner für den ihr daraus entstehenden Schaden, soweit der Ersatz des Schadens von den nach den §§ 202, 203 verpflichteten Personen nicht zu erlangen ist.

205. Vergleiche oder Verzichtleistungen, welche die der Gesellschaft aus der Gründung zustehenden Ansprüche gegen die nach den §§ 202 bis 204 verpflichteten Personen betreffen, sind erst nach dem Ablaufe von fünf Jahren seit der Eintragung der Gesellschaft in das Handelsregister und nur mit Zustimmung der Generalversammlung zulässig; sie sind unzulässig, soweit in der Versammlung eine Minderheit, deren Antheile den fünften Theil des Grundkapitals darstellen, Widerspruch erhebt. Die zeitliche Beschränkung findet keine Anwendung, sofern sich der Verpflichtete im Falle der Zahlungsunfähigkeit zur Abwendung oder Beseitigung des Konkursverfahrens mit seinen Gläubigern vergleicht.

206. Die Ansprüche der Gesellschaft gegen die nach den §§ 202 bis 204 verpflichteten Personen verjähren in fünf Jahren von der Eintragung der Gesellschaft in das Handelsregister an.

207. Verträge der Gesellschaft, nach denen sie vorhandene oder herzustellende Anlagen, die dauernd zu ihrem Geschäftsbetriebe bestimmt sind, oder unbewegliche Gegenstände für eine den zehnten Theil des Grundkapitals übersteigende Vergütung erwerben soll, bedürfen zu ihrer Wirksamkeit der Zustimmung der Generalversammlung, falls sie vor dem Ablaufe von zwei Jahren seit der Eintragung der Gesellschaft in das Handelsregister geschlossen werden.

Vor der Beschlußfassung hat der Aufsichtsrath den Vertrag zu prüfen und über die Ergebnisse seiner Prüfung schriftlich Bericht zu erstatten.

Der Beschluß, durch welchen dem Vertrage die Zustimmung ertheilt wird, bedarf einer Mehrheit, die mindestens drei Viertheile des bei der Beschlußfassung vertretenen Grundkapitals umfaßt. Wird der Vertrag im ersten Jahre nach der Eintragung der Gesellschaft in das Handelsregister geschlossen, so müssen außerdem die Antheile der

108. Ueber die Haftung gegenüber den einzelnen Erwerbern von Aktien s. §§ 43—47 Börsenges. v. 22. Juni 1896.

zustimmenden Mehrheit mindestens ein Viertheil des gesammten Grundkapitals darstellen.

Nach erfolgter Zustimmung der Generalversammlung hat der Vorstand den Vertrag in Urschrift oder in öffentlich beglaubigter Abschrift mit dem Berichte des Aufsichtsraths nebst dessen urkundlichen Grundlagen zum Handelsregister einzureichen. Zum Handelsregister einer Zweigniederlassung findet die Einreichung nicht statt.

Bildet der Erwerb von Grundstücken den Gegenstand des Unternehmens, so finden auf einen solchen Erwerb die Vorschriften der Abs. 1 bis 4 keine Anwendung. Das Gleiche gilt für den Erwerb von Grundstücken im Wege der Zwangsversteigerung.[109]

208. Erwirbt die Gesellschaft vor dem Ablaufe der im § 207 Abs. 1 bezeichneten Frist Vermögensgegenstände in Ausführung einer vor ihrer Eintragung in das Handelsregister von Gründern getroffenen Vereinbarung, so kommen in Betreff der Rechte der Gesellschaft auf Entschädigung und in Betreff der ersatzpflichtigen Personen die Vorschriften der §§ 202, 205, 206 zur Anwendung.

209. Aktien oder Interimsscheine, die auf einen geringeren als den nach § 180 zulässigen Betrag gestellt werden, sind nichtig. Die Ausgeber haften den Besitzern für den durch die Ausgabe verursachten Schaden als Gesammtschuldner.

Das Gleiche gilt im Falle der Ausgabe von Interimsscheinen, die auf den Inhaber lauten, sowie im Falle der Ausgabe von Aktien oder Interimsscheinen vor der Eintragung der Gesellschaft in das Handelsregister.

Zweiter Titel. Rechtsverhältnisse der Gesellschaft und der Gesellschafter.

210. Die Aktiengesellschaft als solche hat selbstständig ihre Rechte und Pflichten; sie kann Eigenthum und andere dingliche Rechte an Grundstücken erwerben,[110] vor Gericht klagen und verklagt werden.[111]

Die Aktiengesellschaft gilt als Handelsgesellschaft, auch wenn der Gegenstand des Unternehmens nicht in dem Betrieb eines Handelsgewerbes besteht.

211. Die Verpflichtung des Aktionärs zur Leistung von Kapitaleinlagen wird durch den Nennbetrag der Aktie und, falls der Ausgabepreis höher ist, durch diesen begrenzt.

212. Neben den Kapitaleinlagen kann im Gesellschaftsvertrage den Aktionären die Verpflichtung zu wiederkehrenden, nicht in Geld bestehenden Leistungen auferlegt werden, sofern die Uebertragung der Antheilsrechte an die Zustimmung der Gesellschaft gebunden ist. Die Verpflichtung und der Umfang der Leistungen müssen aus den Aktien oder Interimsscheinen zu ersehen sein.

Im Gesellschaftsvertrage können für den Fall, daß die Verpflichtung nicht oder nicht gehörig erfüllt wird, Vertragsstrafen[112] festgesetzt werden.

Im Gesellschaftsvertrage kann bestimmt werden, daß die Gesellschaft die Zustimmung zur Uebertragung der Antheilsrechte nur aus wichtigen Gründen verweigern darf.

213. Die Aktionäre können ihre Einlagen nicht zurückfordern; sie haben, solange die Gesellschaft besteht, nur Anspruch auf den Reingewinn, soweit dieser nicht nach dem Gesetz oder dem Gesellschaftsvertrage von der Vertheilung ausgeschlossen ist.

214. Die Antheile am Gewinne bestimmen sich nach dem Verhältnisse der Aktienbeträge.

Sind die Einzahlungen nicht auf alle Aktien in demselben Verhältnisse geleistet, so erhalten die Aktionäre aus dem vertheilbaren Gewinne vorweg einen Betrag von vier vom Hundert der geleisteten Einzahlungen; reicht der Jahresgewinn hierzu nicht aus, so bestimmt sich der Betrag nach einem entsprechend niedrigeren Satze. Einzahlungen, die im Laufe des Geschäftsjahrs zu leisten waren, werden nach dem Verhältnisse der Zeit berücksichtigt, welche seit dem für die Leistung bestimmten Zeitpunkte verstrichen ist.

Im Gesellschaftsvertrage kann eine andere Art der Gewinnvertheilung vorgesehen werden.

215. Zinsen von bestimmter Höhe dürfen für die Aktionäre weder bedungen noch ausbezahlt werden; es darf nur dasjenige unter sie vertheilt werden, was sich nach der jährlichen Bilanz als Reingewinn ergiebt.

Für den Zeitraum, welchen die Vorbereitung des Unternehmens bis zum Anfange des vollen Betriebs erfordert, können den Aktionären Zinsen von bestimmter Höhe bedungen werden; der Gesellschaftsvertrag muß den Zeitpunkt bezeichnen, in welchem die Entrichtung von Zinsen spätestens aufhört.

216. Für wiederkehrende Leistungen, zu denen die Aktionäre nach dem Gesellschaftsvertrage neben den Kapitaleinlagen verpflichtet sind, darf eine den Werth der Leistungen nicht übersteigende Vergütung ohne Rücksicht darauf bezahlt werden, ob die jährliche Bilanz einen Reingewinn ergiebt.

217. Die Aktionäre haften für die Verbindlichkeiten der Gesellschaft, soweit sie den Vorschriften dieses Gesetzbuchs entgegen Zahlungen von der Gesellschaft empfangen haben. Was ein Aktionär in gutem Glauben als Gewinnantheil oder als Zinsen bezogen hat, ist er in keinem Falle zurückzuzahlen verpflichtet.

Ist über das Vermögen der Gesellschaft der Konkurs eröffnet, so wird während der Dauer

109. Vgl. Zwangsversteigerungsges. v. 24. März 1897.

110. Vgl. Grundbuchordnung v. 24. März 1897, insbesondere § 33 daselbst.

111. Vgl. Artt. 86, 88 EG z. BGB.

112. Vgl. §§ 339 ff. BGB.

des Verfahrens das den Gesellschaftsgläubigern gegen die Aktionäre zustehende Recht durch den Konkursverwalter ausgeübt.

Die nach diesen Vorschriften begründeten Ansprüche verjähren in fünf Jahren vom Empfange der Zahlung an.

218. Ein Aktionär, der den auf die Aktie eingeforderten Betrag nicht zur rechten Zeit einzahlt, hat Zinsen von dem Tage an zu entrichten, an welchem die Zahlung hätte geschehen sollen. Die Geltendmachung eines weiteren Schadens ist nicht ausgeschlossen.

Im Gesellschaftsvertrage können für den Fall, daß die Einzahlung nicht rechtzeitig erfolgt, Vertragsstrafen festgesetzt werden.

Ist im Gesellschaftsvertrage nicht ein Anderes bestimmt, so hat die Aufforderung zur Einzahlung in der Weise zu geschehen, in welcher die Bekanntmachungen der Gesellschaft nach dem Gesellschaftsvertrag erfolgen.

219. Erfolgt die Einzahlung nicht rechtzeitig, so kann den säumigen Aktionären für die Zahlung eine Frist mit der Androhung bestimmt werden, daß sie nach dem Ablaufe der Frist ihres Antheilsrechts und der geleisteten Einzahlungen verlustig erklärt werden.

Die Aufforderung muß dreimal in den im § 182 Abs. 3 bezeichneten Blättern (Gesellschaftsblättern) bekannt gemacht werden; die erste Bekanntmachung muß mindestens drei Monate, die letzte Bekanntmachung mindestens einen Monat vor dem Ablaufe der für die Einzahlung gesetzten Nachfrist erfolgen. Sind die Antheilsrechte nicht ohne Zustimmung der Gesellschaft übertragbar, so genügt an Stelle der öffentlichen Bekanntmachungen der einmalige Erlaß besonderer Aufforderungen an die säumigen Aktionäre; in diesen Aufforderungen muß eine Nachfrist gewährt werden, die mindestens einen Monat von dem Empfange der Aufforderung an beträgt.

Zahlt ein Aktionär den auf die Aktie zu leistenden Betrag ungeachtet der Aufforderung nicht ein, so ist er seines Antheilsrechts und der geleisteten Einzahlungen zu Gunsten der Gesellschaft verlustig zu erklären. Die Erklärung erfolgt mittelst Bekanntmachung in den Gesellschaftsblättern.

An Stelle der bisherigen Urkunde ist eine neue auszugeben, die außer den früher geleisteten Theilzahlungen den eingeforderten Betrag zu umfassen hat. Wegen des Ausfalls, den die Gesellschaft an diesem Betrag oder an den später eingeforderten Beträgen erleidet, bleibt ihr der ausgeschlossene Aktionär verhaftet.

220. Soweit der ausgeschlossene Aktionär den eingeforderten Betrag nicht zahlt, ist dafür der Gesellschaft der letzte und jeder frühere in dem Aktienbuche verzeichnete Rechtsvorgänger verhaftet, ein früherer Rechtsvorgänger, soweit die Zahlung von dessen Rechtsnachfolger nicht zu erlangen ist. Dies wird vermuthet, wenn von dem letzteren die Zahlung nicht bis zum Ablaufe von einem Monate geleistet wird, nachdem an ihn die Zahlungsaufforderung und an den Rechtsvorgänger die Benachrichtigung von dieser erfolgt ist. Der Rechtsvorgänger erhält gegen Zahlung des rückständigen Betrags die neu auszugebende Urkunde.

Die Haftpflicht des Rechtsvorgängers ist auf die innerhalb der Frist von zwei Jahren auf die Aktien eingeforderten Beträge beschränkt. Die Frist beginnt mit dem Tage, an welchem die Uebertragung des Antheilsrechts zum Aktienbuche der Gesellschaft angemeldet wird.

Ist die Zahlung des rückständigen Betrags von Rechtsvorgängern nicht zu erlangen, so kann die Gesellschaft das Antheilsrecht zum Börsenpreis und in Ermangelung eines solchen durch öffentliche Versteigerung verkaufen.[113]

221. Die Aktionäre und deren Rechtsvorgänger können von den in den §§ 211, 220 bezeichneten Leistungen nicht befreit werden. Sie können gegen diese Leistungen eine Forderung an die Gesellschaft nicht aufrechnen.

222.[114] Auf Namen lautende Aktien sind mit genauer Bezeichnung des Inhabers nach Namen, Wohnort und Stand in das Aktienbuch der Gesellschaft einzutragen.

Sie können, soweit nicht der Gesellschaftsvertrag ein Anderes bestimmt, ohne Zustimmung der Gesellschaft auf Andere übertragen werden.

Die Uebertragung kann durch Indossament geschehen. In Betreff der Form des Indossaments, in Betreff der Legitimation des Inhabers und in Betreff seiner Verpflichtung zur Herausgabe finden die Vorschriften der Artikel 11 bis 13, des Artikels 36 Satz 1 bis 4 und des Artikels 74 der Wechselordnung entsprechende Anwendung.

Zur Uebertragung von Aktien, die gemäß § 180 Abs. 3 auf einen Betrag von weniger als eintausend Mark gestellt sind, ist die Zustimmung des Aufsichtsraths und der Generalversammlung erforderlich. Die Uebertragung dieser Aktien kann nur mittelst einer die Person des Erwerbers bezeichnenden, gerichtlich oder notariell beglaubigten Erklärung erfolgen.[115]

223. Geht eine auf Namen lautende Aktie auf einen Anderen über, so ist dies, unter Vorlegung der Aktie und des Nachweises des Ueberganges, bei der Gesellschaft anzumelden und im Aktienbuche zu vermerken.

Die Echtheit der auf der Aktie befindlichen In-

---

113. Vgl. § 39 Abs. 1 Nr. 1 AG z. FrG.

114. Bezüglich der Uebertragung von Inhaberaktien sind die Bestimmungen des BGB, §§ 793—808 betr. Schuldverschreibungen auf den Inhaber, maßgebend.

115. Vgl. § 129 BGB; § 191 Abs. 2 FrG; § 48 Abs. 3 AG z. FrG.

dossamente oder der Abtretungserklärungen zu prüfen, ist die Gesellschaft nicht verpflichtet.

Im Verhältnisse zu der Gesellschaft gilt nur derjenige als Aktionär, welcher als solcher im Aktienbuche verzeichnet ist.

224. Die Vorschriften der §§ 222, 223 finden auch auf die Eintragung der Interimsscheine und deren Uebergang auf Andere Anwendung.

225. Steht eine Aktie mehreren Mitberechtigten zu, so können sie die Rechte aus der Aktie nur durch einen gemeinschaftlichen Vertreter ausüben.

Für die auf die Aktie zu bewirkenden Leistungen haften sie als Gesammtschuldner.

Hat die Gesellschaft eine Willenserklärung dem Aktionär gegenüber abzugeben, so genügt, falls ein gemeinschaftlicher Vertreter der Mitberechtigten nicht vorhanden ist, die Abgabe der Erklärung gegenüber einem Mitberechtigten. Auf mehrere Erben eines Aktionärs findet diese Vorschrift nur in Ansehung von Willenserklärungen Anwendung, die nach dem Ablauf eines Monats seit dem Anfalle der Erbschaft abgegeben werden.

226. Die Aktiengesellschaft soll eigene Aktien im regelmäßigen Geschäftsbetriebe, sofern nicht eine Kommission zum Einkauf ausgeführt wird, weder erwerben noch zum Pfande nehmen.

Eigene Interimsscheine kann sie im regelmäßigen Geschäftsbetrieb auch in Ausführung einer Einkaufskommission weder erwerben noch zum Pfande nehmen. Das Gleiche gilt von eigenen Aktien, auf welche der Nennbetrag oder, falls der Ausgabepreis höher ist, dieser noch nicht voll geleistet ist.

227. Die Einziehung (Amortisation) von Aktien kann nur erfolgen, wenn sie im Gesellschaftsvertrag angeordnet oder gestattet ist. Die Bestimmung muß in dem ursprünglichen Gesellschaftsvertrag oder durch eine vor der Zeichnung der Aktien bewirkte Aenderung des Gesellschaftsvertrags getroffen sein, es sei denn, daß die Einziehung nicht mittelst Ausloosung, Kündigung oder in ähnlicher Weise, sondern mittelst Ankaufs der Aktien geschehen soll.

Jede Art der Einziehung darf, sofern sie nicht nach den für die Herabsetzung des Grundkapitals maßgebenden Vorschriften stattfindet, nur aus dem nach der jährlichen Bilanz verfügbaren Gewinn erfolgen.

228. Ist eine Aktie oder ein Interimsschein abhanden gekommen oder vernichtet, so kann die Urkunde, wenn nicht das Gegentheil darin bestimmt ist, im Wege des Aufgebotsverfahrens[116] für kraftlos erklärt werden. Die Vorschriften des § 799 Abs. 2 und des § 800 des Bürgerlichen Gesetzbuchs finden entsprechende Anwendung.

Sind Gewinnantheilscheine auf den Inhaber ausgegeben, so erlischt mit der Kraftloserklärung der Aktie oder des Interimsscheins auch der Anspruch aus den noch nicht fälligen Gewinnantheilscheinen.

229. Ist eine Aktie oder ein Interimsschein in Folge einer Beschädigung oder einer Verunstaltung zum Umlaufe nicht mehr geeignet, so kann der Berechtigte, sofern der wesentliche Inhalt und die Unterscheidungsmerkmale der Urkunde noch mit Sicherheit erkennbar sind, von der Gesellschaft die Ertheilung einer neuen Urkunde gegen Aushändigung der beschädigten oder verunstalteten verlangen. Die Kosten hat er zu tragen und vorzuschießen.

230. Neue Gewinnantheilscheine dürfen an den Inhaber des Erneuerungsscheins nicht ausgegeben werden, wenn der Besitzer der Aktie oder des Interimsscheins der Ausgabe widersprochen hat. Die Scheine sind in diesem Falle dem Besitzer der Aktie oder des Interimsscheins auszuhändigen, wenn er die Haupturkunde vorlegt.

Dritter Titel.
Verfassung und Geschäftsführung.

231. Die Aktiengesellschaft wird durch den Vorstand gerichtlich und außergerichtlich vertreten.

Der Vorstand kann aus einer oder mehreren Personen bestehen.

Die Bestellung zum Mitgliede des Vorstandes ist jederzeit widerruflich, unbeschadet des Anspruchs auf die vertragsmäßige Vergütung.

232. Zu Willenserklärungen, insbesondere zur Zeichnung des Vorstandes für die Gesellschaft, bedarf es der Mitwirkung sämmtlicher Mitglieder des Vorstandes, sofern nicht im Gesellschaftsvertrag ein Anderes bestimmt ist. Der Vorstand kann jedoch einzelne Mitglieder zur Vornahme bestimmter Geschäfte oder bestimmter Arten von Geschäften ermächtigen. Ist eine Willenserklärung der Gesellschaft gegenüber abzugeben, so genügt die Abgabe gegenüber einem Mitgliede des Vorstandes.

Steht nicht jedem einzelnen Vorstandsmitgliede die selbständige Vertretung der Gesellschaft nach dem Gesellschaftsvertrage zu, so kann durch diesen bestimmt werden, daß die Vorstandsmitglieder, wenn nicht mehrere zusammen handeln, in Gemeinschaft mit einem Prokuristen zur Vertretung der Gesellschaft befugt sein sollen. Auch kann durch den Gesellschaftsvertrag der Aufsichtsrath ermächtigt werden, einzelnen Mitgliedern des Vorstandes die Befugniß zu ertheilen, die Gesellschaft allein oder in Gemeinschaft mit einem Prokuristen zu vertreten. Die Vorschriften des Abs. 1 Satz 2, 3 finden in diesen Fällen entsprechende Anwendung.

233. Der Vorstand hat in der Weise zu zeichnen, daß die Zeichnenden zu der Firma der Gesellschaft oder zu der Benennung des Vorstandes ihre Namensunterschrift hinzufügen.

234. Jede Aenderung des Vorstandes oder der Vertretungsbefugniß eines Vorstandsmitgliedes

116. §§ 946 ff., 1003 ff. CPO; vgl. Art. 25 EG z. HGB.

sowie eine auf Grund des § 232 Abs. 2 Satz 2 von dem Aufsichtsrathe getroffene Anordnung ist durch den Vorstand zur Eintragung in das Handelsregister anzumelden.[117]

Der Anmeldung ist eine öffentlich beglaubigte Abschrift der Urkunden über die Aenderung oder Anordnung beizufügen. Diese Vorschrift findet auf die Anmeldung zum Handelsregister einer Zweigniederlassung keine Anwendung.

Die Vorstandsmitglieder haben ihre Unterschrift zur Aufbewahrung bei dem Gerichte zu zeichnen.

235. Der Vorstand ist der Gesellschaft gegenüber verpflichtet, die Beschränkungen einzuhalten, welche im Gesellschaftsvertrag oder durch Beschlüsse der Generalversammlung für den Umfang seiner Befugniß, die Gesellschaft zu vertreten, festgesetzt sind.

Dritten gegenüber ist eine Beschränkung der Vertretungsbefugniß des Vorstandes unwirksam. Dies gilt insbesondere für den Fall, daß die Vertretung sich nur auf gewisse Geschäfte oder Arten von Geschäften erstrecken oder nur unter gewissen Umständen oder für eine gewisse Zeit oder an einzelnen Orten stattfinden soll oder daß für einzelne Geschäfte die Zustimmung der Generalversammlung, des Aufsichtsraths oder eines anderen Organs der Gesellschaft erfordert wird.

236. Die Mitglieder des Vorstandes dürfen ohne Einwilligung der Gesellschaft weder ein Handelsgewerbe betreiben noch in dem Handelszweige der Gesellschaft für eigene oder fremde Rechnung Geschäfte machen, auch nicht an einer anderen Handelsgesellschaft als persönlich haftende Gesellschafter Theil nehmen. Die Einwilligung wird durch dasjenige Organ der Gesellschaft ertheilt, welchem die Bestellung des Vorstandes obliegt.

Verletzt ein Vorstandsmitglied die ihm nach Abs. 1 obliegende Verpflichtung, so kann die Gesellschaft Schadensersatz fordern; sie kann statt dessen von dem Mitgliede verlangen, daß es die für eigene Rechnung gemachten Geschäfte als für Rechnung der Gesellschaft eingegangen gelten lasse und die aus Geschäften für fremde Rechnung bezogene Vergütung herausgebe oder seinen Anspruch auf die Vergütung abtrete.

Die Ansprüche der Gesellschaft verjähren in drei Monaten von dem Zeitpunkt an, in welchem die übrigen Vorstandsmitglieder und der Aufsichtsrath von dem Abschlusse des Geschäfts oder von der Theilnahme des Vorstandsmitgliedes an der anderen Gesellschaft Kenntniß erlangen; sie verjähren ohne Rücksicht auf diese Kenntniß in fünf Jahren von ihrer Entstehung an.[118]

237. Wird den Mitgliedern des Vorstandes ein Antheil am Jahresgewinne gewährt, so ist der Antheil von dem nach Vornahme sämmtlicher Abschreibungen und Rücklagen verbleibenden Reingewinne zu berechnen.

238. Sofern nicht durch den Gesellschaftsvertrag oder durch Beschluß der Generalversammlung ein Anderes bestimmt ist, darf der Vorstand einen Prokuristen nur mit Zustimmung des Aufsichtsraths bestellen. Diese Beschränkung hat Dritten gegenüber keine Wirkung.

239. Der Vorstand hat Sorge dafür zu tragen, daß die erforderlichen Bücher der Gesellschaft geführt werden.

240. Erreicht der Verlust, der sich bei der Aufstellung der Jahresbilanz oder einer Zwischenbilanz ergiebt, die Hälfte des Grundkapitals, so hat der Vorstand unverzüglich die Generalversammlung zu berufen und dieser davon Anzeige zu machen.

Sobald Zahlungsunfähigkeit der Gesellschaft eintritt, hat der Vorstand die Eröffnung des Konkurses zu beantragen; dasselbe gilt, wenn sich bei der Aufstellung der Jahresbilanz oder einer Zwischenbilanz ergiebt, daß das Vermögen nicht mehr die Schulden deckt.[119]

241. Die Mitglieder des Vorstandes haben bei ihrer Geschäftsführung die Sorgfalt eines ordentlichen Geschäftsmanns anzuwenden.

Mitglieder, die ihre Obliegenheiten verletzen, haften der Gesellschaft als Gesammtschuldner für den daraus entstehenden Schaden.

Insbesondere sind sie zum Ersatze verpflichtet, wenn entgegen den Vorschriften dieses Gesetzbuchs:

1. Einlagen an die Aktionäre zurückgezahlt,
2. den Aktionären Zinsen oder Gewinnantheile gezahlt,
3. eigene Aktien oder Interimsscheine der Gesellschaft erworben, zum Pfande genommen oder eingezogen,
4. Aktien vor der vollen Leistung des Nennbetrags oder, falls der Ausgabepreis höher ist, vor der vollen Leistung dieses Betrags ausgegeben werden,
5. die Vertheilung des Gesellschaftsvermögens oder eine theilweise Zurückzahlung des Grundkapitals erfolgt,
6. Zahlungen geleistet werden, nachdem die Zahlungsunfähigkeit der Gesellschaft eingetreten ist oder ihre Ueberschuldung sich ergeben hat.

In den Fällen des Abs. 3 kann der Ersatzanspruch auch von den Gläubigern der Gesellschaft, soweit sie von dieser ihre Befriedigung nicht erlangen können, geltend gemacht werden. Die Ersatzpflicht wird ihnen gegenüber weder durch einen Verzicht der Gesellschaft noch dadurch auf-

117. Vgl. §§ 125 ff. FrG.

118. Uebergangsvorschrift: Art. 27 EG z. HGB.

119. Denn das Konkursverfahren findet sowohl im Falle der Zahlungsunfähigkeit, als auch im Falle der Ueberschuldung statt: § 207 Abs. 1 KO.

gehoben, daß die Handlung auf einem Beschlusse der Generalversammlung beruht.

Die Ansprüche auf Grund dieser Vorschriften verjähren in fünf Jahren.

242. Die für die Mitglieder des Vorstandes geltenden Vorschriften finden auch auf die Stellvertreter von Mitgliedern Anwendung.

243. Der Aufsichtsrath besteht, sofern nicht der Gesellschaftsvertrag eine höhere Zahl festsetzt, aus drei von der Generalversammlung zu wählenden Mitgliedern.

Die Wahl des ersten Aufsichtsraths gilt für die Zeit bis zur Beendigung der ersten Generalversammlung, welche nach dem Ablauf eines Jahres seit der Eintragung der Gesellschaft in das Handelsregister zur Beschlußfassung über die Jahresbilanz abgehalten wird.

Später kann der Aufsichtsrath nicht für eine längere Zeit als bis zur Beendigung derjenigen Generalversammlung gewählt werden, welche über die Bilanz für das vierte Geschäftsjahr nach der Ernennung beschließt; das Geschäftsjahr, in welchem die Ernennung erfolgt, wird hierbei nicht mitgerechnet.

Die Bestellung zum Mitgliede des Aufsichtsraths kann auch vor dem Ablaufe des Zeitraums, für den das Mitglied gewählt ist, durch die Generalversammlung widerrufen werden. Sofern nicht der Gesellschaftsvertrag ein Anderes bestimmt, bedarf der Beschluß einer Mehrheit, die mindestens drei Viertheile des bei der Beschlußfassung vertretenen Grundkapitals umfaßt.

244. Jede Aenderung in den Personen der Mitglieder des Aufsichtsraths ist von dem Vorstand unverzüglich in den Gesellschaftsblättern bekannt zu machen. Der Vorstand hat die Bekanntmachung zum Handelsregister einzureichen.

245. Erhalten die Mitglieder des Aufsichtsraths für ihre Thätigkeit eine Vergütung, die in einem Antheil am Jahresgewinne besteht, so ist der Antheil von dem Reingewinne zu berechnen, welcher nach Vornahme sämmtlicher Abschreibungen und Rücklagen sowie nach Abzug eines für die Aktionäre bestimmten Betrags von mindestens vier vom Hundert des eingezahlten Grundkapitals verbleibt.

Ist die den Mitgliedern des Aufsichtsraths zukommende Vergütung im Gesellschaftsvertrage festgesetzt, so kann eine Abänderung des Gesellschaftsvertrags, durch welche die Vergütung herabgesetzt wird, von der Generalversammlung mit einfacher Stimmenmehrheit beschlossen werden.

Den Mitgliedern des ersten Aufsichtsraths kann eine Vergütung für ihre Thätigkeit nur durch einen Beschluß der Generalversammlung bewilligt werden. Der Beschluß kann nicht früher als in derjenigen Generalversammlung gefaßt werden, mit deren Beendigung die Zeit, für welche der erste Aufsichtsrath gewählt ist, abläuft.

246. Der Aufsichtsrath hat die Geschäftsführung der Gesellschaft in allen Zweigen der Verwaltung zu überwachen und sich zu dem Zwecke von dem Gange der Angelegenheiten der Gesellschaft zu unterrichten. Er kann jederzeit über diese Angelegenheiten Berichterstattung von dem Vorstande verlangen und selbst oder durch einzelne von ihm zu bestimmende Mitglieder die Bücher und Schriften der Gesellschaft einsehen sowie den Bestand der Gesellschaftskasse und die Bestände an Werthpapieren und Waaren untersuchen. Er hat die Jahresrechnungen, die Bilanzen und die Vorschläge zur Gewinnvertheilung zu prüfen und darüber der Generalversammlung Bericht zu erstatten.

Er hat eine Generalversammlung zu berufen, wenn dies im Interesse der Gesellschaft erforderlich ist.

Weitere Obliegenheiten des Aufsichtsraths werden durch den Gesellschaftsvertrag bestimmt.

Die Mitglieder des Aufsichtsraths können die Ausübung ihrer Obliegenheiten nicht Anderen übertragen.

247. Der Aufsichtsrath ist befugt, die Gesellschaft bei der Vornahme von Rechtsgeschäften mit den Vorstandsmitgliedern zu vertreten und gegen die letzteren die von der Generalversammlung beschlossenen Rechtsstreitigkeiten zu führen.

Handelt es sich um die Verantwortlichkeit der Mitglieder des Aufsichtsraths, so kann dieser ohne und selbst gegen den Beschluß der Generalversammlung gegen die Mitglieder des Vorstandes klagen.

248. Die Mitglieder des Aufsichtsraths können nicht zugleich Mitglieder des Vorstandes oder dauernd Stellvertreter von Vorstandsmitgliedern sein, auch nicht als Beamte die Geschäfte der Gesellschaft führen.

Nur für einen im voraus begrenzten Zeitraum kann der Aufsichtsrath einzelne seiner Mitglieder zu Stellvertretern von behinderten Mitgliedern des Vorstandes bestellen; während dieses Zeitraums und bis zur Entlastung des Vertreters darf der letztere eine Thätigkeit als Mitglied des Aufsichtsraths nicht ausüben. Auf die in solcher Weise bestellten Vertreter finden die Vorschriften des § 236 keine Anwendung.

Scheiden aus dem Vorstande Mitglieder aus, so können sie nicht vor der Entlastung in den Aufsichtsrath gewählt werden.

249. Die Mitglieder des Aufsichtsraths haben bei der Erfüllung ihrer Obliegenheiten die Sorgfalt eines ordentlichen Geschäftsmanns anzuwenden.

Mitglieder, die ihre Obliegenheiten verletzen, haften der Gesellschaft mit den Vorstandsmitgliedern als Gesammtschuldner für den daraus entstehenden Schaden.

Insbesondere sind sie zum Ersatze verpflichtet, wenn mit ihrem Wissen und ohne ihr Einschreiten die im § 241 Abs. 3 bezeichneten Handlungen vorgenommen werden. Auf die Geltendmachung des Ersatzanspruchs finden die Vorschriften des § 241 Abs. 4 Anwendung.

Die Ansprüche auf Grund der Vorschriften der Abs. 1 bis 3 verjähren in fünf Jahren.

250. Die Rechte, welche den Aktionären in den Angelegenheiten der Gesellschaft, insbesondere in Bezug auf die Führung der Geschäfte, zustehen, werden durch Beschlußfassung in der Generalversammlung ausgeübt.

251. Die Beschlüsse der Generalversammlung bedürfen der Mehrheit der abgegebenen Stimmen (einfache Stimmenmehrheit), soweit nicht durch das Gesetz oder den Gesellschaftsvertrag eine größere Mehrheit oder sonstige Erfordernisse vorgeschrieben sind.

Für Wahlen können im Gesellschaftsvertrag andere Bestimmungen getroffen werden.

252. Jede Aktie gewährt das Stimmrecht. Das Stimmrecht wird nach den Aktienbeträgen ausgeübt. Der Gesellschaftsvertrag kann für den Fall, daß ein Aktionär mehrere Aktien besitzt, die Ausübung des Stimmrechts durch Festsetzung eines Höchstbetrags oder von Abstufungen beschränken. Werden mehrere Gattungen von Aktien ausgegeben, so kann der Gesellschaftsvertrag den Aktien der einen Gattung ein höheres Stimmrecht beilegen als den Aktien einer anderen Gattung.

Das Stimmrecht kann durch einen Bevollmächtigten ausgeübt werden. Für die Vollmacht ist die schriftliche Form[120] erforderlich und genügend; die Vollmacht bleibt in der Verwahrung der Gesellschaft.

Wer durch die Beschlußfassung entlastet oder von einer Verpflichtung befreit werden soll, hat hierbei kein Stimmrecht und darf ein solches auch nicht für Andere ausüben. Dasselbe gilt von einer Beschlußfassung, welche die Vornahme eines Rechtsgeschäfts mit einem Aktionär oder die Einleitung oder Erledigung eines Rechtsstreits zwischen ihm und der Gesellschaft betrifft.

Im Uebrigen richten sich die Bedingungen und die Form der Ausübung des Stimmrechts nach dem Gesellschaftsvertrage.

253. Die Generalversammlung wird durch den Vorstand berufen, soweit nicht nach dem Gesetz oder dem Gesellschaftsvertrag auch andere Personen dazu befugt sind.

Die Generalversammlung ist, außer den im Gesetz oder im Gesellschaftsvertrag ausdrücklich bestimmten Fällen, zu berufen, wenn das Interesse der Gesellschaft es erfordert.

254. Die Generalversammlung ist zu berufen, wenn Aktionäre, deren Antheile zusammen den zwanzigsten Theil des Grundkapitals erreichen, die Berufung schriftlich unter Angabe des Zweckes und der Gründe verlangen. Ist in dem Gesellschaftsvertrage das Recht, die Berufung der Generalversammlung zu verlangen, an den Besitz eines geringeren Antheils am Grundkapitale geknüpft, so hat es hierbei sein Bewenden.

In gleicher Weise haben die Aktionäre das Recht, zu verlangen, daß Gegenstände zur Beschlußfassung einer Generalversammlung angekündigt werden.

Wird dem Verlangen weder durch den Vorstand noch durch den Aufsichtsrath entsprochen, so kann das Gericht[121] des Sitzes der Gesellschaft die Aktionäre, welche das Verlangen gestellt haben, zur Berufung der Generalversammlung oder zur Ankündigung des Gegenstandes ermächtigen. Zugleich kann das Gericht über die Führung des Vorsitzes in der Versammlung Bestimmung treffen. Auf die Ermächtigung muß bei der Berufung oder Ankündigung Bezug genommen werden.

Die Generalversammlung beschließt darüber, ob die entstandenen Kosten von der Gesellschaft getragen werden sollen.

255 Die Berufung der Generalversammlung hat in der durch den Gesellschaftsvertrag bestimmten Weise mindestens zwei Wochen vor dem Tage der Versammlung zu erfolgen. Der Tag der Berufung und der Tag der Generalversammlung sind hierbei nicht mitzurechnen.

Ist im Gesellschaftsvertrage die Ausübung des Stimmrechts davon abhängig gemacht, daß die Aktien bis zu einem bestimmten Zeitpunkte vor der Generalversammlung hinterlegt werden, so ist die Frist derart zu bemessen, daß für die Hinterlegung mindestens zwei Wochen frei bleiben. In diesem Falle genügt auch die Hinterlegung bei einem Notar.

Ist im Gesellschaftsvertrag eine Bestimmung der im Abs. 2 bezeichneten Art nicht getroffen, so müssen die Anmeldungen zur Theilnahme an der Generalversammlung zugelassen werden, wenn sie nicht später als am dritten Tage vor der Versammlung erfolgen.

256. Der Zweck der Generalversammlung soll bei der Berufung bekannt gemacht werden. Jedem Aktionär ist auf Verlangen eine Abschrift der Anträge zu ertheilen.

Ueber Gegenstände, deren Verhandlung nicht ordnungsmäßig mindestens eine Woche vor dem Tage der Generalversammlung angekündigt ist, können Beschlüsse nicht gefaßt werden; ist für die Beschlußfassung nach den Vorschriften dieses Gesetzbuchs oder des Gesellschaftsvertrags die einfache Stimmenmehrheit nicht ausreichend, so muß die Ankündigung mindestens zwei Wochen vor dem Tage der Generalversammlung erfolgen. An die Stelle des Tages der Generalversammlung tritt, falls die Ausübung des Stimmrechts von der Hinterlegung der Aktien abhängig ist, der Tag,

120. Vgl. § 126 BGB.

121. „Amtsgericht" nach § 145 Abs. 1 FrG.

bis zu dessen Ablaufe die Hinterlegung zu geschehen hat.

Zur Beschlußfassung über den in der Generalversammlung gestellten Antrag auf Berufung einer außerordentlichen Generalversammlung sowie zur Stellung von Anträgen und zu Verhandlungen ohne Beschlußfassung bedarf es der Ankündigung nicht.

257. Jeder Aktionär, der eine Aktie bei der Gesellschaft hinterlegt, kann verlangen, daß ihm die Berufung der Generalversammlung und die Gegenstände der Verhandlung, sobald deren öffentliche Bekanntmachung erfolgt, durch eingeschriebenen Brief besonders mitgetheilt werden. Die gleiche Mittheilung kann er über die in der Generalversammlung gefaßten Beschlüsse verlangen.

258. In der Generalversammlung ist ein Verzeichniß der erschienenen Aktionäre oder Vertreter von Aktionären mit Angabe ihres Namens und Wohnorts sowie des Betrags der von Jedem vertretenen Aktien aufzustellen. Das Verzeichniß ist vor der ersten Abstimmung zur Einsicht auszulegen; es ist von dem Vorsitzenden zu unterzeichnen.

259. Jeder Beschluß der Generalversammlung bedarf zu seiner Gültigkeit der Beurkundung durch ein über die Verhandlung gerichtlich oder notariell aufgenommenes Protokoll.[122]

In dem Protokolle sind der Ort und der Tag der Verhandlung, der Name des Richters oder Notars sowie die Art und das Ergebniß der Beschlußfassungen anzugeben.

Das nach § 258 aufgestellte Verzeichniß der Theilnehmer an der Generalversammlung sowie die Belege über die ordnungsmäßige Berufung sind dem Protokolle beizufügen. Die Beifügung der Belege über die Berufung der Generalversammlung kann unterbleiben, wenn die Belege unter Angabe ihres Inhalts in dem Protokoll aufgeführt werden.

Das Protokoll muß von dem Richter oder Notar vollzogen werden. Die Zuziehung von Zeugen ist nicht erforderlich.

Eine öffentlich beglaubigte Abschrift des Protokolls ist unverzüglich nach der Generalversammlung von dem Vorstande zum Handelsregister einzureichen.

260. Die Generalversammlung beschließt über die Genehmigung der Jahresbilanz und die Gewinnvertheilung sowie über die Entlastung des Vorstandes und des Aufsichtsraths.

Der Vorstand hat in den ersten drei Monaten des Geschäftsjahrs für das verflossene Geschäftsjahr eine Bilanz, eine Gewinn- und Verlustrechnung sowie einen den Vermögensstand und die Verhältnisse der Gesellschaft entwickelnden Bericht dem Aufsichtsrath und mit dessen Bemerkungen der Generalversammlung vorzulegen. Im Gesellschaftsvertrage kann eine andere Frist, jedoch nicht über die Dauer von sechs Monaten hinaus, bestimmt werden.

261. Für die Aufstellung der Bilanz kommen die Vorschriften des § 40 mit folgenden Maßgaben zur Anwendung:

1. Werthpapiere und Waaren, die einen Börsen- oder Marktpreis haben, dürfen höchstens zu dem Börsen- oder Marktpreise des Zeitpunktes, für welchen die Bilanz aufgestellt wird, sofern dieser Preis jedoch den Anschaffungs- oder Herstellungspreis übersteigt, höchstens zu dem letzteren angesetzt werden;
2. andere Vermögensgegenstände sind höchstens zu dem Anschaffungs- oder Herstellungspreis anzusetzen;
3. Anlagen und sonstige Gegenstände, die nicht zur Weiterveräußerung, vielmehr dauernd zum Geschäftsbetriebe der Gesellschaft bestimmt sind, dürfen ohne Rücksicht auf einen geringeren Werth zu dem Anschaffungs- oder Herstellungspreis angesetzt werden, sofern ein der Abnutzung gleichkommender Betrag in Abzug gebracht oder ein ihr entsprechender Erneuerungsfonds in Ansatz gebracht wird;
4. die Kosten der Errichtung und Verwaltung dürfen nicht als Aktiva in die Bilanz eingesetzt werden;
5. der Betrag des Grundkapitals und der Betrag eines jeden Reserve- und Erneuerungsfonds sind unter die Passiva aufzunehmen;
6. der aus der Vergleichung sämmtlicher Aktiva und sämmtlicher Passiva sich ergebende Gewinn oder Verlust muß am Schlusse der Bilanz besonders angegeben werden.

262. Zur Deckung eines aus der Bilanz sich ergebenden Verlustes ist ein Reservefonds zu bilden. In diesen ist einzustellen:

1. von dem jährlichen Reingewinne mindestens der zwanzigste Theil so lange, als der Reservefonds den zehnten oder den im Gesellschaftsvertrage bestimmten höheren Theil des Grundkapitals nicht überschreitet;
2. der Betrag, welcher bei der Errichtung der Gesellschaft oder bei einer Erhöhung des Grundkapitals durch Ausgabe der Aktien für einen höheren als den Nennbetrag über diesen und über den Betrag der durch die Ausgabe der Aktien entstehenden Kosten hinaus erzielt wird;
3. der Betrag von Zuzahlungen, die ohne Erhöhung des Grundkapitals von Aktionären gegen Gewährung von Vorzugsrechten für ihre Aktien geleistet werden, soweit nicht eine Verwendung dieser Zahlungen zu außerordentlichen Abschreibungen oder zur Deckung außerordentlicher Verluste beschlossen wird.

263. Die im § 260 Abs. 2 bezeichneten Vorlagen sind mindestens während der letzten zwei

122. Vgl. § 44 AG z. FrG.

Wochen vor dem Tage der Generalversammlung in dem Geschäftsraume der Gesellschaft zur Einsicht der Aktionäre auszulegen.

Auf Verlangen ist jedem Aktionär spätestens zwei Wochen vor dem Tage der Generalversammlung eine Abschrift der Bilanz, der Gewinn- und Verlustrechnung, der Bemerkungen des Aufsichtsraths und des Geschäftsberichts zu ertheilen.

An die Stelle des Tages der Generalversammlung tritt, falls die Ausübung des Stimmrechts von der Hinterlegung der Aktien abhängig ist, der Tag, bis zu dessen Ablauf die Hinterlegung zu geschehen hat.

264. Die Verhandlung über die Genehmigung der Bilanz ist zu vertagen, wenn dies in der Generalversammlung mit einfacher Stimmenmehrheit beschlossen oder von einer Minderheit, deren Antheile den zehnten Theil des Grundkapitals erreichen, verlangt wird, auf Verlangen der Minderheit jedoch nur, soweit von ihr bestimmte Ansätze der Bilanz bemängelt werden.

Ist die Verhandlung auf Verlangen der Minderheit vertagt, so kann von dieser eine erneute Vertagung nur gefordert werden, wenn über die in der früheren Verhandlung bemängelten Ansätze der Bilanz die erforderliche Aufklärung nicht ertheilt worden ist.

265. Nach der Genehmigung durch die Generalversammlung ist die Bilanz sowie die Gewinn- und Verlustrechnung unverzüglich durch den Vorstand in den Gesellschaftsblättern bekannt zu machen.

Die Bekanntmachung sowie der im § 260 bezeichnete Geschäftsbericht nebst den Bemerkungen des Aufsichtsraths ist zum Handelsregister einzureichen. Zum Handelsregister einer Zweigniederlassung findet die Einreichung nicht statt.

266. Die Generalversammlung kann mit einfacher Stimmenmehrheit die Bestellung von Revisoren zur Prüfung der Bilanz oder zur Prüfung von Vorgängen bei der Gründung oder der Geschäftsführung beschließen.

Ist in der Generalversammlung ein Antrag auf Bestellung von Revisoren zur Prüfung eines Vorganges bei der Gründung oder eines nicht länger als zwei Jahre zurückliegenden Vorganges bei der Geschäftsführung abgelehnt worden, so können auf Antrag von Aktionären, deren Antheile zusammen den zehnten Theil des Grundkapitals erreichen, Revisoren durch das Gericht,[121] in dessen Bezirke die Gesellschaft ihren Sitz hat, ernannt werden.

Dem Antrag ist nur stattzugeben, wenn glaubhaft gemacht wird,[123] daß bei dem Vorgang Unredlichkeiten oder grobe Verletzungen des Gesetzes oder des Gesellschaftsvertrags stattgefunden haben. Die Antragsteller haben die Aktien bis zur Entscheidung über den Antrag zu hinterlegen und glaubhaft zu machen, daß sie seit mindestens sechs Monaten, von der Generalversammlung zurückgerechnet, Besitzer der Aktien sind.

Vor der Ernennung sind der Vorstand und der Aufsichtsrath zu hören. Die Ernennung kann auf Verlangen von einer nach freiem Ermessen zu bestimmenden Sicherheitsleistung abhängig gemacht werden.

267. Der Vorstand hat in den Fällen des § 266 den Revisoren die Einsicht der Bücher und Schriften der Gesellschaft und die Untersuchung des Bestandes der Gesellschaftskasse sowie der Bestände an Werthpapieren und Waaren zu gestatten.

Der Bericht über das Ergebniß der Prüfung ist von den Revisoren unverzüglich dem Handelsregister einzureichen und von dem Vorstande bei der Berufung der nächsten Generalversammlung als Gegenstand der Beschlußfassung anzukündigen. Zum Handelsregister einer Zweigniederlassung findet die Einreichung des Berichts nicht statt.

Im Falle des § 266 Abs. 2 beschließt die Generalversammlung, ob die entstandenen Kosten von der Gesellschaft zu tragen sind. Wird der Antrag auf Ernennung von Revisoren durch das Gericht zurückgewiesen oder erweist er sich nach dem Ergebnisse der Prüfung als unbegründet, so sind die Aktionäre, welchen eine bösliche Handlungsweise zur Last fällt, für einen der Gesellschaft durch den Antrag entstehenden Schaden als Gesammtschuldner haftbar.

268. Die Ansprüche der Gesellschaft aus der Gründung gegen die nach den §§ 202 bis 204, 208 verpflichteten Personen oder aus der Geschäftsführung gegen die Mitglieder des Vorstandes und des Aufsichtsraths müssen geltend gemacht werden, wenn es in der Generalversammlung mit einfacher Stimmenmehrheit beschlossen oder von einer Minderheit, deren Antheile den zehnten Theil des Grundkapitals erreichen, verlangt wird.

Zur Führung des Rechtsstreits kann die Generalversammlung besondere Vertreter wählen. Ist die Geltendmachung des Anspruchs von der Minderheit verlangt, so können die von dieser bezeichneten Personen durch das Gericht[121] des Sitzes der Gesellschaft als deren Vertreter zur Führung des Rechtsstreits bestellt werden. Im Uebrigen bewendet es bei den Vorschriften des § 247; diese kommen auch dann zur Anwendung, wenn die Geltendmachung des Anspruchs von der Minderheit verlangt ist.

269. Die Geltendmachung eines Anspruchs auf Verlangen der Minderheit muß binnen drei Monaten von dem Tage der Generalversammlung an erfolgen. Der Klage ist das Protokoll der Generalversammlung, soweit es die Geltendmachung des Anspruchs betrifft, in öffentlich beglaubigter Abschrift beizufügen.

123. Vgl. § 294 CPO; § 15 Abs. 2 FrG.

Die Minderheit hat eine den zehnten Theil des Grundkapitals der Gesellschaft erreichende Anzahl von Aktien für die Dauer des Rechtsstreits zu hinterlegen; es ist glaubhaft zu machen,[123] daß sich die Aktien seit mindestens sechs Monaten, von der Generalversammlung zurückgerechnet, im Besitze der die Minderheit bildenden Aktionäre befinden.

Dem Beklagten ist auf Verlangen wegen der ihm drohenden Nachtheile von der Minderheit eine nach freiem Ermessen des Gerichts zu bestimmende Sicherheit zu leisten. Die Vorschriften der Civilprozeßordnung über die Festsetzung einer Frist zur Sicherheitsleistung und über die Folgen der Versäumung der Frist finden Anwendung.[124]

Die Minderheit ist der Gesellschaft gegenüber verpflichtet, die Kosten des Rechtsstreits zu tragen.

Für den Schaden, der dem Beklagten durch eine unbegründete Klage entsteht, haften ihm die Aktionäre, welchen eine bösliche Handlungsweise zur Last fällt, als Gesammtschuldner.

270. Bezüglich eines Anspruchs, dessen Geltendmachung die Minderheit auf Grund der Vorschrift des § 268 Abs. 1 verlangt hat, ist ein Verzicht oder ein Vergleich der Gesellschaft nur dann zulässig, wenn von den die Minderheit bildenden Aktionären so viele zustimmen, daß die Aktien der übrigen nicht mehr den zehnten Theil des Grundkapitals darstellen.

271. Ein Beschluß der Generalversammlung kann wegen Verletzung des Gesetzes oder des Gesellschaftsvertrags im Wege der Klage angefochten werden.

Die Klage muß binnen einem Monat erhoben werden.

Zur Anfechtung befugt ist jeder in der Generalversammlung erschienene Aktionär, sofern er gegen den Beschluß Widerspruch zum Protokoll erklärt hat, und jeder nicht erschienene Aktionär, sofern er zu der Generalversammlung unberechtigter Weise nicht zugelassen worden ist oder sofern er die Anfechtung darauf gründet, daß die Berufung der Versammlung oder die Ankündigung des Gegenstandes der Beschlußfassung nicht gehörig erfolgt sei. Eine Anfechtung, die darauf gegründet wird, daß durch den Beschluß Abschreibungen oder Rücklagen über das nach dem Gesetz oder nach dem Gesellschaftsvertrage statthafte Maß hinaus angeordnet seien, ist nur zulässig, wenn die Antheile des Aktionärs oder der Aktionäre, welche die Anfechtungsklage erheben, den zwanzigsten Theil des Grundkapitals erreichen.

Außerdem ist der Vorstand und, sofern der Beschluß eine Maßregel zum Gegenstande hat, durch deren Ausführung sich die Mitglieder des Vorstandes und des Aufsichtsraths strafbar oder den Gläubigern der Gesellschaft haftbar machen würden, jedes Mitglied des Vorstandes und des Aufsichtsraths zur Anfechtung befugt.

272. Die Klage ist gegen die Gesellschaft zu richten. Die Gesellschaft wird durch den Vorstand, sofern dieser nicht selbst klagt, und durch den Aufsichtsrath vertreten.

Zuständig für die Klage ist ausschließlich das Landgericht, in dessen Bezirke die Gesellschaft ihren Sitz hat.[125] Die mündliche Verhandlung erfolgt nicht vor dem Ablaufe der im § 271 Abs. 2 bezeichneten Frist. Mehrere Anfechtungsprozesse sind zur gleichzeitigen Verhandlung und Entscheidung zu verbinden.

Das Gericht kann auf Verlangen anordnen, daß der Gesellschaft wegen der ihr drohenden Nachtheile von dem klagenden Aktionär Sicherheit zu leisten ist. Art und Höhe der Sicherheit bestimmt das Gericht nach freiem Ermessen. Die Vorschriften der Civilprozeßordnung über die Festsetzung einer Frist zur Sicherheitsleistung[126] und über die Folgen der Versäumung der Frist finden Anwendung.[127]

Die Erhebung der Klage und der Termin zur mündlichen Verhandlung sind unverzüglich von dem Vorstand in den Gesellschaftsblättern bekannt zu machen.

273. Soweit der Beschluß durch rechtskräftiges Urtheil für nichtig erklärt ist, wirkt das Urtheil auch für und gegen die Aktionäre, die nicht Partei sind. Das Urtheil ist von dem Vorstand unverzüglich zum Handelsregister einzureichen. War der Beschluß in das Handelsregister eingetragen, so ist auch das Urtheil einzutragen; die Eintragung des Urtheils ist in gleicher Weise wie die des Beschlusses zu veröffentlichen.

Für einen durch unbegründete Anfechtung des Beschlusses der Gesellschaft entstehenden Schaden haften ihr die Kläger, welchen eine bösliche Handlungsweise zur Last fällt, als Gesammtschuldner.

Vierter Titel.
Abänderungen des Gesellschaftsvertrags.

274. Eine Abänderung des Gesellschaftsvertrags kann nur durch die Generalversammlung beschlossen werden. Die Vornahme von Aenderungen, die nur die Fassung betreffen, kann durch Beschluß der Generalversammlung dem Aufsichtsrath übertragen werden.

In der nach § 256 Abs. 1, 2 zu bewirkenden Ankündigung soll die beabsichtigte Aenderung des Gesellschaftsvertrags nach ihrem wesentlichen Inhalt erkennbar gemacht werden.

275. In Ermangelung einer anderen Bestimmung des Gesellschaftsvertrags bedürfen die im

124. Vgl. § 113 CPO.

125. Vgl. §§ 17, 22 CPO; § 101 Nr. 3a GVG.
126. Vgl. §§ 232 ff. BGB.
127. Vgl. § 113 CPO.

§ 274 Abs. 1 bezeichneten Beschlüsse der Generalversammlung einer Mehrheit, die mindestens drei Viertheile des bei der Beschlußfassung vertretenen Grundkapitals umfaßt.

Für eine Abänderung des Gegenstandes des Unternehmens muß diese Mehrheit erreicht sein; der Gesellschaftsvertrag kann noch andere Erfordernisse aufstellen.

Soll das bisherige Verhältniß mehrerer Gattungen von Aktien mit verschiedener Berechtigung zum Nachtheil einer Gattung geändert werden, so bedarf es neben dem Beschlusse der Generalversammlung eines in gesonderter Abstimmung gefaßten Beschlusses der benachtheiligten Aktionäre; auf diese Beschlußfassung findet die Vorschrift des Abs. 1 Anwendung. Die Beschlußfassung der benachtheiligten Aktionäre kann nur stattfinden, wenn sie gemäß § 256 Abs. 2 ausdrücklich unter den Zwecken der Generalversammlung angekündigt worden ist.

276. Eine Verpflichtung der Aktionäre zu Leistungen der im § 212 bezeichneten Art kann, sofern sie nicht in dem ursprünglichen Gesellschaftsvertrage vorgesehen ist, nur mit Zustimmung sämmtlicher von der Verpflichtung betroffenen Aktionäre begründet werden.

277. Die Abänderung des Gesellschaftsvertrags ist zur Eintragung in das Handelsregister anzumelden. Soweit sich nicht aus den nachfolgenden Vorschriften ein Anderes ergiebt, ist die Anmeldung durch den Vorstand zu bewirken.[128]

Bei der Eintragung genügt, soweit nicht die Abänderung die im § 198 bezeichneten Angaben betrifft, die Bezugnahme auf die bei dem Gericht eingereichten Urkunden über die Abänderung. Die öffentliche Bekanntmachung findet in Betreff aller Bestimmungen statt, auf welche sich die in den §§ 199, 201 vorgeschriebenen Veröffentlichungen beziehen.

Die Abänderung hat keine Wirkung, bevor sie bei dem Gericht, in dessen Bezirke die Gesellschaft ihren Sitz hat, in das Handelsregister eingetragen worden ist.

278. Eine Erhöhung des Grundkapitals durch Ausgabe neuer Aktien soll nicht vor der vollen Einzahlung des bisherigen Kapitals erfolgen. Für Versicherungsgesellschaften kann im Gesellschaftsvertrag ein Anderes bestimmt werden. Durch Rückstände, die auf einen verhältnißmäßig unerheblichen Theil der eingeforderten Einzahlung verblieben sind, wird die Erhöhung des Grundkapitals nicht gehindert.

Sind mehrere Gattungen von Aktien mit verschiedener Berechtigung vorhanden, so bedarf es neben dem Beschlusse der Generalversammlung eines in gesonderter Abstimmung gefaßten Beschlusses der Aktionäre jeder Gattung; auf diese Beschlußfassung finden die Vorschriften des § 275 Abs. 1, Abs. 3 Satz 2 Anwendung.

Sollen die auf die Kapitalserhöhung entfallenden neuen Aktien für einen höheren als den Nennbetrag ausgegeben werden, so ist der Mindestbetrag, unter dem die Ausgabe nicht erfolgen soll, in dem Beschluß über die Erhöhung des Grundkapitals festzusetzen.

279. Wird auf das erhöhte Grundkapital eine Einlage gemacht, die nicht durch Baarzahlung zu leisten ist, oder wird auf eine Einlage eine Vergütung für Vermögensgegenstände angerechnet, welche die Gesellschaft übernimmt, so müssen der Gegenstand der Einlage oder der Uebernahme, die Person, von welcher die Gesellschaft den Gegenstand erwirbt, und der Betrag der für die Einlage zu gewährenden Aktien oder die für den übernommenen Gegenstand zu gewährende Vergütung in dem Beschluß über die Erhöhung des Grundkapitals festgesetzt werden.

Jedes Abkommen dieser Art, welches nicht die vorgeschriebene Festsetzung in dem Beschlusse der Generalversammlung gefunden hat, ist der Gesellschaft gegenüber unwirksam. Die Vorschriften der §§ 207, 208 bleiben unberührt.

280. Der Beschluß über die Erhöhung des Grundkapitals ist von sämmtlichen Mitgliedern des Vorstandes und des Aufsichtsraths zur Eintragung in das Handelsregister anzumelden.[128]

In der Anmeldung ist die Versicherung abzugeben, daß das bisherige Grundkapital eingezahlt ist oder, soweit die Einzahlung nicht stattgefunden hat, daß darauf weitere als die in der Anmeldung bezeichneten Beträge nicht rückständig sind.

281. Die Zeichnung der neuen Aktien geschieht mittelst Zeichnungsscheins. Der Zeichnungsschein soll doppelt ausgestellt werden; er hat außer den im § 189 Abs. 2 bezeichneten Angaben zu enthalten:

1. den Tag, an welchem der Beschluß über die Erhöhung des Grundkapitals gefaßt ist;
2. den Betrag, für welchen die Ausgabe der Aktien stattfindet, und den Betrag der festgesetzten Einzahlungen;
3. die im § 279 vorgesehenen Festsetzungen und, wenn mehrere Gattungen von Aktien mit verschiedener Berechtigung ausgegeben werden, den Gesammtbetrag einer jeden;
4. den Zeitpunkt, in welchem die Zeichnung unverbindlich wird, sofern nicht bis dahin die erfolgte Erhöhung des Grundkapitals in das Handelsregister eingetragen ist.

Die Vorschriften des § 189 Abs. 4, 5 finden mit der Maßgabe entsprechende Anwendung, daß an die Stelle der Eintragung der Gesellschaft in das Handelsregister die Eintragung der erfolgten Erhöhung des Grundkapitals tritt.

282. Jedem Aktionär muß auf sein Verlangen

128. Vgl. §§ 125 ff. FrG.

ein seinem Antheil an dem bisherigen Grundkapital entsprechender Theil der neuen Aktien zugetheilt werden, soweit nicht in dem Beschluß über die Erhöhung des Grundkapitals ein Anderes bestimmt ist.

Der Betrag, zu welchem die neuen Aktien an die Aktionäre ausgegeben werden, ist von dem Vorstand in den Gesellschaftsblättern zu veröffentlichen. In der Veröffentlichung kann eine Frist für die Ausübung des Bezugsrechts bestimmt werden; die Frist muß mindestens zwei Wochen betragen.

283. Eine Zusicherung von Rechten auf den Bezug neu auszugebender Aktien kann nur unter Vorbehalt des im § 282 bezeichneten Rechtes der Aktionäre erfolgen.[129]

Eine Zusicherung, die vor dem Beschlusse über die Erhöhung des Grundkapitals geschieht, ist der Gesellschaft gegenüber unwirksam.

284. Die erfolgte Erhöhung des Grundkapitals ist von sämmtlichen Mitgliedern des Vorstandes und des Aufsichtsraths zur Eintragung in das Handelsregister anzumelden.[128]

Der Anmeldung sind beizufügen:

1. die Duplikate der Zeichnungsscheine und ein von den Mitgliedern des Vorstandes unterschriebenes Verzeichniß der Zeichner, welches die auf jeden entfallenen Aktien sowie die auf die letzteren geschehenen Einzahlungen angiebt;
2. im Falle des § 279 die Verträge, welche den dort bezeichneten Festsetzungen zu Grunde liegen oder zu ihrer Ausführung geschlossen sind;
3. eine Berechnung der für die Gesellschaft durch die Ausgabe der neuen Aktien entstehenden Kosten;
4. wenn die Erhöhung des Grundkapitals mit Rücksicht auf den Gegenstand des Unternehmens der staatlichen Genehmigung bedarf, sowie in den Fällen des § 180 Abs. 2 die Genehmigungsurkunde.

Die Vorschriften des § 195 Abs. 3 finden Anwendung.

Die der Anmeldung beigefügten Schriftstücke werden bei dem Gericht in Urschrift oder in beglaubigter Abschrift aufbewahrt.

In die Veröffentlichung, durch welche die Eintragung bekannt gemacht wird, ist auch der Betrag, zu welchem die Aktien ausgegeben werden, aufzunehmen.

285. Die Anmeldung und Eintragung der erfolgten Erhöhung des Grundkapitals kann mit der Anmeldung und Eintragung des Beschlusses über die Erhöhung verbunden werden.

286. Bei einem Gericht, in dessen Bezirke die Gesellschaft eine Zweigniederlassung hat, sind die in den §§ 280, 284 bezeichneten Anmeldungen zur Eintragung in das Handelsregister durch den Vorstand zu bewirken. Die Vorschrift des § 284 Abs. 5 findet Anwendung; die Vorschriften des § 280 Abs. 2 und des § 284 Abs. 2 bis 4 bleiben außer Anwendung.

287. Bevor die erfolgte Erhöhung des Grundkapitals in das Handelsregister eingetragen ist, können Aktien und Interimsscheine auf das zu erhöhende Kapital nicht ausgegeben werden.

Die Antheilsrechte an dem zu erhöhenden Kapitale können vor diesem Zeitpunkte mit Wirksamkeit gegenüber der Gesellschaft nicht übertragen werden.

288. Eine Herabsetzung des Grundkapitals kann nur mit einer Mehrheit beschlossen werden, die mindestens drei Viertheile des bei der Beschlußfassung vertretenen Grundkapitals umfaßt. Der Gesellschaftsvertrag kann noch andere Erfordernisse aufstellen.

Durch den Beschluß muß zugleich festgesetzt werden, zu welchem Zwecke die Herabsetzung stattfindet, insbesondere, ob sie zur theilweisen Rückzahlung des Grundkapitals an die Aktionäre erfolgt, und in welcher Weise die Maßregel auszuführen ist.

Sind mehrere Gattungen von Aktien mit verschiedener Berechtigung vorhanden, so bedarf es neben dem Beschlusse der Generalversammlung eines in gesonderter Abstimmung gefaßten Beschlusses der Aktionäre jeder Gattung; auf diese Beschlußfassung finden die Vorschriften des Abs. 1 und des § 275 Abs. 3 Satz 2 Anwendung.

289. Der Beschluß über die Herabsetzung des Grundkapitals ist von sämmtlichen Mitgliedern des Vorstandes zur Eintragung in das Handelsregister anzumelden.[128]

Der Vorstand hat unter Hinweis auf die beschlossene Herabsetzung des Grundkapitals nach der Eintragung des Beschlusses die Gläubiger der Gesellschaft aufzufordern, ihre Ansprüche anzumelden. Die Aufforderung ist dreimal in den Gesellschaftsblättern zu veröffentlichen. Bekannte Gläubiger sind durch besondere Mittheilung zur Anmeldung aufzufordern.

Den Gläubigern, deren Forderungen vor der letzten öffentlichen Aufforderung begründet sind, ist Befriedigung zu gewähren oder Sicherheit zu leisten,[130] sofern sie sich zu diesem Zwecke melden.

Zahlungen an die Aktionäre dürfen auf Grund der Herabsetzung des Grundkapitals erst erfolgen, nachdem seit dem Tage, an welchem die im Abs. 2 vorgeschriebene öffentliche Aufforderung zum dritten Male stattgefunden hat, ein Jahr verstrichen ist und nachdem die Gläubiger, die sich gemeldet haben, befriedigt oder sichergestellt worden sind. Eine durch die Herabsetzung bezweckte Befreiung der Aktionäre von der Verpflichtung zur Leistung von Einlagen auf die Aktien tritt nicht vor dem bezeichneten Zeitpunkt in Wirksamkeit.

129. Vgl. Art. 28 EG z. HGB.

130. Vgl. §§ 232 ff. BGB.

290. Ist zur Ausführung der Herabsetzung des Grundkapitals eine Verminderung der Zahl der Aktien durch Umtausch, Stempelung oder durch ein ähnliches Verfahren vorgesehen, so kann die Gesellschaft die Aktien, welche trotz erfolgter Aufforderung nicht bei ihr eingereicht sind, für kraftlos erklären. Das Gleiche gilt in Ansehung eingereichter Aktien, welche die zum Ersatze durch neue Aktien erforderliche Zahl nicht erreichen und der Gesellschaft nicht zur Verwerthung für Rechnung der Betheiligten zur Verfügung gestellt sind.

Die Aufforderung zur Einreichung der Aktien hat die Androhung der Kraftloserklärung zu enthalten. Die Kraftloserklärung kann nur erfolgen, wenn die Aufforderung nach Maßgabe des § 219 Abs. 2 bekannt gemacht ist; sie geschieht mittelst Bekanntmachung in den Gesellschaftsblättern.

Die an Stelle der für kraftlos erklärten Aktien auszugebenden neuen Aktien sind für Rechnung der Betheiligten durch die Gesellschaft zum Börsenpreis und in Ermangelung eines solchen durch öffentliche Versteigerung zu verkaufen. Der Erlös ist den Betheiligten auszuzahlen oder, sofern die Berechtigung zur Hinterlegung vorhanden ist, zu hinterlegen.[131]

291. Die erfolgte Herabsetzung des Grundkapitals ist von sämmtlichen Mitgliedern des Vorstandes zur Eintragung in das Handelsregister anzumelden.[132]

Fünfter Titel.
Auflösung und Nichtigkeit der Gesellschaft.

292. Die Aktiengesellschaft wird aufgelöst:

1. durch den Ablauf der im Gesellschaftsvertrage bestimmten Zeit;
2. durch Beschluß der Generalversammlung; der Beschluß bedarf einer Mehrheit, die mindestens drei Viertheile des bei der Beschlußfassung vertretenen Grundkapitals umfaßt; der Gesellschaftsvertrag kann noch andere Erfordernisse aufstellen;
3. durch die Eröffnung des Konkurses[133] über das Vermögen der Gesellschaft.

Die Vorschriften dieses Titels kommen auch zur Anwendung, wenn die Auflösung einer Aktiengesellschaft aus anderen Gründen erfolgt.

293. Die Auflösung der Gesellschaft ist außer dem Falle des Konkurses durch den Vorstand zur Eintragung in das Handelsregister anzumelden.[132]

294. Nach der Auflösung der Gesellschaft findet die Liquidation statt, sofern nicht über das Vermögen der Gesellschaft der Konkurs eröffnet ist.

Bis zur Beendigung der Liquidation kommen die Vorschriften der vorausgehenden Titel zur Anwendung, soweit sich nicht aus diesem Titel oder aus dem Zwecke der Liquidation ein Anderes ergiebt.

295. Die Liquidation geschieht durch die Mitglieder des Vorstandes als Liquidatoren, sofern nicht durch den Gesellschaftsvertrag oder durch Beschluß der Generalversammlung andere Personen dazu bestimmt werden.

Auf Antrag des Aufsichtsraths oder von Aktionären, deren Antheile zusammen den zwanzigsten Theil des Grundkapitals erreichen, kann aus wichtigen Gründen die Ernennung von Liquidatoren durch das Gericht[134] erfolgen, in dessen Bezirke die Gesellschaft ihren Sitz hat. Die Aktionäre haben bei Stellung des Antrags glaubhaft zu machen,[135] daß sie seit mindestens sechs Monaten Besitzer der Aktien sind.

Die Abberufung von Liquidatoren kann durch das Gericht[134] unter denselben Voraussetzungen wie die Bestellung stattfinden. Liquidatoren, die nicht vom Gericht ernannt sind, können durch die Generalversammlung auch vor dem Ablaufe des Zeitraums, für welchen sie bestellt sind, abberufen werden.

296. Die ersten Liquidatoren sind durch den Vorstand, jede Aenderung in den Personen der Liquidatoren ist durch die Liquidatoren zur Eintragung in das Handelsregister anzumelden. Ist bei der Bestellung der Liquidatoren eine Bestimmung über ihre Vertretungsbefugniß getroffen, so ist auch diese Bestimmung zur Eintragung anzumelden.

Der Anmeldung ist eine öffentlich beglaubigte Abschrift der Urkunden über die Bestellung oder Aenderung beizufügen; diese Vorschrift findet auf die Anmeldung zum Handelsregister einer Zweigniederlassung keine Anwendung.

Die Eintragung der gerichtlichen Ernennung oder Abberufung von Liquidatoren geschieht von Amtswegen.

Die Liquidatoren haben die Firma nebst ihrer Namensunterschrift zur Aufbewahrung bei dem Gerichte zu zeichnen.

297. Die Liquidatoren haben unter Hinweis auf die Auflösung der Gesellschaft die Gläubiger der Gesellschaft aufzufordern, ihre Ansprüche anzumelden. Die Aufforderung ist dreimal in den Gesellschaftsblättern zu veröffentlichen.

298. Der Geschäftskreis der Liquidatoren sowie die Form, in welcher sie die Firma zu zeichnen haben, bestimmt sich nach den Vorschriften der §§ 149, 151, 153.

Im Uebrigen haben die Liquidatoren innerhalb ihres Geschäftskreises die Rechte und Pflichten des Vorstandes; sie unterliegen gleich diesem der Ueberwachung durch den Aufsichtsrath.

131. Vgl. § 372 BGB.
132. Vgl. §§ 125 ff. FrG.
133. Vgl. §§ 207, 208, 244 KO.
134. „Amtsgericht" nach § 145 Abs. 1 FrG.
135. Vgl. § 294 CPO; § 15 Abs. 2 FrG.

In Ansehung der Mitwirkung sämmtlicher Liquidatoren bei Willenserklärungen für die Gesellschaft findet die Vorschrift des § 232 Abs. 1 Satz 1 nur insoweit Anwendung, als nicht für die Liquidatoren im Gesellschaftsvertrag oder bei ihrer Ernennung ein Anderes bestimmt ist.

Eine Bestellung von Prokuristen findet nicht statt. Die Vorschriften des § 236 bleiben außer Anwendung.

299. Die Liquidatoren haben für den Beginn der Liquidation und weiterhin für den Schluß jedes Jahres eine Bilanz aufzustellen; das bisherige Geschäftsjahr der Gesellschaft kann beibehalten werden.

Die Vorschriften der §§ 260, 263 bis 267 mit Ausnahme derjenigen über die Gewinnvertheilung finden Anwendung; die Vorschriften der §§ 261, 262 bleiben außer Anwendung.

300. Das nach der Berichtigung der Schulden verbleibende Vermögen der Gesellschaft wird unter die Aktionäre vertheilt.

Die Vertheilung erfolgt nach dem Verhältnisse der Aktienbeträge, sofern nicht mehrere Gattungen von Aktien mit verschiedener Berechtigung vorhanden sind.

Sind die Einzahlungen nicht auf alle Aktien in demselben Verhältnisse geleistet, so werden die auf das Grundkapital geleisteten Einzahlungen erstattet und ein Ueberschuß nach dem Verhältnisse der Aktienbeträge vertheilt. Reicht das vorhandene Vermögen zur Erstattung der Einzahlungen nicht aus, so haben die Aktionäre den Verlust nach dem Verhältnisse der Aktienbeträge zu tragen; die noch ausstehenden Einzahlungen sind, soweit es hierzu erforderlich ist, einzuziehen.

301. Die Vertheilung des Vermögens darf nur erfolgen, wenn seit dem Tage, an welchem die im § 297 vorgeschriebene öffentliche Aufforderung an die Gläubiger zum dritten Male stattgefunden hat, ein Jahr verstrichen ist.

Meldet sich ein bekannter Gläubiger nicht, so ist der geschuldete Betrag, wenn die Berechtigung zur Hinterlegung vorhanden ist, für den Gläubiger zu hinterlegen.[136]

Ist die Berichtigung einer Verbindlichkeit zur Zeit nicht ausführbar oder ist eine Verbindlichkeit streitig, so darf die Vertheilung des Vermögens nur erfolgen, wenn dem Gläubiger Sicherheit geleistet ist.

302. Ist die Liquidation beendigt und die Schlußrechnung gelegt, so haben die Liquidatoren das Erlöschen der Gesellschaftsfirma zur Eintragung in das Handelsregister anzumelden.[137]

Die Bücher und Papiere der Gesellschaft sind an einem von dem Gerichte[134] des Sitzes der Gesellschaft zu bestimmenden sicheren Orte zur Aufbewahrung auf die Dauer von zehn Jahren zu hinterlegen.

Die Aktionäre und die Gläubiger können zur Einsicht der Bücher und Papiere von dem Gericht ermächtigt werden.

Stellt sich nachträglich noch weiteres der Vertheilung unterliegendes Vermögen heraus, so hat auf Antrag eines Betheiligten das Gericht[134] des Sitzes der Gesellschaft die bisherigen Liquidatoren erneut zu bestellen oder andere Liquidatoren zu berufen.

303. Eine Verwerthung des Gesellschaftsvermögens durch Veräußerung des Vermögens im Ganzen[138] ist nur auf Grund eines Beschlusses der Generalversammlung zulässig. Der Beschluß bedarf einer Mehrheit, die mindestens drei Viertheile des bei der Beschlußfassung vertretenen Grundkapitals umfaßt; der Gesellschaftsvertrag kann noch andere Erfordernisse aufstellen.

Der Beschluß hat die Auflösung der Gesellschaft zur Folge, sofern diese nicht bereits aufgelöst war.

Die Vorschriften der §§ 294 bis 302 kommen mit der Maßgabe zur Anwendung, daß die Liquidatoren zu denjenigen Geschäften und Rechtshandlungen befugt sind, welche die Ausführung der beschlossenen Maßregel mit sich bringt. Die Ausantwortung des Vermögens an den Uebernehmer darf nur unter Beobachtung der für die Vertheilung unter die Aktionäre nach den §§ 297, 301 geltenden Vorschriften stattfinden.

304. Wird das Vermögen einer Aktiengesellschaft als Ganzes von dem Reiche, einem Bundesstaat oder einem inländischen Kommunalverband übernommen, so kann zugleich vereinbart werden, daß die Liquidation unterbleiben soll.

Die im § 303 Abs. 1 vorgesehene Zustimmung der Generalversammlung ist auch für eine solche Vereinbarung erforderlich.

Der Vorstand hat den Beschluß der Generalversammlung zugleich mit der Auflösung der Gesellschaft zur Eintragung in das Handelsregister anzumelden; der Anmeldung ist der mit dem Uebernehmer abgeschlossene Vertrag in Urschrift oder in öffentlich beglaubigter Abschrift beizufügen.[137]

Der Beschluß hat keine Wirkung, bevor die Eintragung bei dem Gericht, in dessen Bezirke sich der Sitz der Gesellschaft befindet, stattgefunden hat.

Mit der Eintragung des Beschlusses gilt der Uebergang des Vermögens der Gesellschaft einschließlich der Schulden als erfolgt;[139] die Firma der Gesellschaft erlischt.

305. Wird das Vermögen einer Aktiengesellschaft als Ganzes an eine andere Aktiengesellschaft oder an eine Kommanditgesellschaft auf Aktien gegen Gewährung von Aktien der übernehmenden Gesellschaft übertragen, so bleiben bei der Erhöhung des

136. Vgl. §§ 372 ff. BGB.
137. Vgl. §§ 125 ff. FrG.
138. Vgl. § 311 BGB.
139. Vgl. § 419 BGB.; § 25 ff. HGB.

Grundkapitals der übernehmenden Gesellschaft die Vorschriften des § 278 Abs. 1, des § 280 Abs. 2, der §§ 281, 282, des § 283 Abs. 1 sowie des § 284 Abs. 2 Nr. 1 und Abs. 3 außer Anwendung.

Der Anmeldung der erfolgten Erhöhung des Grundkapitals zum Handelsregister ist der von der Generalversammlung der aufgelösten Gesellschaft genehmigte Vertrag über die Vermögensübertragung in Urschrift oder in öffentlich beglaubigter Abschrift beizufügen.

Auf den Umtausch der Aktien der aufgelösten Gesellschaft finden die Vorschriften des § 290 Anwendung.

306. Ist im Falle des § 305 vereinbart, daß eine Liquidation des Vermögens der aufgelösten Gesellschaft nicht stattfinden soll, so finden die Vorschriften des § 304 entsprechende Anwendung; außerdem gelten die folgenden besonderen Vorschriften.

Das Vermögen der aufgelösten Gesellschaft ist durch die übernehmende Gesellschaft getrennt zu verwalten.

Der bisherige Gerichtsstand der aufgelösten Gesellschaft bleibt bis zur Vereinigung der Vermögen der beiden Gesellschaften bestehen.

Bis zu demselben Zeitpunkte gilt im Verhältnisse der Gläubiger der aufgelösten Gesellschaft zu der übernehmenden Gesellschaft und deren übrigen Gläubigern das übernommene Vermögen noch als Vermögen der aufgelösten Gesellschaft.

Die Vereinigung der beiden Vermögen darf erst erfolgen, nachdem die Gläubiger der aufgelösten Gesellschaft von der anderen Gesellschaft nach Maßgabe des § 297 zur Anmeldung ihrer Forderungen aufgefordert worden sind, und nur unter Beobachtung der nach § 301 für die Vertheilung des Vermögens unter die Aktionäre geltenden Vorschriften.

Die Mitglieder des Vorstandes und des Aufsichtsraths der übernehmenden Gesellschaft sind den Gläubigern der aufgelösten Gesellschaft für die Ausführung der getrennten Verwaltung als Gesammtschuldner verantwortlich, die Mitglieder des Aufsichtsraths jedoch nur, soweit eine Vereinigung der Vermögen beider Gesellschaften mit ihrem Wissen und ohne ihr Einschreiten erfolgt.

307. Ist eine Aktiengesellschaft zum Zwecke der Veräußerung ihres Vermögens im Ganzen oder zum Zwecke der Umwandlung in eine andere Gesellschaft aufgelöst worden, so kann, wenn der beabsichtigte Zweck nicht erreicht wird, die Generalversammlung die Fortsetzung der Gesellschaft beschließen.

Das Gleiche gilt in dem Falle, daß die Gesellschaft durch die Eröffnung des Konkurses aufgelöst, der Konkurs aber nach Abschluß eines Zwangsvergleichs aufgehoben oder auf Antrag des Gemeinschuldners eingestellt worden ist.

Die Fortsetzung der Gesellschaft ist von dem Vorstande zur Eintragung in das Handelsregister anzumelden.[137]

308. Ist die Firma einer Aktiengesellschaft durch den Uebergang ihres Vermögens auf eine andere Gesellschaft oder juristische Person ohne vorgängige Liquidation erloschen, so ist eine Anfechtung des den Uebergang betreffenden Beschlusses der Generalversammlung gegen die Rechtsnachfolgerin der aufgelösten Gesellschaft zu richten.

309. Enthält der Gesellschaftsvertrag nicht die nach § 182 Abs. 2 wesentlichen Bestimmungen oder ist eine dieser Bestimmungen nichtig, so kann jeder Gesellschafter und jedes Mitglied des Vorstandes und des Aufsichtsraths im Wege der Klage beantragen, daß die Gesellschaft für nichtig erklärt werde. Die Vorschriften der §§ 272, 273 finden entsprechende Anwendung.[140]

310. Ein Mangel, der die Bestimmungen über die Firma oder den Sitz der Gesellschaft, den Gegenstand des Unternehmens, die Bestellung oder Zusammensetzung des Vorstandes, die Form der Bekanntmachungen der Gesellschaft oder die Form der Berufung der Generalversammlung betrifft, kann durch einen den Vorschriften dieses Gesetzbuchs über eine Aenderung des Gesellschaftsvertrags entsprechenden Beschluß der Generalversammlung geheilt werden. Die Berufung der Generalversammlung erfolgt, wenn der Mangel die Bestimmungen über die Form der Berufung betrifft, durch Einrückung in diejenigen Blätter, welche für die Bekanntmachungen der Eintragungen in das Handelsregister des Sitzes der Gesellschaft bestimmt sind.[140]

311. Ist die Nichtigkeit einer Gesellschaft in das Handelsregister eingetragen, so finden zum Zwecke der Abwickelung ihrer Verhältnisse die für den Fall der Auflösung geltenden Vorschriften entsprechende Anwendung.

Die Wirksamkeit der im Namen der Gesellschaft mit Dritten vorgenommenen Rechtsgeschäfte wird durch die Nichtigkeit nicht berührt.

Die Gesellschafter haben die versprochenen Einzahlungen zu leisten, soweit es zur Erfüllung der eingegangenen Verbindlichkeiten erforderlich ist.

Sechster Titel. Strafvorschriften.

312. Mitglieder des Vorstandes oder des Aufsichtsraths oder Liquidatoren werden, wenn sie absichtlich zum Nachtheile der Gesellschaft handeln, mit Gefängniß und zugleich mit Geldstrafe bis zu zwanzigtausend Mark bestraft.

Zugleich kann auf Verlust der bürgerlichen Ehrenrechte erkannt werden.

Sind mildernde Umstände vorhanden, so kann ausschließlich auf die Geldstrafe erkannt werden.

140. Vgl. § 144 Abs. 1 FrG.

313. [141] Mit Gefängniß und zugleich mit Geldstrafe bis zu zwanzigtausend Mark werden bestraft:

1. Gründer oder Mitglieder des Vorstandes oder des Aufsichtsraths, die zum Zwecke der Eintragung der Gesellschaft in das Handelsregister in Ansehung der Zeichnung oder Einzahlung des Grundkapitals, des Betrags, zu welchem die Aktien ausgegeben werden, oder der im § 186 vorgesehenen Festsetzungen wissentlich falsche Angaben machen;
2. diejenigen, welche in Ansehung der vorerwähnten Thatsachen wissentlich falsche Angaben in einer im § 203 bezeichneten Ankündigung von Aktien machen;
3. Mitglieder des Vorstandes oder des Aufsichtsraths, die zum Zwecke der Eintragung einer Erhöhung des Grundkapitals in das Handelsregister in Ansehung der Einzahlung des bisherigen oder der Zeichnung oder Einzahlung des erhöhten Kapitals oder in Ansehung des Betrags, zu welchem die Aktien ausgegeben werden, oder in Ansehung der im § 279 bezeichneten Festsetzungen wissentlich falsche Angaben machen.

Zugleich kann auf Verlust der bürgerlichen Ehrenrechte erkannt werden.

Sind mildernde Umstände vorhanden, so tritt ausschließlich die Geldstrafe ein.

314. Mitglieder des Vorstandes oder des Aufsichtsraths oder Liquidatoren werden mit Gefängniß bis zu einem Jahre und zugleich mit Geldstrafe bis zu zwanzigtausend Mark bestraft, wenn sie wissentlich

1. in ihren Darstellungen, in ihren Uebersichten über den Vermögensstand der Gesellschaft oder in den in der Generalversammlung gehaltenen Vorträgen den Stand der Verhältnisse der Gesellschaft unwahr darstellen oder verschleiern;
2. auf Namen lautende Aktien, in denen die im § 179 Abs. 4 vorgeschriebene Angabe nicht enthalten ist, oder auf den Inhaber lautende Aktien ausgeben, bevor darauf der Nennbetrag oder, falls der Ausgabepreis höher ist, dieser Betrag voll geleistet ist;
3. Aktien oder Interimsscheine ausgeben, bevor die Gesellschaft oder im Falle einer Erhöhung des Grundkapitals die erfolgte Erhöhung in das Handelsregister eingetragen ist;
4. außer den Fällen des § 180 Abs. 2, 3 Aktien oder Interimsscheine ausgeben, die auf einen geringeren Betrag als eintausend Mark gestellt sind;
5. in den Fällen des § 180 Abs. 2, 3 Aktien oder Interimsscheine ausgeben, in denen die im § 180 Abs. 4 vorgeschriebenen Angaben nicht enthalten sind.

Im Falle der Nr. 1 kann zugleich auf Verlust der bürgerlichen Ehrenrechte erkannt werden.

Sind mildernde Umstände vorhanden, so tritt ausschließlich die Geldstrafe ein.

315. Mit Gefängniß bis zu drei Monaten und zugleich mit Geldstrafe bis zu fünftausend Mark werden bestraft:

1. die Mitglieder des Vorstandes oder die Liquidatoren sowie die Mitglieder des Aufsichtsraths, wenn länger als drei Monate die Gesellschaft ohne Aufsichtsrath geblieben ist oder in dem letzteren die zur Beschlußfähigkeit erforderliche Zahl von Mitgliedern gefehlt hat;
2. die Mitglieder des Vorstandes oder die Liquidatoren, wenn entgegen den Vorschriften des § 240 Abs. 2 und des § 298 Abs. 2 der Antrag auf Eröffnung des Konkursverfahrens unterblieben ist.

Sind mildernde Umstände vorhanden, so tritt ausschließlich die Geldstrafe ein.

Straflos bleibt derjenige, bezüglich dessen festgestellt wird, daß die Bestellung oder Ergänzung des Aufsichtsraths oder der Eröffnungsantrag ohne sein Verschulden unterblieben ist.

316. Wer über die Hinterlegung von Aktien oder Interimsscheinen Bescheinigungen, die zum Nachweise des Stimmrechts in einer Generalversammlung dienen sollen, wissentlich falsch ausstellt oder verfälscht oder von einer solchen Bescheinigung, wissend, daß sie falsch oder verfälscht ist, zur Ausübung des Stimmrechts Gebrauch macht, wird mit Gefängniß bis zu einem Jahre und zugleich mit Geldstrafe bis zu zehntausend Mark bestraft. Daneben kann auf Verlust der bürgerlichen Ehrenrechte erkannt werden. Sind mildernde Umstände vorhanden, so tritt ausschließlich die Geldstrafe ein.

317. Wer sich besondere Vortheile dafür gewähren oder versprechen läßt, daß er bei einer Abstimmung in der Generalversammlung in einem gewissen Sinne stimme oder an der Abstimmung in der Generalversammlung nicht Theil nehme, wird mit Geldstrafe bis zu dreitausend Mark oder mit Gefängniß bis zu einem Jahre bestraft.

Die gleiche Strafe trifft denjenigen, welcher besondere Vortheile dafür gewährt oder verspricht, daß Jemand bei einer Abstimmung in der Generalversammlung in einem gewissen Sinne stimme oder an der Abstimmung in der Generalversammlung nicht Theil nehme.

318. Wer die Aktien eines Anderen, zu dessen Vertretung er nicht befugt ist, ohne dessen Einwilligung zur Ausübung des Stimmrechts in der Generalversammlung oder zur Ausübung eines der in den §§ 254, 264, 266, 268, 271, 295, 309 bezeichneten Rechte benutzt, wird mit einer Geld-

141. Vgl. über strafbare Handlungen der Mitglieder des Vorstandes im Falle der Zahlungseinstellung oder Konkurseröffnung: § 244 KO.

strafe von zehn bis dreißig Mark für jede der Aktien, jedoch nicht unter eintausend Mark, bestraft. Die gleiche Strafe trifft denjenigen, welcher Aktien eines Anderen gegen Entgelt leiht und für diese eines der vorbezeichneten Rechte ausübt, sowie denjenigen, welcher hierzu durch Verleihung der Aktien wissentlich mitwirkt.

319. Die Mitglieder des Vorstandes oder die Liquidatoren sind zur Befolgung der im § 240 Abs. 1, im § 246 Abs. 1, im § 260 Abs. 2, im § 263 Abs. 1, im § 267 Abs. 1, 2, im § 272 Abs. 4, im § 299 und im § 302 Abs. 2 enthaltenen Vorschriften von dem im § 195 bezeichneten Gerichte durch Ordnungsstrafen anzuhalten. Die Höhe der Strafen bestimmt sich nach § 14 Satz 2.

In Betreff der im § 195 Abs. 1, im § 277 Abs. 1, im § 280 Abs. 1, im § 284 Abs. 1, im § 304 Abs. 3 sowie im § 305 Abs. 2 vorgesehenen Anmeldungen zum Handelsregister findet, soweit es sich um die Anmeldungen zum Handelsregister des Sitzes der Gesellschaft handelt, eine Verhängung von Ordnungsstrafen nach § 14 nicht statt.[142]

Vierter Abschnitt.
Kommanditgesellschaft auf Aktien.

320. Mindestens ein Gesellschafter der Kommanditgesellschaft auf Aktien haftet den Gesellschaftsgläubigern unbeschränkt (persönlich haftender Gesellschafter), während die übrigen sich nur mit Einlagen auf das in Aktien zerlegte Grundkapital der Gesellschaft betheiligen (Kommanditisten).

Das Rechtsverhältniß der persönlich haftenden Gesellschafter unter einander und gegenüber der Gesammtheit der Kommanditisten sowie gegenüber Dritten, insbesondere die Befugniß der persönlich haftenden Gesellschafter zur Geschäftsführung und zur Vertretung der Gesellschaft, bestimmt sich nach den für die Kommanditgesellschaft geltenden Vorschriften.

Im Uebrigen gelten für die Kommanditgesellschaft auf Aktien, soweit sich nicht aus den nachfolgenden Vorschriften oder aus dem Fehlen eines Vorstandes ein Anderes ergiebt, die Vorschriften des dritten Abschnitts über die Aktiengesellschaft.

321. Der Inhalt des Gesellschaftsvertrags muß von mindestens fünf Personen in gerichtlicher oder notarieller Verhandlung festgestellt werden.[143] Die persönlich haftenden Gesellschafter müssen sich sämmtlich bei der Feststellung betheiligen; außer ihnen können nur Personen mitwirken, die als Kommanditisten Aktien übernehmen. In der Verhandlung ist der Betrag der von jedem Betheiligten übernommenen Aktien anzugeben.

Die Gesellschafter, welche den Inhalt des Gesellschaftsvertrags festgestellt haben oder andere als durch Baarzahlung zu leistende Einlagen machen, gelten als die Gründer der Gesellschaft.

322. Der Gesellschaftsvertrag muß außer den im § 182 Abs. 2 Nr. 1 bis 3, 5, 6 vorgesehenen Festsetzungen den Namen, Vornamen, Stand und Wohnort jedes persönlich haftenden Gesellschafters enthalten.

Vermögenseinlagen der persönlich haftenden Gesellschafter müssen, sofern sie nicht auf das Grundkapital erfolgen, nach Höhe und Art im Gesellschaftsvertrage festgesetzt werden.

Die Vorschrift des § 186 Abs. 1 findet auf alle zu Gunsten eines persönlich haftenden Gesellschafters bedungenen besonderen Vortheile Anwendung.

323. Zeichnungsscheine haben außer den im § 189 vorgesehenen Angaben die Bezeichnung derjenigen Gründer zu enthalten, welche persönlich haftende Gesellschafter sind.

In der mit der Anmeldung der Gesellschaft zum Handelsregister nach § 195 Abs. 3 Satz 1 zu verbindenden Erklärung ist in Ansehung der durch Baarzahlung zu leistenden Einlagen anzugeben, daß der eingeforderte Betrag baar eingezahlt und im Besitze der persönlich haftenden Gesellschafter ist.

Zur Theilnahme an der im § 196 bezeichneten Verhandlung sind auch die persönlich haftenden Gesellschafter berechtigt. Die der Errichtung der Gesellschaft zustimmende Mehrheit muß mindestens ein Viertheil der in dem Verzeichniß aufgeführten Kommanditisten begreifen; der Betrag ihrer Antheile muß mindestens ein Viertheil des nicht von den persönlich haftenden Gesellschaftern übernommenen Grundkapitals darstellen.

Bei der Eintragung in das Handelsregister sind statt der Mitglieder des Vorstandes die persönlich haftenden Gesellschafter anzugeben. Enthält der Gesellschaftsvertrag besondere Bestimmungen über die Befugniß der persönlich haftenden Gesellschafter zur Vertretung der Gesellschaft, so sind auch diese Bestimmungen einzutragen.

324. Für den im § 207 bezeichneten Beschluß der Generalversammlung bedarf es, wenn sich der Beschluß auf einen im ersten Jahre nach der Eintragung der Gesellschaft geschlossenen Vertrag bezieht, einer Mehrheit, deren Antheile mindestens ein Viertheil des nicht auf Aktien der persönlich haftenden Gesellschafter entfallenden Theiles des Grundkapitals darstellen. Die Vorschrift des § 207 Abs. 3 Satz 1 bleibt unberührt.

325. Die den Vorstand der Aktiengesellschaft betreffenden Vorschriften

1. über die Anmeldungen, Einreichungen und Erklärungen zum Handelsregister,
2. über die Berufung der Generalversammlung,
3. über die Aufstellung, Vorlegung und Veröffentlichung der Jahresbilanz und der Gewinn- und Verlustrechnung sowie über die Vorlegung des Geschäftsberichts,

142. Vgl. §§ 132 ff. FrG.
143. Vgl. § 44 AG z. FrG (Art. 141 EG z. BGB).

4. über die Anfechtung von Beschlüssen der Generalversammlung,
5. über das Verfahren im Falle der Bestellung von Revisoren zur Prüfung der Bilanz oder zur Prüfung von Vorgängen bei der Gründung oder Geschäftsführung sowie über die Obliegenheiten gegenüber den Revisoren und dem Aufsichtsrathe,
6. über die im Falle einer Herabsetzung des Grundkapitals an die Gläubiger zu richtende Aufforderung,
7. über die Geltendmachung von Ersatzansprüchen der Gesellschaft wegen der Geschäftsführung,
8. über die Stellung des Antrags auf Eröffnung des Konkursverfahrens,
9. über die strafrechtliche Verantwortlichkeit und über die Verhängung von Ordnungsstrafen[144]

finden auf die persönlich haftenden Gesellschafter entsprechende Anwendung.

326. Ein persönlich haftender Gesellschafter darf ohne Einwilligung der Gesellschaft weder in dem Handelszweige der Gesellschaft Geschäfte machen noch an einer anderen gleichartigen Handelsgesellschaft als persönlich haftender Gesellschafter Theil nehmen. Die Einwilligung wird durch die übrigen persönlich haftenden Gesellschafter und, sofern nicht die Befugniß zur Ertheilung durch den Gesellschaftsvertrag oder durch einen Beschluß der Generalversammlung dem Aufsichtsrath übertragen ist, durch die Generalversammlung ertheilt.

Verletzt ein persönlich haftender Gesellschafter die ihm nach Abs. 1 obliegende Verpflichtung, so findet die Vorschrift des § 236 Abs. 2 Anwendung.

Die Ansprüche der Gesellschaft verjähren in drei Monaten von dem Zeitpunkt an, in welchem die übrigen persönlich haftenden Gesellschafter und der Aufsichtsrath von dem Abschlusse des Geschäfts oder von der Theilnahme des persönlich haftenden Gesellschafters an der anderen Gesellschaft Kenntniß erlangen; sie verjähren ohne Rücksicht auf diese Kenntniß in fünf Jahren von ihrer Entstehung an.

327. In der Generalversammlung haben die persönlich haftenden Gesellschafter, auch wenn sie Aktien besitzen, kein Stimmrecht.

Die Beschlüsse der Generalversammlung bedürfen der Zustimmung der persönlich haftenden Gesellschafter, soweit sie Angelegenheiten betreffen, für die bei der Kommanditgesellschaft das Einverstandniß der persönlich haftenden Gesellschafter und der Kommanditisten erforderlich ist.

Zur Ausübung der Befugnisse, welche in Ansehung der Bestellung von Revisoren und der Geltendmachung von Ansprüchen der Gesellschaft aus der Gründung oder der Geschäftsführung nach den §§ 266 bis 269 der Generalversammlung oder einer Minderheit von Aktionären zustehen, bedarf es der Zustimmung der persönlich haftenden Gesellschafter nicht.

Beschlüsse der Generalversammlung, die der Zustimmung der persönlich haftenden Gesellschafter bedürfen, sind zum Handelsregister erst einzureichen, wenn die Zustimmung erfolgt ist. Bei Beschlüssen, die in das Handelsregister einzutragen sind, ist die Zustimmung der persönlich haftenden Gesellschafter in dem über die Verhandlung aufzunehmenden Protokoll oder in einem Anhange zu dem Protokolle zu beurkunden.

328. Die Beschlüsse der Kommanditisten werden durch den Aufsichtsrath ausgeführt, soweit nicht im Gesellschaftsvertrag ein Anderes bestimmt ist.

In Rechtsstreitigkeiten, welche die Gesammtheit der Kommanditisten gegen die persönlich haftenden Gesellschafter oder diese gegen die Gesammtheit der Kommanditisten zu führen haben, werden die Kommanditisten durch den Aufsichtsrath vertreten, es sei denn, daß in der Generalversammlung besondere Vertreter gewählt werden. Für die Kosten des Rechtsstreits, welche den Kommanditisten zur Last fallen, haftet die Gesellschaft, unbeschadet ihres Rückgriffs gegen die Kommanditisten.

Die Vorschrift des § 247 Abs. 2 findet entsprechende Anwendung.

Persönlich haftende Gesellschafter können nicht Mitglieder des Aufsichtsraths sein.

329. Ergiebt sich für die persönlich haftenden Gesellschafter nach dem Jahresertrágniß ein Gewinnantheil, der nicht auf ihre Aktien fällt, so hat die Auszahlung zu unterbleiben, falls eine Unterbilanz vorhanden ist, die ihre nicht in Aktien bestehenden Kapitalantheile übersteigt. Solange eine solche Unterbilanz besteht, ist auch eine sonstige Entnahme von Geld auf den Kapitalantheil ausgeschlossen.

Auf den Gewinn, der sich für die persönlich haftenden Gesellschafter ergiebt, findet die Vorschrift des § 262 Nr. 1 über den Reservefonds Anwendung.

330. In Betreff der Thatsachen, durch welche die Auflösung der Kommanditgesellschaft auf Aktien herbeigeführt wird, sowie in Betreff des Ausscheidens eines von mehreren persönlich haftenden Gesellschaftern aus der Gesellschaft finden die für die Kommanditgesellschaft geltenden Vorschriften mit folgenden Maßgaben Anwendung.

Die Eröffnung des Konkurses über das Vermögen eines Kommanditisten hat die Auflösung der Gesellschaft nicht zur Folge; die Gläubiger eines Kommanditisten sind nicht berechtigt, die Gesellschaft zu kündigen.

Für die Kündigung durch die Kommanditisten sowie für ihre Zustimmung zur Auflösung der Gesellschaft ist ein Beschluß der Generalversammlung erforderlich; der Beschluß bedarf einer Mehrheit, die mindestens drei Viertheile des bei der

144. Vgl. §§ 132 ff. FrG.

Beschlußfassung vertretenen Grundkapitals umfaßt. Das Gleiche gilt in Betreff des Antrags auf Auflösung der Gesellschaft durch gerichtliche Entscheidung. Der Gesellschaftsvertrag kann noch andere Erfordernisse für die Beschlußfassung aufstellen.

Das Ausscheiden von persönlich haftenden Gesellschaftern kann außer dem Falle der Ausschließung nur stattfinden, soweit es im Gesellschaftsvertrage für zulässig erklärt ist.

Die Auflösung der Gesellschaft sowie das Ausscheiden eines persönlich haftenden Gesellschafters ist von sämmtlichen persönlich haftenden Gesellschaftern zur Eintragung in das Handelsregister anzumelden. Die Vorschrift des § 143 Abs. 3 findet Anwendung.

331. Sofern nicht der Gesellschaftsvertrag ein Anderes bestimmt, erfolgt die Liquidation durch sämmtliche persönlich haftende Gesellschafter und durch eine oder mehrere von der Generalversammlung gewählte Personen als Liquidatoren.

Zu dem Antrag auf Ernennung oder Abberufung von Liquidatoren durch das Gericht ist auch jeder persönlich haftende Gesellschafter befugt.

332. Eine Kommanditgesellschaft auf Aktien kann durch Beschluß der Generalversammlung und aller persönlich haftenden Gesellschafter in eine Aktiengesellschaft umgewandelt werden.

Die Vorschriften über eine Abänderung des Gesellschaftsvertrags finden Anwendung.

Die Antheile der der Umwandlung zustimmenden Mehrheit der Kommanditisten müssen mindestens ein Viertheil des nicht auf Aktien der persönlich haftenden Gesellschafter fallenden Theiles des Grundkapitals darstellen. In dem Beschlusse sind die zur Durchführung der Umwandlung erforderlichen Maßregeln, insbesondere die Firma sowie die Art der Bestellung und Zusammensetzung des Vorstandes, festzusetzen.

333. Bei der Anmeldung des Umwandlungsbeschlusses sind zugleich die Mitglieder des Vorstandes zur Eintragung in das Handelsregister anzumelden. Eine öffentlich beglaubigte Abschrift der Urkunden über ihre Bestellung ist beizufügen; bei der Anmeldung zur Eintragung in das Handelsregister einer Zweigniederlassung bedarf es der Beifügung dieser Abschrift nicht. Auf die Anmeldung zur Eintragung in das Handelsregister des Sitzes der Gesellschaft finden die Vorschriften des § 14 keine Anwendung.

Der Anmeldung ist eine von der Generalversammlung genehmigte, für einen höchstens zwei Monate vor der Anmeldung liegenden Zeitpunkt aufgestellte Bilanz beizufügen. Auf diese Bilanz finden die Vorschriften des § 261, des § 263 Abs. 1 und des § 264 Anwendung.

Mit der Eintragung scheiden die persönlich haftenden Gesellschafter aus der Gesellschaft aus; die Gesellschaft besteht von diesem Zeitpunkt an als Aktiengesellschaft fort.

334. Unverzüglich nach der Eintragung hat der Vorstand in den Gesellschaftsblättern die im § 333 Abs. 2 vorgesehene Bilanz zu veröffentlichen. Er hat unter Hinweis auf die Umwandlung die Gläubiger der Gesellschaft aufzufordern, ihre Ansprüche anzumelden. Die Aufforderung ist dreimal in den Gesellschaftsblättern zu veröffentlichen. Bekannte Gläubiger sind durch besondere Mittheilung zur Anmeldung aufzufordern.

Den Gläubigern, deren Forderungen vor der letzten öffentlichen Aufforderung begründet sind, ist Befriedigung zu gewähren oder Sicherheit zu leisten, sofern sie sich zu diesem Zwecke melden.

Die Mitglieder des Vorstandes und des Aufsichtsraths haften den Gläubigern für die Beobachtung dieser Vorschriften als Gesammtschuldner, die Mitglieder des Aufsichtsraths, soweit eine Zuwiderhandlung mit ihrem Wissen und ohne ihr Einschreiten erfolgt.

Fünfter Abschnitt. Stille Gesellschaft.

335. Wer sich als stiller Gesellschafter an dem Handelsgewerbe, das ein Anderer betreibt, mit einer Vermögenseinlage betheiligt, hat die Einlage so zu leisten, daß sie in das Vermögen des Inhabers des Handelsgeschäfts übergeht.

Der Inhaber wird aus den in dem Betriebe geschlossenen Geschäften allein berechtigt und verpflichtet.

336. Ist der Antheil des stillen Gesellschafters am Gewinn und Verluste nicht bestimmt, so gilt ein den Umständen nach angemessener Antheil als bedungen.

Im Gesellschaftsvertrage kann bestimmt werden, daß der stille Gesellschafter nicht am Verluste betheiligt sein soll; seine Betheiligung am Gewinne kann nicht ausgeschlossen werden.

337. Am Schlusse jedes Geschäftsjahrs wird der Gewinn und Verlust berechnet und der auf den stillen Gesellschafter fallende Gewinn ihm ausbezahlt.

Der stille Gesellschafter nimmt an dem Verluste nur bis zum Betrage seiner eingezahlten oder rückständigen Einlage Theil. Er ist nicht verpflichtet, den bezogenen Gewinn wegen späterer Verluste zurückzuzahlen; jedoch wird, solange seine Einlage durch Verlust vermindert ist, der jährliche Gewinn zur Deckung des Verlustes verwendet.

Der Gewinn, welcher von dem stillen Gesellschafter nicht erhoben wird, vermehrt dessen Einlage nicht, sofern nicht ein Anderes vereinbart ist.

338. Der stille Gesellschafter ist berechtigt, die abschriftliche Mittheilung der jährlichen Bilanz zu verlangen und ihre Richtigkeit unter Einsicht der Bücher und Papiere zu prüfen.

Die im § 716 des Bürgerlichen Gesetzbuchs

dem von der Geschäftsführung ausgeschlossenen Gesellschafter eingeräumten weiteren Rechte stehen dem stillen Gesellschafter nicht zu.

Auf Antrag des stillen Gesellschafters kann das Gericht,[145] wenn wichtige Gründe vorliegen, die Mittheilung einer Bilanz oder sonstiger Aufklärungen sowie die Vorlegung der Bücher und Papiere jederzeit anordnen.

339. Auf die Kündigung der Gesellschaft durch einen der Gesellschafter oder durch einen Gläubiger des stillen Gesellschafters finden die Vorschriften der §§ 132, 134, 135 entsprechende Anwendung. Die Vorschriften des § 723 des Bürgerlichen Gesetzbuchs über das Recht, die Gesellschaft aus wichtigen Gründen ohne Einhaltung einer Frist zu kündigen, bleiben unberührt.

Durch den Tod des stillen Gesellschafters wird die Gesellschaft nicht aufgelöst.

340. Nach der Auflösung der Gesellschaft hat sich der Inhaber des Handelsgeschäfts mit dem stillen Gesellschafter auseinanderzusetzen und dessen Guthaben in Geld zu berichtigen.

Die zur Zeit der Auflösung schwebenden Geschäfte werden von dem Inhaber des Handelsgeschäfts abgewickelt. Der stille Gesellschafter nimmt Theil an dem Gewinn und Verluste, der sich aus diesen Geschäften ergiebt.

Er kann am Schlusse jedes Geschäftsjahrs Rechenschaft über die inzwischen beendigten Geschäfte, Auszahlung des ihm gebührenden Betrags und Auskunft über den Stand der noch schwebenden Geschäfte verlangen.

341. Wird über das Vermögen des Inhabers des Handelsgeschäfts der Konkurs eröffnet, so kann der stille Gesellschafter wegen der Einlage, soweit sie den Betrag des auf ihn fallenden Antheils am Verlust übersteigt, seine Forderung als Konkursgläubiger geltend machen.[146]

Ist die Einlage rückständig, so hat sie der stille Gesellschafter bis zu dem Betrage, welcher zur Deckung seines Antheils am Verlust erforderlich ist, zur Konkursmasse einzuzahlen.

342. Ist auf Grund einer in dem letzten Jahre vor der Eröffnung des Konkurses zwischen dem Inhaber des Handelsgeschäfts und dem stillen Gesellschafter getroffenen Vereinbarung diesem die Einlage ganz oder theilweise zurückgewährt oder sein Antheil an dem entstandenen Verluste ganz oder theilweise erlassen worden, so kann die Rückgewähr oder der Erlaß von dem Konkursverwalter angefochten werden. Es begründet keinen Unterschied, ob die Rückgewähr oder der Erlaß unter Auflösung der Gesellschaft stattgefunden hat oder nicht.

Die Anfechtung ist ausgeschlossen, wenn der Konkurs in Umständen seinen Grund hat, die erst nach der Vereinbarung der Rückgewähr oder des Erlasses eingetreten sind.

Die Vorschriften der Konkursordnung über die Geltendmachung der Anfechtung und deren Wirkung finden Anwendung.[147]

145. „Amtsgericht“ nach § 145 Abs. 1 FrG.

146. Vgl. §§ 16, 51 KO.

147. Vgl. §§ 35 ff. KO.

Drittes Buch.

Handelsgeschäfte.

Erster Abschnitt. Allgemeine Vorschriften.

343. Handelsgeschäfte sind alle Geschäfte eines Kaufmanns, die zum Betriebe seines Handelsgewerbes gehören.

Die im § 1 Abs. 2 bezeichneten Geschäfte sind auch dann Handelsgeschäfte, wenn sie von einem Kaufmann im Betriebe seines gewöhnlich auf andere Geschäfte gerichteten Handelsgewerbes geschlossen werden.

344. Die von einem Kaufmanne vorgenommenen Rechtsgeschäfte gelten im Zweifel als zum Betriebe seines Handelsgewerbes gehörig.

Die von einem Kaufmanne gezeichneten Schuldscheine gelten als im Betriebe seines Handelsgewerbes gezeichnet, sofern nicht aus der Urkunde sich das Gegentheil ergiebt.

345. Auf ein Rechtsgeschäft, das für einen der beiden Theile ein Handelsgeschäft ist, kommen die Vorschriften über Handelsgeschäfte für beide Theile gleichmäßig zur Anwendung, soweit nicht aus diesen Vorschriften sich ein Anderes ergiebt.

346. Unter Kaufleuten ist in Ansehung der Bedeutung und Wirkung von Handlungen und Unterlassungen auf die im Handelsverkehre geltenden Gewohnheiten und Gebräuche Rücksicht zu nehmen.

347. Wer aus einem Geschäfte, das auf seiner Seite ein Handelsgeschäft ist, einem Anderen zur Sorgfalt verpflichtet ist, hat für die Sorgfalt eines ordentlichen Kaufmanns einzustehen.

Unberührt bleiben die Vorschriften des Bürgerlichen Gesetzbuchs, nach welchen der Schuldner in bestimmten Fällen nur grobe Fahrlässigkeit [148] zu vertreten oder nur für diejenige Sorgfalt einzustehen hat, welche er in eigenen Angelegenheiten anzuwenden pflegt. [149]

348. Eine Vertragsstrafe, [150] die von einem Kaufmann im Betriebe seines Handelsgewerbes versprochen ist, kann nicht auf Grund der Vorschriften des § 343 des Bürgerlichen Gesetzbuchs herabgesetzt werden.

349. Dem Bürgen steht, wenn die Bürgschaft [151] für ihn ein Handelsgeschäft ist, die Einrede der Vorausklage [152] nicht zu. Das Gleiche gilt unter der bezeichneten Voraussetzung für denjenigen, welcher aus einem Kreditauftrag [153] als Bürge haftet.

350. Auf eine Bürgschaft, ein Schuldversprechen oder ein Schuldanerkenntniß finden, sofern die Bürgschaft auf der Seite des Bürgen, das Versprechen oder das Anerkenntniß auf der Seite des Schuldners ein Handelsgeschäft ist, die Formvorschriften des § 766 Satz 1, des § 780 und des § 781 Satz 1 des Bürgerlichen Gesetzbuchs keine Anwendung.

351. Die Vorschriften der §§ 348 bis 350 finden auf die im § 4 bezeichneten Gewerbetreibenden keine Anwendung.

352. Die Höhe der gesetzlichen Zinsen, mit Einschluß der Verzugszinsen, ist bei beiderseitigen Handelsgeschäften fünf vom Hundert [154] für das Jahr. Das Gleiche gilt, wenn für eine Schuld aus einem solchen Handelsgeschäfte Zinsen ohne Bestimmung des Zinsfußes versprochen sind.

Ist in diesem Gesetzbuche die Verpflichtung zur Zahlung von Zinsen ohne Bestimmung der Höhe ausgesprochen, so sind darunter Zinsen zu fünf vom Hundert für das Jahr zu verstehen.

353. Kaufleute unter einander sind berechtigt, für ihre Forderungen aus beiderseitigen Handelsgeschäften vom Tage der Fälligkeit an Zinsen zu fordern. Zinsen von Zinsen können auf Grund dieser Vorschrift nicht gefordert werden. [155]

354. Wer in Ausübung seines Handelsgewerbes einem Anderen Geschäfte besorgt oder Dienste leistet, kann dafür auch ohne Verabredung Provision und, wenn es sich um Aufbewahrung handelt, Lagergeld nach den an dem Orte üblichen Sätzen fordern.

Für Darlehen, Vorschüsse, Auslagen und andere Verwendungen kann er vom Tage der Leistung an Zinsen berechnen.

355. Steht Jemand mit einem Kaufmanne derart in Geschäftsverbindung, daß die aus der Verbindung entspringenden beiderseitigen Ansprüche und Leistungen nebst Zinsen in Rechnung gestellt und in regelmäßigen Zeitabschnitten durch Verrechnung und Feststellung des für den einen oder anderen Theil sich ergebenden Ueberschusses ausgeglichen werden (laufende Rechnung, Kontokurrent), so kann derjenige, welchem bei dem Rechnungsabschluß ein Ueberschuß gebührt, von dem Tage des Abschlusses an Zinsen von dem Ueberschusse verlangen, auch soweit in der Rechnung Zinsen enthalten sind.

Der Rechnungsabschluß geschieht jährlich einmal, sofern nicht ein Anderes bestimmt ist.

Die laufende Rechnung kann im Zweifel auch während der Dauer einer Rechnungsperiode jederzeit mit der Wirkung gekündigt werden, daß derjenige, welchem nach der Rechnung ein Ueberschuß gebührt, dessen Zahlung beanspruchen kann.

356. Wird eine Forderung, die durch Pfand, Bürgschaft oder in anderer Weise gesichert ist, in die laufende Rechnung aufgenommen, so wird der Gläubiger durch die Anerkennung des Rechnungsabschlusses nicht gehindert, aus der Sicherheit insoweit Befriedigung zu suchen, als sein Guthaben aus der laufenden Rechnung und die Forderung sich decken.

Haftet ein Dritter für eine in die laufende Rechnung aufgenommene Forderung als Gesammtschuldner, so findet auf die Geltendmachung der Forderung gegen ihn die Vorschrift des Abs. 1 entsprechende Anwendung.

357. Hat der Gläubiger eines Betheiligten die Pfändung und Ueberweisung des Anspruchs auf dasjenige erwirkt, was seinem Schuldner als Ueberschuß aus der laufenden Rechnung zukommt, so können dem Gläubiger gegenüber Schuldposten, die nach der Pfändung durch neue Geschäfte entstehen, nicht in Rechnung gestellt werden. Geschäfte, die auf Grund eines schon vor der Pfändung bestehenden Rechtes oder einer schon vor diesem Zeitpunkte bestehenden Verpflichtung des Drittschuldners vorgenommen werden, gelten nicht als neue Geschäfte im Sinne dieser Vorschrift.

358. Bei Handelsgeschäften kann die Leistung nur während der gewöhnlichen Geschäftszeit bewirkt und gefordert werden. [156]

359. Ist als Zeit der Leistung das Frühjahr oder der Herbst oder ein in ähnlicher Weise bestimmter Zeitpunkt vereinbart, so entscheidet im Zweifel der Handelsgebrauch des Ortes der Leistung.

Ist eine Frist von acht Tagen vereinbart, so sind hierunter im Zweifel volle acht Tage zu verstehen. [157]

---

148. Vgl. §§ 300, 521, 523 Abs. 2, 524 Abs. 2, 599, 680 BGB.
149. Vgl. §§ 277, 690, 708 BGB.
150. Vgl. §§ 339—345 BGB.
151. Vgl. §§ 765 ff. BGB.
152. § 771 BGB.
153. Vgl. § 778 BGB.
154. Nach §§ 246, 288 BGB, § 9 AG z. BGB: 4 %.
155. Vgl. §§ 284, 288—291 BGB.
156. Ueber den Ort der Leistung vgl. §§ 269, 270, 242, BGB.
157. Nach § 186 BGB gelten im Uebrigen die Auslegungsregeln der §§ 187—193 BGB; wenn keine Zeit bestimmt ist, kann sofortige Leistung verlangt werden.

360. Wird eine nur der Gattung nach bestimmte Waare geschuldet, so ist Handelsgut mittlerer Art und Güte zu leisten.

361. Maß, Gewicht, Währung, Zeitrechnung und Entfernungen, die an dem Orte gelten, wo der Vertrag erfüllt werden soll, sind im Zweifel als die vertragsmäßigen zu betrachten.[158]

362. Geht einem Kaufmanne, dessen Gewerbebetrieb die Besorgung von Geschäften für Andere mit sich bringt, ein Antrag über die Besorgung solcher Geschäfte von Jemand zu, mit dem er in Geschäftsverbindung steht, so ist er verpflichtet, unverzüglich zu antworten; sein Schweigen gilt als Annahme des Antrags. Das Gleiche gilt, wenn einem Kaufmann ein Antrag über die Besorgung von Geschäften von Jemand zugeht, dem gegenüber er sich zur Besorgung solcher Geschäfte erboten hat.[159]

Auch wenn der Kaufmann den Antrag ablehnt, hat er die mitgesendeten Waaren auf Kosten des Antragstellers, soweit er für diese Kosten gedeckt ist und soweit es ohne Nachtheil für ihn geschehen kann, einstweilen vor Schaden zu bewahren.

363. Anweisungen,[160] die auf einen Kaufmann über die Leistung von Geld, Werthpapieren oder anderen vertretbaren Sachen ausgestellt sind, ohne daß darin die Leistung von einer Gegenleistung abhängig gemacht ist, können durch Indossament[161] übertragen werden, wenn sie an Order lauten. Dasselbe gilt von Verpflichtungsscheinen, die von einem Kaufmann über Gegenstände der bezeichneten Art an Order ausgestellt sind, ohne daß darin die Leistung von einer Gegenleistung abhängig gemacht ist.

Ferner können Konnossemente der Seeschiffer, Ladescheine der Frachtführer,[162] Lagerscheine[163] der staatlich zur Ausstellung solcher Urkunden ermächtigten Anstalten sowie Bodmereibriefe und Transportversicherungspolizen durch Indossament übertragen werden, wenn sie an Order lauten.

364. Durch das Indossament gehen alle Rechte aus dem indossirten Papier auf den Indossatar über.

Dem legitimirten Besitzer der Urkunde kann der Schuldner nur solche Einwendungen entgegensetzen, welche die Gültigkeit seiner Erklärung in der Urkunde betreffen oder sich aus dem Inhalte der Urkunde ergeben oder ihm unmittelbar gegen den Besitzer zustehen.

Der Schuldner ist nur gegen Aushändigung der quittirten Urkunde zur Leistung verpflichtet.[164]

365. In Betreff der Form des Indossaments, in Betreff der Legitimation des Besitzers und der Prüfung der Legitimation sowie in Betreff der Verpflichtung des Besitzers zur Herausgabe, finden die Vorschriften der Artikel 11 bis 13, 36, 74 der Wechselordnung entsprechende Anwendung.

Ist die Urkunde vernichtet oder abhanden gekommen, so unterliegt sie der Kraftloserklärung im Wege des Aufgebotsverfahrens.[165] Ist das Aufgebotsverfahren eingeleitet, so kann der Berechtigte, wenn er bis zur Kraftloserklärung Sicherheit bestellt, Leistung nach Maßgabe der Urkunde von dem Schuldner verlangen.[164]

366. Veräußert oder verpfändet ein Kaufmann im Betriebe seines Handelsgewerbes eine ihm nicht gehörige bewegliche Sache, so finden die Vorschriften des Bürgerlichen Gesetzbuchs zu Gunsten derjenigen, welche Rechte von einem Nichtberechtigten herleiten, auch dann Anwendung, wenn der gute Glaube des Erwerbers die Befugniß des Veräußerers oder Verpfänders, über die Sache für den Eigenthümer zu verfügen, betrifft.[166]

Ist die Sache mit dem Rechte eines Dritten belastet, so finden die Vorschriften des Bürgerlichen Gesetzbuchs zu Gunsten derjenigen, welche Rechte von einem Nichtberechtigten herleiten, auch dann Anwendung, wenn der gute Glaube die Befugniß des Veräußerers oder Verpfänders, ohne Vorbehalt des Rechtes über die Sache zu verfügen, betrifft.[167]

Das gesetzliche Pfandrecht des Kommissionärs, des Spediteurs, des Lagerhalters und des Frachtführers steht hinsichtlich des Schutzes des guten Glaubens einem gemäß Abs. 1 durch Vertrag erworbenen Pfandrechte gleich.[168]

367. Wird ein Inhaberpapier, das dem Eigenthümer gestohlen worden, verloren gegangen oder sonst abhanden gekommen ist, an einen Kaufmann, der Bankier- oder Geldwechslergeschäfte betreibt, veräußert oder verpfändet, so gilt dessen guter Glaube als ausgeschlossen, wenn zur Zeit der Veräußerung oder Verpfändung der Verlust des Papiers von einer öffentlichen Behörde[168a] oder von dem aus der Urkunde Verpflichteten im Deutschen Reichsanzeiger bekannt gemacht und seit dem Ablaufe des Jahres, in welchem die Veröffentlichung erfolgt ist, nicht mehr als ein Jahr verstrichen war.

---

158. Vgl. §§ 244, 245 BGB

159. Ueber den Fall, daß Jemand sich öffentlich erboten hat, vgl. § 663 BGB.

160 Vgl. §§ 783—792 BGB. Nach Art. 17 EG z. HGB bleiben die landesgesetzlichen Vorschriften über Checks unberührt vgl. Ges. betr. die Checks v. 14. Juni 1865).

161. Vgl. Art. 12 WO.

162. Vgl. auch §§ 72 ff. Binnenschiffahrtsges. v. 15. Juni 1895.

163 Vgl. Art. 16 EG z. HGB; § 39 Abs. 1 Nr. 2 AG z. FrG; Ges. v. 28. Mai 1858 und Bem. dazu.

164. Vgl. Art. 16 EG z. HGB.

165. Vgl. §§ 946 ff., 1003 ff. CPO.

166. Vgl. §§ 932—935, 1207 BGB.

167. Vgl. §§ 936, 1208 BGB.

168. Vgl. auch §§ 43, 44, 46 KO; §§ 13, 14 Vereinszollges. v. 1. Juli 1896 (17. Juli 1871).

168a. „Kreisdirektor“ (in Straßburg u. Metz der Polizeidirektor) gemäß MinV v. 28. Jan. 1900 (ABl S. 49).

Der gute Glaube des Erwerbers wird durch die Veröffentlichung im Deutschen Reichsanzeiger nicht ausgeschlossen, wenn der Erwerber die Veröffentlichung in Folge besonderer Umstände weder kannte noch kennen mußte.

Auf Zins-, Renten- und Gewinnantheilscheine, die nicht später als in dem nächsten auf die Veräußerung oder Verpfändung folgenden Einlösungstermine fällig werden, sowie auf Banknoten und andere auf Sicht zahlbare unverzinsliche Inhaberpapiere finden diese Vorschriften keine Anwendung.

368. Bei dem Verkauf eines Pfandes tritt, wenn die Verpfändung auf der Seite des Pfandgläubigers und des Verpfänders ein Handelsgeschäft ist, an die Stelle der im § 1234 des Bürgerlichen Gesetzbuchs bestimmten Frist von einem Monat eine solche von einer Woche.

Diese Vorschrift findet auf das gesetzliche Pfandrecht des Kommissionärs, des Spediteurs, des Lagerhalters und des Frachtführers entsprechende Anwendung, auf das Pfandrecht des Spediteurs und des Frachtführers auch dann, wenn nur auf ihrer Seite der Speditions- oder Frachtvertrag ein Handelsgeschäft ist.

369.[169] Ein Kaufmann hat wegen der fälligen Forderungen, welche ihm gegen einen anderen Kaufmann aus den zwischen ihnen geschlossenen beiderseitigen Handelsgeschäften zustehen, ein Zurückbehaltungsrecht an den beweglichen Sachen und Werthpapieren des Schuldners, welche mit dessen Willen auf Grund von Handelsgeschäften in seinen Besitz[170] gelangt sind, sofern er sie noch im Besitze hat, insbesondere mittelst Konnossements, Ladescheins oder Lagerscheins darüber verfügen kann. Das Zurückbehaltungsrecht ist auch dann begründet, wenn das Eigenthum an dem Gegenstande von dem Schuldner auf den Gläubiger übergegangen oder von einem Dritten für den Schuldner auf den Gläubiger übertragen, aber auf den Schuldner zurückzuübertragen ist.

Einem Dritten gegenüber besteht das Zurückbehaltungsrecht insoweit, als dem Dritten die Einwendungen gegen den Anspruch des Schuldners auf Herausgabe des Gegenstandes entgegengesetzt werden können.[171]

Das Zurückbehaltungsrecht ist ausgeschlossen, wenn die Zurückbehaltung des Gegenstandes der von dem Schuldner vor oder bei der Uebergabe ertheilten Anweisung oder der von dem Gläubiger übernommenen Verpflichtung, in einer bestimmten Weise mit dem Gegenstande zu verfahren, widerstreitet.

Der Schuldner kann die Ausübung des Zurückbehaltungsrechts durch Sicherheitsleistung[172] abwenden. Die Sicherheitsleistung durch Bürgen ist ausgeschlossen.

370.[169] Das Zurückbehaltungsrecht kann auch wegen nicht fälliger Forderungen geltend gemacht werden:

1. wenn über das Vermögen des Schuldners der Konkurs eröffnet ist oder der Schuldner seine Zahlungen eingestellt hat;
2. wenn eine Zwangsvollstreckung in das Vermögen des Schuldners ohne Erfolg versucht ist.

Der Geltendmachung des Zurückbehaltungsrechts steht die Anweisung des Schuldners oder die Uebernahme der Verpflichtung, in einer bestimmten Weise mit dem Gegenstande zu verfahren, nicht entgegen, sofern die im Abs. 1 Nr. 1, 2 bezeichneten Thatsachen erst nach der Uebergabe des Gegenstandes oder nach der Uebernahme der Verpflichtung dem Gläubiger bekannt werden.

371.[169] Der Gläubiger ist kraft des Zurückbehaltungsrechts befugt, sich aus dem zurückbehaltenen Gegenstande für seine Forderung zu befriedigen. Steht einem Dritten ein Recht an dem Gegenstande zu, gegen welches das Zurückbehaltungsrecht nach § 369 Abs. 2 geltend gemacht werden kann, so hat der Gläubiger in Ansehung der Befriedigung aus dem Gegenstande den Vorrang.

Die Befriedigung erfolgt nach den für das Pfandrecht geltenden Vorschriften des Bürgerlichen Gesetzbuchs.[173] An die Stelle der im § 1234 des Bürgerlichen Gesetzbuchs bestimmten Frist von einem Monate tritt eine solche von einer Woche.

Sofern die Befriedigung nicht im Wege der Zwangsvollstreckung stattfindet, ist sie erst zulässig, nachdem der Gläubiger einen vollstreckbaren Titel für sein Recht auf Befriedigung gegen den Eigenthümer oder, wenn der Gegenstand ihm selbst gehört,[174] gegen den Schuldner erlangt hat; in dem letzteren Falle finden die den Eigenthümer betreffenden Vorschriften des Bürgerlichen Gesetzbuchs über die Befriedigung auf den Schuldner entsprechende Anwendung. In Ermangelung des vollstreckbaren Titels ist der Verkauf des Gegenstandes nicht rechtmäßig.

Die Klage auf Gestattung der Befriedigung kann bei dem Gericht, in dessen Bezirke der Gläubiger seinen allgemeinen Gerichtsstand oder den Gerichtsstand der Niederlassung hat, erhoben werden.

372.[169] In Ansehung der Befriedigung aus dem zurückbehaltenen Gegenstande gilt zu Gunsten des Gläubigers der Schuldner, sofern er bei dem Besitzerwerbe des Gläubigers der Eigenthümer des Gegenstandes war, auch weiter als Eigenthümer, sofern nicht der Gläubiger weiß, daß der Schuldner nicht mehr Eigenthümer ist.

Erwirbt ein Dritter nach dem Besitzerwerbe des

169. Vgl. §§ 273, 274, 1000 BGB; §§ 15, 44, 49 Nr. 4, 127 KO.

170. Vgl. §§ 854 ff. BGB.

171. Vgl. §§ 404, 986 Abs. 2 BGB.

172. Vgl. §§ 232 ff. BGB.

173. Vgl. §§ 1233—1240 BGB.

174. Nach Maßgabe des § 369 Abs. 1 Satz 2.

Gläubigers von dem Schuldner das Eigenthum, so muß er ein rechtskräftiges Urtheil, das in einem zwischen dem Gläubiger und dem Schuldner wegen Gestattung der Befriedigung geführten Rechtsstreit ergangen ist, gegen sich gelten lassen, sofern nicht der Gläubiger bei dem Eintritte der Rechtshängigkeit gewußt hat, daß der Schuldner nicht mehr Eigenthümer war.

Zweiter Abschnitt. Handelskauf.[175]

373. Ist der Käufer mit der Annahme der Waare im Verzuge,[176] so kann der Verkäufer die Waare auf Gefahr und Kosten des Käufers in einem öffentlichen Lagerhaus oder sonst in sicherer Weise hinterlegen.

Er ist ferner befugt, nach vorgängiger Androhung die Waare öffentlich versteigern zu lassen;[177] er kann, wenn die Waare einen Börsen- oder Marktpreis hat, nach vorgängiger Androhung den Verkauf auch aus freier Hand durch einen zu solchen Verkäufen öffentlich ermächtigten Handelsmäkler[178] oder durch eine zur öffentlichen Versteigerung befugte Person zum laufenden Preise bewirken. Ist die Waare dem Verderb ausgesetzt und Gefahr im Verzuge, so bedarf es der vorgängigen Androhung nicht; dasselbe gilt, wenn die Androhung aus anderen Gründen unthunlich ist.

Der Selbsthülfeverkauf erfolgt für Rechnung des säumigen Käufers.

Der Verkäufer und der Käufer können bei der öffentlichen Versteigerung mitbieten.

Im Falle der öffentlichen Versteigerung hat der Verkäufer den Käufer von der Zeit und dem Orte der Versteigerung vorher zu benachrichtigen; von dem vollzogenen Verkaufe hat er bei jeder Art des Verkaufs dem Käufer unverzüglich Nachricht zu geben. Im Falle der Unterlassung ist er zum Schadensersatze verpflichtet. Die Benachrichtigungen dürfen unterbleiben, wenn sie unthunlich sind.

374. Durch die Vorschriften des § 373 werden die Befugnisse nicht berührt, welche dem Verkäufer nach dem Bürgerlichen Gesetzbuche zustehen, wenn der Käufer im Verzuge der Annahme ist.[179]

375. Ist bei dem Kaufe einer beweglichen Sache dem Käufer die nähere Bestimmung über Form, Maß oder ähnliche Verhältnisse vorbehalten, so ist der Käufer verpflichtet, die vorbehaltene Bestimmung zu treffen.

Ist der Käufer mit der Erfüllung dieser Verpflichtung im Verzuge, so kann der Verkäufer die Bestimmung statt des Käufers vornehmen oder gemäß § 326 des Bürgerlichen Gesetzbuchs Schadensersatz wegen Nichterfüllung fordern oder vom Vertrage zurücktreten.[180] Im ersteren Falle hat der Verkäufer die von ihm getroffene Bestimmung dem Käufer mitzutheilen und ihm zugleich eine angemessene Frist zur Vornahme einer anderweitigen Bestimmung zu setzen. Wird eine solche innerhalb der Frist von dem Käufer nicht vorgenommen, so ist die von dem Verkäufer getroffene Bestimmung maßgebend.

376. Ist bedungen, daß die Leistung[181] des einen Theiles genau zu einer festbestimmten Zeit oder innerhalb einer festbestimmten Frist bewirkt werden soll, so kann der andere Theil, wenn die Leistung nicht zu der bestimmten Zeit oder nicht innerhalb der bestimmten Frist erfolgt, von dem Vertrage zurücktreten oder, falls der Schuldner im Verzug ist, statt der Erfüllung Schadensersatz wegen Nichterfüllung verlangen. Erfüllung kann er nur beanspruchen, wenn er sofort nach dem Ablaufe der Zeit oder der Frist dem Gegner anzeigt, daß er auf Erfüllung bestehe.

Wird Schadensersatz wegen Nichterfüllung verlangt und hat die Waare einen Börsen- oder Marktpreis, so kann der Unterschied des Kaufpreises und des Börsen- oder Marktpreises zur Zeit und am Orte der geschuldeten Leistung gefordert werden.

Das Ergebniß eines anderweit vorgenommenen Verkaufs oder Kaufes kann, falls die Waare einen Börsen- oder Marktpreis hat, dem Ersatzanspruche nur zu Grunde gelegt werden, wenn der Verkauf oder Kauf sofort nach dem Ablaufe der bedungenen Leistungszeit oder Leistungsfrist bewirkt ist. Der Verkauf oder Kauf muß, wenn er nicht in öffentlicher Versteigerung geschieht, durch einen zu solchen Verkäufen oder Käufen öffentlich ermächtigten Handelsmäkler oder eine zur öffentlichen Versteigerung befugte Person zum laufenden Preise erfolgen.[182]

Auf den Verkauf mittelst öffentlicher Versteigerung findet die Vorschrift des § 373 Abs. 4 Anwendung. Von dem Verkauf oder Kaufe hat der Gläubiger den Schuldner unverzüglich zu benachrichtigen; im Falle der Unterlassung ist er zum Schadensersatze verpflichtet.

377.[183] Ist der Kauf für beide Theile ein Handelsgeschäft, so hat der Käufer die Waare unverzüglich nach der Ablieferung durch den Verkäufer, soweit dies nach ordnungsmäßigem Geschäftsgange thunlich ist, zu untersuchen und, wenn sich ein Mangel zeigt, dem Verkäufer unverzüglich Anzeige zu machen.

Unterläßt der Käufer die Anzeige, so gilt die Waare als genehmigt, es sei denn, daß es sich

175. Vgl. §§ 433—514 BGB.
176. §§ 293 ff. BGB.
177. Vgl. § 383 Abs. 3 BGB.
178. Nach § 34 Börsenges. v. 22. Juni 1896 (Art. 14 EG z. HGB) die Kursmäkler; vgl. aber § 39 Nr. 1 AG z. FrG.
179. Vgl. §§ 293 ff. BGB.

180. Vgl. §§ 346—356, 454 BGB.
181. Vgl. auch § 361 BGB.
182. Vgl. Bem. 177, 178.
183. Vgl. §§ 459 ff. BGB.

um einen Mangel handelt, der bei der Untersuchung nicht erkennbar war.

Zeigt sich später ein solcher Mangel, so muß die Anzeige unverzüglich nach der Entdeckung gemacht werden; anderenfalls gilt die Waare auch in Ansehung dieses Mangels als genehmigt.

Zur Erhaltung der Rechte des Käufers genügt die rechtzeitige Absendung der Anzeige.

Hat der Verkäufer den Mangel arglistig verschwiegen, so kann er sich auf diese Vorschriften nicht berufen.

378. Die Vorschriften des § 377 finden auch dann Anwendung, wenn eine andere als die bedungene Waare oder eine andere als die bedungene Menge von Waaren geliefert ist, sofern die gelieferte Waare nicht offensichtlich von der Bestellung so erheblich abweicht, daß der Verkäufer die Genehmigung des Käufers als ausgeschlossen betrachten mußte.

379. Ist der Kauf für beide Theile ein Handelsgeschäft, so ist der Käufer, wenn er die ihm von einem anderen Orte übersendete Waare beanstandet, verpflichtet, für ihre einstweilige Aufbewahrung zu sorgen.

Er kann die Waare, wenn sie dem Verderb ausgesetzt und Gefahr im Verzug ist, unter Beobachtung der Vorschriften des § 373 verkaufen lassen.[184]

380. Ist der Kaufpreis nach dem Gewichte der Waare zu berechnen, so kommt das Gewicht der Verpackung (Taragewicht) in Abzug, wenn nicht aus dem Vertrag oder dem Handelsgebrauche des Ortes, an welchem der Verkäufer zu erfüllen hat, sich ein Anderes ergiebt.

Ob und in welcher Höhe das Taragewicht nach einem bestimmten Ansatz oder Verhältnisse statt nach genauer Ausmittelung abzuziehen ist, sowie, ob und wieviel als Gutgewicht zu Gunsten des Käufers zu berechnen ist oder als Vergütung für schadhafte oder unbrauchbare Theile (Refaktie) gefordert werden kann, bestimmt sich nach dem Vertrag oder dem Handelsgebrauche des Ortes, an welchem der Verkäufer zu erfüllen hat.[185]

381. Die in diesem Abschnitte für den Kauf von Waaren getroffenen Vorschriften gelten auch für den Kauf von Werthpapieren.[186]

Sie finden auch Anwendung, wenn aus einem von dem Unternehmer zu beschaffenden Stoffe eine nicht vertretbare bewegliche Sache herzustellen ist.[187]

382. Die Vorschriften der §§ 481 bis 492 des Bürgerlichen Gesetzbuchs über die Gewährleistung bei Viehmängeln werden durch die Vorschriften dieses Abschnitts nicht berührt.

184. Ueber Feststellung der Mängel vgl. § 488 CPO.

185. Ueber Berechnung der Tara vgl. Ges. v. 13. Juni 1866 und Dekr. v. 15. Juni 1867.

186. Vgl. § 437 BGB.

187. Vgl. § 641 BGB.

Dritter Abschnitt. Kommissionsgeschäft.[188]

383. Kommissionär ist, wer es gewerbsmäßig übernimmt, Waaren oder Werthpapiere für Rechnung eines Anderen (des Kommittenten) in eigenem Namen zu kaufen oder zu verkaufen.

384. Der Kommissionär ist verpflichtet, das übernommene Geschäft mit der Sorgfalt eines ordentlichen Kaufmanns auszuführen; er hat hierbei das Interesse des Kommittenten wahrzunehmen und dessen Weisungen zu befolgen.

Er hat dem Kommittenten die erforderlichen Nachrichten zu geben, insbesondere von der Ausführung der Kommission unverzüglich Anzeige zu machen; er ist verpflichtet, dem Kommittenten über das Geschäft Rechenschaft abzulegen und ihm dasjenige herauszugeben, was er aus der Geschäftsbesorgung erlangt hat.

Der Kommissionär haftet dem Kommittenten für die Erfüllung des Geschäfts, wenn er ihm nicht zugleich mit der Anzeige von der Ausführung der Kommission den Dritten namhaft macht, mit dem er das Geschäft abgeschlossen hat.

385. Handelt der Kommissionär nicht gemäß den Weisungen des Kommittenten, so ist er diesem zum Ersatze des Schadens verpflichtet; der Kommittent braucht das Geschäft nicht für seine Rechnung gelten zu lassen.

Die Vorschriften des § 665 des Bürgerlichen Gesetzbuchs bleiben unberührt.

386. Hat der Kommissionär unter dem ihm gesetzten Preise verkauft oder hat er den ihm für den Einkauf gesetzten Preis überschritten, so muß der Kommittent, falls er das Geschäft als nicht für seine Rechnung abgeschlossen zurückweisen will, dies unverzüglich auf die Anzeige von der Ausführung des Geschäfts erklären; anderenfalls gilt die Abweichung von der Preisbestimmung als genehmigt.

Erbietet sich der Kommissionär zugleich mit der Anzeige von der Ausführung des Geschäfts zur Deckung des Preisunterschieds, so ist der Kommittent zur Zurückweisung nicht berechtigt. Der Anspruch des Kommittenten auf den Ersatz eines den Preisunterschied übersteigenden Schadens bleibt unberührt.

387. Schließt der Kommissionär zu vortheilhafteren Bedingungen ab, als sie ihm von dem Kommittenten gesetzt worden sind, so kommt dies dem Kommittenten zu Statten.

Dies gilt insbesondere, wenn der Preis, für welchen der Kommissionär verkauft, den von dem Kommittenten bestimmten niedrigsten Preis übersteigt oder wenn der Preis, für welchen er einkauft, den von dem Kommittenten bestimmten höchsten Preis nicht erreicht.

388. Befindet sich das Gut, welches dem Kom-

188. Vgl. §§ 611 ff., 663, 665—670, 672—675 BGB.

missionär zugesendet ist, bei der Ablieferung in einem beschädigten oder mangelhaften Zustande, der äußerlich erkennbar ist, so hat der Kommissionär die Rechte gegen den Frachtführer oder Schiffer zu wahren, für den Beweis des Zustandes zu sorgen[189] und dem Kommittenten unverzüglich Nachricht zu geben; im Falle der Unterlassung ist er zum Schadensersatze verpflichtet.

Ist das Gut dem Verderb ausgesetzt oder treten später Veränderungen an dem Gute ein, die dessen Entwerthung befürchten lassen, und ist keine Zeit vorhanden, die Verfügung des Kommittenten einzuholen, oder ist der Kommittent in der Ertheilung der Verfügung säumig, so kann der Kommissionär den Verkauf des Gutes nach Maßgabe der Vorschriften des § 373 bewirken.

389. Unterläßt der Kommittent über das Gut zu verfügen, obwohl er dazu nach Lage der Sache verpflichtet ist, so hat der Kommissionär die nach § 373 dem Verkäufer zustehenden Rechte.

390. Der Kommissionär ist für den Verlust und die Beschädigung des in seiner Verwahrung befindlichen Gutes verantwortlich, es sei denn, daß der Verlust oder die Beschädigung auf Umständen beruht, die durch die Sorgfalt eines ordentlichen Kaufmanns nicht abgewendet werden konnten.

Der Kommissionär ist wegen der Unterlassung der Versicherung des Gutes nur verantwortlich, wenn er von dem Kommittenten angewiesen war, die Versicherung zu bewirken.

391. Ist eine Einkaufskommission ertheilt, die für beide Theile ein Handelsgeschäft ist, so finden in Bezug auf die Verpflichtung des Kommittenten, das Gut zu untersuchen und dem Kommissionär von den entdeckten Mängeln Anzeige zu machen, sowie in Bezug auf die Sorge für die Aufbewahrung des beanstandeten Gutes und auf den Verkauf bei drohendem Verderben die für den Käufer geltenden Vorschriften der §§ 377 bis 379 entsprechende Anwendung. Der Anspruch des Kommittenten auf Abtretung der Rechte, die dem Kommissionär gegen den Dritten zustehen, von welchem er das Gut für Rechnung des Kommittenten gekauft hat, wird durch eine verspätete Anzeige des Mangels nicht berührt.

392. Forderungen aus einem Geschäfte, das der Kommissionär abgeschlossen hat, kann der Kommittent dem Schuldner gegenüber erst nach der Abtretung[190] geltend machen.

Jedoch gelten solche Forderungen, auch wenn sie nicht abgetreten sind, im Verhältnisse zwischen dem Kommittenten und dem Kommissionär oder dessen Gläubigern als Forderungen des Kommittenten.[191]

189. Vgl. § 488 CPO.

190. Vgl. §§ 398 ff. BGB.

191. Besondere Bestimmungen in Bezug auf Werthpapiere enthalten §§ 3 ff. Depotges. v. 5. Juli 1896.

393. Wird von dem Kommissionär ohne Zustimmung des Kommittenten einem Dritten ein Vorschuß geleistet oder Kredit gewährt, so handelt der Kommissionär auf eigene Gefahr.

Insoweit jedoch der Handelsgebrauch am Orte des Geschäfts die Stundung des Kaufpreises mit sich bringt, ist in Ermangelung einer anderen Bestimmung des Kommittenten auch der Kommissionär dazu berechtigt.

Verkauft der Kommissionär unbefugt auf Kredit, so ist er verpflichtet, dem Kommittenten sofort als Schuldner des Kaufpreises die Zahlung zu leisten. Wäre beim Verkaufe gegen baar der Preis geringer gewesen, so hat der Kommissionär nur den geringeren Preis und, wenn dieser niedriger ist als der ihm gesetzte Preis, auch den Unterschied nach § 386 zu vergüten.

394. Der Kommissionär hat für die Erfüllung der Verbindlichkeit des Dritten, mit dem er das Geschäft für Rechnung des Kommittenten abschließt, einzustehen, wenn dies von ihm übernommen oder am Orte seiner Niederlassung Handelsgebrauch ist.

Der Kommissionär, der für den Dritten einzustehen hat, ist dem Kommittenten für die Erfüllung im Zeitpunkte des Verfalls unmittelbar insoweit verhaftet, als die Erfüllung aus dem Vertragsverhältnisse gefordert werden kann. Er kann eine besondere Vergütung (Delkredereprovision) beanspruchen.

395. Ein Kommissionär, der den Ankauf eines Wechsels übernimmt, ist verpflichtet, den Wechsel, wenn er ihn indossirt, in üblicher Weise und ohne Vorbehalt zu indossiren.

396. Der Kommissionär kann die Provision fordern, wenn das Geschäft zur Ausführung gekommen ist. Ist das Geschäft nicht zur Ausführung gekommen, so hat er gleichwohl den Anspruch auf die Auslieferungsprovision, sofern eine solche ortsgebräuchlich ist; auch kann er die Provision verlangen, wenn die Ausführung des von ihm abgeschlossenen Geschäfts nur aus einem in der Person des Kommittenten liegenden Grunde unterblieben ist.

Zu dem von dem Kommittenten für Aufwendungen des Kommissionärs nach den §§ 670, 675 des Bürgerlichen Gesetzbuchs zu leistenden Ersatze gehört auch die Vergütung für die Benutzung der Lagerräume und der Beförderungsmittel des Kommissionärs.

397. Der Kommissionär hat an dem Kommissionsgute, sofern er es im Besitze hat, insbesondere mittelst Konnossements, Ladescheins oder Lagerscheins[192] darüber verfügen kann, ein Pfandrecht wegen der auf das Gut verwendeten Kosten, der Provision, der auf das Gut gegebenen Vorschüsse und Darlehen, der mit Rücksicht auf das Gut gezeichneten Wechsel oder in anderer Weise

192. Vgl. Art. 16 EG z. HGB; § 39 Nr. 2 AG z. FrG.

eingegangenen Verbindlichkeiten sowie wegen aller Forderungen aus laufender Rechnung in Kommissionsgeschäften.[193]

398. Der Kommissionär kann sich, auch wenn er Eigenthümer des Kommissionsguts ist, für die im § 397 bezeichneten Ansprüche nach Maßgabe der für das Pfandrecht geltenden Vorschriften aus dem Gute befriedigen.

399. Aus den Forderungen, welche durch das für Rechnung des Kommittenten geschlossene Geschäft begründet sind, kann sich der Kommissionär für die im § 397 bezeichneten Ansprüche vor dem Kommittenten und dessen Gläubigern befriedigen.

400. Die Kommission zum Einkauf oder zum Verkaufe von Waaren, die einen Börsen- oder Marktpreis haben, sowie von Werthpapieren, bei denen ein Börsen- oder Marktpreis amtlich festgestellt[194] wird, kann, wenn der Kommittent nicht ein Anderes bestimmt hat, von dem Kommissionär dadurch ausgeführt werden, daß er das Gut, welches er einkaufen soll, selbst als Verkäufer liefert oder das Gut, welches er verkaufen soll, selbst als Käufer übernimmt.

Im Falle einer solchen Ausführung der Kommission beschränkt sich die Pflicht des Kommissionärs, Rechenschaft über die Abschließung des Kaufes oder Verkaufs abzulegen, auf den Nachweis, daß bei dem berechneten Preise der zur Zeit der Ausführung der Kommission bestehende Börsen- oder Marktpreis eingehalten ist. Als Zeit der Ausführung gilt der Zeitpunkt, in welchem der Kommissionär die Anzeige von der Ausführung zur Absendung an den Kommittenten abgegeben hat.

Ist bei einer Kommission, die während der Börsen- oder Marktzeit auszuführen war, die Ausführungsanzeige erst nach dem Schlusse der Börse oder des Marktes zur Absendung abgegeben, so darf der berechnete Preis für den Kommittenten nicht ungünstiger sein als der Preis, der am Schlusse der Börse oder des Marktes bestand.

Bei einer Kommission, die zu einem bestimmten Kurse (erster Kurs, Mittelkurs, letzter Kurs) ausgeführt werden soll, ist der Kommissionär ohne Rücksicht auf den Zeitpunkt der Absendung der Ausführungsanzeige berechtigt und verpflichtet, diesen Kurs dem Kommittenten in Rechnung zu stellen.

Bei Werthpapieren und Waaren, für welche der Börsen- oder Marktpreis amtlich festgestellt wird, kann der Kommissionär im Falle der Ausführung der Kommission durch Selbsteintritt dem Kommittenten keinen ungünstigeren Preis als den amtlich festgestellten in Rechnung stellen.

401. Auch im Falle der Ausführung der Kommission durch Selbsteintritt hat der Kommissionär, wenn er bei Anwendung pflichtmäßiger Sorgfalt die Kommission zu einem günstigeren als dem nach § 400 sich ergebenden Preise ausführen konnte, dem Kommittenten den günstigeren Preis zu berechnen.

Hat der Kommissionär vor der Absendung der Ausführungsanzeige aus Anlaß der ertheilten Kommission an der Börse oder am Markte ein Geschäft mit einem Dritten abgeschlossen, so darf er dem Kommittenten keinen ungünstigeren als den hierbei vereinbarten Preis berechnen.

402. Die Vorschriften des § 400 Abs. 2 bis 5 und des § 401 können nicht durch Vertrag zum Nachtheile des Kommittenten abgeändert werden.

403. Der Kommissionär, der das Gut selbst als Verkäufer liefert oder als Käufer übernimmt, ist zu der gewöhnlichen Provision berechtigt und kann die bei Kommissionsgeschäften sonst regelmäßig vorkommenden Kosten berechnen.

404. Die Vorschriften der §§ 397, 398 finden auch im Falle der Ausführung der Kommission durch Selbsteintritt Anwendung.

405. Zeigt der Kommissionär die Ausführung der Kommission an, ohne ausdrücklich zu bemerken, daß er selbst eintreten wolle, so gilt dies als Erklärung, daß die Ausführung durch Abschluß des Geschäfts mit einem Dritten für Rechnung des Kommittenten erfolgt sei.

Eine Vereinbarung zwischen dem Kommittenten und dem Kommissionär, daß die Erklärung darüber, ob die Kommission durch Selbsteintritt oder durch Abschluß mit einem Dritten ausgeführt sei, später als am Tage der Ausführungsanzeige abgegeben werden dürfe, ist nichtig.

Widerruft der Kommittent die Kommission und geht der Widerruf dem Kommissionär zu, bevor die Ausführungsanzeige zur Absendung abgegeben ist, so steht dem Kommissionär das Recht des Selbsteintritts nicht mehr zu.

406. Die Vorschriften dieses Abschnitts kommen auch zur Anwendung, wenn ein Kommissionär im Betriebe seines Handelsgewerbes ein Geschäft anderer als der im § 383 bezeichneten Art für Rechnung eines Anderen in eigenem Namen zu schließen übernimmt. Das Gleiche gilt, wenn ein Kaufmann, der nicht Kommissionär ist, im Betriebe seines Handelsgewerbes ein Geschäft in der bezeichneten Weise zu schließen übernimmt.

Als Einkaufs- und Verkaufskommission im Sinne dieses Abschnitts gilt auch eine Kommission, welche die Lieferung einer nicht vertretbaren beweglichen Sache, die aus einem von dem Unternehmer zu beschaffenden Stoffe herzustellen ist, zum Gegenstande hat.[195]

193. § 8 Depotges. v. 5. Juli 1896; §§ 44, 49 Nr. 2, 127, KO; § 1204 Abs. 2 BGB.

194. Vgl. §§ 29 ff. Börsenges. v. 22. Juni 1896.

195. Vgl. § 651 BGB.

Vierter Abschnitt. Speditionsgeschäft.

407. Spediteur ist, wer es gewerbsmäßig übernimmt, Güterversendungen durch Frachtführer oder durch Verfrachter von Seeschiffen für Rechnung eines Anderen (des Versenders) in eigenem Namen zu besorgen.

Auf die Rechte und Pflichten des Spediteurs finden, soweit dieser Abschnitt keine Vorschriften enthält, die für den Kommissionär geltenden Vorschriften, insbesondere die Vorschriften der §§ 388 bis 390 über die Empfangnahme, die Aufbewahrung und die Versicherung des Gutes, Anwendung.

408. Der Spediteur hat die Versendung, insbesondere die Wahl der Frachtführer, Verfrachter und Zwischenspediteure, mit der Sorgfalt eines ordentlichen Kaufmanns auszuführen; er hat hierbei das Interesse des Versenders wahrzunehmen und dessen Weisungen zu befolgen.

Der Spediteur ist nicht berechtigt, dem Versender eine höhere als die mit dem Frachtführer oder dem Verfrachter bedungene Fracht zu berechnen.

409. Der Spediteur hat die Provision zu fordern, wenn das Gut dem Frachtführer oder dem Verfrachter zur Beförderung übergeben ist.

410. Der Spediteur hat wegen der Fracht, der Provision, der Auslagen und Verwendungen sowie wegen der auf das Gut gegebenen Vorschüsse ein Pfandrecht an dem Gute, sofern er es noch im Besitze hat, insbesondere mittelst Konnossements, Ladescheins oder Lagerscheins [196] darüber verfügen kann.

411. Bedient sich der Spediteur eines Zwischenspediteurs, so hat dieser zugleich die seinem Vormanne zustehenden Rechte, insbesondere dessen Pfandrecht, auszuüben.[197]

Soweit der Vormann wegen seiner Forderung von dem Nachmanne befriedigt wird, geht die Forderung und das Pfandrecht des Vormanns auf den Nachmann über. Dasselbe gilt von der Forderung und dem Pfandrechte des Frachtführers, soweit der Zwischenspediteur ihn befriedigt.

412. Der Spediteur ist, wenn nicht ein Anderes bestimmt ist, befugt, die Beförderung des Gutes selbst auszuführen.

Macht er von dieser Befugniß Gebrauch, so hat er zugleich die Rechte und Pflichten eines Frachtführers oder Verfrachters; er kann die Provision, die bei Speditionsgeschäften sonst regelmäßig vorkommenden Kosten sowie die gewöhnliche Fracht verlangen.

413. Hat sich der Spediteur mit dem Versender über einen bestimmten Satz der Beförderungskosten geeinigt, so hat er ausschließlich die Rechte und Pflichten eines Frachtführers. Er kann in einem solchen Falle Provision nur verlangen, wenn es besonders vereinbart ist.

Bewirkt der Spediteur die Versendung des Gutes zusammen mit den Gütern anderer Versender auf Grund eines für seine Rechnung über eine Sammelladung geschlossenen Frachtvertrags, so finden die Vorschriften des Abs. 1 Anwendung, auch wenn eine Einigung über einen bestimmten Satz der Beförderungskosten nicht stattgefunden hat. Der Spediteur kann in diesem Falle eine den Umständen nach angemessene Fracht, höchstens aber die für die Beförderung des einzelnen Gutes gewöhnliche Fracht verlangen.

414. Die Ansprüche gegen den Spediteur wegen Verlustes, Minderung, Beschädigung oder verspäteter Ablieferung des Gutes verjähren in einem Jahre.[198] Die Verjährungsfrist kann durch Vertrag verlängert werden.

Die Verjährung beginnt im Falle der Beschädigung oder Minderung mit dem Ablaufe des Tages, an welchem die Ablieferung stattgefunden hat, im Falle des Verlustes oder der verspäteten Ablieferung mit dem Ablaufe des Tages, an welchem die Ablieferung hätte bewirkt sein müssen.

Die im Abs. 1 bezeichneten Ansprüche können nach der Vollendung der Verjährung nur aufgerechnet werden, wenn vorher der Verlust, die Minderung, die Beschädigung oder die verspätete Ablieferung dem Spediteur angezeigt oder die Anzeige an ihn abgesendet worden ist. Der Anzeige an den Spediteur steht es gleich, wenn gerichtliche Beweisaufnahme zur Sicherung des Beweises beantragt [199] oder in einem zwischen dem Versender und dem Empfänger oder einem späteren Erwerber des Gutes wegen des Verlustes, der Minderung, der Beschädigung oder der verspäteten Ablieferung anhängigen Rechtsstreite dem Spediteur der Streit verkündet wird.

Diese Vorschriften finden keine Anwendung, wenn der Spediteur den Verlust, die Minderung, die Beschädigung oder die verspätete Ablieferung des Gutes vorsätzlich herbeigeführt hat.

415. Die Vorschriften dieses Abschnitts kommen auch zur Anwendung, wenn ein Kaufmann, der nicht Spediteur ist, im Betriebe seines Handelsgewerbes eine Güterversendung durch Frachtführer oder Verfrachter für Rechnung eines Anderen in eigenem Namen zu besorgen übernimmt.

Fünfter Abschnitt. Lagergeschäft.

416. Lagerhalter ist, wer gewerbsmäßig die Lagerung und Aufbewahrung von Gütern übernimmt.

417. Auf die Rechte und Pflichten des Lagerhalters in Ansehung der Empfangnahme, Aufbewahrung und Versicherung des Gutes finden die für den Kommissionär geltenden Vorschriften der §§ 388 bis 390 Anwendung.

196. Vgl. Bem. 192.
197. Vgl. § 441 BGB.
198. Vgl. §§ 387 ff. BGB.
199. Vgl. §§ 486 ff. CPO.

Treten Veränderungen an dem Gute ein, welche dessen Entwerthung befürchten lassen, so hat der Lagerhalter den Einlagerer hiervon unverzüglich zu benachrichtigen. Versäumt er dies, so hat er den daraus entstehenden Schaden zu ersetzen.

418. Der Lagerhalter hat dem Einlagerer die Besichtigung des Gutes, die Entnahme von Proben und die zur Erhaltung des Gutes nothwendigen Handlungen während der Geschäftsstunden zu gestatten.

419. Im Falle der Lagerung vertretbarer Sachen ist der Lagerhalter zu ihrer Vermischung mit anderen Sachen von gleicher Art und Güte nur befugt, wenn ihm dies ausdrücklich gestattet ist.[200]

Der Lagerhalter erwirbt auch in diesem Falle nicht das Eigenthum des Gutes; aus dem durch die Vermischung entstandenen Gesammtvorrathe kann er jedem Einlagerer den ihm gebührenden Antheil ausliefern, ohne daß er hierzu der Genehmigung der übrigen Betheiligten bedarf.

Ist das Gut in der Art hinterlegt, daß das Eigenthum auf den Lagerhalter übergehen und dieser verpflichtet sein soll, Sachen von gleicher Art, Güte und Menge zurückzugewähren, so finden die Vorschriften dieses Abschnitts keine Anwendung.[201]

420. Der Lagerhalter hat Anspruch auf das bedungene oder ortsübliche Lagergeld sowie auf Erstattung der Auslagen für Fracht und Zölle und der sonst für das Gut gemachten Aufwendungen, soweit er sie den Umständen nach für erforderlich halten durfte.

Von den hiernach dem Lagerhalter zukommenden Beträgen (Lagerkosten) sind die baaren Auslagen sofort zu erstatten. Die sonstigen Lagerkosten sind nach dem Ablaufe von je drei Monaten seit der Einlieferung oder, wenn das Gut in der Zwischenzeit zurückgenommen wird, bei der Rücknahme zu erstatten; wird das Gut theilweise zurückgenommen, so ist nur ein entsprechender Theil zu berichtigen, es sei denn, daß das auf dem Lager verbleibende Gut zur Sicherung des Lagerhalters nicht ausreicht.

421. Der Lagerhalter hat wegen der Lagerkosten ein Pfandrecht an dem Gute, solange er es im Besitze hat, insbesondere mittelst Konnossements, Ladescheins oder Lagerscheins darüber verfügen kann.

422. Der Lagerhalter kann nicht verlangen, daß der Einlagerer das Gut vor dem Ablaufe der bedungenen Lagerzeit und, falls eine solche nicht bedungen ist, daß er es vor dem Ablaufe von drei Monaten nach der Einlieferung zurücknehme. Ist eine Lagerzeit nicht bedungen oder behält der Lagerhalter nach dem Ablaufe der bedungenen Lagerzeit das Gut auf dem Lager, so kann er die Rücknahme nur nach vorgängiger Kündigung unter Einhaltung einer Kündigungsfrist von einem Monate verlangen.

Der Lagerhalter ist berechtigt, die Rücknahme des Gutes vor dem Ablaufe der Lagerzeit und ohne Einhaltung einer Kündigungsfrist zu verlangen, wenn ein wichtiger Grund vorliegt.[202]

423. Auf die Verjährung der Ansprüche gegen den Lagerhalter wegen Verlustes, Minderung, Beschädigung oder verspäteter Ablieferung des Gutes finden die Vorschriften des § 414 entsprechende Anwendung. Im Falle des gänzlichen Verlustes beginnt die Verjährung mit dem Ablaufe des Tages, an welchem der Lagerhalter dem Einlagerer Anzeige von dem Verluste macht.

424. Ist von dem Lagerhalter ein Lagerschein ausgestellt, der durch Indossament übertragen werden kann, so hat, wenn das Gut von dem Lagerhalter übernommen ist, die Uebergabe des Lagerscheins an denjenigen, welcher durch den Schein zur Empfangnahme des Gutes legitimirt wird, für den Erwerb von Rechten an dem Gute dieselben Wirkungen wie die Uebergabe des Gutes.[203]

Sechster Abschnitt. Frachtgeschäft.

425. Frachtführer ist, wer es gewerbsmäßig übernimmt, die Beförderung von Gütern zu Lande oder auf Flüssen oder sonstigen Binnengewässern auszuführen.[204]

426.[205] Der Frachtführer kann die Ausstellung eines Frachtbriefs verlangen.

Der Frachtbrief soll enthalten:

1. den Ort und den Tag der Ausstellung;
2. den Namen und den Wohnort des Frachtführers;
3. den Namen dessen, an welchen das Gut abgeliefert werden soll (des Empfängers);
4. den Ort der Ablieferung;
5. die Bezeichnung des Gutes nach Beschaffenheit, Menge und Merkzeichen;
6. die Bezeichnung der für eine zoll- oder steueramtliche Behandlung oder polizeiliche Prüfung nöthigen Begleitpapiere;
7. die Bestimmung über die Fracht sowie im Falle ihrer Vorausbezahlung einen Vermerk über die Vorausbezahlung;
8. die besonderen Vereinbarungen, welche die Betheiligten über andere Punkte, namentlich

200. Vgl. §§ 91, 947—949 BGB.

201. Vgl. § 700 BGB.

202. Bezüglich des Einlagerers gilt die Bestimmung des § 695 BGB.

203. Vgl. Art. 16 EG z. HGB; § 39 Abs. 1 Nr. 2 AG z. FrG.

204. Vgl. Ges. betr. die privatrechtlichen Verhältnisse der Binnenschiffahrt v. 15. Juni 1895 (Art. 12 EG z. HGB); Ges. betr. die Flößerei v. 15. Juni 1895.

205. Vgl. §§ 51 ff. der Verkehrsordnung für die Eisenbahnen Deutschlands v. 26. Okt. 1899; Artt. 6, 7 des Internationalen Uebereinkommens über den Eisenbahnfrachtverkehr v. 14. Okt. 1890.

über die Zeit, innerhalb welcher die Beförderung bewirkt werden soll, über die Entschädigung wegen verspäteter Ablieferung und über die auf dem Gute haftenden Nachnahmen, getroffen haben;

9. die Unterschrift des Absenders; eine im Wege der mechanischen Vervielfältigung hergestellte Unterschrift ist genügend.

Der Absender haftet dem Frachtführer für die Richtigkeit und die Vollständigkeit der in den Frachtbrief aufgenommenen Angaben.[206]

427. Der Absender ist verpflichtet, dem Frachtführer die Begleitpapiere zu übergeben, welche zur Erfüllung der Zoll-, Steuer- oder Polizeivorschriften vor der Ablieferung an den Empfänger erforderlich sind. Er haftet dem Frachtführer, sofern nicht diesem ein Verschulden zur Last fällt, für alle Folgen, die aus dem Mangel, der Unzulänglichkeit oder der Unrichtigkeit der Papiere entstehen.[207]

428. Ist über die Zeit, binnen welcher der Frachtführer die Beförderung bewirken soll, nichts bedungen, so bestimmt sich die Frist, innerhalb deren er die Reise anzutreten und zu vollenden hat, nach dem Ortsgebrauche. Besteht ein Ortsgebrauch nicht, so ist die Beförderung binnen einer den Umständen nach angemessenen Frist zu bewirken.[208]

Wird der Antritt oder die Fortsetzung der Reise ohne Verschulden des Absenders zeitweilig verhindert, so kann der Absender von dem Vertrage zurücktreten; er hat jedoch den Frachtführer, wenn diesem kein Verschulden zur Last fällt, für die Vorbereitung der Reise, die Wiederausladung und den zurückgelegten Theil der Reise zu entschädigen. Ueber die Höhe der Entschädigung entscheidet der Ortsgebrauch; besteht ein Ortsgebrauch nicht, so ist eine den Umständen nach angemessene Entschädigung zu gewähren.[209]

429. Der Frachtführer haftet für den Schaden, der durch Verlust oder Beschädigung des Gutes in der Zeit von der Annahme bis zur Ablieferung oder durch Versäumung der Lieferzeit entsteht, es sei denn, daß der Verlust, die Beschädigung oder die Verspätung auf Umständen beruht, die durch die Sorgfalt eines ordentlichen Frachtführers nicht abgewendet werden konnten.

Für den Verlust oder die Beschädigung von Kostbarkeiten, Kunstgegenständen, Geld und Werthpapieren haftet der Frachtführer nur, wenn ihm diese Beschaffenheit oder der Werth des Gutes bei der Uebergabe zur Beförderung angegeben worden ist.[210]

430. Muß auf Grund des Frachtvertrags von dem Frachtführer für gänzlichen oder theilweisen Verlust des Gutes Ersatz geleistet werden, so ist der gemeine Handelswerth und in dessen Ermangelung der gemeine Werth zu ersetzen, welchen Gut derselben Art und Beschaffenheit am Orte der Ablieferung in dem Zeitpunkte hatte, in welchem die Ablieferung zu bewirken war; hiervon kommt in Abzug, was in Folge des Verlustes an Zöllen und sonstigen Kosten sowie an Fracht erspart ist.

Im Falle der Beschädigung ist der Unterschied zwischen dem Verkaufswerthe des Gutes im beschädigten Zustand und dem gemeinen Handelswerth oder dem gemeinen Werthe zu ersetzen, welchen das Gut ohne die Beschädigung am Orte und zur Zeit der Ablieferung gehabt haben würde; hiervon kommt in Abzug, was in Folge der Beschädigung an Zöllen und sonstigen Kosten erspart ist.

Ist der Schaden durch Vorsatz oder grobe Fahrlässigkeit des Frachtführers herbeigeführt, so kann Ersatz des vollen Schadens gefordert werden.[211]

431. Der Frachtführer hat ein Verschulden seiner Leute und ein Verschulden anderer Personen, deren er sich bei der Ausführung der Beförderung bedient, in gleichem Umfange zu vertreten wie eigenes Verschulden.[212]

432. Uebergiebt der Frachtführer zur Ausführung der von ihm übernommenen Beförderung das Gut einem anderen Frachtführer, so haftet er für die Ausführung der Beförderung bis zur Ablieferung des Gutes an den Empfänger.

Der nachfolgende Frachtführer tritt dadurch, daß er das Gut mit dem ursprünglichen Frachtbrief annimmt, diesem gemäß in den Frachtvertrag ein und übernimmt die selbständige Verpflichtung, die Beförderung nach dem Inhalte des Frachtbriefs auszuführen.

Hat auf Grund dieser Vorschriften einer der betheiligten Frachtführer Schadensersatz geleistet, so steht ihm der Rückgriff gegen denjenigen zu, welcher den Schaden verschuldet hat. Kann dieser nicht ermittelt werden, so haben die betheiligten Frachtführer den Schaden nach dem Verhältniß ihrer Antheile an der Fracht gemeinsam zu tragen, soweit nicht festgestellt wird, daß der Schaden nicht auf ihrer Beförderungsstrecke entstanden ist.[213]

433. Der Absender kann den Frachtführer anweisen, das Gut anzuhalten, zurückzugeben oder an einen anderen als den im Frachtbriefe bezeichneten Empfänger auszuliefern. Die Mehrkosten, die durch eine solche Verfügung entstehen, sind dem Frachtführer zu erstatten.

Das Verfügungsrecht des Absenders erlischt, wenn nach der Ankunft des Gutes am Orte der

206. Vgl. aber § 4 Ges. betr. die Flößerei v. 15. Juni 1895.
207. Vgl. § 59 VerkO; Art. 10 Bern. Üb.
208. Vgl. § 65 VerkO; Art. 18 Bern. Üb.
209. Vgl. § 71 Nr. 1 Binnenschiffahrtsgef. v. 15. Juni 1895.
210. Vgl. § 58 Binnenschiffahrtsgef. v. 15. Juni 1895.
211. Vgl. §§ 80, 83, 84, 88 VerkO; Artt. 34, 37, 41 Bern. Üb.
212. Vgl. § 9 VerkO; Art. 29 Bern. Üb.
213. Vgl. § 74 VerkO; Artt. 27, 47—49 Bern. Üb.

Ablieferung der Frachtbrief dem Empfänger übergeben oder von dem Empfänger Klage gemäß § 435 gegen den Frachtführer erhoben wird. Der Frachtführer hat in einem solchen Falle nur die Anweisungen des Empfängers zu beachten; verletzt er diese Verpflichtung, so ist er dem Empfänger für das Gut verhaftet.[214]

434. Der Empfänger ist vor der Ankunft des Gutes am Orte der Ablieferung dem Frachtführer gegenüber berechtigt, alle zur Sicherstellung des Gutes erforderlichen Maßregeln zu ergreifen und dem Frachtführer die zu diesem Zwecke nothwendigen Anweisungen zu ertheilen. Die Auslieferung des Gutes kann er vor dessen Ankunft am Orte der Ablieferung nur fordern, wenn der Absender den Frachtführer dazu ermächtigt hat.

435. Nach der Ankunft des Gutes am Orte der Ablieferung ist der Empfänger berechtigt, die durch den Frachtvertrag begründeten Rechte gegen Erfüllung der sich daraus ergebenden Verpflichtungen in eigenem Namen gegen den Frachtführer geltend zu machen, ohne Unterschied, ob er hierbei in eigenem oder in fremdem Interesse handelt. Er ist insbesondere berechtigt, von dem Frachtführer die Uebergabe des Frachtbriefs und die Auslieferung des Gutes zu verlangen. Dieses Recht erlischt, wenn der Absender dem Frachtführer eine nach § 433 noch zulässige entgegenstehende Anweisung ertheilt.[215]

436. Durch Annahme des Gutes und des Frachtbriefs wird der Empfänger verpflichtet, dem Frachtführer nach Maßgabe des Frachtbriefs Zahlung zu leisten.[216]

437. Ist der Empfänger des Gutes nicht zu ermitteln oder verweigert er die Annahme oder ergiebt sich ein sonstiges Ablieferungshinderniß, so hat der Frachtführer den Absender unverzüglich hiervon in Kenntniß zu setzen und dessen Anweisung einzuholen.

Ist dies den Umständen nach nicht thunlich oder der Absender mit der Ertheilung der Anweisung säumig oder die Anweisung nicht ausführbar, so ist der Frachtführer befugt, das Gut in einem öffentlichen Lagerhaus oder sonst in sicherer Weise zu hinterlegen. Er kann, falls das Gut dem Verderben ausgesetzt und Gefahr im Verzug ist, das Gut auch gemäß § 373 Abs. 2 bis 4 verkaufen lassen.

Von der Hinterlegung und dem Verkaufe des Gutes hat der Frachtführer den Absender und den Empfänger unverzüglich zu benachrichtigen, es sei denn, daß dies unthunlich ist; im Falle der Unterlassung ist er zum Schadensersatze verpflichtet.[217]

438. Ist die Fracht nebst den sonst auf dem Gute haftenden Forderungen bezahlt und das Gut angenommen, so sind alle Ansprüche gegen den Frachtführer aus dem Frachtvertrag erloschen.

Diese Vorschrift findet keine Anwendung, soweit die Beschädigung oder Minderung des Gutes vor dessen Annahme durch amtliche bestellte Sachverständige[218] festgestellt ist.

Wegen einer Beschädigung oder Minderung des Gutes, die bei der Annahme äußerlich nicht erkennbar ist, kann der Frachtführer auch nach der Annahme des Gutes und der Bezahlung der Fracht in Anspruch genommen werden, wenn der Mangel in der Zeit zwischen der Uebernahme des Gutes durch den Frachtführer und der Ablieferung entstanden ist und die Feststellung des Mangels durch amtlich bestellte Sachverständige[218] unverzüglich nach der Entdeckung und spätestens binnen einer Woche nach der Annahme beantragt wird. Ist dem Frachtführer der Mangel unverzüglich nach der Entdeckung und binnen der bezeichneten Frist angezeigt, so genügt es, wenn die Feststellung unverzüglich nach dem Zeitpunkte beantragt wird, bis zu welchem der Eingang einer Antwort des Frachtführers unter regelmäßigen Umständen erwartet werden darf.

Die Kosten einer von dem Empfangsberechtigten beantragten Feststellung sind von dem Frachtführer zu tragen, wenn ein Verlust oder eine Beschädigung ermittelt wird, für welche der Frachtführer Ersatz leisten muß.

Der Frachtführer kann sich auf diese Vorschriften nicht berufen, wenn er den Schaden durch Vorsatz oder grobe Fahrlässigkeit herbeigeführt hat.[219]

439. Auf die Verjährung der Ansprüche gegen den Frachtführer wegen Verlustes, Minderung, Beschädigung oder verspäteter Ablieferung des Gutes finden die Vorschriften des § 414 entsprechende Anwendung. Dies gilt nicht für die im § 432 Abs. 3 bezeichneten Ansprüche.[220]

440. Der Frachtführer hat wegen aller durch den Frachtvertrag begründeten Forderungen, insbesondere der Fracht- und Liegegelder, der Zollgelder und anderer Auslagen, sowie wegen der auf das Gut geleisteten Vorschüsse ein Pfandrecht an dem Gute.[221]

Das Pfandrecht besteht, solange der Frachtführer das Gut noch im Besitze hat, insbesondere mittelst Konnossements, Ladescheins oder Lagerscheins darüber verfügen kann.

Auch nach der Ablieferung dauert das Pfandrecht fort, sofern der Frachtführer es binnen drei Tagen nach der Ablieferung gerichtlich geltend

214. Vgl. § 64 VerkO; Artt. 15, 26 Bern. Üb.

215. Vgl. § 66 Abs. 2 VerkO; Art. 16 Abs. 2 Bern. Üb; § 368 BGB.

216. Vgl. § 67 VerkO; Art. 17 Bern. Üb.

217. Vgl. § 70 VerkO; Artt. 19, 24 Bern. Üb.

218. Vgl. § 164 FrG; § 488 CPO.

219. Vgl. § 90 VerkO; Art. 44 Bern. Üb.; § 61 Binnenschiffahrtsges. v. 15. Juni 1895.

220. Vgl. § 91 VerkO; Artt. 45, 46 Bern. Üb.

221. Vgl. § 49 Nr. 4 KO; § 1257 BGB. Abweichend Artt. 21, 22 Bern. Üb.

macht und das Gut noch im Besitze des Empfängers ist.

Die im § 1234 Abs. 1 des Bürgerlichen Gesetzbuchs bezeichnete Androhung des Pfandverkaufs sowie die in den §§ 1237, 1241 des Bürgerlichen Gesetzbuchs vorgesehenen Benachrichtigungen sind an den Empfänger zu richten. Ist dieser nicht zu ermitteln oder verweigert er die Annahme des Gutes, so hat die Androhung und Benachrichtigung gegenüber dem Absender zu erfolgen.

441. Der letzte Frachtführer hat, falls nicht im Frachtbrief ein Anderes bestimmt ist, bei der Ablieferung auch die Forderungen der Vormänner sowie die auf dem Gute haftenden Nachnahmen einzuziehen und die Rechte der Vormänner, insbesondere auch das Pfandrecht, auszuüben. Das Pfandrecht der Vormänner besteht so lange als das Pfandrecht des letzten Frachtführers.

Wird der vorhergehende Frachtführer von dem nachfolgenden befriedigt, so gehen seine Forderung und sein Pfandrecht auf den letzteren über.

In gleicher Art gehen die Forderung und das Pfandrecht des Spediteurs auf den nachfolgenden Spediteur und den nachfolgenden Frachtführer über.[222]

442. Der Frachtführer, welcher das Gut ohne Bezahlung abliefert und das Pfandrecht nicht binnen drei Tagen nach der Ablieferung gerichtlich geltend macht, ist den Vormännern verantwortlich. Er wird, ebenso wie die vorhergehenden Frachtführer und Spediteure, des Rückgriffs gegen die Vormänner verlustig. Der Anspruch gegen den Empfänger bleibt in Kraft.[223]

443. Bestehen an demselben Gute mehrere nach den §§ 397, 410, 421, 440 begründete Pfandrechte, so geht unter denjenigen Pfandrechten, welche durch die Versendung oder durch die Beförderung des Gutes entstanden sind, das später entstandene dem früher entstandenen vor.

Diese Pfandrechte haben sämmtlich den Vorrang vor dem nicht aus der Versendung entstandenen Pfandrechte des Kommissionärs und des Lagerhalters sowie vor dem Pfandrechte des Spediteurs und des Frachtführers für Vorschüsse.[224]

444. Ueber die Verpflichtung zur Auslieferung des Gutes kann von dem Frachtführer ein Ladeschein ausgestellt werden.[225]

445. Der Ladeschein soll enthalten:

1. den Ort und den Tag der Ausstellung;
2. den Namen und den Wohnort des Frachtführers;
3. den Namen des Absenders;
4. den Namen desjenigen, an welchen oder an dessen Order das Gut abgeliefert werden soll; als solcher gilt der Absender, wenn der Ladeschein nur an Order gestellt ist;
5. den Ort der Ablieferung;
6. die Bezeichnung des Gutes nach Beschaffenheit, Menge und Merkzeichen;
7. die Bestimmung über die Fracht und über die auf dem Gute haftenden Nachnahmen sowie im Falle der Vorausbezahlung der Fracht einen Vermerk über die Vorausbezahlung.

Der Ladeschein muß von dem Frachtführer unterzeichnet sein.

Der Absender hat dem Frachtführer auf Verlangen eine von ihm unterschriebene Abschrift des Ladescheins auszuhändigen.

446. Der Ladeschein entscheidet für das Rechtsverhältniß zwischen dem Frachtführer und dem Empfänger des Gutes; die nicht in den Ladeschein aufgenommenen Bestimmungen des Frachtvertrags sind dem Empfänger gegenüber unwirksam, sofern nicht der Ladeschein ausdrücklich auf sie Bezug nimmt.

Für das Rechtsverhältniß zwischen dem Frachtführer und dem Absender bleiben die Bestimmungen des Frachtvertrags maßgebend.

447. Zum Empfange des Gutes legitimirt ist derjenige, an welchen das Gut nach dem Ladeschein abgeliefert werden soll oder auf welchen der Ladeschein, wenn er an Order lautet, durch Indossament übertragen ist.

Der zum Empfange Legitimirte hat schon vor der Ankunft des Gutes am Ablieferungsorte die Rechte, welche dem Absender in Ansehung der Verfügung über das Gut zustehen, wenn ein Ladeschein nicht ausgestellt ist.

Der Frachtführer darf einer Anweisung des Absenders, das Gut anzuhalten, zurückzugeben oder an einen anderen als den durch den Ladeschein legitimirten Empfänger auszuliefern, nur Folge leisten, wenn ihm der Ladeschein zurückgegeben wird; verletzt er diese Verpflichtung, so ist er dem rechtmäßigen Besitzer des Ladescheins für das Gut verhaftet.

448. Der Frachtführer ist zur Ablieferung des Gutes nur gegen Rückgabe des Ladescheins, auf dem die Ablieferung des Gutes bescheinigt ist, verpflichtet.

449. Im Falle des § 432 Abs. 1 wird der nachfolgende Frachtführer, der das Gut auf Grund des Ladescheins übernimmt, nach Maßgabe des Scheines verpflichtet.

450. Die Uebergabe des Ladescheins an denjenigen, welcher durch den Schein zur Empfangnahme des Gutes legitimirt wird, hat, wenn das Gut von dem Frachtführer übernommen ist, für den Erwerb von Rechten an dem Gute dieselben Wirkungen wie die Uebergabe des Gutes.

222. Vgl. Art. 20 Bern. Üb.

223. Vgl. Art. 23 Abs. 2 Bern. Üb.

224. Vgl. § 1209 BGB; § 116 Binnenschiffahrtsges. v. 15. Juni 1895.

225. Vgl. § 72 Binnenschiffahrtsges. v. 15. Juni 1895.

451. **Die Vorschriften der §§ 426 bis 450 kommen auch zur Anwendung, wenn ein Kaufmann, der nicht Frachtführer ist, im Betriebe seines Handelsgewerbes eine Beförderung von Gütern zu Lande oder auf Flüssen oder sonstigen Binnengewässern auszuführen übernimmt.**

452. Auf die Beförderung von Gütern durch **die Postverwaltungen des Reichs und der Bundesstaaten** finden die Vorschriften dieses Abschnitts **keine Anwendung.** Die bezeichneten **Postverwaltungen gelten nicht als Kaufleute im Sinne dieses Gesetzbuchs.**[226]

Siebenter Abschnitt.

Beförderung von Gütern und Personen auf den Eisenbahnen.[227]

453. Eine dem öffentlichen Güterverkehre dienende Eisenbahn darf die Uebernahme von Gütern zur Beförderung nach einer für den Güterverkehr eingerichteten Station innerhalb des Deutschen Reichs nicht verweigern, sofern

1. der Absender sich den geltenden Beförderungsbedingungen und den sonstigen allgemeinen Anordnungen der Eisenbahn unterwirft;
2. die Beförderung nicht nach gesetzlicher Vorschrift oder aus Gründen der öffentlichen Ordnung verboten ist;
3. die Güter nach der Eisenbahnverkehrsordnung oder den gemäß der Verkehrsordnung erlassenen Vorschriften und, soweit diese keinen Anhalt gewähren, nach der Anlage und dem Betriebe der betheiligten Bahnen sich zur Beförderung eignen;
4. die Beförderung mit den regelmäßigen Beförderungsmitteln möglich ist;
5. die Beförderung nicht durch Umstände, die als höhere Gewalt zu betrachten sind, verhindert wird.[228]

Die Eisenbahn ist nur insoweit verpflichtet, Güter zur Beförderung anzunehmen, als die Beförderung sofort erfolgen kann. Inwieweit sie verpflichtet ist, Güter, deren Beförderung nicht sofort erfolgen kann, in einstweilige Verwahrung zu nehmen, bestimmt die Eisenbahnverkehrsordnung.[229]

Die Beförderung der Güter findet in der Reihenfolge statt, in welcher sie zur Beförderung angenommen worden sind, sofern nicht zwingende Gründe des Eisenbahnbetriebs oder das öffentliche Interesse eine Ausnahme rechtfertigen.[230]

Eine Zuwiderhandlung gegen diese Vorschriften begründet den Anspruch auf Ersatz des daraus entstehenden Schadens.

454. Auf das Frachtgeschäft der dem öffentlichen Güterverkehre dienenden Eisenbahnen finden die Vorschriften des vorigen Abschnitts insoweit Anwendung, als nicht in diesem Abschnitt oder in der Eisenbahnverkehrsordnung ein Anderes bestimmt ist.

455. Die Eisenbahn ist verpflichtet, auf Verlangen des Absenders den Empfang des Gutes unter Angabe des Tages, an welchem es zur Beförderung angenommen ist, auf einem Duplikate des Frachtbriefs zu bescheinigen; das Duplikat ist von dem Absender mit dem Frachtbriefe vorzulegen.

Im Falle der Ausstellung eines Frachtbriefduplikats steht dem Absender das im § 433 bezeichnete Verfügungsrecht nur zu, wenn er das Duplikat vorlegt. Befolgt die Eisenbahn die Anweisungen des Absenders, ohne die Vorlegung des Duplikats zu verlangen, so ist sie für den daraus entstehenden Schaden dem Empfänger, welchem der Absender die Urkunde übergeben hat, haftbar.[231]

456. Die Eisenbahn haftet für den Schaden, der durch Verlust oder Beschädigung des Gutes in der Zeit von der Annahme zur Beförderung bis zur Ablieferung entsteht, es sei denn, daß der Schaden durch ein Verschulden oder eine nicht von der Eisenbahn verschuldete Anweisung des Verfügungsberechtigten, durch höhere Gewalt, durch äußerlich nicht erkennbare Mängel der Verpackung oder durch die natürliche Beschaffenheit des Gutes, namentlich durch inneren Verderb, Schwinden, gewöhnliche Leckage, verursacht ist.

Die Vorschrift des § 429 Abs. 2 findet Anwendung.[232]

457. Muß auf Grund des Frachtvertrags von der Eisenbahn für gänzlichen oder theilweisen Verlust des Gutes Ersatz geleistet werden, so ist der gemeine Handelswerth und in dessen Ermangelung der gemeine Werth zu ersetzen, welchen Gut derselben Art und Beschaffenheit am Orte der Absendung in dem Zeitpunkte der Annahme zur Beförderung hatte, unter Hinzurechnung dessen, was an Zöllen und sonstigen Kosten sowie an Fracht bereits bezahlt ist.

Im Falle der Beschädigung ist für die Minderung des im Abs. 1 bezeichneten Werthes Ersatz zu leisten.

Ist der Schaden durch Vorsatz oder grobe Fahrlässigkeit der Eisenbahn herbeigeführt, so kann Ersatz des vollen Schadens gefordert werden.[233]

458. Die Eisenbahn haftet für ihre Leute und

226. Vgl. Ges. über das Postwesen v. 28. Okt. 1871 (4. Nov. 1871); Weltpostvertrag v. 15. Juni 1897.

227. Vgl. Bern. Übereinkommen v. 14. Okt. 1890 nebst Ausführungsbestimmungen; VerkO für die Eisenbahnen Deutschlands v. 26. Okt. 1899.

228. Vgl. §§ 6, 49, 50 VerkO; Artt. 2—5 Bern. Üb.

229. Vgl. §§ 55, 70 Abs. 2 VerkO.

230. Vgl. § 56 [4, 5] VerkO; Art. 5 Abs. 3 Bern. Üb.

231. Vgl. §§ 54 Abs. 5, 64 Abs. 2 VerkO; Artt. 8 Abs. 3, 15 Abs. 2 Bern. Üb.

232. Vgl. § 75 Nr. 1 VerkO; Art. 30 Abs. 1 Bern. Üb.

233. Vgl. § 80 VerkO; Artt. 34, 37 Bern. Üb.

für andere Personen, deren sie sich bei der Ausführung der Beförderung bedient.[234]

459. Die Eisenbahn haftet nicht:

1. in Ansehung der Güter, die nach der Bestimmung des Tarifs oder nach einer in den Frachtbrief aufgenommenen Vereinbarung mit dem Absender in offen gebauten Wagen befördert werden,
   für den Schaden, welcher aus der mit dieser Beförderungsart verbundenen Gefahr entsteht;
2. in Ansehung der Güter, die, obgleich ihre Natur eine Verpackung zum Schutze gegen Verlust oder Beschädigung während der Beförderung erfordert, nach Erklärung des Absenders auf dem Frachtbrief unverpackt oder mit mangelhafter Verpackung zur Beförderung aufgegeben worden sind,
   für den Schaden, welcher aus der mit dem Mangel oder mit der mangelhaften Beschaffenheit der Verpackung verbundenen Gefahr entsteht;
3. in Ansehung der Güter, deren Aufladen und Abladen nach der Bestimmung des Tarifs oder nach einer in den Frachtbrief aufgenommenen Vereinbarung mit dem Absender von diesem oder von dem Empfänger besorgt wird,
   für den Schaden, welcher aus der mit dem Aufladen und Abladen oder mit einer mangelhaften Verladung verbundenen Gefahr entsteht;
4. in Ansehung der Güter, die vermöge ihrer eigenthümlichen natürlichen Beschaffenheit der besonderen Gefahr ausgesetzt sind, Verlust oder Beschädigung, namentlich Bruch, Rost, inneren Verderb, außergewöhnliche Leckage, Austrocknung und Verstreuung, zu erleiden,
   für den Schaden, welcher aus dieser Gefahr entsteht;
5. in Ansehung lebender Thiere
   für den Schaden, welcher aus der für sie mit der Beförderung verbundenen besonderen Gefahr entsteht;
6. in Ansehung derjenigen Güter, einschließlich der Thiere, welchen nach der Eisenbahnverkehrsordnung, dem Tarif oder nach einer in den Frachtbrief aufgenommenen Vereinbarung mit dem Absender ein Begleiter beizugeben ist,
   für den Schaden, welcher aus der Gefahr entsteht, deren Abwendung durch die Begleitung bezweckt wird.

Konnte ein eingetretener Schaden den Umständen nach aus einer der im Abs. 1 bezeichneten Gefahren entstehen, so wird vermuthet, daß er aus dieser Gefahr entstanden sei.

Eine Befreiung von der Haftpflicht kann auf Grund dieser Vorschriften nicht geltend gemacht werden, wenn der Schaden durch Verschulden der Eisenbahn entstanden ist.[235]

460. Bei Gütern, die nach ihrer natürlichen Beschaffenheit bei der Beförderung regelmäßig einen Gewichtsverlust erleiden, ist die Haftpflicht der Eisenbahn für Gewichtsverluste bis zu den aus der Eisenbahnverkehrsordnung sich ergebenden Normalsätzen ausgeschlossen.

Der Normalsatz wird, falls mehrere Stücke auf denselben Frachtbrief befördert werden, für jedes Stück besonders berechnet, wenn das Gewicht der einzelnen Stücke im Frachtbriefe verzeichnet ist oder sonst festgestellt werden kann.

Die Beschränkung der Haftpflicht tritt nicht ein, soweit der Verlust den Umständen nach nicht in Folge der natürlichen Beschaffenheit des Gutes entstanden ist oder soweit der angenommene Satz dieser Beschaffenheit oder den sonstigen Umständen des Falles nicht entspricht.

Bei gänzlichem Verluste des Gutes findet ein Abzug für Gewichtsverlust nicht statt.[236]

461. Die Eisenbahnen können in besonderen Bedingungen (Ausnahmetarifen) einen im Falle des Verlustes oder der Beschädigung zu erstattenden Höchstbetrag festsetzen, sofern diese Ausnahmetarife veröffentlicht werden, eine Preisermäßigung für die ganze Beförderung gegenüber den gewöhnlichen Tarifen der Eisenbahn enthalten und der gleiche Höchstbetrag auf die ganze Beförderungsstrecke Anwendung findet.

Ist der Schaden durch Vorsatz oder grobe Fahrlässigkeit der Eisenbahn herbeigeführt, so kann die Beschränkung auf den Höchstbetrag nicht geltend gemacht werden.[237]

462. Inwieweit für den Fall des Verlustes oder der Beschädigung von Kostbarkeiten, Kunstgegenständen, Geld und Werthpapieren die zu leistende Entschädigung auf einen Höchstbetrag beschränkt werden kann, bestimmt die Eisenbahnverkehrsordnung. Die Vorschrift des § 461 Abs. 2 findet entsprechende Anwendung.[238]

463. Ist das Interesse an der Lieferung nach Maßgabe der Vorschriften der Eisenbahnverkehrsordnung in dem Frachtbriefe, dem Gepäckschein oder dem Beförderungsschein angegeben, so kann im Falle des Verlustes oder der Beschädigung des Gutes außer der im § 457 Abs. 1, 2 bezeichneten Entschädigung der Ersatz des weiter entstandenen Schadens bis zu dem angegebenen Betrage beansprucht werden.

Ist die Ersatzpflicht nach den Vorschriften des

234. Vgl. § 9 VerkO; Art. 29 Bern. Üb.

235. Vgl. § 77 VerkO; Art. 31 Bern. Üb.

236. Vgl. § 78 VerkO; Art. 32 Bern. Üb.

237. Vgl. §§ 81, 88 VerkO; Artt. 35, 41 Bern. Üb.

238. Vgl. §§ 30 Abs. 5, 50 B[3] VerkO; Art. 3 Bern. Üb.; § 1 Abs. 1 Ausführungsbestimmung z. Bern. Üb.

§ 461 oder des § 462 auf einen Höchstbetrag beschränkt, so findet eine Angabe des Interesses an der Lieferung über diesen Betrag hinaus nicht statt.[239]

464. Wegen einer Beschädigung oder Minderung, die bei der Annahme des Gutes durch den Empfänger äußerlich nicht erkennbar ist, können Ansprüche gegen die Eisenbahn nach § 438 Abs. 3 nur geltend gemacht werden, wenn binnen einer Woche nach der Annahme zur Feststellung des Mangels entweder bei Gericht die Besichtigung des Gutes durch Sachverständige[240] oder schriftlich bei der Eisenbahn eine von dieser nach den Vorschriften der Eisenbahnverkehrsordnung vorzunehmende Untersuchung beantragt wird.

Ist der Schaden durch Vorsatz oder grobe Fahrlässigkeit der Eisenbahn herbeigeführt, so kann sie sich auf diese Vorschrift nicht berufen.[241]

465. Für den Verlust von Reisegepäck, das zur Beförderung aufgegeben ist, haftet die Eisenbahn nur, wenn das Gepäck binnen acht Tagen nach der Ankunft des Zuges, zu welchem es aufgegeben ist, auf der Bestimmungsstation abgefordert wird.

Inwieweit für den Fall des Verlustes oder der Beschädigung von Reisegepäck, das zur Beförderung aufgegeben ist, die zu leistende Entschädigung auf einen Höchstbetrag beschränkt werden kann, bestimmt die Eisenbahnverkehrsordnung. Ist der Schaden durch Vorsatz oder grobe Fahrlässigkeit der Eisenbahn herbeigeführt, so kann die Beschränkung auf den Höchstbetrag nicht geltend gemacht werden.

Für den Verlust oder die Beschädigung von Reisegepäck, das nicht zur Beförderung aufgegeben ist, sowie von Gegenständen, die in beförderten Fahrzeugen belassen sind, haftet die Eisenbahn nur, wenn ihr ein Verschulden zur Last fällt[242]

466. Die Eisenbahn haftet für den Schaden, welcher durch Versäumung der Lieferfrist entsteht, es sei denn, daß die Verspätung von einem Ereignisse herrührt, welches sie weder herbeigeführt hat noch abzuwenden vermochte.

Der Schaden wird nur insoweit ersetzt, als er den in dem Frachtbriefe, dem Gepäckschein oder dem Beförderungsschein als Interesse an der Lieferung nach Maßgabe der Eisenbahnverkehrsordnung angegebenen Betrag und in Ermangelung einer solchen Angabe den Betrag der Fracht nicht übersteigt. Für das Reisegepäck kann an Stelle der Fracht durch die Eisenbahnverkehrsordnung ein anderer Höchstbetrag bestimmt werden.

Inwieweit ohne den Nachweis eines Schadens eine Vergütung zu gewähren ist, bestimmt die Eisenbahnverkehrsordnung.

239. Vgl. §§ 34, 48, 51 ff., 84, 85 VerkO; Art. 38 Bern. Üb.
240. Vgl. § 164 FrG; § 488 CPO.
241. § 90 VerkO; Art. 44 Bern. Üb.
242. Vgl. §§ 30, 34 Abs. 3—6 VerkO.

Der Ersatz des vollen Schadens kann gefordert werden, wenn die Versäumung der Lieferfrist durch Vorsatz oder grobe Fahrlässigkeit der Eisenbahn herbeigeführt ist.[243]

467. Werden Gegenstände, die von der Beförderung ausgeschlossen oder zur Beförderung nur bedingungsweise zugelassen sind, unter unrichtiger oder ungenauer Bezeichnung aufgegeben oder werden die für diese Gegenstände vorgesehenen Sicherheitsmaßregeln von dem Absender unterlassen, so ist die Haftpflicht der Eisenbahn auf Grund des Frachtvertrags ausgeschlossen.[244]

468. Für den Fall, daß auf dem Frachtbrief als Ort der Ablieferung ein nicht an der Eisenbahn liegender Ort bezeichnet wird, kann bestimmt werden, daß die Eisenbahn als Frachtführer nur für die Beförderung bis zur letzten Eisenbahnstation haften, bezüglich der Weiterbeförderung dagegen die Verpflichtungen des Spediteurs übernehmen soll.[245]

469. Wird die Beförderung auf Grund desselben Frachtbriefs nach § 432 Abs. 2 durch mehrere auf einander folgende Eisenbahnen bewirkt, so können die Ansprüche aus dem Frachtvertrag, unbeschadet des Rückgriffs der Bahnen unter einander, im Wege der Klage nur gegen die erste Bahn oder gegen diejenige, welche das Gut zuletzt mit dem Frachtbrief übernommen hat, oder gegen diejenige, auf deren Betriebsstrecke sich der Schaden ereignet hat, gerichtet werden.

Unter den bezeichneten Bahnen steht dem Kläger die Wahl zu; das Wahlrecht erlischt mit der Erhebung der Klage.

Im Wege der Widerklage oder mittelst Aufrechnung können Ansprüche aus dem Frachtvertrag auch gegen eine andere als die bezeichneten Bahnen geltend gemacht werden, wenn die Klage sich auf denselben Frachtvertrag gründet.[246]

470. Ansprüche der Eisenbahn auf Nachzahlung zu wenig erhobener Fracht oder Gebühren sowie Ansprüche gegen die Eisenbahn auf Rückerstattung zu viel erhobener Fracht oder Gebühren verjähren in einem Jahre, sofern der Anspruch auf eine unrichtige Anwendung der Tarife oder auf Fehler bei der Berechnung gestützt wird. Die Verjährung beginnt mit dem Ablaufe des Tages, an welchem die Zahlung erfolgt ist.

Die Verjährung des Anspruchs auf Rückerstattung zu viel erhobener Fracht oder Gebühren sowie die Verjährung der im § 439 Satz 1 bezeichneten Ansprüche wird durch die schriftliche Anmeldung des Anspruchs bei der Eisenbahn gehemmt. Ergeht auf die Anmeldung ein abschlägiger Be-

243. Vgl. §§ 36, 48 Abs. 2, 84—88 VerkO; Artt. 39—41 Bern. Üb.
244. Vgl. § 89 VerkO; Art. 43 Bern. Üb.
245. Vgl. §§ 68, 76 VerkO; Art. 30 Abs. 2 Bern. Üb.
246. Vgl. § 74 Abs. 3, 4 VerkO; Artt. 27, 28 Bern. Üb.

scheid, so beginnt der Lauf der Verjährungsfrist wieder mit dem Tage, an welchem die Eisenbahn ihre Entscheidung dem Anmeldenden schriftlich bekannt macht und ihm die der Anmeldung etwa angeschlossenen Beweisstücke zurückstellt. Weitere Gesuche, die an die Eisenbahn oder an die vorgesetzten Behörden gerichtet werden, bewirken keine Hemmung der Verjährung.[247]

471. Die nach den Vorschriften des § 432 Abs. 1, 2, der §§ 438, 439, 453, 455 bis 470 begründeten Verpflichtungen der Eisenbahnen können weder durch die Eisenbahnverkehrsordnung noch durch Verträge ausgeschlossen oder beschränkt werden.

Bestimmungen, welche dieser Vorschrift zuwiderlaufen, sind nichtig. Das Gleiche gilt von Vereinbarungen, die mit den Vorschriften der Eisenbahnverkehrsordnung im Widerspruche stehen.[248]

472. Die Vorschriften über die Beförderung von Personen auf den Eisenbahnen werden durch die Eisenbahnverkehrsordnung getroffen.[249]

473. Bei einer dem öffentlichen Verkehre dienenden Bahnunternehmung, welche der Eisenbahnverkehrsordnung nicht unterliegt (Kleinbahn), sind insoweit, als in den §§ 453, 459, 460, 462 bis 466 auf die Vorschriften der Eisenbahnverkehrsordnung verwiesen ist, an deren Stelle die Beförderungsbedingungen der Bahnunternehmung maßgebend.

Den Vorschriften des § 453 unterliegt eine solche Bahnunternehmung nur mit der Maßgabe, daß sie die Uebernahme von Gütern zur Beförderung auf ihrer Bahnstrecke nicht verweigern darf.

247. Vgl. § 61 Abs. 5, 6 VerkO; Art. 12 Abs. 4 Bern. Üb; auch § 196 Nr. 3 BGB.

248. Vgl. Eingangsbestimmungen der VerkO; Art. 5 Bern. Üb.

249. Vgl. §§ 10 ff. VerkO.

Viertes Buch.

Seehandel.[250]

Erster Abschnitt.

Allgemeine Vorschriften.

474. Wird ein zum Erwerbe durch die Seefahrt bestimmtes Schiff oder ein Antheil an einem solchen Schiffe (Schiffspart) veräußert, so kann die nach den Vorschriften des bürgerlichen Rechtes zum Eigenthumsübergang erforderliche Uebergabe durch die zwischen dem Veräußerer und dem Erwerber getroffene Vereinbarung ersetzt werden, daß das Eigenthum sofort auf den Erwerber übergehen soll.

475. In allen Fällen der Veräußerung eines Schiffes oder einer Schiffspart kann jeder Theil verlangen, daß ihm auf seine Kosten eine öffentlich beglaubigte Urkunde über die Veräußerung ertheilt wird.[251]

476. Wird ein Schiff oder eine Schiffspart veräußert, während sich das Schiff auf der Reise befindet, so ist im Verhältnisse zwischen dem Veräußerer und dem Erwerber in Ermangelung einer anderen Vereinbarung anzunehmen, daß dem Erwerber der Gewinn der laufenden Reise gebühre oder der Verlust der laufenden Reise zur Last falle.

477. Durch die Veräußerung eines Schiffes oder einer Schiffspart wird in den persönlichen Verpflichtungen des Veräußerers gegen Dritte nichts geändert.

478. Zubehör[252] eines Schiffes sind auch die Schiffsboote.

Im Zweifel werden Gegenstände, die in das Schiffsinventar eingetragen sind, als Zubehör des Schiffes angesehen.

479. Im Sinne dieses vierten Buches gilt ein seeuntüchtig gewordenes Schiff:

1. als reparaturunfähig, wenn die Reparatur des Schiffes überhaupt nicht möglich ist oder an dem Orte, wo sich das Schiff befindet, nicht bewerkstelligt, das Schiff auch nicht nach dem Hafen, wo die Reparatur auszuführen wäre, gebracht werden kann;
2. als reparaturunwürdig, wenn die Kosten der Reparatur ohne Abzug für den Unterschied zwischen alt und neu mehr betragen würden als drei Viertheile seines früheren Werthes.

Ist die Seeuntüchtigkeit während einer Reise eingetreten, so gilt als der frühere Werth derjenige, welchen das Schiff bei dem Antritte der Reise gehabt hat, in den übrigen Fällen derjenige, welchen das Schiff, bevor es seeuntüchtig geworden ist, gehabt hat oder bei gehöriger Ausrüstung gehabt haben würde.

480. Als Heimathshafen des Schiffes gilt der Hafen, von welchem aus die Seefahrt mit dem Schiffe betrieben wird.

Die Vorschriften dieses Gesetzbuchs, welche sich auf den Aufenthalt des Schiffes im Heimathshafen beziehen, können durch die Landesgesetze auf

250. Vgl. Art. 54 Reichsverfassung; § 101 Nr. 3 f. GVG.

251. Vgl. Art. 6 EG z. HGB.

252. Vgl. §§ 97, 1265 BGB.

alle oder einige Häfen des Reviers des Heimathshafens ausgedehnt werden.

481. Zur Schiffsbesatzung werden gerechnet der Schiffer, die Schiffsmannschaft sowie alle übrigen auf dem Schiffe angestellten Personen.[253]

482. Die Zwangsversteigerung eines Schiffes im Wege der Zwangsvollstreckung darf nicht angeordnet werden, wenn das Schiff zum Abgehen fertig (segelfertig) ist. Auch darf ein segelfertiges Schiff nicht mit Arrest belegt werden.[254]

Diese Vorschriften finden keine Anwendung, wenn die Schuld, wegen deren die Zwangsversteigerung oder der Arrest stattfinden soll, zum Behufe der bevorstehenden Reise eingegangen ist.

483. Wenn in diesem vierten Buche die europäischen Häfen den außereuropäischen Häfen entgegengesetzt werden, so sind unter den ersteren sämmtliche Häfen des Mittelländischen, Schwarzen und Azowschen Meeres als mitbegriffen anzusehen.

Zweiter Abschnitt. Rheder und Rhederei.

484. Rheder ist der Eigenthümer eines ihm zum Erwerbe durch die Seefahrt dienenden Schiffes.

485. Der Rheder ist für den Schaden verantwortlich, den eine Person der Schiffsbesatzung einem Dritten durch ihr Verschulden in Ausführung ihrer Dienstverrichtungen zufügt.[255]

486. Der Rheder haftet für den Anspruch eines Dritten nicht persönlich, sondern nur mit Schiff und Fracht:

1. wenn der Anspruch auf ein Rechtsgeschäft gegründet wird, welches der Schiffer als solcher kraft seiner gesetzlichen Befugnisse und nicht mit Bezug auf eine besondere Vollmacht geschlossen hat;
2. wenn der Anspruch auf die Nichterfüllung oder auf die unvollständige oder mangelhafte Erfüllung eines von dem Rheder abgeschlossenen Vertrags gegründet wird, sofern die Ausführung des Vertrags zu den Dienstobliegenheiten des Schiffers gehört hat, ohne Unterschied, ob die Nichterfüllung oder die unvollständige oder mangelhafte Erfüllung von einer Person der Schiffsbesatzung verschuldet ist oder nicht;
3. wenn der Anspruch auf das Verschulden einer Person der Schiffsbesatzung gegründet wird.[256]

Diese Vorschrift findet in den Fällen der Nr. 1, 2 keine Anwendung, wenn den Rheder selbst in Ansehung der Vertragserfüllung ein Verschulden trifft oder wenn er die Vertragserfüllung besonders gewährleistet hat.

487. Der Rheder haftet für die Forderungen der zur Schiffsbesatzung gehörenden Personen aus den Dienst- und Heuerverträgen nicht nur mit Schiff und Fracht, sondern persönlich.

488. Der Rheder als solcher kann wegen eines jeden Anspruchs, ohne Unterschied, ob er persönlich oder nur mit Schiff und Fracht haftet, vor dem Gerichte des Heimathshafens (§ 480) belangt werden.

489. Wird von mehreren Personen ein ihnen gemeinschaftlich zustehendes Schiff zum Erwerbe durch die Seefahrt für gemeinschaftliche Rechnung verwendet, so besteht eine Rhederei.

Der Fall, wenn das Schiff einer Handelsgesellschaft gehört, wird durch die Vorschriften über die Rhederei nicht berührt.

490. Das Rechtsverhältniß der Mitrheder unter einander bestimmt sich zunächst nach dem zwischen ihnen geschlossenen Vertrage. Soweit eine Vereinbarung nicht getroffen ist, finden die nachstehenden Vorschriften Anwendung.

491. Für die Angelegenheiten der Rhederei sind die Beschlüsse der Mitrheder maßgebend. Bei der Beschlußfassung entscheidet die Mehrheit der Stimmen. Die Stimmen werden nach der Größe der Schiffsparten berechnet; die Stimmenmehrheit für einen Beschluß ist vorhanden, wenn der Person oder den Personen, welche für den Beschluß gestimmt haben, zusammen mehr als die Hälfte des ganzen Schiffes gehört.

Einstimmigkeit sämmtlicher Mitrheder ist erforderlich zu Beschlüssen, die eine Abänderung des Rhedereivertrags bezwecken oder die den Bestimmungen des Rhedereivertrags entgegen oder dem Zwecke der Rhederei fremd sind.

492. Durch Beschluß der Mehrheit kann für den Rhedereibetrieb ein Korrespondentrheder (Schiffsdirektor, Schiffsdisponent) bestellt werden. Zur Bestellung eines Korrespondentrheders, der nicht zu den Mitrhedern gehört, ist ein einstimmiger Beschluß erforderlich.

Die Bestellung des Korrespondentrheders kann zu jeder Zeit durch Stimmenmehrheit widerrufen werden, unbeschadet des Anspruchs auf die vertragsmäßige Vergütung.

493. Im Verhältnisse zu Dritten ist der Korrespondentrheder kraft seiner Bestellung befugt, alle Geschäfte und Rechtshandlungen vorzunehmen, die der Geschäftsbetrieb einer Rhederei gewöhnlich mit sich bringt.

Diese Befugniß erstreckt sich insbesondere auf die Ausrüstung, die Erhaltung und die Verfrachtung des Schiffes, auf die Versicherung der Fracht, der Ausrüstungskosten und der Havereigelder sowie auf die mit dem gewöhnlichen Geschäftsbetriebe verbundene Empfangnahme von Geld.

Der Korrespondentrheder ist in demselben Umfange befugt, die Rhederei vor Gericht zu vertreten.

---

253. Vgl. §§ 3, 21 Binnenschiffahrtsges. v. 15. Juni 1895.

254. Vgl. §§ 904 Nr. 3, 870 Abs. 2, 885 Abs. 1 CPO.

255. Vgl. Art. 8 EG z. HGB; § 831 BGB; § 3 Binnenschiffahrtsges. v. 15. Juni 1895.

256. Vgl. Art. 7 EG z. HGB.

Er ist befugt, den Schiffer anzustellen und zu entlassen; der Schiffer hat sich nur an dessen Anweisungen und nicht auch an die etwaigen Anweisungen der einzelnen Mitrheder zu halten.

Im Namen der Rhederei oder einzelner Mitrheder Wechselverbindlichkeiten einzugehen oder Darlehen aufzunehmen, das Schiff oder Schiffsparten zu verkaufen oder zu verpfänden sowie für das Schiff oder für Schiffsparten Versicherung zu nehmen, ist der Korrespondentrheder nicht befugt, es sei denn, daß ihm eine Vollmacht hierzu besonders ertheilt ist.

494. Durch ein Rechtsgeschäft, welches der Korrespondentrheder als solcher innerhalb der Grenzen seiner Befugnisse schließt, wird die Rhederei dem Dritten gegenüber auch dann berechtigt und verpflichtet, wenn das Geschäft ohne Nennung der einzelnen Mitrheder geschlossen wird.

Ist die Rhederei durch ein von dem Korrespondentrheder abgeschlossenes Geschäft verpflichtet, so haften die Mitrheder in gleichem Umfange (§ 486), als wenn das Geschäft von ihnen selbst geschlossen wäre.

495. Eine Beschränkung der im § 493 bezeichneten Befugnisse des Korrespondentrheders kann die Rhederei einem Dritten nur entgegensetzen, wenn die Beschränkung dem Dritten zur Zeit des Abschlusses des Geschäfts bekannt war.

496. Der Rhederei gegenüber ist der Korrespondentrheder verpflichtet, die Beschränkungen einzuhalten, welche von ihr für den Umfang seiner Befugnisse festgesetzt sind; er hat sich ferner nach den gefaßten Beschlüssen zu richten und die Beschlüsse zur Ausführung zu bringen.

Im Uebrigen ist der Umfang seiner Befugnisse auch der Rhederei gegenüber nach den Vorschriften des § 493 mit der Maßgabe zu beurtheilen, daß er zu neuen Reisen und Unternehmungen, zu außergewöhnlichen Reparaturen sowie zur Anstellung oder zur Entlassung des Schiffers vorher die Beschlüsse der Rhederei einzuholen hat.

497. Der Korrespondentrheder ist verpflichtet, in den Angelegenheiten der Rhederei die Sorgfalt eines ordentlichen Rheders anzuwenden.

498. Der Korrespondentrheder hat über seine die Rhederei betreffende Geschäftsführung abgesondert Buch zu führen und die dazu gehörigen Belege aufzubewahren. Er hat auch jedem Mitrheder auf dessen Verlangen Kenntniß von allen Verhältnissen zu geben, die sich auf die Rhederei, insbesondere auf das Schiff, die Reise und die Ausrüstung, beziehen; er hat ihm jederzeit die Einsicht der die Rhederei betreffenden Bücher, Briefe und Papiere zu gestatten.

499. Der Korrespondentrheder ist verpflichtet, jederzeit auf Beschluß der Rhederei dieser Rechnung zu legen. Die Genehmigung der Rechnung sowie die Billigung der Verwaltung des Korrespondentrheders durch die Mehrheit hindert die Minderheit nicht, ihr Recht geltend zu machen.

500. Jeder Mitrheder hat nach dem Verhältnisse seiner Schiffspart zu den Ausgaben der Rhederei, insbesondere zu den Kosten der Ausrüstung und der Reparatur des Schiffes, beizutragen.

Ist ein Mitrheder mit der Leistung seines Beitrags im Verzug und wird das Geld von Mitrhedern für ihn vorgeschossen, so ist er diesen zur Entrichtung von Zinsen von dem Zeitpunkte der Vorschüsse an verpflichtet. Durch den Vorschuß wird ein versicherbares Interesse hinsichtlich der Schiffspart für die Mitrheder begründet. Im Falle der Versicherung dieses Interesses hat der säumige Mitrheder die Kosten der Versicherung zu ersetzen.

501. Wenn eine neue Reise oder wenn nach der Beendigung einer Reise die Reparatur des Schiffes oder wenn die Befriedigung eines Gläubigers beschlossen worden ist, dem die Rhederei nur mit Schiff und Fracht haftet, so kann jeder Mitrheder, welcher dem Beschlusse nicht zugestimmt hat, sich von der Leistung der zur Ausführung des Beschlusses erforderlichen Einzahlungen dadurch befreien, daß er seine Schiffspart ohne Anspruch auf Entgelt aufgiebt.

Der Mitrheder, welcher von dieser Befugniß Gebrauch machen will, muß dies den Mitrhedern oder dem Korrespondentrheder binnen drei Tagen nach dem Tage des Beschlusses oder, wenn er bei der Beschlußfassung nicht anwesend und nicht vertreten war, binnen drei Tagen nach der Mittheilung des Beschlusses gerichtlich oder notariell kundgeben.

Die aufgegebene Schiffspart fällt den übrigen Mitrhedern nach dem Verhältnisse der Größe ihrer Schiffsparten zu.

502. Die Vertheilung des Gewinns und Verlustes geschieht nach der Größe der Schiffsparten.

Die Berechnung des Gewinns und Verlustes und die Auszahlung des etwaigen Gewinns erfolgt jedesmal, nachdem das Schiff in den Heimathshafen zurückgekehrt ist oder nachdem es in einem anderen Hafen seine Reise beendigt hat und die Schiffsmannschaft entlassen ist.

Außerdem muß auch vor dem erwähnten Zeitpunkte das eingehende Geld, soweit es nicht zu späteren Ausgaben oder zur Deckung von Ansprüchen einzelner Mitrheder an die Rhederei erforderlich ist, unter die einzelnen Mitrheder nach dem Verhältnisse der Größe ihrer Schiffsparten vorläufig vertheilt und ausgezahlt werden.

503. Jeder Mitrheder kann seine Schiffspart jederzeit und ohne Einwilligung der übrigen Mitrheder ganz oder theilweise veräußern.

Die Veräußerung einer Schiffspart, in Folge deren das Schiff das Recht, die Reichsflagge zu führen, verlieren würde, kann nur mit Zustimmung aller Mitrheder erfolgen.

504. Der Mitrheder, welcher seine Schiffspart veräußert hat, wird, solange die Veräußerung von ihm und dem Erwerber den Mitrhedern oder dem Korrespondentrheder nicht angezeigt worden ist, im Verhältnisse zu den Mitrhedern noch als Mitrheder betrachtet und bleibt wegen aller vor dieser Anzeige begründeten Verbindlichkeiten als Mitrheder den übrigen Mitrhedern verhaftet.

Der Erwerber der Schiffspart ist jedoch im Verhältnisse zu den übrigen Mitrhedern schon seit dem Zeitpunkte der Erwerbung als Mitrheder verpflichtet.

Er muß die Bestimmungen des Rhedereivertrags, die gefaßten Beschlüsse und eingegangenen Geschäfte gleichwie der Veräußerer gegen sich gelten lassen; die übrigen Mitrheder können außerdem alle gegen den Veräußerer als Mitrheder begründeten Verbindlichkeiten in Bezug auf die veräußerte Schiffspart gegen den Erwerber zur Aufrechnung bringen, unbeschadet des Rechtes des Erwerbers auf Gewährleistung gegen den Veräußerer.

505. Eine Aenderung in den Personen der Mitrheder ist ohne Einfluß auf den Fortbestand der Rhederei.

Stirbt ein Mitrheder oder wird der Konkurs über das Vermögen eines Mitrheders eröffnet, so hat dies die Auflösung der Rhederei nicht zur Folge.

Eine Aufkündigung von Seiten eines Mitrheders oder eine Ausschließung eines Mitrheders findet nicht statt.

506. Die Auflösung der Rhederei kann durch Stimmenmehrheit beschlossen werden. Der Beschluß, das Schiff zu veräußern, steht dem Beschlusse der Auflösung gleich.

Ist die Auflösung der Rhederei oder die Veräußerung des Schiffes beschlossen, so muß das Schiff öffentlich verkauft werden. Der Verkauf kann nur geschehen, wenn das Schiff zu einer Reise nicht verfrachtet ist und sich in dem Heimathshafen oder in einem inländischen Hafen befindet. Ist jedoch das Schiff als reparaturunfähig oder reparaturunwürdig kondemnirt (§ 479), so kann der Verkauf, auch wenn das Schiff verfrachtet ist, und selbst im Ausland erfolgen. Soll von diesen Vorschriften abgewichen werden, so ist die Zustimmung aller Mitrheder erforderlich.

507. Die Mitrheder als solche haften Dritten, wenn ihre persönliche Haftung eintritt, nur nach dem Verhältnisse der Größe ihrer Schiffsparten.

Ist eine Schiffspart veräußert, so haften für die in der Zeit zwischen der Veräußerung und der im § 504 erwähnten Anzeige etwa begründeten persönlichen Verbindlichkeiten rücksichtlich dieser Schiffspart sowohl der Veräußerer als der Erwerber.

508. Die Mitrheder als solche können wegen eines jeden Anspruchs, ohne Unterschied, ob dieser von einem Mitrheder oder von einem Dritten erhoben wird, vor dem Gerichte des Heimathshafens (§ 480) belangt werden.

Diese Vorschrift kommt auch dann zur Anwendung, wenn die Klage nur gegen einen Mitrheder oder gegen einige Mitrheder gerichtet wird.

509. Auf die Vereinigung zweier oder mehrerer Personen, ein Schiff für gemeinschaftliche Rechnung zu erbauen und zur Seefahrt zu verwenden, finden die Vorschriften der §§ 490, 491, 500, 505 sowie des § 507 Abs. 1 und, sobald das Schiff vollendet und von dem Erbauer abgeliefert ist, außerdem die Vorschriften der §§ 503, 504 506, sowie des § 507 Abs. 2 Anwendung; die Vorschrift des § 500 gilt auch für die Baukosten.

Ein Korrespondentrheder (§ 492) kann schon vor der Vollendung des Schiffes bestellt werden; er hat in diesem Falle sogleich nach seiner Bestellung in Bezug auf den künftigen Rhedereibetrieb die Rechte und Pflichten eines Korrespondentrheders.

510. Wer ein ihm nicht gehöriges Schiff zum Erwerbe durch die Seefahrt für seine Rechnung verwendet und es entweder selbst führt oder die Führung einem Schiffer anvertraut, wird im Verhältnisse zu Dritten als der Rheder angesehen.

Der Eigenthümer kann denjenigen, welcher aus der Verwendung einen Anspruch als Schiffsgläubiger herleitet, an der Durchführung des Anspruchs nicht hindern, es sei denn, daß die Verwendung ihm gegenüber eine widerrechtliche und der Gläubiger nicht in gutem Glauben war.

Dritter Abschnitt. Schiffer.

511. Der Führer des Schiffes (Schiffskapitän, Schiffer) ist verpflichtet, bei allen Dienstverrichtungen, namentlich bei der Erfüllung der von ihm auszuführenden Verträge, die Sorgfalt eines ordentlichen Schiffers anzuwenden. Er haftet für jeden durch sein Verschulden entstehenden Schaden insbesondere für den Schaden, welcher aus der Verletzung der in diesem und den folgenden Abschnitten ihm auferlegten Pflichten entsteht.[257]

512. Diese Haftung des Schiffers besteht nicht nur gegenüber dem Rheder, sondern auch gegenüber dem Befrachter, Ablader und Ladungsempfänger, dem Reisenden, der Schiffsbesatzung und demjenigen Schiffsgläubiger, dessen Forderung aus einem Kreditgeschäfte (§ 528) entstanden ist, insbesondere dem Bodmereigläubiger.

Der Schiffer wird dadurch, daß er auf Anweisung des Rheders gehandelt hat, den übrigen vorgenannten Personen gegenüber von der Haftung nicht befreit.

257. Vgl. § 7 Binnenschiffahrtsges. v. 15. Juni 1895.

Durch eine solche Anweisung wird auch der Rheder persönlich verpflichtet, wenn er bei der Ertheilung der Anweisung von dem Sachverhältniß unterrichtet war.

513. Der Schiffer hat vor dem Antritte der Reise dafür zu sorgen, daß das Schiff in seetüchtigem Stande, gehörig eingerichtet und ausgerüstet, gehörig bemannt und verproviantirt ist und daß die zum Ausweise für Schiff, Besatzung und Ladung erforderlichen Papiere an Bord sind.

514. Der Schiffer hat zu sorgen für die Tüchtigkeit der Geräthschaften zum Laden und Löschen sowie für die gehörige Stauung nach Seemannsbrauch, auch wenn die Stauung durch besondere Stauer bewirkt wird.

Er hat dafür zu sorgen, daß das Schiff nicht überladen und daß es mit dem nöthigen Ballast und der erforderlichen Garnirung versehen wird.

515. Wenn der Schiffer im Auslande die dort geltenden Vorschriften, insbesondere die Polizei-, Steuer- und Zollgesetze, nicht beobachtet, so hat er den daraus entstehenden Schaden zu ersetzen.

Desgleichen hat er den Schaden zu ersetzen, welcher daraus entsteht, daß er Güter ladet, von denen er wußte oder wissen mußte, daß sie Kriegskontrebande seien.

516. Sobald das Schiff zum Abgehen fertig ist, hat der Schiffer die Reise bei der ersten günstigen Gelegenheit anzutreten.

Auch wenn er durch Krankheit oder andere Ursachen verhindert ist, das Schiff zu führen, darf er den Abgang des Schiffes oder die Weiterfahrt nicht ungebührlich aufhalten; er muß vielmehr, wenn Zeit und Umstände gestatten, die Anordnung des Rheders einzuholen, diesem ungesäumt die Verhinderung anzeigen und für die Zwischenzeit die geeigneten Vorkehrungen treffen, im entgegengesetzten Falle einen anderen Schiffer einsetzen. Für diesen Stellvertreter ist er nur insofern verantwortlich, als ihm bei dessen Wahl ein Verschulden zur Last fällt.

517. Vom Beginne des Ladens an bis zur Beendigung der Löschung darf der Schiffer das Schiff gleichzeitig mit dem Steuermanne nur in dringenden Fällen verlassen; er hat in solchen Fällen zuvor aus den Schiffsoffizieren oder der übrigen Mannschaft einen geeigneten Vertreter zu bestellen.

Dasselbe gilt auch vor dem Beginne des Ladens und nach der Beendigung der Löschung, wenn das Schiff in einem nicht sicheren Hafen oder auf einer nicht sicheren Rhede liegt.

Bei drohender Gefahr oder wenn das Schiff sich in See befindet, muß der Schiffer an Bord sein, sofern nicht eine dringende Nothwendigkeit seine Abwesenheit rechtfertigt.

518. Wenn der Schiffer in Fällen der Gefahr mit den Schiffsoffizieren einen Schiffsrath zu halten für angemessen findet, so ist er gleichwohl an die gefaßten Beschlüsse nicht gebunden; er bleibt stets für die von ihm getroffenen Maßregeln verantwortlich.

519. Auf jedem Schiffe muß ein Tagebuch geführt werden, in welches für jede Reise alle erheblichen Begebenheiten, seit mit dem Einnehmen der Ladung oder des Ballastes begonnen ist, einzutragen sind.

Das Tagebuch wird unter der Aufsicht des Schiffers von dem Steuermann und im Falle der Verhinderung des letzteren von dem Schiffer selbst oder unter seiner Aufsicht von einem durch ihn zu bestimmenden geeigneten Schiffsmanne geführt.

520. Von Tag zu Tag sind in das Tagebuch einzutragen:

- die Beschaffenheit von Wind und Wetter;
- die von dem Schiffe gehaltenen Kurse und zurückgelegten Entfernungen;
- die ermittelte Breite und Länge;
- der Wasserstand bei den Pumpen.

Ferner sind in das Tagebuch einzutragen:

- die durch das Loth ermittelte Wassertiefe;
- jedes Annehmen eines Lootsen und die Zeit seiner Ankunft und seines Abganges;
- die Veränderungen im Personal der Schiffsbesatzung;
- die im Schiffsrathe gefaßten Beschlüsse;
- alle Unfälle, die dem Schiffe oder der Ladung zustoßen, und eine Beschreibung dieser Unfälle.

Auch die auf dem Schiffe begangenen strafbaren Handlungen und die verhängten Disziplinarstrafen sowie die vorgekommenen Geburts- und Sterbefälle[258] sind in das Tagebuch einzutragen.

Die Eintragungen müssen, soweit nicht die Umstände es hindern, täglich geschehen.

Das Tagebuch ist von dem Schiffer und dem Steuermanne zu unterschreiben.

521. Die Landesgesetze können bestimmen, daß auf kleineren Fahrzeugen (Küstenfahrern und dergleichen) die Führung eines Tagebuchs nicht erforderlich ist.

522. Der Schiffer hat über alle Unfälle, die sich während der Reise ereignen, sie mögen den Verlust oder die Beschädigung des Schiffes oder der Ladung, das Einlaufen in einen Nothhafen oder einen sonstigen Nachtheil zur Folge haben, mit Zuziehung aller Personen der Schiffsbesatzung oder einer genügenden Anzahl von ihnen eine Verklarung abzulegen.

Die Verklarung ist ohne Verzug zu bewirken und zwar:

- im Bestimmungshafen oder bei mehreren Bestimmungshäfen in demjenigen, welchen das Schiff nach dem Unfalle zuerst erreicht;

258. Vgl. §§ 61 ff. RG v. 6. Febr. 1875.

im Nothhafen, sofern in diesem reparirt oder gelöscht wird;

am ersten geeigneten Orte, wenn die Reise endet, ohne daß der Bestimmungshafen erreicht wird.

Ist der Schiffer gestorben oder außer Stande, die Aufnahme der Verklarung zu bewirken, so ist hierzu der im Range nächste Schiffsoffizier berechtigt und verpflichtet.

523. Die Verklarung muß einen Bericht über die erheblichen Begebenheiten der Reise, namentlich eine vollständige und deutliche Erzählung der erlittenen Unfälle unter Angabe der zur Abwendung oder Verringerung der Nachtheile angewendeten Mittel, enthalten.

524. Im Gebiete dieses Gesetzbuchs muß die Verklarung, unter Vorlegung des Tagebuchs und eines Verzeichnisses aller Personen der Schiffsbesatzung, bei dem zuständigen Gericht[259] angemeldet werden.

Das Gericht[259] hat nach Eingang der Anmeldung sobald als thunlich die Verklarung aufzunehmen.

Der dazu anberaumte Termin wird in geeigneter Weise öffentlich bekannt gemacht, sofern die Umstände einen solchen Aufenthalt gestatten.

Die Interessenten von Schiff und Ladung sowie die etwa sonst bei dem Unfalle Betheiligten sind berechtigt, selbst oder durch Vertreter der Ablegung der Verklarung beizuwohnen.

Die Verklarung geschieht auf der Grundlage des Tagebuchs. Kann das geführte Tagebuch nicht beigebracht werden oder ist ein Tagebuch nicht geführt (§ 521), so ist der Grund hiervon anzugeben.

525. Der Richter ist befugt, außer den gestellten noch andere Personen der Schiffsbesatzung, deren Abhörung er angemessen findet, zu vernehmen. Er kann zum Zwecke besserer Aufklärung dem Schiffer sowie jeder anderen Person der Schiffsbesatzung geeignete Fragen zur Beantwortung vorlegen.

Der Schiffer und die zugezogenen übrigen Personen der Schiffsbesatzung haben ihre Aussagen zu beschwören.

Die über die Verklarung aufgenommene Verhandlung ist in Urschrift aufzubewahren und jedem Betheiligten auf Verlangen eine beglaubigte Abschrift zu ertheilen.

526. Rechtsgeschäfte, die der Schiffer eingeht, während sich das Schiff im Heimathshafen befindet, sind für den Rheder nur dann verbindlich, wenn der Schiffer auf Grund einer Vollmacht gehandelt hat oder wenn ein anderer besonderer Verpflichtungsgrund vorhanden ist.

Zur Annahme der Schiffsmannschaft ist der Schiffer auch im Heimathshafen befugt.

527. Befindet sich das Schiff außerhalb des Heimathshafens, so ist der Schiffer Dritten gegenüber kraft seiner Anstellung befugt, für den Rheder alle Geschäfte und Rechtshandlungen vorzunehmen, welche die Ausrüstung, die Bemannung, die Verproviantirung und die Erhaltung des Schiffes sowie überhaupt die Ausführung der Reise mit sich bringen.

Diese Befugniß erstreckt sich auch auf die Eingehung von Frachtverträgen; sie erstreckt sich ferner auf die Anstellung von Klagen, die sich auf den Wirkungskreis des Schiffers beziehen.

528. Zur Aufnahme von Darlehen, zur Eingehung von Käufen auf Borg sowie zum Abschluß ähnlicher Kreditgeschäfte ist der Schiffer nur dann befugt, wenn es zur Erhaltung des Schiffes oder zur Ausführung der Reise nothwendig, und nur insoweit, als es zur Befriedigung des Bedürfnisses erforderlich ist. Ein Bodmereigeschäft einzugehen, ist er nur dann befugt, wenn es zur Ausführung der Reise nothwendig, und nur insoweit, als es zur Befriedigung des Bedürfnisses erforderlich ist.

Die Gültigkeit des Geschäfts ist weder von der wirklichen Verwendung noch von der Zweckmäßigkeit der unter mehreren Kreditgeschäften getroffenen Wahl noch von dem Umstand abhängig, ob dem Schiffer das erforderliche Geld zur Verfügung gestanden hat, es sei denn, daß der Dritte in bösem Glauben war.

529. Auf den persönlichen Kredit des Rheders Geschäfte abzuschließen, insbesondere Wechselverbindlichkeiten für den Rheder einzugehen, ist der Schiffer nur auf Grund einer ihn hierzu ermächtigenden Vollmacht (§ 486 Abs. 1 Nr. 1) befugt. Verhaltungsmaßregeln und dienstliche Anweisungen, die der Schiffer vom Rheder erhält, genügen nicht, die persönliche Haftung des Rheders dem Dritten gegenüber zu begründen.

530. Die Befugniß zum Verkaufe des Schiffes hat der Schiffer nur im Falle dringender Nothwendigkeit und nur, nachdem diese durch das Ortsgericht nach Anhörung von Sachverständigen und mit Zuziehung des deutschen Konsuls, wo ein solcher vorhanden, festgestellt ist.[260]

Ist keine Gerichtsbehörde und auch keine andere Behörde, welche die Untersuchung übernimmt, am Orte vorhanden, so hat der Schiffer zur Rechtfertigung seines Verfahrens das Gutachten von Sachverständigen einzuholen und, wenn dies nicht möglich ist, sich mit anderen Beweisen zu versehen.

Der Verkauf muß öffentlich geschehen.

531. Der Rheder, welcher die gesetzlichen Befugnisse des Schiffers beschränkt hat, kann dem Dritten die Nichteinhaltung dieser Beschränkungen

259. „Amtsgericht" nach § 145 FrG; vgl. auch § 146 Abs. 3 FrG. Im Auslande sind die Bundeskonsulate zuständig; vgl. Ges. v. 8. Nov. 1867.

260. Vgl. § 145 FrG.

nur entgegensetzen, wenn sie dem Dritten bekannt waren.

532. Hat der Schiffer ohne besonderen Auftrag für Rechnung des Rheders aus eigenen Mitteln Vorschüsse geleistet oder sich persönlich verpflichtet, so stehen ihm gegen den Rheder wegen des Ersatzes keine größeren Rechte als einem Dritten zu.

533. Durch ein Rechtsgeschäft, welches der Schiffer in seiner Eigenschaft als Führer des Schiffes, sei es mit, sei es ohne Bezeichnung des Rheders, innerhalb seiner gesetzlichen Befugnisse schließt, wird der Rheder dem Dritten gegenüber berechtigt und die Haftung des Rheders mit Schiff und Fracht begründet.

Der Schiffer selbst wird dem Dritten durch das Rechtsgeschäft nicht verpflichtet, es sei denn, daß er eine Gewährleistung für die Erfüllung übernimmt oder seine Befugnisse überschreitet. Die Haftung des Schiffers nach Maßgabe der §§ 511, 512 wird hierdurch nicht ausgeschlossen.

534. Auch dem Rheder gegenüber sind für den Umfang der Befugnisse des Schiffers die Vorschriften der §§ 526 bis 530 maßgebend, soweit nicht der Rheder diese Befugnisse beschränkt hat.

Der Schiffer ist verpflichtet, von dem Zustande des Schiffes, den Begebnissen der Reisen, den von ihm geschlossenen Verträgen und den anhängig gewordenen Prozessen den Rheder in fortlaufender Kenntniß zu erhalten und in allen erheblichen Fällen, namentlich in den Fällen der §§ 528, 530 oder wenn er eine Reise zu ändern oder einzustellen sich genöthigt findet, oder bei außergewöhnlichen Reparaturen und Anschaffungen, die Ertheilung von Verhaltungsmaßregeln nachzusuchen, sofern die Umstände es gestatten.

Zu außergewöhnlichen Reparaturen und Anschaffungen, selbst wenn er sie mit den ihm zur Verfügung stehenden Mitteln des Rheders bestreiten kann, darf er nur im Falle der Nothwendigkeit schreiten.

Wenn er sich das zur Bestreitung eines Bedürfnisses nöthige Geld nicht anders verschaffen kann als durch Bodmerei oder durch den Verkauf von entbehrlichem Schiffszubehör oder von entbehrlichen Schiffsvorräthen, so hat er diejenige Maßregel zu ergreifen, welche für den Rheder mit dem geringsten Nachtheile verbunden ist.

Er muß dem Rheder nach der Rückkehr in den Heimathshafen und außerdem, so oft es verlangt wird, Rechnung legen.

535. Im Interesse der Ladungsbetheiligten hat der Schiffer während der Reise zugleich für das Beste der Ladung nach Möglichkeit Sorge zu tragen.

Werden zur Abwendung oder Verringerung eines Verlustes besondere Maßregeln erforderlich, so liegt ihm ob, das Interesse der Ladungsbetheiligten als deren Vertreter wahrzunehmen, wenn thunlich ihre Anweisungen einzuholen und, soweit es den Verhältnissen entspricht, zu befolgen, sonst aber nach eigenem Ermessen zu verfahren und überhaupt thunlichst dafür zu sorgen, daß die Ladungsbetheiligten von solchen Vorfällen und den dadurch veranlaßten Maßregeln schleunigst in Kenntniß gesetzt werden.

Er ist in solchen Fällen namentlich auch berechtigt, die Ladung ganz oder zu einem Theile zu löschen, äußerstenfalls, wenn ein erheblicher Verlust wegen drohenden Verderbs oder aus sonstigen Gründen anders nicht abzuwenden ist, zu verkaufen oder behufs der Beschaffung der Mittel zu ihrer Erhaltung und Weiterbeförderung zu verbodmen, sowie im Falle der Anhaltung oder Aufbringung zu reklamiren oder, wenn sie auf andere Weise seiner Verfügung entzogen ist, ihre Wiedererlangung außergerichtlich und gerichtlich zu betreiben.

536. Wird die Fortsetzung der Reise in der ursprünglichen Richtung durch einen Zufall verhindert, so ist der Schiffer befugt, die Reise in einer anderen Richtung fortzusetzen oder sie auf kürzere oder längere Zeit einzustellen oder nach dem Abgangshafen zurückzukehren, je nachdem es den Verhältnissen und den möglichst zu berücksichtigenden Anweisungen entspricht.

Im Falle der Auflösung des Frachtvertrags hat er nach den Vorschriften des § 632 zu verfahren.

537. Auf den persönlichen Kredit der Ladungsbetheiligten Geschäfte abzuschließen, ist der Schiffer auch in den Fällen des § 535 nur auf Grund einer ihn hierzu ermächtigenden Vollmacht befugt.

538. Außer den Fällen des § 535 ist der Schiffer zur Verbodmung der Ladung oder zur Verfügung über Ladungstheile durch Verkauf oder Verwendung nur befugt, soweit es zum Zwecke der Fortsetzung der Reise nothwendig ist.

539. Gründet sich das Bedürfniß auf eine große Haverei und kann der Schiffer ihm durch verschiedene Maßregeln abhelfen, so hat er diejenige Maßregel zu ergreifen, welche für die Betheiligten mit dem geringsten Nachtheile verbunden ist.

540. Liegt der Fall einer großen Haverei nicht vor, so ist der Schiffer zur Verbodmung der Ladung oder zur Verfügung über Ladungstheile durch Verkauf oder Verwendung nur befugt, wenn er dem Bedürfniß auf anderem Wege nicht abhelfen kann oder wenn die Wahl eines anderen Mittels einen unverhältnißmäßigen Schaden für den Rheder zur Folge haben würde.

Auch in diesen Fällen kann er die Ladung nur zusammen mit dem Schiffe und der Fracht verbodmen (§ 680 Abs. 2).

Er hat die Verbodmung vor dem Verkaufe zu wählen, es sei denn, daß die Verbodmung einen unverhältnißmäßigen Schaden für den Rheder zur Folge haben würde.

541. Die Verbodmung der Ladung oder die Verfügung über Ladungstheile durch Verkauf oder Verwendung wird in den Fällen des § 540 als ein für Rechnung des Rheders abgeschlossenes Kreditgeschäft (§ 528, § 754 Nr. 6) angesehen.

542. In Bezug auf die Gültigkeit der in den Fällen der §§ 535, 538 bis 540 von dem Schiffer abgeschlossenen Rechtsgeschäfte finden die Vorschriften des § 528 Abs. 2 Anwendung.

543. Was der Schiffer vom Befrachter, Ablader oder Ladungsempfänger außer der Fracht als Kaplaken, Primage oder sonst als Belohnung oder Entschädigung, gleichviel unter welchem Namen, erhält, hat er dem Rheder als Einnahme in Rechnung zu bringen.

544. Der Schiffer darf ohne Einwilligung des Rheders für eigene Rechnung keine Güter verladen. Handelt er dieser Vorschrift zuwider, so hat er dem Rheder die höchste am Abladungsorte zur Abladungszeit für solche Reisen und Güter bedungene Fracht zu erstatten, unbeschadet des Anspruchs des Rheders auf den Ersatz eines ihm verursachten höheren Schadens.

545. Der Schiffer kann, selbst wenn das Gegentheil vereinbart ist, jederzeit von dem Rheder entlassen werden, jedoch unbeschadet seines Anspruchs auf Entschädigung.

546. Erfolgt die Entlassung, weil der Schiffer untüchtig befunden ist oder weil er seiner Pflicht nicht genügt, so erhält er nur dasjenige, was er von der Heuer einschließlich aller sonst bedungenen Vortheile bis dahin verdient hat.

547. Wird ein Schiffer, der für eine bestimmte Reise angestellt ist, entlassen, weil die Reise wegen Krieg, Embargo oder Blokade oder wegen eines Einfuhr- oder Ausfuhrverbots oder wegen eines anderen Schiff oder Ladung betreffenden Zufalls nicht angetreten oder fortgesetzt werden kann, so erhält er gleichfalls nur dasjenige, was er von der Heuer einschließlich aller sonst bedungenen Vortheile bis dahin verdient hat. Dasselbe gilt, wenn ein auf unbestimmte Zeit angestellter Schiffer aus einem der angeführten Gründe entlassen wird, nachdem er die Ausführung einer bestimmten Reise übernommen hat.

Erfolgt in diesen Fällen die Entlassung während der Reise, so kann der Schiffer außerdem nach seiner Wahl entweder freie Rückbeförderung nach dem Hafen, wo er geheuert worden ist, oder eine entsprechende Vergütung beanspruchen.

Ein nach den Vorschriften dieses Gesetzbuchs begründeter Anspruch auf freie Rückbeförderung umfaßt auch den Unterhalt während der Reise.

548. Wird ein Schiffer, der auf unbestimmte Zeit angestellt ist, aus anderen als den in den §§ 546, 547 angeführten Gründen entlassen, nachdem er die Ausführung einer bestimmten Reise übernommen hat, so erhält er außer demjenigen, was ihm nach den Vorschriften des § 547 gebührt, als Entschädigung noch die Heuer für zwei oder vier Monate, je nachdem die Entlassung in einem europäischen oder in einem außereuropäischen Hafen erfolgt ist. Jedoch erhält er in keinem Falle mehr, als er erhalten haben würde, wenn er die Reise zu Ende geführt hätte.

549. War die Heuer nicht zeitweise, sondern in Bausch und Bogen für die ganze Reise bedungen, so wird in den Fällen der §§ 546 bis 548 die verdiente Heuer mit Rücksicht auf den vollen Heuerbetrag nach dem Verhältnisse der geleisteten Dienste sowie des etwa zurückgelegten Theiles der Reise bestimmt. Zur Ermittelung der im § 548 erwähnten Heuer für zwei oder vier Monate wird die durchschnittliche Dauer der Reise einschließlich der Ladungs- und Löschungszeit unter Berücksichtigung der Beschaffenheit des Schiffes in Ansatz gebracht und danach die Heuer für die zwei oder vier Monate berechnet.

550. Endet die Rückreise des Schiffes nicht in dem Heimathshafen und war der Schiffer für die Ausreise und die Rückreise oder auf unbestimmte Zeit angestellt, so hat der Schiffer Anspruch auf freie Rückbeförderung nach dem Hafen, wo er geheuert worden ist, und auf Fortbezug der Heuer während der Reise oder nach seiner Wahl[261] auf eine entsprechende Vergütung.

551. Der Schiffer, welcher auf unbestimmte Zeit angestellt ist, muß, sobald er eine Reise angetreten hat, im Dienste verbleiben, bis das Schiff in den Heimathshafen oder in einen inländischen Hafen zurückgekehrt und die Entlöschung erfolgt ist.

Er kann jedoch seine Entlassung fordern, wenn seit der ersten Abreise zwei oder drei Jahre verflossen sind, je nachdem sich das Schiff zur Zeit der Kündigung in einem europäischen oder in einem außereuropäischen Hafen befindet. Er hat in einem solchen Falle dem Rheder die zu seiner Ersetzung erforderliche Zeit zu gewähren und den Dienst inzwischen fortzusetzen, jedenfalls die laufende Reise zu beendigen.

Ordnet der Rheder sofort nach der Kündigung die Rückreise an, so ist der Schiffer verpflichtet, das Schiff zurückzuführen.

552. Die Schiffspart, mit welcher der Schiffer auf Grund einer mit den übrigen Rhedern getroffenen Vereinbarung als Mitrheder an dem Schiffe betheiligt ist, ist im Falle seiner unfreiwilligen Entlassung auf sein Verlangen von den Mitrhedern gegen Auszahlung des durch Sachverständige zu bestimmenden Schätzungswerths zu übernehmen. Dieses Recht des Schiffers erlischt, wenn er die Erklärung, davon Gebrauch zu machen, ohne Grund verzögert.

553. Falls der Schiffer nach dem Antritte der Reise erkrankt oder verwundet wird, so trägt

261. Vgl. § 263 BGB.

der Rheder die Kosten der Verpflegung und Heilung:

1. wenn der Schiffer mit dem Schiffe zurückkehrt und die Rückreise in dem Heimathshafen oder in dem Hafen endet, wo er geheuert worden ist, bis zur Beendigung der Rückreise;
2. wenn er mit dem Schiffe zurückkehrt und die Reise nicht in einem der genannten Häfen endet, bis zum Ablaufe von sechs Monaten seit der Beendigung der Rückreise;
3. wenn er während der Reise am Lande zurückgelassen werden mußte, bis zum Ablaufe von sechs Monaten seit der Weiterreise des Schiffes.

Auch kann der Schiffer in den beiden letzteren Fällen freie Rückbeförderung (§ 547) oder nach seiner Wahl eine entsprechende Vergütung beanspruchen.

Die Heuer einschließlich aller sonst bedungenen Vortheile bezieht der nach dem Antritte der Reise erkrankte oder verwundete Schiffer, wenn er mit dem Schiffe zurückkehrt, bis zur Beendigung der Rückreise, wenn er am Lande zurückgelassen werden mußte, bis zu dem Tage, an welchem er das Schiff verläßt.

Ist der Schiffer bei Vertheidigung des Schiffes beschädigt, so hat er überdies auf eine angemessene Belohnung Anspruch.

554. Stirbt der Schiffer nach dem Antritte des Dienstes, so hat der Rheder die bis zum Todestage verdiente Heuer einschließlich aller sonst bedungenen Vortheile zu entrichten; ist der Tod nach dem Antritte der Reise erfolgt, so hat der Rheder auch die Beerdigungskosten zu tragen.

Wird der Schiffer bei Vertheidigung des Schiffes getödtet, so hat der Rheder überdies eine angemessene Belohnung zu zahlen.

555. Auch nach dem Verluste des Schiffes ist der Schiffer verpflichtet, noch für die Verklarung zu sorgen und überhaupt das Interesse des Rheders so lange wahrzunehmen, als es erforderlich ist. Er hat für diese Zeit Anspruch auf Fortbezug der Heuer und auf Erstattung der Kosten des Unterhalts. Außerdem kann er freie Rückbeförderung (§ 547) oder nach seiner Wahl eine entsprechende Vergütung beanspruchen.

Vierter Abschnitt.
Frachtgeschäft zur Beförderung von Gütern.

556. Der Frachtvertrag zur Beförderung von Gütern bezieht sich entweder

1. auf das Schiff im Ganzen oder einen verhältnißmäßigen Theil oder einen bestimmt bezeichneten Raum des Schiffes oder
2. auf einzelne Güter (Stückgüter).

557. Wird das Schiff im Ganzen oder zu einem verhältnißmäßigen Theile oder wird ein bestimmt bezeichneter Raum des Schiffes verfrachtet, so kann jede Partei verlangen, daß über den Vertrag eine schriftliche Urkunde (Chartepartie) errichtet wird.

558. In der Verfrachtung eines ganzen Schiffes ist die Kajüte nicht einbegriffen; es dürfen jedoch ohne Einwilligung des Befrachters in die Kajüte keine Güter verladen werden.

559. Bei jeder Art von Frachtvertrag (§ 556) hat der Verfrachter das Schiff in seetüchtigem Stande zu liefern.

Er haftet dem Befrachter für jeden Schaden, der aus dem mangelhaften Zustande des Schiffes entsteht, es sei denn, daß der Mangel bei Anwendung der Sorgfalt eines ordentlichen Verfrachters nicht zu entdecken war.

560. Der Schiffer hat zur Einnahme der Ladung das Schiff an den vom Befrachter oder, wenn das Schiff an Mehrere verfrachtet ist, von sämmtlichen Befrachtern ihm angewiesenen Platz hinzulegen.

Erfolgt die Anweisung nicht rechtzeitig oder wird nicht von sämmtlichen Befrachtern derselbe Platz angewiesen oder gestatten die Wassertiefe, die Sicherheit des Schiffes oder die örtlichen Verordnungen oder Einrichtungen die Befolgung der Anweisung nicht, so hat der Schiffer an dem ortsüblichen Ladungsplatz anzulegen.

561. Sofern nicht durch Vertrag oder durch die örtlichen Verordnungen des Abladungshafens und in deren Ermangelung durch einen daselbst bestehenden Ortsgebrauch ein Anderes bestimmt ist, sind die Güter von dem Befrachter kostenfrei bis an das Schiff zu liefern, dagegen die Kosten der Einladung in das Schiff von dem Verfrachter zu tragen.

562. Der Verfrachter ist verpflichtet, statt der vertragsmäßigen Güter andere, von dem Befrachter zur Verschiffung nach demselben Bestimmungshafen ihm angebotene Güter anzunehmen, wenn dadurch seine Lage nicht erschwert wird.

Diese Vorschrift findet keine Anwendung, wenn die Güter im Vertrage nicht bloß nach Art oder Gattung, sondern speziell bezeichnet sind.

563. Der Befrachter oder Ablader, welcher die verladenen Güter unrichtig bezeichnet oder Kriegskontrebande oder Güter verladet, deren Ausfuhr oder deren Einfuhr in den Bestimmungshafen verboten ist, oder welcher bei der Abladung die gesetzlichen Vorschriften, insbesondere die Polizei-, Steuer- und Zollgesetze, übertritt, wird, sofern ihm dabei ein Verschulden zur Last fällt, nicht bloß dem Verfrachter, sondern auch allen übrigen im § 512 Abs. 1 bezeichneten Personen für den durch sein Verfahren veranlaßten Aufenthalt und jeden anderen Schaden verantwortlich.

Dadurch, daß er mit Zustimmung des Schiffers gehandelt hat, wird seine Verantwortlichkeit den übrigen Personen gegenüber nicht ausgeschlossen.

Er kann aus der Konfiskation der Güter keinen Grund herleiten, die Zahlung der Fracht zu verweigern.

Gefährden die Güter das Schiff oder die übrige Ladung, so ist der Schiffer befugt, die Güter ans Land zu setzen oder in dringenden Fällen über Bord zu werfen.

564.[262] Auch derjenige, welcher ohne Wissen des Schiffers Güter an Bord bringt, ist nach Maßgabe des § 563 zum Ersatze des daraus entstehenden Schadens verpflichtet. Der Schiffer ist befugt, solche Güter wieder ans Land zu setzen oder, wenn sie das Schiff oder die übrige Ladung gefährden, nöthigenfalls über Bord zu werfen. Hat der Schiffer die Güter an Bord behalten, so ist dafür die höchste am Abladungsorte zur Abladungszeit für solche Reisen und Güter bedungene Fracht zu bezahlen.

565. Der Verfrachter ist nicht befugt, ohne Erlaubniß des Befrachters die Güter in ein anderes Schiff zu verladen. Handelt er dieser Vorschrift zuwider, so ist er für jeden daraus entstehenden Schaden verantwortlich, es sei denn, daß der Schaden auch dann entstanden und dem Befrachter zur Last gefallen sein würde, wenn die Güter nicht in ein anderes Schiff verladen worden wären.

Auf Umladungen in ein anderes Schiff, die in Fällen der Noth nach dem Antritte der Reise erfolgen, finden die Vorschriften des Abs. 1 keine Anwendung.

566. Ohne Zustimmung des Abladers dürfen dessen Güter weder auf das Verdeck verladen noch an die Seiten des Schiffes gehängt werden.

Die Landesgesetze können bestimmen, daß diese Vorschrift, soweit sie die Beladung des Verdecks betrifft, auf die Küstenschiffahrt keine Anwendung findet.

567. Bei der Verfrachtung eines Schiffes im Ganzen hat der Schiffer, sobald er zur Einnahme der Ladung fertig und bereit ist, dies dem Befrachter anzuzeigen.

Mit dem auf die Anzeige folgenden Tage beginnt die Ladezeit.

Ueber die Ladezeit hinaus hat der Verfrachter auf die Abladung noch länger zu warten, wenn es vereinbart ist (Ueberliegezeit).

Für die Ladezeit kann, sofern nicht das Gegentheil bedungen ist, keine besondere Vergütung verlangt werden. Dagegen hat der Befrachter dem Verfrachter für die Ueberliegezeit eine Vergütung (Liegegeld) zu gewähren.

568. Ist die Dauer der Ladezeit durch Vertrag nicht festgesetzt, so wird sie durch die örtlichen Verordnungen des Abladungshafens und in deren Ermangelung durch den daselbst bestehenden Ortsgebrauch bestimmt. Besteht auch ein solcher Ortsgebrauch nicht, so gilt als Ladezeit eine den Umständen des Falles angemessene Frist.

Ist eine Ueberliegezeit, nicht aber deren Dauer, durch Vertrag bestimmt, so beträgt die Ueberliegezeit vierzehn Tage.

Enthält der Vertrag nur die Festsetzung eines Liegegeldes, so ist anzunehmen, daß eine Ueberliegezeit ohne Bestimmung der Dauer vereinbart sei.

569. Ist die Dauer der Ladezeit oder der Tag, mit welchem die Ladezeit enden soll, durch Vertrag bestimmt, so beginnt die Ueberliegezeit ohne Weiteres mit dem Ablaufe der Ladezeit.

In Ermangelung einer solchen vertragsmäßigen Bestimmung beginnt die Ueberliegezeit erst, nachdem der Verfrachter dem Befrachter erklärt hat, daß die Ladezeit abgelaufen sei. Der Verfrachter kann schon innerhalb der Ladezeit dem Befrachter erklären, an welchem Tage er die Ladezeit für abgelaufen halte. In diesem Falle ist zum Ablaufe der Ladezeit und zum Beginne der Ueberliegezeit eine neue Erklärung des Verfrachters nicht erforderlich.

570. Nach dem Ablaufe der Ladezeit oder, wenn eine Ueberliegezeit vereinbart ist, nach dem Ablaufe der Ueberliegezeit ist der Verfrachter nicht verpflichtet, auf die Abladung noch länger zu warten. Er muß jedoch seinen Willen, nicht länger zu warten, spätestens drei Tage vor dem Ablaufe der Ladezeit oder der Ueberliegezeit dem Befrachter erklären.

Ist dies nicht geschehen, so läuft die Ladezeit oder Ueberliegezeit nicht eher ab, als bis die Erklärung nachgeholt ist und seit dem Tage der Abgabe der Erklärung drei Tage verstrichen sind.

Die in den Abs. 1, 2 erwähnten drei Tage werden in allen Fällen als ununterbrochen fortlaufende Tage nach dem Kalender gezählt.

571. Die in den §§ 569, 570 bezeichneten Erklärungen des Verfrachters sind an keine besondere Form gebunden. Weigert sich der Befrachter, den Empfang einer solchen Erklärung in genügender Weise zu bescheinigen, so ist der Verfrachter befugt, eine öffentliche Urkunde[263] darüber auf Kosten des Befrachters errichten zu lassen.

572. Das Liegegeld ist, wenn es nicht durch Vertrag bestimmt ist, nach billigem Ermessen zu bestimmen.

Hierbei ist auf die näheren Umstände des Falles, insbesondere auf die Heuerbeträge und die Unterhaltskosten der Schiffsbesatzung sowie auf den dem Verfrachter entgehenden Frachtverdienst, Rücksicht zu nehmen.

573. Bei der Berechnung der Lade- und Ueberliegezeit werden die Tage in ununterbrochen fortlaufender Reihenfolge gezählt; insbesondere kommen in Ansatz die Sonntage und die Feiertage sowie

262. Vgl. § 297 StGB.

263. Vgl. §§ 128, 129 BGB; §§ 167, 168 FrG.

diejenigen Tage, an welchen der Befrachter durch Zufall die Ladung zu liefern verhindert ist.

Nicht in Ansatz kommen jedoch die Tage, an denen durch Wind und Wetter oder durch irgend einen anderen Zufall entweder

1. die Lieferung nicht nur der bedungenen, sondern jeder Art von Ladung an das Schiff oder
2. die Uebernahme der Ladung

verhindert ist.

574. Für die Tage, die der Verfrachter wegen Verhinderung der Lieferung jeder Art von Ladung länger warten muß, gebührt ihm Liegegeld, selbst wenn die Verhinderung während der Ladezeit eintritt. Dagegen ist für die Tage, die er wegen Verhinderung der Uebernahme der Ladung länger warten muß, Liegegeld nicht zu entrichten, selbst wenn die Verhinderung während der Ueberliegezeit eintritt.

575. Sind für die Dauer der Ladezeit nach § 568 die örtlichen Verordnungen oder der Ortsgebrauch maßgebend, so kommen bei der Berechnung der Ladezeit die Vorschriften der §§ 573, 574 nur insoweit zur Anwendung, als die örtlichen Verordnungen oder der Ortsgebrauch nichts Abweichendes bestimmen.

576. Hat sich der Verfrachter ausbedungen, daß die Abladung bis zu einem bestimmten Tage beendigt sein muß, so wird er durch die Verhinderung der Lieferung jeder Art von Ladung (§ 573 Abs. 2 Nr. 1) zum längeren Warten nicht verpflichtet.

577. Soll der Verfrachter die Ladung von einem Dritten erhalten und ist dieser Dritte ungeachtet der von dem Verfrachter in ortsüblicher Weise kundgemachten Bereitschaft zum Laden nicht zu ermitteln oder verweigert er die Lieferung der Ladung, so hat der Verfrachter den Befrachter schleunigst hiervon zu benachrichtigen und nur bis zum Ablaufe der Ladezeit, nicht auch während der etwa vereinbarten Ueberliegezeit auf die Abladung zu warten, es sei denn, daß er von dem Befrachter oder einem Bevollmächtigten des Befrachters noch innerhalb der Ladezeit eine entgegengesetzte Anweisung erhält.

Ist für die Ladezeit und die Löschzeit zusammen eine ungetheilte Frist bestimmt, so wird für den im Abs. 1 erwähnten Fall die Hälfte dieser Frist als Ladezeit angesehen.

578. Der Verfrachter hat auf Verlangen des Befrachters die Reise auch ohne die volle bedungene Ladung anzutreten. Es gebührt ihm aber alsdann nicht nur die volle Fracht und das etwaige Liegegeld, sondern er ist auch berechtigt, soweit ihm durch die Unvollständigkeit der Ladung die Sicherheit für die volle Fracht entgeht, die Bestellung einer anderweitigen Sicherheit zu fordern. Außerdem sind ihm die Mehrkosten, die ihm in Folge der Unvollständigkeit der Ladung etwa erwachsen, durch den Befrachter zu erstatten.

579. Hat der Befrachter bis zum Ablaufe der Zeit, während welcher der Verfrachter auf die Abladung zu warten verpflichtet ist (Wartezeit), die Abladung nicht vollständig bewirkt, so ist der Verfrachter befugt, sofern der Befrachter nicht von dem Vertrage zurücktritt, die Reise anzutreten und die im § 578 bezeichneten Forderungen geltend zu machen.

580. Der Befrachter kann vor dem Antritte der Reise, sei diese eine einfache oder eine zusammengesetzte, von dem Vertrag unter der Verpflichtung zurücktreten, die Hälfte der bedungenen Fracht als Fautfracht zu zahlen.

Im Sinne dieser Vorschrift wird die Reise schon dann als angetreten erachtet:

1. wenn der Befrachter den Schiffer bereits abgefertigt hat;
2. wenn er die Ladung bereits ganz oder zu einem Theile geliefert hat und die Wartezeit verstrichen ist.

581. Macht der Befrachter von dem im § 580 bezeichneten Rechte Gebrauch, nachdem Ladung geliefert ist, so hat er auch die Kosten der Einladung und Wiederausladung zu tragen und für die Zeit der Wiederausladung, soweit sie nicht in die Ladezeit fällt, Liegegeld (§ 572) zu zahlen. Die Wiederausladung ist mit möglichster Beschleunigung zu bewirken.

Der Verfrachter ist verpflichtet, den Aufenthalt, den die Wiederausladung verursacht, selbst dann sich gefallen zu lassen, wenn dadurch die Wartezeit überschritten wird. Für die Zeit nach dem Ablaufe der Wartezeit hat er Anspruch auf Liegegeld und auf Ersatz des durch die Ueberschreitung der Wartezeit entstandenen Schadens, soweit der letztere den Betrag dieses Liegegeldes übersteigt.

582. Nachdem die Reise im Sinne des § 580 angetreten ist, kann der Befrachter nur gegen Berichtigung der vollen Fracht sowie aller sonstigen Forderungen des Verfrachters (§ 614) und gegen Berichtigung oder Sicherstellung der im § 615 bezeichneten Forderungen von dem Vertrage zurücktreten und die Wiederausladung der Güter fordern.

Im Falle der Wiederausladung hat der Befrachter nicht nur die hierdurch entstehenden Mehrkosten, sondern auch den Schaden zu ersetzen, welcher aus dem durch die Wiederausladung verursachten Aufenthalte dem Verfrachter entsteht.

Zum Zwecke der Wiederausladung der Güter die Reise zu ändern oder einen Hafen anzulaufen, ist der Verfrachter nicht verpflichtet.

583. Der Befrachter ist statt der vollen Fracht nur zwei Drittheile als Fautfracht zu zahlen verpflichtet, wenn das Schiff zugleich auf Rückladung verfrachtet ist oder in Ausführung des Vertrags zur Einnahme der Ladung eine Fahrt aus einem anderen Hafen zu machen hat und in diesen beiden Fällen der Rücktritt früher erklärt wird, als die

Rückreise oder die Reise aus dem Abladungshafen im Sinne des § 580 angetreten ist.

584. Bei anderen zusammengesetzten Reisen erhält der Verfrachter, wenn der Befrachter den Rücktritt erklärt, bevor in Bezug auf den letzten Reiseabschnitt die Reise im Sinne des § 580 angetreten ist, als Fautfracht zwar die volle Fracht, es kommt von dieser jedoch ein angemessener Bruchtheil in Abzug, sofern die Umstände die Annahme begründen, daß der Verfrachter in Folge der Aufhebung des Vertrags Kosten erspart und Gelegenheit zu anderweitigem Frachtverdienste gehabt habe.

Der Abzug darf in keinem Falle die Hälfte der Fracht übersteigen.

585. Liefert der Befrachter bis zum Ablaufe der Wartezeit keine Ladung, so ist der Verfrachter an seine Verpflichtungen aus dem Vertrage nicht länger gebunden und befugt, gegen den Befrachter dieselben Ansprüche geltend zu machen, welche ihm zugestanden haben würden, wenn der Befrachter von dem Vertrage zurückgetreten wäre (§§ 580, 583, 584).

586. Auf die Fautfracht wird die Fracht, welche der Verfrachter für andere Ladungsgüter erhält, nicht angerechnet. Die Vorschrift des § 584 Abs. 1 bleibt unberührt.

Der Anspruch des Verfrachters auf Fautfracht ist nicht davon abhängig, daß er die im Vertrage bezeichnete Reise ausführt.

Durch die Fautfracht werden die Ansprüche des Verfrachters auf Liegegeld und die übrigen ihm etwa zustehenden Forderungen (§ 614) nicht ausgeschlossen.

587. Ist ein verhältnißmäßiger Theil oder ein bestimmt bezeichneter Raum des Schiffes verfrachtet, so gelten die Vorschriften der §§ 567 bis 586 mit folgenden Abweichungen:

1. Der Verfrachter erhält in den Fällen, in denen er sich nach diesen Vorschriften mit einem Theile der Fracht begnügen müßte, als Fautfracht die volle Fracht, es sei denn, daß sämmtliche Befrachter zurücktreten oder keine Ladung liefern.

   Von der vollen Fracht kommt jedoch die Fracht für diejenigen Güter in Abzug, welche der Verfrachter an Stelle der nicht gelieferten annimmt.

2. In den Fällen der §§ 581, 582 kann der Befrachter die Wiederausladung nicht verlangen, wenn sie eine Verzögerung der Reise zur Folge haben oder eine Umladung nöthig machen würde, es sei denn, daß alle übrigen Befrachter zustimmen. Außerdem ist der Befrachter verpflichtet, sowohl die Kosten als auch den Schaden zu ersetzen, welche durch die Wiederausladung entstehen.

   Machen sämmtliche Befrachter von dem Rechte des Rücktritts Gebrauch, so hat es bei den Vorschriften der §§ 581, 582 sein Bewenden.

588. Hat der Frachtvertrag Stückgüter zum Gegenstande, so muß der Befrachter auf die Aufforderung des Schiffers ohne Verzug die Abladung bewirken.

Ist der Befrachter säumig, so ist der Verfrachter nicht verpflichtet, auf die Lieferung der Güter zu warten; der Befrachter muß, wenn die Reise ohne die Güter angetreten wird, gleichwohl die volle Fracht entrichten. Es kommt von der letzteren jedoch die Fracht für diejenigen Güter in Abzug, welche der Verfrachter an Stelle der nicht gelieferten annimmt.

Der Verfrachter, der den Anspruch auf die Fracht gegen den säumigen Befrachter geltend machen will, ist bei Verlust des Anspruchs verpflichtet, dies dem Befrachter vor der Abreise kund zu geben. Auf diese Erklärung finden die Vorschriften des § 571 Anwendung.

589. Nach der Abladung kann der Befrachter auch gegen Berichtigung der vollen Fracht sowie aller sonstigen Forderungen des Verfrachters (§ 614) und gegen Berichtigung oder Sicherstellung der im § 615 bezeichneten Forderungen nur nach Maßgabe des § 587 Nr. 2 Abs. 1 von dem Vertrage zurücktreten und die Wiederausladung der Güter fordern.

Die Vorschrift des § 582 Abs. 3 findet Anwendung.

590. Ist ein Schiff auf Stückgüter angelegt und die Zeit der Abreise nicht festgesetzt, so hat auf Antrag des Befrachters der Richter[264] nach den Umständen des Falles den Zeitpunkt zu bestimmen, über welchen hinaus der Antritt der Reise nicht verschoben werden darf.

591. Bei jeder Art von Frachtvertrag hat der Befrachter innerhalb der Zeit, binnen welcher die Güter zu liefern sind, dem Schiffer zugleich alle zur Verschiffung der Güter erforderlichen Papiere zuzustellen.

592. Der Schiffer hat zur Löschung der Ladung das Schiff an den Platz hinzulegen, der ihm von demjenigen, an welchen die Ladung abzuliefern ist (Empfänger), oder, wenn die Ladung an mehrere Empfänger abzuliefern ist, von sämmtlichen Empfängern angewiesen wird.

Erfolgt die Anweisung nicht rechtzeitig oder wird nicht von sämmtlichen Empfängern derselbe Platz angewiesen oder gestatten die Wassertiefe, die Sicherheit des Schiffes oder die örtlichen Verordnungen oder Einrichtungen die Befolgung der Anweisung nicht, so hat der Schiffer an dem ortsüblichen Löschungsplatz anzulegen.

593. Sofern nicht durch Vertrag oder durch die örtlichen Verordnungen des Löschungshafens und in deren Ermangelung durch einen daselbst be-

264. Vgl. § 145 FrG.

stehenden Ortsgebrauch ein Anderes bestimmt ist, werden die Kosten der Ausladung aus dem Schiffe von dem Verfrachter, alle übrigen Kosten der Löschung von dem Ladungsempfänger getragen.

594. Bei der Verfrachtung eines Schiffes im Ganzen hat der Schiffer, sobald er zum Löschen fertig und bereit ist, dies dem Empfänger anzuzeigen.

Ist der Empfänger dem Schiffer unbekannt, so ist die Anzeige durch öffentliche Bekanntmachung in ortsüblicher Weise zu bewirken.

Mit dem auf die Anzeige folgenden Tage beginnt die Löschzeit.

Ueber die Löschzeit hinaus hat der Verfrachter nur dann auf die Abnahme der Ladung noch länger zu warten, wenn es vereinbart ist (Ueberliegezeit).

Für die Löschzeit kann, sofern nicht das Gegentheil bedungen ist, keine besondere Vergütung verlangt werden. Dagegen ist dem Verfrachter für die Ueberliegezeit eine Vergütung (Liegegeld) zu gewähren.

In Ansehung der Höhe des Liegegeldes finden die Vorschriften des § 572 Anwendung.

595. Ist die Dauer der Löschzeit durch Vertrag nicht festgesetzt, so wird sie durch die örtlichen Verordnungen des Löschungshafens und in deren Ermangelung durch den daselbst bestehenden Ortsgebrauch bestimmt. Besteht auch ein solcher Ortsgebrauch nicht, so gilt als Löschzeit eine den Umständen des Falles angemessene Frist.

Ist eine Ueberliegezeit, nicht aber deren Dauer, durch Vertrag bestimmt, so beträgt die Ueberliegezeit vierzehn Tage.

Enthält der Vertrag nur die Festsetzung eines Liegegeldes, so ist anzunehmen, daß eine Ueberliegezeit ohne Bestimmung der Dauer vereinbart sei.

596. Ist die Dauer der Löschzeit oder der Tag, mit welchem die Löschzeit enden soll, durch Vertrag bestimmt, so beginnt die Ueberliegezeit ohne Weiteres mit dem Ablaufe der Löschzeit.

In Ermangelung einer solchen vertragsmäßigen Bestimmung beginnt die Ueberliegezeit erst, nachdem der Verfrachter dem Empfänger erklärt hat, daß die Löschzeit abgelaufen sei. Der Verfrachter kann schon innerhalb der Löschzeit dem Empfänger erklären, an welchem Tage er die Löschzeit für abgelaufen halte. In diesem Falle ist zum Ablaufe der Löschzeit und zum Beginne der Ueberliegezeit eine neue Erklärung des Verfrachters nicht erforderlich.

Auf die im Abs. 2 erwähnten Erklärungen des Verfrachters finden die Vorschriften des § 571 Anwendung.

597. Bei der Berechnung der Lösch- und Ueberliegezeit werden die Tage in ununterbrochen fortlaufender Reihenfolge gezählt; insbesondere kommen in Ansatz die Sonntage und die Feiertage sowie diejenigen Tage, an welchen der Empfänger durch Zufall die Ladung abzunehmen verhindert ist.

Nicht in Ansatz kommen jedoch die Tage, an denen durch Wind und Wetter oder durch irgend einen anderen Zufall entweder

1. die Beförderung nicht nur der im Schiffe befindlichen, sondern jeder Art von Ladung von dem Schiffe an das Land oder
2. die Ausladung aus dem Schiffe

verhindert ist.

598. Für die Tage, die der Verfrachter wegen der Verhinderung der Beförderung jeder Art von Ladung von dem Schiffe an das Land länger warten muß, gebührt ihm Liegegeld, selbst wenn die Verhinderung während der Löschzeit eintritt. Dagegen ist für die Tage, die er wegen Verhinderung der Ausladung aus dem Schiffe länger warten muß, Liegegeld nicht zu entrichten, selbst wenn die Verhinderung während der Ueberliegezeit eintritt.

599. Sind für die Dauer der Löschzeit nach § 595 die örtlichen Verordnungen oder der Ortsgebrauch maßgebend, so kommen bei der Berechnung der Löschzeit die Vorschriften der §§ 597, 598 nur insoweit zur Anwendung, als die örtlichen Verordnungen oder der Ortsgebrauch nichts Abweichendes bestimmen.

600. Hat sich der Verfrachter ausbedungen, daß die Löschung bis zu einem bestimmten Tage beendigt sein muß, so wird er durch die Verhinderung der Beförderung jeder Art von Ladung von dem Schiffe an das Land (§ 597 Abs. 2 Nr. 1) zum längeren Warten nicht verpflichtet.

601. Wenn sich der Empfänger zur Abnahme der Güter bereit erklärt, die Abnahme aber über die von ihm einzuhaltenden Fristen verzögert, so ist der Schiffer befugt, die Güter unter Benachrichtigung des Empfängers in einem öffentlichen Lagerhaus oder sonst in sicherer Weise zu hinterlegen.

Der Schiffer ist verpflichtet, in dieser Weise zu verfahren und zugleich den Befrachter davon in Kenntniß zu setzen, wenn der Empfänger die Annahme der Güter verweigert oder sich über die Annahme auf die im § 594 vorgeschriebene Anzeige nicht erklärt oder wenn der Empfänger nicht zu ermitteln ist.

602. Soweit durch die Säumniß des Empfängers oder durch das Hinterlegungsverfahren die Löschzeit ohne Verschulden des Schiffers überschritten wird, hat der Verfrachter Anspruch auf Liegegeld (§ 594), unbeschadet des Rechtes, für diese Zeit, soweit sie keine vertragsmäßige Ueberliegezeit ist, einen höheren Schaden geltend zu machen.

603. Die Vorschriften der §§ 594 bis 602 kommen auch zur Anwendung, wenn ein verhältnißmäßiger Theil oder ein bestimmt bezeichneter Raum des Schiffes verfrachtet ist.

604. Stückgüter hat der Empfänger auf die Aufforderung des Schiffers ohne Verzug abzunehmen. Ist der Empfänger dem Schiffer unbekannt, so ist die Aufforderung durch öffentliche Bekanntmachung in ortsüblicher Weise zu bewirken.

In Ansehung des Rechtes und der Verpflichtung des Schiffers, die Güter zu hinterlegen, gelten die Vorschriften des § 601. Die im § 601 vorgeschriebene Benachrichtigung des Befrachters kann durch öffentliche, in ortsüblicher Weise zu bewirkende Bekanntmachung erfolgen.

Für die Tage, um welche durch die Säumniß des Empfängers oder durch das Hinterlegungsverfahren die Frist, binnen welcher das Schiff würde entlöscht worden sein, überschritten ist, hat der Verfrachter Anspruch auf Liegegeld (§ 594), unbeschadet des Rechtes, einen höheren Schaden geltend zu machen.

605. Hat bei der Verfrachtung des Schiffes im Ganzen oder eines verhältnißmäßigen Theiles oder eines bestimmt bezeichneten Raumes des Schiffes der Befrachter Unterfrachtverträge über Stückgüter geschlossen, so bleiben für die Rechte und Pflichten des ursprünglichen Verfrachters die Vorschriften der §§ 594 bis 602 maßgebend.

606. Der Verfrachter haftet für den Schaden, der durch Verlust oder Beschädigung der Güter in der Zeit von der Annahme bis zur Ablieferung entsteht, es sei denn, daß der Verlust oder die Beschädigung auf Umständen beruht, die durch die Sorgfalt eines ordentlichen Verfrachters nicht abgewendet werden konnten.

607. Für Kostbarkeiten, Kunstgegenstände, Geld und Werthpapiere haftet der Verfrachter nur, wenn diese Beschaffenheit oder der Werth der Güter bei der Abladung dem Schiffer angegeben worden ist.

608. Bevor der Empfänger die Güter übernimmt, kann sowohl der Empfänger als der Schiffer, um den Zustand oder die Menge der Güter festzustellen, ihre Besichtigung durch die zuständige Behörde oder durch die zu dem Zwecke amtlich bestellten Sachverständigen[265] bewirken lassen.

Bei diesem Verfahren ist die am Orte anwesende Gegenpartei zuzuziehen, sofern die Umstände es gestatten.

609. Ist die Besichtigung vor der Uebernahme nicht geschehen, so muß der Empfänger spätestens am zweiten Werktage nach dem Tage der Uebernahme die nachträgliche Besichtigung der Güter nach Maßgabe des § 608 erwirken, widrigenfalls alle Ansprüche wegen Beschädigung oder theilweisen Verlustes erlöschen. Es macht keinen Unterschied, ob der Verlust oder die Beschädigung äußerlich erkennbar war oder nicht.

Diese Vorschrift findet keine Anwendung auf solche Verluste und Beschädigungen, die durch Vorsatz oder grobe Fahrlässigkeit einer Person der Schiffsbesatzung entstanden sind.

610. Die Kosten der Besichtigung hat derjenige zu tragen, welcher sie beantragt hat.

Ist jedoch die Besichtigung von dem Empfänger beantragt und wird ein Verlust oder eine Beschädigung ermittelt, wofür der Verfrachter Ersatz zu leisten hat, so fallen diesem die Kosten zur Last.

611. Muß auf Grund des Frachtvertrags für gänzlichen oder theilweisen Verlust von Gütern Ersatz geleistet werden, so ist der gemeine Handelswerth und in dessen Ermangelung der gemeine Werth zu ersetzen, welchen Güter derselben Art und Beschaffenheit am Bestimmungsorte der Güter bei Beginn der Löschung des Schiffes oder, wenn eine Entlöschung des Schiffes an diesem Orte nicht erfolgt, bei seiner Ankunft daselbst haben; hiervon kommt in Abzug, was in Folge des Verlustes an Zöllen und sonstigen Kosten sowie an Fracht erspart ist.

Wird der Bestimmungsort der Güter nicht erreicht, so tritt an dessen Stelle der Ort, wo die Reise endet, oder, wenn die Reise durch Verlust des Schiffes endet, der Ort, wohin die Ladung in Sicherheit gebracht ist.

612. Die Vorschriften des § 611 finden auch auf diejenigen Güter Anwendung, für welche der Rheder nach § 541 Ersatz leisten muß.

Uebersteigt im Falle der Verfügung über die Güter durch Verkauf der Reinerlös den im § 611 bezeichneten Preis, so tritt an die Stelle des letzteren der Reinerlös.

613. Muß auf Grund des Frachtvertrags für Beschädigung von Gütern Ersatz geleistet werden, so ist der Unterschied zwischen dem Verkaufswerthe der Güter im beschädigten Zustande und dem gemeinen Handelswerth oder dem gemeinen Werthe zu ersetzen, welchen die Güter ohne die Beschädigung am Bestimmungsorte zur Zeit der Löschung des Schiffes gehabt haben würden; hiervon kommt in Abzug, was in Folge der Beschädigung an Zöllen und sonstigen Kosten erspart ist.

614. Durch die Annahme der Güter wird der Empfänger verpflichtet, nach Maßgabe des Frachtvertrags oder des Konnossements, auf deren Grund die Empfangnahme geschieht, die Fracht nebst allen Nebengebühren sowie das etwaige Liegegeld zu bezahlen, die ausgelegten Zölle und übrigen Auslagen zu erstatten und die ihm sonst obliegenden Verpflichtungen zu erfüllen.

Der Verfrachter hat die Güter gegen Zahlung der Fracht und gegen Erfüllung der übrigen Verpflichtungen des Empfängers auszuliefern.

615. Der Verfrachter ist nicht verpflichtet, die Güter früher auszuliefern, als bis die darauf haftenden Beiträge zur großen Haverei, Bergungs-

265. Vgl. § 164 FrG.

und Hülfskosten und Bodmereigelder bezahlt oder sichergestellt sind.

Ist die Verbodmung für Rechnung des Rheders geschehen, so gilt diese Vorschrift unbeschadet der Verpflichtung des Verfrachters, für die Befreiung der Güter von der Bodmereischuld noch vor der Auslieferung zu sorgen.

616. Der Verfrachter ist nicht verpflichtet, die Güter, mögen sie verdorben oder beschädigt sein oder nicht, für die Fracht an Zahlungsstatt anzunehmen.

Sind jedoch Behältnisse, die mit flüssigen Waaren angefüllt waren, während der Reise ganz oder zum größeren Theile ausgelaufen, so können sie dem Verfrachter für die Fracht und seine übrigen Forderungen (§ 614) an Zahlungsstatt überlassen werden.

Durch die Vereinbarung, daß der Verfrachter nicht für Leckage haftet, oder durch die Klausel: „frei von Leckage" wird dieses Recht nicht ausgeschlossen. Das Recht erlischt, sobald die Behältnisse in den Gewahrsam des Abnehmers gelangt sind.

Ist die Fracht in Bausch und Bogen bedungen und sind nur einige Behältnisse ganz oder zum größeren Theile ausgelaufen, so können diese für einen verhältnißmäßigen Theil der Fracht und der übrigen Forderungen des Verfrachters an Zahlungsstatt überlassen werden.

617. Für Güter, die durch irgend einen Unfall verloren gegangen sind, ist keine Fracht zu bezahlen und die etwa vorausbezahlte zu erstatten, sofern nicht das Gegentheil bedungen ist.

Diese Vorschrift kommt auch zur Anwendung, wenn das Schiff im Ganzen oder ein verhältnißmäßiger oder ein bestimmt bezeichneter Raum des Schiffes verfrachtet ist. Sofern in einem solchen Falle das Frachtgeld in Bausch und Bogen bedungen ist, berechtigt der Verlust eines Theiles der Güter zu einem verhältnißmäßigen Abzuge von der Fracht.

618. Ungeachtet der nicht erfolgten Ablieferung ist die Fracht zu zahlen für Güter, deren Verlust in Folge ihrer natürlichen Beschaffenheit, namentlich durch inneren Verderb, Schwinden, gewöhnliche Leckage, eingetreten ist, sowie für Thiere, die unterwegs gestorben sind.

Inwiefern die Fracht für Güter zu ersetzen ist, die in Fällen der großen Haverei aufgeopfert worden sind, wird durch die Vorschriften über die große Haverei bestimmt.

619. Für Güter, die ohne Abrede über die Höhe der Fracht zur Beförderung übernommen sind, ist die am Abladungsorte zur Abladungszeit übliche Fracht zu zahlen.

Für Güter, die über das mit dem Befrachter vereinbarte Maß hinaus zur Beförderung übernommen sind, ist die Fracht nach dem Verhältnisse der bedungenen Fracht zu zahlen.

620. Ist die Fracht nach Maß, Gewicht oder Menge der Güter bedungen, so ist im Zweifel anzunehmen, daß Maß, Gewicht oder Menge der abgelieferten und nicht der eingelieferten Güter für die Höhe der Fracht entscheiden soll.

621. Außer der Fracht können Kaplaken, Prämien und dergleichen nicht gefordert werden, sofern sie nicht ausbedungen sind.

Die gewöhnlichen und ungewöhnlichen Kosten der Schiffahrt, wie Lootsengeld, Hafengeld, Leuchtfeuergeld, Schlepplohn, Quarantänegelder, Auseisungskosten und dergleichen, fallen in Ermangelung einer entgegenstehenden Abrede dem Verfrachter allein zur Last, selbst wenn er zu den Maßregeln, welche die Auslagen verursacht haben, auf Grund des Frachtvertrags nicht verpflichtet war.

Die Fälle der großen Haverei sowie die Fälle der Aufwendung von Kosten zur Erhaltung, Bergung und Rettung der Ladung werden durch die Vorschriften des Abs. 2 nicht berührt.

622. Ist die Fracht nach Zeit bedungen, so beginnt sie in Ermangelung einer anderen Abrede mit dem Tage zu laufen, der auf denjenigen folgt, an welchem der Schiffer anzeigt, daß er zur Einnahme der Ladung, oder bei einer Reise in Ballast, daß er zum Antritte der Reise fertig und bereit sei, sofern aber bei einer Reise in Ballast diese Anzeige am Tage vor dem Antritte der Reise noch nicht erfolgt ist, mit dem Tage, an welchem die Reise angetreten wird.

Ist Liegegeld oder Ueberliegezeit bedungen, so beginnt in allen Fällen die Zeitfracht erst mit dem Tage zu laufen, an welchem der Antritt der Reise erfolgt.

Die Zeitfracht endet mit dem Tage, an welchem die Löschung vollendet ist.

Wird die Reise ohne Verschulden des Verfrachters verzögert oder unterbrochen, so muß für die Zwischenzeit die Zeitfracht fortentrichtet werden, jedoch unbeschadet der Vorschriften der §§ 637, 638.

623. Der Verfrachter hat wegen der im § 614 erwähnten Forderungen ein Pfandrecht an den Gütern.

Das Pfandrecht besteht, solange die Güter zurückbehalten oder hinterlegt sind, es dauert auch nach der Ablieferung fort, sofern es binnen dreißig Tagen nach der Beendigung der Ablieferung gerichtlich geltend gemacht wird und das Gut noch im Besitze des Empfängers ist.

Die nach § 366 Abs. 3, § 368 für das Pfandrecht des Frachtführers geltenden Vorschriften finden auch auf das Pfandrecht des Verfrachters Anwendung.

Die im § 1234 Abs. 1 des Bürgerlichen Gesetzbuchs bezeichnete Androhung des Pfandverkaufs sowie die in den §§ 1237, 1241 des Bürgerlichen Gesetzbuchs vorgesehenen Benachrichtigungen sind an den Empfänger zu richten. Ist dieser nicht zu ermitteln oder verweigert er die Annahme des Gutes, so hat die Androhung und Benachrichtigung gegenüber dem Absender zu erfolgen.

624. Im Falle des Streites über die Forderungen des Verfrachters ist dieser zur Auslieferung der Güter verpflichtet, sobald die streitige Summe öffentlich hinterlegt ist.

Nach der Ablieferung der Güter ist der Verfrachter zur Erhebung der hinterlegten Summe gegen angemessene Sicherheitsleistung berechtigt.[266]

625. Hat der Verfrachter die Güter ausgeliefert, so kann er sich wegen der gegen den Empfänger ihm zustehenden Forderungen (§ 614) nicht an dem Befrachter erholen. Nur soweit sich der Befrachter mit dem Schaden des Verfrachters bereichern würde, findet ein Rückgriff statt.

626. Hat der Verfrachter die Güter nicht ausgeliefert und von dem Rechte des Pfandverkaufs Gebrauch gemacht, jedoch durch den Verkauf seine vollständige Befriedigung nicht erhalten, so kann er sich an dem Befrachter erholen, soweit er wegen seiner Forderungen aus dem zwischen ihm und dem Befrachter abgeschlossenen Frachtvertrage nicht befriedigt ist.

627. Werden die Güter vom Empfänger nicht abgenommen, so ist der Befrachter verpflichtet, den Verfrachter wegen der Fracht und der übrigen Forderungen dem Frachtvertrage gemäß zu befriedigen.

Bei der Abnahme der Güter durch den Befrachter kommen die Vorschriften der §§ 592 bis 624 mit der Maßgabe zur Anwendung, daß an die Stelle des Empfängers der Befrachter tritt. Insbesondere steht in einem solchen Falle dem Verfrachter wegen seiner Forderungen das Zurückbehaltungs- und Pfandrecht an den Gütern nach den Vorschriften der §§ 623, 624 sowie das im § 615 bezeichnete Recht zu.

628. Der Frachtvertrag tritt außer Kraft, ohne daß ein Theil zur Entschädigung des anderen verpflichtet ist, wenn vor dem Antritte der Reise durch einen Zufall:

1. das Schiff verloren geht, insbesondere
   wenn es verunglückt,
   wenn es als reparaturunfähig oder reparaturunwürdig kondemnirt (§ 479) und in dem letzteren Falle unverzüglich öffentlich verkauft wird,
   wenn es geraubt wird,
   wenn es aufgebracht oder angehalten und für gute Prise erklärt wird,
   oder
2. die im Frachtvertrage nicht bloß nach Art oder Gattung, sondern speziell bezeichneten Güter verloren gehen
   oder
3. die nicht im Frachtvertrage speziell bezeichneten Güter verloren gehen, nachdem sie bereits an Bord gebracht oder behufs der Einladung in das Schiff an der Ladungsstelle vom Schiffer übernommen worden sind.

Gehen im Falle des Abs. 1 Nr. 3 die Güter noch innerhalb der Wartezeit (§ 579) verloren, so tritt der Vertrag nicht außer Kraft, sofern der Befrachter sich unverzüglich bereit erklärt, statt der verloren gegangenen andere Güter (§ 562) zu liefern, und mit der Lieferung noch innerhalb der Wartezeit beginnt. Er hat die Abladung der anderen Güter binnen kürzester Frist zu vollenden, die Mehrkosten dieser Abladung zu tragen und, soweit durch sie die Wartezeit überschritten wird, den dem Verfrachter daraus entstehenden Schaden zu ersetzen.

629. Jeder Theil ist befugt, von dem Vertrage zurückzutreten, ohne zur Entschädigung verpflichtet zu sein:

1. wenn vor dem Antritte der Reise
   das Schiff mit Embargo belegt oder für den Dienst des Reichs oder einer fremden Macht in Beschlag genommen,
   der Handel mit dem Bestimmungsort untersagt,
   der Ablade- oder Bestimmungshafen blokirt,
   die Ausfuhr der nach dem Frachtvertrage zu verschiffenden Güter aus dem Abladungshafen oder ihre Einfuhr in den Bestimmungshafen verboten,
   durch eine andere Verfügung von hoher Hand das Schiff am Auslaufen oder die Reise oder die Versendung der nach dem Frachtvertrage zu liefernden Güter verhindert wird.

   In allen diesen Fällen berechtigt jedoch die Verfügung von hoher Hand nur dann zum Rücktritte, wenn das eingetretene Hinderniß nicht voraussichtlich von nur unerheblicher Dauer ist;
2. wenn vor dem Antritte der Reise ein Krieg ausbricht, in Folge dessen das Schiff oder die nach dem Frachtvertrage zu verschiffenden Güter oder beide nicht mehr als frei betrachtet werden können und der Gefahr der Aufbringung ausgesetzt würden.

Die Ausübung der im § 562 dem Befrachter ertheilten Befugniß wird durch diese Vorschriften nicht ausgeschlossen.

630. Geht das Schiff nach dem Antritte der Reise durch einen Zufall verloren (§ 628 Abs. 1 Nr. 1), so endet der Frachtvertrag. Jedoch hat der Befrachter, soweit Güter geborgen oder gerettet werden, die Fracht im Verhältnisse der zurückgelegten zur ganzen Reise zu zahlen (Distanzfracht).

Die Distanzfracht ist nur soweit zu zahlen, als der gerettete Werth der Güter reicht.

266. Vgl. §§ 372 ff. BGB.

631. Bei der Berechnung der Distanzfracht kommt in Anschlag nicht allein das Verhältniß der bereits zurückgelegten zu der noch zurückzulegenden Entfernung, sondern auch das Verhältniß des Aufwandes an Kosten und Zeit, der Gefahren und Mühen, welche durchschnittlich mit dem vollendeten Theile der Reise verbunden sind, zu denen des nicht vollendeten Theiles.

632. Die Auflösung des Frachtvertrags ändert nichts in den Verpflichtungen des Schiffers, bei Abwesenheit der Betheiligten auch nach dem Verluste des Schiffes für das Beste der Ladung zu sorgen (§§ 535 bis 537). Der Schiffer ist demzufolge berechtigt und verpflichtet, und zwar im Falle der Dringlichkeit auch ohne vorherige Anfrage, je nachdem es den Umständen entspricht, entweder die Ladung für Rechnung der Betheiligten mittelst eines anderen Schiffes nach dem Bestimmungshafen befördern zu lassen oder die Auflagerung oder den Verkauf der Ladung zu bewirken und im Falle der Weiterbeförderung oder Auflagerung, behufs der Beschaffung der hierzu sowie zur Erhaltung der Ladung nöthigen Mittel, einen Theil davon zu verkaufen oder im Falle der Weiterbeförderung die Ladung ganz oder zu zu einem Theile zu verbodmen.

Der Schiffer ist jedoch nicht verpflichtet, die Ladung auszuantworten oder zur Weiterbeförderung einem anderen Schiffer zu übergeben, bevor die Distanzfracht nebst den sonstigen Forderungen des Verfrachters (§ 614) und die auf der Ladung haftenden Beiträge zur großen Haverei, Bergungs- und Hülfskosten und Bodmereigelder bezahlt oder sichergestellt sind.

Auch für die Erfüllung der nach Abs. 1 dem Schiffer obliegenden Pflichten haftet der Rheder mit dem Schiffe, soweit etwas davon gerettet ist, und mit der Fracht.

633. Gehen nach dem Antritte der Reise die Güter durch einen Zufall verloren, so endet der Frachtvertrag, ohne daß ein Theil zur Entschädigung des anderen verpflichtet ist; insbesondere ist die Fracht weder ganz noch theilweise zu zahlen, sofern nicht im § 618 das Gegentheil bestimmt ist.

634. Ereignet sich nach dem Antritte der Reise einer der im § 629 erwähnten Zufälle, so ist jeder Theil befugt, von dem Vertrage zurückzutreten, ohne zur Entschädigung verpflichtet zu sein.

Tritt jedoch einer der im § 629 Abs. 1 Nr. 1 bezeichneten Zufälle ein, so muß, bevor der Rücktritt stattfindet, auf die Beseitigung des Hindernisses drei oder fünf Monate gewartet werden, je nachdem sich das Schiff in einem europäischen oder in einem außereuropäischen Hafen befindet.

Die Frist wird, wenn der Schiffer das Hinderniß während des Aufenthalts in einem Hafen erfährt, von dem Tage der erhaltenen Kunde, anderenfalls von dem Tage an berechnet, an welchem der Schiffer, nachdem er davon in Kenntniß gesetzt worden ist, mit dem Schiffe zuerst einen Hafen erreicht.

Die Ausladung des Schiffes erfolgt mangels einer anderweitigen Vereinbarung in dem Hafen, in welchem es sich zur Zeit der Erklärung des Rücktritts befindet.

Für den zurückgelegten Theil der Reise ist der Befrachter Distanzfracht (§§ 630, 631) zu zahlen verpflichtet.

Ist das Schiff in Folge des Hindernisses in den Abgangshafen oder in einen anderen Hafen zurückgekehrt, so wird bei der Berechnung der Distanzfracht der dem Bestimmungshafen nächste Punkt, welchen das Schiff erreicht hat, behufs der Feststellung der zurückgelegten Entfernung zum Anhalte genommen.

Der Schiffer ist auch in den vorstehenden Fällen verpflichtet, vor und nach der Auflösung des Frachtvertrags für das Beste der Ladung nach Maßgabe der §§ 535 bis 537, 632 zu sorgen.

635. Muß das Schiff, nachdem es die Ladung eingenommen hat, vor dem Antritte der Reise im Abladungshafen oder nach dem Antritte der Reise in einem Zwischen- oder Nothhafen in Folge eines der im § 629 erwähnten Ereignisse liegen bleiben, so werden die Kosten des Aufenthalts, auch wenn die Erfordernisse der großen Haverei nicht vorliegen, über Schiff, Fracht und Ladung nach den Grundsätzen der großen Haverei vertheilt, gleichviel ob demnächst der Vertrag aufgehoben oder vollständig erfüllt wird. Zu den Kosten des Aufenthalts werden alle im § 706 Nr. 4 Abs. 2 aufgeführten Kosten gezählt, diejenigen des Ein- und Auslaufens jedoch nur, wenn wegen des Hindernisses ein Nothhafen angelaufen ist.

636. Wird nur ein Theil der Ladung vor dem Antritte der Reise durch einen Zufall betroffen, der, wenn er die ganze Ladung betroffen hätte, nach den §§ 628, 629 den Vertrag aufgelöst oder die Parteien zum Rücktritte berechtigt haben würde, so ist der Befrachter nur befugt, entweder statt der vertragsmäßigen andere Güter abzuladen, sofern durch deren Beförderung die Lage des Verfrachters nicht erschwert wird (§ 562), oder von dem Vertrag unter der Verpflichtung zurückzutreten, die Hälfte der bedungenen Fracht und die sonstigen Forderungen des Verfrachters zu berichtigen (§§ 580, 581). Bei der Ausübung dieser Rechte ist der Befrachter nicht an die sonst einzuhaltende Zeit gebunden; er hat sich aber ohne Verzug zu erklären, von welchem der beiden Rechte er Gebrauch machen wolle, und, wenn er die Abladung anderer Güter wählt, die Abladung binnen kürzester Frist zu bewirken, auch die Mehrkosten dieser Abladung zu tragen und, soweit durch sie die Wartezeit überschritten wird, den dem Verfrachter daraus entstehenden Schaden zu ersetzen.

Macht er von keinem der beiden Rechte Gebrauch, so hat er auch für den durch den Zufall betroffenen Theil der Ladung die volle Fracht zu entrichten. Den durch Krieg, durch ein Einfuhr- oder Ausfuhrverbot oder durch eine andere Verfügung von hoher Hand unfrei gewordenen Theil der Ladung ist er jedenfalls aus dem Schiffe herauszunehmen verbunden.

Tritt der Zufall nach dem Antritte der Reise ein, so hat der Befrachter für den dadurch betroffenen Theil der Ladung die volle Fracht auch dann zu entrichten, wenn der Schiffer diesen Theil in einem anderen als dem Bestimmungshafen zu löschen sich genöthigt gefunden und hierauf mit oder ohne Aufenthalt die Reise fortgesetzt hat.

Die Vorschriften der §§ 617, 618 bleiben unberührt.

637. Abgesehen von den Fällen der §§ 629 bis 636 hat ein Aufenthalt, den die Reise vor oder nach ihrem Antritte durch Naturereignisse oder andere Zufälle erleidet, auf die Rechte und Pflichten der Parteien keinen Einfluß, es sei denn, daß der erkennbare Zweck des Vertrags durch einen solchen Aufenthalt vereitelt wird. Der Befrachter ist jedoch befugt, während jedes durch einen Zufall entstandenen, voraussichtlich längeren Aufenthalts die bereits in das Schiff geladenen Güter auf seine Gefahr und Kosten gegen Sicherheitsleistung für die rechtzeitige Wiedereinladung auszuladen. Unterläßt er die Wiedereinladung, so hat er die volle Fracht zu zahlen. In jedem Falle hat er den Schaden zu ersetzen, der aus der von ihm veranlaßten Wiederausladung entsteht.

Ist der Aufenthalt durch eine Verfügung von hoher Hand herbeigeführt, so ist für die Dauer der Verfügung keine Fracht zu bezahlen, wenn diese nach Zeit bedungen war (§ 622).

638. Muß das Schiff während der Reise ausgebessert werden, so hat der Befrachter die Wahl, ob er die ganze Ladung an dem Orte, wo sich das Schiff befindet, gegen Berichtigung der vollen Fracht und der übrigen Forderungen des Verfrachters (§ 614) und gegen Berichtigung oder Sicherstellung[267] der im § 615 bezeichneten Forderungen zurücknehmen oder die Wiederherstellung abwarten will. Im letzteren Falle ist für die Dauer der Ausbesserung keine Fracht zu bezahlen, wenn diese nach Zeit bedungen war.

639. Wird der Frachtvertrag nach den §§ 628 bis 634 aufgelöst, so werden die Kosten der Ausladung aus dem Schiffe von dem Verfrachter, die übrigen Löschungskosten von dem Befrachter getragen. Hat der Zufall jedoch nur die Ladung betroffen, so fallen die sämmtlichen Kosten der Löschung dem Befrachter zur Last. Dasselbe gilt, wenn im Falle des § 636 ein Theil der Ladung gelöscht wird. Muß in einem solchen Falle behufs der Löschung ein Hafen angelaufen werden, so hat der Befrachter auch die Hafenkosten zu tragen.

640. Die §§ 628 bis 639 kommen auch zur Anwendung, wenn das Schiff zur Einnahme der Ladung eine Zureise in Ballast nach dem Abladungshafen zu machen hat. Die Reise gilt aber in einem solchen Falle erst dann als angetreten, wenn sie aus dem Abladungshafen angetreten ist. Wird der Vertrag, nachdem das Schiff den Abladungshafen erreicht hat, wenn auch vor dem Antritte der Reise aus dem letzteren, aufgelöst, so erhält der Verfrachter für die Zureise eine nach den Grundsätzen der Distanzfracht (§ 631) zu bemessende Entschädigung.

In anderen Fällen einer zusammengesetzten Reise kommen die §§ 628 bis 639 insoweit zur Anwendung, als die Natur und der Inhalt des Vertrags nicht entgegenstehen.

641. Bezieht sich der Vertrag nicht auf das Schiff im Ganzen, sondern nur auf einen verhältnißmäßigen Theil oder einen bestimmt bezeichneten Raum des Schiffes oder auf Stückgüter, so gelten die Vorschriften der §§ 628 bis 640 mit folgenden Abweichungen:

1. in den Fällen der §§ 629, 634 ist jeder Theil sogleich nach dem Eintritte des Hindernisses und ohne Rücksicht auf dessen Dauer befugt, von dem Vertrage zurückzutreten;
2. im Falle des § 636 kann von dem Befrachter das Recht, von dem Vertrage zurückzutreten, nicht ausgeübt werden;
3. im Falle des § 637 steht dem Befrachter das Recht der einstweiligen Löschung nur zu, wenn die übrigen Befrachter ihre Genehmigung ertheilen;
4. im Falle des § 638 kann der Befrachter die Güter gegen Entrichtung der vollen Fracht und der übrigen Forderungen nur zurücknehmen, wenn während der Ausbesserung die Löschung dieser Güter ohnehin erfolgt ist.

Die Vorschriften der §§ 587, 589 bleiben unberührt.

642. Nach der Beendigung jeder einzelnen Abladung hat der Schiffer dem Ablader unverzüglich gegen Rückgabe des etwa bei der Annahme der Güter ertheilten vorläufigen Empfangsscheins ein Konnossement in so vielen Exemplaren auszustellen, als der Ablader verlangt.

Alle Exemplare des Konnossements müssen von gleichem Inhalte sein, dasselbe Datum haben und ausdrücken, wie viele Exemplare ausgestellt sind.

Der Ablader hat dem Schiffer auf Verlangen eine von ihm unterschriebene Abschrift des Konnossements zu ertheilen.

Die Ausstellung des Konnossements kann an Stelle des Schiffers durch einen anderen dazu ermächtigten Vertreter des Rheders erfolgen.

Das Konnossement kann mit Zustimmung des

267. Vgl. §§ 232 ff. BGB.

Abladers auch über Güter ausgestellt werden, die zur Beförderung übernommen, aber noch nicht abgeladen sind.

643. Das Konnossement enthält:

1. den Namen des Schiffers;
2. den Namen und die Nationalität des Schiffes;
3. den Namen des Abladers;
4. den Namen des Empfängers;
5. den Abladungshafen;
6. den Löschungshafen oder den Ort, an welchem Order über ihn einzuholen ist;
7. die Bezeichnung der abgeladenen oder zur Beförderung übernommenen Güter, deren Menge und Merkzeichen;
8. die Bestimmung in Ansehung der Fracht;
9. den Ort und den Tag der Ausstellung;
10. die Zahl der ausgestellten Exemplare.

644. Auf Verlangen des Abladers ist das Konnossement, sofern nicht das Gegentheil vereinbart ist, an die Order des Empfängers oder lediglich an Order zu stellen. Im letzteren Falle ist unter der Order die Order des Abladers zu verstehen.

Das Konnossement kann auch auf den Namen des Schiffers als Empfängers lauten.

645. Der Schiffer ist verpflichtet, im Löschungshafen dem legitimirten Inhaber auch nur eines Exemplars des Konnossements die Güter auszuliefern.

Zur Empfangnahme der Güter legitimirt ist derjenige, an welchen die Güter nach dem Konnossement abgeliefert werden sollen, oder auf welchen das Konnossement, wenn es an Order lautet, durch Indossament übertragen ist.

646. Melden sich mehrere legitimirte Konnossementsinhaber, so ist der Schiffer verpflichtet, sie sämmtlich zurückzuweisen, die Güter in einem öffentlichen Lagerhaus oder sonst in sicherer Weise zu hinterlegen und die Konnossementsinhaber, die sich gemeldet haben, unter Angabe der Gründe seines Verfahrens hiervon zu benachrichtigen.

Er ist befugt, über sein Verfahren und dessen Gründe eine öffentliche Urkunde errichten zu lassen und wegen der daraus entstehenden Kosten in gleicher Art wie wegen der Fracht sich an die Güter zu halten.

647. Die Uebergabe des Konnossements an denjenigen, welcher durch das Konnossement zur Empfangnahme legitimirt wird, hat, sobald die Güter von dem Schiffer oder einem anderen Vertreter des Rheders zur Beförderung übernommen sind, für den Erwerb von Rechten an den Gütern dieselben Wirkungen wie die Uebergabe der Güter.

648. Sind mehrere Exemplare eines an Order lautenden Konnossements ausgestellt, so können von dem Inhaber des einen Exemplars die im § 647 bezeichneten Wirkungen der Uebergabe des Konnossements zum Nachtheile desjenigen nicht geltend gemacht werden, welcher auf Grund eines anderen Exemplars gemäß § 645 die Auslieferung der Güter von dem Schiffer erlangt hat, bevor der Anspruch auf Auslieferung von dem Inhaber des ersteren Exemplars erhoben worden ist.

649. Hat der Schiffer die Güter noch nicht ausgeliefert, so geht unter mehreren sich meldenden Konnossementsinhabern, soweit die von ihnen auf Grund der Konnossementsübergabe an den Gütern geltend gemachten Rechte einander entgegenstehen, derjenige vor, dessen Exemplar von dem gemeinschaftlichen Vormanne, welcher mehrere Konnossementsexemplare an verschiedene Personen übertragen hat, zuerst der einen dieser Personen dergestalt übergeben worden ist, daß sie zur Empfangnahme der Güter legitimirt wurde.

Bei dem nach einem anderen Orte übersendeten Exemplare wird die Zeit der Uebergabe durch den Zeitpunkt der Absendung bestimmt.

650. Der Schiffer ist zur Ablieferung der Güter nur gegen Rückgabe eines Exemplars des Konnossements, auf welchem die Ablieferung der Güter bescheinigt ist, verpflichtet.

651. Das Konnossement ist für das Rechtsverhältniß zwischen dem Verfrachter und dem Empfänger der Güter maßgebend; insbesondere hat die Ablieferung der Güter an den Empfänger nach dem Inhalte des Konnossements zu erfolgen.

Die nicht in das Konnossement aufgenommenen Bestimmungen des Frachtvertrags sind dem Empfänger gegenüber unwirksam, sofern nicht das Konnossement ausdrücklich auf sie Bezug nimmt. Wird in Ansehung der Fracht auf den Frachtvertrag verwiesen (zum Beispiel durch die Worte: „Fracht laut Chartepartie"), so sind hierin die Bestimmungen über Löschzeit, Ueberliegezeit und Liegegeld nicht als einbegriffen anzusehen.

Für das Rechtsverhältniß zwischen dem Verfrachter und dem Befrachter bleiben die Bestimmungen des Frachtvertrags maßgebend.

652. Der Verfrachter ist für die Richtigkeit der im Konnossement enthaltenen Bezeichnung der übernommenen Güter dem Empfänger verantwortlich. Seine Haftung beschränkt sich jedoch auf den Ersatz des Minderwerths, der sich aus der Nichtübereinstimmung der Güter mit der im Konnossement enthaltenen Bezeichnung ergiebt.

653. Die im § 652 erwähnte Haftung des Verfrachters tritt auch dann ein, wenn die Güter dem Schiffer in Verpackung oder in geschlossenen Gefäßen übergeben worden sind.

Ist dies aus dem Konnossement ersichtlich, so ist der Verfrachter für die Richtigkeit der Bezeichnung der Güter dem Empfänger nicht verantwortlich, wenn ungeachtet der Sorgfalt eines ordentlichen Schiffers die Unrichtigkeit der in dem Konnossement enthaltenen Bezeichnung nicht wahrgenommen werden konnte.

Die Haftung des Verfrachters wird dadurch nicht

ausgeschlossen, daß die Uebereinstimmung der abgelieferten und der übernommenen Güter nicht bestritten oder daß sie vom Verfrachter nachgewiesen wird.

654. Werden dem Schiffer Güter in Verpackung oder in geschlossenen Gefäßen übergeben, so kann er das Konnossement mit dem Zusatze: „Inhalt unbekannt" versehen. Enthält das Konnossement diesen oder einen gleichbedeutenden Zusatz, so ist der Verfrachter, falls der abgelieferte Inhalt mit dem im Konnossement angegebenen nicht übereinstimmt, nur insoweit verantwortlich, als festgestellt wird, daß er einen anderen als den abgelieferten Inhalt empfangen hat.

655. Sind die im Konnossemente nach Zahl, Maß oder Gewicht bezeichneten Güter dem Schiffer nicht zugezählt, zugemessen oder zugewogen, so kann er das Konnossement mit dem Zusatze: „Zahl, Maß, Gewicht unbekannt" versehen. Enthält das Konnossement diesen oder einen gleichbedeutenden Zusatz, so hat der Verfrachter die Richtigkeit der Angaben des Konnossements über Zahl, Maß oder Gewicht der übernommenen Güter nicht zu vertreten.

656. Ist die Fracht nach Zahl, Maß oder Gewicht der Güter bedungen und im Konnossemente Zahl, Maß oder Gewicht angegeben, so ist diese Angabe für die Berechnung der Fracht entscheidend, wenn nicht das Konnossement eine abweichende Bestimmung enthält. Als eine solche ist der Zusatz: „Zahl, Maß, Gewicht unbekannt" oder ein gleichbedeutender Zusatz nicht anzusehen.

657. Ist das Konnossement mit dem Zusatze: „frei von Bruch" oder: „frei von Leckage" oder: „frei von Beschädigung" oder mit einem gleichbedeutenden Zusatze versehen, so haftet der Verfrachter nicht für Bruch, Leckage oder Beschädigung, es sei denn, daß den Schiffer oder eine Person, für die der Verfrachter verantwortlich ist, ein Verschulden trifft.

658. Werden dem Schiffer Güter übergeben, deren Beschädigung, schlechte Beschaffenheit oder schlechte Verpackung sichtbar ist, so hat er diese Mängel im Konnossemente zu bemerken, widrigenfalls er dem Empfänger dafür verantwortlich ist, auch wenn das Konnossement mit einem der im § 657 erwähnten Zusätze versehen ist.

659. Hat der Schiffer ein an Order lautendes Konnossement ausgestellt, so darf er den Anweisungen des Abladers wegen Rückgabe oder Auslieferung der Güter nur dann Folge leisten, wenn ihm die sämmtlichen Exemplare des Konnossements zurückgegeben werden.

Dasselbe gilt in Ansehung der Anforderungen eines Konnossementsinhabers auf Auslieferung der Güter, solange der Schiffer den Bestimmungshafen nicht erreicht hat.

Handelt er diesen Vorschriften entgegen, so bleibt er dem rechtmäßigen Inhaber des Konnossements verpflichtet.

Lautet das Konnossement nicht an Order, so ist der Schiffer zur Rückgabe oder Auslieferung der Güter auch ohne Beibringung eines Exemplars des Konnossements verpflichtet, sofern der Ablader und der im Konnossemente bezeichnete Empfänger in die Rückgabe oder Auslieferung der Güter willigen. Werden jedoch nicht sämmtliche Exemplare des Konnossements zurückgestellt, so kann der Schiffer wegen der deshalb zu besorgenden Nachtheile zuvor Sicherheitsleistung fordern.

660. Die Vorschriften des § 659 kommen auch zur Anwendung, wenn der Frachtvertrag vor der Erreichung des Bestimmungshafens in Folge eines Zufalls nach den §§ 628 bis 641 aufgelöst wird.

661. In Ansehung der Verpflichtungen des Schiffers aus den von ihm geschlossenen Frachtverträgen und ausgestellten Konnossementen hat es bei den Vorschriften der §§ 511, 512, 533 sein Bewenden.

662. Im Falle der Unterverfrachtung haftet für die Erfüllung des Unterfrachtvertrags, soweit dessen Ausführung zu den Dienstobliegenheiten des Schiffers gehört und von diesem übernommen ist, insbesondere durch Annahme der Güter und Ausstellung des Konnossements, nicht der Unterverfrachter, sondern der Rheder mit Schiff und Fracht (§ 486).

Ob und inwieweit im Uebrigen der Rheder oder der Unterverfrachter von dem Unterbefrachter in Anspruch genommen werden kann und ob im letzteren Falle der Unterverfrachter für die Erfüllung unbeschränkt zu haften oder nur die auf Schiff und Fracht beschränkte Haftung des Rheders zu vertreten hat, wird durch diese Vorschrift nicht berührt.

663. Auf die Beförderung von Gütern zur See durch die Postverwaltungen des Reichs und der Bundesstaaten finden die Vorschriften dieses Abschnitts keine Anwendung.[268]

Fünfter Abschnitt. Frachtgeschäft zur Beförderung von Reisenden.

664. Ist der Reisende in dem Ueberfahrtsvertrage genannt, so ist er nicht befugt, das Recht auf die Ueberfahrt an einen Anderen abzutreten.

665. Der Reisende ist verpflichtet, alle die Schiffsordnung betreffenden Anweisungen des Schiffers zu befolgen.

666. Der Reisende, der sich vor oder nach dem Antritte der Reise nicht rechtzeitig an Bord begiebt, hat das volle Ueberfahrtsgeld zu bezahlen, wenn der Schiffer die Reise antritt oder fortsetzt, ohne auf ihn zu warten.

268. Vgl. Ges. v. 6. April 1885 betr. Postdampfschiffsverbindungen mit überseeischen Ländern.

667. Wenn der Reisende vor dem Antritte der Reise den Rücktritt von dem Ueberfahrtsvertrag erklärt oder stirbt oder durch Krankheit oder einen anderen in seiner Person sich ereignenden Zufall zurückzubleiben genöthigt wird, so ist nur die Hälfte des Ueberfahrtsgeldes zu zahlen.

Wenn nach dem Antritte der Reise der Rücktritt erklärt wird oder einer der erwähnten Zufälle sich ereignet, so ist das volle Ueberfahrtsgeld zu zahlen.

668. Der Ueberfahrtsvertrag tritt außer Kraft, wenn durch einen Zufall das Schiff verloren geht (§ 628 Abs. 1 Nr. 1).

669. Der Reisende ist befugt, von dem Vertrage zurückzutreten, wenn ein Krieg ausbricht, in Folge dessen das Schiff nicht mehr als frei betrachtet werden kann und der Gefahr der Aufbringung ausgesetzt wäre, oder wenn die Reise durch eine das Schiff betreffende Verfügung von hoher Hand aufgehalten wird.

Das Recht des Rücktritts steht auch dem Verfrachter zu, wenn er in einem der vorstehenden Fälle die Reise aufgiebt oder wenn das Schiff hauptsächlich zur Beförderung von Gütern bestimmt ist und die Unternehmung unterbleiben muß, weil die Güter ohne sein Verschulden nicht befördert werden können.

670. In allen Fällen, in denen nach den §§ 668, 669 der Ueberfahrtsvertrag aufgelöst wird, ist kein Theil zur Entschädigung des anderen verpflichtet.

Ist jedoch die Auflösung erst nach dem Antritte der Reise erfolgt, so hat der Reisende das Ueberfahrtsgeld nach dem Verhältnisse der zurückgelegten zur ganzen Reise zu zahlen.

Bei der Berechnung des zu zahlenden Betrags ist die Vorschrift des § 631 maßgebend.

671. Muß das Schiff während der Reise ausgebessert werden, so hat der Reisende, auch wenn er die Ausbesserung nicht abwartet, das volle Ueberfahrtsgeld zu zahlen. Wartet er die Ausbesserung ab, so hat ihm der Verfrachter bis zum Wiederantritte der Reise ohne besondere Vergütung Wohnung zu gewähren, auch die nach dem Ueberfahrtsvertrag in Ansehung der Beköstigung ihm obliegenden Pflichten weiter zu erfüllen.

Erbietet sich jedoch der Verfrachter, den Reisenden mit einer anderen gleich guten Schiffsgelegenheit ohne Beeinträchtigung der übrigen vertragsmäßigen Rechte des Reisenden nach dem Bestimmungshafen zu befördern, und weigert sich der Reisende, von dem Anerbieten Gebrauch zu machen, so hat er auf Gewährung von Wohnung und Kost bis zum Wiederantritte der Reise nicht weiter Anspruch.

672. Für die Beförderung des Reiseguts, welches der Reisende nach dem Ueberfahrtsvertrag an Bord zu bringen befugt ist, hat er, wenn nicht ein Anderes bedungen ist, neben dem Ueberfahrtsgelde keine besondere Vergütung zu zahlen.

673. Auf das an Bord gebrachte Reisegut finden die Vorschriften der §§ 561, 593, 617 Anwendung.

Ist das Reisegut von dem Schiffer oder einem dazu bestellten Dritten übernommen, so gelten für den Fall seines Verlustes oder seiner Beschädigung die Vorschriften der §§ 606 bis 610.

Auf sämmtliche von dem Reisenden an Bord gebrachte Sachen finden außerdem die Vorschriften der §§ 563 bis 565, 619 Anwendung.

674. Der Verfrachter hat wegen des Ueberfahrtsgeldes an den von dem Reisenden an Bord gebrachten Sachen ein Pfandrecht.

Das Pfandrecht besteht jedoch nur, solange die Sachen zurückbehalten oder hinterlegt sind.

675. Stirbt ein Reisender, so ist der Schiffer verpflichtet, in Ansehung des an Bord befindlichen Reiseguts des Verstorbenen das Interesse der Erben nach den Umständen des Falles in geeigneter Weise wahrzunehmen.

676. Wird ein Schiff zur Beförderung von Reisenden einem Dritten verfrachtet, sei es im Ganzen oder zu einem Theile oder dergestalt, daß eine bestimmte Zahl von Reisenden befördert werden soll, so gelten für das Rechtsverhältniß zwischen dem Verfrachter und dem Dritten die Vorschriften des vierten Abschnitts, soweit die Natur der Sache ihre Anwendung zuläßt.

677. Wenn in den folgenden Abschnitten dieses Buches die Fracht erwähnt wird, so sind darunter, sofern nicht das Gegentheil bestimmt ist, auch die Ueberfahrtsgelder zu verstehen.

678. Die auf das Auswanderungswesen sich beziehenden Landesgesetze werden, auch soweit sie privatrechtliche Vorschriften enthalten, durch die Vorschriften dieses Abschnitts nicht berührt.[269]

Sechster Abschnitt. Bodmerei.

679. Bodmerei im Sinne dieses Gesetzbuchs ist ein Darlehnsgeschäft, welches von dem Schiffer als solchem kraft der in diesem Gesetzbuch ihm ertheilten Befugnisse unter Zusicherung einer Prämie und unter Verpfändung von Schiff, Fracht und Ladung oder von einem oder mehreren dieser Gegenstände in der Art eingegangen wird, daß der Gläubiger wegen seiner Ansprüche nur an die verpfändeten (verbodmeten) Gegenstände nach der Ankunft des Schiffes an dem Orte sich halten kann, wo die Reise enden soll, für welche das Geschäft eingegangen ist (Bodmereireise).

680. Bodmerei kann von dem Schiffer nur in folgenden Fällen eingegangen werden:

1. während sich das Schiff außerhalb des Heimathshafens befindet, zum Zwecke der Ausführung der Reise nach Maßgabe der §§ 528, 538 bis 540, 542;
2. während der Reise im alleinigen Interesse

269. Vgl. Ges. über das Auswanderungswesen v. 9. Juli 1897.

der Ladungsbetheiligten zum Zwecke der Erhaltung und Weiterbeförderung der Ladung nach Maßgabe der §§ 535, 542, 632.

Im Falle des Abs. 1 Nr. 2 kann der Schiffer die Ladung allein verbodmen, in allen übrigen Fällen kann er zwar das Schiff oder die Fracht allein, die Ladung aber nur zusammen mit dem Schiffe und der Fracht verbodmen.

In der Verbodmung des Schiffes ohne Erwähnung der Fracht ist die Verbodmung der Fracht nicht enthalten. Werden aber Schiff und Ladung verbodmet, so gilt die Fracht als mitverbodmet.

Die Verbodmung der Fracht ist zulässig, solange diese der Seegefahr noch nicht entzogen ist.

Auch die Fracht desjenigen Theiles der Reise, welcher noch nicht angetreten ist, kann verbodmet werden.

681. Die Höhe der Bodmereiprämie ist ohne Beschränkung dem Uebereinkommen der Parteien überlassen.

Die Prämie umfaßt in Ermangelung einer entgegenstehenden Vereinbarung auch die Zinsen.

682. Ueber die Verbodmung muß von dem Schiffer ein Bodmereibrief ausgestellt werden. Ist dies nicht geschehen, so hat der Gläubiger diejengen Rechte, welche ihm zustehen würden, wenn der Schiffer zur Befriedigung des Bedürfnisses ein einfaches Kreditgeschäft eingegangen wäre.

683. Der Bodmereigeber kann verlangen, daß der Bodmereibrief enthält:

1. den Namen des Bodmereigläubigers;
2. den Kapitalbetrag der Bodmereischuld;
3. den Betrag der Bodmereiprämie oder den Gesammtbetrag der dem Gläubiger zu zahlenden Summe;
4. die Bezeichnung der verbodmeten Gegenstände;
5. die Bezeichnung des Schiffes und des Schiffers;
6. die Bodmereireise;
7. die Zeit, zu welcher die Bodmereischuld gezahlt werden soll;
8. den Ort, wo die Zahlung erfolgen soll;
9. die Bezeichnung der Urkunde im Texte als Bodmereibrief oder die Erklärung, daß die Schuld als Bodmereischuld eingegangen ist, oder eine andere das Wesen der Bodmerei genügend bezeichnende Erklärung;
10. die Umstände, welche die Eingehung der Bodmerei nothwendig gemacht haben;
11. den Tag und den Ort der Ausstellung;
12. die Unterschrift des Schiffers.

    Die Unterschrift des Schiffers ist auf Verlangen in öffentlich beglaubigter Form zu ertheilen.

684. Auf Verlangen des Bodmereigebers ist der Bodmereibrief, sofern nicht das Gegentheil vereinbart ist, an die Order des Gläubigers oder lediglich an Order zu stellen. Im letzteren Falle ist unter der Order die Order des Bodmereigebers zu verstehen.

685. Ist vor der Ausstellung des Bodmereibriefs die Nothwendigkeit der Eingehung des Geschäfts von dem deutschen Konsul und in dessen Ermangelung von dem Gericht[270] oder der sonst zuständigen Behörde des Ortes der Ausstellung, sofern es aber auch an einer solchen fehlt, von den Schiffsoffizieren urkundlich bezeugt, so wird angenommen, daß der Schiffer zur Eingehung des Geschäfts in dem vorliegenden Umfange befugt gewesen sei. Es findet jedoch der Gegenbeweis statt.

686. Der Bodmereigeber kann die Ausstellung des Bodmereibriefs in mehreren Exemplaren verlangen.

Werden mehrere Exemplare ausgestellt, so ist in jedem Exemplar anzugeben, wie viele ertheilt sind.

Der Einwand, daß der Schiffer zur Eingehung des Geschäfts überhaupt oder in dem vorliegenden Umfange nicht befugt gewesen sei, ist auch gegen den Indossatar zulässig.

687. Die Bodmereischuld ist, sofern nicht in dem Bodmereibriefe selbst eine andere Bestimmung getroffen ist, in dem Bestimmungshafen der Bodmereireise und am achten Tage nach der Ankunft des Schiffes in diesem Hafen zu zahlen.

Von dem Zahlungstag an laufen Zinsen von der ganzen Bodmereischuld einschließlich der Prämie. Diese Vorschrift findet keine Anwendung, wenn die Prämie nach Zeit bedungen ist; die Zeitprämie läuft aber bis zur Zahlung des Bodmereikapitals.

688. Zur Zahlungszeit kann die Zahlung der Bodmereischuld dem legitimirten Inhaber auch nur eines Exemplars des Bodmereibriefs nicht verweigert werden.

Die Zahlung kann nur gegen Rückgabe dieses Exemplars verlangt werden, auf welchem über die Zahlung zu quittiren ist.

689. Melden sich mehrere legitimirte Bodmereibriefsinhaber, so sind sie sämmtlich zurückzuweisen, die Gelder, wenn die verbodmeten Gegenstände befreit werden sollen, öffentlich oder, falls dies nicht thunlich ist, sonst in sicherer Weise zu hinterlegen und die Bodmereibriefsinhaber, die sich gemeldet haben, unter Angabe der Gründe des Verfahrens hiervon zu benachrichtigen.

Kann eine öffentliche Hinterlegung nicht erfolgen, so ist der Hinterleger befugt, über sein Verfahren und dessen Gründe eine öffentliche Urkunde errichten zu lassen und die daraus entstehenden Kosten von der Bodmereischuld abzuziehen.

690. Dem Bodmereigläubiger fällt weder die große noch die besondere Haverei zur Last.

Soweit jedoch die verbodmeten Gegenstände durch große oder besondere Haverei zur Befriedigung

270. „Amtsgericht" nach § 145 FrG; vgl. auch § 146 Abs. 3 FrG.

des Bodmereigläubigers unzureichend werden, hat er den hieraus entstehenden Nachtheil zu tragen.

691. Jeder der verbodmeten Gegenstände haftet dem Bodmereigläubiger für die ganze Bodmereischuld.

Sobald das Schiff im Bestimmungshafen der Bodmereireise angekommen ist, kann der Gläubiger die verbodmeten Gegenstände mit Arrest belegen lassen; zur Anordnung des Arrestes ist nicht erforderlich, daß ein Arrestgrund glaubhaft gemacht wird.

692. Der Schiffer hat für die Bewahrung und Erhaltung der verbodmeten Gegenstände zu sorgen; er darf ohne dringende Gründe keine Handlung vornehmen, durch welche die Gefahr für den Bodmereigeber eine größere oder eine andere wird, als dieser bei dem Abschlusse des Vertrags voraussetzen mußte.

Handelt der Schiffer diesen Vorschriften zuwider, so ist er dem Bodmereigläubiger für den daraus entstehenden Schaden verantwortlich (§ 512).

693. Verändert der Schiffer willkürlich die Bodmereireise oder weicht er von dem ihr entsprechenden Wege willkürlich ab oder setzt er nach ihrer Beendigung die verbodmeten Gegenstände von neuem einer Seegefahr aus, ohne daß das Interesse des Gläubigers es gebietet, so haftet er dem Gläubiger für die Bodmereischuld insoweit persönlich, als dieser aus den verbodmeten Gegenständen seine Befriedigung nicht erhält, es sei denn, daß die unterbliebene Befriedigung durch die Veränderung der Reise oder die Abweichung oder die neue Seegefahr nicht verursacht ist.

694. Der Schiffer darf die verbodmete Ladung vor der Befriedigung oder Sicherstellung des Gläubigers weder ganz noch theilweise ausliefern, widrigenfalls er dem Gläubiger für die Bodmereischuld insoweit persönlich verpflichtet wird, als dieser aus den ausgelieferten Gütern zur Zeit der Auslieferung hätte befriedigt werden können.

Es wird vermuthet, daß der Gläubiger seine vollständige Befriedigung hätte erlangen können.

695. Hat der Rheder in den Fällen der §§ 692 bis 694 die Handlungsweise des Schiffers angeordnet, so kommen die Vorschriften des § 512 Abs. 2, 3 zur Anwendung.

696. Wird zur Zahlungszeit die Bodmereischuld nicht bezahlt, so kann sich der Gläubiger aus den verbodmeten Gegenständen befriedigen. Die Befriedigung erfolgt nach den für die Zwangsvollstreckung geltenden Vorschriften.

In Ansehung des Schiffes und der Fracht ist die Klage gegen den Schiffer oder den Rheder zu richten; das gegen den Schiffer ergangene Urtheil ist auch gegenüber dem Rheder wirksam. In Ansehung der Ladung ist die Klage vor der Auslieferung gegen den Schiffer zu richten.

Zum Nachtheil eines dritten Erwerbers, der den Besitz der verbodmeten Ladung in gutem Glauben erlangt hat, kann der Gläubiger von seinen Rechten keinen Gebrauch machen.

697. Der Empfänger, dem bei der Annahme der verbodmeten Güter bekannt ist, daß auf ihnen eine Bodmereischuld haftet, wird dem Gläubiger für die Schuld bis zu dem Werthe, welchen die Güter zur Zeit ihrer Auslieferung haben, insoweit persönlich verpflichtet, als der Gläubiger, falls die Auslieferung nicht erfolgt wäre, aus den Gütern hätte befriedigt werden können.

698. Wird vor dem Antritte der Bodmereireise die Unternehmung aufgegeben, so ist der Gläubiger befugt, die sofortige Bezahlung der Bodmereischuld an dem Orte zu verlangen, an welchem die Bodmerei eingegangen ist; er muß sich jedoch eine verhältnißmäßige Herabsetzung der Prämie gefallen lassen; bei der Herabsetzung ist vorzugsweise das Verhältniß der bestandenen zu der übernommenen Gefahr maßgebend.

Wird die Bodmereireise in einem anderen als in ihrem Bestimmungshafen beendet, so ist die Bodmereischuld ohne einen Abzug von der Prämie in diesem anderen Hafen nach dem Ablaufe der vertragsmäßigen und in deren Ermangelung der achttägigen Zahlungsfrist (§ 687) zu zahlen. Die Zahlungsfrist wird von dem Tage der endgültigen Einstellung der Reise berechnet.

Soweit sich nicht aus den Vorschriften der Abs. 1, 2 ein Anderes ergiebt, kommen auch in diesen Fällen die Vorschriften der §§ 688 bis 697 zur Anwendung.

699. Die Anwendung der Vorschriften dieses Abschnitts wird dadurch nicht ausgeschlossen, daß der Schiffer zugleich Miteigenthümer oder Alleineigenthümer des Schiffes oder der Ladung oder beider ist oder daß er auf Grund einer besonderen Anweisung der Betheiligten die Bodmerei eingegangen ist.

Siebenter Abschnitt. Haverei.[271]

Erster Titel. Große (gemeinschaftliche) Haverei und besondere Haverei.

700. Alle Schäden, die dem Schiffe oder der Ladung oder beiden zum Zwecke der Errettung beider aus einer gemeinsamen Gefahr von dem Schiffer oder auf dessen Geheiß vorsätzlich zugefügt werden, sowie auch die durch solche Maßregeln ferner verursachten Schäden, ingleichen die Kosten, die zu demselben Zwecke aufgewendet werden, sind große Haverei.

Die große Haverei wird von Schiff, Fracht und Ladung gemeinschaftlich getragen.

701. Alle nicht zur großen Haverei gehörigen, durch einen Unfall verursachten Schäden und

271. Vgl. Ges. betr. Untersuchung von Seeunfällen v. 27. Juli 1877; Strandungsordnung v. 17. Mai 1874; §§ 74 ff. Binnenschiffahrtsges. v. 15. Juni 1895.

Kosten, soweit die letzteren nicht unter den § 621 fallen, sind besondere Haverei.

Die besondere Haverei wird von den Eigenthümern des Schiffes und der Ladung, von jedem für sich allein, getragen.

702. Die Anwendung der Vorschriften über die große Haverei wird dadurch nicht ausgeschlossen, daß die Gefahr in Folge des Verschuldens eines Dritten oder auch eines Betheiligten herbeigeführt ist.

Der Betheiligte, welchem ein solches Verschulden zur Last fällt, kann jedoch nicht allein wegen des ihm entstandenen Schadens keine Vergütung fordern, sondern ist auch den Beitragspflichtigen für den Verlust verantwortlich, den sie dadurch erleiden, daß der Schaden als große Haverei zur Vertheilung kommt.

Ist die Gefahr durch eine Person der Schiffsbesatzung verschuldet, so trägt die Folgen dieses Verschuldens auch der Rheder nach Maßgabe der §§ 485, 486.

703. Die Havereivertheilung tritt nur ein, wenn sowohl das Schiff als auch die Ladung und zwar jeder dieser Gegenstände entweder ganz oder theilweise wirklich gerettet worden ist.

704. Die Verpflichtung, von einem geretteten Gegenstande beizutragen, wird dadurch, daß der Gegenstand später von einer besonderen Haverei betroffen wird, nur dann vollständig aufgehoben, wenn der Gegenstand ganz verloren geht.

705. Der Anspruch auf Vergütung einer zur großen Haverei gehörenden Beschädigung wird durch eine besondere Haverei, die den beschädigten Gegenstand später trifft, sei es, daß er von neuem beschädigt wird oder ganz verloren geht, nur dann aufgehoben, wenn der spätere Unfall mit dem früheren in keinem Zusammenhange steht, und nur insoweit, als der spätere Unfall auch den früheren Schaden nach sich gezogen haben würde, wenn dieser nicht bereits entstanden gewesen wäre.

Sind jedoch vor dem Eintritte des späteren Unfalls zur Wiederherstellung des beschädigten Gegenstandes bereits Aufwendungen gemacht, so bleibt rücksichtlich dieser der Anspruch auf Vergütung bestehen.

706. Große Haverei liegt namentlich in den nachstehenden Fällen vor, vorausgesetzt, daß zugleich die Erfordernisse der §§ 700, 702, 703 insoweit vorhanden sind, als in den folgenden Vorschriften nichts Besonderes bestimmt ist:

1. Wenn Waaren, Schiffstheile oder Schiffsgeräthschaften über Bord geworfen, Masten gekappt, Taue oder Segel weggeschnitten, Anker, Ankertaue oder Ankerketten geschlippt oder gekappt werden.

   Sowohl diese Schäden selbst als die durch solche Maßregeln an Schiff oder Ladung ferner verursachten Schäden gehören zur großen Haverei.

2. Wenn zur Erleichterung des Schiffes die Ladung ganz oder theilweise in Leichterfahrzeuge übergeladen wird.

   Es gehört zur großen Haverei sowohl der Leichterlohn als der Schaden, der bei dem Ueberladen in das Leichterfahrzeug oder bei dem Rückladen in das Schiff der Ladung oder dem Schiffe zugefügt wird, sowie der Schaden, den die Ladung auf dem Leichterfahrzeug erleidet.

   Muß die Erleichterung im regelmäßigen Verlaufe der Reise erfolgen, so liegt große Haverei nicht vor.

3. Wenn das Schiff absichtlich auf den Strand gesetzt wird, jedoch nur wenn es zum Zwecke der Abwendung des Unterganges oder der Nehmung geschieht.

   Sowohl die durch die Strandung einschließlich der Abbringung entstehenden Schäden als auch die Kosten der Abbringung gehören zur großen Haverei.

   Wird das behufs der Abwendung des Unterganges auf den Strand gesetzte Schiff nicht abgebracht oder nach der Abbringung reparaturunfähig befunden (§ 479), so findet eine Havereivertheilung nicht statt.

   Strandet das Schiff, ohne daß die Strandung zur Rettung von Schiff und Ladung vorsätzlich herbeigeführt ist, so gehören zwar nicht die durch die Strandung veranlaßten Schäden, wohl aber die auf die Abbringung verwendeten Kosten und die zu diesem Zwecke dem Schiffe oder der Ladung absichtlich zugefügten Schäden zur großen Haverei.

4. Wenn das Schiff zur Vermeidung einer dem Schiffe und der Ladung im Falle der Fortsetzung der Reise drohenden gemeinsamen Gefahr in einen Nothhafen einläuft, insbesondere wenn das Einlaufen zur nothwendigen Ausbesserung eines Schadens erfolgt, den das Schiff während der Reise erlitten hat.

   Es gehören in diesem Falle zur großen Haverei die Kosten des Einlaufens und des Auslaufens, die das Schiff selbst treffenden Aufenthaltskosten, die der Schiffsbesatzung während des Aufenthalts gebührende Heuer und Kost, die Auslagen für die Unterbringung der Schiffsbesatzung am Lande, solange die Besatzung nicht an Bord verbleiben kann, ferner, falls die Ladung wegen des Grundes, welcher das Einlaufen in den Nothhafen herbeigeführt hat, gelöscht werden muß, die Kosten des Verbringens von Bord und an Bord sowie die Kosten der Aufbewahrung der Ladung am Lande bis zu dem Zeitpunkte, in welchem sie wieder an Bord gebracht werden kann.

   Die sämmtlichen Aufenthaltskosten kommen

nur für die Zeit der Fortdauer des Grundes in Rechnung, der das Einlaufen in den Nothhafen herbeigeführt hat. Liegt der Grund in einer nothwendigen Ausbesserung des Schiffes, so kommen außerdem die Aufenthaltskosten nur bis zu dem Zeitpunkt in Rechnung, in welchem die Ausbesserung hätte vollendet sein können.

Die Kosten der Ausbesserung des Schiffes gehören nur insoweit zur großen Haverei, als der auszubessernde Schaden selbst große Haverei ist.

5. Wenn das Schiff gegen Feinde oder Seeräuber vertheidigt wird.

Die bei der Vertheidigung dem Schiffe oder der Ladung zugefügten Beschädigungen, der dabei verbrauchte Schießbedarf und, falls eine Person der Schiffsbesatzung bei der Vertheidigung verwundet oder getödtet wird, die Heilungs- und Begräbnißkosten sowie die nach den §§ 553, 554 dieses Gesetzbuchs und den §§ 49, 51 der Seemannsordnung[272] zu zahlenden Belohnungen bilden die große Haverei.

6. Wenn im Falle der Anhaltung des Schiffes durch Feinde oder Seeräuber Schiff und Ladung losgekauft werden.

Was zum Loskaufe gegeben ist, bildet nebst den durch den Unterhalt und die Auslösung der Geiseln entstehenden Kosten die große Haverei.

7. Wenn die Beschaffung der zur Deckung der großen Haverei während der Reise erforderlichen Gelder Verluste und Kosten verursacht oder wenn durch die Auseinandersetzung unter den Betheiligten Kosten entstehen.

Diese Verluste und Kosten gehören gleichfalls zur großen Haverei.

Dahin werden insbesondere gezählt der Verlust an den während der Reise verkauften Gütern; die Bodmereiprämie, wenn das erforderliche Geld durch Bodmerei aufgenommen wird, und wenn dies nicht der Fall ist, die Prämie für die Versicherung des aufgewendeten Geldes, die Kosten für die Ermittelung der Schäden und für die Aufmachung der Rechnung über die große Haverei (Dispache).[273]

707. Nicht als große Haverei, sondern als besondere Haverei werden angesehen:

1. die Verluste und Kosten, welche, wenn auch während der Reise, aus der in Folge einer besonderen Haverei nöthig gewordenen Beschaffung von Geld entstehen;
2. die Reklamekosten, auch wenn Schiff und Ladung zusammen und beide mit Erfolg reklamirt werden;
3. die durch Prangen verursachte Beschädigung des Schiffes, seines Zubehörs und der Ladung, selbst wenn, um der Strandung oder Nehmung zu entgehen, geprangt worden ist.

708. In den Fällen der großen Haverei bleiben bei der Schadensberechnung die Beschädigungen und Verluste außer Ansatz, welche die nachstehenden Gegenstände betreffen:

1. nicht unter Deck geladene Güter; diese Vorschrift findet jedoch bei der Küstenschiffahrt insofern keine Anwendung, als Deckladungen durch die Landesgesetze für zulässig erklärt sind (§ 566);
2. Güter, über die weder ein Konnossement ausgestellt ist noch das Manifest oder Ladebuch Auskunft giebt;
3. Kostbarkeiten, Kunstgegenstände, Geld und Werthpapiere, die dem Schiffer nicht gehörig bezeichnet worden sind (§ 607).

709. Der an dem Schiffe oder dem Zubehöre des Schiffes entstandene, zur großen Haverei gehörige Schaden ist, wenn die Ausbesserung während der Reise erfolgt, am Orte der Ausbesserung und vor dieser, sonst an dem Orte, wo die Reise endet, durch Sachverständige zu ermitteln und zu schätzen. Die Taxe muß die Veranschlagung der erforderlichen Ausbesserungskosten enthalten. Sie ist, wenn während der Reise ausgebessert wird, für die Schadensberechnung insoweit maßgebend, als nicht die Ausführungskosten unter den Anschlagssummen bleiben. War die Aufnahme einer Taxe nicht ausführbar, so entscheidet der Betrag der auf die erforderlichen Ausbesserungen wirklich verwendeten Kosten.

Soweit die Ausbesserung nicht während der Reise geschieht, ist die Abschätzung für die Schadensberechnung ausschließlich maßgebend.

710. Der nach Maßgabe des § 709 ermittelte volle Betrag der Ausbesserungskosten bestimmt die zu leistende Vergütung, wenn das Schiff zur Zeit der Beschädigung noch nicht ein volles Jahr zu Wasser war.

Dasselbe gilt von der Vergütung für einzelne Theile des Schiffes, namentlich für die Metallhaut, sowie für einzelne Theile des Zubehörs, wenn solche Theile noch nicht ein volles Jahr in Gebrauch waren.

In den übrigen Fällen wird von dem vollen Betrage wegen des Unterschieds zwischen alt und neu ein Drittheil, bei den Ankerketten ein Sechstheil, bei den Ankern jedoch nichts abgezogen.

Von dem vollen Betrage kommen ferner in Abzug der volle Erlös oder Werth der noch vorhandenen alten Stücke, welche durch neue ersetzt sind oder zu ersetzen sind.

Findet ein solcher Abzug und zugleich der Abzug wegen des Unterschieds zwischen alt und neu statt, so ist zuerst dieser letztere und sodann von dem

272. Vom 27. Dez. 1872.
273. Vgl. §§ 149 ff. FrG.

verbleibenden Betrage der andere Abzug zu machen.

711. Die Vergütung für aufgeopferte Güter wird durch den Marktpreis bestimmt, welchen Güter derselben Art und Beschaffenheit am Bestimmungsorte bei dem Beginne der Löschung des Schiffes haben.

In Ermangelung eines Marktpreises oder sofern über den Marktpreis oder dessen Anwendung, insbesondere mit Rücksicht auf die Beschaffenheit der Güter, Zweifel bestehen, wird der Preis durch Sachverständige ermittelt.

Von dem Preise kommt in Abzug, was an Fracht, Zöllen und Kosten in Folge des Verlustes der Güter erspart wird.

Zu den aufgeopferten Gütern gehören auch diejenigen, welche zur Deckung der großen Haverei verkauft worden sind (§ 706 Nr. 7).

712. Die Vergütung für Güter, die eine zur großen Haverei gehörige Beschädigung erlitten haben, wird bestimmt durch den Unterschied zwischen dem durch Sachverständige zu ermittelnden Verkaufswerthe, welchen die Güter im beschädigten Zustande am Bestimmungsorte bei dem Beginne der Löschung des Schiffes haben, und dem im § 711 bezeichneten Preise nach Abzug der Zölle und Kosten, soweit sie in Folge der Beschädigung erspart sind.

713. Die vor, bei oder nach dem Havereifall entstandenen, zur großen Haverei nicht gehörenden Werthsverringerungen und Verluste sind bei der Berechnung der Vergütung (§§ 711, 712) in Abzug zu bringen.

714. Endet die Reise für Schiff und Ladung nicht im Bestimmungshafen, sondern an einem anderen Orte, so tritt dieser letztere, endet sie durch Verlust des Schiffes, so tritt der Ort, wohin die Ladung in Sicherheit gebracht ist, für die Ermittelung der Vergütung an die Stelle des Bestimmungsorts.

715. Die Vergütung für entgangene Fracht wird bestimmt durch den Frachtbetrag, welcher für die aufgeopferten Güter zu entrichten gewesen sein würde, wenn sie mit dem Schiffe an dem Orte ihrer Bestimmung oder, wenn dieser von dem Schiffe nicht erreicht wird, an dem Orte angelangt wären, wo die Reise endet.

716. Der gesammte Schaden, welcher die große Haverei bildet, wird über das Schiff, die Ladung und die Fracht nach dem Verhältnisse des Werthes des Schiffes und der Ladung und des Betrags der Fracht vertheilt.

717. Das Schiff nebst Zubehör trägt bei:

1. mit dem Werthe, welchen es in dem Zustand am Ende der Reise bei dem Beginne der Löschung hat;
2. mit dem als große Haverei in Rechnung kommenden Schaden an Schiff und Zubehör.

Von dem im Abs. 1 Nr. 1 bezeichneten Werthe ist der noch vorhandene Werth derjenigen Ausbesserungen und Anschaffungen abzuziehen, welche erst nach dem Havereifall erfolgt sind.

718. Die Ladung trägt bei:

1. mit den am Ende der Reise bei dem Beginne der Löschung noch vorhandenen Gütern oder, wenn die Reise durch den Verlust des Schiffes endet (§ 714), mit den in Sicherheit gebrachten Gütern, soweit in beiden Fällen diese Güter sich zur Zeit des Havereifalls an Bord des Schiffes oder eines Leichterfahrzeugs (§ 706 Nr. 2) befunden haben;
2. mit den aufgeopferten Gütern (§ 711).

719. Bei der Ermittelung des Beitrags kommt in Ansatz:

1. für Güter, die unversehrt sind, der Marktpreis oder der durch Sachverständige zu ermittelnde Preis (§ 711), welchen sie am Ende der Reise bei dem Beginn und am Orte der Löschung des Schiffes, oder, wenn die Reise durch Verlust des Schiffes endet (§ 714), zur Zeit und am Orte der Bergung haben, nach Abzug der Fracht, Zölle und sonstigen Kosten;
2. für Güter, die während der Reise verdorben sind oder eine zur großen Haverei nicht gehörige Beschädigung erlitten haben, der durch Sachverständige zu ermittelnde Verkaufswerth (§ 712), welchen die Güter im beschädigten Zustande zu der in Nr. 1 erwähnten Zeit und an dem dort bezeichneten Orte haben, nach Abzug der Fracht, Zölle und sonstigen Kosten;
3. für Güter, die aufgeopfert worden sind, der Betrag, welcher dafür nach § 711 als große Haverei in Rechnung kommt;
4. für Güter, die eine zur großen Haverei gehörige Beschädigung erlitten haben, der nach Nr. 2 zu ermittelnde Werth, welchen die Güter im beschädigten Zustande haben, und der Werthsunterschied, welcher nach § 712 für die Beschädigung als große Haverei in Rechnung kommt.

720. Sind Güter geworfen, so haben sie zu der gleichzeitigen oder einer späteren großen Haverei im Falle ihrer Bergung nur beizutragen, wenn der Eigenthümer eine Vergütung verlangt.

721. Die Frachtgelder tragen bei mit zwei Drittheilen:

1. des Bruttobetrags, welcher verdient ist;
2. des Betrags, welcher nach § 715 als große Haverei in Rechnung kommt.

Ueberfahrtsgelder tragen bei mit dem Betrage, welcher im Falle des Verlustes des Schiffes eingebüßt wäre (§ 670), nach Abzug der Kosten, die alsdann erspart sein würden.

722. Haftet auf einem beitragspflichtigen Gegenstand eine durch einen späteren Nothfall begründete

Forderung, so trägt der Gegenstand nur mit seinem Werthe nach Abzug dieser Forderung bei.

723. Zur großen Haverei tragen nicht bei:

1. die Kriegs- und Mundvorräthe des Schiffes;
2. die Heuer und die Habe der Schiffsbesatzung;
3. das Reisegut der Reisenden.

Sind Sachen dieser Art aufgeopfert oder haben sie eine zur großen Haverei gehörige Beschädigung erlitten, so wird dafür nach Maßgabe der §§ 711 bis 715 Vergütung gewährt; für Kostbarkeiten, Kunstgegenstände, Geld und Werthpapiere wird jedoch nur dann Vergütung gewährt, wenn sie dem Schiffer gehörig bezeichnet worden sind (§ 607). Sachen, für die eine Vergütung gewährt wird, tragen mit dem Werthe oder dem Werthsunterschiede bei, welcher als große Haverei in Rechnung kommt.

Die im § 708 erwähnten Gegenstände sind beitragspflichtig, soweit sie gerettet sind.

Die Bodmereigelder sind nicht beitragspflichtig.

724. Wenn nach dem Havereifall und bis zum Beginne der Löschung am Ende der Reise ein beitragspflichtiger Gegenstand ganz verloren geht (§ 704) oder zu einem Theile verloren geht oder im Werthe verringert, insbesondere gemäß § 722 mit einer Forderung belastet wird, so tritt eine verhältnißmäßige Erhöhung der von den übrigen Gegenständen zu entrichtenden Beiträge ein.

Ist der Verlust oder die Werthsverringerung erst nach dem Beginne der Löschung erfolgt, so geht der Beitrag, welcher auf den Gegenstand fällt, soweit dieser zur Berichtigung des Beitrags unzureichend geworden ist, den Vergütungsberechtigten verloren.

725. Die Vergütungsberechtigten haben wegen der von dem Schiffe und der Fracht zu entrichtenden Beiträge die Rechte von Schiffsgläubigern. Auch in Ansehung der beitragspflichtigen Güter steht ihnen an den einzelnen Gütern wegen des von diesen zu entrichtenden Beitrags ein Pfandrecht zu. Das Pfandrecht kann jedoch nach der Auslieferung der Güter nicht zum Nachtheile des dritten Erwerbers, welcher den Besitz in gutem Glauben erlangt hat, geltend gemacht werden.

726. Eine persönliche Verpflichtung zur Entrichtung des Beitrags wird durch den Havereifall an sich nicht begründet.

Der Empfänger beitragspflichtiger Güter wird jedoch, wenn ihm bei der Annahme der Güter bekannt ist, daß davon ein Beitrag zu entrichten ist, für den letzteren bis zu dem Werthe, welchen die Güter zur Zeit ihrer Auslieferung haben, insoweit persönlich verpflichtet, als der Beitrag, falls die Auslieferung nicht erfolgt wäre, aus den Gütern hätte geleistet werden können.

727. Die Feststellung und Vertheilung der Schäden erfolgt an dem Bestimmungsort und, wenn dieser nicht erreicht wird, in dem Hafen, wo die Reise endet.

728. Der Schiffer ist verpflichtet, die Aufmachung der Dispache ohne Verzug zu veranlassen. Handelt er dieser Verpflichtung zuwider, so macht er sich jedem Betheiligten verantwortlich.

Wird die Aufmachung der Dispache nicht rechtzeitig veranlaßt, so kann jeder Betheiligte die Aufmachung in Antrag bringen und betreiben.

729. Im Gebiete dieses Gesetzbuchs wird die Dispache durch die ein für allemal bestellten oder in deren Ermangelung durch die vom Gerichte[274] besonders ernannten Personen (Dispacheure) aufgemacht.

Jeder Betheiligte ist verpflichtet, die zur Aufmachung der Dispache erforderlichen Urkunden, soweit er sie zu seiner Verfügung hat, namentlich Chartepartieen, Konnossemente und Fakturen, dem Dispacheur mitzutheilen.

730. Für die von dem Schiffe zu leistenden Beiträge ist den Ladungsbetheiligten Sicherheit[275] zu bestellen, bevor das Schiff den Hafen verlassen darf, in welchem nach § 727 die Feststellung und Vertheilung der Schäden zu erfolgen hat.

731. Der Schiffer darf Güter, auf denen Havereibeiträge haften, vor der Berichtigung oder Sicherstellung der letzteren (§ 615) nicht ausliefern, widrigenfalls er, unbeschadet der Haftung der Güter, für die Beiträge persönlich verantwortlich wird.

Hat der Rheder die Handlungsweise des Schiffers angeordnet, so kommen die Vorschriften des § 512 Abs. 2, 3 zur Anwendung.

Das an den beitragspflichtigen Gütern den Vergütungsberechtigten zustehende Pfandrecht wird für diese durch den Verfrachter ausgeübt. Die Geltendmachung des Pfandrechts durch den Verfrachter erfolgt nach Maßgabe der Vorschriften, die für das Pfandrecht des Verfrachters wegen der Fracht und der Auslagen gelten.

732. Hat der Schiffer zur Fortsetzung der Reise, jedoch zum Zwecke einer nicht zur großen Haverei gehörenden Aufwendung, die Ladung verbodmet oder über einen Theil der Ladung durch Verkauf oder Verwendung verfügt, so ist der Verlust, den ein Ladungsbetheiligter dadurch erleidet, daß er wegen seiner Ersatzansprüche aus Schiff und Fracht gar nicht oder nicht vollständig befriedigt werden kann (§§ 540, 541, 612), von sämmtlichen Ladungsbetheiligten nach den Grundsätzen der großen Haverei zu tragen.

Bei der Ermittelung des Verlustes ist im Verhältnisse zu den Ladungsbetheiligten in allen Fällen, namentlich auch im Falle des § 612 Abs. 2, die im § 711 bezeichnete Vergütung maßgebend. Mit dem Werthe, durch welchen diese Vergütung bestimmt wird, tragen die verkauften Güter auch zu einer etwa eintretenden großen Haverei bei (§ 718).

274. „Amtsgericht" nach § 145 FrG; vgl. auch §§ 146 Abs. 3, 149 ff. daselbst.

275. Vgl. §§ 232 ff. BGB.

733. Die in den Fällen der §§ 635, 732 zu entrichtenden Beiträge und eintretenden Vergütungen stehen in allen rechtlichen Beziehungen den Beiträgen und Vergütungen in den Fällen der großen Haverei gleich.

Zweiter Titel.

Schaden durch Zusammenstoß von Schiffen.[276]

734. Wenn zwei Schiffe zusammenstoßen und entweder auf einer oder auf beiden Seiten durch den Stoß Schiff oder Ladung allein oder Schiff und Ladung beschädigt werden oder ganz verloren gehen, so ist, falls eine Person der Besatzung des einen Schiffes durch ihr Verschulden den Zusammenstoß herbeigeführt hat, der Rheder dieses Schiffes nach Maßgabe der §§ 485, 486 verpflichtet, den durch den Zusammenstoß dem anderen Schiffe und dessen Ladung zugefügten Schaden zu ersetzen.

Die Eigenthümer der Ladung beider Schiffe sind nicht verpflichtet, zum Ersatze des Schadens beizutragen.

Die persönliche Verpflichtung der zur Schiffsbesatzung gehörigen Personen, für die Folgen ihres Verschuldens aufzukommen, wird durch diese Vorschriften nicht berührt.

735. Fällt keiner Person der Besatzung des einen oder des anderen Schiffes ein Verschulden zur Last, so findet ein Anspruch auf Ersatz des dem einen oder anderen oder beiden Schiffen zugefügten Schadens nicht statt.

Ist der Zusammenstoß durch beiderseitiges Verschulden herbeigeführt, so hängt die Verpflichtung zum Ersatze sowie der Umfang des zu leistenden Ersatzes von den Umständen, insbesondere davon ab, inwieweit der Zusammenstoß vorwiegend von Personen der einen oder der anderen Besatzung verursacht worden ist.

736. Die Vorschriften der §§ 734, 735 kommen zur Anwendung ohne Unterschied, ob beide Schiffe oder das eine oder das andere sich in der Fahrt oder im Treiben befinden oder vor Anker oder am Lande befestigt liegen.

737. Ist ein durch den Zusammenstoß beschädigtes Schiff gesunken, bevor es einen Hafen erreichen konnte, so wird vermuthet, daß der Untergang des Schiffes eine Folge des Zusammenstoßes war.

738. Hat sich das Schiff unter der Führung eines Zwangslootsen befunden und haben die zur Schiffsbesatzung gehörigen Personen die ihnen obliegenden Pflichten erfüllt, so ist der Rheder des Schiffes von der Verantwortung für den Schaden frei, welcher durch den von dem Lootsen verschuldeten Zusammenstoß entstanden ist.

739. Die Vorschriften dieses Titels kommen auch zur Anwendung, wenn mehr als zwei Schiffe zusammenstoßen.

Ist in einem solchen Falle der Zusammenstoß durch eine Person der Besatzung des einen Schiffes verschuldet, so haftet der Rheder des letzteren auch für den Schaden, welcher daraus entsteht, daß durch den Zusammenstoß dieses Schiffes mit einem anderen der Zusammenstoß dieses anderen Schiffes mit einem dritten verursacht ist.

Achter Abschnitt.

Bergung und Hülfsleistung in Seenoth.[277]

740. Wird in einer Seenoth ein Schiff oder dessen Ladung ganz oder theilweise, nachdem sie der Verfügung der Schiffsbesatzung entzogen oder von ihr verlassen waren, von dritten Personen an sich genommen und in Sicherheit gebracht, so haben diese Personen Anspruch auf Bergelohn.

Wird außer dem vorstehenden Falle ein Schiff oder dessen Ladung durch Hülfe dritter Personen aus einer Seenoth gerettet, so haben diese nur Anspruch auf Hülfslohn.

Der Schiffsbesatzung des verunglückten oder gefährdeten Schiffes steht ein Anspruch auf Berge- oder Hülfslohn nicht zu.

741. Wird noch während der Gefahr ein Vertrag über die Höhe des Berge- oder Hülfslohns geschlossen, so kann der Vertrag wegen erheblichen Uebermaßes der zugesicherten Vergütung angefochten und die Herabsetzung der letzteren auf das den Umständen entsprechende Maß verlangt werden.

742. In Ermangelung einer Vereinbarung ist die Höhe des Berge- oder Hülfslohns unter Berücksichtigung aller Umstände des Falles nach billigem Ermessen in Geld festzusetzen.

743. Der Berge- oder Hülfslohn umfaßt zugleich die Vergütung für die Aufwendungen, welche zum Zwecke des Bergens und Rettens geschehen.

Nicht darin enthalten sind die Kosten und Gebühren der Behörden, die von den geborgenen oder geretteten Gegenständen zu entrichtenden Zölle und sonstigen Abgaben sowie die Kosten zum Zwecke der Aufbewahrung, Erhaltung, Abschätzung und Veräußerung dieser Gegenstände.

744. Bei der Bestimmung des Betrags des Berge- oder Hülfslohns kommen insbesondere in Anschlag der bewiesene Eifer, die verwendete Zeit, die geleisteten Dienste, die geschehenen Aufwendungen, die Zahl der thätig gewesenen Personen, die Gefahr, der sie ihre Person und ihre Fahrzeuge unterzogen haben, sowie die Gefahr, die den geborgenen oder geretteten Gegenständen gedroht hat, und der nach Abzug der Kosten (§ 743 Abs. 2) verbliebene Werth der letzteren.

745. Der Berge- oder Hülfslohn darf ohne den übereinstimmenden Antrag der Parteien nicht auf einen Bruchtheil des Werthes der geborgenen oder geretteten Gegenstände festgesetzt werden.

746. Der Betrag des Bergelohnes soll den

276. Vgl. § 145 StGB.

277. Vgl. Strandungsordnung v. 17. Mai 1874.

dritten Theil des Werthes der geborgenen Gegenstände (§ 744) nicht übersteigen.

Nur ausnahmsweise, wenn die Bergung mit ungewöhnlichen Anstrengungen und Gefahren verbunden war und jener Werth zugleich ein geringer ist, kann der Betrag bis zur Hälfte des Werthes erhöht werden.

747. Der Hülfslohn ist stets unter dem Betrage festzusetzen, welchen der Bergelohn unter sonst gleichen Umständen erreicht haben würde. Auf den Werth der geretteten Gegenstände ist bei der Bestimmung des Hülfslohns nur eine untergeordnete Rücksicht zu nehmen.

748. Betheiligen sich mehrere Personen an der Bergung oder Hülfsleistung, so wird der Berge- oder Hülfslohn unter sie nach Maßgabe der persönlichen und sachlichen Leistungen der einzelnen und im Zweifel nach der Kopfzahl vertheilt.

Zur gleichmäßigen Theilnahme sind auch diejenigen berechtigt, welche sich in derselben Gefahr der Rettung von Menschen unterziehen.

749. Wird ein Schiff oder dessen Ladung ganz oder theilweise von einem anderen Schiffe geborgen oder gerettet, so wird der Berge- oder Hülfslohn zwischen dem Rheder, dem Schiffer und der übrigen Besatzung des anderen Schiffes, sofern nicht durch Vertrag unter ihnen ein Anderes bestimmt ist, in der Art vertheilt, daß der Rheder die Hälfte, der Schiffer ein Viertheil und die übrige Besatzung zusammen gleichfalls ein Viertheil erhalten. Die Vertheilung unter die letztere erfolgt nach dem Verhältnisse der Heuer, die dem Einzelnen gebührt oder seinem Range nach gebühren würde.

750. Auf Berge- und Hülfslohn hat keinen Anspruch:

1. wer seine Dienste aufdrängt, insbesondere ohne Erlaubniß des anwesenden Schiffers das Schiff betritt;
2. wer von den geborgenen Gegenständen dem Schiffer, dem Eigenthümer oder der zuständigen Behörde nicht sofort Anzeige macht.

751. Wegen der Bergungs- und Hülfskosten, insbesondere auch wegen des Berge- und Hülfslohns, steht dem Gläubiger ein Pfandrecht an den geborgenen oder geretteten Gegenständen, an den geborgenen Gegenständen bis zur Sicherheitsleistung zugleich das Zurückbehaltungsrecht[278] zu.

Auf die Geltendmachung des Pfandrechts finden die Vorschriften des § 696 entsprechende Anwendung.

752. Der Schiffer darf die Güter vor der Befriedigung oder Sicherstellung des Gläubigers weder ganz noch theilweise ausliefern, widrigenfalls er dem Gläubiger insoweit persönlich verpflichtet wird, als dieser aus den ausgelieferten Gütern zur Zeit der Auslieferung hätte befriedigt werden können.

Hat der Rheder die Handlungsweise des Schiffers angeordnet, so kommen die Vorschriften des § 512 Abs. 2, 3 zur Anwendung.

753. Eine persönliche Verpflichtung zur Entrichtung der Bergungs- und Hülfskosten wird durch die Bergung oder Rettung an sich nicht begründet.

Der Empfänger von Gütern wird jedoch, wenn ihm bei der Annahme der Güter bekannt ist, daß davon Bergungs- oder Hülfskosten zu berichtigen sind, für diese Kosten insoweit persönlich verpflichtet, als sie, falls die Auslieferung nicht erfolgt wäre, aus den Gütern hätten berichtigt werden können.

Sind noch andere Gegenstände gemeinschaftlich mit den ausgelieferten Gütern geborgen oder gerettet, so geht die persönliche Haftung des Empfängers über den Betrag nicht hinaus, welcher bei einer Vertheilung der Kosten über sämmtliche Gegenstände auf die ausgelieferten Güter fällt.

Neunter Abschnitt. Schiffsgläubiger.[279]

754. Die nachbenannten Forderungen gewähren die Rechte eines Schiffsgläubigers:

1. die zu den Kosten der Zwangsvollstreckung nicht gehörenden Kosten der Bewachung und Verwahrung des Schiffes und seines Zubehörs seit der Einbringung des Schiffes in den letzten Hafen, falls das Schiff im Wege der Zwangsvollstreckung verkauft wird;
2. die öffentlichen Schiffs-, Schiffahrts- und Hafenabgaben, insbesondere die Tonnen-, Leuchtfeuer-, Quarantäne- und Hafengelder;
3. die aus den Dienst- und Heuerverträgen herrührenden Forderungen der Schiffsbesatzung;
4. die Lootsengelder sowie die Bergungs-, Hülfs-, Loskaufs- und Reklamekosten;
5. die Beiträge des Schiffes zur großen Haverei;
6. die Forderungen der Bodmereigläubiger, welchen das Schiff verbodmet ist, sowie die Forderungen aus sonstigen Kreditgeschäften, die der Schiffer als solcher während des Aufenthalts des Schiffes außerhalb des Heimathshafens in Nothfällen abgeschlossen hat (§§ 528, 541), auch wenn er Miteigenthümer oder Alleineigenthümer des Schiffes ist; den Forderungen aus solchen Kreditgeschäften stehen die Forderungen wegen Lieferungen oder Leistungen gleich, die ohne Gewährung eines Kredits dem Schiffer als solchem während des Aufenthalts des Schiffes außerhalb des Heimathshafens in Nothfällen zur Erhaltung des Schiffes oder zur Ausführung der Reise gemacht sind, soweit diese Lieferungen oder Leistungen zur Befriedigung des Bedürfnisses erforderlich waren;

278. Vgl. § 273 BGB; §§ 369 ff. HGB.

279. Vgl. Ges. über die Zwangsversteigerung und Zwangsverwaltung v. 24. März 1897 §§ 162 ff.

7. die Forderungen wegen Nichtablieferung oder Beschädigung der Ladungsgüter und des im § 673 Abs. 2 erwähnten Reiseguts;
8. die nicht unter eine der vorigen Nummern fallenden Forderungen aus Rechtsgeschäften, die der Schiffer als solcher kraft seiner gesetzlichen Befugnisse und nicht mit Bezug auf eine besondere Vollmacht geschlossen hat (§ 486 Abs. 1 Nr. 1), sowie die nicht unter eine der vorigen Nummern fallenden Forderungen wegen Nichterfüllung oder wegen unvollständiger oder mangelhafter Erfüllung eines von dem Rheder abgeschlossenen Vertrags, insofern die Ausführung des letzteren zu den Dienstobliegenheiten des Schiffers gehört hat (§ 486 Abs. 1 Nr. 2);
9. die Forderungen aus dem Verschulden einer Person der Schiffsbesatzung (§ 485, § 486 Abs. 1 Nr. 3), auch wenn diese Person zugleich Miteigenthümer oder Alleineigenthümer des Schiffes ist;
10. die Forderungen, welche der Berufsgenossenschaft nach den Vorschriften über die Unfallversicherung und der Versicherungsanstalt nach den Vorschriften über die Invalidenversicherung gegen den Rheder zustehen.

755. Den Schiffsgläubigern, welchen das Schiff nicht schon durch Verbodmung verpfändet ist, steht ein gesetzliches Pfandrecht an dem Schiffe und dem Zubehöre des Schiffes zu.

Das Pfandrecht ist gegen jeden dritten Besitzer des Schiffes verfolgbar.

756. Das gesetzliche Pfandrecht eines jeden dieser Schiffsgläubiger erstreckt sich außerdem auf die Bruttofracht derjenigen Reise, aus welcher seine Forderung entstanden ist.

757. Als eine Reise im Sinne dieses Abschnitts wird diejenige angesehen, zu welcher das Schiff von Neuem ausgerüstet oder welche entweder auf Grund eines neuen Frachtvertrags oder nach vollständiger Löschung der Ladung angetreten wird.

758. Den im § 754 unter Nr. 3 aufgeführten Schiffsgläubigern steht wegen der aus einer späteren Reise entstandenen Forderungen zugleich ein gesetzliches Pfandrecht an der Fracht der früheren Reisen zu, sofern die verschiedenen Reisen unter denselben Dienst- und Heuervertrag fallen.

759. Auf das dem Bodmereigläubiger nach § 679 zustehende Pfandrecht finden dieselben Vorschriften Anwendung, welche für das gesetzliche Pfandrecht der übrigen Schiffsgläubiger gelten.

Der Umfang des Pfandrechts des Bodmereigläubigers bestimmt sich jedoch nach dem Inhalte des Bodmereivertrags (§ 680).

760. Das einem Schiffsgläubiger zustehende Pfandrecht gilt in gleichem Maße für Kapital, Zinsen, Bodmereiprämie und Kosten.

761. Die Befriedigung des Schiffsgläubigers aus dem Schiffe und der Fracht erfolgt nach den für die Zwangsvollstreckung geltenden Vorschriften.

Die Klage kann sowohl gegen den Rheder als gegen den Schiffer gerichtet werden, gegen den letzteren auch dann, wenn sich das Schiff im Heimathshafen (§ 480) befindet; das gegen den Schiffer ergangene Urtheil ist auch gegenüber dem Rheder wirksam.

762. Auf die Rechte eines Schiffsgläubigers hat es keinen Einfluß, daß der Rheder für die Forderung bei deren Entstehung oder später zugleich persönlich verpflichtet wird.

Diese Vorschrift findet insbesondere auf die Forderungen der Schiffsbesatzung aus den Dienst- und Heuerverträgen Anwendung.

763. Gehört das Schiff einer Rhederei, so haften das Schiff und die Fracht den Schiffsgläubigern in gleicher Weise, als wenn das Schiff nur einem Rheder gehörte.

764. Das Pfandrecht der Schiffsgläubiger am Schiffe erlischt außer dem Falle der im Inland erfolgten Zwangsversteigerung des Schiffes auch durch den von dem Schiffer im Falle zwingender Nothwendigkeit auf Grund seiner gesetzlichen Befugnisse bewirkten Verkauf des Schiffes (§ 530); an die Stelle des Schiffes tritt für die Schiffsgläubiger das Kaufgeld, solange es bei dem Käufer aussteht oder noch in den Händen des Schiffers ist.

Diese Vorschriften finden auch auf sonstige Pfandrechte am Schiffe Anwendung.

765. Wird außer den im § 764 bezeichneten Fällen das Schiff veräußert, so ist der Erwerber berechtigt, die Ausschließung der unbekannten Schiffsgläubiger mit ihren Pfandrechten im Wege des Aufgebotsverfahrens zu beantragen.[280]

766. In Ansehung des Schiffes haben die Bewachungs- und Verwahrungskosten seit der Einbringung in den letzten Hafen (§ 754 Nr. 1) vor allen anderen Forderungen der Schiffsgläubiger den Vorzug.

767. Von den im § 754 unter Nr. 2 bis 9 aufgeführten Forderungen gehen die die letzte Reise (§ 757) betreffenden Forderungen, zu welchen auch die nach der Beendigung der letzten Reise entstandenen Forderungen gerechnet werden, den Forderungen vor, welche die früheren Reisen betreffen.

Von den Forderungen, welche nicht die letzte Reise betreffen, gehen die eine spätere Reise betreffenden denjenigen vor, welche eine frühere Reise betreffen.

Den im § 754 unter Nr. 3 aufgeführten Schiffsgläubigern gebührt jedoch wegen der eine frühere Reise betreffenden Forderungen dasselbe Vorzugsrecht, welches ihnen wegen der eine spätere Reise betreffenden Forderungen zusteht, sofern die ver-

280. Vgl. § 1024 CPO.

schiedenen Reisen unter denselben Dienst- oder Heuervertrag fallen.

Wenn die Bodmereireise mehrere Reisen im Sinne des § 757 umfaßt, so steht der Bodmereigläubiger denjenigen Schiffsgläubigern nach, deren Forderungen die nach der Vollendung der ersten dieser Reisen angetretenen späteren Reisen betreffen.

768. Die Forderungen, welche dieselbe Reise betreffen, sowie diejenigen, welche als dieselbe Reise betreffend anzusehen sind (§ 767), werden in nachstehender Ordnung berichtigt:

1. die öffentlichen Schiffs-, Schiffahrts- und Hafenabgaben (§ 754 Nr. 2);
2. die aus den Dienst- und Heuerverträgen herrührenden Forderungen der Schiffsbesatzung (§ 754 Nr. 3);
3. die Lootsengelder sowie die Bergungs-, Hülfs-, Loskaufs- und Reklamekosten (§ 754 Nr. 4), die Beiträge des Schiffes zur großen Haverei (§ 754 Nr. 5), die Forderungen aus den von dem Schiffer in Nothfällen abgeschlossenen Bodmerei- und sonstigen Kreditgeschäften sowie die diesen Forderungen gleichzuachtenden Forderungen (§ 754 Nr. 6);
4. die Forderungen wegen Nichtablieferung oder Beschädigung von Ladungsgütern und Reisegut (§ 754 Nr. 7);
5. die im § 754 unter Nr. 8, 9 aufgeführten Forderungen.

769. Von den im § 768 unter Nr. 1, 2, 4, 5 aufgeführten Forderungen sind die dort unter derselben Nummer aufgeführten gleichberechtigt.

Von den im § 768 unter Nr. 3 aufgeführten Forderungen geht dagegen die später entstandene der früher entstandenen vor; die gleichzeitig entstandenen sind gleichberechtigt.

Hat der Schiffer aus Anlaß desselben Nothfalls verschiedene Geschäfte abgeschlossen (§ 754 Nr. 6), so gelten die daraus herrührenden Forderungen als gleichzeitig entstanden.

Forderungen aus Kreditgeschäften, namentlich aus Bodmereiverträgen, die von dem Schiffer zur Berichtigung früherer unter § 768 Nr. 3 fallender Forderungen eingegangen sind, sowie Forderungen aus Verträgen, die von ihm behufs einer Verlängerung der Zahlungszeit oder behufs der Anerkennung oder Erneuerung solcher früheren Forderungen abgeschlossen sind, haben auch dann, wenn das Kreditgeschäft oder der Vertrag zur Fortsetzung der Reise nothwendig war, nur dasjenige Vorzugsrecht, welches der früheren Forderung zustand.

770. Die im § 754 unter Nr. 10 bezeichneten Forderungen stehen allen übrigen Forderungen von Schiffsgläubigern ohne Rücksicht auf die Zeit ihrer Entstehung nach.

771. Das Pfandrecht der Schiffsgläubiger an der Fracht (§ 756) ist nur so lange wirksam, als die Fracht noch aussteht oder die Frachtgelder in den Händen des Schiffers sind.

Auch auf dieses Pfandrecht finden die Vorschriften der §§ 766 bis 770 über die Rangordnung Anwendung.

Im Falle der Abtretung der Fracht kann das Pfandrecht der Schiffsgläubiger, solange die Fracht noch aussteht oder die Frachtgelder in den Händen des Schiffers sind, auch dem neuen Gläubiger gegenüber geltend gemacht werden.

Soweit der Rheder die Fracht einzieht, haftet er den Schiffsgläubigern, welchen das Pfandrecht dadurch ganz oder zu einem Theile entgeht, persönlich und zwar einem jeden in Höhe desjenigen Betrags, welcher sich für ihn bei einer Vertheilung des eingezogenen Betrags nach der gesetzlichen Rangordnung ergiebt.

Dieselbe persönliche Haftung des Rheders tritt ein in Ansehung der am Abladungsorte zur Abladungszeit üblichen Fracht für die Güter, welche für seine Rechnung abgeladen sind.

772. Verwendet der Rheder die Fracht zur Befriedigung eines oder mehrerer Gläubiger, denen ein Pfandrecht an der Fracht zusteht, so ist er den Gläubigern, welchen der Vorzug gebührt hätte, nur insoweit verantwortlich, als er sie wissentlich verkürzt hat.

773. Soweit der Rheder in den Fällen der §§ 764, 765 das Kaufgeld einzieht, haftet er den Schiffsgläubigern, deren Pfandrechte in Folge der Zwangsversteigerung, des Verkaufs oder des Aufgebotsverfahrens erloschen sind, in gleicher Weise persönlich wie den Gläubigern einer Reise im Falle der Einziehung der Fracht (§§ 771, 772).

774. Sendet der Rheder, nachdem er von der Forderung eines Schiffsgläubigers, für die er nur mit Schiff und Fracht haftet, Kenntniß erhalten hat, das Schiff zu einer neuen Reise (§ 757) in See, ohne daß das Interesse des Schiffsgläubigers es gebietet, so wird er für die Forderung in Höhe desjenigen Betrags zugleich persönlich verpflichtet, welcher sich für den Gläubiger ergeben haben würde, falls der Werth, den das Schiff bei dem Antritte der Reise hatte, unter die Schiffsgläubiger nach der gesetzlichen Rangordnung vertheilt worden wäre.

Es wird vermuthet, daß der Gläubiger bei dieser Vertheilung seine vollständige Befriedigung erlangt haben würde.

Die persönliche Verpflichtung des Rheders, welche aus der Einziehung der dem Gläubiger haftenden Fracht entsteht (§ 771), wird durch diese Vorschriften nicht berührt.

775. Die Vergütung für Aufopferung oder Beschädigung in Fällen der großen Haverei tritt für die Schiffsgläubiger an die Stelle desjenigen, wofür die Vergütung bestimmt ist.

Dasselbe gilt von der Entschädigung, die im

Falle des Verlustes oder der Beschädigung des Schiffes oder wegen entzogener Fracht im Falle des Verlustes oder der Beschädigung von Gütern dem Rheder von demjenigen zu zahlen ist, welcher den Schaden durch eine rechtswidrige Handlung verursacht hat.

Ist die Vergütung oder Entschädigung von dem Rheder eingezogen, so haftet er in Höhe des eingezogenen Betrags den Schiffsgläubigern in gleicher Weise persönlich wie den Gläubigern einer Reise im Falle der Einziehung der Fracht (§ 771, 772).

776. Treffen Schiffsgläubiger, die ihr Pfandrecht verfolgen, mit anderen Pfandgläubigern oder sonstigen Gläubigern zusammen, so haben die Schiffsgläubiger den Vorzug.

777. Von den auf den Gütern wegen der Fracht, der Bodmereigelder, der Beiträge zur großen Haverei und der Bergungs- und Hülfskosten (§§ 623, 679, 725, 751) haftenden Pfandrechten steht das wegen der Fracht allen übrigen nach; unter diesen übrigen hat das später entstandene vor dem früher entstandenen den Vorzug; die gleichzeitig entstandenen sind gleichberechtigt. Die Forderungen aus den von dem Schiffer aus Anlaß desselben Nothfalls abgeschlossenen Geschäften gelten als gleichzeitig entstanden.

In den Fällen der großen Haverei und des Verlustes oder der Beschädigung durch rechtswidrige Handlungen kommen die Vorschriften des § 775 und im Falle des von dem Schiffer zur Abwendung oder Verringerung eines Verlustes nach Maßgabe des § 535 Abs. 3 bewirkten Verkaufs die Vorschriften des § 764 und, wenn derjenige, für dessen Rechnung der Verkauf geschehen ist, das Kaufgeld einzieht, auch die Vorschrift des § 773 zur Anwendung.

Zehnter Abschnitt. Versicherung gegen die Gefahren der Seeschiffahrt.

Erster Titel. Allgemeine Vorschriften.

778. Jedes in Geld schätzbare Interesse, welches Jemand daran hat, daß Schiff oder Ladung die Gefahren der Seeschiffahrt besteht, kann Gegenstand der Seeversicherung sein.

779. Es können insbesondere versichert werden:

das Schiff;
die Fracht;
die Ueberfahrtsgelder;
die Güter;
die Bodmereigelder;
die Havereigelder;
andere Forderungen, zu deren Deckung Schiff, Fracht, Ueberfahrtsgelder oder Güter dienen;
der von der Ankunft der Güter am Bestimmungsort erwartete Gewinn (imaginäre Gewinn);
die zu verdienende Provision;
die von dem Versicherer übernommene Gefahr (Rückversicherung).

In der einen dieser Versicherungen ist die andere nicht enthalten.

780. Die Heuerforderung des Schiffers und der Schiffsmannschaft kann nicht versichert werden.

781. Der Versicherungsnehmer kann entweder sein eigenes Interesse (Versicherung für eigene Rechnung) oder das Interesse eines Dritten (Versicherung für fremde Rechnung) und im letzteren Falle mit oder ohne Bezeichnung der Person des Versicherten unter Versicherung bringen.

Es kann im Vertrag auch unbestimmt gelassen werden, ob die Versicherung für eigene oder für fremde Rechnung genommen wird (für Rechnung „wen es angeht"). Ergiebt sich bei einer Versicherung für Rechnung „wen es angeht", daß sie für fremde Rechnung genommen ist, so kommen die Vorschriften über die Versicherung für fremde Rechnung zur Anwendung.

Die Versicherung gilt als für eigene Rechnung des Versicherungsnehmers geschlossen, wenn der Vertrag nicht ergiebt, daß sie für fremde Rechnung oder für Rechnung „wen es angeht" genommen ist.

782. Die Versicherung für fremde Rechnung ist für den Versicherer nur verbindlich, wenn entweder der Versicherungsnehmer zur Eingehung der Versicherung von dem Versicherten beauftragt war oder wenn der Mangel eines solchen Auftrags von dem Versicherungsnehmer bei dem Abschlusse des Vertrags dem Versicherer angezeigt wird.

Ist die Anzeige unterlassen, so kann der Mangel des Auftrags dadurch nicht ersetzt werden, daß der Versicherte der Versicherung nachträglich zustimmt.

Ist die Anzeige erfolgt, so ist die Verbindlichkeit der Versicherung für den Versicherer von der nachträglichen Zustimmung des Versicherten nicht abhängig.

Der Versicherer, für welchen nach diesen Vorschriften der Versicherungsvertrag unverbindlich ist, kann, auch wenn er die Unverbindlichkeit des Vertrags geltend macht, die volle Prämie beanspruchen.

783. Wird die Versicherung von einem Bevollmächtigten, einem Geschäftsführer ohne Auftrag oder einem sonstigen Vertreter des Versicherten in dessen Namen geschlossen, so ist im Sinne dieses Gesetzbuchs weder der Vertreter Versicherungsnehmer noch die Versicherung selbst eine Versicherung für fremde Rechnung.

Im Zweifel wird angenommen, daß selbst die auf das Interesse eines benannten Dritten sich beziehende Versicherung eine Versicherung für fremde Rechnung sei.

784. Der Versicherer ist verpflichtet, eine von ihm unterzeichnete Urkunde (Polize) über den

Versicherungsvertrag dem Versicherungsnehmer auf dessen Verlangen auszuhändigen.

785. Auf die Gültigkeit des Versicherungsvertrags hat es keinen Einfluß, daß zur Zeit des Abschlusses die Möglichkeit des Eintritts eines zu ersetzenden Schadens schon ausgeschlossen oder der zu ersetzende Schaden bereits eingetreten ist.

Waren jedoch beide Theile von dem Sachverhältniß unterrichtet, so ist der Vertrag als Versicherungsvertrag ungültig.

Wußte nur der Versicherer, daß die Möglichkeit des Eintritts eines zu ersetzenden Schadens schon ausgeschlossen war, oder wußte nur der Versicherungsnehmer, daß der zu ersetzende Schaden schon eingetreten war, so ist der Vertrag für den anderen, von dem Sachverhältnisse nicht unterrichteten Theil unverbindlich. Im zweiten Falle kann der Versicherer, auch wenn er die Unverbindlichkeit des Vertrags geltend macht, die volle Prämie beanspruchen.

Im Falle, daß der Vertrag für den Versicherungsnehmer durch einen Vertreter abgeschlossen wird, kommt die Vorschrift des § 806 Abs. 2, im Falle der Versicherung für fremde Rechnung die Vorschrift des § 807 und im Falle der Versicherung mehrerer Gegenstände oder einer Gesammtheit von Gegenständen die Vorschrift des § 810 zur Anwendung.

786. Der volle Werth des versicherten Gegenstandes ist der Versicherungswerth.

Die Versicherungssumme kann den Versicherungswerth nicht übersteigen.

Soweit die Versicherungssumme den Versicherungswerth übersteigt (Ueberversicherung), hat die Versicherung keine rechtliche Geltung.

787. Uebersteigt im Falle einer gleichzeitigen Abschließung verschiedener Versicherungsverträge der Gesammtbetrag der Versicherungssummen den Versicherungswerth, so haften alle Versicherer zusammen nur in Höhe des Versicherungswerths, und zwar jeder einzelne für so viele Prozente des Versicherungswerths, als seine Versicherungssumme Prozente des Gesammtbetrags der Versicherungssummen bildet. Hierbei wird vermuthet, daß die Verträge gleichzeitig abgeschlossen seien.

Mehrere Versicherungsverträge, über die eine gemeinschaftliche Polize ertheilt ist, sowie mehrere Versicherungsverträge, die an demselben Tage abgeschlossen sind, gelten als gleichzeitig abgeschlossen.

788. Wird ein Gegenstand, der bereits zum vollen Werthe versichert ist, nochmals versichert, so hat die spätere Versicherung insoweit keine rechtliche Geltung, als der Gegenstand auf dieselbe Zeit und gegen dieselbe Gefahr bereits versichert ist (Doppelversicherung).

Ist durch die frühere Versicherung nicht der volle Werth versichert, so gilt die spätere Versicherung, soweit sie auf dieselbe Zeit und gegen dieselbe Gefahr genommen ist, nur für den noch nicht versicherten Theil des Werthes.

789. Die spätere Versicherung hat jedoch ungeachtet der Eingehung der früheren Versicherung rechtliche Geltung:

1. wenn bei dem Abschlusse des späteren Vertrags mit dem Versicherer vereinbart wird, daß ihm die Rechte aus der früheren Versicherung abzutreten sind;
2. wenn die spätere Versicherung unter der Bedingung geschlossen wird, daß der Versicherer nur insoweit haftet, als der Versicherte sich wegen Zahlungsunfähigkeit des früheren Versicherers an diesem nicht zu erholen vermag oder als die frühere Versicherung nicht zu Recht besteht;
3. wenn der frühere Versicherer mittelst Verzichtsanzeige seiner Verpflichtung insoweit entlassen wird, als zur Vermeidung einer Doppelversicherung nöthig ist, und der spätere Versicherer bei der Eingehung der späteren Versicherung hiervon benachrichtigt wird. Dem früheren Versicherer gebührt in diesem Falle, obgleich er von seiner Verpflichtung befreit wird, die volle Prämie.

790. Im Falle der Doppelversicherung hat nicht die zuerst genommene, sondern die später genommene Versicherung rechtliche Geltung, wenn die frühere Versicherung für fremde Rechnung ohne Auftrag genommen ist, die spätere dagegen von dem Versicherten selbst genommen wird, sofern in einem solchen Falle der Versicherte entweder bei der Eingehung der späteren Versicherung von der früheren noch nicht unterrichtet war oder bei der Eingehung der späteren Versicherung dem Versicherer anzeigt, daß er die frühere Versicherung zurückweise.

Die Rechte des früheren Versicherers in Ansehung der Prämie bestimmen sich in diesen Fällen nach den Vorschriften der §§ 895, 896.

791. Sind mehrere Versicherungen gleichzeitig oder nach einander geschlossen worden, so hat ein späterer Verzicht auf die gegen den einen Versicherer begründeten Rechte keinen Einfluß auf die Rechte und Verpflichtungen der übrigen Versicherer.

792. Erreicht die Versicherungssumme den Versicherungswerth nicht, so haftet der Versicherer im Falle eines theilweisen Schadens für den Betrag des letzteren nur nach dem Verhältnisse der Versicherungssumme zum Versicherungswerthe.

793. Wird durch Vereinbarung der Parteien der Versicherungswerth auf eine bestimmte Summe (Taxe) festgestellt (taxirte Polize), so ist die Taxe unter den Parteien für den Versicherungswerth maßgebend.

Der Versicherer kann jedoch eine Herabsetzung der Taxe fordern, wenn sie wesentlich übersetzt ist; ist imaginärer Gewinn taxirt, so kann der Versicherer eine Herabsetzung der Taxe fordern, wenn sie den Gewinn übersteigt, der zur Zeit des Abschlusses des Vertrags nach kaufmännischer Berechnung möglicherweise zu erwarten war.

Eine Polize mit der Bestimmung: „vorläufig taxirt" wird, solange die Taxe nicht in eine feste verwandelt ist, einer nicht taxirten Polize (offenen Polize) gleichgeachtet.

Bei der Versicherung von Fracht ist die Taxe in Bezug auf einen von dem Versicherer zu ersetzenden Schaden nur maßgebend, wenn es besonders bedungen ist.

794. Wenn in einem Vertrage mehrere Gegenstände oder eine Gesammtheit von Gegenständen unter einer Versicherungssumme begriffen, aber für einzelne dieser Gegenstände besondere Taxen vereinbart sind, so gelten die Gegenstände, welche besonders taxirt sind, auch als abgesondert versichert.

795. Als Versicherungswerth des Schiffes gilt, wenn die Parteien nicht eine andere Grundlage für die Schätzung vereinbaren, der Werth, welchen das Schiff in dem Zeitpunkte hat, in welchem die Gefahr für den Versicherer zu laufen beginnt.

Diese Vorschrift kommt auch zur Anwendung, wenn der Versicherungswerth des Schiffes taxirt ist.

796. Die Ausrüstungskosten, die Heuer und die Versicherungskosten können zugleich mit dem Schiffe oder besonders versichert werden, soweit sie nicht bereits durch die Versicherung der Bruttofracht versichert sind. Sie gelten nur dann als mit dem Schiffe versichert, wenn es vereinbart ist.

797. Die Fracht kann bis zu ihrem Bruttobetrage versichert werden, soweit sie nicht bereits durch die Versicherung der Ausrüstungskosten, der Heuer und der Versicherungskosten versichert ist.

Als Versicherungswerth der Fracht gilt der Betrag der in den Frachtverträgen bedungenen Fracht und, wenn eine bestimmte Fracht nicht bedungen ist oder soweit Güter für Rechnung des Rheders verschifft sind, der Betrag der üblichen Fracht (§ 619).

798. Ist bei der Versicherung der Fracht nicht bestimmt, ob sie ganz oder ob nur ein Theil versichert werden soll, so gilt die ganze Fracht als versichert.

Ist nicht bestimmt, ob die Brutto- oder die Nettofracht versichert werden soll, so gilt die Bruttofracht als versichert.

Sind die Fracht der Hinreise und die Fracht der Rückreise unter einer Versicherungssumme versichert, ohne daß bestimmt ist, welcher Theil der Versicherungssumme auf die Fracht der Hinreise und welcher Theil auf die Fracht der Rückreise fallen soll, so wird die Hälfte auf die Fracht der Hinreise, die Hälfte auf die Fracht der Rückreise gerechnet.

799. Als Versicherungswerth der Güter gilt, wenn die Parteien nicht eine andere Grundlage für die Schätzung vereinbaren, derjenige Werth, welchen die Güter am Orte und zur Zeit der Abladung haben, unter Hinzurechnung aller Kosten bis an Bord einschließlich der Versicherungskosten.

Die Fracht sowie die Kosten während der Reise und am Bestimmungsorte werden nur hinzugerechnet, sofern es vereinbart ist.

Diese Vorschriften kommen auch zur Anwendung, wenn der Versicherungswerth der Güter taxirt ist.

800. Sind die Ausrüstungskosten oder die Heuer, sei es selbständig, sei es durch Versicherung der Bruttofracht, versichert oder sind bei der Versicherung von Gütern die Fracht oder die Kosten während der Reise und am Bestimmungsorte versichert, so leistet der Versicherer für denjenigen Theil der Kosten, der Heuer oder der Fracht keinen Ersatz, welcher in Folge eines Unfalls erspart wird.

801. Bei der Versicherung von Gütern ist der imaginäre Gewinn oder die Provision, auch wenn der Versicherungswerth der Güter taxirt ist, als mitversichert nur anzusehen, sofern es im Vertrage bestimmt ist.

Ist im Falle der Mitversicherung des imaginären Gewinns der Versicherungswerth taxirt, aber nicht bestimmt, welcher Theil der Taxe sich auf den imaginären Gewinn beziehen soll, so wird angenommen, daß zehn Prozent der Taxe auf den imaginären Gewinn fallen. Wenn im Falle der Mitversicherung des imaginären Gewinns der Versicherungswerth nicht taxirt ist, so werden als imaginärer Gewinn zehn Prozent des Versicherungswerthes der Güter (§ 799) als versichert betrachtet.

Die Vorschriften des Abs. 2 kommen auch im Falle der Mitversicherung der Provision mit der Maßgabe zur Anwendung, daß an die Stelle der zehn Prozent zwei Prozent treten.

802. Ist der imaginäre Gewinn oder die Provision selbständig versichert, der Versicherungswerth jedoch nicht taxirt, so wird im Zweifel angenommen, daß die Versicherungssumme zugleich als Taxe des Versicherungswerths gelten soll.

803. Die Bodmereigelder können einschließlich der Bodmereiprämie für den Bodmereigläubiger versichert werden.

Ist bei der Versicherung von Bodmereigeldern nicht angegeben, welche Gegenstände verbodmet sind, so wird angenommen, daß Bodmereigelder auf Schiff, Fracht und Ladung versichert sind. Hierauf kann sich, wenn in Wirklichkeit nicht alle diese Gegenstände verbodmet sind, nur der Versicherer berufen.

804. Hat der Versicherer seine Verpflichtungen erfüllt, so tritt er, soweit er einen Schaden vergütet hat, dessen Erstattung der Versicherte von einem Dritten zu fordern befugt ist, in die Rechte des Versicherten gegen den Dritten ein, jedoch unbeschadet der Vorschriften des § 775 Abs. 2 und des § 777 Abs. 2.

Der Versicherte ist verpflichtet, dem Versicherer, wenn er es verlangt, auf dessen Kosten eine öffentlich beglaubigte Anerkennungsurkunde über den Eintritt in die Rechte gegen den Dritten zu ertheilen.

Der Versicherte ist verantwortlich für jede Handlung, durch die er jene Rechte beeinträchtigt.

805. Ist eine Forderung versichert, zu deren Deckung eine den Gefahren der See ausgesetzte Sache dient, so ist der Versicherte im Falle eines Schadens verpflichtet, dem Versicherer, nachdem dieser seine Verpflichtungen erfüllt hat, seine Rechte gegen den Schuldner insoweit abzutreten, als der Versicherer Ersatz geleistet hat.

Der Versicherte ist nicht verpflichtet, die ihm gegen den Schuldner zustehenden Rechte geltend zu machen, bevor er den Versicherer in Anspruch nimmt.

Zweiter Titel.
Anzeigen bei dem Abschlusse des Vertrags.

806. Der Versicherungsnehmer ist sowohl im Falle der Versicherung für eigene Rechnung als im Falle der Versicherung für fremde Rechnung verpflichtet, bei dem Abschlusse des Vertrags dem Versicherer alle ihm bekannten Umstände anzuzeigen, die wegen ihrer Erheblichkeit für die Beurtheilung der von dem Versicherer zu tragenden Gefahr geeignet sind, auf den Entschluß des letzteren, sich auf den Vertrag überhaupt oder unter denselben Bestimmungen einzulassen, Einfluß zu üben.

Wenn der Vertrag für den Versicherungsnehmer durch einen Vertreter abgeschlossen wird, so sind auch die dem Vertreter bekannten Umstände anzuzeigen.

807. Im Falle der Versicherung für fremde Rechnung müssen dem Versicherer bei dem Abschlusse des Vertrags auch diejenigen Umstände angezeigt werden, welche dem Versicherten selbst oder einem Zwischenbeauftragten bekannt sind.

Die Kenntniß des Versicherten oder eines Zwischenbeauftragten kommt jedoch nicht in Betracht, wenn ihnen der Umstand so spät bekannt wird, daß sie den Versicherungsnehmer ohne Anwendung außergewöhnlicher Maßregeln vor dem Abschlusse des Vertrags nicht mehr davon benachrichtigen können.

Die Kenntniß des Versicherten kommt auch dann nicht in Betracht, wenn die Versicherung ohne seinen Auftrag und ohne sein Wissen genommen ist.

808. Wird die in den §§ 806, 807 bezeichnete Verpflichtung nicht erfüllt, so ist der Vertrag für den Versicherer unverbindlich.

Diese Vorschrift findet jedoch keine Anwendung, wenn der nicht angezeigte Umstand dem Versicherer bekannt war oder als ihm bekannt vorausgesetzt werden durfte.

809. Wird von dem Versicherungsnehmer bei dem Abschlusse des Vertrags in Bezug auf einen erheblichen Umstand (§ 806) eine unrichtige Anzeige gemacht, so ist der Vertrag für den Versicherer unverbindlich, es sei denn, daß diesem die Unrichtigkeit der Anzeige bekannt war.

Diese Vorschrift kommt zur Anwendung ohne Unterschied, ob die Anzeige wissentlich oder aus Irrthum, ob sie mit oder ohne Verschulden unrichtig gemacht wird.

810. Wird bei einer Versicherung mehrerer Gegenstände oder einer Gesammtheit von Gegenständen den Vorschriften der §§ 806 bis 809 in Ansehung eines Umstandes zuwidergehandelt, der nur einen Theil der versicherten Gegenstände betrifft, so bleibt der Vertrag für den Versicherer in Ansehung des übrigen Theiles verbindlich. Der Vertrag ist jedoch auch in Ansehung des übrigen Theiles für den Versicherer unverbindlich, wenn anzunehmen ist, daß der Versicherer diesen Theil allein unter denselben Bestimmungen nicht versichert haben würde.

811. Dem Versicherer gebührt in den Fällen der §§ 806 bis 810, auch wenn er die gänzliche oder theilweise Unverbindlichkeit des Vertrags geltend macht, die volle Prämie.

Dritter Titel. Verpflichtungen des Versicherten aus dem Versicherungsvertrage.

812. Die Prämie ist, sofern nicht ein Anderes vereinbart ist, sofort nach dem Abschlusse des Vertrags und, wenn eine Polize verlangt wird, gegen Auslieferung der Polize zu zahlen.

Zur Zahlung der Prämie ist der Versicherungsnehmer verpflichtet.

Wenn bei der Versicherung für fremde Rechnung der Versicherungsnehmer zahlungsunfähig geworden ist und die Prämie von dem Versicherten noch nicht erhalten hat, so kann der Versicherer auch den Versicherten auf Zahlung der Prämie in Anspruch nehmen.

813. Wird statt der versicherten Reise, bevor die Gefahr für den Versicherer zu laufen begonnen hat, eine andere Reise angetreten, so ist der Versicherer bei der Versicherung von Schiff und Fracht von jeder Haftung frei, bei anderen Versicherungen trägt er die Gefahr für die andere Reise nur dann, wenn die Veränderung der Reise weder von dem Versicherten noch in dessen Auftrag oder mit dessen Zustimmung bewirkt ist.

Wird die versicherte Reise verändert, nachdem die Gefahr für den Versicherer zu laufen begonnen hat, so haftet der Versicherer nicht für die nach der Veränderung der Reise eintretenden Unfälle. Er haftet jedoch für diese Unfälle, wenn die Veränderung weder von dem Versicherten noch in dessen Auftrag oder mit dessen Zustimmung bewirkt oder wenn sie durch einen Nothfall verursacht ist, es sei denn, daß sich der Nothfall auf eine Gefahr gründet, die der Versicherer nicht zu tragen hat.

Die Reise ist verändert, sobald der Entschluß, sie nach einem anderen Bestimmungshafen zu richten, zur Ausführung gebracht wird, sollten sich auch die Wege nach beiden Bestimmungshäfen noch nicht geschieden haben. Diese Vorschrift gilt sowohl für die Fälle des Abs. 1 als für die Fälle des Abs. 2.

814. Wenn von dem Versicherten oder in dessen Auftrag oder mit dessen Zustimmung der Antritt oder die Vollendung der Reise ungebührlich verzögert, von dem der versicherten Reise entsprechenden Wege abgewichen oder ein Hafen angelaufen wird, dessen Angehung als in der versicherten Reise begriffen nicht erachtet werden kann, oder wenn der Versicherte in anderer Weise eine Vergrößerung oder Veränderung der Gefahr veranlaßt, namentlich eine in dieser Beziehung ertheilte besondere Zusage nicht erfüllt, so haftet der Versicherer nicht für die später sich ereignenden Unfälle.

Diese Wirkung tritt jedoch nicht ein:

1. wenn anzunehmen ist, daß die Vergrößerung oder Veränderung der Gefahr keinen Einfluß auf den späteren Unfall hat üben können;
2. wenn die Vergrößerung oder Veränderung der Gefahr, nachdem die Gefahr für den Versicherer bereits zu laufen begonnen hat, durch einen Nothfall verursacht ist, es sei denn, daß sich der Nothfall auf eine Gefahr gründet, die der Versicherer nicht zu tragen hat;
3. wenn der Schiffer zu der Abweichung von dem Wege durch das Gebot der Menschlichkeit genöthigt worden ist.

815. Wird bei dem Abschlusse des Vertrags der Schiffer bezeichnet, so ist in dieser Bezeichnung allein noch nicht die Zusage enthalten, daß der benannte Schiffer die Führung des Schiffes behalten werde.

816. Bei der Versicherung von Gütern haftet der Versicherer für keinen Unfall, soweit die Beförderung der Güter nicht mit dem dazu bestimmten Schiffe geschieht. Er haftet jedoch nach Maßgabe des Vertrags, wenn die Güter, nachdem die Gefahr für ihn bereits zu laufen begonnen hat, ohne Auftrag und ohne Zustimmung des Versicherten in anderer Art als mit dem zur Beförderung bestimmten Schiffe weiter befördert werden oder wenn dies in Folge eines Unfalls geschieht, es sei denn, daß sich der Unfall auf eine Gefahr gründet, die der Versicherer nicht zu tragen hat.

817. Bei der Versicherung von Gütern ohne Bezeichnung des Schiffes oder der Schiffe (in unbestimmten oder unbenannten Schiffen) hat der Versicherte, sobald er Nachricht erhält, in welches Schiff versicherte Güter abgeladen sind, diese Nachricht dem Versicherer mitzutheilen.

Im Falle der Nichterfüllung dieser Verpflichtung haftet der Versicherer für keinen Unfall, der den abgeladenen Gütern zustößt.

818. Jeder Unfall ist, sobald der Versicherungsnehmer oder der Versicherte, wenn dieser von der Versicherung Kenntniß hat, Nachricht von dem Unfall erhält, dem Versicherer anzuzeigen, widrigenfalls der Versicherer befugt ist, von der Entschädigungssumme den Betrag abzuziehen, um den sie sich bei rechtzeitiger Anzeige gemindert hätte.

819. Der Versicherte ist verpflichtet, wenn sich ein Unfall zuträgt, sowohl für die Rettung der versicherten Sachen als für die Abwendung größerer Nachtheile thunlichst zu sorgen.

Er hat jedoch, wenn thunlich, über die erforderlichen Maßregeln vorher mit dem Versicherer Rücksprache zu nehmen.

Vierter Titel. Umfang der Gefahr.

820. Der Versicherer trägt alle Gefahren, denen Schiff oder Ladung während der Dauer der Versicherung ausgesetzt sind, soweit nicht durch die nachfolgenden Vorschriften oder durch Vertrag ein Anderes bestimmt ist.

Er trägt insbesondere:

1. die Gefahr der Naturereignisse und der sonstigen Seeunfälle, auch wenn diese durch das Verschulden eines Dritten veranlaßt sind, wie Eindringen des Seewassers, Strandung, Schiffbruch, Sinken, Feuer, Explosion, Blitz, Erdbeben, Beschädigung durch Eis u. s. w.;
2. die Gefahr des Krieges und der Verfügungen von hoher Hand;
3. die Gefahr des auf Antrag eines Dritten angeordneten, von dem Versicherten nicht verschuldeten Arrestes;
4. die Gefahr des Diebstahls sowie die Gefahr des Seeraubs, der Plünderung und sonstiger Gewaltthätigkeiten;
5. die Gefahr der Verbodmung der versicherten Güter zur Fortsetzung der Reise oder der Verfügung über die Güter durch Verkauf oder durch Verwendung zu gleichem Zwecke (§§ 538 bis 541, 732);
6. die Gefahr der Unredlichkeit oder des Verschuldens einer Person der Schiffsbesatzung, sofern daraus für den versicherten Gegenstand ein Schaden entsteht;
7. die Gefahr des Zusammenstoßes von Schiffen und zwar ohne Unterschied, ob der Versicherte in Folge des Zusammenstoßes unmittelbar oder ob er mittelbar dadurch einen Schaden erleidet, daß er den einem Dritten zugefügten Schaden zu ersetzen hat.

821. Dem Versicherer fallen die nachstehend bezeichneten Schäden nicht zur Last:

1. bei der Versicherung von Schiff oder Fracht: der Schaden, welcher daraus entsteht, daß

das Schiff in einem nicht seetüchtigen Zustand oder nicht gehörig ausgerüstet oder bemannt oder ohne die erforderlichen Papiere (§ 513) in See gesandt ist;

der Schaden, welcher außer dem Falle des Zusammenstoßes von Schiffen daraus entsteht, daß der Rheder für den durch eine Person der Schiffsbesatzung einem Dritten zugefügten Schaden haften muß (§§ 485, 486);

2. bei einer auf das Schiff sich beziehenden Versicherung:

der Schaden an Schiff und Zubehör, welcher nur eine Folge der Abnutzung des Schiffes im gewöhnlichen Gebrauch ist;

der Schaden an Schiff und Zubehör, welcher nur durch Alter, Fäulniß oder Wurmfraß verursacht wird;

3. bei einer auf Güter oder Fracht sich beziehenden Versicherung der Schaden, welcher durch die natürliche Beschaffenheit der Güter, namentlich durch inneren Verderb, Schwinden, gewöhnliche Leckage und dergleichen, oder durch mangelhafte Verpackung der Güter entsteht oder an diesen durch Ratten oder Mäuse verursacht wird; wenn jedoch die Reise durch einen Unfall, für den der Versicherer haftet, ungewöhnlich verzögert wird, so hat der Versicherer den unter dieser Nummer bezeichneten Schaden in dem Maße zu ersetzen, in welchem die Verzögerung dessen Ursache ist;

4. der Schaden, welcher sich auf ein Verschulden des Versicherten gründet, und bei der Versicherung von Gütern oder imaginärem Gewinn auch der Schaden, welcher durch ein dem Ablader, Empfänger oder Kargadeur in dieser ihrer Eigenschaft zur Last fallendes Verschulden entsteht.

822. Die Verpflichtung des Versicherers zum Ersatz eines Schadens tritt auch dann ein, wenn dem Versicherten ein Anspruch auf dessen Vergütung gegen den Schiffer oder eine andere Person zusteht. Der Versicherte kann sich wegen des Ersatzes des Schadens zunächst an den Versicherer halten. Er hat jedoch dem Versicherer die zur wirksamen Verfolgung eines solchen Anspruchs etwa erforderliche Hülfe zu gewähren, auch für die Sicherstellung des Anspruchs durch Einbehaltung der Fracht, Erwirkung des Arrestes in das Schiff oder sonst in geeigneter Weise auf Kosten des Versicherers die nach den Umständen angemessene Sorge zu tragen (§ 819).

823. Bei der Versicherung des Schiffes für eine Reise beginnt die Gefahr für den Versicherer mit dem Zeitpunkt, in welchem mit der Einnahme der Ladung oder des Ballastes angefangen wird, oder, wenn weder Ladung noch Ballast einzunehmen ist, mit dem Zeitpunkte der Abfahrt des Schiffes. Sie endet mit dem Zeitpunkt, in welchem die Löschung der Ladung oder des Ballastes im Bestimmungshafen beendigt ist.

Wird die Löschung von dem Versicherten ungebührlich verzögert, so endet die Gefahr mit dem Zeitpunkt, in welchem die Löschung beendigt sein würde, falls ein solcher Verzug nicht stattgefunden hätte.

Wird vor der Beendigung der Löschung für eine neue Reise Ladung oder Ballast eingenommen, so endet die Gefahr mit dem Zeitpunkt, in welchem mit der Einnahme der Ladung oder des Ballastes begonnen wird.

824. Sind Güter, imaginärer Gewinn oder die von verschifften Gütern zu verdienende Provision versichert, so beginnt die Gefahr mit dem Zeitpunkt, in welchem die Güter zum Zwecke der Einladung in das Schiff oder in die Leichterfahrzeuge vom Lande scheiden; sie endet mit dem Zeitpunkt, in welchem die Güter im Bestimmungshafen wieder an das Land gelangen.

Wird die Löschung von dem Versicherten oder bei der Versicherung von Gütern oder imaginärem Gewinne von dem Versicherten oder von einer der im § 821 Nr. 4 bezeichneten Personen ungebührlich verzögert, so endet die Gefahr mit dem Zeitpunkt, in welchem die Löschung beendigt sein würde, falls ein solcher Verzug nicht stattgefunden hätte.

Bei der Einladung und Ausladung trägt der Versicherer die Gefahr der ortsgebräuchlichen Benutzung von Leichterfahrzeugen.

825. Bei der Versicherung der Fracht beginnt und endet die Gefahr in Ansehung der Unfälle, denen das Schiff und dadurch die Fracht ausgesetzt ist, mit demselben Zeitpunkt, in welchem die Gefahr bei der Versicherung des Schiffes für dieselbe Reise beginnen und enden würde, in Ansehung der Unfälle, denen die Güter und dadurch die Fracht ausgesetzt sind, mit demselben Zeitpunkt, in welchem die Gefahr bei der Versicherung der Güter für dieselbe Reise beginnen und enden würde.

Bei der Versicherung von Ueberfahrtsgeldern beginnt und endet die Gefahr mit demselben Zeitpunkt, in welchem die Gefahr bei der Versicherung des Schiffes beginnen und enden würde.

Der Versicherer von Fracht- und Ueberfahrtsgeldern haftet für einen Unfall, von dem das Schiff betroffen wird, nur insoweit, als Fracht- oder Ueberfahrtsverträge bereits abgeschlossen sind, und wenn der Rheder Güter für seine Rechnung verschifft, nur insoweit, als diese zum Zwecke der Einladung in das Schiff oder in die Leichterfahrzeuge bereits vom Lande geschieden sind.

826. Bei der Versicherung von Bodmerei- und Havereigeldern beginnt die Gefahr mit dem Zeitpunkt, in welchem die Gelder vorgeschossen sind, oder, wenn der Versicherte selbst die Havereigelder verausgabt hat, mit dem Zeitpunkt, in welchem sie verwendet sind; sie endet mit dem Zeitpunkt, in welchem sie bei einer Versicherung der Gegenstände, welche verbodmet oder auf welche die Havereigelder verwendet sind, enden würde.

827. Die begonnene Gefahr läuft für den Versicherer während der bedungenen Zeit oder der versicherten Reise ununterbrochen fort. Der Versicherer trägt insbesondere die Gefahr auch während des Aufenthalts in einem Noth- oder Zwischenhafen und im Falle der Versicherung für die Hinreise und Rückreise während des Aufenthalts des Schiffes in dem Bestimmungshafen der Hinreise.

Müssen die Güter einstweilen gelöscht werden oder wird das Schiff zur Ausbesserung an das Land gebracht, so trägt der Versicherer die Gefahr auch für die Zeit, während welcher sich die Güter oder das Schiff am Lande befinden.

828. Wird nach dem Beginne der Gefahr die versicherte Reise freiwillig oder gezwungen aufgegeben, so tritt in Ansehung der Beendigung der Gefahr der Hafen, in welchem die Reise beendigt wird, an die Stelle des Bestimmungshafens.

Werden die Güter, nachdem die Reise des Schiffes aufgegeben ist, in anderer Art als mit dem zur Beförderung bestimmten Schiffe nach dem Bestimmungshafen weiter befördert, so läuft in Betreff der Güter die begonnene Gefahr fort, auch wenn die Weiterbeförderung ganz oder zu einem Theile zu Lande geschieht. Der Versicherer trägt in solchen Fällen zugleich die Kosten der früheren Löschung, die Kosten der einstweiligen Lagerung und die Mehrkosten der Weiterbeförderung, auch wenn diese zu Lande erfolgt.

829. Die Vorschriften der §§ 827, 828 gelten nur unbeschadet der Vorschriften der §§ 814, 816.

830. Ist die Dauer der Versicherung nach Tagen, Wochen, Monaten oder Jahren bestimmt, so wird die Zeit nach dem Kalender und der Tag von Mitternacht zu Mitternacht berechnet. Der Versicherer trägt die Gefahr während des Anfangstags und des Schlußtags.

Bei der Berechnung der Zeit ist der Ort, wo sich das Schiff befindet, maßgebend.

831. Ist im Falle der Versicherung des Schiffes auf Zeit das Schiff bei dem Ablaufe der im Vertrage festgesetzten Versicherungszeit unterwegs, so gilt die Versicherung in Ermangelung einer entgegenstehenden Vereinbarung als verlängert bis zur Ankunft des Schiffes im nächsten Bestimmungshafen und, falls in diesem gelöscht wird, bis zur Beendigung der Löschung (§ 823). Der Versicherte ist jedoch befugt, die Verlängerung durch eine dem Versicherer, solange das Schiff noch nicht unterwegs ist, kundzugebende Erklärung auszuschließen.

Im Falle der Verlängerung hat der Versicherte für deren Dauer und, wenn die Verschollenheit des Schiffes eintritt, bis zum Ablaufe der Verschollenheitsfrist die vereinbarte Zeitprämie fortzuentrichten.

Ist die Verlängerung ausgeschlossen, so kann der Versicherer, wenn die Verschollenheitsfrist über die Versicherungszeit hinausläuft, auf Grund der Verschollenheit nicht in Anspruch genommen werden.

832. Bei einer Versicherung nach einem oder dem anderen unter mehreren Häfen ist dem Versicherten gestattet, einen dieser Häfen zu wählen; bei einer Versicherung nach einem und einem anderen oder nach einem und mehreren anderen Häfen ist der Versicherte zum Besuch eines jeden der bezeichneten Häfen befugt.

833. Ist die Versicherung nach mehreren Häfen geschlossen oder dem Versicherten das Recht vorbehalten, mehrere Häfen anzulaufen, so ist dem Versicherten nur gestattet, die Häfen nach der vereinbarten oder in Ermangelung einer Vereinbarung nach der den Schiffahrtsverhältnissen entsprechenden Reihenfolge zu besuchen; er ist jedoch zum Besuch aller einzelnen Häfen nicht verpflichtet.

Die in der Polize enthaltene Reihenfolge wird, soweit nicht ein Anderes sich ergiebt, als die vereinbarte angesehen.

834. Dem Versicherer fallen zur Last:

1. die Beiträge zur großen Haverei mit Einschluß derjenigen, welche der Versicherte selbst wegen eines von ihm erlittenen Schadens zu tragen hat; die in Gemäßheit der §§ 635, 732 nach den Grundsätzen der großen Haverei zu beurtheilenden Beiträge werden den Beiträgen zur großen Haverei gleich geachtet;
2. die Aufopferungen, welche zur großen Haverei gehören würden, wenn das Schiff Güter und zwar andere als Güter des Rheders an Bord gehabt hätte;
3. die sonstigen zur Rettung sowie zur Abwendung größerer Nachtheile nothwendig oder zweckmäßig aufgewendeten Kosten (§ 819), selbst wenn die ergriffenen Maßregeln erfolglos geblieben sind;
4. die zur Ermittelung und Feststellung des dem Versicherer zur Last fallenden Schadens erforderlichen Kosten, insbesondere die Kosten der Besichtigung, der Abschätzung, des Verkaufs und der Anfertigung der Dispache.

835. In Ansehung der Beiträge zur großen Haverei und der nach den Grundsätzen der großen Haverei zu beurtheilenden Beiträge bestimmen sich die Verpflichtungen des Versicherers nach der am gehörigen Orte im Inland oder im Ausland, im Einklange mit dem am Orte der Aufmachung geltenden Rechte aufgemachten Dispache. Insbesondere ist der Versicherte, der einen zur großen Haverei gehörenden Schaden erlitten hat, nicht berechtigt, von dem Versicherer mehr als den Betrag zu fordern, zu welchem der Schaden in der Dispache berechnet ist; andererseits haftet der Versicherer für diesen ganzen Betrag, ohne daß namentlich der Versicherungswerth maßgebend ist.

Auch kann der Versicherte, wenn der Schaden nach dem am Orte der Aufmachung geltenden Rechte als große Haverei nicht anzusehen ist, den Ersatz des Schadens von dem Versicherer nicht aus dem Grunde fordern, weil der Schaden nach einem anderen Rechte, insbesondere nach dem Rechte des Versicherungsorts, große Haverei sei.

836. Der Versicherer haftet jedoch für die im § 835 erwähnten Beiträge nicht, soweit sie sich auf einen Unfall gründen, für den der Versicherer nach dem Versicherungsvertrage nicht haftet.

837. Ist die Dispache von einer durch Gesetz oder Gebrauch dazu berufenen Person aufgemacht worden, so kann der Versicherer sie wegen Nichtübereinstimmung mit dem am Orte der Aufmachung geltenden Rechte und der dadurch bewirkten Benachtheiligung des Versicherten nicht anfechten, es sei denn, daß der Versicherte durch mangelhafte Wahrnehmung seiner Rechte die Benachtheiligung verschuldet hat.

Dem Versicherten liegt jedoch ob, die Ansprüche gegen die zu seinem Nachtheile Begünstigten dem Versicherer abzutreten.

Dagegen ist der Versicherer befugt, in allen Fällen die Dispache dem Versicherten gegenüber insoweit anzufechten, als ein von dem Versicherten selbst erlittener Schaden, für den ihm nach dem am Orte der Aufmachung der Dispache geltenden Rechte eine Vergütung nicht gebührt hätte, gleichwohl als große Haverei behandelt worden ist.

838. Wegen eines von dem Versicherten erlittenen, zur großen Haverei gehörenden oder nach den Grundsätzen der letzteren zu beurtheilenden Schadens haftet der Versicherer, wenn die Einleitung des die Feststellung und Vertheilung des Schadens bezweckenden ordnungsmäßigen Verfahrens stattgefunden hat, in Ansehung der Beiträge, welche dem Versicherten zu entrichten sind, nur insoweit, als der Versicherte die ihm gebührende Vergütung auch im Rechtswege, sofern er diesen füglich betreten konnte, nicht erhalten hat.

839. Ist die Einleitung des Verfahrens ohne Verschulden des Versicherten unterblieben, so kann er den Versicherer wegen des ganzen Schadens nach Maßgabe des Versicherungsvertrags unmittelbar in Anspruch nehmen.

840. Der Versicherer haftet für den Schaden nur bis zur Höhe der Versicherungssumme.

Er hat jedoch die im § 834 Nr. 3, 4 erwähnten Kosten vollständig zu erstatten, wenngleich die hiernach im Ganzen zu zahlende Vergütung die Versicherungssumme übersteigt.

Sind in Folge eines Unfalls solche Kosten bereits aufgewendet, zum Beispiel Loskaufs- oder Reklamekosten verausgabt, oder sind zur Wiederherstellung oder Ausbesserung der durch den Unfall beschädigten Sache bereits Verwendungen geschehen, zum Beispiel zu einem solchen Zwecke Havereigelder verausgabt, oder sind von dem Versicherten Beiträge zur großen Haverei bereits entrichtet oder ist eine persönliche Verpflichtung des Versicherten zur Entrichtung solcher Beiträge bereits entstanden und ereignet sich später ein neuer Unfall, so haftet der Versicherer für den durch den späteren Unfall entstehenden Schaden bis zur Höhe der ganzen Versicherungssumme ohne Rücksicht auf die ihm zur Last fallenden früheren Aufwendungen und Beiträge.

841. Der Versicherer ist nach dem Eintritt eines Unfalls berechtigt, sich durch Zahlung der vollen Versicherungssumme von allen weiteren Verbindlichkeiten aus dem Versicherungsvertrage zu befreien, insbesondere von der Verpflichtung, die Kosten zu erstatten, welche zur Rettung, Erhaltung und Wiederherstellung der versicherten Sachen erforderlich sind.

War zur Zeit des Eintritts des Unfalls ein Theil der versicherten Sachen der vom Versicherer zu tragenden Gefahr bereits entzogen, so hat der Versicherer, welcher von dem Rechte des Abs. 1 Gebrauch macht, den auf jenen Theil fallenden Theil der Versicherungssumme nicht zu entrichten.

Der Versicherer erlangt durch Zahlung der Versicherungssumme keinen Anspruch auf die versicherten Sachen.

Ungeachtet der Zahlung der Versicherungssumme bleibt der Versicherer zum Ersatze derjenigen Kosten verpflichtet, welche auf die Rettung, Erhaltung oder Wiederherstellung der versicherten Sachen verwendet worden sind, bevor seine Erklärung, von dem Rechte Gebrauch zu machen, dem Versicherten zugegangen ist.

842. Der Versicherer muß seinen Entschluß, von dem im § 841 bezeichneten Rechte Gebrauch zu machen, bei Verlust dieses Rechtes dem Versicherten spätestens am dritten Tage nach dem Ablaufe desjenigen Tages erklären, an welchem ihm der Versicherte den Unfall unter Bezeichnung seiner Beschaffenheit und seiner unmittelbaren Folgen angezeigt und alle sonstigen auf den Unfall sich beziehenden Umstände mitgetheilt hat, soweit die letzteren dem Versicherten bekannt sind.

843. Ist nicht zum vollen Werthe versichert, so haftet der Versicherer für die im § 834 erwähnten Beiträge, Aufopferungen und Kosten nur nach dem Verhältnisse der Versicherungssumme zum Versicherungswerthe.

844. Die Verpflichtung des Versicherers, einen Schaden zu ersetzen, wird dadurch nicht wieder aufgehoben oder geändert, daß später in Folge einer Gefahr, die der Versicherer nicht zu tragen hat, ein neuer Schaden und selbst ein Totalverlust eintritt.

845. Besondere Havereien hat der Versicherer nicht zu ersetzen, wenn sie ohne die Kosten der Ermittelung und Feststellung des Schadens (§ 834 Nr. 4) drei Prozent des Versicherungswerths nicht übersteigen; betragen sie mehr als drei Prozent, so sind sie ohne Abzug der drei Prozent zu vergüten.

Ist das Schiff auf Zeit oder auf mehrere Reisen versichert, so sind die drei Prozent für jede einzelne Reise zu berechnen. Der Begriff der Reise bestimmt sich nach § 757.

846. Die im § 834 unter Nr. 1 bis 3 erwähnten Beiträge, Aufopferungen und Kosten muß der Versicherer ersetzen, auch wenn sie drei Prozent des Versicherungswerths nicht erreichen. Sie kommen jedoch bei der Ermittelung der im § 845 bezeichneten drei Prozent nicht in Berechnung.

847. Ist vereinbart, daß der Versicherer von bestimmten Prozenten frei sein soll, so kommen die Vorschriften der §§ 845, 846 mit der Maßgabe zur Anwendung, daß an die Stelle der dort erwähnten drei Prozent die im Vertrag angegebene Anzahl von Prozenten tritt.

848. Ist vereinbart, daß der Versicherer die Kriegsgefahr nicht übernimmt, auch die Versicherung rücksichtlich der übrigen Gefahren nur bis zum Eintritt einer Kriegsbelästigung dauern soll, so endet die Gefahr für den Versicherer mit dem Zeitpunkt, in welchem die Kriegsgefahr auf die Reise Einfluß zu üben beginnt, insbesondere also, wenn der Antritt oder die Fortsetzung der Reise durch Kriegsschiffe, Kaper oder Blokade behindert oder zur Vermeidung der Kriegsgefahr aufgeschoben wird, wenn das Schiff aus einem solchen Grunde von seinem Wege abweicht oder wenn der Schiffer durch Kriegsbelästigung die freie Führung des Schiffes verliert.

Eine Vereinbarung der im Abs. 1 bezeichneten Art wird namentlich angenommen, wenn der Vertrag mit der Klausel: „frei von Kriegsmolest" abgeschlossen ist.

849. Ist vereinbart, daß der Versicherer zwar nicht die Kriegsgefahr übernimmt, alle übrigen Gefahren aber auch nach dem Eintritt einer Kriegsbelästigung tragen soll, so endet die Gefahr für den Versicherer erst mit der Kondemnation der versicherten Sache oder sobald sie geendet hätte, wenn die Kriegsgefahr nicht ausgenommen worden wäre; der Versicherer haftet aber nicht für die zunächst durch Kriegsgefahr verursachten Schäden, also insbesondere nicht:

für Konfiskation durch kriegführende Mächte;
für Nehmung, Beschädigung, Vernichtung und Plünderung durch Kriegsschiffe und Kaper;
für die Kosten, welche entstehen aus der Anhaltung und Reklamirung, aus der Blokade des Aufenthaltshafens oder der Zurückweisung von einem blokirten Hafen oder aus dem freiwilligen Aufenthalte wegen Kriegsgefahr;
für die nachstehenden Folgen eines solchen Aufenthalts: Verderb und Verminderung der Güter, Kosten und Gefahr ihrer Entlöschung und Lagerung, Kosten ihrer Weiterbeförderung.

Im Zweifel wird angenommen, daß ein eingetretener Schaden durch Kriegsgefahr nicht verursacht sei.

Eine Vereinbarung der im Abs. 1 bezeichneten Art wird namentlich angenommen, wenn der Vertrag mit der Klausel: „nur für Seegefahr" abgeschlossen ist.

850. Ist der Vertrag mit der Klausel: „für behaltene Ankunft" abgeschlossen, so endet die Gefahr für den Versicherer schon mit dem Zeitpunkt, in welchem das Schiff im Bestimmungshafen am gebräuchlichen oder gehörigen Platze den Anker hat fallen lassen oder befestigt ist.

Auch haftet der Versicherer nur:

1. bei der auf das Schiff sich beziehenden Versicherung, wenn entweder ein Totalverlust eintritt oder wenn das Schiff abandonnirt (§ 861) oder in Folge eines Unfalls vor der Erreichung des Bestimmungshafens wegen Reparaturunfähigkeit oder wegen Reparaturunwürdigkeit verkauft wird (§ 873);
2. bei der auf Güter sich beziehenden Versicherung, wenn die Güter oder ein Theil der Güter in Folge eines Unfalls den Bestimmungshafen nicht erreichen, insbesondere wenn sie vor der Erreichung des Bestimmungshafens in Folge eines Unfalls verkauft werden. Erreichen die Güter den Bestimmungshafen, so haftet der Versicherer weder für eine Beschädigung noch für einen Verlust, der die Folge einer Beschädigung ist.

Ueberdies hat der Versicherer in keinem Falle die im § 834 erwähnten Beiträge, Aufopferungen und Kosten zu tragen.

851. Ist der Vertrag mit der Klausel: „frei von Beschädigung außer im Strandungsfall" abgeschlossen, so haftet der Versicherer nicht für einen Schaden, der aus einer Beschädigung entsteht, ohne Unterschied, ob der Schaden in einer Werthsverringerung oder in einem gänzlichen oder theilweisen Verlust und insbesondere darin besteht, daß die versicherten Güter gänzlich verdorben und in ihrer ursprünglichen Beschaffenheit zerstört den Bestimmungshafen erreichen oder während der Reise wegen Beschädigung und drohenden Verderbs verkauft worden sind, es sei denn, daß das Schiff oder das Leichterfahrzeug, in welchem sich die versicherten Güter befanden, gestrandet ist. Der Strandung werden folgende Seeunfälle gleich geachtet: Kentern, Sinken, Zerbrechen des Rumpfes, Scheitern und jeder Seeunfall, durch den das

Schiff oder das Leichterfahrzeug reparaturunfähig geworden ist.

Hat sich eine Strandung oder ein dieser gleich zu achtender anderer Seeunfall ereignet, so haftet der Versicherer für jede drei Prozent (§ 845) übersteigende Beschädigung, die in Folge eines solchen Seeunfalls entstanden ist, nicht aber für eine sonstige Beschädigung. Es wird vermuthet, daß eine Beschädigung, die möglicherweise Folge des eingetretenen Seeunfalls sein kann, in Folge des Unfalls entstanden sei.

Für jeden Schaden, der nicht aus einer Beschädigung entsteht, haftet der Versicherer ohne Unterschied, ob sich eine Strandung oder ein anderer der erwähnten Unfälle zugetragen hat oder nicht, in derselben Weise, als wenn der Vertrag ohne die Klausel abgeschlossen wäre. Jedenfalls haftet er für die im § 834 unter Nr. 1, 2, 4 erwähnten Beiträge, Aufopferungen und Kosten, für die im § 834 unter Nr. 3 erwähnten Kosten aber nur dann, wenn sie zur Abwendung eines ihm zur Last fallenden Verlustes verausgabt worden sind.

Eine Beschädigung, die ohne Selbstentzündung durch Feuer oder durch Löschung eines solchen Feuers oder durch Beschießen entstanden ist, wird als eine solche Beschädigung, von welcher der Versicherer durch die Klausel befreit wird, nicht angesehen.

852. Wenn der Vertrag mit der Klausel: „frei von Bruch außer im Strandungsfall" abgeschlossen ist, so finden die Vorschriften des § 851 mit der Maßgabe Anwendung, daß der Versicherer für Bruch insoweit haftet, als er nach § 851 für Beschädigung aufzukommen hat.

853. Eine Strandung im Sinne der §§ 851, 852 ist vorhanden, wenn das Schiff unter nicht gewöhnlichen Verhältnissen der Seeschiffahrt auf den Grund festgeräth und nicht wieder flott wird oder zwar wieder flott wird, jedoch entweder

1. nur unter Anwendung ungewöhnlicher Maßregeln, wie Kappen der Masten, Werfen oder Löschung eines Theiles der Ladung und dergleichen, oder durch den Eintritt einer ungewöhnlich hohen Fluth, nicht aber ausschließlich durch Anwendung gewöhnlicher Maßregeln, wie Winden auf den Anker, Backstellen der Segel und dergleichen, oder
2. erst nachdem das Schiff durch das Festgerathen einen erheblichen Schaden am Schiffskörper erlitten hat.

Fünfter Titel. Umfang des Schadens.

854. Ein Totalverlust des Schiffes oder der Güter liegt vor, wenn das Schiff oder die Güter zu Grunde gegangen oder dem Versicherten ohne Aussicht auf Wiedererlangung entzogen sind, namentlich wenn sie unrettbar gesunken oder in ihrer ursprünglichen Beschaffenheit zerstört oder für gute Prise erklärt sind. Ein Totalverlust des Schiffes wird dadurch nicht ausgeschlossen, daß einzelne Theile des Wrackes oder des Inventars gerettet sind.

855. Ein Totalverlust in Ansehung der Fracht liegt vor, wenn die ganze Fracht verloren gegangen ist.

856. Ein Totalverlust in Ansehung des imaginären Gewinns oder in Ansehung der Provision, welche von der Ankunft der Güter am Bestimmungsort erwartet werden, liegt vor, wenn die Güter den Bestimmungsort nicht erreicht haben.

857. Ein Totalverlust in Ansehung der Bodmerei- und Havereigelder liegt vor, wenn die Gegenstände, welche verbodmet oder für welche die Havereigelder vorgeschossen oder verausgabt sind, entweder von einem Totalverlust oder dergestalt von anderen Unfällen betroffen sind, daß in Folge der dadurch herbeigeführten Beschädigungen, Verbodmungen oder sonstigen Belastungen zur Deckung jener Gelder nichts übrig geblieben ist.

858. Im Falle des Totalverlustes hat der Versicherer die Versicherungssumme zum vollen Betrage zu zahlen, jedoch unbeschadet der nach § 800 etwa zu machenden Abzüge.

859. Ist im Falle des Totalverlustes vor der Zahlung der Versicherungssumme etwas gerettet, so kommt der Erlös des Geretteten von der Versicherungssumme in Abzug. War nicht zum vollen Werthe versichert, so wird nur ein verhältnißmäßiger Theil des Geretteten von der Versicherungssumme abgezogen.

Mit der Zahlung der Versicherungssumme gehen die Rechte des Versicherten an der versicherten Sache auf den Versicherer über.

Erfolgt erst nach der Zahlung der Versicherungssumme eine vollständige oder theilweise Rettung, so hat auf das nachträglich Gerettete nur der Versicherer Anspruch. War nicht zum vollen Werthe versichert, so gebührt dem Versicherer nur ein verhältnißmäßiger Theil des Geretteten.

860. Sind bei einem Totalverlust in Ansehung des imaginären Gewinns (§ 856) die Güter während der Reise so günstig verkauft, daß der Reinerlös mehr beträgt als der Versicherungswerth der Güter, oder ist für die Güter, wenn sie in Fällen der großen Haverei aufgeopfert worden sind oder wenn dafür nach Maßgabe der §§ 611, 612 Ersatz geleistet werden muß, mehr als jener Werth vergütet, so kommt von der Versicherungssumme des imaginären Gewinns der Ueberschuß in Abzug.

861. Der Versicherte ist befugt, die Zahlung der Versicherungssumme zum vollen Betrage gegen Abtretung der in Ansehung des versicherten Gegenstandes ihm zustehenden Rechte in folgenden Fällen zu verlangen (Abandon):

1. wenn das Schiff verschollen ist;
2. wenn der Gegenstand der Versicherung dadurch bedroht ist, daß das Schiff oder die Güter unter Embargo gelegt, von einer kriegführenden Macht aufgebracht, auf andere Weise durch Verfügung von hoher Hand angehalten oder durch Seeräuber genommen und während einer Frist von sechs, neun oder zwölf Monaten nicht freigegeben sind, je nachdem die Aufbringung, Anhaltung oder Nehmung geschehen ist:
   a. in einem europäischen Hafen oder in einem europäischen Meere einschließlich aller Häfen oder Theile des Mittelländischen, Schwarzen und Azowschen Meeres oder
   b. in einem anderen Gewässer, jedoch diesseits des Vorgebirgs der guten Hoffnung und des Kap Horn, oder
   c. in einem Gewässer jenseits des einen jener Vorgebirge.

Die Fristen werden von dem Tage an berechnet, an welchem dem Versicherer der Unfall durch den Versicherten angezeigt wird (§ 818).

862. Ein Schiff, welches eine Reise angetreten hat, ist als verschollen anzusehen, wenn es innerhalb der Verschollenheitsfrist den Bestimmungshafen nicht erreicht hat, auch innerhalb dieser Frist den Betheiligten keine Nachrichten über das Schiff zugegangen sind.

Die Verschollenheitsfrist beträgt:
1. wenn sowohl der Abgangshafen als der Bestimmungshafen ein europäischer Hafen ist, bei Segelschiffen sechs, bei Dampfschiffen vier Monate;
2. wenn entweder nur der Abgangshafen oder nur der Bestimmungshafen ein außereuropäischer Hafen ist, falls er diesseits des Vorgebirges der guten Hoffnung und des Kap Horn belegen ist, bei Segel- und Dampfschiffen neun Monate, falls er jenseits des einen jener Vorgebirge belegen ist, bei Segel- und Dampfschiffen zwölf Monate;
3. wenn sowohl der Abgangs- als der Bestimmungshafen ein außereuropäischer Hafen ist, bei Segel- und Dampfschiffen sechs, neun oder zwölf Monate, je nachdem die Durchschnittsdauer der Reise nicht über zwei oder nicht über drei oder mehr als drei Monate beträgt.

Im Zweifel ist die längere Frist abzuwarten.

863. Die Verschollenheitsfrist wird von dem Tage an berechnet, an welchem das Schiff die Reise angetreten hat. Sind jedoch seit dessen Abgange Nachrichten von ihm angelangt, so wird von dem Tage an, bis zu welchem die letzte Nachricht reicht, diejenige Frist berechnet, welche maßgebend sein würde, wenn das Schiff von dem Punkte, an welchem es sich nach sicherer Nachricht zuletzt befunden hat, abgegangen wäre.

864. Die Abandonerklärung muß dem Versicherer innerhalb der Abandonfrist zugegangen sein.

Die Abandonfrist beträgt sechs Monate, wenn im Falle der Verschollenheit (§ 861 Abs. 1 Nr. 1) der Bestimmungshafen ein europäischer Hafen ist und wenn im Falle der Aufbringung, Anhaltung oder Nehmung (§ 861 Abs. 1 Nr. 2) der Unfall sich in einem europäischen Hafen oder in einem europäischen Meere einschließlich aller Häfen oder Theile des Mittelländischen, Schwarzen und Azowschen Meeres zugetragen hat. In den übrigen Fällen beträgt die Abandonfrist neun Monate. Die Abandonfrist beginnt mit dem Ablaufe der in den §§ 861, 862 bezeichneten Fristen.

Bei der Rückversicherung beginnt die Abandonfrist mit dem Ablaufe des Tages, an welchem dem Rückversicherten von dem Versicherten der Abandon erklärt worden ist.

865. Nach dem Ablaufe der Abandonfrist ist der Abandon unstatthaft, unbeschadet des Rechtes des Versicherten, nach Maßgabe der sonstigen Grundsätze Vergütung eines Schadens in Anspruch zu nehmen.

Ist im Falle der Verschollenheit des Schiffes die Abandonfrist versäumt, so kann der Versicherte zwar den Ersatz eines Totalschadens fordern; er hat jedoch, wenn die versicherte Sache wieder zum Vorscheine kommt und sich dabei ergiebt, daß ein Totalverlust nicht vorliegt, auf Verlangen des Versicherers gegen Verzicht des letzteren auf die in Folge der Zahlung der Versicherungssumme nach § 859 ihm zustehenden Rechte die Versicherungssumme zu erstatten und sich mit dem Ersatz eines etwa erlittenen theilweisen Schadens zu begnügen.

866. Die Abandonerklärung muß, um gültig zu sein, ohne Vorbehalt oder Bedingung erfolgen und sich auf den ganzen versicherten Gegenstand erstrecken, soweit dieser zur Zeit des Unfalls den Gefahren der See ausgesetzt war.

Wenn jedoch nicht zum vollen Werthe versichert war, so ist der Versicherte nur den verhältnißmäßigen Theil des versicherten Gegenstandes zu abandonniren verpflichtet.

Die Abandonerklärung ist unwiderruflich.

867. Die Abandonerklärung ist ohne rechtliche Wirkung, wenn die Thatsachen, auf welche sie gestützt wird, sich nicht bestätigen oder zur Zeit der Mittheilung der Erklärung nicht mehr bestehen. Dagegen bleibt sie für beide Theile verbindlich, auch wenn sich später Umstände ereignen, deren früherer Eintritt das Recht zum Abandon ausgeschlossen haben würde.

868. Durch Abandonerklärung gehen auf den Versicherer alle Rechte über, die dem Versicherten in Ansehung des abandonnirten Gegenstandes zustanden.

Der Versicherte hat dem Versicherer Gewähr zu leisten wegen der auf dem abandonnirten Gegenstande zur Zeit der Abandonerklärung haftenden dinglichen Rechte, es sei denn, daß sich diese auf Gefahren gründen, für die der Versicherer nach dem Versicherungsvertrag aufzukommen hat.

Wird das Schiff abandonnirt, so gebührt dem Versicherer des Schiffes die Nettofracht der Reise, auf welcher sich der Unfall zugetragen hat, soweit die Fracht erst nach der Abandonerklärung verdient ist. Dieser Theil der Fracht wird nach den für die Ermittelung der Distanzfracht geltenden Vorschriften berechnet.

Den hiernach für den Versicherten entstehenden Verlust hat, wenn die Fracht selbständig versichert ist, der Versicherer der Fracht zu tragen.

869. Die Zahlung der Versicherungssumme kann erst verlangt werden, nachdem die zur Rechtfertigung des Abandons dienenden Urkunden dem Versicherer mitgetheilt sind und eine angemessene Frist zu deren Prüfung abgelaufen ist. Wird wegen Verschollenheit des Schiffes abandonnirt, so gehören zu den mitzutheilenden Urkunden glaubhafte Bescheinigungen über die Zeit, in welcher das Schiff den Abgangshafen verlassen hat, und über die Nichtankunft des Schiffes im Bestimmungshafen während der Verschollenheitsfrist.

Der Versicherte ist verpflichtet, bei der Abandonerklärung, soweit er dazu im Stande ist, dem Versicherer anzuzeigen, ob und welche andere den abandonnirten Gegenstand betreffende Versicherungen genommen sind sowie ob und welche Bodmereischulden oder sonstige Belastungen darauf haften. Ist die Anzeige unterblieben, so kann der Versicherer die Zahlung der Versicherungssumme so lange verweigern, bis die Anzeige nachträglich geschehen ist; wenn eine Zahlungsfrist bedungen ist, so beginnt diese erst mit dem Zeitpunkt, in welchem die Anzeige nachgeholt wird.

870. Der Versicherte ist verpflichtet, auch nach der Abandonerklärung für die Rettung der versicherten Sachen und für die Abwendung größerer Nachtheile nach § 819 und zwar so lange zu sorgen, bis der Versicherer selbst dazu im Stande ist.

Erfährt der Versicherte, daß ein für verloren erachteter Gegenstand wieder zum Vorscheine gekommen ist, so muß er dies dem Versicherer sofort anzeigen und ihm auf Verlangen die zur Erlangung oder Verwerthung des Gegenstandes erforderliche Hülfe leisten.

Die Kosten hat der Versicherer zu ersetzen; auch hat er den Versicherten auf Verlangen mit einem angemessenen Vorschusse zu versehen.

871. Der Versicherte muß dem Versicherer, wenn dieser die Rechtmäßigkeit des Abandons anerkennt, auf dessen Verlangen und auf dessen Kosten über den nach § 868 durch die Abandonerklärung eingetretenen Uebergang der Rechte eine öffentlich beglaubigte Anerkennungsurkunde (Abandonrevers) ertheilen und die auf die abandonnirten Gegenstände sich beziehenden Urkunden ausliefern.

872. Bei einem theilweisen Schaden am Schiffe besteht der Schaden in dem nach den §§ 709, 710 zu ermittelnden Betrage der Ausbesserungkosten, soweit diese die Beschädigungen betreffen, welche dem Versicherer zur Last fallen.

873. Ist die Reparaturunfähigkeit oder Reparaturunwürdigkeit des Schiffes (§ 479) auf dem im § 530 vorgeschriebenen Wege festgestellt, so ist der Versicherte dem Versicherer gegenüber befugt, das Schiff oder das Wrack zum öffentlichen Verkaufe zu bringen; im Falle des Verkaufs besteht der Schaden in dem Unterschiede zwischen dem Reinerlös und dem Versicherungswerthe.

Die übernommene Gefahr endet für den Versicherer erst mit dem Verkaufe des Schiffes oder des Wrackes; auch haftet der Versicherer für den Eingang des Kaufpreises.

Bei der zur Ermittelung der Reparaturunwürdigkeit erforderlichen Feststellung des Werthes des Schiffes im unbeschädigten Zustande bleibt dessen Versicherungswerth, gleichviel ob er taxirt ist oder nicht, außer Betracht.

874. Der Beginn der Ausbesserung schließt die Ausübung des im § 873 dem Versicherten eingeräumten Rechtes nicht aus, wenn erst später erhebliche Schäden entdeckt werden, die dem Versicherten ohne sein Verschulden unbekannt geblieben waren.

Macht der Versicherte von dem Rechte nachträglich Gebrauch, so muß der Versicherer die bereits aufgewendeten Ausbesserungskosten insoweit besonders vergüten, als durch die Ausbesserung bei dem Verkaufe des Schiffes ein höherer Erlös erzielt worden ist.

875. Bei Gütern, die beschädigt im Bestimmungshafen ankommen, ist durch Vergleichung des Bruttowerths, den sie daselbst im beschädigten Zustande haben, mit dem Bruttowerthe, welchen sie dort im unbeschädigten Zustande haben würden, zu ermitteln, wie viele Prozente des Werthes der Güter verloren sind. Ebensoviele Prozente des Versicherungswerths sind als der Betrag des Schadens anzusehen.

Die Ermittelung des Werthes, welchen die Güter im beschädigten Zustande haben, erfolgt durch öffentlichen Verkauf oder, wenn der Versicherer einwilligt, durch Abschätzung. Der Werth, welchen die Güter im unbeschädigten Zustande haben würden, bestimmt sich nach § 611 Abs. 1.

Der Versicherer hat außerdem die Besichtigungs-, Abschätzungs- und Verkaufskosten zu tragen.

876. Geht ein Theil der Güter auf der Reise verloren, so besteht der Schaden in ebensovielen Prozenten des Versicherungswerths, als Prozente des Werthes der Güter verloren gegangen sind.

877. Sind Güter auf der Reise in Folge eines

Unfalls verkauft worden, so besteht der Schaden in dem Unterschiede zwischen dem nach Abzug der Fracht, der Zölle und Verkaufskosten sich ergebenden Reinerlöse der Güter und deren Versicherungswerthe.

Die übernommene Gefahr endet für den Versicherer erst mit dem Verkaufe der Güter; auch haftet der Versicherer für den Eingang des Kaufpreises.

Die Vorschriften der §§ 834 bis 838 bleiben unberührt.

878. Bei einem theilweisen Verluste der Fracht besteht der Schaden in demjenigen Theile der bedungenen oder in deren Ermangelung der üblichen Fracht, welcher verloren gegangen ist.

Ist die Fracht taxirt und die Taxe nach § 793 Abs. 4 in Bezug auf einen von dem Versicherer zu ersetzenden Schaden maßgebend, so besteht der Schaden in ebensovielen Prozenten der Taxe, als Prozente der bedungenen oder üblichen Fracht verloren sind.

879. Bei einem imaginären Gewinn oder einer Provision, die von der Ankunft der Güter erwartet werden, besteht der Schaden, wenn die Güter in beschädigtem Zustand ankommen, in ebensovielen Prozenten des als Gewinn oder Provision versicherten Betrags, als der nach § 875 zu ermittelnde Schaden an den Gütern Prozente des Versicherungswerths der letzteren beträgt.

Erreicht ein Theil der Güter den Bestimmungshafen nicht, so besteht der Schaden in ebensovielen Prozenten des als Gewinn oder Provision versicherten Betrags, als der Werth des in dem Bestimmungshafen nicht angelangten Theiles der Güter Prozente des Werthes aller Güter beträgt.

Sind bei der Versicherung des imaginären Gewinns in Ansehung des nicht angelangten Theiles der Güter die Voraussetzungen des § 860 vorhanden, so kommt von dem Schaden der im § 860 bezeichnete Ueberschuß in Abzug.

880. Bei Bodmerei- oder Havereigeldern besteht im Falle eines theilweisen Verlustes der Schaden in dem Ausfalle, welcher sich darauf gründet, daß der Gegenstand, der verbodmet oder für den die Havereigelder vorgeschossen oder verausgabt sind, zur Deckung der Bodmerei- oder Havereigelder in Folge späterer Unfälle nicht mehr genügt.

881. Der Versicherer hat den nach den §§ 872 bis 880 zu berechnenden Schaden vollständig zu vergüten, wenn zum vollen Werthe versichert war, jedoch unbeschadet der Vorschrift des § 800; war nicht zum vollen Werthe versichert, so hat er nach Maßgabe des § 792 nur einen verhältnißmäßigen Theil dieses Schadens zu vergüten.

Sechster Titel. Bezahlung des Schadens.

882. Der Versicherte hat, um den Ersatz eines Schadens fordern zu können, eine Schadensberechnung dem Versicherer mitzutheilen.

Er muß zugleich durch genügende Belege dem Versicherer darthun:

1. sein Interesse;
2. daß der versicherte Gegenstand den Gefahren der See ausgesetzt worden ist;
3. den Unfall, auf den der Anspruch gestützt wird;
4. den Schaden und dessen Umfang.

883. Bei der Versicherung für fremde Rechnung hat sich außerdem der Versicherte darüber auszuweisen, daß er dem Versicherungsnehmer zum Abschlusse des Vertrags Auftrag ertheilt hat. Ist die Versicherung ohne Auftrag geschlossen (§ 782), so muß der Versicherte die Umstände darthun, aus welchen hervorgeht, daß die Versicherung in seinem Interesse genommen ist.

884. Als genügende Belege sind im Allgemeinen solche Belege anzusehen, die im Handelsverkehre, namentlich wegen der Schwierigkeit der Beschaffung anderer Beweise, nicht beanstandet zu werden pflegen, insbesondere

1. zum Nachweise des Interesses:
   bei der Versicherung des Schiffes die üblichen Eigenthumsurkunden;
   bei der Versicherung von Gütern die Fakturen und Konnossemente, sofern nach deren Inhalt der Versicherte zur Verfügung über die Güter befugt erscheint;
   bei der Versicherung der Fracht die Chartepartien und Konnossemente;
2. zum Nachweise der Verladung der Güter die Konnossemente;
3. zum Nachweise des Unfalls die Verklarung und das Tagebuch, in Kondemnationsfällen das Erkenntniß des Prisengerichts, in Verschollenheitsfällen glaubhafte Bescheinigungen über die Zeit, in welcher das Schiff den Abgangshafen verlassen hat, und über die Nichtankunft des Schiffes im Bestimmungshafen während der Verschollenheitsfrist;
4. zum Nachweise des Schadens und dessen Umfanges die den Gesetzen oder Gebräuchen des Ortes der Schadensermittelung entsprechenden Besichtigungs-, Abschätzungs- und Versteigerungsurkunden sowie die Kostenanschläge der Sachverständigen, ferner die quittirten Rechnungen über die ausgeführten Ausbesserungen und andere Quittungen über geleistete Zahlungen; in Ansehung eines theilweisen Schadens am Schiffe (§§ 872, 873) genügen jedoch die Besichtigungs- und Abschätzungsurkunden sowie die Kostenanschläge nur dann, wenn die etwaigen Schäden, die sich auf Abnutzung, Alter, Fäulniß oder Wurmfraß gründen, gehörig ausgeschieden sind und wenn zugleich, soweit es ausführbar war, solche Sachverständige zugezogen worden sind, die entweder ein für allemal obrigkeitlich bestellt oder von

dem Ortsgericht[281] oder dem deutschen Konsul und, in deren Ermangelung oder sofern deren Mitwirkung sich nicht erlangen ließ, von einer anderen Behörde besonders ernannt waren.

885. Eine Vereinbarung, durch die der Versicherte von dem Nachweise der im § 882 erwähnten Umstände oder eines Theiles dieser Umstände befreit wird, ist gültig, jedoch unbeschadet des Rechtes des Versicherers, das Gegentheil zu beweisen.

Die bei der Versicherung von Gütern getroffene Vereinbarung, daß das Konnossement nicht vorzulegen ist, befreit nur von dem Nachweise der Verladung.

886. Bei der Versicherung für fremde Rechnung ist der Versicherungsnehmer ohne Beibringung einer Vollmacht des Versicherten legitimirt, über die Rechte, die im Versicherungsvertrage für den Versicherten ausbedungen sind, zu verfügen sowie die Versicherungsgelder zu erheben und einzuklagen. Diese Vorschrift gilt jedoch im Falle der Ertheilung einer Polize nur dann, wenn der Versicherungsnehmer die Polize beibringt.

Ist die Versicherung ohne Auftrag genommen, so bedarf der Versicherungsnehmer zur Erhebung oder Einklagung der Versicherungsgelder der Zustimmung des Versicherten.

887. Im Falle der Ertheilung einer Polize hat der Versicherer die Versicherungsgelder dem Versicherten zu zahlen, wenn dieser die Polize beibringt.

888. Der Versicherungsnehmer ist nicht verpflichtet, die Polize dem Versicherten oder den Gläubigern oder der Konkursmasse des Versicherten auszuliefern, bevor er wegen der gegen den Versicherten in Bezug auf den versicherten Gegenstand ihm zustehenden Ansprüche befriedigt ist. Im Falle eines Schadens kann der Versicherungsnehmer sich wegen dieser Ansprüche aus der Forderung, welche gegen den Versicherer begründet ist, und nach Einziehung der Versicherungsgelder aus den letzteren vorzugsweise vor dem Versicherten und vor dessen Gläubigern befriedigen.

889. Der Versicherer macht sich dem Versicherungsnehmer verantwortlich, wenn er, während sich dieser noch im Besitze der Polize befindet, durch Zahlungen, die er dem Versicherten oder den Gläubigern oder der Konkursmasse des Versicherten leistet, oder durch Verträge, die er mit ihnen schließt, das im § 888 bezeichnete Recht des Versicherungsnehmers beeinträchtigt.

Inwiefern sich der Versicherer einem Dritten, welchem Rechte aus der Polize eingeräumt sind, dadurch verantwortlich macht, daß er über diese Rechte Verträge schließt oder Versicherungsgelder zahlt, ohne sich die Polize zurückgeben zu lassen oder sie mit der erforderlichen Bemerkung zu versehen, bestimmt sich nach den Vorschriften des bürgerlichen Rechtes.

890. Wird der Versicherer auf Zahlung der Versicherungsgelder in Anspruch genommen, so kann er bei der Versicherung für fremde Rechnung Forderungen, die ihm gegen den Versicherungsnehmer zustehen, nicht aufrechnen.

891. Der Versicherte ist befugt, nicht nur die aus einem bereits eingetretenen Unfall ihm zustehenden, sondern auch die künftigen Entschädigungsansprüche einem Dritten abzutreten. Ist die Polize nach § 363 Abs. 2 an Order gestellt, so ist bei der Versicherung für fremde Rechnung zur Gültigkeit der ersten Uebertragung das Indossament des Versicherungsnehmers genügend.

892. Wenn nach dem Ablaufe von zwei Monaten seit der Anzeige des Unfalls die Schadensberechnung (§ 882) ohne Verschulden des Versicherten noch nicht vorgelegt, wohl aber durch ungefähre Ermittelung die Summe festgestellt worden ist, welche dem Versicherer mindestens zur Last fällt, so hat der letztere diese Summe in Anrechnung auf seine Schuld vorläufig zu zahlen, jedoch nicht vor dem Ablaufe der etwa für die Zahlung der Versicherungsgelder bedungenen Frist. Soll die Zahlungsfrist mit dem Zeitpunkte beginnen, in welchem dem Versicherer die Schadensberechnung mitgetheilt ist, so wird sie in dem bezeichneten Falle von der Zeit an berechnet, in welcher dem Versicherer die vorläufige Ermittelung mitgetheilt ist.

893. Der Versicherer hat:

1. in Havereifällen zu den für die Rettung, Erhaltung oder Wiederherstellung der versicherten Sache nöthigen Ausgaben in Anrechnung auf seine später festzustellende Schuld zwei Drittheile des ihm zur Last fallenden Betrags;
2. bei Aufbringung des Schiffes oder der Güter den vollen Betrag der ihm zur Last fallenden Kosten des Reklameprozesses, sowie sie erforderlich werden, vorzuschießen.

Siebenter Titel. Aufhebung der Versicherung und Rückzahlung der Prämie.

894. Wird die Unternehmung, auf welche sich die Versicherung bezieht, ganz oder zu einem Theile von dem Versicherten aufgegeben oder wird ohne sein Zuthun die ganze versicherte Sache oder ein Theil dieser Sache der von dem Versicherer übernommenen Gefahr nicht ausgesetzt, so kann die Prämie ganz oder zu dem verhältnißmäßigen Theile bis auf eine dem Versicherer gebührende Vergütung zurückgefordert oder einbehalten werden (Ristorno).

Die Vergütung (Ristornogebühr) besteht, sofern nicht ein anderer Betrag vereinbart oder am Orte der Versicherung üblich ist, in einem halben Prozente der ganzen oder des entsprechenden Theiles der

281. „Amtsgericht" nach § 145 FrG; vgl. auch § 146 Abs. 3 FrG.

Versicherungssumme, wenn aber die Prämie nicht ein Prozent der Versicherungssumme erreicht, in der Hälfte der ganzen oder des verhältnißmäßigen Theiles der Prämie.

895. Ist die Versicherung wegen Mangels des versicherten Interesses (§ 778) oder wegen Ueberversicherung (§ 786) oder Doppelversicherung (§ 788) unwirksam und hat sich der Versicherungsnehmer bei dem Abschlusse des Vertrags und im Falle der Versicherung für fremde Rechnung auch der Versicherte bei der Ertheilung des Auftrags in gutem Glauben befunden, so kann die Prämie gleichfalls bis auf die im § 894 bezeichnete Ristornogebühr zurückgefordert oder einbehalten werden.

896. Die Anwendung der Vorschriften der §§ 894, 895 wird dadurch nicht ausgeschlossen, daß der Versicherungsvertrag für den Versicherer wegen Verletzung der Anzeigepflicht oder aus anderen Gründen unverbindlich ist, selbst wenn der Versicherer ungeachtet dieser Unverbindlichkeit auf die volle Prämie Anspruch hätte.

897. Ein Ristorno findet nicht statt, wenn die Gefahr für den Versicherer bereits zu laufen begonnen hat.

898. Wenn der Versicherer zahlungsunfähig geworden ist, so ist der Versicherte befugt, nach seiner Wahl entweder von dem Vertrage zurückzutreten und die ganze Prämie zurückzufordern oder einzubehalten oder auf Kosten des Versicherers nach Maßgabe des § 789 eine neue Versicherung zu nehmen. Dieses Recht steht ihm jedoch nicht zu, wenn ihm wegen der Erfüllung der Verpflichtungen des Versicherers genügende Sicherheit bestellt wird, bevor er von dem Vertrage zurückgetreten ist oder die neue Versicherung genommen hat.

899. Wird der versicherte Gegenstand veräußert, so können dem Erwerber die dem Versicherten nach dem Versicherungsvertrag auch in Bezug auf künftige Unfälle zustehenden Rechte mit der Wirkung abgetreten werden, daß der Erwerber den Versicherer ebenso in Anspruch zu nehmen befugt ist, als wenn die Veräußerung nicht stattgefunden hätte und der Versicherte selbst den Anspruch erhöbe.

Der Versicherer bleibt von der Haftung für die Gefahren befreit, welche nicht eingetreten sein würden, wenn die Veräußerung unterblieben wäre.

Er kann sich nicht nur der Einreden und Gegenforderungen bedienen, welche ihm unmittelbar gegen den Erwerber zustehen, sondern auch derjenigen, welche er dem Versicherten hätte entgegenstellen können, der aus dem Versicherungsvertrage nicht hergeleiteten jedoch nur insofern, als sie bereits vor der Anzeige der Uebertragung entstanden sind.

Durch diese Vorschriften werden die rechtlichen Wirkungen der mittelst Indossaments erfolgten Uebertragung einer Police, die an Order lautet, nicht berührt.

900. Die Vorschriften des § 899 gelten auch im Falle der Versicherung einer Schiffspart.

Ist das Schiff selbst versichert, so kommen sie nur zur Anwendung, wenn das Schiff während einer Reise veräußert wird. Der Anfang und das Ende der Reise bestimmen sich nach § 823. Ist das Schiff auf Zeit oder für mehrere Reisen (§ 757) versichert, so dauert die Versicherung im Falle der Veräußerung während einer Reise nur bis zur Entlöschung des Schiffes im nächsten Bestimmungshafen (§ 823).

Elfter Abschnitt. Verjährung.

901. Die im § 754 Nr. 1 bis 9 aufgeführten Forderungen verjähren in einem Jahre. Es beträgt jedoch die Verjährungsfrist zwei Jahre:

1. für die aus den Dienst- und Heuerverträgen herrührenden Forderungen der Schiffsbesatzung, wenn die Entlassung jenseits des Vorgebirges der guten Hoffnung oder des Kap Horn erfolgt ist;
2. für die aus dem Zusammenstoße von Schiffen hergeleiteten Entschädigungsforderungen.

902. Die nach § 901 eintretende Verjährung bezieht sich zugleich auf die persönlichen Ansprüche, die dem Gläubiger etwa gegen den Rheder oder eine Person der Schiffsbesatzung zustehen.

903. Die Verjährung beginnt:

1. in Ansehung der Forderungen der Schiffsbesatzung (§ 754 Nr. 3) mit dem Ablaufe des Jahres, in welchem das Dienst- oder Heuerverhältniß endet, und, falls die Anstellung der Klage früher möglich und zulässig ist, mit dem Ablaufe des Jahres, in welchem diese Voraussetzung eintritt; jedoch kommt das Recht, Vorschuß- und Abschlagszahlungen zu verlangen, für den Beginn der Verjährung nicht in Betracht;
2. in Ansehung der Forderungen wegen Beschädigung oder verspäteter Ablieferung von Ladungsgütern und Reisegut (§ 754 Nr. 7, 9) und wegen der Beiträge zur großen Haverei (§ 754 Nr. 5) mit dem Ablaufe des Jahres, in welchem die Ablieferung erfolgt ist, in Ansehung der Forderungen wegen Nichtablieferung von Gütern mit dem Ablaufe des Jahres, in welchem das Schiff den Hafen erreicht, wo die Ablieferung erfolgen sollte, und wenn dieser Hafen nicht erreicht wird, mit dem Ablaufe des Jahres, in welchem der Betheiligte sowohl hiervon als auch von dem Schaden zuerst Kenntniß erlangt;
3. in Ansehung der nicht unter Nr. 2 fallenden Forderungen aus dem Verschulden einer Person der Schiffsbesatzung (§ 754 Nr. 9) mit dem Ablaufe des Jahres, in welchem der Betheiligte von dem Schaden Kenntniß

erlangt hat, in Ansehung der Entschädigungsforderungen wegen des Zusammenstoßes von Schiffen jedoch mit dem Ablaufe des Jahres, in welchem der Zusammenstoß stattgefunden hat;

4. in Ansehung aller anderen Forderungen mit dem Ablaufe des Jahres, in welchem die Forderung fällig geworden ist.

904. Ferner verjähren in einem Jahre die auf den Gütern wegen der Bodmereigelder, der Beiträge zur großen Haverei und der Bergungs- und Hülfskosten haftenden Forderungen sowie die wegen dieser Gelder, Beiträge und Kosten begründeten persönlichen Ansprüche.

Die Verjährung beginnt in Ansehung der Beiträge zur großen Haverei mit dem Ablaufe des Jahres, in welchem die beitragspflichtigen Güter abgeliefert sind, in Ansehung der übrigen Forderungen mit dem Ablaufe des Jahres, in welchem die Fälligkeit eingetreten ist.

905. Es verjähren in fünf Jahren die Forderungen des Versicherers und des Versicherten aus dem Versicherungsvertrage.

Die Verjährung beginnt mit dem Ablaufe des Jahres, in welchem die versicherte Reise beendigt ist, und bei der Versicherung auf Zeit mit dem Ablaufe des Tages, an welchem die Versicherungszeit endet. Sie beginnt, wenn das Schiff verschollen ist, mit dem Ablaufe des Tages, an welchem die Verschollenheitsfrist endet.

Einführungsgesetz

zum Handelsgesetzbuche.

Vom 10. Mai 1897.

Reichs-Gesetzblatt S. 437.

Art. 1. Das Handelsgesetzbuch tritt gleichzeitig mit dem Bürgerlichen Gesetzbuch in Kraft.

Der sechste Abschnitt des ersten Buches des Handelsgesetzbuchs tritt mit Ausnahme des § 65 am 1. Januar 1898 in Kraft.

Der siebente Abschnitt des dritten Buches des Handelsgesetzbuchs kann durch Kaiserliche Verordnung mit Zustimmung des Bundesraths vor dem im Abs. 1 bezeichneten Zeitpunkt in Kraft gesetzt werden.

2. In Handelssachen kommen die Vorschriften des Bürgerlichen Gesetzbuchs nur insoweit zur Anwendung, als nicht im Handelsgesetzbuch oder in diesem Gesetz ein Anderes bestimmt ist.

Im Uebrigen werden die Vorschriften der Reichsgesetze durch das Handelsgesetzbuch nicht berührt.

3. Soweit in Reichsgesetzen oder in Landesgesetzen auf Vorschriften des Allgemeinen Deutschen Handelsgesetzbuchs verwiesen ist, treten die entsprechenden Vorschriften des Handelsgesetzbuchs an deren Stelle.

4. Die nach dem bürgerlichen Rechte mit einer Eintragung in das Güterrechtsregister[1] verbundenen Wirkungen treten, sofern ein Ehegatte Kaufmann ist und seine Handelsniederlassung sich nicht in dem Bezirke des für den Wohnsitz des Ehemannes zuständigen Registergerichts befindet, in Ansehung der auf den Betrieb des Handelsgewerbes sich beziehenden Rechtsverhältnisse nur ein, wenn die Eintragung auch in das Güterrechtsregister des für den Ort der Handelsniederlassung zuständigen Gerichts erfolgt ist. Bei mehreren Niederlassungen genügt die Eintragung in das Register des Ortes der Hauptniederlassung.

Wird die Niederlassung verlegt, so finden die Vorschriften des § 1559 des Bürgerlichen Gesetzbuchs entsprechende Anwendung.

5. Auf Bergwerksgesellschaften, die nach den Vorschriften der Landesgesetze nicht die Rechte einer juristischen Person besitzen, findet der § 2 des Handelsgesetzbuchs keine Anwendung.[2]

6. Die Vorschriften der §§ 474, 475 des Handelsgesetzbuchs finden auch im Falle der Veräußerung eines Seeschiffs, das nicht zum Erwerbe durch die Seefahrt bestimmt ist, sowie im Falle der Veräußerung eines Antheils an einem solchen Schiffe Anwendung.

7. Die Vorschriften des § 485 und des § 486 Abs. 1 Nr. 3 des Handelsgesetzbuchs über die Haftung des Rheders für das Verschulden einer Person der Schiffsbesatzung sowie die Vorschriften der §§ 734 bis 739 des Handelsgesetzbuchs über die Haftung im Falle des Zusammenstoßes von Schiffen finden auch Anwendung, wenn die Verwendung eines Schiffes zur Seefahrt nicht des Erwerbes wegen erfolgt.

8. Aufgehoben werden:

1. das Gesetz, betreffend die Löschung nicht mehr bestehender Firmen und Prokuren im Handelsregister, vom 30. März 1888 (Reichs-Gesetzbl. S. 129);
2. der Artikel 80 der Wechselordnung;
3. der § 68 der Seemannsordnung vom 27. Dezember 1872 (Reichs-Gesetzbl. S. 409);[3]
4. der § 86 Abs. 2 des Gesetzes, betreffend die Unfallversicherung der Seeleute und anderer bei der Seeschiffahrt betheiligter Personen, vom 13. Juli 1887 (Reichs-Gesetzbl. S. 329).[4]

9. Die Gewerbeordnung wird dahin geändert:

I. Als § 15a werden folgende Vorschriften eingestellt:

Gewerbetreibende, die einen offenen Laden haben oder Gast- oder Schank-

1. Vgl. §§ 1435, 1558 ff. BGB; §§ 161 ff. FrG.

2. Die bergrechtlichen Gewerkschaften und Knappschaftsvereine in Elf.-Lothr. — vgl. Berggef. v. 16. Dez. 1873, §§ 75 ff., 142 ff. — sind juristische Personen; vgl. auch Art. 67 EG z. BGB.

3. Die Seemannsordnung ist in Elf.-Lothr. nicht eingeführt.

4. Ist ersetzt durch § 770 HGB.

wirthschaft betreiben, sind verpflichtet, ihren Familiennamen mit mindestens einem ausgeschriebenen Vornamen an der Außenseite oder am Eingange des Ladens oder der Wirthschaft in deutlich lesbarer Schrift anzubringen.

Kaufleute, die eine Handelsfirma führen, haben zugleich die Firma in der bezeichneten Weise an dem Laden oder der Wirthschaft anzubringen; ist aus der Firma der Familienname des Geschäftsinhabers mit dem ausgeschriebenen Vornamen zu ersehen, so genügt die Anbringung der Firma.

Auf offene Handelsgesellschaften, Kommanditgesellschaften und Kommanditgesellschaften auf Aktien finden diese Vorschriften mit der Maßgabe Anwendung, daß für die Namen der persönlich haftenden Gesellschafter gilt, was in Betreff der Namen der Gewerbetreibenden bestimmt ist.

Sind mehr als zwei Betheiligte vorhanden, deren Namen hiernach in der Aufschrift anzugeben wären, so genügt es, wenn die Namen von zweien mit einem das Vorhandensein weiterer Betheiligter andeutenden Zusatz aufgenommen werden. Die Polizeibehörde kann im einzelnen Falle die Angabe der Namen aller Betheiligter anordnen.

II. Als § 133f wird folgende Vorschrift eingestellt:

Eine Vereinbarung zwischen dem Gewerbeunternehmer und einem der im § 133a bezeichneten Angestellten, durch die der Angestellte für die Zeit nach der Beendigung des Dienstverhältnisses in seiner gewerblichen Thätigkeit beschränkt wird, ist für den Angestellten nur insoweit verbindlich, als die Beschränkung nach Zeit, Ort und Gegenstand nicht die Grenzen überschreitet, durch welche eine unbillige Erschwerung seines Fortkommens ausgeschlossen wird.

Die Vereinbarung ist nichtig, wenn der Angestellte zur Zeit des Abschlusses minderjährig ist.

III. Der § 148 erhält folgenden Zusatz:

14. wer den Vorschriften des § 15a zuwiderhandelt.

10. Das Gesetz, betreffend die Erwerbs- und Wirthschaftsgenossenschaften, vom 1. Mai 1889 (Reichs-Gesetzbl. S. 55) wird dahin geändert:

I. An die Stelle des § 13 tritt folgende Vorschrift:

Vor der Eintragung in das Genossenschaftsregister ihres Sitzes hat die Genossenschaft die Rechte einer eingetragenen Genossenschaft nicht.

II. Der § 16 Abs. 4 wird durch folgende Vorschrift ersetzt:

Der Beschluß hat keine rechtliche Wirkung, bevor er in das Genossenschaftsregister des Sitzes der Genossenschaft eingetragen ist.

III. Der § 23 Abs. 4 fällt weg.

IV. An die Stelle der §§ 28, 29 treten folgende Vorschriften:

§ 28.

Jede Aenderung des Vorstandes sowie die Beendigung der Vertretungsbefugniß eines Vorstandsmitgliedes ist durch den Vorstand zur Eintragung in das Genossenschaftsregister anzumelden. Eine Abschrift der Urkunden über die Bestellung oder über die Beendigung der Vertretungsbefugniß eines Vorstandsmitgliedes ist der Anmeldung beizufügen und wird bei dem Gericht aufbewahrt.

Die Vorstandsmitglieder haben ihre Unterschrift vor dem Gerichte zu zeichnen oder die Zeichnung in beglaubigter Form einzureichen.

§ 29.

Eine Aenderung des Vorstandes, eine Beendigung der Vertretungsbefugniß eines Vorstandsmitgliedes sowie eine Aenderung des Statuts rücksichtlich der Form für Willenserklärungen des Vorstandes kann, solange sie nicht in das Genossenschaftsregister eingetragen und öffentlich bekannt gemacht ist, von der Genossenschaft einem Dritten nicht entgegengesetzt werden, es sei denn, daß dieser von der Aenderung oder Beendigung Kenntniß hatte.

Nach der Eintragung und Bekanntmachung muß der Dritte die Aenderung oder Beendigung gegen sich gelten lassen, es sei denn, daß er sie weder kannte noch kennen mußte.

Für den Geschäftsverkehr mit einer in das Genossenschaftsregister eingetragenen Zweigniederlassung ist im Sinne dieser Vorschriften die Eintragung und Bekanntmachung durch das Gericht der Zweigniederlassung entscheidend.

V. Der § 49 Abs. 1 wird durch folgende Vorschriften ersetzt:

Ein Beschluß der Generalversammlung kann wegen Verletzung des Gesetzes oder des Statuts im Wege der Klage angefochten werden. Die Klage muß binnen einem Monat erhoben werden.

Zur Anfechtung befugt ist jeder in der Generalversammlung erschienene Genosse, sofern er gegen den Beschluß Widerspruch zum Protokoll erklärt hat, und jeder nicht erschienene Genosse, sofern er zu der Generalversammlung unberechtigter Weise nicht zugelassen worden ist oder sofern er die Anfechtung darauf gründet, daß die Berufung der Versammlung oder die Ankündigung des Gegenstandes der Beschlußfassung nicht gehörig erfolgt sei. Außerdem ist der Vorstand und, wenn der Beschluß eine Maßregel zum Gegenstande hat, durch deren Ausführung sich die Mitglieder des Vorstandes und des Aufsichtsraths strafbar oder den Gläubigern der Genossenschaft haftbar machen würden, jedes Mitglied des Vorstandes und des Aufsichtsraths zur Anfechtung befugt.

VI. Im § 49 Abs. 4 wird das Wort „ungültig" ersetzt durch das Wort „nichtig".

VII. Im § 80 Abs. 2 Satz 1 werden die Worte „vom Vorstande" ersetzt durch die Worte: „von den Liquidatoren".

VIII. Der § 82 wird durch folgende Vorschriften ersetzt:

Die ersten Liquidatoren sind durch den Vorstand, jede Aenderung in den Personen der Liquidatoren, sowie eine Beendigung ihrer Vertretungsbefugniß ist durch die Liquidatoren zur Eintragung in das Genossenschaftsregister anzumelden. Eine Abschrift der Urkunden über die Bestellung der Liquidatoren oder über die Aenderung in den Personen derselben ist der Anmeldung beizufügen und wird bei dem Gericht aufbewahrt.

Die Eintragung der gerichtlichen Ernennung oder Abberufung von Liquidatoren geschieht von Amtswegen.

Die Liquidatoren haben ihre Unterschrift persönlich vor dem Gerichte zu zeichnen oder die Zeichnung in beglaubigter Form einzureichen.

IX. Der § 87 wird durch folgende Vorschriften ersetzt:

Die Liquidatoren haben die aus den §§ 26, 27, § 31 Abs. 1, § 32, §§ 42 bis 45, § 46 Abs. 2, § 49 sich ergebenden Rechte und Pflichten des Vorstandes und unterliegen gleich diesem der Ueberwachung des Aufsichtsraths. Sie haben sofort bei Beginn der Liquidation und demnächst in jedem Jahre eine Bilanz aufzustellen. Die erste Bilanz ist zu veröffentlichen; die Bekanntmachung ist zu dem Genossenschaftsregister einzureichen.

X. Der § 88 Abs. 2 wird durch folgende Vorschriften ersetzt:

Meldet sich ein bekannter Gläubiger nicht, so ist der geschuldete Betrag, wenn die Berechtigung zur Hinterlegung vorhanden ist, für den Gläubiger zu hinterlegen. Ist die Berichtigung einer Verbindlichkeit zur Zeit nicht ausführbar oder ist eine Verbindlichkeit streitig, so darf die Vertheilung des Vermögens nur erfolgen, wenn dem Gläubiger Sicherheit geleistet ist.

XI. Der sechste Abschnitt erhält folgende Ueberschrift:

„Auflösung und Nichtigkeit der Genossenschaft."

Am Schlusse dieses Abschnitts werden folgende Vorschriften eingestellt:

§ 90a.

Enthält das Statut nicht die für dasselbe wesentlichen Bestimmungen oder ist eine dieser Bestimmungen nichtig, so kann jeder Genosse und jedes Mitglied des Vorstandes und des Aufsichtsraths im Wege der Klage beantragen, daß die Genossenschaft für nichtig erklärt werde.

§ 90b.

Als wesentlich im Sinne des § 90a gelten die in den §§ 6, 7 und 125 bezeichneten Bestimmungen des Statuts mit Ausnahme derjenigen über die Beurkundung der Beschlüsse der Generalversammlung und den Vorsitz in dieser sowie über die Grundsätze für die Aufstellung und Prüfung der Bilanz.

Ein Mangel, der eine hiernach wesentliche Bestimmung des Statuts betrifft, kann durch einen den Vorschriften dieses Gesetzes über Aenderungen des Statuts entsprechenden Beschluß der Generalversammlung geheilt werden.

Die Berufung der Generalversammlung erfolgt, wenn sich der Mangel auf die Bestimmungen über die Form der Berufung bezieht, durch Einrückung in diejenigen öffentlichen Blätter, welche für die Bekanntmachung der Eintragungen in das Genossenschaftsregister des Sitzes der Genossenschaft bestimmt sind.

Betrifft bei einer Genossenschaft mit beschränkter Haftpflicht der Mangel die Bestimmungen über die Haftsumme, so darf durch die zur Heilung des Mangels beschlossenen Bestimmungen der Gesammtbetrag der von den einzelnen Genossen übernommenen Haftung nicht vermindert werden.

§ 90 c.

Das Verfahren über die Klage auf Nichtigkeitserklärung und die Wirkungen des Urtheils bestimmen sich nach den Vorschriften des § 49 Abs. 3 bis 5 und des § 50.

§ 90 d.

Ist die Nichtigkeit einer Genossenschaft in das Genossenschaftsregister eingetragen, so finden zum Zwecke der Abwickelung ihrer Verhältnisse die für den Fall der Auflösung geltenden Vorschriften entsprechende Anwendung.

Die Wirksamkeit der im Namen der Genossenschaft mit Dritten vorgenommenen Rechtsgeschäfte wird durch die Nichtigkeit nicht berührt.

Soweit die Genossen eine Haftung für die Verbindlichkeiten der Genossenschaft übernommen haben, sind sie verpflichtet, die zur Befriedigung der Gläubiger erforderlichen Beträge nach Maßgabe der Vorschriften des folgenden Abschnitts zu leisten.

XII. Im § 116 Abs. 2 werden die Schlußworte „ohne daß den letzteren die Einrede der Theilung zusteht" gestrichen.

XIII. Der § 117 Abs. 3 wird gestrichen.

XIV. Der § 127 Abs. 1 erhält folgenden Zusatz:

Bekannte Gläubiger sind durch besondere Mittheilung zur Anmeldung aufzufordern.

XV. Der § 148 Abs. 3 fällt weg.

XVI. Der § 152 Abs. 1 erhält folgende Fassung:

Die Mitglieder des Vorstandes sind von dem Gerichte (§ 10) zur Befolgung der im § 8 Absatz 2, § 14, §§ 28, 30, § 59 Absatz 2, § 61, § 76 Absatz 2, § 77 Absatz 2 enthaltenen Vorschriften durch Ordnungsstrafen anzuhalten; die einzelne Strafe darf den Betrag von dreihundert Mark nicht übersteigen. In gleicher Weise sind die Mitglieder des Vorstandes und die Liquidatoren zur Befolgung der im § 31 Absatz 2, § 45, § 46 Absatz 2, § 49 Absatz 4 und 5, § 82, § 83 Absatz 2, § 87 Absatz 1, § 148 Absatz 2 enthaltenen Vorschriften anzuhalten.

11. Das Gesetz, betreffend die Gesellschaften mit beschränkter Haftung, vom 20. April 1892 (Reichs-Gesetzbl. S. 477) wird dahin geändert:

I. Der § 7 Abs. 1 wird durch folgende Vorschrift ersetzt:

Die Gesellschaft ist bei dem Gerichte, in dessen Bezirke sie ihren Sitz hat, zur Eintragung in das Handelsregister anzumelden.

II. Der § 8 Abs. 3 wird durch folgende Vorschrift ersetzt:

Die Geschäftsführer haben ihre Unterschrift zur Aufbewahrung bei dem Gerichte zu zeichnen.

III. Der § 9 Abs. 3 erhält folgende Fassung:

Die Ansprüche auf Grund der vorstehenden Bestimmungen verjähren in fünf Jahren seit der Eintragung der Gesellschaft in das Handelsregister.

IV. Der § 10 wird durch folgende Vorschriften ersetzt:

Bei der Eintragung in das Handelsregister sind die Firma und der Sitz der Gesellschaft, der Gegenstand des Unternehmens, die Höhe des Stammkapitals, der Tag des Abschlusses des Gesellschaftsvertrages und die Personen der Geschäftsführer anzugeben.

Enthält der Gesellschaftsvertrag besondere Bestimmungen über die Zeitdauer der Gesellschaft oder über die Befugniß der Geschäftsführer oder der Liquidatoren zur Vertretung der Gesellschaft, so sind auch diese Bestimmungen einzutragen.

In die Veröffentlichung, durch welche die Eintragung bekannt gemacht wird, sind außer dem Inhalte der Eintragung die nach § 5 Absatz 4 getroffenen Festsetzungen und, sofern der Gesellschaftsvertrag besondere Bestimmungen über die Form enthält, in welcher öffentliche Bekanntmachungen der Gesellschaft erlassen werden, auch diese Bestimmungen aufzunehmen.

V. An die Stelle des § 11 Abs. 1 tritt folgende Vorschrift:

Vor der Eintragung in das Handelsregister des Sitzes der Gesellschaft besteht die Gesellschaft mit beschränkter Haftung als solche nicht.

VI. Der § 12 wird durch folgende Vorschriften ersetzt:

Auf die Anmeldung der Gesellschaft zur Eintragung in das Handelsregister eines Gerichts, in dessen Bezirke sie eine Zweigniederlassung besitzt, finden die Bestimmungen im § 8 Absatz 1 und 2 keine Anwendung. Der Anmeldung ist eine von dem Gerichte der Hauptniederlassung beglaubigte Abschrift des Gesellschaftsvertrages und der Liste der Gesellschafter beizufügen.

Die Eintragung hat die im § 10 Absatz 1 und 2 bezeichneten Angaben zu enthalten. In die Veröffentlichung, durch welche die Eintragung bekannt gemacht wird, sind auch die im § 10 Absatz 3 bezeichneten Bestimmungen aufzunehmen, die nach § 5 Absatz 4 getroffenen Festsetzungen jedoch nur dann, wenn die Eintragung innerhalb der ersten zwei Jahre nach der Eintragung in das Handelsregister des Sitzes der Gesellschaft erfolgt.

VII. Der § 15 Abs. 3 Satz 2 fällt weg.

VIII. Der § 20 Abs. 2 fällt weg.

IX. Im § 23 und im § 27 Abs. 2 werden die Worte: „durch einen Makler oder zur Vornahme von Versteigerungen befugten Beamten öffentlich verkaufen" ersetzt durch die Worte:

„im Wege öffentlicher Versteigerung verkaufen".

X. An die Stelle des § 39 treten folgende Vorschriften:

Jede Aenderung in den Personen der Geschäftsführer sowie die Beendigung der Vertretungsbefugniß eines Geschäftsführers ist zur Eintragung in das Handelsregister anzumelden.

Der Anmeldung ist eine Abschrift der Urkunden über die Bestellung der Geschäftsführer oder über die Beendigung der Vertretungsbefugniß beizufügen. Diese Bestimmung findet auf die Anmeldung zum Handelsregister einer Zweigniederlassung keine Anwendung.

Die Geschäftsführer haben ihre Unterschrift zur Aufbewahrung bei dem Gerichte zu zeichnen.

XI. Der § 40 fällt weg.

XII. Im § 53 werden die Worte: „nach den Artikeln 224 bis 226 Absatz 1 des Handelsgesetzbuchs" ersetzt durch die Worte:

„nach § 243 Abs. 1, 2, 4, §§ 244 bis 248 und § 249 Absatz 1, 2 des Handelsgesetzbuchs".

XIII. An die Stelle des § 55 treten folgende Vorschriften:

Die Abänderung des Gesellschaftsvertrages ist zur Eintragung in das Handelsregister anzumelden.

Bei der Eintragung genügt, sofern nicht die Abänderung die im § 10 Absatz 1 und 2 bezeichneten Angaben betrifft, die Bezugnahme auf die bei dem Gerichte eingereichten Urkunden über die Abänderung. Die öffentliche Bekanntmachung findet in Betreff aller Bestimmungen statt, auf welche sich die im § 10 Absatz 3 und im § 12 vorgeschriebenen Veröffentlichungen beziehen.

Die Abänderung hat keine rechtliche Wirkung, bevor sie in das Handelsregister des Sitzes der Gesellschaft eingetragen ist.

XIV. Als § 59a wird folgende Vorschrift eingestellt:

Auf die Anmeldungen zu dem Handelsregister eines Gerichts, in dessen Bezirke die Gesellschaft eine Zweigniederlassung besitzt, finden die Bestimmungen im § 58 Absatz 2, Absatz 3 Nr. 1 und im § 59 Absatz 1 Nr. 4 keine Anwendung.

XV. Der fünfte Abschnitt erhält die Ueberschrift: „Auflösung und Nichtigkeit der Gesellschaft."

XVI. An die Stelle des § 60 Abs. 1 Nr. 4 tritt folgende Vorschrift:

4. durch die Eröffnung des Konkursverfahrens; wird das Verfahren nach Abschluß eines Zwangsvergleichs aufgehoben oder auf Antrag des Gemeinschuldners eingestellt, so können die Gesellschafter die Fortsetzung der Gesellschaft beschließen.

XVII. Der § 64 Abs. 3 fällt weg.

XVIII. An die Stelle des § 65 treten folgende Vorschriften:

Die Auflösung der Gesellschaft ist außer dem Falle des Konkursverfahrens zur Eintragung in das Handelsregister anzumelden. Das Gleiche gilt von einer Fortsetzung der Gesellschaft in den im § 60 Absatz 1 Nr. 4 bezeichneten Fällen.

Die Auflösung ist von den Liquidatoren zu drei verschiedenen Malen durch die im § 30 Absatz 2 bezeichneten öffentlichen Blätter bekannt zu machen. Durch die Bekanntmachung sind zugleich die Gläubiger der Gesellschaft aufzufordern, sich bei derselben zu melden.

XIX. Der § 67 wird durch folgende Vorschriften ersetzt:

Die ersten Liquidatoren sind durch die Geschäftsführer, jede Aenderung in den Personen der Liquidatoren sowie eine Beendigung ihrer Vertretungsbefugniß ist durch die Liquidatoren zur Eintragung in das Handelsregister anzumelden.

Der Anmeldung ist eine Abschrift der Urkunden über die Bestellung der Liquidatoren oder über die Aenderung in den Personen derselben beizufügen. Diese Vorschrift findet auf die Anmeldung zum Handelsregister einer Zweigniederlassung keine Anwendung.

Die Eintragung der gerichtlichen Ernennung oder Abberufung von Liquidatoren geschieht von Amtswegen.

Die Liquidatoren haben ihre Unterschrift zur Aufbewahrung bei dem Gerichte zu zeichnen.

XX. Der § 69 fällt weg.

XXI. An die Stelle des § 74 Abs. 2 treten folgende Vorschriften:

Meldet sich ein bekannter Gläubiger nicht, so ist der geschuldete Betrag, wenn die Berechtigung zur Hinterlegung vorhanden ist, für den Gläubiger zu hinterlegen. Ist die Berichtigung einer Verbindlichkeit zur Zeit nicht ausführbar oder ist eine Verbindlichkeit streitig, so darf die Vertheilung des Vermögens nur erfolgen, wenn dem Gläubiger Sicherheit geleistet ist.

XXII. Hinter den § 75 werden im fünften Abschnitte folgende Vorschriften eingestellt:

§ 75a.

Enthält der Gesellschaftsvertrag nicht die nach § 3 Absatz 1 wesentlichen Bestimmungen oder ist eine dieser Bestimmungen nichtig, so kann jeder Gesellschafter, jeder Geschäftsführer und, wenn ein Aufsichtsrath bestellt ist, jedes Mitglied des Aufsichtsraths im Wege der Klage beantragen, daß die Gesellschaft für nichtig erklärt werde.

Die Vorschriften der §§ 272, 273 des Handelsgesetzbuchs finden entsprechende Anwendung.

§ 75b.

Ein Mangel, der die Bestimmungen über die Firma oder den Sitz der Gesellschaft oder den Gegenstand des Unternehmens betrifft, kann durch einstimmigen Beschluß der Gesellschafter geheilt werden.

§ 75c.

Ist die Nichtigkeit einer Gesellschaft in das Handelsregister eingetragen, so finden zum Zwecke der Abwickelung ihrer Verhältnisse die für den Fall der Auflösung geltenden Vorschriften entsprechende Anwendung.

Die Wirksamkeit der im Namen der Gesellschaft mit Dritten vorgenommenen Rechtsgeschäfte wird durch die Nichtigkeit nicht berührt.

Die Gesellschafter haben die versprochenen Einzahlungen zu leisten, soweit es zur Erfüllung der eingegangenen Verbindlichkeiten erforderlich ist.

XXIII. An die Stelle der §§ 76, 77 treten folgende Vorschriften:

§ 76.

Die in diesem Gesetze vorgesehenen Anmeldungen zum Handelsregister sind durch die Geschäftsführer oder die Liquidatoren, die im § 7 Absatz 1, § 12 Absatz 1, § 58 Absatz 1, § 59 Absatz 1 Nr. 3, § 78 Absatz 5 vorgesehenen Anmeldungen sind durch sämmtliche Geschäftsführer zu bewirken.

§ 77.

In Ansehung der in §§ 7, 55, § 58 Absatz 1, § 59 Absatz 1 Nr. 3, § 78 Absatz 5 bezeichneten Anmeldungen zum Handelsregister findet, soweit es sich um die Anmeldung zum Handelsregister des Sitzes der Gesellschaft handelt, eine Verhängung von Ordnungsstrafen nach § 14 des Handelsgesetzbuchs nicht statt.

XXIV. Im § 80 Abs. 1 Nr. 1 werden die Worte „Eintragung des Gesellschaftsvertrags" durch die Worte „Eintragung der Gesellschaft" ersetzt.

12. Das Gesetz, betreffend die privatrechtlichen Verhältnisse der Binnenschiffahrt, vom 15. Juni 1895 (Reichs-Gesetzbl. S. 301) wird dahin geändert:

I. An die Stelle des § 26 tritt folgende Vorschrift:

Auf das Frachtgeschäft zur Beförderung von Gütern auf Flüssen und sonstigen Binnengewässern finden die Vorschriften der §§ 425 bis 427, 430 bis 436, 439 bis 443, 445 bis 451 des Handelsgesetzbuchs Anwendung.

II. Im § 36 Abs. 4 werden die Worte „gerichtlich oder in anderer sicherer Weise niederzulegen" ersetzt durch die Worte „in einem öffentlichen Lagerhaus oder in anderer sicherer Weise zu hinterlegen". Im § 52 Abs. 1, 3, im § 54 Abs. 2, 3, im § 77 Abs. 2 und im § 91 Abs. 3 werden die Worte „niederzulegen, Niederlegung, Niederlegungsverfahren, niedergelegt" ersetzt durch die Worte „zu hinterlegen, Hinterlegung, Hinterlegungsverfahren, hinterlegt".

III. Im § 52 werden die Abs. 2, 3 durch folgende Vorschriften ersetzt:

Ist der Empfänger des Gutes nicht zu ermitteln oder verweigert er die Annahme oder ergiebt sich ein sonstiges Ablieferungshinderniß, so hat der Frachtführer den Absender unverzüglich hiervon in Kenntniß zu setzen und dessen Anweisung einzuholen. Ist dies den Umständen nach nicht thunlich oder ist der Absender mit der Ertheilung der Anweisung säumig oder die Anweisung nicht ausführbar, so kann der Frachtführer nach der Bestimmung im Absatz 1 verfahren, auch wenn die Wartezeit noch nicht abgelaufen ist. Er kann, falls das Gut dem Verderben ausgesetzt und Gefahr im Verzug ist, das Gut auch gemäß § 373 Absatz 2 bis 4 des Handelsgesetzbuchs verkaufen lassen.

Von der Hinterlegung und dem Verkaufe des Gutes hat der Frachtführer den Absender und den Empfänger unverzüglich zu benachrichtigen; im Falle der Unterlassung ist er zum Schadensersatze verpflichtet. Ist der Empfänger nicht zu ermitteln, so hat die Benachrichtigung von der Hinterlegung durch öffentliche Bekanntmachung in ortsüblicher Weise zu erfolgen; im Uebrigen dürfen die Benachrichtigungen unterbleiben, soweit sie unthunlich sind.

IV. Der § 55 erhält folgende Fassung:

In den Fällen der §§ 53 und 54 hat der Frachtführer an einem der ortsüblichen Löschplätze anzulegen. Ist durch Vereinbarung dem Empfänger das Recht zur Anweisung des Löschplatzes eingeräumt, so finden die Bestimmungen im § 46 Absatz 2 und 3 Anwendung.

V. Der § 56 Abs. 2 fällt weg. Der Abs. 3 erhält folgende Fassung:

Die Bestimmungen des § 42 Absatz 1 finden entsprechende Anwendung.

VI. Im § 58 fällt der Abs. 3 weg; der Abs. 4 wird durch folgende Vorschrift ersetzt:

Für den Verlust oder die Beschädigung von Kostbarkeiten, Kunstgegenständen, Geld und Werthpapieren haftet der Frachtführer nur, wenn ihm die Beschaffenheit oder der Werth des Gutes bei der Uebergabe zur Beförderung angegeben worden ist.

VII. Der § 61 wird durch folgende Vorschriften ersetzt:

Nach der Annahme des Gutes durch den Empfangsberechtigten können wegen einer Beschädigung oder Minderung des Gutes, die bei der Annahme äußerlich erkennbar ist, Ansprüche nur geltend gemacht werden, wenn vor der Annahme der Zustand des Gutes durch amtlich bestellte Sachverständige festgestellt ist.

Wegen einer Beschädigung oder Minderung des Gutes, die bei der Annahme äußerlich nicht erkennbar ist, kann der Frachtführer auch nach der Annahme des Gutes in Anspruch genommen werden, wenn der Mangel in der Zeit zwischen der Uebernahme des Gutes durch den Frachtführer und der Ablieferung entstanden ist und die Feststellung des Mangels durch amtlich bestellte Sachverständige unverzüglich nach der Entdeckung und spätestens binnen einer Woche nach der Annahme beantragt wird. Ist dem Frachtführer der Mangel unverzüglich nach der Entdeckung und binnen der bezeichneten Frist angezeigt, so genügt es, wenn die Feststellung unverzüglich nach dem Zeitpunkte beantragt wird, bis zu welchem der Eingang einer Antwort des Frachtführers unter regelmäßigen Umständen erwartet werden darf.

Die Kosten einer von dem Empfangsberechtigten beantragten Feststellung sind von dem Frachtführer zu tragen, wenn ein Verlust oder eine Beschädigung ermittelt wird, für welche derselbe Ersatz leisten muß.

Der Frachtführer kann sich auf die Vorschriften der Absätze 1, 2 nicht berufen, wenn er den Schaden durch Vorsatz oder grobe Fahrlässigkeit herbeigeführt hat.

VIII. Als § 61a werden folgende Vorschriften eingestellt:

Der Frachtführer haftet für den durch verspätete Ablieferung des Gutes entstandenen Schaden, es sei denn, daß die Verspätung auf Umständen beruht, die durch die Sorgfalt eines ordentlichen Frachtführers nicht abgewendet werden konnten.

Ist die Fracht nebst den sonst auf dem Gute haftenden Forderungen bezahlt und das Gut angenommen, so kann der Anspruch nicht geltend gemacht werden, es sei denn, daß der Frachtführer die Verspätung durch Vorsatz oder grobe Fahrlässigkeit herbeigeführt hat.

Die Vorschrift im Absatz 2 findet auch auf andere Ansprüche gegen den Frachtführer aus dem Frachtvertrag Anwendung, soweit die Ansprüche nicht den Vorschriften des § 61 unterliegen.

IX. Der § 70 Abs. 1 wird durch folgende Vorschrift ersetzt:

Wird der Antritt oder die Fortsetzung der Reise ohne Verschulden des Absenders zeitweilig verhindert, so braucht der Absender die Aufhebung des Hindernisses nicht abzuwarten, er kann vielmehr vom Vertrage zurücktreten.

X. Der § 72 fällt weg.

XI. Der § 87 Abs. 4 wird gestrichen.

XII. Im § 89 Abs. 2 Satz 1, im § 97 Abs. 1 Satz 1 und im § 103 Abs. 1 werden die Worte: „mit den im § 41 der Konkursordnung bezeichneten Wirkungen" gestrichen.

XIII. Im § 89 Abs. 3 wird der letzte Satz durch folgende Vorschrift ersetzt:

Die Geltendmachung des Pfandrechts durch den Frachtführer erfolgt nach Maßgabe der Vorschriften, die für das Pfandrecht des Frachtführers wegen der Fracht und der Auslagen gelten.

XIV. Der § 91 Abs. 2 wird durch folgende Vorschrift ersetzt:

Gegen Hinterlegung des beanspruchten Beitrags bei einer öffentlichen Hinterlegungsstelle hat die Auslieferung der Güter zu erfolgen.

XV. Im § 102 wird die Nr. 6 durch folgende Vorschrift ersetzt:

6. die Forderungen, welche der Berufsgenossenschaft nach den Vorschriften über die Unfallversicherung, der Versicherungsanstalt nach den Vorschriften über die Invalidenversicherung und den Gemeinden und Krankenkassen nach den Vorschriften über die Krankenversicherung gegen den Schiffseigner zustehen.

XVI. Der § 110 fällt weg.

XVII. An die Stelle des § 111 tritt folgende Vorschrift:

Wird außer dem Falle der Zwangsversteigerung das Schiff veräußert, so ist der Erwerber berechtigt, die Ausschließung der unbekannten Schiffsgläubiger mit ihren Pfandrechten im Wege des Aufgebotsverfahrens zu beantragen.

XVIII. Der § 112 wird durch folgende Vorschrift ersetzt:

Die Vorschrift des § 111 findet keine Anwendung, wenn nur der Antheil eines Miteigenthümers des Schiffes den Gegenstand der Veräußerung bildet.

XIX. An die Stelle des § 114 tritt folgende Vorschrift:

Insoweit bei der Zwangsversteigerung oder bei einer sonstigen Veräußerung des Schiffes der Schiffseigner das Kaufgeld eingezogen hat, haftet er den Schiffsgläubigern, deren Pfandrechte in Folge der Zwangsversteigerung oder in Folge eines nach § 111 eingeleiteten Aufgebotsverfahrens erloschen sind, persönlich in gleicher Weise, wie im Falle der Einziehung der Fracht.

XX. Im § 118 wird die Nr. 8 gestrichen.

XXI. Der zehnte Abschnitt (§§ 131 bis 137) fällt weg.

XXII. Der § 138 wird durch folgende Vorschrift ersetzt:

In bürgerlichen Rechtsstreitigkeiten, in welchen durch Klage oder Widerklage ein Anspruch auf Grund dieses Gesetzes geltend gemacht ist, wird die Verhandlung und Entscheidung letzter Instanz im Sinne des § 8 des Einführungsgesetzes zum Gerichtsverfassungsgesetze dem Reichsgerichte zugewiesen.

13. Der Reichskanzler wird ermächtigt, die Texte des Gesetzes, betreffend die Erwerbs- und Wirthschaftsgenossenschaften, des Gesetzes, betreffend die Gesellschaften mit beschränkter Haftung, und des Gesetzes, betreffend die privatrechtlichen Verhältnisse der Binnenschiffahrt, wie sie sich aus den in den Artikeln 10 bis 12 vorgesehenen Aenderungen ergeben, unter fortlaufender Nummernfolge der Paragraphen und Abschnitte durch das Reichs-Gesetzblatt bekannt zu machen.

Hierbei sind die in den bezeichneten Gesetzen enthaltenen Verweisungen auf Vorschriften des Allgemeinen Deutschen Handelsgesetzbuchs durch Verweisungen auf die nach Artikel 3 des gegenwärtigen Gesetzes an die Stelle jener Vorschriften tretenden Vorschriften zu ersetzen. Den Verweisungen auf Vorschriften der Civilprozeßordnung und der Konkursordnung sind diese Gesetze in der Fassung zu Grunde zu legen, welche sie durch das im Artikel 1 des Einführungsgesetzes zum Bürgerlichen Gesetzbuche vorgesehene Gesetz erhalten.

Soweit in Reichsgesetzen oder in Landesgesetzen auf Vorschriften der im Abs. 1 bezeichneten Gesetze verwiesen ist, treten die entsprechenden Vorschriften der durch den Reichskanzler bekannt gemachten Texte an ihre Stelle.

14. Das Börsengesetz vom 22. Juni 1896 (Reichs-Gesetzbl. S. 157) wird dahin geändert:

I. Die §§ 33, 34 werden durch folgende Vorschriften ersetzt:

§ 33.

Das von dem Kursmakler zu führende Tagebuch ist vor dem Gebrauche dem Börsenvorstande zur Beglaubigung der Zahl der Blätter oder Seiten vorzulegen.

Wenn ein Kursmakler stirbt oder aus dem Amte scheidet, ist sein Tagebuch bei dem Börsenvorstande niederzulegen.

§ 34.

Die Kursmakler sind zur Vornahme von Verkäufen und Käufen befugt, die durch einen dazu öffentlich ermächtigten Handelsmakler zu bewirken sind.

II. Der § 45 Satz 2 fällt weg.

III. Der § 58 Abs. 2 wird durch folgende Vorschrift ersetzt:

Ehefrauen, die nicht Handelsfrauen sind, bedürfen der Genehmigung des Ehemannes.

IV. Der § 63 Abs. 1 Satz 2 wird durch folgende Vorschrift ersetzt:

Für Ehefrauen, die nicht Handelsfrauen sind, genügt der Antrag des Ehemannes.

V. Der § 69 erhält folgenden Abs. 2:

„Diese Vorschrift wird durch die Vorschrift des § 764 des Bürgerlichen Gesetzbuchs nicht berührt."

VI. Die §§ 70 bis 74 fallen weg.

15. Die privatrechtlichen Vorschriften der Landesgesetze bleiben insoweit unberührt, als es in diesem Gesetze bestimmt oder als im Handelsgesetzbuch auf die Landesgesetze verwiesen ist.

Soweit die Landesgesetze unberührt bleiben, können auch neue landesgesetzliche Vorschriften erlassen werden.

16. Unberührt bleiben die landesgesetzlichen Vorschriften über Lagerscheine und Lagerpfandscheine, die Vorschriften über Lagerscheine jedoch nur insoweit, als sie den § 363 Abs. 2 und die §§ 364, 365, 424 des Handelsgesetzbuchs ergänzen.[5]

17. Unberührt bleiben die landesgesetzlichen Vorschriften über Checks.[6]

18. Unberührt bleiben die landesgesetzlichen Vorschriften über den Vertrag zwischen dem Brauer und dem Wirthe über die Lieferung von Bier, soweit sie das aus dem Vertrage sich ergebende Schuldverhältniß für den Fall regeln, daß nicht besondere Vereinbarungen getroffen werden.[7]

19. Unberührt bleiben:

1. für das Großherzogthum Mecklenburg-Schwerin die §§ 51 bis 53, 55 der Verordnung vom 28. Dezember 1863, betreffend die Publikation des Handelsgesetzbuchs, sowie die zur Abänderung dieser Verordnung ergangene Verordnung vom 22. Oktober 1869;
2. für die freie Hansestadt Bremen die Verordnung vom 12. Februar 1866, betreffend die Löschung der Seeschiffe, nebst den dazu später ergangenen Gesetzen;
3. für die freie und Hansestadt Hamburg der § 50 des Einführungsgesetzes zum Allgemeinen Deutschen Handelsgesetzbuche vom 22. Dezember 1865.

20. Unberührt bleiben die landesgesetzlichen Vorschriften, nach welchen ein Pfandrecht an einem im Bau begriffenen Schiffe ohne Uebergabe des Schiffes durch Eintragung in ein besonderes Register bestellt werden kann, sowie die landesgesetzlichen Vorschriften über die Zwangsversteigerung eines solchen Schiffes.[7]

21. Unberührt bleiben die landesgesetzlichen Vorschriften zur Ausführung der Allgemeinen Deutschen Wechselordnung, soweit sie durch das Bundesgesetz vom 5. Juni 1869 (Bundes-Gesetzbl. S. 379) aufrecht erhalten sind. Dies gilt jedoch nicht für die Vorschriften über kaufmännische Anweisungen.[7]

22. Die zur Zeit des Inkrafttretens des Handelsgesetzbuchs im Handelsregister eingetragenen Firmen können weitergeführt werden, soweit sie nach den bisherigen Vorschriften geführt werden durften.

Die Vorschriften des § 20 des Handelsgesetzbuchs über die in die Firma der Aktiengesellschaften und der Kommanditgesellschaften auf Aktien aufzunehmenden Bezeichnungen finden jedoch auf die bei dem Inkrafttreten des Handelsgesetzbuchs für eine solche Gesellschaft in das Handelsregister eingetragene Firma Anwendung, wenn die Firma aus Personennamen zusammengesetzt ist und nicht erkennen läßt, daß eine Aktiengesellschaft oder eine Kommanditgesellschaft auf Aktien die Inhaberin ist.

23. Auf die Errichtung einer Aktiengesellschaft oder Kommanditgesellschaft auf Aktien, die vor dem Inkrafttreten des Handelsgesetzbuchs zur Eintragung in das Handelsregister angemeldet ist, finden die bisherigen Vorschriften Anwendung, sofern vor diesem Zeitpunkte die Voraussetzungen erfüllt sind, an deren Nachweis die bisherigen Vorschriften die Eintragung knüpfen.

24. Sind die Aktien einer bestehenden Aktiengesellschaft oder Kommanditgesellschaft auf Aktien gemäß den vor dem Inkrafttreten des Gesetzes vom 18. Juli 1884 (Reichs-Gesetzbl. S. 123) in Geltung gewesenen Vorschriften auf einen geringeren Betrag als eintausend Mark gestellt, so bleiben im Falle einer Zusammenlegung oder sonstigen Umwandlung dieser Aktien die Vorschriften des § 180 Abs. 1 des Handelsgesetzbuchs außer Anwendung. Der Nennbetrag der Aktien darf jedoch nicht herabgesetzt werden.

Wird das Grundkapital einer bestehenden Aktiengesellschaft oder Kommanditgesellschaft auf Aktien durch Ausgabe neuer Aktien erhöht, so finden die Vorschriften des § 180 Abs. 1 des Handelsgesetzbuchs auf die neuen Aktien Anwendung, auch wenn die Ausgabe mittelst Umwandlung von Aktien der im Abs. 1 bezeichneten Art geschieht.

Diese Vorschriften gelten auch für Interimsscheine.

25. Die Vorschriften des § 228 des Handelsgesetzbuchs über die Kraftloserklärung abhanden gekommener oder vernichteter Aktien finden auch in dem Falle Anwendung, daß eine Aktie vor dem Inkrafttreten des Handelsgesetzbuchs abhanden gekommen oder vernichtet worden ist.

26. Die vor dem Inkrafttreten des Handelsgesetzbuchs erfolgte Außerkurssetzung einer auf den Inhaber lautenden Aktie verliert mit dem Inkrafttreten des Handelsgesetzbuchs ihre Wirkung.[8]

27. Auf Personen, die bei dem Inkrafttreten des Handelsgesetzbuchs Mitglieder des Vorstandes einer Aktiengesellschaft sind, finden für die Dauer der Bestellung die Vorschriften des § 236 des Handelsgesetzbuchs über den Betrieb eines Handelsgewerbes und über die Betheiligung an einer anderen Gesellschaft nur in der Beschränkung auf den Handelszweig der Aktiengesellschaft Anwendung.

28. Die Vorschrift des § 283 Abs. 1 des Handelsgesetzbuchs über die Zusicherung von Rechten auf den Bezug neu auszugebender Aktien findet auf eine vor dem Inkrafttreten des Handelsgesetzbuchs ertheilte Zusicherung keine Anwendung.

5. In Betracht kommen hier für Els.-Lothr. d. Ges. v. 28. Mai 1858 betr. den Geschäftsverkehr in Ansehung der in den allgemeinen Lagerhäusern hinterlegten Waaren; Ausführungsdekr. v. 12. März 1859 Titel I u. II; § 39 Nr. 2 AG z. FrG.

6. Für Els.-Lothr.: Ges. betr. die Checks v. 14. Juni 1865.

7. Für Els.-Lothr. ohne Bedeutung.

8. Vgl. Art. 176 EG z. BGB.

Allgemeine Deutsche Wechselordnung.[1]

Gesetzblatt 1872 S. 222.

Erster Abschnitt.

Von der Wechselfähigkeit.

Art. 1. Wechselfähig ist Jeder, welcher sich durch Verträge verpflichten kann.[2]

2. Der Wechselschuldner haftet für die Erfüllung der übernommenen Wechselverbindlichkeit mit seinem Vermögen.

3. Finden sich auf einem Wechsel Unterschriften von Personen, welche eine Wechselverbindlichkeit überhaupt nicht, oder nicht mit vollem Erfolge eingehen können, so hat dies auf die Verbindlichkeit der übrigen Wechselverpflichteten keinen Einfluß.

Zweiter Abschnitt.

Von gezogenen Wechseln.

I. Erfordernisse eines gezogenen Wechsels.

4. Die wesentlichen Erfordernisse eines gezogenen Wechsels sind:

1. die in den Wechsel selbst aufzunehmende Bezeichnung als Wechsel, oder, wenn der Wechsel in einer fremden Sprache ausgestellt ist, ein jener Bezeichnung entsprechender Ausdruck in der fremden Sprache;
2. die Angabe der zu zahlenden Geldsumme;
3. der Name der Person oder die Firma, an welche oder an deren Order gezahlt werden soll (des Remittenten);
4. die Angabe der Zeit, zu welcher gezahlt werden soll; die Zahlungszeit kann für die gesammte Geldsumme nur eine und dieselbe sein und nur festgesetzt werden
   auf einen bestimmten Tag,
   auf Sicht (Vorzeigung, a vista rc.) oder auf eine bestimmte Zeit nach Sicht,
   auf eine bestimmte Zeit nach dem Tage der Ausstellung (nach dato),
   auf eine Messe oder einen Markt (Meß- oder Marktwechsel);
5. die Unterschrift des Ausstellers (Trassanten) mit seinem Namen oder seiner Firma;
6. die Angabe des Ortes, Monatstages und Jahres der Ausstellung;
7. der Name der Person oder die Firma, welche die Zahlung leisten soll (des Bezogenen oder Trassaten);
8. die Angabe des Ortes, wo die Zahlung geschehen soll; der bei dem Namen oder der Firma des Bezogenen angegebene Ort gilt für den Wechsel, insofern nicht ein eigener Zahlungsort angegeben ist, als Zahlungsort und zugleich als Wohnort des Bezogenen.

5. Ist die zu zahlende Geldsumme (Art. 4 Nr. 2) in Buchstaben und in Ziffern ausgedrückt, so gilt bei Abweichung die in Buchstaben ausgedrückte Summe.

Ist die Summe mehrmals mit Buchstaben oder mehrmals mit Ziffern geschrieben, so gilt bei Abweichung die geringere Summe.

6. Der Aussteller kann sich selbst als Remittenten (Art. 4 Nr. 3) bezeichnen (Wechsel an eigene Order).

Desgleichen kann der Aussteller sich selbst als Bezogenen (Art. 4 Nr. 7) bezeichnen, sofern die Zahlung an einem anderen Orte als dem der Ausstellung geschehen soll (trassirt-eigene Wechsel).

7. Aus einer Schrift, welcher eines der wesentlichen Erfordernisse eines Wechsels (Art. 4) fehlt, entsteht keine wechselmäßige Verbindlichkeit. Auch haben die auf eine solche Schrift gesetzten Erklärungen (Indossament, Akzept, Aval) keine Wechselkraft.

---

1. Die allgemeine Deutsche Wechselordnung nebst den die Ergänzung und Erläuterung derselben bildenden sog. Nürnberger Novellen wurde durch Ges. v. 5. Juni 1869 als Bundesgesetz für das Gebiet des Norddeutschen Bundes eingeführt.

Zufolge der am 15. November 1870 zwischen dem Norddeutschen Bunde, Baden und Hessen vereinbarten Verfassung, des Vertrages betreffend den Beitritt Württembergs zur Verfassung des Deutschen Bundes vom 25. November 1870, sowie des Reichsgesetzes vom 22. April 1871 betr. die Einführung Norddeutscher Bundesgesetze in Baiern trat jenes Bundesgesetz auch in den betreffenden Ländern in Kraft. Durch Ges. v. 19. Juni 1872 wurde die deutsche Wechselordnung in der durch die Nürnberger Novellen abgeänderten Fassung in Elsaß-Lothringen eingeführt.

2. Vgl. §§ 104 ff. BGB. Minderjährige sind nicht wechselfähig, auch dann nicht, wenn sie zum selbständigen Betrieb eines Erwerbsgeschäfts ermächtigt sind. Vgl. §§ 112, 1643, 1822 Nr. 9 BGB.

Das in einem Wechsel enthaltene Zinsversprechen gilt als nicht geschrieben.

II. Verpflichtungen des Ausstellers.

8. Der Aussteller eines Wechsels haftet für dessen Annahme und Zahlung wechselmäßig.

III. Indossament.

9. Der Remittent kann den Wechsel an einen anderen durch Indossament (Giro) übertragen.

Hat jedoch der Aussteller die Uebertragung im Wechsel durch die Worte „nicht an Order" oder durch einen gleichbedeutenden Ausdruck untersagt, so hat das Indossament keine wechselrechtliche Wirkung.

10. Durch das Indossament gehen alle Rechte aus dem Wechsel auf den Indossatar über, insbesondere auch die Befugniß, den Wechsel weiter zu indossiren. Auch an den Aussteller, Bezogenen, Akzeptanten oder einen früheren Indossanten kann der Wechsel gültig indossirt und von denselben weiter indossirt werden.

11. Das Indossament muß auf den Wechsel, eine Kopie desselben oder ein mit dem Wechsel oder der Kopie verbundenes Blatt (Alonge) geschrieben werden.

12. Ein Indossament ist gültig, wenn der Indossant auch nur seinen Namen oder seine Firma auf die Rückseite des Wechsels oder der Kopie, oder auf die Alonge schreibt (Blanko-Indossament).

13. Jeder Inhaber eines Wechsels ist befugt, die auf demselben befindlichen Blanko-Indossamente auszufüllen; er kann den Wechsel aber auch ohne diese Ausfüllung weiter indossiren.

14. Der Indossant haftet jedem späteren Inhaber des Wechsels für dessen Annahme und Zahlung wechselmäßig. Hat er aber dem Indossamente die Bemerkung „ohne Gewährleistung", „ohne Obligo" oder einen gleichbedeutenden Vorbehalt hinzugefügt, so ist er von der Verbindlichkeit aus seinem Indossamente befreit.

15. Ist in dem Indossamente die Weiterbegebung durch die Worte „nicht an Order" oder durch einen gleichbedeutenden Ausdruck verboten, so haben diejenigen, an welche der Wechsel aus der Hand des Indossatars gelangt, gegen den Indossanten keinen Regreß.

16. Wenn ein Wechsel indossirt wird, nachdem die für die Protesterhebung Mangels Zahlung bestimmte Frist abgelaufen ist, so erlangt der Indossatar die Rechte aus dem etwa vorhandenen Akzepte gegen den Bezogenen und Regreßrechte gegen diejenigen, welche den Wechsel nach Ablauf dieser Frist indossirt haben.

Ist aber der Wechsel vor dem Indossamente bereits Mangels Zahlung protestirt worden, so hat der Indossatar nur die Rechte seines Indossanten gegen den Akzeptanten, den Aussteller und Diejenigen, welche den Wechsel bis zur Protesterhebung indossirt haben. Auch ist in einem solchen Falle der Indossant nicht wechselmäßig verpflichtet.

17. Ist dem Indossamente die Bemerkung „zur Einkassirung", „in Prokura" oder eine andere, die Bevollmächtigung ausdrückende Formel beigefügt worden, so überträgt das Indossament das Eigenthum an dem Wechsel nicht, ermächtigt aber den Indossatar zur Einziehung der Wechselforderung, Protesterhebung und Benachrichtigung des Vormannes seines Indossanten von der unterbliebenen Zahlung (Art. 45), sowie zur Einklagung der nicht bezahlten und zur Erhebung der deponirten Wechselschuld. Ein solcher Indossatar ist auch berechtigt, diese Befugniß durch ein weiteres Prokura-Indossament einem Anderen zu übertragen. Dagegen ist derselbe zur weiteren Begebung durch eigentliches Indossament selbst dann nicht befugt, wenn dem Prokura-Indossamente der Zusatz „oder Order" hinzugefügt ist.[3]

IV. Präsentation zur Annahme.

18. Der Inhaber eines Wechsels ist berechtigt, den Wechsel dem Bezogenen sofort zur Annahme zu präsentiren und in Ermangelung der Annahme Protest erheben zu lassen.

Eine entgegenstehende Uebereinkunft hat keine wechselrechtliche Wirkung.

Nur bei Meß- oder Marktwechseln findet eine Ausnahme dahin statt, daß solche Wechsel erst in der an dem Meß- oder Marktorte gesetzlich bestimmten Präsentationszeit zur Annahme präsentirt und in Ermangelung derselben protestirt werden können. Der bloße Besitz des Wechsels ermächtigt zur Präsentation des Wechsels und zur Erhebung des Protestes Mangels Annahme.

19. Eine Verpflichtung des Inhabers, den Wechsel zur Annahme zu präsentiren, findet nur bei Wechseln statt, welche auf eine bestimmte Zeit nach Sicht lauten. Solche Wechsel müssen, bei Verlust des wechselmäßigen Anspruchs gegen die Indossanten und den Aussteller, nach Maßgabe der besonderen im Wechsel enthaltenen Bestimmung und in Ermangelung derselben binnen zwei Jahren nach der Ausstellung zur Annahme präsentirt werden. Hat ein Indossant auf einem Wechsel dieser Art seinem Indossamente eine besondere Präsentationsfrist hinzugefügt, so erlischt seine wechselmäßige Verpflichtung, wenn der Wechsel nicht innerhalb dieser Frist zur Annahme präsentirt worden ist.

20. Wenn die Annahme eines auf bestimmte Zeit nach Sicht gestellten Wechsels nicht zu erhalten ist, oder der Bezogene die Datirung seines

3. Die prozeßrechtlichen Bestimmungen der WO werden zufolge § 13 Abs. 1 EG z. CPO durch die CPO nicht berührt. Hierher gehören außer Art. 17 die Artt. 26, 27, 41, 46, 50, 51, 73, 91.

Akzeptes verweigert, so muß der Inhaber bei Verlust des wechselmäßigen Anspruchs gegen die Indossanten und den Aussteller die rechtzeitige Präsentation des Wechsels durch einen innerhalb der Präsentationsfrist (Art. 19) erhobenen Protest feststellen lassen.

Der Protesttag gilt in diesem Falle für den Tag der Präsentation.

Ist die Protesterhebung unterblieben, so wird gegen den Akzeptanten, welcher die Datirung seines Akzeptes unterlassen hat, die Verfallzeit des Wechsels vom letzten Tage der Präsentationsfrist an gerechnet.

V. Annahme (Akzeptation).

21. Die Annahme des Wechsels muß auf dem Wechsel schriftlich geschehen.

Jede auf den Wechsel geschriebene und von dem Bezogenen unterschriebene Erklärung gilt für eine unbeschränkte Annahme, sofern nicht in derselben ausdrücklich ausgesprochen ist, daß der Bezogene entweder überhaupt nicht oder nur unter gewissen Einschränkungen annehmen wolle.

Gleichergestalt gilt es für eine unbeschränkte Annahme, wenn der Bezogene ohne weiteren Beisatz seinen Namen oder seine Firma auf die Vorderseite des Wechsels schreibt.

Die einmal erfolgte Annahme kann nicht wieder zurückgenommen werden.

22. Der Bezogene kann die Annahme auf einen Theil der im Wechsel geschriebenen Summe beschränken.

Werden dem Akzepte andere Einschränkungen beigefügt, so wird der Wechsel einem solchen gleichgeachtet, dessen Annahme gänzlich verweigert worden ist, der Akzeptant haftet aber nach dem Inhalte seines Akzeptes wechselmäßig.

23. Der Bezogene wird durch die Annahme wechselmäßig verpflichtet, die von ihm akzeptirte Summe zur Verfallzeit zu zahlen.

Auch dem Aussteller haftet der Bezogene aus dem Akzepte wechselmäßig.

Dagegen steht dem Bezogenen kein Wechselrecht gegen den Aussteller zu.

24. Ist in dem Wechsel ein vom Wohnorte des Bezogenen verschiedener Zahlungsort (Art. 4 Nr. 8) angegeben (Domizilwechsel), so ist, insofern der Wechsel nicht schon ergiebt, durch wen die Zahlung am Zahlungsorte erfolgen soll, dies vom Bezogenen bei der Annahme auf dem Wechsel zu bemerken. Ist dies nicht geschehen, so wird angenommen, daß der Bezogene selbst die Zahlung am Zahlungsorte leisten wolle.

Der Aussteller eines Domizilwechsels kann in demselben die Präsentation zur Annahme vorschreiben. Die Nichtbeachtung dieser Vorschrift hat den Verlust des Regresses gegen den Aussteller und die Indossanten zur Folge.

VI. Regreß auf Sicherstellung.

1. Wegen nicht erhaltener Annahme.

25. Wenn die Annahme eines Wechsels überhaupt nicht, oder unter Einschränkungen, oder nur auf eine geringere Summe erfolgt ist, so sind die Indossanten und der Aussteller wechselmäßig verpflichtet, gegen Aushändigung des Mangels Annahme aufgenommenen Protestes genügende Sicherheit[4] dahin zu leisten, daß die Bezahlung der im Wechsel verschriebenen Summe oder des nicht angenommenen Betrages, sowie die Erstattung der durch die Nichtannahme veranlaßten Kosten am Verfalltage erfolgen werde.

Jedoch sind diese Personen auch befugt, auf ihre Kosten die schuldige Summe bei Gericht oder bei einer anderen, zur Annahme von Depositen ermächtigten Behörde oder Anstalt niederzulegen.[5]

26. Der Remittent, sowie jeder Indossatar wird durch den Besitz des Mangels Annahme aufgenommenen Protestes ermächtigt, von dem Aussteller und den übrigen Vormännern Sicherheit zu fordern und im Wege des Wechselprozesses darauf zu klagen.

Der Regreßnehmer ist hierbei an die Folgeordnung der Indossamente und die einmal getroffene Wahl nicht gebunden.

Der Beibringung des Wechsels und des Nachweises, daß der Regreßnehmer seinen Nachmännern selbst Sicherheit bestellt habe, bedarf es nicht.

27. Die bestellte Sicherheit haftet nicht bloß dem Regreßnehmer, sondern auch allen übrigen Nachmännern des Bestellers, insofern sie gegen ihn den Regreß auf Sicherstellung nehmen. Dieselben sind weitere Sicherheit zu verlangen nur in dem Falle berechtigt, wenn sie gegen die Art oder Größe der bestellten Sicherheit Einwendungen zu begründen vermögen.

28. Die bestellte Sicherheit muß zurückgegeben werden:

1. sobald die vollständige Annahme des Wechsels nachträglich erfolgt ist;
2. wenn gegen den Regreßpflichtigen, welcher sie bestellt hat, binnen Jahresfrist, vom Verfalltage des Wechsels an gerechnet, auf Zahlung aus dem Wechsel nicht geklagt worden ist;
3. wenn die Zahlung des Wechsels erfolgt oder die Wechselkraft desselben erloschen ist.

2. Wegen Unsicherheit des Akzeptanten.

29. Ist ein Wechsel ganz oder theilweise angenommen worden, so kann in Betreff der akzeptirten Summe Sicherheit nur gefordert werden:

1. wenn über das Vermögen des Akzeptanten der Konkurs (Debitverfahren, Falliment) eröffnet worden ist oder der Akzeptant auch nur seine Zahlungen eingestellt hat;

---

4. Vgl. §§ 232 ff. BGB.
5. Vgl. §§ 372 ff. BGB; Ges. betr. das Hinterlegungswesen v. 1. Nov. 1899.

2. wenn nach Ausstellung des Wechsels eine Exekution in das Vermögen des Akzeptanten fruchtlos ausgefallen oder wider denselben wegen Erfüllung einer Zahlungsverbindlichkeit die Vollstreckung des Personalarrestes verfügt worden ist.

Wenn in diesen Fällen die Sicherheit von dem Akzeptanten nicht geleistet und dieserhalb Protest gegen denselben erhoben wird, auch von den auf dem Wechsel etwa benannten Nothadressen die Annahme nach Ausweis des Protestes nicht zu erhalten ist, so kann der Inhaber des Wechsels und jeder Indossatar gegen Auslieferung des Protestes von seinen Vormännern Sicherstellung fordern (Art. 25—28). Der bloße Besitz des Wechsels vertritt die Stelle einer Vollmacht, in den Nr. 1 und 2 genannten Fällen von dem Akzeptanten Sicherheitsbestellung zu fordern und, wenn solche nicht zu erhalten ist, Protest erheben zu lassen.

Der Wechselinhaber ist berechtigt, in den Nr. 1 und 2 genannten Fällen auch von dem Akzeptanten im Wege des Wechselprozesses Sicherheitsbestellung zu fordern.

VII. Erfüllung der Wechselverbindlichkeit.

1. Zahlungstag.[6]

30. Ist in dem Wechsel ein bestimmter Tag als Zahlungstag bezeichnet, so tritt die Verfallzeit an diesem Tage ein. Ist die Zahlungszeit auf die Mitte eines Monats gesetzt worden, so ist der Wechsel am 15. dieses Monats fällig.

Ist die Zahlungszeit auf Anfang oder ist sie auf Ende eines Monats gesetzt worden, so ist darunter der erste oder der letzte Tag des Monats zu verstehen.

31. Ein auf Sicht gestellter Wechsel ist bei der Vorzeigung fällig. Ein solcher Wechsel muß bei Verlust des wechselmäßigen Anspruchs gegen die Indossanten und den Aussteller nach Maßgabe der besonderen im Wechsel enthaltenen Bestimmung, und in Ermangelung derselben binnen zwei Jahren nach der Ausstellung zur Zahlung präsentirt werden. Hat ein Indossant auf einem Wechsel dieser Art seinem Indossamente eine besondere Präsentationsfrist hinzugefügt, so erlischt seine wechselmäßige Verpflichtung, wenn der Wechsel nicht innerhalb dieser Frist präsentirt worden ist.

32. Bei Wechseln, welche mit dem Ablaufe einer bestimmten Frist nach Sicht oder nach Dato zahlbar sind, tritt die Verfallzeit ein:

1. wenn die Frist nach Tagen bestimmt ist, an dem letzten Tage der Frist; bei Berechnung der Frist wird der Tag, an welchem der nach Dato zahlbare Wechsel ausgestellt oder der nach Sicht zahlbare zur Annahme präsentirt ist, nicht mitgerechnet;

2. wenn die Frist nach Wochen, Monaten, oder einem mehrere Monate umfassenden Zeitraume (Jahr, halbes Jahr, Vierteljahr) bestimmt ist, an demjenigen Tage der Zahlungswoche oder des Zahlungsmonats, der durch seine Benennung oder Zahl dem Tage der Ausstellung oder Präsentation entspricht; fehlt dieser Tag in dem Zahlungsmonate, so tritt die Verfallzeit am letzten Tage des Zahlungsmonats ein.

Der Ausdruck „halber Monat" wird einem Zeitraume von 15 Tagen gleichgeachtet. Ist der Wechsel auf einen oder mehrere ganze Monate und einen halben Monat gestellt, so sind die 15 Tage zuletzt zu zählen.

33. Respekttage finden nicht statt.

34. Ist in einem Lande, in welchem nach altem Style gerechnet wird, ein im Inlande zahlbarer Wechsel nach Dato ausgestellt und dabei nicht bemerkt, daß der Wechsel nach neuem Style datirt sei, oder ist derselbe nach beiden Stylen datirt, so wird der Verfalltag nach demjenigen Kalendertage des neuen Styls berechnet, welcher dem nach altem Style sich ergebenden Tage der Ausstellung entspricht.

35. Meß- oder Marktwechsel werden zu der durch die Gesetze des Meß- oder Marktortes bestimmten Zahlungszeit, und in Ermangelung einer solchen Festsetzung an dem Tage vor dem gesetzlichen Schlusse der Messe oder des Marktes fällig. Dauert die Messe oder der Markt nur einen Tag, so tritt die Verfallzeit des Wechsels an diesem Tage ein.

2. Zahlung.

36. Der Inhaber eines indossirten Wechsels wird durch eine zusammenhängende, bis auf ihn hinuntergehende Reihe von Indossamenten als Eigenthümer des Wechsels legitimirt. Das erste Indossament muß demnach mit dem Namen des Remittenten, jedes folgende Indossament mit dem Namen desjenigen unterzeichnet sein, welchen das unmittelbar vorhergehende Indossament als Indossatar benennt. Wenn auf ein Blanko-Indossament ein weiteres Indossament folgt, so wird angenommen, daß der Aussteller des letzteren den Wechsel durch das Blanko-Indossament erworben hat. Ausgestrichene Indossamente werden bei Prüfung der Legitimation als nicht geschrieben angesehen. Die Echtheit der Indossamente zu prüfen, ist der Zahlende nicht verpflichtet.

37. Lautet ein Wechsel auf eine Münzsorte, welche am Zahlungsorte keinen Umlauf hat, oder auf eine Rechnungswährung, so kann die Wechselsumme nach ihrem Werthe zur Verfallzeit in der Landesmünze gezahlt werden, sofern nicht der Aussteller durch den Gebrauch des Wortes „effektiv" oder eines ähnlichen Zusatzes die Zahlung

6. Die in den nachfolgenden Artikeln enthaltenen Bestimmungen über die Berechnung der Fristen bleiben maßgebend; diejenigen des BGB in §§ 186 ff. treten nur ergänzend ein. Vgl. Art. 32 EG z. BGB.

in der im Wechsel benannten Münzsorte ausdrücklich bestimmt hat.[7]

38. Der Inhaber des Wechsels darf eine ihm angebotene Theilzahlung selbst dann nicht zurückweisen, wenn die Annahme auf den ganzen Betrag der verschriebenen Summe erfolgt ist.[8]

39. Der Wechselschuldner ist nur gegen Aushändigung des quittirten Wechsels zu zahlen verpflichtet. Hat der Wechselschuldner eine Theilzahlung geleistet, so kann derselbe nur verlangen, daß die Zahlung auf dem Wechsel abgeschrieben und ihm Quittung auf einer Abschrift des Wechsels ertheilt werde.

40. Wird die Zahlung des Wechsels zur Verfallzeit nicht gefordert, so ist der Akzeptant nach Ablauf der für die Protesterhebung Mangels Zahlung bestimmten Frist befugt, die Wechselsumme auf Gefahr und Kosten des Inhabers bei Gericht oder bei einer anderen zur Annahme von Depositen ermächtigten Behörde oder Anstalt niederzulegen.[9] Der Vorladung des Inhabers bedarf es nicht.

VIII. Regreß Mangels Zahlung.

41. Zur Ausübung des bei nicht erlangter Zahlung statthaften Regresses gegen den Aussteller und die Indossanten ist erforderlich:

1. daß der Wechsel zur Zahlung präsentirt worden ist, und
2. daß sowohl diese Präsentation, als die Nichterlangung der Zahlung durch einen rechtzeitig darüber aufgenommenen Protest dargethan wird.

Die Erhebung des Protestes ist am Zahlungstage zulässig, sie muß aber spätestens am zweiten Werktage nach dem Zahlungstage geschehen.[10]

42. Die Aufforderung, keinen Protest erheben zu lassen („ohne Protest", „ohne Kosten", ꝛc.), gilt als Erlaß des Protestes, nicht aber als Erlaß der Pflicht zur rechtzeitigen Präsentation. Der Wechselverpflichtete, von welchem jene Aufforderung ausgeht, muß die Beweislast übernehmen, wenn er die rechtzeitig geschehene Präsentation in Abrede stellt. Gegen die Pflicht zum Ersatze der Protestkosten schützt jene Aufforderung nicht.

43. Domizilirte Wechsel sind dem Domiziliaten oder, wenn ein solcher nicht benannt ist, dem Bezogenen selbst an demjenigen Orte, wohin der Wechsel domizilirt ist, zur Zahlung zu präsentiren und, wenn die Zahlung unterbleibt, dort zu protestiren. Wird die rechtzeitige Protesterhebung beim Domiziliaten verabsäumt, so geht dadurch der wechselmäßige Anspruch nicht nur gegen den Aussteller und die Indossanten, sondern auch gegen den Akzeptanten verloren.

44. Zur Erhaltung des Wechselrechts gegen den Akzeptanten bedarf es, mit Ausnahme des im Artikel 43 erwähnten Falles, weder der Präsentation am Zahlungstage, noch der Erhebung eines Protestes.

45. Der Inhaber eines Mangels Zahlung protestirten Wechsels ist verpflichtet, seinen unmittelbaren Vormann innerhalb zweier Tage nach dem Tage der Protesterhebung von der Nichtzahlung des Wechsels schriftlich zu benachrichtigen, zu welchem Ende es genügt, wenn das Benachrichtigungsschreiben innerhalb dieser Frist zur Post gegeben ist. Jeder benachrichtigte Vormann muß binnen derselben, vom Tage des empfangenen Berichts zu berechnenden Frist seinen nächsten Vormann in gleicher Weise benachrichtigen. Der Inhaber oder Indossatar, welcher die Benachrichtigung unterläßt oder dieselbe nicht an den unmittelbaren Vormann ergehen läßt, wird hierdurch den sämmtlichen oder den übersprungenen Vormännern zum Ersatze des aus der unterlassenen Benachrichtigung entstandenen Schadens verpflichtet. Auch verliert derselbe gegen diese Personen den Anspruch auf Zinsen und Kosten, so daß er nur die Wechselsumme zu fordern berechtigt ist.

46. Kommt es auf den Nachweis der dem Vormanne rechtzeitig gegebenen schriftlichen Benachrichtigung an, so genügt zu diesem Zwecke der durch ein Postattest geführte Beweis, daß ein Brief von dem Betheiligten an den Adressaten an dem angegebenen Tage abgesandt ist, sofern nicht dargethan wird, daß der angekommene Brief einen andern Inhalt gehabt hat. Auch der Tag des Empfanges der erhaltenen schriftlichen Benachrichtigung kann durch ein Postattest nachgewiesen werden.[10]

47. Hat ein Indossant den Wechsel ohne Hinzufügung einer Ortsbezeichnung weiter begeben, so ist der Vormann desselben von der unterbliebenen Zahlung zu benachrichtigen.

48. Jeder Wechselschuldner hat das Recht, gegen Erstattung der Wechselsumme nebst Zinsen und Kosten die Auslieferung des quittirten Wechsels und des wegen Nichtzahlung erhobenen Protestes von dem Inhaber zu fordern.[11]

49. Der Inhaber eines Mangels Zahlung protestirten Wechsels kann die Wechselklage gegen alle Wechselverpflichtete oder auch nur gegen Einige oder Einen derselben anstellen, ohne dadurch seinen Anspruch gegen die nicht in Anspruch genommenen Verpflichteten zu verlieren. Derselbe ist an die Reihenfolge der Indossamente nicht gebunden.

50. Die Regreßansprüche des Inhabers, welcher den Wechsel Mangels Zahlung hat protestiren lassen, beschränken sich auf

1. die nicht bezahlte Wechselsumme nebst sechs Prozent[12] jährlicher Zinsen vom Verfalltage ab,

7. Vgl. §§ 244, 245 BGB.
8. Abweichend von dem Grundsatze in § 266 BGB.
9. Vgl. §§ 372 ff. BGB.
10. Vgl. Bem zu Art. 17.
11. Vgl. § 371 BGB.
12. Wird durch die Bestimmung im § 246 BGB nicht berührt. Vgl. Art. 32 EG z. BGB.

2. die Protestkosten und anderen Auslagen,

3. eine Provision von ein Drittel Prozent.

Die vorstehenden Beträge müssen, wenn der Regreßpflichtige an einem anderen Orte als dem Zahlungsorte wohnt, zu demjenigen Kurse gezahlt werden, welche ein vom Zahlungsorte auf den Wohnort des Regreßpflichtigen gezogener Wechsel auf Sicht hat. Besteht am Zahlungsorte kein Kurs auf jenen Wohnort, so wird der Kurs nach demjenigen Platze genommen, welcher dem Wohnorte des Regreßpflichtigen am nächsten liegt. Der Kurs ist auf Verlangen des Regreßpflichtigen durch einen unter öffentlicher Autorität ausgestellten Kurszettel oder durch das Attest eines vereideten Mäklers oder, in Ermangelung derselben, durch ein Attest zweier Kaufleute zu bescheinigen.[13]

51. Der Indossant, welcher den Wechsel eingelöst oder als Rimesse erhalten hat, ist von einem früheren Indossanten oder von dem Aussteller zu fordern berechtigt:

1. die von ihm gezahlte oder durch Rimesse berichtigte Summe nebst sechs Prozent[14] jährlicher Zinsen vom Tage der Zahlung,

2. die ihm erstandenen Kosten,

3. eine Provision von ein Drittel Prozent.

Die vorstehenden Beträge müssen, wenn der Regreßpflichtige an einem anderen Orte als der Regreßnehmer wohnt, zu demjenigen Kurse gezahlt werden, welchen ein vom Wohnorte des Regreßnehmers auf den Wohnort des Regreßpflichtigen gezogener Wechsel auf Sicht hat. Besteht im Wohnorte des Regreßnehmers kein Kurs auf den Wohnort des Regreßpflichtigen, so wird der Kurs nach demjenigen Platze genommen, welcher dem Wohnorte des Regreßpflichtigen am nächsten liegt. Wegen der Bescheinigung des Kurses kommt die Bestimmung des Artikels 50 zur Anwendung.[13]

52. Durch die Bestimmungen der Artikel 50 und 51 Nr. 1 und 3 wird bei einem Regresse auf einen ausländischen Ort die Berechnung höherer, dort zulässiger Sätze nicht ausgeschlossen.

53. Der Regreßnehmer kann über den Betrag seiner Forderung einen Rückwechsel auf den Regreßpflichtigen ziehen. Der Forderung treten in diesem Falle noch die Mäklergebühren für Negozirung des Rückwechsels, sowie die etwaigen Stempelgebühren hinzu. Der Rückwechsel muß auf Sicht zahlbar und unmittelbar (a drittura) gestellt werden.

54. Der Regreßpflichtige ist nur gegen Auslieferung des Wechsels, des Protestes und einer quittirten Retourrechnung Zahlung zu leisten verbunden.

55. Jeder Indossant, der einen seiner Nachmänner befriedigt hat, kann sein eigenes und seiner Nachmänner Indossament ausstreichen.

13. Vgl. Bem. zu Art. 17.

14. Vgl. Bem. 12.

IX. Intervention.

1. Ehrenannahme.

56. Befindet sich auf einem Mangels Annahme protestirten Wechsel eine auf den Zahlungsort lautende Nothadresse, so muß, ehe Sicherstellung verlangt werden kann, die Annahme von der Nothadresse gefordert werden. Unter mehreren Nothadressen gebührt derjenigen der Vorzug, durch deren Zahlung die meisten Verpflichteten befreit werden.

57. Die Ehrenannahme von Seiten einer nicht auf dem Wechsel als Nothadresse benannten Person braucht der Inhaber nicht zuzulassen.

58. Der Ehrenakzeptant muß sich den Protest Mangels Annahme gegen Erstattung der Kosten aushändigen und in einem Anhange zu demselben die Ehrenannahme bemerken lassen. Er muß den Honoraten unter Uebersendung des Protestes von der geschehenen Intervention benachrichtigen und diese Benachrichtigung mit dem Proteste innerhalb zweier Tage nach dem Tage der Protesterhebung zur Post geben. Unterläßt er dies, so haftet er für den durch die Unterlassung entstehenden Schaden.

59. Wenn der Ehrenakzeptant unterlassen hat, in seinem Akzepte zu bemerken, zu wessen Ehren die Annahme geschieht, so wird der Aussteller als Honorat angesehen.

60. Der Ehrenakzeptant wird den sämmtlichen Nachmännern des Honoraten durch die Annahme wechselmäßig verpflichtet. Diese Verpflichtung erlischt, wenn dem Ehrenakzeptanten der Wechsel nicht spätestens am zweiten Werktage nach dem Zahlungstage zur Zahlung vorgelegt wird.

61. Wenn der Wechsel von einer Nothadresse oder einem andern Intervenienten zu Ehren angenommen wird, so haben der Inhaber und die Nachmänner des Honoraten keinen Regreß auf Sicherstellung. Derselbe kann aber von dem Honoraten und dessen Vormännern geltend gemacht werden.

2. Ehrenzahlung.

62. Befinden sich auf dem von dem Bezogenen nicht eingelösten Wechsel oder der Kopie Nothadressen oder ein Ehrenakzept, welche auf den Zahlungsort lauten, so muß der Inhaber den Wechsel spätestens am zweiten Werktage nach dem Zahlungstage den sämmtlichen Nothadressen und dem Ehrenakzeptanten zur Zahlung vorlegen und den Erfolg im Proteste Mangels Zahlung oder in einem Anhange zu demselben bemerken lassen. Unterläßt er dies, so verliert er den Regreß gegen den Adressanten oder Honoraten und deren Nachmänner. Weist der Inhaber die von einem andern Intervenienten angebotene Ehrenzahlung zurück, so verliert er den Regreß gegen die Nachmänner des Honoraten.

63. Dem Ehrenzahler muß der Wechsel und der Protest Mangels Zahlung gegen Erstattung der Kosten ausgehändigt werden. Er tritt durch die Ehrenzahlung in die Rechte des Inhabers (Art. 50 und 52) gegen den Honoraten, dessen Vormänner und den Akzeptanten.

64. Unter Mehreren, welche sich zur Ehrenzahlung erbieten, gebührt demjenigen der Vorzug, durch dessen Zahlung die meisten Wechselverpflichteten befreit werden. Ein Intervenient, welcher zahlt, obgleich aus dem Wechsel oder Proteste ersichtlich ist, daß ein Anderer, dem er hiernach nachstehen müßte, den Wechsel einzulösen bereit war, hat keinen Regreß gegen diejenigen Indossanten, welche durch Leistung der von dem Anderen angebotenen Zahlung befreit worden wären.

65. Der Ehrenakzeptant, welcher nicht zur Zahlungsleistung gelangt, weil der Bezogene oder ein anderer Intervenient bezahlt hat, ist berechtigt, von dem Zahlenden eine Provision von 1/3 Prozent zu verlangen.

X. Vervielfältigung eines Wechsels.

1. Wechselduplikate.

66. Der Aussteller eines gezogenen Wechsels ist verpflichtet, dem Remittenten auf Verlangen mehrere gleichlautende Exemplare des Wechsels zu überliefern. Dieselben müssen im Kontexte als Prima, Sekunda, Tertia u. s. w. bezeichnet sein, widrigenfalls jedes Exemplar als ein für sich bestehender Wechsel (Sola-Wechsel) erachtet wird. Auch ein Indossatar kann ein Duplikat des Wechsels verlangen. Er muß sich dieserhalb an seinen unmittelbaren Vormann wenden, welcher wieder an seinen Vormann zurückgehen muß, bis die Anforderung an den Aussteller gelangt. Jeder Indossatar kann von seinem Vormanne verlangen, daß die früheren Indossamente auf dem Duplikate wiederholt werden.

67. Ist von mehreren ausgefertigten Exemplaren das eine bezahlt, so verlieren dadurch die anderen ihre Kraft. Jedoch bleiben aus den übrigen Exemplaren verhaftet:

1. der Indossant, welcher mehrere Exemplare desselben Wechsels an verschiedene Personen indossirt hat, und alle späteren Indossanten, deren Unterschriften sich auf den bei der Zahlung nicht zurückgegebenen Exemplaren befinden, aus ihren Indossamenten;

2. der Akzeptant, welcher mehrere Exemplare desselben Wechsels akzeptirt hat, aus den Akzepten auf den bei der Zahlung nicht zurückgegebenen Exemplaren.

68. Wer eines von mehreren Exemplaren eines Wechsels zur Annahme versandt hat, muß auf den übrigen Exemplaren bemerken, bei wem das von ihm zur Annahme versandte Exemplar anzutreffen ist. Das Unterlassen dieser Bemerkung entzieht jedoch dem Wechsel nicht die Wechselkraft. Der Verwahrer des zum Akzepte versandten Exemplars ist verpflichtet, dasselbe demjenigen auszuliefern, der sich als Indossatar (Art. 36) oder auf andere Weise zur Empfangnahme legitimirt.

69. Der Inhaber eines Duplikats, auf welchem angegeben ist, bei wem das zum Akzepte versandte Exemplar sich befindet, kann Mangels Annahme desselben den Regreß auf Sicherstellung und Mangels Zahlung den Regreß auf Zahlung nicht eher nehmen, als bis er durch Protest hat feststellen lassen:

1. daß das zum Akzepte versandte Exemplar ihm vom Verwahrer nicht verabfolgt worden ist, und

2. daß auch auf das Duplikat die Annahme oder die Zahlung nicht zu erlangen gewesen.

2. Wechselkopien.

70. Wechselkopien müssen eine Abschrift des Wechsels und der darauf befindlichen Indossamente und Vermerke enthalten und mit der Erklärung: „bis hierher Abschrift (Kopie)" oder mit einer ähnlichen Bezeichnung versehen sein. In der Kopie ist zu bemerken, bei wem das zur Annahme versandte Original des Wechsels anzutreffen ist. Das Unterlassen dieses Vermerkes entzieht jedoch der indossirten Kopie nicht ihre wechselmäßige Kraft.

71. Jedes auf einer Kopie befindliche Original-Indossament verpflichtet den Indossanten eben so, als wenn es auf einem Originalwechsel stünde.

72. Der Verwalter des Originalwechsels ist verpflichtet, denselben dem Besitzer einer mit einem oder mehreren Original-Indossamenten versehenen Kopie auszuliefern, sofern sich derselbe als Indossatar oder auf andere Weise zur Empfangnahme legitimirt. Wird der Originalwechsel vom Verwahrer nicht ausgeliefert, so ist der Inhaber der Wechselkopie nur nach Aufnahme des im Artikel 69 Nr. 1 erwähnten Protestes Regreß auf Sicherstellung und nach Eintritt des in der Kopie angegebenen Verfalltages Regreß auf Zahlung gegen diejenigen Indossanten zu nehmen berechtigt, deren Original-Indossamente auf der Kopie befindlich sind.

XI. Abhanden gekommene Wechsel.

73. Der Eigenthümer eines abhanden gekommenen Wechsels kann die Amortisation[15] des Wechsels bei dem Gerichte des Zahlungsortes beantragen. Nach Einleitung des Amortisations-Verfahrens kann derselbe vom Akzeptanten Zahlung fordern, wenn er bis zur Amortisation des Wechsels Sicherheit bestellt. Ohne eine solche Sicherheitsstellung ist er nur die Deposition der aus dem Akzepte schuldigen Summe bei Gericht oder bei einer andern zur Annahme von Depositen ermächtigten Behörde oder Anstalt zu fordern berechtigt.[15]

15. Das Aufgebotsverfahren richtet sich nach §§ 946 ff., 1003 ff. CPO. — Im Uebrigen vgl. Bem. zu Art. 17.

74. Der nach den Bestimmungen des Artikels 36 legitimirte Besitzer eines Wechsels kann nur dann zur Herausgabe desselben angehalten werden, wenn er den Wechsel in bösem Glauben erworben hat oder ihm bei der Erwerbung des Wechsels eine grobe Fahrlässigkeit zur Last fällt.

XII. Falsche Wechsel.

75. Auch wenn die Unterschrift des Ausstellers eines Wechsels falsch oder verfälscht ist, behalten dennoch das ächte Akzept und die ächten Indossamente die wechselmäßige Wirkung.

76. Aus einem mit einem falschen oder verfälschten Akzepte oder Indossamente versehenen Wechsel bleiben sämmtliche Indossanten und der Aussteller, deren Unterschriften ächt sind, wechselmäßig verpflichtet.

XIII. Wechselverjährung.

77. Der wechselmäßige Anspruch gegen den Akzeptanten verjährt in drei Jahren vom Verfalltage des Wechsels an gerechnet.

78. Die Regreßansprüche des Inhabers (Art. 50) gegen den Aussteller und die übrigen Vormänner verjähren:

1. in 3 Monaten, wenn der Wechsel in Europa, mit Ausnahme von Island und den Faröern, zahlbar war;

2. in 6 Monaten, wenn der Wechsel in den Küstenländern von Asien und Afrika längs des Mittelländischen und Schwarzen Meeres, oder in den dazu gehörigen Inseln dieser Meere zahlbar war;

3. in 18 Monaten, wenn der Wechsel in einem anderen außereuropäischen Lande oder in Island oder den Faröern zahlbar war.

Die Verjährung beginnt gegen den Inhaber mit dem Tage des erhobenen Protestes.

79. Die Regreßansprüche des Indossanten (Art. 51) gegen den Aussteller und die übrigen Vormänner verjähren:

1. in 3 Monaten, wenn der Regreßnehmer in Europa, mit Ausnahme von Island und den Faröern, wohnt;

2. in 6 Monaten, wenn der Regreßnehmer in den Küstenländern von Asien und Afrika längs des Mittelländischen und Schwarzen Meeres, oder in den dazu gehörigen Inseln dieser Meere wohnt;

3. in 18 Monaten, wenn der Regreßnehmer in einem anderen außereuropäischen Lande oder in Island oder den Faröern wohnt.

Gegen den Indossanten läuft die Frist, wenn er, ehe eine Wechselklage gegen ihn angestellt worden, gezahlt hat, vom Tage der Zahlung, in allen übrigen Fällen aber vom Tage der ihm geschehenen Behändigung der Klage oder Ladung.

80.[16]

XIV. Klagerecht des Wechselgläubigers.

81. Die wechselmäßige Verpflichtung trifft den Aussteller, Akzeptanten und Indossanten des Wechsels, sowie einen Jeden, welcher den Wechsel, die Wechselkopie, das Akzept oder das Indossament mitunterzeichnet hat, selbst dann, wenn er sich dabei nur als Bürge (per aval) benannt hat. Die Verpflichtung dieser Personen erstreckt sich auf Alles, was der Wechselinhaber wegen Nichterfüllung der Wechselverbindlichkeit zu fordern hat. Der Wechselinhaber kann sich wegen seiner ganzen Forderung an den Einzelnen halten; es steht in seiner Wahl, welchen Wechselverpflichteten er zuerst in Anspruch nehmen will.

82. Der Wechselschuldner kann sich nur solcher Einreden bedienen, welche aus dem Wechselrechte selbst hervorgehen oder ihm unmittelbar gegen den jedesmaligen Kläger zustehen.

83. Ist die wechselmäßige Verbindlichkeit des Ausstellers oder des Akzeptanten durch Verjährung oder dadurch, daß die zur Erhaltung des Wechselrechts gesetzlich vorgeschriebenen Handlungen verabsäumt sind, erloschen, so bleiben dieselben dem Inhaber des Wechsels nur soweit, als sie sich mit dessen Schaden bereichern würden, verpflichtet. Gegen die Indossanten, deren wechselmäßige Verbindlichkeit erloschen ist, findet ein solcher Anspruch nicht statt.

XV. Ausländische Gesetzgebung.

84. Die Fähigkeit eines Ausländers, wechselmäßige Verpflichtungen zu übernehmen, wird nach den Gesetzen des Staates beurtheilt, welchem derselbe angehört. Jedoch wird ein nach den Gesetzen seines Vaterlandes nicht wechselfähiger Ausländer durch Uebernahme von Wechselverbindlichkeiten im Inlande verpflichtet, insofern er nach den Gesetzen des Inlandes wechselfähig ist.

85. Die wesentlichen Erfordernisse eines im Auslande ausgestellten Wechsels, sowie jeder anderen im Auslande ausgestellten Wechselerklärung, werden nach den Gesetzen des Ortes beurtheilt, an welchem die Erklärung erfolgt ist. Entsprechen jedoch die im Auslande geschehenen Wechselerklärungen den Anforderungen des inländischen Gesetzes, so kann daraus, daß sie nach ausländischen Gesetzen mangelhaft sind, kein Einwand gegen die Rechtsverbindlichkeit der später im Inlande auf den Wechsel gesetzten Erklärungen entnommen werden. Ebenso haben Wechselerklärungen, wodurch sich ein Inländer einem anderen Inländer im Auslande verpflichtet, Wechselkraft, wenn sie auch nur den Anforderungen der inländischen Gesetzgebung entsprechen.

16. Art. 80, der die Unterbrechung der Verjährung betraf, ist durch Art. 8 Nr. 2 EG z. HGB aufgehoben; es gelten die Grundsätze in §§ 208 ff. BGB.

86. Ueber die Form der mit einem Wechsel an einem ausländischen Platze zur Ausübung oder Erhaltung des Wechselrechts vorzunehmenden Handlungen entscheidet das dort geltende Recht.

XVI. Protest.

87. Jeder Protest muß durch einen Notar oder einen Gerichtsbeamten aufgenommen werden.[17] Der Zuziehung von Zeugen bedarf es dabei nicht.

88. Der Protest muß enthalten:

1. eine wörtliche Abschrift des Wechsels oder der Kopie und aller darauf befindlichen Indossamente und Bemerkungen;
2. den Namen oder die Firma der Personen, für welche und gegen welche der Protest erhoben wird;
3. das an die Person, gegen welche protestirt wird, gestellte Begehren, ihre Antwort oder die Bemerkung, daß sie keine gegeben habe oder nicht anzutreffen gewesen sei;
4. die Angabe des Ortes, sowie des Kalendertages, Monats und Jahres, an welchem die Aufforderung (Nr. 3) geschehen, oder ohne Erfolg versucht worden ist;
5. im Falle einer Ehrenannahme oder einer Ehrenzahlung die Erwähnung, von wem, für wen und wie sie angeboten und geleistet wird;
6. die Unterschrift des Notars oder des Gerichtsbeamten, welcher den Protest aufgenommen hat, mit Beifügung des Amtssiegels.

89. Muß eine wechselrechtliche Leistung von mehreren Personen verlangt werden, so ist über die mehrfache Aufforderung nur eine Protesturkunde erforderlich.

90. Die Notare und Gerichtsbeamten sind schuldig, die von ihnen aufgenommenen Proteste nach deren ganzem Inhalte Tag für Tag und nach Ordnung des Datums in ein besonderes Register einzutragen, das von Blatt zu Blatt mit fortlaufenden Zahlen versehen ist.

XVII. Ort und Zeit für die Präsentation und andere im Wechsel-Verkehre vorkommende Handlungen.

91. Die Präsentation zur Annahme oder Zahlung, die Protesterhebung, die Abforderung eines Wechselduplikats, sowie alle sonstigen, bei einer bestimmten Person vorzunehmenden Akte müssen in deren Geschäftslokal und in Ermangelung eines solchen in deren Wohnung vorgenommen werden. An einem anderen Orte, z. B. an der Börse, kann dies nur mit beiderseitigem Einverständnisse geschehen. Daß das Geschäftslokal oder die Wohnung nicht zu ermitteln sei, ist erst dann als festgestellt anzunehmen, wenn auch eine dieserhalb bei der Polizeibehörde des Orts geschehene Nachfrage des Notars oder des Gerichtsbeamten fruchtlos geblieben ist, welches im Proteste bemerkt werden muß.[18]

92. Verfällt der Wechsel an einem Sonntage oder allgemeinen Feiertage, so ist der nächste Werktag der Zahlungstag. Auch die Herausgabe eines Wechsel-Duplikats, die Erklärung über die Annahme, sowie jede andere Handlung, können nur an einem Werktage gefordert werden. Fällt der Zeitpunkt, in welchem die Vornahme einer der vorstehenden Handlungen spätestens gefordert werden mußte, auf einen Sonntag oder allgemeinen Feiertag, so muß diese Handlung am nächsten Werktage gefordert werden. Dieselbe Bestimmung findet auch auf die Protesterhebung Anwendung.[19]

93. Bestehen an einem Wechselplatze allgemeine Zahltage (Kassirtage), so braucht die Zahlung eines zwischen den Zahltagen fällig gewordenen Wechsels erst am nächsten Zahltage geleistet zu werden, sofern nicht der Wechsel auf Sicht lautet. Die im Artikel 41 für die Aufnahme des Protestes Mangels Zahlung bestimmte Frist darf jedoch nicht überschritten werden.

XVIII. Mangelhafte Unterschriften.

94. Wechselerklärungen, welche statt des Namens mit Kreuzen oder anderen Zeichen vollzogen sind, haben nur dann, wenn diese Zeichen gerichtlich oder notariell beglaubigt[20] worden, Wechselkraft.

95. Wer eine Wechselerklärung als Bevollmächtigter eines Anderen unterzeichnet, ohne dazu Vollmacht zu haben, haftet persönlich in gleicher Weise, wie der angebliche Machtgeber gehaftet haben würde, wenn die Vollmacht ertheilt gewesen wäre. Dasselbe gilt von Vormündern und anderen Vertretern, welche mit Ueberschreitung ihrer Befugnisse Wechselerklärungen ausstellen.

Dritter Abschnitt. Von eigenen Wechseln.

96. Die wesentlichen Erfordernisse eines eigenen (trockenen) Wechsels sind:

1. die in den Wechsel selbst aufzunehmende Bezeichnung als Wechsel oder, wenn der Wechsel in einer fremden Sprache ausgestellt ist, ein jener Bezeichnung entsprechender Ausdruck in der fremden Sprache;
2. die Angabe der zu zahlenden Geldsumme;
3. der Name der Person oder die Firma, an welche oder an deren Order der Aussteller Zahlung leisten will;
4. die Bestimmung der Zeit, zu welcher gezahlt werden soll (Art. 4 Nr. 4);

17. Zu diesen gehören auch die Gerichtsvollzieher; vgl. § 16 Abs. 1 EG z. früheren HGB v. 19. Juni 1872.

18. Vgl. Bem. zu Art. 17.

19. Ueber die allgemeinen Feiertage vgl. Ver. v. 29. Germinal X u. Bem. dazu; ferner Ges. v. 19. Okt. 1887.

20. Vgl. §§ 126, 129 BGB; §§ 167, 183 FrG; § 48 AG z. FrG.

5. die Unterschrift des Ausstellers mit seinem Namen oder seiner Firma;

6. die Angabe des Ortes, Monatstages und Jahres der Ausstellung.

97. Der Ort der Ausstellung gilt für den eigenen Wechsel, sofern nicht ein besonderer Zahlungsort angegeben ist, als Zahlungsort und zugleich als Wohnort des Ausstellers.

98. Nachstehende, in diesem Gesetze für gezogene Wechsel gegebene Vorschriften gelten auch für eigene Wechsel:

1. die Artikel 5 und 7 über die Form des Wechsels;

2. die Artikel 9—17 über das Indossament;

3. die Artikel 19 und 20 über die Präsentation der Wechsel auf eine Zeit nach Sicht mit der Maßgabe, daß die Präsentation dem Aussteller geschehen muß;

4. der Artikel 29 über den Sicherheitsregreß mit der Maßgabe, daß derselbe im Falle der Unsicherheit des Ausstellers stattfindet;

5. die Artikel 30—40 über die Zahlung und die Befugniß zur Deposition des fälligen Wechselbetrages mit der Maßgabe, daß letztere durch den Aussteller geschehen kann;

6. die Artikel 41 und 42, sowie die Artikel 45—55 über den Regreß Mangels Zahlung gegen die Indossanten;

7. die Artikel 62—65 über die Ehrenzahlung;

8. die Artikel 70—72 über die Kopien;

9. die Artikel 73—76 über abhanden gekommene und falsche Wechsel mit der Maßgabe, daß im Falle des Artikels 73 die Zahlung durch den Aussteller erfolgen muß;

10. die Artikel 78—96 über die allgemeinen Grundsätze der Wechselverjährung, die Verjährung der Regreßansprüche gegen die Indossanten, das Klagerecht des Wechselgläubigers, die ausländischen Wechselgesetze, den Protest, den Ort und die Zeit für die Präsentation und andere im Wechselverkehre vorkommende Handlungen, sowie über mangelhafte Unterschriften.

99. Eigene domizilirte Wechsel sind dem Domiziliaten oder, wenn ein solcher nicht benannt ist, dem Aussteller selbst an demjenigen Orte, wohin der Wechsel domizilirt ist, zur Zahlung zu präsentiren und, wenn die Zahlung unterbleibt, dort zu protestiren. Wird die rechtzeitige Protesterhebung beim Domiziliaten verabsäumt, so geht dadurch der wechselmäßige Anspruch gegen den Aussteller und die Indossanten verloren.

Bei nicht domizilirten eigenen Wechseln bedarf es zur Erhaltung des Wechselrechtes gegen den Aussteller weder der Präsentation am Zahlungstage noch der Erhebung eines Protestes.

100. Der wechselmäßige Anspruch gegen den Aussteller eines eigenen Wechsels verjährt in drei Jahren, vom Verfalltage des Wechsels an gerechnet.

Gesetz

betreffend

die Einführung der allgemeinen Deutschen Wechselordnung und des allgemeinen Deutschen Handelsgesetzbuchs in Elsaß-Lothringen.[1]

Vom 19. Juni 1872.

Gesetzblatt S. 213.

§ 1. Die allgemeine Deutsche Wechselordnung und das allgemeine Deutsche Handelsgesetzbuch erlangen in der Fassung, in welcher sie in den Anlagen A. und B. enthalten sind, nebst den gegenwärtigen Einführungsbestimmungen mit dem 1. Oktober 1872 in Elsaß-Lothringen Gesetzeskraft.

Mit dem bezeichneten Zeitpunkte treten die bestehenden Gesetze und anderen Vorschriften über Handelsrecht, insoweit sie Materien betreffen, welche Gegenstand der zur Geltung gelangenden Gesetze sind, außer Kraft. Es bleiben jedoch, soweit nicht Bestimmungen der letzteren Gesetze entgegenstehen, in Wirksamkeit:

1. der fünfte Titel des Gesetzes über die Gesellschaften vom 24. Juli 1867;
2. der zweite Titel des Kaiserlichen Dekrets vom 22. Januar 1868, betreffend die Versicherungsgesellschaften, mit der Maßgabe, daß unter den Staats- resp. den vom Staate garantirten Werthpapieren, in denen die Anlage der Fonds der Versicherungsgesellschaften nach Vorschrift des Artikels 33 dieses Dekrets erfolgen soll, deutsche Staats- bezw. von einem deutschen Staate garantirte Werthpapiere zu verstehen sind, und daß die Anlage in französischen Staatsrenten, bei der französischen Bank und dem crédit foncier nicht mehr gestattet ist.

16. Zu den Gerichtsbeamten, welche Protest aufnehmen können, gehören auch die Gerichtsvollzieher. Ueber das von den Letzteren hierbei zu führende Amtssiegel (Art. 88 Nr. 6 der Wechselordnung) wird der Generalprokurator Bestimmung treffen.

Proteste dürfen nur von 9 Uhr Vormittags bis 6 Uhr Abends, zu einer früheren oder späteren Tageszeit aber nur mit Zustimmung des Protestaten erhoben werden.

Die Beamten sind nicht gehalten, eine Abschrift der Protest-Urkunde zurückzulassen.

---

1. Das Gesetz, soweit es nicht schon früher aufgehoben war, ist, mit Ausnahme der abgedruckten Bestimmungen, durch Gesetz vom 29. Nov. 1899 aufgehoben worden.

Gerichtsverfassungsgesetz.[1]

Vom 27. Januar 1877.

Reichs-Gesetzblatt 1877 S. 41; 1898 S. 371.

Erster Titel. Richteramt.

§ 1. Die richterliche Gewalt wird durch unabhängige, nur dem Gesetze unterworfene Gerichte ausgeübt.

2. Die Fähigkeit zum Richteramte wird durch die Ablegung zweier Prüfungen erlangt.

Der ersten Prüfung muß ein dreijähriges Studium der Rechtswissenschaft auf einer Universität vorangehen. Von dem dreijährigen Zeitraume sind mindestens drei Halbjahre dem Studium auf einer deutschen Universität zu widmen.[2]

Zwischen der ersten und zweiten Prüfung muß ein Zeitraum von drei Jahren liegen, welcher im Dienste bei den Gerichten und bei den Rechtsanwälten zu verwenden ist, auch zum Theil bei der Staatsanwaltschaft verwendet werden kann.

In den einzelnen Bundesstaaten kann bestimmt werden, daß der für das Universitätsstudium oder für den Vorbereitungsdienst bezeichnete Zeitraum verlängert wird, oder daß ein Theil des letzteren Zeitraums, jedoch höchstens ein Jahr, im Dienste bei Verwaltungsbehörden zu verwenden ist oder verwendet werden darf.

3. Wer in einem Bundesstaate die erste Prüfung bestanden hat, kann in jedem anderen Bundesstaate zur Vorbereitung für den Justizdienst und zur zweiten Prüfung zugelassen werden.

Die in einem Bundesstaate auf die Vorbereitung verwendete Zeit kann in jedem anderen Bundesstaate angerechnet werden.[3]

4. Zum Richteramte befähigt ist ferner jeder ordentliche öffentliche Lehrer des Rechts an einer deutschen Universität.

5. Wer in einem Bundesstaate die Fähigkeit zum Richteramte erlangt hat, ist, soweit dieses Gesetz keine Ausnahme bestimmt, zu jedem Richteramte innerhalb des Deutschen Reichs befähigt.

6. Die Ernennung der Richter erfolgt auf Lebenszeit.[4]

7. Die Richter beziehen in ihrer richterlichen Eigenschaft ein festes Gehalt mit Ausschluß von Gebühren.[5]

8. Richter können wider ihren Willen nur kraft richterlicher Entscheidung und nur aus den Gründen und unter den Formen, welche die Gesetze bestimmen, dauernd oder zeitweise ihres Amts enthoben oder an eine andere Stelle oder in Ruhestand versetzt werden.

Die vorläufige Amtsenthebung, welche kraft Gesetzes eintritt, wird hierdurch nicht berührt.

Bei einer Veränderung in der Organisation der Gerichte oder ihrer Bezirke können unfreiwillige Versetzungen an ein anderes Gericht oder Entfernungen vom Amte unter Belassung des vollen Gehalts durch die Landesjustizverwaltung verfügt werden.[6]

9. Wegen vermögensrechtlicher Ansprüche der Richter aus ihrem Dienstverhältnisse, insbesondere auf Gehalt, Wartegeld oder Ruhegehalt darf der Rechtsweg nicht ausgeschlossen werden.

10. Die landesgesetzlichen Bestimmungen über die Befähigung zur zeitweiligen Wahrnehmung richterlicher Geschäfte bleiben unberührt.[7]

11. Auf Handelsrichter, Schöffen und Ge-

1. Das GVG ist abgeändert worden durch Ges. v. 17. März 1886 (RGBl S. 61); Ges. v. 5. April 1888 (RGBl S. 133); Ges. v. 17. Mai 1898 (RGBl S. 252). Das Gesetz ist in der Fassung der Bek. v. 28. Mai 1898 abgedruckt. Vgl. AG v. 4. Nov. 1878; AB v. 13. Juni 1879; Ges. betr. Aenderungen der CPO v. 17. Mai 1898; EG z. dem Ges. betr. Aenderungen der CPO v. 17. Mai 1898.

2. Vgl. hierzu Regulativ über die juristischen Prüfungen und die Vorbereitung zum höheren Justizdienst v. 24. März 1900; Ver. betr. die erste juristische Prüfung v. 14. April 1898; Ver. v. 16. Febr. und 30. April 1892 über die Beschäftigung der Referendare; Ver. v. 7. April 1899 betr. die Gerichtsassessoren. — Nach § 15 AB v. 13. Juni 1879 gilt § 2 Abs. 2 auch für die Notare.

3. Vgl. § 40 Regul. v. 24. März 1900.

4. Und zwar nach § 1 AG z. GVG durch den Kaiser. — Wegen Versetzung eines Richters in den Ruhestand nach Vollendung des 70. Lebensjahres vgl. § 47 Ges. v. 13. Febr. 1899.

5. Vgl. §§ 3, 4 AG z. GVG.

6. Die desfallsigen Bestimmungen sind in dem Ges. betr. die Disziplin der Richter v. 13. Febr. 1899 enthalten.

7. Vgl. Art. 3 Ges. v. 29. Ventose IX; § 8 Ver. v. 26. April 1875; §§ 5, 6 AG z. GVG.

schworene finden die Bestimmungen der §§ 2—9 keine Anwendung.

Zweiter Titel. Gerichtsbarkeit.[8]

12. Die ordentliche streitige Gerichtsbarkeit wird durch Amtsgerichte und Landgerichte, durch Oberlandesgerichte und durch das Reichsgericht ausgeübt.

13. Vor die ordentlichen Gerichte gehören alle bürgerlichen Rechtsstreitigkeiten und Strafsachen, für welche nicht entweder die Zuständigkeit von Verwaltungsbehörden oder Verwaltungsgerichten begründet ist oder reichsgesetzlich besondere Gerichte bestellt oder zugelassen sind.

14. Als besondere Gerichte werden zugelassen:

1. die auf Staatsverträgen beruhenden Rheinschiffahrts-[9] und Elbzollgerichte;
2. Gerichte, welchen die Entscheidung von bürgerlichen Rechtsstreitigkeiten bei der Ablösung von Gerechtigkeiten oder Reallasten, bei Separationen, Konsolidationen, Verkoppelungen, gutsherrlich-bäuerlichen Auseinandersetzungen und dergleichen obliegt;
3. Gemeindegerichte, insoweit denselben die Entscheidung über vermögensrechtliche Ansprüche obliegt, deren Gegenstand in Geld oder Geldeswerth die Summe von sechzig Mark nicht übersteigt, jedoch mit der Maßgabe, daß gegen die Entscheidung der Gemeindegerichte innerhalb einer gesetzlich zu bestimmenden Frist sowohl dem Kläger wie dem Beklagten die Berufung auf den ordentlichen Rechtsweg zusteht, und daß der Gerichtsbarkeit des Gemeindegerichts, als Kläger oder Beklagter, nur Personen unterworfen werden dürfen, welche in der Gemeinde den Wohnsitz, eine Niederlassung oder im Sinne der §§ 16, 20 der Civilprozeßordnung den Aufenthalt haben;
4. Gewerbegerichte.[10]

15. Die Gerichte sind Staatsgerichte.

Die Privatgerichtsbarkeit ist aufgehoben; an ihre Stelle tritt die Gerichtsbarkeit desjenigen Bundesstaates, in welchem sie ausgeübt wurde. Präsentationen für Anstellungen bei den Gerichten finden nicht statt.

Die Ausübung einer geistlichen Gerichtsbarkeit in weltlichen Angelegenheiten ist ohne bürgerliche Wirkung. Dies gilt insbesondere bei Ehe- und Verlöbnißsachen.[11]

16. Ausnahmegerichte sind unstatthaft. Niemand darf seinem gesetzlichen Richter entzogen werden. Die gesetzlichen Bestimmungen über Kriegsgerichte und Standrechte werden hiervon nicht berührt.

17. Die Gerichte entscheiden über die Zulässigkeit des Rechtswegs.

[12] Die Landesgesetzgebung kann jedoch die Entscheidung von Streitigkeiten zwischen den Gerichten und den Verwaltungsbehörden oder Verwaltungsgerichten über die Zulässigkeit des Rechtswegs besonderen Behörden nach Maßgabe der folgenden Bestimmungen übertragen:

1. Die Mitglieder werden für die Dauer des zur Zeit ihrer Ernennung von ihnen bekleideten Amts oder, falls sie zu dieser Zeit ein Amt nicht bekleiden, auf Lebenszeit ernannt. Eine Enthebung vom Amte kann nur unter denselben Voraussetzungen wie bei den Mitgliedern des Reichsgerichts stattfinden.
2. Mindestens die Hälfte der Mitglieder muß dem Reichsgerichte oder dem obersten Landesgerichte oder einem Oberlandesgerichte angehören. Bei Entscheidungen dürfen Mitglieder nur in der gesetzlich bestimmten Anzahl mitwirken. Diese Anzahl muß eine ungerade sein und mindestens fünf betragen.
3. Das Verfahren ist gesetzlich zu regeln. Die Entscheidung erfolgt in öffentlicher Sitzung nach Ladung der Parteien.
4. Sofern die Zulässigkeit des Rechtswegs durch rechtskräftiges Urtheil des Gerichts feststeht, ohne daß zuvor auf die Entscheidung der besonderen Behörde angetragen war, bleibt die Entscheidung des Gerichts maßgebend.

18. Die inländische Gerichtsbarkeit erstreckt sich nicht auf die Chefs und Mitglieder der bei dem Deutschen Reiche beglaubigten Missionen. Sind diese Personen Staatsangehörige eines der Bundesstaaten, so sind sie nur insofern von der inländischen Gerichtsbarkeit befreit, als der Staat, dem sie angehören, sich der Gerichtsbarkeit über sie begeben hat.

Die Chefs und Mitglieder der bei einem Bundesstaate beglaubigten Missionen sind der Gerichtsbarkeit dieses Staates nicht unterworfen. Dasselbe gilt von den Mitgliedern des Bundesraths, welche nicht von demjenigen Staate abgeordnet sind, in dessen Gebiete der Bundesrath seinen Sitz hat.[12a]

19. Auf die Familienglieder, das Geschäftspersonal der im § 18 erwähnten Personen und auf solche Bedienstete derselben, welche nicht Deutsche sind, finden die vorstehenden Bestimmungen Anwendung.[12a]

20. Durch die Bestimmungen der §§ 18, 19 werden die Vorschriften über den ausschließlichen

8. Vgl. §§ 7 ff. AG z. GVG.

9. Vgl. Rheinschiffahrtsord. v. 31. März 1831; revidirte Rheinschiffahrtsakte v. 17. Okt. 1868; Ges. betr. die Rheinschiffahrt v. 21. April 1832.

10. Vgl. Ges. betr. die Gewerbegerichte v. 23. März 1880; RG betr. die Gewerbegerichte v. 29. Juli 1890.

11. Vgl. § 76 Ges. v. 6. Febr. 1875.

12. Eine landesgesetzliche Bestimmung im Sinne des Abs. 2 besteht in Els.-Lothr. nicht.

12a. Vgl. hierzu Verf. v. 22. Mai 1893.

dinglichen Gerichtsstand in bürgerlichen Rechtsstreitigkeiten nicht berührt.[13]

21. Die im Deutschen Reiche angestellten Konsuln sind der inländischen Gerichtsbarkeit unterworfen, sofern nicht in Verträgen des Deutschen Reichs mit anderen Mächten Vereinbarungen über die Befreiung der Konsuln von der inländischen Gerichtsbarkeit getroffen sind.

Dritter Titel. Amtsgerichte.

22. Den Amtsgerichten stehen Einzelrichter vor.

Ist ein Amtsgericht mit mehreren Richtern besetzt, so wird einem derselben von der Landesjustizverwaltung die allgemeine Dienstaufsicht übertragen; ist die Zahl der Richter höher als fünfzehn, so kann die Dienstaufsicht zwischen mehreren von ihnen getheilt werden. Jeder Amtsrichter erledigt die ihm obliegenden Geschäfte als Einzelrichter.[14]

23. Die Zuständigkeit der Amtsgerichte umfaßt in bürgerlichen Rechtsstreitigkeiten, soweit dieselben nicht ohne Rücksicht auf den Werth des Streitgegenstandes den Landgerichten zugewiesen sind:

1. Streitigkeiten über vermögensrechtliche Ansprüche, deren Gegenstand an Geld oder Geldeswerth die Summe von dreihundert Mark nicht übersteigt;
2. ohne Rücksicht auf den Werth des Streitgegenstandes:

Streitigkeiten zwischen dem Vermiether und dem Miether oder Untermiether von Wohnräumen oder anderen Räumen oder zwischen dem Miether und dem Untermiether solcher Räume wegen Ueberlassung, Benutzung oder Räumung, sowie wegen Zurückhaltung der von dem Miether oder dem Untermiether in die Miethsräume eingebrachten Sachen;

Streitigkeiten zwischen Dienstherrschaft und Gesinde, zwischen Arbeitgebern und Arbeitern hinsichtlich des Dienst- oder Arbeitsverhältnisses, sowie die im § 3 Abs. 1 des Gesetzes, betreffend die Gewerbegerichte, vom 29. Juli 1890 bezeichneten Streitigkeiten, insofern dieselben während der Dauer des Dienst-, Arbeits- oder Lehrverhältnisses entstehen;[15]

Streitigkeiten zwischen Reisenden und Wirthen, Fuhrleuten, Schiffern, Flößern oder Auswanderungsexpedienten in den Einschiffungshäfen, welche über Wirthszechen, Fuhrlohn, Ueberfahrtsgelder, Beförderung der Reisenden und ihrer Habe und über Verlust und Beschädigung der letzteren, sowie Streitigkeiten zwischen Reisenden und Handwerkern, welche aus Anlaß der Reise entstanden sind;

Streitigkeiten wegen Viehmängel;[16]

Streitigkeiten wegen Wildschadens;[17]

Ansprüche aus einem außerehelichen Beischlafe;

das Aufgebotsverfahren.[18]

24. Im Uebrigen wird die Zuständigkeit und der Geschäftskreis der Amtsgerichte durch die Vorschriften dieses Gesetzes und der Prozeßordnungen bestimmt.

Vierter Titel. Schöffengerichte.

25. Für die Verhandlung und Entscheidung von Strafsachen werden bei den Amtsgerichten Schöffengerichte gebildet.

26. Die Schöffengerichte bestehen aus dem Amtsrichter als Vorsitzenden und zwei Schöffen.

27. Die Schöffengerichte sind zuständig:

1. für alle Uebertretungen;
2. für diejenigen Vergehen, welche nur mit Gefängniß von höchstens drei Monaten oder Geldstrafe von höchstens sechshundert Mark, allein oder neben Haft oder in Verbindung mit einander oder in Verbindung mit Einziehung bedroht sind, mit Ausnahme der im § 320 des Strafgesetzbuchs und der im § 74 dieses Gesetzes bezeichneten Vergehen;
3. für die nur auf Antrag zu verfolgenden Beleidigungen und Körperverletzungen, wenn die Verfolgung im Wege der Privatklage geschieht;
4. für das Vergehen des Diebstahls im Falle des § 242 des Strafgesetzbuchs, wenn der Werth des Gestohlenen fünfundzwanzig Mark nicht übersteigt;
5. für das Vergehen der Unterschlagung im Falle des § 246 des Strafgesetzbuchs, wenn der Werth des Unterschlagenen fünfundzwanzig Mark nicht übersteigt;
6. für das Vergehen des Betruges im Falle des § 263 des Strafgesetzbuchs, wenn der Schaden fünfundzwanzig Mark nicht übersteigt;
7. für das Vergehen der Sachbeschädigung im Falle des § 303 des Strafgesetzbuchs, wenn der Schaden fünfundzwanzig Mark nicht übersteigt;
8. für das Vergehen der Begünstigung und für das Vergehen der Hehlerei in den Fällen des § 258 Nr. 1 und des § 259 des Strafgesetzbuchs, wenn die Handlung, auf welche sich die Begünstigung oder die Hehlerei bezieht, zur Zuständigkeit der Schöffengerichte gehört.

13. § 24 CPO.

14. Die Geschäftsvertheilung und Vertretung regelt sich nach § 2 AB v. 13. Juni 1879.

15. Vgl. übrigens § 2 Ges. betr. die Gewerbegerichte v. 23. März 1880.

16. §§ 481 ff. BGB; Ver. v. 27. März 1899.

17. § 835 BGB; §§ 16 ff. AG z. BGB.

18. §§ 946 ff. CPO.

28. Ist die Zuständigkeit des Schöffengerichts durch den Werth einer Sache oder den Betrag eines Schadens bedingt und stellt sich in der Hauptverhandlung heraus, daß der Werth oder Schaden mehr als fünfundzwanzig Mark beträgt, so hat das Gericht seine Unzuständigkeit nur dann auszusprechen, wenn aus anderen Gründen die Aussetzung der Verhandlung geboten erscheint.

29. Vor die Schöffengerichte gehören auch diejenigen Strafsachen, deren Verhandlung und Entscheidung ihnen nach den Bestimmungen des fünften Titels von den Strafkammern der Landgerichte überwiesen wird.

30. Insoweit das Gesetz nicht Ausnahmen bestimmt, üben die Schöffen während der Hauptverhandlung das Richteramt im vollen Umfange und mit gleichem Stimmrechte wie die Amtsrichter aus und nehmen auch an denjenigen, im Laufe einer Hauptverhandlung zu erlassenden Entscheidungen Theil, welche in keiner Beziehung zu der Urtheilsfällung stehen, und welche auch ohne vorgängige mündliche Verhandlung erlassen werden können.

Die außerhalb der Hauptverhandlung erforderlichen Entscheidungen werden von dem Amtsrichter erlassen.

31. Das Amt eines Schöffen ist ein Ehrenamt. Dasselbe kann nur von einem Deutschen versehen werden.

32. Unfähig zu dem Amte eines Schöffen sind:

1. Personen, welche die Befähigung in Folge strafgerichtlicher Verurtheilung verloren haben;
2. Personen, gegen welche das Hauptverfahren wegen eines Verbrechens oder Vergehens eröffnet ist, das die Aberkennung der bürgerlichen Ehrenrechte oder der Fähigkeit zur Bekleidung öffentlicher Aemter zur Folge haben kann;
3. Personen, welche in Folge gerichtlicher Anordnung in der Verfügung über ihr Vermögen beschränkt sind.

33. Zu dem Amte eines Schöffen sollen nicht berufen werden:

1. Personen, welche zur Zeit der Aufstellung der Urliste das dreißigste Lebensjahr noch nicht vollendet haben;
2. Personen, welche zur Zeit der Aufstellung der Urliste den Wohnsitz in der Gemeinde noch nicht zwei volle Jahre haben;
3. Personen, welche für sich oder ihre Familie Armenunterstützung aus öffentlichen Mitteln empfangen oder in den drei letzten Jahren, von Aufstellung der Urliste zurückgerechnet, empfangen haben;
4. Personen, welche wegen geistiger oder körperlicher Gebrechen zu dem Amte nicht geeignet sind;
5. Dienstboten.

34. Zu dem Amte eines Schöffen sollen ferner nicht berufen werden:

1. Minister;
2. Mitglieder der Senate der freien Hansestädte;
3. Reichsbeamte, welche jederzeit einstweilig in den Ruhestand versetzt werden können;
4. Staatsbeamte, welche auf Grund der Landesgesetze jederzeit einstweilig in den Ruhestand versetzt werden können;
5. richterliche Beamte und Beamte der Staatsanwaltschaft;
6. gerichtliche und polizeiliche Vollstreckungsbeamte;
7. Religionsdiener;
8. Volksschullehrer;
9. dem aktiven Heere oder der aktiven Marine angehörende Militärpersonen.

Die Landesgesetze können außer den vorbezeichneten Beamten höhere Verwaltungsbeamte bezeichnen, welche zu dem Amte eines Schöffen nicht berufen werden sollen.

35. Die Berufung zum Amte eines Schöffen dürfen ablehnen:

1. Mitglieder einer deutschen gesetzgebenden Versammlung;
2. Personen, welche im letzten Geschäftsjahre die Verpflichtung eines Geschworenen, oder an wenigstens fünf Sitzungstagen die Verpflichtung eines Schöffen erfüllt haben;
3. Aerzte;
4. Apotheker, welche keine Gehülfen haben;
5. Personen, welche das fünfundsechzigste Lebensjahr zur Zeit der Aufstellung der Urliste vollendet haben oder dasselbe bis zum Ablaufe des Geschäftsjahres vollenden würden;
6. Personen, welche glaubhaft machen, daß sie den mit der Ausübung des Amts verbundenen Aufwand zu tragen nicht vermögen.

36. Der Vorsteher einer jeden Gemeinde oder eines landesgesetzlich der Gemeinde gleichstehenden Verbandes hat alljährlich ein Verzeichniß der in der Gemeinde wohnhaften Personen, welche zu dem Schöffenamte berufen werden können, aufzustellen (Urliste).

Die Urliste ist in der Gemeinde eine Woche lang zu Jedermanns Einsicht auszulegen. Der Zeitpunkt der Auslegung ist vorher öffentlich bekannt zu machen.

37. Gegen die Richtigkeit oder Vollständigkeit der Urliste kann innerhalb der einwöchigen Frist schriftlich oder zu Protokoll Einsprache erhoben werden.

38. Der Gemeindevorsteher sendet die Urliste nebst den erhobenen Einsprachen und den ihm erforderlich erscheinenden Bemerkungen an den Amtsrichter des Bezirks.

Wird nach Absendung der Urliste die Berichtigung derselben erforderlich, so hat der Gemeindevorsteher hiervon dem Amtsrichter Anzeige zu machen.

39. Der Amtsrichter stellt die Urlisten des Bezirks zusammen und bereitet den Beschluß über die Einsprachen gegen dieselben vor. Er hat die Beachtung der Vorschriften des § 36 Abs. 2 zu prüfen und die Abstellung etwaiger Mängel zu veranlassen.

40. Bei dem Amtsgerichte tritt alljährlich ein Ausschuß zusammen.

Der Ausschuß besteht aus dem Amtsrichter als Vorsitzenden und einem von der Landesregierung zu bestimmenden Staatsverwaltungsbeamten, sowie sieben Vertrauensmännern als Beisitzern.

Die Vertrauensmänner werden aus den Einwohnern des Amtsgerichtsbezirks gewählt.

Die Wahl erfolgt nach näherer Bestimmung der Landesgesetze durch die Vertretungen der Kreise, Aemter, Gemeinden oder dergleichen Verbände; wenn solche Vertretungen nicht vorhanden sind, durch den Amtsrichter. Letzterer hat die Vertrauensmänner vornehmlich aus den Vorstehern der vorbezeichneten Verbände zu wählen.

Zur Beschlußfähigkeit des Ausschusses genügt die Anwesenheit des Vorsitzenden, des Staatsverwaltungsbeamten und dreier Vertrauensmänner. Der Ausschuß faßt seine Beschlüsse nach der absoluten Mehrheit der Stimmen. Bei Stimmengleichheit entscheidet die Stimme des Vorsitzenden.

41. Der Ausschuß entscheidet über die gegen die Urliste erhobenen Einsprachen. Die Entscheidungen sind zu Protokoll zu vermerken. Beschwerde findet nicht statt.

42. Aus der berichtigten Urliste wählt der Ausschuß für das nächste Geschäftsjahr:

1. die erforderliche Zahl von Schöffen;
2. die erforderliche Zahl derjenigen Personen, welche in der von dem Ausschusse festzusetzenden Reihenfolge an die Stelle wegfallender Schöffen treten (Hülfsschöffen). Die Wahl ist auf Personen zu richten, welche am Sitze des Amtsgerichts oder in dessen nächster Umgebung wohnen.

43. Die für jedes Amtsgericht erforderliche Zahl von Hauptschöffen und Hülfsschöffen wird durch die Landesjustizverwaltung bestimmt.

Die Bestimmung der Zahl der Hauptschöffen erfolgt in der Art, daß voraussichtlich Jeder höchstens zu fünf ordentlichen Sitzungstagen im Jahre herangezogen wird.

44. Die Namen der erwählten Hauptschöffen und Hülfsschöffen werden bei jedem Amtsgerichte in gesonderte Verzeichnisse aufgenommen (Jahreslisten).

45. Die Tage der ordentlichen Sitzungen des Schöffengerichts werden für das ganze Jahr im voraus festgestellt.

Die Reihenfolge, in welcher die Hauptschöffen an den einzelnen ordentlichen Sitzungen des Jahres Theil nehmen, wird durch Ausloosung in öffentlicher Sitzung des Amtsgerichts bestimmt. Das Loos zieht der Amtsrichter.

Ueber die Ausloosung wird von dem Gerichtsschreiber ein Protokoll aufgenommen.

46. Der Amtsrichter setzt die Schöffen von ihrer Ausloosung und von den Sitzungstagen, an welchen sie in Thätigkeit zu treten haben, unter Hinweis auf die gesetzlichen Folgen des Ausbleibens in Kenntniß.

In gleicher Weise werden die im Laufe des Geschäftsjahres einzuberufenden Schöffen benachrichtigt.

47. Eine Aenderung in der bestimmten Reihenfolge kann auf übereinstimmenden Antrag der betheiligten Schöffen von dem Amtsrichter bewilligt werden, sofern die in den betreffenden Sitzungen zu verhandelnden Sachen noch nicht bestimmt sind. Der Antrag und die Bewilligung sind aktenkundig zu machen.

48. Wenn die Geschäfte die Anberaumung außerordentlicher Sitzungen erforderlich machen, so werden die einzuberufenden Schöffen vor dem Sitzungstage in Gemäßheit des § 45 ausgeloost.

Erscheint dies wegen Dringlichkeit unthunlich, so erfolgt die Ausloosung durch den Amtsrichter lediglich aus der Zahl der am Sitze des Gerichts wohnenden Hülfsschöffen. Die Umstände, welche den Amtsrichter hierzu veranlaßt haben, sind aktenkundig zu machen.

49. Wird zu einzelnen Sitzungen die Zuziehung anderer als der zunächst berufenen Schöffen erforderlich, so erfolgt dieselbe aus der Zahl der Hülfsschöffen nach der Reihenfolge der Jahresliste.

Würde durch die Berufung der letzteren eine Vertagung der Verhandlung oder eine erhebliche Verzögerung ihres Beginnes nothwendig, so sind die nicht am Sitze des Gerichts wohnenden Hülfsschöffen zu übergehen.

50. Erstreckt sich die Dauer einer Sitzung über die Zeit hinaus, für welche der Schöffe zunächst einberufen ist, so hat er bis zur Beendigung der Sitzung seine Amtsthätigkeit fortzusetzen.

51. Die Beeidigung der Schöffen erfolgt bei ihrer ersten Dienstleistung in öffentlicher Sitzung. Sie gilt für die Dauer des Geschäftsjahres.

Der Vorsitzende richtet an die zu Beeidigenden die Worte:

„Sie schwören bei Gott dem Allmächtigen und Allwissenden, die Pflichten eines Schöffen getreulich zu erfüllen und Ihre Stimmen nach bestem Wissen und Gewissen abzugeben."

Die Schöffen leisten den Eid, indem Jeder einzeln die Worte spricht:

„ich schwöre es, so wahr mir Gott helfe".

Der Schwörende soll bei der Eidesleistung die rechte Hand erheben.

Ist ein Schöffe Mitglied einer Religionsgesellschaft, welcher das Gesetz den Gebrauch gewisser Betheuerungsformeln an Stelle des Eides gestattet, so wird die Abgabe einer Erklärung unter der Betheuerungsformel dieser Religionsgesellschaft der Eidesleistung gleich geachtet.[19]

Ueber die Beeidigung wird von dem Gerichtsschreiber ein Protokoll aufgenommen.

52. Wenn die Unfähigkeit einer als Schöffe in die Jahresliste aufgenommenen Person eintritt oder bekannt wird, so ist der Name derselben von der Liste zu streichen.

Ein Schöffe, hinsichtlich dessen nach seiner Aufnahme in die Jahresliste andere Umstände eintreten oder bekannt werden, bei deren Vorhandensein eine Berufung zum Schöffenamte nicht erfolgen soll, ist zur Dienstleistung ferner nicht heranzuziehen.

Die Entscheidung erfolgt durch den Amtsrichter nach Anhörung der Staatsanwaltschaft und des betheiligten Schöffen.

Beschwerde findet nicht statt.

53. Ablehnungsgründe sind nur zu berücksichtigen, wenn sie innerhalb einer Woche, nachdem der betheiligte Schöffe von seiner Einberufung in Kenntniß gesetzt worden ist, von demselben geltend gemacht werden. Fällt ihre Entstehung oder Bekanntwerdung in eine spätere Zeit, so ist die Frist erst von diesem Zeitpunkte zu berechnen.

Der Amtsrichter entscheidet über das Gesuch nach Anhörung der Staatsanwaltschaft. Beschwerde findet nicht statt.

54. Der Amtsrichter kann einen Schöffen auf dessen Antrag wegen eingetretener Hinderungsgründe von der Dienstleistung an bestimmten Sitzungstagen entbinden.

Die Entbindung des Schöffen von der Dienstleistung kann davon abhängig gemacht werden, daß ein anderer für das Dienstjahr bestimmter Schöffe für ihn eintritt.

Der Antrag und die Bewilligung sind aktenkundig zu machen.

55. Die Schöffen und die Vertrauensmänner des Ausschusses erhalten Vergütung der Reisekosten.

56. Schöffen und Vertrauensmänner des Ausschusses, welche ohne genügende Entschuldigung zu den Sitzungen nicht rechtzeitig sich einfinden oder ihren Obliegenheiten in anderer Weise sich entziehen, sind zu einer Ordnungsstrafe von fünf bis zu eintausend Mark, sowie in die verursachten Kosten zu verurtheilen.

Die Verurtheilung wird durch den Amtsrichter nach Anhörung der Staatsanwaltschaft ausgesprochen. Erfolgt nachträglich genügende Entschuldigung, so kann die Verurtheilung ganz oder theilweise zurückgenommen werden. Gegen die Entscheidungen findet Beschwerde von Seiten des Verurtheilten nach den Vorschriften der Strafprozeßordnung statt.

57. Bis zu welchem Tage die Urlisten aufzustellen und dem Amtsrichter einzureichen sind, der Ausschuß zu berufen und die Ausloosung der Schöffen zu bewirken ist, wird durch die Landesjustizverwaltung bestimmt.

Fünfter Titel. Landgerichte.

58. Die Landgerichte werden mit einem Präsidenten und der erforderlichen Anzahl von Direktoren und Mitgliedern besetzt.

59. Bei den Landgerichten werden Civil- und Strafkammern gebildet.

60. Bei den Landgerichten sind Untersuchungsrichter nach Bedürfniß zu bestellen.

Die Bestellung erfolgt durch die Landesjustizverwaltung auf die Dauer eines Geschäftsjahres.

61. Den Vorsitz im Plenum führt der Präsident, den Vorsitz in den Kammern führen der Präsident und die Direktoren. Vor Beginn des Geschäftsjahres bestimmt der Präsident die Kammer, welcher er sich anschließt. Ueber die Vertheilung des Vorsitzes in den übrigen Kammern entscheiden der Präsident und die Direktoren nach Stimmenmehrheit; im Falle der Stimmengleichheit giebt die Stimme des Präsidenten den Ausschlag.

62. Vor Beginn des Geschäftsjahres werden auf die Dauer desselben die Geschäfte unter die Kammern derselben Art vertheilt und die ständigen Mitglieder der einzelnen Kammern sowie für den Fall ihrer Verhinderung die regelmäßigen Vertreter bestimmt. Jeder Richter kann zum Mitgliede mehrerer Kammern bestimmt werden.

Die getroffene Anordnung kann im Laufe des Geschäftsjahres nur geändert werden, wenn dies wegen eingetretener Ueberlastung einer Kammer oder in Folge Wechsels oder dauernder Verhinderung einzelner Mitglieder des Gerichts erforderlich wird.

63. Die im vorstehenden Paragraphen bezeichneten Anordnungen erfolgen durch das Präsidium.

Das Präsidium wird durch den Präsidenten als Vorsitzenden, die Direktoren und das dem Dienstalter nach, bei gleichem Dienstalter das der Geburt nach älteste Mitglied gebildet. Das Präsidium entscheidet nach Stimmenmehrheit; im Falle der Stimmengleichheit giebt die Stimme des Präsidenten den Ausschlag.

---

19. Eine ausdrückliche gesetzliche Vorschrift besteht in Elf.-Lothr. in dieser Richtung nicht. Eine seit 1812 in Frankreich festgehaltene Rechtsprechung erachtet es indessen als einen Ausfluß des Grundsatzes der Duldung und der Freiheit der Religionsbekenntnisse, daß Mitglieder anerkannter Religionsgenossenschaften statt des Eides eine den Vorschriften ihrer Religion entsprechende Erklärung abgeben. Nach § 7 EG z. StPO und § 12 EG z. CPO ist Gesetz jede Rechtsnorm. — Den Menoniten wird allgemein an Stelle des Eides eine Betheuerungsformel gestattet (Sammlung Nr. 1008, 1042).

64. Der Präsident kann bestimmen, daß einzelne Untersuchungen von dem Untersuchungsrichter, dessen Bestellung mit dem Ablaufe des Geschäftsjahres erlischt, zu Ende geführt werden, sowie daß in einzelnen Sachen, in welchen während des Geschäftsjahres eine Verhandlung bereits stattgefunden hat, die Kammer in ihrer früheren Zusammensetzung auch nach Ablauf des Geschäftsjahres verhandle und entscheide.

65. Im Falle der Verhinderung des ordentlichen Vorsitzenden führt den Vorsitz in der Kammer dasjenige Mitglied der Kammer, welches dem Dienstalter nach und bei gleichem Dienstalter der Geburt nach das älteste ist.

Der Präsident wird in seinen übrigen durch dieses Gesetz bestimmten Geschäften durch denjenigen Direktor vertreten, welcher dem Dienstalter nach und bei gleichem Dienstalter der Geburt nach der älteste ist.

66. Im Falle der Verhinderung des regelmäßigen Vertreters eines Mitgliedes wird ein zeitweiliger Vertreter durch den Präsidenten bestimmt.

67. Die Bestimmungen der §§ 61—66 finden auf die Kammern für Handelssachen keine Anwendung.

68. Innerhalb der Kammer vertheilt der Vorsitzende die Geschäfte auf die Mitglieder.

69. Soweit die Vertretung eines Mitgliedes nicht durch ein Mitglied desselben Gerichts möglich ist, erfolgt die Anordnung derselben auf den Antrag des Präsidiums durch die Landesjustizverwaltung.[20]

Die Beiordnung eines nicht ständigen Richters darf, wenn sie auf eine bestimmte Zeit erfolgte, vor Ablauf dieser Zeit, wenn sie auf unbestimmte Zeit erfolgte, solange das Bedürfniß, durch welches sie veranlaßt wurde, fortdauert, nicht widerrufen werden. Ist mit der Vertretung eine Entschädigung verbunden, so ist diese für die ganze Dauer im voraus festzustellen.

Unberührt bleiben diejenigen landesgesetzlichen Bestimmungen, nach welchen richterliche Geschäfte nur von ständig angestellten Richtern wahrgenommen werden können, sowie diejenigen, welche die Vertretung durch ständig angestellte Richter regeln.

70. Vor die Civilkammern, einschließlich der Kammern für Handelssachen, gehören alle bürgerlichen Rechtsstreitigkeiten, welche nicht den Amtsgerichten zugewiesen sind.

Die Landgerichte sind ohne Rücksicht auf den Werth des Streitgegenstandes ausschließlich zuständig:

1. für die Ansprüche, welche auf Grund des Gesetzes vom 1. Juni 1870 über die Abgaben von der Flößerei oder auf Grund des Gesetzes über die Rechtsverhältnisse der Reichsbeamten vom 31. März 1873 gegen den Reichsfiskus erhoben werden;
2. für die Ansprüche gegen Reichsbeamte wegen Ueberschreitung ihrer amtlichen Befugnisse oder wegen pflichtwidriger Unterlassung von Amtshandlungen.

Der Landesgesetzgebung bleibt überlassen, Ansprüche der Staatsbeamten gegen den Staat aus ihrem Dienstverhältnisse, Ansprüche gegen den Staat wegen Verfügungen der Verwaltungsbehörden, wegen Verschuldung von Staatsbeamten und wegen Aufhebung von Privilegien, Ansprüche gegen Beamte wegen Ueberschreitung ihrer amtlichen Befugnisse oder wegen pflichtwidriger Unterlassung von Amtshandlungen, sowie Ansprüche in Betreff öffentlicher Abgaben ohne Rücksicht auf den Werth des Streitgegenstandes den Landgerichten ausschließlich zuzuweisen.[21]

71. Die Civilkammern sind die Berufungs- und Beschwerdegerichte in den vor den Amtsgerichten verhandelten bürgerlichen Rechtsstreitigkeiten.

72. Die Strafkammern sind zuständig für diejenigen die Voruntersuchung und deren Ergebnisse betreffenden Entscheidungen, welche nach den Vorschriften der Strafprozeßordnung von dem Gerichte zu erlassen sind; sie entscheiden über Beschwerden gegen Verfügungen des Untersuchungsrichters und des Amtsrichters, sowie gegen Entscheidungen der Schöffengerichte. Die Bestimmungen über die Zuständigkeit des Reichsgerichts werden hierdurch nicht berührt.

Die Strafkammern erledigen außerdem die in der Strafprozeßordnung den Landgerichten zugewiesenen Geschäfte.

73. Die Strafkammern sind als erkennende Gerichte zuständig:

1. für die Vergehen, welche nicht zur Zuständigkeit der Schöffengerichte gehören;
2. für diejenigen Verbrechen, welche mit Zuchthaus von höchstens fünf Jahren, allein oder in Verbindung mit anderen Strafen bedroht sind. Diese Bestimmung findet nicht Anwendung in den Fällen der §§ 86, 100 und 106 des Strafgesetzbuchs;
3. für die Verbrechen der Personen, welche zur Zeit der That das achtzehnte Lebensjahr noch nicht vollendet hatten;
4. für das Verbrechen der Unzucht im Falle des § 176 Nr. 3 des Strafgesetzbuchs;
5. für die Verbrechen des Diebstahls in den Fällen der §§ 243 und 244 des Strafgesetzbuchs;
6. für das Verbrechen der Hehlerei in den Fällen der §§ 260 und 261 des Strafgesetzbuchs;

20. Vgl. § 15 AG z. GVG.

21. Dies ist geschehen durch § 16 AG z. GVG; vgl. auch § 11 EG z. GVG; § 39 AG z. BGB.

7. für das Verbrechen des Betruges im Falle des § 264 des Strafgesetzbuchs.

74. Die Strafkammern sind als erkennende Gerichte ausschließlich zuständig:

1. für die nach § 145a des Strafgesetzbuchs strafbaren Handlungen;
2. für Zuwiderhandlungen gegen das Gesetz vom 25. Oktober 1867, betreffend die Nationalität der Kauffahrteischiffe 2c.;[21a]
3. für Zuwiderhandlungen gegen die Bestimmungen der §§ 1, 2 und 3 des Gesetzes vom 8. Juni 1871, betreffend die Inhaberpapiere mit Prämien;
4. für die nach § 67 und § 69 des Gesetzes vom 6. Februar 1875, betreffend die Beurkundung des Personenstandes 2c., strafbaren Handlungen;
5. für die nach § 59 des Bankgesetzes vom 14. März 1875 strafbaren Handlungen.

75. Die Strafkammer kann bei Eröffnung des Hauptverfahrens wegen der Vergehen:

1. des Widerstandes gegen die Staatsgewalt in den Fällen der §§ 113, 114, 117 Abs. 1 und des § 120 des Strafgesetzbuchs;
2. wider die öffentliche Ordnung in den Fällen des § 123 Abs. 3 und des § 137 des Strafgesetzbuchs;
3. wider die Sittlichkeit im Falle des § 183 des Strafgesetzbuchs;
4. der Beleidigung und der Körperverletzung in den Fällen der nur auf Antrag eintretenden Verfolgung;
5. der Körperverletzung im Falle des § 223a des Strafgesetzbuchs;
6. des Diebstahls im Falle des § 242 des Strafgesetzbuchs;
7. der Unterschlagung im Falle des § 246 des Strafgesetzbuchs;
8. der Begünstigung;
9. der Hehlerei in den Fällen des § 258 Nr. 1 und des § 259 des Strafgesetzbuchs;
10. des Betruges im Falle des § 263 des Strafgesetzbuchs;
11. des strafbaren Eigennutzes in den Fällen der §§ 288 und 298 des Strafgesetzbuchs;
12. der Sachbeschädigung in den Fällen der §§ 303 und 304 des Strafgesetzbuchs

und

13. wegen der gemeingefährlichen Vergehen in den Fällen des § 327 Abs. 1 und des § 328 Abs. 1 des Strafgesetzbuchs;

ferner

14. wegen derjenigen Vergehen, welche nur mit Gefängnißstrafe von höchstens sechs Monaten oder Geldstrafe von höchstens eintausendfünfhundert Mark, allein oder in Verbindung mit einander oder in Verbindung mit Einziehung bedroht sind, mit Ausnahme der in den §§ 128, 271, 296a, 301, 331 und 347 des Strafgesetzbuchs und der im § 74 dieses Gesetzes bezeichneten Vergehen;

sowie

15. wegen solcher Zuwiderhandlungen gegen die Vorschriften über die Erhebung öffentlicher Abgaben und Gefälle, deren Strafe in dem mehrfachen Betrage einer hinterzogenen Abgabe oder einer anderen Leistung besteht;

auf Antrag der Staatsanwaltschaft die Verhandlung und Entscheidung dem Schöffengerichte, soweit dieses nicht schon zuständig ist, überweisen, wenn nach den Umständen des Falles anzunehmen ist, daß wegen des Vergehens auf keine andere und höhere Strafe, als auf die im § 27 Nr. 2 bezeichnete und auf keine höhere Buße als sechshundert Mark zu erkennen sein werde.

Beschwerde findet nicht statt.

Hat im Falle der Nr. 15 die Verwaltungsbehörde die öffentliche Klage erhoben, so steht ihr der Antrag auf Ueberweisung an das Schöffengericht in gleicher Weise wie der Staatsanwaltschaft zu.

76. Die Strafkammern sind als erkennende Gerichte ferner zuständig für die Verhandlung und Entscheidung über das Rechtsmittel der Berufung gegen die Urtheile der Schöffengerichte.

77. Die Kammern entscheiden in der Besetzung von drei Mitgliedern mit Einschluß des Vorsitzenden. Die Strafkammern sind in der Hauptverhandlung mit fünf Mitgliedern, in der Berufungsinstanz bei Uebertretungen und in den Fällen der Privatklage aber mit drei Mitgliedern einschließlich des Vorsitzenden zu besetzen.

78. Durch Anordnung der Landesjustizverwaltung kann wegen großer Entfernung des Landgerichtssitzes bei einem Amtsgerichte für den Bezirk eines oder mehrerer Amtsgerichte eine Strafkammer gebildet und derselben für diesen Bezirk die gesammte Thätigkeit der Strafkammer des Landgerichts oder ein Theil dieser Thätigkeit zugewiesen werden.

Die Besetzung einer solchen Strafkammer erfolgt aus Mitgliedern des Landgerichts oder Amtsrichtern des Bezirks, für welchen die Kammer gebildet wird. Der Vorsitzende wird ständig, die Amtsrichter werden auf die Dauer des Geschäftsjahres durch die Landesjustizverwaltung berufen, die übrigen Mitglieder werden nach Maßgabe des § 62 durch das Präsidium des Landgerichts bezeichnet.

Sechster Titel. Schwurgerichte.

79. Für die Verhandlung und Entscheidung von Strafsachen treten bei den Landgerichten periodisch Schwurgerichte zusammen.

80. Die Schwurgerichte sind zuständig für die Verbrechen, welche nicht zur Zuständigkeit der Strafkammern oder des Reichsgerichts gehören.

21a. Ziff. 2 ist durch § 29 Ges. v. 22. Juni 1899 aufgehoben.

81. Die Schwurgerichte bestehen aus drei richterlichen Mitgliedern mit Einschluß des Vorsitzenden und aus zwölf zur Entscheidung der Schuldfrage berufenen Geschworenen.

82. Die Entscheidungen, welche nach den Vorschriften dieses Gesetzes oder der Strafprozeßordnung von dem erkennenden Gerichte zu erlassen sind, erfolgen in den bei den Schwurgerichten anhängigen Sachen durch die richterlichen Mitglieder des Schwurgerichts. Werden diese Entscheidungen außerhalb der Dauer der Sitzungsperiode erforderlich, so erfolgen sie durch die Strafkammern der Landgerichte.

83. Der Vorsitzende des Schwurgerichts wird für jede Sitzungsperiode von dem Präsidenten des Oberlandesgerichts ernannt. Die Ernennung erfolgt aus der Zahl der Mitglieder des Oberlandesgerichts oder der zu dem Bezirke des Oberlandesgerichts gehörigen Landgerichte.

Der Stellvertreter des Vorsitzenden und die übrigen richterlichen Mitglieder werden von dem Präsidenten des Landgerichts aus der Zahl der Mitglieder des Landgerichts bestimmt.

Solange die Ernennung des Vorsitzenden nicht erfolgt ist, erledigt der Vorsitzende der Strafkammer des Landgerichts die in der Strafprozeßordnung dem Vorsitzenden des Gerichts zugewiesenen Geschäfte.

84. Das Amt eines Geschworenen ist ein Ehrenamt. Dasselbe kann nur von einem Deutschen versehen werden.

85. Die Urliste für die Auswahl der Schöffen dient zugleich als Urliste für die Auswahl der Geschworenen.

Die Vorschriften der §§ 32—35 über die Berufung zum Schöffenamte finden auch auf das Geschworenenamt Anwendung.

86. Die Zahl der für jedes Schwurgericht erforderlichen Geschworenen und die Vertheilung dieser Zahl auf die einzelnen Amtsgerichtsbezirke wird durch die Landesjustizverwaltung bestimmt.

87. Der alljährlich bei dem Amtsgerichte für die Wahl der Schöffen zusammentretende Ausschuß (§ 40) hat gleichzeitig diejenigen Personen aus der Urliste auszuwählen, welche er zu Geschworenen für das nächste Geschäftsjahr vorschlägt. Die Vorschläge sind nach dem dreifachen Betrage der auf den Amtsgerichtsbezirk vertheilten Zahl der Geschworenen zu bemessen.

88. Die Namen der zu Geschworenen vorgeschlagenen Personen werden in ein Verzeichniß aufgenommen (Vorschlagsliste).

89. Die Vorschlagsliste wird nebst den Einsprachen, welche sich auf die in dieselbe aufgenommenen Personen beziehen, dem Präsidenten des Landgerichts übersendet.

Der Präsident bestimmt eine Sitzung des Landgerichts, an welcher fünf Mitglieder mit Einschluß des Präsidenten und der Direktoren Theil nehmen. Das Landgericht entscheidet endgültig über die Einsprachen und wählt sodann aus der Vorschlagsliste die für das Schwurgericht bestimmte Zahl von Hauptgeschworenen und Hülfsgeschworenen.

Als Hülfsgeschworene sind solche Personen zu wählen, welche an dem Sitzungsorte des Schwurgerichts oder in dessen nächster Umgebung wohnen.

90. Die Namen der Haupt- und Hülfsgeschworenen werden in gesonderte Jahreslisten aufgenommen.

91. Spätestens zwei Wochen vor Beginn der Sitzungen des Schwurgerichts werden in öffentlicher Sitzung des Landgerichts, an welcher der Präsident und zwei Mitglieder Theil nehmen, in Gegenwart der Staatsanwaltschaft dreißig Hauptgeschworene ausgeloost. Das Loos wird von dem Präsidenten gezogen.

Auf Geschworene, welche in einer früheren Sitzungsperiode desselben Geschäftsjahres ihre Verpflichtung erfüllt haben, erstreckt die Ausloosung sich nur dann, wenn dies von ihnen beantragt wird.

Ueber die Ausloosung wird von dem Gerichtsschreiber ein Protokoll aufgenommen.

92. Das Landgericht übersendet das Verzeichniß der ausgeloosten Hauptgeschworenen (Spruchliste) dem ernannten Vorsitzenden des Schwurgerichts.

93. Die in der Spruchliste verzeichneten Geschworenen werden auf Anordnung des für das Schwurgericht ernannten Vorsitzenden zur Eröffnungssitzung des Schwurgerichts unter Hinweis auf die gesetzlichen Folgen des Ausbleibens geladen.

Zwischen der Zustellung der Ladung und der Eröffnungssitzung soll thunlichst die Frist von einer Woche, jedoch mindestens von drei Tagen liegen.

94. Ueber die von Geschworenen geltend gemachten Ablehnungs- und Hinderungsgründe erfolgt die Entscheidung nach Anhörung der Staatsanwaltschaft durch die richterlichen Mitglieder und, solange das Schwurgericht nicht zusammengetreten ist, durch den ernannten Vorsitzenden des Schwurgerichts. Beschwerde findet nicht statt.

An Stelle der wegfallenden Geschworenen hat der Vorsitzende, wenn es noch geschehen kann, aus der Jahresliste durch Ausloosung andere Geschworene auf die Spruchliste zu bringen und deren Ladung anzuordnen. Ueber die Ausloosung wird von dem Gerichtsschreiber ein Protokoll aufgenommen.

95. Erstreckt sich eine Sitzungsperiode des Schwurgerichts über den Endtermin des Geschäftsjahres hinaus, so bleiben die Geschworenen, welche zu derselben einberufen sind, bis zum Schlusse der Sitzungen zur Mitwirkung verpflichtet.

96. Die Bestimmungen der §§ 55, 56 finden auch auf Geschworene Anwendung.

Die im § 56 bezeichneten Entscheidungen werden in Bezug auf Geschworene von den richterlichen Mitgliedern des Schwurgerichts erlassen.

97. Niemand soll für dasselbe Geschäftsjahr als Geschworener und als Schöffe bestimmt werden.

Ist dies dennoch geschehen, oder ist Jemand für dasselbe Geschäftsjahr in mehreren Bezirken zu diesen Aemtern bestimmt worden, so hat der Einberufene dasjenige Amt zu übernehmen, zu welchem er zuerst einberufen wird.

98. Die Strafkammer des Landgerichts kann bestimmen, daß einzelne Sitzungen des Schwurgerichts nicht am Sitze des Landgerichts, sondern an einem anderen Orte innerhalb des Schwurgerichtsbezirks abzuhalten seien.

In diesem Falle wird für diese Sitzungen von dem Landgerichte eine besondere Liste von Hülfsgeschworenen gebildet.

99. Die Landesjustizverwaltung kann bestimmen, daß die Bezirke mehrerer Landgerichte zu einem Schwurgerichtsbezirke zusammengelegt und die Sitzungen des Schwurgerichts bei einem der Landgerichte abgehalten werden.

In diesem Falle hat das Landgericht, bei welchem die Sitzungen des Schwurgerichts abgehalten werden, und der Präsident desselben die ihnen in den §§ 82—98 zugewiesenen Geschäfte für den Umfang des Schwurgerichtsbezirks wahrzunehmen.

Die Mitglieder des Schwurgerichts mit Einschluß des Stellvertreters des Vorsitzenden können aus der Zahl der Mitglieder der im Bezirke des Schwurgerichts belegenen Landgerichte bestimmt werden.

Siebenter Titel. Kammern für Handelssachen.

100. Soweit die Landesjustizverwaltung ein Bedürfniß als vorhanden annimmt, können bei den Landgerichten für deren Bezirke oder für örtlich abgegrenzte Theile derselben Kammern für Handelssachen gebildet werden.[22]

Solche Kammern können ihren Sitz innerhalb des Landgerichtsbezirks auch an Orten haben, an welchen das Landgericht seinen Sitz nicht hat.

101.[22a] Vor die Kammern für Handelssachen gehören nach Maßgabe der folgenden Vorschriften diejenigen den Landgerichten in erster Instanz zugewiesenen bürgerlichen Rechtsstreitigkeiten, in welchen durch die Klage ein Anspruch geltend gemacht wird:

1. gegen einen Kaufmann im Sinne des Handelsgesetzbuchs[23] aus Geschäften, welche für beide Theile Handelsgeschäfte sind;
2. aus einem Wechsel im Sinne der Wechselordnung oder aus einer der im § 363 des Handelsgesetzbuchs bezeichneten Urkunden;
3. aus einem der nachstehend bezeichneten Rechtsverhältnisse:
   a) aus dem Rechtsverhältnisse zwischen den Mitgliedern einer Handelsgesellschaft oder zwischen dieser und ihren Mitgliedern oder zwischen dem stillen Gesellschafter und dem Inhaber des Handelsgeschäfts, sowohl während des Bestehens als auch nach Auflösung des Gesellschaftsverhältnisses, ingleichen aus dem Rechtsverhältnisse zwischen den Vorstehern oder den Liquidatoren einer Handelsgesellschaft und der Gesellschaft oder deren Mitgliedern;
   b) aus dem Rechtsverhältnisse, welches das Recht zum Gebrauche der Handelsfirma betrifft;[24]
   c) aus den Rechtsverhältnissen, welche sich auf den Schutz der Waarenbezeichnungen, Muster und Modelle beziehen;[25]
   d) aus dem Rechtsverhältnisse, welches durch den Erwerb eines bestehenden Handelsgeschäfts unter Lebenden zwischen dem bisherigen Inhaber und dem Erwerber entsteht;[26]
   e) aus dem Rechtsverhältnisse zwischen dem Prokuristen, Handlungsbevollmächtigten, Handlungsgehülfen oder Handlungslehrling und dem Inhaber des Handelsgeschäfts, sowie aus dem Rechtsverhältnisse zwischen einem Dritten und demjenigen, welcher wegen mangelnden Nachweises der Prokura oder Handlungsvollmacht haftet;
   f) aus den Rechtsverhältnissen des Seerechts oder des Rechts der Binnenschiffahrt, insbesondere aus denjenigen, welche sich auf die Rhederei, auf die Rechte und Pflichten des Rheders oder Schiffseigners, des Korrespondentrheders und der Schiffsbesatzung, auf die Bodmerei und die Haverei, auf den Schadensersatz im Falle des Zusammenstoßes von Schiffen, auf die Bergung und Hülfeleistung und auf die Ansprüche der Schiffsgläubiger beziehen.[27]

102. Die Verhandlung des Rechtsstreits erfolgt vor der Kammer für Handelssachen, wenn der Kläger dies in der Klageschrift beantragt hat.

In den Fällen der §§ 505, 506 der Civilprozeßordnung hat der Kläger den Antrag auf Ver-

22. Kammern für Handelssachen befinden sich bei den Landgerichten in Colmar, Metz, Mülhausen und Straßburg.

22a. Vgl. auch § 50 Abs. 2 Bankges. v. 14. März 1875.

23. §§ 11 ff. HGB.

24. §§ 17 ff. HGB. Vgl. auch § 15 Ges. betr. unlauteren Wettbewerb v. 27. Mai 1896.

25. Vgl. Ges. zum Schutze der Waarenbezeichnungen v. 12. Mai 1894; Ges. betr. das Urheberrecht an Mustern und Modellen v. 11. Jan. 1876; Ges. betr. den Schutz von Gebrauchsmustern v. 1. Juni 1891.

26. §§ 25, 26 HGB.

27. Vgl. Binnenschiffahrtsges. v. 15. Juni 1895.

handlung vor der Kammer für Handelssachen in der mündlichen Verhandlung vor dem Amtsgerichte zu stellen.

103. Wird vor der Kammer für Handelssachen eine vor dieselbe nicht gehörige Klage zur Verhandlung gebracht, so ist der Rechtsstreit auf Antrag des Beklagten an die Civilkammer zu verweisen.

Gehört die Klage oder die im Falle des § 506 der Civilprozeßordnung erhobene Widerklage als Klage nicht vor die Kammer für Handelssachen, so ist diese auch von Amtswegen befugt, den Rechtsstreit an die Civilkammer zu verweisen, solange nicht eine Verhandlung zur Hauptsache erfolgt und auf dieselbe ein Beschluß verkündet ist. Die Verweisung von Amtswegen kann nicht aus dem Grunde erfolgen, daß der Beklagte nicht Kaufmann ist.

104. Wird vor der Civilkammer eine vor die Kammer für Handelssachen gehörige Klage zur Verhandlung gebracht, so ist der Rechtsstreit auf Antrag des Beklagten an die Kammer für Handelssachen zu verweisen. Ein Beklagter, welcher nicht in das Handelsregister eingetragen ist, kann den Antrag nicht darauf stützen, daß er Kaufmann ist.

Der Antrag ist zurückzuweisen, wenn die im Falle des § 506 der Civilprozeßordnung erhobene Widerklage als Klage vor die Kammer für Handelssachen nicht gehören würde.

Zu einer Verweisung von Amtswegen ist die Civilkammer nicht befugt.

Die Civilkammer ist zur Verwerfung des Antrags auch dann befugt, wenn der Kläger demselben zugestimmt hat.

105. Wird in einem bei der Kammer für Handelssachen anhängigen Rechtsstreite die Klage in Gemäßheit des § 280 der Civilprozeßordnung durch den Antrag auf Feststellung eines Rechtsverhältnisses erweitert oder eine Widerklage erhoben und gehört die erweiterte Klage oder die Widerklage als Klage nicht vor die Kammer für Handelssachen, so ist der Rechtsstreit auf Antrag des Gegners an die Civilkammer zu verweisen.

Unter der Beschränkung des § 103 Abs. 2 ist die Kammer zu der Verweisung auch von Amtswegen befugt. Diese Befugniß tritt auch dann ein, wenn durch eine Klagänderung ein Anspruch geltend gemacht wird, welcher nicht vor die Kammer für Handelssachen gehört.

106. Der Antrag auf Verweisung des Rechtsstreits an eine andere Kammer ist nur vor der Verhandlung des Antragstellers zur Sache zulässig.

Ueber den Antrag ist vorab zu verhandeln und zu entscheiden.

107. Gegen die Entscheidung über Verweisung eines Rechtsstreits an die Civilkammer oder an die Kammer für Handelssachen findet kein Rechtsmittel statt. Erfolgt die Verweisung an eine andere Kammer, so ist diese Entscheidung für die Kammer, an welche der Rechtsstreit verwiesen wird, bindend. Der Termin zur weiteren mündlichen Verhandlung wird von Amtswegen bestimmt und den Parteien bekannt gemacht.

108. Bei der Kammer für Handelssachen kann ein Anspruch in Gemäßheit des § 64 der Civilprozeßordnung nur dann geltend gemacht werden, wenn der Rechtsstreit nach den Bestimmungen des § 101 vor die Kammer für Handelssachen gehört.

109. Die Kammern für Handelssachen entscheiden in der Besetzung mit einem Mitgliede des Landgerichts als Vorsitzenden und zwei Handelsrichtern.[28]

Sämmtliche Mitglieder der Kammer für Handelssachen haben gleiches Stimmrecht.

In Streitigkeiten, welche sich auf das Rechtsverhältniß zwischen Rheder oder Schiffer und Schiffsmannschaft beziehen, kann die Entscheidung durch den Vorsitzenden allein erfolgen.

110. Im Falle des § 100 Abs. 2 kann ein Amtsrichter Vorsitzender der Kammer für Handelssachen sein.

111. Das Amt der Handelsrichter ist ein Ehrenamt.

112. Die Handelsrichter werden auf gutachtlichen Vorschlag des zur Vertretung des Handelsstandes berufenen Organs für die Dauer von drei Jahren ernannt; eine wiederholte Ernennung ist nicht ausgeschlossen.[29]

113. Zum Handelsrichter kann jeder Deutsche ernannt werden, welcher als Kaufmann oder als Vorstand einer Aktiengesellschaft in das Handelsregister eingetragen oder eingetragen gewesen ist, das dreißigste Lebensjahr vollendet hat und in dem Bezirke der Kammer für Handelssachen wohnt.

Personen, welche in Folge gerichtlicher Anordnung in der Verfügung über ihr Vermögen beschränkt sind, können nicht zu Handelsrichtern ernannt werden.

114. An Seeplätzen können Handelsrichter auch aus dem Kreise der Schiffahrtskundigen ernannt werden.

115. Die Handelsrichter sind vor ihrem Amtsantritte auf die Erfüllung der Obliegenheiten des ihnen übertragenen Amts eidlich zu verpflichten.[30]

116. Die Handelsrichter haben während der Dauer ihres Amts in Beziehung auf dasselbe alle Rechte und Pflichten richterlicher Beamten.[31]

117. Ein Handelsrichter ist seines Amts zu entheben, wenn er eine der für die Ernennung erforderlichen Eigenschaften nachträglich verliert.

Die Enthebung erfolgt durch den ersten Civilsenat des Oberlandesgerichts nach Anhörung des Betheiligten.

---

28. Vgl. hierzu § 19 AG z. GVG; §§ 12, 13, 20 AV v. 13. Juni 1879.
29. Vgl. § 1 AG z. GVG; §§ 9, 10 AV v. 13. Juni 1879.
30. Vgl. § 11 AV v. 13. Juni 1879.
31. Vgl. § 20 AG z. GVG.

118. Ueber Gegenstände, zu deren Beurtheilung eine kaufmännische Begutachtung genügt, sowie über das Bestehen von Handelsgebräuchen kann die Kammer für Handelssachen auf Grund eigener Sachkunde und Wissenschaft entscheiden.

Achter Titel. Oberlandesgerichte.

119. Die Oberlandesgerichte werden mit einem Präsidenten und der erforderlichen Anzahl von Senatspräsidenten und Räthen besetzt.

120. Bei den Oberlandesgerichten werden Civil- und Strafsenate gebildet.

121. Die Bestimmungen der §§ 61—68 finden mit der Maßgabe Anwendung, daß zu dem Präsidium stets die beiden ältesten Mitglieder des Gerichts zuzuziehen sind.

122. Zu Hülfsrichtern dürfen nur ständig angestellte Richter berufen werden.

123. Die Oberlandesgerichte sind zuständig für die Verhandlung und Entscheidung über die Rechtsmittel:

1. der Berufung gegen die Endurtheile der Landgerichte in bürgerlichen Rechtsstreitigkeiten;
2. der Revision gegen Urtheile der Strafkammern in der Berufungsinstanz;
3. der Revision gegen Urtheile der Strafkammern in erster Instanz, sofern die Revision ausschließlich auf die Verletzung einer in den Landesgesetzen enthaltenen Rechtsnorm gestützt wird;
4. der Beschwerde gegen Entscheidungen der Landgerichte in bürgerlichen Rechtsstreitigkeiten;
5. der Beschwerde gegen strafrichterliche Entscheidungen erster Instanz, soweit nicht die Zuständigkeit der Strafkammer begründet ist, und gegen Entscheidungen der Strafkammern in der Beschwerdeinstanz und Berufungsinstanz.[32]

124. Die Senate der Oberlandesgerichte entscheiden in der Besetzung von fünf Mitgliedern mit Einschluß des Vorsitzenden.

Neunter Titel. Reichsgericht.

125. Der Sitz des Reichsgerichts wird durch Gesetz bestimmt.[33]

126. Das Reichsgericht wird mit einem Präsidenten und der erforderlichen Anzahl von Senatspräsidenten und Räthen besetzt.

127. Der Präsident, die Senatspräsidenten und Räthe werden auf Vorschlag des Bundesraths von dem Kaiser ernannt.

Zum Mitgliede des Reichsgerichts kann nur ernannt werden, wer die Fähigkeit zum Richteramte in einem Bundesstaate erlangt und das fünfunddreißigste Lebensjahr vollendet hat.

128. Ist ein Mitglied zu einer Strafe wegen einer entehrenden Handlung oder zu einer Freiheitsstrafe von längerer als einjähriger Dauer rechtskräftig verurtheilt, so kann dasselbe durch Plenarbeschluß des Reichsgerichts seines Amts und seines Gehalts für verlustig erklärt werden.

Vor der Beschlußfassung sind das Mitglied und der Ober-Reichsanwalt zu hören.

129. Ist wegen eines Verbrechens oder Vergehens das Hauptverfahren gegen ein Mitglied eröffnet, so kann die vorläufige Enthebung desselben von seinem Amte nach Anhörung des Ober-Reichsanwalts durch Plenarbeschluß des Reichsgerichts ausgesprochen werden.

Wird gegen ein Mitglied die Untersuchungshaft verhängt, so tritt für die Dauer derselben die vorläufige Enthebung von Rechtswegen ein.

Durch die vorläufige Enthebung wird das Recht auf den Genuß des Gehalts nicht berührt.

130. Wenn ein Mitglied durch ein körperliches Gebrechen oder durch Schwäche seiner körperlichen oder geistigen Kräfte zur Erfüllung seiner Amtspflichten dauernd unfähig wird, so tritt seine Versetzung in den Ruhestand gegen Gewährung eines Ruhegehalts ein.

Das jährliche Ruhegehalt beträgt bis zur Vollendung des zehnten Dienstjahres $^{30}/_{80}$ des Gehalts; es erhöht sich mit der Vollendung eines jeden folgenden Dienstjahres und bis zur Vollendung des fünfzigsten Dienstjahres um je $^{1}/_{80}$ des Gehalts.

Bei Berechnung der Dienstzeit wird die Zeit mitgerechnet, während welcher das Mitglied sich im Dienste des Reichs oder im Staats- oder Gemeindedienste eines Bundesstaates befunden oder in einem Bundesstaate als Anwalt, Advokat, Notar, Patrimonialrichter oder als öffentlicher Lehrer des Rechts an einer deutschen Universität fungirt hat.

131. Wird die Versetzung eines Mitgliedes in den Ruhestand nicht beantragt, obgleich die Voraussetzungen derselben vorliegen, so hat der Präsident die Aufforderung zu erlassen, binnen einer bestimmten Frist den Antrag zu stellen. Wird dieser Aufforderung nicht Folge geleistet, so ist die Versetzung in den Ruhestand durch Plenarbeschluß des Reichsgerichts auszusprechen.

Vor der Beschlußfassung sind das Mitglied und der Ober-Reichsanwalt zu hören.

132. Bei dem Reichsgerichte werden Civil- und Strafsenate gebildet. Die Zahl derselben bestimmt der Reichskanzler.

133. Die Bestimmungen der §§ 61—68 finden mit der Maßgabe Anwendung, daß zu dem Präsidium die vier ältesten Mitglieder des Gerichts zuzuziehen sind.

---

32. Das Oberlandesgericht bildet zugleich den Kassationshof nach § 22 AG z. GVG.

33. „Leipzig" gemäß § 2 Ges. v. 11. April 1877.

134. Die Zuziehung von Hülfsrichtern ist unzulässig.

135. In bürgerlichen Rechtsstreitigkeiten ist das Reichsgericht zuständig für die Verhandlung und Entscheidung über die Rechtsmittel:

1. der Revision gegen die Endurtheile der Oberlandesgerichte;
2. der Beschwerde gegen Entscheidungen der Oberlandesgerichte.

136. In Strafsachen ist das Reichsgericht zuständig:

1. für die Untersuchung und Entscheidung in erster und letzter Instanz in den Fällen des Hochverraths und des Landesverraths, insofern diese Verbrechen gegen den Kaiser oder das Reich gerichtet sind;
2. für die Verhandlung und Entscheidung über die Rechtsmittel der Revision gegen Urtheile der Strafkammern in erster Instanz, insoweit nicht die Zuständigkeit der Oberlandesgerichte begründet ist, und gegen Urtheile der Schwurgerichte.

In Strafsachen wegen Zuwiderhandlungen gegen die Vorschriften über die Erhebung öffentlicher in die Reichskasse fließender Abgaben und Gefälle ist das Reichsgericht auch für die Verhandlung und Entscheidung über das Rechtsmittel der Revision gegen Urtheile der Strafkammern in der Berufungsinstanz zuständig, sofern die Entscheidung des Reichsgerichts von der Staatsanwaltschaft bei der Einsendung der Akten an das Revisionsgericht beantragt wird.

137. Will in einer Rechtsfrage ein Civilsenat von der Entscheidung eines anderen Civilsenats oder der vereinigten Civilsenate, oder ein Strafsenat von der Entscheidung eines anderen Strafsenats oder der vereinigten Strafsenate abweichen, so ist über die streitige Rechtsfrage im ersteren Falle eine Entscheidung der vereinigten Civilsenate, im letzteren Falle eine solche der vereinigten Strafsenate einzuholen.

Einer Entscheidung der Rechtsfrage durch das Plenum bedarf es, wenn ein Civilsenat von der Entscheidung eines Strafsenats oder der vereinigten Strafsenate, oder ein Strafsenat von der Entscheidung eines Civilsenats oder der vereinigten Civilsenate, oder ein Senat von der früher eingeholten Entscheidung des Plenums abweichen will.

Die Entscheidung der Rechtsfrage durch die vereinigten Senate oder das Plenum ist in der zu entscheidenden Sache bindend. Sie erfolgt in allen Fällen ohne vorgängige mündliche Verhandlung.

Vor der Entscheidung der vereinigten Strafsenate oder derjenigen des Plenums, sowie in Ehe- und Entmündigungssachen und in Rechtsstreitigkeiten, welche die Feststellung des Rechtsverhältnisses zwischen Eltern und Kindern oder die Anfechtung einer Todeserklärung zum Gegenstande haben, ist der Ober-Reichsanwalt mit seinen schriftlichen Anträgen zu hören.

Soweit die Entscheidung der Sache eine vorgängige mündliche Verhandlung erfordert, erfolgt dieselbe durch den erkennenden Senat auf Grund einer erneuten mündlichen Verhandlung, zu welcher die Prozeßbetheiligten von Amtswegen unter Mittheilung der ergangenen Entscheidung der Rechtsfrage zu laden sind.

138. Der erste Strafsenat des Reichsgerichts hat bei den im § 136 Nr. 1 bezeichneten Verbrechen diejenigen Geschäfte zu erledigen, welche im § 72 Abs. 1 der Strafkammer des Landgerichts zugewiesen sind.

Das Hauptverfahren findet vor dem vereinigten zweiten und dritten Strafsenate statt.

139. Zur Fassung von Plenarentscheidungen und von Entscheidungen der vereinigten Civil- oder Strafsenate, sowie der beiden vereinigten Strafsenate ist die Theilnahme von mindestens zwei Drittheilen aller Mitglieder mit Einschluß des Vorsitzenden erforderlich.

Die Zahl der Mitglieder, welche eine entscheidende Stimme führen, muß eine ungerade sein. Ist die Zahl der anwesenden Mitglieder eine gerade, so hat derjenige Rath, welcher zuletzt ernannt ist, und bei gleichem Dienstalter derjenige, welcher der Geburt nach der jüngere ist, oder, wenn dieser Berichterstatter ist, der nächst ältere kein Stimmrecht.

140. Die Senate des Reichsgerichts entscheiden in der Besetzung von sieben Mitgliedern mit Einschluß des Vorsitzenden.

141. Der Geschäftsgang wird durch eine Geschäftsordnung geregelt, welche das Plenum auszuarbeiten und dem Bundesrath zur Bestätigung vorzulegen hat.

Zehnter Titel. Staatsanwaltschaft.[34]

142. Bei jedem Gerichte soll eine Staatsanwaltschaft bestehen.

143. Das Amt der Staatsanwaltschaft wird ausgeübt:

1. bei dem Reichsgerichte durch einen Ober-Reichsanwalt und durch einen oder mehrere Reichsanwälte;

34. In Civilsachen wirkt die Staatsanwaltschaft nur noch mit, insofern dies ausdrücklich gesetzlich angeordnet ist. Letzteres ist der Fall in Ehesachen (§§ 607, 632, 634—637 CPO); in Entmündigungssachen (§§ 646, 652, 659, 663, 666, 673, 675, 677, 678, 679, 684, 686 CPO); in dem Aufgebotsverfahren betr. Todeserklärung (§ 974 CPO) und in einzelnen Angelegenheiten der FrG (§§ 2, 13 Abs. 2, 14 Abs. 2, 3, §§ 18, 19, 22, 23 Abs. 2, 67 AG z. FrG). — Vgl. auch Artt. 79—88 Dekr. v. 30. März 1808; Artt. 6, 43, 45, 47, 60, 61 Ges. über die Gerichtsverfassung und die Justizverwaltung v. 20. April 1810; Artt. 42—53, 66 Dekr. v. 6. Juli 1810; Artt. 19—23 Dekr v. 18. Aug. 1810; Art. 2 O. v. 18. April 1841; § 6 Ver. v. 14. Juli 1871; Ges. v. 22. Sept. 1873; §§ 23, 24 AG z. GVG.

2. bei den Oberlandesgerichten, den Landgerichten und den Schwurgerichten durch einen oder mehrere Staatsanwälte;[35]
3. bei den Amtsgerichten und den Schöffengerichten durch einen oder mehrere Amtsanwälte.[36]

Die Zuständigkeit der Amtsanwälte erstreckt sich nicht auf das amtsrichterliche Verfahren zur Vorbereitung der öffentlichen Klage in denjenigen Strafsachen, welche zur Zuständigkeit anderer Gerichte als der Schöffengerichte gehören.

144. Die örtliche Zuständigkeit der Beamten der Staatsanwaltschaft wird durch die örtliche Zuständigkeit des Gerichts bestimmt, für welches sie bestellt sind.

Ein unzuständiger Beamter der Staatsanwaltschaft hat sich denjenigen innerhalb seines Bezirks vorzunehmenden Amtshandlungen zu unterziehen, in Ansehung welcher Gefahr im Verzuge obwaltet.

Können die Beamten der Staatsanwaltschaft verschiedener Bundesstaaten sich nicht darüber einigen, wer von ihnen die Verfolgung zu übernehmen hat, so entscheidet der ihnen gemeinsam vorgesetzte Beamte der Staatsanwaltschaft und in Ermangelung eines solchen der Ober-Reichsanwalt.

145. Besteht die Staatsanwaltschaft eines Gerichts aus mehreren Beamten, so handeln die dem ersten Beamten beigeordneten Personen als dessen Vertreter; sie sind, wenn sie für ihn auftreten, zu allen Amtsverrichtungen desselben ohne den Nachweis eines besonderen Auftrags berechtigt.

146. Die ersten Beamten der Staatsanwaltschaft bei den Oberlandesgerichten und den Landgerichten sind befugt, bei allen Gerichten ihres Bezirks die Amtsverrichtungen der Staatsanwaltschaft selbst zu übernehmen oder mit Wahrnehmung derselben einen anderen als den zunächst zuständigen Beamten zu beauftragen.

Amtsanwälte können das Amt der Staatsanwaltschaft nur bei den Amtsgerichten und den Schöffengerichten versehen.

147. Die Beamten der Staatsanwaltschaft haben den dienstlichen Anweisungen ihres Vorgesetzten nachzukommen.

In denjenigen Sachen, für welche das Reichsgericht in erster und letzter Instanz zuständig ist, haben alle Beamte der Staatsanwaltschaft den Anweisungen des Ober-Reichsanwalts Folge zu leisten.

148. Das Recht der Aufsicht und Leitung steht zu:

1. dem Reichskanzler hinsichtlich des Ober-Reichsanwalts und der Reichsanwälte;
2. der Landesjustizverwaltung hinsichtlich aller staatsanwaltlichen Beamten des betreffenden Bundesstaates;
3. den ersten Beamten der Staatsanwaltschaft bei den Oberlandesgerichten und den Landgerichten hinsichtlich aller Beamten der Staatsanwaltschaft ihres Bezirks.

149. Der Ober-Reichsanwalt und die Reichsanwälte sind nicht richterliche Beamte.

Zu diesen Aemtern sowie den Aemtern der Staatsanwaltschaft bei den Oberlandesgerichten und den Landgerichten können nur zum Richteramte befähigte Beamte ernannt werden.

150. Der Ober-Reichsanwalt und die Reichsanwälte werden auf Vorschlag des Bundesraths vom Kaiser ernannt.

Dieselben können durch Kaiserliche Verfügung jederzeit mit Gewährung des gesetzlichen Wartegeldes einstweilig in den Ruhestand versetzt werden.

151. Die Staatsanwaltschaft ist in ihren Amtsverrichtungen von den Gerichten unabhängig.

152. Die Staatsanwälte dürfen richterliche Geschäfte nicht wahrnehmen. Auch darf ihnen eine Dienstaufsicht über die Richter nicht übertragen werden.

153. Die Beamten des Polizei- und Sicherheitsdienstes sind Hülfsbeamte der Staatsanwaltschaft und sind in dieser Eigenschaft verpflichtet, den Anordnungen der Staatsanwälte bei dem Landgerichte ihres Bezirks und der diesen vorgesetzten Beamten Folge zu leisten.

Die nähere Bezeichnung derjenigen Beamtenklassen, auf welche diese Bestimmung Anwendung findet, erfolgt durch die Landesregierungen.[37]

Elfter Titel. Gerichtsschreiber.

154.[38] Bei jedem Gerichte wird eine Gerichtsschreiberei eingerichtet. Die Geschäftseinrichtung bei dem Reichsgerichte wird durch den Reichskanzler, bei den Landesgerichten durch die Landesjustizverwaltung bestimmt.

Zwölfter Titel. Zustellungs- und Vollstreckungsbeamte.

155.[39] Die Dienst- und Geschäftsverhältnisse der mit den Zustellungen, Ladungen und Vollstreckungen zu betrauenden Beamten (Gerichtsvollzieher) werden bei dem Reichsgerichte durch den Reichskanzler, bei den Landesgerichten durch die Landesjustizverwaltung bestimmt.

---

35. Vgl. hierzu Ver. v. 1. Dez. 1879 und 16. Sept. 1899.
36. Vgl. §§ 25—27 AG z. GVG.

37. Diese Bezeichnung ist enthalten in § 27 AG z. GVG; § 14 AV v. 13. Juni 1879; Ver. v. 26. Jan. 1880.
38. Vgl. hierzu Ges. betr. die Erfordernisse zur Anstellung als Gerichtsschreiber und Gerichtsvollzieher in Els.-Lothr. v. 10. Juli 1872; Regulativ betr. die Erfordernisse zur Anstellung als Gerichtsschreiber und Gerichtsvollzieher v. 12. April 1898 und AV dazu v. 15. April 1898; ferner §§ 28, 29 AG z. GVG; Ges. v. 30. Juli 1880.
39. Vgl. hierzu Ges. betr. die Erfordernisse zur Anstellung als Gerichtsschreiber und Gerichtsvollzieher in Els.-Lothr. v. 10. Juli 1872; Regulativ betr. die Erfordernisse zur Anstellung als Gerichtsschreiber und Gerichtsvollzieher v. 12. April 1898 und AV dazu v. 15. April 1898; ferner §§ 30, 31 AG z. GVG, Ges. v. 30. Juli 1880; Art. I Ges. v. 21. Juni 1897.

156. Der Gerichtsvollzieher ist von der Ausübung seines Amts kraft Gesetzes ausgeschlossen:

I. in bürgerlichen Rechtsstreitigkeiten:
1. wenn er selbst Partei oder gesetzlicher Vertreter einer Partei ist, oder zu einer Partei in dem Verhältnisse eines Mitberechtigten, Mitverpflichteten oder Schadensersatzpflichtigen steht;
2. wenn seine Ehefrau Partei ist, auch wenn die Ehe nicht mehr besteht;
3. wenn eine Person Partei ist, mit welcher er in gerader Linie verwandt, verschwägert oder durch Adoption verbunden, in der Seitenlinie bis zum dritten Grade verwandt oder bis zum zweiten Grade verschwägert ist, auch wenn die Ehe, durch welche die Schwägerschaft begründet ist, nicht mehr besteht;

II. in Strafsachen:
1. wenn er selbst durch die strafbare Handlung verletzt ist;
2. wenn er der Ehemann der Beschuldigten oder Verletzten ist oder gewesen ist;
3. wenn er mit dem Beschuldigten oder Verletzten in dem vorstehend unter Nr. I 3 bezeichneten Verwandtschafts- oder Schwägerschaftsverhältnisse steht.[40]

Dreizehnter Titel. Rechtshülfe.[41]

157. Die Gerichte haben sich in bürgerlichen Rechtsstreitigkeiten und in Strafsachen Rechtshülfe zu leisten.

158. Das Ersuchen um Rechtshülfe ist an das Amtsgericht zu richten, in dessen Bezirke die Amtshandlung vorgenommen werden soll.

159. Das Ersuchen darf nicht abgelehnt werden.

Das Ersuchen eines nicht im Instanzenzuge vorgesetzten Gerichts ist jedoch abzulehnen, wenn dem ersuchten Gerichte die örtliche Zuständigkeit mangelt, oder die vorzunehmende Handlung nach dem Rechte des ersuchten Gerichts verboten ist.

160. Wird das Ersuchen abgelehnt, oder wird der Vorschrift des § 159 Abs. 2 zuwider dem Ersuchen stattgegeben, so entscheidet das Oberlandesgericht, zu dessen Bezirke das ersuchte Gericht gehört. Eine Anfechtung dieser Entscheidung findet nur statt, wenn dieselbe die Rechtshülfe für unzulässig erklärt, und das ersuchende und das ersuchte Gericht den Bezirken verschiedener Oberlandesgerichte angehören. Ueber die Beschwerde entscheidet das Reichsgericht.

Die Entscheidungen erfolgen auf Antrag der Betheiligten oder des ersuchenden Gerichts ohne vorgängige mündliche Verhandlung.

161. Die Herbeiführung der zum Zwecke von Vollstreckungen, Ladungen und Zustellungen erforderlichen Handlungen erfolgt nach Vorschrift der Prozeßordnungen ohne Rücksicht darauf, ob die Handlungen in dem Bundesstaate, welchem das Prozeßgericht angehört, oder in einem anderen Bundesstaate vorzunehmen sind.

162. Gerichte, Staatsanwaltschaften und Gerichtsschreiber können wegen Ertheilung eines Auftrags an einen Gerichtsvollzieher die Mitwirkung des Gerichtsschreibers des Amtsgerichts in Anspruch nehmen, in dessen Bezirke der Auftrag ausgeführt werden soll. Der von dem Gerichtsschreiber beauftragte Gerichtsvollzieher gilt als unmittelbar beauftragt.

163. Eine Freiheitsstrafe, welche die Dauer von sechs Wochen nicht übersteigt, ist in demjenigen Bundesstaate zu vollstrecken, in welchem der Verurtheilte sich befindet.

164. Soll eine Freiheitsstrafe in dem Bezirke eines anderen Gerichts vollstreckt oder ein in dem Bezirke eines anderen Gerichts befindlicher Verurtheilter zum Zwecke der Strafverbüßung ergriffen und abgeliefert werden, so ist die Staatsanwaltschaft bei dem Landgerichte des Bezirks um die Ausführung zu ersuchen.

165. Im Falle der Rechtshülfe unter den Behörden verschiedener Bundesstaaten sind die baaren Auslagen, welche durch eine Ablieferung oder Strafvollstreckung entstehen, der ersuchten Behörde von der ersuchenden zu erstatten.

Im Uebrigen werden Kosten der Rechtshülfe von der ersuchenden Behörde nicht erstattet.

Ist eine zahlungspflichtige Partei vorhanden, so sind die Kosten von derselben durch die ersuchende Behörde einzuziehen und der eingezogene Betrag der ersuchten Behörde zu übersenden.[42]

Stempel-, Einregistrirungsgebühren oder andere öffentliche Abgaben, welchen die von der ersuchenden Behörde übersendeten Schriftstücke (Urkunden, Pro-

40. Vgl. auch § 3 Abs. 1 AG z. FrG.

41. Die Bestimmungen dieses Titels, welche nach § 2 FrG auch in den Angelegenheiten der FrG Anwendung finden, betreffen nicht das Verhältniß der deutschen Gerichte zum Auslande. Die Gerichte der Konsulargerichtsbezirke und der deutschen Schutzgebiete sind im Sinne der §§ 157—169 als deutsche Gerichte anzusehen und deshalb zur Leistung der Rechtshülfe verpflichtet und berechtigt, selbstverständlich unter Berücksichtigung des Umstandes, daß diese Gerichte thatsächlich im Auslande thätig sind. Vgl. auch § 13 RG über die Konsulargerichtsbarkeit v. 10. Juli 1879; § 2 RG betr. die Rechtsverhältnisse der deutschen Schutzgebiete v. 17. April 1886. Bezüglich des Verhältnisses der §§ 157—169 zu dem Rechtshülfeges. v. 21. Juni 1869 (11. Dez. 1871) vgl. die Bem. 1 zu diesem Gesetz. Bezüglich der Leistung des Beistandes zur Einziehung von Gerichtskosten vgl. § 99 GKG. — Ueber den Verkehr mit ausländischen Gerichtsbehörden vgl. Bem. zu § 199 CPO.

42. Im Rechtshülfeverkehr zwischen den els.-lothr. und den pfälzischen, badischen und großherz. hessischen Gerichten findet für Strafsachen, mit Ausschluß der Privatklagesachen, der § 165 Abs. 3 nur insofern Anwendung, als die bei der ersuchten Behörde entstandenen Kosten zwar von der zahlungspflichtigen Partei eingezogen werden, aber von einer Uebersendung an die ersuchende Behörde nach bestehenden Vereinbarungen wechselseitig Abstand genommen wird.

tokolle) nach dem Rechte der ersuchten Behörde unterliegen, bleiben außer Ansatz.

166. Für die Höhe der den geladenen Zeugen und Sachverständigen gebührenden Beträge sind die Bestimmungen maßgebend, welche bei dem Gerichte gelten, vor welches die Ladung erfolgt.

Sind die Beträge nach dem Rechte des Aufenthaltsorts der geladenen Personen höher, so können die höheren Beträge gefordert werden.

Bei weiterer Entfernung des Aufenthaltsorts der geladenen Personen ist denselben auf Antrag ein Vorschuß zu bewilligen.

167. Ein Gericht darf Amtshandlungen außerhalb seines Bezirks ohne Zustimmung des Amtsgerichts des Orts nur vornehmen, wenn Gefahr im Verzuge obwaltet. In diesem Falle ist dem Amtsgerichte des Orts Anzeige zu machen.

168. Die Sicherheitsbeamten eines Bundesstaates sind ermächtigt, die Verfolgung eines Flüchtigen auf das Gebiet eines anderen Bundesstaates fortzusetzen und den Flüchtigen daselbst zu ergreifen.

Der Ergriffene ist unverzüglich an das nächste Gericht oder die nächste Polizeibehörde des Bundesstaates, in welchem er ergriffen wurde, abzuführen.

169. Die in einem Bundesstaate bestehenden Vorschriften über die Mittheilung von Akten einer öffentlichen Behörde an ein Gericht dieses Bundesstaates kommen auch dann zur Anwendung, wenn das ersuchende Gericht einem anderen Bundesstaate angehört.

Vierzehnter Titel.

Oeffentlichkeit und Sitzungspolizei.[43]

170. Die Verhandlung vor dem erkennenden Gerichte, einschließlich der Verkündung der Urtheile und Beschlüsse desselben, erfolgt öffentlich.

171. In Ehesachen ist die Oeffentlichkeit auszuschließen, wenn eine der Parteien es beantragt.

172. In dem auf die Klage wegen Anfechtung oder Wiederaufhebung der Entmündigung einer Person wegen Geisteskrankheit oder wegen Geistesschwäche eingeleiteten Verfahren (§§ 664, 679 der Civilprozeßordnung) ist die Oeffentlichkeit während der Vernehmung des Entmündigten auszuschließen, auch kann auf Antrag einer der Parteien die Oeffentlichkeit der Verhandlung überhaupt ausgeschlossen werden.

Das Verfahren wegen Entmündigung oder Wiederaufhebung der Entmündigung (§§ 645—663, 675—678 der Civilprozeßordnung) ist nicht öffentlich.

173. In allen Sachen kann durch das Gericht für die Verhandlung oder für einen Theil derselben die Oeffentlichkeit ausgeschlossen werden, wenn sie eine Gefährdung der öffentlichen Ordnung, insbesondere der Staatssicherheit, oder eine Gefährdung der Sittlichkeit besorgen läßt.[44]

174. Die Verkündung des Urtheils erfolgt in jedem Falle öffentlich.

Durch einen besonderen Beschluß des Gerichts kann für die Verkündung der Urtheilsgründe oder eines Theiles derselben die Oeffentlichkeit ausgeschlossen werden, wenn sie eine Gefährdung der Staatssicherheit oder eine Gefährdung der Sittlichkeit besorgen läßt.

175. Die Verhandlung über die Ausschließung der Oeffentlichkeit findet in nicht öffentlicher Sitzung statt, wenn ein Betheiligter es beantragt oder das Gericht es für angemessen erachtet. Der Beschluß, welcher die Oeffentlichkeit ausschließt, muß öffentlich verkündet werden. Bei der Verkündung ist anzugeben, ob die Ausschließung wegen Gefährdung der öffentlichen Ordnung, insbesondere wegen Gefährdung der Staatssicherheit, oder ob sie wegen Gefährdung der Sittlichkeit erfolgt.

Ist die Oeffentlichkeit wegen Gefährdung der Staatssicherheit ausgeschlossen, so kann das Gericht den anwesenden Personen die Geheimhaltung von Thatsachen, welche durch die Verhandlung, durch die Anklageschrift oder durch andere amtliche Schriftstücke des Prozesses zu ihrer Kenntniß gelangen, zur Pflicht machen. Der Beschluß ist in das Sitzungsprotokoll aufzunehmen. Gegen denselben findet Beschwerde statt. Die Beschwerde hat keine aufschiebende Wirkung.[44]

176. Der Zutritt zu öffentlichen Verhandlungen kann unerwachsenen und solchen Personen versagt werden, welche sich nicht im Besitze der bürgerlichen Ehrenrechte befinden, oder welche in einer der Würde des Gerichts nicht entsprechenden Weise erscheinen.

Zu nicht öffentlichen Verhandlungen kann der Zutritt einzelnen Personen vom Gerichte gestattet werden. Einer Anhörung der Betheiligten bedarf es nicht.

Die Ausschließung der Oeffentlichkeit steht der Anwesenheit der die Dienstaufsicht führenden Beamten der Justizverwaltung bei den Verhandlungen vor dem erkennenden Gerichte nicht entgegen.

177. Die Aufrechthaltung der Ordnung in der Sitzung liegt dem Vorsitzenden ob.

178. Parteien, Beschuldigte, Zeugen, Sachverständige oder bei der Verhandlung nicht betheiligte Personen, welche den zur Aufrechthaltung der Ordnung erlassenen Befehlen nicht gehorchen, können auf Beschluß des Gerichts aus dem Sitzungszimmer entfernt, auch zur Haft abgeführt und während einer in dem Beschlusse zu bestimmenden Zeit, welche vierundzwanzig Stunden nicht übersteigen darf, festgehalten werden.

---

43. Die Bestimmungen dieses Titels über die Sitzungspolizei (§§ 177 ff.) finden auch auf das gerichtliche Verfahren in den Angelegenheiten der FrG Anwendung (§ 8 FrG).

44. Vgl. hierzu Artt. II, III, IV RG betr. die unter Ausschluß der Oeffentlichkeit stattfindenden Gerichtsverhandlungen v. 5. April 1888.

179. Das Gericht kann gegen Parteien, Beschuldigte, Zeugen, Sachverständige oder bei der Verhandlung nicht betheiligte Personen, welche sich in der Sitzung einer Ungebühr schuldig machen, vorbehaltlich der strafgerichtlichen Verfolgung, eine Ordnungsstrafe bis zu einhundert Mark oder bis zu drei Tagen Haft festsetzen und sofort vollstrecken lassen.

180. Das Gericht kann gegen einen bei der Verhandlung betheiligten Rechtsanwalt oder Vertheidiger, der sich in der Sitzung einer Ungebühr schuldig macht, vorbehaltlich der strafgerichtlichen oder disziplinaren Verfolgung, eine Ordnungsstrafe bis zu einhundert Mark festsetzen.

181. Die Vollstreckung der vorstehend bezeichneten Ordnungsstrafen hat der Vorsitzende unmittelbar zu veranlassen.

182. Die in den §§ 177—181 bezeichneten Befugnisse stehen auch einem einzelnen Richter bei der Vornahme von Amtshandlungen außerhalb der Sitzung zu.

183. Ist in den Fällen der §§ 179, 180, 182 eine Ordnungsstrafe festgesetzt, so findet binnen der Frist von einer Woche nach der Bekanntmachung der Entscheidung Beschwerde statt, sofern die Entscheidung nicht von dem Reichsgerichte oder einem Oberlandesgerichte getroffen ist.

Die Beschwerde hat in dem Falle des § 179 keine aufschiebende Wirkung, in den Fällen des § 180 und des § 182 aufschiebende Wirkung.

Ueber die Beschwerde entscheidet das Oberlandesgericht.

184. Ist eine Ordnungsstrafe wegen Ungebühr festgesetzt, oder eine Person zur Haft abgeführt, oder eine bei der Verhandlung betheiligte Person entfernt worden, so ist der Beschluß des Gerichts und dessen Veranlassung in das Protokoll aufzunehmen.

185. Wird eine strafbare Handlung in der Sitzung begangen, so hat das Gericht den Thatbestand festzustellen und der zuständigen Behörde das darüber aufgenommene Protokoll mitzutheilen. In geeigneten Fällen ist die vorläufige Festnahme des Thäters zu verfügen.

Fünfzehnter Titel. Gerichtssprache.[45]

186. Die Gerichtssprache ist die deutsche.

187. Wird unter Betheiligung von Personen verhandelt, welche der deutschen Sprache nicht mächtig sind, so ist ein Dolmetscher zuzuziehen. Die Führung eines Nebenprotokolls in der fremden Sprache findet nicht statt; jedoch sollen Aussagen und Erklärungen in fremder Sprache, wenn und soweit der Richter dies mit Rücksicht auf die Wichtigkeit der Sache für erforderlich erachtet, auch in der fremden Sprache in das Protokoll oder in eine Anlage niedergeschrieben werden. In den dazu geeigneten Fällen soll dem Protokolle eine durch den Dolmetscher zu beglaubigende Uebersetzung beigefügt werden.

Die Zuziehung eines Dolmetschers kann unterbleiben, wenn die betheiligten Personen sämmtlich der fremden Sprache mächtig sind.

188. Zur Verhandlung mit tauben oder stummen Personen ist, sofern nicht eine schriftliche Verständigung erfolgt, eine Person als Dolmetscher zuzuziehen, mit deren Hülfe die Verständigung in anderer Weise erfolgen kann.

189. Ob einer Partei, welche taub ist, bei der mündlichen Verhandlung der Vortrag zu gestatten sei, bleibt dem Ermessen des Gerichts überlassen.

Dasselbe gilt in Anwaltsprozessen von einer Partei, die der deutschen Sprache nicht mächtig ist.

190. Personen, welche der deutschen Sprache nicht mächtig sind, leisten Eide in der ihnen geläufigen Sprache.

191. Der Dolmetscher hat einen Eid dahin zu leisten:

daß er treu und gewissenhaft übertragen werde.

Ist der Dolmetscher für Uebertragungen der betreffenden Art im Allgemeinen beeidigt, so genügt die Berufung auf den geleisteten Eid.

192. Der Dienst des Dolmetschers kann von dem Gerichtsschreiber wahrgenommen werden. Einer besonderen Beeidigung bedarf es nicht.

193. Auf den Dolmetscher finden die Bestimmungen über Ausschließung und Ablehnung der Sachverständigen entsprechende Anwendung. Die Entscheidung erfolgt durch das Gericht oder den Richter, von welchem der Dolmetscher zugezogen ist.

Sechzehnter Titel.

Berathung und Abstimmung.[46]

194. Bei Entscheidungen dürfen Richter nur in der gesetzlich bestimmten Anzahl mitwirken.

Bei Verhandlungen von längerer Dauer kann der Vorsitzende die Zuziehung von Ergänzungsrichtern anordnen, welche der Verhandlung beizuwohnen und im Falle der Verhinderung eines Richters für denselben einzutreten haben.

Die vorstehenden Bestimmungen finden auch auf Schöffen und Geschworene Anwendung.

195. Bei der Berathung und Abstimmung dürfen außer den zur Entscheidung berufenen Richtern nur die bei demselben Gerichte zu ihrer juristischen Ausbildung beschäftigten Personen zugegen sein, soweit der Vorsitzende deren Anwesenheit gestattet.

45. Die Bestimmungen dieses Titels finden auch auf das gerichtliche Verfahren in den Angelegenheiten der FrG Anwendung (§§ 8, 9 FrG); vgl. auch RG betr. die Geschäftssprache der gerichtlichen Behörden in Elf.-Lothr. v. 12. Juni 1889.

46. Die Bestimmungen dieses Titels finden auf das Verfahren in Angelegenheiten der FrG Anwendung (§ 8 FrG).

196. Der Vorsitzende leitet die Berathung, stellt die Fragen und sammelt die Stimmen.

Meinungsverschiedenheiten über den Gegenstand, die Fassung und die Reihenfolge der Fragen oder über das Ergebniß der Abstimmung entscheidet das Gericht.

197. Kein Richter, Schöffe oder Geschworener darf die Abstimmung über eine Frage verweigern, weil er bei der Abstimmung über eine vorhergegangene Frage in der Minderheit geblieben ist.

198. Die Entscheidungen erfolgen, soweit das Gesetz nicht ein Anderes bestimmt, nach der absoluten Mehrheit der Stimmen.

Bilden sich in Beziehung auf Summen, über welche zu entscheiden ist, mehr als zwei Meinungen, deren keine die Mehrheit für sich hat, so werden die für die größte Summe abgegebenen Stimmen den für die zunächst geringere abgegebenen so lange hinzugerechnet, bis sich eine Mehrheit ergiebt.

Bilden sich in einer Strafsache, von der Schuldfrage abgesehen, mehr als zwei Meinungen, deren keine die Mehrheit für sich hat, so werden die dem Beschuldigten nachtheiligsten Stimmen den zunächst minder nachtheiligen so lange hinzugerechnet, bis sich eine Mehrheit ergiebt.

199. Die Reihenfolge bei der Abstimmung richtet sich nach dem Dienstalter, bei den Schöffengerichten und den Kammern für Handelssachen nach dem Lebensalter; der Jüngste stimmt zuerst, der Vorsitzende zuletzt. Wenn ein Berichterstatter ernannt ist, so giebt dieser seine Stimme zuerst ab.

Bei der Abstimmung der Geschworenen richtet sich die Reihenfolge nach der Ausloosung. Der Obmann stimmt zuletzt.

200. Schöffen und Geschworene sind verpflichtet, über den Hergang bei der Berathung und Abstimmung Stillschweigen zu beobachten.

Siebenzehnter Titel. Gerichtsferien.[47]

201. Die Gerichtsferien beginnen am 15. Juli und endigen am 15. September.

47. Auf das Verfahren in Angelegenheiten der FrG sind die Gerichtsferien ohne Einfluß. (§ 10 FrG.)

202. Während der Ferien werden nur in Feriensachen Termine abgehalten und Entscheidungen erlassen.

Feriensachen[48] sind:

1. Strafsachen;
2. Arrestsachen und die eine einstweilige Verfügung betreffenden Sachen;
3. Meß- und Marktsachen;
4. Streitigkeiten zwischen dem Vermiether und dem Miether oder Untermiether von Wohnräumen oder anderen Räumen oder zwischen dem Miether und dem Untermiether solcher Räume wegen Ueberlassung, Benutzung oder Räumung, sowie wegen Zurückhaltung der von dem Miether oder dem Untermiether in die Miethsräume eingebrachten Sachen;

4a. Streitigkeiten zwischen Dienstherrschaft und Gesinde, zwischen Arbeitgebern und Arbeitern hinsichtlich des Dienst- oder Arbeitsverhältnisses, sowie die im § 3 Abs. 1 Nr. 1, 2 des Gesetzes, betreffend die Gewerbegerichte, vom 29. Juli 1890 bezeichneten Streitigkeiten;

5. Wechselsachen;
6. Bausachen, wenn über Fortsetzung eines angefangenen Baues gestritten wird.

Das Gericht kann auf Antrag auch andere Sachen, soweit sie besonderer Beschleunigung bedürfen, als Feriensachen bezeichnen. Die gleiche Befugniß hat vorbehaltlich der Entscheidung des Gerichts der Vorsitzende.

203. Zur Erledigung der Feriensachen können bei den Landgerichten Ferienkammern, bei den Oberlandesgerichten und dem Reichsgerichte Feriensenate gebildet werden.

204. Auf das Mahnverfahren, das Zwangsvollstreckungsverfahren und das Konkursverfahren sind die Ferien ohne Einfluß.

48. Zu den Feriensachen gehören auch die Streitigkeiten auf Grund des Ges. über das Telegraphenwesen v. 6. April 1892 (§ 13 Abs. 2 dortselbst).

Einführungsgesetz

zum Gerichtsverfassungsgesetze.

Vom 27. Januar 1877.

Reichs-Gesetzblatt S. 77.

§ 1. Das Gerichtsverfassungsgesetz tritt im ganzen Umfange des Reichs an einem durch Kaiserliche Verordnung mit Zustimmung des Bundesraths festzusetzenden Tage, spätestens am 1. Oktober 1879, gleichzeitig mit der im § 2 des Einführungsgesetzes der Civilprozeßordnung vorgesehenen Gebührenordnung in Kraft.

2. Die Vorschriften des Gerichtsverfassungsgesetzes finden nur auf die ordentliche streitige Gerichtsbarkeit und deren Ausübung Anwendung.[1]

3. Die Gerichtsbarkeit in bürgerlichen Rechtsstreitigkeiten und Strafsachen, für welche besondere Gerichte zugelassen sind,[2] kann den ordentlichen Landesgerichten durch die Landesgesetzgebung übertragen werden. Die Uebertragung darf nach anderen als den durch das Gerichtsverfassungsgesetz vorgeschriebenen Zuständigkeitsnormen erfolgen.

Auch kann die Gerichtsbarkeit letzter Instanz in den vorerwähnten Sachen auf Antrag des betreffenden Bundesstaates mit Zustimmung des Bundesraths durch Kaiserliche Verordnung dem Reichsgerichte übertragen werden.

Insoweit für bürgerliche Rechtsstreitigkeiten ein von den Vorschriften der Civilprozeßordnung abweichendes Verfahren gestattet ist, kann die Zuständigkeit der ordentlichen Landesgerichte durch die Landesgesetzgebung nach anderen als den durch das Gerichtsverfassungsgesetz vorgeschriebenen Normen bestimmt werden.

4. Durch die Vorschriften des Gerichtsverfassungsgesetzes über die Zuständigkeit der Behörden wird die Landesgesetzgebung nicht gehindert, den betreffenden Landesbehörden jede andere Art der Gerichtsbarkeit, sowie Geschäfte der Justizverwaltung zu übertragen. Andere Gegenstände der Verwaltung dürfen den ordentlichen Gerichten nicht übertragen werden.

5. In Ansehung der Landesherren und der Mitglieder der landesherrlichen Familien, sowie der Mitglieder der Fürstlichen Familie Hohenzollern finden die Bestimmungen des Gerichtsverfassungsgesetzes nur insoweit Anwendung, als nicht besondere Vorschriften der Hausverfassungen oder der Landesgesetze abweichende Bestimmungen enthalten.

Das Gleiche gilt in Ansehung der Mitglieder des vormaligen Hannoverschen Königshauses, des vormaligen Kurhessischen und des vormaligen Herzoglich Nassauischen Fürstenhauses.[3]

6. Unberührt bleiben die bestehenden landesgesetzlichen Vorschriften über die Zuständigkeit der Schwurgerichte für die durch die Presse begangenen strafbaren Handlungen.

7. Die Militärgerichtsbarkeit, sowie das landesgesetzlich den Standesherren gewährte Recht auf Austräge werden durch das Gerichtsverfassungsgesetz nicht berührt.

8. Durch die Gesetzgebung eines Bundesstaates, in welchem mehrere Oberlandesgerichte errichtet werden, kann die Verhandlung und Entscheidung der zur Zuständigkeit des Reichsgerichts gehörenden Revisionen und Beschwerden in bürgerlichen Rechtsstreitigkeiten einem obersten Landesgerichte zugewiesen werden.[4]

Diese Vorschrift findet jedoch auf bürgerliche Rechtsstreitigkeiten, welche zur Zuständigkeit des Reichs-Oberhandelsgerichts gehören oder durch besondere Reichsgesetze dem Reichsgerichte zugewiesen werden, keine Anwendung.

9. Durch die Gesetzgebung eines Bundesstaates, in welchem mehrere Oberlandesgerichte errichtet werden, kann die Verhandlung und Entscheidung der zur Zuständigkeit der Oberlandesgerichte gehörenden Revisionen und Beschwerden in Strafsachen ausschließlich einem der mehreren

1. Vgl. jedoch § 32 AG z. GVG; §§ 2, 8, 30 Abs. 2 FrG; § 1 Abs. 1, § 13 Abs. 1 AG z. FrG.

2. Vgl. § 14 GVG.

3. Abs. 2 ist durch Art. II Ges. betr. Aenderungen des GVG u. der StPO v. 17. Mai 1898 zugesetzt worden.

4. Vgl. Ges. v. 11. April 1877; Art. 6 EG z. BGB.

Oberlandesgerichte oder an Stelle eines solchen Oberlandesgerichts dem obersten Landesgerichte zugewiesen werden.[5]

10. Die allgemeinen, sowie die in den §§ 126, 132, 133, 134, 183 Abs. 1 enthaltenen besonderen Vorschriften des Gerichtsverfassungsgesetzes finden auf die obersten Landesgerichte als Behörden der ordentlichen streitigen Gerichtsbarkeit entsprechende Anwendung. Das Gleiche gilt, sofern ein Civilsenat des obersten Landesgerichts von der Entscheidung eines anderen Civilsenats oder der vereinigten Civilsenate abweichen will, in Ansehung der Vorschriften der §§ 137, 139 des Gerichtsverfassungsgesetzes.

Die Besetzung der Senate bestimmt sich in Strafsachen nach § 124, in bürgerlichen Rechtsstreitigkeiten nach § 140 des Gerichtsverfassungsgesetzes.

Auf die Besetzung der Civilsenate des obersten Landesgerichts findet in Grundbuchsachen, sowie in den nach § 199 des Gesetzes über die Angelegenheiten der freiwilligen Gerichtsbarkeit dem obersten Landesgerichte zugewiesenen Angelegenheiten der § 124 des Gerichtsverfassungsgesetzes Anwendung.[5]

11. Die landesgesetzlichen Bestimmungen, durch welche die strafrechtliche oder civilrechtliche Verfolgung öffentlicher Beamten wegen der in Ausübung oder in Veranlassung der Ausübung ihres Amtes vorgenommenen Handlungen an besondere Voraussetzungen gebunden ist, treten außer Kraft.

Unberührt bleiben die landesgesetzlichen Vorschriften, durch welche die Verfolgung der Beamten entweder im Falle des Verlangens einer vorgesetzten Behörde oder unbedingt an die Vorentscheidung einer besonderen Behörde gebunden ist, mit der Maßgabe:[6]

1. daß die Vorentscheidung auf die Feststellung beschränkt ist, ob der Beamte sich einer Ueberschreitung seiner Amtsbefugnisse oder der Unterlassung einer ihm obliegenden Amtshandlung schuldig gemacht habe;

2. daß in den Bundesstaaten, in welchen ein oberster Verwaltungsgerichtshof besteht, die Vorentscheidung diesem, in den anderen Bundesstaaten dem Reichsgerichte zusteht.

12.[7]

13. Die Bestimmungen über das Richteramt im § 8 des Gerichtsverfassungsgesetzes treten in denjenigen Staaten, in welchen Vorschriften für die richterliche Entscheidung über die Enthebung eines Richters vom Amte oder über die Versetzung eines Richters an eine andere Stelle oder in Ruhestand nicht bestehen, nur gleichzeitig mit der landesgesetzlichen Regelung der Disziplinarverhältnisse der Richter in Wirksamkeit.

14. Die am Tage des Inkrafttretens des Gerichtsverfassungsgesetzes bei dem Reichs-Oberhandelsgerichte anhängigen Sachen gehen in der prozessualischen Lage, in welcher sie sich befinden, auf das Reichsgericht über.

15. Durch Kaiserliche Verordnung kann auf Antrag eines Bundesstaates und mit Zustimmung des Bundesraths die Verhandlung und Entscheidung derjenigen Sachen, welche nach den bisherigen Prozeßgesetzen von dem obersten Landesgerichte zu erledigen gewesen wären, dem Reichsgerichte zugewiesen werden.

16. Behufs Erledigung der nach Vorschrift des vorstehenden Paragraphen dem Reichsgerichte zugewiesenen Sachen können mit Zustimmung des Bundesraths durch Kaiserliche Verordnung bei dem Reichsgerichte Hülfssenate eingerichtet werden.[8]

Der Reichskanzler bestimmt die Zusammensetzung der Hülfssenate und die Vertheilung der Geschäfte derselben.

Mit der Wahrnehmung der richterlichen Geschäfte in den Hülfssenaten können nur Mitglieder des Reichsgerichts und Mitglieder der früheren obersten Gerichte oder der Oberlandesgerichte beauftragt werden.

Die Anordnung ist für ein nicht zum Reichsgerichte gehörendes Mitglied bis zu dem Zeitpunkte unwiderruflich, in welchem die Wahrnehmung seiner Thätigkeit in dem Hülfssenate nicht mehr erforderlich ist.

17. Auf Antrag eines Bundesstaates und mit Zustimmung des Bundesraths kann durch Kaiserliche Verordnung die Verhandlung und Entscheidung der im § 17 des Gerichtsverfassungsgesetzes bezeichneten Streitigkeiten dem Reichsgerichte zugewiesen werden.

Für diejenigen Bundesstaaten, in denen die im § 17 des Gerichtsverfassungsgesetzes bezeichneten Behörden bestehen und nach Maßgabe der Vorschriften im § 17 Nr. 1 bis 4 einer Veränderung ihrer Einrichtung und des Verfahrens bedürfen, kann die Veränderung, sofern sie nicht bis zum Inkrafttreten dieses Gesetzes landesgesetzlich getroffen ist, durch landesherrliche Verordnung eingeführt werden.

18. Die am Tage des Inkrafttretens des Gerichtsverfassungsgesetzes bei den Landesgerichten anhängigen Sachen können den ordentlichen Landesgerichten ohne Rücksicht auf die im Gerichtsverfassungsgesetze bestimmten Grenzen der Zuständigkeit durch die Landesgesetzgebung zugewiesen werden.

19. Die Mitglieder des Reichs-Oberhandelsgerichts werden durch Kaiserliche Verfügung mit Beibehaltung ihrer Besoldung entweder bei dem

5. §§ 9 u. 10 sind in der Fassung des Ges. betr. Aenderungen des GVG u. der StPO v. 17. Mai 1898 abgedruckt.

6. Vgl § 11 AG z. GVG; § 39 AG z. BGB.

7. § 12 ist durch Ges. v. 12. Juni 1889 aufgehoben.

8. Vgl. Verordn. v. 27. Sept. 1879.

Reichsgerichte angestellt oder in den Ruhestand versetzt.

20. Bei der ersten Einrichtung der Landgerichte, der Oberlandesgerichte und der bei einem Amtsgerichte gebildeten Strafkammern und während der Dauer des ersten Geschäftsjahres erfolgen die Geschäftsvertheilung und die Bestimmung der Mitglieder der Kammern und Senate sowie der regelmäßigen Vertreter der Mitglieder durch die Landesjustizverwaltung.[9]

Bei der ersten Einrichtung des Reichsgerichts und während der Dauer des ersten Geschäftsjahres erfolgen die Geschäftsvertheilung und die Bestimmung der Mitglieder der Senate sowie der regelmäßigen Vertreter derselben durch den Reichskanzler.

21. Innerhalb zwei Jahren nach dem Inkrafttreten des Gerichtsverfassungsgesetzes kann die Landesjustizverwaltung bei nothwendiger Einziehung von Richterstellen die unfreiwillige Versetzung eines Richters an ein anderes Gericht von gleicher Ordnung unter Belassung des vollen Gehalts und Erstattung der Umzugskosten verfügen.

22. Die Bestimmungen des § 2 des Gerichtsverfassungsgesetzes über die Fähigkeit zum Richteramte finden auf diejenigen, welche vor dem Inkrafttreten des Gesetzes die erste Prüfung in einem Bundesstaate zurückgelegt haben, nur insoweit Anwendung, als nicht in dem Bundesstaate abweichende Vorschriften bestehen.

Der für den Vorbereitungsdienst vorgeschriebene Zeitraum kann für die ersten vier Jahre nach dem Inkrafttreten des Gesetzes in den einzelnen Bundesstaaten bis auf zwei Jahre abgekürzt werden.

9. Ueber das Geschäftsjahr vgl. § 1 AG v. 13. Juni 1879.

Gesetz für Elsaß-Lothringen

betreffend

die Ausführung des Gerichtsverfassungsgesetzes.[1]

Vom 4. November 1878.

Gesetzblatt 1878, S. 65.

I. Richteramt.

§ 1. Die Richter, einschließlich der Handelsrichter, werden vom Kaiser ernannt.

2. Das Amt eines Amtsrichters steht in gleichem Range mit dem Amt eines Richters bei dem Landgerichte.

3. Die Verleihung der etatsmäßigen Gehälter und Gehaltszulagen an die Richter erfolgt nach der durch das Dienstalter bestimmten Reihenfolge. Die für die Bestimmung des Dienstalters maßgebenden Grundsätze werden durch Kaiserliche Verordnung festgesetzt.[2]

Die Verleihung einer Gehaltszulage bleibt ausgesetzt, so lange ein Disziplinarverfahren oder wegen eines Verbrechens oder Vergehens ein Hauptverfahren oder eine Voruntersuchung schwebt. Führt das Verfahren zum Verluste des Amtes, so findet eine Nachzahlung des zurückbehaltenen Mehrgehalts nicht statt.[3]

4. Andere Vergütungen, als die auf Gesetz beruhenden Gehälter und Entschädigungen, dürfen den Richtern für richterliche Geschäfte nicht gewährt werden.

Unterstützungen in Fällen eines außerordentlichen Bedürfnisses werden von dieser Vorschrift nicht betroffen.

5. Die Assessoren werden nach Anordnung des Reichskanzlers[4] bei einem Amtsgericht, einem Landgericht oder einer Staatsanwaltschaft beschäftigt.[5]

Das Gleiche gilt von den im § 27 des Regulativs vom 17. Februar 1872 bezeichneten Personen.[6]

6. Referendare, welche im Vorbereitungsdienste seit mindestens zwei Jahren beschäftigt sind, können nach näherer Anordnung des Reichskanzlers[7] mit der zeitweiligen Wahrnehmung richterlicher Geschäfte bei einem Amtsgerichte beauftragt werden.

Zur Urtheilsfällung, zur Entscheidung über Durchsuchungen, Beschlagnahmen und Verhaftungen, sowie zu den Geschäften des Amtsrichters bei Bildung der Schöffengerichte und der Schwurgerichte sind Referendare nicht befugt.[8]

II. Gerichtsbarkeit.

7. Die Friedensgerichte erhalten die Bezeichnung Amtsgerichte, das Appellationsgericht erhält die Bezeichnung Oberlandesgericht.

Die Handelsgerichte werden aufgehoben.

Die ordentlichen Landesgerichte im Sinne des Gerichtsverfassungsgesetzes sind die Amtsgerichte, die Landgerichte und das Oberlandesgericht.

8. Die gesetzlichen Vorschriften, durch welche für Rechtsstreitigkeiten aus Verträgen zwischen der Verwaltung und den Unternehmern öffentlicher Arbeiten oder Lieferungen, sowie zwischen Syndikatsgenossenschaften und den Unternehmern ihrer Arbeiten die Zuständigkeit der Verwaltungsgerichte oder die Zuständigkeit von Verwaltungsbehörden begründet ist, werden aufgehoben.

Das Gleiche gilt von der Bestimmung im Artikel 4 Absatz 3 des Gesetzes vom 28. pluv. VIII, betreffend die Zuständigkeit der Verwaltungsge-

1. § 17 ist durch Ges. v. 29. Nov. 1899 aufgehoben.

2. Vgl. die K. Ver. v. 18. Febr. 1880, 28. März 1898 u. 22. Juli 1899.

3. Vgl. Ges. betr. die Disziplin der Richter v. 13. Febr. 1899.

4. Jetzt „Statthalter" nach § 2 RG betr. die Verfassung und Verwaltung Els. Lothr. v. 4. Juli 1879.

5. Vgl. § 52 Ges. betr. die Disziplin der Richter v. 13. Febr. 1899; Ver. v. 7. April 1899.

6. Vgl. Ver. v. 7. April 1899 u. die auf Grund derselben erlassenen MinV betr. den Fortbildungsdienst der Gerichtsassessoren bei den Amtsgerichten v. 18. April 1899 (ABl S. 53).

7. Vgl. Bem. 4.

8. Vgl. Ver. v. 16. Febr. u. 30. April 1892.

richte für Schadensersatzklagen gegen den Unternehmer öffentlicher Arbeiten oder Lieferungen.

9. Bei den im § 8 Abs. 1 bezeichneten Rechtsstreitigkeiten kann die zuständige Verwaltungsbehörde bis zur rechtskräftigen gerichtlichen Entscheidung einstweilige Anordnungen hinsichtlich der Ausführung der Verträge treffen.

10. Die am Tage des Inkrafttretens des Gerichtsverfassungsgesetzes bei den Landesgerichten anhängigen Sachen, sowie die an diesem Tage bei den Verwaltungsbehörden anhängigen Sachen, für welche der Rechtsweg eröffnet ist, werden, insofern nicht ein Urtheil oder eine einem Urtheile gleichstehende Entscheidung in denselben ergangen ist, den ordentlichen Landesgerichten nach Maßgabe der im Gerichtsverfassungsgesetz und in diesem Gesetze bestimmten Zuständigkeit zugewiesen.

Die an dem bezeichneten Tage bei den Handelsgerichten anhängigen Sachen gehen auf die Landgerichte über.

11. Die im § 11 Abs. 2 des Einführungsgesetzes zum Gerichtsverfassungsgesetze bezeichnete Vorentscheidung ist nur im Falle des Verlangens der vorgesetzten Behörde erforderlich.[9]

III. Amtsgerichte.

12. Die Abhaltung von Gerichtstagen außerhalb des Sitzes des Amtsgerichts kann durch den Reichskanzler[10] angeordnet werden.

13. Die in Gemäßheit der Artikel 17 bis 19 des Gesetzes vom 22. frim. VII und der Artikel 1 und 2 des Gesetzes vom 15. November 1808 erforderliche Ernennung und Beeidigung von Sachverständigen, sowie die Vernehmung der Zeugen im Falle des Artikels 8 des Gesetzes vom 22. pluv. VII erfolgt durch die Amtsgerichte.[11]

IV. Schöffengerichte.

14. Die Vertrauensmänner des Ausschusses (GVG. § 40) werden durch die Kreistage gewählt. Gehört der Bezirk des Amtsgerichts mehreren Kreisen an, so ist die von den einzelnen Kreistagen zu wählende Anzahl der Vertrauensmänner unter Berücksichtigung der Einwohnerzahl durch den Amtsrichter zu bestimmen.

Die Vorschriften der §§ 32, 33 des Gerichtsverfassungsgesetzes finden auf die zu wählenden Vertrauensmänner entsprechende Anwendung.

Die Wahl erfolgt nach der absoluten Mehrheit der Stimmen.[12]

V. Landgerichte.

15. Der Präsident des Landgerichts kann mit der Vertretung eines verhinderten Mitgliedes für einzelne Sitzungen oder Geschäfte einen Amtsrichter beauftragen, soweit die Vertretung nicht durch ein Mitglied des Landgerichts möglich ist.

16. Die Landgerichte sind für die im § 70 Absatz 3 des Gerichtsverfassungsgesetzes bezeichneten Ansprüche — soweit der Rechtsweg zulässig ist — ohne Rücksicht auf den Werth des Streitgegenstandes ausschließlich zuständig.

Diese Bestimmung findet auf Streitigkeiten über Oktroigefälle keine Anwendung.[13]

VI. Schwurgerichte.

18. Die Schwurgerichtssitzungen finden in der Regel alle drei Monate statt; sie werden durch den Präsidenten des Oberlandesgerichts festgesetzt.

VII. Kammern für Handelssachen.[14]

19. Die Vorsitzenden der Kammern für Handelssachen werden durch den Reichskanzler[15] bestimmt. Die Bestimmung erfolgt bis zum Schlusse des Jahres 1884 mindestens auf die Dauer eines Geschäftsjahres, von diesem Zeitpunkte ab auf mindestens fünf Geschäftsjahre.

20. Auf die Handelsrichter finden hinsichtlich ihres dienstlichen Verhaltens die gesetzlichen Vorschriften über Aufsicht und Disziplin der Richter entsprechende Anwendung.

21. Die in § 10 Abs. 2 und § 17 bezeichneten Angelegenheiten gehören vor die Kammer für Handelssachen.

VIII. Oberlandesgericht.

22. Das Oberlandesgericht entscheidet, insoweit das Rechtsmittel der Kassation bestehen bleibt,[16] sowie hinsichtlich der Bestimmung des zuständigen Gerichts, in den zur ordentlichen streitigen Gerichtsbarkeit nicht gehörenden Angelegenheiten als Kassationshof. Die Entscheidung erfolgt durch den I. Senat in der Besetzung von sieben Mitgliedern, erforderlichenfalls unter Zuziehung der demselben nicht angehörenden dem Dienstalter nach ältesten Räthe.

Gegen Urtheile des Oberlandesgerichts findet ein Kassationsrekurs nicht statt.

---

9. Vgl. § 39 AG z. BGB.

10. Vgl. Bem. 4.

11. Vgl. § 13 Abs. 1 AG z. FrG.

12. In den Stadtkreisen Straßburg und Metz üben die Gemeinderäthe die Befugnisse der Kreisvertretungen aus (§ 2 Abs. 1 Ges. v. 24. Jan. 1873) und haben daher diese die Vertrauensmänner zu wählen. Ist der Gemeinderath suspendirt, so dürfte nicht dem Bürgermeistereiverwalter, sondern dem Amtsrichter nach § 40 Abs. 4 GVG die Wahl zustehen, da unter den daselbst genannten Vertretungen nur die auf einer freien Wahl beruhenden, nicht die durch Ernennung eingesetzten verstanden wurden.

13. Für Streitigkeiten über Oktroigefälle kommen also die allgemeinen Regeln zur Anwendung.

14. Kammern für Handelssachen sind bei den Landgerichten zu Colmar, Mülhausen, Straßburg und Metz für die Bezirke derselben gebildet (§ 8 AV z. GVG).

15. Vgl. § 2 Ges. v. 4. Juli 1879.

16. Vom 1. Januar 1900 ab ist dies der Fall nur noch in Zwangsenteignungssachen; vgl. Ver. v. 28. Juni 1738 u. Bem. dazu. — Der klein gedruckte Theil des § 22 ist durch § 5 FrG, §§ 1 Abs. 1, 13 Abs. 1 AG z. FrG bedeutungslos geworden.

IX. Staatsanwaltschaft.

23. Die Staatsanwälte werden vom Kaiser ernannt.

24. Mit der einstweiligen Wahrnehmung von Geschäften der Staatsanwaltschaft bei dem Oberlandesgericht und den Landgerichten können nur zum Richteramte befähigte Personen beauftragt werden.

25. Die Amtsanwälte werden auf Widerruf ernannt.

Die Ernennung erfolgt durch den ersten Beamten der Staatsanwaltschaft bei dem Oberlandesgericht, im Einvernehmen mit dem Bezirkspräsidenten, in der Regel aus der Zahl der Verwaltungspolizeibeamten.[17]

Die Geschäfte des Amtsanwalts können einem Staatsanwalt, einem Assessor oder einem Referendar übertragen werden.

26. In Dringlichkeitsfällen haben der Bürgermeister am Sitze des Amtsgerichts und dessen gesetzliche Vertreter die Geschäfte des verhinderten Amtsanwalts wahrzunehmen.

27. Die Amtsanwälte sind zugleich Hülfsbeamte der Staatsanwaltschaft in den nicht zur Zuständigkeit der Amtsgerichte und Schöffengerichte gehörenden Sachen.

X. Gerichtsschreiber und Gerichtsvollzieher.

28. Die Ernennung der Gerichtsschreiber erfolgt durch den Präsidenten des Oberlandesgerichts und den ersten Beamten der Staatsanwaltschaft bei diesem Gerichte.[17]

29. Die Bestimmungen, nach welchen den Gerichtsschreibern die Vornahme von öffentlichen Versteigerungen im Auftrage der Parteien zusteht, werden aufgehoben.

17. Die Ernennung geschieht jetzt durch das Ministerium (Ges. v. 30. Juli 1880).

30. Die Gerichtsschreiber bei den Amtsgerichten und die Gerichtsvollzieher sind in den Fällen der §§ 112, 113 der Konkursordnung zur Vornahme von Siegelungen und zur Wahrnehmung der Verrichtungen einer Urkundsperson ermächtigt.[18]

31. Die Vorschriften des § 156 des Gerichtsverfassungsgesetzes finden in den zur ordentlichen streitigen Gerichtsbarkeit nicht gehörenden Angelegenheiten entsprechende Anwendung.[19]

XI. Schlußbestimmungen.

32. In den Angelegenheiten, welche zu der ordentlichen streitigen Gerichtsbarkeit nicht gehören, finden die Vorschriften der §§ 157 bis 160, 162, 164, 167 des Gerichtsverfassungsgesetzes über Rechtshülfe, der §§ 177 bis 185 über die Aufrechthaltung der Ordnung und der §§ 194 bis 199 über die Berathung und Abstimmung entsprechende Anwendung.[20]

33. Die Vergütung der Reisekosten für die Geschworenen, die Vertrauensmänner und die Schöffen wird durch Gesetz festgesetzt.[21] Bis zum Erlaß eines solchen ist dieselbe nach den im Titel I Kap. VIII des Dekrets vom 18. Juni 1811 für die Geschworenen bestimmten Sätzen zu bemessen.

34. Dieses Gesetz tritt gleichzeitig mit dem Gerichtsverfassungsgesetz in Kraft.

18. Der klein gedruckte Theil des § 30 ist durch Ges. v. 29. Nov. 1899 aufgehoben.

19. In Angelegenheiten der freiwilligen Gerichtsbarkeit, sowie in nichtstreitigen Angelegenheiten des öffentlichen Rechts kommen indessen v. 1. Jan. 1900 ab die Vorschriften des § 6 FrG zur Anwendung (§§ 3 Abs. 1, 13 Abs. 1 AG z. FrG).

20. Soweit das Verfahren in Angelegenheiten der freiwilligen Gerichtsbarkeit u. in nichtstreitigen Angelegenheiten des öffentlichen Rechts in Frage kommt, ist die Bestimmung des § 32 ersetzt durch §§ 8, 9 FrG u. § 13 Abs. 1 AG z. FrG.

21. Vgl. das betr. Ges. v. 31. März 1880. — Die gleiche Vergütung erhalten die nach § 4 Ges. v. 27. März 1881 bestellten Schiedsmänner (vgl. § 4 Abs. 3 dort).

Verordnung des Reichskanzlers

zur Ausführung der Reichsjustizgesetze.

Vom 13. Juni 1879.

Gesetzblatt 1879, S. 61.

Zur Ausführung des Gerichtsverfassungsgesetzes vom 27. Januar 1877, der Strafprozeßordnung vom 1. Februar 1877 und des Einführungsgesetzes zu der letzteren wird für Elsaß-Lothringen Folgendes angeordnet:

§ 1. Für die Gerichte wird als Geschäftsjahr das Kalenderjahr festgesetzt.

Als erste Geschäftsperiode wird für die Geltung der Jahreslisten der Schöffen und der Geschworenen der Zeitraum vom 1. Oktober 1879 bis zum 31. Dezember 1880, in allen übrigen Beziehungen der Zeitraum vom 1. Oktober 1879 bis zum 31. Dezember 1879 bestimmt.

2. Bei den mit mehreren Richtern besetzten Amtsgerichten (GVG § 22) werden die Geschäfte nach örtlich abgegrenzten Bezirken oder, wenn das Interesse der Rechtspflege dies erfordert, nach Gattungen oder nach Gattungen und Bezirken vertheilt. Die Vertheilung erfolgt nach Anhörung des Staatsanwalts durch das Präsidium des Landgerichts im voraus auf die Dauer eines Geschäftsjahres. Dem Reichskanzler[1] bleibt die Aufstellung maßgebender Grundsätze vorbehalten.

Mehrere Richter desselben Amtsgerichts vertreten sich wechselseitig.

3. Die Zahl der für jedes Schwurgericht erforderlichen Geschworenen wird auf 300, und zwar 270 Hauptgeschworene und 30 Hülfsgeschworene, festgesetzt. Die Vertheilung auf die einzelnen Amtsgerichtsbezirke erfolgt durch den Präsidenten des Oberlandesgerichts und den ersten Beamten der Staatsanwaltschaft bei diesem Gerichte.

Die Bestimmung der für jedes Amtsgericht erforderlichen Zahl von Hauptschöffen und Hülfsschöffen erfolgt durch dieselben Beamten.

4. Die Urlisten der Schöffen und Geschworenen (GVG §§ 36, 85) sind alljährlich in der ersten Hälfte des dritten Monats vor Beginn des neuen Geschäftsjahres aufzustellen und so früh auszulegen, daß die Einsendung an den Amtsrichter (GVG § 38) spätestens mit Ablauf dieses Monats erfolgen kann. Eine Bescheinigung über die in ortsüblicher Weise zu bewirkende Bekanntmachung des Zeitpunktes der Auslegung (GVG § 36 Abs. 2) und über die Dauer der letzteren ist miteinzusenden.

5. Der als Beisitzer des Ausschusses für die Wahl der Schöffen und der Geschworenen eintretende Staatsverwaltungsbeamte (GVG §§ 40, 87) wird von dem Bezirkspräsidenten bestimmt. Zugleich ist ein Stellvertreter zu bestellen.

Der Ausschuß hat spätestens in der ersten Woche des letzten Monats vor Beginn des neuen Geschäftsjahres zusammenzutreten.

Die Einsendung der Vorschlagsliste der Geschworenen (GVG § 89 Abs. 1) erfolgt ohne Verzug an den Präsidenten des Landgerichts, bei welchem die Sitzungen des Schwurgerichts abgehalten werden.

6. Die Ausloosung der Hauptschöffen (GVG § 45 Abs. 2) hat vor Ablauf der auf die Wahl folgenden Woche stattzufinden.

7. Die Bestimmungen der §§ 3 bis 6 finden auf die vor dem Inkrafttreten der Strafprozeßordnung herzustellenden Jahreslisten der Schöffen und der Geschworenen (Einf.-Ges. zur StPO § 2) mit der Maßgabe Anwendung, daß der Ausschuß spätestens im Monat August zusammenzutreten hat.

Die im Gerichtsverfassungsgesetze dem Amtsrichter zugewiesenen Geschäfte werden durch den Friedensrichter, die Geschäfte der Landgerichte durch die Landgerichte Colmar, Metz und Straßburg für ihre bisherigen Schwurgerichtsbezirke wahrgenommen.

8. Bei den Landgerichten zu Colmar, Mülhausen und Straßburg[2] werden für die Bezirke derselben Kammern für Handelssachen gebildet.

9. Für jede Kammer werden mindestens vier und höchstens zehn Handelsrichter ernannt.

10. Die Ernennung erfolgt auf gutachtlichen Vorschlag der am Sitze des Landgerichts bestehen-

1. Vgl. § 2 Ges. v. 4. Juli 1879.

2. Jetzt auch in Metz.

den Handelskammer. In die Vorschlagsliste sind doppelt so viel Personen aufzunehmen als Handelsrichter zu ernennen sind; dieselbe ist dem Präsidenten des Landgerichts zur weiteren Veranlassung zu übersenden.

11. Die eidliche Verpflichtung der Handelsrichter erfolgt in öffentlicher Sitzung des Landgerichts. Die Handelsrichter haben den Eid zu leisten:

die Obliegenheiten ihres Amtes getreulich zu erfüllen.

Im Uebrigen finden die Bestimmungen des § 51 Abs. 2 bis 6 des Gerichtsverfassungsgesetzes entsprechende Anwendung.

12. Die Handelsrichter werden zu den Sitzungen nach der Reihenfolge der Ernennungen für jede Woche abwechselnd von dem Vorsitzenden berufen.

Im Falle der Verhinderung eines Handelsrichters tritt der zunächst folgende an seine Stelle. Die ursprüngliche Reihenfolge wird dadurch nicht unterbrochen.

13. Der regelmäßige Vertreter des Vorsitzenden wird auf die Dauer des Geschäftsjahres durch das Präsidium, ein zeitweiliger Vertreter durch den Präsidenten des Landgerichts aus dessen Mitgliedern bestimmt.

14. Hülfsbeamte der Staatsanwaltschaft im Sinne des § 153 des Gerichtsverfassungsgesetzes sind außer den Amtsanwälten (§ 28[3] des Ausführungsgesetzes zum GVG vom 4. November 1878):

1. die Bürgermeister und deren Beigeordnete, die Polizeikommissare und die Gendarmen;
2. die Forstschutzbeamten und die Feldschutzbeamten hinsichtlich der strafbaren Handlungen gegen die Forst-, Feld-, Jagd- und Fischereigesetze;
3. die Zollbeamten, die Steuerbeamten und die Oktroibeamten hinsichtlich der strafbaren Handlungen gegen die Zoll-, Steuer- und Oktroigesetze;
4. die Bergmeister und deren technische Assistenten, insoweit denselben die Eigenschaft von Beamten des Polizei- und Sicherheitsdienstes zukommt;
5. die Eichmeister, einschließlich der Faßeichmeister, und deren technische Gehülfen hinsichtlich der strafbaren Handlungen gegen die auf die Maaße, Gewichte und Meßwerkzeuge bezüglichen Vorschriften;
6. die Gerichtsvollzieher hinsichtlich der Vollstreckung der Vorführungsbefehle, der Haftbefehle und der Steckbriefe.[4]

15. Die Vorschriften im § 2 Abs. 2 des Gerichtsverfassungsgesetzes treten für die Notare an die Stelle des § 1 des Regulativs über die Vorbereitung zum Justizdienst in Elsaß-Lothringen vom 17. Februar 1872.

16. Die Zulassung zur Prüfung als Gerichtsschreiber sowie die Entscheidung über die Qualifikation zum Gerichtsschreiber — §§ 6, 9 des Regulativs vom 18. Juli 1872 — erfolgt durch den ersten Präsidenten des Oberlandesgerichts und den ersten Beamten der Staatsanwaltschaft bei diesem Gerichte.

Die Vorschrift des § 9 des Regulativs wird auf weitere fünf Jahre erstreckt.[5]

17. Gerichtsärzte (StPO § 87) sind die Kreisärzte und Kantonalärzte.

Im Falle des Bedürfnisses können auch andere Aerzte durch den Präsidenten des Oberlandesgerichts und den ersten Beamten der Staatsanwaltschaft bei diesem Gerichte zu Gerichtsärzten für bestimmte Bezirke bestellt werden.

18. Vergleichsbehörde in dem Falle des § 420 der Strafprozeßordnung ist der Bürgermeister des Gemeindebezirks, in welchem die Parteien wohnen, im Verhinderungsfalle dessen gesetzlicher Stellvertreter.

19. Zur Sühneverhandlung können die Parteien ohne Ladung erscheinen.

Auf Antrag des Verletzten hat die Vergleichsbehörde demselben die schriftliche Festsetzung der Zeit und des Ortes der Sühneverhandlung zu behändigen.

20. Erscheint der Antragsteller in dem Termine nicht, so findet eine Sühneverhandlung nicht statt. Erscheint der Beschuldigte nicht, so wird angenommen, daß er sich auf die Sühneverhandlung nicht einlassen wolle.

Eine Bescheinigung über die Erfolglosigkeit des Sühneversuchs kann nur ertheilt werden, wenn der Antragsteller im Termine erscheint.

Die Bescheinigung muß mit der Unterschrift und dem Amtssiegel des Bürgermeisteramts versehen sein. Sie soll die Angabe der Zeit der Beleidigung und der Anbringung des Antrags, sowie des Orts und der Zeit der Ausstellung enthalten.

---

3. § 27.

4. Weitere Hülfsbeamte sind in den Ver. v. 26. Jan. 1880 u. 16. Aug. 1896 bezeichnet.

5. Maßgebend hierfür sind jetzt die Bestimmungen des Regulativs v. 12. April 1898.

Gesetz

betreffend

Aenderungen des Gerichtsverfassungsgesetzes und der Strafprozeßordnung.

Vom 17. Mai 1898.

Reichs-Gesetzblatt S. 252.

Art. I. Das Gerichtsverfassungsgesetz wird dahin geändert:[1]

II. Der § 5 des Einführungsgesetzes zum Gerichtsverfassungsgesetze, der § 71 Abs. 1 der Strafprozeßordnung und der § 4 des Einführungsgesetzes zur Strafprozeßordnung erhalten folgenden Zusatz:[2]

III. An die Stelle der §§ 9, 10 des Einführungsgesetzes zum Gerichtsverfassungsgesetze treten folgende Vorschriften:[2]

1. Das Gerichtsverfassungsgesetz ist in der Fassung der Bekm. des Reichskanzlers v. 20. Mai 1898, bei welcher die Aenderungen des Art. I berücksichtigt sind, abgedruckt, so daß der Abdruck dieser Aenderungen hier unnöthig erscheint.

2. Die Aenderungen sind beim Abdrucke berücksichtigt worden.

IV. Wird gemäß § 79 Abs. 2 der Grundbuchordnung oder gemäß § 28 Abs. 2 des Gesetzes über die Angelegenheiten der freiwilligen Gerichtsbarkeit die weitere Beschwerde von dem Landesgerichte dem Reichsgerichte vorgelegt, so bleiben in Ansehung der Gerichtskosten die Vorschriften maßgebend, welche Anwendung finden, wenn eine solche Beschwerde bei dem Landesgericht erledigt wird; die erhobenen Kosten fließen jedoch in die Reichskasse.[3]

V. Dieses Gesetz tritt gleichzeitig mit dem Bürgerlichen Gesetzbuch in Kraft.

3. Vgl. hierzu die Vorschriften v. 30. Nov. 1899 (ABl 1900 S. 58).

Civilprozeßordnung.[1]

Vom 30. Januar 1877.

Reichs-Gesetzblatt 1877 S. 83; 1898 S. 410.

Erstes Buch.

Allgemeine Bestimmungen.

Erster Abschnitt. Gerichte.

Erster Titel.

Sachliche Zuständigkeit der Gerichte.

§ 1. Die sachliche Zuständigkeit der Gerichte wird durch das Gesetz über die Gerichtsverfassung bestimmt.[2]

2. Insoweit nach dem Gesetze über die Gerichtsverfassung die Zuständigkeit der Gerichte von dem Werthe des Streitgegenstandes abhängt, kommen die nachfolgenden Vorschriften zur Anwendung.[3]

3. Der Werth des Streitgegenstandes wird von dem Gerichte nach freiem Ermessen festgesetzt; dasselbe kann eine beantragte Beweisaufnahme sowie von Amtswegen die Einnahme des Augenscheins und die Begutachtung durch Sachverständige anordnen.

4. Für die Werthsberechnung ist der Zeitpunkt der Erhebung der Klage entscheidend; Früchte, Nutzungen, Zinsen, Schäden und Kosten bleiben unberücksichtigt, wenn sie als Nebenforderungen geltend gemacht werden.

Bei Ansprüchen aus Wechseln im Sinne der Wechselordnung sind Zinsen, Kosten und Provision, welche außer der Wechselsumme gefordert werden, als Nebenforderungen anzusehen.

5. Mehrere in einer Klage geltend gemachte Ansprüche werden zusammengerechnet; eine Zusammenrechnung des Gegenstandes der Klage und der Widerklage findet nicht statt.[4]

6. Der Werth des Streitgegenstandes wird bestimmt: durch den Werth einer Sache, wenn deren Besitz, und durch den Betrag einer Forderung, wenn deren Sicherstellung oder ein Pfandrecht Gegenstand des Streits ist. Hat der Gegenstand des Pfandrechts einen geringeren Werth, so ist dieser maßgebend.

7. Der Werth einer Grunddienstbarkeit[5] wird durch den Werth, welchen dieselbe für das herrschende Grundstück hat, und wenn der Betrag, um welchen sich der Werth des dienenden Grundstücks durch die Dienstbarkeit mindert, größer ist, durch diesen Betrag bestimmt.

8. Ist das Bestehen oder die Dauer eines Pacht- oder Miethverhältnisses streitig, so ist der Betrag des auf die gesammte streitige Zeit fallenden Zinses und, wenn der fünfundzwanzigfache Betrag des einjährigen Zinses geringer ist, dieser Betrag für die Werthsberechnung entscheidend.[6]

9. Der Werth des Rechts auf wiederkehrende Nutzungen oder Leistungen wird nach dem Werthe des einjährigen Bezugs berechnet und zwar:

auf den zwölfundeinhalbfachen Betrag, wenn der künftige Wegfall des Bezugsrechts gewiß, die Zeit des Wegfalls aber ungewiß ist;

---

1. Die CPO hat durch die Reichsges. v. 30. April 1886 u. 17. Mai 1898 Abänderungen erfahren. Sie ist abgedruckt in der Fassung der Bek. v. 20. Mai 1898. — Die neben den Paragraphenzahlen in Klammern stehenden Zahlen sind die entsprechenden Paragraphenzahlen der alten CPO. Die Aenderungen des ursprünglichen Textes sind durch gesperrten Druck hervorgehoben.

2. Diese Bestimmungen sind: Bezüglich der Amtsgerichte: §§ 23, 24, 158 GVG; §§ 486, 510, 609, 645, 696, 675, 676, 680, 685, 689, 764, 873, 919, 936, 937, 942 CPO; § 13 Abs. 4 EG z. CPO. Bezüglich der Landgerichte: §§ 70, 71, 101 GVG; § 16 AG z. GVG; §§ 606, 665, 679, 684, 686, 957 CPO. Bezüglich der Oberlandesgerichte: §§ 123, 160 GVG. Bezüglich des Reichsgerichtes: § 135 GVG.

3. Vgl. auch §§ 14—17 GKG; §§ 23 Nr. 1, 70 GVG; § 148 KO.

4. Anders bezügl. der Gebührenberechnung in § 11 GKG; § 10 GebO f. RA.

5. Vgl. §§ 1018 ff. BGB.

6. Für die Gebührenberechnung anders in § 9a Abs. 1 GKG.

auf den fünfundzwanzigfachen Betrag, bei unbeschränkter oder bestimmter Dauer des Bezugsrechts. Bei bestimmter Dauer des Bezugsrechts ist der Gesammtbetrag der künftigen Bezüge maßgebend, wenn er der geringere ist.[7]

10. Das Urtheil eines Landgerichts kann nicht aus dem Grunde angefochten werden, weil die Zuständigkeit des Amtsgerichts begründet gewesen sei.

11. Ist die Unzuständigkeit eines Gerichts auf Grund der Bestimmungen über die sachliche Zuständigkeit der Gerichte rechtskräftig ausgesprochen, so ist diese Entscheidung für das Gericht bindend, bei welchem die Sache später anhängig wird.

Zweiter Titel. Gerichtsstand.[8]

12. Das Gericht, bei welchem eine Person ihren allgemeinen Gerichtsstand hat, ist für alle gegen dieselbe zu erhebenden Klagen zuständig, sofern nicht für eine Klage ein ausschließlicher Gerichtsstand begründet ist.

13. Der allgemeine Gerichtsstand einer Person wird durch den Wohnsitz[9] bestimmt.

14. Ist der für den Wohnsitz einer Militärperson maßgebende Garnisonort in mehrere Gerichtsbezirke getheilt, so wird der als Wohnsitz geltende Bezirk von der Landesjustizverwaltung durch allgemeine Anordnung bestimmt.

15. (16) Deutsche, welche das Recht der Exterritorialität genießen, sowie die im Auslande angestellten Beamten des Reichs oder eines Bundesstaates behalten in Ansehung des Gerichtsstandes den Wohnsitz, welchen sie in dem Heimathstaate hatten.[10] In Ermangelung eines solchen Wohnsitzes gilt die Hauptstadt des Heimathstaates als ihr Wohnsitz; ist die Hauptstadt in mehrere Gerichtsbezirke getheilt, so wird der als Wohnsitz geltende Bezirk von der Landesjustizverwaltung durch allgemeine Anordnung bestimmt. Gehört ein Deutscher einem Bundesstaate nicht an, so gilt als sein Wohnsitz die Stadt Berlin; ist die Stadt Berlin in mehrere Gerichtsbezirke getheilt, so wird der als Wohnsitz geltende Bezirk von dem Reichskanzler durch allgemeine Anordnung bestimmt.

Auf Wahlkonsuln finden diese Bestimmungen keine Anwendung.

16. (18) Der allgemeine Gerichtsstand einer Person, welche keinen Wohnsitz hat, wird durch den Aufenthaltsort im Deutschen Reich und, wenn ein solcher nicht bekannt ist, durch den letzten Wohnsitz bestimmt.

17. (19) Der allgemeine Gerichtsstand der Gemeinden, der Korporationen, sowie derjenigen Gesellschaften, Genossenschaften oder anderen **Vereine**[11] und derjenigen Stiftungen, Anstalten und Vermögensmassen, welche als solche verklagt werden können, wird durch den Sitz derselben bestimmt. Als Sitz gilt, wenn nicht ein Anderes erhellt, der Ort, wo die Verwaltung geführt wird.

Gewerkschaften haben den allgemeinen Gerichtsstand bei dem Gerichte, in dessen Bezirke das Bergwerk liegt, Behörden, wenn sie als solche verklagt werden können, bei dem Gerichte ihres Amtssitzes.

Neben dem durch die Vorschriften dieses Paragraphen bestimmten Gerichtsstande ist ein durch Statut oder in anderer Weise besonders geregelter Gerichtsstand zulässig.

18. (20) Der allgemeine Gerichtsstand des **Fiskus** wird durch den Sitz der Behörde bestimmt, welche berufen ist, den Fiskus in dem Rechtsstreite zu vertreten.[12]

19. Ist der Ort, an welchem eine Behörde ihren Sitz hat, in mehrere Gerichtsbezirke getheilt, so wird der Bezirk, welcher im Sinne der §§ 17, 18 als Sitz der Behörde gilt, für die Reichsbehörden von dem Reichskanzler, im Uebrigen von der Landesjustizverwaltung durch allgemeine Anordnung bestimmt.

20. (21) Wenn Personen an einem Orte unter Verhältnissen, welche ihrer Natur nach auf einen Aufenthalt von längerer Dauer hinweisen, insbesondere als Dienstboten, Hand- und Fabrikarbeiter, Gewerbegehülfen, Studirende, Schüler oder Lehrlinge sich aufhalten, so ist das Gericht des Aufenthaltsorts für alle Klagen zuständig, welche gegen diese Personen wegen vermögensrechtlicher Ansprüche erhoben werden.

Diese Bestimmung findet auf Militärpersonen, welche nur zur Erfüllung der Wehrpflicht dienen oder welche selbständig einen Wohnsitz nicht begründen können, in der Art Anwendung, daß an die Stelle des Gerichts des Aufenthaltsorts das Gericht des Garnisonorts tritt. Die Vorschrift des § 14 findet entsprechende Anwendung.

21. (22) Hat Jemand zum Betriebe einer Fabrik, einer Handlung oder eines anderen Gewerbes eine Niederlassung, von welcher aus unmittelbar Geschäfte geschlossen werden, so können

7. Für die Gebührenberechnung anders in § 9a Abs. 2 GKG.

8. Weitere Bestimmungen über den Gerichtsstand finden sich zerstreut im GVG, in der CPO, KO und einzelnen Reichsgesetzen; vgl. insbes. Art. 53 Berner Uebereinkunft v. 14. Okt. 1890.

9. §§ 7 ff. BGB.

10. Vgl. auch § 18 Abs. 2 Satz 2 GVG.

11. Vgl. auch § 50 Abs. 2 CPO.

12. Vgl. bezügl. des Landesfiskus: § 1 AG z. CPO, KO pp. vom 13. Nov. 1899; Ver. v. 6. Febr. 1900; bezügl. des Reichsfiskus: § 116 Militär-Pensionsges. v. 27. Juni 1871 (8. Febr. 1875); § 13 RG über das Postwesen vom 28. Okt. 1871 (4. Nov. 1871); § 42 Rayonges. v. 21. Dez. 1871 (21. Febr. 1872); §§ 151, 153 RBG v. 31. März 1873 (23. Dez. 1873); § 38 Ges. v. 14. März 1875 (Reichsbank).

gegen ihn alle Klagen, welche auf den Geschäftsbetrieb der Niederlassung Bezug haben, bei dem Gerichte des Orts erhoben werden, wo die Niederlassung sich befindet.

Der Gerichtsstand der Niederlassung ist auch für Klagen gegen Personen begründet, welche ein mit Wohn- und Wirthschaftsgebäuden versehenes Gut als Eigenthümer, Nutznießer oder Pächter bewirthschaften, soweit diese Klagen die auf die Bewirthschaftung des Guts sich beziehenden Rechtsverhältnisse betreffen.

22. (23) Das Gericht, bei welchem Gemeinden, Korporationen, Gesellschaften, Genossenschaften oder andere Vereine den allgemeinen Gerichtsstand haben, ist für die Klagen zuständig, welche von denselben gegen ihre Mitglieder als solche oder von den Mitgliedern in dieser Eigenschaft gegen einander erhoben werden.

23. (24) Für Klagen wegen vermögensrechtlicher Ansprüche gegen eine Person, welche im Deutschen Reich keinen Wohnsitz hat, ist das Gericht zuständig, in dessen Bezirke sich Vermögen derselben oder der mit der Klage in Anspruch genommene Gegenstand befindet.[13] Bei Forderungen gilt als der Ort, wo das Vermögen sich befindet, der Wohnsitz des Schuldners und, wenn für die Forderung eine Sache zur Sicherheit haftet, auch der Ort, wo die Sache sich befindet.

24. (25) Für Klagen, durch welche das Eigenthum, eine dingliche Belastung oder die Freiheit von einer solchen geltend gemacht wird, für Grenzscheidungs-, Theilungs- und Besitzklagen ist, sofern es sich um unbewegliche Sachen handelt, das Gericht ausschließlich zuständig, in dessen Bezirke die Sache belegen ist.

Bei den eine Grunddienstbarkeit,[14] eine Reallast[15] oder ein Vorkaufsrecht[16] betreffenden Klagen ist die Lage des dienenden oder belasteten Grundstücks entscheidend.

25. (26) In dem dinglichen Gerichtsstande kann mit der Klage aus einer Hypothek, Grundschuld oder Rentenschuld die Schuldklage, mit der Klage auf Umschreibung oder Löschung einer Hypothek, Grundschuld oder Rentenschuld die Klage auf Befreiung von der persönlichen Verbindlichkeit, mit der Klage auf Anerkennung einer Reallast die Klage auf rückständige Leistungen erhoben werden, wenn die verbundenen Klagen gegen denselben Beklagten gerichtet sind.

26. (27) In dem dinglichen Gerichtsstande können persönliche Klagen, welche gegen den Eigenthümer oder Besitzer einer unbeweglichen Sache als solchen gerichtet werden, sowie Klagen wegen Beschädigung eines Grundstücks oder in Betreff der Entschädigung wegen Enteignung eines Grundstücks[17] erhoben werden.

27. (28) Klagen, welche die Feststellung des Erbrechts, Ansprüche des Erben gegen einen Erbschaftsbesitzer,[18] Ansprüche aus Vermächtnissen oder sonstigen Verfügungen von Todeswegen, Pflichttheilsansprüche[19] oder die Theilung der Erbschaft zum Gegenstande haben, können vor dem Gericht erhoben werden, bei welchem der Erblasser zur Zeit seines Todes den allgemeinen Gerichtsstand gehabt hat.

Ist der Erblasser ein Deutscher und hatte er zur Zeit seines Todes im Inlande keinen allgemeinen Gerichtsstand, so können die im Absatz 1 bezeichneten Klagen vor dem Gericht erhoben werden, in dessen Bezirke der Erblasser seinen letzten inländischen Wohnsitz hatte; in Ermangelung eines solchen Wohnsitzes finden die Vorschriften des § 15 Abs. 1 Satz 2, 3 entsprechende Anwendung.

28. In dem Gerichtsstande der Erbschaft können auch Klagen wegen anderer Nachlaßverbindlichkeiten erhoben werden, solange sich der Nachlaß noch ganz oder theilweise im Bezirke des Gerichts befindet oder die vorhandenen mehreren Erben noch als Gesammtschuldner haften.[20]

29. Für Klagen auf Feststellung des Bestehens oder Nichtbestehens eines Vertrags, auf Erfüllung oder Aufhebung eines solchen, sowie auf Entschädigung wegen Nichterfüllung oder nicht gehöriger Erfüllung ist das Gericht des Orts zuständig, wo die streitige Verpflichtung zu erfüllen ist.[21]

30. Für Klagen aus den auf Messen und Märkten, mit Ausnahme der Jahr- und der Wochenmärkte, geschlossenen Handelsgeschäften[22] (Meß- und Marktsachen) ist das Gericht des Meß- oder Marktorts zuständig, wenn die Erhebung der Klage erfolgt, während der Beklagte oder ein zur Prozeßführung berechtigter Vertreter desselben[23] am Orte oder im Bezirke des Gerichts sich aufhält.[24]

31. Für Klagen, welche aus einer Vermögensverwaltung von dem Geschäftsherrn gegen den Verwalter oder von dem Verwalter gegen den Geschäftsherrn erhoben werden, ist das Gericht des Orts zuständig, wo die Verwaltung geführt ist.

32. Für Klagen aus unerlaubten Handlungen

---

13. Vgl. auch § 237 Abs. 1 KO.
14. §§ 1018 ff. BGB.
15. §§ 1105 ff. BGB; § 75 AG z. BGB.
16. §§ 1094 ff. BGB.

17. Entsprechend § 42 Rayongef. v. 21. Dez. 1871.
18. §§ 2018 ff. BGB.
19. §§ 2303 ff. BGB.
20. Vgl. §§ 1967 ff., 2058 ff. BGB.
21. Vgl. die allgemeinen Bestimmungen über letztere Frage in §§ 269, 270 BGB.
22. Vgl. §§ 343 ff. HGB.
23. Vgl. §§ 49, 54 HGB.
24. Vgl. auch §§ 217, 262, 498 CPO; § 202a GVG.

ist das Gericht zuständig, in dessen Bezirke die Handlung begangen ist.[25]

33. Bei dem Gerichte der Klage kann eine Widerklage erhoben werden, wenn der Gegenanspruch mit dem in der Klage geltend gemachten Anspruche oder mit den gegen denselben vorgebrachten Vertheidigungsmitteln in Zusammenhang steht.

Diese Bestimmung findet keine Anwendung, wenn die Zuständigkeit des Gerichts für eine Klage wegen des Gegenanspruchs auch durch Vereinbarung nicht würde begründet werden können.[26]

34. Für Klagen der Prozeßbevollmächtigten, der Beistände, der Zustellungsbevollmächtigten und der Gerichtsvollzieher wegen Gebühren und Auslagen ist das Gericht des Hauptprozesses zuständig.

35. Unter mehreren zuständigen Gerichten hat der Kläger die Wahl.

36.[27] Die Bestimmung des zuständigen Gerichts erfolgt durch das im Instanzenzuge zunächst höhere Gericht:

1. wenn das an sich zuständige Gericht in einem einzelnen Falle an der Ausübung des Richteramts rechtlich oder thatsächlich verhindert ist;
2. wenn es mit Rücksicht auf die Grenzen verschiedener Gerichtsbezirke ungewiß ist, welches Gericht für den Rechtsstreit zuständig sei;
3. wenn mehrere Personen, welche bei verschiedenen Gerichten ihren allgemeinen Gerichtsstand haben, als Streitgenossen im allgemeinen Gerichtsstande verklagt werden sollen und für den Rechtsstreit ein gemeinschaftlicher besonderer Gerichtsstand nicht begründet ist;
4. wenn die Klage in dem dinglichen Gerichtsstande erhoben werden soll und die Sache in den Bezirken verschiedener Gerichte belegen ist;
5. wenn in einem Rechtsstreite verschiedene Gerichte sich rechtskräftig für zuständig erklärt haben;
6. wenn verschiedene Gerichte, von welchen eines für den Rechtsstreit zuständig ist, sich rechtskräftig für unzuständig erklärt haben.

37. Die Entscheidung über das Gesuch um Bestimmung des zuständigen Gerichts kann ohne vorgängige mündliche Verhandlung erfolgen.

Eine Anfechtung des Beschlusses, welcher das zuständige Gericht bestimmt, findet nicht statt.[28]

Dritter Titel. Vereinbarung über die Zuständigkeit der Gerichte.

38. Ein an sich unzuständiges Gericht erster Instanz wird durch ausdrückliche oder stillschweigende Vereinbarung der Parteien zuständig.[29]

39. Stillschweigende Vereinbarung ist anzunehmen, wenn der Beklagte, ohne die Unzuständigkeit geltend zu machen, zur Hauptsache mündlich verhandelt hat.

40. Die Vereinbarung hat keine rechtliche Wirkung, wenn sie nicht auf ein bestimmtes Rechtsverhältniß und die aus demselben entspringenden Rechtsstreitigkeiten sich bezieht.

Die Vereinbarung ist unzulässig, wenn der Rechtsstreit andere als vermögensrechtliche Ansprüche betrifft, oder wenn für die Klage ein ausschließlicher Gerichtsstand begründet ist.

Vierter Titel. Ausschließung und Ablehnung der Gerichtspersonen.

41.[30] Ein Richter ist von der Ausübung des Richteramts kraft Gesetzes ausgeschlossen:

1. in Sachen, in welchen er selbst Partei ist, oder in Ansehung welcher er zu einer Partei in dem Verhältnisse eines Mitberechtigten, Mitverpflichteten oder Regreßpflichtigen steht;
2. in Sachen seiner Ehefrau, auch wenn die Ehe nicht mehr besteht;
3. in Sachen einer Person, mit welcher er in gerader Linie verwandt, verschwägert oder durch Adoption verbunden, in der Seitenlinie bis zum dritten Grade verwandt oder bis zum zweiten Grade verschwägert ist, auch wenn die Ehe, durch welche die Schwägerschaft begründet ist, nicht mehr besteht;[31]
4. in Sachen, in welchen er als Prozeßbevollmächtigter oder Beistand einer Partei bestellt oder als gesetzlicher Vertreter einer Partei aufzutreten berechtigt ist oder gewesen ist;
5. in Sachen, in welchen er als Zeuge oder Sachverständiger vernommen ist;
6. in Sachen, in welchen er in einer früheren Instanz oder im schiedsrichterlichen Verfahren bei der Erlassung der angefochtenen Entscheidung mitgewirkt hat, sofern es sich nicht um die Thätigkeit eines beauftragten oder ersuchten Richters handelt.

42. Ein Richter kann sowohl in den Fällen, in welchen er von der Ausübung des Richteramts kraft Gesetzes ausgeschlossen ist, als auch wegen Besorgniß der Befangenheit abgelehnt werden.

Wegen Besorgniß der Befangenheit findet die Ablehnung statt, wenn ein Grund vorliegt, welcher geeignet ist, Mißtrauen gegen die Unparteilichkeit eines Richters zu rechtfertigen.

Das Ablehnungsrecht steht in jedem Falle beiden Parteien zu.

43. Eine Partei kann einen Richter wegen Be-

25. Vgl. §§ 832 ff. BGB.
26. Vgl. § 40 Abs. 2 CPO; § 70 Abs. 2 GVG.
27. Vgl. §§ 4, 5 FrG.
28. Vgl. § 5 Abs. 2 FrG.
29. Vgl. aber §§ 103 Abs. 2, 104 Abs. 4, 105 Abs. 2 GVG.
30. Vgl. §§ 6, 7 FrG; § 10 GVO.
31. Vgl. Art. 33 EG z. BGB.

sorgniß der Befangenheit nicht mehr ablehnen, wenn sie bei demselben, ohne den ihr bekannten Ablehnungsgrund geltend zu machen, in eine Verhandlung sich eingelassen oder Anträge gestellt hat.

44. Das Ablehnungsgesuch ist bei dem Gerichte, welchem der Richter angehört, anzubringen; es kann vor dem Gerichtsschreiber zu Protokoll erklärt werden.

Der Ablehnungsgrund ist glaubhaft zu machen; zur Versicherung an Eidesstatt darf die Partei nicht zugelassen werden. Zur Glaubhaftmachung kann auf das Zeugniß des abgelehnten Richters Bezug genommen werden.

Der abgelehnte Richter hat sich über den Ablehnungsgrund dienstlich zu äußern.

Wird ein Richter, bei welchem die Partei in eine Verhandlung sich eingelassen oder Anträge gestellt hat, wegen Besorgniß der Befangenheit abgelehnt, so ist glaubhaft zu machen, daß der Ablehnungsgrund erst später entstanden oder der Partei bekannt geworden sei.

45. Ueber das Ablehnungsgesuch entscheidet das Gericht, welchem der Abgelehnte angehört; wenn dasselbe durch Ausscheiden des abgelehnten Mitgliedes beschlußunfähig wird,[32] das im Instanzenzuge zunächst höhere Gericht.

Wird ein Amtsrichter abgelehnt, so entscheidet das Landgericht. Einer Entscheidung bedarf es nicht, wenn der Amtsrichter das Ablehnungsgesuch für begründet hält.

46. Die Entscheidung über das Ablehnungsgesuch kann ohne vorgängige mündliche Verhandlung erfolgen.

Gegen den Beschluß, durch welchen das Gesuch für begründet erklärt wird, findet kein Rechtsmittel; gegen den Beschluß, durch welchen das Gesuch für unbegründet erklärt wird, findet sofortige Beschwerde statt.

47. Ein abgelehnter Richter hat vor Erledigung des Ablehnungsgesuchs nur solche Handlungen vorzunehmen, welche keinen Aufschub gestatten.

48. Das für die Erledigung eines Ablehnungsgesuchs zuständige Gericht hat auch dann zu entscheiden, wenn ein solches Gesuch nicht angebracht ist, ein Richter aber von einem Verhältnisse Anzeige macht, welches seine Ablehnung rechtfertigen könnte, oder wenn aus anderer Veranlassung Zweifel darüber entstehen, ob ein Richter kraft Gesetzes ausgeschlossen sei.

Die Entscheidung erfolgt ohne vorgängiges Gehör der Parteien.

49. Die Bestimmungen dieses Titels finden auf den Gerichtsschreiber entsprechende Anwendung; die Entscheidung erfolgt durch das Gericht, bei welchem der Gerichtsschreiber angestellt ist.

32. Vgl. aber § 66 GVG.

Zweiter Abschnitt. Parteien.

Erster Titel. Parteifähigkeit. Prozeßfähigkeit.

50. Parteifähig ist, wer rechtsfähig ist.[33]

Ein Verein, der nicht rechtsfähig ist, kann verklagt werden; in dem Rechtsstreite hat der Verein die Stellung eines rechtsfähigen Vereins.[34]

51. (50) Die Fähigkeit einer Partei, vor Gericht zu stehen, die Vertretung nicht prozeßfähiger Parteien durch andere Personen[35] (gesetzliche Vertreter) und die Nothwendigkeit einer besonderen Ermächtigung zur Prozeßführung bestimmt sich nach den Vorschriften des bürgerlichen Rechts, soweit nicht die nachfolgenden Paragraphen abweichende Bestimmungen enthalten.

52. (51) Eine Person ist insoweit prozeßfähig, als sie sich durch Verträge verpflichten kann.[36]

Die Prozeßfähigkeit einer Frau wird dadurch, daß sie Ehefrau ist, nicht beschränkt.[36a]

53. Wird in einem Rechtsstreit eine prozeßfähige Person durch einen Pfleger vertreten, so steht sie für den Rechtsstreit einer nicht prozeßfähigen Person gleich.

54. (52) Einzelne Prozeßhandlungen, zu welchen nach den Vorschriften des bürgerlichen Rechts eine besondere Ermächtigung erforderlich ist, sind ohne dieselbe gültig, wenn die Ermächtigung zur Prozeßführung im Allgemeinen ertheilt oder die Prozeßführung auch ohne eine solche Ermächtigung im Allgemeinen statthaft ist.

55. (53) Ein Ausländer, welchem nach dem Rechte seines Landes die Prozeßfähigkeit mangelt, gilt als prozeßfähig, wenn ihm nach dem Rechte des Prozeßgerichts die Prozeßfähigkeit zusteht.[37]

56. (54) Das Gericht hat den Mangel der Parteifähigkeit, der Prozeßfähigkeit, der Legitimation eines gesetzlichen Vertreters und der erforderlichen Ermächtigung zur Prozeßführung von Amtswegen zu berücksichtigen.

Die Partei oder deren gesetzlicher Vertreter kann zur Prozeßführung mit Vorbehalt der Beseitigung des Mangels zugelassen werden, wenn mit dem Verzuge Gefahr für die Partei verbunden ist. Das Endurtheil darf erst erlassen werden, nachdem die für die Beseitigung des Mangels zu bestimmende Frist abgelaufen ist.

57. (55) Soll eine nicht prozeßfähige Partei verklagt werden, welche ohne gesetzlichen Vertreter ist, so hat der Vorsitzende des Prozeßgerichts derselben, falls mit dem Verzuge Gefahr verbunden ist, auf Antrag bis zu dem Eintritte des gesetz-

33. Vgl. § 1 BGB.
34. Vgl. hierzu §§ 21, 22, 54 BGB; Art. 10 EG z. BGB.
35. Bezüglich der Vertretung des Landesfiskus vgl. § 1 AG z. CPO und KO v. 13. Nov. 1899; Ver. v. 6. Febr. 1900.
36. Vgl. §§ 104 ff. BGB.
36a. Vergl. § 160 Abs. 1 AG z. BGB.
37. Vgl. Art. 7 EG z. BGB.

lichen Vertreters einen besonderen Vertreter zu bestellen.

Der Vorsitzende kann einen solchen Vertreter auch bestellen, wenn in den Fällen des § 20 eine nicht prozeßfähige Person bei dem Gericht ihres Aufenthaltsorts oder Garnisonorts verklagt werden soll.

58. Soll ein Recht an einem Grundstücke, das von dem bisherigen Eigenthümer nach § 928 des Bürgerlichen Gesetzbuchs aufgegeben und von dem Aneignungsberechtigten noch nicht erworben worden ist, im Wege der Klage geltend gemacht werden, so hat der Vorsitzende des Prozeßgerichts auf Antrag einen Vertreter zu bestellen, welchem bis zur Eintragung eines neuen Eigenthümers die Wahrnehmung der sich aus dem Eigenthum ergebenden Rechte und Verpflichtungen im Rechtsstreit obliegt.[38]

Zweiter Titel. Streitgenossenschaft.[39]

59. (56). Mehrere Personen können als Streitgenossen gemeinschaftlich klagen oder verklagt werden, wenn sie in Ansehung des Streitgegenstandes in Rechtsgemeinschaft stehen, oder wenn sie aus demselben thatsächlichen und rechtlichen Grunde berechtigt oder verpflichtet sind.

60. (57) Mehrere Personen können auch dann als Streitgenossen gemeinschaftlich klagen oder verklagt werden, wenn gleichartige und auf einem im Wesentlichen gleichartigen thatsächlichen und rechtlichen Grunde beruhende Ansprüche oder Verpflichtungen den Gegenstand des Rechtsstreits bilden.

61. (58) Streitgenossen stehen, soweit nicht aus den Vorschriften des bürgerlichen Rechts oder dieses Gesetzes sich ein Anderes ergiebt, dem Gegner dergestalt als Einzelne gegenüber, daß die Handlungen des einen Streitgenossen dem anderen weder zum Vortheile noch zum Nachtheile gereichen.

62. (59) Kann das streitige Rechtsverhältniß allen Streitgenossen gegenüber nur einheitlich festgestellt werden, oder ist die Streitgenossenschaft aus einem sonstigen Grunde eine nothwendige, so werden, wenn ein Termin oder eine Frist nur von einzelnen Streitgenossen versäumt wird, die säumigen Streitgenossen als durch die nicht säumigen vertreten angesehen.

Die säumigen Streitgenossen sind auch in dem späteren Verfahren zuzuziehen.

63. (60) Das Recht zur Betreibung des Prozesses steht jedem Streitgenossen zu; er muß, wenn er den Gegner zu einem Termine ladet, auch die übrigen Streitgenossen laden.

Dritter Titel.
Betheiligung Dritter am Rechtsstreite.

64. (61) Wer die Sache oder das Recht, worüber zwischen anderen Personen ein Rechtsstreit anhängig geworden ist, ganz oder theilweise für sich in Anspruch nimmt, ist bis zur rechtskräftigen Entscheidung dieses Rechtsstreits berechtigt, seinen Anspruch durch eine gegen beide Parteien gerichtete Klage bei demjenigen Gerichte geltend zu machen, vor welchem der Rechtsstreit in erster Instanz anhängig wurde.[40]

65. (62) Der Hauptprozeß kann auf Antrag einer Partei bis zur rechtskräftigen Entscheidung über die Hauptintervention ausgesetzt werden.

66. (63) Wer ein rechtliches Interesse daran hat, daß in einem zwischen anderen Personen anhängigen Rechtsstreite die eine Partei obsiege, kann dieser Partei zum Zwecke ihrer Unterstützung beitreten.

Die Nebenintervention kann in jeder Lage des Rechtsstreits bis zur rechtskräftigen Entscheidung desselben, auch in Verbindung mit der Einlegung eines Rechtsmittels erfolgen.

67 (64). Der Nebenintervenient muß den Rechtsstreit in der Lage annehmen, in welcher sich dieser zur Zeit seines Beitritts befindet; er ist berechtigt, Angriffs- und Vertheidigungsmittel geltend zu machen und alle Prozeßhandlungen wirksam vorzunehmen, insoweit nicht seine Erklärungen und Handlungen mit Erklärungen und Handlungen der Hauptpartei in Widerspruch stehen.

68. (65) Der Nebenintervenient wird im Verhältnisse zu der Hauptpartei mit der Behauptung nicht gehört, daß der Rechtsstreit, wie derselbe dem Richter vorgelegen habe, unrichtig entschieden sei; er wird mit der Behauptung, daß die Hauptpartei den Rechtsstreit mangelhaft geführt habe, nur insoweit gehört, als er durch die Lage des Rechtsstreits zur Zeit seines Beitritts oder durch Erklärungen und Handlungen der Hauptpartei verhindert worden ist, Angriffs- oder Vertheidigungsmittel geltend zu machen, oder als Angriffs- oder Vertheidigungsmittel, welche ihm unbekannt waren, von der Hauptpartei absichtlich oder durch grobes Verschulden nicht geltend gemacht sind.

69. (66) Insofern nach den Vorschriften des bürgerlichen Rechts die Rechtskraft der in dem Hauptprozesse erlassenen Entscheidung auf das Rechtsverhältniß des Nebenintervenienten zu dem Gegner von Wirksamkeit ist,[41] gilt der Nebenintervenient im Sinne des § 61 als Streitgenosse der Hauptpartei.

70. (67) Der Beitritt des Nebenintervenienten erfolgt durch Zustellung eines Schriftsatzes. Derselbe muß enthalten:

38. Vgl. auch § 787 CPO.

39. Ueber die Haftung der Streitgenossen für die Gebühren und Auslagen vgl. § 100 CPO; § 91 GKG; §§ 3, 51 Geb.O f. RA.

40. Vgl. aber § 108 GVG.

41. Z. B. § 407 Abs. 2 BGB; § 273 Abs. 1 HGB.

1. die Bezeichnung der Parteien und des Rechtsstreits;
2. die bestimmte Angabe des Interesses, welches der Nebenintervenient hat;
3. die Erklärung des Beitritts.

Außerdem finden die allgemeinen Bestimmungen über die vorbereitenden Schriftsätze Anwendung.[42]

71. (68) Ueber den Antrag auf Zurückweisung einer Nebenintervention wird nach vorgängiger mündlicher Verhandlung unter den Parteien und dem Nebenintervenienten entschieden. Der Nebenintervenient ist zuzulassen, wenn er sein Interesse glaubhaft macht.

Gegen das Zwischenurtheil findet sofortige Beschwerde statt.

Solange nicht die Unzulässigkeit der Intervention rechtskräftig ausgesprochen ist, wird der Intervenient im Hauptverfahren zugezogen.

72. (69) Eine Partei, welche für den Fall des ihr ungünstigen Ausganges des Rechtsstreits einen Anspruch auf Gewährleistung oder Schadloshaltung gegen einen Dritten erheben zu können glaubt oder den Anspruch eines Dritten besorgt, kann bis zur rechtskräftigen Entscheidung des Rechtsstreits dem Dritten gerichtlich den Streit verkünden.

Der Dritte ist zu einer weiteren Streitverkündung berechtigt.

73. (70) Die Streitverkündung erfolgt durch Zustellung eines Schriftsatzes, in welchem der Grund der Streitverkündung und die Lage des Rechtsstreits anzugeben ist.

Abschrift des Schriftsatzes ist dem Gegner mitzutheilen.

74. (71) Wenn der Dritte dem Streitverkünder beitritt, so bestimmt sich sein Verhältniß zu den Parteien nach den Grundsätzen über die Nebenintervention.

Lehnt der Dritte den Beitritt ab, oder erklärt er sich nicht, so wird der Rechtsstreit ohne Rücksicht auf ihn fortgesetzt.

In allen Fällen dieses Paragraphen kommen gegen den Dritten die Vorschriften des § 68 mit der Abweichung zur Anwendung, daß statt der Zeit des Beitritts diejenige Zeit entscheidet, zu welcher der Beitritt in Folge der Streitverkündung möglich war.

75. (72) Wird von dem verklagten Schuldner einem Dritten, welcher die geltend gemachte Forderung für sich in Anspruch nimmt, der Streit verkündet, und tritt der Dritte in den Streit ein, so ist der Beklagte, wenn er den Betrag der Forderung zu Gunsten der streitenden Gläubiger unter Verzicht auf das Recht zur Rücknahme hinterlegt,[43] auf seinen Antrag aus dem Rechtsstreit unter Verurtheilung in die durch seinen unbegründeten Widerspruch veranlaßten Kosten zu entlassen und der Rechtsstreit über die Berechtigung an der Forderung zwischen den streitenden Gläubigern allein fortzusetzen. Dem Obsiegenden ist der hinterlegte Betrag zuzusprechen und der Unterliegende auch zur Erstattung der dem Beklagten entstandenen, nicht durch dessen unbegründeten Widerspruch veranlaßten Kosten, einschließlich der Kosten der Hinterlegung, zu verurtheilen.

76. (73) Wer als Besitzer einer Sache verklagt ist, die er auf Grund eines Rechtsverhältnisses der im § 868 des Bürgerlichen Gesetzbuchs bezeichneten Art zu besitzen behauptet, kann, wenn er dem mittelbaren Besitzer vor der Verhandlung zur Hauptsache den Streit verkündet und ihn unter Benennung an den Kläger zur Erklärung ladet, bis zu dieser Erklärung oder bis zum Schlusse des Termins, in welchem sich der Benannte zu erklären hat, die Verhandlung zur Hauptsache verweigern.

Bestreitet der Benannte die Behauptung des Beklagten oder erklärt er sich nicht, so ist der Beklagte berechtigt, dem Klagantrage zu genügen.

Wird die Behauptung des Beklagten von dem Benannten als richtig anerkannt, so ist dieser berechtigt, mit Zustimmung des Beklagten an dessen Stelle den Prozeß zu übernehmen. Die Zustimmung des Klägers ist nur insoweit erforderlich, als derselbe Ansprüche geltend macht, welche unabhängig davon sind, daß der Beklagte auf Grund eines Rechtsverhältnisses der im Abs. 1 bezeichneten Art besitzt.

Hat der Benannte den Prozeß übernommen, so ist der Beklagte auf seinen Antrag von der Klage zu entbinden. Die Entscheidung ist in Ansehung der Sache selbst auch gegen den Beklagten wirksam und vollstreckbar.

77. Ist von dem Eigenthümer einer Sache oder von demjenigen, dem ein Recht an einer Sache zusteht, wegen einer Beeinträchtigung des Eigenthums oder seines Rechts Klage auf Beseitigung der Beeinträchtigung oder auf Unterlassung weiterer Beeinträchtigungen erhoben, so finden die Vorschriften des § 76 entsprechende Anwendung, sofern der Beklagte die Beeinträchtigung in Ausübung des Rechts eines Dritten vorgenommen zu haben behauptet.[44]

Vierter Titel.

Prozeßbevollmächtigte und Beistände.

78. (74) Vor den Landgerichten und vor allen Gerichten höherer Instanz müssen die Parteien sich durch einen bei dem Prozeßgerichte zuge-

42. §§ 129—133 CPO.

43. §§ 372 ff., insbesondere 376, 378, auch 1171 Abs. 3 BGB. — Ges. betr. das Hinterlegungswesen pp. v. 1. Nov. 1899.

44. Vgl. §§ 1004, 1027 BGB.

lassenen Rechtsanwalt als Bevollmächtigten vertreten lassen (Anwaltsprozeß).[45]

Diese Vorschrift findet auf das Verfahren vor einem beauftragten oder ersuchten Richter sowie auf Prozeßhandlungen, welche vor dem Gerichtsschreiber vorgenommen werden können, keine Anwendung.[46]

Ein bei dem Prozeßgerichte zugelassener Rechtsanwalt kann sich selbst vertreten.

79. (75) Insoweit eine Vertretung durch Anwälte nicht geboten ist, können die Parteien den Rechtsstreit selbst oder durch jede prozeßfähige Person als Bevollmächtigten führen.

80. (76) Der Bevollmächtigte hat die Bevollmächtigung durch eine schriftliche[47] Vollmacht nachzuweisen[48] und diese zu den Gerichtsakten abzugeben.

Eine Privaturkunde muß auf Verlangen des Gegners gerichtlich oder notariell beglaubigt werden.[49] Bei der Beglaubigung bedarf es weder der Zuziehung von Zeugen noch der Aufnahme eines Protokolls.

81. (77) Die Prozeßvollmacht ermächtigt zu allen den Rechtsstreit betreffenden Prozeßhandlungen, einschließlich derjenigen, welche durch eine Widerklage, eine Wiederaufnahme des Verfahrens und die Zwangsvollstreckung veranlaßt werden; zur Bestellung eines Vertreters sowie eines Bevollmächtigten für die höheren Instanzen; zur Beseitigung des Rechtsstreits durch Vergleich, Verzichtleistung auf den Streitgegenstand oder Anerkennung des von dem Gegner geltend gemachten Anspruchs; zur Empfangnahme der von dem Gegner zu erstattenden Kosten.

82. (78) Die Vollmacht für den Hauptprozeß umfaßt die Vollmacht für das eine Hauptintervention, einen Arrest oder eine einstweilige Verfügung betreffende Verfahren.

83. (79) Eine Beschränkung des gesetzlichen Umfangs der Vollmacht hat dem Gegner gegenüber nur insoweit rechtliche Wirkung, als diese Beschränkung die Beseitigung des Rechtsstreits durch Vergleich, Verzichtleistung auf den Streitgegenstand oder Anerkennung des von dem Gegner geltend gemachten Anspruchs betrifft.

Insoweit eine Vertretung durch Anwälte nicht geboten ist, kann eine Vollmacht für einzelne Prozeßhandlungen ertheilt werden.

84. (80) Mehrere Bevollmächtigte sind berechtigt, sowohl gemeinschaftlich als einzeln die Partei zu vertreten. Eine abweichende Bestimmung der Vollmacht hat dem Gegner gegenüber keine rechtliche Wirkung.

85. (81) Die von dem Bevollmächtigten vorgenommenen Prozeßhandlungen sind für die Partei in gleicher Art verpflichtend, als wenn sie von der Partei selbst vorgenommen wären. Dies gilt von Geständnissen und anderen thatsächlichen Erklärungen, insoweit nicht dieselben von der miterschienenen Partei sofort widerrufen oder berichtigt werden.

86. (82) Die Vollmacht wird weder durch den Tod des Vollmachtgebers, noch durch eine Veränderung in Betreff seiner Prozeßfähigkeit oder seiner gesetzlichen Vertretung aufgehoben; der Bevollmächtigte hat jedoch, wenn er nach Aussetzung des Rechtsstreits für den Nachfolger im Rechtsstreit auftritt, eine Vollmacht desselben beizubringen.

87. (83) Dem Gegner gegenüber erlangt die Kündigung des Vollmachtvertrags erst durch die Anzeige des Erlöschens der Vollmacht, in Anwaltsprozessen erst durch die Anzeige der Bestellung eines anderen Anwalts rechtliche Wirksamkeit.

Der Bevollmächtigte wird durch die von seiner Seite erfolgte Kündigung nicht gehindert, für den Vollmachtgeber so lange zu handeln, bis dieser für Wahrnehmung seiner Rechte in anderer Weise gesorgt hat.

88. (84) Der Mangel der Vollmacht kann von dem Gegner in jeder Lage des Rechtsstreits gerügt werden.

Das Gericht hat den Mangel der Vollmacht von Amtswegen zu berücksichtigen, insoweit eine Vertretung durch Anwälte nicht geboten ist.

89. (85) Handelt Jemand für eine Partei als Geschäftsführer ohne Auftrag[50] oder als Bevollmächtigter ohne Beibringung einer Vollmacht, so kann er gegen oder ohne Sicherheitsleistung für Kosten und Schäden zur Prozeßführung einstweilen zugelassen werden. Das Endurtheil darf erst erlassen werden, nachdem die für die Beibringung der Genehmigung zu bestimmende Frist abgelaufen ist. Ist zu der Zeit, zu welcher das Endurtheil erlassen wird, die Genehmigung nicht beigebracht, so ist der einstweilen zur Prozeßführung Zugelassene zum Ersatze der dem Gegner in Folge der Zulassung erwachsenen Kosten zu verurtheilen; auch hat er dem Gegner die in Folge der Zulassung entstandenen Schäden zu ersetzen.

Die Partei muß die Prozeßführung gegen sich gelten lassen, wenn sie auch nur mündlich Vollmacht ertheilt oder wenn sie die Prozeßführung ausdrücklich oder stillschweigend genehmigt hat.

45. Vgl. auch §§ 27, 33 Rechtsanwalts-Ordnung v. 1. Juli 1878.

46. Eine weitere Ausnahme enthält § 387 Abs. 2 CPO, ferner § 20 RG betr. Konsulargerichtsbarkeit v. 10. Juli 1879.

47. § 126 BGB.

48. Vgl. aber § 703 CPO (Zahlbefehl); Art. 17 WO; §§ 49, 54 HGB; § 13 Abs. 1 EG z. CPO.

49. Vgl. § 129 BGB; §§ 167 Abs. 2, 191 Abs. 2 FrG; § 48 Abs. 3 AG z. FrG.

50. §§ 677 ff. BGB.

90. (86) Insoweit eine Vertretung durch Anwälte nicht geboten ist, kann eine Partei mit jeder prozeßfähigen Person als Beistand erscheinen.

Das von dem Beistande Vorgetragene gilt als von der Partei vorgebracht, insoweit es nicht von dieser sofort widerrufen oder berichtigt wird.

Fünfter Titel. Prozeßkosten.

91. (87) Die unterliegende Partei hat die Kosten des Rechtsstreits zu tragen, insbesondere die dem Gegner erwachsenen Kosten zu erstatten, soweit dieselben nach freiem Ermessen des Gerichts zur zweckentsprechenden Rechtsverfolgung oder Rechtsvertheidigung nothwendig waren. Die Kostenerstattung umfaßt auch die Entschädigung des Gegners für die durch nothwendige Reisen oder durch die nothwendige Wahrnehmung von Terminen entstandene Zeitversäumniß; die für die Entschädigung von Zeugen geltenden Vorschriften finden entsprechende Anwendung.[51]

Die Gebühren und Auslagen des Rechtsanwalts der obsiegenden Partei sind in allen Prozessen zu erstatten, Reisekosten eines auswärtigen Rechtsanwalts jedoch nur insoweit, als die Zuziehung nach dem Ermessen des Gerichts zur zweckentsprechenden Rechtsverfolgung oder Rechtsvertheidigung nothwendig war. Die Kosten mehrerer Rechtsanwälte sind nur insoweit zu erstatten, als sie die Kosten eines Rechtsanwalts nicht übersteigen, oder als in der Person des Rechtsanwalts ein Wechsel eintreten mußte.

92. (88) Wenn jede Partei theils obsiegt, theils unterliegt, so sind die Kosten gegen einander aufzuheben oder verhältnißmäßig zu theilen. Sind die Kosten gegen einander aufgehoben, so fallen die Gerichtskosten jeder Partei zur Hälfte zur Last.

Das Gericht kann der einen Partei die gesammten Prozeßkosten auferlegen, wenn die Zuvielforderung der anderen Partei eine verhältnißmäßig geringfügige war und keine besonderen Kosten veranlaßt hat, oder wenn der Betrag der Forderung der anderen Partei von der Festsetzung durch richterliches Ermessen, von der Ausmittelung durch Sachverständige oder von einer gegenseitigen Berechnung abhängig war.

93. (89) Hat der Beklagte nicht durch sein Verhalten zur Erhebung der Klage Veranlassung gegeben, so fallen dem Kläger die Prozeßkosten zur Last, wenn der Beklagte den Anspruch sofort anerkennt.

94. Macht der Kläger einen auf ihn übergegangenen Anspruch geltend, ohne daß er vor der Erhebung der Klage dem Beklagten den Uebergang mitgetheilt und auf Verlangen nachgewiesen hat, so fallen ihm die Prozeßkosten insoweit zur Last, als sie dadurch entstanden sind, daß der Beklagte durch die Unterlassung der Mittheilung oder des Nachweises veranlaßt worden ist, den Anspruch zu bestreiten.[52]

95. (90) Die Partei, welche einen Termin oder eine Frist versäumt, oder die Verlegung eines Termins, die Vertagung einer Verhandlung, die Anberaumung eines Termins zur Fortsetzung der Verhandlung oder die Verlängerung einer Frist durch ihr Verschulden veranlaßt, hat die dadurch verursachten Kosten zu tragen.[53]

96. (91) Die Kosten eines ohne Erfolg gebliebenen Angriffs- oder Vertheidigungsmittels können der Partei auferlegt werden, welche dasselbe geltend gemacht hat, auch wenn sie in der Hauptsache obsiegt.

97. (92) Die Kosten eines ohne Erfolg eingelegten Rechtsmittels fallen der Partei zur Last, welche dasselbe eingelegt hat.

Die Kosten der Berufungsinstanz können der obsiegenden Partei ganz oder theilweise auferlegt werden, wenn sie auf Grund eines neuen Vorbringens obsiegt, welches sie nach freiem Ermessen des Gerichts in erster Instanz geltend zu machen im Stande war.

Die Kosten der Revisionsinstanz in Rechtsstreitigkeiten über Ansprüche, für welche die Landgerichte ohne Rücksicht auf den Werth des Streitgegenstandes ausschließlich zuständig sind, hat auch im Falle des Obsiegens die Reichs- oder die Staatskasse zu tragen, wenn der Werth des Streitgegenstandes die Summe von dreihundert Mark nicht übersteigt und der Vertreter des Reichs oder des Staates die Revision eingelegt hat.

98. (93) Die Kosten eines abgeschlossenen Vergleichs sind als gegen einander aufgehoben anzusehen, wenn nicht die Parteien ein Anderes vereinbart haben. Dasselbe gilt von den Kosten des durch Vergleich erledigten Rechtsstreits, soweit nicht über dieselben bereits rechtskräftig erkannt ist.

99. (94) Die Anfechtung der Entscheidung über den Kostenpunkt ist unzulässig, wenn nicht gegen die Entscheidung in der Hauptsache ein Rechtsmittel eingelegt wird.

Ist die Hauptsache durch eine auf Grund eines Anerkenntnisses ausgesprochene Verurtheilung erledigt, so kann die Entscheidung über den Kostenpunkt selbstständig angefochten werden.

Ist eine Entscheidung in der Hauptsache nicht ergangen, so findet gegen die Entscheidung über den Kostenpunkt sofortige Beschwerde statt. Vor der Entscheidung

51. §§ 2, 5 GebO für Zeugen und Sachverständige v. 30. Juni 1878.

52. Vgl. § 410 BGB.

53. Ueber die besondere Gebühr in solchen Fällen beim Verschulden einer Partei oder ihres Vertreters vgl. § 48 GKG.

über die Beschwerde ist der Gegner zu hören.

100. (95) Besteht der unterliegende Theil aus mehreren Personen, so haften dieselben für die Kostenerstattung nach Kopftheilen.[53a]

Bei einer erheblichen Verschiedenheit der Betheiligung am Rechtsstreite kann nach dem Ermessen des Gerichts die Betheiligung zum Maßstabe genommen werden.

Hat ein Streitgenosse ein besonderes Angriffs- oder Vertheidigungsmittel geltend gemacht, so sind die übrigen Streitgenossen für die durch dasselbe veranlaßten Kosten nicht verhaftet.

Werden mehrere Beklagte als Gesammtschuldner verurtheilt, so haften sie auch für die Kostenerstattung, unbeschadet der Vorschrift des Abs. 3, als Gesammtschuldner. Die Vorschriften des bürgerlichen Rechts, nach denen sich diese Haftung auf die im Abs. 3 bezeichneten Kosten erstreckt, bleiben unberührt.[54]

101. (96) Die durch eine Nebenintervention verursachten Kosten sind dem Gegner der Hauptpartei aufzuerlegen, soweit derselbe nach den Bestimmungen der §§ 91—98 die Kosten des Rechtsstreits zu tragen hat; soweit dies nicht der Fall ist, sind sie dem Nebenintervenienten aufzuerlegen.

Gilt der Nebenintervenient als Streitgenosse der Hauptpartei (§ 69), so sind die Vorschriften des § 100 maßgebend.

102. (97) Gerichtsschreiber, gesetzliche Vertreter, Rechtsanwälte und andere Bevollmächtigte sowie Gerichtsvollzieher können durch das Prozeßgericht auch von Amtswegen zur Tragung derjenigen Kosten verurtheilt werden, welche sie durch grobes Verschulden veranlaßt haben.

Die Entscheidung kann ohne mündliche Verhandlung erfolgen. Vor der Entscheidung ist der Betheiligte zu hören.

Gegen die Entscheidung findet sofortige Beschwerde statt.

103. Im Verfahren vor den Amtsgerichten kann der Betrag der zu erstattenden Prozeßkosten, wenn er sofort zu ermitteln ist, in dem Urtheile festgesetzt werden. Gegen diese Festsetzung findet ausschließlich die sofortige Beschwerde statt.[55]

Im Uebrigen erfolgt die Festsetzung der zu erstattenden Prozeßkosten im besonderen Verfahren nach Maßgabe der §§ 104 bis 106.

104. (98) Der Anspruch auf Erstattung der Prozeßkosten kann nur auf Grund eines zur Zwangsvollstreckung geeigneten Titels geltend gemacht werden.

Das Gesuch um Festsetzung des zu erstattenden Betrags ist bei dem Gericht erster Instanz anzubringen; es kann vor dem Gerichtsschreiber zu Protokoll erklärt werden. Die Kostenberechnung, die zur Mittheilung an den Gegner bestimmte Abschrift derselben und die zur Rechtfertigung der einzelnen Ansätze dienenden Belege sind beizufügen.

105. (99) Die Entscheidung über das Festsetzungsgesuch kann ohne vorgängige mündliche Verhandlung erfolgen.

Das Gericht kann sich bei der Prüfung des Gesuchs der Hülfe des Gerichtsschreibers bedienen.

Zur Berücksichtigung eines Ansatzes genügt, daß derselbe glaubhaft gemacht ist.

Gegen den Festsetzungsbeschluß findet sofortige Beschwerde statt.

106. (100) Sind die Prozeßkosten ganz oder theilweise nach Quoten vertheilt, so hat die Partei den Gegner vor Anbringung des Festsetzungsgesuchs aufzufordern, die Berechnung seiner Kosten binnen einer einwöchigen Frist bei dem Gerichte einzureichen. Nach fruchtlosem Ablaufe der Frist erfolgt die Entscheidung ohne Rücksicht auf die Kosten des Gegners, unbeschadet des Rechts des letzteren, den Anspruch auf Erstattung nachträglich geltend zu machen. Der Gegner haftet für die Mehrkosten, welche durch das nachträgliche Verfahren entstehen.

107. Ergeht nach der Kostenfestsetzung eine Entscheidung, durch welche der Werth des Streitgegenstandes festgesetzt wird, so ist, falls diese Entscheidung von der Werthsberechnung abweicht, welche der Kostenfestsetzung zu Grunde liegt, auf Antrag die Kostenfestsetzung entsprechend abzuändern. Ueber den Antrag entscheidet das Gericht erster Instanz.

Der Antrag ist binnen der Frist von einem Monate bei dem Gericht anzubringen; er kann vor dem Gerichtsschreiber zu Protokoll erklärt werden. Die Frist beginnt mit der Zustellung und, wenn es einer solchen nicht bedarf, mit der Verkündung des den Werth des Streitgegenstandes festsetzenden Beschlusses.

Die Entscheidung kann ohne vorgängige mündliche Verhandlung erfolgen. Gegen die Entscheidung findet sofortige Beschwerde statt.

Sechster Titel. Sicherheitsleistung.[56]

108. (101) Die Bestellung einer prozessualischen Sicherheit[57] ist, sofern nicht die Parteien ein

53a. Vgl. § 91 GKG.

54. Z. B. § 767 Abs. 2 BGB.

55. § 577 Abs. 3 CPO.

56. Vgl. hierzu Artt. 11 ff. des internationalen Uebereinkommens v. 14. Nov. 1896 und Zusatzprotokoll v. 22. Mai 1897 (RGBl. 1899 S. 285); Art. 56 Abs. 2 Berner Uebereink. v. 14. Okt. 1890.

57. Vgl. §§ 232 ff. BGB.

Anderes vereinbart haben oder dieses Gesetz eine nach freiem Ermessen des Gerichts zu bestimmende Sicherheit zuläßt, durch Hinterlegung[58] von Geld[59] oder solchen Werthpapieren zu bewirken, welche nach § 234 Abs. 1, 3 des Bürgerlichen Gesetzbuchs zur Sicherheitsleistung geeignet sind oder nach richterlichem Ermessen eine genügende Deckung gewähren.

Die Vorschriften des § 234 Abs. 2 und des § 235 des Bürgerlichen Gesetzbuchs finden entsprechende Anwendung.

109. Ist die Veranlassung für eine Sicherheitsleistung weggefallen, so hat auf Antrag das Gericht, welches die Bestellung der Sicherheit angeordnet oder zugelassen hat, eine Frist zu bestimmen, binnen welcher ihm die Partei, zu deren Gunsten die Sicherheit geleistet ist, die Einwilligung in die Rückgabe der Sicherheit zu erklären oder die Erhebung der Klage wegen ihrer Ansprüche nachzuweisen hat.

Nach Ablauf der Frist hat das Gericht auf Antrag die Rückgabe der Sicherheit anzuordnen, wenn nicht inzwischen die Erhebung der Klage nachgewiesen ist.

Die Anträge und die Einwilligung in die Rückgabe der Sicherheit können vor dem Gerichtsschreiber zu Protokoll erklärt werden. Die Entscheidungen können ohne vorgängige mündliche Verhandlung erfolgen.

Gegen den Beschluß, durch welchen der im Abs. 1 vorgesehene Antrag abgelehnt wird, steht dem Antragsteller, gegen die im Abs. 2 bezeichnete Entscheidung steht beiden Theilen die sofortige Beschwerde zu.

110. (102) Ausländer,[60] welche als Kläger auftreten, haben dem Beklagten auf dessen Verlangen wegen der Prozeßkosten Sicherheit zu leisten.

Diese Verpflichtung tritt nicht ein:

1. wenn nach den Gesetzen des Staates, welchem der Kläger angehört, ein Deutscher in gleichem Falle zur Sicherheitsleistung nicht verpflichtet ist;[61]
2. im Urkunden- oder Wechselprozesse;
3. bei Widerklagen;
4. bei Klagen, welche in Folge einer öffentlichen Aufforderung angestellt werden;
5. bei Klagen aus Rechten, welche im Grundbuch[62] eingetragen sind.

111. (103) Der Beklagte kann auch dann Sicherheitsleistung verlangen, wenn im Laufe des Rechtsstreits der Kläger die Eigenschaft eines Deutschen verliert[63] oder die Voraussetzung, unter welcher der Ausländer von der Sicherheitsleistung befreit war, wegfällt und nicht ein zur Deckung ausreichender Theil des erhobenen Anspruchs unbestritten ist.

112. (104) Die Höhe der zu leistenden Sicherheit wird von dem Gerichte nach freiem Ermessen festgesetzt.

Bei der Festsetzung ist derjenige Betrag der Prozeßkosten zu Grunde zu legen, welchen der Beklagte wahrscheinlich aufzuwenden haben wird. Die dem Beklagten durch eine Widerklage erwachsenden Kosten sind hierbei nicht zu berücksichtigen.

Ergiebt sich im Laufe des Rechtsstreits, daß die geleistete Sicherheit nicht hinreicht, so kann der Beklagte die Leistung einer weiteren Sicherheit verlangen, sofern nicht ein zur Deckung ausreichender Theil des erhobenen Anspruchs unbestritten ist.

113. (105) Das Gericht hat dem Kläger bei Anordnung der Sicherheitsleistung eine Frist zu bestimmen, binnen welcher die Sicherheit zu leisten sei. Nach Ablauf der Frist ist auf Antrag des Beklagten, wenn die Sicherheit bis zur Entscheidung nicht geleistet ist, die Klage für zurückgenommen zu erklären oder, wenn über ein Rechtsmittel des Klägers zu verhandeln ist, dasselbe zu verwerfen.

Siebenter Titel. Armenrecht.[64]

114. (106) Wer außer Stande ist, ohne Beeinträchtigung des für ihn und seine Familie nothwendigen Unterhalts die Kosten des Prozesses zu bestreiten, hat auf Bewilligung des Armenrechts Anspruch, wenn die beabsichtigte Rechtsverfolgung oder Rechtsvertheidigung nicht muthwillig oder aussichtslos erscheint.

Ausländer haben auf das Armenrecht nur insoweit Anspruch, als die Gegenseitigkeit verbürgt ist.[65]

115. (107)[66] Durch die Bewilligung des Armenrechts erlangt die Partei:

1. die einstweilige Befreiung von der Berichtigung

---

58. Vgl. Ges. betr. das Hinterlegungswesen v. 1. Nov. 1899.

59. Vgl. Artt. 9, 14 § 1 Münzges. v. 9. Juli 1873 (15. Nov. 1874).

60. Vgl. § 1 Ges. betr. den Erwerb und Verlust der Bundes- und Staatsangehörigkeit v. 1. Juni 1870 (8. Jan. 1873); Art. 3 Reichsverfassung.

61. Vgl. Bkm. des RK v. 30. Sept. 1897 bezügl. Rußlands (RGBl. S. 775) und v. 23. Dez. 1897 bezügl. Oesterreichs (RGBl. S. 792): Artt. 11—13 des internationalen Uebereinkommens v. 14. Nov. 1896 (RGBl. 1899 S. 285).

62. Vgl. § 19 AG z. CPO und KO v. 13. Nov. 1899.

63. Vgl. § 13 Bundesges. v. 1. Juni 1870 (8. Jan. 1873).

64. Die Vorschriften dieses Titels finden entsprechende Anwendung in der Kassationsinstanz; über die Ertheilung des Armenrechts entscheidet das Prozeßgericht: § 22 AG z. GVG; § 47 AG z. CPO, StPO u. KO v. 8. Juli 1879. — Vgl. auch § 14 FrG.

65. Gegenseitigkeit ist bis jetzt nur verbürgt mit Italien: Bkm. v. 1. Okt. 1879 (RGBl. S. 312); Belgien: Bkm. v. 8. Okt. 1879 (RGBl. S. 316); Luxemburg: Bkm. v. 12. Juni 1879 (RGBl. S. 318); Frankreich: Uebereinkunft v. 20. Febr. 1880 (RGBl. 1881 S. 82); Oesterreich-Ungarn: Uebereinkunft v. 9. Mai 1886 (RGBl. 1887 S. 120); vgl. indessen Artt. 14 ff. des internationalen Uebereinkommens v. 14. Nov. 1896 (RGBl. 1899 S. 285).

66. Vgl. § 21 GKG f. Elf.-Lothr.

der rückständigen und künftig erwachsenden Gerichtskosten, einschließlich der Gebühren der Beamten, der den Zeugen und den Sachverständigen zu gewährenden Vergütung und der sonstigen baaren Auslagen, sowie der Stempelsteuer;[67]

2. die Befreiung von der Sicherheitsleistung für die Prozeßkosten;

3. das Recht, daß ihr zur vorläufig unentgeltlichen Bewirkung von Zustellungen und von Vollstreckungshandlungen ein Gerichtsvollzieher und, insoweit eine Vertretung durch Anwälte geboten ist, zur vorläufig unentgeltlichen Wahrnehmung ihrer Rechte ein Rechtsanwalt beigeordnet werde.

116. Insoweit nicht eine Vertretung durch Anwälte geboten oder ein Anwalt gemäß § 34 der Rechtsanwaltsordnung beigeordnet ist, kann einer armen Partei, welche nicht im Bezirke des Prozeßgerichts wohnt, zur unentgeltlichen Wahrnehmung ihrer Rechte in der mündlichen Verhandlung ein Justizbeamter, der nicht als Richter angestellt ist, oder ein Rechtskundiger, der die vorgeschriebene erste Prüfung für den Justizdienst bestanden hat, auf Antrag beigeordnet werden. Die in Folge dessen erwachsenden baaren Auslagen werden von der Staatskasse bestritten und als Gerichtskosten in Ansatz gebracht.

117. (108) Die Bewilligung des Armenrechts hat auf die Verpflichtung zur Erstattung der dem Gegner erwachsenden Kosten keinen Einfluß.

118. (109) Das Gesuch um Bewilligung des Armenrechts ist bei dem Prozeßgericht anzubringen; es kann vor dem Gerichtsschreiber zu Protokoll erklärt werden.

Dem Gesuch ist ein von der obrigkeitlichen Behörde der Partei ausgestelltes Zeugniß beizufügen, in welchem unter Angabe des Standes oder Gewerbes, der Vermögens- und Familienverhältnisse der Partei sowie des Betrags der von dieser zu entrichtenden direkten Staatssteuern das Unvermögen zur Bestreitung der Prozeßkosten ausdrücklich bezeugt wird. Für Personen, welche unter Vormundschaft oder Kuratel stehen, kann das Zeugniß auch von der vormundschaftlichen Behörde ausgestellt werden.

In dem Gesuche ist das Streitverhältniß unter Angabe der Beweismittel darzulegen.

119. (110) Die Bewilligung des Armenrechts erfolgt für jede Instanz besonders, für die erste Instanz einschließlich der Zwangsvollstreckung.

In der höheren Instanz bedarf es des Nachweises des Unvermögens nicht, wenn das Armenrecht in der vorherigen Instanz bewilligt war. Hat der Gegner das Rechtsmittel eingelegt, so ist in der höheren Instanz nicht zu prüfen, ob die Rechtsverfolgung oder Rechtsvertheidigung der Partei muthwillig oder aussichtslos erscheint.

120. (111) Die Bewilligung des Armenrechts für den Kläger, den Berufungskläger und den Revisionskläger hat zugleich für den Gegner die einstweilige Befreiung von den im § 115 Nr. 1 bezeichneten Kosten zur Folge.

121. (112) Das Armenrecht kann zu jeder Zeit entzogen werden, wenn sich ergiebt, daß eine Voraussetzung der Bewilligung nicht vorhanden war oder nicht mehr vorhanden ist.

122. (113) Das Armenrecht erlischt mit dem Tode der Person, welcher es bewilligt ist.

123. (114) Die Gerichtskosten, von deren Berichtigung die arme Partei einstweilen befreit ist, können von dem in die Prozeßkosten verurtheilten Gegner nach Maßgabe der für die Beitreibung rückständiger Gerichtskosten geltenden Vorschriften eingezogen werden.

Die Gerichtskosten, von deren Berichtigung der Gegner der armen Partei einstweilen befreit ist, sind von demselben einzuziehen, soweit er in die Prozeßkosten verurtheilt oder der Rechtsstreit ohne Urtheil über die Kosten beendigt ist.

124. (115) Die für die arme Partei bestellten Gerichtsvollzieher und Rechtsanwälte sind berechtigt, ihre Gebühren und Auslagen von dem in die Prozeßkosten verurtheilten Gegner beizutreiben.

Eine Einrede aus der Person der armen Partei ist nur insoweit zulässig, als die Aufrechnung von Kosten verlangt wird, welche nach der in demselben Rechtsstreite über die Kosten erlassenen Entscheidung von der armen Partei zu erstatten sind.

125. (116) Die zum Armenrechte zugelassene Partei ist zur Nachzahlung der Beträge, von deren Berichtigung sie einstweilen befreit war, verpflichtet, sobald sie ohne Beeinträchtigung des für sie und ihre Familie nothwendigen Unterhalts dazu im Stande ist.

Dasselbe gilt in Betreff derjenigen Beträge, von deren Berichtigung der Gegner einstweilen befreit war, soweit die arme Partei in die Prozeßkosten verurtheilt ist.

126. (117) Ueber das Gesuch um Bewilligung des Armenrechts, über die Entziehung desselben und über die Verpflichtung zur Nachzahlung der Beträge, von deren Berichtigung die zum Armenrechte zugelassene Partei oder der Gegner einstweilen befreit ist, kann ohne vorgängige mündliche Verhandlung entschieden werden.

127. (118) Gegen den Beschluß, durch welchen das Armenrecht bewilligt wird, findet kein Rechtsmittel;[68] gegen den Beschluß, durch welchen das

67. Vgl. § 19 GKG f. Elf.-Lothr.

68. Vgl. aber § 36 Abs. 2 Rechtsanwalts-Ordnung vom 1. Juli 1878.

Armenrecht verweigert oder entzogen oder die Nachzahlung von Kosten angeordnet wird, findet die Beschwerde statt.

Dritter Abschnitt. Verfahren.

Erster Titel. Mündliche Verhandlung.

128. (119) Die Verhandlung der Parteien über den Rechtsstreit vor dem erkennenden Gerichte ist eine mündliche.

129. (120) In Anwaltsprozessen wird die mündliche Verhandlung durch Schriftsätze vorbereitet; die Nichtbeachtung dieser Vorschrift hat Rechtsnachtheile in der Sache selbst nicht zur Folge.

In anderen Prozessen können vorbereitende Schriftsätze gewechselt werden.

130. (121) Die vorbereitenden Schriftsätze sollen enthalten:

1. die Bezeichnung der Parteien und ihrer gesetzlichen Vertreter nach Namen, Stand oder Gewerbe, Wohnort und Parteistellung; die Bezeichnung des Gerichts und des Streitgegenstandes; die Zahl der Anlagen;
2. die Anträge, welche die Partei in der Gerichtssitzung zu stellen beabsichtigt;
3. die Angabe der zur Begründung der Anträge dienenden thatsächlichen Verhältnisse;
4. die Erklärung über die thatsächlichen Behauptungen des Gegners;
5. die Bezeichnung der Beweismittel, welcher sich die Partei zum Nachweise oder zur Widerlegung thatsächlicher Behauptungen bedienen will, sowie die Erklärung über die von dem Gegner bezeichneten Beweismittel;
6. in Anwaltsprozessen die Unterschrift des Anwalts, in anderen Prozessen die Unterschrift der Partei selbst oder desjenigen, welcher für dieselbe als Bevollmächtigter oder als Geschäftsführer ohne Auftrag handelt.

131. (122) Dem vorbereitenden Schriftsatze sind die in den Händen der Partei befindlichen Urkunden, auf welche in dem Schriftsatze Bezug genommen wird, in Urschrift oder in Abschrift beizufügen.

Kommen nur einzelne Theile einer Urkunde in Betracht, so genügt die Beifügung eines Auszugs, welcher den Eingang, die zur Sache gehörende Stelle, den Schluß, das Datum und die Unterschrift enthält.

Sind die Urkunden dem Gegner bereits bekannt oder von bedeutendem Umfange, so genügt die genaue Bezeichnung derselben mit dem Erbieten, Einsicht zu gewähren.

132. (123) Der vorbereitende Schriftsatz, welcher neue Thatsachen oder ein anderes neues Vorbringen enthält, ist mindestens eine Woche, wenn er einen Zwischenstreit betrifft, mindestens drei Tage vor der mündlichen Verhandlung zuzustellen.

Der vorbereitende Schriftsatz, welcher eine Gegenerklärung auf neues Vorbringen enthält, ist mindestens drei Tage vor der mündlichen Verhandlung zuzustellen. Die Zustellung einer schriftlichen Gegenerklärung ist nicht erforderlich, wenn es sich um einen Zwischenstreit handelt.

133. (124) Die Parteien haben eine für das Prozeßgericht bestimmte Abschrift ihrer vorbereitenden Schriftsätze und der Anlagen auf der Gerichtsschreiberei niederzulegen.

Diese Niederlegung erfolgt zugleich mit der Ueberreichung der Urschrift, wenn eine Terminsbestimmung oder wenn die Zustellung unter Vermittelung des Gerichtsschreibers erwirkt werden soll, anderenfalls sofort nach erfolgter Zustellung des Schriftsatzes.

134. (125) Die Partei ist, wenn sie rechtzeitig aufgefordert wird, verpflichtet, die in ihren Händen befindlichen Urkunden, auf welche sie in einem vorbereitenden Schriftsatze Bezug genommen hat, vor der mündlichen Verhandlung auf der Gerichtsschreiberei niederzulegen und den Gegner von der Niederlegung zu benachrichtigen.

Der Gegner hat zur Einsicht der Urkunden eine Frist von drei Tagen. Die Frist kann auf Antrag von dem Vorsitzenden verlängert oder abgekürzt werden.

135. (126) Den Rechtsanwälten steht es frei, die Mittheilung von Urkunden von Hand zu Hand gegen Empfangsbescheinigung zu bewirken.

Giebt ein Rechtsanwalt die ihm eingehändigte Urkunde nicht binnen der bestimmten Frist zurück, so ist er auf Antrag nach vorgängiger mündlicher Verhandlung zur unverzüglichen Zurückgabe zu verurtheilen.

Gegen das Zwischenurtheil findet sofortige Beschwerde statt.

136. (127) Der Vorsitzende eröffnet und leitet die mündliche Verhandlung.

Er ertheilt das Wort und kann es demjenigen, welcher seinen Anordnungen nicht Folge leistet, entziehen.[69]

Er hat Sorge zu tragen, daß die Sache erschöpfende Erörterung finde und die Verhandlung ohne Unterbrechung zu Ende geführt werde; erforderlichenfalls hat er die Sitzung zur Fortsetzung der Verhandlung sofort zu bestimmen.

Er schließt die Verhandlung, wenn nach Ansicht des Gerichts die Sache vollständig erörtert ist, und verkündet die Urtheile und Beschlüsse des Gerichts.

137. (128) Die mündliche Verhandlung wird dadurch eingeleitet, daß die Parteien ihre Anträge stellen.

Die Vorträge der Parteien sind in freier Rede zu halten; sie haben das Streitverhältniß in thatsächlicher und rechtlicher Beziehung zu umfassen. Eine Bezugnahme auf Schriftstücke statt münd=

69. Vgl. §§ 177—185 GVG.

licher Verhandlung ist unzulässig. Die Vorlesung von Schriftstücken findet nur insoweit statt, als es auf den wörtlichen Inhalt derselben ankommt.

In Anwaltsprozessen ist neben dem Anwalt auch der Partei selbst auf Antrag das Wort zu gestatten.[70]

138. (129) Jede Partei hat sich über die von dem Gegner behaupteten Thatsachen zu erklären.

Thatsachen, welche nicht ausdrücklich bestritten werden, sind als zugestanden anzusehen, wenn nicht die Absicht, sie bestreiten zu wollen, aus den übrigen Erklärungen der Partei hervorgeht.

Eine Erklärung mit Nichtwissen ist nur über Thatsachen zulässig, welche weder eigene Handlungen der Partei noch Gegenstand ihrer eigenen Wahrnehmung gewesen sind.

139. (130) Der Vorsitzende hat durch Fragen darauf hinzuwirken, daß unklare Anträge erläutert, ungenügende Angaben der geltend gemachten Thatsachen ergänzt und die Beweismittel bezeichnet, überhaupt alle für die Feststellung des Sachverhältnisses erheblichen Erklärungen abgegeben werden.

Der Vorsitzende hat auf die Bedenken aufmerksam zu machen, welche in Ansehung der von Amtswegen zu berücksichtigenden Punkte obwalten.

Er hat jedem Mitgliede des Gerichts auf Verlangen zu gestatten, Fragen zu stellen.

140. (131) Wird eine auf die Sachleitung bezügliche Anordnung des Vorsitzenden oder eine von dem Vorsitzenden oder einem Gerichtsmitgliede gestellte Frage von einer bei der Verhandlung betheiligten Person als unzulässig beanstandet, so entscheidet das Gericht.

141. (132) Das Gericht kann das persönliche Erscheinen einer Partei zur Aufklärung des Sachverhältnisses anordnen.

142. (133) Das Gericht kann anordnen, daß eine Partei die in ihren Händen befindlichen Urkunden, auf welche sie sich bezogen hat, sowie Stammbäume, Pläne, Risse und sonstige Zeichnungen vorlege.[71]

Das Gericht kann anordnen, daß die vorgelegten Schriftstücke während einer von ihm zu bestimmenden Zeit auf der Gerichtsschreiberei verbleiben.

Das Gericht kann anordnen, daß von den in fremder Sprache abgefaßten Urkunden eine durch einen beeidigten Dolmetscher angefertigte Uebersetzung beigebracht werde.

143. (134) Das Gericht kann anordnen, daß die Parteien die in ihrem Besitze befindlichen Akten vorlegen, soweit dieselben aus Schriftstücken bestehen, welche die Verhandlung und Entscheidung der Sache betreffen.

144. (135) Das Gericht kann die Einnahme des Augenscheins, sowie die Begutachtung durch Sachverständige anordnen.

Das Verfahren richtet sich nach den Vorschriften, welche eine auf Antrag angeordnete Einnahme des Augenscheins oder Begutachtung durch Sachverständige zum Gegenstande haben.

145. (136) Das Gericht kann anordnen, daß mehrere in einer Klage erhobene Ansprüche in getrennten Prozessen verhandelt werden.

Dasselbe gilt, wenn der Beklagte eine Widerklage erhoben hat und der Gegenanspruch mit dem in der Klage geltend gemachten Anspruche nicht in rechtlichem Zusammenhange steht.

Macht der Beklagte die Aufrechnung einer Gegenforderung geltend, welche mit der in der Klage geltend gemachten Forderung nicht in rechtlichem Zusammenhange steht, so kann das Gericht anordnen, daß über die Klage und über die Aufrechnung getrennt verhandelt werde; die Vorschriften des § 302 finden Anwendung.

146. (137) Das Gericht kann anordnen, daß bei mehreren auf denselben Anspruch sich beziehenden selbständigen Angriffs- oder Vertheidigungsmitteln (Klagegründen, Einreden, Repliken &c.) die Verhandlung zunächst auf eines oder einige dieser Angriffs- oder Vertheidigungsmittel zu beschränken sei.

147. (138) Das Gericht kann die Verbindung mehrerer bei ihm anhängiger Prozesse derselben oder verschiedener Parteien zum Zwecke der gleichzeitigen Verhandlung und Entscheidung anordnen, wenn die Ansprüche, welche den Gegenstand dieser Prozesse bilden, in rechtlichem Zusammenhange stehen oder in einer Klage hätten geltend gemacht werden können.[72]

148. (139) Das Gericht kann, wenn die Entscheidung des Rechtsstreits ganz oder zum Theil von dem Bestehen oder Nichtbestehen eines Rechtsverhältnisses abhängt, welches den Gegenstand eines anderen anhängigen Rechtsstreits bildet oder von einer Verwaltungsbehörde festzustellen ist, anordnen, daß die Verhandlung bis zur Erledigung des anderen Rechtsstreits oder bis zur Entscheidung der Verwaltungsbehörde auszusetzen sei.

149. (140) Das Gericht kann, wenn sich im Laufe eines Rechtsstreits der Verdacht einer strafbaren Handlung ergiebt, deren Ermittelung auf die Entscheidung von Einfluß ist, die Aussetzung der Verhandlung bis zur Erledigung des Strafverfahrens anordnen.

150. (141) Das Gericht kann die von ihm erlassenen, eine Trennung, Verbindung oder Aussetzung betreffenden Anordnungen wieder aufheben.

151. Hängt die Entscheidung eines

70. Vgl. aber § 189 GVG.

71. Vgl. auch §§ 45, 102 HGB.

72. Vorgeschrieben ist diese Verbindung in den Fällen des § 272 Abs. 2 HGB und §§ 51 Abs. 3, 112 Abs. 1 RG betr. die Erwerbs- und Wirthschaftsgenossenschaften v. 1. Mai 1889; vgl. auch § 976 Abs. 2 CPO.

Rechtsstreits davon ab, ob eine Ehe nichtig ist, so hat das Gericht, wenn die Nichtigkeit nur im Wege der Nichtigkeitsklage geltend gemacht werden kann,[73] auf Antrag das Verfahren auszusetzen und, falls die Nichtigkeitsklage noch nicht erhoben ist, eine Frist zur Erhebung der Klage zu bestimmen. Ist die Nichtigkeitsklage erledigt oder wird sie nicht vor dem Ablaufe der bestimmten Frist erhoben, so ist die Aufnahme des ausgesetzten Verfahrens zulässig.

152. Hängt die Entscheidung eines Rechtsstreits davon ab, ob eine im Wege der Anfechtungsklage angefochtene Ehe anfechtbar ist,[74] so hat das Gericht auf Antrag das Verfahren auszusetzen. Ist der Rechtsstreit über die Anfechtungsklage erledigt, so findet die Aufnahme des ausgesetzten Verfahrens statt.

153. Hängt die Entscheidung eines Rechtsstreits davon ab, ob ein Kind, dessen Ehelichkeit im Wege der Anfechtungsklage angefochten worden ist,[75] unehelich ist, so finden die Vorschriften des § 152 entsprechende Anwendung.

154. Wird im Laufe eines Rechtsstreits streitig, ob zwischen den Parteien eine Ehe bestehe oder nicht bestehe, und hängt von der Entscheidung dieser Frage die Entscheidung des Rechtsstreits ab, so hat das Gericht auf Antrag das Verfahren auszusetzen, bis der Streit über das Bestehen oder Nichtbestehen der Ehe im Wege der Feststellungsklage erledigt ist.

Diese Vorschrift findet entsprechende Anwendung, wenn im Laufe eines Rechtsstreits streitig wird, ob zwischen den Parteien ein Eltern- und Kindesverhältniß bestehe oder nicht bestehe oder ob der einen Partei die elterliche Gewalt über die andere zustehe oder nicht zustehe, und von der Entscheidung dieser Fragen die Entscheidung des Rechtsstreits abhängt.

155. In den Fällen der §§ 151—153 kann das Gericht auf Antrag die Anordnung, durch welche das Verfahren ausgesetzt ist, aufheben, wenn die Betreibung des Rechtsstreits verzögert wird, welcher die Nichtigkeit oder die Anfechtung der Ehe oder die Anfechtung der Ehelichkeit zum Gegenstande hat.

156. (142) Das Gericht kann die Wiedereröffnung einer Verhandlung, welche geschlossen war, anordnen.

73. Vgl. § 1329 BGB.

74. Vgl. §§ 1341 Abs. 1, 1343 Abs. 2 BGB.

75. Vgl. § 1596 Abs. 1, 3 BGB.

157. (143) Das Gericht kann Parteien, Bevollmächtigten und Beiständen, denen die Fähigkeit zum geeigneten Vortrage mangelt, den weiteren Vortrag untersagen.

Das Gericht kann Bevollmächtigte und Beistände, welche das mündliche Verhandeln vor Gericht geschäftsmäßig betreiben, zurückweisen.

Eine Anfechtung dieser Anordnungen findet nicht statt.

Die Vorschriften der Abs. 1, 2 finden auf Rechtsanwälte,[76] die Vorschrift des Abs. 2 findet auf Personen, denen das mündliche Verhandeln vor Gericht durch eine seitens der Justizverwaltung getroffene Anordnung gestattet ist, keine Anwendung.

158. (144) Ist eine bei der Verhandlung betheiligte Person zur Aufrechthaltung der Ordnung von dem Orte der Verhandlung entfernt worden, so kann auf Antrag gegen sie in gleicher Weise verfahren werden, als wenn sie freiwillig sich entfernt hätte. Dasselbe gilt in den Fällen des vorhergehenden Paragraphen, sofern die Untersagung oder Zurückweisung bereits bei einer früheren Verhandlung geschehen war.

159. (145) Ueber die mündliche Verhandlung vor dem Gerichte ist ein Protokoll aufzunehmen.

Das Protokoll enthält:

1. den Ort und den Tag der Verhandlung;
2. die Namen der Richter, des Gerichtsschreibers und des etwa zugezogenen Dolmetschers;[77]
3. die Bezeichnung des Rechtsstreits;
4. die Namen der erschienenen Parteien, gesetzlichen Vertreter, Bevollmächtigten und Beistände;
5. die Angabe, daß öffentlich verhandelt oder die Oeffentlichkeit ausgeschlossen ist.

160. (146) Der Gang der Verhandlung ist nur im Allgemeinen anzugeben.

Durch Aufnahme in das Protokoll sind festzustellen:[78]

1. die Anerkenntnisse, Verzichtleistungen und Vergleiche, durch welche der geltend gemachte Anspruch ganz oder theilweise erledigt wird;
2. die Anträge und Erklärungen, deren Feststellung vorgeschrieben ist;
3. die Aussagen der Zeugen und Sachverständigen, sofern dieselben früher nicht abgehört waren oder von ihrer früheren Aussage abweichen;
4. das Ergebniß eines Augenscheins;
5. die Entscheidungen (Urtheile, Beschlüsse und Verfügungen) des Gerichts, sofern sie nicht dem Protokolle schriftlich beigefügt sind;

76. Und deren in § 25 Rechtsanwalts-Ordnung v. 1. Juli 1878 bezeichneten Stellvertreter.

77. Eventuell auch des Staatsanwalts in Ehesachen.

78. Besondere Bestimmung bezügl. der Amtsgerichte in § 509 CPO. — Zu beachten sind auch §§ 175, 184 GBG.

6. die Verkündung der Entscheidungen.

Der Aufnahme in das Protokoll steht die Aufnahme in eine Schrift gleich, welche dem Protokolle als Anlage beigefügt und als solche in demselben bezeichnet ist.

161. (147) Die Feststellung der Aussagen der Zeugen und Sachverständigen kann unterbleiben, wenn die Vernehmung vor dem Prozeßgericht erfolgt und das Endurtheil der Berufung nicht unterliegt. In diesem Falle ist in dem Protokolle nur zu bemerken, daß die Vernehmung stattgefunden habe.

162. (148) Das Protokoll ist insoweit, als es die Nr. 1—4 des § 160 betrifft, den Betheiligten vorzulesen oder zur Durchsicht vorzulegen. In dem Protokolle ist zu bemerken, daß dies geschehen und die Genehmigung erfolgt sei oder welche Einwendungen erhoben sind.

163. (149) Das Protokoll ist von dem Vorsitzenden und dem Gerichtsschreiber zu unterschreiben.

Ist der Vorsitzende verhindert, so unterschreibt für ihn der älteste beisitzende Richter. Im Falle der Verhinderung des Amtsrichters genügt die Unterschrift des Gerichtsschreibers.

164. (150) Die Beobachtung der für die mündliche Verhandlung vorgeschriebenen Förmlichkeiten kann nur durch das Protokoll bewiesen werden. Gegen den diese Förmlichkeiten betreffenden Inhalt desselben ist nur der Nachweis der Fälschung zulässig.

165. (151) Zu den Verhandlungen, welche außerhalb der Sitzung vor Amtsrichtern oder vor beauftragten oder ersuchten Richtern stattfinden, ist der Gerichtsschreiber gleichfalls zuzuziehen.

Zweiter Titel. Zustellungen.[79]

I. Zustellungen auf Betreiben der Parteien.

166. (152) Die von den Parteien zu betreibenden Zustellungen erfolgen durch Gerichtsvollzieher.

In dem Verfahren vor den Amtsgerichten kann die Partei den Gerichtsvollzieher unter Vermittelung des Gerichtsschreibers des Prozeßgerichts mit der Zustellung beauftragen. Das Gleiche gilt für Anwaltsprozesse in Ansehung der Zustellungen, durch welche eine Nothfrist gewahrt werden soll.

167. (153) Die mündliche Erklärung einer Partei genügt, um den Gerichtsvollzieher zur Vornahme der Zustellung, den Gerichtsschreiber zur Beauftragung eines Gerichtsvollziehers mit der Zustellung zu ermächtigen.

Ist eine Zustellung durch einen Gerichtsvollzieher bewirkt, so wird bis zum Beweise des Gegentheils angenommen, daß dieselbe im Auftrage der Partei erfolgt sei.

168. (154) Insoweit eine Zustellung unter Vermittelung des Gerichtsschreibers zulässig ist, hat dieser einen Gerichtsvollzieher mit der erforderlichen Zustellung zu beauftragen, sofern nicht die Partei erklärt hat, daß sie selbst einen Gerichtsvollzieher beauftragen wolle; in Anwaltsprozessen ist die Erklärung nur zu berücksichtigen, wenn sie in dem zuzustellenden Schriftsatz enthalten ist.

169. (155) Die Partei hat dem Gerichtsvollzieher und, wenn unter Vermittelung des Gerichtsschreibers zuzustellen ist, diesem neben der Urschrift des zuzustellenden Schriftstücks eine der Zahl der Personen, welchen zuzustellen ist, entsprechende Zahl von Abschriften zu übergeben.

Die Zeit der Uebergabe ist auf der Urschrift und den Abschriften zu vermerken und der Partei auf Verlangen zu bescheinigen.

170. (156) Die Zustellung besteht, wenn eine Ausfertigung zugestellt werden soll, in deren Uebergabe, in den übrigen Fällen in der Uebergabe einer beglaubigten[80] Abschrift des zuzustellenden Schriftstücks.

Die Beglaubigung geschieht durch den Gerichtsvollzieher, bei den auf Betreiben von Rechtsanwälten oder in Anwaltsprozessen zuzustellenden Schriftstücken durch den Anwalt.

171. (157) Die Zustellungen, welche an eine Partei bewirkt werden sollen, erfolgen für die nicht prozeßfähigen Personen an die gesetzlichen Vertreter derselben.

Bei Behörden, Gemeinden und Korporationen, sowie bei Vereinen, welche als solche klagen und verklagt werden können, genügt die Zustellung an die Vorsteher.

Bei mehreren gesetzlichen Vertretern, sowie bei mehreren Vorstehern genügt die Zustellung an einen derselben.

172. (158) Die Zustellung für einen Unteroffizier oder einen Gemeinen des aktiven Heeres oder der aktiven Marine erfolgt an den Chef der zunächst vorgesetzten Kommandobehörde (Chef der Kompagnie, Eskadron, Batterie u. s. w.).

173. (159) Die Zustellung erfolgt an den Generalbevollmächtigten, sowie in den durch den Betrieb eines Handelsgewerbes hervorgerufenen Rechtsstreitigkeiten an den Prokuristen[81] mit gleicher Wirkung, wie an die Partei selbst.

174. (160) Wohnt eine Partei weder am Orte des Prozeßgerichts noch innerhalb des Amtsgerichtsbezirks, in welchem das Prozeßgericht seinen Sitz hat, so kann das Gericht, falls sie nicht einen

79. Bezüglich der Zustellungen in Angelegenheiten der FrG vgl. § 16 Abs. 2 FrG; vgl. auch das internationale Uebereinkommen v. 14. Nov. 1896 (RGBl. 1899 S. 285); Art. 14 badisch-französischer Staatsvertrag v. 16. April 1846.

80. Ausnahme in § 77 KO.

81. § 49 HGB.

in diesem Orte oder Bezirke wohnhaften Prozeßbevollmächtigen bestellt hat, auf Antrag anordnen, daß sie eine daselbst wohnhafte Person zum Empfange der für sie bestimmten Schriftstücke bevollmächtige. Diese Anordnung kann ohne vorgängige mündliche Verhandlung erfolgen. Eine Anfechtung des Beschlusses findet nicht statt.[81a]

Wohnt die Partei nicht im Deutschen Reiche, so ist sie auch ohne vorgängige Anordnung des Gerichts zur Benennung eines Zustellungsbevollmächtigten verpflichtet, falls sie nicht einen in dem durch den ersten Absatz bezeichneten Orte oder Bezirke wohnhaften Prozeßbevollmächtigten bestellt hat.[82]

175. (161) Der Zustellungsbevollmächtigte ist bei der nächsten gerichtlichen Verhandlung oder, wenn die Partei vorher dem Gegner einen Schriftsatz zustellen läßt, in diesem zu benennen. Geschieht dies nicht, so können alle späteren Zustellungen bis zur nachträglichen Benennung in der Art bewirkt werden, daß der Gerichtsvollzieher das zu übergebende Schriftstück unter der Adresse der Partei nach ihrem Wohnorte zur Post giebt.[83] Die Zustellung wird mit der Aufgabe zur Post als bewirkt angesehen, selbst wenn die Sendung als unbestellbar zurückkommt.

Die Postsendungen sind mit der Bezeichnung „Einschreiben" zu versehen, wenn die Partei es verlangt und zur Zahlung der Mehrkosten sich bereit erklärt.

176. (162) Zustellungen, welche in einem anhängigen Rechtsstreite geschehen sollen, müssen an den für die Instanz bestellten Prozeßbevollmächtigten erfolgen.

177. Ist der Aufenthalt eines Prozeßbevollmächtigten unbekannt, so hat das Prozeßgericht auf Antrag die Zustellung an den Zustellungsbevollmächtigten, in Ermangelung eines solchen an den Gegner selbst zu bewilligen.

Die Entscheidung über den Antrag kann ohne vorgängige mündliche Verhandlung erlassen werden. Eine Anfechtung der die Zustellung bewilligenden Entscheidung findet nicht statt.

178. (163) Als zu der Instanz gehörig sind im Sinne des § 176 auch diejenigen Prozeßhandlungen anzusehen, welche das Verfahren vor dem Instanzgerichte in Folge eines Einspruchs, einer Aufhebung des Urtheils des Instanzgerichts, einer Wiederaufnahme des Verfahrens oder eines neuen Vorbringens in der Zwangsvollstreckungsinstanz zum Gegenstande haben. Das Verfahren vor dem Vollstreckungsgerichte ist als zur ersten Instanz gehörig anzusehen.

179. (164) Die Zustellung eines Schriftsatzes, durch welche ein Rechtsmittel eingelegt wird, erfolgt an den Prozeßbevollmächtigten derjenigen Instanz, deren Entscheidung angefochten wird, in Ermangelung eines solchen an den Prozeßbevollmächtigten erster Instanz. Ist von dem Gegner bereits ein Prozeßbevollmächtigter für die höhere, zur Verhandlung und Entscheidung über das Rechtsmittel zuständige Instanz bestellt, so kann die Zustellung auch an diesen Prozeßbevollmächtigten erfolgen.

Ist ein Prozeßbevollmächtigter, welchem nach Maßgabe des Abs. 1 zugestellt werden kann, nicht vorhanden, so erfolgt die Zustellung an den von dem Gegner, wenngleich nur für die erste Instanz, bestellten Zustellungsbevollmächtigten, in Ermangelung eines solchen an den Gegner selbst, und zwar an diesen durch Aufgabe zur Post, wenn er einen Zustellungsbevollmächtigten zu bestellen hatte, die Bestellung aber unterlassen hat.

Ist der Aufenthalt des Prozeßbevollmächtigten, welchem zuzustellen ist, unbekannt, so finden die Vorschriften des § 177 entsprechende Anwendung.

180. (165) Die Zustellungen können an jedem Orte erfolgen, wo die Person, welcher zugestellt werden soll, angetroffen wird.

Hat die Person an diesem Orte eine Wohnung oder ein Geschäftslokal, so ist die außerhalb der Wohnung oder des Geschäftslokals an sie erfolgte Zustellung nur gültig, wenn die Annahme nicht verweigert ist.

181. (166) Wird die Person, welcher zugestellt werden soll, in ihrer Wohnung nicht angetroffen, so kann die Zustellung in der Wohnung an einen zu der Familie gehörenden erwachsenen Hausgenossen oder an eine in der Familie dienende erwachsene Person erfolgen.

Wird eine solche Person nicht angetroffen, so kann die Zustellung an den in demselben Hause wohnenden Hauswirth oder Vermiether erfolgen, wenn diese zur Annahme des Schriftstücks bereit sind.

182. (167) Ist die Zustellung nach diesen Bestimmungen nicht ausführbar, so kann sie dadurch erfolgen, daß das zu übergebende Schriftstück auf der Gerichtsschreiberei des Amtsgerichts, in dessen Bezirke der Ort der Zustellung gelegen ist, oder an diesem Orte bei der Postanstalt oder dem Gemeindevorsteher oder dem Polizeivorsteher niedergelegt und die Niederlegung sowohl durch eine an der Thür der Wohnung zu befestigende schriftliche Anzeige, als auch, soweit thunlich, durch mündliche Mittheilung an zwei in der Nachbarschaft wohnende Personen bekannt gemacht wird.[84]

81a. Vergl. § 33 Abs 2 AG z. FrG.

82. Vgl. auch § 19 Rechtsanwalts-Ordnung v. 1. Juli 1878.

83. Vgl. auch § 19 Abs. 3 Rechtsanwalts-Ordnung v. 1. Juli 1878.

84. Vgl. hierzu MinB v. 28. Febr. 1881 (Sammlung 6 S. 32).

183. (168) Für Gewerbetreibende, welche ein besonderes Geschäftslokal haben, kann, wenn sie in dem Geschäftslokale nicht angetroffen werden, die Zustellung an einen darin anwesenden Gewerbegehülfen erfolgen.

Wird ein Rechtsanwalt, ein Notar oder ein Gerichtsvollzieher in seinem Geschäftslokale nicht angetroffen, so kann die Zustellung an einen darin anwesenden Gehülfen oder Schreiber erfolgen.

184. (169) Wird der gesetzliche Vertreter oder der Vorsteher einer Behörde, einer Gemeinde, einer Korporation oder eines Vereins, welchem zugestellt werden soll, in dem Geschäftslokale während der gewöhnlichen Geschäftsstunden nicht angetroffen, oder ist er an der Annahme verhindert, so kann die Zustellung an einen anderen in dem Geschäftslokale anwesenden Beamten oder Bediensteten bewirkt werden.

Wird der gesetzliche Vertreter oder der Vorsteher in seiner Wohnung nicht angetroffen, so finden die Bestimmungen der §§ 181, 182 nur Anwendung, wenn ein besonderes Geschäftslokal nicht vorhanden ist.

185. Die Zustellung an eine der in den §§ 181, 183 und im § 184 Abs. 1 bezeichneten Personen hat zu unterbleiben, wenn die Person an dem Rechtsstreit als Gegner der Partei, an welche die Zustellung erfolgen soll, betheiligt ist.

186. (170) Wird die Annahme der Zustellung ohne gesetzlichen Grund verweigert, so ist das zu übergebende Schriftstück am Orte der Zustellung zurückzulassen.

187. Ergiebt sich aus den Erklärungen einer Partei, daß eine ihr unter Verletzung der Vorschriften der §§ 181—186 zugestellte Ladung in ihre Hände gelangt ist, so ist die Zustellung als mit dem Zeitpunkte bewirkt anzusehen, in welchem die Partei nach ihren Erklärungen die Ladung erhalten hat.

188. (171) Zur Nachtzeit, sowie an Sonntagen und allgemeinen Feiertagen[85] darf eine Zustellung, sofern sie nicht durch Aufgabe zur Post bewirkt wird, nur mit richterlicher Erlaubniß erfolgen. Die Nachtzeit umfaßt in dem Zeitraume vom 1. April bis 30. September die Stunden von neun Uhr Abends bis vier Uhr Morgens und in dem Zeitraume vom 1. Oktober bis 31. März die Stunden von neun Uhr Abends bis sechs Uhr Morgens.

Die Erlaubniß wird von dem Vorsitzenden des Prozeßgerichts ertheilt; sie kann auch von dem Amtsrichter, in dessen Bezirke die Zustellung erfolgen soll, und in Angelegenheiten, welche durch einen beauftragten oder ersuchten Richter zu erledigen sind, von diesem ertheilt werden.

Die Verfügung, durch welche die Erlaubniß ertheilt wird, ist bei der Zustellung abschriftlich mitzutheilen.

Eine Zustellung, bei welcher die Bestimmungen dieses Paragraphen nicht beobachtet sind, ist gültig, wenn die Annahme nicht verweigert ist.

189. (172) Ist bei einer Zustellung an den Vertreter mehrerer Betheiligter oder an einen von mehreren Vertretern die Uebergabe der Ausfertigung oder Abschrift eines Schriftstücks erforderlich, so genügt die Uebergabe nur einer Ausfertigung oder Abschrift.

Einem Zustellungsbevollmächtigten mehrerer Betheiligter sind so viele Ausfertigungen oder Abschriften zu übergeben, als Betheiligte vorhanden sind.

190. (173) Ueber die Zustellung ist eine Urkunde aufzunehmen.

Dieselbe ist auf die Urschrift des zuzustellenden Schriftstücks oder auf einen mit derselben zu verbindenden Bogen zu setzen.

Eine durch den Gerichtsvollzieher beglaubigte Abschrift der Zustellungsurkunde ist auf das bei der Zustellung zu übergebende Schriftstück oder auf einen mit demselben zu verbindenden Bogen zu setzen.

Die Zustellungsurkunde ist der Partei, für welche die Zustellung erfolgt, zu übermitteln.

191. (174) Die Zustellungsurkunde muß enthalten:

1. Ort und Zeit der Zustellung;
2. die Bezeichnung der Person, für welche zugestellt werden soll;
3. die Bezeichnung der Person, an welche zugestellt werden soll;
4. die Bezeichnung der Person, welcher zugestellt ist; in den Fällen der §§ 181, 183, 184 die Angabe des Grundes, durch welchen die Zustellung an die bezeichnete Person gerechtfertigt wird; wenn nach § 182 verfahren ist, die Bemerkung, wie die darin enthaltenen Vorschriften befolgt sind;
5. im Falle der Verweigerung der Annahme die Erwähnung, daß die Annahme verweigert und das zu übergebende Schriftstück am Orte der Zustellung zurückgelassen ist;
6. die Bemerkung, daß eine Ausfertigung oder eine beglaubigte Abschrift des zuzustellenden Schriftstücks und daß eine beglaubigte Abschrift der Zustellungsurkunde übergeben ist;
7. die Unterschrift des die Zustellung vollziehenden Beamten.

85. Für Els.-Lothr.: Neujahrstag, Karfreitag, Ostermontag, Christi Himmelfahrt, Pfingstmontag, Maria-Himmelfahrt, Allerheiligen, Weihnachten; vgl. V. v. 29. Germinal X. nebst Bem.

192. (175) Ist die Zustellung durch Aufgabe zur Post (§ 175) erfolgt, so muß die Zustellungsurkunde den Bestimmungen des vorstehenden Paragraphen unter Nr. 2, 3, 7 entsprechen und außerdem ergeben, zu welcher Zeit, unter welcher Adresse und bei welcher Postanstalt die Aufgabe geschehen ist.

193. (176) Zustellungen können auch durch die Post erfolgen.[86]

194. (177) Wird durch die Post zugestellt, so hat der Gerichtsvollzieher einen durch sein Dienstsiegel verschlossenen, mit der Adresse der Person, an welche zugestellt werden soll, versehenen und mit einer Geschäftsnummer bezeichneten Briefumschlag, in welchem die zuzustellende Ausfertigung oder die beglaubigte Abschrift des zuzustellenden Schriftstücks enthalten ist, der Post mit dem Ersuchen zu übergeben, die Zustellung einem Postboten des Bestimmungsorts aufzutragen.

Der Gerichtsvollzieher hat auf dem bei der Zustellung zu übergebenden Schriftstücke zu vermerken, für welche Person er dasselbe der Post übergiebt, und auf der Urschrift des zuzustellenden Schriftstücks oder auf einem mit derselben zu verbindenden Bogen zu bezeugen, daß die Uebergabe in der im Abs. 1 bezeichneten Art und für wen sie geschehen ist.

195. (178) Die Zustellung durch den Postboten erfolgt in Gemäßheit der Bestimmungen der §§ 180—186.[87]

Ueber die Zustellung ist von dem Postboten eine Urkunde aufzunehmen, welche den Bestimmungen des § 191 Nr. 1, 3—5, 7 entsprechen und außerdem die Uebergabe des seinem Verschlusse, seiner Adresse und seiner Geschäftsnummer nach bezeichneten Briefumschlags, sowie der Abschrift der Zustellungsurkunde bezeugen muß.

Die Urkunde ist von dem Postboten der Postanstalt und von dieser dem Gerichtsvollzieher zu überliefern, welcher mit derselben in Gemäßheit der Bestimmung des § 190 Abs. 4 zu verfahren hat.

196. (179) Insoweit eine Zustellung unter Vermittelung des Gerichtsschreibers zulässig ist, kann derselbe unmittelbar die Post um Bewirkung der Zustellung ersuchen. In diesem Falle finden die Vorschriften der §§ 194, 195 auf den Gerichtsschreiber entsprechende Anwendung; die erforderliche Beglaubigung erfolgt durch den Gerichtsschreiber.[88]

197. (180) Ist eine Zustellung durch einen Gerichtsvollzieher bewirkt, obgleich sie durch die Post hätte erfolgen können, so hat die zur Erstattung der Prozeßkosten verurtheilte Partei die Mehrkosten nicht zu tragen.[89]

198. (181). Sind die Parteien durch Anwälte vertreten, so kann die Zustellung von Anwalt zu Anwalt erfolgen.

Zum Nachweise der Zustellung genügt das mit Datum und Unterschrift versehene schriftliche Empfangsbekenntniß des Anwalts, welchem zugestellt worden ist. Der Anwalt, welcher zustellt, hat dem anderen Anwalt auf Verlangen eine Bescheinigung über die Zustellung zu ertheilen.[90]

199. (182) Eine im Auslande zu bewirkende Zustellung erfolgt mittels Ersuchens der zuständigen Behörde des fremden Staates oder des in diesem Staate residirenden Konsuls oder Gesandten des Reichs.[91]

200. (183) Zustellungen an Deutsche, welche das Recht der Exterritorialität genießen, erfolgen, wenn dieselben zur Mission des Reichs gehören, mittels Ersuchens des Reichskanzlers; wenn dieselben zur Mission eines Bundesstaates gehören, mittels Ersuchens des Ministers der auswärtigen Angelegenheiten dieses Bundesstaates.

Zustellungen an die Vorsteher der Reichskonsulate erfolgen mittels Ersuchens des Reichskanzlers.

201. (184) Zustellungen an Personen, welche zu einem im Auslande befindlichen oder zu einem mobilen Truppentheile oder zur Besatzung eines in Dienst gestellten Kriegsfahrzeuges gehören, können mittels Ersuchens der vorgesetzten Kommandobehörde erfolgen.

202. (185) Die erforderlichen Ersuchungsschreiben werden von dem Vorsitzenden des Prozeßgerichts erlassen.

Die Zustellung wird durch das schriftliche Zeugniß der ersuchten Behörden oder Beamten, daß die Zustellung erfolgt sei, nachgewiesen.

203. (186) Ist der Aufenthalt einer Partei unbekannt, so kann die Zustellung durch öffentliche Bekanntmachung erfolgen.

Die öffentliche Zustellung ist auch dann zulässig, wenn bei einer im Auslande zu bewirkenden Zustellung die Befolgung der für diese bestehenden Vorschriften unausführbar ist oder keinen Erfolg verspricht.

Das Gleiche gilt, wenn die Zustellung aus dem Grunde nicht bewirkt werden kann, weil die Wohnung einer nach den §§ 18, 19 des Gerichtsverfassungsgesetzes

86. Vgl. § 25 Postordnung v. 20. März 1900.

87. Vgl. hierzu Vf. des Staatssekretärs des Reichspostamts v. 26. Okt. 1899 (ABl. S. 145).

88. Vgl. hierzu Geschäftsordnung für die Gerichtsschreibereien v. 20. Dez. 1879 § 7 Abs. 1 (Sammlung 4 S. 484).

89. Vgl. § 3 GebO für Gerichtsvollzieher.

90. Vgl. auch § 19 Abs. 2 Rechtsanwalts-Ordnung v. 1. Juli 1878.

91. Ueber den Verkehr mit den ausländischen Gerichtsbehörden vgl. die V. v. 2. Febr. 1887 (Sammlung 12 S. 335), v. 24. Jan. 1888 (Sammlung 13 S. 34), v. 27. März und 26. Okt. 1893 (Sammlung 18 S. 52, 428) und v. 2. Aug. 1894 (Sammlung 19 S. 263); Artt. 5 ff. des internationalen Uebereinkommens v. 14. Nov. 1896 (RGBl. 1899 S. 285).

der Gerichtsbarkeit nicht unterworfenen Person der Ort der Zustellung ist.

204. (187) Die öffentliche Zustellung wird, nachdem sie auf ein Gesuch der Partei vom Prozeßgerichte bewilligt ist, durch den Gerichtsschreiber von Amtswegen besorgt. Die Entscheidung über das Gesuch kann ohne vorgängige mündliche Verhandlung erlassen werden.

Die öffentliche Zustellung erfolgt durch Anheftung der zuzustellenden Ausfertigung oder einer beglaubigten Abschrift des zuzustellenden Schriftstücks an die Gerichtstafel. Enthält das Schriftstück eine Ladung, so ist außerdem die zweimalige Einrückung eines Auszugs des Schriftstücks in dasjenige Blatt, welches für den Sitz des Prozeßgerichts zur Veröffentlichung der amtlichen Bekanntmachungen bestimmt ist, sowie die einmalige Einrückung des Auszugs in den Deutschen Reichsanzeiger erforderlich.

Das Prozeßgericht kann anordnen, daß der Auszug noch in andere Blätter und zu mehreren Malen eingerückt werde.

205. (188). In dem Auszuge des Schriftstücks müssen das Prozeßgericht, die Parteien, der Gegenstand des Prozesses, der Antrag, der Zweck der Ladung und die Zeit, zu welcher der Geladene erscheinen soll, bezeichnet werden.

206. (189) Das eine Ladung enthaltende Schriftstück gilt als an dem Tage zugestellt, an welchem seit der letzten Einrückung des Auszugs in die öffentlichen Blätter ein Monat verstrichen ist. Das Prozeßgericht kann bei Bewilligung der öffentlichen Zustellung den Ablauf einer längeren Frist für erforderlich erklären.

Enthält das Schriftstück keine Ladung, so ist dasselbe als zugestellt anzusehen, wenn seit der Anheftung des Schriftstücks an die Gerichtstafel zwei Wochen verstrichen sind.

Auf die Gültigkeit der Zustellung hat es keinen Einfluß, wenn das anzuheftende Schriftstück von dem Orte der Anheftung zu früh entfernt wird.

207. (190) Wird auf ein Gesuch, welches die Zustellung eines demselben beigefügten Schriftstücks mittels Ersuchens anderer Behörden oder Beamten oder mittels öffentlicher Bekanntmachung betrifft, die Zustellung demnächst bewirkt, so treten, insoweit durch die Zustellung eine Frist gewahrt und der Lauf der Verjährung oder einer Frist unterbrochen wird, die Wirkungen der Zustellung bereits mit der Ueberreichung des Gesuchs ein.

Wird ein Schriftsatz, dessen Zustellung unter Vermittelung des Gerichtsschreibers erfolgen soll, innerhalb einer Frist von zwei Wochen nach der Einreichung bei dem Gerichtsschreiber zugestellt, so tritt, sofern durch die Zustellung eine Nothfrist gewahrt wird, die Wirkung der Zustellung bereits mit der Einreichung ein.

II. Zustellungen von Amtswegen.[92]

208. Auf die von Amtswegen zu bewirkenden Zustellungen finden die Vorschriften über die Zustellungen auf Betreiben der Parteien entsprechende Anwendung, soweit nicht aus den nachfolgenden Bestimmungen sich Abweichungen ergeben.

209. Für die Bewirkung der Zustellung hat der Gerichtsschreiber Sorge zu tragen.

210. Die Beglaubigung der bei der Zustellung zu übergebenden Abschrift geschieht durch den Gerichtsschreiber.

211. Der Gerichtsschreiber hat das zu übergebende Schriftstück in einem durch das Gerichtssiegel verschlossenen, mit der Adresse der Person, an welche zugestellt werden soll, versehenen und mit einer Geschäftsnummer bezeichneten Briefumschlag einem Gerichtsdiener[93] oder der Post zur Zustellung auszuhändigen. Auf den Briefumschlag ist der Vermerk zu setzen: Vereinfachte Zustellung.

Die auf dem Briefumschlag angegebene Geschäftsnummer ist in den Akten zu vermerken.

Die Vorschrift des § 194 Abs. 2 findet keine Anwendung.

212. Die Beurkundung der Zustellung durch den Gerichtsdiener oder den Postboten erfolgt nach den Vorschriften des § 195 Abs. 2 mit der Maßgabe, daß eine Abschrift der Zustellungsurkunde nicht zu übergeben, der Tag der Zustellung jedoch auf dem Briefumschlage zu vermerken ist.

Die Zustellungsurkunde ist dem Gerichtsschreiber zu überliefern.

213. Ist die Zustellung durch Aufgabe zur Post (§ 175) erfolgt, so hat der Gerichtsschreiber in den Akten zu vermerken, zu welcher Zeit und unter welcher Adresse die Aufgabe geschehen ist. Der Aufnahme einer Zustellungsurkunde bedarf es nicht.

Dritter Titel. Ladungen, Termine und Fristen.

214. (191) Die Ladung zu einem Termin erfolgt durch die Partei, welche über die Hauptsache oder über einen Zwischenstreit mündlich verhandeln will.

Ist mit der Ladung zugleich eine Klageschrift oder ein anderer Schriftsatz zuzustellen, so ist die Ladung in den Schriftsatz aufzunehmen.

---

92. Vgl. hierzu die V. betr. die Zustellungen von Amtswegen v. 26. Dez. 1899. Ueber solche Zustellungen im Verfahren vor den Notaren s. MinV v. 8. Febr. 1900.

93. Nach § 134 Abs. 2 GKG für Els.-Lothr. kann das Ministerium die Verrichtungen des Gerichtsdieners in Ansehung der Zustellung den Gerichtsvollziehern übertragen. Vgl. § 1 der V. betr. die Zustellungen von Amtswegen v. 26. Dez. 1899.

215. (192) In Anwaltsprozessen muß die Ladung zur mündlichen Verhandlung, sofern die Zustellung nicht an einen Rechtsanwalt erfolgt, die Aufforderung an den Gegner enthalten, einen bei dem Prozeßgerichte zugelassenen Anwalt zu bestellen.

216. (193) Die Ladung ist zum Zwecke der Terminsbestimmung bei dem Gerichtsschreiber einzureichen.

Die Bestimmung der Termine erfolgt binnen vierundzwanzig Stunden durch den Vorsitzenden.

Auf Sonntage und allgemeine Feiertage sind Termine nur in Nothfällen anzuberaumen.

217. (194) Die Frist, welche in einer anhängigen Sache zwischen der Zustellung der Ladung und dem Terminstage liegen soll (Ladungsfrist), beträgt in Anwaltsprozessen mindestens eine Woche, in anderen Prozessen mindestens drei Tage, in Meß- und Marktsachen mindestens vierundzwanzig Stunden.

218. (195) Zu Terminen, welche in verkündeten Entscheidungen bestimmt sind, ist eine Ladung der Parteien nicht erforderlich.

219. (196) Die Termine werden an der Gerichtsstelle abgehalten, sofern nicht die Einnahme eines Augenscheins an Ort und Stelle, die Verhandlung mit einer am Erscheinen vor Gericht verhinderten Person oder eine sonstige Handlung erforderlich ist, welche an der Gerichtsstelle nicht vorgenommen werden kann.

Die Landesherren und die Mitglieder der landesherrlichen Familien sowie die Mitglieder der Fürstlichen Familie Hohenzollern sind nicht verpflichtet, persönlich an der Gerichtsstelle zu erscheinen. Das Gleiche gilt in Ansehung der Mitglieder des vormaligen Hannoverschen Königshauses, des vormaligen Kurhessischen und des vormaligen Herzoglich Nassauischen Fürstenhauses.

220. (197) Der Termin beginnt mit dem Aufrufe der Sache.

Der Termin ist von einer Partei versäumt, wenn sie bis zum Schlusse desselben nicht verhandelt.

221. (198) Der Lauf einer richterlichen Frist beginnt, sofern nicht bei Festsetzung derselben ein Anderes bestimmt wird, mit der Zustellung des Schriftstücks, in welchem die Frist festgesetzt ist, und, wenn es einer solchen Zustellung nicht bedarf, mit der Verkündung der Frist.

Der Lauf einer gesetzlichen oder richterlichen Frist, deren Beginn von einer Zustellung abhängig ist, beginnt mit dieser auch gegen diejenige Partei, welche die Zustellung hat bewirken lassen.

222. (200) Für die Berechnung der Fristen gelten die Vorschriften des Bürgerlichen Gesetzbuchs.[94]

Fällt das Ende einer Frist auf einen Sonntag oder allgemeinen Feiertag,[95] so endigt die Frist mit Ablauf des nächstfolgenden Werktages.

Bei der Berechnung einer Frist, welche nach Stunden bestimmt ist, werden Sonntage und allgemeine Feiertage[95] nicht mitgerechnet.

223. (201) Der Lauf einer Frist wird durch die Gerichtsferien gehemmt. Der noch übrige Theil der Frist beginnt mit dem Ende der Ferien[96] zu laufen. Fällt der Anfang der Frist in die Ferien, so beginnt der Lauf der Frist mit dem Ende derselben.

Die vorstehenden Bestimmungen finden auf Nothfristen und Fristen in Feriensachen[97] keine Anwendung.

Nothfristen sind nur diejenigen Fristen, welche in diesem Gesetz als solche bezeichnet werden.

224. (202) Durch Vereinbarung der Parteien können Fristen, mit Ausnahme der Nothfristen verlängert oder abgekürzt werden.

Auf Antrag können richterliche und gesetzliche Fristen abgekürzt oder verlängert werden, wenn erhebliche Gründe glaubhaft gemacht sind, gesetzliche Fristen jedoch nur in den besonders bestimmten Fällen.

Im Falle der Verlängerung wird die neue Frist von dem Ablaufe der vorigen Frist an berechnet, wenn nicht im einzelnen Falle ein Anderes bestimmt ist.

225. (203) Ueber das Gesuch um Abkürzung oder Verlängerung einer Frist kann ohne vorgängige mündliche Verhandlung entschieden werden.

Die Abkürzung oder wiederholte Verlängerung darf nur nach vorgängigem Gehör des Gegners bewilligt werden.

Eine Anfechtung des Beschlusses, durch welchen das Gesuch um Verlängerung einer Frist zurückgewiesen ist, findet nicht statt.

226. (204) Einlassungsfristen, Ladungsfristen sowie diejenigen Fristen, welche für die Zustellung vorbereitender Schriftsätze bestimmt sind, können auf Antrag abgekürzt werden.

Die Abkürzung der Einlassungs- und der Ladungsfristen wird dadurch nicht ausgeschlossen, daß in Folge der Abkürzung die mündliche Verhandlung durch Schriftsätze nicht vorbereitet werden kann.

Der Vorsitzende kann bei Bestimmung des Termins die Abkürzung ohne vorgängiges Gehör des Gegners und des sonst Betheiligten verfügen; diese Verfügung ist dem Betheiligten abschriftlich mitzutheilen.

227. (205). Die Parteien können die Aufhebung eines Termins vereinbaren.

Wird die Verlegung eines Termins beantragt,

94. §§ 187 ff. BGB.

95. Vgl. oben Bem. Nr. 85 (zu § 188 Abs. 1).

96. § 201 GVG.

97. §§ 202, 203 GVG; § 13 Abs. 2 RG über das Telegraphenwesen v. 6. April 1892.

so finden die Bestimmungen über Verlängerung einer Frist entsprechende Anwendung.

228. (206) Die Verlegung eines Termins, die Vertagung einer Verhandlung und die Anberaumung eines Termins zur Fortsetzung der Verhandlung kann auch von Amtswegen erfolgen.

229. (207) Die in diesem Titel dem Gericht und dem Vorsitzenden beigelegten Befugnisse stehen dem beauftragten oder ersuchten Richter in Bezug auf die von diesen zu bestimmenden Termine und Fristen zu.

Vierter Titel. Folgen der Versäumung. Wiedereinsetzung in den vorigen Stand.

230. (208) Die Versäumung einer Prozeßhandlung hat zur allgemeinen Folge, daß die Partei mit der vorzunehmenden Prozeßhandlung ausgeschlossen wird.

231. (209) Einer Androhung der gesetzlichen Folgen der Versäumung bedarf es nicht; dieselben treten von selbst ein, sofern nicht dieses Gesetz einen auf Verwirklichung des Rechtsnachtheils gerichteten Antrag erfordert.

Im letzteren Falle kann, solange nicht der Antrag gestellt und die mündliche Verhandlung über denselben geschlossen ist, die versäumte Prozeßhandlung nachgeholt werden.

232. (210) Auf Grund der den Minderjährigen und den ihnen gleichgestellten Personen als solchen zustehenden Rechte findet die Aufhebung der Folgen einer Versäumung nicht statt.

Insofern die Aufhebung der Folgen einer unverschuldeten Versäumung zulässig ist, wird eine Versäumung, welche in der Verschuldung eines Vertreters ihren Grund hat, als eine unverschuldete nicht angesehen.[98]

233. (211) Einer Partei, welche durch Naturereignisse oder andere unabwendbare Zufälle verhindert worden ist, eine Nothfrist einzuhalten, ist auf Antrag die Wiedereinsetzung in den vorigen Stand zu ertheilen.

Hat eine Partei die Einspruchsfrist versäumt, so ist ihr die Wiedereinsetzung auch dann zu ertheilen, wenn sie von der Zustellung des Versäumnißurtheils ohne ihr Verschulden keine Kenntniß erlangt hat.

234. (212) Die Wiedereinsetzung muß innerhalb einer zweiwöchigen Frist beantragt werden.

Die Frist beginnt mit dem Tage, an welchem das Hinderniß gehoben ist; sie kann durch Vereinbarung der Parteien nicht verlängert werden.

Nach Ablauf eines Jahres, von dem Ende der versäumten Nothfrist an gerechnet, kann die Wiedereinsetzung nicht mehr beantragt werden.

235. (213) Die Wiedereinsetzung in den vorigen Stand gegen die Versäumung einer Nothfrist ist der Partei auf Antrag auch dann zu ertheilen, wenn spätestens am dritten Tage vor Ablauf der Nothfrist das zur Wahrung derselben zuzustellende Schriftstück dem Gerichtsvollzieher oder, sofern die Zustellung unter Vermittelung des Gerichtsschreibers erfolgen soll, dem Gerichtsschreiber zum Zwecke der Zustellung übergeben ist.

Das Gleiche gilt, wenn die Versäumung der Nothfrist dadurch veranlaßt worden ist, daß das angefochtene Urtheil den Prozeßbevollmächtigten des Gegners unrichtig bezeichnet.

In den Fällen des Abs. 1 muß die Wiedereinsetzung innerhalb einer einmonatigen Frist nach Ablauf der versäumten Nothfrist beantragt werden.

236. (214) Die Wiedereinsetzung wird durch Zustellung eines Schriftsatzes beantragt. Derselbe muß enthalten:

1. die Angabe der die Wiedereinsetzung begründenden Thatsachen;
2. die Angabe der Mittel für deren Glaubhaftmachung;
3. die Nachholung der versäumten Prozeßhandlung oder, wenn diese bereits nachgeholt ist, die Bezugnahme hierauf; im Falle der Versäumung der im § 466 bezeichneten Nothfrist auch die Ladung des Gegners zur Eidesleistung und zur weiteren mündlichen Verhandlung.

Ist die Einlegung der sofortigen Beschwerde versäumt worden, so wird der Antrag auf Wiedereinsetzung durch Einreichung des Schriftsatzes bei Gericht gestellt. Die Einreichung kann sowohl bei dem Gerichte, von welchem die angefochtene Entscheidung erlassen ist, als auch bei dem Beschwerdegericht erfolgen.

Im Falle des § 235 Abs. 1 kann die Wiedereinsetzung auch in dem für die mündliche Verhandlung bestimmten Termine ohne vorgängige Zustellung eines Schriftsatzes beantragt werden, wenn die Zustellung der Ladung zu dem Termin innerhalb der einmonatigen Frist nach Ablauf der versäumten Nothfrist erfolgt ist.

237. (215) Ueber den Antrag auf Wiedereinsetzung entscheidet das Gericht, welchem die Entscheidung über die nachgeholte Prozeßhandlung zusteht.

238. (216) Das Verfahren über den Antrag auf Wiedereinsetzung ist mit dem Verfahren über die nachgeholte Prozeßhandlung zu verbinden. Das Gericht kann jedoch das Verfahren zunächst auf die Verhandlung und Entscheidung über den Antrag beschränken.

Auf die Entscheidung über die Zulässigkeit des Antrags und auf die Anfechtung der Entscheidung finden die Vorschriften Anwendung, welche in diesen Beziehungen für die nachgeholte Prozeßhandlung gelten. Der Partei, welche den Antrag gestellt hat, steht jedoch der Einspruch nicht zu.

98. Entsprechende Bestimmung in § 22 Abs. 2 Satz 2 FrG.

Die Kosten der Wiedereinsetzung fallen dem Antragsteller zur Last, soweit sie nicht durch einen unbegründeten Widerspruch des Gegners entstanden sind.

Fünfter Titel.

Unterbrechung und Aussetzung des Verfahrens.[99]

239. (217) Im Falle des Todes einer Partei tritt eine Unterbrechung des Verfahrens bis zu dessen Aufnahme durch die Rechtsnachfolger ein.

Wird die Aufnahme verzögert, so können die Rechtsnachfolger zur Aufnahme und zugleich zur Verhandlung der Hauptsache geladen werden.

Der die Ladung enthaltende Schriftsatz ist den Rechtsnachfolgern selbst zuzustellen. Die Ladungsfrist wird von dem Vorsitzenden bestimmt.

Erscheinen die Rechtsnachfolger in dem Termine nicht, so ist auf Antrag die behauptete Rechtsnachfolge als zugestanden anzunehmen und zur Hauptsache zu verhandeln.

Der Erbe ist vor der Annahme der Erbschaft zur Fortsetzung des Rechtsstreits nicht verpflichtet.[100]

240. (218) Im Falle der Eröffnung des Konkurses über das Vermögen einer Partei wird das Verfahren, wenn es die Konkursmasse betrifft, unterbrochen, bis dasselbe nach den für den Konkurs geltenden Bestimmungen aufgenommen[101] oder das Konkursverfahren aufgehoben[102] wird.

241. (219) Verliert eine Partei die Prozeßfähigkeit oder stirbt der gesetzliche Vertreter einer Partei oder hört die Vertretungsbefugniß desselben auf, ohne daß die Partei prozeßfähig geworden ist, so wird das Verfahren unterbrochen, bis der gesetzliche Vertreter oder der neue gesetzliche Vertreter von seiner Bestellung dem Gegner Anzeige macht, oder bis der Gegner seine Absicht, das Verfahren fortzusetzen, dem Vertreter anzeigt.

Diese Vorschrift findet entsprechende Anwendung, wenn eine Nachlaßverwaltung angeordnet wird.[103]

242. Tritt während des Rechtsstreits zwischen einem Vorerben und einem Dritten über einen der Nacherbfolge unterliegenden Gegenstand der Fall der Nacherbfolge ein, so finden, sofern der Vorerbe befugt war, ohne Zustimmung des Nacherben über den Gegenstand zu verfügen, hinsichtlich der Unterbrechung und der Aufnahme des Verfahrens die Vorschriften des § 239 entsprechende Anwendung.[104]

243. (220) Wird im Falle der Unterbrechung des Verfahrens durch den Tod einer Partei ein Nachlaßpfleger bestellt[105] oder ist ein zur Führung des Rechtsstreits berechtigter Testamentsvollstrecker vorhanden,[106] so kommen die Vorschriften des § 241 und, wenn über den Nachlaß der Konkurs eröffnet wird, die Vorschriften des § 240 in Betreff der Aufnahme des Verfahrens zur Anwendung.

244. (221) Stirbt in Anwaltsprozessen der Anwalt einer Partei oder wird derselbe unfähig, die Vertretung der Partei fortzuführen, so tritt eine Unterbrechung des Verfahrens ein, bis der bestellte neue Anwalt von seiner Bestellung dem Gegner Anzeige macht.

Wird diese Anzeige verzögert, so kann die Partei selbst zur Verhandlung der Hauptsache geladen oder zur Bestellung eines neuen Anwalts binnen einer von dem Vorsitzenden zu bestimmenden Frist aufgefordert werden. Wird dieser Aufforderung nicht Folge geleistet, so ist das Verfahren als aufgenommen anzusehen. Bis zur nachträglichen Anzeige der Bestellung eines neuen Anwalts können alle Zustellungen an die zur Anzeige verpflichtete Partei, sofern diese weder am Orte des Prozeßgerichts noch innerhalb des Amtsgerichtsbezirks wohnt, in welchem das Prozeßgericht seinen Sitz hat, durch Aufgabe zur Post (§ 175) erfolgen.

245. (222) Hört in Folge eines Krieges oder eines anderen Ereignisses die Thätigkeit des Gerichts auf, so wird für die Dauer dieses Zustandes das Verfahren unterbrochen.

246. (223) Fand in den Fällen des Todes, des Verlustes der Prozeßfähigkeit, des Wegfalls des gesetzlichen Vertreters, der Anordnung einer Nachlaßverwaltung oder des Eintritts der Nacherbfolge (§§ 239, 241, 242) eine Vertretung durch einen Prozeßbevollmächtigten statt, so tritt eine Unterbrechung des Verfahrens nicht ein; das Prozeßgericht hat jedoch auf Antrag des Bevollmächtigten, in den Fällen des Todes und der Nacherbfolge auch auf Antrag des Gegners die Aussetzung des Verfahrens anzuordnen.

Die Dauer der Aussetzung und die Aufnahme des Verfahrens richtet sich nach den Vorschriften der §§ 239, 241—243; in den Fällen des Todes und der Nacherbfolge ist der die Ladung enthaltende Schriftsatz auch dem Bevollmächtigten zuzustellen.

247. (224) Befindet sich eine Partei zu Kriegszeiten im Militärdienste oder hält sich eine Partei an einem Orte auf, welcher durch obrigkeitliche Anordnung oder durch Krieg oder durch andere Zufälle von dem Verkehre mit dem Prozeßgericht abgeschnitten ist, so kann dasselbe auch von Amts=

99 Vgl. auch § 13 Abs. 2 RG betr. die Anfechtung von Rechtshandlungen eines Schuldners pp. v. 21. Juli 1879.

100 Mit Rücksicht auf § 1958 BGB.

101 §§ 10, 11, 144 Abs. 2, 146 Abs. 3 KO.

102 §§ 163, 190, 204 KO.

103 § 1975 BGB.

104 Vgl. § 2139 BGB.

105. § 1960 Abs. 2 BGB.

106. §§ 2212, 2213 BGB.

wegen die Aussetzung des Verfahrens bis zur Beseitigung des Hindernisses anordnen.

248. (225) Das Gesuch um Aussetzung des Verfahrens ist bei dem Prozeßgericht anzubringen; es kann vor dem Gerichtsschreiber zu Protokoll erklärt werden.

Die Entscheidung kann ohne vorgängige mündliche Verhandlung erfolgen.

249. (226) Die Unterbrechung und Aussetzung des Verfahrens hat die Wirkung, daß der Lauf einer jeden Frist aufhört und nach Beendigung der Unterbrechung oder Aussetzung die volle Frist von neuem zu laufen beginnt.

Die während der Unterbrechung oder Aussetzung von einer Partei in Ansehung der Hauptsache vorgenommenen Prozeßhandlungen sind der anderen Partei gegenüber ohne rechtliche Wirkung.

Durch die nach dem Schlusse einer mündlichen Verhandlung eintretende Unterbrechung wird die Verkündung der auf Grund dieser Verhandlung zu erlassenden Entscheidung nicht gehindert.

250. (227) Die Aufnahme eines unterbrochenen oder ausgesetzten Verfahrens und die in diesem Titel erwähnten Anzeigen erfolgen durch Zustellung eines Schriftsatzes.

251. (228) Die Parteien können vereinbaren, daß das Verfahren ruhen solle. Die Vereinbarung hat auf den Lauf der Nothfristen keinen Einfluß.

Erscheinen in einem Termine zur mündlichen Verhandlung beide Parteien nicht, so ruht das Verfahren, bis eine Partei eine neue Ladung zustellen läßt.

252. (229) Gegen die Entscheidung, durch welche auf Grund der Vorschriften dieses Titels oder auf Grund anderer gesetzlicher Bestimmungen die Aussetzung des Verfahrens angeordnet oder abgelehnt wird, findet Beschwerde, im Falle der Ablehnung sofortige Beschwerde statt.

Zweites Buch.

Verfahren in erster Instanz.

Erster Abschnitt.

Verfahren vor den Landgerichten.

Erster Titel. Verfahren bis zum Urtheil.

253. (230) Die Erhebung der Klage erfolgt durch Zustellung eines Schriftsatzes.

Derselbe muß enthalten:

1. die Bezeichnung der Parteien und des Gerichts;
2. die bestimmte Angabe des Gegenstandes und des Grundes des erhobenen Anspruchs, sowie einen bestimmten Antrag;
3. die Ladung des Beklagten vor das Prozeßgericht zur mündlichen Verhandlung des Rechtsstreits.

In der Klageschrift soll ferner der Werth des nicht in einer bestimmten Geldsumme bestehenden Streitgegenstandes angegeben werden, wenn die Zuständigkeit des Gerichts von diesem Werthe abhängt.

Außerdem finden die allgemeinen Bestimmungen über die vorbereitenden Schriftsätze auch auf die Klageschrift Anwendung.

254. Wird mit der Klage auf Rechnungslegung oder auf Vorlegung eines Vermögensverzeichnisses oder auf Leistung des Offenbarungseides die Klage auf Herausgabe desjenigen verbunden, was der Beklagte aus dem zu Grunde liegenden Rechtsverhältnisse schuldet, so kann die bestimmte Angabe der Leistungen, welche der Kläger beansprucht, vorbehalten werden, bis die Rechnung mitgetheilt, das Vermögensverzeichniß vorgelegt oder der Offenbarungseid geleistet ist.[107]

255. Hat der Kläger für den Fall, daß der Beklagte nicht vor dem Ablauf einer ihm zu bestimmenden Frist den erhobenen Anspruch befriedigt, das Recht, Schadensersatz wegen Nichterfüllung zu fordern oder die Aufhebung eines Vertrags herbeizuführen, so kann er verlangen, daß die Frist im Urtheile bestimmt wird.[108]

Das Gleiche gilt, wenn dem Kläger das Recht, die Anordnung einer Verwaltung zu verlangen, für den Fall zusteht, daß der Beklagte nicht vor dem Ablauf einer ihm zu bestimmenden Frist die beanspruchte Sicherheit leistet,[109] sowie im Falle des § 2193 Abs. 2 des Bürgerlichen Gesetzbuchs für die Bestimmung einer Frist zur Vollziehung der Auflage.

256. (231) Auf Feststellung des Bestehens oder Nichtbestehens eines Rechtsverhältnisses, auf Anerkennung einer Urkunde oder auf Feststellung der Unechtheit derselben kann Klage erhoben werden, wenn der Kläger ein rechtliches Interesse

107. Vgl. §§ 259 ff., 1890 ff., 2027 ff. BGB.
108. Vgl. §§ 283, 325 Abs. 2, 326, 634 BGB.
109. Vgl. auch §§ 1052, 2128 Abs. 2 BGB.

daran hat, daß das Rechtsverhältniß oder die Echtheit oder Unechtheit der Urkunde durch richterliche Entscheidung alsbald festgestellt werde.[110]

257. Ist die Geltendmachung einer nicht von einer Gegenleistung abhängigen Geldforderung oder die Geltendmachung des Anspruchs auf Räumung eines Grundstücks, eines Wohnraums oder eines anderen Raumes an den Eintritt eines Kalendertags geknüpft, so kann Klage auf künftige Zahlung oder Räumung erhoben werden.

258. Bei wiederkehrenden Leistungen kann auch wegen der erst nach Erlassung des Urtheils fällig werdenden Leistungen Klage auf künftige Entrichtung erhoben werden.

259. Klage auf künftige Leistung kann außer den Fällen der §§ 257, 258 erhoben werden, wenn den Umständen nach die Besorgniß gerechtfertigt ist, daß der Schuldner sich der rechtzeitigen Leistung entziehen werde.

260. (232) Mehrere Ansprüche des Klägers gegen denselben Beklagten können, auch wenn sie auf verschiedenen Gründen beruhen, in einer Klage verbunden werden, wenn für sämmtliche Ansprüche das Prozeßgericht zuständig und dieselbe Prozeßart zulässig ist.

261. (233) Die Klageschrift ist zum Zwecke der Bestimmung des Termins zur mündlichen Verhandlung bei dem Gerichtsschreiber des Prozeßgerichts einzureichen.

Der Termin soll nur soweit hinausgerückt werden, als es zur Wahrung der Einlassungsfrist geboten erscheint.

Nach erfolgter Bestimmung des Termins hat der Kläger für die Zustellung der Klageschrift Sorge zu tragen.

262. (234) Zwischen der Zustellung der Klageschrift und dem Termine zur mündlichen Verhandlung muß ein Zeitraum von mindestens zwei Wochen liegen (Einlassungsfrist). In Meß- und Marktsachen beträgt die Einlassungsfrist mindestens vierundzwanzig Stunden.

Ist die Zustellung im Auslande vorzunehmen, so hat der Vorsitzende bei Festsetzung des Termins die Einlassungsfrist zu bestimmen.

263. (235) Durch die Erhebung der Klage wird die Rechtshängigkeit der Streitsache begründet.

Die Rechtshängigkeit hat folgende Wirkungen:

1. wenn während der Dauer der Rechtshängigkeit von einer Partei die Streitsache anderweit anhängig gemacht wird, so kann der Gegner die Einrede der Rechtshängigkeit erheben;
2. die Zuständigkeit des Prozeßgerichts wird durch eine Veränderung der sie begründenden Umstände nicht berührt.

264. Nach dem Eintritte der Rechtshängigkeit ist eine Aenderung der Klage nur zuzulassen, wenn der Beklagte einwilligt oder wenn nach dem Ermessen des Gerichts durch die Aenderung die Vertheidigung des Beklagten nicht wesentlich erschwert wird.

265. (236) Die Rechtshängigkeit schließt das Recht der einen oder der anderen Partei nicht aus, die in Streit befangene Sache zu veräußern oder den geltend gemachten Anspruch abzutreten.

Die Veräußerung oder Abtretung hat auf den Prozeß keinen Einfluß. Der Rechtsnachfolger ist nicht berechtigt, ohne Zustimmung des Gegners den Prozeß als Hauptpartei an Stelle des Rechtsvorgängers zu übernehmen oder eine Hauptintervention zu erheben. Tritt der Rechtsnachfolger als Nebenintervenient auf, so findet der § 69 keine Anwendung.

Hat der Kläger veräußert oder abgetreten, so kann ihm, sofern das Urtheil nach § 325 gegen den Rechtsnachfolger nicht wirksam sein würde, der Einwand entgegengesetzt werden, daß er zur Geltendmachung des Anspruchs nicht mehr befugt sei.

266. (237) Ist über das Bestehen oder Nichtbestehen eines Rechts, welches für ein Grundstück in Anspruch genommen wird, oder einer Verpflichtung, welche auf einem Grundstücke ruhen soll, zwischen dem Besitzer und einem Dritten ein Rechtsstreit anhängig, so ist im Falle der Veräußerung des Grundstücks der Rechtsnachfolger berechtigt und auf Antrag des Gegners verpflichtet, den Rechtsstreit in der Lage, in welcher er sich befindet, als Hauptpartei zu übernehmen.

Diese Bestimmung kommt insoweit nicht zur Anwendung, als ihr Vorschriften des bürgerlichen Rechts zu Gunsten derjenigen, welche Rechte von einem Nichtberechtigten herleiten,[111] entgegenstehen. In einem solchen Falle findet, wenn der Kläger veräußert hat, die Vorschrift des § 265 Abs. 3 Anwendung.

267. (239) Die Vorschriften des bürgerlichen Rechts über die sonstigen Wirkungen der Rechtshängigkeit bleiben unberührt. Diese Wirkungen, sowie alle Wirkungen, welche durch die Vorschriften des bürgerlichen Rechts an die Anstellung, Mittheilung oder gerichtliche Anmeldung der Klage, an die Ladung oder Einlassung des Beklagten

110. Vgl. auch § 63 Unfallversicherungsges. v. 6. Juli 1884; § 68 Abs. 2 Ges. betr. Unfall- und Krankenversicherung pp. v. 5. Mai 1886.

111. Z. B. §§ 816, 892, 932, 1138 BGB.

geknüpft werden, treten unbeschadet der Vorschrift des § 207 mit der Erhebung der Klage ein.[112]

268. (240) Als eine Aenderung der Klage ist es nicht anzusehen, wenn ohne Aenderung des Klagegrundes

1. die thatsächlichen oder rechtlichen Anführungen ergänzt oder berichtigt werden;
2. der Klageantrag in der Hauptsache oder in Bezug auf Nebenforderungen erweitert oder beschränkt wird;
3. statt des ursprünglich geforderten Gegenstandes wegen einer später eingetretenen Veränderung ein anderer Gegenstand oder das Interesse gefordert wird.

269. (241) Die Einwilligung des Beklagten in die Aenderung der Klage ist anzunehmen, wenn derselbe, ohne der Aenderung zu widersprechen, sich in einer mündlichen Verhandlung auf die abgeänderte Klage eingelassen hat.

270. (242) Eine Anfechtung der Entscheidung, daß eine Aenderung der Klage nicht vorliege oder daß die Aenderung zuzulassen sei, findet nicht statt.

271. (243) Die Klage kann ohne Einwilligung des Beklagten nur bis zum Beginne der mündlichen Verhandlung des Beklagten zur Hauptsache zurückgenommen werden.

Die Zurücknahme der Klage erfolgt, wenn sie nicht bei der mündlichen Verhandlung erklärt wird, durch Zustellung eines Schriftsatzes. Abschrift desselben ist sofort nach erfolgter Zustellung auf der Gerichtsschreiberei niederzulegen.

Die Zurücknahme der Klage hat zur Folge, daß der Rechtsstreit als nicht anhängig geworden anzusehen ist;[113] sie verpflichtet den Kläger, die Kosten des Rechtsstreits zu tragen, sofern nicht über dieselben bereits rechtskräftig erkannt ist. Auf Antrag des Beklagten ist diese Verpflichtung durch Urtheil auszusprechen.

Wird die Klage von neuem angestellt, so kann der Beklagte die Einlassung verweigern, bis die Kostenerstattung erfolgt ist.

272. (245) Jede Partei hat dem Gegner solche thatsächliche Behauptungen, Beweismittel und Anträge, auf welche derselbe voraussichtlich ohne vorhergehende Erkundigung keine Erklärung abgeben kann, vor der mündlichen Verhandlung mittels vorbereitenden Schriftsatzes so zeitig mitzutheilen, daß der Gegner die erforderliche Erkundigung noch einzuziehen vermag.

Tritt eine Vertagung der mündlichen Verhandlung ein, so kann das Gericht die Fristen bestimmen, binnen welcher die noch erforderlichen vorbereitenden Schriftsätze mitzutheilen sind.

112. Vgl. insbesondere §§ 209 ff., 284 Abs. 1, 288 Abs. 1, 291, 292 BGB.

113. Vgl. § 212 BGB.

273. (246) Die mündliche Verhandlung erfolgt nach den allgemeinen Vorschriften.

274. (247) Prozeßhindernde Einreden sind gleichzeitig und vor der Verhandlung des Beklagten zur Hauptsache vorzubringen.

Als solche Einreden sind nur anzusehen:

1. die Einrede der Unzuständigkeit des Gerichts,
2. die Einrede der Unzulässigkeit des Rechtswegs,
3. die Einrede, daß die Entscheidung des Rechtsstreits durch Schiedsrichter zu erfolgen habe,
4. die Einrede der Rechtshängigkeit,
5. die Einrede der mangelnden Sicherheit für die Prozeßkosten,
6. die Einrede, daß die zur Erneuerung des Rechtsstreits erforderliche Erstattung der Kosten des früheren Verfahrens noch nicht erfolgt sei,
7. die Einrede der mangelnden Parteifähigkeit, der mangelnden Prozeßfähigkeit oder der mangelnden gesetzlichen Vertretung.

Nach dem Beginne der mündlichen Verhandlung des Beklagten zur Hauptsache können prozeßhindernde Einreden nur geltend gemacht werden, wenn dieselben entweder solche sind, auf welche der Beklagte wirksam nicht verzichten kann,[114] oder wenn der Beklagte glaubhaft macht, daß er ohne sein Verschulden nicht im Stande gewesen sei, dieselben vor der Verhandlung zur Hauptsache geltend zu machen.

275. (248) Ueber prozeßhindernde Einreden ist besonders zu verhandeln und durch Urtheil zu entscheiden, wenn der Beklagte auf Grund derselben die Verhandlung zur Hauptsache verweigert, oder wenn das Gericht auf Antrag oder von Amtswegen die abgesonderte Verhandlung anordnet.

Das Urtheil, durch welches die prozeßhindernde Einrede verworfen wird, ist in Betreff der Rechtsmittel als Endurtheil anzusehen; das Gericht kann jedoch auf Antrag anordnen, daß zur Hauptsache zu verhandeln sei.

276. (249) Wird die Unzuständigkeit des Gerichts auf Grund der Bestimmungen über die sachliche Zuständigkeit der Gerichte ausgesprochen, so ist zugleich auf Antrag des Klägers der Rechtsstreit an ein bestimmtes Amtsgericht des Bezirks zu verweisen.

Ist das Urtheil rechtskräftig, so gilt der Rechtsstreit als bei dem Amtsgerichte anhängig.

277. (250) Nach Erledigung der prozeßhindernden Einreden kann das Gericht in Prozessen, welche die Richtigkeit einer Rechnung, eine Vermögensauseinandersetzung oder ähnliche Verhältnisse zum Gegenstande haben, unter Vertagung der münd-

114. Dies trifft zu bei Nr. 1 im Falle des § 40 Abs. 2 CPO, bei Nr. 2 und bei Nr. 7.

lichen Verhandlung ein vorbereitendes Verfahren anordnen.

278. (251) Angriffs- und Vertheidigungsmittel (Einreden, Widerklage, Repliken u. s. w.) können bis zum Schlusse derjenigen mündlichen Verhandlung, auf welche das Urtheil ergeht, geltend gemacht werden.

Das Gericht kann, wenn durch das nachträgliche Vorbringen eines Angriffs- oder Vertheidigungsmittels die Erledigung des Rechtsstreits verzögert wird, der obsiegenden Partei, welche nach freier richterlicher Ueberzeugung im Stande war, das Angriffs- oder Vertheidigungsmittel zeitiger geltend zu machen, die Prozeßkosten ganz oder theilweise auferlegen.

279. (252) Vertheidigungsmittel, welche von dem Beklagten nachträglich vorgebracht werden, können auf Antrag zurückgewiesen werden, wenn durch deren Zulassung die Erledigung des Rechtsstreits verzögert werden würde, und das Gericht die Ueberzeugung gewinnt, daß der Beklagte in der Absicht, den Prozeß zu verschleppen, oder aus grober Nachlässigkeit die Vertheidigungsmittel nicht früher vorgebracht hat.

280. (253) Bis zum Schlusse derjenigen mündlichen Verhandlung, auf welche das Urtheil ergeht, kann der Kläger durch Erweiterung des Klagantrags, der Beklagte durch Erhebung einer Widerklage beantragen, daß ein im Laufe des Prozesses streitig gewordenes Rechtsverhältniß, von dessen Bestehen oder Nichtbestehen die Entscheidung des Rechtsstreits ganz oder zum Theile abhängt, durch richterliche Entscheidung festgestellt werde.

281. (254) Die Rechtshängigkeit eines erst im Laufe des Prozesses erhobenen Anspruchs tritt mit dem Zeitpunkte ein, in welchem der Anspruch in der mündlichen Verhandlung geltend gemacht wird.

282. (255) Jede Partei hat unter Bezeichnung der Beweismittel, deren sie sich zum Nachweise oder zur Widerlegung thatsächlicher Behauptungen bedienen will, den Beweis anzutreten und über die von der Gegenpartei angegebenen Beweismittel sich zu erklären.

In Betreff der einzelnen Beweismittel wird die Beweisantretung und die Erklärung auf dieselbe durch die Vorschriften des sechsten bis zehnten Titels bestimmt.

283. (256) Beweismittel und Beweiseinreden können bis zum Schlusse derjenigen mündlichen Verhandlung, auf welche das Urtheil ergeht, geltend gemacht werden.

Auf das nachträgliche Vorbringen von Beweismitteln und Beweiseinreden findet die Vorschrift des § 278 Abs. 2 entsprechende Anwendung.

284. (257) Die Beweisaufnahme und die Anordnung eines besonderen Beweisaufnahmeverfahrens durch Beweisbeschluß wird durch die Vorschriften des fünften bis elften Titels bestimmt.

285. (258) Ueber das Ergebniß der Beweisaufnahme haben die Parteien unter Darlegung des Streitverhältnisses zu verhandeln.

Ist die Beweisaufnahme nicht vor dem Prozeßgericht erfolgt, so haben die Parteien das Ergebniß derselben auf Grund der Beweisverhandlungen vorzutragen.

286. (259) Das Gericht hat unter Berücksichtigung des gesammten Inhalts der Verhandlungen und des Ergebnisses einer etwaigen Beweisaufnahme nach freier Ueberzeugung zu entscheiden, ob eine thatsächliche Behauptung für wahr oder für nicht wahr zu erachten sei. In dem Urtheile sind die Gründe anzugeben, welche für die richterliche Ueberzeugung leitend gewesen sind.

An gesetzliche Beweisregeln ist das Gericht nur in den durch dieses Gesetz bezeichneten Fällen gebunden.

287. (260) Ist unter den Parteien streitig, ob ein Schaden entstanden sei, und wie hoch sich der Schaden oder ein zu ersetzendes Interesse belaufe, so entscheidet hierüber das Gericht unter Würdigung aller Umstände nach freier Ueberzeugung.[115] Ob und inwieweit eine beantragte Beweisaufnahme oder von Amtswegen die Begutachtung durch Sachverständige anzuordnen sei, bleibt dem Ermessen des Gerichts überlassen. Das Gericht kann anordnen, daß der Beweisführer den Schaden oder das Interesse eidlich schätze. In diesem Falle hat das Gericht zugleich den Betrag zu bestimmen, welchen die eidliche Schätzung nicht übersteigen darf.

Die Vorschriften über den Schätzungseid werden aufgehoben.

288. (261) Die von einer Partei behaupteten Thatsachen bedürfen insoweit keines Beweises, als sie im Laufe des Rechtsstreits von dem Gegner bei einer mündlichen Verhandlung oder zum Protokolle eines beauftragten oder ersuchten Richters zugestanden sind.

Zur Wirksamkeit des gerichtlichen Geständnisses ist dessen Annahme nicht erforderlich.

289. (262) Die Wirksamkeit des gerichtlichen Geständnisses wird dadurch nicht beeinträchtigt, daß demselben eine Behauptung hinzugefügt wird, welche ein selbständiges Angriffs- oder Vertheidigungsmittel enthält.

Inwiefern eine vor Gericht erfolgte einräumende Erklärung ungeachtet anderer zusätzlicher oder einschränkender Behauptungen als ein Geständniß anzusehen sei, bestimmt sich nach der Beschaffenheit des einzelnen Falles.

290. (263) Der Widerruf hat auf die Wirksamkeit des gerichtlichen Geständnisses nur dann

115. Vgl. aber § 2 RG betr. Abzahlungsgeschäfte v. 16. Mai 1894.

Einfluß, wenn die widerrufende Partei beweist, daß das Geständniß der Wahrheit nicht entspreche und durch einen Irrthum veranlaßt sei. In diesem Falle verliert das Geständniß seine Wirksamkeit.

291. (264) **Thatsachen, welche bei dem Gericht offenkundig sind, bedürfen keines Beweises.**

292. Stellt das Gesetz für das Vorhandensein einer Thatsache eine Vermuthung auf, so ist der Beweis des Gegentheils zulässig, sofern nicht das Gesetz ein Anderes vorschreibt. Dieser Beweis kann auch durch Eideszuschiebung nach Maßgabe der §§ 445 ff. geführt werden.

293. (265) Das in einem anderen Staate geltende Recht, die Gewohnheitsrechte und Statuten bedürfen des Beweises nur insofern, als sie dem Gericht unbekannt sind. Bei Ermittelung dieser Rechtsnormen ist das Gericht auf die von den Parteien beigebrachten Nachweise nicht beschränkt; es ist befugt, auch andere Erkenntnißquellen zu benutzen und zum Zwecke einer solchen Benutzung das Erforderliche anzuordnen.

294. (266) Wer eine thatsächliche Behauptung glaubhaft zu machen hat, kann sich aller Beweismittel, mit Ausnahme der Eideszuschiebung, bedienen, auch zur Versicherung an Eidesstatt zugelassen werden.

Eine Beweisaufnahme, welche nicht sofort erfolgen kann, ist unstatthaft.[116]

295. (267) Die Verletzung einer das Verfahren und insbesondere die Form einer Prozeßhandlung betreffenden Vorschrift kann nicht mehr gerügt werden, wenn die Partei auf die Befolgung der Vorschrift verzichtet, oder wenn sie bei der nächsten mündlichen Verhandlung, welche auf Grund des betreffenden Verfahrens stattgefunden hat oder in welcher auf dasselbe Bezug genommen ist, den Mangel nicht gerügt hat, obgleich sie erschienen und ihr der Mangel bekannt war oder bekannt sein mußte.

Die vorstehende Bestimmung kommt nicht zur Anwendung, wenn Vorschriften verletzt sind, auf deren Befolgung eine Partei wirksam nicht verzichten kann.

296. (268) Das Gericht kann in jeder Lage des Rechtsstreits die gütliche Beilegung desselben oder einzelner Streitpunkte versuchen oder die Parteien zum Zwecke des Sühneversuchs vor einen beauftragten oder ersuchten Richter verweisen.

Zum Zwecke des Sühneversuchs kann das persönliche Erscheinen der Parteien angeordnet werden.

297. (269) Die Anträge müssen aus den vorbereitenden Schriftsätzen verlesen werden.

Soweit vorbereitende Schriftsätze nicht mitgetheilt oder die Anträge in solchen nicht enthalten sind, muß die Verlesung aus einem dem Protokolle als Anlage beizufügenden Schriftsatze erfolgen.

116. Vgl. § 15 Abs. 2 FrG.

Dasselbe gilt von Anträgen, welche von früher verlesenen in wesentlichen Punkten abweichen.

Die Nichtbeachtung dieser Vorschriften hat die Nichtberücksichtigung der Anträge zur Folge.

298. (270) Soweit es sich nicht um Anträge (§ 297) handelt, sind wesentliche Erklärungen, welche in vorbereitenden Schriftsätzen nicht enthalten sind, oder wesentliche Abweichungen von dem Inhalte solcher Schriftsätze, mögen die Abweichungen in Zusätzen, Weglassungen oder sonstigen Abänderungen bestehen, auf Antrag durch Schriftsätze, welche dem Protokolle als Anlage beizufügen sind, festzustellen.

In gleicher Weise sind auf Antrag auch Geständnisse sowie die Erklärungen über Annahme oder Zurückschiebung zugeschobener Eide festzustellen.

299. (271) Die Parteien können von den Prozeßakten Einsicht nehmen und sich aus denselben durch den Gerichtsschreiber Ausfertigungen, Auszüge und Abschriften ertheilen lassen.

Dritten Personen kann der Vorstand des Gerichts ohne Einwilligung der Parteien die Einsicht der Akten nur gestatten, wenn ein rechtliches Interesse glaubhaft gemacht wird.

Die Entwürfe zu Urtheilen, Beschlüssen und Verfügungen, die zur Vorbereitung derselben gelieferten Arbeiten, sowie die Schriftstücke, welche Abstimmungen oder Strafverfügungen betreffen, werden weder vorgelegt noch abschriftlich mitgetheilt.

Zweiter Titel. Urtheil.

300. (272) Ist der Rechtsstreit zur Endentscheidung reif, so hat das Gericht dieselbe durch Endurtheil zu erlassen.

Dasselbe gilt, wenn von mehreren zum Zwecke gleichzeitiger Verhandlung und Entscheidung verbundenen Prozessen nur der eine zur Endentscheidung reif ist.

301. (273) Ist von mehreren in einer Klage geltend gemachten Ansprüchen nur der eine, oder ist nur ein Theil eines Anspruchs, oder bei erhobener Widerklage nur die Klage oder die Widerklage zur Endentscheidung reif, so hat das Gericht dieselbe durch Endurtheil (Theilurtheil) zu erlassen.

Die Erlassung eines Theilurtheils kann unterbleiben, wenn das Gericht sie nach Lage der Sache nicht für angemessen erachtet.

302. (274) Hat der Beklagte die Aufrechnung einer Gegenforderung geltend gemacht, welche mit der in der Klage geltend gemachten Forderung nicht in rechtlichem Zusammenhange steht, so kann, wenn nur die Verhandlung über die Forderung zur Entscheidung reif ist, diese unter Vorbehalt[117] der Entscheidung über die Aufrechnung erfolgen.

Enthält das Urtheil keinen Vorbehalt,

117. Mit Rücksicht auf die Bestimmung des § 389 BGB.

so kann die Ergänzung des Urtheils nach Vorschrift des § 321 beantragt werden.

Das Urtheil, welches unter Vorbehalt der Entscheidung über die Aufrechnung ergeht, ist in Betreff der Rechtsmittel und der Zwangsvollstreckung als Endurtheil anzusehen.

In Betreff der Aufrechnung, über welche die Entscheidung vorbehalten ist, bleibt der Rechtsstreit anhängig. Soweit sich in dem weiteren Verfahren ergiebt, daß der Anspruch des Klägers unbegründet war, ist das frühere Urtheil aufzuheben, der Kläger mit dem Anspruch abzuweisen und über die Kosten anderweit zu entscheiden. Der Kläger ist zum Ersatze des Schadens verpflichtet, der dem Beklagten durch die Vollstreckung des Urtheils oder durch eine zur Abwendung der Vollstreckung gemachte Leistung entstanden ist. Der Beklagte kann den Anspruch auf Schadensersatz in dem anhängigen Rechtsstreite geltend machen; wird der Anspruch geltend gemacht, so ist er als zur Zeit der Zahlung oder Leistung rechtshängig geworden anzusehen.[118]

303. (275) Ist ein einzelnes selbständiges Angriffs- oder Vertheidigungsmittel oder ein Zwischenstreit zur Entscheidung reif, so kann die Entscheidung durch Zwischenurtheil erfolgen.

304. (276) Ist ein Anspruch nach Grund und Betrag streitig, so kann das Gericht über den Grund vorab entscheiden.

Das Urtheil ist in Betreff der Rechtsmittel als Endurtheil anzusehen; das Gericht kann jedoch, wenn der Anspruch für begründet erklärt ist, auf Antrag anordnen, daß über den Betrag zu verhandeln sei.

305. Durch die Geltendmachung der dem Erben nach den §§ 2014, 2015 des Bürgerlichen Gesetzbuchs zustehenden Einreden wird eine unter dem Vorbehalte der beschränkten Haftung ergehende Verurtheilung des Erben nicht ausgeschlossen.[119]

Das Gleiche gilt für die Geltendmachung der Einreden, die im Falle der fortgesetzten Gütergemeinschaft dem überlebenden Ehegatten nach dem § 1489 Abs. 2 und den §§ 2014, 2015 des Bürgerlichen Gesetzbuchs zustehen.

306. (277) Verzichtet der Kläger bei der mündlichen Verhandlung auf den geltend gemachten Anspruch, so ist er auf Grund des Verzichts mit dem Anspruch abzuweisen, wenn der Beklagte die Abweisung beantragt.

307. (278) Erkennt eine Partei den gegen sie geltend gemachten Anspruch bei der mündlichen Verhandlung ganz oder zum Theil an, so ist sie auf Antrag dem Anerkenntnisse gemäß zu verurtheilen.

308. (279) Das Gericht ist nicht befugt, einer Partei etwas zuzusprechen, was nicht beantragt ist. Dies gilt insbesondere von Früchten, Zinsen und anderen Nebenforderungen.

Ueber die Verpflichtung, die Prozeßkosten zu tragen, hat das Gericht auch ohne Antrag zu erkennen.

309. (280) Das Urtheil kann nur von denjenigen Richtern gefällt werden, welche der dem Urtheile zu Grunde liegenden Verhandlung beigewohnt haben.

310. (281) Die Verkündung des Urtheils erfolgt in dem Termine, in welchem die mündliche Verhandlung geschlossen wird, oder in einem sofort anzuberaumenden Termine, welcher nicht über eine Woche hinaus angesetzt werden soll.

311. (282) Die Verkündung des Urtheils erfolgt durch Vorlesung der Urtheilsformel. Versäumnißurtheile, Urtheile, welche auf Grund eines Anerkenntnisses erlassen werden, sowie Urtheile, welche die Folge der Zurücknahme der Klage oder des Verzichts auf den Klaganspruch oder welche den Eintritt der in einem bedingten Endurtheil ausgedrückten Folgen aussprechen, können verkündet werden, auch wenn die Urtheilsformel noch nicht schriftlich abgefaßt ist.

Wird die Verkündung der Entscheidungsgründe für angemessen erachtet, so erfolgt sie durch Vorlesung der Gründe oder durch mündliche Mittheilung des wesentlichen Inhalts.

312. (283) Die Wirksamkeit der Verkündung eines Urtheils ist von der Anwesenheit der Parteien nicht abhängig. Die Verkündung gilt auch derjenigen Partei gegenüber als bewirkt, welche den Termin versäumt hat.

Die Befugniß einer Partei, auf Grund eines verkündeten Urtheils das Verfahren fortzusetzen oder von dem Urtheil in anderer Weise Gebrauch zu machen, ist von der Zustellung an den Gegner nicht abhängig, soweit nicht dieses Gesetz ein Anderes bestimmt.

313. (284) Das Urtheil enthält:

1. die Bezeichnung der Parteien, ihrer gesetzlichen Vertreter und der Prozeßbevollmächtigten nach Namen, Stand oder Gewerbe, Wohnort und Parteistellung;
2. die Bezeichnung des Gerichts und die Namen der Richter, welche bei der Entscheidung mitgewirkt haben;
3. eine gedrängte Darstellung des Sach- und Streitstandes auf Grundlage der mündlichen Vorträge der Parteien unter Hervorhebung der gestellten Anträge (Thatbestand);

118. Ein Verschulden des Klägers braucht nicht vorzuliegen: vgl. aber §§ 249 ff., insbesondere auch § 254 BGB.

119. Vgl. hierzu §§ 780 ff. CPO.

4. die Entscheidungsgründe;
5. die von der Darstellung des Thatbestandes und der Entscheidungsgründe äußerlich zu sondernde Urtheilsformel.

Bei der Darstellung des Thatbestandes ist eine Bezugnahme auf den Inhalt der vorbereitenden Schriftsätze und auf die zum Sitzungsprotokoll erfolgten Feststellungen nicht ausgeschlossen.

314. (285) Der Thatbestand des Urtheils liefert rücksichtlich des mündlichen Parteivorbringens Beweis. Dieser Beweis kann nur durch das Sitzungsprotokoll entkräftet werden.

315. (286) Das Urtheil ist von den Richtern, welche bei der Entscheidung mitgewirkt haben, zu unterschreiben. Ist ein Richter verhindert, seine Unterschrift beizufügen, so wird dies unter Angabe des Verhinderungsgrundes von dem Vorsitzenden und bei dessen Verhinderung von dem ältesten beisitzenden Richter unter dem Urtheile bemerkt.

Ein Urtheil, welches bei der Verkündung noch nicht in vollständiger Form abgefaßt war, ist vor Ablauf einer Woche, vom Tage der Verkündung an gerechnet, in vollständiger Abfassung dem Gerichtsschreiber zu übergeben.

Der Gerichtsschreiber hat auf dem Urtheile den Tag der Verkündung zu bemerken und diese Bemerkung zu unterschreiben.

316. (287) Der Gerichtsschreiber hat die verkündeten und unterschriebenen Urtheile in ein Verzeichniß zu bringen. Das Verzeichniß wird an bestimmten, von dem Vorsitzenden im voraus festzusetzenden Wochentagen mindestens auf die Dauer einer Woche in der Gerichtsschreiberei ausgehängt.

Der Gerichtsschreiber hat auf dem Urtheile den Tag des Aushangs zu bemerken und diese Bemerkung zu unterschreiben.

317. (288) Die Zustellung der Urtheile erfolgt auf Betreiben der Parteien.

Solange das Urtheil nicht verkündet und nicht unterschrieben ist, dürfen Ausfertigungen, Auszüge und Abschriften desselben nicht ertheilt werden.

Die Ausfertigungen und Auszüge der Urtheile sind von dem Gerichtsschreiber zu unterschreiben und mit dem Gerichtssiegel zu versehen.

318. (289) Das Gericht ist an die Entscheidung, welche in den von ihm erlassenen End- und Zwischenurtheilen enthalten ist, gebunden.

319. (290) Schreibfehler, Rechnungsfehler und ähnliche offenbare Unrichtigkeiten, welche in dem Urtheile vorkommen, sind jederzeit von dem Gerichte auch von Amtswegen zu berichtigen.

Ueber die Berichtigung kann ohne vorgängige mündliche Verhandlung entschieden werden. Der Beschluß, welcher eine Berichtigung ausspricht, wird auf dem Urtheil und den Ausfertigungen bemerkt.

Gegen den Beschluß, durch welchen der Antrag auf Berichtigung zurückgewiesen wird, findet kein Rechtsmittel; gegen den Beschluß, welcher eine Berichtigung ausspricht, findet sofortige Beschwerde statt.

320. (291) Enthält der Thatbestand des Urtheils Unrichtigkeiten, welche nicht unter die Bestimmung des vorstehenden Paragraphen fallen, Auslassungen, Dunkelheiten oder Widersprüche, so kann die Berichtigung binnen einer einwöchigen Frist durch Zustellung eines Schriftsatzes beantragt werden.

Die Frist beginnt mit dem Tage des Aushangs des Verzeichnisses, in welches das Urtheil eingetragen ist, falls jedoch das Urtheil innerhalb zweier Monate seit diesem Tage zugestellt wird, mit der Zustellung des Urtheils. Der Antrag kann schon vor dem Beginne der Frist gestellt werden.

Der Schriftsatz muß den Antrag auf Berichtigung und die Ladung des Gegners zur mündlichen Verhandlung enthalten.

Das Gericht entscheidet ohne vorgängige Beweisaufnahme. Bei der Entscheidung wirken nur diejenigen Richter mit, welche bei dem Urtheil mitgewirkt haben. Ist ein Richter verhindert, so giebt bei Stimmengleichheit die Stimme des Vorsitzenden und bei dessen Verhinderung die Stimme des ältesten Richters den Ausschlag. Eine Anfechtung des Beschlusses findet nicht statt. Der Beschluß, welcher eine Berichtigung ausspricht, wird auf dem Urtheil und den Ausfertigungen bemerkt.

Die Berichtigung des Thatbestandes hat eine Aenderung des übrigen Theils des Urtheils nicht zur Folge.

321. (292) Wenn ein nach dem ursprünglich festgestellten oder nachträglich berichtigten Thatbestande von einer Partei geltend gemachter Haupt- oder Nebenanspruch, oder wenn der Kostenpunkt bei der Endentscheidung ganz oder theilweise übergangen ist, so ist auf Antrag das Urtheil durch nachträgliche Entscheidung zu ergänzen.

Die nachträgliche Entscheidung muß binnen einer einwöchigen Frist, welche mit der Zustellung des Urtheils beginnt, durch Zustellung eines Schriftsatzes beantragt werden.

Der Schriftsatz muß den Antrag auf Ergänzung und die Ladung des Gegners zur mündlichen Verhandlung enthalten.

Die mündliche Verhandlung hat nur den nicht erledigten Theil des Rechtsstreits zum Gegenstande.

322. (293) Urtheile sind der Rechtskraft nur insoweit fähig, als über den durch die Klage oder durch die Widerklage erhobenen Anspruch entschieden ist.

Hat der Beklagte die Aufrechnung einer Gegenforderung geltend gemacht, so ist die Entscheidung, daß die Gegenforderung nicht besteht, bis zur Höhe des Betrags, für welchen die Aufrechnung geltend gemacht worden ist, der Rechtskraft fähig.

323. Tritt im Falle der Verurtheilung zu künftig fällig werdenden wiederkehrenden Leistungen eine wesentliche Aenderung derjenigen Verhältnisse ein, welche für die Verurtheilung zur Entrichtung der Leistungen, für die Bestimmung der Höhe der Leistungen oder der Dauer ihrer Entrichtung maßgebend waren, so ist jeder Theil berechtigt, im Wege der Klage eine entsprechende Abänderung des Urtheils zu verlangen.

Die Klage ist nur insoweit zulässig, als die Gründe, auf welche sie gestützt wird, erst nach dem Schlusse der mündlichen Verhandlung, in der eine Erweiterung des Klagantrags oder die Geltendmachung von Einwendungen spätestens hätte erfolgen müssen, entstanden sind und durch Einspruch nicht mehr geltend gemacht werden können.

Die Abänderung des Urtheils darf nur für die Zeit nach Erhebung der Klage erfolgen.

324. Ist bei einer nach den §§ 843—845[120] oder nach den §§ 1578—1582 des Bürgerlichen Gesetzbuchs erfolgten Verurtheilung zur Entrichtung einer Geldrente nicht auf Sicherheitsleistung erkannt, so kann der Berechtigte gleichwohl Sicherheitsleistung verlangen, wenn sich die Vermögensverhältnisse des Verpflichteten erheblich verschlechtert haben; unter der gleichen Voraussetzung kann er eine Erhöhung der in dem Urtheile bestimmten Sicherheit verlangen.[121]

325. Das rechtskräftige Urtheil wirkt für und gegen die Parteien und diejenigen Personen, welche nach dem Eintritte der Rechtshängigkeit Rechtsnachfolger der Parteien geworden sind oder den Besitz der in Streit befangenen Sache in solcher Weise erlangt haben, daß eine der Parteien oder ihr Rechtsnachfolger mittelbarer Besitzer[122] geworden ist.

Die Vorschriften des bürgerlichen Rechts zu Gunsten derjenigen, welche Rechte von einem Nichtberechtigten herleiten,[123] finden entsprechende Anwendung.

Betrifft das Urtheil einen Anspruch aus einer eingetragenen Reallast, Hypothek, Grundschuld oder Rentenschuld, so wirkt es im Falle einer Veräußerung des belasteten Grundstücks in Ansehung des Grundstücks gegen den Rechtsnachfolger auch dann, wenn dieser die Rechtshängigkeit nicht gekannt hat. Gegen den Ersteher eines im Wege der Zwangsversteigerung veräußerten Grundstücks wirkt das Urtheil nur dann, wenn die Rechtshängigkeit spätestens im Versteigerungstermine vor der Aufforderung zur Abgabe von Geboten angemeldet worden ist.

326. Ein Urtheil, das zwischen einem Vorerben und einem Dritten über einen gegen den Vorerben als Erben gerichteten Anspruch oder über einen der Nacherbfolge unterliegenden Gegenstand ergeht, wirkt, sofern es vor dem Eintritte der Nacherbfolge rechtskräftig wird, für den Nacherben.

Ein Urtheil, das zwischen einem Vorerben und einem Dritten über einen der Nacherbfolge unterliegenden Gegenstand ergeht, wirkt auch gegen den Nacherben, sofern der Vorerbe befugt ist, ohne Zustimmung des Nacherben über den Gegenstand zu verfügen.[124]

327. Ein Urtheil, das zwischen einem Testamentsvollstrecker und einem Dritten über ein der Verwaltung des Testamentsvollstreckers unterliegendes Recht[125] ergeht, wirkt für und gegen den Erben.

Das Gleiche gilt von einem Urtheile, welches zwischen einem Testamentsvollstrecker und einem Dritten über einen gegen den Nachlaß gerichteten Anspruch ergeht, wenn der Testamentsvollstrecker zur Führung des Rechtsstreits berechtigt ist.[126]

328. Die Anerkennung des Urtheils eines ausländischen Gerichts ist ausgeschlossen:

1. wenn die Gerichte des Staates, dem das ausländische Gericht angehört, nach den deutschen Gesetzen nicht zuständig sind;
2. wenn der unterlegene Beklagte ein Deutscher[127] ist und sich auf den Prozeß nicht eingelassen hat, sofern die den Prozeß einleitende Ladung oder Verfügung ihm weder in dem Staate des Prozeßgerichts in Person noch durch Gewährung deutscher Rechtshülfe zugestellt ist;
3. wenn in dem Urtheile zum Nachtheil einer deutschen Partei von den Vor-

120. Oder § 618 Abs. 3 BGB; §§ 62 Abs. 3, 76 Abs. 1 HGB.

121. Vgl. auch § 7 Haftpflichtges. v. 7. Juni 1871 (Art. 42 EG z. BGB).

122. § 868 BGB.

123. Vgl. §§ 892. 893, 932 ff., 1032, 1138, 1208, 1242, 2366, 2368 Abs. 3 BGB; §§ 366, 367 HGB.

124. Vgl. §§ 2113—2115 BGB.

125. § 2212 BGB.

126. § 2213 BGB.

127. Vgl. §§ 1 ff. Bundesges. über die Erwerbung und den Verlust der Bundes- und Staatsangehörigkeit v. 1. Juni 1870 (8. Jan. 1873)

schriften des Artikel 13 Abs. 1, 3 oder der Artikel 17, 18, 22 des Einführungsgesetzes zum Bürgerlichen Gesetzbuch oder von der Vorschrift des auf den Artikel 13 Abs. 1 bezüglichen Theiles des Artikel 27 desselben Gesetzes oder im Falle des Artikel 9 Abs. 3 zum Nachtheile der Ehefrau eines für todt erklärten Ausländers von der Vorschrift des Artikel 13 Abs. 2 abgewichen ist;

4. wenn die Anerkennung des Urtheils gegen die guten Sitten oder gegen den Zweck eines deutschen Gesetzes verstoßen würde;[128]
5. wenn die Gegenseitigkeit nicht verbürgt ist.[129]

Die Vorschrift der Nr. 5 steht der Anerkennung des Urtheils nicht entgegen, wenn das Urtheil einen nicht vermögensrechtlichen Anspruch betrifft und nach den deutschen Gesetzen ein Gerichtsstand im Inlande nicht begründet war.

329. (294) Die auf Grund einer mündlichen Verhandlung ergehenden Beschlüsse des Gerichts müssen verkündet werden.

Die Vorschriften der §§ 309, 310 finden auf Beschlüsse des Gerichts, die Vorschriften der §§ 312, 317 auf Beschlüsse des Gerichts und auf Verfügungen des Vorsitzenden, sowie eines beauftragten oder ersuchten Richters ensprechende Anwendung.

Nicht verkündete Beschlüsse des Gerichts und nicht verkündete Verfügungen des Vorsitzenden und eines beauftragten oder ersuchten Richters sind den Parteien von Amtswegen zuzustellen.

Dritter Titel. Versäumnißurtheil.

330. (295) Erscheint der Kläger im Termine zur mündlichen Verhandlung nicht, so ist auf Antrag das Versäumnißurtheil dahin zu erlassen, daß der Kläger mit der Klage abzuweisen sei.

331. (296) Beantragt der Kläger gegen den im Termine zur mündlichen Verhandlung nicht erschienenen Beklagten das Versäumnißurtheil, so ist das thatsächliche mündliche Vorbringen des Klägers als zugestanden anzunehmen.

Soweit dasselbe den Klagantrag rechtfertigt, ist nach dem Antrage zu erkennen; soweit dies nicht der Fall, ist die Klage abzuweisen.

332. (297) Als Verhandlungstermine im Sinne der vorstehenden Paragraphen sind auch diejenigen Termine anzusehen, auf welche die mündliche Verhandlung vertagt ist, oder welche zur Fortsetzung derselben vor oder nach dem Erlasse eines Beweisbeschlusses bestimmt sind.

333. (298) Als nicht erschienen ist auch diejenige Partei anzusehen, welche in dem Termine zwar erscheint, aber nicht verhandelt.[130]

334. (299) Wenn eine Partei in dem Termine verhandelt, sich jedoch über Thatsachen, Urkunden oder Eideszuschiebungen nicht erklärt, so finden die Vorschriften dieses Titels keine Anwendung.

335. (300) Der Antrag auf Erlassung eines Versäumnißurtheils ist zurückzuweisen, unbeschadet des Rechts der erschienenen Partei, die Vertagung der mündlichen Verhandlung zu beantragen:

1. wenn die erschienene Partei die vom Gerichte wegen eines von Amtswegen zu berücksichtigenden Umstandes erforderte Nachweisung nicht zu beschaffen vermag;
2. wenn die nicht erschienene Partei nicht ordnungsmäßig, insbesondere nicht rechtzeitig geladen war;
3. wenn der nicht erschienenen Partei ein thatsächliches mündliches Vorbringen oder ein Antrag nicht rechtzeitig mittels Schriftsatzes mitgetheilt war.

Wird die Verhandlung vertagt, so ist die nicht erschienene Partei zu dem neuen Termine zu laden.

336. (301) Gegen den Beschluß, durch welchen der Antrag auf Erlassung des Versäumnißurtheils zurückgewiesen wird, findet sofortige Beschwerde statt. Wird der Beschluß aufgehoben, so ist die nicht erschienene Partei zu dem neuen Termine nicht zu laden.

337. (302) Das Gericht kann von Amtswegen die Verhandlung über den Antrag auf Erlassung des Versäumnißurtheils vertagen, wenn es dafür hält, daß die von dem Vorsitzenden bestimmte Einlassungs- oder Ladungsfrist zu kurz bemessen, oder daß die Partei durch Naturereignisse oder durch andere unabwendbare Zufälle am Erscheinen verhindert worden sei. Die nicht erschienene Partei ist zu dem neuen Termine zu laden.

338. (303) Der Partei, gegen welche ein Versäumnißurtheil erlassen ist, steht gegen dasselbe der Einspruch zu.

339. (304) Die Einspruchsfrist beträgt zwei Wochen; sie ist eine Nothfrist und beginnt mit der Zustellung des Versäumnißurtheils.

Muß die Zustellung im Ausland oder durch öffentliche Bekanntmachung erfolgen, so hat das Gericht die Einspruchsfrist im Versäumnißurtheile oder nachträglich durch besonderen Beschluß, welcher ohne vorgängige mündliche Verhandlung erlassen werden kann, zu bestimmen.

128. Entsprechend dem Art. 30 EG z. BGB.

129. Die Form, durch welche die Gegenseitigkeit verbürgt ist (Gesetz, Vertrag u. s. w.), ist bedeutungslos. Gegenseitigkeit ist insbesondere nicht verbürgt: In England, Rußland, Schweden und Norwegen, Ungarn, Frankreich. Bezüglich des letzteren Staates kommt aber für Els.-Lothr. der badisch-französische Rechtshülfevertrag v. 16. April 1846 in Betracht; vgl. diesen und die Bem. dazu.

130. Vgl. auch § 85 Abs. 5 GKG.

340. (305) Die Einlegung des Einspruchs erfolgt durch Zustellung eines Schriftsatzes. Derselbe muß enthalten:

1. die Bezeichnung des Urtheils, gegen welches der Einspruch gerichtet wird;
2. die Erklärung, daß gegen dieses Urtheil Einspruch eingelegt werde;
3. die Ladung des Gegners zur mündlichen Verhandlung über die Hauptsache.

Der Schriftsatz soll zugleich dasjenige enthalten, was zur Vorbereitung der Verhandlung über die Hauptsache erforderlich ist.

341. (306) Das Gericht hat von Amtswegen zu prüfen, ob der Einspruch an sich statthaft und ob er in der gesetzlichen Form und Frist eingelegt sei. Fehlt es an einem dieser Erfordernisse, so ist der Einspruch als unzulässig zu verwerfen.

342. (307) Ist der Einspruch zulässig, so wird der Prozeß in die Lage zurückversetzt, in welcher er sich vor Eintritt der Versäumniß befand.

343. (308) Insoweit die Entscheidung, welche auf Grund der neuen Verhandlung zu erlassen ist, mit der in dem Versäumnißurtheil enthaltenen Entscheidung übereinstimmt, ist auszusprechen, daß diese Entscheidung aufrecht zu erhalten sei. Insoweit diese Voraussetzung nicht zutrifft, wird das Versäumnißurtheil in dem neuen Urtheil aufgehoben.

344. (309) Ist das Versäumnißurtheil in gesetzlicher Weise ergangen, so sind die durch die Versäumniß veranlaßten Kosten, soweit sie nicht durch einen unbegründeten Widerspruch des Gegners entstanden sind, der säumigen Partei auch dann aufzuerlegen, wenn in Folge des Einspruchs eine abändernde Entscheidung erlassen wird.

345. (310) Einer Partei, die den Einspruch eingelegt hat, aber in der zur mündlichen Verhandlung bestimmten Sitzung oder in derjenigen Sitzung, auf welche die Verhandlung vertagt ist, nicht erscheint oder nicht zur Hauptsache verhandelt, steht gegen das Versäumnißurtheil, durch welches der Einspruch verworfen wird, ein weiterer Einspruch nicht zu.

346. (311) In Betreff des Verzichts auf den Einspruch und der Zurücknahme desselben finden die Vorschriften über den Verzicht auf die Berufung und über die Zurücknahme derselben entsprechende Anwendung.

347. (312) Die Vorschriften dieses Titels finden auf das Verfahren, welches eine Widerklage oder die Bestimmung des Betrags eines dem Grunde nach bereits festgestellten Anspruchs zum Gegenstande hat, entsprechende Anwendung.

War ein Termin lediglich zur Verhandlung über einen Zwischenstreit bestimmt, so beschränkt sich das Versäumnißverfahren und das Versäumnißurtheil auf die Erledigung dieses Zwischenstreits. Die Vorschriften dieses Titels finden entsprechende Anwendung.

Vierter Titel.

Vorbereitendes Verfahren in Rechnungssachen, Auseinandersetzungen und ähnlichen Prozessen.

348. (313) Stellt sich in Prozessen, welche die Richtigkeit einer Rechnung, eine Vermögensauseinandersetzung oder ähnliche Verhältnisse zum Gegenstande haben, eine erhebliche Zahl von streitigen Ansprüchen oder von streitigen Erinnerungen gegen eine Rechnung oder gegen ein Inventar heraus, so kann das Prozeßgericht ein vorbereitendes Verfahren vor einem beauftragten Richter anordnen.

349. (314) Bei der Verkündung des Beschlusses, durch welchen das vorbereitende Verfahren angeordnet wird, ist durch den Vorsitzenden der beauftragte Richter zu bezeichnen und der Termin zur Erledigung des Beschlusses zu bestimmen. Ist die Terminsbestimmung unterblieben, so erfolgt sie durch den beauftragten Richter; wird dieser verhindert, den Auftrag zu vollziehen, so ernennt der Vorsitzende ein anderes Mitglied.

350. (315) In dem vorbereitenden Verfahren ist zu Protokoll festzustellen:

1. welche Ansprüche erhoben und welche Angriffs- und Vertheidigungsmittel geltend gemacht werden;
2. welche Ansprüche und welche Angriffs- und Vertheidigungsmittel streitig oder unstreitig sind;
3. in Ansehung der bestrittenen Ansprüche und der bestrittenen Angriffs- und Vertheidigungsmittel das Sachverhältniß nebst den von den Parteien bezeichneten Beweismitteln, den geltend gemachten Beweiseinreden, den abgegebenen Erklärungen über Beweismittel und Beweiseinreden und den gestellten Anträgen.

Das Verfahren richtet sich nach den Vorschriften, welche zur Anwendung kommen würden, wenn der Rechtsstreit vor einem Amtsgerichte anhängig wäre; dasselbe ist fortzusetzen, bis der Rechtsstreit selbst oder ein Zwischenstreit zur Erlassung eines Urtheils oder eines Beweisbeschlusses reif erscheint.

351. (316) Erscheint eine Partei in einem Termine vor dem beauftragten Richter nicht, so hat dieser das Vorbringen der erschienenen Partei in Gemäßheit der Bestimmungen des vorstehenden Paragraphen zu Protokoll festzustellen und einen neuen Termin anzuberaumen. Die nicht erschienene Partei ist zu dem neuen Termine unter Mittheilung einer Abschrift des Protokolls zu laden.

Erscheint die Partei auch in dem neuen Termine nicht, so gelten die in dem zugestellten

Protokolle enthaltenen thatsächlichen Behauptungen des Gegners als zugestanden und ist das vorbereitende Verfahren bezüglich derselben nicht weiter fortzusetzen.

352. (317) Nach dem Schlusse des vorbereitenden Verfahrens ist der Termin zur mündlichen Verhandlung vor dem Prozeßgerichte von Amtswegen zu bestimmen und den Parteien bekannt zu machen.

353. (318) Bei der mündlichen Verhandlung haben die Parteien das Ergebniß des vorbereitenden Verfahrens auf Grund des Protokolls vorzutragen.

Ist eine Partei nicht erschienen, so sind Ansprüche, welche sich in dem vorbereitenden Verfahren als unstreitig ergeben haben, durch Theilurtheil zu erledigen. Im Uebrigen ist auf Antrag ein Versäumnißurtheil zu erlassen.

354. (319) Eine vor dem beauftragten Richter unterbliebene oder verweigerte Erklärung über Thatsachen, Urkunden oder Eideszuschiebungen kann in der mündlichen Verhandlung nicht mehr nachgeholt werden. Erklärungen einer vor dem beauftragten Richter erschienenen Partei sind nur insoweit als unterblieben anzusehen, als die Partei von dem Richter zur Abgabe einer Erklärung aufgefordert worden ist.

Ansprüche, Angriffs- und Vertheidigungsmittel, Beweismittel und Beweiseinreden, welche zum Protokolle des beauftragten Richters nicht festgestellt sind, können in der mündlichen Verhandlung nur geltend gemacht werden, wenn glaubhaft gemacht wird, daß dieselben erst später entstanden oder der Partei bekannt geworden seien.

Fünfter Titel. Allgemeine Bestimmungen über die Beweisaufnahme.

355. (320) Die Beweisaufnahme erfolgt vor dem Prozeßgerichte. Sie ist nur in den durch dieses Gesetz bestimmten Fällen einem Mitgliede des Prozeßgerichts oder einem anderen Gerichte[131] zu übertragen.

Eine Anfechtung des Beschlusses, durch welchen die eine oder die andere Art der Beweisaufnahme angeordnet wird, findet nicht statt.

356. (321) Steht der Aufnahme des Beweises ein Hinderniß von ungewisser Dauer entgegen, so ist auf Antrag eine Frist zu bestimmen, nach deren fruchtlosem Ablaufe das Beweismittel nur benutzt werden kann, wenn dadurch das Verfahren nicht verzögert wird.

357. (322) Den Parteien ist gestattet, der Beweisaufnahme beizuwohnen.

358. (323) Erfordert die Beweisaufnahme ein besonderes Verfahren, so ist dasselbe durch Beweisbeschluß anzuordnen.

359. (324) Der Beweisbeschluß enthält:

1. die Bezeichnung der streitigen Thatsachen, über welche der Beweis zu erheben ist;
2. die Bezeichnung der Beweismittel unter Benennung der zu vernehmenden Zeugen und Sachverständigen;
3. die Bezeichnung der Partei, welche sich zum Nachweise oder zur Widerlegung thatsächlicher Behauptungen auf das Beweismittel berufen hat;
4. die Eidesnorm, wenn die Abnahme eines zugeschobenen oder zurückgeschobenen Eides angeordnet wird.

360. (325) Vor Erledigung des Beweisbeschlusses kann von keiner Partei eine Aenderung desselben auf Grund der früheren Verhandlungen beantragt werden.

361. (326) Soll die Beweisaufnahme durch ein Mitglied des Prozeßgerichts erfolgen, so wird bei der Verkündung des Beweisbeschlusses durch den Vorsitzenden der beauftragte Richter bezeichnet und der Termin zur Beweisaufnahme bestimmt.

Ist die Terminsbestimmung unterblieben, so erfolgt sie durch den beauftragten Richter; wird derselbe verhindert, den Auftrag zu vollziehen, so ernennt der Vorsitzende ein anderes Mitglied.

362. (327) Soll die Beweisaufnahme durch ein anderes Gericht erfolgen, so ist das Ersuchungsschreiben von dem Vorsitzenden zu erlassen.

Die auf die Beweisaufnahme sich beziehenden Verhandlungen werden in Urschrift von dem ersuchten Richter dem Gerichtsschreiber des Prozeßgerichts übersendet, welcher die Parteien von dem Eingange benachrichtigt.

363. (328) Soll die Beweisaufnahme im Ausland erfolgen, so hat der Vorsitzende die zuständige Behörde um Aufnahme des Beweises zu ersuchen.

Kann die Beweisaufnahme durch einen Reichskonsul erfolgen, so ist das Ersuchen an diesen zu richten.[132]

364. (329) Wird eine ausländische Behörde ersucht, den Beweis aufzunehmen, so kann das Gericht anordnen, daß der Beweisführer das Ersuchungsschreiben zu besorgen und die Erledigung des Ersuchens zu betreiben habe.

Das Gericht kann sich auf die Anordnung beschränken, daß der Beweisführer eine den Gesetzen des fremden Staates entsprechende öffentliche Urkunde über die Beweisaufnahme beizubringen habe.

In beiden Fällen ist in dem Beweisbeschlusse eine Frist zu bestimmen, binnen welcher von dem Beweisführer die Urkunde auf der Gerichtsschreiberei niederzulegen ist. Nach fruchtlosem Ablaufe dieser Frist kann die Urkunde nur benutzt werden, wenn dadurch das Verfahren nicht verzögert wird.

---

131. § 158 GVG.

132. Vgl. § 20 Ges. betr. die Organisation der Bundeskonsulate v. 8. Nov. 1867; §§ 1, 2, 18, 28, 75 RG über die Konsulargerichtsbarkeit v. 7. April 1900; §§ 2, 3 Ges. betr. die Rechtsverhältnisse der deutschen Schutzgebiete v. 17. April 1886.

Der Beweisführer hat den Gegner, wenn möglich, von dem Orte und der Zeit der Beweisaufnahme so zeitig in Kenntniß zu setzen, daß derselbe seine Rechte in geeigneter Weise wahrzunehmen vermag. Ist die Benachrichtigung unterblieben, so hat das Gericht zu ermessen, ob und inwieweit der Beweisführer zur Benutzung der Beweisverhandlung berechtigt sei.

365. (330) Der beauftragte oder ersuchte Richter ist ermächtigt, falls sich später Gründe ergeben, welche die Beweisaufnahme durch ein anderes Gericht sachgemäß erscheinen lassen, dieses Gericht um die Aufnahme des Beweises zu ersuchen. Die Parteien sind von dieser Verfügung in Kenntniß zu setzen.

366. (331) Erhebt sich bei der Beweisaufnahme vor einem beauftragten oder ersuchten Richter ein Streit, von dessen Erledigung die Fortsetzung der Beweisaufnahme abhängig und zu dessen Entscheidung der Richter nicht berechtigt ist, so erfolgt die Erledigung durch das Prozeßgericht.

Der Termin zur mündlichen Verhandlung über den Zwischenstreit ist von Amtswegen zu bestimmen und den Parteien bekannt zu machen.

367. (332) Erscheint eine Partei oder erscheinen beide Parteien in dem Termine zur Beweisaufnahme nicht, so ist die Beweisaufnahme gleichwohl insoweit zu bewirken, als dies nach Lage der Sache geschehen kann.

Eine nachträgliche Beweisaufnahme oder eine Vervollständigung der Beweisaufnahme ist bis zum Schlusse derjenigen mündlichen Verhandlung, auf welche das Urtheil ergeht, auf Antrag anzuordnen, wenn das Verfahren dadurch nicht verzögert wird oder wenn die Partei glaubhaft macht, daß sie ohne ihr Verschulden außer Stande gewesen sei, in dem früheren Termine zu erscheinen, und im Falle des Antrags auf Vervollständigung, daß durch ihr Nichterscheinen eine wesentliche Unvollständigkeit der Beweisaufnahme veranlaßt sei.

368. (333) Wird ein neuer Termin zur Beweisaufnahme oder zur Fortsetzung derselben erforderlich, so ist dieser Termin, auch wenn der Beweisführer oder beide Parteien in dem früheren Termine nicht erschienen waren, von Amtswegen zu bestimmen.

369. (334) Entspricht die von einer ausländischen Behörde vorgenommene Beweisaufnahme den für das Prozeßgericht geltenden Gesetzen, so kann daraus, daß sie nach den ausländischen Gesetzen mangelhaft ist, kein Einwand entnommen werden.

370. (335) Erfolgt die Beweisaufnahme vor dem Prozeßgerichte, so ist der Termin, in welchem die Beweisaufnahme stattfindet, zugleich zur Fortsetzung der mündlichen Verhandlung bestimmt.

In dem Beweisbeschlusse, welcher anordnet, daß die Beweisaufnahme vor einem beauftragten oder ersuchten Richter erfolgen solle, kann zugleich der Termin zur Fortsetzung der mündlichen Verhandlung vor dem Prozeßgerichte bestimmt werden. Ist dies nicht geschehen, so wird nach Beendigung der Beweisaufnahme dieser Termin von Amtswegen bestimmt und den Parteien bekannt gemacht.

Sechster Titel. Beweis durch Augenschein.

371. (336) Die Antretung des Beweises durch Augenschein erfolgt durch die Bezeichnung des Gegenstandes des Augenscheins und durch die Angabe der zu beweisenden Thatsachen.

372. (337) Das Prozeßgericht kann anordnen, daß bei der Einnahme des Augenscheins ein oder mehrere Sachverständige zuzuziehen seien.

Es kann einem Mitgliede des Prozeßgerichts oder einem anderen Gerichte[133] die Einnahme des Augenscheins übertragen, auch die Ernennung der zuzuziehenden Sachverständigen überlassen.

Siebenter Titel. Zeugenbeweis.

373. (338) Die Antretung des Zeugenbeweises erfolgt durch die Benennung der Zeugen und die Bezeichnung der Thatsachen, über welche die Vernehmung der Zeugen stattfinden soll.

374. (339) Die Vernehmung neuer Zeugen, welche nach Erlassung eines Beweisbeschlusses bezüglich der in demselben bezeichneten streitigen Thatsachen benannt werden, ist auf Antrag zurückzuweisen, wenn durch die Vernehmung die Erledigung des Rechtsstreits verzögert werden würde und das Gericht die Ueberzeugung gewinnt, daß die Partei in der Absicht, den Prozeß zu verschleppen, oder aus grober Nachlässigkeit die Zeugen nicht früher benannt hat.

375. (340) Die Aufnahme des Zeugenbeweises kann einem Mitgliede des Prozeßgerichts oder einem anderen Gericht[133] übertragen werden:

1. wenn zur Ausmittelung der Wahrheit die Vernehmung des Zeugen an Ort und Stelle dienlich erscheint;
2. wenn die Beweisaufnahme vor dem Prozeßgericht erheblichen Schwierigkeiten unterliegen würde;
3. wenn der Zeuge verhindert ist, vor dem Prozeßgerichte zu erscheinen;
4. wenn der Zeuge in großer Entfernung von dem Sitze des Prozeßgerichts sich aufhält.

Die Landesherren und die Mitglieder der landesherrlichen Familien sowie die Mitglieder der Fürstlichen Familie Hohenzollern sind durch ein Mitglied des Prozeßgerichts oder durch ein anderes Gericht in ihrer Wohnung zu vernehmen. Das Gleiche gilt in Ansehung der Mitglieder des vormaligen Hannoverschen Königshauses, des vormaligen Kurhessischen und

133. § 158 GVG.

des vormaligen Herzoglich Nassauischen Fürstenhauses.

376. (341) Oeffentliche Beamte, auch wenn sie nicht mehr im Dienste sind, dürfen über Umstände, auf welche sich ihre Pflicht zur Amtsverschwiegenheit bezieht, als Zeugen nur mit Genehmigung ihrer vorgesetzten Dienstbehörde oder der ihnen zuletzt vorgesetzt gewesenen Dienstbehörde vernommen werden. Für den Reichskanzler bedarf es der Genehmigung des Kaisers, für die Minister der Genehmigung des Landesherrn, für die Mitglieder der Senate der freien Hansestädte der Genehmigung des Senats.

Die Genehmigung darf nur versagt werden, wenn die Ablegung des Zeugnisses dem Wohle des Reichs oder eines Bundesstaates Nachtheil bereiten würde.

Die Genehmigung ist durch das Prozeßgericht einzuholen und dem Zeugen bekannt zu machen.

377. (342) Die Ladung der Zeugen ist von dem Gerichtsschreiber unter Bezugnahme auf den Beweisbeschluß auszufertigen und von Amtswegen zuzustellen.

Die Ladung muß enthalten:

1. die Bezeichnung der Parteien;
2. den Gegenstand der Vernehmung;
3. die Anweisung, zur Ablegung des Zeugnisses bei Vermeidung der durch das Gesetz angedrohten Strafen in dem nach Zeit und Ort zu bezeichnenden Termine zu erscheinen.

378. (343) Die Ladung einer dem aktiven Heere oder der aktiven Marine angehörenden Person des Soldatenstandes[134] als Zeuge erfolgt durch Ersuchen der Militärbehörde.[135]

379. (344) Das Gericht kann die Ladung davon abhängig machen, daß der Beweisführer einen Vorschuß zur Deckung der Staatskasse wegen der durch die Vernehmung des Zeugen erwachsenden Auslagen hinterlegt.

Erfolgt die Hinterlegung nicht binnen der bestimmten Frist, so unterbleibt die Ladung, wenn die Hinterlegung nicht so zeitig nachgeholt wird, daß die Vernehmung ohne Verzögerung des Verfahrens erfolgen kann.

380. (345) Ein ordnungsmäßig geladener Zeuge, welcher nicht erscheint, ist, ohne daß es eines Antrags bedarf, in die durch das Ausbleiben verursachten Kosten sowie zu einer Geldstrafe bis zu dreihundert Mark und für den Fall, daß diese nicht beigetrieben werden kann, zur Strafe der Haft bis zu sechs Wochen zu verurtheilen.

Im Falle wiederholten Ausbleibens ist die Strafe noch einmal zu erkennen, auch kann die zwangsweise Vorführung des Zeugen angeordnet werden.

134. Vgl. hierzu die Bem. zu § 9 BGB.

135. Ueber die zuständige Militärbehörde vgl. Bkm. v. 23. Juli 1880 (CBl. für das deutsche Reich 1880 S. 480).

Gegen diese Beschlüsse findet die Beschwerde statt.

Die Festsetzung und die Vollstreckung der Strafe gegen eine dem aktiven Heere oder der aktiven Marine angehörende Militärperson[134] erfolgt auf Ersuchen durch das Militärgericht, die Vorführung einer solchen Person durch Ersuchen der Militärbehörde.[135]

381. (346) Die Verurtheilung in Strafe und Kosten sowie die Anordnung der zwangsweisen Vorführung unterbleiben, wenn das Ausbleiben des Zeugen genügend entschuldigt ist. Erfolgt nachträglich genügende Entschuldigung, so werden die gegen den Zeugen getroffenen Anordnungen wieder aufgehoben.

Die Anzeigen und Gesuche des Zeugen können schriftlich oder zum Protokolle des Gerichtsschreibers oder mündlich in dem zur Vernehmung bestimmten neuen Termine angebracht werden.

382. (347) Der Reichskanzler, die Minister eines Bundesstaates, die Mitglieder der Senate der freien Hansestädte, die Vorstände der obersten Reichsbehörden und die Vorstände der Ministerien sind an ihrem Amtssitze oder, wenn sie sich außerhalb desselben aufhalten, an ihrem Aufenthaltsorte zu vernehmen.

Die Mitglieder des Bundesraths sind während ihres Aufenthalts am Sitze des Bundesraths an diesem Sitze, die Mitglieder einer deutschen gesetzgebenden Versammlung während der Sitzungsperiode und ihres Aufenthalts am Orte der Versammlung an diesem Orte zu vernehmen.

Zu einer Abweichung von den vorstehenden Bestimmungen bedarf es:

in Betreff des Reichskanzlers der Genehmigung des Kaisers,

in Betreff der Minister und der Mitglieder des Bundesraths der Genehmigung des Landesherrn,

in Betreff der Mitglieder der Senate der freien Hansestädte der Genehmigung des Senats,

in Betreff der übrigen vorbezeichneten Beamten der Genehmigung ihres unmittelbaren Vorgesetzten,

in Betreff der Mitglieder einer gesetzgebenden Versammlung der Genehmigung der letzteren.

383. (348) Zur Verweigerung des Zeugnisses sind berechtigt:

1. der Verlobte einer Partei;
2. der Ehegatte einer Partei, auch wenn die Ehe nicht mehr besteht;
3. diejenigen, welche mit einer Partei in gerader Linie verwandt, verschwägert oder durch Adoption verbunden, oder in der Seitenlinie bis zum dritten Grade verwandt oder bis zum zweiten Grade verschwägert sind, auch wenn die Ehe, durch welche die Schwägerschaft begründet ist, nicht mehr besteht;[136]

136. Vgl. Art. 33 EG z. BGB; §§ 1589 f. BGB.

4. Geistliche in Ansehung desjenigen, was ihnen bei der Ausübung der Seelsorge anvertraut ist;
5. Personen, welchen kraft ihres Amtes, Standes oder Gewerbes Thatsachen anvertraut sind, deren Geheimhaltung durch die Natur derselben oder durch gesetzliche Vorschrift geboten ist, in Betreff der Thatsachen, auf welche die Verpflichtung zur Verschwiegenheit sich bezieht.

Die unter Nr. 1—3 bezeichneten Personen sind vor der Vernehmung über ihr Recht zur Verweigerung des Zeugnisses zu belehren.

Die Vernehmung der Nr. 4, 5 bezeichneten Personen ist, auch wenn das Zeugniß nicht verweigert wird, auf Thatsachen nicht zu richten, in Ansehung welcher erhellt, daß ohne Verletzung der Verpflichtung zur Verschwiegenheit ein Zeugniß nicht abgelegt werden kann.

384. (349) Das Zeugniß kann verweigert werden:
1. über Fragen, deren Beantwortung dem Zeugen oder einer Person, zu welcher derselbe in einem der im § 383 Nr. 1—3 bezeichneten Verhältnisse steht, einen unmittelbaren vermögensrechtlichen Schaden verursachen würde;
2. über Fragen, deren Beantwortung dem Zeugen oder einem der im § 383 Nr. 1—3 bezeichneten Angehörigen desselben zur Unehre gereichen oder die Gefahr strafgerichtlicher Verfolgung zuziehen würde;
3. über Fragen, welche der Zeuge nicht würde beantworten können, ohne ein Kunst- oder Gewerbegeheimniß zu offenbaren.

385. (350) In den Fällen des § 383 Nr. 1—3 und des § 384 Nr. 1 darf der Zeuge das Zeugniß nicht verweigern:
1. über die Errichtung und den Inhalt eines Rechtsgeschäfts, bei dessen Errichtung er als Zeuge zugezogen war;
2. über Geburten, Verheirathungen oder Sterbefälle von Familiengliedern;
3. über Thatsachen, welche die durch das Familienverhältniß bedingten Vermögensangelegenheiten betreffen;
4. über diejenigen auf das streitige Rechtsverhältniß sich beziehenden Handlungen, welche von ihm selbst als Rechtsvorgänger oder Vertreter einer Partei vorgenommen sein sollen.

Die im § 383 Nr. 4, 5 bezeichneten Personen dürfen das Zeugniß nicht verweigern, wenn sie von der Verpflichtung zur Verschwiegenheit entbunden sind.

386. (351) Der Zeuge, welcher das Zeugniß verweigert, hat vor dem zu seiner Vernehmung bestimmten Termine schriftlich oder zum Protokolle des Gerichtsschreibers oder in diesem Termine die Thatsachen, auf welche er die Weigerung gründet, anzugeben und glaubhaft zu machen.

Zur Glaubhaftmachung genügt in den Fällen des § 383 Nr. 4, 5 die mit Berufung auf einen geleisteten Diensteid abgegebene Versicherung.

Hat der Zeuge seine Weigerung schriftlich oder zum Protokolle des Gerichtsschreibers erklärt, so ist er nicht verpflichtet, in dem zu seiner Vernehmung bestimmten Termine zu erscheinen.

Von dem Eingange einer Erklärung des Zeugen oder von der Aufnahme einer solchen zum Protokolle hat der Gerichtsschreiber die Parteien zu benachrichtigen.

387. (352) Ueber die Rechtmäßigkeit der Weigerung wird von dem Prozeßgerichte nach Anhörung der Parteien entschieden.

Der Zeuge ist nicht verpflichtet, sich durch einen Anwalt vertreten zu lassen.

Gegen das Zwischenurtheil findet sofortige Beschwerde statt.

388. (353) Hat der Zeuge seine Weigerung schriftlich oder zum Protokolle des Gerichtsschreibers erklärt und ist er in dem Termine nicht erschienen, so hat auf Grund seiner Erklärungen ein Mitglied des Prozeßgerichts Bericht zu erstatten.

389. (354) Erfolgt die Weigerung vor einem beauftragten oder ersuchten Richter, so sind die Erklärungen des Zeugen, wenn sie nicht schriftlich oder zum Protokolle des Gerichtsschreibers abgegeben sind, nebst den Erklärungen der Parteien in das Protokoll aufzunehmen.

Zur mündlichen Verhandlung vor dem Prozeßgerichte werden der Zeuge und die Parteien von Amtswegen geladen.

Auf Grund der von dem Zeugen und den Parteien abgegebenen Erklärungen hat ein Mitglied des Prozeßgerichts Bericht zu erstatten. Nach dem Vortrage des Berichterstatters können der Zeuge und die Parteien zur Begründung ihrer Anträge das Wort nehmen; neue Thatsachen oder Beweismittel dürfen nicht geltend gemacht werden.

390. (355) Wird das Zeugniß oder die Eidesleistung ohne Angabe eines Grundes oder, nachdem der vorgeschützte Grund rechtskräftig für unerheblich erklärt ist, verweigert, so ist der Zeuge, ohne daß es eines Antrags bedarf, in die durch die Weigerung verursachten Kosten sowie zu einer Geldstrafe bis zu dreihundert Mark und für den Fall, daß diese nicht beigetrieben werden kann, zur Strafe der Haft bis zu sechs Wochen zu verurtheilen.

Im Falle wiederholter Weigernng ist auf Antrag zur Erzwingung des Zeugnisses die Haft anzuordnen, jedoch nicht über den Zeitpunkt der Beendigung des Prozesses in der Instanz hinaus. Die Vorschriften über die Haft im Zwangsvollstreckungsverfahren finden entsprechende Anwendung.

Gegen diese Beschlüsse findet die Beschwerde statt. Die Festsetzung und die Vollstreckung der Strafe gegen eine dem aktiven Heere oder der aktiven Marine angehörende Militärperson [134] erfolgt auf Ersuchen durch das Militärgericht.

391. (356) Jeder Zeuge ist einzeln und vor seiner Vernehmung zu beeidigen; die Beeidigung kann jedoch aus besonderen Gründen, namentlich wenn Bedenken gegen ihre Zulässigkeit obwalten, bis nach Abschluß der Vernehmung ausgesetzt werden.

Die Parteien können auf die Beeidigung verzichten.

392. (357) Der vor der Vernehmung zu leistende Eid lautet:

daß Zeuge nach bestem Wissen die reine Wahrheit sagen, nichts verschweigen und nichts hinzusetzen werde;

der nach der Vernehmung zu leistende Eid lautet:

daß Zeuge nach bestem Wissen die reine Wahrheit gesagt, nichts verschwiegen und nichts hinzugesetzt habe.

393. (358) Unbeeidigt sind zu vernehmen:

1. Personen, welche zur Zeit der Vernehmung das sechzehnte Lebensjahr noch nicht vollendet oder wegen mangelnder Verstandesreife oder wegen Verstandesschwäche von dem Wesen und der Bedeutung des Eides keine genügende Vorstellung haben;
2. Personen, welche nach den Bestimmungen der Strafgesetze unfähig sind, als Zeugen eidlich vernommen zu werden; [137]
3. die nach § 383 Nr. 1—3 und § 384 Nr. 1, 2 zur Verweigerung des Zeugnisses berechtigten Personen, sofern sie von diesem Rechte keinen Gebrauch machen, die im § 384 Nr. 1, 2 bezeichneten Personen jedoch nur dann, wenn sie lediglich über solche Thatsachen vorgeschlagen sind, auf welche sich das Recht zur Verweigerung des Zeugnisses bezieht;
4. Personen, welche bei dem Ausgange des Rechtsstreits unmittelbar betheiligt sind.

Das Prozeßgericht kann die nachträgliche Beeidigung der unter den beiden letzten Nummern bezeichneten Personen anordnen.

394. (359) Jeder Zeuge ist einzeln und in Abwesenheit der später abzuhörenden Zeugen zu vernehmen.

Zeugen, deren Aussagen sich widersprechen, können einander gegenüber gestellt werden.

395. (360) Die Vernehmung beginnt damit, daß der Zeuge über Vornamen und Zunamen, Alter, Religionsbekenntniß, Stand oder Gewerbe und Wohnort befragt wird. Erforderlichenfalls sind ihm Fragen über solche Umstände, welche seine Glaubwürdigkeit in der vorliegenden Sache betreffen, insbesondere über seine Beziehungen zu den Parteien vorzulegen.

396. (361) Der Zeuge ist zu veranlassen, dasjenige, was ihm von dem Gegenstande seiner Vernehmung bekannt ist, im Zusammenhange anzugeben.

Zur Aufklärung und zur Vervollständigung der Aussage, sowie zur Erforschung des Grundes, auf welchem die Wissenschaft des Zeugen beruht, sind nöthigenfalls weitere Fragen zu stellen.

Der Vorsitzende hat jedem Mitgliede des Gerichts auf Verlangen zu gestatten, Fragen zu stellen.

397. (362) Die Parteien sind berechtigt, dem Zeugen diejenigen Fragen vorlegen zu lassen, welche sie zur Aufklärung der Sache oder der Verhältnisse des Zeugen für dienlich erachten.

Der Vorsitzende kann den Parteien gestatten, und hat ihren Anwälten auf Verlangen zu gestatten, an den Zeugen unmittelbar Fragen zu richten.

Zweifel über die Zulässigkeit einer Frage entscheidet das Gericht.

398. (363) Das Prozeßgericht kann nach seinem Ermessen die wiederholte Vernehmung eines Zeugen anordnen.

Hat ein beauftragter oder ersuchter Richter bei der Vernehmung die Stellung der von einer Partei angeregten Frage verweigert, so kann das Prozeßgericht die nachträgliche Vernehmung des Zeugen über diese Frage anordnen.

Bei der wiederholten oder der nachträglichen Vernehmung kann der Richter statt der nochmaligen Beeidigung den Zeugen die Richtigkeit seiner Aussage unter Berufung auf den früher geleisteten Eid versichern lassen.

399. (364) Die Partei kann auf einen Zeugen, welchen sie vorgeschlagen hat, verzichten, der Gegner kann aber verlangen, daß der erschienene Zeuge vernommen und, wenn die Vernehmung bereits begonnen hat, daß dieselbe fortgesetzt werde.

400. (365) Der mit der Beweisaufnahme betraute Richter ist ermächtigt, im Falle des Nichterscheinens oder der Zeugnißverweigerung die gesetzlichen Verfügungen zu treffen, auch dieselben, soweit dieses überhaupt zulässig ist, selbst nach Erledigung des Auftrags wieder aufzuheben, über die Zulässigkeit einer dem Zeugen vorgelegten Frage vorläufig zu entscheiden und die nochmalige Vernehmung eines Zeugen vorzunehmen.

401. (366) Jeder Zeuge hat nach Maßgabe der Gebührenordnung auf Entschädigung für Zeitversäumniß und, wenn sein Erscheinen eine Reise erforderlich macht, auf Erstattung der Kosten Anspruch, welche durch die Reise und den Aufenthalt am Orte der Vernehmung verursacht werden.

Achter Titel. Beweis durch Sachverständige.

402. (367) Auf den Beweis durch Sachverständige finden die Vorschriften über den Beweis

137. § 161 StGB.

durch Zeugen entsprechende Anwendung, insoweit nicht in den nachfolgenden Paragraphen abweichende Bestimmungen enthalten sind.

403. (368) Die Antretung des Beweises erfolgt durch die Bezeichnung der zu begutachtenden Punkte.

404. (369) Die Auswahl der zuzuziehenden Sachverständigen und die Bestimmung ihrer Anzahl erfolgt durch das Prozeßgericht. Dasselbe kann sich auf die Ernennung eines einzigen Sachverständigen beschränken. Es kann an Stelle der zuerst ernannten Sachverständigen andere ernennen.

Sind für gewisse Arten von Gutachten Sachverständige öffentlich bestellt,[138] so sollen andere Personen nur dann gewählt werden, wenn besondere Umstände es erfordern.

Das Gericht kann die Parteien auffordern, Personen zu bezeichnen, welche geeignet sind, als Sachverständige vernommen zu werden.

Einigen sich die Parteien über bestimmte Personen als Sachverständige, so hat das Gericht dieser Einigung Folge zu geben; das Gericht kann jedoch die Wahl der Parteien auf eine bestimmte Anzahl beschränken.

405. (370) Das Prozeßgericht kann den mit der Beweisaufnahme betrauten Richter zur Ernennung der Sachverständigen ermächtigen. Derselbe hat in diesem Falle die in dem vorstehenden Paragraphen dem Prozeßgerichte beigelegten Befugnisse auszuüben.

406. (371) Ein Sachverständiger kann aus denselben Gründen, welche zur Ablehnung eines Richters berechtigen, abgelehnt werden. Ein Ablehnungsgrund kann jedoch nicht daraus entnommen werden, daß der Sachverständige als Zeuge vernommen worden ist.

Das Ablehnungsgesuch ist bei demjenigen Gericht oder Richter, von welchem die Ernennung des Sachverständigen erfolgt ist, vor der Vernehmung desselben, bei schriftlicher Begutachtung vor erfolgter Einreichung des Gutachtens anzubringen. Nach diesem Zeitpunkt ist die Ablehnung nur zulässig, wenn glaubhaft gemacht wird, daß der Ablehnungsgrund vorher nicht geltend gemacht werden konnte. Das Ablehnungsgesuch kann vor dem Gerichtsschreiber zu Protokoll erklärt werden.

Der Ablehnungsgrund ist glaubhaft zu machen; zur Versicherung an Eidesstatt darf die Partei nicht zugelassen werden.

Die Entscheidung erfolgt von dem im zweiten Absatze bezeichneten Gericht oder Richter; eine vorgängige mündliche Verhandlung der Betheiligten ist nicht erforderlich.

Gegen den Beschluß, durch welchen die Ablehnung für begründet erklärt wird, findet kein Rechtsmittel; gegen den Beschluß, durch welchen dieselbe für unbegründet erklärt wird, findet sofortige Beschwerde statt.

407. (372) Der zum Sachverständigen Ernannte hat der Ernennung Folge zu leisten, wenn er zur Erstattung von Gutachten der erforderten Art öffentlich bestellt ist oder wenn er die Wissenschaft, die Kunst oder das Gewerbe, deren Kenntniß Voraussetzung der Begutachtung ist, öffentlich zum Erwerbe ausübt oder wenn er zur Ausübung derselben öffentlich bestellt oder ermächtigt ist.

Zur Erstattung des Gutachtens ist auch derjenige verpflichtet, welcher sich zu derselben vor Gericht bereit erklärt hat.

408. (373) Dieselben Gründe, welche einen Zeugen berechtigen, das Zeugniß zu verweigern, berechtigen einen Sachverständigen zur Verweigerung des Gutachtens. Das Gericht kann auch aus anderen Gründen einen Sachverständigen von der Verpflichtung zur Erstattung des Gutachtens entbinden.

Die Vernehmung eines öffentlichen Beamten als Sachverständigen findet nicht statt, wenn die vorgesetzte Behörde des Beamten erklärt, daß die Vernehmung den dienstlichen Interessen Nachtheile bereiten würde.

409. (374) Im Falle des Nichterscheinens oder der Weigerung eines zur Erstattung des Gutachtens verpflichteten Sachverständigen wird dieser zum Ersatze der Kosten und zu einer Geldstrafe bis zu dreihundert Mark verurtheilt. Im Falle wiederholten Ungehorsams kann noch einmal eine Geldstrafe bis zu sechshundert Mark erkannt werden.

Gegen den Beschluß findet Beschwerde statt.

Die Festsetzung und die Vollstreckung der Strafe gegen eine dem aktiven Heere oder der aktiven Marine angehörende Militärperson[139] erfolgt auf Ersuchen durch das Militärgericht.

410. (375) Der Sachverständige hat, wenn nicht beide Parteien auf seine Beeidigung verzichten, vor Erstattung des Gutachtens einen Eid dahin zu leisten:

> daß er das von ihm geforderte Gutachten unparteiisch und nach bestem Wissen und Gewissen erstatten werde.

Ist der Sachverständige für die Erstattung von Gutachten der betreffenden Art im Allgemeinen beeidigt, so genügt die Berufung auf den geleisteten Eid.

411. (376) Wird schriftliche Begutachtung angeordnet, so hat der Sachverständige das von ihm

138. Sachverständigen-Vereine für das Gebiet des Urheberrechts sind angeordnet nach § 31 Ges. v. 11. Juni 1870; § 16 RG v. 9. Jan. 1876; §§ 9, 10 RG v. 10. Jan. 1876; § 14 RG v. 11. Jan. 1876. — Die nähern Bestimmungen über die Zusammensetzung und innere Einrichtung dieser Vereine sind enthalten in der Instruktion des Bundeskanzleramts v. 12. Dez. 1870 und den Bkm. des RKA v. 29. Febr. 1876 und 16. Juli 1879. Bezüglich der Patentsachen vgl. § 18 Patentges. v. 7. April 1891.

139. Vgl. Bem. zu § 9 BGB.

unterschriebene Gutachten auf der Gerichtsschreiberei niederzulegen.

Das Gericht kann das Erscheinen des Sachverständigen anordnen, damit derselbe das schriftliche Gutachten erläutere.

412. (377) Das Gericht kann eine neue Begutachtung durch dieselben oder durch andere Sachverständige anordnen, wenn es das Gutachten für ungenügend erachtet.

Das Gericht kann die Begutachtung durch einen anderen Sachverständigen anordnen, wenn ein Sachverständiger nach Erstattung des Gutachtens mit Erfolg abgelehnt ist.

413. (378) Der Sachverständige hat nach Maßgabe der Gebührenordnung auf Entschädigung für Zeitversäumniß, auf Erstattung der ihm verursachten Kosten und außerdem auf angemessene Vergütung seiner Mühewaltung Anspruch.

414. (379) Insoweit zum Beweise vergangener Thatsachen oder Zustände, zu deren Wahrnehmung eine besondere Sachkunde erforderlich war, sachkundige Personen zu vernehmen sind, kommen die Vorschriften über den Zeugenbeweis zur Anwendung.

Neunter Titel. Beweis durch Urkunden.

415. (380) Urkunden, welche von einer öffentlichen Behörde innerhalb der Grenzen ihrer Amtsbefugnisse oder von einer mit öffentlichem Glauben versehenen Person innerhalb des ihr zugewiesenen Geschäftskreises in der vorgeschriebenen Form aufgenommen sind (öffentliche Urkunden), begründen, wenn sie über eine vor der Behörde oder der Urkundsperson abgegebene Erklärung errichtet sind, vollen Beweis des durch die Behörde oder die Urkundsperson beurkundeten Vorganges.

Der Beweis, daß der Vorgang unrichtig beurkundet sei, ist zulässig.

416. (381) Privaturkunden begründen, sofern sie von den Ausstellern unterschrieben oder mittels gerichtlich oder notariell beglaubigten Handzeichens [140] unterzeichnet sind, vollen Beweis dafür, daß die in denselben enthaltenen Erklärungen von den Ausstellern abgegeben sind.

417. (382) Die von einer Behörde ausgestellten, eine amtliche Anordnung, Verfügung oder Entscheidung enthaltenden öffentlichen Urkunden begründen vollen Beweis ihres Inhalts.

418. (383) Oeffentliche Urkunden, welche einen anderen als den in den §§ 415, 417 bezeichneten Inhalt haben, begründen vollen Beweis der darin bezeugten Thatsachen.

Der Beweis der Unrichtigkeit der bezeugten Thatsachen ist zulässig, sofern nicht die Landesgesetze diesen Beweis ausschließen oder beschränken.

Beruht das Zeugniß nicht auf eigener Wahrnehmung der Behörde oder der Urkundsperson, so findet die Vorschrift des ersten Absatzes nur dann Anwendung, wenn sich aus den Landesgesetzen ergiebt, daß die Beweiskraft des Zeugnisses von der eigenen Wahrnehmung unabhängig ist. [141]

419. (384) Inwiefern Durchstreichungen, Radirungen, Einschaltungen oder sonstige äußere Mängel die Beweiskraft einer Urkunde ganz oder theilweise aufheben oder mindern, entscheidet das Gericht nach freier Ueberzeugung.

420. (385) Die Antretung des Beweises erfolgt durch die Vorlegung der Urkunde.

421. (386) Befindet sich die Urkunde nach der Behauptung des Beweisführers in den Händen des Gegners, so erfolgt die Antretung des Beweises durch den Antrag, dem Gegner die Vorlegung der Urkunde aufzugeben.

422. (387) Der Gegner ist zur Vorlegung der Urkunde verpflichtet, wenn der Beweisführer nach den Vorschriften des bürgerlichen Rechts die Herausgabe oder die Vorlegung der Urkunde verlangen kann. [142]

423. (388) Der Gegner ist auch zur Vorlegung derjenigen in seinen Händen befindlichen Urkunden verpflichtet, auf welche er im Prozesse zur Beweisführung Bezug genommen hat, selbst wenn dieses nur in einem vorbereitenden Schriftsatze geschehen ist.

424. (389) Der Antrag soll enthalten:

1. die Bezeichnung der Urkunde;
2. die Bezeichnung der Thatsachen, welche durch die Urkunde bewiesen werden sollen;
3. die möglichst vollständige Bezeichnung des Inhalts der Urkunde;
4. die Angabe der Umstände, auf welche die Behauptung sich stützt, daß die Urkunde sich in dem Besitze des Gegners befindet;
5. die Bezeichnung des Grundes, welcher die Verpflichtung zur Vorlegung der Urkunde ergiebt. Der Grund ist glaubhaft zu machen.

425. (390) Erachtet das Gericht die Thatsache, welche durch die Urkunde bewiesen werden soll, für erheblich und den Antrag für begründet, so ordnet es, wenn der Gegner zugesteht, daß die Urkunde sich in seinen Händen befinde, oder wenn der Gegner sich über den Antrag nicht erklärt, die Vorlegung der Urkunde an.

426. (391) Bestreitet der Gegner, daß die Urkunde sich in seinem Besitze befinde, so hat er einen Eid dahin zu leisten:

> daß er nach sorgfältiger Nachforschung die Ueberzeugung erlangt habe, daß die Urkunde in seinem Besitze sich nicht befinde,

140. Vgl. §§ 126 Abs. 1, 129 Abs. 1 BGB; §§ 167 Abs. 1, 191 Abs. 2 FrG; § 48 Abs. 4 RG z. FrG.

141. Vgl. hierzu §§ 11, 12 Ges. betr. die Eheschließung und die Beurkundung des Personenstandes von Bundesangehörigen im Auslande v. 4. Mai 1870 (8. Febr. 1875); § 15 RG betr. die Beurkundung des Personenstandes und die Eheschließung v. 6. Febr. 1875.

142. Vgl. insbesondere § 810 BGB; §§ 45 ff. HGB.

daß er die Urkunde nicht in der Absicht abhanden gebracht habe, deren Benutzung dem Beweisführer zu entziehen, daß er auch nicht wisse, wo die Urkunde sich befinde.

Das Gericht kann eine der Lage der Sache entsprechende Aenderung der vorstehenden Eidesnorm beschließen.

Auf die Leistung des Eides durch Streitgenossen, gesetzliche Vertreter und die im § 473 Abs. 2, 3 bezeichneten Personen finden die Vorschriften der §§ 472—474 entsprechende Anwendung.

Hat eine öffentliche Behörde Urkunden vorzulegen, so wird der Eid von dem Beamten geleistet, welchem die Verwahrung der Urkunden übertragen ist.

427. (392) Kommt der Gegner der Anordnung, die Urkunde vorzulegen oder den Eid zu leisten, nicht nach, so ist, wenn der Beweisführer eine Abschrift der Urkunde beigebracht hat, diese Abschrift als richtig anzusehen. Ist eine Abschrift der Urkunde nicht beigebracht, so können die Behauptungen des Beweisführers über die Beschaffenheit und den Inhalt der Urkunde als bewiesen angenommen werden.

428. (393) Befindet sich die Urkunde nach der Behauptung des Beweisführers in den Händen eines Dritten, so erfolgt die Antretung des Beweises durch den Antrag, zur Herbeischaffung der Urkunde eine Frist zu bestimmen.

429. (394) Der Dritte ist aus denselben Gründen wie der Gegner des Beweisführers zur Vorlegung einer Urkunde verpflichtet; er kann zur Vorlegung nur im Wege der Klage genöthigt werden.

430. (395) Zur Begründung des nach § 428 zu stellenden Antrags hat der Beweisführer den Erfordernissen des § 424 Nr. 1—3, 5 zu genügen und außerdem glaubhaft zu machen, daß die Urkunde sich in den Händen des Dritten befinde.

431. (396) Ist die Thatsache, welche durch die Urkunde bewiesen werden soll, erheblich, und der Antrag den Bestimmungen des vorstehenden Paragraphen entsprechend, so hat das Gericht eine Frist zur Vorlegung der Urkunde in einem von dem Beweisführer zu erwirkenden Termine zu bestimmen.

Der Gegner kann die Fortsetzung des Verfahrens vor dem Ablaufe der Frist beantragen, wenn die Klage gegen den Dritten erledigt ist oder wenn der Beweisführer die Erhebung der Klage oder die Betreibung des Prozesses oder der Zwangsvollstreckung verzögert.

432. (397) Befindet sich die Urkunde nach der Behauptung des Beweisführers in den Händen einer öffentlichen Behörde oder eines öffentlichen Beamten, so erfolgt die Antretung des Beweises durch den Antrag, die Behörde oder den Beamten um die Mittheilung der Urkunde zu ersuchen.

Diese Vorschrift findet auf Urkunden, welche die Parteien nach den gesetzlichen Vorschriften ohne Mitwirkung des Gerichts zu beschaffen im Stande sind, keine Anwendung.

Verweigert die Behörde oder der Beamte die Mittheilung der Urkunde in Fällen, in welchen eine Verpflichtung zur Vorlegung auf § 422 gestützt wird, so finden die Bestimmungen der §§ 428—431 Anwendung.

433. (398) Wird nach Erlassung eines Beweisbeschlusses über die in demselben bezeichneten streitigen Thatsachen Beweis in Gemäßheit der §§ 428, 432 angetreten, so ist die Beweisantretung auf Antrag zurückzuweisen, wenn durch das zur Herbeischaffung der Urkunden erforderliche Verfahren die Erledigung des Rechtsstreits verzögert werden würde und das Gericht die Ueberzeugung gewinnt, daß die Partei in der Absicht, den Prozeß zu verschleppen, oder aus grober Nachlässigkeit den Beweis nicht früher angetreten hat.

434. (399) Wenn die Vorlegung einer Urkunde bei der mündlichen Verhandlung wegen erheblicher Hindernisse nicht erfolgen kann oder wegen der Wichtigkeit der Urkunde und der Besorgniß des Verlustes oder der Beschädigung bedenklich erscheint, so kann das Prozeßgericht anordnen, daß die Vorlegung vor einem seiner Mitglieder oder vor einem anderen Gerichte[143] geschehe.

435. (400) Eine öffentliche Urkunde kann in Urschrift oder in einer beglaubigten Abschrift, welche hinsichtlich der Beglaubigung die Erfordernisse einer öffentlichen Urkunde an sich trägt, vorgelegt werden; das Gericht kann jedoch anordnen, daß der Beweisführer die Urschrift vorlege oder die Thatsachen angebe und glaubhaft mache, welche ihn an der Vorlegung der Urschrift verhindern. Bleibt die Anordnung erfolglos, so entscheidet das Gericht nach freier Ueberzeugung, welche Beweiskraft der beglaubigten Abschrift beizulegen sei.

436. (401) Der Beweisführer kann nach erfolgter Vorlegung einer Urkunde nur mit Zustimmung des Gegners auf dieses Beweismittel verzichten.

437. (402) Urkunden, welche nach Form und Inhalt als von einer öffentlichen Behörde oder von einer mit öffentlichem Glauben versehenen Person errichtet sich darstellen, haben die Vermuthung der Echtheit für sich.

Das Gericht kann, wenn es die Echtheit für zweifelhaft hält, auch von Amtswegen die Behörde oder die Person, von welcher die Urkunde errichtet sein soll, zu einer Erklärung über die Echtheit veranlassen.

438. (403) Ob eine Urkunde, welche als von einer ausländischen Behörde oder von einer mit öffentlichem Glauben versehenen Person des Auslandes errichtet sich darstellt, ohne näheren Nach-

143. § 158 GVG.

weis als echt anzusehen sei, hat das Gericht nach den Umständen des Falles zu ermessen.

Zum Beweise der Echtheit einer solchen Urkunde genügt die Legalisation durch einen Konsul oder Gesandten des Reichs.[144]

439. (404) Ueber die Echtheit einer Privaturkunde hat sich der Gegner des Beweisführers nach Vorschrift des § 138 zu erklären.

Befindet sich unter der Urkunde eine Namensunterschrift, so ist die Erklärung auf die Echtheit der Unterschrift zu richten.

Erfolgt die Erklärung nicht, so ist die Urkunde als anerkannt anzusehen, wenn nicht die Absicht, die Echtheit bestreiten zu wollen, aus den übrigen Erklärungen der Partei hervorgeht.

440. (405) Die Echtheit einer nicht anerkannten Privaturkunde ist zu beweisen.

Steht die Echtheit der Namensunterschrift fest oder ist das unter einer Urkunde befindliche Handzeichen gerichtlich oder notariell beglaubigt, so hat die über der Unterschrift oder dem Handzeichen stehende Schrift die Vermuthung der Echtheit für sich.

441. (406) Der Beweis der Echtheit oder Unechtheit einer Urkunde kann auch durch Schriftvergleichung geführt werden.

In diesem Falle hat der Beweisführer zur Vergleichung geeignete Schriften vorzulegen oder deren Mittheilung in Gemäßheit der Bestimmung des § 432 zu beantragen und erforderlichen Falls den Beweis der Echtheit derselben anzutreten.

Befinden sich zur Vergleichung geeignete Schriften in den Händen des Gegners, so ist dieser auf Antrag des Beweisführers zur Vorlegung verpflichtet. Die Bestimmungen der §§ 421—426 finden entsprechende Anwendung. Kommt der Gegner der Anordnung, die zur Vergleichung geeigneten Schriften vorzulegen oder den im § 426 bestimmten Eid zu leisten, nicht nach, so gilt der Echtheitsbeweis als geführt.

Macht der Beweisführer glaubhaft, daß in den Händen eines Dritten geeignete Vergleichungsschriften sich befinden, deren Vorlegung er im Wege der Klage zu erwirken im Stande sei, so finden die Vorschriften des § 431 entsprechende Anwendung.

442. (407) Ueber das Ergebniß der Schriftvergleichung hat das Gericht nach freier Ueberzeugung, geeigneten Falls nach Anhörung von Sachverständigen zu entscheiden.

443. (408) Urkunden, deren Echtheit bestritten ist oder deren Inhalt verändert sein soll, werden bis zur Erledigung des Rechtsstreits auf der Gerichtsschreiberei verwahrt, sofern nicht ihre Auslieferung an eine andere Behörde im Interesse der öffentlichen Ordnung erforderlich ist.

444. (409) Ist eine Urkunde von einer Partei in der Absicht, deren Benutzung dem Gegner zu entziehen, beseitigt oder zur Benutzung untauglich gemacht, so können die Behauptungen des Gegners über die Beschaffenheit und den Inhalt der Urkunde als bewiesen angesehen werden.

Zehnter Titel. Beweis durch Eid.

445. (410) Die Eideszuschiebung ist nur über Thatsachen zulässig, welche in Handlungen des Gegners, seiner Rechtsvorgänger oder Vertreter bestehen oder welche Gegenstand der Wahrnehmung dieser Personen gewesen sind.

446. (411) Die Eideszuschiebung über eine Thatsache, deren Gegentheil das Gericht für erwiesen erachtet, ist unzulässig.

447. (412) Eine nicht beweispflichtige Partei übernimmt durch Eideszuschiebung nicht die Beweispflicht.

448. (413) Die Zurückschiebung des Eides ist nur insofern zulässig, als nach den Bestimmungen des § 445 die Zuschiebung desselben zulässig sein würde.

Sie findet nicht statt, wenn die Partei, welcher der Eid zugeschoben ist, nicht aber die Gegenpartei über ihre eigene Handlung oder Wahrnehmung zu schwören haben würde.

449. (414) Der Eid kann nur der Partei, nicht einem Dritten zugeschoben oder zurückgeschoben werden. Die Zuschiebung oder Zurückschiebung an einen Nebenintervenienten findet nur statt, wenn dieser als Streitgenosse der Hauptpartei anzusehen ist (§ 69).

450. (415) Das Gericht kann anordnen, daß die in den §§ 445, 448, 449 enthaltenen Beschränkungen für die Zuschiebung und Zurückschiebung des Eides nicht zur Anwendung kommen sollen, wenn die Parteien in Betreff des zu leistenden Eides einig sind und der Eid sich auf Thatsachen bezieht.

451. (416) Die Antretung des Beweises erfolgt durch die Erklärung, daß dem Gegner über die bestimmt zu bezeichnende Thatsache der Eid zugeschoben werde.

452. (417) Die Partei, welcher der Eid zugeschoben ist, hat sich zu erklären, ob sie den Eid annehme oder zurückschiebe, selbst wenn sie Einwendungen in Beziehung auf die Eideszuschiebung vorbringt.

Giebt die Partei keine Erklärung ab oder schiebt sie in einem Falle, in welchem die Zurückschiebung unzulässig ist, den Eid zurück, ohne denselben bedingt anzunehmen, so wird der Eid als verweigert angesehen.

453. (418) Durch die Zuschiebung, Annahme

144. Vgl. § 14 Bundesges. betr. Organisation der Bundeskonsulate v. 8. Nov. 1867; RG betr. die Beglaubigung öffentlicher Urkunden v. 1. Mai 1878; Vertrag zwischen dem deutschen Reich und Oesterreich v. 25. Febr. 1880 und 13. Juni 1881; Bkm v. 2. Febr. 1881 (RGBl. S. 8) und 3. August 1881 (RGBl. S. 255). Bezüglich des Geschäftsverkehrs mit Frankreich vgl. Dekl. v. 14. Juni 1872.

oder Zurückschiebung des Eides wird die Geltendmachung anderer Beweismittel von Seiten der einen oder der anderen Partei nicht ausgeschlossen.

Werden andere Beweismittel geltend gemacht, so gilt der Eid nur für den Fall als zugeschoben, daß die Antretung des Beweises durch die anderen Beweismittel erfolglos bleibt.

454. (419) Werden andere Beweismittel geltend gemacht, so ist die Partei, welcher der Eid zugeschoben wurde, nicht verpflichtet, sich über die Eideszuschiebung früher zu erklären, als bis die Eideszuschiebung nach Aufnahme oder sonstiger Erledigung der anderen Beweismittel wiederholt ist.

Sind andere Beweise aufgenommen, so kann die vorher abgegebene Erklärung widerrufen werden.

455. (420) Wegen unterbliebener Erklärung auf eine Eideszuschiebung kann der Eid nur dann als verweigert angesehen werden, wenn die Partei durch das Gericht zur Erklärung über den Eid aufgefordert ist.

456. (421) Der zurückgeschobene Eid gilt auch ohne ausdrückliche Erklärung über die Annahme als von dem Beweisführer angenommen.

457. (422) Die Zurückschiebung des Eides kann außer dem Falle des § 454 Abs. 2 widerrufen werden, wenn der Schwurpflichtige wegen wissentlicher Verletzung der Eidespflicht[145] rechtskräftig verurtheilt oder wenn glaubhaft gemacht wird, daß der Gegner erst nach erfolgter Zurückschiebung des Eides von einer solchen Verurtheilung Kenntniß erlangt habe.

458. (423) Die Annahme oder Zurückschiebung des Eides kann außer den Fällen des § 454 Abs. 2 und des § 457 nicht widerrufen werden.

459. (424) Ueber eine Thatsache, welche in einer Handlung des Schwurpflichtigen besteht oder Gegenstand seiner Wahrnehmung gewesen ist, wird der Eid dahin geleistet:

daß die Thatsache wahr oder nicht wahr sei.

Ist eine solche Thatsache vom Gegner des Schwurpflichtigen behauptet und kann dem letzteren nach den Umständen des Falles nicht zugemuthet werden, daß er die Wahrheit oder Nichtwahrheit derselben beschwöre, so kann das Gericht auf Antrag die Leistung des Eides dahin anordnen:

daß der Schwurpflichtige nach sorgfältiger Prüfung und Erkundigung die Ueberzeugung erlangt habe, daß die Thatsache wahr oder nicht wahr sei.

Ueber andere Thatsachen wird der Eid dahin geleistet:

daß der Schwurpflichtige nach sorgfältiger Prüfung und Erkundigung die Ueberzeugung erlangt oder nicht erlangt habe, daß die Thatsache wahr sei.

460. (425) Auf die Leistung eines Eides ist durch bedingtes Endurtheil zu erkennen.

145. §§ 153—158 StGB.

Die Eidesleistung erfolgt erst nach Eintritt der Rechtskraft des Urtheils.

461. (426) Sind die Parteien über die Erheblichkeit und die Norm des Eides einverstanden oder dient der Eid zur Erledigung eines Zwischenstreits, so kann die Leistung des Eides durch Beweisbeschluß angeordnet werden.

Hängt die Entscheidung über einzelne selbstständige Angriffs- und Vertheidigungsmittel von der Leistung eines Eides ab, so kann die Leistung des Eides durch Beweisbeschluß angeordnet oder auf dieselbe durch bedingtes Zwischenurtheil erkannt werden. In dem letzteren Falle erfolgt die Eidesleistung nur dann, wenn durch bedingtes Endurtheil rechtskräftig erkannt ist, daß es auf dieselbe für die Endentscheidung des Rechtsstreits noch ankomme.

462. (427) In dem bedingten Urtheil ist die Eidesnorm und die Folge sowohl der Leistung als der Nichtleistung des Eides so genau, als die Lage der Sache dies gestattet, festzustellen.

Der Eintritt dieser Folge wird durch Endurtheil ausgesprochen.

463. (428) Durch Leistung des Eides wird voller Beweis der beschworenen Thatsache begründet.

Der Beweis des Gegentheils findet nur unter denselben Voraussetzungen statt, unter welchen ein rechtskräftiges Urtheil wegen Verletzung der Eidespflicht angefochten werden kann.

464. (429) Die Erlassung des Eides von Seiten des Gegners hat dieselbe Wirkung, wie die Leistung des Eides.

Die Verweigerung der Eidesleistung hat zur Folge, daß das Gegentheil der zu beschwörenden Thatsache als voll bewiesen gilt.

465. (430) Erscheint der Schwurpflichtige in dem zur Eidesleistung bestimmten Termine nicht, so ist auf Antrag der Eid als verweigert anzusehen und zur Hauptsache zu verhandeln.

466. Der Schwurpflichtige kann die Folge der Versäumung des zur Eidesleistung bestimmten Termins dadurch beseitigen, daß er nachträglich bei dem Gerichte die Abnahme des Eides beantragt. Der Antrag ist nur innerhalb der Nothfrist von einer Woche nach dem Termine zulässig; er kann zum Protokolle des Gerichtsschreibers erfolgen.

467. Gilt der Eid in Folge der Versäumung des Termins als verweigert, so ist, falls auf die Verhandlung in der Hauptsache ein Urtheil oder ein Beweisbeschluß ergeht, diese Entscheidung in einem besonderen, über eine Woche hinaus anzusetzenden Termine zu verkünden; für den Fall, daß die Abnahme des Eides rechtzeitig beantragt wird, ist der Termin zur Eidesleistung und zur weiteren mündlichen Verhandlung bestimmt. Hat die Verhandlung die Erlassung eines Urtheils oder eines Beweisbeschlusses nicht zur Folge, so ist, wenn die Abnahme des Eides rechtzeitig beantragt wird, der nächste Termin zur mündlichen Verhandlung auch zur Eidesleistung bestimmt.

Ist die Abnahme des Eides einem Mitgliede des Prozeßgerichts oder einem anderen Gericht übertragen, so ist, wenn der Schwurpflichtige in dem Termine nicht erscheint, jedoch innerhalb der Nothfrist die Abnahme des Eides beantragt, zu diesem Zwecke ein neuer Termin anzuberaumen.

468. Erscheint der Schwurpflichtige auch in dem zweiten zur Eidesleistung bestimmten Termine nicht, so ist ein nochmaliger Antrag auf Abnahme des Eides nicht zulässig.

469. (431) Der Schwurpflichtige, welcher frühere Behauptungen zurücknimmt oder früher bestrittene Thatsachen zugesteht, kann sich zur Leistung eines beschränkteren Eides erbieten, selbst wenn der Eid bereits durch bedingtes Urtheil auferlegt ist. Auch können unerhebliche Umstände, welche in die Eidesnorm aufgenommen sind, berichtigt werden.

470. (432) Ist der Eid durch bedingtes Urtheil auferlegt, so kann, auch nach Eintritt der Rechtskraft, die Zuschiebung sowie die Zurückschiebung des Eides widerrufen werden, wenn der Schwurpflichtige wegen wissentlicher Verletzung der Eidespflicht[146] rechtskräftig verurtheilt oder wenn glaubhaft gemacht wird, daß der Gegner erst nach erfolgter Zuschiebung oder Zurückschiebung des Eides von einer solchen Verurtheilung Kenntniß erlangt habe.

471. (433) Wenn der Schwurpflichtige stirbt, wenn er zur Leistung des Eides unfähig wird oder wenn er aufhört gesetzlicher Vertreter zu sein, so können beide Parteien in Ansehung der betreffenden Beweisführung alle Rechte ausüben, welche ihnen vor der Zuschiebung des Eides zustanden.

Dasselbe gilt, wenn in Folge der Verurtheilung des Schwurpflichtigen wegen wissentlicher Verletzung der Eidespflicht die Zuschiebung oder Zurückschiebung des Eides widerrufen wird.

Ist der Eid durch bedingtes Urtheil auferlegt, so wird unter Aufhebung des Urtheils in der Sache anderweit erkannt.

472. (434) Der Eid über eine Thatsache, welche für ein allen Streitgenossen gegenüber nur einheitlich festzustellendes Rechtsverhältniß von Einfluß ist, muß allen Streitgenossen zugeschoben oder zurückgeschoben werden, sofern nicht rücksichtlich einzelner Streitgenossen die Zuschiebung oder Zurückschiebung unzulässig ist. In jedem Falle bedarf es zur Zuschiebung oder zur Zurückschiebung der übereinstimmenden Erklärung aller Streitgenossen. Ueber die Annahme des Eides haben sich nur diejenigen Streitgenossen zu erklären, welchen der Eid zugeschoben ist.

Ist der von allen oder von einigen Streitgenossen zu leistende Eid von einem oder mehreren derselben, oder ist der von einem Theile der Streitgenossen zu leistende Eid von allen Schwurpflichtigen verweigert oder als von ihnen verweigert anzusehen, so entscheidet das Gericht nach freier Ueberzeugung, ob die Behauptung, deren Beweis durch Eideszuschiebung angetreten ist, für wahr zu erachten sei. Erklären einzelne Streitgenossen, daß sie den Eid nicht leisten werden, so ist in Ansehung der übrigen Streitgenossen die Leistung des Eides nicht anzuordnen oder der Eid nicht abzunehmen, sofern das Gericht denselben für unerheblich erachtet.

473. (435) Ist eine Partei nicht prozeßfähig, so ist die Zuschiebung oder Zurückschiebung des Eides nur an ihren gesetzlichen Vertreter und nur insoweit zulässig, als die vertretene Partei, wenn sie den Prozeß in Person führte, oder der Vertreter, wenn er selbst Partei wäre, dieselbe zulassen müßte.

Minderjährigen, welche das sechzehnte Lebensjahr vollendet haben, sowie Volljährigen, welche wegen Geistesschwäche, Verschwendung oder Trunksucht entmündigt sind, kann über Thatsachen, die in Handlungen derselben bestehen oder Gegenstand ihrer Wahrnehmung gewesen sind, der Eid zugeschoben oder zurückgeschoben werden, sofern dies von dem Gericht auf Antrag des Gegners nach den Umständen des Falles für zulässig erklärt wird. Das Gleiche gilt von einer prozeßfähigen Partei, die in dem Rechtsstreite durch einen Pfleger vertreten wird.[147]

Auf Volljährige, welche unter vorläufige Vormundschaft gestellt sind,[148] finden in Betreff der Zuschiebung oder Zurückschiebung des Eides diejenigen Vorschriften Anwendung, welche nach Abs. 1, 2 bei eingetretener Entmündigung gelten.

474. (436) Sind mehrere gesetzliche Vertreter vorhanden, so finden die Vorschriften des § 472 entsprechende Anwendung. Betrifft der Eid die eigenen Handlungen oder Wahrnehmungen nur einiger oder eines der Vertreter, so ist er von den übrigen nicht zu leisten.

475. (437) Ist das Ergebniß der Verhandlungen und einer etwaigen Beweisaufnahme nicht ausreichend, um die Ueberzeugung des Gerichts von der Wahrheit oder Unwahrheit der zu er-

146. §§ 153—158 StGB.

147. §§ 1910 ff. BGB.

148. § 1906 BGB. — Vgl. auch § 52 JrG.

weisenden Thatsache zu begründen, so kann das Gericht der einen oder der anderen Partei über eine streitige Thatsache einen Eid auferlegen.

476. (438) Der richterliche Eid kann allen Streitgenossen oder gesetzlichen Vertretern, er kann einigen oder einem derselben auferlegt werden.

477. (439) Die Bestimmungen der §§ 457—471, 473 finden auf den richterlichen Eid entsprechende Anwendung.

Ist der Schwurpflichtige wegen wissentlicher Verletzung der Eidespflicht rechtskräftig verurtheilt,[149] so ist der Antrag des Gegners, den richterlichen Eid zurückzunehmen, gerechtfertigt, wenngleich der Gegner schon vor der Auferlegung des Eides von dieser Verurtheilung Kenntniß gehabt hat.

Der richterliche Eid wird durch bedingtes Urtheil auferlegt.

Elfter Titel.

Verfahren bei der Abnahme von Eiden.

478. (440) Der Eid muß von dem Schwurpflichtigen in Person geleistet werden.

479. (441) Das Prozeßgericht kann anordnen, daß die Eidesleistung vor einem seiner Mitglieder oder vor einem anderen Gericht[150] erfolge, wenn der Schwurpflichtige am Erscheinen vor dem Prozeßgerichte verhindert ist oder in großer Entfernung von dem Sitze desselben sich aufhält.

Die Eidesleistung der Landesherren und der Mitglieder der landesherrlichen Familien sowie der Mitglieder der Fürstlichen Familie Hohenzollern erfolgt in der Wohnung derselben vor einem Mitgliede des Prozeßgerichts oder vor einem anderen Gerichte. Das Gleiche gilt in Ansehung der Mitglieder des vormaligen Hannoverschen Königshauses, des vormaligen Kurhessischen und des vormaligen Herzoglich Nassauischen Fürstenhauses.

480. (442) Vor der Leistung des Eides hat der Richter den Schwurpflichtigen in angemessener Weise auf die Bedeutung des Eides hinzuweisen.

481. (443) Der Eid beginnt mit den Worten:

„Ich schwöre bei Gott dem Allmächtigen und Allwissenden"

und schließt mit den Worten:

„So wahr mir Gott helfe".

482. (444) Der Eid wird mittels Nachsprechens oder Ablesens der die Eidesnorm enthaltenden Eidesformel geleistet. Der Schwörende soll bei der Eidesleistung die rechte Hand erheben.

Ist die Eidesnorm von großem Umfange, so genügt die Vorlesung der Eidesnorm und die Verweisung auf die letztere in der Eidesformel.

Die Landesherren und die Mitglieder der landesherrlichen Familien sowie die Mitglieder der Fürstlichen Familie Hohenzollern leisten den Eid mittels Unterschreibens der die Eidesnorm enthaltenden Eidesformel. Das Gleiche gilt in Ansehung der Mitglieder des vormaligen Hannoverschen Königshauses, des vormaligen Kurhessischen und des vormaligen Herzoglich Nassauischen Fürstenhauses.

483. (445) Stumme, welche schreiben können, leisten den Eid mittels Abschreibens und Unterschreibens der die Eidesnorm enthaltenden Eidesformel.

Stumme, welche nicht schreiben können, leisten den Eid mit Hülfe eines Dolmetschers durch Zeichen.

484. (446) Der Eidesleistung wird gleichgeachtet, wenn ein Mitglied einer Religionsgesellschaft, welcher das Gesetz den Gebrauch gewisser Betheuerungsformeln an Stelle des Eides gestattet, eine Erklärung unter der Betheuerungsformel dieser Religionsgesellschaft abgiebt.[151]

Zwölfter Titel. Sicherung des Beweises.

485. (447) Die Einnahme des Augenscheins und die Vernehmung von Zeugen und Sachverständigen kann zur Sicherung des Beweises erfolgen, wenn zu besorgen ist, daß das Beweismittel verloren oder die Benutzung desselben erschwert werde.

486. (448) Das Gesuch ist bei dem Gericht anzubringen, vor welchem der Rechtsstreit anhängig ist; es kann vor dem Gerichtsschreiber zu Protokoll erklärt werden.

In Fällen dringender Gefahr kann das Gesuch auch bei dem Amtsgericht angebracht werden, in dessen Bezirke die zu vernehmenden Personen sich aufhalten oder der in Augenschein zu nehmende Gegenstand sich befindet.

Bei dem bezeichneten Amtsgerichte muß das Gesuch angebracht werden, wenn der Rechtsstreit noch nicht anhängig ist.

487. (449) Das Gesuch muß enthalten:

1. die Bezeichnung des Gegners;
2. die Bezeichnung der Thatsachen, über welche die Beweisaufnahme erfolgen soll;
3. die Bezeichnung der Beweismittel unter Benennung der zu vernehmenden Zeugen und Sachverständigen;
4. die Darlegung des Grundes, welcher die Besorgniß rechtfertigt, daß das Beweismittel verloren oder die Benutzung desselben erschwert werde. Dieser Grund ist glaubhaft zu machen.

488. Die Beweisaufnahme kann, auch ohne daß die Voraussetzungen des § 485 vorliegen, beantragt werden, wenn Mängel einer Sache oder eines Werkes festzustellen sind, aus denen ein Recht gegen den Gegner hergeleitet werden soll, oder

149. §§ 153 ff. StGB.

150. § 158 GVG.

151. Vgl. Bem. zu § 51 GVG.

wenn der Zustand eines Gutes festzustellen ist, für dessen Beweis ein Kommissionär, Spediteur, Lagerhalter oder Frachtführer zu sorgen verpflichtet ist.[152]

Hat der Erwerber einer Sache dem Veräußerer einen Mangel angezeigt oder die Annahme der Sache wegen Mangelhaftigkeit abgelehnt, so kann auch der Veräußerer die Beweisaufnahme nach Maßgabe des Abs. 1 beantragen. In gleicher Weise ist der Unternehmer eines Werkes zu dem Antrage berechtigt, wenn der Besteller ihm einen Mangel angezeigt oder die Abnahme des Werkes wegen Mangelhaftigkeit verweigert hat.

489. (450) Mit Zustimmung des Gegners kann die beantragte Beweisaufnahme angeordnet werden, auch wenn die Voraussetzungen des § 485 nicht vorliegen.

490. (451) Die Entscheidung über das Gesuch kann ohne vorgängige mündliche Verhandlung erfolgen.

In dem Beschlusse, durch welchen dem Gesuche stattgegeben wird, sind die Thatsachen, über welche der Beweis zu erheben ist, und die Beweismittel unter Benennung der zu vernehmenden Zeugen und Sachverständigen zu bezeichnen. Eine Anfechtung dieses Beschlusses findet nicht statt.

491. (452) Der Beweisführer ist verpflichtet, sofern es nach den Umständen des Falles geschehen kann, unter Zustellung des Beschlusses und einer Abschrift des Gesuchs zu dem für die Beweisaufnahme bestimmten Termine den Gegner so zeitig zu laden, daß derselbe in diesem Termine seine Rechte wahrzunehmen vermag.

Die Nichtbefolgung dieser Vorschrift steht der Beweisaufnahme nicht entgegen.

492. (453) Die Beweisaufnahme erfolgt nach den für die Aufnahme des betreffenden Beweismittels überhaupt geltenden Vorschriften.

Das Protokoll über die Beweisaufnahme ist bei dem Gerichte, welches dieselbe angeordnet hat, aufzubewahren.

493. (454) Jede Partei hat das Recht, die Beweisverhandlungen in dem Prozesse zu benutzen.

War der Gegner in dem Termine nicht erschienen, in welchem die Beweisaufnahme erfolgte, so ist der Beweisführer zur Benutzung der Beweisverhandlungen nur dann berechtigt, wenn der Gegner zu dem Termine rechtzeitig geladen war oder wenn der Beweisführer glaubhaft macht, daß ohne sein Verschulden die Ladung unterblieben oder nicht rechtzeitig erfolgt sei.

494. (455) Wird von dem Beweisführer ein Gegner nicht bezeichnet, so ist das Gesuch nur dann zulässig, wenn der Beweisführer glaubhaft macht, daß er ohne sein Verschulden außer Stande sei, den Gegner zu bezeichnen.

Wird dem Gesuche stattgegeben, so kann das Gericht dem unbekannten Gegner zur Wahrnehmung seiner Rechte bei der Beweisaufnahme einen Vertreter bestellen.

Zweiter Abschnitt.
Verfahren vor den Amtsgerichten.

495. (456) Auf das Verfahren vor den Amtsgerichten finden die Vorschriften über das Verfahren vor den Landgerichten Anwendung, soweit nicht aus den allgemeinen Bestimmungen des ersten Buchs, aus den nachfolgenden besonderen Bestimmungen und aus der Verfassung der Amtsgerichte sich Abweichungen ergeben.

496. (457) Die Klage kann bei dem Gerichte schriftlich eingereicht oder zum Protokolle des Gerichtsschreibers angebracht werden.

497. (458) Nach erfolgter Bestimmung des Termins zur mündlichen Verhandlung hat der Gerichtsschreiber für die Zustellung der Klage Sorge zu tragen, sofern nicht der Kläger in der Klageschrift oder dem Protokoll erklärt hat, dieses selbst thun zu wollen.

498. (459) Die Einlassungsfrist beträgt mindestens drei Tage, wenn die Zustellung im Bezirke des Prozeßgerichts; mindestens eine Woche, wenn sie außerhalb desselben, jedoch im Deutschen Reich erfolgt; in Meß- und Marktsachen mindestens vierundzwanzig Stunden.

Ist die Zustellung im Auslande vorzunehmen, so hat das Gericht bei Festsetzung des Termins die Einlassungsfrist zu bestimmen.

499. (460) Die Klage wird durch Zustellung der Klageschrift oder des die Klage enthaltenden Protokolls erhoben.

500. (461) An ordentlichen Gerichtstagen können die Parteien zur Verhandlung des Rechtsstreits ohne Ladung und Terminsbestimmung vor Gericht erscheinen.

Die Erhebung der Klage erfolgt in diesem Falle durch den mündlichen Vortrag derselben.

501. (462) Die Vorschriften der §§ 496, 497 finden entsprechende Anwendung, wenn eine Partei im Laufe des Rechtsstreits zu laden ist, insbesondere zur Verhandlung über einen Zwischenstreit, über den Antrag auf Berichtigung oder Ergänzung eines Urtheils, über den Einspruch, über den Antrag auf Wiedereinsetzung in den vorigen Stand oder über die Aufnahme eines unterbrochenen oder ausgesetzten Verfahrens, oder wenn eine Intervention oder Streitverkündung erfolgen oder wenn die Klage oder der Einspruch zurückgenommen werden soll.

502. (463) Auch wenn eine Partei nicht zu laden ist, können ihr Anträge und Erklärungen, auf welche sie ohne vorgängige Mittheilung voraussichtlich eine Erklärung in einer mündlichen Verhandlung nicht

152. §§ 388, 407 Abs. 2, 417 Abs. 1 HGB; §§ 477 Abs. 2, 493, 524 Abs. 2 BGB; § 13 Abs. 4 EG z. CPO.

abzugeben vermag, durch Zustellung eines Protokolls des Gerichtsschreibers mitgetheilt werden.

Diese Mittheilung kann auch unmittelbar und ohne besondere Form geschehen.

503. (464) Bei der mündlichen Verhandlung hat das Gericht dahin zu wirken, daß die Parteien über alle erheblichen Thatsachen sich vollständig erklären und die sachdienlichen Anträge stellen.

504. (465) Die Vorschrift, daß prozeßhindernde Einreden gleichzeitig und vor der Verhandlung zur Hauptsache vorzubringen sind, findet nur insoweit Anwendung, als die Einrede der Unzuständigkeit des Gerichts vor der Verhandlung zur Hauptsache geltend zu machen ist.

Ist das Amtsgericht sachlich unzuständig, so hat es vor der Verhandlung des Beklagten zur Hauptsache denselben auf die Unzuständigkeit aufmerksam zu machen.

Auf Grund prozeßhindernder Einreden darf die Verhandlung zur Hauptsache nicht verweigert werden; das Gericht kann jedoch die abgesonderte Verhandlung über diese Einreden auch von Amtswegen anordnen.

505. (466) Wird die Unzuständigkeit des Gerichts auf Grund der Bestimmungen über die sachliche Zuständigkeit der Gerichte ausgesprochen, so ist zugleich auf Antrag des Klägers der Rechtsstreit an das Landgericht zu verweisen.[153]

Ist das Urtheil rechtskräftig, so gilt der Rechtsstreit als bei dem Landgerichte anhängig.

506. (467) Wird in einem bei dem Amtsgericht anhängigen Prozesse durch Widerklage oder durch Erweiterung des Klagantrags (§ 268 Nr. 2, 3) ein Anspruch erhoben, welcher zur Zuständigkeit der Landgerichte gehört, oder wird in Gemäßheit des § 280 die Feststellung eines Rechtsverhältnisses beantragt, für welches die Landgerichte zuständig sind, so hat das Amtsgericht, sofern eine Partei vor weiterer Verhandlung zur Hauptsache darauf anträgt, durch Beschluß seine Unzuständigkeit auszusprechen und den Rechtsstreit an das Landgericht zu verweisen.[154]

153. Eventuell an die Kammer für Handelssachen nach § 102 Abs. 2 GVG.

154. Eventuell an die Kammer für Handelssachen nach § 102 Abs. 2 GVG. — Vgl. auch § 30 Abs. 1 GKG; § 26 GebO für RA.

Eine Anfechtung des Beschlusses, durch welchen dem Antrag entsprochen wird, findet nicht statt; mit der Verkündung des Beschlusses gilt der Rechtsstreit als bei dem Landgericht anhängig. Die im Verfahren vor dem Amtsgericht erwachsenen Kosten werden als Theil der bei dem Landgericht erwachsenden Kosten behandelt.

507. (468) Wegen unterbliebener Erklärung ist eine Urkunde nur dann als anerkannt anzusehen, wenn die Partei durch das Gericht zur Erklärung über die Echtheit der Urkunde aufgefordert ist.

508. (469) Die Vorschriften des § 261 Abs. 2, des § 297 und der §§ 348—354 finden auf das Verfahren vor den Amtsgerichten keine Anwendung.

509. (470) Anträge, sowie die Erklärungen über Annahme oder Zurückschiebung zugeschobener Eide sind durch das Sitzungsprotokoll festzustellen; anstatt der Feststellung genügt die Bezugnahme auf den Inhalt eines vorbereitenden Schriftsatzes.

Sonstige Erklärungen einer Partei, insbesondere Geständnisse, sind durch das Protokoll insoweit festzustellen, als das Gericht bei dem Schlusse der mündlichen Verhandlung die Feststellung für angemessen erachtet.

510. (471) Wer eine Klage zu erheben beabsichtigt, kann unter Angabe des Gegenstandes seines Anspruchs zum Zwecke eines Sühneversuchs den Gegner vor das Amtsgericht laden, vor welchem dieser seinen allgemeinen Gerichtsstand hat.

Erscheinen beide Parteien, und wird ein Vergleich geschlossen, so ist derselbe zu Protokoll festzustellen. Kommt ein Vergleich nicht zu Stande, so wird auf Antrag beider Parteien der Rechtsstreit sofort verhandelt; die Erhebung der Klage erfolgt in diesem Falle durch den mündlichen Vortrag derselben.

Ist der Gegner nicht erschienen, oder der Sühneversuch erfolglos geblieben, so werden die erwachsenen Kosten als Theil der Kosten des Rechtsstreits behandelt.

Drittes Buch.

Rechtsmittel.

Erster Abschnitt. Berufung.

511. (472) Die Berufung findet gegen die in erster Instanz erlassenen Endurtheile statt.

512. (473) Der Beurtheilung des Berufungsgerichts unterliegen auch diejenigen Entscheidungen, welche dem Endurtheile vorausgegangen sind, sofern nicht dieselben nach den Vorschriften dieses Gesetzes unanfechtbar[155] oder mit der Beschwerde anfechtbar sind.

513. (474) Ein Versäumnißurtheil kann von der Partei, gegen welche es erlassen ist, mit der Berufung nicht angefochten werden.

Ein Versäumnißurtheil, gegen welches der Einspruch an sich nicht statthaft ist, unterliegt der Berufung insoweit, als dieselbe darauf gestützt wird, daß der Fall der Versäumung nicht vorgelegen habe.

514. (475) Die Wirksamkeit eines nach Erlassung des Urtheils erklärten Verzichts auf das Recht der Berufung ist nicht davon abhängig, daß der Gegner die Verzichtleistung angenommen hat.

515. (476) Die Zurücknahme der Berufung ist ohne Einwilligung des Berufungsbeklagten nur bis zum Beginne der mündlichen Verhandlung des Berufungsbeklagten zulässig.

Die Zurücknahme erfolgt, wenn sie nicht bei der mündlichen Verhandlung erklärt wird, durch Zustellung eines Schriftsatzes. Abschrift desselben ist sofort nach erfolgter Zustellung auf der Gerichtsschreiberei niederzulegen.

Die Zurücknahme hat den Verlust des Rechtsmittels und die Verpflichtung zur Folge, die durch das Rechtsmittel entstandenen Kosten zu tragen. Auf Antrag des Gegners sind diese Wirkungen durch Urtheil auszusprechen.

516. (477) Die Berufungsfrist beträgt einen Monat; sie ist eine Nothfrist und beginnt mit der Zustellung des Urtheils.

Die Berufung kann gleichzeitig mit der Zustellung des Urtheils eingelegt werden. Die Einlegung vor Zustellung des Urtheils ist wirkungslos.

517. (478) Wird innerhalb der Berufungsfrist ein Urtheil in Gemäßheit des § 321 durch eine nachträgliche Entscheidung ergänzt, so beginnt mit der Zustellung der nachträglichen Entscheidung der Lauf der Berufungsfrist auch für die Berufung gegen das zuerst ergangene Urtheil von neuem. Wird gegen beide Urtheile von derselben Partei Berufung eingelegt, so sind beide Berufungen mit einander zu verbinden.

155. Vgl. auch § 107 GVG.

518. (479) Die Einlegung der Berufung erfolgt durch Zustellung eines Schriftsatzes.

Derselbe muß enthalten:

1. die Bezeichnung des Urtheils, gegen welches die Berufung gerichtet wird;
2. die Erklärung, daß gegen dieses Urtheil Berufung eingelegt werde;
3. die Ladung des Berufungsbeklagten vor das Berufungsgericht zur mündlichen Verhandlung über die Berufung.

Bei der Einreichung der Berufungsschrift zum Zwecke der Terminsbestimmung soll eine Ausfertigung oder beglaubigte Abschrift des Urtheils, gegen welches die Berufung sich richtet, dem Berufungsgerichte vorgelegt werden.

519. (480) Die allgemeinen Bestimmungen über die vorbereitenden Schriftsätze finden auch auf die Berufungsschrift Anwendung.

Als vorbereitender Schriftsatz soll die Berufungsschrift insbesondere enthalten: die Erklärung, inwieweit das Urtheil angefochten werde und welche Abänderungen desselben beantragt werden (Berufungsanträge), sowie die Angabe derjenigen neuen Thatsachen und Beweismittel, welche die Partei geltend zu machen beabsichtigt.

520. (481) In Betreff der Frist, welche zwischen der Zustellung der Berufungsschrift und dem Termine zur mündlichen Verhandlung liegen muß, finden die Vorschriften des § 262 entsprechende Anwendung.

521. (482) Der Berufungsbeklagte kann sich der Berufung anschließen, selbst wenn er auf die Berufung verzichtet hat oder wenn die Berufungsfrist verstrichen ist.

Die Vorschriften über die Anfechtung des Versäumnißurtheils durch Berufung finden auch auf die Anfechtung desselben durch Anschließung Anwendung.

522. (483) Die Anschließung verliert ihre Wirkung, wenn die Berufung zurückgenommen oder als unzulässig verworfen wird.

Hat der Berufungsbeklagte innerhalb der Berufungsfrist sich der erhobenen Berufung angeschlossen, so wird es so angesehen, als habe er die Berufung selbständig eingelegt.

523. (485) Auf das weitere Verfahren finden die in erster Instanz für das Verfahren vor den Landgerichten geltenden Vorschriften entsprechende Anwendung, soweit nicht Abweichungen aus den Bestimmungen dieses Abschnitts sich ergeben.

524. (486) Die mündliche Verhandlung ist, wenn

an dem für dieselbe bestimmten Tage die Berufungsfrist noch nicht verstrichen ist, auf Antrag des Berufungsbeklagten bis zum Ablaufe der Frist, und wenn der Berufungsbeklagte gegen das Urtheil den Einspruch erhoben hat, auch von Amtswegen bis zur Erledigung des Einspruchs zu vertagen.

525. (487) Vor dem Berufungsgerichte wird der Rechtsstreit in den durch die Anträge bestimmten Grenzen von neuem verhandelt.

526. (488) Bei der mündlichen Verhandlung haben die Parteien das durch die Berufung angefochtene Urtheil sowie die dem Urtheile vorausgegangenen Entscheidungen nebst den Entscheidungsgründen und den Beweisverhandlungen insoweit vorzutragen, als dies zum Verständnisse der Berufungsanträge und zur Prüfung der Richtigkeit der angefochtenen Entscheidung erforderlich ist.

Im Falle der Unrichtigkeit oder Unvollständigkeit des Vortrags hat der Vorsitzende dessen Berichtigung oder Vervollständigung, nöthigenfalls unter Wiedereröffnung der Verhandlung zu veranlassen.

527. (489) Eine Aenderung der Klage ist nur mit Einwilligung des Gegners statthaft.

528. (490) Prozeßhindernde Einreden, auf welche die Partei wirksam verzichten kann, dürfen nur geltend gemacht werden, wenn die Partei glaubhaft macht, daß sie ohne ihr Verschulden außer Stande gewesen sei, dieselben in erster Instanz vorzubringen. Das Gleiche gilt, wenn bei vermögensrechtlichen Ansprüchen für die Klage ein ausschließlicher Gerichtsstand begründet ist, von der Einrede der Unzuständigkeit des Gerichts, sofern der Beklagte in erster Instanz zur Hauptsache mündlich verhandelt hat; eine Prüfung der Zuständigkeit von Amtswegen findet nicht statt.

Die Verhandlung zur Hauptsache darf auf Grund prozeßhindernder Einreden nicht verweigert werden; das Gericht kann jedoch die abgesonderte Verhandlung über solche Einreden auch von Amtswegen anordnen.

529. (491) Die Parteien können Angriffs- und Vertheidigungsmittel, welche in erster Instanz nicht geltend gemacht sind, insbesondere neue Thatsachen und Beweismittel vorbringen.

Neue Ansprüche dürfen, abgesehen von den Fällen des § 268 Nr. 2, 3, nur mit Einwilligung des Gegners erhoben werden.

Macht der Beklagte die Aufrechnung einer Gegenforderung geltend, so ist die hierauf gegründete Einwendung zurückzuweisen, wenn nicht der Kläger in die Geltendmachung einwilligt oder der Beklagte glaubhaft macht, daß er ohne sein Verschulden außer Stande gewesen ist, die Aufrechnung in erster Instanz geltend zu machen. Im Falle der Zurückweisung finden die Vorschriften der §§ 540, 541 Anwendung.

530. (492) Die Verletzung einer das Verfahren erster Instanz betreffenden Vorschrift kann in der Berufungsinstanz nicht mehr gerügt werden, wenn in Gemäßheit der Bestimmung des § 295 die Partei das Rügerecht bereits in erster Instanz verloren hat.

531. (493) Die in erster Instanz unterbliebenen oder verweigerten Erklärungen über Thatsachen, Urkunden und Eideszuschiebungen können in der Berufungsinstanz nachgeholt werden.

532. (494) Das in erster Instanz abgelegte gerichtliche Geständniß behält seine Wirksamkeit auch für die Berufungsinstanz.

533. (495) Die in erster Instanz erfolgte Annahme oder Zurückschiebung eines Eides behält ihre Wirksamkeit auch für die Berufungsinstanz.

Dasselbe gilt von der Leistung, von der Verweigerung der Leistung und von der Erlassung eines Eides, wenn die Entscheidung, durch welche die Leistung des Eides angeordnet ist, von dem Berufungsgerichte für gerechtfertigt erachtet wird.

534. (496) Ein nicht oder nicht unbedingt für vorläufig vollstreckbar erklärtes Urtheil erster Instanz ist, insoweit dasselbe durch die Berufungsanträge nicht angefochten wird, auf den im Laufe der mündlichen Verhandlung gestellten Antrag von dem Berufungsgerichte für vorläufig vollstreckbar zu erklären.

Eine Anfechtung dieser Entscheidung findet nicht statt.

535. (497) Das Berufungsgericht hat von Amtswegen zu prüfen, ob die Berufung an sich statthaft und ob sie in der gesetzlichen Form und Frist eingelegt sei. Mangelt es an einem dieser Erfordernisse, so ist die Berufung als unzulässig zu verwerfen.

536. (498) Das Urtheil erster Instanz darf nur insoweit abgeändert werden, als eine Abänderung beantragt ist.

537. (499) Gegenstand der Verhandlung und Entscheidung des Berufungsgerichts sind alle einen zuerkannten oder aberkannten Anspruch betreffenden Streitpunkte, über welche in Gemäßheit der Anträge eine Verhandlung und Entscheidung erforderlich ist, selbst wenn über diese Streitpunkte in erster Instanz nicht verhandelt oder nicht entschieden ist. Das Berufungsgericht hat ein von ihm erlassenes bedingtes Urtheil zu erledigen. Dasselbe kann ein in erster Instanz erlassenes bedingtes Urtheil erledigen, wenn die Berufung zurückgewiesen ist.

538. (500) Das Berufungsgericht hat die Sache, insofern eine weitere Verhandlung derselben erforderlich ist, an das Gericht erster Instanz zurückzuverweisen:

1. wenn durch das angefochtene Urtheil ein Einspruch als unzulässig verworfen ist;
2. wenn durch das angefochtene Urtheil nur über prozeßhindernde Einreden entschieden ist;
3. wenn im Falle eines nach Grund und Betrag streitigen Anspruchs durch das angefochtene Urtheil über den Grund des Anspruchs vorab entschieden oder die Klage abgewiesen ist;
4. wenn das angefochtene Urtheil im Urkunden- oder Wechselprozesse unter Vorbehalt der Rechte erlassen ist;
5. wenn das angefochtene Urtheil ein Versäumnißurtheil ist.

Im Falle der Nr. 2 hat das Berufungsgericht die sämmtlichen prozeßhindernden Einreden zu erledigen.

539. (501) Leidet das Verfahren erster Instanz an einem wesentlichen Mangel, so kann das Berufungsgericht unter Aufhebung des Urtheils und des Verfahrens, soweit das letztere durch den Mangel betroffen wird, die Sache an das Gericht erster Instanz zurückverweisen.

540. (502) Werden nach Vorschrift des § 279 Vertheidigungsmittel zurückgewiesen, so ist die Geltendmachung derselben dem Beklagten vorzubehalten.

Enthält das Urtheil keinen Vorbehalt, so kann die Ergänzung des Urtheils nach Vorschrift des § 321 beantragt werden.

Das Urtheil, welches unter Vorbehalt der Geltendmachung von Vertheidigungsmitteln ergeht, ist in Betreff der Rechtsmittel und der Zwangsvollstreckung als Endurtheil anzusehen.

541. (503) In Betreff der Vertheidigungsmittel, deren Geltendmachung dem Beklagten vorbehalten ist, bleibt der Rechtsstreit in der Berufungsinstanz anhängig.

Insoweit sich in dem weiteren Verfahren ergiebt, daß der klagend geltend gemachte Anspruch unbegründet war, ist das frühere Urtheil aufzuheben, der Kläger mit dem Anspruch abzuweisen und auf Antrag zur Erstattung des von dem Beklagten auf Grund des Urtheils Gezahlten oder Geleisteten zu verurtheilen, sowie über die Kosten anderweit zu entscheiden. Die Erstattungspflicht des Klägers bestimmt sich nach den Vorschriften über die Herausgabe einer ungerechtfertigten Bereicherung.[156] Wird der Antrag gestellt, so ist der Anspruch auf Erstattung als zur Zeit der Zahlung oder Leistung rechtshängig geworden anzusehen; die mit der Rechtshängigkeit nach den Vorschriften des bürgerlichen Rechts verbundenen Wirkungen treten mit der Zahlung oder Leistung auch dann ein, wenn der Antrag nicht gestellt wird.

156. Vgl. §§ 812 ff. BGB.

542. (504) Die Vorschriften über das Versäumnißverfahren in erster Instanz finden entsprechende Anwendung.

Beantragt der Berufungskläger gegen den im Termine zur mündlichen Verhandlung nicht erschienenen Berufungsbeklagten das Versäumnißurtheil, so ist, soweit das festgestellte Sachverhältniß nicht entgegensteht, das thatsächliche mündliche Vorbringen des Berufungsklägers für zugestanden zu erachten und in Ansehung einer zulässigerweise beantragten Beweisaufnahme anzunehmen, daß sie das in Aussicht gestellte Ergebniß gehabt habe.

543. (505) Bei der Darstellung des Thatbestandes im Urtheil ist eine Bezugnahme auf das Urtheil voriger Instanz nicht ausgeschlossen.

544. (506) Der Gerichtsschreiber des Berufungsgerichts hat innerhalb vierundzwanzig Stunden, nachdem die Berufungsschrift zum Zwecke der Terminsbestimmung eingereicht ist, von dem Gerichtsschreiber des Gerichts erster Instanz die Prozeßakten einzufordern.

Nach Erledigung der Berufung sind die Akten dem Gerichtsschreiber des Gerichts erster Instanz nebst einer beglaubigten Abschrift des in der Berufungsinstanz erlassenen Urtheils zurückzusenden.

Zweiter Abschnitt. Revision.

545. (507) Die Revision findet gegen die in der Berufungsinstanz von den Oberlandesgerichten erlassenen Endurtheile statt.

546. (508) In Rechtsstreitigkeiten über vermögensrechtliche Ansprüche ist die Zulässigkeit der Revision durch einen den Betrag von fünfzehnhundert Mark übersteigenden Werth des Beschwerdegegenstandes bedingt.

In Betreff des Werths des Beschwerdegegenstandes kommen die Vorschriften der §§ 3—9[157] zur Anwendung.

Der Revisionskläger hat diesen Werth glaubhaft zu machen; zur Versicherung an Eides statt darf er nicht zugelassen werden.

547. (509) Ohne Rücksicht auf den Werth des Beschwerdegegenstandes findet die Revision statt:
1. insoweit es sich um die Unzuständigkeit des Gerichts oder die Unzulässigkeit des Rechtswegs oder die Unzulässigkeit der Berufung handelt;
2. in den Rechtsstreitigkeiten über Ansprüche, für welche die Landgerichte ohne Rücksicht auf den Werth des Streitgegenstandes ausschließlich zuständig sind.[158]

548. (510) Der Beurtheilung des Revisionsgerichts unterliegen auch diejenigen Entscheidungen, welche dem Endurtheile vorausgegangen sind, sofern nicht dieselben nach den Vorschriften dieses

157. Und des § 148 KO.
158. § 70 Abs. 2, 3 GVG; § 16 AG z. GVG v. 4. Nov. 1878.

Gesetzes unanfechtbar oder mit der Beschwerde anfechtbar sind.

549. (511) Die Revision kann nur darauf gestützt werden, daß die Entscheidung auf der Verletzung eines Reichsgesetzes oder eines Gesetzes, dessen Geltungsbereich sich über den Bezirk des Berufungsgerichts hinauserstreckt, beruhe.[159]

550. (512) Das Gesetz ist verletzt, wenn eine Rechtsnorm nicht oder nicht richtig angewendet worden ist.[160]

551. (513) Eine Entscheidung ist stets als auf einer Verletzung des Gesetzes beruhend anzusehen:

1. wenn das erkennende Gericht nicht vorschriftsmäßig besetzt war;[161]
2. wenn bei der Entscheidung ein Richter mitgewirkt hat, welcher von der Ausübung des Richteramts kraft Gesetzes ausgeschlossen war, sofern nicht dieses Hinderniß mittels eines Ablehnungsgesuchs ohne Erfolg geltend gemacht ist;
3. wenn bei der Entscheidung ein Richter mitgewirkt hat, obgleich derselbe wegen Besorgniß der Befangenheit abgelehnt und das Ablehnungsgesuch für begründet erklärt war;
4. wenn das Gericht seine Zuständigkeit oder Unzuständigkeit mit Unrecht angenommen hat;
5. wenn eine Partei in dem Verfahren nicht nach Vorschrift der Gesetze vertreten war, sofern sie nicht die Prozeßführung ausdrücklich oder stillschweigend genehmigt hat;
6. wenn die Entscheidung auf Grund einer mündlichen Verhandlung ergangen ist, bei welcher die Vorschriften über die Oeffentlichkeit des Verfahrens verletzt sind;[162]
7. wenn die Entscheidung nicht mit Gründen versehen ist.

552. (514) Die Revisionsfrist beträgt einen Monat; sie ist eine Nothfrist und beginnt mit der Zustellung des Urtheils.

Die Revision kann gleichzeitig mit der Zustellung des Urtheils eingelegt werden. Die Einlegung vor Zustellung des Urtheils ist wirkungslos.

553. (515) Die Einlegung der Revision erfolgt durch Zustellung eines Schriftsatzes. Derselbe muß enthalten:

1. die Bezeichnung des Urtheils, gegen welches die Revision gerichtet wird;
2. die Erklärung, daß gegen dieses Urtheil die Revision eingelegt werde;
3. die Ladung des Revisionsbeklagten vor das Revisionsgericht zur mündlichen Verhandlung über die Revision.

Bei der Einreichung der Revisionsschrift zum Zwecke der Terminsbestimmung soll eine Ausfertigung oder beglaubigte Abschrift des Urtheils, gegen welches die Revision sich richtet, dem Revisionsgerichte vorgelegt werden.

554. (516) Die allgemeinen Bestimmungen über die vorbereitenden Schriftsätze finden auch auf die Revisionsschrift Anwendung.

Als vorbereitender Schriftsatz soll die Revisionsschrift insbesondere die Erklärung, inwieweit das Urtheil angefochten und dessen Aufhebung beantragt werde (Revisionsanträge), und zur Begründung der Revisionsanträge enthalten:

1. insoweit die Revision darauf gestützt wird, daß eine Rechtsnorm nicht oder nicht richtig angewendet sei, die Bezeichnung der Rechtsnorm;
2. insoweit die Revision darauf gestützt wird, daß das Gesetz in Bezug auf das Verfahren verletzt sei, die Bezeichnung der Thatsachen, welche den Mangel ergeben;
3. insoweit die Revision darauf gestützt wird, daß unter Verletzung des Gesetzes Thatsachen festgestellt, übergangen oder als vorgebracht angenommen seien, die Bezeichnung dieser Thatsachen.

In der Revisionsschrift soll ferner der Werth des nicht in einer bestimmten Geldsumme bestehenden Beschwerdegegenstandes angegeben werden, wenn die Zulässigkeit der Revision von diesem Werthe abhängt.

555. (517) In Betreff der Frist, welche zwischen der Zustellung der Revisionsschrift und dem Termine zur mündlichen Verhandlung liegen muß, finden die Vorschriften des § 262 entsprechende Anwendung.

556. (518) Der Revisionsbeklagte kann sich der Revision anschließen. Auf diese Anschließung finden die Vorschriften über die Anschließung des Berufungsbeklagten an die Berufung entsprechende Anwendung. Dem Revisionskläger sind die Revisionsanträge und deren Begründung nach Maßgabe des § 554 mitzutheilen.

557. (520) Auf das weitere Verfahren finden die in erster Instanz für das Verfahren vor den Landgerichten geltenden Vorschriften entsprechende Anwendung, soweit nicht Abweichungen aus den Bestimmungen dieses Abschnitts sich ergeben.

558. (521) Die Verletzung einer das Verfahren der Berufungsinstanz betreffenden Vorschrift kann in der Revisionsinstanz nicht mehr gerügt werden, wenn in Gemäßheit der Bestimmung des § 295 die Partei das Rügerecht bereits in der Berufungsinstanz verloren hat.

559. (522) Der Prüfung des Revisionsgerichts unterliegen nur die von den Parteien gestellten Anträge.

560. (523) Ein nicht oder nicht unbedingt für vorläufig vollstreckbar erklärtes Urtheil des Be-

159. Vgl. aber § 6 EG z. CPO und Bem. dazu.
160. Vgl. § 12 EG z. CPO.
161. § 309 CPO; §§ 77, 109, 124 GVG.
162. §§ 170 ff. GVG.

rufungsgerichts ist, insoweit dasselbe durch die Revisionsanträge nicht angefochten wird, auf den im Laufe der mündlichen Verhandlung gestellten Antrag von dem Revisionsgerichte für vorläufig vollstreckbar zu erklären.

561. (524) Für die Entscheidung des Revisionsgerichts sind die in dem angefochtenen Urtheile gerichtlich festgestellten Thatsachen maßgebend. Außer denselben können nur die im § 554 Nr. 2, 3 erwähnten Thatsachen berücksichtigt werden.

562. (525) Die Entscheidung des Berufungsgerichts über das Bestehen und den Inhalt von Gesetzen, auf deren Verletzung die Revision nach § 549 nicht gestützt werden kann, ist für die auf die Revision ergehende Entscheidung maßgebend.

563. (526) Ergeben die Entscheidungsgründe zwar eine Gesetzesverletzung, stellt die Entscheidung selbst aber aus anderen Gründen sich als richtig dar, so ist die Revision zurückzuweisen.

564. (527) Insoweit die Revision für begründet erachtet wird, ist das angefochtene Urtheil aufzuheben.

Erfolgt die Aufhebung des Urtheils wegen eines Mangels des Verfahrens, so ist zugleich das Verfahren insoweit aufzuheben, als es durch den Mangel betroffen wird.

565. (528) Im Falle der Aufhebung des Urtheils ist die Sache zur anderweiten Verhandlung und Entscheidung an das Berufungsgericht zurückzuverweisen. Die Zurückverweisung kann an einen anderen Senat des Berufungsgerichts erfolgen.

Das Berufungsgericht hat die rechtliche Beurtheilung, welche der Aufhebung zu Grunde gelegt ist, auch seiner Entscheidung zu Grunde zu legen.

Das Revisionsgericht hat jedoch in der Sache selbst zu entscheiden:

1. wenn die Aufhebung des Urtheils nur wegen Gesetzesverletzung bei Anwendung des Gesetzes auf das festgestellte Sachverhältniß erfolgt und nach letzterem die Sache zur Endentscheidung reif ist;
2. wenn die Aufhebung des Urtheils wegen Unzuständigkeit des Gerichts oder wegen Unzulässigkeit des Rechtswegs erfolgt.

Kommt in den Fällen der Nr. 1 und 2 für die in der Sache selbst zu erlassende Entscheidung die Anwendbarkeit von Gesetzen, auf deren Verletzung die Revision nach § 549 nicht gestützt werden kann, in Frage, so kann die Sache zur anderweiten Verhandlung und Entscheidung an das Berufungsgericht zurückverwiesen werden.

566. (529) Die für die Berufung geltenden Vorschriften über die Anfechtbarkeit der Versäumnißurtheile, über die Verzichtleistung auf das Rechtsmittel und die Zurücknahme desselben, über die Vertagung der mündlichen Verhandlung, über die Verhandlung prozeßhindernder Einreden, über die Prüfung der Zuständigkeit des Gerichts und der Zulässigkeit des Rechtsmittels, über den Vortrag der Parteien bei der mündlichen Verhandlung und über die Einforderung und Zurücksendung der Prozeßakten finden auf die Revision entsprechende Anwendung.

Dritter Abschnitt. Beschwerde.

567. (530) Das Rechtsmittel der Beschwerde findet in den in diesem Gesetze besonders hervorgehobenen Fällen und gegen solche eine vorgängige mündliche Verhandlung nicht erfordernde Entscheidungen statt, durch welche ein das Verfahren betreffendes Gesuch zurückgewiesen ist.

Gegen die in Betreff der Prozeßkosten erlassenen Entscheidungen der Oberlandesgerichte ist die Beschwerde nur zulässig, wenn die Beschwerdesumme den Betrag von einhundert Mark übersteigt.[163]

568. (531) Ueber die Beschwerde entscheidet das im Instanzenzuge zunächst höhere Gericht.

Gegen die Entscheidung des Beschwerdegerichts ist, soweit nicht in derselben ein neuer selbständiger Beschwerdegrund enthalten ist, eine weitere Beschwerde nicht zulässig.

Entscheidungen der Landgerichte in Betreff der Prozeßkosten unterliegen einer weiteren Beschwerde nur, wenn die Beschwerdesumme den Betrag von fünfzig Mark übersteigt; auf die weitere Beschwerde gegen die Entscheidungen der Oberlandesgerichte findet die Vorschrift des § 567 Abs. 2 entsprechende Anwendung.[163]

Gegen die Entscheidungen der Oberlandesgerichte über das Rechtsmittel der weiteren Beschwerde findet eine weitere Beschwerde nicht statt.[163]

569. (532) Die Beschwerde wird bei dem Gericht eingelegt, von welchem oder von dessen Vorsitzenden die angefochtene Entscheidung erlassen ist; sie kann in dringenden Fällen auch bei dem Beschwerdegericht eingelegt werden.

Die Einlegung erfolgt durch Einreichung einer Beschwerdeschrift; die Einlegung kann auch durch Erklärung zum Protokolle des Gerichtsschreibers erfolgen, wenn der Rechtsstreit bei einem Amtsgericht anhängig ist oder anhängig war, wenn die Beschwerde das Armenrecht betrifft oder von einem Zeugen oder Sachverständigen erhoben wird.

570. (533) Die Beschwerde kann auf neue Thatsachen und Beweise gestützt werden.

571. (534) Erachtet das Gericht oder der Vorsitzende, dessen Entscheidung angefochten wird, die

163. Entsprechend sind die Bestimmungen in §§ 4 Abs. 2, 16 Abs. 2 GKG; § 12 GebO f. RA; § 22 GebO f. GV; § 17 Abs. 3 GebO f. Zeugen und Sachverständige.

Beschwerde für begründet, so haben sie derselben abzuhelfen; anderenfalls ist die Beschwerde vor Ablauf einer Woche dem Beschwerdegerichte vorzulegen.

572. (535) Die Beschwerde hat nur dann aufschiebende Wirkung, wenn sie gegen eine der in den §§ 109, 380, 390, 409, 619, 656, 678 erwähnten Entscheidungen gerichtet ist.

Das Gericht oder der Vorsitzende, dessen Entscheidung angefochten wird, kann anordnen, daß die Vollziehung derselben auszusetzen sei.

Das Beschwerdegericht kann vor der Entscheidung eine einstweilige Anordnung erlassen; es kann insbesondere anordnen, daß die Vollziehung der angefochtenen Entscheidung auszusetzen sei.

573. (536) Die Entscheidung über die Beschwerde kann ohne vorgängige mündliche Verhandlung erfolgen.

Ordnet das Gericht eine schriftliche Erklärung an, so kann die Abgabe derselben durch einen Anwalt erfolgen, der bei dem Gerichte zugelassen ist, von welchem oder von dessen Vorsitzenden die angefochtene Entscheidung erlassen ist. In den Fällen, in welchen die Beschwerde zum Protokolle des Gerichtsschreibers eingelegt werden darf, kann auch die Erklärung zum Protokolle des Gerichtsschreibers abgegeben werden.

574. (537) Das Beschwerdegericht hat von Amtswegen zu prüfen, ob die Beschwerde an sich statthaft und ob sie in der gesetzlichen Form und Frist eingelegt sei. Mangelt es an einem dieser Erfordernisse, so ist die Beschwerde als unzulässig zu verwerfen.

575. (538) Erachtet das Beschwerdegericht die Beschwerde für begründet, so kann es demjenigen Gericht oder Vorsitzenden, von welchem die beschwerende Entscheidung erlassen war, die erforderliche Anordnung übertragen.

576. (539) Wird die Aenderung einer Entscheidung des beauftragten oder ersuchten Richters oder des Gerichtsschreibers verlangt, so ist die Entscheidung des Prozeßgerichts nachzusuchen.

Die Beschwerde findet gegen die Entscheidung des Prozeßgerichts statt.

Die Bestimmung des ersten Absatzes gilt auch für das Reichsgericht.

577. (540) Für die Fälle der sofortigen Beschwerde gelten die nachfolgenden besonderen Bestimmungen.

Die Beschwerde ist binnen einer Nothfrist von zwei Wochen, welche mit der Zustellung, in den Fällen der §§ 336 und 952 Abs. 4 mit der Verkündung der Entscheidung beginnt, einzulegen. Die Einlegung bei dem Beschwerdegerichte genügt zur Wahrung der Nothfrist, auch wenn der Fall für dringlich nicht erachtet wird. Liegen die Erfordernisse der Nichtigkeits- oder der Restitutionsklage vor, so kann die Beschwerde auch nach Ablauf der Nothfrist innerhalb der für diese Klagen geltenden Nothfristen erhoben werden.

Das Gericht darf nur in den Fällen des § 103 Abs. 1 und des § 105 Abs. 4 seine Entscheidung gemäß der Vorschrift des § 571 abändern; zu einer weiteren Aenderung der auf Grund dieser Vorschrift erlassenen Entscheidung ist es nicht befugt.

In den Fällen des § 576 muß auf dem für die Einlegung der Beschwerde vorgeschriebenen Wege die Entscheidung des Prozeßgerichts binnen der Nothfrist nachgesucht werden. Das Prozeßgericht hat das Gesuch, wenn es demselben nicht entsprechen will, dem Beschwerdegerichte vorzulegen.

Viertes Buch.

Wiederaufnahme des Verfahrens.

578. (541) Die Wiederaufnahme eines durch rechtskräftiges Endurtheil geschlossenen Verfahrens kann durch Nichtigkeitsklage und durch Restitutionsklage erfolgen.[164]

Werden beide Klagen von derselben Partei oder von verschiedenen Parteien erhoben, so ist die Verhandlung und Entscheidung über die Restitutionsklage bis zur rechtskräftigen Entscheidung über die Nichtigkeitsklage auszusetzen.

579. (542) Die Nichtigkeitsklage findet statt:

1. wenn das erkennende Gericht nicht vorschriftsmäßig besetzt war;[165]
2. wenn ein Richter bei der Entscheidung mitgewirkt hat, welcher von der Ausübung des Richteramts kraft des Gesetzes ausgeschlossen war, sofern nicht dieses Hinderniß mittels eines Ablehnungsgesuchs oder eines Rechtsmittels ohne Erfolg geltend gemacht ist;
3. wenn bei der Entscheidung ein Richter mitgewirkt hat, obgleich derselbe wegen Besorgniß der Befangenheit abgelehnt und das Ablehnungsgesuch für begründet erklärt war;
4. wenn eine Partei in dem Verfahren nicht nach Vorschrift der Gesetze vertreten war, sofern sie nicht die Prozeßführung ausdrücklich oder stillschweigend genehmigt hat.

164. Vgl. § 20 EG z. CPO.
165. Vgl. Bem. Nr. 161.

In den Fällen Nr. 1, 3 findet die Klage nicht statt, wenn die Nichtigkeit mittels eines Rechtsmittels geltend gemacht werden konnte.

580. (543) Die Restitutionsklage findet statt:

1. wenn der Gegner durch Leistung eines Parteieides, auf welche das Urtheil gegründet ist, sich einer vorsätzlichen oder fahrlässigen Verletzung der Eidespflicht schuldig gemacht hat;
2. wenn eine Urkunde, auf welche das Urtheil gegründet ist, fälschlich angefertigt oder verfälscht war;
3. wenn durch Beeidigung eines Zeugnisses oder eines Gutachtens, auf welche das Urtheil gegründet ist, der Zeuge oder der Sachverständige sich einer vorsätzlichen oder fahrlässigen Verletzung der Eidespflicht schuldig gemacht hat;
4. wenn das Urtheil von dem Vertreter der Partei oder von dem Gegner oder dessen Vertreter durch eine in Beziehung auf den Rechtsstreit verübte Handlung erwirkt ist, welche mit einer im Wege des gerichtlichen Strafverfahrens zu verhängenden öffentlichen Strafe bedroht ist;
5. wenn ein Richter bei dem Urtheile mitgewirkt hat, welcher sich in Beziehung auf den Rechtsstreit einer Verletzung seiner Amtspflichten gegen die Partei schuldig gemacht hat, sofern diese Verletzung mit einer im Wege des gerichtlichen Strafverfahrens zu verhängenden öffentlichen Strafe bedroht ist;[166]
6. wenn ein strafgerichtliches Urtheil, auf welches das Urtheil gegründet ist, durch ein anderes rechtskräftig gewordenes Urtheil aufgehoben ist;[167]
7. wenn die Partei
   a) ein in derselben Sache erlassenes, früher rechtskräftig gewordenes Urtheil, oder
   b) eine andere Urkunde auffindet oder zu benutzen in den Stand gesetzt wird, welche eine ihr günstigere Entscheidung herbeigeführt haben würde.

Diese Bestimmung kommt in dem unter b bezeichneten Falle nicht zur Anwendung, wenn das angefochtene Urtheil darauf beruht, daß auf Grund einer Eidesleistung des Gegners die betreffende Thatsache oder deren Gegentheil für bewiesen erachtet ist.

581. (544) In den Fällen des vorhergehenden Paragraphen Nr. 1—5 findet die Restitutionsklage nur statt, wenn wegen der strafbaren Handlung eine rechtskräftige Verurtheilung ergangen ist, oder wenn die Einleitung oder Durchführung eines Strafverfahrens aus anderen Gründen, als wegen Mangels an Beweis nicht erfolgen kann.

Der Beweis der Thatsachen, welche die Restitutionsklage begründen, kann durch Eideszuschiebung nicht geführt werden.

582. (545) Die Restitutionsklage ist nur zulässig, wenn die Partei ohne ihr Verschulden außer Stande war, den Restitutionsgrund in dem früheren Verfahren, insbesondere durch Einspruch oder Berufung oder mittels Anschließung an eine Berufung geltend zu machen.

583. (546) Mit den Klagen können Anfechtungsgründe, durch welche eine dem angefochtenen Urtheile vorausgegangene Entscheidung derselben oder einer unteren Instanz betroffen wird, geltend gemacht werden, sofern das angefochtene Urtheil auf dieser Entscheidung beruht.

584. (547) Für die Klagen ist ausschließlich zuständig: das Gericht, welches in erster Instanz erkannt hat; wenn das angefochtene Urtheil oder auch nur eines von mehreren angefochtenen Urtheilen von dem Berufungsgericht erlassen wurde, oder wenn ein in der Revisionsinstanz erlassenes Urtheil auf Grund des § 580 Nr. 1—3, 6, 7 angefochten wird, das Berufungsgericht; wenn ein in der Revisionsinstanz erlassenes Urtheil auf Grund der §§ 579, 580 Nr. 4, 5 angefochten wird, das Revisionsgericht.

Sind die Klagen gegen einen Vollstreckungsbefehl gerichtet, so gehören sie ausschließlich vor das Amtsgericht, welches den Befehl erlassen hat; wenn der Anspruch nicht zur Zuständigkeit der Amtsgerichte gehört, vor das für den Rechtsstreit über den Anspruch zuständige Gericht.

585. (548) Auf die Erhebung der Klagen und das weitere Verfahren finden die allgemeinen Vorschriften entsprechende Anwendung, sofern nicht aus den Bestimmungen dieses Gesetzes sich eine Abweichung ergiebt.

586. (549) Die Klagen sind vor Ablauf der Nothfrist eines Monats zu erheben.

Die Frist beginnt mit dem Tage, an welchem die Partei von dem Anfechtungsgrunde Kenntniß erhalten hat, jedoch nicht vor eingetretener Rechtskraft des Urtheils. Nach Ablauf von fünf Jahren, von dem Tage der Rechtskraft des Urtheils an gerechnet, sind die Klagen unstatthaft.

Die Vorschriften des vorstehenden Absatzes finden auf die Nichtigkeitsklage wegen mangelnder Vertretung keine Anwendung; die Frist für Erhebung der Klage läuft von dem Tage, an welchem der Partei und bei mangelnder Prozeßfähigkeit dem gesetzlichen Vertreter derselben das Urtheil zugestellt ist.

587. (550) In der Klage muß die Bezeichnung des Urtheils, gegen welches die Nichtigkeits- oder Restitutionsklage gerichtet wird, und die Erklärung, welche dieser Klagen erhoben werde, enthalten sein.

588. (551) Als vorbereitender Schriftsatz soll die Klage enthalten:

1. die Bezeichnung des Anfechtungsgrundes;

166. §§ 331 ff. StGB. — Vgl. auch § 839 Abs. 2 BGB.
167. Vgl. §§ 399 ff. StPO.

2. die Angabe der Beweismittel für die Thatsachen, welche den Grund und die Einhaltung der Nothfrist ergeben;
3. die Erklärung, inwieweit die Beseitigung des angefochtenen Urtheils und welche andere Entscheidung in der Hauptsache beantragt werde.

Dem Schriftsatze, durch welchen eine Restitutionsklage erhoben wird, sind die Urkunden, auf welche dieselbe gestützt wird, in Urschrift oder in Abschrift beizufügen. Befinden sich die Urkunden nicht in den Händen des Klägers, so hat er zu erklären, welchen Antrag er wegen Herbeischaffung derselben zu stellen beabsichtigt.

589. (552) Das Gericht hat von Amtswegen zu prüfen, ob die Klage an sich statthaft und ob sie in der gesetzlichen Form und Frist erhoben sei. Mangelt es an einem dieser Erfordernisse, so ist die Klage als unzulässig zu verwerfen.

Die Thatsachen, welche ergeben, daß die Klage vor Ablauf der Nothfrist erhoben ist, sind glaubhaft zu machen.

590. (553) Die Hauptsache wird, insoweit sie von dem Anfechtungsgrunde betroffen ist, von neuem verhandelt.

Das Gericht kann anordnen, daß die Verhandlung und Entscheidung über Grund und Zulässigkeit der Wiederaufnahme des Verfahrens vor der Verhandlung über die Hauptsache erfolge. In diesem Falle ist die Verhandlung über die Hauptsache als Fortsetzung der Verhandlung über Grund und Zulässigkeit der Wiederaufnahme des Verfahrens anzusehen.

Das für die Klagen zuständige Revisionsgericht hat die Verhandlung über Grund und Zulässigkeit der Wiederaufnahme des Verfahrens zu erledigen, auch wenn diese Erledigung von der Feststellung und Würdigung bestrittener Thatsachen abhängig ist.

591. (554) Rechtsmittel sind insoweit zulässig, als sie gegen die Entscheidungen der mit den Klagen befaßten Gerichte überhaupt stattfinden.

Fünftes Buch.

Urkunden- und Wechselprozeß.

592. (555) Ein Anspruch, welcher die Zahlung einer bestimmten Geldsumme oder die Leistung einer bestimmten Quantität anderer vertretbarer Sachen oder Werthpapiere zum Gegenstande hat, kann im Urkundenprozesse geltend gemacht werden, wenn die sämmtlichen zur Begründung des Anspruchs erforderlichen Thatsachen durch Urkunden bewiesen werden können. Als ein Anspruch, welcher die Zahlung einer Geldsumme zum Gegenstande hat, gilt auch der Anspruch aus einer Hypothek, einer Grundschuld oder einer Rentenschuld.[168]

593. (556) Die Klage muß die Erklärung enthalten, daß im Urkundenprozesse geklagt werde.

Die Urkunden müssen in Urschrift oder in Abschrift der Klage oder einem vorbereitenden Schriftsatze beigefügt werden. Im letzteren Falle muß zwischen der Zustellung des Schriftsatzes und dem Termine zur mündlichen Verhandlung ein der Einlassungsfrist gleicher Zeitraum liegen.

594. (557) Auf Grund prozeßhindernder Einreden darf die Verhandlung zur Hauptsache nicht verweigert werden; das Gericht kann jedoch die abgesonderte Verhandlung über diese Einreden auch von Amtswegen anordnen.

595. (558) Widerklagen sind nicht statthaft.

Als Beweismittel sind bezüglich der Echtheit oder Unechtheit einer Urkunde, sowie bezüglich anderer als der im § 592 erwähnten Thatsachen nur Urkunden und Eideszuschiebung zulässig.

Die Antretung des Urkundenbeweises kann nur durch Vorlegung der Urkunden erfolgen.

Die Leistung eines Eides ist durch Beweisbeschluß anzuordnen.

596. (559) Der Kläger kann, ohne daß es der Einwilligung des Beklagten bedarf, bis zum Schlusse der mündlichen Verhandlung von dem Urkundenprozesse in der Weise abstehen, daß der Rechtsstreit im ordentlichen Verfahren anhängig bleibt.

597. (560) Insoweit der in der Klage geltend gemachte Anspruch an sich oder in Folge einer Einrede des Beklagten als unbegründet sich darstellt, ist der Kläger mit dem Anspruche abzuweisen.

Ist der Urkundenprozeß unstatthaft, ist insbesondere ein dem Kläger obliegender Beweis nicht mit den im Urkundenprozesse zulässigen Beweismitteln angetreten oder mit solchen Beweismitteln nicht vollständig geführt, so wird die Klage als in der gewählten Prozeßart unstatthaft abgewiesen, selbst wenn in dem Termine zur mündlichen Verhandlung der Beklagte nicht erschienen ist oder der Klage nur auf Grund von Einwendngen widersprochen hat, welche rechtlich unbegründet oder im Urkundenprozesse unstatthaft sind.

598. (561) Einwendungen des Beklagten sind, wenn der dem Beklagten obliegende Beweis der-

168. Vgl. §§ 1113, 1191, 1199 BGB.

selben nicht mit den im Urkundenprozesse zulässigen Beweismitteln angetreten oder mit solchen Beweismitteln nicht vollständig geführt ist, als im Urkundenprozesse unstatthaft zurückzuweisen.

599. (562) Dem Beklagten, welcher dem geltend gemachten Anspruche widersprochen hat, ist in allen Fällen, in denen er verurtheilt wird, die Ausführung seiner Rechte vorzubehalten.

Enthält das Urtheil keinen Vorbehalt, so kann die Ergänzung des Urtheils nach Vorschrift des § 321 beantragt werden.

• Das Urtheil, welches unter Vorbehalt der Rechte ergeht, ist in Betreff der Rechtsmittel und der Zwangsvollstreckung als Endurtheil anzusehen.

600. (563) Wird dem Beklagten die Ausführung seiner Rechte vorbehalten, so bleibt der Rechtsstreit im ordentlichen Verfahren anhängig.

Soweit sich in diesem Verfahren ergiebt, daß der Anspruch des Klägers unbegründet war, finden die Vorschriften des § 302 Abs. 4 Satz 2—4 Anwendung.

Erscheint in diesem Verfahren eine Partei nicht, so finden die Vorschriften über das Versäumnißurtheil entsprechende Anwendung.

601. (564) Die Vorschriften der §§ 540, 541 finden im Urkundenprozesse keine Anwendung.

602. (565) Werden im Urkundenprozesse Ansprüche aus Wechseln im Sinne der Wechselordnung geltend gemacht (Wechselprozeß), so kommen die nachfolgenden besonderen Vorschriften zur Anwendung.

603. (566) Wechselklagen können sowohl bei dem Gerichte des Zahlungsorts als bei dem Gericht angestellt werden, bei welchem der Beklagte seinen allgemeinen Gerichtsstand hat.

Wenn mehrere Wechselverpflichtete gemeinschaftlich verklagt werden, so ist außer dem Gerichte des Zahlungsorts jedes Gericht zuständig, bei welchem einer der Beklagten seinen allgemeinen Gerichtsstand hat.

604. (567) Die Klage muß die Erklärung enthalten, daß im Wechselprozesse geklagt werde.

Die Einlassungsfrist beträgt, wenn die Klage am Sitze des Prozeßgerichts zugestellt wird, mindestens vierundzwanzig Stunden; wenn sie an einem anderen Orte innerhalb des Landgerichtsbezirkes, in welchem das Prozeßgericht seinen Sitz hat, zugestellt wird, mindestens drei Tage; wenn sie an einem anderen deutschen Orte zugestellt wird, mindestens eine Woche. Das Gleiche gilt von der Ladungsfrist, soweit sie nicht nach den allgemeinen Bestimmungen kürzer als die im ersten Satze festgesetzte Einlassungsfrist ist.

Auf das Verfahren in den höheren Instanzen finden die Vorschriften des Abs. 2 entsprechende Anwendung.

605. Soweit es zur Erhaltung des wechselmäßigen Anspruchs der rechtzeitigen Protesterhebung nicht bedarf, ist als Beweismittel bezüglich der Präsentation des Wechsels Eideszuschiebung zulässig.[169]

Zur Berücksichtigung einer Nebenforderung genügt, daß sie glaubhaft gemacht ist.[170]

169. Vgl. Artt. 31, 32, 41, 43, 44 WO.

170. Artt. 50, 51, 53 WO.

Sechstes Buch.

Ehesachen. Feststellung des Rechtsverhältnisses zwischen Eltern und Kindern. Entmündigungssachen.

Erster Abschnitt. Verfahren in Ehesachen.[171]

606. (568) Für die Rechtsstreitigkeiten, welche die Scheidung,[172] Nichtigkeit[173] oder Anfechtung[174] einer Ehe oder die Feststellung des Bestehens oder Nichtbestehens einer Ehe zwischen den Parteien oder die Herstellung des ehelichen Lebens zum Gegenstande haben (Ehesachen), ist das Landgericht, bei welchem der Ehemann seinen allgemeinen Gerichtsstand hat, ausschließlich zuständig.

Ist der Ehemann ein Deutscher[175] und hat er im Inlande keinen allgemeinen Gerichtsstand, so kann die Klage bei dem Landgericht erhoben werden, in dessen Bezirk er den letzten Wohnsitz im Inlande hatte; in Ermangelung eines solchen Wohnsitzes finden die Vorschriften des § 15 Abs. 1 Satz 2, 3 entsprechende Anwendung. Das Gleiche gilt, sofern der Ehemann im Inlande keinen allgemeinen Gerichtsstand hat, in dem Falle, daß der Ehemann die Reichsangehörigkeit verloren, die Ehefrau sie aber behalten hat oder daß beide Ehegatten die Reichsange-

171. Ueber den Ausschluß der Oeffentlichkeit in Ehesachen vgl. § 171 GVG.

172. §§ 1564 ff. BGB.

173. §§ 1323 ff. BGB.

174. §§ 1330 ff. BGB.

175. §§ 1 ff. Bundesges. v. 1. Juni 1870 (8. Jan. 1873.)

hörigkeit verloren haben, der Ehemann aber eine andere Staatsangehörigkeit nicht erworben hat.[176]

Ist eine Deutsche eine Ehe mit einem Ausländer eingegangen und hat dieser im Inlande keinen allgemeinen Gerichtsstand, so können die Nichtigkeitsklage und die Anfechtungsklage von der Ehefrau bei dem Landgericht erhoben werden, in dessen Bezirke sie den letzten Wohnsitz im Inlande hatte;[177] in Ermangelung eines solchen Wohnsitzes finden die Vorschriften des § 15 Abs. 1 Satz 2, 3 entsprechende Anwendung. Das Gleiche gilt, sofern nicht nach Abs. 2 Satz 2 ein Gerichtsstand begründet ist, in dem Falle, daß eine Deutsche eine Ehe mit einem Deutschen eingegangen ist, dieser aber die Reichsangehörigkeit verloren und im Inlande keinen allgemeinen Gerichtsstand hat.[178]

Sind beide Ehegatten Ausländer, so kann die Scheidungsklage im Inlande nur erhoben werden, wenn das inländische Gericht auch nach den Gesetzen des Staates zuständig ist, dem der Ehemann angehört.[178]

607. (569) In Ehesachen ist die Staatsanwaltschaft zur Mitwirkung befugt.

Der Verhandlung vor dem erkennenden Gerichte sowie vor einem beauftragten oder ersuchten Richter kann der Staatsanwalt beiwohnen. Er ist von allen Terminen von Amtswegen in Kenntniß zu setzen.

Er kann sich über die zu erlassende Entscheidung gutachtlich äußern und, sofern es sich um die Aufrechterhaltung einer Ehe handelt, neue Thatsachen und Beweismittel vorbringen.

Im Sitzungsprotokoll ist der Name des Staatsanwalts anzugeben, auch sind in dasselbe die von dem Staatsanwalte gestellten Anträge aufzunehmen.

608. (570) Der Vorsitzende darf den Termin zur mündlichen Verhandlung über eine Scheidungsklage oder über eine Klage auf Herstellung des ehelichen Lebens erst festsetzen, wenn den nachfolgenden Vorschriften über den Sühneversuch genügt ist.

609. (571) Der Kläger hat bei dem Amtsgerichte, vor welchem der Ehemann seinen allgemeinen Gerichtsstand hat, die Anberaumung eines Sühnetermins zu beantragen und zu diesem Termine den Beklagten zu laden.[179]

Bestimmt sich das für die Klage zuständige Landgericht nach den Vorschriften des § 606 Abs. 2, so finden diese Vorschriften auf die Bestimmung des für den Sühnetermin zuständigen Amtsgerichts entsprechende Anwendung.

610. (572) Die Parteien müssen in dem Sühnetermine persönlich erscheinen; Beistände können zurückgewiesen werden.

Erscheint der Kläger oder erscheinen beide Parteien im Sühnetermine nicht, so muß der Kläger die Anberaumung eines neuen Sühnetermins beantragen und den Beklagten zu dem Termine laden. Erscheint der Kläger, aber nicht der Beklagte, so ist der Sühneversuch als mißlungen anzusehen.

611. (573) Der Sühneversuch ist nicht erforderlich, wenn der Aufenthalt des Beklagten unbekannt oder im Auslande ist, wenn dem Sühneversuche ein anderes schwer zu beseitigendes Hinderniß entgegensteht, welches von dem Kläger nicht verschuldet ist, oder wenn die Erfolglosigkeit des Sühneversuchs mit Bestimmtheit vorauszusehen ist.

Ueber das Vorhandensein dieser Voraussetzungen entscheidet der Vorsitzende des Landgerichts ohne vorgängiges Gehör des Beklagten.

612. In Ehesachen ist ein in der Geschäftsfähigkeit beschränkter[180] Ehegatte prozeßfähig;[181] dies gilt jedoch insoweit nicht, als nach § 1336 Abs. 2 Satz 2 des Bürgerlichen Gesetzbuchs nur sein gesetzlicher Vertreter die Ehe anfechten kann.

Für einen geschäftsunfähigen[182] Ehegatten wird der Rechtsstreit durch den gesetzlichen Vertreter geführt. Der gesetzliche Vertreter ist jedoch zur Erhebung der Klage auf Herstellung des ehelichen Lebens nicht befugt; zur Erhebung der Scheidungsklage oder der Anfechtungsklage bedarf er der Genehmigung des Vormundschaftsgerichts.

613. Der Bevollmächtigte des klagenden Ehegatten bedarf einer besonderen, auf den Rechtsstreit gerichteten Vollmacht. Das Gericht hat den Mangel der Vollmacht von Amtswegen zu berücksichtigen.

614. (574) Bis zum Schlusse derjenigen mündlichen Verhandlung, auf welche das Urtheil ergeht, können andere als die in der Klage vorgebrachten Klagegründe geltend gemacht werden.

Das neue Vorbringen und die Erhebung einer Widerklage ist von einem Sühneversuche nicht abhängig.

615. (575) Die Klage auf Herstellung des ehelichen Lebens, die Scheidungsklage und die Anfechtungsklage können verbunden werden.

---

176. Vgl. Artt. 14 Abs. 2, 17 Abs. 3, 29 EG z. BGB.
177. Vgl. Art. 13 EG z. BGB.
178. Vgl. Art. 17 Abs. 1 EG z. BGB.
179. Durch die Ladung zum Sühnetermin wird die Verjährung unterbrochen: § 1571 Abs. 1, 3 BGB.
180. §§ 106, 114 BGB.
181. Vgl. § 1336 Abs. 1 Satz 2 BGB.
182. § $104^{2,3}$ BGB.

Die Verbindung einer anderen Klage mit den erwähnten Klagen sowie die Erhebung einer Widerklage anderer Art ist unstatthaft.

616. (576) Der Kläger, welcher mit der Scheidungsklage oder der Anfechtungsklage abgewiesen ist, kann das Recht, die Scheidung zu verlangen oder die Ehe anzufechten, nicht mehr auf Thatsachen gründen, welche er in dem früheren Rechtsstreite geltend gemacht hat oder welche er in dem früheren Rechtsstreit oder durch Verbindung der Klagen geltend machen konnte. Das Gleiche gilt im Falle der Abweisung der Scheidungsklage oder der Anfechtungsklage für den Beklagten in Ansehung der Thatsachen, auf welche er eine Widerklage zu gründen im Stande war.

617. (577) Die Vorschrift über die Wirkung eines Anerkenntnisses kommt nicht zur Anwendung.

Die Vorschriften über die Folgen der unterbliebenen oder verweigerten Erklärung über Thatsachen oder über die Echtheit von Urkunden, die Vorschriften über den Verzicht der Parteien auf die Beeidigung von Zeugen und Sachverständigen, die Vorschriften über die Wirkung eines gerichtlichen Geständnisses und der Erlassung eines Eides sowie die Vorschriften über die Eideszuschiebung und den Antrag, dem Gegner die Vorlegung einer Urkunde aufzugeben, finden keine Anwendung in Ansehung solcher Thatsachen, welche die Scheidung oder die Anfechtung der Ehe oder das Recht, die Herstellung des ehelichen Lebens zu verweigern, begründen sollen.

In einem Rechtsstreite, welcher die Nichtigkeit der Ehe oder die Feststellung des Bestehens oder Nichtbestehens einer Ehe zwischen den Parteien zum Gegenstande hat, finden die im Abs. 2 bezeichneten Vorschriften sowohl in Ansehung solcher Thatsachen, welche die Nichtigkeit oder das Nichtbestehen der Ehe, als auch in Ansehung solcher Thatsachen keine Anwendung, welche die Gültigkeit oder das Bestehen der Ehe begründen sollen.

618. (578) Die Vorschrift des § 261 Abs. 2 kommt nicht zur Anwendung.

Erscheint der Beklagte in dem auf die Klage zur mündlichen Verhandlung anberaumten Termine nicht, so kann erst in einem neuen, auf Antrag des Klägers zu bestimmenden Termine verhandelt werden.

Der Beklagte ist zu jedem Termine, welcher nicht in seiner Gegenwart anberaumt wurde, zu laden.

Die Vorschriften der Abs. 2, 3 finden keine Anwendung, wenn der Beklagte durch öffentliche Zustellung geladen, aber nicht erschienen ist.

Ein Versäumnißurtheil gegen den Beklagten ist unzulässig.

Die Vorschriften der Abs. 2—5 finden auf den Widerbeklagten entsprechende Anwendung.

619. (579) Das Gericht kann das persönliche Erscheinen einer Partei anordnen und dieselbe über die von ihr, von dem Gegner oder von dem Staatsanwalte behaupteten Thatsachen vernehmen.

Ist die zu vernehmende Partei am Erscheinen vor dem Prozeßgerichte verhindert oder hält sie sich in großer Entfernung von dem Sitze desselben auf, so kann die Vernehmung durch einen beauftragten oder ersuchten Richter erfolgen.

Gegen die nicht erschienene Partei ist wie gegen einen im Vernehmungstermine nicht erschienenen Zeugen zu verfahren; auf Haft darf nicht erkannt werden.

620. (580) Hat der Kläger die Aussetzung des Verfahrens über eine Scheidungsklage beantragt, so darf das Gericht auf Scheidung nicht erkennen, bevor die Aussetzung stattgefunden hat. Die Aussetzung ist von Amtswegen anzuordnen, wenn die Scheidung auf Grund des § 1568 des Bürgerlichen Gesetzbuchs beantragt ist und die Aussicht auf Aussöhnung der Parteien nicht ausgeschlossen erscheint.

Auf Grund dieser Bestimmungen darf die Aussetzung im Laufe des Rechtsstreits nur einmal und höchstens auf zwei Jahre angeordnet werden.

621. Die Aussetzung des Verfahrens über eine Klage auf Herstellung des ehelichen Lebens kann das Gericht von Amtswegen anordnen, wenn eine Aussöhnung der Parteien nicht unwahrscheinlich ist.

Auf Grund dieser Bestimmung darf die Aussetzung im Laufe des Rechtsstreits nur einmal und höchstens auf ein Jahr angeordnet werden.

622. (581) Zum Zwecke der Aufrechterhaltung der Ehe kann das Gericht Thatsachen, welche von den Parteien nicht vorgebracht sind, berücksichtigen und die Aufnahme von Beweisen von Amtswegen anordnen. Vor der Entscheidung sind die Parteien zu hören.

Diese Vorschriften finden in einem Rechtsstreite, welcher die Nichtigkeit der Ehe oder die Feststellung des Bestehens oder Nichtbestehens einer Ehe zwischen den Parteien zum Gegenstande hat, auch zum Zwecke der Ermittelung, ob die Ehe nichtig ist oder nicht besteht, Anwendung.

623. Auf Scheidung wegen Geisteskrankheit darf nicht erkannt werden, bevor das Gericht einen oder mehrere Sachverständige über den Geisteszustand des Beklagten gehört hat.[183]

624. Wird wegen Ehebruchs auf Scheidung erkannt und ergiebt sich aus den Verhandlungen, mit welcher Person der Ehebruch begangen worden ist, so ist diese Person in dem Urtheile festzustellen.[184]

625. (582) Urtheile, durch welche auf Scheidung oder Nichtigkeit der Ehe erkannt ist, sind von Amtswegen zuzustellen.

626. (583) Die Vorschrift des § 279 findet in der Berufungsinstanz keine Anwendung.

627. (584) Hat der Rechtsstreit die Scheidung, Nichtigkeit oder Anfechtung der Ehe zum Gegenstande, so kann das Gericht auf Antrag eines der Ehegatten durch einstweilige Verfügung für die Dauer des Rechtsstreits das Getrenntleben der Ehegatten gestatten, die gegenseitige Unterhaltspflicht[185] der Ehegatten nach Maßgabe des § 1361 des Bürgerlichen Gesetzbuchs ordnen, wegen der Sorge für die Person der gemeinschaftlichen minderjährigen Kinder, soweit es sich nicht um die gesetzliche Vertretung handelt, Anordnungen treffen und die Unterhaltspflicht der Ehegatten den Kindern gegenüber im Verhältnisse der Ehegatten zu einander regeln.

Die einstweilige Ver ügung ist zulässig, sobald der Termin zur mündlichen Verhandlung oder im Falle einer Scheidungsklage der Termin zum Sühneversuche bestimmt oder im Wege der Widerklage die Scheidung beantragt oder die Ehe angefochten ist.

Von der einstweiligen Verfügung hat das Prozeßgericht, wenn ein gemeinschaftliches minderjähriges Kind der Ehegatten vorhanden ist, dem Vormundschaftsgerichte Mittheilung zu machen.

Im Uebrigen gelten für die einstweilige Verfügung die Bestimmungen der §§ 936 bis 944.

628. Stirbt einer der Ehegatten vor der Rechtskraft des Urtheils, so ist der Rechtsstreit in Ansehung der Hauptsache als erledigt anzusehen.

629. Das auf eine Nichtigkeitsklage oder eine Anfechtungsklage ergehende Urtheil wirkt, sofern es bei Lebzeiten beider Ehegatten rechtskräftig wird, für und gegen Alle. Ist jedoch die Nichtigkeitsklage auf Grund des § 1326 des Bürgerlichen Gesetzbuchs erhoben, so wirkt das Urtheil, durch welches sie abgewiesen wird, gegen den Dritten, mit dem die frühere Ehe geschlossen war, nur dann, wenn er an dem Rechtsstreite Theil genommen hat.

Diese Vorschriften gelten auch für ein Urtheil, durch welches das Bestehen oder Nichtbestehen einer Ehe festgestellt wird.

630. Nach dem Eintritte der Rechtskraft des Urtheils hat das Prozeßgericht, wenn ein gemeinschaftliches minderjähriges Kind der Ehegatten vorhanden ist, dem Vormundschaftsgerichte Mittheilung zu machen.[186]

631. (585) Für die Nichtigkeitsklage gelten die in den nachfolgenden Paragraphen enthaltenen besonderen Vorschriften.[187]

632. (586) Die Klage kann von jedem der Ehegatten sowie von dem Staatsanwalt erhoben werden, im Falle des § 1326 des Bürgerlichen Gesetzbuchs auch von dem Dritten, mit dem die frühere Ehe geschlossen war. Im Uebrigen kann die Klage von einem Dritten nur erhoben werden, wenn für ihn von der Nichtigkeit der Ehe ein Recht oder von der Gültigkeit der Ehe eine Verpflichtung abhängt.

Die von dem Staatsanwalt oder einem Dritten erhobene Klage ist gegen beide Ehegatten, die von einem Ehegatten erhobene Klage ist gegen den anderen Ehegatten zu richten.

633. (587) Mit der Nichtigkeitsklage kann nur eine Klage auf Feststellung des Bestehens oder Nichtbestehens einer Ehe zwischen den Parteien verbunden werden.

Eine Widerklage ist nur statthaft, wenn sie eine Nichtigkeitsklage oder eine Feststellungsklage der im Abs. 1 bezeichneten Art ist.

634. (589) Der Staatsanwalt kann, auch wenn er die Klage nicht erhoben hat, den Rechtsstreit betreiben, insbesondere selbständig Anträge stellen und Rechtsmittel einlegen.

635. Das Versäumnißurtheil gegen den im Termine zur mündlichen Verhandlung nicht erschienenen Kläger ist dahin zu erlassen, daß die Klage als zurückgenommen gelte.

636. (590) Wird ein Rechtsmittel von dem Staatsanwalt oder einer Privatpartei eingelegt, so sind im ersteren Falle die Privatparteien, im letzteren Falle die übrigen Privatparteien und der Staatsanwalt, sofern derselbe Partei ist, für das Rechtsmittelverfahren als die Gegner anzusehen.

637. (591) In den Fällen, in welchen der als Partei auftretende Staatsanwalt unterliegt, ist die Staatskasse zur Erstattung der dem obsiegenden Gegner erwachsenen Kosten in Gemäßheit der

183. § 1569 BGB.
184. Mit Rücksicht auf § 1312 BGB.
185. Vgl. § 1610 BGB.
186. Mit Rücksicht auf §§ 1635, 1636, 1699 ff. BGB.
187. Vgl. §§ 1323 ff. BGB.

Bestimmungen des fünften Titels des zweiten Abschnitts des ersten Buchs zu verurtheilen.

638. Die Vorschriften der §§ 633, 635 finden auf die Klage, welche die Feststellung des Bestehens oder Nichtbestehens einer Ehe zwischen den Parteien zum Gegenstande hat, entsprechende Anwendung.

639. (592) Im Sinne dieses Abschnitts ist unter Scheidung auch die Aufhebung der ehelichen Gemeinschaft zu verstehen.[188]

Zweiter Abschnitt. Verfahren in Rechtsstreitigkeiten, welche die Feststellung des Rechtsverhältnisses zwischen Eltern und Kindern zum Gegenstande haben.[189]

640. Auf einen Rechtsstreit, der die Feststellung des Bestehens oder Nichtbestehens eines Eltern- und Kindesverhältnisses zwischen den Parteien oder die Feststellung des Bestehens oder Nichtbestehens der elterlichen Gewalt der einen Partei über die andere zum Gegenstande hat, finden die Vorschriften der §§ 607, 613, des § 617 Abs. 1, 3 und der §§ 618, 619, 622, 625, 626, 628, 635 entsprechende Anwendung.

Mit einer der im Abs. 1 bezeichneten Klagen kann eine Klage anderer Art nicht verbunden werden. Eine Widerklage anderer Art kann nicht erhoben werden.

641. Wird die Ehelichkeit eines Kindes oder die Anerkennung der Ehelichkeit von dem Ehemanne der Mutter durch Erhebung der Anfechtungsklage angefochten,[190] so finden die Vorschriften der §§ 607, 613, des § 617 Abs. 1, 2, der §§ 618, 619, des § 622 Abs. 1 und der §§ 625, 626, 628 entsprechende Anwendung.

Der Ehemann ist prozeßfähig, auch wenn er in der Geschäftsfähigkeit beschränkt ist. Für einen geschäftsunfähigen Ehemann wird der Rechtsstreit durch den gesetzlichen Vertreter geführt; der gesetzliche Vertreter kann die Anfechtungsklage nur mit Genehmigung des Vormundschaftsgerichts erheben.

Mit der einen Anfechtungsklage kann nur die andere Anfechtungsklage verbunden werden. Eine Widerklage kann nicht erhoben werden.

642. Ist in den Fällen der §§ 640, 641 der Beklagte ein Deutscher und hat er im Inlande keinen allgemeinen Gerichtsstand, so kann die Klage bei dem Landgericht erhoben werden, in dessen Bezirk er den letzten Wohnsitz im Inlande hatte; in Ermangelung eines solchen Wohnsitzes finden die Vorschriften des § 15 Abs. 1 Satz 2, 3 entsprechende Anwendung. Das Gleiche gilt, sofern der Beklagte im Inlande keinen allgemeinen Gerichtsstand hat, in dem Falle, daß der Beklagte die Reichsangehörigkeit verloren, der Kläger sie aber behalten hat oder daß beide Parteien die Reichsangehörigkeit verloren haben, der Beklagte aber eine andere Staatsangehörigkeit nicht erworben hat.

643. In den Fällen der §§ 640, 641 wirkt das Urtheil, sofern es bei Lebzeiten der Parteien rechtskräftig wird, für und gegen Alle. Ein Urtheil, welches das Bestehen des Eltern- und Kindesverhältnisses oder der elterlichen Gewalt feststellt, wirkt jedoch gegenüber einem Dritten, welcher das elterliche Verhältniß oder die elterliche Gewalt für sich in Anspruch nimmt, nur dann, wenn er an dem Rechtsstreite Theil genommen hat.

644. Die Vorschriften der §§ 640—643 gelten nicht für einen Rechtsstreit, der die Feststellung des Bestehens oder Nichtbestehens der unehelichen Vaterschaft zum Gegenstande hat.

Dritter Abschnitt.

Verfahren in Entmündigungssachen.[191]

645. (593) Die Entmündigung wegen Geisteskrankheit oder wegen Geistesschwäche erfolgt durch Beschluß des Amtsgerichts.

Der Beschluß wird nur auf Antrag erlassen.

646. (595) Der Antrag kann von dem Ehegatten, einem Verwandten oder demjenigen gesetzlichen Vertreter des zu Entmündigenden gestellt werden, welchem die Sorge für die Person zusteht. Gegen eine Person, die unter elterlicher Gewalt oder unter Vormundschaft steht, kann der Antrag von einem Verwandten nicht gestellt werden. Gegen eine Ehefrau kann der Antrag von einem Verwandten nur gestellt werden, wenn auf Aufhebung der ehelichen Gemeinschaft erkannt ist oder wenn der Ehemann die Ehefrau verlassen hat oder wenn der Ehemann zur Stellung des Antrags dauernd außer Stande oder sein Aufenthalt dauernd unbekannt ist.

In allen Fällen ist auch der Staatsanwalt bei dem vorgesetzten Landgerichte zur Stellung des Antrags befugt.

647. (596) Der Antrag kann bei dem Gerichte

188. §§ 1575, 1576 BGB.
189. Vgl. §§ 1616 ff. BGB.
190. Vgl. §§ 1594 ff. BGB.
191. Vgl. § 172 GBG.

schriftlich eingereicht oder zum Protokolle des Gerichtsschreibers angebracht werden. Er soll eine Angabe der ihn begründenden Thatsachen und die Bezeichnung der Beweismittel enthalten.

648. (594) Für die Einleitung des Verfahrens ist das Amtsgericht, bei welchem der zu Entmündigende[192] seinen allgemeinen Gerichtsstand hat, ausschließlich zuständig.

Gegen einen Deutschen, welcher im Inlande keinen allgemeinen Gerichtsstand hat, kann der Antrag bei dem Amtsgerichte gestellt werden, in dessen Bezirke der zu Entmündigende den letzten Wohnsitz im Inlande hatte; in Ermangelung eines solchen Wohnsitzes finden die Vorschriften des § 15 Abs. 1 Satz 2, 3 entsprechende Anwendung.

649. (597) Das Gericht kann vor der Einleitung des Verfahrens die Beibringung eines ärztlichen Zeugnisses anordnen.

650. Das Gericht kann nach der Einleitung des Verfahrens, wenn es mit Rücksicht auf die Verhältnisse des zu Entmündigenden erforderlich erscheint, die Verhandlung und Entscheidung dem Amtsgericht überweisen, in dessen Bezirke der zu Entmündigende sich aufhält.

Die Ueberweisung ist nicht mehr zulässig, wenn das Gericht den zu Entmündigenden vernommen hat (§ 654 Abs. 1).

Wird die Uebernahme abgelehnt, so entscheidet das im Instanzenzuge zunächst höhere Gericht.

651. Wenn nach der Uebernahme des Verfahrens durch das Gericht, an welches die Ueberweisung erfolgt ist, ein Wechsel im Aufenthaltsorte des zu Entmündigenden eintritt, so ist dieses Gericht zu einer weiteren Ueberweisung befugt.

Die Vorschriften des § 650 finden entsprechende Anwendung.

652. (597) Der Staatsanwalt kann in allen Fällen das Verfahren durch Stellung von Anträgen betreiben und den Terminen beiwohnen. Er ist von der Einleitung des Verfahrens, sowie von einer nach den §§ 650, 651 erfolgten Ueberweisung und von allen Terminen in Kenntniß zu setzen.

653. (597) Das Gericht hat unter Benutzung der in dem Antrag angegebenen Thatsachen und Beweismittel von Amtswegen die zur Feststellung des Geisteszustandes erforderlichen Ermittelungen zu veranstalten und die erheblich erscheinenden Beweise aufzunehmen. Zuvor ist dem zu Entmündigenden Gelegenheit zur Bezeichnung von Beweismitteln zu geben, desgleichen demjenigen gesetzlichen Vertreter des zu Entmündigenden, welchem die Sorge für die Person zusteht, sofern er nicht die Entmündigung beantragt hat.

Für die Vernehmung und Beeidigung der Zeugen und Sachverständigen kommen die Bestimmungen im siebenten und achten Titel des ersten Abschnitts des zweiten Buchs zur Anwendung. Die Anordnung der Haft im Falle des § 390 kann von Amtswegen erfolgen.

654. (598) Der zu Entmündigende ist persönlich unter Zuziehung eines oder mehrerer Sachverständigen zu vernehmen. Zu diesem Zwecke kann die Vorführung des zu Entmündigenden angeordnet werden.

Die Vernehmung kann auch durch einen ersuchten Richter erfolgen.

Die Vernehmung darf nur unterbleiben, wenn sie mit besonderen Schwierigkeiten verbunden oder nicht ohne Nachtheil für den Gesundheitszustand des zu Entmündigenden ausführbar ist.

655. (599) Die Entmündigung darf nicht ausgesprochen werden, bevor das Gericht einen oder mehrere Sachverständige über den Geisteszustand des zu Entmündigenden gehört hat.

656. Mit Zustimmung des Antragstellers kann das Gericht anordnen, daß der zu Entmündigende auf die Dauer von höchstens sechs Wochen in eine Heilanstalt gebracht werde, wenn dies nach ärztlichem Gutachten zur Feststellung des Geisteszustandes geboten erscheint und ohne Nachtheil für den Gesundheitszustand des zu Entmündigenden ausführbar ist. Vor der Entscheidung sind die im § 646 bezeichneten Personen soweit thunlich zu hören.

Gegen den Beschluß, durch welchen die Unterbringung angeordnet wird, steht dem zu Entmündigenden, dem Staatsanwalt und binnen der für den zu Entmündigenden laufenden Frist den sonstigen im § 646 bezeichneten Personen die sofortige Beschwerde zu.

657. (600) Sobald das Gericht die Anordnung einer Fürsorge für die Person oder das Vermögen des zu Entmündigenden für erforderlich hält, ist der Vormundschaftsbehörde[193] zum Zwecke dieser Anordnung Mittheilung zu machen.[194]

658. (601) Die Kosten des Verfahrens sind, wenn die Entmündigung erfolgt, von dem Entmündigten, anderenfalls von der Staatskasse zu tragen.

Insoweit einen der im § 646 Abs. 1 bezeichneten Antragsteller bei Stellung des Antrags nach dem Ermessen des Gerichts ein Verschulden trifft,

192. Inländer oder Ausländer (vgl. Art. 8 EG z. BGB).

193. Vgl. §§ 35 ff. FrG.

194. Vgl. §§ 1906, 1909 BGB.

können demselben die Kosten ganz oder theilweise zur Last gelegt werden.

659. (602) Der über die Entmündigung zu erlassende Beschluß ist dem Antragsteller und dem Staatsanwalte von Amtswegen zuzustellen.

660. (603) Der die Entmündigung aussprechende Beschluß ist von Amtswegen der Vormundschaftsbehörde [195] mitzutheilen und, wenn der Entmündigte unter elterlicher Gewalt oder unter Vormundschaft steht, auch demjenigen gesetzlichen Vertreter zuzustellen, welchem die Sorge für die Person des Entmündigten zusteht. Im Falle der Entmündigung wegen Geistesschwäche ist der Beschluß außerdem dem Entmündigten selbst zuzustellen.

661. Die Entmündigung wegen Geisteskrankheit tritt, wenn der Entmündigte unter elterlicher Gewalt oder unter Vormundschaft steht, mit der Zustellung des Beschlusses an denjenigen gesetzlichen Vertreter, welchem die Sorge für die Person zusteht, anderenfalls mit der Bestellung des Vormundes in Wirksamkeit.

Die Entmündigung wegen Geistesschwäche tritt mit der Zustellung des Beschlusses an den Entmündigten in Wirksamkeit.

662. Der die Entmündigung ablehnende Beschluß ist von Amtswegen auch demjenigen zuzustellen, dessen Entmündigung beantragt war.

663. (604) Gegen den Beschluß, durch welchen die Entmündigung abgelehnt wird, steht dem Antragsteller und dem Staatsanwalte die sofortige Beschwerde zu.

In dem Verfahren vor dem Beschwerdegerichte finden die Vorschriften der §§ 652, 653 entsprechende Anwendung.

664. (605) Der die Entmündigung aussprechende Beschluß kann im Wege der Klage binnen der Frist eines Monats angefochten werden. [196]

Zur Erhebung der Klage sind der Entmündigte selbst, derjenige gesetzliche Vertreter des Entmündigten, welchem die Sorge für die Person zusteht, und die übrigen im § 646 bezeichneten Personen befugt.

Die Frist beginnt im Falle der Entmündigung wegen Geisteskrankheit für den Entmündigten mit dem Zeitpunkt, in welchem er von der Entmündigung Kenntniß erlangt, für die übrigen Personen mit dem Zeitpunkt, in welchem die Entmündigung in Wirksamkeit tritt. Im Falle der Entmündigung wegen Geistesschwäche beginnt die Frist für den gesetzlichen Vertreter des unter elterlicher Gewalt oder unter Vormundschaft stehenden Entmündigten mit dem Zeitpunkt, in welchem ihm der Beschluß zugestellt wird, für den Entmündigten selbst und die übrigen Personen mit der Zustellung des Beschlusses an den Entmündigten.

665. (606). Für die Klage ist das Landgericht ausschließlich zuständig, in dessen Bezirke das Amtsgericht, welches über die Entmündigung entschieden hat, seinen Sitz hat.

666. (607) Die Klage ist gegen den Staatsanwalt zu richten.

Wird die Klage von dem Staatsanwalt erhoben, so ist sie gegen denjenigen gesetzlichen Vertreter des Entmündigten zu richten, welchem die Sorge für die Person zusteht.

Hat eine der im § 646 Abs. 1 bezeichneten Personen die Entmündigung beantragt, so ist dieselbe unter Mittheilung der Klage zum Termine zur mündlichen Verhandlung zu laden. Dieselbe gilt im Falle des Beitritts im Sinne des § 62 als Streitgenosse der Hauptpartei.

667. (608) Mit der die Entmündigung anfechtenden Klage kann eine andere Klage nicht verbunden werden.

Eine Widerklage ist unzulässig.

668. (609) Will der Entmündigte die Klage erheben, so ist ihm auf seinen Antrag von dem Vorsitzenden des Prozeßgerichts ein Rechtsanwalt als Vertreter beizuordnen.

669. (610) Bei der mündlichen Verhandlung haben die Parteien die Ergebnisse der bei dem Amtsgerichte stattgehabten Sachuntersuchung, soweit es zur Prüfung der Richtigkeit des angefochtenen Beschlusses erforderlich ist, vollständig vorzutragen.

Im Falle der Unrichtigkeit oder Unvollständigkeit des Vortrags hat der Vorsitzende dessen Berichtigung oder Vervollständigung, nöthigenfalls unter Wiedereröffnung der Verhandlung, zu veranlassen.

670. (611) Die Vorschriften des § 617 Abs. 1, 3 und der §§ 618, 622 finden entsprechende Anwendung.

Der Parteieid ist ausgeschlossen.

671. (612) Die Bestimmungen der §§ 654, 655 finden in dem Verfahren über die Anfechtungsklage entsprechende Anwendung.

Von der Vernehmung Sachverständiger darf das Gericht Abstand nehmen, wenn es das vor dem Amtsgericht abgegebene Gutachten für genügend erachtet.

672. (613) Wird die Anfechtungsklage für begründet erachtet, so ist der die Entmündigung aussprechende Beschluß aufzuheben. Die Aufhebung tritt erst mit der Rechtskraft des Urtheils in Wirksamkeit. Auf Antrag können jedoch zum Schutze der Person oder des Vermögens des Entmün-

195. §§ 35 ff. FrG. — MinB v. 25. Okt. 1899.
196. Vgl. § 172 Abs. 1 BGB.

digten einstweilige Verfügungen nach Maßgabe der §§ 936—944 getroffen werden.

673. (614) Unterliegt der Staatsanwalt, so ist die Staatskasse zur Erstattung der dem obsiegenden Gegner erwachsenen Kosten in Gemäßheit der Bestimmungen des fünften Titels des zweiten Abschnitts des ersten Buchs zu verurtheilen.

Ist die Klage von dem Staatsanwalt erhoben, so hat die Staatskasse in allen Fällen die Kosten des Rechtsstreits zu tragen.

674. (615) Das Prozeßgericht hat der Vormundschaftsbehörde[197] und dem Amtsgerichte von jedem in der Sache erlassenen Endurtheile Mittheilung zu machen.

675. (616) Die Wiederaufhebung der Entmündigung erfolgt auf Antrag des Entmündigten oder desjenigen gesetzlichen Vertreters des Entmündigten, welchem die Sorge für die Person zusteht, oder des Staatsanwalts durch Beschluß des Amtsgerichts.[198]

676. (617) Für die Wiederaufhebung der Entmündigung ist das Amtsgericht ausschließlich zuständig, bei welchem der Entmündigte seinen allgemeinen Gerichtsstand hat.

Ist der Entmündigte ein Deutscher und hat er im Inlande keinen allgemeinen Gerichtsstand, so kann der Antrag bei dem Amtsgerichte gestellt werden, welches über die Entmündigung entschieden hat. Das Gleiche gilt, wenn ein Ausländer, welcher im Inland entmündigt worden ist, im Inlande keinen allgemeinen Gerichtsstand hat.

Die Bestimmungen des § 647 und der §§ 649 bis 655 finden entsprechende Anwendung.

677. (618) Die Kosten des Verfahrens sind von dem Entmündigten, wenn das Verfahren von dem Staatsanwalt ohne Erfolg beantragt ist, von der Staatskasse zu tragen.

678. (619) Der über die Wiederaufhebung der Entmündigung zu erlassende Beschluß ist dem Antragsteller und im Falle der Wiederaufhebung dem Entmündigten sowie dem Staatsanwalte von Amtswegen zuzustellen.

Gegen den Beschluß, durch welchen die Entmündigung aufgehoben wird, steht dem Staatsanwalte die sofortige Beschwerde zu.

Die rechtskräftig erfolgte Wiederaufhebung ist der Vormundschaftsbehörde mitzutheilen.

679. (620) Wird der Antrag auf Wiederaufhebung von dem Amtsgericht abgelehnt, so kann dieselbe im Wege der Klage beantragt werden.[199]

Zur Erhebung der Klage ist derjenige gesetzliche Vertreter des Entmündigten, welchem die Sorge für die Person zusteht, und der Staatsanwalt befugt.

197. Vgl. §§ 35 ff. FrG. — MinB v. 25. Okt. 1895.
198. Vgl. § 172 Abs. 2 GBG.
199. Vgl. § 172 Abs. 1 GBG.

Will der gesetzliche Vertreter die Klage nicht erheben, so kann der Vorsitzende des Prozeßgerichts dem Entmündigten einen Rechtsanwalt als Vertreter beiordnen.

Auf das Verfahren finden die Vorschriften der §§ 665—667, 669—674 entsprechende Anwendung.

680. (621) Die Entmündigung wegen Verschwendung oder wegen Trunksucht erfolgt durch Beschluß des Amtsgerichts.

Der Beschluß wird nur auf Antrag erlassen.

Auf das Verfahren finden die Vorschriften des § 646 Abs. 1 und der §§ 647, 648, 653, 657, 663 entsprechende Anwendung.

Eine Mitwirkung der Staatsanwaltschaft findet nicht statt.

Die landesgesetzlichen Vorschriften, nach welchen eine Gemeinde oder ein der Gemeinde gleichstehender Verband oder ein Armenverband berechtigt ist, die Entmündigung wegen Verschwendung oder wegen Trunksucht zu beantragen, bleiben unberührt.[200]

681. Ist die Entmündigung wegen Trunksucht beantragt, so kann das Gericht die Beschlußfassung über die Entmündigung aussetzen, wenn Aussicht besteht, daß der zu Entmündigende sich bessern werde.

682. (622) Die Kosten des amtsgerichtlichen Verfahrens sind, wenn die Entmündigung erfolgt, von dem Entmündigten, anderenfalls von dem Antragsteller zu tragen.

683. (623) Der über die Entmündigung zu erlassende Beschluß ist dem Antragsteller und dem zu Entmündigenden von Amtswegen zuzustellen.

Der die Entmündigung aussprechende Beschluß tritt mit der Zustellung an den Entmündigten in Wirksamkeit. Der Vormundschaftsbehörde ist ein solcher Beschluß von Amtswegen mitzutheilen.

684. (624) Der die Entmündigung aussprechende Beschluß kann binnen der Frist eines Monats von dem Entmündigten im Wege der Klage angefochten werden.

Die Frist beginnt mit der Zustellung des Beschlusses an den Entmündigten.

Die Klage ist gegen denjenigen, welcher die Entmündigung beantragt hatte, falls aber dieser verstorben, oder sein Aufenthalt unbekannt oder im Auslande ist, gegen den Staatsanwalt zu richten.

Auf das Verfahren finden die Vorschriften der §§ 665, 667, 669, 670, 672—674 entsprechende Anwendung.

685. (625) Die Wiederaufhebung der Entmündigung erfolgt auf Antrag des Entmündigten oder desjenigen gesetzlichen Vertreters des Entmündigten, welchem die Sorge für die

200. Eine desfallsige Vorschrift enthält § 3 AG z. CPO und KO v. 13. Nov. 1899.

Person zusteht, durch Beschluß des Amtsgerichts unter entsprechender Anwendung der §§ 647, 653, des § 676 Abs. 1, 2, des § 677 und des § 678 Abs. 1, 3.

686. (626) Wird der Antrag auf Wiederaufhebung von dem Amtsgericht abgelehnt, so kann dieselbe im Wege der Klage beantragt werden.

Zur Erhebung der Klage ist derjenige gesetzliche Vertreter des Entmündigten befugt, welchem die Sorge für die Person zusteht. Will dieser die Klage nicht erheben, so kann der Vorsitzende des Prozeßgerichts dem Entmündigten einen Rechtsanwalt als Vertreter beiordnen.

Die Klage ist gegen denjenigen, welcher die Entmündigung beantragt hatte, falls aber dieser verstorben, oder sein Aufenthalt unbekannt oder im Auslande ist, gegen den Staatsanwalt zu richten.

Auf das Verfahren finden die Vorschriften der §§ 665, 667, 669, 670, 672—674 entsprechende Anwendung.

687. (627) Die Entmündigung einer Person wegen Verschwendung oder wegen Trunksucht, sowie die Wiederaufhebung einer solchen Entmündigung ist von dem Amtsgericht öffentlich bekannt zu machen.

Siebentes Buch.

Mahnverfahren.

688. (628) Wegen eines Anspruchs, welcher die Zahlung einer bestimmten Geldsumme oder die Leistung einer bestimmten Quantität anderer vertretbarer Sachen oder Werthpapiere zum Gegenstande hat, ist auf Gesuch des Gläubigers ein bedingter Zahlungsbefehl zu erlassen. Als ein Anspruch, welcher die Zahlung einer Geldsumme zum Gegenstande hat, gilt auch der Anspruch aus einer Hypothek, einer Grundschuld oder einer Rentenschuld.

Das Mahnverfahren findet nicht statt, wenn nach Inhalt des Gesuchs die Geltendmachung des Anspruchs von einer noch nicht erfolgten Gegenleistung abhängig ist oder wenn die Zustellung des Zahlungsbefehls im Auslande oder durch öffentliche Bekanntmachung erfolgen müßte.

689. (629) Die Zahlungsbefehle werden von den Amtsgerichten erlassen.

Ausschließlich zuständig ist das Amtsgericht, bei welchem der allgemeine persönliche Gerichtsstand, der Gerichtsstand des Aufenthalts (§ 20) oder der dingliche Gerichtsstand für die im ordentlichen Verfahren erhobene Klage begründet sein würde, wenn die Amtsgerichte in erster Instanz sachlich unbeschränkt zuständig wären.

690. (630) Das Gesuch muß enthalten:
1. die Bezeichnung der Parteien nach Namen, Stand oder Gewerbe und Wohnort;
2. die Bezeichnung des Gerichts;
3. die bestimmte Angabe des Betrags oder Gegenstandes und des Grundes des Anspruchs;
4. das Gesuch um Erlassung des Zahlungsbefehls.

691. (631) Entspricht das Gesuch nicht den Bestimmungen der vorstehenden Paragraphen oder ergiebt sich aus dem Inhalte des Gesuchs, daß der Anspruch überhaupt oder zur Zeit nicht begründet ist, so wird dasselbe zurückgewiesen.

Das Gesuch ist auch dann zurückzuweisen, wenn der Zahlungsbefehl nur in Ansehung eines Theils des Anspruchs nicht erlassen werden kann.

Eine Anfechtung der zurückweisenden Verfügung findet nicht statt.

692. (632) Der Zahlungsbefehl enthält die im § 690 Nr. 1—3 bezeichneten Erfordernisse des Gesuchs und außerdem den Befehl an den Schuldner, binnen einer vom Tage der Zustellung laufenden Frist von einer Woche[201] bei Vermeidung sofortiger Zwangsvollstreckung den Gläubiger wegen des Anspruchs nebst den dem Betrage nach zu bezeichnenden Kosten des Verfahrens und den geforderten Zinsen zu befriedigen oder bei dem Gerichte Widerspruch zu erheben.

693. (633) Mit der Zustellung des Zahlungsbefehls an den Schuldner treten die Wirkungen der Rechtshängigkeit ein.

694. (634) Der Schuldner kann gegen den Anspruch oder einen Theil desselben Widerspruch erheben, solange der Vollstreckungsbefehl nicht verfügt ist.

Das Gericht hat den Gläubiger von dem rechtzeitig erhobenen Widerspruche in Kenntniß zu setzen und dem Schuldner auf Verlangen eine Bescheinigung darüber zu ertheilen, daß er rechtzeitig Widerspruch erhoben habe.

Einer Zurückweisung des nicht rechtzeitig erhobenen Widerspruchs bedarf es nicht.

695. (635) Durch die rechtzeitige Erhebung des Widerspruchs gegen den Anspruch oder einen Theil desselben verliert der Zahlungsbefehl seine Kraft.

201. Uebergangsbestimmung in Art. IX Abs. 2 EG betr. Aenderungen der CPO v. 17. Mai 1898.

Die Wirkungen der Rechtshängigkeit bleiben bestehen.

696. (636) Gehört eine wegen des Anspruchs zu erhebende Klage vor die Amtsgerichte, so wird, wenn rechtzeitig Widerspruch erhoben ist, die Klage als mit der Zustellung des Zahlungsbefehls bei dem Amtsgericht erhoben angesehen, welches den Befehl erlassen hat.

Jede Partei kann den Gegner zur mündlichen Verhandlung laden; die Ladungsfrist beträgt mindestens drei Tage.

697. (637) Gehört eine wegen des Anspruchs zu erhebende Klage vor die Landgerichte, so erlöschen die Wirkungen der Rechtshängigkeit, wenn nicht binnen einer sechsmonatigen Frist, welche von dem Tage der Benachrichtigung von der Erhebung des Widerspruchs läuft, die Klage bei dem zuständigen Gericht erhoben wird.

698. (638) Die Kosten des Mahnverfahrens sind im Falle der rechtzeitigen Erhebung des Widerspruchs als ein Theil der Kosten des entstehenden Rechtsstreits anzusehen.

Wird im Falle des § 697 die Klage nicht binnen der bestimmten Frist erhoben, so hat der Gläubiger die Kosten des Mahnverfahrens zu tragen.

699. (639) Der Zahlungsbefehl ist nach Ablauf der darin bestimmten Frist auf Gesuch des Gläubigers für vorläufig vollstreckbar zu erklären, sofern nicht vor der Vollstreckbarkeitserklärung von dem Schuldner Widerspruch erhoben ist. Die Vollstreckbarkeitserklärung erfolgt durch einen auf den Zahlungsbefehl zu setzenden Vollstreckungsbefehl. In den Vollstreckungsbefehl sind die von dem Gläubiger zu berechnenden Kosten des bisherigen Verfahrens aufzunehmen.

Gegen den Beschluß, durch welchen das Gesuch des Gläubigers zurückgewiesen wird, findet sofortige Beschwerde statt.

700. (640) Der Vollstreckungsbefehl steht einem für vorläufig vollstreckbar erklärten auf Versäumniß erlassenen Endurtheile gleich. Gegen denselben findet der Einspruch nach den Vorschriften der §§ 338—346 statt. Gehört der Anspruch nicht vor die Amtsgerichte, so wird bei dem Amtsgerichte nur darüber verhandelt und entschieden, ob der Einspruch in der gesetzlichen Form und Frist eingelegt sei. Die im § 697 bestimmte Frist beginnt in diesem Falle mit der Rechtskraft des Urtheils, durch welches der Einspruch für zulässig erklärt ist.

701. (641) Wird in dem Falle, wenn Widerspruch nicht erhoben ist, die Erlassung des Vollstreckungsbefehls nicht binnen einer sechsmonatigen Frist, welche mit Ablauf der im Zahlungsbefehle bestimmten Frist beginnt, nachgesucht, so verliert der Zahlungsbefehl dergestalt seine Kraft, daß auch die Wirkungen der Rechtshängigkeit erlöschen. Dasselbe gilt, wenn die Erlassung des Vollstreckungsbefehls rechtzeitig nachgesucht ist, das Gesuch aber zurückgewiesen wird.

702. (642) Das Gesuch um Erlassung eines Zahlungsbefehls oder eines Vollstreckungsbefehls, sowie die Erhebung eines Widerspruchs werden der anderen Partei abschriftlich nicht mitgetheilt; im Falle ihrer mündlichen Anbringung ist die Aufnahme eines Protokolls nicht erforderlich.

703. (643) Des Nachweises einer Vollmacht bedarf es nicht, wenn für den Gläubiger die Erlassung eines Zahlungsbefehls nachgesucht oder für den Schuldner Widerspruch gegen einen Zahlungsbefehl erhoben wird.

Achtes Buch.

Zwangsvollstreckung.

Erster Abschnitt.

Allgemeine Bestimmungen.

704. (644) Die Zwangsvollstreckung findet statt aus Endurtheilen, welche rechtskräftig oder für vorläufig vollstreckbar erklärt sind.

Urtheile in Ehesachen und in Rechtsstreitigkeiten, welche die Feststellung des Rechtsverhältnisses zwischen Eltern und Kindern zum Gegenstande haben, dürfen nicht für vorläufig vollstreckbar erklärt werden.

705. (645) Die Rechtskraft der Urtheile tritt vor Ablauf der für die Einlegung des zulässigen Rechtsmittels oder des zulässigen Einspruchs bestimmten Frist nicht ein. Der Eintritt der Rechtskraft wird durch rechtzeitige Einlegung des Rechtsmittels oder des Einspruchs gehemmt.

706. (646) Zeugnisse über die Rechtskraft der Urtheile sind auf Grund der Prozeßakten vom Gerichtsschreiber erster Instanz und, solange der Rechtsstreit in einer höheren Instanz anhängig ist, von dem Gerichtsschreiber dieser Instanz zu ertheilen.

Insoweit die Ertheilung des Zeugnisses davon abhängt, daß gegen das Urtheil ein Rechtsmittel nicht eingelegt ist, genügt ein Zeugniß des Gerichtsschreibers des für das Rechtsmittel zuständigen Gerichts, daß innerhalb der Nothfrist ein

Schriftsatz zum Zwecke der Terminsbestimmung nicht eingereicht sei.

Ist von einer Partei ein Schriftsatz behufs Einlegung eines Rechtsmittels oder des Einspruchs zur Terminsbestimmung eingereicht, so kann nach Ablauf der Nothfrist und, sofern die Vornahme der Zustellung unter Vermittelung des Gerichtsschreibers eingeleitet war, nach Ablauf der im § 207 Abs. 2 bestimmten Frist der Gegner beantragen, daß der Partei von dem Gerichtsschreiber eine Frist zum Nachweise der Zustellung bestimmt werde. Nach fruchtlosem Ablaufe dieser Frist ist das Zeugniß über die Rechtskraft zu ertheilen.

707. (647) Wird die Wiedereinsetzung in den vorigen Stand oder eine Wiederaufnahme des Verfahrens beantragt, so kann das Gericht auf Antrag anordnen, daß die Zwangsvollstreckung gegen oder ohne Sicherheitsleistung einstweilen eingestellt werde oder nur gegen Sicherheitsleistung stattfinde, und daß die erfolgten Vollstreckungsmaßregeln gegen Sicherheitsleistung aufzuheben seien. Die Einstellung der Zwangsvollstreckung ohne Sicherheitsleistung ist nur zulässig, wenn glaubhaft gemacht wird, daß die Vollstreckung einen nicht zu ersetzenden Nachtheil bringen würde.

Die Entscheidung kann ohne vorgängige mündliche Verhandlung erfolgen. Eine Anfechtung des Beschlusses findet nicht statt.

708. (648) Auch ohne Antrag sind für vorläufig vollstreckbar zu erklären:

1. Urtheile, welche auf Grund eines Anerkenntnisses eine Verurtheilung aussprechen (§ 307);
2. Urtheile, welche den Eintritt der in einem bedingten Endurtheile ausgedrückten Folgen aussprechen;
3. ein zweites oder ferneres in derselben Instanz gegen dieselbe Partei zur Hauptsache erlassenes Versäumnißurtheil;
4. Urtheile, welche im Urkunden- oder Wechselprozesse erlassen werden;
5. Urtheile, durch welche Arreste oder einstweilige Verfügungen aufgehoben werden;
6. Urtheile, welche die Verpflichtung zur Entrichtung von Alimenten oder zur Entrichtung einer nach den §§ 843, 844[202] des Bürgerlichen Gesetzbuchs geschuldeten Geldrente aussprechen, soweit die Entrichtung für die Zeit nach der Erhebung der Klage und für das der Erhebung der Klage vorausgehende letzte Vierteljahr zu erfolgen hat.

709. (649)[203] Urtheile sind auf Antrag für vorläufig vollstreckbar zu erklären, wenn sie betreffen:

1. Streitigkeiten zwischen dem Vermiether und dem Miether oder Untermiether von Wohnräumen oder anderen Räumen oder zwischen dem Miether und dem Untermiether solcher Räume wegen Ueberlassung, Benutzung oder Räumung, sowie wegen Zurückhaltung der von dem Miether oder dem Untermiether in die Miethsräume eingebrachten Sachen;
2. Streitigkeiten zwischen Dienstherrschaft und Gesinde, zwischen Arbeitgebern und Arbeitern hinsichtlich des Dienst- oder Arbeitsverhältnisses, sowie die im § 3 Abs. 1 des Gesetzes, betreffend die Gewerbegerichte, vom 29. Juli 1890 (Reichs-Gesetzblatt S. 141) bezeichneten Streitigkeiten, insofern dieselben während der Dauer des Dienst-, Arbeits- oder Lehrverhältnisses entstehen;
3. Streitigkeiten zwischen Reisenden und Wirthen, Fuhrleuten, Schiffern, Flößern oder Auswanderungsexpedienten in den Einschiffungshäfen, welche über Wirthszechen, Fuhrlohn, Ueberfahrtsgelder, Beförderung der Reisenden und ihrer Habe und über Verlust und Beschädigung der letzteren, sowie Streitigkeiten zwischen Reisenden und Handwerkern, welche aus Anlaß der Reise entstanden sind;
4. andere vermögensrechtliche Ansprüche, sofern der Gegenstand der Verurtheilung an Geld oder Geldeswerth die Summe von dreihundert Mark nicht übersteigt; in Betreff des Werthes des Gegenstandes kommen die Vorschriften der §§ 3—9 zur Anwendung.

710. (650) Urtheile sind auf Antrag für vorläufig vollstreckbar zu erklären, wenn glaubhaft gemacht wird, daß die Aussetzung der Vollstreckung dem Gläubiger einen schwer zu ersetzenden oder einen schwer zu ermittelnden Nachtheil bringen würde, oder wenn sich der Gläubiger erbietet, vor der Vollstreckung Sicherheit zu leisten.

711. Urtheile der Oberlandesgerichte sind auf Antrag auch ohne Sicherheitsleistung für vorläufig vollstreckbar zu erklären, wenn die Voraussetzungen der §§ 546, 547 für die Zulässigkeit der Revision nach dem Ermessen des Gerichts unzweifelhaft nicht vorliegen.

712. (651) Wird glaubhaft gemacht, daß die Vollstreckung des Urtheils dem Schuldner einen nicht zu ersetzenden Nachtheil bringen würde, so ist in den Fällen des § 708 auf Antrag des Schuldners auszusprechen, daß dasselbe nicht vorläufig vollstreckbar sei; in den Fällen der §§ 709, 710 ist der Antrag des Gläubigers zurückzuweisen.

713. (652) Das Gericht kann auf Antrag die vorläufige Vollstreckbarkeit von einer vorgängigen Sicherheitsleistung abhängig machen.

Das Gericht hat auf Antrag dem Schuldner

---

202. Vgl. auch § 618 Abs. 3 BGB; §§ 62 Abs. 3, 76 Abs. 1 HGB; § 7 Abs. 2 Haftpflichtges. v. 7. Juni 1871 (1. Nov. 1872).
203. Vgl. § 23 GVG.

nachzulassen, durch Sicherheitsleistung oder durch Hinterlegung[204] die Vollstreckung abzuwenden, wenn nicht der Gläubiger sich erbietet, vor der Vollstreckung Sicherheit zu leisten.

714. (653) Die in den §§ 709—713 erwähnten Anträge sind vor dem Schlusse der mündlichen Verhandlung zu stellen, auf welche das Urtheil ergeht.

715. In den Fällen der §§ 710, 713 kann das Gericht, welches die Sicherheitsleistung angeordnet oder zugelassen hat, auf Antrag die Rückgabe der von dem Gläubiger geleisteten Sicherheit anordnen, wenn ein Zeugniß über die Rechtskraft des für vorläufig vollstreckbar erklärten Urtheils vorgelegt wird. Die Vorschriften des § 109 Abs. 3 finden entsprechende Anwendung.

716. (654) Ist der Antrag, das Urtheil für vorläufig vollstreckbar zu erklären, übergangen oder ist in Fällen, in welchen ein Urtheil ohne Antrag für vorläufig vollstreckbar zu erklären ist, eine Entscheidung über die vorläufige Vollstreckbarkeit nicht erfolgt, so kommen wegen Ergänzung des Urtheils die Vorschriften des § 321 zur Anwendung.

717. (655) Die vorläufige Vollstreckbarkeit tritt mit der Verkündung eines Urtheils, welches die Entscheidung in der Hauptsache oder die Vollstreckbarkeitserklärung aufhebt oder abändert, insoweit außer Kraft, als die Aufhebung oder Abänderung erfolgt.

Wird ein für vorläufig vollstreckbar erklärtes Urtheil aufgehoben oder abgeändert, so ist der Kläger zum Ersatze des Schadens verpflichtet, der dem Beklagten durch die Vollstreckung des Urtheils oder durch eine zur Abwendung der Vollstreckung gemachte Leistung entstanden ist. Der Beklagte kann den Anspruch auf Schadensersatz in dem anhängigen Rechtsstreite geltend machen; wird der Anspruch geltend gemacht, so ist er als zur Zeit der Zahlung oder Leistung rechtshängig geworden anzusehen.

718. (656) In der Berufungsinstanz ist über die vorläufige Vollstreckbarkeit auf Antrag vorab zu verhandeln und zu entscheiden.

Die Bestimmung des § 524 über die Vertagung der mündlichen Verhandlung findet in diesem Falle keine Anwendung.

Eine Anfechtung der in der Berufungsinstanz über die vorläufige Vollstreckbarkeit erlassenen Entscheidung findet nicht statt.

719. (657) Wird gegen ein für vorläufig vollstreckbar erklärtes Urtheil der Einspruch oder ein Rechtsmittel eingelegt, so finden die Vorschriften des § 707 entsprechende Anwendung.

204. Vgl. §§ 372 ff. BGB.

720. (659) Ist in Gemäßheit des § 713 Abs. 2 dem Schuldner nachgelassen, durch Sicherheitsleistung oder durch Hinterlegung die Vollstreckung abzuwenden, so ist gepfändetes Geld oder der Erlös gepfändeter Gegenstände zu hinterlegen.

721. Wird auf Räumung einer Wohnung erkannt, so kann das Gericht auf Antrag dem Schuldner eine den Umständen nach angemessene Frist zur Räumung gewähren.

Auf den Antrag finden die Vorschriften der §§ 714, 716 entsprechende Anwendung.

722. (660) Aus dem Urtheil eines ausländischen Gerichts findet die Zwangsvollstreckung nur statt, wenn ihre Zulässigkeit durch ein Vollstreckungsurtheil ausgesprochen ist.[205]

Für die Klage auf Erlassung desselben ist das Amtsgericht oder Landgericht, bei welchem der Schuldner seinen allgemeinen Gerichtsstand hat, und in Ermangelung eines solchen das Amtsgericht oder Landgericht zuständig, bei welchem in Gemäßheit des § 23 gegen den Schuldner Klage erhoben werden kann.

723. (661) Das Vollstreckungsurtheil ist ohne Prüfung der Gesetzmäßigkeit der Entscheidung zu erlassen.

Das Vollstreckungsurtheil ist erst zu erlassen, wenn das Urtheil des ausländischen Gerichts nach dem für dieses Gericht geltenden Rechte die Rechtskraft erlangt hat. Es ist nicht zu erlassen, wenn die Anerkennung des Urtheils nach § 328 ausgeschlossen ist.

724. (662) Die Zwangsvollstreckung erfolgt auf Grund einer mit der Vollstreckungsklausel versehenen Ausfertignng des Urtheils (vollstreckbare Ausfertigung).

Die vollstreckbare Ausfertigung wird von dem Gerichtsschreiber des Gerichts erster Instanz und, wenn der Rechtsstreit bei einem höheren Gericht anhängig ist, von dem Gerichtsschreiber dieses Gerichts ertheilt.

725. (663) Die Vollstreckungsklausel:

„Vorstehende Ausfertigung wird dem u. s. w. (Bezeichnung der Partei) zum Zwecke der Zwangsvollstreckung ertheilt."

ist der Ausfertigung des Urtheils am Schlusse beizufügen, von dem Gerichtsschreiber zu unterschreiben und mit dem Gerichtssiegel zu versehen.[206]

726. (664) Von Urtheilen, deren Vollstreckung nach ihrem Inhalte von dem durch den Gläubiger zu beweisenden Eintritt einer anderen Thatsache als einer dem Gläubiger obliegenden Sicherheits-

205. Vgl. aber hierzu den badisch-französischen Rechtshülfevertrag v. 16. April 1846 und Art. 18 Abs. 4 der Zusatzkonvention v. 11. Dez. 1871 zu dem Friedensvertrage v. 10. Mai 1871; Art. 56 Abs. 1 des Internat. Uebereinkommens v. 14. Okt. 1890.

206. Vgl. hierzu § 8 Ges. betr. Abänderungen der Ger.-Verf. v. 14. Juli 1871.

leistung abhängt, darf eine vollstreckbare Ausfertigung nur ertheilt werden, wenn der Beweis durch öffentliche oder öffentlich beglaubigte[207] Urkunden geführt wird.

Hängt die Vollstreckung von einer Zug um Zug zu bewirkenden Leistung des Gläubigers an den Schuldner ab, so ist der Beweis, daß der Schuldner befriedigt oder im Verzuge der Annahme ist, nur dann erforderlich, wenn die dem Schuldner obliegende Leistung in der Abgabe einer Willenserklärung besteht.[208]

727. (665) Eine vollstreckbare Ausfertigung kann für den Rechtsnachfolger des in dem Urtheile bezeichneten Gläubigers sowie gegen denjenigen Rechtsnachfolger des in dem Urtheile bezeichneten Schuldners und denjenigen Besitzer der in Streit befangenen Sache, gegen welche das Urtheil nach § 325 wirksam ist, ertheilt werden, sofern die Rechtsnachfolge oder das Besitzverhältniß bei dem Gericht offenkundig ist oder durch öffentliche oder öffentlich beglaubigte[207] Urkunden nachgewiesen wird.

Ist die Rechtsnachfolge oder das Besitzverhältniß bei dem Gericht offenkundig, so ist dies in der Vollstreckungsklausel zu erwähnen.

728. Ist gegenüber dem Vorerben ein nach § 326 dem Nacherben gegenüber wirksames Urtheil ergangen, so finden auf die Ertheilung einer vollstreckbaren Ausfertigung für und gegen den Nacherben die Vorschriften des § 727 entsprechende Anwendung.

Das Gleiche gilt, wenn gegenüber einem Testamentsvollstrecker ein nach § 327 dem Erben gegenüber wirksames Urtheil ergangen ist, für die Ertheilung einer vollstreckbaren Ausfertigung für und gegen den Erben. Eine vollstreckbare Ausfertigung kann gegen den Erben ertheilt werden, auch wenn die Verwaltung des Testamentsvollstreckers noch besteht.

729. Hat Jemand das Vermögen eines Anderen durch Vertrag mit diesem nach der rechtskräftigen Feststellung einer Schuld des Anderen übernommen,[209] so finden auf die Ertheilung einer vollstreckbaren Ausfertigung des Urtheils gegen den Uebernehmer die Vorschriften des § 727 entsprechende Anwendung.

Das Gleiche gilt für die Ertheilung einer vollstreckbaren Ausfertigung gegen denjenigen, welcher ein unter Lebenden erworbenes Handelsgeschäft unter der bisherigen Firma fortführt, in Ansehung der Verbindlichkeiten, für welche er nach § 25 Abs. 1 Satz 1, Abs. 2 des Handelsgesetzbuchs haftet, sofern sie vor dem Erwerbe des Geschäfts gegen den früheren Inhaber rechtskräftig festgestellt worden sind.

730. (666) In den Fällen des § 726 Abs. 1 und der §§ 727—729 darf die vollstreckbare Ausfertigung nur auf Anordnung des Vorsitzenden ertheilt werden.

Vor der Entscheidung kann der Schuldner gehört werden.

Die Anordnung ist in der Vollstreckungsklausel zu erwähnen.

731. (667) Kann der nach dem § 726 Abs. 1 und den §§ 727—729 erforderliche Nachweis durch öffentliche oder öffentlich beglaubigte[207] Urkunden nicht geführt werden, so hat der Gläubiger bei dem Prozeßgericht erster Instanz aus dem Urtheil auf Ertheilung der Vollstreckungsklausel Klage zu erheben.

732. (668) Ueber Einwendungen des Schuldners, welche die Zulässigkeit der Vollstreckungsklausel betreffen, entscheidet das Gericht, von dessen Gerichtsschreiber die Vollstreckungsklausel ertheilt ist. Die Entscheidung kann ohne vorgängige mündliche Verhandlung erfolgen.

Das Gericht kann vor der Entscheidung eine einstweilige Anordnung erlassen; es kann insbesondere anordnen, daß die Zwangsvollstreckung gegen oder ohne Sicherheitsleistung einstweilen einzustellen oder nur gegen Sicherheitsleistung fortzusetzen sei.

733. (669) Eine weitere vollstreckbare Ausfertigung darf derselben Partei, sofern nicht die zuerst ertheilte Ausfertigung zurückgegeben wird, nur auf Anordnung des Vorsitzenden ertheilt werden.

Vor der Entscheidung kann der Schuldner gehört werden.

Der Gerichtsschreiber hat von der Ertheilung der weiteren Ausfertigung, wenn die Entscheidung, durch welche dieselbe angeordnet wird, nicht verkündet ist, den Gegner in Kenntniß zu setzen.

Die weitere Ausfertigung ist als solche unter Erwähnung der Entscheidung ausdrücklich zu bezeichnen.

734. (670) Vor der Aushändigung einer vollstreckbaren Ausfertigung ist auf der Urschrift des Urtheils zu bemerken, für welche Partei und zu welcher Zeit die Ausfertigung ertheilt ist.

735. Zur Zwangsvollstreckung in das Vermögen eines nicht rechtsfähigen Vereins genügt ein gegen den Verein ergangenes Urtheil.

736. Zur Zwangsvollstreckung in das Gesellschaftsvermögen einer nach § 705 des Bürgerlichen Gesetzbuchs eingegangenen

207. Vgl. § 129 Abs. 1 BGB; §§ 167 Abs. 1, 191 Abs. 2 FrG; § 48 Abs. 3 AG z. FrG.

208. Vgl. §§ 274, 322, 348 BGB.

209. § 419 BGB; § 25 HGB.

Gesellschaft ist ein gegen alle Gesellschafter ergangenes Urtheil erforderlich.[210]

737. Bei dem Nießbrauch an einem Vermögen ist wegen der vor der Bestellung des Nießbrauchs entstandenen Verbindlichkeiten des Bestellers die Zwangsvollstreckung in die dem Nießbrauch unterliegenden Gegenstände ohne Rücksicht auf den Nießbrauch zulässig, wenn der Besteller zu der Leistung und der Nießbraucher zur Duldung der Zwangsvollstreckung verurtheilt ist.[211]

Das Gleiche gilt bei dem Nießbrauch an einer Erbschaft für die Nachlaßverbindlichkeiten.[212]

738. Ist die Bestellung des Nießbrauchs an einem Vermögen nach der rechtskräftigen Feststellung einer Schuld des Bestellers erfolgt, so finden auf die Ertheilung einer in Ansehung der dem Nießbrauch unterliegenden Gegenstände vollstreckbaren Ausfertigung des Urtheils gegen den Nießbraucher die Vorschriften der §§ 727, 730—732 entsprechende Anwendung.

Das Gleiche gilt bei dem Nießbrauch an einer Erbschaft für die Ertheilung einer vollstreckbaren Ausfertigung des gegen den Erblasser ergangenen Urtheils.

739. Bei dem Güterstande der Verwaltung und Nutznießung, der Errungenschaftsgemeinschaft oder der Fahrnißgemeinschaft ist die Zwangsvollstreckung in das eingebrachte Gut der Ehefrau nur zulässig, wenn die Ehefrau zu der Leistung und der Ehemann zur Duldung der Zwangsvollstreckung in das eingebrachte Gut verurtheilt ist.[213]

740. Bei dem Güterstande der allgemeinen Gütergemeinschaft, der Errungenschaftsgemeinschaft oder der Fahrnißgemeinschaft ist zur Zwangsvollstreckung in das Gesammtgut ein gegen den Ehemann ergangenes Urtheil erforderlich und genügend.[214]

741. Betreibt die Ehefrau selbständig ein Erwerbsgeschäft, so ist zur Zwangsvollstreckung in das eingebrachte Gut und in das Gesammtgut ein gegen die Ehefrau ergangenes Urtheil genügend, es sei denn, daß zur Zeit des Eintritts der Rechtshängigkeit der Einspruch des Ehemanns gegen den Betrieb des Erwerbsgeschäfts oder der Widerruf seiner Einwilligung zu dem Betrieb im Güterrechtsregister eingetragen war.[215]

742. Ist der Güterstand der Verwaltung und Nutznießung, der Errungenschaftsgemeinschaft oder der Fahrnißgemeinschaft erst eingetreten, nachdem ein von der Ehefrau oder gegen sie geführter Rechtsstreit rechtshängig geworden ist, so finden auf die Ertheilung einer in Ansehung des eingebrachten Gutes der Ehefrau vollstreckbaren Ausfertigung des Urtheils für oder gegen den Ehemann die Vorschriften der §§ 727, 730—732 entsprechende Anwendung.

Das Gleiche gilt für die Ertheilung einer in Ansehung des Gesammtguts vollstreckbaren Ausfertigung, wenn die allgemeine Gütergemeinschaft oder die Fahrnißgemeinschaft erst eingetreten ist, nachdem ein von der Ehefrau oder gegen sie geführter Rechtsstreit rechtshängig geworden ist.

743. Nach der Beendigung der allgemeinen Gütergemeinschaft, der Errungenschaftsgemeinschaft oder der Fahrnißgemeinschaft ist vor der Auseinandersetzung die Zwangsvollstreckung in das Gesammtgut nur zulässig, wenn beide Ehegatten zu der Leistung oder der eine Ehegatte zu der Leistung und der andere zur Duldung der Zwangsvollstreckung verurtheilt sind.[216]

744. Ist die Beendigung der allgemeinen Gütergemeinschaft, der Errungenschaftsgemeinschaft oder der Fahrnißgemeinschaft nach der Beendigung eines Rechtsstreits des Ehemanns eingetreten, so finden auf die Ertheilung einer in Ansehung des Gesammtguts vollstreckbaren Ausfertigung des Urtheils gegen die Ehefrau die Vorschriften der §§ 727, 730—732 entsprechende Anwendung.

745. Im Falle der fortgesetzten Gütergemeinschaft ist zur Zwangsvollstreckung in das Gesammtgut ein gegen den überlebenden Ehegatten ergangenes Urtheil erforderlich und genügend.

Nach der Beendigung der fortgesetzten Gütergemeinschaft finden die Vorschriften der §§ 743, 744 mit der Maßgabe Anwendung, daß an die Stelle des Ehemanns der überlebende Ehegatte, an die Stelle der Ehefrau die antheilsberechtigten Abkömmlinge treten.[217]

210. Abweichend § 124 Abs. 2 HGB bezüglich der offenen Handelsgesellschaft.
211. Vgl. § 1086 BGB.
212. Vgl. § 1089 BGB.
213. Vgl. §§ 1411, 1525 Abs. 2, 1550 Abs. 2 BGB.
214. Vgl. §§ 1459 ff., 1519 Abs. 2, 1530 ff., 1549 BGB.
215. Vgl. § 1405 BGB.
216. Vgl. §§ 1472, 1546, 1549 BGB.
217. Vgl. §§ 1487, 1557 BGB.

746. Zur Zwangsvollstreckung in das der elterlichen Nutznießung unterliegende Vermögen des Kindes ist ein gegen das Kind ergangenes Urtheil genügend.[218]

747. Zur Zwangsvollstreckung in einen Nachlaß ist, wenn mehrere Erben vorhanden sind, bis zur Theilung ein gegen alle Erben ergangenes Urtheil erforderlich.

748. Unterliegt ein Nachlaß der Verwaltung eines Testamentsvollstreckers, so ist zur Zwangsvollstreckung in den Nachlaß ein gegen den Testamentsvollstrecker ergangenes Urtheil erforderlich und genügend.[219]

Steht dem Testamentsvollstrecker nur die Verwaltung einzelner Nachlaßgegenstände zu, so ist die Zwangsvollstreckung in diese Gegenstände nur zulässig, wenn der Erbe zu der Leistung, der Testamentsvollstrecker zur Duldung der Zwangsvollstreckung verurtheilt ist.[220]

Zur Zwangsvollstreckung wegen eines Pflichttheilsanspruchs ist im Falle des Abs. 1 wie im Falle des Abs. 2 ein sowohl gegen den Erben als gegen den Testamentsvollstrecker ergangenes Urtheil erforderlich.[221]

749. Auf die Ertheilung einer vollstreckbaren Ausfertigung eines für oder gegen den Erblasser ergangenen Urtheils für oder gegen den Testamentsvollstrecker finden die Vorschriften der §§ 727, 730—732 entsprechende Anwendung. Auf Grund einer solchen Ausfertigung ist die Zwangsvollstreckung nur in die der Verwaltung des Testamentsvollstreckers unterliegenden Nachlaßgegenstände zulässig.

750. (671) Die Zwangsvollstreckung darf nur beginnen, wenn die Personen, für und gegen welche sie stattfinden soll, in dem Urtheil oder in der demselben beigefügten Vollstreckungsklausel namentlich bezeichnet sind und das Urtheil bereits zugestellt ist oder gleichzeitig zugestellt wird.[222]

Handelt es sich um die Vollstreckung eines Urtheils, dessen vollstreckbare Ausfertigung nach § 726 Abs. 1 ertheilt worden ist, oder soll ein Urtheil, welches nach den §§ 727—729, 738, 742, 744, dem § 745 Abs. 2 und dem § 749 für oder gegen eine der dort bezeichneten Personen wirksam ist, für oder gegen eine dieser Personen vollstreckt werden, so muß außer dem zu vollstreckenden Urtheil auch die demselben beigefügte Vollstreckungsklausel und, sofern die Vollstreckungsklausel auf Grund öffentlicher oder öffentlich beglaubigter[223] Urkunden ertheilt ist, auch eine Abschrift dieser Urkunden vor Beginn der Zwangsvollstreckung zugestellt sein oder gleichzeitig mit Beginn derselben zugestellt werden.

751. (672) Ist die Geltendmachung des Anspruchs von dem Eintritt eines Kalendertages abhängig, so darf die Zwangsvollstreckung nur beginnen, wenn der Kalendertag abgelaufen ist.

Hängt die Vollstreckung von einer dem Gläubiger obliegenden Sicherheitsleistung ab, so darf der Beginn der Zwangsvollstreckung nur erfolgen, wenn die Sicherheitsleistung durch eine öffentliche oder öffentlich beglaubigte[223] Urkunde nachgewiesen und eine Abschrift dieser Urkunde bereits zugestellt ist oder gleichzeitig zugestellt wird.

752. (673) Gegen eine dem aktiven Heere oder der aktiven Marine angehörende Militärperson[224] darf die Zwangsvollstreckung erst beginnen, nachdem von derselben die vorgesetzte Militärbehörde[225] Anzeige erhalten hat.

Dem Gläubiger ist auf Verlangen der Empfang der Anzeige von der Militärbehörde[225] zu bescheinigen.

753. (674) Die Zwangsvollstreckung erfolgt, soweit sie nicht den Gerichten zugewiesen ist, durch Gerichtsvollzieher, welche dieselbe im Auftrage des Gläubigers zu bewirken haben.

Der Gläubiger kann wegen Ertheilung des Auftrags zur Zwangsvollstreckung die Mitwirkung des Gerichtsschreibers in Anspruch nehmen. Der von dem Gerichtsschreiber beauftragte Gerichtsvollzieher gilt als von dem Gläubiger beauftragt.

754. (675) In dem schriftlichen oder mündlichen Auftrage zur Zwangsvollstreckung in Verbindung mit der Uebergabe der vollstreckbaren Ausfertigung liegt die Beauftragung des Gerichtsvollziehers, die Zahlungen oder sonstigen Leistungen in Empfang zu nehmen, über das Empfangene wirksam zu quittiren und dem Schuldner, wenn dieser seiner Verbindlichkeit genügt hat, die vollstreckbare Ausfertigung auszuliefern.

755. (676) Dem Schuldner und Dritten gegenüber wird der Gerichtsvollzieher zur Vornahme der Zwangsvollstreckung und der im § 754 bezeichneten Handlungen durch den Besitz der vollstreckbaren Ausfertigung ermächtigt. Der Mangel oder die Beschränkung des Auftrags kann diesen Personen gegenüber von dem Gläubiger nicht geltend gemacht werden.

756. Hängt die Vollstreckung von einer Zug um Zug zu bewirkenden Leistung des

218. Vgl. § 1659 BGB.
219. Vgl. §§ 2205, 2211 BGB.
220. Vgl. § 2213 Abs. 1 Satz 2 BGB.
221. Vgl. § 2213 Abs. 1 Satz 3, Abs. 3 BGB.
222. Vgl. aber § 800 CPO; Art. VIII EG z. dem Ges. betr. Aenderungen der CPO v. 17. Mai 1898; § 26 AG z. ZVG v. 13. Nov. 1899.

223. Vgl. die Bem. Nr. 207.
224. Vgl. Bem. zu § 9 BGB.
225. Vgl. Bem. Nr. 135.

Gläubigers an den Schuldner ab, so darf der Gerichtsvollzieher die Zwangsvollstreckung nicht beginnen, bevor er dem Schuldner die diesem gebührende Leistung in einer den Verzug der Annahme begründenden Weise angeboten hat,[226] sofern nicht der Beweis, daß der Schuldner befriedigt oder im Verzuge der Annahme ist, durch öffentliche oder öffentlich beglaubigte[223] Urkunden geführt wird und eine Abschrift dieser Urkunden bereits zugestellt ist oder gleichzeitig zugestellt wird.

757. (677) Der Gerichtsvollzieher hat nach Empfang der Leistungen dem Schuldner die vollstreckbare Ausfertigung nebst einer Quittung auszuliefern, bei theilweiser Leistung diese auf der vollstreckbaren Ausfertigung zu bemerken und dem Schuldner Quittung zu ertheilen.

Das Recht des Schuldners, nachträglich eine Quittung des Gläubigers selbst zu fordern, wird durch diese Bestimmungen nicht berührt.[227]

758. (678) Der Gerichtsvollzieher ist befugt, die Wohnung und die Behältnisse des Schuldners zu durchsuchen, soweit der Zweck der Vollstreckung dies erfordert.

Er ist befugt, die verschlossenen Hausthüren, Zimmerthüren und Behältnisse öffnen zu lassen.

Er ist, wenn er Widerstand findet, zur Anwendung von Gewalt befugt und kann zu diesem Zwecke die Unterstützung der polizeilichen Vollzugsorgane nachsuchen. Ist militärische Hülfe erforderlich, so hat er sich an das Vollstreckungsgericht zu wenden.

759. (679) Wird bei einer Vollstreckungshandlung Widerstand geleistet oder ist bei einer in der Wohnung des Schuldners erfolgenden Vollstreckungshandlung weder der Schuldner noch eine zur Familie desselben gehörige oder in dieser Familie dienende erwachsene Person gegenwärtig, so hat der Gerichtsvollzieher zwei großjährige Männer oder einen Gemeinde- oder Polizeibeamten als Zeugen zuzuziehen.[228]

760. (680) Jeder Person, welche bei dem Vollstreckungsverfahren betheiligt ist, muß auf Begehren Einsicht der Akten des Gerichtsvollziehers gestattet und Abschrift einzelner Aktenstücke ertheilt werden.

761. (681) Zur Nachtzeit (§ 188 Abs. 1), sowie an Sonntagen und allgemeinen Feiertagen[229] darf eine Vollstreckungshandlung nur mit Erlaubniß des Amtsrichters erfolgen, in dessen Bezirke die Handlung vorgenommen werden soll.

Die Verfügung, durch welche die Erlaubniß ertheilt wird, ist bei der Zwangsvollstreckung vorzuzeigen.

762. (682) Der Gerichtsvollzieher hat über jede Vollstreckungshandlung ein Protokoll aufzunehmen.

Das Protokoll muß enthalten:

1. Ort und Zeit der Aufnahme;
2. den Gegenstand der Vollstreckungshandlung unter kurzer Erwähnung der wesentlichen Vorgänge;
3. die Namen der Personen, mit welchen verhandelt ist;
4. die Unterschrift dieser Personen und die Bemerkung, daß die Unterzeichnung nach vorgängiger Vorlesung oder Vorlegung zur Durchsicht und nach vorgängiger Genehmigung erfolgt sei;
5. die Unterschrift des Gerichtsvollziehers.

Hat einem der unter Nr. 4 bezeichneten Erfordernisse nicht genügt werden können, so ist der Grund anzugeben.

763. (683) Die Aufforderungen und sonstigen Mittheilungen, welche zu den Vollstreckungshandlungen gehören, sind von dem Gerichtsvollzieher mündlich zu erlassen und vollständig in das Protokoll aufzunehmen.

Kann die mündliche Ausführung nicht erfolgen, so hat der Gerichtsvollzieher eine Abschrift des Protokolls unter entsprechender Anwendung der §§ 172, 181—186 zuzustellen oder, wenn demjenigen, an welchen die Aufforderung oder Mittheilung zu richten ist, am Orte der Zwangsvollstreckung nicht zugestellt werden kann, durch die Post zu übersenden. Die Befolgung dieser Vorschrift muß zum Protokolle bemerkt werden. Eine öffentliche Zustellung findet nicht statt.

764. (684) Die den Gerichten zugewiesene Anordnung von Vollstreckungshandlungen und Mitwirkung bei solchen gehört zur Zuständigkeit der Amtsgerichte als Vollstreckungsgerichte.

Als Vollstreckungsgericht ist, sofern nicht das Gesetz ein anderes Amtsgericht bezeichnet, dasjenige Amtsgericht anzusehen, in dessen Bezirke das Vollstreckungsverfahren stattfinden soll oder stattgefunden hat.

Die Entscheidungen des Vollstreckungsgerichts können ohne vorgängige mündliche Verhandlung erfolgen.

765. Hängt die Vollstreckung von einer Zug um Zug zu bewirkenden Leistung des Gläubigers an den Schuldner ab, so darf das Vollstreckungsgericht eine Vollstreckungsmaßregel nur anordnen, wenn der Beweis, daß der Schuldner befriedigt oder im Verzuge der Annahme ist,[230] durch öffentliche oder öffentlich beglaubigte[231] Urkunden geführt wird und eine Abschrift dieser Urkunden bereits zugestellt ist. Der Zustellung bedarf es nicht,

226. §§ 293 ff., insbesondere 298 BGB.
227. Vgl. § 368 BGB.
228. Vgl. §§ 15, 13 Nr. 4 GebO f. GV.
229. Vgl. Bem. Nr. 85.
230. Vgl. Bem. Nr. 226.
231. Vgl. Bem. Nr. 207.

wenn bereits der Gerichtsvollzieher die Zwangsvollstreckung nach § 756 begonnen hatte und der Beweis durch das Protokoll des Gerichtsvollziehers geführt wird.

766. (685) Ueber Anträge, Einwendungen und Erinnerungen, welche die Art und Weise der Zwangsvollstreckung oder das bei derselben vom Gerichtsvollzieher zu beobachtende Verfahren betreffen, entscheidet das Vollstreckungsgericht. Dasselbe ist befugt, die im § 732 Abs. 2 bezeichneten Anordnungen zu erlassen.

Dem Vollstreckungsgerichte steht auch die Entscheidung zu, wenn ein Gerichtsvollzieher sich weigert, einen Vollstreckungsauftrag zu übernehmen oder eine Vollstreckungshandlung dem Auftrage gemäß auszuführen, oder wenn in Ansehung der von dem Gerichtsvollzieher in Ansatz gebrachten Kosten Erinnerungen erhoben werden.

767. (686) Einwendungen, welche den durch das Urtheil festgestellten Anspruch selbst betreffen, sind von dem Schuldner im Wege der Klage bei dem Prozeßgericht erster Instanz geltend zu machen.

Dieselben sind nur insoweit zulässig, als die Gründe, auf denen sie beruhen, erst nach dem Schlusse derjenigen mündlichen Verhandlung, in welcher Einwendungen in Gemäßheit der Bestimmungen dieses Gesetzes spätestens hätten geltend gemacht werden müssen, entstanden sind und durch Einspruch nicht mehr geltend gemacht werden können.

Der Schuldner muß in der von ihm zu erhebenden Klage alle Einwendungen geltend machen, welche er zur Zeit der Erhebung der Klage geltend zu machen im Stande war.

768. (687) Die Bestimmungen des § 767 Abs. 1, 3 finden entsprechende Anwendung, wenn in den Fällen des § 726 Abs. 1, der §§ 727—729, 738, 742, 744, des § 745 Abs. 2 und des § 749 der Schuldner den bei der Ertheilung der Vollstreckungsklausel als bewiesen angenommenen Eintritt der Voraussetzung für die Ertheilung der Vollstreckungsklausel bestreitet, unbeschadet der Befugniß des Schuldners, in diesen Fällen Einwendungen gegen die Zulässigkeit der Vollstreckungsklausel in Gemäßheit des § 732 zu erheben.

769. (688) Das Prozeßgericht kann auf Antrag anordnen, daß bis zur Erlassung des Urtheils über die in den §§ 767, 768 bezeichneten Einwendungen die Zwangsvollstreckung gegen oder ohne Sicherheitsleistung eingestellt oder nur gegen Sicherheitsleistung fortgesetzt werde und daß die erfolgten Vollstreckungsmaßregeln gegen Sicherheitsleistung aufzuheben seien. Die thatsächlichen Behauptungen, welche den Antrag begründen, sind glaubhaft zu machen.

In dringenden Fällen kann das Vollstreckungsgericht eine solche Anordnung erlassen, unter Bestimmung einer Frist, innerhalb welcher die Entscheidung des Prozeßgerichts beizubringen sei. Nach fruchtlosem Ablaufe der Frist wird die Zwangsvollstreckung fortgesetzt.

Die Entscheidung über diese Anträge kann ohne vorgängige mündliche Verhandlung erfolgen.

770. (689) Das Prozeßgericht kann in dem Urtheile, durch welches über die Einwendungen entschieden wird, die in dem vorstehenden Paragraphen bezeichneten Anordnungen erlassen oder die bereits erlassenen Anordnungen aufheben, abändern oder bestätigen. In Betreff der Anfechtung einer solchen Entscheidung finden die Vorschriften des § 718 entsprechende Anwendung.

771. (690) Behauptet ein Dritter, daß ihm an dem Gegenstande der Zwangsvollstreckung ein die Veräußerung hinderndes Recht zustehe, so ist der Widerspruch gegen die Zwangsvollstreckung im Wege der Klage bei dem Gerichte geltend zu machen, in dessen Bezirke die Zwangsvollstreckung erfolgt.

Wird die Klage gegen den Gläubiger und den Schuldner gerichtet, so sind diese als Streitgenossen anzusehen.

Auf die Einstellung der Zwangsvollstreckung und die Aufhebung der bereits erfolgten Vollstreckungsmaßregeln finden die Vorschriften der §§ 769, 770 entsprechende Anwendung. Die Aufhebung einer Vollstreckungsmaßregel ist auch ohne Sicherheitsleistung zulässig.[232]

772. Solange ein Veräußerungsverbot der in den §§ 135, 136 des Bürgerlichen Gesetzbuchs bezeichneten Art besteht, soll der Gegenstand, auf welchen es sich bezieht, wegen eines persönlichen Anspruchs oder auf Grund eines in Folge des Verbots unwirksamen Rechts nicht im Wege der Zwangsvollstreckung veräußert oder überwiesen werden. Auf Grund des Veräußerungsverbots kann nach Maßgabe des § 771 Widerspruch erhoben werden.

773. Ein Gegenstand, der zu einer Vorerbschaft gehört, soll nicht im Wege der Zwangsvollstreckung veräußert oder überwiesen werden, wenn die Veräußerung oder die Ueberweisung im Falle des Eintritts der Nacherbfolge nach § 2115 des Bürgerlichen Gesetzbuchs dem Nacherben gegenüber unwirksam ist. Der Nacherbe kann nach Maßgabe des § 771 Widerspruch erheben.[233]

774. Findet nach § 741 die Zwangsvollstreckung in das eingebrachte Gut der Ehefrau oder in das Gesammtgut statt, so kann der Ehemann nach Maßgabe des § 771 Widerspruch erheben, wenn das gegen die Ehefrau ergangene Urtheil in

232. Vgl. indessen § 28 ZVG.
233. Vgl. auch § 128 KO.

Ansehung des eingebrachten Gutes oder des Gesammtguts ihm gegenüber unwirksam ist.

775. (691) Die Zwangsvollstreckung ist einzustellen oder zu beschränken:

1. wenn die Ausfertigung einer vollstreckbaren Entscheidung vorgelegt wird, aus welcher sich ergiebt, daß das zu vollstreckende Urtheil oder dessen vorläufige Vollstreckbarkeit aufgehoben, oder daß die Zwangsvollstreckung für unzulässig erklärt oder deren Einstellung angeordnet ist;
2. wenn die Ausfertigung einer gerichtlichen Entscheidung vorgelegt wird, aus welcher sich ergiebt, daß die einstweilige Einstellung der Vollstreckung oder einer Vollstreckungsmaßregel angeordnet ist;
3. wenn eine öffentliche Urkunde vorgelegt wird, aus welcher sich ergiebt, daß die zur Abwendung der Vollstreckung nachgelassene Sicherheitsleistung oder Hinterlegung erfolgt ist;
4. wenn eine öffentliche Urkunde oder eine von dem Gläubiger ausgestellte Privaturkunde vorgelegt wird, aus welcher sich ergiebt, daß der Gläubiger nach Erlassung des zu vollstreckenden Urtheils befriedigt ist oder Stundung bewilligt hat;
5. wenn ein Postschein vorgelegt wird, aus welchem sich ergiebt, daß nach Erlassung des Urtheils die zur Befriedigung des Gläubigers erforderliche Summe zur Auszahlung an den letzteren bei der Post eingezahlt ist.

776. (692) In den Fällen des § 775 Nr. 1, 3 sind zugleich die bereits erfolgten Vollstreckungsmaßregeln aufzuheben. In den Fällen der Nr. 4, 5 bleiben diese Maßregeln einstweilen bestehen; dasselbe gilt in den Fällen der Nr. 2, sofern nicht durch die betreffende Entscheidung auch die Aufhebung der bisherigen Vollstreckungshandlungen angeordnet ist.

777. Hat der Gläubiger eine bewegliche Sache des Schuldners im Besitz, in Ansehung deren ihm ein Pfandrecht oder ein Zurückbehaltungsrecht[234] für seine Forderung zusteht, so kann der Schuldner der Zwangsvollstreckung in sein übriges Vermögen nach § 766 widersprechen, soweit die Forderung durch den Werth der Sache gedeckt ist. Steht dem Gläubiger ein solches Recht in Ansehung der Sache auch für eine andere Forderung zu, so ist der Widerspruch nur zulässig, wenn auch diese Forderung durch den Werth der Sache gedeckt ist.

778. Solange der Erbe die Erbschaft nicht angenommen hat, ist eine Zwangsvollstreckung wegen eines Anspruchs, der sich gegen den Nachlaß richtet, nur in den Nachlaß zulässig.[235]

Wegen eigener Verbindlichkeiten des Erben ist eine Zwangsvollstreckung in den Nachlaß vor der Annahme der Erbschaft nicht zulässig.

779. (693). Eine Zwangsvollstreckung, welche zur Zeit des Todes des Schuldners gegen diesen bereits begonnen hatte, wird in den Nachlaß desselben fortgesetzt.

Ist bei einer Vollstreckungshandlung die Zuziehung des Schuldners nöthig, so hat, wenn die Erbschaft noch nicht angenommen oder wenn der Erbe unbekannt oder es ungewiß ist, ob er die Erbschaft angenommen hat, das Vollstreckungsgericht auf Antrag des Gläubigers dem Erben einen einstweiligen besonderen Vertreter zu bestellen. Die Bestellung hat zu unterbleiben, wenn ein Nachlaßpfleger bestellt ist oder wenn die Verwaltung des Nachlasses einem Testamentsvollstrecker zusteht.

780. (695) Der als Erbe des Schuldners verurtheilte Beklagte kann die Beschränkung seiner Haftung nur geltend machen, wenn sie ihm im Urtheile vorbehalten ist.

Der Vorbehalt ist nicht erforderlich, wenn der Fiskus als gesetzlicher Erbe verurtheilt wird oder wenn das Urtheil über eine Nachlaßverbindlichkeit gegen einen Nachlaßverwalter[236] oder einen anderen Nachlaßpfleger oder gegen einen Testamentsvollstrecker, dem die Verwaltung des Nachlasses zusteht, erlassen wird.

781. (696) Bei der Zwangsvollstreckung gegen den Erben des Schuldners bleibt die Beschränkung der Haftung unberücksichtigt, bis auf Grund derselben gegen die Zwangsvollstreckung von dem Erben Einwendungen erhoben werden.

782. Der Erbe kann auf Grund der ihm nach den §§ 2014, 2015 des Bürgerlichen Gesetzbuchs zustehenden Einreden nur verlangen, daß die Zwangsvollstreckung für die Dauer der dort bestimmten Fristen auf solche Maßregeln beschränkt wird, die zur Vollziehung eines Arrestes zulässig sind. Wird vor dem Ablaufe der Frist die Eröffnung des Nachlaßkonkurses beantragt, so ist auf Antrag die Beschränkung der Zwangsvollstreckung auch nach dem Ablaufe der Frist aufrechtzuerhalten, bis über die Eröffnung des Konkursverfahrens rechtskräftig entschieden ist.[237]

783. In Ansehung der Nachlaßgegenstände kann der Erbe die Beschränkung

234. Vgl. §§ 273 Abs. 2, 1000 ff. BGB; §§ 369 ff. HGB.

235. Entsprechend der Bestimmung des § 1958 BGB.

236. § 1975 BGB.

237. Vgl. auch § 221 KO.

der Zwangsvollstreckung nach § 782 auch gegenüber den Gläubigern verlangen, die nicht Nachlaßgläubiger sind, es sei denn, daß er für die Nachlaßverbindlichkeiten unbeschränkt haftet.[238]

784. Ist eine Nachlaßverwaltung angeordnet oder der Nachlaßkonkurs eröffnet, so kann der Erbe verlangen, daß Maßregeln der Zwangsvollstreckung, die zu Gunsten eines Nachlaßgläubigers in sein nicht zum Nachlasse gehörendes Vermögen erfolgt sind, aufgehoben werden, es sei denn, daß er für die Nachlaßverbindlichkeiten unbeschränkt haftet.

Im Falle der Nachlaßverwaltung steht dem Nachlaßverwalter das gleiche Recht gegenüber Maßregeln der Zwangsvollstreckung zu, die zu Gunsten eines anderen Gläubigers als eines Nachlaßgläubigers in den Nachlaß erfolgt sind.[239]

785. Die Erledigung der auf Grund der §§ 781—784 erhobenen Einwendungen erfolgt nach den Bestimmungen der §§ 767, 769, 770.

786. Die Bestimmungen des § 780 Abs. 1 und der §§ 781—785 finden auf die nach § 1489 des Bürgerlichen Gesetzbuchs eintretende beschränkte Haftung, die Bestimmungen des § 780 Abs. 1 und der §§ 781, 785 finden auf die nach den §§ 419, 1480, 1504, 2187 des Bürgerlichen Gesetzbuchs eintretende beschränkte Haftung entsprechende Anwendung.

787. Soll durch die Zwangsvollstreckung ein Recht an einem Grundstücke, das von dem bisherigen Eigenthümer nach § 928 des Bürgerlichen Gesetzbuchs aufgegeben und von dem Aneignungsberechtigten noch nicht erworben worden ist, geltend gemacht werden, so hat das Vollstreckungsgericht auf Antrag einen Vertreter zu bestellen, dem bis zur Eintragung eines neuen Eigenthümers die Wahrnehmung der sich aus dem Eigenthum ergebenden Rechte und Verpflichtungen im Zwangsvollstreckungsverfahren obliegt.[240]

788. (697) Die Kosten der Zwangsvollstreckung fallen, soweit sie nothwendig waren (§ 91), dem Schuldner zur Last; sie sind zugleich mit dem zur Zwangsvollstreckung stehenden Anspruche beizutreiben.

Die Kosten der Zwangsvollstreckung sind dem Schuldner zu erstatten, wenn das Urtheil, aus welchem dieselbe erfolgt ist, aufgehoben wird.

789. (698) Wird zum Zwecke der Vollstreckung das Einschreiten einer Behörde erforderlich, so hat das Gericht die Behörde um ihr Einschreiten zu ersuchen.

790. (699) Soll die Zwangsvollstreckung gegen eine dem aktiven Heere oder der aktiven Marine angehörende Person des Soldatenstandes[241] in Kasernen und anderen militärischen Dienstgebäuden oder auf Kriegsfahrzeugen erfolgen, so hat auf Antrag des Gläubigers das Vollstreckungsgericht die zuständige Militärbehörde[242] um die Zwangsvollstreckung zu ersuchen.

Die gepfändeten Gegenstände sind einem von dem Gläubiger zu beauftragenden Gerichtsvollzieher zu übergeben.

791. (700) Soll die Zwangsvollstreckung in einem ausländischen Staate erfolgen, dessen Behörden im Wege der Rechtshülfe die Urtheile deutscher Gerichte vollstrecken, so hat auf Antrag des Gläubigers das Prozeßgericht erster Instanz die zuständige Behörde des Auslandes um die Zwangsvollstreckung zu ersuchen.[243]

Kann die Vollstreckung durch einen Reichskonsul erfolgen, so ist das Ersuchen an diesen zu richten.[244]

792. Bedarf der Gläubiger zum Zwecke der Zwangsvollstreckung eines Erbscheins[245] oder einer anderen Urkunde, die dem Schuldner auf Antrag von einer Behörde, einem Beamten oder einem Notar zu ertheilen ist, so kann er die Ertheilung an Stelle des Schuldners verlangen.

793. (701) Gegen Entscheidungen, welche im Zwangsvollstreckungsverfahren ohne vorgängige mündliche Verhandlung erfolgen können, findet sofortige Beschwerde statt.

794. (702) Die Zwangsvollstreckung findet ferner statt:

1. aus Vergleichen,[246] welche nach Erhebung der Klage zwischen den Parteien oder zwischen einer Partei und einem Dritten zur Beilegung des Rechtsstreits seinem ganzen Umfange nach oder in Betreff eines Theils des Streitgegenstandes vor einem deutschen Gericht abgeschlossen sind;
2. aus Vergleichen, welche im Falle des § 510 vor dem Amtsgericht abgeschlossen sind;
3. aus Entscheidungen, gegen welche das Rechtsmittel der Beschwerde stattfindet;
4. aus Vollstreckungsbefehlen;

238. § 2016 Abs. 1 BGB.
239. Vgl. §§ 1975, 1984 BGB.
240. Vgl. § 58 CPO.

241. Vgl. Bem. zu § 9 BGB.
242. Vgl. Bem. Nr. 135.
243. Ueber den Verkehr mit den ausländischen Behörden vgl. Bem. Nr. 91.
244. Vgl. §§ 1, 2, 18, 28, 46, 75 RG über die Konsulargerichtsbarkeit v. 7. April 1900. — § 2 Ges. betr. Rechtsverhältnisse der deutschen Schutzgebiete v. 17. April 1886.
245. §§ 2353 ff. BGB.
246. Vgl. § 779 BGB.

5. aus Urkunden, welche von einem deutschen Gericht oder von einem deutschen Notar innerhalb der Grenzen seiner Amtsbefugnisse in der vorgeschriebenen Form aufgenommen sind, sofern die Urkunde über einen Anspruch errichtet ist, welcher die Zahlung einer bestimmten Geldsumme oder die Leistung einer bestimmten Quantität anderer vertretbarer Sachen oder Werthpapiere zum Gegenstande hat, und der Schuldner sich in der Urkunde der sofortigen Zwangsvollstreckung unterworfen hat.[247] Als ein Anspruch, welcher die Zahlung einer Geldsumme zum Gegenstande hat, gilt auch der Anspruch aus einer Hypothek, einer Grundschuld oder einer Rentenschuld.

Soweit nach den Vorschriften der §§ 737, 739, 743, des § 745 Abs. 2 und des § 748 Abs. 2 die Verurtheilung eines Betheiligten zur Duldung der Zwangsvollstreckung erforderlich ist, wird sie dadurch ersetzt, daß der Betheiligte in einer nach Abs. 1 Nr. 5 aufgenommenen Urkunde die sofortige Zwangsvollstreckung in die seinem Rechte unterworfenen Gegenstände bewilligt.

795. (703) Auf die Zwangsvollstreckung aus den in dem vorstehenden Paragraphen erwähnten Schuldtiteln finden die Bestimmungen der §§ 724 bis 793 entsprechende Anwendung, soweit nicht in den §§ 796—800 abweichende Vorschriften enthalten sind.

796. (704) Vollstreckungsbefehle bedürfen der Vollstreckungsklausel nur, wenn die Zwangsvollstreckung für einen anderen als den in dem Befehle bezeichneten Gläubiger oder gegen einen anderen als den in dem Befehle bezeichneten Schuldner erfolgen soll.

Einwendungen, welche den Anspruch selbst betreffen, sind nur insoweit zulässig, als die Gründe, auf denen sie beruhen, nach Zustellung des Vollstreckungsbefehls entstanden sind.

Für Klagen auf Ertheilung der Vollstreckungsklausel, sowie für Klagen, durch welche die den Anspruch selbst betreffenden Einwendungen geltend gemacht werden oder der bei der Ertheilung der Vollstreckungsklausel als bewiesen angenommene Eintritt der Voraussetzung für die Ertheilung der Vollstreckungsklausel bestritten wird, ist das Amtsgericht zuständig, welches den Vollstreckungsbefehl erlassen hat. Gehört der Anspruch nicht vor die Amtsgerichte, so sind die Klagen bei dem zuständigen Landgerichte zu erheben.

797. (705) Die vollstreckbare Ausfertigung gerichtlicher Urkunden wird von dem Gerichtsschreiber des Gerichts ertheilt, welches die Urkunde aufgenommen hat.

Die vollstreckbare Ausfertigung notarieller Urkunden wird von dem Notar ertheilt, welcher die Urkunde verwahrt. Befindet sich die Urkunde in der Verwahrung einer Behörde, so hat diese die vollstreckbare Ausfertigung zu ertheilen.

Die Entscheidung über Einwendungen, welche die Zulässigkeit der Vollstreckungsklausel betreffen, sowie die Entscheidung über Ertheilung einer weiteren vollstreckbaren Ausfertigung erfolgt bei gerichtlichen Urkunden von dem im ersten Absatze bezeichneten Gerichte, bei notariellen Urkunden von dem Amtsgerichte, in dessen Bezirke der im zweiten Absatze bezeichnete Notar oder die daselbst bezeichnete Behörde den Amtssitz hat.

Auf die Geltendmachung von Einwendungen, welche den Anspruch selbst betreffen, findet die beschränkende Vorschrift des § 767 Abs. 2 keine Anwendung.

Für Klagen auf Ertheilung der Vollstreckungsklausel, sowie für Klagen, durch welche die den Anspruch selbst betreffenden Einwendungen geltend gemacht werden oder der bei der Ertheilung der Vollstreckungsklausel als bewiesen angenommene Eintritt der Voraussetzung für die Ertheilung der Vollstreckungsklausel bestritten wird, ist das Gericht, bei welchem der Schuldner im Deutschen Reiche seinen allgemeinen Gerichtsstand hat, und in Ermangelung eines solchen das Gericht zuständig, bei welchem in Gemäßheit des § 23 gegen den Schuldner Klage erhoben werden kann.

798. Aus Kostenfestsetzungsbeschlüssen und aus den nach § 794 Nr. 5 aufgenommenen Urkunden darf die Zwangsvollstreckung nur beginnen, wenn der Schuldtitel mindestens einen Tag vorher zugestellt ist.

799. Hat sich der Eigenthümer eines mit einer Hypothek, einer Grundschuld oder einer Rentenschuld belasteten Grundstücks in einer nach § 794 Nr. 5 aufgenommenen Urkunde der sofortigen Zwangsvollstreckung unterworfen und ist dem Rechtsnachfolger des Gläubigers eine vollstreckbare Ausfertigung ertheilt, so ist die Zustellung der die Rechtsnachfolge nachweisenden öffentlichen oder öffentlich beglaubigten Urkunde nicht erforderlich, wenn der Rechtsnachfolger als Gläubiger im Grundbuch[248] eingetragen ist.

800. Der Eigenthümer kann sich in einer nach § 794 Nr. 5 aufgenommenen Urkunde in Ansehung einer Hypothek, einer Grundschuld oder einer Rentenschuld der sofortigen Zwangsvollstreckung in der Weise

247. Vgl. hierzu auch § 22 EG z. CPO; § 42 AG z. CPO, KO und StPO v. 8. Juli 1879; § 60 AG z. FrG.

248. Vgl. § 19 AG z. CPO und KO v. 13. Nov. 1899.

unterwerfen, daß die Zwangsvollstreckung aus der Urkunde gegen den jeweiligen Eigenthümer des Grundstücks zulässig sein soll. Die Unterwerfung bedarf in diesem Falle der Eintragung in das Grundbuch.[248, 249]

Bei der Zwangsvollstreckung gegen einen späteren Eigenthümer, der im Grundbuch[248] eingetragen ist, bedarf es nicht der Zustellung der den Erwerb des Eigenthums nachweisenden öffentlichen oder öffentlich beglaubigten Urkunde.

Ist die sofortige Zwangsvollstreckung gegen den jeweiligen Eigenthümer zulässig, so ist für die im § 797 Abs. 5 bezeichneten Klagen das Gericht zuständig, in dessen Bezirke das Grundstück belegen ist.

801. (706) Die Landesgesetzgebung ist nicht gehindert, auf Grund anderer als der in den §§ 704, 794 bezeichneten Schuldtitel die gerichtliche Zwangsvollstreckung zuzulassen und insoweit abweichende Vorschriften von den Bestimmungen dieses Gesetzes über die Zwangsvollstreckung zu treffen.[250]

802. (707) Die in diesem Buche angeordneten Gerichtsstände sind ausschließliche.

Zweiter Abschnitt. Zwangsvollstreckung wegen Geldforderungen.[251]

Erster Titel. Zwangsvollstreckung in das bewegliche Vermögen.

I. Allgemeine Bestimmungen.

803. (708) Die Zwangsvollstreckung in das bewegliche Vermögen erfolgt durch Pfändung. Sie darf nicht weiter ausgedehnt werden, als zur Befriedigung des Gläubigers und zur Deckung der Kosten der Zwangsvollstreckung erforderlich ist.

Die Pfändung hat zu unterbleiben, wenn sich von der Verwerthung der zu pfändenden Gegenstände ein Ueberschuß über die Kosten der Zwangsvollstreckung nicht erwarten läßt.

804. (709) Durch die Pfändung erwirbt der Gläubiger ein Pfandrecht an dem gepfändeten Gegenstande.

Das Pfandrecht gewährt dem Gläubiger im Verhältniß zu anderen Gläubigern dieselben Rechte wie ein durch Vertrag erworbenes Faustpfandrecht; es geht Pfand- und Vorzugsrechten vor, welche für den Fall eines Konkurses den Faustpfandrechten[252] nicht gleichgestellt sind.

Das durch eine frühere Pfändung begründete Pfandrecht geht demjenigen vor, welches durch eine spätere Pfändung begründet wird.[253]

805. (710) Der Pfändung einer Sache kann ein Dritter, welcher sich nicht im Besitze der Sache befindet, auf Grund eines Pfand- oder Vorzugsrechts[254] nicht widersprechen; er kann jedoch seinen Anspruch auf vorzugsweise Befriedigung aus dem Erlöse im Wege der Klage geltend machen, ohne Rücksicht darauf, ob seine Forderung fällig ist oder nicht.

Die Klage ist bei dem Vollstreckungsgericht und, wenn der Streitgegenstand zur Zuständigkeit der Amtsgerichte nicht gehört, bei dem Landgerichte zu erheben, in dessen Bezirke das Vollstreckungsgericht seinen Sitz hat.

Wird die Klage gegen den Gläubiger und den Schuldner gerichtet, so sind diese als Streitgenossen anzusehen.

Wird der Anspruch glaubhaft gemacht, so hat das Gericht die Hinterlegung des Erlöses anzuordnen. Die Vorschriften der §§ 769, 770 finden hierbei entsprechende Anwendung.

806. Wird ein Gegenstand auf Grund der Pfändung veräußert, so steht dem Erwerber wegen eines Mangels im Rechte oder wegen eines Mangels der veräußerten Sache ein Anspruch auf Gewährleistung nicht zu.

807. (711) Hat die Pfändung zu einer vollständigen Befriedigung des Gläubigers nicht geführt oder macht dieser glaubhaft, daß er durch Pfändung seine Befriedigung nicht vollständig erlangen könne, so ist der Schuldner auf Antrag verpflichtet, ein Verzeichniß seines Vermögens vorzulegen, in Betreff seiner Forderungen den Grund und die Beweismittel zu bezeichnen, sowie den Offenbarungseid dahin zu leisten:

daß er nach bestem Wissen sein Vermögen so vollständig angegeben habe, als er dazu im Stande sei.

II. Zwangsvollstreckung in körperliche Sachen.

808. (712) Die Pfändung der im Gewahrsam des Schuldners befindlichen körperlichen Sachen wird dadurch bewirkt, daß der Gerichtsvollzieher dieselben in Besitz nimmt.

Andere Sachen als Geld, Kostbarkeiten und Werthpapiere sind im Gewahrsam des Schuldners zu belassen, sofern nicht hierdurch die Befriedigung des Gläubigers gefährdet wird. Werden die Sachen im Ge-

249. Vgl. Bem. Nr. 222.

250. Derartige Vorschriften sind für Elf.-Lothr. in den §§ 5—7 AG z. CPO und KO v. 13. Nov. 1899 enthalten. — Die Zwangsvollstreckung ist außerdem noch zulässig aus den Urtheilen und Beschlüssen der Rheinschiffahrtsgerichte (Rheinschiffahrtsakte v. 31. März 1831 und 17. Okt. 1868; Ges. v. 21. April 1832) und der Gewerbegerichte (Ges. v. 23. März 1880).

251. Vgl. § 4 AG z. CPO und KO v. 13. Nov. 1899.

252. §§ 1204 ff. BGB.

253. Vgl. § 49 KO.

254. So nach §§ 559 ff., 581 Abs. 2, 585, 590, 647, 704 BGB; §§ 397, 410, 440 HGB.

wahrsam des Schuldners belassen, so ist die Wirksamkeit der Pfändung dadurch bedingt, daß durch Anlegung von Siegeln oder auf sonstige Weise die Pfändung ersichtlich gemacht ist.

Der Gerichtsvollzieher hat den Schuldner von der geschehenen Pfändung in Kenntniß zu setzen.

809. (713) Die vorstehenden Bestimmungen finden entsprechende Anwendung auf die Pfändung von Sachen, welche sich im Gewahrsam des Gläubigers oder eines zur Herausgabe bereiten Dritten befinden.

810. (714) Früchte, die von dem Boden noch nicht getrennt sind, können gepfändet werden, solange nicht ihre Beschlagnahme im Wege der Zwangsvollstreckung in das unbewegliche Vermögen erfolgt ist.[255] Die Pfändung darf nicht früher als einen Monat vor der gewöhnlichen Zeit der Reife erfolgen.

Ein Gläubiger, der ein Recht auf Befriedigung aus dem Grundstücke hat,[256] kann der Pfändung nach Maßgabe des § 771 widersprechen, sofern nicht die Pfändung für einen im Falle der Zwangsvollstreckung in das Grundstück vorgehenden Anspruch erfolgt ist.

811. (715)[257] Folgende Sachen sind der Pfändung nicht unterworfen:

1. die Kleidungsstücke, die Betten, die Wäsche, das Haus- und Küchengeräth, insbesondere die Heiz- und Kochöfen, soweit diese Gegenstände für den Bedarf des Schuldners oder zur Erhaltung eines angemessenen Hausstandes unentbehrlich sind;
2. die für den Schuldner, seine Familie und sein Gesinde auf vier Wochen erforderlichen Nahrungs-, Feuerungs- und Beleuchtungsmittel oder, soweit solche Vorräthe auf zwei Wochen nicht vorhanden und ihre Beschaffung für diesen Zeitraum auf anderem Wege nicht gesichert ist, der zur Beschaffung erforderliche Geldbetrag;
3. eine Milchkuh oder nach der Wahl des Schuldners statt einer solchen zwei Ziegen oder zwei Schafe nebst den zum Unterhalt und zur Streu für dieselben auf vier Wochen erforderlichen Futter- und Streuvorräthen oder, soweit solche Vorräthe auf zwei Wochen nicht vorhanden, dem zur Beschaffung erforderlichen Geldbetrage, wenn die bezeichneten Thiere für die Ernährung des Schuldners, seiner Familie und seines Gesindes unentbehrlich sind;
4. bei Personen, welche Landwirthschaft betreiben, das zum Wirthschaftsbetrieb erforderliche Geräth und Vieh nebst dem nöthigen Dünger, sowie die landwirthschaftlichen Erzeugnisse, soweit sie zur Fortführung der Wirthschaft bis zu der Zeit erforderlich sind, zu welcher gleiche oder ähnliche Erzeugnisse voraussichtlich gewonnen werden;
5. bei Künstlern, Handwerkern, gewerblichen Arbeitern und anderen Personen, welche aus Handarbeit oder sonstigen persönlichen Leistungen ihren Erwerb ziehen, die zur persönlichen Fortsetzung der Erwerbsthätigkeit unentbehrlichen Gegenstände;
6. bei den Wittwen und den minderjährigen Erben der unter Nr. 5 bezeichneten Personen, wenn sie das Erwerbsgeschäft für ihre Rechnung durch einen Stellvertreter fortführen, die zur persönlichen Fortführung des Geschäfts durch den Stellvertreter unentbehrlichen Gegenstände;
7. bei Offizieren, Deckoffizieren, Beamten,[258] Geistlichen, Lehrern an öffentlichen Unterrichtsanstalten, Rechtsanwälten, Notaren sowie Aerzten[259] und Hebammen die zur Verwaltung des Dienstes oder Ausübung des Berufs erforderlichen Gegenstände, sowie anständige Kleidung;
8. bei Offizieren, Militärärzten, Deckoffizieren, Beamten, Geistlichen, bei Aerzten[259] und Lehrern an öffentlichen Anstalten ein Geldbetrag, welcher dem der Pfändung nicht unterworfenen Theile des Diensteinkommens oder der Pension für die Zeit von der Pfändung bis zum nächsten Termine der Gehalts- oder Pensionszahlung gleichkommt;
9. die zum Betriebe einer Apotheke unentbehrlichen Geräthe, Gefäße und Waaren;
10. die Bücher, welche zum Gebrauche des Schuldners und seiner Familie in der Kirche oder Schule oder einer sonstigen Unterrichtsanstalt oder bei der häuslichen Andacht bestimmt sind;
11. die in Gebrauch genommenen Haushaltungs- und Geschäftsbücher, die Familienpapiere, sowie die Trauringe, Orden und Ehrenzeichen;[260]
12. künstliche Gliedmaßen, Brillen und andere wegen körperlicher Gebrechen nothwendige Hülfsmittel, soweit diese Gegenstände zum Gebrauche des

255. §§ 20 ff. ZVG.
256. Vgl. § 10 ZVG.
257. Vgl. § 1 KO; § 20 Postges. v. 28. Okt. 1871; Ges. v. 3. Mai 1886; Erklärung vom 17. März 1887; Art. 23 Abs. 5 Berner Uebereinkommen v. 14. Okt. 1890.
258. Ueber den Begriff des Wortes „Beamte" vgl. § 359 StGB.
259. Vgl. § 29 Abs. 1 GewO.
260. Vgl. §§ 1 Abs. 3, 117 Abs. 2 KO.

Schuldners und seiner Familie bestimmt sind;

13. die zur unmittelbaren Verwendung für die Bestattung bestimmten Gegenstände.

812. Gegenstände, welche zum gewöhnlichen Hausrathe gehören und im Haushalte des Schuldners gebraucht werden, sollen nicht gepfändet werden, wenn ohne Weiteres ersichtlich ist, daß durch deren Verwerthung nur ein Erlös erzielt werden würde, welcher zu dem Werthe außer allem Verhältnisse steht.[261]

813. Zur Pfändung von Früchten, die von dem Boden noch nicht getrennt sind, und zur Pfändung von Gegenständen der im § 811 Nr. 4 bezeichneten Art bei Personen, welche Landwirthschaft betreiben, soll ein landwirthschaftlicher Sachverständiger zugezogen werden, sofern anzunehmen ist, daß der Werth der zu pfändenden Gegenstände den Betrag von eintausend Mark übersteigt.

Inwieweit bei einem geringeren Werthe ein Sachverständiger zugezogen werden soll, bestimmt die Landesjustizverwaltung.

814. (716) Die gepfändeten Sachen sind von dem Gerichtsvollzieher öffentlich zu versteigern, Kostbarkeiten sind vor der Versteigerung durch einen Sachverständigen abzuschätzen.

815. (716) Gepfändetes Geld ist dem Gläubiger abzuliefern.

Wird dem Gerichtsvollzieher glaubhaft gemacht, daß an gepfändetem Gelde ein die Veräußerung hinderndes Recht eines Dritten bestehe, so ist das Geld zu hinterlegen. Die Zwangsvollstreckung ist fortzusetzen, wenn nicht binnen einer Frist von zwei Wochen seit dem Tage der Pfändung eine Entscheidung des nach § 771 Abs. 1 zuständigen Gerichts über die Einstellung der Zwangsvollstreckung beigebracht wird.

Die Wegnahme des Geldes durch den Gerichtsvollzieher gilt als Zahlung von Seiten des Schuldners, sofern nicht nach Abs. 2 oder nach § 720 die Hinterlegung zu erfolgen hat.

816. (717) Die Versteigerung der gepfändeten Sachen darf nicht vor Ablauf einer Woche seit dem Tage der Pfändung geschehen, sofern nicht der Gläubiger und der Schuldner über eine frühere Versteigerung sich einigen oder dieselbe erforderlich ist, um die Gefahr einer beträchtlichen Werthsverringerung der zu versteigernden Sache abzuwenden oder um unverhältnißmäßige Kosten einer längeren Aufbewahrung zu vermeiden.

Die Versteigerung erfolgt in der Gemeinde, in welcher die Pfändung geschehen ist, sofern nicht der Gläubiger und der Schuldner über einen anderen Ort sich einigen.

Zeit und Ort der Versteigerung sind unter allgemeiner Bezeichnung der zu versteigernden Sachen öffentlich bekannt zu machen.[262]

Bei der Versteigerung finden die Vorschriften des § 1239 Abs. 1 Satz 1, Abs. 2 des Bürgerlichen Gesetzbuchs entsprechende Anwendung.[263]

817. (718) Dem Zuschlag an den Meistbietenden soll ein dreimaliger Aufruf vorausgehen; die Vorschriften des § 156 des Bürgerlichen Gesetzbuchs finden Anwendung.

Die Ablieferung einer zugeschlagenen Sache darf nur gegen baare Zahlung geschehen.

Hat der Meistbietende nicht zu der in den Versteigerungsbedingungen bestimmten Zeit oder in Ermangelung einer solchen Bestimmung nicht vor dem Schlusse des Versteigerungstermins die Ablieferung gegen Zahlung des Kaufgeldes verlangt, so wird die Sache anderweit versteigert. Der Meistbietende wird zu einem weiteren Gebote nicht zugelassen; er haftet für den Ausfall, auf den Mehrerlös hat er keinen Anspruch.

Wird der Zuschlag dem Gläubiger ertheilt, so ist dieser von der Verpflichtung zur baaren Zahlung soweit befreit, als der Erlös nach Abzug der Kosten der Zwangsvollstreckung zu seiner Befriedigung zu verwenden ist, sofern nicht dem Schuldner nachgelassen ist, durch Sicherheitsleistung oder durch Hinterlegung die Vollstreckung abzuwenden. Soweit der Gläubiger von der Verpflichtung zur baaren Zahlung befreit ist, gilt der Betrag als von dem Schuldner an den Gläubiger gezahlt.

818. (719) Die Versteigerung wird eingestellt, sobald der Erlös zur Befriedigung des Gläubigers und zur Deckung der Kosten der Zwangsvollstreckung hinreicht.

819. (720) Die Empfangnahme des Erlöses durch den Gerichtsvollzieher gilt als Zahlung von Seiten des Schuldners, sofern nicht dem Schuldner nachgelassen ist, durch Sicherheitsleistung oder durch Hinterlegung die Vollstreckung abzuwenden.

820. (721) Gold- und Silbersachen dürfen nicht unter ihrem Gold- oder Silberwerthe zugeschlagen werden. Wird ein den Zuschlag gestattendes Gebot nicht abgegeben, so kann der Gerichtsvollzieher den Verkauf aus freier Hand zu dem Preise bewirken, welcher den Gold- und Silberwerth erreicht.

821. (722) Gepfändete Werthpapiere sind, wenn

261. Vgl. § 1 Abs. 4 KO.

262. Vgl. hierzu Art. 23 Dekr. v. 17. Febr. 1852.

263. Vgl. aber § 456 BGB.

sie einen Börsen- oder Marktpreis haben, von dem Gerichtsvollzieher aus freier Hand zum Tageskurse zu verkaufen und, wenn sie einen solchen Preis nicht haben, nach den allgemeinen Bestimmungen zu versteigern.[264]

822. (723) Lautet ein Werthpapier auf Namen, so kann der Gerichtsvollzieher durch das Vollstreckungsgericht ermächtigt werden, die Umschreibung auf den Namen des Käufers zu erwirken und die hierzu erforderlichen Erklärungen an Stelle des Schuldners abzugeben.

823. (724) Ist ein Inhaberpapier durch Einschreibung auf den Namen oder in anderer Weise außer Kurs gesetzt, so kann der Gerichtsvollzieher durch das Vollstreckungsgericht ermächtigt werden, die Wiederinkurssetzung zu erwirken und die hierzu erforderlichen Erklärungen an Stelle des Schuldners abzugeben.

824. (725) Die Versteigerung gepfändeter, von dem Boden noch nicht getrennter Früchte ist erst nach der Reife zulässig. Sie kann vor oder nach der Trennung der Früchte erfolgen; im letzteren Falle hat der Gerichtsvollzieher die Aberntung bewirken zu lassen.

825. (726) Auf Antrag des Gläubigers oder des Schuldners kann das Vollstreckungsgericht anordnen, daß die Verwerthung einer gepfändeten Sache in anderer Weise oder an einem anderen Orte, als in den vorstehenden Paragraphen bestimmt ist, stattzufinden habe oder daß die Versteigerung durch eine andere Person als den Gerichtsvollzieher vorzunehmen sei.

826. (727) Zur Pfändung bereits gepfändeter Sachen genügt die in das Protokoll aufzunehmende Erklärung des Gerichtsvollziehers, daß er die Sachen für seinen Auftraggeber pfände.

Ist die erste Pfändung durch einen anderen Gerichtsvollzieher bewirkt, so ist diesem eine Abschrift des Protokolls zuzustellen.

Der Schuldner ist von den weiteren Pfändungen in Kenntniß zu setzen.

827. (728) Auf den Gerichtsvollzieher, von welchem die erste Pfändung bewirkt ist, geht der Auftrag des zweiten Gläubigers kraft Gesetzes über, sofern nicht das Vollstreckungsgericht auf Antrag eines betheiligten Gläubigers oder des Schuldners anordnet, daß die Verrichtungen jenes Gerichtsvollziehers von einem anderen zu übernehmen seien. Die Versteigerung erfolgt für alle betheiligten Gläubiger.

Ist der Erlös zur Deckung der Forderungen nicht ausreichend und verlangt der Gläubiger, für welchen die zweite oder eine spätere Pfändung erfolgt ist, ohne Zustimmung der übrigen betheiligten Gläubiger eine andere Vertheilung als nach der Reihenfolge der Pfändungen, so hat der Gerichtsvollzieher die Sachlage unter Hinterlegung des Erlöses dem Vollstreckungsgericht anzuzeigen. Dieser Anzeige sind die auf das Verfahren sich beziehenden Schriftstücke beizufügen.

In gleicher Weise ist zu verfahren, wenn die Pfändung für mehrere Gläubiger gleichzeitig bewirkt ist.

III. Zwangsvollstreckung in Forderungen und andere Vermögensrechte.

828. (729) Die gerichtlichen Handlungen, welche die Zwangsvollstreckung in Forderungen und andere Vermögensrechte zum Gegenstande haben, erfolgen durch das Vollstreckungsgericht.

Als Vollstreckungsgericht ist das Amtsgericht, bei welchem der Schuldner im Deutschen Reiche seinen allgemeinen Gerichtsstand hat, und in Ermangelung eines solchen das Amtsgericht zuständig, bei welchem in Gemäßheit des § 23 gegen den Schuldner Klage erhoben werden kann.

829. (730) Soll eine Geldforderung gepfändet werden, so hat das Gericht dem Drittschuldner zu verbieten, an den Schuldner zu zahlen.[265] Zugleich hat das Gericht an den Schuldner das Gebot zu erlassen, sich jeder Verfügung über die Forderung, insbesondere der Einziehung derselben zu enthalten.

Der Gläubiger hat den Beschluß dem Drittschuldner zustellen zu lassen. Der Gerichtsvollzieher hat den Beschluß mit einer Abschrift der Zustellungsurkunde dem Schuldner sofort zuzustellen, sofern nicht eine öffentliche Zustellung erforderlich wird. Ist die Zustellung an den Drittschuldner auf unmittelbares Ersuchen des Gerichtsschreibers durch die Post erfolgt, so hat der Gerichtsschreiber für die Zustellung an den Schuldner in gleicher Weise Sorge zu tragen. An Stelle einer an den Schuldner im Auslande zu bewirkenden Zustellung erfolgt die Zustellung durch Aufgabe zur Post.

Mit der Zustellung des Beschlusses an den Drittschuldner ist die Pfändung als bewirkt anzusehen.

830. (731) Zur Pfändung einer Forderung, für welche eine Hypothek besteht, ist außer dem Pfändungsbeschlusse die Uebergabe des Hypothekenbriefs an den Gläubiger erforderlich. Wird die Uebergabe im Wege der Zwangsvollstreckung erwirkt, so gilt sie als erfolgt, wenn der Gerichtsvollzieher den Brief zum Zwecke der Ab-

264. Vgl. § 81 Berggeſ. v. 16. Dez. 1873; § 1221 BGB; § 80 Börsengeſ. v. 22. Juni 1896.

265. Vgl. hierzu die Nachweisung der Militärbehörden, an welche die Zustellung zu erfolgen hat bei Pfändung des Diensteinkommens oder der Pension im Bereiche der Militärverwaltungen: a) von Preußen: Preußische Ver. v. 3. Mai 1898 (ABl S. 141); b) von Bayern, Sachsen, Württemberg: Ver. v. 10. Sept. 1898 (ABl S. 195). — Bezüglich der Vertretung des Landesfiskus als Drittschuldner vgl. § 2 MinV v. 6. Febr. 1900.

lieferung an den Gläubiger wegnimmt. Ist die Ertheilung des Hypothekenbriefs ausgeschlossen, so ist die Eintragung der Pfändung in das Grundbuch erforderlich; die Eintragung erfolgt auf Grund des Pfändungsbeschlusses.[266]

Wird der Pfändungsbeschluß vor der Uebergabe des Hypothekenbriefs oder der Eintragung der Pfändung dem Drittschuldner zugestellt, so gilt die Pfändung diesem gegenüber mit der Zustellung als bewirkt.

Diese Vorschriften finden keine Anwendung, soweit es sich um die Pfändung der Ansprüche auf die im § 1159 des Bürgerlichen Gesetzbuchs bezeichneten Leistungen handelt. Das Gleiche gilt bei einer Sicherungshypothek im Falle des § 1187 des Bürgerlichen Gesetzbuchs von der Pfändung der Hauptforderung.

831. (732) Die Pfändung von Forderungen aus Wechseln und anderen Papieren, welche durch Indossament übertragen werden können,[267] wird dadurch bewirkt, daß der Gerichtsvollzieher diese Papiere in Besitz nimmt.

832. (733) Das Pfandrecht, welches durch die Pfändung einer Gehaltsforderung oder einer ähnlichen in fortlaufenden Bezügen bestehenden Forderung erworben wird, erstreckt sich auch auf die nach der Pfändung fällig werdenden Beträge.

833. (734) Durch die Pfändung eines Diensteinkommens wird auch dasjenige Einkommen betroffen, welches der Schuldner in Folge der Versetzung in ein anderes Amt, der Uebertragung eines neuen Amts oder einer Gehaltserhöhung zu beziehen hat.

Diese Bestimmung findet auf den Fall der Aenderung des Dienstherrn keine Anwendung.

834. (735) Vor der Pfändung ist der Schuldner über das Pfändungsgesuch nicht zu hören.

835. (736) Die gepfändete Geldforderung ist dem Gläubiger nach seiner Wahl zur Einziehung oder an Zahlungsstatt zum Nennwerthe zu überweisen.

Im letzteren Falle geht die Forderung auf den Gläubiger mit der Wirkung über, daß derselbe, soweit die Forderung besteht, wegen seiner Forderung an den Schuldner als befriedigt anzusehen ist.

Die Bestimmungen des § 829 Abs. 2, 3 finden auf die Ueberweisung entsprechende Anwendung.

836. (737) Die Ueberweisung ersetzt die förmlichen Erklärungen des Schuldners, von welchen nach den Vorschriften des bürgerlichen Rechts die Berechtigung zur Einziehung der Forderung abhängig ist.[268]

Der Ueberweisungsbeschluß gilt, auch wenn er mit Unrecht erlassen ist, zu Gunsten des Drittschuldners dem Schuldner gegenüber so lange als rechtsbeständig, bis er aufgehoben wird und die Aufhebung zur Kenntniß des Drittschuldners gelangt.

Der Schuldner ist verpflichtet, dem Gläubiger die zur Geltendmachung der Forderung nöthige Auskunft zu ertheilen und ihm die über die Forderung vorhandenen Urkunden herauszugeben. Die Herausgabe kann von dem Gläubiger im Wege der Zwangsvollstreckung erwirkt werden.

837. Zur Ueberweisung einer gepfändeten Forderung, für welche eine Hypothek besteht, genügt die Aushändigung des Ueberweisungsbeschlusses an den Gläubiger. Ist die Ertheilung des Hypothekenbriefs ausgeschlossen, so ist zur Ueberweisung an Zahlungsstatt die Eintragung der Ueberweisung in das Grundbuch erforderlich; die Eintragung erfolgt auf Grund des Ueberweisungsbeschlusses.[266]

Diese Vorschriften finden keine Anwendung, soweit es sich um die Ueberweisung der Ansprüche auf die im § 1159 des Bürgerlichen Gesetzbuchs bezeichneten Leistungen handelt. Das Gleiche gilt bei einer Sicherungshypothek im Falle des § 1187 des Bürgerlichen Gesetzbuchs von der Ueberweisung der Hauptforderung.

Bei einer Sicherungshypothek der im § 1190 des Bürgerlichen Gesetzbuchs bezeichneten Art kann die Hauptforderung nach den allgemeinen Vorschriften gepfändet und überwiesen werden, wenn der Gläubiger die Ueberweisung der Forderung ohne die Hypothek an Zahlungsstatt beantragt.

838. Wird eine durch ein Pfandrecht an einer beweglichen Sache gesicherte Forderung überwiesen, so kann der Schuldner die Herausgabe des Pfandes an den Gläubiger verweigern, bis ihm Sicherheit für die Haftung geleistet wird, die für ihn aus einer Verletzung der dem Gläubiger dem Verpfänder gegenüber obliegenden Verpflichtungen entstehen kann.

839. (738) Ist in Gemäßheit des § 713 Abs. 2 dem Schuldner nachgelassen, durch Sicherheitsleistung oder durch Hinterlegung die Vollstreckung abzuwenden, so findet die Ueberweisung gepfändeter Geldforderungen nur zur Einziehung und nur mit der Wirkung statt, daß der Drittschuldner den Schuldbetrag hinterlege.

266. Vgl. § 19 AG z. CPO und KO v. 13. Nov. 1899.
267. Vgl. § 363 HGB.
268. Vgl. §§ 398, 408, 1154, 1155 BGB.

840. (739) Auf Verlangen des Gläubigers hat der Drittschuldner[269] binnen zwei Wochen, von der Zustellung des Pfändungsbeschlusses an gerechnet, dem Gläubiger zu erklären:

1. ob und inwieweit er die Forderung als begründet anerkenne und Zahlung zu leisten bereit sei;
2. ob und welche Ansprüche andere Personen an die Forderung machen;
3. ob und wegen welcher Ansprüche die Forderung bereits für andere Gläubiger gepfändet sei.

Die Aufforderung zur Abgabe dieser Erklärungen muß in die Zustellungsurkunde aufgenommen werden. Der Drittschuldner haftet dem Gläubiger für den aus der Nichterfüllung seiner Verpflichtung entstehenden Schaden.

Die Erklärungen des Drittschuldners können bei Zustellung des Pfändungsbeschlusses oder innerhalb der im ersten Absatze bestimmten Frist an den Gerichtsvollzieher erfolgen. Im ersteren Falle sind dieselben in die Zustellungsurkunde aufzunehmen und von dem Drittschuldner zu unterschreiben.

841. (740) Der Gläubiger, welcher die Forderung einklagt, ist verpflichtet, dem Schuldner gerichtlich den Streit zu verkünden, sofern nicht eine Zustellung im Ausland oder eine öffentliche Zustellung erforderlich wird.

842. (741) Der Gläubiger, welcher die Beitreibung einer ihm zur Einziehung überwiesenen Forderung verzögert, haftet dem Schuldner für den daraus entstehenden Schaden.

843. (742) Der Gläubiger kann auf die durch Pfändung und Ueberweisung zur Einziehung erworbenen Rechte unbeschadet seines Anspruchs verzichten. Die Verzichtleistung erfolgt durch eine dem Schuldner zuzustellende Erklärung. Die Erklärung ist auch dem Drittschuldner zuzustellen.

844. (743) Ist die gepfändete Forderung eine bedingte oder eine betagte, oder ist ihre Einziehung wegen der Abhängigkeit von einer Gegenleistung oder aus anderen Gründen mit Schwierigkeiten verbunden, so kann das Gericht auf Antrag an Stelle der Ueberweisung eine andere Art der Verwerthung anordnen.

Vor dem Beschlusse, durch welchen dem Antrage stattgegeben wird, ist der Gegner zu hören, sofern nicht eine Zustellung im Ausland oder eine öffentliche Zustellung erforderlich wird.

845. (744) Schon vor der Pfändung kann der Gläubiger auf Grund eines vollstreckbaren Schuldtitels durch den Gerichtsvollzieher dem Drittschuldner und dem Schuldner die Benachrichtigung, daß die Pfändung bevorstehe, zustellen lassen mit der Aufforderung an den Drittschuldner, nicht an den Schuldner zu zahlen, und mit der Aufforderung an den Schuldner, sich jeder Verfügung über die Forderung, insbesondere der Einziehung derselben zu enthalten. Der vorherigen Ertheilung einer vollstreckbaren Ausfertigung und der Zustellung des Schuldtitels bedarf es nicht.

Die Benachrichtigung an den Drittschuldner hat die Wirkung eines Arrestes (§ 930), sofern die Pfändung der Forderung innerhalb drei Wochen bewirkt wird. Die Frist beginnt mit dem Tage, an welchem die Benachrichtigung zugestellt ist.

846. (745) Die Zwangsvollstreckung in Ansprüche, welche die Herausgabe oder Leistung körperlicher Sachen zum Gegenstande haben, erfolgt nach den Vorschriften der §§ 829—845 unter Berücksichtigung der nachfolgenden Bestimmungen.

847. (746) Bei der Pfändung eines Anspruchs, welcher eine bewegliche körperliche Sache betrifft, ist anzuordnen, daß die Sache an einen vom Gläubiger zu beauftragenden Gerichtsvollzieher herauszugeben sei.

Auf die Verwerthung der Sache finden die Vorschriften über die Verwerthung gepfändeter Sachen Anwendung.

848. (747) Bei Pfändung eines Anspruchs, welcher eine unbewegliche Sache betrifft, ist anzuordnen, daß die Sache an einen auf Antrag des Gläubigers vom Amtsgerichte der belegenen Sache zu bestellenden Sequester herauszugeben sei.

Ist der Anspruch auf Uebertragung des Eigenthums gerichtet, so hat die Auflassung an den Sequester als Vertreter des Schuldners zu erfolgen. Mit dem Uebergange des Eigenthums auf den Schuldner erlangt der Gläubiger eine Sicherungshypothek[269a] für seine Forderung. Der Sequester hat die Eintragung der Sicherungshypothek zu bewilligen.

Die Zwangsvollstreckung in die herausgegebene Sache wird nach den für die Zwangsvollstreckung in unbewegliche Sachen geltenden Vorschriften bewirkt.[266]

849. (748) Eine Ueberweisung der im § 846 bezeichneten Ansprüche an Zahlungsstatt ist unzulässig.

850. (749) [270]Der Pfändung sind nicht unterworfen:

1. der Arbeits- oder Dienstlohn nach den Bestimmungen des Reichsgesetzes vom 21. Juni 1869 (Bundes-Gesetzbl. 1869 S. 242 und 1871 S. 63, Reichs-Gesetzbl. 1897 S. 159);
2. die auf gesetzlicher Vorschrift beruhenden Alimentenforderungen und die nach § 844 des Bürgerlichen Gesetzbuchs wegen

269. Siehe Bem. 265.

269a. §§ 1184 ff., 1287 BGB.

270. Vgl. hierzu auch Art. 23 Abs. 4 Berner Uebereinkommen v. 14. Okt. 1890.

der Entziehung einer solchen Forderung zu entrichtende Geldrente;

3. die fortlaufenden Einkünfte, welche ein Schuldner aus Stiftungen oder sonst auf Grund der Fürsorge und Freigebigkeit eines Dritten bezieht, insoweit der Schuldner zur Bestreitung des nothdürftigen Unterhalts für sich, seinen Ehegatten und seine noch unversorgten Kinder dieser Einkünfte bedarf;
4. die aus Kranken-, Hülfs- oder Sterbekassen, insbesondere aus Knappschaftskassen und Kassen der Knappschaftsvereine zu beziehenden Hebungen;[271]
5. der Sold und die Invalidenpension der Unteroffiziere und der Soldaten;[272]
6. das Diensteinkommen der Militärpersonen,[273] welche zu einem mobilen Truppentheil oder zur Besatzung eines in Dienst gestellten Kriegsfahrzeuges gehören;
7. die Pensionen der Wittwen und Waisen und die denselben aus Wittwen- und Waisenkassen zukommenden Bezüge, die Erziehungsgelder und die Studienstipendien, sowie die Pensionen invalider Arbeiter;[274]
8. das Diensteinkommen[275] der Offiziere, Militärärzte und Deckoffiziere, der Beamten,[276] der Geistlichen, sowie der Aerzte[277] und Lehrer an öffentlichen Anstalten; die Pension dieser Personen nach deren Versetzung in einstweiligen oder dauernden Ruhestand, sowie der nach ihrem Tode den Hinterbliebenen zu gewährende Sterbe- oder Gnadengehalt.

Uebersteigen in den Fällen Nr. 7 und 8 das Diensteinkommen, die Pension oder die sonstigen Bezüge die Summe von fünfzehnhundert Mark für das Jahr, so ist der dritte Theil des Mehrbetrags der Pfändung unterworfen.

Die nach § 843 des Bürgerlichen Gesetzbuchs wegen einer Verletzung des Körpers oder der Gesundheit zu entrichtende Geldrente ist nur soweit der Pfändung unterworfen, als der Gesammtbetrag die Summe von fünfzehnhundert Mark für das Jahr übersteigt.

In den Fällen der beiden vorhergehenden Absätze ist die Pfändung ohne Rücksicht auf den Betrag zulässig, wenn sie wegen der den Verwandten, dem Ehegatten und dem früheren Ehegatten für die Zeit nach Erhebung der Klage und für das diesem Zeitpunkte vorausgehende letzte Vierteljahr kraft Gesetzes zu entrichtenden Unterhaltsbeiträge beantragt wird. Das Gleiche gilt in Ansehung der zu Gunsten eines unehelichen Kindes von dem Vater für den bezeichneten Zeitraum kraft Gesetzes zu entrichtenden Unterhaltsbeiträge; diese Vorschrift findet jedoch insoweit keine Anwendung, als der Schuldner zur Bestreitung seines nothdürftigen Unterhalts und zur Erfüllung der ihm seinen Verwandten, seiner Ehefrau oder seiner früheren Ehefrau gegenüber gesetzlich obliegenden Unterhaltspflicht der Bezüge bedarf. Hierbei werden ausschließlich die Leistungen berücksichtigt, welche vermöge einer solchen Unterhaltspflicht für den nämlichen Zeitraum oder, falls die Klage zu Gunsten des unehelichen Kindes nach der Klage eines Unterhaltsberechtigten erhoben ist, für die Zeit von dem Beginne des der Klage dieses Berechtigten vorausgehenden letzten Vierteljahrs ab zu entrichten sind.

Die Einkünfte, welche zur Bestreitung eines Dienstaufwandes bestimmt sind, und der Servis der Offiziere, Militärärzte und Militärbeamten sind weder der Pfändung unterworfen noch bei der Ermittelung, ob und zu welchem Betrage ein Diensteinkommen der Pfändung unterliege, zu berechnen.

851. Eine Forderung ist in Ermangelung besonderer Vorschriften der Pfändung nur insoweit unterworfen, als sie übertragbar ist.[277a]

Eine nach § 399 des Bürgerlichen Gesetzbuchs nicht übertragbare Forderung kann insoweit gepfändet und zur Einziehung überwiesen werden, als der geschuldete Gegenstand der Pfändung unterworfen ist.

852. Der Pflichttheilsanspruch ist der Pfändung nur unterworfen, wenn er durch Vertrag anerkannt oder rechtshängig geworden ist.[278]

Das Gleiche gilt für den nach § 528 des Bürgerlichen Gesetzbuchs dem Schenker zustehenden Anspruch auf Herausgabe des Geschenkes.

853. (750) Ist eine Geldforderung für mehrere

---

271. Vgl. hierzu § 10 RG über die eingeschriebenen Hülfskassen v. 7. April 1876 (1. Juni 1884); § 56 Krankenversicherungsges. v. 15. Juni 1883 (in der Fassung des Ges. v. 10. April 1892); § 68 Unfallversicherungsges. v. 6. Juli 1884; § 1 RG über die Ausdehnung der Unfall- und Krankenversicherung v. 28. Mai 1885; § 73 RG betr. Unfall- und Krankenversicherung pp. v. 5. Mai 1886; § 38 RG betr. Unfallversicherung pp. v. 11. Juli 1887; § 76 RG betr. Unfallversicherung pp. v. 13. Juli 1887; § 55 Invalidenversicherungsges. v. 13. Juli 1899.

272. §§ 58 ff. Ges. v. 27. Juni 1871 (8. Febr. 1875).

273. Vgl. Bem. zu § 9 BGB.

274. § 17 RG v. 20. April 1881.

275. Nach § 8 RG v. 30. Juni 1873 gilt der Wohnungsgeldzuschuß der Offiziere und Aerzte des Reichsheeres und der K. Marine, sowie der Reichsbeamten als Bestandtheil der Besoldung.

276. Vgl. Bem. Nr. 258.

277. Vgl. Bem. Nr. 259.

277a. Vgl. § 400 BGB; Art. 3 Edikt v. Juni 1769.

278. Vgl. § 2317 Abs. 2 BGB.

Gläubiger gepfändet, so ist der Drittschuldner berechtigt und auf Verlangen eines Gläubigers, welchem die Forderung überwiesen wurde, verpflichtet, unter Anzeige der Sachlage und unter Aushändigung der ihm zugestellten Beschlüsse an das Amtsgericht, dessen Beschluß ihm zuerst zugestellt ist, den Schuldbetrag zu hinterlegen.

854. (751) Ist ein Anspruch, welcher eine bewegliche körperliche Sache betrifft, für mehrere Gläubiger gepfändet, so ist der Drittschuldner berechtigt und auf Verlangen eines Gläubigers, welchem der Anspruch überwiesen wurde, verpflichtet, die Sache unter Anzeige der Sachlage und unter Aushändigung der ihm zugestellten Beschlüsse dem Gerichtsvollzieher herauszugeben, welcher nach dem ihm zuerst zugestellten Beschlusse zur Empfangnahme der Sache ermächtigt ist. Hat der Gläubiger einen solchen Gerichtsvollzieher nicht bezeichnet, so erfolgt dessen Ernennung auf Antrag des Drittschuldners von dem Amtsgerichte des Orts, wo die Sache herauszugeben ist.

Ist der Erlös zur Deckung der Forderungen nicht ausreichend und verlangt der Gläubiger, für welchen die zweite oder eine spätere Pfändung erfolgt ist, ohne Zustimmung der übrigen betheiligten Gläubiger eine andere Vertheilung als nach der Reihenfolge der Pfändungen, so hat der Gerichtsvollzieher die Sachlage unter Hinterlegung des Erlöses dem Amtsgericht anzuzeigen, dessen Beschluß dem Drittschuldner zuerst zugestellt ist. Dieser Anzeige sind die auf das Verfahren sich beziehenden Schriftstücke beizufügen.

In gleicher Weise ist zu verfahren, wenn die Pfändung für mehrere Gläubiger gleichzeitig bewirkt ist.

855. (752) Betrifft der Anspruch eine unbewegliche Sache, so ist der Drittschuldner berechtigt und auf Verlangen eines Gläubigers, welchem der Anspruch überwiesen wurde, verpflichtet, die Sache unter Anzeige der Sachlage und unter Aushändigung der ihm zugestellten Beschlüsse an den von dem Amtsgerichte der belegenen Sache ernannten oder auf seinen Antrag zu ernennenden Sequester herauszugeben.

856. (753) Jeder Gläubiger, welchem der Anspruch überwiesen wurde, ist berechtigt, gegen den Drittschuldner Klage auf Erfüllung der nach den Bestimmungen der §§ 853—855 diesem obliegenden Verpflichtungen zu erheben.

Jeder Gläubiger, für welchen der Anspruch gepfändet ist, kann sich dem Kläger in jeder Lage des Rechtsstreits als Streitgenosse anschließen.

Der Drittschuldner hat die Gläubiger, welche die Klage nicht erhoben und dem Kläger sich nicht angeschlossen haben, zum Termine zur mündlichen Verhandlung zu laden.

Die Entscheidung, welche in dem Rechtsstreite über den in der Klage erhobenen Anspruch erlassen wird, ist für und gegen sämmtliche Gläubiger wirksam.

Gegen einen Gläubiger, welcher nicht zum Termine zur mündlichen Verhandlung geladen ist, obgleich er von dem Drittschuldner hätte geladen werden sollen, kann der Drittschuldner sich auf die ihm günstige Entscheidung nicht berufen.

857. (754) Auf die Zwangsvollstreckung in andere Vermögensrechte, welche nicht Gegenstand der Zwangsvollstreckung in das unbewegliche Vermögen sind, finden die vorstehenden Bestimmungen entsprechende Anwendung.

Ist ein Drittschuldner nicht vorhanden, so ist die Pfändung mit dem Zeitpunkt als bewirkt anzusehen, in welchem dem Schuldner das Gebot, sich jeder Verfügung über das Recht zu enthalten, zugestellt ist.

Ein unveräußerliches Recht ist in Ermangelung besonderer Vorschriften der Pfändung insoweit unterworfen, als die Ausübung einem Anderen überlassen werden kann.

Das Gericht kann bei der Zwangsvollstreckung in unveräußerliche Rechte, deren Ausübung einem Anderen überlassen werden kann, besondere Anordnungen erlassen. Es kann insbesondere bei der Zwangsvollstreckung in Nutzungsrechte eine Verwaltung anordnen; in diesem Falle wird die Pfändung durch Uebergabe der zu benutzenden Sache an den Verwalter bewirkt, sofern sie nicht durch Zustellung des Beschlusses bereits vorher bewirkt ist.

Ist die Veräußerung des Rechts selbst zulässig, so kann auch diese Veräußerung von dem Gericht angeordnet werden.

Auf die Zwangsvollstreckung in eine Reallast, eine Grundschuld oder eine Rentenschuld finden die Vorschriften über die Zwangsvollstreckung in eine Forderung, für welche eine Hypothek besteht, entsprechende Anwendung.

858. Auf die Zwangsvollstreckung in den Antheil an einem im Schiffsregister eingetragenen Schiffe (Schiffspart) finden die Bestimmungen des § 857 mit folgenden Abweichungen Anwendung.

Als Vollstreckungsgericht ist das Amtsgericht zuständig, in dessen Bezirke sich der Heimathshafen[279] oder der Heimathsort[280] des Schiffes befindet.[281]

Dem Antrag auf Anordnung der Veräußerung der Part ist ein Auszug aus dem Schiffsregister beizufügen, der alle die Part betreffenden Eintragungen enthält; der Auszug darf nicht älter als eine Woche sein.

279. § 480 HGB.

280. § 6 Binnenschiffahrtsges. v. 15. Juni 1895.

281. Vgl. §§ 100 ff. FrG.

Der Pfändungsbeschluß soll dem Korrespondentrheder[282] zugestellt werden; die Pfändung wird auch mit dieser Zustellung wirksam.

Das Vollstreckungsgericht soll der Registerbehörde[283] von der Erlassung des Pfändungsbeschlusses unverzüglich Mittheilung machen.

Ergiebt der Auszug aus dem Schiffsregister, daß die Part mit einem Pfandrechte belastet ist, welches einem anderen als dem betreibenden Gläubiger zusteht, so ist die Hinterlegung des Erlöses anzuordnen. Die Vertheilung des Erlöses erfolgt in diesem Falle nach den Bestimmungen der §§ 873—882; Forderungen, für die ein Pfandrecht an der Part eingetragen ist, sind nach dem Inhalte des Schiffsregisters in den Theilungsplan aufzunehmen.

859. Der Antheil eines Gesellschafters an dem Gesellschaftsvermögen einer nach § 705 des Bürgerlichen Gesetzbuchs eingegangenen Gesellschaft ist der Pfändung unterworfen. Der Antheil eines Gesellschafters an den einzelnen zu dem Gesellschaftsvermögen gehörenden Gegenständen ist der Pfändung nicht unterworfen.

Die gleichen Vorschriften gelten für den Antheil eines Miterben an dem Nachlaß und an den einzelnen Nachlaßgegenständen.

860. Bei dem Güterstande der allgemeinen Gütergemeinschaft, der Errungenschaftsgemeinschaft oder der Fahrnißgemeinschaft ist der Antheil eines der Ehegatten an dem Gesammtgut und an den einzelnen dazu gehörenden Gegenständen der Pfändung nicht unterworfen. Das Gleiche gilt bei der fortgesetzten Gütergemeinschaft von den Antheilen des überlebenden Ehegatten und der Abkömmlinge.

Nach der Beendigung der Gemeinschaft ist der Antheil an dem Gesammtgute zu Gunsten der Gläubiger des Antheilsberechtigten der Pfändung unterworfen.

861. Das Recht, welches bei dem Güterstande der Verwaltung und Nutznießung dem Ehemanne an dem eingebrachten Gute zusteht, ist der Pfändung nicht unterworfen. Die von dem Ehemann erworbenen Früchte des eingebrachten Gutes sind der Pfändung nicht unterworfen, soweit sie zur Erfüllung der in den §§ 1384 bis 1387 des Bürgerlichen Gesetzbuchs bestimmten Verpflichtungen des Ehemanns, zur Erfüllung der ihm seiner Ehefrau, seiner früheren Ehefrau oder seinen Verwandten gegenüber gesetzlich obliegenden Unterhaltspflicht und zur Bestreitung seines standesmäßigen Unterhalts erforderlich sind.

Der Widerspruch kann auch von der Ehefrau nach § 766 geltend gemacht werden.

862. Das Recht, welches dem Vater oder der Mutter kraft der elterlichen Nutznießung an dem Vermögen des Kindes zusteht, ist der Pfändung nicht unterworfen. Das Gleiche gilt von den ihnen nach den §§ 1655, 1656 des Bürgerlichen Gesetzbuchs zustehenden Ansprüchen, solange die Ansprüche nicht fällig sind.

Auf die Pfändung der von dem Vater oder der Mutter kraft der elterlichen Nutznießung erworbenen Früchte finden die Vorschriften des § 861 Abs. 1 Satz 2 mit der Maßgabe entsprechende Anwendung, daß die in den §§ 1655, 1656 des Bürgerlichen Gesetzbuchs bezeichneten Ansprüche, wenn sie fällig sind, den erworbenen Früchten gleichstehen.

Der Widerspruch kann auch von dem Kinde nach § 766 geltend gemacht werden.

863. Ist der Schuldner als Erbe nach § 2338 des Bürgerlichen Gesetzbuchs durch die Einsetzung eines Nacherben beschränkt, so sind die Nutzungen der Erbschaft der Pfändung nicht unterworfen, soweit sie zur Erfüllung der dem Schuldner seinem Ehegatten, seinem früheren Ehegatten oder seinen Verwandten gegenüber gesetzlich obliegenden Unterhaltspflicht und zur Bestreitung seines standesmäßigen Unterhalts erforderlich sind. Das Gleiche gilt, wenn der Schuldner nach § 2338 des Bürgerlichen Gesetzbuchs durch die Ernennung eines Testamentsvollstreckers beschränkt ist, für seinen Anspruch auf den jährlichen Reinertrag.

Die Pfändung ist unbeschränkt zulässig, wenn der Anspruch eines Nachlaßgläubigers oder ein auch dem Nacherben oder dem Testamentsvollstrecker gegenüber wirksames Recht geltend gemacht wird.

Diese Vorschriften finden entsprechende Anwendung, wenn der Antheil eines Abkömmlings an dem Gesammtgute der fortgesetzten Gütergemeinschaft nach § 1513 Abs. 2 des Bürgerlichen Gesetzbuchs einer Beschränkung der im Abs. 1 bezeichneten Art unterliegt.

282. § 492 HGB.

283. „Amtsgericht“ nach § 120 Binnenschiffahrtsges. v. 15. Juni 1895; § 125 Abs. 1 FrG.

Zweiter Titel. Zwangsvollstreckung in das unbewegliche Vermögen.

864. (757) Der Zwangsvollstreckung in das unbewegliche Vermögen unterliegen außer den Grundstücken die Berechtigungen, für welche die sich auf Grundstücke beziehenden Vorschriften gelten,[284] und die im Schiffsregister eingetragenen Schiffe.[285]

Die Zwangsvollstreckung in den Bruchtheil eines Grundstücks oder einer Berechtigung ist nur zulässig, wenn der Bruchtheil in dem Antheil eines Miteigenthümers besteht oder wenn sich der Anspruch des Gläubigers auf ein Recht gründet, mit welchem der Bruchtheil als solcher belastet ist.

865. Die Zwangsvollstreckung in das unbewegliche Vermögen umfaßt auch die Gegenstände, auf welche sich bei Grundstücken[286] und Berechtigungen die Hypothek, bei Schiffen[287] das eingetragene Pfandrecht erstreckt.

Diese Gegenstände können, soweit sie Zubehör[288] sind, nicht gepfändet werden. Im Uebrigen unterliegen sie der Zwangsvollstreckung in das bewegliche Vermögen, solange nicht ihre Beschlagnahme im Wege der Zwangsvollstreckung in das unbewegliche Vermögen erfolgt ist.

866. Die Zwangsvollstreckung in ein Grundstück erfolgt durch Eintragung einer Sicherungshypothek[289] für die Forderung, durch Zwangsversteigerung und durch Zwangsverwaltung.[290]

Der Gläubiger kann verlangen, daß eine dieser Maßregeln allein oder neben den übrigen ausgeführt werde.

Auf Grund eines Vollstreckungsbefehls findet die Eintragung einer Sicherungshypothek nicht statt. Auf Grund eines anderen Schuldtitels darf eine Sicherungshypothek nur für eine den Betrag von dreihundert Mark übersteigende Forderung eingetragen werden; die Vorschriften der §§ 4, 5 finden entsprechende Anwendung.

867. Die Sicherungshypothek wird auf Antrag des Gläubigers in das Grundbuch[291] eingetragen; die Eintragung ist auf dem vollstreckbaren Titel zu vermerken. Mit der Eintragung entsteht die Hypothek. Das Grundstück haftet auch für die dem Schuldner zur Last fallenden Kosten der Eintragung.

Sollen mehrere Grundstücke des Schuldners mit der Hypothek belastet werden, so ist der Betrag der Forderung auf die einzelnen Grundstücke zu vertheilen; die Größe der Theile bestimmt der Gläubiger.

868. Wird durch eine vollstreckbare Entscheidung die zu vollstreckende Entscheidung oder ihre vorläufige Vollstreckbarkeit aufgehoben oder die Zwangsvollstreckung für unzulässig erklärt oder deren Einstellung angeordnet, so erwirbt der Eigenthümer des Grundstücks die Hypothek.

Das Gleiche gilt, wenn durch eine gerichtliche Entscheidung die einstweilige Einstellung der Vollstreckung und zugleich die Aufhebung der erfolgten Vollstreckungsmaßregeln angeordnet wird oder wenn die zur Abwendung der Vollstreckung nachgelassene Sicherheitsleistung oder Hinterlegung erfolgt.[292]

869. Die Zwangsversteigerung und die Zwangsverwaltung werden durch ein besonderes Gesetz geregelt.

870. Auf die Zwangsvollstreckung in eine Berechtigung, für welche die sich auf Grundstücke beziehenden Vorschriften gelten,[284] finden die Vorschriften über die Zwangsvollstreckung in Grundstücke entsprechende Anwendung.

Die Zwangsvollstreckung in ein eingetragenes Schiff erfolgt nur durch Zwangsversteigerung.

871. Unberührt bleiben die landesgesetzlichen Vorschriften, nach welchen, wenn ein Anderer als der Eigenthümer einer Eisenbahn oder Kleinbahn den Betrieb der Bahn kraft eigenen Nutzungsrechts ausübt, das Nutzungsrecht und gewisse dem Betriebe gewidmete Gegenstände in Ansehung der Zwangsvollstreckung zum unbeweglichen Vermögen gehören und die Zwangsvollstreckung abweichend von den Vorschriften der Reichsgesetze geregelt ist.

Dritter Titel. Vertheilungsverfahren.

872. (758) Das Vertheilungsverfahren tritt ein, wenn bei der Zwangsvollstreckung in das bewegliche Vermögen ein Geldbetrag hinterlegt ist, welcher zur Befriedigung der betheiligten Gläubiger nicht hinreicht.

873. (759) Das zuständige Amtsgericht (§§ 827,

---

284. Vgl. § 1017 BGB; Artt. 63, 67 EG z. BGB; §§ 80 ff. AG z. BGB.
285. Vgl. §§ 1—4 RG v. 22. Juni 1899; §§ 119 ff. Binnenschiffahrtsges. v. 15. Juni 1895.
286. §§ 1120 ff. BGB.
287. §§ 1265, 1268 BGB.
288. §§ 97, 98 BGB.
289. Vgl. §§ 19, 20 AG z. CPO und KO v. 13. Nov. 1899.
290. Vgl. § 20 AG z. CPO und KO v. 13. Nov. 1899.
291. Vgl. § 19 AG z. CPO und KO v. 13. Nov. 1899.
292. RG v. 24. März 1897.

853, 854) hat nach Eingang der Anzeige über die Sachlage an jeden der betheiligten Gläubiger die Aufforderung zu erlassen, binnen zwei Wochen eine Berechnung der Forderung an Kapital, Zinsen, Kosten und sonstigen Nebenforderungen einzureichen.

874. (760) Nach Ablauf der zweiwöchigen Fristen wird von dem Gericht ein Theilungsplan angefertigt.

Der Betrag der Kosten des Verfahrens ist von dem Bestande der Masse vorweg in Abzug zu bringen.

Die Forderung eines Gläubigers, welcher bis zur Anfertigung des Theilungsplans der an ihn gerichteten Aufforderung nicht nachgekommen ist, wird nach der Anzeige und deren Unterlagen berechnet. Eine nachträgliche Ergänzung der Forderung findet nicht statt.

875. (761) Das Gericht hat zur Erklärung über den Theilungsplan sowie zur Ausführung der Vertheilung einen Termin zu bestimmen. Der Theilungsplan muß spätestens drei Tage vor dem Termine auf der Gerichtsschreiberei zur Einsicht der Betheiligten niedergelegt werden.

Die Ladung des Schuldners zu dem Termin ist nicht erforderlich, wenn sie durch Zustellung im Ausland oder durch öffentliche Zustellung erfolgen müßte.

876. (762) Wird in dem Termin ein Widerspruch gegen den Plan nicht erhoben, so ist dieser zur Ausführung zu bringen. Erfolgt ein Widerspruch, so hat sich jeder bei demselben betheiligte Gläubiger sofort zu erklären. Wird der Widerspruch von den Betheiligten als begründet anerkannt oder kommt anderweit eine Einigung zu Stande, so ist der Plan demgemäß zu berichtigen. Wenn ein Widerspruch sich nicht erledigt, so erfolgt die Ausführung des Plans insoweit, als der Plan durch den Widerspruch nicht betroffen wird.

877. (763) Gegen einen Gläubiger, welcher in dem Termine weder erschienen ist noch vor dem Termine bei dem Gerichte Widerspruch erhoben hat, wird angenommen, daß er mit der Ausführung des Plans einverstanden sei.

Ist ein in dem Termine nicht erschienener Gläubiger bei dem Widerspruche betheiligt, welchen ein anderer Gläubiger erhoben hat, so wird angenommen, daß er diesen Widerspruch nicht als begründet anerkenne.

878. (764) Der widersprechende Gläubiger muß ohne vorherige Aufforderung binnen einer Frist von einem Monate, welche mit dem Terminstage beginnt, dem Gerichte nachweisen, daß er gegen die betheiligten Gläubiger Klage erhoben habe. Nach fruchtlosem Ablaufe dieser Frist wird die Ausführung des Plans ohne Rücksicht auf den Widerspruch angeordnet.

Die Befugniß des Gläubigers, welcher dem Plane widersprochen hat, ein besseres Recht gegen den Gläubiger, welcher einen Geldbetrag nach dem Plane erhalten hat, im Wege der Klage geltend zu machen, wird durch die Versäumung der Frist und durch die Ausführung des Plans nicht ausgeschlossen.

879. (765) Die Klage ist bei dem Vertheilungsgericht und, wenn der Streitgegenstand zur Zuständigkeit der Amtsgerichte nicht gehört, bei dem Landgerichte zu erheben, in dessen Bezirke das Vertheilungsgericht seinen Sitz hat.

Das Landgericht ist für sämmtliche Klagen zuständig, wenn seine Zuständigkeit nach dem Inhalte der erhobenen und in dem Termine nicht zur Erledigung gelangten Widersprüche auch nur in Betreff einer Klage begründet ist, sofern nicht die sämmtlichen betheiligten Gläubiger vereinbaren, daß das Vertheilungsgericht über alle Widersprüche entscheiden solle.

880. (766) In dem Urtheile, durch welches über einen erhobenen Widerspruch entschieden wird, ist zugleich zu bestimmen, an welche Gläubiger und in welchen Beträgen der streitige Theil der Masse auszuzahlen sei. Wird dies nicht für angemessen erachtet, so ist die Anfertigung eines neuen Plans und ein anderweites Vertheilungsverfahren in dem Urtheile anzuordnen.

881. (767) Das Versäumnißurtheil gegen einen widersprechenden Gläubiger ist dahin zu erlassen, daß der Widerspruch als zurückgenommen anzusehen sei.

882. (768) Auf Grund des erlassenen Urtheils wird die Auszahlung oder das anderweite Vertheilungsverfahren von dem Vertheilungsgericht angeordnet.

Dritter Abschnitt. Zwangsvollstreckung zur Erwirkung der Herausgabe von Sachen und zur Erwirkung von Handlungen oder Unterlassungen.

883. (769) Hat der Schuldner eine bewegliche Sache oder von bestimmten beweglichen Sachen eine Quantität herauszugeben, so sind dieselben von dem Gerichtsvollzieher ihm wegzunehmen und dem Gläubiger zu übergeben.

Wird die herauszugebende Sache nicht vorgefunden, so ist der Schuldner verpflichtet, auf Antrag des Gläubigers den Offenbarungseid dahin zu leisten:

> daß er die Sache nicht besitze, auch nicht wisse, wo die Sache sich befinde.

Das Gericht kann eine der Lage der Sache entsprechende Aenderung der vorstehenden Eidesnorm beschließen.

884. (770) Hat der Schuldner eine bestimmte Quantität vertretbarer Sachen[293] oder Werth-

293. § 91 BGB.

papiere zu leisten, so findet die Vorschrift des § 883 Abs. 1 entsprechende Anwendung.

885. (771) Hat der Schuldner eine unbewegliche Sache oder ein bewohntes Schiff herauszugeben, zu überlassen oder zu räumen, so hat der Gerichtsvollzieher den Schuldner aus dem Besitze zu setzen und den Gläubiger in den Besitz einzuweisen.

Bewegliche Sachen, welche nicht Gegenstand der Zwangsvollstreckung sind, werden von dem Gerichtsvollzieher weggeschafft und dem Schuldner oder, wenn dieser abwesend ist, einem Bevollmächtigten desselben oder einer zur Familie des Schuldners gehörigen oder in dieser Familie dienenden erwachsenen Person übergeben oder zur Verfügung gestellt.

Ist weder der Schuldner noch eine der bezeichneten Personen anwesend, so hat der Gerichtsvollzieher die Sachen auf Kosten des Schuldners in das Pfandlokal zu schaffen oder anderweit in Verwahrung zu bringen.

Verzögert der Schuldner die Abforderung, so kann das Vollstreckungsgericht den Verkauf der Sachen und die Hinterlegung des Erlöses anordnen.

886. (772) Befindet sich eine herauszugebende Sache im Gewahrsam eines Dritten, so ist dem Gläubiger auf dessen Antrag der Anspruch des Schuldners auf Herausgabe der Sache nach den Vorschriften zu überweisen, welche die Pfändung und Ueberweisung einer Geldforderung betreffen.

887. (773) Erfüllt der Schuldner die Verpflichtung nicht, eine Handlung vorzunehmen, deren Vornahme durch einen Dritten erfolgen kann, so ist der Gläubiger von dem Prozeßgericht erster Instanz auf Antrag zu ermächtigen, auf Kosten des Schuldners die Handlung vornehmen zu lassen.

Der Gläubiger kann zugleich beantragen, den Schuldner zur Vorauszahlung der Kosten zu verurtheilen, welche durch die Vornahme der Handlung entstehen werden, unbeschadet des Rechts auf eine Nachforderung, wenn die Vornahme der Handlung einen größeren Kostenaufwand verursacht.

Auf die Zwangsvollstreckung zur Erwirkung der Herausgabe oder Leistung von Sachen finden die vorstehenden Bestimmungen keine Anwendung.

888. (774) Kann eine Handlung durch einen Dritten nicht vorgenommen werden, so ist, wenn sie ausschließlich von dem Willen des Schuldners abhängt, auf Antrag von dem Prozeßgericht erster Instanz zu erkennen, daß der Schuldner zur Vornahme der Handlung durch Geldstrafen bis zum Gesammtbetrage von fünfzehnhundert Mark oder durch Haft anzuhalten sei.

Diese Bestimmung kommt im Falle der Verurtheilung zur Eingehung einer Ehe, im Falle der Verurtheilung zur Herstellung des ehelichen Lebens und im Falle der Verurtheilung zur Leistung von Diensten aus einem Dienstvertrage nicht zur Anwendung.

889. Ist der Schuldner auf Grund der Vorschriften des bürgerlichen Rechts[294] zur Leistung eines Offenbarungseides verurtheilt, so erfolgt die Eidesleistung vor dem Prozeßgericht erster Instanz. Auf die Abnahme des Eides finden die Vorschriften der §§ 478—484 Anwendung.

Erscheint der Schuldner in dem zur Eidesleistung bestimmten Termine nicht oder verweigert er die Eidesleistung, so ist nach § 888 zu verfahren. Ist der Schuldner zur Erzwingung der Eidesleistung in Haft genommen, so finden die Vorschriften des § 902 Anwendung.

890. (775) Handelt der Schuldner der Verpflichtung zuwider, eine Handlung zu unterlassen oder die Vornahme einer Handlung zu dulden, so ist er wegen einer jeden Zuwiderhandlung auf Antrag des Gläubigers von dem Prozeßgericht erster Instanz zu einer Geldstrafe bis zu fünfzehnhundert Mark oder zur Strafe der Haft bis zu sechs Monaten zu verurtheilen. Das Maß der Gesammtstrafe darf zwei Jahre Haft nicht übersteigen.

Der Verurtheilung muß eine Strafandrohung vorausgehen, welche, wenn sie in dem die Verpflichtung aussprechenden Urtheile nicht enthalten ist, auf Antrag von dem Prozeßgericht erster Instanz erlassen wird.

Auch kann der Schuldner auf Antrag des Gläubigers zur Bestellung einer Sicherheit für den durch fernere Zuwiderhandlung entstehenden Schaden auf bestimmte Zeit verurtheilt werden.

891. (776) Die in Gemäßheit der §§ 887—890 zu erlassenden Entscheidungen können ohne vorgängige mündliche Verhandlung erfolgen. Vor der Entscheidung ist der Schuldner zu hören.

892. (777) Leistet der Schuldner Widerstand gegen die Vornahme einer Handlung, welche er nach den Bestimmungen der §§ 887, 890 zu dulden hat, so kann der Gläubiger zur Beseitigung des Widerstandes einen Gerichtsvollzieher zuziehen, welcher nach den Bestimmungen des § 758 Abs. 3 und des § 759 zu verfahren hat.[295]

893. (778) Durch die Bestimmungen dieses Abschnitts wird das Recht des Gläubigers nicht berührt, die Leistung des Interesse zu verlangen.

Den Anspruch auf Leistung des Interesse hat der Gläubiger im Wege der Klage bei dem Prozeßgericht erster Instanz geltend zu machen.

894. (779) Ist der Schuldner zur Abgabe einer Willenserklärung verurtheilt, so gilt die Erklärung als abgegeben, sobald das Urtheil die Rechtskraft erlangt hat. Ist die Willenserklärung von einer

294. Vgl. §§ 259, 260, 2028, 2057 BGB; § 163 FrG.
295. Vgl. § 11 Abs. 3 AG z. FrG.

Gegenleistung abhängig gemacht, so tritt diese Wirkung ein, sobald nach den Bestimmungen der §§ 726, 730 eine vollstreckbare Ausfertigung des rechtskräftigen Urtheils ertheilt ist.

Die Vorschrift des ersten Absatzes kommt im Falle der Verurtheilung zur Eingehung einer Ehe nicht zur Anwendung.

895. Ist durch ein vorläufig vollstreckbares Urtheil der Schuldner zur Abgabe einer Willenserklärung verurtheilt, auf Grund deren eine Eintragung in das Grundbuch[296] oder das Schiffsregister erfolgen soll, so gilt die Eintragung einer Vormerkung[297] oder eines Widerspruchs[298] als bewilligt.

896. Soll auf Grund eines Urtheils, das eine Willenserklärung des Schuldners ersetzt, eine Eintragung in ein öffentliches Buch[299] oder Register vorgenommen werden, so kann der Gläubiger an Stelle des Schuldners die Ertheilung der im § 792 bezeichneten Urkunden verlangen, soweit er dieser Urkunden zur Herbeiführung der Eintragung bedarf.

897. Ist der Schuldner zur Uebertragung des Eigenthums oder zur Bestellung eines Rechts an einer beweglichen Sache verurtheilt, so gilt die Uebergabe der Sache als erfolgt, wenn der Gerichtsvollzieher die Sache zum Zwecke der Ablieferung an den Gläubiger wegnimmt.

Das Gleiche gilt, wenn der Schuldner zur Bestellung einer Hypothek, Grundschuld oder Rentenschuld oder zur Abtretung oder Belastung einer Hypothekenforderung, Grundschuld oder Rentenschuld verurtheilt ist, für die Uebergabe des Hypotheken-, Grundschuld- oder Rentenschuldbriefs.

898. Auf einen Erwerb, der sich nach den §§ 894, 897 vollzieht, finden die Vorschriften des bürgerlichen Rechts zu Gunsten derjenigen, welche Rechte von einem Nichtberechtigten herleiten, Anwendung.

Vierter Abschnitt.

Offenbarungseid und Haft.

899. (780) Für die Abnahme des Offenbarungseides in den Fällen der §§ 807, 883 ist das Amtsgericht, in dessen Bezirke der Schuldner im Deutschen Reiche seinen Wohnsitz oder in Ermangelung eines solchen seinen Aufenthaltsort hat, als Vollstreckungsgericht zuständig.

900. (781) Das Verfahren beginnt mit der Ladung des Schuldners zur Leistung des Offenbarungseides.

Die Anwesenheit des Gläubigers in dem Termin ist nicht erforderlich.

Bestreitet der Schuldner die Verpflichtung zur Leistung des Eides, so ist von dem Gerichte durch Beschluß über den Widerspruch zu entscheiden. Die Eidesleistung erfolgt erst nach Eintritt der Rechtskraft der Entscheidung; das Vollstreckungsgericht kann jedoch die Eidesleistung vor Eintritt der Rechtskraft anordnen, wenn bereits ein früherer Widerspruch rechtskräftig verworfen ist.

901. (782) Gegen den Schuldner, welcher in dem zur Leistung des Offenbarungseides bestimmten Termine nicht erscheint oder die Leistung des Eides ohne Grund verweigert, hat das Gericht zur Erzwingung der Eidesleistung auf Antrag die Haft[300] anzuordnen.

902. (783) Der verhaftete Schuldner kann zu jeder Zeit bei dem Amtsgerichte des Haftorts beantragen, ihm den Eid abzunehmen. Dem Antrag ist ohne Verzug stattzugeben.

Nach Leistung des Eides wird der Schuldner aus der Haft entlassen und der Gläubiger hiervon in Kenntniß gesetzt.

903. (784) Ein Schuldner, welcher den im § 807 erwähnten Offenbarungseid geleistet hat, ist zur nochmaligen Leistung des Eides auch einem anderen Gläubiger gegenüber nur verpflichtet, wenn glaubhaft gemacht wird, daß er später Vermögen erworben habe.

Diese Vorschrift findet keine Anwendung, wenn seit der Eidesleistung fünf Jahre verstrichen sind.

904. (785) Die Haft ist unstatthaft:

1. gegen Mitglieder einer deutschen gesetzgebenden Versammlung während der Sitzungsperiode, sofern nicht die Versammlung die Vollstreckung genehmigt;[301]
2. gegen Militärpersonen, welche zu einem mobilen Truppentheil oder zur Besatzung eines in Dienst gestellten Kriegsfahrzeuges gehören;[302]
3. gegen den Schiffer, die Schiffsmannschaft und alle übrigen auf einem Seeschiff angestellten Personen, wenn das Schiff zum Abgehen fertig (segelfertig) ist.[303]

905. (786) Die Haft wird unterbrochen:

1. gegen Mitglieder einer deutschen gesetzgebenden Versammlung für die Dauer der Sitzungsperiode, wenn die Versammlung die Freilassung verlangt;

296. Vgl. § 19 AG z. CPO und KO v. 13. Nov. 1899.
297. §§ 885 ff. BGB.
298. § 899 BGB.
299. Bezüglich des Grundbuchs vgl. § 19 AG z. CPO und KO v. 13. Nov. 1899.
300. Vgl. hierzu Art. 17 des internationalen Uebereinkommens v. 14. Nov. 1896 (RGBl. 1899 S. 285).
301. Vgl. Art. 31 Verfassung des deutschen Reiches.
302. Vgl. Bem. zu § 9 BGB.
303. §§ 481, 516 HGB.

2. gegen Militärpersonen, welche zu einem mobilen Truppentheil oder auf ein in Dienst gestelltes Kriegsfahrzeug einberufen werden, für die Dauer dieser Verhältnisse.[303]

906. (787) Gegen einen Schuldner, dessen Gesundheit durch die Vollstreckung der Haft einer nahen und erheblichen Gefahr ausgesetzt wird, darf, solange dieser Zustand dauert, die Haft nicht vollstreckt werden.

907. (788) Die Haft wird in einem Raume vollstreckt, in welchem nicht zugleich Untersuchungs- oder Strafgefangene sich befinden.

908. (789) Das Gericht hat bei Anordnung der Haft einen Haftbefehl zu erlassen, in welchem der Gläubiger, der Schuldner und der Grund der Verhaftung zu bezeichnen sind.

909. (790) Die Verhaftung des Schuldners erfolgt durch einen Gerichtsvollzieher. Der Haftbefehl muß bei der Verhaftung dem Schuldner vorgezeigt und auf Begehren abschriftlich mitgetheilt werden.

910. (791) Vor der Verhaftung eines Beamten, eines Geistlichen oder eines Lehrers an öffentlichen Unterrichtsanstalten ist der vorgesetzten Dienstbehörde von dem Gerichtsvollzieher Anzeige zu machen. Die Verhaftung darf erst erfolgen, nachdem die vorgesetzte Behörde für die dienstliche Vertretung des Schuldners gesorgt hat. Die Behörde ist verpflichtet, ohne Verzug die erforderlichen Anordnungen zu treffen und den Gerichtsvollzieher hiervon in Kenntniß zu setzen.

911. (792) Der Gläubiger hat die Kosten, welche durch die Haft entstehen, einschließlich der Verpflegungskosten von Monat zu Monat vorauszuzahlen. Die Aufnahme des Schuldners in das Gefängniß ist unstatthaft, wenn nicht mindestens für einen Monat die Zahlung geleistet ist. Wird die Zahlung nicht spätestens bis zum Mittage des letzten Tages erneuert, für welchen sie geleistet ist, so wird der Schuldner von Amtswegen aus der Haft entlassen. Gegen den Schuldner, welcher aus diesem Grunde oder ohne sein Zuthun auf Antrag des Gläubigers entlassen ist, findet auf Antrag desselben Gläubigers eine Erneuerung der Haft nicht statt.

912. (793) Soll die Haft gegen eine dem aktiven Heere oder der aktiven Marine angehörende Militärperson[304] vollstreckt werden, so hat das Gericht die vorgesetzte Militärbehörde[305] um die Vollstreckung zu ersuchen.

913. (794) Die Haft darf die Dauer von sechs Monaten nicht übersteigen. Nach Ablauf der sechs Monate wird der Schuldner von Amtswegen aus der Haft entlassen.

914. (795) Ein Schuldner, gegen welchen wegen Verweigerung des im § 807 erwähnten Offenbarungseides eine Haft von sechs Monaten vollstreckt ist, kann auch auf Antrag eines anderen Gläubigers von neuem zur Leistung dieses Eides durch Haft nur angehalten werden, wenn glaubhaft gemacht wird, daß der Schuldner später Vermögen erworben habe.

Diese Vorschrift findet keine Anwendung, wenn seit der Beendigung der Haft fünf Jahre verstrichen sind.

915. Das Vollstreckungsgericht hat ein Verzeichniß derjenigen Personen zu führen, welche vor ihm den im § 807 erwähnten Offenbarungseid geleistet haben oder gegen welche wegen Verweigerung des Eides die Haft angeordnet ist. Die Vollstreckung einer Haft ist in dem Verzeichnisse zu vermerken, wenn sie sechs Monate gedauert hat.

Nach Ablauf der im § 903 Abs. 2 oder der im § 914 Abs. 2 bezeichneten Frist ist die Eintragung dadurch zu löschen, daß der Name unkenntlich gemacht wird.

Die Einsicht des Verzeichnisses ist Jedem gestattet.[306]

Fünfter Abschnitt.
Arrest und einstweilige Verfügungen.

916. (796) Der Arrest findet zur Sicherung der Zwangsvollstreckung in das bewegliche oder unbewegliche Vermögen wegen einer Geldforderung oder wegen eines Anspruchs statt, welcher in eine Geldforderung übergehen kann.

Die Zulässigkeit des Arrestes wird nicht dadurch ausgeschlossen, daß der Anspruch ein betagter oder ein bedingter ist, es sei denn, daß der bedingte Anspruch wegen der entfernten Möglichkeit des Eintritts der Bedingung einen gegenwärtigen Vermögenswerth nicht hat.

917. (797) Der dingliche Arrest findet statt, wenn zu besorgen ist, daß ohne dessen Verhängung die Vollstreckung des Urtheils vereitelt oder wesentlich erschwert werden würde.

Als ein zureichender Arrestgrund ist es anzusehen, wenn das Urtheil im Auslande vollstreckt werden müßte.

918. (798) Der persönliche Sicherheitsarrest findet nur statt, wenn er erforderlich ist, um die gefährdete Zwangsvollstreckung in das Vermögen des Schuldners zu sichern.

919. (799) Für die Anordnung des Arrestes ist sowohl das Gericht der Hauptsache als das Amtsgericht zuständig, in dessen Bezirke der mit Arrest zu belegende Gegenstand oder die in ihrer persönlichen Freiheit zu beschränkende Person sich befindet.

304. Vgl. Bem. zu § 9 BGB.

305. Vgl. Bem. Nr. 135.

306. Ueber die Einrichtung des Verzeichnisses vgl. Art. 53 der allgemeinen Verf. v. 6. Dez. 1899. — Vgl. auch § 107 Abs. 2 KO.

920. (800) Das Gesuch soll die Bezeichnung des Anspruchs unter Angabe des Geldbetrags oder des Geldwerths sowie die Bezeichnung des Arrestgrundes enthalten.

Der Anspruch und der Arrestgrund sind glaubhaft zu machen.

Das Gesuch kann vor dem Gerichtsschreiber zu Protokoll erklärt werden.

921. (801) Die Entscheidung kann ohne vorgängige mündliche Verhandlung erfolgen.

Das Gericht kann, auch wenn der Anspruch oder der Arrestgrund nicht glaubhaft gemacht ist, den Arrest anordnen, sofern wegen der dem Gegner drohenden Nachtheile eine nach freiem Ermessen zu bestimmende Sicherheit geleistet wird. Es kann die Anordnung des Arrestes von einer solchen Sicherheitsleistung abhängig machen, selbst wenn der Anspruch und der Arrestgrund glaubhaft gemacht sind.

922. (802) Die Entscheidung über das Gesuch erfolgt im Falle einer vorgängigen mündlichen Verhandlung durch Endurtheil, anderenfalls durch Beschluß.

Den Beschluß, durch welchen ein Arrest angeordnet wird, hat die Partei, welche den Arrest erwirkt hat, zustellen zu lassen.

Der Beschluß, durch welchen das Arrestgesuch zurückgewiesen oder vorgängige Sicherheitsleistung für erforderlich erklärt wird, ist dem Gegner nicht mitzutheilen.

923. (803) In dem Arrestbefehl ist ein Geldbetrag festzustellen, durch dessen Hinterlegung die Vollziehung des Arrestes gehemmt und der Schuldner zu dem Antrag auf Aufhebung des vollzogenen Arrestes berechtigt wird.

924. (804) Gegen den Beschluß, durch welchen ein Arrest angeordnet wird, findet Widerspuch statt.

Die widersprechende Partei hat den Gegner unter Mittheilung der Gründe, welche sie für die Aufhebung des Arrestes geltend machen will, zur mündlichen Verhandlung zu laden.

Durch Erhebung des Widerspruchs wird die Vollziehung des Arrestes nicht gehemmt.

925. (805) Wird Widerspruch erhoben, so ist über die Rechtmäßigkeit des Arrestes durch Endurtheil zu entscheiden.

Das Gericht kann den Arrest ganz oder theilweise bestätigen, abändern oder aufheben, auch die Bestätigung, Abänderung oder Aufhebung von einer nach freiem Ermessen zu bestimmenden Sicherheitsleistung abhängig machen.

926. (806) Ist die Hauptsache nicht anhängig, so hat das Arrestgericht auf Antrag ohne vorgängige mündliche Verhandlung anzuordnen, daß die Partei, welche den Arrestbefehl erwirkt hat, binnen einer zu bestimmenden Frist Klage zu erheben habe.

Wird dieser Anordnung nicht Folge geleistet, so ist auf Antrag die Aufhebung des Arrestes durch Endurtheil auszusprechen.

927. (807) Auch nach der Bestätigung des Arrestes kann wegen veränderter Umstände, insbesondere wegen Erledigung des Arrestgrundes oder auf Grund des Erbietens zu einer nach freiem Ermessen zu bestimmenden Sicherheitsleistung die Aufhebung des Arrestes beantragt werden.

Die Entscheidung ist durch Endurtheil zu erlassen; sie erfolgt durch das Gericht, welches den Arrest angeordnet hat, und, wenn die Hauptsache anhängig ist, durch das Gericht der Hauptsache.

928. (808) Auf die Vollziehung des Arrestes finden die Vorschriften über die Zwangsvollstreckung entsprechende Anwendung, soweit nicht die nachfolgenden Paragraphen abweichende Bestimmungen enthalten.

929. (809) Arrestbefehle bedürfen der Vollstreckungsklausel nur, wenn die Vollziehung für einen anderen als den in dem Befehle bezeichneten Gläubiger oder gegen einen anderen als den in dem Befehle bezeichneten Schuldner erfolgen soll.

Die Vollziehung des Arrestbefehls ist unstatthaft, wenn seit dem Tage, an welchem der Befehl verkündet oder der Partei, auf deren Gesuch derselbe erging, zugestellt ist, zwei Wochen verstrichen sind.

Die Vollziehung ist vor der Zustellung des Arrestbefehls an den Schuldner zulässig. Sie ist jedoch ohne Wirkung, wenn die Zustellung nicht innerhalb einer Woche nach der Vollziehung und vor Ablauf der für diese im vorhergehenden Absatze bestimmten Frist erfolgt.

930. (810) Die Vollziehung des Arrestes in bewegliches Vermögen wird durch Pfändung bewirkt. Die Pfändung erfolgt nach denselben Grundsätzen wie jede andere Pfändung und begründet ein Pfandrecht mit den im § 804 bestimmten Wirkungen. Für die Pfändung einer Forderung ist das Arrestgericht als Vollstreckungsgericht zuständig.

Gepfändetes Geld und ein im Vertheilungsverfahren auf den Gläubiger fallender Betrag des Erlöses werden hinterlegt.

Das Vollstreckungsgericht kann auf Antrag anordnen, daß eine bewegliche körperliche Sache, wenn sie der Gefahr einer beträchtlichen Werthsverringerung ausgesetzt ist oder wenn ihre Aufbewahrung unverhältnißmäßige Kosten verursachen würde, versteigert und der Erlös hinterlegt werde.

931. Die Vorschriften des § 930 gelten auch für die Vollziehung des Arrestes in ein Schiff, das im Schiffsregister eingetragen ist.

Ist zur Zeit der Arrestvollziehung die

Zwangsversteigerung des Schiffes eingeleitet, so gilt die in diesem Verfahren erfolgte Beschlagnahme des Schiffes[307] als erste Pfändung im Sinne des § 826; die Abschrift des Pfändungsprotokolls ist dem Vollstreckungsgericht einzureichen.

Das Arrestpfandrecht wird auf Antrag des Gläubigers in das Schiffsregister eingetragen;[308] der nach § 923 festgestellte Geldbetrag ist als der Höchstbetrag zu bezeichnen, für welchen das Schiff haftet. Im Uebrigen finden die Vorschriften des Bürgerlichen Gesetzbuchs über das durch Rechtsgeschäft bestellte Pfandrecht an einem Schiffe Anwendung.[309]

932. (811) Die Vollziehung des Arrestes in ein Grundstück oder in eine Berechtigung, für welche die sich auf Grundstücke beziehenden Vorschriften gelten, erfolgt durch Eintragung einer Sicherungshypothek[310] für die Forderung; der nach § 923 festgestellte Geldbetrag ist als der Höchstbetrag zu bezeichnen, für welchen das Grundstück oder die Berechtigung haftet.

Im Uebrigen finden die Vorschriften der §§ 867, 868 Anwendung.

Der Antrag auf Eintragung der Hypothek gilt im Sinne des § 929 Abs. 2, 3 als Vollziehung des Arrestbefehls.

933. (812) Die Vollziehung des persönlichen Sicherheitsarrestes richtet sich, wenn sie durch Haft erfolgt, nach den Vorschriften der §§ 904—913 und, wenn sie durch sonstige Beschränkung der persönlichen Freiheit erfolgt, nach den vom Arrestgerichte zu treffenden besonderen Anordnungen, für welche die Beschränkungen der Haft maßgebend sind. In den Haftbefehl ist der nach § 923 festgestellte Geldbetrag aufzunehmen.

934. (813) Die Aufhebung eines vollzogenen Arrestes gegen Hinterlegung des in dem Arrestbefehle festgestellten Geldbetrags erfolgt von dem Vollstreckungsgerichte.

Das Vollstreckungsgericht kann die Aufhebung des Arrestes auch anordnen, wenn die Fortdauer besondere Aufwendungen erfordert und die Partei, auf deren Gesuch der Arrest verhängt wurde, den nöthigen Geldbetrag nicht vorschießt.

Die in diesem Paragraphen erwähnten Entscheidungen können ohne vorgängige mündliche Verhandlung erfolgen.

Gegen den Beschluß, durch welchen der Arrest aufgehoben wird, findet sofortige Beschwerde statt.

935. (814) Einstweilige Verfügungen in Beziehung auf den Streitgegenstand sind zulässig, wenn zu besorgen ist, daß durch eine Veränderung des bestehenden Zustandes die Verwirklichung des Rechts einer Partei vereitelt oder wesentlich erschwert werden könnte.[311]

936. (815) Auf die Anordnung einstweiliger Verfügungen und das weitere Verfahren finden die Vorschriften über die Anordnung von Arresten und über das Arrestverfahren entsprechende Anwendung, soweit nicht die nachfolgenden Paragraphen abweichende Vorschriften enthalten.

937. (816) Für die Erlassung einstweiliger Verfügungen ist das Gericht der Hauptsache zuständig.

Die Entscheidung kann in dringenden Fällen ohne vorgängige mündliche Verhandlung erfolgen.

938. (817) Das Gericht bestimmt nach freiem Ermessen, welche Anordnungen zur Erreichung des Zweckes erforderlich sind.

Die einstweilige Verfügung kann auch in einer Sequestration sowie darin bestehen, daß dem Gegner eine Handlung geboten oder verboten, insbesondere die Veräußerung, Belastung oder Verpfändung eines Grundstücks untersagt wird.

939. (818) Nur unter besonderen Umständen kann die Aufhebung einer einstweiligen Verfügung gegen Sicherheitsleistung gestattet werden.

940. (819) Einstweilige Verfügungen sind auch zum Zwecke der Regelung eines einstweiligen Zustandes in Bezug auf ein streitiges Rechtsverhältniß zulässig, sofern diese Regelung, insbesondere bei dauernden Rechtsverhältnissen zur Abwendung wesentlicher Nachtheile oder zur Verhinderung drohender Gewalt oder aus anderen Gründen nöthig erscheint.[311]

941. Hat auf Grund der einstweiligen Verfügung eine Eintragung in das Grundbuch oder das Schiffsregister zu erfolgen, so ist das Gericht befugt, das Grundbuchamt oder die Registerbehörde um die Eintragung zu ersuchen.[312]

942. (820) In dringenden Fällen kann das Amtsgericht, in dessen Bezirke sich der Streitgegenstand befindet, eine einstweilige Verfügung erlassen, unter Bestimmung einer Frist, innerhalb welcher der Gegner zur mündlichen Verhandlung über die Rechtmäßigkeit der einstweiligen Verfügung vor das Gericht der Hauptsache zu laden ist.

Die einstweilige Verfügung, auf Grund deren eine Vormerkung[313] oder ein Widerspruch[314] gegen die Richtigkeit des Grundbuchs[315] oder des Schiffsregisters eingetragen werden soll, kann von dem

307. §§ 20 ff., 162, 165 ZVG.
308. Vgl. §§ 100 ff. FrG.
309. §§ 1259 ff. BGB.
310. Vgl. § 19 AG z. CPO und KO v. 13. Nov. 1899.

311. Bezüglich der einstweiligen Verfügungen zum Schutze gegen unlauteren Wettbewerb vgl. § 3 RG. v. 27. Mai 1896.
312. § 39 GBO; § 110 FrG; § 19 AG z. CPO und KO v. 13. Nov. 1899.
313. §§ 885, 1263 BGB.
314. §§ 899, 1263 BGB.
315. Vgl. § 19 AG z. CPO und KO v. 13. Nov. 1899.

Amtsgericht, in dessen Bezirke das Grundstück belegen ist oder der Heimathshafen[316] oder der Heimathsort[317] des Schiffes sich befindet, erlassen werden, auch wenn der Fall für dringlich nicht erachtet wird. Die Bestimmung der im Abs. 1 bezeichneten Frist hat nur auf Antrag des Gegners zu erfolgen.

Nach fruchtlosem Ablaufe der Frist hat das Amtsgericht auf Antrag die erlassene Verfügung aufzuheben.

Die in diesem Paragraphen erwähnten Entscheidungen des Amtsgerichts können ohne vorgängige mündliche Verhandlung erfolgen.

943. (821) Als Gericht der Hauptsache im Sinne der Bestimmungen dieses Abschnitts ist das Gericht erster Instanz und, wenn die Hauptsache in der Berufungsinstanz anhängig ist, das Berufungsgericht anzusehen.

Das Gericht der Hauptsache ist für die nach § 109 zu treffenden Anordnungen ausschließlich zuständig, wenn die Hauptsache anhängig ist oder anhängig gewesen ist.

944. (822) In dringenden Fällen kann der Vorsitzende über die in diesem Abschnitt erwähnten Gesuche, sofern deren Erledigung eine vorgängige mündliche Verhandlung nicht erfordert, anstatt des Gerichts entscheiden.

945. Erweist sich die Anordnung eines Arrestes oder einer einstweiligen Verfügung als von Anfang an ungerechtfertigt oder wird die angeordnete Maßregel auf Grund des § 926 Abs. 2 oder des § 942 Abs. 3 aufgehoben, so ist die Partei, welche die Anordnung erwirkt hat, verpflichtet, dem Gegner den Schaden zu ersetzen, der ihm aus der Vollziehung der angeordneten Maßregel oder dadurch entsteht, daß er Sicherheit leistet, um die Vollziehung abzuwenden oder die Aufhebung der Maßregel zu erwirken.

316. Vgl. Bem. Nr. 279.
317. Vgl. Bem. Nr. 280.

Neuntes Buch.

Aufgebotsverfahren.[318]

946. (823) Eine öffentliche gerichtliche Aufforderung zur Anmeldung von Ansprüchen oder Rechten findet mit der Wirkung, daß die Unterlassung der Anmeldung einen Rechtsnachtheil zur Folge hat, nur in den durch das Gesetz bestimmten Fällen statt.

Für das Aufgebotsverfahren ist das durch das Gesetz bestimmte Gericht[319] zuständig.

947. (824) Der Antrag kann schriftlich oder zum Protokolle des Gerichtsschreibers gestellt werden. Die Entscheidung kann ohne vorgängige mündliche Verhandlung erfolgen.

Ist der Antrag zulässig, so hat das Gericht das Aufgebot zu erlassen. In dasselbe ist insbesondere aufzunehmen:

1. die Bezeichnung des Antragstellers;
2. die Aufforderung, die Ansprüche und Rechte spätestens im Aufgebotstermine anzumelden;
3. die Bezeichnung der Rechtsnachtheile, welche eintreten, wenn die Anmeldung unterbleibt;
4. die Bestimmung eines Aufgebotstermins.

948. (825) Die öffentliche Bekanntmachung des Aufgebots erfolgt durch Anheftung an die Gerichtstafel und durch Einrückung in den Deutschen Reichsanzeiger, außerdem aber, sofern nicht das Gesetz für den betreffenden Fall eine abweichende Anordnung getroffen hat, nach den im § 204 für Ladungen gegebenen Vorschriften.[320]

949. (826) Auf die Gültigkeit der öffentlichen Bekanntmachung hat es keinen Einfluß, wenn das anzuheftende Schriftstück von dem Orte der Anheftung zu früh entfernt ist oder wenn im Falle wiederholter Bekanntmachung die vorgeschriebenen Zwischenfristen nicht eingehalten sind.

950. (827) Zwischen dem Tage, an welchem die Einrückung oder die erste Einrückung des Aufgebots in den Deutschen Reichsanzeiger erfolgt ist, und dem Aufgebotstermine muß, sofern das Gesetz nicht eine abweichende Anordnung enthält, ein Zeitraum (Aufgebotsfrist) von mindestens sechs Wochen liegen.[320]

951. (828) Eine Anmeldung, welche nach dem Schlusse des Aufgebotstermins, jedoch vor Erlassung des Ausschlußurtheils erfolgt, ist als eine rechtzeitige anzusehen.

952. (829) Das Ausschlußurtheil ist in öffentlicher Sitzung auf Antrag zu erlassen.

Einem in der Sitzung gestellten Antrage wird ein Antrag gleichgeachtet, welcher vor dem Aufgebotstermine schrift-

318. Vgl. hierzu §§ 17 ff. Reichsschuldenordnung vom 19. März 1900 (RGBl. S. 129); §§ 11, 13 Abs. 1 EG z. CPO; Artt. 101, 102, 177 EG z. BGB; § 17 Ges. betr. die Sparkassen vom 14. Juli 1895.
319. „Amtsgericht" nach § 23 GVG.

320. Vgl. § 12 EG z. ZPO; § 13 AG z. ZPO.

lich gestellt oder zum Protokolle des Gerichtsschreibers erklärt worden ist.

Vor Erlassung des Urtheils kann eine nähere Ermittelung, insbesondere die Versicherung der Wahrheit einer Behauptung des Antragstellers an Eidesstatt, angeordnet werden.

Gegen den Beschluß, durch welchen der Antrag auf Erlassung des Ausschlußurtheils zurückgewiesen wird, sowie gegen Beschränkungen und Vorbehalte, welche dem Ausschlußurtheile beigefügt sind, findet sofortige Beschwerde statt.

953. (830) Erfolgt eine Anmeldung, durch welche das von dem Antragsteller zur Begründung des Antrags behauptete Recht bestritten wird, so ist nach Beschaffenheit des Falles entweder das Aufgebotsverfahren bis zur endgültigen Entscheidung über das angemeldete Recht auszusetzen, oder in dem Ausschlußurtheile das angemeldete Recht vorzubehalten.

954. (831) Wenn der Antragsteller weder in dem Aufgebotstermin erschienen ist noch vor dem Termine den Antrag auf Erlassung des Ausschlußurtheils gestellt hat, so ist auf seinen Antrag ein neuer Termin zu bestimmen. Der Antrag ist nur binnen einer vom Tage des Aufgebotstermins laufenden Frist von sechs Monaten zulässig.

955. (832) Wird zur Erledigung des Aufgebotsverfahrens ein neuer Termin bestimmt, so ist eine öffentliche Bekanntmachung des Termins nicht erforderlich.

956. (833) Das Gericht kann die öffentliche Bekanntmachung des wesentlichen Inhalts des Ausschlußurtheils durch einmalige Einrückung in den Deutschen Reichsanzeiger anordnen.

957. (834) Gegen das Ausschlußurtheil findet ein Rechtsmittel nicht statt.

Das Ausschlußurtheil kann bei dem Landgerichte, in dessen Bezirke das Aufgebotsgericht seinen Sitz hat, mittels einer gegen den Antragsteller zu erhebenden Klage angefochten werden:

1. wenn ein Fall nicht vorlag, in welchem das Gesetz das Aufgebotsverfahren zuläßt;
2. wenn die öffentliche Bekanntmachung des Aufgebots oder eine in dem Gesetze vorgeschriebene Art der Bekanntmachung unterblieben ist;
3. wenn die vorgeschriebene Aufgebotsfrist nicht gewahrt ist;
4. wenn der erkennende Richter von der Ausübung des Richteramts kraft Gesetzes ausgeschlossen war;
5. wenn ein Anspruch oder ein Recht ungeachtet der erfolgten Anmeldung nicht dem Gesetze gemäß in dem Urtheile berücksichtigt ist;
6. wenn die Voraussetzungen vorliegen, unter welchen die Restitutionsklage wegen einer strafbaren Handlung stattfindet.

958. (835) Die Anfechtungsklage ist binnen der Nothfrist eines Monats zu erheben. Die Frist beginnt mit dem Tage, an welchem der Kläger Kenntniß von dem Ausschlußurtheile erhalten hat, in dem Falle jedoch, wenn die Klage auf einem der im § 957 Nr. 4, 6 bezeichneten Anfechtungsgründe beruht und dieser Grund an jenem Tage noch nicht zur Kenntniß des Klägers gelangt war, erst mit dem Tage, an welchem der Anfechtungsgrund dem Kläger bekannt geworden ist.

Nach Ablauf von zehn Jahren, von dem Tage der Verkündung des Ausschlußurtheils an gerechnet, ist die Klage unstatthaft.

959. (836) Das Gericht kann die Verbindung mehrerer Aufgebote anordnen, auch wenn die Voraussetzungen des § 147 nicht vorliegen.

960. Für das Aufgebotsverfahren zum Zwecke der Todeserklärung gelten die nachfolgenden besonderen Bestimmungen.[321]

961. Zuständig ist das Gericht, in dessen Bezirke der Verschollene den letzten inländischen Wohnsitz hatte. In Ermangelung eines solchen Wohnsitzes wird das zuständige Gericht für Angehörige eines Bundesstaates von der Landesjustizverwaltung durch allgemeine Anordnung, für andere Verschollene von dem Reichskanzler durch allgemeine Anordnung bestimmt.[321a]

962. Antragsberechtigt ist der gesetzliche Vertreter des Verschollenen sowie Jeder, der an der Todeserklärung ein rechtliches Interesse hat.

Der gesetzliche Vertreter bedarf zu dem Antrage der Genehmigung des Vormundschaftsgerichts.

963. Der Antragsteller hat die zur Begründung des Antrags erforderlichen Thatsachen[322] vor der Einleitung des Verfahrens glaubhaft zu machen.

964. In das Aufgebot ist aufzunehmen:

1. die Aufforderung an den Verschollenen, sich spätestens im Aufgebotstermine zu melden, widrigenfalls die Todeserklärung erfolgen werde;
2. die Aufforderung an Alle, welche Auskunft über Leben oder Tod des Verschollenen zu ertheilen vermögen, spätestens im Aufgebotstermine dem Gericht Anzeige zu machen.

965. Die Aufgebotsfrist muß mindestens sechs Monate betragen.

---

321. Vgl. §§ 13 ff. BGB; Artt. 9, 161 EG z. BGB.

321a. Durch Bekm. v. 8. März 1900 (RGBl. S. 128) ist für die letztgedachten Verschollenen das Amtsgericht I Berlin als zuständig bezeichnet worden.

322. §§ 14—17 BGB.

966. In den Fällen der §§ 15—17 des Bürgerlichen Gesetzbuchs kann die Bekanntmachung des Aufgebots durch öffentliche Blätter unterbleiben. Das Gleiche gilt, wenn seit der Geburt des Verschollenen hundert Jahre verstrichen sind.

Unterbleibt die Bekanntmachung durch öffentliche Blätter, so muß die Aufgebotsfrist mindestens sechs Wochen betragen; sie beginnt in diesem Falle mit der Anheftung des Aufgebots an die Gerichtstafel.

967. Jeder Antragsberechtigte kann neben dem Antragsteller oder statt des Antragstellers in das Verfahren eintreten. Durch den Eintritt erlangt er die rechtliche Stellung eines Antragstellers.

968. Das Gericht hat unter Benutzung der in dem Antrag angegebenen Thatsachen und Beweismittel von Amtswegen die zur Feststellung des Sachverhalts erforderlichen Ermittelungen zu veranstalten und die geeignet erscheinenden Beweise aufzunehmen.

969. Wird derjenige, welcher sich als der angeblich Verschollene meldet, als solcher von dem Antragsteller nicht anerkannt, so ist das Verfahren auszusetzen.

970. Das Gericht hat die Todeserklärung nur auszusprechen, wenn die zur Begründung derselben erforderlichen Thatsachen für erwiesen erachtet werden.

In dem Urtheil ist der Zeitpunkt des Todes nach Maßgabe des § 18 Abs. 2 des Bürgerlichen Gesetzbuchs festzustellen.

971. Die dem Antragsteller erwachsenen Kosten, welche zur zweckentsprechenden Durchführung des Verfahrens nothwendig waren, fallen, wenn die Todeserklärung erfolgt, dem Nachlasse zur Last.

972. Die Erledigung der Aufgebotsanträge kann von der Landesjustizverwaltung für mehrere Amtsgerichtsbezirke einem Amtsgericht übertragen werden. Auf Verlangen des Antragstellers erfolgt die Erledigung durch das nach § 961 zuständige Gericht.

Wird das Aufgebot durch ein anderes als das nach § 961 zuständige Gericht erlassen, so ist das Aufgebot auch durch Anheftung an die Gerichtstafel des letzteren Gerichts öffentlich bekannt zn machen.

973. Die Anfechtungsklage findet außer den Fällen des § 957 Abs. 2 auch dann statt, wenn die Todeserklärung mit Unrecht erfolgt oder der Zeitpunkt des Todes des Verschollenen unrichtig festgestellt ist.

974. Zur Erhebung der Anfechtungsklage ist Jeder berechtigt, der an der Aufhebung der Todeserklärung oder an der Berichtigung des Zeitpunkts des Todes ein rechtliches Interesse hat.

Die Anfechtungsklage ist gegen denjenigen zu richten, welcher die Todeserklärung erwirkt hat, falls aber dieser die Klage erhebt oder falls er verstorben oder sein Aufenthalt unbekannt oder im Ausland ist, gegen den Staatsanwalt.

975. Auf das Verfahren über die Anfechtungsklage finden die Vorschriften der §§ 667, 669, 670, des § 673 Abs. 1 und des § 956 entsprechende Anwendung.

976. Die Anfechtungsklage ist, sofern sie nicht auf einen der im § 957 Abs. 2 bezeichneten Gründe gestützt wird, nur innerhalb der Frist von einem Monate zulässig. Die Frist beginnt mit der Erlassung des die Todeserklärung aussprechenden Urtheils. Die mündliche Verhandlung erfolgt nicht vor Ablauf dieser Frist.

Mehrere Anfechtungsprozesse sind zum Zwecke gleichzeitiger Verhandlung und Entscheidung zu verbinden. Die Vorschrift des § 62 findet Anwendung.

Wird in Folge einer Anfechtungsklage die Todeserklärung aufgehoben oder eine andere Todeszeit festgestellt, so wirkt das Urtheil für und gegen Alle.

977. Für das Aufgebotsverfahren zum Zwecke der Ausschließung des Eigenthümers eines Grundstücks nach § 927 des Bürgerlichen Gesetzbuchs gelten die nachfolgenden besonderen Bestimmungen.

978. Zuständig ist das Gericht, in dessen Bezirke das Grundstück belegen ist.

979. Antragsberechtigt ist derjenige, welcher das Grundstück seit der im § 927 des Bürgerlichen Gesetzbuchs bestimmten Zeit im Eigenbesitze hat.

980. Der Antragsteller hat die zur Begründung des Antrags erforderlichen Thatsachen vor der Einleitung des Verfahrens glaubhaft zu machen.

981. In dem Aufgebot ist der bisherige Eigenthümer aufzufordern, sein Recht spätestens im Aufgebotstermin anzumelden, widrigenfalls seine Ausschließung erfolgen werde.

982. Für das Aufgebotsverfahren zum Zwecke der Ausschließung eines Hypotheken-, Grundschuld- oder Rentenschuldgläubigers auf Grund der §§ 1170, 1171 des Bürgerlichen Gesetzbuchs gelten die nachfolgenden besonderen Bestimmungen.

983. Zuständig ist das Gericht, in dessen Bezirke das belastete Grundstück belegen ist.

984. Antragsberechtigt ist der Eigenthümer des belasteten Grundstücks.

Im Falle des § 1170 des Bürgerlichen Gesetzbuchs ist auch ein im Range gleich- oder nachstehender Gläubiger, zu dessen Gunsten eine Vormerkung nach § 1179 des Bürgerlichen Gesetzbuchs eingetragen ist und bei einer Gesammthypothek, Gesammtgrundschuld oder Gesammtrentenschuld außerdem derjenige antragsberechtigt, welcher auf Grund eines im Range gleich- oder nachstehenden Rechts Befriedigung aus einem der belasteten Grundstücke verlangen kann,[323] sofern der Gläubiger oder der sonstige Berechtigte für seinen Anspruch einen vollstreckbaren Schuldtitel erlangt hat.

985. Der Antragsteller hat vor der Einleitung des Verfahrens glaubhaft zu machen, daß der Gläubiger unbekannt ist.

986. Im Falle des § 1170 des Bürgerlichen Gesetzbuchs hat der Antragsteller vor der Einleitung des Verfahrens auch glaubhaft zu machen, daß nicht eine das Aufgebot ausschließende Anerkennung des Rechts des Gläubigers erfolgt ist.

Ist die Hypothek für die Forderung aus einer Schuldverschreibung auf den Inhaber bestellt oder der Grundschuld- oder Rentenschuldbrief auf den Inhaber ausgestellt, so hat der Antragsteller glaubhaft zu machen, daß die Schuldverschreibung oder der Brief bis zum Ablaufe der im § 801 des Bürgerlichen Gesetzbuchs bezeichneten Frist nicht vorgelegt und der Anspruch nicht gerichtlich geltend gemacht worden ist. Ist die Vorlegung oder die gerichtliche Geltendmachung erfolgt, so ist die im Abs. 1 vorgeschriebene Glaubhaftmachung erforderlich.

Zur Glaubhaftmachung genügt in den Fällen der Abs. 1, 2 die Versicherung des Antragstellers an Eidesstatt, unbeschadet der Befugniß des Gerichts, anderweitige Ermittelungen anzuordnen.

In dem Aufgebot ist als Rechtsnachtheil anzudrohen, daß die Ausschließung des Gläubigers mit seinem Rechte erfolgen werde.

Wird das Aufgebot auf Antrag eines nach § 984 Abs. 2 Antragsberechtigten erlassen, so ist es dem Eigenthümer des Grundstücks von Amtswegen mitzutheilen.

987. Im Falle des § 1171 des Bürgerlichen Gesetzbuchs hat der Antragsteller sich vor der Einleitung des Verfahrens zur Hinterlegung des dem Gläubiger gebührenden Betrags zu erbieten.

323. Vgl. § 10 ZVG.

In dem Aufgebot ist als Rechtsnachtheil anzudrohen, daß der Gläubiger nach der Hinterlegung des ihm gebührenden Betrags seine Befriedigung statt aus dem Grundstücke nur noch aus dem hinterlegten Betrage verlangen könne und sein Recht auf diesen erlösche, wenn er sich nicht vor dem Ablaufe von dreißig Jahren nach der Erlassung des Ausschlußurtheils bei der Hinterlegungsstelle melde.

Hängt die Fälligkeit der Forderung von einer Kündigung ab, so erweitert sich die Aufgebotsfrist um die Kündigungfrist.

Das Ausschlußurtheil darf erst dann erlassen werden, wenn die Hinterlegung erfolgt ist.

988. Die Vorschriften des § 983, des § 984 Abs. 1, des § 985, des § 986 Abs. 1—4 und des § 987 finden auf das Aufgebotsverfahren zum Zwecke der in den §§ 887, 1104, 1112, 1269 des Bürgerlichen Gesetzbuchs für die Vormerkung, das Vorkaufsrecht, die Reallast und für das Pfandrecht an Schiffen bestimmten Ausschließung des Berechtigten entsprechende Anwendung.

In den Fällen der §§ 887, 1104, 1112 des Bürgerlichen Gesetzbuchs ist auch derjenige antragsberechtigt, welcher auf Grund eines im Range gleich- oder nachstehenden Rechts Befriedigung aus dem Grundstücke verlangen kann,[323] sofern er für seinen Anspruch einen vollstreckbaren Schuldtitel erlangt hat. Das Aufgebot ist dem Eigenthümer des Grundstücks von Amtswegen mitzutheilen.

989. Für das Aufgebotsverfahren zum Zwecke der Ausschließung von Nachlaßgläubigern auf Grund des § 1970 des Bürgerlichen Gesetzbuchs gelten die nachfolgenden besonderen Bestimmungen.

990. Zuständig ist das Amtsgericht, dem die Verrichtungen des Nachlaßgerichts obliegen.[324] Sind diese Verrichtungen einer anderen Behörde als einem Amtsgericht übertragen, so ist das Amtsgericht zuständig, in dessen Bezirke die Nachlaßbehörde ihren Sitz hat.

991. Antragsberechtigt ist jeder Erbe, sofern er nicht für die Nachlaßverbindlichkeiten unbeschränkt haftet.[325]

Zu dem Antrage sind auch ein Nachlaßpfleger und ein Testamentsvollstrecker berechtigt, wenn ihnen die Verwaltung des Nachlasses zusteht.

Der Erbe und der Testamentsvollstrecker können den Antrag erst nach der Annahme der Erbschaft stellen.

324. Vgl. §§ 73 ff. FrG.

325. Vgl. §§ 1994 Abs. 1, 2005 Abs. 1 BGB.

992. Dem Antrag ist ein Verzeichniß der bekannten Nachlaßgläubiger mit Angabe ihres Wohnorts beizufügen.

993. Das Aufgebot soll nicht erlassen werden, wenn die Eröffnung des Nachlaßkonkurses beantragt ist.[326]

Durch die Eröffnung des Nachlaßkonkurses wird das Aufgebotsverfahren beendigt.

994. Die Aufgebotsfrist soll höchstens sechs Monate betragen.

Das Aufgebot soll den Nachlaßgläubigern, welche dem Nachlaßgericht angezeigt sind und deren Wohnort bekannt ist, von Amtswegen zugestellt werden. Die Zustellung kann durch Aufgabe zur Post erfolgen.

995. In dem Aufgebot ist den Nachlaßgläubigern, welche sich nicht melden, als Rechtsnachtheil anzudrohen, daß sie, unbeschadet des Rechts, vor den Verbindlichkeiten aus Pflichttheilsrechten, Vermächtnissen und Auflagen berücksichtigt zu werden, von dem Erben nur insoweit Befriedigung verlangen können, als sich nach Befriedigung der nicht ausgeschlossenen Gläubiger noch ein Ueberschuß ergiebt.

996. Die Anmeldung einer Forderung hat die Angabe des Gegenstandes und des Grundes der Forderung zu enthalten. Urkundliche Beweisstücke sind in Urschrift oder in Abschrift beizufügen.

Das Gericht hat die Einsicht der Anmeldungen Jedem zu gestatten, der ein rechtliches Interesse glaubhaft macht.

997. Sind mehrere Erben vorhanden, so kommen der von einem Erben gestellte Antrag und das von ihm erwirkte Ausschlußurtheil, unbeschadet der Vorschriften des Bürgerlichen Gesetzbuchs über die unbeschränkte Haftung,[327] auch den anderen Erben zu Statten. Als Rechtsnachtheil ist den Nachlaßgläubigern, welche sich nicht melden, auch anzudrohen, daß jeder Erbe nach der Theilung des Nachlasses nur für den seinem Erbtheil entsprechenden Theil der Verbindlichkeit haftet.

Die Erlassung des Aufgebots mit Androhung des im Abs. 1 Satz 2 bestimmten Rechtsnachtheils kann von jedem Erben auch dann beantragt werden, wenn er für die Nachlaßverbindlichkeiten unbeschränkt haftet.

998. Im Falle der Nacherbfolge findet die Vorschrift des § 997 Abs. 1 Satz 1 auf den Vorerben und den Nacherben entsprechende Anwendung.

999. Ist eine Ehefrau die Erbin und gehört der Nachlaß zum eingebrachten Gute oder zum Gesammtgute, so kann sowohl die Ehefrau als der Ehemann das Aufgebot beantragen, ohne daß die Zustimmung des anderen Theiles erforderlich ist.[328] Das Gleiche gilt, wenn der Nachlaß zum Gesammtgute gehört, auch nach der Beendigung der Gemeinschaft. Der von dem einen Ehegatten gestellte Antrag und das von ihm erwirkte Ausschlußurtheil kommen auch dem anderen Ehegatten zu Statten.

1000. Hat der Erbe die Erbschaft verkauft,[329] so kann sowohl der Käufer als der Erbe das Aufgebot beantragen. Der von dem einen Theile gestellte Antrag und das von ihm erwirkte Ausschlußurtheil kommen, unbeschadet der Vorschriften des Bürgerlichen Gesetzbuchs über die unbeschränkte Haftung, auch dem anderen Theile zu Statten.

Diese Bestimmungen finden entsprechende Anwendung, wenn Jemand eine durch Vertrag erworbene Erbschaft verkauft oder sich zur Veräußerung einer ihm angefallenen oder anderweit von ihm erworbenen Erbschaft in sonstiger Weise verpflichtet hat.

1001. Die Bestimmungen der §§ 990–996, 999, 1000 finden im Falle der fortgesetzten Gütergemeinschaft auf das Aufgebotsverfahren zum Zwecke der nach dem § 1489 Abs. 2 und dem § 1970 des Bürgerlichen Gesetzbuchs zulässigen Ausschließung von Gesammtgutsgläubigern entsprechende Anwendung.

1002. Für das Aufgebotsverfahren zum Zwecke der Ausschließung von Schiffsgläubigern auf Grund des § 765 des Handelsgesetzbuchs und des § 110 des Gesetzes, betreffend die privatrechtlichen Verhältnisse der Binnenschiffahrt, gelten die nachfolgenden besonderen Bestimmungen.

Zuständig ist das Gericht, in dessen Bezirke sich der Heimathshafen oder der Heimathsort des Schiffes befindet.[330]

Unterliegt das Schiff der Eintragung in das Schiffsregister, so kann der Antrag erst nach der Eintragung der Veräußerung des Schiffes gestellt werden.[331]

Der Antragsteller hat die ihm bekann-

326. Vgl. § 1975 BGB; §§ 214 ff. KO.
327. § 2013 BGB.
328. Vgl. §§ 1411, 1459 Abs. 2 BGB.
329. §§ 2371 ff. BGB.
330. Vgl. Bem. Nr. 279 und 280.
331. Vgl. § 119 Binnenschiffahrtsges. v. 15. Juni 1895.

ten Forderungen von Schiffsgläubigern anzugeben.

Die Aufgebotsfrist muß mindestens drei Monate betragen.

In dem Aufgebot ist den Schiffsgläubigern, welche sich nicht melden, als Rechtsnachtheil anzudrohen, daß ihre Pfandrechte erlöschen, sofern nicht ihre Forderungen dem Antragsteller bekannt sind.

1003. (837) Für das Aufgebotsverfahren zum Zwecke der Kraftloserklärung einer Urkunde gelten die nachfolgenden besonderen Bestimmungen.

1004. (838) Bei Papieren, welche auf den Inhaber lauten[332] oder welche durch Indossament übertragen werden können und mit einem Blankoindossamente versehen sind, ist der bisherige Inhaber des abhanden gekommenen oder vernichteten Papiers berechtigt, das Aufgebotsverfahren zu beantragen.[333]

Bei anderen Urkunden ist derjenige zu dem Antrage berechtigt, welcher das Recht aus der Urkunde geltend machen kann.

1005. (839) Für das Aufgebotsverfahren ist das Gericht des Orts zuständig, welchen die Urkunde als den Erfüllungsort bezeichnet. Enthält die Urkunde eine solche Bezeichnung nicht, so ist das Gericht zuständig, bei welchem der Aussteller seinen allgemeinen Gerichtsstand hat, und in Ermangelung eines solchen Gerichts dasjenige, bei welchem der Aussteller zur Zeit der Ausstellung seinen allgemeinen Gerichtsstand gehabt hat.

Ist die Urkunde über ein im Grundbuch[334] eingetragenes Recht ausgestellt, so ist das Gericht der belegenen Sache ausschließlich zuständig.

1006. Die Erledigung der Anträge auf Erlassung des Aufgebots zum Zwecke der Kraftloserklärung eines auf den Inhaber lautenden Papiers kann von der Landesjustizverwaltung für mehrere Amtsgerichtsbezirke einem Amtsgericht übertragen werden. Auf Verlangen des Antragstellers erfolgt die Erledigung durch das nach § 1005 zuständige Gericht.

Wird das Aufgebot durch ein anderes als das nach § 1005 zuständige Gericht erlassen, so ist das Aufgebot auch durch Anheftung an die Gerichtstafel des letzteren Gerichts öffentlich bekannt zu machen.

Unberührt bleiben die landesgesetzlichen Vorschriften, durch welche für das Aufgebotsverfahren zum Zwecke der Kraftloserklärung von Schuldverschreibungen auf den Inhaber, die ein Bundesstaat oder eine ihm angehörende Körperschaft, Stiftung oder Anstalt des öffentlichen Rechts ausgestellt oder für deren Bezahlung ein Bundesstaat die Haftung übernommen hat, ein bestimmtes Amtsgericht für ausschließlich zuständig erklärt wird.[335]

1007. (840) Der Antragsteller hat zur Begründung des Antrags:

1. entweder eine Abschrift der Urkunde beizubringen, oder den wesentlichen Inhalt der Urkunde und alles anzugeben, was zur vollständigen Erkennbarkeit derselben erforderlich ist;
2. den Verlust der Urkunde sowie diejenigen Thatsachen glaubhaft zu machen, von welchen seine Berechtigung abhängt, das Aufgebotsverfahren zu beantragen;
3. sich zur Versicherung der Wahrheit seiner Angaben an Eidesstatt zu erbieten.

1008. (841) In dem Aufgebot ist der Inhaber der Urkunde aufzufordern, spätestens im Aufgebotstermine seine Rechte bei dem Gericht anzumelden und die Urkunde vorzulegen. Als Rechtsnachtheil ist anzudrohen, daß die Kraftloserklärung der Urkunde erfolgen werde.

1009. (842) Die öffentliche Bekanntmachung des Aufgebots erfolgt durch Anheftung an die Gerichtstafel und in dem Lokale der Börse, wenn eine solche am Sitze des Aufgebotsgerichts besteht, sowie durch dreimalige Einrückung in die im § 204 Abs. 2 bezeichneten Blätter.[335a]

Das Gericht kann anordnen, daß die Einrückung noch in andere Blätter und zu mehreren Malen erfolge.

Betrifft das Aufgebot ein auf den Inhaber lautendes Papier und ist in der Urkunde vermerkt oder in den Bestimmungen, unter denen die erforderliche staatliche Genehmigung ertheilt worden ist, vorgeschrieben, daß die öffentliche Bekanntmachung durch bestimmte andere Blätter zu erfolgen habe, so muß die Bekanntmachung auch durch Einrückung in diese Blätter erfolgen. Das Gleiche gilt bei Schuldverschreibungen, die von einem Bundesstaat ausgegeben sind, wenn die öffentliche Bekanntmachung durch bestimmte Blätter landesgesetzlich vorgeschrieben ist.

1010. (843) Bei Werthpapieren, für welche von Zeit zu Zeit Zins-, Renten- oder Gewinnantheilscheine ausgegeben werden, ist der Aufgebotstermin so zu bestimmen, daß bis zu demselben der erste einer seit der Zeit des glaubhaft gemachten Verlustes ausgegebenen Reihe von Zins-,

332. Vgl. §§ 793 ff. BGB.

333. Bezüglich der kaufmännischen Anweisungen und Verpflichtungsscheine vgl. §§ 363, 365 Abs. 2 HGB.

334. Vgl. § 19 AG z. CPO und KO v. 13. Nov. 1899.

335. Eine Vorschrift dieser Art enthält § 8 AG z. CPO und KO v. 13. Nov. 1899.

335a. Vgl. auch § 18 Reichsschuldenordnung v. 19. März 1900 (RGBl. S. 129).

Renten- oder Gewinnantheilscheinen fällig geworden ist und seit der Fälligkeit desselben sechs Monate abgelaufen sind.

Vor Erlassung des Ausschlußurtheils hat der Antragsteller ein nach Ablauf dieser sechsmonatigen Frist ausgestelltes Zeugniß der betreffenden Behörde, Kasse oder Anstalt beizubringen, daß die Urkunde seit der Zeit des glaubhaft gemachten Verlustes ihr zur Ausgabe neuer Scheine nicht vorgelegt sei und daß die neuen Scheine an einen Anderen als den Antragsteller nicht ausgegeben seien.

1011. (844) Bei Werthpapieren, für welche Zins-, Renten- oder Gewinnantheilscheine zuletzt für einen längeren Zeitraum als vier Jahre ausgegeben sind, genügt es, wenn der Aufgebotstermin so bestimmt wird, daß bis zu demselben seit der Zeit des glaubhaft gemachten Verlustes von den zuletzt ausgegebenen Scheinen solche für vier Jahre fällig geworden und seit der Fälligkeit des letzten derselben sechs Monate abgelaufen sind. Scheine für Zeitabschnitte, für welche keine Zinsen, Renten oder Gewinnantheile gezahlt werden, kommen nicht in Betracht.

Vor Erlassung des Ausschlußurtheils hat der Antragsteller ein nach Ablauf dieser sechsmonatigen Frist ausgestelltes Zeugniß der betreffenden Behörde, Kasse oder Anstalt beizubringen, daß die für die bezeichneten vier Jahre und später etwa fällig gewordenen Scheine ihr von einem Anderen als dem Antragsteller nicht vorgelegt seien. Hat in der Zeit seit dem Erlasse des Aufgebots eine Ausgabe neuer Scheine stattgefunden, so muß das Zeugniß auch die im § 1010 Abs. 2 bezeichneten Angaben enthalten.

1012. Die Vorschriften der §§ 1010, 1011 finden insoweit keine Anwendung, als die Zins-, Renten- oder Gewinnantheilscheine, deren Fälligkeit nach diesen Vorschriften eingetreten sein muß, von dem Antragsteller vorgelegt werden. Der Vorlegung der Scheine steht es gleich, wenn das Zeugniß der betreffenden Behörde, Kasse oder Anstalt beigebracht wird, daß die fällig gewordenen Scheine ihr von dem Antragsteller vorgelegt worden seien.

1013. (845) Bei Werthpapieren, für welche Zins-, Renten- oder Gewinnantheilscheine ausgegeben sind, aber nicht mehr ausgegeben werden, ist, wenn nicht die Voraussetzungen der §§ 1010, 1011 vorhanden sind, der Aufgebotstermin so zu bestimmen, daß bis zu demselben seit der Fälligkeit des letzten ausgegebenen Scheines sechs Monate abgelaufen sind.

1014. (846) Ist in einer Schuldurkunde eine Verfallzeit angegeben, welche zur Zeit der ersten Einrückung des Aufgebots in den Deutschen Reichsanzeiger noch nicht eingetreten ist, und sind die Voraussetzungen der §§ 1010—1013 nicht vorhanden, so ist der Aufgebotstermin so zu bestimmen, daß seit dem Verfalltage sechs Monate abgelaufen sind.

1015. (847) Die Aufgebotsfrist muß mindestens sechs Monate betragen. Der Aufgebotstermin darf nicht über ein Jahr hinaus bestimmt werden; solange ein so naher Termin nicht bestimmt werden kann, ist das Aufgebot nicht zulässig.

1016. Meldet der Inhaber der Urkunde vor dem Aufgebotstermine seine Rechte unter Vorlegung der Urkunde an, so hat das Gericht den Antragsteller hiervon zu benachrichtigen und ihm die Einsicht der Urkunde innerhalb einer zu bestimmenden Frist zu gestatten. Auf Antrag des Inhabers der Urkunde ist zur Vorlegung derselben ein Termin zu bestimmen.

1017. (848) In dem Ausschlußurtheil ist die Urkunde für kraftlos zu erklären.

Das Ausschlußurtheil ist seinem wesentlichen Inhalte nach durch den Deutschen Reichsanzeiger bekannt zu machen. Die Vorschriften des § 1009 Abs. 3 finden entsprechende Anwendung.[335a]

In gleicher Weise hat nach eingetretener Rechtskraft die Bekanntmachung des auf die Anfechtungsklage ergangenen Urtheils, soweit dadurch die Kraftloserklärung aufgehoben wird, zu erfolgen.

1018. (850) Derjenige, welcher das Ausschlußurtheil erwirkt hat, ist dem durch die Urkunde Verpflichteten gegenüber berechtigt, die Rechte aus der Urkunde geltend zu machen.

Wird das Ausschlußurtheil in Folge einer Anfechtungsklage aufgehoben, so bleiben die auf Grund des Urtheils von dem Verpflichteten bewirkten Leistungen auch Dritten, insbesondere dem Anfechtungskläger, gegenüber wirksam, es sei denn, daß der Verpflichtete zur Zeit der Leistung die Aufhebung des Ausschlußurtheils gekannt hat.

1019.[336] Bezweckt das Aufgebotsverfahren die Kraftloserklärung eines auf den Inhaber lautenden Papiers, so hat das Gericht auf Antrag an den Aussteller sowie an die in dem Papier und die von dem Antragsteller bezeichneten Zahlstellen das Verbot zu erlassen, an den Inhaber des Papiers eine Leistung zu bewirken, insbesondere neue Zins-, Renten- oder Gewinnantheilscheine oder einen Erneuerungsschein auszugeben (Zahlungssperre); mit dem Verbot ist die Benachrichtigung von der Einlei-

336. Ueber die Zahlungssperre, insbesondere über ihre Wirkung vgl. §§ 799 Abs. 2, 802 BGB; § 228 HGB; §§ 135, 136 BGB.

tung des Aufgebotsverfahrens zu verbinden. Das Verbot ist in gleicher Weise wie das Aufgebot öffentlich bekannt zu machen.

Das an den Aussteller erlassene Verbot ist auch den Zahlstellen gegenüber wirksam, welche nicht in dem Papiere bezeichnet sind.

Die Einlösung der vor dem Verbot ausgegebenen Zins-, Renten- oder Gewinnantheilscheine wird von dem Verbote nicht betroffen.

1020. Ist die sofortige Einleitung des Aufgebotsverfahrens nach § 1015 Satz 2 unzulässig, so hat das Gericht die Zahlungssperre auf Antrag schon vor der Einleitung des Verfahrens zu verfügen, sofern die übrigen Erfordernisse für die Einleitung vorhanden sind. Auf den Antrag finden die Vorschriften des § 947 Abs. 1 Anwendung. Das Verbot ist nach Maßgabe des § 948 öffentlich bekannt zu machen.

1021. Wird die Zahlungssperre angeordnet, bevor seit der Zeit des glaubhaft gemachten Verlustes Zins-, Renten- oder Gewinnantheilscheine ausgegeben worden sind, so ist die Beibringung des im § 1010 Abs. 2 vorgeschriebenen Zeugnisses nicht erforderlich.

1022. Wird das in Verlust gekommene Papier dem Gerichte vorgelegt oder wird das Aufgebotsverfahren in anderer Weise ohne Erlassung eines Ausschlußurtheils erledigt, so ist die Zahlungssperre von Amtswegen aufzuheben. Das Gleiche gilt, wenn die Zahlungssperre vor der Einleitung des Aufgebotsverfahrens angeordnet worden ist und die Einleitung nicht binnen sechs Monaten nach der Beseitigung des ihr entgegenstehenden Hindernisses beantragt wird. Ist das Aufgebot oder die Zahlungssperre öffentlich bekannt gemacht worden, so ist die Erledigung des Verfahrens oder die Aufhebung der Zahlungssperre von Amtswegen durch den Deutschen Reichsanzeiger bekannt zu machen.

Im Falle der Vorlegung des Papiers ist die Zahlungssperre erst aufzuheben, nachdem dem Antragsteller die Einsicht nach Maßgabe des § 1016 gestattet worden ist.

Gegen den Beschluß, durch welchen die Zahlungssperre aufgehoben wird, findet sofortige Beschwerde statt.

1023. Bezweckt das Aufgebotsverfahren die Kraftloserklärung einer Urkunde der im § 808 des Bürgerlichen Gesetzbuchs bezeichneten Art, so finden die Vorschriften des § 1006, des § 1009 Abs. 3, des § 1017 Abs. 2 Satz 2 und der §§ 1019—1022 entsprechende Anwendung. Die Landesgesetze können über die Veröffentlichung des Aufgebots und der im § 1017 Abs. 2, 3 und in den §§ 1019, 1020, 1022 vorgeschriebenen Bekanntmachungen sowie über die Aufgebotsfrist abweichende Vorschriften erlassen.[337]

1024. Bei Aufgeboten, welche auf Grund der §§ 887, 927, 1104, 1112, 1162, 1170, 1171, 1269 des Bürgerlichen Gesetzbuchs sowie auf Grund des § 765 des Handelsgesetzbuchs und des § 110 des Gesetzes, betreffend die privatrechtlichen Verhältnisse der Binnenschiffahrt, ergehen, können die Landesgesetze die Art der Veröffentlichung des Aufgebots und des Ausschlußurtheils sowie die Aufgebotsfrist anders bestimmen, als in den §§ 948, 950, 956 vorgeschrieben ist.[338]

Bei Aufgeboten, welche auf Grund des § 1162 des Bürgerlichen Gesetzbuchs ergehen, können die Landesgesetze die Art der Veröffentlichung des Aufgebots, des Ausschlußurtheils und des im § 1017 Abs. 3 bezeichneten Urtheils sowie die Aufgebotsfrist auch anders bestimmen, als in den §§ 1009, 1014, 1015, 1017 vorgeschrieben ist.[339]

---

337. Art. 102 Abs. 2 EG z. BGB wird durch diese Bestimmung nicht berührt.

338. Eine Bestimmung dieser Art enthält § 9 AG z. CPO und KO v. 13. Nov. 1899.

339. Eine Bestimmung dieser Art enthält § 10 AG z. CPO und KO v. 13. Nov. 1899.

Zehntes Buch.

Schiedsrichterliches Verfahren.

1025. (851) Die Vereinbarung, daß die Entscheidung einer Rechtsstreitigkeit durch einen oder mehrere Schiedsrichter erfolgen solle, hat insoweit rechtliche Wirkung, als die Parteien berechtigt sind, über den Gegenstand des Streits einen Vergleich zu schließen.

1026. (852) Ein Schiedsvertrag über künftige Rechtsstreitigkeiten hat keine rechtliche Wirkung, wenn er nicht auf ein bestimmtes Rechtsverhältniß und die aus demselben entspringenden Rechtsstreitigkeiten sich bezieht.

1027. (853) Ist nach den Bestimmungen des bürgerlichen Rechts ein mündlich geschlossener Schiedsvertrag gültig, so kann jede Partei die Errichtung einer schriftlichen Urkunde über den Vertrag verlangen.

1028. (854) Ist in dem Schiedsvertrag eine Bestimmung über die Ernennung der Schiedsrichter nicht enthalten, so wird von jeder Partei ein Schiedsrichter ernannt.

1029. (855) Steht beiden Parteien die Ernennung von Schiedsrichtern zu, so hat die betreibende Partei dem Gegner den Schiedsrichter schriftlich mit der Aufforderung zu bezeichnen, binnen einer einwöchigen Frist seinerseits ein Gleiches zu thun.

Nach fruchtlosem Ablaufe der Frist wird auf Antrag der betreibenden Partei der Schiedsrichter von dem zuständigen Gericht ernannt.

1030. (856) Eine Partei ist an die durch sie erfolgte Ernennung eines Schiedsrichters dem Gegner gegenüber gebunden, sobald derselbe die Anzeige von der Ernennung erhalten hat.

1031. (857) Wenn ein nicht in dem Schiedsvertrag ernannter Schiedsrichter stirbt oder aus einem anderen Grunde wegfällt oder die Uebernahme oder die Ausführung des Schiedsrichteramts verweigert, so hat die Partei, welche ihn ernannt hat, auf Aufforderung des Gegners binnen einer einwöchigen Frist einen anderen Schiedsrichter zu bestellen. Nach fruchtlosem Ablaufe der Frist wird auf Antrag der betreibenden Partei der Schiedsrichter von dem zuständigen Gericht ernannt.

1032. (858) Ein Schiedsrichter kann aus denselben Gründen und unter denselben Voraussetzungen abgelehnt werden, welche zur Ablehnung eines Richters berechtigen.

Die Ablehnung kann außerdem erfolgen, wenn ein nicht in dem Schiedsvertrag ernannter Schiedsrichter die Erfüllung seiner Pflichten ungebührlich verzögert.

Frauen, Minderjährige, Taube, Stumme und Personen, welchen die bürgerlichen Ehrenrechte aberkannt sind, können abgelehnt werden.

1033. (859) Der Schiedsvertrag tritt außer Kraft, sofern nicht für den betreffenden Fall durch eine Vereinbarung der Parteien Vorsorge getroffen ist:

1. wenn bestimmte Personen in dem Vertrage zu Schiedsrichtern ernannt sind und ein Schiedsrichter stirbt oder aus einem anderen Grunde wegfällt oder die Uebernahme des Schiedsrichteramts verweigert oder von dem mit ihm geschlossenen Vertrage zurücktritt oder die Erfüllung seiner Pflichten ungebührlich verzögert;
2. wenn die Schiedsrichter den Parteien anzeigen, daß unter ihnen Stimmengleichheit sich ergeben habe.

1034. (860) Die Schiedsrichter haben vor Erlassung des Schiedsspruchs die Parteien zu hören und das dem Streite zu Grunde liegende Sachverhältniß zu ermitteln, soweit sie die Ermittelung für erforderlich erachten.

In Ermangelung einer Vereinbarung der Parteien über das Verfahren wird dasselbe von den Schiedsrichtern nach freiem Ermessen bestimmt.

1035. (861) Die Schiedsrichter können Zeugen und Sachverständige vernehmen, welche freiwillig vor ihnen erscheinen.

Zur Beeidigung eines Zeugen oder eines Sachverständigen und zur Abnahme eines Parteieides sind die Schiedsrichter nicht befugt.

1036. (862) Eine von den Schiedsrichtern für erforderlich erachtete richterliche Handlung, zu deren Vornahme dieselben nicht befugt sind, ist auf Antrag einer Partei, sofern der Antrag für zulässig erachtet wird, von dem zuständigen Gerichte vorzunehmen.

Dem Gerichte, welches die Vernehmung oder Beeidigung eines Zeugen oder eines Sachverständigen angeordnet hat, stehen auch die Entscheidungen zu, welche im Falle der Verweigerung des Zeugnisses oder des Gutachtens erforderlich werden.

1037. (863) Die Schiedsrichter können das Verfahren fortsetzen und den Schiedsspruch erlassen, auch wenn die Unzulässigkeit des schiedsrichterlichen Verfahrens behauptet, insbesondere wenn geltend gemacht wird, daß ein rechtsgültiger Schiedsvertrag nicht bestehe, daß der Schiedsvertrag sich auf den zu entscheidenden Streit nicht beziehe oder daß ein Schiedsrichter zu den schiedsrichterlichen Verrichtungen nicht befugt sei.

1038. (864) Ist der Schiedsspruch von mehreren Schiedsrichtern zu erlassen, so ist die absolute Mehrheit der Stimmen entscheidend, sofern nicht der Schiedsvertrag ein Anderes bestimmt.

1039. (865) Der Schiedsspruch ist unter Angabe des Tages der Abfassung von den Schiedsrichtern zu unterschreiben, den Parteien in einer von den Schiedsrichtern unterschriebenen Ausfertigung zuzustellen und unter Beifügung der Beurkundung der Zustellung auf der Gerichtsschreiberei des zuständigen Gerichts niederzulegen.

1040. (866) Der Schiedsspruch hat unter den Parteien die Wirkungen eines rechtskräftigen gerichtlichen Urtheils.

1041. (867) Die Aufhebung des Schiedsspruchs kann beantragt werden:

1. wenn das Verfahren unzulässig war;
2. wenn der Schiedsspruch eine Partei zu einer Handlung verurtheilt, deren Vornahme verboten ist;
3. wenn die Partei in dem Verfahren nicht nach Vorschrift der Gesetze vertreten war, sofern sie nicht die Prozeßführung ausdrücklich oder stillschweigend genehmigt hat;
4. wenn der Partei in dem Verfahren das rechtliche Gehör nicht gewährt war;
5. wenn der Schiedsspruch nicht mit Gründen versehen ist;
6. wenn die Voraussetzungen vorliegen, unter welchen in den Fällen der Nr. 1—6 des § 580 die Restitutionsklage stattfindet.

Die Aufhebung des Schiedsspruchs findet aus den unter Nr. 4, 5 erwähnten Gründen nicht statt, wenn die Parteien ein Anderes vereinbart haben.

1042. (868) Aus dem Schiedsspruche findet die Zwangsvollstreckung nur statt, wenn ihre Zulässigkeit durch ein Vollstreckungsurtheil ausgesprochen ist.

Das Vollstreckungsurtheil ist nicht zu erlassen, wenn ein Grund vorliegt, aus welchem die Aufhebung des Schiedsspruchs beantragt werden kann.

1043. (869) Nach Erlassung des Vollstreckungsurtheils kann die Aufhebung des Schiedsspruchs nur aus den im § 1041 Nr. 6 bezeichneten Gründen und nur dann beantragt werden, wenn glaubhaft gemacht wird, daß die Partei ohne ihr Verschulden außer Stande gewesen sei, den Aufhebungsgrund in dem früheren Verfahren geltend zu machen.

1044. (870) Die Klage auf Aufhebung des Schiedsspruchs ist im Falle des vorstehenden Paragraphen binnen der Nothfrist eines Monats zu erheben.

Die Frist beginnt mit dem Tage, an welchem die Partei von dem Aufhebungsgrunde Kenntniß erhalten hat, jedoch nicht vor eingetretener Rechtskraft des Vollstreckungsurtheils. Nach Ablauf von zehn Jahren, von dem Tage der Rechtskraft des Urtheils an gerechnet, ist die Klage unstatthaft.

Wird der Schiedsspruch aufgehoben, so ist zugleich die Aufhebung des Vollstreckungsurtheils auszusprechen.

1045. (871) Für die gerichtlichen Entscheidungen über die Ernennung oder die Ablehnung eines Schiedsrichters oder über das Erlöschen eines Schiedsvertrags oder über die Anordnung der von den Schiedsrichtern für erforderlich erachteten richterlichen Handlungen ist das Amtsgericht oder das Landgericht zuständig, welches in einem schriftlichen Schiedsvertrag als solches bezeichnet ist, und in Ermangelung einer derartigen Bezeichnung das Amtsgericht oder das Landgericht, welches für die gerichtliche Geltendmachung des Anspruchs zuständig sein würde.

Die Entscheidung kann ohne vorgängige mündliche Verhandlung erfolgen. Vor der Entscheidung ist der Gegner zu hören.

Gegen die Entscheidung findet sofortige Beschwerde statt.

1046. (871) Das im § 1045 Abs. 1 bezeichnete Gericht ist auch für die Klagen zuständig, welche die Unzulässigkeit des schiedsrichterlichen Verfahrens, die Aufhebung eines Schiedsspruchs oder die Erlassung des Vollstreckungsurtheils zum Gegenstande haben.

1047. (871) Unter mehreren nach den §§ 1045, 1046 zuständigen Gerichten ist und bleibt dasjenige Gericht zuständig, an welches sich zuerst eine Partei oder das Schiedsgericht (§ 1039) gewendet hat.

1048. (872) Auf Schiedsgerichte, welche in gesetzlich statthafter Weise durch letztwillige oder andere nicht auf Vereinbarung beruhende Verfügungen angeordnet werden, finden die Bestimmungen dieses Buchs entsprechende Anwendung.

Gesetz

betreffend

die Einführung der Civilprozeßordnung.[1]

Vom 30. Januar 1877.

Reichs-Gesetzblatt S. 244.

§ 1. Die Civilprozeßordnung tritt im ganzen Umfange des Reichs gleichzeitig mit dem Gerichtsverfassungsgesetz in Kraft.

2. Das Kostenwesen in bürgerlichen Rechtsstreitigkeiten wird für den ganzen Umfang des Reichs durch eine Gebührenordnung geregelt.[2]

3. Die Civilprozeßordnung findet auf alle bürgerlichen Rechtsstreitigkeiten Anwendung, welche vor die ordentlichen Gerichte gehören.[3]

Insoweit die Gerichtsbarkeit in bürgerlichen Rechtsstreitigkeiten, für welche besondere Gerichte zugelassen sind,[4] durch die Landesgesetzgebung den ordentlichen Gerichten übertragen wird,[5] kann dieselbe ein abweichendes Verfahren gestatten.

4. Für bürgerliche Rechtsstreitigkeiten, für welche nach dem Gegenstand oder der Art des Anspruchs der Rechtsweg zulässig ist, darf aus dem Grunde, weil als Partei der Fiskus, eine Gemeinde oder eine andere öffentliche Korporation betheiligt ist, der Rechtsweg durch die Landesgesetzgebung nicht ausgeschlossen werden.[6]

5.[7] In Ansehung der Landesherren und der Mitglieder der landesherrlichen Familien sowie der Mitglieder der Fürstlichen Familie Hohenzollern finden die Bestimmungen der Civilprozeßordnung nur insoweit Anwendung, als nicht besondere Vorschriften der Hausverfassungen oder der Landesgesetze abweichende Bestimmungen enthalten. Für vermögensrechtliche Ansprüche Dritter darf jedoch die Zulässigkeit des Rechtswegs nicht von der Einwilligung des Landesherrn abhängig gemacht werden.

Das Gleiche gilt in Ansehung der Mitglieder des vormaligen Hannoverschen Königshauses, des vormaligen Kurhessischen und des vormaligen Herzoglich Nassauischen Fürstenhauses.

6. Mit Zustimmung des Bundesraths kann durch Kaiserliche Verordnung bestimmt werden:

1) daß die Verletzung von Gesetzen, obgleich deren Geltungsbereich sich über den Bezirk des Berufungsgerichts hinaus erstreckt, die Revision nicht begründe;

2) daß die Verletzung von Gesetzen, obgleich deren Geltungsbereich sich nicht über den Bezirk des Berufungsgerichts hinaus erstreckt, die Revision begründe.[8]

Die auf Grund der vorstehenden Bestimmungen erlassenen Verordnungen sind dem Reichstage bei dessen nächstem Zusammentreten zur Genehmigung vorzulegen. Dieselben treten, soweit der Reichstag die Genehmigung versagt, für die am Tage des Reichstagsbeschlusses noch nicht anhängigen Prozesse außer Kraft. Die genehmigten Verordnungen können nur durch Reichsgesetz geändert oder aufgehoben werden.

7. Ist in einem Bundesstaat auf Grund der Bestimmung des Einführungsgesetzes zum Gerichtsverfassungsgesetze § 8 für bürgerliche Rechtsstreitigkeiten ein oberstes Landesgericht errichtet, so wird das Rechtsmittel der Revision bei diesem Gerichte eingelegt. Die Einlegung erfolgt durch

1. Das Gesetz ist in der Fassung abgedruckt, die es durch Art. II EG z. d. Ges. betr. Aenderungen der CPO v. 17. Mai 1898 erhalten hat.

2. Vgl. Gerichtskostenges. v. 18. Juni 1878; Gebührenordnung für Gerichtsvollzieher v. 24. Juni 1878; Gebührenordnung für Zeugen und Sachverständige v. 30. Juni 1878; Gebührenordnung für Rechtsanwälte v. 7. Juli 1879; Gerichtskostenges. für Elf.-Lothr. v. 6. Dez. 1899.

3. Vgl. §§ 12, 13 GVG; § 47 AG z. CPO, KO u. StPO v. 8. Juli 1879.

4. §§ 13, 14 GVG.

5. In Elf.-Lothr. ist dies nicht geschehen; vgl. auch § 3 EG z. GVG; Ges. betr. die Rheinschiffahrt v. 21. April 1832 und die Bemerkungen dazu.

6. Vgl. § 8 AG z. GVG; § 2 AG z. CPO u. KO v. 13. Nov. 1899.

7. Vgl. § 5 EG z. GVG v. 27. Jan. 1877.

8. Vgl. § 549 CPO; Verordnung v. 28. Sept. 1879, (insbes. §§ 4, 12); Bek. v. 11. April 1880.

Einreichung der Revisionsschrift. Eine Abschrift derselben ist der Gegenpartei von Amtswegen zuzustellen.

Das oberste Landesgericht entscheidet ohne vorgängige mündliche Verhandlung endgültig über die Zuständigkeit für die Verhandlung und Entscheidung der Revision. Erklärt es sich für zuständig, so ist der Termin zur mündlichen Verhandlung von Amtswegen zu bestimmen und den Parteien bekannt zu machen. Erklärt es sich dagegen für unzuständig, weil das Reichsgericht zuständig sei, so sind dem letzteren die Prozeßakten zu übersenden.

Die Entscheidung des obersten Landesgerichts über die Zuständigkeit ist auch für das Reichsgericht bindend. Der Termin zur mündlichen Verhandlung vor dem Reichsgericht ist von Amtswegen zu bestimmen und den Parteien bekannt zu machen.

Die Fristbestimmungen in den §§ 517, 519[9] der Civilprozeßordnung bemessen sich nach dem Zeitpunkte der Bekanntmachung des Termins zur mündlichen Verhandlung an den Revisionsbeklagten.

Die vorstehenden Bestimmungen finden auf das Rechtsmittel der Beschwerde entsprechende Anwendung.

8. Der Bestellung eines bei dem obersten Landesgericht oder bei dem Reichsgerichte zugelassenen Rechtsanwalts bedarf es erst, nachdem das oberste Landesgericht über die Zuständigkeit Entscheidung getroffen hat. Für die dieser Entscheidung vorgängigen Handlungen können die Parteien sich auch durch jeden bei einem Land- oder Oberlandesgerichte zugelassenen Rechtsanwalt vertreten lassen.

Die Zustellung der Abschrift der Revisionsschrift an den Revisionsbeklagten und die Bekanntmachung des Termins zur mündlichen Verhandlung an die Parteien erfolgt in Gemäßheit des § 164[10] der Civilprozeßordnung.

9. Die Bestimmung des zuständigen Gerichts erfolgt, falls es sich um die Zuständigkeit solcher Gerichte handelt, welche verschiedenen Bundesstaaten angehören und nicht im Bezirk eines gemeinschaftlichen Oberlandesgerichts ihren Sitz haben, durch das Reichsgericht auch dann, wenn in einem dieser Bundesstaaten ein oberstes Landesgericht für bürgerliche Rechtsstreitigkeiten errichtet ist.

10. Die Bestimmungen der Civilprozeßordnung über das Verfahren in Entmündigungssachen finden auf die Bestellung eines Beistandes für einen Geistesschwachen oder für einen Verschwender, insofern diese Bestellung nach den Vorschriften des bürgerlichen Rechts erforderlich ist, entsprechende Anwendung.[6]

11. Die Landesgesetze können bei Aufgeboten, deren Zulässigkeit auf landesgesetzlichen Vorschriften beruht, die Anwendung der Bestimmungen der Civilprozeßordnung über das Aufgebotsverfahren ausschließen oder diese Bestimmungen durch andere Vorschriften ersetzen.

12. Gesetz im Sinne der Civilprozeßordnung und dieses Gesetzes ist jede Rechtsnorm.

13. Die prozeßrechtlichen Vorschriften der Reichsgesetze werden durch die Civilprozeßordnung nicht berührt.

Aufgehoben werden:

1. § 2 des Gesetzes, betreffend die Aufhebung der Schuldhaft, vom 29. Mai 1868;

2. Artikel 34 bis 36, 37 Satz 2, 39, 77, 78, 79 Absatz 2, 488, 494, 889 des Handelsgesetzbuchs;

3. § 6 des Gesetzes, betreffend die Verbindlichkeit zum Schadensersatze für die bei dem Betriebe von Eisenbahnen, Bergwerken u. s. w. herbeigeführten Tödtungen und Körperverletzungen vom 7. Juni 1871;

4. § 14 des Gesetzes über das Postwesen des Deutschen Reichs vom 28. Oktober 1871, insoweit diese Vorschrift die Unterbrechung der Verjährung an die Anmeldung der Klage knüpft;

5. § 144 Absatz 4 des Gesetzes, betreffend die Rechtsverhältnisse der Reichsbeamten, vom 31. März 1873;

6. § 78 Absatz 3 des Gesetzes über Beurkundung des Personenstandes und die Eheschließung vom 6. Februar 1875.

Der Artikel 80 der Wechselordnung wird dahin abgeändert, daß die Verjährung auch nach Maßgabe der §§ 190, 254, 461 Absatz 2, 471 Absatz 2 der Civilprozeßordnung unterbrochen wird.[11]

In den Fällen der Artikel 348, 365, 407 des Handelsgesetzbuchs ist das im § 448 der Civilprozeßordnung bezeichnete Amtsgericht zuständig; auf die Ernennung, Beeidigung und Vernehmung der Sachverständigen finden die Vorschriften der Civilprozeßordnung in dem achten Titel des ersten Abschnitts des zweiten Buchs entsprechende Anwendung.[12]

14. Die prozeßrechtlichen Vorschriften der Landesgesetze treten für alle bürgerlichen Rechtsstreitigkeiten, deren Entscheidung in Gemäßheit des § 3 nach den Vorschriften der Civilprozeßordnung zu erfolgen hat, außer Kraft, soweit nicht in der Civilprozeßordnung auf sie verwiesen oder soweit nicht bestimmt ist, daß sie nicht berührt werden.

Außer Kraft treten insbesondere:

1. die Vorschriften über die bindende Kraft des strafgerichtlichen Urtheils für den Civilrichter;

2. die Vorschriften, welche in Ansehung gewisser Rechtsverhältnisse einzelne Arten von Beweis-

9. Jetzt §§ 555, 556 Satz 3.

10. Jetzt § 179.

11. Art. 80 WO ist durch Art. 8 EG z. HGB aufgehoben.

12. An die Stelle der §§ 348, 365, 407 HGB sind die §§ 379, 388, 437 (438) des neuen Handelsgesetzbuches getreten. Soweit es nach diesen letzteren auf Feststellung des Zustandes der Waaren ankommt, ist jetzt § 488 CPO maßgebend. § 448 CPO ist durch § 486 ersetzt.

mitteln ausschließen oder nur unter Beschränkungen zulassen;

3. die Vorschriften, nach welchen unter bestimmten Voraussetzungen eine Thatsache als mehr oder minder wahrscheinlich anzunehmen ist;

4. die Vorschriften über die Bewilligung von Moratorien, über die Urtheilsfristen und über die Befugnisse des Gerichts, dem Schuldner bei der Verurtheilung Zahlungsfristen zu gewähren;

5. die Vorschriften, nach welchen eine Nebenforderung als aberkannt gilt, wenn über dieselbe nicht entschieden ist.

15. Unberührt bleiben:

1. die landesgesetzlichen Vorschriften[13] über die Einstellung des Verfahrens für den Fall, daß ein Kompetenzkonflikt zwischen den Gerichten und den Verwaltungsbehörden oder Verwaltungsgerichten entsteht;

2. die landesgesetzlichen Vorschriften über das Verfahren bei Streitigkeiten, welche die Zwangsenteignung und die Entschädigung wegen derselben betreffen;[14]

3. die landesgesetzlichen Vorschriften über die Zwangsvollstreckung wegen Geldforderungen gegen den Fiskus, eine Körperschaft, Stiftung oder Anstalt des öffentlichen Rechts oder eine unter der Verwaltung einer öffentlichen Behörde stehende Körperschaft oder Stiftung, soweit nicht dingliche Rechte verfolgt werden;[15]

4. die landesgesetzlichen Vorschriften, nach welchen auf die Zwangsvollstreckung gegen einen Rechtsnachfolger des Schuldners, soweit sie in das zu einem Lehen, mit Einschluß eines allodifizirten Lehens, zu einem Stammgute, Familienfideikommiß oder Anerbengute gehörende Vermögen stattfinden soll, die Vorschriften über die Zwangsvollstreckung gegen einen Erben des Schuldners entsprechende Anwendung finden.

16. Unberührt bleiben:

1. die Vorschriften des bürgerlichen Rechts über die Beweiskraft der Beurkundung des bürgerlichen Standes in Ansehung der Erklärungen, welche über Geburten und Sterbefälle von den zur Anzeige gesetzlich verpflichteten Personen abgegeben werden;[16]

2. die Vorschriften des bürgerlichen Rechts über die Verpflichtung zur Leistung des Offenbarungseides;

3. die Vorschriften des bürgerlichen Rechts, nach welchen in bestimmten Fällen einstweilige Verfügungen erlassen werden können.[17]

17. Die Beweiskraft eines Schuldscheins oder einer Quittung ist an den Ablauf einer Zeitfrist nicht gebunden.

Abweichende Vorschriften des bürgerlichen Rechts über die zur Eintragung in das Grund- oder Hypothekenbuch bestimmten Schuldurkunden bleiben unberührt, soweit sie die Verfolgung des dinglichen Rechts betreffen.

18. Auf die Erledigung der vor dem Inkrafttreten der Civilprozeßordnung anhängig gewordenen Prozesse finden bis zur rechtskräftigen Entscheidung die bisherigen Prozeßgesetze Anwendung.

Der Landesgesetzgebung bleibt vorbehalten, die Civilprozeßordnung auf die vor dem Inkrafttreten derselben anhängig gewordenen Prozesse für anwendbar zu erklären und zu dem Zwecke Uebergangsbestimmungen zu erlassen.[18]

19. Rechtskräftig im Sinne dieses Gesetzes sind Endurtheile, welche mit einem ordentlichen Rechtsmittel nicht mehr angefochten werden können.

Als ordentliche Rechtsmittel im Sinne des vorstehenden Absatzes sind diejenigen Rechtsmittel anzusehen, welche an eine von dem Tage der Verkündung oder Zustellung des Urtheils laufende Nothfrist gebunden sind.

20. Gegen Endurtheile, welche vor dem Tage des Inkrafttretens der Civilprozeßordnung die Rechtskraft erlangt haben, sowie gegen Endurtheile, welche in den vor diesem Tage anhängig gewordenen Prozessen nach demselben die Rechtskraft erlangen, finden als außerordentliche Rechtsmittel nur die Nichtigkeitsklage und die Restitutionsklage nach den Bestimmungen der Civilprozeßordnung statt.

Der Landesgesetzgebung bleibt vorbehalten, zu bestimmen, in welcher Instanz die Klagen gegen solche Endurtheile zu erheben sind.

21. Eine vor dem Inkrafttreten der Civilprozeßordnung anhängig gewordene Zwangsvollstreckung ist nach den bisherigen Prozeßgesetzen zu erledigen.

Der Landesgesetzgebung bleibt vorbehalten, die Civilprozeßordnung auf die vor dem Inkrafttreten derselben anhängig gewordenen Zwangsvoll-

---

13. Solche Vorschriften sind nicht mehr in Kraft, da die Landesgesetzgebung von § 17 Abs. 2 GVG keinen Gebrauch gemacht hat.

14. Insbes. Ges. v. 3. Mai 1841 und die Ergänzungen dazu, auch Art. 17 Abs. 2 Ges. v. 21. Mai 1836. Vgl. auch Art. 109 EG z. BGB.

15. § 4 AG z. CPO und KO v. 13. Nov. 1899; § 77 GemO.

16. Vgl. § 15 RG v. 6. Febr. 1875; §§ 1, 11, 12 Ges. betr. die Eheschließung und die Beurkundung des Personenstandes von Bundesangehörigen im Auslande v. 4. Mai 1870 (8. Febr. 1875).

17. Z. B. § 1960 BGB.

Die Vorschriften der CPO über die Zuständigkeit und das Verfahren in einstweiligen Verfügungen (§§ 935 ff.) finden auf die in Nr. 3 bezeichneten einstweiligen Verfügungen nur insoweit Anwendung, als es sich um Verfügungen der in den §§ 935, 940 CPO bezeichneten Art handelt.

18. Maßgebend ist auch jetzt noch bezüglich der neu eingetretenen Aenderungen § 34 AG z. CPO, KO u. StPO v. 8. Juli 1879.

streckungen für anwendbar zu erklären und zu dem Zwecke Uebergangsbestimmungen zu erlassen.[19]

22. Aus einer vor dem Inkrafttreten der Civilprozeßordnung aufgenommenen Urkunde, aus welcher nach den bisherigen Gesetzen die Zwangsvollstreckung zulässig ist, findet dieselbe auch nach dem Inkrafttreten der Civilprozeßordnung statt, jedoch nur innerhalb des Rechtsgebietes, in welchem die ihre Zulässigkeit bedingenden Gesetze gegolten haben, sofern nicht die Urkunde den Erfordernissen der Civilprozeßordnung entspricht.[20]

23. Insoweit Pfand- oder Vorzugsrechte, welche vor dem Inkrafttreten der Civilprozeßordnung auf Grund eines Vertrags, einer letztwilligen Anordnung oder einer richterlichen Verfügung erworben oder in Bankstatuten den Banknoteninhabern rechtsgültig zugesichert sind, gegenüber einem Pfandrechte, welches durch eine nach dem Inkrafttreten der Civilprozeßordnung bewirkte Pfändung begründet wird, zufolge des § 709[21] Absatz 2 der Civilprozeßordnung ihre Wirksamkeit verlieren würden, kann die Landesgesetzgebung für die Forderung des Berechtigten das bisherige Vorrecht gewähren.

Das Vorrecht kann nicht gewährt werden gegen eine zwei Jahre nach dem Inkrafttreten der Civilprozeßordnung bewirkte Pfändung, wenn nicht das Vorrecht dadurch erhalten wird, daß dasselbe bis zum Ablaufe der zwei Jahre zur Eintragung in ein öffentliches Register vorschriftsmäßig angemeldet ist. Der Erlaß von Vorschriften über die Einrichtung solcher Register, sowie über die Anmeldung und Eintragung der Forderungen bleibt der Landesgesetzgebung vorbehalten.

Die vorstehenden Bestimmungen finden auf ein gesetzliches Pfand- oder Vorzugsrecht der Ehefrau des Schuldners für Forderungen, welche vor dem Inkrafttreten der Civilprozeßordnung entstanden sind, entsprechende Anwendung.

24. Unter Zustimmung des Bundesraths kann durch Anordnung des Reichskanzlers bestimmt werden, daß gegen einen ausländischen Staat sowie dessen Angehörige und ihre Rechtsnachfolger ein Vergeltungsrecht zur Anwendung gebracht wird.

19. Vgl. §§ 37 ff. AG z. CPO, KO u. StPO v. 8. Juli 1879.

20. Vgl. § 794 Abs. 1 Ziff. 5 CPO; § 42 AG z. CPO, KO und StPO v. 8. Juli 1879; § 60 AG z. FrG.

21. Jetzt § 804.

Gesetz,

betreffend

Aenderungen der Civilprozeßordnung.

Vom 17. Mai 1898.

Reichs-Gesetzblatt S. 256.

Die Civilprozeßordnung wird dahin geändert:[1]

1. Die Aenderungen sind beim Abdrucke der CPO. berücksichtigt; vgl. Ges. betr. Ermächtigung des Reichskanzlers zur Bekanntmachung der Texte verschiedener Reichsgesetze v. 17. Mai 1898.

Einführungsgesetz

zu dem Gesetze, betreffend Aenderungen der Civilprozeßordnung.

Vom 17. Mai 1898.

Reichs-Gesetzblatt S. 332.

Art. I. Das Gesetz, betreffend Aenderungen der Civilprozeßordnung, tritt gleichzeitig mit dem Bürgerlichen Gesetzbuch in Kraft.

II. Das Gesetz, betreffend die Einführung der Civilprozeßordnung, wird dahin geändert:[1]

III. Im § 4 des Gesetzes, betreffend die Beschlagnahme des Arbeits- oder Dienstlohnes, vom 21. Juni 1869 (Bundes-Gesetzbl. S. 242) wird die Nr. 4 dahin geändert:[1]

IV. Das Gerichtskostengesetz (Reichs-Gesetzblatt 1878 S. 141 und 1881 S. 178) wird dahin geändert:[1]

V. Die Gebührenordnung für Gerichtsvollzieher (Reichs-Gesetzbl. 1878 S. 166 und 181 S. 178) wird dahin geändert:[1]

VI. Der § 17 Abs. 3 der Gebührenordnung für Zeugen und Sachverständige vom 30. Juni 1878 (Reichs-Gesetzbl. S. 173) wird dahin geändert:[1]

VII. Die Gebührenordnung für Rechtsanwälte vom 7. Juli 1879 (Reichs-Gesetzbl. S. 176) wird dahin geändert:[1]

1. Die Aenderungen sind beim Abdruck berücksichtigt; vgl. Ges. betr. Ermächtigung des Reichskanzlers zur Bekanntmachung der Texte verschiedener Reichsgesetze v. 17. Mai 1898.

VIII. Die landesgesetzlichen Vorschriften über die Vollstreckbarkeit von Hypothekenurkunden bleiben in Ansehung der Hypotheken in Kraft, welche schon zu der Zeit bestehen, zu welcher das Grundbuch als angelegt anzusehen ist.[2]

IX. Eine Frist, die zur Zeit des Inkrafttretens des Gesetzes, betreffend Aenderungen der Civilprozeßordnung, läuft, wird nach den bisherigen Vorschriften berechnet.

Die Frist zur Erhebung des Widerspruchs gegen einen Zahlungsbefehl richtet sich nach den bisherigen Vorschriften, wenn der Zahlungsbefehl vor dem Inkrafttreten des im Abs. 1 bezeichneten Gesetzes erlassen ist.

X. Für die zur Zeit des Inkrafttretens des Bürgerlichen Gesetzbuchs gemäß § 114 der Rechtsanwaltsordnung bei einem Oberlandesgerichte zugelassenen Rechtsanwälte kann diese Zulassung mit Zustimmung des Bundesraths von der Landesjustizverwaltung über den bezeichneten Zeitpunkt hinaus erstreckt werden.

2. Vorschriften dieser Art, welche auf Grund des aufgehobenen Abs. 2 des früheren § 706 (jetzt § 801) CPO erlassen worden sind, bestehen in Els.-Lothr. nicht.

Konkursordnung.[1]

Vom 10. Februar 1877.

Reichs-Gesetzblatt 1877 S. 351; 1898 S. 612.

Erstes Buch.

Konkursrecht.[1a]

Erster Titel. Allgemeine Bestimmungen.

§ 1. Das Konkursverfahren umfaßt das gesammte, einer Zwangsvollstreckung unterliegende Vermögen des Gemeinschuldners, welches ihm zur Zeit der Eröffnung des Verfahrens gehört (Konkursmasse).[2]

Die im § 811 Nr. 4, 9 der Civilprozeßordnung und im § 20 des Gesetzes über das Postwesen des Deutschen Reichs vom 28. Oktober 1871 vorgesehenen Beschränkungen kommen im Konkursverfahren nicht zur Anwendung.

Zur Konkursmasse gehören auch die Geschäftsbücher des Gemeinschuldners.[3]

Gegenstände, die nicht gepfändet werden sollen, gehören nicht zur Konkursmasse.[4]

2. Wird bei dem Güterstande der allgemeinen Gütergemeinschaft, der Errungenschaftsgemeinschaft oder der Fahrnißgemeinschaft das Konkursverfahren über das Vermögen des Ehemannes eröffnet, so gehört das Gesammtgut[5] zur Konkursmasse; eine Auseinandersetzung wegen des Gesammtguts zwischen den Ehegatten findet nicht statt.

Durch das Konkursverfahren über das Vermögen der Ehefrau wird das Gesammtgut nicht berührt.[6]

Diese Vorschriften finden bei der fortgesetzten Gütergemeinschaft mit der Maßgabe Anwendung, daß an die Stelle des Ehemannes der überlebende Ehegatte, an die Stelle der Ehefrau die Abkömmlinge treten.[7]

3. (2) Die Konkursmasse dient zur gemeinschaftlichen Befriedigung aller persönlichen Gläubiger, welche einen zur Zeit der Eröffnung des Verfahrens begründeten Vermögensanspruch an den Gemeinschuldner haben (Konkursgläubiger).

Unterhaltsansprüche, die nach den §§ 1351, 1360, 1361, 1578—1583, 1586, 1601—1615, 1708—1714 des Bürgerlichen Gesetzbuchs gegen den Gemeinschuldner begründet sind, sowie die sich aus den §§ 1715, 1716 des Bürgerlichen Gesetzbuchs ergebenden Ansprüche können für die Zukunft[8] nur geltend gemacht werden, soweit der Gemeinschuldner als Erbe des Verpflichteten haftet.

4. (3) Ein Anspruch auf abgesonderte Befriedigung aus Gegenständen, welche zur Konkursmasse gehören, kann nur in den von diesem Gesetze zugelassenen Fällen geltend gemacht werden.

Die abgesonderte Befriedigung erfolgt unabhängig vom Konkursverfahren.

5. (4) Ausländische Gläubiger stehen den inländischen gleich.

Unter Zustimmung des Bundesraths kann durch Anordnung des Reichskanzlers bestimmt werden, daß gegen einen ausländischen Staat, sowie dessen Angehörige und ihre Rechtsnachfolger ein Vergeltungsrecht zur Anwendung gebracht wird.

---

1. Die Konkursordnung ist in der Fassung der Bekanntmachung v. 20. Mai 1898 abgedruckt; die Aenderungen sind durch gesperrten Druck hervorgehoben. Die eingeklammerten Zahlen neben den Paragraphenzahlen sind die entsprechenden Paragraphenzahlen der alten Konkursordnung.

1a. Vgl. §§ 11, 12, 19 AG z. CPO und KO vom 13. Nov. 1899.

2. Vgl. §§ 811, 850, 851 Abs. 1, 852, 859—863 CPO.

3. Vgl. § 811 Nr. 11 CPO.

4. Vgl. § 812 CPO.

5. Vgl. §§ 1438, 1459, 1519, 1549 BGB; § 740 CPO.

6. Vgl. § 860 CPO.

7. Vgl. § 745 CPO; §§ 1487 ff. BGB.

8. D. i. für die Zeit nach der Eröffnung des Konkursverfahrens.

6. (5) Mit der Eröffnung des Verfahrens verliert der Gemeinschuldner die Befugniß, sein zur Konkursmasse gehöriges Vermögen zu verwalten und über dasselbe zu verfügen.[9]

Das Verwaltungs- und Verfügungsrecht wird durch einen Konkursverwalter ausgeübt.[10]

7. (6) Rechtshandlungen, welche der Gemeinschuldner nach der Eröffnung des Verfahrens vorgenommen hat, sind den Konkursgläubigern gegenüber unwirksam;[11] die Vorschriften der §§ 892, 893 des Bürgerlichen Gesetzbuchs bleiben unberührt.

Dem anderen Theile ist die Gegenleistung aus der Masse zurückzugewähren, soweit letztere durch dieselbe bereichert ist.[12]

Hat der Gemeinschuldner Rechtshandlungen am Tage der Eröffnung des Verfahrens vorgenommen, so wird vermuthet, daß sie nach der Eröffnung vorgenommen worden sind.

8. (7) Eine Leistung, welche auf eine zur Konkursmasse zu erfüllende Verbindlichkeit nach der Eröffnung des Verfahrens an den Gemeinschuldner erfolgt ist, befreit den Erfüllenden den Konkursgläubigern gegenüber nur insoweit, als das Geleistete in die Konkursmasse gekommen ist.

War die Leistung vor der öffentlichen Bekanntmachung der Eröffnung erfolgt, so ist der Erfüllende befreit, wenn nicht bewiesen wird, daß ihm zur Zeit der Leistung die Eröffnung des Verfahrens bekannt war.

War die Leistung nach der öffentlichen Bekanntmachung erfolgt, so wird der Erfüllende befreit, wenn er beweist, daß ihm zur Zeit der Leistung die Eröffnung des Verfahrens nicht bekannt war.

9. Die Annahme oder Ausschlagung einer vor der Eröffnung des Verfahrens dem Gemeinschuldner angefallenen Erbschaft, sowie eines vor diesem Zeitpunkte dem Gemeinschuldner angefallenen Vermächtnisses steht nur dem Gemeinschuldner zu.[13] Das Gleiche gilt von der Ablehnung der fortgesetzten Gütergemeinschaft.[14]

10. (8) Rechtsstreitigkeiten über das zur Konkursmasse gehörige Vermögen, welche zur Zeit der Eröffnung des Verfahrens für den Gemeinschuldner anhängig sind, können in der Lage, in welcher sie sich befinden, von dem Konkursverwalter aufgenommen werden. Wird die Aufnahme verzögert, so kommen die Bestimmungen des § 239 der Civilprozeßordnung zur entsprechenden Anwendung.

Lehnt der Verwalter die Aufnahme des Rechtsstreits ab, so kann sowohl der Gemeinschuldner als der Gegner denselben aufnehmen.[15]

11. (9) Rechtsstreitigkeiten, welche gegen den Gemeinschuldner anhängig und auf Aussonderung eines Gegenstandes aus der Konkursmasse oder auf abgesonderte Befriedigung gerichtet sind oder einen Anspruch betreffen, welcher als Masseschuld zu erachten ist, können sowohl von dem Konkursverwalter als von dem Gegner aufgenommen werden.

Erkennt der Verwalter den Anspruch sofort an, so fallen ihm die Prozeßkosten nicht zur Last.

12. (10) Konkursgläubiger können ihre Forderungen auf Sicherstellung oder Befriedigung aus der Konkursmasse nur nach Maßgabe der Vorschriften für das Konkursverfahren verfolgen.

13. Ein gegen den Gemeinschuldner bestehendes Veräußerungsverbot der in den §§ 135, 136 des Bürgerlichen Gesetzbuchs bezeichneten Art ist den Konkursgläubigern gegenüber unwirksam; wirksam bleibt jedoch eine bei der Zwangsvollstreckung in das unbewegliche Vermögen erfolgte Beschlagnahme.[16]

14. (11) Während der Dauer des Konkursverfahrens finden Arreste und Zwangsvollstreckungen zu Gunsten einzelner Konkursgläubiger weder in das zur Konkursmasse gehörige, noch in das sonstige Vermögen des Gemeinschuldners statt.

In Ansehung der zur Konkursmasse gehörigen Grundstücke, sowie der für den Gemeinschuldner eingetragenen Rechte an Grundstücken oder an eingetragenen Rechten kann während der Dauer des Konkursverfahrens eine Vormerkung auf Grund einer einstweiligen Verfügung zu Gunsten einzelner Konkursgläubiger nicht eingetragen werden. Das Gleiche gilt von der Eintragung einer Vormerkung in Ansehung eines Schiffspfandrechts.[17]

15. (12) Rechte an den zur Konkursmasse gehörigen Gegenständen, sowie Vorzugsrechte und Zurückbehaltungsrechte in Ansehung solcher Gegenstände können nach der Eröffnung des Verfahrens nicht mit Wirksamkeit gegenüber den Konkursgläubigern erworben werden, auch wenn der Erwerb nicht auf einer Rechtshandlung des Gemeinschuldners beruht. Die Vorschriften der §§ 878, 892, 893 und des § 1260 Abs. 1 des Bürgerlichen Gesetzbuchs bleiben unberührt.

16. (14) Befindet sich der Gemeinschuldner mit Dritten in einem Miteigenthume, in einer Gesellschaft oder in einer anderen Gemeinschaft, so er-

---

9. Bezüglich des Nachlaßkonkurses vgl. §§ 1988 ff. BGB.
10. Vgl. § 171 Abs. 2 HGB.
11. Vgl. §§ 135, 136 BGB.
12. Vgl. §§ 812 ff. BGB.
13. Vgl. §§ 1922, 1942 ff., 2176 BGB.
14. Vgl. §§ 1483 ff. BGB.
15. Der Konkurs bewirkt die Unterbrechung des Verfahrens (§ 240 CPO); über die Form der Aufnahme vgl. § 250 CPO.
16. Vgl. §§ 20 ff. ZVG.
17. Vgl. §§ 883, 885 BGB; § 895 CPO.

folgt die Theilung oder sonstige Auseinandersetzung außerhalb des Konkursverfahrens.

Eine Vereinbarung, durch welche bei einer Gemeinschaft nach Bruchtheilen das Recht, die Aufhebung der Gemeinschaft zu verlangen, für immer oder auf Zeit ausgeschlossen oder eine Kündigungsfrist bestimmt worden ist, wirkt nicht gegen die Konkursmasse. Das Gleiche gilt von einer Anordnung dieses Inhalts, die ein Erblasser für die Gemeinschaft seiner Erben getroffen hat.[18]

Zweiter Titel. Erfüllung der Rechtsgeschäfte.

17. (15) Wenn ein zweiseitiger Vertrag zur Zeit der Eröffnung des Konkursverfahrens von dem Gemeinschuldner und von dem anderen Theile nicht oder nicht vollständig erfüllt ist, so kann der Konkursverwalter an Stelle des Gemeinschuldners den Vertrag erfüllen und die Erfüllung von dem anderen Theile verlangen.

Der Verwalter muß auf Erfordern des anderen Theils, auch wenn die Erfüllungszeit noch nicht eingetreten ist, demselben ohne Verzug erklären, ob er die Erfüllung verlangen will. Unterläßt er dies, so kann er auf der Erfüllung nicht bestehen.

18. (16) War die Lieferung von Waaren, welche einen Markt- oder Börsenpreis haben, genau zu einer festbestimmten Zeit oder binnen einer festbestimmten Frist bedungen, und tritt die Zeit oder der Ablauf der Frist erst nach der Eröffnung des Verfahrens ein, so kann nicht die Erfüllung verlangt, sondern nur eine Forderung wegen Nichterfüllung geltend gemacht werden.

Der Betrag dieser Forderung bestimmt sich durch den Unterschied zwischen dem Kaufpreise und demjenigen Markt- oder Börsenpreise, welcher an dem Orte der Erfüllung oder an dem für denselben maßgebenden Handelsplatze sich für die am zweiten Werktage nach der Eröffnung des Verfahrens mit der bedungenen Erfüllungszeit geschlossenen Geschäfte ergiebt.

Ist ein solcher Markt- oder Börsenpreis nicht zu ermitteln, so findet die Bestimmung des ersten Absatzes keine Anwendung.

19. (17) War dem Gemeinschuldner ein von ihm gemiethеter oder gepachteter Gegenstand vor der Eröffnung des Verfahrens überlassen, so kann sowohl der andere Theil als der Verwalter das Mieth- oder Pachtverhältniß kündigen. Die Kündigungsfrist ist, falls nicht eine kürzere Frist bedungen war, die gesetzliche. Kündigt der Verwalter, so ist der andere Theil berechtigt, Ersatz des ihm durch die Aufhebung des Vertrags entstehenden Schadens zu verlangen.[19]

18. Vgl. §§ 751, 1010, 2044 Abs. 1 BGB.

19. Die gesetzlichen Kündigungsfristen bestimmen die §§ 565, 595 BGB.

20. (18) War dem Gemeinschuldner ein von ihm gemietheter oder gepachteter Gegenstand zur Zeit der Eröffnung des Verfahrens noch nicht überlassen, so kann der andere Theil von dem Vertrage zurücktreten.

Auf Erfordern des Verwalters muß der andere Theil demselben ohne Verzug erklären, ob er von dem Vertrage zurücktreten will. Unterläßt er dies, so kommen die Bestimmungen des § 17 zur Anwendung.

21. Hatte der Gemeinschuldner einen von ihm vermietheten oder verpachteten Gegenstand dem Miether oder dem Pächter vor der Eröffnung des Verfahrens überlassen, so ist der Mieth- oder Pachtvertrag auch der Konkursmasse gegenüber wirksam.

Im Falle der Vermiethung oder der Verpachtung eines Grundstücks, sowie im Falle der Vermiethung von Wohnräumen oder anderen Räumen ist jedoch eine Verfügung, die der Gemeinschuldner vor der Eröffnung des Verfahrens über den auf die spätere Zeit entfallenden Mieth- oder Pachtzins getroffen hat, insbesondere die Einziehung des Mieth- oder Pachtzinses, der Konkursmasse gegenüber nur insoweit wirksam, als sich die Verfügung auf den Mieth- oder Pachtzins für das zur Zeit der Eröffnung des Verfahrens laufende und das folgende Kalendervierteljahr bezieht. Soweit die Entrichtung des Mieth- oder Pachtzinses der Konkursmasse gegenüber wirksam ist, kann der Miether oder der Pächter gegen die Mieth- oder Pachtzinsforderung der Konkursmasse eine ihm gegen den Gemeinschuldner zustehende Forderung aufrechnen.

Eine von dem Konkursverwalter vorgenommene freiwillige Veräußerung des von dem Gemeinschuldner vermietheten oder verpachteten Grundstücks wirkt, sofern das Grundstück dem Miether oder dem Pächter vor der Eröffnung des Verfahrens überlassen war, auf das Mieth- oder Pachtverhältniß wie eine Zwangsversteigerung.[20]

22. (19) Ein in dem Haushalte, Wirthschaftsbetriebe oder Erwerbsgeschäfte des Gemeinschuldners angetretenes Dienstverhältniß kann von jedem Theile gekündigt werden. Die Kündigungsfrist ist, falls nicht eine kürzere Frist bedungen war, die gesetzliche.[21]

Kündigt der Verwalter, so ist der andere

20. Vgl. § 57 ZVG.

21. Ueber die gesetzliche Kündigungsfrist vgl. §§ 621 ff. BGB; §§ 66 ff. HGB; §§ 122, 128, 133b, 134 GewO.

Theil berechtigt, Ersatz des ihm durch die Aufhebung des Dienstverhältnisses entstehenden Schadens zu verlangen.

23. Ein von dem Gemeinschuldner ertheilter Auftrag erlischt durch die Eröffnung des Verfahrens, es sei denn, daß der Auftrag sich nicht auf das zur Konkursmasse gehörige Vermögen bezieht. Erlischt der Auftrag, so finden die Vorschriften des § 672 Satz 2 und des § 674 des Bürgerlichen Gesetzbuchs entsprechende Anwendung.

Das Gleiche gilt, wenn sich Jemand durch einen Dienstvertrag oder einen Werkvertrag verpflichtet hat, ein ihm von dem Gemeinschuldner übertragenes Geschäft für diesen zu besorgen.[22]

24. Ist zur Sicherung eines Anspruchs auf Einräumung oder Aufhebung eines Rechts an einem Grundstücke des Gemeinschuldners oder an einem für den Gemeinschuldner eingetragenen Rechte oder zur Sicherung eines Anspruchs auf Aenderung des Inhalts oder des Ranges eines solchen Rechts eine Vormerkung im Grundbuch eingetragen, so kann der Gläubiger von dem Konkursverwalter die Befriedigung seines Anspruchs verlangen.[23] Das Gleiche gilt, wenn in Ansehung eines Schiffspfandrechts eine Vormerkung im Schiffsregister eingetragen ist.[24]

25. (20) Soweit rücksichtlich einzelner, durch die §§ 18—24 nicht betroffener Rechtsverhältnisse das bürgerliche Recht besondere Bestimmungen über die Wirkung der Eröffnung des Konkursverfahrens enthält, kommen diese Bestimmungen zur Anwendung.[25]

26. (21) Wenn in Folge der Eröffnung des Konkursverfahrens die Nichterfüllung einer Verbindlichkeit oder die Aufhebung eines Rechtsverhältnisses des Gemeinschuldners eintritt, so ist der andere Theil nicht berechtigt, die Rückgabe seiner in das Eigenthum des Gemeinschuldners übergegangenen Leistung aus der Konkursmasse zu verlangen. Er kann eine Forderung wegen der Nichterfüllung oder der Aufhebung nur als Konkursgläubiger geltend machen, soweit ihm nicht ein Anspruch auf abgesonderte Befriedigung zusteht.

27. Erlischt ein von dem Gemeinschuldner ertheilter Auftrag oder ein Dienst- oder Werkvertrag der im § 23 Abs. 2 bezeichneten Art in Folge der Eröffnung des Verfahrens, so ist der andere Theil in Ansehung der nach der Eröffnung des Verfahrens entstandenen Ersatzansprüche im Falle des § 672 Satz 2 des Bürgerlichen Gesetzbuchs Massegläubiger, im Falle des § 674 des Bürgerlichen Gesetzbuchs Konkursgläubiger.

28. Wird eine nach § 705 des Bürgerlichen Gesetzbuchs eingegangene Gesellschaft durch die Eröffnung des Konkursverfahrens über das Vermögen eines Gesellschafters aufgelöst, so ist der geschäftsführende Gesellschafter in Ansehung der Ansprüche, welche ihm aus der einstweiligen Fortführung der Geschäfte nach § 728 Satz 2 des Bürgerlichen Gesetzbuchs zustehen, Massegläubiger, in Ansehung der ihm nach § 729 des Bürgerlichen Gesetzbuchs zustehenden Ansprüche, unbeschadet der Bestimmung des § 51, Konkursgläubiger.[26]

Dritter Titel. Anfechtung.[27]

29. (22) Rechtshandlungen, welche vor der Eröffnung des Konkursverfahrens vorgenommen sind, können als den Konkursgläubigern gegenüber unwirksam nach Maßgabe der folgenden Bestimmungen angefochten werden.

30. (23) Anfechtbar sind:

1. die nach der Zahlungseinstellung oder dem Antrage auf Eröffnung des Verfahrens von dem Gemeinschuldner eingegangenen Rechtsgeschäfte, durch deren Eingehung die Konkursgläubiger benachtheiligt werden, wenn dem anderen Theile zu der Zeit, als er das Geschäft einging, die Zahlungseinstellung oder der Eröffnungsantrag bekannt war; sowie die nach der Zahlungseinstellung oder dem Eröffnungsantrage erfolgten Rechtshandlungen, welche einem Konkursgläubiger Sicherung oder Befriedigung gewähren, wenn dem Gläubiger zu der Zeit, als die Handlung erfolgte, die Zahlungseinstellung oder der Eröffnungsantrag bekannt war;[28]
2. die nach der Zahlungseinstellung oder dem Antrage auf Eröffnung des Verfahrens oder in den letzten zehn Tagen vor der Zahlungseinstellung oder dem Eröffnungsantrage erfolgten Rechtshandlungen, welche einem Konkursgläubiger eine Sicherung oder Befriedigung gewähren, die er nicht oder nicht

22. Vgl. § 675 BGB.

23. Vgl. §§ 883 Abs. 2. 3, 888 Abs. 1 BGB.

24. Vgl. §§ 100 ff. FrG.

25. Solche Bestimmungen enthalten: §§ 377 Abs. 2, 728, 736, 773^{3}, 1419, 1543, 1547 BGB; §§ 131^{3}, 138, 141 ff., 171 Abs. 2, 217 Abs. 2, 292^{3}, 330 Abs. 2, 342, 370, 505 Abs. 2 HGB. — Wegen der mit der Konkurseröffnung verbundenen Einschränkung der politischen und bürgerlichen Rechte vgl. § 12 AG z. CPO und KO v. 13. Nov. 1899.

26. Eine besondere Bestimmung bezüglich des stillen Gesellschafters enthält § 341 Abs. 2 HGB.

27. Vgl. Ges. betr. die Anfechtungen von Rechtshandlungen eines Schuldners außerhalb des Konkursverfahrens v. 21. Juli 1879; ein besonderes Anfechtungsrecht enthält § 342 HGB.

28. Vgl. § 13 Abs. 3 Ges. v. 21. Juli 1879.

in der Art oder nicht zu der Zeit zu beanspruchen hatte, sofern er nicht beweist, daß ihm zur Zeit der Handlung weder die Zahlungseinstellung und der Eröffnungsantrag, noch eine Absicht des Gemeinschuldners, ihn vor den übrigen Gläubigern zu begünstigen, bekannt war.

31. (24) Anfechtbar sind:

1. Rechtshandlungen, welche der Gemeinschuldner in der dem anderen Theile bekannten Absicht, seine Gläubiger zu benachtheiligen, vorgenommen hat;
2. die in dem letzten Jahre vor der Eröffnung des Verfahrens geschlossenen, entgeltlichen Verträge des Gemeinschuldners
   mit seinem Ehegatten, vor oder während der Ehe,
   mit seinen oder seines Ehegatten Verwandten[29] in auf- und absteigender Linie,
   mit seinen oder seines Ehegatten voll- und halbbürtigen Geschwistern, oder mit dem Ehegatten einer dieser Personen,

   sofern durch den Abschluß des Vertrages die Gläubiger des Gemeinschuldners benachtheiligt werden und der andere Theil nicht beweist, daß ihm zur Zeit des Vertragsabschlusses eine Absicht des Gemeinschuldners, die Gläubiger zu benachtheiligen, nicht bekannt war.

32. (25) Anfechtbar sind:

1. die in dem letzten Jahre vor der Eröffnung des Verfahrens von dem Gemeinschuldner vorgenommenen unentgeltlichen Verfügungen, sofern nicht dieselben gebräuchliche Gelegenheitsgeschenke zum Gegenstande hatten;
2. die in den letzten zwei Jahren vor der Eröffnung des Konkurses von dem Gemeinschuldner vorgenommenen unentgeltlichen Verfügungen zu Gunsten seines Ehegatten.

33. (26) Rechtshandlungen, welche früher als sechs Monate vor der Eröffnung des Verfahrens erfolgt sind, können aus dem Grunde einer Kenntniß der Zahlungseinstellung nicht angefochten werden.

34. (27) Wechselzahlungen des Gemeinschuldners können auf Grund des § 30 Nr. 1 von dem Empfänger nicht zurückgefordert werden, wenn nach Wechselrecht der Empfänger bei Verlust des Wechselanspruchs gegen andere Wechselverpflichtete zur Annahme der Zahlung verbunden war.

Die gezahlte Wechselsumme muß von dem letzten Wechselregreßschuldner oder, falls derselbe den Wechsel für Rechnung eines Dritten begeben hatte, von diesem erstattet werden, wenn dem letzten Wechselregreßschuldner oder dem Dritten zu der Zeit, als er den Wechsel begab oder begeben ließ, einer der im § 30 Nr. 1 erwähnten Umstände bekannt war.

29. Vgl. Art. 33 EG z. BGB.

35. (28) Die Anfechtung wird dadurch nicht ausgeschlossen, daß für die anzufechtende Rechtshandlung ein vollstreckbarer Schuldtitel erlangt, oder daß dieselbe durch Zwangsvollstreckung oder durch Vollziehung eines Arrestes erwirkt worden ist.

36. (29) Das Anfechtungsrecht wird von dem Verwalter ausgeübt.[30]

37. (30) Was durch die anfechtbare Handlung aus dem Vermögen des Gemeinschuldners veräußert, weggegeben oder aufgegeben ist, muß zur Konkursmasse zurückgewährt werden.

Der gutgläubige Empfänger einer unentgeltlichen Leistung hat dieselbe nur soweit zurückzugewähren, als er durch sie bereichert ist.[31]

38. (31) Die Gegenleistung ist aus der Konkursmasse zu erstatten, soweit sie sich in derselben befindet, oder soweit die Masse um ihren Werth bereichert ist. Darüber hinaus kann ein Anspruch nur als Konkursforderung geltend gemacht werden.

39. (32) Wenn der Empfänger einer anfechtbaren Leistung das Empfangene zurückgewährt, so tritt seine Forderung wieder in Kraft.

40. (33) Die gegen den Erblasser begründete Anfechtung findet gegen den Erben statt.

Gegen einen anderen Rechtsnachfolger desjenigen, welchem gegenüber die anfechtbare Handlung vorgenommen ist, findet die gegen den letzteren begründete Anfechtung statt:

1. wenn ihm zur Zeit seines Erwerbes die Umstände, welche die Anfechtbarkeit des Erwerbes seines Rechtsvorgängers begründen, bekannt waren;
2. wenn er zu den im § 31 Nr. 2 genannten Personen gehört, es sei denn, daß ihm zur Zeit seines Erwerbes die Umstände, welche die Anfechtbarkeit des Erwerbes seines Rechtsvorgängers begründen, unbekannt waren;
3. wenn ihm das Erlangte unentgeltlich zugewendet worden ist.

Im Falle des Abs. 2 Nr. 3 findet auf die Haftung des Rechtsnachfolgers die Bestimmung des § 37 Abs. 2 Anwendung.

41. (34) Die Anfechtung kann nur binnen Jahresfrist seit der Eröffnung des Verfahrens erfolgen. Auf den Lauf der Frist finden die für die Verjährung geltenden Vorschriften des § 203 Abs. 2 und des § 207 des Bürgerlichen Gesetzbuchs entsprechende Anwendung. Die Anfechtung nach § 31 Nr. 1 ist ausgeschlossen, wenn seit der Vornahme der Handlung dreißig Jahre verstrichen sind.

Ist durch die anfechtbare Handlung eine

30. Wegen Fortsetzung der Prozesse über Anfechtungsansprüche, die vor der Konkurseröffnung erhoben sind, vgl. § 13 Ges. v. 21. Juli 1879.

31. Vgl. §§ 812 ff. BGB.

Verpflichtung des Gemeinschuldners zu einer Leistung begründet, so kann der Konkursverwalter die Leistung verweigern, auch wenn die Anfechtung nach Abs. 1 ausgeschlossen ist.

42. Die Vorschriften über die Anfechtung der vor der Eröffnung des Verfahrens vorgenommenen Rechtshandlungen gelten auch für die Anfechtung von Rechtshandlungen, die nach der Eröffnung des Verfahrens vorgenommen worden sind, sofern diese nach den §§ 892, 893 des Bürgerlichen Gesetzbuchs den Konkursgläubigern gegenüber wirksam sind. Die Frist für die Ausübung des Anfechtungsrechts beginnt mit der Vornahme der Rechtshandlung.

Vierter Titel. Aussonderung.

43. (35) Die Ansprüche auf Aussonderung eines dem Gemeinschuldner nicht gehörigen Gegenstandes aus der Konkursmasse auf Grund eines dinglichen oder persönlichen Rechts bestimmen sich nach den außerhalb des Konkursverfahrens geltenden Gesetzen.

44. (36) Der Verkäufer oder Einkaufskommissionär[32] kann Waaren, welche von einem anderen Orte an den Gemeinschuldner abgesendet und von dem Gemeinschuldner noch nicht vollständig bezahlt sind, zurückfordern, sofern nicht dieselben schon vor der Eröffnung des Verfahrens an dem Orte der Ablieferung angekommen und in den Gewahrsam des Gemeinschuldners oder einer anderen Person für ihn gelangt sind.

Die Bestimmungen des § 17 finden Anwendung.

45. (37) Die Ehefrau des Gemeinschuldners kann Gegenstände, welche sie während der Ehe erworben hat, nur in Anspruch nehmen, wenn sie beweist, daß dieselben nicht mit Mitteln des Gemeinschuldners erworben sind.

46. (38) Sind Gegenstände, deren Aussonderung aus der Konkursmasse hätte beansprucht werden können, vor der Eröffnung des Verfahrens von dem Gemeinschuldner oder nach der Eröffnung des Verfahrens von dem Verwalter veräußert worden, so ist der Aussonderungsberechtigte befugt, die Abtretung des Rechts auf die Gegenleistung, soweit diese noch aussteht, zu verlangen. Er kann die Gegenleistung aus der Masse beanspruchen, soweit sie nach der Eröffnung des Verfahrens zu derselben eingezogen worden ist.

Fünfter Titel. Absonderung.

47. (39) Zur abgesonderten Befriedigung dienen die Gegenstände, welche der Zwangsvollstreckung in das unbewegliche Vermögen unterliegen, für diejenigen, welchen ein Recht auf Befriedigung aus denselben zusteht.

48. (40) Gläubiger, welche an einem zur Konkursmasse gehörigen Gegenstand ein durch Rechtsgeschäft bestelltes Pfandrecht haben, können aus den ihnen verpfändeten Gegenständen abgesonderte Befriedigung wegen ihrer Pfandforderung verlangen, zunächst wegen der Kosten, dann wegen der Zinsen, zuletzt wegen des Kapitals.[33]

49. (41) Den im § 48 bezeichneten Pfandgläubigern stehen gleich:

1. die Reichskasse, die Staatskassen und die Gemeinden, sowie die Amts-, Kreis- und Provinzialverbände wegen öffentlicher Abgaben, in Ansehung der zurückgehaltenen oder in Beschlag genommenen zoll- und steuerpflichtigen Sachen;[34]
2. diejenigen, welche an gewissen Gegenständen ein gesetzliches oder ein durch Pfändung erlangtes Pfandrecht haben; das dem Vermiether und dem Verpächter nach den §§ 559, 581, 585 des Bürgerlichen Gesetzbuchs zustehende Pfandrecht kann in Ansehung des Mieth- oder Pachtzinses für eine frühere Zeit als das letzte Jahr vor der Eröffnung des Verfahrens, sowie in Ansehung des dem Vermiether oder dem Verpächter in Folge der Kündigung des Verwalters entstehenden Entschädigungsanspruchs nicht geltend gemacht werden; das Pfandrecht des Verpächters eines landwirthschaftlichen Grundstücks unterliegt in Ansehung des Pachtzinses der Beschränkung nicht;[35]
3. diejenigen, welche etwas zum Nutzen einer Sache verwendet haben, wegen des den noch vorhandenen Vortheil nicht übersteigenden Betrags ihrer Forderung aus der Verwendung, in Ansehung der zurückbehaltenen Sache;
4. diejenigen, welchen nach dem Handelsgesetzbuche in Ansehung gewisser Gegenstände ein Zurückbehaltungsrecht zusteht.[36]

Die im Abs. 1 Nr. 1 bezeichneten Rechte gehen den im Abs. 1 Nr. 2—4 und den im § 48 bezeichneten Rechten vor.

50. (42) Wer nach der Eröffnung des Konkursverfahrens oder mit Kenntniß des Eröffnungsantrages oder der Zahlungseinstellung eine

32. Vgl. § 391 HGB.

33. Ueber Entstehung des Pfandrechts vgl. §§ 1205 ff., 1273 ff. BGB.

34. Vgl. auch §§ 14, 100 Vereinszollges. v. 1. Juli 1869 (17. Juli 1871); § 31 Branntweinsteuerges. v. 24. Juli 1887.

35. Vgl. §§ 590, 647, 704 BGB; §§ 397, 410, 411, 421, 440 ff. HGB.

36. Vgl. §§ 369 ff. HGB.

Konkursforderung dem im Auslande wohnenden Inhaber eines zur Konkursmasse gehörigen Gegenstandes oder in der Absicht, daß dieser die Forderung erwerbe, einer Mittelsperson abtritt, ist verpflichtet, zur Konkursmasse den Betrag zu ersetzen, welcher derselben dadurch entgeht, daß der Inhaber für die Forderung nach dem Rechte des Auslandes entgegen den Bestimmungen dieses Gesetzes ein Absonderungsrecht an dem Gegenstande ausübt. Die Vorschrift des § 33 findet entsprechende Anwendung.[37]

51. (44) Wer sich mit dem Gemeinschuldner in einem Miteigenthume,[38] in einer Gesellschaft[39] oder in einer anderen Gemeinschaft[40] befindet, kann wegen der auf ein solches Verhältniß sich gründenden Forderungen abgesonderte Befriedigung aus dem bei der Theilung oder sonstigen Auseinandersetzung ermittelten Antheile des Gemeinschuldners verlangen.

52. (45) Die Befriedigung der Lehen-, Stammguts- oder Familienfideikommiß-Gläubiger erfolgt abgesondert aus dem Lehen-, Stammgute oder Familienfideikommisse nach den Vorschriften der Landesgesetze.

Sechster Titel. Aufrechnung.

53. (46) Soweit ein Gläubiger zu einer Aufrechnung befugt ist, braucht er seine Forderung im Konkursverfahren nicht geltend zu machen.

54. (47) Die Aufrechnung wird nicht dadurch ausgeschlossen, daß zur Zeit der Eröffnung des Verfahrens die aufzurechnenden Forderungen oder die eine von ihnen noch betagt oder noch bedingt war, oder die Forderung des Gläubigers nicht auf einen Geldbetrag gerichtet war.

Eine betagte Forderung des Gläubigers ist zum Zwecke der Aufrechnung nach der Vorschrift des § 65 zu berechnen.

Zum Zwecke der Aufrechnung einer aufschiebend bedingten Forderung bei dem Eintritte der Bedingung kann der Gläubiger Sicherstellung[41] insoweit verlangen, als die Forderung der von ihm einzuzahlenden Schuld gleichkommt.

Eine nicht auf Geld gerichtete Forderung des Gläubigers ist zum Zwecke der Aufrechnung nach den Vorschriften der §§ 69, 70 zu berechnen.

55. (48) Eine Aufrechnung im Konkursverfahren ist unzulässig:

1. wenn Jemand vor oder nach der Eröffnung des Verfahrens eine Forderung an den Gemeinschuldner erworben hat und nach der Eröffnung etwas zur Masse schuldig geworden ist;
2. wenn Jemand dem Gemeinschuldner vor der Eröffnung des Verfahrens etwas schuldig war und nach derselben eine Forderung an den Gemeinschuldner erworben hat, auch wenn diese Forderung vor der Eröffnung für einen anderen Gläubiger entstanden war;
3. wenn Jemand vor der Eröffnung des Verfahrens dem Gemeinschuldner etwas schuldig war und eine Forderung an den Gemeinschuldner durch ein Rechtsgeschäft mit demselben oder durch Rechtsabtretung oder Befriedigung eines Gläubigers erworben hat, falls ihm zur Zeit des Erwerbes bekannt war, daß der Gemeinschuldner seine Zahlungen eingestellt hatte, oder daß die Eröffnung des Verfahrens beantragt war. Die Vorschrift des § 33 findet entsprechende Anwendung.[42]

   Die Aufrechnung ist zulässig, wenn der Erwerber zur Uebernahme der Forderung oder zur Befriedigung des Gläubigers verpflichtet war und zu der Zeit, als er die Verpflichtung einging, weder von der Zahlungseinstellung noch von dem Eröffnungsantrage Kenntniß hatte.

56. (49) Die Bestimmung des § 50 findet entsprechende Anwendung auf den Fall, daß ein im Auslande wohnender Schuldner nach dem Rechte des Auslandes eine nach § 55 unzulässige Aufrechnung mit der ihm abgetretenen Konkursforderung vornimmt.[42]

Siebenter Titel. Massegläubiger.

57. (50) Aus der Konkursmasse sind die Massekosten und Masseschulden vorweg zu berichtigen.

58. (51) Massekosten sind:

1. die gerichtlichen Kosten für das gemeinschaftliche Verfahren;
2. die Ausgaben für die Verwaltung, Verwerthung und Vertheilung der Masse;
3. die dem Gemeinschuldner und dessen Familie bewilligte Unterstützung.

59. (52) Masseschulden sind:

1. die Ansprüche, welche aus Geschäften oder Handlungen des Konkursverwalters entstehen;
2. die Ansprüche aus zweiseitigen Verträgen, deren Erfüllung zur Konkursmasse verlangt wird oder für die Zeit nach der Eröffnung des Verfahrens erfolgen muß;
3. die Ansprüche aus einer rechtlosen Bereicherung der Masse.

60. (53) Sobald sich herausstellt, daß die Konkursmasse zur vollständigen Befriedigung aller Massegläubiger nicht ausreicht, tritt eine verhältnißmäßige Befriedigung derselben in der Weise ein, daß zunächst die Masseschulden, dann die Massekosten, von diesen zuerst die baaren Aus-

37. Vgl. § 10 EG z. KO v. 10. Febr. 1877.
38. §§ 1010 ff. BGB.
39. §§ 705 ff. BGB.
40. §§ 741 ff. BGB; vgl. noch §§ 105 ff., 341 HGB.
41. Vgl. §§ 232 ff. BGB.

42. Vgl. § 10 EG z. KO.

lagen und zuletzt die dem Gemeinschuldner und dessen Familie bewilligte Unterstützung zu berichtigen sind.

Achter Titel. Konkursgläubiger.

61. (54) Die Konkursforderungen werden nach folgender Rangordnung, bei gleichem Range nach Verhältniß ihrer Beträge, berichtigt:

1. die für das letzte Jahr vor der Eröffnung des Verfahrens oder dem Ableben des Gemeinschuldners rückständigen Forderungen an Lohn, Kostgeld oder anderen Dienstbezügen der Personen, welche sich dem Gemeinschuldner für dessen Haushalt, Wirthschaftsbetrieb oder Erwerbsgeschäft zur Leistung von Diensten verdungen hatten;[43]
2. die Forderungen der Reichskasse, der Staatskassen und der Gemeinden, sowie der Amts-, Kreis- und Provinzialverbände wegen öffentlicher Abgaben, welche im letzten Jahre vor der Eröffnung des Verfahrens fällig geworden sind oder nach § 65 als fällig gelten; es macht hierbei keinen Unterschied, ob der Steuererheber die Abgabe bereits vorschußweise zur Kasse entrichtet hat;
3. die Forderungen der Kirchen und Schulen, der öffentlichen Verbände und der öffentlichen, zur Annahme der Versicherung verpflichteten Feuerversicherungsanstalten wegen der nach Gesetz oder Verfassung zu entrichtenden Abgaben und Leistungen aus dem letzten Jahre vor der Eröffnung des Verfahrens;
4. die Forderungen der Aerzte, Wundärzte, Thierärzte, Apotheker, Hebammen und Krankenpfleger wegen Kur- und Pflegekosten aus dem letzten Jahre vor der Eröffnung des Verfahrens, insoweit der Betrag der Forderungen den Betrag der taxmäßigen Gebührnisse nicht übersteigt;
5. die Forderungen der Kinder, der Mündel und der Pflegebefohlenen des Gemeinschuldners in Ansehung ihres gesetzlich der Verwaltung desselben unterworfenen Vermögens; das Vorrecht steht ihnen nicht zu, wenn die Forderung nicht binnen zwei Jahren nach Beendigung der Vermögensverwaltung gerichtlich geltend gemacht und bis zur Eröffnung des Verfahrens verfolgt worden ist;
6. alle übrigen Konkursforderungen.

62. (55) Mit der Kapitalsforderung werden an derselben Stelle angesetzt:

1. die Kosten, welche dem Gläubiger vor der Eröffnung des Verfahrens erwachsen sind;
2. die Vertragsstrafen;[44]
3. die bis zur Eröffnung des Verfahrens aufgelaufenen Zinsen.

63. (56) Im Konkursverfahren können nicht geltend gemacht werden:

1. die seit der Eröffnung des Verfahrens laufenden Zinsen;
2. die Kosten, welche den einzelnen Gläubigern durch ihre Theilnahme an dem Verfahren erwachsen;
3. Geldstrafen;
4. Forderungen aus einer Freigebigkeit des Gemeinschuldners unter Lebenden oder von Todeswegen.

64. (57) Ein Gläubiger, welcher abgesonderte Befriedigung beansprucht, kann die Forderung, wenn der Gemeinschuldner auch persönlich für sie haftet, zur Konkursmasse geltend machen, aus derselben aber nur für den Betrag verhältnißmäßige Befriedigung verlangen, zu welchem er auf abgesonderte Befriedigung verzichtet, oder mit welchem er bei der letzteren ausgefallen ist.

65. (58) Betagte Forderungen gelten als fällig. Eine betagte unverzinsliche Forderung vermindert sich auf den Betrag, welcher mit Hinzurechnung der gesetzlichen Zinsen[45] desselben für die Zeit von der Eröffnung des Verfahrens bis zur Fälligkeit dem vollen Betrage der Forderung gleichkommt.

66. (59) Forderungen unter auflösender Bedingung werden wie unbedingte geltend gemacht.

67. (60) Forderungen unter aufschiebender Bedingung berechtigen nur zu einer Sicherung.

68. (61) Wird über das Vermögen mehrerer oder einer von mehreren Personen, welche neben einander für dieselbe Leistung auf das Ganze haften, das Konkursverfahren eröffnet, so kann der Gläubiger bis zu seiner vollen Befriedigung in jedem Verfahren den Betrag geltend machen, den er zur Zeit der Eröffnung des Verfahrens zu fordern hatte.

69. (62) Forderungen, welche nicht auf einen Geldbetrag gerichtet sind, oder deren Geldbetrag unbestimmt oder ungewiß oder nicht in Reichswährung festgesetzt ist, sind nach ihrem Schätzungswerthe in Reichswährung geltend zu machen.

70. (63) Wiederkehrende Hebungen zu einem bestimmten Betrage und von einer bestimmten Zeitdauer werden unter Abrechnung der Zwischenzinsen (§ 65) durch Zusammenzählung der einzelnen Hebungen kapitalisirt. Der Gesammtbetrag darf den zum gesetzlichen Zinssatze[45] kapitalisirten Betrag derselben nicht übersteigen.

43. Vgl. auch § 55 Krankenversicherungsges. v. 15. Juni 1883 (neue Fassung v. 10. April 1892); § 168 Invalidenversicherungsges. v. 13. Juli 1899.

44. Vgl. §§ 339 ff. BGB.

45. Vgl. § 246 BGB; § 352 HGB; § 9 AG z. BGB.

Zweites Buch.

Konkursverfahren.

Erster Titel. Allgemeine Bestimmungen.[46]

71. (64) Für das Konkursverfahren ist das Amtsgericht ausschließlich zuständig, bei welchem der Gemeinschuldner seine gewerbliche Niederlassung[47] oder in Ermangelung einer solchen seinen allgemeinen Gerichtsstand[48] hat.

Sind mehrere Gerichte zuständig, so schließt dasjenige, bei welchem zuerst die Eröffnung des Verfahrens beantragt worden ist, die übrigen aus.

72. (65) Die Vorschriften der Civilprozeßordnung finden, soweit nicht aus den Bestimmungen dieses Gesetzes sich Abweichungen ergeben, auf das Konkursverfahren entsprechende Anwendung.

73. (66) Die Entscheidungen im Konkursverfahren können ohne vorgängige mündliche Verhandlung erfolgen.

Die Zustellung geschieht von Amtswegen.[49]

Gegen die Entscheidungen im Konkursverfahren findet, soweit dieses Gesetz nicht ein Anderes bestimmt, die sofortige Beschwerde statt.[50]

74. Die Entscheidung des Beschwerdegerichts wird erst mit der Rechtskraft wirksam. Das Beschwerdegericht kann jedoch die sofortige Wirksamkeit der Entscheidung anordnen.

75. (67) Das Konkursgericht kann zur Aufklärung aller das Verfahren betreffenden Verhältnisse die erforderlichen Ermittelungen, insbesondere die Vernehmung von Zeugen und Sachverständigen anordnen.[51]

76. (68) Die öffentlichen Bekanntmachungen erfolgen durch mindestens einmalige Einrückung in das zur Veröffentlichung amtlicher Bekanntmachungen des Gerichts bestimmte Blatt;[52] die Einrückung kann auszugsweise geschehen. Die Bekanntmachung gilt als bewirkt mit dem Ablaufe des zweiten Tages nach der Ausgabe des die Einrückung oder die erste Einrückung enthaltenden Blattes.

Das Gericht kann weitere Bekanntmachungen anordnen.

Die öffentliche Bekanntmachung gilt als Zustellung an alle Betheiligten, auch wenn dieses Gesetz neben ihr eine besondere Zustellung vorschreibt.

46. Uebergangsbestimmungen in Artt. 5, 6 EG v. 17. Mai 1898.

47. Vgl. § 21 CPO.

48. Vgl. §§ 13—17 CPO.

49. Vgl. §§ 208 ff. CPO.

50. Vgl. § 577 CPO.

51. Vgl. auch §§ 45, 46, 47, 102 HGB.

52. Vgl. Art. 23 Dekr. v. 17. Febr. 1852.

77. (69) Wenn neben der öffentlichen Bekanntmachung eine besondere Zustellung vorgeschrieben ist, so kann dieselbe durch Aufgabe zur Post bewirkt werden. Einer Beglaubigung der Abschrift des zuzustellenden Schriftstücks bedarf es nicht.[53]

Die dem Verwalter obliegenden Mittheilungen können unmittelbar und ohne besondere Form geschehen.

78. (70) Der Konkursverwalter wird von dem Gerichte ernannt.

Das Gericht kann demselben die Leistung einer Sicherheit auferlegen.

79. (71) Wenn die Verwaltung verschiedene Geschäftszweige umfaßt, so können mehrere Konkursverwalter ernannt werden. Jeder von ihnen ist in seiner Geschäftsführung selbständig.

80. (72) In der auf die Ernennung eines Verwalters folgenden Gläubigerversammlung können die Konkursgläubiger statt des Ernannten eine andere Person wählen. Das Gericht kann die Ernennung des Gewählten versagen.

81. (73) Der Name des Verwalters ist öffentlich bekannt zu machen.

Dem Verwalter ist eine urkundliche Bescheinigung seiner Ernennung zu ertheilen. Er hat dieselbe bei der Beendigung seines Amts dem Gerichte zurückzureichen.

82. (74) Der Verwalter ist für die Erfüllung der ihm obliegenden Pflichten allen Betheiligten verantwortlich.[54]

83. (75) Der Verwalter steht unter der Aufsicht des Konkursgerichts.

84. (76) Das Gericht kann gegen den Verwalter Ordnungsstrafen bis zu zweihundert Mark festsetzen. Es kann denselben vor der auf seine Ernennung folgenden Gläubigerversammlung von Amtswegen, später nur auf Antrag der Gläubigerversammlung oder des Gläubigerausschusses seines Amts entlassen.

Vor der Entscheidung ist der Verwalter zu hören.

85. (77) Der Verwalter hat Anspruch auf Erstattung angemessener baarer Auslagen und auf Vergütung für seine Geschäftsführung. Die Festsetzung der Auslagen und der Vergütung erfolgt durch das Konkursgericht.

Die Landesjustizverwaltung kann für die dem Verwalter zu gewährende Vergütung allgemeine Anordnungen treffen.

86. (78) Der Verwalter hat bei der Beendigung

53. Vgl. §§ 175, 192, 213 CPO.

54. Vgl. § 276 BGB.

seines Amts einer Gläubigerversammlung Schlußrechnung [55] zu legen. Die Rechnung muß mit den Belegen und, wenn ein Gläubigerausschuß bestellt ist, mit dessen Bemerkungen spätestens drei Tage vor dem Termine auf der Gerichtsschreiberei zur Einsicht der Betheiligten niedergelegt werden. Der Gemeinschuldner, jeder Konkursgläubiger und der nachfolgende Verwalter sind berechtigt, Einwendungen gegen die Rechnung zu erheben. Soweit in dem Termine Einwendungen nicht erhoben werden, gilt die Rechnung als anerkannt.

87. (79) Vor der ersten Gläubigerversammlung kann das Gericht aus der Zahl der Gläubiger oder der Vertreter von Gläubigern einen Gläubigerausschuß bestellen.

Die Gläubigerversammlung hat über die Bestellung eines Gläubigerausschusses zu beschließen. Die Mitglieder des Gläubigerausschusses sind von der Gläubigerversammlung zu wählen. Zu Mitgliedern können Gläubiger oder andere Personen gewählt werden.

88. (80) Die Mitglieder des Gläubigerausschusses haben den Verwalter bei seiner Geschäftsführung zu unterstützen und zu überwachen. Dieselben können sich von dem Gange der Geschäfte unterrichten, die Bücher und Schriften des Verwalters einsehen und den Bestand seiner Kasse untersuchen.

Der Gläubigerausschuß ist berechtigt, von dem Verwalter Berichterstattung über die Lage der Sache und die Geschäftsführung zu verlangen. Er ist verpflichtet, die Untersuchung der Kasse des Verwalters wenigstens ein Mal in jedem Monate durch ein Mitglied vornehmen zu lassen.

89. (81) Die Mitglieder des Gläubigerausschusses sind für die Erfüllung der ihnen obliegenden Pflichten allen Betheiligten verantwortlich.[54]

90. (82) Ein Beschluß des Gläubigerausschusses ist gültig, wenn die Mehrheit der Mitglieder an der Beschlußfassung Theil genommen hat, und der Beschluß mit absoluter Mehrheit der abgegebenen Stimmen gefaßt ist.

91. (83) Die Mitglieder des Gläubigerausschusses haben Anspruch auf Erstattung angemessener baarer Auslagen und auf Vergütung für ihre Geschäftsführung. Die Festsetzung der Auslagen und der Vergütung erfolgt nach Anhörung der Gläubigerversammlung durch das Konkursgericht.

Die Landesjustizverwaltung kann für die den Mitgliedern des Gläubigerausschusses zu gewährende Vergütung allgemeine Anordnungen treffen.

92. (84) Die durch das Gericht erfolgte Bestellung zum Mitgliede des Gläubigerausschusses kann von dem Gerichte, die durch die Gläubigerversammlung erfolgte Bestellung zum Mitgliede des Gläubigerausschusses durch Beschluß der Gläubigerversammlung widerrufen werden.

93. (85) Ueber die Berufung der Gläubigerversammlung beschließt das Gericht. Die Berufung muß erfolgen, wenn sie von dem Verwalter, dem Gläubigerausschusse oder von mindestens fünf Konkursgläubigern, deren Forderungen nach der Schätzung des Gerichts den fünften Theil der Schuldenmasse erreichen, beantragt wird.

Die Berufung muß öffentlich bekannt gemacht werden. Der öffentlichen Bekanntmachung bedarf es nicht, wenn in einer Gläubigerversammlung eine Vertagung der Verhandlung angeordnet wird.

94. (86) Die Gläubigerversammlung findet unter der Leitung des Gerichts statt.

Die Beschlüsse der Gläubigerversammlung werden mit absoluter Mehrheit der Stimmen gefaßt. Für die Wahl der Mitglieder des Gläubigerausschusses genügt relative Mehrheit der Stimmen.

Die Stimmenmehrheit ist nach den Forderungsbeträgen zu berechnen. Bei Gleichheit der Summen entscheidet die Zahl der Gläubiger.

95. (87) Zur Theilnahme an den Abstimmungen berechtigen die festgestellten Konkursforderungen. In Ansehung einer streitig gebliebenen Forderung wird bei der Prüfung mit den Parteien erörtert, ob und zu welchem Betrage ein bleibendes Stimmrecht für dieselbe zu gewähren ist. In Ermangelung einer Einigung entscheidet das Konkursgericht. Das Gericht kann die Entscheidung auf den weiteren Antrag einer Partei abändern.

Ob und zu welchem Betrage nicht geprüfte Konkursforderungen zum Stimmen in einer Gläubigerversammlung berechtigen, entscheidet auf den Widerspruch eines Konkursgläubigers oder des Verwalters das Gericht.

Eine Anfechtung der Entscheidungen findet nicht statt.

96. (88) Ob und zu welchem Betrage Forderungen, für welche abgesonderte Befriedigung beansprucht wird, in Ansehung ihres muthmaßlichen Ausfalls, sowie Konkursforderungen unter aufschiebender Bedingung zum Stimmen in einer Gläubigerversammlung berechtigen, entscheidet auf den Widerspruch eines Konkursgläubigers oder des Verwalters das Gericht.

Eine Anfechtung der Entscheidung findet nicht statt.

97. (89) Gezählt werden nur die Stimmen der in der Gläubigerversammlung erschienenen Gläubiger. Die nicht erschienenen Gläubiger sind an die Beschlüsse gebunden.

98. (90) Der Gegenstand, über welchen in der Gläubigerversammlung ein Beschluß gefaßt werden soll, muß bei der Berufung derselben öffentlich bekannt gemacht werden.

99. (91) Das Gericht hat die Ausführung eines von der Gläubigerversammlung gefaßten Beschlusses

55. Vgl. § 259 BGB.

auf den in der Gläubigerversammlung gestellten Antrag des Verwalters oder eines überstimmten Gläubigers zu untersagen, wenn der Beschluß dem gemeinsamen Interesse der Konkursgläubiger widerspricht.

100. (92) Der Gemeinschuldner ist verpflichtet, dem Verwalter, dem Gläubigerausschusse und auf Anordnung des Gerichts der Gläubigerversammlung über alle das Verfahren betreffenden Verhältnisse Auskunft zu geben.

101. (93) Der Gemeinschuldner darf sich von seinem Wohnorte nur mit Erlaubniß des Gerichts entfernen.

Das Gericht kann die zwangsweise Vorführung und nach Anhörung des Gemeinschuldners die Haft desselben anordnen, wenn er die ihm von dem Gesetze auferlegten Pflichten nicht erfüllt, oder wenn es zur Sicherung der Masse nothwendig erscheint.

Zweiter Titel. Eröffnungsverfahren.

102. (94) Die Eröffnung des Konkursverfahrens setzt die Zahlungsunfähigkeit des Gemeinschuldners voraus.[56]

Zahlungsunfähigkeit ist insbesondere anzunehmen, wenn Zahlungseinstellung erfolgt ist.

103. (95) Das Verfahren kann nur auf Antrag eröffnet werden.

Zu dem Antrage ist der Gemeinschuldner und jeder Konkursgläubiger berechtigt.

104. (96) Beantragt der Gemeinschuldner die Eröffnung des Verfahrens, so hat er ein Verzeichniß der Gläubiger und Schuldner, sowie eine Uebersicht der Vermögensmasse bei Stellung des Antrags einzureichen oder, wenn dies nicht thunlich ist, ohne Verzug nachzuliefern.

105. (97) Der Antrag eines Gläubigers auf Eröffnung des Verfahrens ist zuzulassen, wenn die Forderung des Gläubigers und die Zahlungsunfähigkeit des Gemeinschuldners glaubhaft gemacht werden.

Wird der Antrag zugelassen, so hat das Gericht den Schuldner zu hören und, sofern dieser nicht seine Zahlungsunfähigkeit oder Zahlungseinstellung einräumt, die erforderlichen Ermittelungen anzuordnen.

Die Anhörung des Schuldners kann unterbleiben, wenn sie eine öffentliche Zustellung oder eine Zustellung im Auslande erfordert; in diesem Falle ist, soweit thunlich, ein Vertreter oder Angehöriger des Schuldners zu hören.

106. (98) Das Gericht kann die zwangsweise Vorführung und die Haft des Schuldners anordnen. Dasselbe kann alle zur Sicherung der Masse dienenden einstweiligen Anordnungen treffen. Es kann insbesondere ein allgemeines Veräußerungsverbot an den Schuldner erlassen.

Bei der Abweisung des Eröffnungsantrags sind die angeordneten Sicherheitsmaßregeln aufzuheben.

107. (99) Die Abweisung des Eröffnungsantrags kann erfolgen, wenn nach dem Ermessen des Gerichts eine den Kosten des Verfahrens entsprechende Konkursmasse nicht vorhanden ist. Die Abweisung unterbleibt, wenn ein zur Deckung der im § 58 Nr. 1, 2 bezeichneten Massekosten ausreichender Geldbetrag vorgeschossen wird.

Das Gericht hat ein Verzeichniß derjenigen Schuldner zu führen, bezüglich deren der Eröffnungsantrag auf Grund der Vorschrift des Abs. 1 Satz 1 abgewiesen worden ist. Die Einsicht des Verzeichnisses ist Jedem gestattet. Nach dem Ablaufe von fünf Jahren seit der Abweisung des Eröffnungsantrags ist die Eintragung in dem Verzeichnisse dadurch zu löschen, daß der Name unkenntlich gemacht wird.[57]

108. (100) Der Eröffnungsbeschluß hat die Stunde der Eröffnung anzugeben.

Ist dies versäumt worden, so gilt als Zeitpunkt der Eröffnung die Mittagsstunde des Tages, an welchem der Beschluß erlassen ist.

109. (101). Die sofortige Beschwerde steht gegen den Eröffnungsbeschluß nur dem Gemeinschuldner, gegen den abweisenden Beschluß nur demjenigen zu, welcher den Eröffnungsantrag gestellt hat.

110. (102) Bei der Eröffnung des Konkursverfahrens ernennt das Gericht den Konkursverwalter, verordnet einen nicht über einen Monat hinauszusetzenden Termin zur Beschlußfassung über die Wahl eines anderen Verwalters, sowie über die Bestellung eines Gläubigerausschusses, erläßt den offenen Arrest und bestimmt die Anmeldefrist und den allgemeinen Prüfungstermin.

Das Gericht kann die Termine verbinden, wenn die Konkursmasse von geringerem Betrage oder der Kreis der Konkursgläubiger von geringerem Umfange ist, oder wenn der Gemeinschuldner einen Zwangsvergleichsvorschlag eingereicht hat.

111. (103) Der Gerichtsschreiber hat die Formel des Eröffnungsbeschlusses, den offenen Arrest, die Anmeldefrist und die Termine sofort öffentlich bekannt zu machen.

Die Bekanntmachung ist, unbeschadet der Vorschriften des § 76 Abs. 1, auszugsweise in den Deutschen Reichsanzeiger einzurücken.

---

56. Abweichend §§ 207 Abs. 1, 213, 215 KO; §§ 98 ff., 121 ff., 128 ff. Ges. v. 1. Mai 1889 betr. die Erwerbs- und Wirthschaftsgenossenschaften; § 63 Ges. v. 20. April 1892 betr. die Gesellschaften mit beschränkter Haftung.

57. Vorschrift wie beim Offenbarungseid: § 915 CPO. — Ueber die Einrichtung des Verzeichnisses vgl. Art. 53 der allgemeinen Verfügung v. 6. Dez. 1899.

An die ihrem Wohnorte nach bekannten Gläubiger und Schuldner des Gemeinschuldners erfolgt besondere Zustellung.

112. (104) Der Gerichtsschreiber hat unter Bezeichnung des Konkursverwalters beglaubigte Abschriften der Formel des Eröffnungsbeschlusses den Behörden für die Führung des Handels- oder Genossenschaftsregisters oder ähnlicher Register und der Dienstbehörde des Gemeinschuldners mitzutheilen.

113. (106)[58] Ein von dem Konkursgericht in Gemäßheit des § 106 erlassenes allgemeines Veräußerungsverbot, sowie die Eröffnung des Konkursverfahrens ist in das Grundbuch einzutragen:

1. bei denjenigen Grundstücken, als deren Eigenthümer der Gemeinschuldner im Grundbuch eingetragen ist;[59]
2. bei den für den Gemeinschuldner eingetragenen Rechten an Grundstücken oder an eingetragenen Rechten, wenn nach der Art des Rechts und den obwaltenden Umständen bei Unterlassung der Eintragung eine Beeinträchtigung der Konkursgläubiger zu besorgen ist.

Das Konkursgericht hat, soweit ihm solche Grundstücke oder Rechte bekannt sind, das Grundbuchamt von Amtswegen um die Eintragung zu ersuchen.

Die Eintragung kann auch von dem Konkursverwalter bei dem Grundbuchamte beantragt werden.

114. Werden Grundstücke oder Rechte, bei denen eine Eintragung nach Maßgabe des § 113 Abs. 1, 2 bewirkt worden ist, von dem Verwalter freigegeben oder veräußert, so kann das Konkursgericht auf Antrag das Grundbuchamt um Löschung der Eintragung ersuchen.

115. Die Eintragung und Löschung von Vermerken auf Grund der §§ 113, 114 geschieht gebührenfrei.

116. (105) Sobald eine den Eröffnungsbeschluß aufhebende Entscheidung die Rechtskraft erlangt hat, ist die Aufhebung des Verfahrens öffentlich bekannt zu machen. Die Vorschriften der §§ 111 Abs. 2, 112, 113, 191 finden entsprechende Anwendung.

Dritter Titel. Theilungsmasse.

117. (107) Nach der Eröffnung des Verfahrens hat der Verwalter das gesammte zur Konkursmasse gehörige Vermögen sofort in Besitz und Verwaltung zu nehmen und dasselbe zu verwerthen.[60]

Die Geschäftsbücher des Gemeinschuldners dürfen nur mit dem Geschäft im Ganzen und nur insoweit veräußert werden, als sie zur Fortführung des Geschäftsbetriebs unentbehrlich sind.

118. (108) Durch den offenen Arrest wird allen Personen, welche eine zur Konkursmasse gehörige Sache in Besitz haben oder zur Konkursmasse etwas schuldig sind, aufgegeben, nichts an den Gemeinschuldner zu verabfolgen oder zu leisten, auch die Verpflichtung auferlegt, von dem Besitze der Sache und von den Forderungen, für welche sie aus der Sache abgesonderte Befriedigung in Anspruch nehmen, dem Konkursverwalter innerhalb einer bestimmten Frist Anzeige zu machen.

119. (109) Wer die Anzeige über den Besitz von Sachen des Gemeinschuldners innerhalb der bestimmten Frist zu machen unterläßt, haftet für allen aus der Unterlassung oder Verzögerung der Anzeige entstehenden Schaden.

120. (110) Gläubiger, welche abgesonderte Befriedigung aus einer in ihrem Besitze befindlichen Sache beanspruchen, haben dem Verwalter auf dessen Verlangen die Sache zur Ansicht vorzuzeigen und die Abschätzung derselben zu gestatten.

121. (111) Die Post- und Telegraphenanstalten sind verpflichtet, auf Anordnung des Konkursgerichts alle für den Gemeinschuldner eingehenden Sendungen, Briefe und Depeschen dem Verwalter auszuhändigen. Dieser ist zur Eröffnung derselben berechtigt. Der Gemeinschuldner kann die Einsicht und, wenn ihr Inhalt die Masse nicht betrifft, die Herausgabe derselben verlangen.

Das Gericht kann die Anordnung auf Antrag des Gemeinschuldners nach Anhörung des Verwalters aufheben oder beschränken.

122. (112) Der Verwalter kann zur Sicherung der zur Konkursmasse gehörigen Sachen durch eine zur Vornahme solcher Handlungen gesetzlich ermächtigte Person siegeln lassen.

Die Geschäftsbücher des Gemeinschuldners sind durch den Gerichtsschreiber zu schließen.

123. (113) Der Verwalter hat die einzelnen zur Konkursmasse gehörigen Gegenstände unter Angabe ihres Werths aufzuzeichnen. Der Werth ist erforderlichen Falls durch Sachverständige zu ermitteln. Bei der Aufzeichnung ist eine obrigkeitliche oder eine Urkundsperson zuzuziehen. Der Gemeinschuldner ist zuzuziehen, wenn er ohne Aufschub zu erlangen ist.

Auf Antrag des Verwalters und, wenn ein Gläubigerausschuß bestellt ist, des letzteren, kann das Gericht gestatten, daß die Aufzeichnung unterbleibe oder ohne Zuziehung einer obrigkeitlichen oder einer Urkundsperson vorgenommen werde.

58. Die §§ 113—116 setzen voraus, daß für den fraglichen Grundbuchbezirk das Grundbuch angelegt ist: § 82 GBO. — Vgl. aber § 19 AG z. CPO und KO v. 13. Nov. 1899.

59. Vgl. §§ 40, 41 GBO; § 1017 BGB.

60. Vgl. Art. 4 Ges. v. 25. Juni 1841 und Bem. hierzu.

124. (114) Dem Verwalter liegt die Anfertigung eines Inventars und einer Bilanz ob. Derselbe hat eine von ihm gezeichnete Abschrift des Inventars und der Bilanz und, wenn eine Siegelung und Entsiegelung stattgefunden hat, die Protokolle über dieselben auf der Gerichtsschreiberei zur Einsicht der Betheiligten niederzulegen.

125. (115) Nach der Anfertigung des Inventars kann der Verwalter oder ein Konkursgläubiger den Gemeinschuldner in eine Sitzung des Amtsgerichts, bei welchem das Konkursverfahren anhängig ist, zur Leistung des Offenbarungseides laden.

126. (116) Die Zwangsverwaltung und die Zwangsversteigerung der zur Masse gehörigen unbeweglichen Gegenstände kann bei der zuständigen Behörde durch den Konkursverwalter betrieben werden.

127. (117) Der Verwalter ist berechtigt, die Verwerthung eines zur Masse gehörigen beweglichen Gegenstandes, an welchem ein Gläubiger ein durch Rechtsgeschäft bestelltes Pfandrecht oder ein diesem gleichstehendes Recht beansprucht, nach Maßgabe der Vorschriften über die Zwangsvollstreckung[61] oder über den Pfandverkauf[62] zu betreiben. Der Gläubiger kann einer solchen Verwerthung nicht widersprechen, vielmehr seine Rechte nur auf den Erlös geltend machen.

Ist der Gläubiger befugt, sich aus dem Gegenstande ohne gerichtliches Verfahren zu befriedigen, so kann auf Antrag des Verwalters das Konkursgericht dem Gläubiger nach dessen Anhörung eine Frist bestimmen, innerhalb welcher er den Gegenstand zu verwerthen hat. Nach dem Ablaufe der Frist findet die Vorschrift des ersten Absatzes Anwendung.[62a]

128. Ist der Gemeinschuldner Vorerbe, so darf der Verwalter die zur Erbschaft gehörigen Gegenstände nicht veräußern, wenn die Veräußerung im Falle des Eintritts der Nacherbfolge nach § 2115 des Bürgerlichen Gesetzbuchs dem Nacherben gegenüber unwirksam ist.[63]

129. (118) Bis zur Beschlußfassung durch eine Gläubigerversammlung kann der Verwalter mit Genehmigung des Gerichts oder, wenn von dem Gerichte ein Gläubigerausschuß bestellt ist, mit dessen Genehmigung dem Gemeinschuldner und der Familie desselben nothdürftigen Unterhalt aus der Konkursmasse gewähren.

Bis zur Beschlußfassung durch eine Gläubigerversammlung hat der Verwalter nach seinem Ermessen das Geschäft des Gemeinschuldners zu schließen oder fortzuführen und die Gelder, Werthpapiere und Kostbarkeiten nach Anordnung des Gerichts zu hinterlegen. Ist von dem Gerichte ein Gläubigerausschuß bestellt, so beschließt dieser über die Schließung oder die Fortführung des Geschäfts und über die Hinterlegung der Gelder, Werthpapiere und Kostbarkeiten.

130. Soll nach § 129 das Geschäft des Gemeinschuldners geschlossen werden, so hat der Verwalter vor der Beschlußfassung des Gläubigerausschusses oder, wenn ein Gläubigerausschuß nicht bestellt ist, vor der Schließung des Geschäfts dem Gemeinschuldner, sofern derselbe ohne Aufschub zu erlangen ist, von der beabsichtigten Maßregel Mittheilung zu machen.

Das Gericht kann auf Antrag des Gemeinschuldners die Schließung des Geschäfts untersagen, wenn der Gemeinschuldner einen Zwangsvergleichsvorschlag eingereicht hat.

131. (119) In der ersten Gläubigerversammlung hat der Verwalter über die Entstehung der Zahlungsunfähigkeit des Gemeinschuldners, über die Lage der Sache und über die bisher ergriffenen Maßregeln zu berichten.

132. (120) Die Gläubigerversammlung beschließt über eine dem Gemeinschuldner und dessen Familie zu bewilligende Unterstützung, über die Schließung oder die Fortführung des Geschäfts und über die Stelle, bei welcher, sowie über die Bedingungen, unter welchen die Gelder, Werthpapiere und Kostbarkeiten hinterlegt oder angelegt werden sollen.

Die Gläubigerversammlung beschließt, in welcher Weise und in welchen Zeiträumen der Verwalter ihr oder einem Gläubigerausschusse über die Verwaltung und Verwerthung der Masse Bericht erstatten und Rechnung legen soll.

133. (121) Der Verwalter hat, falls ein Gläubigerausschuß bestellt ist, dessen Genehmigung einzuholen:

1. wenn Gegenstände, deren Verkauf ohne offenbaren Nachtheil für die Masse ausgesetzt werden kann und nicht durch die Fortführung des Geschäfts veranlaßt wird, verkauft werden sollen, bevor der allgemeine Prüfungstermin abgehalten oder ein vor dem Schlusse desselben eingereichter Zwangsvergleichsvorschlag erledigt ist;
2. wenn die Erfüllung von Rechtsgeschäften des Gemeinschuldners verlangt, Prozesse anhängig gemacht, deren Aufnahme abgelehnt, Vergleiche oder Schiedsverträge geschlossen, Aussonderungs-, Absonderungs- oder Masseansprüche anerkannt, Pfandstücke eingelöst, oder Forderungen veräußert werden sollen, und es sich in diesen Fällen um einen Werth-

61. Vgl. §§ 814, 816 ff. CPO.
62. Vgl. §§ 1233 ff. BGB.
62a. Vgl. aber § 20 Bankges. v. 14. März 1875.
63. Vgl. § 773 CPO.

gegenstand von mehr als dreihundert Mark handelt.

134. (122) Der Verwalter hat die Genehmigung des Gläubigerausschusses oder, wenn ein solcher nicht bestellt ist, die Genehmigung einer Gläubigerversammlung einzuholen:

1. wenn ein unbeweglicher Gegenstand aus freier Hand, oder das Geschäft oder das Waarenlager des Gemeinschuldners im Ganzen, oder das Recht auf den Bezug wiederkehrender Einkünfte veräußert werden soll;
2. wenn Darlehen aufgenommen, fremde Verbindlichkeiten übernommen, zur Masse gehörige Gegenstände verpfändet, oder Grundstücke erstanden werden sollen.

135. (123) Der Verwalter hat in den Fällen der §§ 133, 134 vor der Beschlußfassung des Gläubigerausschusses oder der Gläubigerversammlung, und in den Fällen des § 133, wenn ein Gläubigerausschuß nicht bestellt ist, vor der Vornahme der Rechtshandlung dem Gemeinschuldner, sofern derselbe ohne Aufschub zu erlangen ist, von der beabsichtigten Maßregel Mittheilung zu machen.

Das Gericht kann auf Antrag des Gemeinschuldners, sofern nicht die Gläubigerversammlung die Genehmigung ertheilt hat, die Vornahme der Rechtshandlung vorläufig untersagen und zur Beschlußfassung über die Vornahme eine Gläubigerversammlung berufen.

136. (124) Durch die Vorschriften der §§ 133 bis 135 wird die Gültigkeit einer Rechtshandlung des Verwalters dritten Personen gegenüber nicht berührt.

137. (125) Wenn ein Gläubigerausschuß bestellt ist, und die Gläubigerversammlung nicht ein Anderes beschließt, bedürfen Quittungen des Verwalters über den Empfang von Geldern, Werthpapieren oder Kostbarkeiten von der Hinterlegungsstelle und Anweisungen des Verwalters auf die Hinterlegungsstelle zu ihrer Gültigkeit der Mitzeichnung eines Mitgliedes des Gläubigerausschusses.

Vierter Titel. Schuldenmasse.

138. (126) Die Frist zur Anmeldung der Konkursforderungen beträgt zwei Wochen bis drei Monate. Der Zeitraum zwischen dem Ablaufe der Anmeldefrist und dem allgemeinen Prüfungstermine soll mindestens eine Woche und höchstens zwei Monate betragen.

139. (127) Die Anmeldung hat die Angabe des Betrages und des Grundes der Forderung sowie des beanspruchten Vorrechts zu enthalten. Sie kann bei dem Gerichte schriftlich eingereicht oder zum Protokolle des Gerichtsschreibers angebracht werden. Die urkundlichen Beweisstücke oder eine Abschrift derselben sind beizufügen.[64]

64. Durch die Anmeldung wird die Verjährung unterbrochen: § 209 Abs. 2[a] BGB.

140. (128) Die Anmeldungen sind in der Gerichtsschreiberei zur Einsicht der Betheiligten niederzulegen.

Der Gerichtsschreiber hat jede Forderung sofort nach der Anmeldung derselben in der Rangordnung des beanspruchten Vorrechts in eine Tabelle einzutragen, welche innerhalb des ersten Drittheils des zwischen dem Ablaufe der Anmeldefrist und dem Prüfungstermine liegenden Zeitraums auf der Gerichtsschreiberei zur Einsicht der Betheiligten niederzulegen und abschriftlich dem Verwalter mitzutheilen ist.

141. (129) In dem Prüfungstermine werden die angemeldeten Forderungen ihrem Betrage und ihrem Vorrechte nach einzeln erörtert.

Der Gemeinschuldner hat sich über die Forderungen zu erklären.

142. (130) In dem Prüfungstermine sind auch diejenigen Forderungen, welche nach dem Ablaufe der Anmeldefrist angemeldet sind, zu prüfen, wenn weder der Verwalter noch ein Konkursgläubiger hiergegen Widerspruch erhebt; anderenfalls ist auf Kosten des Säumigen ein besonderer Prüfungstermin zu bestimmen.

Auf nachträglich beanspruchte Vorrechte und sonstige Aenderungen der Anmeldung findet die vorstehende Bestimmung entsprechende Anwendung.

Gläubiger, welche Forderungen nach dem Prüfungstermine anmelden, tragen die Kosten des besonderen Prüfungstermins.

143. (131) Die Prüfung einer angemeldeten Forderung findet statt, wenngleich der anmeldende Gläubiger im Prüfungstermine ausbleibt.

144. (132) Eine Forderung gilt als festgestellt, soweit gegen sie im Prüfungstermine ein Widerspruch weder von dem Verwalter noch von einem Konkursgläubiger erhoben wird, oder soweit ein erhobener Widerspruch beseitigt ist.

Ist die Forderung vom Gemeinschuldner im Prüfungstermine bestritten, so kann ein Rechtsstreit, welcher über dieselbe zur Zeit der Eröffnung des Konkursverfahrens anhängig war, gegen den Gemeinschuldner aufgenommen werden.

145. (133) Das Gericht hat nach der Erörterung einer jeden Forderung das Ergebniß in die Tabelle einzutragen. Auf Wechseln und sonstigen Schuldurkunden ist von dem Gerichtsschreiber die Feststellung zu vermerken.

Die Eintragung in die Tabelle gilt rücksichtlich der festgestellten Forderungen ihrem Betrage und ihrem Vorrechte nach wie ein rechtskräftiges Urtheil gegenüber allen Konkursgläubigern.

146. (134) Den Gläubigern streitig gebliebener Forderungen bleibt überlassen, die Feststellung derselben gegen die Bestreitenden zu betreiben. Zu diesem Behufe hat das Gericht den Gläubigern einen Auszug aus der Tabelle in beglaubigter Form zu ertheilen.

Auf die Feststellung ist im ordentlichen Verfahren Klage zu erheben. Für die Klage ist das Amtsgericht, bei welchem das Konkursverfahren anhängig ist und, wenn der Streitgegenstand zur Zuständigkeit der Amtsgerichte nicht gehört, das Landgericht ausschließlich zuständig, zu dessen Bezirke der Bezirk des Konkursgerichts gehört.

War zur Zeit der Eröffnung des Konkursverfahrens ein Rechtsstreit über die Forderung anhängig, so ist die Feststellung derselben durch Aufnahme des Rechtsstreits zu verfolgen.

Die Feststellung kann nur auf den Grund gestützt und nur auf den Betrag gerichtet werden, welcher in der Anmeldung oder dem Prüfungstermine angegeben ist.

Die Bestimmungen des ersten, dritten und vierten Absatzes finden auf Forderungen, für deren Feststellung ein besonderes Gericht, eine Verwaltungsbehörde oder ein Verwaltungsgericht zuständig ist, entsprechende Anwendung.

Der Widerspruch gegen eine Forderung, für welche ein mit der Vollstreckungsklausel versehener Schuldtitel, ein Endurtheil oder ein Vollstreckungsbefehl vorliegt, ist von dem Widersprechenden zu verfolgen.[65]

Die obsiegende Partei hat die Berichtigung der Tabelle zu erwirken.

147. (135) Soweit durch ein Urtheil rechtskräftig eine Forderung festgestellt oder ein Widerspruch für begründet erklärt ist, wirkt dasselbe gegenüber allen Konkursgläubigern. War der Prozeß nur gegen einzelne Gläubiger geführt, so können diese den Ersatz ihrer Prozeßkosten aus der Konkursmasse insoweit verlangen, als der letzteren durch das Urtheil ein Vortheil erwachsen ist.

148. (136) Der Werth des Streitgegenstandes eines Prozesses über die Richtigkeit oder das Vorrecht einer Forderung ist mit Rücksicht auf das Verhältniß der Theilungs- zur Schuldenmasse von dem Prozeßgerichte nach freiem Ermessen festzusetzen.

Fünfter Titel. Vertheilung.

149. (137) Nach der Abhaltung des allgemeinen Prüfungstermins soll, so oft hinreichende baare Masse vorhanden ist, eine Vertheilung an die Konkursgläubiger erfolgen.

150. (138) Zur Vornahme einer Vertheilung hat der Verwalter, wenn ein Gläubigerausschuß bestellt ist, dessen Genehmigung einzuholen.

151. (139) Vor der Vornahme einer Vertheilung hat der Verwalter ein Verzeichniß der bei derselben zu berücksichtigenden Forderungen auf der Gerichtsschreiberei zur Einsicht der Betheiligten niederzulegen und die Summe der Forderungen sowie den zur Vertheilung verfügbaren Massebestand öffentlich bekannt zu machen.

65. Wegen der Zuständigkeit vgl. §§ 767 ff. CPO.

152. (140) Konkursgläubiger, deren Forderungen nicht festgestellt sind und für deren Forderungen ein mit der Vollstreckungsklausel versehener Schuldtitel, ein Endurtheil oder ein Vollstreckungsbefehl nicht vorliegt, haben bis zum Ablaufe einer Ausschlußfrist von zwei Wochen nach der öffentlichen Bekanntmachung dem Verwalter den Nachweis zu führen, daß und für welchen Betrag die Feststellungsklage erhoben oder das Verfahren in dem früher anhängigen Prozesse aufgenommen ist. Wird der Nachweis nicht rechtzeitig geführt, so werden die Forderungen bei der vorzunehmenden Vertheilung nicht berücksichtigt.

153. (141) Gläubiger, von welchen abgesonderte Befriedigung beansprucht wird, haben bis zum Ablaufe der Ausschlußfrist dem Verwalter den Nachweis ihres Verzichts oder ihres Ausfalls nach Maßgabe des § 64 zu führen. Wird der Nachweis nicht rechtzeitig geführt, so werden die Forderungen bei der vorzunehmenden Vertheilung nicht berücksichtigt.

Zur Berücksichtigung bei einer Abschlagsvertheilung genügt es, wenn bis zum Ablaufe der Ausschlußfrist dem Verwalter der Nachweis, daß die Veräußerung des zur abgesonderten Befriedigung dienenden Gegenstandes betrieben ist, geführt und der Betrag des muthmaßlichen Ausfalls glaubhaft gemacht wird.

154. (142) Forderungen unter aufschiebender Bedingung werden bei einer Abschlagsvertheilung zu dem Betrage berücksichtigt, welcher auf die unbedingte Forderung fallen würde.

Bei der Schlußvertheilung ist die Berücksichtigung ausgeschlossen, wenn die Möglichkeit des Eintritts der Bedingung eine so entfernte ist, daß die bedingte Forderung einen gegenwärtigen Vermögenswerth nicht hat.

155. (143) Gläubiger, welche bei einer Abschlagsvertheilung nicht berücksichtigt worden sind, können nachträglich, sobald sie die Vorschriften der §§ 152, 153 erfüllt haben, die bisher festgesetzten Prozentsätze aus der Restmasse verlangen, soweit diese reicht und nicht in Folge des Ablaufs einer Ausschlußfrist für eine neue Vertheilung zu verwenden ist.

156. (144) Die Antheile, mit welchen Gläubiger bei Abschlagszahlungen nach Maßgabe des § 153 Abs. 2 oder des § 154 Abs. 1 berücksichtigt worden sind, werden für die Schlußvertheilung frei, wenn bei dieser die Voraussetzungen des § 153 Abs. 1 nicht erfüllt sind oder nach Maßgabe des § 154 Abs. 2 die Berücksichtigung der bedingten Forderung ausgeschlossen ist.

157. (145) Binnen drei Tagen nach dem Ablaufe der Ausschlußfrist hat der Verwalter die auf Grund der vorstehenden Bestimmungen erforderlichen Aenderungen des Verzeichnisses zu bewirken.

158. (146) Bei einer Abschlagsvertheilung sind Einwendungen gegen das Verzeichniß bis zum Ablaufe einer Woche nach dem Ende der Ausschlußfrist bei dem Konkursgerichte zu erheben.

Das Gericht entscheidet über die Einwendungen. Die Entscheidung, durch welche eine Berichtigung des Verzeichnisses angeordnet wird, ist auf der Gerichtsschreiberei niederzulegen. Die Beschwerdefrist beginnt mit dem Tage, an welchem die Niederlegung der Entscheidung erfolgt ist.

159. (147) Für eine Abschlagsvertheilung bestimmt der Verwalter und, wenn ein Gläubigerausschuß bestellt ist, dieser auf Antrag des Verwalters den zu zahlenden Prozentsatz.

Der Verwalter hat den Prozentsatz den berücksichtigten Gläubigern mitzutheilen.

160. (148) Das Gericht kann auf Antrag des Gemeinschuldners, wenn derselbe einen Zwangsvergleich vorgeschlagen hat, die Aussetzung einer Abschlagsvertheilung anordnen, sofern nicht schon die Ausschlußfrist abgelaufen ist.

161. (149) Die Schlußvertheilung erfolgt, sobald die Verwerthung der Masse beendigt ist.

Die Vornahme der Schlußvertheilung unterliegt der Genehmigung des Gerichts.

162. (150) Zur Abnahme der Schlußrechnung, zur Erhebung von Einwendungen gegen das Schlußverzeichniß und zur Beschlußfassung der Gläubiger über die nicht verwerthbaren Vermögensstücke bestimmt das Gericht einen Schlußtermin, welcher nicht unter drei Wochen und nicht über einen Monat hinaus anzuberaumen ist.

Die Bestimmungen des § 158 Abs. 2 finden auf die Schlußvertheilung Anwendung.

163. (151) Nach der Abhaltung des Schlußtermins beschließt das Gericht die Aufhebung des Konkursverfahrens. Eine Anfechtung des Beschlusses findet nicht statt.

Der Beschluß und der Grund der Aufhebung sind öffentlich bekannt zu machen.

Die Vorschriften der §§ 111 Abs. 2, 112, 113 finden entsprechende Anwendung.[66]

164. (152) Nach der Aufhebung des Konkursverfahrens können die nicht befriedigten Konkursgläubiger ihre Forderungen gegen den Schuldner unbeschränkt geltend machen.

Für die Gäubiger, deren Forderungen festgestellt und nicht von dem Gemeinschuldner im Prüfungstermine ausdrücklich bestritten worden sind, findet gegen den Schuldner aus der Eintragung in die Tabelle die Zwangsvollstreckung unter entsprechender Anwendung der §§ 724—793 der Civilprozeßordnung statt.

Für Klagen auf Ertheilung der Vollstreckungsklausel, sowie für Klagen, durch welche die die Forderung selbst betreffenden Einwendungen geltend gemacht werden, oder der bei der Ertheilung der Vollstreckungsklausel als bewiesen angenommene Eintritt der Thatsache, von welcher die Vollstreckung aus der Eintragung in die Tabelle abhängt, oder die als eingetreten angenommene Rechtsnachfolge bestritten wird, ist das im § 146 Abs. 2 dieses Gesetzes bezeichnete Gericht zuständig.[67]

165. Hat der Schuldner den Prüfungstermin versäumt, so ist ihm auf Antrag die Wiedereinsetzung in den vorigen Stand zu ertheilen. Die Vorschriften des § 232 Abs. 2 und der §§ 233—236 der Civilprozeßordnung finden entsprechende Anwendung. Der den Antrag auf Wiedereinsetzung enthaltende Schriftsatz ist dem Gläubiger zuzustellen, dessen Forderung nachträglich bestritten werden soll. Das Bestreiten in diesem Schriftsatze steht, wenn die Wiedereinsetzung ertheilt wird, dem Bestreiten im Prüfungstermine gleich und ist in die Tabelle einzutragen.

166. (153) Wenn nach dem Vollzuge der Schlußvertheilung Beträge, welche von der Masse zurückbehalten sind, für dieselbe frei werden, oder Beträge, welche aus der Masse gezahlt sind, zur Masse zurückfließen, so sind dieselben von dem Verwalter nach Anordnung des Konkursgerichts auf Grund des Schlußverzeichnisses zur nachträglichen Vertheilung zu bringen. Die über die Verwaltung und Vertheilung solcher Beträge abzulegende Rechnung unterliegt der Prüfung des Konkursgerichts.

Dasselbe gilt, wenn nach der Schlußvertheilung oder der Aufhebung des Verfahrens zur Konkursmasse gehörige Vermögensstücke ermittelt werden.

167. (154) Der Vollzug einer jeden Vertheilung erfolgt durch den Verwalter.

168. (155) Die Antheile

1. auf Forderungen, welche in Folge eines bei der Prüfung erhobenen Widerspruchs im Prozesse befangen sind,
2. auf Forderungen, welche von einer aufschiebenden Bedingung abhängen,
3. auf Forderungen, für welche eine abgesonderte Befriedigung beansprucht und der Vorschrift des § 153 Abs. 2 genügt ist,
4. auf Forderungen unter auflösender Bedingung, sofern der Gläubiger zu einer Sicherheitsleistung verpflichtet ist und die Sicherheit nicht leistet,

werden zurückbehalten.

169. (156) Die Beträge, welche bei dem Vollzuge der Schlußvertheilung zurückzubehalten sind, oder welche bis zu diesem Zeitpunkte nicht erhoben werden, hat der Verwalter nach Anordnung des Gerichts für Rechnung der Betheiligten zu hinterlegen.

170. (157) Zahlungen auf festgestellte bevorrechtigte Forderungen kann der Verwalter mit

66. Vgl. auch Bem. Nr. 58.

67. Vgl. §§ 731, 767, 768 CPO.

Ermächtigung des Gerichts unabhängig von den Vertheilungen leisten.

171. (158) Beträge, welche zur Sicherstellung eines bedingt zur Aufrechnung befugten Gläubigers nach Maßgabe des § 54 Abs. 3 hinterlegt worden sind, fließen für die Schlußvertheilung zur Konkursmasse zurück, wenn die Möglichkeit des Eintritts der Bedingung eine so entfernte ist, daß die bedingte Forderung einen gegenwärtigen Vermögenswerth nicht hat.

172. (159) Masseansprüche, welche nicht bis zu der Festsetzung des Prozentsatzes oder der Beendigung des Schlußtermins oder der Bekanntmachung einer Nachtragsvertheilung zur Kenntniß des Verwalters gelangt sind, können nicht auf den Massebestand geltend gemacht werden, welcher zur Auszahlung des festgesetzten Prozentsatzes erforderlich ist oder den Gegenstand der Schlußvertheilung oder der Nachtragsvertheilung bildet.

Sechster Titel. Zwangsvergleich.

173. (160) Sobald der allgemeine Prüfungstermin abgehalten und so lange nicht die Vornahme der Schlußvertheilung genehmigt worden ist, kann auf den Vorschlag des Gemeinschuldners zwischen diesem und den nicht bevorrechtigten Konkursgläubigern ein Zwangsvergleich geschlossen werden.

174. (161) Der Vergleichsvorschlag muß angeben, in welcher Weise die Befriedigung der Gläubiger erfolgen, sowie ob und in welcher Art eine Sicherstellung derselben bewirkt werden soll.

175. (162) Ein Zwangsvergleich ist unzulässig:

1. so lange der Gemeinschuldner flüchtig ist oder die Ableistung des Offenbarungseides verweigert;
2. so lange gegen den Gemeinschuldner wegen betrüglichen Bankerutts eine gerichtliche Untersuchung oder ein wiederaufgenommenes Verfahren anhängig ist;
3. wenn der Gemeinschuldner wegen betrüglichen Bankerutts rechtskräftig verurtheilt worden ist.

176. (163) Auf Antrag des Verwalters und, wenn ein Gläubigerausschuß bestellt ist, des letzteren kann das Gericht den Vergleichsvorschlag zurückweisen, wenn bereits in dem Konkursverfahren ein Vergleichsvorschlag von den Gläubigern abgelehnt oder von dem Gerichte verworfen oder von dem Gemeinschuldner nach der öffentlichen Bekanntmachung des Vergleichstermins zurückgezogen worden ist.

177. (164) Wird der Vergleichsvorschlag nicht zurückgewiesen, so hat der Gläubigerausschuß sich über die Annehmbarkeit des Vorschlags zu erklären.

Erklärt der Gläubigerausschuß den Vorschlag nicht für annehmbar, so ist ein Widerspruch des Gemeinschuldners gegen die Verwerthung der Masse nicht zu berücksichtigen.

178. (165) Der Vorschlag und die Erklärung des Gläubigerausschusses sind auf der Gerichtsschreiberei zur Einsicht der Betheiligten niederzulegen.

179. (166) Der Vergleichstermin soll nicht über einen Monat hinaus anberaumt werden. Der Termin ist öffentlich bekannt zu machen. Zu demselben sind der Gemeinschuldner, der Verwalter, sowie unter Mittheilung des Vergleichsvorschlags und des Ergebnisses der Erklärung des Gläubigerausschusses die nicht bevorrechtigten Konkursgläubiger, welche Forderungen angemeldet haben, besonders zu laden.

In der Bekanntmachung ist zu bemerken, daß der Vergleichsvorschlag und die Erklärung des Gläubigerausschusses auf der Gerichtsschreiberei des Konkursgerichts zur Einsicht der Betheiligten niedergelegt seien.

180. (167) Auf Antrag des Gemeinschuldners und, wenn ein Gläubigerausschuß bestellt ist, des letzteren kann das Gericht den Vergleichstermin mit dem allgemeinen Prüfungstermine verbinden.

181. (168) Der Vergleich muß allen nicht bevorrechtigten Konkursgläubigern gleiche Rechte gewähren. Eine ungleiche Bestimmung der Rechte ist nur mit ausdrücklicher Einwilligung der zurückgesetzten Gläubiger zulässig. Jedes andere Abkommen des Gemeinschuldners oder anderer Personen mit einzelnen Gläubigern, durch welches diese bevorzugt werden sollen, ist nichtig.

182. (169) Zur Annahme des Vergleichs ist erforderlich, daß

1. die Mehrzahl der in dem Termine anwesenden stimmberechtigten Gläubiger dem Vergleiche ausdrücklich zustimmt, und
2. die Gesammtsumme der Forderungen der zustimmenden Gläubiger wenigstens drei Viertheile der Gesammtsumme aller zum Stimmen berechtigenden Forderungen beträgt.

Wird nur eine der Mehrheiten erreicht, so kann der Gemeinschuldner bis zum Schlusse des Termins die einmalige Wiederholung der Abstimmung in einem neuen Termine verlangen. Das Gericht hat denselben zu bestimmen und im Termine zu verkünden.

183. Bei der Berechnung der nach § 182 Abs. 1 Nr. 1, 2 erforderlichen Mehrheiten bleibt der Ehegatte des Gemeinschuldners außer Betracht, wenn er dem Vergleiche zugestimmt hat.

Das Gleiche gilt von demjenigen, welchem der Ehegatte des Gemeinschuldners während des Konkursverfahrens oder in dem letzten Jahre vor der Eröffnung des Verfahrens eine Forderung gegen den Gemeinschuldner abgetreten hat, soweit das Stimmrecht auf der abgetretenen Forderung beruht. Diese Vorschrift findet keine Anwendung, wenn der Ehegatte zu der Abtretung durch das Gesetz oder durch einen Vertrag verpflichtet war, welcher früher als ein Jahr vor der Eröffnung des Konkursverfahrens geschlossen wurde.

184. (170) Der angenommene Zwangsvergleich bedarf der Bestätigung des Konkursgerichts.

Das Gericht entscheidet, nachdem es die Gläubiger, den Verwalter und den Gläubigerausschuß in dem Vergleichstermine oder einem zu verkündenden Termine gehört hat.

185. (171) Der Beschluß, durch welchen der Zwangsvergleich bestätigt oder verworfen wird, ist zu verkünden.

186. (172) Der Vergleich ist zu verwerfen:

1. wenn die für das Verfahren und den Abschluß des Vergleichs gegebenen Vorschriften nicht beobachtet sind, und das Fehlende nicht ergänzt werden kann;
2. wenn ein Fall der Unzulässigkeit eines Zwangsvergleichs nachträglich eingetreten ist.

187. Der Vergleich ist zu verwerfen, wenn er den Gläubigern nicht mindestens den fünften Theil ihrer Forderungen gewährt und dieses Ergebniß auf ein unredliches Verhalten des Gemeinschuldners, insbesondere darauf zurückzuführen ist, daß der Gemeinschuldner durch ein solches Verhalten die Eröffnung des Konkursverfahrens verzögert hat. Der Vergleich kann verworfen werden, wenn das gleiche Ergebniß auf ein leichtsinniges Verhalten des Gemeinschuldners zurückzuführen ist.

188. (173) Der Vergleich ist auf Antrag eines nicht bevorrechtigten Konkursgläubigers, welcher stimmberechtigt war oder seine Forderung glaubhaft macht, zu verwerfen:

1. wenn der Vergleich durch Begünstigung eines Gläubigers oder sonst in unlauterer Weise zu Stande gebracht ist;
2. wenn der Vergleich dem gemeinsamen Interesse der nicht bevorrechtigten Konkursgläubiger widerspricht.

Der Antrag ist nur zuzulassen, wenn die Thatsachen, auf welche derselbe gegründet wird, glaubhaft gemacht werden.

189. (174) Die sofortige Beschwerde gegen den Beschluß, durch welchen der Vergleich bestätigt oder verworfen ist, steht dem Gemeinschuldner und jedem nicht bevorrechtigten Konkursgläubiger zu, welcher stimmberechtigt war oder seine Forderung glaubhaft macht.

Die Frist zur Einlegung der Beschwerde beginnt mit der Verkündung des Beschlusses.

Eine Anfechtung der Entscheidung des Beschwerdegerichts findet nicht statt.

190. (175) Sobald der Vergleich rechtskräftig bestätigt ist, beschließt das Gericht die Aufhebung des Konkursverfahrens. Eine Anfechtung des Beschlusses findet nicht statt.

Der Beschluß und der Grund der Aufhebung sind öffentlich bekannt zu machen.

Die Vorschriften der §§ 111 Abs. 2, 112, 113 finden entsprechende Anwendung.

191. (176) Der Verwalter hat aus der Konkursmasse die Masseansprüche zu berichtigen. Die bestrittenen Masseansprüche sind sicher zu stellen.[68]

Die bevorrechtigten Konkursforderungen sind, insoweit sie festgestellt sind, zu berichtigen, insoweit sie glaubhaft gemacht sind, sicher zu stellen.[68]

192. (177) Soweit der Zwangsvergleich nicht ein Anderes bestimmt, erhält der Gemeinschuldner das Recht zurück, über die Konkursmasse frei zu verfügen.

193. (178) Der rechtskräftig bestätigte Zwangsvergleich ist wirksam für und gegen alle nicht bevorrechtigten Konkursgläubiger, auch wenn dieselben an dem Konkursverfahren oder an der Beschlußfassung über den Vergleich nicht Theil genommen oder gegen den Vergleich gestimmt haben. Die Rechte der Gläubiger gegen Mitschuldner und Bürgen des Gemeinschuldners, sowie die Rechte aus einem für die Forderung bestehenden Pfandrecht, aus einer für sie bestehenden Hypothek, Grundschuld oder Rentenschuld oder aus einer zu ihrer Sicherung eingetragenen Vormerkung werden durch den Zwangsvergleich nicht berührt.

194. (179) Aus dem rechtskräftig bestätigten Zwangsvergleiche findet für die Konkursgläubiger, deren Forderungen festgestellt und nicht von dem Gemeinschuldner in dem Prüfungstermine ausdrücklich bestritten worden sind, gegen den Gemeinschuldner und diejenigen, welche in dem Vergleiche für dessen Erfüllung neben dem Gemeinschuldner ohne Vorbehalt der Einrede der Vorausklage Verpflichtungen übernommen haben, die Zwangsvollstreckung unter entsprechender Anwendung der §§ 724—793 der Civilprozeßordnung und des § 164 Abs. 3 dieses Gesetzes statt.

195. (181) Eine Klage auf Aufhebung des Zwangsvergleichs aus dem Grunde der Nichterfüllung desselben findet nicht statt.

196. (182) Wenn der Zwangsvergleich durch Betrug zu Stande gebracht ist, so kann jeder Gläubiger den vergleichsmäßigen Erlaß seiner Forderung anfechten, unbeschadet der ihm durch den Vergleich gewährten Rechte.[69]

Die Anfechtung ist nur zulässig, wenn der Gläubiger ohne Verschulden außer Stande war, den Anfechtungsgrund in dem Bestätigungsverfahren geltend zu machen.

197. (183) Die rechtskräftige Verurtheilung des

68. Gemäß § 108 CPO.

69. Vgl. §§ 123, 124, 142 ff. BGB.

Gemeinschuldners wegen betrüglichen Bankerutts hebt für alle Gläubiger den durch den Zwangsvergleich begründeten Erlaß auf, unbeschadet der ihnen durch den Vergleich gewährten Rechte.

Auf Antrag eines Gläubigers kann das Konkursgericht Sicherheitsmaßregeln gegen den Gemeinschuldner schon vor der rechtskräftigen Verurtheilung desselben anordnen.

198. (184) Im Falle der rechtskräftigen Verurtheilung wird, wenn genügende Masse vorhanden ist oder ein zur Deckung der im § 58 Nr. 1, 2 bezeichneten Massekosten ausreichender Geldbetrag vorgeschossen wird, das Konkursverfahren auf Antrag eines Konkursgläubigers wieder aufgenommen.

Die Wiederaufnahme erfolgt durch Beschluß des Gerichts. Auf den Zeitpunkt der Wiederaufnahme und die Bekanntmachung derselben finden die Vorschriften der §§ 108, 111—113 entsprechende Anwendung.

199. (185) Für die Anfechtung von Rechtshandlungen, welche in der Zeit von der Aufhebung bis zur Wiederaufnahme des Konkursverfahrens vorgenommen sind, sowie für die in diesem Zeitraume entstandenen Aufrechnungsbefugnisse gilt, wenn nicht inzwischen eine Zahlungseinstellung erfolgt ist, als Tag der Zahlungseinstellung der Tag des ersten die Verurtheilung des Gemeinschuldners aussprechenden Urtheils.

200. (186) An dem aufgenommenen Verfahren nehmen die Gläubiger, für und gegen welche der Vergleich wirksam war, mit dem noch nicht getilgten Betrage ihrer ursprünglichen Forderungen Theil.

Die neuen Gläubiger des Gemeinschuldners sind zur Theilnahme an dem Verfahren berechtigt. Dieselben haben keinen Anspruch auf Befriedigung aus einer für die Erfüllung des Zwangsvergleichs bestellten Sicherheit.

201. (187) Das Verfahren ist so weit als nöthig zu wiederholen.

Früher geprüfte Forderungen werden nur hinsichtlich einer inzwischen eingetretenen Tilgung von neuem geprüft.

Siebenter Titel. Einstellung des Verfahrens.

202. (188) Das Konkursverfahren ist auf Antrag des Gemeinschuldners einzustellen, wenn er nach dem Ablaufe der Anmeldefrist die Zustimmung aller Konkursgläubiger, welche Forderungen angemeldet haben, beibringt. Inwieweit es der Zustimmung oder der Sicherstellung von Gläubigern bedarf, deren Forderungen angemeldet aber nicht festgestellt sind, entscheidet das Konkursgericht nach freiem Ermessen.

Das Verfahren kann auf Antrag des Gemeinschuldners vor dem Ablaufe der Anmeldefrist eingestellt werden, wenn außer den Gläubigern, deren Zustimmung der Gemeinschuldner beibringt, andere Gläubiger nicht bekannt sind.

203. (189) Der Antrag ist öffentlich bekannt zu machen und mit den zustimmenden Erklärungen auf der Gerichtsschreiberei zur Einsicht der Konkursgläubiger niederzulegen. Die Konkursgläubiger können binnen einer mit der öffentlichen Bekanntmachung beginnenden Frist von einer Woche Widerspruch gegen den Antrag erheben. Im Falle des § 202 Abs. 1 steht der Widerspruch jedem Gläubiger zu, welcher bis zum Ablaufe der Frist eine Forderung angemeldet hat.

Das Gericht beschließt über die Einstellung nach Anhörung des Gemeinschuldners und des Verwalters. Im Falle eines Widerspruchs ist auch der widersprechende Gläubiger zu hören.

204. (190) Das Gericht kann das Konkursverfahren einstellen, sobald sich ergiebt, daß eine den Kosten des Verfahrens entsprechende Konkursmasse nicht vorhanden ist. Die Einstellung unterbleibt, wenn ein zur Deckung der im § 58 Nr. 1, 2 bezeichneten Massekosten ausreichender Geldbetrag vorgeschossen wird.

Vor der Einstellung soll die Gläubigerversammlung gehört werden.

205. (191) Der Einstellungsbeschluß und der Grund der Einstellung sind öffentlich bekannt zu machen.

Die Vorschriften der §§ 111 Abs. 2, 112, 113, 191 finden entsprechende Anwendung.

206. (192) Der Gemeinschuldner erhält das Recht zurück, über die Konkursmasse frei zu verfügen.

Die Vorschriften des § 164 finden entsprechende Anwendung.[70]

Achter Titel. Besondere Bestimmungen.[71]

207. (193) I. Ueber das Vermögen einer Aktiengesellschaft[72] findet das Konkursverfahren außer dem Falle der Zahlungsunfähigkeit in dem Falle der Ueberschuldung statt.

Nach Auflösung einer Aktiengesellschaft ist die Eröffnung des Verfahrens so lange zulässig, als die Vertheilung des Vermögens nicht vollzogen ist.

208. (194) Zu dem Antrage auf Eröffnung des Verfahrens ist außer den Konkursgläubigern jedes Mitglied des Vorstandes und jeder Liquidator berechtigt.

Wird der Antrag nicht von allen Mitgliedern des Vorstandes oder allen Liquidatoren gestellt, so ist derselbe zuzulassen, wenn die Zahlungsunfähigkeit oder Ueberschuldung glaubhaft gemacht wird. Das Gericht hat die übrigen Mitglieder oder

70. Vgl. auch § 12 AG z. CPO und KO v. 13. Nov. 1899 und Bem. Nr. 25.

71. Vgl. auch Bem. Nr. 56; ferner § 35 Hypothekenbankges. v. 13. Juli 1899.

72. Vgl. § 240 Abs. 2 HGB.

Liquidatoren nach Maßgabe des § 105 Abs. 2, 3 zu hören.

209. (198) Im Falle der Zahlungsunfähigkeit einer offenen Handelsgesellschaft, einer Kommanditgesellschaft oder einer Kommanditgesellschaft auf Aktien[73] findet über das Gesellschaftsvermögen ein selbständiges Konkursverfahren statt. Ueber das Vermögen einer Kommanditgesellschaft auf Aktien findet das Konkursverfahren auch im Falle der Ueberschuldung statt.

Die Vorschrift des § 207 Abs. 2 findet entsprechende Anwendung.

210. (199) Zu dem Antrage auf Eröffnung des Verfahrens ist außer den Konkursgläubigern jeder persönlich haftende Gesellschafter und jeder Liquidator berechtigt.

Wird der Antrag nicht von allen persönlich haftenden Gesellschaftern oder allen Liquidatoren gestellt, so ist derselbe zuzulassen, wenn bei der offenen Handelsgesellschaft oder der Kommanditgesellschaft die Zahlungsunfähigkeit, bei der Kommanditgesellschaft auf Aktien die Zahlungsunfähigkeit oder die Ueberschuldung glaubhaft gemacht wird. Das Gericht hat die übrigen persönlich haftenden Gesellschafter oder die Liquidatoren nach Maßgabe des § 105 Abs. 2, 3 zu hören.

211. (200) Ein Zwangsvergleich kann nur auf Vorschlag aller persönlich haftenden Gesellschafter geschlossen werden.

Der Zwangsvergleich begrenzt, soweit er nicht ein Anderes festsetzt, zugleich den Umfang der persönlichen Haftung der Gesellschafter.

212. (201) In dem Konkursverfahren über das Privatvermögen eines persönlich haftenden Gesellschafters können die Gesellschaftsgläubiger, wenn das Konkursverfahren über das Gesellschaftsvermögen eröffnet ist, Befriedigung nur wegen desjenigen Betrags suchen, für welchen sie in dem letzteren Verfahren keine Befriedigung erhalten.

Bei den Vertheilungen sind die Antheile auf den vollen Betrag der Gesellschaftsforderungen zurückzubehalten, bis der Ausfall bei dem Gesellschaftsvermögen feststeht.

Im Uebrigen finden auf die bezeichneten Forderungen die Vorschriften der §§ 64, 96 entsprechende Anwendung.

213. Auf das Konkursverfahren über das Vermögen einer juristischen Person,[74] sowie eines Vereins, der als solcher verklagt werden kann,[75] finden die Vorschriften der §§ 207, 208 entsprechende Anwendung.

214. (202) II. Für das Konkursverfahren über einen Nachlaß ist das Amtsgericht ausschließlich zuständig, bei welchem der Erblasser zur Zeit seines Todes den allgemeinen Gerichtsstand[76] gehabt hat.[77]

215. (203) Die Eröffnung des Verfahrens setzt die Ueberschuldung des Nachlasses voraus.

216. (204) Die Eröffnung des Verfahrens wird nicht dadurch gehindert, daß der Erbe die Erbschaft noch nicht angenommen hat, oder daß er für die Nachlaßverbindlichkeiten unbeschränkt haftet.

Bei dem Vorhandensein mehrerer Erben ist die Eröffnung des Verfahrens auch nach der Theilung des Nachlasses zulässig.

217. (205) Zu dem Antrag auf Eröffnung des Verfahrens ist jeder Erbe, der Nachlaßverwalter,[78] sowie ein anderer Nachlaßpfleger[79] ein Testamentsvollstrecker,[80] dem die Verwaltung des Nachlasses zusteht, und jeder Nachlaßgläubiger berechtigt.

Wird der Antrag nicht von allen Erben gestellt, so ist er zuzulassen, wenn die Ueberschuldung glaubhaft gemacht wird. Das Gericht hat die übrigen Erben, soweit thunlich, zu hören.

Steht die Verwaltung des Nachlasses einem Testamentsvollstrecker zu, so ist, wenn der Erbe die Eröffnung des Verfahrens beantragt, der Testamentsvollstrecker, wenn der Testamentsvollstrecker den Antrag stellt, der Erbe zu hören.

218. Ist eine Ehefrau die Erbin und gehört der Nachlaß zum eingebrachten Gute[81] oder zum Gesammtgute,[82] so kann sowohl die Ehefrau als der Ehemann die Eröffnung des Verfahrens beantragen, ohne daß die Zustimmung des anderen Theiles erforderlich ist. Das Gleiche gilt, wenn der Nachlaß zum Gesammtgute gehört, auch nach Beendigung der Gemeinschaft.

Wird der Antrag nicht von beiden Ehegatten gestellt, so ist er zuzulassen, wenn die Ueberschuldung glaubhaft gemacht wird. Das Gericht hat den anderen Ehegatten, wenn thunlich, zu hören.

219. Ein Nachlaßgläubiger, der im Aufgebotsverfahren ausgeschlossen ist[83] oder nach § 1974 des Bürgerlichen Gesetzbuchs

73. Vgl. §§ 325 Nr. 8, 240 HGB.

74. Ausnahmen auf Grund des Art. IV EG v. 17. Mai 1898 sind enthalten in § 11 AG z. CPO und KO v. 13. Nov. 1899.

75. Vgl. § 54 BGB.

76. Vgl. §§ 13—16, 27, 28 CPO.

77. Vgl. §§ 1975—1980, 2115 BGB und die Uebergangsbestimmung in Art. VI EG v. 17. Mai 1898.

78. Vgl. §§ 1985 ff. BGB.

79. Vgl. §§ 1960, 1961 BGB.

80. Vgl. §§ 2205, 2216, 2224 BGB.

81. Vgl. §§ 1363, 1521, 1550 BGB.

82. Vgl. §§ 1438 ff., 1519, 1549 BGB.

83. Vgl. § 1973 BGB.

einem ausgeschlossenen Gläubiger gleichsteht, kann die Eröffnung des Verfahrens nur beantragen, wenn über das Vermögen des Erben das Konkursverfahren eröffnet ist. Das Gleiche gilt von einem Vermächtnißnehmer,[84] sowie von demjenigen, welcher berechtigt ist, die Vollziehung einer Auflage zu fordern.[85]

Ist eine Ehefrau die Erbin und gehört der Nachlaß zum Gesammtgute, so können die im Abs. 1 bezeichneten Gläubiger den Antrag nur stellen, wenn über das Vermögen des Ehemanns das Konkursverfahren eröffnet ist.

220. Die Eröffnung des Verfahrens kann von einem Nachlaßgläubiger nicht mehr beantragt werden, wenn seit der Annahme der Erbschaft zwei Jahre verstrichen sind.[86]

221. Auf Grund einer nach dem Eintritte des Erbfalls gegen den Nachlaß erfolgten Maßregel der Zwangsvollstreckung oder der Arrestvollziehung kann abgesonderte Befriedigung nicht verlangt werden.

Eine nach dem Eintritte des Erbfalls im Wege der einstweiligen Verfügung erlangte Vormerkung ist unwirksam.

222. Hat der Erbe vor der Eröffnung des Verfahrens aus dem Nachlasse Pflichttheilsansprüche, Vermächtnisse oder Auflagen erfüllt, so ist die Leistung in gleicher Weise anfechtbar wie eine unentgeltliche Verfügung des Erben.

223. Dem Erben steht wegen der ihm nach den §§ 1978, 1979 des Bürgerlichen Gesetzbuchs aus dem Nachlasse zu ersetzenden Aufwendungen ein Zurückbehaltungsrecht nicht zu.

224. Masseschulden sind außer den im § 59 bezeichneten Verbindlichkeiten:

1. die dem Erben nach den §§ 1978, 1979 des Bürgerlichen Gesetzbuchs aus dem Nachlasse zu ersetzenden Aufwendungen;
2. die Kosten der standesmäßigen Beerdigung des Erblassers;[87]
3. die im Falle der Todeserklärung des Erblassers dem Nachlasse zur Last fallenden Kosten des Verfahrens;[88]
4. die Kosten der Eröffnung einer Verfügung des Erblassers von Todeswegen, der gerichtlichen Sicherung des Nachlasses, einer Nachlaßpflegschaft, des Aufgebots der Nachlaßgläubiger und der Inventarerrichtung;
5. die Verbindlichkeiten aus den von einem Nachlaßpfleger oder einem Testamentsvollstrecker vorgenommenen Rechtsgeschäften;
6. die Verbindlichkeiten, welche für den Erben gegenüber einem Nachlaßpfleger, einem Testamentsvollstrecker oder einem Erben, der die Erbschaft ausgeschlagen hat, aus der Geschäftsführung dieser Personen entstanden sind, soweit die Nachlaßgläubiger verpflichtet sein würden, wenn die bezeichneten Personen die Geschäfte für sie zu besorgen gehabt hätten.

225. Der Erbe kann die ihm gegen den Erblasser zustehenden Ansprüche geltend machen.[89]

Hat der Erbe eine Nachlaßverbindlichkeit berichtigt, so tritt er, soweit nicht die Berichtigung nach § 1979 des Bürgerlichen Gesetzbuchs als für Rechnung des Nachlasses erfolgt gilt, an die Stelle des Gläubigers, es sei denn, daß er für die Nachlaßverbindlichkeiten unbeschränkt haftet.

Haftet der Erbe einem einzelnen Gläubiger gegenüber unbeschränkt, so kann er dessen Forderung für den Fall geltend machen, daß der Gläubiger sie nicht geltend macht.

226. In dem Verfahren kann jede Nachlaßverbindlichkeit geltend gemacht werden.

Nachstehende Verbindlichkeiten werden erst nach allen übrigen Verbindlichkeiten und in folgender Rangordnung, bei gleichem Range nach Verhältniß ihrer Beträge, berichtigt:

1. die seit der Eröffnung des Verfahrens laufenden Zinsen der im § 61 bezeichneten Forderungen;
2. die gegen den Erblasser erkannten Geldstrafen;
3. die Verbindlichkeiten aus einer Freigebigkeit des Erblassers unter Lebenden;
4. die Verbindlichkeiten gegenüber Pflichttheilsberechtigten;
5. die Verbindlichkeiten aus den vom Erblasser angeordneten Vermächtnissen und Auflagen.

Ein Vermächtniß, durch welches das Recht des Bedachten auf den Pflichttheil nach § 2307 des Bürgerlichen Gesetzbuchs

84. Vgl. §§ 2147 ff. BGB.
85. Vgl. §§ 2192 ff. BGB.
86. Vgl. § 1981 Abs. 2 BGB.
87. Vgl. § 1968 BGB.
88. Vgl. § 971 CPO.
89. Vgl. §§ 1976, 2013 BGB.

ausgeschlossen wird, steht, soweit es den Pflichttheil nicht übersteigt, im Range den Pflichttheilsrechten gleich. Hat der Erblasser durch Verfügung von Todeswegen angeordnet, daß ein Vermächtniß oder eine Auflage vor einem anderen Vermächtniß oder einer anderen Auflage erfüllt werden soll, so hat das Vermächtniß oder die Auflage den Vorrang.

Die Verbindlichkeiten, in Ansehung deren der Gläubiger im Wege des Aufgebotsverfahrens ausgeschlossen ist[90] oder nach § 1974 des Bürgerlichen Gesetzbuchs einem ausgeschlossenen Gläubiger gleichsteht, werden erst nach den im Abs. 2 Nr. 1—3 bezeichneten Verbindlichkeiten und, soweit sie zu den im Abs. 2 Nr. 4, 5 bezeichneten Verbindlichkeiten gehören, erst nach den Verbindlichkeiten berichtigt, mit denen sie ohne die Beschränkung gleichen Rang haben würden. Im Uebrigen wird durch die Beschränkungen an der Rangordnung nichts geändert.

227. Mit den im § 226 Abs. 2 Nr. 2—5, Abs. 4 bezeichneten Forderungen werden die bis zur Eröffnung des Verfahrens aufgelaufenen und die seit der Eröffnung laufenden Zinsen an derselben Stelle angesetzt.

228. Was in Folge der Anfechtung einer von dem Erblasser oder ihm gegenüber vorgenommenen Rechtshandlung zur Konkursmasse zurückgewährt wird, darf nicht zur Berichtigung der im § 226 Abs. 2 Nr. 4, 5 bezeichneten Verbindlichkeiten verwendet werden.

Auf dasjenige, was der Erbe auf Grund der Vorschriften der §§ 1978—1980 des Bürgerlichen Gesetzbuchs zu der Masse zu ersetzen hat, haben die Gläubiger, die im Wege des Aufgebotsverfahrens ausgeschlossen sind[90] oder nach § 1974 des Bürgerlichen Gesetzbuchs einem ausgeschlossenen Gläubiger gleichstehen, nur insoweit Anspruch, als der Erbe auch nach den Vorschriften über die Herausgabe einer ungerechtfertigten Bereicherung ersatzpflichtig sein würde.

229. Die in dem Aufgebotsverfahren zum Zwecke der Ausschließung von Nachlaßgläubigern angemeldeten und nicht ausgeschlossenen Forderungen gelten als auch im Nachlaßkonkurs angemeldet, sofern das Aufgebot von dem Gerichte, bei welchem der Konkurs anhängig wird, erlassen und das Verfahren nicht vor der Eröffnung des Konkursverfahrens ohne Erlassung des Ausschlußurtheils erledigt ist.[91]

230. (206) Ein Zwangsvergleich kann nur auf den Vorschlag aller Erben geschlossen werden.

Die Gläubiger, welchen die im § 226 Abs. 2 Nr. 2—5, Abs. 4 bezeichneten Forderungen zustehen, nehmen an dem Zwangsvergleiche nicht Theil, sie sind jedoch vor der Bestätigung zu hören. Macht einer von ihnen glaubhaft, daß der Zwangsvergleich sein berechtigtes Interesse verletzt, so ist auf seinen Antrag der Zwangsvergleich zu verwerfen; gegen die Bestätigung steht ihm die sofortige Beschwerde nach § 189 zu.

231. Die Vorschriften des § 223, des § 224 Nr. 1 und des § 225 Abs. 2, 3 gelten für den Vorerben auch nach dem Eintritte der Nacherbfolge.

232. Hat der Erbe die Erbschaft verkauft, so tritt der Käufer in Ansehung des Verfahrens an seine Stelle.[92]

Der Erbe ist wegen einer Nachlaßverbindlichkeit, die im Verhältnisse zwischen ihm und dem Käufer diesem zur Last fällt, in derselben Weise wie ein Nachlaßgläubiger zu dem Antrag auf Eröffnung des Verfahrens berechtigt.[93] Das gleiche Recht steht ihm auch wegen einer anderen Nachlaßverbindlichkeit zu, es sei denn, daß er unbeschränkt haftet[94] oder daß eine Nachlaßverwaltung[95] angeordnet ist. Die Vorschriften des § 223, des § 224 Nr. 1 und des § 225 gelten für den Erben auch nach dem Verkaufe der Erbschaft.

233. Die Vorschriften des § 232 finden entsprechende Anwendung, wenn Jemand eine durch Vertrag erworbene Erbschaft verkauft oder sich zur Veräußerung einer ihm angefallenen oder anderweit von ihm erworbenen Erbschaft in sonstiger Weise verpflichtet hat.

234. In dem Konkursverfahren über das Vermögen des Erben finden, wenn auch über den Nachlaß das Konkursverfahren eröffnet, oder wenn eine Nachlaßverwaltung angeordnet ist, auf Nachlaßgläubiger, denen gegenüber der Erbe unbeschränkt haftet,[94] die Vorschriften der §§ 64, 96, 153, 155, 156, des § 168 Nr. 3 und des § 169 entsprechende Anwendung.

Das Gleiche gilt, wenn eine Ehefrau die Erbin ist und der Nachlaß zum Ge-

90. Vgl. § 1973 BGB.

91. Vgl. § 1970 BGB.

92. Vgl. §§ 2371 ff. BGB.

93. Vgl. § 2378 BGB.

94. Vgl. §§ 1994, 2005 BGB.

95. Vgl. § 1975 BGB.

sammtgute gehört, auch in dem Konkursverfahren über das Vermögen des Ehemanns.

235. Ueber einen Erbtheil findet ein Konkursverfahren nicht statt.

236. Die Vorschriften der §§ 214—234 finden im Falle der fortgesetzten Gütergemeinschaft auf das Konkursverfahren über das Gesammtgut entsprechende Anwendung. Konkursgläubiger sind nur die Gesammtgutsgläubiger, deren Forderungen schon zur Zeit des Eintritts der fortgesetzten Gütergemeinschaft bestanden. Zu dem Antrag auf Eröffnung des Verfahrens ist ein Gläubiger nicht berechtigt, dem gegenüber der überlebende Ehegatte zu dieser Zeit persönlich haftete. Die antheilsberechtigten Abkömmlinge sind zu dem Antrage nicht berechtigt; das Gericht hat sie, soweit thunlich, zu hören.

237. (207) III. Besitzt ein Schuldner, über dessen Vermögen im Auslande ein Konkursverfahren eröffnet worden ist, Vermögensgegenstände im Inlande, so ist die Zwangsvollstreckung in das inländische Vermögen zulässig. Ausnahmen von dieser Bestimmung können unter Zustimmung des Bundesraths durch Anordnung des Reichskanzlers getroffen werden.

238. (208) Das Konkursverfahren umfaßt nur das im Inlande befindliche Vermögen, wenn der Schuldner im Deutschen Reiche eine gewerbliche Niederlassung, aber keinen allgemeinen Gerichtsstand[96] hat.

Hat ein Schuldner im Deutschen Reiche weder eine gewerbliche Niederlassung noch einen allgemeinen Gerichtsstand, so findet ein Konkursverfahren über das im Inlande befindliche Vermögen des Schuldners statt, wenn er im Inlande ein mit Wohn- und Wirthschaftsgebäuden versehenes Gut als Eigenthümer, Nutznießer oder Pächter bewirthschaftet. Für das Verfahren ist das Amtsgericht ausschließlich zuständig, in dessen Bezirke das Gut sich befindet.

Ist im Auslande ein Konkursverfahren eröffnet, so bedarf es nicht des Nachweises der Zahlungsunfähigkeit zur Eröffnung des inländischen Verfahrens.

96. Vgl. §§ 13—17, 21 CPO.

Drittes Buch.

Strafbestimmungen.[97]

239. (209) Schuldner, welche ihre Zahlungen eingestellt haben, oder über deren Vermögen das Konkursverfahren eröffnet worden ist, werden wegen betrüglichen Bankerutts mit Zuchthaus bestraft, wenn sie in der Absicht, ihre Gläubiger zu benachtheiligen,

1. Vermögensstücke verheimlicht oder bei Seite geschafft haben,
2. Schulden oder Rechtsgeschäfte anerkannt oder aufgestellt haben, welche ganz oder theilweise erdichtet sind,
3. Handelsbücher zu führen unterlassen haben, deren Führung ihnen gesetzlich oblag,[98] oder
4. ihre Handelsbücher vernichtet oder verheimlicht oder so geführt oder verändert haben, daß dieselben keine Uebersicht des Vermögenszustandes gewähren.[98]

Sind mildernde Umstände vorhanden, so tritt Gefängnißstrafe nicht unter drei Monaten ein.

240. (210) Schuldner, welche ihre Zahlungen eingestellt haben, oder über deren Vermögen das Konkursverfahren eröffnet worden ist, werden wegen einfachen Bankerutts mit Gefängniß bestraft, wenn sie

1. durch Aufwand, Spiel oder Wette oder durch Differenzhandel mit Waaren oder Börsenpapieren übermäßige Summen verbraucht haben oder schuldig geworden sind;[99]
2. in der Absicht, die Eröffnung des Konkursverfahrens hinauszuschieben, Waaren oder Werthpapiere auf Kredit entnommen und diese Gegenstände erheblich unter dem Werthe in einer den Anforderungen einer ordnungsmäßigen Wirthschaft widersprechenden Weise veräußert oder sonst weggegeben haben;
3. Handelsbücher zu führen unterlassen haben, deren Führung ihnen gesetzlich oblag, oder dieselben verheimlicht, vernichtet oder so unordentlich geführt haben, daß sie keine Uebersicht ihres Vermögenszustandes gewähren, oder
4. es gegen die Bestimmung des Handelsgesetz-

97. Weitere Strafbestimmungen enthält das Ges. betr. die Pflichten der Kaufleute bei Aufbewahrung fremder Werthpapiere v. 5. Juli 1896.

98. Vgl. §§ 38 ff. HGB.

99. Gilt auch bei den nach § 69 Börsenges. v. 22. Juni 1896 rechtsgültigen Differenzgeschäften.

buchs unterlassen haben, die Bilanz ihres Vermögens in der vorgeschriebenen Zeit zu ziehen.

Neben der Gefängnißstrafe kann in den Fällen der Nr. 1, 2 auf Verlust der bürgerlichen Ehrenrechte erkannt werden.

Sind mildernde Umstände vorhanden, so kann auf Geldstrafe bis zu sechstausend Mark erkannt werden.

241. (211) Schuldner, welche ihre Zahlungen eingestellt haben, oder über deren Vermögen das Konkursverfahren eröffnet worden ist, werden mit Gefängniß bis zu zwei Jahren bestraft, wenn sie, obwohl sie ihre Zahlungsunfähigkeit kannten, einem Gläubiger in der Absicht, ihn vor den übrigen Gläubigern zu begünstigen, eine Sicherung oder Befriedigung gewährt haben, welche derselbe nicht oder nicht in der Art oder nicht zu der Zeit zu beanspruchen hatte.

Sind mildernde Umstände vorhanden, so kann auf Geldstrafe bis zu sechstausend Mark erkannt werden.

242. (212) Mit Zuchthaus bis zu zehn Jahren wird bestraft, wer

1. im Interesse eines Schuldners, welcher seine Zahlungen eingestellt hat, oder über dessen Vermögen das Konkursverfahren eröffnet worden ist, Vermögensstücke desselben verheimlicht oder bei Seite geschafft hat, oder
2. im Interesse eines solchen Schuldners, oder, um sich oder einem Anderen Vermögensvortheil zu verschaffen, in dem Verfahren erdichtete Forderungen im eigenen Namen oder durch vorgeschobene Personen geltend gemacht hat.

Sind mildernde Umstände vorhanden, so tritt Gefängnißstrafe oder Geldstrafe bis zu sechstausend Mark ein.

243. (213) Ein Gläubiger, welcher sich von dem Gemeinschuldner oder anderen Personen besondere Vortheile dafür hat gewähren oder versprechen lassen, daß er bei den Abstimmungen der Konkursgläubiger in einem gewissen Sinne stimme, wird mit Geldstrafe bis zu dreitausend Mark oder mit Gefängniß bis zu einem Jahre bestraft.

244. (214) Die Strafvorschriften der §§ 239 bis 241 finden gegen die Mitglieder des Vorstandes einer Aktiengesellschaft oder eingetragenen Genossenschaft und gegen die Liquidatoren einer Handelsgesellschaft oder eingetragenen Genossenschaft, welche ihre Zahlungen eingestellt hat, oder über deren Vermögen das Konkursverfahren eröffnet worden ist, Anwendung, wenn sie in dieser Eigenschaft die mit Strafe bedrohten Handlungen begangen haben.[100]

100. Vgl. dazu die Strafbestimmungen in den §§ 312—318, 14, 37, 319 HGB.

Gesetz

betreffend

die Einführung der Konkursordnung.[1]

Vom 10. Februar 1877.

Reichs-Gesetzblatt S. 390.

§ 1. Die Konkursordnung tritt im ganzen Umfange des Reichs gleichzeitig mit dem Gerichtsverfassungsgesetze in Kraft.

2. Gesetz im Sinne der Konkursordnung und dieses Gesetzes ist jede Rechtsnorm.

3. Die den Konkurs betreffenden Vorschriften der Reichsgesetze werden durch die Konkursordnung nicht berührt.

Aufgehoben werden:

1. die Vorschriften des § 51 des Gesetzes, betreffend die privatrechtliche Stellung der Erwerbs- und Wirthschaftsgenossenschaften, vom 4. Juli 1868, sowie die im § 48 desselben Gesetzes bestimmte Zuständigkeit des Handelsgerichts;

2. die Vorschriften der §§ 13 bis 18 des Gesetzes, betreffend die Gewährung der Rechtshülfe, vom 21. Juni 1869;

3. die Vorschriften der §§ 281 bis 283 des Strafgesetzbuchs.

Der Artikel 80 der Wechselordnung wird dahin abgeändert, daß die Verjährung auch nach Maßgabe des § 13 der Konkursordnung unterbrochen wird.[2]

Die Verjährung zu Gunsten eines zur Zeit der Eröffnung des Konkursverfahrens ausgeschiedenen oder ausgeschlossenen Genossenschafters (§ 64 Abs. 1 des Gesetzes vom 4. Juli 1868) wird auch durch Anmeldung der Konkursforderung unterbrochen.

4. Aufgehoben werden die Vorschriften der Landesgesetze über Konkurs-, Falliments-, Gant-, Debit-Verfahren, über gerichtliche, zur Abwendung oder Einleitung eines solchen Verfahrens dienende Stundungs- und Nachlaßverhandlung, konkursmäßige Einleitungen, Vermögensuntersuchungen, über die Rechtswohlthat der Güterabtretung und die landesherrliche oder gerichtliche Bewilligung einer allgemeinen Zahlungsstundung, sowie über das Konkursrecht, insoweit nicht in der Konkursordnung auf dieselben verwiesen oder bestimmt ist, daß sie nicht berührt werden.

Aufgehoben werden die Strafvorschriften, welche rücksichtlich des Konkurses in den Landesgesetzen enthalten sind.

5. Unberührt bleiben:

1. die landesgesetzlichen Vorschriften, welche die Lehen, Stammgüter oder Familienfideikommisse betreffen.

6. Die Bestimmungen der §§ 193, 194, 214 der Konkursordnung[3] finden auf registrirte Gesellschaften, welche auf Grund der bayerischen Gesetze vom 29. April 1869, betreffend die privatrechtliche Stellung der Erwerbs- und Wirthschaftsgesellschaften, bestehen, entsprechende Anwendung.

Die Gesellschaft wird in dem Konkursverfahren durch den Vorstand oder die Liquidatoren vertreten. Ein Zwangsvergleich findet nicht statt.

7. In Ansehung der Landesherrn und der Mitglieder der landesherrlichen Familien sowie der Mitglieder der Fürstlichen Familie Hohenzollern finden die Bestimmungen der Konkursordnung nur insoweit Anwendung, als nicht besondere Vorschriften der Hausverfassungen oder der Landesgesetze abweichende Bestimmungen enthalten.

Das Gleiche gilt in Ansehung der Mitglieder des vormaligen Hannoverschen Königshauses, des vormaligen Kurhessischen und des vormaligen Herzoglich Nassauischen Fürstenhauses.

1. Das Gesetz ist in der Fassung abgedruckt, die es durch das EG z. d. Ges. betr. Aenderungen der KO v. 17. Mai 1898 (Art. II) erhalten hat. Die Aenderungen sind durch gesperrten Druck hervorgehoben. — § 17 hat nachträglich eine neue Fassung durch § 43 Hypothekenbankges. v. 13. Juli 1899 erhalten.

2. Art. 80 WO ist durch Art. 8 Ziff. 2 EG z. HGB aufgehoben.

3. Jetzt §§ 207, 208, 244 KO.

8. Ein vor dem Tage des Inkrafttretens der Konkursordnung eröffnetes Konkursverfahren ist nach den bisherigen Gesetzen zu erledigen.

Der Landesgesetzgebung bleibt vorbehalten, die Konkursordnung auf die Erledigung der vor dem Inkrafttreten der Konkursordnung anhängig gewordenen Konkurssachen für anwendbar zu erklären und zu dem Zwecke Uebergangsbestimmungen zu erlassen.

9. In einem am Tage des Inkrafttretens der Konkursordnung oder nach diesem Tage eröffneten Konkursverfahren finden die Bestimmungen der Konkursordnung über die Anfechtung von Rechtshandlungen auf eine vor dem bezeichneten Tage vorgenommene Rechtshandlung Anwendung, sofern nicht dieselbe nach den Vorschriften der bisherigen Gesetze der Anfechtung entzogen oder in geringerem Umfange unterworfen ist.

10. In einem am Tage des Inkrafttretens der Konkursordnung oder nach diesem Tage eröffneten Konkursverfahren finden die Bestimmungen der §§ 42, 48 Nr. 3, 49 der Konkursordnung[4] auf eine vor dem bezeichneten Tage abgetretene oder erworbene Forderung Anwendung, sofern nicht die bisherigen Gesetze eine Aufrechnung zulassen oder eine Verpflichtung zum Schadensersatze nicht oder in geringerem Umstande begründen.

11. In einem am Tage des Inkrafttretens der Konkursordnung oder nach diesem Tage eröffneten Konkursverfahren finden die Bestimmungen der Konkursordnung und dieses Gesetzes über abgesonderte Befriedigung auf Pfand- und Vorzugsrechte Anwendung, wenngleich dieselben oder die Forderungen vor dem bezeichneten Tage erworben sind.

12. Insoweit Pfand- und Vorzugsrechte, welche vor dem Tage des Inkrafttretens der Konkursordnung auf Grund eines Vertrages, einer letztwilligen Anordnung oder einer richterlichen Verfügung erworben oder in Bankstatuten den Banknoteninhabern rechtsgültig zugesichert sind, zufolge der Bestimmungen der Konkursordnung und dieses Gesetzes ihre Wirksamkeit verlieren, kann die Landesgesetzgebung für die Forderung des Berechtigten ein Vorrecht vor allen oder einzelnen der im § 54 der Konkursordnung bezeichneten Forderungen gewähren.

Ist das Pfand- oder Vorzugsrecht auf einzelne bewegliche Gegenstände des Schuldners beschränkt, so kann das Vorrecht nur in Höhe des Erlöses derselben gewährt werden.

4. Jetzt §§ 50, 55 Nr. 3, 56 KO.

Das durch die vorstehenden Bestimmungen vorbehaltene Vorrecht kann nicht gewährt werden für ein zwei Jahre nach dem Inkrafttreten der Konkursordnung eröffnetes Konkursverfahren, wenn nicht das Vorrecht dadurch erhalten wird, daß dasselbe bis zum Ablaufe der zwei Jahre zur Eintragung in ein öffentliches Register vorschriftsmäßig angemeldet ist. Der Erlaß von Vorschriften über die Einrichtung solcher Register, sowie über die Anmeldung und Eintragung der Forderungen bleibt der Landesgesetzgebung vorbehalten.

13. Die Landesgesetzgebung kann der Ehefrau, den Kindern und den Pflegebefohlenen des Gemeinschuldners für Forderungen, welche vor dem Tage des Inkrafttretens der Konkursordnung entstanden sind, ein Vorrecht nach Maßgabe des § 12 Abs. 1, 2 insoweit gewähren, als ein gesetzliches Pfand- oder Vorzugsrecht der Ehefrau, der Kinder oder der Pflegebefohlenen nach den bisherigen Gesetzen bestanden hat.

Auf das Vorrecht der Ehefrau findet die Bestimmung des § 12 Absatz 3 entsprechende Anwendung.

Den Kindern und den Pflegebefohlenen kann das Vorrecht für ein fünf Jahre nach dem Inkrafttreten der Konkursordnung eröffnetes Konkursverfahren nicht gewährt werden.

17.[5] Unberührt bleiben die landesgesetzlichen Vorschriften, nach welchen den Inhabern von Pfandbriefen, die von Kreditanstalten, welche nicht zu den Hypothekenbanken gehören, auf Grund von Hypotheken ausgestellt sind, ein Vorrecht vor allen andern Konkursgläubigern in Ansehung der Befriedigung aus den Hypotheken der Anstalt zusteht.

Unberührt bleiben die landesgesetzlichen Vorschriften, nach welchen den Inhabern von Schuldverschreibungen, die von Körperschaften des öffentlichen Rechts, Aktiengesellschaften, Kommanditgesellschaften auf Aktien, Gesellschaften mit beschränkter Haftung, oder Genossenschaften über ein Anlehen ausgestellt sind, ein Vorrecht vor nicht bevorrechtigten Konkursgläubigern, deren Forderungen später entstehen, dadurch gewährt werden kann, daß die zu bevorrechtigenden Forderungen in ein öffentliches Schuldbuch eingetragen werden.

5. § 17 ist in der Fassung abgedruckt, die er durch § 43 Hypothekenbankges. v. 13. Juli 1899 erhalten hat.

Gesetz

betreffend

Aenderungen der Konkursordnung.[1]

Vom 17. Mai 1898.

Reichs-Gesetzblatt S. 230.

1. Die Aenderungen sind beim Abdruck der Konkursordnung berücksichtigt.

Einführungsgesetz

zu dem Gesetze, betreffend Aenderungen der Konkursordnung.

Vom 17. Mai 1898.

Reichs-Gesetzblatt S. 248.

Art. I. Das Gesetz, betreffend Aenderungen der Konkursordnung, tritt gleichzeitig mit dem Bürgerlichen Gesetzbuch in Kraft.

II. Das Gesetz, betreffend die Einführung der Konkursordnung, wird dahin geändert:

1. Die Bestimmung des § 5 Nr. 2 wird aufgehoben.
2. Der § 6 wird dahin geändert:

   Die Bestimmungen der §§ 193, 194, 214 der Konkursordnung finden auf registrirte Gesellschaften, welche auf Grund des bayerischen Gesetzes vom 29. April 1869, betreffend die privatrechtliche Stellung der Erwerbs- und Wirthschaftsgesellschaften, bestehen, entsprechende Anwendung.

   Die Gesellschaft wird in dem Konkursverfahren durch den Vorstand oder die Liquidatoren vertreten. Ein Zwangsvergleich findet nicht statt.
3. Der § 7 erhält folgenden Abs. 2:

   Das Gleiche gilt in Ansehung der Mitglieder des vormaligen Hannoverschen Königshauses, des vormaligen Kurhessischen und des vormaligen Herzoglich Nassauischen Fürstenhauses.
4. Die §§ 14 bis 16 werden aufgehoben.

III. Die Vorschriften des § 41 Abs. 2 der Konkursordnung und des § 17 Nr. 1, 2 des Gesetzes, betreffend die Einführung der Konkursordnung, finden auch außerhalb des Konkurses Anwendung.

IV. Unberührt bleiben die landesgesetzlichen Vorschriften, welche die Zulässigkeit des Konkursverfahrens über das Vermögen der im § 15 Nr. 3 des Einführungsgesetzes zur Civilprozeßordnung bezeichneten juristischen Personen beschränken oder ausschließen.[1]

V. Ein vor dem Inkrafttreten des Gesetzes, betreffend Aenderungen der Konkursordnung, eröffnetes Konkursverfahren ist nach den bisherigen Gesetzen zu erledigen.

VI. In einem am Tage des Inkrafttretens des Gesetzes, betreffend Aenderungen der Konkursordnung, oder nach diesem Tage eröffneten Konkursverfahren bleiben, soweit für ein Rechtsverhältniß die Vorschriften des bisherigen bürgerlichen Rechtes maßgebend sind, für das Rechtsverhältniß auch die Vorschriften des bisherigen Konkursrechts maßgebend. Dies gilt insbesondere in Ansehung eines Nachlasses, wenn der Erblasser vor dem be-

1. Vgl. § 11 AG z. CPO u. KO v. 13. Nov. 1899.

zeichneten Zeitpunkte gestorben ist. Die Landesgesetzgebung kann jedoch auf ein Rechtsverhältniß, für welches nach den Uebergangsvorschriften des Einführungsgesetzes zum Bürgerlichen Gesetzbuche die Landesgesetze maßgebend sind, die Vorschriften des neuen Konkursrechts für anwendbar erklären.

VII. Das Gesetz, betreffend die Anfechtung von Rechtshandlungen eines Schuldners außerhalb des Konkursverfahrens, vom 21. Juli 1879 (Reichs-Gesetzbl. S. 277) wird dahin geändert:

1. Im § 3 Nr. 2, 3 werden die Worte „vor der Rechtshängigkeit des Anfechtungsanspruchs" ersetzt durch die Worte:
   „vor der Anfechtung".

   Die Nr. 4 des § 3 erhält folgende Fassung:
   4. die in den letzten zwei Jahren vor der Anfechtung von dem Schuldner vorgenommenen unentgeltlichen Verfügungen zu Gunsten seines Ehegatten.

2. Als § 3a wird folgende Vorschrift eingestellt:
   Hat der Erbe aus dem Nachlasse Pflichttheilsansprüche, Vermächtnisse oder Auflagen erfüllt, so kann ein Nachlaßgläubiger, der im Konkursverfahren über den Nachlaß dem Empfänger der Leistung im Range vorgehen oder gleichstehen würde, die Leistung in gleicher Weise anfechten wie eine unentgeltliche Verfügung des Erben.

3. Im § 4 werden die Worte „der Anfechtungsanspruch rechtshängig geworden ist" ersetzt durch die Worte:
   „die Anfechtung erfolgt ist".

4. Der § 11 wird dahin geändert:
   Die gegen den Erblasser begründete Anfechtung findet gegen den Erben statt.

   Gegen einen anderen Rechtsnachfolger desjenigen, welchem gegenüber die anfechtbare Handlung vorgenommen ist, findet die gegen den letzteren begründete Anfechtung statt:
   1. wenn ihm zur Zeit seines Erwerbes die Umstände, welche die Anfechtbarkeit des Erwerbes seines Rechtsvorgängers begründen, bekannt waren;
   2. wenn er zu den im § 3 Nr. 2 genannten Personen gehört, es sei denn, daß ihm zur Zeit seines Erwerbes die Umstände, welche die Anfechtbarkeit des Erwerbes seines Rechtsvorgängers begründen, unbekannt waren;
   3. wenn ihm das Erlangte unentgeltlich zugewendet worden ist.

   Im Falle des Abs. 2 Nr. 3 findet auf die Haftung des Rechtsnachfolgers die Vorschrift des § 7 Abs. 2 Anwendung.

   Zur Erstreckung der Fristen in Gemäßheit des § 4 genügt die Zustellung des Schriftsatzes an den Rechtsnachfolger, gegen welchen die Anfechtung erfolgen soll.

5. Der § 12 wird dahin geändert:
   Die Anfechtung einer nach § 3 Nr. 1 anfechtbaren Handlung kann nur binnen zehn Jahren erfolgen. Auf den Lauf der Frist finden die für die Verjährung geltenden Vorschriften des § 203 Abs. 2 und der §§ 206, 207 des Bürgerlichen Gesetzbuchs entsprechende Anwendung.

   Die Frist beginnt mit dem Zeitpunkt, in welchem der Gläubiger den vollstreckbaren Schuldtitel erlangt hatte und seine Forderung fällig war, wenn aber die Rechtshandlung nach diesem Zeitpunkte vorgenommen ist, mit der Vornahme der Handlung.

   Die Anfechtung ist ausgeschlossen, wenn seit der Vornahme der Rechtshandlung dreißig Jahre verstrichen sind.

6. An die Stelle des § 13 Abs. 4 Satz 2 tritt folgende Vorschrift:
   War die Anfechtung nicht schon zur Zeit der Eröffnung des Konkursverfahrens erfolgt, so wird die im § 3 Nr. 2 bis 4 bestimmte Frist von diesem Zeitpunkte berechnet, sofern die Anfechtung bis zum Ablauf eines Jahres seit der Beendigung des Konkursverfahrens erfolgt.

VIII. Die Vorschriften des Artikel VII finden auf die vor dem Inkrafttreten dieses Gesetzes vorgenommenen Rechtshandlungen keine Anwendung.

IX. In bürgerlichen Rechtsstreitigkeiten, in welchen durch Klage oder Widerklage ein Anspruch auf Grund des dritten Titels des ersten Buches der Konkursordnung oder auf Grund des Gesetzes, betreffend die Anfechtung von Rechtshandlungen eines Schuldners außerhalb des Konkursverfahrens, geltend gemacht ist, wird die Verhandlung und Entscheidung letzter Instanz im Sinne des § 8 des Einführungsgesetzes zum Gerichtsverfassungsgesetze dem Reichsgerichte zugewiesen.

Gesetz für Elsaß-Lothringen

betreffend

die Ausführung der Civilprozeßordnung, der Konkursordnung und der Strafprozeßordnung.[1]

Vom 8. Juli 1879.

Gesetzblatt S. 67.

Dritter Titel.
Uebergangs- und Schlußbestimmungen.

Uebergangsbestimmungen zur Civilprozeßordnung.

§ **34.** Die vor dem Inkrafttreten der Civilprozeßordnung bei den Landesgerichten anhängigen bürgerlichen Rechtsstreitigkeiten werden, insofern nicht ein Urtheil in denselben ergangen ist, nach den Vorschriften der Civilprozeßordnung erledigt.

Auf die Erledigung der vor dem bezeichneten Zeitpunkte bei den Handelsgerichten anhängigen Sachen finden in allen Fällen die bisherigen Prozeßgesetze Anwendung.

35. In bürgerlichen Rechtsstreitigkeiten, welche nach den bisherigen Vorschriften erledigt werden, ist eine Mitwirkung der Staatsanwaltschaft als Nebenpartei nicht mehr erforderlich.

Auf Ehesachen und Entmündigungssachen findet diese Vorschrift keine Anwendung.

36. Gegen Urtheile, welche in Gemäßheit der bisherigen Prozeßgesetze vor oder nach dem Inkrafttreten dieses Gesetzes erlassen werden, findet die Drittopposition nicht mehr statt.

Auf die Nichtigkeitsklage und die Restitutionsklage, welche auf Grund des § 20 des Einführungsgesetzes zur Civilprozeßordnung erhoben werden, finden die Vorschriften des § 547 Absatz 1[2] der Civilprozeßordnung entsprechende Anwendung.

37. Ein vor dem Inkrafttreten der Civilprozeßordnung anhängig gewordenes Verfahren der Zwangsvollstreckung in das bewegliche Vermögen oder zur Sicherung einer solchen Zwangsvollstreckung ist nach den Vorschriften der Civilprozeßordnung zu erledigen, insofern nicht vor jenem Zeitpunkte eine Beschlagnahme stattgefunden hat.

Auf die in einer anhängigen Zwangsvollstreckung nach Maßgabe der bisherigen Vorschriften zu erhebende Klage auf Gültigkeitserklärung einer Beschlagnahme findet die Vorschrift des § 34 Anwendung.

38. Die nach den bisherigen Vorschriften erlassene Anordnung der Haft ist auf Antrag des Schuldners aufzuheben, soweit die Haft nach den Vorschriften der Civilprozeßordnung nicht zulässig ist.

Das Gleiche gilt für die Beschlagnahme von Gegenständen, welche nach den Vorschriften der Civilprozeßordnung der Pfändung nicht unterworfen sind, für die Beschlagnahme fortlaufender Einkünfte jedoch nur, insoweit dieselben auf die Zeit nach Einführung der Civilprozeßordnung fallen.

Vor der Entscheidung ist der Gläubiger zu hören.

39. Eine nach dem Inkrafttreten der Civilprozeßordnung erfolgende weitere Pfändung von Gegenständen des beweglichen Vermögens, welche bereits vor diesem Zeitpunkte in Beschlag genommen sind, erfolgt nach den Vorschriften der Civilprozeßordnung.

Im Falle der weiteren Pfändung von Forderungen oder anderen Vermögensrechten finden die §§ 750 bis 753[3] der Civilprozeßordnung Anwendung.

Das Gleiche gilt, wenn schon vor dem Inkrafttreten der Civilprozeßordnung die Theilnahme mehrerer Gläubiger an der Zwangsvollstreckung in eine Forderung durch Beschlagnahme oder Opposition bewirkt war. Die Bestimmungen des § 753[4] Absatz 1, 3 bis 5 finden jedoch keine Anwendung, wenn die Klage gegen den Drittschuldner vor dem Inkrafttreten der Civilprozeßordnung anhängig geworden ist. Die nach § 750[5] der

1. Die §§ 1 bis 33 sind durch Ges. v. 29. Nov. 1899 aufgehoben.
2. Jetzt § 584 Abs. 1.
3. Jetzt §§ 853—856.
4. Jetzt § 856.
5. Jetzt § 853.

Civilprozeßordnung erforderliche Anzeige ist dem für das Vertheilungsverfahren zuständigen Gerichte (§ 40) zu erstatten.

40. Wird durch die Theilnahme mehrerer Gläubiger an einer Vollstreckungsmaßregel ein Vertheilungsverfahren nothwendig, so finden die Vorschriften der §§ 758 bis 768[6] der Civilprozeßordnung Anwendung, sofern das Verfahren nicht bereits vor dem Inkrafttreten der Civilprozeßordnung durch Ordonnanz des Richterkommissars (code de procédure civile Art. 659) eröffnet ist.

41. Im Falle des § 39 Absatz 1 steht dem Gläubiger, welcher vor dem Inkrafttreten der Civilprozeßordnung eine Beschlagnahme oder eine Opposition bewirkt hat, im Verhältniß zu Gläubigern, für welche nach diesem Zeitpunkte eine Pfändung bewirkt ist, an dem beschlagnahmten Gegenstande ein Pfandrecht nach Maßgabe des § 709[7] der Civilprozeßordnung zu.

42. Die Zwangsvollstreckung aus den Urtheilen, welche in einem nach den bisherigen Vorschriften verhandelten Rechtsstreite erlassen sind, sowie aus den im § 22 des Einführungsgesetzes zur Civilprozeßordnung bezeichneten Urkunden erfolgt auf Grund einer nach den bisherigen Gesetzen ertheilten vollstreckbaren Ausfertigung.[8]

Hinsichtlich der Zulässigkeit von Einwendungen, welche den Anspruch selbst betreffen, sowie hinsichtlich der Einstellung der Zwangsvollstreckung auf Grund der Einlegung eines Rechtsmittels kommen die bisherigen Vorschriften zur Anwendung.

Uebergangsbestimmung zur Konkursordnung.

43. Auf die nach dem Inkrafttreten der Civilprozeßordnung in einem vor diesem Zeitpunkte eröffneten Fallimentsverfahren anhängig werdenden Rechtsstreitigkeiten, welche zum Gegenstande haben:

a) die Richtigkeit oder das Vorzugsrecht einer im Falliment angemeldeten Forderung;
b) einen Revindikationsanspruch;
c) die Anfechtung eines Rechtsgeschäfts des Falliten oder eine Rückforderung zur Masse;
d) den Anspruch eines Dritten gegen die Masse;
e) die Rechnung eines Syndiks,

finden die Vorschriften der Civilprozeßordnung sowie des § 134 Absatz 2 und des § 136[9] der Konkursordnung entsprechende Anwendung. Der Rechtsstreit ist durch besonders zu erhebende Klage anhängig zu machen.

Uebergangsbestimmung zur Strafprozeßordnung.

44. Ueber die Berufung gegen die vor dem Tage des Inkrafttretens der Strafprozeßordnung in erster Instanz ergangenen Urtheile der Landgerichte entscheidet die Civilkammer des Landgerichts, wo mehrere Civilkammern bestehen, die erste Civilkammer, in der Besetzung von fünf Mitgliedern.

Allgemeine Uebergangsbestimmungen.

45. Auf Zustellungen in bürgerlichen Rechtsstreitigkeiten, in Fallimentssachen und in Strafsachen, welche nach den bisherigen Vorschriften erledigt werden, finden die Bestimmungen der §§ 152 bis 190[10] der Civilprozeßordnung entsprechende Anwendung.

Zustellungen an die Staatsanwaltschaft in Strafsachen erfolgen nach Maßgabe des § 41 der Strafprozeßordnung.

46. In bürgerlichen Rechtsstreitigkeiten, in Fallimentssachen und in Strafsachen, welche nach den bisherigen Bestimmungen zu erledigen sind, finden die Vorschriften der §§ 157 bis 160, 162, 164, 167 des Gerichtsverfassungsgesetzes über Rechtshülfe, der §§ 177 bis 185 über die Aufrechthaltung der Ordnung und der §§ 194 bis 199, 201 bis 204 über die Berathung und Abstimmung sowie über die Gerichtsferien Anwendung.

Schlußbestimmung.

47. Insoweit bestehende Gesetze auf die durch Einführung der Civilprozeßordnung, der Konkursordnung und der Strafprozeßordnung sowie dieses Gesetzes aufgehobenen Vorschriften verweisen oder durch solche ergänzt werden, treten die Vorschriften der angeführten Reichsgesetze, der Gesetze, betreffend die Einführung derselben, und dieses Gesetzes an deren Stelle.

48. Dieses Gesetz tritt gleichzeitig mit dem Gerichtsverfassungsgesetz in Kraft.

---

6. Jetzt §§ 872—882.
7. Jetzt § 804.
8. Vgl. auch § 60 AG z. FrG.
9. Jetzt § 146 und 148.
10. Jetzt §§ 166—207.

Gesetz,

betreffend

die Ausführung der Civilprozeßordnung und der Konkursordnung sowie das Rechtsmittel der Kassation.

Vom 13. November 1899.

Gesetzblatt S. 157.

I. Zur Civilprozeßordnung.

Vertretung des Fiskus. § 1. Der Landesfiskus wird vor Gericht durch das Ministerium vertreten.

Das Ministerium kann durch allgemeine, im Gesetzblatt zu verkündigende Anordnungen für bestimmte Verwaltungszweige die Vertretungsbefugniß anderen Behörden übertragen.[1]

Die besonderen Bestimmungen der §§ 151 und 153 des Reichsbeamten-Gesetzes vom 31. März 1873 (Einführungsgesetz vom 23. Dezember 1873, Gesetzbl. S. 479) über die Vertretung des Landesfiskus bleiben unberührt.

2. Die Erhebung einer gerichtlichen Klage gegen den Fiskus ist erst zulässig, nachdem derjenige, welcher den Anspruch geltend macht, bei der zur Vertretung des Fiskus berufenen Behörde eine Denkschrift eingereicht hat, worin der Anspruch begründet wird, und hierauf entweder einen abschlägigen oder binnen Monatsfrist keinen Bescheid erhalten hat.

Ueber die Einreichung der Denkschrift ist ungesäumt eine Bescheinigung zu ertheilen.

Anträge auf Erlassung einstweiliger Verfügungen werden durch die Bestimmungen des Abs. 1 nicht berührt.[1a]

Entmündigung. **3.** Die Entmündigung einer Person wegen Verschwendung oder wegen Trunksucht kann auf Grund eines Beschlusses des Gemeinderaths von dem Bürgermeister der Gemeinde beantragt werden, worin der zu Entmündigende seinen Wohnsitz oder Aufenthalt hat oder seinen letzten Wohnsitz gehabt hat. Der Antrag ist nur zulässig, wenn eine nach § 646 der Civilprozeßordnung zur Antragstellung berechtigte Person in der Gemeinde nicht wohnt, oder wenn die in der Gemeinde wohnenden Berechtigten innerhalb einer von dem Bürgermeister zu bestimmenden Frist von mindestens einem Monat es unterlassen haben, den Antrag zu stellen.

Die Kosten sind, wenn sie auf Grund des § 682 der Civilprozeßordnung der Gemeinde zur Last fallen, dieser von der Staatskasse zu ersetzen.[2]

Zwangsvollstreckung. **4.** Eine gerichtliche Zwangsvollstreckung wegen Geldforderungen gegen den Fiskus, einen Bezirk, eine Gemeinde oder eine Ortschaft ist unzulässig, insoweit nicht dingliche Rechte verfolgt werden.

In Ansehung der übrigen öffentlichen Anstalten ist die gerichtliche Zwangsvollstreckung nicht ausgeschlossen.[3]

5. Aus den gerichtlich für vollstreckbar erklärten Zwangsbefehlen behufs Beitreibung der Domänengefälle und der den Beamten der Verkehrssteuerverwaltung zur Einziehung überwiesenen öffentlichen Einkünfte findet die gerichtliche Zwangsvollstreckung nach Maßgabe der §§ 750 Abs. 1, 752 bis 766, 767 Abs. 3, 769 bis 793 der Civilprozeßordnung statt.

Das Gericht kann jedoch nicht anordnen, daß die Zwangsvollstreckung nur gegen Sicherheitsleistung fortgesetzt werde.[4]

6. Der Zwangsbefehl behufs Beitreibung von Domänengefällen ist von dem Beamten, welchem die Gefälle zur Einziehung überwiesen sind, auszustellen und vom Amtsrichter des Bezirks, worin der Aussteller seinen dienstlichen Wohnsitz hat, für vollstreckbar zu erklären.

---

1. Vgl. die bezügliche Ver. v. 6. Febr. 1900; ferner § 3 der K. Ver. v. 22. Dez. 1891.

1a. Hierdurch wird die Bestimmung des Art. 15 Tit. 3 Ges. v. 5. Nov. 1790 ersetzt. Vgl. auch § 210 BGB; Art. 37 Ges. v. 10. Mai 1838; § 56 Nr. 15 GemO.

2. Diese Bestimmung beruht auf § 680 Abs. 5 CPO.

3. Diese Bestimmung beruht auf § 15³ EG z. CPO v. 30. Januar 1877; vgl. auch § 77 Gemeinde-Ordnung.

4. Die §§ 5—7 ersetzen die aufgehobenen §§ 17 ff. AG z. CPO rc. v. 8. Juli 1879.

7. Einwendungen, welche den durch den Zwangsbefehl festgestellten Anspruch selbst betreffen, sind von dem Schuldner im Wege der Klage geltend zu machen. Die Klage ist vor dem Landgerichte, in dessen Bezirk der Aussteller des Zwangsbefehls seinen dienstlichen Wohnsitz hat, zu erheben.

Aufgebotsverfahren.

8. Für das Aufgebotsverfahren zum Zwecke der Kraftloserklärung von Schuldverschreibungen auf den Inhaber, die Elsaß-Lothringen, ein elsaß-lothringischer Bezirk, eine elsaß-lothringische Gemeinde oder Ortschaft ausgestellt oder für deren Bezahlung Elsaß-Lothringen die Haftung übernommen hat, ist das Amtsgericht Straßburg ausschließlich zuständig.[5]

9. Bei Aufgeboten, die auf Grund der §§ 887, 927, 1104, 1112, 1162, 1170, 1171 und 1269 des Bürgerlichen Gesetzbuchs sowie des § 110 des Gesetzes, betreffend die privatrechtlichen Verhältnisse der Binnenschiffahrt, vom 15. Juni 1895 ergehen, kann die Veröffentlichung des Aufgebots und des Ausschlußurtheils, sowie bei einem auf Grund des § 1162 des Bürgerlichen Gesetzbuchs ergangenen Aufgebot auch die Veröffentlichung des auf die Anfechtungsklage erlassenen Urtheils durch den Deutschen Reichsanzeiger unterbleiben. In diesem Falle tritt bei Anwendung der §§ 950, 956, 1014, 1017 Abs. 2, 3 der Civilprozeßordnung an Stelle der Einrückung in den Deutschen Reichsanzeiger die Einrückung in das für die Veröffentlichung der amtlichen Bekanntmachungen des Gerichts bestimmte Blatt.[6]

10. Für Aufgebote, die auf Grund des § 1162 des Bürgerlichen Gesetzbuchs ergehen, werden die in den §§ 1014, 1015 der Civilprozeßordnung bezeichneten Fristen von mindestens 6 Monaten auf Fristen von mindestens drei Monaten herabgesetzt.[7]

II. Zur Konkursordnung.

11. Die Eröffnung des Konkursverfahrens über das Vermögen des Fiskus, eines Bezirks, einer Gemeinde, einer Ortschaft oder einer anderen öffentlichen Anstalt ist unzulässig.[8]

12. Die Beschränkungen der politischen Rechte, welche nach den Landesgesetzen im Falle der Eröffnung des Konkursverfahrens für den Gemeinschuldner eintreten, können auf Antrag des Gemeinschuldners durch Beschluß des Landgerichts, in dessen Bezirk der Gemeinschuldner seinen Wohnsitz hat, aufgehoben werden:

1. wenn der Gemeinschuldner nachweist, daß die angemeldeten Konkursforderungen sammt Zinsen und Kosten durch Zahlung oder auf andere Weise getilgt sind,
2. wenn das Gericht nach Beendigung des Verfahrens die Ueberzeugung gewinnt, daß der Gemeinschuldner ohne eigenes Verschulden in Zahlungsunfähigkeit verfallen ist.[9]

III. Zum Rechtsmittel der Kassation.

Rechtsmittel gegen die Entscheidungen der Disziplinarkammern der Notare.

13. An Stelle des nach dem bisherigen Rechte zulässigen Rechtsmittels der Kassation gegen die Entscheidungen der Disziplinarkammern der Notare (Artikel 14 der Ordonnanz vom 4. Januar 1843, betreffend die Bildung von Notariatskammern und die Disziplin des Notariats) tritt nach Maßgabe der Vorschriften der §§ 14 bis 17 das Rechtsmittel der sofortigen Beschwerde an das Oberlandesgericht.

14. Die Entscheidung der Disziplinarkammer ist dem Disziplinarbeklagten und dem Oberstaatsanwalt zuzustellen.

Die Beschwerde steht außer dem Syndik der Notariatskammer und dem Disziplinarbeklagten auch dem Oberstaatsanwalte zu. Sie ist binnen einer Frist von zwei Wochen, welche für den Syndik mit der Verkündung, für den Disziplinarbeklagten und den Oberstaatsanwalt mit der Zustellung der Entscheidung beginnt, bei dem Oberlandesgerichte einzulegen.

15. Die Beschwerde kann nur darauf gestützt werden, daß die Entscheidung auf einer Verletzung des Gesetzes beruht. Die Vorschriften der §§ 550, 551 der Civilprozeßordnung finden entsprechende Anwendung.

Die Beschwerdeschrift soll die Bezeichnung der verletzten Rechtsnorm enthalten. Die Unterzeichnung der Beschwerdeschrift durch einen Rechtsanwalt ist nicht geboten.

16. Die Beschwerdeschrift ist dem Gegner des Beschwerdeführers von Amtswegen zuzustellen und dem Oberstaatsanwalt durch Vorlage der Urschrift mitzutheilen. Ist der Oberstaatsanwalt Beschwerdeführer, so erfolgt die Zustellung an den Disziplinarbeklagten und an den Syndik. Binnen vierzehn Tagen von der Zustellung oder der Mittheilung an gerechnet, kann eine schriftliche Gegenerklärung eingereicht werden.

17. Der Disziplinarbeklagte und der Syndik sind zu dem anberaumten Termine zu laden. Die Verhandlung erfolgt in nicht öffentlicher Sitzung. Der Disziplinarbeklagte kann sich durch einen mit schriftlicher Vollmacht versehenen Rechtsanwalt vertreten lassen; jedoch ist das Gericht befugt, sein persönliches Erscheinen zu verordnen. Vor der Entscheidung sind die erschienenen Parteien und

5. Vgl. § 1006 Abs. 3 CPO.
6. Vgl. § 1024 Abs. 1 CPO.
7. Vgl. § 1024 Abs. 2 CPO.
8. Vgl. Art. IV EG betr. Aenderungen der KO v. 17. Mai 1898.

9. Der § 12 ersetzt den aufgehobenen § 31 Abs. 2 AG z. CPO ꝛc. v. 8. Juli 1879 und bezieht sich zur Zeit noch auf Beschränkung der Wählbarkeit zum Gemeinderath, zu den Bezirks- und Kreisvertretungen (§ 30 Abs. 3 Nr. 2, § 31 Gemeindeordnung v. 6. Juni 1895; § 1 Abs. 2, 3 Ges. betr. die Wahlen der Mitglieder der Bezirksvertretungen und der Kreisvertretungen v. 15. Juli 1896).

in allen Fällen der Oberstaatsanwalt zu hören. In Ansehung der Entscheidung finden die Vorschriften der §§ 561, 563 der Civilprozeßordnung entsprechende Anwendung.

Dem Disziplinarbeklagten und dem Syndik ist die in ihrer Abwesenheit verkündete Entscheidung zuzustellen.

Bestimmung des zuständigen Gerichts in Strafsachen.

18. Besteht in Strafsachen zwischen einem ordentlichen Gericht und einem reichsgesetzlich zugelassenen besonderen Gericht auf Grund zweier sich widersprechender rechtskräftiger Entscheidungen ein Streit über die Zuständigkeit, so erfolgt auf Antrag der Staatsanwaltschaft oder des Angeschuldigten die Bestimmung des zuständigen Gerichts durch Beschluß des Strafsenats des Oberlandesgerichts. Der Gegner des Antragstellers ist vor der Beschlußfassung zu hören.

IV. Uebergangs- und Schlußbestimmungen.

19. Die Vorschriften der Civilprozeßordnung und der Konkursordnung, welche das Bestehen von Grundbüchern voraussetzen, finden in denjenigen Gebietstheilen, wo diese Voraussetzung nicht zutrifft, entsprechende Anwendung.

An Stelle der Eintragung in das Grundbuch tritt die Eintragung in das Eigenthumsbuch oder in das vorläufige Grundbuch.[10]

Außer Anwendung bleiben die Bestimmungen, die sich auf den öffentlichen Glauben des Grundbuchs und auf die Ertheilung von Hypothekenbriefen beziehen.[11]

20. Auf Grund einer Entscheidung, welche nach den bisherigen Gesetzen zur Einschreibung einer gerichtlichen Hypothek berechtigte, ist nach dem Inkrafttreten dieses Gesetzes nur noch die Eintragung einer Sicherungshypothek nach Maßgabe der §§ 866 ff. der Civilprozeßordnung zulässig.

21. Der § 8 des Gesetzes vom 23. März 1880, betreffend die Gewerbegerichte (Gesetzbl. S. 45), erhält folgende Fassung:

Personen, welche zum Amte eines Schöffen unfähig sind (§ 32 des Gerichtsverfassungsgesetzes), sind weder wahlberechtigt noch wählbar.

22. Dieses Gesetz tritt gleichzeitig mit dem Bürgerlichen Gesetzbuch in Kraft.

---

10. Vgl. §§ 98, 111 AG z. BGB.
11. Vgl. insbesondere §§ 892 ff., 1116 ff. BGB.

Gesetz

über

die Zwangsversteigerung und die Zwangsverwaltung.

Vom 24. März 1897.[1]

Reichs-Gesetzblatt 1897 S. 97; 1898 S. 713.

Erster Abschnitt. Zwangsversteigerung und Zwangsverwaltung von Grundstücken im Wege der Zwangsvollstreckung.

Erster Titel. Allgemeine Vorschriften.

§ 1. Für die Zwangsversteigerung und die Zwangsverwaltung eines Grundstücks ist als Vollstreckungsgericht das Amtsgericht zuständig, in dessen Bezirke das Grundstück belegen ist.[2]

2. Ist das Grundstück in den Bezirken verschiedener Amtsgerichte belegen oder ist es mit Rücksicht auf die Grenzen der Bezirke ungewiß, welches Gericht zuständig ist, so hat das zunächst höhere Gericht eines der Amtsgerichte zum Vollstreckungsgerichte zu bestellen; die Vorschriften des § 37 der Civilprozeßordnung finden entsprechende Anwendung.

Die gleiche Anordnung kann getroffen werden, wenn die Zwangsversteigerung oder die Zwangsverwaltung mehrerer Grundstücke in demselben Verfahren zulässig ist und die Grundstücke in den Bezirken verschiedener Amtsgerichte belegen sind. Von der Anordnung soll das zum Vollstreckungsgerichte bestellte Gericht die übrigen Gerichte in Kenntniß setzen.

3. Die Zustellungen erfolgen von Amtswegen.[3]

4. Wohnt derjenige, welchem zugestellt werden soll, weder am Orte noch im Bezirke des Vollstreckungsgerichts, so kann die Zustellung durch Aufgabe zur Post erfolgen, solange nicht die Bestellung eines daselbst wohnhaften Prozeßbevollmächtigten oder Zustellungsbevollmächtigten dem Gericht angezeigt ist. Die Postsendung muß mit der Bezeichnung „Einschreiben" versehen werden.[4]

5. Die Bestellung eines Zustellungsbevollmächtigten bei dem Grundbuchamte gilt auch für das Verfahren des Vollstreckungsgerichts, sofern sie diesem bekannt geworden ist.

6. Ist der Wohnort desjenigen, welchem zugestellt werden soll, dem Vollstreckungsgerichte nicht bekannt, so hat das Gericht einen Zustellungsvertreter zu bestellen.[5]

Das Gleiche gilt, wenn im Falle der Zustellung durch Aufgabe zur Post die Postsendung als unbestellbar zurückkommt. Die zurückgekommene Sendung soll dem Zustellungsvertreter ausgehändigt werden.

Statt der Bestellung eines Vertreters genügt es, wenn die Zustellung für nicht prozeßfähige Personen an die Vormundschaftsbehörde, für juristische Personen oder für Vereine, die als solche klagen und verklagt werden können, an die Aufsichtsbehörde angeordnet wird.[6]

7. An den Zustellungsvertreter erfolgen die Zustellungen, solange derjenige, welchem zugestellt werden soll, nicht ermittelt ist.

Der Zustellungsvertreter ist zur Ermittelung und Benachrichtigung des Vertretenen verpflichtet. Er kann von diesem eine Vergütung für seine Thätigkeit und Ersatz seiner Auslagen fordern. Ueber die Vergütung und die Erstattung der Auslagen entscheidet das Vollstreckungsgericht.

Für die Erstattung der Auslagen haftet der Gläubiger, soweit der Zustellungsvertreter von dem Vertretenen Ersatz nicht zu erlangen vermag; die dem Gläubiger zur Last fallenden Auslagen gehören zu den Kosten der die Befriedigung aus dem Grundstücke bezweckenden Rechtsverfolgung.

---

1. Das Gesetz ist in der Fassung der Bek. v. 20. Mai 1898 abgedruckt. Vgl. §§ 864 ff. CPO; AG v. 13. Nov. 1899.

2. Durch § 1 Abs. 1 AG z. ZVG sind die dem Amtsgericht zugewiesenen Amtshandlungen in dem in § 13 Abs. 1 EG z. ZVG bezeichneten Umfange — abgesehen von den Ausnahmen in § 1 Abs. 2 cit. — auf den Notar übertragen worden.

3. §§ 208 ff. CPO; vgl. aber § 5 AG z. ZVG.

4. Vgl. §§ 174, 175, 213 CPO.

5. Oeffentliche Zustellung ist also ausgeschlossen.

6. Ueber Prozeßfähigkeit vgl. §§ 50 ff CPO.

8. Die Vorschriften der §§ 4 bis 7 finden auf die an den Schuldner zu bewirkende Zustellung des Beschlusses, durch welchen die Zwangsvollstreckung angeordnet oder der Beitritt eines Gläubigers zugelassen wird, keine Anwendung.[7]

9. In dem Verfahren gelten als Betheiligte, außer dem Gläubiger und dem Schuldner:

1. diejenigen, für welche zur Zeit der Eintragung des Vollstreckungsvermerks ein Recht im Grundbuch eingetragen oder durch Eintragung gesichert ist;[8]
2. diejenigen, welche ein der Zwangsvollstreckung entgegenstehendes Recht, ein Recht an dem Grundstück oder an einem das Grundstück belastenden Rechte, einen Anspruch mit dem Rechte auf Befriedigung aus dem Grundstück oder ein Mieth- oder Pachtrecht, auf Grund dessen ihnen das Grundstück überlassen ist, bei dem Vollstreckungsgericht anmelden und auf Verlangen des Gerichts oder eines Betheiligten glaubhaft machen.

10. Ein Recht auf Befriedigung aus dem Grundstücke gewähren nach folgender Rangordnung, bei gleichem Range nach dem Verhältniß ihrer Beträge:

1. der Anspruch eines die Zwangsverwaltung betreibenden Gläubigers auf Ersatz seiner Ausgaben zur Erhaltung oder nöthigen Verbesserung des Grundstücks, im Falle der Zwangsversteigerung jedoch nur, wenn die Verwaltung bis zum Zuschlage fortdauert und die Ausgaben nicht aus den Nutzungen des Grundstücks erstattet werden können;
2. bei einem land- oder forstwirthschaftlichen Grundstücke die Ansprüche der zur Bewirthschaftung des Grundstücks oder zum Betrieb eines mit dem Grundstücke verbundenen land- oder forstwirthschaftlichen Nebengewerbes angenommenen, in einem Dienst- oder Arbeitsverhältnisse stehenden Personen, insbesondere des Gesindes, der Wirthschafts- und Forstbeamten, auf Lohn, Kostgeld und andere Bezüge wegen der laufenden und der aus dem letzten Jahre rückständigen Beträge;[9]
3. die Ansprüche auf Entrichtung der öffentlichen Lasten des Grundstücks wegen der laufenden und der aus den letzten zwei Jahren rückständigen Beträge;[10]
4. die Ansprüche aus Rechten an dem Grundstücke, soweit sie nicht in Folge der Beschlagnahme dem Gläubiger gegenüber unwirksam sind, die Ansprüche auf wiederkehrende Leistungen jedoch, mit Einschluß derjenigen, welche als Zuschlag zu den Zinsen behufs allmählicher Kapitalstilgung zu entrichten sind, nur wegen der laufenden und der aus den letzten zwei Jahren rückständigen Beträge;
5. der Anspruch des Gläubigers, soweit er nicht in einer der vorhergehenden Klassen zu befriedigen ist;
6. die Ansprüche der vierten Klasse, soweit sie in Folge der Beschlagnahme dem Gläubiger gegenüber unwirksam sind;
7. die Ansprüche der dritten Klasse wegen der älteren Rückstände;
8. die Ansprüche der vierten Klasse wegen der älteren Rückstände.

Das Recht auf Befriedigung aus dem Grundstücke besteht auch für die Kosten der Kündigung und der die Befriedigung aus dem Grundstücke bezweckenden Rechtsverfolgung.[11]

11. Sind Ansprüche aus verschiedenen Rechten nach § 10 Nr. 4, 6 oder 8 in derselben Klasse zu befriedigen, so ist für sie das Rangverhältniß maßgebend, welches unter den Rechten besteht.[12]

In der fünften Klasse geht unter mehreren Ansprüchen derjenige vor, für welchen die Beschlagnahme früher erfolgt ist.

12. Die Ansprüche aus einem und demselben Rechte haben unter einander folgende Rangordnung:

1. die Ansprüche auf Ersatz der im § 10 Abs. 2 bezeichneten Kosten;
2. die Ansprüche auf wiederkehrende Leistungen und andere Nebenleistungen;
3. der Hauptanspruch.[13]

13. Die laufenden Beträge wiederkehrender Leistungen nehmen ihren Anfang von dem letzten Fälligkeitstermine vor der Beschlagnahme des Grundstücks; die Rückstände werden von demselben Zeitpunkte zurückgerechnet.

Fehlt es innerhalb der letzten zwei Jahre an einem Fälligkeitstermine, so entscheidet die Zeit der Beschlagnahme.[14]

Liegen mehrere Beschlagnahmen vor, so ist die erste maßgebend. Bei der Zwangsversteigerung gilt, wenn bis zur Beschlagnahme eine Zwangsverwaltung fortgedauert hat, die für diese bewirkte Beschlagnahme als die erste.

14. Ansprüche von unbestimmtem Betrage gelten als aufschiebend bedingt durch die Feststellung des Betrags.

Zweiter Titel. Zwangsversteigerung.

I. Anordnung der Versteigerung.

15. Die Zwangsversteigerung eines Grundstücks wird von dem Vollstreckungsgericht auf Antrag angeordnet.

---

7. Es kommen also hier die allgemeinen Vorschriften der CPO zur Anwendung.

8. Auch wohl der nach § 1189 BGB bestellte Vertreter des Gläubigers.

9. Vgl. § 15 AG z. ZVG; § 61¹ KO.

10. Welches diese Ansprüche sind, bestimmen die §§ 6, 16 AG z. ZVG; vgl. § 4 EG z. ZVG.

11. Vgl. auch § 7 Abs. 3 oben; § 1118 BGB.

12. Vgl. §§ 879—881, 1131 BGB; Art. 184 EG z. BGB; § 46 GBO.

13. Vgl. § 367 BGB.

14. Vgl. auch § 24 AG z. ZVG.

16. Der Antrag soll das Grundstück, den Eigenthümer, den Anspruch und den vollstreckbaren Titel bezeichen.[15]

Die für den Beginn der Zwangsvollstreckung erforderlichen Urkunden sind dem Antrage beizufügen.[16]

17. Die Zwangsversteigerung darf nur angeordnet werden, wenn der Schuldner als Eigenthümer des Grundstücks eingetragen oder wenn er Erbe des eingetragenen Eigenthümers ist.[17]

Die Eintragung ist durch ein Zeugniß des Grundbuchsamts nachzuweisen. Ist das Vollstreckungsgericht zugleich das Grundbuchamt, so genügt statt des Zeugnisses die Bezugnahme auf das Grundbuch.

Die Erbfolge ist durch Urkunden glaubhaft zu machen, sofern sie nicht bei dem Gericht offenkundig ist.[18]

18. Die Zwangsversteigerung mehrerer Grundstücke kann in demselben Verfahren erfolgen, wenn sie entweder wegen einer Forderung gegen denselben Schuldner oder wegen eines an jedem der Grundstücke bestehenden Rechtes betrieben wird.

19. Ordnet das Gericht die Zwangsversteigerung an, so hat es zugleich das Grundbuchamt um Eintragung dieser Anordnung in das Grundbuch zu ersuchen.

Das Grundbuchamt hat nach der Eintragung des Versteigerungsvermerkes dem Gericht eine beglaubigte Abschrift[19] des Grundbuchblatts und der Urkunden, auf welche im Grundbuche Bezug genommen wird, zu ertheilen, die bei ihm bestellten Zustellungsbevollmächtigten zu bezeichnen und Nachricht zu geben, was ihm über Wohnort und Wohnung der eingetragenen Betheiligten und deren Vertreter bekannt ist. Statt der Ertheilung einer beglaubigten Abschrift der Urkunden genügt die Beifügung der Grundakten oder der Urkunden.

20. Der Beschluß, durch welchen die Zwangsversteigerung angeordnet wird, gilt zu Gunsten des Gläubigers als Beschlagnahme des Grundstücks.[20]

Die Beschlagnahme umfaßt auch diejenigen Gegenstände, auf welche sich bei einem Grundstücke die Hypothek erstreckt.[21]

21. Die Beschlagnahme umfaßt land- und forstwirthschaftliche Erzeugnisse des Grundstücks sowie die Forderung aus einer Versicherung solcher Erzeugnisse nur, soweit die Erzeugnisse noch mit dem Boden verbunden oder soweit sie Zubehör des Grundstücks sind.[22, 23]

Die Beschlagnahme umfaßt nicht die Miethund Pachtzinsforderungen sowie die Ansprüche aus einem mit dem Eigenthum an dem Grundstücke verbundenen Rechte auf wiederkehrende Leistungen.[22]

Das Recht eines Pächters auf den Fruchtgenuß wird von der Beschlagnahme nicht berührt.

22. Die Beschlagnahme des Grundstücks wird mit dem Zeitpunkte wirksam, in welchem der Beschluß, durch den die Zwangsversteigerung angeordnet ist, dem Schuldner zugestellt wird. Sie wird auch wirksam mit dem Zeitpunkt, in welchem das Ersuchen um Eintragung des Versteigerungsvermerkes dem Grundbuchamte zugeht, sofern auf das Ersuchen die Eintragung demnächst erfolgt.

Erstreckt sich die Beschlagnahme auf eine Forderung, so hat das Gericht auf Antrag des Gläubigers dem Drittschuldner zu verbieten, an den Schuldner zu zahlen. Die Beschlagnahme wird dem Drittschuldner gegenüber erst mit dem Zeitpunkte wirksam, in welchem sie ihm bekannt oder das Zahlungsverbot ihm zugestellt wird. Die Vorschriften des § 845 der Civilprozeßordnung finden entsprechende Anwendung.

23. Die Beschlagnahme hat die Wirkung eines Veräußerungsverbots.[24] Der Schuldner kann jedoch, wenn sich die Beschlagnahme auf bewegliche Sachen erstreckt, über einzelne Stücke innerhalb der Grenzen einer ordnungsmäßigen Wirthschaft auch dem Gläubiger gegenüber wirksam verfügen.

Kommt es bei einer gegen die Beschlagnahme verstoßenden Verfügung nach § 135 Abs. 2 des Bürgerlichen Gesetzbuchs darauf an, ob derjenige, zu dessen Gunsten verfügt wurde, die Beschlagnahme kannte, so steht die Kenntniß des Versteigerungsantrags einer Kenntniß der Beschlagnahme gleich. Die Beschlagnahme gilt auch in Ansehung der mithaftenden beweglichen Sachen als bekannt, sobald der Versteigerungsvermerk eingetragen ist.

24. Die Verwaltung und Benutzung des Grundstücks verbleibt dem Schuldner nur innerhalb der Grenzen einer ordnungsmäßigen Wirthschaft.[25]

25. Ist zu besorgen, daß durch das Verhalten des Schuldners die ordnungsmäßige Wirthschaft gefährdet wird, so hat das Vollstreckungsgericht auf Antrag des Gläubigers die zur Abwendung der Gefährdung erforderlichen Maßregeln anzuordnen. Das Gericht kann die Maßregeln aufheben, wenn der zu deren Fortsetzung erforderliche Geldbetrag nicht vorgeschossen wird.[26]

15. Der Antrag kann schriftlich oder zu Protokoll des Gerichtsschreibers gestellt werden (§ 496 CPO).

16. Bezüglich der Zwangsversteigerung von Bergwerken s. §§ 18, 22 AG z. ZVG.

17. Vgl. §§ 891, 1148 BGB.

18. Bezüglich der Bergwerke s. § 23 AG z. ZVG; vgl. auch § 14 GBO; §§ 58, 787 CPO.

19. Vgl. § 4 Abs. 2 AG z. FrG.

20. Vgl. hierzu bezüglich der Bergwerke § 24 AG z. ZVG.

21. Vgl. §§ 1120—1131 BGB; § 865 Abs. 1 CPO.

22. Anders bei der Zwangsverwaltung: § 148 Abs. 1 unten.

23. Vgl. §§ 94, 98 BGB.

24. Vgl. §§ 135, 136, auch 936 BGB; § 13 KO.

25. Anders bei der Zwangsverwaltung: § 148 Abs. 2 unten.

26. Das Vollstreckungsgericht, nicht der Notar ist zuständig (§ 1 Abs. 2 AG z. ZVG).

26. Ist die Zwangsversteigerung wegen des Anspruchs aus einem eingetragenen Rechte angeordnet, so hat eine nach der Beschlagnahme bewirkte Veräußerung des Grundstücks auf den Fortgang des Verfahrens gegen den Schuldner keinen Einfluß.

27. Wird nach der Anordnung der Zwangsversteigerung ein weiterer Antrag auf Zwangsversteigerung des Grundstücks gestellt, so erfolgt statt des Versteigerungsbeschlusses die Anordnung, daß der Beitritt des Antragstellers zu dem Verfahren zugelassen wird. Eine Eintragung dieser Anordnung in das Grundbuch findet nicht statt.

Der Gläubiger, dessen Beitritt zugelassen ist, hat dieselben Rechte, wie wenn auf seinen Antrag die Versteigerung angeordnet wäre.

II. Aufhebung und einstweilige Einstellung des Verfahrens.

28. Wird dem Vollstreckungsgericht ein aus dem Grundbuch ersichtliches Recht bekannt, welches der Zwangsversteigerung oder der Fortsetzung des Verfahrens entgegensteht, so hat das Gericht das Verfahren entweder sofort aufzuheben oder unter Bestimmung einer Frist, binnen welcher der Gläubiger die Hebung des Hindernisses nachzuweisen hat, einstweilen einzustellen. Im letzteren Falle ist das Verfahren nach dem Ablaufe der Frist aufzuheben, wenn nicht inzwischen der Nachweis erbracht ist.[27]

29. Das Verfahren ist aufzuheben, wenn der Versteigerungsantrag von dem Gläubiger zurückgenommen wird.

30. Das Verfahren ist einstweilen einzustellen, wenn der Gläubiger die Einstellung bewilligt; ist die Einstellung erfolgt, so gilt eine neue Bewilligung als Rücknahme des Versteigerungsantrags.

Der Bewilligung der Einstellung steht es gleich, wenn von dem Gläubiger die Aufhebung des Versteigerungstermins bewilligt wird.

31. Im Falle einer einstweiligen Einstellung darf das Verfahren, soweit sich nicht aus dem Gesetz ein Anderes ergiebt, nur auf Antrag des Gläubigers fortgesetzt werden.

Wird der Antrag nicht binnen sechs Monaten gestellt, so ist das Verfahren aufzuheben. Die Frist beginnt, wenn die Einstellung von dem Prozeßgericht angeordnet war, mit der Wiederaufhebung der Anordnung, in den übrigen Fällen mit der Einstellung des Verfahrens.

32. Der Beschluß, durch welchen das Verfahren aufgehoben oder einstweilen eingestellt wird, ist dem Schuldner, dem Gläubiger und, wenn die Anordnung von einem Dritten beantragt war, auch diesem zuzustellen.

33. Nach dem Schlusse der Versteigerung darf, wenn ein Grund zur Aufhebung oder zur einstweiligen Einstellung des Verfahrens oder zur Aufhebung des Termins vorliegt, die Entscheidung nur durch Versagung des Zuschlags gegeben werden.

34. Im Falle der Aufhebung des Verfahrens ist das Grundbuchamt um Löschung des Versteigerungsvermerkes zu ersuchen.

III. Bestimmung des Versteigerungstermins.

35. Die Versteigerung wird durch das Vollstreckungsgericht ausgeführt.[28]

36. Der Versteigerungstermin soll erst nach der Beschlagnahme des Grundstücks und nach dem Eingange der Mittheilungen des Grundbuchamts bestimmt werden.

Der Zeitraum zwischen der Anberaumung des Termins und dem Termine soll, wenn nicht besondere Gründe vorliegen, nicht mehr als sechs Monate betragen.[29]

Der Termin kann nach dem Ermessen des Gerichts an der Gerichtsstelle oder an einem anderen Orte im Gerichtsbezirk abgehalten werden.

37. Die Terminsbestimmung muß enthalten:

1. die Bezeichnung des Grundstücks;
2. Zeit und Ort des Versteigerungstermins;
3. die Angabe, daß die Versteigerung im Wege der Zwangsvollstreckung erfolgt;
4. die Aufforderung, Rechte, soweit sie zur Zeit der Eintragung des Versteigerungsvermerkes aus dem Grundbuche nicht ersichtlich waren, spätestens im Versteigerungstermine vor der Aufforderung zur Abgabe von Geboten anzumelden und, wenn der Gläubiger widerspricht, glaubhaft zu machen, widrigenfalls die Rechte bei der Feststellung des geringsten Gebots nicht berücksichtigt und bei der Vertheilung des Versteigerungserlöses dem Anspruche des Gläubigers und den übrigen Rechten nachgesetzt werden würden;
5. die Aufforderung an diejenigen, welche ein der Versteigerung entgegenstehendes Recht haben, vor der Ertheilung des Zuschlags die Aufhebung oder einstweilige Einstellung des Verfahrens herbeizuführen, widrigenfalls für das Recht der Versteigerungserlös an die Stelle des versteigerten Gegenstandes treten würde.

38. Die Terminsbestimmung soll die Bezeichnung des zur Zeit der Eintragung des Versteigerungsvermerkes eingetragenen Eigenthümers sowie die Angabe des Grundbuchblatts und der Größe des Grundstücks enthalten.[30]

39. Die Terminsbestimmung muß durch ein-

27. Widerspruchsklage gemäß § 771 CPO ist nicht erforderlich.

28. Vgl. § 13 EG z. ZVG; § 1 AG z. ZVG.

29. Vgl. auch § 43 unten.

30. Bei Versteigerung von Bergwerken muß die Terminsbestimmung außerdem die in § 19 Abs. 1 AG z. ZVG aufgeführten Angaben enthalten. (§ 6 EG z. ZVG.)

malige Einrückung in das für Bekanntmachungen des Gerichts bestimmte Blatt öffentlich bekannt gemacht werden.

Hat das Grundstück nur einen geringen Werth, so kann das Gericht anordnen, daß die Einrückung unterbleibt; in diesem Falle muß die Bekanntmachung dadurch erfolgen, daß die Terminsbestimmung in der Gemeinde, in deren Bezirke das Grundstück belegen ist, an die für amtliche Bekanntmachungen bestimmte Stelle angeheftet wird.[31]

40. Die Terminsbestimmung soll an die Gerichtstafel angeheftet werden. Ist das Gericht nach § 2 Abs. 2 zum Vollstreckungsgerichte bestellt, so soll die Anheftung auch bei den übrigen Gerichten bewirkt werden.

Das Gericht ist befugt, noch andere und wiederholte Veröffentlichungen zu veranlassen; bei der Ausübung dieser Befugniß ist insbesondere auf den Ortsgebrauch Rücksicht zu nehmen.[32]

41. Die Terminsbestimmung ist den Betheiligten zuzustellen.

Im Laufe der zweiten Woche vor dem Termine soll den Betheiligten mitgetheilt werden, auf wessen Antrag und wegen welcher Ansprüche die Versteigerung erfolgt.

Als Betheiligte gelten auch diejenigen, welche das angemeldete Recht noch glaubhaft zu machen haben.

42. Die Einsicht der Mittheilungen des Grundbuchamts sowie der erfolgten Anmeldungen ist Jedem gestattet.

Das Gleiche gilt von anderen das Grundstück betreffenden Nachweisungen, welche ein Betheiligter einreicht, insbesondere von Abschätzungen.

43. Der Versteigerungstermin ist aufzuheben und von neuem zu bestimmen, wenn die Bekanntmachung der Terminsbestimmung nicht sechs Wochen vor dem Termine bewirkt ist.

Das Gleiche gilt, wenn nicht zwei Wochen vor dem Termine dem Schuldner ein Beschluß, auf Grund dessen die Versteigerung erfolgen kann, und allen Betheiligten, die schon zur Zeit der Anberaumung des Termins dem Gerichte bekannt waren, die Terminsbestimmung zugestellt ist, es sei denn, daß derjenige, in Ansehung dessen die Frist nicht eingehalten ist, das Verfahren genehmigt.

IV. Geringstes Gebot.[33] Versteigerungsbedingungen.

44. Bei der Versteigerung wird nur ein solches Gebot zugelassen, durch welches die dem Anspruche des Gläubigers vorgehenden Rechte sowie die aus dem Versteigerungserlöse zu entnehmenden Kosten des Verfahrens gedeckt werden (geringstes Gebot).

Wird das Verfahren wegen mehrerer Ansprüche von verschiedenem Range betrieben, so darf der vorgehende Anspruch der Feststellung des geringsten Gebots nur dann zu Grunde gelegt werden, wenn der wegen dieses Anspruchs ergangene Beschluß dem Schuldner zwei Wochen vor dem Versteigerungstermine zugestellt ist.

45. Ein Recht ist bei der Feststellung des geringsten Gebots insoweit, als es zur Zeit der Eintragung des Versteigerungsvermerkes aus dem Grundbuch ersichtlich war, nach dem Inhalte des Grundbuchs, im Uebrigen nur dann zu berücksichtigen, wenn es rechtzeitig angemeldet und, falls der Gläubiger widerspricht, glaubhaft gemacht wird.

Von wiederkehrenden Leistungen, die nach dem Inhalte des Grundbuchs zu entrichten sind, brauchen die laufenden Beträge nicht angemeldet, die rückständigen nicht glaubhaft gemacht zu werden.

46. Für wiederkehrende Leistungen, die nicht in Geld bestehen, hat das Gericht einen Geldbetrag festzusetzen, auch wenn ein solcher nicht angemeldet ist.

47. Laufende Beträge regelmäßig wiederkehrender Leistungen sind für die Zeit bis zum Ablaufe von zwei Wochen nach dem Versteigerungstermine zu decken. Nicht regelmäßig wiederkehrende Leistungen werden mit den Beträgen berücksichtigt, welche vor dem Ablaufe dieser Frist zu entrichten sind.[34]

48. Bedingte Rechte sind wie unbedingte, Rechte, die durch Eintragung eines Widerspruchs oder einer Vormerkung gesichert sind, wie eingetragene Rechte zu berücksichtigen.

49. Der Theil des geringsten Gebots, welcher zur Deckung der Kosten sowie der im § 10 Nr. 1 bis 3 und im § 12 Nr. 1, 2 bezeichneten Ansprüche bestimmt ist, desgleichen der das geringste Gebot übersteigende Betrag des Meistgebots ist von dem Ersteher im Vertheilungstermine baar zu berichtigen (Baargebot).

Das Baargebot ist von dem Zuschlag an zu verzinsen.[35]

Der Ersteher wird durch Hinterlegung von seiner Verbindlichkeit befreit, wenn die Hinterlegung und die Ausschließung der Rücknahme im Vertheilungstermine nachgewiesen werden.[36]

50. Soweit eine bei der Feststellung des geringsten Gebots berücksichtigte Hypothek, Grundschuld oder Rentenschuld nicht besteht, hat der Ersteher außer dem Baargebot auch den Betrag des berücksichtigten Kapitals zu zahlen. In Ansehung der Verzinslichkeit, des Zinssatzes, der Zahlungszeit, der Kündigung und des Zahlungsorts bleiben die für das berücksichtigte Recht getroffenen Bestimmungen maßgebend.

Das Gleiche gilt:

31. § 7 AG z. ZVG dehnt diese letztere Vorschrift auf alle Fälle aus. (§ 7 EG z. ZVG.)

32. Vgl. § 7 EG z. ZVG; § 7 AG z. ZVG.

33. Die Bestimmungen über das geringste Gebot finden keine Anwendung im Falle des § 25 AG z. ZVG.

34. Vgl. § 103 BGB.

35. Mit 4%: § 246 BGB.

36. Vgl. §§ 372 ff. BGB.

1. wenn das Recht bedingt ist und die aufschiebende Bedingung ausfällt oder die auflösende Bedingung eintritt,
2. wenn das Recht noch an einem anderen Grundstücke besteht und an dem versteigerten Grundstücke nach den besonderen Vorschriften über die Gesammthypothek erlischt.[37]

Haftet der Ersteher im Falle des Abs. 2 Nr. 2 zugleich persönlich, so ist die Erhöhung des zu zahlenden Betrags ausgeschlossen, soweit der Ersteher nicht bereichert ist.

51. Ist das berücksichtigte Recht nicht eine Hypothek, Grundschuld oder Rentenschuld, so finden die Vorschriften des § 50 entsprechende Anwendung. Der Ersteher hat statt des Kapitals den Betrag, um welchen sich der Werth des Grundstücks erhöht, drei Monate nach erfolgter Kündigung zu zahlen und von dem Zuschlag an zu verzinsen.[35]

Der Betrag soll von dem Gerichte bei der Feststellung des geringsten Gebots bestimmt werden.

52. Ein Recht bleibt insoweit bestehen, als es bei der Feststellung des geringsten Gebots berücksichtigt und nicht durch Zahlung zu decken ist. Im Uebrigen erlöschen die Rechte.[38]

Das Recht auf eine der in den §§ 912 bis 917 des Bürgerlichen Gesetzbuchs bezeichneten Renten bleibt auch dann bestehen, wenn es bei der Feststellung des geringsten Gebots nicht berücksichtigt ist.

53. Haftet bei einer Hypothek, die bestehen bleibt, der Schuldner zugleich persönlich, so übernimmt der Ersteher die Schuld in Höhe der Hypothek; die Vorschriften des § 416 des Bürgerlichen Gesetzbuchs finden mit der Maßgabe entsprechende Anwendung, daß als Veräußerer im Sinne dieser Vorschriften der Schuldner anzusehen ist.

Das Gleiche gilt, wenn bei einer Grundschuld oder Rentenschuld, die bestehen bleibt, der Schuldner zugleich persönlich haftet, sofern er spätestens im Versteigerungstermine vor der Aufforderung zur Abgabe von Geboten die gegen ihn bestehende Forderung unter Angabe ihres Betrags und Grundes angemeldet und auf Verlangen des Gerichts oder eines Betheiligten glaubhaft gemacht hat.

54. Die von dem Gläubiger dem Eigenthümer oder von diesem dem Gläubiger erklärte Kündigung einer Hypothek, einer Grundschuld oder einer Rentenschuld ist dem Ersteher gegenüber nur wirksam, wenn sie spätestens in dem Versteigerungstermine vor der Aufforderung zur Abgabe von Geboten erfolgt und bei dem Gericht angemeldet worden ist.[39]

Das Gleiche gilt von einer aus dem Grundbuche nicht ersichtlichen Thatsache, in Folge deren der Anspruch vor der Zeit geltend gemacht werden kann.[40]

55. Die Versteigerung des Grundstücks erstreckt sich auf alle Gegenstände, deren Beschlagnahme noch wirksam ist.[41]

Auf Zubehörstücke,[42] die sich im Besitze des Schuldners oder eines neu eingetretenen Eigenthümers befinden, erstreckt sich die Versteigerung auch dann, wenn sie einem Dritten gehören, es sei denn, daß dieser sein Recht nach Maßgabe des § 37 Nr. 5 geltend gemacht hat.

56. Die Gefahr des zufälligen Unterganges geht in Ansehung des Grundstücks mit dem Zuschlag, in Ansehung der übrigen Gegenstände mit dem Schlusse der Versteigerung auf den Ersteher über. Von dem Zuschlag an gebühren dem Ersteher die Nutzungen und trägt er die Lasten.[43] Ein Anspruch auf Gewährleistung findet nicht statt.

57. Ist das Grundstück einem Miether oder Pächter überlassen, so finden die Vorschriften der §§ 571, 572, des § 573 Satz 1 und der §§ 574, 575 des Bürgerlichen Gesetzbuchs entsprechende Anwendung. Der Ersteher ist jedoch berechtigt, das Mieth- oder Pachtverhältniß unter Einhaltung der gesetzlichen Frist zu kündigen.[44] Die Kündigung ist ausgeschlossen, wenn sie nicht für den ersten Termin erfolgt, für den sie zulässig ist.

58. Die Kosten des Beschlusses, durch welchen der Zuschlag ertheilt wird, fallen dem Ersteher zur Last.[45]

59. Jeder Betheiligte kann eine von den gesetzlichen Vorschriften abweichende Feststellung des geringsten Gebots und der Versteigerungsbedingungen verlangen. Wird durch die Abweichung das Recht eines anderen Betheiligten beeinträchtigt, so ist dessen Zustimmung erforderlich.

Sofern nicht feststeht, ob das Recht durch die Abweichung beeinträchtigt wird, ist das Grundstück mit der verlangten Abweichung und ohne sie auszubieten.

Soll das Fortbestehen eines Rechtes bestimmt werden, das nach § 52 erlöschen würde, so bedarf es nicht der Zustimmung eines nachstehenden Betheiligten.

60. Jeder Betheiligte kann verlangen, daß für den das geringste Gebot übersteigenden Betrag des Meistgebots Zahlungsfristen als Versteigerungsbedingung festgestellt werden; die Zustimmung eines anderen Betheiligten ist nicht erforderlich. Soweit Zahlungsfristen bewilligt werden, ist das Gebot von dem Zuschlag an zu verzinsen.[46]

61. Im Falle des § 60 ist auf Antrag eines

37. §§ 1173 ff. BGB.
38. Ausnahme auf Grund des § 9 EG z. ZVG in § 8 AG z. ZVG.
39. Vgl. § 1141 BGB.
40. Vgl. § 325 Abs. 3 CPO.
41. Vgl. § 24 AG z. ZVG.
42. Vgl. §§ 97, 98 BGB.
43. Vgl. §§ 101, 103, 446 BGB.
44. Vgl. §§ 565, 596 BGB.
45. Vgl. § 449 BGB.
46. Mit 4%: § 246 BGB.

Betheiligten, dessen Recht durch die Bewilligung von Zahlungsfristen beeinträchtigt werden würde, das Grundstück mit Zahlungsfristen und ohne sie auszubieten. Der Zuschlag wird auf Grund des mit Zahlungsfristen erfolgten Ausgebots nur ertheilt, wenn ein Dritter unter Sicherheitsleistung sich verpflichtet, die dem Ersteher obliegende Zahlung vollständig oder mit einem Abzug im Vertheilungstermine zu bewirken, und wenn im Falle eines Abzugs nach dessen Abrechnung das Meistgebot mit Zahlungsfristen höher ist als das andere Meistgebot.

In Ansehung der Verpflichtung des Dritten finden die Vorschriften des § 53, in Ansehung der Sicherheitsleistung die Vorschriften des § 69 entsprechende Anwendung. Die Sicherheitsleistung ist nicht erforderlich, wenn für ein eigenes Gebot des Dritten Sicherheitsleistung nicht verlangt werden könnte.

Wird der Dritte bei der Ertheilung des Zuschlags für zahlungspflichtig erklärt, so tritt die Forderung gegen den Dritten als Versteigerungserlös an die Stelle der Forderung gegen den Ersteher; die Forderung gegen den Ersteher steht dem Dritten zu.[47]

62. Das Gericht kann schon vor dem Versteigerungstermin Erörterungen der Betheiligten über das geringste Gebot und die Versteigerungsbedingungen veranlassen, zu diesem Zwecke auch einen besonderen Termin bestimmen.

63. Mehrere in demselben Verfahren zu versteigernde Grundstücke sind einzeln auszubieten.

Jeder Betheiligte kann verlangen, daß neben dem Einzelausgebot alle Grundstücke und, sofern einige von ihnen mit einem und demselben Rechte belastet sind, auch diese Grundstücke zusammen ausgeboten werden. Auf Antrag kann das Gericht auch in anderen Fällen das Gesammtausgebot einiger der Grundstücke anordnen.

Das Gesammtausgebot kann vor oder nach dem Einzelausgebot erfolgen.

Wird bei dem Einzelausgebot auf eines der Grundstücke ein Meistgebot abgegeben, das mehr beträgt als das geringste Gebot für dieses Grundstück, so erhöht sich bei dem Gesammtausgebote das geringste Gebot um den Mehrbetrag. Der Zuschlag wird auf Grund des Gesammtausgebots nur ertheilt, wenn das Meistgebot höher ist als das Gesammtergebniß der Einzelausgebote.

Das Einzelausgebot unterbleibt, wenn die anwesenden Betheiligten zustimmen, deren Rechte bei der Feststellung des geringsten Gebots nicht zu berücksichtigen sind.

64. Werden mehrere Grundstücke, die mit einer dem Anspruche des Gläubigers vorgehenden Gesammthypothek belastet sind, in demselben Verfahren versteigert, so ist auf Antrag die Gesammthypothek bei der Feststellung des geringsten Gebots für das einzelne Grundstück nur zu dem Theilbetrage zu berücksichtigen, der dem Verhältnisse des Werthes des Grundstücks zu dem Werthe der sämmtlichen Grundstücke entspricht; der Werth wird unter Abzug der Belastungen berechnet, die der Gesammthypothek im Range vorgehen und bestehen bleiben.[48] Antragsberechtigt sind der Gläubiger, der Eigenthümer und jeder dem Hypothekengläubiger gleich- oder nachstehende Betheiligte.

Wird der im Abs. 1 bezeichnete Antrag gestellt, so kann der Hypothekengläubiger bis zum Schlusse der Verhandlung im Versteigerungstermine verlangen, daß bei der Feststellung des geringsten Gebots für die Grundstücke nur die seinem Anspruche vorgehenden Rechte berücksichtigt werden; in diesem Falle sind die Grundstücke auch mit der verlangten Abweichung auszubieten. Erklärt sich nach erfolgtem Ausgebote der Hypothekengläubiger der Aufforderung des Gerichts ungeachtet nicht darüber, welches Ausgebot für die Ertheilung des Zuschlags maßgebend sein soll, so verbleibt es bei der auf Grund des Abs. 1 erfolgten Feststellung des geringsten Gebots.

Diese Vorschriften finden entsprechende Anwendung, wenn die Grundstücke mit einer und derselben Grundschuld oder Rentenschuld belastet sind.

65. Das Gericht kann auf Antrag anordnen, daß eine Forderung oder eine bewegliche Sache von der Versteigerung des Grundstücks ausgeschlossen und besonders versteigert werden soll. Auf Antrag kann auch eine andere Art der Verwerthung angeordnet, insbesondere zur Einziehung einer Forderung ein Vertreter bestellt oder die Forderung einem Betheiligten mit dessen Zustimmung an Zahlungsstatt überwiesen werden. Die Vorschriften der §§ 817, 820, 835 der Civilprozeßordnung finden entsprechende Anwendung. Der Erlös ist zu hinterlegen.

Die besondere Versteigerung oder die anderweitige Verwerthung ist nur zulässig, wenn das geringste Gebot erreicht ist.

V. Versteigerung.

66. In dem Versteigerungstermine werden nach dem Aufrufe der Sache die das Grundstück betreffenden Nachweisungen, die das Verfahren betreibenden Gläubiger, deren Ansprüche, die Zeit der Beschlagnahme und die erfolgten Anmeldungen bekannt gemacht, hierauf das geringste Gebot und die Versteigerungsbedingungen nach Anhörung der anwesenden Betheiligten, nöthigenfalls mit Hülfe eines Rechnungsverständigen, unter Bezeichnung der einzelnen Rechte festgestellt und die erfolgten Feststellungen verlesen.

Nachdem dies geschehen, hat das Gericht auf

47. Vgl. § 11 Abs. 3 AG z. ZVG.

48. Die Feststellung des Werthes erfolgt in der in § 9 AG z. ZVG (§ 11 EG z. ZVG) angegebenen Weise.

die bevorstehende Ausschließung weiterer Anmeldungen hinzuweisen und sodann zur Abgabe von Geboten aufzufordern.[49]

67. Ein Betheiligter, dessen Recht durch Nichterfüllung des Gebots beeinträchtigt werden würde, kann Sicherheitsleistung verlangen, jedoch nur sofort nach Abgabe des Gebots. Das Verlangen gilt auch für weitere Gebote desselben Bieters.

Steht dem Bieter eine durch das Gebot ganz oder theilweise gedeckte Hypothek, Grundschuld oder Rentenschuld zu, so braucht er Sicherheit nur auf Verlangen des Gläubigers zu leisten. Auf Gebote des Schuldners oder eines neu eingetretenen Eigenthümers findet diese Vorschrift keine Anwendung.

Für ein Gebot des Reichs, der Reichsbank oder eines Bundesstaats kann Sicherheitsleistung nicht verlangt werden. Das Gleiche gilt in Ansehung eines Gebots, zu dessen Erfüllung sich nach § 61 ein Dritter verpflichtet hat.[50]

68. Die Sicherheit ist für ein Zehntel des Baargebots, wenn aber der Betrag der aus dem Versteigerungserlöse zu entnehmenden Kosten höher ist, für diesen Betrag zu leisten.

Ein Betheiligter, dessen Recht nach § 52 bestehen bleibt, kann Sicherheitsleistung bis zur Höhe des Betrags verlangen, welcher zur Deckung der seinem Rechte vorgehenden Ansprüche durch Zahlung zu berichtigen ist.

Bietet der Schuldner oder ein neu eingetretener Eigenthümer des Grundstücks, so kann der Gläubiger Sicherheitsleistung bis zur Höhe des Betrags verlangen, welcher zur Deckung seines Anspruchs durch Zahlung zu berichtigen ist.[51]

69. Die Sicherheitsleistung ist durch Hinterlegung von Geld oder inländischen Werthpapieren zu bewirken.[52] Werthpapiere sind zur Sicherheitsleistung nur geeignet, wenn sie auf den Inhaber lauten und einen Kurswerth haben; den Inhaberpapieren stehen Orderpapiere gleich, die mit Blankoindossament versehen sind. Mit Werthpapieren kann die Sicherheit in Höhe des ganzen Kurswerths geleistet werden.

Die Uebergabe an das Gericht hat die Wirkung der Hinterlegung.

70. Das Gericht hat über die Sicherheitsleistung sofort zu entscheiden.

Erklärt das Gericht die Sicherheit für erforderlich, so ist sie sofort zu leisten. Unterbleibt die Leistung, so ist das Gebot zurückzuweisen.

Wird das Gebot ohne Sicherheitsleistung zugelassen und von dem Betheiligten, welcher die Sicherheit verlangt hat, nicht sofort Widerspruch erhoben, so gilt das Verlangen als zurückgenommen.

71. Ein unwirksames Gebot ist zurückzuweisen.

Ist die Wirksamkeit eines Gebots von der Vertretungsmacht desjenigen, welcher das Gebot für den Bieter abgegeben hat, oder von der Zustimmung eines Anderen oder einer Behörde abhängig,[53] so erfolgt die Zurückweisung, sofern nicht die Vertretungsmacht oder die Zustimmung bei dem Gericht offenkundig ist oder durch eine öffentlich beglaubigte Urkunde sofort nachgewiesen wird.

72. Ein Gebot erlischt, wenn ein Uebergebot zugelassen wird und ein Betheiligter der Zulassung nicht sofort widerspricht. Das Uebergebot gilt als zugelassen, wenn es nicht sofort zurückgewiesen wird.[54]

Ein Gebot erlischt auch dann, wenn es zurückgewiesen wird und der Bieter oder ein Betheiligter der Zurückweisung nicht sofort widerspricht.

Das Gleiche gilt, wenn das Verfahren einstweilen eingestellt oder der Termin aufgehoben wird.

73. Zwischen der Aufforderung zur Abgabe von Geboten und dem Zeitpunkt, in welchem bezüglich sämmtlicher zu versteigernder Grundstücke die Versteigerung geschlossen wird, muß mindestens eine Stunde liegen. Die Versteigerung muß so lange fortgesetzt werden, bis der Aufforderung des Gerichts ungeachtet ein Gebot nicht mehr abgegeben wird.

Das Gericht hat das letzte Gebot und den Schluß der Versteigerung zu verkünden. Die Verkündung des letzten Gebots soll mittelst dreimaligen Aufrufs erfolgen.

74. Nach dem Schlusse der Versteigerung sind die anwesenden Betheiligten über den Zuschlag zu hören.

75. Zahlt nach dem Beginne der Versteigerung der Schuldner oder ein Dritter, der berechtigt ist, den Gläubiger zu befriedigen,[55] den zur Befriedigung und zur Deckung der Kosten erforderlichen Betrag an das Gericht, so wird das Verfahren einstweilen eingestellt.

76. Wird bei der Versteigerung mehrerer Grundstücke auf eines oder einige so viel geboten, daß der Anspruch des Gläubigers gedeckt ist, so wird das Verfahren in Ansehung der übrigen Grundstücke einstweilen eingestellt; die Einstellung unterbleibt, wenn sie dem berechtigten Interesse des Gläubigers widerspricht.

Ist die einstweilige Einstellung erfolgt, so kann der Gläubiger die Fortsetzung des Verfahrens verlangen, wenn er ein berechtigtes Interesse daran hat, insbesondere wenn er im Vertheilungstermine nicht befriedigt worden ist. Beantragt der Gläu-

49. Vgl. §§ 456, 458 BGB.

50. Vgl. hierzu § 10¹ EG z. ZVG; § 10 AG z. ZVG.

51. Vgl. § 11 Abs. 1, 2 AG z. ZVG.

52. Nach § 11 Abs. 1 AG z. ZVG ist auch Stellung eines Bürgen zulässig. Im Uebrigen vgl. bezüglich der Sicherheitsleistung §§ 232 ff. BGB.

53. Vgl. §§ 1690, 1821⁴ BGB.

54. Vgl. 156 BGB.

55. §§ 267, 268, 1150 BGB.

biger die Fortsetzung nicht vor dem Ablaufe von drei Monaten nach dem Vertheilungstermine, so gilt der Versteigerungsantrag als zurückgenommen.

77. Ist ein Gebot nicht abgegeben oder sind sämmtliche Gebote erloschen, so wird das Verfahren einstweilen eingestellt.

Bleibt die Versteigerung in einem zweiten Termine gleichfalls ergebnißlos, so wird das Verfahren aufgehoben. Liegen die Voraussetzungen für die Anordnung der Zwangsverwaltung vor, so kann auf Antrag des Gläubigers das Gericht anordnen, daß das Verfahren als Zwangsverwaltung fortgesetzt wird. In einem solchen Falle bleiben die Wirkungen der für die Zwangsversteigerung erfolgten Beschlagnahme bestehen; die Vorschrift des § 155 Abs. 1 findet jedoch auf die Kosten der Zwangsversteigerung keine Anwendung.

78. Vorgänge in dem Termine, die für die Entscheidung über den Zuschlag oder für das Recht eines Betheiligten in Betracht kommen, sind durch das Protokoll festzustellen; bleibt streitig, ob oder für welches Gebot der Zuschlag zu ertheilen ist, so ist das Sachverhältniß mit den gestellten Anträgen in das Protokoll aufzunehmen.[56]

VI. Entscheidung über den Zuschlag.

79. Bei der Beschlußfassung über den Zuschlag ist das Gericht an eine Entscheidung, die es vorher getroffen hat, nicht gebunden.

80. Vorgänge in dem Versteigerungstermine, die nicht aus dem Protokoll ersichtlich sind, werden bei der Entscheidung über den Zuschlag nicht berücksichtigt.

81. Der Zuschlag ist dem Meistbietenden zu ertheilen.

Hat der Meistbietende das Recht aus dem Meistgebot an einen Anderen abgetreten und dieser die Verpflichtung aus dem Meistgebot übernommen, so ist, wenn die Erklärungen im Versteigerungstermin abgegeben oder nachträglich durch öffentlich beglaubigte Urkunden nachgewiesen werden, der Zuschlag nicht dem Meistbietenden, sondern dem Anderen zu ertheilen.

Erklärt der Meistbietende im Termin oder nachträglich in einer öffentlich beglaubigten Urkunde, daß er für einen Anderen geboten habe, so ist diesem der Zuschlag zu ertheilen, wenn die Vertretungsmacht des Meistbietenden oder die Zustimmung des Anderen entweder bei dem Gericht offenkundig ist oder durch eine öffentlich beglaubigte Urkunde nachgewiesen wird.

Wird der Zuschlag ertheilt, so haften der Meistbietende und der Ersteher als Gesammtschuldner.

82. In dem Beschlusse, durch welchen der Zuschlag ertheilt wird, sind das Grundstück, der Ersteher, das Gebot und die Versteigerungsbedingungen zu bezeichnen; auch ist im Falle des § 61 der Dritte, welcher die Verpflichtung des Erstehers übernommen hat, unter Angabe seiner Schuld für zahlungspflichtig und im Falle des § 81 Abs. 4 der Meistbietende für mithaftend zu erklären.

83. Der Zuschlag ist zu versagen:

1. wenn die Vorschrift des § 43 Abs. 2 oder eine der Vorschriften über die Feststellung des geringsten Gebots oder der Versteigerungsbedingungen verletzt ist;
2. wenn bei der Versteigerung mehrerer Grundstücke das Einzelausgebot oder das Gesammtausgebot den Vorschriften des § 63 Abs. 1, Abs. 2 Satz 1, Abs. 5 zuwider unterblieben ist;
3. wenn in den Fällen des § 64 Abs. 2 Satz 1, Abs. 3 die Hypothek, Grundschuld oder Rentenschuld oder das Recht eines gleich- oder nachstehenden Betheiligten, der dem Gläubiger vorgeht, durch das Gesammtergebniß der Einzelausgebote nicht gedeckt werden;
4. wenn die nach der Aufforderung zur Abgabe von Geboten erfolgte Anmeldung oder Glaubhaftmachung eines Rechtes ohne Beachtung der Vorschrift des § 66 Abs. 2 zurückgewiesen ist;
5. wenn der Zwangsversteigerung oder der Fortsetzung des Verfahrens das Recht eines Betheiligten entgegensteht;
6. wenn die Zwangsversteigerung oder die Fortsetzung des Verfahrens aus einem sonstigen Grunde unzulässig ist;
7. wenn eine der Vorschriften des § 43 Abs. 1 oder des § 73 Abs. 1 verletzt ist.

84. Die im § 83 Nr. 1 bis 5 bezeichneten Versagungsgründe stehen der Ertheilung des Zuschlags nicht entgegen, wenn das Recht des Betheiligten durch den Zuschlag nicht beeinträchtigt wird oder wenn der Betheiligte das Verfahren genehmigt.

Die Genehmigung ist durch eine öffentlich beglaubigte Urkunde nachzuweisen.

85. Der Zuschlag ist zu versagen, wenn vor dem Schlusse der Verhandlung ein Betheiligter, dessen Recht durch den Zuschlag beeinträchtigt werden würde, die Bestimmung eines neuen Versteigerungstermins beantragt und sich zugleich zum Ersatze des durch die Versagung des Zuschlags entstehenden Schadens verpflichtet, auch auf Verlangen eines anderen Betheiligten Sicherheit leistet.[57] Die Vorschriften des § 67 Abs. 3 Satz 1 und des § 69 finden entsprechende Anwendung. Die Sicherheit ist in Höhe des im Vertheilungstermine durch Zahlung zu berichtigenden Theiles des bisherigen Meistgebots zu leisten.

Die neue Terminsbestimmung ist auch dem Meistbietenden zuzustellen.

56. Vgl. auch § 181 FrG.

57. Auch durch Stellung eines Bürgen nach § 11 AG z. ZVG.

Für die weitere Versteigerung gilt das bisherige Meistgebot mit Zinsen von dem durch Zahlung zu berichtigenden Theile des Meistgebots unter Hinzurechnung derjenigen Mehrkosten, welche aus dem Versteigerungserlöse zu entnehmen sind, als ein von dem Betheiligten abgegebenes Gebot.

In dem fortgesetzten Verfahren findet die Vorschrift des Abs. 1 keine Anwendung.

86. Die rechtskräftige Versagung des Zuschlags wirkt, wenn die Fortsetzung des Verfahrens zulässig ist, wie eine einstweilige Einstellung, anderenfalls wie die Aufhebung des Verfahrens.

87. Der Beschluß, durch welchen der Zuschlag ertheilt oder versagt wird, ist in dem Versteigerungstermin oder in einem sofort zu bestimmenden Termine zu verkünden.

Der Verkündungstermin soll nicht über eine Woche hinaus bestimmt werden. Die Bestimmung des Termins ist zu verkünden und durch Anheftung an die Gerichtstafel bekannt zu machen.

Sind nachträglich Thatsachen oder Beweismittel vorgebracht, so sollen in dem Verkündungstermine die anwesenden Betheiligten hierüber gehört werden.

88. Der Beschluß, durch welchen der Zuschlag ertheilt wird, ist den Betheiligten, soweit sie weder im Versteigerungstermine noch im Verkündungstermin erschienen sind, und dem Ersteher sowie im Falle des § 61 dem für zahlungspflichtig erklärten Dritten und im Falle des § 81 Abs. 4 dem Meistbietenden zuzustellen. Als Betheiligte gelten auch diejenigen, welche das angemeldete Recht noch glaubhaft zu machen haben.

89. Der Zuschlag wird mit der Verkündung wirksam.

90. Durch den Zuschlag wird der Ersteher Eigenthümer des Grundstücks, sofern nicht im Beschwerdewege der Beschluß rechtskräftig aufgehoben wird.

Mit dem Grundstück erwirbt er zugleich die Gegenstände, auf welche sich die Versteigerung erstreckt hat.

91. Durch den Zuschlag erlöschen unter der im § 90 Abs. 1 bestimmten Voraussetzung die Rechte, welche nicht nach den Versteigerungsbedingungen bestehen bleiben sollen.[58]

Ein Recht an dem Grundstücke bleibt jedoch bestehen, wenn dies zwischen dem Berechtigten und dem Ersteher vereinbart ist und die Erklärungen entweder im Vertheilungstermin abgegeben oder, bevor das Grundbuchamt um Berichtigung des Grundbuchs ersucht ist, durch eine öffentlich beglaubigte Urkunde nachgewiesen werden.

Im Falle des Abs. 2 vermindert sich der durch Zahlung zu berichtigende Theil des Meistgebots um den Betrag, welcher sonst dem Berechtigten gebühren würde. Im Uebrigen wirkt die Vereinbarung wie die Befriedigung des Berechtigten aus dem Grundstücke.

58. Vgl. auch § 9 EG z. ZVG; § 8 AG z. ZVG.

92. Erlischt durch den Zuschlag ein Recht, das nicht auf Zahlung eines Kapitals gerichtet ist, so tritt an die Stelle des Rechtes der Anspruch auf Ersatz des Werthes aus dem Versteigerungserlöse.

Der Ersatz für einen Nießbrauch, für eine beschränkte persönliche Dienstbarkeit sowie für eine Reallast von unbestimmter Dauer ist durch Zahlung einer Geldrente zu leisten, die dem Jahreswerthe des Rechtes gleichkommt. Der Betrag ist für drei Monate vorauszuzahlen. Der Anspruch auf eine fällig gewordene Zahlung verbleibt dem Berechtigten auch dann, wenn das Recht auf die Rente vor dem Ablaufe der drei Monate erlischt.[59]

Bei ablösbaren Rechten bestimmt sich der Betrag der Ersatzleistung durch die Ablösungssumme.[60]

93. Aus dem Beschlusse, durch welchen der Zuschlag ertheilt wird, findet gegen den Besitzer des Grundstücks oder einer mitversteigerten Sache die Zwangsvollstreckung auf Räumung und Herausgabe statt. Die Zwangsvollstreckung soll nicht erfolgen, wenn der Besitzer auf Grund eines Rechtes besitzt, das durch den Zuschlag nicht erloschen ist. Erfolgt gleichwohl die Zwangsvollstreckung, so kann der Besitzer nach Maßgabe des § 771 der Civilprozeßordnung Widerspruch erheben.

Zum Ersatze von Verwendungen, die vor dem Zuschlage gemacht sind, ist der Ersteher nicht verpflichtet.

94. Auf Antrag eines Betheiligten, der Befriedigung aus dem Baargebote zu erwarten hat, ist das Grundstück für Rechnung des Erstehers in gerichtliche Verwaltung zu nehmen, solange nicht die Zahlung oder Hinterlegung erfolgt ist. Der Antrag kann schon im Versteigerungstermine gestellt werden.

Auf die Bestellung des Verwalters sowie auf dessen Rechte und Pflichten finden die Vorschriften über die Zwangsverwaltung entsprechende Anwendung.

VII. Beschwerde.[61]

95. Gegen eine Entscheidung, die vor der Beschlußfassung über den Zuschlag erfolgt, kann die Beschwerde nur eingelegt werden, soweit die Entscheidung die Anordnung, Aufhebung, einstweilige Einstellung oder Fortsetzung des Verfahrens betrifft.

96. Auf die Beschwerde gegen die Entscheidung über den Zuschlag finden die Vorschriften der Civilprozeßordnung über die sofortige Beschwerde nur insoweit Anwendung, als nicht in den §§ 97 bis 104 ein Anderes vorgeschrieben ist.

59. Vgl. auch § 882 BGB.

60. § 1199 Abs. 2 BGB.

61. Die Beschwerde ist nach § 793 CPO stets die sofortige (§ 577 CPO). Bezüglich der weiteren Beschwerde vgl. § 568 Abs. 2, 4 CPO.

97. Die Beschwerde steht im Falle der Ertheilung des Zuschlags jedem Betheiligten sowie dem Ersteher und dem für zahlungspflichtig erklärten Dritten, im Falle der Versagung dem Gläubiger zu, in beiden Fällen auch dem Bieter, dessen Gebot nicht erloschen ist, sowie demjenigen, welcher nach § 81 an die Stelle des Bieters treten soll.

Im Falle des § 9 Nr. 2 genügt es, wenn die Anmeldung und Glaubhaftmachung des Rechtes bei dem Beschwerdegericht erfolgt.

98. Die Frist für die Beschwerde gegen einen Beschluß des Vollstreckungsgerichts, durch welchen der Zuschlag versagt wird, beginnt mit der Verkündung des Beschlusses. Das Gleiche gilt im Falle der Ertheilung des Zuschlags für die Betheiligten, welche im Versteigerungstermin oder im Verkündungstermin erschienen waren.[62]

99. Erachtet das Beschwerdegericht eine Gegenerklärung für erforderlich, so hat es zu bestimmen, wer als Gegner des Beschwerdeführers zuzuziehen ist.[63]

Mehrere Beschwerden sind mit einander zu verbinden.

100. Die Beschwerde kann nur darauf gestützt werden, daß eine der Vorschriften der §§ 81, 83 bis 85 verletzt oder daß der Zuschlag unter anderen als den der Versteigerung zu Grunde gelegten Bedingungen ertheilt ist.

Auf einen Grund, der nur das Recht eines Anderen betrifft, kann weder die Beschwerde noch ein Antrag auf deren Zurückweisung gestützt werden.

Die im § 83 Nr. 6, 7 bezeichneten Versagungsgründe hat das Beschwerdegericht von Amtswegen zu berücksichtigen.

101. Wird die Beschwerde für begründet erachtet, so hat das Beschwerdegericht unter Aufhebung des angefochtenen Beschlusses in der Sache selbst zu entscheiden.[64]

Wird ein Beschluß, durch welchen der Zuschlag ertheilt ist, aufgehoben, auf weitere Beschwerde aber für begründet erachtet, so ist unter Aufhebung des Beschlusses des Beschwerdegerichts die gegen die Ertheilung des Zuschlags erhobene Beschwerde zurückzuweisen.

102. Hat das Beschwerdegericht den Beschluß, durch welchen der Zuschlag ertheilt war, nach der Vertheilung des Versteigerungserlöses aufgehoben, so steht die weitere Beschwerde auch denjenigen zu, welchen der Erlös zugetheilt ist.

103. Der Beschluß des Beschwerdegerichts ist, wenn der angefochtene Beschluß aufgehoben oder abgeändert wird, allen Betheiligten und demjenigen Bieter, welchem der Zuschlag verweigert oder ertheilt wird, sowie im Falle des § 61 dem für zahlungspflichtig erklärten Dritten und in den Fällen des § 81 Abs. 2, 3 dem Meistbietenden zuzustellen. Wird die Beschwerde zurückgewiesen, so erfolgt die Zustellung des Beschlusses nur an den Beschwerdeführer und den zugezogenen Gegner.

104. Der Beschluß, durch welchen das Beschwerdegericht den Zuschlag ertheilt, wird erst mit der Zustellung an den Ersteher wirksam.

VIII. Vertheilung des Erlöses.

105. Nach der Ertheilung des Zuschlags hat das Gericht einen Termin zur Vertheilung des Versteigerungserlöses zu bestimmen.

Die Terminsbestimmung ist den Betheiligten und dem Ersteher sowie im Falle des § 61 dem für zahlungspflichtig erklärten Dritten und in den Fällen des § 81 Abs. 2, 3 dem Meistbietenden zuzustellen. Als Betheiligte gelten auch diejenigen, welche das angemeldete Recht noch glaubhaft zu machen haben.

Die Terminsbestimmung soll an die Gerichtstafel angeheftet werden.

Ist die Terminsbestimmung dem Ersteher und im Falle des § 61 auch dem für zahlungspflichtig erklärten Dritten sowie in den Fällen des § 81 Abs. 2, 3 auch dem Meistbietenden nicht zwei Wochen vor dem Termine zugestellt, so ist der Termin aufzuheben und von neuem zu bestimmen, sofern nicht das Verfahren genehmigt wird.

106. Zur Vorbereitung des Vertheilungsverfahrens kann das Gericht in der Terminsbestimmung die Betheiligten auffordern, binnen zwei Wochen eine Berechnung ihrer Ansprüche einzureichen. In diesem Falle hat das Gericht nach dem Ablaufe der Frist den Theilungsplan anzufertigen und ihn spätestens drei Tage vor dem Termin auf der Gerichtsschreiberei zur Einsicht der Betheiligten niederzulegen.

107. In dem Vertheilungstermin ist festzustellen, wieviel die zu vertheilende Masse beträgt. Zu der Masse gehört auch der Erlös aus denjenigen Gegenständen, welche im Falle des § 65 besonders versteigert oder anderweit verwerthet sind.

Die von dem Ersteher im Termine zu leistende Zahlung erfolgt an das Gericht.

Ein Geldbetrag, der zur Sicherheit für das Gebot des Erstehers hinterlegt ist, gilt als gezahlt.

108. Soweit das Baargebot nicht berichtigt wird, hat das Gericht, wenn Werthpapiere zur Sicherheit für das Gebot des Erstehers hinterlegt sind, die Veräußerung der Papiere nach Maßgabe der Vorschriften über die Zwangsvollstreckung anzuordnen.[65] Der Erlös ist nach Anordnung des Gerichts auszuzahlen oder zu hinterlegen.

Ist der Beschluß, durch welchen der Zuschlag

62. Abweichend von § 577 Abs. 2 CPO.

63. Bezüglich der Form der Gegenerklärung vgl. § 573 Abs. 2 CPO.

64. Abweichend von § 575 CPO.

65. §§ 821 ff. CPO.

ertheilt wird, noch nicht rechtskräftig, so soll auf Antrag desjenigen, welcher die Sicherheit geleistet hat, die Veräußerung bis zur Rechtskraft ausgesetzt werden.

109. Aus dem Versteigerungserlöse sind die Kosten des Verfahrens vorweg zu entnehmen, mit Ausnahme der durch die Anordnung des Verfahrens oder den Beitritt eines Gläubigers, durch den Zuschlag oder durch nachträgliche Vertheilungsverhandlungen entstehenden Kosten.

Der Ueberschuß wird auf die Rechte, welche durch Zahlung zu decken sind, vertheilt.

110. Rechte, die ungeachtet der im § 37 Nr. 4 bestimmten Aufforderung nicht rechtzeitig angemeldet oder glaubhaft gemacht worden sind, stehen bei der Vertheilung den übrigen Rechten nach.

111. Ein betagter Anspruch gilt als fällig. Ist der Anspruch unverzinslich, so gebührt dem Berechtigten nur die Summe, welche mit Hinzurechnung der gesetzlichen Zinsen für die Zeit von der Zahlung bis zur Fälligkeit dem Betrage des Anspruchs gleichkommt; solange die Zeit der Fälligkeit ungewiß ist, gilt der Anspruch als aufschiebend bedingt.

112. Ist bei der Versteigerung mehrerer Grundstücke der Zuschlag auf Grund eines Gesammtausgebots ertheilt und wird eine Vertheilung des Erlöses auf die einzelnen Grundstücke nothwendig, so wird aus dem Erlöse zunächst der Betrag entnommen, welcher zur Deckung der Kosten sowie zur Befriedigung derjenigen bei der Feststellung des geringsten Gebots berücksichtigten und durch Zahlung zu deckenden Rechte erforderlich ist, für welche die Grundstücke ungetheilt haften.

Der Ueberschuß wird auf die einzelnen Grundstücke nach dem Verhältnisse des Werthes der Grundstücke vertheilt.[66] Dem Ueberschusse wird der Betrag der Rechte, welche nach § 91 nicht erlöschen, hinzugerechnet. Auf den einem Grundstücke zufallenden Antheil am Erlöse wird der Betrag der Rechte, welche an diesem Grundstücke bestehen bleiben, angerechnet. Besteht ein solches Recht an mehreren der versteigerten Grundstücke, so ist bei jedem von ihnen nur ein dem Verhältnisse des Werthes der Grundstücke entsprechender Theilbetrag in Anrechnung zu bringen.

Reicht der nach Abs. 2 auf das einzelne Grundstück entfallende Antheil am Erlöse nicht zur Befriedigung derjenigen Ansprüche aus, welche nach Maßgabe des geringsten Gebots durch Zahlung zu berichtigen sind oder welche durch das bei dem Einzelausgebote für das Grundstück erzielte Meistgebot gedeckt werden, so erhöht sich der Antheil um den Fehlbetrag.

113. In dem Vertheilungstermine wird nach Anhörung der anwesenden Betheiligten von dem Gerichte, nöthigenfalls mit Hülfe eines Rechnungsverständigen, der Theilungsplan aufgestellt.

In dem Plane sind auch die nach § 91 nicht erlöschenden Rechte anzugeben.

114. In den Theilungsplan sind Ansprüche, soweit ihr Betrag oder ihr Höchstbetrag zur Zeit der Eintragung des Versteigerungsvermerkes aus dem Grundbuch ersichtlich war, nach dem Inhalte des Buches, im Uebrigen nur dann aufzunehmen, wenn sie spätestens in dem Termin angemeldet sind. Die Ansprüche des Gläubigers gelten als angemeldet, soweit sie sich aus dem Versteigerungsantrag ergeben.

Laufende Beträge wiederkehrender Leistungen, die nach dem Inhalte des Grundbuchs zu entrichten sind, brauchen nicht angemeldet zu werden.

115. Ueber den Theilungsplan wird sofort verhandelt. Auf die Verhandlung sowie auf die Erledigung erhobener Widersprüche und die Ausführung des Planes finden die §§ 876 bis 882 der Civilprozeßordnung entsprechende Anwendung.

Ist ein vor dem Termin angemeldeter Anspruch nicht nach dem Antrag in den Plan aufgenommen, so gilt die Anmeldung als Widerspruch gegen den Plan.

Der Widerspruch des Schuldners gegen einen vollstreckbaren Anspruch wird nach den §§ 767, 769, 770 der Civilprozeßordnung erledigt.

Soweit der Schuldner durch Sicherheitsleistung oder Hinterlegung die Befriedigung eines solchen Anspruchs abwenden darf, unterbleibt die Ausführung des Planes, wenn die Sicherheit geleistet oder die Hinterlegung erfolgt ist.

116. Die Ausführung des Theilungsplans soll bis zur Rechtskraft des Zuschlags ausgesetzt werden, wenn der Ersteher oder im Falle des § 61 der für zahlungspflichtig erklärte Dritte sowie in den Fällen des § 81 Abs. 2, 3 der Meistbietende die Aussetzung beantragt.

117. Soweit der Versteigerungserlös in Geld vorhanden ist, wird der Theilungsplan durch Zahlung an die Berechtigten ausgeführt.

Die Auszahlung an einen im Termine nicht erschienenen Berechtigten ist von Amtswegen anzuordnen. Die Art der Auszahlung bestimmt sich nach den Landesgesetzen. Kann die Auszahlung nicht erfolgen, so ist der Betrag für den Berechtigten zu hinterlegen.[67, 67a]

Im Falle der Hinterlegung des Erlöses kann statt der Zahlung eine Anweisung auf den hinterlegten Betrag ertheilt werden.

118. Soweit das Baargebot nicht berichtigt wird, ist der Theilungsplan dadurch auszuführen, daß die Forderung gegen den Ersteher auf die

66. Vgl. § 11 EG z. ZVG; § 9 AG z. ZVG.

67. Nach § 12 AG z. ZVG durch die Post oder durch die Reichsbank zu übermitteln.

67a. Vgl. auch § 13 Abs. 2 Ges. betr. das Hinterlegungswesen pp. v. 1. Nov. 1899.

Berechtigten übertragen wird; die Uebertragung erfolgt durch Anordnung des Gerichts. Das Gleiche gilt, soweit Zahlungsfristen festgesetzt worden sind.

Die Uebertragung wirkt wie die Befriedigung aus dem Grundstücke. Diese Wirkung tritt jedoch im Falle des Abs. 1 Satz 1 nicht ein, wenn vor dem Ablaufe von drei Monaten der Berechtigte dem Gerichte gegenüber den Verzicht auf die Rechte aus der Uebertragung erklärt oder die Zwangsversteigerung beantragt. Wird der Antrag auf Zwangsversteigerung zurückgenommen oder das Verfahren nach § 31 Abs. 2 aufgehoben, so gilt er als nicht gestellt. Im Falle des Verzichts soll das Gericht die Erklärung dem Ersteher sowie demjenigen mittheilen, auf welchen die Forderung in Folge des Verzichts übergeht.

119. Wird auf einen bedingten Anspruch ein Betrag zugetheilt, so ist durch den Theilungsplan festzustellen, wie der Betrag anderweit vertheilt werden soll, wenn der Anspruch wegfällt.

120. Ist der Anspruch aufschiebend bedingt, so ist der Betrag für die Berechtigten zu hinterlegen. Soweit der Betrag nicht gezahlt ist, wird die Forderung gegen den Ersteher auf die Berechtigten übertragen. Die Hinterlegung sowie die Uebertragung erfolgt für jeden unter der entsprechenden Bedingung.[67a]

Während der Schwebezeit gelten für die Anlegung des hinterlegten Geldes, für die Kündigung und Einziehung der übertragenen Forderung sowie für die Anlegung des eingezogenen Geldes die Vorschriften der §§ 1077 bis 1079 des Bürgerlichen Gesetzbuchs; die Art der Anlegung bestimmt derjenige, welchem der Betrag gebührt, wenn die Bedingung ausfällt.

121. In den Fällen des § 92 Abs. 2 ist für den Ersatzanspruch in den Theilungsplan ein Betrag aufzunehmen, welcher der Summe aller künftigen Leistungen gleichkommt, den fünfundzwanzigfachen Betrag einer Jahresleistung jedoch nicht übersteigt; zugleich ist zu bestimmen, daß aus den Zinsen und dem Betrage selbst die einzelnen Leistungen zur Zeit der Fälligkeit zu entnehmen sind.

Die Vorschriften der §§ 119, 120 finden entsprechende Anwendung; die Art der Anlegung des Geldes bestimmt der zunächst Berechtigte.

122. Sind mehrere für den Anspruch eines Betheiligten haftende Grundstücke in demselben Verfahren versteigert worden, so ist, unbeschadet der Vorschrift des § 1132 Abs. 1 Satz 2 des Bürgerlichen Gesetzbuchs, bei jedem einzelnen Grundstücke nur ein nach dem Verhältnisse der Erlöse zu bestimmender Betrag in den Theilungsplan aufzunehmen. Der Erlös wird unter Abzug des Betrags der Ansprüche berechnet, welche dem Anspruche des Betheiligten vorgehen.

Unterbleibt die Zahlung eines auf den Anspruch des Betheiligten zugetheilten Betrags, so ist der Anspruch bei jedem Grundstück in Höhe dieses Betrags in den Plan aufzunehmen.

123. Soweit auf einen Anspruch, für den auch ein anderes Grundstück haftet, der zugetheilte Betrag nicht gezahlt wird, ist durch den Theilungsplan festzustellen, wie der Betrag anderweit vertheilt werden soll, wenn das Recht auf Befriedigung aus dem zugetheilten Betrage nach Maßgabe der besonderen Vorschriften über die Gesammthypothek erlischt.[68]

Die Zutheilung ist dadurch auszuführen, daß die Forderung gegen den Ersteher unter der entsprechenden Bedingung übertragen wird.

124. Im Falle eines Widerspruchs gegen den Theilungsplan ist durch den Plan festzustellen, wie der streitige Betrag vertheilt werden soll, wenn der Widerspruch für begründet erklärt wird.

Die Vorschriften des § 120 finden entsprechende Anwendung; die Art der Anlegung bestimmt derjenige, welcher den Anspruch geltend macht.

Das Gleiche gilt, soweit nach § 115 Abs. 4 die Ausführung des Planes unterbleibt.

125. Hat der Ersteher außer dem durch Zahlung zu berichtigenden Theile des Meistgebots einen weiteren Betrag nach den §§ 50, 51 zu zahlen, so ist durch den Theilungsplan festzustellen, wem dieser Betrag zugetheilt werden soll. Die Zutheilung ist dadurch auszuführen, daß die Forderung gegen den Ersteher übertragen wird.

Ist ungewiß oder streitig, ob der weitere Betrag zu zahlen ist, so erfolgt die Zutheilung und Uebertragung unter der entsprechenden Bedingung. Die §§ 878 bis 882 der Civilprozeßordnung finden keine Anwendung.

Die Uebertragung hat nicht die Wirkung der Befriedigung aus dem Grundstücke.

126. Ist für einen zugetheilten Betrag die Person des Berechtigten unbekannt, insbesondere bei einer Hypothek, Grundschuld oder Rentenschuld der Brief nicht vorgelegt, so ist durch den Theilungsplan festzustellen, wie der Betrag vertheilt werden soll, wenn der Berechtigte nicht ermittelt wird.

Der Betrag ist für den unbekannten Berechtigten zu hinterlegen. Soweit der Betrag nicht gezahlt wird, ist die Forderung gegen den Ersteher auf den Berechtigten zu übertragen.[67a]

127. Wird der Brief über eine in Folge der Versteigerung erloschene Hypothek, Grundschuld oder Rentenschuld vorgelegt, so hat das Gericht ihn unbrauchbar zu machen. Ist das Recht nur zum Theil erloschen, so ist dies auf dem Briefe zu vermerken. Wird der Brief nicht vorgelegt, so kann das Gericht ihn von dem Berechtigten einfordern.

68. §§ 1173—1175, 1181 f. BGB.

Im Falle der Vorlegung eines vollstreckbaren Titels über einen Anspruch, auf welchen ein Betrag zugetheilt wird, hat das Gericht auf dem Titel zu vermerken, in welchem Umfange der Betrag durch Zahlung, Hinterlegung oder Uebertragung gedeckt worden ist.

Der Wortlaut der Vermerke ist durch das Protokoll festzustellen.

128. Soweit für einen Anspruch die Forderung gegen den Ersteher übertragen wird, ist für die Forderung eine Sicherungshypothek an dem Grundstücke mit dem Range des Anspruchs einzutragen. War das Recht, aus welchem der Anspruch herrührt, nach dem Inhalte des Grundbuchs mit dem Rechte eines Dritten belastet, so wird dieses Recht als Recht an der Forderung miteingetragen.

Soweit die Forderung gegen den Ersteher unvertheilt bleibt, wird eine Sicherungshypothek für denjenigen eingetragen, welcher zur Zeit des Zuschlags Eigenthümer des Grundstücks war.

Mit der Eintragung entsteht die Hypothek. Vereinigt sich die Hypothek mit dem Eigenthum in einer Person, so kann sie nicht zum Nachtheil eines Rechtes, das bestehen geblieben ist, oder einer nach Abs. 1, 2 eingetragenen Sicherungshypothek geltend gemacht werden.

Wird das Grundstück von neuem versteigert, so ist der zur Deckung der Hypothek erforderliche Betrag baar zu berichtigen.

129. Die Sicherungshypothek für die im § 10 Nr. 1 bis 3 bezeichneten Ansprüche, für die im § 10 Nr. 4 bezeichneten Ansprüche auf wiederkehrende Leistungen und für die im § 10 Abs. 2 bezeichneten Kosten kann nicht zum Nachtheile der Rechte, welche bestehen geblieben sind, und der übrigen nach § 128 Abs. 1, 2 eingetragenen Sicherungshypotheken geltend gemacht werden, es sei denn, daß vor dem Ablaufe von sechs Monaten nach der Eintragung derjenige, welchem die Hypothek zusteht, die Zwangsversteigerung des Grundstücks beantragt. Wird der Antrag auf Zwangsversteigerung zurückgenommen oder das Verfahren nach § 31 Abs. 2 aufgehoben, so gilt er als nicht gestellt.

130. Ist der Theilungsplan ausgeführt und der Zuschlag rechtskräftig, so ist das Grundbuchamt zu ersuchen, den Ersteher als Eigenthümer einzutragen, den Versteigerungsvermerk sowie die durch den Zuschlag erloschenen Rechte zu löschen und die Eintragung der Sicherungshypotheken für die Forderung gegen den Ersteher zu bewirken. Bei der Eintragung der Hypotheken soll im Grundbuch ersichtlich gemacht werden, daß sie auf Grund eines Zwangsversteigerungsverfahrens erfolgt ist.

Ergiebt sich, daß ein bei der Feststellung des geringsten Gebots berücksichtigtes Recht nicht zur Entstehung gelangt oder daß es erloschen ist, so ist das Ersuchen auch auf die Löschung dieses Rechtes zu richten.

Hat der Ersteher, bevor er als Eigenthümer eingetragen worden ist, die Eintragung eines Rechtes an dem versteigerten Grundstücke bewilligt, so darf die Eintragung nicht vor der Erledigung des im Abs. 1 bezeichneten Ersuchens erfolgen.

131. In den Fällen des § 130 Abs. 1 ist zur Löschung einer Hypothek, einer Grundschuld oder einer Rentenschuld, im Falle des § 128 zur Eintragung des Vorranges einer Sicherungshypothek die Vorlegung des über das Recht ertheilten Briefes nicht erforderlich.

132. Nach der Ausführung des Theilungsplans ist die Forderung gegen den Ersteher und im Falle des § 81 Abs. 4 auch gegen den für mithaftend erklärten Meistbietenden, der Anspruch aus der Sicherungshypothek gegen den Ersteher und jeden späteren Eigenthümer vollstreckbar.[69] Diese Vorschrift findet keine Anwendung, soweit der Ersteher einen weiteren Betrag nach den §§ 50, 51 zu zahlen hat.

Die Zwangsvollstreckung erfolgt auf Grund einer vollstreckbaren Ausfertigung des Beschlusses, durch welchen der Zuschlag ertheilt ist. In der Vollstreckungsklausel ist der Berechtigte sowie der Betrag der Forderung anzugeben; der Zustellung einer Urkunde über die Uebertragung der Forderung bedarf es nicht.

133. Die Zwangsvollstreckung in das Grundstück ist gegen den Ersteher ohne Zustellung des vollstreckbaren Titels oder der nach § 132 ertheilten Vollstreckungsklausel zulässig; sie kann erfolgen, auch wenn der Ersteher noch nicht als Eigenthümer eingetragen ist. Der Vorlegung des im § 17 Abs. 2 bezeichneten Zeugnisses bedarf es nicht, solange das Grundbuchamt noch nicht um die Eintragung ersucht ist.

134. Im Falle des § 61 tritt für das Vertheilungsverfahren an die Stelle der Forderung gegen den Ersteher die Forderung gegen den für zahlungspflichtig erklärten Dritten. Wird von dem Dritten die ihm obliegende Zahlung im Vertheilungstermine bewirkt, so ist für seine Forderung gegen den Ersteher eine Sicherungshypothek an dem versteigerten Grundstück einzutragen. Auf die Hypothek finden die Vorschriften des § 128 Abs. 3 Satz 1, des § 130 Abs. 1 und des § 132 entsprechende Anwendung.

135. Ist für einen zugetheilten Betrag die Person des Berechtigten unbekannt, so hat das Vollstreckungsgericht zur Ermittelung des Berechtigten einen Vertreter zu bestellen. Die Vorschriften des § 7 Abs. 2 finden entsprechende Anwendung. Die Auslagen und Gebühren des Vertreters sind aus dem zugetheilten Betrage vorweg zu entnehmen.

136. Ist der Nachweis des Berechtigten von

69. Vgl. § 11 Abs. 3 AG z. ZVG.

der Beibringung des Briefes über eine Hypothek, Grundschuld oder Rentenschuld abhängig, so kann der Brief im Wege des Aufgebotsverfahrens [70] auch dann für kraftlos erklärt werden, wenn das Recht bereits gelöscht ist.

137. Wird der Berechtigte nachträglich ermittelt, so ist der Theilungsplan weiter auszuführen.

Liegt ein Widerspruch gegen den Anspruch vor, so ist derjenige, welcher den Widerspruch erhoben hat, von der Ermittelung des Berechtigten zu benachrichtigen. Die im § 878 der Civilprozeßordnung bestimmte Frist zur Erhebung der Klage beginnt mit der Zustellung der Benachrichtigung.

138. Wird der Berechtigte nicht vor dem Ablaufe von drei Monaten seit dem Vertheilungstermin ermittelt, so hat auf Antrag das Gericht den Betheiligten, welchem der Betrag anderweit zugetheilt ist, zu ermächtigen, das Aufgebotsverfahren [70] zum Zwecke der Ausschließung des unbekannten Berechtigten von der Befriedigung aus dem zugetheilten Betrage zu beantragen.

Wird nach der Ertheilung der Ermächtigung der Berechtigte ermittelt, so hat das Gericht den Ermächtigten hiervon zu benachrichtigen. Mit der Benachrichtigung erlischt die Ermächtigung.

139. Das Gericht kann im Falle der nachträglichen Ermittelung des Berechtigten zur weiteren Ausführung des Theilungsplans einen Termin bestimmen. Die Terminsbestimmung ist dem Berechtigten und dessen Vertreter, dem Betheiligten, welchem der Betrag anderweit zugetheilt ist, und demjenigen zuzustellen, welcher zur Zeit des Zuschlags Eigenthümer des Grundstücks war.

Liegt ein Widerspruch gegen den Anspruch vor, so erfolgt die Zustellung der Terminsbestimmung auch an denjenigen, welcher den Widerspruch erhoben hat. Die im § 878 der Civilprozeßordnung bestimmte Frist zur Erhebung der Klage beginnt mit dem Termine.

140. Für das Aufgebotsverfahren [71] ist das Vollstreckungsgericht zuständig.

Der Antragsteller hat zur Begründung des Antrags die ihm bekannten Rechtsnachfolger desjenigen anzugeben, welcher als letzter Berechtigter ermittelt ist.

In dem Aufgebot ist der unbekannte Berechtigte aufzufordern, sein Recht spätestens im Aufgebotstermin anzumelden, widrigenfalls seine Ausschließung von der Befriedigung aus dem zugetheilten Betrag erfolgen werde.

Das Aufgebot ist demjenigen, welcher als letzter Berechtigter ermittelt ist, den angezeigten Rechtsnachfolgern sowie dem Vertreter des unbekannten Berechtigten zuzustellen.

Eine im Vollstreckungsverfahren erfolgte Anmeldung gilt auch für das Aufgebotsverfahren.

Der Antragsteller kann die Erstattung der Kosten des Verfahrens aus dem zugetheilten Betrage verlangen.

141. Nach der Erlassung des Ausschlußurtheils hat das Gericht einen Termin zur weiteren Ausführung des Theilungsplans zu bestimmen. Die Terminsbestimmung ist dem Antragsteller und den Personen, welchen Rechte in dem Urtheile vorbehalten sind, dem Vertreter des unbekannten Berechtigten sowie demjenigen zuzustellen, welcher zur Zeit des Zuschlags Eigenthümer des Grundstücks war.

142. In den Fällen des § 117 Abs. 2 und der §§ 120, 121, 124, 126 erlöschen die Rechte auf den hinterlegten Betrag mit dem Ablaufe von dreißig Jahren, wenn nicht der Empfangsberechtigte sich vorher bei der Hinterlegungsstelle meldet; derjenige, welcher zur Zeit des Zuschlags Eigenthümer des Grundstücks war, ist zur Erhebung berechtigt. Die dreißigjährige Frist beginnt mit der Hinterlegung, in den Fällen der §§ 120, 121 mit dem Eintritte der Bedingung, unter welcher die Hinterlegung erfolgt ist. [72]

143. Die Vertheilung des Versteigerungserlöses durch das Gericht findet nicht statt, wenn dem Gerichte durch öffentliche oder öffentlich beglaubigte Urkunden nachgewiesen wird, daß sich die Betheiligten über die Vertheilung des Erlöses geeinigt haben.

144. Weist der Ersteher oder im Falle des § 61 der für zahlungspflichtig erklärte Dritte dem Gerichte durch öffentliche [73] oder öffentlich beglaubigte Urkunden nach, daß er diejenigen Berechtigten, deren Ansprüche durch das Gebot gedeckt sind, befriedigt hat oder daß er von ihnen als alleiniger Schuldner angenommen ist, so sind auf Anordnung des Gerichts die Urkunden nebst der Erklärung des Erstehers oder des Dritten zur Einsicht der Betheiligten auf der Gerichtsschreiberei niederzulegen. Die Betheiligten sind von der Niederlegung zu benachrichtigen und aufzufordern, Erinnerungen binnen zwei Wochen geltend zu machen.

Werden Erinnerungen nicht innerhalb der zweiwöchigen Frist erhoben, so beschränkt sich das Vertheilungsverfahren auf die Vertheilung des Erlöses aus denjenigen Gegenständen, welche im Falle des § 65 besonders versteigert oder anderweit verwerthet worden sind.

145. Die Vorschriften des § 105 Abs. 2 Satz 2 und der §§ 127, 130 bis 134 finden in den Fällen der §§ 143, 144 entsprechende Anwendung.

---

70. Vgl. § 12 EG z. ZVG; § 13 AG z. ZVG.

71. Vgl. § 12 EG z. ZVG; § 13 AG z. ZVG; §§ 946 ff. CPO. Für das Aufgebotsverfahren ist der Notar nicht zuständig (§ 1 Abs. 2 AG z. ZVG).

72. Vgl. hierzu §§ 382, 1171 Abs. 3 BGB; Art 145 EG z. BGB; § 13 Abs. 2 Ges. betr. das Hinterlegungswesen ꝛc. v. 1. Nov. 1899.

73. § 415 CPO.

Dritter Titel. Zwangsverwaltung.[74]

146. Auf die Anordnung der Zwangsverwaltung finden die Vorschriften über die Anordnung der Zwangsversteigerung entsprechende Anwendung, soweit sich nicht aus den §§ 147 bis 151 ein Anderes ergiebt.

Von der Anordnung sind nach dem Eingange der im § 19 Abs. 2 bezeichneten Mittheilungen des Grundbuchamts die Betheiligten zu benachrichtigen.

147. Wegen des Anspruchs aus einem eingetragenen Rechte findet die Zwangsverwaltung auch dann statt, wenn die Voraussetzungen des § 17 Abs. 1 nicht vorliegen, der Schuldner aber das Grundstück im Eigenbesitze[75] hat.

Der Besitz ist durch Urkunden glaubhaft zu machen, sofern er nicht bei dem Gericht offenkundig ist.

148. Die Beschlagnahme des Grundstücks umfaßt auch die im § 21 Abs. 1, 2 bezeichneten Gegenstände. Die Vorschrift des § 23 Abs. 1 Satz 2 findet keine Anwendung.

Durch die Beschlagnahme wird dem Schuldner die Verwaltung und Benutzung des Grundstücks entzogen.

149. Wohnt der Schuldner zur Zeit der Beschlagnahme auf dem Grundstücke, so sind ihm die für seinen Hausstand unentbehrlichen Räume zu belassen.

Gefährdet der Schuldner oder ein Mitglied seines Hausstandes das Grundstück oder die Verwaltung, so hat auf Antrag das Gericht dem Schuldner die Räumung des Grundstücks aufzugeben.

150. Der Verwalter wird von dem Gerichte bestellt.

Das Gericht hat dem Verwalter durch einen Gerichtsvollzieher oder durch einen sonstigen Beamten das Grundstück zu übergeben oder ihm die Ermächtigung zu ertheilen, sich selbst den Besitz zu verschaffen.

151. Die Beschlagnahme wird auch dadurch wirksam, daß der Verwalter nach § 150 den Besitz des Grundstücks erlangt.

Der Beschluß, durch welchen der Beitritt eines Gläubigers zugelassen wird, soll dem Verwalter zugestellt werden; die Beschlagnahme wird zu Gunsten des Gläubigers auch mit dieser Zustellung wirksam, wenn der Verwalter sich bereits im Besitze des Grundstücks befindet.

Das Zahlungsverbot an den Drittschuldner ist auch auf Antrag des Verwalters zu erlassen.

152. Der Verwalter hat das Recht und die Pflicht, alle Handlungen vorzunehmen, die erforderlich sind, um das Grundstück in seinem wirthschaftlichen Bestande zu erhalten und ordnungsmäßig zu benutzen; er hat die Ansprüche, auf welche sich die Beschlagnahme erstreckt, geltend zu machen und die für die Verwaltung entbehrlichen Nutzungen in Geld umzusetzen.

Ist das Grundstück vor der Beschlagnahme einem Miether oder Pächter überlassen, so ist der Mieth- oder Pachtvertrag auch dem Verwalter gegenüber wirksam.

153. Das Gericht hat den Verwalter nach Anhörung des Gläubigers und des Schuldners mit der erforderlichen Anweisung für die Verwaltung zu versehen, die dem Verwalter zu gewährende Vergütung festzusetzen und die Geschäftsführung zu beaufsichtigen; in geeigneten Fällen ist ein Sachverständiger zuzuziehen.

Das Gericht kann dem Verwalter die Leistung einer Sicherheit auferlegen, gegen ihn Ordnungsstrafen bis zu zweihundert Mark verhängen und ihn entlassen.

154. Der Verwalter ist für die Erfüllung der ihm obliegenden Verpflichtungen allen Betheiligten gegenüber verantwortlich.[76] Er hat dem Gläubiger und dem Schuldner jährlich und nach der Beendigung der Verwaltung Rechnung zu legen.[77] Die Rechnung ist dem Gericht einzureichen und von diesem dem Gläubiger und dem Schuldner vorzulegen.

155. Aus den Nutzungen des Grundstücks sind die Ausgaben der Verwaltung sowie die Kosten des Verfahrens mit Ausnahme derjenigen, welche durch die Anordnung des Verfahrens oder den Beitritt eines Gläubigers entstehen, vorweg zu bestreiten.

Die Ueberschüsse werden auf die im § 10 Nr. 1 bis 5 bezeichneten Ansprüche vertheilt, auf die Ansprüche der zweiten, dritten und vierten Klasse jedoch nur insoweit, als laufende Beträge wiederkehrender Leistungen zu berichtigen sind.

156. Die laufenden Beträge der öffentlichen Lasten[78] sind von dem Verwalter ohne weiteres Verfahren zu berichtigen.

Ist zu erwarten, daß auch auf andere Ansprüche Zahlungen geleistet werden können, so wird nach dem Eingange der im § 19 Abs. 2 bezeichneten Mittheilungen des Grundbuchamts der Vertheilungstermin bestimmt. In dem Termine wird der Theilungsplan für die ganze Dauer des Verfahrens aufgestellt. Die Terminsbestimmung ist den Betheiligten sowie dem Verwalter zuzustellen. Die Vorschriften des § 105 Abs. 2 Satz 2, des § 113 Abs. 1 und der §§ 114, 115, 124, 126 finden entsprechende Anwendung.

157. Nach der Feststellung des Theilungsplans hat das Gericht die planmäßige Zahlung der Be-

74. Vgl. § 866 Abs. 2 CPO. — Für die Anordnung der Zwangsverwaltung ist der Notar nicht zuständig (§ 1 Abs. 2 AG z. ZVG).

75. § 872 BGB.

76. Vgl. § 276 BGB.

77. Vgl. §§ 259, 261 BGB.

78. § 6 AG z. ZVG (§ 10 Abs. 1 Nr. 3 oben).

träge an die Berechtigten anzuordnen; die Anordnung ist zu ergänzen, wenn nachträglich der Beitritt eines Gläubigers zugelassen wird. Die Auszahlungen erfolgen zur Zeit ihrer Fälligkeit durch den Verwalter, soweit die Bestände hinreichen.

Im Falle der Hinterlegung eines zugetheilten Betrags für den unbekannten Berechtigten ist nach den Vorschriften der §§ 135 bis 141 zu verfahren. Die Vorschriften des § 142 finden Anwendung.

158. Zur Leistung von Zahlungen auf das Kapital einer Hypothek oder Grundschuld oder auf die Ablösungssumme einer Rentenschuld hat das Gericht einen Termin zu bestimmen. Die Terminsbestimmung ist von dem Verwalter zu beantragen.

Soweit der Berechtigte Befriedigung erlangt hat, ist das Grundbuchamt von dem Gericht um die Löschung des Rechtes zu ersuchen. Eine Ausfertigung des Protokolls ist beizufügen; die Vorlegung des über das Recht ertheilten Briefes ist zur Löschung nicht erforderlich.

Im Uebrigen finden die Vorschriften der §§ 117, 127 entsprechende Anwendung.[79]

159. Jeder Betheiligte kann eine Aenderung des Theilungsplans im Wege der Klage erwirken, auch wenn er Widerspruch gegen den Plan nicht erhoben hat.

Eine planmäßig geleistete Zahlung kann auf Grund einer späteren Aenderung des Planes nicht zurückgefordert werden.[80]

160. Die Vorschriften der §§ 143 bis 145 über die außergerichtliche Vertheilung finden entsprechende Anwendung.

161. Die Aufhebung des Verfahrens erfolgt durch Beschluß des Gerichts.

Das Verfahren ist aufzuheben, wenn der Gläubiger befriedigt ist.

Das Gericht kann die Aufhebung anordnen, wenn die Fortsetzung des Verfahrens besondere Aufwendungen erfordert und der Gläubiger den nöthigen Geldbetrag nicht vorschießt.

Im Uebrigen finden auf die Aufhebung des Verfahrens die Vorschriften der §§ 28, 29, 32, 34 entsprechende Anwendung.

Zweiter Abschnitt.
Zwangsversteigerung von Schiffen im Wege der Zwangsvollstreckung.

162. Auf die Zwangsversteigerung eines im Schiffsregister eingetragenen Schiffes finden die Vorschriften des ersten Abschnitts entsprechende Anwendung, soweit sich nicht aus den §§ 163 bis 170 ein Anderes ergiebt.[81]

163. Als Vollstreckungsgericht ist das Amtsgericht[82] zuständig, in dessen Bezirke sich das Schiff befindet.

Für das Verfahren tritt an die Stelle des Grundbuchs das Schiffsregister.

Die Berufsgenossenschaft für die Unfallversicherung und die Versicherungsanstalt für die Invaliditäts- und Altersversicherung gelten als Betheiligte, auch wenn sie eine Forderung nicht angemeldet haben.

164. Die Zwangsversteigerung darf, soweit sich nicht aus den Vorschriften des Handelsgesetzbuchs oder des Gesetzes, betreffend die privatrechtlichen Verhältnisse der Binnenschiffahrt, ein Anderes ergiebt, nur angeordnet werden, wenn der Schuldner das Schiff im Eigenbesitze hat.[83] Die hiernach zur Begründung des Antrags auf Zwangsversteigerung erforderlichen Thatsachen sind durch Urkunden glaubhaft zu machen, soweit sie nicht bei dem Gericht offenkundig sind. Dem Antrag auf Zwangsversteigerung ist ein Zeugniß der Registerbehörde über die Eintragung des Schiffes in das Schiffsregister beizufügen.

165. Bei der Anordnung der Zwangsversteigerung hat das Gericht zugleich die Bewachung und Verwahrung des Schiffes anzuordnen. Die Beschlagnahme wird auch mit der Vollziehung dieser Anordnung wirksam.

166. Ist gegen den Schiffer auf Grund eines vollstreckbaren Titels, der auch gegenüber dem Rheder oder Schiffseigner wirksam ist, das Verfahren angeordnet, so wirkt die Beschlagnahme zugleich gegen den Rheder oder Schiffseigner.

Der Schiffer gilt in diesem Falle als Betheiligter nur so lange, als er das Schiff führt; ein neuer Schiffer gilt als Betheiligter, wenn er sich bei dem Gerichte meldet und seine Angabe auf Verlangen des Gerichts oder eines Betheiligten glaubhaft macht.

167. Die Bezeichnung des Schiffes in der Bestimmung des Versteigerungstermins soll nach dem Schiffsregister erfolgen.

Die Terminsbestimmung muß die Aufforderung an die Schiffsgläubiger und die sonstigen Berechtigten enthalten, ihre Rechte, soweit sie zur Zeit der Eintragung des Versteigerungsvermerkes aus dem Schiffsregister nicht ersichtlich waren, spätestens im Vertheilungstermin anzumelden, widrigenfalls die Rechte bei der Vertheilung des Versteigerungserlöses nicht berücksichtigt werden würden.

168. Befindet sich der Heimathshafen[84] oder Heimathsort[85] des Schiffes in dem Bezirk eines

79. Vgl. § 12 AG z. ZVG.
80. Vgl. indessen § 878 Abs. 2 CPO.
81. Vgl. §§ 864 Abs. 1, 870 Abs. 2, 858 CPO; § 754 HGB; §§ 102 ff. Binnenschiffahrtsges. v. 15. Juni 1895.
82. Vgl. § 1 AG z. ZVG.
83. § 872 BGB. Vgl. auch §§ 761 Abs. 2, 755 Abs. 2, 510 Abs. 2 HGB; §§ 2, 97 Abs. 2, 103 Abs. 2 Binnenschiffahrtsges. v. 15. Juni 1895.
84. § 480 HGB.
85. § 6 Binnenschiffahrtsges. v. 15. Juni 1895.

anderen Gerichts, so soll die Terminsbestimmung auch durch das für Bekanntmachungen dieses Gerichts bestimmte Blatt bekannt gemacht werden.

Die im § 39 Abs. 2 vorgesehene Anordnung ist unzulässig.

169. Die Vorschriften über das geringste Gebot finden keine Anwendung. Das Meistgebot ist in seinem ganzen Betrage durch Zahlung zu berichtigen.

Soweit die Berichtigung nicht im Vertheilungstermin erfolgt, ist für die Forderung gegen den Ersteher ein Pfandrecht an dem Schiffe in das Schiffsregister einzutragen. Das Pfandrecht entsteht mit der Eintragung, auch wenn der Ersteher das Schiff inzwischen veräußert hat. Im Uebrigen finden die Vorschriften des Bürgerlichen Gesetzbuchs über das durch Rechtsgeschäft bestellte Pfandrecht an einem Schiffe Anwendung.[86]

170. An die Stelle der nach § 94 Abs. 1 zulässigen Verwaltung tritt die gerichtliche Bewachung und Verwahrung des versteigerten Schiffes.

Das Gericht hat die getroffenen Maßregeln aufzuheben, wenn der zu ihrer Fortsetzung erforderliche Geldbetrag nicht vorgeschossen wird.

171. Auf die Zwangsversteigerung eines ausländischen Schiffes, das, wenn es ein deutsches Schiff wäre, in das Schiffsregister eingetragen werden müßte, finden die Vorschriften der §§ 162 bis 167, 169, 170 insoweit Anwendung, als sie nicht die Eintragung in das Schiffsregister voraussetzen.

Die Terminsbestimmung soll, soweit es ohne erhebliche Verzögerung des Verfahrens thunlich ist, auch den aus den Schiffspapieren ersichtlichen Schiffsgläubigern und sonstigen Betheiligten zugestellt und, wenn das Schiff im Schiffsregister eines fremden Staates eingetragen ist, der Registerbehörde mitgetheilt werden.

Die Aufhebung der vom Gericht angeordneten Ueberwachung und Verwahrung des Schiffes sowie die Uebergabe an den Ersteher darf erst erfolgen, wenn die Berichtigung des Meistgebots oder die Einwilligung der Betheiligten nachgewiesen wird.

Dritter Abschnitt.
Zwangsversteigerung und Zwangsverwaltung in besonderen Fällen.

172.[87] Wird die Zwangsversteigerung oder die Zwangsverwaltung von dem Konkursverwalter beantragt, so finden die Vorschriften des ersten und zweiten Abschnitts entsprechende Anwendung, soweit sich nicht aus den §§ 173, 174 ein Anderes ergiebt.[88]

173. Der Beschluß, durch welchen das Verfahren angeordnet wird, gilt nicht als Beschlagnahme. Im Sinne der §§ 13, 55 ist jedoch die Zustellung des Beschlusses an den Konkursverwalter als Beschlagnahme anzusehen.

174. Hat ein Gläubiger für seine Forderung gegen den Gemeinschuldner ein von dem Konkursverwalter anerkanntes Recht auf Befriedigung aus dem Grundstücke, so kann er bis zum Schlusse der Verhandlung im Versteigerungstermine verlangen, daß bei der Feststellung des geringsten Gebots nur die seinem Anspruche vorgehenden Rechte berücksichtigt werden; in diesem Falle ist das Grundstück auch mit der verlangten Abweichung auszubieten.

175. Hat ein Nachlaßgläubiger für seine Forderung ein Recht auf Befriedigung aus einem zum Nachlasse gehörenden Grundstücke, so kann der Erbe nach der Annahme der Erbschaft[89] die Zwangsversteigerung des Grundstücks beantragen. Zu dem Antrag ist auch jeder Andere berechtigt, welcher das Aufgebot der Nachlaßgläubiger beantragen kann.[90]

Diese Vorschriften finden keine Anwendung, wenn der Erbe für die Nachlaßverbindlichkeiten unbeschränkt haftet oder wenn der Nachlaßgläubiger im Aufgebotsverfahren ausgeschlossen ist oder nach den §§ 1974, 1989 des Bürgerlichen Gesetzbuchs einem ausgeschlossenen Gläubiger gleichsteht.[91]

176. Wird die Zwangsversteigerung nach § 175 beantragt, so finden die Vorschriften des ersten und zweiten Abschnitts sowie der §§ 173, 174 entsprechende Anwendung, soweit sich nicht aus den §§ 177, 178 ein Anderes ergiebt.

177. Der Antragsteller hat die Thatsachen, welche sein Recht zur Stellung des Antrags begründen, durch Urkunden glaubhaft zu machen, soweit sie nicht bei dem Gericht offenkundig sind.

178. Die Zwangsversteigerung soll nicht angeordnet werden, wenn die Eröffnung des Nachlaßkonkurses beantragt ist.

Durch die Eröffnung des Nachlaßkonkurses wird die Zwangsversteigerung nicht beendigt; für das weitere Verfahren gilt der Konkursverwalter als Antragsteller.

179. Ist ein Nachlaßgläubiger, der verlangen konnte, daß das geringste Gebot nach Maßgabe des § 174 ohne Berücksichtigung seines Anspruchs festgestellt werde, bei der Feststellung des geringsten Gebots berücksichtigt, so kann ihm die Befriedigung aus dem übrigen Nachlasse verweigert werden.

180. Soll die Zwangsversteigerung zum Zwecke der Aufhebung einer Gemeinschaft erfolgen, so finden die Vorschriften des ersten und zweiten

86. §§ 1259 ff. BGB; § 110 FrG.
87. Vgl. § 126 KO.
88. Vgl. §§ 20 ff. AG z. ZVG.
89. §§ 1943 ff. BGB.
90. §§ 991, 999, 1000 CPO.
91. Vgl. §§ 1994, 2005, 2006, 1970 ff. BGB; §§ 989 ff. CPO.

Abschnitts entsprechende Anwendung, soweit sich nicht aus den §§ 181 bis 184 ein Anderes ergiebt.[92]

181. Ein vollstreckbarer Titel ist nicht erforderlich.

Die Zwangsversteigerung eines Grundstücks darf nur angeordnet werden, wenn der Antragsteller als Eigenthümer im Grundbuch eingetragen oder Erbe eines eingetragenen Eigenthümers ist oder wenn er das Recht des Eigenthümers oder des Erben auf Aufhebung der Gemeinschaft ausübt.[93] Von dem Vormund eines Miteigenthümers kann der Antrag nur mit Genehmigung des Vormundschaftsgerichts gestellt werden.

Betrifft der Antrag ein Schiff, so ist durch Urkunden glaubhaft zu machen, daß das Eigenthum dem Antragsteller und denjenigen, gegen welche sich der Antrag richtet, gemeinschaftlich zusteht und daß einer von ihnen im Besitze des Schiffes ist.

92. Vgl. § 753 BGB.

93. Vgl. § 751 Satz 2 BGB.

Die Vorschrift des § 17 Abs. 3 findet auch auf die Erbfolge des Antragstellers Anwendung.

182. Bei der Feststellung des geringsten Gebots sind die den Antheil des Antragstellers belastenden oder mitbelastenden Rechte an dem Grundstücke sowie alle Rechte zu berücksichtigen, die einem dieser Rechte vorgehen oder gleichstehen.

Ist hiernach bei einem Antheil ein größerer Betrag zu berücksichtigen als bei einem anderen Antheile, so erhöht sich das geringste Gebot um den zur Ausgleichung unter den Miteigenthümern erforderlichen Betrag.

Auf die Versteigerung eines Schiffes finden die Vorschriften über das geringste Gebot entsprechende Anwendung.

183. Im Falle der Vermiethung oder Verpachtung des Grundstücks finden die Vorschriften des § 57 Satz 2, 3 keine Anwendung.

184. Ein Miteigenthümer braucht für sein Gebot keine Sicherheit zu leisten, wenn ihm eine durch das Gebot ganz oder theilweise gedeckte Hypothek, Grundschuld oder Rentenschuld zusteht.

Einführungsgesetz

zu dem

Gesetz über die Zwangsversteigerung und die Zwangsverwaltung.

Vom 24. März 1897.

Reichs-Gesetzblatt 1897 S. 135; 1898 S. 750.

§ 1. Das Gesetz über die Zwangsversteigerung und die Zwangsverwaltung tritt, soweit es die Schiffe betrifft, gleichzeitig mit dem Bürgerlichen Gesetzbuch, im Uebrigen für jeden Grundbuchbezirk mit dem Zeitpunkt in Kraft, in welchem das Grundbuch als angelegt anzusehen ist.[1]

Die Artikel 2 bis 5, 32, 55 des Einführungsgesetzes zum Bürgerlichen Gesetzbuche finden entsprechende Anwendung.

2. Soweit in dem Einführungsgesetze zum Bürgerlichen Gesetzbuche zu Gunsten der Landesgesetze Vorbehalte gemacht sind, gelten sie auch für die Vorschriften der Landesgesetze über die Zwangsversteigerung und die Zwangsverwaltung. Den Landesgesetzen stehen nach Maßgabe der Artikel 57, 58 des Einführungsgesetzes zum Bürgerlichen Gesetzbuche die Hausverfassungen gleich.[2]

Es treten jedoch die landesgesetzlichen Vorschriften außer Kraft, nach welchen den landschaftlichen und ritterschaftlichen Kreditanstalten für den Anspruch auf ältere als zweijährige Rückstände wiederkehrender Leistungen ein Vorrecht vor den im § 10 Nr. 1 bis 6 des Gesetzes über die Zwangsversteigerung und die Zwangsverwaltung bezeichneten Ansprüchen beigelegt ist.

3. Die im Artikel 113 des Einführungsgesetzes zum Bürgerlichen Gesetzbuche bezeichneten Vorschriften bleiben auch insoweit unberührt, als sie für den Anspruch des Entschädigungsberechtigten oder des Dritten, welcher die Entschädigung geleistet hat, ein Recht auf Befriedigung aus dem Grundstücke gewähren und den Rang dieses Rechtes bestimmen. Jedoch kann dem Anspruch auf Rückstände wiederkehrender Leistungen ein Vorrecht nur mit der im § 2 Abs. 2 bezeichneten Einschränkung beigelegt werden.

4. Durch Landesgesetz kann bestimmt werden, daß gewisse öffentliche Lasten anderen im Range vorgehen.

In denjenigen Bundesstaaten, in welchen die Besteuerung des inländischen Bieres der Landesgesetzgebung vorbehalten ist, bleiben auch die Vorschriften unberührt, nach welchen bei der Zwangsvollstreckung in ein der Brauerei dienendes Grundstück oder in ein mit diesem räumlich verbundenes Grundstück die zum Zwecke der Besteuerung des Bieres zu entrichtenden Abgaben den öffentlichen Lasten des Grundstücks gleichstehen.[3]

5. Durch Landesgesetz kann bestimmt werden, daß dem Antrag auf Zwangsversteigerung ein Auszug aus einem Steuerbuche beigefügt werden soll.

6. Durch die Landesjustizverwaltung kann angeordnet werden, daß die Bestimmung des Versteigerungstermins noch andere als die im § 38 des Gesetzes über die Zwangsversteigerung und die Zwangsverwaltung vorgeschriebenen Angaben über das Grundstück enthalten soll.[4]

7. Unberührt bleiben die bestehenden landesgesetzlichen Vorschriften, nach welchen noch andere als die in den §§ 39, 40 des Gesetzes über die Zwangsversteigerung und die Zwangsverwaltung bezeichneten Veröffentlichungen der Terminsbestimmung zu erfolgen haben.[5]

8. Durch Landesgesetz kann für die Zwangsversteigerung bestimmt werden, daß die vor dem Inkrafttreten des Bürgerlichen Gesetzbuchs eingetragenen Hypotheken bei der Feststellung des geringsten Gebots und bei der Aufstellung des

1. Vgl. Artt. 1, 186, 189 EG z. BGB; §§ 82, 87 GBO; §§ 73, 87 ff. (103, 111) AG z. BGB; § 27 AG z. GBO.

2. Vgl. insbesondere Art. 67 EG z. BGB und §§ 14 ff. AG z. ZVG.

3. Für Els.-Lothr. ohne Bedeutung.

4. Vgl. § 19 AG z. ZVG.

5. Vgl. § 7 AG. z. ZVG.

Theilungsplans nur auf Grund einer Anmeldung zu berücksichtigen sind.

In einem solchen Falle muß die im § 37 Nr. 4 des Gesetzes über die Zwangsversteigerung und die Zwangsverwaltung vorgeschriebene Aufforderung auf die Anmeldung der Ansprüche aus den bezeichneten Hypotheken ausgedehnt werden.

9. Soweit ein nach Landesgesetz begründetes Recht an einem Grundstücke, das nicht in einer Hypothek besteht, zur Wirksamkeit gegen Dritte der Eintragung nicht bedarf oder soweit eine Dienstbarkeit oder eine Reallast als Leibgedinge, Leibzucht, Altentheil oder Auszug eingetragen ist, bleibt das Recht nach Maßgabe des Landesgesetzes von der Zwangsversteigerung unberührt, auch wenn es bei der Feststellung des geringsten Gebots nicht berücksichtigt ist.[6]

Das Erlöschen eines solchen Rechtes ist auf Verlangen eines Betheiligten als Versteigerungsbedingung zu bestimmen, wenn durch das Fortbestehen ein dem Rechte vorgehendes oder gleichstehendes Recht des Betheiligten beeinträchtigt werden würde; die Zustimmung eines anderen Betheiligten ist nicht erforderlich.

10. Unberührt bleiben die landesgesetzlichen Vorschriften, nach welchen bei der Zwangsversteigerung

1. für Gebote kommunaler Körperschaften sowie gewisser Kreditanstalten und Sparkassen Sicherheitsleistung nicht verlangt werden kann;[7]
2. die Sicherheit auch durch Stellung eines Bürgen nach § 239 des Bürgerlichen Gesetzbuchs geleistet werden darf.[8]

11. Durch Landesgesetz kann für die Zwangsversteigerung, unbeschadet des § 112 Abs. 2 Satz 4 des Gesetzes über die Zwangsversteigerung und die Zwangsverwaltung, bestimmt werden, daß und nach welchen Grundsätzen der Werth des Grundstücks festgestellt werden soll.[9]

12. Die Landesgesetze können für die Fälle, in welchen bei der Zwangsversteigerung oder der Zwangsverwaltung ein Aufgebotsverfahren erforderlich wird, die Art der Bekanntmachung des Aufgebots und die Aufgebotsfristen abweichend von den Vorschriften der §§ 948, 950 der Civilprozeßordnung bestimmen.[10]

13. Durch Landesgesetz kann bestimmt werden, daß die in dem Gesetz über die Zwangsversteigerung und die Zwangsverwaltung dem Vollstreckungsgerichte zugewiesenen Amtshandlungen, soweit nicht über die Anordnung, Aufhebung oder Verbindung des Verfahrens oder über die Zulassung des Beitritts eines Gläubigers zu entscheiden ist, von einer anderen Behörde oder einem Beamten oder einem Notar ganz oder theilweise wahrzunehmen sind.[11]

Wird die Aenderung einer Entscheidung der Behörde, des Beamten oder des Notars verlangt, so ist die Entscheidung des Vollstreckungsgerichts nachzusuchen; auf das Verfahren finden die Vorschriften der §§ 96 bis 104 des bezeichneten Gesetzes entsprechende Anwendung. Die Beschwerde findet gegen die Entscheidung des Vollstreckungsgerichts statt.

14. Die Landesjustizverwaltung kann für die Geschäftsführung der Verwalter, welche bei der Zwangsverwaltung bestellt werden, und für die den Verwaltern zu gewährende Vergütung allgemeine Anordnungen treffen.

15. Ein vor dem Inkrafttreten des Gesetzes über die Zwangsversteigerung und die Zwangsverwaltung beantragtes Verfahren ist nach den Landesgesetzen zu erledigen.[12]

6. Vgl. § 8 AG z. ZVG.
7. Vgl. § 10 AG z. ZVG.
8. Vgl. § 11 AG z. ZVG.
9. Vgl. § 9 AG z. ZVG.
10. Vgl. § 13 AG z. ZVG; §§ 136, 138, 140 ZVG.
11. Vgl. § 1 AG z. ZVG (Notar).
12. Vgl. § 45 Abs. 1 AG z. ZVG.

Gesetz

betreffend

die Ausführung des Reichsgesetzes über die Zwangsversteigerung und die Zwangsverwaltung.

Vom 13. November 1899.

Gesetzblatt S. 162.

Erster Abschnitt. Vollstreckungsbeamte.

§ 1. Die in dem Reichsgesetz über die Zwangsversteigerung und die Zwangsverwaltung (Reichsgesetzbl. 1898 S. 713) dem Vollstreckungsgerichte zugewiesenen Amtshandlungen sind in dem durch § 13 Abs. 1 des Einführungsgesetzes (Reichsgesetzbl. 1898 S. 750) zugelassenen Umfange von den Notaren wahrzunehmen.

Für die Anordnung der nach § 25 des Reichsgesetzes zulässigen Maßregeln, für das Aufgebotsverfahren (§ 140 des Reichsgesetzes) und für das Zwangsverwaltungsverfahren bleibt jedoch das Vollstreckungsgericht zuständig.

2. Der Beschluß des Vollstreckungsgerichts, durch welchen die Zwangsversteigerung angeordnet wird, hat den Notar, der das Verfahren zu leiten hat, zu bezeichnen. Der Notar ist thunlichst aus den Notaren des Amtsgerichtsbezirks, und wenn die Grundstücke in verschiedenen Amtsgerichtsbezirken gelegen sind, aus den Notaren, welche in diesen Bezirken ihren Amtssitz haben, zu ernennen.

Gegen den Beschluß des Vollstreckungsgerichts findet die Beschwerde[1] auch insoweit statt, als er den Notar bezeichnet.

Auf die Ausschließung und Ablehnung des Notars finden die Vorschriften der Civilprozeßordnung über die Ausschließung und die Ablehnung eines Richters entsprechende Anwendung.[2] Die Entscheidung erfolgt durch das Vollstreckungsgericht.

3. Das Vollstreckungsgericht hat, nachdem die durch § 19 Abs. 2 des Reichsgesetzes über die Zwangsversteigerung und die Zwangsverwaltung vorgeschriebenen Mittheilungen des Grundbuchamts eingegangen sind, die Gerichtsakten, welche für den Vollzug des Verfahrens erforderlich sind, unverzüglich dem ernannten Notare zu übersenden. Später einlaufende Urkunden und später ergehende Anordnungen, welche auf das Verfahren von Einfluß sind, sind gleichfalls alsbald an den Notar abzugeben.

Die Beschlüsse des Vollstreckungsgerichts sind in beglaubigter Abschrift dem Notare mitzutheilen.

4. Der Notar hat in allen Fällen, in welchen eine Beschlußfassung des Vollstreckungsgerichts erforderlich wird, die von ihm aufgenommenen Verhandlungen unverzüglich dem Vollstreckungsgerichte in Urschrift vorzulegen. Die Zurückbehaltung einer Abschrift der Verhandlungen ist nicht erforderlich.

Der Notar hat ferner nach Ausführung des Theilungsplans das Vollstreckungsgericht von dem Abschluß des Verfahrens in Kenntniß zu setzen.

5. Für die von dem Notar von Amtswegen zu bewirkenden Zustellungen tritt bei Anwendung der §§ 208 bis 213 der Civilprozeßordnung an die Stelle des Gerichtsschreibers der Notar, an die Stelle des Gerichtsdieners der Gerichtsvollzieher.[2a]

Zweiter Abschnitt. Zwangsversteigerung und Zwangsverwaltung im Wege der Zwangsvollstreckung.

6. Oeffentliche Lasten eines Grundstücks im Sinne des § 10 Abs. 1 Ziffer 3 und des § 156 des Reichsgesetzes über die Zwangsversteigerung und die Zwangsverwaltung sind:

---

1. Die sofortige Beschwerde nach § 793 CPO; vgl. auch § 95 ZVG.

2. §§ 41 ff. CPO.

2a. Vgl. hierzu die MinVerf. v. 8. Febr. 1900 (ABl. S. 58).

1. die Grundsteuer, die Gebäudesteuer, die Bergwerkssteuer und die Abgabe von der todten Hand[3] sowie die Zuschläge zu diesen Steuern,
2. die Beiträge, welche auf der Verpflichtung der Grundeigenthümer zur Unterhaltung der Wasserläufe[4] und auf deren Beitragspflicht zu den Kosten öffentlicher Arbeiten[5] beruhen,
3. die Beiträge, die aus der Mitgliedschaft zu einer autorisirten Genossenschaft oder zu einem Flußbauverband entspringen,[6]
4. die Kosten der Grenzvermarkung bei den der Forstordnung unterworfenen Waldungen[7] und die Kosten der Vermarkung bei der Katasterbereinigung durch Stückvermessung.[8]

Diese öffentlichen Lasten stehen unter sich im Range gleich.

7. Die Terminsbestimmung (§§ 35 ff. des Reichsgesetzes) soll in allen Fällen in der Gemeinde, in deren Bezirk das Grundstück gelegen ist, an der für amtliche Bekanntmachungen bestimmten Stelle angeheftet werden.[9]

8. Rechte, die nach § 84 des Ausführungsgesetzes zum Bürgerlichen Gesetzbuch zur Wirksamkeit gegenüber dem öffentlichen Glauben des Grundbuchs der Eintragung in das Grundbuch nicht bedürfen, bleiben bestehen, auch wenn sie bei der Feststellung des geringsten Gebots nicht berücksichtigt sind.[10]

Das Gleiche gilt unbeschadet der Vorschrift des § 9 Abs. 2 des Einführungsgesetzes zum Reichsgesetze über die Zwangsversteigerung und die Zwangsverwaltung von Grunddienstbarkeiten, die zur Wirksamkeit gegenüber dem öffentlichen Glauben des Grundbuchs der Eintragung nicht bedürfen.

9. In den Fällen der §§ 64 und 112 des Reichsgesetzes über die Zwangsversteigerung und die Zwangsverwaltung erfolgt die Feststellung des Werthes der Grundstücke auf Grundlage des laufenden Verkaufswerthes durch den Vollstreckungsbeamten, der erforderlichen Falls einen Sachverständigen[11] zuzuziehen hat.[12]

10. Für das Gebot einer Gemeinde, eines Bezirks oder einer öffentlichen Sparkasse kann Sicherheitsleistung nicht verlangt werden.[13]

11. Die bei der Zwangsversteigerung zu leistende Sicherheit darf auch durch Stellung eines Bürgen nach § 239 des Bürgerlichen Gesetzbuchs geleistet werden.[14]

Auf Gebote des Schuldners oder eines neu eingetretenen Eigenthümers findet diese Vorschrift keine Anwendung.[15]

Ist für den Bieter, dem der Zuschlag ertheilt ist, oder im Falle des § 61 des Reichsgesetzes über die Zwangsversteigerung und die Zwangsverwaltung für den zahlungspflichtigen Dritten Bürgschaft gestellt, so ist der Bürge in dem Beschlusse über den Zuschlag unter Angabe der Höhe seiner Schuld für mithaftend zu erklären. Soweit zur Ausführung des Theilungsplans die Forderung gegen den Ersteher auf die Berechtigten übertragen wird, ist den Berechtigten nach der Rangordnung ihrer Ansprüche die Forderung gegen den Bürgen mitzuübertragen. Die Forderung ist nach Maßgabe des § 132 des Reichsgesetzes auch gegen den Bürgen vollstreckbar.

12. Ist ein Berechtigter, an welchen nach den §§ 117 Abs. 2, 158 des Reichsgesetzes über die Zwangsversteigerung und die Zwangsverwaltung eine Auszahlung zu erfolgen hat, im Termine nicht erschienen, so ist der zugetheilte Betrag dem Berechtigten auf dessen Gefahr und Kosten durch die Post oder durch die Reichsbank zu übermitteln. Dem Berechtigten ist hiervon durch eingeschriebenen Brief Kenntniß zu geben.

13. Wird bei der Zwangsversteigerung oder der Zwangsverwaltung ein Aufgebotsverfahren erforderlich, so erfolgt die öffentliche Bekanntmachung des Aufgebots durch Einrückung in das für die amtlichen Bekanntmachungen des Gerichts bestimmte Blatt und durch Anheftung an die Gerichtstafel.

Die Aufgebotsfrist muß mindestens drei Monate betragen.[16]

14.[17] Für die Zwangsversteigerung und die Zwangsverwaltung von Bergwerkseigenthum im Wege der Zwangsvollstreckung gelten neben den vorstehenden Bestimmungen die besonderen Vorschriften der §§ 15 bis 19.

15. Die Ansprüche der zum Betriebe des Berg-

3. Ges. v. 20. Febr. 1849; § 13 Ges. betr. die Gebäudesteuer v. 14. Juli 1895.
4. §§ 22^{1}, 27 Ges. betr. Wasserbenutzung und Wasserschutz v. 2. Juli 1891.
5. Vgl. Art. 33 Ges. betr. die Austrocknung der Sümpfe v. 16. Sept. 1807; Art. 14 Ges. über die Vizinalwege v. 21. Mai 1836; Art. 28 Ges. betr. Pflasterung von Straßen in den Städten v. 25. Juni 1841; Ges. betr. die Vertheilung der Kosten für die Anlegung von Bürgersteigen v. 7. Juni 1845; Ges. betr. Beschränkungen der Baufreiheit in den neuen Stadttheilen von Straßburg v. 21. Mai 1879; V 10. Aug. 1892; V v. 6. Dez. 1893.
6. Vgl. Art. 15 Ges. über die Syndikatgenossenschaften v. 21. Juni 1865; § 11 Ges. betr. die autorisirten Genossenschaften ꝛc. v. 30. Juli 1890; § 33 Ges. betr. Wasserbenutzung und Wasserschutz v. 2. Juli 1891.
7. Vgl. Artt. 14, 90 Abs. 1 Forstgesetzbuch v. 31. Juli 1827; Art. 66 Forstordnung v. 1. Aug. 1827.
8. Vgl. § 15 Katastergef. v. 31. März 1884.
9. Vgl. § 7 EG z. ZVG.
10. Vgl. § 52 ZVG; § 9 Abs. 1 EG z. ZVG.
11. Der nach § 410 CPO zu vereidigen ist.
12. Vgl. § 11 EG z. ZVG.
13. Vgl. §§ 61, 67 Abs. 1, 85 ZVG; § 10^{1} EG z. ZVG.
14. Vgl. § 10^{2} EG z. ZVG.
15. Vgl. § 68 Abs. 3 ZVG.
16. Vgl. hierzu §§ 136, 138, 140 ff. ZVG;. § 12 EG z. ZVG; §§ 9, 10 AG z. CPO und KO v. 13. Nov. 1899.
17. Die §§ 14 ff. beruhen auf dem Vorbehalt des Art. 67 EG z. BGB, § 2 Abs. 1 EG z. ZVG.

baues angenommenen, in einem Dienst- oder Arbeitsverhältnisse stehenden Personen, insbesondere der Bergleute und der Betriebsbeamten, auf Lohn oder andere Bezüge stehen in Ansehung des Rechts auf Befriedigung aus dem Bergwerkseigenthum den im § 10 Nr. 2 des Reichsgesetzes über die Zwangsversteigerung und die Zwangsverwaltung bezeichneten Ansprüchen gleich.

16. Beiträge, die nach § 150, § 151 Abs. 2 oder § 152 Abs. 1 des Berggesetzes vom 16. Dezember 1873 von dem Werkbesitzer zu den Knappschafts- und Krankenkassen zu leisten sind, gelten als öffentliche Lasten des Bergwerks.

17. Die Beschlagnahme im Zwangsversteigerungsverfahren umfaßt nicht die bereits gewonnenen Mineralien.

18. Dem Antrag auf Zwangsversteigerung oder Zwangsverwaltung ist eine oberbergamtlich oder notariell beglaubigte Abschrift der Verleihungsurkunde beizufügen.[18]

19. Die Bestimmung des Versteigerungstermins soll außer dem Grundbuchblatt das Bergwerk nach seinem Namen und nach den Mineralien, auf welche das Bergwerkseigenthum verliehen ist, bezeichnen. Außerdem soll die Terminsbestimmung die Feldesgröße, den Kreis, worin das Feld liegt, und die Gemeinden, über deren Gebiet sich das Bergwerk erstreckt, angeben.

Die Vorschrift des § 7 findet keine Anwendung.

Dritter Abschnitt. Zwangsversteigerung und Zwangsverwaltung von Bergwerkseigenthum in besonderen Fällen.[19]

20. Die Vorschriften der §§ 172 bis 184 des Reichsgesetzes über die Zwangsversteigerung und die Zwangsverwaltung gelten mit den Aenderungen, die sich aus den beiden ersten Abschnitten dieses Gesetzes ergeben, auch für Bergwerkseigenthum.

21. Auf die Zwangsversteigerung von Bergwerkseigenthum nach den §§ 137, 139 des Berggesetzes vom 16. Dezember 1873 finden die Vorschriften, die für die Zwangsversteigerung im Wege der Zwangsvollstreckung gelten, entsprechende Anwendung, soweit nicht in den §§ 22 bis 25 ein Anderes bestimmt ist.

22. Der Antragsteller hat die Thatsachen, welche sein Recht zur Stellung des Antrags begründen, durch Urkunden glaubhaft zu machen, soweit sie nicht bei dem Gericht offenkundig sind.

Ist der Antrag von einem nach § 137 Abs. 1 des Berggesetzes Berechtigten gestellt, so sind mit dem Beschlusse, durch den die Zwangsversteigerung angeordnet wird, der Antrag und, wenn der Berechtigte nicht im Grundbuch eingetragen ist, die Urkunden, aus welchen das Recht desselben sich ergiebt, dem Schuldner zuzustellen.

23. Auf Antrag des Bergwerkseigenthümers darf die Zwangsversteigerung nur angeordnet werden, wenn der Antragsteller im Grundbuch eingetragen oder wenn er Erbe des eingetragenen Eigenthümers ist.

24. Ist die Zwangsversteigerung eines Bergwerks auf Antrag des Eigenthümers angeordnet oder hat der Eigenthümer nach § 139 des Berggesetzes auf das Bergwerkseigenthum verzichtet, so gilt der Beschluß, durch welchen das Verfahren angeordnet wird, nicht als Beschlagnahme. Im Sinne der §§ 13, 55 des Reichsgesetzes über die Zwangsversteigerung und die Zwangsverwaltung ist jedoch die Zustellung des Beschlusses an den Eigenthümer als Beschlagnahme anzusehen.

25. Die Vorschriften über das geringste Gebot[20] finden keine Anwendung. Das Meistgebot ist in seinem ganzen Betrage durch Zahlung zu berichtigen.

Vierter Abschnitt. Uebergangs- und Schlußbestimmungen.

1. Zwangsvollstreckung gegen den jeweiligen Eigenthümer.

26. Aus den vor dem 1. Januar 1900 errichteten Notariatsurkunden, welche eine Hypothekenbestellung enthalten, findet die Zwangsvollstreckung gegen den jeweiligen Eigenthümer des Grundstücks statt.[21]

Die Zwangsvollstreckung aus der Urkunde darf gegen einen Eigenthümer, der nicht persönlicher Schuldner ist, erst beginnen, wenn ihm dieselbe mindestens einen Monat vorher mit der Erklärung zugestellt ist, daß im Falle der Nichtzahlung die Zwangsvollstreckung beantragt werde.

Bis das Grundbuch als angelegt anzusehen ist, gelten die Vorschriften des Abs. 2 auch für die Zwangsvollstreckung aus anderen als den im Abs. 1 bezeichneten Urkunden.

2. Zwangsversteigerung und Zwangsverwaltung von Grundstücken und von Berechtigungen vor Anlegung des Grundbuchs.

27. Auf die Zwangsversteigerung und die Zwangsverwaltung von Grundstücken und von Berechtigungen, für welche die sich auf Grundstücke beziehenden Vorschriften gelten, finden, bis das Grundbuch als angelegt anzusehen ist, die Vorschriften des Reichsgesetzes über die Zwangsversteigerung und die Zwangsverwaltung, der §§ 6, 13 Abs. 2, 14 des Einführungsgesetzes dazu und der Abschnitte 1 bis 3 dieses Ausführungsgesetzes nach Maßgabe der §§ 28 bis 31 entsprechende Anwendung.

28. In Ansehung der nach § 17 des Reichsgesetzes über die Zwangsversteigerung und die Zwangsverwaltung erforderlichen vorherigen Eintragung des Eigenthümers finden die Bestim-

18. Vgl. § 34 Bergges. v. 16. Dez. 1873.

19. Vgl. § 81 AG z. BGB; §§ 864, 870 CPO.

20. §§ 44 ff. ZVG.

21. Abweichung von §§ 750 Abs. 1, 795, 800 CPO; vgl. Art. VIII EG z. d. Ges. betr. Aenderungen der CPO v. 17. Mai 1898.

mungen des § 110 Abs. 2 des Ausführungsgesetzes zum Bürgerlichen Gesetzbuch entsprechende Anwendung.

29. Bis zum Ablauf von zehn Jahren nach dem Inkrafttreten dieses Gesetzes ist dem Antrage auf Zwangsversteigerung oder auf Zwangsverwaltung ein Auszug aus dem Hypothekenregister beizufügen, der die gegen den Eigenthümer und dessen bekannte Rechtsvorgänger bestehenden Eintragungen aufzuführen hat.[22]

30. Die in dem Auszug aus dem Hypothekenregister vermerkten Gläubiger gelten als Betheiligte im Sinne des § 9 Ziffer 1 des Reichsgesetzes über die Zwangsversteigerung und die Zwangsverwaltung. Zustellungen und Mittheilungen an diese Gläubiger sowie an die vor dem Inkrafttreten des Bürgerlichen Gesetzbuchs in das vorläufige Grundbuch eingetragenen Hypothekargläubiger sind sowohl nach den wirklichen als nach den in den Einschreibungen gewählten Wohnsitzen zu richten.

31. Die in dem Auszug aus dem Hypothekenregister verzeichneten sowie die vor dem Inkrafttreten des Bürgerlichen Gesetzbuchs in das vorläufige Grundbuch eingetragenen Hypotheken und Vorzugsrechte sind bei der Feststellung des geringsten Gebots und bei der Aufstellung des Theilungsplans nur auf Grund einer Anmeldung zu berücksichtigen.[23]

Die im § 37 Nr. 4 des Reichsgesetzes über die Zwangsversteigerung und die Zwangsverwaltung vorgeschriebene Aufforderung muß auf die Anmeldung der Ansprüche aus den im Abs. 1 bezeichneten Rechten ausgedehnt werden.

3. Vertheilungsverfahren.

32.[24] Ist wegen einer Entschädigung, die nach den Landesgesetzen dem Eigenthümer eines Grundstücks oder eines anderen zum unbeweglichen Vermögen gehörenden Gegenstandes zu gewähren ist, die Eröffnung eines Vertheilungsverfahrens nach den für die Vertheilung des Erlöses im Falle der Zwangsversteigerung geltenden Vorschriften zulässig, so kommen diese Vorschriften nach Maßgabe nachstehender Bestimmungen zur Anwendung:

1. Die Zuständigkeit für das Verfahren bestimmt sich nach den §§ 1, 2 des Reichsgesetzes über die Zwangsversteigerung und die Zwangsverwaltung und nach den §§ 1, 2 dieses Ausführungsgesetzes.
2. Mit dem Antrag auf Eröffnung des Vertheilungsverfahrens ist bis zum Ablauf der im § 29 bezeichneten Zeit der durch denselben Paragraphen erforderte Auszug aus den Hypothekenregistern vorzulegen.
3. Das Vollstreckungsgericht hat bei der Eröffnung des Vertheilungsverfahrens von Amtswegen das Grundbuchamt oder das mit Führung des Eigenthumsbuchs oder des vorläufigen Grundbuchs beauftragte Amtsgericht um die im § 19 Abs. 2 des Reichsgesetzes über die Zwangsversteigerung und die Zwangsverwaltung bezeichneten Mittheilungen zu ersuchen.
4. Die Zustellung des Beschlusses, durch welchen das Verfahren eröffnet wird, an den Antragsteller ist im Sinne des § 13 des Reichsgesetzes über die Zwangsversteigerung und die Zwangsverwaltung als Beschlagnahme anzusehen.
5. Als Betheiligte im Sinne des § 9 Nr. 1 des Reichsgesetzes über die Zwangsversteigerung und die Zwangsverwaltung gelten die in dem Auszug aus dem Hypothekenregister vermerkten Gläubiger, sowie diejenigen, für welche zur Zeit der Ertheilung der beglaubigten Abschrift aus dem Grundbuche, dem Eigenthumsbuche oder dem vorläufigen Grundbuche ein Recht in diese Bücher eingetragen oder durch Eintragung gesichert ist.
6. Die Terminsbestimmung ist wenigstens sechs Wochen vor dem Termine an der Gerichtstafel anzuheften und den Betheiligten zuzustellen. Rechte, welche zur Zeit der Ertheilung der beglaubigten Abschrift aus dem Grundbuche, dem Eigenthumsbuche oder dem vorläufigen Grundbuche nicht ersichtlich waren, sowie die in § 31 Abs. 1 bezeichneten Hypotheken sind spätestens vierzehn Tage vor dem Vertheilungstermine anzumelden, widrigenfalls sie den übrigen Rechten nachstehen. In der Zustellung der Terminsbestimmung (§ 105 Abs. 2 des Reichsgesetzes) ist hierauf hinzuweisen.

33. In Ansehung von Brandversicherungsgeldern findet ein Vertheilungsverfahren (§ 32) nicht mehr statt.[25]

Die Bestimmungen der §§ 1127 bis 1130 des Bürgerlichen Gesetzbuchs gelten auch für die vor dem Inkrafttreten des Bürgerlichen Gesetzbuchs begründeten Hypotheken, welche nicht in das Eigenthumsbuch übertragen sind. Der Eintritt des Schadens braucht jedoch nur denjenigen Gläubigern angezeigt zu werden, welche ihre Forderung spätestens innerhalb eines Monats nach dem Brande angemeldet haben.

4. Löschungsverfahren.

34.[26] Wer das Eigenthum eines Grundstücks

---

22. Vgl. §§ 101, 113 AG z. BGB.
23. Vgl. § 45 Abs. 1 ZVG.
24. Vgl. Artt. 54, 59 Ges. betr. die Zwangsenteignung v. 3. Mai 1841; § 8 Ges. betr. die Errichtung von Marksteinen v. 21. Nov. 1875; Art. 67 EG z. BGB in Verbindung mit Artt. 52, 53 EG z. BGB; §§ 115 ff. Bergges. v. 16. Dez. 1873.
25. Vgl. §§ 11 ff. AG z. BGB.
26. Das in den §§ 34—44 geregelte Verfahren tritt an die Stelle des bisher zuläßigen Hypothekenreinigungsverfahrens.

auf Grund eines Kaufes erworben hat, ist, bis das Grundbuch als angelegt anzusehen ist, nach Maßgabe der Vorschriften der §§ 35 bis 42 befugt, zu verlangen, daß die zur Zeit der Eintragung seines Eigenthums auf dem Grundstücke ruhenden Pfandrechte (Hypotheken oder Vorzugsrechte), soweit sie den Kaufpreis übersteigen und von ihm nicht übernommen sind, gelöscht werden.

35. Der Erwerber hat innerhalb eines Monats, nachdem ihm der Schuldtitel gemäß § 26 Abs. 2 oder 3 dieses Gesetzes zugestellt ist, spätestens aber nach Ablauf von sechs Monaten nach seiner Eintragung als Eigenthümer jedem Gläubiger, zu dessen Gunsten ein Pfandrecht eingetragen ist, einen Auszug aus der Kaufurkunde, der die genaue Bezeichnung der Parteien, des Grundstücks und des Preises enthalten muß, nebst einer Abschrift der Bescheinigung über die Eintragung seines Eigenthums zuzustellen.

Die Zustellungsurkunden müssen die Erklärung enthalten, daß der Erwerber die Löschung der auf dem Grundstück ruhenden Pfandrechte, soweit sie den Kaufpreis übersteigen, bei dem nach den §§ 1, 2 des Reichsgesetzes über die Zwangsversteigerung und die Zwangsverwaltung zuständigen Gerichte für den Fall beantragen werde, daß nicht binnen Monatsfrist nach der Zustellung die Zwangsversteigerung beantragt sei. Ist das Grundstück mit andern Grundstücken oder mit beweglichen Gegenständen um einen Gesammtpreis verkauft, so ist der Kaufpreis von dem Käufer auf Grundlage des Gesammtpreises anzugeben.

Die Zustellungsurkunden nebst einer das Grundstück betreffenden Abschrift aus dem Eigenthumsbuche oder vorläufigen Grundbuche und einem Auszug aus dem Hypothekenregister sind alsbald nach der Zustellung mit dem im Abs. 2 bezeichneten Antrage bei dem Vollstreckungsgerichte einzureichen.

36. Jeder Gläubiger, zu dessen Gunsten ein Pfandrecht eingetragen ist, kann die Zwangsversteigerung beantragen, auch wenn er keinen vollstreckbaren Titel besitzt und seine Forderung nicht fällig ist.

Bei der Versteigerung wird unbeschadet der Bestimmungen des Reichsgesetzes über das geringste Gebot nur ein Gebot zugelassen, das den Kaufpreis nebst den inzwischen aufgelaufenen Zinsen um mindestens fünf Prozent übersteigt. Außerdem hat das Gebot in allen Fällen auch die Kosten des ersten Kaufs einschließlich der Registrirungsabgabe zu decken. Eine weitere Registrirungsabgabe kommt im Falle des Zuschlags nur insoweit in Ansatz, als der Versteigerungserlös den Kaufpreis überschreitet.

Wird das Zwangsversteigerungsverfahren mangels eines zulässigen Gebots aufgehoben, so fallen die durch das Verfahren entstandenen Kosten dem Antragsteller zur Last.

37. Wird die Zwangsversteigerung innerhalb der bezeichneten Frist (§ 35 Abs. 2) nicht beantragt oder wird das angeordnete Verfahren später aufgehoben, so bestimmt das Amtsgericht auf Antrag gemäß §§ 1 und 2 dieses Gesetzes einen Notar und überweist dem ernannten Notar, nachdem der Beschluß rechtskräftig geworden, die im § 35 Abs. 3 bezeichneten Akten behufs Feststellung, welche Pfandrechte bestehen bleiben und welche als den Kaufpreis überschreitend zu löschen sind. Für die Berechnung ist der Tag der Eintragung des neuen Eigenthums maßgebend.

38. Der Notar hat alsbald nach Empfang der Akten einen Termin zur Verhandlung über die ihm obliegende Feststellung zu bestimmen.

Die Terminsbestimmung ist dem Erwerber, dem Veräußerer und allen Pfandrechtsgläubigern zuzustellen. Die Gläubiger sind in der Terminsbestimmung aufzufordern, ihre Ansprüche binnen eines Monats nach der Zustellung bei dem Notar anzumelden.

39. Die in dem Auszug aus den Hypothekenregistern verzeichneten sowie die vor dem Inkrafttreten des Bürgerlichen Gesetzbuchs in das vorläufige Grundbuch eingetragenen Hypotheken und Vorzugsrechte gelten, wenn eine Anmeldung innerhalb der bestimmten Frist nicht erfolgt, als erloschen, worauf in der Aufforderung hinzuweisen ist.

Alle übrigen Hypotheken sind nebst den laufenden Zinsen auch ohne Anmeldung nach Inhalt der Eintragung bei der Feststellung zu berücksichtigen. Rückständige Zinsen und Kosten werden nur berücksichtigt, wenn sie innerhalb der bestimmten Frist angemeldet werden. Unterbleibt die rechtzeitige Anmeldung, so erlischt die Hypothek für diese Ansprüche. In der Aufforderung zur Anmeldung ist auf diese Rechtsfolge hinzuweisen.

In Ansehung der Rangordnung finden bei der Feststellung die Vorschriften des § 10 Ziffer 4 und 8 und des § 12 des Reichsgesetzes über die Zwangsversteigerung und die Zwangsverwaltung entsprechende Anwendung.

40. Die Feststellung ist spätestens eine Woche vor dem Termin auf der Amtsstube des Notars zur Einsichtnahme der Betheiligten offen zu legen.

41. Auf die Verhandlungen über den Feststellungsplan, sowie auf die Erledigung erhobener Widersprüche und die Ausführung des Planes finden die Vorschriften der §§ 876 bis 879, 881 der Civilprozeßordnung entsprechende Anwendung.

Der Widerspruch des Erwerbers oder Verkäufers gegen einen vollstreckbaren Anspruch wird nach den §§ 767, 769, 770 der Civilprozeßordnung erledigt.

In dem Urtheile, durch welches ein Widerspruch

für begründet erachtet wird, ist zugleich zu bestimmen, in welcher Weise der Feststellungsplan abzuändern ist.

Im Uebrigen finden in Ansehung des Verfahrens, der Anfechtung der Entscheidungen des Notars und des Rechts der Beschwerde die Vorschriften des Reichsgesetzes über die Zwangsversteigerung und die Zwangsverwaltung und des Einführungsgesetzes dazu entsprechende Anwendung.

42. Die Ausführung der Feststellung durch Löschung der Pfandrechte, welche den Kaufpreis übersteigen, erfolgt auf Antrag des Notars durch das zuständige Gericht.

Ist ein Widerspruch gegen den Feststellungsplan erhoben worden, so darf die Löschung erst erfolgen, nachdem der Widerspruch rechtskräftig erledigt ist.

43. Die Kosten des Verfahrens sind vorbehaltlich des Rückgriffs gegen den Verkäufer von dem Erwerber zu tragen.

44. Sind für eine Hypothek, mit welcher das erworbene Grundstück belastet bleibt, noch andere Grundstücke mitverhaftet, und wird der Gläubiger von dem Eigenthümer eines dieser Grundstücke befriedigt, so erlischt die Hypothek, unbeschadet der Bestimmung des § 1173 Abs. 2 des Bürgerlichen Gesetzbuchs, an sämmtlichen mit der Hypothek belasteten Grundstücken.

45. Ein vor dem Inkrafttreten dieses Gesetzes beantragtes Zwangsversteigerungsverfahren ist einschließlich des Vertheilungsverfahrens nach den bisherigen Gesetzen zu erledigen. Schlußbestimmungen.

Dasselbe gilt von einem vor diesem Zeitpunkte beantragten Vertheilungsverfahren.

46. Ein Hypothekenreinigungsverfahren findet nicht mehr statt.

Waren in einem vor dem Inkrafttreten dieses Gesetzes eingeleiteten Verfahren die durch Art. 2183 des Code civil vorgeschriebenen Zustellungen schon bewirkt, so ist dasselbe einschließlich der Zwangsversteigerung auf Uebergebot und des Vertheilungsverfahrens nach den bisherigen Gesetzen zu erledigen.

47. Dieses Gesetz tritt gleichzeitig mit dem Bürgerlichen Gesetzbuch in Kraft.

Gerichtskostengesetz.[1]

Vom 18. Juni 1878.

Reichs-Gesetzblatt 1878 S. 141; 1898 S. 659.

Erster Abschnitt.
Allgemeine Bestimmungen.

§ 1. In den vor die ordentlichen Gerichte gehörigen Rechtssachen, auf welche die Civilprozeßordnung, die Strafprozeßordnung oder die Konkursordnung Anwendung findet, werden Gebühren und Auslagen der Gerichte nur nach Maßgabe dieses Gesetzes erhoben.

2. Eine Erhebung von Stempeln und anderen Abgaben neben den Gebühren findet nicht statt.

Urkunden, von denen im Verfahren Gebrauch gemacht wird, sind nur insoweit einem Stempel oder einer anderen Abgabe unterworfen, als sie es ohne diesen Gebrauch sein würden.

Urkunden, welche im Verfahren errichtet werden, bleiben, soweit ihr Inhalt über den Gegenstand des Verfahrens hinausgeht, den allgemeinen Vorschriften über Erhebung von Stempeln oder anderen Abgaben unterworfen.[2]

3. In einem weiteren Umfange, als die Prozeßordnungen und dieses Gesetz es gestatten, darf die Thätigkeit der Gerichte von der Sicherstellung oder Zahlung der Gebühren oder Auslagen nicht abhängig gemacht werden.[3]

4. Ueber Erinnerungen des Zahlungspflichtigen oder der Staatskasse gegen den Ansatz von Gebühren oder Auslagen entscheidet das Gericht der Instanz gebührenfrei. Die Entscheidung kann von dem Gerichte, welches dieselbe getroffen hat, sowie von dem Gerichte der höheren Instanz von Amtswegen geändert werden.

Gegen die Entscheidung findet Beschwerde nach Maßgabe des § 567 Abs. 2 und der §§ 568 bis 575 der Civilprozeßordnung, in Strafsachen nach Maßgabe der §§ 346 bis 352 der Strafprozeßordnung statt.

Die Einlegung von Erinnerungen oder Beschwerden kann durch Erklärung zum Protokolle des Gerichtsschreibers oder schriftlich ohne Mitwirkung eines Anwalts erfolgen.

5. Eine Nachforderung von Gerichtskosten wegen irrigen Ansatzes ist nur zulässig, wenn der berichtigte Ansatz vor Ablauf des nächsten Kalenderjahres nach rechtskräftiger oder endgültiger Erledigung des Verfahrens dem Zahlungspflichtigen eröffnet ist.[4]

6. Die Gerichte sind befugt, Gebühren, welche durch eine unrichtige Behandlung der Sache ohne Schuld der Betheiligten entstanden sind, niederzuschlagen, und für abweisende Bescheide, wenn der Antrag auf nicht anzurechnender Unkenntniß der Verhältnisse oder auf Unwissenheit beruht, Gebührenfreiheit zu gewähren.[5]

7. Der Mindestbetrag einer Gebühr ist zwanzig Pfennig.

Pfennigbeträge, welche ohne Bruch nicht durch zehn theilbar sind, werden auf den nächst höheren durch zehn theilbaren Betrag abgerundet.[6]

Zweiter Abschnitt. Gebühren in bürgerlichen Rechtsstreitigkeiten.

8. In bürgerlichen Rechtsstreitigkeiten werden die Gebühren nach dem Werthe des Streitgegenstandes erhoben.

Die volle Gebühr beträgt bei Gegenständen im Werthe:

	Mark	Pf.
1. bis 20 Mark einschließlich	1	—
2. von mehr als 20 bis 60 Mark einschließlich	2	40
3. von mehr als 60 bis 120 Mark einschließlich	4	60
4. von mehr als 120 bis 200 Mark einschließlich	7	50

1. Das Gesetz ist in der Fassung der Bekanntmachung v. 20. Mei 1878 abgedruckt. — Vgl. auch GKG f. Elf.-Lothr. v. 6. Dez. 1899, insbes. §§ 111 ff.
2. Vgl. §§ 19, 72, 147 ff. GKG f. Elf.-Lothr.; §§ 100, 101 unten.
3. Vgl. §§ 379, 402, 911 CPO; § 174 StPO.
4. Vgl. § 17 GKG für Elf.-Lothr.
5. Vgl. § 16 Abs. 1 GKG für Elf.-Lothr.
6. Vgl. § 10 GKG für Elf.-Lothr.

	Mark	Pf.
5. von mehr als 200 bis 300 Mark einschließlich	11	—
6. von mehr als 300 bis 450 Mark einschließlich	15	—
7. von mehr als 450 bis 650 Mark einschließlich	20	—
8. von mehr als 650 bis 900 Mark einschließlich	26	—
9. von mehr als 900 bis 1200 Mark einschließlich	32	—
10. von mehr als 1200 bis 1600 Mark einschließlich	38	—
11. von mehr als 1600 bis 2100 Mark einschließlich	44	—
12. von mehr als 2100 bis 2700 Mark einschließlich	50	—
13. von mehr als 2700 bis 3400 Mark einschließlich	56	—
14. von mehr als 3400 bis 4300 Mark einschließlich	62	—
15. von mehr als 4300 bis 5400 Mark einschließlich	68	—
16. von mehr als 5400 bis 6700 Mark einschließlich	74	—
17. von mehr als 6700 bis 8200 Mark einschließlich	81	—
18. von mehr als 8200 bis 10000 Mark einschließlich	90	—

Die ferneren Werthsklassen steigen um je 2000 Mark und die Gebühren um je 10 Mark.

9. Für die Werthsberechnung sind die Vorschriften der Civilprozeßordnung §§ 3 bis 9 und der Konkursordnung § 148 mit den nachstehenden Bestimmungen maßgebend.

9a. Ist das Bestehen oder die Dauer eines Pacht- oder Miethverhältnisses für einen längeren als einjährigen Zeitraum streitig, so wird der Werth auf den Betrag des einjährigen Zinses berechnet.

Bei Ansprüchen auf Alimente, welche auf gesetzlicher Vorschrift beruhen, wird der Werth des Rechts auf die wiederkehrenden Leistungen, falls nicht der Gesammtbetrag der geforderten Leistungen geringer ist, auf den fünffachen Betrag des einjährigen Bezugs berechnet. Das Gleiche gilt bei Ansprüchen auf Entrichtung einer Geldrente, welche nach den §§ 843, 844 des Bürgerlichen Gesetzbuchs oder nach den §§ 3, 3a, 7 des Gesetzes, betreffend die Verbindlichkeit zum Schadensersatze für die bei dem Betriebe von Eisenbahnen, Bergwerken u. s. w. herbeigeführten Tödtungen und Körperverletzungen, vom 7. Juni 1871 erhoben werden.

Ist für die Dauer des Rechtsstreits, welcher eine Ehesache betrifft, über die Unterhaltspflicht der Ehegatten zu entscheiden, so wird der Werth des Rechts auf Entrichtung einer Geldrente auf den einjährigen Betrag derselben berechnet.

10. Bei nicht vermögensrechtlichen Ansprüchen wird der Werth des Streitgegenstandes zu 2000 Mark, ausnahmsweise niedriger oder höher, jedoch nicht unter 200 Mark und nicht über 50000 Mark angenommen.[7]

Ist mit einem nicht vermögensrechtlichen Anspruch ein aus ihm hergeleiteter vermögensrechtlicher verbunden, so ist nur Ein Anspruch, und zwar der höhere maßgebend.

10a. Im Falle des § 254 der Civilprozeßordnung ist für die Werthsberechnung nur einer der verbundenen Ansprüche, und zwar der höhere maßgebend.

11. Soweit Klage und Widerklage, welche nicht in getrennten Prozessen verhandelt werden, denselben Streitgegenstand betreffen, sind die Gebühren nach dem einfachen Werthe dieses Gegenstandes zu berechnen. Soweit beide Klagen nicht denselben Streitgegenstand betreffen, sind die Gegenstände zusammenzurechnen.

Das Gleiche gilt für wechselseitig eingelegte Rechtsmittel, welche nicht in getrennten Prozessen verhandelt werden.

12. Für Akte, welche einen Theil des Streitgegenstandes betreffen, sind die Gebühren nur nach dem Werthe dieses Theils zu berechnen.

Sind von einzelnen Werthstheilen in derselben Instanz für gleiche Akte Gebühren zu berechnen, so darf nicht mehr erhoben werden, als wenn die Gebühr von dem Gesammtbetrage der Werthstheile zu berechnen wäre; treten für die Akte verschiedene Gebührensätze ein, so ist der höchste Satz maßgebend.

13. Für Akte, welche Früchte, Nutzungen, Zinsen, Schäden oder Kosten als Nebenforderungen ohne den Hauptanspruch betreffen, ist der Werth der Nebenforderungen insoweit maßgebend, als er den Werth des Hauptanspruchs nicht übersteigt.

Für Akte der Zwangsvollstreckung wegen einer Geldforderung werden die einzuziehenden Zinsen mitberechnet.

Für Akte, welche die Kosten des Rechtsstreits ohne den Hauptanspruch betreffen, ist der Betrag der Kosten maßgebend.

14. Bei jedem Antrag ist der Werth des Streitgegenstandes, sofern derselbe nicht in einer bestimmten Geldsumme besteht oder aus früheren Anträgen erhellt, und auf Erfordern auch der Werth eines Theils desselben schriftlich oder zum Protokolle des Gerichtsschreibers anzugeben.

Die Angabe kann jederzeit berichtigt werden.

15. Die zum Zwecke der Entscheidung über die Zuständigkeit des Prozeßgerichts oder die Zulässigkeit des Rechtsmittels erfolgte Festsetzung des Werthes ist, unbeschadet der Vorschrift des § 9a, für die Berechnung der Gebühren maßgebend.

7. Vgl. § 11 Nr. 5 und 6 GKG f. Elf.-Lothr.

16. Soweit eine Entscheidung in Gemäßheit des § 15 nicht stattfindet, und nach der Natur des Streitgegenstandes oder durch den Antrag einer Partei die Festsetzung des Werthes erforderlich wird, erfolgt dieselbe gebührenfrei durch Beschluß des Prozeßgerichts, bei der Zwangsvollstreckung, falls der Werth noch nicht festgesetzt ist, durch Beschluß des Vollstreckungsgerichts. Die Festsetzung kann von dem Gerichte, welches dieselbe getroffen hat, sowie von dem Gerichte der höheren Instanz im Laufe des Verfahrens von Amtswegen geändert werden.

Gegen den Beschluß findet Beschwerde nach Maßgabe des § 567 Abs. 2 und der §§ 568 bis 575 der Civilprozeßordnung sowie des § 4 Abs. 3 dieses Gesetzes statt.[8]

17. Wird eine Abschätzung durch Sachverständige erforderlich, so ist in dem Beschlusse, durch welchen der Werth festgesetzt wird (§ 16), über die Kosten der Abschätzung zu entscheiden. Dieselben können ganz oder theilweise der Partei zur Last gelegt werden, welche durch Unterlassung der ihr obliegenden Werthsangabe oder durch unrichtige Werthsangabe, unbegründetes Bestreiten der Werthsangabe oder unbegründete Beschwerde die Abschätzung veranlaßt hat.

18. Die volle Gebühr (§ 8) wird erhoben:

1. für die kontradiktorische mündliche Verhandlung (Verhandlungsgebühr);
2. für die Anordnung einer Beweisaufnahme (Beweisgebühr);
3. für eine andere Entscheidung (Entscheidungsgebühr).

19. Die Verhandlung gilt als kontradiktorisch im Sinne des § 18 Nr. 1, soweit in derselben von beiden Parteien einander widersprechende Anträge gestellt werden.

20. Die Verhandlungsgebühr kommt auch zur Erhebung:

1. für eine nicht kontradiktorische mündliche Verhandlung in Ehesachen, in Rechtsstreitigkeiten, welche die Feststellung des Rechtsverhältnisses zwischen Eltern und Kindern zum Gegenstande haben,[9] in den vor die Landgerichte gehörigen Entmündigungssachen und in dem Verfahren über die gegen eine Todeserklärung erhobene Anfechtungsklage, sofern der Kläger verhandelt;[10]
2. für die Verhandlung im vorbereitenden Verfahren (Civilprozeßordnung §§ 348 bis 354).

21. Die Verhandlungsgebühr wird nicht erhoben, soweit ein zur Beilegung des Rechtsstreits abgeschlossener Vergleich aufgenommen oder auf Grund eines Anerkenntnisses oder Verzichts eine Entscheidung erlassen wird, ohne daß die Anordnung einer Beweisaufnahme oder eine andere gebührenpflichtige Entscheidung vorhergegangen ist.

22. Die Beweisgebühr (§ 18 Nr. 2) wird nur zur Hälfte erhoben, wenn die angeordnete Beweisaufnahme weder ganz noch theilweise stattgefunden hat.

Dasselbe findet statt, soweit bezüglich des durch die Beweisanordnung betroffenen Gegenstandes ein zur Beilegung des Rechtsstreits abgeschlossener Vergleich aufgenommen oder auf Grund eines Anerkenntnisses oder Verzichts eine Entscheidung erlassen wird.

23. Nur drei Zehntheile der Entscheidungsgebühr werden erhoben für die auf Grund eines Anerkenntnisses oder Verzichts erlassene Entscheidung.

Die Entscheidungsgebühr wird zu drei Zehntheilen auch für die Aufnahme eines zur Beilegung des Rechtsstreits abgeschlossenen Vergleichs erhoben.

24. Ein bedingtes Urtheil (Civilprozeßordnung § 460) gilt für die Gebührenerhebung als Beweisanordnung; das Urtheil, durch welches das bedingte Urtheil erledigt wird (Civilprozeßordnung § 462 Abs. 2), als Entscheidung im Sinne des § 18 Nr. 3.

Ist jedoch das bedingte Urtheil in der Instanz, in welcher es ergangen ist, bis zum Eintritt der Fälligkeit der Gebühren nicht erledigt, so wird für dasselbe die Entscheidungsgebühr erhoben, vorbehaltlich der Berichtigung des Gebührenansatzes nach Maßgabe der Vorschriften des ersten Absatzes für den Fall einer nachträglichen Erledigung des Urtheils in derselben Instanz.

25. Sechs Zehntheile der Gebühr (§§ 18 bis 24) werden erhoben, wenn der Akt im Urkunden- oder Wechselprozesse (Civilprozeßordnung §§ 592 bis 605) erfolgt.

26. Fünf Zehntheile der Gebühr (§§ 18 bis 24) werden erhoben, wenn der Akt ausschließlich betrifft:

1. prozeßhindernde Einreden (Civilprozeßordnung § 274);
2. die Unzuständigkeit des Gerichts, die Unzulässigkeit des Rechtsweges, den Mangel der Parteifähigkeit, der Prozeßfähigkeit, der Legitimation eines gesetzlichen Vertreters oder der erforderlichen Ermächtigung zur Prozeßführung, sofern dieselben von Amtswegen berücksichtigt sind (Gerichtsverfassungsgesetz § 17 Abs. 1, Civilprozeßordnung §§ 40, 56);
3. die Entlassung des Beklagten aus dem Rechtsstreite (Civilprozeßordnung §§ 75 bis 77), oder die Uebernahme des Rechtsstreits durch den Rechtsnachfolger (Civilprozeßordnung § 266);
4. die Aufnahme eines unterbrochenen oder

8 Vgl. § 16 GebOrd für Rechtsanwälte.
9 §§ 640 ff. CPO.
10 §§ 957 Abs. 2, 973 CPO.

ausgesetzten Verfahrens (Civilprozeßordnung §§ 239 bis 250);

5. die Zulässigkeit der Wiedereinsetzung in den vorigen Stand, der Berufung, Revision oder der Wiederaufnahme des Verfahrens oder die Zurücknahme eines Rechtsmittels (Civilprozeßordnung §§ 238, 515 Abs. 3, §§ 535, 566, 589);
6. den Einspruch (Civilprozeßordnung §§ 341, 345, 346, 700), sowie die gegen ein Versäumnißurtheil eingelegten Rechtsmittel (Civilprozeßordnung § 513 Abs. 2, § 566);
7. die vorläufige Vollstreckbarkeit eines Urtheils;
8. die Ertheilung der Vollstreckungsklausel, sofern sie im Wege der Klage beantragt oder angefochten wird (Civilprozeßordnung §§ 731, 738, 742, 744, 745 Abs. 2, §§ 749, 768), oder Einwendungen gegen die Zwangsvollstreckung, welche den Anspruch selbst betreffen, sofern der § 767 Abs. 2 oder § 796 Abs. 2 der Civilprozeßordnung Anwendung findet, oder die Zulassung der Zwangsvollstreckung aus dem Urtheil eines ausländischen Gerichts oder aus einem Schiedsspruche (Civilprozeßordnung § 722, 1042);
9. die Anordnung, Abänderung oder Aufhebung eines Arrestes oder einer einstweiligen Verfügung, sofern die Entscheidung durch Endurtheil zu treffen ist (Civilprozeßordnung § 922 Abs. 1, §§ 925, 926 Abs. 2, §§ 927, 936);
10. die Unzulässigkeit des schiedsrichterlichen Verfahrens oder die Aufhebung eines Schiedsspruchs (Civilprozeßordnung § 1046).

Ist in den Fällen der Nr. 1, 2 der Kläger abgewiesen, oder in den Fällen der Nr. 5, 6 die Wiedereinsetzung, Berufung, Revision, Wiederaufnahme oder der Einspruch als unzulässig verworfen, so werden auch für eine Verhandlung zur Hauptsache nur fünf Zehntheile der Gebühr erhoben, sofern die Entscheidung auf diese Verhandlung ergangen ist.

27. Drei Zehntheile der Gebühr (§§ 18 bis 24) werden erhoben, wenn der Akt betrifft:

1. die Zulässigkeit einer Nebenintervention (Civilprozeßordnung § 71);
2. die Zwangsvollstreckung zur Erwirkung von Handlungen oder Unterlassungen (Civilprozeßordnung §§ 887 bis 891).

28. Jede der im § 18 bezeichneten Gebühren wird in jeder Instanz rücksichtlich eines jeden Theils des Streitgegenstandes nur einmal erhoben. Treffen für gleiche Akte die volle Gebühr und die Gebühr des § 26 rücksichtlich desselben Streitgegenstandes zusammen, so kommt nur die volle Gebühr zur Erhebung.

29. Wird die Ergänzung eines Urtheils beantragt (Civilprozeßordnung § 321), so findet, soweit der Antrag nicht zurückgewiesen wird, die Bestimmung des § 12 Anwendung; soweit der Antrag zurückgewiesen wird, kommen fünf Zehntheile der Gebühr (§§ 18 bis 24) zur Erhebung.

30. Verweist das Amtsgericht einen Rechtsstreit vor das Landgericht, weil durch Widerklage oder durch Erweiterung des Klagantrags ein Anspruch erhoben ist, welcher zur Zuständigkeit der Landgerichte gehört, oder die Feststellung eines Rechtsverhältnisses beantragt worden ist, für welches die Landgerichte zuständig sind (Civilprozeßordnung § 506), so bildet das weitere Verfahren vor dem Landgerichte mit dem Verfahren vor dem Amtsgericht im Sinne des § 28 Eine Instanz.

Das Gleiche gilt, wenn der Einspruch gegen einen Vollstreckungsbefehl von dem Amtsgerichte für zulässig befunden und die Klage während der Rechtshängigkeit des Anspruchs bei dem Landgericht erhoben ist (Civilprozeßordnung § 700), für das amtsgerichtliche Verfahren über die Zulässigkeit des Einspruchs und das Verfahren vor dem Landgerichte.

31. Wird eine Sache zur anderweiten Verhandlung an das Gericht unterer Instanz zurückverwiesen (Civilprozeßordnung §§ 538, 539, 565), so bildet das weitere Verfahren mit dem früheren Verfahren vor diesem Gericht im Sinne des § 28 Eine Instanz.

32. Das Verfahren in Folge des Einspruchs gegen ein Versäumnißurtheil gilt im Sinne des § 28 als neue Instanz, insoweit der Einspruch verworfen, zurückgenommen oder nicht verhandelt wird (Civilprozeßordnung §§ 341, 345, 346).

Gilt das Verfahren als Fortsetzung der Instanz, so wird durch die Gebühr für das Versäumnißurtheil eine andere Entscheidungsgebühr derselben Instanz nicht ausgeschlossen.

33. Das ordentliche Verfahren, welches nach der Abstandnahme vom Urkunden- oder Wechselprozesse, sowie nach dem mit Vorbehalt in demselben erlassenen Urtheil anhängig bleibt (Civilprozeßordnung §§ 596, 600), gilt für die Gebührenerhebung als besonderer Rechtsstreit.

34. Drei Zehntheile der Gebühr (§ 8) werden erhoben für die Entscheidung einschließlich des Verfahrens:

1. über Anträge auf Entmündigung oder Wiederaufhebung einer Entmündigung, soweit die Amtsgerichte zuständig sind (Civilprozeßordnung §§ 645 bis 662, 675 bis 678, 680 bis 683, 685);
2. über die Ernennung oder Ablehnung eines Schiedsrichters, das Erlöschen eines Schiedsvertrags oder die Anordnung der von Schiedsrichtern für erforderlich erachteten richterlichen Handlungen (Civilprozeßordnung § 1045).

35. Zwei Zehntheile der Gebühr (§ 8) werden erhoben für die Entscheidung, einschließlich des vorangegangen Verfahrens, über Anträge:

1. auf vorläufige Einstellung, Beschränkung oder Aufhebung einer Zwangsvollstreckung (Civilprozeßordnung §§ 707, 719, 769, 771 Abs. 3, §§ 785, 786, 805 Abs. 4, § 810 Abs. 2);
2. auf gerichtliche Handlungen der Zwangsvollstreckung (Civilprozeßordnung §§ 764, 791, 822, 823, 825, 828, 829 Abs. 1, §§ 835, 839, 844, 846 bis 848, 857, 858, 885 Abs. 4, §§ 886, 900 Abs. 3, §§ 901, 930 Abs. 3);[11]
3. auf Anordnung oder Aufhebung eines Arrestes oder einer einstweiligen Verfügung (Civilprozeßordnung §§ 921, 922, 934, 936 bis 944), soweit nicht nachträglich eine Gebühr des § 26 Nr. 9 zur Erhebung kommt;

sowie

4. über Anträge, Einwendungen oder Erinnerungen, welche die Art und Weise der Zwangsvollstreckung oder das bei derselben vom Gerichtsvollzieher zu beobachtende Verfahren oder die von ihm in Ansatz gebrachten Kosten oder die Weigerung desselben betreffen, einen Vollstreckungsauftrag zu übernehmen oder eine Vollstreckungshandlung dem Auftrage gemäß auszuführen (Civilprozeßordnung § 766).

36. Für die Entscheidung, einschließlich des Verfahrens, über Anträge auf Sicherung des Beweises (Civilprozeßordnung §§ 485 bis 494) werden drei Zehntheile der Gebühr (§ 8) und, wenn eine Beweisaufnahme stattfindet, fünf Zehntheile der Gebühr erhoben.[12]

37. Im Mahnverfahren werden erhoben:

1. zwei Zehntheile der Gebühr (§ 8) für die Entscheidung über das Gesuch um Erlassung des Zahlungsbefehls (Civilprozeßordnung §§ 691, 692);
2. ein Zehntheil der Gebühr (§ 8) für die Entscheidung über das Gesuch um Erlassung des Vollstreckungsbefehls (Civilprozeßordnung § 699).

Wird ein Gesuch um Erlassung des Zahlungsbefehls zurückgewiesen, weil der Zahlungsbefehl in Ansehung eines Theils des Anspruchs nicht erlassen werden kann (Civilprozeßordnung § 691 Abs. 2), so ist die Gebühr nur nach dem Werthe dieses Theils zu berechnen.

Soweit die Kosten des Mahnverfahrens als Theil der Kosten eines entstehenden Rechtsstreits anzusehen sind (Civilprozeßordnung § 698), wird die im Falle der Nr. 1 erhobene Gebühr auf die Gebühr des entstehenden Rechtsstreits angerechnet.

38. Ein Zehntheil der Gebühr (§ 8) wird erhoben für die Entscheidung, einschließlich des vorangegangenen Verfahrens, über Anträge:

1. auf Festsetzung der vom Gegner zu erstattenden Prozeßkosten, sofern dieselbe im besonderen Verfahren erfolgt (Civilprozeßordnung § 105), oder auf Abänderung der Kostenfestsetzung (Civilprozeßordnung § 107);
2. auf Bestimmung einer Frist zur Rückgabe und auf Anordnung der Rückgabe einer Sicherheit in den Fällen des § 109 Abs. 1, 2 der Civilprozeßordnung;
3. auf Ertheilung der Vollstreckungsklausel in den Fällen, in welchen dieselbe auf Anordnung des Vorsitzenden zu erfolgen hat, oder auf Zurücknahme der Vollstreckungsklausel, sofern diese Anträge nicht im Wege der Klage gestellt werden (Civilprozeßordnung §§ 726 bis 730, 732, 738, 742, 744, 745 Abs. 2, §§ 749, 795, 796 Abs. 1, § 797 Abs. 3, § 929), oder auf Ertheilung einer weiteren vollstreckbaren Ausfertigung (Civilprozeßordnung § 733).

39. Jede der im § 27 bezeichneten Streitigkeiten, sowie jedes Verfahren über die in den §§ 34 bis 38 bezeichneten Anträge, Einwendungen oder Erinnerungen gilt für die Gebührenerhebung als besonderer Rechtsstreit.

Betreffen mehrere gerichtliche Handlungen der Zwangsvollstreckung (§ 35 Nr. 2) wegen desselben Anspruchs denselben Gegenstand, so kommt die Gebühr nur einmal zur Erhebung.

Die im besonderen Verfahren erfolgte Festsetzung der Kosten und die Abänderung der Kostenfestsetzung (§ 38 Nr. 1) gelten als Ein Rechtsstreit. Das Gleiche gilt von dem Verfahren über die im § 38 Nr. 2 bezeichneten Anträge.

40. Für das durch den Gerichtsschreiber an die Post gerichtete Ersuchen um Bewirkung einer Zustellung (Civilprozeßordnung § 196) ist die einem Gerichtsvollzieher für den gleichen Akt zustehende Gebühr als Gerichtsgebühr zu erheben, sofern nicht die Zustellung von Amtswegen bewirkt wird.

41. Für einen in Gemäßheit des § 510 der Civilprozeßordnung stattgehabten Sühnetermin, einschließlich des in demselben etwa aufgenommenen Vergleichs, werden drei Zehntheile der Gebühr (§ 8) erhoben.

Die Gebühr wird, wenn der Gegner desjenigen, welcher zum Sühnetermin geladen hat, nicht erschienen oder der Sühneversuch erfolglos geblieben ist, auf die Gebühren eines entstehenden Rechtsstreits angerechnet.

42. Für das Vertheilungsverfahren (Civilprozeßordnung § 858 Abs. 6, §§ 872 bis 877, 882) werden fünf Zehntheile und, wenn das Verfahren vor dem Termine zur Ausführung der

---

11. Vgl. § 116 GKG f. Elf.-Lothr.
12. Vgl. § 91 Abs. 1 Nr. 2, Abs. 2 GKG f. Elf.-Lothr.

Vertheilung erledigt wird, drei Zehntheile der Gebühr (§ 8) erhoben.[13]

43. Für die Verhandlung in dem zur Abnahme des Offenbarungseides bestimmten Termine werden im Falle des § 889 der Civilprozeßordnung zwei Zehntheile der Gebühr (§ 8) erhoben.

Das Gleiche gilt für die Fälle der §§ 900, 901 der Civilprozeßordnung, sofern nicht über einen Widerspruch des Schuldners oder über einen spätestens im Termine gestellten Antrag auf Erzwingung der Eidesleistung zu entscheiden ist.

44. Im Aufgebotsverfahren (Civilprozeßordnung §§ 946 bis 956, 959 bis 972, 977 bis 1024) wird ein Zehntheil der Gebühr (§ 8) erhoben:

1. für die Entscheidung über die Zulässigkeit des Antrags auf Erlassung des Aufgebots;
2. für die vor der Einleitung des Aufgebotsverfahrens erfolgende Entscheidung über den Antrag auf Anordnung der Zahlungssperre;
3. für die Verhandlung im Aufgebotstermine;
4. für die Endentscheidung.

45. Drei Zehntheile der Gebühr (§ 8) werden erhoben für die Entscheidung, einschließlich des vorangegangenen Verfahrens, in der Beschwerdeinstanz, soweit die Beschwerde als unzulässig verworfen oder zurückgewiesen wird oder die Kosten des Verfahrens einem Gegner zur Last fallen. Insoweit dies nicht der Fall ist, werden Gebühren nicht erhoben.[14]

Diese Vorschrift kommt bei Anträgen auf Aenderung einer Entscheidung des beauftragten oder ersuchten Richters oder des Gerichtsschreibers (Civilprozeßordnung § 576) zur entsprechenden Anwendung.

46. Wird eine Klage, ein Antrag, ein Einspruch oder ein Rechtsmittel zurückgenommen, bevor ein gebührenpflichtiger Akt stattgefunden hat, so wird ein Zehntheil der Gebühr erhoben, welche für die beantragte Entscheidung oder im Falle des § 43 für die beantragte Verhandlung zu erheben sein würde.[15]

Diese Gebühr wird nicht erhoben, wenn ein zur Terminsbestimmung eingereichter Schriftsatz vor Bestimmung des Termins zurückgezogen ist.

Betrifft die Zurücknahme nur einen Theil des Streitgegenstandes, während über einen anderen Theil verhandelt, entschieden oder ein Vergleich aufgenommen wird, so ist die Gebühr für die Zurücknahme nur insoweit zu erheben, als die Verhandlungsgebühr oder die Entscheidungsgebühr sich erhöht haben würde, wenn die Verhandlung, die Entscheidung oder der Vergleich auf den zurückgenommenen Theil erstreckt worden wäre.

47. Gebühren werden nicht erhoben für die Verhandlung und Entscheidung:

1. über die Prozeß- oder Sachleitung, einschließlich der Bestimmung oder Aenderung von Terminen und Fristen;
2. über die Bewilligung oder Entziehung des Armenrechts, sowie die Verpflichtung zur Nachzahlung von Kosten (Civilprozeßordnung § 126);
3. über die Zuständigkeit des obersten Landesgerichts (§ 7 des Einführungsgesetzes zur Civilprozeßordnung) oder der Kammer für Handelssachen (Gerichtsverfassungsgesetz §§ 103 bis 106), über die Bestimmung des zuständigen Gerichts (Civilprozeßordnung § 36), die Uebernahme eines Entmündigungsverfahrens (Civilprozeßordnung § 650 Abs. 3, § 651 Abs. 2), die Bestimmung eines Gerichtsvollziehers (Civilprozeßordnung § 827 Abs. 1, § 854 Abs. 1) oder eines Sequesters (Civilprozeßordnung §§ 848, 855);
4. über die Ablehnung eines Richters, eines Gerichtsschreibers oder eines Sachverständigen (Civilprozeßordnung §§ 42 bis 49, 406);
5. über die Verpflichtung eines Gerichtsschreibers, gesetzlichen Vertreters, Rechtsanwalts oder anderen Bevollmächtigten, sowie eines Gerichtsvollziehers zur Tragung der durch Verschulden derselben veranlaßten Kosten (Civilprozeßordnung § 102);
6. über die Verpflichtung eines Rechtsanwalts zur Zurückgabe einer vom Gegner ihm mitgetheilten Urkunde (Civilprozeßordnung § 135);
7. über die Verpflichtung zur Abgabe eines Zeugnisses oder Gutachtens (Civilprozeßordnung §§ 386 bis 389, 408);
8. über die Zwangsmaßregeln gegen einen Zeugen oder Sachverständigen, sowie die Verurtheilung derselben zu Kosten und Strafe (Civilprozeßordnung §§ 380, 381, 390, 409);
9. über die Bestellung eines Vertreters für eine nicht prozeßfähige oder unbekannte Partei, für ein von dem Eigenthümer aufgegebenes Grundstück oder für einen Erben, der die Erbschaft noch nicht angenommen hat (Civilprozeßordnung §§ 57, 58, 494, 668, 679, 686, 779, 787);
10. über die Berichtigung eines Urtheils oder des Thatbestandes desselben (Civilprozeßordnung §§ 319, 320);
11. über die Vollstreckbarkeit der durch Rechtsmittelanträge nicht angefochtenen Theile eines Urtheils (Civilprozeßordnung §§ 534, 560);
12. über die Zulassung einer Zustellung oder eines Aktes der Zwangsvollstreckung zur Nachtzeit oder an einem Sonntag oder allgemeinen Feiertage (Civilprozeßordnung §§ 188, 761);
13. über die Mitwirkung des Gerichts bei Handlungen der Zwangsvollstreckung in den Fällen

---

13. Vgl. § 118 Nr. 1 GKG f. Elf.-Lothr.
14. Vgl. §§ 102, 119 GKG f. Elf.-Lothr.
15. Vgl. §§ 98, 116 Abs. 2 GKG f. Elf.-Lothr.

des § 758 Abs. 3, der §§ 789, 790 Abs. 1, § 912 der Civilprozeßordnung;

14. über die in § 35 Nr. 4 bezeichneten Anträge, Einwendungen oder Erinnerungen, soweit dieselben für begründet befunden werden und die Kosten des Verfahrens nicht dem Gegner, sondern dem Gerichtsvollzieher zur Last fallen;

15. über Anträge auf Ertheilung der Vollstreckungsklausel (Civilprozeßordnung §§ 724, 725, 795, 797 Abs. 1), sofern nicht Gebühren nach den Vorschriften des § 26 Nr. 8 oder des § 38 zu erheben sind;

16. über Anträge auf Anordnung der Rückgabe einer Sicherheit im Falle des § 715 der Civilprozeßordnung, sowie über Gesuche um Ertheilung des Zeugnisses der Rechtskraft oder um Ertheilung des Zeugnisses, daß innerhalb der Nothfrist ein Schriftsatz zum Zwecke der Terminsbestimmung nicht eingereicht sei, oder um Bestimmung einer Frist zum Nachweise der Zustellung eines Schriftsatzes (Civilprozeßordnung § 706).

Ist in den Fällen der Nr. 2, 4, 5, 6, 7, 10 das Verfahren nach freier richterlicher Ueberzeugung muthwillig veranlaßt, so hat das Gericht von Amtswegen die besondere Erhebung von drei Zehntheilen der Gebühr (§ 8) zu beschließen. Gegen den Beschluß findet Beschwerde nach Maßgabe des § 567 Abs. 2 und der §§ 568 bis 575 der Civilprozeßordnung sowie des § 4 Abs. 3 dieses Gesetzes statt.

In der Beschwerdeinstanz findet die Bestimmung des ersten Absatzes keine Anwendung, wenn die Beschwerde als unzulässig verworfen oder zurückgewiesen wird.

48. Ist außer dem Falle des § 335 der Civilprozeßordnung durch Verschulden einer Partei oder eines Vertreters derselben die Vertagung einer mündlichen Verhandlung oder die Anberaumung eines Termins zur Fortsetzung der mündlichen Verhandlung veranlaßt, oder ist durch nachträgliches Vorbringen von Angriffs- oder Vertheidigungsmitteln, Beweismitteln oder Beweiseinreden, welches zeitiger erfolgen konnte, die Erledigung des Rechtsstreits verzögert worden, so kann das Gericht von Amtswegen die besondere Erhebung einer Gebühr für die verursachte weitere Verhandlung, sowie einer Gebühr für die durch das neue Vorbringen veranlaßte nochmalige Beweisanordnung beschließen. Die Gebühr besteht in der vollen Gebühr (§ 8); sie kann jedoch bis zu zwei Zehntheilen herabgesetzt werden.

Gegen den Beschluß findet Beschwerde nach Maßgabe des § 567 Abs. 2 und der §§ 568 bis 575 der Civilprozeßordnung sowie des § 4 Abs. 3 dieses Gesetzes statt.

49. In der Berufungsinstanz erhöhen sich die Gebührensätze um ein Viertheil, in der Revisionsinstanz um die Hälfte.[16]

Für eine Beweisanordnung sowie Beweisaufnahme in der Berufungsinstanz, welche nur auf Grund der in der ersten Instanz vorgebrachten Thatsachen und Beweismittel erfolgt, kommt eine Beweisgebühr nicht zur Erhebung, soweit eine solche rücksichtlich desselben Streitgegenstandes schon in der ersten Instanz zu erheben war.

Dritter Abschnitt.
Gebühren im Konkursverfahren.

50. Auf die Gebühren im Konkursverfahren finden die Vorschriften des § 8 über die Werthsklassen und den Gebührensatz, sowie der §§ 14, 16, 17 dieses Gesetzes und des § 3 der Civilprozeßordnung über die Werthsfestsetzung entsprechende Anwendung.

51. Für das Konkursverfahren, einschließlich des der Eröffnung vorangegangenen Verfahrens, werden erhoben:

1. wenn auf Grund der Schlußvertheilung die Aufhebung des Konkursverfahrens erfolgt, mit Einschluß von Nachtragsvertheilungen, das Zweifache der Gebühr (§ 8);
2. wenn auf Grund eines Zwangsvergleichs die Aufhebung erfolgt, die volle Gebühr (§ 8) und acht Zehntheile derselben;
3. wenn nach dem Beginne des Vollzugs einer Abschlagsvertheilung (Konkursordnung § 159 Abs. 2) oder nach dem Beginn eines Vergleichtermins eine Einstellung des Verfahrens (Konkursordnung §§ 202, 204) erfolgt, die volle Gebühr (§ 8) und fünf Zehntheile derselben;
4. wenn nach dem Ablaufe der Anmeldefrist und vor den unter Nr. 3 bezeichneten Zeitpunkten eine Einstellung erfolgt, die volle Gebühr (§ 8) und drei Zehntheile derselben;
5. wenn vor dem Ablaufe der Anmeldefrist eine Einstellung erfolgt, acht Zehntheile der Gebühr (§ 8).

52. Die im § 51 bestimmte Gebühr wird nach dem Betrage der Aktivmasse erhoben. Massekosten, mit Ausnahme der Gebühren des Konkursgerichts, des Konkursverwalters und des Gläubigerausschusses, sowie Masseschulden werden abgesetzt. Gegenstände, welche zur abgesonderten Befriedigung dienen, werden nur in Höhe des für diese nicht erforderlichen Betrags angesetzt.

Ist die Aktivmasse höher als die Schuldenmasse, so wird die Gebühr nach dem Betrage der letzteren erhoben.

---

16. Die Gebühren in der Kassationsinstanz sind übergangen worden, weil bei der in Aussicht genommenen Neuordnung des Zwangsenteignungsverfahrens, für welches allein das Kassationsverfahren noch gilt, das letztere durch eine andere Regelung ersetzt werden soll.

Für die Berechnung der Masse ist die Zeit der Beendigung des Verfahrens maßgebend.

53. Für den Beschluß, durch welchen der Antrag auf Eröffnung des Konkursverfahrens abgewiesen wird, einschließlich des vorangegangenen Verfahrens, werden drei Zehntheile der Gebühr (§ 8) erhoben.

Wird das Verfahren durch Versagung der Zulassung des Antrags (Konkursordnung § 105 Abs. 1, § 208 Abs. 2, § 210 Abs. 2, §§ 213, 217 Abs. 2, § 218 Abs. 2, § 236, Gesetz, betreffend die Erwerbs- und Wirthschaftsgenossenschaften, § 100 Abs. 2) oder durch Zurücknahme des zugelassenen Antrags erledigt, so wird nur ein Zehntheil der Gebühr (§ 8) erhoben.

Die Vorschrift des § 52 findet Anwendung; sofern jedoch der Antrag von einem Gläubiger gestellt wird und die Forderung desselben nicht höher ist, als der Betrag der Aktivmasse, wird die Gebühr nach dem Betrage dieser Forderung erhoben.

54. Für jeden besonderen Prüfungstermin (Konkursordnung § 142) werden nach dem Betrage der einzelnen Forderungen, zu deren Prüfung der Termin dient, die volle Gebühr (§ 8) und, soweit Anmeldungen vor der Prüfung zurückgenommen werden, drei Zehntheile der Gebühr (§ 8) erhoben. Auf die Werthsberechnung findet die Vorschrift des § 148 der Konkursordnung entsprechende Anwendung.

55. Für die auf Betreiben des Konkursverwalters erfolgende Zwangsverwaltung oder Zwangsversteigerung eines zur Konkursmasse gehörigen Gegenstandes (Konkursordnung §§ 126, 127) wird die Gebühr nach den Vorschriften über die Gebührenerhebung für Zwangsvollstreckungen besonders erhoben.

56. Für die in Gemäßheit des § 125 der Konkursordnung erfolgende Abhaltung des zur Abnahme des Offenbarungseides bestimmten Termins (§ 43), sowie für das Verfahren und die Entscheidung über Anträge auf Erzwingung der Eidesleistung (Civilprozeßordnung § 901) werden Gebühren nicht erhoben.

57. Für die Beschwerdeinstanz wird die in den §§ 45, 46 bestimmte Gebühr besonders erhoben.

Im Falle der Beschwerde gegen den Beschluß über Eröffnung des Konkursverfahrens (Konkursordnung § 109) oder den Beschluß über Bestätigung eines Zwangsvergleichs (Konkursordnung §§ 189, 230 Abs. 2, § 236) finden die Vorschriften des § 52 Anwendung.

58. Für ein wiederaufgenommenes Konkursverfahren wird einschließlich der Wiederaufnahme die volle Gebühr (§ 8) besonders erhoben. Die Vorschriften der §§ 52, 54 bis 57 finden Anwendung.

Wird vor der Wiederaufnahme die Anordnung von Sicherheitsmaßregeln beantragt (Konkursordnung § 197 Abs. 2), so wird die Gebühr in Gemäßheit des § 35 nach dem Werthe des Gegenstandes, durch welchen die Sicherung erfolgen soll, besonders erhoben.

Die Gebühr für die Anordnung einer Sicherheitsmaßregel wird im Falle der Wiederaufnahme auf die im ersten Absatze bezeichnete Gebühr angerechnet.

Vierter Abschnitt.
Gebühren in Strafsachen.[17]

59. In Strafsachen giebt die rechtskräftig erkannte Strafe den Maßstab für die Höhe der Gerichtsgebühren aller Instanzen.

Ist neben einer Freiheitsstrafe auf Geldstrafe erkannt, so wird der ersteren die für den Fall, daß die Geldstrafe nicht beigetrieben werden kann, festgesetzte Freiheitsstrafe hinzugerechnet. Ist die bedingte Festsetzung der Freiheitsstrafe unterlassen worden, so wird für jeden angefangenen Betrag von zehn Mark der Geldstrafe ein Tag Freiheitsstrafe zugerechnet.

Ist nur auf Geldstrafe und für den Fall, daß dieselbe nicht beigetrieben werden kann, auf Freiheitsstrafe erkannt, so bestimmt sich die Gebühr nach der Höhe der ersteren. In diesem Falle, sowie wenn nur auf Geldstrafe erkannt ist, darf die Gebühr den Betrag der Geldstrafe nicht übersteigen.

60. Im Falle des § 79 des Strafgesetzbuchs bestimmt sich die Gebühr für das neue Verfahren durch den Betrag, um welchen die Gesammtstrafe die früher erkannte Strafe übersteigt.

Im Falle des § 492 der Strafprozeßordnung ist eine besondere Gebühr nicht zu erheben.

61. Betrifft eine Strafsache mehrere Angeschuldigte, so ist die Gebühr von jedem Verurtheilten besonders nach Maßgabe der gegen ihn erkannten Strafe zu erheben.

62. Für das Verfahren in erster Instanz werden erhoben:

Im Falle einer Geldstrafe oder Freiheitsstrafe von

1. 1 bis 20 Mark einschl. oder 1 bis 10 Tage einschl. . . . . . 5 Mark
2. mehr als 20 bis 30 Mark einschl. oder mehr als 10 bis 14 Tage einschl. . . . . 10 „
3. mehr als 30 bis 60 Mark einschl. oder mehr als 14 Tage bis 4 Wochen einschl. . . . . . . 20 „
4. mehr als 60 bis 150 Mark einschl. oder mehr als 4 bis 6 Wochen einschl. . . . . 30 „
5. mehr als 150 bis 300 Mark einschl. oder mehr als 6 Wochen bis 3 Monate einschl. . . . 45 „

17. Vgl. auch § 32 Nr. 1 und 8, §§ 51, 60 GKG f. Elf.-Lothr.

6. mehr als 300 bis 500 Mark einschl. oder mehr als 3 bis 6 Monate einschl. . . . . . . 60 Mark
7. mehr als 500 bis 1000 Mark einschl. oder mehr als 6 Monate bis 1 Jahr einschl. . . . . 75 „
8. mehr als 1000 bis 1500 Mark einschl. oder mehr als 1 bis 2 Jahre einschl. . . . . . . 100 „
9. mehr als 1500 bis 3000 Mark einschl. oder mehr als 2 bis 3 Jahre einschl. . . . . . . 130 „
10. mehr als 3000 Mark oder mehr als 3 bis 10 Jahre einschl. . 180 „
11. im Falle einer schwereren Strafe 300 „

Ist auf Verweis erkannt, so beträgt die Gebühr . . . . 5 „
und ist ausschließlich auf Verlust der bürgerlichen Ehrenrechte überhaupt oder einzelner bürgerlicher Ehrenrechte erkannt 45 „

63. Zwei Zehntheile der Sätze des § 62 werden erhoben in dem Verfahren bei amtsrichterlichen Strafbefehlen, wenn die Strafe ohne Hauptverhandlung rechtskräftig festgesetzt ist (Strafprozeßordnung § 450).

Wird der gegen einen Strafbefehl erhobene Einspruch wegen Ausbleibens des Angeklagten in der Hauptverhandlung durch Urtheil verworfen (Strafprozeßordnung § 452) so sind für das ganze Verfahren vier Zehntheile der Sätze des § 62 zu erheben.

64. Hat weder eine Voruntersuchung, noch in dem Hauptverfahren eine Beweisaufnahme stattgefunden, so kann das Gericht die Sätze des § 62 bis auf fünf Zehntheile ermäßigen.

Das Gleiche gilt in den Fällen des § 211 der Strafprozeßordnung.

65. Die Sätze des § 62 sind für die Berufungsinstanz, sowie für die Revisionsinstanz zu erheben, wenn in derselben eine Hauptverhandlung stattgefunden hat und das Rechtsmittel nicht als unzulässig verworfen wird.

Hat eine Beweisaufnahme in der Berufungsinstanz nicht stattgefunden, so kann das Gericht die Sätze bis auf fünf Zehntheile ermäßigen.

Wird die Berufung wegen Ausbleibens des Angeklagten in der Hauptverhandlung verworfen (Strafprozeßordnung § 370) oder betrifft die Berufung die Verwerfung des gegen einen Strafbefehl erhobenen Einspruchs (Strafprozeßordnung § 452), so sind vier Zehntheile zu erheben.

66. Ein Zehntheil der Sätze des § 62 wird besonders erhoben:

1. für Verwerfung eines Gesuchs um Wiedereinsetzung in den vorigen Stand (Strafprozeßordnung §§ 46, 234, 370 Abs. 2);
2. für die Entscheidung, durch welche eine Berufung oder Revision als unzulässig verworfen wird (Strafprozeßordnung §§ 360, 363, 386, 389);
3. für die Entscheidung, durch welche ein Antrag auf Wiederaufnahme des Verfahrens als unzulässig verworfen wird (Strafprozeßordnung § 408);
4. für die Entscheidung, durch welche ein Einspruch gegen einen amtsrichterlichen Strafbefehl (Strafprozeßordnung § 449) oder ein Antrag auf gerichtliche Entscheidung nach vorangegangener polizeilicher Strafverfügung (Strafprozeßordnung § 454) oder nach Erlaß eines Strafbescheides einer Verwaltungsbehörde (Strafprozeßordnung § 460) als unzulässig verworfen wird;
5. für Zurückweisung von Beschwerden gegen die unter Nr. 1 bis 4 bezeichneten Entscheidungen.

67. Wird ein Antrag auf Wiederaufnahme des Verfahrens als unbegründet verworfen (Strafprozeßordnung §§ 410, 411 Abs. 1), so werden zwei Zehntheile und, wenn eine Beweisaufnahme stattgefunden hat (Strafprozeßordnung § 409), vier Zehntheile der Sätze des § 62 erhoben.

Für Zurückweisung von Beschwerden gegen die im vorstehenden Absatze bezeichneten Entscheidungen wird ein Zehntheil der Sätze des § 62 erhoben.

68. Für die Zurückweisung anderer, als der in § 66 Nr. 5, § 67 Abs. 2 bezeichneten Beschwerden wird eine Gebühr von 1 Mark erhoben.

Die Gebühr ist von dem Beschuldigten nur zu erheben, wenn er zur Strafe rechtskräftig verurtheilt wird.

69. Werden in den Fällen der §§ 172 und 173 der Strafprozeßordnung nach Maßgabe der §§ 175 und 504 derselben dem Antragsteller die Kosten auferlegt, so beträgt die Gebühr:

wenn es sich um eine Uebertretung handelt . . . . 20 Mark,
wenn es sich um ein Vergehen handelt . . . . 50 „
wenn es sich um ein Verbrechen handelt . . . . 100 „

Das Gleiche gilt im Falle des § 501 der Strafprozeßordnung.

Im Falle des § 174 Abs. 2 der Strafprozeßordnung ist die Hälfte der vorstehenden Sätze zu erheben. Das Gleiche gilt, wenn nach eröffnetem Hauptverfahren die Einstellung des Verfahrens wegen Zurücknahme desjenigen Antrags erfolgt, durch welchen dasselbe bedingt war.

70. Für das Verfahren auf erhobene Privatklage werden in erster Instanz erhoben:

1. wenn nach Beginn der Hauptverhandlung Einstellung des Verfahrens erfolgt. . . . . 5 M.,
2. wenn außer dem Falle der Nr. 1 die Instanz ohne Beweisaufnahme durch Urtheil beendigt wird. . . . . . 15 „

3. wenn außer dem Falle der Nr. 1 die Instanz nach stattgehabter Beweisaufnahme durch Urtheil beendigt wird .... 20 M.

Dieselben Sätze sind für die Berufungsinstanz sowie für die Revisionsinstanz zu erheben.

Für die Widerklage wird ein besonderer Satz nicht erhoben.

Die von der Verwaltungsbehörde erhobene Klage (Strafprozeßordnung § 464) ist nicht als Privatklage im Sinne dieses Gesetzes zu erachten.

71. In dem Verfahren auf erhobene Privatklage sind:

1. in den Fällen des § 66 Nr. 1, 2, 3, sowie bei Zurückweisung von Beschwerden gegen die ebendaselbst bezeichneten Entscheidungen .... 2 M.,
2. im Falle des § 67 Abs. 1 .... 4 „ und, wenn eine Beweisaufnahme stattgefunden hat .... 8 „
3. im Falle des § 67 Abs. 2 .... 2 „
4. in den Fällen des § 68 .... 1 „
5. für Zurückweisung einer Privatklage 3 „
6. für Verwerfung einer Beschwerde über Zurückweisung einer Privatklage 3 „

zu erheben.

72. Bei Zurücknahme einer Privatklage vor Beginn der Hauptverhandlung werden 2 Mark erhoben.

73. Sind in einer Sache mehrere Personen als Privatkläger oder als Beschuldigte in derselben Instanz betheiligt, so wird ohne Rücksicht auf die Zahl der Personen das Doppelte der in den §§ 70 bis 72 bestimmten Gebühren erhoben.

74. Werden dem Nebenkläger die Kosten eines von ihm eingelegten Rechtsmittels auferlegt (Strafprozeßordnung § 441), so sind die Sätze zu erheben, welche nach Maßgabe der §§ 70, 71, 73 zu erheben sein würden, wenn er als Privatkläger das Rechtsmittel eingelegt hätte.

75. Für das Verfahren in den Fällen der §§ 477 bis 479 der Strafprozeßordnung beträgt die Gebühr in jeder Instanz 5 Mark.

76. Wird ein Gesuch, ein Antrag, ein Einspruch oder eine Beschwerde vor der Entscheidung über dieselben, oder wird eine Berufung oder eine Revision vor Beginn der Hauptverhandlung durch Zurücknahme oder Einstellung des Verfahrens erledigt, so werden drei Zehntheile der Gebühr erhoben, welche nach Maßgabe der §§ 66 bis 68, 69 Abs. 1, §§ 71, 73 bis 75 für eine zurückweisende Entscheidung zu erheben sein würde.

77. Wird die Wiederaufnahme des Verfahrens angeordnet (Strafprozeßordnung § 410), so werden, wenn das frühere Urtheil aufrecht erhalten wird, die Gebühren für das neue Verfahren nach denselben Bestimmungen, wie für das erste Verfahren erhoben. Führt die Wiederaufnahme zu einer Aufhebung des früheren Urtheils, so gilt für die Gebührenerhebung das neue Verfahren mit dem früheren Verfahren zusammen als Ein Verfahren der Instanz.

78. Nach Maßgabe der Vorschriften des zweiten Abschnitts werden besonders erhoben:

1. die Gebühren für Akte, welche die Verpflichtung eines Vertheidigers zur Tragung der durch Verschulden desselben veranlaßten Kosten (Strafprozeßordnung § 145) betreffen;
2. die Gebühren für Entscheidungen, welche betreffen:
   a) Anträge auf Festsetzung der zu erstattenden Kosten (Strafprozeßordnung § 496 Abs. 2);
   b) die Vollstreckung einer über eine Vermögensstrafe, eine Buße oder über Erstattung von Kosten ergangenen Entscheidung (Strafprozeßordnung §§ 495, 496);
   c) die Beschwerde gegen eine Entscheidung, durch welche der Verfall einer zur Abwendung einer Untersuchungshaft oder zur Erlangung eines Strafaufschubs bestellten Sicherheit ausgesprochen wird (Strafprozeßordnung §§ 122, 488).

Fünfter Abschnitt. Auslagen.[18]

79. An baaren Auslagen werden erhoben:

1. die Schreibgebühren;
2. die Post- und Telegraphengebühren;
3. die durch Einrückung einer Bekanntmachung in öffentliche Blätter entstehenden Kosten;
4. die an Zeugen und Sachverständige zu zahlenden Gebühren;
5. die bei Geschäften außerhalb der Gerichtsstelle den Gerichtsbeamten zustehenden Tagegelder und Reisekosten;
6. die an andere Behörden oder Beamte oder an Rechtsanwälte für deren Thätigkeit zu zahlenden Beträge;
7. die Kosten eines Transports von Personen;
8. die Haftkosten nach Maßgabe der für die Strafhaft geltenden landesgesetzlichen Vorschriften.

80. Die Schreibgebühren werden für Ausfertigungen und Abschriften erhoben. Die Schreibgebühr beträgt für die Seite, welche mindestens zwanzig Zeilen von durchschnittlich zwölf Silben enthält, zehn Pfennig, auch wenn die Herstellung auf mechanischem Wege stattgefunden hat.

Jede angefangene Seite wird voll berechnet.[19]

80a. Schreibgebühren werden nicht erhoben:

1. für die von Amtswegen anzufertigenden Ausfertigungen und Abschriften in den Fällen

18. Vgl. §§ 106 ff. GKG f. Elf.-Lothr.
19. Vgl. § 107 GKG f. Elf.-Lothr.

der §§ 4, 6, 16, 45, 47, 57, sofern in denselben keine Gebühren zu erheben sind;
2. für die Benachrichtigung von dem gegen einen Zahlungsbefehl erhobenen Widerspruche (Civilprozeßordnung § 694);
3. für den Vollstreckungsbefehl (Civilprozeßordnung § 699);
4. für die Vollstreckungsklausel (Civilprozeßordnung § 725);
5. für das Zeugniß der Rechtskraft und für das Zeugniß, daß innerhalb der Nothfrist ein Schriftsatz zur Terminsbestimmung nicht eingereicht sei (Civilprozeßordnung § 706).

80b. Für die von Amtswegen bewirkten Zustellungen werden baare Auslagen nicht erhoben. Die Erhebung der Schreibgebühr für die Ausfertigungen und Abschriften des zuzustellenden Schriftstücks wird hierdurch nicht ausgeschlossen.[20]

Sechster Abschnitt.

Kostenvorschuß und Kostenzahlung.[21]

81. In bürgerlichen Rechtsstreitigkeiten ist ein Gebührenvorschuß für jede Instanz von dem Antragsteller zu zahlen. Der Vorschuß beträgt soviel wie die höchste Gebühr, welche für einen Akt der Instanz zum Ansatze kommen kann.[22]

Diese Verpflichtung besteht auch für den Widerkläger und im Falle wechselseitig eingelegter Rechtsmittel für jede Partei, in beiden Fällen unter getrennter Berechnung der Streitgegenstände.

Bei Erweiterung der Anträge ist der Vorschuß nach Maßgabe der Erweiterung zu erhöhen.

82. Im Konkursverfahren ist ein Gebührenvorschuß
1. bei dem Antrag auf Eröffnung des Konkursverfahrens,
2. bei der Anmeldung einer Konkursforderung nach dem Ablaufe der Anmeldefrist,
3. bei dem Antrag auf Anordnung einer Sicherheitsmaßregel in Gemäßheit des § 197 Abs. 2 der Konkursordnung

von dem Antragsteller zu zahlen.

Der Vorschuß beträgt ebensoviel wie die zu erhebende Gebühr, im Falle der Nr. 1 soviel wie die im § 53 Abs. 1 bestimmte Gebühr.

83. In Strafsachen ist von dem Privatkläger oder demjenigen, welcher als Privatkläger eine Berufung oder Revision einlegt oder eine Wiederaufnahme des Verfahrens beantragt, sowie von dem Nebenkläger, welcher eine Berufung oder Revision einlegt, ein Gebührenvorschuß von 10 Mark für die Instanz zu zahlen.

Im Falle des § 75 beträgt der Vorschuß 5 Mark.

84. Außer dem Gebührenvorschuß (§§ 81 bis 83) ist bei jedem Antrag auf Vornahme einer Handlung, mit welcher baare Auslagen verbunden sind, ein zur Deckung derselben hinreichender Vorschuß von dem Antragsteller zu zahlen.[23]

Diese Vorschußpflicht besteht in Strafsachen nur in dem Verfahren auf erhobene Privatklage und für den Nebenkläger, welcher sich eines Rechtsmittels bedient.

Die Ladung und Vernehmung von Zeugen oder Sachverständigen auf Antrag des Privatklägers oder des Nebenklägers kann von der vorgängigen Zahlung eines zur Deckung der erwachsenden Auslagen hinreichenden Vorschusses abhängig gemacht werden.

85. Ausländer, welche als Kläger auftreten, haben das Dreifache des im § 81 bestimmten Betrags als Vorschuß zu zahlen.[24]

Diese Verpflichtung tritt nicht ein:
1. wenn nach den Gesetzen des Staates, welchem der Kläger angehört, ein Deutscher in gleichem Falle zu einer besonderen Vorauszahlung oder zu einer Sicherstellung der Gerichtskosten nicht verpflichtet ist;
2. im Urkunden- oder Wechselprozesse;
3. bei Widerklagen;
4. bei Klagen, welche in Folge einer öffentlichen Aufforderung angestellt werden;
5. bei Klagen aus Ansprüchen, welche in das Grund- oder Hypothekenbuch einer deutschen Behörde eingetragen sind;
6. wenn dem Kläger das Armenrecht bewilligt ist.

Die Verpflichtung besteht auch dann, wenn im Laufe des Rechtsstreits der Kläger die Eigenschaften eines Deutschen verliert, oder die Voraussetzung, unter welcher der Ausländer von der Verpflichtung befreit war, wegfällt.

Unter den gleichen Voraussetzungen haben Ausländer in den Fällen des § 83 Abs. 1 einen Gebührenvorschuß von 30 Mark zu zahlen.

Vor Zahlung des von einem Ausländer nach den vorstehenden Bestimmungen oder den Bestimmungen der § 83 Abs. 2, § 84 zu zahlenden Vorschusses ist die Vornahme jeder gerichtlichen Handlung abzulehnen, sofern nicht glaubhaft gemacht wird, daß die Verzögerung dem Ausländer einen nicht zu ersetzenden Nachtheil bringen würde.

86. Schuldner der entstandenen Gebühren und Auslagen ist derjenige, welchem durch gerichtliche Entscheidung die Kosten des Verfahrens auferlegt sind, oder welcher dieselben durch eine vor dem Gericht abgegebene oder demselben mitgetheilte Erklärung übernommen hat.[25]

Schuldner der Schreibgebühr für Ausfertigungen und Abschriften, welche nicht von Amtswegen zu ertheilen sind, ist der Antragsteller.

20. Vgl. § 108 GKG f. Elf.-Lothr.
21. Vgl. § 18 GKG f. Elf.-Lothr.
22. Abweichend § 7 Abs. 1 GKG f. Elf.-Lothr.
23. Vgl. § 7 Abs. 2 GKG f. Elf.-Lothr.
24. Vgl. § 7 Abs. 1 GKG f. Elf.-Lothr.
25. Vgl. § 1 GKG f. Elf.-Lothr.

87. Die durch gerichtliche Entscheidung begründete Verpflichtung zur Zahlung der Gebühren und Auslagen (§ 86) erlischt, insoweit eine Aufhebung oder Abänderung der Entscheidung erfolgt.

Die Zurückzahlung bereits bezahlter Beträge findet, soweit der Gebührenansatz bestehen bleibt, nicht statt.

88. Sind die entstandenen Gebühren und Auslagen von der einen oder der anderen Partei durch Uebereinkunft beider Parteien übernommen (§ 86), so haftet jede Partei wenigstens für die Hälfte derselben.

Diese Haftbarkeit kann erst geltend gemacht werden, wenn eine Zwangsvollstreckung in das bewegliche Vermögen der nach § 86 zahlungspflichtigen Partei erfolglos geblieben ist.

89. In Ermangelung eines anderen Schuldners (§ 86) ist derjenige, welcher das Verfahren der Instanz beantragt hat, Schuldner der entstandenen Gebühren und Auslagen. Soweit es sich jedoch um Auslagen handelt, für welche der Gegner in Gemäßheit des § 84 Vorschuß zu leisten verpflichtet war, sind diese Auslagen vom Gegner zu erheben.

90. Die Verpflichtung zur Zahlung der vorzuschießenden Beträge (§§ 81 bis 85) bleibt bestehen, wenn auch die Kosten des Verfahrens einem Anderen auferlegt oder von einem Anderen übernommen sind.

91. Besteht die Partei aus mehreren Personen, so haften dieselben in Ermangelung einer gerichtlichen Entscheidung über die Kostenvertheilung nach Kopftheilen.

92. Durch die Bestimmungen der §§ 81 bis 91 wird eine nach den Vorschriften des bürgerlichen Rechts oder den Vorschriften der Civilprozeßordnung § 100 Abs. 4, § 788, der Konkursordnung §§ 57 bis 60, 142, oder der Strafprozeßordnung § 498 Abs. 2, § 503 Abs. 4, § 504 begründete Verpflichtung zur Zahlung der entstandenen Gebühren und Auslagen nicht berührt.[26]

93. Die Gebühren und Auslagen werden fällig, sobald das Verfahren oder die Instanz durch unbedingte Entscheidung über die Kosten, durch Vergleich oder Zurücknahme oder anderweite Erledigung beendigt ist.[27]

94. In bürgerlichen Rechtsstreitigkeiten kommen folgende besondere Vorschriften zur Anwendung:

1. Schon vor der Beendigung der Instanz werden mit dem Ablaufe je eines Jahres seit Bestimmung des ersten Termins oder Stellung des ersten Antrags die bis dahin entstandenen Gebühren und Auslagen fällig. Die einjährigen Fristen können auf Antrag von dem Gerichte verlängert werden. Der Ablauf der Fristen begründet nicht die Zurückforderung eines nicht verbrauchten Vorschusses.
2. In den Fällen einer Widerklage oder wechselseitig eingelegter Rechtsmittel kann jede Partei, wenn sie das von ihr beantragte Verfahren zurücknimmt, die getrennte Berechnung der Gebühren und Auslagen für dasselbe und die Zurückzahlung des von ihr gezahlten nicht verbrauchten Vorschusses fordern.
3. Eine nach § 47 Abs. 2, § 48 beschlossene Gebühr kann sofort nach dem Beschlusse von der in diesem bezeichneten Partei ohne Anrechnung eines derselben obliegenden Vorschusses erhoben werden.

95. Im Konkursverfahren können auf die im § 51 und § 58 Abs. 1 bestimmte Gebühr je nach dem Fortgange des Verfahrens Abschlagszahlungen erhoben werden.

Die Erhebung der Gebühren und Auslagen kann im Falle des § 54 sofort nach Abhaltung des Prüfungstermins oder Zurücknahme der Anmeldung, im Falle des § 58 Abs. 2 sofort nach Erledigung des Antrags erfolgen.

96. In Strafsachen werden die Gebühren und Auslagen, welche dem verurtheilten Beschuldigten zur Last fallen, erst mit der Rechtskraft des Urtheils fällig.

97. Die Schreibgebühr für Abschriften und Ausfertigungen, welche nicht von Amtswegen zu ertheilen sind, wird sofort nach Anfertigung der Schriftstücke fällig.

Die Anfertigung kann von vorgängiger Zahlung eines die Gebühr deckenden Betrags abhängig gemacht werden.[28]

Siebenter Abschnitt. Schlußbestimmungen.

98.[29] Von Zahlung der Gebühren sind befreit:
das Reich in dem Verfahren vor den Landesgerichten,
die Bundesstaaten in dem Verfahren vor dem Reichsgerichte.

Die landesgesetzlichen Vorschriften, welche für gewisse Rechtssachen oder gewisse Personen in dem Verfahren vor den Landesgerichten Gebührenfreiheit gewähren, werden durch dieses Gesetz nicht berührt.

Für das Verfahren vor dem Reichsgerichte kann die Befreiung von Gebühren durch Kaiserliche Verordnung mit Zustimmung des Bundesraths gewährt werden.

Soweit demjenigen, welchem die Gebührenfreiheit zusteht, Kosten des Verfahrens auferlegt werden (§ 86), sind Gebühren überhaupt nicht zu erheben und erhobene zurückzuzahlen.

26. Vgl. § 3 GKG f. Elf.-Lothr.
27. Vgl. § 6 GKG f. Elf.-Lothr.
28. Vgl. § 8 Abs. 1 GKG f. Elf.-Lothr.
29. Vgl. § 4 GKG f. Elf.-Lothr.

99. Die Behörden haben einander zum Zwecke der Einziehung von Gebühren und Auslagen nach näherer Bestimmung der vom Bundesrath zu erlassenden Anweisung Beistand zu leisten.

100. Unberührt bleiben die bestehenden Landesgesetze, nach welchen neben der für ein Urtheil zu erhebenden Entscheidungsgebühr die Registrirungsgebühr für das im Urtheil festgestellte Rechtsverhältniß zu erheben ist.[30]

30. Vgl. §§ 114, 115 GKG f. Elf.-Lothr.

101. Beträgt die Gebühr für die Aufnahme eines Vergleichs oder die auf Grund eines Anerkenntnisses oder Verzichts erlassene Entscheidung (§§ 23, 41) weniger als die Gebühr oder Abgabe, welche nach den Landesgesetzen für einen außerhalb des Rechtsstreits abgeschlossenen Vergleich zur Staatskasse zu erheben sein würde, so ist der Mehrbetrag der letzteren neben der Entscheidungsgebühr zu erheben.

Gerichtskostengesetz für Elsaß-Lothringen.

Vom 6. Dezember 1899.

Gesetzblatt S. 175.

Erster Theil.

Angelegenheiten der freiwilligen Gerichtsbarkeit.

Erster Abschnitt.
Allgemeine Bestimmungen.

§ 1.[1] Zur Zahlung der Kosten ist, soweit nicht für besondere Fälle gesetzlich ein Anderes bestimmt ist, bei Geschäften, die nur auf Antrag vorzunehmen sind, der Antragsteller, bei Geschäften, die von Amtswegen vorzunehmen sind, derjenige verpflichtet, dessen Interesse dabei wahrgenommen wird. Soweit einem Betheiligten durch richterliche Entscheidung die Kosten auferlegt sind, trifft diesen die Zahlungspflicht; ein nach Satz 1 Verpflichteter bleibt jedoch für die einem anderen Betheiligten auferlegten Kosten haftbar, vorbehaltlich seines Anspruchs gegen den anderen Betheiligten auf Erstattung.

Neben dem nach Absatz 1 Verpflichteten haftet derjenige, welcher die Kosten durch eine gegenüber dem Gericht oder dem mit der Verrichtung betrauten Notar abgegebene Erklärung übernommen hat.[2]

2. Mehrere Kostenschuldner haften, unbeschadet anderweitiger gerichtlicher Entscheidung nach Kopftheilen.[3]

3. Durch die Bestimmungen der §§ 1, 2 wird eine nach den Vorschriften des Bürgerlichen Rechts begründete Verpflichtung Dritter zur Zahlung der entstandenen Gebühren und Auslagen nicht berührt.[4]

4. Von Zahlung der Gebühren sind befreit

1. das Reich,
2. die Landeskasse,
3. die öffentlichen Vorschußkassen (Gesetz vom 18. Juni 1887) und die öffentlichen Sparkassen (Gesetz vom 14. Juli 1895).

Dem Fiskus deutscher Bundesstaaten oder ausländischer Staaten sowie den öffentlichen Anstalten und Kassen, die für Rechnung eines solchen Staates verwaltet werden oder diesem gleichgestellt sind, kann die Gebührenfreiheit durch Entscheidung des Ministeriums gewährt werden, wenn der betreffende Staat Elsaß-Lothringen gegenüber die gleiche Rücksicht übt.

Unberührt bleiben die besonderen gesetzlichen Vorschriften, durch welche für gewisse Angelegenheiten Gebührenfreiheit vorgeschrieben ist. Sind in einer Angelegenheit auf Grund besonderer Vorschrift Stempel- und Registrirungsgebühren nicht zu erheben, so wird auch eine Gerichtsgebühr nicht in Ansatz gebracht.[5]

5. Die Gebührenfreiheit entbindet nicht von der Zahlung der Auslagen.[6] Die einem Betheiligten zustehende Gebührenfreiheit soll in keinem Falle einem anderen Betheiligten zum Nachtheile gereichen.[7]

6. Soweit nicht in diesem Gesetz ein Anderes bestimmt ist, werden die Gebühren bei Beendigung des Geschäfts, baare Auslagen bei ihrer Entstehung fällig.[8]

7. Ist eine Verrichtung nur auf Antrag vorzunehmen, so hat der Antragsteller, wenn er ein Ausländer ist, einen Gebührenvorschuß in Höhe der für die Verrichtung geschuldeten Gebühr zu

---

1. Vgl. § 6 AG z. FrG.
2. Vgl. § 86 Abs. 1 GKG.
3. Vgl. § 6 Abs. 5 AG. z. FrG.
4. § 92 GKG.
5. Vgl. Art. 58 Ges. v. 3. Mai 1841 (Zwangsenteignung); Art. 16 Dekr. v. 16. Nov. 1813; § 151 RG v. 1. Mai 1889; § 33 GemO; § 5 Ges. v. 15. Juli 1896.
6. Ausnahmen s. unten §§ 32 Abs. 2, 107.
7. Zu berücksichtigen ist hierbei auch die Bestimmung des § 426 Satz 1 BGB.
8. Vgl. § 93 GKG; Ausnahmen in §§ 24 Abs. 1, 27 unten.

zahlen. Die Vorſchriften des § 85 Abſ. 2 Ziff. 1 und Abſ. 3 des deutſchen Gerichtskoſtengeſetzes finden entſprechende Anwendung.[9]

Sind mit der Verrichtung baare Auslagen verbunden, ſo hat der Antragſteller, auch wenn er nicht Ausländer iſt, einen zur Deckung derſelben hinreichenden Vorſchuß zu zahlen.[10]

Das Gericht kann die Vornahme der Verrichtung von der Zahlung des Vorſchuſſes (Abſ. 1 und 2) abhängig machen, ſofern nicht die Verzögerung dem Antragſteller einen nicht oder nur ſchwer erſetzlichen Nachtheil bringen würde. Ueber Erinnerungen gegen eine derartige Anordnung wird im Aufſichtsweg entſchieden.[11]

Die Zurückzahlung eines Vorſchuſſes findet nur inſoweit ſtatt, als derſelbe den bei Beendigung des Geſchäfts in Anſatz kommenden Betrag an Gebühren und Auslagen überſteigt.

8. Die Aushändigung von Ausfertigungen und Abſchriften kann von vorheriger Zahlung der Koſten, einſchließlich derjenigen Koſten des zu Grunde liegenden Geſchäfts, welche der Antragſteller ſchuldet, abhängig gemacht werden.

Ueber Erinnerungen gegen eine derartige Anordnung wird im Aufſichtsweg entſchieden.[11]

9. Der Anſatz der Gebühren und Auslagen erfolgt bei dem Gerichte, bei welchem die Rechtsangelegenheit anhängig iſt, auch wenn die Koſten bei einem erſuchten Gericht entſtanden ſind oder die Angelegenheit früher bei einem anderen Gericht anhängig war.

Der Anſatz erfolgt beſonders für jede Inſtanz.

10. Der Mindeſtbetrag einer Gebühr iſt, ſoweit nicht in dieſem Geſetz ein Anderes beſtimmt iſt, zwanzig Pfennig.

Pfennigbeträge, welche ohne Bruch nicht durch zehn theilbar ſind, werden auf den nächſt höheren durch zehn theilbaren Betrag abgerundet.[12]

11.[13] Soweit die Gebühr ſich nach dem Werthe des Gegenſtandes bemißt, wird dieſer von dem Gerichte nach freiem Ermeſſen und unter Beobachtung der folgenden Vorſchriften feſtgeſetzt:

1. Für die Werthsberechnung iſt der Zeitpunkt der Fälligkeit der Gebühren entſcheidend.
2. Maßgebend für den in Anſatz zu bringenden Werth iſt nur der Hauptgegenſtand des Geſchäfts. Früchte, Nutzungen, Zinſen, Schäden, Vertragsſtrafen und Koſten werden nur berückſichtigt, wenn ſie für ſich den Gegenſtand eines beſonderen Geſchäfts bilden.
3. Die Vorſchriften der §§ 6, 7, 9 der Civilprozeßordnung finden, unbeſchadet der Vorſchriften des § 66 Abſ. 2 und des § 70 dieſes Geſetzes, entſprechende Anwendung.
4. Bei kurshabenden Werthpapieren iſt der Tageskurs als Werth anzuſehen. Die Umrechnung der in anderer als Reichswährung angegebenen Summen erfolgt nach den für die Erhebung des Wechſelſtempels vom Bundesrathe feſtgeſetzten Mittelwerthen und, inſoweit ſolche nicht beſtimmt ſind, nach dem laufenden Kurſe.
5. Bei nicht vermögensrechtlichen Angelegenheiten wird der Werth des Gegenſtandes zu 2000 Mark, ausnahmsweiſe niedriger oder höher, jedoch nicht unter 200 Mark und nicht über 50000 Mark angenommen.[14]
6. Iſt mit einer nicht vermögensrechtlichen Angelegenheit eine mit ihr zuſammenhängende vermögensrechtliche verbunden, ſo iſt nur ein Werth, und zwar der höhere, maßgebend.[14]

12.[15] Die Feſtſetzung des Werthes des Gegenſtandes erfolgt gebührenfrei durch Beſchluß des Gerichts, falls dieſelbe von dem Koſtenſchuldner beantragt oder nach der Natur des Gegenſtandes erforderlich wird.

Der Koſtenſchuldner iſt verpflichtet, die zur Feſtſetzung des Werthes erforderlichen Angaben zu machen. Das Gericht kann eine Beweisaufnahme, insbeſondere die Einnahme des Augenſcheins oder die Begutachtung durch Sachverſtändige, auf Antrag oder von Amtswegen anordnen. In dem Beſchluſſe, durch welchen der Werth feſtgeſetzt wird, iſt über die Koſten der Beweisaufnahme zu entſcheiden. Dieſelben ſind ganz oder theilweiſe demjenigen zur Laſt zu legen, welcher durch Unterlaſſung der ihm obliegenden Werthsangabe, durch unrichtige Werthsangabe oder durch unbegründete Beſchwerde die Beweisaufnahme veranlaßt hat.

13. Ueber Erinnerungen des Zahlungspflichtigen oder der Staatskaſſe gegen den Anſatz von Gebühren und Auslagen entſcheidet das Gericht, bei welchem der Anſatz erfolgt iſt, gebührenfrei.

14. Die Entſcheidungen über die Werthsfeſtſetzung oder über Erinnerungen gegen den Koſtenanſatz können von dem Gerichte, welches dieſelben getroffen hat, oder von dem Gerichte der höheren Inſtanz von Amtswegen geändert werden.

15. Gegen die in den §§ 12 bis 14 bezeichneten Entſcheidungen findet Beſchwerde nach den Vorſchriften des Reichsgeſetzes über die Angelegenheiten der freiwilligen Gerichtsbarkeit[16] mit der Maßgabe ſtatt, daß die Vorſchriften des § 28 Abſ. 2 und 3 dieſes Geſetzes außer Anwendung bleiben. Gegen die in erſter Inſtanz ergangenen Entſcheidungen der Landgerichte findet die Beſchwerde an das Oberlandesgericht ſtatt.

9. Anders § 81 GKG; vgl. aber § 64 Nr. 3 unten.
10. Entſprechend § 84 GKG.
11. Vgl. § 49 Geſ. betr. die Disziplin. der Richter v. 13. Febr. 1899.
12. Entſprechend § 7 GKG.
13. Zu Nr. 1—4 vgl. §§ 3 ff. CPO.
14. Vgl. § 10 GKG.
15. Zu §§ 12—15 vgl. §§ 4, 14—17 GKG.
16. §§ 19 ff. FrG.

Gegen eine Entscheidung des Oberlandesgerichts findet in keinem Falle die Beschwerde statt.[17]

16. Die Gerichte sind befugt, Gebühren, welche durch eine unrichtige Behandlung der Sache ohne Schuld der Betheiligten entstanden sind, niederzuschlagen und für abweisende Bescheide sowie im Falle der Zurücknahme eines Antrags, wenn der Antrag auf nicht anzurechnender Unkenntniß der Verhältnisse oder auf Unwissenheit beruht, Gebührenfreiheit zu gewähren.[18]

Das Gericht kann auch anordnen, daß Auslagen, welche durch eine von Amtswegen veranlaßte Verlegung eines Termins oder durch eine begründet befundene Beschwerde entstanden sind, von der Partei nicht eingefordert werden. Werden Gebühren gemäß der Vorschrift des Abs. 1 niedergeschlagen, so kann angeordnet werden, daß Schreib- und Postgebühren nicht einzufordern sind.

17. Eine Nachforderung von Gerichtskosten wegen irrigen Ansatzes ist nur zulässig, wenn der berichtigte Ansatz vor Ablauf des nächsten Kalenderjahrs nach endgültiger Erledigung des Geschäfts dem Zahlungspflichtigen mitgetheilt ist.[19]

18. Der Anspruch auf Zahlung von Gerichtskosten verjährt in vier Jahren.

Auf die Verjährung finden die Vorschriften des Bürgerlichen Gesetzbuchs[20] mit folgenden Maßgaben Anwendung:

Die Verjährung beginnt mit dem Schlusse des Jahres, in welchem die Kostenforderung fällig wird, bezüglich der nach § 27 gestundeten Kosten mit dem Schlusse des Jahres, in welchem die Vormundschaft, Pflegschaft oder Beistandschaft beendigt wird. Die Verjährung wird auch unterbrochen durch eine an den Zahlungspflichtigen erlassene Aufforderung zur Zahlung und durch die Bewilligung einer von ihm nachgesuchten Stundung. Wird die Verjährung unterbrochen, so beginnt eine neue Verjährung nicht vor dem Schlusse des Jahres, in welchem der für die Beendigung der Unterbrechung maßgebende Zeitpunkt eintritt, und im Falle der Bewilligung einer Stundung nicht vor dem Schlusse des Jahres, in welchem die bewilligte Frist abläuft.

19.[21] Neben den Gebühren findet eine Erhebung von Stempel- oder Registrirungsabgaben nur in denjenigen Fällen statt, in welchen es in diesem Gesetze ausdrücklich angeordnet ist.

Urkunden, von denen im Verfahren Gebrauch gemacht wird, sind unbeschadet der Vorschrift des § 72, einer Registrirungsabgabe nur insoweit unterworfen, als sie es ohne diesen Gebrauch sein würden. Die im § 44 des Stempelgesetzes vom 21. Juni 1897 (Gesetzbl. S. 47) ausgesprochene Stempelpflicht bleibt unberührt.

Urkunden, welche im Verfahren errichtet werden, bleiben, soweit ihr Inhalt über den Gegenstand des Verfahrens hinausgeht, den allgemeinen Vorschriften über Erhebung von Stempel- oder Registrirungsabgaben unterworfen.

20. Die Beitreibung der geschuldeten Vorschüsse, Gebühren und Auslagen erfolgt durch die Verwaltung der Verkehrssteuern auf Grund von gerichtlich vollstreckbar erklärten Zwangsbefehlen.

Auf die Zwangsvollstreckung aus diesen Zwangsbefehlen finden die Vorschriften des § 5 des Gesetzes, betreffend die Ausführung der Civilprozeßordnung und der Konkursordnung sowie das Rechtsmittel der Kassation, vom 13. November 1899 (Gesetzbl. S. 157) Anwendung.

Die Zwangsversteigerung von Gegenständen des unbeweglichen Vermögens wegen einer Kostenforderung ist weder gegen den ursprünglichen Schuldner noch gegen einen Ehegatten oder Abkömmling desselben oder den Ehegatten eines Abkömmlings zulässig.

21. Notare, Gerichtsschreiber und andere Verwahrer öffentlicher Urkunden sind zur unentgeltlichen Abgabe von Schriftstücken und Ausfertigungen an einen Betheiligten, welchem das Armenrecht bewilligt ist, nur auf Anordnung des zuständigen Gerichts oder dessen Vorsitzenden verpflichtet.

22. Auf die Verrichtungen der Notare findet dieses Gesetz, unbeschadet der Vorschrift des § 21, keine Anwendung. Für dieselben gelten die Gesetze über die Stempel- und Registrirungsabgaben sowie die Gebührenordnung für Notare.

Zweiter Abschnitt. Verrichtungen des Vormundschaftsgerichts. Entlassung von Geisteskranken. Annahme an Kindesstatt. Personenstand.

23. Bei den zur Wahrnehmung einzelner Geschäfte eingeleiteten Pflegschaften oder Beistandschaften sowie im Falle einer sonstigen Fürsorge für ein unter elterlicher Gewalt stehendes Kind, insbesondere im Falle der Genehmigung eines Rechtsgeschäfts oder im Falle einer Verfügung nach den §§ 112, 1631 Abs. 2, 1635, 1636, 1645, 1665, 1677, 2282 Abs. 2 des Bürgerlichen Gesetzbuchs, ferner im Falle der Anordnung vorläufiger Maßregeln gemäß Art. 23 Abs. 2 des Einführungsgesetzes zum Bürgerlichen Gesetzbuch werden zwei Zehntheile der im § 8 des deutschen Gerichtskostengesetzes bestimmten Gebühr erhoben.

Diese Gebühr kommt jedoch nur insoweit zum Ansatz, als nicht rücksichtlich der Personen, in deren Interesse ein Pfleger oder Beistand bestellt oder eine sonstige Fürsorgethätigkeit ausgeübt wird,

17. Vgl. auch § 21 Abs. 2 FrG.
18. § 6 GKG.
19. § 5 GKG.
20. §§ 198 ff. BGB.
21. Vgl. § 2 GKG; § 72 unten.

eine Vormundschaft, Pflegschaft oder Beistandschaft eingeleitet ist, auf welche die Bestimmungen des § 24 Anwendung finden.

Der Werth des Gegenstandes wird in allen Fällen nach der Vorschrift des § 11 Ziffer 5 berechnet. Insofern bei der Zugrundelegung des Vermögenswerthes sich eine geringere Gebühr ergiebt, kommt diese zur Erhebung.

24. Bei anderen Pflegschaften oder Beistandschaften und bei Vormundschaften werden von je 500 Mark des Vermögens des Mündels oder einem Bruchtheile dieses Betrags jährlich 10 Pfennig und, soweit über die Vermögensverwaltung Rechnung zu legen ist,[22] von je 500 Mark des Vermögens oder einem Bruchtheile dieses Betrags jährlich weitere 10 Pfennig erhoben. Hierbei wird das angefangene Kalenderjahr sowohl am Anfang als auch am Ende der Verwaltung voll gerechnet.

Bei der Berechnung des Vermögens werden die Schulden in Abzug gebracht.

Die Vorschriften der Abs. 1 und 2 finden auch auf die vorläufige Vormundschaft Anwendung. Endigt die vorläufige Vormundschaft, weil auf Grund der erfolgten Entmündigung ein Vormund bestellt wird, so gelten die vorläufige und die endgültige Vormundschaft als ein Verfahren.

25. Für die Verhandlungen und Entscheidungen, welche von den Vormundschaftsgerichten als solchen oder behufs Sicherstellung, Verwaltung oder Beaufsichtigung des Mündelvermögens von den Nachlaßgerichten vorgenommen oder erlassen werden, desgleichen für die Verrichtungen der Nachlaßgerichte in Betreff der Auseinandersetzung über den Nachlaß des Vaters oder der Mutter oder desjenigen, durch dessen Tod die Vormundschaft, Pflegschaft oder Beistandschaft nöthig geworden ist, einschließlich der Ertheilung des Erbscheins, dürfen bei Vormundschaften, Pflegschaften und Beistandschaften neben den in den §§ 23, 24 bezeichneten Gebühren nur die im § 26 bestimmten Gebühren und baare Auslagen angesetzt werden.

Sind bei einem Geschäfte, für welches dem Mündel besondere Kosten nicht angesetzt werden dürfen, andere Personen betheiligt, so müssen diese die für ein solches Geschäft in anderen Fällen bestimmten Kosten nach Verhältniß ihres Antheils entrichten.

26.[23] Drei Zehntheile der Sätze des § 8 des deutschen Gerichtskostengesetzes werden erhoben:

1. für Volljährigkeitserklärungen;[24]
2. für die Ersetzung der elterlichen Einwilligung zur Eingehung der Ehe oder der Einwilligung der Mutter zur Ehelichkeitserklärung;[25]
3. für Entscheidungen, betreffend den Unterhalt der Kinder nach § 1612 des Bürgerlichen Gesetzbuchs;
4. für die Uebertragung der Ausübung der elterlichen Gewalt an die Mutter (§ 1685 Abs. 2 des Bürgerlichen Gesetzbuchs);
5. für die Ersetzung der Zustimmung antheilsberechtigter Abkömmlinge zu Rechtsgeschäften des überlebenden Ehegatten im Falle der fortgesetzten Gütergemeinschaft;[26]
6. für die Thätigkeit des Vormundschaftsgerichts im Falle der Verheirathung des Vaters oder der Mutter[27] sowie für die nach den §§ 1639 Abs. 1, 1653, 1666, 1667, 1668, 1670, 1760 Abs. 2 des Bürgerlichen Gesetzbuchs und im Falle des § 121 Ziffer 3 des Ausführungsgesetzes zum Bürgerlichen Gesetzbuch zu treffenden Anordnungen;
7. für Entscheidungen, welche die persönlichen Rechtsbeziehungen der Ehegatten zu einander oder das eheliche Güterrecht betreffen;[28]
8. für sonstige Verfügungen des Vormundschaftsgerichts, die sich nicht auf Mündel, Pflegebefohlene oder unter elterlicher Gewalt stehende Kinder beziehen.

Zahlungspflichtig ist in den Fällen unter Ziffer 4, 6 der Vater oder die Mutter.

Hat eine Rechnungslegung stattzufinden, so werden neben der im Abs. 1 bestimmten Gebühr die im § 24 Abs. 1 für den Fall einer Rechnungslegung vorgesehenen Gebühren erhoben.[29]

27. Bei Vormundschaften sowie bei den unter § 24 fallenden Pflegschaften und Beistandschaften werden die nach den §§ 24 und 25 Abs. 1 geschuldeten Gebühren während der Dauer der Vormundschaft, Pflegschaft oder Beistandschaft erhoben, wenn und soweit sie aus den nach Bestreitung des Unterhalts und der Erziehung des Mündels etwa übrig bleibenden Ueberschüssen der Einkünfte seines Vermögens gedeckt werden können. Sobald sich bei einer Rechnungslegung ein solcher Ueberschuß ergiebt, kann derselbe zur Deckung der bis dahin entstandenen Kosten und zwar zunächst zur Deckung der noch nicht berichtigten baaren Auslagen verwendet werden.

Wird die Angabe des Vermögens von dem Inhaber der elterlichen Gewalt verweigert, so hat das Vormundschaftsgericht nach freiem Ermessen nach Anhörung des Gewalthabers sowohl den Betrag des Vermögens als auch die Höhe des Ueberschusses der Einkünfte (Abs. 1) festzusetzen.

Auslagen kommen ohne Rücksicht auf die vorstehenden Begünstigungen zur Erhebung, Schreibgebühren und Postgebühren jedoch nur dann, wenn

22. Vgl. §§ 1840, 1854, 1915, 1693 BGB.
23. Vgl. § 23 GKG.
24. § 3 BGB.
25. §§ 1308, 1727 BGB.
26. § 1487 in Verbindung mit §§ 1447, 1557 BGB.
27. §§ 1314, 1493, 1669, 1740, 1761 BGB.
28. §§ 1357 Abs. 2, 1358, 1379, 1402, 1447 BGB.
29. § 1667 Abs. 2 BGB.

der Mündel das nach Abs. 4 freizulassende Vermögen besitzt.

Die gestundeten Kosten sind nach Beendigung der Vormundschaft, Pflegschaft oder Beistandschaft zu erheben. Dem früheren Mündel muß jedoch außer den zu seinem persönlichen Gebrauch bestimmten Gegenständen ein reines Vermögen von 500 Mark belassen werden. Mit der gleichen Maßgabe sind die gestundeten Kosten von weiblichen Mündeln zu erheben, sobald sie sich verheirathen.

28. Für die Entgegennahme der im Falle des § 1662 des Bürgerlichen Gesetzbuchs dem Vormundschaftsgerichte gegenüber abzugebenden Erklärung oder die gerichtliche Beurkundung dieser Erklärung (§ 47 des Ausführungsgesetzes zu dem Reichsgesetz über die Angelegenheiten der freiwilligen Gerichtsbarkeit) wird ein Zehntheil der im § 8 des deutschen Gerichtskostengesetzes bestimmten Gebühr erhoben.

29. Für die gerichtliche Aufnahme der im § 1718 und im § 1720 Abs. 2 des Bürgerlichen Gesetzbuchs vorgesehenen öffentlichen Urkunden über die Anerkennung der Vaterschaft werden zwei Zehntheile der im § 8 des deutschen Gerichtskostengesetzes bestimmten Gebühr erhoben.[30]

30. Für die Bestätigung des Vertrags, durch welchen Jemand an Kindesstatt angenommen wird, oder durch welchen das durch die Annahme an Kindesstatt begründete Rechtsverhältniß wieder aufgehoben wird, werden drei Zehntheile der im § 8 des deutschen Gerichtskostengesetzes bestimmten Gebühr erhoben.

Auf die Befreiung von den Erfordernissen des § 1744 des Bürgerlichen Gesetzbuchs finden die Vorschriften des § 5 Abs. 2 Ziffer 2 und Abs. 4 des Stempelgesetzes vom 21. Juni 1897 (Gesetzbl. S. 47) Anwendung.[31]

31. Für die Entscheidung, durch welche der Antrag auf Anhaltung des Standesbeamten, eine abgelehnte Amtshandlung vorzunehmen, zurückgewiesen wird (§ 11 Abs. 3 des Gesetzes über die Beurkundung des Personenstandes und die Eheschließung vom 6. Februar 1875), werden drei Zehntheile der im § 8 des deutschen Gerichtskostengesetzes bestimmten Gebühr erhoben.

Für die Entscheidung über den Antrag einer Privatperson auf Berichtigung einer Eintragung in den Standesregistern (§ 66 desselben Gesetzes) wird ein Zehntheil der im § 8 des deutschen Gerichtskostengesetzes bestimmten Gebühr erhoben.

32. Gebühren werden nicht erhoben:

1. für die Verhängung einer Ordnungsstrafe gegen einen Vormund, Gegenvormund, Pfleger oder Beistand;
2. für die Versagung der Bestätigung oder die Entlassung eines Gemeindewaisenraths;[32]
3. für die Entscheidung über die Berechtigung zur Ablehnung oder zur Niederlegung des Amtes eines Gemeindewaisenraths;[33]
4. für die Prüfung des von dem Vater oder von der Mutter einzureichenden Verzeichnisses über das ihrer Verwaltung unterliegende Vermögen des Kindes sowie die Anordnung, daß das Verzeichniß durch einen Notar aufgenommen wird (§§ 1640, 1686, 1692 des Bürgerlichen Gesetzbuchs);
5. für die Anordnung, durch welche nach der Aufhebung des Konkurses dem Vater oder der Mutter die Verwaltung des Vermögens des Kindes wieder übertragen wird (§ 1647 Abs. 2, § 1686 des Bürgerlichen Gesetzbuchs);
6. für die Anordnung oder Aufhebung der Zwangserziehung nach § 123 des Gesetzes, betreffend die Ausführung des Bürgerlichen Gesetzbuchs in Elsaß-Lothringen;
7. für die Entscheidung über den Antrag auf Entlassung einer Person aus einer Irrenanstalt;[34]
8. für die Verhängung einer Geld- oder Ordnungsstrafe gegen einen Standesbeamten;
9. für die Anweisung eines Standesbeamten zur Vornahme einer abgelehnten Amtshandlung.

In den Fällen der Ziffer 2, 3, 6, 9 fallen die Auslagen der Staatskasse zur Last.

Dritter Abschnitt.
Nachlaß- und Theilungssachen.

33. In Nachlaßsachen beträgt, sofern nicht ein Anderes bestimmt ist, die volle Gebühr bei einem Werthe des Gegenstandes

1. bis 100 Mark einschließlich . . .	0,20 Mk.,
2. von mehr als 100 bis 300 Mk. einschließlich	0,40 „
3. von mehr als 300 bis 600 Mk. einschließlich	0,80 „
4. von mehr als 600 bis 1000 Mk. einschließlich	1,20 „
5. von mehr als 1000 bis 1500 Mk. einschließlich	1,80 „
6. von mehr als 1500 bis 2200 Mk. einschließlich	2,40 „
7. von mehr als 2200 bis 3000 Mk. einschließlich	3,00 „
8. von mehr als 3000 bis 4000 Mk. einschließlich	3,60 „
9. von mehr als 4000 bis 5000 Mk. einschließlich	4,20 „

30. Vgl. auch § 167 Abs. 2 FrG; § 46 AG z. FrG.
31. Vgl. § 4 V. v. 27. Dez. 1899.
32. § 131 AG z. BGB.
33. § 133 AG z. BGB.
34. Vgl. Art. 29 Ges. v. 30. Juni 1838.

10. von mehr als 5000 bis 6000 Mk. einschließlich . . . . 4,80 Mk.,
11. von mehr als 6000 bis 7000 Mk. einschließlich . . . . 5,30 „
12. von mehr als 7000 bis 8000 Mk. einschließlich . . . . 5,80 „
13. von mehr als 8000 bis 10000 Mk. einschließlich . . . . 6,80 „
14. von mehr als 10000 bis 12000 Mk. einschließlich . . . . 7,60 „
15. von mehr als 12000 bis 15000 Mk. einschließlich . . . . 8,80 „
16. von mehr als 15000 bis 20000 Mk. einschließlich . . . . 10,80 „
17. von mehr als 20000 bis 25000 Mk. einschließlich . . . . 12,80 „
18. von mehr als 25000 bis 30000 Mk. einschließlich . . . . 14,70 „
19. von mehr als 30000 bis 35000 Mk. einschließlich . . . . 16,60 „
20. von mehr als 35000 bis 40000 Mk. einschließlich . . . . 18,50 „
21. von mehr als 40000 bis 45000 Mk. einschließlich . . . . 20,30 „
22. von mehr als 45000 bis 50000 Mk. einschließlich . . . . 22,00 „

Die ferneren Werthsklassen steigen um je 10000 Mark und die Gebühren um je 3 Mark.

34. Für die Anordnung der Sicherung des Nachlasses (§ 1960 des Bürgerlichen Gesetzbuchs), einschließlich der Ausführung der angeordneten Maßregeln durch das Gericht und der Ermittelung des Erben, desgleichen für die Ermittelung des Erben allein, werden fünf Zehntheile der vollen Gebühr erhoben.[35]

Neben der Gebühr des Abs. 1 werden für die Siegelung einschließlich der Entsiegelung, sowie für die Aufnahme eines Vermögensverzeichnisses fünf Zehntheile der vollen Gebühr erhoben, wenn diese Maßregeln durch das Gericht ausgeführt werden. Diese Gebühr kommt zur Erhebung, auch wenn nur die Siegelung und die Entsiegelung oder nur die Aufnahme des Vermögensverzeichnisses stattgefunden hat. Beschränkt sich jedoch die Thätigkeit des Gerichts nur auf die Siegelung oder nur auf die Entsiegelung, so werden hierfür zwei Zehntheile der vollen Gebühr erhoben.

35. Wird eine Nachlaßverwaltung,[36] eine sonstige Nachlaßpflegschaft[37] oder eine Abwesenheitspflegschaft nach § 88[38] des Reichsgesetzes über die Angelegenheiten der freiwilligen Gerichtbarkeit angeordnet, so finden die Vorschriften der §§ 23, 24, 25 mit der Maßgabe Anwendung, daß, soweit die Gebühren sich nach dem Betrage des Vermögens richten, an die Stelle des Vermögens des Mündels der Werth des Nachlasses oder des Antheils des Abwesenden zur Zeit der Anordnung tritt und ein Abzug der Schulden nicht stattfindet.

Wenn die Nachlaßpflegschaft zur Sicherung des Nachlasses eingeleitet wird, so werden die nach § 34 geschuldeten Gebühren auf die Gebühr für die Nachlaßpflegschaft angerechnet.

36. Für die Ertheilung eines Erbscheins[39] einschließlich des vorangegangenen Verfahrens wird die volle Gebühr erhoben. Die Hälfte der Gebühr wird, wenn das Verfahren mit einem Verfahren zur Sicherung des Nachlasses (§ 34) oder einer Erbauseinandersetzung (§ 43) verbunden wird, auf die hierfür zu erhebende Gebühr angerechnet.

Bei der Berechnung der Gebühren wird der Werth des Nachlasses und, wenn der Erbschein nur zur Verfügung über einzelne Gegenstände berechtigt, der Werth dieser Gegenstände nach Abzug der auf dem Nachlaß oder auf den Gegenständen haftenden Schulden zu Grunde gelegt. Ist der Nachlaß überschuldet, so werden die niedrigsten Gebühren berechnet. Wird der Erbschein nur über das Erbrecht eines Miterben ertheilt, so ist für die Gebührenberechnung nur dessen Erbtheil maßgebend. Wird über mehrere Erbfälle ein Erbschein ertheilt, so werden die Beträge sämmtlicher Nachlässe zusammengerechnet.

Für die Einziehung oder Kraftloserklärung eines Erbscheins (§ 2361 des Bürgerlichen Gesetzbuchs) wird keine Gebühr erhoben.

37. Fünf Zehntheile der vollen Gebühr werden erhoben für die Ertheilung eines Zeugnisses über die Fortsetzung der Gütergemeinschaft (§§ 1507, 1557 des Bürgerlichen Gesetzbuchs) oder über die Ernennung des Testamentsvollstreckers (§ 2368 des Bürgerlichen Gesetzbuchs). Im Uebrigen finden die Vorschriften des § 36 mit der Maßgabe entsprechende Anwendung, daß bei Berechnung der Gebühr für das Zeugniß über die Fortsetzung der Gütergemeinschaft an Stelle des Werthes des Nachlasses der halbe Werth des Gesammtguts tritt.

38. Drei Zehntheile der vollen Gebühr werden erhoben:

1. für die von einem Rechtsnachfolger von Todeswegen nach § 11 des Gesetzes, betreffend das Reichsschuldbuch, vom 31. Mai 1891 (Fassung des § 188 des Reichsgesetzes über die Angelegenheiten der freiwilligen Gerichtsbarkeit) beizubringende Bescheinigung, daß er über die eingetragene Forderung zu verfügen berechtigt ist;
2. für die in den §§ 37, 38 der Grundbuchordnung vorgesehenen Zeugnisse des Nachlaßgerichts;

35. Vgl. auch §§ 1964, 1965 BGB; §§ 166—168 AG z. BGB.
36. §§ 1975, 1981 BGB.
37. §§ 1960—1962 BGB.
38. Vgl. auch § 99 FrG.
39. §§ 2353 ff. BGB.

3. für die im § 13 Abs. 2 des Gesetzes, betreffend die Kautionen der Beamten des Staates, der Gemeinden und der öffentlichen Anstalten, vom 15. Oktober 1873 (Fassung des § 42 des Ausführungsgesetzes zum Bürgerlichen Gesetzbuch) und im § 9 Abs. 1 des Gesetzes, betreffend die Feststellung des Landeshaushaltsetats von Elsaß-Lothringen für das Etatsjahr 1881/82, vom 24. März 1881 (Fassung des § 43 des Ausführungsgesetzes zum Bürgerlichen Gesetzbuch) vorgesehenen Zeugnisse des Nachlaßgerichts.

39. Fünf Zehntheile der vollen Gebühr werden erhoben für die Aufnahme oder Entgegennahme der gegenüber dem Nachlaßgericht abzugebenden Erklärungen einschließlich des sich anschließenden Verfahrens, wenn die Erklärungen zum Gegenstande haben

1. die Anfechtung einer Ehe (§ 1342 des Bürgerlichen Gesetzbuchs);
2. die Ablehnung der Fortsetzung der Gütergemeinschaft durch den überlebenden Ehegatten (§ 1484 des Bürgerlichen Gesetzbuchs);
3. den Verzicht des antheilsberechtigten Abkömmlings auf seinen Antheil an dem Gesammtgut einer fortgesetzten Gütergemeinschaft (§ 1491 Abs. 1 des Bürgerlichen Gesetzbuchs);
4. die Aufhebung einer fortgesetzten Gütergemeinschaft durch den überlebenden Ehegatten (§ 1492 Abs. 1 des Bürgerlichen Gesetzbuchs);
5. die Anfechtung der Ehelichkeit eines Kindes nach dessen Tode (§ 1597 des Bürgerlichen Gesetzbuchs);
6. die Anfechtung der Anerkennung der Ehelichkeit eines Kindes nach dessen Tode (§ 1599 des Bürgerlichen Gesetzbuchs);
7. die Ausschlagung einer Erbschaft (§ 1945 des Bürgerlichen Gesetzbuchs);
8. die Anfechtung der Annahme oder Ausschlagung einer Erbschaft (§ 1955 des Bürgerlichen Gesetzbuchs);
9. die Anmeldung von Nachlaßforderungen auf Grund öffentlicher Aufforderung eines Miterben (§ 2061 des Bürgerlichen Gesetzbuchs);
10. die Anfechtung einer letztwilligen Verfügung (§ 2081 des Bürgerlichen Gesetzbuchs) oder eines Erbvertrags (§ 2281 des Bürgerlichen Gesetzbuchs);
11. die Anzeige des Vorerben oder des Nacherben über den Eintritt der Nacherbfolge (§ 2146 des Bürgerlichen Gesetzbuchs);
12. die Bestimmung der Person des Testamentsvollstreckers (§ 2198 Abs. 1 des Bürgerlichen Gesetzbuchs) oder die Ernennung von Mitvollstreckern (§ 2199 Abs. 3 des Bürgerlichen Gesetzbuchs);
13. die Anfechtung der Ausschlagung einer Erbschaft durch einen Pflichttheilsberechtigten;
14. die Anzeige des Verkäufers oder des Käufers einer Erbschaft über deren Verkauf (§ 2384 des Bürgerlichen Gesetzbuchs).

Die gleiche Gebühr wird erhoben, wenn in den Fällen der §§ 1342, 1491 Abs. 1, 1492 Abs. 1, 1597 Abs. 1, 1599, 1945 Abs. 1, 1955, 2198, 2199 Abs. 3 des Bürgerlichen Gesetzbuchs die Erklärung gerichtlich beurkundet wird (§ 47 des Ausführungsgesetzes zum Reichsgesetz über die Angelegenheiten der freiwilligen Gerichtsbarkeit).

Im Falle der Anmeldung von Nachlaßforderungen auf Aufforderung eines Miterben wird die Gebühr nur einmal, und zwar vom Miterben erhoben.

Bei der Berechnung der Gebühr wird, sofern eine vermögensrechtliche Angelegenheit vorliegt, der Werth der Vermögensmasse nach Abzug der Schulden zu Grunde gelegt. Bei Ueberschuldung wird die niedrigste Gebühr berechnet.

40. Fünf Zehntheile der vollen Gebühr werden ferner erhoben

1. für die Entgegennahme des Inventars oder für die Bestimmung der Inventarfrist einschließlich der Entgegennahme des Inventars und der Anordnung über die Aufnahme des Inventars durch einen Notar (§§ 1993, 1994, 2003 des Bürgerlichen Gesetzbuchs);
2. für die Verlängerung der Inventarfrist und für die Bestimmung einer neuen Inventarfrist (§§ 1995 Abs. 3, 1996 des Bürgerlichen Gesetzbuchs);
3. für die Abhaltung des Termins zur Abnahme des Offenbarungseides vom Erben (§ 2006 des Bürgerlichen Gesetzbuchs);
4. für die Ernennung eines Testamentsvollstreckers einschließlich der Bestimmung einer Frist zur Erklärung über die Annahme (§§ 2200, 2202 Abs. 3 des Bürgerlichen Gesetzbuchs), sowie für die Entlassung eines Testamentsvollstreckers (§ 2227 des Bürgerlichen Gesetzbuchs);
5. für eine Fristbestimmung in den Fällen der §§ 2151, 2153 bis 2155, 2192, 2193, 2198 des Bürgerlichen Gesetzbuchs;
6. für die Außerkraftsetzung von Anordnungen, welche der Erblasser über die Verwaltung des Nachlasses durch letztwillige Verfügung getroffen hat (§ 2216 Abs. 2 des Bürgerlichen Gesetzbuchs);
7. für die Entscheidung bei Meinungsverschiedenheiten mehrerer Testamentsvollstrecker (§ 2224 des Bürgerlichen Gesetzbuchs).

Die Vorschriften des § 39 Abs. 4 finden Anwendung.

41. Soweit die in den §§ 39, 40 bezeichneten Verrichtungen in Verbindung mit einem der in den §§ 34, 36, 37, 38, 42, 43 bezeichneten Verfahren vorgenommen werden, werden die für dieselben geschuldeten Gebühren auf die Gebühr, welche für das Verfahren zu erheben ist, angerechnet.

42. Für die Eröffnung und Verkündung eines Testaments oder eines Erbvertrags, einschließlich der Bestimmung des Termins hierzu und der Benachrichtigung der Betheiligten von dem sie betreffenden Inhalte des Testaments sowie der etwaigen Zurückbringung in die besondere amtliche Verwahrung des Notars (§§ 2260, 2262, 2273, 2300 des Bürgerlichen Gesetzbuchs), wird die volle Gebühr erhoben.

Die Vorschriften des § 39 Abs. 4 finden entsprechende Anwendung.

43. In dem Verfahren zur Vermittelung der Auseinandersetzung in Ansehung eines Nachlasses oder des Gesammtguts einer ehelichen Gütergemeinschaft[40] wird, unbeschadet der Vorschrift des § 25, für jede der zur Zuständigkeit des Gerichts gehörigen Entscheidungen, soweit nicht nachstehend ein Anderes bestimmt ist, die volle Gebühr erhoben. Der Werth des Gegenstandes wird in allen Fällen nach der Vorschrift des § 11 Ziffer 5 berechnet. Insofern bei Zugrundelegung des Vermögenswerthes sich eine geringere Gebühr ergiebt, kommt diese zur Erhebung.

Für die Entscheidung, durch welche dem Antrag auf Abänderung einer Entscheidung des Notars stattgegeben wird, sowie für die Entscheidung über die Kostentragung im Falle des § 36 Abs. 1 Satz 2 des Ausführungsgesetzes zum Reichsgesetz über die Angelegenheiten der freiwilligen Gerichtsbarkeit wird eine Gebühr nicht erhoben.

Für die Genehmigung, deren ein Betheiligter, welcher im Inlande keinen Vormund, Pfleger oder Beistand hat, zur Vereinbarung oder Auseinandersetzung bedarf (§ 34 Abs. 1 Ziff. 7 des im Abs. 2 genannten Ausführungsgesetzes), wird die im § 23 bestimmte Gebühr erhoben.

44. In den Fällen der §§ 34, 43 werden die Gebühren von dem Betrage der den Gegenstand des Verfahrens bildenden Vermögensmasse ohne Abzug der Schulden berechnet.

Betrifft ein Verfahren mehrere im Zusammenhange stehende Massen, so werden die Werthe derselben zusammengerechnet. Die nach dem Gesammtwerthe berechnete Gebühr wird auf die einzelnen Massen nach Verhältniß des Werthes derselben vertheilt. Wird die Theilung des Nachlasses eines Ehegatten, welcher in einer Gütergemeinschaft gelebt hat, mit der Auseinandersetzung der Gütergemeinschaft verbunden, so wird bei der Anwendung der Vorschriften dieses Absatzes der Werth der gütergemeinschaftlichen Masse nur zur Hälfte und, sofern dem überlebenden Ehegatten von der gütergemeinschaftlichen Masse ein anderer Bruchtheil als die Hälfte zufällt, zu diesem Bruchtheil in Ansatz gebracht.

Werden nur einzelne Theile der Masse von den in diesem Abschnitte bezeichneten Gattungen von Geschäften berührt, so werden die Gebühren nur nach dem Werthe dieser Theile berechnet.

45. Die Kosten der Eröffnung einer Verfügung von Todeswegen, der Sicherung des Nachlasses, einer Nachlaßpflegschaft und der Aufnahme eines Vermögensverzeichnisses können aus dem Nachlaß entnommen werden. Für die Zahlung der Kosten haften die Erben nach den Vorschriften über Nachlaßverbindlichkeiten.[41]

Die einem Erben oder einem Antheilsberechtigten zustehende Gebührenfreiheit entbindet ihn nicht von der Entrichtung der im Abs. 1 bezeichneten Gebühren.

46. Für die Sicherung des öffentlichen Vermögens oder der öffentlichen Urkunden nach dem Tode des Verwahrers (§ 29 des Ausführungsgesetzes zum Reichsgesetz über die Angelegenheiten der freiwilligen Gerichtsbarkeit) wird eine Gebühr nicht erhoben.

Schuldner der durch die Sicherung entstandenen Auslagen ist der Verwahrer.

Unberührt bleibt die Vorschrift des Art. 16 des Dekrets vom 6. November 1813, betreffend die Erhaltung und Verwaltung der Güter, welche die Geistlichkeit in mehreren Theilen des Reiches besitzt.

Vierter Abschnitt. Handelssachen.

47. Für die Eintragungen in das Handelsregister werden als Gerichtsgebühren erhoben:

1. für die erstmalige Eintragung:
   a) bei Aktiengesellschaften und Kommanditgesellschaften auf Aktien . . . . 100 Mark,
   b) bei Gesellschaften mit beschränkter Haftung und Kommanditgesellschaften ohne Aktien . . . 50 Mark,
   c) bei offenen Handelsgesellschaften 20 "
   d) bei Einzelkaufleuten . . . . 5 "

   In den Fällen unter a und b wird, sofern das eingetragene Gesellschaftskapital (Grundkapital, Gesammtkapital oder Vermögenseinlage der Kommanditisten, Stammkapital) eine Million Mark übersteigt, für jede angefangene weitere Million ein Zusatz in Höhe der oben bezeichneten Gebühr erhoben.
2. für die Eintragung von Kapitalerhöhungen in den Fällen unter Ziffer 1 a und b: die daselbst vorgesehene Gebühr; dieselbe berechnet sich nach dem Betrage der Kapitalerhöhung;
3. für die Eintragung von Prokuraertheilungen: die Hälfte der für die erste Eintragung vorgeschriebenen Gebührensätze, jedoch ohne Zusatz

40. §§ 86 ff., 99 FrG, §§ 30 ff. AG z. FrG.

41. Vgl. § 224 Nr. 4 KO.

für diejenigen Gesellschaften, deren Kapital eine Million Mark übersteigt;

4. für sonstige Veränderungen: die für die erste Eintragung vorgesehene Gebühr gleichfalls ohne Zusatz für diejenigen Gesellschaften, deren Kapital eine Million Mark übersteigt.

Bei Aktiengesellschaften, welche nach der Entscheidung des Bundesraths ausschließlich gemeinnützigen Zwecken dienen (Befreiung nach Tarifnummer 1 des Reichsstempelgesetzes vom 27. April 1894), kommen für Eintragungen aller Art Gebühren nicht zur Erhebung.

48. Wenn auf Grund einer und derselben Anmeldung mehrere Eintragungen, welche auf dieselbe Firma oder Gesellschaft sich beziehen, in das Handelsregister desselben Gerichts erfolgen, so kommt nur die höchste Gebühr von den nach § 47 für die einzelnen Eintragungen zu berechnenden Gebühren zur Erhebung.

Eintragungen von Zweigniederlassungen einer bestehenden Firma sind, wenn die Firma im Handelsregister des Bezirks noch nicht eingetragen ist, als erste Eintragung zu behandeln, der Vermerk der Errichtung einer Zweigniederlassung bei der Eintragung über die Hauptniederlassung (§ 13 des Handelsgesetzbuchs, § 131 des Reichsgesetzes über die Angelegenheiten der freiwilligen Gerichtsbarkeit) dagegen als Veränderung.

Für Eintragungen, welche sich ausschließlich auf eine Prokura beziehen, sind nur die geringeren Gebühren für Prokuraertheilung zu berechnen, auch wenn sie die Veränderung einer bestehenden Prokuraertheilung enthalten.

49. Für Abschriften und Auszüge aus dem Handelsregister sowie für Bescheinigungen über den Inhalt desselben wird

a) in den Fällen des § 47 Ziffer 1 a und b eine Gebühr von 5 Mark;

b) in den Fällen des § 47 Ziffer 1 c und d eine Gebühr von 2 Mark erhoben.

Wenn von den zur Begründung einer Anmeldung vorgelegten Urkunden wegen Zurückforderung derselben beglaubigte Abschriften haben zurückbehalten werden müssen, so werden für diese Abschriften Schreibgebühren erhoben.

Für Abschriften aus dem Börsenregister sowie für Bescheinigungen über dessen Inhalt wird eine Gebühr von 5 Mark erhoben.[42]

Neben der Gebühr für eine Bescheinigung kommen Schreibgebühren nicht zur Erhebung.

50. Für die Aufsuchung und Vorlegung einer Eintragung im Handelsregister nebst dessen Beilagen, wenn sie nicht zum Zwecke eines anderen Geschäfts geschieht, wird eine Gebühr von 50 Pfennig erhoben. Diese Vorschrift findet auf das Genossenschaftsregister und das Börsenregister entsprechende Anwendung.

42. Vgl. § 57 Börsengef. v. 22. Juni 1896.

51.[43] In dem Verfahren, durch welches ein Betheiligter nach den Vorschriften des Handelsgesetzbuchs (§§ 14, 319, 325 Nr. 9, 37 Abs. 1) zur Befolgung einer Vorschrift oder zu einer Unterlassung angehalten wird, werden die im § 8 des deutschen Gerichtskostengesetzes bestimmten Sätze erhoben:

a) für die Festsetzung der Ordnungsstrafe;

b) für die Verhandlung in den auf erhobenen Einspruch anberaumten Terminen, wenn der Einspruch verworfen wird;

c) für die Anordnung einer Beweisaufnahme.

Die Gebühr für die Anordnung der Beweisaufnahme wird nur zur Hälfte erhoben, wenn die Beweisaufnahme weder ganz noch theilweise stattgefunden hat.

Als Werth des Streitgegenstandes ist die Höhe der festgesetzten, im Fall des Abs. 1b, wenn eine Strafe nicht festgesetzt ist, der angedrohten Ordnungsstrafe anzusehen.

Für die Androhung der Strafe, desgleichen für die gerichtliche Verhandlung und Entscheidung sowie die Beweisaufnahme in dem Falle, wenn der erhobene Einspruch für begründet erachtet wird, werden Gebühren nicht erhoben.

52. Die Vorschriften des § 51 finden auf das Verfahren nach § 160 des Reichsgesetzes, betreffend die Erwerbs- und Wirthschaftsgenossenschaften (Reichsgesetzbl. 1898 S. 810), entsprechende Anwendung.

53. Für die Erledigung der im Handelsgesetzbuch, in dem Genossenschaftsgesetz und in dem Gesetze, betreffend die Gesellschaften mit beschränkter Haftung, den Gerichten zugewiesenen, von den deutschen Prozeßordnungen nicht betroffenen Angelegenheiten, welche eine Entscheidung des Gerichts erfordern, werden, soweit nicht ein Anderes bestimmt ist, drei Zehntheile der im § 8 des deutschen Gerichtskostengesetzes bestimmten Gebühr erhoben.

Das Gleiche gilt für die Zurückweisung des Widerspruchs gegen die von Amtswegen beabsichtigte Löschung erloschener Firmen oder unzulässiger Eintragungen im Handelsregister, sowie gegen die den Betheiligten bekannt gemachte Absicht des Registergerichts, eingetragene Aktiengesellschaften, Kommanditgesellschaften auf Aktien, Gesellschaften mit beschränkter Haftung oder Genossenschaften oder aber eingetragene Beschlüsse der Generalversammlungen oder Mitgliederversammlungen solcher Gesellschaften oder Genossenschaften als nichtig zu löschen (§§ 141 bis 144, 147 des Reichsgesetzes über die Angelegenheiten der freiwilligen Gerichtsbarkeit). Wird einem Widerspruche stattgegeben, so werden Gebühren nicht erhoben.

54. Für die Eintragung eines Waarenmäklers

43. Vgl. §§ 132—140 FrG.

in die bei den Gerichten zu führende Liste wird eine Gebühr von 500 Mark erhoben.[44]

55. Gebühren werden nicht erhoben

1. für die Zurückweisung einer Anmeldung zum Handelsregister in erster Instanz;
2. für die von Amtswegen zu bewirkenden Eintragungen in das Handelsregister, insbesondere der Konkurseröffnung, der Aufhebung des Eröffnungsbeschlusses, der Einstellung oder Aufhebung des Konkurses, sowie der gerichtlichen Bestellung und Abberufung von Liquidatoren;[45]
3. für die Entscheidung über Anträge und Beschwerden der Organe des Handelsstandes auf Grund des § 126 des Reichsgesetzes über die Angelegenheiten der freiwilligen Gerichtsbarkeit;
4. für die Löschungen im Handelsregister.

Fünfter Abschnitt.

Binnenschiffahrt. Vereine und Stiftungen. Güterrechtsregister.

56. Für die mit der Führung des Schiffsregisters verbundenen Geschäfte (§§ 119 bis 129 des Gesetzes, betreffend die privatrechtlichen Verhältnisse der Binnenschiffahrt, Reichsgesetzbl. 1898 S. 868) werden an Gebühren erhoben:

a) für die erstmalige Eintragung einschließlich der Ertheilung des Schiffsbriefs 8 M.,
b) für die Eintragung jeder Veränderung .... 3 „

Bei Schiffen, deren Tragfähigkeit 100 000 Kilogramm nicht übersteigt, wird nur die Hälfte dieser Sätze erhoben.

Die Zurückweisung einer Anmeldung in erster Instanz und die Löschung eines Schiffes im Schiffsregister erfolgen gebührenfrei.

57. Für die Verrichtungen, welche den Gerichten in Ansehung der nach dem Gesetze vom 15. Juni 1895, betreffend die privatrechtlichen Verhältnisse der Binnenschiffahrt, aufzumachenden Dispache obliegen, werden erhoben:

I. eine Gebühr von 3 Mark
   a) für die Bestellung eines Dispacheurs;[46]
   b) für die Entscheidung über die Verpflichtung des ablehnenden Dispacheurs zur Aufmachung der Dispache (§ 150 des Reichsgesetzes über die Angelegenheiten der freiwilligen Gerichtsbarkeit);
   c) für die Verhängung von Ordnungsstrafen, durch welche Betheiligte zur Aushändigung von Schriftstücken an den Dispacheur oder zur Beibringung derselben an das Gericht angehalten werden (§ 87 Abs. 3 des Binnenschiffahrtsgesetzes, § 151, 154 des Reichsgesetzes über die Angelegenheiten der freiwilligen Gerichtsbarkeit);

II. drei Zehntheile der im § 8 des deutschen Gerichtskostengesetzes bestimmten Gebühr für die gerichtliche Verhandlung über die von dem Dispacheur aufgemachte Dispache einschließlich der Bestätigung (§§ 153 ff. des Reichsgesetzes über die Angelegenheiten der freiwilligen Gerichtsbarkeit).

Als Werth des Gegenstandes ist anzusehen der Betrag des Havereischadens, wenn jedoch der Werth des Geretteten an Schiff, Fracht und Ladung geringer ist, dieser geringere Betrag.

58. Für die Eintragung in das Vereinsregister[47] werden folgende Gebühren erhoben:

I. bei Wohlthätigkeits- und wissenschaftlichen Vereinen
   a) für die erste Eintragung fünf Mark,
   b) für jede andere auf Anmeldung zu bewirkende Eintragung 2 Mark;

II. bei anderen Vereinen
   a) für die erste Eintragung 20 Mark,
   b) für jede andere auf Anmeldung zu bewirkende Eintragung 5 Mark.

Die Löschung der Eintragung eines Vereins erfolgt gebührenfrei.

Für die Verfügung, durch welche die Anmeldung eines Vereins oder einer Satzungsänderung zugelassen oder in erster Instanz zurückgewiesen wird, für die Bescheinigung der Eintragung (§ 66 Abs. 2 des Bürgerlichen Gesetzbuchs), ferner für die auf Anzeige der zuständigen Behörde oder von Amtswegen erfolgenden Eintragungen (§§ 67 Abs. 2, 74 Abs. 3, 75, 76 Abs. 3 des Bürgerlichen Gesetzbuchs) wird eine Gebühr nicht erhoben.

59. Drei Zehntheile der im § 8 des deutschen Gerichtskostengesetzes bestimmten Gebühr werden erhoben:

1. für die Bestellung fehlender Vorstandsmitglieder oder fehlender Liquidatoren bei Vereinen oder Stiftungen (§§ 29, 48 Abs. 1, 86, 88 des Bürgerlichen Gesetzbuchs);
2. für die Ermächtigung zur Berufung der Mitgliederversammlung eines Vereins, einschließlich der Bestimmung über den Vorsitz in derselben (§ 37 Abs. 2 des Bürgerlichen Gesetzbuchs, § 160 des Reichsgesetzes über die Angelegenheiten der freiwilligen Gerichtsbarkeit);
3. für die Entscheidung, durch welche einem Verein im Falle des § 73 des Bürgerlichen Gesetzbuchs die Rechtsfähigkeit entzogen wird;
4. für die Zurückweisung des Widerspruchs gegen die den Betheiligten bekannt gemachte Absicht

---

44. Vgl. Artt. 1 ff. Ges. v. 18. Juli 1866.
45. Vgl. §§ 115, 116, 163 Abs. 3, 190 Abs. 3, 198 Abs. 2, 205 Abs. 2 KO.
46. § 87 Abs. 2 Binnenschiffahrtsges. v. 15. Juni 1895.
47. §§ 21, 55 BGB.

des Registergerichts, eine unzulässige Eintragung in dem Vereinsregister als nichtig zu löschen (§§ 142, 143, 159 des Reichsgesetzes über die Angelegenheiten der freiwilligen Gerichtsbarkeit). Wird dem Widerspruch stattgegeben, so wird eine Gebühr nicht erhoben.

Für die Einholung der Genehmigung einer Stiftung durch das Nachlaßgericht (§ 83 des Bürgerlichen Gesetzbuchs) wird eine Gebühr nicht erhoben.

60. In dem Verfahren, durch welches Betheiligte zur Befolgung gesetzlicher Vorschriften nach § 127 des Binnenschiffahrtsgesetzes oder nach § 78 des Bürgerlichen Gesetzbuchs durch Ordnungsstrafen anzuhalten sind, werden die im § 51 bestimmten Gebühren erhoben.

61. Für jede Eintragung in das Güterrechtsregister wird eine Gebühr von zwei Mark erhoben.

Für die Zurückweisung einer Anmeldung in erster Instanz sowie für die Löschung einer Eintragung von Amtswegen wird eine Gebühr nicht erhoben.

Für die Zurückweisung des Widerspruchs gegen die den Betheiligten bekannt gemachte Absicht des Registergerichts, eine unzulässige Eintragung in dem Güterrechtsregister als nichtig zu löschen (§§ 142, 143, 161 des Reichsgesetzes über die Angelegenheiten der freiwilligen Gerichtsbarkeit), werden drei Zehntheile der im § 8 des deutschen Gerichtskostengesetzes bestimmten Gebühr erhoben. Wird dem Widerspruche stattgegeben, so wird eine Gebühr nicht erhoben.

62. Für die Aufsuchung und Vorlegung einer Eintragung in den Schiffs-, Vereins- und Güterrechtsregistern nebst den Beilagen, wenn sie nicht zum Zwecke eines anderen Geschäfts geschieht, wird eine Gebühr von 50 Pfennig erhoben.

Für Abschriften und Auszüge aus diesen Registern sowie, unbeschadet der Vorschrift des § 58 Abs. 3, für Zeugnisse und Bescheinigungen über deren Inhalt wird eine Gebühr von einer Mark erhoben. Neben der Gebühr für eine Bescheinigung kommen Schreibgebühren nicht zur Erhebung.

Die Vorschrift des § 49 Abs. 2 findet entsprechende Anwendung.

Sechster Abschnitt. Grundbuchsachen.

63. In Grundbuchsachen beträgt, sofern nicht Ausnahmen vorgesehen sind, die volle Gebühr:

bei Werthen bis zu	500 M.	. .		50 Pfennig,
„ „ von mehr als	500 bis	1 000 M.		1 M.
„ „ „ „ „	1 000 „	2 000 „		2 „
„ „ „ „ „	2 000 „	3 000 „		3 „
„ „ „ „ „	3 000 „	5 000 „		4 „
„ „ „ „ „	5 000 „	10 000 „		5 „
„ „ „ „ „	10 000 „	50 000 „		10 „
„ „ „ „ „	50 000 M.	. .		20 „

64. Für die Eintragung des Eigenthümers, einschließlich der Entgegennahme der Auflassungserklärung oder der Aufnahme des Antrags auf Eintragung wird die volle Gebühr erhoben. Die gleiche Gebühr wird erhoben, wenn ein Grundstück auf Grund des § 90 Abs. 2 der Grundbuchordnung auf Antrag des Erwerbers aus dem Grundbuch ausgeschieden wird.

Für die Eintragung des Eigenthums von Abkömmlingen des bisherigen Eigenthümers, sofern sie auf Grund der Erbfolge oder eines Uebertragsvertrags oder der Erbauseinandersetzung erfolgt, ohne Unterschied, ob die Erben inzwischen im Grundbuch eingetragen waren oder nicht, für die nachträgliche Eintragung des Miteigenthums eines Ehegatten oder von Kindern an Grundstücken, welche zur ehelichen Gütergemeinschaft oder zur fortgesetzten Gütergemeinschaft gehören, ingleichen für die Umschreibung der Grundstücke, welche einem Ehegatten oder den Erben eines solchen bei der Auseinandersetzung einer aufgelösten Gütergemeinschaft überwiesen, oder welche einem Ehegatten nach Auflösung der Gütergemeinschaft kraft Gesetzes zugefallen sind, einschließlich der bei diesen Geschäften vorkommenden Nebengeschäfte, werden fünf Zehntheile der vollen Gebühr erhoben.

Die Entgegennahme der Auflassung und, wenn diese nicht vor dem Grundbuchrichter erfolgt, die Eintragung des neuen Eigenthümers, ferner die Eintragung der Belastung eines Grundstücks mit einer Hypothek, Grund- oder Rentenschuld oder der Uebertragung eines solchen Rechtes darf in das Grundbuch nicht vorgenommen werden, wenn nicht der Nachweis über die Entrichtung der Kosten der Eintragung und der Registrirungsabgabe für das zu Grunde liegende Rechtsgeschäft erbracht ist. Ueber Erinnerungen gegen derartige Anordnungen wird im Aufsichtsweg entschieden.

Die Bestimmungen des Abs. 3 finden nicht Anwendung, wenn das zu Grunde liegende Rechtsgeschäft von einem elsaß-lothringischen Notar beurkundet ist.

65. Für jede Eintragung der Belastung des Grundstücks mit einem Rechte wird die volle Gebühr erhoben. Für die Eintragung von Hypotheken, Grundschulden oder Rentenschulden kommen außerdem 10 Pfennig für je hundert Mark oder einen Bruchtheil dieses Betrags in Ansatz.

Als Belastungen des Grundstücks gelten auch das Recht des Nacherben sowie die nach § 1010 des Bürgerlichen Gesetzbuchs eingetragenen Bestimmungen oder Ansprüche.

66. Für die Eintragung von Rechtsveränderungen aller Art, Vorbemerkungen,[48] Widersprüchen[49] und Verfügungsbeschränkungen werden fünf Zehntheile der vollen Gebühr erhoben.[50]

48. § 883 BGB.
49. § 899 BGB.
50. Vgl. jedoch § 85 Nr. 3 unten.

Der Werth wird durch den Werth des Rechtes bestimmt, worauf die Eintragung sich bezieht. Bei Vorrangseinräumungen ist der Werth des vortretenden Rechtes und, wenn der Betrag des zurücktretenden Rechtes der geringere ist, dieser maßgebend.

67. Für alle Eintragungen, welche unter keine der vorstehend (§§ 64 bis 66) getroffenen Bestimmungen fallen, insbesondere für die Vermerke, welche durch die ohne Veränderung des Eigenthümers stattfindende Theilung von Grundstücken oder Uebertragung derselben auf ein anderes Blatt oder einen anderen Artikel veranlaßt werden, für die Eintragung des Verzichts auf das Eigenthum am Grundstück, für die Anlegung eines Blattes für ein noch nicht in das Grundbuch eingetragenes oder aus dem Grundbuch ausgeschiedenes Grundstück, für das Ausscheiden eines Grundstücks aus dem Grundbuche, falls nicht gleichzeitig eine Eigenthumsveränderung eingetragen wird, für den Vermerk von Rechten, welche dem jeweiligen Eigenthümer zustehen, werden drei Zehntheile der vollen Gebühr erhoben.[51]

Der Werth des Gegenstandes wird in allen Fällen nach § 11 Ziff. 5 berechnet.

68. Für jede Löschung werden fünf Zehntheile der für die Eintragung bestimmten Sätze erhoben.

Für die Löschung einer Hypothek, einer Grundschuld oder einer Rentenschuld sind jedoch nicht mehr als drei Mark und, sofern es sich nur um die Entlassung einzelner Grundstücke aus der Mithaft handelt, nicht mehr als eine Mark zu erheben.

69. Für die Eintragung der Vertheilung einer Hypothek (§§ 1132, 1172 des Bürgerlichen Gesetzbuchs) werden zwei Zehntheile der vollen Gebühr erhoben.

70. Bei der Eintragung oder Löschung von Hypotheken oder Grundschulden ist der Betrag der Forderung oder der Grundschuld, bei der Eintragung oder Löschung von Rentenschulden ist der Betrag der Ablösungssumme für die Gebührenberechnung maßgebend. Ist jedoch der Werth des Grundstücks geringer, so ist dieser maßgebend.[52] Bedingte Forderungen werden wie unbedingte behandelt.

71. Für die Aufnahme des Protokolls über Anträge oder Bewilligungen, welche zur Herbeiführung einer Eintragung oder Löschung im Grundbuche bestimmt sind, werden zwei Zehntheile der vollen Gebühr erhoben.[53]

72. Sofern das einer Eintragung zu Grunde liegende Rechtsgeschäft nach den Vorschriften der Enregistrementsgesetze einer verhältnißmäßigen Registrirungsabgabe unterliegt, kommt diese Abgabe neben den Gebühren zur Erhebung, auch wenn die Eintragung nicht auf Grund einer registrirungspflichtigen Urkunde erfolgt. Die Art der Erhebung wird durch die Ausführungsbestimmungen (§ 155) geregelt.

73. Für die Ertheilung eines Hypotheken-, Grundschuld- oder Rentenschuldbriefs werden vier Zehntheile der vollen Gebühr erhoben.

Für die Ertheilung eines neuen Briefes einschließlich des Vermerks dieser Ertheilung im Grundbuche,[54] für die Ergänzung des Auszugs aus dem Grundbuche[55] vorbehaltlich der Vorschrift des § 85 Ziff. 8, sowie für die Herstellung eines Theilbriefs[56] werden zwei Zehntheile der vollen Gebühr erhoben.[56]

Die Vorschriften des § 70 finden entsprechende Anwendung.

74. Die Gebühr für Einsicht des Grundbuchs und der Anlagen beträgt eine Mark. Dieselbe wird für jeden Eigenthümer, bezüglich dessen Einsicht genommen wird, besonders erhoben. Eheleute und Miteigenthümer gelten hierbei als ein Eigenthümer. Nimmt die Einsicht bezüglich eines Eigenthümers mehr als eine halbe Stunde in Anspruch, so erhöht sich die Gebühr für jede weitere halbe Stunde um eine Mark. Die angefangene halbe Stunde wird für voll gerechnet.

Den als Inhaber von Rechten in die Grundbücher eingetragenen, den von diesen zur Einsichtnahme ermächtigten Personen sowie den Notaren ist die Einsicht der Grundbücher und Anlagen kostenfrei gestattet.

75. Für eine Bescheinigung, daß Eintragungen nicht bestehen, beträgt die Gebühr eine Mark. Dieselbe wird für jede Person, bezüglich deren die Bescheinigung ertheilt ist, besonders, für Ehegatten und Miteigenthümer jedoch nur einmal erhoben.

Neben der Gebühr kommen Schreibgebühren nicht zur Erhebung.

76. Für die Ertheilung von Grundbuchauszügen und Kopien von Karten und Plänen, insoweit solche gemäß § 29 des Gesetzes, betreffend die Ausführung der Grundbuchordnung, erforderlich sind, werden die auf Grund des § 61 Abs. 3 des Gesetzes vom 31. März 1884 (Gesetzbl. S. 59) für die Ertheilung der Katasterauszüge und der Kopien von Karten und Plänen bestimmten Gebühren als Auslagen erhoben.

Im Uebrigen wird für die Ertheilung von Abschriften aus dem Grundbuche und aus den Anlagen neben der Schreibgebühr eine Gebühr von einer Mark erhoben. Die Gebühr kommt

---

51. Vgl. jedoch § 85 [4, 8] unten.
52. Vgl. § 6 CPO.
53. § 29 GBO; §§ 873 Abs. 2, 877, 880, 925, 1017 BGB.
54. §§ 64, 67, 68 GBO.
55. § 63 GBO.
56. §§ 61, 70 GBO.

für Abschriften, die auf Grund desselben Antrags und bezüglich desselben Eigenthümers ertheilt werden, nur einmal in Ansatz; Eheleute und Miteigenthümer gelten hierbei als eine Person.

77. Erfolgt die Eintragung eines Eigenthümers auf Grund gleichzeitig gestellter Anträge in Ansehung mehrerer Grundstücke, so wird, auch wenn die Grundstücke in verschiedenen Grundbuchbezirken desselben Amtsgerichtsbezirks gelegen sind, die Eintragungsgebühr nur einmal nach dem zusammengerechneten Werthe der Grundstücke berechnet.

78. Erfolgt eine auf demselben Rechtsgrunde beruhende Eintragung oder Löschung auf Grund gleichzeitig gestellter Anträge bei mehreren Eigenthümern, so werden die in den §§ 65 bis 68 bezeichneten Sätze nur einmal erhoben, auch wenn die Eintragungen und Löschungen in verschiedenen Grundbuchbezirken desselben Grundbuchamts vorzunehmen sind.

Ist die Eintragung oder Löschung in mehreren Grundbuchbezirken vorzunehmen, welche zu verschiedenen Grundbuchämtern gehören, so werden die im Abs. 1 bezeichneten Sätze zum vollen Betrage nur bei demjenigen Grundbuchamt erhoben, bei welchem die Eintragung oder Löschung zuerst beantragt worden ist. Bei den anderen Grundbuchämtern darf die zu erhebende Gebühr den Betrag von einer Mark nicht übersteigen.

79. Für die Zurücknahme eines Antrags wird ein Zehntheil, für die Zurückweisung eines solchen werden zwei Zehntheile und für die Zurückweisung einer Beschwerde werden drei Zehntheile derjenigen Gebühr erhoben, welche für die beantragte Verrichtung zu erheben sein würde.

80. Die zum Zwecke einer Eintragung oder Löschung einzureichenden, bei den Anlagen verbleibenden Ausfertigungen, Abschriften und Auszüge sind stempelfrei. Dieselben können schon vor der Registrirung der Urkunden ertheilt werden.

Sind zum Zwecke einer Eintragung oder Löschung Urkunden in Urschrift vorzulegen, so kann auch dies vor der Registrirung geschehen.

81. Durch den Wegfall der Ueberschreibung wird an der Höhe der Gebühren, welche bei der Registrirung der bisher der Ueberschreibung unterworfenen Urkunden zu erheben sind, nichts geändert.

82. Die in diesem Abschnitte für Grundstücke gegebenen Vorschriften finden auf Bergwerke entsprechende Anwendung.[57]

83. Die Vorschriften dieses Abschnitts gelten auch für die Eintragung in die Eigenthumsbücher und in die vorläufigen Grundbücher.

Bis zum 1. Januar 1904 werden jedoch für die Eintragung des Eigenthümers in das Eigenthumsbuch, sofern dieser das Eigenthum vor dem Inkrafttreten des Bürgerlichen Gesetzbuchs erworben hat, Gebühren nicht erhoben.[58]

84. In Ansehung der Eintragungen, welche in den von den Hypothekenämtern bisher geführten Registern noch erforderlich werden, sowie in Ansehung der daraus zu ertheilenden Auszüge, Abschriften und Bescheinigungen bleiben die bisherigen Gebührensätze maßgebend.[59]

85. Gebühren werden nicht erhoben:

1. in Angelegenheiten, in welchen nach der bisherigen Gesetzgebung Befreiung von Hypothekengebühren gewährt war, insbesondere
   a) im Enteignungsverfahren (Art. 58 des Gesetzes vom 3. Mai 1841);
   b) im Verfahren, betreffend die Errichtung von Marksteinen (§ 10 des Gesetzes vom 21. November 1875);
   c) im Flurbereinigungsverfahren (§ 16 des Gesetzes vom 30. Juli 1890) sowie in den im § 3 Abs. 5 des Gesetzes vom 11. Mai 1877 und im § 1 Abs. 2, § 2 Abs. 2 des Gesetzes vom 14. April 1884 bezeichneten Fällen;
2. für die von Amtswegen erfolgende Eintragung oder Löschung des Bergwerkseigenthums (§ 83 des Ausführungsgesetzes zum Bürgerlichen Gesetzbuch);
3. für die gemäß den §§ 18 Abs. 2, 54 Abs. 1, 76 der Grundbuchordnung von Amtswegen einzutragenden Vormerkungen und Widersprüche und deren Löschung;
4. für die auf Grund der §§ 7 Abs. 2, 8, 46, 49 der Grundbuchordnung einzutragenden Vermerke und deren Richtigstellung;
5. für die von Amtswegen zu bewirkende Eintragung des Rechtes des Nacherben und der Befreiung des Vorerben von den Beschränkungen seines Verfügungsrechts sowie für die von Amtswegen zu bewirkende Eintragung des Testamentsvollstreckers (§§ 52, 53 der Grundbuchordnung);
6. für die von Amtswegen zu bewirkende Löschung einer unzulässigen Eintragung (§ 54 Abs. 1 der Grundbuchordnung);
7. für die Abschreibung von Grundstückstheilen, welche von Gemeinden zur Anlegung von Wegen erworben werden;
8. für Vermerke, welche lediglich die Vervollständigung oder Berichtigung der zur Bezeichnung des Berechtigten oder eines Grundstücks dienenden Angaben bezwecken und für die Ergänzung eines Hypotheken-, Grundschuld- oder Rentenschuldbriefs auf Grund eines solchen Vermerks;
9. für die von dem Vollstreckungsgericht auf Grund des Reichsgesetzes über die Zwangs-

57. §§ 80 ff. AG z. BGB.

58. Vgl. §§ 88, 111 AG z. BGB.

59. Vgl. § 115 Abs. 2 AG z. BGB.

versteigerung und die Zwangsverwaltung (Reichsgesetzbl. 1898 S. 713) veranlaßte Thätigkeit des Grundbuchamts, mit Ausnahme jedoch der Eintragung der Sicherungshypothek für die Forderung gegen den Ersteher.[60]

Siebenter Abschnitt. Schiffspfandsachen.

86. Auf das Pfandrecht an einem im Schiffsregister eingetragenen Schiffe oder an einer Schiffspart[61] finden in Ansehung der Gebühren für die Eintragungen und Löschungen die Bestimmungen in den §§ 65 bis 68, 70 bis 72, 79 entsprechende Anwendung.

87. Gebühren werden in Schiffspfandsachen nicht erhoben

1. für die von Amtswegen zu bewirkenden Eintragungen von Vormerkungen oder Widersprüchen (§ 100 Abs. 2 des Reichsgesetzes über die Angelegenheiten der freiwilligen Gerichtsbarkeit in Verbindung mit § 18 Abs. 2 der Grundbuchordnung, §§ 119, 123 des Reichsgesetzes über die Angelegenheiten der freiwilligen Gerichtsbarkeit);
2. für die nach den §§ 114, 116, 120 des Reichsgesetzes über die Angelegenheiten der freiwilligen Gerichtsbarkeit von Amtswegen einzutragenden Vermerke;
3. für die von Amtswegen zu bewirkende Eintragung eines Testamentsvollstreckers (§ 118 des Reichsgesetzes über die Angelegenheiten der freiwilligen Gerichtsbarkeit);
4. für die von Amtswegen zu bewirkende Löschung einer unzulässigen Eintragung (§ 119 des Reichsgesetzes über die Angelegenheiten der freiwilligen Gerichtsbarkeit);
5. für die von dem Vollstreckungsgericht auf Grund des Reichsgesetzes über die Zwangsversteigerung und die Zwangsverwaltung veranlaßte Thätigkeit des Register-Richters, mit Ausnahme jedoch der Eintragung des Pfandrechts für die Forderung gegen den Ersteher.[62]

Achter Abschnitt. Sonstige Angelegenheiten.

88. Ein Zehntheil der im § 8 des deutschen Gerichtskostengesetzes bestimmten Gebühr wird erhoben

1. für die Bewilligung der öffentlichen Zustellung einer Willenserklärung (§ 132 Abs. 2 des Bürgerlichen Gesetzbuchs);
2. für die Bewilligung der Veröffentlichung der Kraftloserklärung einer Vollmacht (§ 176 Abs. 2 des Bürgerlichen Gesetzbuchs);
3. für die Bestellung eines Vertreters des Grundstückeigenthümers, dem eine Hypothek oder eine Grundschuld gekündigt werden soll (§ 1141 Abs. 2, § 1192 des Bürgerlichen Gesetzbuchs);
4. für die Festsetzung der einem Betheiligten zu erstattenden Kosten;
5. für die Ermächtigung des Verkehrsteueramts zur Ertheilung von Auszügen aus seinen Registern (Art. 58 des Gesetzes vom 22. Frimaire VII).

89. Zwei Zehntheile der im § 8 des deutschen Gerichtskostengesetzes bestimmten Gebühr werden erhoben

1. für die Abnahme des Offenbarungseides in den Fällen der §§ 259, 260, 2028, 2057 des Bürgerlichen Gesetzbuchs, soweit derselbe außerhalb eines Prozeßverfahrens zu leisten ist, und im Falle des § 83 Abs. 2 des Reichsgesetzes über die Angelegenheiten der freiwilligen Gerichtsbarkeit;
2. unbeschadet der Vorschrift des § 25 Abs. 1, für gerichtliche Handlungen der Zwangsvollstreckung gemäß §§ 9 bis 11 des Ausführungsgesetzes zum Reichsgesetz über die Angelegenheiten der freiwilligen Gerichtsbarkeit.

Als gerichtliche Handlung der Zwangsvollstreckung gilt auch die Anordnung der Ertheilung einer mit der Bescheinigung der Vollstreckbarkeit versehenen Ausfertigung im Falle des § 10 des Ausführungsgesetzes zum Reichsgesetz über die Angelegenheiten der freiwilligen Gerichtsbarkeit.

Betreffen mehrere gerichtliche Handlungen oder Entscheidungen im Zwangsvollstreckungsverfahren die Erzwingung einer und derselben Verpflichtung, so kommt die Gebühr nur einmal zur Erhebung.

90. Zwei Zehntheile der im § 8 des deutschen Gerichtskostengesetzes bestimmten Gebühr werden ferner erhoben

1. für die Bestellung eines Verwahrers einschließlich der Entscheidung über die von dem Verwahrer beanspruchte Vergütung (§§ 432, 1217, 1275, 1281, 2039 des Bürgerlichen Gesetzbuchs);
2. für die Anordnung einer von den Vorschriften der §§ 1235 bis 1240 des Bürgerlichen Gesetzbuchs abweichenden Art des Pfandverkaufs (§ 1246 Abs. 2 des Bürgerlichen Gesetzbuchs);
3. für die Ermächtigung des Notars, einem gesetzlich nicht Berechtigten Kenntniß von dem Inhalt einer Urkunde oder Ausfertigung oder Abschrift zu ertheilen (§ 58 Abs. 1 Ziffer 1 des Ausführungsgesetzes zum Reichsgesetz über die Angelegenheiten der freiwilligen Gerichtsbarkeit);
4. für die Ermächtigung des Notars, Abschrift einer nicht registrirten oder unvollendeten Urkunde zu ertheilen (§ 58 Abs. 1 Ziffer 2

60. Vgl. § 128 ZVG.
61. §§ 1259 ff. BGB; §§ 100 ff. FrG.
62. Vgl. § 169 Abs. 2 ZVG.

des Ausführungsgesetzes zum Reichsgesetz über die Angelegenheiten der freiwilligen Gerichtsbarkeit);

5. für jede andere Verrichtung des Gerichts, für welche weder eine besondere Gebühr vorgeschrieben noch Gebührenfreiheit vorgesehen ist, unbeschadet der Vorschriften der §§ 98, 99 über die Ermäßigung der Gebühr im Falle der Zurücknahme oder der Zurückweisung eines Antrags.

91. Drei Zehntheile der im § 8 des deutschen Gerichtskostengesetzes bestimmten Gebühr werden erhoben

1. für die Ermächtigung zur Vornahme einer Versteigerung neuer Waaren im Einzelnen oder einer Versteigerung von Waaren im Großen einschließlich der etwaigen Anordnung über die Art des Verkaufs und die Ernennung eines Mäklers zur Abhaltung der Versteigerung;[63]
2. für die Anordnung der Feststellung des Zustandes oder des Werthes einer Sache, einschließlich der Ernennung und Beeidigung der Sachverständigen, für die Ernennung eines dritten Sachverständigen in den gesetzlichen Fällen, sowie für die Anordnung des Zeugenbeweises im Falle des Art. 8 des Gesetzes vom 22. Pluviôse VII.[64]

Findet in den Fällen der Ziffer 2 die Beweisaufnahme vor dem Gerichte statt, so erhöht sich die Gebühr auf fünf Zehntheile.

92. Fünf Zehntheile der im § 8 des deutschen Gerichtskostengesetzes bestimmten Gebühr werden erhoben für die Aufhebung der Beschränkungen der politischen und bürgerlichen Rechte, welche im Falle des Konkursverfahrens für den Gemeinschuldner eintreten (§ 12 des Gesetzes, betreffend die Ausführung der Civilprozeßordnung und der Konkursordnung sowie das Rechtsmittel der Kassation).

93. Für die Erledigung des Ersuchens eines nicht elsaß-lothringischen Gerichts oder einer Behörde, welche in einem anderen Staate Verrichtungen des Vormundschaftsgerichts oder des Nachlaßgerichts wahrnimmt, sind außer den baaren Auslagen zu erheben:

1. wenn eine Handlung vorgenommen wird, für welche besondere Gebühren bestimmt sind, diese Gebühren;
2. wenn nur um die Zustellung oder Aushändigung eines Schriftstücks ersucht ist, ein Zehntheil der im § 8 des deutschen Gerichtskostengesetzes bestimmten Gebühr, jedoch nicht über 10 Mark;
3. in allen anderen Fällen zwei Zehntheile der im § 8 des deutschen Gerichtskostengesetzes bestimmten Gebühr, jedoch nicht über 20 Mark.

Die bestehenden Staatsverträge werden hierdurch nicht berührt.

Gebühren und Auslagen werden nicht erhoben, soweit die Gegenseitigkeit verbürgt ist. Ob diese Voraussetzung vorliegt, entscheidet das Ministerium.

94. Eine Gebühr von zwei Mark wird erhoben

1. für die Hinterlegung der Unterschriften der Notare;
2. für die Verhandlungen über Anträge auf Rückgabe der Amtskautionen der Notare und Gerichtsvollzieher;
3. für die Bescheinigungen über die unter Ziffer 2 bezeichneten Geschäfte sowie jede andere Bescheinigung, für welche nicht eine besondere Gebühr vorgesehen ist;
4. für die Beeidigung von Privatwaldhütern und sonstigen gerichtlich zu beeidigenden Bediensteten, sowie für die Beeidigung der ständigen Uebersetzer;[65]
5. für die Branderklärungen;
6. für die Ausfertigungen und Abschriften von Verhandlungen der unter Ziffer 4 und 5 bezeichneten Art sowie für Bescheinigungen darüber;
7. für die Beglaubigung von Abschriften und Auszügen aus Handelsbüchern oder sonstigen Urkunden, soweit dieselben nicht von dem Gericht aufgenommen oder von einem Notar aufgenommen und bei Gericht in Verwahrung sind;
8. für die an Privatpersonen ertheilten Auszüge aus dem Strafregister oder Bescheinigungen über den Inhalt dieses Registers.

95. Für die gerichtliche Beglaubigung einer Unterschrift wird eine Gebühr von 20 Pfennig erhoben.[66]

96. In dem Verfahren gemäß § 29 des Gesetzes, betreffend die Erbschaftssteuer, vom 12. Juni 1889 wird für die Abnahme der eidesstattlichen Versicherung und für die Verhängung einer Ordnungsstrafe gegen den Säumigen eine Gebühr nicht erhoben.

Neunter Abschnitt.
Gemeinsame Bestimmungen.

97. Die im zweiten bis achten Abschnitt für einzelne Geschäfte der freiwilligen Gerichtsbarkeit bestimmten Gebühren umfassen die gesammte Thätigkeit des Gerichts einschließlich aller Nebengeschäfte.

98. Im Falle der Zurücknahme eines Antrags, bevor auf denselben eine Entscheidung erlassen ist

63. Art. 5 Ges. v. 25. Juni 1841; § 40 AG z. FrG; Ges. v. 28. Mai 1858; Dekr. v. 12. März 1859; Ges. v. 3. Juli 1861.

64. Vgl. § 13 AG z. GVG v. 4. Nov. 1878.

65. MinB v. 18. Sept. 1889.

66. Vgl. § 48 AG z. FrG; Ges. v. 2. Mai 1861; § 8 Bkm. betr. Führung des Genossenschaftsregisters v. 1. Juli 1899 (RGBl. S. 347).

oder die beantragte Verrichtung stattgefunden hat, werden, soweit nicht ein Anderes bestimmt ist, drei Zehntheile der Gebühr, welche für die beantragte Entscheidung oder Verrichtung zu erheben gewesen wäre, jedoch höchstens sechs Mark erhoben.[67]

99. Für die Zurückweisung eines unbegründeten oder unzulässigen Antrags werden, soweit nicht ein Anderes bestimmt ist, fünf Zehntheile der Gebühr, welche für die beantragte Entscheidung oder Verrichtung zu erheben gewesen wäre, jedoch höchstens 10 Mark erhoben.

Die Versagung einer dem Gericht obliegenden Bestätigung steht der Zurückweisung eines Antrags gleich.

100. Für die Entscheidung über einen Antrag auf Wiedereinsetzung in den vorigen Stand wird, unbeschadet der Vorschrift des § 43, die Hälfte der Gebühr erhoben, welche für die beantragte Entscheidung zu erheben gewesen wäre.[68]

101. Für die Aufsuchung und Vorlegung von Urkunden oder Akten zur Einsicht, wenn sie nicht zum Zwecke eines anderen Geschäfts geschieht, wird, unbeschadet der Vorschriften der §§ 50, 62 Abs. 1, eine Gebühr von 50 Pfennig erhoben.[69]

102. Für die Entscheidung über eine Beschwerde einschließlich des vorangegangenen Verfahrens wird, soweit nicht ein Anderes bestimmt ist, wenn die Beschwerde als unbegründet oder unzulässig verworfen wird oder wenn die Kosten des Verfahrens einem Gegner zur Last fallen, dieselbe Gebühr erhoben, welche für die beantragte Verhandlung oder Entscheidung zu erheben gewesen wäre, jedoch mindestens 1 Mark und höchstens 20 Mark. Soweit die bezeichneten Voraussetzungen nicht zutreffen, wird eine Gebühr nicht erhoben.[70]

Auf Beschwerden in Angelegenheiten, für welche in erster Instanz Gebührenfreiheit besteht, finden die Vorschriften der §§ 45, 46 des deutschen Gerichtskostengesetzes mit der Maßgabe Anwendung, daß die Gebühr für die Zurücknahme 6 Mark, die Gebühr für die Verwerfung der Beschwerde 20 Mark nicht übersteigen darf.

103. Insoweit in Angelegenheiten der freiwilligen Gerichtsbarkeit die Vorschriften der Civilprozeßordnung für anwendbar oder entsprechend anwendbar erklärt sind, gelten, sofern nicht in diesem Gesetz ein Anderes bestimmt ist, für den Kostenansatz die Vorschriften des deutschen Gerichtskostengesetzes.[71]

104. Werden einem Betheiligten gemäß § 6 Abs. 2 des Ausführungsgesetzes zu dem Reichsgesetz über die Angelegenheiten der freiwilligen Gerichtsbarkeit die Kosten eines durch seine Säumniß vereitelten Termins zur Last gelegt, so ist neben den entstandenen baaren Auslagen von demselben eine Gebühr zu erheben, welche mindestens auf 1 Mark und höchstens auf 20 Mark festzusetzen ist. Die Festsetzung erfolgt gebührenfrei.[72]

105. Gebühren werden nicht erhoben:

1. für die Aufnahme von Anträgen, Gesuchen, Erklärungen oder Beschwerden, soweit nicht ein Anderes in diesem Gesetze bestimmt ist;
2. für die Beglaubigung von Abschriften oder Auszügen von Urkunden, welche von dem Gericht aufgenommen oder von einem Notar aufgenommen und bei Gericht in Verwahrung sind;
3. für die Bestimmung des zuständigen Gerichts (§ 5 des Reichsgesetzes über die Angelegenheiten der freiwilligen Gerichtsbarkeit);
4. für die Aenderung einer Verfügung (§ 18 des Reichsgesetzes über die Angelegenheiten der freiwilligen Gerichtsbarkeit);
5. für die Ertheilung eines Zeugnisses der Rechtskraft sowie für die Entscheidung über Gesuche um Ertheilung eines solchen Zeugnisses unbeschadet der Vorschrift des § 89 Abs. 2;
6. für die auf Ersuchen von Verwaltungsbehörden auszuführenden Verrichtungen, welche ein öffentliches Interesse betreffen.

Die Aufnahme von Anträgen und Erklärungen nach § 11 des Reichsgesetzes über die Angelegenheiten der freiwilligen Gerichtsbarkeit ist auch in Angelegenheiten, für welche Gerichte eines anderen Bundesstaates zuständig sind, gebührenfrei, sofern die Gegenseitigkeit verbürgt ist. Ob diese Voraussetzung vorliegt, entscheidet das Ministerium.

Zehnter Abschnitt. Auslagen.

106. An baaren Auslagen werden erhoben:

1. die im § 79 des deutschen Gerichtskostengesetzes bezeichneten Auslagen;
2. die als Vergütung für einen bestellten Hüter bezahlten Beträge.[73]

107. Die Vorschrift des § 80 des deutschen Gerichtskostengesetzes über die Erhebung der Schreibgebühren findet entsprechende Anwendung.

In den Fällen, in denen nach den Vorschriften der §§ 12, 13, 14, 16, des § 53 Abs. 2, des § 55 Ziffer 3, des § 59 Abs. 1 Ziffer 4, des § 61 Abs. 3, der §§ 102, 103, 104, des § 105 Abs. 1 Ziffer 3 bis 6 Gebührenfreiheit besteht, werden für die von Amtswegen anzufertigenden Ausfertigungen und Abschriften Schreibgebühren nicht erhoben.[74]

67. § 46 GKG.
68. §§ 22 Abs. 2, 137 FrG.
69. Vgl. jedoch § 16 KG v. 6. Febr. 1875.
70. § 45 GKG.
71. Vgl. insbesondere §§ 93, 158 FrG; § 6 AG z. FrG; §§ 26 Nr. 8, 38 Nr. 3, 47 Abs. 1 Nr. 2, 5, 7, 8, 12, 15 und Abs. 2, 3 GKG.
72. Bezüglich der Zeugen und Sachverständigen vgl. § 15 FrG; §§ 380, 409 CPO.
73. Vgl. auch § 1960 BGB.
74. Vgl. § 80a Nr. 1 GKG.

108. Für die von Amtswegen bewirkten Zustellungen werden baare Auslagen nur erhoben, wenn die Zustellung durch Bekanntmachung in öffentlichen Blättern oder im Ausland erfolgt. Die Erhebung der Schreibgebühr für die Ausfertigungen und Abschriften des zuzustellenden Schriftstücks wird hierdurch nicht ausgeschlossen.

Werden gerichtliche Verfügungen auf andere Weise als durch Zustellung bekannt gemacht, so werden die baaren Auslagen erhoben.[75]

109. Im Verfahren, betreffend die Anlegung des Grundbuchs und in Sachen der freiwilligen Gerichtsbarkeit erhalten an Reisegebühren:

1. die Amtsrichter
   - bei einer Entfernung über 2 Kilometer bis zu 5 Kilometer vom Sitze des Amtsgerichts . . . 6 Mark,
   - bei einer Entfernung über 5 Kilometer bis zu 10 Kilometer . 9 „
   - bei einer Entfernung über 10 Kilometer . . . . 15 „
2. die Amtsgerichtsschreiber
   - bei einer Entfernung über 2 Kilometer bis zu 5 Kilometer . . 4 „
   - bei einer Entfernung über 5 Kilometer bis zu 10 Kilometer . 7 „
   - bei einer Entfernung über 10 Kilometer . . . . 11 „

Ist der Ort, an welchem das Dienstgeschäft vorzunehmen ist, mit dem Sitze des Gerichts durch eine Eisenbahn oder eine Straßenbahn verbunden, so erhalten in Angelegenheiten der freiwilligen Gerichtsbarkeit:

75. Vgl. § 80b GKG.

1. die Amtsrichter
   - bei einer Entfernung über 2 Kilometer bis zu 5 Kilometer vom Sitze des Amtsgerichts . . . 5 Mark,
   - bei einer Entfernung über 5 Kilometer bis zu 10 Kilometer . 7 „
   - bei einer Entfernung über 10 Kilometer . . . . 10 „
2. die Amtsgerichtsschreiber
   - bei einer Entfernung über 2 Kilometer bis zu 5 Kilometer . . 3 „
   - bei einer Entfernung über 5 Kilometer bis zu 10 Kilometer . 5 „
   - bei einer Entfernung über 10 Kilometer . . . . 7 „

Die Bestimmungen des Abs. 2 finden keine Anwendung, wenn der Amtsrichter die pflichtmäßige Erklärung abgiebt, daß die Benutzung der Eisenbahn oder Straßenbahn auf dem Hinwege oder dem Rückwege unthunlich war.

Wenn die Rückreise nicht an demselben Tage erfolgt, so erhalten für jedes Uebernachten der Amtsrichter 9 Mark, der Amtsgerichtsschreiber 7 Mark.

110. Werden auf derselben Reise mehrere Geschäfte für verschiedene Parteien ausgeführt, so sind die Reisegebühren nur einmal zu berechnen und auf die verschiedenen Geschäfte nach billigem Ermessen, jedoch mit der Maßgabe zu vertheilen, daß dadurch die Kosten für das einzelne Geschäft nicht mehr betragen dürfen, als wenn es allein vorgenommen wäre.

Bei einer Reise nach mehreren Orten gilt die Hälfte des ganzen Hin- und Rückwegs als Entfernung.

Zweiter Theil.

Angelegenheiten der streitigen Gerichtsbarkeit.

111. Die Vorschriften des § 4 Abs. 1 Ziff. 2, 3 und Abs. 2, 3 sowie der §§ 18, 20, 21, 109 Abs. 1, 4, 110 dieses Gesetzes finden auch in den Angelegenheiten der ordentlichen streitigen Gerichtsbarkeit Anwendung.

112. Das deutsche Gerichtskostengesetz, die im § 111 bezeichneten Vorschriften sowie der § 5 dieses Landesgesetzes, die Vorschriften der Civilprozeßordnung über das Armenrecht sowie die Vorschriften der §§ 34 bis 36 der Rechtsanwaltsordnung finden, soweit nicht ein Anderes bestimmt ist, Anwendung auf die zur streitigen Gerichtsbarkeit gehörigen Angelegenheiten, für welche besondere Gerichte zugelassen oder die Verhandlung in einem besonderen Verfahren gestattet ist.

Unberührt bleibt die Bestimmung des § 44 Abs. 2 des Stempelgesetzes vom 21. Juni 1897 (Gesetzbl. S. 47).

113. In den nicht unter das deutsche Gerichtskostengesetz fallenden Rechtssachen, in welchen durch Gesuch eine Entscheidung beantragt wird, werden, soweit nicht in den Vorschriften der §§ 116 bis 119 ein Anderes bestimmt ist, für die letztere einschließlich des vorangegangenen Verfahrens vier Zehntheile der im § 8 des deutschen Gerichtskostengesetzes bestimmten Gebühr und, wenn eine kontradiktorische mündliche Verhandlung stattgefunden hat, die volle Gebühr erhoben.

Im Falle der Zurückweisung des Gesuchs kann das Gericht die Gebühr bis auf ein Zehntheil herabsetzen.[76]

76. Vgl. z. B. Art. 3 Bad. französ. Rechtshülfevertrag v. 16. April 1846.

114. Für das in einer gerichtlichen Entscheidung festgestellte Rechtsverhältniß wird eine Registrirungsabgabe (Titelgebühr) nur insoweit erhoben, als der Betrag dieser Gebühr denjenigen der Gerichtsgebühr der Instanz übersteigt.

Das Mahnverfahren gilt im Sinne des Abs. 1 als Eine Instanz.

Unberührt bleiben die Gebühren von Verträgen, welche der Registrirung in einer bestimmten Frist unterworfen sind.

115. Die einer Titelgebühr unterliegenden Entscheidungen sind unter Stundung derselben zu registriren. Die Aushändigung dieser Entscheidungen in Urschrift, Abschrift oder Ausfertigung darf von deren Registrirung nicht abhängig gemacht werden; ihre Erwähnung in anderen Akten ist vor der Registrirung zulässig. Von Entscheidungen, welche in Urschrift ausgehändigt werden, hat der Gerichtsschreiber, wenn die Aushändigung vor der Registrirung beantragt wird, innerhalb zwanzig Tagen dem Verkehrssteueramt eine beglaubigte Abschrift zur Registrirung zu übersenden. Schreibgebühren werden hierfür nicht erhoben.

Die vorstehenden Bestimmungen finden keine Anwendung, wenn ein Ausländer als Kläger aufgetreten und gemäß § 85 des deutschen Gerichtskostengesetzes die Vornahme gerichtlicher Handlungen durch die Zahlung des Vorschusses bedingt ist.

116. Zwei Zehntheile der im § 8 des deutschen Gerichtskostengesetzes bestimmten Gebühr werden erhoben für die Entscheidung, einschließlich des vorangegangenen Verfahrens und der Ernennung des Notars, über Anträge auf Anordnung der Zwangsversteigerung oder der Zwangsverwaltung sowie auf Zulassung des Beitritts eines Gläubigers.[77] Ist ein Gläubiger der Antragsteller, so wird die Gebühr nach dem Betrage der einzuziehenden Forderungen nebst den miteinzuziehenden Zinsen berechnet; im Uebrigen wird die Gebühr nach der Hälfte des Werthes des Gegenstandes der Zwangsversteigerung oder der Zwangsverwaltung berechnet.

Wird der Antrag zurückgenommen, ehe eine gebührenpflichtige Entscheidung ergangen ist, so wird ein Zehntheil der im Abs. 1 bestimmten Gebühr erhoben. Im Falle einer theilweisen Zurücknahme wird diese Gebühr nur insoweit erhoben, als die im Abs. 1 bestimmte Gebühr sich erhöht haben würde, wenn die Entscheidung auf den zurückgenommenen Theil erstreckt worden wäre.[78]

117.[79] In dem Verfahren der Zwangsverwaltung werden für jedes angefangene Jahr fünf Zehntheile der im § 8 des deutschen Gerichtskostengesetzes bestimmten Gebühr erhoben. Der Tag der Beschlagnahme[80] gilt als der erste Tag eines jeden Verwaltungsjahrs.

Die Gebühr wird nach demjenigen Betrage der Einkünfte berechnet, welcher nach Berichtigung aller Ausgaben der Verwaltung und der laufenden Beträge der öffentlichen Lasten zur Vertheilung gelangt, mindestens jedoch, soweit die gesetzlich angeordnete Neueinschätzung des Reinertrags oder des Nutzungswerths durchgeführt ist, nach dem Betrage des Grundsteuerreinertrags und des Gebäudesteuernutzungswerths.

Die Gebühr wird am Ende des Verfahrens und, wenn dasselbe länger als ein Jahr dauert, am Ende eines jeden Jahres erhoben.

Ist der Gegenstand des Verfahrens vor Aufhebung desselben dem Verwalter nicht übergeben oder nicht von demselben in Besitz genommen, so wird die Gebühr nicht erhoben.

118. Zwei Zehntheile der im § 8 des deutschen Gerichtskostengesetzes bestimmten Gebühr werden erhoben

1. für die Entscheidung über die Eröffnung eines Vertheilungsverfahrens, für welches die Vorschriften über die Vertheilung des Erlöses im Falle der Zwangsversteigerung eines Grundstücks maßgebend sind, einschließlich der Ernennung des Notars;[81]
2. für die Bestimmung eines Notars im Falle des § 37 des Gesetzes, betreffend die Ausführung des Reichsgesetzes über die Zwangsversteigerung und die Zwangsverwaltung (Löschungsverfahren), einschließlich der Löschung der Pfandrechte.

119. Auf die Entscheidung über die Anrufung des Gerichts gegen eine Entscheidung des mit der Zwangsversteigerung beauftragten oder in den Fällen des § 118 ernannten Notars findet die Vorschrift des § 45 Abs. 1 des deutschen Gerichtskostengesetzes entsprechende Anwendung.[82]

120. Die Vorschrift des § 93 findet auf die nicht von dem deutschen Gerichtskostengesetz betroffenen Angelegenheiten der streitigen Gerichtsbarkeit, soweit nicht gesetzlich ein Anderes bestimmt ist, entsprechende Anwendung.[83]

121. In den vor die Gewerbegerichte gehörenden Rechtsstreitigkeiten wird für die Verhandlung vor diesen Gerichten eine einmalige Gebühr nach dem Werthe des Streitgegenstandes erhoben.

Dieselbe beträgt bei einem Gegenstande im Werthe

77. Nach dem RG v. 24. März 1897; vgl. auch § 35 Nr. 2 GKG.
78. § 46 GKG.
79. §§ 146 ff. ZVG.
80. § 20 ZVG.
81. Vgl. Artt. 54, 59 Zwangsenteignungsges. v. 3. Mai 1841; § 8 Ges. v. 21. Nov. 1875; § 37 Ges. v. 21. Dez. 1871 (21. Febr. 1872); vgl. auch Artt. 52, 53 EG z. BGB; §§ 1, 32 AG z. ZVG v. 13. Nov. 1899.
82. Vgl. § 13 EG z. ZVG, § 1 AG z. ZVG v. 13. Nov. 1899.
83. z. B. § 8 RG v. 9. Juli 1895.

bis 20 Mark einſchließlich . . . . 1,00 Mark,
von mehr als 20 Mark bis 50 Mark einſchließlich . . . . 1,50 „
von mehr als 50 Mark bis 100 Mark einſchließlich . . . . 3,00 „

Die ferneren Werthsklaſſen ſteigen um je 100 Mark und die Gebühren um je 3 Mark. Die höchſte Gebühr beträgt 30 Mark.

Wird der Rechtsſtreit durch Verſäumnißurtheil oder durch eine auf Grund eines Anerkenntniſſes oder einer Zurücknahme der Klage erlaſſene Entſcheidung erledigt, ohne daß eine kontradiktoriſche Verhandlung vorhergegangen war, ſo wird eine Gebühr in Höhe der Hälfte der oben bezeichneten Sätze erhoben.

Wird ein zur Beilegung des Rechtsſtreits abgeſchloſſener Vergleich aufgenommen, ſo wird eine Gebühr nicht erhoben, auch wenn eine kontradiktoriſche Verhandlung vorausgegangen war.

Die Verhandlungen des Vergleichsamts ſind gebührenfrei.

Die Beſtimmungen des deutſchen Gerichtskoſtengeſetzes über den Gebührenvorſchuß (§§ 81, 85, 90) ſowie die Vorſchriften desſelben Geſetzes über die vor Beendigung der Inſtanz alljährlich eintretende Fälligkeit der Gebühren (§ 94 Nr. 1) finden keine Anwendung.

Schreibgebühren kommen nicht in Anſatz.

Die Koſten der Rechtsmittel und der Zwangsvollſtreckung beſtimmen ſich nach den für die ordentlichen Gerichte maßgebenden Vorſchriften.

122. Iſt im Forſtſtrafverfahren durch Urtheil oder Strafbefehl ausſchließlich auf Einziehung von Holz erkannt, ſo iſt der Werth des Holzes an Stelle der Strafe für die Höhe der Gebühr maßgebend. Die Gebühr beträgt jedoch in jeder Inſtanz höchſtens 5 Mark.

123. Der den Strafgefangenen zugewieſene Theil des Erlöſes ihrer Arbeit iſt dem Zugriffe des Staates für die im § 497 der Strafprozeßordnung bezeichneten Koſten nicht unterworfen.

Die Höhe der durch die Verurtheilten zu tragenden Koſten der Strafhaft wird durch das Miniſterium in feſten Sätzen beſtimmt.

124. In dem Disziplinarverfahren gegen Notare und Gerichtsvollzieher finden die Vorſchriften des § 124 des Geſetzes vom 31. März 1873, betreffend die Rechtsverhältniſſe der Reichsbeamten (Reichsgeſetzbl. S. 61), entſprechende Anwendung.[84]

84. Vgl. § 22 Abſ. 3 Geſ. betr. die Diszipl. der Richter v. 13. Febr. 1899.

Dritter Theil.

Beſtimmungen zu den Gebührenordnungen für Rechtsanwälte, für Gerichtsvollzieher und für Zeugen und Sachverſtändige.

125. Die Vorſchriften der Gebührenordnung für Rechtsanwälte, der Gebührenordnung für Gerichtsvollzieher und der Gebührenordnung für Zeugen und Sachverſtändige (Reichsgeſetzbl. 1898 S. 692, 683, 689) finden auf alle in dieſem Geſetze bezeichneten Rechtsſachen, für welche ſie nicht ſchon kraft Reichsrechts gelten, inſoweit entſprechende Anwendung, als nicht in den folgenden Vorſchriften ein Anderes beſtimmt iſt.

126. In Zwangsenteignungsſachen erhalten die Geſchworenen Reiſekoſten nach Maßgabe des Geſetzes vom 31. März 1880, betreffend die Vergütung der Reiſekoſten für die Geſchworenen, die Vertrauensmänner und die Schöffen (Geſetzbl. S. 57), die Auskunftsperſonen Zeugengebühren nach Maßgabe der Gebührenordnung für Zeugen und Sachverſtändige.

Der Rechtsanwalt hat für ſeine Thätigkeit vor den Geſchworenen angemeſſene Vergütung zu beanſpruchen. Ueber die Höhe derſelben wird im Prozeßwege nach eingeholtem Gutachten des Vorſtandes der Anwaltskammer entſchieden.

Die dem Rechtsanwalte der obſiegenden Partei zuſtehende Vergütung (Abſ. 2) wird derſelben nicht erſtattet. Die Reiſekoſten der Geſchworenen ſowie des Richters und des Gerichtsſchreibers und die Gebühren der Auskunftsperſonen ſind als baare Auslagen zu erheben.

127. In Angelegenheiten der freiwilligen Gerichtsbarkeit erhält der Rechtsanwalt:

1. für die Einreichung eines Antrags oder eines ſonſtigen, thatſächliche oder rechtliche Ausführungen enthaltenen Schriftſatzes zwei Zehntheile der im § 9 der Gebührenordnung für Rechtsanwälte beſtimmten Gebühr; für mehrere in einer Inſtanz eingereichte Anträge oder Schriftſätze jedoch nicht mehr als fünf Zehntheile dieſer Gebühr;
2. für die Wahrnehmung eines vom Gericht anberaumten Termins drei Zehntheile der vollen Gebühr.

Der in erſter Inſtanz mit der Vertretung beauftragte Rechtsanwalt erhält in der Beſchwerdeinſtanz die Hälfte der im Abſ. 1 beſtimmten Gebühren.

Der Gesammtbetrag der in einer Angelegenheit anzusetzenden Gebühren darf in einer Instanz die volle Gebühr nicht übersteigen.

Die gleichen Gebühren stehen dem Rechtsanwalte zu, wenn in den Fällen des § 113 durch Gesuch eine Entscheidung beantragt wird, sofern eine andere Bestimmung über die Gebühr nicht getroffen ist.

128. In Angelegenheiten der freiwilligen Gerichtsbarkeit erhält der Rechtsanwalt für die Ertheilung eines Rathes ein Zehntheil, für Eingaben und Anträge an nicht gerichtliche Behörden erhält er zwei Zehntheile der im § 9 der Gebührenordnung für Rechtsanwälte bestimmten Gebühr.

Diese Gebühren kommen nur in Ansatz, sofern die im Abs. 1 bezeichneten Verrichtungen für sich allein und nicht in Verbindung mit einem nach der Gebührenordnung oder den Vorschriften dieses Abschnitts zu vergütenden Geschäften vorgenommen werden.

129. In allen Angelegenheiten der freiwilligen Gerichtsbarkeit sowie bei Eingaben an nicht gerichtliche Behörden (§ 128) bestimmt sich der Werth nach der Vorschrift des § 11 Ziffer 5 dieses Gesetzes. Insofern bei der Zugrundelegung des Vermögenswerths sich eine geringere Gebühr ergiebt, kommt diese zur Erhebung.[85]

130. Für die Vertretung eines Betheiligten im Verfahren der Zwangsversteigerung oder der Zwangsverwaltung bis zur Einleitung des Vertheilungsverfahrens erhält der Rechtsanwalt drei Zehntheile der im § 9 der Gebührenordnung für Rechtsanwälte bestimmten Gebühr.

131. Auf die Thätigkeit des Rechtsanwalts in dem Verfahren, betreffend die Vertheilung des Erlöses einer Zwangsversteigerung in das unbewegliche Vermögen oder der Ueberschüsse der Nutzungen im Falle einer Zwangsverwaltung, desgleichen in dem Verfahren, betreffend die Vertheilung einer auf Grund reichs- oder landesgesetzlicher Vorschrift zu gewährenden Entschädigung (§ 32 des Ausführungsgesetzes zu dem Reichsgesetz über die Zwangsversteigerung und die Zwangsverwaltung),[86] finden die Vorschriften des § 39 der Gebührenordnung für Rechtsanwälte entsprechende Anwendung.

Beschränkt sich der Auftrag auf die Anfertigung eines Schriftsatzes, welcher die Anmeldung einer Forderung oder einen Widerspruch gegen den Theilungsplan enthält, oder in einem Falle, in welchem die Eröffnung des Vertheilungsverfahrens nur auf Antrag eintritt, auf diesen Antrag, so erhält der Rechtsanwalt zwei Zehntheile der Sätze des § 9 der Gebührenordnung für Rechtsanwälte mit der Maßgabe, daß der Gesammtbetrag der Gebühren in einem Verfahren die Gebühr für die Vertretung in dem Verfahren nicht übersteigen darf.

132. Für die Vertretung des Erwerbers im Falle des § 35 des Ausführungsgesetzes zu dem Reichsgesetz über die Zwangsversteigerung und die Zwangsverwaltung[87] erhält der Rechtsanwalt fünf Zehntheile der im § 9 der Gebührenordnung für Rechtsanwälte bestimmten Gebühr.

Auf die Thätigkeit des Rechtsanwalts in dem Verfahren, betreffend die Feststellung der bestehen bleibenden und der zu löschenden Pfandrechte (§ 37 ff. des im Abs. 1 genannten Ausführungsgesetzes), finden die Vorschriften des § 131 entsprechende Anwendung.

133. Die Vorschriften der Gebührenordnung für Gerichtsvollzieher finden auch auf Zustellungsurkunden der Gerichtsvollzieher in den von dem deutschen Gerichtskostengesetz und diesem Gesetze nicht betroffenen Angelegenheiten Anwendung.

134. Der Gerichtsdiener erhält für die Bewirkung einer Zustellung von Amtswegen (§ 211 Abs. 1, § 212 Abs. 1 der Civilprozeßordnung) eine Gebühr von 50 Pfennig.

Durch Verordnung des Ministeriums können die Verrichtungen des Gerichtsdieners in Ansehung der Zustellungen von Amtswegen den Gerichtsvollziehern übertragen werden.

135. Der Gerichtsvollzieher erhält:

1. für die Vornahme einer Siegelung, sowie für die Wahrnehmung der Verrichtungen einer Urkundsperson bei Aufzeichnung einer Konkursmasse eine Gebühr von 3 Mark;
2. für eine Entsiegelung oder für die Wiederanlage der Siegel eine Gebühr von 2 Mark.

Nimmt das Geschäft einen Zeitaufwand von mehr als einer Stunde in Anspruch, so erhöht sich die Gebühr für jede angefangene weitere Stunde um 1 Mark. Erstreckt sich das Geschäft auf mehrere Tage, so wird die Gebühr für jeden Tag besonders berechnet.

Werden mehrere der im Abs. 1 bezeichneten Geschäfte in einem Termine vorgenommen, so wird nur eine Gebühr, und zwar die höhere, berechnet.

Muß der Gerichtsvollzieher behufs Vornahme des Geschäfts außerhalb seines dienstlichen Wohnsitzes einen Weg bis zur Entfernung von mehr als 2 Kilometer zurücklegen, so erhält er an Reisekosten für jedes angefangene Kilometer des Hinwegs und des Rückwegs eine Entschädigung von 20 Pfennig.

136. Der Gerichtsvollzieher erhält:

1. für die Aufnahme eines Protestes sowie für die Aufnahme einer Interventionserklärung 3 Mark;
2. für die Aufnahme eines Protestes mit Nach-

85. Vgl. aber § 91 GebO für Rechtsanwälte; § 68 B v. 23. März 1889.

86. v. 13. Nov. 1899.

87. v. 13. Nov. 1899.

suchung der Wohnung (Artikel 91 Schlußsatz der Wechselordnung) 6 Mark.

Bei Aufsuchung von Nothadressen erhöht sich die Gebühr für jede Nothadresse um 1 Mark.

Wenn die Aufnahme einer Interventionserklärung mit dem Protestakte zu gleicher Zeit in derselben Wohnung stattfindet, darf für die Aufnahme eine Gebühr nicht berechnet werden.

Die Abschrift der Urkunde im Proteste, sowie die Abschrift des Protestaktes im Wechselprotestregister sind in der Gebühr mitbegriffen.

Die Entschädigung für den Stempel des Wechselprotestregisters wird auf 30 Pfennig für jeden Eintrag festgesetzt.

In Betreff der Reisekosten findet die Vorschrift des § 135 Abs. 4 Anwendung.

137. Für das Angebot einer Leistung[88] erhält der Gerichtsvollzieher bei einem Werthe

bis 100 M. einschließlich eine Gebühr von 2 M.,
" 300 " " " " " 3 "
" 1000 " " " " " 4 "
für jeden weiteren Betrag von 1000 Mark 1 Mark mehr.

Die gleiche Gebühr erhält der Gerichtsvollzieher, unbeschadet der Vorschrift des § 138 Abs. 5, für eine Hinterlegung, auch wenn sie sich auf dasselbe Schuldverhältniß bezieht.

138. Außerhalb der Fälle der Zwangsvollstreckung (§ 11 der Gebührenordnung) erhält der Gerichtsvollzieher für den Empfang, die Aufbewahrung und Ablieferung von Geldern einschließlich etwaiger Zahlungsaufforderungen oder Mahnungen die dem Notar gemäß § 17 Abs. 1, 2 der Gebührenordnung für Notare zustehenden Gebühren.

Die Vorschriften des § 24 Abs. 1 Ziffer 3, Abs. 2, 3 der Gebührenordnung für Notare finden Anwendung. Eine Vereinbarung nach diesen Vorschriften ist auch dann zulässig, wenn im Falle des § 17 Abs. 1 Ziffer 1 der bezeichneten Gebührenordnung der Auftrag die Einziehung einer größeren Anzahl kleinerer Forderungen (sogenannter Ausstandslisten) zum Gegenstande hat.

Die Gebühr beträgt im Falle des § 17 Abs. 1 Ziffer 1 der Gebührenordnung für Notare mindestens 50 Pfennig, im Falle des Abs. 1 Ziffer 2 derselben Vorschrift mindestens 1 Mark.

Die Gebühr steht dem Gerichtsvollzieher nur gegenüber dem Auftraggeber zu.

Der Ablieferung an den Auftraggeber steht die Hinterlegung gleich.

139. Für die Vollstreckung eines Vorführungs- oder eines Haftbefehls in Strafsachen erhält der Gerichtsvollzieher eine Gebühr von 15 Mark.

Konnte der Vorführungs- oder der Haftbefehl nicht ausgeführt werden, so beträgt die Gebühr für das Protokoll über die Nachsuchung 5 Mark.

Für die Abholung einer Person aus dem Gefängnisse, deren Vorführung vor den Richter und die Zurückführung in das Gefängniß, für die bei einer Gerichtsverhandlung angeordnete Abführung einer Person in das Gefängniß erhält der Gerichtsvollzieher eine Gebühr von 2 Mark.

140. Für die zwangsweise Bewirkung der Herausgabe oder der Zuführung einer Person (§ 10 des Ausführungsgesetzes zu dem Reichsgesetz über die Angelegenheiten der freiwilligen Gerichtsbarkeit) erhält der Gerichtsvollzieher die im § 139 Abs. 1, und wenn die Vollstreckung nach Inhalt des Protokolls nicht ausführbar war, die im § 139 Abs. 2 bestimmte Gebühr.

In anderen Fällen der Anwendung unmittelbaren Zwangs erhält der Gerichtsvollzieher die im § 6 der Gebührenordnung für Gerichtsvollzieher bestimmten Gebühren.

141. Für die Anheftung von Schriftstücken und die darüber auszustellende Bescheinigung beträgt die Gebühr des Gerichtsvollziehers 3 Mark. Findet die Anheftung in mehreren Gemeinden statt, so erhöht sich die Gebühr für jede weitere Gemeinde um 2 Mark.

142. Für den Sitzungsdienst erhält der Gerichtsvollzieher von der Staatskasse 3 Mark für die Sitzung. Dauert eine Sitzung über 2 Stunden, so erhöht sich die Gebühr für jede angefangene weitere Stunde desselben Tages um 1 Mark.

Erstreckt sich die Sitzung über mehrere Tage, so wird die Gebühr für jeden Tag besonders berechnet.

Findet die Sitzung außerhalb des Amtssitzes des Gerichtsvollziehers statt, so erhält der Gerichtsvollzieher Reisekosten nach der Vorschrift des § 135 Abs. 4.

143. Der Gerichtsvollzieher erhält bei freiwilligen Verkäufen beweglicher Sachen dieselben Gebühren wie der Notar.[89]

Diese Bestimmung findet auch Anwendung bei dem Verkaufe von Früchten auf dem Halm und von Holz auf dem Stamme.

144. Für die Anfertigung der Klageschrift in den vor die Amtsgerichte gehörenden bürgerlichen Rechtsstreitigkeiten einschließlich der Erwirkung der Terminsbestimmung ist dem Gerichtsvollzieher bei einem Streitwerth unter 150 Mark 1 Mark, bei einem höheren Streitwerth 2 Mark vom Kläger zu vergüten.

Eine Gebühr von 1 Mark erhält der Gerichtsvollzieher für seine gesammte Thätigkeit bei der ihm gesetzlich oder von einer Partei übertragenen Ausführung jedes anderen Geschäfts, auf welches die Gebührenordnung der Gerichtsvollzieher oder die Vorschriften der §§ 133 bis 145 dieses Gesetzes keine Anwendung finden.

Nimmt in den Fällen der Abs. 1 und 2 das

88. §§ 293 ff. BGB.

89. § 1 Ziff. 2, § 19 GebO für Notare v. 4. Dez. 1899.

Geſchäft einen Zeitaufwand von mehr als einer Stunde in Anſpruch, ſo erhöht ſich die Gebühr für jede angefangene weitere Stunde um eine Mark.

Beſchränkt ſich die Thätigkeit des Gerichtsvollziehers auf die Zahlungsaufforderung oder Mahnung eines Schuldners, ſo erhält er hierfür eine Gebühr von 50 Pfennig.

Auf die von dem Gerichtsvollzieher angefertigten Abſchriften der Klageſchrift oder ſonſtiger Schriftſtücke findet der § 80 des deutſchen Gerichtskoſtengeſetzes entſprechende Anwendung.

145. Zu den dem Gerichtsvollzieher zu vergütenden baaren Auslagen gehören auch die Stempel- und Regiſtrirungskoſten.

Die Entſchädigung für den Stempel des Repertoriums wird auf 10 Pfennig für jeden Eintrag feſtgeſetzt.

146. Perſonen, welche in Gemäßheit der §§ 159, 161 der Strafprozeßordnung vor der Staatsanwaltſchaft oder vor den Amtsanwälten und den Polizei-Kommiſſaren als Hülfsbeamte der Staatsanwaltſchaft behufs ihrer Vernehmung zu erſcheinen haben, erhalten aus der Staatskaſſe Gebühren nach Maßgabe der Gebührenordnung für Zeugen und Sachverſtändige.

Die zu gewährenden Beträge werden durch die Behörde oder den Beamten feſtgeſetzt, vor welchem die Vernehmung ſtattfindet.

Gegen die Feſtſetzung ſteht anderen Betheiligten als der Staatskaſſe die Beſchwerde an die der feſtſetzenden Behörde oder dem feſtſetzenden Beamten unmittelbar vorgeſetzte ſtaatsanwaltſchaftliche Behörde offen. Wird die Richtigkeit der Anweiſung Namens der Staatskaſſe beanſtandet, ſo entſcheidet das Miniſterium.

Vierter Theil.

Schlußbeſtimmungen.

147. Die Zuſtellungsurkunden der Gerichtsvollzieher ſowie die Zuſtellungsurkunden der Poſtboten einſchließlich der über die Uebergabe an die Poſt ertheilten Beſcheinigung (§§ 194, 196 der Civilprozeßordnung) ſind auch in den von dem deutſchen Gerichtskoſtengeſetz und dieſem Geſetze nicht betroffenen Angelegenheiten ſtempel- und regiſtrirungsfrei.

Für die in dieſen Angelegenheiten zuzuſtellenden Urkunden verbleibt es hinſichtlich der Erhebung von Stempel- und Regiſtrirungsabgaben bei den beſtehenden Vorſchriften. Der Gerichtsvollzieher hat die von ihm zugeſtellte Urkunde, ſofern ſie der Regiſtrirung unterliegt und nicht ſchon vor der Zuſtellung regiſtrirt worden iſt, innerhalb vier Tagen nach der Zuſtellung dem Verkehrsſteueramte vorzulegen. Das Gleiche gilt im Falle der Zuſtellung durch die Poſt, wenn der Gerichtsvollzieher die Poſt um Bewirkung der Zuſtellung erſucht hat. Der Lauf der viertägigen Friſt beginnt in dieſem Falle mit der Ueberlieferung der Zuſtellungsurkunde ſeitens der Poſtanſtalt (§ 195 Abſ. 3, § 196 der Civilprozeßordnung). Die dem Empfänger eingehändigte Abſchrift der Urkunde unterliegt dem Dimenſionsſtempel.

Auf Zuwiderhandlungen der Gerichtsvollzieher gegen die im Abſ. 2 enthaltenen Vorſchriften finden die Strafbeſtimmungen des Art. 34 des Geſetzes über die Regiſtrirung vom 22. Frimaire VII und des Art. 10 des Geſetzes über die Regiſtrirungs- und Stempelgebühren vom 16. Juni 1824 ſowie der §§ 54, 58 Abſ. 2 des Stempelgeſetzes vom 21. Juni 1897 Anwendung.

148. Eigenhändige Teſtamente, durch welche der Vater oder die Mutter ausſchließlich einen Vormund benennt, die Einſetzung eines Familienraths anordnet oder unterſagt oder über die Mitglieder oder Erſatzmitglieder des Familienraths Beſtimmung trifft (§§ 1777, 1858, 1859, 1861, 1863, 1866 des Bürgerlichen Geſetzbuchs), ſind von Stempel- und Regiſtrirungsabgaben befreit.

149. Urkunden, welche lediglich die Berichtigung der in anderen Urkunden enthaltenen Kataſterbezeichnungen von Liegenſchaften zum Gegenſtande haben, ſind von den Stempel- und Regiſtrirungsabgaben befreit.

150. Die Beglaubigung von Löſchungsbewilligungen, die Beglaubigung einer Vollmacht zum Abſchluß eines Vertrages, durch welchen die Verpflichtung zur Uebertragung des Eigenthums an einem Grundſtück oder zur Beſtellung einer Hypothek oder eines Erbbaurechts beurkundet wird, ſowie die Beglaubigung einer Vollmacht zur Abgabe der Auflaſſungserklärung oder zur Bewilligung der Eintragung oder Löſchung der Hypothek und des Erbbaurechts erfolgt frei von Staatsgebühren.

Die Gebührenfreiheit wird dadurch nicht ausgeſchloſſen, daß die Bevollmächtigung ſich zugleich auf die Einziehung oder Uebertragung des Preiſes, auf die Empfangnahme der Darlehensſumme, für welche die Hypothek beſtellt wird, oder auf ähnliche mit dem Rechtsgeschäft in Zusammenhang stehende Handlungen erstreckt.

Die in einer Urkunde, durch welche die Verpflichtung zur Uebertragung von Eigenthum an Grundstücken begründet wird, enthaltene Vollmacht zur Abgabe der Auflassungserklärung vor dem Grundbuchamte giebt zu besonderer Registrirungsabgabe keinen Anlaß.

151. Rechnungen über Beträge, die aus dem Gerichtskostenfonds gezahlt werden sollen, sind, unbeschadet der Vorschrift des § 16 der Gebührenordnung für Zeugen und Sachverständige, innerhalb eines Jahres von der Entstehung an gerechnet, der zur Anweisung zuständigen Behörde vorzulegen. Die Bezahlung angewiesener Rechnungen ist innerhalb sechs Monaten vom Tage ihrer Anweisung an zu fordern. Werden diese Fristen nicht eingehalten, so darf nur dann Anweisung oder Bezahlung erfolgen, wenn die Verspätung ohne ein Verschulden des Berechtigten eingetreten ist. Ueber das Vorhandensein dieser Voraussetzung entscheidet das Ministerium.

152. Für diejenigen Angelegenheiten, welche nach dem Inkrafttreten dieses Gesetzes noch nach den bisherigen Vorschriften zu erledigen sind, sind auch hinsichtlich der Kosten die bisherigen Gesetze maßgebend.

Hinsichtlich der Entscheidungen, welche das Vormundschaftsgericht in den Fällen der §§ 72, 73 des Gesetzes, betreffend die Ausführung des Reichsgesetzes über die Angelegenheiten der freiwilligen Gerichtsbarkeit, zu treffen hat, finden die Bestimmungen dieses Kostengesetzes Anwendung.

153. Ist an Justizbeamte, Zeugen oder Sachverständige oder an Empfänger von sonstigen gerichtlichen Auslagen mehr als der endgültig festgestellte Betrag aus der Staatskasse gezahlt worden, so kann die Wiedereinziehung des zu viel gezahlten Betrages nach Vorschrift des § 20 erfolgen.

Die Vorschrift des Abs. 1 findet hinsichtlich der einem Angeschuldigten in Gemäßheit der §§ 499, 505 der Strafprozeßordnung aus der Staatskasse erstatteten Auslagen entsprechende Anwendung.

154. Dieses Gesetz findet keine Anwendung auf die Angelegenheiten der Justizverwaltung. Entscheidungen der Aufsichtsbehörden über Erinnerungen und Beschwerden sind kostenfrei.

155. Das Ministerium erläßt die zur Ausführung dieses Gesetzes erforderlichen Bestimmungen. Dasselbe kann für die Vergütung, welche den im Falle der Siegelung oder der Pfändung etwa zugezogenen Hütern zu gewähren ist, allgemeine Anordnungen treffen.

Durch Verordnung des Ministeriums wird auch bestimmt, welche Kosten im gerichtlichen Verfahren auf die Staatskasse (den Gerichtskostenfonds) anzuweisen und von derselben auszulegen sind.

156. Dieses Gesetz tritt gleichzeitig mit dem Bürgerlichen Gesetzbuch in Kraft.

Gebührenordnung

für

Gerichtsvollzieher.[1]

Vom 24. Juni 1878.

Reichs-Gesetzblatt 1878 S. 166; 1898 S. 683.

§ 1. In den vor die ordentlichen Gerichte gehörigen Rechtssachen, auf welche die Civilprozeßordnung, die Strafprozeßordnung oder die Konkursordnung Anwendung findet, werden Gebühren und Auslagen des Gerichtsvollziehers nur nach Maßgabe der folgenden Bestimmungen erhoben.

2. Die Gebühr für jede Zustellung beträgt . . . . 80 Pfennig, in den amtsgerichtlichen und den schöffengerichtlichen Sachen, soweit diese Sachen nicht durch Einlegung eines Rechtsmittels an ein höheres Gericht gebracht sind . . . . 50 Pfennig, für die Zustellung durch Aufgabe zur Post (Civilprozeßordnung § 175), für das an die Post gerichtete Ersuchen um Bewirkung einer Zustellung (Civilprozeßordnung § 194), sowie für die im Auftrag eines Anwalts an den Gegenanwalt bewirkte Zustellung die Hälfte jener Sätze.[2]

Die Zustellung an den Zustellungsbevollmächtigten mehrerer Betheiligter (Civilprozeßordnung § 189 Abs. 2) gilt als Eine Zustellung.

3. Ist eine Zustellung durch den Gerichtsvollzieher bewirkt, obgleich sie mit geringeren Kosten durch die Post hätte erfolgen können, so erhält derselbe die Mehrkosten nur, wenn er zur Vornahme der Zustellung ohne Benutzung der Post ausdrücklich ermächtigt worden ist.

4. Die Gebühr für die Pfändung von beweglichen körperlichen Sachen (Civilprozeßordnung §§ 808, 809), von Früchten, welche von dem Boden noch nicht getrennt sind (Civilprozeßordnung § 810), sowie von Forderungen aus Wechseln oder anderen Papieren, welche durch Indossament übertragen werden können (Civilprozeßordnung § 831), beträgt nach der Höhe der beizutreibenden Forderung:

bei einem Betrage bis	50 M.	einschl.	1 M.,
" " " "	100 "	"	2 "
" " " "	300 "	"	3 "
" " " "	1 000 "	"	4 "
" " " "	5 000 "	"	5 "
" " " über	5 000 "	"	6 "

Erfolgt die Pfändung zur Vollziehung eines Arrestes, so ist der in dem Arrestbefehle nach § 923 der Civilprozeßordnung festgestellte Geldbetrag maßgebend. Bei der Pfändung eines im Schiffsregister eingetragenen Schiffes (Civilprozeßordnung § 931) ist der Mindestbetrag der Gebühr 3 Mark.

Nimmt die Pfändung einen Zeitaufwand von mehr als zwei Stunden in Anspruch, so erhöht sich die Gebühr für jede angefangene weitere Stunde um ein Viertheil.

Ist eine versuchte Pfändung ohne Erfolg geblieben, weil nach Inhalt des Protokolls pfändbare Gegenstände nicht vorhanden waren oder die Pfändung nach § 803 Abs. 2, § 812 der Civilprozeßordnung zu unterbleiben hatte, so erhält der Gerichtsvollzieher die Hälfte der Gebühr.

5. Für die Uebernahme beweglicher Sachen zum Zwecke der Verwerthung in den Fällen der §§ 790, 847, 854 der Civilprozeßordnung, sowie im Falle des Ausscheidens des Gerichtsvollziehers, welcher die Pfändung vorgenommen hat, und für die Pfändung bereits gepfändeter Sachen (Civilprozeßordnung § 826) erhält der Gerichtsvollzieher die Hälfte der in § 4 bestimmten Gebühr.

6. Der Gerichtsvollzieher erhält für die Wegnahme beweglicher Sachen einschließlich der Ueber-

1. Die Gebührenordnung ist in der Fassung der Bekm. v. 20. Mai 1898 abgedruckt. Durch § 125 GKG f. Elf.-Lothr. v. 6. Dez. 1899 ist sie auf die in diesem Gesetze bezeichneten Rechtssachen für entsprechend anwendbar erklärt; weitere auf die Gebühren der Gerichtsvollzieher bezügliche Bestimmungen enthält das erwähnte GKG in den §§ 133—145.

2. Vgl. § 134 GKG für Elf.-Lothr.

gabe derselben (Civilprozeßordnung § 883) eine Gebühr von 3 Mark.

Nimmt das Geschäft einen Zeitaufwand von mehr als zwei Stunden in Anspruch, so erhöht sich die Gebühr für jede angefangene weitere Stunde um 1 Mark.

Ist eine versuchte Wegnahme ohne Erfolg geblieben, weil nach Inhalt des Protokolls die herauszugebenden Sachen nicht aufzufinden waren, so erhält der Gerichtsvollzieher die Hälfte der Gebühr, jedoch nicht unter 2 Mark.

7. Für die Versteigerung oder den Verkauf aus freier Hand von beweglichen Sachen, Früchten, welche von dem Boden noch nicht getrennt sind, Forderungen oder anderen Vermögensrechten erhält der Gerichtsvollzieher

von dem Betrage des erzielten Erlöses bis zu 100 Mark 5 vom Hundert,

von dem Betrag über 100 Mark bis 300 Mark 3 vom Hundert,

von dem Betrag über 300 Mark bis 1 000 Mark 2 vom Hundert,

von dem Betrag über 1 000 Mark bis 5 000 Mark 1 vom Hundert,

von dem Betrag über 5 000 Mark ½ vom Hundert, jedoch nicht unter 2 Mark.

8. Der Gerichtsvollzieher erhält

1. für die Entsetzung aus dem Besitz unbeweglicher Sachen oder bewohnter Schiffe und die Einweisung in denselben (Civilprozeßordnung § 885),
2. im Falle der Zuziehung zur Beseitigung des Widerstandes des Schuldners gegen die Vornahme einer Handlung (Civilprozeßordnung § 892)

eine Gebühr von 3 Mark für jede angefangene Stunde von dem Erscheinen an Ort und Stelle bis zur Beendigung seiner Thätigkeit.

In die Dauer der unter Nr. 1 erwähnten Vollstreckungshandlungen ist auch die Zeit einzurechnen, welche der Gerichtsvollzieher zu verwenden hat, um bewegliche Sachen, welche nicht Gegenstand der Zwangsvollstreckung sind, wegzuschaffen, zu übergeben oder in Verwahrung zu bringen.

9. Der Gerichtsvollzieher erhält für die Verhaftung einer Person, einschließlich der Ablieferung derselben zur Haft, und für die zwangsweise Vorführung einer Person eine Gebühr von 15 Mark, für die Nachverhaftung einer bereits verhafteten Person 2 Mark.[3]

Konnte eine unternommene Verhaftung nicht ausgeführt werden, weil nach Inhalt des Protokolls sich bei derselben das Vorhandensein eines der in den §§ 904, 906 der Civilprozeßordnung aufgeführten Gründe herausgestellt hat, so erhält der Gerichtsvollzieher eine Gebühr von 5 Mark.

3. Vgl. § 139 GKG f. Elf.-Lothr.

10. Hat eine Vollstreckungshandlung, nachdem der Gerichtsvollzieher sich an Ort und Stelle begeben hatte, zufolge der Vorschrift des § 775 der Civilprozeßordnung oder in Folge der Zurücknahme des Auftrags nicht stattgefunden, so erhält derselbe

in den Fällen der §§ 4, 5 die Hälfte der im § 4 Abs. 1, 2 bestimmten Gebühr, im Falle des § 4 Abs. 2, Satz 2 jedoch nicht unter 2 Mark,

im Falle des § 6 die daselbst Abs. 3 bestimmte Gebühr,

im Falle des § 7 eine Gebühr von 2 Mark,

im Falle des § 8 eine Gebühr von 3 Mark,

im Falle des § 9 eine Gebühr von 5 Mark.

11. Wird der Auftrag zur Zwangsvollstreckung durch Leistung an den Gerichtsvollzieher erledigt, so erhält derselbe

bei Zahlungen die im § 4 bestimmte, nach dem gezahlten Betrage zu berechnende Gebühr, jedoch wenn eine Pfändung vorausgegangen war, nicht unter 2 Mark,

bei Herausgabe von Sachen die in § 6 bestimmte Gebühr.

12. Die in den §§ 4 bis 11 bestimmten Gebühren umfassen die gesammte Thätigkeit des Gerichtsvollziehers bei der Zwangsvollstreckung, insbesondere:

1. die Nachsuchung der Unterstützung der polizeilichen Vollzugsorgane und die Zuziehung der Zeugen und Sachverständigen (Civilprozeßordnung §§ 758, 759, 813, 814);
2. die zu den Vollstreckungshandlungen gehörenden Mittheilungen, Aufforderungen, Zustellungen und Postsendungen;
3. die Umschreibung eines auf den Namen lautenden Werthpapiers auf den Namen des Käufers und die Wiederinkurssetzung eines gepfändeten Inhaberpapiers (Civilprozeßordnung §§ 822, 823);
4. die Annahme und Quittirung, Ablieferung oder Hinterlegung der schuldigen Leistungen, sowie des gepfändeten oder erlösten Geldes und die Zurückgabe gepfändeter Gegenstände;
5. die Bekanntmachung der Versteigerung.

13. An baaren Auslagen[4] werden dem Gerichtsvollzieher vergütet:

1. die Schreibgebühren;
2. die Post- und Telegraphengebühren;
3. die durch öffentliche Bekanntmachungen, insbesondere durch Einrückung in öffentliche Blätter entstandenen Kosten;
4. die an Zeugen und Sachverständige zu zahlenden Beträge;
5. die Entschädigung der zum Oeffnen von Thüren und Behältnissen zugezogenen Personen;

4. Hierzu gehören auch die Stempel und Registrirungskosten; vgl. § 145 GKG f. Elf.-Lothr.

6. die für Umschreibung eines auf Namen lautenden Werthpapiers oder für Wiederinkurssetzung eines Inhaberpapiers zu zahlenden Beträge;
7. die Kosten eines Transports von Personen oder Sachen, die Kosten der Verwahrung und Beaufsichtigung von Gegenständen, die Kosten der Aberntung von Früchten, sowie der Erhaltung von Thieren;
8. die Reisekosten.

14. Schreibgebühren werden dem Gerichtsvollzieher nach Maßgabe des § 80 des Gerichtskostengesetzes vergütet:

1. für alle nach gesetzlicher Vorschrift oder auf Antrag ertheilten Abschriften der von demselben aufgenommenen Urkunden und Protokolle, mit Ausnahme der nach gesetzlicher Vorschrift zu ertheilenden Abschrift der Zustellungsurkunde; im Falle des § 2 Abs. 2 wird ihm jedoch für jede Abschrift der Zustellungsurkunde die Schreibgebühr vergütet;
2. für die bei einer Hinterlegung zu erstattende Anzeige an das Vollstreckungsgericht (Civilprozeßordnung §§ 827, 854);
3. für die Aufnahme der von dem Drittschuldner nach Zustellung eines Pfändungsbeschlusses abgegebenen Erklärungen (Civilprozeßordnung § 840);
4. für die vor der Verhaftung erforderliche Anzeige an die vorgesetzte Dienstbehörde des zu Verhaftenden (Civilprozeßordnung § 910).

15. Den zu einer Vollstreckungshandlung in Gemäßheit der Vorschrift des § 759 der Civilprozeßordnung zugezogenen Zeugen kann eine Entschädigung bis zum Betrage von je 1 Mark gewährt werden.

16. Dem in den Fällen der §§ 813, 814 der Civilprozeßordnung zugezogenen Sachverständigen kann eine Vergütung nach dem ortsüblichen Preise einer solchen Leistung gewährt werden.

17. Muß der Gerichtsvollzieher behufs Vornahme einer Amtshandlung außerhalb seines dienstlichen Wohnsitzes einen Weg bis zur Entfernung von mehr als 2 Kilometer zurücklegen, so erhält er an Reisekosten für jedes angefangene Kilometer des Hinweges und des Rückweges eine Entschädigung von 10 Pfennig.[5]

Nimmt der Gerichtsvollzieher mehrere Geschäfte auf derselben Reise vor, so erhält er für jedes derselben die volle, nach der Entfernung des Ortes von seinem Amtssitz zu berechnende Entschädigung; dabei gelten jedoch mehrere Geschäfte, welche für denselben Auftraggeber an demselben Orte vorgenommen werden und welche sich auf dieselbe Rechtsangelegenheit beziehen, als Ein Geschäft.

18. Der Gerichtsvollzieher kann die Uebernahme eines Geschäfts von der Zahlung eines zur Deckung der baaren Auslagen und des vermuthlichen Betrags der Gebühren hinreichenden Vorschusses abhängig machen, sofern nicht das Geschäft von Amtswegen angeordnet oder für eine zum Armenrecht zugelassene Person auszuführen ist.

19. Schuldner der Gebühren und Auslagen des Gerichtsvollziehers ist bei Geschäften, welche von Amtswegen angeordnet werden, die Staatskasse, bei sonstigen Geschäften der Auftraggeber.

20. Die Gebühren und Auslagen sind, unbeschadet der Bestimmung des § 788 der Civilprozeßordnung, fällig, sobald der Auftrag erledigt ist. Der Gerichtsvollzieher ist berechtigt, dieselben von dem Auftraggeber durch Postvorschuß zu erheben.[6]

21. Im Falle der Bewilligung des Armenrechts werden dem für die arme Partei bestellten Gerichtsvollzieher die baaren Auslagen von der Staatskasse ersetzt, falls nicht dieselben von dem Ersatzpflichtigen beigetrieben werden können (Civilprozeßordnung §§ 124, 788).

22. Bei Erinnerungen gegen den Ansatz von Gebühren oder Auslagen des Gerichtsvollziehers findet, soweit nicht § 766 Abs. 2 der Civilprozeßordnung Platz greift, § 4 des Gerichtskostengesetzes entsprechende Anwendung.

23. Die Gerichtsvollzieher sind verpflichtet, unter den Urschriften und Abschriften ihrer Akte eine Berechnung der Gebühren und Auslagen aufzustellen, und bei Geschäften, welche nach Verhältniß der verwendeten Zeit vergütet werden, in dem Protokolle die Dauer der letzteren anzugeben. Ist die Zeitangabe unterblieben, so darf nur die für die geringste Zeitdauer bestimmte Gebühr berechnet werden.

24. Den einzelnen Bundesstaaten bleibt vorbehalten:

1. für Zustellungen, für deren Nachweis auf Grund des § 39 der Strafprozeßordnung einfachere Formen zugelassen sind, abweichend von den Vorschriften dieses Gesetzes geringere Gebühren zu bestimmen;
2. an Stelle von Gebühren und Auslagen, welche die Gerichtsvollzieher auf Grund dieses Gesetzes zu beanspruchen haben, denselben eine anderweite Vergütung zu gewähren.

Für die von den ersatzpflichtigen Personen zu erhebenden Beträge bleiben im Falle der Nr. 2 die Bestimmungen dieses Gesetzes maßgebend.

25. Den einzelnen Bundesstaaten bleibt die Feststellung der Vergütung überlassen, wenn den Gerichtsvollziehern in Sachen, auf welche die Civilprozeßordnung, die Strafprozeßordnung oder die Konkursordnung Anwendung findet, Geschäfte übertragen werden, welche denselben in jenen Gesetzen nicht ausdrücklich zugewiesen sind.[7]

5. 20 Pfg. in den Fällen der §§ 135, 136, 142 GKG f. Elf. Lothr.; vgl. auch § 143 GKG f. Elf.-Lothr.

6. Bezüglich der Verjährung vgl. § 196[15] BGB.

7. Vgl. §§ 135, 144 GKG f. Elf.-Lothr.

Gebührenordnung
für
Zeugen und Sachverständige.[1]

Vom 30. Juni 1878.

Reichs-Gesetzblatt 1878 S. 173; 1898 S. 689.

§ 1. In den vor die ordentlichen Gerichte gehörigen Rechtssachen, auf welche die Civilprozeßordnung, die Strafprozeßordnung oder die Konkursordnung Anwendung findet, erhalten die Zeugen und Sachverständigen Gebühren nach Maßgabe der folgenden Bestimmungen.

2. Der Zeuge erhält eine Entschädigung für die erforderliche Zeitversäumniß im Betrage von zehn Pfennig bis zu einer Mark auf jede angefangene Stunde.

Die Entschädigung ist unter Berücksichtigung des von dem Zeugen versäumten Erwerbes zu bemessen und für jeden Tag auf nicht mehr als zehn Stunden zu gewähren.

Personen, welche durch gemeine Handarbeit, Handwerksarbeit oder geringeren Gewerbebetrieb ihren Unterhalt suchen, oder sich in gleichen Verhältnissen mit solchen Personen befinden, erhalten die nach dem geringsten Satze zu bemessende Entschädigung auch dann, wenn die Versäumniß eines Erwerbes nicht stattgefunden hat.

3. Der Sachverständige erhält für seine Leistungen eine Vergütung nach Maßgabe der erforderlichen Zeitversäumniß im Betrage bis zu zwei Mark auf jede angefangene Stunde.

Die Vergütung ist unter Berücksichtigung der Erwerbsverhältnisse des Sachverständigen zu bemessen und für jeden Tag auf nicht mehr als zehn Stunden zu gewähren.

Außerdem sind dem Sachverständigen die auf die Vorbereitung des Gutachtens verwendeten Kosten, sowie die für eine Untersuchung verbrauchten Stoffe und Werkzeuge zu vergüten.

4. Bei schwierigen Untersuchungen und Sachprüfungen ist dem Sachverständigen auf Verlangen für die aufgetragene Leistung eine Vergütung nach dem üblichen Preise derselben und für die außerdem stattfindende Theilnahme an Terminen die im § 3 bestimmte Vergütung zu gewähren.

5. Als versäumt gilt für den Zeugen oder Sachverständigen auch die Zeit, während welcher er seine gewöhnliche Beschäftigung nicht wieder aufnehmen kann.

6. Mußte der Zeuge oder Sachverständige außerhalb seines Aufenthaltsortes einen Weg bis zur Entfernung von mehr als zwei Kilometer zurücklegen, so ist ihm außer den nach §§ 2 bis 5 zu bestimmenden Beträgen eine Entschädigung für die Reise und für den durch die Abwesenheit von dem Aufenthaltsorte verursachten Aufwand nach Maßgabe der folgenden Bestimmungen zu gewähren.

7. Soweit nach den persönlichen Verhältnissen des Zeugen oder Sachverständigen oder nach äußeren Umständen die Benutzung von Transportmitteln für angemessen zu erachten ist, sind als Reiseentschädigung die nach billigem Ermessen in dem einzelnen Falle erforderlichen Kosten zu gewähren. In anderen Fällen beträgt die Reiseentschädigung für jedes angefangene Kilometer des Hinweges und des Rückweges fünf Pfennig.

8. Die Entschädigung für den durch Abwesenheit von dem Aufenthaltsorte verursachten Aufwand ist nach den persönlichen Verhältnissen des Zeugen oder Sachverständigen zu bemessen, soll jedoch den Betrag von fünf Mark für jeden Tag, an welchem der Zeuge oder Sachverständige abwesend gewesen ist, und von drei Mark für jedes außerhalb genommene Nachtquartier nicht überschreiten.

9. Mußte der Zeuge oder Sachverständige inner-

---

1. Die Gebührenordnung ist in der Fassung der Bekm. v. 20. Mai 1898 abgedruckt. Durch § 125 GKG f. Elf.-Lothr. ist sie auf die dort bezeichneten Rechtssachen ausgedehnt. Vgl. auch §§ 126 Abs. 1, 146 daselbst; Tarif v. 23. Febr. 1887.

halb seines Aufenthaltsortes einen Weg bis zu einer Entfernung von mehr als zwei Kilometer zurücklegen, so ist ihm für den ganzen zurückgelegten Weg eine Reiseentschädigung nach den Vorschriften des § 7 zu gewähren.

10. Konnte der Zeuge oder Sachverständige den erforderlichen Weg ohne Benutzung von Transportmitteln nicht zurücklegen, so sind die nach billigem Ermessen erforderlichen Kosten auch außer den in den §§ 6, 9 bestimmten Fällen zu gewähren.

11. Abgaben für die erforderliche Benutzung eines Weges sind in jedem Falle zu erstatten.

12. Bedarf der Zeuge wegen jugendlichen Alters oder wegen Gebrechen eines Begleiters, so sind die bestimmten Entschädigungen für Beide zu gewähren.

13. Soweit für gewisse Arten von Sachverständigen besondere Taxvorschriften[2] bestehen, welche an dem Orte des Gerichts, vor welches die Ladung erfolgt, und an dem Aufenthaltsorte des Sachverständigen gelten, kommen lediglich diese Vorschriften in Anwendung. Gelten solche Taxvorschriften nur an einem dieser Orte, oder gelten an demselben verschiedene Taxvorschriften, so kann der Sachverständige die Anwendung der ihm günstigeren Bestimmungen verlangen.

Dolmetscher erhalten Entschädigung als Sachverständige nach den Vorschriften dieses Gesetzes, sofern nicht ihre Leistungen zu den Pflichten eines von ihnen versehenen Amtes gehören.

14. Oeffentliche Beamte erhalten Tagegelder und Erstattung von Reisekosten nach Maßgabe der für Dienstreisen geltenden Vorschriften,[3] falls sie zugezogen werden:

1. als Zeugen über Umstände, von denen sie in Ausübung ihres Amtes Kenntniß erhalten haben;
2. als Sachverständige, wenn sie aus Veranlassung ihres Amtes zugezogen werden und die Ausübung der Wissenschaft, der Kunst oder des Gewerbes, deren Kenntniß Voraussetzung der Begutachtung ist, zu den Pflichten des von ihnen versehenen Amtes gehört.

Werden nach den Vorschriften dieses Paragraphen Tagegelder und Reisekosten gewährt, so findet eine weitere Vergütung an den Zeugen oder Sachverständigen nicht statt.

Die vorstehenden Bestimmungen finden auf Personen des Soldatenstandes entsprechende Anwendung.

15. Ist ein Sachverständiger für die Erstattung von Gutachten im allgemeinen beeidigt, so können die Gebühren für die bei bestimmten Gerichten vorkommenden Geschäfte durch Uebereinkommen bestimmt werden.

16. Die Gebühren der Zeugen und Sachverständigen werden nur auf Verlangen derselben gewährt. Der Anspruch erlischt, wenn das Verlangen binnen drei Monaten nach Beendigung der Zuziehung oder Abgabe des Gutachtens bei dem zuständigen Gerichte nicht angebracht wird.[4]

17. Die einem Zeugen oder Sachverständigen zu gewährenden Beträge werden durch das Gericht oder den Richter,[5] vor welchem die Verhandlung stattfindet, festgesetzt.

Sofern die Beträge aus der Staatskasse gezahlt und dieser nicht erstattet sind, kann die Festsetzung von dem Gericht oder dem Richter,[6] durch welche sie erfolgt ist, sowie von dem Gerichte der höheren Instanz von Amtswegen berichtigt werden.

Gegen die Festsetzung findet Beschwerde nach Maßgabe des § 567 Abs. 2 und der §§ 568 bis 575 der Civilprozeßordnung sowie des § 4 Abs. 3 des Gerichtskostengesetzes, in Strafsachen nach Maßgabe der §§ 346 bis 352 der Strafprozeßordnung statt.

---

2. Siehe Ges. v. 13. Jan. 1873 und Regulativ v. 17. Jan. 1873 betr. die Gebühren der Aerzte und Chemiker in Strafsachen.

3. Vgl. für die Landesbeamten: Ges. v. 3. Febr. 1872; § 18 RBG v. 31. März 1873 (23. Dez. 1873); V. v. 25. Okt. 1880, ergänzt bzw. abgeändert durch V. v. 26. Mai 1890. — Für die Reichsbeamten im Allgemeinen: § 18 RBG v. 31. März 1873; V. v. 21. Juni 1875, 13. Febr. 1886, 18. April 1888; für Eisenbahn- und Postbeamte: V. v. 5. Juli 1875, 29. Juni 1877; 27. Juni 1894; für gesandtschaftliche und Konsularbeamte: V. v. 23. April 1879, 7. Febr. 1881.

4. Bezüglich der Verjährung der Gebühren vgl. § 196[17] BGB; ferner § 151 GKG f. Elſ.-Lothr.

5. Auch Staatsanwalt, Amtsanwalt oder Polizeikommissar nach § 146 GKG f. Elſ.-Lothr.

6. Beziehungsweise der vorgesetzten staatsanwaltschaftlichen Behörde nach § 146 Abs. 3 GKG f. Elſ.-Lothr.

Gesetz

betreffend

die Gebühren der Aerzte und Chemiker in Strafsachen.

Vom 13. Januar 1873.

Gesetzblatt S. 14.

Die bestehenden Vorschriften über den Betrag der den Aerzten und Chemikern in Strafsachen zu gewährenden Gebühren und über das Verfahren bei Festsetzung dieser Gebühren treten außer Kraft. Der Reichskanzler wird ermächtigt, in beiden Beziehungen anderweitige Vorschriften zu erlassen.[1]

1. S. das nachfolgende Regulativ v. 17. Jan. 1873.

Regulativ

betreffend

die Gebühren der Aerzte und Chemiker in Strafsachen.

Vom 17. Januar 1873.

Gesetzblatt S. 15.

Auf Grund des Gesetzes vom 13. Januar 1873 wird Folgendes verordnet:[1]

§ 1. Aerzte (Wundärzte, Thierärzte 2c.) erhalten für die ihnen von den Gerichtsbehörden aufgetragenen Geschäfte in Strafsachen folgende Gebühren:

1. für Abwartung eines Termins . 2 Thlr.
und, insofern der Termin über drei Stunden dauert, für jede folgende ganze oder angefangene Stunde . . . . 15 Sgr.

Erstreckt sich der Termin über mehrere Tage, so werden die Gebühren für jeden Tag besonders berechnet.

2. für die Besichtigung eines Leichnams oder Thierkadavers ohne Obduktion — einschließlich der Terminsgebühr . . . . 2 Thlr.

3. für den Bericht hierüber (Nr. 2), falls derselbe nicht sogleich zu Protokoll gegeben wird 1 Thlr.

4. für die Besichtigung und Obduktion
eines Leichnams . . . . . . 4 Thlr.
eines Thierkadavers . . . . 2—4 Thlr.
einschließlich der Terminsgebühr.

Bei vorgeschrittener Fäulniß, sowie in den Fällen, wo die Gefahr einer Ansteckung vorhanden ist, kann eine Gebühr bis zu 8 Thlrn. bewilligt werden.

5. für den vollständigen Obduktionsbericht . . . . 2—6 Thlr.

6. für jedes andere mit wissenschaftlichen Gründen unterstützte, nicht bereits im Termin zu Protokoll gegebene Gutachten . . . . 2—8 Thlr.

Die höheren Sätze sind insbesondere dann zu

1. Die Taxvorschriften dieses Regulativs sind nach § 13 GebO für Zeugen u. Sachverst. in Kraft geblieben für Aerzte 2c., welche in Elſ.-Lothr. wohnen oder die Anwendung derselben verlangen.

bewilligen, wenn eine zeitraubende Einsicht der Akten nothwendig war, oder die Untersuchung die Anwendung des Mikroskops oder anderer Instrumente oder Apparate erforderte, deren Handhabung mit Schwierigkeiten verbunden ist.

7. für die Ausstellung eines Befundscheins ohne eingehendere gutachtliche Ausführung . 1 Thlr.

Wenn die Aerzte sich zur Reinschrift ihrer Berichte oder Gutachten (Nr. 3, 5, 6) fremder Hülfe bedienen, sind ihnen Kopialien zum Satze von 4 Sgr. für den Bogen zu bewilligen.

2. Der bei einer Obduktion zugezogene zweite Arzt erhält für den Obduktionsbericht 1—3 Thlr.

Sind zwei Aerzte in anderen Fällen zu einem gemeinschaftlichen Gutachten aufgefordert, so erhält jeder derselben die im § 1 festgesetzte Gebühr.

3. Werden die im § 1 erwähnten Verrichtungen in einer Entfernung von mindestens zwei Kilometer von dem Wohnorte des Arztes vorgenommen, so erhält derselbe Reisekosten nach dem Satze und nach den Bestimmungen, welche für die Dienstreisen der in § 1 der Allerhöchsten Verordnung vom 25. Okt. 1880 (G.=Bl. S. 136) unter Nr. I bis V bezeichneten Beamtenklassen maßgebend sind, und nach seiner Wahl entweder die Tagegelder der Beamtenklasse unter Nr. IV, Thierärzte diejenigen der Beamtenklasse unter Nr. V, oder die im § 1 festgesetzten Gebühren.[2]

2. § 3 ist in der Fassung der V. v. 5. Mai 1891 abgedruckt.

4. Sind zu der verlangten sachkundigen Ermittelung besondere Vorbesuche nöthig, so ist, falls nicht die Voraussetzungen vorliegen, unter welchen Tagegelder und Reisekosten liquidirt werden dürfen, für jeden Vorbesuch eine Gebühr von 1 Thaler zu bewilligen.

Für mehr als drei Vorbesuche werden Gebühren nur insoweit gewährt, als die Vorbesuche auf ausdrückliches Verlangen der requirirenden Behörde gemacht sind.

5. Macht eine gerichtliche Feststellung die Zuziehung eines Chemikers nothwendig, so erhält derselbe für seine Arbeit, einschließlich des Berichts, eine Gebühr von 4—25 Thalern.

Die verwendeten Reagentien und verbrauchten Apparate, sowie etwaige Auslagen für Benutzung eines besonderen Lokals sind ihm neben der Gebühr zu vergüten.

6. Insoweit die Gebühren nach den vorstehenden Bestimmungen innerhalb der bezeichneten Sätze abgestuft werden können, ist der im einzelnen Falle anzuweisende Betrag nach der Schwierigkeit des Geschäfts und dem zur Ausrichtung desselben erforderlich gewesenen Zeitaufwande zu bemessen und festzusetzen. Beschwerden gegen die Festsetzung werden endgültig durch den Ersten Präsidenten des Appellationsgerichts und den Generalprokurator entschieden.[3]

3. Für die Beschwerde ist jetzt § 17 Abs. 3 der GebO für Zeugen u. Sachverst. v. 30. Juni 1878 maßgebend.

Gebührenordnung

für

Rechtsanwälte.[1]

Vom 7. Juli 1879.

Reichs-Gesetzblatt 1879 S. 176; 1898 S. 692.

Erster Abschnitt.
Allgemeine Bestimmungen.

§ 1. Die Vergütung für die Berufsthätigkeit des Rechtsanwalts in einem Verfahren vor den ordentlichen Gerichten, auf welches die Civilprozeßordnung, die Strafprozeßordnung oder die Konkursordnung Anwendung findet, sowie für die berathende Berufsthätigkeit des Rechtsanwalts, welche den Beginn oder die Fortsetzung eines solchen Verfahrens betrifft, bestimmt sich nach den Vorschriften dieses Gesetzes.

2. Für die Ausführung eines Auftrags, dessen gemeinschaftliche Erledigung mehreren Rechtsanwälten übertragen ist, steht jedem derselben die volle Vergütung zu.

3. Bei Ausführung von Aufträgen mehrerer Auftraggeber durch dieselbe Thätigkeit haftet jeder Auftraggeber dem Rechtsanwalte für denjenigen Betrag an Gebühren und Auslagen, welcher bei abgesonderter Ausführung seines Auftrags erwachsen sein würde. Die Mitverhaftung der anderen Auftraggeber kann dem Rechtsanwalte gegenüber nicht geltend gemacht werden.

4. Für die Thätigkeit als Beistand stehen dem Rechtsanwalte die gleichen Gebühren zu wie für die Vertretung.

5. Für Unterzeichnung eines Schriftsatzes erhält der Rechtsanwalt die gleichen Gebühren wie für Anfertigung desselben.

6. Für Anfertigung und Uebersendung von Rechnungen über Gebühren und Auslagen und für Zahlungsaufforderungen wegen derselben kann der Rechtsanwalt eine Gebühr nicht beanspruchen.

7. Bei dem Betrieb eigener Angelegenheiten kann der Rechtsanwalt von dem zur Erstattung der Kosten des Verfahrens verpflichteten Gegner Gebühren und Auslagen bis zu dem Betrage fordern, in welchem er Gebühren und Auslagen eines bevollmächtigten Rechtsanwalts erstattet verlangen könnte.

8. Der niedrigste Betrag einer jeden nach den Vorschriften der Abschnitte zwei bis vier zu berechnenden Gebühr wird auf eine Mark bestimmt.

Zweiter Abschnitt. Gebühren in bürgerlichen Rechtsstreitigkeiten.

9. In bürgerlichen Rechtsstreitigkeiten werden die Gebühren nach dem Werthe des Streitgegenstandes erhoben.

Der Gebührensatz beträgt bei Gegenständen im Werthe:

1.	bis 20 Mark einschließlich . . .	2 Mark,
2.	von mehr als 20 bis 60 Mark einschließlich	3 „
3.	von mehr als 60 bis 120 Mark einschließlich	4 „
4.	von mehr als 120 bis 200 Mark einschließlich	7 „
5.	von mehr als 200 bis 300 Mark einschließlich	10 „
6.	von mehr als 300 bis 450 Mark einschließlich	14 „
7.	von mehr als 450 bis 650 Mark einschließlich	19 „
8.	von mehr als 650 bis 900 Mark einschließlich	24 „
9.	von mehr als 900 bis 1200 Mark einschließlich	28 „
10.	von mehr als 1200 bis 1600 Mark einschließlich	32 „
11.	von mehr als 1600 bis 2100 Mark einschließlich	36 „

1. Die Gebührenordnung ist in der Fassung der Bekm. v. 20. Mai 1898 abgedruckt. — Vgl. auch die §§ 32—39 RO v. 1. Juli 1878; §§ 125—132 GKG f. Elf.-Lothr. v. 6. Dez. 1899.

12. von mehr als 2100 bis 2700 Mark einschließlich . . . . 40 Mark,
13. von mehr als 2700 bis 3400 Mark einschließlich . . . . 44 „
14. von mehr als 3400 bis 4300 Mark einschließlich . . . . 48 „
15. von mehr als 4300 bis 5400 Mark einschließlich . . . . 52 „
16. von mehr als 5400 bis 6700 Mark einschließlich . . . . 56 „
17. von mehr als 6700 bis 8200 Mark einschließlich . . . . 60 „
18. von mehr als 8200 bis 10000 Mark einschließlich . . . . 64 „

Die ferneren Werthsklassen steigen um je 2000 Mark und die Gebührensätze in den Klassen bis 50000 Mark einschließlich um je 4 Mark, bis 100000 Mark einschließlich um je 3 Mark und darüber hinaus um je 2 Mark.

10. Auf die Werthsberechnung finden die Vorschriften der §§ 9 bis 13 des Gerichtskostengesetzes Anwendung.

11. Die für die Berechnung der Gerichtsgebühren maßgebende Festsetzung des Werthes ist für die Berechnung der Gebühren der Rechtsanwälte maßgebend.

12. Gegen den im § 16 des Gerichtskostengesetzes bezeichneten Beschluß steht dem Rechtsanwalte die Beschwerde nach Maßgabe des § 567 Absatz 2 und der §§ 568 bis 575 der Civilprozeßordnung zu.

13. Die Sätze des § 9 stehen dem als Prozeßbevollmächtigten bestellten Rechtsanwalte zu:

1. für den Geschäftsbetrieb, einschließlich der Information (Prozeßgebühr);
2. für die mündliche Verhandlung (Verhandlungsgebühr);
3. für die Mitwirkung bei einem zur Beilegung des Rechtsstreits abgeschlossenen Vergleiche (Vergleichsgebühr).

Die Sätze des § 9 stehen demselben zu fünf Zehntheilen zu:

4. für die Vertretung in dem Termine zur Leistung des durch ein Urtheil auferlegten Eides sowie in einem Beweisaufnahmeverfahren, wenn die Beweisaufnahme nicht blos in Vorlegung der in den Händen des Beweisführers oder des Gegners befindlichen Urkunden besteht (Beweisgebühr).

14. Soweit der Auftrag vor der mündlichen Verhandlung erledigt ist, ohne daß der Rechtsanwalt die Klage eingereicht hat oder einen Schriftsatz hat zustellen lassen, steht ihm die Prozeßgebühr nur zu fünf Zehntheilen zu.

In einem Verfahren, für welches eine mündliche Verhandlung durch das Gesetz nicht vorgeschrieben ist, findet die gleiche Ermäßigung statt, soweit der Auftrag erledigt ist, bevor der Antrag an das Gericht eingereicht, der mündliche Antrag gestellt oder der Auftrag an den Gerichtsvollzieher oder den diesen Auftrag vermittelnden Gerichtsschreiber ertheilt ist.

15. Die Verhandlungsgebühr steht dem Rechtsanwalte nicht zu, welcher zur mündlichen Verhandlung geladen hat, ohne daß dieselbe durch das Gesetz vorgeschrieben oder durch das Gericht oder den Vorsitzenden angeordnet war.

16. Für eine nicht kontradiktorische Verhandlung (Gerichtskostengesetz § 19) steht dem Rechtsanwalte die Verhandlungsgebühr nur zu fünf Zehntheilen zu. Diese Minderung tritt in den im § 20 Nr. 1 des Gerichtskostengesetzes bezeichneten Rechtsstreitigkeiten nicht ein, sofern der Kläger verhandelt.

Die Verhandlung im vorbereitenden Verfahren (Civilprozeßordnung §§ 348 bis 351) gilt als kontradiktorische mündliche Verhandlung.

17. Insoweit sich in den Fällen des § 13 Nr. 4 die Vertretung auf die weitere mündliche Verhandlung erstreckt, erhöht sich die dem Rechtsanwalte zustehende Verhandlungsgebühr um fünf Zehntheile und, wenn die weitere mündliche Verhandlung eine nicht kontradiktorische ist, um die Hälfte dieses Betrags.

18. Die Vergleichsgebühr steht dem Rechtsanwalte nur zu fünf Zehntheilen zu, wenn ihm für denselben Streitgegenstand die volle Verhandlungsgebühr zusteht und der Vergleich vor dem Prozeßgericht oder einem ersuchten oder beauftragten Richter abgeschlossen ist.

19. Sechs Zehntheile der in den §§ 13 bis 18 bestimmten Gebühren erhält der zum Prozeßbevollmächtigten bestellte Rechtsanwalt für die Vertretung im Urkunden- oder Wechselprozesse (Civilprozeßordnung §§ 592 bis 605).

20. Fünf Zehntheile der in den §§ 13 bis 18 bestimmten Gebühren erhält der Rechtsanwalt, soweit die durch die Gebühr zu vergütende Thätigkeit ausschließlich die im Gerichtskostengesetze § 26 Nr. 1 bis 10 bezeichneten Gegenstände betrifft.

21. Der Rechtsanwalt erhält neben den ihm sonst zustehenden Gebühren die Prozeßgebühr nur zu fünf Zehntheilen, wenn seine Thätigkeit ausschließlich die Erledigung eines bedingten Urtheils betrifft.

22. Der Rechtsanwalt erhält die Prozeßgebühr und die Verhandlungsgebühr nur zu fünf Zehntheilen, wenn seine Thätigkeit Anträge auf Sicherung des Beweises (Civilprozeßordnung §§ 485 bis 494) oder eine gerichtliche Entscheidung über die Ernennung oder Ablehnung eines Schiedsrichters, das Erlöschen eines Schiedsvertrags oder die Anordnung der von Schiedsrichtern für erforderlich erachteten richterlichen Handlungen (Civilprozeßordnung § 1045) betrifft. Für die Vertretung bei der Beweisaufnahme erhält der Rechtsanwalt die Beweisgebühr (§ 13 Nr. 4).

23. Drei Zehntheile der in den §§ 13 bis 18 bestimmten Gebühren erhält der Rechtsanwalt, wenn seine Thätigkeit betrifft:

1. die im Gerichtskostengesetze § 27 Nr. 1, § 35 Nr. 1, 3, § 38 Nr. 1, 2, § 47 Nr. 1 bis 12 bezeichneten Angelegenheiten;
2. die Zwangsvollstreckung.[2]

24. Zwei Zehntheile der in den §§ 13 bis 18 bestimmten Gebühren erhält der Rechtsanwalt, wenn seine Thätigkeit, die im Gerichtskostengesetze § 38 Nr. 3, § 47 Nr. 15, 16 bezeichneten Anträge oder Gesuche betrifft.

25. Jede der im § 13 benannten Gebühren kann der Rechtsanwalt in jeder Instanz rücksichtlich eines jeden Theils des Streitgegenstandes nur einmal beanspruchen.

26. Für die Bestimmung des Umfanges einer Instanz im Sinne des § 25 finden die Vorschriften der §§ 30, 31 des Gerichtskostengesetzes entsprechende Anwendung.

27. Im Falle der Zurücknahme oder Verwerfung des gegen ein Versäumnißurtheil eingelegten Einspruchs gilt das Verfahren über denselben für die Gebühren der Rechtsanwälte, mit Ausnahme der Prozeßgebühr, als neue Instanz.

Im Falle der Zulassung des Einspruchs steht dem Rechtsanwalte des Gegners der den Einspruch einlegenden Partei die Gebühr für die mündliche Verhandlung, auf welche das Versäumnißurtheil erlassen ist, besonders zu.

28. Das ordentliche Verfahren, welches nach der Abstandnahme vom Urkunden- oder Wechselprozesse sowie nach dem mit Vorbehalt in demselben erlassenen Urtheil anhängig bleibt (Civilprozeßordnung §§ 596, 600), gilt für die Berechnung der Gebühren des Rechtsanwalts als besonderer Rechtsstreit; der Rechtsanwalt muß sich jedoch die Prozeßgebühr des Urkunden- oder Wechselprozesses auf die gleiche Gebühr des ordentlichen Verfahrens anrechnen.

29. Die im § 13 benannten Gebühren umfassen die gesammte Thätigkeit des Rechtsanwalts von dem Auftrage bis zur Beendigung der Instanz.

Zu der Instanz gehören insbesondere:

1. das Verfahren behufs Festsetzung des Werthes des Streitgegenstandes;
2. Zwischenstreite mit Nebenintervenienten sowie mit Zeugen oder Sachverständigen;
3. das Verfahren zur Sicherung des Beweises (Civilprozeßordnung §§ 485 bis 494), wenn die Hauptsache anhängig ist;
4. das Verfahren über einen Antrag auf Anordnung oder Aufhebung eines Arrestes oder einer einstweiligen Verfügung, sowie über einen Antrag auf vorläufige Einstellung, Beschränkung oder Aufhebung einer Zwangsvollstreckung (Civilprozeßordnung §§ 707, 719, 769, 771 Absatz 3, §§ 785, 786, 805 Absatz 4, § 810 Absatz 2), soweit das Verfahren mit dem Verfahren über die Hauptsache verbunden ist;
5. das Verfahren über einen Antrag auf Aenderung einer Entscheidung des beauftragten oder ersuchten Richters oder des Gerichtsschreibers (Civilprozeßordnung § 576);
6. das Verfahren über die im Gerichtskostengesetze § 47 Nr. 1 bis 12 bezeichneten Streitpunkte und Anträge;
7. die Zustellung und Empfangnahme der Entscheidungen und die Mittheilung derselben an den Auftraggeber;
8. die Uebersendung der Handakten an den Bevollmächtigten einer anderen Instanz.

30. Die Gebühren werden besonders erhoben für die Thätigkeit bei Streitigkeiten und Anträgen, welche betreffen:

1. die Sicherung des Beweises (Civilprozeßordnung §§ 485 bis 494), wenn die Hauptsache noch nicht anhängig ist;
2. das Verfahren über einen Antrag auf Anordnung oder Aufhebung eines Arrestes oder einer einstweiligen Verfügung, sowie über einen Antrag auf vorläufige Einstellung, Beschränkung oder Aufhebung einer Zwangsvollstreckung (Civilprozeßordnung §§ 769, 771 Absatz 3, §§ 785, 786, 805 Absatz 4, § 810 Absatz 2), sofern das Verfahren von dem Verfahren über die Hauptsache getrennt ist;
3. die im Gerichtskostengesetze § 38 Nr. 1, 2 bezeichneten Angelegenheiten.

Wird die vorläufige Einstellung, Beschränkung oder Aufhebung der Zwangsvollstreckung bei dem Vollstreckungsgericht und bei dem Prozeßgericht beantragt, so wird die Prozeßgebühr nur einmal erhoben.

Die im besonderen Verfahren erfolgte Festsetzung der Kosten und die Abänderung der Kostenfestsetzung (Gerichtskostengesetz § 38 Nr. 1) bilden Eine Instanz. Das Gleiche gilt von dem Verfahren über die im Gerichtskostengesetze § 38 Nr. 2 bezeichneten Anträge.

31. In der Zwangsvollstreckung bildet eine jede Vollstreckungsmaßregel zusammen mit den durch dieselbe vorbereiteten weiteren Vollstreckungshandlungen bis zu der durch die Maßregel zu erlangenden Befriedigung des Gläubigers Eine Instanz.

Die landesgesetzlichen Bestimmungen in Betreff der Gebühren für eine den Vorschriften der Civilprozeßordnung nicht unterliegende Zwangsvollstreckung bleiben unberührt.[3]

32. Das Verfahren über einen Antrag auf Ertheilung einer weiteren vollstreckbaren Aus-

2. Vgl. §§ 130 ff. GKG f. Elf.-Lothr.

3. Vgl. §§ 130 ff. GKG f. Elf.-Lothr.

fertigung (Civilprozeßordnung § 733), das Verfahren zur Abnahme des Offenbarungseides (Civilprozeßordnung §§ 900, 901) und die Ausführung der Zwangsvollstreckung in ein gepfändetes Vermögensrecht durch Verwaltung (Civilprozeßordnung § 857 Absatz 4) bilden besondere Instanzen der Zwangsvollstreckung.

33. Die Vollstreckung der Entscheidung, durch welche der Schuldner nach Maßgabe des § 887 Absatz 2 der Civilprozeßordnung zur Vorauszahlung der Kosten verurtheilt wird, scheidet aus der Zwangsvollstreckung zur Erwirkung der Handlung als besonderes Verfahren aus.

Soll die Zwangsvollstreckung auf Unterlassung oder Duldung einer Handlung durch Strafen ausgeführt werden (Civilprozeßordnung § 890 Absatz 1), so bildet eine jede Verurtheilung zu einer Strafe nach Maßgabe der Vorschriften des § 29 den Schluß der Instanz.

Die Erwirkung der einer Verurtheilung vorausgehenden Strafandrohung (Civilprozeßordnung § 890 Absatz 2) gehört zur Instanz der Hauptsache; dem Rechtsanwalte, welcher diese Instanz nicht geführt hat, steht die im § 23 bestimmte Gebühr zu.

34. Bei Ausführung der Zwangsvollstreckung auf Vornahme einer Handlung durch Geldstrafen oder Haft (Civilprozeßordnung § 888) bildet das gesammte Verfahren eine Instanz.

35. Für die einmalige Erwirkung des Zeugnisses der Rechtskraft (Civilprozeßordnung § 706) oder der Vollstreckungsklausel (Civilprozeßordnung §§ 724 bis 730, 738, 742, 744, 745 Absatz 2, §§ 749, 795, 796 Absatz 1, § 797 Absatz 1, 2, § 929) steht weder dem Rechtsanwalte der Instanz, in welcher dieselben zu ertheilen, noch dem Rechtsanwalte, welcher mit dem Betriebe der Zwangsvollstreckung beauftragt ist, und für die Aufhebung einer Vollstreckungsmaßregel weder dem Rechtsanwalte, welcher deren Vornahme veranlaßt hat, noch dem Rechtsanwalte, welcher mit dem Betriebe der weiteren Zwangsvollstreckung beauftragt ist, eine Gebühr zu.

36. Die Vorschriften der §§ 31 bis 35 finden bei Vollziehung eines Arrestbefehls oder einer einstweiligen Verfügung (Civilprozeßordnung §§ 928 bis 934, 936) entsprechende Anwendung.

Die Instanz dauert bis zur Aufhebung des Arrestes oder der einstweiligen Verfügung oder bis zum Anfange der Zwangsvollstreckung aus dem in der Hauptsache erlassenen Urtheile.

37. Für die Mitwirkung bei einem der Klage vorausgehenden Sühneverfahren (Civilprozeßordnung §§ 510, 609, 610) erhält der Rechtsanwalt drei Zehntheile der Sätze des § 9.

Diese Gebühr wird im Falle der Verhandlung des Rechtsstreits vor dem Amtsgericht auf die Prozeßgebühr angerechnet.

Ist in dem Falle des § 510 der Civilprozeßordnung unter der Mitwirkung des Rechtsanwalts ein Vergleich geschlossen, so erhält er die vollen Sätze des § 9.

38. Im Mahnverfahren erhält der Rechtsanwalt von den Sätzen des § 9:

1. drei Zehntheile für die Erwirkung des Zahlungsbefehls, einschließlich der Mittheilung des Widerspruchs an den Auftraggeber;
2. zwei Zehntheile für die Erhebung des Widerspruchs;
3. zwei Zehntheile für die Erwirkung des Vollstreckungsbefehls.

Die Gebühr in Nr. 2 wird auf die in dem nachfolgenden Rechtsstreite zustehende Prozeßgebühr und die Gebühr in Nr. 3 auf die Gebühr für die nachfolgende Zwangsvollstreckung angerechnet.

39. Für die Vertretung im Vertheilungsverfahren (Civilprozeßordnung § 858 Absatz 6, §§ 872 bis 877, 882) stehen dem Rechtsanwalte fünf und, falls der Auftrag vor dem Termine zur Ausführung der Vertheilung erledigt wird, drei Zehntheile der Sätze des § 9 zu.[4]

Der Werth des Streitgegenstandes wird durch den Betrag der Forderung und, wenn der zu vertheilende Geldbetrag geringer ist, durch diesen Betrag bestimmt.

40. Im Aufgebotsverfahren (Civilprozeßordnung §§ 946 bis 956, 959 bis 972, 977 bis 1024) stehen dem Rechtsanwalt, als Vertreter des Antragstellers (Civilprozeßordnung § 947), drei Zehntheile der Sätze des § 9 zu:

1. für den Betrieb des Verfahrens, einschließlich der Information;
2. für den Antrag auf Erlaß des Aufgebots;
3. für den Antrag auf Anordnung der Zahlungssperre, sofern derselbe vor dem Antrag auf Erlaß des Aufgebots gestellt wird;
4. für die Wahrnehmung des Aufgebotstermins.

Als Vertreter einer anderen Person erhält der Rechtsanwalt diese Gebühr nur einmal.

41.[5] Drei Zehntheile der in den §§ 13 bis 18 bestimmten Gebühren erhält der Rechtsanwalt:

1. in der Beschwerdeinstanz;
2. wenn seine Thätigkeit sich auf ein Verfahren beschränkt, welches die Aenderung einer Entscheidung des beauftragten oder ersuchten Richters oder des Gerichtsschreibers (Civilprozeßordnung § 576) betrifft.

In der Instanz der an eine Nothfrist nicht gebundenen Beschwerde steht dem Rechtsanwalte die Prozeßgebühr nicht zu, wenn ihm dieselbe oder eine der in den §§ 37 bis 40 bezeichneten Gebühren in der Instanz zustand, in welcher die angefochtene Entscheidung ergangen ist.

4. Vgl. § 131 GKG f. Elf.-Lothr.
5. Vgl. § 127 Abs. 2 GKG f. Elf.-Lothr.

42. Der zum Prozeßbevollmächtigten bestellte Rechtsanwalt, welcher auf Verlangen der Partei die Vertretung in der mündlichen Verhandlung einem anderen Rechtsanwalt übertragen hat, erhält neben den ihm zustehenden Gebühren fünf Zehntheile der Verhandlungsgebühr. Diese Gebühr wird auf eine ihm zustehende Verhandlungsgebühr angerechnet.

43. Dem Rechtsanwalte, welchem von der Partei oder auf deren Verlangen von dem Prozeßbevollmächtigten nur die Vertretung in der mündlichen Verhandlung oder die Ausführung der Parteirechte in derselben übertragen ist, steht neben der Verhandlungsgebühr die Prozeßgebühr zu fünf Zehntheilen zu. Letztere Gebühr steht ihm auch dann zu, wenn der Auftrag vor der mündlichen Verhandlung erledigt wird. Erstreckt sich die Vertretung auf eine mit der mündlichen Verhandlung verbundene Beweisaufnahme (§ 13 Nr. 4), so erhält der Rechtsanwalt außerdem die Beweisgebühr.

44. Dem Rechtsanwalte, welcher lediglich den Verkehr der Partei mit dem Prozeßbevollmächtigten führt, steht eine Gebühr in Höhe der Prozeßgebühr zu. Er erhält nur fünf Zehntheile, wenn ihm in unterer Instanz die vorbezeichnete Gebühr oder die Prozeßgebühr zustand.

Die mit der Uebersendung der Akten an den Rechtsanwalt der höheren Instanz verbundenen gutachtlichen Aeußerungen dienen nicht zur Begründung dieser Gebühr, wenn nicht zu denselben Auftrag ertheilt war.

45. Der Rechtsanwalt, dessen Thätigkeit sich auf die Vertretung in einem nur zur Leistung des durch ein Urtheil auferlegten Eides oder nur zur Beweisaufnahme bestimmten Termine beschränkt, erhält neben der dem Prozeßbevollmächtigten im gleichen Falle zustehenden Beweisgebühr eine Gebühr in Höhe von fünf Zehntheilen der Prozeßgebühr. Letztere Gebühr steht ihm auch dann zu, wenn der Auftrag vor dem Termin erledigt wird.

Die Wahrnehmung eines weiteren Termins zur Fortsetzung der Verhandlung begründet nicht eine Erhöhung der Gebühr.

46. Beschränkt sich die Thätigkeit des Rechtsanwalts auf die Anfertigung eines Schriftsatzes, so erhält er eine Gebühr in Höhe von fünf Zehntheilen der Prozeßgebühr.[6]

47. Für einen ertheilten Rath erhält der nicht zum Prozeßbevollmächtigten bestellte Rechtsanwalt eine Gebühr in Höhe von drei Zehntheilen der Prozeßgebühr.

Eine Gebühr in Höhe von fünf Zehntheilen der Prozeßgebühr steht dem mit Einlegung der Berufung oder der Revision beauftragten Rechtsanwalte zu, wenn derselbe von der Einlegung abräth und der Auftraggeber seinen Auftrag zurücknimmt.[7]

48. Der nicht zum Prozeßbevollmächtigten bestellte Rechtsanwalt erhält höchstens die für den Prozeßbevollmächtigten bestimmte Gebühr, falls die ihm aufgetragenen Handlungen in den Kreis derjenigen Thätigkeit fallen, für welche die dem Prozeßbevollmächtigten zustehende Gebühr bestimmt ist.

49. Wird ein Rechtsanwalt, nachdem er in einer Rechtssache thätig gewesen, zum Prozeßbevollmächtigten bestellt, so erhält er für die ihm vorher aufgetragenen Handlungen, soweit für dieselben die dem Prozeßbevollmächtigten zustehende Gebühr bestimmt ist, und als Prozeßbevollmächtigter zusammen nicht mehr an Gebühren, als ihm zustehen würde, wenn er vorher zum Prozeßbevollmächtigten bestellt worden wäre.

50. Wird der einem Rechtsanwalt ertheilte Auftrag vor Beendigung der Instanz aufgehoben, so stehen dem Rechtsanwalte die Gebühren in gleicher Weise zu, als wenn die Instanz zur Zeit der Aufhebung des Auftrags durch Zurücknahme der gestellten Anträge erledigt wäre, unbeschadet der aus einem Verschulden sich ergebenden civilrechtlichen Folgen.

51. Bei Vertretung mehrerer Streitgenossen, einschließlich der Nebenintervenienten, stehen dem Rechtsanwalte die Gebühren nur einmal zu. Bei nachträglichem Beitritte von Streitgenossen erhöht sich durch jeden Beitritt die Prozeßgebühr um zwei Zehntheile. Die Erhöhung wird nach dem Betrage berechnet, bei welchem die Vollmachtgeber gemeinschaftlich betheiligt sind, mehrere Erhöhungen dürfen den einfachen Betrag der Prozeßgebühr nicht übersteigen.

52. Für die bei dem Reichsgerichte zugelassenen Rechtsanwälte erhöhen sich die Gebührensätze in der Revisionsinstanz um drei Zehntheile.[8]

Dritter Abschnitt.

Gebühren im Konkursverfahren.

53. Auf die Gebühren im Konkursverfahren finden die Vorschriften der §§ 9, 11, 12 entsprechende Anwendung.

54. Im Verfahren über einen Antrag auf Eröffnung des Konkursverfahrens (Konkursordnung §§ 104 bis 106) erhält der Rechtsanwalt zwei Zehntheile, oder, wenn er einen Gläubiger vertritt, fünf Zehntheile der Sätze des § 9.

55. Für die Vertretung im Konkursverfahren erhält der Rechtsanwalt sechs Zehntheile, wenn

---

6. Vgl. § 127 Abs. 1 GKG f. Els.-Lothr.

7. Vgl. § 128 GKG f. Els.-Lothr.

8. Bezüglich der Gebühren in der Kassationsinstanz vgl. Bem. zu § 49 GKG; betreffs der Thätigkeit vor den Geschworenen im Zwangsenteignungsverfahren § 126 Abs. 2 GKG f. Els.-Lothr.

jedoch die Vertretung vor dem allgemeinen Prüfungstermine (Konkursordnung § 138) sich erledigt oder erst nach demselben beginnt, vier Zehntheile der Sätze des § 9.

56. Der Rechtsanwalt erhält die Sätze des § 9 besonders:

1. für die Thätigkeit bei Prüfung der Forderungen;
2. für die Thätigkeit in dem Zwangsvergleichsverfahren;
3. für die Thätigkeit in dem Vertheilungsverfahren.

57. Beschränkt sich die Thätigkeit des Rechtsanwalts auf die Anmeldung einer Konkursforderung, so erhält derselbe zwei Zehntheile der Sätze des § 9.

58. Für die Vertretung:

1. in der Beschwerdeinstanz,
2. in dem Verfahren über Anträge auf Anordnung von Sicherheitsmaßregeln im Falle des § 197 Absatz 2 der Konkursordnung

erhält der Rechtsanwalt besonders die im zweiten Abschnitte (§§ 23, 41) bestimmten Gebühren.

59. Die Gebühren der §§ 54 bis 56 sowie des § 58 im Falle der Beschwerde gegen den Beschluß über Eröffnung des Konkursverfahrens (Konkursordnung § 109) oder den Beschluß über Bestätigung eines Zwangsvergleichs (Konkursordnung §§ 189, 230 Absatz 2, § 236) werden, wenn der Auftrag von dem Gemeinschuldner ertheilt ist, nach dem Betrage der Aktivmasse (Gerichtskostengesetz § 52) berechnet.

Ist der Auftrag von einem Konkursgläubiger ertheilt, so werden die Gebühren der §§ 54, 55, 57 und die Gebühr im Falle der Beschwerde gegen den Beschluß über Eröffnung des Konkursverfahrens nach dem Nennwerthe der Forderung, die Gebühren des § 56 und die Gebühr im Falle der Beschwerde gegen den Beschluß über die Bestätigung eines Zwangsvergleichs nach dem Werthe der Forderung des Gläubigers unter entsprechender Anwendung des § 148 der Konkursordnung berechnet.

60. In einem wieder aufgenommenen Konkursverfahren erhält der Rechtsanwalt die Gebühren nach den Bestimmungen der §§ 55 bis 59 besonders.

61. Insoweit dem Rechtsanwalte Gebühren für die Vornahme einzelner Handlungen im Konkursverfahren zustehen, darf der Gesammtbetrag derselben die im § 55 bestimmte Gebühr nicht übersteigen.

Wird der Rechtsanwalt, nachdem er einzelne Handlungen im Konkursverfahren vorgenommen hat, mit der Vertretung im Konkursverfahren beauftragt, so erhält er zusammen nicht mehr an Gebühren, als ihm zustehen würde, wenn er vorher mit der Vertretung im Konkursverfahren beauftragt worden wäre.

62. Die Gebühren werden für jeden Auftrag gesondert, ohne Rücksicht auf andere Aufträge, berechnet.

Vierter Abschnitt.
Gebühren in Strafsachen.

63. In Strafsachen erhält der Rechtsanwalt als Vertheidiger in der Hauptverhandlung erster Instanz:

1. vor dem Schöffengerichte . . . 12 Mark;
2. vor der Strafkammer . . . . 20 „
3. vor dem Schwurgericht oder dem Reichsgerichte . . . . 40 „

64. Erstreckt sich die Verhandlung auf mehrere Tage, so erhöhen sich die im § 63 bestimmten Gebühren für jeden weiteren Tag der Vertheidigung um fünf Zehntheile.

Im Verfahren auf erhobene Privatklage findet diese Bestimmung nicht Anwendung.

65. Findet in den auf Privatklage verhandelten Sachen eine Beweisaufnahme statt, so erhöht sich die im § 63 bestimmte Gebühr um 6 Mark.

66. In der Berufungsinstanz sowie in der Revisionsinstanz stehen dem Rechtsanwalte die in den §§ 63 bis 65 bestimmten Sätze zu. Die Stufe bestimmt sich nach der Ordnung des Gerichts, welches in erster Instanz erkannt hat.

67. Für die Vertheidigung im Vorverfahren erhält der Rechtsanwalt:

1. in den zur Zuständigkeit der Schöffengerichte gehörigen Sachen 6 Mark;
2. in den zur Zuständigkeit der Strafkammer gehörigen Sachen . . 10 „
3. in den zur Zuständigkeit der Schwurgerichte oder des Reichsgerichts gehörigen Sachen. . . 20 „

68. Fünf Zehntheile der im § 63 bestimmten Sätze stehen dem Rechtsanwalte zu für Anfertigung:

1. einer Schrift zur Rechtfertigung einer Berufung;
2. einer Schrift zur Begründung einer Revision;
3. eines Antrags auf Wiederaufnahme des Verfahrens;
4. eines Gnadengesuchs.

Die Stufe bestimmt sich nach der Ordnung des Gerichts, welches in erster Instanz erkannt hat.

69. Für Einlegung eines Rechtsmittels sowie für Anfertigung anderer, als der im § 68 bezeichneten Anträge, Gesuche und Erklärungen erhält der Rechtsanwalt je 2 Mark.

70. Die in den §§ 63 bis 66 sowie die im § 67 bestimmten Gebühren umfassen die Anfertigung der zu derselben Instanz oder zu dem Vorverfahren gehörigen Anträge, Gesuche und Erklärungen, sowie die Einlegung von Rechtsmitteln gegen Entscheidungen oder Verfügungen derselben Instanz oder des Vorverfahrens.

71. Auf die Gebühr für Rechtfertigung der

Berufung (§ 68 Nr. 1) und auf die Gebühr für Begründung der Revision (§ 68 Nr. 2) wird die Gebühr für Einlegung des Rechtsmittels (§ 69) angerechnet.

72. Im Falle der Vertheidigung mehrerer Beschuldigter durch einen gemeinschaftlichen Vertheidiger erhöhen sich die Gebühren um fünf Zehntheile.

73. In Ansehung der Gebühren für Vertretung eines Privatklägers, eines Nebenklägers oder einer Verwaltungsbehörde (Strafprozeßordnung § 464) kommen die Bestimmungen über die Gebühren für die Vertheidigung zur entsprechenden Anwendung.

Die Anfertigung einer Privatklage begründet für den Rechtsanwalt die im § 67 Nr. 1 bestimmte Gebühr.

74. Für Anfertigung eines Antrags auf gerichtliche Entscheidung im Falle des § 170 der Strafprozeßordnung erhält der Rechtsanwalt die im § 67 bestimmten Sätze.

75. Nach Maßgabe der Vorschriften des zweiten Abschnitts (§ 23) stehen dem Rechtsanwalte Gebühren besonders zu für die Vertretung:

1. in dem Verfahren behufs Festsetzung der zu erstattenden Kosten (Strafprozeßordnung § 496 Absatz 2);
2. in der Zwangsvollstreckung aus Entscheidungen, welche über eine Buße oder über Erstattung von Kosten ergangen sind (Strafprozeßordnung §§ 495, 496).

Fünfter Abschnitt. Auslagen.

76. Für die Höhe der dem Rechtsanwalte zustehenden Schreibgebühren sind die Vorschriften des § 80 des Gerichtskostengesetzes maßgebend.

77. Für Verpackung von Briefen und Akten dürfen Auslagen nicht berechnet werden.

78. Bei Geschäftsreisen erhält der Rechtsanwalt, vorbehaltlich der Bestimmungen in den §§ 18, 37, 39 Absatz 2 der Rechtsanwaltsordnung:

I. an Tagegeldern . . . . . . 12 Mark — Pf.;

II. für ein Nachtquartier . . . 5 Mark — Pf.;

III. an Fuhrkosten einschließlich der Kosten der Gepäckbeförderung:

1. wenn die Reise auf Eisenbahnen oder Dampfschiffen gemacht werden kann, für das Kilometer — Mark 13 Pf. und für jeden Zu- und Abgang . . . . 3 Mark — Pf.;
2. anderenfalls . . . . . . — Mark 60 Pf. für das Kilometer der nächsten fahrbaren Straßenverbindung.

Haben höhere Fuhrkosten aufgewendet werden müssen, so werden diese erstattet.

79. Die Fuhrkosten werden für die Hin- und Rückreise besonders berechnet.

Hat ein Rechtsanwalt Geschäfte an verschiedenen Orten unmittelbar nach einander ausgerichtet, so ist der von Ort zu Ort zurückgelegte Weg ungetheilt der Berechnung der Fuhrkosten zu Grunde zu legen.

Bei einer Reise zur Ausführung der Aufträge mehrerer Auftraggeber findet die Vorschrift des § 3 entsprechende Anwendung.

80. Für Geschäfte am Wohnorte stehen dem Rechtsanwalte weder Tagegelder noch Fuhrkosten zu; dasselbe gilt von Geschäften außerhalb des Wohnortes in geringerer Entfernung als zwei Kilometer von demselben.

War der Rechtsanwalt durch außergewöhnliche Umstände genöthigt, sich eines Fuhrwerks zu bedienen, oder waren sonstige nothwendige Unkosten, wie Brücken- oder Fährgeld, aufzuwenden, so sind die Auslagen zu erstatten.

Für einzelne Ortschaften kann durch die Landesjustizverwaltung bestimmt werden, daß den Rechtsanwälten bei den nicht an der Gerichtsstelle vorzunehmenden Geschäften die verauslagten Fuhrkosten zu erstatten sind.

81. Bei Berechnung der Entfernungen wird jedes angefangene Kilometer für ein volles Kilometer gerechnet.

82. Der Rechtsanwalt, welcher seinen Wohnsitz verlegt, kann bei Fortführung eines ihm vorher ertheilten Auftrags Tagegelder und Reisekosten nur insoweit verlangen, als sie ihm auch bei Beibehaltung seines Wohnsitzes zugestanden haben würden.

83. Hat ein Rechtsanwalt seinen Wohnsitz an einem Orte, an welchem sich kein Gericht befindet, so kann die Landesjustizverwaltung bestimmen, daß ihm Tagegelder und Reisekosten nur insoweit zustehen, als er solche auch verlangen könnte, wenn er seinen Wohnsitz an dem Orte des Amtsgerichts, in dessen Bezirk er wohnt, genommen hätte.

Sechster Abschnitt.

Einforderung von Gebühren und Auslagen.

84. Der Rechtsanwalt kann von seinem Auftraggeber angemessenen Vorschuß fordern.

85. Dem Auftraggeber gegenüber werden die Gebühren des Rechtsanwalts fällig, sobald über die Verpflichtung, dieselben zu tragen, eine Entscheidung ergangen ist, sowie bei Beendigung der Instanz oder bei Erledigung des Auftrags.[9]

86. Die Einforderung der Gebühren und Auslagen ist nur zulässig, wenn vorher oder gleichzeitig eine von dem Rechtsanwalt unterschriebene

9. Bezüglich der Verjährung der Gebühren und Auslagen vgl. § 196[15] BGB.

Berechnung derselben mit Angabe des Werthes des Streitgegenstandes, sofern der Werth maßgebend, und unter Bezeichnung der zur Anwendung kommenden Bestimmungen dieses Gesetzes mitgetheilt wird.

Die Mittheilung dieser Berechnung kann auch nach erfolgter Zahlung verlangt werden, solange nicht die Handakten zurückgenommen sind oder die Verpflichtung des Rechtsanwalts zur Aufbewahrung derselben erloschen ist (Rechtsanwaltsordnung § 32).

Siebenter Abschnitt. Schlußbestimmungen.

87. Für Erhebung und Ablieferung von Geldern erhält der Rechtsanwalt eine Gebühr:

von 1 Mark für jedes angefangene Hundert des Betrags bis 1 000 Mark;

von 50 Pfennig für jedes angefangene Hundert des weiteren Betrags bis 10000 Mark;

von 25 Pfennig für jedes angefangene Hundert des Mehrbetrags.

Für Erhebung und Ablieferung von Werthpapieren erhält der Rechtsanwalt nach Maßgabe des Werthes die Hälfte der vorstehenden Gebühren.

Die Gebühr für Erhebung und Ablieferung von Geldern kann von diesen bei der Ablieferung entnommen werden.

88. Für die Ausarbeitung eines Gutachtens mit juristischer Begründung hat der Rechtsanwalt angemessene Vergütung zu beanspruchen. Ueber die Höhe der Vergütung wird im Prozeßwege, nach eingeholtem Gutachten des Vorstandes der Anwaltskammer, entschieden.

89. Ist für das dem Rechtsanwalt übertragene Geschäft der Betrag der Gebühr in diesem Gesetze nicht bestimmt, so erhält er eine unter entsprechender Anwendung der Bestimmungen dieses Gesetzes zu bemessende Gebühr.

90. Insofern in diesem Gesetze für die begonnene oder vorbereitete Ausführung eines vor der vollständigen Ausführung erledigten Auftrags eine Gebühr nicht vorgesehen ist, erhält der Rechtsanwalt eine nach Maßgabe des § 89 zu bemessende Gebühr.

91. Die Vorschriften dieses Gesetzes finden entsprechende Anwendung:

1. im schiedsrichterlichen Verfahren;
2. im Verfahren wegen Nichtigkeitserklärung oder Zurücknahme eines Patents;
3. im Disziplinarverfahren nach Maßgabe des Gesetzes, betreffend die Rechtsverhältnisse der Reichsbeamten, vom 31. März 1873 (Reichs-Gesetzbl. S. 61);
4. im ehrengerichtlichen Verfahren gegen Rechtsanwälte;
5. bei der Untersuchung von Seeunfällen.

Für die Berechnung der Gebühren des im schiedsrichterlichen Verfahren als Prozeßbevollmächtigten bestellten Rechtsanwalts gilt das gerichtliche Verfahren im Falle des § 1036 der Civilprozeßordnung als zum schiedsrichterlichen Verfahren gehörig.

Das Verfahren vor der Disziplinarkammer, vor dem Ehrengericht und vor dem Seeamte steht im Sinne des § 63 dem Verfahren vor der Strafkammer gleich.

92. Fällt eine dem Rechtsanwalt aufgetragene Thätigkeit, für welche ihm nach Vorschrift dieses Gesetzes eine Vergütung zusteht, zugleich in den Kreis derjenigen Angelegenheiten, in welchen die den Rechtsanwälten zustehende Vergütung durch landesgesetzliche Vorschrift geregelt ist, so kommt, soweit die Anwendung beider Vorschriften zu einer zweifachen Vergütung derselben Thätigkeit führen würde, nur eine derselben und zwar die dem Rechtsanwalte günstigere zur Anwendung.[10]

93. Sofern der Rechtsanwalt nicht einer Partei zur Wahrnehmung ihrer Rechte beigeordnet oder als Vertheidiger bestellt ist, kann der Betrag der Vergütung durch Vertrag abweichend von den Vorschriften dieses Gesetzes festgesetzt werden. Die Festsetzung durch Bezugnahme auf das Ermessen eines Dritten ist ausgeschlossen.

Der Auftraggeber ist an den Vertrag nur gebunden, soweit er denselben schriftlich abgeschlossen hat.

Der Auftraggeber kann eine Berechnung der gesetzlichen Vergütung nach Maßgabe des § 86 verlangen.

Hat der Rechtsanwalt durch den Vertragsschluß die Grenze der Mäßigung überschritten, so kann die durch Vertrag festgesetzte Vergütung im Prozeßwege, nach eingeholtem Gutachten des Vorstandes der Anwaltskammer, bis auf den in diesem Gesetze bestimmten Betrag herabgesetzt werden.

94. Für das Verhältniß des Auftraggebers oder des Rechtsanwalts zu dem Erstattungspflichtigen kommt die vertragsmäßige Festsetzung der Vergütung (§ 93) nicht in Betracht.

10. Vgl. auch § 128 Abs. 2 GKG für Els.-Lothr.

Gesetz für Elsaß-Lothringen

betreffend

die Vergütung der Reisekosten für die Geschworenen, die Vertrauensmänner und die Schöffen.[1]

Vom 31. März 1880.

Gesetzblatt S. 57.

Den Geschworenen in Strafsachen, den im § 40 des Gerichtsverfassungsgesetzes bezeichneten Vertrauensmännern und den Schöffen[2] werden, sofern sie außerhalb ihres Aufenthaltsorts einen Weg bis zur Entfernung von mehr als zwei Kilometer zurückzulegen haben, an Reisekosten gewährt:

1. bei Reisen, welche auf Eisenbahnen oder Dampfschiffen gemacht werden können, für jedes angefangene Kilometer des Hinwegs und des Rückwegs fünfzehn Pfennig;
2. bei Reisen, welche nicht auf Eisenbahnen oder Dampfschiffen zurückgelegt werden können, für jedes angefangene Kilometer des Hinweges und des Rückweges dreißig Pfennig,

im Ganzen jedoch mindestens drei Mark.

Mußten dieselben innerhalb ihres Aufenthaltsortes einen Weg bis zur Entfernung von mehr als zwei Kilometern zurücklegen, so erhalten sie als Reiseentschädigung drei Mark.

1. Erlassen in Ausführung des § 33 AG z. GVG.

2. Ebenso den Geschworenen im Zwangsenteignungsverfahren nach § 126 Abs. 1 GKG f. Els.-Lothr. v. 6. Dez. 1899 u. den Schiedsmännern in § 4 Ges. v. 27. März 1881.

Gesetzgebung von Elsass-Lothringen.

Bürgerliches Gesetzbuch.

Das Bürgerliche Gesetzbuch und die dazu gehörigen Nebengesetze für Elsaß-Lothringen. Bearbeitet von **Karl Paffrath** und **Franz Großmann**, Landgerichtsräthe in Straßburg. Kl. 8°, etwa 700 Seiten. Preis broschirt etwa *M.* 5 50, gebunden etwa *M.* 6 — Handausgabe in kleinem Format. Erscheint im Oktober 1900.

Inhalt: Bürgerliches Gesetzbuch vom 18. August 1896. — Einführungsgesetz zum Bürgerlichen Gesetzbuche vom 18. August 1896. — Gesetz, betreffend die Ausführung des Bürgerlichen Gesetzbuchs in Elsaß-Lothringen vom 17. April 1899. — Gesetz über die Angelegenheiten der freiwilligen Gerichtsbarkeit vom 17. Mai 1898. — Gesetz, betreffend die Ausführung des Reichsgesetzes über die Angelegenheiten der freiwilligen Gerichtsbarkeit vom 6. November 1899. — Grundbuchordnung vom 24. März 1897. — Gesetz, betreffend die Ausführung der Grundbuchordnung vom 6. November 1899. — Gesetz über die Zwangsversteigerung und die Zwangsverwaltung vom 24. März 1897. — Einführungsgesetz zu dem Gesetz über die Zwangsversteigerung und die Zwangsverwaltung vom 24. März 1897. — Gesetz, betreffend die Ausführung des Reichsgesetzes über die Zwangsversteigerung und die Zwangsverwaltung vom 13. November 1899. — Register.

Das Gesetz, betreffend die Ausführung des Bürgerlichen Gesetzbuchs in Elsaß-Lothringen, vom 17. April 1899 in der Fassung der Bekanntmachung des Kaiserlichen Statthalters vom 22. Dezember 1899. Erläutert von **Hugo Molitor**, Kaiserl. Landgerichtsrath in Straßburg. 8°. XXIV, 595 S. 1900.

Broschirt *M.* 10 50, in Leinwand gebunden *M.* 11 —

„. . . . Der Bearbeitung des vorliegenden Kommentars, dessen Verfasser an der Vorbereitung des G. in hervorragender Weise betheiligt war, haben die gesammten Materialien des Ministeriums zu Grunde gelegen. Sie bilden naturgemäß das beste Auslegungsmittel und sind deshalb in ausführlicher Weise verwendet. Außer diesen enthalten die Bemerkungen die Darstellung des derzeitigen Rechtszustandes sowie die Berührungspunkte mit der Reichsgesetzgebung insbesondere dem Bürgerlichen Gesetzbuch und seinen Nebengesetzen . . . ."

Centralblatt für Rechtswissenschaft, Bd. 18, Heft 10.

Die öffentliche Urkunde nach Bürgerlichem Gesetzbuch und nach dem Gesetz über die Angelegenheiten der freiwilligen Gerichtsbarkeit. Beispiele zur Anwendung der Formvorschriften mit Erläuterungen. Anhang: Die Ausführungsbestimmungen über das Beurkundungswesen im Bayrischen Notariatsgesetz und in den Ausführungsgesetzentwürfen für Preußen und für Elsaß-Lothringen. Von Justizrath **A. Wunder**, Notar. Zweite unveränderte Auflage. Kl. 8°. XII, 139 S. 1900. In Ganz-Leinwand gebunden *M.* 3 50.

Der Zweck dieses Werkes ist: Notaren und Rechtsanwälten, Richtern, Verwaltungs- und Gemeindebehörden einen kurzen Leitfaden an die Hand zu geben, der das Hauptsächlichste enthält, was am 1. Januar 1900 zu wissen ist, um eine öffentliche Urkunde in rechtsgültiger Form aufnehmen oder diese Form auf ihre Wirksamkeit prüfen zu können.

Alte Möller'sche Sammlung.

Sammlung der in Elsaß-Lothringen geltenden Gesetze. Auf Anregung des Wirkl. Geheimen Raths Dr. von Möller bearbeitet und herausgegeben in Verbindung mit anderen reichsländischen Juristen von F. Althoff, ordentlichem Professor, R. Förtsch, Landgerichtsdirektor, A. Harseim, Justizrath und Gouvernementsauditeur, A. Keller, Oberlandesgerichtsrath und A. Leoni, Landgerichtsrath. 6 Bde. und Register. XXX, 761; VI, 1007; 1183; XXXII, 815; XXXVIII, 981; XXXV, 1073; 181 S. 1880—1896. Herabgesetzter Preis: brosch. ℳ 76 —, geb. in eleg. Halbfrzbd. ℳ 88 50.

Daraus einzeln: V. Band, die Gesetze von 1886 —1890 mit Register enthaltend. Bearbeitet von R. Förtsch, Reichsgerichtsrath. Preis: brosch. ℳ 17 —, geb. ℳ 19 —.

VI. Band, die Gesetze von 1891—1895 mit Gesammtregister für alle Bände enthaltend. Bearbeitet von C. Jacob, Ministerialrath. Preis: brosch. ℳ 20 —, geb. ℳ 22 —.

Von diesem Werk sind nur noch wenige vollständige Exemplare vorhanden; nur die Bände V und VI werden noch einzeln abgegeben.

Ausführungsgesetze.

Das Gesetz, betreffend die Ausführung des Bürgerlichen Gesetzbuchs in Elsaß-Lothringen vom 17. April 1899 in der Fassung der Bekanntmachung des Kaiserlichen Statthalters vom 22. Dezember 1899. Erläutert von Hugo Molitor, Kaiserl. Landgerichtsrath in Straßburg. 8°. XXIV, 595 S. 1900.
Broschirt ℳ 10 50, in Leinwand gebunden ℳ 11 —

Das Gesetz, betreffend die Ausführung des Reichsgesetzes über die Angelegenheiten der freiwilligen Gerichtsbarkeit vom 6. November 1899. Im amtlichen Auftrage erläutert von Hugo Molitor, Kaiserl. Landgerichtsrath in Straßburg. In Vorbereitung.

Gesetz, betreffend die Ausführung der Grundbuchordnung vom 6. November 1899. Siehe: Bürgerliches Gesetzbuch.

Gesetz, betreffend die Ausführung des Reichsgesetzes über die Zwangsversteigerung und die Zwangsverwaltung vom 13. November 1899. Siehe: Bürgerliches Gesetzbuch.

Die Elsaß-Lothringischen Ausführungsgesetze und Verordnungen zu den Reichs-Justizgesetzen nebst einigen weiteren Gesetzen über Gewerbegerichte, Forststrafrecht, Erbbescheinigungen, Feld- und Fährpolizei-Uebertretungen, Vormundschaften und Zwangsenteignung. Textausgabe mit französischer Uebersetzung und Anmerkungen. Zweite verbesserte und vermehrte Auflage. — **Les lois et ordonnances d'exécution des lois de justice de l'Empire d'Allemagne et les lois concernant les Prud'hommes, le Droit pénal forestier, les Certificats de Qualité d'héritier, les Contraventions en matière de police rurale et des bacs et bâteaux, les Tutelles et l'Expropriation pour cause d'utilité publique.** Texte allemand et français avec annotations. 2e édit. revue et augmentée, 8°. 445 S. 1887. ℳ 5 —, gebunden ℳ 6 30

Baurecht.

Das Elsaß-Lothringische Baurecht, enthaltend eine systematische Darstellung der auf Bauten bezügl. Vorschriften des öffentlichen und Privatrechts, sowie eine Zusammenstellung der zugehörigen Gesetze und Verordnungen in deutscher Uebersetzung. Herausgegeben von R. Förtsch, Kammerpräsident in Metz, und M. Caspar, Abtheilungsbaumeister in Straßburg. 8°. XII, 394 S. 1879. (früherer Preis ℳ 8 —) herabges. auf ℳ 5 —

Erbbescheinigungen.

Gesetz, betreffend die Ausstellung gerichtlicher Erbbescheinigungen und die Zuständigkeit der Amtsgerichte vom 10. Mai 1886. — Loi sur la délivrance de certificats judiciaires constatant la qualité d'héritier et la compétence des tribunaux cantonaux du 10 mai 1886. Texte allemand et français. 8°. 11 S. 1886. kart. ℳ — 50

Feld- und Fährpolizei.

Gesetz, betr. die Bestrafung von Zuwiderhandlungen gegen die Vorschriften der Feld- und Fährpolizei, vom 30. März 1887. Siehe: Ausführungsgesetze zu den Reichsjustizgesetzen.

Feldpolizeistrafgesetz vom 9. Juli 1888. Mit Anmerkungen nach amtlichen Quellen bearbeitet. 8°. 45 S. kart. ℳ — 80

Fischereigesetz.

Das Gesetz für Elsaß-Lothringen, betr. die Fischerei, vom 2. Juli 1891. Im Auftrag des Ministeriums, Abtheilung für Finanzen, Landwirthschaft und Domänen, erläutert und herausgegeben von Freiherrn von Bibra, Ministerialrath, und Lichtenberg, Regierungsassessor. 8°. VI, 111 S. 1893. Amtliche Ausgabe. brosch. ℳ 3 —
in Ganz-Leinwand gebunden ℳ 3 50

Forststrafrecht. Siehe: Ausführungsgesetze zu den Reichsjustizgesetzen.

Freiwillige Gerichtsbarkeit.

Gesetz über die Angelegenheiten der freiwilligen Gerichtsbarkeit vom 17. Mai 1898 und Ausführungsgesetz dazu vom 6. November 1899. Siehe: Bürgerliches Gesetzbuch.

Das Gesetz, betreffend die Ausführung des Reichsgesetzes über die Angelegenheiten der freiwilligen Gerichtsbarkeit vom 6. November 1899. Im amtlichen Auftrage erläutert von Hugo Molitor, Kaiserl. Landgerichtsrath in Straßburg. In Vorbereitung.

Fuhrwesen.

Die in Elsaß-Lothringen geltenden Gesetze über das Fuhrwesen Uebersetzt und herausgegeben im Auftrage des kaiserl. Oberpräsidiums. 8°. 52 S. 1877. kart. ℳ — 60

Gemeindegesetzgebung.

Die Gemeindeordnung für Elsaß-Lothringen vom 6. Juni 1895 nebst den zu derselben ergangenen Ausführungsbestimmungen. Bearbeitet von A. Halley, Kais. Geh. Oberregierungsrath, Kommissar des Kaiserlichen Statthalters von Elsaß-Lothringen beim Bundesrath. 8°. VIII, 379 S. 1896. In Ganz-Leinwand gebunden ℳ 5 —

Gewerbegerichte. Siehe: Ausführungsgesetze zu den Reichsjustizgesetzen.

Grundeigenthum und Grundbuchordnung.

Die elsaß-lothringischen Gesetze betreffend Grundeigenthum und Hypothekenwesen sowie die Einrichtung von Grundbüchern nebst den Kostengesetzen und Ausführungsverordnungen. Mit Erläuterungen herausgegeben von A. Leoni, k. Ministerialrat. 8°. VIII, 248 S. 1892.
In Ganz-Leinwand gebunden ℳ 4 —

Grundbuchordnung vom 24. März 1897 und Ausführungsgesetz dazu vom 6. November 1899. Siehe: Bürgerliches Gesetzbuch.

Jagdgesetze.

Das Elsaß-Lothringische Jagdgesetz. Textausgabe mit französischer Uebersetzung und Anmerkungen von einem Mitgliede des Landesausschusses. — Loi sur l'exercice du droit de chasse en Alsace-Lorraine. Texte allemand et français avec annotations par un membre de la Délégation. 8°. 31 S. 1881. kart. ℳ — 80

Jagdgesetze. (Fortsetzung.)

Das Elsaß-Lothringische Jagdpolizeigesetz nebst der darauf bezüglichen Verordnung. Textausgabe mit französischer Uebersetzung und Anmerkungen von einem Mitgliede des Landesausschusses. 2. Aufl. — Loi et ordonnance ministérielle sur la police de la chasse. Texte allemand et français avec annotations par un membre de la Délégaion. 2e édit. 8°. 41 S. 1883. kart. M — 80

Die Gesetze und Verordnungen über Jagd und Vogelschutz in Elsaß-Lothringen. Zusammengestellt und erläutert von A. Halley, k. Ministerialrath. 8°. IV, 103 S. 1890. geb. M 1 50

Katastergesetz.

Das Elsaß-Lothringische Katastergesetz vom 31. März 1884 und das Gesetz vom 6. April 1892 betreffend Abänderung des Katastergesetzes sowie Ausgleichung der Grundsteuer. Text mit französischer Uebersetzung und Anmerkungen von Dr. Wilhelm Gunzert, Mitglied des Landesausschusses. — Loi sur le renouvellement du cadastre en Alsace Lorraine du 31 mars 1884 et sur la Péréquation des impôts fonciers du 6 avril 1892. Texte allemand et français avec annotations par Guill. Gunzert, député à la Délégation. 8°. 102 S. 1892. kart. M 1 —

Kirchenrecht.

Das Staatskirchenrecht in Elsaß-Lothringen. Zusammenstellung der betr. Gesetze, Verordnungen, Staatsratsgutachten und Ministerialverfügungen. Im Auftrage des Oberpräsidenten übersetzt und herausgegeben von E. Dursy, kaiserl. Ministerialrat.

I. Katholischer Cultus. 8°. 1876. Vergriffen.

II. Protestantischer Cultus. 8°. XXII, 624 S. 1879. M 8 —

Strafgeset

Schöffenbüchlein für Elsaß-Lothringen. Ein Hilfsbuch für Schöffen, Amtsrichter, Amtsanwälte, Rechtsanwälte, Bürgermeister und Polizeikommisare, von R. Förtsch, Landgerichtsdirektor in Metz. — Manuel des échevins d'Alsace-Lorraine. Guide pour Messieurs les échevins, juges et procureurs cantonaux, avocats, maires et commissaires de police. Traduction française par G. Gunzert, président de Chambre à Strasbourg. 8°. 432 S. 1881. kart. M 2 40.

Verwaltungsrecht.

Theorie des französischen Verwaltungsrechts. Von O. Mayer, Professor des französischen Rechts an der Universität Strassburg. Gr. 8°. X, 533 S. 1886. M 10 —

Vormundschaften. Siehe: Ausführungsgesetze zu den Reichsjustizgesetzen.

Wassergesetz.

Das Gesetz für Elsaß-Lothringen, betreffend Wasserbenutzung und Wasserschutz, vom 2. Juli 1891. Im Auftrag des Ministeriums, Abtheilung für Finanzen, Landwirthschaft und Domänen, erläutert und herausgegeben von den Ministerialräthen Jacob und Fecht. Mit Anhang, enthaltend die sonstigen wassergesetzlichen Vorschriften, die Ausführungsbestimmungen und eine Uebersicht über die Eintheilung der Wasser- und der Meliorationsbauverwaltung. 8°. IV, 180 S. 1892.

Amtliche Ausgabe. brosch. M 3 —, gebunden in Ganz-Leinwand M 3 50

Zuchtstier-Haltung und -Verwendung.

Die Haltung und Verwendung der Zuchtstiere in Elsaß-Lothringen. Zusammenstellung und Erläuterung der betreffenden Gesetze, Verordnungen, Bekanntmachungen etc. nebst einem Ueberblick über den Stand der Rindviehzucht in Elsaß-Lothringen. Im Auftrage des Ministeriums, Abtheilung für Finanzen, Landwirthschaft und Domänen herausgegeben von Freiherrn von Bibra, Ministerialrath. 8°. VI, 60 S. 1893. kart. M 1 —

Zwangsenteignung, Zwangsversteigerung und Zwangsverwaltung, Zwangsvollstreckung. Siehe: Ausführungsgesetze zu den Reichsjustizgesetzen und Bürgerliches Gesetzbuch.

FSC
www.fsc.org
MIX
Papier | Fördert gute Waldnutzung
FSC® C083411

Kolibri 360 GmbH
Ferdinand-Jühlke-Straße 7
99095 Erfurt, Deutschland
produktsicherheit@kolibri360.de